제16판

헌 법 학

장 영 수 지음

弘 文 社

제16판 머리말

이 책의 15판이 나온 지 다시 1년 반이 지났습니다. 그동안 국내에서는 12 · 3비상계엄과 그 후폭풍으로 인한 윤석열 대통령의 탄핵인용결정, 조기 대선과 이재명 대통령의 당선 등 국내의 정치상황 변화도 컸지만, 2기 트럼프 정부의 관세 압박 하에서 세계경제의 기조가 크게 흔들리고 있는 것도 주목할 점입니다.

어쩌면 우리는 인류 역사의 중요한 변곡점을 앞두고 있는지 모릅니다. 마치 제2차 세계대전의 종결과 더불어 제국주의가 막을 내린 것처럼, 이제는 또 다른 국제질서, 새로운 약육강식의 경제질서가 점차 확산될 수 있습니다. 물론 과거 어느 시기인들 강대국들이 국제질서에 미치는 영향이 크지 않은 적이 없었다고 볼 수 있지만, 최소한의 명분조차 따지지 않고 힘의 논리가 적나라하게 적용될 경우에는 국제질서, 특히 국제경제질서는 매우 첨예한 갈등을 피하기 어려울 것입니다.

이러한 국제질서의 변화는 필연적으로 국내질서에 영향을 미칩니다. 우리 경제의 대외의존도가 높기 때문만은 아닙니다. 러시아-우크라이나의 전쟁이 전세계 경제에 미친 파급효, 그 이후 국내 물가가 폭등하기 시작한 것 등을 생각하면, 지구촌 시대 세계각국의 상호의존성은 우리가 피부로 느끼는 것 이상일 수 있습니다. 더욱이 이러한 변화가 가속화될 경우에는 인류 전체의 삶의 방식, 나아가 기준이 달라질 수도 있습니다.

아직은 이러한 국제질서의 변화가 언제까지 지속될 것인지, 차후에 또 어떤 변화가 어떤 방향으로 있을 것인지 예측하기 어렵습니다. 그러나 미국의 트럼프 대통령이 두 번째 당선되고, 러시아의 푸틴 대통령은 계속 건재하며, 시진핑 주석도 –비록 과거에 비해 권력기반이 일부 약화되었다는 평가는 있지만– 여전히 중국을 이끌고 있음을 볼 때, 이러한 변화가 상당 기간 지속될 것으로 보입니다.

이제 우리는 이러한 국제질서의 변화에 대응하는 헌법의 역할 및 변화 필요성에 대해 진지하게 고민해야 합니다. 한편으로는 국제질서의 변화가 국내질서에 미치는 영향을 면밀히 분석하면서 어떤 대응이 가능하고 필요한지를 고민해야 할 것이지만, 다른 한편으로는 시대의 변화에 크게 뒤떨어진 현행 헌법이 국가경쟁력 회복 및 강화를 위해 어떻게 개혁되어야 하는지에 대한 고민도 놓칠 수 없는 부분입니다.

헌법을 공부하시는 여러분들은 넓은 시야에서 많은 문제들을 바라보고, 그 상호관련성을 인식하면서 이를 대한민국의 장래 설계와 연결시키시기 바랍니다. 그것이 헌법의 과제이며, 헌법학도의 과제라고 할 수 있습니다.

이번 제16판에서는 이러한 문제의식을 전제하고, 그러나 이를 전면에 내세우지는 않으면서 전체 헌법의 쟁점들을 재검토했습니다. 개정 작업을 통해 헌법과 관련된 각종 법률의 개정, 판례의 추가는 충실하게 반영되었습니다. 다만, 그것이 헌법의 골격에 속하는 것이라기보다는 헌법 전체의 체계적 이해는 그대로 유지되는 가운데, 해당 부분의 일부 변경에 불과하다는 점은 늘 염두에 두시기 바랍니다. 특히 최근의 새로운 헌법재판소 판례들이 어떤 새로운 쟁점들을 제시하고 있는지에 관심을 기울이시기 바랍니다.

이 책이 독자 여러분이 헌법학 공부에 의미 있는 도움이 되기를 바랍니다.

2025년 8월 10일

지은이

제15판 머리말

이 책의 14판이 나온 지 1년 반이 지났습니다. 그동안 국내외에서 크고 작은 변화들이 있었습니다. 국제적으로는 러시아-우크라이나 전쟁이 장기화되면서 그 파장이 계속 커지고 있으며, 최근에는 이스라엘과 하마스의 전쟁을 비롯하여 미국 대선 이후의 국제정세 변화에 대한 우려도 만만치 않습니다.

우리가 주목할 점은, 21세기 서구의 대표적 민주국가들이 과거와는 다른 새로운 문제 상황에 직면하고 있으며, 그 점은 선진국 반열에 진입한 우리나라도 크게 다르지 않다는 점입니다. 영국의 브렉시트, 미국의 트럼프 대통령 당선, 프랑스의 마크롱 대통령 당선과 독일의 급진주의 정당의 세력 확산 등은 전통적인 대의제 민주주의에 대한 유권자들의 신뢰가 매우 크게 낮아졌음을 의미하며, 그 파장은 국가질서 전반에 미치고 있는 상황입니다.

이러한 위기상황이 민주주의의 새로운 패러다임으로 이어질 것인지, 과연 그러한 변화가 긍정적일 것인지 여부는 아직도 미지수입니다. 다만, 대한민국에서는 보수와 진보의 양 진영이 더욱 극단적인 대립과 갈등을 보이고 있을 뿐만 아니라, 극단화된 진영갈등이 민주주의의 근간을 위협한다는 우려가 점점 더 커지고 있음을 간과해서는 안 될 것입니다.

이런 모든 문제는 정치의 문제일 수 있고, 경제의 문제, 사회의 문제일 수 있지만, 동시에 헌법의 문제이기도 합니다. 헌법이 어떻게 해석되고 적용되느냐가 곧 법률의 문제이고 정책의 문제이기 때문입니다. 물론 헌법개정을 통해 시대의 변화를 헌법에 수용하는 것도 중요하지만, 때로는 헌법변천을 통해 당면 과제들을 합리적으로 해결하는 것도 중요합니다.

비록 대한민국 헌법은 1987년 개정 이후 37년 동안 개정되지 않은 낡은 헌법이 되었지만, 여전히 국가질서의 근간이며, 여야 갈등을 모두 담아내고, 또 그 한계를 정하고 있는 공통의 기초입니다. 더욱이 헌법이 개정된다 하더라도, 민주국가이기를 포기하지 않는 한, 일부 주변적인 사항들이 개정될 뿐, 헌법의 기본적인 이념과 원리가 달라질 수는 없는 것입니다.

그런 의미에서 역시 헌법학의 공부는 기본이념과 원리라는 정신을 중심으로, 헌법의 전체적 체계를 뼈대로 삼고, 그 바탕 위에서 개별적 내용들을 살붙이는 방법이 가장 효율적입니다. 물론 하나하나의 내용들이 모두 중요하지만, 그 중요도에 차이가 있다는 점은 놓치지 않으시기 바랍니다.

제15판의 개정에서도 헌법과 관련된 각종 법률의 개정, 판례의 추가는 충실하게 반영되었습니다. 다만, 그것이 헌법의 골격에 속하는 것이라기보다는 관련 부분의 살붙이기에 해당한다는 점은 염두에 두시기 바랍니다. 그런 가운데 무엇보다 헌법이론이나 판례가 늘 현실과 밀접하게 연결되어 있음을 확인하시기 바랍니다.

이 책이 독자 여러분이 헌법학 공부에 의미 있는 도움이 되기를 바랍니다.

2024년 2월 20일

지은이

제14판 머리말

2022년에도 대한민국의 역동적 변화는 계속되고 있습니다. 지난 5월의 대통령선거를 통해 정권교체가 된 이후에도 여소야대의 정국은 계속 새로운 헌법적 문제들을 야기하고 있습니다. 새 정부는 공약사항이었던 정부조직의 개편 등을 제대로 추진하지 못하고 있으며, 여야의 협치는 실종되어 진영 간의 갈등이 매우 심각해지고 있습니다.

이 책의 개정판이 3월이 아닌 9월로 예정되었던 것도 새 정부의 출범과 더불어 정부조직의 개편 등을 예상했기 때문이었는데, 현재로서는 언제 정부조직법이 개정될 수 있을지 예상하기 어렵습니다. 그러나 그동안에도 지방자치법을 비롯하여 개정된 법률들이 적지 않으며, 헌법재판소의 판례들 중에서도 주목해야 할 것들이 상당수 있습니다.

교과서의 전체적 내용 속에서 변화된 부분들이 갖는 비중은 크지 않지만, 현행법과 판례를 업데이트하는 것은 늦출 수 없는 작업이어서 개정판을 내게 되었습니다. 기존의 독자 여러분들께서는 헌법학의 전체적 줄기를 파악하는 가운데 변화된 부분만을 보충·변경하시면 될 것입니다.

이를 위해서는 평소 헌법학의 공부방법을 큰 틀을 먼저 구성한 이후에 개별적 내용들을 채워넣는 방식으로 하는 것이 바람직합니다. 예컨대 헌법학의 전체 목차 구성에 익숙해지도록 한 이후에 그 유기적 관련을 파악하는 것이 헌법의 전체적 체계를 이해하는 가장 효율적인 방법이 될 수 있습니다. 그렇게 공부할 경우에 헌법학에서 바뀌지 않는 부분과 바뀌는 부분의 차이가 선명해질 수 있습니다.

가장 자주 바뀌는 공직선거법에 관한 법률조항들이나 판례라 할지라도 선거의 의의와 기능, 기본구조에는 영향을 미치지 못합니다. 다만, 세부적인 쟁점들에 대해서 법률의 개정, 판례의 변경 등이 가능할 뿐입니다.

예컨대 선거의 기본구조가 선거의 주체(선거권자와 피선거권자), 선거의 방식(다수대표제, 소수대표제, 비례대표제 등의 선거제도 유형), 선거운동, 투표 및 개표와 당선자 확정, 선거쟁송으로 구성된다는 것은 변할 수 없습니다. 다만, 선거권자나 피선거권자의 범위에 대한 개별적 쟁점들이나 선거운동에 관한 개별적 쟁점들이 계속 논의되고, 경우에 따라 법개정이나 판례변경으로 바뀌게 되는 것입니다.

그런데 이런 문제들도 다시 깊이 살펴보면, 선거권자나 피선거권자를 결정하는 기준이 무엇인지, 선거운동의 허용 범위를 결정하는 기준이 무엇인지에 대한 생각의 차이라는 아주 작은 것에서 비롯되는 것이 대부분입니다. 그러므로 미시적인 변화에 주목하는 것보다는 헌법학의 큰 틀을 안정적으로 체계화하는 것이 훨씬 중요하다는 점은 아무리 강조해도 지나치지 않습니다.

대한민국의 역동적 변화와 항상 맞물려 있는 것이 헌법입니다. 법치국가인 대한민국의 변화가 정당성을 갖는지 여부에 대해 1차적 기준은 헌법이기 때문입니다. 최근 논란되고 있는 검수완박 입법과정에서의 위장탈당 문제라든지, 경찰국 신설 문제, 시행령을 통한 검찰 수사권 확대 논란 등도 결국 헌법의 기준에 비추어서 판단되어야 할 문제들입니다. 이 교과서에서 그러한 수많은 개별적 문제들에 대해서 직접 답을 드리지는 않지만, 이러한 문제를 해결하기 위한 기준 내지 지침을 담고 있습니다. 말하자면 모든 수학문제들을 풀어놓고 있는 것은 아니지만, 문제 풀이를 위한 공식을 담고 있는 셈입니다.

그러므로 독자 여러분께서도 교과서를 활용함에 있어서 법령의 변화 및 새로운 판례의 축적에 따라 바뀐 부분들도 중요하지만, 더욱 중요한 것은 헌법적 문제를 해결하기 위한 기준 내지 지침을 찾아내고 활용하는 방법을 익히는 것이라는 점을 다시금 강조드립니다. 그리고 전체적 체계에 대한 이해를 기초로 개별적 내용들이 유기적으로 결합될 수 있도록 하는 공부방법이 여러분의 헌법학에 대한 접근을 더욱 수월하고 유의미한 것으로 만들 것입니다.

이 책이 독자 여러분이 헌법학 공부에 큰 도움이 되기를 바랍니다.

2022년 8월 20일

지은이

제13판 머리말

지난해 4월 15일 제21대 국회의원선거에서 여당이 압도적인 다수의석을 차지한 이후 정치권뿐만 아니라 법제에서도 적지 않은 변화가 있었습니다. 여당이 국회선진화법에 의해서도 제어되지 않는 다수의석을 앞세워 수많은 법률들을 제정·개정했기 때문입니다.

그 중에는 헌법적인 의미와 비중을 갖는 것들도 적지 않습니다. 예컨대 공수처법 개정이나, 공직선거법 개정은 그 자체로서 헌법적 중요성을 갖는 것이며, 그 밖에도 대북전단금지법, 5.18비판금지법 등과 같이 위헌 여부가 문제되는 것들도 상당수 있습니다. 그러나 최근의 변화 중에서 헌법적으로 가장 주목되는 사안이라면 최초의 법관탄핵소추가 국회에서 의결되었다는 점이며, 조만간에 헌법재판소의 결정이 내려질 것이라는 점입니다. 이와 관련한 김명수 대법원장의 녹취록 파동도 역시 헌법적 중요성을 갖습니다.

그 밖에도 중요한 헌법재판소 판례들도 있었고, 윤석열 검찰총장과 추미애 법무장관 사이의 갈등으로 불거진 여러 쟁점들, 특히 윤석열 총장에 대한 법무부의 징계처분과 이에 대한 법원의 집행정지 가처분결정은 법원과 검찰 모두가 정치권의 소용돌이에 휘말려 그 본연의 중립성과 공정성을 보이지 못하는 어려움을 겪고 있음을 드러내고 있습니다. 이러한 구체적 문제들에 대해서 헌법학 교과서에서 개별적인 답변을 상세하게 제시하는 것은 가능하지 않습니다. 하지만 이에 대한 준거점, 올바른 판단을 위한 기준 내지 지침은 헌법의 정신에서 찾아야 할 것이며, 헌법학 교과서는 이러한 기준 및 지침을 찾기 위한 안내서라 할 수 있습니다.

독자 여러분들이 이 교과서를 활용함에 있어서도 법령의 변화 및 새로운 판례의 축적에 따라 바뀐 부분들도 중요하지만, 더욱 중요한 것은 헌법적 문제를 해결하기 위한 기준 내지 지침을 찾아내고 활용하는 방법을 익히는 것이라고 할 수 있습니다. 개별적인 헌법문제의 해결방법 수십 개를 암기하는 것보다는 모든 헌법적 문제를 해결할 수 있는 방법을 터득하고 이를 개별 사안에 적절하게 활용하는 방법을 습득하셔야 하는 것입니다.

이를 위해서는 재삼 강조드리지만, 부분과 전체의 조화에 항상 신경써야 합니다. 한편으로는 개별 항목마다 소개되는 헌법이론과 판례를 통해 단편적인 지식을 쌓는 것도 필요하지만, 다른 한편으로는 이러한 작은 지식들이 큰 체계 속에 편입되어 보다 거시적인 관점에서 여러 헌법상 제도들을 관통하는 헌법의 이념과 원리, 그리고 그것이 개별적 사안에서 구체화되는 단계를 종합적으로 파악하는 것이 중요하다는 점을 잊어서는 안 됩니다.

1,000페이지의 소설책도 10페이지의 단편소설 100편이 실린 것을 읽을 때와 1,000페이지의 장편소설 1편이 실린 것을 읽을 때가 다릅니다. 여러분은 이 헌법학 교재를 각 장별로 독립된 수십 편의 단편소설처럼 읽지 마시고, 장편소설 하나처럼 전체를 연결시키면서 읽고 이해하시기 바랍니다. 비록 그 과정이 힘들지라도, 그 성과는 충분히 여러분들의 고생에 대한 보답이 될 것입니다.

이 책이 독자 여러분이 헌법학을 이해하는 데 큰 도움이 되기를 바랍니다.

2021년 2월 20일

지은이

제12판 머리말

지난 한 해 동안 많은 변화가 있었습니다. 비록 헌법개정 논의는 잠시 수면 하에 가라앉아 있지만, 정치개혁과 사법개혁 논의가 계속되었고, 그 결과물이 공직선거법 개정, 공수처법 제정, 검경수사권조정 관련 법의 통과(검찰청법 및 형사소송법 개정)로 나타났습니다.

2020년 4월 15일로 예정된 국회의원선거는 특별한 사정이 없으면, 개정된 공직선거법에 따라 치러지게 됩니다. 그러나 공직선거법의 개정 내용들을 둘러싼 논란은 여전히 계속되고 있습니다. 관련 쟁점들에 대해서도 충실하게 정리하는 것이 필요할 것입니다.

또한 사법개혁과 관련한 쟁점들도 여전히 논란의 중심에 서 있습니다. 검찰개혁의 일환으로 추진되었던 공수처의 설치, 검경수사권조정 등도 잘 정리되어야 할 것이며, 나아가 아직은 입법화되지 못했지만, 법원행정처의 폐지와 사법행정회의의 설치 등에 관한 논의에도 관심을 기울일 필요가 있습니다.

비록 헌법조문이 바뀌지는 않았지만, 그밖에도 헌법 부속법률이 상당 부분 바뀌었을 뿐만 아니라, 관련 판례들도 계속 추가되고 있습니다. 그렇다고 모든 것을 완벽하게 준비한다는 것은 현실적으로 불가능합니다. 결국 공부에서도 어느 정도의 선택과 집중이 불가피하다는 점이 인정될 수밖에 없습니다.

그렇다면 헌법 공부에서는 어떤 것을 우선하여야 하며, 어떤 것을 차순위로 돌려야 할까요?

헌법학을 처음 접할 때에는 세부적인 내용보다도 큰 그림을 정확하게 그릴 수 있도록 하는 것이 중요합니다. 전체를 조망하고, 각각의 항목들이 어떻게 연결되는지를 알아야 향후의 공부 방향을 올바르게 정할 수 있고, 내게 부족한 부분이 무엇이고 이를 어떻게 채울 수 있는지도 쉽게 확인할 수 있는 것입니다.

이를 위해 가장 먼저 관심을 가져야 할 부분은 전체 목차의 숙지와 더불어 각각의 항목들이 왜 그 자리에 있는지, 전후 항목들이 어떻게 연결되어 있는지를 파악하는 것입니다. 예컨대 이 교과서의 제1권(총론) 제2부 제2장의 '민주주의'가 제3부 제1장의 '정당', 제2장의 '선거', 나아가 제2권(기본권론) 제2부 제9장 '참정권', 제3권(국가조직론) 제3부 제2장 '국회' 등과 어떻게 연결되는지에 주목할 필요가 있는 것입니다.

강의와 개인적인 노력을 통해 헌법 전체를 조망할 수 있게 된 이후에는 헌법 전체의 유기적인 관련성을 늘 염두에 두면서 사례 중심의 공부가 필요합니다. 이를 위해 교과서에도 사례들을 실어 놓았으니 적절하게 활용하시기 바랍니다. 그리고 사례 풀이를 통해 스스로 부족하다고 느낀 부분들에 대해서는 다시금 교과서의 해당 항목으로 돌아가 차분하게 보충하고 정리해야 하겠지요.

학문에 왕도가 없다는 말이 있습니다. 누구라도 많은 시간과 노력을 기울여야 한다는 의미입니다. 그러나 정답이 없는 문제라고 해서 오답도 없는 것은 아니듯이 아무리 시간과 노력을 기울여도 실패하는 길은 분명히 있습니다. 여러분들이 헌법학을 공부함에 있어서 필요한 최소한의 시간과 노력은 누구도 절약시켜 줄 수 없지만, 공부의 올바른 방향을 찾지 못함으로 인해 소모되는 불필요한 시간과 노력을 최대한 줄여드리기 위해 이 책을 만들었습니다.

헌법학이라는 미지의 세계에 진입한 독자 여러분께 이 책이 믿을 수 있는 안내자의 역할을 할 수 있기를 기대하며, 독자 여러분도 이 책을 적극적이고 효율적으로 활용하셔서 좋은 성과를 얻으시기 바랍니다. 그리고 이 책이 완성되기까지 늘 격려하고 뒷바라지했던 아내 김형옥에게 이 자리를 빌어 감사를 표합니다.

2020년 2월 20일

지은이

제11판 머리말

제10판이 나온 지 2년 만에 제11판을 선보이게 되었습니다. 작년에는 헌법개정의 가능성이 작지 않다고 생각하여 개정된 헌법을 갖고 새판을 만들어보려 했는데, 헌법개정이 좌초되고 말았습니다. 하지만 30년을 미루어 온 헌법개정을 계속 미루는 데에는 한계가 있을 수밖에 없고, 조만간에 개헌논의는 다시 시작될 것입니다.

헌법은 개정되지 않았지만, 그동안 법령과 판례의 변화는 계속되었기에 제11판에서는 이를 반영하였습니다. 또한 제11판에서 가장 눈에 띄는 변화로는 헌법 사례들을 전면 교체했다는 점을 들 수 있습니다. 기존의 헌법 사례들과 달리 변호사시험 스타일로 문제와 해설을 바꾸면서 분량이 약간 늘었습니다. 또한 독자 여러분들에게 사례의 활용과 관련하여 몇 가지 안내해 드릴 점도 있습니다.

첫째, 사례문제들은 대부분 헌법재판소의 중요 판례를 문제 형식으로 구성한 것입니다. 사례문제를 통해 헌법재판소 판례를 공부한다는 생각으로 사례를 풀어보는 것도 도움이 될 수 있을 것입니다.

둘째, 사례문제를 해당 항목의 앞에 위치시키고, 사례풀이를 맨 뒤에 배치한 것은 공부의 방법적 효율성을 위한 것입니다. 사례문제를 보면서 스스로 목차구성을 한 번 시도해 보고, 해당 항목의 내용을 공부하면서 목차구성을 재검토한 이후에 최종적으로 사례풀이를 통해 스스로 구성한 목차와 비교해 보면 얻는 것이 많이 있을 것입니다.

셋째, 사례풀이에서 목차구성의 방식을 습득하기 위해 의식적인 노력을 기울이시기 바랍니다. 특히 적법요건의 판단에서 헌법소송의 유형별로 정형화되어 있는 틀과 개별 사건의 특성에 따라 조금씩 달라지는 부분도 비교해 보십시오.

넷째, 사례풀이의 본안판단은 사안에 따라 기본적인 틀이 달라지는 것이 일반적이지만, 그럼에도 불구하고 많은 경우에 공통적인 요소로 목차에 등장하는 것들이 있습니다. 그런 것들에 대해서도 주목해 보십시오.

사례풀이의 방법에 대해 강조한 것이 헌법학 전체의 체계를 거시적으로 조망하는 것의 중요성과 충돌하는 것은 아닙니다. 오히려 처음 헌법학을 공부할 때에는 사례를 건너뛰고 전체 내용과 체계를 어느 정도 습득한 이후에 사례를 공부하는 것이 더 합리적일 것입니다.

헌법학의 공부는 정글 속의 길찾기처럼 신중해야 하며, 계속 바뀔 수 있는 부분보다는 어떤 경우에도 바뀌지 않는 확실한 지형부터 숙지해야 합니다. 법령의 개정이나 새로운 판례에 의해 영향받지 않는 기본적인 사항에 대하여 확실한 지식과 깊이 있는 이해가 필요한 것입니다.

헌법학이라는 정글을 정복하고자 하는 독자 여러분께 이 책이 신뢰받는 안내자의 역할을 올바르게 할 것을 기대하며, 독자 여러분도 이 책을 적극적이고 효율적으로 활용하셔서 좋은 성과를 얻으시기 바랍니다.

2019년 2월 20일

지은이

제10판 머리말

비교적 오랜만에 새 판이 나왔습니다. 그동안 법령과 판례의 변화는 계속되었지만, 헌법학에 큰 영향을 미칠 만한 변화는 별로 없었습니다. 그런데 최근 30년 만에 국회 개헌특위가 구성되어 활동을 시작하는 등 큰 변화의 조짐이 보이고 있습니다. 그로 인하여 이 책의 개정판 작업을 잠시 미루어 두고 있었는데, 아무래도 헌법개정이 제대로 마무리되기까지는 시간이 조금 걸릴 듯싶습니다.

30년 만의 헌법개정이다 보니, 개정의 대상으로 거론되는 것들도 많고, 관련 쟁점들 및 이견들도 적지 않습니다. 이제는 헌법이 개정되어야 한다는 점에 대한 원칙적 합의는 뚜렷하지만, 구체적 내용에 대해서는 아직도 백가쟁명입니다. 더욱이 대통령에 대한 탄핵결정과 조기대선의 가능성이 높기 때문에 대선 전 개헌이 시간적으로 쉽지 않을 것이라는 예상과 대선 후의 개헌은 상당 기간 미뤄질 수 있다는 예상도 나오고 있습니다.

어쩌면 한 차례 개헌으로 모든 문제를 마무리하는 것보다는 몇 차례 나누어서 급한 것부터 그리고 국민적 합의가 확실한 부분부터 개헌하는 것도 합리적일 것 같습니다. 그리고 현재 개헌특위는 국민의사를 폭넓게 수렴하는 개헌이 될 수 있도록 최대한 노력하겠다는 뜻을 밝히고 있기에 더욱 그렇습니다.

아마도 새해에는 새로운 헌법에 대한 새로운 교과서가 등장할 수 있겠습니다만, 아직은 현행헌법하에서의 학설과 판례를 정리하는 교과서가 필요할 것 같습니다. 이를 위해 그동안 법령과 판례의 변화를 충실하게 반영하는 개정판을 준비했습니다. 역시 큰 틀의 변화는 없지만 곳곳에 법령과 판례의 변화가 적지 않으므로 새로운 법령과 판례에 주목하면서 교과서를 활용하시기 바랍니다.

물론 헌법학의 밀림 속에서 길을 찾기 위해서는 세세한 부분, 수시로 바뀌는 부분들보다는 이러한 변화에도 불구하고 바뀌지 않는 부분들에 대한 확고한 지식과 이해가 전제되어야 합니다. 그 바탕 위에서 새로운 변화를 확인할 때 여러분들의 헌법학 공부가 올바르게 정립되고, 어떤 사건들, 사례들에 대해서도 적절하게 응용할 수 있게 될 것입니다.

누누이 강조드리지만, 헌법학 전체의 흐름을 조망하기 위해서는 개별적 내용들을 습득한 이후에 이를 짜 맞추는 것이 아니라, 전체의 형상을 —아직 충분히 이해하지 못한 상태에서라도— 나름으로 머릿속에 그려 내면서 이를 중심으로 개별적 내용들을 적절하게 채워 넣는다고 생각하셔야 합니다. 마치 퍼즐의 밑그림을 보고 나서 퍼즐 조각들을 맞춰 나가는 것처럼 말이죠.

문제는 밑그림이 정확하지 않다는 것인데, 이는 강의를 통해서 보충하거나 몇 차례 시행착오를 통해 밑그림과 공부한 개별적 내용을 맞춰 나가는 방식으로 조정해서 이를 정교하게 만드는 과정이 필요할 것입니다. 물론 그 과정에서 목차 중심의 공부, 키워드 중심의 공부의 중요성은 아무리 강조해도 지나치지 않습니다. 그것이 헌법학이라는 밀림 속에서 올바른 길을 찾고 목적지에 안전하게 도착할 수 있는 가장 확실한 방법이기 때문입니다.

헌법학이라는 밀림을 정복하고자 하는 독자 여러분들에게 이 책이 믿을 수 있는 안내자의 역할을 훌륭하게 할 것을 기대하며, 독자 여러분이 이 책을 적극적이고 효율적으로 활용하시기를 바랍니다.

2017년 2월 10일

지은이

제 9 판 머리말

제9판에서는 제8판의 기본틀을 유지하는 가운데 법령과 판례의 변화를 반영했습니다. 특히 최초의 정당해산심판은 주목할 사항의 하나입니다. 그리고 헌법재판소법 개정으로 형법법규에 대하여 합헌에서 위헌으로 헌법재판소의 판례변경이 있을 경우에는 소급효의 범위를 합헌결정의 다음날까지로 제한한 것에도 유의해야 할 것입니다.

그밖에도 소소하게 바뀐 점들이 적지 않습니다만 큰 틀의 변화는 없습니다. 정부조직법 등을 중심으로 법령의 변화도 계속되었고, 헌법재판소 판례뿐만 아니라 대법원 판례 중에서도 주목할 것들이 있습니다. 그러나 이러한 변화는 헌법학의 전체적 줄기를 이해하는데 차이를 가져올 정도는 아닙니다.

늘 강조하듯이 헌법학의 공부는 법령과 판례의 변화에도 불구하고 바뀌지 않는 부분들, 즉 헌법학의 변수(變數)보다는 상수(常數)를 중심으로 건물을 세운 이후에 개별적인 변화, 즉 변수(變數)를 수시로 반영하여 인테리어를 하는 것이라고 생각할 수 있습니다. 그것이 가장 효율적인 공부방법일 뿐만 아니라, 문제의 본질을 가장 쉽고 정확하게 파악하는 공부방법이기도 합니다.

특히 전체의 흐름을 일목요연하게 파악하기 위해 목차가 갖는 중요성은 아무리 강조해도 지나치지 않습니다. 내용을 알면 목차가 저절로 만들어진다고 생각하지 말고, 목차의 흐름을 먼저 이해하고 그 안에 내용을 채워 넣는 방법을 사용하기를 권합니다. 내용이 방대할 뿐만 아니라 계속 변화하는 헌법학의 경우 이런 방법이 훨씬 시간과 노력을 절약할 수 있기 때문입니다.

헌법학의 전체적 체계를 목차 속에서 파악하고, 그 개별 목차 속에서 내용을 키워드 중심으로 정리함으로써 전체를 조망하는 가운데 개별적 내용들의 유기적 관련을 파악하는 것이 곧 헌법학의 체계적 이해라고 할 수 있습니다. 처음에는 막막할 수 있지만, 투자한 시간과 노력에 상응하여 가장 확실하게 성장할 수 있는 방법임을 여러분들이 느낄 수 있을 것입니다.

헌법학이라는 새로운 세계를 정복하고자 하는 독자 여러분들에게 이 책이 믿을 수 있는 지도의 역할과 훌륭한 나침반의 역할을 할 수 있으리라 믿으며, 적극적이고 효율적인 활용을 기대합니다.

2015년 4월 30일

지은이

제 8 판 머리말

2012년 나왔던 제 7 판이 2014년을 맞아 제 8 판으로 개정되었습니다. 여전히 역동적인 우리나라의 정치현실과 이를 반영하는 헌법 부속법령들의 개정은 계속되었지만 큰 틀의 변화라고 볼만한 것은 아직 없습니다. 헌법개정에 관한 논의들도 현재로서는 결실을 맺을 수 있을 것인지 불명확한 상황이고, 정당이나 선거 등과 관련된 제도의 변화 또한 크지 않습니다.

오히려 주목할 점은 이른바 국회선진화법으로 일컬어지는 국회법 조항들의 개정이 남긴 득실에 대한 논란과 최근 가장 뜨거운 이슈인 통합진보당에 대한 정당해산심판이라 할 수 있습니다. 헌법재판소가 어떤 결정을 내리게 될 것인지는 기다려 보아야 하겠지만, 우리 헌정사상 최초의 사법절차에 의한 정당해산심판이기 때문에 그 파급효는 헌법이론적으로나 정치현실에 있어서나 매우 클 것으로 예상됩니다.

이번 제 8 판에서는 이런 문제들에 대해서 차분하게 정리하고, 구석구석의 미진한 부분들을 많이 수정했습니다. 제 7 판이 나온 이후 1년 반 동안에 축적된 법령의 변화와 헌법재판소의 판례들을 반영하는 것도 작은 일은 아니었지만, 특히 정권의 교체에 따른 정부조직법의 개정 및 정부조직의 변화도 개정판에서 신경 쓴 부분입니다. 그러나 역시 근본의 변화는 없습니다.

예전에 제 5 판 머리말에서 말씀드렸던 것처럼 헌법 및 헌법이론의 상수(常數)로 이야기될 수 있는 것들, 즉 법령의 변화에도 불구하고 변하지 않는 부분과 변수(變數)로 표현할 수 있는 것들 그리고 법령의 변화에 따라 끊임없이 달라지는 부분들을 잘 구분하는 가운데 헌법의 전체적 구조의 파악과 개별적 내용의 정리를 각각 공부하시되, 유기적인 연결을 소홀히 하지 않는다면 이러한 변화로 인한 충격을 최소화시킬 수 있을 것입니다.

이 책의 지향점은 항시 헌법의 체계적 이해입니다. 기초에서부터 차근차근 쌓아 올리면, 확실하게 성장하는 것을 스스로 느낄 수 있도록 하는 것이 학문적 방법이고, 헌법은 공부를 해도 크게 달라지지 않는다는 선입견을 깨뜨리는 지름길이기도 합니다. 헌법학의 숲을 탐색하는 독자 여러분의 힘든 여정에 이 책이 믿음직한 나침반이자 지도가 될 수 있기를 바랍니다.

2014년 2월 20일

지은이

제 7 판 머리말

올해는 총선과 대선이 함께 치러지는 가운데 헌법적 쟁점들에 대한 관심이 매우 높아지고 있습니다. 정당과 선거에 대한 관심뿐만 아니라, 대선 주자들의 개헌에 대한 입장 표명이나 향후 헌법질서의 발전방향에 대한 논의도 점차 뜨거워지고 있습니다.

그런 가운데 민주화 이후 4반세기가 훌쩍 넘어서 민주주의의 내실화를 위한 고민들이 새로운 도약을 위한 방안을 모색하는 요즘에는 헌법 자체보다도 헌법을 구체화하는 여러 법률이나 판례들에 대한 관심도 높아지고 있습니다. 특히 공직선거법을 비롯한 정치관련 법률들은 지난 1년 동안에도 적지 않게 개정되었고, 온라인 선거운동에 대해서는 사전선거운동의 제한을 두지 말아야 한다는 헌법재판소 판례를 비롯하여 주목할 만한 판례들도 많았습니다.

반면에 입법부인 국회에서 만 1년이 넘도록 헌법재판관 1인의 자리를 채우지 않고 있는 기현상이 벌어지는가 하면, 헌법재판소의 위헌결정 또는 불합치결정에 따른 후속입법이 없음으로 인한 입법의 공백이 문제되는 등 아직은 우리의 헌법질서가 미숙한 부분도 많음을 보여주기도 합니다. 즉, 우리 헌법질서는 아직도 안정기에 접어들었다기보다는 격변기를 계속하고 있다고 보아야 할 것 같습니다.

이제 헌법은 말로만 최고법인 것이 아니라 실질적인 최고법으로 진화되었습니다. 그러나 아직도 헌법이 제 기능을 하기 위해서는 해결되어야 할 과제들이 많이 남아 있습니다. 무엇보다 정치인들의 헌법의식이 조금 더 강화되어야 할 것입니다. (헌)법과 정치의 관계는 어느 한쪽의 일방적인 우위라기보다는 상호 보완과 상호 존중의 틀 안에서 서로의 한계를 그어주고, 오·남용을 통제하는 관계라고 할 수 있을 것이지만, 현재로서는 민주주의의 발전에 비하여 법치주의 뿌리가 약한 상태이기 때문입니다.

이 책에서는 늘 그러하듯이 헌법의 기본 개념들과 이러한 개념들을 활용하여 전체 헌법의 체계를 일관성 있게 구성하는 데 초점을 맞추면서 개정된 법령과 새로운 판례들을 반영하고 있습니다. 헌법학 공부에서는 복잡하고 답답해 보일지라도 지속적인 발전을 위해서 기초를 탄탄하게 쌓는 것이 가장 중요합니다. 그 바탕 위에서 독자 여러분이 판례와 사례들을 참고하면서 헌법의 기본적인 개념과 이론들을 활용 내지 응용할 수 있게 된다면, 여러분들은 헌법학의 전문가로 발전할 토대를 갖춘 것입니다.

여러분들의 힘든 공부에 이 책이 믿을 수 있는 동반자 역할을 할 수 있기를 기대합니다.

2012년 8월 20일

지은이

제 6 판 머리말

21세기의 첫 10년을 보내고, 이제 두 번째 10년을 시작하는 해입니다. 항상 역동적인 변화를 보여주는 우리나라이지만, 지난 한 해의 변화 또한 적지 않았고, 헌법학과 헌법이론의 분야에서도 이러한 변화와 발전은 지속될 것으로 기대됩니다.

최근 정치권에서는 개헌을 둘러싼 논란이 지속되고 있습니다. 현재로서는 개헌의 가능성이 그렇게 높다고 보기는 어렵지만, 야권의 입장이 바뀔 경우에는 언제라도 본격적인 추진이 가능할 정도의 기초 작업이 되어 있는 상태이므로, 개헌을 통한 변화의 가능성을 눈여겨볼 필요는 충분하다고 봅니다. 또한 지난 1년 동안 바뀐 법령과 축적된 판례도 주목을 요합니다.

이러한 변화는 부담이 되는 측면도 있지만, 공부하는 사람들에게는 도전이며, 기회이기도 합니다. 늘 남들처럼, 남들과 비슷하게 공부하는 것으로는 결코 남들보다 앞서나가기 힘들다는 점을 생각할 때, 새로운 변화에 누가 더 빠르게, 정확하게 대응하느냐에 따라 자신의 위치가 달라질 수 있을 것이기 때문입니다.

물론 이러한 대응은 제가 독자 여러분께 늘 강조하는 헌법학의 공부방법론과 맞물려 있는 것입니다. 어떤 부분은 헌법뿐만 아니라 법률이나 시행령조차 바뀌지 않았는데도 판례나 해석론의 변화에 따라서 전혀 새로운 의미를 갖게 되는가 하면, 어떤 부분은 헌법이 개정될 경우에도 바뀔 수 없는, 바뀌어서는 안 되는 것이라는 점을 생각하면 우리가 어떤 방법으로 헌법학을 공부할 것인지가 분명해지는 것입니다.

그리고 헌법이론을 죽은 이론, 암기를 위한 이론으로 만들지 말고, 현실에서 발생하는 수많은 문제들과 연결시켜서 생각하는 습관을 만드시기 바랍니다. 헌법판례와 헌법사례들은 좋은 길잡이가 될 수 있습니다. 하지만, 언론에서 보도되는 크고 작은 사건들에 대한 헌법적 분석, 친구들과의 토의도 헌법학을 깊이 들여다보는 좋은 기회가 될 수 있습니다.

다시 한 번 말씀드리지만, 법학에서(따라서 헌법학에서도) 정답은 없습니다. 다만 정답이 없다고 오답도 없는 것은 아니기 때문에 명백한 오답을 피하면서 정답에 가까운 것들을 찾아 나가는 과정, 그리고 그 과정에서 부딪히게 되는 다양한 의견들을 비교하면서 문제를 가장 합리적으로 해결할 수 있는 (적어도 그런 것으로 보이는) 설득력 있는 대안을 모색하는 것입니다.

그렇기 때문에 법학이 어려운 것이고, 또 그렇기 때문에 매력적이기도 합니다. 인간의 삶에 대한, 그리고 국가공동체의 의미와 역할에 대한 깊은 통찰을 통해서만 자신의 가치관과 헌법적 문제에 대한 답을 하나로 엮을 수 있을 것입니다. 이러한 힘든 공부의 길에서 이 책이 독자 여러분들에게 작은 도움이 될 수 있기를 바랍니다.

2011년 2월 25일
지은이

제 5 판 머리말

지난 1년도 우리나라에 많은 역동적 변화가 있었고, 이는 또한 수많은 법령과 판례의 변화를 통해서도 나타나고 있습니다. 특히 신문법 등에 대한 헌법재판소의 권한쟁의심판은 많은 논란을 야기하기도 했습니다.

이러한 역동적인 변화는 법학의 장점이자 단점이기도 합니다. 지속적이고 가시적인 변화를 통하여 발전해 나가는 규범과 현실의 모습을 볼 수 있다는 것이 장점이라면, 잠시라도 한눈을 팔 경우에는 금방 뒤처지게 되는 것이 단점이라 할 수 있을 것입니다. 그리고 이러한 법학의 특징을 가장 잘 보여주는 분야의 하나가 헌법학일 것입니다.

헌법학의 특성 가운데 하나는, 헌법조문은 바뀌지 않아도 헌법을 구체화하는 법령이나 판례의 변화를 통해 헌법실현의 방식과 내용이 끊임없이 바뀌고 있다는 점입니다. 그런 가운데 한편으로는 불변의 이념과 원리가 확인되는가 하면, 다른 한편으로는 지속적으로 바뀌어가는 여러 법령과 판례들을 통하여 일정한 방향성을 느낄 수도 있습니다.

처음 헌법학을 공부할 때에는 아마도 혼란과 무질서가 더 많이 느껴질 수 있을 것이며, 장점보다 단점을 더 실감하게 될 것입니다. 그러나 조금씩 체계가 잡히고, 헌법의 전체적 체계를 조망하는 가운데 헌법의 상수(常數)들을 확실하게 정리해 놓으면, 헌법의 변수(變數)들로 인하여 큰 혼란을 겪지는 않게 될 것입니다.

물론 이러한 과정을 거치는 동안 적지 않은 노력이 필요할 것이며, 현명한 접근방법도 중요합니다. 그래서 저는 독자 여러분이 헌법학의 수많은 주제들을 하나의 줄기로 차분하게 연결시켜서 정리하시기를 권합니다. 마치 1,000쪽의 소설책을 읽을 경우에도 그것이 한 편의 장편소설인 경우에는 전체적 스토리를 파악하고 내용을 기억하기 어렵지 않은 반면에, 만일 10쪽의 단편소설 100편으로 구성된 책을 읽는 경우에는 각기 단절되는 이야기들을 정리하고 기억하는 것이 훨씬 어려운 것처럼, 헌법적 주제들도 그렇기 때문입니다.

물론 헌법학의 여러 주제들이 교과서의 순서대로만 연결되는 것은 아니기 때문에 다양한 연결을 위한 상상력과 시행착오가 필요할 수 있습니다. 그러나 이렇게 차분하게 정리하면서 나아가는 것이 이른바 우회생산처럼 효율성을 극대화시킬 수 있을 것입니다.

이 책은 헌법학을 전체적으로 일관된 체계 속에서 이해하려는 독자들을 위해 만들어졌으며, 최근의 법령과 판례, 그리고 제가 새롭게 정리한 사항들을 포함하여 조금은 더 새로워졌습니다. 독자 여러분들의 헌법학 공부에 좋은 안내자가 될 수 있으리라 기대합니다.

2010년 3월 10일

지은이

제 4 판 머리말

지난 1년 동안에도 헌법과 관련된 법령의 변화 및 새로운 판례의 축적이 많이 있었습니다. 비록 헌법은 아직 개정되지 않고 있지만, 헌법개정논의도 조금씩 활성화되는 분위기이고, 새 정부의 출범에 따른 법령의 정비는 헌법과 관련된 분야에서 더욱 두드러지게 나타났다고 할 수 있습니다.

그러나 제3판에서도 말씀드린 것처럼 법령의 개정이나 새로운 판례로 인하여 변화된 부분은 헌법학의 근본 줄기에 영향을 미칠 정도는 아닙니다. 바뀐 부분들을 잘 알아야 하는 것은 분명하지만, 이는 헌법학의 전체 체계에 대한 올바른 이해가 전제될 경우에는 그야말로 미시적인 변화에 불과합니다. 다만 독자 여러분이 헌법학의 큰 흐름과 개별적 문제에 있어서의 변화를 잘 연결시키기만 한다면 추가적인 공부의 부담이 최소화될 수 있을 것입니다.

또 하나의 커다란 변화는 법학전문대학원의 출범이라고 할 수 있을 것입니다. 법학전문대학원에서는 3년의 과정 속에 법과대학 4년의 교과과정뿐만 아니라 사법연수원이 담당하던 실무교과의 상당 부분을 가르치도록 되어 있습니다. 학부에서 법학을 전공한 경우에는 상대적으로 부담이 덜하겠지만, 그렇지 않은 경우에는 매시간 강의 전에 해당 주제에 대하여 충분한 예습이 필요할 것입니다.

늘 강조하지만, 법학은 암기과목이 아닙니다. 헌법학의 경우에는 불과 130개에 불과한 헌법조문의 암기로 끝나는 것은 결코 아니라는 점을 염두에 두고, 헌법학이 다루는 문제들에 대한 심도 있는 고민을 통해 문제해결의 방법을 체득하시기 바랍니다. 헌법이론이나 판례는 이러한 문제를 해결하는데 도움을 주는 것이지, 그 자체가 정답이라고 할 수는 없습니다. 헌법학은 정답이 없는 -그러나 오답은 무수히 많은- 공부를 하며, 각자 자신의 답을 객관화시키는 방법을 통해 목표에 접근하는 것이라 할 수 있을 것입니다.

인간의 삶과 국가질서에 대한 근원적 문제를 탐구하는 헌법학이라는 힘든 공부를 하는 여러분의 건투를 빌며, 독자 여러분께 이 책이 도움이 되기를 바랍니다.

2009년 2월 25일

지 은 이

제 3 판 머리말

지난 1년 동안에 법령의 변화 및 새로운 판례의 축적이 적지 않았습니다. 특히 지방자치법과 집시법 등에서는 내용의 변화보다는 조문 순서의 변화로 인한 조정의 필요성이 적지 않았습니다. 그밖에도 2월 말에야 개정된 정부조직법, 공직선거법 등도 반영하지 않을 수 없었기에 개정작업이 상당히 늦어지게 되었습니다.

이제 필수적인 부분들을 급한대로 손질한 개정판을 독자 여러분 앞에 내놓습니다. 하지만 전체적인 줄기에는 변화가 없다는 점을 제 2 판에 이어서 강조드립니다. 여러분이 헌법학을 공부함에 있어서는 법령의 변화, 판례의 추가에 영향받지 않는 부분이 더 많을 뿐만 아니라 그런 부분들이 헌법학의 전체적 기초와 줄기를 형성하고 있다는 점을 염두에 두고 효율적인 공부방법을 모색하시기 바랍니다.

가장 먼저 헌법학의 기본적 개념들을 정확하게 숙지하시고, 그 개념들을 유기적으로 연결시킴으로써 전체적 체계를 파악하셔야 할 것입니다. 부분 없이는 전체를 이해할 수 없지만, 전체적 체계에 대한 이해 없이는 개별적 부분에 대한 정확한 이해도 어렵다는 점을 늘 염두에 두고 양자의 유기적 연결에 유념하면서 공부하시기 바랍니다.

이를 위해서는 공부하는 부분의 목차를 눈여겨보고, 각 장과 장이 어떻게 연결되는지 연결의 고리에 대한 설명에도 유의하시기 바랍니다. 그렇게 공부할 경우에는 헌법에 대한 이해가 훨씬 수월해질 수 있을 것입니다. 그리고 그 바탕 위에서 문제해결능력을 키워나가기 바랍니다.

법학은 암기과목이 아닙니다. 헌법학의 경우에도 헌법조문이나 판례, 또는 중요 이론들을 암기함으로써 헌법학에 대한 이해를 대신할 수 없습니다. 여러분들이 헌법이론 및 판례의 배경부터 정확하게 이해할 때에 비로소 헌법적 문제들의 해결방향과 방법을 스스로 찾아낼 수 있을 것입니다.

인간과 국가의 본질 및 상호관계라는 거창한 문제를 다루고 있는 헌법학이라는 힘든 공부를 하는 독자 여러분께 이 책이 도움이 되기를 바랍니다.

2008년 3월 3일

지 은 이

제 2 판 머리말

지난 해 9월에 제 1 판이 나온 후 불과 반 년 만에 제 2 판을 출간하게 되었습니다. 그 동안 「헌법학 I – 헌법총론」, 「헌법학 II – 기본권론」, 「헌법학III – 국가조직론」을 집필하면서 충분한 준비가 되어 있다고 생각했지만, 헌법학 전체를 한 권으로 묶어서 정리하는 작업은 생각보다 복잡했습니다. 헌법학의 전체적 체계를 구축하는 것에는 많은 진전이 있었지만, 학생들이 헌법을 쉽게 이해할 수 있도록 정리하는 것이 더 큰 어려움이었습니다. 나름으로 많은 노력을 했지만, 다시 돌아보면 부족한 부분이 계속 눈에 밟히곤 했습니다.

그런 가운데 지난 반 년 사이에 법령과 판례의 변화가 매우 많았습니다. 공직선거법이 개정되었고, 국가재정법이 제정되면서 재정에 관한 부분은 근본적으로 바뀌게 되었으며, 그밖에도 소비자보호법이 소비자기본법으로 바뀌면서 역시 적지 않은 변화를 가져왔습니다. 정보통신망 이용촉진 및 정보보호 등에 관한 법률, 전기통신사업법, 의료법 등이 개정되었고, 의료보호법이 의료급여법으로 바뀌는 등 기본권 분야의 변화도 적지 않았습니다. 또한 헌법재판소와 대법원의 판례도 적지 않게 추가되었습니다.

이런 여러 가지 사정을 고려하여 제 2 판의 출간이 필요하다고 생각하여 겨울방학 동안의 작업을 통해 이 책의 여러 부분을 수정했습니다. 바뀐 법령과 추가된 판례를 반영하는데 그치지 않고, 내용의 이해를 위해 일부를 삭제하거나 추가한 부분도 있으며, 표현을 다듬은 곳도 적지 않습니다. 그러나 기본적인 틀은 그대로 유지되고 있으며, 목차에는 전혀 손을 대지 않았습니다. 헌법이해의 구조가 바뀔 이유는 아직 없다고 보기 때문입니다.

이 기회를 빌어서 독자 여러분께 강조하고 싶은 것은, 헌법학의 공부에 있어서 전체적인 체계가 무엇보다 중요하다는 점입니다. 헌법 자체가 개정되는 경우는 매우 드물지만, 헌법의 부속법률이 바뀌고 판례가 새로 축적되거나 변경되는 경우는 해마다 반복됩니다. 그런 의미에서 헌법은 민법이나 형법보다 변화가 심한 과목에 속한다고 할 수 있습니다. 불과 몇 년 전에 공부했던 정당, 선거에 관한 법규정이나 정부조직, 국회의 운영절차 등이 크게 바뀔 수도 있기 때문입니다. 그러나 헌법 안에는 아무리 법률규정들이 바뀐다 해도 바뀔 수 없는 기본적인 줄기들이 있습니다. 그러므로 여러분이 헌법학을 공부할 때에는 먼저 전체적인 불변의 체계를 익히고, 가변적인 내용들은 그 체계 안에 끼워 넣는 방식으로 정리하는 것이 가장 효과적인 것입니다.

이 책의 구성은 독자 여러분이 헌법학을 가장 쉽게 이해할 수 있도록 하는데 초점을 맞추고 있습니다. 그러나 독자 여러분의 단계에 따라서 공부하는 방법은 탄력적일 수 있습니다. 자신에게 맞는 방법으로 이 책의 장점들을 최대한 활용하시기 바랍니다.

2007년 2월

지은이

초판 머리말

2001년에 헌법총론이 처음 출간된 이래 2003년 기본권론, 2005년 국가조직론이 출간되었고, 이제 이 책들을 묶어서 「헌법학」을 출간하려고 합니다. 애초에 헌법학 시리즈를 출간할 때에는 헌법학을 공부하는 모든 학생들이 쉽게 접하고, 정확하게 이해할 수 있는 교과서를 집필하고자 했습니다. 그런데 현재의 시점에서 돌이켜 보니, 시행착오가 적지 않았던 것 같습니다.

기존의 교과서들이 취하고 있는 전체적인 체계를 크게 벗어나지는 않았지만, 헌법학을 정확하게 이해하기 위해 필요하다고 생각되는 범위 내에서 적지 않은 변화를 주기도 하였으며, 특히 헌법의 기본원리들을 비롯하여 헌법총론을 강조하기도 했습니다. 실정법 조문의 나열보다는 왜 그런 법률이 필요한지, 법률이 그런 내용을 담게 된 이유가 무엇인지를 이해할 수 있도록 설명하려고 노력했습니다.

그러나 아직도 부족한 점이 많을 뿐만 아니라 대학원에서 헌법을 전공하는 학생들이 아닌, 학부생들에게는 일부 부담스러운 점도 있다는 의견을 듣기도 했습니다. 그래서 많은 고민 끝에 이 책을 만들게 되었습니다.

이 책은 헌법총론, 기본권론, 국가조직론으로 나누어져 있던 헌법학 시리즈를 단순히 한 권으로 묶어 놓은 것은 아닙니다. 나름으로 학생들의 요구를 받아들여 지나치게 깊은 설명을 생략한 부분도 있고, 거꾸로 보충설명을 붙여 놓은 부분도 있습니다. 또한 중간 중간에 헌법사례들을 삽입하여 헌법이론들의 활용례를 보여주는 것도 커다란 변화라고 할 수 있습니다. 하지만 전체적인 체계나 기본적인 내용이 바뀐 것은 아닙니다. 법령의 변화, 새로운 판례의 축적을 반영하였지만, 그 역시 기본줄기에 영향을 미칠 정도는 아닙니다.

또한 각주에서 문헌소개를 한 것들을 많이 생략했습니다. 특히 외국문헌의 소개는 거의 다 생략했습니다. 그것은 이 책이 출간된 이후에도 헌법학 시리즈(헌법총론, 기본권론, 국가조직론)는 계속 유지될 뿐만 아니라, 헌법전공 대학원생 내지 전문가들을 위한 책으로 재구성될 예정이기 때문에 그 책들에서 보다 상세한 문헌소개를 받을 수 있을 것이기 때문입니다.

이런 의미에서 이 책은 헌법학에 처음 입문하는 학생들을 위한 배려를 더 많이 하고 있는 책이라고 할 수 있을 것입니다. 이러한 저의 의도가 어느 정도 성공했는지를 판단하는 것은 물론 독자 여러분들의 평가에 달려 있습니다. 이 책이 여러분들의 헌법학 공부에 도움이 될 수 있기를 바랍니다.

2006년 9월

지은이

차 례

헌법학 I 헌 법 총 론

헌법학 II 기본권론

헌법학 III 국가조직론

상세차례

1권 헌법총론

제 1 부 헌법의 개념적 기초

제 1 장 헌법이란 무엇인가?

제 2 장 헌법의 제정

제 3 장 헌법의 개정

제 4 장 헌법의 해석

제 5 장 헌법의 효력범위

제 2 부 헌법의 기본원리

제 1 장 국가형태와 헌법의 기본원리

제 2 장 헌법원리로서의 민주주의

제 3 장 헌법원리로서의 법치주의

제 6 장 국제질서에 관한 헌법원리

제 3 부 헌법의 제도적 기초

제 1 장 정당제도

제 2 장 선거제도

제 4 장 공직(공무원)제도

제 5 장 경제헌법

제 6 장 헌법의 보장 · 보호

2권 기본권론

제 1 부 기본권 총론(기본권 일반이론)

제 1 장 기본권이란 무엇인가?

제 2 장 기본권의 역사적 발달

제 3 장 기본권의 주체

제 4 장 기본권의 효력(객체)

제 5 장 기본권의 한계와 제한(내용확정)

제 6 장 기본권의 보호(침해와 구제)

제 7 장 기본권의 분류와 기본권체계

제 2 부 개별기본권

제 1 장 인간의 존엄, 행복추구권

제 3 장 인신의 보호

제 5 장 정신적 자유권 ①: 종교의 자유, 양심의 자유, 사상의 자유

제 6 장 정신적 자유권 ②: 언론의 자유

제 7 장　정신적 자유권 ③: 집회의 자유, 결사의 자유

제 8 장 정신적 자유권 ④: 학문의 자유, 예술의 자유

제 9 장 참정권: 국민투표권, 선거권, 공무담임권, 정당 설립 및 활동의 자유

제10장 경제적 기본권 ①: 재산권

제11장 경제적 기본권 ②: 거주 · 이전의 자유, 직업의 자유, 소비자의 권리

제12장 사회적 기본권 ①: 사회적 기본권의 이념과 발전

제13장 사회적 기본권 ②: 인간다운 생활을 할 권리

제14장 사회적 기본권 ③: 교육의 권리

제15장 사회적 기본권 ④: 근로의 권리, 근로삼권

제16장 사회적 기본권 ⑤: 혼인과 가족생활의 보호, 보건의 권리

제17장 새로운 유형의 기본권(제3세대의 기본권): 환경권, 평화적 생존권 등

제18장 절차적 기본권(청구권적 기본권) ①: 절차적 기본권의 의의와 기능, 청원권, 재판청구권

제19장 절차적 기본권(청구권적 기본권) ②: 국가배상청구권, 형사보상청구권, 범죄피해자구조청구권

제20장 기본의무

3권 국가조직론

제 1 부 국가조직의 출발점으로서의 권력분립

제 1 장 헌법체계와 국가조직체계

제 2 장　권력분립이론의 역사적 발달

제 3 장　권력분립의 위기와 현대적 권력분립

제 4 장 한국헌법상의 권력분립

제 2 부 국가기능

제 1 장 국가의 과제와 국가기능

제 3 장　집행기능

제 4 장 사법기능

제 5 장 정부형태: 국가기능들의 결합유형

제 3 부 국가기관

제 1 장 국가기관의 구성과 활동의 방향

제 2 장 국 회

제 3 장 정　부

제 4 장 법 원

제 5 장 헌법재판소

1

헌법총론

헌법은 크게 세 부분으로 나누어진다. **「헌법총론」**은 헌법의 기초개념과 기본원리, 제도적 기초 등을 통하여 전체 헌법질서의 근간을 파악하는 부분이고, **「기본권」**은 국가공동체 내에서 개인과 국가, 개인과 개인의 관계를 헌법상의 권리와 의무라는 맥락에서 이해하는 부분이다. 그리고 **「국가조직」**에서는 국가기능 및 이를 담당하는 국가기관의 구성과 권한, 활동방식 등을 정리한다.

그 중 **「헌법총론」**은 헌법 전반의 기초가 되는 개념들과 원리들을 담고 있으며, 이를 체계적으로 정리하기 위한 복잡한 이론적 대립들을 내포하고 있기 때문에 가장 부담스럽고 난해한 부분으로 이야기된다. 하지만 「헌법총론」은 그 중요성 때문에 헌법을 공부할 때에는 가장 먼저 정리되어야 하는 부분으로 일반적으로 인식되고 있다.

물론 강의 기술상 「국가조직」과 「기본권」을 먼저 공부하여 국가기관의 구성과 권한 및 활동, 그리고 그에 대응하는 개인의 기본권행사 등과 같은 개별적 쟁점들을 통해서 헌법질서 속에서 벌어지는 여러 상황들을 먼저 파악하고 난 후, 그러한 여러 현상들 속에 담겨 있는 의미를 정리하는 가운데 귀납적으로 헌법의 의의와 기능, 헌법질서를 지배하는 기본원리 등을 추론해 내는 방법도 가능하다.

그러나 판덱텐 법학의 기본줄기를 따르고 있는 우리 헌법학은 전통적으로 「헌법총론」, 「기본권」, 「국가조직」의 순서를 따라왔고, 이 책도 이러한 순서를 따른다.

이처럼 「기본권」과 「국가조직」에 앞서서 「헌법총론」을 공부함에 있어서는 몇 가지 유의해야 할 점이 있다.

첫째, 「헌법총론」을 얼마나 깊이 이해하는지에 따라서, 그 이후에 공부하게 될 「기본권」과 「국가조직」의 이해가 달라질 수 있다. 「헌법총론」을 공부하면서 가장 많이 겪는 어려움은 이 부분에서 다루어지는 개념과 내용들이 민법이나 형법 등과 비교하기 어려울 정도로 추상적이어서 그 **구체적인 의미와 실제 사례에서의 적용가능성 및 방법** 등과 연결되기 어렵다는 점이다. 그러나 「헌법총론」의 중요성은 그러한 어려움으로 인하여 감소되지 않는다. 오히려 그러한 어려움을 극복하고 「헌법총론」을 깊이 있게 이해했을 때 비로소 「헌법총론」을 「기본권」과 「국가조직」에 앞서 공부한 의미가 살아나는 것이다.

둘째, 「헌법총론」을 공부할 때에는 그 분량이 「기본권」이나 「국가조직」에 비하여 다소 적다는 것에 현혹되지 말고 충분한 시간을 투자하여 깊이 이해할 수 있도록 하여야 한다. 단순히 개념정의를 암기하는 것으로 기본개념의 이해를 대신할 수는 없다. 헌법의 기본개념들의 **역사적 배경**과 **현실 속에서의 구체화** 등을 염두에 두고 깊이 공부했을 때에만 「헌법총론」의 공부가 「기본권」과 「국가조직」을 공부하는 데 유익한 기초로 활용될 수 있으며, 나아가 헌법 전체를 일관된 체계속에서 정리하는 데 큰 도움이 될 수 있다. 이를 위해서는 **철학, 역사학, 정치학, 사회학 등 인접학문의 공부**도 도움이 될 수 있으며, **관련되는 판례와 사례** 등을 연결시켜서 공부하는 것도 매우 중요할 것이다.

셋째, 「헌법총론」의 공부는 그 자체로서 완결되는 것이 아니라 「기본권」, 「국가조직」으로 연결되는 것임을 잊어서는 안된다. 아무리 「헌법총론」에서 충분한 시간을 갖고 깊이 있게 공부했다 하더라도 **「기본권」과 「국가조직」에서 「헌법총론」과 연결**되는 내용들이 나올 때에는 다시금 총론에서 공부하였던 내용을 되짚어보면서 **전체적 맥락을 분명하게 파악**하려는 적극적인 노력이 중요하다는 것이다.

이러한 의식적인 노력을 통하여 「헌법총론」이 잘 정리되고, 「기본권」 및 「국가조직」과 유기적으로 연결될 수 있도록 공부한다면, 그것은 전체로서의 헌법을 정확하고, 깊이 있게, 그리고 빠르게 이해하는 지름길이 될 것이다.

제 1 부

헌법의 개념적 기초

이 책에서 헌법총론은 다시금 「**헌법의 개념적 기초**」, 「**헌법의 기본원리**」, 「**헌법의 제도적 기초**」의 세 부분으로 나뉜다. 그 중 첫째 부분인 「헌법의 개념적 기초」는 말 그대로 헌법이 무엇인지, 그리고 헌법이 어떻게 만들어지고, 개정되며, 해석되는지, 그러한 헌법은 어디까지 효력을 미치는지… 라는 가장 기본적인 문제들을 다루고 있다.

헌법의 개념적 기초를 파악하는 것은 곧 헌법의 구조와 성격을 파악하기 위한 가장 기본적인 전제이다. 따라서 헌법의 개념적 기초에 대한 이해가 당장은 구체적 헌법문제의 해결에 직접 관련되는 경우가 별로 많지 않아 보일지라도 그 중요성은 헌법의 다른 어떤 부분보다 덜하지 않을 뿐 아니라, 간접적으로는 모든 헌법문제의 해결방식이 -결국 헌법의 구조와 성격에 대한 이해와 연결되어 있다는 점에서- 헌법의 개념적 기초에 대한 이해에 따라 달라질 수 있다. 헌법에 대한 기본적 이해의 차이가 개별적 헌법문제를 어떤 방향에서 해결하여야 하는가에 대해서도 적지 않은 영향을 미치고 있다는 것이다.

그런 맥락에서 볼 때, 헌법의 개념적 기초를 어떻게 파악하는지가 결국 헌법이해, 따라서 헌법문제 해결의 첫 단추라고 할 수 있을 것이다.

제1장 헌법이란 무엇인가?

「제1장 헌법이란 무엇인가」에서는 종래 **헌법의 개념과 특성**에 대한 논의로서 전개되었던 것들과 이른바 **헌법관**에 대한 논의들에 대한 정리를 바탕으로 하여, 헌법을 과연 어떻게 이해하여야 하는지에 대한 기초를 정립하고자 한다.

헌법이 무엇인지를 알기 위해서는 먼저 그 헌법이 과연 왜(무엇을 위해), 어떻게 생겨났는지, 그리고 우리의 생활현실 가운데서 어떤 역할 내지 기능을 하고 있는지, 또는 해야 하는지를 고민해 보아야 할 것이다.

제1절 국가공동체와 법질서, 그리고 헌법

Ⅰ. 인간의 삶과 공존, 공동체

> "내가 알고 있는 나의 세계의 중심은 나 자신이다. 더욱이 내 삶의 중심이 되는 것은 나 자신일 수밖에 없다. 따라서 나의 존엄, 내 삶에 대한 존중을 전제하지 않고서는 아무것도 말할 수도 행할 수도 없다."

이것은 근대적인 인간의 가장 전형적인 주장이다. 또한 근대적인 사회질서, 법질서 형성의 출발점이 되는 것이기도 하다. 중세와 구별되는 근대의 특징이 '**인간중심**'이라는 명제로 표현될 수 있다면, 근대적인 사회질서와 법질서는 **인간의 존엄성을 인정하고 존중**하는 데에서 출발한다고 말할 수 있을 것이다. 이와 같이 인간의 존엄을 인정하는 태도는 곧 개인에 대한 존중으로 나타난다. 모든 개개인이 인간으로서 존엄하기 때문에 존중받아야 한다는 것이다.

'인간중심'의 사고는 때때로 자신만을 생각하고 남들을 무시하는 '자기중심'적 사고와 혼동되기도 한다. 그러나 진정한 인간의 존엄은 '**모든 인간의 존엄**'이라는 형태로만 실현될 수 있다. 모든 개인의 삶은 고립적으로 영위될 수 있는 것이 아니라 만남과 소통 속에서, 여러 형태로 이루어지는 다른 사람들과의 만남과 소통 속에서 형성된다. 다른 사람들도 나와 마찬가지로 자신의 세계의 중심이 되는 존엄한 인격체임을 인정해야 할 뿐만 아니라, 그들과의 만남과 소통 없이는 나의 삶 또한 가능하지도 않고, 의미도 없다. 결국 인간은 사회적 동물이고, 인간의 삶은 사회 속에서, 즉 다른 사람들과의 관계 속에서 형성될 수밖에 없는 것이다.

따라서 나의 삶은 –나와 똑같이 존엄성의 주체인– 다른 사람들과의 공존(共存) 속에서 영위될 수밖에 없으며, 이러한 공존은 곧 공동체의 형성을 필수적인 것으로 만든다.

Ⅱ. 공존질서로서의 법

사회의 존재는 곧 질서의 요청을 수반한다. 즉 다수의 개인들이 관계를 맺으며 살아가는 과정에서 때때로 그들 상호간의 의견이나 이해관계가 충돌하는 경우도 불가피하게 발생하기 때문에 이들을 적절하게 규율하는 질서가 꼭 필요한 것이다.

질서가 존재하지 않는 사회, 모든 사람이 인간존중의 이념을 상실하고 자기중심의 사고만을 고집하는 사회는 –의견이나 이해관계의 충돌을 일정한 절차에 따라 합리적으로 해결하는 대신에– 극단적인 대립과 충돌로 치닫게 될 것이다. 그런 상황 속에서는 모두가 각기 힘으로써 모든 것을 쟁취하고자 노력할 것이며, 결국 그 사회는 홉스(*Thomas Hobbes*)가 말하는 '만인의 만인에 대한 투쟁상태'에 빠지게 될 것이다.

사회 구성원들이 서로를 존중하면서 서로의 의견과 이해관계를 합리적으로 조정하는 질서, 즉 **공존(共存)의 질서**를 만들고 유지하기 위해서 사회의 구성원들에게는 일정한 행동방식이 요구된다. 즉 특정한 행동을 하도록 요구받기도 하며, 또 특정한 행위는 하지 않도록 금지되기도 하는 것이다. 이런 것들을 우리는 규범이라고 부른다. 규범에 속하는 것으로는 법 이외에도 종교, 도덕, 관습 등이 있다.

이러한 여러 규범들 가운데 어떤 규범이 그 사회의 질서를 형성하고 유지하는 데 중추적인 역할을 하는가는 사회적 여건에 따라 다르게 나타날 수 있지만, 오늘날에는 법규범이 사회의 질서를 형성하고 유지하는 데 중추적 역할을 하는 것이 보편화되어 있다.

법규범은 국가권력에 의하여 공적인 권위를 부여받고 그 실행이 담보되는 규범이다. 즉 **국가권력에 의해 공적 강제력이 확보되고 있는 규범**인 것이다. 이러한 법규범은 다음 몇 가지 측면에서 볼 때 현대적 상황에서 질서를 유지하기에 다른 사회규범들보다 적합하다.

첫째, 모든 **구성원의 이해관계를 합리적으로 조정**할 수 있다.

둘째, **변화되는 상황에 대한 신속한 대응**이 가능하다.

셋째, **국가권력에 의한 강제집행이 가능**하다는 점에서 실효성이 뛰어나다.

Ⅲ. 국가공동체의 기본법으로서의 헌법

가족, 마을, 학교, 도시, 국가 등 우리의 삶의 기초가 되는 공동체는 다층적이다. 그 가운데 법과 관련하여 가장 기본이 되는 공동체는 국가이다. 법은 국가를 기초로 하며, 국가를 단위로 하여 법질서가 형성되고 유지되기 때문이다.

그러나 국가라는 공동체가 어떻게 구성되며, 어떻게 움직여 나가는지, 그 실체는 무엇인지, 그리고 우리의 삶이 국가와 어떻게 연결되어 있는지에 대해서는 오래 전부터 많은 논의가 전개되어 왔음에도 불구하고 아직도 논란이 끊이지 않고 있다.[1)]

「국가론」이라는 이름 아래 국가의 형태와 유형, 본질과 기능에 대한 수많은 논의들이 전개되었지만, 그 어느 것도 아직은 최종적 합의에 도달하지 못하고 있다. 또한 국가론에서의 논의가 헌법학의 국가이해와 일정한 거리를 갖게 되는 경우도 적지 않다. 따라서 우리가 헌법을 공부하기 위하여 전제되어야 하는 국가에 대한 이해는 국가론 전반에 대한 정리라기보다는 헌법학의 관점에서 국가를 어떻게 이해하여야 하는가에 한정된다.[2)]

헌법학의 관점에서 보는 국가는 일차적으로 **법의 전제가 되는 사실적 강제력**이다. 법의 본질적 속성의 하나인 강제적 집행가능성을 담보할 수 있는 강제장치가 곧 국가권력이고, 이러한 국가권력은 국가라는 공동체의 본질적 요소의 하나이기 때문이다. 그러나 이로부터 국가가 법에 우선한다는 결론이 섣부르게 도출되어서는 안 된다. 비록 국가(권력)의 사실적 존재가 법의 전제임을 인정한다고 할지라도, 국가(권력)의 정당성은 거꾸로 법에 의존하기 때문이다.

따라서 적어도 규범적으로는 국가(권력)의 형성과 유지 및 그 활동이 법에 의해 통제되어야 한다. 그러나 현실적으로 법이 규율해야 할 대상은 사회내의 모든 분쟁이며, 단순히 국가권력에 관한 것에 국한되지 않는다. 더욱이 현대의 고도화된 산업화, 정보화의 결과로 사회 내의 생활관계는 과거에 비할 수 없을 정도로 복잡화·다양화·전문화되었으며, 이에 따라 법질서 또한 계속 세분화·전문화·복잡화의 과정을 밟아왔다.

그러나 이와 같은 **법의 세분화·전문화**는 각각의 경우에 적합한 해결방법을 구함으로써 분쟁의 객관적이고 공정한 해결에 도움을 주기도 하지만, 다른 한편으로는 법이 지나칠 정도로 세분화·복잡화되면서 결과적으로 법규정들 사이의 유기적 관련이 약해지고, 심지어는 법규정 상호간의 모순이 발생되기도 한다. 이러한 상황은 법이 본래의 기능, 즉 공존을 위한 생활관계의 정서(整序)라는 기능을 발휘하는 데 큰 장애가 된다. 그러므로 법규정들이 세분화·전문화되면 될수록 **법질서의 통일성**의 요청도 더욱 커지는 것이다.

그 동안 법적용의 우선순위를 정하기 위해 발전되어 온 원칙들, 예컨대 **「신법우선의 원칙」**, **「특별법우선의 원칙」**, **「상위법우선의 원칙」**도 법질서의 통일성을 확보하는데 큰 의미를 갖는다. 그러나 전체 법질서의 관점에서 보면, 모든 법규정들에 공동의

---

1) 예컨대 고전적 국가 삼요소설은 「영토」, 「국민」, 「주권」이라는 세 가지 요소로 국가를 설명함으로써 국가의 외형적 징표에 관한 비교적 명확한 기준을 세워 주었다. 그러나 영토와 국민과 주권을 갖는 그 무엇이라는 말만으로 국가가 충분히 설명되었다고는 할 수 없다. 국가의 기원, 혹은 국가의 목적에 관한 수많은 이론들을 거론하지 않더라도 국가 삼요소설만으로는 국가가 왜 존재해야 하며 그 성격은 어떤 것인지에 관한 근본적인 물음에 대해 답을 줄 수 없기 때문이다.

2) 물론 국가에 대한 이해의 기초가 어떻게 달라지는가에 따라 헌법에 대한 이해가 달라지는 부분이 적지 않다. 그러나 국가에 대한 이해의 차이가 곧바로 모든 헌법적 문제에 있어서의 차이로 귀결되는 것은 아니다.

기초를 형성하고, 그 기본방향을 정하고 울타리를 그어주는 것이 법질서의 통일성 확보를 위해 무엇보다 중요하다.

이러한 역할을 하는 **국가법질서의 최고규범**을 우리는 헌법이라고 부른다.

Ⅳ. 헌법과 헌법학 - 그 대상과 분야

헌법은 한 국가의 최고법, 기본법이라고 일컬어진다. 그것은 한 국가내의 가장 중요한 사항들이 헌법에 의해 정해지며, 법질서의 기초가 헌법에 의해 형성된다는 것을 의미한다.

실정법규범으로서의 헌법은 성문의 헌법전을 갖고 있는 경우이건 아니면 영국과 같이 불문헌법의 형태로 존재하는 경우이건 최고법으로 인정되며, 또 최고법으로서의 기능을 담당한다. 즉 헌법은 국가공동체의 기본법으로서 국가 내의 모든 영역에 영향을 미칠 뿐 아니라, 최종적인 법적 효력을 갖는다. 헌법은 국가조직의 구성과 권한범위, 활동방식 등과 같은 좁은 의미의 국가생활에 관한 사항을 정할 뿐 아니라, 혼인과 가족, 노동, 언론, 형사절차 등 국가공동체 내의 다양한 영역에 관한 기본원칙도 정하고 있는 것이다.

이처럼 헌법의 규율대상이 방대하다는 것은 헌법에 대한 전체적이고 통일적인 이해의 어려움으로 연결된다. 그러나 헌법을 전체적이고 통일적으로 이해하는 것은 -최고법으로서 법질서의 통일성을 담보하고 있는 헌법의 의의와 기능에 비추어 볼 때- 결코 포기될 수 없는 것이기 때문에, 헌법에 대한 다양한 규범적 및 사실적 접근을 통해 헌법을 전체적이고 통일적으로 이해하려는 노력이 기울여지고 있으며, 이러한 다양한 노력들은 헌법학의 다양한 분과로 나타난다.

헌법학의 분과를 나누는 방법에 약간의 차이는 있으나 접근의 방식에 따라 보통 헌법해석학, 헌법정책학, 헌법사회학, 헌법사, 헌법철학, 비교헌법학 등으로 나누고 있다.[3)]

우리가 헌법학이라는 이름으로 다루는 내용의 거의 대부분을 차지하는 **헌법해석학**은 실정헌법의 조문이 담고 있는 의미를 밝혀내는 학문이다. 즉 추상적으로 규정되어 있는 헌법조문의 의미를 밝혀서 구체적인 사건에 적용할 수 있도록 하는 것이다. 그러

3) * **권영성** 교수의 분류방법(헌법학원론, 2010, 21쪽)

- 헌법학
  - 이론헌법학
    - 헌법철학 · 헌법원리론(헌법본질론 · 헌법가치론 · 헌법존재론 · 헌법학방법론 등 포함)
    - 헌법사 · 헌법학설사 · 헌법사상사
    - 일반헌법학 · 개별헌법학(국가별헌법학)
    - 비교헌법학
    - 헌법사회학
  - 실용헌법학
    - 헌법정책학
    - 헌법해석학

나 이 경우에도 실정헌법 조문의 문구만을 개별적으로 해석함으로써 헌법의 의미내용이 올바르게 밝혀지기는 어려우므로 헌법의 전체적 의미관련을 따져 보는 것이 매우 중요하며, 이를 위하여 헌법학의 다른 분과들에서 축적된 연구성과가 도움이 될 수 있다.

헌법정책학은 헌법해석학과는 달리 현존하는 헌법, 즉 실정헌법의 조문에 얽매이지 않고 '있어야 할 헌법'을 추구하는 것이다. 해석을 통해 실정헌법의 의미내용을 밝혀서 적용하는 것이 아니라, 현행의 헌법조문이 안고 있는 문제점을 밝혀서 그 조문의 개정 필요성 여부를 확인하는 것이다. 그러나 현존하는 헌법조문에서 그 의미내용을 객관적으로 도출해 내는 헌법해석학과는 달리 자칫 주관에 흐를 위험성이 많기도 하다.

또한 **헌법사회학**은 헌법조문을 중심으로 하는 규범적 분석이 아니라 헌법규범과 헌법현실에 관한 사회학적 접근, 즉 사회학적 인과관계의 분석을 통하여 헌법이 사회내에서 실제 어떤 기능을 하고 있는지를 밝혀주는 역할을 한다. **헌법사**는 역사적 고찰을 통하여 현행헌법을 올바르게 이해하고, 또 헌법이 나아가야 할 방향을 제시해 주며, **헌법철학**은 헌법의 이념적 기초와 그 의미에 관한 검토를 통해 실정헌법의 심층적 이해를 가능하게 해준다. **비교헌법학**은 다른 헌법(특히 외국의 헌법)과의 비교를 통해 유사한 기능을 하고 있다.

이렇게 볼 때, 헌법학의 다양한 분과 가운데 중심에 있는 것은 역시 헌법해석학이다. 모든 법규범이 그러하듯이 헌법도 해석을 통해 현실 속에 적용되었을 때 비로소 그 의미가 살아날 수 있으며, 헌법해석학은 이를 위해 가장 중요한 역할을 하기 때문이다. 같은 맥락에서 헌법철학과 헌법사, 비교헌법학 등은 올바른 헌법해석을 위한 보조적 수단으로 이해될 수 있다. 그러나 또한 헌법해석학에도 일정한 한계는 있으며, 해석을 통해 바로잡아질 수 없는 잘못된 헌법규정은 헌법정책학적 대안으로 연결될 수밖에 없다. 이 경우에도 헌법철학, 헌법사회학 등을 통한 구체적 근거와 대안의 제시가 중요한 역할을 할 것이다.

결국 헌법학의 여러 분과들은 실질적으로 분리되어 있는 것이 아니라 유기적 관련 속에서 서로를 보충·보완하는 것이라고 보아야 한다. 따라서 우리가 앞으로 헌법학에 대한 논의를 전개함에 있어서도 헌법해석학을 중심으로 하되, 다른 접근방법들을 보충적으로 활용하는 방식이 취해질 것이다.

---

* **김철수** 교수의 분류방법(헌법학개론, 2007, 25쪽)

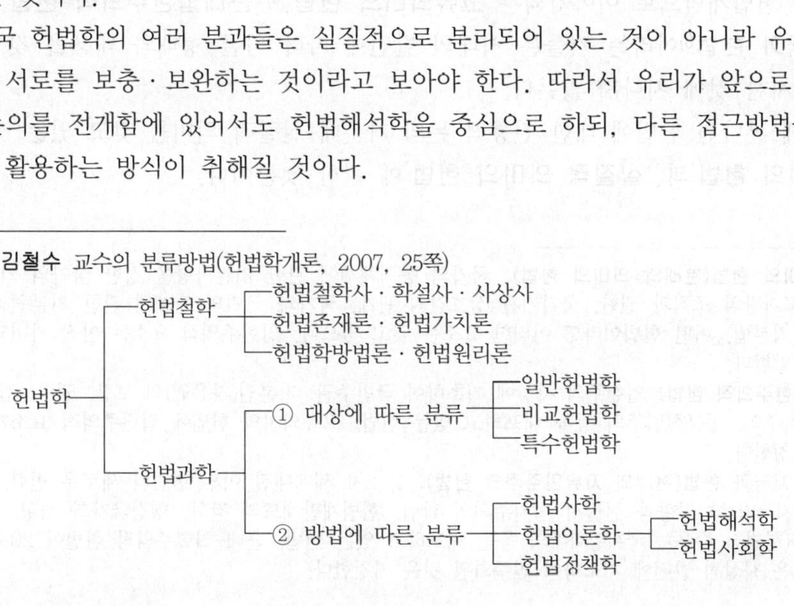

제2절 헌법의 개념과 특질에 관한 논의들

"모든 지속적 단체는 하나의 질서를 필요로 하며, 그 질서에 따라 단체의 의사가 형성되고 집행되며, 그 영역의 한계가 정해지고 단체 내에서의 그리고 단체에 대한 구성원의 지위가 규정된다. 이와 같은 질서를 헌법이라고 부른다. 따라서 모든 국가는 하나의 헌법을 갖는다. … 그러나 문화민족에 있어서는 법적으로 승인되고 법규로 구성되는 질서를 구성하는 것이 원칙이다. 그러므로 헌법은 일반적으로 국가의 최고기관을 정하고 그 구성방법 및 상호관계와 권한을 확정하며 나아가 국가권력에 대한 개인의 기본적 지위를 정한 법규들을 포함하고 있다."(*G. Jellinek*, Allgemeine Staatslehre, 3.Aufl. 1921, S. 505)

Ⅰ. 헌법의 개념에 관한 전통적 논의

헌법에 대한 이해의 출발점은 헌법의 개념이 되어야 할 것이다. 그러나 헌법의 개념에 관한 종래의 논의는 적지 않은 혼란을 내포하고 있었다.

흔히 헌법의 개념을 사회학적 헌법개념과 법학적 헌법개념으로 구별하고 있었으나, 과연 어떤 기준으로 그러한 구별이 이루어졌는지가 분명하지 못했으며, 사회학적 헌법개념으로 분류되고 있던 것들, 예컨대 페르디난트 라쌀(*F. Lassalle*)의 **사실적 권력관계로서의 헌법**이나, 칼 슈미트(*C. Schmitt*)의 **헌법제정권자의 근본결단으로서의 헌법**, 또는 루돌프 스멘트(*R. Smend*)의 **통합과정의 원리로서의 헌법**이 과연 법학적 헌법개념에서 이야기하는 것들과 확연하게 구분될 수 있는 것인지도 분명하지 않다. 나아가 법학적 헌법개념으로 이야기되는 **고유의미의 헌법**,[4] **근대입헌주의적 헌법**,[5] **현대적 복지국가 헌법**[6]이라는 것들은 시대의 발전에 따라 다른 형태와 내용을 갖고 있는 헌법을 묘사한 것에 지나지 않는다.

그렇게 본다면 헌법에 대한 전통적 논의 가운데 실질적 의미를 갖고 있는 것은 '**형식적 의미의 헌법**'과 '**실질적 의미의 헌법**'에 관한 것뿐이다.

---

4) **고유의미의 헌법(본래의 의미의 헌법)**: 국가의 통치체제에 관한 기본사항을 정한 국가의 기본법, 즉 국가최고기관의 조직과 권한, 국가기관 상호간의 관계, 국가와 국민의 관계에 관한 기본원칙을 정한 국가의 기본법. 어떤 헌법이라도 이러한 요소는 갖고 있으나, 입헌주의적 요소는 아직 가미되지 않은 상태를 말한다.

5) **근대 입헌주의적 헌법**: 입헌주의 사상에 기초하여 국민주권, 기본권(자유권)의 보장, 권력분립, 의회주의, 법치주의, 성문헌법주의 등을 내포하고 있는 헌법. 고유의미의 헌법에 입헌주의적 요소가 가미된 것을 지칭한다.

6) **현대 복지국가 헌법(현대의 자유민주주의 헌법)**: 1, 2차 세계대전 이후 헌법의 새로운 변화, 즉 사회국가(복지국가)화 경향과 실질적 법치주의의 확립, 헌법재판제도의 강화, 행정국가화 경향, 정당제도의 강화(헌법적 수용), 국제평화주의 등을 내포하고 있는 헌법. 근대 입헌주의적 헌법이 20세기 이후의 새로운 사상적 발전에 기초하여 민주화된 것을 지칭한다.

헌법의 개념을 논하는 의미는 헌법의 본질과 기능을 간단하게 정리함으로써 헌법이 갖고 있는 특징을 다른 법규범들과 구별할 수 있도록 하고, 헌법의 징표들을 명확하게 드러내는 데 있다. 그런 맥락에서 본다면, 헌법의 개념에 대한 논의는 헌법이해의 문제 내지는 헌법관의 문제와 불가분의 관계에 있으며, 이를 배제하고 헌법의 개념을 논하는 것 자체가 사실상 불가능하다. 헌법을 이해하는 시각, 즉 헌법의 본질과 기능을 어떻게 보느냐에 따라 헌법에 대한 개념정의가 달라질 수밖에 없는 것이다.

그러므로 헌법개념의 문제는 전체 헌법에 대한 이해에 기초하여 정리될 수 있는 것이지, 몇 마디의 개념정의만으로 쉽게 매듭지어질 수 있는 것이 아니다. 비록 우리가 '무엇이 헌법인지'조차 모르면서 헌법학을 이야기하기 어렵다는 문제 때문에 헌법의 개념정의를 먼저 이야기하고 있지만 결국 헌법전반에 대한 이해의 바탕 없이는 헌법의 개념을 정의하기도 어렵고 또 정의된 헌법개념을 이해하기도 어렵다. 결국 헌법을 처음 공부하면서 접하게 되는 헌법의 개념정의는 그 본질과 기능에 대한 심층적 이해에 기초한 정의를 나중의 과제로 남긴 채, **헌법의 외형을 중심으로 한 정의**에 그치게 되는 것이다.

그런 의미에서 **형식적 의미의 헌법**, 즉 그 내용과 상관없이 헌법전의 형식으로 만들어진 법규범과 **실질적 의미의 헌법**, 즉 국가생활의 중요사항을 규정하는 법규범을 구별하는 것은 중요한 의미를 갖는다.[7] 다만 이것이 헌법에 관한 개념정의의 전부는 아니라는 점에 유의하면서 앞으로의 공부와 연결시켜서 헌법의 본질과 기능을 정확하게 이해하도록 노력해야 할 것이다.

Ⅱ. 헌법의 분류

헌법의 개념에 관한 논의와 혼동되지 말아야 할 것이 헌법의 분류이다. 헌법의 개념이 모든 헌법에 일반적으로 나타나는 본질 내지 속성을 중심으로 그 징표들을 드러내 보이는 것이라면, 헌법의 분류는 서로 구별되는 헌법의 여러 유형들을 대조함으로써 특정 헌법이 어느 유형에 속하며, 따라서 어떤 특성을 갖는지를 쉽게 파악할 수 있도록 하는 것이다.

이런 맥락에서 헌법은 여러 기준에 따라 다음과 같은 다양한 유형으로 분류될 수 있다.

1. 성문헌법과 불문헌법

성문헌법(成文憲法)과 불문헌법(不文憲法)의 분류는 헌법이 성문의 헌법전의 형태로 존재하는지의 여부에 따른 것이다.

대부분의 국가는 '통일된 성문의 헌법전'을 두고 있다. 반면에 영국, 프랑스 제3공

7) 형식적 의미의 헌법과 실질적 의미의 헌법에 대해서는 「제2장 제1절 Ⅲ. **형식적 의미의 헌법과 실질적 의미의 헌법**: 과연 어떤 헌법의 제정인가?」 참조.

화국, 1978년 12월 헌법제정 이전의 스페인, 이스라엘 등과 같이 통일된 성문의 헌법전을 두지 않고 있지만, 실질적으로 헌법의 기능을 하는 성문의 법률(예컨대 영국의 대헌장, 권리청원, 권리장전, 왕위계승법, 의회법, 국적법, 인권법 등) 또는 헌법관습법 등 불문의 헌법규범을 갖고 있는 경우를 우리는 '불문헌법국가'라고 부른다.

물론 성문헌법국가에서도 불문의 관습헌법이 존재할 가능성은 있다. 그러나 헌법재판소가 수도가 서울이라는 것은 관습헌법이며, 관습헌법은 성문헌법과 동일한 법적 효력을 가지기 때문에 이를 변경하기 위해서는 성문헌법의 개정이 필요하다고 판시[8]한 것에 대해서는 헌법학계의 날카로운 비판[9]이 있었다.[10]

2. 경성헌법과 연성헌법

경성헌법(硬性憲法)과 연성헌법(軟性憲法)의 분류는 헌법의 개정방법에 따른 것이다. 즉 헌법을 일반 법률과는 달리 특별한 절차에 따라서만 개정될 수 있도록 되어 있는 경우를 경성헌법이라 부르는 반면에, 헌법의 개정을 일반법률과 동일한 방식으로 하는 경우를 연성헌법이라 부른다.

대부분의 국가는 헌법이 최고법으로서 특별한 지위와 비중, 그리고 안정성을 가져

---

8) **헌재 2004.10.21. 2004헌마554 결정**: "우리나라는 성문헌법을 가진 나라로서 기본적으로 우리 헌법전(憲法典)이 헌법의 법원(法源)이 된다. 그러나 성문헌법이라고 하여도 그 속에 모든 헌법사항을 빠짐없이 완전히 규율하는 것은 불가능하고 또한 헌법은 국가의 기본법으로서 간결성과 함축성을 추구하기 때문에 형식적 헌법전에는 기재되지 아니한 사항이라도 이를 불문헌법(不文憲法) 내지 관습헌법으로 인정할 소지가 있다. 특히 헌법제정 당시 자명(自明)하거나 전제(前提)된 사항 및 보편적 헌법원리와 같은 것은 반드시 명문의 규정을 두지 아니하는 경우도 있다. 그렇다고 해서 헌법사항에 관하여 형성되는 관행 내지 관례가 전부 관습헌법이 되는 것은 아니고 강제력이 있는 헌법규범으로서 인정되려면 엄격한 요건들이 충족되어야만 하며, 이러한 요건이 충족된 관습만이 관습헌법으로서 성문의 헌법과 동일한 법적 효력을 가지는 것이다."

"어느 법규범이 관습헌법으로 인정된다면 그 필연적인 결과로서 개정가능성을 가지게 된다. 관습헌법도 헌법의 일부로서 성문헌법의 경우와 동일한 효력을 가지기 때문에 그 법규범은 최소한 헌법 제130조에 의거한 헌법개정의 방법에 의하여만 개정될 수 있는 것이다. 따라서 재적의원 3분의 2 이상의 찬성에 의한 국회의 의결을 얻은 다음(헌법 제130조 제1항) 국민투표에 붙여 국회의원 선거권자 과반수의 투표와 투표자 과반수의 찬성을 얻어야 한다(헌법 제130조 제3항). 다만 이 경우 관습헌법규범은 헌법전에 그에 상반하는 법규범을 첨가함에 의하여 폐지하게 되는 점에서, 헌법전으로부터 관계되는 헌법조항을 삭제함으로써 폐지되는 성문헌법규범과는 구분되는 것이다."

9) 이에 관하여는 김경제, 신행정수도건설을위한특별조치법 위헌결정(2004헌마554, 566 병합)의 헌법적 문제점: 적법성요건 판단과 관련하여, 헌법학연구 제11권 제1호, 2005.3, 511-551쪽; 김경제, 신행정수도건설을위한특별조치법 위헌결정(2004헌마554, 566 병합)의 헌법적 문제점: 본안판단과 관련하여, 공법연구 제33집 제4호, 2005.6, 269-306쪽; 김상겸, 성문헌법국가에 있어서 관습헌법의 의미에 관한 연구: 헌재 2004.10.21. 2004헌마554, 566과 관련하여, 헌법학연구 제11권 제1호, 2005.3, 295-315쪽; 방승주, 수도가 서울이라는 사실이 과연 관습헌법인가? 공법학연구 제6권 제1호, 153-175쪽; 이종수, 신행정수도의 건설을 위한 특별조치법 위헌결정(헌재 2004.10.21. 선고 2004헌마554, 566(병합))의 헌법적 검토, 경원대 사회과학연구 제12집, 39-61쪽; 장영수, 관습헌법의 의미와 헌법적 한계, 경원대 사회과학연구 제12집, 21-37쪽; 전광석, 수도이전특별법 위헌결정에 대한 헌법이론적 검토, 공법연구 제33집 제2호, 2005.2, 113-138쪽 참조.

10) 이와 관련하여 헌재 2009.2.26. 2007헌바41 결정에서는 신행정수도후속대책을 위한 연기·공주지역 행정중심복합도시 건설을 위한 특별법 제11조 제2항 등에 대한 위헌소원에 대해 합헌 판단을 내린 바 있다.

야 한다는 점에서 경성헌법을 채택하고 있다. 다만 그 경우에도 헌법개정의 구체적 방식은 다양한 형태로 나타난다.[11] 또한 이러한 구별은 성문의 헌법전을 전제로 하는 것이기 때문에 불문헌법에는 해당되지 않는다.[12]

3. 흠정헌법, 민정헌법, 협약헌법, 국약헌법

흠정헌법(欽定憲法), 민정헌법(民定憲法), 협약헌법(協約憲法), 국약헌법(國約憲法)의 분류는 헌법제정의 주체에 따른 것이다.

흠정헌법은 군주가 주체가 되어 제정한 헌법으로서 군주주권의 사상에 기초한 것을 말한다. 민정헌법은 이와 반대로 국민이 주체가 되어 제정한 헌법으로서 국민주권의 사상에 기초한 것이다. 그리고 협약헌법은 군주와 국민의 합의에 의해 제정된 헌법을 말하며, 국약헌법은 국가간의 합의에 의하여 제정된 헌법을 가리킨다.

이러한 분류는 군주주권사상과 국민주권사상이 대립하던 시기에 중요한 의미를 갖고 있었으나, 오늘날에는 더 이상 현실적 의미를 갖지 못하고 있다.

4. 연방국가헌법과 단일국가헌법

오늘날 군주제가 사실상 붕괴되고, 그에 따라 군주국가, 귀족국가, 민주국가의 구분이 무의미해짐에 따라 연방국가와 단일국가의 구분은 현대국가의 분류에 있어 매우 중요한 기준이 되었으며, 그에 따라 연방국가헌법(聯邦國家憲法)과 단일국가헌법(單一國家憲法)의 구분도 중요한 의미를 갖게 되었다.

연방제를 채택하고 있는 연방국가헌법은 일반적으로 연방과 주의 관계를 중심으로 헌법의 개정, 그리고 의회, 정부, 법원의 구성 및 상호관계 등에서 단일국가헌법과는 상당한 차이를 갖는다.

5. 대통령제헌법, 의원내각제헌법, 이원정부제헌법

오늘날 국가형태 내지 정부형태의 분류와 관련하여 중요한 분류방법으로 인정되고 있는 것이 대통령제(大統領制), 의원내각제(議員內閣制), 이원정부제(二元政府制) 등에 따른 헌법의 분류이다.

이러한 분류는 정부형태의 분류에 대응하는 것이므로 각각의 정부형태가 안고 있는 특성을 헌법도 담고 있다.[13]

---

11) 이에 관하여는 아래의 「제3장 제2절 **헌법개정의 방법과 절차**」 참조.

12) 연성헌법의 예로서 영국헌법을 드는 경우가 있다(예컨대 권영성, 헌법학원론, 2010, 18쪽). 불문헌법국가인 영국은 실질적 의미의 헌법도 법률의 형식을 취하고 있기 때문에 그 개정 또한 법률개정의 형식을 취할 수밖에 없다는 점에서 연성헌법의 경우와 유사한 외관을 갖게 된다. 그러나 경성헌법과 연성헌법의 구별은 실질적 의미의 헌법이 아닌 -헌법개정이라는 특별한 절차가 문제되는- 형식적 의미의 헌법을 전제하는 것으로 이해할 때, 형식적 의미의 헌법을 갖고 있지 않은 불문헌법국가는 경성헌법과 연성헌법의 구별 자체가 불가능할 수밖에 없다.

13) 각각의 정부형태의 특성에 관해서는 제3권 국가조직론의 「제2부 제5장 **정부형태: 국가기능의 결합유형**」 참조.

6. 독창적 헌법과 모방적 헌법

독창적 헌법과 모방적 헌법의 분류는 칼 뢰벤슈타인(*Karl Loewenstein*)이 제시한 것으로서 독창적 헌법은 다른 헌법을 모방하지 않고 독창적인 내용을 담아 제정한 헌법이고, 모방적 헌법은 외국의 헌법을 모방하여 그 나라의 정치현실에 적합하게 재구성한 헌법이다.

대부분의 헌법은 모방적 헌법에 해당되지만, 1787년 미국헌법의 대통령제, 1918년 레닌헌법의 평의회제, 1931년 중국국민당헌법의 5권분립제 등이 독창적 헌법에 속한다고 한다.

7. 규범적 헌법, 명목적 헌법, 장식적 헌법 – 헌법의 존재론적 분류

역시 칼 뢰벤슈타인에 의한 분류로서 헌법규범과 정치현실이 어느 정도 일치하는지를 기준으로 분류한 것이다.

규범적 헌법(規範的 憲法)이란 헌법규범이 정치현실을 실질적으로 규율하고 있는 헌법으로서 현실의 정치과정이 헌법에 정한 절차와 기준에 따라 이루어지는 경우를 지칭한다. '몸에 잘 맞고, 또 실제 입고 다니는 옷'과 같은 헌법으로서 서구의 헌법들이 이에 해당한다고 한다.

명목적 헌법(名目的 憲法)은 헌법이 존재하기는 하지만 헌법의 내용을 실현시키는데 필요한 전제조건이 결여됨으로 인하여 현실적으로 규범으로서의 역할을 다하지 못하고 있는 헌법을 지칭한다. '몸이 옷에 맞을 때까지 당분간 옷장속에 보관해 놓고 있는 옷'과 같은 것으로서 서구에서 헌법을 수입한 아시아·아프리카의 개발도상국 헌법이 이에 해당된다고 한다.

장식적 헌법(裝飾的 憲法)은 헌법규범 자체가 개인의 자유와 권리의 보장이라는 헌법의 기본이념을 구현하는 것이 아닌 헌법을 지칭한다. '옷이 아니라 변장을 위한 도구에 지나지 않는 것'으로서 독재국가의 헌법이 이에 해당된다고 한다.

8. 자본주의 헌법과 사회주의 헌법

오늘날 냉전이 종식된 이후로 그 의미가 많이 퇴색되기는 했지만, 헌법이 기초로 하는 사회·경제체제를 기준으로 하는 자본주의 헌법과 사회주의 헌법의 분류도 아직 그 의미를 상실하지 않고 있다.

자본주의 헌법은 포괄적인 사적 소유의 인정을 기초로, 자유로운 경제활동 및 이를 가능하게 하는 정치질서를 담고 있지만, 사회주의 헌법은 생산수단의 사적 소유를 부인하고, 사회주의의 이념을 실현시키기 위한 정치질서를 주장함으로써 자본주의 헌법과는 내용과 성격에 있어서 상당한 차이를 보이고 있다.

Ⅲ. 헌법의 특질(특성)에 관한 논의

헌법의 개념에 관한 논의와 연장선상에 있는 것이 헌법의 특질(특징)에 관한 논의이다. 앞서 살펴본 바와 같이 헌법의 개념은 피상적인 여러 헌법유형 또는 헌법의 외형에 대한 묘사로써 충분히 정의될 수 있는 것이 아니다. 오로지 헌법에 대한 전체적 이해를 통해서, 그리고 그러한 이해에 기초한 헌법의 본질과 기능, 특성을 나타내는 징표들을 추출함으로써만 올바른 헌법의 개념정의가 가능하다.

헌법의 특질은 **다른 법규범과 구별되는** 헌법규범의 특질을 지칭한다고 볼 때, 헌법의 특질도 또한 같은 맥락에서 정리되어야 한다. 즉 헌법의 본질과 기능에 대한 전체적 이해에 기초해서만 헌법의 특질도 올바르게 파악될 수 있는 것이다. 이렇게 볼 때, 헌법의 특질(특성)에 관한 종래의 논의[14]는 헌법의 사실적 특질과 규범적 특질 등으로 헌법의 단면들을 묘사하였을 뿐, 헌법에 대한 전체적 이해에 기초한 것이 아니었다는 비판을 받을 수 있다.

---

14) * **권영성** 교수의 분류방법(헌법학원론, 2010, 11쪽 이하)

- 헌법의 사실적 특질: 정치성, 이념성, 역사성
- 헌법의 규범적 특질
  - 최고법규성
  - 기본권보장규범성
  - 조직·수권규범성
  - 권력제한규범성
  - 자기보장규범성
  - 생활규범성
- 헌법의 구조적 특질: 규범구조의 간결성·미완결성, 규범내용의 추상성·불확정성·개방성

* **김철수** 교수의 분류방법(헌법학개론, 2007, 18쪽 이하)

- 헌법제도의 특성: 헌법의 정치성, 이념성·역사성·가치성·개방성, 규범성
- 헌법규범의 특성
  - 수권적 조직규범
  - 기본권보장·권력제한규범
  - 최고규범
  - 헌법제정규범 및 헌법개정규범
- 헌법규범의 단계구조: 헌법제정규범-헌법핵-헌법개정규범-헌법률
- 헌법규범의 실정적 분류
  - 권한규범
  - 창설규범
  - 절차규범
  - 개정규범
  - 규율적 규범
  - 기본권규범
  - 보장규범
  - 국가구조·국가목적규범
  - 헌법적 요청규범

* **허영** 교수의 분류방법(한국헌법론, 2025, 24쪽 이하)

- 헌법의
  - 최고규범성
  - 정치규범성: 유동성, 추상성, 개방성, 미완성성
  - 조직규범성
  - 생활규범성
  - 권력제한규범성
  - 역사성

예컨대 **헌법의 사실적 특질**로서 헌법의 정치성, 이념성, 역사성을 혹은 **규범적 특질**로서 최고법규성, 기본권보장규범성, 조직 · 수권규범성, 권력제한규범성, 자기보장규범성, 생활규범성 등을 들고 있을 때, 그러한 특질이 「다른 법규범과 구별되는」 헌법규범의 본질과 기능을 밝혀주는 것이라는 인식에 기초하고 있어야 한다. 그러나 과연 헌법의 특질이 사실적 특질과 규범적 특질(혹은 헌법제도의 특성과 헌법규범의 특성)로 분명하게 구별될 수 있는 것인지에 대한 의문을 접어 두더라도 정치성, 이념성, 역사성이라는 특질이 헌법규범에서만 나타나는 것인지, 아니면 다른 법규범에서도 나타나기는 하지만 헌법규범에서 보다 뚜렷하게 나타나는 것인지, 그리고 헌법의 기본권보장규범성, 조직 · 수권규범성, 권력제한규범성 등이 헌법의 본질을 나타내고 있는 것인지, 아니면 헌법이 담고 있는 내용의 일면을 보여주는 것인지도 재검토될 필요가 있다.

우리가 신칸트철학에 기초한 방법이원론을 무비판적으로 수용하지 않는 한, 헌법의 특질을 굳이 사실적 특질과 규범적 특질로 이원화하여 설명할 필요는 없을 것이다. 헌법 자체가 규범이기 때문에 헌법의 정치성이나 이념성, 역사성을 이야기할 때에도 그것은 헌법규범의 정치성 · 이념성 · 역사성을 의미하는 것이 될 수밖에 없기 때문이다.

더구나 이러한 정치성 · 이념성 · 역사성은 −비록 헌법규범에서 두드러지게 나타나기는 하지만− 헌법규범만이 갖고 있는 특질이라고 할 수는 없다. 또한 그러한 특질이 헌법의 본질에 해당되는 것인지도 쉽게 단언할 수는 없다.

그리고 헌법의 기본권보장규범성, 조직 · 수권규범성, 권력제한규범성 등도 다른 법규범과 구별되는 헌법규범의 특별한 요소에 해당된다는 점은 분명하지만, 그것은 헌법규범이 담고 있는 내용을 기준으로 한 것이지 성질을 기준으로 한 것이라고는 보기 어렵다는 문제점이 있다. 즉 헌법이 기본권을 보장하는 내용, 국가조직을 구성하고 권한을 부여하는 내용, 그리고 국가권력을 제한하는 내용을 담고 있으며, 그런 점에서 다른 법규범과 구분되는 점이 있기는 하지만, 그것이 헌법규범의 본질과 기능을 밝혀주는 것이라기보다는 거꾸로 그러한 특질이 헌법규범의 본질과 기능에서 파생된 것이라고 보아야 할 것이다. 따라서 헌법규범의 특질로서 먼저 검토되어야 할 것은 헌법규범이 그런 내용을 가질 수밖에 없도록 만드는 헌법의 본질이 무엇인가 하는 것이다.

이런 맥락에서 볼 때, 역시 헌법의 특질도 헌법에 대한 전체적 이해, 즉 헌법이 전체 국가질서 및 법질서 속에서 어떤 의의와 기능을 갖는지에 대한 가장 기본적인 이해와 연결되었을 때 비로소 올바르게 정리될 수 있다.

제3절 헌법에 대한 이해의 체계와 헌법관

Ⅰ. 헌법에 대한 체계적 이해의 의의와 중요성

헌법은 매우 추상적이다. 추상적이다 못해서 개방적이라고까지 일컬어지고 있다. 그러나 그럴수록 헌법은 일관된 논리체계를 갖추고 있어야만 한다.

앞서 살펴보았듯이 법질서의 통일성을 담보하기 위한 최고법이 바로 헌법이다. 그런 헌법이 일관성과 체계적 통일성을 상실한다는 것은 법질서 전체의 혼란을 의미하게 될 것이므로 절대로 있어서는 안 될 일이기 때문이다. 헌법의 문제들이 방대하기 때문에 그 전체적 체계를 파악하기가 어려운 것도 사실이지만, 방대한 문제들을 제대로 정리하기 위해서도 체계적 이해는 필수적이다.

헌법의 거대한 숲속에서 길을 잃고 헤매는 미아가 되지 않기 위해서도 헌법이라는 숲에 대한 정밀한 지도, 즉 헌법의 전체적 체계에 대한 정확한 파악이 선행되어야 한다. 그러한 헌법의 체계 속에서 개별적 문제들을 일관성 있게 정리하였을 때 비로소 헌법이 헌법답게 느껴질 수 있을 것이고, 헌법이 헌법으로서의 역할을 할 수 있을 것이다.

Ⅱ. 헌법이론의 다양한 체계와 헌법관

헌법에 대한 체계적 이해는 헌법적 문제들을 일관된 흐름 속에서 정리함으로써 가능해진다. 즉 헌법의 중요사항들을 하나의 줄기 속에서 일관된 논리에 의해 정리할 수 있을 때, 비로소 체계적 이해가 가능해지는 것이다. 그러기 위해서는 **헌법의 본질에 대한 이해(=헌법관)**가 선행되어야 한다.

헌법의 본질에 대한 이해는 헌법이 무엇이냐, 즉 국가공동체 내에서 헌법은 어떤 존재의의를 갖고 있으며, 어떤 기준과 절차에 따라 어떤 형태로 구체화되어야 하는지에 대한 기본적 이해이다. 헌법의 본질에 대한 이해는 결국 헌법의 기본원리들, 기본권, 나아가 헌법에 의한 국가권력의 형성 및 통제와 연결될 수밖에 없으며, 궁극적으로는 헌법(규범)의 효력, 헌법의 구체화에 직접적인 영향을 미치게 된다.

따라서 헌법에 대한 이해는 국가에 대한 이해와 밀접한 관련을 갖고 있을 뿐만 아니라 민주주의에 대한 이해, 기본권에 대한 이해, 나아가 국가권력의 구성과 활동의 의미 및 방식에 대한 이해와도 계속 연결될 수밖에 없으며, 이는 결국 하나의 거대한 헌법이론체계로 나타나게 되는 것이다.

이러한 흐름, 즉 **「국가에 대한 이해(국가관)」**→**「헌법에 대한 이해(헌법관)」**→**「민주주의에 대한 이해(민주주의관)」**→**「기본권에 대한 이해(기본권관)」**→**「국가권력에 대한 이해」**로 이어지는 헌법이론의 일관된 체계는 헌법의 본질에 대한 기본적인 이해의 차이에 따라 각각의 요소에 대한 상이한 견해로 귀결되는 것이다.

Ⅲ. 법실증주의 헌법관과 헌법이론체계

1. 법실증주의의 개념과 징표

법실증주의는 18세기 자연과학을 풍미하던 실증주의의 방법론을 법학에 도입한 것이다. 실증주의적 방법을 법학에 도입한 법실증주의는 '법의 해석적용'에 있어서, 또는 '법의 일반이론'의 고찰에 있어서 일체의 법이념이나 윤리적 · 정치적 · 사회적 고려를 배격하고 국가에 의해 제정된 법(실정법)만을 형식논리적으로 파악하려는 입장을 취했다.

즉 법에 있어서의 실증성(=실정법)이란 ① 법이 일정한 방법으로 권한 있는 기관의 행위에 의해 제정되었고, ② 또 그 법이 현실 속에서 효력을 갖고 적용되고 있다는 것으로 확인되며, 그 밖의 이념적 요소나 정치적 고려는 전부 배제되어야 한다고 보았던 것이다. 그런 의미에서 법실증주의는 실정법의 이론이라고 할 수 있다. 이러한 법실증주의는 실정법만을 인정하고 그 밖의 어떤 요소도 인정하지 않으므로 (정의 등 법이념에 따른) 법의 내용적 정당성의 문제를 완전히 도외시하고 있다.

그 결과 법실증주의는 ① 법개념에 관하여는 법명령설을 주장하고, ② 법획득(Rechtsgewinnung)의 방법에 있어서는 연역적 방법을 사용하며, ③ 실정법에 대한 무조건적 복종을 요구하고, ④ 법의 효력을 (타당성의 문제를 배제하고) 실효성으로만 파악하는 등의 특징을 갖게 된다. 이런 맥락에서 법실증주의는 한편으로 모든 형태의 자연법을 배제하지만, 다른 한편으로는 또한 경험적 요소(법이 현실에 미치는 파급효 등)에 대한 고려도 역시 배제하고 오로지 실정법 규정의 논리적 관련성만을 파악하려는 태도를 취하게 되는 것이다.

물론 법실증주의자들 가운데서도 이러한 법실증주의의 태도를 철저히 견지하려는 학자[15]가 있었던 반면, 현실적 고려를 적절히 가미하려는 태도를 취한 학자[16]도 있었다. 또한 법실증주의가 오랜 세월을 거쳐 발전하는 과정에서 여러 지류가 형성되면서 그 구체적 주장내용에서 적지 않은 차이를 보이기도 하였다. 그러나 한 가지 분명한 것은 실정법을 중심으로 하는 실정법의 이론이라는 공동의 기초가 모든 법실증주의의 바탕에 깔려 있다는 것이다.

2. 법실증주의의 의의와 헌법학 내에서의 발전

법실증주의의 탄생배경에는 법학의 객관성과 학문성의 확보 및 이를 통한 공정한

---

15) 예컨대 순수법학을 주장하면서 일체의 경험적 및 형이상학적 요소를 배격하였던 한스 켈젠(*Hans Kelsen*)이 이러한 학자로 손꼽힐 수 있을 것이다.

16) 법학적 헌법개념과 사회학적 헌법개념을 구분하고, 사실의 규범력 이론을 통해 양자를 매개하려고 하였던 게오르크 옐리네크(*Georg Jellinek*)는 이러한 학자의 대표적 예라고 할 수 있다.

법적용의 관철이라는 목표가 있었다. 법의 해석과 적용이 그 권한을 가진 사람의 자의(恣意)에 의해 좌우되는 상황에서는 법의 공정성도 법학의 객관성도 전혀 가능하지 않게 된다.[17] 이러한 개인의 자의를 막기 위해서는 논리적 추론에 의해서 구체적 사건에 대한 법적용의 결과가 미리 예측될 수 있도록 객관화시키는 것이 필요하며, 이를 통해 권력자의 자의가 법적용에 개입하는 것을 막을 수 있다고 생각하였던 것이다. 결국 법실증주의의 출발점은 법학의 객관성 확보를 통하여 법적용의 공정성을 담보하고자 하는 데 있었던 것이다.[18]

19세기 무렵에는 법실증주의가 법학을 풍미하고 있었다. 그 결과 실정법을 중심으로 하는 이론이라는 공통분모로 법실증주의라는 커다란 울타리가 형성되었지만, 그 구체적 주장내용이나 강조점은 상이한 여러 흐름이 나타났다. 영미의 분석법학[19]이나 프랑스의 주석법학[20]도 법실증주의의 한 형태로 파악될 수 있으며, 독일의 개념법학[21]도 역시 법실증주의의 한 지류라고 할 수 있다.

이러한 법실증주의가 헌법학에 도입되어 오늘날 우리가 이야기하는 법실증주의적 헌법관으로 정리되는 데에는 독일에서의 발전, 특히 **게르버 - 라반트 - 옐리네크 - 켈젠**으로 이어지는 헌법이론체계의 발전이 중요한 의미를 갖는다.

그 중에서도 게르버(*Carl Friedrich von Gerber*; 1823-1891)는 근대적인 헌법이론을 체계화시켰다기보다는 헌법의 법학적 구성을 초기 법실증주의적인 관점에서 시도했다는 데에 의의를 갖고 있을 뿐이다. 또한 라반트(*Paul Laband*; 1838-1918)는 게르버의 영향 하에, 그러나 비스마르크에 의해 통일된 독일이라는 변화된 현실 속에서 헌법의 이론을 발전시켰으며, 독일의 근대적 헌법체계의 정비자 내지 법실증주의적 헌법이론체계의 최초 완성자로 평가되기도 한다. 하지만 그의 이론도 군주국가시대의 이론으로서 많은 한계를 보이고 있기 때문에 우리가 법실증주의 헌법이론으로서 주로 이야기하는 것은 옐리네크(*Georg Jellinek*; 1851-1911)와 켈젠(*Hans Kelsen*; 1881-1973)의 이론이다.

켈젠과 더불어 오늘날까지도 법실증주의의 대표자로 널리 알려진 옐리네크는 무엇보다 일반국가학(Allgemeine Staatslehre)을 통하여 그의 헌법이론을 전개하였으며, 그의 법실증주의적 방법은 특히 신칸트철학의 방법이원론에 기초한 것이었다.

'존재와 당위', '현실과 규범'을 엄격하게 분리하는 **방법이원론**에 기초하여 그는 학문과 형이상학을 구별하였고,[22] 자연과학과 사회과학을 구별하였으며,[23] 나아가 국가학

---

17) 흔히 이야기되는 것처럼 "법은 권력의 시녀" 또는 "유전무죄(有錢無罪), 무전유죄(無錢有罪)"라는 상황 하에서는 법의 공정성을 확보하는 것이 불가능할 것이다.

18) 다만 법실증주의는 법제정의 문제에 대해서는 법학의 과제라기보다는 정치의 과제라고 생각했기 때문에 법의 내용적 정당성의 문제를 배제하였고, 오로지 제정된 법의 객관적 적용만을 목표로 하였던 것이다.

19) 분석법학은 법을 주권자의 명령으로 보는 주권자명령설에 기초하여 실정법의 절대성을 주장하였으며, 법학은 그러한 실정법의 분석에 그친다고 보았다.

20) 주석법학은 법률의 조문을 절대시하였으며, 법률의 가장 엄격한 적용을 요구하였다.

21) 개념법학은 법의 무흠결성에 대한 신뢰를 기초로 하여, 형식논리의 조작을 중시하였으며, 법창조의 금지, 법거부의 금지 등을 주장하였다.

에 있어서도 국가의 양면성을 주장하면서 국가의 사회학적 측면과 법학적 측면을 구분하여 전자는 사회학적 방법에 의하여 국가사회학의 형태로 정리되며, 후자는 법학적 방법에 의하여 국법학의 형태로 정리될 수 있다고 생각하였다.

옐리네크의 헌법이론은 자신의 국가론에 기초한 헌법체계의 구성으로 이어졌지만, 그의 헌법체계는 -실정법의 내용적 정당성을 따지지 않고 이미 주어져 있는 법을 확인하여 형식적으로 해석 · 적용하는- 법실증주의의 특성상 형식적인 틀을 구성하는 데 치중되어 있었다. 그가 민주주의 이론에 있어서도 민주주의의 이념과 내용에 초점을 맞추기보다는 군주제와의 구별을 강조하면서 공화국의 한 유형으로서 '**주권이 국민에게 있는 국가형태**'라고 형식적으로 파악한 것이 그러하고, 기본권에 관해서도 국가와 국민의 관계에서 '**국민이 국가에 대하여 가지는 지위**'로 파악하여 적극적(청구권), 소극적(자유권), 능동적(참정권), 수동적(의무) 지위로 나누는 이른바 「**지위론**」을 펼친 것도 그러하다.

켈젠은 옐리네크와 함께 법실증주의 헌법이론의 대표자로 지칭되고 있지만, 그의 이론은 옐리네크의 방법론적 문제점을 비판하고 극복함으로써 법실증주의의 기본목표에 더욱 충실한 이론으로 발전되었으며, 법실증주의의 정점(頂點)으로까지 평가된다.[24] 그러나 바로 그 때문에 그의 이론은 법실증주의가 안고 있을 수밖에 없는 문제점들을 가장 적나라하게 보여주는 이론이기도 하다.

켈젠은 옐리네크의 방법론에 대해 "두 가지의 다른 인식수단을 통해 동일한 인식대상에 도달할 수 없다"고 비판하였다. 신칸트철학의 방법이원론을 엄밀하게 적용할 때, 사회학적 방법과 법학적 방법에 의해 파악된 것은 동일한 국가가 될 수 없다는 것이다.[25] 이러한 방법론적 혼합에 대한 비판과 더불어 켈젠은 방법적으로 순수한 법이론의 정립, 즉 순수법학을 주장하였다. 그가 말하는 순수법학이란 외부적 요소, 즉 정치적 · 사회적 · 이데올로기적 요소 등으로부터의 순수성과 더불어 학문적 순수성(자연과학적 방법으로부터의 독립)을 확보한 법학을 의미한 것이었다. 즉 법학은 '**귀속**(Zurechnung)**의 원리에 따르는 규범과학**'이라는 것이다.

이러한 기초 위에서 켈젠은 법학의 고찰대상을 실정법에 국한시키면서 그 자신 법

---

22) 옐리네크는 학문은 실증적인 인식을 그 방법으로 하며, 형이상학은 경험적으로 입증될 수 없는 사변을 그 방법으로 한다고 보았다.

23) 자연과학은 경험적 인과관계의 해명을 목표로 하며, 사회과학은 유형의 비교연구를 목표로 한다는 점에서 구별될 수 있다고 생각했다.

24) 켈젠은 고찰의 대상을 실정법에 국한시키면서 그 자신이 법실증주의자임을 자처하였다. 그의 이론에 있어서 이러한 실정법의 이론이라는 성격은 철저하게 관철되었다. 그러나 그의 이론은 신칸트철학의 영향으로 철저한 방법이원론에 입각한 순수한 규범의 이론으로 발전됨으로써 법의 인식론이 되었다. 그런 까닭에 켈젠의 이론을 법실증주의가 아니라 규범실증주의라고 부르는 학자들도 있다.

25) 사실 옐리네크는 **사실의 규범력설**, **국가권력의 자기제한이론** 등으로 양 국가개념 사이에 존재하는 벽을 넘으려 하였으나, 결국 그러한 시도는 규범으로서의 법의 배후에 사실이 존재한다는 것, 즉 신칸트철학적 방법이원론 자체가 깨어진다는 것을 노출시킬 뿐이었다. 이러한 문제를 인식한 켈젠은 **탈이데올로기적 국가인식**을 강조하였지만 이와 관련하여 그가 주장하였던 "국가는 불법을 행할 수 없다 … 국가는 법을 실현시키고자 하지(왜냐하면 법은 국가의 '의사[意思; Wille]'이기 때문이다) 불법을 실현하고자 하지 않으며, 따라서 불법을 행할 수 없다" 또는 "모든 국가는 법치국가(Rechtsstaat)이다"라는 견해는 많은 논란의 여지를 남기고 있다.

실증주의자를 자처하였다. 그의 이론은 이러한 실정법의 이론이라는 성격을 철저하게 관철시켰으며, 신칸트철학의 영향 하에 철저한 방법이원론에 기초한 순수한 규범의 이론으로 발전됨으로서 법의 인식론이 되었다고 평가되기도 한다. 이와 더불어 그는 정치적 문제에 있어서는 민주주의와 자유주의의 전통을 존중하였으나, 법적인 문제에 있어서는 엄격한 가치중립적 태도를 견지하였으며, 그의 법이론은 절대적인 실정법의 존중 내지 실정법 우선의 원칙에 기초한 것이었다.

켈젠의 법이론은 그것이 등장한 이래 법학, 특히 헌법학에 큰 영향을 미쳐왔으며, 20세기초 법실증주의가 (특히 독일어권 국가에서) 헌법학을 지배하는 데 큰 역할을 하였다. 그 결과 켈젠 이후의 헌법학은 켈젠의 극복을 지상명제로 삼게 되었다.

그러나 켈젠의 법이론, 나아가 켈젠에 의해 대표되던 법실증주의는 나치의 등장과 더불어 쇠퇴하고 제2차 세계대전 이후에는 완전히 몰락하게 되었다. 여기에는 무엇보다 두 가지 사실이 그 원인으로 작용한다. 첫째, 나치시대의 잘못된 법발전에 자극 받은 **자연법의 부흥**이 그것이고, 둘째, **법실증주의가 전체주의를 조장한다는 생각**이 그것이다.

그러나 오늘날에 이르러서는 -비록 그의 법이론, 나아가 법실증주의적인 헌법관과 헌법이론을 다시 그대로 받아들일 수는 없지만- 그의 법이론은 많은 점에서 고찰할 만한 가치가 있는 것으로 재평가되고 있다.

3. 법실증주의의 한계와 현대적 의미

법실증주의는 법학의 객관성과 학문성, 그리고 이를 통한 법의 해석과 적용의 객관성과 공정성을 확보하기 위하여 노력하였고, 또 많은 기여를 하였다. 우리가 법실증주의의 업적으로 가장 먼저 인정하여야 할 것은 **법학의 학문성**을 위한 노력이다. 법실증주의는 기존의 법이론과 비교하기 어려울 정도로 체계성의 문제와 논리성의 문제에서 많은 관심과 노력을 집중하였고, 그 결과 법에 관한 일반이론의 구성, 그리고 법(이론) 체계의 논리적 구성에서 큰 성과를 보였던 것이다.

또한 법실증주의는 자유주의적 법치국가사상과 결합하여 **법적안정성의 확보에 기여**하였다고 평가되기도 한다. 비록 정치질서의 정당성문제를 도외시하기는 하였지만, 적어도 법적용의 객관성과 안정성을 확보함으로써 형식적 의미의 법치주의가 완성될 수 있도록 하는 데 큰 역할을 하였던 것이다. 나아가 법실증주의는 실정법 해석의 정확한 기준을 제시함으로서 **법학 및 사법(司法)의 객관성과 중립성, 공정성**에 크게 기여한 것으로 평가된다.

그러나 법실증주의의 한계도 분명하다. 법실증주의의 학문성은 실증주의적 객관성을 확보하는 데 너무 치중한 나머지 **가치맹목성을 법학의 기본요소로 전제**하였고, 그 결과 법학을 법철학 및 법정책학과 분리시키고 정신과학적 기초로부터 단절시킴으로써 법을 맹목으로 만들었던 것이다.

또한 법의 형식 내지 실정성의 여부만을 고려할 뿐 그 내용을 전혀 묻지 않음으로 인하여 **법의 내용적 정당성의 문제를 법학의 대상에서 완전히 배제**하였고, 결과적으로 입법자에 의한 법제정에 대해서는 아무런 제약을 가하지 않아 입법자를 마치 전능한 지위에 있는 것처럼 만들었다. 그러한 법실증주의의 태도는 결국 전체주의에 의하여 쉽게 악용될 수 있었던 것이다.

법실증주의는 법학과 법실무의 흐름을 바꾸어 놓았고, 법을 보는 시각 자체에도 큰 변화를 일으켰다. 법실증주의의 주장내용들(=가치상대주의, 법의 무흠결성, 법관에 대한 실정법의 절대적 구속 등)은 긍정적인 측면과 부정적인 측면을 동시에 내포하고 있었다.

오늘날에는 법실증주의의 업적과 긍정적 측면보다는 문제점들이 더 많이 부각되고 있고, 그에 따라 법실증주의가 쇠퇴하게 되었으며, 그 내용을 수정하려는 경향도 나타나고 있다. 하지만 법실증주의의 역사적 의의를 부정할 수는 없다. 오늘날의 법학에 법실증주의의 발자취가 적지 않게 남아있는 것은 물론, 엄격한 객관성과 학문성을 추구하는 법실증주의의 기본태도는 아직도 그 의의를 상실하지 않고 있는 것이다.

Ⅳ. 결단주의 헌법관과 헌법이론체계

1. 결단주의 헌법이론의 배경과 성격

결단주의(Dezisionismus)라고 일컬어지는 칼 슈미트(*Carl Schmitt*; 1888-1985)의 헌법이론은 바이마르 당시 지배적이었던 법실증주의의 형식주의를 비판하면서 새로운 기초 위에서 실질적인 헌법이론의 구성으로서 시도되었던 것이다.

그의 이론은 법실증주의에 의한 형식주의적 헌법이론이 갖는 한계를 인식하고 이를 극복하고자 하는 것이었으며, 또한 바이마르 당시의 정치적 혼란을 극복할 수 있는 방법을 이론적으로 제시하고자 하는 것이기도 하였다. 이러한 새로운 실질적 헌법이론의 구성을 위하여 그는 법실증주의가 실정법을 중심으로 한 실정법의 형식논리적 구조에 관한 이론을 발전시켜온 것과는 달리 그 실정법의 배후에 있는 결단을 강조하는 데 초점을 맞췄다.

칼 슈미트의 주장에 따르면 법실증주의의 형식적 규범논리만으로는 헌법의 배경이 되고 있는 사실적, 정치적 관계를 포착할 수 없으며, 오히려 이러한 사실의 영역에서 일어나는 힘있는 자, 사실적으로 결정권을 갖고 있는 자의 결단이 모든 규범에 앞서는 헌법의 핵심이고 궁극적인 규범의 원천이라고 한다. 즉 헌법에서 가장 중요한 것은 실정헌법규정이 아니라 그 규정을 제정한 자(헌법제정권자)의 정치적 결단이라는 것이다.

그는 헌법이(따라서 모든 실정법이) 정치적 결단에 의하여, 그리고 정치적 결단의 범위 내에서 존속하게 되며 그 내용도 정치적 결단에 구속된다고 본다. 헌법제정권력자가 사실상 결단을 내린 것은 어떤 규범적 요소와도 상관없이 그 자체로서 정당성을 갖게 된다고 주장하는 것이다.[26] 그리고 이러한 주장은 마키아벨리(*N. Machiavelli*)나 토

26) 칼 슈미트가 이와 같이 사실적 힘을 가진 자의 결단을 중요시하였던 것은 바이마르 당시의 정치적 혼

마스 홉스(*Th. Hobbes*) 등과 같은 권력국가적 정치사상가들의 영향을 많이 받은 것으로 평가되고 있다.

개별적 헌법문제에 관한 접근방법이나 주장에서 법실증주의와 결단주의는 상당한 차이점을 보이고 있다. 하지만 결단주의 역시 –법실증주의와 유사하게– 내용적 정당성의 문제를 따지지 않고 오로지 결단의 존재 여부만으로 판단한다는 점에서 법실증주의와 유사한 형식주의에 빠져버렸다는 비판을 받게 되었다.[27]

더구나 칼 슈미트는 –바이마르의 붕괴와 나치의 집권으로 인한 불법국가의 체험에도 불구하고 법실증주의에 대한 자신의 소신을 굽히지 않았던 켈젠과는 달리– 자신의 결단주의 이론은 위기상황의 이론이라고 말하면서 나치가 집권하고 나자 이미 결단은 내려졌고, 이제는 그 결단에 기초한 구체적 헌법질서를 구성하는 것이 문제일 뿐이라고 하면서 스스로 결단주의를 포기하고 이른바 구체적 질서의 이론을 제시하였다.

이러한 그의 태도는 결단주의가 안고 있는 이른바 '한계이론'으로서의 문제점을 그대로 노출시킨 것이라고 할 수 있을 것이다.

2. 결단과 헌법

칼 슈미트에 의해 주장된 결단주의 헌법이론의 핵심은 역시 **정치적 결단**이다. 힘 있는 자의 정치적 결단이 모든 문제를 해결하는 열쇠라고 인정되며, 규범은 정치의 뒤쪽으로 밀려나게 되는 것이다. 이러한 맥락에서 칼 슈미트는 사실적 요소들을 도외시하면서 오로지 실정법규범만을 고찰의 대상으로 삼았던 법실증주의와는 대조적으로 "**결단이 규범에 앞선다**"고 강조하였으며, 그가 이해하는 국가, 헌법, 민주주의, 기본권 등은 모두 이 정치적 결단과의 관계 속에서 정리되고 있다.

이러한 결단주의적 헌법관에 있어서 규범은 사실의 뒤에 서게 되며, 국가에 대한 규범적 접근을 시도하였던 법실증주의와는 달리 국가는 –정치적 활동의 배경 내지 무대로서– 국민의 "정치적 통일체"로서만 인식된다. **국가와 사회의 이원론**[28]에 기초하

란을 해결하는 데 법실증주의의 형식논리가 너무도 무기력하다고 느꼈기 때문이기도 하다. 즉 힘있는 자가 등장하여 그의 결단으로 혼란을 종식시키고 새로운 질서를 창출할 것을 요청하면서 이를 정당화하는 헌법이론을 제시하였던 것이다.

27) 실제로 칼 슈미트의 결단주의 헌법이론은 그가 비판하였던 법실증주의와 매우 유사한 성격과 구조를 갖고 있다고 평가되기도 하다. 실정법의 배후에 있는 결단을 강조하고, 그 결단을 통해 모든 것을 정당화시키는 그의 이론은 마치 켈젠이 근본규범을 내세우고 그 근본규범으로부터 모든 실정법을 정당화시키는 것과 유사하기 때문이다.

28) 국가와 사회의 이원론이란 넓은 의미의 국가, 즉 국가공동체 안에는 좁은 의미의 국가(국가기관과 그 활동의 총체)와 이로부터 분리된 사회가 나뉘어진다는 것이다. 즉 한 나라 안에는 인간의 기본적인 공동체로서의 **사회**와 (공권력에 의해) 조직화된 형태로서의 (좁은 의미의) **국가**가 구분되며, 양 영역은 서로 독자적인 원칙에 의해 지배되고 있다는 것이다. 이러한 주장은 특히 입헌군주제 하에서 군주에 의해 지배되는 영역(국가)과 군주의 지배를 벗어나 시민들의 자율에 맡겨져 있는 영역(사회)을 구분하고, 그에 기초하여 사회의 영역에 대해서는 '**국가로부터의 자유**'를 인정하도록 하여야 한다는 데 그 실질적 의미를 갖고 있었다.

그러나 민주주의가 관철되어 국가권력 자체가 시민들에 의해 구성되고, 또 현대적 사회국가의 발전에 따라 전통적인 사회의 영역에 대해서도 국가의 간섭과 조정이 요청되는 현 시점에서 국가와 사회의

고 있는 칼 슈미트에 있어서의 국가는 그 자체로서 특별한 실질적 의미를 갖고 있는 것이 아니라 정치적 결단이 내려지고, 그것을 수행하는 과정이 행해지는 무대 내지 영역일 뿐이다.

결단주의 헌법이론에서 중요한 의미를 갖고 있었던 것은 오히려 국가와 사회의 이원론에 대응하여 주장된 헌법의 이원적 구조, 즉 **헌법의 정치적 구성부분과 법치국가적 구성부분의 구별**이다. 비록 칼 슈미트가 정치적 결단을 강조하기는 하였지만 모든 헌법적 문제가 정치적 결단에 의해서 좌우된다고 할 수는 없었으며, 그때그때의 정치적 결단에서 벗어나 일정한 안정성과 계속성을 갖는 법원칙을 인정하지 않을 수 없었던 것이다. 이러한 법원칙을 칼 슈미트는 헌법의 법치국가적 구성부분에서 나오는 것으로 설명함으로써 정치적 결단을 중심으로 하는 정치적 구성부분과 대립시켜서 설명하였다.

정치적 결단에 의해 군주국, 귀족국, 민주국으로 나뉘는 국가형태의 문제를 비롯한 국가질서(내지 헌법질서)의 대부분이 형성되지만, 이러한 결단이 미치지 못하는 부분도 있을 뿐 아니라, 수시로 결단이 반복되고 변경됨으로써 발생될 수 있는 문제를 완화시키기 위하여 '기본권보장', '권력분립' 등과 같은 법치국가적 요소도 헌법의 중요한 요소로서 인정되어야 한다는 것이다. 그러나 정치적 결단과 법치국가적 요소가 충돌할 경우에는 정치적 결단이 우선될 수밖에 없다고 인정함으로써 칼 슈미트의 이론은 역시 정치적 결단에 치중하고 있다.

나아가 칼 슈미트는 정치적 결단의 내용 내지 비중에 따라 헌법에 있어서 본질적인 것(절대적 의미의 헌법)과 비본질적인 것(상대적 의미의 헌법)을 구별하였다. 국가질서의 가장 근본적인 사항에 관한 결단, 즉 최고의 정치적 결단을 내릴 수 있는 권위(= 헌법제정권력)와 그 행사에 의하여 만들어진 헌법규정들을 **절대적 의미의 헌법**이라 하였고, 그러한 최고의 권위에서 파생되는 하위의 권위(= 헌법개정권력)에 기초하여 내려진 결단과 그 행사에 의해 만들어진 헌법규정들은 **상대적 의미의 헌법**이라 하였다.[29)]

그리고 이 양자를 포함한 전체헌법의 기초 위에서 입법권을 포함한 국가권력이 형성되며, 입법권의 행사에 의해 법률이 제정된다. 따라서 **헌법제정권력과 헌법개정권력, 그리고 입법권** 사이에 상하관계가 형성되고, 그 권력을 행사하여 제정된 **헌법, 헌법률, 법률** 사이에도 상하관계가 형성된다는 것이다.

이원론을 고수하는 데에는 문제가 많다. 민주주의 하에서는 **국가와 사회의 상호침투(gegenseitiges Durchdringen)**에 따라 더 이상 정치적인 것이 국가의 영역에만 머물러 있지 않을 뿐 아니라, 특히 기본권의 보장과 실현이 국가의 목표로 설정되고 있기 때문에 완전히 비정치적이라고 할 수 있는 것도 더 이상 없게 되었기 때문이다. 다만 국가와 사회의 구별은 전통적으로 자유권의 보장과 관련하여 매우 중요한 역할을 해 왔기 때문에 그 의미를 현대에 맞게 살려나가는 것이 과제라고 할 수 있을 것이다.

29) 이러한 절대적 의미의 헌법과 상대적 의미의 헌법을 칼 슈미트는 **헌법**(Verfassung)과 **헌법률**(Verfassungsgesetz)로 표현하기도 하였다.

헌법제정권력 → **절대적 의미의 헌법**(=**헌법**; Verfassung)
↓ ↓
헌법개정권력 → **상대적 의미의 헌법**(=**헌법률**; Verfassungsgesetz)
↓ ↓
입 법 권 → **법 률**(Gesetz)

또한 결단주의 헌법이론을 전개하였던 칼 슈미트는 민주주의와 관련하여 이른바 **동일성민주주의**(Identitätsdemokratie)의 이론을 발전시켰다. 동일성민주주의 이론은 -군주국가, 귀족국가, 민주국가의 형식적 분류를 전제로- 민주국가의 본질은 국민주권에 있으며, 이러한 국민주권을 핵심으로 하는 민주주의가 실현될 수 있기 위해서는 **치자**(治者)**와 피치자**(被治者)**의 동일성**이 갖춰져야 한다는 점, 즉 국민이 통치의 주체이면서 동시에 객체인 정치질서가 되어야 한다는 점을 강조하는 것이다.

이러한 민주주의이해는 일견 당연한 것처럼 보이기도 한다. 국민이 주권자, 즉 지배자인 민주주의 하에서도 지배의 대상은 국민일 수밖에 없으며, 그런 맥락에서 민주주의는 국민의 자기지배라고 일컬어지는 것이다. 그러나 문제는 과연 치자인 국민과 피치자인 국민이 어떻게 구체적으로 나타나는가 하는 점이다. 왜냐하면 현실적으로 국민의 의사라는 것이 통일되어 있는 것은 아니기 때문이다. 수많은 국민들이 서로 다른, 대립되는 의견을 갖고 있으며, 그들 사이의 갈등이 항상 나타나는 상황에서 막연한 국민전체의 의사를 내세우고 이에 기초해서 민주적 정당성을 주장하는 것은 자칫 독재의 정당화에 오용될 수 있다.[30)]

물론 민주주의는 동일성의 요소를 갖고 있다. 그러나 그러한 동일성만으로 민주주의의 현실을 충분히 설명하고, 또 그 이념을 실현시킬 수는 없다. 그런데 칼 슈미트의 동일성민주주의 이론은 현실적으로 존재할 수밖에 없는 갈등을 은폐하면서 전체국민의 이름으로 정치권력자(정치적 결단을 내리는 자)를 정당화시키는 역할을 함으로써 민주주의의 이념으로부터 멀어진 것이다.

칼 슈미트는 기본권과 관련하여서도 전통적인 법실증주의의 이론과 대조되는 새로운 주장을 펼쳤다. 그는 국가와 사회의 이원론에 기초하여 기본권을 -실정법상의 권리로 이해하였던 법실증주의와는 달리- 본질적으로 자연권적인 것으로 이해하였다. 즉 국가작용의 영역과 국가권력이 개입해서는 안될 사적 영역을 엄격하게 구별하는 것을 전제로 기본권은 선(先)국가적인 사적 영역의 보호에 관한 것이라고 보았던 것이다.

따라서 기본권에 대해서는 국가도 침해할 수 없으며, 오직 기본권의 주체인 시민의

---

30) 실제로 동일성민주주의론과 유사한 맥락에서 전체국민의 일반의사를 강조했던 룻소(*J. J. Rousseau*)의 이론이 쟈코뱅의 독재에 이용되었던 것처럼, 칼 슈미트의 동일성민주주의 이론도 나치의 독재를 정당화시키고, 그에 반대하는 사람들을 전체국민의 의사에 반하는 이단자로 취급하여 공격하는 도구로 전락하고 말았다.

동의를 전제로 한 예외적인 제한만이 인정될 수 있다고 보았다. 또한 그러한 맥락에서 전통적인 자유권만을 진정한 의미의 기본권으로 생각하였으며, 당시의 바이마르 헌법에 도입되었던 여타의 기본권들, 즉 절차적 기본권(청구권적 기본권)이나 사회적 기본권은 사회의 영역이 아닌 국가의 영역에 속하는 것으로서 진정한 의미의 기본권이 아니라고 생각하였다.

이러한 칼 슈미트의 기본권이론은 독자적으로 형성된 것이라기 보다는 전통적인 시민적 법치주의 이론에 따른 것이었으며, 자연권사상과 부분적으로 접목되어 법실증주의와 대조되고 있었다. 그러나 칼 슈미트의 기본권이론의 특수성은 무엇보다 **제도적 보장**에 관한 이론에서 두드러진다. 전통적인 기본권으로 파악될 수는 없지만 바이마르 헌법의 기본권 장에는 들어와 있던 특수한 규정들, 예컨대 지방자치제도, 직업공무원제도, 사유재산제도 등을 어떻게 설명할 것인가와 관련하여 칼 슈미트는 제도적 보장이라는 개념을 도입하여 이들이 비록 기본권으로 보장되는 것은 아니지만, 헌법적 보장임에는 틀림없다[31]는 점에서 법률적 보장과 구별하였던 것이다.[32]

3. 결단주의 헌법이론의 의의와 한계

바이마르 당시의 지배적 헌법이론이었던 법실증주의는 형식주의에 빠져서 현실적 문제의 해결에 대한 구체적 대안을 제시하지 못함으로 인하여 많은 비판을 받게 되었고, 현실문제를 해결할 수 있는 실질적 기준을 제시하려는 수많은 헌법이론들이 등장하였다. 그러나 이른바 실질적 헌법이론들도 그들이 제시하고 있는 실질적 기준의 객관성과 설득력에 있어서 많은 문제를 안고 있었기 때문에 법실증주의를 대체할 수 있는 이론으로 평가되지 못하였다.

결단주의 헌법이론은 이렇게 새로이 대두된 헌법이론들 가운데 가장 주목받았던 이론이었다. 무엇보다 바이마르 당시의 국가적 혼란상황의 원인과 그에 대한 해결책을 쉽게 이해할 수 있는 **'결단'**이라는 개념으로서 정리해 내었고, 그것이 형식주의에 빠져있었던 법실증주의의 대안이 될 수 있다고 여겨졌기 때문이었다. 또한 결단주의 헌법이론은 정치적 혼란을 겪는 많은 나라에서 설득력을 더욱 발휘하였고, 우리나라에서도 제3공화국 이후 결단주의가 널리 소개되어 한동안 지배적인 헌법이론이 되기도 하였었다.

결단주의는 법실증주의에 대한 유력한 대안으로서 새로운 헌법체계를 구성하였을 뿐만 아니라 그 이론은 복잡한 체계보다는 단순하면서도 명확한 구조로 헌법의 현실적 배경과 요소들을 설득력 있게 정리하였다. 그러나 결단주의의 헌법이론은 결단이라는 요소를 전면에 부각시킴으로써 헌법의 규범적 측면을 사실적 측면에 종속시켜 버렸다. 그 결과 결단주의는 헌법을 규범으로서 현실을 이끌어나가는 역할을 하는 것이 아니라

---

31) 그런 맥락에서 칼 슈미트는 기본권의 보장이 헌법제정권력에 의해서만 변경될 수 있는 절대적 의미의 헌법에 속하지만, 제도적 보장은 헌법개정권력에 의해 개폐될 수 있는 상대적 의미의 헌법에 속하는 것으로 이해하고 있다.

32) 제도적 보장에 관한 상세한 내용은 「제2권 제1부 제1장 제2절 **헌법관과 기본권**」 참조.

현실적 세력관계의 결과물에 지나지 않는 것으로 인식하였고,[33] 결국 헌법이론이라기보다는 정치이론에 불과하다는 비판을 받기도 하였다.

실제로 결단주의는 -칼 슈미트 자신이 인정하였듯이- 위기상황의 이론으로 발전된 것이었기 때문에 정상적인 상황에서는 결단주의를 그대로 받아들이는 데 많은 문제가 있다. 정당성의 문제를 도외시하였다는 점에서는 법실증주의와 다를 바가 없고, 단지 권력자의 결단에 의해 헌법규정으로 만들어지기만 하면 모든 것이 규범의 힘을 갖게 되고, 또 실정헌법규범의 해석도 권력자의 결단에 비추어 행해져야 한다고 보았다는 점에서 규범의 이론으로서는 많은 문제가 있다고 인정할 수밖에 없다.

우리나라의 경우도 남북한의 분단과 대치를 위기 상황으로 규정하면서 결단주의를 우리의 현실에 잘 맞는 헌법이론으로 생각한 경우도 있었으나, 동서독이 분단되어 대치하고 있던 당시에도 서독의 헌법이론은 결단주의에서 멀어져 있었던 점을 생각하면 이러한 주장은 설득력이 약하다. 전쟁을 전후로 한, 혹은 그에 준하는 특별한 상황이 문제되고 있는 기간을 몇 개월 동안의, 혹은 길어야 2-3년의 기간으로 생각한다면 위기상황에 필요한 특별한 규범과 특별한 이론을 적용할 수도 있겠지만,[34] 70년 이상 지속되어온 남북한의 분단과 대립이 지속적인 위기상황이며, 따라서 정상상황에서 적용될 수 있는 헌법이론을 포기해야 한다고 말하기는 어려울 것이기 때문이다.

Ⅴ. 통합론적 헌법관과 헌법이론체계

1. 통합론적 헌법이론의 배경과 출발점

루돌프 스멘트(*Rudolf Smend*; 1882-1975)에 의해 제창된 통합론(Integrationslehre)은 결단주의와 마찬가지로 바이마르 공화국의 정치적 불안, 그리고 법실증주의의 극복을 과제로 출발하였다. 그러나 결단주의처럼 단순히 혼란상황을 종식시킬 수 있는 정치적 힘을 그 해결의 방법으로 제시한 것이 아니라 국가의 본질에 대한 새로운 이해에서 출발하여 헌법규범의 기초와 구조, 성격을 새롭게 정립하려는 시도를 보여주었다.

통합론에 따르면 국가란 법실증주의가 생각하는 것처럼 단순한 규범체는 아니다. 그렇다고 결단주의가 이해하는 것처럼 국가를 정치적 결단의 무대 또는 산물로서만 볼 수도 없다. 국가의 본질 내지 핵심은 한 국민(또는 민족)이 역사적 · 문화적 공동체로서 끊임없이 통합하는 과정 속에 있다는 것이다. 이러한 통합과정의 이론을 그는 특히 딜타이(*W. Dilthey*)의 생철학(Lebensphilosophie), 후설(*E. Husserl*)의 현상학(Phänomenologie), 리트(*Th. Litt*)의 문화철학(Kulturphilosophie)의 영향 하에서 구성해 내었으며, 이러한 사상의 기초 위에서 그의 헌법이론체계가 형성되었다.

이러한 통합론의 핵심은 헌법의 대상인 국가를 국민들의 **통합과정**으로 파악하는

---

33) 이 점은 결단주의 헌법이론이 나치의 정당화에 이용되었을 뿐만 아니라, 칼 슈미트 자신이 나치에 적극 협력하였던 점 때문에도 더욱 비판받고 있다.

34) 이를 위하여 발전된 것이 국가긴급사태와 이를 극복하기 위한 국가긴급권의 이론과 규정들이다.

데 있다. 스멘트가 생각한 통합이란, 국민 전체의 삶을 하나의 현상으로 포괄하여 표현하는 하나의 용어일 뿐, 단순히 당시의 정치적 분열을 극복하여 정치적 통합, 또는 국민적 통합을 이루자는 구호로 이해될 수 있는 것은 아니었다. 오히려 스멘트는 국민 전체의 삶을 하나의 덩어리로 파악할 수 있는 가능성을 염두에 두고, 이를 해명하는 것이 국가의 실체를 파악하는 것이며, 동시에 올바른 헌법질서 형성의 기초가 된다고 생각하였다. 그는 이를 위하여 인간의 삶과 그 조건으로서의 국가에 대한 철학적 숙고를 바탕으로 헌법이론을 전개하고자 노력하였다. 그리고 헌법규범을 이러한 삶의 과정에서 의미있는 것들을 담아 놓은 **가치체계** 내지 **문화체계**로 이해하였던 것이다.

통합론의 주장, 특히 '**통합**'**이라는 개념**은 법실증주의에 기초한 종래의 법학 내지 헌법학 방법론의 측면에서 보면 매우 생소한 것이었지만 -바이마르의 정치적 혼란과 분열의 상황에서- 동시에 매우 흥미롭고 매력적인 것이기도 했다. 그러나 그로 인하여 통합이라는 말의 의미가 여러 가지로 곡해 · 오용되기도 하였다. 또한 철학적인 배경으로부터 나온 스멘트의 난해한 문장들은 이러한 오해를 부채질하기도 하였으며, 그 결과 바이마르 시대의 통합론은 주목받는, 그러나 충분히 평가되지 못한 소수설에 불과하였다.

그러던 통합론이 다시금 각광을 받게 된 것은 바이마르 공화국의 몰락과 제2차 세계대전을 경험한 이후이다. 나치의 경험을 통해 법실증주의와 결단주의의 한계가 뚜렷하게 드러남에 따라 새로운 대안이 절실하게 요청되었으며, 그 상황에서 통합론의 헌법이론이 주목을 받게 되었다.

스멘트에 의해 시작된 통합론은 무엇보다 국가를 정적인 대상으로 보지 않고, 그 실체가 동적 과정에 있다고 파악하였다는 점에서 종래의 법실증주의와는 기본적인 인식의 차이를 보여주고 있다. 그러나 그의 이론은 또한 지나치게 동적인 측면만을 강조함으로 인하여 적지 않은 비판을 받기도 하였다.

스멘트의 이론적 계승자인 헷세(*K. Hesse*)에 이르러서는 **헌법의 규범력**이라는 측면에서의 일정한 정적인 요소의 의의와 필요성을 인정하고 이를 통합론의 기본 구조와 결합시킴으로써 이러한 문제들의 상당부분을 해소시켰다. 그 결과 통합론은 헌법의 사실적 측면과 헌법의 규범적 측면을 적절하게 조화시키고 있는 훌륭한 헌법이론체계로 평가받고 있다.

2. 통합과정의 법질서로서의 헌법

'통합론'을 올바르게 이해하는 관건은 '**통합**'이라는 개념을 정확하게 파악하는 데 있다. 통합론(적 헌법이론)이라는 명칭 자체에서도 나타나듯이 '통합'은 스멘트에 의해 비롯된 새로운 헌법이론체계의 중심개념이다.

스멘트는 개인과 공동체의 관계를 어느 한쪽만을 우선적으로 생각하는 입장들, 즉 개인주의적 입장이나 전체주의적 입장을 지양하고 양자의 변증법적 관련을 강조하였다. 개인은 공동체 속에서 비로소 완전한 자기실현을 꾀할 수 있고, 공동체는 개인을 통해서만 형성되고 발전할 수 있다는 것이다. 이러한 출발점에서부터 스멘트는 국가라는 공동체를 단순히 개인중심 또는 국가중심이라는 시각에서 바라보지 않고, 양자의 관련성 내지 상호의존성에 초점을 맞추어 파악하려고 시도하였다. 국가의 실체는 그 구성원인 국민들의 삶이 어떻게 상호관련성 속에서 엮어져 있는지, 그리고 그들의 삶이 국가라는 공동체와 어떠한 연관성 속에 놓여 있는지에 있다고 생각하였던 것이다.

이런 의미에서 스멘트가 선택한 '통합'이란 용어는 역사적 · 문화적 공동체로서의 국민들이 통일체를 이루는 가운데 일정한 가치표준에 따라 계속적인 발전을 이루고 있다는 것을 묘사하는 것이다. 결국 통합론의 입장에서 보면 이와 같은 국민들의 구체적인 생활관계의 변화 · 발전이 국가의 실체를 이루는 것이며, 이러한 통합과정이란 정적인 것, 이미 고정되어 있어 변하지 않는 것이 아니라 유동적이며 계속 새롭게 형성되어 나가는 것이다.

스멘트는 이러한 통합이 이루어지는 형태를 크게 3가지로 나누어서 설명했다. 먼저 군주국가의 국왕 기타 카리스마적 인물을 통한 통합을 **인적 통합**(persönliche Integration)이라 불렀고, 현대 국가에서 점점 더 큰 비중을 갖게 되는 선거나 의회 등과 같은 절차 · 제도를 통하여 이루어지는 통합을 **기능적 통합**(funktionelle Integration)이라 하였다. 그리고 국기, 국가 등과 같은 상징 및 기본권과 같은 가치를 통한 통합을 **물적 통합**(sachliche Integration)[35)]이라 불렀다.

이러한 통합은 하나의 공동체가 계속 존속할 수 있도록 하는 구심력을 의미하는 것이다. 비록 하나의 절대적 가치를 중심으로 다른 가치를 배척하는 배타적이고 독재적인 것은 아니더라도, 하나의 공동체가 일정한 질서를 유지하고, 또 일정한 방향으로 발전해 나가기 위해서는 그 공동체의 구성원들이 공동의 기초로서 인정할 수 있는 이념이나 가치가 필요하다는 점을 스멘트는 간과하지 않았으며, 그는 이러한 인식을 그의 헌법이론에 반영시켰던 것이다.

그 결과 스멘트가 이해하는 헌법은 (끊임없는 통합의 과정 속에 있는) 국가의 기본법질서로서 일정한 성격을 갖게 된다. 통합론적 헌법이론의 가장 두드러진 특성으로는 통합론의 국가이해에서 비롯된 **역동성 · 개방성** 등의 특성을 들 수 있다. 모든 국가현상, 즉 헌법현상을 정적으로 파악하였던 법실증주의와는 달리 동태적인 파악에 초점을 맞추었던 것이다. 그러나 이러한 통합론의 동태적 헌법이론에도 문제는 없지 않았으며,[36)] 스멘트이론의 계승자인 헷세에 이르러서는 국가현상의 동태적 파악과 아울러 헌법의 규범으로서의 안정성에도 많은 비중을 둠으로써 양자의 조화를 꾀하게 되었다.

이러한 스멘트의 헌법이론은 헌법에 새로운 시각을 도입하였다는 점에서 커다란 변

---

35) 그는 특히 기본권을 물적 통합의 중요한 요소로 생각하였다. 기본권은 헌법적으로 보장되고 있는 중심적인 가치를 나타내고 있는 것이며, 이러한 기본권의 보장은 곧 그 국가공동체의 중요한 통합요소(공동체 존속의 구심점)라고 보았던 것이다.

36) 스멘트의 통합론은 지나치게 동태적인 측면만을 강조함으로 인하여 규범으로서의 안정성을 소홀히 하였다는 비판을 특히 많이 받았다.

화 내지 진전을 의미하는 것이었지만, 스멘트 자신은 이러한 새로운 시각을 구체적 문제에 연결시켜서 새로운 결론을 도출하는 데까지는 이르지 못하였다. 예컨대 그는 새로운 국가이해, 새로운 헌법이해를 제창함으로써 국가질서를 새롭게 이해할 수 있는 토대를 마련하였음에도 불구하고 국가질서의 구성원리인 민주주의를 새롭게 이해하지는 못하였다. 그는 전통적인 민주주의 이해에 따라 주권의 소재를 기준으로 판단하는 국가형태의 문제로서만 민주주의를 바라보았던 것이다.

그러나 이러한 스멘트의 시각은 헷세(*K. Hesse*; 1919-2005)에 의하여 수정되었다. 헷세는 스멘트의 새로운 이해를 출발점으로 삼아 그 논리를 계속 발전시키고, 이를 현대적 민주주의이론과 결합시킴으로써 민주주의를 단순한 국가형태의 문제가 아닌, 국가질서의 실질적인 형성에 중심적인 역할을 하는 헌법원리로 인정하였던 것이다. 또한 그러한 민주주의는 일반의사론이나 동일성민주주의 또는 평의원민주주의 등에서 이야기하는 비현실적인 가정에 기초하는 것이 아니라 오늘날의 현실적 조건들을 고려하는 가운데 실현가능한 것으로 이해되어야 한다고 보아, 다수결원리와 대의제의 결합, 민주적 의사형성과 국가작용에 대한 민주적 통제의 의미가 더욱 강조되었다.

민주주의의 문제와 유사하게 기본권이론에 있어서도 스멘트는 새로운 출발을 위한 기초를 마련하였다. 그는 기본권이 헌법의 중심가치이며, 물적 통합의 요소라는 점, 그리고 나아가 헌법 자체가 기본권의 보장을 중심으로 구성된다는 점 등을 부각시킴으로써 종래의 국가조직을 중심으로 한 헌법이해로부터 코페르니쿠스적 전환이 가능하게 만들었다. 그러나 그는 기본권의 성격과 효력에 관한 문제를 구체적으로 정리하지 않음으로써 그 과제는 후대의 학자들에게 맡겨졌다.

헷세는 이러한 스멘트의 새로운 시각과 전통적인 기본권이론을 결합시킴으로써 기본권이 **이중적 성격**(또는 양면성: Doppelcharakter)을 갖는다는 점을 강조하였다. 기본권은 한편으로는 -스멘트가 강조한 것처럼- 헌법적 가치의 중심이고, 따라서 헌법 및 이를 통해 구성되는 국가질서(법질서)를 형성하는 데 중요한 기준 내지는 요소로서 작용한다. 하지만 다른 한편으로는 기본권이 -전통적 헌법이론에서 인정되어 온 것처럼- 개인의 권리로서 주장되고 행사될 수 있는 측면도 부정될 수 없다는 것이다.[37]

이러한 헷세의 이중성 이론은 오늘날 널리 인정되고 있으며, 헷세의 제자인 해벌레(*P. Häberle*)는 한 걸음 더 나아가 이른바 **제도적 기본권이론**을 주장하였다. 그의 주장은 기본권을 개인의 자연권적·초국가적 권리로서 파악하는 것은 옳지 않으며, 오히려 기본권의 본질은 국가에 의한 보장, 즉 제도를 통하여 구체적으로 보장·보호되고 있다는 점에 있으며, 제도를 벗어난 기본권은 가능하지 않다는 점을 강조하는 것으로서 스멘트의 이론과 전통적 기본권이론을 균형있게 결합시키려고 하였던 헷세보다도 스멘트쪽에 더 가까운 이론으로 평가된다.[38]

---

37) 헷세가 주장한 기본권의 이중성에 관하여 상세한 것은 「제2권 제1부 제1장 제2절 Ⅲ. 3. **헷세(K. Hesse)의 기본권관**」 참조.

3. 통합론적 헌법이론의 현대적 발전과 변형

통합론적 헌법이론은 스멘트에 의해 시작되었지만 통합론은 헷세를 비롯한 그의 제자들에 의하여 훨씬 정교하게 체계화되고 발전되었다. 나아가 오늘날 법실증주의와 결단주의가 그 한계를 드러냄에 따라 통합론은 더욱 널리 수용되게 되었다.

그러나 이처럼 통합론이 -독일 및 독일법의 영향 하에 있는 많은 나라들의- 헌법학계에서 널리 수용됨에 따라 통합론의 기본적 전제를 받아들이는 가운데도 구체적인 헌법 문제에 대한 접근에서 차이를 보이는 다양한 이론들이 발전되었다. 예컨대 스멘트의 이론이 헷세에 의해 어느 정도 교정되고 구체화되었다면, 그의 제자인 해벌레(*P. Häberle*)나 뮐러(*F. Müller*) 등은 그와는 또 약간씩 다른 이론을 전개했으며, 그 밖에도 많은 학자들이 통합론의 기본 입장을 부분적으로는 받아들이면서도 또 일부에 있어서는 색다른 주장을 펼치기도 하였던 것이다.

이러한 현대적 헌법이론의 발전은 결국 법실증주의, 결단주의, 통합론이라는 헌법관의 논쟁을 바탕으로 한 것이지만, 어떤 의미에서는 이미 헌법관에 대한 논쟁을 벗어나고 있는 것이라고도 할 수 있을 것이다. 이미 헌법관의 논쟁을 통해 정리되어야 할 기본적 방향에 대한 다툼은 통합론의 상대적인 승리로 결론지어졌고, 현재의 헌법이론은 -더이상 헌법관을 통해 논쟁되는 헌법이해의 기본방향에 대하여 커다란 관심을 기울이는 것이 아니라- 구체적 문제해결 과정에서 발생되는 여러 다양한 개별적 쟁점들의 해결에 초점을 맞추고 있기 때문이다.

그러므로 헌법관에 대한 논쟁은 헌법을 그 뿌리에서부터 올바르게 이해하기 위하여 꼭 한 번 짚고 넘어가야 할 중요한 주제이기는 하지만, 오늘날에는 더이상 헌법학의 가장 큰 관심분야는 아니라고 할 수 있다. 또한 법실증주의나 결단주의에 기초했을 경우와 통합론에 기초했을 경우에 구체적 헌법문제를 보는 시각이 달라지고, 그에 따라 결론이 달라지는 경우가 많은 것은 분명하지만, 같은 통합론에 기초했다고 해서 구체적 헌법문제를 보는 시각이 항상 같은 것은 아니라는 점에도 주목할 필요가 있다.

헌법관에 대한 이해가 헌법이해의 알파(A)일 수는 있지만, 결코 오메가(Ω)는 될 수 없다.

---

38) 해벌레의 제도적 기본권이론에 관하여 상세한 것은 제2권 기본권론의 「제1부 제1장 제2절 Ⅲ. 4. 해벌레(P. Häberle)의 기본권관」 참조.

헌법관 / 비교항목	법실증주의	결단주의	통합론
출발점	현실적 출발점 — 자의적 법적용의 통제 — 법학의 학문성·객관성의 확보 사상적 배경 — 실증주의철학 — 신칸트철학(가치상대주의와 방법이원론)	현실적 출발점 — 바이마르의 정치적 혼란의 극복 — 법실증주의이론의 극복 사상적 배경: 유럽의 권력국가적 정치사상 (N. Machiavelli, Th. Hobbes 등)의 영향	현실적 출발점 — 바이마르의 정치적 혼란의 극복 — 법실증주의이론의 극복 사상적 배경 — W. Dilthey 생철학 — E. Husserl 현상학 — Th. Litt 문화철학
대표적 주장자	C. F. v. Gerber, P. Laband, G. Jellinek, H. Kelsen, G. Anschütz, R. Thoma	C. Schmitt	R. Smend, K. Hesse, P. Häberle
중심내용	**실정법**의 이론 — 자연법의 배제 — 경험적 요소의 배제 — 권한있는 기관의 정상적 절차에 따른 법제정 — 연역적 방법에 의한 법해석 — 법효력 = 실효성	힘있는 자의 **결단**을 헌법의 핵심으로 — 결단이 규범에 앞선다 — 결단을 내릴 권한의 위계질서 — 결단에 의한 헌법과 이를 완화시키는 헌법의 이중구조	**통합과정**의 법질서로서의 헌법 — 국가의 실체로서의 통합과정 — 헌법 = 통합과정의 법적 기본질서 — 통합유형 ─ 인적 / 물적 / 기능적
국가이해	형식적 국가이해 — G. Jellinek: 법학적 국가개념과 사회학적 국가개념 — H. Kelsen: 국가 = 법질서	정치적 과정이 이루어지는 무대로서의 국가 * 국가와 사회의 이원론	국가 = 통합과정 → 역사적·문화적 공동체로서의 국민의 생활과정이 일정한 가치질서 속에서 끊임없이 변화·발전하는 모습
헌법이해	G. Jellinek: 국가기관의 조직과 구성, 국민의 지위, 국가기관과 국민의 관계를 정한 국가의 기본법 H. Kelsen: 법의 단계구조상 최고의 위치에 있는 실정법규범	헌법 = 헌법제정권력자의 정치적 결단을 규범화 한 것 * 헌법의 정치적 구성부분과 법치국가적 구성부분	R. Smend: 헌법 = 통합과정의 기본적 법질서 → 가치체계, 문화체계로서의 헌법 K. Hesse: 통합의 동적 성격 뿐 아니라 규범으로서의 안정성도 강조 → '헌법의 규범력'
민주주의 이해	주권이 국민에게 있는 '민주국가'라는 국가형태로 (형식적) 이해	— 민주주의 국가형태 — 동일성민주주의 = 治者와 被治者의 동일성	— R. Smend: 국가형태로서의 민주주의 — K. Hesse: 다원적 정치의사형성의 원리로서의 민주주의
기본권 이해	G. Jellinek: 지위론 → 수동적·소극적·적극적·능동적 지위 H. Kelsen: 관계론 → 수동적·능동적·소극적 (반사적 효과) 관계	소극적 방어권으로서의 기본권(자연권적 성격) → 자유권만이 진정한 의미의 기본권! * 기본권과 제도적 보장의 구별	— R. Smend: 헌법질서의 구성원리로서의 기본권 — K. Hesse: 기본권의 이중성 — P. Häberle: 제도적 기본권이론

제4절 헌법의 성격과 과제 및 그로부터 나오는 헌법의 특성

Ⅰ. 헌법에 대한 이해의 기초와 그에 따르는 성격 이해의 차이

헌법관이라는 이름으로 논의되어 왔던 헌법의 전체적 맥락에 대한 체계적 이해는 결국 헌법의 본질에 대한 이해를 그 핵심으로 한다.[39]

먼저 법실증주의의 기초가 되는 실증주의 철학 내지 신칸트철학은 감정을 배제한 철저하게 이성적인 인간, 합리적이고 기계적인 세계관을 전제하고 있다. 그러므로 법실증주의가 염두에 두고 있는 법질서는 아무 결함이 없는 완벽하게 합리적인 규범체계였다. 헌법은 그러한 법질서의 정점에 있는 규범이며, 헌법으로부터 모든 법규범들이 연역되고, 개별적 법규범의 형식논리적 해석 · 적용을 통해 모든 법적 문제들이 −흠결 없이− 완벽하게 해결될 수 있다고 믿었던 것이다.

반면에 결단주의는 마키아벨리, 토마스 홉스 등 권력국가적 정치사상의 흐름 가운데에 서서 인간의 비합리적이고 권력지향적인 면을 충분히 고려하는 국가질서, (헌)법질서를 염두에 두고 헌법이론을 구성하였다. 따라서 그의 헌법이론은 흠결 없는 완벽한 형식논리적 구조보다는 실제 국가질서가 어떻게 구성되는지, 이를 좌우하는 힘은 무엇인지에 초점을 맞추고 있었다.

그리고 통합론은 생철학과 현상학, 가치이론 등의 영향 하에 −신칸트철학에 많이 의존하였던 법실증주의와는 다른 맥락에서− 헌법의 체계를 새롭게 구성하려고 노력하였다. 인간을 이성적 존재로 전제하기보다는 가치추구를 통해 점차 나은 방향으로 발전해 나가는 것으로 이해하였으며, 그러한 발전의 과정을 올바르게 유도하고 규율하는 것이 바로 (헌)법의 과제라고 생각하였다.

이하에서는 통합론의 기본입장을 전제로 헌법의 본질에 대한 이해가 어떠한지, 그리고 그 바탕에는 인간과 세계에 대한 어떤 생각이 깔려 있는지를 살펴본다.

Ⅱ. 국가공동체의 법적 기본질서로서의 헌법

헌법은 흔히 한 국가의 최고법이라고 일컬어진다. 즉 헌법은 국가를 전제하는 것이다. 그리고 국가라는 공동체의 의미는 인간이 모여 사는 울타리라는 데 있으며, 그 울타리 안에서 개인의 삶이 영위된다. 이런 맥락에서 볼 때 국가라는 공동체는 그 자체로

---

39) 헌법관의 차이는 헌법의 성격 및 이와 결부되어 있는 헌법의 과제와 기능에 대한 이해의 차이에서 비롯된 것이고, 그러한 차이는 세계관의 차이 내지는 인간관의 차이로까지도 거슬러 올라갈 수 있을 것이다. 인간을 어떻게 이해하는지에 따라, 그리고 그 인간들이 구성한 사회가 어떠해야 하는가에 대한 기본생각의 차이로부터 법질서 내지는 헌법질서가 어떠해야 하는지에 대한 차이가 도출된다는 점에서 그러하다.

서 독자적인 의미를 갖고 있는 것이 아니라 그 구성원인 국민들의 삶의 공간으로서 의미를 갖는 것이다.

그런데 국가라는 공동체 안에서 이루어지는 국민의 삶은 매우 다양할 뿐만 아니라 계속적으로 변화되고 있다. 이러한 삶의 질서를 이해하고, 그 바탕 위에서 국가라는 공동체의 질서를 형성하고 유지하는 것이 헌법이라고 통합론은 말한다. 즉 헌법은 국가라는 울타리 안에서 이루어지는 국민들의 삶을 일정하게 질서지우는 법질서라는 것이다.

그런 의미에서 헌법은 **국가라는 공동체의 법적 기본질서**라고 일컬어진다. 즉 공동체 내의 삶 전체의 기본조건을 다루는 기본적 법질서라는 것이다. 따라서 전통적으로 헌법의 규율대상으로 인정되고 있었던 국가권력의 구성과 활동에 관한 사항(이른바 **협의의 국가생활**) 뿐만 아니라 그 밖의 생활영역, 예컨대 혼인이나 가족생활, 학문 · 예술활동, 언론, 노동 등에 관한 사항(이른바 **비국가적 생활영역**)까지도 국가공동체 내에서 이루어지는 것으로서 헌법적 규율의 대상이 된다. 즉 헌법은 국가공동체 내의 전체적 삶을 규율하는 가장 기본적인 법적 기준으로 인정되는 것이다.

헌법이 이와 같이 국가공동체의 법적 기본질서로서의 기능을 제대로 하기 위해서는 일차적으로 헌법이 지향하는 바가 분명해야 할 것이다. 즉 국가공동체 내에서의 삶이 어떻게 이루어지는 것이 바람직한지에 대한 기본적 방향이 설정되어야 한다.[40] 이러한 결정은 기본권을 비롯한 헌법의 기본가치들을 통하여, 그리고 그러한 기본가치들을 실현시키는 방식에 관한 기본원리들(민주주의, 법치주의 등)을 통하여 내려진다.

나아가 헌법은 설정된 기본방향 내지는 기본가치와 기본원리를 구체화시키기 위한 조직과 절차를 담게 된다. 단순히 어떠한 방식의 국가공동체(내의 삶)가 바람직하고, 그 국가의 기본가치와 기본원리가 어떤 것이라고 선언하는 데에서 그치는 것이 아니라 그것을 실현시키기 위한 조건들, 즉 국가질서의 형성과 유지를 직접 담당할 국가기관의 구성과 활동, 그 권한의 범위와 권한행사의 방식 등을 정하는 것이다. 물론 헌법은 이른바 협의의 국가생활에 관한 것만을 담고 있는 것이 아니라 국가질서의 대강을 담고 있기 때문에 결국 전체법질서의 기본적인 방향이 헌법 안에서 결정된다. 혼인, 가족, 재산, 형사법의 기본원리, 교육제도, 종교, 노동 등의 기본이 헌법을 통해 정해지는 것이다.

헷세가 헌법이란 "공동체의 법적 형성을 위한, 특정의 의미원리를 지향하는 구조적 계획"이라고 말한 것도 그러한 맥락에서 이해될 수 있을 것이다.

---

40) 예컨대 개인의 사생활을 존중하는 질서를 형성하는 것이 바람직한지 아니면 공적 관심에 따라 개인의 사생활은 충분히 공개되는 것이 바람직한지에 대하여, 또는 개인주의적 삶을 보장하는 방향으로 국가질서를 형성할 것인지 아니면 고립된 개인보다는 상호간의 결합 속에서 협동하는 삶을 보장하는 국가질서를 형성할 것인지를 결정해야 하는 것이다.

Ⅲ. 헌법의 기본과제

헌법이 국가공동체의 법적 기본질서로서의 역할을 하기 위해 수행하여야 할 과제는 크게 두 가지 측면으로 묶어서 이야기될 수 있다. 하나는 국가(공동체)질서의 동적 형성에 관한 것이고, 다른 하나는 국가(공동체)질서의 정적인 유지에 관한 것이다.

1. 국가질서의 동적인 형성

바람직한 국가(공동체)질서가 무엇인지에 대한 궁극적인 해답, 모두가 만족하고 수긍할 수 있는 정답은 어쩌면 존재할 수 없을지도 모른다. 그러나 우리가 국가공동체를 구성하여 일정한 질서 속에서 더불어 살고자 하는 한, 바람직한 국가질서에 대한 -적어도 잠정적인- 합의는 존재해야만 하고, 그런 합의에 기초하여 국가공동체의 나아갈 기본방향을 정립해 놓아야 한다. 그리고 그러한 질서를 구체화시키기 위한 실현계획도 필요할 것이다.

헌법은 바로 그런 기본방향(내지 그 바탕에 깔려 있는 이념)에 대한 합의, 그리고 이를 구체화시키기 위한 실현계획을 담고 있는 법이며, 그런 의미에서 국가공동체의 근본규범이다. 따라서 헌법의 일차적 과제는 국가(공동체)질서를 올바른 방향으로 형성하는 것이라고 할 수 있다.[41]

우리 헌법이 민주주의에 기초하고 있기 때문에 헌법을 통한 국가질서의 동적 형성은 결국 민주적 의사형성과정을 통한 국가질서의 형성을 의미한다. 현대의 다원화된 산업사회에서 민주적으로 의사를 형성한다는 것은 수많은 개인들과 집단들이 병존하고, 때로는 대립하는 가운데서 상이한 의견들과 이해관계들을 조정하여 일정한 합의를 이끌어내는 것이다.

그러나 이러한 갈등을 합의와 설득, 그리고 다수결을 통하여 조정 · 해결함으로써 다양한 개별의사로부터 하나의 구속력 있는 전체의사를 형성해 내는 것은 결코 쉽지 않으며, 이를 가능케 하는 것, 이를 위해 필요한 절차와 방식, 기준과 제도들을 만들고 준수되게 함으로써 올바른 국가형성이 가능해지도록 하는 것이 헌법의 가장 기본적인 과제인 것이다.

2. 법질서를 통한 국가질서의 정적인 유지

헌법을 통한 국가질서의 형성은 여러 가지 형태로 나타난다.[42] 그러나 이러한 여러

---

41) 그러나 헌법을 통해 국가질서를 동적으로 형성해 나간다는 것이 말처럼 쉬운 일은 아니다. 헌법은 단지 장식에 불과하다고 생각하는 독재적 권력자들이 -헌법과 전혀 상관없이- 국민이 바람직하다고 합의한 방향이 아니라 자신이 바람직하다고 생각하는 방향으로 국가질서를 형성해 나가려고 하던 시절도 있었다. 결국 독재는 종식되고 민주적으로 구성된 정부가 그 자리를 대신하면서 헌법을 통한 국가질서의 형성은 막연한 구호가 아니라 현실이 되었고, 헌법재판소의 적극적 활동은 헌법의 역할과 기능의 변화를 더욱 뚜렷하게 보여주고 있다.

42) 헌법이념과 원리, 기본권 등의 근본가치를 통해 국가질서 형성의 목표와 방향을 선언하는 형태로 나타나기도 하고, 이를 실현시키기 위한 조직체계, 즉 국가기관을 구성하는 형태로 나타나기도 한다. 그

가지 형태를 통한 국가질서의 형성은 -헌법규정이건, 법률조문이건, 아니면 대통령령을 비롯한 각종 명령과 규칙, 조례 등을 통해서이건- 종국적으로 '법'을 통하여 그 구체적인 모습을 드러낸다는 공통점을 갖는다. 즉 민주적 과정을 통해 형성된 국가질서는 '법'이라는 틀 안에 그 내용을 담게 되며, 법을 통하여 비로소 우리가 현재 어떠한 국가질서 속에서 살아가고 있는지를 확실하게 밝혀주는 것이다.

이런 의미에서 법질서는 국가질서 그 자체라고 할 수 있다. 비록 '법'이 곧 국가의 모든 것이라고 할 수는 없지만 현재의 국가(질서)가 어떻게 되어 있는지는 -적어도 법치국가에서는- 법을 통해 나타나기 때문이다. 그러므로 법치국가에서 법은 단순히 국가질서를 표현하는 도구가 아니라 국가질서 그 자체와 동일시되는 것이다.

헌법의 일차적인 과제는 국가질서의 동적 형성이지만, 그 다음 단계는 일단 형성된 국가질서를 올바르게 유지하는 것이다.

물론 국가질서의 동적 형성이 일회적인 것으로 그치지는 않기 때문에 끊임없이 새로운 국가질서의 형성이 있게 된다. 그러한 변화에 따라 헌법도 바뀔 수 있고, 법률이나 명령, 규칙 등도 개폐된다. 그러나 적어도 일정한 내용의 국가질서가 형성되면, 그것이 정상적인 절차를 통해 새롭게 형성되는 그 순간까지는 안정된 상태로 유지되어야 할 필요가 있다. 그리고 이를 위해 필요한 기본조건들을 창출하는 것이 헌법의 가장 기본적인 과제 중의 하나인 것이다.

이런 맥락에서 법질서를 구성하고, 유지함으로써 국가질서를 안정시키는 헌법의 과제는 좁은 의미의 국가생활, 즉 국가권력의 구성과 활동 등에만 국한되는 것이 아니라 넓은 의미의 국가질서, 즉 국가공동체의 울타리 내에서 행해지는 모든 사회적 활동에 대한 것이다. 헌법이 좁은 의미의 국가생활만을 규율하는 법이 아니라 넓은 의미의 국가생활을 규율하는 '국가공동체의 법적 기본질서'이기 때문에 국가질서의 형성과 유지도 넓은 의미의 국가생활을 대상으로 할 수밖에 없는 것이다.

헌법은 입법기관의 구성, 입법절차의 규정 등 법질서의 형성을 위한 조직과 절차를 규정함으로써 법질서 자체를 형성하기 위한 기본 조건을 마련하여야 한다. 또한 헌법은 스스로 모든 법질서의 기준과 지침이 되어야 한다. 국가생활의 수많은 영역들을 헌법이 직접 규율할 수는 없지만, 이를 규율하는 수많은 개별적인 법령들이 일관성을 갖고 국가질서를 안정적으로 유지할 수 있도록 중심축 역할을 하여야 하는 것이다.[43]

밖에 국가기관의 활동을 통한 여러 가지의 중대한 국가적 사안에 대한 결정과 집행 등도 같은 맥락에서 이해될 수 있을 것이다.

43) 헌법이 전체 법질서의 중심축 역할을 한다는 것은 두 가지 측면에서 생각될 수 있다. 첫째, 헌법이 최고법으로서 상위법 우선의 원칙에 따라 헌법과 하위법, 또는 다른 하위법 간의 충돌시 적용되어야 할 기준이 되고 있다는 점이다. 둘째, 헌법이 역사적으로 입증된 법원칙들을 수용하여 올바른 법적 질서를 형성하고 유지하여야 한다는 것이다. 과연 무엇이 옳은 법이냐에 대해서는 끊임없는 논란이 계속되고 있지만, 적어도 인간의 제한된 인식능력의 테두리 내에서 역사적 경험을 통하여 올바른 것으로 확인된 것들, 그리고 여러 세대에 걸친 노력의 결과로서 얻어지고 입증된 법원칙들에 기초하여 올바른 법질서를 형성하여야 한다는 것이다.

물론 법질서를 통한 국가질서의 유지가 헌법만으로 성취될 수 있는 일은 아니다. 하지만 그 출발점은 헌법이며, 헌법은 이를 가장 중요한 기본과제의 하나로 삼고 있다는 점은 전체 헌법을 이해하는 데 있어서 매우 중요한 요소의 하나이다.

Ⅳ. 헌법의 특성

헌법의 특성을 사실적 특성과 규범적 특성으로 나누어 설명하는 견해들도 있지만, 헌법의 특성이 헌법을 올바르게 이해하는 데 의미를 가질 수 있기 위해서는 '다른 법규범(특히 법률)'과 구별되는 '헌법'의 특성, 즉 헌법의 구조와 성격, 실현방식과 내용을 이해하는데 실질적 도움이 되는 특성에 초점을 맞춰야 할 것이다. 이런 맥락에서 헌법의 기본적인 특성은 다음과 같은 세 가지로 정리될 수 있다.

1. 헌법의 우위(헌법의 최고성)

헌법의 우위, 즉 헌법이 다른 모든 국내법에 앞선다는 것은 헌법의 가장 기본적인 특성이다. 앞서 설명했던 것처럼 국가공동체 내의 법규범들이 일관된 체계 속에서 기능하기 위해서는 전체 법질서의 기준이 되는 중심축의 역할을 할 수 있는 기본법이 필요하고, 그러한 기본법으로 만들어진 것을 우리는 헌법이라고 부르게 되는 것이다.

따라서 헌법이 최고법이고 다른 법규범에 대한 우위를 갖는다는 것은 당연하다. 그리고 이러한 헌법의 우위로부터 법률(즉 입법권)에 대한 우위를 포함한 모든 국가권력에 대한 헌법의 우위가 도출되며, 이러한 헌법의 우위는 모든 헌법규정들을 이해하고 또 실현시키는데 가장 기본적으로 전제되고 있는 것이다.

2. 헌법의 형식상의 특성: 헌법의 추상성, 개방성

헌법의 기본과제, 그리고 헌법의 우위라는 기본적인 특성으로부터 도출되는 것이 헌법의 추상성 내지 개방성이다.

헌법은 국가공동체의 전체질서를 규율의 대상으로 하고 있다. 그렇기 때문에 헌법은 국가기관의 조직과 구성, 권한과 활동에 관한 것들만이 아니라 종교, 언론, 학문, 예술, 교육, 노동, 환경 등 국가공동체 내에서 이루어지는 국민생활의 전체적 질서를 규율해야 한다. 하지만 이러한 모든 생활영역에 대해서 헌법이 세세한 부분까지 낱낱이 규정한다는 것은 결코 가능하지 않다.

그렇기 때문에 헌법은 공동체생활의 많은 영역들에 대하여 추상적인 원칙규정만을 두고 있다. 예컨대 헌법은 종교에 대하여 모든 국민은 종교의 자유를 가진다는 것과 국교는 부인된다는 대원칙만을 선언하고 있을 뿐, 구체적으로 어떤 것이 종교에 해당되는지, 종교의 자유에 포함되는 것은 무엇이며 포함되지 않는 것은 무엇인지, 종교단체의 활동에 대하여 국가는 어떤 법적 제약을 가할 수 있는지 등에 관한 구체적인 사항은 하나도 정하지 않고 있다. 심지어는 재산권처럼 그 내용을 헌법에서 직접 정하지 않고 개

방해 놓은 상태에서 구체적인 내용의 형성을 아예 법률에 맡겨버리는 경우도 없지 않다.[44)]

이처럼 헌법의 규정형식이 하위의 법규범과는 달리 고도의 추상성 내지 개방성을 띠게 됨에 따라 그러한 헌법규정을 해석하는 것이 매우 어렵고도 중요한 문제로 대두된다. 헌법규정이 추상적이라고 해서 그 규정을 임의로 해석한다면 헌법규정의 존재의의가 상실될 것이고, 그렇다고 헌법에서 모든 사항을 더욱 세세하게 규정하도록 요구할 수도 없기 때문이다. 그러므로 헌법의 해석은 다른 법규범, 특히 법률의 해석과 유사한 점이 많으면서도 동시에 그와 구별되는 많은 특성이 고려되어야 한다.[45)]

또한 헌법의 추상성 · 개방성으로 인하여 하위법에 의한 헌법의 구체화에 있어서 상당히 넓은 재량의 여지를 주게 되는 측면도 아울러 지적될 수 있다. 예컨대 헌법규정을 일차적으로 구체화시키는 입법자에게는 헌법이 직접 그어 놓은 테두리 내에서 그때그때의 상황을 고려하여 헌법규정을 실현시킬 수 있도록 허용되어 있는 것이다. 이러한 측면은 헌법의 한계라기보다는 탄력적인 규범형성의 가능성을 열어 놓는다는 점에서 장점으로 이해되어야 하지만, 자칫하면 국가권력의 담당자들이 헌법을 무시하고 자의적으로 권력을 행사하는 빌미가 될 수도 있다는 점에 주의를 요한다.

3. 헌법의 효력상의 특성: 헌법의 자기보장성(自己保障性)

헌법은 최고규범이기 때문에 그 규율대상이 국가공동체 내의 모든 생활영역이고, 그렇기 때문에 추상성 · 개방성이라는 규정형식면의 특성을 갖게 된다. 반면에 실제 헌법의 실현과 가장 밀접하게 관련되는 좁은 의미의 국가생활과의 관련을 살펴볼 때, 헌법은 그 효력을 –다른 법규범과는 달리– 국가권력에 의해 담보받기 힘들며, 따라서 헌법은 스스로를 보장해야 한다는 특성이 나타난다.

이러한 헌법의 자기보장성은 헌법의 일차적 규율대상이 국가권력의 담당자이며, 헌법은 이들에게 권한을 부여할 뿐만 아니라 그 권한을 한정하고 통제하는 역할을 한다는 점에 기인한다. 헌법은 국가권력의 담당자에 대하여 권력의 남용 및 오용을 금지하고 국가권력을 정당하게 행사하여 올바른 국가질서를 형성해 나가도록 요구한다.

그러나 정작 헌법의 효력이 문제되는 경우는 이러한 헌법의 요청이 국가권력의 담당자들에 의해 잘 지켜지고 있을 때가 아니라 그렇지 않은 경우이다. 즉 헌법의 효력이 문제되는 상황은 대부분 국가권력에 의해 헌법이 의도적으로 무시 또는 왜곡되고 있는 경우이다. 이러한 경우 헌법에 위반되는 권력행사를 하고 있는 국가기관에 대하여 헌법의 보장을 위한 국가권력의 행사를 기대할 수 없다는 것은 자명하다.[46)]

이러한 특수성 때문에 헌법은 그 스스로를 보호하기 위한 여러 장치들을 만들어 놓

---

44) 헌법 제23조 제1항: "모든 국민의 재산권은 보장된다. 그 **내용과 한계는 법률로 정한다.**"
45) 이에 관하여는 「제1권 제1부 제4장 **헌법의 해석**」 참조.
46) 사인 상호간의 관계에서 발생된 법적 분쟁이 문제되고, 그에 따라 국가권력이(적어도 사법부가) 중립적인 위치에서 공정하게 판단을 하고 그러한 분쟁을 국가권력으로써 해결하는 것이 가능하지만, 국가권력에 의한 헌법위반의 경우에는 문제가 훨씬 복잡해질 수밖에 없다는 것이다.

을 수밖에 없다. 국가권력을 분립시킴으로써 어느 한 국가기관이 헌법을 무시할 수 없도록 하는 상호통제의 장치를 마련하는 것도 헌법의 자기보장을 위한 중요한 수단이며, 그밖의 여러 제도들, 특히 헌법재판제도를 마련하는 것은 이런 맥락에서 특별한 의미를 갖는다. 하지만 이러한 제도적 장치 이상으로 중요한 것은 국가권력의 구성과 활동 전반이 항상 민주적 통제 하에 놓일 수 있도록 하며, 이에 대한 법치국가적 규율이 늘 확보되도록 하는 것이라고 할 수 있다.

제 2 장 헌법의 제정

「제2장 헌법의 제정」에서는 「제1장 헌법이란 무엇인가」에서 정리되었던 **헌법에 대한 이해**를 바탕으로 헌법이 어떻게 만들어지며, 또 만들어져야 하는지를 정리하고자 한다.

헌법이 왜, 어떻게 제정되어야 하는지를 알기 위해서는 한편으로는 제1장에서 설명된 **헌법의 과제**와 연결시켜서 이해되어야 할 필요가 있으며, 다른 한편으로는 **헌법의 제정과 헌법의 개정이 과연 어떻게 구별되며, 또 어떤 연관관계를 갖고 있는가**에 대해 조심스러운 접근이 필요하다.

제 1 절 헌법제정의 개념: 헌법은 어떻게 만들어지는가?

Ⅰ. 모든 국가는 헌법을 갖고 있다. 그런데 그 헌법은 어디에서 오는가?

법치국가를 지향하는 모든 현대국가는 법질서를 갖고 있으며, 법질서를 갖고 있는 이상 당연히 최고법인 헌법을 갖고 있을 수밖에 없다. 그러면 그 헌법은 어디에서 온 것인가?

헌법의 탄생은 시대상황의 산물이라고도 볼 수 있다. 그러나 근대 이후 헌법은 커다란 성격의 변화를 겪으며 오늘에 이르렀다. 입헌주의가 대두되어 국가권력의 자의적 행사에 대한 날카로운 비판이 가해지면서 헌법의 규범적 요청, 특히 권력의 분립과 이를 통한 인권의 보장이 모든 국가권력을 구속하여야 한다는 것이 인정되었다.

이러한 흐름은 현대에까지 이어져서 **국가권력의 구성과 행사를 포함한 모든 국가질서가 헌법의 구속 하에 있어야 한다**는 헌법국가의 요청이 널리 인정되고 있다. 즉 헌법은 근대적 주권국가의 탄생과 절대군주제의 붕괴 등 새로운 정치상황의 전개라는 역사적 상황을 배경으로 비로소 탄생될 수 있었지만, 현재의 헌법은 단순한 정치상황의 산물이 아니라 정치상황을 이끌어가는 요소로 작용하고 있는 것이다.

이처럼 헌법이 정치과정의 결과물이면서 동시에 정치과정을 규율하는 요소가 되고 있다는 점이 헌법에 대한 이해를, 특히 헌법의 제정에 대한 이해를 복잡하게 만들고 있다. 헌법에 의해 규율되고 있는, 혹은 규율되었던 정치과정을 통하여 다시금 새로운 헌법이 만들어진다면 그 헌법은 과연 누구에 의해 만들어진 것인가? 과연 헌법은 만들어진 것이라고 할 수 있는가?

Ⅱ. 성문헌법과 불문헌법: 과연 어떻게 제정되는가?

헌법은 다양한 기준에 의하여 분류될 수 있다. 그 가운데 성문헌법과 불문헌법의 구별은 헌법의 제정과 관련하여 특별한 의미를 갖는다.

헌법의 제정은 일반적으로 '성문(成文)의 헌법전(憲法典)'을 제정하는 것을 의미한다. 그러나 법치주의 내지 헌법국가를 지향하는 모든 국가가 헌법을 갖고 있을 수밖에 없다는 점을 생각할 때, 성문의 헌법전을 두고 있지 않은 영국 등의 국가도 헌법이 없다고 할 수는 없다. 그렇기 때문에 이들 국가의 경우에는 불문(不文)의 헌법을 갖고 있다고 일컬어지는 것이다.

불문헌법국가의 경우 헌법이 존재한다는 말의 의미는 헌법적 질서가 존재한다는 것, 즉 국가공동체가 법적 질서에 의해 형성되고 있을 뿐만 아니라 그러한 법질서의 중심축 역할을 하는 법규범이 -비록 헌법전의 형태는 아니지만- 존재한다는 것을 가리키는 것이다. 하지만 구체적으로 어떤 법규범이 헌법에 해당되는지의 경계가 분명하지 못할 뿐만 아니라 헌법적 규범을 다른 법규범과 구별하여 특별하게 취급하는 데에도 많은 어려움이 따를 수밖에 없다.

법이란 인간에 의해 만들어지는 것이라는 원론적 관점에서 본다면, 불문헌법국가의 경우도 헌법규범을 갖고 있으며, 그 헌법규범도 인간에 의해 만들어진 것이라는 점을 부정하기 어렵다. 즉 불문헌법도 인간에 의해 제정되었다고 할 수 있다. 하지만 성문헌법의 제정과 비교할 때, 불문헌법의 제정은 그 형식과 성격, 내용에서 상당한 차이를 보이고 있다.

첫째, 성문헌법의 경우 **'헌법전'을 만드는 행위**를 헌법의 제정으로 볼 수 있기 때문에 헌법의 제정과 그 밖의 법규범의 제정은 명확하게 구분될 수 있다. 그러나 불문헌법의 경우 성문의 헌법전이 없이 -법률 또는 관습법이나 판례 등의 형태로 나타나는- 헌법적 성질을 갖는 규범을 총칭하여 헌법이라고 부를 뿐이기 때문에 그러한 규범들의 창조를 하나의 형식으로 모아서 제정 또는 개정이라고 말하기 곤란한 것이다.

둘째, 성문헌법의 경우 헌법제정은 꼭 헌법이 없는 상태를 전제하는 것은 아닐지라도 기존의 헌법에 구속되지 않는다. 즉 **백지상태에서 새로운 헌법질서를 형성**하는 것을 의미한다. 그러나 불문헌법의 경우 이처럼 기존의 헌법질서를 백지화시키고 새로운 헌법질서를 창출해 내는 헌법제정이 가능하지 않다.

셋째, 성문헌법의 경우 '헌법'은 그 형식에 의해 다른 법규범으로부터 구별되기 때문에 개별적인 규정의 내용과 상관없이 (즉 실질적 의미의 헌법에 속하지 않는 것이라도) **헌법전에 속하는 규범은 헌법적 효력을 갖는다**. 다만 헌법의 과제와 기능에 비추어 볼 때, 헌법은 국가의 중요사항에 대한 기본규정들을 담게 되는 것이 일반적이라고 할 수 있다. 반면에 불문헌법의 경우에는 헌법규범의 범위가 명확하지는 않지만, 실질적 의미의 헌법에 해당되지 않는 것으로서 헌법적 효력을 가질 수 있는 것은 없다.

이런 점들을 고려할 때, 역시 헌법의 제정은 성문헌법의 제정에 국한되는 것으로 이해되어야 할 것이다.

Ⅲ. 형식적 의미의 헌법과 실질적 의미의 헌법: 과연 어떤 헌법의 제정인가?

형식적 의미의 헌법이란 헌법전의 형식을 취하고 있는 법규범, 즉 성문헌법 안에 규정되고 있는 법규범들을 말한다. 반면에 실질적 의미의 헌법이란 헌법전이라는 형식과 상관없이 헌법적 성격을 갖고 있는 법규범, 즉 국가질서의 기본구조에 관한 내용을 담고 있는 법규범을 가리킨다.[1)]

이렇게 볼 때, 형식적 의미의 헌법과 실질적 의미의 헌법의 차이점은 다음과 같은 몇 가지로 정리될 수 있다.

첫째, 형식적 의미의 헌법은 그 **존재형식**이 성문의 헌법전에 한정된다. 반면에 실질적 의미의 헌법은 그 규범의 형식이 아니라 성질에 따라 분류하는 것이기 때문에 성문의 헌법전뿐만 아니라 법률, 기타 여러 규범형태로도 존재할 수 있다.

둘째, 형식적 의미의 헌법은 **내용**을 기준으로 한 것이 아니기 때문에 성문의 헌법전 내에 포함되기만 하면 어떤 내용도 담을 수 있다. 그러나 실질적 의미의 헌법은 그 내용이 헌법적 규범에 해당되는 것으로 국한된다. 그에 따라 형식적 의미의 헌법이면서도 실질적 의미의 헌법이 아닌 것이 있을 수 있고, 또한 실질적 의미의 헌법이면서도 형식적 의미의 헌법이 아닌 것이 있을 수 있다.

셋째, 형식적 의미의 헌법은 −그 내용에 상관없이− **헌법으로서의 효력**을 갖는다. 따라서 실질적 의미의 헌법이 아닌 형식적 의미의 헌법도 법률에 대한 우위를 인정받게 되는 것이다. 그러나 실질적 의미의 헌법은 그 존재형식에 따라 효력이 달라진다. 형식적 의미의 헌법, 즉 헌법전을 그 존재형식으로 하는 실질적 의미의 헌법은 헌법으로서의 효력을 갖게 되지만 법률의 형식으로 존재하는 실질적 의미의 헌법은 법률로서의 효력만을 갖는 것이다.

이처럼 형식적 의미의 헌법과 실질적 의미의 헌법을 구별하는 것은 헌법적 규범의 성격과 그 존재형식의 상관관계를 밝히는 데 중요한 의미를 갖는다.

성문헌법국가의 경우에는 형식적 의미의 헌법과 실질적 의미의 헌법이 일치하는 것이 바람직하다고 생각할 수도 있을 것이다. 하지만 양자의 완전한 일치는 여러 가지로 곤란한 점이 많다. 일반적으로 헌법적 규범이라고 부르기 어려운 규정이 그 국가공동체의 특수한 사정 내지 국민들의 공감대 형성에 기초하여 헌법적 효력을 부여받아 헌법전

1) 이런 의미에서 불문헌법은 형식적 의미의 헌법은 없지만 실질적 의미의 헌법이 존재하는 경우라고 말할 수 있을 것이다.

에 편입되는 경우가 있을 수 있다.[2] 또한 헌법적 규범에 해당되기는 하지만 헌법전에 포함시키기 곤란하기 때문에 의도적으로 헌법전에서 배제하여 법률의 형식을 취하는 경우가 있을 수 있다.[3]

이렇게 보면 결국 우리가 헌법이라고 부르는 것은 일차적으로 헌법으로서의 형식을 갖추고 있으며 헌법으로서의 효력을 갖는 것, 즉 형식적 의미의 헌법을 가리킨다고 이해하여야 할 것이다. 그러나 실질적 의미의 헌법이 불필요한 개념이라는 것은 아니다. 헌법의 제정이라는 관점에서 볼 때, (형식적 의미의) 헌법에 담아야 할 내용이 무엇인지는 일차적으로 실질적 의미의 헌법에 의해 결정되기 때문이다.

이런 맥락에서 볼 때, 헌법의 제정은 형식적 의미의 헌법을 창조하는 작업이지만, 실질적 의미의 헌법은 -현실적으로 고려되는 다른 여러 요소들과 함께- (형식적 의미의) 헌법제정의 기준으로 작용한다고 말할 수 있다.

Ⅳ. 헌법을 만든다는 것의 의미

이런 여러 가지 점들을 고려할 때, 헌법제정이란 **성문의 헌법전을 창조하는 행위**라고 정의될 수 있다. 그러나 그러한 창조행위의 의미를 어떻게 이해할 것이냐는 헌법자체에 대한 이해에 따라 각기 다양한 결론으로 연결된다.

법실증주의가 이해하는 헌법의 제정이란 성문의 헌법전을 만드는 것으로서 그에 어떤 특별한 의미도 부여되지 않는다. 법실증주의의 관점에서 볼 때, 헌법이란 규범형식의 차이를 의미할 뿐, 규범내용의 특수성을 의미하는 것은 아니기 때문이다.

반면에 **결단주의**의 입장에서는 헌법의 제정은 곧 국가질서에 대한 최고의 결단을 의미하는 것으로서, 국가공동체 내의 최고의 권위인 헌법제정권력의 행사를 통해 정치적 통일체(즉 국가)의 중요사항을 결정하는 것으로 이해된다.[4]

그리고 **통합론**의 입장에서는 헌법의 제정을 그 국가공동체의 중심가치에 기초하여 헌법적 질서를 창조하는 행위로 이해한다.[5]

이와 같이 상이하게 나타나는 헌법제정에 대한 이해는 헌법제정의 주체, 즉 누가

---

2) 종교적인 이유 또는 도덕적인 이유로 인하여 일반적으로 헌법적 규범에 속하지 않는 것으로 생각되는 특정한 규정을 헌법에 편입하게 되었을 경우에 이런 현상이 나타나게 된다. 예컨대 과거 스위스 헌법에서 미리 마취하지 않고서는 도살하지 못하도록 규정했던 도살조항(Schlachtklausel)이나 미연방헌법 증보 제18조의 금주조항(prohibition of liquors), 바이마르헌법 제150조의 풍치조항(Landschaftklausel) 등이 이에 해당된다.

3) 예컨대 정당법, 선거법 등은 실질적 의미의 헌법에 해당되지만, 이를 헌법전에 직접 규정할 경우에는 그 내용을 개정할 때마다 항상 헌법개정의 방법을 취해야 하는 어려움이 따르기 때문에 법률의 형식을 취하는 것이다.

4) 김철수, 헌법학개론, 2007, 41쪽에서 "헌법의 제정은 헌법제정권력자가 헌법제정권력을 행사하여 성문헌법을 제정하는 것"이라고 정의한 것도 같은 맥락에서 이해될 수 있을 것이다.

5) 계희열, 헌법학(상), 2005, 87쪽에서 헌법의 제정을 "국가(공동체)의 법적 기본질서를 마련하는 법창조행위"라고 정의한 것이나, 허영, 한국헌법론, 2025, 40쪽에서 "사회공동체를 정치적인 일원체로 조직하기 위해서 일원적 법공동체의 법적인 기본질서를 마련하는 법창조행위"라고 정의한 것들은 이와 같은 맥락에서 이해될 수 있다.

헌법제정권력을 갖고 있느냐의 문제와 직결될 뿐만 아니라 헌법제정의 한계(=헌법제정권력의 한계)와도 바로 연결된다.

제 2 절 헌법제정권력: 헌법은 누가 만드는가?

Ⅰ. 헌법제정의 주체는 누구인가? - 헌법제정권력이론의 역사적 발전

입헌주의의 영향 하에 근대 성문헌법이 제정되면서 누가 헌법제정의 주체인가 라는 문제가 제기되기 시작하였다. 그러나 미국헌법의 제정 당시까지만 해도 헌법제정의 주체 내지 헌법제정권력자의 문제는 중요한 것으로 부각되지 않았다. 당시 미국에서는 시민세력에 대립하는 군주세력 또는 귀족세력이 존재하지 않았기 때문이었다.

헌법제정권력의 문제가 현실적으로 중요한 의미를 갖고 대두된 것은 프랑스 대혁명 당시 '쉬에스'에 의해서이다.

1. 쉬에스의 이론

평민으로 태어나 신부가 되었던 쉬에스(*Emmanuel Joseph Siéyès*)는 프랑스 대혁명 당시에 "제3신분(계급)이란 무엇인가"라는 책을 써서 후세에 알려진 사람이다. 그는 이 책에서 헌법제정권력을 국민의 자연법적 권리로 주장하면서 헌법제정권력이라는 용어를 최초로 사용하였다.

그 이전에도 계몽사상과 사회계약론의 영향 하에서 국민이 국가공동체의 주체가 되어야 한다는 주장은 다양하게 전개되어 왔으며, 이러한 주장들은 국민주권이라는 사상으로 결집되어 나타났다. 그러나 이러한 국민주권론은 국민이 주권자라는 것을 막연히 선언했을 뿐, 구체적으로 국민이 무엇을 어떻게 할 수 있는지를 말하지 못하는 문제점이 있었다.

그런데 쉬에스는 국민주권의 또 다른 표현으로서 헌법제정권력이라는 용어를 사용함으로써 국민의 주권이 현실적인 의미를 갖고 작용할 수 있는 부분을 잘 밝혀주었다. 그는 헌법제정권력을 **국민의 자연법적 권리**로 주장하면서, 시원적인 헌법제정권력과 이에 바탕하고 있는 국가권력을 구별함으로써 군주의 국가권력을 부정하는 시민혁명을 이론적으로 정당화시켰던 것이다.

이러한 쉬에스의 이론은 근대적 헌법제정권력이론의 출발점으로 인정되고 있다.

2. 헌법제정권력에 대한 법실증주의의 입장

법실증주의는 규범의 내용이나 성질을 고려하지 않고 오로지 법의 실정성, 즉 권한 있는 기관에 의해 정상적인 절차에 따라 제정된 것인지의 여부만을 따지며, 그 규범의 정당성을 묻지 않고 오로지 규범의 논리적 구조와 그로부터 도출되는 형식논리적 법체계에만 주목한다. 이러한 법실증주의는 일체의 이데올로기적 요소, 또는 경험적 요소를 배제하고 실정법만을 대상으로 연역적 추론에 의한 법발견을 목표로 하는 것이다.

이러한 법에 대한(따라서 헌법에 대한) 기본적 이해에 따라 법실증주의는 헌법과 법률의 실질적 차이를 부정하고 오로지 형식에 있어서의 차이만을 인정하였다. 즉 헌법과 법률은 헌법전의 형식을 갖고 있는지, 아니면 법률의 형식을 갖고 있는지만 구별될 뿐이고, 헌법은 일정한 성격을 갖는 규범이라거나 일정한 내용의 규범은 헌법에 포함되어야 한다는 식의 사고는 옳지 않다는 것이다. 또한 헌법의 제정이나 개정에 있어서 일반법률과는 다른 절차적 특성이 인정되는 경우가 있지만, 그것에 대해서도 오직 실정법에 의해 그렇게 규정되고 있는 경우에 그럴 뿐이라고 생각하였던 것이다.

이러한 법실증주의의 입장에서 볼 때, 쉬에스가 주장한 것처럼 일정한 내용은 헌법에 의해 정해져야 하며, 그 경우 오로지 국민에게만 헌법제정 또는 헌법개정의 권한이 있다고 하는 것은 일종의 자연법적 사고라고 할 수 있다. 그렇기 때문에 법실증주의는 헌법제정권력의 특수성을 인정하지 않고 "**헌법제정권력 = 헌법개정권력 = 입법권**"이라는 기본입장을 견지하였다.

그것은 자칫 오해되기 쉬운 것처럼 헌법제정과 헌법개정, 그리고 법률의 효력상의 차이를 부인하는 것이 아니라 그 내용의 차이를 부인하는 것이다. 즉 실정법의 체계상 허용되기만 한다면 법제정자는 헌법이건 법률이건, 또 헌법제정이건 헌법개정이건 어떤 내용도 담을 수 있기 때문에 각 권력에 의해 제정될 수 있는 규범의 내용에 차이가 없다고 주장한 것이다.

3. 칼 슈미트의 이론

결단주의 헌법이론을 제창한 칼 슈미트는 법실증주의자들과는 달리 헌법제정권력에 큰 비중을 두었으며, 이를 더욱 정치하게 발전시켰다.

정치적 결단 내지 그러한 결단을 내릴 수 있는 힘을 헌법의 핵심으로 이해한 칼 슈미트는 법규범들에 앞서 그 배후에서 이러한 법규범을 만들어 내는 힘에 주목했으며, 법규범의 차이는 결국 그 법규범을 만들어내는 힘의 차이에서 비롯된다고 생각하였다. 즉 정치적 통일체의 종류와 형태에 관한 **근본**결단을 내릴 수 있는 가장 중요한 권력이 헌법제정권력이며, 이러한 근본결단의 범위 내에서 국가질서를 구체화하는 것이 헌법개정권력, 그리고 헌법에 의해 만들어져서 헌법의 울타리를 벗어나지 않는 범위 내에서 국가질서를 규율하는 것이 입법권 기타 통치권이라는 것이다.[6)]

---

6) 이러한 맥락에서 칼 슈미트는 헌법제정권력과 헌법개정권력의 차이를 헌법과 헌법률이라는 개념을 통해 구분되는 헌법의 핵심부분과 주변부분의 구별로 연결시켜서 헌법개정의 한계에 대한 중요한 기초를 제공하기도 하였다. 이에 관하여 상세한 것은 「제1권 제1부 제3장 제3절 **헌법개정의 한계**」 참조.

헌법제정권력	→	헌법(Verfassung)
↓		↓
헌법개정권력	→	헌법률(Verfassungsgesetz)
↓		↓
헌법에 의해 만들어진 권력	→	법률(Gesetz)

이와 같이 칼 슈미트는 쉬에스의 헌법제정권력이론을 더욱 정치하게 발전시켰으나 **헌법제정권력의 주체**에 대해서는 쉬에스와 다른 생각을 갖고 있었다. 오로지 국민만이 헌법제정권력의 주체라고 주장했던 쉬에스와는 달리 누구라도 헌법제정권력의 주체가 될 수 있다고 생각했던 것이다. 즉 개인이 헌법제정권력을 갖고 있으면 군주국가가 되며, 소수자가 헌법제정권력을 갖고 있으면 귀족국가 또는 과두국가가, 그리고 전체 국민에게 헌법제정권력이 귀속될 경우에는 민주국가가 된다는 것이다.

이러한 칼 슈미트의 생각은 헌법제정권력과 주권을 동일시하는 것에 기초하고 있는 것이기도 하지만, 보다 중요한 것은 칼 슈미트가 주권의 의미, 즉 헌법제정권력의 의미에 대하여 **정당성이라는 측면보다는 사실적 힘의 측면을 더욱 강조했다는 점**이다. 그것은 그 스스로가 진정한 헌법제정권력자(= 주권자)란 정치적 실존의 방식에 대해 결단을 내릴 수 있는 자, 즉 비상사태를 다스릴 수 있는 자라고 말한 것에서도 잘 나타나고 있다.

Ⅱ. 헌법제정권력의 본질

1. 헌법제정권력과 주권의 관계

이미 헌법제정권력에 관한 이론의 발전과정에서도 드러나듯이 헌법제정권력이란 주권의 다른 표현일 뿐이다. 즉 한 국가 내의 가장 기본적인 사항을 헌법의 형식으로 결정할 수 있는 권력이라면, 그것은 모든 국가권력의 근원이 되며, 대외적으로 독립, 대내적으로 최고라고 일컬어지는 주권과 다를 수 없다.

그럼에도 불구하고 주권과 헌법제정권력이라는 개념이 각기 사용되고 있는 것은 그 내용의 차이에서 비롯되었다기보다는 단지 그 개념들의 역사적 발전과정에서 각기 다른 맥락이 강조되었기 때문이라고 할 수 있다. 즉 주권의 경우에는 사실상의 국가권력과의 관계 및 그 정당성의 근원에 초점이 맞추어져 있었던 반면에, 헌법제정권력의 경우에는 헌법의 제정이라는 구체적 행위를 중심으로 한 정당성의 기초 내지 사실적 힘이 강조되었던 것이다.

그러나 이러한 차이가 성질이나 내용의 차이로 연결되지 않음은 자명한 것이며, 또한 주권(=헌법제정권력)과 주권에서 파생되는(즉 헌법에 의해 만들어지는) 권력으로서의 국가권력(입법권, 집행권, 사법권)의 구별이라는 기본구조도 변하지 않고 유지된다.

2. 헌법제정권력(=주권)의 성질

헌법제정권력, 즉 주권의 성질에 대해서는 전통적으로 다음과 같은 몇 가지가 인정된다.

첫째, **시원성**(始原性)을 갖는다. 이는 헌법제정권력이 다른 권력이나 규범으로부터 파생된 것이 아니라 그 자체가 출발점이 된다는 것이다. 이러한 시원성은 헌법제정권력의 최고성이 인정되기 위한 전제이기도 하다.

둘째, **자율성**(自律性)을 갖는다. 이는 헌법제정권력이 다른 권위나 규범에 의해 통제되지 않으며 스스로 결정한다는 것을 의미한다. 바로 이러한 자율성 때문에 헌법제정권력의 행사 방식에는 특별한 제약이 따르지 않으며 헌법제정권력자 스스로가 원하는 방식을 선택할 수 있다고 한다.[7)]

셋째, **항구성**(恒久性)을 갖는다. 헌법제정권력의 항구성이란 영원불변을 의미하는 것이 아니라 시간적인 제약을 전제하지 않는다는 것을 의미한다. 즉 미리 기간을 정하여 한시적으로 존재하는 것이 아니라 다른 힘에 의해 사실상 파괴될 때까지 무한정하게 그 존재와 효력을 주장할 수 있는 것이다.

넷째, **불가분성**(不可分性)과 **불가양성**(不可讓性)을 갖는다. 헌법제정권력은 국가공동체 내에서 오직 하나만 존재할 수 있으며, 이를 임의로 나눌 수도 없고, 또 타인에게 양도할 수도 없다는 것이다. 그러나 이에 대해서는 논란의 여지가 있다.[8)]

그 밖에 헌법제정권력의 자기정당성을 거론하는 경우도 있으나, 이는 헌법제정권력의 한계와 직결되는 문제로서 오늘날에는 인정하지 않는 견해가 다수이다.

Ⅲ. 헌법제정권력(=주권)의 한계

종래 주권이 절대적인 권력이며, 그 한계가 없다고 생각했던 것처럼 헌법제정권력도 한계가 없다고 인정하는 경우가 일반적이었다. 그러나 헌법제정권력도 남용 및 오용될 수 있으며, 그 결과는 국가의 최고법인 헌법이 악법으로 만들어지는 것이다. 그렇게 되면 결국 전체 법질서가 악법이 될 수밖에 없게 된다. 이미 역사적 경험은 그러한 악법질서가 기우(杞憂)만은 아니라는 것을 여러 차례 입증하였으며, 그에 따라 헌법제정

7) 헌법제정권력의 행사란 곧 헌법의 제정이다. 헌법제정권력은 시원성과 자율성을 갖기 때문에 행사방식에 대한 외적 제한은 인정되지 않으나 대체로 헌법제정회의(또는 그와 유사한 특별기관)의 검토와 국민투표 등의 절차를 거치는 것이 일반적이다. 또한 연방국가의 경우에는 단일국가와는 달리 연방을 구성하는 여러 주(州)들의 동의를 받아야 하는 등의 특별한 절차가 가미될 수 있다. 하지만 헌법개정의 경우와는 달리 구체적 형식에 있어서의 제한은 원칙적으로 없다. 다만 문제가 되는 것은 헌법제정의 절차가 아래에서 설명될 헌법제정의 한계와 충돌되는 경우가 발생되는 경우에는 어떻게 되느냐 하는 것이다. 그 경우에는 아래의 헌법제정의 한계에서 논의되는 것이 똑같이 적용되어야 할 것이다.

8) 예컨대 연방국가의 경우 다수의 지분국(즉 연방을 구성하는 여러 주)들이 주권을 나누는 것으로 이해되어야 하지 않는가에 대한 논란이 있었으며, 또한 제2차 세계대전 후에는 패전국이었던 독일이나 일본 등이 주권의 제약을 받았던 점을 들어 주권(즉 헌법제정권력)의 불가분성 및 불가양성에 대해 문제를 제기하는 경우가 있다.

권력에도 한계가 인정되어야 한다는 주장이 점차 설득력을 갖게 되었다.

1. 한계부정설

주권의 절대성을 인정하는 견해, 또는 법규범의 내용적 정당성을 묻지 않는 견해는 헌법제정권력에 대해서 한계를 인정하지 않는다.

쉬에스의 경우 헌법제정권력은 시원성을 갖기 때문에 어떠한 구속도 받지 않는다고 주장하였고, 칼 슈미트도 헌법제정권력은 최고의 결단을 내릴 수 있는 힘이고, 이를 구속할 수 있는 것은 아무 것도 없다고 생각하였다. 또한 법실증주의자들은 헌법제정권력에 대해 직접 언급하지는 않으나,[9] 법실증주의의 기본입장에 따라 헌법의 내용에 대한 어떠한 제한도 인정하지 않으므로 결과적으로는 헌법제정권력을 행사하여 어떤 내용의 헌법을 만들어도 상관이 없다는 한계부정설과 같은 결론에 도달하게 된다.

2. 한계긍정설

이상과 같은 전통적인 한계부정설은 20세기 중반 이후 흔들리기 시작했으며, 그것은 헌법조차 구속하는 초월적 규범의 존재를 인정하는 데에서 시작하였다.

베르너 캐기(*Werner Kägi*)는 이러한 초월적 규범을 불변의 근본규범으로 이야기했고, 테오도르 마운츠(*Theodor Maunz*)는 자연법적 원리를 원용하여 이러한 한계를 도출하기도 하였다. 또한 독일연방헌법재판소처럼 초실정법적 법원칙을 주장하는 경우도 있다. 또한 국내의 통설도 헌법제정권력의 한계를 인정하고 있다.

이처럼 헌법을 넘어서는 초월적 규범의 존재를 인정하는 경우에는 무엇보다 그 구체적 내용을 밝혀내는 것이 중요하다. 막연하게 초월적 규범에 반한다는 주장만 하고 그 규범의 내용이 무엇인지, 왜 그것이 초월적 규범으로 인정되어야 하는지를 밝히지 못한다면 실정헌법의 구속력을 배제할 수 있는 근거로는 부족하기 때문이다.

3. 헌법제정권력의 한계요소

이와 관련하여 지금까지 헌법제정권력의 한계로 인정되고 있는 것들은 크게 3가지로 나뉘어질 수 있다.

첫째, **법원리적 한계**가 인정된다. 헌법도 '법'규범인 이상 모든 법규범에 일반적으로 인정되는 기본이념 내지 대원칙을 벗어날 수는 없다는 것이다. 이에 따라 정의와 법적 안정성, 법적 이성 등이 헌법제정권력의 한계로 인정된다.

둘째, 정치이념적 한계, 국민적 합의에 의한 한계, 또는 이데올로기적 한계로도 표현되는 **민주적 정당성**이 헌법제정권력의 한계로 인정된다. 이는 헌법에 대한 이해에 따라 달라질 수 있는 것으로서, 헌법제정은 국가공동체의 구성원들에 의해 형성되고 합의된 가치를 헌법전의 형태로 구체화하는 것이며, 헌법제정권력의 행사도 이러한 민주적

9) 법실증주의의 입장에서 보면 헌법제정권력은 규범이 아니라 사실적 힘에 불과하므로 법적 고찰의 대상에서 배제된다.

과정을 통한 정당성을 벗어나서는 안된다는 입장에서 주장되는 것이다.

셋째, **국제법적 한계**가 인정된다. 주권의 대외적 독립이라는 성격 때문에 헌법이 국제법에 일반적으로 구속되는 것은 아니지만, 특수한 경우(예컨대 패전국의 헌법제정권력이 승전국에 의해 제약되는 경우, 또는 해방된 식민지가 보호국의 영향을 받는 경우)에는 헌법제정권력이 국제법에 의해 제약된다.[10]

그 밖에 자연법적 한계를 주장하는 경우도 있으나, 오늘날 널리 인정되지는 못하고 있다.[11]

제3절 헌법제정의 내용과 한계: 헌법에 어떤 내용을 담을 수 있고, 또 담아야 하는가?

Ⅰ. 헌법제정의 한계에 대한 논의의 의의

헌법제정권력의 한계는 곧 헌법제정의 한계, 즉 헌법제정의 방식과 내용에 대한 한계로 이어진다. 그러나 현실적으로 헌법제정에 구체적인 한계를 긋는 것도 어렵거니와 설령 일정한 한계가 분명하게 그어진다고 해도 그 한계를 벗어난 헌법제정에 대한 통제는 더욱 어렵다.

실제로 인류의 역사는 악법이 지배하던 예를 드물지 않게 보여주고 있으며, 우리도 악법인 헌법이 관철되었던 경험을 갖고 있다. 사실상의 힘을 갖고 있는 개인이나 세력이 올바른 헌법을 제정하지 않고 특정인이나 특정집단에 유리한 내용의 헌법을 자의적으로 제정하여 실행하는 예는 곳곳에서 발견되며, 칼 슈미트처럼 이런 힘있는 자의 결정에 의해 헌법이 만들어지는 것을 당연시하는 견해 또한 드물지 않다.

그러나 헌법은 법규범이다. 단순히 사실적 세력관계를 반영하여 만들어지고, 또 세력관계의 변화에 따라 고쳐져서 권력의 판도를 보여주는 세력지도가 아니라 올바른 국가질서가 어떻게 형성되어야 하는지를 가리키는 규범인 것이다. 때문에 규범으로서의 헌법이 담을 수 있는 내용은 한정될 수밖에 없다. 헌법에 꼭 담아야 할 내용이 있는가 하면 절대로 헌법에 담을 수 없는 내용이 있는 것이다. 그것은 단순히 상위의 규범, 초월적 규범으로부터 도출된다기보다는 헌법의 본질 내지 기본과제로부터 나오는 것이라 할 수 있다.

---

10) 하지만 이러한 제약은 초월적 규범에 의한 것이라기보다는 사실상의 힘에 의한 것이라고 할 수 있을 것이다.

11) 자연법을 시대와 장소를 초월하여 보편타당한 것으로 생각할 경우 그 내용이 매우 불명확하여 주장하는 사람에 따라 상이한 견해가 대두되는 문제점이 생기고, 현대적인 자연법사상에 기초하여 구체적 자연법(이른바 가변내용의 자연법)을 주장할 경우에는 그 내용이 앞서 법원리적 한계 내지 민주적 정당성에 의한 한계로 주장된 것과 다르지 않을 것이기 때문이다.

Ⅱ. 헌법의 기본과제에 위배되는 헌법제정

헌법이 한 국가의 기본법으로 기능할 수 있기 위해서는 국민의 의사를 수렴하여 국가질서를 형성할 수 있도록 하여야 하며, 그렇게 형성된 국가질서를 객관적이고 공정한 법질서를 통하여 유지시켜야 한다. 이러한 헌법의 기본과제를 기준으로 하여 볼 때, 국민의 의사를 올바르게 수렴하지 못하는(또는 이를 방해하는) 내용의 헌법규정, 객관적이고 공정한 법질서의 형성에 장애가 되는 헌법규정은 헌법제정의 한계를 벗어난 것이라고 할 수 있다.

전자의 예로서는 1972년 헌법(이른바 유신헌법)[12]의 대통령 선거방식, 국회의원 선출방식 및 이를 통해 나타나는 권력구조를 들 수 있다. 이 헌법은 대통령제 정부형태를 기본으로 하였지만 대통령의 권한을 더욱 강화시킨 반면 다른 국가기관(국회, 법원)에 의한 통제는 사실상 불가능하게 만듦으로써 모든 국가권력이 사실상 대통령에게 집중되도록 하였다. 그러면서도 전체 국민이 아닌 '통일주체국민회의'라는 비정상적인 기관에서 대통령을 선출하게 하였던 것은 국민의사의 수렴을 의도적으로 왜곡시킨 것이라고 할 수 있다.[13] 그러므로 이 헌법은 국민의사를 수렴하여 국가질서를 형성하는 헌법의 기본과제에 위배되는 헌법, 헌법으로서의 본질을 갖추지 못한 헌법이라고 평가될 수밖에 없다.

후자의 예로서는 1972년 헌법상의 긴급조치 규정을 들 수 있다. 헌법이 예측하지 못한 긴급한 상황에 효율적으로 대처하기 위하여 국가긴급권에 관한 규정을 헌법에 두는 것 자체가 문제되지는 않는다. 그러나 이 헌법에서 국가긴급권의 일종으로 규정한 긴급조치권은 그 발동요건이 불명확[14]하여 '법의 객관성'에 위배될 뿐만 아니라 그 효과를 매우 광범위하게 인정함[15]으로써 법체계의 안정성을 위협하는 요소가 되게끔 하였다. 더구나 긴급조치권에 대한 효과적인 통제수단을 두지 않음[16]으로써 잘못된 권한행

---

12) 과연 1972년 헌법을 헌법의 제정으로 보아야 할 것인지, 아니면 헌법의 개정으로 보아야 할 것인지의 문제에 대해서는 「제3장 제3절 Ⅴ. **헌법개정의 한계를 넘어선 헌법개정의 의의와 그에 대한 대응방안**」 참조.

13) 더욱이 대통령에 대한 국회의 통제권한을 축소시킨 이외에도 전체 국회의원의 3분의 1을 대통령이 일방적으로 지명하도록 함으로써 야당이 의회에서 다수를 차지할 수 있는 가능성을 제도적으로 봉쇄한 것은 국민의사가 의회를 통해 표출될 수 있는 통로마저 막아 놓은 것이다.

14) 1972년 헌법(이른바 유신헌법) 제53조 제1항에 따르면 "천재 · 지변 또는 중대한 재정 · 경제상의 위기에 처하거나 국가의 안전보장 또는 공공의 안녕질서가 중대한 위협을 받거나 받을 우려가 있어 신속한 조치를 할 필요가 있다고 판단할 때에는"이라는 매우 막연하고 포괄적인 문구로 그 발동요건이 규정되어 있었다.

15) 1972년 헌법(이른바 유신헌법) 제53조 제1항 후단에서는 " … 내정 · 외교 · 국방 · 경제 · 재정 · 사법 등 국정 전반에 걸쳐 필요한 긴급조치를 할 수 있다"고 규정하고 있었으며, 동조 제2항에서는 "대통령은 제1항의 경우에 필요하다고 인정할 때에는 이 헌법에 규정되어 있는 국민의 자유와 권리를 잠정적으로 정지하는 긴급조치를 할 수 있고, 정부나 법원의 권한에 관하여 긴급조치를 할 수 있다"고 규정하고 있었다.

16) 1972년 헌법(이른바 유신헌법) 제53조 제3항에서는 긴급조치에 대하여 대통령이 국회에 지체없이 통고할 것을 요구하고 있었고, 동조 제6항에서 국회의원 재적과반수의 찬성으로 긴급조치의 해제를 건의할 수 있도록 하였을 뿐, 그 밖의 아무런 실질적 통제를 두지 않고 있었다. 더구나 동조 제4항은

사로 인한 공정성의 침해에 대해 무방비로 만들었다. 객관적이고 공정한 법질서를 형성하고 유지하는 것이 아니라 이를 침해할 수 있도록 만들어진 것이다.[17] 따라서 긴급조치에 관한 헌법규정 역시 헌법의 본질에 반하는 것이라고 평가될 수밖에 없다.

그 밖에도 논란의 여지가 있는 규정들은 많다. 그러나 전체 헌법의 성격이 헌법의 본질에서 벗어나는 경우에는 비교적 명확하게 헌법제정(권력)의 한계 일탈을 확인할 수 있지만, 전체로서의 헌법은 헌법의 기본과제에 충실한 가운데 지엽적인 몇 개의 규정이 문제되는 경우에는 과연 그 규정을 헌법제정(권력)의 한계를 벗어난 것으로 보아야 할 것인지 아니면 헌법해석을 통하여 그 규정이 지닌 문제점을 최소화하는 방향으로 문제를 해결해야 할지가 간단하지 않은 것이다.[18]

Ⅲ. 현실적 상황에 따른 헌법제정의 한계

헌법의 기본적 과제는 어느 국가에서나 동일하며, 그에 따라 헌법이 담아야 할 기본적 내용 또한 모든 국가에서 유사하다. 그러나 각 국가가 처해 있는 현실적 상황이 서로 다르기 때문에 헌법의 기본과제를 수행하기 위하여 헌법제정자가 채택하는 수단은 서로 달라질 수 있다. 그 때문에 같은 헌법이해에 기초하여 동일한 헌법이념을 추구하면서도 상이한 정부형태와 선거제도, 정당제도 등을 갖게 되는 것이다.

하지만 다른 한편으로는 이와 같은 현실적 상황에 따른 융통성에도 일정한 한계가 있다는 것이 지적되어야 한다. 아무리 현실적 상황이 다르다 하여도 일정한 목표가 정해져 있는 이상 선택 가능한 수단은 한정할 수밖에 없다는 원칙론 때문만이 아니라, 융통성이 자칫 자의(恣意)로 변질되어 헌법이 헌법으로서의 본질을 벗어나게 만들 수 있는 위험 때문에 융통성의 한계가 명백히 그어져야 하는 것이다.

실제로 국민의 의사를 수렴하는 민주적 헌법을 표방하지 않는 경우는 보기 어렵다. 또한 공정한 법의 제정과 집행에 반대하는 개인이나 집단도 찾기 어렵다. 그러나 겉으로는 민주주의를 표방하면서도 현실적 상황에 따른 변용[19]을 주장함으로써 사실상 민주주의의 본질을 벗어나는 경우가 드물지 않으며, 공정한 법을 내세우면서도 정작 이를 관철시킬 수 있는 강력한 제도적 장치는 현실적 상황을 핑계로 삼아 의도적으로 배제[20]하는 경우 또한 적지 않다.

긴급조치가 사법적 심사의 대상이 되지 않는다고 명시하고 있었다.

17) 당시 많이 이야기되던, "법률 위에 헌법 있고, 헌법 위에 긴급조치 있다"는 말은 긴급조치가 초법적인 권력의 상징이었음을 잘 표현하고 있다.

18) 예컨대 현행헌법 제29조 제2항(이른바 군인, 군무원 등에 대한 이중배상의 금지)에 대한 논란으로 인하여 현행헌법 전체가 헌법제정권력의 한계를 벗어났다고 말하기에는 어려운 점이 있다. 그러나 또한 그렇다고 문제되는 헌법조항들이 무조건 정당화된다고 말하기에도 어려움이 있다.

19) 예컨대 1972년 헌법을 정당화시키는 논거로 많이 이용되었던 이른바 '한국적 민주주의'의 토착화가 이에 해당될 수 있을 것이다.

20) 1972년 헌법에서는 기존의 헌법과는 달리 대법원의 위헌법률심사권을 박탈하여 헌법위원회라는 특별기관에 부여하였다. 그런데 그 배경에는 1970년의 국가배상법에 대한 대법원의 위헌판결(대판 70다

그렇기 때문에 헌법제정의 한계를 논함에 있어서는 앞서 설명되었던 원칙적 한계와 더불어 현실적 조건에 대한 객관적이고 치밀한 검토를 통하여 현재의 정치적 · 사회적 조건 하에서 가능한 범위가 어디까지인지를 먼저 분명히 하여야 한다. 그 후에 비로소 헌법제정자가 헌법의 기본적 과제와 현실적 상황을 고려하는 가운데 선택 가능한 대안이 무엇인지를 말할 수 있을 것이다.

Ⅳ. 헌법제정의 한계를 벗어난 헌법제정에 대한 대응방안

헌법제정의 한계를 논의함에 있어서 가장 어려운 부분은 그 한계를 명확히 밝히는 것보다는 한계를 벗어난(또는 무시한) 헌법제정에 대하여 어떠한 대응이 가능하냐의 문제이다. 만일 헌법의 본질에 반하는 헌법이 실제로 제정된 경우에는 어떻게 되는가?

쉽게 생각한다면 그런 헌법은 헌법의 본질에 반하는 것이고, 따라서 헌법이 아니기 때문에 헌법으로서의 효력을 갖지 못한다고 볼 수도 있다. 그렇게 이해하게 되면, 결국 헌법제정의 한계를 벗어난 헌법에 의해 지배되는 상태란 사실적 강제력에 의한 지배만이 있었을 뿐 헌법은 부재하는 상태, 즉 더 이상 법규범이 존재하지 않는 상태가 되어버릴 것이다.

그러나 이러한 극단적인 이해는 적지 않은 문제점을 안게 된다. 가장 먼저 지적될 수 있는 것은 물론 법질서를 송두리째 부정함으로써 발생될 수 있는 극도의 혼란이다. 또한 헌법의 전체가 아닌 일부 규정이 한계를 벗어난 경우 어떻게 대응할 것인지가 불명확하다는 것도 문제이다. 지엽적인 몇 개 규정이 한계를 벗어난 경우에도 전체 헌법의 효력을 부정하여야 할 것인가? 아니면 그 규정의 효력만을 부정할 것인가? 그 규정의 한계일탈 여부에 대한 판단은 누가 내려야 하는가?

또한 지엽적인 규정이 아니라 핵심규정에서 한계일탈이 문제되는 경우에도 복잡한 논의가 필요할 것이다. 예컨대 헌법이 민주적 의사형성에 반하는 정치과정을 규정하고 있지만, 공정한 사법절차는 잘 보장되고 있는 경우 그 헌법은 전체적으로 효력이 부정되어야 하는가? 아니면 사법절차에 관한 규정은 계속 유효한 것으로 보아야 하는가?

헌법이 없는 상태는 최악이다. 헌법, 즉 법질서의 부재를 초래한다는 것은 자유, 정의, 평등 등의 모든 법이념과 법가치를 포기하고 혼란과 무질서를 감수한다는 것과 같다. 그 결과는 적나라한 힘의 논리밖에 없다. 따라서 헌법을 무조건 부인하는 것은 옳지 않다. **악법(惡法)도 무법(無法)보다는 낫다**는 것이다.[21)]

그러나 악법은 최악을 피하는 것일 뿐, 결코 바람직한 것은 아니다. 따라서 무법을

1010)이 계기가 되었다는 것은 널리 알려진 사실이다. 결국 공정한 법을 밝히기 위해서가 아니라 그것을 가로막기 위해서 대법원의 위헌법률심판권을 박탈하여 헌법위원회라는 유명무실한 기관에 부여했던 것이다.

21) 적어도 이런 점에서는 근대초의 정치사상가들이 내란과 내전으로 인한 극도의 혼란과 비참을 막기 위해 '주권이론'을 제창하여 내란을 종식시킬 수 있는 권위를 창출하고자 했던 것은 올바른 선택이었다고 볼 수 있다.

초래하지 않으면서 악법을 제거하는 방법을 모색하여야 한다. 그것은 새로운 헌법을 제정하려는 노력, 또는 헌법을 개정하려는 노력으로 나타날 수 있을 것이며, 그 바탕에는 악법의 문제점을 명백히 밝히는 헌법이론과 더불어 새로운 헌법의 관철을 가능케 하는 국민의 힘이 있어야 할 것이다.

제 4 절 한국헌법의 제정: 우리 헌법은 어떻게 만들어졌는가?

Ⅰ. 우리 헌법의 역사적 배경: 근대법제의 수용과 헌법

조선시대까지의 우리 법제는 중국의 법제를 수입하여 손질하는 한편 전통적인 관습을 규범으로 인정하는 것들이었다. 이러한 전통적 법제는 특히 형사법의 영역에 있어서는 중국의 법제를 많이 모방하였고, 민사법의 영역에 있어서는 관습법이 크게 작용하였다. 그러나 우리가 현재 헌법으로 부르는 규범이 독립된 법전의 형태로 존재하지는 않았다. 이러한 법제에 근본적인 변화가 발생된 것은 서구와의 교류가 시작되면서였다.

한국의 서구에 대한 문호개방은 중국이나 일본의 경우와 마찬가지로 외부의 압력에 의해 강제적으로 이루어졌다. 특히 한국의 경우에는 19세기 한반도를 지배하고 있던 조선왕조의 쇄국정책으로 인하여 개방이 더욱 늦어졌으며, 결국 서구제국의 문물을 일찍 받아들인 일본에 의해 1876년 처음 문호를 개방당한 이후 1882년에는 미국에 대해서도 문호를 개방하게 되었다. 그 후 서구 각국의 문물을 접하면서 조선의 식자층에게 가장 인상적이었던 것은 서구의 발달된 과학기술과 더불어 조약 등에 의해 구체화된 국제법이었다.

그 결과 서구의 문물이 한반도에 도입되면서 국제법의 (중국에서의) 한역소개를 시작으로 서구의 법제도와 법이론이 다양하게 소개되었다. 그 밖에 고종황제의 고문으로 일했던 묄렌도르프(*Paul Georg von Möllendorf*)의 활동도 서구의 법이 한반도에 소개·전파되는 데 영향을 미친 것으로 평가된다.

서구에 대하여 문호를 개방한 이후 조선은 이러한 영향 하에서 문물의 도입과 제도의 정비를 통해 근대화를 이루고자 노력하였으며, 이러한 맥락에서 1895년 법관양성소를 설립하여 전문적 인력의 양성을 기하였고, 1905년 최초의 법률전문학교로서 보성전문학교가 설립되었다.

Ⅱ. 구한말의 헌법

그러나 당시의 서구문물 도입은 조직적·체계적인 것이라기보다는 매우 단편적이었고, 소극적인 것이었다. 국호를 조선에서 대한제국으로 바꾸는 등 외형의 변화는 적지 않았으나 세계사의 흐름에 능동적으로 대처하기에는 많이 부족하였던 것이다. 특히 근대적 법제의 도입은 전통적 관습과의 마찰 등 여러 가지 저항 때문에 순조롭지 않았다. 따라서 근대법제는 단편적으로만 도입·시행되었을 뿐이었고 현재와 같은 체계적인 모습은 전혀 갖추지 못하고 있었다.

따라서 체계적인 법전의 형태로 완성된 근대적 법제는 아직 형성되지 못하고 있었으며, 이러한 사정은 헌법의 경우도 마찬가지였다. 갑오개혁 당시의 홍범 14조, 또는 광무개혁 당시의 대한국국제가 헌법적 규범으로 일컬어지기도 하지만, 그 내용의 일부가 헌법적 성격을 갖고 있다고 할 수 있을 뿐이지 이들을 헌법전으로 볼 수 있는 것은 아니었다. 다만 그러한 변화를 통해 점차 근대법을 수용할 수 있는 기초를 천천히 형성해 나가고 있었다고 평가될 수 있을 것이다.

Ⅲ. 일제강점기와 헌법

구한말의 근대화 노력과 서구문물도입 노력도 1910년의 한일합방과 더불어 그 종말을 맞게 되었다. 대한제국이 몰락하였고, 한반도는 일본제국의 식민지가 되어버렸다. 주권이 상실되고 언어조차 금지되었던 35년간은 한민족의 모든 문화의 암흑기였다. 그 기간 동안 우리의 법과 법학은 커다란 공백기를 맞이하였다.

독립된 국가가 없는 상태에서 독립된 법은 없었다. 일본의 법과 법학은 한국에서 그대로 적용되었으며, 이 시기를 통해 한반도에 근대적 법제도가 타율적으로 시행되었다. 그것은 헌법의 영역에서도 마찬가지였다. 한반도 내의 대학에서도 일본헌법이 강의되었으며, 일본을 통해 -당시 일본에서 통용되고 있던- 독일의 공법이론, 특히 옐리네크와 켈젠의 법실증주의 이론이 많이 소개되었다.

물론 당시의 법학이 한국법학으로 뿌리내릴 수는 없었다. 무엇보다 당시 법학교육은 -특히 한국인에 대한 법학교육은- 그 질과 양에서 부족함이 많았을 뿐 아니라 일본인 교수들 또는 일본에서 일본의 현실에 맞게 만들어진 법학을 공부한 한국인 교수들에 의해 강의되었기 때문에 실제로 한국인의 생활과 유리된 것도 적지 않았다. 특히 공법의 경우 독립된 국가가 존재하지 않는 식민지라는 현실 때문에 공법의 의의 자체에 회의적인 사람이 많아 공법을 전공한 한국인이 특히 적었다.

그러나 1945년 해방이 되고 독립된 주권국가를 다시 세우면서 공법에 대한 수요가 급격히 늘어났고, 이 수요는 어쩔 수 없이 일제강점기에 일본의 교육을 받은 사람들에 의해서 채워지게 되었다.

Ⅳ. 해방과 헌법제정

1. 해방과 헌법제정의 배경

1945년 해방에서부터 1950년 한국전쟁이 있기까지의 시기는 한국의 정치-경제-사회-문화의 모든 분야가 혼란한 시기였으며 이러한 현실은 헌법의 발전과도 무관할 수 없었다. 특히 해방 후 실시된 군정은 이후 남북의 완전한 분단에 이르기까지 한국의 국가발전 내지 헌법발전에 결정적인 영향을 미쳤으며, 또한 일본의 강요된 문화에서 벗어난 한국인들에게 새로운 문화적 충격을 안겨주었다.

남한의 경우 그 동안 직접적인 접촉이 거의 없던 미국의 문화가 (법률문화를 포함하여) 군정의 영향 하에 급속도로 보급되기 시작하였으며 대륙법, 특히 독일법만을 알고 있던 한국의 법률가들은 영미법과의 만남을 통하여 새로운 시각을 열고자 노력하였다. 이러한 영미법의 영향은 1948년의 제헌헌법에서 잘 나타나고 있다.

당시 제헌의회에서는 헌법기초위원회를 구성하여 초안을 작성하였는데 그 주요내용은 의원내각제, 양원제의회, 대법원의 위헌법률심사권 등이었다. 이것이 토의과정에서 대통령제로 바뀌었는데 이에 대해서는 비판이 적지 않았다.[22]

이러한 영미법적인 제도의 도입은 미군정의 영향 외에 미국헌법의 배후에 있는 정치사상, 즉 독립선언과 버지니아 권리장전, 연방헌법 전문, 링컨의 연설 등에 나타난 자주독립과 인간존엄의 정치사상이 당시 헌법제정에 참여했던 법률가들과 정치인들을 매료시킨 데에서 그 원인을 찾을 수 있다. 그러나 당시까지 일본을 통해 배운 독일법에 익숙해져 있던 법률가들이 그 영향을 완전히 벗어날 수는 없었다. 헌법의 전체적 구성이나 용어 등의 형식면에 있어서는 독일식의 체제를 많이 모방하였으며 내용면에 있어서도 기본권의 보장 등에 관하여 많은 유사한 규정들을 두었다.

전체적으로 보아 제헌헌법은 영미법과 대륙법(독일법)의 절충이라는 인상을 주고 있다. 그러나 당시 영미법을 체계적으로 공부한 한국의 법률가들이 거의 없었기 때문에 부분적인 영미법적 제도의 도입에도 불구하고 (그리고 정치현실에 있어서 미국의 압도적인 영향에도 불구하고) 전체적으로는 일제강점기에 법학을 공부했던 사람들[23]에 의해 독일법과 유사한 경향이 지배적으로 나타나기 시작하였다.

2. 헌법의 제정과 그 주요내용

제헌헌법은 제1장 총강과 제2장 국민의 권리의무에 이어 제3장부터 제5장까지 국가기관에 관한 규정들(국회, 정부, 법원)을 두었고, 제6장에 경제, 제7장에 재정, 제8장에 지방자치, 제9장에 헌법개정에 관한 규정들을 각기 두었다. 그리고 제10장으로 부칙을 두었다.

이러한 규정체계 가운데서 제헌헌법의 특징을 잘 보여주고 있는 것은 역시 국가기관들의 조직에 관한 것이었다.

---

22) 이러한 사실에 관해 뢰벤슈타인(*Karl Loewenstein*)은 한국의 지식인들이 의원내각제를 원하였으나 미군정의 영향 때문에 대통령제가 채택되었다고 평했다.

23) 당시 법률가의 부족으로 많은 경우 실무와 학계는 거의 구분 없이 같은 사람들에 의해 이끌어져 나갔다.

국회는 ① 단원제로 구성되며, 임기를 4년으로 하였지만, 초대국회(즉 제헌국회)는 임기를 2년으로 하였다. ② 국회의 중심권한으로는 입법권을 비롯하여 예산안심의 · 결정권, 국정감사권 등이 부여되었으며, ③ 대통령 및 법률이 정하는 공무원의 탄핵소추권을 보유함으로써 국정통제에 대한 실질적 기능을 담당하도록 구상되었다.

정부의 구성과 관련하여서는 ① 정부의 수반인 대통령을 국회에서 무기명투표로 선출하도록 하였고, 그 임기는 4년으로 하되, 1차에 한하여 중임이 가능하도록 하였다. ② 부통령제를 두고 있었고, 대통령과 부통령이 국무총리나 국회의원을 겸하지 못하도록 규정하고 있었다. ③ 그 밖에 대통령에게는 긴급명령권, 긴급재정처분권이 부여되었다.

법원은 ① 사법권을 담당하는 기관으로서 사법권의 독립이 인정되고 있었고, ② 법관의 임기는 10년으로 하되, 연임이 가능하였다. 그 밖에 ③ 대법원의 명령 · 규칙 · 처분에 대한 위헌 · 위법 심사권이 인정되었고, 헌법위원회와 탄핵재판소의 구성에 참여할 수 있었다.

그 밖에 제헌헌법은 ① 사기업에 있어서 근로자의 이익균점권(제18조)을 인정한 유일한 헌법이었고, ② 지방자치를 인정하고 있었으며(제96조, 제97조), ③ 헌법개정은 국회의원 재적 3분의 2 이상의 찬성으로 확정(제98조)할 수 있도록 하고 있었다.

제3장 헌법의 개정

헌법의 개정은 항상 헌법의 제정을 전제로 한다. 단순히 헌법이 먼저 만들어진 후에야 비로소 그것을 고치는 것이 가능하다는 의미가 아니라 헌법의 개정에 관련된 모든 문제가 헌법제정에 의해 만들어진 틀 안에서 움직여야 한다는 의미에서 그러하다.

즉 헌법개정의 개념 자체가 제정을 전제하고 있을 뿐 아니라, 헌법개정의 의의와 기능, 방식과 절차가 모두 헌법제정 및 그를 통해 정해진 범위를 벗어나지 못하며, 나아가 헌법개정의 한계까지도 헌법의 제정 및 그 한계를 전제하는 것이다.

헌법 제128조 ① 헌법개정은 국회재적의원 과반수 또는 대통령의 발의로 제안된다.
② 대통령의 임기연장 또는 중임변경을 위한 헌법개정은 그 헌법개정 제안 당시의 대통령에 대하여는 효력이 없다.

헌법 제129조 제안된 헌법개정안은 대통령이 20일이상의 기간 이를 공고하여야 한다.

헌법 제130조 ① 국회는 헌법개정안이 공고된 날로부터 60일이내에 의결하여야 하며, 국회의 의결은 재적의원 3분의 2이상의 찬성을 얻어야 한다.
② 헌법개정안은 국회가 의결한 후 30일이내에 국민투표에 붙여 국회의원선거권자 과반수의 투표와 투표자 과반수의 찬성을 얻어야 한다.
② 헌법개정안이 제2항의 찬성을 얻은 때에는 헌법개정은 확정되며, 대통령은 즉시 이를 공포하여야 한다.

【사례: 헌법개정논의를 금지하는 대통령 긴급조치의 합헌성 여부】

갑은 유신헌법에 반대하면서 헌법개정을 주장하였다는 이유로 1974.8.8. 대통령긴급조치 제2호에 의하여 설치된 비상보통군법회의에서 대통령긴급조치 제1호 위반으로 징역 5년 및 자격정지 5년을 선고받고, 항소심인 비상고등군법회의에서 징역 3년 및 자격정지 3년을 선고받았으며, 대법원에서 상고가 기각되어 비상고등군법회의 판결이 그대로 확정되었다.

갑은 2009.2.12. 서울고등법원에 위 확정판결에 대하여 재심청구를 하였고, 그 소송계속 중 구 헌법 제53조와 긴급조치 제1호, 긴급조치 제2호가 헌법에 위반된다는 이유로 위헌법률심판제청신청을 하였으나, 2009.12.29. 유신헌법 제53조에 대해서는 위헌법률심판의 대상이 되지 않는다는 이유로, 위 긴급조치들에 대해서는 재

> 판의 전제성이 인정되지 않는다는 이유로 각하되자, 2010.2.3. 헌법재판소에 헌법소원심판을 청구하였다.
>
> 〈헌재 2013.3.21. 2010헌바132등 참조〉
>
> 1. 갑의 헌법소원심판청구는 재판의 전제성을 갖는가? (20점)
> 2. 재판의 전제성이 인정될 경우 갑의 헌법소원심판청구는 적법한가? (30점)
> 3. 갑의 헌법소원심판청구가 적법한 경우 헌법재판소는 어떠한 본안판단을 내려야 하는가? (50점)

제1절 헌법개정의 개념: 헌법은 어떻게 변경되는가?

Ⅰ. 헌법개정의 필요성과 곤란성

헌법의 제정이란 곧 성문(成文)의 헌법전(憲法典)을 만드는 것이다. 근대 입헌주의의 발전은 **성문헌법**을 중심으로 이루어져 왔고, 성문의 헌법전에 특별한 비중을 두었다. 그 결과 헌법은 다른 법규범(특히 법률)과는 다른 특별한 지위에 있기 때문에 함부로 그 내용이나 형식에 손댈 수 없다는 의미에서 대부분의 성문헌법은 **경성헌법**으로 만들어진다.

이처럼 대부분의 성문헌법이 경성헌법의 형태를 취하는 것은 **헌법의 안정성**과 **헌법에 대한 존중**을 확보하기 위해서이다.

헌법은 국가질서의 형성에 관한 기본원칙을 정하고 있는 기본법일 뿐만 아니라 법질서의 근간을 담고 있는 최고법이기도 하다. 따라서 헌법규범의 변화가 미치는 파급효는 그 규범의 직접적인 규율영역에 한정되는 하위법들과는 달리 법질서 전반에 미치며, 결국 헌법규범의 변화는 법적 안정성을 근본적으로 위협할 수 있는 것이다.

그러나 다른 한편으로는 헌법규범도 현실의 변화에 따라 바뀌어야 할 필요성을 부인할 수 없다. 현실이 바뀌었음에도 불구하고 과거의 규정을 무조건 고수하는 것은 헌법에 대한 존중 내지 헌법의 규범력을 강화시키는 것이 아니라 오히려 약화시키게 될 것이다.

따라서 헌법개정의 필요성을 인정하여 헌법 스스로가 일정한 절차에 따른 개정의 가능성을 열어 놓기는 하지만, 그 개정의 요건과 절차를 일반 법률과 비교될 수 없이 까다롭게 함으로써 헌법이 가볍게 개정되지 못하도록 하는 것이 경성헌법인 것이다.[1)]

---

1) 또한 헌법이 쉽게 바뀔 수 있는 것으로 인식된다면 그 헌법에 맞춰 개인이나 세력의 행동양식을 결정하기보다는 오히려 각기 자기에게 유리한 내용으로 헌법을 바꿔 버리려는 생각이 먼저 떠오르기 쉽다. 그러나 헌법에 의해 일단 정해진 것은 불변이며, 그 구속력이 계속 유지된다는 인식이 지배적일 경우

이러한 경성헌법의 의미는 **헌법의 안정성과 헌법에 대한 존중**을 유지하면서 **헌법현실의 변화에 따른 헌법개정의 필요성**을 적절하게 인정하고 또 한정하는 데 있다.

Ⅱ. 헌법개정과 헌법변동

1. 헌법변동의 의의와 유형

헌법의 개정은 헌법규범과 헌법현실의 불일치를 해결하기 위하여 헌법전 자체에 변경을 가하는 행위이다. 그러나 헌법의 안정성과 헌법에 대한 존중이라는 요청 때문에 헌법의 개정은 매우 제한적으로만 인정되며, 그 때문에 헌법개정에 대해서는 일반법률과는 다른 엄격한 요건과 절차가 요구된다.

하지만 이렇게 헌법의 개정이 예외적으로만 인정되고 있기 때문에 헌법개정의 방법을 통하지 않은 헌법내용의 변화가 발생되기도 하며, 또 간혹 헌법개정의 방법을 이용하기는 했지만, 그 실질은 헌법개정이라고 보기 어려운 경우가 발생되기도 한다. 이런 경우를 총칭하여 **헌법변동**이라고 말한다.

헌법변동은 다시금 헌법에 가해진 변경의 내용이나 방식에 따라 「헌법의 파괴(Verfassungsvernichtung)」,[2] 「헌법의 폐제(Verfassungsbeseitigung)」,[3] 「헌법의 침해(Verfassungsdurchbrechung)」,[4] 「헌법의 정지(Verfassungssuspension)」[5] 「헌법의 변천(Verfassungswandlung)」[6] 등으로 나뉘어진다.[7]

이러한 헌법변동은 헌법해석의 변화를 통한 헌법변천을 제외하고는 대부분 정상적인 헌법의 효력에 장애가 발생된 경우들이다. 따라서 그러한 문제들은 헌법제정의 문제 내지 헌법보호의 문제와 직접 연결되는 경우는 많아도 헌법개정과 연결되는 경우는 찾

에는 개인이나 집단의 이해관계에 맞도록 헌법을 바꾸려는 생각보다는 헌법에 부합되는 행동을 하려고 노력할 것이다. 그러므로 헌법의 존중을 위해서도 헌법개정은 예외적으로만 인정되어야 한다.

2) **헌법의 파괴**란 기존헌법을 없애고 또 그 바탕에 있는 헌법제정권력의 담당자까지도 (예컨대 군주국가의 헌법에서 민주국가의 헌법으로) 변경되는 경우를 말한다. 혁명에 의한 경우는 물론 형식상 헌법개정의 절차를 이용하는 경우라도 실질적으로는 헌법의 파괴가 될 수 있다. 이것은 기존헌법의 입장에서는 헌법의 파괴가 되지만 새로운 헌법의 입장에서는 헌법의 제정이 될 수 있다.

3) **헌법의 폐제**란 기존의 헌법전을 배제하되 헌법제정권력의 주체는 바뀌지 않는 경우를 말한다. 정변이나 쿠데타에 의한 헌법의 교체가 이에 해당될 수 있다.

4) **헌법의 침해**란 위헌임을 알면서 의도적으로 특정한 헌법조항에 반하는 명령이나 조치를 취함으로써 헌법을 무시하고 헌법의 규범력을 훼손하는 경우를 말한다. 의도적인 행위라는 점에서 위헌성에 대한 의식이 없는 단순한 헌법위반(위헌적 행위)과 구별된다.

5) **헌법의 정지**란 헌법의 특정조항의 효력을 일시적으로 중단시키는 것으로서 합헌적 헌법정지와 위헌적 헌법정지가 있다. 그 중 헌법에 정한 절차(예컨대 국가긴급권의 발동)에 따라 행해지는 합헌적인 경우는 별 문제가 없으나 위헌적 헌법정지의 경우는 역시 정상적인 헌법의 효력에 대한 큰 장애가 될 것이다.

6) **헌법의 변천**은 개정절차에 따른 헌법조문의 변화는 없지만 헌법의 의미내용이 실질적으로 변동하는 경우를 말한다. 이러한 헌법의 변천은 주로 헌법해석의 변천에 의해 이루어진다.

7) 이러한 헌법변동의 분류는 칼 슈미트가 헌법개정의 개념을 헌법의 파괴, 헌법의 폐제, 헌법의 침해, 헌법의 정지와 구별하는 데에서 비롯된 것이다. 당시 이러한 분류가 의미를 가질 수 있었던 것은 정치적 혼란으로 인한 헌법파괴 내지 헌법침해의 위협이 현실적으로 심각한 상태였기 때문이었지만, 오늘날의 안정된 헌법질서 하에서 이러한 개념들의 현실적 의미는 많이 감소되었다고 할 수 있다.

기 어렵다. 하지만 합헌적으로 이루어지는 헌법변천은 헌법개정과 직결되는 문제로서 주목을 요한다.

2. 헌법변천의 의의와 유형

헌법변천이란 헌법개정의 절차에 따른 헌법조문의 변화는 없지만 헌법의 의미내용이 실질적으로 변화되는 경우를 말한다. 즉 헌법조문은 바뀌지 않았지만 그 조문에 따라 형성되는 헌법현실은 바뀌는 경우를 가리키는 것이다.

헌법도 다른 법규범과 마찬가지로 현실을 일정한 방향으로 이끌어가려는 당위(규범)이며, 따라서 헌법의 조문 하나하나는 현실에 대한 일정한 요청을 담고 있다. 그러나 헌법조문에 담겨있는 규범적 요청은 구체적인 경우 하나하나를 예정하고 있는 것이 아니라 기본적인 이념과 방향만을 제시하는 추상적인 것이 대부분이다. 그렇기 때문에 같은 헌법조문 하에서도 이를 어떻게 해석하느냐에 따라 그 의미는 얼마든지 바뀔 수 있다. 즉 헌법의 개정 없이도, 또한 헌법조문을 무시하는 경우가 아니라 충분히 존중하는 경우에도 헌법의 해석이 달라짐에 따라 헌법의 변천은 발생될 수 있다는 것이다.

헌법의 해석은 다양한 형태로 이루어진다.[8] 따라서 헌법의 변천도 다양한 형태로 나타날 수 있다. 그러한 헌법의 변천을 몇 가지의 유형으로 나누어 보려는 시도들은 많았지만, 그러한 구별이 현실적인 의미를 갖는다고 보기는 어렵다.[9] 오히려 헌법의 변천에서 실질적인 의미를 가질 수 있는 것은 그 헌법변천이 올바른 헌법해석의 한계 내에 머물러 있는 것인지의 여부라고 할 수 있다. 즉 정상적인 헌법해석을 통한 헌법의 변천인지, 아니면 잘못된 헌법해석을 통해 야기된 헌법변천인지가 헌법적 관심의 대상이 될 수 있을 것이다.[10]

3. 헌법변천의 한계와 헌법개정의 필요성

헌법변천의 가능성과 필요성은 헌법의 성격으로부터 나온다. 헌법이 모든 규율대상

8) 직접 헌법조문의 의미를 밝히는 학문적 활동 또는 법관의 판결만이 아니라 헌법의 테두리 안에서 이루어지는 모든 국가기관의 활동이 헌법을 나름으로 이해하여 구체화시키는 것이라는 점에서 헌법해석이라고 할 수 있다. 나아가 모든 국민의 활동까지도 헌법해석으로 이해하는 견해도 있다. 헌법의 해석에 관하여 상세한 것은 아래의 「제4장 **헌법의 해석**」 참조.

9) 예컨대 권영성, 헌법학원론, 2010, 60쪽에서는 헌법의 변천이 그 동기에 따라 헌법해석에 의한 변천, 헌법관행에 의한 변천, 헌법의 흠결보완에 의한 변천으로 구분되며, 그 성질에 따라 적극적인 변천과 소극적인 변천으로 구분된다고 한다. 그러나 오늘날 헌법관행 및 헌법의 흠결보완도 해석의 일부로 파악될 수 있다는 점을 생각하면 동기에 의한 구분은 사실상 어려워진다. 더욱이 동기에 의한 구분이건 성질에 따른 구분이건 그 구분의 실익이 없다는 점 때문에 이러한 구분이 과연 어떤 헌법적 의미를 가질 수 있는지에 대해 의문이 제기되는 것이다.

10) 예컨대 1962년 헌법은 지방자치에 관한 헌법규정을 두고 있었으나 국회에서 지방자치법을 제정하지 않음으로 인하여 지방자치는 사실상 실시되지 못했다는 점을 우리 헌법사에서 나타나는 헌법변천의 예로 드는 경우가 많다. 헌법의 규정은 그대로 둔 채 헌법의 현실은 원래 의도와는 다르게 흘러가 버렸다는 점에서 이를 헌법변천이라고 보는 것도 가능할 것이다. 또한 국회의 입법지연이라는 부작위도 일종의 헌법해석으로 볼 수 있기 때문에 헌법해석을 통한 헌법변천이라는 기본조건도 충족된다. 그러나 이 경우에 실질적으로 문제되는 것은 그와 같은 국회의 부작위가 정당한 것이었는지 아니면 위헌이었는지, 위헌의 경우에는 어떠한 대응이 가능하고 필요한지에 대한 검토일 것이다.

에 관하여 세세한 내용까지 규정하는 것이 불가능하기 때문에 헌법조문은 불가피하게 추상적 · 개방적인 것이 되며, 그 결과 헌법의 해석에 −다른 법규범과는 비교하기 어려울 정도로− 넓은 여지가 주어지며, 해석의 변화 또한 폭넓게 인정되는 것이다.

이처럼 해석의 변화를 통하여 헌법의 내용이 변화되는 것은 헌법에 의해 금지되는 것이 아니라 허용되는 것이며, 어느 정도까지는 요구되는 것이기도 하다. 헌법의 개정이 예외적으로만 인정되는 상황에서 헌법조문의 해석까지도 경직될 경우에는 그 헌법현실의 변화를 받아들일 수 있는 통로가 극도로 좁아질 수밖에 없다. 그렇기 때문에 **현실의 변화에 대응하는 헌법규범의 변화 내지는 (헌법을 정점으로 하는) 법규범의 변화**[11]가 가능하기 위한 수단으로서 헌법해석의 변화 및 이를 통한 헌법의 변천이 인정되는 것이다.

그러나 이러한 헌법변천에도 일정한 한계는 당연히 인정되어야 한다. 헌법변천이 인정되는 근거가 헌법개정의 곤란성 및 그로 인하여 필요하게 된 헌법규범의 탄력성 확보에 있는 반면에 이러한 탄력성이 지나치게 확대되어 헌법개정을 어렵게 만든 취지(경성헌법성!)가 망각되어서는 안 될 것이기 때문이다. 즉 헌법해석의 변화 내지 이를 통한 헌법의 변천은 어디까지나 **헌법의 안정성과 헌법에 대한 존중**을 위협하지 않는 범위 내에 머물러야 하는 것이다.

헌법변천의 한계는 헌법해석의 한계로부터 나온다. 헌법조문이 아무리 추상적이고 다의적이라 할지라도 아무 내용이나 임의로 도출해 낼 수는 없으며, 해석이 해석으로 남아 있기 위해서는(즉 해석자가 입법자가 아닌 해석자로 남아 있기 위해서는) 헌법조문의 정상적인 해석을 통해 더이상 새로운 내용을 도출할 수 없을 때 그 한계를 인정하여야 한다. 이러한 경우 우리는 헌법변천을 통해 현실의 변화를 수용하려고 하기보다는 헌법개정의 가능성과 필요성을 신중하게 고려하여야 한다.[12]

Ⅲ. 헌법개정의 개념정의

이상 검토된 헌법개정의 의의와 필요성, 그리고 헌법개정과 직접적인 연관을 갖고 있는 헌법제정 및 헌법변천 등과의 관계 등을 고려할 때, 헌법개정의 개념은 다음과 같이 정의될 수 있다:

---

11) 모든 법규범은 헌법에 그 존립의 근거와 한계를 두고 있으며, 법률의 제정과 개정, 폐지도 앞서 말한 의미에서 (입법자에 의한) 헌법해석에 해당된다. 만일 헌법에 대한 해석의 변화가 전면적으로 부정된다면, 헌법에 맞추어 한번 제정된 법률은 절대로 개정될 수도, 폐지될 수도 없으며, 좀 더 극단적으로 생각한다면 새로운 법률의 제정까지도 불가능하다는 결론이 도출될 수 있다.

12) 이런 맥락에서 헷세는 "헌법의 변천은 조문 그 자체가 아니라 −그것은 변경되지 않은 채로 있고− 헌법규범 내용의 구체화와 관련된다. 헌법규범 내용의 구체화는 특히 많은 헌법규정의 광위성과 개방성에 비추어 볼 때, 그 전제된 사정이 변화하였을 때에는 상이한 결론에 이를 수 있고, 그러한 한에 있어서 '변천'을 야기한다. 헌법개정의 문제는 헌법변천의 가능성이 끝나는 곳에서 시작된다"라고 말하고 있다.

헌법의 개정은 헌법의 기본적 동일성을 유지하는 가운데 헌법에 규정된 절차에 따라 헌법의 일부조항을 의식적으로 수정, 삭제 또는 보충함으로써 헌법의 형식이나 내용에 변경을 가져오는 행위를 말한다.

헌법의 **기본적 동일성의 유지**라 함은 헌법제정에 의해 만들어진 기본틀, 즉 헌법의 기본이념과 원리, 핵심적인 제도들이 유지되어야 함을 의미하는 것이고, **헌법에 규정된 절차에 따른다**는 것은 헌법변천을 비롯한 여러 유형의 헌법변동과 구별되는 점을 강조한 것이다. **헌법의 일부조항을 수정, 삭제 또는 보충**한다고 한 것은 헌법개정의 가능한 양태를 설명한 것이고, **헌법의 형식이나 내용에 변경**을 가져오는 행위[13]라는 말도 같은 맥락에서 이해될 수 있다. 그리고 **의식적으로** 행해진다는 것을 강조한 것은 헌법변천과의 구별을 보다 확실하게 하려는 것으로 이해될 수 있다.

제2절 헌법개정의 방법과 절차

Ⅰ. 헌법개정의 형식: 부분개정과 전면개정

헌법개정의 형식은 부분개정과 전면개정의 두 가지로 나뉘어진다. 기존 조문의 위치를 그대로 유지하는 가운데 기존의 헌법전에 일부조항을 추가함으로써 제23조 뒤에 제23조의2, 제23조의3 등의 형식으로 삽입되거나 제24조 다음에 제25조를 삭제하여 바로 제26조로 넘어가게 하는 경우는 전자에 해당되며, 헌법조문의 전체 순서를 다시 조정하여 제1조부터 순차적으로 다음 조문으로 넘어가는 경우가 후자에 해당된다.

이러한 부분개정과 전면개정은 개정의 양이나 질에 반드시 비례하는 것은 아니다. 예컨대 제3차 개헌은 헌법의 전반에 대한 획기적인 개정이었으나[14] 그 형식은 부분개정의 형식을 취하였던 것이다. 결국 부분개정과 전면개정의 구별은 어디까지나 개정의 형식에 따른 구별에 불과한 것으로서 그로 인하여 내용상의 차이가 발생하는 것은 아니다.[15]

---

13) 헌법의 내용에 변화를 가져오지 않으면서 형식만의 변화를 가져오는 행위, 예컨대 헌법조문의 순서만을 바꾸는 행위도 헌법의 개정에 해당되며, 그러한 개정도 헌법이 정한 요건과 절차에 따라 이루어져야 한다.

14) 1960년 헌법이 과연 헌법의 개정인지, 아니면 헌법개정의 형식을 취한 사실상의 헌법제정인지에 대해서는 논란의 여지가 있다. 이 문제에 관하여는 아래의 「제3절 Ⅴ. **헌법개정의 한계를 넘어선 헌법개정의 의의와 그에 대한 대응방안**」 참고.

15) 만일 전면개정이라는 것이 헌법내용의 전체적 개정이라면 그것은 이미 기본적 동일성의 유지라는 헌법개정의 본질에 반하는 것이 될 것이다.

Ⅱ. 헌법개정절차의 유형과 장단점

1. 헌법개정의 방식과 절차에 관한 헌법제정자의 결정

시원성과 자율성을 갖는 헌법제정권력과는 달리 헌법개정권력은 헌법제정에 의해 만들어진 기본틀 안에서만 허용된다. 따라서 헌법의 개정은 그 내용면에서 헌법의 기본적 동일성을 침해하지 않아야 할 뿐만 아니라 개정의 방식과 절차도 헌법 스스로가 정해 놓은 바에 따라야 한다. 만일 헌법개정의 형식을 취하면서도 헌법이 정한 방식과 절차를 벗어날 경우에는 헌법의 침해가 될 것이다.

물론 헌법이 헌법개정에 관하여 어떤 절차를 두어야 하는지에 대한 제한은 없다. 아예 법률과 동일한 절차에 의해 헌법이 개정되도록 함으로써 연성헌법이 되도록 할 수도 있고, 혹은 의회에서 헌법개정을 하도록 하되, 일반법률의 경우와는 달리 가중다수를 요구하는 경우도 있다. 그 밖에 특별기관을 거치게 하는 것도 가능하고, 국민투표를 거치도록 요구하거나 여러 절차를 차례로 밟도록 정하고 있는 경우도 드물지 않다. 또한 연방국가의 경우에는 연방을 구성하는 주(州)의 일정수가 동의하여야 헌법이 개정될 수 있도록 요구하기도 한다.

이러한 다양한 헌법개정의 방법들은 나름의 장단점들을 가지고 있다.

2. 의회의 의결을 통한 헌법개정

의회의 의결을 통한 헌법개정은 다시금 두 가지 유형으로 나뉘어질 수 있다. 하나는 단순다수에 의하여 헌법을 개정할 수 있도록 하는 것이고, 다른 하나는 가중다수에 의해 헌법개정을 의결할 수 있도록 하는 것이다.

전자의 경우, 즉 헌법개정의 절차를 일반법률과 마찬가지로 의회에서 단순다수결로 처리하는 경우에는 연성헌법이 된다. 연성헌법은 헌법이 매우 손쉽게 개정될 수 있도록 함으로써 현실의 변화에 헌법규범이 매우 쉽게 대응할 수 있다는 장점이 있다. 하지만 헌법의 안정성과 헌법에 대한 존중을 확보하기 어렵다는 문제를 갖고 있기 때문에 연성헌법을 취하는 예는 많지 않다.

후자의 경우에는 헌법개정절차가 일반법률과는 달리 엄격하게 규정되어 있는 경성헌법에 속하기는 하지만, 국민투표 등의 복잡한 절차를 거치지 않고서도 의회 내에서 합의가 이루어지기만 하면 헌법을 개정할 수 있다는 점에서 현실의 변화에 대한 적응이 비교적 탄력적으로 이루어질 수 있다. 반면에 가중다수(대부분 3분의 2의 다수)를 요구함으로써 다수당이 독선적으로 헌법을 개정하는 것을 막고, 법률과는 달리 다수당과 소수당의 합의에 의해서만 헌법이 개정될 수 있도록 함으로써 헌법의 안정성과 헌법에 대한 존중도 어느 정도 확보할 수 있다.

그러나 다수당과 소수당이 국민의 의사를 무시하고 정치적으로 야합할 경우, 또는 소수당이 3분의 1 이상의 의석을 확보하지 못할 경우에는 의회의 의결만으로 헌법을 개정하는 것에 대한 정당성문제가 제기될 수 있다.

3. 국민투표에 의한 헌법개정

오늘날의 민주헌법에 있어서 주권자, 즉 헌법제정권력자는 국민이다. 그렇기 때문에 헌법에 대한 최종적 권한을 갖고 있는 국민이 헌법의 개정에 대해서도 최종적 결정권을 갖도록 하는 것이 정당하다는 측면에서 헌법개정을 국민투표에 의하도록 하는 예가 많다.

물론 국민투표에 의해 헌법을 개정하는 경우라 하더라도 국민투표에 앞서 의회를 중심으로 헌법개정안의 발의, 심의 또는 의결 등의 절차를 먼저 거치게 된다. 국민투표에 의해 정당성을 부여받음으로써 헌법개정을 최종적으로 확정하려는 것은 결국 헌법개정에 국민의 의사를 -비록 찬반의 형태에 국한되지만- 직접 반영할 수 있는 기회를 부여함과 동시에 민주적 정당성을 확보하려는 것이다.

그러나 국민투표에 의한 헌법개정에 대해서도 정치적 선동 등에 의해 국민이 올바른 판단을 내리지 못할 경우 오히려 독재의 정당화를 위해 악용될 수 있다는 점,[16] 그리고 단순한 찬반의 결정에 불과하기 때문에 국민의 의사가 정확하게 반영된다고 보기 어렵다는 점 등이 문제로 지적된다.

4. 헌법개정시 특별기관의 동의를 요구하는 경우

의회 또는 국민투표를 통하여 혹은 양자의 결합을 통하여 헌법을 개정할 수 있도록 하는 예들이 대부분이지만, 헌법개정시 그 밖의 특별기관의 동의를 요구하는 예들도 드물지 않다.

예컨대 미국이나 독일과 같은 연방국가의 경우 헌법개정시 연방을 구성하는 주(州)들의 동의를 요구하는 것이 일반적이다. 그 밖에 1972년의 이른바 유신헌법에서는 통일주체국민회의의 의결을 요구하기도 하였다.

Ⅲ. 현행헌법상의 헌법개정 절차와 그 의미

현행헌법 제128조 이하의 규정에 따르면 헌법개정의 절차는 ① 헌법개정안의 발의(제안) → ② 헌법개정안의 공고 → ③ 국회 내에서의 헌법개정안에 대한 의결 → ④ 국민투표를 통한 헌법개정안의 확정 → ⑤ 헌법개정의 공포와 발효의 순서로 진행되도록 정해져 있다. 즉 의회에 의한 헌법개정 절차와 국민투표를 결합시켜 놓고 있는 것이다.

1. 헌법개정안의 발의(제안)

현행헌법상 헌법개정의 발의는 국회재적의원과반수 또는 대통령에 의해서 행해질

---

16) 이러한 문제점은 국민투표에 의한 헌법개정에 대해서 뿐만 아니라 직접민주제 전반에 대해 우려되고 있는 점이기도 하다. 실제로 우리 헌법사상 가장 비민주적 헌법이었던 1972년 헌법도 국민투표에서 압도적 다수의 지지를 받아 통과되었던 것은 시사하는 바가 크다.

수 있다(헌법 제128조 제1항).

국회에 헌법개정의 발의권이 인정되는 것은 국회가 국민의 일차적 대표자로서 국민의사를 수렴하는 위치에 있기 때문이다.[17] 그리고 발의에 재적의원과반수를 요구하는 것은 헌법개정안의 발의가 소수당의 정치적 공격의 수단으로 이용되는 것을 막고 헌법의 안정성을 확보하기 위한 것이다.

그러나 대통령에게 헌법개정의 발의권이 주어진 것은 지나친 권한집중이 될 수 있으므로 문제의 소지가 있다. 대통령도 국민에 의해 선출된 국민의 대표자임에는 틀림이 없으나 권력분립의 체계상 대통령에게 집행기능의 영역을 벗어난 권한이 지나치게 많이 부여되는 것은 결코 바람직하지 않기 때문이다.[18]

2. 헌법개정안의 공고

헌법개정안이 발의되면 대통령이 20일 이상의 기간 동안 이를 공고하여야 한다(헌법 제129조).

이와 같은 공고절차를 거치도록 하는 것은 헌법개정안의 내용을 국민이 충분히 확인하고 이에 대한 의견을 표출하여 헌법개정안이 국민적 합의에 기초한 정당성을 얻을 수 있는지를 판단하는 데 중요한 의미가 있다.[19]

3. 헌법개정안에 대한 국회의 의결

20일 이상 공고된 헌법개정안은 공고된 날로부터 60일 이내에 국회의 의결을 거쳐야 하며, 재적의원 3분의 2 이상의 찬성을 얻어야 통과된다(헌법 제130조 제1항).

현행헌법이 국민투표에 의한 헌법개정안의 확정이라는 절차를 두고 있으면서도 헌법개정안에 대해서 국회의 의결을 먼저 거치도록 하는 것은 **국회 내 소수파의 보호**를 위한 것으로 이해된다.

소수파는 재적과반수에 이르지 못하기 때문에 헌법개정안을 발의할 수는 없지만, 재적 3분의 1 이상의 수를 확보하기만 하면 헌법개정을 저지할 수는 있다.[20] 따라서 국회의 다수파라 할지라도 소수파가 반대하는 헌법개정을 강행하기는 매우 어렵게 되는 것이다.[21]

---

17) 국회의 의의와 기능에 대해서는 「제3권 제3부 제2장 제1절 **의회제도 - 의회의 연혁과 정치적 의의**」 참조.

18) 대통령의 헌법개정안 발의가 국무회의의 심의를 거치도록 헌법상 규정(헌법 제89조 제3호)되고 있으나, 국무회의의 심의가 대통령의 권한행사에 대한 효과적 통제수단이 될 수는 없다. 대통령의 권한범위와 그 문제점에 대해서는 「제3권 제3부 제3장 제3절 **대통령의 권한**」 참조.

19) 대부분의 경우 이미 개정안이 만들어지는 과정에서 그 내용이 국민들에게 충분히 알려지고, 또 그 내용에 대한 국민의 찬반까지도 상당부분 확인될 수 있겠지만, 최종적으로 성안된 헌법개정안을 가지고 국민들이 판단할 수 있는 기회를 갖는다는 것은 역시 중요한 의미를 갖는다.

20) 이를 일컬어 「**저지소수**」라 부르기도 한다.

21) 비록 민주주의가 다수결이라고는 하지만, 다수의 독선과 횡포가 문제되는 경우도 적지 않으며, 그러한 다수의 독선이 적어도 국가질서의 기초인 헌법에는 미치지 못하도록 하는 제도적 장치로서 헌법개정안에 대하여는 국회의 3분의 2의 다수를 얻도록 규정되어 있는 것이다.

4. 국민투표에 의한 헌법개정안의 확정

헌법개정안이 국회의 의결을 통과한 경우에는 그 의결 후 30일 이내에 국민투표에 붙여야 하며, 국민투표에서 국회의원 선거권자 과반수의 투표와 투표자 과반수의 찬성을 얻으면, 그 헌법개정안은 새로운 헌법으로 확정된다(헌법 제130조 제2항, 제3항 전단).

현행헌법이 국회의 재적의원 3분의 2의 찬성이라는 엄격한 요건을 헌법개정안에 대하여 부과했음에도 불구하고 다시금 국민투표를 거쳐서 비로소 확정되도록 한 것의 의미는 두 가지 측면에서 볼 수 있다.

첫째, 국민이 직접 투표하여 찬성함으로써 국회 또는 대통령의 발의와 국회내 다수의 의결에 대하여 국민적 지지 내지 정당성을 부여해 주는 것이다.

둘째, 만약 정치적 세력들의 담합에 의해 국민이 원하지 않는 헌법개정이 추진될 경우 이를 통제할 수 있도록 하는 것이다.

5. 헌법개정의 공포와 발효

대통령은 국민투표의 결과를 즉시 공포하여야 한다(헌법 제130조 제3항 후단).

그러나 헌법개정의 발효시기에 관해서는 헌법상 명문의 규정이 없기 때문에 논란이 있다. 현행헌법과 같이 부칙에서 그 발효시기를 확정한 경우[22]에는 문제가 없지만, 그렇지 않은 경우 발효시기를 대통령이 국민투표의 결과를 공포한 시점으로 볼 것인지, 아니면 법률의 발효에 관한 헌법 제53조 제7항을 유추하여 20일이 경과한 후로 보아야 할 것인지가 문제되는 것이다.

이에 관하여는 학설의 대립이 있지만, 부칙에 특별한 규정이 없는 이상 공포와 동시에 효력이 발생된다고 보는 것보다는 일정한 유예기간을 갖고 준비할 수 있도록 인정하는 것이 타당할 것이다.

제 3 절 헌법개정의 한계

Ⅰ. 헌법개정의 한계는 어떻게 그어지는가?

헌법제정의 경우와 마찬가지로, 아니 그 이상으로 헌법개정에 대해서도 한계를 인정할 필요가 있다. 헌법의 기본적 과제를 벗어나는 헌법개정이 있을 수 없고, 또 헌법제정을 통해 마련된 헌법의 기본틀을 깨뜨리는 헌법개정은 이미 헌법개정의 개념범위를

22) 현행헌법은 1987년 10월 29일 국민투표에 의해 확정되었지만, 부칙 제1조에 따라 1988년 2월 25일 발효되었다.

벗어나는 것이기 때문이다.[23)]

그러나 구체적으로 어떤 근거에서 헌법개정에 대하여 한계를 인정해야 하는지, 그리고 그 경우 헌법개정의 구체적 한계는 무엇인지에 대해서는 아직 논란의 여지가 많이 남아있다.[24)] 이러한 문제들은 헌법개정의 한계가 헌법이론상 어떤 근거에서 어디까지 그어지는지를 먼저 밝힌 후, 이를 실정헌법상의 한계와 연결시켜 이해함으로써 답해질 수 있을 것이다.

Ⅱ. 헌법개정의 헌법이론상의 한계

1. 법실증주의의 헌법이론

헌법이론상 헌법개정의 한계를 인정하는 것이 오늘날의 통설이지만 법실증주의는 헌법개정의 한계를 부인한다.

법실증주의 헌법이론은 오로지 실정법만을 법적 고찰의 대상으로 할 뿐이고, 그 내용(의 정당성)에 대해서는 전혀 묻지 않는다. 따라서 법실증주의의 입장에서는 어떤 내용의 헌법개정은 허용되고, 또 어떤 내용의 헌법개정은 허용되지 않는다고 말할 수 없다는 것이다.[25)]

이러한 법실증주의의 헌법개정 무한계론은 결과적으로 헌법개정자는 어떤 내용을 헌법에 담아도 상관이 없다는 것으로 귀결된다. 헌법개정의 내용을 결정하는 것은 정치과정이고, 이를 통제하는 것은 법학의 과제가 아니라는 것이다.[26)] 법실증주의는 객관성과 학문성을 내세우며 일체의 가치판단을 법학의 영역에서 배제하려 한 것이다.

그러나 법실증주의의 몰가치성은 법이 규범으로서의 역할을 제대로 하지 못하게 만드는 결과를 낳았으며, 그로 인하여 독재의 정당화에 악용되었다는 것은 널리 알려진 사실이다.

2. 결단주의의 헌법이론

헌법제정에 대해서는 법실증주의와 마찬가지로 한계를 인정하지 않던 결단주의도

23) 이미 헌법개정의 개념 자체에서부터 「헌법의 기본적 동일성의 유지」를 중요한 징표로 삼고 있는 만큼, 만일 헌법개정에 전혀 한계를 인정하지 않는다면 헌법제정과 헌법개정은 그 실질에 있어서 전혀 구별될 수조차 없을 것이다.

24) 예컨대 헌법 스스로가 헌법개정의 한계에 대한 명문의 규정을 두고 있는 경우와 그렇지 않은 경우에 각기 복잡한 문제가 발생될 수 있다. 전자의 경우에는 명문규정에 의한 한계 이외에 헌법이론상의 한계도 아울러 인정되는지, 만일 그렇다면 명문규정에 의한 한계와 헌법이론상의 한계는 어떤 관계에 놓이게 되는지 등의 문제가 제기되는가 하면, 후자의 경우에는 헌법이론상의 한계가 명문의 헌법규정 없이 과연 어떻게 구체화되고, 실정헌법적 근거를 찾을 수 있는지가 주로 문제될 것이다.

25) 심지어 명문의 규정으로 헌법개정의 한계를 선언하고 있다 하더라도 그러한 한계규정부터 먼저 개정한 후에 다시 개정하면 된다는 주장을 펴기도 한다.

26) 옐리네크(*Georg Jellinek*)는 이를 완성된 사실의 이론 내지 사실의 규범력 이론으로 정당화시키기도 하였다. 그러나 그러한 이론과 상관없이 법실증주의는 본질적으로 법규범의 내용적 가치를 도외시하고 규범의 형식에만 초점을 맞추고 있기 때문에 그와 같은 결론이 나오는 것은 필연적이라고 할 수 있다.

헌법개정에 대해서는 한계를 인정하는 태도를 보인다.

결단주의가 헌법개정권력에 대해서는 특별히 한계를 인정하는 것은 헌법제정권력이 미치는 범위와 헌법개정권력이 미치는 범위가 같을 수 없다고 보기 때문이다. 헌법제정권력은 절대적이고 무제한적 권력이기 때문에, 헌법제정권력의 행사를 통해 만들어진 헌법(Verfassung)은 헌법제정권력자의 의지에 따라 어떤 내용도 담을 수 있지만, 헌법개정권력의 행사에 의해 만들어진 헌법률(Verfassungsgesetz)은 헌법제정자의 근본결단을 대체할 수 없다는 것이다.

이러한 결단주의의 경우에도 과연 헌법제정권력자의 근본결단에 속하는 것이 무엇이냐는 문제와 헌법제정권력자까지도 구속하는 초월적 규범의 존재와 구속력을 인정하지 않는 데에 따르는 문제가 있지만, 적어도 헌법제정과 헌법개정의 차이를 명확히 하는 데에는 큰 기여를 하였다고 평가된다.

3. 통합론의 헌법이론

통합론에 기초한 헌법이론은 무엇보다 가치관련성을 강조하는 점에서 기존의 헌법이론과 근본적인 차이를 가지고 있다. 하지만 스멘트 자신이 헌법개정 및 그 한계의 문제에 대하여 명백한 입장을 표명한 것은 아니었기 때문에 후대의 통합론자들 사이에 있어서 헌법개정 및 그 한계를 어떻게 이해할 것인가에 대하여 견해의 대립이 있었다.

콘라드 헷세를 중심으로 한 다수의 견해는 헌법개정의 한계를 논함에 있어서도 – 결단주의가 그러하듯이 헌법제정권력과 헌법개정권력의 차이만을 생각하는 것이 아니라 – 헌법의 중심가치가 무엇인지를 아울러 고려하여야 한다고 보았다. 이런 맥락에서 헷세는 헌법개정이란 역사적 변천 속에서 헌법의 계속성을 유지하는 것으로 이해하고, 역사적 · 구체적 질서의 동일성을 상실시키는 모든 헌법개정은 금지된다고 보았다.

4. 헌법개정의 구체적 한계

오늘날 헌법개정에 대하여 헌법이론상 인정되는 한계로서는 결단주의가 주장하는 한계, 즉 **헌법제정권력자의 근본결단**을 벗어나서는 안 된다는 것이 가장 널리 인정되고 있다. 그러나 그 밖에 통합론의 입장에서 헌법에 대해 요구하는 **기본적 과제** 내지 그 바탕에 깔려 있는 **기본적 가치**도 도외시할 수 없다.

헌법의 전제가 되는 기본적 과제는 결국 국가공동체의 기본적 가치를 잘 실현시킬 수 있는 국가질서를 형성하고 유지하는 것이고, 그러한 기본적 가치 내지 기본과제가 헌법제정권력자까지도 구속한다는 점을 생각하면, 앞서 서술된 **헌법제정의 한계로 인정되었던 요소들**[27]이 헌법개정권력자도 역시 구속한다는 점에 대해서는 이론의 여지가 없을 것이다.

다만 헌법개정은 백지상태를 전제로 헌법을 창조하는 헌법제정과는 달리 기존의 헌

27) 이에 관하여는 「제2장 제2절 Ⅲ. **헌법제정권력(=주권)의 한계**」 참조.

법질서를 전제로 그 일부에 변경을 가하는 것이기 때문에 -헌법제정의 한계로 인정되었던 것들 이외에도- **기존헌법의 틀을 구성하는 요소들**, 예컨대 국가형태, 헌법의 기본원리(민주주의, 법치주의, 사회국가원리 등), 기본권, 권력분립의 원리 등에 대해서는 헌법개정권력이 미치지 않는다는 점이 추가되는 것이다.

Ⅲ. 헌법개정의 실정헌법상의 한계

대부분의 헌법들은 개정의 절차에 대한 규정을 두고 있을 뿐, 개정의 한계에 대해 명시하고 있지는 않다. 따라서 헌법개정의 한계에 관한 논의는 앞서 정리된 헌법이론적 기초에 따라 전개되었다. 그러나 몇몇 헌법의 경우에는 헌법 스스로가 개정되어서는 안 될 조항들을 명시하고 있다.

이처럼 개정의 한계에 관한 명문의 헌법규정이 있을 때에는 그 의미를 해석하고, 적용범위를 확정하는 것이 매우 어렵고도 중요한 문제가 된다. 예컨대 독일 기본법 제79조 제3항은 헌법개정의 한계에 대하여 명시적 규정을 두고 있다.[28] 이런 규정은 헌법제정자 스스로가 헌법의 중심규정으로 생각하고 있는 것이 무엇인지를 밝혀주는 것이기 때문에 헌법개정자를 구속하는 효력을 갖는 것으로 인정된다.

하지만 헌법의 명문규정에 의해 개정의 한계가 일부 명시되더라도 그것이 헌법개정의 한계 전부를 밝혀주는 것은 아니기 때문에 앞서 설명된 헌법이론적 한계는 여전히 중요한 의미를 갖는다. 그리고 만일 헌법개정에 대한 헌법이론상의 한계와 실정헌법상의 한계가 상충되는 경우가 있다면, 그것은 어떠한 부분에서 상충되는지를 먼저 판단하여야 한다.

앞서 살펴본 것처럼 헌법이론상 헌법개정의 한계로 인정되는 내용의 상당부분은 헌법제정의 한계로도 인정되는 것이다. 이러한 내용에 어긋나는 것이 실정헌법상의 한계로 규정되어 있다면, 그 헌법조항의 효력 자체가 문제될 수 있을 것이다. 반면에 헌법의 기본적 동일성에 속하는지의 여부에 대한 판단이 문제되는 경우라면 실정헌법상의 한계가 일차적 기준의 역할을 하는 것으로 인정되어야 할 것이다.

Ⅳ. 현행헌법상의 헌법개정의 한계

이와 같은 헌법개정의 한계에 관한 이론을 현행헌법에 적용시켜 보면, 헌법의 민주적 기초에 관한 부분과 법의 일반원칙에 관한 규정들은 헌법제정의 한계로도 인정되는

28) 독일 기본법 제79조 제3항: "연방을 각 주(州)로 분할하여 편성하는 것, 입법에 있어서 주(州)의 원칙적인 협력 또는 제1조와 제20조에 규정된 원칙들에 저촉되는 기본법 개정은 허용되지 않는다."
또한 한국의 1954년의 제2차 개정헌법 제98조 제6항에서는 "제1조, 제2조와 제7조의2 규정은 개폐할 수 없다"는 규정을 두고 있었다. 그러나 이 경우 헌법제정자가 아닌 헌법개정자에 의해 도입된 한계였다는 점으로 인하여 그 성격의 이해에 대해서는 적지 않은 논란의 여지가 있었으며, 1962년 헌법에 의해 이 규정은 삭제되었다.

것으로서 당연히 헌법개정의 한계가 된다. 그 밖에 헌법의 기본적 동일성을 구성하는 요소, 예컨대 기본권의 보장, 권력분립원칙에 따른 국가기관의 구성 등도 헌법개정의 한계로 인정되어야 함이 명백하다.

논란의 소지가 있는 것은 **정부형태에 관한 헌법규정**이 헌법개정에 의해 변경될 수 있는가 하는 문제이다. 그 동안 많은 학자들은 민주주의의 틀 안에서 정부형태가 바뀌는 것, 예컨대 대통령제에서 의원내각제로 바뀌는 것은 국가 자체의 동일성을 파괴하는 것은 아니라는 관점에서 정부형태를 헌법개정의 한계 내에 있는 것으로 보는 견해가 많았다. 그러나 정부형태의 변화는 단순한 몇 개 헌법규정의 변화가 아니라 국가조직의 전체적인 변혁을 의미하는 것이고, 그것이 국가질서 전체에 미치는 파급효를 생각할 때, 이는 개정의 한계 밖에 있는 것으로 보아야 하지 않을까 생각한다.

또 한 가지 논란이 되는 것은 헌법 제128조 제2항에서 "**대통령의 임기연장 또는 중임변경을 위한 헌법개정**은 그 헌법개정제안 당시의 대통령에 대하여는 효력이 없다"고 규정한 것을 헌법개정의 한계에 관한 명문규정으로 볼 수 있는지의 여부이다. 이 규정은 집권의 장기화를 위한 헌법개정이 많았던 우리 헌법사에 대한 반성에서 비롯된 것으로서 이를 위한 헌법개정을 막는 효과를 가져온 것은 사실이다. 하지만 이 규정은 헌법개정 자체를 금지한 것이 아니라 개정은 가능하게 하되 그 효력만을 제한하고 있는 것[29]이므로 헌법개정의 한계에 관한 조항이라기보다는 **헌법개정의 효력을 제한하는 규정**이라고 이해되어야 할 것이다.[30]

Ⅴ. 헌법개정의 한계를 넘어선 헌법개정의 의의와 그에 대한 대응방안

헌법개정은 -헌법의 제정과는 달리- 헌법에 의해 정해진 절차에 따라 행해질 뿐만 아니라, 그 내용에 있어서도 일정한 한계를 벗어나지 못한다. 즉 헌법의 기본이념과 기본원리, 기타 헌법의 기본구조를 변경하지 않는 범위 내에서(즉 헌법의 기본적 동일성을 침해하지 않는 범위 내에서)만 헌법이 개정될 수 있으며, 헌법개정의 결과가 이를 벗어날 경우에는 더이상 헌법개정이라 볼 수 없게 되는 것이다.[31]

---

29) 이 규정은 우리의 정치현실을 반영해서 만들어진 특수한 규정이고, 우리의 정치현실이 선진화될 때까지 집권의 장기화를 막아주는 한시적 효과를 기대하고 만들어진 것이다. 만일 이 규정이 대통령의 임기 또는 중임에 대한 개정의 전면적 금지를 규정한 것이었다면, 오히려 이 규정 자체가 불합리한 규정이라는 비판을 받아 개정의 대상이 되었을 것이다.

30) 이와 관련하여 김선택교수(집권연장목적의 헌법개정제안 봉쇄조항. -헌법 제128조 제2항의 해석-, 서정호교수 정년기념논문집, 1996, 47-71쪽)는 헌법 제128조 제2항이 헌법 제70조의 대통령단임제를 수호하기 위한 규정으로서, 특정한 내용의 헌법개정, 즉 현재의 집권자가 집권연장을 위해 헌법 제70조를 개정하는 내용의 헌법개정을 제안단계에서부터 원천적으로 봉쇄하는 것이라는 의미에서 **실정법적 개정한계조항**이라고 주장하고 있다. 그러나 헌법 제128조 제2항의 실질적 기능이 집권연장목적의 헌법개정을 막는 데 있다고 할지라도 개정 자체를 금지하는 것은 아니기 때문에, 그 법적 의미를 개정한계조항으로 해석하는 데에는 무리가 있다고 생각된다.

31) 이러한 헌법의 변동은 형식상 헌법개정의 절차에 따른 경우라 해도 그 실질은 더 이상 헌법개정이라 할 수 없고, 오히려 기존헌법의 입장에서 보면 헌법의 파괴 또는 폐제, 새로운 헌법의 입장에서 보면 헌법의 제정이 되는 것이다.

이처럼 헌법개정의 형식을 빌어서 사실상 헌법을 파괴 또는 폐제하는 행위가 정상적인 헌법개정의 기능을 수행한다고 볼 수는 없으며, 오히려 기존헌법의 입장에서는 헌법을 침해하는 위헌적 행위로 평가되어 이를 방지하는 것이 요청될 수 있다. 예컨대 민주국가를 전복시키고 민주헌법을 파괴하면서 헌법개정의 형식으로 독재헌법을 만들어 낼 경우, 이를 헌법적으로 정당하다고 평가할 수는 없기 때문이다. 그러나 거꾸로 군주국가의 헌법을 헌법개정의 형식을 통해 사실상 파괴하면서 민주적 헌법을 새로이 도입하는 것을 무조건 정당하지 못하다고 할 수는 없을 것이다. 즉 헌법개정의 형식을 취하면서 헌법개정의 한계를 넘어선 경우가 항상 부당하다고 할 수는 없다.

이처럼 형식은 헌법개정이지만 그 실질은 헌법의 제정에 해당된다고 볼 경우에는 헌법개정의 한계만을 문제삼을 것이 아니라 헌법제정의 한계도 함께 검토될 필요가 있다. 비록 헌법의 개정으로서 정당하지 않은(즉 그 한계를 넘어선) 것이라 할지라도 실질적인 헌법의 제정으로서는 정당할 수 있을 것이고, 그러한 헌법제정으로서의 정당성 여부는 헌법제정의 한계를 넘어선 것인지의 여부에 따라 판단될 수 있기 때문이다.

특히 우리 헌법의 경우, 1962년 헌법(제3공화국헌법)부터는 국민투표를 통하여 헌법개정의 정당성을 확인하는 절차가 현행헌법에 이르기까지 반복되어 왔다.[32] 이처럼 헌법개정안의 확정에 국민투표를 거치도록 할 경우에는 -국민이 헌법제정권자이자 동시에 헌법개정권자이기 때문에- 헌법의 제정과 개정이 더욱 구별하기 어려워진다. 또 헌법의 제정과 개정을 구별할 실익도 사실상 크지 않게 된다.

지난 70여 년 동안 9차에 걸친 헌법의 개정이 있었고, 그 가운데 몇 차례는 정부형태가 바뀌는 등 국가조직의 기본틀이 변화되었던 중대한 변화를 야기하였기 때문에 사실상의 헌법제정이라고 부르고, 이를 기준으로 공화국을 나누기도 한다. 하지만 이러한 헌법개정이 -헌법제정의 한계까지도 일탈한 경우를 제외하고는- 헌법의 기본적 동일성을 깨뜨린 것이기 때문에 위헌이고 무효라고 주장하는 견해는 찾기 어렵다. 주권자인 국민의 동의를 통해 국가조직의 기본틀을 변화시키는 것에 대한 정당성을 확보하였다고 생각되기 때문이다.

하지만 문제되는 헌법개정이 -아무리 국민투표에 의해 정당성을 확보했다고 할지라도- 헌법제정의 한계까지도 벗어나는 것이라면, 그것은 결코 정당화되지 못한다. 이러한 시도는 헌법상의 모든 수단을 동원하여 막아야 할 것이며, 설령 그러한 시도가 성공한 경우에도 국민의 저항권 행사를 통한 저지가 가능하고 또 필요할 것이다.

---

32) 1972년 헌법 제124조는 헌법개정의 절차를 이원화하여 대통령이 발의한 헌법개정안에 대해서는 국민투표에 붙이되, 국회의원이 발의한 헌법개정안에 대해서는 통일주체국민회의에서 의결하도록 하였다. 그러나 이른바 제4공화국이 붕괴되고 1980년 헌법이 새로 만들어지는 과정에서는 당시 대통령이었던 최규하씨의 이름으로 헌법개정안을 발의하고 이에 대한 국민투표를 통해 개정안을 확정하는 절차를 거침으로써 결국 국민투표를 벗어나지는 않았다.

제 4 절 한국헌법의 개정사

1948년 헌법이 제정된 이래 현재까지 우리는 9차에 걸친 헌법의 개정을 경험했다. 그러나 1960년 헌법과 현행헌법을 제외한 대부분의 헌법은 국민의 의사를 수렴하여 민주적으로 개정된 것이 아니라 **집권의 연장** 내지 **독재의 장기화**를 위한 것이었다. 그렇기 때문에 우리의 헌법사는 독재와 그에 대한 투쟁의 역사로 점철되어 있다.

Ⅰ. 제1공화국

1. 6·25의 경험과 그것이 한국의 헌법발전에 미친 영향

1948년 헌법이 제정된 이후 비로소 본격적으로 시작되었던 대한민국의 헌법발전은 1950년부터 3년에 걸쳐 계속되었던 한국전쟁에 의하여 심각한 타격을 입게 되었다. 해방 직후 민주주의에 대한 뜨거운 열정과 신념은 갖고 있었지만 민주주의 경험은 거의 전무한 상태에서 출발하여 조금씩 자리를 잡아가던 한국의 민주주의는 전쟁이라는 외부적 상황에 의하여 여러 가지 제한과 변형을 겪어야 했으며, 간혹 민주주의에 대한 근본적인 회의조차도 없지 않았다.[33]

그러나 한국전쟁이 대한민국의 헌법발전, 특히 민주주의의 발전에 대하여 남긴 가장 심각하고 지속적인 상처는 남북한의 대립이었다. 남한과 북한이 이제는 서로 대립하는 '적'이라는 인식이 팽배해지면서 대한민국은 이에 대비하기 위한 수단을 강구해야 하며, 이를 위해서는 민주주의에 대한 제한도 불가피하다는 주장이 설득력을 갖게 되었던 것이다.

물론 이러한 인식은 역사적 경험에 바탕을 둔 것이며, 그 자체로서 잘못된 것은 결코 아니다. 그러나 아직까지 민주주의가 제대로 뿌리를 내리지 못한 나라에 있어서는 이러한 논거가 남용되어 민주주의를 억압할 위험이 너무도 큰 것이었으며, 그러한 우려는 곧 현실로 나타났다. 당시 국가의 안전을 위해 민주주의의 제한이 필요하다는 설득은 전쟁을 경험한 국민들에게 무엇보다도 효과적이었고, 공산주의자라는 비난은 누구에게나 치명적인 것이었다.

결국 민주주의의 이론과 경험으로 충분히 무장되지 못했던 국민은 자신의 권리를 주장하기에 앞서 정부가 홍보하는 「**현존하는 외부(=북한)로부터의 위협**」에 민감하게 반응하면서 이를 논거로 한 자신의 권리에 대한 광범위한 제한을 큰 저항 없이 수용하였던 것이다.

---

33) 예컨대 지금까지도 가끔 주장되는 "민주주의는 비효율적이고 외부로부터의 공격에 대하여 취약하다"는 생각은 그 대표적인 예가 될 것이다.

2. 제1차 개헌(발췌개헌; 1952년)

1952년의 제1차 헌법개정은 뿌리가 튼튼하지 못한 민주주의가 점차 왜곡되는 모습을 보여주기 시작한, 잘못된 방향으로의 헌법개정의 시작이었다. 이미 헌법제정에서부터 정치적 고려에 따른 왜곡이 있었지만, 제1차 개헌에서는 노골적인 권력욕이 헌법 자체를 유린하게 되었던 것이다.

이미 헌법이 제정된 직후부터도 여당과 야당 모두가 헌법에 대한 불만을 갖고 있었고, 각기 개헌안을 제안했었다. 그러나 어느 쪽도 개헌에 필요한 다수를 확보하지 못하고 있었다. 그런 상황에서 정부 · 여당은 그 동안 제안되었던 여당의 개헌안과 야당의 개헌안을 발췌한 개헌안을 제안하면서 헌법개정의 절차를 무시한 가운데 헌법개정을 강행하였다.

제1차 개헌의 중요한 내용으로는 ① **대통령 · 부통령의 직선제**, ② **국회의 양원제**(민의원, 참의원), ③ **국회의 국무원 불신임제**, ④ 대통령의 **국무총리 임명에 대한 국회의 승인**, ⑤ **국무위원의 임명에 대한 국무총리의 제청권** 등이 있다.

3. 제2차 개헌(사사오입개헌; 1954년)

제1차 개헌에서 위헌적 방법으로 헌법이 개정되었음에도 불구하고 그로 인한 권력의 유지가 가능하게 되자, 이승만 정권은 더욱 노골적인 방법으로 집권의 연장을 꾀하게 되었다. 그것은 당시 여당 내에서 유일하게 대중적 인기를 갖고 있었던 이승만의 연임을 가능하게 만들기 위한 헌법개정이었다.

그러나 이러한 노골적인 집권연장의 시도는 헌법개정안에 대한 국회의 표결에서 좌절되었다. 그런데 사사오입이라는 억지논리를 내세워서 부결로 선언되었던 헌법개정안을 다시금 가결로 번복함으로써 1954년의 제2차 개헌에는 사사오입 개헌이라는 명예롭지 못한 별칭이 붙게 되었다.

제2차 개헌의 중요한 내용으로는 ① 초대 대통령에 한하여 **삼선제한을 철폐**하고, ② 주권의 제약 또는 영토변경의 경우에는 국민투표를 실시하며, ③ **헌법개정의 한계에 관한 명문규정**을 신설하였고, ④ **국무총리제를 폐지**하고 **국무위원에 관한 개별적 불신임제**를 도입하였다(국무원의 연대책임제 폐지). 또한 ⑤ **대통령의 궐위시 부통령이 그 직위를 승계**하도록 명문의 규정을 두었고, ⑥ **특별법원(군법회의)의 헌법적 근거를 신설**하였으며, ⑦ 경제체제를 **자유시장경제체제로 전환**하는 변화를 보였다. 그리고 ⑧ **참의원의 대법관 기타 고급공무원에 대한 인준권**을 규정하였다.

Ⅱ. 제2공화국

1. 4 · 19와 제2공화국 – 단명으로 끝난 불안정했던 민주주의

제1공화국 하의 헌법현실은 헌법규범을 무시한 것이었고, 그 헌법규범마저도 위헌적 헌법개정에 의해 조작된 것이었다. 그러한 상황은 오로지 민주주의에 대한 국민의 무지, 그리고 전쟁으로 인하여 야기된 불안에 편승한 것이었다.

그러나 그런 상황에서도 국민이 독재를 수용하는 데에는 한계가 있는 것이기에, 정권의 부패와 타락이 극에 달하게 되자 이른바 3 · 15부정선거를 계기로 국민의 봉기가 있었다. 4월 19일의 학생봉기를 기점으로 폭발한 국민의 분노는 결국 정권을 무너뜨리고 민주주의의 희망 속에 새로운 헌법과 정부를 출범시키게 되었다.

하지만 제2공화국은 만1년의 단명으로 민주주의에 대한 욕구를 충족시키지 못한 채 역사의 저편으로 사라져야 했다. 애당초 제2공화국의 수립시 **민주주의에 대한 갈망**이 컸던 반면에 (남북한의 비극적 전쟁이후 우리 국민들에게 하나의 노이로제가 된) **안정과 단합의 요구** 또한 이에 못지 않게 컸던 것이 사실이었다. 그러나 새로 구성된 민주적 정부는 (당연히도) 초기에 적지 않은 혼란을 보였으며, 이로 인하여 국민의 불안과 불만을 야기했다.

만약 한국에 민주주의의 전통이 깊이 뿌리를 내리고 있었다면 이런 문제는 큰 어려움 없이 극복될 수 있었을 것이다. 그러나 뿌리가 얕은 한국의 민주주의는 금방 흔들렸고 다시 자리를 잡기 전에 군사쿠데타에 의하여 그 종말을 맞이하였다.

2. 제3차 개헌(1960년)

4 · 19 혁명의 결과로 탄생된 제3차 헌법개정은 국민의 의사를 최대한 반영하는 가운데 만들어진 최초의 헌법이라고 할 수 있다. 국민의 기본권이 강화되었고, 민주주의를 올바르게 뿌리내리기 위한 노력이 헌법 가운데서 나타나고 있었다. 하지만 헌법규정들이 개선되었다고 해서 헌법현실까지 한순간에 바뀌었던 것은 아니었다.

제3차 개헌의 중요한 내용들은 다음과 같다. ① 기본권이 많이 강화되었다. 기존의 헌법에서 많이 나타나던 자유권에 대한 유보조항이 삭제되었으며, **언론 · 출판 · 집회 · 결사의 자유에 대한 사전허가제 및 검열제의 폐지**를 명시하였고, **기본권의 본질적 내용에 대한 침해의 금지**를 규정하였다. ② 정부형태를 대통령제에서 **의원내각제**로 변경하였다. ③ **대법원장 및 대법관의 선거제**를 도입하였다. ④ 헌법위원회와 탄핵재판소를 폐지하고 **헌법재판소**를 신설하였다. ⑤ 부정선거의 경험에 대한 반작용으로 **중앙선거관리위원회**를 신설하여 선거의 공정한 진행을 담당하도록 하였다. ⑥ **공무원의 정치적 중립**을 명시하였고, ⑦ **지방자치단체장의 직선제**를 헌법에 직접 규정하였다.

3. 제4차 개헌(1960년)

제2공화국을 탄생시킨 제3차 개헌에 이어 제4차 개헌이 1960년에 있었다. 제4차 개헌은 그 동안의 헌법개정과는 달리 집권연장 또는 권력구조의 개혁을 목적으로 하는 것이 아니라 제1공화국의 말기에 발생되었던 여러 문제들에 대한 법적 제재의 헌법적 근거를 마련하기 위한 것이었다. 그러나 이러한 헌법개정은 **소급입법**을 전제한 것이었기 때문에 적지 않은 논란이 있었고, 또한 그 실효성에 있어서도 문제가 적지 않았다.

제4차 개헌의 중요한 내용은 ① 3 · 15부정선거 관련 부정행위자 및 그 부정에 항의하는 국민에 대해 살상 기타 불법행위를 한 자를 처벌하기 위한 특별법 제정의 근거를 마련하고, ② 1960년 4월 26일 이전에 특정 지위를 이용하여 반민주행위를 한 자의 공민권제한을 위한 특별법 제정의 근거를 두며, ③ 1960년 4월 26일 이전에 지위 또는 권력을 이용하여 부정 축재한 자의 행정상 또는 형사상의 처리를 위한 특별법 제정 근거를 만들었으며, ④ 이러한 형사사건의 처리를 위한 특별재판소와 특별검찰부의 설치 근거를 규정한 것이었다.

Ⅲ. 제3공화국

1. 5 · 16과 제3공화국: 군사쿠데타와 새로운 헌법

제2공화국의 불안정한 상황은 결국 군부의 쿠데타로 막을 내리게 되었다. 그리고 군사쿠데타에 의해 성립된 제3공화국은 무엇보다 안정을 내세우면서 제2공화국 헌법의 많은 부분을 수정 · 삭제한 새 헌법을 헌법개정의 형식으로 통과시켰다.

이러한 새 헌법은 기본권에 대한 제한을 다시금 강화하였고, 정부형태가 의원내각제에서 대통령제로 바뀌는 등의 내용을 담고 있었을 뿐만 아니라, 당시의 민주주의도 마치 제1공화국으로 돌아간 듯한 모습을 보였다. 기본적인 정치적 자유는 보장이 되었지만 국가안보를 위해 항상 제한이 가능하였으며 실제로 국민들은 많은 제한을 감수하며 살았다. 정부가 주장하는 안보논리는 대다수 국민들에게 아직도 받아들여지고 있었던 것이다.

이 시기에 한국의 민주주의에 있어서 희망적인 것이라면 전쟁 이후 폐허 속에서 다시 경제적인 안정과 발전을 도모하면서 한국인 특유의 교육열로 인하여 전체적인 국민의 의식수준이 많이 높아졌다는 것이다. 한국의 정치가 답보상태를 면치 못하고 있는 동안에 국민의 의식은 매우 높아지고 민주주의에 대한 열망도 차차 커지고 있었다. 그러나 정치에 대한 국민의 고양된 비판의식도 아직 -전쟁의 강렬한 경험으로 인하여- 외부로부터의 위협에 대처하여야 한다는 정부의 주장을 극복할 수 있을 정도로까지 발전되지는 못하였다.

2. 제5차 개헌(1962년)

군사쿠데타의 성공이후 2년간 계속되었던 군사정부는 제3공화국 헌법으로 불리우는 제5차 개헌을 통해 민정이양을 구체화하였다. 그러나 군사정부의 민정이양은 군부의 중심세력이 정치세력화되고, 또 선거를 통해 집권하면서 사실상 유명무실한 것이 되고 말았다.

제5차 개헌의 중요한 내용들은 다음과 같다. ① 헌법 전문을 개정하여 **4·19정신과 5·16정신을 명시**함으로써 쿠데타를 정당화하였다. ② 대통령과 국회의원의 입후보에 소속정당의 추천을 요구하였으며, 국회의원이 당적을 이탈, 변경한 경우 또는 정당해산시 의원직을 상실하도록 함으로써 **정당의 구속력을 제도적으로 강화**하였다. ③ 국민의 기본권에 대해서는 여러 가지 제한을 도입함으로써 제2공화국 헌법에 비하여 **기본권의 약화**를 초래하였다. ④ 정부형태를 의원내각제에서 **대통령제**로 환원시켰다. ⑤ 국회를 **단원제**로 바꾸었다. ⑥ 헌법재판소를 폐지하고 **법원에 위헌법률심사권**을 부여하였으며, 법관 임명시 법관추천회의를 거치도록 하였다. ⑦ **헌법개정에 대해서 국민투표를 도입**하였다.

3. 제6차 개헌(3선개헌; 1969년)

제1공화국이 그러했듯이 제3공화국도 권력의 유지, 집권의 연장을 위한 헌법개정을 시도하였다. 1969년의 제6차 헌법개정은 제2차 개헌과 마찬가지로 대통령의 삼선을 허용하는 데 그 초점이 있었고, 그 밖의 규정들은 구색을 맞추는 정도에 불과하였던 것이다.

제6차 개헌의 중요한 내용으로는 ① **대통령의 삼선제한의 철폐** 외에, ② **국회의원의 겸직금지의 폭을 축소**하는 것을 들 수 있다.

Ⅳ. 제4공화국(제7차 개헌; 1972년)

1. 10월 유신과 제4공화국 - 장기집권과 독재의 제도화

박정희 정권의 공과 실에 대해서는 많은 견해의 대립이 있다. 한편에서는 군사쿠데타의 주역으로 제2공화국의 민주주의를 파괴하였으며, 군의 정치개입이라는 나쁜 선례를 만든 독재정권이라고 부정적인 평가를 내리는가 하면, 다른 한편에서는 박정희 정권이 강력한 지도력 하에 경제발전의 초석을 만들어 놓았으며, 어려운 시기의 혼란을 극복하고 대한민국이 안정되게 만들었으며, 번영의 기틀을 잡았다고 긍정적으로 평가하기도 한다.

그러나 지금 박정희 정권이 1972년 이른바 10월 유신으로 헌법을 개정함으로써 장

기집권을 제도화시킨 것에 대해 긍정적으로 평가하는 사람은 찾기 어렵다. 국민의 비판의식이 높아지면서 정부-여당에 대한 국민의 지지도가 떨어지고 야당에 대한 지지가 높아지는 등 정권의 유지가 정상적인 방법으로는 어렵다고 판단되자, 박정희 정권은 남북한의 대치상황에 능동적으로 대처하기 위하여 국가의 단합을 도모하며 평화적 통일을 위해 국론의 분열을 막고 국력의 낭비를 방지한다는 명목 하에 헌법을 개정하였다. 그러나 그 실질적 내용은 결국 독재를 통한 **장기집권의 제도화**였던 것이다.

2. 제7차 개헌의 주요내용

이른바 **한국적 민주주의의 토착화**를 내세우며 만들어진 1972년 헌법은 기존의 헌법과는 많은 차이를 보이고 있었다. 형식적으로는 권력분립을 채택하고 있었으나 대통령의 권한을 극도로 강화하고, 대통령이 국회나 법원에까지 강력한 영향력을 행사할 수 있도록 만든 반면에 다른 국가기관이 대통령을 통제할 수 있는 효과적인 제도들을 두지 않음으로써 대통령에 대한 통제는 유명무실하게 되었다. 또한 국민의 기본권에 대해서도 광범위한 제한이 전제되고 있었던 전형적인 독재헌법이었다.

제7차 개헌의 중요한 내용은 다음과 같다. ① 기본권 보장을 의도적으로 약화시켰다. 일반적 법률유보 외에도 거의 모든 기본권에 개별적 법률유보를 두었을 뿐만 아니라 제3차 개헌에서 도입되었던 **기본권의 본질적 내용에 대한 침해금지조항을 삭제**하였던 것이다. ② 대통령의 권한이 극단적으로 강화되었다. 절대적 대통령제, 또는 영도적 대통령제 등으로 불리던 당시의 체제하에서 대통령은 **긴급조치권, 의회해산권, 국회의원 정수의 3분의 1 추천권, 국민투표부의권**, 법관의 임명 등에 관한 권한 등 전통적인 대통령제에서는 인정될 수 없는 강력한 -견제와 균형을 전제하는 권력분립의 틀 안에서는 설명될 수 없는- 권한들을 보유하고 있었다. ③ **통일주체국민회의**를 설치하였으며, 이 기관을 통해 대통령이 간선되도록 하였다. 통일주체국민회의는 또한 국회에서 제안된 헌법개정안에 대한 확정권을 보유하였다. ④ 국회의 권한은 상대적으로 많이 약화되었다. 이와 더불어 제5차 개헌에 의해 도입되었던 정당의 의원 등에 대한 구속력은 완화되어서 정당의 추천을 받지 않은 무소속 출마자의 입후보가 인정되었다. ⑤ 대법원의 위헌법률심판권이 박탈되었으며, **헌법위원회**가 구성되어 위헌법률심판, 위헌정당해산심판, 탄핵심판을 담당하게 되었다. ⑥ 부칙에 의해 **조국의 평화적 통일이 이루어질 때까지 지방의회의 구성을 연기**함으로써 지방자치의 실시를 공식적으로 포기하였고, ⑦ **헌법개정절차를 이원화**하여 대통령이 제안한 헌법개정안은 국민투표로써 확정하도록 하였으며, 국회의원 재적 과반수가 제안한 헌법개정은 국회의 의결을 거쳐서 통일주체국민회의에서 확정하도록 하였다.

V. 제5공화국(제8차 개헌; 1980년)

1. 10 · 26사태와 제5공화국: 짧았던 서울의 봄과 또 다른 독재

이러한 노골화된 장기집권과 독재의 움직임은 그 동안 소극적이었던 "비조직화된 비판세력들"이 일선에 나서서 저항운동을 하게끔 만들었다. 교육기회의 확대를 통하여 한국의 지식인 수는 과거와 비교할 수 없을 정도로 늘었을 뿐 아니라 전체적인 국민의 교육수준도 예전과 비교할 수 없을 정도로 높아졌기 때문에 이미 일방적인 정부의 홍보만으로 국민의 눈을 가리는 것은 더 이상 불가능하게 되었다.

이런 상황 속에서 전개되었던 지식인들의 저항운동은 과거와는 달리 다수 국민들의 몰이해 대신에 이해와 존중을 받을 수 있었고, 학생들의 데모를 중심으로 한 직접적인 정권퇴진요구도 점차 높아져갔다. 특히 이 당시에는 한국전쟁이 종전된 지 20여년이 경과한 상태였기 때문에 전쟁을 경험하지 않은 젊은 세대들의 적극성이 큰 역할을 담당하였다. 이들은 정부가 제시하는 안보논리를 완전한 허구로 간주하였으며(이 점은 많은 국민의 우려를 사기도 했었다) 무조건적이고 급속한, 그리고 완전한 형태의 민주주의가 실현될 것을 요구하였다.

이러한 저항운동은 1979년 10월 26일, 당시 중앙정보부장이던 김재규가 박정희 대통령을 사살함으로써 새로운 국면에 접어들게 된다. 대다수 국민은 이 사건을 단순한 개인의 일이 아니라 국민의 저항운동의 결과로 보았으며 결국 한국에 참다운 민주주의가 꽃피우게 될 것으로 믿었다. 실제 1980년 봄은 그 동안 각종 규제에 묶여있던 야권 정치인들과 저항인사들이 다시 국민 앞에 등장하여 온 국민의 관심 속에 한국의 민주정치는 새 출발을 맞이하는 듯하였다.

그러나 1980년 서울의 봄은 다시금 군부의 개입으로 인하여 그 꽃을 피우지 못한 채 저물고 말았다. 국민의 거부 속에 무력으로 다시금 민주주의의 희망을 짓밟으며 정권의 장악을 위해 개입한 이른바 신군부는 1980년 5월 18일 광주의 비극을 연출하며 전국을 공포분위기로 몰아넣었다. 이러한 공포분위기 속에서 다시금 헌법은 새로운 모습으로 제정되었고 제5공화국이 설립되었다.

2. 제8차 개헌의 주요내용

제8차 헌법개정은 외견상으로 볼 때 1972년 헌법의 제도적 독재의 모습을 벗어버리고 제3공화국 당시의 모습으로 돌아간 듯한 모습을 보인다. 하지만 정작 초미의 관심이었던 대통령선거는 직선이 아닌 간선으로 함으로써 신군부의 권력장악을 용이하게 만든 것이었다. 더구나 당시의 정치현실은 -헌법규정이 달라졌음에도 불구하고- 유신말기와 큰 차이가 없는 폭압적인 것이었다.

제8차 개헌의 중요한 내용은 다음과 같다. ① 유신헌법 당시의 기본권에 대한 개별유보 규정들을 많이 삭제하였으며, 행복추구권, 사생활의 비밀과 자유, 환경권 등을 비롯한 다수의 새로운 기본권을 도입함으로써 기본권보장을 강화하였다. 또한 기본권의 본질적 내용에 대한 침해금지 규정이 부활되었다. ② **통일주체국민회의를 폐지**하였다. ③ **대통령을 간선**으로 하였으며, **7년 단임제**로 규정하였다. ④ 유신헌법 당시에 가장 많이 남용되었던 제도의 하나인 **대통령의 긴급조치권을 비상조치권으로 바꾸었으며, 그 발동요건과 통제에 관한 규정을 강화**하였다. ⑤ **헌법개정의 절차를 일원화**하였다.

Ⅵ. 현행헌법(제9차 개헌; 1987년)

1. 80년대의 민주화운동과 1987년의 헌법개정

제5공화국 초기 군부의 공포정치에 얼어붙었던 국민은 점차 상황의 의미를 인식하면서 초기의 마비상태에서 깨어나 차차 분노하게 되었다. 오랫동안 희구해오던 민주주의의 실현이 목전에서 좌절되었으며 눈앞의 현실은 과거와 다를 바 없는, 심지어 부분적으로 과거보다 더욱 심한 독재와 부정부패였다.

정권에 대한 거부감은 국민들 사이에 더욱 확산되었고 이에 따라 저항운동도 다시금 격렬하게 전개되었다. 1987년의 6월항쟁을 통해 이미 국민의 민주주의 내지 민주화에 대한 요구가 묵살 또는 공권력에 의한 탄압으로 억제될 수 없는 수준이라는 것이 명확해졌으며 또 다른 파국을 맞지 않기 위하여는 변화가 필요하다는 것이, 전두환 정권이 국민의 뜻을 받아들여야만 된다는 것이 정부와 여당에게도 분명해졌다.

결국 전두환 대통령은 헌법이 정한 바대로 7년 단임으로 물러났고, 여당의 대통령후보로 나선 노태우는 국민이 요구하는 대통령 직선제로의 개헌을 포함한 광범한 민주화의 청사진을 제시하였으며 그 결과 새로운 헌법이 탄생하게 되었다.

2. 제9차 개헌의 주요내용

제9차 개헌은 대통령 직선제와 국회의 권한강화를 중심내용으로 한 것으로서 당시의 여당이 국민과 야당의 요구를 수용해서 이루어진 것이었기 때문에 국민적 합의에 기초한 헌법개정으로 평가되었다.

제9차 개헌의 결과로 탄생한 현행헌법의 중요한 내용은 ① 기본권규정 가운데서도 적법절차조항의 명시와 재산권 수용 등에 대한 「정당한」 보상, 그리고 최저임금제의 명시 등 강화된 측면이 있고, ② 그 동안 정치적 대립의 중심이었던 **대통령의 직선제**를 도입하면서 **임기를 5년으로 단축**하였다. 또한 **대통령의 국회해산권을 폐지**하는 등 대통령의 권한이 상대적으로 약화된 측면도 있다. 하지만 과거에 비해 그렇다는 것이지 현행헌법 하에서도 대통령은 국회나 법원 등에 비하여 상대적으로 우월한 지위에 있다고 평가될 정도로 강력한 권한들을 보유하고 있다. ③ **헌법재판소를 신설**함으로써 헌법재판제도를 크게 강화시켰다. 이를 통한 헌법재판의 활성화는 현행헌법의 가장 큰 특징 가운데 하나로 꼽힐 수 있다.

사례 풀이:

1. 갑의 헌법소원심판청구는 재판의 전제성을 갖는가? (20점)
   Ⅰ. 서: 구체적 규범통제와 재판의 전제성 [3점]
   Ⅱ. 재판의 전제성 인정의 일반적 요건 [7점]
      1. 법원에 소송이 계속 중
      2. 해당 법률(조항)의 당해 사건에의 적용
      3. 해당 법률(조항)의 위헌성 여부에 따른 판결 결과의 차이
   Ⅲ. 사안의 특수성과 재판의 전제성 인정 필요성 [8점]
      1. 긴급조치의 합헌성 여부에 대한 헌법재판소의 관할권
      2. 헌법적 해명의 필요성
      3. 유신헌법 당시 위헌성을 다툴 수 없었던 규범적 장애
   Ⅳ. 결론 [2점]
2. 재판의 전제성이 인정될 경우 갑의 헌법소원심판청구는 적법한가? (30점)
   Ⅰ. 서: 위헌소원과 적법요건 [4점]
   Ⅱ. 실질적 위헌법률심판으로서의 위헌소원과 긴급조치 [8점]
      1. 위헌법률심판의 대상: 법률 및 법률과 동일한 효력을 가진 법규범
      2. 긴급조치의 법적 성격과 효력
      3. 위헌소원의 대상으로서의 긴급조치
   Ⅲ. 긴급조치에 대한 위헌심사의 준거규범 [10점]
      1. 헌법의 연속성과 위헌심사의 준거규범으로서의 현행헌법
      2. 유신헌법과 현행헌법의 충돌과 그 해결방법
      3. 긴급조치에 대한 위헌심사의 준거규범으로서의 현행헌법
   Ⅳ. (재판의 전제성을 제외한) 기타 위헌소원의 청구요건 [6점]
      1. 위헌법률심판제청의 신청과 기각
      2. 변호사 강제주의
      3. 청구기간
   Ⅴ. 결론 [2점]
3. 갑의 헌법소원심판청구가 적법한 경우 헌법재판소는 어떠한 본안판단을 내려야 하는가? (50점)
   Ⅰ. 사안의 분석과 쟁점의 정리 [5점]
   Ⅱ. 긴급조치 제1호, 제2호의 헌법적 근거와 주요 내용 [6점]
      1. 헌법적 근거: 유신헌법 제53조
      2. 긴급조치 제1호의 주요 내용
      3. 긴급조치 제2호의 주요 내용
   Ⅲ. 긴급조치 제1호: 헌법개정논의의 금지와 그 합헌성 여부 [12점]
      1. 국민의 헌법개정권력의 침해
      2. 정치적 의사표현의 자유 및 참정권의 침해
      3. 과잉금지원칙의 위배
   Ⅳ. 긴급조치 제2호: 군사재판의 적용과 그 합헌성 여부 [12점]
      1. 영장주의, 죄형법정주의 위반
      2. 법관에 의한 재판을 받을 권리의 침해
      3. 과잉금지원칙의 위배

Ⅴ. 헌법재판소의 본안 판단 [12점]
1. 헌법재판소의 결정 형식
2. 사안에 대한 판단
3. 헌법재판소 결정의 효력
Ⅵ. 결론 [3점]

제 4 장 헌법의 해석

헌법규범도 현실에 적용되기 위해 만들어진 것이다. 그러나 법규범을 현실에 적용하기 위해서는 그 의미 내용이 분명해야 하기 때문에 이를 밝혀내는 해석이 필요하다. 특히 헌법은 그 규정형식이 매우 추상적·개방적이기 때문에 해석의 필요성과 중요성은 다른 법규범에 비할 바가 아니다.

헌법의 해석에 있어서는 법률해석과의 관계가 늘 문제된다. 헌법의 과제와 특성, 그리고 그 구체화에서 나타나는 여러 문제점들이 법률과는 다르다는 점이 점차 명백해지면서 헌법해석에 관한 특별한 이론들이 법률해석과의 차이점을 중심으로 발전되었다.

또한 헌법해석의 변화는 곧 헌법의 변천을 의미하기 때문에, 헌법해석이 인정되는 범위와 한계가 매우 중요한 의미를 갖는다.

제 1 절 전통적인 해서원치

Ⅰ. 전통적인 법해석의 기본구조

전통적인 법해석은 법률의 해석을 중심으로 발전되었다. 근대 이전, 즉 고대와 중세에도 이미 법규범이 제정되어 적용되었기 때문에 당시에도 법의 해석론, 즉 법학은 존재하였다. 하지만 근대에 들어와 권력분립이 관철된 이후부터는 입법부에 의하여 제정된 법규범인 법률에 특별한 의미가 부여되었기 때문에[1] 법률이 곧 법규범을 대표하는 것으로, 또한 법률의 해석이 곧 법의 해석인 것으로 인식되었던 것이다.

법률해석의 과제는 법률의 의미내용을 정확하게 밝혀냄으로써 **법률의 객관적 적용**을 가능하게 하는 데 있다. 이러한 법적용의 객관성은 전통적인 법해석을 지배하던 가장 기본적인 지침이었으며, 그것은 동시에 법학의 과제, 나아가 존립의 조건이기도 하였다. 만일 법이 권력자에 의하여 자의적(恣意的)으로 제정되고, 또 임의에 따라 적용된다면, 그 법은 단순히 권력의 도구 내지 장식품일 뿐, 정의실현의 수단도, 학문적 연구

1) 근대적인 권력분립이 관철됨으로써 비로소 입법과 집행, 사법의 분리가 확실해졌고, 이러한 권력분립의 바탕 위에서 비로소 객관적이고 공정한 법의 제정, 집행 및 확인이 가능하게 되었다. 이러한 근대적 권력분립은 결국 법을 기준으로 권력을 분립시킨 것이고, 그 기준이 되는 법은 곧 의회에서 제정하는 법률이었다. 근대적 권력분립에 관하여 상세한 것은 「제3권 제1부 제2장 제4절 **근대적 권력분립론**」 참조.

의 대상도 될 수 없을 것이다. 법의 객관성, 법적용의 일관성이 확보될 때 비로소 그러한 법을 대상으로 법「학」이 성립될 수 있는 것이다.

이런 인식에 따라 전통적 법해석은 모든 법규범을 모순 없이, 체계적으로 이해하여 일관성 있게 적용될 수 있도록 하는 것을 목표로 삼았으며, 이를 위하여 법해석에 해석자의 주관이 개입되지 않도록 하는 것을 특히 강조하였다. 법해석이란 오직 법규범에 내재해 있는 논리에 따라서 개별 법조문의 의미내용을 객관적으로 밝혀내는 것이고, 법해석자 또는 법적용자는 그러한 법규범의 요청을 기계적으로 따르기만 하면 된다고 생각했던 것이다.

전통적 법해석이 삼단논법에 따른 추론을 모든 법해석에서 강조하였던 것은 그것이 해석의 객관성을 확보해 줄 수 있다고 믿었기 때문이었다. 전통적 법해석은 이러한 삼단논법에 따른 법해석의 기본구조를 모든 해석과정에 적용하였다. 즉 법조문을 해석하여 그 의미내용(적용범위, 조건 등)을 밝힌 후, 문제되는 상황에 그 조문이 적용되는지를 판단하여 최종적인 결론을 내린다는 것이다.

이러한 전통적인 법해석은 다시금 해석의 기본방향에 대하여 주관설과 객관설의 대립을 보였고, 구체적인 조문해석의 방법에 대하여 문구해석, 역사적 해석, 체계적 해석, 목적론적 해석 등의 방법을 발전시켜 왔다.

Ⅱ. 해석의 기본방향: 주관설과 객관설

1. 해석의 방향설정과 그 기준

법의 해석은 법의 객관적이고 합리적인 적용을 위한 것이다. 어떤 법해석자도 이런 대전제를 부정하지는 않는다. 그러나 어떻게 (해석자의 주관을 배제하고) 법의 객관적이고 합리적인 적용을 확보할 수 있는지에 대하여는 논란이 있다.

이 문제에 대하여 주관설은 해석자가 아닌 입법자의 의도를 전면에 내세움으로써 해석의 객관성을 확보하고자 하였고, 객관설은 법률 자체의 객관적 의미를 밝혀야 한다고 강조함으로써 객관성의 확보를 추구하였다.

이러한 주관설과 객관설의 대립은 법의 기능 내지 객관성확보의 필요성에는 공감하나, 그 구체적 방법에 있어서 차이를 보이고 있는 것이며, 또한 법효력의 근거를 어떻게 볼 것인지 또는 법의 흠결 문제를 어떻게 해결할 것인지와도 연결되어 매우 복잡한 문제를 제기하였다.

2. 주관설의 의의와 근거

주관설은 법해석이 **입법자의 의도를 정확하게 실현**시키는 것이어야 한다는 데에서 출발한다. 즉 해석자는 자신의 주관을 개입시키지 말고 오로지 입법자가 의도한 것을 충실히 실현시키는 데 최선을 다해야 한다는 것이다.

이러한 주관설은 입법자의 역할과 해석자의 역할을 분명히 구분하여 해석자가 입법자의 영역을 침범하지 않도록 하였고, 그럼으로써 권력분립의 원칙에 충실하고, 법률의 우위를 잘 실현시킬 뿐만 아니라, 법해석의 목표를 분명히 하여 해석자의 자의가 개입할 여지를 많이 축소시켰다고 평가될 수 있다.

그러나 주관설의 문제점 또한 적지 않다. 무엇보다 입법자의 의도가 명백하지 않은 경우나 입법자가 예측하지 못한 사태가 발생되는 경우에 해석이 곤란해지며, 또 입법자의 (숨겨진) 사실적 의도가 전혀 정당하지 않은 것일 때에는 그러한 부당한 입법자의 의도를 실현시키는 것을 해석의 목표로 하게 된다는 모순이 발생되는 것이다.

이러한 문제점 때문에 최근에는 주관설을 취하면서도 의회만이 입법자가 아니라 주권자인 국민을 포함하는 것으로 생각하면서 법률을 다수인의 협동작용에 의해 제정된 것으로 보는 견해도 있으며, 입법자의 사실적 의도가 아니라 법률을 통해 나타나는 입법자의 추정적 의도를 실현시키는 것이 법해석의 목표라고 주장하는 경우도 있다.

3. 객관설의 의의와 근거

반면에 객관설에 따르면 일단 제정된 법규범은 입법자의 주관적 의도를 떠나 객관적인 존재가 되어 그 효력을 발하는 것이기 때문에 해석자의 과제는 입법자의 주관적 의도를 실현시키는 것이 아니라 **법규범 자체의 객관적 의미내용을 파악**하는 것이라고 한다.

객관설은 주관설에서 드러나는 여러 문제점을 해결할 수 있다. 객관설은 해석자의 자의(恣意)를 피하려다 입법자의 자의(恣意)를 무비판적으로 수용하게 되는 주관설의 문제점을 피할 수 있을 뿐만 아니라 –주관설의 문제점으로 지적되는– 「입법자가 예측하지 못했던 사태」가 발생된 경우에도 법의 전체적 취지와 맥락에 따라 해석함으로써 적절한 해결을 제시할 수 있다.[2)]

그러나 객관설에도 문제가 있다. 무엇보다 해석자의 주관이 강하게 반영되어 해석의 객관성을 깨뜨릴 수 있다는 것이 문제이다. 주관설의 경우 입법자의 의도라는 명백한 사실이 기준이 되기 때문에 해석자의 주관이 개입될 여지가 적어지지만, 객관설의 경우 법규범 자체의 객관적 의미내용을 파악하는 것은 전적으로 해석자에게 맡겨지기 때문에 그만큼 해석자의 자의(恣意)가 개입될 소지가 크다. 보다 근본적으로는 과연 모든 법규범이 입법자의 의도를 벗어나 객관적 의미내용을 가질 수 있으며, 이를 밝혀낼 수 있는지도 문제가 된다.

이런 여러 문제들 때문에 객관설도 최근에는 주관설과의 대립보다는 법의 객관적 의미내용을 파악하는 데 입법자의 의도도 매우 중요한 비중을 차지한다는 것을 인정함으로써 주관설을 일부 수용하는 태도를 보인다.[3)]

---

2) "입법자는 인간이기 때문에 실수를 하고, 따라서 입법의 흠결이 발생될 수 있지만, 법체계는 완결되어 있는 것이기 때문에 흠결이 있을 수 없다"는 주장은 이러한 객관설의 장점을 강조하는 것이기도 하다.

3) 예컨대 독일연방헌법재판소는 헌법의 해석에 관하여 객관설을 찬성하는 태도를 취하고 있지만, 구체적 해석에 있어서는 법규의 성립사를 판결의 결정적 논거로 사용한 예도 적지 않다.

4. 양자의 접근경향

주관설과 객관설의 대립은 수 세기 동안 계속되었던 법해석의 가장 근본적인 쟁점의 하나였다. 그러나 최근에 와서는 양자가 접근하면서 이러한 대립의 의미가 퇴색되고 있다. 앞서 살펴본 바와 같이 주관설은 객관설의 주장을, 객관설은 주관설의 주장을 부분적으로 수용함으로써 주관설과 객관설은 내용상 큰 차이를 보이지 않게끔 된 것이다.4)

오히려 오늘날 중요한 의미를 갖는 것은 주관설과 객관설의 기초에 깔려 있는 해석의 기본목표, 즉 객관적이고 합리적인 법적용이라는 목표가 여전히 법해석을 지배하고 있다는 것과 그 목표에 도달하기 위해서는 입법자의 의도만을 극단적으로 강조하거나 법규범의 객관적 의미내용만을 일방적으로 주장하는 것은 타당하지 않다는 역사적 경험일 것이다.

Ⅲ. 해석의 방법: 문법적 해석, 역사적 해석, 체계적 해석, 목적론적 해석 등

1. 사비니(F. C. v. Savigny)의 고전적 해석방법론

법해석 방법론은 매우 다양하게 발전되어 왔다. 이러한 고전적 해석방법론을 집대성하여 네 가지 해석방법을 중심으로 전통적인 법해석방법론의 틀을 만든 것이 사비니이다.

첫째, **문법적 해석**이란 법조문의 어의(語義)를 문법적으로 분석하는 것이다. 둘째, **논리적 해석**이란 논리적 맥락, 즉 조리에 입각해서 법조문의 의미를 밝히는 것이다. 셋째, **역사적 해석**이란 법조문의 제정과정에 대한 검토를 통하여 법조문의 의미를 밝히는 것이다. 넷째, **체계적 해석**이란 법조문의 체계적 관련, 즉 전후 조문들과의 관련성을 통하여 해당법조문의 의미를 밝히는 것이다.

사비니는 이러한 네 가지 해석방법을 통하여 법규범의 의미 내용을 객관적으로 밝히는 것이 가능하다고 생각하였으며, 이러한 그의 주장은 널리 받아들여져서 모든 법해석학의 기본적인 해석방법으로 인정되었다.

그러나 네 가지 해석방법을 모두 동원하여도 해석하기 어려운 경우들이 나타나기 시작했다. 예컨대 법규범의 의미가 명확하지 않거나 현실이 입법 당시에 예상하지 못할 정도로 변화된 경우, 그리고 무엇보다 입법의 흠결이 문제되는 경우에는 전통적인 해석방법에 의한 해결은 불가능하기 때문이다.

이러한 문제들에 부딪히게 되면서 전통적인 해석방법도 새로운 변화를 보이게 되었다.

---

4) 물론 주관설과 객관설의 구별이 완전히 없어진 것은 아니다. 아직도 어느 쪽에 더 비중을 두느냐에 따라 주관설 또는 객관설의 구별이 가능하다. 그러나 그러한 구별의 실익은 이제 별로 크지 않다.

2. 법의 기능과 본질에 대한 새로운 이해와 해석방법의 변화 · 보완

전통적 해석방법에 커다란 변화를 가져오게 된 또 하나의 중요한 요인은 법의 기능과 본질에 대한 이해가 바뀌게 되었다는 점이다.

사비니 이래의 법해석방법론은 법의 합리성 내지 법체계의 완결성을 전제하고 있었다. 사비니 이래로 법학이론은 변화를 거듭하였으나 20세기 초까지 법학을 지배하였던 법실증주의도 법의 합리성과 법체계의 완결성을 당연한 전제로 받아들이고 있었다. 그에 따라 법실증주의도 -부분적으로는 사비니의 법해석방법론을 벗어날 수밖에 없었지만- 사비니에 의해 정리된 고전적 법해석방법의 기본틀을 수용하고 있었다.

그러나 불법적 통치의 경험은 법의 합리성이라는 전제를 붕괴시켰고, 새로운 법이론들은 흠결 없는 법규범체계라는 것이 환상에 불과하다는 것을 논증해 보여주었다.[5] 그 결과 법에 대한 기본인식이 바뀔 수밖에 없었고, 법을 해석하는 방법론도 재검토되지 않을 수 없었다.

법해석의 고전적 방법에 대한 반성과 비판은 두 가지 상이한 발전방향으로 연결되었다. 하나는 고전적 법해석의 기본구조를 유지하는 가운데 부분적인 수정 · 보완을 통해서 기존의 법해석방법의 기본틀을 유지하려는 태도였고, 다른 하나는 전통적인 법해석의 기초 자체를 재검토하는 가운데 새로운 해석을 모색하려는 시도였다. 전통적 해석을 고수하려는 학자들은 여전히 삼단논법에 의한 추론을 법해석의 기본틀로 생각하면서 구체적 방법론을 확장, 세분화하여 문제를 해결하고자 하였던 반면에, 새로운 해석을 주장하는 사람들은 전통적 법해석의 구조로는 올바른 법의 해석 · 적용이 불가능하다고 생각하여 다양한 새로운 법해석론을 통해 문제의 해결을 추구하였던 것이다.

3. 전통적 법해석방법론의 20세기적 형태

20세기 후반에 들어와서도 전통적 법해석의 기본 태도를 고수하고 있는 대표적 학자로서는 칼 라렌츠(*Karl Larenz*)나 볼프-바호프(*H. J. Wolff / O. Bachof*)를 들 수 있다.

라렌츠는 전통적 해석의 기본구조를 유지하면서도 **목적론적 해석**의 필요성을 강조하였다. 즉 법이 실현시키고자 하는 목적이 무엇인지를 고려하여 법규범을 해석하여야 한다는 것이다. 이러한 목적론적 해석은 기존의 방법에 의해 규범의 내용이 명확해지지 않을 경우에 이용될 수 있는 보충적 해석방법으로 주장되었다.[6]

볼프-바호프는 사비니와는 달리 7가지 법해석방법을 주장하였다. 즉 ① 법조문의 문구에 대한 **어의적 해석**(語義的 解釋), ② 조리(條理)에 입각해서 법조문의 의미를 찾

5) 전통적인 해석은 무흠결(無欠缺)의 법질서를 전제하는 경우, 즉 모든 법적 사건들을 남김없이 포섭할 수 있는 법규범이 완비되어 있는 경우를 상정하고 있다. 그러나 법의 역사성, 즉 현실의 변화에 대응하여 법이 계속 바뀔 수밖에 없음을 생각한다면, 이러한 상태는 애초부터 가능하지 않은 것이다.

6) 하지만 이러한 목적론적 해석은 규범의 해석에 의해 어떤 결과가 현실적으로 발생될 것인지를 고려한다는 점에서 전통적 해석보다는 오히려 문제변증론적 관점에 접근하는 측면이 있다. 그 때문에 이를 과연 전통적 해석의 범주 안에 포함시킬 수 있는지에 대한 논란도 있다.

아내는 **논리적 해석**, ③ 법규범의 전체적 체계를 고려하여 개별 법조문의 의미를 밝히는 **체계적 해석**, ④ 법규범의 성립 및 발전과정을 고려하여 법조문을 해석하는 **역사적 해석** 이외에도, ⑤ 상이한 여러 법제도를 비교함으로써 해당 법조문의 의미를 밝혀내는 **비교법적 해석**, ⑥ 입법자의 입법취지나 동기 등을 찾는 **발생사적(또는 주관적) 해석**, ⑦ 법제도가 추구하는 목적을 고려하는 **목적론적 해석**의 7가지 해석방법을 동원함으로써 전통적 해석에서 발생되었던 많은 문제들을 해소할 수 있으리라 기대하였던 것이다. 그러나 이러한 세분화도 어디까지나 헌법의 특성을 고려하지 않은 채 일반법률의 해석방법으로 개발된 것이며,[7] 헌법해석에 적합한 방법론으로 인정될 수 있는 것은 아니었다.

Ⅳ. 전통적 해석방법의 한계

전통적 법해석방법론의 한계는 그것이 기초하고 있는 기본원칙, 즉 삼단논법의 한계에서 비롯된다. 단순히 법규범을 대명제로, 문제되는 법현실을 소명제로 놓고 양자의 포섭여부에 따라 법판단을 내리는 삼단논법적 추론에만 의존하는 것은 법실현의 전체과정 및 그 가운데서 나타나는 법해석의 다양성과 복잡성을 간과한 것이다.[8]

법의 해석이란 법의 제정과 법의 적용을 연결시키는 고리와도 같다. 하지만 올바른 해석은 그 어느 쪽으로도 치우쳐서는 안 된다.[9] 법의 제정과 해석, 적용은 모두 법의 이념에 합치되는 법실현을 궁극적 목표로 하고 있는 것이지, 어떤 독자적인 -또는 서로 대립되는- 목표를 가질 수 없는 것이다.[10]

따라서 법의 해석에 있어서는 입법자의 의도를 밝혀내는 것이 우선이냐 아니면 법규범 자체의 객관적 의미를 밝히는 것이 우선이냐를 따지기에 앞서 법의 이념이 무엇인지, 우리의 현실 속에서 어떻게 법이념이 실현될 수 있는지를 먼저 생각하여야 한다. 그 후에 비로소 입법자는 그런 점들을 어떻게 고려하여 입법을 했는지, 법률 자체의 전체적 맥락은 어떤 해결방법을 시사하고 있는지를 판단할 수 있을 것이다.[11]

---

7) 이러한 세분화된 해석방법론은 헌법규범의 해석을 목표로 한 것이 아니라 행정법규범의 해석을 목표로 한 것이었다. 하지만 전통적 해석방법의 변화된 모습을 보여주기 때문에 검토의 가치는 있다고 할 것이다.

8) 삼단논법에 따른 법해석, 특히 헌법해석에 대해서는 이미 많은 비판이 가해졌다. 독일에서도 이미 오래 전부터 삼단논법의 한계가 지적되었으며, 국내에서도 삼단논법의 문제점은 널리 인정되고 있다.

9) 즉, 입법자의 의도 그대로 법이 적용되도록 함으로써 입법자의 지위를 절대적으로 만들어서도 안 되고, 그렇다고 법적용자가 임의대로 법을 적용하는 것을 정당화시켜서도 안 된다.

10) 권력분립을 전제로 하고 있는 법치주의 하에서 입법, 집행, 사법의 어느 하나 만으로써는 올바른 국가질서를 형성해 내지 못한다. 모든 국가작용이 각기 자기의 역할을 올바르게 할 때, 그 국가작용들의 조화를 통하여 전체로서의 국가질서가 올바르게 형성되고 유지될 수 있는 것이다. 마찬가지로 입법자의 의도를 실현시키는 것도 아니고 법적용자를 정당화시키는 것도 아닌 법의 이념에 따른 올바른 법실현만이 법해석의 궁극적인 목표가 될 수 있다. 그런 맥락에서 법의 해석은 입법 및 법적용을 포함한 (법제정→법해석→법적용이라는) 법실현과정의 일부로 이해되어야 한다. 단지 권력분립을 통해 법의 객관성과 공정성 확보를 위하여 그 단계가 세분화된 것에 지나지 않는 것이다.

11) 물론 올바른 법실현을 지나치게 강조하면 자칫 법해석자가 입법자의 판단을 무시하고 자신이 옳다고

특히 헌법의 해석에 있어서는 삼단논법적 추론이 여러 가지 이유로 부적합하다는 점도 아울러 고려되어야 한다. 전통적 해석방법은 법규범의 종류에 따른 해석방법의 차이를 부인해 왔지만, 헌법은 그 규정형식 자체가 고도의 추상성을 띠고 있을 뿐만 아니라, 경우에 따라서는 그 내용을 확정해 놓지 않음으로 인하여 헌법해석자가 상당한 재량을 가지고 그 내용을 채워 넣을 수 있도록 하는 경우조차 있다.12) 또 그런 정도에까지는 이르지 않았다 하더라도 대명제로서의 법규범의 분석과 소명제로서의 현실의 파악을 구분하는 삼단논법은 규범 자체의 해석과정에 현실에 대한 고려가 반영되는(또는 되어야 하는) 점을 설명하기 어렵다.

결국 전통적 해석방법의 기초가 되고 있는 삼단논법적 추론 자체에 한계가 있을 뿐 아니라, 이런 논리를 모든 법규범의 해석에 똑같이 적용하려 함으로써 전통적 법해석방법론의 한계가 더욱 뚜렷해지는 것이다.

제 2 절 헌법해석의 과제와 특수성

Ⅰ. 헌법해석의 의의와 필요성

모든 법조문은 추상화된 문구로 만들어져 있다. 사회질서가 복잡해지고, 이를 규율하는 법규범이 발전되면 될수록 법조문은 **추상화**될 수밖에 없다. 법이 규율해야 하는 다양한 경우들을 하나로 묶어서 표현해야 하기 때문이다.13) 이처럼 추상화된 법조문이 현실에 적용되기 위해서는 다시금 해석을 통해 그 내용이 **구체화**되어야 한다. 즉 법조문이 적용될 수 있는 구체적 경우가 어떤 것인지를 먼저 밝힌 후에야 비로소 문제되는 상황에 그 법조문이 적용될 수 있는지의 여부를 판단할 수 있는 것이다.

특히 헌법의 경우에는 조문이 매우 추상적이기 때문에 해석의 역할이 더욱 크다.

생각하는 결과를 가져올 수 있도록 해석을 조작하게 될 수도 있다. 이러한 법해석자의 자의(恣意)를 통제하기 위하여 법해석방법론과 해석의 한계 등이 논의되는 것이다. 하지만 그러한 위험 때문에 문제의 본질을 간과할 수는 없다.

12) 실제로 헌법제정자의 의사를 밝혀내거나 헌법규범 자체의 의미를 「그 자체로서」 밝혀내는 것이 불가능한 경우가 드물지 않다. 많은 경우 헌법이나 헌법제정자는 아무런 구체적 결정을 내리지 않았고(또는 내릴 수 없었고), 기껏해야 결정을 위한 (완전하지 않은) 단서만을 제공하고 있기 때문이다. 이런 경우 헌법해석자는 헌법제정자 또는 헌법규범 자체의 실재하는 의사가 아니라 추정된 의사 내지 의제된 의사만을 확인할 수 있을 뿐이다. 또한 헌법 자체의 추상성과 개방성으로 인하여 헌법의 객관적 의미내용을 종래의 법률해석과 같은 방법으로 파악하는 것은 불가능해진다.

13) 예컨대 형법 제250조에 규정된 살인죄의 경우를 보아도, 누가 누구를 어디에서 어떤 방법으로 공격하여 어떤 결과(뇌사 또는 심장사)에 이르게 하였는지를 구체적으로 특정하지 않고 살인이라는 추상적 개념으로 이 모든 것을 포괄하고 있다. 만일 모든 구체적 상황과 결과를 특정해서만 법조문을 만들 수 있다면, 법조문의 수가 너무 많아지는 것은 물론이고, 입법자가 예측하지 못한 상황이나 결과가 발생되었을 경우에 대해서는 법적 규율이 곤란해지는 문제가 발생될 것이다.

해석되지 않은 헌법조문만 가지고서는 구체적인 헌법적 문제를 해결하는 기준으로서의 역할을 하기 어렵기 때문이다. 예컨대 헌법 제19조에 규정되어 있는 "모든 국민은 양심의 자유를 가진다"라는 조문만으로 이른바 양심범의 처벌이 양심의 자유에 대한 침해가 되는지의 여부에 대한 판단을 내리기 어렵다. 과연 양심의 자유는 어떤 내용을 담고 있는지(또는 담아야 하는지), 누가 누구에 대해서 양심의 자유를 주장할 수 있는지, 그에 대한 정당한 제한은 어떤 경우에 인정될 수 있는지 등에 대한 일정한 내용이 **구체화**되었을 때 비로소 그 문제에 대한 판단이 내려질 수 있는 것이다.

결국 헌법의 해석이란 추상적인 헌법조문이 담고 있는 의미를 풀이하여 구체적인 사건 속에 적용하는 것이 가능해지도록 만드는 작업이라고 할 수 있다.

Ⅱ. 법률해석과 헌법해석의 비교

1. 법규범의 공통성과 해석의 일반적 방법론

법률과 헌법은 모두 추상화된 법규범이고, 구체적 적용을 위해서는 해석을 필요로 한다는 공통점을 갖고 있다. 이로 인하여 과거에는 헌법의 해석도 법률의 해석과 같은 방법으로 행해져야 한다는 것을 당연시하기도 했다.

특히 법실증주의자들은 헌법과 법률은 형식에 따른 차이가 있을 뿐이지 그 성격이나 내용에 있어서는 어떠한 차이도 인정할 수 없다는 태도를 취했다. 따라서 헌법에도 법률과 같은 해석방법을 적용한다는 것이 전혀 문제되지 않았다. 전통적 법해석방법론은 법률의 해석을 중심으로 발전되어 온 것이지만 법규범의 객관적 의미내용을 밝히는 데 유용한 것으로 입증되었기 때문에 헌법에 대해서도 그 방법이 그대로 적용될 수 있다고 생각되었던 것이다.

2. 법률과 헌법의 차이점

그러나 헌법은 국가의 기본법으로서 중요한 과제들을 담당하고 있을 뿐만 아니라, 그로 인하여 -일반법률과는 구별되는- 중대한 특성을 갖고 있다.

가장 먼저 문제되는 것은 헌법의 규율대상이 워낙 광범위하기 때문에 헌법규정들은 일반법률과는 비교할 수 없는 고도의 추상성과 개방성을 갖는다는 점이다.[14] 그 때문에 전통적 해석방법을 통해 헌법을 해석하는 데에는 많은 어려움이 따른다는 것은 오래 전부터 지적되어 왔다.

그러나 이러한 차이점이 구체적 해석에 있어서 어떻게 반영되어야 하는지에 대해서는 좀 더 세분화된 검토를 필요로 한다.

---

14) 이에 관하여는 앞의 「제1장 제4절 Ⅳ. **헌법의 특성**」 참조.

3. 법률해석과 헌법해석의 차이점

차이점에 앞서 법률해석이나 헌법해석이나 **해석의 목표**는 동일하다는 점을 먼저 지적할 수 있다. 법의 해석은 객관적이고 공정한 법실현을 목표로 하는 것이기 때문이다.

그러나 **해석의 대상규범**은 서로 다르다. 법률해석의 대상은 법률이고, 헌법해석의 대상은 헌법인 것이다. 또한 현행헌법하에서는 **해석의 주체**도 다르다. 법률의 해석은 주로 법원의 과제인 반면에, 헌법의 해석에 있어서는 헌법재판소의 비중이 절대적이다. 그리고 이러한 차이점은 **실무상 해석과정 및 절차**의 차이로 나타난다. 법원의 소송절차와 헌법재판소가 담당하는 헌법소송의 절차는 유사한 점도 많지만 차이점도 적지 않은 것이다. 그리고 **해석의 결과가 가져오는 파급효**에 있어서도 법률해석과 헌법해석은 차이가 상당하다.

이러한 공통점과 차이점들이 결국 법률해석의 방법과 헌법해석의 방법이 유사한 점도 있지만, 또한 서로 다른 점도 있을 수밖에 없다는 것을 설명해 준다.

4. 법률해석방법과 헌법해석방법의 차이점

헌법의 해석에 있어서도 법률의 해석과 마찬가지의 방법을 적용하여야 한다는 주장은 법률해석과 헌법해석 사이에 차이점보다 공통점이 더 크다는 생각에 기초하고 있다. 즉 법률해석과 헌법해석의 차이는 본질적 차이가 아니라 양의 차이에 불과한 것이기 때문에 같은 해석방법을 그때그때의 상황에 맞게 사용함으로써 그러한 차이를 충분히 극복할 수 있다는 것이다.

반면에 전통적인 법률해석방법만으로는 올바른 헌법해석이 불가능하다고 생각하는 학자들은 법률해석과 헌법해석의 차이가 본질적인 것이라고 생각한다. 헌법의 규범구조 자체가 법률과는 다르기 때문에 그에 맞는 해석방법이 법률해석방법과는 별도로 추구되어야 한다는 것이다. 특히 스멘트 이래의 통합론적 헌법이론에서는 전통적인 법률해석의 방법론을 벗어나 **헌법을 일정한** (중심적인 가치, 이들의 실현조건 및 실현결과 등에 대한 법정책적 고려를 포함하는) **의미체계로 파악**하고, 이에 비추어서 헌법의 구체적 문제들에 대한 헌법조문의 해석을 이끌어내려는 시도를 하였다.

하지만 이러한 시도에 대한 반대도 적지 않았다. 법실증주의나 결단주의의 입장에서는 무엇보다 이러한 해석방법의 객관성에 대한 의문을 제기하였다. 헌법을 의미체계로 파악하여 존재적 요소들을 고려하는 해석을 할 경우에는 해석의 객관성, 합리성 및 법적 안정성의 확보가 어려워지고, 해석자의 자의가 개입하게 된다는 것이다.

이러한 견해의 대립은 곧 전통적 법해석방법론의 틀을 벗어나 헌법해석의 특수성을 고려하는 다양한 헌법해석방법론의 탄생으로 연결되었다.

Ⅲ. 새로운 헌법해석이론의 발전

헌법해석의 과제는 헌법규범을 현실 속에 올바르게 실현시킬 수 있도록 하는 것이다. 그러므로 헌법해석방법론의 과제는 한편으로는 헌법의 특성에 맞는 해석을 통하여 헌법규범의 올바른 실현을 도와주고, 다른 한편으로는 합리적이고 통제가능한 해석절차를 마련함으로써 합리적이고 객관적인 헌법해석의 결과를 확보할 뿐만 아니라 그 근거 또한 분명하게 제시함으로써 법적 확실성과 예측가능성을 확보하는 것이라고 할 수 있다.

전통적 법해석방법론은 해석의 객관성 확보를 강조하는 반면에, 이를 비판하면서 대두된 다양한 헌법해석방법론들은 법해석의 기본구조를 새롭게 이해함으로써 전통적 법해석의 기초를 부정하였을 뿐만 아니라, 그러한 새로운 해석방법이 헌법의 특성에도 잘 부합된다는 점을 강조하였다.

스멘트 이후 헌법해석에 도입된 정신과학적 해석방법론도 전통적 법해석의 기본틀을 멀리 벗어난 것이었을 뿐만 아니라, 문제변증론적 헌법해석방법론은 전통적 해석의 기본명제를 완전히 뒤집어 놓은 것이었다. 그 밖에 해벌레, 뮐러, 크릴레 등에 의해 전개된 다양한 헌법해석이론들도 역시 전통적 법해석의 기초를 부인하는 것이었다.

제 3 절 정신과학적 해석방법

Ⅰ. 정신과학적 방법의 발달과 정신과학으로서의 법학

실증주의적 사고에 기초한 근대 자연과학의 눈부신 발달에 힘입어 실증주의적 방법은 자연과학뿐만 아니라 인문 · 사회과학을 포함한 모든 학문영역에서 널리 도입되었으며, 심지어 실증적 방법을 이용하지 않는 것은 학문성을 담보할 수 없다는 인식까지도 팽배하게 되었다.[15)]

그러나 인문 · 사회과학까지도 실증적 방법으로 묶는 태도로 인하여 나타난 문제점들도 적지 않았기 때문에 그에 대한 비판도 적지 않았고, 20세기 초에는 수많은 철학자들이 참여한 가운데 장기간에 걸친 방법논쟁이 전개되었다. 그러한 논쟁 가운데 **자연과학**(Naturwissenschaft)과 구별되는 **정신과학**(Geisteswissenschaft)[16)]의 독자성이 주장되었고, 그 독자성의 기초로서 자연과학의 방법론(즉 실증적 방법)과 구별되는 **정신과학의 독자적 방법론**이 모색되고 발전되었다.[17)]

---

15) 실제로 근대 법학이 객관성 및 이를 기반으로 한 학문성을 확보하는 데 있어서는 법실증주의가 매우 중요한 역할을 하였다.

16) 또는 정신과학이라는 용어 대신에 자연과 문화의 대립관계를 강조하여 문화과학(Kulturwissenschaft)이라 표현되기도 했다.

이러한 철학의 흐름은 법학에도 영향을 미쳐서 전통적인 법실증주의적 방법론에 대한 반성이 시작되었고, 법학에서도 새로운 방법론적 시도들이 점차 주목을 받게 되었다. 인간의 삶은 −비록 물질적 측면을 도외시할 수는 없지만− 기본적으로 정신현상이라고 볼 때, 그 삶의 질서를 다루는 법학은 정신과학일 수밖에 없다는 것이다. 따라서 법학에도 정신과학의 방법이 적용되어야 하기 때문에 법조문의 해석 · 적용도 단순히 삼단논법적 추론에 의해서가 아니라 **정신과학적 '이해'**를 통해 비로소 올바르게 수행될 수 있다고 주장되었다.

Ⅱ. 정신과학적 해석학의 방법론: 이해와 선이해

원인과 결과의 인과관계를 현상적으로 밝혀서 설명될 수 있는 자연현상과는 달리 인간의 정신현상은 단순한 원인과 결과로서 설명되기 어렵다. 근대 자연과학을 풍미하였던 실증주의가 정신과학의 영역에서는 자연과학에서만큼 커다란 성과를 얻지 못했던 것은 **자연현상과 정신현상의 구조적 차이**에 기인한 것이라고 할 수 있다. 물론 인간의 정신에 대한 충분한 지식이 축적되지 못했기 때문에 그 인과관계를 밝혀내기 어려운 점도 있지만, 일정한 조건 하에서 동일한 결과를 재현할 수 있는 자연현상과는 달리 인간의 정신현상은 매우 복잡하고 다양한 형태로 나타나기 때문에 그 인과성의 해명 자체에 무리가 있는 것이다.[18)]

그것은 무엇보다 보는 인간(의 정신)이 동일한 문제, 동일한 상황에 대해 동일한 반응을 보이는 것이 아니라 같은 문제에 대해서도 다른 생각, 다른 행동을 보인다는 데 기인한다. 이처럼 같은 문제에 대해서 사람들이 서로 다른 반응을 보이는 데에는 그들이 그 문제에 대한 인식과 판단에 사용하는 잣대, 즉 그들의 가치기준이 상이하기 때문이다.

사람마다 나름의 가치기준을 형성하게 되는 배경과 과정, 그것에 영향을 미친 여러 요소들을 분석하는 것은 일정 정도까지 가능할 수 있지만, 그 사람 자신이 타고난 성향에 따라 달라지는 부분도 적지 않기 때문에 어떤 사람이 어떠한 가치기준을 갖게 되는지 확인하기 어려우며, 나아가 특정인이 현재 어떤 가치기준에 따라 행동하는지를 판단하는 것도 결코 쉬운 일이 아니다. 결국 인간의 정신현상은 −자연현상이 갖는 보편성

---

17) 자연과학과 정신과학의 구별은 무엇보다 자연과학이 자연현상을 분석하여 설명(erklären)하는 데 초점을 맞추고 있는데 비하여 정신과학은 인간의 정신현상을 이해(verstehen)하는 데 초점이 맞춰져 있다는 데 기초하고 있다. 따라서 자연과학의 방법은 자연현상의 원인과 결과의 인과관계를 밝히는 데 초점이 맞춰져 있는 반면에 정신과학은 인간의 정신현상의 특징인 −그 성질상 불가피하게 주관적인− 「**가치**」(Wert)의 문제를 **추체험**(Nacherleben)과 **감정의 이입**(Einfühlen) 등을 통해 이해할 수 있도록 하며, 이를 최대한 객관화시키는 것이라고 생각되었다.

18) 그렇다고 인간의 정신현상에 대한 분석과 이를 통해 인간의 삶을 어떻게 형성해 나갈 수 있는지, 어떻게 형성하는 것이 바람직한 것인지에 대한 숙고가 무의미하다고는 할 수 없다. 오히려 이러한 분석과 숙고야말로 인간의 삶을 올바르고 풍요롭게 만드는데 가장 중요한 요소일 수 있다. 하지만 수천년에 걸친 인간(의 정신)에 관한 분석과 숙고는 하나의 정답이 아니라 평행선을 그리는 다수의 대립되는 견해들을 탄생시켰을 뿐이다.

과 대조되는- **각 개인이 갖는 개별성**, 그리고 그 개별성 속에서 다양하게 나타나는 **다양한 가치기준들**을 올바르게 이해하고 평가함으로써만 부분적이나마 이해될 수 있는 것이다.

정신과학적 해석학은 이를 인정하는 전제 위에서 개인의 다양한 가치기준들을 **이해**(Verstehen)함으로써 인간의 정신현상을 파악하는 방법을 제시한다. 또한 이를 위해서는 어떤 관점에서 문제를 바라보는지, 즉 그 문제를 바라보는 사람이 어떤 전제를 갖고 있는지가 매우 중요한 의미를 갖게 된다. 이를 **선이해**(Vorverständnis)라고 부른다. 모든 사람은 각자가 서로 다른 선이해를 가지고 문제를 바라보기 때문에 같은 문제에 대해서도 서로 다른 생각을 갖고 서로 다른 행동을 보이게 되는 것이며, 인간의 정신적 현상들은 결국 개인의 선이해를 통해 나타나는 주관적 가치를 이해함으로써 해명될 수 있다고 보는 것이다.

이러한 정신과학적 해석학의 방법을 법규범의 해석에 도입했을 때, 법규범의 해석은 더이상 전통적인 형식논리적 포섭으로 볼 수 없게 된다. 법규범도 인간의 정신현상을 통해 나타나는 가치의 표현이며, 이러한 가치는 이해의 방법을 통해 그 의미가 파악되어야 한다는 것이다. 더구나 가치라는 것은 선이해를 통해서만 이해될 수 있는 것이다. 따라서 법의 해석에는 해석자의 선이해가 필연적으로 작용할 수밖에 없다.

그렇기 때문에 법해석의 객관성은 해석자의 주관, 해석자의 선이해를 완전히 배제함으로써 얻어질 수는 없다. 오히려 이러한 선이해를 전제하되, 이를 다시금 객관화시키는 작업, 즉 문제되는 가치에 대한 해석자의 선이해를 노출시키고 이를 일반인의 선이해에 비추어 검증하는 작업을 통해 해석의 객관성이 확보될 수 있다는 것이다.

Ⅲ. 스멘트(R. Smend)의 헌법이해와 헌법해석방법론

1. 스멘트의 헌법이해: 정신현상으로서의 헌법, 가치질서로서의 헌법

스멘트의 주된 관심사는 실정헌법상의 개별적인 문제들의 취급이 아니라 국가학의 새로운 이해를 통하여 당시 지배적이던 법실증주의적인 헌법이해를 비판·극복함으로써 헌법학의 새로운 토대를 마련하는 것이었다. 즉, 그가 헌법학에 기여한 바는 실정헌법의 해석방법론의 발전보다는 헌법이해 자체의 변화와 발전에 있었던 것이다.

스멘트에 따르면 국가는 통합과정이다. 좀 더 정확하게 말하자면 국가의 본질은 통합과정에 있다. 물론 전통적 삼요소론에서 말하는 바와 같이 국가는 영토와 국민과 주권을 그 구성요소로 한다. 그러나 국가의 본질을 파악하는 데 이러한 형식적 요소들은 도움이 되지 않는다. 스멘트와 같이 개인과 공동체의 관련 속에서 국가를 이해할 때, 개인은 국가공동체에 참여함으로써만 자기를 실현시킬 수 있으며 또한 국가는 이러한 개인의 참여 속에서 그 통일적 형상(Einheitsgefüge)으로서 비로소 형성되는 것이다. 이러한 양자의 변증법적 관련 속에, 계속 새롭게 이루어지는 참여행위 속에 항상 새롭게 이루어지는 이른바 '통합과정'으로서의 국가의 본질이 있는 것이다.

스멘트는 헌법을 국가의 법질서, 즉 통합과정의 법질서라고 했다. 국가를 통합과정으로 볼 때 헌법은 이러한 통합과정을 법적으로 규율하는 것이다. 이것은 단순히 현실을 반영하는 것일 수 없다. 그렇다고 현실과 유리된 규범논리로 이해될 수 있는 것도 아니다. 여기서 문제되는 것은 이념적인 의미체계로서 헌법의 통일성을 파악하는 것이며, 이를 위하여는 사회적 세력들의 법적 편입이 필요하다는 것이다. 통합과정의 의미가 국가의 생활전체성의 항상 새로운 형성이라고 할 때, 이러한 과정의 법적 규범화로서의 헌법은 규범일 뿐만 아니라 그 자체 통합하는 현실, 항상 새로워지는 헌법생활을 통해 항상 새롭게 구성되는 현실인 것이다. 이러한 헌법의 의미는 항상 **통합의 전체성**을 지향하고 있으며, 헌법규정들은 통합가치의 표현으로서의 추상성이라는 특성을 가지고 있다.

2. 스멘트의 새로운 헌법해석의 방향제시

이와 같이 헌법을 이해할 때 스멘트의 종래의 헌법해석론에 대한 비판은 필연적이다. 통합과정의 법질서로서의 헌법은 일반법률과는 완전히 다른 성격을 가지며, 따라서 그 해석도 일반법률의 해석과는 같지 않기 때문이다.

헌법규정들을 해석함에 있어서는 그것을 고립적으로 이해해서는 결코 안 되며 이 헌법규정을 통해 실현되는 의미관련, 즉 **통합의 기능적 전체성**의 계기로서 이해되어야 한다. 헌법을 해석하는 데 있어서는 헌법조문의 문구에 얽매이지 말고 헌법의 통합적 의의 또는 생활현실의 전체성에 기초하여 해석해야 한다는 것이다. **헌법규범들의 가치서열의 차이**, **헌법의 변천가능성**도 또한 법률해석과는 다른 헌법해석의 특수성의 요인이 된다.

앞서 말한 바와 같이 스멘트의 주된 관심사는 헌법 자체의 새로운 이해이지 헌법해석론이 아니었으므로 그는 헌법해석에 대한 완결된 체계도, 구체적 방법론도 제시하지 않았다. 그는 다만 종래의 헌법해석론을 비판하여 헌법을 기능적인 현실의 전체의미로부터 파악할 것을 주장하였을 뿐이다. 그러나 바로 그것이 헌법해석론의 역사에 선을 긋는 획기적인 시각이었으며, 이에 대한 찬반의 논쟁 속에 헌법해석론을 위한 새로운 장이 열렸던 것이다.

3. 스멘트의 헌법해석론의 한계와 그에 대한 비판

스멘트에 의해 전개된 헌법해석론은 종래의 해석방법론, 즉 법률해석과 동일하게 헌법을 해석하는 법실증주의에 대한 날카로운 비판이었으며, 비록 해석방법에 관한 구체적인 검토로 연결되지 못했지만, 새로운 헌법해석방법을 전개하는 계기가 되었다.

그러나 스멘트의 주장에 대한 비판 또한 날카롭다. 무엇보다 스멘트가 헌법규범들 사이의 가치위계를 주장한 것과 관련하여 규범의 가치관련성 자체에 대한, 그리고 가치위계의 객관적 판단근거에 대한 비판들이 있었으며, 이러한 비판은 결국 가치를 매개로 해석자의 자의가 개입될 수 있다는 우려에 기초한 것이었다. 또한 스멘트의 헌법해석론은 헌법규범의 변천가능성을 지나치게 강조하면서 헌법규범의 안정성을 간과했다는 비판을 받기도 한다.

Ⅳ. 헷세(K. Hesse)의 헌법해석방법론: 규범적으로 통제된 정신과학적 방법론

1. 헷세의 헌법해석방법론의 출발점

헷세는 스멘트의 기본관점들을 받아들이면서도 이를 전통적인 법해석방법의 장점과 접목시키고자 하였다. 한편으로는 헌법적 가치를 고려하는 해석, 헌법변천의 가능성을 고려하는 해석을 강조하면서도 다른 한편으로는 헌법해석이 헌법규범에 의한 구속을 벗어나지 못하도록 함으로써, 즉 **헌법의 명문규정이 헌법해석의 한계가 된다**는 점을 강조함으로써 해석의 안정성과 객관성을 확보하려고 시도하였던 것이다.

이러한 맥락에서 헷세는 "해석의 과제는 헌법에 부합하는 올바른 결론을 합리적이고 통제가능한 절차 가운데서 찾아내고, 합리적이고 통제가능하게 이 결론의 근거를 제시하고, 이리하여 법적 확실성과 예측가능성을 마련하는 것"이라고 정리하였다. 또한 그는 같은 맥락에서 실증주의의 문제점뿐만 아니라 가치에 무비판적으로 의지함으로써 실증주의를 극복하고자 했던 태도의 문제점도 인정함으로써 가치를 통한 자의의 개입을 최소화시킬 필요성을 인정하였다.

2. 구체화로서의 헌법해석과 해석원칙

헷세가 이해하는 헌법의 해석이란 구체화이다. 구체화는 구체화되어야 할 규범의 내용을 이해하는 데에서 출발한다. 이러한 이해는 해석자의 선이해와 그때그때 해결하려는 구체적 문제들로부터 분리될 수 없다. 즉 어떤 해석자도 완전히 객관적 입장에서 규범의 내용을 이해할 수 없기 때문에 일단 얻어진 해석의 결과를 -헌법이론적 근거의 제시 등을 통해- 객관화시키는 노력이 중요하다.

따라서 헌법의 해석은 "**구체화되어야 할 규범**", "**해석자의 선이해**", "**구체적 문제**"의 3가지 요소를 통해 이루어진다. 해석이 이러한 요소들에 구속되어 있다는 것은 곧 이 요소들로부터 분리된 독자적 해석방법이 존재할 수 없다는 것을 의미하며, 구체화의 절차는 해석의 대상인 헌법 및 그때그때의 문제에 의해 확정된다고 한다.

이 문제에 대한 헷세의 태도는 문제변증론적 방법을 부분적으로 도입하고 있다는 점에서 더욱 분명해진다. 그는 헌법규범의 해석을 위해 문제변증론적인 절차 가운데서 지도적인 관점이 발견되고 입증되어야 한다는 것을 지적하면서, 그러한 문제변증론적 절차는 규범에 의해 조종되고 제한되어야 한다는 점, 즉 규범에 구속되어야 한다는 점을 강조하고 있다. 이를 통하여 헌법의 특성에 맞는 구체화로서의 헌법해석이 가능하다는 것이다.

또한 헷세는 헌법해석의 몇 가지 해석원칙들을 통해 문제변증론적으로 발견된 관점들이 정서되고 또 제한될 수 있다고 생각하였다. 즉, 그 동안의 헌법해석론에 의해 발전되었던 헌법의 통일성의 원칙, 실제적 조화의 원칙, 통합적 작용의 원칙, 헌법의 규범력의 원칙을 헌법해석의 기준으로 제시하면서 이들의 작용을 통하여 헌법해석의 객관성이 확보될 수 있으리라 기대했던 것이다.

이러한 기초 위에서 헷세는 성문헌법을 헌법해석의 한계로 인정함으로써 문제변증론적 절차의 규범구속성을 확보하려고 하였다. 즉, 헌법의 정상적인 해석의 범위 내에서 해석의 변화를 통한 헌법의 변천은 인정될 수 있지만, 이를 넘어서는 사실상의 헌법개정 또는 침해(개별 사례에 있어서 조문으로부터의 일탈)는 해석자에게 금지되어 있다는 것이다.

3. 헷세의 헌법해석방법론에 대한 평가

이러한 헷세의 헌법해석방법론은 무엇보다 헌법해석의 문제를 헌법변천의 문제 및 헌법개정의 문제와 연결시켜서 거시적으로 파악할 수 있게 만들었다는 점에서 비중 있게 평가될 수 있다. 또한 헌법의 특성상 문제변증론적 접근이 필요한 경우가 있지만, 이를 규범에 구속하려는 태도를 취하면서 이를 비교적 구체적인 방법으로 연결시키고 있다는 점도 주목할 만하다.

그러나 이러한 헷세의 이론에 대해서는 해석에 의하여 비로소 그 내용이 확정될 헌법규범에 해석의 관점이 구속되어야 한다는 순환논법이라는 비판이 있으며, 구체화로서의 헌법해석을 주장하면서 아직 그 구체화의 요소와 방법이 충분히 세밀하게 분석되지 않고 있다는 점이 지적될 수 있다.[19]

제 4 절 문제변증론(Juristische Topik)

Ⅰ. 법규범의 해석구조와 문제 - 체계의 관계

법규범을 해석할 때는 크게 두 가지의 기본적 방법을 생각할 수 있다. 하나는 문제 자체에 초점을 맞추어서 그에 맞는(즉 그 문제를 해결하는 데 적절한) 규범체계를 찾아내는 방법이고, 다른 하나는 기존의 규범체계의 분석을 전제로 그 규범이 적용될 수 있는 문제들을 찾아내는 방법이다. 전자를 **문제중심적 사유를 통한 체계선택**이라고 부른다면, 후자는 **체계중심적 사유에 따른 문제선택**이라고 부를 수 있다.

물론 대부분의 경우 법규범의 해석은 체계선택 또는 문제선택의 어느 한 가지에만

19) 이 문제는 그의 제자인 뮬러(*F. Müller*)에 의해 발전된 규범구조의 이론에 의해 상당부분 극복되었다. 뮬러의 이론에 대하여는 아래의 「제5절 Ⅲ. 뮬러(F. Müller)의 규범구조의 이론」 참조.

의존하지 않는다. 문제와 체계를 동시에 바라보면서 그 양자가 서로에게 적절한 것인지를 판단하는 것이 일반적이다. 하지만 논리적인 출발점이 체계에 있는지 아니면 문제에 있는지에 따라 비중의 차이가 나타날 수 있으며, 또한 양자택일이 문제되는 한계상황이 나타날 때가 있다.[20)]

이러한 경우 문제중심적 사유는 체계를 벗어난 해결, 나아가 새로운 체계를 구성하려는 대안을 제시한다. 어차피 체계는 문제해결을 위한 시도를 통해 탄생된 것이며, 기존의 체계에 의해 포섭되지 못하는 문제가 발견되었다는 것은 그 체계 자체의 한계를 보이는 것이기 때문에 더이상 그 체계를 고집할 이유가 없다는 것이다. 반면에 체계중심적 사유는 체계를 벗어난 문제해결을 부정한다. 완결된(흠결 없는) 체계를 상정하고 이를 벗어나는 문제 자체를 인정하지 않으려는 태도를 취하는 것은 물론이고, 가급적 기존의 체계 속에서 -조금 부적절한 결론이 도출되더라도- 문제를 해결하고자 하는 것이다.

Ⅱ. 문제변증론의 뿌리와 발전과정

문제변증론 혹은 관점론으로 번역되는 Topik은 「발견의 기술」이라고도 일컬어지는 **문제중심적 사유의 방법 내지 기술**을 지칭하는 것이다. 이러한 문제변증론은 고대 그리스의 플라톤, 아리스토텔레스까지 소급될 수 있으며, 문제를 추론의 중심에 놓는 태도를 특징으로 한다. 즉 문제 자체를 미리 주어진 것으로, 그리고 언제나 지도적인 역할을 하는 것으로 본다는 점에서 체계중심적 사유와 대립되는 것이다.

이러한 문제변증론은 해명이 필요한 문제들에 대하여 사용할 수 있는 다양한 관점(혹은 논점)들을 중요시한다. 문제의 해명에 필요한 지도적 관점이 무엇인지 분명치 않은 경우들이 적지 않은데, 이러한 경우에는 늘 준비되어 있는 관점들의 목록을 참고하여 적절한 관점을 찾아낼 수 있다고 생각했던 것이다. 이런 맥락에서 문제변증론은 수백 년간 **다양한 관점목록들**을 발전시켜 왔다.[21)]

문제변증론은 오랫동안 중요한 학문적 방법론으로 연구되었으나 근대에 들어와 실증주의의 발달과 더불어 쇠퇴의 길을 걸었다. 실증주의적 관점에서 보면 문제변증론은 논리적인 인과관계 속에서 명확하게 설명되지 못하는 것들을 막연하게 이야기하는, 비학문적인 것으로 여겨졌기 때문이었다. 그러나 20세기에 들어와 실증주의가 극복되면서 문제변증론도 새로운 부흥을 보게 되었다. 종래의 완결된 체계에 대한 환상이 깨지면서 문제 자체에 대한 올바른 인식을 통해 체계를 개선할 필요성이 인정되었으며, 이를 위해 문제변증론은 중요한 보충적 방법으로 여겨졌기 때문이다.

---

20) 예컨대 제기된 법적 문제에 대한 적절한 해결을 제공하는 법규범이 없을 경우, 이를 어떻게 해결할 것인가에 대해서 문제중심적 사유가 내놓는 해결방법과 체계중심적 사유가 내놓는 해결방법은 다를 수밖에 없는 것이다.

21) 이러한 관점들 가운데는 어떤 문제에 대해서나 적용될 수 있는 것이 있는가 하면, 특정한 문제영역에서만 적용될 수 있는 것들도 있다.

그러나 문제 자체가 체계에 앞선다는 주장을 통해 연역의 체계 대신 귀납의 체계를 우선하려는 태도를 보이는 문제변증론은 기존의 법학과 많은 충돌을 보일 수밖에 없기 때문에 문제변증론을 법학에 도입하는 것에 대해서는 첨예한 견해의 대립이 발생하게 되었다.

Ⅲ. 문제변증론에 기초한 헌법해석의 방법론

1. 문제변증론의 법해석에의 적용 - 그 의의와 문제점

문제변증론의 출발점은 앞서 살펴본 것처럼 문제중심적 사유라고 할 수 있다. 기존의 체계를 출발점으로 삼는 것이 아니기 때문에 기존의 체계에 의한 구속이 전제되어 있지 않다. 오로지 문제 그 자체를 발견하고, 그 문제의 해결에 필요한 관점, 이른바 **지도적 관점**이 무엇인지를 확인하는 것만이 중요할 뿐이다.

문제변증론적 관점에서 법을 해석할 경우에는 법적 문제에 초점이 맞춰지고, 그와 관련된 법규정은 여러 다양한 관점의 하나로 취급받게 된다. 즉 법규범의 체계 속에서 그 구속력을 인정하는 가운데 문제를 포섭시켜서 파악하는 것이 아니라 문제 자체를 법규범과 분리시켜서 파악하고, 그의 올바른 해결의 가능성을 -법규범이 예정하지 않고 있는 것들을 포함하여- 다양하게 찾는 것이다. 따라서 문제의 해결에 있어서 법규범이 항상 지도적 관점으로 인정되는 것은 아니다.[22)]

이처럼 문제변증론에 기초하여 법규범을 해석할 경우에는 법규범이 흠결된 경우, 또는 현재의 법규범이 올바른 문제해결을 담보하지 못할 경우에 이를 벗어나서 올바른 해결을 찾을 수 있다는 장점을 갖는다. 그러나 그것은 또한 정상적인 법규범의 구속력조차 무시될 수 있다는 가능성을 내포한 것이기도 하다. 나아가 문제변증론처럼 **법규범의 구속력을 무시하고 법규범을 단지 하나의 관점으로 취급하는 태도가 과연 법의 「해석」인가**에 대해서도 문제가 제기될 수 있다.

2. 헌법의 특수성과 문제변증론적 방법론의 필요성

문제변증론은 법실증주의의 몰락과 더불어 법학에서 큰 반향을 일으키며 재검토되었다. 그러나 법적 안정성을 중요시할 수밖에 없는 법학에서 법규범의 구속력을 -그것도 특별한 경우에 예외적으로가 아니라- 일반적으로 무시할 수 있는 법해석은 매우 위험한 것으로 느껴질 수밖에 없었다. 때문에 문제변증론에 기초한 법해석론은 매우 제한적이었고, 그것도 전면적 도입보다는 보충적인 방법으로서의 도입이 대부분이었다.

그런 가운데 헌법학에서는 문제변증론이 다른 법영역에서보다 적극적으로 검토되었다. 그것은 무엇보다 헌법의 특수성으로 인정되고 있는 개방성에 기인한 바가 크다. 헌

---

22) 그렇기 때문에 뵈켄푀르데(*E.-W. Böckenförde*)는 이러한 문제변증론적 방법이 적용되기 위한 가장 중요한 전제로 헌법의 존속에 대해서 뿐만 아니라 헌법의 내용에 대해서도 폭넓은 합의가 존재하여야 한다는 것을 들고 있다.

법규범은 일반법률에 비하여 고도의 추상성을 띠고 있을 뿐만 아니라 일부 규정들에 있어서는 그 내용이 개방되어 있는 경우조차 있다. 즉 헌법제정자가 헌법규정을 만들면서 일정한 내용을 채워 넣은 것이 아니라 아예 입법, 기타 헌법해석에 의해 그 내용이 채워지도록 예정한 것들도 있는 것이다. 이러한 경우에는 그 규범의 체계를 분석하여 내용을 채워 넣는 것은 원천적으로 불가능하기 때문에 문제변증론적 접근이 불가피하다고 생각할 수 있다.

그러나 일부 규정들의 개방성이 문제변증론을 통한 내용의 충족으로 연결될 수 있다는 것과 헌법해석의 일반적 방법으로 문제변증론을 받아들이는 것은 별개의 문제가 될 수 있다. 모든 헌법규정들을 문제변증론에 따라 해석할 경우에는 해석자의 주관성을 통제할 수 있는 방법이 없게 된다는 문제점이 있기 때문이다.

3. 엠케(H. Ehmke)의 문제변증론

헌법학에 있어 문제변증론적 방법의 대표자로 일컬어지는 엠케(*Horst Ehmke*)는 문제변증론을 헌법해석방법의 기초로 삼고 있다.

그는 헌법규정이 간결하고 추상적일 뿐만 아니라 비교적 항구성을 가지고 있으며, 또한 그 내용이 광범위하고 불확실하기 때문에 어떤 주어진 체계로부터 그때그때 발생하는 모든 사건들을 포섭하여 해결하기는 곤란하다고 본다. 오히려 문제의 해결은 구체적 사건과 관련되는 모든 중요한 관점을 고려하여 해결해야 한다는 것이다. 즉 헌법적 사유는 이미 문제사유라는 것이다. 따라서 문제변증론적 방법은 헌법의 해석에 매우 적합하다고 한다.

그러나 이러한 문제변증론적 방법을 따를 때, 가장 중요하고 어려운 문제는 개별적인 문제에 대한 지도적 관점이 어떻게 발견될 수 있느냐 하는 점이다. 이에 대해 엠케는 고전적인 문제변증론에 따라 문제해결을 위해 시도된 여러 관점들 내지 헌법이론들의 설득력에 따르는 수밖에 없다고 한다. 그리고 그 설득력의 유무 및 강약에 대한 판단은 "**합리적이고 정의롭게 판단할 수 있는 사람들의 공감대**(Konsens)"를 기준으로 하여야 한다는 의견을 제시하였다.

그러나 이러한 엠케의 문제변증론은 헌법을 객관적으로 해석하는 것이 아니라 임의로 결정(bestimmen)하는 것이라고 비판받고 있으며, 또한 합리적이고 정의롭게 판단할 수 있는 사람들의 과오를 배제하는 방법이 마련되지 않고 있다는 점이 비판되기도 한다.

4. 크릴레(M. Kriele)의 이성법적 해석방법

크릴레(*Martin Kriele*)는 전통적인 해석방법의 한계를 인정하고, 특히 헌법해석에 있어서는 새로운 해석방법이 필요하다는 것을 전제로 출발한다. 법조문은 다의적이고 흠결이 많을 뿐만 아니라, 더욱이 헌법조문은 다른 법규범에 비하여 훨씬 더 추상적이기 때문이다.

따라서 새로운 헌법해석방법의 문제는 어떻게 헌법해석자의 자의를 통제할 수 있느냐에 초점을 맞추게 된다. 헌법해석방법의 문제란 결국 결과의 공정성을 확보하기 위한 것이기 때문이다. 이러한 문제인식을 전제로 크릴레는 이른바 **이성법적 논증방법**을 제시한다.23) 그의 주장에 따르면 법조문은 합리성과 공정성의 의도가 그 조문을 뒷받침할 때에만 올바르게 해석될 수 있다고 한다. 즉 그럴 때에만 그 조문의 의미가 밝혀질 수 있고, 또 어느 정도의 확장, 축소 또는 변형이 해석을 통해 필요한지 확인될 수 있다는 것이다.

비록 문제변증론적 인식관점에 기초하고 있기는 하지만, 크릴레가 입법자나 헌법제정자의 결정이 갖는 구속력을 부정하거나 약화시키려는 것은 아니다. 그러나 그의 주장에 따르면 법규범이 다의적인 경우가 많을 뿐 아니라 법의 흠결이 발견되는 경우가 적지 않기 때문에 이러한 경우, 즉 법규범이 분명하고 확신을 주는 해답을 제공하지 못하고 있어서 해석이 요청되는 경우에는 이성법적 검토가 필요하다는 것이다.

이러한 크릴레의 방법에 대한 비판은 이성법적 논증이 결국은 충돌되는 이해관계의 평가로 나타나게 될 것이며, 그 경우 헌법의 구속력을 인정하지 않게 되면 어느 쪽이 보다 원칙적인 것인지에 대한 판단이 불분명해진다는 것에 모아지고 있다. 비록 전형적인 문제변증론은 아니지만 기본적으로 이에 기초한 크릴레의 방법론은 문제변증론의 장점과 더불어 문제점도 함께 갖게 된다는 것이다.

Ⅳ. 문제변증론의 기여와 그 한계

다양한 형태로 헌법해석방법론에 영향을 미쳐온 문제변증론은 뚜렷한 장점과 단점을 동시에 보여주었다.

문제변증론의 **장점**으로는 기존의 형식적 논리에 기초한 규범체계가 얼마나 불완전할 수 있는지를 분명히 밝혀주었다는 점과 그에 대한 대안으로서 문제중심적 해결방법을 제시하였다는 점을 들 수 있다. 실제로 헌법학에 있어서는 법실증주의의 극복 이후로 문제 자체에 좀 더 많은 비중을 두어야 한다는 새로운 인식이 대두되는 데 큰 기여를 하였다.

반면에 문제변증론에 대하여 일관되게 지적되었던 **문제점**은 규범의 의미와 비중을 지나치게 경시하고 약화시킨다는 것이다. 규범을 문제해결의 중심추로 생각하는 것이 아니라 단지 하나의 관점으로 이해하는 경우는 물론이고, 그렇지 않은 경우에도 규범을 벗어나서 문제해결을 시도하는 그 자체가 결과적으로 규범의 약화 나아가 규범의 해체를 야기할 수 있다는 것이다. 문제변증론을 일반적으로 적용하건 아니면 헌법규정의 내

---

23) 여기서 이성법이란 영원불변의 보편타당성을 전제로 한 일정한 기본원리나 법규들의 자연법, 또는 이성법체계를 의미하는 것이 아니다. 크릴레가 말하는 이성법적 논증방법은 법률 자체나 선결례(先決例)에 의한 해석이 불가능한 경우에 이성적 근거를 제시하는 방법, 즉 합리적 이성에 기초한 법적 논증을 의미한다. 모든 법적 결정은 이성적 근거를 제시함으로써 정당화되어야 한다는 것이다.

용이 명확하지 않은 경우에 적용하건, 문제변증론에 따른 해석은 규범의 의미 내용을 규범체계 내에서 밝히려 하기보다는 규범을 벗어난 다른 관점, 다른 고려에 의해 정하려 한다. 그 결과 헌법규범의 구속력이 약화될 수 있다거나 해석의 결과가 불확정적이거나 유동적이 될 수 있다는 문제점이 지적되는 것이다.

그러므로 문제변증론이 헌법해석의 주된 방법으로 수용되기는 어려울 것이다. 그러나 헌법의 특성상 문제변증론적 고려가 필요한 경우가 많이 발생되기 때문에 문제변증론의 중요성은 여전히 간과될 수 없다. 따라서 문제변증론적 고려가 헌법해석에 이용되는 경우에 어떻게 헌법해석의 객관성과 합리성을 확보할 것이냐의 문제는 오늘날에도 여전히 중요한 의미를 갖는다.

제 5 절 기타의 헌법해석방법론

Ⅰ. 헌법해석방법론의 다양한 흐름

헌법해석에 대한 이해는 헌법 자체에 대한 이해와 밀접한 관련을 갖고 있다. 바이마르 공화국 시절에 전통적 해석방법론을 고수하던 법실증주의를 비판하면서 제기되었던 이른바 실질적 헌법이론들이 곧 새로운 헌법해석방법론으로 연결되었던 것은 널리 알려진 사실이다.

당시 지배적 견해였던 법실증주의는 신칸트철학의 방법이원론에 기초하여 현실과 규범을 엄격하게 구별하면서 완결된 체계로서의 법질서를 상정하고, 이러한 실정법의 형식논리적 분석만이 엄격한 법적 방법이라고 생각하였다. 반면에 법실증주의를 비판하면서 대두된 새로운 이론들은 이러한 방법이원론이 현실과 유리된 법, 법의 본질에 반하는 법이라고 비판하면서 현실관련성을 갖는 법이론, 즉 법규범을 현실관련성 속에서 해석하는 이론을 구성하려는 경향을 보였다. 하지만 구체적으로 어떻게 현실과 규범을 연결시킬 것인지, 특히 양자의 연결 속에서 어떻게 규범해석의 객관성을 확보할 것인지에 대해서는 여전히 많은 논란이 있었다.

그런 가운데 헌법해석의 새로운 방법론은 앞서 살펴본 바와 같이 스멘트의 새로운 헌법이해에 기초한 정신과학적 방법론을 비롯하여[24] 문제변증론의 영향 하에 발전된 헌법해석이론 등으로 전개되었다. 이들의 영향 하에서 헌법해석의 새로운 방법론을 모색하려는 시도는 1970년대 독일에서 다양하게 전개되었지만, 대체로 기존의 헌법해석이

---

24) 반면에 바이마르 공화국 당시 법실증주의를 비판하면서 통합론과 더불어 유력한 대안의 하나로 떠올랐던 결단주의의 주창자인 칼 슈미트는 독자적 헌법해석론을 전개한 바 없다. 다만 그의 영향을 받은 학자들, 특히 포르스토프(*E. Forsthoff*)나 뵈켄푀르데(*E.-W. Böckenförde*)의 견해를 통하여 그 경향을 짐작할 수 있을 뿐이다.

론들을 정리하면서 부분적인 보완을 시도하는 정도였을 뿐이고, 새로운 관점에서 헌법해석을 시도한 예는 많지 않다. 그 중에서 주목할 만한 이론으로는 해벌레의 헌법해석이론과 뮬러의 헌법해석이론을 들 수 있다.

Ⅱ. 해벌레(P. Häberle)의 개방적 헌법해석

1. 해벌레의 헌법이론의 출발점

헷세의 제자인 해벌레(*Peter Häberle*)의 헌법이론은 헌법의 규범으로서의 안정성보다는 현실관련성 속에서 나타나는 역동성 내지 유동성을 더욱 강조한다는 점에서 그의 스승인 헷세보다는 헷세의 스승인 스멘트에 더 가까운 성향을 보인다. 그러나 해벌레의 헌법이론들을 전체적으로 살펴보면 무엇보다 칼 포퍼(*K. Popper*)를 비롯한 비판적 합리주의의 영향이 강하게 나타나고 있음을 느낄 수 있으며, 다원주의적 사고가 그의 이론을 지배하고 있음을 확인할 수 있다.

해벌레는 헌법을 **다원적 사회(공동체)의 산물**로 본다. 즉 사회 내의 다원적 과정을 통해 헌법이 형성된다는 것이다. 그러나 다원주의 또한 헌법적 질서 속에서 보장되는 것으로 이해하고 있기도 하다. 또한 헌법이 시간 속에 존재한다는 것, 즉 헌법은 머물러 있는 정적인 존재가 아니라 시간 속에서 계속 변화되면서 새롭게 형성된다는 점을 강조함으로써 **헌법의 역사성**을 부각시키기도 하였다. 따라서 헌법의 해석에도 이러한 헌법의 성질이 반영되어야 함은 당연한 것으로 여겨졌던 것이다.

2. 해벌레가 이해하는 헌법해석의 성격과 주체: 「공적 과정으로서의 헌법해석」과 「헌법해석자들의 개방사회」

그러나 해벌레의 헌법해석이론을 특징짓는 것은 그의 해석이론이 갖는 광범성과 개방성이다. 그는 종래처럼 국가기관, 특히 헌법해석에 관한 최종적 권한을 갖는 헌법재판소 또는 사법기관의 헌법해석에 초점을 맞추어 헌법해석을 이해한 것이 아니라 헌법의 실현과정 전체를 넓은 의미의 헌법해석으로 이해하였다.

즉 헌법재판소나 법원에 의한 헌법문제에 대한 판단뿐만 아니라 국회의 입법, 대통령의 권한행사, 나아가 국민의 기본권행사 등 헌법의 의미내용을 실현시키는 모든 행위가 그 바탕에는 헌법에 대한 나름의 해석을 전제한 것이라는 점을 강조한 것이다.

이렇게 넓게 헌법해석을 이해한 그는 전통적인 헌법해석주체들뿐만 아니라 그 밖의 절차참여자, 나아가 공중(公衆), 정치과정, 대중매체와 헌법이론까지 헌법해석의 주체로 이해하였으며, 이러한 다수의 헌법해석자들이 **개방된 사회 속에서 공적 과정으로서의 헌법해석**을 진행하게 된다고 생각하였다.

3. 해벌레의 헌법해석이론에 대한 비판과 평가

그러나 이러한 해벌레의 헌법해석이론에 대해서는 비판도 적지 않다. 그의 헌법이해 자체에 대한 비판에서 시작하여 헌법해석의 범위를 확대한 것에 대한 비판 및 그와 연결되어 있는 해석의 개방성에 대한 비판이 매우 날카롭게 제기되고 있는 것이다. 실제로 그의 헌법해석론은 헌법해석의 개념을 지나치게 확대함으로써 헌법실현과 동의어가 되어버렸고, 결국 그의 주장은 -종래의 관점에서 볼 때- 법해석에 대한 이론이 아니라 법실현에 관한 포괄적 주장으로 변질되고 말았던 것이다.

물론 그렇다고 해서 해벌레의 주장이 아무런 의미도 갖지 못한다는 것은 결코 아니다. 그의 주장이 좁은 의미의 헌법해석에 국한된 것은 아니지만, 그의 주장은 좁은 의미의 헌법해석에도 적용될 수 있는 새로운 시각을 제공하였기 때문이다. 그의 개방적 헌법해석방법론은 해석의 차원을 확대하고, 국민의 정치활동을 비롯한 기본권행사가 갖는 의미를 부각시키는 등 구체적인 해석과정의 변화보다는 그 의미이해의 변화를 유도하였다.

그러나 구체적 해석방법을 세밀하게 전개함이 없이 단지 해석개념을 확대하고 해석주체의 개방성을 인정함으로써 과연 얼마나 많은 변화가 가능할 것이며, 또 그러한 변화를 통해 얻는 것이 그를 통하여 상실되는 명확성을 상쇄할 만한 것인가에 대해서는 많은 고민이 필요할 것이다.

Ⅲ. 뮬러(F. Müller)의 규범구조의 이론

1. 뮬러의 헌법해석이론의 출발점

뮬러는 해벌레와 마찬가지로 헷세의 제자였지만 해벌레와는 전혀 다른 각도에서 헌법해석의 문제에 접근하였다. 스멘트의 이론에 보다 가까웠던 해벌레와는 달리 헷세의 헌법해석이론을 좀 더 발전시킨 형태로 전개한 뮬러의 헌법해석이론은 무엇보다 존재와 당위, 현실과 규범의 이원주의를 극복하면서 해석의 객관성을 확보할 수 있는 헌법해석이론의 모색에 초점을 맞추고 있었다.

종래 규범과 현실의 관계에 대하여 신칸트철학에 기초한 방법이원론이 지배적이었기 때문에 이의 극복은 곧 규범과 현실을 연결시키려는 태도, 즉 규범과 현실의 -전면적인 것은 아닐지라도- 일원론에 접근하는 태도를 보이기 쉬웠다. 그러나 규범과 현실은 각기 분리되어서 그 의미를 갖는 것이기 때문에 이 양자의 관계를 일원론의 입장에서 설명하는 것도 타당하다고는 말하기 어렵다. 그런 가운데 과연 어떤 방식으로 방법이원론을 극복하면서 규범의 객관성을 확보할 것인지가 새로운 방법론에 있어 중심적 과제의 하나로 부각되었으며, 이 문제와 관련하여 뮬러는 규범의 실현구조를 세밀하게 분석하고 이를 기초로 헌법해석의 방법을 엄밀하게 구축하려는 시도를 하였다.

2. 규범의 실현구조: 규범프로그램으로서의 법조문과 규범영역, 사실영역

종래의 법조문(Normtext)만을 해석하는 헌법해석방법론은 더이상 찾아보기 어렵다. 더욱이 뮬러처럼 법조문 자체가 규범이라기보다는 실현되어야 할 규범을 제시하고 있는 일종의 프로그램(즉 규범프로그램)이라고 볼 때에는 규범의 실현이 법조문의 해석을 통해 비로소 가능하게 되며, 이러한 해석은 현실을 도외시하고서는 올바르게 전개될 수 없게 된다. 문제되는 것은 현실을 헌법해석에 어떻게 편입시킬 것인가이다. 문제변증론적 방법론은 구체적 사안에 대응하는 관점이라는 형태로 현실을 받아들이려 했으나 이 경우 규범성의 유지가 심각한 문제로 제기된다.

뮬러는 이 문제를 해결하기 위하여 단순한 규범프로그램(Normprogram)으로서의 법조문(Normtext)과 구별되는 규범영역(Normbereich)이라는 개념을 사용했다. 규범영역은 **규범프로그램이 규율하고자 하는 영역으로 선택한 사회적 현실의 단면**으로서 법규 자체의 사항적 구성요소(Sachbestandteil)인 것이다. 헌법해석은 법조문을 해석하는 것뿐 아니라 이 규범영역을 분석하는 것까지 포함하는 것이다. 뮬러의 방법론은 말하자면 규범프로그램(Normprogram), 규범영역(Normbereich), 사항영역(Sachbereich), 사건영역(Fallbereich) 등의 개념들의 도움을 받아 합리적으로 심사할 수 있는 방법을 통하여 현실의 요소를 법실현의 과정에 끌어넣는 것이다.

나아가 뮬러는 규범을 구체화하는 요소들을 첫째, 협의의 방법론적 요소, 둘째, 규범영역과 사건영역으로부터의 구체화요소, 셋째, 도그마적, 이론적, 법정책적 및 기술적 요소라는 세 개의 범주로 설명하면서 이들의 서열을 세밀하게 체계화함으로써 해석의 객관성을 확보하고자 하였다.

3. 규범구조의 이론의 의의와 그 한계

뮬러의 헌법해석방법론은 무엇보다 헌법해석의 방법을 보다 세밀하게 단계화하고 구체화하는 방법을 발전시켰다는 점에서 큰 의의를 갖는다. 헌법해석의 과정이 정밀하게 분석되고 그 과정에서 작용하는 요소들의 의미와 역할이 세밀하게 평가되었을 때, 헌법해석의 객관성에 대한 통제도 한걸음 더 앞으로 나아갈 수 있을 것이기 때문이다.

그러나 뮬러의 이론에 대한 비판도 상당히 날카롭다. 그의 전제인 규범과 규범텍스트를 구별하는 태도에 대한 비판이 있는가 하면 다른 한편으로는 그의 주장이 내포하는 문제변증론적 성격에 대한 비판이 있다. 나아가 헌법을 그가 주장한 방법으로 계속 구체화시키다 보면 헌법해석의 범위가 지나치게 확장되어 입법자의 자유로운 형성의 영역을 축소시키게 될 우려가 있다는 비판도 있다. 그리고 구체화 요소들의 서열에 대한 뮬러의 생각도 비판의 대상이 될 수 있다.

이러한 비판들에도 불구하고 뮬러의 헌법해석방법론은 규범과 사안을 동시에 고려하는 가운데 어느 한쪽에 치우치지 않고 객관적인 헌법규범을 찾아내려고 노력하였으며, 보다 세밀한 단계화를 통하여 객관화 · 합리화와 통제가능성의 확보에 기여했다는 점이 긍정적으로 평가되어야 할 것이다. 하지만 그 자신이 만들어낸 새로운 용어들로써만 설명될 수 있는 그의 이론이 과연 기존 개념에 대한 혼란을 감수할 정도의 새로움을 담고 있는지, 나아가 해석의 실무상 어느 정도의 실익을 가져올 수 있는지에 대해서는 좀 더 냉정한 평가가 필요할 것이다.

제6절 헌법해석의 원칙들

Ⅰ. 헌법해석의 구조와 개별적 해석원칙의 필요성

전통적인 법해석방법이 헌법해석에 대한 배타적 지배력을 상실하게 된 것은 무엇보다 헌법의 특성 및 그와 결부되어 있는 헌법해석의 특수성에 기인한 바가 크다. 고도의 추상성과 개방성을 갖고 있는 헌법규범의 해석을 위해서는 완결된 규범체계를 전제하였던 전통적 해석방법이 적절하지 않았기 때문에 결국은 문제중심적 사유의 -적어도 보충적인- 도움이 불가피했던 것이다.

그러나 이러한 문제변증론적 관점을 도입하여 헌법을 해석할 경우에 필연적으로 대두되는 것이 해석자의 주관이 개입할 위험 및 이에 대한 통제의 문제이다. 이로 인하여 헌법해석에 있어서는 해석자의 주관, 즉 해석자의 선이해를 객관화하는 것이 무엇보다 중요한 문제의 하나로 인식되게 되었다.

그 동안 개발된 다양한 해석원칙들은 -문법적 해석, 논리적 해석, 역사적 해석, 체계적 해석 등의 전통적인 해석방법과는 달리- 구체적 법조문의 의미를 분석하여 밝히는 것이 아니라, 전통적 방법 또는 문제변증론적 방법에 의해 발견된 법조문의 의미해석의 가능성을 제한하는 역할을 한다. 즉 다양한 해석가능성이 존재할 때, 이들 원칙에 부합하는 해석이 올바른 해석으로 선택되도록 하는 것이다.

그러므로 이러한 해석원칙은 선이해의 객관화를 통하여 해석방법에 대한 통제적 기능을 하게 되며, 이를 통하여 해석의 객관성이 좀 더 많이 확보될 수 있다.

Ⅱ. 헌법의 통일성의 원칙

1. 개념과 적용례

헌법의 통일성의 원칙이란 헌법규범을 해석할 때에는 항상 그 규범이 위치하고 있는 전체적 관련을 고려하여야 한다는 요청이다. 즉 헌법규범은 항상 헌법의 근본가치와 일치하며, 일방적으로 어느 한 측면만을 강조하지 않는, 다른 헌법규범과의 모순이 생기지 않도록 하는 해석을 필요로 한다는 것이다.

이러한 헌법의 통일성은 다양한 경우에 고려된다. 예컨대 정당이 선거의 실질적인 주체가 되어 있는 현대적 상황에서는 정당에 관한 헌법규정과 선거에 관한 헌법규정이 연계되어 해석되어야 한다는 요청이나 선거제도에 관한 헌법규정이 선거권에 관한 규정과 통일적으로 해석되어야 한다는 요청, 또는 재산권에 관한 헌법규정과 경제질서에 관한 헌법규정이 서로 모순되지 않도록 해석되어야 한다는 요청 등이 이에 해당된다.

2. 체계적 해석과 헌법의 통일성의 관계

이러한 헌법의 통일성의 원칙은 외견상 전통적 해석방법의 하나인 체계적 해석과 유사하게 느껴질 수 있다.

그러나 해석방법으로서의 체계적 해석과 해석원칙으로서의 헌법의 통일성은 서로 다른 맥락에서 고려되는 것이다. 전자는 문제되는 규범의 의미내용을 밝히기 위해서 규범의 전후맥락을 살펴서 해석하는 것이다. 하지만 후자는 헌법 전체를 근본가치를 중심으로 하는 하나의 통일된 규범체계로 파악하는 것이다.

물론 헌법 내에서는 다양한 이해관계가 때로는 갈등 · 대립하면서 조화를 추구해 나가기 때문에 헌법의 통일성을 인정한다는 것이 헌법 내적인 갈등과 긴장관계를 부정하는 것은 아니다. 다만 이를 최대한 조화시켜야 한다는 맥락에서 헌법의 통일성이 이해되어야 할 것이다.

3. 적용범위와 그 실질적 의의

헌법의 통일성의 원칙은 헌법해석의 원칙들 가운데서도 가장 비중이 큰 것이다. 어떤 헌법해석도 통일성에 반하는 결과를 가져와서는 안 된다. 헌법의 통일성은 헌법이 국가의 기본법으로서의 역할을 할 수 있기 위한 가장 기본적인 조건의 하나이기 때문이다.

따라서 통일성의 원칙은 모든 헌법규범의 해석에 적용되어야 할 뿐만 아니라, 예컨대 독일의 경우 유럽법 및 국제법에서 보장되고 있는 인권에 대해서도 적용되어야 한다고 강조되고 있다. 비록 우리의 경우 유럽인권협약과 같은 구속력을 갖는 지역인권선언에 가입되어 있는 것은 아니지만, 국제인권규약 등에 대해서는 같은 맥락에서 통일성의 요청을 고려할 수 있을 것이다.

Ⅲ. 실제적 조화의 원칙

1. 개념과 적용례

실제적 조화의 원칙은 헌법의 통일성과 관련하여 요청되고 있는 것으로서, 헌법상 보호되는 법익들은 헌법규범의 해석을 통하여 각 법익이 모두 실현될 수 있도록 상호 조정되어야 한다는 것이다. 즉 법익 간에 충돌이 생기는 경우에 성급한 법익형량이나 추상적인 이익형량을 통한 양자택일로써 (타법익을 희생함으로써) 하나의 법익만이 실현되어서는 안 된다. 오히려 헌법의 통일성의 원리에 따라 양 법익을 최적으로 실현하도록 요청되는 것이다.[25)]

---

25) 독일연방헌법재판소의 판례를 통해 발전된 실제적 조화의 원칙(das Prinzip praktischer Konkordanz)의 기본적 내용은 헌법상 보호되는 법익들 상호간의 충돌이 생길 경우 성급한 법익형량이나 가치형량에 기초하여 하나의 법익을 타법익에 우선하는 것으로 판단함으로써 결과적으로 하나의 법익만이 실

실제적 조화의 원칙은 무엇보다 기본권이 충돌하는 경우에 많이 적용된다. 예컨대 언론의 자유와 명예권이 충돌한 경우에 -법익형량을 통하여 어느 한 쪽이 일방적으로 우월한 기본권이라고 판단하지 않고- 명예를 침해하는 내용의 언론이 사실에 부합하고, 공익을 위한 것인 경우에는 언론의 자유를 우선시키되 그렇지 않은 경우에는 명예권을 우선시키는 방법으로 두 기본권을 동시에 최대한 보장할 수 있는 조화점을 찾는 것, 그것이 실제적 조화의 요청이라고 할 수 있다.

2. 실제적 조화와 비례원칙

실제적 조화의 원칙은 기본권의 충돌시 자주 활용되는 까닭에 이 원칙을 기본권 제한의 기준으로 널리 이용되고 있는 비례원칙과 혼동하는 경우가 드물지 않다. 그러나 실제적 조화의 원칙은 비례원칙과는 분명히 구별되는 해석원칙이다.

비례원칙은 법의 이념의 하나로 인정되는 합목적성의 고려에서 도출된 것으로서 목적과 이를 달성하기 위한 수단 사이의 관계를 규율하는 원칙이다. 즉 일정한 목적의 달성을 위해 투입되는 수단이 그 목적달성에 적합한지(적합성), 필요한지(필요성, 즉 최소침해의 원칙), 그리고 목적과 수단 사이의 균형이 어떠한지(균형성, 즉 협의의 비례성)를 검토하는 것이다.[26]

이와는 달리 실제적 조화의 원칙은 목적 상호간의 충돌상황을 전제하여 이들의 조정을 통하여 각자의 목적이 동시에 최대한 실현될 수 있도록 하는 것이다.

3. 적용의 범위와 한계

실제적 조화의 원칙은 목적 자체의 충돌, 특히 기본권의 충돌에 많이 적용되어 왔다. 헌법상의 정당한 목적들을 가능한 한 최대한 실현시키는데 실제적 조화의 원칙이 큰 기여를 할 수 있기 때문이다.

그러나 기본권이 충돌하는 모든 상황이 실제적 조화에 의해 설명되는 것은 아니다. 예컨대 산모의 건강권 또는 생명권과 태아의 생명권이 충돌되는 경우처럼 양자택일이 부득이한 경우도 생길 수 있으며, 이 경우에는 비례성원칙에 따른 이익형량 또는 법익형량의 원칙이 적용될 수밖에 없기 때문이다.

현되는 상황을 초래해서는 안 된다는 것이다. 즉 동시에 양법익을 최대한 실현시킬 수 있는 적정한 조화점을 찾도록 요구하는 것이다. 이러한 해석원칙을 기본권의 충돌과 관련하여 "**규범조화적 해석방법**"이라고 표현하는 예(허영, 한국헌법론, 2025, 304쪽 이하)도 있으나 과연 어떤 **규범**을 조화시키려는 것인지는 이해하기 어렵다. 또한 영토조항(헌법 제3조)과 평화통일조항(헌법 제4조)의 "**규범조화적 해석**"을 주장하는 경우(권영성, 헌법학원론, 2010, 124쪽)도 있으나 역시 규범조화라는 말의 의미는 명확하지 않다.

26) 비례원칙에 관하여 상세한 것은 「제1권 제2부 제3장 제3절 Ⅲ. **법치주의와 비례성**」 참조.

Ⅳ. 기능적 적정성의 원칙

1. 권력분립과 기능적 적정성

기능적 적정성의 원칙은 권력분립의 의미를 잘 실현시키기 위해 주장되는 것이다. 즉 헌법이 국가기능담당자의 그때그때의 임무와 협동작용을 일정한 방식으로 규정하면, 해석을 하는 기관은 자기에게 배정된 기능의 테두리 내에 머물러야 하며, 해석의 방법에 의하여 (그리고 그러한 해석의 결과에 의하여) 기능의 분배를 변경시켜서는 안 된다는 것이 기능적 적정성의 요청이다.

2. 헌법재판의 과제 및 기능법적 한계와 기능적 적정성

기능적 적정성의 원칙이 특히 문제되는 것은 입법자와 헌법재판소의 관계에서이다. 즉 헌법재판소는 위헌법률심판권 등을 통하여 입법자에 대한 통제기능을 부여받고 있지만, 그것을 넘어서 헌법재판소가 입법자의 형성의 자유를 축소하거나 또는 헌법재판소 스스로가 입법의 구체적 방향을 지시함으로써 마치 자신이 입법자가 되는 것처럼 해석하는 것은 금지되는 것이다.

Ⅴ. 기타의 해석원칙들

1. 통합적 작용의 원칙

통합적 작용의 원칙이란 헌법의 해석에 관한 여러 가지 관점들, 대안들이 존재할 경우에 헌법의 기본과제인 **정치적 통일체의 형성과 유지에 보다 부합되는 해석관점**을 우선시켜야 한다는 것이다.

2. 헌법의 규범력의 원칙

헌법의 규범력의 원칙은 헌법규범을 실현시키는 데 있어서 필요한 역사적 조건들은 계속 변천되기 때문에, 헌법적 문제를 해결하는 데 있어서는 그때그때의 조건하에서 **헌법규범으로 하여금 최적의 작용력을 얻게 할 수 있는 관점**을 우선시켜야 한다는 요청을 말한다.

Ⅵ. 헌법재판의 실무와 해석원칙

헌법재판의 실무는 특정의 헌법이론에 기초하여 문제를 체계적으로 분석하기보다는 문제 자체에 초점을 맞추어서 이를 올바르게 해결할 수 있는 다양한 관점들을 검토하는 방식으로 문제의 해결에 접근하는 경우가 대부분이다. 즉 일종의 문제변증론적 접근이 보편화되어 있는 것이다.

그러나 이러한 접근에서는 역시 해석의 객관성이 문제되기 때문에 해석원칙의 활용은 헌법재판의 실무에서 더욱 큰 의미를 가질 수 있다. 실제로 앞서 설명된 해석원칙들 가운데는 독일연방헌법재판소의 재판실무를 통하여 발전된 것들도 있다는 점은 이러한 해석원칙을 통한 객관화의 필요성을 반증하는 것이다.

따라서 우리의 헌법재판실무에서도 이미 오래 전에 정립되었고, 이론적으로 검증된 해석원칙들을 잘 활용하는 것이 매우 중요할 것이다.

제 7 절 헌법합치적 법률해석과 법률합치적 헌법해석

헌법의 해석은 법률 기타 국가작용을 통하여 헌법이 구체화되는 과정에서, 그리고 그러한 구체화가 헌법에 부합되는지를 확인하는 과정에서 주로 행해진다. 순수하게 실정헌법의 조문만을 대상으로 해석이 행해지는 경우는 오히려 예외이다. 그러므로 헌법의 해석은 많은 경우 다른 국가작용의 의미에 대한 이해와 결부되어 있다.

특히 헌법해석이 가장 문제되는 위헌법률심판의 경우에는 헌법의 해석과 더불어 법률의 해석이 동시에 문제될 수밖에 없다. 양자의 의미내용을 명확히 한 후에야 해당되는 법률의 위헌여부를 정확하게 판단할 수 있기 때문이다. 그런데 문제가 되는 것은 헌법과 법률의 해석에 있어서 다의적 해석의 가능성이 열려 있고, 그 해석 여하에 따라 결론이 합헌으로 내려질 수도 있고, 위헌으로 내려질 수도 있는 경우가 있다는 점이다. 이러한 경우 어떤 결정을 내려야 할 것인가에 대해서는 논란의 여지가 있을 수 있지만, 오늘날에는 권력분립의 원칙에 따라 인정되는 기능적 정당성의 원칙을 고려하여 최대한 합헌으로 인정하는 것이 요청된다. 즉 합헌으로 인정되는 해석을 우선시켜야 한다는 것이다.

이런 맥락에서 오늘날 헌법해석 및 법률해석과 관련하여 매우 중요한 비중을 갖게 된 것이 이른바 헌법합치적 법률해석(verfassungskonforme Auslegung des Gesetzes)과 법률합치적 헌법해석(gesetzeskonforme Auslegung der Verfassung)이다. 이를 간단하게 **합헌적 법률해석** 또는 **합법률적 헌법해석**이라고 부르기도 하지만, 그 의미는 합헌(verfassungsmäßig) 또는 위헌(verfassungswidrig)을 따지는 것이 아니라는 점에 유의할 필요가 있다.

I. 헌법해석과 헌법-법률의 관계

헌법해석은 말 그대로 헌법을 해석하는 것이다. 그러나 헌법해석이 헌법만의 해석인 경우는 오히려 흔치 않다. 헌법의 해석은 대부분 헌법의 구체화, 즉 법률이나 기타 헌법에 근거한 다른 국가작용의 근거 및 한계와 연결되어 있기 때문이다.

특히 법률은 헌법과 매우 밀접한 관계 속에 있다. 법률은 헌법의 이념과 원리, 기본적 요청을 국가질서 속에 실현시키기 위한 일차적 구체화일 뿐만 아니라 –입법자의 광범위한 형성의 자유와 결합하여– 헌법이 직접 규율하지 않고 있는 많은 문제에 대하여 해결의 방향을 제시하는 역할을 담당하기 때문이다.

그로 인하여 한편으로는 법률에 대한 합헌성의 추정 등으로 법률에 대하여 헌법의 신뢰가 부여되지만, 그러한 법률이 헌법에 위반되었을 경우에는 위헌으로 판단하여 헌법의 우위를 법률에 대해서도 관철시키는 것이 일반적으로 인정된다. 그러나 위헌성이 명확하지 않은 경우, 즉 위헌의 의심은 있으나 확실한 위헌으로 판단하는 데에도 곤란한 점이 있는 경우에는 어떻게 할 것인가?

이 문제는 헌법과 법률의 관계, 나아가 헌법의 최종적 해석자인 헌법재판소와 법률의 제정자(즉 입법자)의 관계를 어떻게 이해할 것인가와 직결되어 있는 문제이며, 이 문제를 적절하게 해결하기 위한 시도로서 합헌적 법률해석의 방법이 제시되었다.

Ⅱ. 법률의 헌법합치적 해석(합헌적 법률해석)

1. 합헌적 법률해석의 의의

합헌적 법률해석, 즉 **법률의 헌법합치적 해석**이란 법률을 해석함에 있어서는 헌법에 합치되는 방향으로 해석하여야 하며, 법률이 헌법에 합치되도록 해석될 가능성이 있는 경우에는 그 법률이 헌법에 위배되는 것으로 보아 무효라고 선언해서는 안 된다는 원칙을 말한다.

이러한 합헌적 법률해석은 법률의 내용이 다의적·불확정적이어서 여러 가지로 해석이 가능할 뿐만 아니라, 어떠한 해석을 취하느냐에 따라 그 법률의 합헌 또는 위헌에 대한 판단이 달라지는 경우에 비로소 실질적인 의미를 갖는다. 즉 합헌적 법률해석이란 헌법재판소의 위헌법률심판 또는 헌법소원심판의 과정에서 합헌 여부가 문제되는 법률이 다의적 해석가능성을 보여줄 때, 헌법재판소가 법률에 대하여 합헌으로 해석할 수 있는 가능성을 최대한 살려주어야 한다는 원칙인 것이다.

따라서 합헌적 법률해석을 올바르게 파악하기 위해서는 헌법재판소와 국회의 관계에 대한 이해를 전제로 합헌적 법률해석의 근거와 한계, 그리고 합헌적 법률해석을 통해 내려지는 헌법재판소의 변형결정에 대하여 정확하게 살펴야 할 것이다.

2. 합헌적 법률해석의 근거

이런 맥락에서 볼 때, 합헌적 법률해석은 헌법재판소가 국회의 입법권을 존중하여 최대한 합헌으로 해석하여야 한다는 요청을 반영하고 있다고 이해될 수 있다.[27]

27) 같은 맥락에서 헌법재판소는 "법률의 합헌적 해석은 헌법의 최고규범성에서 나오는 법질서의 통일성에 바탕을 두고, 법률이 헌법에 조화하여 해석될 수 있는 경우에는 위헌으로 판단하여서는 아니 된다는 것을 뜻하는 것으로서 권력분립과 입법권을 존중하는 정신에 그 뿌리를 두고 있다"(헌재 1989.7.14. 88헌

따라서 합헌적 법률해석의 근거로는 권력분립의 원칙과 사법자제, 법적 안정성의 확보, 법률의 합헌성추정 등이 이야기된다. 나아가 법률의 위헌결정은 경우에 따라 대외적 파급효까지도 가져올 수 있다는 점 때문에 국가 간의 신뢰보호를 합헌적 법률해석의 근거로 드는 경우도 있다.

그 밖에 합헌적 법률해석이 요청되는 근거로는 법질서의 통일성 유지가 거론되기도 하나,[28] 규범통제제도 자체가 법질서의 통일성 확보를 위한 것이므로 위헌결정을 가급적 회피하는 합헌적 법률해석만이 법질서의 통일성에 특별히 기여하는 것이라고 보기는 어렵다.

3. 합헌적 법률해석의 한계

합헌적 법률해석에 대하여는 일반적으로 다음의 세 가지 한계가 이야기된다.[29]

첫째, **어의상의 한계**가 있다. 합헌적 법률해석은 어디까지나 다의적 해석 가능성이 인정될 경우에 적용될 수 있는 것이지 문구상 명백한 합헌, 또는 명백한 위헌의 경우에는 적용의 여지가 없다. 헌법재판소의 입법자에 대한 존중도 헌법이 허용하는 테두리 안에서 인정되는 것이고 결코 헌법에 대한 존중보다 우선할 수는 없기 때문이다.

둘째, **입법목적상의 한계**가 있다. 문제되는 법률규정이 다의적으로 해석될 수 있어서 합헌으로 판단할 수 있는 가능성이 있다고 할지라도, 그렇게 해석할 경우에는 본래의 입법목적의 달성이 불가능하고 전혀 새로운 목적이나 내용을 가지게 된다면 합헌적 법률해석은 이미 법률해석이 아닌 입법이 되어 버리므로 곤란하다.

셋째, **헌법허용적 한계**라는 것도 이야기된다. 법률의 헌법합치적 해석은 어디까지나 법률의 해석일 뿐, 그것이 헌법의 규범적 의미와 내용을 벗어나는 경우에도 헌법을 지나치게 확대 해석함으로써 억지로 법률을 합헌으로 만들어서는 안 된다는 것이다.[30]

가5등 결정)고 인정하였으며, "어떤 법률의 개념이 다의적이고 그 어의의 테두리 안에서 여러 가지 해석이 가능할 때, 헌법을 최고법규로 하는 통일적인 법질서의 형성을 위하여 헌법에 합치되는 해석 즉 합헌적인 해석을 택하여야 하며, 이에 의하여 위헌적인 결과가 될 해석은 배제하면서 합헌적이고 긍정적인 면은 살려야 한다는 것이 헌법의 일반법리이다."(**헌재 1990.4.2. 89헌가113 결정**)라고 판시한 바 있다.

28) 예컨대 권영성, 헌법학원론, 2010, 27쪽. 또한 헌법재판소도 "일반적으로 어떤 법률에 대한 여러 갈래의 해석이 가능할 때에는 원칙적으로 헌법에 합치되는 해석 즉 합헌해석(合憲解釋)을 하여야 한다. 왜냐하면 국가의 법질서는 헌법을 최고법규로 하여 그 가치질서에 의하여 지배되는 통일체를 형성하는 것이며 그러한 통일체내에서 상위규범은 하위규범의 효력근거가 되는 동시에 해석근거가 되는 것이므로, 헌법은 법률에 대하여 형식적인 효력의 근거가 될 뿐만 아니라 내용적인 합치를 요구하고 있기 때문이다."(**헌재 1989.7.21. 89헌마38 결정**)라고 판시한 바 있다.

29) 헌법재판소도 합헌적 법률해석의 한계에 대하여 "법률 또는 법률의 … 조항은 원칙적으로 가능한 범위안에서 합헌적으로 해석함이 마땅하나 그 해석은 법의 문구와 목적에 따른 한계가 있다. 즉, 법률의 조항의 문구가 간직하고 있는 말의 뜻을 넘어서 말의 뜻이 완전히 다른 의미로 변질되지 아니하는 범위 내이어야 한다는 **문의적 한계**와 입법권자가 그 법률의 제정으로써 추구하고자 하는 입법자의 명백한 의지와 입법의 목적을 헛되게 하는 내용으로 해석할 수 없다는 **법목적에 따른 한계**가 바로 그것이다. 왜냐하면, 그러한 범위를 벗어난 합헌적 해석은 그것이 바로 실질적 의미에서의 입법작용을 뜻하게 되어 결과적으로 입법권자의 입법권을 침해하는 것이 되기 때문이다."(**헌재 1989.7.14. 88헌가5 등 결정**) 라고 판시한 바 있다.

4. 합헌적 법률해석과 헌법재판소의 변형결정

합헌적 법률해석은 문제되는 법률조항에 대한 헌법판단에 있어서 -일정한 방향으로 해석한다는 것을 전제로- 합헌의 결정을 내리도록 요구하는 것이다.

그러나 문제되는 법률조항을 단순합헌으로 결정하게 되면, 그 조항을 위헌적인 방향으로 해석·적용할 경우에 발생되는 헌법위반을 막지 못한다는 문제점이 발생된다. 그 때문에 합헌적 법률해석에 따른 헌법재판소의 결정은 한정합헌 또는 한정위헌이라는 변형결정의 형식을 취하게 된다. 하지만 변형결정의 근거와 효력에 대해서는 논란이 있으며, 대법원은 이를 부정하는 판결을 내림으로써 헌법재판소와 적지 않은 마찰을 빚기도 하였다.[31)]

합헌적 법률해석은 헌법재판과정에서 -특히 헌법재판소와 입법자의 관계를 고려하여- 다의적으로 해석될 수 있는 법률에 대해서는 최대한 위헌이 아닌 합헌으로 판단하도록 요구하는 것이다. 하지만 합헌적 법률해석이 헌법에 대한 존중과 입법자에 대한 존중을 동시에 확보하는 가운데 법적 안정성의 확보 등 기대되는 여러 기능을 수행하기 위해서는 변형결정의 의의와 기능, 구속력이 적극 인정되어야 할 것이다.

Ⅲ. 헌법의 법률합치적 해석(합법률적 헌법해석)

법률과 헌법이 합치되도록 해석하고자 할 때에는, 법률의 내용을 어떻게 해석할 것인지의 문제뿐만 아니라, 그 법률에 대한 판단의 기준이 되는 헌법의 내용을 어떻게 해석할 것인지의 문제도 함께 제기된다. 즉 문제되는 법률이 합헌인지 위헌인지를 판단하기 위해서는 그 법률의 내용과 더불어 헌법의 내용도 함께 밝혀져야 하는 것이다.

특히 법률의 내용은 비교적 명확하지만 헌법의 의미내용이 다의적일 경우, 헌법과 법률을 합치적으로 해석하려는 노력은 해석되어야 할 헌법규범을 가능한 한 입법자가 구체화한 의미, 즉 법률의 내용에 부합되게 해석하려는 경향으로 나타난다. 이를 헌법의 법률합치적 해석이라 부르며, 이는 법률의 헌법합치적 해석과 맞물려 있는 것으로서 법률의 헌법합치적 해석이 헌법해석에 미치는 반작용이라고 할 수 있다.

---

30) 그러나 이러한 헌법허용적 한계라는 것은 사실상 앞서 이야기된 어의상의 한계 및 입법목적상의 한계와 중복될 수밖에 없을 것이다.

31) 이에 관하여는 「제3권 제3부 제5장 제5절 Ⅱ. 4. (2) **위헌법률심판의 결정유형과 변형결정의 효력**」 참조.

제 8 절 헌법해석의 한계

Ⅰ. 헌법해석의 한계로서의 헌법조문(문구)

헌법의 해석은 헌법규정의 의미내용을 밝혀냄으로써 구체적 현실 속에서 헌법이 실현될 수 있도록 하는 작용이다. 즉 헌법해석은 무에서 유를 창조하는 것이 아니라 실정헌법의 조문을 전제하고 그 의미내용을 밝히는 작업이다. 따라서 헌법해석은 그 대상 자체, 즉 실정헌법 조문 자체를 넘어서서는 안 된다. 만일 이를 넘어설 경우에는 그것은 더 이상 해석이라 부를 수 없는 것이 되어버릴 것이다.

실정헌법의 조문, 즉 성문의 헌법규정은 해석의 넘을 수 없는 한계이다. 성문헌법 자체가 갖는 의의와 기능, 즉 헌법의 문구를 통해 국가질서를 명확하게 형성하고 통제함으로써 얻어지는 안정화 및 합리화의 기능을 발현시키기 위해서는 헌법해석이 실정헌법의 조문을 무시하는 가운데 행해져서는 안 된다.

그러므로 헌법상 명문으로 규정된 것을 무시하거나 헌법이 도입하지 않은 것을 임의로 도입하려는 해석, 헌법의 명문규정에 명백히 모순되는 해석은 허용되지 않는다. 이런 경우에는 조문의 해석을 통한 문제해결이 불가능하므로 헌법개정을 통한 문제의 해결이 시도되어야 할 것이다.[32)]

Ⅱ. 헌법해석의 한계로서의 헌법원리와 이념

실정헌법의 조문에 못지않게 중요한 것이 헌법의 구조와 성격을 결정하는 헌법이념 및 기본원리, 혹은 헌법의 근본가치로 이야기되는 것들이다. 이에 속하는 것으로는 인간의 존엄을 비롯한 인권, 그리고 민주주의와 법치주의의 핵심요소들을 들 수 있는데, 헌법의 해석은 이러한 것들을 존중하여야 한다.

물론 이러한 요소들은 대부분 헌법상의 명문규정을 통해 나타나며, 또 추상적 · 단편적 규정으로 나타나고 있는 것들은 헌법해석을 통해 구체화되어야 하는 해석의 대상이기도 하다. 하지만 헌법해석의 방향 자체가 이러한 헌법이념과 원리들을 실현시키는 쪽을 지향해야 하며, 그에 반대되는 쪽을 지향해서는 안 된다는 점을 헌법해석과 관련하여 강조할 필요가 있다.

---

32) 헷세는 이를 가리켜 "헌법개정의 문제는 헌법변천의 가능성이 끝나는 곳에서 시작된다"고 말한 바 있다. 이에 관하여는 또한 앞의 「제1권 제1부 제3장 제1절 Ⅱ. 3. **헌법변천의 한계와 헌법개정의 필요성**」 참조.

Ⅲ. 헌법해석의 기능법적 한계

기능법적 한계(funktionell-rechtliche Grenze)란 헌법해석의 본질적 한계라기보다는 헌법을 해석하는 여러 국가기관들 사이에서 제기되는 문제로서, 헌법해석기관들은 각기 헌법상 부여된 기능의 범위 내에서만 해석을 하여야 한다는 것이다.

이러한 기능법적 한계는 일차적으로 헌법재판과 입법과의 관계에서 많이 논의된다. 예컨대 앞서 설명되었던 헌법합치적 해석을 통하여 헌법재판소는 입법자에 의한 헌법의 구체화를 존중하는 것이 원칙이다. 그러나 헌법합치적 해석을 통해 헌법재판소는 문제되는 법률을 위헌이 아닌 합헌으로 판단하는 대신에 그 법률의 내용을 원래 입법자가 의도했던 것과는 다른 것으로 해석하게 될 수 있다. 이처럼 헌법재판소가 사실상 입법내용을 형성하는 경우에는 헌법해석의 기능법적 한계가 문제될 수 있다. 그러나 그 경계선을 분명하게 긋는 것은 매우 어려운 일이다.

또한 헌법재판과 일반재판의 관계에서도 기능법적 한계가 문제될 수 있다. 여기서는 특히 법률에 대한 해석권한이 문제될 수 있는데, 일차적으로 일반법원이 법률에 대한 판단권을 갖지만, 헌법재판소도 헌법해석과정에서 동시에 법률을 해석하여야 하는 경우가 일반적이기 때문이다. 그러나 그 결과 일반법원(특히 그 최고심인 대법원)의 법률해석과 헌법재판소의 헌법해석과정에서 드러나는 법률에 대한 이해가 충돌하는 경우가 발생될 수 있으며, 이를 어떻게 해결할 것인지는 현실적으로 매우 중요한 문제로 대두되고 있다.

제 9 절 헌법전문(憲法前文)의 해석

Ⅰ. 헌법전문의 개념과 의의

헌법의 전문(前文)이란 헌법의 본문(本文) 앞에 위치하여 헌법전의 일부를 구성하고 있는 헌법서문을 말한다. 헌법전문은 대체로 헌법제정의 역사적 의의와 주체 및 그 제정 과정, 헌법제정의 목적, 헌법의 목적과 지도이념 등을 규정한다.

이러한 헌법의 전문은 헌법전을 구성하는 필수적 요소는 아니지만, 현대국가의 헌법들은 대부분 전문을 두고, 전문을 통하여 헌법의 전체적 성격과 제정 배경 등을 밝히고 있다.

Ⅱ. 헌법전문의 성격과 효력

헌법전문의 성격을 어떻게 이해할 것인가에 대해서는 단순히 사실관계를 설명하는 선언문에 불과하다는 견해와 국가질서를 형성하는 가장 중요한 내용(기본적 결단 내지 중심적 가치)이 들어있는 헌법의 중요규범이라고 보는 견해가 대립되고 있다. 이러한 견해의 대립은 헌법전문의 법적 효력에 대한 견해의 차이로 이어진다.

1. 효력부정설

헌법전문의 법적 효력을 부정하는 견해는 헌법전문이 헌법의 유래나 헌법제정의 목적 등을 규정한 것에 불과하다고 본다. 즉 헌법전문은 선언적인 것일 뿐 명령적인 것은 아니므로 법적 규범력을 갖지 못한다는 것이다.

법실증주의자들을 대체로 이러한 견해를 취했다. 헌법전문은 실정법의 전형적인 형식에 따른 규범이 아니라 그 형식에서부터 기존의 규범과는 다르다고 생각한 것이다.

2. 효력긍정설

헌법전문의 법적 효력을 인정하는 견해는 헌법전문에 포함되어 있는 국민의 의사 내지 정치적 결정이 국가형태 내지 국가질서의 기본원리를 정한 것이라는 점에 주목한다. 즉 헌법전문에서 국가질서의 가장 중요한 요소들이 규정되고 있으므로 헌법전문은 법적 규범력을 갖는 최고원리라고 주장하는 것이다.

이러한 효력긍정론에 있어서도 결단주의의 입장에서는 헌법제정권력의 소재 및 헌법제정권력의 행사를 통한 결단이 구체화되어 있다는 점에 초점을 맞추고 있으며, 통합론의 입장에서는 헌법의 전문 속에 국가질서를 형성하는 데 작용하는 중심적 가치들이 포함되어 있다는 점을 중요시하고 있다.

3. 헌법전문의 실질적 기능과 효력인정의 필요성

헌법전문의 성격 내지 법적 효력에 대한 문제는 이러한 헌법전문의 내용으로 포함되어 있는 헌법의 기본원리 내지 국민의 결단에 대해 어떤 실질적인 법적 구속력을 인정할 수 있는가의 문제와 연결시켜서 이해되어야 한다. 즉 전문에 나타난 헌법적 결단 또는 가치가 헌법의 본문 규정들과 마찬가지로 국가권력을 직접 구속할 수 있는지에 따라서 판단되어야 할 것이다.

이에 대하여 국내의 헌법학자들은 대체로 전문의 법적 효력을 인정하면서 헌법전의 일부이고, 최고규범이며, 법해석의 기준이 된다는 점, 그리고 재판규범이 되고, 개정금지대상이 된다는 등의 결론을 도출하고 있다.

Ⅲ. 헌법전문의 내용과 해석의 필요성

현행헌법은 다음과 같은 전문을 두고 있다:

유구한 역사와 전통에 빛나는 우리 대한국민은 3 · 1운동으로 건립된 대한민국임시정부의 법통과 불의에 항거한 4·19민주이념을 계승하고, 조국의 민주개혁과 평화적 통일의 사명에 입각하여 정의·인도와 동포애로써 민족의 단결을 공고히 하고, 모든 사회적 폐습과 불의를 타파하며, 자율과 조화를 바탕으로 자유민주적 기본질서를 더욱 확고히 하여 정치·경제·사회·문화의 모든 영역에 있어서 각인의 기회를 균등히 하고, 능력을 최고도로 발휘하게 하며, 자유와 권리에 따르는 책임과 의무를 완수하게 하여, 안으로는 국민생활의 균등한 향상을 기하고 밖으로는 항구적인 세계평화와 인류공영에 이바지함으로써 우리들과 우리들의 자손의 안전과 자유와 행복을 영원히 확보할 것을 다짐하면서 1948년 7월 12일에 제정되고 8차에 걸쳐 개정된 헌법을 이제 국회의 의결을 거쳐 국민투표에 의하여 **개정한다**. 〈1987년 10월 29일〉

헌법전문의 규범적 효력을 인정할 때에는 헌법전문에 대한 해석의 필요성이 제기된다. 그러나 보는 바와 같이 헌법의 전문은 구체적인 표현보다는 매우 추상적인 용어를 사용하여 국가질서 형성의 기본적 이념과 방향을 제시하고 있는 경우가 많기 때문에 헌법의 본문 이상으로 해석의 필요성이 크게 나타난다.

이러한 해석은 여러 관점들을 고려해서 행해져야 한다. 특히 주의할 점은 헌법의 통일성 원칙에 따라 **헌법 전문의 해석이 헌법 본문의 해석과 통일적으로 이루어져야 한다**는 것이다. 예컨대 헌법전문에서 언급된 민주이념, 민주개혁 등과 헌법본문의 민주주의에 관한 규정들, 그리고 헌법전문의 평화적 통일과 헌법 제4조, 제66조 제3항 등에서 언급되는 평화적 통일, 헌법전문의 자유민주적 기본질서와 헌법 제4조의 자유민주적 기본질서 및 헌법 제8조 제4항의 민주적 기본질서를 어떠한 유기적 관련 속에서 해석할 것인지가 문제되는 것이다.

결국 헌법전문은 그 자체로서 해석되어 효력을 발할 수 있는 독자적인(혹은 고립적인) 규범이라기보다는 헌법본문과 연결되어서 통일적으로 해석되고 효력을 발할 수 있는 전체 헌법의 일부로서 이해되어야 할 것이다.[33)]

---

33) 이런 맥락에서 볼 때, 헌법전문의 문구가 개정되어 헌법의 기본적 구조와 성격에 관한 표현(예컨대 민주주의나 인권에 관한 것)이 삭제되는 경우가 생긴다 할지라도 헌법의 본문 가운데 그 규정들이 유지되고 있어서 전체 헌법상으로는 변화가 없을 경우에는 헌법개정의 한계를 벗어나지 않고 있다고 평가되어야 할 것이다.

제 5 장 헌법의 효력범위

헌법이 무엇인지를 알기 위해서는 헌법의 본질에 대한 이해와 헌법의 제정, 개정 및 해석에 대한 정리도 필요하지만, 그에 못지않게 헌법이 구체적으로 언제 어디서 적용될 수 있는지를 밝히는 것, 즉 헌법의 효력범위에 대한 정리도 중요하다. 헌법은 막연히 어떤 것이 옳다고 주장하는 도덕규범이 아니라 구체적 현실 속에서 강제력을 가지고 적용되어야 하는 법규범이기 때문이다.

헌법은 시공을 초월하여 보편타당한 것이 아니라 일정한 **시간**과 **공간** 속에서만, 그리고 일정한 범위의 **인간**에 대해서 그 효력을 발할 수 있는 실정법규범이다. 그러므로 이러한 실정법규범이 적용될 수 있는 범위를 공간적 범위, 시간적 범위, 인적 범위로 나누어 고찰해 보는 것은 헌법의 실체를 파악하는 데 중요한 의미를 갖는 것이다.

헌법 제2조 ① 대한민국의 국민이 되는 요건은 법률로 정한다.
② 국가는 법률이 정하는 바에 의하여 재외국민을 보호할 의무를 진다.
헌법 제3조 대한민국의 영토는 한반도와 그 부속도서로 한다.
헌법 제4조 대한민국은 통일을 지향하며, 자유민주적 기본질서에 입각한 평화적 통일정책을 수립하고 이를 추진한다.

【사례: 조약의 헌법 제3조 영토조항 위반 여부】

갑 등은 독도 수역에서 오랫동안 어업에 종사해 온 사람들인데, 그 간 위 수역에서 독점적으로 조업활동을 해 왔지만, 1998.11.28. 일본국 가고시마에서 체결되고 1999.1.6. 제199회 임시국회의 제6차 본회의에서 비준동의안이 가결되어 같은 해 1.22. 발효된 '대한민국과 일본국 간의 어업에 관한 협정'으로 인하여 위 수역에서 일본국의 어선과 공동어업을 할 수밖에 없게 되어서 자신들의 어획량이 감소하였다고 주장하며 대한민국을 피고로 하여 서울중앙지방법원에 손해배상을 청구하였다.

위 소송 중 갑 등은 위 협정조항이 조약에 대한 비준동의절차를 거치지 않는 등 헌법을 위반하였다고 하며 위헌법률심판제청신청을 하였으나, 2007.3.27. 기각되자, 같은 해 4.25. 헌법재판소에 헌법소원심판을 청구하였다.

〈헌재 2009.2.26. 2007헌바35 참조〉

1. 갑 등의 헌법소원심판청구는 적법한가? (20점)

2. 조약의 내용이 헌법에 위배될 경우에 이를 다툴 수 있는 헌법소송의 유형과 장단점은 무엇인가? (30점)
3. 갑 등의 헌법소원심판청구가 적법한 경우 헌법재판소는 어떠한 본안판단을 내려야 하는가? (50점)

제1절 헌법의 존재의의와 효력(적용)범위

헌법은 국가질서를 규율하는 최고의 실정법규범이다. 그러나 아무리 최고규범이라 할지라도 -이미 헌법의 본질과 과제, 헌법의 제정, 개정, 해석 등을 통해 밝혀진 것처럼- 헌법은 완전한 규범이 아니라 인간의 경험과 숙고를 통해 가능한 정도까지의 합리적인 규율을 담고 있는 규범일 뿐이다. 더구나 헌법을 비롯한 모든 법규범의 역사성은 시간의 경과에 따라 끊임없이 새로운 규범을 요구한다.

그렇기 때문에 헌법은 영원불변의 진리로 인정되기보다는 한정된 시간과 공간 속에서만 그 효력을 인정받을 수 있다. 헌법 자체가 하나의 국가공동체를 전제하고, 그 국가의 최고규범으로 만들어진 것이기 때문에 **헌법의 효력범위는 일차적으로 그 국가공동체로 한정된다.** 하지만 국제관계의 발달과 이로부터 야기되는 복잡한 인적 · 물적 교류는 단순히 국가공동체 내의 영역과 국제관계의 영역을 이원적으로 구분하는 것만으로 헌법(즉 국내법)의 효력범위와 국제법의 효력범위를 구분하기 어렵게 만들고 있다.

그러나 헌법의 효력범위를 확인하기 위해 가장 먼저 검토되어야 할 것은 역시 국가공동체의 울타리, 즉 그 국가의 영토에 속하는 지역과 그렇지 않은 지역의 구분이다. 그리고 이러한 구별에 인적 · 물적 교류에 의해 발생되는 특별한 상황에 대한 특별한 고려가 더하여짐으로써 헌법의 효력범위에 대한 윤곽이 그려질 수 있을 것이다.

이와 관련하여 영토의 문제를 고전적 국가삼요소설에 입각하여 -국민, 주권(또는 국가권력)과 함께- **국가의 구성요소** 내지 **국가의 존립기반**으로 보는 견해가 많이 있다. 국가를 외형의 면에서 분석할 때, 영토, 국민, 주권이라는 세 가지가 눈에 띄는 중요한 요소인 것은 분명하다.

그러나 이러한 주장은 국가의 본질을 이해하는 데에는 큰 도움이 되지 않는다. 국가삼요소설은 이미 오래 전에 스멘트가 비판했듯이 단지 형식적인 고찰일 뿐이며, 찻잔받침 위에 찻잔을 올려놓듯이 영토에 국민이 있음으로써 국가가 성립된다는 것은 국가의 본질에 대한 이해에 전혀 도움이 되지 않는다.

국가의 본질에 대한 이해의 필요성과 중요성은 그것이 (실질적인 관점에서 헌법을 이해하는 경우) 헌법학적 고찰의 출발점이라는 데에 있다. 따라서 영토와 국민에 대한 헌법학적 고찰에 있어서도 그것이 단순히 국가의 구성요소 또는 존립의 기초라는 측면을 강조하는 것은 (물론 영토와 국민이 국가의 형식적 구성요소가 된다는 것을 부인하는 것은 아니지만) 의미가 별로 없다. 오히려 영토와 국민이 우리의 헌법학적 고찰에서 갖고 있는 실질적 의미에 중점을 두어 생각한다면 영토와 국민은 그것이 (헌)법의 효력범위를 밝히는 기준으로서 기능하고 있다는 점에서 그 일차적 의미를 찾아야 할 것이다.

제2절 헌법의 공간적 효력(적용)범위: 국가영역

헌법은 한 국가의 영역 내에서만 효력을 미친다. 다른 국가의 영역에서는 그 국가의 헌법이 효력을 미치는 것이다. 따라서 한 헌법의 공간적 효력범위는 다른 국가의 헌법이 미치는 공간적 효력범위와의 경계에서, 또는 국제법규범이 적용되는 영역과의 한계 설정을 통하여 확인될 수 있다. 이처럼 헌법(즉 국내법질서)이 적용되는 영역에 관한 한계의 설정은 그 동안 '영토'라는 개념으로 정리되어 왔다.

Ⅰ. 헌법(즉 국내법질서)의 효력의 공간적인 한계로서의 영역

헌법학적 고찰의 대상인 헌법은 시공을 초월하여 보편타당한 자연법이 아니라 **지금 여기에서** 통용되고 있는 법, 그리고 구체적 생활현실을 규율하는 살아있는 법이다. 헌법학은 이러한 헌법의 의미내용과 정당성의 문제를 검토하는 것이다. 따라서 헌법학적 고찰에 있어서는 그 법이 언제 어디에서 통용되는 법인지, 다시 말하면 지금 여기에서 통용되고 있는 법인지를 먼저 확인하여야 한다.

헌법은 국가공동체의 최고법이므로 그 국가공동체의 울타리 안에서는 당연히 헌법의 효력이 미친다. 따라서 헌법의 효력범위는 그 국가공동체의 울타리와 일치하는 것이 원칙이다. 결국 헌법의 공간적인 효력범위는 종래 영토라는 개념으로 논의되어 온 국가영역의 범위와 한계의 문제이며, 그것은 국가권력이 미치는 범위(와 한계)의 문제이기도 하다.

헌법의(따라서 국가의) 공간적 한계는 법규범 자체의 본질로부터 당연히 인정되는 것은 아니다. 헌법의 한계는 내부로부터가 아니라 외부로부터, 즉 다른 국가와의 관계 내지는 국제법과의 관계 속에서 찾을 수 있다. 즉 (헌)법의 효력범위의 문제는 한 국가가 자신의 기준에 따라 일방적으로 정할 수 있는 것이 아니라 주변 국가들과의 국제적인 관계 속에서 비로소 결정될 수 있는 것이다.

Ⅱ. 영역의 개념: 삼차원적 공간으로서의 영역과 국경

헌법 제3조는 "대한민국의 영토는 한반도와 그 부속도서로 한다"고 규정하고 있다. 이 때의 영토는 단지 국가가 성립되어 있는 지표면, 즉 좁은 의미의 영토만으로 이해되지는 않는다. 넓은 의미의 영토는 삼차원적인 것으로 이해되고 있으며, 좁은 의미의 영토 이외에 영해와 영공을 포함한다.

1. (협의의) 영토

좁은 의미의 영토는 국가의 기초가 되는 일정 범위의 육지를 말한다. 영토에는 지표면뿐만 아니라 지하공간까지도 포함된다. 헌법의 효력은 원칙적으로 그 국가의 영토 내 모든 생활관계에 미친다.[1)]

영토의 범위는 헌법에서 직접 규정하는 입법례와 그렇지 않은 경우가 있는데, 현행 헌법은 제3조에서 '한반도와 그 부속도서'를 영토로 명시하고 있다. 이러한 규정의 취지는 북한지역까지도 대한민국의 영토에 포함됨을 선언함으로써 대한민국이 한반도 내의 유일한 합법정부임을 확인하고자 하는 것이었다.[2)]

그러나 헌법개정에 의해 평화적 통일의 원칙이 헌법에 추가되고, 나아가 평화통일 원칙에 기초하여 남북기본합의서가 작성되고 남북한이 합의하에 UN에 동시가입하게 됨으로써 북한의 실체를 공식적으로 인정하게 됨에 따라 문제가 복잡해졌다. 북한을 불법집단으로 전제하는 헌법 제3조 영토조항과 헌법 제4조 평화통일조항과의 관계가 중요한 문제로 대두된 것이다.

2. 영 해

영해란 (좁은 의미의) 영토에 접속해 있는 일정한 범위의 해역을 말한다. 영해는 그 국가의 실질적 지배가 미치는 범위의 바다를 의미한다는 점에서 과거에는 해안에서 대포를 쏘아 도달가능한 거리(이른바 착탄거리)를 기준으로 하여 3해리설, 6해리설, 12해리설 등이 주장되었다.[3)] 또한 최근에는 200해리설이 주장되기도 했다.

그러나 오늘날에는 국제적인 규범에 따라 한편으로는 영해의 실질적 의미가 영토의 보호에 있다는 점에서 실질적 보호가 가능한 정도의 영해를 인정하되, 다른 한편으로는

---

1) 헌법재판소는 "국민의 개별적 기본권이 아니라 할지라도 기본권보장의 실질화를 위하여서는, 영토조항만을 근거로 하여 독자적으로는 헌법소원을 청구할 수 없다 할지라도, 모든 국가권능의 정당성의 근원인 국민의 기본권 침해에 대한 권리구제를 위하여 그 전제조건으로서 영토에 관한 권리를, 이를테면 영토권이라 구성하여, 이를 헌법소원의 대상인 기본권의 하나로 간주하는 것은 가능"한 것으로 판시한 바 있다(**헌재 2001.3.21. 99헌마139등 결정**).

2) 제헌헌법의 기초자인 유진오 박사는 제헌헌법 제4조에서 한반도 전체를 영토로 규정한 것에 대하여 "대한민국헌법은 결코 남한에만 시행되는 것이 아니고 우리나라의 고유의 영토 전체에 시행되는 것이라는 것을 명시"하기 위한 것이라고 이 규정의 취지를 설명하고 있다.

3) 그러나 미사일의 사정거리가 지구 전체를 대상으로 할 수 있을 정도로 발달된 오늘날에는 착탄거리를 주장하는 것이 무의미하다.

공해(公海)의 국제적 공동이용을 침해할 정도로 광범위한 영해의 주장은 무리라고 인정된다. 따라서 영해의 범위는 12해리 정도로 인정하는 것이 일반적이다.

대한민국도 영해 및 접속수역법에 따라 기선(해안의 저조선)으로부터 측정하여 그 외측 12해리까지를 영해로 하고 있고, 기선으로부터 그 외측 24해리 이내의 수역을 접속수역으로 하고 있다. 또한 배타적 경제수역법에 따르면 기선으로부터 그 외측 200해리 이내의 수역 중 대한민국의 영해를 제외한 수역을 배타적 경제수역으로 한다. 그리고 대륙붕에 관한 제네바조약에 따라 대한민국의 연안으로서 수심 200m 이내의 해역에 대해서는 천연자원 등을 개발할 권리를 갖는다.

영해와는 달리 공해(公海)에 대해서는 자유이용권이 일반적으로 인정된다. 그러나 국제조약에 의하여 제한이 부과되는 경우도 적지 않다. 특히 심해저의 개발이 기술과 자본을 갖춘 일부 선진국에 의해 독점되는 것을 막기 위하여 이를 인류공동유산으로 파악하여 자유로운 개발을 제한하고 국제적 관리 하에 두려는 경향도 상당히 강하게 나타나고 있다.

3. 영 공

영공은 영토와 영해의 수직적 상공을 말한다. (좁은 의미의) 영토와 영해에 대한 지배는 영공에 대한 지배와 결합됨으로써 비로소 완전해질 수 있다. 그러나 영공의 경우 어느 정도의 상공까지를 지배의 범위로 인정할 것인지에 대하여 논란이 있으며, 영공무한설, 인공위성설, 인력설, 대기권설, 실효적 지배설 등이 대립되어 왔다.

이러한 영공의 범위를 정하는 것은 결국 어디까지 헌법이 적용되고, 또 어디부터는 국제법의 한 영역으로서의 우주법이 적용되는지에 관한 문제이며, 현재로서는 실효적 지배설을 지지하는 학자들이 다수이다. 그러나 과학기술의 발달과 우주법의 발전에 따라 새로운 논란이 제기될 소지가 매우 많은 영역이기도 하다.

4. 영토조항과 평화통일조항의 관계

헌법 제3조 영토조항은 북한을 불법집단으로 보는 시각을 전제한다. 반면에 헌법 제4조 평화통일조항은 지난 수년간 대한민국정부가 북한의 실체를 인정하여 남북한기본합의서를 작성하고 UN에 남북한이 동시가입하는 등과 같은 일련의 국가정책의 근거가 되었다. 이처럼 북한을 보는 시각에 혼란이 발생됨에 따라 영토조항과 평화통일조항의 관계가 중요한 헌법적 쟁점으로 부각된 것이다.

이에 관하여 신법우선의 원칙, 비현실에 대한 현실의 우위,[4] 특별법우선의 원칙 등을 주장하여 헌법 제3조에 대한 헌법 제4조의 우위를 인정하는 견해들이 있었다. 그러

4) 권영성, 헌법학원론, 1997, 122쪽에서는 "구법(영토조항)에 대한 신법(통일조항) 우선의 원칙", "비현실(분단이라는 사실과 국제법상의 원칙의 외면)에 대한 현실(남북분단이라는 사실인식과 영토의 범위는 국가권력이 미치는 공간까지라는 국제법상의 원칙 수용) 우선의 원칙"을 주장한 바 있으나, 같은 책 개정판(권영성, 헌법학원론, 2007, 128쪽)에서는 이러한 주장을 철회하고 헌법재판소의 1997년 1월 16일 결정(92헌바6등)을 원용함으로써 이른바 규범조화적 해석의 입장을 시사하고 있다.

나 규정의 위치나 성질 등에 비추어 볼 때 헌법 제4조가 헌법 제3조에 무조건 우선하는 것이라고 보기 어려울 뿐만 아니라 헌법 제4조의 우위를 인정하는 것은 결과적으로 헌법 제3조를 사문화시키는 것이 되므로 매우 곤란하다. 그렇기 때문에 영토조항과 평화통일조항의 관계를 어느 한쪽의 일방적 우위로 해석하여 다른 쪽을 사문화시키기 보다는 양자를 조화롭게 해석하는 방법이 모색되어야 한다.[5)]

이를 위하여는 먼저 **남북한 관계의 특수성**이 인식되어야 한다. 남북한의 관계는 일반적인 국내관계와도 다르고 그렇다고 일반적인 국제관계와도 다른, 말하자면 현재로서는 분단되어 있지만, 통일을 지향하고 있는 특수한 상황에 놓여 있는 것이다. 그렇기 때문에 남북한은 대내적 관계와 대외적 관계에서 미묘한 복잡성을 보인다.[6)]

헌법 제3조의 규정에 따라 대내적으로는(즉 대한민국의 국내법상) 북한이 독립된 주권국가가 아닌 불법집단으로 인정된다. 그렇게 보지 않는다면 북한과의 접촉 등을 강력하게 통제하는 국가보안법 등의 헌법적 근거가 상실될 것이다. 그러나 대외적으로 북한이 국제법주체로 활동하고 있다는 현실을 부정할 수 없기 때문에 적어도 대외적으로는 북한의 실체를 인정하여야 한다.

이런 점들을 고려해 볼 때, 헌법 제3조는 **남북한의 대내적 관계**를, 그리고 헌법 제4조는 **남북한의 대외적 관계**를 규율하는 것으로 이해하는 것이 합리적이다. 헌법 제3조의 영토조항과 헌법 제4조의 평화통일조항은 각기 중요한 비중을 갖는 헌법규정들이다.[7)] 이

---

5) **헌재 1997.1.16. 92헌바6등 결정**도 이러한 시도 가운데 탄생된 것으로 이해될 수 있을 것이다. 이 판결에서 헌법재판소는 "현단계에 있어서의 북한은 조국이 평화적 통일을 위한 대화와 협력의 동반자임과 동시에 대남적화노선을 고수하면서 우리 자유민주주의체제의 전복을 획책하고 있는 반국가단체라는 성격도 함께 갖고 있음이 엄연한 현실인 점"을 인정함으로써 양 측면을 동시에 고려하려는 태도를 보이고 있다.

6) 남북교류협력에 관한 법률 제12조와 남북관계발전에 관한 법률 제3조 제2항에 따르면 "남한과 북한 간의 거래는 국가 간의 거래가 아닌 민족 내부의 거래로 본다"고 명시하고 있다.

7) 예컨대 탈북주민들의 법적 지위와 관련하여 헌법 제3조의 해석은 중요한 현실적 의미를 갖는다. 대법원의 판례도 북한 주민이 대한민국의 국적을 당연히 갖는다는 점을 인정하고 있다. 대법원은 "남조선과도정부법률 제11호 국적에관한임시조례 제2조 제1호는 조선인을 부친으로 하여 출생한 자는 조선의 국적을 가지는 것으로 규정하고 있고, 제헌헌법은 제3조에서 대한민국의 국민되는 요건을 법률로써 정한다고 규정하면서 제100조에서 현행 법령은 이 헌법에 저촉되지 아니하는 한 효력을 가진다고 규정하고 있는바, 원고는 조선인인 위 이승호를 부친으로 하여 출생함으로써 위 임시조례의 규정에 따라 조선국적을 취득하였다가 1948.7.17. 제헌헌법의 공포와 동시에 대한민국 국적을 취득하였다 할 것이고, 설사 원고가 북한법의 규정에 따라 북한국적을 취득하여 1977.8.25. 중국 주재 북한대사관으로부터 북한의 해외공민증을 발급받은 자라 하더라도 북한지역 역시 대한민국의 영토에 속하는 한반도의 일부를 이루는 것이어서 대한민국의 주권이 미칠 뿐이고, 대한민국의 주권과 부딪치는 어떠한 국가단체나 주권을 법리상 인정할 수 없는 점에 비추어 볼 때 이러한 사정은 원고가 대한민국 국적을 취득하고, 이를 유지함에 있어 아무런 영향을 끼칠 수 없다"고 판단한 원심판결을 그대로 받아들인 것이다(**대법원 1996.11.12. 선고 96누1221 판결**).

이와 관련하여 동·서독의 분단 당시 서독이 취했던 태도는 좋은 모델이 될 수 있을 것이다. 서독은 동·서독 분단 이전의 전체 독일의 존속이라는 명제를 내세우며, 동·서독의 단일국적을 고수하였다. 이러한 통일적인 국적의 인정은 무엇보다 동독 주민이 서독으로 탈출하는 경우에 가장 현실적인 의미를 갖고 있었다. 동독 주민도 서독 주민과 마찬가지로 독일 국적의 보유자라고 인정함으로써 서독으로 탈출한 동독 주민의 개별적인 사정에 대한 판단, 그 밖의 정치적 고려, 혹은 귀화나 망명 등의 절차에 대한 부담 없이 서독 정부가 이들을 수용할 수 있었으며, 또한 서독 정부의 이러한 태도는 동독 주민들에게는 매우 커다란 자극이자 유인이었다.

들의 관계를 조화롭게 해석함으로써 어느 한 조문도 사문화시키지 않고 의미를 잘 살리도록 해석하는 것이 헌법해석자의 일차적 과제라고 할 수 있다. 더구나 명문의 규정을 사문화시키는 것은 해석의 한계를 벗어나는 것이 될 수 있다. 따라서 어느 한쪽의 우위를 주장함으로써 다른 조문을 사문화시키는 것보다는 각기 적용영역이 구별되는 것으로 봄으로써 양자의 조화로운 해결을 시도하는 것이 합리적인 해석이다.

Ⅲ. 영토고권과 자국영역 내에서의 타국법의 적용: 치외법권

한 국가가 자신의 영토에 대하여 배타적 지배권을 행사하는 것을 전통적으로 **영토고권**이라고 불러 왔다. 즉 영토고권은 한 국가의 영역 내에서는(즉 국경 내에서는) 그 국가의 법과 국가권력이 효력을 미친다는 것을 의미하는 것이다.

그러나 국경이 영토고권의 예외 없는 적용을 보장해주는 것은 아니다. 국제조약 등을 통하여 한 국가의 법이 그 국경을 넘어 다른 국가에서도 적용되는 경우가 있으며, 이 경우 상대국가의 영토고권은 그만큼 제약되는 것이다. 예컨대 대한민국과 미국 사이에 체결된 한미주둔군지위협정(SOFA, 한미행정협정이라 불리기도 한다)에 의해 미군에 대한 대한민국의 재판권 등이 제약되고 있는 것이 그러한 경우에 해당된다.

그 밖에 치외법권(Extraterritoriality)이라는 이름으로 국가원수, 외교사절, 영사, 군함 등의 경우 외국 주재중 그 국가의 법을 적용 받지 않고 본국법의 적용을 받도록 하는 국제관습법이 있다. 그러나 이러한 치외법권에 대해서도 종래와는 달리 외교사절 등의 경우에도 국가행위에 대해서만 법적용을 면제시키고, 그 밖의 민·형사사건에 대해서는 법적용을 인정하려는 **국가면제**(State Immunity) 또는 **주권면제**(Sovereign Immunity)의 이론이 강력하게 대두되고 있다.

Ⅳ. 영토(영역)의 변경

일단 확정된 영토라 할지라도 일정한 원인에 따라 변경될 수 있다. 예컨대 지진이나 화산폭발, 융기, 간척사업 등의 자연적 원인에 의하여 영토가 감소되거나 증가될 수 있으며, 할양, 매매 등의 국제조약에 의하여 영토의 이전이 가능하다.

이 중 자연적 원인에 의한 영토의 변경에는 특별한 문제가 별로 없으나 국제조약에 의한 영토변경의 경우에는 그 지역에 적용되어야 할 법이 무엇인지(기존의 법이 적용되어야 하는지, 그 지역을 새로 취득한 국가의 법이 적용되어야 하는지), 그리고 그 지역 주민의 법적 지위는 어떻게 되는지 등과 같은 복잡한 문제가 제기된다.[8)]

현행헌법은 영토에 관한 명문규정을 두고 있기 때문에 헌법 제3조의 범위를 벗어나는 영토의 변경은 헌법 제3조의 규정을 개정함으로써만 가능하다. 예컨대 한반도를 벗

---

8) 일반적으로 일정한 경과규정을 두어 문제를 해결하게 되지만, 그렇지 않을 경우에는 논란이 있다.

어난 지역에서 영토를 취득하거나 한반도의 일부를 외국에 할양하는 것은 헌법 제3조를 개정한 후에 비로소 가능한 것이다.

제 3 절 헌법의 시간적 효력(적용)범위

헌법의 효력범위의 문제는 뒤집어 보면 헌법의 효력의 한계에 관한 문제이기도 하다. 이런 맥락에서 생각할 때, 헌법의 시간적 효력범위도 헌법의 공간적 효력범위, 즉 영역의 문제에 못지않은 의미를 갖는다고 할 수 있다.

그러나 이 문제가 비중 있게 다루어지지 않는 이유는 헌법의 효력에는 시간상의 한계가 없다고 생각되었기 때문이다. 헌법제정권력의 항구성으로부터 비롯되는 헌법의 항구성으로 인하여 헌법은 제정·발효된 때부터 헌법이 개정 또는 폐지될 때까지 시한을 두지 않고 효력을 갖는다. 그러므로 헌법의 시간적 효력범위를 특별히 논의할 실익은 없다.

제 4 절 헌법의 인적 효력(적용)범위

헌법상 '국민'이라는 개념은 매우 다의적으로 사용되고 있다. 헌법제정의 주체 내지 주권자로서의 국민이 이야기되는가 하면 기본권의 주체, 통치의 객체(의무의 주체)로서의 국민이 논의되기도 한다. 나아가 국민투표, 선거 등과 관련하여 국민의 역할이 헌법상 규정되어 있기도 하다.

그 각각의 경우에 있어서 국민의 의미를 살피는 것은 매우 복잡한 많은 문제들에 대한 이해를 전제로 한다. 하지만 적어도 오늘날의 민주주의국가에 있어서 국민의 기본적인 지위를 결정하는 것은 국민이 주권자라는 것이며, 이것이 민주적 국가질서 내지 헌법질서 형성의 출발점이 되고 있다.

그러나 그러한 국민의 헌법상 지위에 대하여 논하기에 앞서 검토되어야 할 것은 국민의 범위를 어떻게 결정할 것인가 하는 문제이다. 누가 국민이고 또 국민이 아닌지를 정한 후에야 비로소 그 국민이 주권자로서, 또 기본권의 주체나 의무의 주체로서 어떤 지위에 있으며 어떤 역할을 담당하게 되는지를 논할 수 있기 때문이다.

따라서 국민의 범위를 확정하는 것은 국가공동체의 구성원으로서 그 나라 헌법의 적용을 받는다는 것, 즉 헌법의 인적 효력범위를 확정하는 것에 그치지 않고, 앞으로 국민의 지위에 관한 많은 고찰의 전제를 마련한다는 의미도 아울러 갖고 있다.

Ⅰ. 국민과 국가(헌법)의 관계에 관한 고전적인 이론

국민과 국가의 관계, 또는 국민과 헌법의 관계를 어떻게 이해할 것인가?

이 문제는 헌법학의 가장 중요한 주제의 하나였다. 국민은 국가공동체의 구성원으로서 국가를 구성하는 불가결의 요소일 뿐만 아니라, 때로는 주권자(즉 헌법제정권력자)로 나타나기도 한다. 또한 국민은 선거에 참여하는 유권자가 되기도 하며, 국가에 대하여 기본권을 주장하는 자로서 등장하기도 한다. 그러면서 국민은 동시에 통치의 대상이기도 하다.

이와 같은 국민의 다양한 측면을 어떻게 정리할 것인가는 헌법의 중요한 과제의 하나였으며, 이미 오래 전부터 이를 정리하는 이론들이 대두되었다. 예컨대 게오르크 옐리네크(*Georg Jellinek*)는 이른바 **지위론**[9]을 주장함으로써 국민과 국가의 관계를 능동적 지위, 적극적 지위, 소극적 지위, 수동적 지위의 4가지 지위로 구분하기도 하였고, 한스 켈젠(*Hans Kelsen*)은 이를 다시 수동적 관계, 소극적 관계, 능동적 관계라는 3가지 관계로 나누는 **관계론**[10]으로 정리하기도 했다.

그러나 국민과 국가의 관계는 헌법의 기본방향을 어떻게 정하느냐에 따라 달리 결정된다. 예컨대 민주주의 국가에서는 국민이 주권자로서 인정될 뿐만 아니라 주권자로서의 실질적인 지위를 기본권보장을 통해 인정받는다. 결국 헌법은 민주주의를 전제하고 기본권의 보장을 통해 국민의 국가에 대한 지위를 일차적으로 규정한 다음, 이러한 지위를 법률을 통하여 구체화시켜서 보다 상세하게 규율하는 것이다.

Ⅱ. 국민의 헌법상의 지위

현행헌법상 국민의 지위는 크게 네 가지로 나누어진다. 주권자로서의 지위, 국가기관으로서의 지위, 기본권의 주체로서의 지위, 그리고 의무의 주체로서의 지위이다.

1. 주권자로서의 국민

민주국가의 주권자는 당연히 국민이다. 대한민국도 민주공화국임을 선언(헌법 제1조 제1항)한 민주국가이므로 국민이 주권자이다(헌법 제1조 제2항). 주권자라고 해서 -헌법제정권력, 즉 주권에도 일정한 한계를 인정하는 데에서 밝혀진 것처럼- 무소불위의 권력을 갖고 있는 것도 아니고, 또 주권의 실질적 행사가 곤란한 점이 많기는 하지만 국민이 주권자임에는 틀림이 없다.

따라서 국민은 헌법제정권력자로서 헌법을 통해 국가질서의 기본방향을 정하고 또 이

---

9) 지위론에 관하여 상세한 것은 「제2권 제1부 제1장 제2절 Ⅰ. 2. **게오르그 옐리네크**(G. Jellinek)**의 기본권관**」 참조.

10) 관계론에 관하여 상세한 것은 「제2권 제1부 제1장 제2절 Ⅰ. 3. **한스 켈젠**(H. Kelsen)**의 기본권관**」 참조.

를 수정할 수 있는 자격을 지니고 있으며, 모든 국가질서는 **국민에 의해** 정해진 기본방향에 따라, 그리고 (국민의 대표자들에 의해) **국민을 위해** 도움이 되는 방향으로 형성되어야 한다. 즉 국가기관으로서의 국민, 기본권의 주체로서의 국민이라는 지위는 주권자로서의 국민을 전제함으로써 비로소 현재와 같은 형태로 인정될 수 있는 것이다.

그러나 주권자로서의 국민은 그 국가공동체에 소속된 모든 국민, 즉 국적을 갖고 있는 모든 자연인을 포함하는 개념으로서 매우 추상적이고 이념적이다. 국민주권은 구체적인 의사능력과 행위능력을 갖고 있는 국민들에 의한 실질적 통치[11]를 의미하는 것이 아니라 「국가공동체의 기초이자 출발점이 국민」이라는 대명제를 의미하는 것이기 때문이다.

그렇기 때문에 주권자로서의 국민은 구체적 행동통일체가 아니라 **추상적 · 이념적 통일체**라고 불린다.

2. 국가기관으로서의 국민

전체로서의 국민, 즉 주권자로서의 국민은 추상적 · 이념적 통일체에 불과하고 실제로 어떤 의사능력과 행위능력을 가질 수는 없다. 하지만 국민의 주권은 모든 국가권력의 정당성근거이므로 국민의 이름으로써만 권력의 창설과 행사가 가능하다(헌법 제1조 제2항).

그러나 국민의 이름으로, 그리고 국민이 제정한 헌법에 의해 창설된 권력이라 할지라도 그 행사는 항상 국민의 의사에 최대한 부합하여야 하는 것이기 때문에 일정한 경우에는 국민의 직접적 관여를 통해 결정의 정당성을 확보하여야 할 필요가 있다. 다만 이 경우, 모든 국민이 결정에 참여하는 것은 사실상 불가능하기 때문에 일정한 자격조건을 갖춘 국민, 즉 선거권을 가진 국민만을 대상으로 하여 국민이 직접 결정에 참여하도록 하게 되는 것이다.

현행헌법상으로는 **헌법개정안을 확정하는 국민투표**의 경우(제130조 제3항), 그리고 **대통령이 부의한 국가의 안위에 관한 중요정책에 대한 국민투표**의 경우(제72조), 그리고 **국회의원의 선출**(제41조), **대통령의 선출**(제67조) 등에 국민의 직접적 참여가 인정된다. 이처럼 국민이 직접 국가사안의 결정에 참여할 때, 국민은 일종의 국가기관이라고 할 수 있다.[12]

---

11) 전체로서의 국민이 모든 국정사안들을 일일이 검토하고 결정한다는 것은 가능하지도, 바람직하지도 않다. 이에 관해서는 「제1권 제2부 제2장 **헌법원리로서의 민주주의**」 참조.

12) 국가기관의 개념에 대해서는 적지 않은 논란이 있었다. 이를 포괄적으로 정리한 옐리네크(*G. Jellinek*)에 따르면, 국민은 헌법 자체에서 직접 그 존재와 형식이 결정되는 이른바 **직접기관**(unmittelbare Organe)이며, 또한 헌법적으로 규정된 절차에 따라 일정한 국가기관을 구성하는 이른바 **창조기관**(Kreationsorgane)이다. 직접기관이란 -개별적인 위임에 의해 창설되는 간접기관(mittelbare Organe)과는 달리- 군주국가의 절대군주, 또는 민주국가에서의 국민처럼 그 기관이 없어지면 국가 자체가 붕괴된다는 특별한 비중을 갖고 있는 국가기관을 의미하는 것이며, 창조기관이란 예컨대 선거나 임명 등에 의해 국가기관이 구성될 경우 선거 및 임명을 담당하는 기관처럼 -창조된 기관(kreierte Organe)과는 달리- 다른 국가기관을 창설하는 위치에 있는 국가기관을 의미하는 것이다. 국가기관의 개념에 관하여 상세한

3. 기본권의 주체로서의 국민

국민은 전체로서 주권자이고, 일정한 자격을 갖춘 선거권자로서 국가기관일 뿐만 아니라 개개인으로서 기본권의 주체이기도 하다.

국민의 기본권을 최대한 보장하는 것은 -적어도 민주국가에서는- 국가공동체의 가장 기본적인 목표이다. 민주적 국가공동체는 국민의 필요에 의해 만들어진 것이며, 그것은 질서를 확보하고, 또 그 질서를 정의롭게 함으로써 모든 공동체구성원들이 최대한의 인권을 누릴 수 있도록 하고자 하는 것이다. 따라서 국민의 기본권을 최대한 보장하는 것은 국가의 목표이자 헌법의 중심적 가치로 인정된다.

현행헌법은 「제2장 국민의 권리와 의무」에서 인간으로서의 존엄과 가치, 행복추구권, 평등권을 비롯한 수많은 기본권을 명시하고 있을 뿐만 아니라, 제37조 제1항에서는 "열거되지 않은 자유와 권리"까지도 보장됨을 선언함으로써 기본권의 최대한 보장을 위해 노력하고 있다.

4. 의무의 주체로서의 국민

국민은 또한 의무의 주체이기도 하다. 국민이 주권자이고, 국가기관이고, 모든 권력이 국민으로부터 나온다 할지라도, 그 권력을 행사하는 대상 또한 국민이다. 즉 국민은 통치의 주체이면서 동시에 객체이기도 하다. 그렇기 때문에 국민은 치자(治者)이면서 동시에 피치자(被治者)이기도 하다고 일컬어지기도 한다.

그러나 이러한 치자와 피치자의 개념은 오해의 소지가 많다. 민주적 통치의 본질은 국민의 기본권을 최대한 보장하는 데 있다는 것을 망각하고, 지배의 논리를 전면에 내세움으로서 민주국가에서도 자칫 지배와 피지배가 이원화되어 있는 듯한 인상을 줄 우려가 있기 때문이다. 그렇기 때문에 오히려 국민이 주권자, 국가기관, 그리고 기본권의 주체로서의 지위를 누림과 동시에 그에 상응하는 의무의 주체이기도 하다는 점을 지적하는 것이 보다 정확할 것이다.

헌법상 국민이 지는 의무로는, 납세의 의무, 국방의 의무, 재산권행사의 공공복리적합의무, 근로의 의무, 교육을 받게 할 의무, 환경보전의 의무와 같이 명문화된 것과, 그 밖의 불문의 의무로서 헌법과 법률을 준수할 의무, 타인의 권리를 존중할 의무 등이 있다.

이러한 국민의 의무는 국민이 단순히 통치의 대상이기 때문에 부담하는 것이 아니라 헌법과 국가의 주체로서 그 존립을 유지하고, 나아가 정의로운 국가질서를 실현시켜야 할 위치에 있기 때문에 부담하는 것이다.[13)]

것은 「제3권 제3부 제1장 제1절 Ⅰ. **국가기관의 개념**」 참조.

13) 국민의 의무에 대한 상세한 것은 「제2권 제2부 제20장 **기본의무**」 참조.

Ⅲ. 국　　적

1. 국적의 의의와 국적법

국적이란 헌법과 법률이 정하는 일정한 요건을 갖추어 한 국가의 국민으로 인정되는 자격을 말한다. 즉 국적의 유무를 통하여 국민의 범위가 한정되는 것이다.

대한민국의 국민이 되는 자격에 관한 요건은 헌법[14]과 국적법[15]에 의하여 정해지고 있는데, 이러한 요건을 갖추어 대한민국의 국민으로 인정된 사람에게는 국민으로서의 권리와 의무가 부여된다. 즉 대한민국의 국민에 대해서는 대한민국의 헌법과 국가권력이 미치고, 그에 의한 보호와 규제를 받게 되는 것이다. 이처럼 국가권력이 그 나라의 국민에게 미치는 것을 **대인고권**이라고 부른다.[16]

2. 국적의 취득

국적의 취득은 선천적 취득과 후천적 취득으로 나누어진다.

선천적 취득이란 출생에 의해 국적을 취득하는 것으로서, 입법례는 속인주의(혈통주의)와 속지주의(출생지주의)로 나뉘는데, 현행 국적법은 원칙적으로 속인주의를 채택하여 대한민국 국민의 자녀로 태어난 사람에게 대한민국 국적을 부여하고 있다.[17] 다만 예외적으로 속지주의가 적용되는 경우가 있는데, 부모가 모두 분명하지 않거나 무국적자인 경우, 또는 대한민국에서 발견된 기아(버려진 아이)에게는 대한민국의 국적을 부여한다(국적법 제2조).

후천적 취득이란 출생이 아니라 인지, 귀화, 국적회복, 재취득 등의 사유로써 국적을 취득하는 것을 말하며, 국적법이 정한 일정한 요건(국적법 제3조~제11조)을 갖추어야 한다.

3. 국적의 상실

대한민국의 국민이 일정한 사유로 인하여 다른 나라의 국적을 갖게 된 경우에는 대

---

14) 헌법 제2조 제1항: "대한민국의 국민이 되는 요건은 법률로 정한다."
15) 국적법 제1조: "이 법은 대한민국의 국민이 되는 요건을 정함을 목적으로 한다."
16) 영토고권에 의하여 대한민국의 영토 내에 있는 외국인에 대하여 대한민국의 법질서가 효력을 미치는 반면에, 대인고권에 의하여 외국의 영토 내에 있는 대한민국 국민에 대해서 대한민국의 법질서가 효력을 미친다. 그러나 이처럼 영토고권과 대인고권이 교차하는 경우에는 법의 충돌이 문제될 수 있으므로 어떤 법이 우선될 것인지에 대하여 조약이나 국제관습 등에 의해 정해지는 경우가 많다.
17) **헌재 2000.8.31. 97헌가12 결정**에서 헌법재판소는 "부계혈통주의 원칙을 채택한 구법조항은 출생한 당시의 자녀의 국적을 부의 국적에만 맞추고 모의 국적은 단지 보충적인 의미만을 부여하는 차별을 하고 있다. 이렇게 한국인 부와 외국인 모 사이의 자녀와 한국인 모와 외국인 부 사이의 자녀를 차별취급하는 것은, 모가 한국인인 자녀와 그 모에게 불리한 영향을 끼치므로 헌법 제11조 제1항의 남녀평등원칙에 어긋난다. 한국인과 외국인 간의 혼인에서 배우자의 한쪽이 한국인 부인 경우와 한국인 모인 경우 사이에 성별에 따른 특별한 차이가 있는 것도 아니고, 양쪽 모두 그 자녀는 한국의 법질서와 문화에 적응하고 공동체에서 흠없이 생활해 나갈 수 있는 동등한 능력과 자질을 갖추었는데도 불구하고 전체 가족의 국적을 가부(家父)에만 연결시키고 있는 구법조항은 헌법 제36조 제1항이 규정한 '가족생활에 있어서의 양성의 평등원칙'에 위배된다"고 판시한 바 있으며, 현행국적법은 이러한 차별을 철폐하였다.

한민국의 국적을 상실한다. 예컨대 복수국적자로서 대한민국의 국적을 이탈한다는 신고를 법무부장관에게 한 경우, 자진하여 외국국적을 취득한 경우,[18] 또는 혼인, 입양, 인지 등의 사유로 외국의 국적을 취득한 경우에 대한민국의 국적을 상실하는 것이다(국적법 제14조, 제15조).[19]

국적을 상실하게 되면 그 사람은 대한민국 국민이 아니면 향유할 수 없는 권리를 누리지 못한다. 또한 이러한 권리 중 대한민국 국민이었을 때 취득한 것으로서 양도가능한 것은 -그 권리와 관련한 법령이 별도로 정한 바가 없는 한- 3년 이내에 대한민국의 국민에게 양도하여야 하며, 이 기간이 지나면 그 권리를 상실한다(국적법 제18조).

Ⅳ. 재외국민과 해외교포

대한민국의 국적을 가지고 있는 모든 사람은 대한민국의 국민이다. 따라서 외국에

18) 이와 관련하여 대법원은 "대한민국의 국민이 미국의 시민권을 취득하면 구 국적법 제12조 제4호 소정의 '자진하여 외국의 국적을 취득한 자'에 해당하여 우리 나라의 국적을 상실하게 되는 것이지 대한민국과 미국의 이중국적자가 되어 구 국적법 제12조 제5호의 규정에 따라 법무부장관의 허가를 얻어 대한민국의 국적을 이탈하여야 비로소 대한민국의 국적을 상실하게 되는 것은 아니다"라고 판시한 바 있다(**대법원 1999.12.24.선고 99도3354 판결**).

19) 현행국적법은 단일국적의 원칙을 견지하고 있으나(제10조, 제12조, 제15조), 2010년 5월 14일의 국적법 개정에 따라 예외적으로 복수국적을 허용하고 있다. 과거 이를 허용하지 않던 태도에서 큰 변화를 보이고 있는 것이다.

이중국적 내지 복수국적의 문제는 그 동안 매우 첨예한 논란의 대상이었다. 한편으로는 국제적 교류의 증대에 따라 복수국적 인정의 필요성이 커지고 있지만, 다른 한편으로 병역의무, 국가와 헌법에 대한 충성의무 등과의 충돌이 문제되었기 때문이다. 그렇기 때문에 복수국적의 인정을 위해서는 일정한 제한이 불가피하다고 할 수 있다. 즉, 여러 나라의 국적 가운데 대한민국 국민으로서의 지위에 가장 큰 비중을 두고 있다는 것이 일정한 기준(예컨대 본인의 의사, 국내에 체류하는 기간, 주된 활동의 근거지, 또는 가족들의 주된 거주지 등)을 통해 확인될 수 있어야 하며, 이를 전제로 해서만 복수국적을 인정하는 것이 합리적이라고 할 수 있는 것이다. 그렇지 않을 경우에는 외국의 이익을 위해 대한민국 국민으로서 지위를 이용할 위험성이 있기 때문이다. 또한 복수국적자에 대해서 병역의무의 부과도 인정되어야 할 것이다. 현재 우리나라에서 병역문제가 얼마나 민감한 사안인지를 생각한다면 이중국적의 취득을 통해 병역을 기피하는 편법이 가능하게 될 경우에는 엄청난 문제가 발생될 것을 쉽게 예측할 수 있으며, 이러한 편법은 이중국적 인정의 정당성 자체를 근본적으로 뒤흔들게 될 것이기 때문이다.

국적법이 제12조 제3항에서 "직계존속이 외국에서 영주할 목적 없이 체류한 상태에서 출생한 자는 병역의무의 이행과 관련하여 다음 각 호의 어느 하나에 해당하는 때에만 제14조의 규정에 따른 국적이탈신고를 할 수 있다"고 규정하면서 그 사유로서 "1. 현역·상근예비역·보충역 또는 대체역으로 복무를 마치거나 마친 것으로 보는 경우 2. 전시근로역에 편입된 경우, 3. 병역면제처분을 받은 경우"를 명시하고 있는 것도 이러한 맥락에서 이해될 수 있을 것이다.

현행국적법이 제10조 제2항에서 "법무부장관이 정하는 바에 따라 대한민국에서 외국 국적을 행사하지 아니하겠다는 뜻을 법무부장관에게 서약"하는 것을 조건으로 복수국적을 허용하는 것도 이러한 맥락으로 이해될 수 있다. 그리고 이러한 조건이 충족된 경우에는 복수국적자의 대한민국과 대한민국 헌법에 대한 충성의무 또한 확보될 수 있을 것이다. 형식상 복수국적자이지만 실질적으로 대한민국의 국민으로서의 지위에 우선적 의미를 두고 있으며, 참정권 행사와 병역의무의 이행이 담보되고 있는 경우라면, 이들에게 대한민국과 대한민국 헌법에 대한 충성을 기대하는 것도 결코 무리한 것은 아니기 때문이다.

국적법 제11조의2 제1항은 복수국적자를 대한민국 국민으로 처우하도록 규정하고 있다. 그러나 같은 조 제2항에 따라 외국 국적을 보유한 상태에서 직무를 수행할 수 없는 분야에 종사하려는 경우에는 외국 국적을 포기하여야 한다.

장기간 체재하고 있다 하더라도 대한민국의 국적자는 국민인 것이다.

재외국민이란 이처럼 대한민국의 국적을 갖고 있으면서 외국에 장기간 거주하고 있는 사람을 말한다. 이들은 한편으로는 거주하는 국가의 영토고권에 의해 그 나라 법의 지배를 받으면서, 다른 한편으로는 대한민국의 대인고권에 의해 한국법의 적용을 받게 된다. 따라서 이들의 법적 보호를 위해서는 대한민국 정부가 체재국과 긴밀하게 협조하고, 때로는 조약 등을 통하여 법적 지위를 확보할 필요가 있다. 이를 위하여 헌법은 재외국민을 보호할 의무를 규정하고 있다.[20]

반면에 **해외교포**란 대한민국의 혈통을 갖고 있기는 하지만 국적을 갖고 있지 않은 사람을 말한다. 따라서 이들은 법적으로 대한민국의 국민이 아니며, 국민으로서의 권리와 의무를 갖지 않는다. 그러나 국가정책적으로 해외교포에 대하여 여타의 외국인과는 다른 특별한 배려를 하는 것은 물론 가능하다.[21]

사례 풀이:

1. 갑 등의 헌법소원심판청구는 적법한가? (20점)
   - Ⅰ. 서: 위헌소원의 의의 및 성격과 청구요건 [2점]
   - Ⅱ. 재판의 전제성 [7점]
     1. 소송의 계속
     2. 심판대상법률(조항)이 당해 소송사건에 적용
     3. 심판대상법률(조항)의 위헌여부에 따라 다른 내용의 재판
   - Ⅲ. 위헌법률심판제청의 신청과 기각 [6점]
     1. 위헌소원의 성격과 위헌법률심판제청의 의미
     2. 법원의 기각 결정과 그 구속력
     3. 헌법재판소법 제68조 제2항에 의한 헌법소원심판의 청구
   - Ⅳ. 기타의 청구요건 [4점]
     1. 변호사 강제주의
     2. 청구기간
   - Ⅴ. 결론 [1점]
2. 조약의 내용이 헌법에 위배될 경우에 이를 다툴 수 있는 헌법소송의 유형과 장단점은 무엇인가? (30점)
   - Ⅰ. 서: 헌법재판의 유형과 각각의 역할 [3점]

---

20) 헌법 제2조 제2항은 "국가는 법률이 정하는 바에 의하여 재외국민을 보호할 의무를 진다"고 규정하고 있고, 이 규정에 기초하여 재외국민등록법이 제정되었다. 그러나 이 법에 의한 재외국민의 보호가 과연 얼마나 실효성이 있는지는 의문이다.

21) 해외교포에 관한 특별한 정책적 배려의 차원에서 만들어진 대표적 법률이 「재외동포의 출입국과 법적 지위에 관한 법률」(이하 재외동포법)이다. 이 법은 "대한민국의 국민으로서 외국의 영주권을 취득한 자 또는 영주할 목적으로 외국에 거주하고 있는 자" 또는 "대한민국의 국적을 보유하였던 자 또는 그 직계비속으로서 외국국적을 취득한 자 중 대통령령으로 정하는 자"를 재외동포로 규정하면서(재외동포법 제2조) 이들이 대한민국 안에서 부당한 규제와 대우를 받지 않고 체류하며 활동할 수 있도록 하는 데 목적을 두고 있다(재외동포법 제4조). 이와 관련하여 헌법재판소는 **헌재 2001.11.29. 99헌마494 결정**에서 재외동포법 제2조 제2호 및 동법시행령 제3조가 정부수립 이후의 해외동포와 정부수립 이전의 해외동포를 차별적으로 대우하는 것이 평등에 반한다고 보고 헌법불합치결정을 내린 바 있다.

Ⅱ. 위헌법률심판과 그 장단점 [8점]
1. 위헌법률심판의 의의, 유형과 기능
2. 현행법상 구체적 규범통제의 장점과 단점
3. 제도 개선의 방향: 추상적 규범통제의 도입
Ⅲ. 헌법소원심판(법령소원)과 그 장단점 [8점]
1. 헌법소원심판의 의의와 유형
2. 권리구제형 헌법소원과 위헌소원의 비교
3. 권리구제형 헌법소원(법령소원)의 장단점
Ⅳ. 권한쟁의심판과 그 장단점 [8점]
1. 권한쟁의심판의 의의와 역할
2. 권한쟁의심판의 특성과 장단점
3. 제도 개선의 방향: 권한쟁의심판과 위헌법률심판의 연결
Ⅴ. 세 가지 헌법소송 유형의 비교 및 결론 [3점]

3. 갑 등의 헌법소원심판청구가 적법한 경우 헌법재판소는 어떠한 본안판단을 내려야 하는가? (50점)

Ⅰ. 사안의 분석과 쟁점의 정리 [5점]
Ⅱ. 「대한민국과 일본국 간의 어업에 관한 협정」의 의의와 성격 [8점]
1. 조약의 개념 및 법적 효력
2. 「대한민국과 일본국 간의 어업에 관한 협정」의 법적 성격과 효력
3. 조약에 의한 기본권제한과 그 정당성 판단의 필요성
Ⅲ. 「대한민국과 일본국 간의 어업에 관한 협정」의 합헌성 관련 쟁점 [10점]
1. 국회 동의절차 위반 여부
2. 영토조항 위반 여부
3. 제한되는 기본권과 그 제한의 정당성 여부
Ⅳ. 「대한민국과 일본국 간의 어업에 관한 협정」의 정당성 판단 [12점]
1. 정부의 조약체결권과 그 한계
2. 국회 동의의 합헌성 - 권한쟁의심판에 대한 헌법재판소 결정의 효력
3. 영토조항 및 영토권의 의미와 침해 여부
Ⅴ. 헌법재판소의 본안판단 [10점]
1. 헌법재판소의 결정 형식
2. 사안에 대한 판단
3. 결정의 효력
Ⅵ. 결론 [5점]

제2부

헌법의 기본원리

헌법의 규율영역이 워낙 방대할 뿐만 아니라 시간의 흐름에 따라 헌법적 규율 또한 변화할 수밖에 없기 때문에 자칫하면 **헌법적 규율의 통일성과 일관성**이 깨어지기 쉽다.

이러한 문제를 해결하기 위하여 한편으로는 헌법에 명문규정을 두고 일정한 방향으로 해석함으로써 헌법적 규율의 통일성을 꾀하게 되며, 다른 한편으로는 모든 헌법적 문제의 해결에 우선적으로 고려되어야 할 몇 가지 지침을 통해 다양한 영역에서 국가질서를 형성해 나가는 경우에도 충돌을 최소화시키고자 노력하게 된다.

모든 헌법적 규율, 모든 국가질서의 형성과 유지에서 고려되어야 할 지침은 바로 헌법의 기본적 과제와 기능, 헌법의 이념, 그리고 헌법의 중추를 형성하고 있는 기본원리들이다. 「헌법의 기본원리」는 헌법 전체를 꿰뚫고 있는 중추적 헌법원리로서, 민주주의, 법치주의, 사회국가원리 등을 포함하고 있다.

제1장 국가형태와 헌법의 기본원리

종래 국가질서의 구조와 성격을 판단하는 가장 중요한 기준은 국가형태였다. 즉 군주국인지, 귀족국인지, 아니면 민주국인지를 확인함으로써 그 국가의 기본적인 구조와 성격이 어느 정도까지 밝혀진다고 할 수 있었던 것이다.

하지만 적어도 현대에 들어와서는 국가형태론의 의미가 매우 퇴색되었다. 민주국의 대립개념이었던 군주국과 귀족국이 완전히 몰락하여 다시 등장할 가능성이 거의 없으며, 민주주의를 표방하지 않는 국가는 찾기 어렵기 때문이다. 오늘날에는 국가형태의 구별보다는 오히려 내부질서의 구체적 형성과 관련하여 헌법의 기본원리에 더 큰 비중을 두게 되는 것은 그와 같은 상황에 기인하는 것이다.

제1절 헌법의 구조와 성격 – 어떻게 정리할 것인가?

I. 추상적·개방적 헌법규정들을 어떻게 통일적으로 해석·적용할 것인가?

헌법의 규정들은 매우 추상적이며, 심지어 개방적이기까지 하다. 이러한 헌법규정들을 상호 모순이 발생하지 않도록 일관성 있게 통일적으로 해석하는 것은 헌법해석의 가장 중요한 과제이기도 하다.

그러나 헌법의 규정들을 적용하는 구체적 사례들은 전체적인 개관이 불가능할 정도로 다양하며, 그 내용도 복잡하다.[1] 그렇기 때문에 모든 개별규정들의 구체적 적용들을 염두에 두고 상호간의 충돌을 피하는 해석방법을 그때그때 찾아낸다는 것은 불가능하다고 할 수 있다. 따라서 헌법의 통일성을 확보하기 위해서는 오히려 모든 사례해결에 적용될 수 있는 공통의 기준 내지 공통의 지침을 정하고, 어떤 경우에도 이를 벗어나지 않도록 하는 것이 필요하다. 즉, **헌법의 모든 개별적 문제에 공통으로 적용될 수 있는 일반적인 헌법원리의 존재와 기능이 필요**한 것이다.

이러한 역할을 할 수 있는 헌법원리가 무엇인지를 밝히기 위해서는 먼저 헌법의 구조와 성격에 대한 이해가 전제되어야 한다. 헌법의 구조와 성격은 시대와 장소에 따라

1) 직접 헌법규정을 적용하는 경우뿐만 아니라 헌법을 구체화시킨 법률규정을 적용하는 경우에도 헌법적 질서의 통일성이 항상 유지되어야 한다는 점을 생각하면 그 어려움은 더욱 분명해진다.

달라질 수밖에 없기 때문에 우리의 일차적인 고찰대상은 현재 우리에게 통용되고 있는 헌법, 즉 대한민국의 현행헌법이 된다. 따라서 우리는 현행헌법이 어떠한 기본 이념에 따라 국가질서의 형성방향을 설정하고 있는지, 그 이념의 실현방식은 어떤 것인지 등에 대한 숙고를 통하여 비로소 헌법의 기본틀 내지 이를 형성하는 기본원리를 올바르게 이해할 수 있을 것이다.

Ⅱ. 국가형태론을 통한 헌법의 성격규정

현행헌법 제1조 제1항은 "대한민국은 민주공화국이다"라고 선언하고 있다. 이 규정은 한편으로 「대한민국」이라는 **국호**(國號: 우리나라의 공식명칭)를 정하고 있지만, 다른 한편으로는 「민주공화국」이라는 **국가형태**(國家形態)를 정하고 있는 것이다.

국호의 문제는 나름의 중요성을 갖고 있지만, 그것은 현실적인 문제의 해결에 관한 것이라기보다는 상징적인 의미를 갖고 있다. 하지만 국가형태의 문제는 국가질서의 형성과 관련한 실질적 의미를 갖고 있다. 비록 국가형태론의 의미가 과거에 비해 많이 퇴색되기는 하였지만, 현행헌법상의 국가형태가 갖는 의미를 음미해 보는 것은 우리 헌법이 지향하는 이념, 우리 헌법이 형성하고자 하는 국가질서의 기본방향을 확인하는 데 큰 의미를 가질 수 있기 때문이다.

현행헌법이 명시하고 있는 **민주공화국**이라는 국가형태는 「민주국」의 의미와 「공화국」의 의미를 함께 포함하고 있는 것이다.

그 중 **민주국**의 의미는 이제 커다란 현실적 중요성을 갖지 못하게 되었다. 주권의 소재에 따라 국가형태를 군주국, 귀족국, 민주국으로 나누는 것은 그 국가의 전체적 성격을 규정하는 매우 중요한 징표였고, 오늘날에도 그 국가질서를 형성하는 방향을 결정하는 데 중요한 의미를 갖는다. 그러나 형식적인 군주국가는 존재할지언정 종래와 같은 군주주권국가는 더이상 찾아보기 어려울 뿐만 아니라, 이런 형태의 국가가 소생할 전망도 없는 것이 오늘날의 현실이다.

이런 상황을 고려할 때, 민주국의 문제는 다른 국가형태와의 비교로서의 의미를 상실하였고, 오히려 그 내부질서의 특징을 보여주는 징표로서의 의미에 초점을 맞추어 검토하는 편이 의미가 있을 것이다. 그런 맥락에서 본다면, 이제 민주주의(Democracy)는 군주국, 귀족국에 대립하는 국가형태로서가 아니라 국가질서의 구체적 형성기준이라는 의미의 헌법원리로서 부각된다.

또한 **공화국**이라는 개념의 의미도 과거와 달리 많이 축소되었다. 공화국은 좁은 의미로는 고유의 권리로부터 —즉, 공동체 구성원의 합의와는 상관없이— 나오는 모든 통치권력, 특히 세습에 의한 권력을 주장하는 군주적 통치권력을 부정하는 것이며, 넓은 의미로는 공화제(res publica: 공동—체)의 요청에 따라 모든 공권력이 공동체에 귀속되어야 하며, 공공복리에 봉사하여야 한다는 것을 의미한다. 이러한 경우에 비로소 시민은 자유롭고 평등한 인간으로 존재할 수 있다는 것이다.

이렇게 볼 때, 좁은 의미의 공화국은 민주국과 마찬가지로 현실적 의미를 거의 상실하였다. 또한 넓은 의미의 공화국, 즉 권력보유자의 자의(恣意)만이 지배하는 전제(專制)와 대비되는 참되고 자유로운 공동체질서라고 하는 것도 오늘날 민주주의와 법치주의를 통해 구체적으로 실현되고 있는 것이기 때문에 이를 공화국이라는 개념 하에서 별도로 취급할 실익이 별로 없게 되었다.

물론 헌법질서를 형성해 나가야 할 기본방향의 설정이라는 측면에서 본다면, 이미 「민주공화국」이라는 선언만으로도 많은 것이 결정되었다고 할 수 있다. 군주제의 부정, 그리고 이와 연결되어 있는 공동체 구성원(즉 국민)의 합의에 의한 국가질서의 형성이라는 기본방향이 그 안에 내포되어 있는 것이다.

하지만 국가질서의 형성에 관한 본격적 문제는 그 다음의 단계에서, 즉 어떻게 국민의 합의에 의해 국가질서를 형성할 것인지, 그 가운데서 파생되는 여러 문제들을 어떻게 해소할 것인지에 있기 때문에 국가형태에 대한 결정만으로 국가질서 내지 헌법질서의 구조와 성격을 충분히 해명했다고는 말하기 어렵다.

Ⅲ. 국가질서의 구조와 성격을 결정하는 기준으로서의 헌법원리

그 결과 오늘날의 헌법학에서는 주권의 소재 등을 가지고 국가의 유형을 나누어 고찰하는 국가형태론보다는 실질적인 국가질서의 구성방식 및 이를 지배하는 원리에 대해서 더 큰 관심을 갖는다. 즉 **국가질서를 실질적으로 형성하고 유지하는 기준 내지 지침이 되는 원리**가 헌법의 전체적 구조와 성격을 사실상 결정한다고 할 수 있기 때문에 헌법의 기본원리에 대한 헌법학적 고찰이 훨씬 더 중요해진 것이다.

하지만 헌법학에 있어서 어떤 것을 원리라고 부를 수 있는지, 그리고 수많은 헌법원리들 가운데서 기본원리라고 부를 수 있는 것이 무엇인지에 대해서는 견해의 대립이 날카롭다. 예컨대 국내의 헌법학자들은 헌법원리에 대해 "헌법질서의 전체적 형성에 있어서 그 기초 내지 지주가 되는 원리"[2] "헌법의 이념적 기초가 되는 것이면서 헌법을 총체적으로 지배하는 지도원리"[3] 등으로 정의하고 있으며,[4] 구체적으로 헌법의 기본원리에 속하는 것이 무엇인가에 대해서도 상당한 편차를 보이고 있다.[5] 또한 한국의 헌법

2) 계희열, 헌법학(상), 2005, 194쪽.
3) 권영성, 헌법학원론, 2010, 125쪽.
4) 또한 김철수, 헌법학개론, 2007, 137쪽에서는 헌법의 기본원리가 "첫째, 헌법조항을 비롯한 모든 법령의 해석의 기준을 제공할 뿐 아니라 헌법조항 내지 법령의 흠결시 이를 보완하는 원리가 되며, 둘째, 입법이나 정책결정의 방향을 제시하며 공무원을 비롯한 모든 국민 · 국가기관이 헌법을 존중하고 수호하도록 하는 지침이 되며, 셋째, 헌법의 개정에 있어서 헌법의 기본원리는 개정의 한계를 이룬다"고 설명하고 있다. 그러나 이러한 설명은 기본원리의 기능에 대한 설명일 뿐, 기본원리의 개념정의라고는 보기 어려울 것이다.
5) 이에 관하여는 「제1권 제2부 제5장 제4절 **그 밖의 헌법원리**」 참조.

(학)에 커다란 영향을 미쳐온 독일에서도 헌법의 기본원리에 대한 이해의 차이가 적지 않다.

이러한 이해의 혼란 가운데서 헌법원리를 올바르게 이해하고 이들을 중심으로 헌법의 전체 질서를 체계적으로 정리하기 위해서는, 먼저 헌법의 이념 내지 헌법의 기본적 과제를 분명히 하여야 한다. 그리고 이러한 헌법이념의 실현 내지 과제의 수행을 가능케 하기 위하여 제정된 헌법의 개별규정들을 연결시킴으로써 전체로서의 헌법을 하나의 일관된 체계 속에서 파악하기 위하여 노력하여야 한다. 헌법의 기본원리란 헌법의 이념을 출발점으로 하여 개별헌법규정들을 통일적으로 해석할 수 있도록 일정한 방향, 일정한 지침과 기준을 제공하는 역할을 하는 것이기 때문이다.

헌법의 이념이 무엇인가에 대해서는 논란의 여지가 적지 않다. 그러나 앞서 헌법관에 대한 검토에서 현대적 헌법이해에 적합한 것으로 평가된 통합론적 헌법관에 기초하여 헌법을 「기본권을 중심으로 구성되는 가치질서」로 이해한다면, 헌법의 최고이념이 「인간의 존엄」이라는 점에 대해서는 이론(異論)이 없을 것이다. 이렇게 볼 때, 헌법의 기본이념은 **인간의 존엄** 및 이를 구체화시켜서 나타나는 **모든 인간의 자유(권)와 평등(권)**이라고 할 수 있을 것이다.

헌법의 모든 개별규정들은 이러한 헌법이념에 부합되도록 해석되어야 할 것인데, 개별적 사안마다 자유와 평등을 독자적으로 이해하고 실현시키려 할 때에는 역시 적지 않은 혼란이 발생될 것이나. 때문에 이러한 이념 하에 국가질서를 형성하는 방식을 정하는 여러 헌법원리들이 각 영역별로 탄생된다. 그리고 그 가운데 국가질서를 형성하는 데 커다란 비중을 갖는 몇 가지를 우리는 헌법의 기본원리라고 부른다.

제 2 절 헌법원리의 유형과 현행헌법의 기본원리

Ⅰ. 헌법원리의 유형과 분류의 기준

오늘날 헌법원리라고 일컬어지는 것들은 매우 다양하다. 그것은 헌법원리들이 헌법에 대한 전체적 이해에 기초하여 체계적·논리적으로 도출되었다기보다는 헌법을 구성하는 개별영역에서의 헌법실무와 이론을 통해 각기 개별적으로 발전되었고, 나중에야 전체 헌법의 체계를 염두에 두고 그 상호관련이 문제되면서 각 헌법원리들의 규율영역 및 의미와 한계, 그리고 헌법원리들의 우열관계 등이 논의되기 시작했기 때문이다.

예컨대 자율성의 실현구조와 관련하여 가톨릭의 법이론에서 발전되어 오늘날 헌법원리로 뿌리내린 **보충성의 원리**(Subsidiaritätsprinzip)는 지방자치를 비롯한 여러 영역에서 국가권력의 개입의 정당성을 따지는 원리로서 널리 인정되고 있는가 하면, **비례의**

원칙(Verhältnismäßigkeitsprinzip)은 국가권력이 -목적의 정당성과 상관없이- 어떤 경우에 어느 정도로 행사되는 것이 정당한 것인지를 합목적성의 관점에서 평가하는 원리로서 널리 이용되고 있다. 또한 **헌법의 통일성**에 대한 고려가 헌법해석의 중요한 원칙으로 인정되고 있으며, 나아가 **실제적 조화의 원칙**, **기능적 적정성의 원칙**, **합헌적 법률해석의 원칙** 등도 매우 비중 있는 헌법(해석)의 원리라고 인정될 수 있다. 나아가 기본권의 실현구조 및 방식과 관련하여 이야기되는 **이중기준의 원칙**, **명백하고 현존하는 위험의 원칙**, **막연하기 때문에 무효의 원칙**, **이익형량의 원칙** 등도 역시 헌법원리의 하나이다. 그 밖에 국가조직과 관련하여 **권력분립의 원리** 및 **조세법률주의**, **행정의 합법률성 원칙**, **사법부 독립의 요청** 등도 중요한 헌법원리이다.

그러나 이처럼 헌법원리들이 다양하기 때문에 그 규율영역이 중첩되거나 주장내용들이 중복 또는 모순되는 경우도 많다. 또한 헌법의 매우 넓은 영역에서 적용되는 것이 있는가 하면 범위가 분명히 한정된 특수한 영역에서만 적용되는 것도 있다. 따라서 이러한 헌법원리들을 하나의 틀 안에서 전체적으로 정리하기는 매우 어려울 뿐만 아니라 그 실효성에도 의문이 적지 않다. 예컨대 규율영역을 기준으로 헌법원리들을 나누어 보았을 때, 어떤 특정한 규율영역에 한정되지 않는 포괄적인 원리들을 포섭하기 어려우며, 그렇다고 여러 헌법원리들이 일정한 상하관계를 전제하고 개발된 것이 아니기 때문에, 특정의 포괄적 헌법원리의 하부원리로 개별적 헌법원리들을 포섭하는 데에도 역시 어려움이 많다.[6)]

그렇기 때문에 헌법학에서는 헌법원리들에 대한 전체적 고찰보다는 오히려 개별 헌법원리들을 그 원리가 직접 적용되는 영역 가운데서 설명하는 것이 종래의 일반적 서술방식이었다. 그러나 특정의 개별영역에 한정시키기 어려운 헌법원리, 즉 헌법의 여러 영역에서 다양하게 문제되는 헌법원리들 역시 별도로 검토하지 않을 수 없다. 이들은 개별영역에 국한시켜서 설명하기 곤란할 뿐만 아니라 오히려 헌법의 여러 영역에 작용하면서 헌법 전체의 구조와 성격에 커다란 영향을 미치기 때문에 이들을 먼저 확인하고 이해하는 것이 전체 헌법에 대한 이해에 있어서 중요한 의미를 갖기 때문이다. 이러한 헌법원리들을 우리는 헌법의 기본원리라고 부른다.

Ⅱ. 현행 헌법의 기본원리에 관한 시각의 차이

이런 맥락에서 볼 때, 헌법의 기본원리란 헌법의 특정한 영역에 한정되지 않고 헌법의 다양한 영역에서 적용되면서 헌법 전체의 구조와 성격을 이해하는 데 영향을 미치는 헌법원리라고 말할 수 있을 것이다.

---

6) 특히 기본권의 영역에서 개발된 원리들은 통일성을 찾아서 정리하기가 더욱 어렵다. 각 개별기본권은 일정한 전체적 기본권체계를 전제한 가운데 발전된 것이 아니라 역사적 경험을 통해 각기 개별적으로 발전되어 온 것이며, 그러한 개별기본권 하나하나가 최고의 가치로 인정되고 있기 때문에 이들의 공통점을 찾아 하나의 일관된 체계 속에 포섭시키기가 그만큼 더 어려운 것이다. 이에 관하여는 「제2권 제1부 제7장 **기본권의 분류와 체계**」 참조.

따라서 현행헌법의 기본원리라고 지칭될 수 있는 것은 현행헌법 전체의 성격을 좌우할 정도로 중요한 비중을 갖는 원리, 그 적용을 통하여 헌법질서의 형성 방식과 방향이 달라질 수 있는 원리를 말한다. 이러한 기본원리에 해당된다는 점에 대하여 비교적 합의가 이루어지고 있는 것은 민주주의, 법치주의, 사회국가원리 정도이다. 그러나 그 밖에 현행헌법의 기본원리로 인정될 수 있는 것으로 무엇이 있는지, 그리고 헌법의 기본원리들 상호간의 관계는 어떻게 이해되어야 하는지 등에 관하여는 아직도 적지 않은 견해의 대립이 있다.

예컨대 헌법의 기본원리를 국민주권주의, 자유민주주의와 권력분립주의, 평화통일주의, 문화국가주의, 국제평화주의, 군의 정치적 중립성 보장, 기본권존중주의, 복지국가주의, 사회적 시장경제주의로 설명하고[7] 또 대한민국의 기본질서를 민주질서, 정치질서, 행정질서, 사회·경제질서, 국제질서로 나누어 놓은 후, 국민주권주의가 민주질서의 기본원리이고 법치주의가 행정질서의 기본원리, 사회복지주의가 사회·경제질서의 기본원리, 국제평화주의와 평화통일주의가 국제질서의 기본원리[8]라고 주장하는 견해가 있다. 그러나 이러한 견해는 정치, 행정, 사회, 문화 등의 영역이 엄밀하게 나누어지기 어려울 뿐만 아니라 각 영역들이 서로 영향을 미치고 있다는 점을 간과하고 있다. 예컨대 민주주의원리는 정치질서에서 뿐만 아니라 행정질서, 경제질서 등에서도 비중 있게 고려되어야 하며, 또한 법치주의도 단지 행정질서에서만 적용된다고 할 수는 없을 것이다.

또한 헌법전문의 분석을 통하여 헌법이 추구하는 이념을 국민주권, 정의사회, 문화민족, 평화추구로 나누어 놓고 그 각각의 이념을 실현하는 원리로서 자유민주주의와 법치주의, 사회국가원리, 문화국가원리, 평화통일원칙 및 국제법존중원칙을 들고 있는 견해도 있다.[9] 그러나 이러한 견해도 역시 특정의 이념과 원리를 도식적으로 연결시킴으로써 현실의 정확한 분석에는 적합하지 않는 측면을 보이고 있다.

그 밖에 민주주의와 국민주권주의, 법치주의와 권력분립주의를 동시에 헌법의 기본원리로 주장하는 경우를 드물지 않게 찾아볼 수 있다. 그러나 과연 국민주권을 배제한 민주주의가 존재할 수 있는가? 또한 권력분립을 법치주의와 독립된 것으로 파악할 것인가 아니면 법치주의를 구성하는 하부원리로 이해할 것인가에 대해서는 논란의 여지가 크다. 나아가 헌법의 기본원리에 해당되는 것이 무엇인지, 또 그들의 상호관계는 어떻게 이해되어야 하는지에 대해서도 상당한 시각의 차이가 존재한다.

Ⅲ. 현행 헌법의 기본원리를 어떻게 정리할 것인가?

이와 같은 이해의 혼란 속에서 현행헌법의 기본원리가 무엇인지를 정확하게 정리하

7) 김철수, 헌법학개론, 2007, 137쪽 이하.
8) 김철수, 헌법학개론, 2007, 182쪽 이하.
9) 허 영, 한국헌법론, 2022, 155쪽 이하.

는 것은 결코 쉽지 않다. 하지만 적어도 민주주의, 법치주의, 사회국가원리가 헌법의 기본원리로 인정되어야 한다는 점에 대해서는 비교적 견해가 일치되어 있는 만큼 이들을 중심으로 헌법의 기본원리를 일단 정리해 보는 것이 가능하다.

현행헌법은 민주주의에 대해서는 전문과 본문의 다수 규정들 가운데서 직접 · 간접으로 민주주의를 표방하고 있다. 하지만 법치주의나 사회국가원리를 직접 선언하고 있는 규정을 찾을 수 없다. 그럼에도 불구하고 민주주의와 더불어 법치주의, 사회국가원리도 헌법의 기본원리로 인정되어야 한다는 점에 대해서는 이론의 여지가 없다. 그것은 명시적 선언은 없더라도 우리 헌법이 법치주의를 전제하고 있으며, 사회국가성을 인정하고 있다는 점이 헌법의 전체적 맥락에서 쉽게 확인될 수 있기 때문이다.[10]

그러나 그 밖에 어떤 것들이 헌법의 기본원리로 추가될 수 있을 것인지에 대해서는 신중한 검토가 필요하다. 최근 헌법의 기본원리로 점차 폭넓게 인정되고 있는 것으로는 문화국가원리, 환경국가원리, 그리고 국제질서와 관련한 국제평화주의, 국제법존중주의 등을 들 수 있다.

10) 또한 민주주의, 법치주의, 사회국가원리는 헌법의 특정한 영역에서만 적용되는 것이 아니라 국가질서 전체의 구조와 성격을 좌우하는 중요한 요소로서 다양한 영역에서 그 구체화가 문제되고 있는 점에서도 헌법의 기본원리로 인정되기에 부족함이 없다.

제2장 헌법원리로서의 민주주의

민주주의는 헌법질서의 형성에 있어서 가장 중심적인 역할을 하는 기본원리이다. 그러나 그러한 만큼 민주주의와 관련된 문제들은 매우 복잡·다양하게 전개되고 있으며, 그 결과 민주주의를 정확하게 이해하는 것조차도 어렵게 되었다.

또한 민주주의를 구성하는 여러 요소들, 즉 민주주의의 이념, 민주적 절차, 민주주의의 실질적 가치 등에 대한 잘못된 이해와 그들의 상호관계에 대한 이해의 혼란은 민주주의에 대한 올바른 이해를 더욱 힘들게 만들고 있다.

이러한 이해의 혼란을 극복하기 위해서 한편으로 민주주의를 민주주의이게 만드는 가장 **본질적인 징표**가 무엇인지를 파악하여야 하며, 다른 한편으로는 그러한 요소들이 **민주주의의 역사적 발전과정** 속에서 어떤 의미를 담게 되었는지를 확인하여야 한다. 그 후 민주주의에 대한 일반적 이해를 우리의 **실정헌법과 연결**시킴으로써 현행헌법상 민주주의가 어떤 형태로 구체화되어 있는지를 정확하게 확인할 수 있을 것이다.

제1절 민주주의란 무엇인가? - 민주주의의 개념

Ⅰ. 민주주의의 어원

민주주의라는 말은 그리스어에 그 뿌리를 두고 있다. 즉 민주주의(democracy)라는 말은 민중을 의미하는 'demos'와 지배를 의미하는 'kratein'이 결합하여 만들어진 말이라고 한다.

이러한 어원에서도 나타나듯이 민주주의는 군주제도 및 귀족제도와의 대립관계 속에서 형성·발전되어 온 것이다. 군주의 지배도 아니고, 귀족의 지배도 아닌 **민중의 지배**를 특징으로 하는 정치제도가 민주주의인 것이다.

Ⅱ. 민주주의 개념의 다의성과 민주주의 이해의 혼란

그러나 현재 민주주의에 대한 이해의 혼란은 단순히 민중의 지배를 주장함으로써 해결될 수 있는 간단한 것이 아니다. 과거 군주제, 귀족제의 대립개념으로 민주주의를 주장할 당시에는 민중의 지배라는 것만으로도 민주주의의 특징을 충분히 나타낼 수 있었다. 그러나 정작 민주주의의 이념이 관철되고, 민주정치가 보편화되면서 민주주의 개념은 더욱 다양해지고, 민주주의에 대한 이해는 혼란스러워진 것이다.[1)]

그러나 국가질서를 객관적으로 명확하게 규율하여야 할 헌법의 입장에서 보면, 이러한 다양한, 경우에 따라 상호 대립되기까지 하는 민주주의 이해들 사이의 혼란은 극복되어야 한다. **헌법상의 민주주의**는 구체적인 법적 판단의 기준이 되어야 하기 때문이다.

즉 무엇이 헌법상의 민주주의에 합치되어 합헌이고, 또 어떤 것이 헌법상의 민주주의에 위배되어 위헌인지를 가릴 수 있는 명확한 규준이 정립되어야 한다. 헌법원리로서의 민주주의는 헌법에 의해 정립되어 우리의 생활현실 속에서 통용될 수 있는 것이어야 하며, 궁극적으로는 헌법재판소의 결정을 통해 확인되고 집행될 수 있는 것이어야 하는 것이다.

Ⅲ. 헌법적 개념으로서의 민주주의

1. 실정헌법의 조문을 통한 헌법상의 민주주의 개념의 파악

정치적 이데올로기로서의 민주주의가 아닌, 헌법원리로서의 민주주의를 올바르게 이해하기 위한 출발점은 헌법 조문 자체이다. 그러나 헌법 조문은 민주주의에 관하여 추상적이고 단편적인 규정만을 두고 있기 때문에, 이로부터 민주주의의 전체적 모습을 도출하는 데에는 한계가 있다.

헌법 자체의 성격에 비추어 볼 때, 헌법 조문을 통해 민주주의에 대한 대강의 윤곽 정도를 그리는 것은 가능할 수 있다. 그러나 민주주의의 이념과 본질, 나아가 그때그때의 정치적 · 경제적 · 사회적 상황에 따른 민주주의의 실현방식까지를 헌법 조문 안에서 낱낱이 규정하려는 것은 불합리하고 불가능한 것이다.

현행헌법도 민주주의를 선언하고 민주주의에 관한 몇 가지 추상적인 지침만을 담고 있을 뿐,[2)] 그때그때의 상황에 따른 민주주의의 실현(민주적 국가질서의 형성)이라는 문제는 헌법해석자, 특히 입법자에게 위임하고 있다.

2. 헌법규정의 해석을 통한 민주주의의 구체화

그러므로 헌법상의 민주주의의 성격과 내용을 구체적으로 이해하고 또 실현시키기

---

1) 군주제와 귀족제가 붕괴되면서 「민주주의」라는 말은 마치 「정당성」 또는 「좋은 정치」라는 말과 같은 의미로 생각되었다. 그렇기 때문에 모든 국가, 모든 정부가 민주주의를 표방하게 된 것이다. 하지만 민주주의를 주장하는 국가나 정부의 현실이 민주주의의 이념에 부합되는 것은 아니다. 그 결과 서로가 민주주의를 주장하면서도 실제 헌법질서의 내용은 상이한 경우가 나타나게 되고, 이런 상황을 제각기 –나름의 민주주의 정치이론을 개발하여– 정당화함으로써 민주주의에 대한 혼란이 가중되는 것이다.

2) 현행헌법은 민주주의에 관하여 전문(前文)과 몇 개 조문에서 대한민국이 민주공화국임을 선언하고 (제1조 제1항), 민주적(제8조 제4항), 자유민주적(헌법전문, 제4조), 민주개혁(헌법전문), 민주주의원칙(제32조 제2항), 민주화(제119조 제2항) 등의 표현을 사용하는 데 그치고 있다.

위해서는 민주주의에 관한 헌법규정의 해석이 필요하다.

가장 먼저 생각할 수 있는 해석방법은 **헌법의 통일성**이라는 헌법해석원칙을 활용하는 것이다. 우리는 민주주의를 직접적으로 규정하고 있는 헌법조문들 뿐만 아니라 헌법의 전체 조문들을 일정한 통일적 관련 속에서 파악함으로써 헌법이 민주주의를 어떻게 이해하고 있는지를 좀 더 구체적인 형태로 파악할 수 있다. 그러나 이러한 헌법의 통일성만으로 민주주의의 전체적 모습을 파악하는 데에는 어려움이 있다. 그것은 비단 민주주의에 관한 헌법조문들 뿐만 아니라 헌법의 전체 조문들이 각각의 사항들에 대한 단편적 규정들로 이루어져 있으며, 또한 고도의 추상성을 갖고 있기 때문이다.

따라서 헌법상의 민주주의의 성격과 내용을 전체적 · 구체적으로 이해하기 위해서는 현행헌법상의 민주주의가 어디에 그 뿌리를 두고 있는지에 대한 **역사적 내지 이념사적 고찰**도 필요하다. 이러한 고찰은 일차적으로 1948년의 헌법제정 당시의 민주주의 이해로 거슬러 올라갈 수 있겠지만, 거기에서 멈출 수는 없다. 헌법제정 당시의 민주주의는 우리의 역사적 경험이 나름으로 침전된 것이라기보다는 서구에서 발전된 민주주의의 이념과 헌법적 제도화를 계수한 것이기 때문이다. 따라서 헌법상의 민주주의에 대한 이념사적 고찰은 결국 서구 헌법상의 민주주의가 어떻게 발달되었는지, 그 핵심적 징표는 무엇인지에 대한 고찰로 연결될 수밖에 없다.[3)]

현행헌법상의 민주주의를 구체화시키는 데 세 번째로 고려되어야 할 요소는 **현실적 상황**이다. 서구의 정신사적 전통과 역사적 경험을 통하여 형성된 민주주의가 그와는 상이한 정신적 · 역사적 배경을 갖고 있는 우리에게 똑같은 형태로 실현되기는 어렵다.[4)] 그러나 또한 현실적 상황의 고려가 민주주의를 민주주의이게 하는 본질적 요소들의 희생을 통해 이루어지는 것은 곤란할 것이다. 그럴 경우에는 과거 「한국적 민주주의」라는 이름 하에 독재를 정당화시킨 경험을 되풀이하게 될 위험이 있기 때문이다.

Ⅳ. 헌법상의 민주주의를 구체화시키기 위한 헌법이론적 노력

민주주의에 대한 이해의 혼란은 「옳은 정치가 무엇이냐」라는 수천 년 간 계속되어 온 기본적인 문제와 직접 연결되어 있기 때문에 더욱 해결이 어려운 문제이며, 이를 어느 하나의 틀에 맞추어서 풀어내기는 어렵다.[5)] 하지만 그 어떤 경우에도 **민주주의로서의 동질성을 확인할 수 있게 하는 본질 내지 핵심**은 계속 유지되어야 한다. 그렇지 않으면 민주주의의 이념과 본질에 반하는 것을 민주주의라고 강변함으로써 민주주의를

3) 이러한 핵심적 징표들, 즉 -각국의 정치적 · 문화적 배경에 따른 개별적 특성을 배제한- 민주주의의 본질적 요소라고 볼 수 있는 **국민주권, 대의제, 다수결원리, 다원주의, 자유민주적 기본질서**는 현행헌법상의 민주주의를 이해하는 데 있어서도 핵심적 역할을 하게 된다.

4) 그것은 서구의 여러 나라들도 민주주의를 실현시키는 방식에서 -기본적인 공통점은 갖고 있지만- 제각기 다른 면모를 보이고 있다는 점에서도 확인된다.

5) 예컨대 민주주의에 관해서 어떤 도식을 설정해 놓고 이에 맞는 것만이 민주주의이고 그 밖의 것은 모두 민주주의가 아니라고 주장하는 독단은 옳지 않다. 각 나라마다 그리고 각 시대마다의 독특한 상황에 따라 민주주의도 변화된 형태로 실현될 수밖에 없다.

왜곡시키는 여러 움직임들이 민주주의라는 껍데기를 쓸 수 있는 여지를 주게 되기 때문이다.

따라서 우리가 헌법적 개념으로서의 민주주의를 이야기할 때에는 민주주의가 민주주의이기 위하여 갖추어야 할 본질에 속하는 요소들을 우선적으로 이야기하지 않을 수 없다. 아무리 민주주의가 그때그때의 상황에 따라 다양한 형태로 변화될 수 있다고 할지라도, 민주주의라는 이름으로 남아 있기 위해서는 꼭 갖추어야 할 핵심적 징표가 무엇인지를 확인함으로써 한편으로는 민주주의 자체를 올바르게 이해할 수 있고, 다른 한편으로는 어떤 것이 민주주의를 벗어나는 것인지를 분명하게 판단할 수 있을 것이다.

그러나 현행헌법규정은 물론 학설[6]과 판례[7]에서도 민주주의의 본질적 요소에 대한 분명한 답은 찾아보기 어렵다. 그렇기 때문에 민주주의의 본질적 요소들에 대한 체계적 탐구는 결국 서구에서 근대적 민주주의가 처음 뿌리를 내리던 과정, 즉 민주주의의 역사적 발전에 대한 검토를 통해 이루어질 수밖에 없다. 그 과정을 통해 우리는 민주주의와 불가분의 관계에 있는 중요한 요소들을 찾을 수 있게 된다: 국민주권, 다수결, 대의제, 책임정치, 다원주의, 의회제도, 정당제도 … . 이러한 요소들이 어떤 배경에서 탄생·발전되었으며, 오늘날 어떤 의미를 갖고 있는지를 검토함으로써 민주주의에 관한 정확한 이해가 비로소 가능해질 것이다.

제 2 절 민주주의와 국민주권

I. 근대주권국가와 군주주권론

1. 근대주권국가의 탄생

근대 주권국가의 탄생 내지 주권이론의 탄생은 중세 봉건질서의 붕괴와 근대적 정치질서의 형성이라는 역사적 흐름 속에서 이해되어야 한다.

중세말의 혼란과 무질서, 내란과 내전, 테러 등은 많은 정치사상가들로 하여금 새로운 안정된 질서를 수립할 수 있는 방법을 추구하도록 만들었다. 이것은 낡은 권위(즉

6) 국내 학설상 나타나는 민주주의에 대한 설명을 보면 ① 민주주의에 대한 전체적 설명 없이 민주공화국, 국민주권, 민주적 기본질서 등의 해석을 통해 간접적, 부분적 견해만을 밝히는 경우, ② 민주주의의 핵심 내지 본질에 관한 설명 없이 민주질서 또는 자유민주주의의 내용 내지 구성요소만을 밝히는 경우, ③ 민주주의를 국가의사형성에 관한 형식원리로 보는 경우 ④ 민주주의를 실질적 요소와 형식적 원리, 그리고 윤리적 생활철학의 결합으로 보는 견해 등으로 견해의 대립이 존재한다.

7) 판례도 민주주의에 대한 단편적인 설명을 통해 민주주의의 요소에 속하는 것이 무엇인지를 밝히고 있을 뿐, 민주주의의 전체적인 구조와 성격을 밝히고 있지는 않다. 예컨대 **헌재 2001.2.22. 2000헌바38 결정**에서 민주주의와 평등원칙의 직접적 관련성이 언급되고 있고, **헌재 1999.12.23. 99헌마135 결정**에서 의회민주주의와 정당의 관련성이 지적되는 등 민주주의의 개별적인 요소들만 확인되고 있는 것이다.

중세를 지탱하던 권위였지만 이제는 이미 타락하고 약화된 교황과 황제의 권위)를 다시 강화함으로써 이루어지기는 힘들다고 생각되었다.

이에 따라 이들을 대체할 수 있는 새로운 권위, 즉 왕권을 절대화함으로써 새로운 안정적 질서를 형성하려는 목적에서 주권이론이 창조되었다. 결국 주권이론은 교황이나 황제가 아닌 왕(군주)에게 안정된 사회적 질서를 형성하고 유지할 수 있는 권위를 부여하기 위해 만들어진 것이며, 보다 근본적으로는 내란과 내전의 혼란상태를 종식시키고, 안정된 질서를 회복시키기 위하여 만들어진 것이다.

따라서 주권이란 **대외적으로** (교황과 황제의 권위로부터) **독립되어 있고, 대내적으로** (봉건영주 및 제후 등의 권위를 누르고 새로운 안정될 질서를 창출할 수 있도록 하는) **최고의 위치에 있는 권력**(자기관철력)으로 이해되었다.[8)]

이러한 배경에서 만들어진 근대적 주권이론은 **군주의 권위를 절대화함으로써 사회적 질서와 평화를 회복**시키고자 하는 데 초점이 맞추어져 있었으며, 결과적으로 근대적 주권국가, 그것도 절대군주제국가의 형성에 강력한 이론적 뒷받침을 제공하였다.

2. 보댕(J. Bodin)의 군주주권론

근대초 프랑스의 정치적 혼란을 배경으로 군주주권론을 체계화하였고, 그럼으로써 근대적 주권이론을 국가학 및 헌법학의 핵심테마로 만들어낸 최초의 사상가는 장 보댕(*Jean Bodin*)이다.

보댕에 따르면 주권이란 한 국가의 절대적이고 항구적인 권력이며, 최고의 명령권이다. 그는 주권적 군주를 지상에서의 신(神)의 대리자로 해석했고(왕권신수설), 모든 권력과 권위는 군주 개인에게 집중되어야 한다고 생각하였다. 따라서 주권자인 군주는 절대적 권력을 가지며, 특히 국민의 동의 없이 법률을 제정, 공포할 권한을 갖게 된다. 하지만 군주 자신은 그 법률에 구속되지 않는다고 하였다.

그러나 보댕은 주권자인 군주도 신법(神法)과 자연법(自然法), 그리고 모든 민족에 공통으로 적용되는 몇 가지 인간의 법에 복종하여야 하며, 스스로 체결한 계약을 지켜야 한다고 주장함으로서 주권에 대한 최소한의 한계를 인정하였다.

이러한 보댕의 군주주권론이 갖는 의의는 무엇보다 그 이론을 통하여 군주에게 새로운 안정적 질서를 재정립시킬 수 있는 권위와 정당성을 부여했다는 데 있으며, 실제로 근대국가는 이러한 주권이론의 도움으로 독립된, 그리고 자기관철력을 가진 정치적 통일체로 구성될 수 있었다.

3. 홉스(Th. Hobbes)의 주권이론

보댕 이래의 군주주권이 보이는 특징의 하나는 「군주 = 국가」라는 등식을 전제하고

8) 이와 같은 주권의 기본적 의의는 오늘날까지도 통용되어서 국내적으로는 국가권력의 유일성과 최고성으로, 그리고 국제적으로는 주권국가들 간의 평등으로 나타나고 있다. 그러나 그 의미는 이미 상당히 제한적인 것으로 이해되고 있다.

있다는 점이다. 즉 객관적이고 독립된 제도로서의 국가라는 관념은 아직 존재하지 않고 있었으며, 모든 권위(즉 주권)는 군주 개인에게 집중되었다. 이것은 군주주권의 이론을 극도로 발달시켜 주권의 절대성을 완전한 형태로 관철시키고자 하였던 토마스 홉스(*Thomas Hobbes*)의 이론에서 특히 분명하게 나타난다.

홉스는 국가의 기원을 사회계약에서 찾는다. 즉 자연상태에서 "인간은 인간에 대해 이리"이기 때문에 이러한 "만인의 만인에 대한 투쟁"의 상태를 극복하기 위하여 사회계약을 통한 국가의 구성이 필요하다. 이러한 사회계약을 통하여 모든 시민은 그들의 모든 권리를 무조건 포기하고 주권자에게 이양함으로써 비로소 모든 분쟁이 종식되고 사회의 평화를 확보할 수 있게 되었다는 것이다.

이렇게 하여 주권자인 군주는 국가 내의 모든 것에 대한 처분권을 갖게 된다. 주권자는 무제한적으로 법률을 제정, 개정 및 폐지할 수 있는 반면에(*auctoritas non veritas legem facit!*) 그 자신은 법률에 구속되지 않는다. 모든 국가권력은 주권으로부터 파생된 것이며, 따라서 언제든지 회수될 수 있다. 그러나 주권자의 주권은 무조건적이고 회수될 수 없는 것이며, 시간적으로도 무제한적이다. 또한 홉스는 신법(神法)과 자연법(自然法)조차도 주권자의 권능에 대한 한계로 인정하지 않는다. 심지어 주권의 기초로 인정된 사회계약 자체도 주권의 한계로서의 역할을 하지 못한다고 보았다. 홉스는 그렇게 함으로써 절대적이고 무조건적이며, 불가분·불가양의 **무제한의 안정적 권력**으로서 주권을 정립하고자 하였던 것이다.

Ⅱ. 국민주권론의 형성과 발달

1. 군주주권론의 딜레마와 새로운 주권이론의 발전

그러나 이와 같이 군주의 주권을 극단화시킴으로 인하여 주권은 질서의 회복과 평화의 유지라는 본래의 의도에 반하여 현존하는 사회질서에 대해 위협적인, 심지어 파괴적인 힘으로 작용하게 된다. 즉 군주의 –통제가 불가능한– 자의(恣意)에 따라 권력이 행사됨으로써 현존하는 법적, 정치적, 경제적, 사회적 질서를 위협하는 요소로 작용하게 되는 것이다. 여기에 고전적인 군주주권론의 딜레마가 있다.

이러한 딜레마로부터의 탈출은 주권이론의 새로운 해석을 통하여 시도되었다. 이미 주권개념은 국가의 징표로서 깊이 뿌리내리고 있었기 때문에 주권개념 자체의 배격은 현실적으로 어려웠고, 결국 주권의 성격과 주권의 소재를 달리 해석함으로써, 즉 「군주 = 주권자 = 국가」라는 등식을 파괴함으로써 군주주권이론이 갖는 문제점들을 해결하고자 하는 시도들이 나오게 된 것이다. 이러한 시도들은 국민주권론을 비롯하여 의회주권론, 국가주권론 등 다양한 방향으로 전개되었다.

2. 국민주권론의 대두

주권이론의 형성과 발전은 가톨릭의 중세적 구속을 벗어나 군주를 중심으로 국가권력을 세속화시킴으로써 이루어졌다. 그러나 중세의 종교적 구속으로부터 벗어나는 -합리성이 지배하는- 세속화의 과정은 동시에 국민주권론을 크게 자극하게 되었다.

고대 그리스의 아리스토텔레스(*Aristoteles*)나 중세의 토마스 아퀴나스(*Thomas Aquinas*)까지도 거슬러 올라가는 국민주권론은 근대에 이르러서는 국가의 합리적 설명으로 크게 각광을 받았던 사회계약론과 결합되어 나타났다. 홉스는 사회계약론으로부터 군주주권론을 이끌어냈지만, 그로티우스(*Hugo Grotius*), 푸펜도르프(*Samuel Pufendorf*), 알투지우스(*Johannes Althusius*) 등에 의해 군주의 절대권은 점차 제한적인 것으로 풀이되었고, 오히려 **국민의 양도될 수 없는 최종적 권력**이 주장되기 시작했다. 주권자인 군주도 합리성에 복종해야 한다고 생각되었으며, 그에 따라 사회계약론도 달리 구성되었다. 나아가 군주의 절대권에 대한 제한은 로크(*John Locke*)와 몽테스큐(*Montesquieu*)의 권력분립론에 의해 보다 확실하게 뿌리를 내렸다. 시민의 생명, 자유와 재산은 불가침이라고 주장되었으며, 결국에는 군주가 아닌 국민이 주권자라고 선언된 것이다.

3. 과도기의 주권이론: 의회주권론, 국가주권론, 법주권론

외부로부터의 위협에 대처하기 위해 군주의 강력한 지도력을 필요로 하던 시기(튜더 왕조 시절)가 지난 후 영국에서는 군주세력의 약화와 더불어 귀족세력과 시민세력의 연합이라는 형태로 나타난 의회의 권한 강화가 두드러지게 되었다.[9)]

이런 과정 속에서 주권의 보유자는 군주가 아니라 의회라는 소위 **의회주권론**이 영국에서 주장된 것은 당시의 정치현실을 반영하는 것이라고 볼 수 있다. 현실정치적 세력관계에서, 그리고 근대적 민주주의 사상과의 결합을 통하여 정당성을 획득한 의회는 입법에 관한 절대적 권한을 인정받게 되었고, 그 결과 의회제정법의 우위라는 사상을 중심으로 영국 내에서 의회주권론이 점차 보편화되었던 것이다.

이러한 의회주권의 주장은 전체로서의 의회가 주권을 갖는다고 인정하는 데에 의견의 일치를 보이고 있으며, 의회의 민주화와 더불어 사실상 국민주권에 접근하는 형태로 발전되었다. 그러나 의회주권론에서 주목할 점은 -국가주권론 등과는 달리- 주권의 본래의 출발점, 즉 한계상황에서의 최종적 결정권이라는 문제를 시야에서 놓치지 않고 있다는 것이다.

국가주권론은 국가를 하나의 독립된 법인격으로 인정하는 데에서 출발한다. 17~18세기 이래 단체법의 이론이 발달하여 각종 단체가 법적 권리의무의 주체로서 인정되는 것이 일반화됨에 따라 국가도 독립된 단체 또는 법인격으로 보려는 견해가 대두되었

9) 이미 14~15세기경에 과세와 입법에 대한 협의권을 확보하였던 의회는 17세기 초 스튜어트 왕조와의 대립을 통하여 군주에 대한 의회의 통제권을 강화시켰으며, 1628년의 권리청원(Petition of Right), 1649년의 청교도혁명(Puritan Revolution), 1679년의 인신보호법(Habeas Corpus Act), 1688년의 명예혁명(Glorious Revolution)과 1689년의 권리장전(Bill of Rights), 1701년의 왕위계승법(The Act of Settlement) 등을 거치면서 마침내 국왕의 권한은 형식적·의례적인 것으로 축소되고 의회가 통치의 중심이 되는 정치적 발전이 진행되었다.

다. 이 견해는 특히 국가형태의 변화 또는 국가구성원의 변동과 관계없이 국가 그 자체의 동일성 내지 계속성이 유지되는 것을 잘 설명할 수 있다는 점에서 강력한 설득력을 갖고 주장되었으며, 국가주권론은 이러한 바탕 위에서 독립된 법인격으로서의 국가 그 자체가 주권을 갖고 있으며, 군주나 의회 또는 국민은 국가의 일부, 즉 국가의 기관에 불과하다고 보는 것이다.[10)]

나아가 이른바 **법주권론**이라는 것도 주장되었다. 즉 사회 내에서 집행력을 갖고 통용되는 권력은 오직 법적 권력뿐이고, 모든 자연인 또는 법인과 마찬가지로 국가도 실정법질서의 테두리 안에서만 그 권위를 발하고 유지할 수 있다는 관점에서 법에 주권이 있다고 보는 것이다.

그러나 이러한 국가주권론 또는 법주권론은 현실적으로 당시 전제군주와 귀족, 시민세력 간의 타협의 시도라는 제한된 의의를 가지고 있었을 뿐, 주권의 본래의 의미, 즉 한계상황에 있어서의 최종적인 결정권이라는 의미에 비추어 볼 때 단지 문제의 회피 내지 우회에 불과하다는 비판을 피하기 어렵다.

물론 이러한 국가주권론이 주권과 국가권력의 구별을 명확히 하고 법치국가사상의 발전에 긍정적인 영향을 미쳤다는 평가도 있다. 그러나 국가주권론이나 법주권론은 "누가 주권자인가"라는 주권문제의 핵심적 쟁점을 우회함으로써 군주와 귀족, 시민세력간의 대립에 대한 본질적 해결은 제시하지 못했으며, 결국 국가주권론에 기초하여 발달된 법치국가의 실제 적용도 그때그때의 세력관계에 따라 좌우되었다.

4. 룻소(J. J. Rousseau)의 국민주권론

군주주권론에서 국민주권론으로 이행되어 가는 이론적 발전의 정점은 룻소(*J. J. Rousseau*)의 사회계약론에서 찾을 수 있다.[11)] 룻소에 따르면 주권자는 사회계약의 당사자인 국민이다. 그러나 국민이 아무 권리 없이 복종만을 강요당한다면, 그들은 더 이상 (주권자인) 국민으로서의 성격을 갖지 못한다고 말할 수밖에 없으며, 그러한 사회상태는 정상적이라고 볼 수 없다. 왜냐하면 룻소가 이해하는 주권은 "**일반의사**(volonté générale)의 행사"이므로 양도될 수도 없고, 분할될 수도 없는 것이다.

또한 일반의사는 언제나 올바르고 공공의 이익을 지향하는 것이기 때문에 일반의사의 행사인 주권은 -아무리 절대적이고 신성하고 불가침이라 하더라도- 일반적 약속의 한계를 넘지 않으며, 넘을 수 없다고 인정된다. 따라서 개인의 자유와 재산에 대한 부당한 침해가 주권(자)에 의해 행해질 수는 없다고 주장한다.

---

10) 게르버(*Carl Friedrich von Gerber*)이후의 독일의 법실증주의 헌법학은 라반트(*Paul Laband*), 옐리네크(*Georg Jellinek*), 켈젠(*Hans Kelsen*)에 이르기까지 일관되게 국가법인론에 기초한 국가주권론을 주장해왔다.

11) 룻소(*J. J. Rousseau*)이후에도 칸트(*I. Kant*), 피히테(*Johann Gottlieb Fichte*) 등에 의해 국민주권론이 주장되었으나 그들의 주장은 룻소를 크게 넘어서지 못했으며, 현실적으로도 독자적인 큰 영향을 미치지 못했다.

여기서 룻소는 군주주권론과 결정적인 현실적 차이를 보이는 결론을 다음과 같이 도출해낸다:

자연상태를 벗어난 사회(계약)상태에서는 모든 권리가 법률로 규정되어 있다. 이러한 법률을 만드는 것도 또한 일반의사의 행위에 속하며, 모든 법률은 **일반성**을 가져야 한다. 그리고 이러한 법률에는 −사회계약에 의하여 국민의 위임을 받은 자에 불과한− **군주도 복종**하여야 한다.

Ⅲ. 주권이론의 한계, 국민주권론의 한계

1. 역사적 개념으로서의 주권이론과 그 현대적 의의

주권이론들 사이의 혼란과 대립은 정치현실에서 나타났던 여러 세력들의 대립과 갈등을 반영하는 것이기도 했다. 주권개념은 그 출발에서부터 법이론체계 내에서만 사용되는 형식논리적 개념이 아니라 역사적으로 정치적 논쟁과정 속에서 형성·발전되어 온 **투쟁적·이데올로기적 개념**인 것이다. 따라서 주권의 문제는 법과 정치가 얽혀 있는 **규범과 현실의 한계상황의 문제**일 수밖에 없다.[12]

군주주권론과 국민주권론을 중심으로 전개되어 오던 여러 세력들 사이의 대립과 갈등은 결국 근대의 정치적 발전을 통해 국민주권의 관철로 귀결되었다. 오늘날 민주주의를 부정하는 국가나 정부를 찾기 어려운 것과 마찬가지로 국민이 주권자임을 부정하는 경우도 찾기 어렵다. 그러나 국민을 주권자로 선언하는 것만으로 주권의 모든 문제가 해결되지는 않는다. 오히려 −군주주권의 극복을 통해 얻어진− 국민주권의 보편화로 인하여 주권은 (과거 주권이론의 본질적 성격이었던) 투쟁적 개념으로서의 가치를 상실하게 되었으며, 그 결과 주권개념 내지 주권이론의 해체, 붕괴 또는 (적어도) 변천이 계속 이야기되고 있다.[13]

---

12) 그런 맥락에서 볼 때, 근대초의 정치적 상황은 보댕에 의한 군주주권론의 체계화를 정당화시켰다고 말할 수 있다. 그러나 또한 그 이후의 사회적·정치적 발전은 전통적인 권위주의 체제의 유지를 지향하는 군주세력이 주장하였던 군주주권론보다는 새로운 합리적 정치체제를 요구하는 시민세력이 주장해왔던 국민주권론을 정당화시켰다는 평가도 가능할 것이다.

13) 이와 같이 주권개념 내지 주권이론의 해체, 붕괴, 변천 또는 극복이 이야기되는 이유로는 다음의 몇 가지를 들 수 있다. ① 주권은 더 이상 과거와 같은 투쟁적 개념으로서의 가치를 갖고 있지 않다. 더욱이 오늘날의 민주적 헌법국가에서는 내부적 갈등이 일정한 법적 절차에 따라 정돈되고 완화되기 때문에 전통적인 의미의 주권개념(최고·유일의 불가분·불가양의 무제한적 권력)은 해체되고 있는 것으로 보인다. ② 주권이론이 절대주의의 정당화에 이용되었던 경험으로 인하여 부정적인 평가를 받고 있다. ③ 유럽연합(EU) 등의 예에서 보듯이 전통적인 주권개념으로는 파악하기 어려운 새로운 정치적 발전이 나타나고 있다. 이런 관점에서 주권개념의 과거 역사는 현재에 부응하는 주권의 문제를 정확하게 이해하는 데 오히려 장애가 된다는 견해도 있다. ④ 국민주권의 사상보다 헌법의 우위 또는 법의 우위라는 사상이 전면에 등장하고 있다. 즉 종래 주권의 문제로 다루어지던 갈등이나 한계상황 등의 문제가 헌법과 법의 테두리 내에서 해결되고 있으며, 또 그래야 한다는 것이다. ⑤ 이러한 주장은 나아가 주권의 한계에 관한 물음으로 이어지며, 결국 인간의 존엄, 정의 등에서 주권의 한계를 찾으려는 태도로 연결된다. ⑥ 주권의 문제를 결정권력의 주체 내지 담당자의 문제로 이해하는 것은 국가의 과제가 보통 여러 요소들 내지 세력들의 규범적 공동작용에 의해 수행된다는 점을 간과하고 있다. ⑦ 이런 바탕 위에서 오늘날의 주권개념은 과거의 전통적인 개념을 완전히 벗어나 −종래의 절대적·

주권개념은 특정한 역사적 문제상황 하에서 문제를 해결하기 위한 시도로 등장했던 것이다. 따라서 주권개념의 문제를 해결하기 위해서는 주권개념의 역사성에 대한 통찰이 매우 중요하다. 한계개념 내지 비상상태의 개념으로 출발하였던 근대적 주권개념은 오늘날 ―헌법제정권력이론에서 볼 수 있듯이― 규범적 개념 내지 정상상태의 개념으로 발전되었다.[14]

물론 주권은 갈등상황, 한계상황에서 여전히 특별한 의미를 갖고 있다. 그러나 그것이 결정적인 것은 아니다. 더욱이 민주적 헌법국가에 있어서 비상사태란 헌법부재의 상태를 의미하는 것이 아니라 법적으로 규율되고 통제되는 상황이어야 한다. 이미 주권의 동의어로 이해되고 있는 헌법제정권력에 대해서도 오늘날 한계를 인정하는 견해가 다수라는 사실은 주권문제를 우리가 어떻게 이해해야 하느냐에 대해 시사하는 바가 크다.

2. 현대민주주의헌법에 있어서 국민주권의 의의와 한계

주권이론의 현대적 의의 내지 한계를 이와 같이 이해했을 때, 국민주권의 의의와 한계 또한 분명해진다.

그 동안 민주주의의 핵심요소 내지 본질적 징표로서 널리 인정되던 국민주권은 역사적으로 볼 때, 군주주권에 대항하는 항의적·투쟁적 이데올로기로서 기능해 왔을 뿐, 구체적으로 국가질서를 형성하는 원리로 작용하지 못했다. 이것은 군주주권과의 비교를 통해 보다 분명하게 확인될 수 있다.

군주주권이 인정될 경우 군주는 구체적이고 사실적인 결정권력을 보유하게 되고, 따라서 군주 개인의 의사를 중심으로 구체적인 국가질서의 형성이 가능해진다. 이 때 군주는 최종적 결정권자로서 주권자라고 불리울 수 있다. 그러나 국민주권이 관철된 경우에도 주권자로서의 국민은 구체적 행동체로서의 개개인 또는 그들 중의 일정범위의 집합이 아니라 추상적·이념적 통일체인 전체로서의 국민이다.[15] 따라서 국민주권이 국민에게 실제로 의미하는 바는 군주주권이 군주에게 의미하는 것과는 상이한 차원에 있다고 할 수 있다.

무조건적 권력으로서의 주권을 제한하고 상대화시키는 것이 아니라― 주권개념 자체를 규범적·역사적인 것으로 재정립하여야 한다는 주장도 나오고 있다.

14) 이제는 과거와 같은 한계상황을 벗어났기 때문에 주권개념이 더 이상 필요하지 않다고 말하는 것은 아니다. 다만 우리는 주권개념을 그 탄생 당시의 역사적 배경으로부터 나오는 항의적·투쟁적 이데올로기라는 성격으로부터 해방시킴으로써 주권개념의 새로운 의미를 분명히 하여야 한다는 것이다.

15) 주권자인 국민은 대한민국의 국적을 갖는 모든 사람이다. 이 가운데는 행위능력은 물론 의사능력조차 없는 유아, 정신병자 등도 포함된다. 따라서 이들이 행동통일체로 구성되는 것은 실제 불가능하기 때문에 추상적·이념적 통일체로 이해되는 것이다.

이에 반하여 **국민주권**과 구별되는 **인민주권**을 주장하면서, 구체적인 행동통일체로 구성될 수 있는 국민을 주권자로 파악하는 견해도 있다. 이러한 이론은 사실상 **유권자의 총체**를 주권자인 국민으로 보고, 이들에게 보다 많은 실질적 권한을 인정하고자 하는 것이다. 하지만 이러한 인민주권론에 따를 때, 대한민국의 국민이면서 주권자가 되지 못하는 사람들을 어떻게 볼 것이며, 주권자인 국민과 그렇지 않은 국민의 관계는 또 어떻게 이해할 것인가에 대해서 많은 문제를 안게 된다.

그렇다고 오늘날 국민주권이 더 이상 아무런 실질적 의미도 갖지 못하는 장식물에 지나지 않는다는 것은 아니다. 근대민주주의의 발전과정에 있어서 국민주권이 민주주의와 동일시되고 또 국민주권이 관철 · 보편화되는 과정이 민주주의의 실현과정과 동일시될 수 있었던 것은 양자가 동일한 이념에 의해 이끌어지고 있었기 때문이었다. 국민주권 이론은 인간의 이성(합리성)에 기초하는 모든 개인의 인격적 평등을 전제로 하였으며, 개인의 최대한의 자율성의 보장에 그 정당성의 근거를 두고 있었던 것이다.

국민주권이 관철됨으로써 구체적인 국가질서가 곧바로 민주적인 것으로 완성되지는 않는다. 그러나 국민주권은 **국가질서의 정당성에 대한 근거 내지 기준**으로 작용하며, 국가질서가 지향해야 할 방향을 제시한다. 비록 국민주권만으로 민주주의가 완성되는 것은 아니지만 국민주권을 부정하는 민주주의가 있을 수 없는 것이 그 때문이다.

제 3 절 민주적 의사결정과 대의제 민주주의

Ⅰ. 민주주의의 이념과 현대의 정치적 조건

1. 민주주의의 이념과 민주적 의사형성

민주주의를 자처하면서 국민주권을 부정하는 경우는 찾기 어렵다. 그러나 정작 국가질서의 민주적 형성이라는 구체적 문제에 들어가면, 과연 어떠한 것이 참된 민주주의인지에 대한 격렬한 논란에 접하게 된다.

이러한 논란은 한편으로는 어떠한 형태의 민주주의가 경험적으로 실현 가능한가 내지 실현되고 있는가의 문제와 연결되어 있기도 하지만, 보다 본질적으로는 어떤 국가질서 내지 헌법질서가 민주주의의 이념에 보다 부합되느냐라는 문제로 연결된다.

그러나 오늘날 민주주의가 어떤 이념에 기초하고 있는가에 대해서도 의견이 일치하고 있지는 않다.[16] 다만 우리는 국민주권론을 비롯한 근대 민주주의의 역사적 발전을 통해 (적어도 서구적 민주주의에 있어서는) **자유와 평등**이라는 양대 이념이 다른 이념들과는 다른 결정적인 역할을 해 왔음을 (또한 지금도 하고 있음을) 볼 수 있다. 국민의 자유와 평등을 부정하고 국민의 의사를 무시 · 억압하면서 국민을 위해 통치한다는 주장만으로 그것을 민주주의로 인정하기는 곤란하다는 것이 민주주의의 최소한의 내용으로 널리 인정되고 있는 것이다.

민주주의는 이런 맥락에서 **모든 개인의 인격적 평등을 전제하며, 그들에게 최대한의 자율성을 보장해주는 질서, 자유와 평등이라는 이념을 통하여 인간의 존중을 구체화시키는 질서, 자유와 평등에 기초한 국민의 자기지배(自己支配)의 정치질서**로

16) 자유, 평등, 박애(또는 연대성), 문화진흥, 환경보호 등 민주주의의 이념으로 주장되는 것들은 논자에 따라 계속 늘어나고 있고, 오늘날 이것은 마치 인간 소망의 목록과도 같이 되어 버렸다.

이해된다. 따라서 민주주의의 과제는 이제 일차적으로 자유와 평등에 기초한 민주적 의사형성과 그 실현이라고 할 수 있다.

2. 국민의 자기지배의 이상과 현대의 정치적 조건

이렇게 볼 때 가장 이상적인 민주적 국가질서는 모든 국민의 전체적이고 직접적인 합의에 의해 형성된 국가질서일 것이고, 가장 이상적인 민주적 통치는 모든 국민의 합의로써 내려진 결정에 따른 통치일 것이다. 국민의 지배, 혹은 인민의 지배로서의 민주주의는 그 실질에 있어서 **국민의 자기지배**를 의미한다. 이것을 이상적인 형태로 실현시킨다면 국민이 치자(治者)이면서 동시에 피치자(被治者)가 되는 경우, 즉 모든 국민의 일치된 의사에 따라(혹은 룻소식의 일반의사에 따라) 국가질서가 구성되고 국민은 그 국가질서에만 복종하는 경우에 국민의 자기지배로서의 민주주의가 이상적으로 실현된다고 생각할 수 있다.

과거에는 이러한 민주적 이상이 말 그대로 실현될 수 있다고 생각되었다. 룻소의 **일반의사론**(一般意思論)이 그러하였고, 칼 슈미트의 **동일성민주주의**(同一性民主主義)의 이론이 그러하였고, **평의원민주주의**(評議院民主主義)의 기본사상이 이에 기초하고 있으며, 또 오늘날에도 제3세계의 많은 민주주의 신봉자들이 이를 열렬히 믿고 있다.

그러나 이러한 완벽한 형태의 민주주의는 이 세상에 존재할 수 없다. 일반의사론, 동일성민주주주의 등이 전제하는 전체국민의 통일적 의사란 단순한 의제(擬制)에 불과할 뿐 사실상 존재하기 어려우며, 이것은 이른바 평의원민주주의라는 모델의 기본전제에 있어서도 마찬가지이다.[17] 현대의 정치적 조건하에서는 이러한 통치형태들이 보다 많은 자결권을 국민에게 부여할 것이라고 기대할 수 없으며, 결국 일반의사론, 동일성민주주의, 평의원민주주의 등의 주장은 실현 불가능한 전제에서 출발하면서 그것을 마치 현실적인 것처럼 주장함으로써 진정한 지배관계를 왜곡 · 기만하거나 민주주의의 실제적 이해를 불가능하게 한다.

우리는 오히려 어떤 공동체에 있어서도 갈등의 존재는 불가피하다는 점에서 출발해야 한다. 국민의 자기지배의 이상을 비현실적인 조건 속에서 찾으면서 이러한 갈등의 존재를 무시 또는 억압하는 것은 결국 자유의 억압이 되며(자유는 생각을 달리 하는 사람들의 자유이다!), 이것이 극단화되면 전체주의에 귀결하게 됨을 우리는 역사를 통해 배울 수 있다.[18]

---

17) 이 모델은 역사적으로 다양한 형태로 나타나지만 그 근본사상에 따르면 입법권과 행정권이 집중되고, 국민의 위임에 기속되는 평의원을 선출하며(기속위임), 공무원과 법관을 언제든지 소환할 수 있도록 함으로써 국민의 진정한 자기지배를 추구하는 것이다.

18) 민주주의도 역시 인간의 인간에 대한 지배임을 부인할 수 없으며, 민주주의의 실현은 -이러한 갈등의 존재를 무시하거나 은폐하고 치자와 피치자의 동일성을 강조하면서, 또는 국민전체의 의사 내지 일반의사를 찾아냄으로써가 아니라- 갈등을 자유와 평등의 이념에 따라 조정하고 합의의 기초 위에서 적절하게 정서함으로서 이루어질 수 있는 것이다. 따라서 민주주의는 국민의 자유에 대한 최소한의 제한과 정치적 의사형성에 대한 국민의 최대한의 참여를 가능케 하고 그럼으로써 현존하는 갈등이 -적어도 수인(受忍)이라는 소극적 의미의- 합의에 도달하도록 함으로서 실현될 수 있다.

또한 현실적으로 모든 국민의 의사를 반영시켜서 국가질서를 형성하고 국가의 중요 정책을 결정하는 데에는 -기술적으로도- 한계가 있을 수밖에 없다. 나아가 오늘날의 국가사무를 결정하는 데에는 상당한 전문성이 요구된다는 점을 생각해 볼 때, -고도의 전문적 훈련과 지식을 필요로 하는- 많은 정치적 사안의 경우 국민의 직접적 결정은 바람직하지 않는다는 사실도 고려되어야 할 것이다.

따라서 국민은 국민을 대신하여 의사결정을 내릴 능력 있는 국가기관, 즉 국민의 대표자를 필요로 한다. 민주주의는 현실적으로 국민에 의한 직접적인 통치가 아니라 국민의 대표자를 통한 간접적인 통치, 즉 대의제민주주의로 실현되는 것이다.

Ⅱ. 대표의 개념과 민주적 대표제의 헌법적 의의

1. 대표의 개념

대표(Repräsentation)란 일정한 매개작용을 통하여 현존하지 않는 것이 실제 존재하는 것과 같은 효과를 발생시키는 것을 의미한다. 따라서 본인이 직접 일을 처리하고 문제를 해결하는 경우에는 대표의 문제가 발생되지 않는다. 대표관계는 본인(대표되는 자)이 직접 모든 일을 처리하지 못하는 경우에 다른 사람(대표하는 자 = 대표자)이 그를 대신하여 일을 처리하고, 그 일 처리의 효과는 본인(대표되는 자)에게 귀속되는 관계인 것이다.[19)]

이러한 대표관계는 사법(私法)상의 대리(代理)와도 구별되어야 한다. 대표와 대리는 양자가 모두 일정한 매개작용을 통하여 특정인의 행위에 대한 법적 효과가 타인에게 귀속된다는 점에서 공통점을 갖고 있다. 그러나 사법상의 대리에 있어서는 본인이 대리인을 계속적으로 지시 · 통제할 수 있다는 점에서 대표와 구별된다. 헌법적인 대표관계에 있어서는 -후술하는 바와 같이- 사법관계에서와 같은 법적 지시 · 통제권이 인정되지 않는다.

그러나 대표관계가 성립되기 위해서는 대표되는 자와 대표하는 자 사이에 밀접한 **신뢰관계**가 존재하지 않으면 안 될 것이다. 따라서 민주적 대표관계(민주적 대의제)에 있어서도 대표되는 자인 국민과 국가권력의 담당자 사이에 어떻게 신뢰관계가 형성되고 유지되어야 하는지가 중요한 문제로 등장한다.

2. 민주적 대표제의 헌법적 의의

민주적 대표제, 즉 대의제의 기본적 의의는 무엇보다 실제로 활동 가능한 국가권력을 구성하는 데 있다. 현대국가에 있어서는 국민의 수가 많고, 또 그 이해관계도 매우 복잡하고 다양하기 때문에 국민의 의사에 의한 전면적인 직접적 통치(직접민주제)가 현

---

19) 이런 의미에서 대표관계는 대표되는 자와 대표하는 자의 이원성이 전제되고 있으며, 의사의 일원성에 기초하고 있는 일반의사론이나 동일성이론 등과 대립된다.

실적으로 불가능하다. 그런 까닭에 **활동력 있는 소수**로 대표자를 구성하고 그들의 활동을 통해 국가질서를 형성하도록 하는 것이다.[20]

그러나 국민이 대표를 선출하고 대표에 의한 활동이 국민에게 귀속된다는 것만으로 민주적 대의제의 모든 문제가 끝나는 것은 아니다. 문제는 이제 비로소 시작이다. 민주주의는 국민을 주권자로 인정하고, 국민의 의사와 이익에 부합되는 국가질서의 형성을 목표로 한다. 그러나 현실적으로 국민(다수)의 의사와 대표자의 의사가 항상 일치하는 것은 아니기 때문에 양자의 갈등이 문제되는 경우가 많다. 나아가 국민의 의사가 (대표자가 생각하는) 국민의 이익과 충돌될 경우에는 문제가 더 복잡해진다.[21]

대표자의 활동에 의한 (국민을 위한) 국가기능의 능률성을 확보하면서 동시에 국민의사의 반영이라는 민주성을 관철시킬 수 있는 방법은 무엇인가? 이것이 현대의 민주적 대의제가 풀어야 할 기본적 과제이다.

Ⅲ. 민주적 대표관계의 당사자

1. 국 민

민주적 대표관계에 있어서 대표되는 자는 주권자인 국민이다.[22] 민주적 대표관계는 국민의 의사 또는 이념을 대표하는 것이 아니라 **국민을 대표**하는 것이다.

민주적 대의제의 출발점은 국민의사의 다원성과 그들간의 갈등이며, 대의제는 전체

---

20) 그뿐만 아니라 이러한 과정을 통하여 추상적·이념적 존재인 국민과 국가가 구체적이고 경험적인 것으로 만들어지고 느껴지는 것, 나아가 다양한 개인들의 개별적 의사, 개별적 이해관계 속에 흩어져 있는 국민을 하나의 통일체로 묶어주는 것, 즉 다원성 속에서 통일성을 형성해 나가는 것 등이 민주적 대표제의 중요한 기능에 속한다.

21) 여기서 우리는 민주주의의 개념정의로 흔히 인용되는 "국민의, 국민에 의한, 국민을 위한 정부"라는 말의 의미를 다시금 새겨볼 필요가 있다. 먼저 국민의 정부라는 말은 국민주권의 원리를 나타내는 것으로 이해할 수 있다. 이것은 누구나 인정하는 것이지만, 그것만으로 민주주의 문제가 해결되지는 않는다. 그리고 **국민에 의한 정부**라는 말은 국민에 의해 구성된 정부, 즉 국민에 의해 선출된 정부라는 말로도 해석될 수 있지만, 보다 근본적으로는 국민의 의사에 따르는 정부, 국민의 의사를 실현하는 정부라는 의미로 해석되어야 할 것이다. 그리고 마지막 **국민을 위한 정부**라는 말은 국민의 이익을 위해 활동하는 정부, 국민에게 유리한 국가질서를 구성해 나가는 정부로 이해될 수 있다.
이렇게 볼 때, 국민주권이 보편화되어 있는 현재의 상황에서는 '국민에 의한 정부'와 '국민을 위한 정부'의 실현이 문제될 것이다. 물론 가장 바람직한 경우는 양자가 동시에 실현되는 경우이다. 그러나 양자가 일치하지 않는 경우, 즉 국민이 실제로 원하는 것과 정부(국민의 대표자)가 보기에 국민에게 이익이 되는 것이 서로 다른 경우에는 어떻게 해야 할 것인가?
국민의 의사를 완전히 무시하고 -정부가 생각하는- 국민의 이익을 위해 정부가 활동한다면, 그것은 국민을 억압하는 독재라는 의심을 받게 될 것이다. 그렇다고 정부가 늘 국민의 의사에 구속되어서 결정하는 것도 비합리적이다. 국민에 의한 직접적 국가질서형성이 아닌 대표자에 의한 국가질서형성이 필요한 이유는 국민의 의사를 직접적으로 형성하여 관철하기에 여러 가지 어려움이 있었기 때문이고, 또 하나의 중요한 이유는 전문성의 문제이다. 실제로 복잡한 정치적 관련을 제대로 이해하지 못하고, 또 필요한 정보들을 충분히 갖지 못하고 있는 국민들이 정작 자신들의 이익에 반하는 결정을 잘못 내리는 경우도 드물지 않게 있다. 따라서 국민의사의 관철만을 무조건 주장하는 것도 옳지 않다.

22) 물론 국가의 차원이 아닌 지방자치의 차원에서도 민주적 대표관계가 형성될 수 있으며, 이 경우에는 그 지역의 주민이 대표관계의 당사자가 될 것이다.

국민의 통일된 의사가 존재하기 어렵다는 전제 위에 서 있다. 따라서 존재하지 않는 (전체)국민의 의사를 대표한다는 것은 불가능하다. 물론 국민 다수의 의사가 존재하겠지만, 다수라고 하는 것도 유동적이다.

민주적 대의제는 현존하는 국민의사의 다원성과 갈등을 부정하거나 무시하지 않는 가운데 통일된 국가의사를 형성해내는 방법이다. 따라서 대표자에 의해 형성된 국가의사는 국민의 의사로 취급되고, 그 효과가 국민에게 귀속되기는 하지만, 그것은 사실상 대표자의 의사이지 전체국민의 통일적 의사는 아니다. 즉 대표자에 의한 통일적 국가의사는 그때그때 국민의사를 (통계적으로) 확인함으로써 결정되는 것이 아니라 대표자의 판단과 책임 하에 내려진 결정(책임정치!)에 의하여 비로소 형성되는 것이다.

2. 대 표 자

민주적 대표관계에서 대표하는 자, 즉 국민의 대표자는 국가권력을 담당하는 국가기관이다. 그러나 모든 국가기관을 국민의 대표자로 볼 것인지, 아니면 특정한 국가기관, 즉 국민에 의해 직접 선출된 국가기관만을 국민의 대표자로 볼 것인지에 관하여 논란이 있다.

민주적 대표관계를 넓은 의미로 생각하면, 모든 국가기관이 국민을 위하여 활동하고 그 효과를 국민에게 귀속시키고 있다는 의미에서 대표자이다. 그러나 이렇게 볼 때의 대표관계는 모든 국가권력이 국민에 기초하고 있다는 국가권력의 민주적 정당성 문제와 다르지 않다. 그렇기 때문에 대표관계에서 특별한 의미를 갖는 것은 국민에 의해 직접 선출된 대표자이다.

국민에 의해 직접 선출된 대표자와 국민의 관계를 특별한 것으로 만드는 것은 대표되는 자와 대표하는 자 사이의 신뢰관계이다. 국민에 의해 직접 선출됨으로써 국민의 신뢰를 직접 부여받은 국가기관은 국민과의 관계에 있어서 그 밖의 -간접적인 신뢰관계에 있는- 국가기관과 같을 수 없고, 이를 기준으로 국민의 직접적인 대표기관과 그 밖의 국가기관이 구별된다.

그렇기 때문에 헌법학에서 주된 검토의 대상이 되는 것은 국민에 의해 직접 선출된 국가기관, 즉 우리 헌법 하에서는 대통령과 국회이다.

3. 국민대표의 유형: 개인적 대표와 집단적 대표

좁은 의미의 대표자로서 대통령과 국회가 있지만, 그 구체적인 성격과 활동에 있어서 양자는 적지 않은 차이를 보이고 있다.

대통령은 개인으로서 전체 국민을 대표한다(**개인적 대표**). 이러한 개인적 대표의 경우에는 민주적 대의제에 대해 요청되는 국가의사결정의 신속성과 국가기능의 능률성이 고도로 발휘될 수 있다는 장점을 갖는다. 반면에 국민의 다원적 의사가 다각도로 반영되는 데 있어서는 아무래도 한계가 있다는 단점이 지적된다.

국회는 개개 의원이 아닌 전체로서의 국회가 전체국민을 대표한다(**집단적 대표**).

따라서 전체로서의 국회의 의사를 결정하기 위하여 (전체국민의 경우와 마찬가지로) 다수결에 의한 의사결정과정이 필요하다. 이러한 과정을 통해 나타나는 다원적 의사의 반영이야말로 집단적 대표의 장점이자 단점이다. 한편으로는 진정한 국민의 의사를 최대한 다양하게 반영하는 것을 가능하게 하지만, 다른 한편으로는 그와 관련된 복잡한 과정은 신속성과 능률성을 상당히 약화시키는 것이다.

Ⅳ. 국민과 대표자의 관계

1. 대표관계의 민주적 형성을 위한 전제: 국민의사의 우월성

민주적 대표관계의 양 당사자, 즉 국민과 대표자는 서로 독립된 존재이며, 각자 독립된 의사를 갖는다. 비록 대표자가 국민을 대신하여 국가의사를 결정하지만, 대표자가 국민을 대체하는 것은 아니기 때문에 국민과 대표자의 관계는 여전히 많은 문제를 안고 있다.

민주적 대의제에서 대표자의 의사는 국민의 수권(授權)에 그 정당성의 근거를 두고 있으며, 따라서 기본적으로 국민의 의사가 대표자의 의사보다 우월한 것이다. 이러한 국민의사의 우월성은 -국민의사가 자유민주적 기본질서라는 근본가치와 충돌하는 극단적인 경우를 제외하고는- 국민의 자유와 평등이라는 민주주의의 기본이념에 부합되는 것이기도 하다. 국민의사의 우월성은 민주적 대표관계의 당연한 전제이고 출발점이다.

이러한 국민의사의 우월성은 한편으로는 **국민에 의한** 대표기관 선출 및 대표기관의 활동에 대한 통제를 통하여 구체화되며, 다른 한편으로는 국민의사의 표현인 **헌법에 의해** 대표기관의 활동범위에 한계를 그어주는 형태로 나타난다. 국민대표기관에 부여된 국가권력, 즉 국가의사를 형성하고 집행할 권한은 헌법이 정한 테두리 안에서 헌법이 정한 절차에 따라서만 행사될 수 있는 것이다.

2. 국민에 의한 대표자의 선출: 선거

민주적 선거는 국민과 대표자를 연결시켜주는 가장 중요한 매개과정이다. 대표자의 행위의 효과가 국민에게 귀속될 수 있는 기본적인 근거는 그들이 국민(의 의사)에 의해 선출됨으로써 정당성을 부여받았기 때문이다.

국민이 대표자를 **직접** 선출하는 의미는 대표자의 의사가 국민의사에 가장 가까울 수 있도록 하는 데 있다. 물론 대표자의 의사와 국민의사가 완전히 합치된다는 것은 가능하지 않다. 국민은 단지 현존하는 여러 대안들 가운데서 가장 실현가능성이 있고, 자신의 이념이나 이해관계에 가장 잘 부합되는 (혹은 가장 덜 충돌되는) 정책이나 정치인을 지지하는 것이다. 따라서 선거를 통해 이룰 수 있는 것, 이루어야 하는 것은 국민의 의사와 대표자의 의사의 완전한 합치가 아니라 현실적인 조건하에서 양자를 최대한 접근시키는 것이라고 할 수 있다.

이런 맥락에서 볼 때, 선거가 그 본래의 의의에 부합되기 위해서는 **다원적인 대안의 존재와 그 가운데서 선택할 수 있는 실질적인 가능성**이 무엇보다 중요하다고 할 수 있다.[23)]

3. 대표자의 국민을 위한 활동: 자유위임과 책임정치

일단 국민에 의해 선출된 대표자는 구체적인 정치적 문제에 대한 판단과 결정에 있어서 국민의사에 의한 직접적 구속을 받지 않는다. 즉 **자유위임(무기속위임)의 원칙**이 인정되고 있다. 자유위임의 의미는 두 가지 방향에서 모색될 수 있다. 하나는 선거인으로부터의 자유이고, 다른 하나는 정당으로부터의 자유이다.

선거인으로부터의 자유는 대의제민주주의의 성격으로부터 나오는 당연한 귀결이다. 국민에 의한 직접적인 의사결정이 불가능하고 또 비능률적이기 때문에 선택된 대의제에서 국민에 의한 (법적) 지시나 통제를 인정한다는 것은 자기모순이 될 것이다. 따라서 오늘날 국민과 대표자의 관계는 기속위임이 아닌 자유위임으로 이해되며, 대표자의 국민을 위한 활동은 자유위임의 기초 위에 자신의 판단과 결정으로 행하고, 그에 대해 국민에게 (정치적) 책임을 지는 이른바 책임정치의 형태로 수행된다.

그러나 오늘날 자유위임의 보다 현실적인 의미는 **정당으로부터의 자유**에서 찾을 수 있다. 즉 대표자(특히 국회의원)들은 그가 소속되어 있는 정당에 의한 지시나 구속으로부터 「법적으로 자유롭다」는 것이다. 그럼에도 불구하고 정당의 「사실상의 영향력이 여전히 존재한다」고 지적되기도 하고, 또 그러한 정당의 활동이 국회 내의 다수형성을 가능케 함으로서 국회의 활동력을 높여준다는 점이 강조되기도 한다. 그러나 자유위임의 원칙은 −의원이 자유로운 동의에 의해 정당의 구속을 수용하는 것까지 부정하지는 않지만− 정당의 사실상의 구속력을 법적 구속으로 고양시키지 않음으로서 사실상의 구속이 지나치게 강화되어 당내의사형성의 과두화를 견제할 수 있도록 하는 것이다.[24)]

---

23) 현대의 정치적 조건 하에서 전문성을 갖춘 대표자의 선출은 곧 정치엘리트 계층의 존재와 역할을 전제하는 것이다. 이러한 엘리트 계층이 다원화되고, 국민에게 다원적인 대안 가운데서 선택할 수 있는 가능성이 열려 있으면, 그것도 대의제민주주의의 테두리 내에 받아들여질 수 있다. 그러나 이러한 다원적 대안이 결여되고, 그 결과 특정 계층이 모든 정치적 기회를 독점하고 국외자(局外者)에게는 새로운 기회가 사실상 전혀 부여되지 않는 경우에는 선거의 기본적 의의가, 나아가 대의제민주주의의 가장 중요한 기초가 상실되는 것이다.

24) 헌법재판소는 국회의장이 원내교섭단체의 요구에 따라 국회의원들의 소속 상임위원회를 본인의 동의 없이 변경하는 것과 관련하여 “국회의원의 원내활동을 기본적으로 각자에 맡기는 자유위임은 자유로운 토론과 의사형성을 가능하게 함으로써 당내민주주의를 구현하고 정당의 독재화 또는 과두화를 막아주는 순기능을 갖는다. 그러나 자유위임은 의회 내에서의 정치의사형성에 정당의 협력을 배척하는 것이 아니며, 의원이 정당과 교섭단체의 지시에 기속되는 것을 배제하는 근거가 되는 것도 아니다. 또한 국회의원의 국민대표성을 중시하는 입장에서도 특정 정당에 소속된 국회의원이 정당 기속 내지는 교섭단체의 결정(소위 ‘당론’)에 위반하는 정치활동을 한 이유로 제재를 받는 경우, 국회의원 신분을 상실하게 할 수는 없으나 ‘정당내부의 사실상의 강제’ 또는 소속 ‘정당으로부터의 제명’은 가능하다고 보고 있다. 그렇다면, 당론과 다른 견해를 가진 소속 국회의원을 당해 교섭단체의 필요에 따라 다른 상임위원회로 전임(사·보임)하는 조치는 특별한 사정이 없는 한 헌법상 용인될 수 있는 ‘정당내부의 사실상 강제’의 범위 내에 해당한다고 할 것”이라고 판시한 바 있다(**헌재 2003.10.30. 2002헌라1 결정**). 이와 관련하여 **헌재 2020.5.27. 2019헌라1 결정**도 참조.

4. 국민에 의한 대표자의 통제

비록 국민을 위한 대표자의 활동이 자유위임의 원칙에 따라 국민에 의한 (법적) 지시나 통제 없이 대표자의 판단과 결정에 따라 행해진다고 하지만, 그것이 대표자의 모든 활동은 국민의 영향력 밖에 있다는 것을 의미하는 것은 결코 아니다. 선거는 누가 국가권력을 담당할 정당성을 갖는가를 결정해 주지만, 그것이 국가권력의 자의적인 행사까지를 정당화하는 것은 아니다.

대의제민주주의를 기본으로 하는 대부분의 국가에서와 마찬가지로 현행헌법도 국민소환 등과 같은 직접적인 통제의 수단은 인정하지 않고 있다.[25] 그러나 임기 종료시 **선거에 의한 통제**의 가능성이 존재함은 물론이고, 임기 중이라도 대표자의 정책결정과 집행에 대한 **비판적 여론의 형성**은 상당히 강력한 통제의 기능을 발휘할 수 있다.

대표자 자신이 국민의사에 항상 귀기울이고 있는 경우뿐만 아니라, 정당이나 각종 시민단체 등의 활동을 통하여 다양한 형태의 국민의사가 대표자의 정책결정과 집행에 크고 작은 영향을 미치고 있음은 잘 알려진 사실이다. 더욱이 국민의사의 표현인 여론은 권력분립의 틀 안에서 각종 통제장치에 직접 · 간접의 영향을 미침으로써 법적 · 정치적 통제기능을 자극하는 역할도 하고 있다.

V. 대의제 민주주의의 한계와 보완

오늘날 민주주의는 대의제를 통해 실현되고 있음으로 인하여 많은 경우 민주적 대의제가 대의제민주주의라는 이름 하에 민주주의의 동의어처럼 사용되고 있다. 그러나 대의제 역시 민주주의의 이상을 완벽하게 실현시키는 것은 아니며, 오늘날 그 성립 당시와는 판이하게 달라진 정치적 · 사회적 상황 속에서 적지 않은 문제를 노출시키고 있다.

이것은 무엇보다도 오늘날 보통선거의 확립을 기초로 관철된 대중민주주의의 현실과 관련하여 대의제의 한계, 또는 의회주의의 위기 등이 논의되는 것에서 분명하게 드러난다. 변화된 사회구조 속에서 민주적 대의제 또는 대의기관들이 어떤 의미를 갖는지, 그 기능은 여전히 유지되고 있는지, 혹은 그 기능을 활성화시키기 위한 방법이나 조건은 무엇인지 등이 각국에서 계속 문제되는 것이다.

문제의 해결은 두 가지 방향에서 시도될 수 있다. 하나는 **대의제 내지 대의기관(특히 의회)의 활동력과 능률성을 제고**함으로써 새로운 문제에 능동적으로 대처해 나가는 방법이다. 또 하나의 방법은 **국민의 직접적 참여의 기회**를 확대시킴으로써 대의제에서 나타날 수 있는 국민의사의 왜곡 또는 국민과 대표자의 괴리를 최소화하는 것이다.

오늘날의 민주적 국가질서가 대의제 민주주의를 기본으로 구성된다고 할지라도 결

25) 국민소환에 관하여는 장영수, 국민소환제의 의의와 기능 및 문제점, 고려법학 제45호(2005.11), 31-52쪽 참조.

국 직접민주제적 요소를 통한 보완이 필요한 것이다. 물론 대의제는 국민의 직접적 자기지배를 이상적 형태로 실현시키고자 하는 동일성민주주의와 양립될 수는 없다. 그러나 직접민주제적 요소로서 대의제를 적절하게 보완하는 것은 대의제의 정당성을 강화시키고 민주주의의 이상에 보다 접근하는 데 도움이 될 수 있다.

제4절 민주주의와 다수결

Ⅰ. 다수결원리의 역사적 발전

동서양을 막론하고, 강력한 국가적 권위가 형성되기 이전의 시기에는 다수결 또는 만장일치가 공동체의 의사결정방법으로 많이 채택되고 있었다. 또한 중세 서구에서는 다수결이 여러 분야에서 지배적 결정원리로 자리를 잡게 되었다.

그러나 당시 국가의사의 결정과정에서 다수결은 전체 국민, 즉 공동체의 전체 구성원의 참여 하에 합의를 도출한다는 관념에 따른 것이 아니었으며, 기껏해야 등족(等族)들의 합의 정도로 이해되었다. 이처럼 다수결에 참여할 수 있는 자격의 범위가 등족으로 구성된 집단에 한정되고 전체 국민, 즉 모든 개개인에게 미치지 않고 있는 한 당시의 다수결은 민주주의의 이념과는 거리가 있었다고 말할 수밖에 없다.

이러한 고전적 다수결원리는 **사회계약론의 대두 및 근대적 대의제의 확립**과 더불어 새로운 의미를 획득한다.

국가의 창설근거로 사회계약론이 주장됨과 동시에 사회계약의 당사자인 시민이 국민대표의 선출에 직접 관여할 수 있고 또 관여해야 한다는 사상이 확산되었으며, 푸펜도르프(*S. Pufendorf*)나 로크(*J. Locke*)와 같은 사회계약론자들은 다수결의 원칙을 사회계약론과 연결시켜 이로부터 도출하였다. 즉 공동체의 구성원으로 남아 있기 위해서 개인은 다수에 의한 사회계약에 복종하여야 한다는 것이다. 그럼으로써 다수결원칙은 국가적 지배의 바탕이 되는 일반적 합의라는 사상의 기초로 인정되었다.

중세의 신분제적 대표관계가 근대의 의회적 대의제에 의해 대치됨에 따라 다수결원리는 민주주의의 지배적 의사결정원리로 받아들여지게 되었다. 즉 다수결은 국민의 대표를 선출함에 있어서 그 정당성의 근거로 작용하게 되었으며, 대의기관 내에서의 의사형성 또한 다수결에 의해 이루어지게 되었다.

Ⅱ. 다수결이 갖는 민주적 정당성의 근거

다수결원리는 이제 대의제와의 불가분의 내적 관련 속에서 (대의제)민주주의의 가장 중요한 기초의 하나로 인정되고 있다. 민주적 의사결정은 곧 다수결을 의미하게 되었고,

다수는 국민 전체를 대신하게 되었다. 따라서 모든 국가권력은 다수의 이름으로 행사되고 있으며, 다수결은 민주적 질서의 정당성 확보에 큰 역할을 하고 있다.

그러나 과연 소수는 왜 다수의 결정에 복종하고 그에 따라야 하는가? 이에 관하여는 지금까지 수많은 이론들이 전개되어 있으며, 그 중 오늘날까지 영향을 미치고 있는 대표적인 것으로 크게 네 가지 주장을 들 수 있다.

1. 다수의 수적 우위 내지 사실적 세력의 우위

다수의 수적 우위 내지 사실적 세력의 우위가 다수결의 정당성 내지 효력의 근거가 된다고 보는 견해가 있다.

그러나 이에 대해 다수가 갖는 사실적 힘만으로 다수의 결정에 대해 규범적 정당성을 부여할 수는 없다는 비판이 있으며, 그 밖에도 다수의 견해를 곧 전체의 견해와 동일시함으로서 소수자에 대한 고려가 충분히 이루어지지 않고 있다는 점, 다수의 독재 가능성에 대해 무방비라는 점이 문제로 지적된다.

2. 합리적인 결정을 내릴 가능성

다수가 옳은, 합리적인 결정을 내릴 가능성이 가장 많기 때문에 다수결이 정당하다는 견해가 있다. 다수결의 경우 이성과 정의 내지 진리가 관철될 수 있는 확률이 비교적 크다는 것이다.

그러나 이러한 견해에 대해서는 객관적으로 인식할 수 있는 진리 또는 공동의 이익이 실재하는 양 오도할 위험을 내포하고 있다는 비판이 있다. 또한 단순히 결정의 합리성이라는 관점만을 강조한다면 국민 다수의 참여에 의한 결정보다는 소수 엘리트의 결정이 바람직한 경우가 더 많을 수 있다.

역사적으로 다수결원리가 민주주의와 결합되는 과정, 즉 선거권의 확대 등으로 의회가 전체 국민의 대표자로 인정되는 과정에서는 민주적 다수결을 통해 합리적인 결정을 내릴 가능성보다는 개인의 참정권 확대를 통한 자율권의 보장이라는 측면이 더 강조되었던 것도 이러한 주장과 상치되는 것이다.

3. 다수결의 민주적 정당성의 근거로서의 자유

다수결을 자유의 관점에서 정당화시키는 견해도 있다. 다수의 의사가 소수의 의사보다 더 큰 비중을 갖는다는 것으로 다수결을 정당화시킬 수는 없으며, 오로지 가능한 한 많은 사람들이 자유로워진다는 것, 즉 가능한 한 적은 수의 사람이 사회적 질서라는 일반의사에 반하는 의사를 갖게 된다는 것에서 다수결의 정당성을 도출할 수 있다는 것이다.

4. 다수결의 민주적 정당성의 근거로서의 평등

다수결원리의 정당성을 다수결이 현실적으로 가능한 최대한의 정치적 평등을 보장해 준다는 것에서 찾는 견해도 있다. 모든 사람이 동등한 자격을 갖고 결정에 참여할 수 있도록 하는 다수결원리에 의해 비로소 최대한 많은 능동적 시민들이 자기 스스로의 의사에만 복종한다는 감정을 갖게 되며, 그러한 다수결원리에 의해 비로소 개인의사와 일반의사의 최대한의 합치가 실현될 수 있다는 것이다.

이러한 여러 가지 관점들은 적어도 부분적으로는 그 나름의 일리를 갖고 다수결원리의 근거 내지 필요성을 설명하고 있다. 그러나 다수결의 **민주적** 정당성을 설명하기 위해서는 무엇보다 민주주의의 기본이념, 즉 자유와 평등이 다수결원리에 의해 가장 잘 실현될 수 있다는 것에 초점을 맞추는 것이 설득력이 있다.

이런 맥락에서 민주주의를 「자유와 평등의 이념에 기초한 국민의 자기지배」로 이해할 때, 다수결원리는 국민 개개인의 평등한 자유 내지 자결권을 최대한 보장함으로써 국민의 자기지배가 보다 많이 실현될 수 있도록 하는 의사결정방법이기 때문에 민주적 정당성을 갖는다고 보아야 할 것이다.

Ⅲ. 다수결의 구조

1. 다수결의 전제

다수결은 다양한 형태의 결정의 가능성을 인정하는 데에서 출발한다. 즉 **가치관의 다원성**이 인정되지 않을 경우에는 다수결이라는 것 자체가 설 자리가 없게 된다. 다수결은 다양한 견해와 다원적 집단들이 형성되고 활동하며, 이들 간에 정당한 갈등과 경쟁, 타협과 조정이 이루어진다는 다원주의적 사고에 기초하고 있다.

따라서 진정한 의미의 다수결이 가능하기 위해서는 어떠한 결정이 내려질 것인지는 물론 그 결정의 열쇠 역할을 하는 다수의 형성 자체가 항상 역동적 과정 속에 있어야 한다. 즉 그때그때의 다수형성이 항상 변화될 수 있으며, 그에 따라 다수와 소수가 교체될 수 있을 때, 그리고 다수의 형성의 과정 및 결과에 대한 공정성을 절차의 공개 등을 통해 확보할 수 있을 때, 민주적 다수결이 비로소 가능하다.

2. 다수결의 대상이 되는 안건

다수의 결정이 민주적 정당성을 갖는다고 하지만, 어떤 경우에나 다수의 결정이 정당한 것은 아니다. 오히려 다수의 결정이 적절하지 않은 경우도 있다.

다수결의 민주적 정당성이 인정되는 근거가 국민의 최대한의 자유와 평등을 확보하는 데 있다면, 다수결로 결정되는 안건 역시 국민의 자유와 평등의 확보에 관련된 것이어야 하며, 그러한 안건을 다수가 결정함으로써 국민의 자유와 평등이 더욱 잘 실현될 수 있는 것이어야 한다.

이와 관련하여 가장 먼저 생각할 수 있는 것은, **확인 가능한 객관적 진리가 존재하는 경우**에는 다수결이 적용될 수 없다는 것이다. 예컨대 다수결로써 수학문제의 답을 정할 수는 없다. 마찬가지로 **고도의 전문지식이 요구되는 사안에 대한 결정**에 있어서는 전문지식이 없는 사람들의 다수결은 적당한 의사결정방법이 되지 못한다.

3. 다수결의 주체 – 결정에 참가하는 자의 범위

다수결이 민주적 정당성을 인정받기 위해서는 모든 국민이 결정에 참여할 수 있어야 한다. 국민 다수가 결정에 참여하는 것을 막아 놓은 채 특정 집단이나 특정 계층 내에서만 행해지는 다수결은 결코 민주적 다수결이라고 할 수 없을 것이다.[26]

또한 다수결이 진정으로 자유와 평등의 실현으로 받아들여지기 위해서는 결정에 참여하는 모든 사람들의 평등이 인정되어야 한다. 이것은 모든 공동체구성원이 평등한 인격권을 갖고 있고,[27] 따라서 자기의 문제를 (합리적인 결정을 내릴 사실적 능력 여부를 떠나) 스스로 결정할 동등한 자격을 갖는다는 것을 인정하는 것에서 비롯된다.

결국 다수결은 모든 국민의 참여 하에, 그리고 모든 국민의 동등한 결정권을 인정하는 가운데 결정을 내리는 것일 때에만 민주적 정당성을 얻는다. 또한 그것은 민주주의의 중요한 기초이기도 하다.

4. 소수자의 보호

다수결에 대해 인정되는 민주적 정당성은 결코 절대적인 것도, 무제한적인 것도 아니다. 다수가 항상 옳은 것도 아닐 뿐만 아니라, 다수에게는 자유인 것이 소수에게는 억압이 될 수 있기 때문이다.[28] 따라서 다수결이 다수의 독재, 다수의 횡포가 되지 않기 위해서는 항상 소수자의 보호를 염두에 두어야 한다.

소수자의 보호는 다양한 형태로 나타난다. 헌법개정의 경우 가중다수를 요구하는 것처럼 공동의 중요한 기초에 대한 것은 다수라 하더라도 일방적으로 변경할 수 없도록 함으로써 소수자를 보호하는 방법도 있고, 일정한 사항은 아예 다수라 하더라도 침해할 수 없는 민주주의의 본질적 가치로 인정되기도 한다.[29]

그러나 소수자의 보호에 있어서 가장 중요한 것은 소수자에게도 다수가 될 수 있는 실질적인 기회가 다수자와 마찬가지로 보장되어야 한다는 점이다. 이를 통해서만 다수결이 소수자의 억압을 통한 다수자의 자유와 평등이 아닌 모든 국민의 자유와 평등을 실현시키는 수단이 될 수 있을 것이다.[30]

---

26) 예컨대 귀족국가의 경우, 또는 과두제의 경우에도 다수결이 의사결정방법이 될 수 있다. 그러나 이때의 다수결을 민주적이라고 할 수는 없다.

27) 이것은 또한 모든 국민이 –인격권의 바탕으로서– 인간으로서의 존엄과 가치(헌법 제10조)를 갖고 있다는 것을 의미한다.

28) 다수결을 통하여 국가질서가 형성되며, 국민의 다수는 자신이 원하는 형태의 질서 속에서 살 수 있기 때문에 자유를 얻게 된다(자유는 자율이다!). 그러나 다수의 결정에 반대했던 소수의 입장에서 보면, 그러한 현실은 곧 자신의 의사에 반하는 질서에 복종할 수밖에 없다는 것이므로 억압을 의미하게 되는 것이다.

29) 이에 관하여는 아래의 「제6절 **자유민주적 기본질서와 방어적 민주주의**」 참조.

30) **헌재 1997.7.16. 96헌라2 결정**에서 "의회민주주의의 기본원리의 하나인 다수결원리는 의사형성과정에

5. 다수결의 한계

소수자 보호의 필요성과 관련해서도 언급되었듯이 다수결로도 침해할 수 없는 일정한 사항들이 있다. 그것은 다수와 소수의 구별 이전에 전체 국민이, 그리고 국가공동체가 존립하기 위한 조건에 관한 것이다. 만일 다수의 결정에 의해 이런 가장 근원적인 사항까지도 변경하게 된다면, 결국 다수와 소수의 대립은 극단으로 치달을 수밖에 없을 것이다.

다수와 소수의 경합과 경쟁이 공동체를 해체시키는 극단적 결과로 나타나지 않기 위해서는 이들 모두를 하나로 묶어주는 (통합시켜주는) **공동의 기초**가 필요하다.

일정한 공동의 기초 위에서 다수와 소수가 서로의 의견을 존중하는 가운데 한편으로는 상대방이 (비록 자기와 의견이 다를지라도) 어느 정도 타당성이 있는 주장을 하며, 또 대화를 통해 서로의 견해차를 좁혀갈 수 있다는 믿음이, 다른 한편으로는 설사 상대방의 주장이 관철된다 하더라도 그 동안 인정되어 왔던 공동의 기본가치의 존속과 효력에는 변함이 없다는 믿음이 다수결을 가능하게 한다.[31)]

Ⅳ. 다수결의 집행

정당한 절차를 통하여 민주적 다수의 결정이 내려지면, 그 결정은 곧 전체(국민)의 결정과 동일시된다. 즉 주권자인 국민이 직접 결정한 것과 같은 것으로 인정되는 것이다.[32)]

그러므로 다수의 결정은 모든 국가권력을 구속하며, 다수의 결정에 소수자도 승복하여야 한다.

서 소수파에게 토론에 참가하여 다수파의 견해를 비판하고 반대의견을 밝힐 수 있는 기회를 보장하여 다수파와 소수파가 공개적이고 합리적인 토론을 거쳐 다수의 의사로 결정을 한다는 데 그 정당성의 근거가 있는 것이다. 따라서 입법과정에서 소수파에게 출석할 기회를 주지 않고 토론과정을 거치지 아니한 채 다수파만으로 단독 처리하는 것은 다수결원리에 의한 의사결정이라고 볼 수 없다"는 주장이 소수의견으로 제시된 바 있다.

31) 만일 이와 같은 신뢰관계가 존재하지 않고 다수결이 극한적인 대립과 힘에 의한 지배라는 형태로 나타나게 된다면, 그것은 이미 자유와 평등을 이념으로 하는 민주주의의 이름으로 스스로를 정당화시킬 수는 없다. 기껏해야 소수에 대한 다수의 독재 또는 다수에 대한 소수의 독재가 될 수 있을 뿐이다.

32) 헌법상 다수결이 문제되는 대표적인 경우는 국민투표와 선거, 그리고 국회 내의 의결이다. 이들의 경우 각기 효력에 대한 차이는 논의될 수 있지만, 궁극적으로 그 결정이 국민의 이름으로 내려지며, 그로 인하여 모든 국가기관을 구속하는 힘을 발휘하게 된다는 것은 명백하다.

제 5 절 다원주의로서의 민주주의

Ⅰ. 민주주의의 가치상대주의적 기초

민주주의의 모든 요소들은 하나의 공통분모에 의해 묶여 있다. 모든 공동체 구성원의 존엄성에서 도출되는 인격적 평등과 그들의 자유로운 발현이라는 민주주의의 이념이 바로 그것이다.[33)]

민주주의의 기본이념인 자유와 평등 및 그에 기초한 다수결원리의 적용은 기본적으로 갈등(반대의견)의 존재를 전제하고 있을 뿐 아니라 이를 정당한 것으로 평가하며, 나아가 기본권을 통해 보장하고 있다. 또한 반대의견이 강력하면 강력할수록 민주주의는 다양한 이해관계를 조화시키는 타협의 정치로 나타나게 된다. 즉 민주주의는 기본적으로 어느 한 쪽이 절대적으로 옳고, 다른 쪽은 완전히 부정되어야 한다는 극단적 입장이 아니라 자신의 입장에 대해 상대적 정당성만을 주장하며 서로를 관용하는 가치상대주의[34)]에 기초하고 있는 것이다.

정치의 영역에 있어서 가치상대주의는 다원적 이해관계가 자유롭게 표현되며, 또 그것이 정당화되는 정치과정으로 나타난다. 그리고 이러한 이해관계의 구체적 표현은 결국 같은 이해관계를 갖는 사람들이 집단을 형성하여 그들의 이해관계를 관철시키려는 노력으로 나타난다. 다원주의의 실체는 **이익의 다원성**(Interessenpluralismus)이고, 그 현실적 형태는 **집단의 다원주의**(Gruppenpluralismus)인 것이다.

Ⅱ. 다원적 의사형성과정 - 이익의 다원성과 다원적 집단의 활동

1. 정치적 이론으로서 다원주의의 대두

18세기 이래의 영국의 정치적·사회적 배경 하에서 정치이론으로 형성·발전되기

33) 모든 공동체 구성원의 인격적 평등을 인정하는 것은 모든 인간의 존엄성을 인정하는 것과 마찬가지로 입증될 수 없는 가설이지만, 그것은 모든 규범적 요청의 전제라고 할 수 있다. 이것을 부정하고서는 우리가 가치 있는 것으로 주장할 수 있는 것이 아무 것도 없을 것이다. 또한 인격의 자율성, 즉 자유의 요청 역시 인간의 존엄과 인격적 평등으로부터 도출된다. 이에 관하여는 「제2권 제1부 제1장 기본권이란 무엇인가」 참조.

34) 이러한 가치상대주의의 기초는 칸트의 철학에서 찾는 것이 보통이다. 칸트는 인간의 인식범주에 관한 연구를 통하여 절대적 진리에 대한 인식의 불가능을 논증하였고, 실천철학에 관한 업적을 통하여 인간에 대한 존중을 강조하였다. 신칸트학파를 통해 법학에 도입된 가치상대주의의 법철학은 이러한 인간에의 존중을 전제로 한 관용의 의미를 이해함으로써만 -비록 많은 문제를 미결로 남겨놓고 있지만 - 올바르게 평가될 수 있다. 이러한 의미에서 가치상대주의는 민주주의를 (결정의 내용과는 전혀 무관한) 형식적 의사결정방식으로 이해하는 입장과 동일시되어서는 안 될 것이다. 켈젠처럼 가치상대주의의 이름 하에 가치맹목적 형식주의를 주장하는 학자도 있지만, 그러한 형식은 자유와 평등이라는 이념에 봉사하는 도구일 뿐 자체목적은 결코 아니다. 그렇기 때문에 자유와 평등의 이념에 반하는 형식의 절대화가 인정되어서는 안 되는 것이다.

시작한 다원주의가 민주주의의 발전에 결정적인 영향을 끼쳤음은 부인할 수 없는 사실이다. 그러나 예컨대 미국의 경우에는 국가의 건국 이래 집단의 다원성이 비교적 큰 저항 없이 관철될 수 있었던 반면에, 유럽, 특히 독일에서는 이러한 집단의 구성과 활동을 부정적으로 보는 시각이 지배적이었다.

그것은 무엇보다도 이러한 집단들의 대두가 당시 정치 · 경제 · 사회구조의 광범한 재편을 불가피하게 만들었기 때문이다. 정당의 구성과 활동에 의해 의회주의의 기본사상이 흔들리게 되었으며, 노동조합의 결성과 활동은 기존의 노사관계 내지 경제질서에 심각한 변화요인으로 작용하게 되었다. 이미 기이르케(*Otto v. Gierke*) 이래 많은 이론가들이 단체의 법적 능력 내지 법인격을 위해 노력해 왔으며, 이들의 정당성을 변호하였으나, 다른 한편으로는 반대의 입장도 적지 않았다.[35] 이런 이유로 인하여 헌법현실 속에서 등장한 다원주의를 제도적으로 수용하는 것은 아주 천천히 진행되었다.

오늘날 정치의 영역에서 다원주의를 인정하지 않을 수 없게 만든 것은 대중민주주의의 확립이다. 보통선거의 원칙이 관철됨으로써 국민의 정치적 사안에 대한 참여권이 보편화되었을 때, 전체 국민의 개별적 의사가 최대한 반영되는 가운데 (최소한의 왜곡으로) 국가의사를 형성하기 위해서는 다원주의적 과정, 즉 다원적 집단의 형성과 활동이 불가피했던 것이다.

현대사회에 있어서 대중의 다양한 개별적 이익이 집단활동 없이 어떤 형태로 정리된다는 것은 현실적으로 불가능하다. 그리고 모든 개별저 이익이 그 자신의 관점에서는 절대적인 중요성과 가치를 갖는다. 뿐만 아니라 자신의 권리를 자각하고 있는 국민은 더 이상 자신의 이익을 국가목적이니 국가이성이니 하는 것들의 뒷전에 두고자 하지 않는다. 이제 국가의 과제는 -국민 개개인의 의사나 이익을 무시한 채- 어떤 높은 차원의 절대적 가치나 진리를 기준으로 개인의 개별적 이익들이 정당한지를 판단하는 것이 아니라 이들 이익을 전체적으로 짜맞추고 정리 · 조정하는 작업이다.

이러한 과정 속에서 다양한 집단의 존재와 활동은 점차 법적으로 인정 · 보장받게 되었으며, 나아가 이들은 민주적 국가질서 내지 사회질서를 형성하고 유지하는 데 불가결한 요소로 높이 평가되었고, 심지어는 주권적이라고까지 일컬어지게 되었다.

2. 다원주의에 대한 비판과 반다원주의

그러나 다른 한편에서는 증대되는 집단활동과 그 영향력에 대한 진지한 우려의 표명도 적지 않았다. 집단은 그 성격상 부분이익만을 목표로 하므로, 전체의 이익, 공공의 복리가 소홀해진다는 것이다. 단체의 구성과 활동을 통해 국가와 민족의 전체성 내지 통일성이 위협받게 되며, 공동의 이익을 위한 희생과 봉사라는 미덕 대신에 사리(私利)의 첨예한 대립만이 남게 된다고 한다. 그 결과 국가의 공적 기능들은 공격당하고

---

35) 특히 룻소 이래의 급진적 민주주의의 경향은 이러한 전체의 의사(volonté générale)에 반하는 부분적 집단을 전체의사에 도달하는 데에 있어서 장애로 생각하였다.

약화된다는 것이다. 이러한 견해는 한동안 아주 설득력 있게 통용되어 국가적 또는 민족적 통일성과 전체성을 강조하는 **반다원주의**(反多元主義)가 팽배하게 되었다.

전통적 국가론과 헌법학은 집단이론 내지 단체이론으로 발전되어 온 다원주의 이론에 대해 회의적인 입장을 보였다. 국가의 독점적 결정권 내지 국가의 전능(즉 주권)에 대한 강한 비판으로 인하여 다원주의 이론은 국가의 부정, 즉 무정부주의라는 혐의를 받게 되었던 것이다. 사실 다원주의 이론은 국가의 간섭을 벗어난 독립된 단체활동을 보장받으려고 했기 때문에 전통적인 주권이론에 크게 반발하였으며, 또한 무정부주의에 빠져들지 않기 위하여 "주권의 대체물"을 찾고 있었던 것도 부인하기 어렵다. 그리고 이러한 -무엇보다 라스키(*H. Laski*)의 **다원적 주권이론**에서 그 극을 보이고 있던- 주권비판이 역으로 강력한 다원주의 비판을 야기했던 것이다.

다원주의를 가장 강력하게 비판했던 헌법학자의 한 사람이 칼 슈미트였다. 그는 영국의 다원주의 이론, 특히 라스키의 다원주의 이론을 소개하면서 이를 "국가를 해체시키고 부정하는 이론"이라고 비판하였다. 경제적 · 사회적 영역에서는 몰라도 적과 동지의 구별이 문제되는 정치의 영역에서는 국가 이외의 다른 정치적 집단은 허용될 수 없으며, 정치적 통일성을 위협하는 어떠한 다원주의적 사고도 인정될 수 없다고 주장하였던 것이다. 그는 심지어 다원적 정당의 존재를 -국가의 통일성을 위협하는- 국가에 대한 충성의 분열로까지 이해하였다. 칼 슈미트는 결국 다원주의를 부정함으로써 -특히 다원적 정당의 존재와 활동을 부정함으로써- 전체적 국가로 가는 길을 열고자 했던 것이며, 그것은 현실로 나타났다.

Ⅲ. 다원주의와 전체주의

1. 다원주의의 부정과 전체주의의 대두

다원주의가 -국민 전체, 국가 전체의 공익이 아닌- 특정집단의 부분이익만을 관철시키려 한다는 비판은 곧 전체의 이익이 부분의 이익에, 국가의 이익이 개인의 이익에 우선되어야 한다는 전체주의적 국가관으로 연결되었다.

「전체주의」라는 개념이 최초로 사용된 것은 20세기 초 이탈리아의 파시즘에 대해서라고 알려지고 있다. 그러나 이 개념은 곧 널리 유포되어 -이탈리아의 파시즘에 국한되지 않고- 광범위하게 사용되었다. 오늘날 민주주의의 대립개념으로 사용되는 전체주의도 초기에는 긍정적 의미로 사용되었다. 즉 룻소의 **일반의사**에 기초한 통치, 혹은 칼 슈미트의 **동일성민주주의**의 실현형태로서 스스로를 진정한 민주주의라고 생각하였던 것이다.

그러나 스스로 민주주의임을 주장하는 모든 정치체제가 민주주의의 이념(특히 국민의 자유)에 따라 구성되고 제도화되었던 것은 아니며, 실제로 이러한 전체주의적 정권들은 예외 없이 국민의 의사, 국민의 평등(동질성) 또는 국민의 이익(복지)이라는 명목하에 국민의 자유에 대해 무자비한 탄압을 가해왔던 것이다.[36]

그 결과 오늘날 전체주의라는 개념은 –민주주의의 이름 하에 민주주의를 위협하는 – 민주주의의 20세기적 대립개념으로, 정치적 악(惡)의 상징으로 통용되고 있다.

2. 전체주의의 특성: 배타적 이데올로기와 전체적 통제

전체주의를 다른 정치체제와 구별하기 위해 전체주의의 특성에 대해 검토할 필요가 있다. 그러나 전체주의의 특성에 대한 많은 이론들의 혼란은 접어 두고라도 이들 특성이 대부분 전체주의의 이른바 세 가지 원형, 즉 이태리 파시즘, 나치즘, 스탈리니즘에서 공통된 요소들을 추출한 것에 불과하기 때문에 이들이 과연 스탈린 이후의 소련 또는 다른 공산주의 국가에 그대로 적용될 수 있는지, 나아가 새로이 형성되는 전체주의적 움직임들에도 보편타당할 수 있는지는 의문이다.[37)]

더구나 우리의 관심은 이른바 전체주의의 세 원형의 보여주는 일반적 특성이 아니라 민주주의와의 관계에서 전체주의가 보여주는 특성, 즉 민주주의와 전체주의가 양립할 수 없도록 하는 요소가 무엇이냐에 있다. 이런 맥락에서 전체주의의 특성은 두 개의 징표로 재구성될 수 있다. 첫째, 전체주의의 이데올로기는 민주주의의 이념과 어떤 관계에 있는가? 둘째, 전체주의의 국가질서는 민주적 국가질서와 얼마나 어떻게 다른가?

전체주의의 이데올로기에서 가장 두드러진 특성은 무엇보다 **배타성의 요구**이다. 모든 전체주의는 그들의 상이한 형성과정과 주장내용에도 불구하고 그들 모두가 자신의 이데올로기를 유일하게 옳은, 절대적인 (심지어 과학적인) 진리라고 주장하고 이를 관철시키고자 했던 것이다.

본래 이데올로기라는 것이 자기 관점에서 국가 또는 사회질서의 형성방향을 제시하는 신념체계이기는 하다. 그러나 그 자신의 주장을 신격화하고 다른 모든 반대견해를 박멸하고 전체 사회를 그의 통제 하에 복종시키고자 하는 것은 전체주의의 이데올로기에 특유한 성격이라 할 수 있다.[38)]

전체주의의 이데올로기는 언제나 전체성을 요구하며 전체의 한 부분으로 그치고자 하지 않는다. 그것은 마치 절대적 종교와도 같이 인간의 사고와 삶의 전체를 지배하고

---

36) 20세기에 대두되고 있는 이러한 민주주의의 왜곡된 형태들은 20세기의 사회적 전제조건들 하에서 사이비 민주주의의 의식으로 무장하고 스스로를 참된 민주주의, 진정한 민주주의로 일컫는다. 민주주의의 본질적 성격은 이러한 반민주적인 경향들과의 대립·대조 속에서 보다 분명하게 인식될 수 있다.

37) 예컨대 프리드리히(*C. J. Friedrich*)는 전체주의의 "일반적 특성"으로서 잘 정리된 이데올로기, 일당제, 기술적인 발전을 이용하여 이루어진 효과적인 대중매체 수단의 거의 완전한 독점, 역시 기술적인 발전을 이용하여 이루어진 모든 투쟁무기의 독점, 중앙집권적 감독과 전체경제의 조종을 이야기하고 있고, 샤피로(*L. Schapiro*)는 "기둥"(Pillars)이라는 이름 하에 이데올로기와 당, 대중조작 등의 요소를 열거하고 있다.

38) 전체주의의 이데올로기는 자기만이 절대적으로 옳다는 주장에 기초하고 있다. 따라서 그러한 이데올로기가 주장하는 정의는 어떤 경우에도 무조건적으로 통용되어야 하는 절대적인 가치라고 한다. 이러한 전체주의의 이데올로기에 대한 도전은 가장 중대한 이단이며 이는 박멸되어야 한다. 따라서 같은 이데올로기를 신봉하는 동지들은 이를 거부하는 적들을 제거해야 한다. 전체주의의 이데올로기는 절대적으로 옳은 것이기 때문에 어떤 타협이나 양보도 정당화될 수 없고 기껏해야 변화된 상황에 따른 적용의 (전술적) 변형만이 가능할 뿐이다.

자 하며, 어떤 대체물도 인정하지 않는다. 이러한 전체성의 요구가 구성원의 가능한 한 최대한의 자유와 참여에 기초하고 있는 자유민주주의와 양립할 수 없음은 자명하다.

전체주의의 이데올로기는 **전체적 통제**를 동반한다. 전자는 후자를 통해 비로소 지탱될 수 있는 것이다. 절대적인 이데올로기는 그의 주장을 반대하는 자들을 제거하고 소속원들의 복종을 재삼 확인함으로써 자신의 통용을 확인하고자 하기 마련이며, 이를 위하여 전체주의의 이데올로기는 전체사회에 대한 지속적인 통제를 필요로 하는 것이다.

물론 통제의 양태는 전체주의적 사회들 사이에도 적지 않은 차이를 보인다. 경우에 따라서는 다원주의에 흡사한 외양을 보이기도 한다. 그러나 권력자가 언제라도, 그리고 무조건적으로 강화된 통제를 가할 수 있는 한, 이같이 외견상 완화된 형태는 그 본질에 영향을 미치지 못한다. 이런 사회는 여전히 전체적 통제 하에 있는 것이다.[39]

3. 민주주의와 전체주의의 비교

전체주의의 특성을 이데올로기의 배타성과 전체적 통제로 정리함으로써 민주주의와 전체주의의 관계, 즉 양자가 양립할 수 없음을 확인할 수 있다.[40]

외양만으로 판단하면 민주주의 국가와 전체주의 국가 사이에 유사한 점들도 많다. 민주주의 국가에서도 개인의 자유에 대한 통제와 제한이 존재하며, 전체주의 국가에서도 상대적으로 자유로운 영역이 있다. 더욱이 민주주의의 경험이 짧고 사회질서가 아직 안정되지 않은 국가에서는 민주주의가 전체주의보다 더 심한 혼란과 무질서를 야기할 수도 있다.

그러나 민주주의의 생명력은 그러한 혼란과 무질서 속에서 -그 구성원들의 자주적 결정을 통하여- 새로운 질서를 형성해 내는 능력에 있다. 반면에 전체적 통제로써 외견상의 안정과 질서를 과시하는 전체주의 국가는 인간적 질서를 향한 구성원들의 욕구가 그 통제력보다 더 커지는 순간, 혼란과 무질서를 규율할 수 없는 상태에 빠지게 되는 것이다.

Ⅳ. 다원주의의 발전과 다원주의에 대한 비판

전체주의의 쓰디쓴 경험과 더불어 민주주의의 이해에도 전환이 있었다. 갈등이 전혀 없는 통일성(통일적 의사) 내지 전체성의 위험이 인식되었으며, 타협에 의한 정치가 강조되었다.

---

39) 만일 내부적 변천으로 인하여 전체적 통제가 실제로 제거된다면 -이것은 또한 전체주의적 이데올로기의 붕괴를 의미한다- 그것은 동시에 전체주의 자체의 종말을 의미할 것이다.

40) 이처럼 민주주의와 전체주의를 양분하는 것에 대해서는 비판도 적지 않으나, 위와 같은 기준으로 민주주의와 전체주의를 구별하는 것은 -특히 합헌적 국가질서의 형성이라는 헌법학적 관점에서 볼 때- 가능하고 또 필요하다.

그러나 그럼으로써 곧바로 다원주의가 아무 이의 없이 받아들여진 것은 아니다. 부분이익들의 대립과 극단화를 통하여 「집단적 이익의 대두 → 부분이익들의 대립 → 대립의 극단화 → 사회의 분열 → 전체 국가의 붕괴」 라는 과정의 연속적 진행이 있게 될 것이라는 우려는 아직 불식되지 않았던 것이다. 이러한 선입견을 극복하기 위해서는 다원주의를 새롭게 정리하고 체계화하는 작업이 필요하였다.

1. 프랭켈(E. Fraenkel)의 신다원주의와 다원주의의 부흥

제2차 세계대전 후 전체주의가 붕괴된 독일에서 이런 작업을 수행한 대표적 인물이 프랭켈(*Ernst Fraenkel*)이다. 그의 업적은 무엇보다 그가 「민주주의 = 다원주의」라는 정의를 가능하게 만들었다는 것이다. 그는 자신의 이론을 신다원주의(新多元主義)라고 명명함으로써 종래의 다원주의(특히 라스키 류의 다원주의)에 대한 회의적 시각을 바꾸려고 시도하였다. 그는 다원주의를 부정하였던 전체주의를 다시 부정함으로서 신다원주의가 성립된다고 생각하였고, 이러한 신다원주의가 자유로운 법치국가적 민주주의의 구성요소로 뿌리내려야 된다고 믿었다.

그의 신다원주의 이론은 사회 내에는 항상 다양한 이해관계의 경합이 존재한다는 것에서 출발한다. 그러한 상황에서 갈등이라는 것은 불가피할 뿐만 아니라 필요하기도 하다. 이러한 다양한 이해관계들이 존재하기 때문에 국가에 의해 조종되지 않는 자율적 이익집단들의 구성과 활동이 필요하다. 민주적 의사형성은 이러한 단체들의 작용을 통해서만 가능하다는 것이다.

그러나 이해관계의 다양성이 전체사회의 분열이라는 극단적인 방향으로 진행되지 않도록 하기 위해서 다원주의에 있어서도 일정한 공동의 기초가 침해될 수 없는 것으로 인정되어야 한다. 나아가 일반적으로 승인된 가치로서의 공공복리라는 관념이 인정된다. 프랭켈에 있어서 공공복리는 일의적으로 규정될 수 있는 것, 선재(先在)하는 것으로 이해되는 것이 아니라 각종 집단들과 정당들의 다양한 이념과 이해관계들 사이에서 발생되는 변증법적 과정의 결과로 이해된다. 공공복리는 실재(實在)가 아니라 규제적 이념인 것이다. 이러한 다원주의적 요소들은 –정부, 의회, 이익집단, 여론 등 어떤 구성부분도 다른 구성부분을 흡수해 버리거나 유명무실한 것으로 만들지 않는– 민주적 대의제에 의해 실현된다.

프랭켈에 의하여 현대적 다원주의의 중요한 요소들은 모두 확인되었다: 갈등, 경쟁과 경합, 합의, 공공복리 …. 현대의 다원주의 이론은 그의 이론에 크게 영향을 받았고, 그의 이론에 대한 비판과 옹호를 중심으로 발전되었다.

2. 다원주의에 대한 우파의 비판

그러나 프랭켈의 활동에 의해 다원주의에 대한 칼 슈미트적 의구심이 완전히 제거된 것은 아니었다. 다원주의에 대한 우려는 여전히 불식되지 않아서 일각에서는 다원주의를 “신봉건주의”, “과두제”, 나아가 “국가의 권위의 해체 … 사회적 존재의 객관적 질서의 붕괴"라고 비판하는 견해들이 있었다.

그러나 이러한 비판들은 다원주의에 대한 치명적 비판이 되지는 못하였다. 이들 비판은 대부분 다원주의를 근본적으로 비판한 것이라기보다는 잘못 발전된 다원주의의 문제점에 대한 지적이었기 때문에, 다원주의가 잘못 발전될 것을 경계하는 것으로도 이해될 수 있다. 하지만 대부분의 비판은 국가에 대한 고전적 관념과 이론에 기초하고 있는 것이었고, 시간의 경과에 따라 점차 사라져가고 있다.

3. 다원주의에 대한 좌파의 비판

다원주의에 대한 보다 중요한 비판은 좌파로부터 나왔다. 전통적인 국가이해에 기초하여 다원주의를 비판하는 우파와는 달리 좌파의 비판은 그들의 (유토피아적인) 사회관에서 출발하여 오늘날의 다원주의의 현실을 보다 날카롭게 해부하고 있다.

볼프(*Robert Paul Wolff*), 마르쿠제(*Herbert Marcuse*), 아그놀리(*Johannes Agnoli*) 등에 의해 다양하게 가해지는 다원주의 비판은 때로는 다원주의의 업적을 인정하기도 하며, 때로는 완전히 부인하기도 한다. 어떤 경우든 그들은 오늘날 다원주의에 기초하여 형성된 사회질서의 문제점을 제거하고 새로운 (유토피아적) 사회를 건설할 능력이 다원주의에는 없다고 생각한다.

V. 다원적 정치과정으로서의 민주주의

다원주의에 대해 가해진 많은 -특히 좌파로부터의- 비판들은 다원주의에 대한 의구심을 불러 일으켰으며, 다원주의의 문제들에 대한 진지한 반성이 있게 되었다.

하지만 다원주의의 많은 약점들(특히 좌파의 비판에서 지적되고 있는 다원주의 이론과 현실 사이의 갭)에도 불구하고 다원주의는 현대 대중사회의 현실 속에서 민주주의가 취할 수 있는 최선의 선택이라고 평가된다.

현존하는 다원적 국가질서, 사회질서가 공동체 구성원의 모든 이해관계를 빠짐없이 포착하여 완벽하게 조정해 준다는 것은 기대하기 힘든 일이다. 그러나 다원주의 이상으로 이해관계를 수렴하고 조정할 수 있는 방법은 아직 없을 뿐만 아니라, 다원주의는 빠뜨려진, 잘못 조정된 이해관계를 확인하고 해결하는 최선의 방법이기도 하다. 다원주의적 질서의 정당성은 그것이 유토피아적 사회를 보장한다는 데 있는 것이 아니라 다원주의적 과정을 통해 공동체 내에 존재하는 동질성의 결여, 갈등과 충돌 등의 문제를 올바르게 파악하고 교정할 수 있도록 한다는 점에 있는 것이다.

서구적 전통 속에서 형성·발전되어 온 민주주의의 실체는 이제 다원주의로 이해된다. 다원주의의 모든 문제에도 불구하고 민주주의의 이념을 보다 많이, 보다 잘 실현시키는 체제는 아직 없다. 민주적 헌법은 이제 다원적 과정을 통해 구성·변경·해석되며, 헌법에 의해 규율되는 국가질서, 사회질서도 다원적으로 구성되고 기능할 수 있도록 보장되고 있다. 다원주의 질서는 헌법과 함께, 그리고 헌법에 의하여 실현되는 것이다.

제 6 절 자유민주적 기본질서와 방어적 민주주의

Ⅰ. 가치구속적 민주주의의 탄생과 자유민주적 기본질서

1. 바이마르의 경험 – 상대주의적 민주주의이해와 그 결과

민주주의를 향한 내부적인 힘에 의해서가 아니라 독일제국이 패전함으로써 비로소 탄생하게 된 독일 최초의 민주공화국인 바이마르 공화국 하에서는 형식적 민주주의이해, 그리고 반자유주의적(反自由主義的) 민주주의이해가 주류를 이루고 있었다.

민주주의는 다수에 의한 의사결정의 형식적 방법으로만 이해되었으며 대부분의 국민과 헌법학자들은 민주주의의 내용적 의미와 가치를 –적어도 헌법의 침해되어서는 안 될 핵심으로는– 이해하지 못하고 있었던 것이다.

이런 가운데 바이마르공화국은 붕괴되었으며 이와 함께 민주주의도 파괴되었다.[41] 당시의 **절대적 상대주의**로 이해된 바이마르헌법의 **형식적 민주주의**, 나아가 바이마르공화국 당시 헌법학의 **형식화된 합법성의 사고**가 결국은 바이마르공화국의 붕괴에 –적어도 소극적인– 기여를 하였음을 부인하기 어렵다.

2. 가치중립적 민주주의에 대한 반성과 가치구속적 민주주의의 구성

제3제국의 패전과 더불어 과제로서 수어진 자유민주주의의 재건은 그렇기 때문에 점령국의 영향과 더불어 무엇보다 바이마르헌법에 대한 반성에 크게 영향받게 되었다.

서독의 기본법은 부분적으로는 나치에 의해 파괴된 바이마르의 민주주의적 전통을 부활시킴으로써, 그러나 또한 부분적으로는 바이마르의 전통에서 의도적으로 벗어남으로써 민주주의를 새롭게 재건하고자 하였다. 바이마르헌법의 실패를 거울삼아 도입된 많은 새로운 규정들을 통하여 안정된 민주주의의 구축을 시도하면서, 서독기본법은 민주주의를 단순히 형식적 의사결정의 절차 내지 방식으로만 이해하고 있는 것이 아니라 –자유민주적 기본질서(freiheitlich-demokratische Grundordnung)라는 개념으로 표현되는– 민주주의의 내용적 가치를 안과 밖, 위와 아래로부터의 모든 침해에 대해 단호히 수호할 의사를 확실히 하였다.[42]

---

41) 바이마르공화국의 붕괴와 나치의 집권과정에서 특징적인 것은 민주주의가 그 스스로가 인정한 절차에 의해 붕괴되었다(이른바 "합법적 혁명")는 사실이다.

42) 제1조에서는 인간존엄의 불가침을 선언하였고, 제19조 제2항에서는 기본권의 본질적 내용의 침해금지를 다시 한 번 강조하였다. 독재를 정당화시키는 데 남용될 수 있는 직접민주제적 요소들이 많이 제거되었고, 안정된 다수의 확보를 위해 비례대표제선거에 있어서의 5%저지조항과(연방선거법 제6조 제6항) 건설적 불신임제(기본법 제67조)가 도입되었다. 헌법보호는 기본권의 실효(기본법 제18조), 정당해산(기본법 제21조 제2항)과 결사의 금지(기본법 제9조 제2항)에 의해 강화되었으며, 심지어 저항권도 명문으로 인정되었다(기본법 제20조 제4항). 헌법의 개정에 대해서도 일정한 명문의 한계가 그어졌으며(기본법 제79조 제3항), 나중에는 "긴급헌법(Notstandsverfassung)"의 추가(기본법 제115조a~제115조l)가 있었다.

이러한 기본법제정자들의 의도는 서독기본법의 여러 규정들에서 분명히 드러난다. 그러나 자유민주적 기본질서가 과연 무엇인지, 나아가 기본법에 있어서의 내용적 가치는 과연 무엇이며 어떠한 성격과 기능을 갖는지의 문제는 헌법전체에 대한 이해와 관련하여 많은 문제를 내포하고 있다.

3. 민주주의의 (침해되어서는 안 될) 핵심으로서의 자유민주적 기본질서

이러한 문제는 결국 「자유민주적 기본질서」라는 낯선 개념의 해석을 통해 정리되었으며, 그 해석의 출발점이 되었던 것은 바이마르 민주주의의 실패를 되풀이하지 않겠다는 기본법제정자들의 의지였다. 기본법제정자들은 이 규정을 통해 서독의 민주주의가 서구의 전통으로 복귀하여 확실히 뿌리내릴 수 있기를 희망했던 것이다.

결국 자유민주적 기본질서의 해석은 「민주적 가치」 내지 「가치로서의 민주주의」가 보호되어야 한다는 결론에 도달하였으며, 이것은 서독연방헌법재판소의 판결에 의해 유권적으로 확인되었다. 서독연방헌법재판소는 **서독기본법의 상대주의적 및 자유주의적 성격과 그 한계로서의 가치구속성**을 확인하면서 자유민주적 기본질서가 헌법질서를 구성하는 가치내용이라고 이해하였던 것이다.

이러한 서독연방헌법재판소의 태도는 다음과 같은 자유민주적 기본질서에 대한 정의에서 분명하게 나타난다:

> "기본법 제21조 제2항의 의미에서의 자유민주적 기본질서란 모든 형태의 폭력적 · 자의적 지배를 배제하고 국민의 자주적 결정에 기초하는, 그때그때의 다수에 따라 그리고 자유와 평등에 따라 구성된 법치국가적 통치질서를 말한다. 이러한 질서의 기본적 원리에 속하는 것으로는 최소한 다음과 같은 것들을 들 수 있다: 헌법에 의해 구체화된 인권, 특히 생명과 인격의 자유로운 발현에 관한 개인의 권리의 존중, 국민주권, 권력분립, 책임정치, 행정의 합법률성, 법원의 독립, 복수정당제와 야당의 합헌적 형성과 활동에 관한 권한을 포함한 모든 정당의 기회균등."(BVerfGE 2, 1[12f.])[43]

이러한 탄생과정에서 나타나듯이 자유민주적 기본질서는 -흔히 잘못 이해되고 있는 것처럼- 민주주의가 실현시켜야 할 가치들을 전체적으로 그리고 적극적으로 규정하고 있는 것이 아니다. 자유민주적 기본질서는 오히려 민주주의의 실현을 위해 침해되어서는 안될 **최소한의 핵심요소들을 소극적으로 규정**하고 있는 것이다.

민주주의의 실현은 다원적 의사 및 이해관계들의 경합과 충돌, 조정과 타협 속에서

43) 우리 헌법재판소도 자유민주적 기본질서에 대하여 이와 유사하게 개념정의를 한 바 있다. **헌재 1990.4.2. 89헌가113 결정**: "다만 여기에서 **국가의 존립 · 안전을 위태롭게 한다** 함은 대한민국의 독립을 위협 침해하고 영토를 침략하며 헌법과 법률의 기능 및 헌법기관을 파괴 마비시키는 것으로 외형적인 적화공작 등일 것이며, **자유민주적 기본질서에 위해를 준다** 함은 모든 폭력적 지배와 자의적 지배 즉 반국가단체의 일인독재 내지 일당독재를 배제하고 다수의 의사에 의한 국민의 자치, 자유 · 평등의 기본원칙에 의한 법치주의적 통치질서의 유지를 어렵게 만드는 것이고, 이를 보다 구체적으로 말하면 기본적 인권의 존중, 권력분립, 의회제도, 복수정당제도, 선거제도, 사유재산과 시장경제를 골간으로 한 경제질서 및 사법권의 독립 등 우리의 내부체제를 파괴 · 변혁시키려는 것으로 풀이할 수 있을 것이다."

이루어지는 다원적 정치과정을 통해 항상 새롭게 이루어지며 이것은 미리 규정될 수 없는 것이다. 최대한의 자유와 평등이라는 민주주의의 이념은 가능한 한 폭넓게 인정되는 다원성 속에서만 실현될 수 있으며, 자유민주적 기본질서가 이러한 다원성에 대한 제한으로 기능하게 된다면 그것은 다원성을 부인하거나 이를 일정한 가치에 구속시키는 것이 아니라 다원성이 실질적으로 가능케 하기 위한 공동의 기초를 확보하는 것으로 이해되어야 할 것이다. 민주주의의 본질은 다원성에 있으며, 자유민주적 기본질서는 그 다원성의 최소한의 한계로 작용하는 공동의 기초, 근본가치인 것이다.

Ⅱ. 방어적 민주주의의 탄생과 발전

1. 방어적 민주주의의 탄생

이러한 자유민주적 기본질서에 대한 이해와 더불어 민주주의도 이제 민주주의를 파괴하려는 민주주의의 적으로부터 스스로를 방어해야 한다는 생각이 서독연방헌법재판소에 의하여 주장되었다.

서독연방헌법재판소는 서독기본법 제21조 제2항(정당해산규정)의 해석을 통해 기본법제정자들이 「**방어적 민주주의**」를 의도하고 있었다는 결론을 도출하였다. 자유민주적 헌법국가의 최고가치는 자유민주적 기본질서이며, 그 바탕에는 모든 인간이 독자적인 존재가치를 가지며 또 자유와 평등이 국가적 통일체의 근본가치라는 생각이 깔려있다. 따라서 이러한 기본질서는 가치구속적 질서이며, 배타적 지배권력으로서 인간의 존엄, 자유, 평등을 부인하는 전체주의적 국가질서의 대립개념이라는 것이다.

결국 연방헌법재판소는 **민주주의의 다원적 개방성에 대해 「가치구속성」이라는 한계를 인정**하고 방어적 민주주의를 이러한 **기본법의 가치구속성의 표현**으로 인정했던 것이다.

2. 헌법상의 근본결단으로서의 방어적 민주주의

연방헌법재판소에 의해 「헌법상의 근본결단」이라고 일컬어지며 형성·발전되어온 방어적 민주주의는 곧 헌법실무의 전 영역에서 큰 반향을 얻으며 적용됨으로써 헌법체계상 확고한 위치를 차지하게 되었다. 이와 더불어 방어적 민주주의가 헌법체계 내에서 어떤 의의와 기능을 갖게 되는지에 대한 헌법이론적 조명이 수반되었으며, 여기서는 방어적 민주주의가 헌법상 어떤 의의와 비중을 갖는지가 일차적으로 문제되었다.

그러나 기본법의 가치구속성과 그 바탕에 있는 역사적 경험이 독일의 헌법학과 헌법실무에 있어서 넘을 수 없는 한계로 인식되고 있음에 비추어 볼 때, 방어적 민주주의를 적어도 가치구속적 민주주의의 표현으로, 즉 민주주의의 성격에 대한 새로운 이해의 표현으로 보는 것 자체에는 큰 논란이 없는 것으로 보인다. 문제는 단지 민주주의의 보호를 이유로 기본권제한을 일방적으로 강조하는 실무경향에 있으며, 따라서 방어적 민주주의의 자체의 인정여부가 아니라 그 구체적 형성이 문제될 뿐인 것이다.

3. 전통적 헌법원리들과 방어적 민주주의

방어적 민주주의의 구체적 형성에 대한 비판적 고찰은 결국 전통적 헌법원리들과 방어적 민주주의가 어떤 관련 속에 놓여있는가를 고찰함으로써 시작된다. 사실 방어적 민주주의에 관한 대부분의 논쟁은 전통적 헌법원리, 특히 법치국가질서와 -그럼으로써 또한 기본권과- 방어적 민주주의가 어떤 관련을 갖고 있는지에 관한 이해의 차이로부터 비롯된 것이 대부분이다.

그러나 오늘날의 헌법질서를 -정당성을 도외시한 채 합법성만을 문제삼는- 전통적인 자유주의적 · 시민적 법치국가의 관념에 따라 이해하지 않고 실질적 법치국가의 요청에 따라 이해할 때,[44] **(방어적) 민주주의와 법치국가질서의 관계**는 상호제한 및 보충의 관계에 있다고 할 수 있다.

이러한 관계는 기본권과 방어적 민주주의의 관계에도 그대로 인정될 수 있다. 이미 단순한 주관적 권리로서 뿐만 아니라 객관적 질서의 요소로도 인정되는 **기본권과 방어적 민주주의**의 상호제한의 긴장관계는 방어적 민주주의의 (기본권제한에 대한) 정당화와 제한이라는 이중적 기능에서 잘 나타나고 있다.[45]

4. 방어적 민주주의의 구체화와 그 한계

방어적 민주주의는 전체주의와의 대립 · 투쟁 속에서 이루어진 민주주의의 자기이해이다. 오늘날 한편으로 민주주의를 이루려는 노력이 있는 반면에 다른 한편으로는 어렵게 이루어놓은 민주주의를 수호하려는 노력이 있는 것 또한 당연한 일이다. 방어적 민주주의를 통해 민주주의를 민주주의의 적으로부터 수호하려는 노력도 이런 관점에서 보면 거의 모든 민주주의국가가 갖고 있는 공통의 문제에 대한, 그리고 독일의 특수한 역사적 경험에 기초한, 하나의 대답으로 이해될 수 있다.

서독의 건국 당시 기본법의 가치질서와 그 표현으로서의 자유민주적 기본질서의 의의와 정당성에 대해 광범한 학문적, 나아가 국민적 합의(민주주의 재건의 의지와 민주주의 수호의 의지)가 존재하고 있었다는 사실은 명백하다. 그러나 초기의 서독연방헌법재판소는 방어적 민주주의에 의해 오히려 민주주의의 자기모순, 자기부정이라는 결과를 가져오지 않게 하는데 세심한 배려를 했던 반면에, 방어적 민주주의가 헌법원리로서 자리를 잡은 이후 그 적용이 확대되면서부터는 과연 그것이 민주주의의 보호를 위한 정당한 제한인가에 대한 의문이 제기되었다. 방어적 민주주의는 데닝어(*E. Denninger*)가 적절하게 지적한 것처럼 그것이 자유민주주의로서 남아있다는 데에 그 정당성근거가 있

---

44) 그러나 이것이 오늘날의 헌법은 자유주의적 시민적 법치국가질서로부터 단절되었음을 의미하는 것은 결코 아니다. 오늘날 헌법이 요청하는 실질적 법치국가는 이미 형식적 법치국가성에 의한 기본요구, 즉 법적 안정성이 어느 정도 충족되고 있는 경우에만 그 의미에 맞는 실현을 이룰 수 있다.

45) 이와 관련하여 불라(*E. Bulla*)는 방어적 민주주의가 (아래로부터의 침해로부터 민주주의를 보호하기 위하여) 기본권의 제한을 정당화하는 기능을 할 뿐 아니라 (위로부터의 침해로부터 헌법, 즉 기본권을 보호하기 위하여) 기본권의 제한에 대한 한계를 긋는 기능도 한다고 강조하였다.

는 것이며 민주주의의 보호를 위하여 민주주의이기를 포기한다면 (특정 가치의 절대화를 통한 다원성의 억압!) 그것은 민주주의의 수호가 아닌 민주주의의 파괴, 민주주의의 자기부정이 될 것이다.

방어적 민주주의의 한계를 일의적으로 정해놓는 것은 불가능할 것이다. 방어적 민주주의는 말 그대로 **방어적**이어야 하기 때문에 민주주의에 대한 (다양한 형태의) 공격에 따라 그에 대응하여 다양한 형태로 전개되어야 할 것이기 때문이다. 그러나 방어적 민주주의의 본질과 서독의 경험을 통해 두 가지 원칙을 확인할 수 있다.

첫째, 방어적 민주주의가 **민주주의의 본질**을 침해하는 자기모순을 범해서는 안 된다. 헌법원리로서의 민주주의가 다른 헌법상의 기본원리들과의 관련을 통하여 구체화되고 있기 때문에 이것은 또한 법치국가, 사회국가, 기본권 등의 본질을 침해해서는 안 된다는 의미도 내포한다. 둘째, 방어적 민주주의로 인한 각종 제한은 엄격한 **비례의 원칙**에 따라야 한다. 방어적 민주주의를 남용 또는 오용할 경우의 위험은 민주주의에 대해 치명적일 수 있기 때문이다.

방어적 민주주의의 이름 하에 국가의 개입을 폭넓게 정당화하려는 시도들은 방어적 민주주의의 본질에 반하여 민주적 헌법질서에 대한 부당한 침해를 유발할 수 있을 뿐 아니라 방어적 민주주의 자체의 위신과 신뢰를 떨어뜨리는 결과를 가져올 것이다. 방어적 민주주의의 생명력은 그 강력한 효력에 있는 것이 아니라 그 한계성을 구체적 사안에 따라 합리적이고 설득력 있게 구체화 · 실현하는 네 있는 것이다.

Ⅲ. 한국의 현실과 방어적 민주주의의 적용

독일에서 발전되어온 방어적 민주주의의 이론이 과연 한국헌법에 있어서 어떤 의의를 가질 수 있느냐에 대하여는 무엇보다 두 가지 측면을 고려하여야 할 것이다.

첫째, 전체주의에 대립하는 민주주의의 자기이해로서의 **방어적 민주주의가 갖는 보편성**이 고려되어야 한다. 더욱이 우리는 독일에서 방어적 민주주의가 발전되어온 것과 유사한 상황에 처해 있다. 우리도 -나치와 같은 극단적인 형태는 아니지만- 민주주의의 형식을 이용한 독재의 경험을 가지고 있고, 남북의 분단과 대치라고 하는 상황도 아직 완전히 종료되지 않고 있다. 뿐만 아니라 실정헌법상으로도 정당해산제도가 규정되어 있는 등, 방어적 민주주의를 인정할 헌법적 근거도 충분하다.

둘째, 그럼에도 불구하고 다른 한편으로는 독일과 같은 안정된 민주주의를 아직 이루지 못한 우리의 현실에서 방어적 민주주의의 이론을 적용하는 것은 오히려 이것이 **기본권의 제한을 위해 남용 내지 악용될 소지**가 더 크다는 점도 고려되어야 한다. 하지만 우리의 지난 70여년의 헌정사는 이러한 방어적 민주주의의 이론 없이도 -6.25의 경험에 호소하여- 국가안보를 위한 기본권의 제한, 민주주의의 제한이 일반적으로 인정되어 왔었음을 보여준다. 그런 과정 속에는 남용 또한 적지 않았다.

따라서 방어적 민주주의의 이론을 새로이 적용한다고 남용의 위험이 새삼스럽게 제기되는 것은 아니다. 오히려 방어적 민주주의의 이론을 통하여 기본권의 제한, 민주주의의 제한에 대한 근거와 한계를 분명히 그어줄 수 있다면 그러한 남용을 억제하는 효과도 우리는 기대할 수 있을 것이다. 방어적 민주주의의 이론만으로 문제가 완전히 해결되는 것은 아니겠지만, 방어적 민주주의의 (그리고 그 바탕에 깔려 있는 민주주의의) 올바른 이해와 실현을 통하여 남용의 위험은 감소될 수 있을 것이다.

제 7 절 헌법질서 속에서의 민주주의원리의 구체화

헌법의 기본원리로서의 민주주의원리는 국가질서의 계속적 형성과 그 정당성의 문제를 다루며 이에 대한 기준으로 발전되어온 것이다.

따라서 민주주의는 자유롭고 평등한 정치적 생활과정의 동적 형성을 과제로 하며, 이러한 과제의 실현을 통하여 구체화되는 민주주의는 "국민주권의 기초 위에서 자유로운 정치적 의사 및 이해관계들의 표출·전개와 이들의 대립, 갈등, 타협, 조정 및 다수결의 원리에 따른 의사결정, 그리고 국민의 대표자에 의한 국가권력(기관)의 구성과 조직화, 국민과 대표자 사이에서 발생되는 정당성부여와 통제의 문제 등을 포괄하는 (국가)공동체질서의 적정한 형성"으로 표현될 수 있다.

이렇게 이해된 민주주의는 최대한의 인격적 자율성과 평등을 보장함으로써 **인간의 존엄**이라는 헌법의 최고이념을 실현시키는 데 적합한 질서로 인정되고 있기 때문에 정당한 통치원리 내지 통치질서로 인정되고 있다.[46] 즉 민주주의의 정당성근거는 인권보장 내지 기본권보장에서 찾아질 수 있다.

그러나 **민주주의와 기본권**은 어느 한쪽이 우선한다는 것으로만은 설명될 수 없는 복잡한 관련 속에 놓여 있다. 기본권이 민주주의의 목적과 지침이 되고 있다면, 역으로 민주주의는 기본권의 보장을 위한 전제를 형성하고 있다고 말할 수 있을 것이다. 또한 민주주의를 통한 기본권의 (최적의) 실현은 기본권의 보장과 올바른 행사를 통한 민주화와 불가분의 관계 속에 있다. 때로 민주주의와 기본권의 충돌이라는 현상이 없는 것은 아니지만 우리는 양자의 내적인 상호의존관계를 올바르게 이해하는 전제 위에서만 올바른 민주주의의 실현과 기본권보장의 확보를 기대할 수 있는 것이다.

---

46) 헌법질서의 구체적 형성에 있어 중추적인 기능을 하는 기본원리로 오늘날 인정되는 것으로서는 민주주의 외에도 '법치주의', '사회국가원리', '문화국가원리', '환경국가의 원리' 등이 논의되고 있다. 이러한 헌법의 기본원리들은 결국 모두가 인간의 존엄이라는 헌법의 기본이념 내지 이를 구체화시키는 기본권의 보장에 기여하는 것이지만 각기 다른 방향에서 상이한 문제들을 해결하고 있다는 데에서 그 독자적인 존재의의를 찾을 수 있다. 그러나 대부분의 헌법적 문제들의 해결에 있어서는 이들 중의 어느 한 원리가 배타적으로 적용됨으로써가 아니라 여러 기본원리들이 동시에 적용되는 가운데서 비로소 적절한 문제해결을 기대할 수 있다는 것도 간과되어서는 안 될 것이다.

따라서 헌법질서의 전 영역을 지배하는 중추적 기본원리로서의 민주주의가 어떻게 구체화되는가 하는 문제도 역시 같은 맥락 속에서 이해되어야 할 것이다. 민주주의의 핵심으로서의 다원성은 곧 자율성의 최대한의 확보와 연결되며, 또한 이것은 흔히 **보충성의 원리**로 설명되는 개인의 자율성의 우선적 보장과 국가적 관여의 보충적 인정이라는 단계적 구조와도 연결된다. 이것은 비단 개인의 자유권의 근거일 뿐만 아니라 국가적 규율권에 대항하는 지방자치단체의 자치권의 (민주적) 정당성근거이기도 하다.

또한 민주적 헌법질서는 **선거**라고 하는 과정을 통한 국민의 정당성의 부여에 의거하여 비로소 (항상 새롭게) 형성될 수 있으며, 선거과정에서 그리고 선거 후의 국민의사를 국가적인 의사로 결집시키는 것은 **정당**이라고 하는 제도의 매개 없이는 불가능하다. 오늘날의 다원화된 산업사회의 복잡 · 다양한 이해관계를 효과적으로 표출시키고 또 이들을 상호 조정 · 정서하는 데에는 다원적 집단의 형성과 활동, 특히 정당의 결성과 활동이 필수적이기 때문이다.

나아가 **국가권력의 구성과 그 행사**에 있어서도 민주주의의 원리는 끊임없는 정당화와 통제를 통하여 지속적인 작용을 미친다. 각 국가기관의 구성과 그에게 부여되는 하나하나의 권한, 그리고 그 권한의 행사 및 불행사까지도 민주적 정당성을 갖추고 민주적 통제 하에 있게 될 때에 비로소 우리는 민주주의의 실현을 이야기할 수 있는 것이다. 물론 이것은 모든 국가활동이 항상 국민(다수)의 동의하에 행해져야만 한다는 것을 의미하지는 않는다. 그러나 적어도 국민에 의한 직접 · 간접의 통제가능성은 항상 열려 있어야 우리가 그것을 민주적이라 부를 수 있을 것이다.

제 3 장 헌법원리로서의 법치주의

법치주의는 오늘날 민주주의와 더불어 헌법상 가장 중요한 기본원리로 꼽히고 있다. 그러나 현행헌법은 법치주의에 대한 명문의 규정을 두지 않고 있을 뿐만 아니라, 의의와 기능 및 구체적 실현에 관하여 많은 문제가 아직 미결로 남아 있다.

따라서 헌법의 전체적 구조와 성격을 (민주주의와 더불어) 규정짓는 「헌법의 기본원리로서의 법치주의」를 올바르게 이해하기 위해서는 법치주의가 어떠한 발전과정을 통하여 오늘날과 같은 형태의 실질적 법치주의로 이해되게 되었는지를 살펴봄과 동시에 '법과 법치의 본질'에 대한 이해를 통하여 법치주의가 어떻게 구체화되는지를 확인하여야 한다.

【사례: 5·18특별법과 소급효금지의 원칙】

서울지방검찰청 검사는 1994.10.29. 이른바 12·12 군사반란사건과 관련된 피의자 38명에 대하여 기소유예의 불기소처분을 하고, 1995.7.18. 이른바 5·18 내란사건과 관련된 피의자 35명에 대하여 공소권없음의 불기소처분을 하였다.

그런데 「5·18민주화운동 등에 관한 특별법」이 1995.12.21. 제정·공포되자, 서울지방검찰청 검사는 1995.12.29. 위 두 사건과 관련된 피의자들 전원에 대하여 사건을 재기한 다음, 1996.1.17. 96헌가2 사건의 제청신청인들에 대하여는 12·12 사건과 관련된 반란중요임무종사 등 혐의로, 96헌바7 사건의 청구인들에 대하여는 같은 반란 및 5·18사건과 관련된 내란중요임무종사 등 혐의로 서울지방법원에 각각 구속영장을 청구하는 한편, 1996.1.30. 96헌바13 사건의 청구인들에 대하여 같은 반란 및 내란중요임무종사 등의 혐의로 서울지방법원에 구속영장을 청구하였다.

이에 갑 등은 영장청구사건에 관한 재판의 전제가 되는 위 특별법 제2조는 공소시효가 이미 완성된 그들의 범죄혐의사실에 대하여 소급하여 그 공소시효 진행의 정지사유를 정한 것으로서 형벌불소급의 원칙을 천명하고 있는 헌법 제13조 제1항에 위반되는 규정이라고 주장하면서 서울지방법원에 이 법률조항에 대한 위헌심판의 제청신청을 하였다. 그러나 법원에서 이를 기각하자 갑 등은 헌법재판소에 헌법소원심판을 청구하였다.

〈헌재 1996.2.16. 96헌가2등 참조〉

〈참고조문〉

5·18민주화운동 등에 관한 특별법 제2조 (공소시효의 정지)

① 1979년 12월 12일과 1980년 5월 18일을 전후하여 발생한 헌정질서파괴범죄의공소시효등에관한특별법 제2조의 헌정질서파괴범죄행위에 대하여 국가의 소추권행사에 장애사유가 존재한 기간은 공소시효의 진행이 정지된 것으로 본다.

② 제1항에서 "국가의 소추권행사에 장애사유가 존재한 기간"이라 함은 당해 범죄행위의 종료일부터 1993년 2월 24일까지의 기간을 말한다.

1. 갑 등의 헌법소원심판청구는 적법한가? (20점)
2. 위 「5·18민주화운동 등에 관한 특별법」은 특정인에게 적용되는 법률이기 때문에 평등에 위배되어 위헌인가? (30점)
3. 위 「5·18민주화운동 등에 관한 특별법」 제2조는 소급입법에 해당하여 위헌인가? (50점)

제1절 법, 법치의 의미와 헌법의 기본원리로서의 법치주의

Ⅰ. 법과 법치에 대한 의식의 혼란

법치주의에 대한 올바른 이해는 법과 법치의 의미를 바르게 이해하는 데에서 출발하여야 한다. 그러나 종래 법(法)과 법치(法治)에 대하여는 부정적인 시각이 지배적이었다.1) 그것은 무엇보다 우리 국민이 진정한 법치주의가 무엇인지를 경험해 보지 못했다는 점에 기인하고 있다. 그 동안 법은 권력자들, 가진 자들의 이익에 봉사하는 도구였을 뿐이라는 생각, 법은 악을 징벌하기 위한 필요악이라는 소극적 생각, 법치(法治)보다 덕치(德治)가 이상적이라고 생각하는 유교철학의 영향 등으로 인하여 법과 법치에 대한 부정적인 선입견이 널리 퍼지게 되었던 것이다.2)

그러나 진정한 법과 법치의 의미는 지배자의 통치수단이라는 의미에 있는 것은 아니다. 법치주의는 '사람에 의한 통치', '폭력에 의한 통치' 또는 '덕(德)에 의한 통치'가 아닌 '법에 의한 통치'를 내용으로 한다. 그것은 단순히 **법을 수단으로 하는 통치**를 의

1) 아직도 흔히 이야기되는 "법 없이도 살 사람", "법대로 하라" 등의 표현이 담고 있는 뉘앙스는 우리의 전통적 관념 속에 법이 얼마나 부정적인 것으로 인식되고 있는지를 분명하게 보여주고 있다.

2) 왕조시대를 거쳐 형성되었고, 일제시대를 통해 강화된 법에 대한 뿌리 깊은 불신은 해방이후 미군정시기에도, 민주적 법치국가헌법이 제정된 후에도 불식되지 않았다. 더구나 독재적 정권들은 법의 이념을 실현하는 법의 수호자, 법의 봉사자가 되고자 하는 대신에 법을 편의적으로 제정, 개정, 해석, 적용 및 폐지함으로써 결국 법을 자의적으로 운용하는 법의 주인으로 군림하고자 하였다. 악법으로 지칭되는 것들이 정치적 고려에 의해 개폐되지 않은 채 남아있음으로써 법에 대한 불신을 조장하였을 뿐만 아니라, 법의 집행에 있어서도 힘있는 자는 법에 구애받지 않는다는 식의 균형 잃은 법집행으로 말미암아 법이 신뢰를 잃게 된 것이다.

미하는 것이 아니라 -개인적 자의(恣意)에 의한 통치가 아닌- **법이라는 객관적인 제도에 따른 통치**를 의미하는 것이다. 즉 법치주의는 객관적이고 공정한 법에 의한 통치를 함으로써 권력담당자의 자의적 권력행사(권한의 남용, 오용)를 막고, 그럼으로써 **국가생활에 있어서 국민의 안정적 지위를 보장**하기 위한 것이다. 따라서 **법치주의의 기본 목적은 국민의 기본권보장**이라고 말할 수 있다.

또한 법이 실질적으로 권력담당자의 자의적 권력행사를 방지하는 기능을 할 수 있기 위하여는 단순히 권력행사가 법에 정한 절차에 따라 이루어진다는 것만으로는 충분하지 않다. 법을 수단으로 하는 자의적 통치가 아니라 객관성을 갖는 법에 의한 통치가 가능하기 위해서는 **법을 집행하는 자와 법을 제정하는 자가 분리·독립되어야 한다.** 이러한 전제 위에서 비로소 법치주의에 의한 기본권보장이 가능하다. 따라서 법치주의는 권력의 분립을 전제로 하며, 국민의 대표로 구성된 의회에서 제정된 법률에 근거해서만 국가권력의 행사가 이루어지도록 하는 형태로 구체화된다.

그러므로 권력분립이라는 전제와 기본권보장이라는 목적 없이 단순히 실정법에 의한 통치가 이루어지고 있는 것만을 기준으로 법치주의가 실현되고 있다고 인정할 수는 없다.[3] 법치주의는 무엇보다 객관성을 갖는 법에 의한 통치를 함으로써 국민의 기본권적 지위를 보장하고, 동시에 국가질서의 안정성과 계속성을 보장하는 것이다. 즉 한편으로는 객관적이고 공정한 법을 만들고자 노력하며, 다른 한편으로는 그러한 법을 통한 질서, 법을 통한 자유를 위해 노력하는 것이다.

Ⅱ. 헌법국가의 형성과 법치주의를 통한 헌법질서의 형성

법치주의는 헌법상의 중요개념이나 원리들이 대부분 그러하듯이 근대 이후의 정치적 투쟁과정, 특히 경찰국가 내지 절대국가와의 대립·투쟁을 통하여 형성·발달되어 온 것이며, 오늘날에는 민주주의와 더불어 헌법질서의 형성과 유지에 있어서 중추적인 역할을 하는 헌법의 기본원리로 인정되고 있다.

이러한 법치주의의 뿌리가 어디까지 거슬러 올라갈 수 있는가에 관하여는 논란이 있지만, 법치주의가 근대적 헌법원리로서 형성·발전되는 과정이 각기 다른 정치적·역사적 배경을 갖고 있는 여러 국가들에서 상이한 형태로 나타났다는 것은 널리 알려진 사실이다.[4] 따라서 현행헌법상 명문으로 규정되어 있지 않은 법치주의를 헌법해석론에 의해 헌법의 기본원리로 인정하는 데에 있어서는, -각국의 상이한 법치주의 발전과 비

---

3) 만약 그렇게 된다면 모든 자의적, 폭력적 지배도 법의 형식만을 갖추면 법치주의가 될 것이며, 그것은 법치주의의 자기모순이 될 것이다.

4) 영국의 경우 이미 중세부터 대두되었던 보통법의 우위라는 사상을 중심으로 「법의 지배(rule of law)」의 원리를 발전시켜 왔고, 미국은 영국의 영향하에서 -그러나 또한 부분적으로는 의식적으로 영국의 전통을 벗어남으로써- 적법절차(due process of law)의 적용을 확대시켜 왔다. 또한 프랑스의 「법의 지배(règne de la loi)」나 독일의 「법치국가(Rechtsstaat)」도 이들과는 다른 특성을 갖는 것으로 발전되어 왔다. 상세한 것은 「제2절 **법치주의의 형성과 발전**」 참조.

교하여- 현행헌법질서 속에서 법치주의가 어떠한 실질적 의미를 갖는지를 분명히 하는 것이 일차적인 과제로 등장하게 된다.

그러나 헌법학자들은 현행헌법이 법치주의를 직접 규정하지는 않았어도 이를 전제하고 있는 것으로 이해하였고, 이에 따라 헌법이론상의 법치주의에 대한 논의는 현행헌법상 구현되어 있는 법치주의의 요소들을 설명하는 데에 비중을 두어 왔다. 하지만 법치주의가 어떻게 구체화되어 현실 속에 실현되어야 하는가에 관하여는 물론, 법치주의의 기본적 의의와 내용에 대해서도 아직 많은 문제가 미결로 남아 있다.

따라서 우리가 헌법의 기본원리로서의 법치주의의 의의와 기능, 내용과 한계를 분명히 이해하기 위해서는 ① 각국의 법치주의가 어떠한 정치적 현실 속에서 어떤 이념에 따라 어떻게 발전되어 왔는지를 검토함으로써 **올바른 법치의 의미와 발전방향**을 확인하고, ② 그러한 법치주의가 우리의 현실, 우리의 헌법질서 속에서는 **어떻게 구체화될 수 있고, 또 되어야 하는지**를 검토하여야 할 것이다.

제 2 절 법치주의의 형성과 발전

Ⅰ. 영국의 법의 지배(Rule of Law)의 전통

1. 보통법(Common Law)의 전통과 보통법의 우위

영국법, 특히 영국의 공법에 있어서 「법의 지배」라는 관념은 중심적인 위치를 차지하고 있다. 영국법은 13세기 말 사법제도의 정비와 더불어 판례법을 중심으로 하는 보통법의 발전을 보이게 되었으며, 이러한 보통법이 국왕까지도 구속한다는 사상이 발달되면서 보통법의 지배라는 의미로 '법의 지배'가 주장되었던 것이다.

이러한 **보통법의 지배** 또는 **보통법의 우위**라는 사상은 제임스 1세와의 투쟁을 통해 왕도 보통법에 구속된다는 것을 주장하였던 에드워드 코크(*Edward Coke*)에 의해 특히 강조되었으며, 그는 Dr. Bonham사건에서 "의회의 제정법이 보편적 정의와 이성에 반하거나 보통법에 반하는 경우 또는 그 자체가 모순되거나 집행이 불가능할 경우, 보통법은 그것을 억제하고 이러한 법률을 무효라고 판단할 수 있다"고 주장하였다.[5)]

2. 의회주권과 제정법의 우위

그러나 17세기 이래 영국에서는 군주세력의 약화와 더불어 의회의 권한 강화가 두드러지게 되었다. 군주와 의회의 대립은 1628년의 권리청원(Petition of Right), 1649년의 청교도혁명(Puritan Revolution), 1679년의 인신보호법(Habeas Corpus Act),

5) 이러한 코크의 주장은 미국에 있어서 위헌법률심사제의 이론적 근거가 된 것으로 평가되기도 한다.

1688년의 명예혁명(Glorious Revolution)과 1689년의 권리장전(Bill of Rights), 1701년의 왕위계승법(The Act of Settlement) 등을 거치면서 마침내 국왕의 권한은 형식적 · 의례적인 것에 국한되고 의회가 통치의 실질적 중심이 되는 것으로 귀결되었다.

이러한 정치적 발전의 결과는 -근대적 민주주의사상과의 결합을 통하여 정당성을 획득한- 의회가 입법에 있어서 절대적인 권한을 인정받는 **의회주권**(Supremacy of Parliament)의 형태로 나타났으며, 국가권력의 행사는 의회제정법률에 근거하도록 요청되었다. 보통법의 우위에 대신하는 **의회제정법의 우위**라는 사상이 대두 · 관철된 것이다.

블랙스톤(*William Blackstone*)에 따르면 의회주권의 결과로 나타나는 '제정법의 우위'는 두 가지 기본적 의미를 갖는다. 첫째, 의회의 권한과 입법권은 최고의 절대적인 것이기 때문에 어떤 주장이나 어떤 사람에 의해서도 일정한 한계를 강제할 수 없다. 즉 의회는 -내용상의 제한 없이- 모든 법률을 제정할 수 있다(이것은 또한 일반법률과 헌법 사이에 구별이 없다는 것을 의미한다). 둘째, 의회가 집행하는 것은 지상의 어떤 권력도 취소시킬 수 없다. 즉 의회권력은 최고성을 갖기 때문에 의회의 결정을 무효화시킬 수 있는 최고법원이 존재하지 않는다는 것이다.

이러한 '법의 지배'의 발전은 일차적으로는 개인의 권리의 보호, 특히 법원에 의한 절차적 보호에 초점이 맞추어져 있지만, 그것은 동시에 정치적 원리이기도 하였다. 법의 지배를 보통법의 지배로 이해하였던 코크 등에 의해 주장되던 자연법적 논거는 의회주권의 관철과 더불어 의미를 상실하였고, 선거권의 확대 등을 통하여 의회가 민주화되면서 '법의 지배'의 현실은 곧 의회의 활동에 좌우되었던 것이다.

19세기말에는 다이시(*A. V. Dicey*)에 의하여 -자유방임적 자유주의사상과의 관련 속에서- 법의 지배의 의미가 정리되었다. 그는 법의 지배의 의미를 정규법의 우위, 법 앞의 평등, 영국헌법의 특수성의 3가지로 정리하였다.[6] 그의 법의 지배에 대한 이해는 비록 오늘날 행정국가화 경향에 따라 상당 부분 비현실적인 것이 되었지만[7] 영국의 법

6) 다이시가 주장하는 법의 지배의 의미는 다음과 같다: 첫째(정규법의 우위), 누구나 정규의 합법적인 방법으로 확정된 법의 명백한 위반과 정규의 법원의 판결에 의하지 않으면 처벌되지 않고, 법률상 신체와 재산의 침해를 받지 아니한다. 이러한 의미의 법의 지배는 광범하고도 자의적인 자유재량적 강제권을 가진 정치제도와는 정반대의 것이다. 따라서 그것은 전제적 권력을 배척하고 정규의 법의 절대적 우위성을 의미한다. 즉 정부가 남용하기 쉬운 특권 또는 광범한 재량권을 배척하는 것이다. 영국인은 법에 의하여서만 지배되는 것이다. 우리는 법의 위반에 대해서는 처벌되지만, 그 이외의 어떤 것에 대해서도 처벌되지 않는다. 둘째(법 앞의 평등), 누구나 법 위에 있는 것이 허용되지 않을 뿐 아니라, 모든 사람이 그의 신분과 조건에 구애됨이 없이 국가의 정규의 법에 따라야 하고, 또 정규법원의 관할권에 복종하는 의무를 지고 있다. 셋째(영국헌법의 특수성), 헌법의 일반원칙, 이를테면 신체의 자유, 집회의 자유 등은 다른 나라에 있어서와 같이 헌법전의 제정에서 유래된 것이 아니라, 법원에 제기된 구체적 사건을 심리한 사법적 판결의 결과에 지나지 않는다. 즉 헌법은 일반법의 결과에 지나지 않는다는 것이다.

7) 다이시의 주장에 대한 대표적인 비판으로 제닝스(*Ivor Jennings*)의 비판을 들 수 있다. 그는 ① '정규법의 우위'에 대해서는 다이시가 정규법의 우위를 주장하면서 내세웠던 행정권의 광범한 자유재량의 배제는 오늘날 영국에서도 관철될 수 없다고 지적한다. ② '법 앞의 평등'에 대하여는 형식적 의미의 평등은 영국에 특이한 것이 아니며, 또한 다이시가 염두에 두었던 행정재판소의 부재는 "법의 지

학과 법실무에 지속적인 영향을 미쳐왔다.

오늘날 영국의 법의 지배는 –부분적인 수정에도 불구하고– 다이시의 전통에 따라 절차적인 것을 중심으로 이해되고 있다.[8] 그러나 그것이 형식적인 것에 치우치지 않는 이유는 무엇보다 **민주주의를 통한 법의 지배의 보완**이 있기 때문이다. 즉 의회는 선거민의 의사를 대변하는 인물들로 구성되고, 그들에 의해 법이 제정될 뿐만 아니라, 국민의 (정치적) 기본권의 보장에 의해 언론 · 출판 · 집회 · 결사의 자유 등을 통해 의회의 법제정이 자의적인 것이 되지 않도록 하며, 국가 내의 –공무원, 경찰, 정당의 당원 등– 어떤 집단도 정당하지 못한 방법으로 법률상의 특권적 지위가 부여되어서는 안 된다는 것이 인정됨으로써 법의 지배의 실질적인 기능을 담보하고 있는 것이다.[9]

Ⅱ. 미국의 권력분립과 법치주의

1. 연방헌법의 기본이념으로서의 제한된 정부(limited government)

미국의 법질서와 사법제도는 영국의 전통과 밀접하게 연결되어 있다. 그러나 미국은 영국의 식민지상태를 벗어나 독립을 쟁취하는 과정에서 –'의회주권'의 사상을 중심으로 발전되어 온– 영국과는 상이한 정치적 기본방향을 채택함으로써 미국의 법치주의는 영국의 법의 지배와는 부분적으로 다른 특색을 갖게 되었다.

영국의 경우 의회에게 무제한적 권력을 인정하는 이른바 '의회주권'의 사상과 법에 의한 자유의 보장을 실현시키고자 하는 '법의 지배'의 요청 간에 발생할 수 있는 갈등관계는 전통적으로 의회의 자기제한과 의회의 민주화, 나아가 의회에 대한 민주적 통제를 통해 사실상 해결되어 왔다.

반면에 미국연방헌법의 제정자들은 정의와 이성의 요청이 (민주적 정당성에 기초한) 정치권력과 충돌하게 되는 경우에 대하여 다른 해결을 구하였다. 1787년 제정된 미국연방헌법은 무엇보다 **몽테스큐의 삼권분립모델에 기초한 철저한 권력분립**과 이를

배"라는 거창한 이론의 기초로 삼기에는 불충분하다고 비판한다. 실제로 프랑스의 행정재판소(Conseil d'Etat)의 경우도 이미 다이시의 주장이 있을 무렵에는 행정부의 영향이나 통제에서 독립된 효과적인 인권보장기관으로 기능하였다. ③ '영국헌법의 특수성'에 대하여는 헌법이 법의 결과이기도 하지만 법이 헌법의 결과이기도 하다는 점을 강조하고 있다. 특히 의회주권이나 그 밖의 국정의 기본원칙은 의회와 국왕과의 오랜 정치적 투쟁의 결과로 나타난 것이며, 보통법의 발전에 의해 그 결과로 형성된 것은 아니라는 것이다.

8) *J. Harvey/L. Bather*는 법의 지배의 주요원칙으로 다음의 몇 가지를 들고 있다: ① 모든 개인은 법률가의 도움을 받아서 자신의 법적 상태를 정확하게 파악하고, 그럼으로써 자신의 행동을 최대한의 안정성 속에서 계획할 수 있어야 한다. ② 개인의 자유에 대한 침해는 합법적인 것이어야 한다. 따라서 a) 정부 및 그 관료들의 결정은 법에 따른 것이어야 하며, b) 어떤 권력도 개인의 생활방식에 자의적으로 침해해서는 안 되며, c) 시민은 명백한 불법으로 인하여 제소되지 않는 한 체포되지 않는다는 것을 확신할 수 있어야 한다. ③ 시민을 처벌함에 있어서는 먼저 법에 정한 절차에 따라 불편부당한 법원에 의해 위법을 확인해야 한다. ④ 재판은 자체목적이다. 재판은 오직 현존하는 법만을 해석하며 의회나 정부의 의사에 의해 영향받지 아니한다.

9) 사실 이러한 원칙들 없이는 법의 지배가 무의미해질 것이다. 왜냐하면 그럴 경우에는 법의 지배가 자의(恣意)의 지배에 대한 보호를 제공할 수 없기 때문이다.

통한 **제한된 정부**(limited government)의 구성을 그 특색으로 하고 있다. 헌법제정 당시 국민주권이 국가적 정당성의 근거로 인정되기는 하였으나, 헌법상 주권이라는 개념은 의식적으로 회피되었으며, 이를 이론적으로나 제도적으로 실현시키는 데에는 소극적이었다. 영국과 같이 의회의 우위 내지 의회주권(또는 그 실체로서의 국민주권)을 인정하는 대신에 국가기관들의 분립과 상호견제, 나아가 연방과 주간의 입법권의 분장 등을 통해 구성되는 복잡한 권력분립체계를 도입하였던 것이다.

이것은 무엇보다 시민적 자유의 보호에 그 목적이 있었던 것으로 이해된다. 즉 시민적 자유를 다수의 독재 내지 다수에 의해 구성되고 통제되는 의회의 독재로부터 보호하려는 목적이 강하게 작용하고 있었던 것이다.

2. 연방대법원의 위헌법률심사

이러한 미국헌법의 기본적 특징으로 말미암아 미국 연방대법원에는 특별한 기능이 부여되었다. 비록 헌법상의 명문규정은 없었지만, 헌법제정 당시부터 입법부와 행정부의 모든 활동이 연방대법원에 의한 사법심사의 대상이 되어야 한다는 주장이 있었으며, 1803년의 **Marbury vs. Madison사건**에 대한 판결 이래로는 실제로 의회가 제정한 법률에 대한 위헌심사가 행해지게 되었다.

물론 연방대법원은 문제되는 법률의 위헌성을 확인한 경우에도 -권력분립의 관점에서- 곧 법률의 효력을 일반적으로 문제삼는 것이 아니라 구체적인 사건에 있어서 그 법률의 적용을 배제하는 제한적 효력만을 인정함으로써, 연방대법원에 의한 위헌심사의 효력을 최소한의 범위에 국한시키고자 하였다. 하지만 위헌법률심사의 현실적인 파급효과는 매우 클 수밖에 없었다.

나아가 미국의 연방대법원은 특히 인권보장과 관련하여 의회의 활동이 헌법의 문구에 명백히 반하는 것은 아닐지라도 자연법적 논거 내지 영국법에 의해 발전되어 온 "공정하고 합리적인" 절차를 강조하여 이를 무효로 판단했다. 그럼으로써 동법원은 실질적으로 주권자와도 같은 위치에 있다고 평가되기도 하였다.

3. 적법절차조항을 중심으로 한 법치주의의 발전

이러한 연방대법원의 적극적인 활동과 더불어 미국연방헌법상 규정되어 있는 '적법절차(due process of law)'의 의미에 대한 해석에 관심이 집중되었다.

미국의 건국 초기 문제가 되었던 것은 미국연방헌법 증보 제5조에 의해 규정되었던 적법절차를 포함한 기본권규정들이 연방(聯邦)에 대해서만 효력이 있는지, 아니면 주(州)에 대해서도 효력이 있는지 하는 것이었다. 이 문제를 중심으로 전개되었던 헌법적 논쟁은 Barron사건 이후 연방에 대해서만 적용되는 쪽으로 결론이 내려졌지만, 그것은 결국 새로운 헌법개정(증보 제13, 14, 15조)에 의해 **연방헌법**(聯邦憲法)**이 주**(州)**에까지 적용범위를 확대**하게 되는 결과를 가져왔다. 이에 따라 제14조에 의해 기본권규정들이 전면적으로 주에 적용되는지, 아니면 선별적으로 적용되는지가 새로운 쟁점으로 제기되었다.

그러나 적법절차의 발전에 있어서 실질적으로 중요한 의미를 갖고 있었던 것은 연방대법원의 적법절차규정의 이해가 국가권력의 자의적인 행사를 절차적인 측면에서 규제한다는 초기의 입장에서 벗어나 1857년의 Dres Scott사건을 계기로[10] 적법절차규정을 **실체적 내용**에 관한 것으로까지 확대하여 적용하기 시작하였다는 점이다. 비록 1873년의 Slaughterhouse사건에서 미국연방대법원은 증보 제14조의 적법절차를 실체적인 것으로 이해하기를 거부하였으나, 그 이후의 발전은 결국 주입법(州立法)의 내용에 대한 실체적 심사도 적법절차의 문제로서 포함시키는 방향으로 진행되었다.

Ⅲ. 프랑스의 정치적 전통과 법치주의

1. 몽테스큐의 권력분립론과 그 한계

미국연방헌법의 제정에 결정적인 영향을 미쳤던 몽테스큐의 권력분립론이 정작 프랑스에서 끼친 영향은 상대적으로 적은 편이었다.

그는 현존하는 사회적 세력들, 즉 군주세력과 귀족세력, 시민세력 간에 정치적 균형을 이루게 하는 질서를 형성함으로써 −적어도 당시로서는 진보적인 입장에서− 새로이 대두되는 시민세력의 존재를 인정하고 그들의 사회적 기능에 상응하는 정치적 지위를 부여하려고 하였다. 그러나 시민세력의 실질적 비중이 더욱 증대되고, 더욱이 시민세력이 군주제에 대한 신뢰를 상실하여 구세도(ancien régime)의 타파를 부르짖게 되었을 때, 그의 이론은 더 이상 유지될 수 없었다.[11]

2. 룻소의 국민주권론과 그 파급효

프랑스의 시민혁명에 보다 직접적인 영향을 미친 룻소의 사상은 무엇보다 그의 국민주권론에 의해 대표된다. 그는 주권의 불가양이라는 성격에 기초하여 대의제를 비판하면서 이른바 **일반의사(volonté générale)의 지배**를 강조하였다.

물론 룻소도 권력분립을 완전히 부정한 것은 아니다. 하지만 그의 권력분립은 몽테스큐에 의해 주장되었고, 미국연방헌법에 의해 구체화되었던 자유주의적 권력분립과는 판이하였다. 자유주의적 권력분립이 유산계층을 중심으로 이미 형성되어 있는 −특히 경제적 측면에서의− 기득권적 요소들을 '다수의 독재'로부터 보호하려는 성향을 보이고 있었던 반면에, 룻소가 생각하였던 민주적 권력분립은 민주적 다수 및 그에 의해 제정된 **법률의 절대적 우위**를 인정하고 있었다.

그렇다고 룻소가 개인의 지위, 개인의 권리를 완전히 부정한 것은 아니며, −고립된

---

10) 이 사건판결에서 미국연방대법원은 연방헌법 증보 제5조의 적법절차조항이 자의적인 연방입법에 의한 침해로부터 자연권으로서의 재산권을 보호한다는 견해를 피력함으로써 적법절차를 기본권의 실체적인 보장내지 입법의 내용적인 한계와 연결시켜 생각하기 시작한 것이다.

11) 그것은 몽테스큐의 이론이 갖고 있는 체제유지적 성격에 기인한 것으로도 볼 수 있다.

주권적 개인을 출발점으로 삼는 자유주의적 시민계층과는 달리- 개인과 사회의 변증법적 상호관련을 중시하였다. 이에 따라 기본권에 대한 이해 및 그 실현으로서의 기본권 정책은 동시에 기본권행사의 전제조건들에 관한 사회정책과 밀접한 관련을 갖는 것으로 인정되었다.

이러한 룻소의 사상은 무엇보다 프랑스대혁명에 직접적인 영향을 미친 것으로 평가된다.

3. 대혁명 이후의 정치적 발전과 법치주의

대혁명 이후의 프랑스의 정치적 발전에서 찾아볼 수 있는 특징의 하나는 룻소의 영향, 또는 쉬에스(*E. J. Sieyès*)의 영향 등으로 나타나는 이데올로기적 대립이다. 한편으로는 헌법과 법률에 의하여 룻소식의 급진적 민주주의를 실현하려는 노력이 있었고, 다른 한편으로는 -부르주아 계층을 중심으로 기득권을 보호하기 위하여- 법률이란 창조가 아니라 발견이며, 사회질서란 이미 선재하고 있는 것이라는 주장을 펴면서 급진적인 개혁을 위험시하는 경향도 있었다.

이러한 상황은 프랑스의 사법(司法)에도 영향을 미쳤다. 헌법과 법률의 대립이라고 하는 현상은 크게 문제되지 않았고, 1958년까지는 의회의 입법을 일정한 가치적 기준에 따라 평가하고 심사하는 제도가 헌법상 인정되지 않았다. 프랑스의 국사원(Conseil d'état)도 집행부의 행위에 대한 합목적성만을 심사했을 뿐이었다.

프랑스 제5공화국에 들어와서 헌법평의회(Conseil constitutionel)가 구성되어 정치와 입법이 헌법을 준수하도록 하는 데 기여를 한 바 있으나, 그 역시 순수한 사법적(司法的)인 형태로 법이론적 검토를 하는 것은 아니었고, 결국 프랑스에서는 법치주의가 영국의 법의 지배나 미국의 적법절차, 또는 독일의 법치국가에 비교할 만한 법이론적 발전을 보이지 못했다.

Ⅳ. 독일의 법치국가(Rechtsstaat)사상의 형성과 발전

1. 유럽의 자유주의의 전통과 독일의 법치국가사상의 형성

독일의 법치주의는 사상적으로 -근대시민사회의 이성적 질서에 관한 모델을 제시하였던- 칸트(*I. Kant*) 또는 푸펜도르프(*S. Pufendorf*)까지 소급되기도 하지만, 근대적 자유주의사상에 기초한 독일의 특유한 법치국가사상이 본격적으로 대두된 것은 19세기 이후의 일이다.

영국의 정치적 발전과 프랑스의 입헌주의의 영향 하에 로텍(*Carl von Rotteck*)과 웰커(*Carl Th. Welcker*)는 법치국가를 "이성의 국가"로 표현하였으며, 몰(*Rudolf von Mohl*)은 법치국가를 "개인의 계약에 의해 구성되고, 그 활동이 개인의 자유를 위해 제한되는 새로운 형태의 국가로서 정확한 법률을 제정하고 신민의 보호를 위해 법원을 설치하는 국가"로 이해하였다. 이러한 몰의 법치국가사상에서는 **집행권을 억제하는 입법**

과 **사법의 활동**이라는 관념이 **개인의 자유의 보호**라는 목적과 결합되어서 나타난다.

이 시기의 법치국가사상은 개인의 자유와 재산의 보호에서 국가의 존립목적을 찾고, 시민의 정치적 자유의 보호를 중심으로 법치국가를 규정하는 특징을 갖고 있다. 따라서 독일에서 법치국가는 **형식적 · 실질적 요소를 포괄하는 국가원리**(Staatsprinzip) **내지 국가유형**(Staatsgattung)으로 이해되었다. 비록 법치국가가 민주주의와 동일시되거나 -영국에서 '법의 지배'의 발전이 보인 것과 같이- 양자의 결합이 분명히 인식되지는 않았으나 적어도 내용상의 관련성은 인식되고 있었으며, 양자의 관련성이 명시적으로 부정되지 않고 있었던 것이다.

2. 19세기 후반의 법치국가의 형식화

그러나 독일의 법치국가사상은 현실정치의 영역에서 자유주의적 세력이 좌절함에 따라[12] 내용적인 축소와 형식화의 경향을 보이게 되었다. 법치국가는 더이상 국가유형 내지 새로운 국가원리로 이해되지 않고 -국가목적 또는 국가내용과는 구분되는- **정치권력을** (그것이 민주적인 것이건, 군주적인 것이건을 불문하고) **완화시키는 비정치적 형식원리**로 이해되었으며, 따라서 민주주의와의 관련성이 명시적으로 부정되기에 이른 것이다. 독일에서도 입헌주의사상의 영향 하에 헌법의 제정이 일반화되기는 하였으나, 그것은 군주제의 원리를 확인하고 선재(先在)하는 군주의 권력을 일정한 범위에서 제한하는 헌법이었을 뿐, 국가를 창설하고 국가권력을 구성하는 헌법은 아니었다.[13]

이에 따라 독일의 법치주의는 영국, 미국 또는 프랑스와도 전혀 다른 길을 걷게 되었다. 국가질서의 광범한 개편의 요구를 포기하고 기존질서의 기본틀을 유지하는 가운데 관헌적 군주권력과 시민사회의 한계를 설정하는 것만이 문제되었으며, 이는 주로 **개인의 자유와 권리의 침해에 대한 법률유보의 문제**로 다루어졌다. 즉 19세기 후반의 독일의 법치국가의 발전은 민주주의와 법치주의의 결합이라는 -영국, 미국 등에서는

12) 1848년 독일의 3월혁명 및 그 결과로 성립된 1849년의 프랑크푸르트 헌법초안이 무위로 돌아간 뒤 독일의 자유주의 운동은 상당한 쇠퇴를 보이게 되었다.

13) 특히 이 시대의 헌법을 이해하는 데에 있어서는 당시의 정치적 상황에 대한 이해가 전제되어야 한다. 독일은 영국, 프랑스 등에 비해 군주세력 및 귀족세력들이 강력하였고, 또 귀족세력이 시민세력과 연합하지 않고 군주세력의 힘이 되었기 때문에 시민계층을 중심으로 하는 민주적 · 자유주의적 세력은 상대적으로 미약하였다. 나아가 독일의 통일이라는 국가적 과제가 우선적이라는 생각 때문에 이들조차도 군주세력과 극한투쟁을 벌이기보다 일정한 공조체제를 형성하고자 하는 경향이 있었으며, 또한 경제적 · 사회적으로도 주변국가들보다 낙후되어 있었고 이를 국가주도적으로 발전시켜 나가는 단계에 있었다는 것이 역시 정치적 발전의 장애로 작용하였다. 결국 비스마르크제국의 성립으로 독일의 통일이 완성되었으나, 프로이센의 군사력에 의한 통일은 결국 프로이센왕을 황제로 만들고 이를 중심으로 한 권력의 집중을 가져왔을 뿐, 민주화 · 자유화와는 거리가 멀 수밖에 없었다. 그 결과 1871년 독일제국헌법은 형식적으로 권력분립을 규정하여 이른바 입헌군주제를 채택하고 있으나 권력간의 균형이 제대로 이루어지지 않고(제국황제의 권한에 비해 양원으로 구성되는 의회의 권한이 상대적으로 미약했을 뿐 아니라, 황제가 의회를 소집, 연기, 종결시킬 권한을 보유하였고, 특히 연방참사원의 의장은 황제에 의해 임명되는 제국수상이 겸임하도록 함으로써 의회가 사실상 황제의 영향력 하에 있게 되는 결과를 가져왔다), 기본권규정을 담고 있지 않아(연방으로 구성되는 비스마르크제국에서 연방을 구성하는 주(州)들의 헌법이 각기 기본권규정을 두고는 있었지만 제국헌법이 국민의 기본권에 관한 규정을 전혀 두지 않고 있었음은 시사하는 바가 크다) 외견적 입헌주의(外見的 立憲主義)로 불리기도 했다.

핵심적인 것이었던– 요소의 결여를 특징으로 하게 되었다. 이러한 경향은 슈탈(*Julius Stahl*)의 "법치국가는 국가의 목적과 내용이 아니라, 국가가 스스로를 실현시키는 방식과 성격을 의미하는 것이다"라는 말에서 분명하게 나타난다.

나아가 실증주의가 헌법의 영역을 지배하게 되면서 법치국가성은 곧 –사법적 권리구제를 통해 확보되는– 합법성과 동일시되는 경향을 보이게 되었다. 배어(*Otto Bähr*)는 입법을 도덕적인 한계만이 부과되는 –따라서 사법적 권리구제가 인정되지 않는– 절대적으로 자유로운 활동으로 이해한 반면, 세밀하게 규정된 입법에 기초한 집행부의 활동은 사법적 통제 하에 있어야 한다고 생각했다. 행정에 대한 사법적 통제는 법치국가의 본질적 조건이라는 것이다. 그나이스트(*Rudolf von Gneist*)도 이와 유사하게 법치국가를 행정재판에 의해 행정에 대한 사법적 통제를 가하는 국가로 이해하였다. 라반트(*Paul Laband*)는 형식적 법치국가이해를 기초로 이중적 법률개념을 발전시켰고,[14] 나아가 오토 마이어(*Otto Mayer*)는 효과적이고 예측가능한 행정체계의 구성이라는 측면에서 법치국가를 더욱 형식화시켰다. 그리고 켈젠(*Hans Kelsen*)은 "모든 국가는 법치국가이다"라는 주장까지 하게 되었던 것이다.

3. 실질적 법치국가의 대두

이러한 형식적 법치국가이해를 비판하고 국가활동의 단순한 형식적 합법률성만이 아니라 국가질서의 내용적 정당성까지도 묻는 실질적 법치국가를 구성하려는 노력은 입헌군주제가 붕괴되고 독일 최초의 민주공화국으로 수립된 바이마르 공화국 하에서 법실증주의 헌법학에 대한 비판을 중심으로 다양한 방향으로 전개되었다.

칼 슈미트는 진정한 의미의 기본권을 국가권력에 의해 침해될 수 없는 선국가적인 것으로 이해함으로써 개인의 자유를 법치국가의 실질적 핵심으로 파악하였고, 통합론을 주창하였던 스멘트는 헌법을 형식적인 규범체계로 이해하는 것에 반대하면서 전체로서의 헌법을 하나의 의미관련 속에서 이해할 것을 강조하였다. 그리고 에리히 카우프만(*Erich Kaufmann*)은 모든 헌법에 내재해 있는 불문의 자연법적 요소로 되돌아가고자 하였다.

그러나 바이마르의 새로운 법치국가 이해에 있어서 특기할 만한 발전을 보인 것은 종래의 형식적 민주주의 이해, 형식적 법치주의 이해를 비판하면서 독일에서 그 동안 상실되었던 민주주의와 법치주의의 내적인 결합을 회복시키려는 노력을 한 헤르만 헬러(*Hermann Heller*)의 법치국가사상이다. 그는 민주적 통일체로서의 국가를 형성함에 있어서 한편으로는 사회적 동질성의 요청을 인정하면서 다른 한편으로는 사회내적 갈등의 병존을 인정함으로써 칼 슈미트적 적–동지의 논리를 극복하고, 실질적 자유와 실질적 평등의 관념 하에 전통적인 자유주의의 형식적 요청과 새로이 주장되는 사회주의의 내용적 요청을 결합시키려 노력함으로써 사회적 법치국가를 주장하였다.

---

14) 이중적 법률개념에 관하여는 「제3권 제2부 제2장 제2절 Ⅱ. **법률개념의 형성과 변천: 이중적 법률개념의 의의와 한계**」 참조.

비록 이러한 헬러의 주장이 당시 지배적인 경향을 바꾸어 놓을 수는 없었지만 나치 통치의 경험에 의해 형식적 법치주의의 한계가 분명하게 인식되고 제3제국의 붕괴와 더불어 인간의 존엄과 인격성의 불가침에 기초하는 새로운 민주적 법치국가질서의 구성이 요청되었을 때 헬러의 이론은 새로운 이정표로서의 역할을 할 수 있었다.

4. 독일기본법과 사회적 법치국가

전체주의의 경험은 민주주의 이해의 변화를 가져왔을 뿐 아니라 법치주의 이해에 있어서도 필연적인 변화를 가져왔다. 단순히 형식적으로 실정법에 따른 국가질서의 형성만이 아니라 내용적으로 정당한 법, 정의로운 법에 대한 요청이 높아진 것이다.[15)]

이러한 요청은 곧 종래 형식적 요소로만 구성되었던 법치주의가 실질적 요청까지도 포함하는 것으로 다시금 확대되는 결과를 가져왔다. 법률의 형식만으로써 모든 것이 정당화되는 것이 아니라 그러한 법률의 바탕에 깔려 있는 기본적 이념, 자유와 평등 및 그 구체화로서의 개별기본권의 보장이 법치주의의 원래의 출발점이라는 점이 다시금 확실하게 인식된 것이다. 이와 같이 실질적인 면까지를 고려하는 법치주의는 역시 자유와 평등의 실현 내지 기본권보장이라는 공동의 목적을 지향하고 있는 민주주의와 불가분의 관계에 설 수밖에 없다.[16)]

이러한 기초 위에서 1949년 제정된 독일기본법은 제28조에서 "사회적 법치국가"라는 표현을 사용함으로써 그 의미의 이해와 관련하여 많은 논란을 불러 일으켰다. 이에 관하여는 사회국가적 요청과 법치국가적 요청의 대등한 결합으로 보는 견해에서부터 사회국가적 요청을 사회주의적 민주주의의 요청으로 해석하는 견해, 법치주의적 기본요청에 사회국가적 과제수행의 요청이 부가된 것으로 이해하는 견해 등 다양한 견해가 대립하였던 것이다.

그러나 이와 같은 견해의 대립에도 불구하고 사회적 법치국가가 전통적인 법치국가의 형식적 및 실질적 요소들 이외에 사회적 정의 내지 연대성의 요청이 함께 고려되는 법치주의의 실현형태라는 점은 분명하다.

Ⅴ. 법치주의의 일반적 발전방향과 징표

이상에서 살펴본 영국, 미국, 프랑스와 독일에 있어서의 법치주의의 발전은 그 상이한 역사적·정치적 배경과 발전방향에도 불구하고 기본적인 공통점을 보여주고 있다.

15) 이러한 요청은 무엇보다 하위법규범을 헌법재판제도를 통해 헌법적 요청에 부합되도록 규범적으로 통제함으로써 형식적 합법률성과 내용적 정당성을 동시에 확보하는 방법으로 충족되었다.

16) 종래 민주주의는 정치적 원리로, 법치주의는 법적 원리로 양자를 이원적으로 파악하던 입장을 극복하고 양자가 모두 공동의 이념에 봉사하는, 상호보완적인 헌법원리로 이해하는 것이 일반적이었으나, 이제 민주주의 없는 법치주의, 법치주의 없는 민주주의는 더 이상 생각될 수 없으며, 헌법질서의 올바른 형성을 위해서는 양자의 결합이 필요하다는 인식이 널리 공유되었으며, 이에 따라 "민주적 법치국가" 또는 "법치국가적 민주주의"라는 표현이 보편화되게 되었다.

그것은 근대적 시민사회의 성립과 발달이[17] 민주주의의 발달과는 물론이고 법치주의의 발전과도 밀접한 관련 속에 있다는 것이다. 시민세력의 성장과 더불어 군주의 절대적 권력을 제한함으로써 국민의 자유와 권리를 보호하려는 움직임은 정치이념의 측면에서는 국민주권의 관철로, 또 국가권력의 행사라는 측면에서는 법치주의의 실현으로 나타나게 되었던 것이다.

물론 각 국가에 따라 시민사회의 성격과 내부적 변화 · 발전이 상이한 과정을 통하여 나타났으며, 특히 경제적 기득권의 유지 등과 관련된 문제들도 각기 다르게 해결되었다. 또한 각국의 상이한 발전은 한편으로는 독일에서의 법치국가 이해의 변천을 통해 잘 나타나듯이 민주적 정치발전이 법치주의 실현의 기본전제로서 얼마나 큰 의미를 갖고 있는지를 보여주고 있으며, 다른 한편으로는 프랑스의 예가 보여주듯이 정치적 해결의 강조가 역으로 법치주의의 발전을 가로막을 수도 있음을 확인시켜 준다.

그러나 오늘날 영국과 미국, 독일의 법치주의는 그 역사적 배경과 발전과정의 차이에도 불구하고 동일한 이념의 실현에 봉사하는 것으로 이해되고 있다. 법치는 국가권력의 전과정, 즉 입법–집행–사법의 모든 국가권력의 행사를 객관적이고 공정한 법에 구속되도록 함으로써 인간존엄의 이념 하에 자유롭고 평등한 국가법질서의 형성과 유지를 과제로 삼고 있는 것이다.

우리는 이러한 맥락에 따라 법치주의를 올바르게 이해하고 실현하는 데 중요한 몇 가지 기본적인 사항을 확인할 수 있다. 먼저 오늘날의 법치주의는 형식적 요소에만 국한되지 않는 실질적 법치주의로 이해된다. 그러나 그것이 곧 형식적 요소의 무시를 의미하는 것은 아니다. 종래 법치주의의 형식적 징표로 간주되었던 각종 요소들, 예컨대 ① 권력분립의 원리 ② 법원의 독립 ③ 행정의 법률적합성 ④ 사법적 권리보호 ⑤ 공법적 손해의 전보 등에 의해 나타나는 '법이라는 형식에 의한 통치'는 오늘날에도 법치주의의 실현을 위해 필수적인 것으로 계속 인정된다. 다만 그러한 요소들의 실질적인 의미는 '내용적으로 정당한 법'을 통하여 국민의 기본권을 실질적으로 보장하는 데에 있다는 것이 다시금 강조되고 있는 것이다. 이것은 오늘날의 법치주의가 무엇보다 단순한 **법률의 우위**가 아닌 **헌법의 우위**로 나타나고 있다는 점에서 확인된다. 헌법재판의 방법으로 입법을 포함한 국가권력행사의 내용적 정당성을 헌법에 –무엇보다 기본권규정에– 구체화되어 있는 가치들에 비추어 통제하는 것이다.

결국 우리가 법치를 통하여 달성하고자 하는 질서, 법치주의에 의해 실현시키고자 하는 바람직한 국가질서는 형식적 요소와 실질적 요소, 절차적 요소와 내용적 요소의 결합으로 나타난다. 법치는 한편으로는 안정된 질서의 형성과 유지를 지향하지만 다른 한편으로는 정의로운 질서의 실현을 목표로 한다.

---

17) 후버(*E. R. Huber*)는 독일 법치국가의 기초가 되었던 19세기 시민적 사회의 징표로서 ① 국가로부터 자유로운 영역, 특히 경제와 문화의 영역에 있어서의 개인의 자유로운 결정권, ② 여러 세력들의 자유로운 활동에 의한 경제적 · 문화적 창조과정의 자율적 규율, ③ 자유로운 경쟁에 의한 최고 수준의 경제적 문화적 수준에의 도달, ④ 종래의 특권계급, 특히 토지귀족이 소멸되어 가는 가운데 교육과 재산을 갖춘 새로운 사회적 상류층의 출현을 들고 있다.

즉 법치주의원리는 "헌법질서의 계속성을 유지하면서 법적 규준에 구속된 국가권력을 구성하고 이를 통해 국가생활이 계속성과 안정성을 확보함으로써 국민의 전체 생활과정을 안정화시키는 기능"을 하고 있으며, 그러한 법(질서)은 동시에 내용적으로도 정당한 것이야 하는 것이다. 법적 안정성과 정의의 요청, 이들이 동시에 최적으로 실현될 때에 비로소 올바른 법치주의의 실현이 이야기될 수 있을 것이다.

제3절 법의 이념과 법치주의

Ⅰ. 법치주의와 법적 안정성

1. 법의 이념 내지 기능으로서의 법적 안정성

법을 공존질서 내지 이를 위한 조건으로 이해할 때, 그러한 법은 적어도 (공존의) 질서를 유지하는 기능, 즉 법적 평화를 확보하는 기능을 할 수 있어야 한다. 따라서 법에 의한 안정을 의미하는 법적 안정성(Rechtssicherheit = Sicherheit durch das Recht)은 법의 이념일 뿐 아니라 법을 통한 국가질서, 즉 법치의 가장 기본적인 요청의 하나로 인정된다.

인간이 사신의 삶을 안정적인 기초 위에서 계획하고 또 형성해 나갈 수 있기 위하여는 전체 공동체질서가 안정적 기초 위에 구성되어 있을 뿐 아니라 그 질서의 전체적인 구조와 변화, 나아가 자신의 행동과 태도에 대해 공동체의 (법)질서가 어떻게 반응할 것인가 등에 대해 그 공동체의 구성원들이 알 수 있고 예측할 수 있어야 한다.

법적 안정성은 무엇보다 **법 자체의 안정성**을 요청하며, 이러한 안정성은 라드부르흐(*G. Radbruch*)의 말에 따르면 4가지의 요소를 내포하고 있다. ① 법이 실정적이라는 것, 즉 제정법이라는 것, ② 이 제정법이 그 자체로서 안정적이라는 것,[18] ③ 법의 기초가 되는 사실이 객관적으로 −오류 없이− 확인될 것,[19] ④ 그리고 법의 안정성을 담보하는 실정법이 너무 용이하게 변경되어서는 안 된다는 것이다.

2. 근대적 헌법원리로서의 법치주의와 법적 안정성

근대적 헌법의 기본원리로 인정되는 법치주의는 무엇보다 법에 대한 신뢰를 전제하고 있다. 이러한 신뢰는 법의 기능에 대한 신뢰와 법의 정당성에 대한 신뢰로 나뉠 수 있다.

18) 즉 일반조항 등에 모든 것을 미루지 않고 제정법 스스로가 −사실에 기초하여− 개별적인 문제들에 대한 판단을 담고 있어야 한다는 것이다.

19) 이를 위하여 때로는 확인이 곤란한 내면의 문제를 외적 징표로 대치하기도 한다. 예컨대 개인의 정신적 성숙을 개별적으로 판단하는 대신 일정 연령에 이르게 되면 행위능력을 인정하는 경우가 이에 해당될 것이다.

법적 안정성의 요청은 일차적으로 -비록 법의 내용적 정당성에 관한 것은 아닐지라도- 법의 (형식적) 기능과 효력 및 계속성에 대한 신뢰를 전제한다. 즉 국가적 활동이 이해가능한 기준에 따라 행해짐으로써 사전적인 **예측가능성**이 확보될 수 있도록 하는 것이다.[20] 이것은 국민의 입장에서 보면 국민의 어떤 생활상태나 사회관계 속에서 어떻게 행동해야 하고, 타인에게 어떤 행동을 기대할 수 있는지, 다시 말하자면 그에게 어떤 권리와 의무가 존재하고 자신의 행동에 대하여 어떤 법적 효과가 발생할 것인지를 알 수 있어야 한다는 것이다.

따라서 근대적 법치국가원리의 내용으로 인정되는 법적 안정성은 무엇보다 국가질서에 법이라는 안정된 기준과 형식을 부여함으로써 법을 통한 질서, 법을 통한 평화의 유지라는 법치의 목적을 실현시키는 것이며,[21] 이러한 법적 안정성의 요청은 ① 법률의 일반성, ② 규범의 명확성,[22] ③ 규범집행의 객관성과 공정성, ④ 사법절차에 의한 법의 객관적 적용의 확보 등을 통하여 구체화된다.

3. 법적 안정성의 현대헌법상의 의의

오늘날 법적 안정성의 강조가 곧 -과거 법실증주의자들처럼- 정의보다 법적 안정성이 우선한다는 결론으로 바로 연결되는 것은 아니다. 더욱이 오늘날처럼 (국내외적) 정치·경제환경, 사회적 상황, 국민의식 등이 빠른 속도의 변화를 보이고 있는 시기에는 그러한 변화에 능동적으로 신속하게 대응하는 것이 안정성의 확보에 못지않게 중요할 수 있다.

따라서 오늘날 법적 안정성의 문제는 오히려 변화되는 현실에 따라 새로운 규범을 창설하거나 기존규범을 개폐하는 경우에 법적 안정성을 어떻게 유지할 것인지,[23] 나아가 규범집행의 변경[24] 내지 판결의 변경[25]과 관련하여 법적 안정성을 어떻게 확보할 수 있을 것인지, 그리고 특히 국가긴급권 내지 혁명의 경우 과연 법적 안정성의 확보가 가능한지 라는 현실적인 문제들을 중심으로 새롭게 전개되고 있다.

---

20) 헌법재판소도 예측가능성을 법치주의의 기본적 요청의 하나로 이해하고 있다. 이는 헌재 1992.10.1. 92헌마68등 결정을 비롯한 수많은 판례에서 확인된다.

21) 따라서 민주적 입법자가 명확하고, 이해가능하며 내용상 설득력이 있는 법률을 제정하는 것은 법적 안정성이 제대로 확보되기 위한 전제이기도 하다.

22) 이로부터 '죄형법정주의의 원칙' 또는 '소급효의 금지원칙' 등이 파생된다.

23) 이것은 무엇보다 소급효의 금지 등 입법자의 입법권에 일정한 헌법상의 한계를 두는 것을 비롯하여 입법과정의 공개, 입법예고제, 공청회 등을 통해 국민의 예측가능성을 최대한 확보하도록 노력함으로써 해결될 수 있을 것이다.

24) 이것은 특히 행정의 자기구속의 문제로 연결되며, 나아가 신뢰보호의 원칙을 인정하는 근거가 되기도 한다.

25) 이는 판결의 확정력과 재심 및 판례변경의 문제 등으로 나타난다.

Ⅱ. 법치주의와 정의

1. 법의 이념으로서의 정의와 그 확인의 문제

이상적인 국가질서는 단지 법에 의한 **안정성을 갖는 질서**일 뿐만 아니라, 내용적으로도 정당한 법에 의한 **정의로운 질서**이어야 한다. 그런 의미에서 정의는 실정법의 가치표준이고 입법자의 목표라고 일컬어진다.

그러나 법이 결코 자체목적일 수 없고 오로지 인간에게 봉사하는 수단 내지 도구에 불과한 것과 마찬가지로 정의라고 하는 가치도 오로지 인간질서와의 관련 속에서만 그 진정한 의미를 찾을 수 있다. 법과 정의, 그 어느 것도 자체목적은 아닌 것이다.

따라서 무조건적으로 적용될 수 있는 보편타당한 절대적 정의는 우리가 받아들이기 어렵다. 우리가 정의롭다고 일컫는 것들은 우리가 옳다고 생각하는 사회질서에 대한 관념, 즉 각 시대에서 달리 통용되는 정의관념에 기초하고 있으며, 이에 따라 정의의 실체에 대한 생각은 시대와 장소에 따라, 그리고 개개인의 신념체계에 따라 다르게 나타나기 때문이다.[26]

2. 정의의 실체로서의 평등

서양 철학사 및 법학사에서 정의의 문제는 –고대 그리스의 아리스토텔레스부터 현대의 롤스에 이르기까지– 평등을 중심으로 다루어져왔다.

무엇이 정의로우냐의 문제는 무엇이 선(善)한 것이냐의 문제와는 달리 도덕적 · 윤리적 가치가 아닌 공동체 질서에 관한 것이며, 공동체 구성원들이 각기 어떤 위치에서 어떤 역할을 담당하며, 어떤 대우를 받아야 하는지의 문제로 인식되었다. 그리고 이러한 정의의 핵심은 **"각자에게 그의 (정당한) 몫을"** 배분하는 것이라는 점에서 평등의 문제와 동일시되었던 것이다.[27]

그러나 정의를 이렇게 이해함으로써 모든 문제가 해결되는 것은 아니다. 각자의 정당한 몫이 과연 무엇인지의 문제는 여전히 해결되지 않은 채 남아있으며,[28] 이와 관련하여 다양한, 대립되는 견해들이 각기 정의의 이름을 내세우며 서로 다른 공동체 질서의 형성을 위해 투쟁해 왔던 것이다.

결국 정의가 무엇인지를 –적어도 잠정적으로– 확인하기 위해서는 별도의 검토과정이

---

26) 그런 의미에서 절대적 정당성을 내용으로 하는 정의의 요청도 현실 속에서는 상대주의 내지 다원주의로 연결될 수밖에 없다는 점을 지적할 수 있다.

27) 아리스토텔레스가 산술적 평등을 평균적 정의로, 비례적 평등을 배분적 정의로 표현했던 것도 이런 의미로 이해될 수 있다.

28) 예컨대 전쟁포로를 사형시키는 것이 정의로운가? 아니면 노예로 만드는 것이 정의로운가에 대한 논란 끝에 후자가 정의롭다고 인정하던 시기도 있었고, 남존여비를 당연시하던 시기도 있었다. 무엇이 각자의 '정당한' 몫인지에 대하여 시대에 따라, 그 사회의 문화에 따라, 그리고 개인의 신념체계에 따라 매우 큰 차이가 나타나는 것이다.

필요한 것이다.

3. 실체적 정의와 절차적 정의

정의의 문제는 따라서 배분적 정의라는 형식과 아울러 개개인의 정의에 대한 관념(표상)에 영향받게 된다. 그리고 이러한 개개인의 정의관념은 그가 속해 있는 사회 속에서 문화적으로 각인되어 있기 때문에 (정의의) 보편성의 요청과 대립되는 개별성을 가질 수밖에 없다.

따라서 우리는 -개개인에 따라 달리 나타날 수밖에 없는- 실체적 정의관념보다 (개인적 정의관념을 조정할 수 있는) 합리적인 절차를 통한 정의의 확인과 실현에 보다 큰 비중을 두게 된다.29)

그러나 실체적 정의가 오늘날에는 전혀 인정될 수 없다는 것은 아니다. 비록 우리가 오늘날 절차를 통한 정의의 실현에 의지하는 바가 큰 것은 사실이지만, 일정한 한계 내에서 실체적 정의의 요청은 (헌)법적으로도 중요한 것으로 남아 있다. 예컨대 자유민주적 기본질서나 기본권의 본질적 내용 등은 합리적인 절차를 통해 그때그때 가변적으로 확인되는 정의에 대하여 일정한 한계를 긋는, 말하자면 비상브레이크(Notbremse)와 같은 기능을 하는 것으로 인정된다.

4. 정의와 법적 안정성

법적 안정성의 요청과 정의의 요청은 충돌될 수 있다. 순수한 정의의 요청은 법적 안정성을 고려하지 않은 채 정의롭지 못한 상태의 제거를 요구한다. 그러나 법적 안정성의 요청은 때로 정의롭지 못한 상태라 할지라도 안정성을 위해 그대로 유지될 것을 요청한다.30)

이러한 표면상의 갈등은 **합리적인 절차를 통한 정의의 실현**이 확보되어 있는 사회에서는 사실상 크게 문제되지 않을 수 있다. 합리적인 절차는 내용의 정당성을 확보하는 것일 뿐 아니라, 동시에 안정성의 침해를 최소화하면서 기존질서의 변경을 가져오는 것이기도 하기 때문이다. 이 경우 합리적 절차를 통한 변경이 가져오는 최소한의 안정성의 침해는 대부분의 경우 감수될 수 있을 것이다.

그러나 그렇지 못한 경우 우리는 보다 심각한 양자의 충돌을 보게 된다. 이 때 우리는 단기적으로는 **이익형량**을 통해 정의와 법적 안정성의 요청 중 어느 것이 우선되어야 할 것인지를 판단할 수밖에 없다. 그러나 장기적으로는 정의의 요청을 부정하는 법이 안정성을 가질 수 없다는 것을 염두에 두어야 할 것이다.

---

29) 이러한 맥락에서도 입법과정의 공개와 민주적 통제, 행정절차 및 사법절차의 공정한 구성 등이 법치주의의 실현과 관련하여 특히 중요한 의미를 갖게 된다.

30) 예컨대 시효제도가 이러한 요청에 따라 인정되는 것이다.

Ⅲ. 법치주의와 비례성

1. 비례성의 요청과 그 이해에 관한 논의

오늘날 국가활동이 비례에 합치되어야 한다는 요청은 헌법적인 원리로서 널리 인정되고 있다. 그러나 구체적으로 이러한 비례성의 요청이 어디에 그 헌법적 정당성의 근거를 두고 있는지에 관하여는 적지 않은 견해의 대립이 있었다. 그러나 독일의 경우 연방헌법재판소 판례를 중심으로 비례성의 요청이 폭넓게 헌법적으로 인정되면서 최근에는 합목적성의 요청이라는 관점에서 그 근거를 찾는 것이 일반적이다.

비례의 원칙(Verhältnismäßigkeitsprinzip)은 초기 국가권력, 특히 경찰권의 행사에 대하여 한계를 긋는 원리로 발전되었다. 이미 19세기부터 자유주의적 국가사상의 영향 하에 기본권을 제한하는 국가권력의 행사는 특별한 수권(법률의 근거)을 필요로 할 뿐 아니라, 그 제한의 목적에 비추어 적정한 수단만이 허용된다는 판례가 나오기 시작했으며, 학설상으로도 이러한 목적과 수단 내지 기대하는 결과와 수단의 비례성에 대한 검토는 점차 비중 있게 다루어지게 되었다.

그러나 행정법적 원칙으로 생각되어지던 비례의 원칙이 헌법적인 차원으로 고양된 것은 제2차 세계대전 이후의 일이다. 나치의 붕괴 이후 민주주의와 법치주의의 실현에 관한 이론 및 -특히 독일 연방헌법재판소에 의한- 실무상의 발전은 곧 기본권 내지 법치국가의 요청과 관련하여 국가권력행사에 있어서 엄격한 비례성을 요청하였으며, 그 적용범위도 단순히 기본권을 제한하는 경우만이 아니라 모든 국가활동으로 확대되었던 것이다.

2. 비례의 원칙과 그 내용(구성요소)

비례의 원칙은 기본적으로 국가권력의 행사를 통해 달성하고자 하는 결과 내지 **목적**과 그 목적의 달성을 위해 선택하는 **수단** 사이의 합목적성을 의미하며, 이것은 다시 3단계로 나뉘어진다.

첫째, 비례의 원칙은 **적합성**(Geeignetheit)**의 원칙**을 내포하고 있다. 이것은 국가권력의 행사를 위해 선택되는 수단을 통하여 소기의 목적이 달성될 수 있는지의 여부를 판단하는 것이다. 즉 목적 달성에 적합한 수단인지의 여부에 대한 판단이다.

둘째, 비례의 원칙은 **필요성**(Erforderlichkeit)**의 원칙**을 포함한다. 이것은 국가권력의 행사를 통하여 비록 소기의 목적(예컨대 공익)은 달성할 수 있었다 할지라도, 그로 인하여 다른 법익(예컨대 개인의 기본권)을 침해하게 되었을 경우에, 법익침해를 최소화할 수 있는 다른 수단은 없었는지를 검토하는 것이다.[31] 즉 다른 법익을 덜 침해하는 다른 수단을 선택할 가능성이 없다고 인정될 때는 그 수단의 필요성이 인정되는 것이다.

---

31) 이런 의미에서 '필요성의 원칙'을 '최소침해의 원칙'으로 부르기도 한다.

셋째, 비례의 원칙은 또한 **비율성 내지 협의의 비례성**(Proportionalität; Verhältnismäßigkeit im engeren Sinne) **원칙**을 통해 구체화된다. 적합성과 필요성이 대외적인 관계에서, 즉 하나의 목적과 다수의 수단 간의 관계에서 비례성을 찾는 것이라면, 비율성 내지 협의의 비례성은 이미 정해진 하나의 목적과 그 목적을 도달하기 위한 수단의 관계에서 나타나는 비례성을 검토하는 것으로서 목적달성을 위해 사용되는 수단이 침해되는 법익과의 관계 속에서 비례성을 충족시킬 것을 요구하는 것이다.

독일 연방헌법재판소의 판례는 이를 "목적달성에 적절한 수단일 것", "당사자에게 지나치게 부담을 주지 않는 수단일 것", "기대가능성의 한계 내에 있을 것" 등으로 표현하고 있다.

3. 비례의 원칙의 적용

오늘날 비례의 원칙은 기본권을 직접 제한하는 국가활동은 물론 -기본권의 실현이라는 국가의 존립목적과 관련하여- 국가권력행사의 모든 영역에서 비중 있게 고려되는 헌법적인 요청으로 이해되고 있다.[32]

이에 따라 기본권제한입법은 물론 그 밖의 입법에 있어서도 비례의 원칙은 존중되어야 하며,[33] 행정활동도 광범위하게 비례원칙의 구속을 받는다. 또한 형사절차 등에 있어서도 비례의 원칙은 존중되어야 한다. 비례성의 충족 여부는 곧 그러한 국가권력행사의 정당성을 판단하는 기준이 되며, 따라서 비례의 원칙은 법원(法源)으로서의 역할을 하게 된다.

---

32) 우리 헌법재판소도 비례의 원칙을 중요한 헌법원리로 인정하고 있다. 헌법재판소가 "과잉금지의 원칙은 국가작용의 한계를 명시하는 것인데 목적의 정당성, 방법의 적정성, 피해의 최소성, 법익의 균형성을 의미하는 것으로서 그 어느 하나에라도 저촉되면 위헌이 된다는 것이 헌법상의 원칙이다"(**헌재 1989.12.22. 88헌가13 결정**)라고 판시한 이래 '과잉금지의 원칙' 또는 '비례의 원칙'이라는 이름으로 국가작용의 한계를 설정하는 기준으로 많이 활용하였던 것이다.
또한 헌법재판소는 이를 구체화하여 "국가작용 중 특히 입법작용에 있어서의 과잉입법금지의 원칙이라 함은 국가가 국민의 기본권을 제한하는 내용의 입법활동을 함에 있어서 준수하여야 할 기본원칙 내지 입법활동의 한계를 의미하는 것으로서, 국민의 기본권을 제한하려는 입법의 목적이 헌법 및 법률의 체제상 그 정당성이 인정되어야 하고(목적의 정당성), 그 목적의 달성을 위하여 그 방법이 효과적이고 적절하여야 하며(방법의 적정성), 입법권자가 선택한 기본권제한의 조치가 입법목적달성을 위하여 설사 적절하다 할지라도 보다 완화된 형태나 방법을 모색함으로써 기본권의 제한은 필요한 최소한도에 그치도록 하여야 하며(피해의 최소성), 그 입법에 의하여 보호하려는 공익과 침해되는 사익을 비교형량할 때 보호되는 공익이 더 커야한다(법익의 균형성)는 법치국가의 원리에서 당연히 파생되는 헌법상의 기본원리의 하나인 비례의 원칙을 말하는 것이다. 이를 우리 헌법은 제37조 제1항에서 "국민의 자유와 권리는 헌법에 열거되지 아니한 이유로 경시되지 아니한다." 제2항에서 "국민의 모든 자유와 권리는 국가안전보장, 질서유지 또는 공공복리를 위하여 필요한 경우에 한하여 법률로써 제한할 수 있으며, 제한하는 경우에도 자유와 권리의 본질적인 내용을 침해할 수 없다."라고 선언하여 입법권의 한계로서 과잉입법금지의 원칙을 명문으로 인정하고 있으며 이에 대한 헌법위반여부의 판단은 헌법 제111조와 제107조에 의하여 헌법재판소에서 관장하도록 하고 있다."(**헌재 1992.12.24. 92헌가8 결정**)고 판시한 바 있으며, 헌법재판소는 이후 계속하여 목적의 정당성, 방법의 적정성, 피해의 최소성, 법익의 균형성이라는 도식에 따라 비례의 원칙을 적용하고 있다.

33) 다만 **입법자의 형성의 자유** 때문에 그러한 비례적합성의 판단에 있어서도 -헌법상의 분명한 근거가 없는 경우- 입법자의 판단이 일차적으로 존중된다는 점에 있어서 기타의 국가기관의 활동과는 차이가 있다.

제4절 법치주의와 기본권보장

Ⅰ. 양자의 기본관계

법치주의는 근대적 시민사회를 전제로 시민적 자유의 보장을 위해 형성·발달된 헌법적 원리이다. 따라서 법치주의와 기본권보장은 이미 그 출발에 있어서부터 불가분의 내적 관련 속에 있다고 말할 수 있다. 기본권의 보장이야말로 법치주의를 통해 달성하고자 하는 기본목적인 것이다.

그러나 법치주의를 인정하는 것이 곧바로 기본권이 어떻게 보장되는지까지를 결정하는 것은 아니다. 오히려 법치주의가 어떠한 형태로 구체화되느냐에 따라(형식적 법치주의와 실질적 법치주의) 기본권의 구체적인 실현방향이 정해진다고 말할 수 있다. 거꾸로 기본권의 이해(소극적·자유주의적 기본권이해와 적극적·사회국가적 기본권이해)에 따라 법치주의의 실현형태가 달라지기도 한다.

물론 「법이라는 형식에 의한 통치질서」가 확보되는 것 자체만으로도 어느 정도의 기본권보장이 이루어지고 있다고 인정할 수 있다. 국가권력이 분립되고, 안정적인 법의 제정과 운용이 이루어짐으로써 법치주의에 의한 법적 안정성 내지 국가활동에 대한 예측가능성이 확보되면, 그것은 국민의 자유로운 활동의 영역을 국가권력의 자의적인 침해로부터 보호하는 기능을 하게 되는 것이다.

그러나 기본권의 실효적 보장을 위해서는 그것만으로 충분치 않음을 법치주의의 역사적 발전과정을 통해 확인할 수 있다. 아무리 형식적 안정성을 갖춘 법이라도 그것이 내용적으로 정의의 요청에 위반되는 것이 명백할 경우, 그러한 법은 통제되어야 한다. 그리고 무엇이 정의에 합치되는지를 판단할 수 있는 최소한의 기준의 하나로서 우리는 역사적 경험과 투쟁을 통해 발전되어 온 기본권규정들을 들 수 있다. 즉 개별 기본권의 형성과 발달과정 속에 침전되어 있는 가치기준들이 중요한 준거점이 되는 것이다.

이러한 의미에서 법치주의 이해와 기본권 이해는 밀접한 상호관련 속에 있다고 인정된다.

Ⅱ. 형식적·시민적 법치주의와 기본권

시민적·자유주의적 법치국가는 인간의 생활영역을 **국가의 영역(공적 영역)**과 **사회의 영역(사적 영역)**, 즉 국가권력의 우월적 지위가 인정되는 영역과 개인의 자유로운 활동이 인정되는 영역으로 분류한다.[34] 이에 따라 기본권은 공동체질서 속에서 개인에게 부여되는 지위를 밝혀주는 것으로 이해되며, 일반적으로 국가의 영역에 적극적으로 참여하는 (정치적) 활동을 할 권리가 아니라 사회의 영역 속에서 자유롭게 사적 생활을

34) 이러한 구별은 헌법이론상 국가와 사회의 이원론으로 나타난다.

영위할 권리로 이해된다.[35)]

이러한 자유로운 사적(사회적) 영역의 보호를 위한 제도적 장치로서 권력의 분립이 요청되고 있었다. 그러나 국가권력구조의 문제는 단순히 기본권의 보장 내지 법치주의의 실현을 위한 조건으로 인정될 뿐, 전체 국가권력의 체계나 행사가 기본권에 구속된다는 관념은 아직 나타나지 않고 있었다(기본권체계와 국가권력체계의 이원화). 또한 국민의 기본권도 단순히 국가의 방해 없이 자유로운 활동을 할 권리(소극적 방어권으로서의 자유권)로 인정되었고, 국가의 적극적인 활동을 통한 기본권의 실현은 생각되지 못하였다.[36)]

Ⅲ. 현대적 기본권이해와 법치주의의 새로운 이해

그러나 민주주의의 발전, 기본권에 대한 인식의 변화 등과 맞물려 발전하게 된 실질적 법치주의는 이러한 고전적인 시민적 법치주의의 한계를 극복하고 새로운 발전을 보이게 되었다.

실질적 법치주의는 단순히 법에의 구속, 법의 최고성을 주장하고 이에 따른 형식적 합법률성만을 강조하는 것이 아니라 실질적으로 정의로운 법규범의 창설과 유지를 지향하고 있다. 이에 따라 헌법은 이러한 정의로운 질서의 기초와 과제를 규정짓는 구체적이고 실질적인 기본원리들을 실정화하여야 하며, 이들의 실현을 -헌법재판 등을 통하여- 규범적으로 관철시켜야 한다.

현대헌법상의 실질적 법치주의는 인간의 존엄, (실질적) 자유와 (실질적) 평등이 공동체의 전체 질서 속에서 실현될 것을 요청하게 된다. 민주주의와 기본권의 밀접한 상호관련에 관한 인식이 높아짐에 따라 이미 기본권의 국가질서형성적 기능 내지 민주적 기능을 강조하는 새로운 기본권이론들이 보편화되어 있으며, 민주주의와 법치주의의 관계도 종전과 같은 소극적·대립적인 것이 아니라 상호 결합 및 보완의 관계에 있는 것으로 새롭게 이해되고 있다. 나아가 민주적 국가권력의 형성과 더불어 기본권의 실현에 있어서도 국가권력의 적극적 활동이 인정되는 사회국가적 요청이 보편화되면서 사회적 법치국가의 요청도 널리 인정되고 있다.[37)]

---

35) 예컨대 칼 슈미트의 이론이 그러하다. 따라서 형식적·시민적 법치국가이해에 기초할 경우에는 민주주의와 법치주의는 엄격하게 구별되는 것이다.

36) 따라서 이러한 관점에서는 법치주의와 사회국가가 대립되는 것으로 이해된다. 제2차 세계대전 이후에도 예컨대 포르스토프(*Ernst Forsthoff*)는 형식적 법치주의의 관점에서 헌법을 이해한 결과 사회국가원리를 헌법적 차원에서 인정할 필요가 없다고 주장했다.

37) 독일의 경우 기본법 제28조 제1항에서 '사회적 법치국가'를 명문으로 규정하고 있기 때문에 이를 인정하는 데에는 다툼이 없으며, 앞서 설명한 바와 같이 사회적 법치국가의 헌법적 의미 내지 사회국가와 법치국가의 관계를 어떻게 볼 것인가에 논의가 집중되고 있다. 반면에 헌법상 명문규정이 없는 우리의 경우 아직 사회적 법치국가라는 표현은 보편화되어 있지 않다. 그러나 민주주의, 법치주의와 더불어 사회국가원리도 헌법의 기본원리로 인정하는 것이 일반화되어 있다(계희열, 헌법학[상], 2005, 374쪽 이하; 권영성, 헌법학원론, 2010, 139쪽 이하; 김철수, 헌법학개론, 2007, 289쪽 이하; 허영, 한국헌법론, 2025, 188쪽 이하). 따라서 이들 기본원리들이 동시에 작용하여 헌법질서를 구성하는 가

제 5 절 법치주의와 권력분립

Ⅰ. 법치주의의 전제로서의 권력분립

1. 권력분립사상의 뿌리와 근대적 권력분립론의 형성

국가권력의 부패와 타락을 방지하기 위하여 국가권력의 제한이 필요하며, 이를 위하여 국가권력을 분리시켜야 한다는 주장은 고대 그리스 당시 아리스토텔레스(*Aristoteles*)의 기관분립론 또는 폴리비우스(*Polibius*) 등에 의해 주장되었던 혼합국가형태론까지 거슬러 올라갈 수 있다. 그러나 근대적 권력분립은 절대군주의 무제한적 권한에 일정한 한계를 그으려는 정치적 발전과 결부되어 나타났으며, 로크(*J. Locke*)의 이권분립론, 몽테스큐(*Montesquieu*)의 삼권분립론 등에 의해 체계화되었다. 반면에 국민주권의 사상에 기초하여 권력의 통일성을 주장하는 입장도 없지 않았고,[38] 국가권력의 불가분성을 강조하여 권력의 분립을 회의적으로 보는 시각도 존재했다.

2. 근대적 권력분립의 기본구조

근대적 권력분립은 무엇보다 당시의 정치현실과의 연관 속에서 이해되어야 한다. 즉 당시의 권력분립은 이미 근대적 (군주)주권론을 빌어 절대적 권한을 확보하고 있던 군주의 권한을 견제 내지 통제하기 위하여 국가권력의 일부를 군주의 손에서 빼앗아 다른 국가기관이 담당하도록 하는 것으로 생각되었다.

따라서 근대적 권력분립론은 무엇보다 **세력 간의 균형**의 이론이었다.[39] 비록 약화되기는 하였지만 여전히 집행권을 장악하고 있는 군주세력, 점차 정치적 힘을 키우면서 군주에 대한 견제세력으로 등장하는 시민세력, 그리고 전통적인 지위를 아직 유지하고 있었던 귀족세력 등이 상호 견제하면서 균형을 이루는 체계가 권력분립으로 나타났던 것이다.

이러한 근대적 권력분립은 형식면에 있어서는 (국가)**기관의 분립**으로 나타났다. 즉 군주세력에 의해 담당되는 집행부와 시민세력을 대표하는 의회, 또는 (몽테스큐의 경우) 귀족세력에 의해 담당되는 사법부 등 국가기관 담당자 간의 권력분립이었던 것이다.

운데서 민주적 법치국가(또는 법치국가적 민주주의)의 문제와 더불어 사회적 법치국가의 문제도 우리가 외면할 수 없는 헌법적 중요성을 갖는다.

38) 예컨대 룻소는 몽테스큐의 삼권분립론이 국민주권과 양립하지 못하는 점에 주목하면서 -비록 권력통제의 필요성을 부정한 것은 아니지만- 국민의 일반의사의 절대성을 강조하였다. 그리고 쉬에스(*E. J. Siéyès*)는 국민의 헌법제정권력을 주장함으로써 다른 모든 권력은 이로부터 도출되는 것으로 파악하였다.

39) 이것은 이미 "권력이 권력을 저지하도록 해야 한다"는 몽테스큐의 표현에서 분명히 나타나며, 그 뿌리는 고대의 혼합국가형태론에까지 거슬러 올라가는 것이다.

3. 권력분립의 변형과 권력분립의 위기

이러한 근대적 권력분립은 현대에 들어와 심각한 위기에 직면해 있는 것으로 많이 표현된다. 이미 근대적 권력분립의 실질적 기초가 되었던 세력 간의 대립은 찾기 어렵다. 더욱이 정당국가화 경향, 행정국가화 경향 등으로 인하여 전통적인 국가조직의 기본틀 자체가 그 타당성을 의심받게 되는 상황이 전개된 것이다.

이에 따라 오늘날 동태적 권력분립론, 포괄적 권력분립론, 다차원적 권력분립론 등 새로운 권력분립이론이 대두되고 있다.[40]

4. 권력분립의 현대적 이해

오늘날 민주국가에 있어서 권력분립은 종래와 같은 것으로 이해될 수 없다. 비록 현대적 헌법원리로서의 권력분립에 대한 이해가 근대적 권력분립론에 의하여 형성된 헌법사적 전통 위에 서 있으며, 따라서 이 전통과 분리될 수 없다고 할지라도, 이러한 권력분립은 자연법적·초실정적 도그마가 아니라 하나의 **역사적 원리**로 이해되어야 하는 것이다.

그러므로 오늘날의 권력분립원리는 역사적·구체적 국가질서와 그 전제조건들로부터 분리될 수 없다. 현대적 헌법원리로 권력분립을 이해하기 위하여는 권력분립을 개인의 자유의 보장을 위해 "시원적으로 존재하는 통일적 국가권력을 분할과 분리를 통해 억제하고 균형을 이루도록 함으로써 완화시키는 수단"이라는 종래의 관념을 탈피하고 현대의 민주국가의 현실에 부합되는 권력분립체계를 생각하여야 하는 것이다.

이렇게 생각할 때 민주국가 헌법에 있어서의 권력분립은 오히려 국민의 관점에서 -한편으로는 권력의 남용을 방지하기 위하여, 그러나 다른 한편으로는 국민을 위해 존재하는 국가권력의 능률성을 고려하면서- ① 국가권력을 창설 내지 구성하고, ② 그 권한범위를 확정·한정하고, ③ 국가권력 상호간의 (상호협력 및 상호통제의) 관계를 규율하는 것이며, 이를 통하여 국가권력의 적정성과 통일성을 동시에 확보하기 위한 것으로 이해되어야 한다.

Ⅱ. 법치주의와 입법: 법의 우위, 법률유보

1. 법률의 우위와 헌법의 우위

법에 의한 통치로서의 법치는 무엇보다 법의 우위를 개념적인 전제로 한다. 즉 법의 최고성이 인정되고 모든 국가권력이 법에 구속되어 법에 따르게 될 때에 비로소 법치가 실현되는 것이다.

이러한 법의 우위는 근대적 권력분립의 체계 속에서는 법률의 우위로 나타났다. 법

---

40) 이에 관하여는「제3권 제1부 제3장 제3절 **권력분립의 현대적 변용**」참조

치의 실현은 영국의 예가 보여 주듯이 의회에 의해 제정된 법률에 다른 국가기관이 구속되는 형태로 이루어졌던 것이다. 그러나 현대적 권력분립이해를 전제하는 실질적 법치주의는 법의 우위를 일차적으로 -단순한 법률의 우위로서가 아닌- **헌법의 우위**로 이해한다. 오늘날의 법치주의는 의회와 집행부(또는 법률과 행정) 간의 관계를 규율하는 행정법의 기본원리가 아니라 전체 국가질서를 헌법적 기준에 비추어 정의롭고 안정된 기초 위에서 발전시키는 헌법의 기본원리인 것이다.[41]

헌법의 우위를 기초로 하여 추상성과 개방성을 특징으로 하는 헌법을 현실적 조건을 고려하여 구체화시키는 작업은 일차적으로 -국민의 의사를 대변하는- 입법자의 과제이다. 따라서 -비록 입법도 헌법의 구속 하에 있지만- 법률은 다른 국가작용에 대하여 우월적 지위에 있다.

집행 및 사법에 대한 **법률의 우위**는 곧 법률의 적용 여부가 집행권 및 사법권의 임의에 맡겨져 있는 것이 아니라 의무로 부과되어 있음을 의미하며(법률적용의무), 또한 집행과 사법의 활동에 있어서 법률이 한계로서 작용하고 있음을 의미한다(법률위반금지의무). 집행과 사법이 법률을 자의적으로 해석 · 적용하지 못하도록 함으로써 비로소 법의 형평성과 법적 안정성이 확보될 수 있는 것이다.

2. 법률유보론의 발전과 현대적 상황

법률유보이론의 출발점은 고전적인 권력분립의 체계 내에서 집행부의 어떠한 활동에 대하여 의회의 동의가 요청되는가 하는 점이었다. 19세기까지는 일반적으로 '국민의 자유와 재산'을 침해하는 활동의 경우에만 (즉 국가권력이 사회의 영역에 침투하는 경우에만) 시민세력의 대표인 의회에 의한 -법률의 형태로 행해지는- 동의가 필요하다고 보았고,[42] 국가영역의 내부적 문제(예컨대 국가조직의 문제, 공무원의 지위에 관한 문제 등)에 관하여는 법률의 근거가 필요하지 않다고 생각되었다.

그러나 국가질서의 전반적인 민주화와 더불어 고전적인 권력분립의 기본전제가 붕괴되었으며, 모든 국가권력은 국민으로부터 나오는 것으로 이해되고 있다(국민주권). 이와 더불어 국가권력의 활동은 전체적으로 국민의 기본권을 실현하기 위한 작용으로 이해되며, **모든 국가활동**은 헌법과 법률에 기초하여야 한다는 요청이 새로운 의미와 비중을 갖게 된다. 그러나 다른 한편으로는 국가적 과제, 특히 행정과제가 급속도로 증대됨에 따라 -역시 국민의 기본권의 실현을 그 목적으로 하는- 행정활동의 능률성을 위해서는 -법률로부터 상당히 자유로운- 일정한 **자율적 행정영역**의 인정이 필요하다는 지적도 있다.

이러한 견해의 대립 속에서 오늘날 법률유보가 요청되는 범위에 관하여 새로운(확

41) 따라서 실질적 법치주의 하에서는 단순히 실정(헌)법의 적용이 담보되는 것이 아니라 (헌)법의 일정한 내용의 실현이 담보되어야 한다. 즉 입법, 집행, 사법의 모든 국가권력의 행사는 헌법에 구속되며, 이러한 헌법의 구속력을 담보하기 위하여 헌법재판 등의 제도적 장치가 마련되는 것이다.

42) 이러한 고전적인 침해유보설의 입장은 오늘날 찾아보기 어렵다.

장된) 침해유보설, 전부유보설, 사회적 유보설, 의회유보설, 본질성이론 등이 대립되고 있다. 이와 같은 법률유보의 문제는 입법개념 내지 법률개념의 문제, 나아가 헌법상의 권력분립의 구체적인 형태에 비추어서만 올바르게 해결될 수 있을 것이다.

Ⅲ. 법치주의와 행정: 행정의 합법률성

1. 법치행정의 요청과 행정국가화 경향

행정활동이 법률에 따라 수행되어야 한다는 법치행정의 요청 내지 행정의 합법률성의 요청은[43] 법치주의의 가장 본래적인 부분에 속한다.

직접적인 대국민활동의 대부분을 담당하는 행정작용은 국민이 느끼는 국가권력 그 자체와 크게 다르지 않으며, 실제 국민의 기본권을 침해하는 국가작용의 대부분은 행정작용이다. 그러한 만큼 과거 국민적 정당성과는 무관하게 그 존립근거를 갖고 있던 군주국가시대의 행정은 말할 필요도 없고 민주국가의 행정에 있어서도 (국민의사의 표현으로 인정되는) 법률에의 기속성은 법치주의의 가장 핵심적인 요소 중의 하나가 되는 것이다.

이와 같은 법치행정의 기본적 요청은 다음과 같이 정리될 수 있다: 행정은 법률에 따라 행해져야 하며, 행정의 결과로 국민의 기본권을 침해하게 되면 그에 상응하는 배상 또는 보상(공법상의 손해배상, 손실보상)이 있어야 한다.

그러나 현대에 있어서는 이른바 **행정국가화 경향**과 더불어 법치행정의 실현에 있어서도 많은 새로운 변화가 일어나고 있다. 국가의 행정과제가 증대됨으로 인하여 필연적으로 나타나게 되는 행정기능의 전문성, 복잡성, 탄력성 그리고 불가역성 등으로 말미암아 행정에 대한 입법적 사전구속 내지 사법적 사후통제가 극히 곤란하게 되고 있는 것이다.[44] 이에 따라 행정입법의 증대, 재량적 행정작용의 증대 등으로 인하여 법치행정의 원칙이 점차 형해화 · 공동화되고 있다는 지적이 많이 나타나고 있으며, 이를 막기 위하여 포괄적 위임입법의 금지 등이 헌법적으로 규정되고 있다(헌법 제75조). 그러나 행정국가화 경향은 오늘날 법치주의의 실현을 위협하는 요인의 하나이므로 이에 대하여는 보다 진지한 검토가 필요하다.

2. 행정국가화 경향의 구체적 전개

오늘날의 행정국가화 경향은 크게 두 가지 유형으로 구체화되어 나타난다.

첫째, 행정기능의 확대를 통해 종래 타국가기관이 담당해오던 영역에까지 행정작용이 확대 내지 침투하는 경우가 있다. 행정의 전문성과 복잡성, 나아가 능률성과 신속성

43) 법치행정은 법의 우위 및 법률유보와 표리의 관계에 있으므로 법치행정의 원리 속에 법의 우위와 법률유보의 원칙이 포함되는 것으로 표현되기도 한다.

44) 현대의 민주행정(법)의 과제는 '행정의 능률성'과 '기본권의 보장'을 동시에 (조화롭게) 실현시키는 것이라고 할 수 있다.

의 확보를 위해 오늘날 널리 인정되고 있는 행정입법(대통령령, 국무총리령, 부령), 행정사법(행정심판) 등이 이에 해당된다.

둘째, 역시 행정기능의 전문성 등으로 인하여 타 국가기관에 의한 통제가 사실상 약화되는 경향이 있다. 행정부에 대한 국회의 통제나 법원의 사법적 통제에서 이들 기관이 보유하고 있는 인력의 양과 전문성이 행정부에 필적하기 어렵기 때문에 통제기능의 약화현상이 나타나는 것이다.

물론 행정기능의 각 영역에 따라 이러한 문제들은 각기 상이한 정도로 나타난다. 행정의 전문성과 능률성이 고도로 강조되는 영역(소위 재량영역)에서는 -비록 통제가 부정되는 것은 아니지만- 타 국가기관에 의한 통제가 그만큼 더 어려워질 수 있고, 반면에 전통적인 침해행정의 영역에서는 입법 및 사법에 의한 통제가 상대적으로 강력하게 작용하고 있다.

3. 행정국가적 현실의 문제점과 그 개선방향에 관하여

민주주의의 관철과 더불어 역시 민주적 정당성의 기초를 확보하게 된 행정부가 국민을 위해 담당하는 행정활동의 영역을 확장하고, 그 능률성을 위해 노력하는 것은 그 자체로서 부정적으로 평가되어야 할 하등의 이유가 없다. 그러나 국민의 대표자에 대한 국민의 신뢰가 항상 정당한 보상을 받는 것만은 아니라는 것을 생각할 때, 우리는 이렇게 확장되고 전문화된 행정작용에 대해서도 민주적 및 법치국가적 통제가 계속 가능하고 또 유효한 것으로 남아있어야 된다고 요청할 수밖에 없다.

이를 위하여는 적어도 세 가지의 요청이 기본적으로 충족되어야 한다.

첫째, 의회와 법원의 전문성을 높여서 실질적인 통제가 가능하도록 만드는 것이 무엇보다 시급하다. 특히 의회에 있어서는 소위원회 활동의 비중과 객관성 확보를 강화하여 의회의 기능과 능률성을 높이는 것이 필요할 뿐 아니라, 전문인력의 보충을 통한 전문성의 제고가 필요하다. 이를 위하여 의회 내 각종 전문인력의 보충은 물론 의회밖의 -즉 사회 내의- 각종 전문가집단과 의회가 유기적인 연대를 갖는 것도 한 방법이 될 것이다. 또한 법원의 전문성을 높이기 위하여는 무엇보다 전문법원의 설치를 통한 전문화가 시급하다.[45)]

둘째, 의회와 법원에 의한 행정부의 통제만이 아니라 여론 내지 사회적 세력들에 의한 행정부의 감시 · 통제가 가능하고 실효성을 가지도록 하여야 한다.

셋째, 이상과 같은 외부로부터의 통제뿐만 아니라 행정부 자체 내의 조직, 절차 등의 정비를 통해 행정부의 내부적 편향성을 제거하고, 행정부의 내부적 통제를 통해 행정부 스스로가 민주적 법치국가의 헌법질서에 부합되는 방향으로 발전해 나갈 수 있도

45) 예컨대 독일의 경우에는 헌법재판소(Bundesverfassungsgericht) 이외에 기본법 제95조 제1항에 따라 민 · 형사사건을 담당하고 있는 일반법원(Bundesgerichtshof)과 각기 특수한 영역의 재판을 담당하는 행정법원(Verwaltungsgericht), 재정법원(Finanzgericht), 노동법원(Arbeitsgericht), 사회법원(Sozialgericht) 등의 전문법원이 구성되어 활동하고 있다.

록 계속 노력하여야 할 것이다.

Ⅳ. 법치주의와 사법절차

1. 법치국가실현에 있어서의 사법(적 권리구제)절차의 의의

국가권력행사의 전체 과정을 지배하는 헌법의 기본원리로서의 법치주의는 법(률)의 우위, 행정의 합법률성 등에 더하여 공정한 사법(적 권리구제)절차의 보장이 있을 때 비로소 완성될 수 있다.

현대의 다원화된 산업사회는 생활관계의 복잡화 · 전문화 · 다양화로 인하여 보다 많은, 복잡하고 다양한 법적 분쟁들을 낳고 있으며, 국민의 권리를 안정적으로 보호하고 국가법질서의 안정성과 통일성을 유지하기 위하여는 사법절차의 광범한 보장이 꼭 필요한 것이다.

2. 사법의 기능과 사법부의 구성

사법은 공정하게, 그리고 효과적으로 법적 분쟁을 해결함으로써 법을 통한 정의의 실현과 평화의 유지를 확보하는 기능을 한다. 이를 위하여 사법에는 몇 가지 기본적인 요청이 부과된다.

공정한 재판이 가능하기 위하여 일차적으로 사법의 중립성이 요청되며, 이러한 사법의 중립성은 다시금 사법의 독립성을 기본전제로 하여서만 효과적으로 확보될 수 있다. 따라서 사법부의 독립이 사법부조직의 기본원리로서 인정되는 것이다. 또한 사법의 중립성은 사법의 소극성과 수동성을 요청한다.

다른 한편으로 통일적인 사법절차의 운영을 통한 안정적 권리구제의 요청은 대법원을 최종심으로 하는 법원의 심급제를 요청한다.[46] 또한 오늘날 다양하고 복잡한 형태의 법적 분쟁에 따른 법원의 전문적 판단이 요구되는 경우가 많이 생기는 만큼 능률적인 권리구제를 위한 법원의 전문화가 요청되기도 한다.

이렇게 볼 때 법치국가를 실현하는 과정의 일부로서의 사법절차는 결국 국민의 기본권보장이라는 목표를 가지고 있으며, 특히 국민의 재판청구권이라는 기본권의 실현과 불가분의 관계에 있다. 신속하고 공정한 재판을 통해 국민의 권리구제가 가능하도록 하는 사법절차의 구성이야말로 법치국가의 기본적 요청인 것이다.

3. 사법절차의 기본원칙: 절차의 공정, 무기의 평등, 자의의 금지

국민의 재판청구권에 기초하여 올바른 사법절차를 구성하기 위하여는 다시금 몇 가지 원칙들이 고려되어야 한다.[47]

---

46) 한편으로는 다수의 법원에 의해 내려지는 판결의 통일성을 확보하기 위하여, 다른 한편으로는 오판에 의한 국민의 기본권침해의 가능성을 최소화하기 위하여 심급제가 인정되는 것이다.
47) 물론 재판의 여러 유형마다 강조점이 다를 수 있다는 점은 고려되어야 한다.

첫째, **공정한 절차**는 사법의 생명이다. 이를 위하여 재판의 심리와 판결은 원칙적으로 공개되어야 한다. 다만 심리는 국가의 안전보장 또는 안녕질서를 방해하거나 선량한 풍속을 해할 염려가 있을 때에는 법원의 결정으로 공개하지 않을 수 있다(헌법 제109조).

둘째, 특히 형사재판의 경우 절차의 공정성은 무엇보다 **무기의 평등**으로 나타난다. 민사재판의 경우도 당사자의 평등을 통한 절차의 공정성에 대한 요청은 형사사건보다 못하지 않다. 또한 국가나 공공단체가 소송당사자가 되는 행정재판이나 헌법재판의 경우에도 당사자간의 평등이라는 기본적 요청은 관철되어야 한다.

셋째, **절차의 구성(조직화)과 진행의 전 과정이 (자의성이 없는) 공정성에 의해 지배**되었을 때 비로소 올바른 사법절차를 이야기할 수 있을 것이다.

제 6 절 헌법질서 속에서의 법치주의의 구체화

이상 살펴본 바와 같이 법치주의 원리는 ―민주주의와 더불어― 헌법의 전체적 영역에 직접·간접의 영향을 미치고 있는 헌법의 중추적 기본원리이다. 따라서 법치주의가 헌법질서 속에서 차지하는 의의와 비중 및 국가질서의 구체적 형성에 미치는 영향을 정확히 평가하기 위해서는 다른 헌법원리, 특히 민주주의 원리와의 상호관계에 대하여 더욱 유의할 필요가 있다.

헌법의 기본원리로서의 민주주의 원리는 국가질서의 계속적 형성과 그 정당성의 문제를 다루며 이에 대한 기준으로 발전되어온 것이다. 따라서 민주주의는 자유롭고 평등한 정치적 생활과정의 동적 형성을 과제로 하며, 이러한 과제의 실현을 통하여 나타나는 민주주의 원리는 “국민주권의 기초 위에서 자유로운 정치적 의사 및 이해관계들의 표출 및 전개와 이들의 대립, 갈등, 타협, 조정 및 다수결의 원리에 따른 의사결정, 그리고 국민의 대표자에 의한 국가권력(기관)의 구성과 조직화, 국민과 대표자 사이에서 발생되는 정당성부여와 통제의 문제 등을 포괄하는 (국가)공동체질서의 적정한 형성”으로 표현될 수 있다. 이런 의미에서 민주주의는 **국가의 정치적 질서의 (동적) 형성에 관한 기본원리**라고 일컬어질 수 있다.

법치주의 원리도 역시 인간존엄의 이념 하에 자유롭고 평등한 생활과정 내지 국가법질서를 과제로 삼고 있다. 그러나 민주주의 원리와 비교해 볼 때 무엇보다 강조점의 차이가 지적될 수 있다. 법치주의가 정하고 있는 과제 내지 목표의 내용은 민주적 정치과정에 의한 구체화를 필요로 한다. 법치주의의 주안점은 오히려 이러한 동적·형성적 계기보다 정적·유지적 계기에 있다.

즉 법치주의원리는 “정치적 결정의 변화 및 정치적 노선이나 지도집단의 교체 등으로부터 비교적 독립적인 가운데 헌법질서의 계속성을 유지하면서 확고한 규준에 구속된 행정권과 사법권을 구성하고 이를 통해 비교적 지속적이고 안정적인 요소를 국가생활 속에서 확보함으로써 전체 생활과정을 안정화시키는 기능"을 하고 있는 것이다. 따라서 법치주의는 **일정한 제도적 틀 가운데서 안정성 있는 국가질서를 유지하는 기본원리**라고 말할 수 있다.

헌법질서의 구체적 형성에 있어 중추적인 기능을 하는 기본원리로 오늘날 인정되는 것으로서는 민주주의와 법치주의 외에도 '사회국가원리', '문화국가원리', '환경국가의 원리' 등이 논의되고 있다. 이러한 헌법의 기본원리들은 결국 모두가 인간의 존엄이라는 헌법의 기본이념 내지 이를 구체화시키는 기본권의 보장에 기여하는 것이지만 각기 다른 방향에서 상이한 문제들을 해결하고 있다는 데에서 그 독자적인 존재의의를 찾을 수 있다.

민주주의와 법치주의의 관계도 역시 이런 기본적 맥락에 따라 한편으로는 동일한 이념에 봉사하는 원리라는 것을 지적할 수 있지만, 다른 한편으로는 그와 같은 이념의 실현을 각기 다른 방향에서 상이한 방식으로 돕고 있다고 할 수 있다. 그러나 대부분의 헌법적 문제들의 해결에 있어서는 이들 중의 어느 한 원리가 배타적으로 적용됨으로써가 아니라 여러 기본원리들이 동시에 올바르게 적용되는 가운데 비로소 적절한 문제해결을 기대할 수 있다는 점도 간과되어서는 안 될 것이다.

사례 풀이:

1. 갑 등의 헌법소원심판청구는 적법한가? (20점)
   - Ⅰ. 서: 위헌소원의 의의 및 성격과 청구요건 [2점]
   - Ⅱ. 재판의 전제성 [7점]
     1. 소송의 계속
     2. 심판대상법률(조항)이 당해 소송사건에 적용
     3. 심판대상법률(조항)의 위헌여부에 따라 다른 내용의 재판
   - Ⅲ. 위헌법률심판제청의 신청과 기각 [6점]
     1. 위헌소원의 성격과 위헌법률심판제청의 의미
     2. 법원의 기각 결정과 그 구속력
     3. 헌법재판소법 제68조 제2항에 의한 헌법소원심판의 청구
   - Ⅳ. 기타의 청구요건 [4점]
     1. 변호사 강제주의
     2. 청구기간
   - Ⅴ. 결론 [1점]
2. 위 「5 · 18민주화운동 등에 관한 특별법」은 특정인에게 적용되는 법률이기 때문에 평등에 위배되어 위헌인가? (30점)
   - Ⅰ. 서: 평등권이 입법에 미치는 영향 [3점]
   - Ⅱ. 입법에 있어서의 평등과 법률의 일반성 [6점]
     1. 기본권의 입법에 대한 구속력: 헌법적 가치의 객관적 표현으로서의 기본권

2. 입법의 특성과 평등권에 구속되는지 여부: 입법비구속설과 입법구속설
3. 평등한 입법의 요청과 그 결과로서의 '법률의 일반성'

Ⅲ. 처분적 법률과 평등권의 위배 여부 [10점]
1. 현대국가의 사회국가적 · 행정국가적 과제 증가와 법치국가적 통제의 필요성
2. 처분적 법률의 등장과 그 개념 및 성격
3. 처분적 법률의 합헌성과 그 한계: 개별사항법률의 위헌성

Ⅳ. 「5 · 18민주화운동 등에 관한 특별법」의 위헌성 여부에 대한 판단 [10점]
1. 「5 · 18민주화운동 등에 관한 특별법」은 개별사항법률인가?
2. 「5 · 18민주화운동 등에 관한 특별법」은 특정인을 겨냥한 법률인가?
3. 사안에 대한 판단

Ⅴ. 결론 [1점]

3. 위 「5 · 18민주화운동 등에 관한 특별법」 제2조는 소급입법에 해당하여 위헌인가? (50점)

Ⅰ. 서: 헌법상 소급입법 및 소급효 금지원칙과 그 의미 [5점]

Ⅱ. 소급입법(소급효)의 의의와 유형 [12점]
1. 법치주의 원리와 소급입법(소급효) 금지의 의미
2. 진정소급효와 법적 안정성의 침해
3. 부진정소급효와 정의의 요청

Ⅲ. 공소시효 중단의 요건과 소급입법 해당 여부 [15점]
1. 공소시효의 성격과 시효중단의 요건
2. 헌정질서파괴범에 의한 국가권력의 장악과 소추장애사유
3. 반인도적 범죄와 시효중단

Ⅳ. 죄형법정주의와 소급입법의 문제 [15점]
1. 법치주의의 구체화로서의 죄형법정주의
2. 죄형법정주의와 형벌불소급의 원칙, 그 적용의 범위와 한계
3. 사안에 대한 판단

Ⅴ. 결론 [3점]

제 4 장 제3의 헌법원리로서의 사회국가원리

제3의 헌법원리로 불리는 사회국가원리는 20세기 이후에 새롭게 강조된 것이며, 특히 장애인 등 사회적 약자에 대한 배려의 요청이 증대되면서 국내에서 사회국가원리의 적용이 문제되는 영역도 계속 확장되고 있다.[1)]

하지만 구체적으로 사회국가원리의 의의와 지향점 및 실현구조를 정확히 밝히는 것은 쉽지 않다. 그것은 사회국가원리의 이념인 「사회적 정의」의 구체적 내용에 대한 혼란과 더불어, 사회국가적 요청이 자칫 전통적인 헌법원리인 민주주의, 법치주의의 중심내용 중 하나였던 자유의 요청과 충돌할 수 있다는 점에 기인한다.

따라서 사회국가원리에 대한 이해에 있어서는 사회국가의 역사적 발전과정 및 그 가운데 나타나는 사회국가의 이념에 대한 검토를 통해 사회국가성의 본질을 정확히 파악함과 동시에, 사회국가의 실현방식이 민주주의 및 법치주의와 어떤 관련을 맺고 있는지를 정확하게 이해하여야 한다. 그 기초 위에서 비로소 사회국가원리를 실현하는 개별적 국가작용의 의의와 정당성, 나아가 실현의 방식 및 범위 등에 대한 올바른 이해가 가능할 것이다.

제 1 절 사회성의 의미와 사회국가원리의 형성 · 발전

I . 사회성의 개념과 사상적 기초

1. 「사회」 개념의 이중성

사회국가를 정확하게 이해하기 위하여는 「사회」의 개념에 대한 명확한 인식이 선행되어야 한다. 그러나 사회라는 개념은 다의적으로 사용되고 있기 때문에 여기서도 특별한 주의가 필요하다.

특히 사회국가성(Sozialstaatlichkeit)을 주장할 때의 사회는 단순한 군집으로서의 사회(Gesellschaft)와 분명히 구별되어야 한다. 헌법상 요청되는 사회국가는 단순히 사회의 구성원들이 국가라는 하나의 울타리 안에 모여 있음을 의미하는 것이 아니라 그들이 국가라는 울타리 안에서 서로 의지하고 의존하는 공동체를 형성하고 있다는 것, 즉

1) 여기서는 「사회국가」라는 개념이 흔히 「공산주의국가」라고도 불리우는 「사회주의국가」와는 구별되는 개념이라는 것을 전제하여야 한다. 그러나 「사회국가」가 「사회주의」와 무관하다는 의미는 아니다.

그 울타리 안에서 각기 고립적으로 존재하고 생활하는 것이 아니라 서로 힘이 되는 존재가 되어 있음을 의미하는 것이다.2)

이런 의미에서 사회국가의 「사회」라는 말은 **연대성**(Solidarität)의 의미로 이해되어야 할 것이다.

2. 공존의 사회 – 공존모델의 여러 유형과 그 사상적 기초

모든 공동체는 공존의 질서이다. 공동체가 존립할 수 있기 위한 최소한의 전제는 그 공동체가 구성원들의 공존을 가능케 하는 것이다. 즉 어떠한 형태로든 구성원들이 서로를 용인하는 가운데 하나의 울타리 안에 삶으로써 공동체가 성립되고 존속할 수 있는 것이다.

그러나 공존의 내용과 방식은 각 공동체마다 매우 상이한 형태로 나타날 수 있다. 예컨대 구성원들이 서로 대등한 지위를 갖는 것을 인정하고 이들의 의견을 최대한 수렴하는 가운데 공동체의 문제를 해결해 나가는 민주적 공동체가 있는가 하면, 특정인 또는 특정집단의 권위나 힘(무력)에 의존해서 일방적으로 공동체의 사안을 처리하는 권위주의적 내지 독재적 공동체도 있는 것이다.

근대 이래의 국가공동체 발전도 이러한 상황의 변화를 보여주고 있다. 근대 초의 절대군주제국가는 **근대적 주권이론**에 기초하여 내란과 내전을 종식시키는 권위의 회복, 즉 공동체의 존립이 가능해지도록 하는 최소한의 요청만을 내포하고 있었고, 그 결과 공존의 방식은 절대군주의 일방적 의사에 따른 국가실서형성으로 나타났던 것이다.3)

그 이후의 국가발전은 곧 공존의 내용과 방식의 변화로 나타난다. 민주화에 따른 기존권위의 붕괴와 새로운 국가질서는 **자유와 평등의 이념**에 기초한 국가공동체의 구성과 존속, 즉 국가공동체구성원인 국민들이 자유롭고 평등한 가운데 국가공동체의 중요사안들을 자신들이 직접 선출한 대표자를 통하여 처리하는 것으로 발전되어 온 것이다.4)

그러나 이제는 종래와 같이 이해된 자유롭고 평등한 공존질서라는 생각만으로는 충분치 않게 되었다. 산업혁명의 결과 고도로 산업화된 현대국가에서 형식적인 자유와 평등만으로는 인간다운 삶을 향유하기 어렵게 되었고, 이 문제를 해결할 수 있는 국가가, 즉 이 문제의 해결방안을 고려해서 구성되고 운용되는 국가가 요청되었다. 사회국가는 이러한 현실적 요청과 그 요청을 뒷받침하는 사회사상들, 특히 **사회주의 사상**에 기초

---

2) 이와 관련하여 차허(*Hans F. Zacher*)는 사회적(sozial)의 의미를 세 가지로 이해할 수 있다고 보면서, 첫째로 사회적 관련성(gesellschaftsbozogen)의 의미로 이해하는 방법, 둘째로 공동체에 대한 의무(gemeinschaftsverpflichtet)라는 의미로 이해하는 방법, 그리고 셋째로 역사적인 사회운동의 공통요소(das der historischen sozialen Bewegung Gemeinsame)의 의미, 즉 사회적 약자를 돕고 정의의 요청에 따라 경제적 재화의 분배에 참여한다는 의미로 이해하는 것이 가능하다고 보고 있다.

3) 따라서 이러한 절대군주제 국가의 존재의의는 **질서 내지 평화 그 자체의 확보**에 있다고 할 수 있을 것이다.

4) 이러한 발전을 통하여 절대군주제 국가에서 민주국가로의 이행이 이루어졌으며, 그 배경에는 국가의 존재의미를 단지 질서(내지 평화)의 유지에서 찾는 것이 아니라 한 걸음 더 나아가 **정의로운 질서(즉 자유롭고 평등한 질서)의 확보**로까지 확장하는 사고의 변화가 있었던 것이다.

하여 오늘날의 형태로 발전되어 온 것이다.

3. 사회주의 사상과 사회성

현대적 사회국가가 사회주의 사상에 의해 커다란 영향을 받은 것은 명백하다. 사회주의 사상을 통하여 사회적 연대성이 강조 · 부각되기 시작했으며, 「사회」국가라는 개념의 「사회」는 바로 이 사회주의 사상에서 빌려온 것이라고 할 수 있다. 또한 현실적으로 사회국가의 이념을 처음 헌법에 도입한 1919년 바이마르 헌법의 경우도 사회주의 사상의 직접적 영향이 적지 않았고, 또 바이마르 헌법에 영향을 준 1917년 소련헌법의 경우는 더욱 그러하다.

그러나 오늘날 사회국가의 사상적 배경을 논의하는 데 있어서 칼 맑스(*Karl Marx*)를 이야기하는 것이나 더 거슬러 올라가 생시몽(*Saint Simon*) 등의 사상 내용을 검토하는 것은 현실적으로 큰 의미를 갖지 못한다. 우리가 사회국가를 올바르게 이해하기 위하여 그 사상적 배경을 논의하는 것은 어디까지나 현행헌법상의 사회국가원리를 전제한 것이며, 현재의 사회국가원리는 사회주의 사상 이외에도 민주주의와 법치주의의 기초가 되고 있는 많은 정치사상들을 배경으로 갖고 있지만 그것들은 직접적인 헌법해석의 기준이 되지는 못한다. 즉 현행헌법으로부터 멀리 떨어져 있는 역사적 사상들을 이야기하는 것은 **간접적인 참고** 이상의 의미를 갖기는 어려울 것이다.[5)]

우리가 헌법원리로서의 사회국가원리를 이해함에 있어서 보다 비중있게 생각하여야 할 것은 원래의 사회주의 사상들이 어떠했는가가 아니라 그것이 오늘날 어떤 형태로 발전되어서 구체적으로 어떤 공동체 모델을 제시하고 있으며, 그것이 헌법에 의해 어떻게 수용되고 있는가이다.

Ⅱ. 사회국가이념의 탄생과 발전

1. 사회국가이념의 역사적 발전

사회국가의 이념이 어디까지 소급될 수 있는가에 관하여는 많은 견해의 대립이 있다. 이와 관련하여 ① 프랑스 대혁명 당시의 제3의 이념, 즉 자유, 평등과 더불어 주장된 박애 내지 형제애의 이념으로 소급하고자 하는 견해, ② 프랑스의 초기 사회주의학자 생시몽에서 유래하는 것으로 보는 견해, ③ 심지어 중세 또는 고대의 빈민구휼제도로까지 거슬러 올라갈 수 있다고 보는 견해 등이 대립하고 있다.

그러나 법적 내지 공법적 원리로서의 사회국가성이 문제된 것은 19세기 이후의 일이다. 그 이전의 시기에는 -법치국가의 요청을 소극적으로 이해하는 가운데- 국가는 외부로

5) 물론 그러한 간접적 참고가 전혀 무의미하고 불필요하다는 의미는 결코 아니다. 헌법의 의미내용이 명확하지 않을 경우에는 그러한 참고가 헌법의 구체화 과정에서 일정한 역할을 할 수 있기 때문이다. 그러나 그러한 참고는 헌법의 전체적 성격이해 및 그 구체화방식을 전제하는 가운데 보충적으로 작용할 수 있을 뿐이다.

부터의 침해에 대하여 국민의 안전과 질서를 유지하기 위한 목적 이외의 어떤 이유로도 개인의 자유로운 영역에 대한 침해를 범할 수 없다고 주장되었던 것이다.[6)]

2. 사회국가이념의 실정화

사회국가원리가 헌법적으로 인정되기 이전에도 각국에서 사회보장적 법규정들은 간간히 존재하였다. 영국의 경우도 빈민구휼에 관한 법률을 만든 바 있으며, 독일의 경우도 이미 비스마르크시대에 사회보장적 입법들이 있었다.

그러나 사회국가성을 헌법적 차원의 문제로서 논의하게 된 것은 **바이마르 헌법** 하에서 비로소 시작되었다. 바이마르 헌법은 —물론 순수한 이념적 고려라기보다는 복잡한 정치적 상황에 의하여 도입된 것이지만— 다수의 사회적 기본권규정들을 포함하고 있었으며, 이론적으로도 헤르만 헬러(*Hermann Heller*)에 의해 "**사회적 법치국가**"가 주장되는 등 사회국가성에 대한 헌법적인 논의의 기초가 마련된 것이다.

그럼에도 불구하고 바이마르시대에는 헌법원리로서의 사회국가원리가 거시적 관점에서 정리되기보다는 사회적 기본권의 헌법적 성격에 관한 논의에 주로 관심이 집중되었다. 즉 헌법상 명문화되어 있던 기본권규정을 어떻게 구체화시킬 수 있을 것인지가 논의의 초점이었던 것이다. 하지만 당시의 지배적 견해는 사회적 기본권이 구체적인 규범적 효력을 갖는 것으로 파악하지 않고 프로그램적 성격을 갖는 것으로 이해함으로써 사회국가성의 실질적 의미는 크게 약화되어 나타날 수밖에 없었다.

사회국가성이 보편성을 갖게 된 것은 오히려 제2차 세계대전 이후라고 할 수 있다. 제2차 세계대전이 종료된 1945년 이후에 비로소 사회국가의 실현에 관한 각종 규정들이 각국의 헌법에 폭넓게 도입되었으며, 각국의 헌법들은 사회적 기본권, 사회적 시장경제 등에 관한 규정들을 명문화하였다.[7)] 나아가 국제인권규약들 가운데도 전통적인 자유권 이외에 사회권들이 포함되게 되었다.[8)] 그 결과 사회국가의 문제는 오늘날 가장 많이 논의되는 테마의 하나로 자리잡게 되었다. 그러나 아직도 사회국가원리의 구체적인 의의와 성격, 내용과 실현방법 등에 관하여 논란이 계속되고 있다.

3. 현행헌법상의 사회국가원리

독일의 경우 사회적 기본권들을 도입함으로써 사실상 사회국가원리를 수용하였던

---

6) 특히 형식적 법치주의의 입장에서는 사회국가의 요청이 법치주의의 요청을 상당 부분 훼손시키는 것으로 파악하였다.

7) 이처럼 사회국가가 폭넓게 명문화된 데에는 그 동안의 산업화 과정을 통해 경제적·사회적 강자와 약자 사이의 사회적 갈등이 심화되었다는 점을 인식하고 이를 극복하려는 노력이 본격화되었다는 점과 더불어 제2차 세계대전 이후에 많이 탄생된 신생독립국들의 헌법에서 사회국가가 적극적으로 수용되었다는 점을 그 원인으로 들 수 있다.

8) 대표적인 예로서 1966년 12월 16일의 제21차 UN총회에서 의결되었고, 1976년 1월 3일 발효된 국제인권규약 A규약(경제적, 사회적 및 문화적 권리에 관한 국제규약; International Covenant on Economic, Social and Cultural Rights)이 있다. 우리나라는 1990년 3월 16일 국회에서 국제인권규약 가입안이 비준되어 1990년 4월 10일 가입서를 UN에 기탁하였으며 1990년 7월 10일 그 효력이 발생되었다.

바이마르 공화국과는 달리 제2차 세계대전 후 제정된 독일기본법에서는 사회적 기본권 규정들을 삭제하는 대신 사회국가를 "사회적 법치국가",[9] "사회적 연방국가"[10]라는 형태로 명문화하였다.

이와는 달리 현행 대한민국헌법은 법치주의원리에 대해서와 마찬가지로 사회국가원리에 대해서도 이를 직접적으로 실정화시킨 규정을 두지 않고 있다. 그러나 현행헌법상 실정화되어 있는 사회적 기본권규정, 사회적 시장경제에 관한 규정 등에 비추어 현행헌법이 사회국가원리를 전제하고 있다고 보는 것이 일반적이다.

제2절 사회적 정의의 이념과 사회국가원리의 헌법적 의의

Ⅰ. 사회적 정의의 이념과 사회국가

1. 정의론의 역사적 발달과 사회적 정의의 이념

정의의 문제는 다양한 관점에서 제기된다. 그러나 서구의 법사상 내지 사회사상에 있어서 정의의 문제는 아리스토텔레스 이래 평등의 문제를 중심으로 발전되어 왔다. 즉 「**각인에게 그의 (정당한) 몫을**」 배분하는 것이 정의라고 생각한 것이다.[11]

그러나 그러한 정의개념은 매우 형식적인 것이라고 할 수 있다. 배분적 정의는 평등한 것을 평등하게, 불평등한 것을 불평등하게 취급할 것을 요청하고 있지만, ① 도대체 누구를 평등 또는 불평등하게 볼 것인지, ② 또 평등한 것과 불평등한 것을 구체적으로 어떻게 취급해야 할 것인지에 관한 보편타당한 기준을 내포하고 있지 않기 때문이다.

그 결과 정의의 문제는 오늘날 **절차를 통한 정의**로 이해되기도 한다. 합리적인 의견조정의 과정을 거쳐서 결정된 것을 정의로운 것으로 받아들이자는 것이다. 하지만 절차적 정의에도 일정한 한계는 있을 수밖에 없으며, 일정한 내용들, 예컨대 인류의 역사적 경험을 통해 그 중요성이 확인된 -자유민주적 기본질서, 기본권보장 등의 형태로 나타나는- 공동체의 근본가치들은 실체적 정의의 요소로 인정된다.[12]

사회국가의 문제는 이러한 내용적 정의의 한 부분으로서 이른바 사회적 정의가 새

---

9) 독일기본법 제28조 제1항 제1문: "주(州)의 헌법질서는 이 기본법에서 의미하는 공화적·민주적 및 사회적 법치국가의 원칙들에 부합하여야 한다." 이 규정으로 인하여 독일에서는 법치국가와 사회국가의 관련성에 대하여 날카로운 논쟁이 전개되기도 하였다.

10) 독일기본법 제20조 제1항: "독일연방공화국은 민주적·사회적 연방국가이다."

11) 이러한 정의에 대한 기본적 생각은 현대적 정의론으로 널리 알려진 롤즈(*J. Rawls*)의 정의론에 와서도 크게 달라지지 않았다. 그는 전통적인 정의의 기본관념을 그대로 수용한 채 이를 현대적 상황에 맞게 재해석하였던 것이다.

12) 이에 관하여는 앞서 설명한 「제2부 제2장 제6절 Ⅰ. 3. **민주주의의 (침해되어서는 안 될) 핵심으로서의 자유민주적 기본질서**」 참조.

롭게 대두되는 것과 맥을 같이 한다. 우리가 앞서 이해한 「사회」의 개념을 전제한다면 「사회적 정의」란 「개인적 정의」의 대립개념으로 생각될 수 있을 것이다.

고립된 개인을 전제로 하는 **개인적 정의**의 관점에서는 각자가 자신의 능력이나 활동에 따라 인정되는 몫을 차지하는 것이 정의로운 것이고, 그것을 다른 요인들, 예컨대 사회적·경제적 약자에 대한 특별한 배려의 요청에 따라 조정하는 것은 개인의 정당한 몫을 침해하는 것이므로 부당하다고 볼 수 있다. 그러나 **사회적 정의**의 관점에서는 이러한 개인적 정의의 관점을 벗어나 연대성의 관점에서 정의를 새롭게 생각함으로써, 사회적 약자에 대한 배려가 곧 정의의 요청에 합치하는 것이라고 보는 것이다.

2. 사회적 정의의 기본적 요청

이러한 사회적 정의의 이념을 실현시키고자 하는 사회국가는 종래 사회적 연대성의 측면에 별로 주목하지 않고 오로지 개인의 자율성의 보장만을 생각하던 소극적 국가(시민적·자유주의적 법치국가)와 대립된다. 종래 형식적인 자유의 보장을 기초로 힘있는 자가 힘없는 자의 위에 사실상 군림하는 현실을 당연시하는 입장에서 보면 사회국가적 요청은 오히려 자율성에 대한 억압으로 생각될 수도 있을 것이다. 그러나 사회국가는 형식적 자유와 형식적 평등(기회균등)에 그치지 않는 **실질적 자유와 실질적 평등**의 기초 위에서 국가질서를 새롭게 구성하고자 하는 것이며, 사회적 정의의 요청 또한 그러한 의미에서 이해되어야 할 것이다.

사회적 정의의 요청은 먼저 사회윤리의 차원에서 출발한다. 즉 경제적·사회적 강자가 약자에 대하여 배려할 윤리적 의무를 인정하고 그 실천을 요청하는 것이다. 그러나 우리가 논하는 헌법원리로서의 사회국가는 이미 **사회윤리적 논의차원을 넘어선 법적 요청**을 담고 있다. 단순히 개인들에게 일정한 행동방식을 권유하는 것이 아니라 이에 대한 법적 의무를 부과하기도 하며, 특히 국가에게 사회적 정의의 실현을 위해 적극적으로 활동할 의무를 부과하는 것이다(시혜가 아닌 인권으로서의 사회적 기본권!).

이러한 사회적 정의의 실현을 위하여 (특히 국가에게) 부과되는 요청들은 다양하게 나타나지만 그 중에서도 기본적인 것으로는 ① 인간다운 생활을 위한 최소한의 조건의 확보, ② 사회적 평등(분배의 평등), ③ 사회보장의 확대, ④ 기타 일반적인 복지(수준)의 확대 및 향상 등을 들 수 있다.

3. 국가와 사회의 이원론에서 국가의 사회적 과제로

결국 사회국가의 실체는 국가에게 일정한 사회적 과제를 부과하는 데 있다. 따라서 과거 형식적 자유주의에 기초한 시민적 법치국가에서 주장되었던 국가와 사회의 엄격한 이원론은 사회국가의 요청과는 양립될 수 없다.

그렇다고 사회국가의 요청이 개인의 자유로운 영역을 무시하거나 부정하는 것은 결코 아니다. 사회국가에 있어서도 국가의 간섭을 받지 않을 수 있는 개인의 자유로운 영역은 보장되고 존중되어야 한다. 다만 그 영역을 종전과 같이 국가의 영역과 사회의 영역을 이분함으로써 쉽게 확정지을 수는 없다는 것이다.

Ⅱ. 헌법의 기본원리로서의 사회국가

1. 사회국가원리의 헌법원리성

오늘날 사회국가적 요청은 헌법의 전체적 구조와 성격을 규정짓는 헌법의 기본원리로 인정되고 있다. 즉 국가권력의 구성과 행사의 모든 측면이 이러한 헌법적 요청에 비추어 정당화되어야 하는 것이다.

그러나 또한 사회국가원리는 여러 측면에서 민주주의, 법치주의와는 구별된다. 그 헌법적 수용의 역사가 상대적으로 짧은 것은 차치하고라도 민주주의, 법치주의와는 달리 사회국가의 실현은 이념적으로도, 또 현실적으로도 이들과는 별도의 조건을 필요로 하기 때문이다.

2. 사회국가원리의 이념적 기초

사회국가원리의 출발점 내지 이념적 기초로는 일반적으로 두 가지가 이야기된다. 하나는 **사회적 정의 내지 연대성의 이념**이며, 다른 하나는 **실질적 자유와 실질적 평등의 실현**이다. 이들 양자는 같은 것으로 취급되기도 하지만 엄밀하게 볼 때, 구별되는 것이다.

사회적 정의의 이념은 앞서 검토한 바와 같이 개인적 정의에 대립되는 것으로서 사회성, 즉 연대성의 관점에서 사회적·경제적 약자에 대한 배려를 지향하는 것이다. 반면에 실질적 자유와 실질적 평등을 이야기할 때에는, 그 실질화의 관점이 개인적 정의에 기초한 것이라면 사회적 정의의 요청과는 다른 방향으로 발전될 수 있다. 즉 실질적 자유와 실질적 평등의 요청이 반드시 사회적 정의 내지 연대성의 요청과 결합하지는 않는다.[13)]

이런 맥락에서 볼 때, 사회국가원리의 이념적 기초는 사회적 정의의 이념에서 찾는 것이 옳다고 할 수 있으며, 사회국가에서의 실질적 자유와 평등은 사회적 정의를 전제한 것으로 이해되어야 할 것이다.[14)]

3. 사회국가원리 도입의 현실적 고려

사회국가원리가 헌법에 수용되는 과정에서는 또한 현실적 조건에 대한 고려도 크게 작용하였다. 그것은 크게 두 가지로 나누어질 수 있다.

---

13) 이는 마치 실질적 법치주의가 반드시 사회적 법치주의가 되지는 않는 것과 유사하다.
14) 계희열, 헌법학(상), 2005, 375쪽에서는 사회국가원리를 "사회적·경제적 약자와 소외계층, 특히 산업사회가 성립하면서 대량으로 발생한 무산근로대중의 생존을 보호하고 정의로운 사회·경제질서를 확립하려는 국가"라고 설명함으로써 사회적 정의의 관점을 간접적으로 시사하고 있다. 반면에 허영, 한국헌법론, 2025, 189쪽 이하에서는 "실질적인 자유와 평등의 실현"을 강조하고 있다.

첫째로는 독점자본주의의 발달로 인하여 가속화된 **빈부의 격차 및 그로 인한 사회적 갈등의 심화**가 가져오는 문제점들을 해결하여야 한다는 현실적 요청이 사회국가를 도입하게 만드는 동인(動因)이 되었다. 국가의 존속과 올바른 과제수행을 위해서는 사회국가를 통한 갈등의 해소가 불가피하다고 생각했던 것이다.

둘째로는 1917년 소련혁명 이후로 **사회주의혁명에 대한 우려감**으로 인하여 −혁명의 현실적 요청 내지 필요성을 완화시키는 대안으로서− 사회국가원리를 도입하려는 태도가 나타났다는 점도 지적될 수 있다.

4. 사회국가실현의 전제조건

그러나 사회국가원리를 헌법상 선언하고 있는 것만으로 사회국가가 실현되는 것은 아니다. 사회국가의 실현을 위해서는 사회국가의 이념이 헌법적으로 승인되어야 할 뿐만 아니라, 한 걸음 더 나아가 **국가의 재정적·경제적 뒷받침**이 꼭 필요한 것이다.[15] 이 점에서 사회국가의 실현방식은 단순히 국가권력을 제한함으로써 확보될 수 있는 전통적인 자유주의의 실현방식(국가권력의 제한을 통한 자유권의 보장)과 커다란 차이를 보인다.

Ⅲ. 민주주의, 법치주의의 원리와 사회국가원리

1. 민주주의와 사회국가원리

민주주의는 국민의 의사에 기초한 국가질서의 형성을 요청한다. 따라서 사회국가의 이념이 국민적 합의에 기초하고 있으며, 그 실현을 위한 전제조건에 대하여도 민주적 정당성이 부여되고 있을 때에는 양자의 결합이 분명하게 인정될 수 있다. 이 경우 민주적 국가질서형성이라는 큰 울타리 안에서 사회국가적 요청에 따른 헌법질서의 구체적 형성이 문제될 것이다.

반면에 사회국가적 요청에 대한 민주적 기초가 결여될 경우에는 사회국가의 실현은 사실상 벽에 부딪히게 될 수밖에 없다. 사회국가의 요청은 어디까지나 민주적 법치국가질서를 전제로 그 구체적 형성의 방향을 가리키는 원리, 구체적 헌법질서 형성의 성격과 내용을 정하는 **보충적 원리**이기 때문이다.

2. 법치주의와 사회국가원리

과거 형식적으로 이해된 법치주의는 사회국가원리와 대립되는 것으로 이해되었다. 「국가와 사회의 이원론」을 전제로 자유로운 사적 생활영역을 국가에 의한 침해로부터

15) 예컨대 제1차 세계대전에서 패전하고 1930년대의 세계적 대공황에 시달리던 독일의 바이마르 공화국은 세계 최초로 사회적 기본권을 도입한 헌법을 갖고 있었지만, 당시 국가의 재정적·경제적 능력이 미치지 못했기 때문에 사회국가를 현실 속에 구체화시키는 못하였다. 그 결과 당시의 사회적 기본권은 실질적 효력을 갖는 헌법규정이 아닌 프로그램규정으로 이해되었던 것이다.

보호하는 것으로 법치주의를 이해할 경우에는 국가의 적극적 급부활동을 요청하는 사회국가원리는 법치주의와 모순될 수밖에 없다.

그러나 오늘날의 법치주의는 더 이상 그와 같은 소극적인 의미로 이해되지는 않는다. 이미 국가질서 전반의 광범한 민주화와 더불어 「국가와 사회의 이원론」의 기초가 붕괴되었을 뿐 아니라 법치주의의 목적인 기본권의 보장 자체가 더 이상 형식적인 자유와 평등이 아닌 실질적인 자유와 평등으로 확대되고 있기 때문이다.

이러한 가운데 법치국가의 요청 안에 사회국가의 이념, 즉 사회적 정의의 요청이 결합된 형태가 독일 기본법이 이야기하는 사회적 법치국가라고 할 수 있을 것이다.(법치국가 + 사회국가 = 사회적 법치국가)

3. 사회국가원리의 독자적 의의

이상에서 살펴본 바와 같이 사회국가원리는 민주주의, 법치주의와 같은 차원에서 이야기될 수 있는 것이라기보다는 오히려 이들을 보충 · 보완하는 것, 민주적 법치국가의 구체적 발전방향을 가리키는 것으로 이해되는 것이 일반적이다.

그러나 이런 보충적 성격이 사회국가원리의 독자적 의의를 부정하게 만드는 것은 아니다. 오히려 오늘날 국가질서형성의 기본적 방향은 사회국가성을 고려하는 가운데서만 올바르게 이해될 수 있다. 사회국가원리는 국가활동의 모든 영역에 그 기본정신이 투영되고 있는 명실상부한 헌법의 기본원리로 자리잡고 있는 것이다.

제 3 절 사회국가원리의 법적 성격과 효력

Ⅰ. 사회국가원리의 본질과 과제

사회국가는 사회적 정의의 실현과 유지를 위해 노력하는 국가, 또 이를 위한 사회적 수요를 채워주는 국가이다. 이러한 사회적 정의의 실현은 또한 경제적 어려움의 제거, 특히 국민 가운데 특정 계층이나 집단이 불이익을 당하지 않도록 투쟁하고 이를 제거하는 활동을 통해 이루어진다.

따라서 사회국가적 요청은 무엇보다 국가의 적극적 활동(사회적 조정: sozialer Ausgleich)에 의해 사회적 문제를 해결하고 사회적 정의를 실현하는 것으로, 즉 국가에 일정한 적극적 활동의 의무를 부과하는 것으로 이해될 수 있다.

그러나 또한 그러한 국가의 활동은 개인의 자율적 문제해결에 대한 장애가 되어서는 안 된다. 국가의 활동은 어디까지나 개인적 문제해결이 불가능하거나 매우 곤란한 경우에 **보충적으로** 인정되어야 한다.[16)]

Ⅱ. 사회국가원리의 규범적 성격과 효력

사회국가원리는 사회적 기본권과 사회적 시장경제질서를 통해 구체화되는 것으로 이해되고 있다. 따라서 사회국가원리의 규범적 성격과 효력의 문제는 대부분 사회적 기본권의 법적 성격과 효력의 문제,[17] 그리고 사회적 시장경제를 중심으로 한 경제헌법의 문제[18]로 연결된다.

하지만 그와는 별도로 사회국가원리가 특별한 규범적 의미를 갖고 있는지에 대해서도 검토가 필요하다.

1. 사회국가원리의 규범적 성격을 부정하는 입장

사회국가원리가 사회적 기본권 등 구체화된 개별적 규범들을 벗어나서는 「내용 없는 백지개념」에 불과하기 때문에 법적 관점에서 무의미하며, 국민에게 구체적 권리를 부여하는 것도 아니기 때문에 정치적인 선언에 불과하다고 보는 견해들이 있다.

이러한 견해는 결국 사회국가원리를 -규범으로서의 직접적인 구속력을 갖지 못하는- 일종의 프로그램규정에 불과하다고 보는 것이다.

2. 사회국가원리의 규범적 성격과 효력을 인정하는 입장

이와는 달리 사회국가원리의 규범성을 인정하는 입장들은 사회국가원리가 -사회적 기본권 등 구체화된 개별적 규범들을 벗어나서도- 그 자체로서 국가질서를 구속하는 효력을 갖는다고 주장한다. 구체적으로 사회국가원리가 어떤 규범적 성격을 갖느냐에 대해서는 다양한 견해의 대립이 있으나, 일종의 국가목적규정(Staatszielbestimmung)으로 이해하는 것이 일반적이다.

이러한 견해는 사회국가원리가 비록 직접적으로 국민에게 구체적 권리를 부여하는 것은 아니지만 국가질서형성의 기본방향을 정하는 것이며, 이런 관점에서 국가기관에게 직접 구속력을 발할 수 있다고 이해하는 것이다.

우리가 사회국가원리를 헌법의 기본원리로 인정한다고 할 때에는 물론 사회국가원리의 규범적 성격과 효력을 인정한다는 전제 위에 서있는 것이다. 사회국가원리 자체가 일정한 구속력을 갖고 있으며, 사회국가원리 및 이를 구체화하는 여러 실정헌법규범들(사회적 기본권, 경제조항 등)을 통해 국가질서 전체의 구조와 성격이 결정될 수 있다고 볼 때, 비로소 사회국가원리를 헌법의 기본원리로 인정할 수 있을 것이기 때문이다.[19]

---

16) 이러한 사회국가원리의 보충성은 민주주의, 법치주의와의 관계에서 도출되는 것이기도 하지만, 보다 근본적으로는 헌법의 기본이념인 자유와 평등의 요청 자체로부터 나온다고 할 수 있다.

17) 이에 관하여는 「제2권 제2부 제12장 제3절. **사회적 기본권의 성질 · 효력**」 참조.

18) 이에 관하여는 「제1권 제3부 제5장 **경제헌법**」 참조.

19) 사회국가원리의 규범적 성격과 효력은 물론 사회국가 실현의 특성을 고려하는 가운데 구체화되어야 한다. 따라서 구체적인 실현과정에서는 현실적 조건이 갖추어졌는지의 여부에 대한 판단 등과 관련하

제 4 절 사회국가원리의 실현구조와 한계

Ⅰ. 사회국가원리와 기본권

1. 실질적 자유와 평등의 실현으로서의 사회국가

사회국가는 사회적 정의의 이념에 따라 형식적 자유와 평등이 아닌 실질적 자유와 평등을 실현하고자 하는 국가이다.[20)]

따라서 국가의 과제는 단순히 모든 사람에게 자유로운 생활영역을 형식적으로 보장하고 이를 침해하지 않는 것과 모든 국민에게 균등한 기회를 형식적으로 부여하고 이를 침해하지 않는 것만으로 끝나지 않는다. 국가는 한 걸음 더 나아가 **국민이 실질적으로 자신의 자유와 평등을 실현시킬 수 있는 사회적 여건의 조성**을 위해 노력하여야 한다.

개인의 능력이나 노력을 국가가 대신할 수는 없는 것이고, 또 그래서도 안 되겠지만, 적어도 개인의 능력이나 노력이 실질적으로 정당하게 펼쳐지고 또 평가받을 수 있는 여건을 국가는 마련하여야 하는 것이다.

이런 의미에서 사회국가란 개인의 자율성을 전제로 그 발현을 위한 현실적(사회적) 전제조건의 구비를 위해 노력하는 국가라고 할 수 있을 것이다.[21)]

2. 사회국가의 실현과 재산권

사회국가원리의 도입과 더불어 가장 먼저 변화된 기본권이 바로 재산권이다. 근대 시민혁명 이래로 가장 중요한 인권의 하나로 인정되면서 절대적 보장을 인정받던 재산권이 사회국가의 요청에 따라 상대적 보장으로 변화되었으며, 재산권의 행사에 대해서도 사회적 구속성이 인정되는 것은 **재산권의 상대화**를 통해서만 사회국가의 요청이 실현될 수 있기 때문이다.

자유시장경제의 전통적인 경제구조는 재산권의 불가침 사상과 맞물려 있었다. 즉 재산권의 절대적 보장을 통해 재산권의 **취득－행사(사용·수익)－처분**의 전체과정이 국가의 개입 없이 자유롭게 이루어지도록 한 것은 결국 이를 통해 이루어지는 경제질서에 대한 국가의 개입을 배제하는 것과 다르지 않다. 그렇기 때문에 경제적 약자의 보호를 위한 국가의 개입을 위해서는 재산권의 상대화가 불가피했던 것이다.[22)]

여 특히 입법자의 형성의 자유가 폭넓게 인정되어야 할 것이다. 하지만 그것이 곧 입법자가 사회국가적 요청으로부터 자유롭다는 것을 의미하는 것은 아니다.

20) 앞서 설명한 바와 같이 실질적 자유와 평등의 요청이 사회적 정의의 요청과 동일시되지는 않는다. 하지만 사회적 정의의 요청은 이미 그 안에 실질적 자유와 평등의 요청을 전제하고 있다고 할 수 있다.

21) 또한 타고난 능력이 부족하거나 선천적·후천적 장애로 인하여 주위의 배려 없이는 정상적인 생활이 불가능한 사람들에 대하여 연대성의 관점에서 각종 급부를 제공하는 것도 사회국가의 기본적 요청에 속한다.

22) 이러한 재산권의 상대화는 두 가지 측면에서 사회국가의 실현과 맞물려 있다. 첫째로, 사회국가의 실현

3. 사회국가원리와 사회적 기본권

재산권의 상대화에 이어서 사회국가원리를 기본권영역에서 구체화시키는 수단으로는 역시 사회적 기본권을 들 수 있다.

사회적 기본권은 1919년 바이마르헌법에 의해 처음 헌법에 도입된 이래 오늘날 세계 각국의 헌법에서 인정되고 있으며 현행헌법도 인간다운 생활을 할 권리(제34조), 교육의 권리(제31조), 근로의 권리(제32조), 노동삼권(제33조), 혼인과 가족생활의 보호(제36조 제1항), 보건의 권리(제36조 제3항) 등을 규정하고 있다.

하지만 사회적 기본권의 성질과 효력 등에 관하여 아직도 견해의 대립이 계속되고 있으며, 많은 논의가 진행 중이다.[23)]

4. 사회국가원리와 자유권적 기본권

사회국가원리는 사회적 기본권을 기본권목록에 추가시켰을 뿐 아니라 전통적인 자유권적 기본권도 새로운 방향에서 이해하도록 만들었다.

자유권적 기본권으로 이해되어 오던 각종의 권리들도 단순히 소극적·방어적 성격만이 아니라 적극적 급부청구의 측면을 아울러 갖고 있는 것으로 해석하는 경향이 두드러지게 나타나고 있는 것이다. 예컨대 생명이나 건강에 대한 보장도 국가에 의한 침해를 배제하는 것에서 국가의 적극적 보호를 요구하는 것으로까지 확대되고 있는 것이다.[24)]

Ⅱ. 사회국가원리와 경제질서

1. 근대적 자본주의 경제질서의 발달과 그 기초

근대의 시민적 법치국가질서 및 그 기초 위에서 형성된 자유권, 특히 재산권의 (절대적) 보장은 자본주의적 경제질서의 발전을 위한 토대가 되었다.

재산권은 권력자에 의해 가장 침해받기 쉬운 영역이었으며, 그만큼 그 보장의 문제도 절실하고 중요하였다.[25)] 그렇기 때문에 재산권은 근대적 인권으로서 가장 먼저 확립

은 결국 개인의 재산권에 대한 제약을 통해서만 실현될 수 있기 때문에, 재산권을 절대적으로 보장하면서 사회국가를 실현하는 것은 불가능하다. 둘째로, 재산권의 상대화를 통해 사회국가의 실현을 위해 필요한 국가의 재정적 부담이 감소될 수 있다. 예컨대 재산권의 사회적 구속성이 인정됨으로써 일정한 사회적 제약을 통해 경제적 평등을 실현시키는 것에 대해서는 국가의 특별한 보상이 요구되지 않는 것이다. 이에 관하여 상세한 것은 「제2권 제2부 제10장 제3절. **재산권의 한계: 사회적 구속성**」 참조.

23) 사회적 기본권의 일반적 성질과 효력, 그리고 개별적 사회권의 성격과 내용에 관하여 상세한 것은 「제2권 제2부 제12장~제15장」 참조.

24) 그 밖에 학문·예술의 자유에 대한 보장이 국가의 침해를 배제하는 것에서 국가의 적극적 지원을 요청하는 것으로까지 확대되고 있는 것을 이른바 「자유권의 사회권화」의 예로 들기도 한다. 그러나 학문·예술에 대한 국가의 지원은 사회국가적 관점에서 행해지는 것이라기보다는 문화국가적 관점에서 행해지는 것으로 보아야 할 것이다. 이에 관하여 상세한 것은 아래의 「제5장 제2절 **문화국가원리**」 참조.

25) 실제로 국가권력의 남용을 통한 생명과 신체에 대한 침해는 대부분 그 자체를 목적으로 한 것이라기보다는 이를 통하여 피해자의 재산을 빼앗으려는 의도를 갖고 있었다. 즉 재산권은 일신전속적인 여

된 것의 하나였다.

또한 재산권의 보장은 중세적 재산권질서의 부정을 의미하는 것이었다. 즉 토지에 대한 이중적 소유권의 논리라든가, 길드를 중심으로 한 거래의 제한 등은 이미 오래전부터 시민계급의 불만을 야기하였으며, 근대적 시민혁명 이후에는 이러한 모든 제한을 깨뜨리고 무제한의 자유로운 경제활동 및 그 기초로서 재산의 자유로운 취득과 처분 및 행사가 주장되고 관철되었던 것이다.

2. 자유(방임)시장경제와 그 모순의 노정

그 결과 근대의 경제질서는 자본주의에 기반한 자유시장경제로 나타났다. 이 당시의 경제질서는 재산권의 절대성 인정과 계약의 자유(사적자치)를 중심으로 이해될 수 있다. 즉 **근대민법의 3대 원칙**으로 일컬어지는 소유권절대의 원칙(재산권의 취득, 행사 및 처분의 자유)과 사적 자치(계약의 자유)의 원칙, 과실책임의 원칙은 그러한 경제질서의 근간을 형성하는 것이었다.

그러나 이러한 자유시장경제가 지속되면서 그 문제점들이 점차 드러나게 되었다. 특히 재산권을 중심으로 한 사회적 갈등의 심화는 경제질서 자체의 구조개혁을 필요로 하게 된 것이다.

그것은 무엇보다 경제활동에서 **자본과 노동 사이의 분배**가 불공정하게 이루어지는 데에서 시작되었다. 즉 노동력은 모든 개인이 갖고 있었지만, 자본은 소수에게 집중되는 상황에서 자본과 노동이 경쟁의 논리에 따라 결합될 경우에는 결국 희소성의 원칙에 따라 자본의 가치가 높아지는 반면 노동의 가치는 지나치게 하락하는 결과를 가져왔던 것이다.

3. 수정자본주의의 대두와 사회적 시장경제

이러한 상황에서 나타났던 독점자본의 횡포와 사회적 갈등의 심화는 결국 자본주의 경제체제 자체의 개혁으로 이어져서 수정자본주의 및 이에 기반한 사회적 시장경제질서의 대두로 연결되었다. 또한 그 과정에서 근대민법의 3대 원칙이 수정되었다는 점에 대해서도 주목할 필요가 있다.

전통적인 자유시장경제의 대안으로 제시된 사회적 시장경제는 무엇보다 경제과정에 대한 국가의 개입을 특징으로 한다. 자유시장경제가 개인의 자유로운 경제활동을 재산권의 절대적 보장을 통해 제도적으로 확보하였던 반면에,[26] 근대민법의 3대 원칙의 수정을 통해 대두된 재산권의 상대적 보장은 경제활동에 대한 국가의 간섭과 조정을 가능하게 만들었던 것이다.

타의 기본권들과는 달리 이전가능성을 갖고 있기 때문에 침해가 더욱 잦았고, 그만큼 보호의 필요성도 절실하였던 것이다.

26) 재산권의 절대적 보장, 즉 재산권의 자유로운 취득-행사-처분의 보장은 곧 자유로운 경제활동의 절대적 보장을 의미한다. 즉 재산권의 절대적 보장은 개인의 자유로운 경제활동에 대하여 국가가 원칙적으로 간섭할 수 없다는 것을 의미하는 것이다.

물론 이러한 국가의 간섭과 조정은 사회국가원리의 기본성격에 따라 보충적인 것에 머물러야 한다. 하지만 이러한 국가의 개입이 가능해졌다는 것 자체가 갖는 의미는 매우 큰 것이다.

Ⅲ. 사회국가원리의 한계

1. 사회국가원리의 이념적 한계

사회국가성의 올바른 실현을 전제하면, 곧 그 한계의 문제도 같은 맥락에서 이해될 수 있다. 사회국가는 개인의 자율성을 보장하는 민주적 법치국가질서를 전제로 실질적인 자유와 평등의 실현을 통해 사회적 정의를 실현시키고자 하는 국가다. 그것은 무엇보다 구조적인 사회적 불평등을 제거하고, 경제적 약자를 보조하며, 국민의 최소한의 기본적 조건(건강, 교육, 근로 등)을 국가가 담보함으로써 이루어진다.

그러나 무엇보다 이러한 국가의 적극적 활동이 개인의 자율성을 침해하면서 모든 국민의 (생활여건의) 획일적인 균일화를 지향하는 것으로 곡해되어서는 안 된다는 것이 강조되어야 한다. 사회국가성은 -다양성 내지 다원적 개방성을 지향하는- 민주주의와 법치주의를 전제로 그 구체적 실현을 위한 보충적인 수단으로 인식되어야 하는 것이다.

2. 사회국가원리의 현실적 한계

사회국가원리는 또한 현실적인 조건을 고려하는 가운데 실현되어야 한다. 사회국가적 요청을 충족시키는 국가적 활동은 국가의 재정에 큰 부담을 줄 수 있을 뿐 아니라 대부분의 경우 국민경제에 대해서도 상당한 영향을 미치게 된다.

따라서 사회국가원리를 어떤 방식으로 어느 정도까지 실현시켜야 할 것인지는 국가의 재정적 능력과 국민경제에의 파급효과 등을 종합적으로 고려하는 가운데 신중하게 검토되어야 한다.[27] 현실적 조건을 무시한 채 이념만 강조하는 것은 어떤 경우에도 결실을 얻기 어렵지만, 사회국가원리의 경우에는 특히 더 그렇다.

27) 그 판단은 일차적으로 민주적 입법자의 과제이다.

제 5 장 국내질서에 관한 그 밖의 헌법원리

민주주의, 법치주의, 사회국가원리 이외에 어떤 것들이 헌법의 기본원리로 인정될 수 있는지에 대해서는 견해의 일치를 찾기 어렵지만, 국가질서 전체의 구조와 성격을 이해하는 데 결정적인 영향을 미칠 정도의 비중을 갖는 것으로는 문화국가원리와 환경국가원리를 들 수 있을 것이다.

물론 헌법의 구조와 성격, 그리고 이를 형성해 가는 헌법원리도 계속 변화되고 있기 때문에 새로운 기본원리가 등장할 수도 있으며, 기존의 헌법원리들의 내용과 성격에 대한 이해도 변화될 수 있다. 즉, 문화국가, 환경국가 등의 헌법원리들의 구체적 모습은 아직도 유동적이라는 점을 간과해서는 안 될 것이다.

제 1 절 국가공동체의 변화와 새로운 헌법원리

Ⅰ. 새로운 세기와 새로운 삶의 양식

인류사에 있어서 20세기는 과거의 어떤 세기보다도 커다란 변화를 겪은 세기일 것이다. 눈부신 과학기술의 발달과 이에 기초한 교류의 증대가 세계를 지구촌이라는 이름으로 묶어 놓았는가 하면, 두 차례에 걸친 세계대전을 비롯한 수많은 전쟁과 폭력, 각종 비인도적 행위들로 인하여 인간의 가치에 대한 진지한 고민이 더욱 절실하게 요청되었다.

그러한 가운데 헌법은 인권을 중심으로 기존의 가치를 재확인함으로써 전통적인 **민주주의와 법치주의**에 기초한 질서를 회복시켰고, **사회국가원리**의 도입을 통하여 사회적 정의라는 새로운 가치를 공인하였다. 그럼으로써 한편으로는 개인의 자유와 책임에 기초하여 자신의 삶을 원하는 방향으로 형성해 나갈 수 있는 기회가 최대한 보장되면서도, 다른 한편으로는 타고난 정신적·신체적 조건이 열악하여 사회적·경제적 약자로서 살게 되는 사람에 대해서도 일정한 배려가 국가적으로 행해지게 되었던 것이다.

그러나 그것만으로 바람직한 헌법질서에 대한 욕구가 모두 충족되는 것은 아니었다. 국가를 필요악으로 생각하면서 최소의 정부가 최선의 정부라고 생각했던 전통적인 **자유주의의 한계**가 널리 인정되었으며, 국가의 적극적 개입을 통해서 올바른 공동체질서의 형성이 비로소 가능할 수 있다고 생각하면서 국가의 개입은 더욱 광범위하게 요청되었다. 단순히 사회적 · 경제적 약자에 대한 배려의 측면에서만이 아니라 모든 국민들이 개인의 힘으로 해결하기 힘든 문제들의 해결 내지 개선을 위해 국가의 적극적 활동을 요청하게 된 것이다.

이러한 변화는 20세기 후반 이후 더욱 두드러지게 나타나고 있다. 대중사회의 발전에 따라 사람들은 고립된 개인으로서의 삶을 견디지 못하게 되었을 뿐만 아니라, 인간의 삶에 대하여 개인의 의지보다 자연환경이나 사회제도, 경제여건, 국제관계 등의 외적 조건들이 더 큰 영향을 미치고 있다는 생각, 그리고 이러한 외적 조건들을 자신에게 유리하게 변화시키는 것은 개인의 힘으로 가능하지 않다는 생각들 때문에 결국 이러한 문제들도 국가의 적극적 개입을 요청함으로써 해결하려는 경향이 더욱 강해지고 있는 것이다.

이러한 변화의 연장선상에 있는 오늘날의 삶은 외견상 매우 개인주의적인 모습을 띤다. 대부분의 사람들이 사생활과 레저를 중요시하며, 자신의 삶에 타인이 간섭하는 것을 싫어한다. 그러나 그러한 삶을 형성하는 조건들은 대부분 국가에 의존하고 있다. 즉 국가를 통해 자신이 원하는 삶의 조건들이 갖추어질 것을 요구하고 있는 것이다.

Ⅱ. 삶의 질에 대한 배려와 새로운 헌법원리

현대인이 국가와 헌법에 대하여 요구하는 것은 결국 자유로우면서도 풍요로운 삶, 쾌적하고 안락하면서도 이를 위하여 기존의 가치들을 침해받지 않는 삶이라고 할 수 있다. 즉 자유와 평등을 중심으로 구성되었던 전통적인 인권들의 보장이 계속 확보되는 가운데 삶의 질을 향상시키기를 요구하고 있는 것이다.

이러한 새로운 욕구의 출현은 헌법의 이상적 모델을 다시 한 번 변화시켰다. 근대 초의 내란과 내전을 겪으면서 요구되었던 **평화로운 질서**, 즉 전쟁 및 이로 인한 폭력과 혼란을 종식시키는 질서에 대한 요청이 근대적 주권국가의 형성을 통해 달성되었지만, 그 이후 국민들은 한 걸음 더 나아가 **자유롭고 평등한 질서**, 즉 국가가 개인의 자유를 억압하거나 부당하게 차별하지 않는 질서를 요구하였다. 이러한 요청은 근대 시민혁명과 이를 통해 달성된 민주적 정치질서로 어느 정도 실현되었지만, 그 이후 **사회적 정의의 요청**이 대두되었고, 이제는 **모든 국민, 모든 인간이 풍요롭고 쾌적한 삶을 누리는 국가질서**가 헌법의 이상적인 모델로 인식되고 있는 것이다.

최근 새로운 헌법원리로 부각되고 있는 문화국가원리와 환경국가원리는 이러한 맥락에서 이해되어야 한다. 문화국가원리는 사회적 · 경제적 약자만이 아니라 모든 국민의 문화적 욕구를 최대한 충족시키기 위하여 노력하는 국가를 요구한다. 그리고 환경국가원리는 국민의 건강하고 쾌적한 삶을 가능하게 하는 자연환경의 유지 내지 회복을 요구한다.

그러나 이러한 요청은 매우 복잡한 과정을 통해서만 실현될 수 있다. 완전한 형태의 문화국가, 이상적 형태의 환경국가는 존재할 수 없기 때문에 어느 정도까지의 실현을 일차적인 목표로 삼아야 할 것인지, 그리고 이를 위하여 어떤 수단이 투입되어야 할 것인지에 대하여 아직도 많은 논의가 진행 중인 것이다.

제2절 문화국가원리

Ⅰ. 문화국가의 개념

문화의 개념은 매우 다의적이다. 원래 문화(culture, Kultur)라는 말은 라틴어의 cultus 또는 ciltura에서 온 말로서 경작, 가공, 교육 등의 뜻을 갖고 있었다. 즉 있는 그대로의 자연상태가 아니라 인간의 손길을 통해 변화된 모습을 가리키는 것이다. 이렇게 문화의 개념을 넓게 이해할 경우에는 인간에 의해 만들어진 모든 것들은 문화이다. 예컨대 자동차, 비행기 등의 기술적 진보의 산물은 물론이고, 학문이나 예술의 모든 결과, 나아가 국가나 법까지도 문화인 것이다.[1)]

그러나 우리가 헌법에서 문화국가라는 개념을 사용할 때의 「문화」는 이처럼 넓은 의미로 사용하지는 않는다. 오히려 국가공동체 내의 다른 영역들, 예컨대 정치의 영역, 경제의 영역, 사회의 영역 등과 구별되는 **좁은 의미의 문화개념**을 전제하는 것이다. 따라서 이러한 의미의 문화에 속하는 것으로는 -아직도 그 외연이 분명하게 그어져 있는 것은 아니기 때문에 구체적 범위에 대해서는 논란이 있지만- 학문, 예술, 방송, 스포츠 등을 들 수 있으며, 또한 문화재의 보호도 이와 직접적인 관련을 갖는 것으로 인정될 수 있다.

이렇게 좁은 의미의 문화개념을 전제한 헌법상의 「문화국가」는 문화의 보호와 진흥을 위해 노력하는 국가, 즉 국가 내의 문화활동을 보호하고 장려함으로써 국민의 삶의 질을 향상시키기 위하여 노력하는 국가로 정의될 수 있을 것이다.

Ⅱ. 문화국가의 헌법원리성

1. 문화국가에 대한 인식의 발전

그 동안 헌법적 논쟁의 테두리 밖에 있어왔던 문화국가 문제에 대하여 헌법이론적 검토가 최근 점차 활발하게 이루어지고 있다. 이러한 현상은 한편으로는 헌법의 개별

---

1) 이러한 넓은 의미의 문화개념은 문화를 이해하는 기초가 된다. 그러나 우리가 문화라는 개념을 사용할 때 항상 넓은 의미로 사용하지는 않는다. 자연과 문화의 기본적 구별이 철학적으로, 또 학문의 특성 및 방법론과 관련하여 커다란 의미를 갖고 있지만, 우리가 일상적으로 사용하는 문화개념은 오히려 이와는 구별되는 것이다.

적·구체적 문제들에 대한 미시적 고찰을 벗어나 전체로서의 헌법을 새롭게 이해하고자 하는 최근의 이론적 경향을 반영하는 것이기도 하고, 다른 한편으로는 우리의 헌법학에 지속적인 영향을 미치고 있는 독일 헌법학에서의 문화국가에 관한 논의에 자극 받은 것이라고 할 수 있다.

독일에서도 종래 문화국가의 문제는 행정법의 영역에서 다루어져 왔다. 즉 좁은 의미의 문화국가의 실현은 국가의 행정작용을 통해 이루어진다고 보았으며, 이를 문화행정법이라 불렀던 것이다. 이러한 **문화행정법의 영역**에 포함되는 것으로는 교육, 학문, 예술이 공통적으로 인정되었고, 그 밖에 학자에 따라 종교나 방송, 스포츠 등을 추가하기도 했다.

이처럼 행정법의 대상으로 인식되던 문화국가의 문제가 헌법적 문제로 새롭게 인식된 데에는 무엇보다 국가의 과제에 대한 새로운 이해가 큰 역할을 하였다. 현대국가는 민주주의와 법치주의만으로 형성되었던 18~19세기의 자유주의적 국가와는 이미 그 성격이 다를 뿐 아니라 사회보장, 문화조성 등과 관련한 국가의 과제가 매우 증대되고 또 다양해졌다.

이렇게 변화된 현실 속에서 국가의 과제를 어떻게 올바르게 이해하고 또 헌법적 틀 안에 포섭할 수 있는가에 관한 문제의식에 따라 문화국가의 문제도 새롭게 헌법적 과제로서 대두되었던 것이다.

2. 독자적 헌법원리로서의 문화국가원리

문화국가를 헌법의 기본원리로 인정할 경우 가장 먼저 해명되어야 할 문제의 하나가 문화국가원리의 독자성에 관한 것이다. 지금까지 문화국가(원리)의 실현과 관련하여 대표적인 것으로 이야기되어온 여러 영역들(학문, 예술, 교육 등)에 대한 법적 규율과 보장이 과연 종래의 민주주의, 법치주의 또는 사회국가원리 등으로 포섭되지 않는 독자적 특성을 갖고 있는지, 또 있다면 그것은 무엇인지에 관한 해명을 통해 비로소 문화국가원리를 민주주의, 법치주의, 사회국가원리와 나란히 헌법의 기본원리로 인정하는 것이 가능할 것이기 때문이다.

이와 관련한 **문화국가원리의 독자성**은 무엇보다 국가의 문화적 과제수행 방식의 독자성에서 찾을 수 있다. 즉 문화국가의 실현구조는 민주주의, 법치주의 또는 사회국가원리와 연결되어 있지만, 이들과는 구별되는 독자성도 갖고 있다는 것이다.

민주주의는 국민의 의사를 최대한 수렴하여 국가질서를 형성하는 헌법의 기본원리이다. 따라서 문화적 과제의 수행에 있어서도 민주적 절차는 중요하다. 예컨대 학문이나 예술의 진흥에 대하여서도 국민의 의사를 수렴하여 국가적 지원의 구체적 방향과 정도를 민주적으로 결정하여야 한다. 그러나 형성될 국가질서의 내용에 대한 고려 없이 단순히 민주적 과정만으로 모든 것을 정당화시킬 수는 없으며, 민주적 국가질서도 -민주주의 자체의 본질적 징표의 하나인 다원주의의 요청에 따라- 각 영역별로 다양한 형태로 구체화될 수밖에 없다. 이렇게 볼 때, 문화국가원리는 -마치 사회국가원리가 사회적 · 경제적 영역의 구체적 질서를 사회적 정의 실현이라는 과제를 통해 구체화시키듯이 – 민주주의의 기초 위에서 문화영역의 구체적 질서를 국가의 문화진흥이라는 과제를 통해 구체화시키는 헌법원리로 이해될 수 있다.[2)]

법치주의는 객관적이고 공정한 법을 통해 국가질서의 안정성과 정당성을 확보하는 원리라고 할 수 있다. 특히 현대의 법치주의는 무차별적 형식적 법치주의에서 다양한 이해관계와 상이한 경제적 · 사회적 · 문화적 조건들을 고려하여 차별 속의 실질적 자유와 평등을 실현하려는 실질적 법치주의로 발전되었다. 그 결과 국민의 문화적 생활영역에 대해서도 법치국가적 보장이 다양한 형태로 부여된다. 한편으로는 문화적 생활영역의 자유가 보장되어 국가에 의한 개입이 배제되는가 하면, 다른 한편으로는 국가의 적극적 활동을 통한 문화의 보호 · 육성이 요청되기도 하는 것이다. 이런 맥락에서 법치주의 내지 법치국가적 기본권보장의 기본틀 안에서 문화국가원리가 구체화되고 있다고 말할 수 있다.[3)]

사회국가원리는 사회적 정의 내지 사회적 연대성의 이념에 기초하여 사회적 약자의 보호를 위한 국가의 적극적 활동을 근거지우는 헌법원리이다. 이런 맥락에서 볼 때 사회국가원리와 문화국가원리는 국가의 적극적 활동을 근거지운다는 점에서 매우 유사하다. 하지만 사회국가원리와 문화국가원리는 기본적인 지향점에서 차이를 보이고 있다. 사회국가원리의 목표가 국가의 적극적 활동(특히 사회보장적 급부활동)을 통하여 사회적 불평등을 해소하고 사회적 정의를 실현하는 데 있는 반면에, 문화국가원리의 목표는 인간의 문화창조활동 및 이의 계승 · 전수, 그리고 그러한 문화적 산물의 향유를 보호하는 데 있는 것이다. 이들 양자는 민주주의와 법치주의라는 기본원리의 범위 내에서 인정되고 있는 **이차적 원리**라는 점에서, 그리고 국가에 의한 적극적 급부활동을 요청한다는 점에서 유사성을 갖고 있으나 그 기본적 목표와 실현방식, 과정 등에 있어서 차이를 보이게 된다.[4)]

3. 현행헌법상 문화국가의 근거와 실현구조

현행헌법은 법치주의 또는 사회국가원리의 경우와 마찬가지로 문화국가원리에 대해서도 직접적이고 포괄적인 근거규정을 두지 않고 있다. 비록 현행헌법 제9조가 "국가는 전통문화의 계승 · 발전과 민족문화의 창달에 노력하여야 한다"는 규정을 두고 있지만,

---

2) 이런 맥락에서 볼 때, 문화국가원리는 민주주의의 기초 위에서 문화국가적 특수성을 강조하여 문화영역의 국가질서를 형성해 나가는 것, 즉 민주주의를 토대로 하고 문화국가성에 의하여 구체화하는 것으로 이해될 수 있다. 그러나 문화국가를 광의의 문화개념에 기초한 넓은 의미로 이해할 경우 –해벌레(*P. Häberle*)가 그러하듯이– 민주주의와 문화국가원리의 구별이 매우 모호하게 되어버린다.

3) 그 결과 이른바 문화적 기본권(교육의 권리, 학문의 자유, 예술의 자유 등)에 있어서는 법치주의적 기본권보장과 문화국가원리의 중첩이 나타난다. 그러나 이러한 중첩은 –민주주의와 법치주의의 기본관계가 그러하듯이– 헌법의 기본원리 상호간의 관계가 대립적 또는 고립적인 것이 아님을 이해할 때 별 문제가 되지 않는다.

4) 예컨대 사회국가원리는 사회적 약자의 보호를 위한 최소한의 국가적 급부를 요청한다. 반면에 문화국가원리에 기초한 학문 · 예술(또는 학자나 예술가)에 대한 국가적 급부는 국가적 문화수준의 향상을 지향하는 것이기 때문에 사회적 약자에 대한 보호도 아니며, 최소한의 보장도 아니다.

그것은 전통문화 내지 민족문화라는 특정한 형태의 문화, 즉 문화국가의 일부에 대한 규정일 뿐, 우리가 이해하고 있는 문화국가 전체에 대한 근거규정으로는 보기 어렵다.

이렇게 볼 때, 문화국가원리를 헌법의 기본원리로 이해할 경우에는 이를 –역시 법치주의나 사회국가원리와 마찬가지로– 헌법상의 각종 문화관련 규정들을 통해 추론할 수 있는 **불문의 헌법원리**로 이해할 수밖에 없다.[5)]

이처럼 문화국가원리를 헌법의 기본원리 중의 하나로 인정하는 것은 국가의 문화적 과제수행이 국가질서 전체의 구조와 성격을 좌우할 정도로 큰 비중을 갖는다는 점을 인정하는 것이며, 그 결과 헌법의 개별적 문제를 해결함에 있어서 문화국가원리가 판단의 기준 내지 지침으로 광범위하게 적용될 수 있음을 의미하는 것이다.[6)]

문화국가원리를 헌법의 기본원리로 인정할 때, 스스로를 문화국가로 이해하는 현대적 국가와 헌법은 **문화적 활동의 전체 과정**을 보호의 대상으로 삼는다. 즉 ① 문화의 창조, ② 문화(재)의 보호 · 관리 내지 유지, ③ 문화적 산물의 향유와 ④ 문화의 전승에 이르기까지 전체 과정이 국가에 의한 특별한 보호를 받게 되는 것이다.

Ⅲ. 문화국가원리의 구체화

1. 자율적 문화활동의 보장

문화의 일차적 특성은 자율성과 창조성에 있다. 문화의 출발점은 문화의 창조이며, 이를 중심으로 한 문화활동은 개인의 창조적 자율성이 보장되는 가운데 가장 효과적으로 발현될 수 있다. 또한 문화적 자율성이 박탈되었던 시기들의 역사적 경험은 문화활동의 양과 질이 얼마나 개인의 창조적 자율성에 의지하는지를 확인해주고 있다. 오늘날 개인의 자유에 대한 보장은 정치 · 경제 · 사회 · 문화의 모든 영역에서 널리 인정되고 있지만, 문화영역에서의 자율성은 곧 그 존립의 기초 내지 출발점이 되는 것이다.

이러한 문화활동의 자율성은 각 과정마다 다양한 형태로 나타난다. ① **문화적 창조활동**에 있어서의 문화적 자율성은 학문연구의 자유, 예술창작의 자유 등으로 나타나며, ② **문화(재)의 보호 · 관리 내지 유지**에 있어서의 자율성은 국가, 지방자치단체 및 공공단체의 개입이 보충적이어야 한다는 요청으로 나타난다. ③ **문화적 산물의 향유**에 있어서의 자율성은 이를 강요 내지 강제하는 것이 문화의 본질에 반한다는 인식으로 대변될 수 있고, ④ **문화의 전승**에 있어서의 자율성은 다양한(다원적) 문화활동 및 그 산물들이 어떻게 발전되고 계승되는지, 또는 도태되는지가 원칙적으로 그 문화의 주

---

5) 헌법재판소는 "우리 헌법전문 첫머리의 '유구한 역사와 전통에 빛나는'이라는 표현과 총강 제9조가 '국가는 전통문화의 계승 · 발전과 민족문화의 창달에 노력하여야 한다'고 한 것은 헌법상 문화의 범주에 포함되는 기본내용을 규정한 것이고, 대통령의 취임선서에 '민족문화의 창달에 노력'한다(제69조)는 구절을 둔 것은 문화국가의 실현이 국가적 의무임을 분명히 한 것"이라고 판시하고 있다(**헌재 2000.6.29. 98헌바67 결정**).

6) 물론 문화국가원리가 헌법의 최고원리로 인정되는 것은 아니며, 민주주의, 법치주의 등과 같은 국가질서 형성의 여러 기준들과 함께 고려되어야 할 것이다.

체인 개인들의 자율적인 판단과 선택에 맡겨져야 한다는 요청으로 구체화된다.

하지만 문화활동의 자율성이 무제한적으로 인정되는 것은 아니다. 문화활동의 공공성이라는 측면에서 자율성에 대한 한계가 그어질 수 있기 때문이다. 예컨대 ① **문화적 창조활동**에 대해서는 최대한의 보장이 원칙적으로 인정되지만, 다른 법익과의 충돌 시에는 문화적 창조활동의 제한도 인정될 수 있다. ② **문화(재)의 보호·관리 내지 유지**의 경우도 문화(재)의 공적 의의와 기능에 비추어 그 문화(재)의 보유자의 자율적 보호·관리 내지 유지에 제한을 가하는 것이 가능하다. ③ **문화적 산물의 향유**를 강요하거나 강제할 수는 없지만 국가 또는 공공단체가 각종 정책적 지원 등에 의해 이를 지원하고 유도하는 것은 비례원칙에 맞는 수단을 사용하는 한 일반적으로 인정된다. 나아가 ④ **문화의 전승**에 있어서도 현대적 대중문화의 특성인 상업성에 눌려서 보호·전승될 가치가 있는 문화가 단절의 위기에 처하는 경우 등에 국가의 개입이 정당화된다.

2. 문화적 평등의 확보

현대 문화는 다양성을 기본으로 하는 다원적 문화활동을 특색으로 한다. 전통예술과 현대적 전위예술이 공존하며, 클래식과 대중음악이 각기 자기 목소리를 낼 수 있는 것이다. 그러나 이러한 다양한 문화의 공존은 필연적으로 각 문화현상들 사이의 갈등을 빚게 된다. 대중의 관심 속에서 경제적 성공과 사회적 명예를 얻을 수 있는 문화활동이 있는가 하면, 그늘에 묻혀 소수 전문가들의 관심만으로 명맥을 유지하는 문화활동도 있다.

이러한 다양한 문화활동들 사이에 평등을 확보하는 문제는 단순한 형식적 평등의 보장만으로 그칠 수 없다. 이미 자율적 문화활동의 기회를 모든 사람에게 균등하게 보장하는 것으로 형식적 평등은 확보되었다고 할 수 있을 것이지만, 그것만으로 실질적인 평등은 확보될 수 없기 때문이다. 따라서 문화적 평등의 현실적 문제는 대부분 국가에 의한 문화활동의 적극적 지원과 연결되어 있다. 국가가 어떤 문화활동에 대하여 우선적으로 지원할 것이며, 그러한 결정의 객관성과 공정성을 어떻게 확보할 것인지의 문제가 문화적 평등의 가장 중요한 문제로 대두되는 것이다.

이 문제는 문화활동에 대한 국가적 지원의 공정성과 중립성의 통제 문제로 연결된다.

3. 국가에 의한 문화의 보호와 진흥

자율적 문화활동에 대한 보장은 문화국가의 실현을 위한 최소한의 요건이다. 그러나 문화활동에 대한 자율성의 보장만으로는 문화국가의 실현 및 문화적 기본권의 실질적 보장이 불가능한 경우가 많다. 오히려 국가에 의한 문화의 장려와 육성이 현실적으로 긴요한 상황이 적지 않다는 것이다.

이와 관련하여 문화활동에 관한 개인의 자유와 권리라는 측면만이 아니라 문화의 공적 측면도 아울러 고려되어야 한다는 점이 강조될 수 있다. 즉 공익의 관점에서 개인의 문화적 자율성을 부분적으로 제한하고, 국가활동을 통한 문화의 장려와 육성도 생각될 수 있다는 것이다.

그러나 이 모든 경우에 있어서 국가는 자신이 직접적인 문화국가형성의 주체가 되는 것이 아니고 단지 보조적 역할만을 하고 있음을 분명히 인식하여야 하며, 이러한 국가의 보조 내지 지원에 있어서도 특정한 정치적 목적 등에 의한 편중된 지원이 있어서는 안 된다. 문화에 대한 국가의 장려와 육성은 항상 객관적이고 공정한 기준에 따라 중립적으로 이루어져야 한다.

문화활동에 대한 국가적 지원의 공정성과 중립성을 확보하기 위해서는 국가적 지원의 기준이 명확하고 객관적이어야 한다. 문화활동, 특히 예술활동의 경우 그 객관적 가치를 국가가 판단하기에는 부적절한 점이 많다. 그렇다고 국가가 모든 문화활동에 대하여 무차별적으로 똑같은 지원을 하는 것도 현실적으로 불가능하다. 따라서 국가적 지원의 우선순위를 정하기 위한 합리적 기준이 꼭 필요하다.

이러한 기준으로서 일차적으로 고려될 수 있는 것은 그 문화활동이 갖는 **사회적 파급효**와 **지원의 절박성**을 들 수 있을 것이다. 예컨대 특정분야에 대한 학문적 연구가 산업활동이나 사회구조의 개선 등과 관련하여 사회적 파급효가 클 경우에 이에 대한 지원을 우선적으로 한다거나, 특정 예술분야의 경우 국가의 지원이 없을 때 문화의 전승 자체가 단절될 우려가 있다면 이에 대한 지원을 우선적으로 할 수 있다는 것이다.

그러나 개별적인 경우에 있어서 어떤 구체적 기준으로 지원의 우선순위를 판단할 것인지, 그 판단의 절차 내지 주체는 누가 되어야 할 것인지에 대해서는 논란의 여지가 많으며, 이에 대해서는 기본적으로 세 가지 모델이 가능하다.

첫째, 국가가 모든 것을 직접 결정하는 방법이 있다. 그러나 이 경우에는 문화에 대한 국가적 통제로 발전될 위험성이 매우 크게 나타난다.

둘째, 전문가단체 등에게 모든 결정권을 일임하고 국가는 경제적 지원만을 하는 방법이 있다. 이러한 경우 문화활동의 자율성은 가장 잘 보장될 수 있으나, 현실적으로 국가적 지원의 우선순위 결정에 있어서 고려되어야 할 문화활동의 사회적 의의와 기능 등이 무시될 우려가 있다.

셋째, 사회 내의 각 문화영역의 전문인들이 국가와 협력하여 결정하는 방법이 있다. 국가는 각 문화영역의 전문인들로 구성되는 위원회를 구성하고 지원대상이 되는 문화활동 및 그 산물 등에 대한 지원이 합당한지의 여부에 대한 일차적 평가를 위촉함으로써 문화적 자율성과 문화활동의 사회적 의의 및 기능에 대한 고려를 조화시키는 방법이다.

4. 개별적 문화활동과 헌법

앞서 살펴본 것처럼 문화국가원리는 자율적 문화활동의 보장, 문화적 평등의 확보, 문화활동에 대한 국가적 지원 등을 통해 구체화된다.

그러나 문화국가원리만으로 개별적 문화활동에 대한 국가적 보호의 개별적 내용과 방식이 충분히 구체화되는 것은 아니다. 문화국가원리는 문화적 활동에 대한 국가적 보호의 전체적 구조와 성격을 설명하고 있을 뿐이고, 개별적 문화활동에 대한 보호에 있어서는 그에 대한 구체화가 별도로 필요한 것이다.[7)]

이러한 개별적 문화활동에 대한 헌법적 검토는 문화국가원리의 테두리 내에서 완결되기 어렵다. 오히려 문화국가원리를 통한 전체적 틀을 고려하는 가운데 학문, 예술, 교육, 방송, 또는 문화재보호 등의 개별영역에서 각 문화활동의 특성을 충분히 반영하는 구체적 검토로 연결되는 것이 바람직할 것이다.

다만 문화국가원리는 이들 개별적 문화활동을 하나로 묶어주는 커다란 줄기의 역할을 한다고 볼 수 있다. 그리고 이러한 문화국가원리를 통해 현행헌법상의 국가질서 전체가 어떤 성격을 갖고 있으며, 어떤 방향을 향해 나아가고 있는지를 보다 뚜렷하게 인식할 수 있는 것이다.

제 3 절 환경국가원리

Ⅰ. 환경의 문제상황과 환경권, 환경국가

환경(environment, Umwelt)이라는 개념도 문화 개념처럼 다의적이다. 넓은 의미의 환경은 인간을 둘러싸고 있는 주위(surroundings)의 일체를 말한다고 할 수 있다. 그러나 환경이라는 개념은 다시금 물리적 환경과 사회적 환경, 또는 자연환경과 문화적 환경 등으로 나누어서 사용되기도 한다.

환경을 넓은 의미로 사용한다면, 법과 제도를 포함한 인간의 모든 활동이 환경의 일부로 포섭될 수 있다. 따라서 법학에 있어서 환경문제를 이야기할 때에는 이를 제한하여 자연환경, 또는 특정한 사회적 환경의 의미로 사용하는 것이 일반적이며, 특히 환경보호, 환경법, 환경권 등을 지칭할 경우에는 자연환경에 한정하는 것이 보통이다. 따라서 **좁은 의미의 환경**은 자연환경을 의미하는 것으로 볼 수 있다.[8)]

종래 당연한 것으로, 무제한적인 것으로 생각되었던 깨끗한 자연환경은 법적 고찰 내지 보호의 대상이 되지 않았다. 그러나 산업화의 과정과 더불어 깨끗한 자연환경은 더 이상 당연하지 않게 되었을 뿐만 아니라, 그 동안 알게 모르게 누적되어 온 환경파괴 · 환경오염은 이제 인간의 생명과 건강에 직접 영향을 줄 수 있는 단계에까지 이르렀다.

---

7) 예컨대 학문활동에 대해서는 헌법 제22조의 학문의 자유를 통해, 예술활동에 대해서는 역시 헌법 제22조의 예술의 자유를 통해 구체화되는 것이다. 또한 방송문화와 관련하여서는 헌법 제21조의 언론의 자유가, 교육과 관련하여서는 헌법 제31조의 교육의 권리가 적용되어야 한다. 나아가 전통문화에 대해서는 헌법 제9조가 적용될 것이며, 문화재보호에 관하여는 문화재보호법이 그 내용을 구체화하고 있다.

8) 따라서 물리적 인공환경을 포함한 자연환경이 헌법상 환경문제의 대상이 되며, 문화적 내지 사회적 환경은 별도의 문제로 논의되어야 한다. 같은 취지로 계희열, 헌법학(중), 2007, 796쪽 이하 참조.

이에 따라 한편으로는 환경파괴 및 환경오염에 대한 국가적 규제의 필요성이 인정되었고, 다른 한편으로는 깨끗한 환경 속에서 생활할 수 있는 개인의 권리, 즉 환경권이 문제되기 시작했다. 이러한 환경에 대한 관심의 증대는 한 걸음 더 나아가 환경보호를 국가의 행정작용의 일부(환경행정)로 이해하던 태도를 벗어나 국가질서 전체의 구조와 성격을 좌우하는 중요한 요소로 인식하고 이를 국가목표로 인정하는 태도로 발전되고 있다.[9)]

Ⅱ. 헌법의 기본원리로서의 환경국가원리

1. 환경보호와 산업활동의 긴장관계

환경문제는 산업과 불가분의 관계 속에 있다. 산업의 발달이 환경의 오염 내지 파괴를 야기하는 경우가 대부분이기 때문이다.

오늘날 환경에 대한 파괴 내지 오염이 전혀 없는 상태를 요구하는 것은 현실적으로 불가능하다. 그 동안 진행되어온 산업화의 과정을 백지로 돌릴 수도 없는 일이며, 현재에도 지속적인 산업화가 인간의 생존과 생활을 위해 불가피한 상태이기 때문이다. 그렇다고 환경에 전혀 피해를 끼치지 않는 산업만을 육성한다는 것도 단기적으로는 불가능하다.

따라서 환경문제에 대해서는 단계적인 접근이 필요하다. 단기적으로는 환경파괴가 심하고, 국민경제에서 차지하는 비중이 적은 산업활동이 우선적으로 규제되어야 하겠지만, 중 · 장기적으로는 모든 산업활동이 환경친화적인 형태로 개편되어야 할 것이다.

이를 위해서는 환경친화적 산업기술의 개발이 전제되어야 하며, 이를 위한 국가의 지원도 뒤따라야 할 것이다. 또한 환경친화적 형태로 변화되지 못한 산업활동에 대한 규제의 강화도 필요할 것이다. 이처럼 긴장관계 속에 있는 **환경의 보호와 산업의 발달**을 조화시켜야 한다는 데 환경문제의 복잡성과 어려움이 있다.

2. 환경문제의 민사법적 접근과 행정법적 접근

종래 환경문제에 대한 법적 접근은 산업활동 등에 의하여 환경의 파괴 내지 오염이 발생되고 이로 인하여 현실적 피해를 입는 사람이 발생되는 경우 이를 어떻게 처리할 것인지의 문제를 중심으로 전개되었다.

이와 관련하여 가장 먼저 시도되었던 것은 민사법상의 불법행위로 문제를 해결하는 방법이었다. 즉 환경오염과 손해발생 사이의 인과관계를 입증하고, 이에 기초하여 불법

9) 예컨대 독일의 경우 1994년의 제42차 기본법개정을 통해 독일기본법 제20조의a에서 "국가는 또한 미래세대에 대한 책임을 지고 합헌적 질서의 범위 내에서 입법에 의하여, 그리고 법률과 법의 척도에 따라 집행권과 사법권에 의하여 자연적 생활기반을 보호한다"고 규정하였다. 이를 통하여 기본법은 환경보호를 국가의 기본적 과제로 인정하였으며, 이 조항은 독일에서 국가목적규정으로 해석되면서, 환경국가원리의 헌법원리성을 근거지우고 있다.

행위에 대한 손해배상책임을 묻는 것이다. 그러나 이 방법은 환경파괴의 경우 인과관계의 정확한 입증이 매우 어렵다는 점 때문에 효과적인 구제수단으로 기능하지 못했다. 그로 인하여 인과관계의 입증에 관한 특별한 기준(예컨대 오염물질의 배출기준 등)을 입법적으로 마련하고 이를 바탕으로 불법행위책임을 묻는 방법 등이 대안으로 활용되기도 한다.

그러나 민사법적 해결방법은 환경의 파괴로 인하여 야기되는 개인의 구체적 법익의 침해를 문제삼고 있을 뿐, 환경에 대한 전체적인 보호를 망라하기는 어렵다. 이러한 민사법적 해결방법의 불충분성 때문에 환경문제에 대한 행정법적 해결방법이 오늘날 널리 활용되고 있다. 우리의 경우도 환경정책기본법을 중심으로 대기환경보전법, 물환경보전법, 소음 · 진동관리법, 화학물질관리법, 환경분쟁조정법 등이 제정되어 국가의 적극적 개입을 통해 환경파괴행위에 대한 규제와 처벌, 그리고 그로 인한 손해에 대한 보상과 조정 등이 행해지고 있는 것이다.

3. 헌법원리로서 환경국가원리와 그 의미

환경파괴의 문제가 심각해지고 이에 대한 국가적 대응의 방법이 확대되면서, 환경문제가 -이제 법적으로도 민사법 또는 행정법만의 문제로 보기 어려울 정도로- 국가생활에서 차지하는 비중이 커졌다. 환경문제를 어떻게 해결하는가는 단순히 개인의 불법행위에 대한 책임의 문제 또는 수많은 국가행정작용의 하나로서 취급할 수 있는 것이 아니라 국가질서 전반의 여러 문제들과 직결되어 있는[10] 중요한 과제의 하나로 인정되는 것이다.

이런 맥락에서 볼 때, 환경보호의 문제를 단순히 국가가 임의로 선택할 수 있는 정책적 목표의 하나로 취급하는 것은 더 이상 타당하지 않으며, 모든 국가기관이 항상 고려하여야 할 최우선적 국가목표의 하나로 평가하는 것이 오히려 당연하다고 볼 수 있다. 즉 환경보호는 헌법적 요청으로 고양될 수밖에 없는 것이다.

이러한 맥락에서 1980년 헌법은 환경권을 국민의 기본권으로 명문화시켰으며, 환경권의 구체화는 이미 매우 다양한 맥락에서 진행되고 있다. 그러나 개인의 권리로서 환경권을 인정하는 배경에는 이미 국가의 환경보호의무가 전제되어 있는 것이고, 이러한 환경보호의무를 일반화시켜 생각할 때 -비록 독일기본법 제20조의a와 같은 명문규정은 없을지라도- 헌법원리로서 환경국가원리를 인정할 수 있다.

환경권이 이미 국민의 기본권으로 인정되고 있고 환경정책기본법을 비롯한 수많은 환경관련법이 제정되어 시행되고 있는 상황이기 때문에, 환경국가원리를 헌법원리로 인정한다고 해서 당장 현실적으로 달라지는 것은 많지 않다. 그러나 환경국가의 헌법원리

10) 환경문제는 앞서 설명된 것처럼 산업활동 내지 경제활동과 직결되어 있다. 뿐만 아니라, 환경보호를 위한 각종 국가활동은 국민의 각종 기본권들과 충돌하기도 하며(예컨대 환경보호를 위한 개발제한구역의 설정과 재산권), 환경을 파괴하는 경제활동 또는 환경보호를 위한 국가의 작용이 정치적 · 사회적 이슈가 되어 다양한 파급효를 낳기도 한다.

성을 인정함으로써 환경에 관한 다양한 문제들을 하나의 통일된 흐름 속에서 파악할 수 있도록 하는 준거점이 마련된다고 할 수 있으며, 또한 환경국가원리는 입법자의 입법활동에 대한 일정한 한계를 그어줌으로써 환경보호의 헌법적 요청에 역행할 수 없도록 하는 기능을 할 수 있을 것이다.

Ⅲ. 환경국가의 구체화

1. 환경국가의 구체화 방식과 효력

환경국가원리를 헌법원리로 인정한다고 해서 곧 환경보호가 국가의 최우선적 과제가 되는 것은 아니다. 이미 민주주의, 법치주의 등에 의해 요청되고 있는 국가과제들의 의의와 비중은 결코 환경보호보다 못하지 않기 때문이다. 오히려 환경보호도 사회국가나 문화국가의 실현과 마찬가지로 민주주의와 법치주의의 기본틀 안에서 그 구체적 내용을 채워나가는 방식으로 실현될 수밖에 없다.

따라서 국가의 우선적 과제가 무엇인지는 일차적으로 민주적 절차에 의해 확인되어야 한다. 즉 환경보호의 구체적 실현범위와 방식도 민주적 절차를 통해 (많은 부분 입법을 통해) 비로소 구체화되며, 환경국가원리는 이를 위한 지침 내지 판단기준의 역할을 할 뿐인 것이다. 다만 환경국가원리가 헌법원리로 인정된다면, 이에 역행하는 의사결정은 허용될 수 없을 것이다.

그렇다고 환경국가원리를 헌법원리로 인정할 경우의 파급효가 단지 입법에 대한 일차적 구속력, 또는 위반되는 행위에 대한 사법적 판단의 기준이라는 점에 그치는 것은 아니다. 환경국가원리가 헌법원리로 인정됨으로써 환경보호의 의의와 비중이 평가절상될 뿐만 아니라 환경국가원리의 구체화를 통하여 환경법 및 환경정책의 발전이 자극될 수 있기 때문이다.

2. 경제 및 산업의 방향 제시

환경국가를 헌법원리로 인정함으로써 환경국가의 실현이 국가질서의 형성과정에서 차지하는 비중은 더욱 높이 평가될 수 있다. 이에 따라 환경보호와 산업활동의 긴장관계에서 어떤 방식의 조정이 행해지는지에 대해서도 영향이 있을 수 있다.

환경국가의 실현은 앞서 설명한 바와 같이 산업활동 내지 이와 결부된 경제질서와 불가분의 관계 속에 있다. 따라서 환경국가의 실현은 경제질서가 환경보호에 부합되는 형태로 점차 개편되도록 요구하며, 산업활동 역시 환경보호와 부합되는 방향으로 개선되도록 유도한다.

3. 환경보호를 위한 국제적 협조

환경국가의 실현이 효율성을 확보하기 위해서는 환경보호를 위한 국제적 협조도 매우 중요하다. 예컨대 중국의 황사가 우리에게 미치는 영향에서도 나타나듯이 오늘날처럼 산업이 대규모화되고 이로 인한 환경파괴의 영향이 국경 내에 머물지 않는 상황에 있어서는 환경보호 내지 환경파괴에 대한 대응에 있어서도 국제적인 공동 노력이 필수적인 것이다.

4. 환경국가원리와 환경권

이미 명문화되어 있는 국민의 기본권으로서의 환경권 이외에 환경국가원리를 별도로 인정할 경우에, 양자의 관계는 어떻게 이해되어야 할 것인가?

이 문제에 대해서는 **사회국가원리와 사회적 기본권의 관계**와 유사한 방식으로 이해하는 것이 가능할 것이다. 즉 사회국가원리는 사회적 정의의 이념을 실현시키기 위한 국가질서의 형성을 요구하며, 이를 위한 국가작용의 기준과 지침이 된다. 반면에 사회적 기본권은 이러한 사회국가원리가 개인의 기본권이라는 형식으로 구체화되어 나타난 것이다. 말하자면 사회국가원리가 실현되는 다양한 형태 중의 한 유형으로서 사회적 기본권이 인정될 수 있는 것이다.

환경국가원리와 환경권의 관계도 마찬가지의 맥락에서 이해될 수 있다. 환경국가원리도 환경보호를 위한 국가질서의 형성을 요구하는 헌법원리이며, 이를 위한 국가작용의 기준과 지침이 된다. 반면에 환경권은 이러한 환경국가원리가 개인의 기본권이라는 형식으로 구체화된 것으로 이해될 수 있다. 즉 개인의 환경권으로 포섭되지 않는 영역에서도 환경국가의 실현은 계속 요청될 수 있다는 것이다.

제 4 절 그 밖의 헌법원리

지금까지 헌법의 기본원리로서 민주주의, 법치주의, 사회국가원리, 문화국가원리, 환경국가원리가 검토되었다. 이들 중에서 민주주의와 법치주의, 사회국가원리에 대해서는 그 헌법원리성을 부정하는 견해가 거의 없다. 하지만 문화국가원리, 환경국가원리에 대해서는 아직도 논의의 여지가 많이 남아 있다.

그 밖에 국내 헌법학계에서 헌법의 기본원리로 지칭되는 것들 가운데는 국민주권의 원리,[11] 평화국가의 원리,[12] 복지국가주의[13] 등이 있으며, 그 밖에 평화통일주의,[14] 기본권존중주의,[15] 사회적 시장경제주의[16] 등까지도 헌법의 기본원리로 거론되고 있다. 나아가 헌법

11) 권영성, 헌법학원론, 2010, 131쪽 이하; 김철수, 헌법학개론, 2007, 138쪽; 성낙인, 헌법학, 2022, 134쪽 이하. 그러나 「민주주의」와 별개의 헌법원리로 「국민주권주의」를 인정하는 근거와 실익에 대해서는 의문의 여지가 있다.
12) 권영성, 헌법학원론, 2010, 152쪽 이하; 홍성방, 헌법학(上), 2013, 237쪽 이하.
13) 김철수, 헌법학개론, 2007, 141쪽 이하. 성낙인, 헌법학, 2022, 280쪽 이하에서는 사회복지국가를 경제 · 사회 · 문화의 기본원리로 보고 있다.
14) 김철수, 헌법학개론, 2007, 139쪽.
15) 김철수, 헌법학개론, 2007, 141쪽.

의 이념을 몇 가지로 나누어 놓고 이러한 헌법이념들의 실현원리로서 헌법의 기본원리를 이해하는 견해도 있다.[17)]

그러나 헌법의 기본원리들의 수를 늘리는 것이 헌법의 체계적 이해와 실현에 도움이 되는 것은 아니다. 헌법의 기본원리라 지칭될 수 있는 것은 말 그대로 기본적인 원리, 즉 헌법의 특정 영역에 그 적용이 한정되는 것이 아니라, 헌법 전반에 적용되면서 헌법의 구조와 성격에 직접적인 영향을 미칠 정도의 비중이 있는 것들을 의미한다. 그런 맥락에서 헌법의 **기본**원리라는 이름이 붙을 수 있는 것이다.

이렇게 볼 때, 헌법의 기본원리는 커다란 줄기로 이해되어야 하며, 그 안에 포섭되는 개별적인 원리들(예컨대 민주주의에 포섭되는 국민주권 또는 다수결원리, 법치주의에 포섭되는 비례의 원칙, 사회국가원리에 포섭되는 사회적 시장경제질서 등)을 계속 분리시켜서 독립된 기본원리로 이야기하는 것은 적절치 못하다고 생각된다. 또한 기본권의 보장은 헌법 자체의 중심적 가치이며, 그 실현을 위해 민주주의, 법치주의 등 기본원리가 요청되고 있음을 생각할 때, 이를 또 하나의 기본원리로 주장하는 것도 적절치 못하다.

그렇다고 헌법의 기본원리가 민주주의, 법치주의, 사회국가, 문화국가, 환경국가에 한정되어야 한다는 것은 아니다. 헌법의 발전에 따라 새로운 헌법의 기본원리가 등장할 가능성은 언제나 열려 있다. 다만 하나의 헌법원리가 기본적인 것으로 인정되기 위해서는 일정한 조건이 갖추어져야 한다는 점을 간과해서는 안 된다는 것이다.

---

16) 김철수, 헌법학개론, 2007, 142쪽 이하.

17) 허영, 한국헌법론, 2025, 171쪽 이하. 일반적인 설명방식과는 달리 허영교수는 헌법의 근본이념과 기본원리를 결합시켜서 설명하는 독특한 방식을 취하고 있다. 즉 헌법의 이념을 국민주권의 이념, 정의사회의 이념, 문화민족의 이념, 평화추구의 이념으로 나누어 놓고, 이를 각기 몇 가지의 실현원리와 연결시키고 있는 것이다. 이런 맥락에서 허영교수는 국민주권의 실현원리로는 기본권에 기속되는 통치권, 자유민주주의원리, 법치주의원리를 들고 있으며, 정의사회의 실현원리로서 사회적 기본권의 보장, 사회국가원리, 수정자본주의 원리(사회적 시장경제질서)를 들고 있다. 또한 문화민족이념의 실현원리로서 문화국가원리와 혼인·가족제도를 들고 있으며, 평화추구이념의 실현원리로서는 평화통일의 원칙과 국제법존중의 원칙을 들고 있다. 이러한 새로운 시도는 헌법이 지향하는 몇 가지 이념을 중심으로 헌법의 전체적 줄기를 파악하려는 점에서 평가될 수 있겠지만, 각각의 헌법원리들의 의미와 비중을 충분히 살리고 있는 것으로는 보기 어렵다. 국민주권을 이념으로 보면서 자유민주주의는 그 실현원리로 보는 것이 과연 어떤 맥락에서 설명될 수 있는지는 접어 두더라도, 정의사회의 이념과 법치주의가 무관할 수 있는 것인지, 그리고 문화민족의 이념이 도대체 문화국가원리와 어떤 맥락에 있는 것인지에 대한 해명이 불충분하다고 보인다. 무엇보다 헌법의 이념들 또는 원리들 상호간의 관계, 즉 각각의 헌법이념들이나 헌법원리들이 어떤 중첩 또는 경합을 보일 수 있는지, 그 경우 구체적인 헌법문제의 해결과 어떤 연결이 가능한지에 대해서 해명되지 않고 있다.

제 6 장 국제질서에 관한 헌법원리

종래 국내질서와 국제질서는 서로 별개의 차원에 속하는 것으로 다루어졌다. 그러나 오늘날에는 국내질서가 국제질서와 불가분의 관계 속에 연결되어 있다는 점이 널리 인정되고 있다. 따라서 국제질서가 어떻게 형성되고 있는지, 또 형성되어야 하는지에 대한 문제도 중요한 헌법적 관심대상에 포함된다.

이러한 맥락에서 헌법은 국내질서에 관하여는 민주주의와 법치주의를 중심으로 구체적 형성을 요구하는 한편, 국제질서에 관하여는 국제평화주의와 호혜원칙을 기초로 하여 국내질서와 국제질서의 원만한 연결을 꾀하고 있다. 그러나 헌법과 국제법질서가 구체적으로 어떠한 관계에 있는가에 관하여는 다양한 문제들이 계속 제기되고 있으며, 특히 최근에는 헌법과 국제법이 만나는 접점이 증가되고 있다는 점에도 주목할 필요가 있다.

> 헌법 제5조 ① 대한민국은 국제평화의 유지에 노력하고 침략적 전쟁을 부인한다.
> ② 국군은 국가의 안전보장과 국토방위의 신성한 의무를 수행함을 사명으로 하며, 그 정치적 중립성은 준수된다.
>
> 헌법 제6조 ① 헌법에 의하여 체결·공포된 조약과 일반적으로 승인된 국제법규는 국내법과 같은 효력을 가진다.
> ② 외국인은 국제법과 조약이 정하는 바에 의하여 그 지위가 보장된다.

제 1 절 헌법과 국제법의 관계에 대한 견해의 변화

Ⅰ. 전통적 사고: 국내법과 국제법의 이원론

전통적으로 국내법과 국제법은 이원적 구조를 갖는 것으로 인정되었다. 즉 고전적인 주권이론에 기초하여 주권자는 국가 내에서 최고의 권력을 가질 뿐만 아니라 **대외적으로 독립된 존재**로 인정되기 때문에 외국이 국내문제에 대하여 개입하는 것은 주권의 침해로 여겨졌던 것이다.

이러한 기본적인 전제에서 출발하였기 때문에 국제법은 국내문제에 대해서 규율할 수 있는 권한이 없다고 생각되었다. 즉 국제법은 국가 간의 문제를 해결하기 위한 기준으로 작용할 수 있을 뿐이고, 그러한 기준이 국내문제에 대해서는 효력을 가질 수 없다고 보았던 것이다.

Ⅱ. 전환점: 제1차 및 제2차 세계대전

국내법과 국제법이 이원적 구조를 갖는다는 생각은 국제관계를 국가 간의 관계로 이해하는 데에서 비롯되었다. 즉 국적을 달리하는 개인 간의 관계나 기업 간의 관계는 그 비중이 극히 미미하였기 때문에 크게 고려하지 않아도 될 것으로 생각하였던 것이다. 그러나 국제적 교류는 국가 간의 관계에서보다 개인이나 기업의 차원에서 더욱 빠르게 증대되었으며, 그 결과 국내법과 국제법이 부딪치는 문제들이 점차 많이 발생하게 되었다.

이러한 새로운 경향이 점차 심화되던 가운데 국내법과 국제법의 이원론이 붕괴되는 결정적인 계기가 되었던 것은 두 차례에 걸친 세계대전이었다. 세계대전을 경험하면서 한 국가의 국내질서의 변화(군국주의화)가 주변국가의 침략을 통한 국제질서의 변화로 나타나고, 또 그러한 국제질서의 변화는 다시금 여러 나라들의 국내질서에 커다란 영향을 미치게 된다는 것이 부인될 수 없는 사실로 드러났던 것이다.

그 결과 국제법은 국내질서에 대해서 더 이상 무관심할 수 없게 되었으며, 또한 국내법도 국제질서의 변화를 주시하지 않을 수 없게 되었다.

Ⅲ. 새로운 사고의 출발점: 현실관계의 변화, 법의 통일성, 인권의 보편성

국내질서와 국제질서의 밀접한 상호연관성에 기초한 국내법과 국제법의 접근은 무엇보다 **정치적 · 경제적 현실의 변화**에 의해 시작되었고 촉진되었다. 그러나 이러한 양자의 접근은 최근에 들어와 법의 통일성에 대한 요청, 그리고 무엇보다 인권의 보편성이라는 측면에서 더욱 강조되고 있다.

종래 국내법과 국제법을 이원적으로 취급할 때에는 법의 이념과 기본원리에 관한 부분적인 합의를 제외하고는 국제법의 구조와 성격 및 법의 실현방식이 국내법의 경우와는 판이하다는 점 때문에 양자를 매우 동떨어진 것으로 취급하기도 했다. 국내법학자들은 국제법이 법적 강제력이 약하다는 점을 지적하는가 하면, 국제법학자들은 국제법의 보편성과 국내법의 지역적 특수성을 비교하기도 하였다.

그러나 정치적 문제이건 경제적 문제이건 개별국가의 노력만으로는 실효성 있는 대응을 하기가 점점 더 어려워지는 것이 현재의 상황이다. 따라서 오늘날에는 국제적인 연대 속에서 공동의 목적과 추진방향을 국제법적으로 설정하고 이를 국내법적으로 시행하는 방법을 통하지 않고서는 국가정책의 목표도 국제사회의 목적도 달성하기 곤란하게 되었다. 그 결과 **법의 통일성**을 강조하면서 **양자의 접근과 상호협조**를 강조하는 견해가 더욱 설득력을 얻게 되었다.

또한 **인권의 보편성**도 국내법과 국제법의 공통분모로서 큰 역할을 하게 되었다.

비록 각 국가에 따라 인권의 실정화 내용과 정도가 상당한 차이를 보이기는 하지만, 적어도 인권이 인류의 보편적 가치로 인정된다는 점에 대해서는 누구도 이의를 제기하지 못한다. 나아가 이러한 인권의 구체적 내용 및 발전방향과 관련하여 국제적 인권선언 및 인권협약의 발전이 각 국가에서 긍정적으로 수용됨으로써 국내법과 국제법의 상호접근에 촉매제 역할을 하고 있다.

Ⅳ. 현대헌법과 국제법

결국 국내법을 대표하는 헌법과 국제법은 더 이상 각기 다른 차원에서 상이한 문제를 다루는 것으로 이해될 수 없게 되었으며, 헌법의 목적(평화의 유지, 인권의 확보, 경제적 안정과 번영 등)을 달성하기 위해서도 국제질서의 안정과 평화, 나아가 정의로운 국제질서의 형성이 중요한 의미를 갖게 되었다. 또한 국제법의 목적(국제평화의 유지, 국제적 인권의 확보, 국제공동체 구성원들의 안정과 번영)을 달성하기 위해서도 모든 개별국가들의 -국내법 질서를 통해 뒷받침되는- 협조가 필수적인 것으로 되었다.

그러나 양자의 상호 접근 및 상호 협조가 -적어도 아직은- 모든 영역에서 광범위하게 이루어지고 있는 것은 아니라는 점도 아울러 지적되어야 할 것이다. 현재까지 국제법적으로 합의되고 있는 부분은 각 국가의 국내법에 의해 인정되고 있는 사항들의 공통분모에 해당되는 일부 영역에 지나지 않는다. 수많은 국가들이 처해있는 사회적·경제적 여건의 상이성과 정치환경의 차이, 나아가 문화적 배경의 고유성 등은 양자의 접근을 아직도 많은 부분에서 제한하고 있는 것이다.[1)]

따라서 국제법적으로 인정되고 있는 보편적 가치는 국내법적으로 인정되고 있는 것들의 공통분모를 기초로 하고 있으며, 이러한 공통분모 자체를 최대한 확대해 나가려는 노력이 국제법의 발전 가운데 나타나고 있다. 예컨대 민주주의, 법치주의, 사회국가원리 등을 통해 국내법적으로 확보된 것을 국제적으로도 보장하고자 하는 노력은 국내법과 국제법의 공통분모가 되는 영역을 점차 확장하는 것으로도 이해될 수 있다.

제2절 국제질서에 관한 헌법의 기본원리: 국제평화주의

Ⅰ. 국제평화주의의 의의

오늘날의 세계는 교통과 통신의 비약적 발달로 인하여 점차 일일생활권으로 되어가

1) 예컨대 이슬람의 전통을 지키고 있는 국가들에 있어서의 남녀평등은 그렇지 않은 국가와 차이를 보일 수밖에 없다. 때문에 남녀평등 문제에 대한 이슬람국가와 비이슬람국가의 시각 차이가 극복되기 이전에는 -국제인권으로서 평등권의 보편성이 국제법적으로 인정되는 가운데서도- 평등권의 구체적인 실현은 국가마다 다른 형태가 될 수밖에 없다.

고 있다. 이처럼 지구촌에서 국가 간의 정치적 · 경제적 · 사회적 · 문화적 교류와 상호의존성은 점점 더 확대되고 긴밀해지고 있다. 이러한 상황에서 한 국가의 평화와 안전 그리고 질서는 국제적 평화 없이 고립된 1개 국가의 노력만으로는 도저히 달성될 수 없게 되었다.

이에 따라 국내질서와 국제질서의 기본관계에 대한 이해가 변화되었고, 특히 두 번에 걸친 세계대전의 결과 각국은 전쟁의 방지와 평화의 유지를 위한 국제적인 노력을 기울이게 되었다. 이러한 국제적인 노력들은 또한 국내법에 반영되어 헌법에 평화주의의 명문화를 낳게 되었으며, 현행헌법도 국제평화주의를 헌법질서의 기본적 방향을 정하는 원리로 수용하고 있다.

Ⅱ. 국제평화주의의 역사적 발전

개별 국가의 국내평화와 질서의 유지는 이미 오래 전부터 상당한 정도로 달성되었고 이에 기초하여 정의로운 사회의 건설이 추진되고 있다. 그러나 국제적 평화의 유지와 보장은 아직도 인류의 최대과제 가운데 하나로 남아 있고, 정의로운 국제사회의 건설은 엄두도 낼 수 없는 것이 현실이다.[2] 실제 인류가 국제평화의 필요성을 인식하고 이를 위해 노력하기 시작한 것은 그렇게 오래 되지 않았다. 인류는 역사 이래 수많은 전쟁을 끊임없이 치루어 왔고 제1차 세계대전 이전까지만 해도 국제법상의 의무를 관철시키기 위해 전쟁을 수행하는 것은 주권국가의 당연한 권리로 생각되었다. 제1차 세계대전이라는 전쟁의 참혹함을 겪고 난 후에야 비로소 인류는 국제평화를 절감하게 되었고, 그 후 본격적으로 국제평화를 위한 노력이 전개되었다.

물론 그 이전에도 국제평화와 국제질서의 확립을 위한 사상적 및 실제적 노력이 많은 사상가와 학자들 그리고 정치인들에 의해 전개되었다. 그 중에서도 그로티우스(*H. Grotius*), 칸트(*I. Kant*) 등의 사상은 커다란 영향을 미쳤다. 그리고 많은 국제법학자들의 노력은 국제평화주의를 성립시키는 데 중요한 역할을 하였으며, 1907년의 헤이그 평화회의에서는 계약의무의 이행을 강제하기 위한 수단으로서의 전쟁을 금지하였다.

제1차 세계대전 이후 평화에 대한 희구와 반전사상이 널리 퍼지면서 국제연맹이 창설되었으며, 국제연맹규약은 모든 전쟁의 금지와 전쟁의 국제적 관리를 규정하였다. 1928년에는 「전쟁 포기에 관한 조약」(부전조약)이 체결되기에 이른다. 그러나 국제연맹에 있어서는 평화파괴자에 대한 군사적 제재장치가 미흡했고, 부전조약은 조약을 위반하고 전쟁을 수행하는 경우 이를 제재할 수단을 마련하지 못하였기 때문에 실효성이 없는 것이었다.

제2차 세계대전을 겪으면서 인류는 또다시 전쟁의 참상을 경험하게 되었고, 대전

2) 원래 국제연합헌장을 제정할 당시 그 초안에는 국제연합의 목적으로 국제간의 「평화, 안전 그리고 정의」(international peace, security and justice)를 유지하는 것으로 되어 있었으나 심의과정에서 「정의」는 삭제되었다.

후 전쟁의 방지와 평화유지를 위한 노력은 다양한 형태로 전개되었다. 전범재판에서는 침략전쟁을 인간성에 대한 범죄로 규정하였고, 전쟁에 대한 혐오와 평화를 희구하는 분위기가 고조되었다. 그 결과 국제적 차원에서는 국제연합이 창설되어 여러 가지 국제평화를 위한 제도가 마련되었고,[3] 국내적으로는 각국의 헌법이 여러 가지 형태로 국제평화주의를 규정하게 되었다.

그러한 변화 가운데 대표적인 것은 제2차 세계대전을 발발시켰던 독일(동 · 서독), 이태리, 일본이 모두 이러한 평화주의를 헌법에 명문화시키고 있는 것이다.

Ⅲ. 한국헌법상의 국제평화주의

1. 침략적 전쟁의 금지

헌법 제5조 제1항은 "대한민국은 국제평화의 유지에 노력하고 침략적 전쟁을 부인한다"라고 규정함으로써 침략전쟁을 금지하고 있다. 그러나 동조 제2항은 "국군은 국가의 안전보장과 국토방위의 신성한 의무를 수행함을 사명으로 하며"라고 규정함으로써 자위전쟁까지를 금지하고 있지는 않음을 밝히고 있다.

침략전쟁이란 영토의 확장, 국가이익이나 정책의 실현을 위한 전쟁 또는 국제분쟁의 해결수단으로 행하는 전쟁을 말하는 것이며, **자위전쟁**이란 외국으로부터의 공격을 격퇴하여 국민과 영토를 보호하기 위한 전쟁을 의미한다.

우리 헌법은 자위전쟁까지를 부인하지는 않기 때문에 군대의 존재 자체를 포기하지는 않고 있다. 헌법상 대통령의 국군통수권(제74조 제1항), 국군의 조직과 편성의 법정주의(제74조 제2항), 국민의 국방의무(제39조 제1항), 국가안전보장회의(제91조), 군인이라는 특수한 신분관계를 전제로 한 군사법원 등에 관한 규정(제27조 제2항, 제29조 제2항, 제87조 제4항, 제110조), 선전포고 등 중요 군사사항에 대한 국회의 동의권 규정(제60조 제2항)들은 모두 자위전쟁을 전제로 한 것이다.[4]

2. 평화적 통일의 지향

우리 헌법은 한반도의 분단현실을 인정하고 조국의 통일이라는 역사적 사명을 "평화적인 방법"으로 달성할 것을 선언하고 있다.

헌법전문에서는 "조국의 … 평화적 통일의 사명"을 선언하고 헌법 제4조는 "대한민국은 통일을 지향하며, 자유민주적 기본질서에 입각한 평화적 통일정책을 수립하고 이를 추진한다"라고 규정하고 있다. 이밖에도 제66조 제3항은 "대통령은 조국의 평화

3) UN헌장은 침략전쟁, 무력의 행사나 무력에 의한 위협을 금지할 뿐만 아니라 분쟁의 해결수단으로서의 전쟁 또는 무력에 호소하는 행위까지도 금지하며 이를 보장하기 위한 여러 가지 장치도 마련하였다.

4) 그러나 문제는 침략전쟁과 자위전쟁이 실제에 있어서 쉽게 구별되지 않는다는 것이다. 예컨대 외국의 침략을 받은 후 반격을 통해 그 나라의 국경 넘어서까지 공격해 들어간 경우는 침략전쟁에 해당되는가? 또 외국의 침략이 목전에 있는 상태에서 효과적인 방어를 위해 선제공격을 가한 경우는 침략전쟁에 해당되는가? 등등 복잡한 문제들이 적지 않다.

적 통일을 위한 성실한 의무를 진다"라고 규정하고 있고, 제69조는 대통령이 취임시에 "조국의 평화적 통일 … 에 노력하여 대통령으로서의 직책을 성실히 수행할 것"을 선서하게 하고 있으며 제92조 제1항은 "평화통일정책의 수립에 관한 대통령의 자문에 응하기 위하여 민주평화통일자문회의를 둘 수 있다"라고 규정하고 있다.

이 모든 규정에서 "평화적" 통일을 강조하고 있다. 헌법 제3조의 규정에 따라 북한에도 우리 헌법의 효력이 미치는 것으로 볼 때, 즉 휴전선 이북 지역도 대한민국의 영토라고 한다면 통일을 위한 무력의 사용은 국내문제이고 경찰력의 행사라고 할 수 있다. 그러나 이미 1950년 한국전쟁에서 경험한 바와 같이 남북 간의 무력충돌은 단순히 국내문제로 치부할 수 있는 성질의 것이 아니다. 더욱이 남북한이 모두 미국 또는 중국 및 러시아와 상호방위조약을 체결하고 있는 상황에서 통일을 위한 무력행사는 곧바로 국제분쟁을 야기하게 될 것은 자명한 일이다.

이러한 한반도의 분단현실을 직시하게 되면서 남북간의 관계에서도 -남북한의 관계가 비록 일본이나 중국 등 외국과의 관계와 동일시될 수는 없지만- 국제평화주의를 적용하게 되었다. 이러한 헌법적 기초 위에서 1991년 12월에는 「남북사이의 화해와 불가침 및 교류·협력에 관한 합의서」가 채택되고 1992년 2월에는 그 효력을 발생하게 되었으며, 이로써 남북한은 -적어도 법적으로는- 서로에 대한 무력의 행사를 포기하였다.5)

제 3 절 국제법의 국내법적 효력

Ⅰ. 현행헌법의 규정과 국제법의 효력

헌법 제6조 제1항은 "헌법에 의하여 체결·공포된 조약과 일반적으로 승인된 국제법규는 국내법과 같은 효력을 가진다"고 규정하고 있다.

이 규정에 따르면 「헌법에 의하여 체결·공포된 조약」 및 「일반적으로 승인된 국제법규」는 **국내법과 같은 효력**을 가진다. 그러나 국내법은 헌법-법률-명령-규칙-조례 등 다양한 법적 효력을 갖는 규범들로 세분화되어 있기 때문에 이들 가운데 어떤 법규범과 같은 효력을 갖는 것인지가 문제된다.

---

5) 그러나 헌법재판소는 남북기본합의서의 법적 효력과 관련하여 "1992.2.19. 발효된 '남북사이의화해와불가침및교류협력에관한합의서'는 일종의 공동성명 또는 신사협정에 준하는 성격을 가짐에 불과하여 법률이 아님은 물론 국내법과 동일한 효력이 있는 조약이나 이에 준하는 것으로 볼 수 없다"라고 판시함으로써 법적 구속력을 부인한 바 있다(**헌재 2000.7.20. 98헌바63 결정**).

Ⅱ. 조약의 국내법상의 의의, 효력

1. 조약의 의의

헌법 제6조 제1항에서 말하고 있는 조약이란 국가 간에 법률상의 권리·의무를 창설·변경·소멸시키는 2개국 또는 그 이상의 국가 간의 약속을 의미한다. 따라서 조약은 명시적으로 조약이라는 명칭이 붙은 것만이 아니라 협정, 협약, 약정, 규약, 헌장, 의정서, 선언, 메모 등 그 명칭과 상관없이 국가 간의 문서에 의한 합의를 지칭한다.[6)]

2. 조약의 체결·비준

조약의 체결권은 대통령의 권한에 속한다(헌법 제73조). 대통령은 조약을 체결·비준함에 앞서 국무회의의 심의를 거쳐야 하며(헌법 제89조 제3호) 특히 중요한 사항에 관한 조약(상호원조 또는 안전보장에 관한 조약, 중요한 국제조직에 관한 조약, 우호통상항해조약, 주권의 제약에 관한 조약, 강화조약, 국가나 국민에게 중대한 재정적 부담을 지우는 조약 또는 입법사항에 관한 조약)의 체결·비준에는 사전에 국회의 동의를 얻도록 하였다(헌법 제60조 제1항).[7)] 이 밖의 조약, 즉 국가 간의 단순한 행정협조적 또는 기술적 사항에 관한 조약의 체결·비준에는 국회의 동의를 요하지 않는다.[8)]

3. 조약의 효력

헌법 제6조 제1항은 "헌법에 의하여 체결·공포된 조약"을 전제하고 있다. 즉 조약이 국내법적 효력을 갖기 위해서는 조약의 체결·공포의 절차가 합헌적이어야 할 뿐만 아니라 조약의 내용도 헌법에 위배되지 않아야 한다. 그런데 헌법은 이러한 합헌적 조약이 국내법 가운데 어떤 법규범과 같은 효력을 갖는 것인지를 명시하지 않았기 때문에 논란이 벌어지고 있으며, 심지어 조약이 헌법에 우선하는 효력을 갖는다는 주장도 제기되고 있다.

국제협조주의를 내세워 조약이 헌법에 우월하다고 주장하는 **조약우위설**은 주로 국

---

6) 조약법에 관한 비엔나 협약 제2조 제1항 a호 참조.

7) **헌재 2008.3.27. 2006헌라4 결정**: "조약은 '국가·국제기구 등 국제법 주체 사이에 권리의무관계를 창출하기 위하여 서면형식으로 체결되고 국제법에 의하여 규율되는 합의'인데, 이러한 조약의 체결·비준에 관하여 헌법은 대통령에게 전속적인 권한을 부여하면서(헌법 제73조), 조약을 체결·비준함에 앞서 국무회의의 심의를 거쳐야 하고(헌법 제89조 제3호), 특히 중요한 사항에 관한 조약의 체결·비준은 사전에 국회의 동의를 얻도록 하는 한편(헌법 제60조 제1항), 국회는 헌법 제60조 제1항에 규정된 일정한 조약에 대해서만 체결·비준에 대한 동의권을 가진다.

이 사건 공동성명은 한국과 미합중국이 상대방의 입장을 존중한다는 내용만 담고 있을 뿐, 구체적인 법적 권리·의무를 창설하는 내용을 전혀 포함하고 있지 아니하므로, 조약에 해당된다고 볼 수 없으므로 그 내용이 헌법 제60조 제1항의 조약에 해당되는지 여부를 따질 필요도 없이 이 사건 공동성명에 대하여 국회가 동의권을 가진다거나 국회의원인 청구인이 심의표결권을 가진다고 볼 수 없다."

8) 하지만 한미행정협정(SOFA)처럼 입법사항에 관한 조약의 경우에는 그 명칭에도 불구하고 국회의 동의를 받아야 한다. 헌법재판소도 한미행정협정과 관련하여 형사재판권에 관한 것이며, 기본권(변호인의 조력을 받을 권리)을 보장하는 것으로 인정한 바 있다(**헌재 2004.9.23. 2000헌마138 결정**).

제법학자들에 의해 주장되는 것으로서, 설사 조약의 내용이 헌법에 반하는 경우라 하더라도 위헌으로 판단하여 이를 무효화해서는 안 된다고 한다. 반면에 대부분의 헌법학자들이 지지하는 **헌법우위설**은 ① 조약의 체결권은 헌법에 의해 인정된 권한이다. ② 조약이 국민주권을 배격할 수 없다. ③ 헌법의 최고규범성에서 볼 때 조약의 우위를 인정할 수는 없다는 등의 이유로 조약은 헌법의 하위에 있으며, 위헌적 조약에 대해서는 위헌결정이 가능하다는 태도를 취하고 있다.

이러한 문제는 헌법과 국제법, 즉 국내법과 국제법의 충돌에 관한 중요한 문제이기 때문에 신중한 접근이 필요하겠지만, 적어도 세계정부의 구성과 활동을 통해 조약의 내용 및 집행의 객관성·공정성이 담보되지 않은 상태에서는 조약우위설을 주장하는 데 무리가 크다고 할 수 있다. 즉 국가를 초월하는 초국가적 조직에 의해 정당화되는 것이 아닌 한, 국제조약의 효력근거는 당사국의 동의에 기초하는 것이기 때문에 헌법의 수권하에 있는 것이다.

따라서 헌법의 수권에 의해 성립된 조약이 헌법보다 우위에 있다는 것은 법이론적으로 모순될 뿐만 아니라 헌법의 최고규범성과도 모순되는 것이다. 이렇게 볼 때 헌법우위설이 타당하다.[9]

또한 조약은 원칙적으로 국내법의 법률과 같은 효력을 갖는다.[10] 왜냐하면 특별히 중요한 조약에 대해 국회가 동의하도록 규정하고 있는데 국회의 동의에 의해 비로소 국내법적 효력을 갖게 되는 조약은 법률보다 우월한 효력을 가질 수 없기 때문이다. 물론 개별조약에 따라 국내법적 효력에는 차등이 있게 된다. 가령 순수한 행정협정과 같은 것은 명령·규칙과 같은 효력을 갖는다.

이렇게 볼 때, 위헌조약은 사법적 심사의 대상이 되며, 위헌법률심판 등의 형식으로 판단하여 무효로 결정될 수 있다. 그러나 경우에 따라 통치행위[11]로서 사법적 심사의 대상이 되지 않는 경우도 가능할 것이다.[12]

Ⅲ. 일반적으로 승인된 국제법규의 존중

1. 일반적으로 승인된 국제법규의 의의

「일반적으로 승인된 국제법규」란 세계의 압도적 다수 국가에 의해서 승인된 국제법

9) 이런 맥락에서 헌법재판소도 국제통화기금협정에 대하여 "국회의 동의를 얻어 체결된 것으로서, 헌법 제6조 제1항에 따라 국내법적, 법률적 효력을 가지는바, 가입국의 재판권 면제에 관한 것이므로 성질상 국내에 바로 적용될 수 있는 법규범으로서 위헌법률심판의 대상이 된다"고 판시함으로써 조약이 위헌법률심판의 대상이 된다고 인정한 바 있다(**헌재 2001.9.27. 2000헌바20 결정**).

10) **헌재 1998.11.26. 97헌바65 결정; 헌재 1999.4.29. 97헌가14 결정** 참조.

11) 통치행위에 관하여는 「제3권 제2부 제3장 제2절 Ⅰ. **정치적 지도작용(통치작용)의 개념과 문제점**」 참조.

12) 예컨대 국회의 동의를 요하는 조약을 대통령이 국회의 동의 없이 비준한 경우, 이 조약은 헌법에 따라 체결된 것이 아니고, 따라서 헌법 제6조 제1항에 따른 "국내법과 같은 효력"을 가질 수 없다. 하지만 그 경우에도 조약의 국제법적 효력은 유지된다는 주장도 매우 강력하며, 이 때문에 헌법과 조약의 관계에 대한 논의가 매우 복잡하게 전개되는 것이다.

규, 즉 국제사회에서 일반적으로 그 규범성이 인정된 것을 말한다.

여기서 "승인된"이란 말은 우리나라가 승인한 경우만을 의미하지 않는다. 대다수 국가에 의해 이미 승인된 국제법규는 우리나라에 의한 승인과 상관없이 일반적으로 승인된 국제법규이다.

2. 일반적으로 승인된 국제법규의 내용

"일반적으로 승인된 국제법규"의 내용으로는 성문의 국제법규와 불문의 국제관습법만이 아니라 일반적으로 승인된 국제조약이 모두 포함된다. 예컨대 포로의 인도적 취급 또는 약탈의 금지와 같은 전쟁법상의 원칙들, 외교사절의 법적 지위에 관한 원칙, 조약은 준수되어야 한다(pacta sunt servanda)는 원칙뿐만 아니라 집단학살(genocide)의 금지협정, 포로에 관한 제네바협정 등과 같은 조약법도 일반적으로 승인된 국제법규로 인정될 수 있다.[13]

3. 일반적으로 승인된 국제법규의 효력

일반적으로 승인된 국제법규는 헌법 제6조 제1항에 따라 특별한 국내법적 수용절차를 거치지 않고 국내법과 동등한 효력을 갖는다. 그런데 여기서 국내법과 같은 효력이란 헌법, 법률, 명령, 규칙 등과 같은 국내법 중 어느 것과 동등한가의 문제가 제기된다.

이에 대하여는 일반적으로 승인된 국제법규도 법률과 동등한 효력을 갖는다는 견해가 있다. 그러나 일반적으로 승인된 국제법규도 그 내용에 따라 개별적으로 그 효력의 차이가 있을 수 있기 때문에 획일적으로 판단하기는 어렵다.[14] 하지만 대체로 **헌법보다는 하위지만 법률보다는 상위**라고 볼 수 있다. 왜냐하면 구체적으로 세계의 대다수 국가가 승인하고 있는 외교사절의 법적 지위나 포로의 인도적 취급의 원칙 등을 -더욱이 우리 헌법이 국제평화주의를 헌법의 기본원리로 삼고 있으면서- 국내법률로 부인할 수 없기 때문이다.

---

13) 이와 관련하여 헌법재판소는 세계인권선언과 ILO협약을 일반적으로 승인된 국제법규가 아니라고 판시한 바 있다. 헌법재판소가 세계인권선언에 대하여 선언적 성격을 갖고 있을 뿐이고 그 선언내용인 각 조항이 바로 보편적인 법적 구속력을 가지거나 국제법적 효력을 갖는 것으로 볼 것은 아니라고 판단한 것(**헌재 1991.7.22. 89헌가106 결정**)은 납득할 수 있지만, "강제노동의 폐지에 관한 국제노동기구(ILO)의 제105호 조약은 우리나라가 비준한 바가 없고, 헌법 제6조 제1항에서 말하는 일반적으로 승인된 국제법규로서 헌법적 효력을 갖는 것이라고 볼 만한 근거도 없으므로 이 사건 심판대상 규정의 위헌성 심사의 척도가 될 수 없다"(**헌재 1998.7.16. 97헌바23 결정**)고 하여 일반적으로 승인된 국제법규로 인정되기 위한 요건에 대한 충분한 검토 없이 서둘러 결론을 내린 것은 설득력이 약하다. 오히려 이러한 헌법재판소의 태도는 현재 우리의 인권상황이 이들 기준에 부합되지 않는다는 이유 때문에 이러한 규약들을 일반적으로 승인된 국제법규에서 배제하는 것으로 의심할 수 있는 여지를 주게 될 것이기 때문이다.

14) 현행헌법의 해석상으로도 일반적으로 승인된 국제법규의 효력에 대해 논란이 있을 뿐만 아니라, 국제법을 국내법으로 수용하는 방식에 대해서도 상이한 입법례들이 있다. 예컨대 국제법조항이 국내헌법에 모순되지 않을 때, 그리고 국내법률보다 신법(新法)일 경우에 한하여 그 효력을 인정하는 미국의 경우에는 실무상 국제법조항이 헌법에 위배되거나 혹은 국제법조항보다 사후에 제정된 국내법률이 국제법조항과 모순될 경우에는 그 효력이 배제된다.

제 4 절 외국인의 국내법상의 지위

Ⅰ. 외국인의 의의

헌법 제6조 제2항은 외국인의 법적 지위를 국제법과 조약이 정하는 바에 의하여 보장한다고 규정하고 있다. 이 규정에서 외국인이라 함은 외국 국적의 보유자에 한정되지 않으며, 대한민국의 국적이 없는 자를 모두 포괄한다. 즉 외국 국적의 보유자와 무국적자를 포함한 개념인 것이다. 따라서 대한민국의 혈통을 갖고 있다 할지라도 대한민국의 국적을 갖고 있지 않은 사람들은 외국인에 포함된다.

Ⅱ. 외국인에 대한 법적 지위의 보장과 상호주의원칙

외국과의 교류와 교역이 증대됨에 따라 각국에 체류하는 외국인의 수도 점차 늘어나고 있는 것이 오늘날의 일반적 추세이다. 이들의 법적 지위를 보장하지 않고서는 원만한 국제관계나 국제평화를 유지할 수 없다는 것은 당연하다. 그렇기 때문에 우리 헌법 제6조 제2항은 "외국인은 국제법과 조약이 정하는 바에 의하여 그 지위가 보장된다"고 규정함으로써 외국인의 법적 지위를 보장하고 있다.

이러한 헌법규정은 외국인에 대한 법적 지위의 보장이 일방적일 수 없고 상대국의 보장에 상응하는 것일 수밖에 없다는 국제적 관례를 고려한 것이라고 할 수 있다. 즉 우리 헌법도 「국제법과 조약이 정하는 바에 의하여」라고 규정함으로써 상호주의 원칙에 따라 외국인의 법적 지위를 보장하고 있는 것이다.

그러나 외국인의 법적 지위는 상호주의 원칙(호혜원칙)을 정하고 있는 헌법 제6조 제2항에 의해서만 보장되는 것은 아니다. 우리 헌법상의 기본권목록 가운데 특정한 기본권(가령 생명권, 존엄권 등 국민의 권리가 아닌 인간의 권리로 지칭되는 것)의 보장은 외국인에게도 평등하게 보장되어야 한다는 것이 통설이다. 그러나 외국인이 어떤 기본권의 주체가 될 수 있느냐의 문제를 획일적으로 확정하기는 어렵고 개별기본권에 따라 구체적으로 확정할 수밖에 없다.

이와 관련하여 최근 외국인 체류자가 많은 나라에서는 외국인에게도 제한적으로(가령 지방자치단체에서) 선거권과 피선거권을 인정해야 한다는 견해가 강하게 대두되고 있으며, 공직선거법은 외국인의 선거권을 제한적으로 인정하고 있다.[15)]

---

15) 공직선거법 제15조 제2항: 18세 이상으로서 제37조 제1항에 따른 선거인명부작성기준일 현재 다음 각 호의 어느 하나에 해당하는 사람은 그 구역에서 선거하는 지방자치단체의 의회의원 및 장의 선거권이 있다.
1. 주민등록법 제6조 제1항 제1호 또는 제2호에 해당하는 사람으로서 해당 지방자치단체의 관할 구역에 주민등록이 되어 있는 사람
2. 주민등록법 제6조 제1항 제3호에 해당하는 사람으로서 주민등록표에 3개월 이상 계속하여 올라 있고 해당 지방자치단체의 관할구역에 주민등록이 되어 있는 사람
3. 「출입국관리법」 제10조에 따른 영주의 체류자격 취득일 후 3년이 경과한 외국인으로서 같은 법 제34조에 따라 해당 지방자치단체의 외국인등록대장에 올라 있는 사람

제3부

헌법의 제도적 기초

「헌법의 제도적 기초」는 헌법질서의 형성에 중요한 역할을 하는 몇 가지 중심적 제도들의 기본구조를 정리한 것이다. 헌법의 각 분야에서는 혼인제도, 가족제도, 교육제도 등 다양한 제도들이 등장하고 있으며, 이들은 국민 생활의 형성에 매우 중요한 역할을 하는 것이기 때문에 헌법적 차원으로 끌어올려진 것이다.

그러나 헌법상 인정되고 있는 모든 제도들을 동일한 평면에서 논의하는 것은 적절하지 못하다. 대부분의 제도들은 —마치 대부분의 헌법원리들이 그러하듯이— 특정한 영역에서만 문제되기 때문에 그 영역에서의 고찰만으로 충분하다. 하지만 몇몇 제도들은 그 의미가 크고 영향력이 전체 국가질서에 미치는 것이기 때문에 특별히 취급될 필요가 있다. 즉 헌법질서의 전체적 구조를 좌우하는 요소 가운데 하나로 취급될 수 있는 제도들도 있다는 것이다.

현재 이러한 비중을 갖는 제도로서는 정당제도, 선거제도, 지방자치제도, 공무원제도, 그리고 경제질서(경제제도)를 들 수 있다.

제1장 정당제도

정당은 현대 대중민주주의를 실현하기 위한 필수적 요소로 인정된다. 정당의 존재와 기능을 통하여 비로소 국민대중의 정치적 의사를 결집시켜 전체적 국가의사로 정리하고, 그 기초 위에서 민주적 국가질서를 형성하는 것이 가능하기 때문이다.

그러나 정당이 민주주의의 실현을 위해 항상 긍정적인 작용만을 하는 것은 아니다. 이미 정당의 탄생 초기부터 정당에 대해 부정적인 태도가 상당히 강력하였으며, 더욱이 전체주의적 정당에 의해 민주주의를 파괴당한 경험 이후로는 정당에 대한 헌법의 태도도 더욱 조심스러워질 수밖에 없었다.

이에 따라 정당에 대한 헌법의 태도는 양면성을 띤다. 한편으로는 정당의 민주적 역할과 기능을 최대한 보장하면서, 다른 한편으로는 정당의 잘못된 발전에 의하여 민주주의가 침해·파괴되는 일이 없도록 예방책을 강구하고 있는 것이다. 따라서 정당에 대한 법적 문제들을 검토하는 데 있어서는 이러한 기본적 양면성을 전제하는 가운데 개별적 문제들을 이해하여야 할 것이다.

제8조: ① 정당의 설립은 자유이며, 복수정당제는 보장된다.
② 정당은 그 목적·조직과 활동이 민주적이어야 하며, 국민의 정치적 의사형성에 참여하는 데 필요한 조직을 가져야 한다.
③ 정당은 법률이 정하는 바에 의하여 국가의 보호를 받으며, 국가는 법률이 정하는 바에 의하여 정당운영에 필요한 자금을 보조할 수 있다.
④ 정당의 목적이나 활동이 민주적 기본질서에 위배될 때에는 정부는 헌법재판소에 그 해산을 제소할 수 있고, 정당은 헌법재판소의 심판에 의하여 해산된다.

그 밖에 정당법, 정치자금법, 국회법, 헌법재판소법 등 참조.

【사례: 정당해산】

2014년 12월 통합진보당이 헌법재판소 결정에 의해 해산되면서 새로운 진보정당의 결성이 모색되면서 수많은 시행착오 끝에 2015년 10월 '진보국민연대'라는 이름으로 새로운 정당이 창당되었다.

진보국민연대는 민노총과의 연대를 통해 노동자계층을 지지기반으로 삼음과 동시에 FTA의 피해농가들, 도시빈민층 등을 위한 정책을 내세우며 2016년 4월 국회의원선거와 2018년 6월 지방선거에 참여하였다. 그러나 진보국민연대가 구 통합진보당 인사들을 다수 포함하고 있는 것에 대한 부정적 여론으로 인하여 2016년 국회의원선거에서 1.7%의 지지에 그쳤고, 2018년 지방선거에서도 1.8%의 지지를 받았다.

이에 중앙선거관리위원회는 2018년 7월 1일 정당법 제44조 제1항 제3호에 근거하여 진보국민연대의 정당등록을 취소하였으며, 이를 공고하였다. 진보국민연대는 2018년 7월 30일 정당법 제44조 제1항 제3호의 위헌확인을 구하는 헌법소원심판을 청구하였다.

〈헌재 2014.1.28. 2012헌마431등 참고〉

〈참고조문〉

정당법 제44조 (등록의 취소)

① 정당이 다음 각 호의 어느 하나에 해당하는 때에는 당해 선거관리위원회는 그 등록을 취소한다.

1. 제17조(법정시 · 도당수) 및 제18조(시 · 도당의 법정당원수)의 요건을 구비하지 못하게 된 때. 다만, 요건의 흠결이 공직선거의 선거일 전 3월 이내에 생긴 때에는 선거일 후 3월까지, 그 외의 경우에는 요건흠결시부터 3월까지 그 취소를 유예한다.
2. 최근 4년간 임기만료에 의한 국회의원선거 또는 임기만료에 의한 지방자치단체의 장선거나 시 · 도의회의원선거에 참여하지 아니한 때
3. 임기만료에 의한 국회의원선거에 참여하여 의석을 얻지 못하고 국회의원선거와 지방선거에서 유효투표총수의 100분의 2 이상을 득표하지 못한 때 (2015.6.30. 개정)

② 제1항의 규정에 의하여 등록을 취소한 때에는 당해 선거관리위원회는 지체 없이 그 뜻을 공고하여야 한다.

1. 진보국민연대의 헌법소원심판청구는 적법한가? (30점)
2. 정당법 제44조 제1항 제3호를 신생정당에 대해서도 획일적으로 적용하는 것은 비례성원칙에 반하는가? (40점)
3. 만일 진보국민연대의 정강이 통합진보당과 유사하며, 그 중요 당직자들이 구 통합진보당 인사들인 경우에는 어떤 법적 대응이 가능한가? (30점)

제1절 민주주의의 다원주의적 기초와 정당민주주의

Ⅰ. 정당제도의 기원과 각국의 정당제도의 발달

1. 근대적 의회정치의 발달과 정당의 탄생

정치적 견해를 같이하는 사람들끼리 모임을 만들거나 정치적 행동(통일)체를 구성하는 것은 정치 그 자체의 역사만큼이나 오래되었고, 어떤 국가형태 하에서도 발견될 수 있다.

그러나 우리가 오늘날 이해하는 바와 같은 -확고한 조직체계를 갖추고 특정한 공동의 목적을 실현시키기 위해 노력하는- 근대적 의미의 정당은 역시 근대적 대의제를 전제로 하는 의회의 성립 이후에 탄생된 것으로 보아야 한다. 정당은 의회선거권을 수단으로 하여 의회에 진출하고자 하는 집단 간의 투쟁, 그리고 의회 내에 있어서의 정치적 투쟁으로부터 형성된 것이다.

그러므로 입헌주의적 체제 하에서 선거를 통해 일정한 정치권력을 획득하거나 정치적 영향력을 행사하기 위하여 -또는 그 전제조건인 의회제도 자체가 올바르게 정립될 수 있도록 만들기 위하여- 정치적 세력 내지 집단을 형성하는 데에서부터 근대적 의미의 정당이 시작되었다고 볼 수 있는 것이다.

2. 영국에서의 정당의 형성과 발달

의회제도를 가장 먼저 발달시킨 영국에서 최초의 근대적인 정당의 형성을 볼 수 있다. 영국에서는 이미 17세기에 의회가 -종래의 신분제의회(등족회의)와는 달리- 지속적인 정치적 세력요소로 작용하고 있었으며, 크롬웰 사후 명예혁명 이전 스튜어트 왕조의 대권인정에 관한 토리파(Tories)와 휘그파(Whigs)의 대립이 근대적 정당의 기원으로 일컬어지고 있다. 그러나 당시의 토리파와 휘그파는 그 범위와 한계가 분명하게 조직화된 현대적 의미의 정당은 아직 아니었다.[1)]

영국 정당의 변화는 18세기 말 미국의 독립과 그 과정에서 등장하였던 정치적 요청 등의 영향으로 새로운 -종래의 귀족세력의 이해관계의 테두리를 벗어나는- 변화가 시작되면서 비로소 본격화되었다.[2)] 나아가 영국의 1832년, 1867년, 1884/85년의 선거권

1) 오히려 당시의 여러 정치적 상황에 따라 그 중의 일부는 때로는 관직에 의해 또는 돈에 의해 왕과 수상의 수족으로 변하기도 하며, 다른 일부는 정치적 권력에 참여하지 못하고 배제되어 있는 일종의 (특정 계층의 이해관계를 대변하는) 의뢰인집단이었다. 당시에는 이데올로기적 대립보다는 정부의 구성과 운용의 현실이 정당활동에 있어서 더 큰 비중을 차지하고 있었다. 또한 오늘날과 같이 여당과 야당으로 구분되어 있는 것이 아니라 정치적 권력과 영향력, 관직 등을 위해 서로 투쟁하는 다수의 집단으로 나타나고 있었다. 선거권을 갖고 있는 국민의 수가 매우 제한되어 있었을 뿐 아니라 대부분의 의석이 돈으로 매수되거나 몇몇 가문에서 지명되다시피 하였기 때문에 오늘날과 같은 국민적 정치조직으로서의 정당은 아직 찾을 수 없었던 것이다.

2) 이와 관련하여 버크(*E. Burke*)는 정당을 "그 구성원 모두가 합의한 특별한 원리에 기초하여 단결된

의 확대와 더불어 현대적인 정당으로의 변화가 현실화되었다.[3] 새로이 정치과정에 참여하게 된 다수의 선거인들을 조직화하여 정치적으로 그들의 의사를 수렴하는 조직으로 정당이 탈바꿈하면서 종래처럼 특정집단의 의뢰인으로 의석을 확보하는 것은 점차 불가능하게 되었다.

그 동안 정치적으로 활동하던 집단들이 본질적으로는 「의회 내의 집단」에 불과하였다면, 이 시기 이후의 정당은 전국적인 정당조직을 구성하면서 새로운 모습을 갖추게 되었다. 즉 전체적인 당조직과 이념체계에 기초하여 정당이 통일적으로 운영되었으며, 전문적이고 관료적인 조직체계를 도입하면서 정당이 후보자의 공천 등에 영향력을 행사하게 된 것이다.

3. 미국에서의 정당의 형성과 발달

미국에서의 정당은 건국 초기 연방주의자와 분권주의자들의 대립에서 시작되는 것으로 알려져 있다. 이들의 정치적 대립은 특히 해밀턴(*Alexander Hamilton*)과 제퍼슨(*Thomas Jefferson*)의 주장에서 잘 드러나고 있다.

해밀턴은 국가의 부와 안전은 공업의 번성에 기초하고 있다고 보았고, 따라서 관세제도, 국영은행제도, 정부에 의한 채무인수 등을 지지하였다. 그는 또한 연방정부는 주정부에 승리할 수 있도록 강화되어야 한다고 느꼈다. 그는 거칠고 쉽게 부화뇌동하는 대중을 두려워하였으며, 그들에게는 정부의 통제에 관한 최소한의 몫만을 인정하고자 하였다.[4]

제퍼슨은 이러한 생각의 많은 부분에 반대하였다. 그는 농부가 국가를 위해 더 가치 있는 시민이라고 보았고, 미국을 농업국가로 발전시키기를 희망하였다. 그는 다수의 지배를 강조하였고, 공직을 자주 교체할 것을 주장하였으며, 혁명권까지도 인정하고자 하였다.

이러한 대립되는 주장들은 미국의 양대 정당의 기본적 방향을 제시하였다. 그러나 정당의 현대적 조직과 기술은 미국의 경우에도 매우 느린 발전을 보였으며, 미국의 정치적 발전이 정당을 중심으로 이루어짐에 따라 선거를 중심으로 정당조직의 체계화가 이루어졌던 것이다.

4. 프랑스에서의 정당의 형성과 발달

프랑스의 의회제도는 1789년의 대혁명 이후에 비로소 근대적인 형태로 구성될 수 있었다. 그러나 당시 (자코뱅, 지롱드 등의) 의회 내에서의 집단들은 초기에는 출신지역

힘으로 국민적 이익을 촉진시키기 위하여 노력하는 사람들의 결사"라고 규정함으로써 새로운 변화를 확인하기도 하였다.

3) 1832년의 제1차 선거법개정은 일정한 재산의 제한 하에 유산계급 전반에 참정권을 부여하는 것이었으며, 1867년의 제2차 선거법개정을 통해 도시노동자들에게 선거권이 확대되었다. 그리고 1884년의 제3차 선거법개정에 의해 농촌노동자에게도 선거권이 부여되었다.

4) 그는 부유하고 신분이 좋은 사람들에게 보다 큰, 지속적인 몫이 인정되어야 한다고 믿었던 것이다.

별의 모임이었고, 나중에는 정치적 견해를 같이하는 사람들의 모임으로 발전되기는 하였으나 전국적인 조직이나 소속의원들에 대한 영향력의 면에서 현대적 정당과 구별된다.[5)]

프랑스의 경우도 1848년 선거법의 개혁을 통하여 선거인의 수가 25만에서 800만으로 급격히 증대되자 선거인들을 정치적으로 조직화할 필요성이 인식되었으나 권위주의적 정치체제는 정당의 전국민적 조직화에 대한 장애로 작용하였다. 1870년의 제3공화국 헌법에 이르러서는 프랑스에서도 근대적 정당국가가 형성될 수 있는 헌법적 조건이 갖추어졌다.

그러나 프랑스에서도 비교적 일찍이 정치적 과정을 의회를 중심으로 처리하는 의회주의의 발전이 있었음에도 불구하고, 영국과는 달리 그것이 국민 전체를 포괄하는 현대적 정당제도의 발전으로 순조롭게 연결되지는 못하였다.[6)]

5. 독일에서의 정당의 형성과 발달

독일에서의 근대적 정당제도의 발전도 의회제도의 발전과 밀접한 관련 속에서, 즉 독일 최초의 근대적 의회의 시도라고 할 수 있는 1848/49년의 프랑크푸르트국민회의에서 이루어졌다.[7)]

그 이후의 시기에 독일의 근대적 정당의 발전에 특별한 의의를 갖고 있었던 것은 매우 작게 분화되어 있었던 다수의 자유주의적 단체 및 가톨릭 단체들이었다. 이들은 명망가정치의 현실 속에서 현안의 정치문제들에 대한 토의를 중심으로 정치적 입장과 견해들을 정리하여 정치적 의사형성에 기여하였고, 나아가 이들이 연합을 구성하여 공동의 선거후보자를 내세우는 활동을 함으로써 근대적 정당발전의 초석을 이루었기 때문이다.

그러나 비스마르크제국 하에서는 정치과정이 군주세력에 의해 사실상 독점됨으로 인하여 민주적 정당의 발전은 기대하기 어려웠으며, 1918년 독일의 11월혁명 이후에야 새로운 발전이 가능하였다. 그러나 나치당의 집권과 그 결과에 대한 체험은 나치의 붕괴 이후 새로운 헌법적 정당제도의 구성을 요청하게 되었다.

Ⅱ. 다원주의의 전개와 정당에 대한 헌법의 태도 변화

1. 민주주의의 초기단계와 자유로운 정치적 의사결정

이상 각국의 경우를 통해 살펴본 정당의 형성과 발전이 법적으로 항상 긍정적인 평

5) 또한 영국의 발전이 보여준 바와 같이 여당과 야당의 형태로 구성됨으로써 의회중심의 통치방식에 기여하도록 발전되지도 못하였다.

6) 도시를 중심으로 산업화가 이루어진 영국과는 달리, 프랑스의 경우 농업인구의 구성비율이 높았던 반면에 정당은 중앙집권적으로 운영됨으로 인하여 지방적 이해관계가 정당에 의해 제대로 반영되지 못하였다.

7) 3월혁명의 결과로 구성된 프랑크푸르트국민회의는 사실상 시민세력의 대표들로서만 구성된 것이었기 때문에 세력관계의 대립보다는 헌법정책적 관점에 따라 국민회의 내에서 다수의 집단이 형성되었고, 이것이 독일의 근대적 정당의 기원으로 일컬어지는 것이다. 그러나 프랑크푸르트헌법초안이 좌절되고, 이러한 의회제적 정당발전의 기초는 다시 상실되었다.

가만을 받았던 것은 아니다. 오히려 초기에는 이러한 정당의 구성과 활동을 부정적으로 평가하는 경향이 많이 있었다. 이것은 근대적 다원주의의 형성과 이에 대한 비판적 경향이라는 맥락에서 이해될 수 있다.

근대민주주의의 초기에는 일반의사론에 기초하여 부분이익을 추구하는 집단들을 부정적으로 평가하는 룻소의 영향과 아울러 정당이 국가정책방향에 대하여 대안을 제시하는 것을 공권력의 고유영역을 침범하는 것으로 생각하였던 관헌국가적 경향으로 인하여, 정당에 대한 부정적 · 적대적인 태도가 나타나게 되었다.

이것은 무엇보다 대의제 하에서 "선거를 통해 선출된 대표자는 국민전체의 대표이지 그를 선출한 선거민이나 선거구 또는 그를 추천한 정당의 대표가 아니다"라는 주장으로 나타났다. 그 결과 의원에게는 어떤 지시도, 기속적 위임도 부과되지 않는다는 **자유위임**이 대원칙으로 뿌리내리게 되었다.

결국 근대적 의회제도는 의회 내의 자유토론을 통한 합리적인 의사결정을 이상으로 생각하였고, 헌법은 이를 위하여 정당의 의원에 대한 영향력행사를 최소화시키려는 방향으로 구성되고 운용되었다.

2. 다원주의의 정착과 집단적 의사형성 – 정당을 통한 민주주의 실현

그러나 이러한 자유주의적 사상에 의해 지배되던 사고는 민주화와 더불어, 특히 현대적 대중민주주의의 도래와 더불어 변화될 수밖에 없었다. 의회의 독자성은 점차 약화 · 부정되었고, 국민의 의회에 대한 영향력은 증대되었다. 그런 가운데 국민의 지지에 의해 정당성을 확보한 정당이 그 실질적 영향력을 확대시켜 나가게 되었다. 의회에 의한 결정은 사실상 정당에 의한 결정이 되었고, 정당은 의원의 의회 내 활동의 거의 대부분을 통제하게 된 것이다.

이 시기에 이미 정당은 정치과정의 일부로서 확고하게 뿌리를 내렸으며, 더 이상 정당제도 자체를 적대시하거나 금지시키려는 시도는 찾기 어렵다. 그러나 또한 성문의 법규에 의해 이러한 변화를 수용한 예도 발견하기 어려우며, 정당의 사실적 활동과 기능을 법적으로 무시하는 태도를 보였다.

오랜 시간이 지나고 현실적인 변화에 따라 초기의 정당에 대한 적대적인 자세가 잊혀질 무렵에야 법률, 명령이나 (의회의) 의사규칙 등에 정당의 존재와 기능을 인정하는 규정들이 도입되게 되었다. 예컨대 야당의 당수에게 일정한 급여를 인정하는 법률이 제정되기도 하였고, 그 밖에 의회 밖의 정당활동에 대하여 많은 권리가 인정되기도, 또 의무가 부과되기도 하였다. 또한 공직선거에 대한 후보자를 공천하는 정당의 활동이 규율되기도 하였다. 그리고 종국적으로는 정당의 헌법적 지위와 기능을 헌법에서 직접 규정하는 단계에까지 발전하게 되었다.[8)]

---

8) 트리펠(*H. Triepel*)은 이러한 변화를 ① 적대시(Bekämpfung), ② 무시(Ignorierung), ③ 승인과 합법화(Anerkennung und Legalisierung), ④ 헌법에의 수용(verfassungsmäßige Inkorporation)이라는 네 단계의 발전으로 설명하였다.

3. 현대 민주주의와 정당의 역할

현대 민주주의 하에서 정당은 정치과정의 실질적 주체로 기능하고 있다. 사실상 선거의 주체가 되고 있을 뿐만 아니라 국가권력의 실질적 담당자로서의 역할까지도 하고 있는 것이다.

선거과정의 주체는 원칙적으로 선거권자인 국민과 피선거권자인 후보자이지만 실질적으로는 정당도 선거과정에 -후보자의 공천을 통하여 후보자에 못지않은 당사자로서- 참여하게 되는 것이다. 즉 정당도 선거의 실질적 주체의 하나로 인정된다. 또한 현실적으로 정당에 의하여 후보자로서 공천된다는 것 자체가 사실상 공직선거에서의 당선과 거의 다름이 없는 경우도 드물지 않으며, 설사 그런 정도에는 이르지 않는다 할지라도 비중 있는 정당을 통한 후보자의 공천이 실제 선거에서 차지하는 의미는 '절반의 당선' 이라는 표현이 지나치지 않을 정도이다.

또한 선거를 통해 당선된 국민의 대표자들은, 즉 우리나라의 경우 국회의원이나 대통령도, 정당이라는 조직을 통해 국정의 운영에 참여하는 것이 일반화되어 있다.

국회의원들의 경우 개인으로서 국회 내의 의사결정과정에서 미칠 수 있는 영향력은 제한적일 수밖에 없기 때문에 정치적 의견을 같이하는 다른 국회의원들과 일정한 정치세력을 형성하여 활동하는 것이 일반적이다. 그리고 이들을 묶어주는 가장 효과적인 조직체는 역시 정당이기 때문에 국회의원들의 활동은 일정한 정도까지 정당의 영향범위 내에 있는 것이다.

대통령의 경우, 우리나라에서는 대부분 집권 여당의 총재(현재의 당대표)를 겸직하고 있었으며, 그럼으로써 정부와 여당의 협력을 통해 정국을 보다 수월하게 이끌어가려는 경향이 지배적이었다. 대통령후보자 또한 정당의 공천을 통해 선거에 출마하는 것이 일반적이고, 그 선거과정을 통해 정당과의 결속이 강화되어 있을 뿐만 아니라, 집권 이후에도 정당(즉 여당)의 적절한 활용을 통해 야당을 견제하면서 자신이 직접 통솔하는 집행부가 입법부와도 커다란 마찰 없이 국가사무를 처리할 수 있도록 하는 것은 일반적 경향이라고 볼 수 있다.

그러나 이 경우에도 대통령이 일방적으로 정당을 이용한다기보다는 정당 또한 -소속 국회의원들을 통해 국회를 사실상 좌우하듯이- 대통령을 통해 정부의 조직과 활동에 대하여 상당한 영향력을 행사할 수 있게 되는 것이다.

Ⅲ. 의회민주주의에서 정당(국가적)민주주의로?

1. 고전적 의회민주주의와 정당

고전적인 의회민주주의는 의회 내의 자유로운 대화와 토론을 통한 합리적인 의사결정을 가장 이상적인 것으로 생각하였기 때문에 정당이 국회의원을 사실상 기속하는 것은 결코 바람직하지 않다고 생각하였다. 따라서 고전적 의회민주주의는 정당의 존재와 활동을 묵인하는 경우에도 정당의 역할을 선거과정에 국한하고자 하는 경향을 보였고, 의회의 활동, 즉 의원들이 의회 내에서 하는 활동은 정당의 영향력 밖에 두고자 하였던 것이다.

이러한 경향은 부분적으로만 성공하였다. 보통선거권의 확립을 향하여 선거권의 확대가 계속되고, 그 과정에서 과거의 이른바 명망가정치가 점차 막을 내리게 되는 상황에서는 결국 일정한 정치적 노선을 통해 의원들이 선거에서 자신을 유권자에게 알리는 작업이 정당의 매개 없이는 불가능하게 되었기 때문이다. 이처럼 선거에서 정당이 차지하는 비중이 커지면 커질수록 정당의 의원들에 대한 사실상의 기속력도 점점 더 커질 수밖에 없었고, 결과적으로 의원들은 선거 때뿐만 아니라 선거 이후에도 -다음 선거를 의식하면서- 정당의 노선을 크게 벗어나기 어려웠기 때문이다.

2. 정당의 발달과 의회의 기능 변화

현대에 들어와 보통선거권의 확립에 기반을 둔 대중민주주의가 정치현실을 지배하게 됨에 따라 19세기적 의미의 의회민주주의는 더 이상 존재할 수 없게 되었으며, 오늘날의 민주주의는 정당을 중심으로 운영되는 정당국가적 민주주의라고 주장하는 견해들이 대두되게 되었다.

라이프홀츠(*G. Leibholz*) 등에 의해 대표되는 이러한 주장은 다음과 같다:

① **민주주의의 성격의 변화**: 오늘날의 정당국가적 민주주의는 그 본질이나 형식에 비추어 대의제적 민주주의가 아닌 국민투표제적 민주주의의 성격을 갖는다.

② **일반의사의 지배**: 이에 따라 국가 내에서 정당에 의해 형성되는 국민의사 내지 일반의사가 지배하게 된다. 즉 국민투표제적 민주주의에서 유권자의 다수가 국민전체의 의사와 동일시되는 것처럼 정당국가적 민주주의 하에서는 의회와 정부를 구성하는 다수당의 의사가 일반의사와 동일시되는 것이다.

③ **의회의 위상 변화**: 의회는 전통적 의의를 점차 상실하게 되고, 정당의 대표자들이 이미 결정된 사항들을 등록하는 장소가 되어버렸다. 즉 의원들은 이미 자유로운 토론과 그 과정을 통한 결정을 위해 의회에서 발언하고 토의하는 것이 아니라 의사당의 창밖을 향해, 즉 유권자에게 보여주기 위하여 그러한 발언과 토의를 하는 것이다.

④ **의회 내 의원의 위상 변화**: 정당에 의한 사실적 구속을 받는 의원은 더 이상 의회 내에서 자유로운 의사결정을 내리는 국민전체의 대표자라기보다는 -정당 내부의 결정에 구속되는- 정당조직의 한 구성부분에 지나지 않게 되었다. 이에 따라 종래 의원에게 인정되던 각종 권리나 특권 등도 그 의미와 기능이 변질되었다.

⑤ **선거의 의미 변화**: 정당국가적 민주주의 하의 선거에서는 자유주의적 대의제민주주의 하에서의 선거처럼 후보자의 인격과 능력을 기준으로 대표자로 선출되는 것이 아니라 어떤 정당에 소속되어 있는지의 여부에 따라 선출되는 경향이 커진다. 예컨대 비례대표제 선거제도의 도입도 정당국가적 발전의 결과로 인정될 수 있다.

⑥ **직업공무원제의 의의 변화**: 정당 간의 정치적·정책적 대립 가운데서 국가질

서의 안정성을 유지하기 위하여 직업공무원제의 의의가 더욱 강조된다. 그러나 오늘날의 정당국가적 현실 속에서 직업공무원제만으로써 국가의 통치구조를 지탱할 수 있는 민주적 정당성을 확보할 수는 없다.

3. 정당(국가적)민주주의의 의의와 한계

오늘날의 정치현실은 정당을 배제하고는 생각하기 어려울 정도로 정당의 영향을 크게 받고 있다. 현대에 들어와 대중민주주의가 보편화되면서 19세기적 의미의 의회민주주의는 더 이상 가능하지 않으며, 현대적 대중민주주의는 정당을 중심으로 운영되는 이른바 정당국가적 민주주의가 정치과정을 지배하고 있는 것이다.

이러한 정당국가적 민주주의는 긍정적인 측면과 부정적인 측면을 동시에 갖고 있다. **긍정적인 측면**으로는 정당을 통해 국민의 의사가 다양한 형태로 지속적으로 국가의사 형성과정에 반영될 수 있다는 점, 그리고 정당을 통해 의회 내의 의견이 사전적으로 조정될 수 있게 됨으로써 의회 내 의사결정의 효율성을 확보할 수 있게 되었다는 점이다. 그러나 **부정적인 측면**도 적지 않다. 정당(수뇌부)의 결정에 따라 일사불란하게 움직이는 정당조직의 성격 때문에 개개의 의원들이 소신에 따라 의정활동을 하는 것이 어려우며, 합리적인 대화와 토론을 통한 의사결정보다는 정당들의 막후협상을 통해 의회의 운영이 결정되는 것, 그리고 여당과 정부가 같은 정당에 의해 구성됨으로 인하여 의회가 정부에 대해 실질적인 통제를 제대로 하지 못하는 것 등은 중대한 문제점이라고 할 수 있다.

이처럼 정당국가의 현실이 반드시 긍정적 측면만을 갖고 있는 것이 아니기 때문에 정당의 기능과 활동의 민주성 확보, 정당의 의원에 대한 구속의 제한(자유위임의 현대적 의의!),[9] 그리고 무엇보다 -국민의 참여를 통한- 의회기능의 확대와 활성화 등을 통하여 정당국가화 경향으로 말미암아 나타날 수 있는 부정적 효과에 대응하려는 노력도 매우 큰 의미를 갖는다. 특히 당내민주주의의 실현을 통한 정당의 민주성 확보는 정당정치의, 나아가 민주주의 자체의 성패를 좌우할 정도로 커다란 비중을 갖는다.

---

9) 그러나 현실적으로 정당의 의원에 대한 사실상의 구속을 어느 정도로 인정할 것인가는 매우 미묘한 문제이다. 이와 관련하여 헌법재판소는 "국회의원의 원내활동을 기본적으로 각자에 맡기는 자유위임은 자유로운 토론과 의사형성을 가능하게 함으로써 당내민주주의를 구현하고 정당의 독재화 또는 과두화를 막아주는 순기능을 갖는다. 그러나 자유위임은 의회 내에서의 정치의사형성에 정당의 협력을 배척하는 것이 아니며, 의원이 정당과 교섭단체의 지시에 기속되는 것을 배제하는 근거가 되는 것도 아니다. 또한 국회의원의 국민대표성을 중시하는 입장에서도 특정 정당에 소속된 국회의원이 정당기속 내지는 교섭단체의 결정(소위 '당론')에 위반하는 정치활동을 한 이유로 제재를 받는 경우, 국회의원 신분을 상실하게 할 수는 없으나 "정당내부의 사실상의 강제" 또는 소속 "정당으로부터의 제명"은 가능하다고 보고 있다. 그렇다면, 당론과 다른 견해를 가진 소속 국회의원을 당해 교섭단체의 필요에 따라 다른 상임위원회로의 전임(사·보임)하는 조치는 특별한 사정이 없는 한 헌법상 용인될 수 있는 "정당내부의 사실상 강제"의 범위 내에 해당한다고 할 것이다"라고 판시한 바 있다(**헌재 2003.10.30. 2002헌라1 결정**). 이와 관련하여 **헌재 2020.5.27. 2019헌라1 결정**도 참조.

제2절 현행헌법상 정당의 의의와 기능

Ⅰ. 정당의 개념

현행헌법 제8조와 정당법 제2조에 기초해서 보면 정당은 다음과 같이 개념정의될 수 있다:

> "정당은 후보자의 추천 또는 정책제시를 통해 각종 대의기관의 선거에 적극 참여함으로써 정권을 획득하려는, 또는 정치적 영향력을 행사하고자 하는, 국민의 자발적이고 계속적인 정치단체로서, 국민의 정치적 의사형성에 참여함으로써 이를 촉진시키고 상향적인 국가의사형성을 가능케 한다."[10)]

즉 정당은 선거에 직접 참여한다는 점에서 **이익단체**나 **압력단체** 등과 구별되며, 계속적인 정치단체라는 점에서 **일시적인 선거조직**과 구별된다.

Ⅱ. 제헌헌법 이래의 정당에 관한 헌법규정의 변천

제헌헌법은 정당에 관한 특별규정을 두지 않고 있었다.

1960년의 제2공화국 헌법 제13조 제2항에서 "정당은 법률이 정하는 바에 의하여 국가의 보호를 받는다. 단 정당의 목적이나 활동이 헌법의 민주적 기본질서에 위배될 때에는 정부가 대통령의 승인을 얻어 소추하고 헌법재판소가 판결로써 그 정당의 해산을 명한다"는 규정이 처음 도입되었다.

1962년의 제3공화국 헌법 제7조는 "① 정당의 설립은 자유이며, 복수정당제는 보장된다. ② 정당은 그 조직과 활동이 민주적이어야 하며, 국민의 정치적 의사형성에 필요한 조직을 가져야 한다. ③ 정당은 국가의 보호를 받는다. 다만 정당의 목적이나 활동이 민주적 기본질서에 위배될 때에는 정부는 대법원에 그 해산을 제소할 수 있고, 정당은 대법원의 판결에 의하여 해산된다"고 규정하였다. 또한 제36조 제3항과 제64조 제3항에서는 국회의원선거 및 대통령선거에 정당의 후보자공천권을 인정하였고(무소속 후보의 출마금지), 제38조에서는 당적을 이탈·변경한 국회의원의 의원직박탈을 규정하고 있었다.

1972년의 제4공화국 헌법(이른바 유신헌법)은 제7조 제3항을 "정당은 법률이 정하는 바에 의하여 국가의 보호를 받는다. 다만 정당의 목적이나 활동이 민주적 기본질서에 위배되거나 국가의 존립에 위해가 될 때에는 정부는 헌법위원회에 그 해산을 제소할 수 있고, 정당은 헌법위원회의 결정에 의하여 해산된다"라고 개정하였다. 또한 국회의

10) 헌법재판소는 같은 의미로 정당의 개념을 규정하고 있다. 이에 관하여는 헌재 1991.3.11. 91헌마21 결정; 1996.8.29. 96헌마99 결정 참조.

원 등의 입후보에 대한 정당공천요구를 삭제함으로써 국회의원 등의 무소속입후보를 허용하였다. 다만 통일주체국민회의 대의원선거에서는 정당소속원의 출마를 금지하였다(제37조 제3항).

1980년의 제5공화국 헌법은 제7조 제3항에 "정당은 법률이 정하는 바에 의하여 국가의 보호를 받으며, 국가는 법률이 정하는 바에 의하여 정당의 운영에 필요한 자금을 보조할 수 있다"는 규정을 신설하고, 제4항에서 "정당의 목적이나 활동이 민주적 기본질서에 위배될 때에는 정부는 헌법위원회에 그 해산을 제소할 수 있고, 정당은 헌법위원회의 결정에 의하여 해산된다"고 규정하였다.

그리고 1987년 헌법, 즉 현행헌법은 제8조에서 정당에 관한 규정을 두고 있는데, 제4항의 정당해산결정이 헌법위원회가 아닌 헌법재판소로 바뀌었을 뿐 기본적으로 1980년 헌법 제7조를 계승하고 있다. 그리고 공직선거법 제192조 제4항에 의하여 비례대표 국회의원 또는 비례대표 지방의회의원이 소속 정당의 합당 · 해산 또는 제명 외의 사유로 당적을 이탈 · 변경하거나 둘 이상의 당적을 가지고 있는 경우에는 의원직이 상실된다.[11)]

Ⅲ. 현행헌법 제8조와 정당의 헌법상 지위

1. 현행헌법 제8조의 해석방법

현행헌법은 제8조 제1항에서 정당설립의 자유를 인정하고 있는가 하면 동조 제3항에서는 국가가 정당운영에 필요한 자금을 보조할 수 있도록 규정하고 있다. 이러한 현행헌법의 태도는 정당의 헌법상 지위를 어떻게 이해할 것인가의 문제와 관련하여 많은 논란의 여지를 남기고 있다.

먼저 제8조 제1항의 규정에 따라 인정되는 정당설립의 자유는 정당의 성격상 당연히 인정되어야 할 것이라고 볼 수 있다. 정당이 다원주의의 구조에 따라 국민의 민주적 의사를 수렴하여 국가질서의 형성에 전달하는 역할을 하는 것이라면, 그러한 정당은 국민의 자발적 의사에 의하여 자유로이 설립될 수 있어야 한다. 그렇지 않고 정당의 자유로운 설립이 억제되거나 정당의 설립에 국가가 관여하게 될 경우에는 국민의사의 자유로운 발현 자체가 왜곡될 것이기 때문이다.

그러나 제8조 제3항에서는 정당에 대한 국고보조의 가능성을 열어두고 있다. 즉 국가가 정당의 핵심적 문제에 대하여 일정 부분 관여할 수 있는 여지를 준 것이다. 이러한 헌법의 태도는 정당의 설립에 대한 헌법의 태도와 비교할 때, 마치 정당의 활동에 대해서는 국가의 관여가 허용되는 것으로 여겨질 수 있기 때문에 자칫하면 정당의 성격 내지 헌법상의 지위에 관한 혼란을 빚게 될 여지가 있다.

그러나 현행헌법 제8조의 전체적 취지를 종합적으로 검토해 보면, 현행헌법은 정당에 대하여 설립과 활동 모두에 대하여 자유와 평등을 인정하는 것으로 보아야 할 것이

11) 다만 비례대표 국회의원이 국회의장으로 당선되어 국회법 제20조의2 제1항에 의하여 당적을 이탈한 경우에는 그렇지 않다.

다. 즉 민주주의의 이념인 자유와 평등이 모든 정당에게 인정됨으로써 정당을 통한 민주주의의 실현이 가능하게끔 구성하고 있는 것이다. 다만 정당이 민주주의의 실현이 아니라 민주주의의 파괴를 지향할 경우에는 극단적인 대응책으로서 위헌정당의 해산을 가능하게 하고 있다고 볼 수 있다.

이렇게 볼 때, 헌법 제8조의 전체 조항들이 통일적으로 해석되어야 함은 물론, 그 해석의 결과는 또한 민주주의에 대한 현행헌법의 전체적 해석과도 합치될 수 있도록 조정되어야 한다. 즉 전체 헌법의 민주주의 질서에 대한 이해를 전제로 현행헌법 제8조의 정당에 관한 규정들이 해석되어야 하는 것이다.

2. 정당의 헌법상 지위[12)]

정당의 헌법상 지위에 관하여는 전통적으로 국가기관설(헌법기관설)과 사(법)적 결사설이 대립되어 왔으나 오늘날에는 중개체설이 등장하면서 가장 설득력 있는 이론으로 받아들여지고 있다.[13)]

(1) 국가기관설(헌법기관설)

오늘날 정당이 모든 국가기관에 사실상 영향력을 행사하고 있음을 고려할 때, 정당(특히 다수당)은 국가권력의 담당자처럼 인식될 수 있으며, 이에 따라 헌법규정을 근거로 정당이 국가기관으로서의 성격을 갖는다고 인정하는 견해이다. 라이프홀츠(*G. Leibholz*), 베버(*W. Weber*), 기제(*F. Giese*), 함만(*A. Hamman*) 등에 의해 주장된 바 있다.

이에 대해서는 우리가 국가기관의 개념을 어떻게 정의하느냐에 따라 다른 결론이 내려질 수 있지만, 일단 지배적인 견해에 따라 국가기관이란 "헌법에 의하여 설치되고, 권한이 부여되고, 국가의 기능을 수행하는 국가조직의 일부"라고 이해하게 되면 정당은 국가기관으로서의 성격을 갖지 못한다. 정당의 사실적 영향력으로 인하여 곧 정당의 의사가 국가의사와 동일시될 수는 없으며, 정당 자체가 국가권력의 담당자가 되거나 (그 설립과 활동의 자유에 비추어 볼 때) 국가조직의 일부로서의 권한과 의무를 갖고 있는 것으로도 이해될 수 없다.

---

12) 정당의 헌법상의 지위를 논하는 실익에 관하여는 회의적인 태도들, 예컨대 「정당의 헌법상의 지위」라는 주제가 진부한 것이 아닌가 하는 의문도 나타난다. 이러한 맥락에서 실용적이고 기능적인 사고를 존중하는 영미법계에서는 이러한 문제가 별로 논의되지 않았다는 점, 그리고 독일의 경우도 정당법의 제정을 앞둔 1950년 말과 1960년대 초에 그에 관한 논의가 활발했다는 점이 지적되기도 한다. 그러나 정당의 헌법상의 지위를 밝히는 것이 오늘날 그 의미를 전혀 상실한 것은 아니다. 우리가 정당의 헌법상 지위를 논하는 것은 전체적인 헌법질서의 구조를 전제로 정당이 그 가운데서 어떠한 위치에서 어떠한 역할을 수행하고 있으며, 또 그에 따라 정당에 어떠한 헌법적 권리와 의무가 인정되는지를 판단하기 위한 것이다. 즉 한편으로는 헌법체계론적 관점에서, 다른 한편으로는 정당에 대해 인정되는 구체적인 권리·의무의 범위라는 현실적 판단의 기준으로서 정당의 헌법상 지위에 대한 논의는 여전히 커다란 실질적 의의를 갖고 있다. 예컨대 정당의 헌법상의 지위를 국가기관설의 입장에서 바라볼 경우에는 현행헌법과 헌법재판소법상으로도 정당이 권한쟁의의 당사자로 인정될 수 있을 것이다. 따라서 정당의 헌법상 지위에 관한 판단은 헌법질서 내에서, 특히 민주적 정치의사형성과정에서 정당이 담당하는 역할을 중심으로 조심스럽게 내려져야 할 필요가 있다.

13) 정당의 헌법상 지위에 관하여 상세한 것은 계희열, 헌법학(상), 2005, 266쪽 이하 참조.

(2) 사(법)적 결사설

정당이 국민의 정치적 의사형성에 참여한다는 헌법적 과제를 지고 있음은 인정되지만 정당은 본질적으로 자유로운 사적 결사라고 이해하는 견해이다. 즉 정당은 그 설립과 활동의 자유, 그리고 정당의 조직에 비추어 다른 국가기관과 본질적으로 구별되는 자유롭고 민주적인 조직이라고 보는 견해로서 헹케(*W. Henke*) 등에 의하여 주장되었다.

그러나 정당을 국가기관으로 볼 수 없다는 것이 곧 정당을 일반적인 사적 결사와 동일시하는 것으로 귀결되어서는 곤란하다. 정당이 수행하는 헌법적 기능 및 그에 따라 정당에게 특별히 부여되는 특수한 지위에 비추어 볼 때 정당을 사적 결사로만 보는 데에도 역시 문제가 있다.

(3) 중개체설(중간형태설)

오늘날의 지배적 견해는 정당을 국가조직의 일부로는 보지 않으면서도 정당이 담당하고 있는 공적 기능 및 그에 따른 특수한 지위를 인정하려는 방향으로 나타나고 있다. 멩거(*Ch. F. Menger*), 자이페르트(*K. H. Seifert*), 베르니케(*H. W. Wernicke*) 등에 의해 주장되었으며, 헷세에 의해 정당의 「자유의 지위」, 「평등의 지위」, 「공공의 지위」로 정리되어 오늘날 가장 널리 받아들여지고 있는 견해이다. 우리 헌법재판소도 이러한 입장을 따르고 있다.[14)]

3. 정당의 법적 존재형식

종래 정당의 법적 성격 내지 존재형식을 어떻게 볼 것인지가 논란의 대상이 된 바 있다. 이와 관련하여 정당의 법적 성격을 사적·정치적 결사로 보는 견해,[15)] 민법상의 법인격(권리능력)없는 사단으로 이해하는 견해,[16)] 헌법제도와 결사의 혼성체로 보는 견해[17)] 등이 대립되었다.

그러나 이러한 논의는 오늘날 -적어도 헌법이론과 실무상으로- 큰 실익을 갖지 못한다고 할 수 있다. 정당이 (정치적) 결사 내지 권리능력 없는 사단으로서의 성격을 갖는다는 것은 민법상의 권리능력과 관련하여 특별한 의미를 가질 수도 있겠지만,[18)] 헌법상으로는 헌법과 정당법, 정치자금법 등에 의해 규율되는 정당의 법적 지위에 직접적인 영향을 미치지 못하기 때문이다. 또한 현실적인 문제로서 정당의 권리능력 문제가 기본권능력과 결부되어서 정당이 헌법소원의 주체가 될 수 있는지의 문제로 나타날 수 있겠지만, 이미 이에 대해서도 헌법재판소의 판례를 통해 정당의 헌법소원의 청구인적격이

---

14) **헌재 2003.10.30. 2002헌라1 결정**: "정당은 국민과 국가의 중개자로서 정치적 도관(導管)의 기능을 수행하여 주체적·능동적으로 국민의 다원적 정치의사를 유도·통합함으로써 국가정책의 결정에 직접 영향을 미칠 수 있는 규모의 정치적 의사를 형성하고 있다."

15) 문홍주, 제6공화국 한국헌법, 1987, 168쪽.

16) 권영성, 헌법학원론, 2010, 191쪽; 박일경, 제6공화국 신헌법, 1990, 115쪽.

17) 김철수, 헌법학개론, 2007, 215쪽.

18) **헌재 1993.7.29. 92헌마262 결정**: "정당이나 그 지구당은 적어도 그 소유재산의 귀속관계에 있어서는 법인격 없는 사단으로 보아야 하므로 …".

인정되고 있으므로 역시 논의의 실익은 크게 나타나지 않는다.

Ⅳ. 정당의 헌법적 기능

정당의 기능은 상술한 정당의 헌법상 지위와 불가분의 관계에 있다. 정당이 일반국민과 국가기관의 중간에 위치하고 있음으로 인하여 정당은 헌법상으로 특수한 기능을 담당하게끔 되어 있는 것이다. 한편으로는 아래에서부터 형성된 국민의사를 국가의사로 매개 내지 중개하는 역할을 하게 되며, 때로는 역으로 국민을 계도하여 국민의사의 형성방향에 영향을 미치기도 한다. 또한 정치지도자를 발굴·양성하는 기능과 여·야당간의 권력분립적 기능도 중요하다.

1. 중개적 기능

국민의 정치적 의사형성에 적극적으로 참여하는 것은 오늘날 정당의 기본적인 개념징표이다. 이러한 과정을 통하여 국민의사가 전체국가의사로 형성될 수 있도록 정리하는 상향적 국가의사형성의 매개자로서 활동한다는 점이 정당의 가장 중요한 기능으로 인식되고 있는 까닭은 그것이 민주주의를 실질화시키는 데 큰 의의를 갖고 있기 때문이다.[19)]

특히 정당은 민주주의에 있어서 국가권력의 정당성의 근원인 국민이 선거기간 이외의 시기에 있어서도 국가기관과 계속 연결될 수 있도록 하는 교량 역할을 한다. 이를 통하여 정당은 국민의 의사가 국가질서형성에 지속적으로 반영될 수 있도록 담보하는 역할을 하는 것이다.[20)]

이런 맥락에서 정당은 공적인 영역과 사적인 생활영역을 매개하는 역할을 한다고도 생각될 수 있다. 즉 종래의 국가와 사회의 엄격한 이원적 구조가 붕괴되면서 이를 대신하여 공적 영역과 사적 생활영역으로의 상대적인 구별이 이루어지게 되었고, 이 양자를 다시 매개하는 작용을 정당이 담당하는 것으로 이해되는 것이다.[21)]

이에 따라 정당은 사회적인 갈등을 수렴·조정하면서 공적인 영역에서 정치적 의사를 예비적으로 형성(Vorformung des politischen Willens)하는 것으로 이해된다.

2. 계도적 기능

정당은 국민의 의사를 왜곡 없이 수렴하여 국가기관에 전달하는 소극적·수동적 역할만을 담당하는 것이 아니라 적극적으로 국민의 정치적 의사형성과정에 참여하여 이를 올바른 방향으로 계도하는 기능도 담당한다. 정당에 의한 정책대안의 개발과 이를 국민

19) 정당법이 제1조에서 "국민의 정치적 의사형성에 참여하는데 필요한 조직"의 확보를 정당의 중요한 목적의 하나로 규정하고 있는 것도 이러한 중개적 기능수행을 전제한 것이라고 볼 수 있다.

20) 정당은 선거를 통한 정권획득을 목표로 하지만, 선거 이외의 시기에 있어서도 국민의 의사를 항시적으로 수렴하여 국정에 반영시키는 역할을 담당하는 것이다.

21) 국내외의 통설이 정당의 헌법상 지위를 중개체설에 따라 이해하는 것은 바로 이러한 구조를 전제하는 것으로 볼 수 있을 것이다.

에게 홍보하고 설득시키는 활동은 이러한 맥락에서 이해될 수 있다.[22)]

3. 정치지도자를 발굴 · 훈련 · 양성하는 기능

현대의 민주주의국가에 있어서는 이론과 실무에 있어서 많은 전문적 지식과 훈련을 쌓은 전문정치인이 많이 필요하다. 따라서 국가를 이끌어 갈 정치지도자를 발굴하고, 훈련시키고, 국민 앞에 선거의 후보자로 내세워 국민의 판단을 받게 하는 것도 민주국가에 있어서 정당의 중요한 기능의 하나로 인정되고 있다.[23)]

4. 권력분립적 기능

오늘날 정당국가화경향에 따라 고전적인 국가기관간의 권력분립은 그 의미가 -완전히 소멸된 것은 아니더라도- 많이 약화되었다. 이에 따라 오늘날에는 의회와 행정부간의 권력분립보다 여당과 야당 간의 견제와 균형이 보다 중요한 권력분립적 요소로 인정되면서[24)] 정당 간의 권력분립적 기능의 중요성이 더욱 부각되고 있다.[25)]

제 3 절 정당의 권리와 의무

Ⅰ. 정당의 설립과 활동의 자유

다원적 정치과정 속에서 국민의 의사를 왜곡 없이 수렴하고 반영시키는 정당의 중개적 기능이 보장되기 위해서는 무엇보다 먼저 정당의 자유로운 설립과 활동을 통한 복수정당제의 보장[26)]이 전제되어야 한다.

정당설립의 자유[27)]와 관련하여 문제되는 것으로 **정당의 등록제도**가 있다.[28)] 올바

---

22) 그러나 또한 정당에 의한 계도적 기능이 국민의 자발적 의사를 왜곡시키는 정치적 조작이 되지 않도록 유의할 필요도 있을 것이다.

23) 허영, 헌법이론과 헌법, 2021, 250쪽 이하 참조.

24) 캐기(*W. Kägi*)나 슈테른(*K. Stern*) 등에 의해 주장되는 포괄적 · 다차원적 권력분립론은 여당과 야당 간의 견제 · 통제를 권력분립의 중요한 요소의 하나로 보고 있다. 여당과 야당의 견제기능에 관하여는 또한 허영, 헌법이론과 헌법, 2021, 254쪽 이하 참조.

25) 이를 위하여 야당의 정치적 통제기능을 가능하게 하기 위한 각종 제도적 장치의 구성이 문제된다. 예컨대 헌법 제130조 제1항에 따라 헌법개정의 경우에는 야당이 3분의 1 이상의 의석만 확보하고 있으면 개헌을 저지할 수도 있도록 하는 것은 야당의 통제기능을 강화시킨 것으로 볼 수 있을 것이다.

26) 복수정당제는 정당의 설립에 대한 제한과 마찬가지로 설립의 강제, 어용정당의 구성 등도 금지할 것을 요청한다.

27) **헌재 2006.3.30. 2004헌마246 결정**: "헌법 제8조 제1항 전단의 정당설립의 자유는 정당설립의 자유만이 아니라 누구나 국가의 간섭을 받지 아니하고 자유롭게 정당에 가입하고 정당으로부터 탈퇴할 수 있는 자유를 함께 보장한다. 구체적으로 정당의 자유는 개개인의 자유로운 정당설립 및 정당가입의 자유, 조직형식 내지 법형식 선택의 자유를 포함한다. 또한 정당설립의 자유는 설립에 대응하는 정당해산의 자유, 합당의 자유, 분당의 자유도 포함한다. 뿐만 아니라 정당설립의 자유는 개인이 정당 일

른 정당제도의 육성과 질서유지를 위하여 최소한 필요한 등록제를 채택하는 것은 허용된다고 보는 것이 다수설과 판례[29]이지만, 이를 엄격히 해석하여 등록요건을 갖추지 못한 정당(또는 등록취소가 된 정당)은 정치과정에 전혀 참여하지 못하는 것으로 해석한다면 -현행 정당법상의 등록요건이 지나치게 엄격하여 정당설립의 자유를 매우 심하게 제한하게 되는 것은 접어두고라도- 정당에 의한 국민의사의 정상적인 반영이 사실상 어려워지는 결과를 초래하게 될 것이며, 전국규모로 조직화되지 못한 소수자의 정치활동에 대한 지나친 규제가 될 것이다.[30]

따라서 정당의 등록은 정당에 대한 국고보조 등과 관련한 일정한 법률상의 혜택을 받기 위한 조건으로 이해되어야지, 정당의 정치활동 자체가 가능하기 위한 요건으로 인정되어서는 안 된다고 보아야 할 것이다.

Ⅱ. 정당의 기회균등

정당의 민주적 기능은 또한 정당의 기회균등을 통해서만 가능하다. 모든 정당에게 -여당과 야당, 대정당과 군소정당에 대한 법적 차별 없이- 원칙적으로 동등한 정치적 권리와 기회가 부여되어야 한다.

그러나 때로는 안정적 다수의 형성을 통한 안정된 정부의 구성이라는 목적에서 -비례대표제[31]에 있어서의 저지조항 등- 정당간의 평등이 부분적으로 제한되기도 하며,

---

반 또는 특정 정당에 가입하지 아니할 자유, 가입했던 정당으로부터 탈퇴할 자유 등 소극적 자유도 포함한다."

28) 정당법 제11조-제16조 참조.

29) 계희열, 헌법학(상), 2005, 262쪽; 권영성, 헌법학원론, 2010, 192쪽; 김철수, 헌법학개론, 2007, 222쪽 등에서는 정당법상의 등록요건을 정당의 성립요건 내지 조직기준으로 인정함으로써 정당에 대한 등록제도를 정당한 것으로 받아들이고 있다.
헌재 2006.3.30. 2004헌마246 결정: "이 사건 법률조항이 비록 정당으로 등록되기에 필요한 요건으로서 5개 이상의 시·도당 및 각 시·도당마다 1,000명 이상의 당원을 갖출 것을 요구하고 있기 때문에 국민의 정당설립의 자유에 어느 정도 제한을 가하는 점이 있는 것은 사실이나, 이러한 제한은 "상당한 기간 또는 계속해서", "상당한 지역에서" 국민의 정치적 의사형성 과정에 참여해야 한다는 헌법상 정당의 개념표지를 구현하기 위한 합리적인 제한이라고 할 것이므로, 그러한 제한은 헌법적으로 정당화된다고 할 것이다."

30) 헌법재판소도 "민주적 의사형성과정의 개방성을 보장하기 위하여 정당설립의 자유를 최대한으로 보호하려는 헌법 제8조의 정신에 비추어, 정당의 설립 및 가입을 금지하는 법률조항은 이를 정당화하는 사유의 중대성에 있어서 적어도 '민주적 기본질서에 대한 위반'에 버금가는 것이어야 한다고 판단된다. 다시 말하면, 오늘날의 의회민주주의가 정당의 존재 없이는 기능할 수 없다는 점에서 심지어 '위헌적인 정당을 금지해야 할 공익'도 정당설립의 자유에 대한 입법적 제한을 정당화하지 못하도록 규정한 것이 헌법의 객관적인 의사라면, 입법자가 그 외의 공익적 고려에 의하여 정당설립금지조항을 도입하는 것은 원칙적으로 헌법에 위반된다"고 판시한 바 있다(**헌재 1999.12.23. 99헌마135 결정**).

31) 구 공직선거법 제189조 제1항: "… 지역구국회의원선거에서 5석 이상의 의석을 차지하였거나 유효투표총수의 100분의 5 이상을 득표한 각 정당에 대하여 지역구국회의원총선거에서 얻은 득표비율에 따라 비례대표국회의원의석을 배분한다. 다만, 지역구국회의원총선거에서 유효투표총수의 100분의 3 이상 100분의 5 미만을 득표한 각 정당에 대하여는 비례대표국회의원의석 1석씩을 배분한다."
그러나 구 공직선거법상의 비례대표제 선거방식이 직접선거의 원칙에 위반된다는 문제로 인하여 헌법재판소에 의하여 위헌으로 인정되었기 때문에(**헌재 2001.7.19. 2000헌마91등 결정**) 정당에

방송을 통한 선거운동이나 정당에 대한 국고보조[32] 등의 경우처럼 합리적인 차별이 요구되는 경우도 있다. 그리고 각종 후원회, 기부자, 이익단체 등을 통한 지원은 역시 정당간의 평등에 의해 직접적인 영향을 받지 아니한다.

Ⅲ. 정당의 민주적 내부질서 - 당내민주주의

1. 정당의 민주적 내부질서의 필요성

정당에 관한 헌법적 문제들은 **정당의 민주적 기능**과 **정당 자체의 민주성**을 두 개의 축으로 하여 그 주변을 돌고 있는 것으로 볼 수 있다. 현대정치에서 정당이 차지하는 비중이 커지고, 정당을 통한 민주주의의 실현이 불가피한 현실로 받아들여지면서 한편으로는 민주적 정치의사 형성과정에서 정당이 담당하는 기능을 중심으로 정당에 대한 특별한 법적 보호 및 그 기능수행과 관련된 의무의 부과가, 다른 한편으로는 이러한 정당의 민주적 기능을 위한 전제로서 정당 자체의 민주성에 대한 요청이 정당에 대한 모든 헌법적 문제들의 근저에 깔려 있는 것이다.[33]

이런 측면에서 볼 때 정당에 대한 민주화의 요청 내지 당내민주주의의 요청은 정당의 민주적 기능 내지 이를 기초로 한 정당(국가적)민주주의의 가장 기본적인 실현조건이라고 할 수 있을 것이다. 헌법 제8조 제2항이 정당의 목적과 활동의 민주성뿐만 아니라 정당조직의 민주성도 요청하는 것은 그러한 맥락에서 이해될 수 있을 것이다.

2. 당내민주주의의 구체적 요소

정당이 내부적으로 민주화되어 있는지에 대한 판단은 쉽지 않다. 외부로부터의 판단은 더욱 어려울 수밖에 없다. 그러나 민주주의의 이념 및 민주주의를 구성하는 본질적 징표들에 의존하여 몇 가지 기준을 세울 수는 있을 것이다:

① 정당의 지도부가 당원의 신임에 기초하고 있어야 한다. 물론 그 지도부는 일정한 간격을 두고 반복되는 선거를 통해 정당화되어야 하며, 당원에 대하여 책임을 져야 한다. ② 경쟁자가 지도부를 장악할 수 있는 실질적 기회균등이 존재하여야 한다. ③ 당원에 의한 통제가 행해져야 하며, ④ 자유롭고 공개적인 의사형성이 선거를 통한 정당화과정에서만이 아니라 각급의 지도적 당기관 자체 내에서 보장되어야 한다.[34]

대하여 지역구선거와 별도의 투표를 하도록 하는 새로운 비례대표제 선거방식이 도입되었다. 즉, 현행 공직선거법 제189조 제1항에서는 "중앙선거관리위원회는 다음 각 호의 어느 하나에 해당하는 정당(이하 이 조에서 "의석할당정당"이라 한다)에 대하여 비례대표국회의원의석을 배분한다. 1. 임기만료에 따른 비례대표국회의원선거에서 전국 유효투표총수의 100분의 3 이상을 득표한 정당. 2. 임기만료에 따른 지역구국회의원선거에서 5 이상의 의석을 차지한 정당"이라고 규정하고 있다.

32) 정치자금법 제25조 이하 참조.

33) 정당의 헌법적 문제로 논의되는 정당의 설립과 활동의 자유, 정당의 기회균등, 민주적 내부조직, 정당 공천의 문제, 정당재정의 문제 및 위헌정당 해산의 문제 등도 결국은 정당의 민주적 기능을 실현하기 위한 정당질서의 성립과 관련된 문제이며, 정당질서의 올바른 구현을 위해서는 정당 자체의 민주성이 전제되어야 한다.

이러한 기준에 따라 당내민주주의실현의 구체적 요소로 들 수 있는 것으로 다음과 같은 것들이 있다.

(1) 당헌 · 강령의 민주성

당헌 · 강령은 정당의 명칭, 조직과 활동 등에 관한 기본적인 사항을 정하는 정당의 내부규범으로서 정당의 기본법이라 할 수 있다. 따라서 당헌 · 강령의 민주성은 곧 당내민주주의의 실현을 위한 가장 기본적인 출발점이다. 당헌 · 강령을 통하여 정당의 내부질서를 확인할 수 있도록 당헌 · 강령이 민주적인 내용으로 성문화되어 공포됨으로써 정당의 민주성을 확인하는 최소한의 기초가 마련될 수 있는 것이다.

즉 당헌 · 강령은 당원들의 법적 지위의 보장 및 정당내부의 각종 기관의 구성과 권한, 그리고 의사결정방식 등을 규정하며, 이들을 민주적으로 규정함으로써 정당의 전체적 질서가 민주성과 안정성을 유지하는 가운데 발전될 수 있도록 하는 역할을 한다.[35]

(2) 당원의 법적 지위의 보장

정당의 민주성을 위해서는 정당의 구성원인 당원의 법적 지위에 대한 보장이 전제되어야 한다. 정당의 민주성의 전제인 국민에 대한 공개성을 위해서라도 정당에 대한 입당[36]과 탈당[37]의 자유가 보장되어야 하며,[38] 나아가 당원 간의 평등,[39] 당내에 있어서의 자유로운 의사표현, 즉 언론의 자유 등이 보장되어야 한다.

(3) 정당 내부의 민주적 의사형성

당원의 법적 지위의 보장은 정당 내의 민주적 의사형성과 직결된다. 즉 당원의 자유와 평등에 대한 보장 및 이에 근거한 자유로운 의사표현에 기초하여 비로소 민주적인 당내 의사형성, 아래로부터 위로의 의사형성이 가능해지는 것이다.

그러나 현실적으로 정당 내부의 의사형성은 정당지도부에 의해 이루어지는 것이 일반적이며, 이를 완전히 당원에 의한 의사형성으로 대체할 수는 없다. 현실적으로 의사형성의 민주성과 관련하여 문제가 되는 것은 그러한 당지도부에 의한 의사형성이 당원의 민주적 수권에 기초하고 있는가,[40] 그리고 당원들이 다양한 형태로 정당의 의사형성에 참여하는 통로가 열려 있으며, 경우에 따라서는 당원에 의한 민주적 통제가 가능한가라는 점이다.

---

34) 당내의 의사형성이나 사무처리가 소수로 구성된 당기관에 의해 (물론 형식적으로는 당원에 의해 확정된 당헌, 강령과 당무지침의 테두리 내에서) 사실상 처리되기 때문에 각급 당기관에서의 자유롭고 공개적인 의사형성의 보장은 매우 중요한 의의를 갖는 것이다. 그 기관이 갖는 권한이 크면 클수록 그 의의 또한 크다.

35) 정당법 제28조 참조.

36) 정당은 뜻을 같이 하는 사람들의 집단이기 때문에 정당에게도 당원의 자유로운 선발권이 인정될 수밖에 없다. 하지만 정당의 동질성, 즉 정당의 목적이 유지되는 한 입당의 자유는 자유로운 선발권에 의해 제한될 수 없다.

37) 자유의사에 따른 탈당의 보장은 또한 제명 등 징계조치에 의한 강제적 탈당이 자의적으로 행해져서는 안 된다는 요청을 포함한다.

38) 정당법 제42조 제1항.

39) 당내 선거권 및 투표권의 평등, 당직에 대한 기회균등 등.

40) 그런 의미에서 민주적 선거의 중요성은 정당내부에 있어서도 역시 중요성을 잃지 않는다.

(4) 정당의 내부기관의 민주성

정당의 내부기관을 어떻게 구성하는가 하는 문제는 원칙적으로 정당의 자유에 맡겨져야 할 것이다. 그러나 정당의 민주성과 관련하여 최소한 몇 가지의 기본적인 요청은 정당 내부기관의 구성에도 반영되어야 한다.

정당이 당원의 민주적 정당성에 기초하고 있다면, 정당 내의 모든 의사형성의 기초는 당원으로부터 비롯된다. 그렇기 때문에 마치 국민전체가 국가기관으로 작용하는 것과 유사하게 전체 당원이 하나의 기관으로서 인정될 수 있다. 다만 당원의 수가 많아지면 현실적으로 전체당원회의와 같은 기관은 하부 당조직에서만 가능할 것이며, 따라서 하부 당조직에서 대의원을 선출하여 상급 정당조직에 파견함으로써 당원들의 의사를 대변하는 방법이 일반적으로 이용되고 있다.[41] 이러한 대의원들로 구성된 대의원회의는 당직에 관한 선거권, 그리고 경우에 따라 일정한 통제권을 행사한다.[42]

또한 정당의 기관 중 중요한 의미를 갖는 것으로 전당대회가 있다. 정당의 의회로 불리우는 전당대회에는 당헌의 의결권 및 각종 최고위당직의 선거권, 통제권 등이 부여되어 있다. 그러나 짧은 회기와 부정기적으로 소집되는 전당대회의 성격상 그 실질적 의의와 역할은 그 권한에 비해 크지 않은 편이다.[43]

그 밖에 정당에는 -각 정당마다 명칭은 다르지만- 당대표 및 원내대표, 사무총장, 당무위원회 등의 집행조직이 있다. 이들은 실질적으로 정당의 지도부를 구성하고 있기 때문에 이들의 선출방식과 이들에 대한 통제의 민주성이 정당의 민주성을 담보하는 가장 결정적인 역할을 한다. 그 밖에 현실적 필요에 따라 정당들은 각종 기관을 둘 수 있으나 역시 그 구성에 있어서도 -그 기관이 담당하는 기능 및 권한에 상응하는- 민주성이 확보되어야 할 것이다.

(5) 공직선거후보자의 민주적 공천

당내민주주의와 관련하여 가장 많은 관심이 집중되고 있는 부분은 아마도 공직선거후보자의 추천, 즉 선거후보자에 대한 정당 공천의 문제일 것이다. 그것은 정당 내부의 의사형성과정에 중요한 의미를 가질 뿐 아니라 국가질서 전체의 민주적 형성과도 직접적인 관련을 갖기 때문이다.

공직선거후보자의 정당 공천과 관련하여서는 어떠한 방법으로 공천 대상 후보자를 결정하는 것이 가장 민주적인지가 문제된다. 이와 관련하여서는 크게 두 가지 상이한 방법이 이용될 수 있다. 하나는 정당 내부에서 추천될 후보자를 결정하는 것이며, 다른 하나는 당원이 아닌 일반유권자를 포함시키는 예비선거를 통해 추천될 후보자를 결정하는 것이다.

---

41) 이런 의미에서 2004년의 정당법 개정에 의해 지구당이 폐지되고 시·도당으로 대체된 것에 대해서는 비판의 목소리가 적지 않다. 그러나 헌법재판소는 이와 같은 정당법 개정이 위헌은 아닌 것으로 판단하였다(**헌재 2004.12.16. 2004헌마456 결정**).

42) 이를 통하여 정당 내부에 있어서도 대의제의 요소가 광범위하게 도입되고 있다.

43) 그렇기 때문에 정당 내에서 전당대회가 차지하는 비중은 국가에 있어서 의회가 차지하는 비중에 훨씬 미치지 못하는 것으로 평가절하되기도 한다.

최근 우리나라에서도 비당원 유권자가 포함된 예비선거로 후보자를 결정하는 방법이 활용되고 있으며,[44] 정당 내부에서 공천후보자를 결정하는 과정을 중심으로 그 민주성에 대한 논의가 활발하게 전개되고 있다.[45]

(6) 정당재정의 민주화

정당공천의 문제와 더불어 정당재정의 민주화는 당내민주주의실현의 가장 중요한 요소라고 할 수 있다. 정당내부의 전체적 조직과 의사결정과정이 투명하게 드러나는 가운데 그 민주성을 확보하는 것은 건전한 재정적 기초 위에서만 가능하기 때문이다. 현실적으로 공천권과 자금원을 당내의 일부계층이 독점하게 되면 이들의 독선이 가능하게 되며, 따라서 당내민주주의 실현은 요원해질 수밖에 없다.

3. 당내민주주의의 실현방안

(1) 자유경쟁을 통한 정당민주화의 가능성과 한계

정당의 민주성을 확보하기 위한 가장 기본적인 방법은 복수정당제를 통한 정당 간의 자유로운 경쟁을 인정하고, 정당 내부에서도 경선 등을 통한 자유로운 경쟁구조를 갖추는 것이다. 때문에 복수정당제는 헌법개정에 의해서도 침해될 수 없는 자유민주적 기본질서의 내용으로 인정되고 있다.

그러나 자유경쟁을 통한 정당의 민주화에는 일정한 한계가 있다. 비록 복수정당제를 통한 정당 간의 자유로운 경쟁이 정당의 민주성을 확보하는 측면도 갖고 있지만, 거꾸로 그러한 정당 간의 경쟁 때문에 오히려 정당 내부의 경쟁이 억제되고, 정당이 과두화되는 측면도 있기 때문이다. 정당은 기본적으로 정권의 획득을 목적으로 하는 단체이다. 따라서 정당이 정권의 획득에 도움이 될 만한 요소들을 최대한 활용하려고 노력하는 것은 자연스러운 일이기도 하다.

하지만 문제가 되는 것은 그러한 정권획득을 위한 정당의 노력이 당내의 민주적 의사형성보다는 당내의 결속을 강조하는 가운데 일사불란한 조직체계를 선호하는 경향으로 나타나게 되고, 결과적으로 정당의 과두화로 이어진다는 것이다.[46]

(2) 법적 강제의 가능성과 한계

정당의 민주화, 특히 당내민주주의의 실현을 법적 규제에만 의존하여 해결하는 것은 바람직하지 않으며, 가능하지도 않다.

그러나 적어도 일정한 기준의 설정과 이를 통한 간접적인 압력으로 당내민주주의를 실현시키려는 노력은 현행법상 포기되지 않고 있으며, 당내민주주의가 완전히 붕괴되어

---

44) 공직선거법 제57조의2 이하.

45) 그러나 헌법재판소는 **헌재 2014.11.27. 2013헌마814 결정**에서 당내경선이 정당의 내부적 문제일 뿐이며, 정당의 내부경선에 참여할 권리가 헌법상 보장되는 공무담임권의 내용에 포함되지 않으며, 당내경선의 실시를 정당 스스로 정할 수 있도록 한 것이 평등권을 침해하는 것도 아니라고 판시하였다.

46) 그렇게 조직화된 정당이 다른 정당과의 대결에서 항상 유리한 것은 아니다. 하지만 과거 전체주의 정당들의 예를 보더라도, 과두적 내지 독재적으로 조직화된 정당들이 집권하게 될 경우에는 민주주의 자체가 위태로워질 수 있으며, 또한 이들 정당과 경쟁관계에 있는 다른 정당들도 유사한 패턴으로 정당의 내부질서를 변화시킴으로써 오히려 당내민주주의의 실현에 역행하게 될 가능성도 배제하기 어렵다.

오히려 전체주의적 정당의 형태를 띠게 되는 극단적인 경우에는 위헌정당으로 해산하는 방법까지도 인정되고 있다.

먼저 정당법에 의하여 창당절차(제4조-제16조) 및 정당의 등록신청사항(제12조, 제13조) 등에 관하여 규율을 하고 있는 취지는 -그 내용의 적정성은 접어 두고 목적의 측면에서 살펴보면- 한편으로는 정당설립의 투명성과 객관성을 확보하는 데 있지만, 다른 한편으로는 일정한 절차와 조직을 통하여 정당의 -국민의 정치적 의사형성에 참여하는- 민주적 기능과 정당 자체의 민주성을 확보하려는 의도와 연결되어 있다.

그 밖에 입당(제22조, 제23조)과 탈당(제25조), 당비(제31조), 그리고 당헌의 기재사항 및 당헌과 강령의 공개에 관한 정당법의 규정(제28조)도 역시 간접적인 수단으로나마 정당의 민주성을 최대한 확보하려는 노력의 표현으로 볼 수 있다. 또한 대의기관의 결의 등에 서면이나 대리인에 의한 의결을 금지하고(제32조 제1항), 정책연구소의 설치·운영 및 정책토론회의 개최에 관한 규정(제38조, 제39조), 정당재정의 공개에 관한 규정(정치자금법 제2조 제2항, 제34조 이하) 등도 같은 맥락에서 이해될 수 있다.

그러나 현재 당내민주주의의 현실이 보여주듯이 이러한 규정들의 실효성은 매우 미약한 편이다. 또한 위헌정당의 해산이라는 강력한 제재수단이 인정되고는 있으나 그 정치적 파급효가 워낙 크기 때문에 사실상 이용되기 어렵고,[47] 따라서 이를 당내민주주의의 실현에 효과가 있는 수단으로 보기에는 어려움이 있다.

현행법상 인정되고 있는 법적 방안들이 정당의 민주적 내부질서, 즉 당내민주주의를 강제하는 데 충분치 못하다는 점 때문에 보다 효과적인 새로운 법적 방안을 도입하자는 입법론적 논의도 있다. 예컨대 국고보조금의 지급을 차등화·배제·중단·감액·환수하는 방안이나 독일정당법 제17조[48]에서 요청하는 바와 같이 공직선거후보자의 추천을 비밀투표로 하도록 하는 방안, 또는 후보자등록신청시 비민주적인 공천후보자를 수리하지 않을 가능성 등이 이러한 맥락에서 검토될 수 있다.

그러나 공천을 비밀투표로 하도록 하는 것은 별론으로 하더라도, 국고보조금 지급의 차등화 등은 현실적으로 그 객관성을 어떻게 담보할 수 있느냐와 관련하여 매우 어려운 문제를 낳을 수밖에 없을 것이다. 왜냐하면 그 밖에 좀 더 강력한 강제수단, 예컨대 비민주적인 정당에 대한 벌금형의 부과 또는 비민주적 정당의 선거참여제한 등의 수단은 정당의 특수한 지위, 특히 헌법 제8조에 의해 부여되고 있는 특별한 보호에 저촉되는 경우가 대부분일 것이기 때문이다.

결국 법적인 강제를 통해 당내민주주의를 실현하는 데에는 -이를 위한 계속적인 노력도 물론 소홀히 해서는 안 되겠지만- 일정한 한계가 있을 수밖에 없을 것이다.

(3) 국민에 의한 정당의 민주화와 그 구체적 방법론

정당에 대한 직접적인 강제를 통하여 당내민주주의를 실현하는 것이 여러 가지 어

---

47) 이에 따라 슈테른(*K. Stern*)은 정당해산제도가 "녹슨 칼"이 되고 있다고 표현하고 있다.

48) "의회선거후보자의 공천은 비밀투표에 의하여야 한다. 후보자공천에 관한 것은 선거법과 당헌으로 정한다."

려움을 안고 있기 때문에 선거와 국민여론 등에 의한 간접적인 강제를 통하여 당내민주주의를 실현하려는 노력이 오히려 더 효과적일 수도 있다. 특히 선거는 정권의 획득이라는 정당의 현실적 목표와 직결되는 것이기 때문에 적절한 선거제도의 구성과 (당내민주주의가 문제되는 정당의 후보자를 선출하지 않는) 유권자의 현명한 판단을 통하여 -정당의 자유로운 활동을 직접 침해하지 않으면서- 정당을 효과적으로 압박하는 수단으로 작용할 수 있다.

그러나 현행 공직선거법에 의한 선거제도는 이러한 측면에서 볼 때 몇 가지 문제점을 안고 있다. 특히 지속적인 논란의 대상이 되고 있는 선거구 인구불균형의 문제는 국민의사의 정확한 반영과 관련하여 신중하게 검토되어야 할 문제이며,[49] 선거운동에 대한 각종 제한의 적정성의 문제,[50] 그리고 실질적인 선거공영제의 실시[51] 등에 대하여 좀 더 진지한 검토가 필요하다.

이러한 문제들이 해결되어 선거가 국민의사를 보다 정확하게 반영하고, 그 선거의 결과가 곧 정당에 대한 국민의 평가로 올바르게 자리매김할 수 있게 된다면[52] 그것은 당내민주주의의 실현에 커다란 자극제가 될 수 있을 것이다. 국민의 판단에 정당의 운명이 달려 있는 이상, 정당은 결국 당지도부의 독선적인 운영이 아닌, 국민의사를 다양하게 반영하는 민주적 의사형성과정을 통하여 자신의 나아갈 방향을 결정할 수밖에 없을 것이기 때문이다.

---

49) 헌법재판소의 공직선거법 [별표1]의 「국회의원지역선거구구역표」에 대한 위헌심판(**헌재 1995.12.27. 95헌마224등 결정**)을 통해서 선서구 인구불균형에 대한 기준이 만들어졌으나, 그것은 어디까지나 잠정적인 것이었기 때문에 헌법재판소 판례는 새로운 기준을 제시하였다(**헌재 2001.10.25. 2000헌마92등 결정; 헌재 2014.10.30. 2012헌마192등 결정**). 그러나 이 역시도 그 동안의 변화를 고려한 새로운 기준의 제시일 뿐이고, 궁극적인 기준이라고는 말하기 어려울 것이다.

50) 공직선거법 제33조, 제49조와 제59조에 의한 선거운동기간이 과연 수많은 후보자들에 대하여 국민이 충분히 검토하여 올바른 판단을 내리기에 충분한 시간으로 인정될 수 있는지는 의문이다. 또 그 동안 많은 논란의 대상이 되어 온 단체의 선거운동에 대한 금지(공직선거법 제87조), 호별방문의 금지(공직선거법 제106조), 여론조사 및 결과공표의 제한(공직선거법 제108조) 등도 재검토의 필요가 있다고 생각된다.

51) 선거공영제의 원칙에 따라 선거비용의 국고부담을 규정한 헌법 제116조 제2항의 규정은 선거관리비용만이 국고에서 지출될 뿐, 선거운동비용은 대부분 정당이나 후보자가 부담하도록 함으로써 현실적으로 유명무실한 것이 되어 있다. 물론 선거비용을 무제한적으로 국고에서 보조하는 것은 가능하지도, 바람직하지도 않다. 그러나 선거공영제의 기본취지에 따라 적어도 후보자의 정상적인 선거운동을 위한 기본적인 비용의 대부분은 국고에서 지원되어야 마땅하다고 생각된다. 만약에 단순히 국가재정상의 부담 등을 이유로 국고의 지출을 줄이는 데에만 주안을 두어 이같이 대부분의 선거운동비용을 정당과 후보자의 부담으로 돌리게 된다면, 그것은 결국 능력이나 자질이 있는 정치인보다 재력이 있는 정치인이 후보자가 될 수 있는 가능성이 높아지는 불합리한 결과를 가져올 것이며, 또한 선거비용의 조달을 위한 각종 불법적 행위와 이권청탁 등을 조장하는 것이 될 것이다. 이러한 사태가 야기하게 될 전체국가의 손실은 선거비용의 국고지출과 비교할 수 있는 정도에 그치지는 않을 것이다. 뿐만 아니라 이러한 상황에서는 정당과 후보자의 자체적 비용조달을 상당한 정도까지 허용할 수밖에 없기 때문에 선거비용에 대한 국가적 통제도 더 어려워질 수밖에 없다.

52) 선거는 주권자인 국민이 자신을 대신하여 국가사무를 처리할 대표자를 선출하는 과정이다. 따라서 선거의 가장 기본적인 요청은 국민의사의 정확한 반영이다. 즉 선거의 결과가 투명하여야 하며, -정당이 선거결과에 대한 분명한 책임의식을 느낄 수밖에 없도록- 정당이 이를 달리 해석하거나 왜곡시킬 가능성이 적으면 적을수록 좋다.

국민여론에 의한 정당의 통제 내지 정당민주화의 간접강제는 선거에 의한 간접강제만큼 강력한 효과를 가져오지는 못하지만, 선거기간 중에만 한정되지 않고 항상 이용될 수 있다는 장점을 갖고 있다. 뿐만 아니라 평소의 국민여론은 결국 선거에서 국민의 투표로 연결된다는 점 때문에 정당들로서도 항상 주의 깊게 살펴볼 수밖에 없을 것이다.

그러나 국민여론에 의한 간접강제가 가능하기 위해서는 정당의 조직과 운영의 민주성에 대한 정보, 즉 당내민주주의가 어느 정도 실현되어 있는지에 대한 정보가 국민에게 공개되어야 할 것이다. 이와 관련하여 현행 정당법은 당헌과 강령을 공개할 것(제28조 제1항), 정당(중앙당과 시 · 도당)이 그 당원 수 및 활동개황을 매년 당해 선거관리위원회에 보고할 것(제35조) 등을 규정하고 있다. 그러나 당헌 공개에 대하여는 벌칙규정이 없으며, 선거관리위원회에 보고된 자료의 일반공개에 관해서도 구체적인 규정이 없다는 점이 문제로 지적된다.

또한 국민여론에 의한 정당민주화의 간접강제가 올바르게 기능하기 위한 기본적인 전제로서 성숙된 정치문화 내지 국민의 정치적 성숙도의 문제도 계속 관심을 갖고 검토되어야 한다. 성숙된 시민의식을 기초로 국민이 정당에 대하여 올바른 민주적 의사형성을 요구할 수 있고, 또 정당이 이를 더 이상 외면할 수 없을 때 당내민주주의의 실현 및 이에 기초한 민주적 정치질서, 국가질서의 형성이 가까워질 것이다.

Ⅳ. 정당의 재정

1. 정당재정의 의의와 그 헌법적 문제

선거운동시에는 물론 평상시의 정당조직의 운영에도 재정적인 뒷받침이 필요하다는 것은 누구도 부정할 수 없는 현실이다. 그러나 「민주주의의 비용」, 「정치의 젖줄」 등으로 일컬어지는 정치자금은 그 동안 정치부패의 근원으로 작용해 왔으며, 이에 따라 법에 의한 정치자금의 합리적 보장과 규제의 문제는 더 이상 미룰 수 없는 시급한 과제가 되었다.

만일 민주주의가 합리적인 정치자금의 조달방법을 확보하고 이를 통하여 음성적인 정치자금을 차단하지 못한다면 민주주의는 사실상 돈 있는 자들에 의한 지배를 정당화시키는 형식에 불과한 것이 될 것이며, 민주주의의 이름 하에 금권정치가 국민의 의사를 왜곡시키는 것을 막지 못하게 될 것이다.

2. 정당재정조달의 유형

(1) 당 비

정치자금법 제4조에 따라 정당은 당원으로부터 당비를 받을 수 있다. 정당이 정치적 의견을 같이 하는 사람들의 모임이고, 이들이 정당에 대한 소속감을 강하게 느낀다면, 이들의 자발적 당비납부를 통해 정당의 자금을 모으는 일은 가장 정상적이고 건전한 재정조달방법이 될 것이다.

그러나 우리나라의 경우 당원이 국민 속에 뿌리내리지 못하고 있을 뿐만 아니라, 정당 간의 외형경쟁으로 인하여 실제 당비를 내는 당원의 숫자는 전체 당원수의 극히 적은 일부에 불과하다는 통계가 있으며, 그 조차도 당비 대납의 경우가 적지 않을 것으로 추정되는 상황이다. 따라서 당비를 통한 재정조달은 -적어도 현시점에서는- 현실성이 없다.

(2) 기부금(후원회와 기탁금)

정치자금법 제6조 이하에서는 **후원회**에 관한 규정을 두고 있으며, 동법 제22조 이하에서는 **기탁금**에 관한 규정을 두고 있다.

이와 같은 후원회나 기탁금을 통한 정치자금의 조달은 오랜 관행으로 성립된 것이기는 하지만 적지 않은 문제들을 안고 있다. 그것은 당원이 아니면서 후원회에 가입하여 기부를 하거나 정치자금을 기탁하는 경우에 그 동기의 순수성이 문제되는 경우가 많기 때문이다. 즉 기부금에는 일정한 특권이나 특혜 등의 반대급부가 음성적으로 연결되어 있는 경우가 드물지 않다는 것이다.

물론 모든 기부금이 이권청탁이나 특혜부여 등의 직접적인 반대급부를 예정하는 것은 아니다. 즉 특정 정당의 정책방향이 특정기업의 발전과 직접 연결되어 있어서 지원을 하는 경우도 있을 수 있다. 예컨대 수출을 주로 하는 기업이 자유무역주의를 정책기조로 하는 정당을 지원한다거나 내수산업을 주된 목표로 하는 기업이 보호무역주의를 주장하는 정당을 지원하는 것은 국유지 불하 등에 있어서의 이권청탁, 특혜부여 등과는 성질이 다른 것이고, 일정한 범위 내에서는 정당한 것으로 인정될 수 있다.[53]

하지만 역시 과도한 지원을 받을 경우 기부금납부자가 정당에 대해 어느 정도 사실상의 영향력을 갖게 되기 쉬우므로 기부금에 대해서는 액수의 제한(정치자금법 제12조, 제22조 제2항)을 통해 특정 기부자에 대한 의존도를 줄이도록 하는 것이 원칙으로 인정되고 있으며, 직접 선거관리위원회에 정치자금을 기탁하지 않는 후원회비의 모금에 있어서도 그 구체적인 내역을 영수증용지의 사용을 통해 선거관리위원회에 보고하도록 요구되고 있다(정치자금법 제16조, 제17조).[54]

---

53) 이와 관련하여 **헌재 1999.11.25. 95헌마154 결정**에서는 노동단체에 대하여 정치자금의 기부를 금지하였던 구 정치자금법 제12조 제5호에 대하여 위헌결정을 내렸다. 그러나 2004년 정치자금법의 개정을 통하여 모든 단체의 정치자금 기부를 금지하게 되었으며, 헌법재판소는 **헌재 2010.12.28. 2008헌바89 결정**에서 이를 합헌으로 결정하였다.

54) **헌재 2015.12.23. 2013헌바168 결정**: "정당 후원회를 금지함으로써 불법 정치자금 수수로 인한 정경유착을 막고 정당의 정치자금 조달의 투명성을 확보하여 정당 운영의 투명성과 도덕성을 제고하기 위한 것으로, 입법목적의 정당성은 인정된다. 그러나 정경유착의 문제는 일부 재벌기업과 부패한 정치세력에 국한된 것이고 대다수 유권자들과는 직접적인 관련이 없으므로 일반 국민의 정당에 대한 정치자금 기부를 원천적으로 봉쇄할 필요는 없고, 기부 및 모금한도액의 제한, 기부내역 공개 등의 방법으로 정치자금의 투명성을 충분히 확보할 수 있다. …

정당제 민주주의 하에서 정당에 대한 재정적 후원이 전면적으로 금지됨으로써 정당이 스스로 재정을 충당하고자 하는 정당활동의 자유와 국민의 정치적 표현의 자유에 대한 제한이 매우 크다고 할 것이므로, (정당후원회를 금지하는) 이 사건 법률조항은 정당의 정당활동의 자유와 국민의 정치적 표현의 자유를 침해한다."

또한 이로 인하여 정치자금의 기부가 줄어드는 문제를 해결하기 위하여 정치자금법 제59조는 기부자 및 기부 받은 자에 대한 조세감면의 혜택을 주고 있다.

(3) 국고보조

현재 정치자금의 조달방법 가운데 가장 많이 논의되고 있는 국고보조에 대해서는 정당의 성격과 관련하여 이론적인 논의가 전개되는가 하면, 구체적인 국고보조금의 액수 및 배분의 방법과 관련하여서도 논란이 끊이지 않고 있다.

정당을 사적 결사로 볼 때는 국고보조의 정당성을 인정할 수 없으므로, 국고보조금의 지급은 정당의 국가기관성을 반증하는 것이라는 주장도 있다. 하지만 오늘날 중개체설의 입장에서도 정당이 일정 부분 공적 기능을 담당하고 있으므로 국고보조의 가능성은 인정될 수 있다. 이런 경우에도 국고보조는 국가기관의 경우와는 달리 정당의 활동에 필요한 비용의 (전액이 아닌) 일부분의 보조에 그쳐야 한다.

현재 국고보조는 정치자금법 제25조 이하에 따라 일정액을 매년 예산에 반영시키고, 정치자금법 제27조의 규정에 따라 이렇게 마련된 국고보조금의 50%를 교섭단체를 구성한 정당에 대해 균등하게 배분한 후, 그 밖의 정당에 대해서는 의석수 및 득표비율에 따라 일정액을 배분한 이후에 잔여액을 전체 정당의 의석수와 득표율에 따라 배분하는 방식으로 집행된다. 즉 구체적으로 정당이 소요하는 전체 비용 가운데 국고보조가 어느 정도의 비중을 가져야 하는지에 대한 고려가 전혀 반영되지 않고 있는 것이다.

이로 인하여 국고보조금의 액수가 지나치게 많다는 국민적 비판, 나아가 정당이 국고보조에 의존함으로써 자생력 확보를 위한 노력에 소홀하다는 등의 비판이 계속되고 있다.

(4) 당재산 및 당소유기업으로부터의 수입

정당의 재정조달 방식으로 고려될 수 있는 또 한 가지 방법은 정당이 직접 기업을 운영하거나 재산을 활용하여 투자를 하는 것이다. 그러나 이러한 방법은 정당의 공공성에 반하므로 원칙적으로 금지되어야 한다. 정당이 후원회비나 기탁금을 받는 경우에도 그것이 각종 이권과 결부될 수 있다는 가능성 때문에 신중함이 필요한 상황인데, 정당 스스로가 영리활동을 할 경우에는 이를 둘러싼 의혹의 눈길을 피할 수 없을 것이기 때문이다.

다만 정당이 당사의 일부 사무실을 임대하여 월세수입을 받는 정도의 영리활동은 관행상 묵인되고 있다.

3. 각국의 정치자금규제제도

정당의 재정조달뿐만 아니라 재정지출의 문제도 정당활동의 민주성과 투명성을 확보하기 위해서는 꼭 짚고 넘어가야 할 문제이다.

예컨대 미국의 경우에는 정치자금의 수입과 지출을 공개하도록 되어 있고, 정치자금 기부의 액수를 제한하는 제도가 이미 오래 전부터 확립되어 있으며, 이와 관련하여 대통령선거운동기금에 의한 보조나 정치자금기부에 대한 과세상의 우대조치 등을 통하여 원활한 정치자금의 조달을 돕고 있기도 하다.

또한 독일의 경우에도 정치자금의 출처를 공개하도록 요구하고 있으며, 음성적인 정치자금을 차단하고 원활한 정치자금의 조달을 가능하게 하기 위해 선거비용의 국가보조가 행해지고 있다.

우리나라도 정치자금법 제2조 제2항, 제38조 등에 의하여 회계공개의 의무가 인정되고 있으나 현실적으로 정치자금, 특히 선거비용의 문제는 매우 심각한 상황이라고 널리 인정되고 있다. 이 문제를 해결하기 위해서는 정치자금 조달방법의 합리화와 더불어 실질적인 선거공영제의 실시, 선거비용의 초과 및 부정한 정치자금의 사용에 대한 처벌의 강화 등이 요청된다.

제 4 절 정당의 해산

Ⅰ. 정당해산의 의의와 성격

정당은 자유로이 설립되고 활동할 수 있는 것과 마찬가지로 그 구성원들의 자유로운 의사에 의하여 해산될 수도 있다. 그러나 이러한 자진해산의 경우는 특별한 헌법적 문제로 부각되지 않는 반면에, 정당의 활동이 민주주의를 심각하게 침해하는 경우 강제로 해산하는 문제에 대해서는 매우 신중한 접근이 필요하다.

비민주적 정당에 대하여 민주주의를 보호하려는 헌법의 태도는 무엇보다 위헌정당의 해산제도를 통하여 나타난다. 민주주의의 적에 대하여 민주주의 스스로를 방어하여야 한다는 이른바 '**방어적 민주주의**'의 대표적 제도로 손꼽히는 위헌정당해산제도는 민주주의를 파괴할 위험성이 있는 정당을 해산시킴으로써 민주주의를 보호하는 강력한 헌법보호수단으로 인정되고 있다.[55]

1. 헌법 및 정당법의 규정

현행헌법 제8조 제4항은 "정당의 목적이나 활동이 민주적 기본질서에 위배될 때에는 정부는 헌법재판소에 그 해산을 제소할 수 있고, 정당은 헌법재판소의 심판에 의하여 해산된다"고 규정하고 있다. 이러한 규정에 기초하여 헌법재판소법 제55조 이하에서 정당해산심판에 관한 구체적 절차와 결정의 효력 등이 규율되고 있으며, 정당법 제40조 이하에서는 정당해산의 효과 등이 규정되어 있다.

2. 외국의 입법례

위헌정당의 해산이 헌법상 명문화되지 않은 경우에 있어서도 법률에 의하여 정당해

55) 헌법재판소는 **헌재 2014.12.19. 2013헌다1 결정**에서 통합진보당을 민주적 기본질서에 위배되는 위헌정당으로 인정하여 해산시킨 바 있다.

산이 규정되거나, 심지어 정당이 일반 사회단체의 일종으로서 그 불법적 활동을 이유로 해산될 수 있다는 점은 특별히 문제되지 않는다.[56)]

그러나 독일 기본법 제21조 제2항은 위헌정당의 해산에 관한 명문의 규정을 둠으로써 현행헌법 제8조 제4항의 모델이 되었다. 독일 기본법은 바이마르 공화국의 붕괴라는 역사적 경험에 기초하여 민주주의를 더 이상 상대주의적으로만 이해할 수 없으며, 가치구속적 민주주의 이해가 필요하다는 전제에서 출발하여, 이러한 민주주의의 중심적 가치를 침해·파괴하려는 정당의 해산가능성을 명문으로 인정한 것이다.

3. 방어적 민주주의(streitbare Demokratie)와 정당특권(Parteienprivileg)

그러나 독일기본법 제21조 제2항의 위헌정당해산제도 및 이를 모델로 삼은 현행헌법 제8조 제4항의 위헌정당해산제도는 정당에 대한 규제의 근거이면서 동시에 정당에 대한 특별한 보호라는 측면도 갖고 있다.

민주주의의 적에 대해서는 민주주의도 스스로를 방어하여야 한다는 방어적 민주주의는 독일의 경우, 위헌정당해산제도, 기본권실효제도, 공직취임의 금지 등을 통해 구체화되고 있으며, 특히 위헌정당해산제도는 가장 강력한 방어적 민주주의의 상징으로 인정되고 있다. 하지만 방어적 민주주의의 남용은 오히려 민주주의의 자기부정을 가져올 수 있기 때문에 위헌정당의 해산은 일반결사와는 달리 헌법이 직접 정한 엄격한 요건과 절차에 따라서만 행해진다. 이처럼 정당은 헌법이 정한 특별한 요건과 절차[57)]에 따라서만 해산될 수 있다는 점에서 이 규정은 오히려 **정당특권**으로까지 불리우는 것이다.

Ⅱ. 정당해산의 요건

1. 해산대상으로서의 정당의 개념

해산의 대상이 되는 정당은 등록을 마친 기성정당에 한하는 것으로 보는 것이 다수설이지만, 등록되지 않은 정당의 정치적 활동을 인정하는 입장에서 볼 때에는 비등록정당을 포함하는 것으로 넓게 이해될 필요가 있다.[58)]

---

56) 과거 우리나라에서도 헌법상의 위헌정당해산제도가 없는 가운데 정당의 위헌여부가 문제되었던 예가 있었다. 1959년의 진보당 사건이 그것인데, 이 사건에 대한 판결에서 대법원은 "진보당의 강령·정책은 헌법의 전문, 제5조, 제8조, 제18조, 제84조의 각 규정에 비추어볼 때 위헌이라 할 수 없고, 평화통일에 관한 주장 역시 헌법 제13조의 언론자유의 한계를 일탈하지 아니하는 한 이를 위법이라 할 수 없다"고 판시하였다(4292.2.27. 大判 4291刑上559).

57) 헌법 제8조 제4항은 위헌정당의 해산에 관한 사항을 법률에 위임하지 않고 헌법에서 직접 규율하고 있다. 즉 위헌정당해산의 요건과 절차에 관한 헌법 제8조 제4항은 국민의 기본권(정당활동의 자유)을 헌법이 직접 제한하는 규정의 대표적 예로서, 법률에 의해 헌법이 정한 사항을 변경할 수 없도록 하고 있는 것이다.

58) 이렇게 이해할 때에만 정당법 제17조와 제18조에 의한 등록요건이 헌법 제8조 제1항에서 보장되고 있는 정당설립의 자유에 반하여 위헌이 된다는 문제를 피할 수 있게 된다. 즉, 이렇게 이해할 경우 정당의 정치적 활동 및 정당해산제도 등과 같이 헌법에 의한 직접적인 보호는 –등록 여부와 상관없이– 모든 정당에게 부여되고, 다만 정당에 대한 국고보조 등과 같이 국가가 정당에 대하여 특별한 급부를

다만 비등록정당의 경우, 그 정당의 규모가 작고, 따라서 현실적 위험성이 상대적으로 적을 것이기 때문에 정당해산이라는 제도를 사용할 만한 현실적인 필요성이 있을 것인지에 대하여는 별도의 검토가 필요할 것이다.

2. 정당의 목적과 활동

정당의 목적과 활동의 위헌성은 정당의 당헌이나 강령, 정당간부의 활동 등에 비추어서 판단하여야 한다. 즉 정당의 전체적 성격을 판단하여야 하며, 정당의 일부 당원 또는 일부 추종자들의 일탈행동이 정당의 위헌성을 판단하는 기준이 되어서는 곤란하기 때문이다.

3. 민주적 기본질서에의 위배

(1) 「민주적 기본질서」의 의미와 내용

민주적 기본질서란 민주주의를 민주주의이게 만드는 민주주의의 핵심적 요소, 민주주의를 가능하게 하는 공동의 기초, 근본가치를 의미한다. 따라서 헌법 제8조 제4항에서 규정되고 있는 민주적 기본질서는 헌법 전문에서 규정한 자유민주적 기본질서와 다르지 않은 개념으로 이해되어야 한다.59)

(2) 민주적 기본질서에 대한 「위배」

민주적 기본질서에 대한 위배를 인정하기 위해서는 단순히 민주주의를 받아들이지 않거나 이에 대해 비판적인 자세를 취하는 것만으로 부족하다. 보다 적극적으로 (자유)

하는 경우에는 일정 규모 이상의 정당만을 그 대상으로 한다는 측면에서 정당법상의 등록요건이 현실적 의의를 가질 수 있을 것이다.

최근 헌법재판소가 "헌법 제8조 제1항의 정당설립의 자유와 헌법 제8조 제4항의 입법취지를 고려하여 볼 때, 단지 일정 수준의 정치적 지지를 얻지 못한 군소정당이라는 이유만으로 정당을 국민의 정치적 의사형성과정에서 배제하기 위한 입법은 헌법상 허용될 수 없다"(**헌재 2014.1.28. 2012헌마431 결정**)고 판시하면서 정당법 제41조 제4항에 따라 국회의원선거에 의석을 얻지 못하고 유효투표총수의 100분의 2 이상을 득표하지 못하여 등록취소된 정당에 대하여 정당의 명칭을 사용하지 못하도록 한 조항을 위헌으로 결정한 것도 같은 맥락으로 볼 수 있다.

59) 헌법은 전문에서 "자유민주적 기본질서"를, 그리고 제8조 제4항에서는 "민주적 기본질서"를 규정하고 있다. 이와 관련하여 민주적 기본질서와 자유민주적 기본질서를 같은 것으로 이해할 것인가, 아니면 민주적 기본질서는 자유민주적 기본질서와 사회민주적 기본질서를 포함하는 상위개념으로 이해되어야 하는가에 관하여 논란이 있었다. 그러나 이러한 견해의 대립은 민주적 기본질서의 헌법적 의의에 대한 올바른 이해에 기초하여 해결될 수 있다.

민주적 기본질서의 헌법적 의의는 민주주의의 일정한 내용을 침해되어서는 안 될 핵심으로 인정하고 이에 대한 절대적 보호를 부여하는 데 있다. 연혁적으로 보더라도 서독에서 자유민주적 기본질서가 기본법에 규정된 데에는 바이마르의 가치상대주의적 민주주의에 대한 반성을 계기로 일정한 범위에서 민주주의의 가치구속성을 인정하여야 한다는 생각이 기초를 이루고 있으며, 이러한 자유민주적 기본질서에 대한 보호를 중심으로 이른바 방어적 민주주의의 이론이 (독일 연방헌법재판소의) 판례와 학설에 의해 발전되기도 하였다. 이렇게 생각할 때 **민주주의의 핵심으로서의 민주적 기본질서**는 되도록 좁게 해석되어야 한다. 즉 그것 없이는 **민주주의**가 도대체 불가능하다고 말할 수 있는 **최소한의 요소**에 국한되어야 하는 것이다. 그리고 그 밖의 문제에 대해서는 민주주의의 기초가 되는 다원주의 및 관용의 원리에 따라 -상호 대립 · 충돌과 타협 · 조정을 통하여 발전되는- 다양한 견해와 이해관계가 허용되어야 한다.

민주적 기본질서를 파괴하고 제거하려는 적극적이고 계획적인 시도가 있을 때에 비로소 민주적 기본질서의 위배가 인정될 수 있다.

구체적으로 어떤 경우에 민주적 기본질서에 위배되는지에 관하여는 독일 연방헌법재판소의 공산당 위헌판결에서 상세한 기준들을 제시한 바 있다:

① 정당은 기본법의 개별규정이나 심지어 전체 제도들을 거부하는 경우에도 그로 인하여 곧바로 위헌정당으로 해산되지는 않는다. 위헌정당으로 인정되기 위해서는 헌법의 최고가치들, 헌법질서를 자유민주적인 것으로 만드는 가장 기본적인 헌법원리들, 그리고 이러한 자유민주주의가 제대로 기능할 수 있기 위해서 모든 정당들이 지켜야 하는 원칙들을 배척하여야 한다.

② 정당은 또한 자유민주적 기본질서의 기본적 요청들을 수용하지 않거나, 거부하거나, 다른 것으로 대체하려고 한다고 해서 위헌정당으로 되지는 않는다. 위헌으로 인정되기 위해서는 그 밖에도 현존질서에 대한 적극적이고 투쟁적·공격적인 태도를 가지고 계획적으로 현존질서를 침해하고 결국에는 완전히 폐기하려고 시도하여야 한다. 이것은 자유민주적 국가가 그에 대하여 적대적인 목표를 설정한 정당을 자기 쪽에서 침해하지 않으며, 오히려 방어적으로 자유민주적 기본질서에 대한 공격에 대하여 수호만 한다는 것을 의미한다.[60)]

③ 정당의 해산을 위해서는 정당이 자유민주적 기본질서를 침해하거나 폐제하려고 의도하고 있을 것을 요건으로 한다.

④ 정당의 위헌적 목적이 당분간 실현될 가망이 보이지 않는 경우에도 정당해산은 가능하다. 마찬가지로 정당이 그 위헌적 목적을 당분간 실현시킬 수 없기 때문에 잠시 보류하는 경우에도 위헌정당으로 해산될 수 있다.

⑤ 자유민주적 기본질서를 침해할 목적으로 취해진 정치적 행동은, 그것이 개별적인 경우, 말하자면 그 밖에는 정당이 정당한 태도를 취하는데 일부의 구성원이나 추종자들의 「탈선」이 문제되는 경우에는 그 정당이 위헌정당으로 해산되지 않는다. 위헌정당의 해산제도는 과거의 사건에 대한 제재가 아니라 장래의 위험에 대한 보호를 목적으로 하는 것이다.

⑥ 헌법적대적 의도의 입증에는 정당의 목표가 중요한 인식수단이 된다. 그리고 이 제도의 예방적 성격에 따라 (보다 중요한) 단기목표와 (덜 중요한) 장기목표를 구별하지 않는다.

Ⅲ. 정당해산의 절차와 집행

1. 정당해산의 제소

위헌정당해산의 제소권은 정부에게 있다(헌법 제8조 제4항). 그러나 특정 정당이

60) 이러한 기준은 정부가 정당해산제도를 남용하여 불편한 반대정당을 소추하는 것을 방지하기 위하여 요청되는 것이다.

위헌의 소지가 있다고 판단될 때에 정부가 의무적으로 제소를 해야 하는 것은 아니다. 정치적 논쟁과정 속에서 자연스럽게 도태시킬 수 있다고 판단될 때에는 오히려 위헌정당으로 제소하기보다는 민주적 정치과정과 국민의 판단에 맡기는 것이 나을 수 있기 때문이다.

2. 정당해산의 결정

정당해산의 결정은 헌법재판소에서 9인의 재판관 중 6인 이상의 찬성으로 행해진다(헌법 제113조 제1항, 헌법재판소법 제23조 제2항 제1호). 위헌정당의 해산결정은 창설적 효력을 가지며(헌법재판소법 제59조), 위헌정당이 아니라는 결정에 대해서는 다시 제소할 수 없다(헌법재판소법 제39조).

3. 해산결정의 집행

헌법재판소의 해산결정이 있으면 그 결정은 피청구인인 정당과 국회, 정부, 중앙선거관리위원회에 송달된다(헌법재판소법 제58조 제2항). 통지를 받은 선거관리위원회는 해산결정을 받은 정당의 등록을 말소하고 그 뜻을 지체 없이 공고하여야 한다(헌법재판소법 제60조, 정당법 제47조).

Ⅳ. 정당해산의 효과

1. 창설적 효력

헌법재판소의 위헌정당 해산결정은 창설적 효력을 가지며(헌법재판소법 제59조), 중앙선거관리위원회의 해산공고는 선언적 · 확인적 효력만을 갖는다.

2. 대체정당의 금지, 동일명칭의 금지 등

헌법재판소의 결정으로 정당이 해산된 경우에는 그 정당의 대표자 및 간부는 해산된 정당의 강령(또는 기본정책)과 동일하거나 유사한 정당을 창당하지 못한다(정당법 제40조).

또한 헌법재판소의 결정에 의하여 해산된 정당의 명칭과 같은 명칭은 정당의 명칭으로 다시 사용하지 못한다(정당법 제41조 제2항).

3. 정당재산의 귀속

헌법재판소의 결정에 의해 해산된 정당의 잔여재산은 국고에 귀속한다(정당법 제48조 제2항).

4. 소속의원의 자격상실 여부

헌법재판소의 결정에 의해 해산된 정당의 소속의원들이 의원직을 상실하는지의 여부에 관하여는 견해의 대립이 있다.

국회의원들이 국민에 의해 직접 선출되었다는 점을 강조하면서 그 민주적 정당성을 중요시하는 학자들은 정당이 해산된 이후에도 무소속의원으로 남는다는 견해를 펼치고 있다.[61] 그러나 위헌정당해산제도는 민주적 기본질서에 대한 직접적이고 심각한 위협의 존재를 인정하고 그에 대한 강력한 대책으로 마련된 것이기 때문에 비록 위헌정당해산요건의 인정은 엄격해야 하지만 일단 위헌정당해산의 요건을 갖춘 경우에는 강력한 제재수단이 동원되는 것이다. 따라서 정당활동의 실질적 주체가 되었던 국회의원들의 의원직이 계속 유지된다고 보기는 어렵다.[62][63] 헌법재판소도 **헌재 2014.12.19. 2013헌다1 결정**에서 통합진보당 소속 국회의원들의 의원직 상실을 인정하였다.[64]

Ⅴ. 정당해산제도의 실효성

위헌정당해산제도는 그 정치적 파급효가 워낙 크기 때문에 쉽게 활용될 수 있는 제도는 아니다. 우리나라의 경우 지금까지 위헌정당으로 강제해산된 것은 2014년 통합진보당 해산이 유일하며, 독일의 경우도 서독의 건국 초기에 나치의 후속당인 사회주의제국당(SRP)과 공산당(KPD)에 대한 위헌판결이 있었을 뿐 그 이후에는 아직까지 위헌정당으로 해산된 예가 없다.[65]

특히 독일에서는 공산당(KPD: Kommunistische Partei Deutschlands)의 위헌판결 이후 그 후속정당으로 탄생된 공산당(DKP: Deutsche Kommunistische Partei)의 처리와 관련하여 위헌정당해산제도의 실효성에 관한 논의가 활발하게 전개되었다. 즉 정치적으로 비중이 크지 않은 정당을 해산하는 것은 헌법보호의 관점에서 볼 때 불필요한 반면, 이미 정치현실 속에서 강력한 영향력을 행사하고 있는 정당을 금지하는 것은 성공가능성이 거의 없다는 지적이 나옴으로써 위헌정당해산제도는 더 이상 사용되지 않는 박물관의 녹슨 칼과도 같다는 주장까지도 제기되었던 것이다.

물론 정당해산이라는 제도가 자주 사용된다는 것은 결코 바람직한 일이 아니다. 오히려 정당해산의 필요성이 존재하지 않을 정도로 모든 정당이 민주적으로 구성되고 활동하는 것이 더욱 바람직할 것이다. 그러나 정당해산제도는 나치의 역사적 경험에 기초하여 민주주의의 자기보호를 위해 헌법적으로 인정된 제도이며, 이러한 제도의 존재는 그 자체로서 민주주의의 자기이해와 관련하여 큰 의미를 갖고 있다. 또한 -비록 일상

61) 계희열, 헌법학(상), 2005, 301쪽; 김철수, 헌법학개론, 2007, 231쪽.

62) 권영성, 헌법학원론, 2010, 197쪽; 허영, 헌법이론과 헌법, 2021, 263쪽 이하.

63) 독일의 경우에도 연방헌법재판소가 사회주의제국당에 대한 위헌판결(SRP-Urteil)과 공산당에 대한 위헌판결(KPD-Urteil)시 위헌으로 해산된 정당에 소속된 연방의회 및 주의회 의원들의 의원직상실을 선언한 바 있으며, 이후 연방선거법과 주선거법 가운데 의원직상실에 관한 명문규정을 두어 이 문제를 입법적으로 해결하였다.

64) 이와 관련하여 헌법재판소에 재심청구가 있었으나 기각된 바 있다(**헌재 2016.5.26. 2015헌아20 결정**).

65) 최근 독일에서 신나치당으로 비판받고 있는 NPD(독일국가민주당)에 대한 정당해산심판이 진행된 바 있으나, 독일연방헌법재판소는 2017.1.17. 기각 결정을 내린 바 있다(BVerfGE 144, 20).

적으로 사용될 수 있는 것은 아니지만- 유사시를 위하여 헌법이 이 같은 강력한 자기 보호수단을 확보하고 있다는 것은 민주주의의 정상적인 발전을 위해서도 의미가 큰 것이다.

사례 풀이:

1. 진보국민연대의 헌법소원심판청구는 적법한가? (30점)
   - Ⅰ. 서: 권리구제형 헌법소원과 적법요건 [3점]
   - Ⅱ. 공권력의 행사 또는 불행사에 의한 기본권의 침해 [10점]
     1. 공권력으로서의 입법작용
     2. 진보국민연대의 법적 성격과 기본권주체성 문제
     3. 침해되는 기본권
   - Ⅲ. 기본권침해의 직접성, 현재성, 자기관련성 [10점]
     1. 입법작용에 의한 기본권침해와 직접성 요건
     2. 현재성에 대한 판단
     3. 자기관련성에 대한 판단
   - Ⅳ. 구제수단의 보충성 및 기타 적법요건 [6점]
     1. 헌법소원심판청구의 보충성 요건
     2. 변호사강제주의
     3. 청구기간
   - Ⅴ. 결론 [1점]
2. 정당법 제44조 제1항 제3호를 신생정당에 대해서도 획일적으로 적용하는 것은 비례성원칙에 반하는가? (40점)
   - Ⅰ. 사안의 분석과 쟁점의 정리 [4점]
   - Ⅱ. 정당등록제도의 의의와 기능 [10점]
     1. 정당설립의 자유와 정당등록제도의 관계
     2. 정당법상 정당등록요건의 의의와 기능
     3. 정당의 등록취소와 그 효과
   - Ⅲ. 정당법 제44조 제1항 제3호의 의미와 적용상의 쟁점 [12점]
     1. 국고보조의 대상이 되는 정당의 범위 설정
     2. 기성정당 위주의 기준과 신생정당에의 불이익
     3. 헌재 2014.1.28. 2012헌마431등 결정의 의미와 사안에의 적용
   - Ⅳ. 신생정당에 대한 획일적 적용의 비례성 판단 [12점]
     1. 정당설립 및 활동의 자유와 엄격한 비례성 심사의 필요성
     2. 목적의 정당성 및 방법의 적합성
     3. 침해의 최소성 및 법익의 균형성
   - Ⅴ. 결론 [2점]
3. 만일 진보국민연대의 정강이 통합진보당과 유사하며, 그 중요 당직자들이 구 통합진보당 인사들인 경우에는 어떤 법적 대응이 가능한가? (30점)
   - Ⅰ. 사안의 분석과 쟁점의 정리 [3점]
   - Ⅱ. 위헌정당해산제도의 의의, 기능과 대체정당의 금지 [7점]

1. 헌법 제8조 제4항과 위헌정당해산의 의의
2. 위헌정당해산의 요건과 효과: 요건의 엄격성과 효과의 강력성
3. 위헌정당해산의 후속조치로서의 대체정당 금지(정당법 제40조)

Ⅲ. 대체정당의 판단기준과 사안에의 적용 [9점]

1. 정당법 제40조: 강령(기본정책)의 동일성 내지 유사성
2. 시간적 적용범위: 정부의 정당해산제소권이 행사되지 않고 여러 해가 경과된 경우
3. 사안에의 적용

Ⅳ. 사안의 경우에 이용할 수 있는 법적 대응수단 [9점]

1. 설립 초기: 정당법 제40조에 기초하여 불법적 대체정당으로 규정
2. 불법적 대체정당에 대한 해산규정의 미비와 입법적 보완의 필요성
3. 시간이 경과된 이후에는 새로운 정당해산심판청구가 필요

Ⅴ. 결론 [2점]

제2장 선거제도

선거는 대의제민주주의의 초석이 되는 중요한 제도이며, 정치과정이다. 대의제 하에서는 국민이 그들의 대표자를 어떻게 바르게 선출하는가 하는 문제가 곧 올바른 민주주의 실현을 위한 출발점이자 가장 기본적인 전제가 되기 때문이다.

선거는 기본적으로 **활동력 있는 국가기관을 구성**하는 행위이다. 하지만 선거가 민주적이기 위해서는 선거의 결과 또한 **국민의사의 정확한 반영**이어야 한다. 이러한 요청이 선거제도 속에서 어떻게 구체화되어 나타나고 있는지를 올바르게 이해하고 평가하기 위해서는 민주주의에 있어서 선거의 기본원칙 및 다양한 선거제도를 선거의 의의와 기능, 나아가 민주주의의 기본이념과 연결시켜서 검토하는 것이 필요할 것이다.

즉, 선거는 민주주의의 기본이념, 즉 자유와 평등에 기초하여 국민의 다원적 정치의사를 수렴하는 절차로 이해되어야 한다. 자유롭고 평등한 선거를 통해서만 민주주의가 실현될 수 있고 또 이를 충족시키는 선거만이 민주적 정당성을 주장할 수 있는 것이다.

헌법 제41조 ① 국회는 국민의 보통·평등·직접·비밀선거에 의하여 선출된 국회의원으로 구성한다.
② 국회의원의 수는 법률로 정하되, 200인이상으로 한다.
③ 국회의원의 선거구와 비례대표제 기타 선거에 관한 사항은 법률로 정한다.

헌법 제42조 국회의원의 임기는 4년으로 한다.

헌법 제67조 ① 대통령은 국민의 보통·평등·직접·비밀선거에 의하여 선출한다.
② 제1항의 선거에 있어서 최고득표자가 2인이상인 때에는 국회의 재적의원 과반수가 출석한 공개회의에서 다수표를 얻은 자를 당선자로 한다.
③ 대통령후보자가 1인일 때에는 그 득표수가 선거권자 총수의 3분의 1이상이 아니면 대통령으로 당선될 수 없다.
④ 대통령으로 선거될 수 있는 자는 국회의원의 피선거권이 있고 선거일 현재 40세에 달하여야 한다.
⑤ 대통령의 선거에 관한 사항은 법률로 정한다.

헌법 제68조 ① 대통령의 임기가 만료되는 때에는 임기만료 70일 내지 40일전에 후임자를 선거한다.

② 대통령이 궐위된 때 또는 대통령 당선자가 사망하거나 판결 기타의 사유로 그 자격을 상실한 때에는 60일이내에 후임자를 선거한다.

【사례: 기탁금 조항 및 비례대표의원의 선거운동 제한의 위헌성 여부】

갑은 2016년 4월 13일 실시된 제20대 국회의원선거에서 A당의 공천을 받아 B 지역구의 후보로 등록할 예정인 상태에서 국회의원선거 후보자등록을 신청하는 자에게 기탁금 1천500만 원을 납부하도록 규정한 공직선거법 제56조 제1항 제2호 등이 자신의 기본권을 침해한다고 주장하면서 헌법재판소에 헌법소원심판을 청구하였다.

을은 제20대 국회의원선거에서 C당의 비례대표 후보로 추천된 사람으로서, 정당이 후보자등록을 신청하기 위해 후보자 1명마다 기탁금 1천500만 원을 납부하도록 규정한 공직선거법 제56조 제1항 제2호 등이 자신의 기본권을 침해한다고 주장하면서 헌법재판소에 헌법소원심판을 청구하였다.

병은 제20대 국회의원선거에서 D당의 비례대표 후보로 추천된 사람으로서, 공직선거법 제79조에서 지역구 후보자와는 달리 비례대표 후보자에 대해서는 연설 등의 선거운동을 금지한 것이 불합리한 차별이라고 주장하면서 헌법재판소에 헌법소원심판을 청구하였다.

〈헌재 2017.10.26. 2016헌마623; 헌재 2016.12.29. 2015헌마1160등 참조〉

1. 갑, 을, 병의 헌법소원심판청구는 적법한가? (20점)
2. 갑과 을의 경우 공직선거법에서 같은 액수의 기탁금을 요구하고 있는 것은 적정한가? 아니면 불합리한 차별이라고 볼 수 있는가? (40점)
3. 병의 경우 헌법재판소는 어떠한 본안판단을 내려야 하는가? (40점)

제 1 절 민주적 선거의 의의와 기능

I. 민주적 선거의 의의

대한민국은 민주공화국이며, 모든 국가권력은 국민으로부터 나온다(헌법 제1조). 따라서 국민의 대표자로 구성되는 국가기관들의 권위와 정당성은 최종적으로 국민에 의존하고 있는 것이며, 주권자인 국민이 대표자를 선출하는 절차인 '선거'는 대의제민주주의의 기본구조 하에서 민주적 헌법질서를 구체적으로 형성하기 위한 첫 단추라고 할 수 있다.

일반적으로 선거는 주권자인 국민이 그들을 대신하여 국정을 담당할 대표자를 선출하는 창설적 행위로 이해된다. 선거는 기본적으로 대표자의 선출, 즉 국정을 담당하는 국가기관의 구성이라는 의의와 기능을 가지고 있다는 것이다. 그러나 선거를 이같이 형식적으로만 이해하여 **선거의 본질, 즉 국민과 대표자의 관계의 본질**에 관한 전체적 이해를 결여할 경우, 「국민 스스로가 선출한 대표자이니까 국민은 대표자를 무조건 따라야 한다」거나 「대표자의 잘못은 결국 그들을 선출한 국민의 책임이니 감수해야 한다」는 등의 잘못된 주장이 나오게 된다. 이런 주장대로라면 국민은 -룻소가 당시 영국의 민주주의에 대해 비난했듯이- 단지 선거기간 중에만 자유로울 수 있고 선거 후에는 다시금 자신에 의해 선출된 대표자, 즉 (국민으로부터 나오는) 국가권력의 압제 하에 들어가게 될 수도 있을 것이다. 그러나 그것이 결코 올바른 민주주의의 실현(즉 자유와 평등의 실현)이 아님은 자명하다.

따라서 우리가 민주적 선거를 올바르게 이해하기 위해서는 선거의 형식적 의의와 기능은 물론 민주주의에 있어서 대표자의 선출이 갖는 실질적 의의, 그리고 그것이 실현되기 위한 조건들을 함께 생각하여야 한다. 이것은 무엇보다도 민주적 헌법국가에 있어서 선거가 갖는 의의 및 그 바탕이 되고 있는 국민과 대표자의 관계를 전체적으로 그리고 실질적으로 파악함으로써 가능해진다.

Ⅱ. 선거의 민주적 기능

형식적인 관점에서 이해하면 선거는 **주권자인 국민이 그들의 대표자를 선출하는 행위**이다. 그리고 이러한 대표자의 선출이 갖는 실질적인 의의는 **국가권력을 행사할 수 있는 정당성을 대표자에게 부여**하는 것이라고 말할 수 있을 것이다.

또한 선거는 -자유위임의 원칙에 따라 국민의 의사에 직접 구속됨이 없이 활동하는 대표자에 대해- **통제의 기능**도 갖는다. 즉 임기동안의 대표자의 활동이 국민의 종합적인 평가에 따라 국민의 정당한 이해관계를 국가질서 속에서 실현시키는 데에 충분치 못하다고 인정될 경우, 다른 후보자를 새로운 대표자로 선출함으로써 대표자의 활동에 대한 간접적인 통제가 이루어진다는 것이다(임기의 한정과 선거의 주기적인 반복 → 정당성의 갱신을 통한 통제의 기능).

나아가 선거라는 전국가적 · 전국민적 과정을 통해 **국민의 주권의식과 민주의식이 고양될 수** 있으며, 또한 선거가 **국가적 · 국민적 일체감의 조성과 통합**에 기여할 수 있다는 것도 우리는 선거의 의의 내지 기능으로 평가할 수 있을 것이다.

그러나 좀 더 넓게, 포괄적으로 이해한다면 선거는 **국민의 정치적 의사형성을 자극하고 또 그것을 국가권력의 형태로 전환시키는 과정**이다. 이렇게 이해된 선거에는 특정 후보자 또는 정당에 대한 국민의 투표행위만이 아니라 그 전후의 전체적 과정, 즉 유권자단체의 구성(선거인명부의 작성)에서부터 후보자들의 등록과 선거운동, 투표와 개표 및 선거결과의 확정에 이르는 전체과정이 포함된다.

이 과정 속에서 국민과 국민의 대표자들은 복잡한 이해관계의 대립과 조정, 갈등과 타협을 통해 국가질서형성의 기본방향을 결정하게 된다. 선거에 나서는 여러 정당들과 공직후보자들은 국가질서형성에 관한 각종 정책대안(공약)들을 가지고 국민의 지지를 호소하게 되고, 국민은 여러 정당들의 정책대안들 가운데서 -자신의 정치적 신념 내지 자신의 이해관계와 가장 잘 부합되는- 국가질서형성의 기본적인 방향을 선택하거나 그러한 정책을 주장하는 다수의 인물 가운데서 신망 있는 어느 한 사람을 선택하게 되는 것이다.

Ⅲ. 선거의 민주성 확보를 위한 기본전제

이런 관점에서 볼 때 선거가 그 본래의 의의에 맞게 기능할 수 있기 위해서는 다시금 두 가지 기본전제를 필요로 한다.

1. 선거에 대한 국민의 참여

먼저 선거가 민주적 정당성을 확보 · 강화함으로써 민주적 기능을 다할 수 있기 위해서는 선거에 대한 국민의 참여가 가능한 한 최대한으로 이루어져야 한다. 물론 모든 국민의 전혀 제한 없는 참여는 현실적으로 불가능하다. 하지만 선거에의 참여를 제한하는 것은 꼭 필요한 최소한에 그쳐야 하며, 국민의 폭넓은 참여 속에서만 선거는 비로소 진정한 민주주의 실현의 수단이 될 수 있는 것이다.[1)]

보통선거원칙의 확립을 통해 이루어진 선거권의 확대가 민주주의의 발전과 관련하여 갖는 의의와 비중도 같은 맥락에서 이야기될 수 있으며, 오늘날 많이 논의된 바 있는 선거권부여 기준연령의 하향조정이라는 문제에 있어서도 역시 국민의 최대한의 참여를 확보한다는 측면이 비중 있게 고려된 것이다.

2. 다원적인 대안 가운데서 선택할 수 있는 가능성

또한 선거가 제 기능을 발휘하기 위하여는 선거를 통해 **다원적인 대안 가운데서 -즉 다양한 인물과 정책들 가운데서- 선택할 수 있는 실질적 가능성**이 무엇보다 중요하다고 말할 수 있다. 여러 정책대안들과 이를 제시하는 여러 후보자들이 모든 국민의 (정당한) 다양한 요구들을 -빠짐없이 전부 수용하는 것은 불가능하지만- 대부분 반영하고 이를 통해 선거가 국민의 정치적 의사를 반영시키는 실질적 수단이 될 수 있어야 선거의 기본기능들이 충족될 수 있는 것이다.

현대의 정치적 조건 하에서는 전문성을 갖춘 대표자의 선출은 곧 정치엘리트계층의 존재와 기능을 전제하는 것이라 할 수 있다. 이러한 엘리트계층이 다원화되고, 국민에게 다원적인 대안 가운데서 선택할 가능성이 열려 있는 동안은 그것도 대의제민주주의의 테두리 내에서 받아들여질 수 있다. 그러나 이러한 다원적 대안이 결여되고, 그 결과 특정(엘리트)계층이 모든 정치적 기회를 독점하고 국외자에게는 새로운 기회가 사실

1) 2008년 2월 29일 개정된 공직선거법에서 투표를 마친 선거인에 대하여 인센티브제도의 도입을 가능하게 한 것(공직선거법 제6조 제2항)도 이런 맥락에서 이해될 수 있다.

상 전혀 부여되지 않는 경우에는 선거의 기본적 의의, 나아가 대의제민주주의의 가장 중요한 기초가 상실되는 것이다.

제2절 선거의 주체: 선거권과 피선거권

Ⅰ. 선 거 권

선거권이란 선거에 참가하여 투표할 수 있는 권리를 말한다. 즉 **주권자인 국민으로서** -대의제 민주주의의 구조에 따라 국민을 대신하여 국가권력을 행사하여 국가사무를 처리할- **대표자의 선출에 참여할 수 있는 자격을 선거권**이라고 부르는 것이다. 따라서 모든 국민은 원칙적으로 선거권을 갖는다.

하지만 경우에 따라서는 선거권이 제한되어야 할 필요성이 인정될 수 있다. 선거의 의미와 기능을 이해하여 올바른 대표자의 선출에 참여할 자격이 있다고 보기 어려운 경우에는 법률에 의하여 선거권을 제한할 수 있다는 것이다.

이와 관련하여 가장 문제가 되는 것은 **연령에 의한 제한**이다. 즉 현행 공직선거법은 제15조에서 만18세 이상을 기준으로 정하고 있다. 민법상의 성년 기준은 만19세로 되어 있지만 선거의 기준연령을 하향조정해야 한다는 주장[2)]에 따라 공직선거법 개정을 통해 선거권 부여의 기준이 변경된 것이다.

그 밖에 공직선거법 제18조에 따라 금치산자, 수형자 및 선거범 등에 대해서도 선거권의 제한이 인정되고 있으나, 비교적 엄격한 기준을 요구하고 있으며, 법률과 법원의 결정에 의해 선거권의 제한이 확정되도록 함으로써 남용의 위험을 최소화하고 있다.[3)]

최근에는 부재자투표와 관련하여 국외거주자 내지 재외국민의 선거권이 문제된 바

---

2) 특히 병역법 제8조에 따라 만18세에 달한 남성이 병역준비역에 편입되는 것과 관련하여 형평의 관점에서 많은 문제가 제기되고 있다. 그러나 헌법재판소는 구 공직선거법에서 선거권부여 기준연령을 20세로 한 것과 관련하여 "입법자가 공직선거및선거부정방지법에서 민법상의 성년인 20세 이상으로 선거권연령을 합의한 것은 미성년자의 정신적 · 신체적 자율성의 불충분 외에도 교육적 측면에서 예견되는 부작용과 일상생활 여건상 독자적으로 정치적인 판단을 할 수 있는 능력에 대한 의문 등을 고려한 것이다. 선거권과 공무담임권의 연령을 어떻게 규정할 것인가는 입법자가 입법목적 달성을 위한 선택의 문제이고 입법자가 선택한 수단이 현저하게 불합리하고 불공정한 것이 아닌 한 재량에 속하는 것인바, 선거권연령을 공무담임권의 연령인 18세와 달리 20세로 규정한 것은 입법부에 주어진 합리적인 재량의 범위를 벗어난 것으로 볼 수 없다"고 판시한 바 있었다(**헌재 1997.6.26. 96헌마89 결정**).

3) 이와 관련하여 재외국민의 선거권이 문제될 수 있으나, 헌법재판소는 구 공직선거법 제37조 제1항에 대한 위헌심판에서 "선거권에 관하여 거주요건을 둠으로써 재외국민에 대하여 선거권을 인정하지 아니하는 공직선거및선거부정방지법 제37조 제1항은, 국토가 분단된 우리나라의 현실, 선거의 공정성 확보상의 문제점, 선거기술상의 문제점 및 납세의무 등 국민의 의무와 선거권과의 관계 등을 고려하면, 그 입법목적에 있어서 정당할 뿐 아니라 그 입법에 의하여 보호하려는 공공의 필요와 침해되는 기본권 사이의 균형성을 갖추었고 그 목적달성을 위하여 적절한 방법을 취하고 있다고 할 것이다"(**헌재 1999.1.28. 97헌마253등 결정**)라고 판시하였다.

있다. 헌법재판소는 이와 관련하여 공직선거법이 주민등록을 요건으로 재외국민의 국정 선거권을 제한하는 것과 국내거주자에게만 부재자신고를 허용하는 것 등에 대하여 헌법불합치결정을 내린 바 있다.[4)]

Ⅱ. 피선거권

피선거권은 **선거에 의해 국민의 대표자, 즉 대통령, 국회의원, 지방자치단체장이나 지방의회의원 등으로 선출될 수 있는 자격**을 의미한다.[5)] 이러한 피선거권은 연령제한, 결격사유 등에서 선거권의 경우보다 엄격하며,[6)] 특히 선거범으로서 형벌을 받은 자에 대하여 일정기간 피선거권을 정지하는 규정에 대하여는 헌법재판소의 합헌결정이 내려진 바 있다.[7)] 그 밖에 피선거권의 제한과 관련하여 겸직금지,[8)] 과도한 선거기탁금[9)] 등이 문제된 바 있다.

피선거권의 경우도 특히 기준연령이 현실적인 문제로 제기될 수 있을 것이다. 종래 선거의 유형에 따라 25세부터 40세까지 차등화되어 있던 피선거권의 기준연령이 현행 공직선거법에 의하여 대통령을 제외한 경우 모두 18세로 통일되어 있다.[10)] 그러나 대통령의 경우 왜 만40세가 기준연령이 되는지, 그리고 그 밖의 경우에는 왜 만18세가 기준연령이 되는지의 합리적 근거는 찾기 어렵다. 미성년자가 국민의 대표자가 되는 것은

---

4) **헌재 2007.6.28. 2004헌마644등 결정**; **헌재 2007.6.28. 2005헌마772 결정**. 또한, **헌재 2022.1.27. 2020헌마895 결정**에서는 공직선거법 제218조의16 제3항에서 재외투표기간 개시일 이후에 귀국한 재외선거인 및 국외부재자신고인이 국내에서 선거일에 투표할 수 있도록 하는 절차를 마련하지 아니한 것이 청구인의 선거권을 침해하는 것으로 판단하여 헌법불합치결정을 내렸다.

5) 그러므로 자격 자체의 문제인 피선거권의 문제는 공직선거법 제53조가 규정하고 있는 공무원의 입후보 제한의 문제, 즉 일정한 공무원들이 공직선거의 후보자가 되고자 할 때에는 일정기간 이내에 공직을 사퇴하도록 요구하는 것과는 구별되어야 한다.

6) 공직선거법 제15조(선거권)와 제16조(피선거권), 제18조(선거권이 없는 자)와 제19조(피선거권이 없는 자) 비교.

7) 헌법재판소는 "선거범으로서 형벌을 받은 자에 대하여 일정기간 피선거권을 정지하는 규정 자체는 이로써 선거의 공정을 확보함과 동시에 본인의 반성을 촉구하기 위한 법적 조치로서 국민의 기본권인 공무담임권과 평등권을 합리적 이유 없이 자의적으로 제한하는 위헌규정이라 할 수 없고, 그 경우에 구체적으로 어떤 종류의 형벌을 얼마만큼(형량) 선고받은 자에 대하여 어느 정도의 기간 동안 피선거권의 행사를 제한시킬 것인가의 문제는 기본적으로 입법형성권을 갖고 있는 입법권자가 결정할 입법재량에 속하는 사항으로서 그것이 합리적 재량의 범위를 벗어난 것이 아닌 한 위헌이라 볼 수 없다" (**헌재 1993.7.29. 93헌마23 결정**)고 인정하고 있다.

8) 헌법 제43조, 제83조. 그러나 헌법상 명시되지 않고 있는 경우의 겸직금지와 관련하여서는 과거부터 논란이 적지 않았다. 이에 관하여는 지방의회의원선거법 제28조 등에 대한 헌법소원심판(**헌재 1991.3.11. 90헌마28 결정**), 구 지방의회의원선거법 제35조 등에 대한 헌법소원심판(**헌재 1995. 5.25. 91헌마67 결정**), 공직선거법 제53조 제1항 제4호 중 "정부투자기관 직원" 부분에 대한 헌법소원심판(**헌재 1995.6.12. 95헌마172 결정**) 등 참조.

9) 구 국회의원선거법 제33조, 제34조에 관한 위헌심판(**헌재 1989.9.8. 88헌가6 결정**), 구 지방의회의원선거법 제36조 제1항에 대한 헌법소원심판(**헌재 1991.3.11. 91헌마21 결정**), 지방의회의원선거법 제36조 제1항에 대한 헌법소원심판(**헌재 1995.5.25. 91헌마44 결정**), 공직선거법 제56조 제1항 제2호에 대한 헌법소원심판(**헌재 2001.7.19. 2000헌마91등 결정**), 공직선거법 제56조 제1항 제1호에 대한 헌법소원심판(**헌재 2008.11.27. 2007헌마1024 결정**) 등 참조.

10) 공직선거법 제16조.

곤란하다는 점에서 성년이 되는 만19세부터 피선거권을 통일적으로 인정하고, 대통령 후보자들의 경륜과 능력 등에 대하여는 막연하게 연령을 정하여 제한하는 것보다는 국민의 판단에 맡기는 것이 나을 것으로 생각된다.[11)]

제 3 절 선거의 기본원칙

Ⅰ. 보통선거(↔제한선거)

보통선거란 원칙적으로 모든 국민에게 선거권이 인정되는 것을 의미한다. 즉 보통선거의 문제는 선거권의 인정범위에 관한 문제이다.

과거에는 사회적 신분 또는 재산 등을 근거로 선거권의 인정 여부를 결정한 적이 있으나, 보통선거가 확립된 오늘날에는 재산, 학력, 직업, 종교 또는 사회적 신분 등을 근거로 선거권을 한정하는 것은 허용되지 않는다. 이에 반하여 선거권의 부여를 일정한 연령과 같은 정당한 형식적 전제조건과 결부시키는 것은 인정될 수 있으며, 엄격한 요건 하에 선거권에 제한을 가하는 것도 가능하다.

Ⅱ. 평등선거(↔차등선거)

평등선거는 모든 선거권자가 행사하는 한표 한표가 동등한 비중, 동등한 계산가치를 가지며, 나아가 원칙적으로 동등한 결과가치를 가지는 것, 결국 선거결과에 어느 표나 동등한 영향을 미치는 선거를 말한다.

평등선거 원칙은 민주적 평등의 요청에 기초하고 있다. 그러나 선거에 있어서 헌법적 평등의 요청을 어떠한 기준에 따라 어느 정도까지 실현시켜야 하는가에 대하여는 그동안 많은 논의를 통한 변화와 발전이 있어 왔다. 고전적 평등선거원칙의 출발점은 이른바 '1인 1표의 원칙'이라고 할 수 있다. 즉 모든 사람들에게 투표권의 차등을 두지 않고 동등하게 1표씩 인정함으로써 산술적 평등을 확보하는 것이었다.

그러나 이와 같은 산술적 평등의 확보만으로는 실질적으로 선거에 있어서의 평등을 확보하기에 충분치 못하다는 것이 문제되면서, 오늘날 평등선거의 원칙은 산술적 표면가치의 평등만이 아니라 실질적 성과가치의 평등까지 내포하는 것으로 이해되고 있다. 이에 따라 평등선거의 원칙은 이제 −단순한 산술적 표면가치의 평등이 아니라 실질적 성과가치의 평등을 중심으로− 사표(死票)의 방지, 선거구의 인구불균형문제 등과 관련

11) 그러나 헌법재판소는 "국회의원의 피선거권 행사연령을 25세 이상으로 정한 공직선거및선거부정방지법 제16조 제2항은 입법자의 입법형성권의 범위와 한계 내의 것으로, 청구인들의 공무담임권 등 기본권의 본질적 내용을 침해할 정도로 과도한 것이라 볼 수 없다"고 판시한 바 있다(**헌재 2005. 4.28. 2004헌마219 결정**).

하여 매우 현실적인 문제로 대두되고 있다.

1. 투표가치(표면가치 + 성과가치)의 평등

선거에 있어서 민주적 평등의 요청은 크게 2가지 관점에서 검토될 수 있다. 하나는 모든 유권자들의 투표가 평등하게 취급된다는 것, 즉 투표가치의 평등을 확보한다는 것이며, 다른 하나는 선거의 전체 과정에서 -즉 선거운동과정에서부터 선거결과의 확인을 통한 당선자확정 및 선거쟁송에 이르는 모든 과정에서- 모든 선거참여자들이 동등한 기회를 부여받는다는 것, 즉 기회의 균등이다.

그 동안 평등선거의 원칙과 관련하여서는 주로 선거제도의 구성과 관련하여 투표가치의 평등을 확보하는 것, 즉 **산술적인 표면가치의 평등** 확보, 그리고 **실질적인 성과가치의 평등** 확보를 중심으로 논의가 진행되어 왔다.

투표가치의 평등은 일차적으로 모든 유권자의 투표에 대하여 평등한 취급을 요청한다. 유권자의 인종, 성별이나 종교, 재산, 학력, 기타 사회적 신분에 의하여 투표가치에 차등을 두어서는 안 된다는 것이다.[12] 이러한 투표가치의 평등을 확보하기 위한 일차적 조건은 산술적 표면가치의 평등이다. 하지만 오늘날 산술적 표면가치의 평등을 부정하는 경우는 찾기 어려우며, 현실적으로 문제되는 것은 실질적 성과가치(결과가치)의 평등이다. 즉 형식적으로 모든 유권자에 똑같이 1표씩 또는 2표씩 인정될 뿐만 아니라 그 표의 행사(즉 투표)가 선거결과에 미치는 효과도 실질적으로 평등해야 한다는 것이다.

이와 같은 실질적 성과가치의 평등은 형식적 표면가치의 평등과는 달리 매우 어렵고 복잡한 문제들을 많이 안고 있다. 형식적(산술적) 표면가치의 평등은 획일적 평등으로 쉽게 확보될 수 있는 반면에, 실질적 성과가치의 평등은 구체적으로 어느 정도까지 어떤 방식으로 확보될 수 있는가에 관하여 많은 어려운 문제들이 중첩되어 있기 때문이다. 그것은 실질적 성과가치의 평등을 주로 문제삼는 사표(死票)의 문제 또는 선거구 인구불균형의 문제가 안고 있는 문제이기도 하다.

2. 선거참여자의 기회균등과 사표(死票)의 문제

(1) 사표의 개념과 문제점

사표(死票), 즉 죽은 표란 선거의 결과(후보자의 당선)에 직접 영향을 미치지 못한 표를 말한다. 다시 말하자면 결과적으로 당선되지 못한 후보자에게 던진 표는 사표가

12) 이러한 요청은 전통적으로 모든 유권자에게 똑같이 1표씩을 인정하는 '1인 1표의 원칙'으로 나타났으며, 이를 평등선거의 원칙과 동일시하기도 했다. 예컨대 헌법재판소는 "평등선거의 원칙은 평등의 원칙이 선거제도에 적용된 것으로서 투표의 수적 평등, 즉 복수투표제를 부인하고 모든 선거인에게 1인 1표(one man, one vote)를 인정함을 의미할 뿐만 아니라"라고 판시하기도 하였다(**헌재 1995.12.27. 95헌마224등 결정**). 그러나 독일의 경우(연방선거법 제4조)나 우리나라의 경우(공직선거법 제146조 제2항)처럼 비례대표선거를 정당에 대한 별도의 투표로 하는 경우에 모든 유권자에게 똑같이 2표씩을 인정하는 '1인 2표제'도 평등선거의 원칙에 반한다고 볼 수는 없으므로 평등선거원칙을 굳이 1인 1표의 원칙으로 정의할 필요는 없을 것이다.

되는 것이다.

이러한 사표의 발생은 선거제도상 불가피하다. 모든 유권자들이 자유롭게 투표하는 가운데 유권자들의 각 후보자에 대한 지지는 다양하게 나타날 수밖에 없으며, 이러한 경우 유권자들이 원하는 후보자를 모두 다 당선시키는 것은 현실적으로 가능할 수 없기 때문이다. 그러나 사표가 많아지면 많아질수록 선거의 민주성에 대한 의문이 크게 제기되는 것은 간과할 수 없는 중요한 문제이다.

예컨대 여러 후보자가 나선 가운데 10-20%의 저조한 지지율로 당선될 경우에는 상대적으로 그 후보자가 다른 후보자들보다 더 많은 지지를 받았다는 측면보다는 그를 원치 않았던 유권자들이 오히려 압도적인 다수(80-90%)라는 것이 더 큰 문제로 제기될 수 있는 것이다. 따라서 사표를 최소화시키려는 노력은 선거에 있어서 실질적 성과가치의 평등이라는 측면뿐만 아니라 선거의 민주성 확보라는 관점에서도 매우 큰 의미를 갖는다.

(2) 사표의 최소화를 통한 평등선거의 실현

사표의 문제는 정당제도 및 선거제도와 밀접하게 연관되어 있다. 정당제도가 어떠한 형태로 정착되어 있는지, 그리고 선거제도를 어떻게 구성하고 있는지에 따라 사표가 어느 정도까지 발생될 수 있는지가 달라지는 것이다.

먼저 정당제도와 관련하여 이야기하자면, 양당제가 확립된 경우와 여러 정당이 난립하고 있는 경우, 그리고 아예 정당제가 뿌리내리지 못하고 있는 경우를 나누어 볼 수 있을 것이다. 양당제가 확립된 경우에는 사표의 문제가 상대적으로 축소될 수 있다. 유권자의 대부분이 2개의 정당 내지 그 정당이 추천한 후보자를 중심으로 투표를 할 경우 당선자는 대부분 과반수의 득표를 하게 될 것이기 때문이다. 그러나 여러 정당이 난립하고 있는 경우에는 유권자들의 투표도 분산될 것이기 때문에 당선자가 과반수의 득표를 하는 것이 상대적으로 더 어려워지며, 결과적으로 사표의 문제도 심각하게 제기될 수 있다. 나아가 아예 정당제가 뿌리내리지 못하고 있는 경우에는 무소속후보자의 진출을 통한 투표의 분산은 더욱 광범하게 확산될 것이며, 이에 따른 사표의 문제도 더욱 심각해질 것이다.

또한 선거제도도 사표의 문제와 직접 연관되어 있다. 현행 공직선거법상의 선거와 같이 상대다수대표제를 채택하는 경우에는 후보자가 난립하여 당선자의 확정에 있어서 상대적으로 가장 많은 득표를 한 후보자가 아무 제한 없이 당선될 수 있으므로 매우 낮은 득표율에 의한 당선, 그리고 그에 따른 사표의 양산이 예견될 수 있는 것이다. 이것은 국회의원선거보다는 특히 대통령선거에서 많이 문제될 수 있다.[13] 그리고 국회의원

---

13) 국회의원선거보다 대통령선거에서 낮은 득표율이 더 문제되는 것은 두 가지 이유 때문이다. 첫째, 대통령제 하에서 대통령선거가 갖는 의미 내지 비중에 비추어 볼 때 낮은 득표율과 높은 사표는 정당성의 문제를 심각하게 야기한다. 둘째, 양당제가 정착되지 못한 현실에 무소속 후보들까지 난립하는 상황이 전개되면서 문제의 심각성은 더해질 수 있다. 그로 인하여 매우 낮은 득표율로 대통령으로 당선되는 상황이 벌어질 가능성이 적지 않으며, 이는 대통령 개인의 정당성 약화에 그치는 것이 아니라 정부 전체의 기능 약화로 이어질 가능성이 매우 큰 것이다. 양당제로 인하여 사실상 절대적 다수대표

선거에 있어서는 현행 공직선거법상 다수대표제와 비례대표제의 결합이 나타나고 있는데, 정당제도가 올바르게 확립된 경우라면 비례대표제 확대를 통하여 사표를 최소화시키는 방법도 긍정적으로 모색될 수 있을 것이다.

3. 선거구획정과의 관계

(1) 선거구 인구불균형과 평등선거의 문제

현행 공직선거법은 국회의원의 지역구선거에서 다수대표제에 따른 소선거구제를 채택하고 있다(제20조 제3항, 제21조 제2항, 제188조 제1항). 이러한 소선거구제에서는 선거구의 획정이 특히 문제된다. 모든 선거제도가 다 그렇지만 특히 소선거구제에서는 합리적인 선거구의 획정 내지 분할에 의해서만 국민의 의사가 선거에서의 대표자의 선출로 정확하게 반영될 수 있으며, 나아가 평등선거의 실현이 가능하다는 점에서 선거구 획정의 문제가 더욱 큰 비중을 갖는 것이다.

이런 관점에서 보면 각 선거구마다 선거인의 수가 완전히 동일한 경우가 이상적이겠으나 이것은 현실적으로 불가능하다. 선거가 있을 때마다 선거인의 수에 맞추어 선거구를 새로이 조정하는 경우에 나타나게 될 절차상의 여러 어려움은 접어두고라도, 그 과정에서 Gerrymandering과 같은 불합리한 선거구획정이 등장할 위험도 적지 않기 때문이다. 그러나 또한 선거구간의 선거인의 수가 큰 차이를 보이게 되면, 개개 선거인의 표가 선거결과에 미치는 비중(즉 결과가치)에 차이를 보이게 되므로 일정 주기마다 선거구를 재조정하는 방법 등으로 선거구간 선거인수의 편차가 일정범위를 벗어나지 않도록[14] 조정할 필요가 있다.

그러나 이런 관점에서 볼 때 공직선거법은 -우리나라에서도 이미 현실적 문제로 여러 차례 제기되었던- 선거구문제에 대해 분명한 해결 또는 해결을 위한 기준의 제시조차 없다는 점에서 이 문제에 소홀하였다는 문제점을 안고 있다.[15]

(2) 선거구획정에 관한 헌법재판소의 입장

이 문제와 관련하여 1995년 12월 27일의 공직선거및선거부정방지법 [별표1]의 「국회의원지역선거구구역표」에 대한 헌법재판소결정[16]은 많은 것을 시사하고 있다. 결국 국회에 의해 해결되지 못한 곤란한 문제가 헌법재판소에 맡겨졌던 것이다.

헌법재판소는 "평등선거의 원칙은 평등의 원칙이 선거제도에 적용된 것으로서 투표의 수적 평등, 즉 복수투표제를 부인하고 모든 선거인에게 1인 1표(one man, one vote)를 인

제와 유사한 결과를 가져오는 미국과는 달리 다당제를 취하고 있는 프랑스의 대통령선거에서 절대적 다수대표제를 채택하고 있는 것도 이런 맥락에서 이해될 수 있을 것이다.

14) 독일의 경우는 1963년 연방헌법재판소의 판결(BVerfGE 16, 130)이래 선거구간의 선거인수의 편차가 평균선거인수의 33.3% 이상 되는 것은 평등선거원칙에 반하며, 따라서 선거구의 재조정이 필요하다는 것이 법적으로 인정되고 있다(독일연방선거법 제3조). 또한 영국, 미국 등의 경우도 선거구간의 지나친 선거인수의 차는 평등원칙에 반하는 것으로 인정되고 있다.

15) 헌법재판소는 **헌재 2007.3.29. 2005헌마985등 결정**에서 인구비례가 아니라 행정구역별로 시·도의원 정수를 2인으로 배분하고 있는 공직선거법 제22조 제1항을 위헌으로 판시한 바 있다.

16) **헌재 1995.12.27. 95헌마224등 결정.**

정함을 의미할 뿐만 아니라, 투표의 성과가치의 평등, 즉 1표의 투표가치가 대표자 선정이라는 선거의 결과에 대하여 기여한 정도에 있어서도 평등하여야 함을 의미한다(one vote, one value)"고 보면서 비록 "헌법이 요구하는 투표가치의 평등은 선거제도의 결정에 있어서 유일, 절대의 기준이라고는 할 수 없으며, 국회는 구체적인 선거제도를 정함에 있어서 합리적인 다른 정책적 목표도 고려할 수 있는 것이지만, 적어도 선거구의 획정에 있어서는 인구비례의 원칙을 가장 중요하고 기본적인 기준으로 삼아야 할 것이고, 여타의 조건들은 그 다음으로 고려되어야" 한다는 것을 확인하고 있다.

이같이 국회의 선거구획정에 관한 입법형성권의 헌법적 한계를 확인한 헌법재판소는 "국회가 결정한 구체적인 선거제도의 구조 아래에서 발생한 투표가치의 불평등이 헌법이 요구하는 투표가치 평등의 원칙에 반하는지의 여부를 판단할 때, 이러한 불평등이 위에서 본 바와 같은 헌법적 요청에 의한 한계 내의 재량권 행사로서 그 합리성을 시인할 수 있는지의 여부를 검토하여, 국회가 통상 고려할 수 있는 제반 사정, 즉 여러 가지 비인구적(非人口的) 요소를 모두 참작한다고 하더라도 일반적으로 합리성이 있다고는 도저히 볼 수 없을 정도로 투표가치의 불평등이 생긴 경우에는 헌법에 위반된다고 하여야" 한다는 입장을 보이고 있다.

나아가 2001년 10월 25일의 헌법재판소 결정에서는 1995년의 결정 당시 기준이었던 전국선거구 평균인구수에서 상하 60%(이 경우 상한 인구수와 하한 인구수의 비율은 4:1)를 상하 50%(이 경우 상한 인구수와 하한 인구수의 비율은 3:1)로 조정함으로써 평등선거의 요청에 더욱 접근하였다.[17][18] 그리고 **헌재 2014.10.30. 2012헌마192등 결정**에서 인구편차 상하 33.3%, 인구비례 2:1의 기준을 벗어난 것은 위헌이라고 판시하였다.

Ⅲ. 직접선거(↔간접선거)

직접선거란 선거권자인 국민이 그들의 대표를 직접 선출하는 것을 의미하며, 따라서 선거권자의 투표를 대신하는 등의 방법으로 제3자가 선거에 개입하는 것은 허용되지 않는다. 특히 중간선거인의 개입은 배제된다.[19]

---

17) **헌재 2001.10.25. 2000헌마92등 결정.**

18) 헌법재판소는 **헌재 2007.3.29. 2005헌마985등 결정** 이래로 지방선거의 경우에는 인구 외에 행정구역, 지세, 교통 등 여러 가지 조건을 고려해야 하므로 현시점에서는 상하 60%의 인구편차를 기준으로 삼는 것이 가장 적절하다고 판시하였다(**헌재 2009.3.26. 2006헌마14 결정** 등 참조). 그러나 이후 **헌재 2018.6.28. 2014헌마189 결정**에서 시도의회의원선거에 대하여, **헌재 2018.6.28. 2014헌마166 결정**에서는 자치구·시·군의회의원선거에 대해 선거구획정의 인구편차의 한계를 상하 50%, 즉 3:1로 결정하였다.

19) **헌재 2001.7.19. 2000헌마91 결정:** "직접선거의 원칙은 선거결과가 선거권자의 투표에 의하여 직접 결정될 것을 요구하는 원칙이다. 국회의원선거와 관련하여 보면, 국회의원의 선출이나 정당의 의석획득이 중간선거인이나 정당 등에 의하여 이루어지지 않고 선거권자의 의사에 따라 직접 이루어져야 함을 의미한다. 역사적으로 직접선거의 원칙은 중간선거인의 부정을 의미하였고, 다수대표제하에서는 이러한 의미만으로도 충분하다고 할 수 있다. 그러나 비례대표제하에서 선거결과의 결정에는 정당의 의석배분이 필수적인 요소를 이룬다. 그러므로 비례대표제를 채택하는 한 직접선거의 원칙은 의원의 선출뿐만 아니라

Ⅳ. 비밀선거(↔공개선거)

비밀선거는 선거인의 결정에 영향을 미칠 수 있는 직접 · 간접의 강제나 압력으로부터 선거권자인 국민의 자유로운 결정을 보장하고자 하는 것이다. 또한 우리 헌법상 명문화되지는 않았으나 **자유선거**의 원칙까지도 주장되고 있다.[20)]

제 4 절 선거제도의 유형: 대표법(대표자 선출방법)과 선거구

Ⅰ. 대표법과 선거구의 기본관계

선거제도의 일반적 유형에 관하여는 다양한 분류가 행해지고 있다. 그러나 가장 일반화되어 있는 분류방법으로는 대표결정의 방법에 따른 다수대표제, 소수대표제 및 비례대표제 등의 분류, 그리고 선거구의 분할방식에 따른 소선거구제, 중선거구제, 대선거구제 및 전국구의 분류를 들 수 있을 것이다.

특히 대표결정의 방식은 선거구제와 밀접한 관계 속에 있다는 점이 주목된다. 1인의 대표자를 선출하는 소선거구제는 논리적으로 다수대표제와 결합할 수밖에 없으며, 2～4인을 선출하는 중선거구제 및 5인 이상을 선출하는 대선거구제는 소수대표제와 결합되고 있다. 또한 비례대표제는 원칙적으로 선거가 행해지는 전체 지역을 하나의 선거구로 하는 전국구 내지 광역선거구와 결합된다.

Ⅱ. 소선거구 - 다수대표제(절대다수대표제, 상대다수대표제)

선거구를 작게 분할하여 1개 선거구에서 1인의 대표자만을 선출하는 대표자결정방법을 다수대표제라 부른다. 유권자 가운데 다수를 형성하는 세력의 지지를 받은 후보자만이 대표자가 될 수 있기 때문이다.

이러한 다수대표제는 단순히 다른 후보자들보다 상대적으로 더 많은 지지를 받으면 대표자로 선출될 수 있는 **상대다수대표제**와 총유효투표수의 과반수의 지지를 받을 경우에만 대표자로 선출될 수 있는 **절대다수대표제**로 분류될 수 있다. 우리나라의 대통

정당의 비례적인 의석확보도 선거권자의 투표에 의하여 직접 결정될 것을 요구하는 것이다."

20) 계희열, 헌법학(상), 2005, 314쪽 이하; 권영성, 헌법학원론, 2010, 207쪽; 김철수, 헌법학개론, 2007, 246쪽 이하; 허영, 한국헌법론, 2025, 862쪽 등 참조.
헌법재판소도 "자유선거의 원칙은 비록 우리 헌법에 명시되지는 않았지만 민주국가의 선거제도에 내재하는 법원리인 것으로서 국민주권의 원리, 의회민주주의의 원리 및 참정권에 관한 규정에서 그 근거를 찾을 수 있다. 이러한 자유선거의 원칙은 선거의 전 과정에 요구되는 선거권자의 의사형성의 자유와 의사실현의 자유를 말하고, 구체적으로는 투표의 자유, 입후보의 자유, 나아가 선거운동의 자유를 뜻한다(**헌재 1994.7.29. 93헌가4등 결정**)"고 판시함으로써 자유선거의 원칙을 인정하고 있다.

령선거와 지역구국회의원선거 등은 전자의 예에 속하며, 프랑스의 대통령선거는 후자의 예에 속한다.

주로 소선거구제와 결합하여 나타나는 다수대표제는 국민의 다수관계가 선거의 결과로 직접 나타남으로 인하여 주권자인 국민의 의사가 보다 강력하게 대표자에게 영향을 미칠 수 있다는 것을 비롯하여 유권자와 대표자의 친밀도가 높아지고 양당제의 형성에 긍정적으로 작용하는 등의 장점을 갖고 있으나, (특히 상대적 다수대표제의 경우) 사표(死票)가 많이 발생됨으로 인하여 결과가치의 불평등이 문제로 지적되고 있다.[21]

Ⅲ. 중 · 대선거구 – 소수대표제

선거구를 비교적 크게 획정하여 1개 선거구에서 2인 이상의 대표자를 선출하는 중 · 대선거구제도는 대부분 소수대표제와 연결된다. 그러한 경우에는 유권자의 다수세력만이 아니라 일정 규모 소수세력의 지지를 받는 후보자까지도 대표자로 선출될 수 있기 때문이다.

이러한 중 · 대선거구–소수대표제는 **국민의사의 정확한 반영**이라는 민주적 선거의 기본기능과 관련하여 많은 문제를 안고 있다. 선거는 무엇보다 국민의사의 반영이고, 선거의 결과인 의석수는 국민의 지지에 비례하는 것이어야 한다. 그러나 중 · 대선거구–소수대표제의 경우에는 다수의 지지를 받은 정당(후보자)과 소수의 지지를 받은 정당(후보자)이 똑같이 1개씩의 의석을 차지할 수 있게 됨으로써[22] 국민이 특정 정당을 지지하고 또 다른 정당을 견제하는 것이 사실상 무의미하게 될 수 있기 때문이다. 더욱이 양당제가 확립된 상태에서 선거구마다 2인의 대표자를 선출하거나 3개의 거대정당이 있는 상태에서 선거구마다 3인의 대표자를 선출하는 것은 결국 모든 정당에 대한 국민적 지지의 차이를 무의미하게 만들 우려마저 있는 것이다.

Ⅳ. 전국구(광역선거구) – 비례대표제

전국을 단일선거구로 하는 전국구제도는 비례대표제와 연결되는 경우가 많다. 비례대표제는 –다수자만이 대표를 의회에 보낼 수 있는 다수대표제 또는 소수자까지 다수자와 같은 비율로 대표자를 의회에 보낼 수 있는 소수대표제와는 달리– 다수자와 소수자가 그 지지비율에 따라 대표자를 의회에 보냄으로써 사표(死票) 없이 국민의 의사(즉 투표)를 가장 정확하게 의석수로 전환시키는 선거제도이다. 이러한 비례대표제를 가장

---

21) 그 밖에 소선거구제의 장점으로 선거인의 대표자선택이 비교적 용이하고 여 · 야간의 유사한 정책선택을 통한 정치상황의 안정성을 확보할 수 있다는 점 등을 들기도 한다. 또한 단점으로 전국적 인물보다 지방적 색채가 강한 인물의 당선가능성이 높으며, 의원이 정책입안에 있어서 지방적 편견을 갖기 쉽다는 점 등이 지적된다.

22) 예컨대 지역선거구 내에서 90%의 지지를 받은 후보와 10%의 지지를 받은 후보가 동시에 당선되어 똑같이 1개의 의석을 갖게 될 수 있다.

순수한 형태로 실현시키자면 선거구의 분할 없이 전국을 하나의 선거구로 보는 전국구제도가 요청되는 것이다.

그러나 비례대표제가 갖고 있는 많은 장점에도 불구하고 비례대표제를 채택하는데 있어서는 적지 않은 문제점도 지적된다. 비례대표제의 단점으로 가장 많이 지적되고 있는 것은 **군소정당의 난립**을 초래한다는 것인데, 이 문제의 해결을 위하여 **저지조항**(Sperrklausel)의 도입 등이 이용되고 있다. 또한 비례대표제에 의한 선거는 **기술적으로 시행하기 곤란**하고 **절차가 번잡**하다는 문제가 지적되기도 하나 비례대표제가 갖는 장점에 비하면 이것도 역시 본질적인 문제는 아니다. 비례대표제의 본질적인 문제점은 선거의 직접성의 원칙, 즉 **직접선거의 원칙**과 관련하여 제기된다.

일반적으로 비례대표제는 선거권자가 의원을 선출하는 과정에 있어서 정당의 개입을 필수적인 전제로 한다. 따라서 비례대표제는 **정당제도의 확립을 필수적인 전제**로 하며, 선거의 실시에 있어서도 일반적으로 정당에 의해 작성된 후보자명부를 기초로 하게 되는 등 선거에 있어서 정당의 역할이 다른 어떤 선거제도에서보다도 두드러지게 나타난다. 그러나 또한 이로 인하여 **선거권자는 정당에 대한 지지만을 결정하게 될 뿐 후보자의 선정에는 거의 영향을 미치지 못한다**는 등의 문제점이 지적될 수 있다.[23] 결국 선거권자와 후보자 사이에서 작용하는 정당활동이 선거를 통해 나타나는 국민의사의 직접성을 훼손한다는 문제가 제기되는 것이다. 더욱이 정당이 현실적으로 국민의 의사를 정확하게 반영하는 데 충분한 조직과 민주성을 갖추지 못한 경우에 있어서는 그러한 문제가 더욱 심각하게 나타날 수밖에 없다.

따라서 많은 장점을 갖고 있는 비례대표제이지만 각국의 정당정치 현실에 따라 그 수용 여부 및 방식에 있어서 많은 차이를 보이고 있으며, 또한 비례대표제를 수용하는 국가에 있어서도 -정당이 국민의사를 100% 반영하지는 못한다는 문제 때문에- 비례대표제를 유일한 선거방법으로 인정하기보다는 지역구선거의 문제점을 보완하는 보충적 선거로 생각하여 다수대표제 또는 소수대표제에 의한 지역구선거와 비례대표제선거를 병용하는 예가 많다.

V. 기타의 대표자선출방법

그 밖의 대표자선출방법으로는 각 직능별로 대표자를 선출하는 **직능대표제**가 있으나, 오늘날 직능별로 선거인단을 구성하여 대표자를 선출하는 데에는 어려움이 많으므로 전국구-비례대표제에 의한 정당후보 가운데 직능대표성을 갖는 후보들이 몇 명 들어가는 정도가 일반적이다.

또한 일정득표율 이상을 획득한 정당에 대하여 득표수와 상관없이 일정 의석을 증

23) 이 문제를 해결하기 위한 방법의 하나로 종래 많이 이용되던 고정명부식 비례대표제가 아닌 가변명부식 또는 개방명부식 비례대표제도 고안되었으나 이들의 경우에도 기술상의 문제를 비롯하여 적지 않은 문제들을 안고 있다. 이에 관하여는 허영, 헌법이론과 헌법, 2021, 878쪽 이하 참조.

감할 수 있도록 하는 **할증제**가 시행된 바 있으나,[24] 이는 선거의 본질에 반하는 것으로 많은 비판을 받았고, 결국 폐지되었다.

제5절 현행헌법 하의 선거방식

Ⅰ. 현행헌법 및 선거법에 따른 선거의 기본구조

현행법상 선거를 통해 선출되는 공직자로는 대통령, 국회의원, 지방자치단체장, 지방의회의원을 들 수 있다. 이들은 각기 담당하는 역할이 다르고, 헌법과 법률에 의해 부여받은 권한도 다르다. 그러나 선거의 방식은 -기초의회 의원선거에서 중선거구 소수대표제를 채택하고 있는 점을 제외하고는- 비례대표제를 병용하고 있는 상대적 다수대표제에 기초하고 있다는 공통점을 갖는다.

대통령선거의 경우에는 전체 국민이 투표하여 1인을 선출하는 것이기 때문에 소수대표제나 비례대표제 등의 선출방식이 적용될 여지가 없으며, 단지 절대적 다수대표제인가 상대적 다수대표제인가만이 문제될 뿐이다. 이 문제에 대해 헌법이 명시적 규정을 두고 있지는 않으나 제67조 제2항 및 제3항의 규정은 상대적 다수대표제를 전제한 것으로 해석될 수 있다. 현행 공직선거법도 역시 상대적 다수대표제로 대통령을 선출하도록 하고 있다(제187조 제1항).

또한 국회의원 선거에 대해서도 헌법이 직접 선거방식을 구체적으로 규정하고 있지 않기 때문에 국회의원 선출의 구체적 방법은 공직선거법에 의해 지역구에서의 상대적 다수대표제에 의한 선거와 전국구에서의 비례대표제 선거로 정해지고 있다(제188조, 제189조).

그 밖에 지방자치단체장 및 광역의회 의원의 지역구 선거도 역시 공직선거법에 의해 상대적 다수대표제에 기초하여 구체화되고 있으나(제190조, 제191조), 기초의회 의원선거는 중선거구 소수대표제를 채택하고 있으며(제26조 제2항, 제190조 제1항), 광역의회의 의원선거에는 비례대표제가 병용되고 있다(제146조 제2항, 제190조의2).

Ⅱ. 대통령선거

1. 대통령제정부형태와 대통령선거의 의의

현행헌법은 대통령제 정부형태를 채택하고 있다. 더구나 현행헌법상 대통령에게는 집행부의 수반으로서의 권한뿐만 아니라 국가원수로서 많은 권한이 부여되고 있다.[25]

---

24) 1988년 당시의 국회의원선거법 제133조 참조.

따라서 우리 헌법상 대통령의 선거가 갖는 의미는 의원내각제 국가(예컨대 독일)에서의 대통령 선출과는 비교할 수 없는 의미와 비중을 가질 수밖에 없다.[26)]

이처럼 대통령에게 권한이 집중되면 될수록, 그리고 대통령 선거의 의미가 커지면 커질수록 그에 상응하여 강력한 정당성을 확보할 필요성도 커진다. 즉 국민의 강력한 지지를 받는 대통령만이 이러한 강력한 권한을 담당할 수 있도록 하여야 한다는 것이다.

이를 위하여 현행헌법은 대통령을 간선이 아닌 국민의 **직선에 의해 선출**하도록 하고 있다. 또한 대통령의 강력한 권한을 정당화시키기 위하여는 프랑스의 경우와 마찬가지로 **절대적 다수대표제**가 도입되어야 한다는 주장도 강하게 제기되고 있다.

2. 직선에 의한 대통령선거의 요청

대통령의 권한에 상응하는 강력한 정당성의 부여를 위해 국민의 직접 선출, 즉 직선에 의한 대통령선거가 필요하다는 것은 이제 일반적으로 인정되고 있다.[27)] 이는 또한 국민의 직선에 의한 통제가능성의 문제와도 맞물려 있다. 즉 국민이 직접 선출할 수 있다는 것은, 국민이 선거를 통해 대통령이 되지 못하게 막을 수도 있다는 것을 의미하기 때문이다.

과거 유신시절(제4공화국)이나 제5공화국 당시에는 대통령선거를 직선이 아닌 간선으로 했다. 이에 대한 국민적 저항이 거세어지면서, 1987년의 6월혁명에서 직선제 개헌이 가장 중요한 요구사항의 하나로 꼽히고 있었다는 점은 그런 맥락에서 시사하는 바가 크다.

결국 직선제의 요구가 관철되어 현행헌법은 국민의 직접선거를 통해 대통령을 선출하도록 하였으며, 이를 통해 대통령의 권한에 상응하는 정당성의 부여(또는 통제의 가능성)가 확보되고 있다.

3. 절대적 다수대표제와 상대적 다수대표제

현행의 대통령선거제도는 국회의원선거와 마찬가지로 상대적 다수대표제에 따라 후보자 가운데 유효투표의 다수를 얻은 자가 당선인이 되도록 정하고 있다. 하지만 국회의원선거의 경우와는 달리 대통령선거의 경우에는 상대적 다수대표제의 채택에 관하여 논란의 소지가 적지 않다.

---

25) 대통령의 헌법상의 지위 및 이와 연결되어 있는 구체적 권한에 대하여는 「제3권 제3부 제3장 제1절. **대통령제 정부형태와 대통령의 헌법상 지위**」 참조.

26) 앞서 지적한 바와 같이 대통령제 국가에 있어서 대통령선거는 대통령 개인의 선출에 그치는 것이 아니라 이를 통하여 국정의 전체 방향을 결정하는 의미를 갖고 있기 때문에, 개개의 국회의원 선거와는 비교할 수 없으며, 국회의원선거 전체를 합친 것 이상의 비중을 차지하게 된다.

27) 미국의 경우에는 연방대통령을 간선으로 선출하고 있지만, 이미 선거인단이 출마시 자신이 지지하는 대통령후보를 밝힌 후 선거인단 선거가 행해짐으로 인하여 선거인단의 선거만 끝나면 대통령 당선자가 바로 확인될 수 있는 특수한 선거방식을 취하고 있기 때문에, 사실상 직선에 가까운 간선이라고 할 수 있을 것이다.

대통령의 강력한 권한에 상응하는 강력한 정당성의 확보를 위하여는 단순히 후보자들 중의 최다득표가 아닌 과반수의 지지를 요하도록 하는 절대적 다수대표제의 방법이 보다 바람직하다는 주장이 강하게 대두되고 있는 것이다.[28] 물론 절대적 다수의 형성이 현실적으로 쉽게 이루어지지는 않을 것이며, 이에 따라 2차투표까지 가는 경우[29]가 빈번할 수 있다. 그러나 이러한 절차의 번거로움은 대통령선거문제의 중요성에 비추어 볼 때 충분히 감수될 수 있는 것이다.

이것이 문제가 되는 것은 무엇보다도 대통령중심제국가에 있어서 대통령선거가 갖는 특수한 의의 때문이다. 즉 대통령선거는 개개 국회의원의 선거와는 달리 하나의 선거로써 국정의 전체 방향을 결정하는 중요한 의미를 갖고 있고, 따라서 그 정당성의 요청이 직선제의 도입만으로써 충분히 수용되었다고는 보기 어렵다는 것이다.[30]

4. 결선투표제도의 문제

대통령선거에 있어서 또 하나의 -상대적 다수대표제문제에 비해 현실성은 적으나 이론적으로 논란될 수 있는- 문제는 대통령선거에서 최고득표자가 2인 이상인 경우에 국회에서 재적의원의 과반수가 출석한 공개회의에서 다수표를 얻은 자를 당선자로 하는 이른바 결선투표의 제도(헌법 제67조 제2항, 공직선거법 제187조 제2항)이다.[31]

수천만의 선거인들이 투표를 하는 과정에서 완전히 동일한 득표를 한 최고득표자가 2인 이상이 되는 경우는 현실적으로 발생되기 어려울 것이다. 하지만 만일 그런 경우가 발생된다면 왜 이 경우에는 다시 국민이 재선거를 통해 결정하지 않고 국회에서 결선투표를 하게 해야 하는가를 문제삼지 않을 수 없다.

대통령중심제국가의 대통령선거에 있어서는 -앞서 수차에 걸쳐 강조한 바와 같이- 강력한 권한에 상응하는 강력한 정당성의 확보를 위해 국민에 의한 직접선거가 요청된다. 그리고 같은 맥락에서 상대적 다수에 의한 정당성만으로는 불충분하다는 지적도 나오고 있다. 그런데 유독 결선투표의 경우에는 국민이 아닌 국회의원들의 표결로 대통

---

28) 이처럼 대통령의 선거에 절대적 다수대표제를 채택하는 예는 무엇보다 프랑스(프랑스 제5공화국헌법 제7조 제1항)에서 찾아볼 수 있다.

29) 2차투표에서는 프랑스의 경우처럼 1차투표의 결과에서 다수득표순위로 2인의 후보자만이 참가할 수 있도록 하여야 할 것이다.

30) 실제로 지난 1987년의 선거에서도 노태우 후보가 최다득표를 얻어 대통령이 되기는 하였으나 그 득표가 과반수의 지지에는 훨씬 미치지 못함으로 인하여 적지 않은 정당성의 약화를 가져오게 되었던 것을 우리는 기억할 수 있다. 만약 군소정당의 난립으로 인하여 정국이 보다 불안정한 상황이 전개된다면 다수의 후보자 가운데에서 전체 투표참가자의 20% 미만의 지지만으로 당선되는 것도 논리적으로 가능할 수 있을 것이다. 하지만 그것이 바람직하지 않음은 두말할 필요도 없을 것이다. 또한 "대통령후보자가 1인일 때에는 그 득표수가 선거권자 총수의 3분의 1 이상이 아니면 대통령으로 당선될 수 없다"라는 헌법 제67조 제3항의 규정도 같은 맥락에서 이해할 수 있다. 1인의 후보자인 경우는 선거권자 총수의 3분의 1 이상의 지지를 받아야만 그 정당성을 확보할 수 있는 대통령이, 다수의 후보자가 난립된 상황에서는 선거권자도 아닌 투표참가자의 5분의 1에도 못미치는 지지 속에서 정당성을 확보할 수 있다는 것은 모순이라고 할 수 있을 것이다.

31) 이것은 절대적 다수대표제를 채택할 경우에는 물론 발생하지 않게 될 문제이나, 상대적 다수대표제를 채택하고 있는 현행의 대통령선거제도 하에서는 문제가 될 수 있다.

령을 선출하도록 하는 것은, 대통령선거의 민주적 의의와 기능을 살리고자 하기보다 선거의 반복으로 인한 번거로움을 피하고자 하는 편의주의적 사고에 기초하고 있는 것은 아닌가 하는 의문이 제기되는 것이다.

Ⅲ. 국회의원선거

1. 현행 국회의원선거제도의 기본구조: 다수대표제와 비례대표제의 병용

현행헌법 제41조는 국회의원선거를 규정하고 있으며, 그 구체적인 사항은 공직선거법에서 규정되고 있다.

공직선거법에 의하여 나타나고 있는 현행 국회의원선거제도의 기본구조는 다수대표제와 비례대표제의 혼합형이라 할 수 있다. 지역구에서는 소선거구-(상대적)다수대표제가, 그리고 전국구에서는 비례대표제가 채택되고 있는 것이다(공직선거법 제188조, 제189조).

그러나 지역구에 있어서는 선거구획정의 문제가 심각하게 제기되고 있으며, 전국구에 있어서는 비례대표제 선거를 위한 각 정당의 후보자명부 작성과 관련하여 국민의 의사가 얼마나 올바르게 반영되고 있는지가 문제되고 있다.

2. 지역구선거의 문제점: 선거구의 획정

현행 공직선거법은 지역구선거에서 다수대표제에 따른 소선거구제를 채택하고 있는 바, 이러한 소선거구제에 있어서는 선거구의 획정이 특히 문제된다. 모든 선거제도가 다 그렇지만 특히 소선거구제에 있어서는 합리적인 선거구의 획정 내지 분할에 의해서만 **국민의 의사를 정확하게 반영하는 대표자의 선출**이라는 목적을 달성할 수 있으며, 나아가 평등선거의 실현이 가능하다는 점에서 선거구획정의 문제가 더욱 큰 비중을 갖는 것이다.[32]

그러나 이런 관점에서 볼 때 공직선거법은 제24조에서 선거구획정위원회에 관한 규정을 두었을 뿐[33] -우리나라에서도 이미 현실적 문제로 수차 제기되었던- 선거구문제에 대해 분명한 해결 또는 해결을 위한 기준의 제시조차 없다는 점에서 이 문제에 소홀하였다는 문제점을 안고 있다.[34]

---

32) 이에 관해서는 앞의 「제3절 Ⅱ. 3. (1) **선거구 인구불균형과 평등선거의 문제**」 참조.

33) 더구나 선거구획정위원회의 위원이 무보수 명예직으로 되어 있고, 동위원회의 선거구획정안이 국회에 대하여 구속력을 갖는 것은 아니므로 그 실효성에도 많은 의문이 존재한다.

34) 그로 인하여 **헌재 1995.12.27. 95헌마224등 결정**에서는 공직선거및선거부정방지법 [별표1]의 「국회의원지역선거구구역표」에 대한 위헌성이 확인되기도 하였다. 또한 최근에는 선거구간 허용되는 인구편차의 기준이 강화된 새로운 헌법재판소 결정이 내려지기도 했다. 이에 관하여는 앞의 「제3절 Ⅱ. 3. (2) **선거구획정에 관한 헌법재판소의 입장**」 참조.

3. 전국구선거의 의의와 문제점

오늘날 소선거구-다수대표제의 문제를 보완하기 위하여 전국구(광역선거구)-비례대표제의 선거가 도입되는 예는 점차 늘고 있다.

과거 전국구-비례대표제와 관련하여 문제되던 많은 부분들이 공직선거법에 의하여 큰 변화를 보이게 되었다. 전국구 의석배분의 기준이 지역구에서 획득한 「의석」 또는 「득표율」에서 정당에 대한 별도의 투표에서 각 정당이 획득한 「득표율」로 바뀌었으며,[35] 저지조항의 경우에도 비례대표국회의원선거에서 유효투표총수의 100분의 3 이상을 득표하였거나 지역구국회의원총선거에서 5석 이상의 의석을 차지한 각 정당으로 요건을 다소 완화하였다(공직선거법 제189조 제1항).[36]

최근 공직선거법 개정에 의해 이른바 연동형 비례대표제가 도입되었으나, 그 의미와 기능에 대해서는 논란이 많다. 한편으로는 비례대표의석수를 47석으로 고정시킨 가운데 연동형 비례대표제라고 말하는 것이 그 의미나 기능에 맞지 않는다는 지적도 있고, 다른 한편으로는 비례대표의석의 배분에서 초과의석정당에게도 의석이 배분될 수 있게 한 것이 위헌이라는 지적도 있다. 그러나 무엇보다 위성정당 문제가 심각하다.

Ⅳ. 지방자치단체선거

지방의회의원의 선거 및 지방자치단체장의 선거는 기본적으로 국회의원선거 및 대통령선거와 매우 유사하다.[37] 다만 기초의회 의원의 선거에서는 소선거구 다수대표제가 아니라 중선거구 소수대표제가 채택되고 있다는 점이 주목된다.

1. 지방의회선거에서의 문제

지방의회 의원선거의 경우 기초의회에서는 중선거구-소수대표제와 비례대표제의

---

35) 과거 지역구 선거에서 각 정당이 획득한 득표율에 따라서 비례대표의석을 배분하던 전국구-비례대표제의 근본적 문제는 국민이 지역구에서 투표한 결과를 그대로 전국구 의석배분의 기준으로 사용한다는 데 있었고, 이는 헌법 제41조 제1항의 직접선거 원칙에 위배되는 것이라는 비판을 받았다. 결국 헌법재판소는 이에 대한 위헌결정을 내렸고(**헌재 2001.7.19. 2000헌마91등 결정**), 그 결과 독일식 1인 2표제가 도입되어 국민이 지역구 선거와는 별도의 정당투표를 통해서 직접 전국구 국회의원의 선출에 관하여 투표할 수 있도록 바뀐 것이다.

36) 또한 헌법재판소는 비례대표국회의원의 결원이 생긴 때를 비례대표국회의원 의석승계 제한사유로 규정한 공직선거법 제200조 제2항 단서에 대하여 이 규정이 대의제 민주주의원리에 반하며, 비례대표국회의원 의석을 승계받을 후보자명부상의 차순위후보자의 공무담임권을 침해하는 것으로 인정하여 헌법불합치결정을 내린 바 있다(**헌재 2009.6.25. 2008헌마413 결정**).

37) 과거 지방자치단체장 및 지방의회의원의 선거에 대하여 피선거권부여 기준연령이 각기 다르게 규정되고 있었을 뿐만 아니라 선거권 및 피선거권 박탈의 기준이 되는 벌금액수에도 차이가 있었다. 그러나 현행 공직선거법은 이러한 차이를 없애고 피선거권기준연령과 벌금액수를 통일적으로 규율함으로써 더 이상 이러한 차별이 문제되지 않게 되었다(공직선거법 제16조 제3항, 제19조 제1호 및 제18조 제1항 제3호). 또한 기초자치단체의 의원선거에 대해서 정당공천을 배제하던 규정이 개정되어 지방자치에 대한 정당의 공천이 전면적으로 인정되고 있다(공직선거법 제47조 제1항). 그러나 기탁금 액수의 차이는 여전히 인정되고 있다(공직선거법 제56조).

병용에 의한 대표자선출이 이루어지고 있으며(공직선거법 제26조 제2항, 제146조 제2항, 제190조의2), 광역의회에서는 지역구에서의 소선거구-다수대표제와 광역자치단체 전체를 하나의 선거구로 하는 비례대표제가 국회의원선거에서와 유사하게 병용되고 있다(공직선거법 제26조 제1항, 제146조 제2항, 제190조의2).

따라서 광역의회 의원선거에서 제기되는 문제들은 대부분 국회의원선거에 대하여 제기된 것과 같은 맥락에서 검토될 수 있을 것이다. 선거구획정의 문제도 그러하며, 또한 비례대표제의 문제상황도 유사하다.38) 다만 기초의회 의원선거의 경우, 중선거구 소수대표제가 도입됨으로 인하여 새로운 문제를 야기하고 있으며, 좁은 선거구역 내에서 비례대표제를 시행함으로 인한 문제도 간과할 수 없을 것이다.

2. 지방자치단체장선거에서의 문제

지방자치단체장선거에서는 대통령선거와 유사하게 당해 지방자치단체의 지역을 단일선거구로 하는 상대적 다수대표제가 채택되고 있다(공직선거법 제191조). 따라서 그 결과 발생되는 문제상황도 대통령선거의 경우와 유사한 점이 많다.

다만 지방자치단체장의 경우에는 그 실질적인 권한범위와 관련하여 절대적 다수대표제의 도입을 헌법개정이 아닌 선거법의 개정을 통해 실현시킬 수 있다는 점이 대통령선거의 경우와 구별될 수 있다. 또한 결선투표 대신 연장자의 당선을 규정하고 있는 공직선거법 제191조 제1항 단서의 문제도 역시 선거법의 개정만으로 그 해결이 가능할 것이다.

3. 지방자치단체선거에 대한 정당참여의 문제

지방자치단체의 선거에 있어서 가장 많이 논의되는 문제는 아마도 정당참여에 관한 문제일 것이다. 그것은 한편으로 지방자치의 본질상 전국규모정당의 개입이 지역의 자치를 위협할 수 있다는 인식이, 다른 한편으로는 오히려 정당의 자유로운 활동을 통해서만 지방자치의 활성화가 가능하다는 인식이 대립되고 있기 때문이다.39)

이러한 정당에 대한 기대와 불신은 다음의 몇 가지 문제들과 얽혀서 정당의 지방자

38) 헌법재판소는 선거범죄로 인하여 당선이 무효로 된 때를 비례대표지방의회 의원의 의석승계제한사유로 규정한 공직선거법 제200조 제2항 단서에 대해 이러한 규정이 대의제 민주주의 원리에 반하며, 자기책임의 원리 및 의석승계 대상자인 후보자명부상의 차순위 후보자의 공무담임권을 침해하는 것으로 인정한 바 있다(**헌재 2009.6.25. 2007헌마40 결정**). 이는 비례대표 국회의원의 경우(**헌재 2009.6.25. 2008헌마413 결정 참조**)와 같은 문제를 안고 있는 것으로 판단한 것이며, 똑같이 위헌성이 인정되었던 것이다.

39) 이와 같이 지방자치에 대한 정당참여와 관련하여 첨예한 견해의 대립이 계속되어 온 데에는 무엇보다 정치활동의 주체로서의 정당에 대한 국민적 기대와 불신이 얽혀 있다는 점을 지적할 수 있다. 해방이후 우리의 정당정치사는 아직까지도 정상적인 발전을 보이지 못하고 인물 중심의 이합집산을 거듭하는 후진국형 정당행태를 보여주고 있으며, 이에 따라 정당에 대한 국민적 회의와 불신은 매우 높다. 그러나 다른 한편으로는 정치담당세력으로서 정당을 대신할 수 있는 실질적 대안은 존재하지 않고 있다. 따라서 지방자치의 실시와 관련하여서도 정당의 지방자치 참여가 과연 어떠한 효과를 가져올 것인지에 대한 기대와 우려가 매우 날카롭게 대립되고 있는 것이다.

치 참여에 대한 복잡한 논란을 낳게 되었다.

첫째, **과거 지방자치의 경험**이 정당의 지방자치 참여에 대한 우려를 낳았다. 과거 1953년부터 1961년까지 시행되었던 지방자치는 특히 정당의 개입으로 인한 많은 부작용을 경험하게 하였으며, 이로 인하여 적어도 지방자치의 영역에서는 정당의 참여를 배제하여야 한다는 의견이 대두되게 되었다.

둘째, **지방자치단체의 독자성과 자율성에 대한 우려**도 정당의 지방자치 참여를 부정적인 시각에서 평가하게 만들었다. 전국적인 규모의 정당들이 지방자치를 좌지우지하게 되면 각 지방자치단체의 특성에 맞는 독자성 및 자율성의 확보가 어려워진다는 것이다.

셋째, **지방자치단체의 자치기능의 효율성과 지역이기주의에 대한 우려**가 있다. 오랫동안 중단되었던 지방자치가 부활되면서 적지 않은 부조리와 비능률이 나타남은 물론 각 지방자치단체가 자기중심적인 행정활동을 펼쳐 나감으로 인하여 지역이기주의가 나타나는 것에 대한 우려도 매우 큰 것이다. 이에 따라 한편으로는 국가의 조정 · 계도활동이, 다른 한편으로는 정당에 의한 내부적 지도와 통제가 필요하다는 의견도 있다.

넷째, **지방자치를 통한 정치적 지도자의 양성에 대한 기대**가 있다. 그 동안 우리나라에는 정치적 지도자를 양성하는 정상적인 코스가 거의 없었다. 이는 무엇보다 정당에 의한 정치지도자의 양성기능이 충분치 못했음을 반증하는 것이다. 이제 지방자치가 실시되면서 지방자치를 통한 정치적 지도자의 발굴 · 양성이 기대되고 있으며, 또한 지역사회에서 두각을 나타낸 정치적 지도자들이 정당조직을 매개로 전국적 지도자로 발돋움할 수 있도록 하는 것이 바람직하다고 주장되는 것이다.

이와 관련된 많은 논의들은 지역적 차원, 즉 지방자치단체의 차원에서도 정치적 의사형성과정이 존재한다는 것을 부인하지는 않는다. 다만 전국적인 정치의사형성과정에서는 정당의 의의와 기능에 대한 이의(異意)를 찾기 어려운 반면, 지역적 정치의사형성과정에 대한 정당참여에 대하여는 많은 논란이 계속되고 있다. 그것은 무엇보다 지역적 정치의사형성이 특성상 전국적 정치의사형성과는 여러 측면에서 다르기 때문이다. 지역사무의 범위가 국가사무와 구별되며, 이에 따라 지역적 정치의사형성도 전국적 정치의사형성과는 구별되는 많은 특성들을 갖고 있다.[40] 그리고 이러한 특성은 「지역적 정치의사형성에 대한 정당참여가 과연 바람직한가」라는 문제와도 직결되고 있는 것이다.

---

40) 중앙정치와 구별되는 지방정치의 특성으로 ① 입후보자의 개인적인 인물됨이 더 중요한 역할을 하며, ② 중앙정치로부터 구별되나 완전히 독립될 수는 없다는 것, ③ 권력구조면에서 권력분산형을 취하고 있다는 것, ④ 정당표방을 금지하는 무소속제를 제도화하는 경우도 있다는 것, ⑤ 주민발안, 주민투표 등의 직접민주제를 활용하고 있다는 것이 인정될 수 있다.

그러나 또한 지방자치는 몇 가지 점에서 중앙정치와 관련된다는 점도 간과되어서는 안 될 것이다. 즉 ① 지방자치단체가 국회의원의 지역구와 겹쳐지기 때문에 국회의원이 지역활동이나 득표운동에 직접적으로 관계될 수밖에 없고, ② 주민의 정치문화를 반영 또는 규정함으로써 국정선거에 커다란 영향을 끼치며, ③ 오늘날 정치 · 행정의 고도화로 인해 중앙-지방의 이해관계 및 정치쟁점의 상호관련성이 커지고 있다는 점이다.

현실적으로 지방자치단체가 주민에 의한 직접적인 의사결정이 상당 부분 가능할 만큼 작은 규모로 구성될 경우는 예외로 하더라도, 적어도 대의제의 형태로 이루어지는 지방자치에 있어서는 선거과정이 중요한 의미를 가질 수밖에 없다. 따라서 이러한 경우에는 정책대안을 개발하고 선거후보자를 추천하여 지역주민의 지지를 조직화하는 등 선거의 실질적 주체가 되는 정당의 참여가 불가결하다. 따라서 정당의 참여를 현실적으로 배제하지 못하는 가운데 단순히 후보자의 정당표방만을 배제하는 논리에는 일정한 한계가 있다고 생각된다.41)

그러나 또한 정당의 참여를 허용하는 것은 정당의 활동 여하에 따라 자칫하면 지역적 문제를 자율적으로, 그리고 지역주민의 의사와 이익에 부합되도록 처리한다는 지방자치제도의 근본취지에 반하는 결과를 야기할 수도 있다.42) 그러나 이러한 문제는 지방자치에 대한 정당참여를 배제하는 것보다는 정당의 민주화(당내민주주의)와 지방정당의 형성 등을 통하여 해결하는 것이 바람직하다고 생각된다.

Ⅴ. 선거실시시기의 문제

우리나라의 선거에 있어서 가장 많이 논란되는 문제 중의 하나가 선거실시시기의 문제이다. 즉 국회의원선거와 대통령선거, 지방자치의회선거, 지방자치단체장선거 등의 수많은 선거가 실시됨에 따라 이들을 각기 개별적으로 분리실시하는 것이 바람직한가 아니면 가능한 범위 내에서 동시에 실시하는 것이 더 바람직한지에 대해 견해의 대립이 있는 것이다.

동시실시를 주장하는 입장에서는, 동시실시를 통하여 선거의 횟수를 줄이는 것은 −특히 과다한 선거비용의 지출을 막음으로써− 선거가 정치 · 경제 · 사회의 각 분야에 미칠 수 있는 부정적 효과도 최소한으로 줄이는 것이 되므로, 선거는 가능한 범위 내에서 동시에 실시되는 것이 바람직하다고 말한다. 반면에 **분리실시**를 주장하는 입장에서는 선거의 의의를 적극적으로 생각하여 반복되는 선거를 통한 국민의 대정부 통제기능을 활성화시키기 위하여는 분리실시가 바람직하다고 생각한다.

결국 이 문제는 선거의 부정적 효과와 긍정적 효과 가운데 어느 측면이 더 큰지에 대한 평가의 문제라고 할 수 있다. 지나치게 잦은 선거는 부정적 효과를 더 크게 만들

---

41) 2005년의 공직선거법 개정에 의해 지방자치에 대한 정당참여가 전면적으로 허용된 것에 대해서는 비판의 목소리가 적지 않지만, 이 문제는 법적인 금지를 통해 해결하기보다는 지역주민들의 판단에 맡겨야 할 문제라고 할 수 있다. 예컨대 일본의 경우 무소속후보자가 단체장으로 선출되는 경우가 매우 많지만, 정당의 후보자공천이 금지되고 있지는 않다. 단지 지역주민이 후보자의 인물에 대한 평가, 그리고 지역문제에 대한 정당개입에 대한 평가 등을 종합하여 그와 같은 결과를 선택한 것이다.

42) 지방자치에서의 정당참여의 배제를 주장하는 논거로는 ① 지방자치는 원래 기술적 행정서비스를 제공하는 것이므로 정치나 정당이 관여할 여지나 필요가 없다는 것, ② 중앙의 통제 하에 있는 정당의 참여는 지방자치 및 지방분권의 의의를 퇴색시킬 수 있다는 것, ③ 지역주민의 의사가 충실히 반영될 수 있기 위하여는 중앙정당의 개입을 막아야 한다는 것, ④ 정당참여로 인하여 중앙정치의 대립과 투쟁을 지방에까지 파급시키는 것이 바람직하지 않다는 것, ⑤ 정당의 참여는 선거의 과열과 정당간 대립의 첨예화를 유발할 수 있다는 것 등이 제시되고 있다.

고 긍정적 효과를 증가시키지 못할 수 있지만, 선거가 4~5년에 단 한 번으로 끝나게 되는 것도 문제는 적지 않다고 볼 것이기 때문에 적절한 시간적 간격을 두고 선거가 주기적으로 반복되도록 구성하는 것이 필요할 것이다.

제6절 선거운동과 선거비용

Ⅰ. 선거운동의 자유와 선거의 공정성 - 양자의 긴장관계

선거의 출발점이 민주주의이념의 실현에 있다고 볼 때, 자유로운 선거운동의 보장은 선거의 민주성 확보를 위한 기본적인 전제가 된다. **자유로운 선거운동**의 보장을 통해서만 **자유로운 선거**가 확보될 수 있기 때문이다. 선거에 입후보한 사람 및 그를 도와 선거운동을 하는 사람들의 측면에서 주장될 수 있는 **선거운동의 자유에 대한 기본권적 보호**라는 맥락에서뿐만 아니라 **유권자인 국민들이 선거에 참여하는 정당 및 후보자들에 대한 폭넓은 정보를 획득하여 올바른 판단을 내릴 수 있도록 기초자료를 제공**한다는 관점에서도 자유로운 선거운동의 보장은 매우 중요한 의미를 갖는 것이다.

그러나 또한 선거는 무엇보다 공정하게 치루어져야만 그 정당성을 확보할 수 있다. 후보자 및 선거운동원들의 선거운동이 자유도 공정한 선거운동이라는 범위 내에서만 정당한 것으로 인정될 수 있으며, 더욱이 유권자의 객관적이고 공정한 판단을 저해하는 왜곡된 정보제공이나 금품제공 등은 선거의 본질적 요소, 즉 왜곡되지 않은 국민의 객관적 의사를 정확하게 국가권력으로 전환시키는 데에 커다란 장애가 될 수밖에 없는 것이다.[43)]

따라서 선거관련법규들은 한편으로는 선거운동의 자유를 최대한 보장하면서, 다른 한편으로는 선거의 공정성을 확보하기 위하여 선거운동을 제한하기도 하는 미묘한 긴장관계 속에 놓여 있다. 이에 따라 현행 공직선거법은 선거운동에 관하여 선거운동기간의 제한, 선거운동을 할 수 있는 인적 범위의 제한, 선거비용의 제한, 기타 각종 방법상의 제한을 규정하고 있다.[44)]

---

43) 이에 관하여는 **헌재 1995.5.25. 95헌마105 결정** 참조.

44) 그러나 그러한 제한규정들의 합헌성에 대하여는 그 동안 많은 논란이 있어 왔으며, 헌법재판소는 "선거운동은 국민주권 행사의 일환일 뿐 아니라 정치적 표현의 자유의 한 형태로서 민주사회를 구성하고 움직이게 하는 요소이므로, 선거운동의 허용범위는 아무런 제약 없이 입법자의 재량에 맡겨진 것이 아니고 그 제한입법의 위헌 여부에 대하여는 엄격한 심사기준이 적용된다"(헌재 1994.7.29. 93헌가4 등; 헌재 1995.4.20. 92헌바29; 헌재 2011.12.29. 2010헌마285; 헌재 2016.6.30. 2013헌가1)는 기본적 입장에 기초하여 선거운동을 제한하는 선거법규정의 합헌성에 대하여 여러 차례 검토해 왔다.

Ⅱ. 선거운동에 대한 시간상의 제한

공직선거법 제59조는 "선거운동은 선거기간개시일부터 선거일 전일까지에 한하여 할 수 있다"고 규정하고 있다.[45] 이러한 규정의 취지는 한편으로 선거운동을 보장하면서, 다른 한편으로는 지나친 선거운동을 통한 공정성의 침해를 방지하고자 하는 것으로 이해될 수 있다.[46]

그러나 현행 공직선거법에 의한 선거기간, 즉 후보자등록 마감일의 다음날부터 선거일까지의 기간은 각종 선거에 따라 약간의 차이는 있지만, 전체적으로 1개월에 못 미치는 기간으로 정해져 있기 때문에 선거운동기간이 지나치게 짧아진다는 문제가 발생된다(공직선거법 제33조). 이로 인하여 자유로운 선거운동의 보장이라는 기본적 요청이 상당부분 소홀히 될 뿐만 아니라, 이는 결과적으로 불법적인 사전선거운동이 음성적으로 행해지도록 조장하는 결과를 낳기도 한다.

헌법재판소는 이와 관련하여 "기간의 제한 없이 선거운동을 무한정 허용할 경우에는 후보자 간의 오랜 기간 동안의 지나친 경쟁으로 선거관리의 곤란으로 이어져 부정행위의 발생을 막기 어렵게 된다. 또한 후보자 간의 무리한 경쟁의 장기화는 경비와 노력이 지나치게 들어 사회경제적으로 많은 손실을 가져올 뿐만 아니라 후보자간의 경제력 차이에 따른 불공평이 생기게 되고 아울러 막대한 선거비용을 마련할 수 없는 젊고 유능한 신참 후보자의 입후보의 기회를 빼앗는 결과를 가져올 수 있다. … 선거운동의 기간에 일정한 제한을 두는 것만으로 위헌으로 단정할 수는 없다"[47]는 태도를 취하고 있다.[48]

---

45) 공직선거법 제33조(선거기간)
① 선거별 선거기간은 다음 각호와 같다.〈개정 2002.3.7, 2004.3.12〉
1. 대통령선거는 23일
2. 국회의원선거와 지방자치단체의 의회의원 및 장의 선거는 14일
3. 삭제〈2002.3.7〉
② 삭제〈2004.3.12〉
③ "선거기간"이란 다음 각 호의 기간을 말한다.〈개정 2011.7.28〉
1. 대통령선거: 후보등록마감일의 다음 날부터 선거일까지
2. 국회의원선거와 지방자치단체의 의회의원 및 장의 선거: 후보자등록마감일 후 6일부터 선거일까지

46) 그러나 헌법재판소는 부재자 투표개시시간을 오전 10시로 정한 규정은 단순한 투표관리의 행정편의적 목적만 있는 반면, 그로 인하여 일과시간에 투표를 하기 어려운 사정에 있는 부재자투표자는 사실상 선거권이 형해화될 정도로 중대한 제한을 받고 있다고 지적하면서 위헌으로 판시하였다(**헌재 2012.2.23. 2010헌마601 결정**).

47) **헌재 1994.7.29. 93헌가4등 결정**. 구 대통령선거법상의 선거운동의 기간제한에 대한 헌법재판소의 태도는 공직선거법의 제정 이후에도 계속되고 있다. 헌법재판소는 이와 관련하여 "선거법상 인정되는 국회의원선거운동의 기간은 위 결정의 심판대상이었던 구 대통령선거법에 의한 대통령선거운동기간과 다소 차이가 있으나(구 대통령선거법상은 최대 28일간, 이 사건 선거법상은 최대 16일간), 선거법 제59조 자체의 내용은 구 대통령선거법과 동일한 것이므로 이제 위 결정에서 판시한 선거운동기간제한 규정의 입법목적, 제한의 내용, 우리나라에서의 선거의 태양, 현실적 필요성 등에 달리 판단해야 할 사정의 변경이나 필요성이 있다고 인정되지 아니하므로 선거법 제59조는 헌법에 위반되지 아니한다" (**헌재 1995.11.30. 94헌마97 결정**)고 판시한 바 있다.

48) 그러나 헌법재판소는 **헌재 2011.12.29. 2007헌마1001** 결정에서 오프라인 선거운동과는 달리 온라인 선거운동의 경우에는 선거운동 기간을 제한하는 것이 위헌이라는 취지의 한정위헌결정을 내림으로써

하지만 헌법재판소가 "28일 내지 23일이라는 선거운동기간은 우리나라의 영토넓이와 유권자의 수, 특히 오늘날 신문, 방송 등 대중정보매체가 광범위하게 보급되어 있고, 선거운동에 있어서도 그와 같은 대중정보매체의 활용이 중요성을 더해 가고 있는 점, 전국이 1일 교통권에 들어간 현재의 교통수단 등에 미루어 볼 때 유권자인 국민으로서 각 후보자의 인물, 정견, 신념 등을 파악하기에 결코 부족한 기간이라 할 수 없다"[49]는 것을 판단의 기준으로 제시하고 있음에 비추어 볼 때, 대중매체에 의해 후보자가 충분히 소개되는 대통령선거의 경우는 몰라도 대중매체에 의해 후보자에 대하여 충분한 정보를 얻기 어려운 국회의원선거, 지방자치단체장 및 지방의회의원선거 등에 있어서는 현행법상의 선거(운동)기간이 결코 충분한 것이라고 볼 수 없다는 점이 지적되어야 할 것이다.

Ⅲ. 인적 제한

선거운동을 할 수 있는 자의 범위는 공직선거법에 의하여 대폭 확대되었다.

과거 국회의원선거법 제41조 제1항, 대통령선거법 제36조, 지방의회의원선거법 제41조, 지방자치단체의장선거법 제37조는 "정당 · 후보자 · 선거사무장 · 선거연락소장 또는 선거운동원이 아닌 자는 선거운동을 할 수 없다. 다만, 후보자의 배우자, 후보자 및 그 배우자의 직계존 · 비속과 형제자매(이하 "가족"이라 한다)는 그러하지 아니하다"고 규정하고 있었던 반면에, 현행 공직선거법은 제60조 제1항에서 "다음 각 호의 어느 하나에 해당하는 사람은 선거운동을 할 수 없다"고 규정함으로써 일정한 신분에 있는 자를 제외한 모든 사람에게 선거운동을 인정하는 방향으로 범위를 확대한 것이다.[50)51)]

또한 공직선거법 제87조에 의한 단체의 선거운동 제한도 많은 변화를 겪어 왔다. 과거 단체의 선거운동이 전면적으로 금지되다가, 1998년의 공직선거법 개정을 통해 노동조합의 선거운동이 인정되었다. 이후 시민단체의 선거운동이 노동조합과의 형평성 등

적지 않은 변화를 초래하였다. 이 결정에 관하여는 장영수, 인터넷 사전선거운동 허용의 문제점과 대안의 모색, 법연 2012.2, 21-29쪽 참조.

49) **헌재 1994.7.29. 93헌가4등 결정.**

50) 과거 대통령선거법에 의한 제한과 관련하여 헌법재판소는 "구 대통령선거법 제36조 제1항 본문은 원칙적으로 전 국민에 대하여 선거운동을 금지한 다음 후보자의 가족, 정당이나 후보자에 의하여 선임되어 선거관리위원회에 신고된 극소수의 선거관계인들만이 선거운동을 할 수 있도록 하고 있으므로 이는 선거의 공정성 확보라는 목적에 비추어 보더라도 필요한 정도를 넘어 국민의 정치적 표현의 자유를 지나치게 제한하고 있는 것이고 … 따라서 위 법 제36조 제1항 본문은 선거권이 없는 사람과 선거의 공정을 해칠 우려가 있는 일정 범위의 사람들에 대하여 선거운동을 금지하는 것은 합헌이라 할 것이고, 선거의 공정을 해칠 우려가 없는 선거권을 가진 일반국민까지 선거운동을 금지하여 이들의 선거운동의 기회를 박탈하는 것은 헌법에 위반된다"(**헌재 1994.7.29. 93헌가4등 결정**)고 판시한 바 있다.

같은 맥락에서 **헌재 2008.5.29. 2006헌마1096 결정**은 공직선거법 제86조 제1항 제2호의 '공무원이 선거운동의 기획에 참여하거나 그 기획의 실시에 관여하는 행위'를 금지하는 것은 공무원의 지위를 이용하지 않은 행위에까지 적용하는 한 위헌이라고 판시하고 있다.

51) 헌법재판소는 '대통령령으로 정하는 언론인'의 선거운동을 금지하는 구 공직선거법 규정에 포괄적 위임입법금지 및 선거운동의 자유 침해를 이유로 위헌으로 판시하였다(**헌재 2016.6.30. 2013헌가1 결정**).

과 관련하여 지속적으로 문제된 끝에 2005년의 공직선거법 개정을 통해 국가, 지방자치단체 및 각종 관변단체나 향우회, 종친회, 동창회 등 사적 모임 등을 제외한 대부분의 단체가 선거운동을 할 수 있도록 허용하였다.[52]

Ⅳ. 방법상의 제한

현행 공직선거법은 선거운동의 방법에 대하여 다양한 제한을 규정하고 있으며, 이러한 규정들은 현행 공직선거법상 선거운동에 대한 제한의 대부분을 차지하고 있다.

예컨대 선전벽보의 개수 등 제한(제64조),[53] 어깨띠(제68조), 신문·방송광고(제69조,

52) 헌법재판소는 과거 공직선거법 제87조가 개정되어 노동조합의 선거운동이 인정되기 이전에는 "공직선거에 있어서 후보자를 추천하거나 이를 지지 또는 반대하는 등 선거활동을 함에 있어서 "정당"과 "정당이 아닌 기타의 단체"에 대하여 그 보호와 규제를 달리한다 하더라도 이는 일응 헌법에 근거를 둔 합리적인 차별이라 보아야 할 것이고, 따라서 정당이 아닌 단체에게 정당만큼의 선거운동이나 정치활동을 허용하지 아니하였다 하여 곧 그것이 그러한 단체의 평등권이나 정치적 의사표현의 자유를 제한한 것이라고는 말할 수 없는 점, 공직선거및선거부정방지법 제87조는 단체에 대하여 특정 정당이나 후보자에 대한 명시적인 지지나 반대 등의 행위만 금지하고 있을 뿐 단체의 정치적 의사표현의 자유를 더 제한한 것은 아니고 위 법 제81조와 제82조에서 단체가 후보자들에 대한 객관적 평가에 접할 기회를 보장함으로써 그 자신의 정치적, 정책적인 의견개진 등에 있어서 참고로 할 정보수집의 기회를 주고 있는 점, 위 법은 유권자인 개인(국민)과 정당에 대하여도 그 선거운동의 주체·방법·기간 및 비용의 측면에서 여러가지 까다로운 규제를 하고 있는데, 개인(국민)과는 달리 선거권과 피선거권이 없으며 정당과는 달리 헌법상 그 지위와 활동에 관하여 특별한 보호나 보장을 받지 못하는 일반단체에게 공직선거에 있어서 특정 정당이나 후보자에 대한 지지·반대 등의 선거운동을 허용한다면, 이는 개인(국민)과 정당의 선거운동에 관한 규제와의 사이에 균형이 맞지 않는 점, 오늘날 우리나라의 기존 정당들이 국민의 정치·경제·사회·문화적 욕구를 제대로 충족시켜 주지 못한다 하더라도, 그것이 곧 정당 아닌 각종 시민단체나 사회단체에게 정당과 같은 정도의 정치활동이나 선거운동을 허용할 합리적인 이유는 될 수 없는 점 등을 모두 종합하여 보면, 단체의 선거운동 금지를 규정한 위 법 제87조가 청구인들의 평등권이나 정치적 의사표현의 자유의 본질적인 내용을 침해하였거나 이를 과도하게 제한한 것이라고 보기 어렵다"(**헌재 1995.5.25. 95헌마105 결정**)고 판시한 바 있다.

그러나 동조항이 개정되어 노동조합의 선거운동이 입법적으로 허용된 이후 시민단체의 선거운동의 금지와 형평성이 문제되자, "우리 헌법은 모든 국민에게 결사의 자유(제21조)를 보장하면서 결사의 한 형태인 노동조합에 관하여는 일반 단체와는 다른 특별한 보호와 규제를 하고 있다(제33조). 노동조합은 "근로자들이 자주적으로 근로조건의 유지·개선과 근로자의 경제적·사회적 지위의 향상을 도모할 목적으로" 하는 단체이고, 또 그러한 목적수행에 필요한 조직을 갖추고 있는 반면에, 헌법 제21조에서 규정하고 있는 단체는 그 설립목적이 노동조합과는 다르고 그 조직이 헌법에 규정된 것도 아니며, 그러한 조직을 형성할 의무가 있는 것도 아니다. 따라서 공직선거에 특정 정당이나 후보자를 지지·반대하거나 지지·반대할 것을 권유하는 선거운동을 함에 있어서 "각종 단체"를 "노동조합"에 비교하여 차별취급을 한다고 하더라도, 이는 헌법에 근거를 둔 합리적인 차별로 보아야 하므로, 노동조합이 아닌 단체에 대하여 선거운동을 허용하지 아니한 것은 헌법상의 선거운동의 균등보장규정 및 평등원칙에 위반된다고 할 수 없다"(**헌재 1999.11.25. 98헌마141 결정**)고 판시한 바 있다.

53) 이와 관련하여 헌법재판소는 "선거운동의 선전벽보에 비정규학력의 게재를 금지하는 공직선거및선거부정방지법 제64조 제1항은 선전벽보에 비정규학력을 게재할 경우 유권자들이 후보자의 학력을 과대평가하여 공정한 판단을 흐릴 수 있으므로 이를 방지함으로써 선거의 공정성을 확보함을 입법목적으로 하고 있는바, 그 입법목적의 정당성이 인정되고, 위 법률조항이 위와 같은 입법목적에 기여할 수 있음은 물론, 비정규학력의 게재는 그러한 게재 자체가 일반인인 유권자들에게 후보자의 실적과 능력 등을 실제 이상으로 강하게 인상지우는 효과를 가지고 있다는 점, 우리 법제가 학교교육과 기타의 교육을 다르게 규율하고 있는 점, 학교명칭의 사용을 법적으로 제한하는 법률조항(고등교육법 제18조 및 초·중등교육법 제60조)이 있는 점 등을 종합하면 위 법률조항이 피해의 최소성 요건을 갖추고 있

제70조, 제94조), 후보자등의 방송연설 등(제71조~제74조, 제98조),[54] 연설 · 대담 · 토론회(제79조~제82조의3),[55] 호별방문제한(제106조), 서명 · 날인운동의 금지(107조), 여론조사 및 그 결과공표의 제한(제108조),[56] 의정활동 보고회(제111조),[57] 기부행위의 제한(제112

고, 선거과정의 공정성을 확보하기 위한 공익과 제한되는 사익 사이에 법익의 균형성도 인정되므로 위 법률조항은 과잉금지원칙에 위반되지 아니한다"(**헌재 1999.9.16. 99헌바5 결정**)고 판시한 바 있다. 이와 관련하여 **헌재 2009.11.26. 2008헌마114 결정** 참고.

54) 헌법재판소는 이와 관련하여 "방송연설은 인쇄매체 등에 비하여 국민일반에게 광범위하고 강력한 영향력을 가지며 방송시기나 방송매체 등에 따라 선거권자에게 미치는 영향에 차이가 있으므로 무엇보다도 후보자 모두에게 공평한 기회가 보장되는 것이 중요하나, 무선통신시설을 이용하는 방송은 기술적으로 유한한 전파를 통하여 이루어지므로 채널의 수가 한정되어 있는데 지역방송국을 이용할 후보자들의 숫자가 많은 지역구국회의원선거와 자치구 · 시 · 군의 장선거의 경우 선거운동기간인 17일 동안 후보자 모두에게 한정된 방송시간과 채널로 공평한 기회를 보장하는 것이 사실상 어렵다. 한편 종합유선방송은 유선전기통신시설을 이용하여 수신자에게 송신하는 다채널방송으로서 채널이나 방송시간에 여유가 있어 후보자의 수가 많은 경우에도 선거운동기간에 별 차질 없이 방송연설의 기회를 공평하게 제공할 수 있으며 행정구역을 중심으로 그 방송구역이 정해지고 지역정보와 공지사항 등을 송신하는 지역채널을 운용하므로 자치구 · 시 · 군의 장선거의 경우에는 종합유선방송을 이용하여 방송연설을 하더라도 선거운동을 하는데 지장이 있다고 할 수도 없다. 따라서 이 사건 법률조항이 자치구 · 시 · 군의 장선거의 후보자의 방송연설을 1일 방송시간, 방송시설 등을 고려하여 실시시기를 별도로 정할 때까지 잠정적으로 종합유선방송만을 이용하여 실시하고 지역방송국을 이용할 수 없도록 제한한 것은 선거의 공정을 기하기 위한 필요하고 합리적인 제한이라고 할 것"(**헌재 1999.6.24. 98헌마153 결정**)이라고 판시한 바 있다.

55) 헌법재판소는 이와 관련하여 "공선법 제82조는 … 대담 · 토론회를 활성화함과 동시에 선거권자의 알권리를 충족하기 위한 언론기관의 보도기능을 보장하기 위한 규정이다. 위 법조항에 의하면 언론기관은 모든 후보자를 초청하여 대담 · 토론회를 개최하고 이를 보도하여야 하는 것이 아니라 후보자의 당선가능성, 선거권자의 관심도, 유력한 주요정당의 추천을 받았는지의 여부 등을 참작하여 선거권자의 알권리를 충족함에 필요한 범위 내에서 자율적인 판단에 따라 후보자 등의 일부만을 초청하여 대담 · 토론회를 개최하고 이를 보도할 수 있으므로, 초청받은 후보자는 초청받지 못한 후보자에 비하여 선거운동에 있어 더 유리하게 되는 결과가 초래될 수도 있으나, 그러한 차별은 대담 · 토론회를 활성화하고 선거권자에게 선거에 관한 유용한 정보를 제공하기 위한 합리적이고 상대적인 차별이라 할 것이므로, 위 법조항이 언론기관의 자의적인 결정을 막기위한 아무런 제한규정을 두지 아니하였다 하더라도 이로써 청구인의 공무담임권, 선거운동의 기회균등을 본질적으로 침해하여 헌법 제37조 제2항 후단에 위배된다고는 볼 수 없다"(**헌재 1999.1.28. 98헌마172 결정**)고 판시하였으며, 같은 맥락에서 공직선거법에 의해 설립된 대통령선거방송토론위원회가 공영방송 텔레비전을 이용한 후보자 대담 · 토론회에 참석할 후보자의 선정기준에 관하여, 원내교섭단체 보유 정당의 대통령후보자와 여론조사결과 평균지지율 10% 이상인 대통령후보자를 초청하여 3회에 걸쳐 다자간 합동방송토론회를 개최하기로 한 것은 "토론위원회가 방송토론회의 장점을 극대화하고 대담 · 토론의 본래 취지를 살리기 위하여, 공직선거법이 부여한 재량범위 내에서, 후보자 선정기준으로서 최소한의 당선가능성과 주요 정당의 추천에 입각한 소수의 후보자를 선정한 것은 비합리적이고 자의적이라 할 수 없다"(**헌재 1998.8.27. 97헌마372등 결정**)고 판시한 바 있다.

그러나 최근 헌법재판소는 선거방송 대담 · 토론회의 참가기준으로 여론조사 평균지지율 100분의 5를 요구하고 공직선거법 제82조의2 제4항 제1호 다목 및 제3호 다목이 선거운동의 자유 및 공무담임권, 평등권 등을 침해하지 않는 것으로 판시하였다(**헌재 2009.3.26. 2007헌마1327등 결정; 헌재 2011.5.26. 2010헌마451 결정**).

56) 헌법재판소는 구 대통령선거법상의 여론조사 및 결과공표의 제한에 대하여 "대통령선거에 관한 여론조사는 그것이 공정하고 정확하게 이루어졌다 하여도 그 결과가 공표되게 되면 선거에 영향을 미쳐 국민의 진의를 왜곡하고 선거의 공정성을 저해할 우려가 있으며, 더구나 선거일에 가까워질수록 여론조사결과의 공표가 갖는 부정적 효과는 극대화되고 특히 불공정하거나 부정확한 여론조사결과가 공표될 때에는 선거의 공정성을 결정적으로 해칠 가능성이 높지만 이를 반박하고 시정할 수 있는 가능성은 점점 희박해진다고 할 것이므로, 대통령선거의 중요성에 비추어 선거의 공정을 위하여 선거일을 앞두고 어느 정도의 기간 동안 선거에 관한 여론조사결과의 공표를 금지하는 것 자체는 그 금지기간

조~제117조)에 관한 규정 등이 도입되어 있다.

이러한 선거운동 방법에 대한 제한들 가운데는 위헌시비가 제기되는 것들이 적지 않다. 예컨대 호별방문의 제한, 서명 · 날인운동의 금지 등의 위헌성이 문제되는가 하면, 개중에는 선거홍보용 인쇄물의 제작에 관한 제한처럼 헌법재판소의 결정에 의해 위헌시비가 일단락된 것도 있다. 반면에 여론조사 및 그 결과공표의 제한처럼 헌법재판소에 의해 합헌결정이 내려진 후에도 위헌시비가 계속되고 있는 것도 있다.[58]

Ⅴ. 선거비용의 제한

1. 선거비용의 의의와 선거공영제의 원칙

민주적 선거에 있어서 선거비용의 문제는 커다란 실질적 의의를 갖는다. 합리적인 선거운용을 위하여는 합리적인 선거비용의 조달과 지출이 필수적 전제인 것이다. 이러한 문제는 각국에 공통이어서 미국, 일본, 독일 등의 외국에 있어서도 선거비용을 -그리고 나아가 선거의 실질적 주체인 정당의 자금을- 합리적으로 조절하기 위한 많은 노력들이 각종 법률로 나타나고 있다. 우리나라에서도 이러한 노력은 "선거에 관한 경비는 법률이 정하는 경우를 제외하고는 정당 또는 후보자에게 부담시킬 수 없다"는 헌법 제116조 제2항의 규정과 공직선거법 그리고 정치자금법 등에 의하여 구체화되고 있다.

그러나 선거공영제의 원칙에 따라 선거비용의 국고부담을 규정한 헌법 제116조 제2항의 규정은 공직선거법 제120조에 의해 사실상 유명무실해지고 있다. 선거공영제가 제대로 정착되기 위하여는 선거관리비용뿐만 아니라 선거운동비용의 상당부분이 후보자 및 정당의 부담이 아닌 국가의 부담으로 인정되어야 하는데, 현행 공직선거법은 오히려 대부분의 선거운동비용을 후보자 및 정당의 부담으로 돌리고 있는 것이다.[59] 동법은 제121조 이하에서 선거비용을 엄격하게 제한하고, 이를 통하여 금력에 의해 선거결과가

이 지나치게 길지 않는 한 위헌이라고 할 수 없다"(**헌재 1995.7.21. 92헌마177등 결정**)고 판시한 바 있으며, 이러한 헌법재판소의 태도는 현행 공직선거법 하에서도 계속되고 있다(**헌재 1998.5.28. 97헌마362등 결정; 헌재 1999.1.28. 98헌바64 결정** 참조).

57) 헌법재판소는 이 규정과 관련하여 "선거운동의 공정을 달성하기 위하여 국회의원과 정당이 가지는 고유한 권능과 자유를 어느 정도로 제한할 것인가는 입법자의 광범위한 형성의 재량에 속하는 사항으로서, 선거기간이 개시된 후에 한하여 국회의원의 의정활동보고나 정당의 각종 집회를 금지하거나 제한하였다 하더라도 이를 통하여 국회의원이 아니거나 정당원이 아닌 예비후보자에게는 금지되어 있는 선거운동기간 개시 전의 선거운동을 허용하는 것이 아닌 한 명백히 자의적인 입법이라고 할 수 없다"(**헌재 1997.10.30. 96헌마94 결정**)고 판시한 바 있다(유사한 취지의 판결로 **헌재 1996.3.28. 96헌마9등 결정; 헌재 1996.3.28. 96헌마18등 결정** 참조).

58) 또한, 최근의 헌법재판소 결정 중에서 헌재 2021.1.28. 2018헌마456등 결정은 선거운동기간 중의 인터넷게시판에서 실명확인을 요구한 공직선거법 제82조의6 제1항 등에 대해 위헌결정을 내림으로써 많은 논란의 대상이 되고 있다.

59) 물론 당원의 당비로 선거비용을 비롯한 정당자금을 충당할 수 있다면 가장 이상적일 것이다. 실제로 영국의 정당은 정치자금의 대부분을 당원의 당비로 충당하고 있다. 그러나 적어도 우리의 현실 속에서는 재정적 부담을 감수하면서까지 당적을 유지하고 정당을 지원할 정도의 적극성을 갖는 당원의 수가 얼마나 될 것인지는 지극히 회의적이다.

좌우되지 않도록 하고자 한다. 그러나 선거비용을 이같이 제한하는 것만으로 문제가 해결되지는 않으며, 선거공영제의 취지에 따라 일정범위의 선거비용을 국가가 직접 부담하도록 하는 것이 필요할 것이다.[60]

2. 정치자금법상의 선거비용의 규제

선거비용과 관련하여 현행 정치자금법은 선거비용의 지원보다 선거비용의 규제에 중점을 두고 있다.

제34조는 선거비용에 대한 출납책임을 규정하고, 제36조 및 제40조는 수입지출의 보고의무, 제37조와 제44조는 회계장부 등의 비치와 보존을 규정함으로써 선거비용이 정상적으로 마련되고 또 지출되었는지에 대한 통제가 가능하도록 하고 있다.

나아가 공직선거법 제122조에 따라 공고된 선거비용제한액의 200분의 1 이상을 초과지출한 이유로 선거사무장, 선거사무소의 회계책임자가 징역형 또는 300만 원 이상의 벌금형의 선고를 받은 때에는 그 후보자의 당선을 무효로 하고 있다(공직선거법 제263조 제1항).

제 7 절 선거에 관한 쟁송

Ⅰ. 선거쟁송의 특수성과 그에 따른 특별한 규율

공직선거법 제225조는 "선거에 관한 소청이나 소송은 다른 쟁송에 우선하여 신속히 결정 또는 재판하여야 하며, 소송에 있어서는 수소법원은 소가 제기된 날부터 180일 이내에 처리하여야 한다"는 규정을 두고 있다. 또한 공직선거법 제268조는 선거사범에 대한 공소시효를 6개월로 규정하고 있다.

일반적인 소송사건과는 달리 선거에 대한 쟁송을 특별히 신속하게 처리하도록 요구

60) 선거비용을 무제한적으로 국고에서 보조하는 것은 가능하지도, 바람직하지도 않다. 그러나 선거공영제의 기본취지에 따라 적어도 후보자의 정상적인 선거운동을 위한 기본적인 비용의 대부분은 국고에서 지원되어야 마땅하다고 생각된다. 만약에 단순히 국가재정상의 이유 등을 근거로 국고의 지출을 줄이는 데에만 주안을 두어 이같이 대부분의 선거비용을 정당과 후보자의 부담으로 돌리게 된다면, 그것은 결국 능력이나 자질이 있는 정치인보다 재력이 있는 정치인이 후보자가 될 수 있는 가능성이 높아지는 불합리한 결과를 가져올 것이며, 또한 선거비용의 조달을 위한 각종 불법적 행위와 이권청탁 등을 조장하는 것이 될 것이다. 이러한 사태가 야기하게 될 전체 국가의 손실은 선거비용의 국고지출과 비교할 수 있는 정도에 그치지는 않을 것이다. 뿐만 아니라 이러한 상황에서는 정당과 후보자의 자체적 비용조달을 상당한 정도까지 허용할 수밖에 없기 때문에 선거비용에 대한 국가적 통제도 상대적으로 많이 어려워질 수밖에 없다. 선거비용액수의 한정과 출납책임의 법정, 수입지출의 보고와 회계장부 등의 보존과 같은 방법만으로 합리적인 선거비용의 지출을 담보하기 어렵다는 것은 그 동안의 선거과정을 통해 확인된 바이다.
이와 관련하여 선거비용의 보전에 관한 공직선거법 제122조의2에 따른 기준이 지나치게 높다는 문제가 제기된 바 있으나 **헌재 2010.5.27. 2008헌마491 결정**에서는 동조항을 합헌으로 판시하였다.

하고 있는 것은 선거의 특수성 및 이에 따라 **당사자의 법률관계(당선의 효력 등)를 신속하게 확정할 필요**에 따른 것이며, 또한 선거사범에 대한 공소시효의 단축은 공소가 **정치적 목적을 위하여 남용되는 것을 막는 의미**도 갖고 있다고 할 수 있다.

그러나 이처럼 신속한 법률관계의 확정을 지나치게 강조하다가 정작 기초자료의 충분한 조사를 소홀히 하여 실체적 진실을 발견하지 못하는 일이 생겨서는 안 될 것이다.

Ⅱ. 선거소청

1. 선거소청의 의의

선거소청이란 지방의회의원 및 지방자치단체장의 선거에 있어서 선거의 효력 또는 당선의 효력에 관하여 이의가 있는 선거인 · 정당(후보자를 추천한 정당에 한한다) 또는 후보자가 선거관리위원회에 제기하는 심판의 청구를 말한다.

선거 또는 당선의 효력에 관해 이의가 있을 때 지방의회의원선거 및 자치구 · 시 · 군의 장 선거에 있어서는 시 · 도선거관리위원회에, 시 · 도지사의 선거 및 지역구 세종특별자치시 의회의원선거, 비례대표시 · 도의원선거에 있어서는 중앙선거관리위원회에 소청할 수 있다(공직선거법 제219조 제1항).

2. 선거소청의 절차 및 효과

선거소청은 선거일 또는 당선인결정일로부터 14일 이내에 제기되어야 하며, ① 소청인의 성명과 주소, ② 피소청인의 성명과 주소, ③ 소청의 취지 및 이유, ④ 소청의 대상이 되는 처분의 내용, ⑤ 대리인 또는 선정대표자가 있는 경우에는 그 성명과 주소를 각기 기재하고 기명 · 날인한 서면으로 하여야 한다(공직선거법 제219조 제5항).

소청을 접수한 선거관리위원회는 소청을 접수한 날로부터 60일 이내에 그 소청에 관한 결정을 하여야 하며(공직선거법 제220조 제1항), 선거소청의 절차에 관하여는 행정심판법의 규정이 많이 준용된다(공직선거법 제221조 제1항).

3. 선거소청에 대한 불복

선거소청에 대한 결정에 불복이 있는 소청인은 그 결정서를 받은 날로부터 10일 이내에, 또는 소청에 대한 결정이 법률상 정한 기간 내에 내려지지 않은 경우에는 그 기간이 종료된 날로부터 10일 이내에 선거소송을 제기할 수 있다.

비례대표시 · 도의원선거와 시 · 도지사선거에 있어서는 대법원에 선거소송을 제기하며, 그 밖의 지방자치선거에 있어서는 그 선거구를 관할하는 고등법원에 제기한다(공직선거법 제222조 제2항, 제223조 제2항).

Ⅲ. 선거소송

1. 선거소송의 의의

넓은 의미의 선거소송은 좁은 의미의 선거소송과 당선소송으로 나뉘어진다.

좁은 의미의 선거소송(공직선거법 제222조)은 선거절차상의 하자를 이유로 그 선거의 전부 또는 일부의 효력을 다투는 소송을 말한다.

반면에 당선소송(공직선거법 제223조)은 등록무효, 피선거권의 상실 등 당선자 확정과정에 있어서의 하자를 문제삼는 선거소송의 한 유형이다.

2. 선거소송의 절차

공직선거법 제222조와 제223조는 대통령선거 및 국회의원선거의 경우와 지방의회의원 및 지방자치단체의 장의 선거의 경우에 있어서 선거소송의 제기방법을 각기 다르게 정하고 있다. 즉 국회의원 선거 및 대통령 선거에 대한 소송의 제기는 선거관리위원회에 대한 소청을 거치지 않고 직접 대법원에 제소하게 되는 반면에, 지방자치단체 선거의 경우에는 비례대표시·도의원선거와 시·도지사의 선거는 중앙선관위에의 소청을 거쳐 대법원에, 기타의 지방자치단체 선거의 경우에는 시·도 선관위에의 소청을 거쳐 고등법원에 제소하게 되어있는 것이다.[61]

지방자치단체 선거에 대한 선거소송은 선거소청에 대한 선거관리위원회의 결정을 받은 날로부터 10일 이내에, 선거관리위원회가 선거소청을 접수한 날로부터 60일 이내에 그 소청에 대하여 결정하지 아니한 때에는 그 기간이 종료한 날로부터 10일 이내에 제기할 수 있다(공직선거법 제222조 제2항, 제223조 제2항).

좁은 의미의 선거소송의 피고는 원칙적으로 당해 선거구 선거관리위원회 위원장이지만(공직선거법 제222조 제1항, 제2항), 피고로 될 위원장이 궐위(闕位)된 때에는 해당 선거구 선거관리위원회위원 전원을 피고로 한다(동법 제222조 제3항).

반면에 당선소송의 피고는 당선인 또는 당선인을 결정한 중앙선거관리위원회위원장 또는 국회의장, 당해 선거구선거관리위원회위원장이 될 수 있으며(동법 제223조 제1항, 제2항), 피고로 될 위원장이 궐위된 때에는 당해 선거구선거관리위원회위원 전원을, 국회의장이 궐위된 때에는 부의장중 1인을 피고로 하게 된다(동법 제223조 제3항). 또한 피고가 될 당선인이 사퇴·사망하거나 임기개시 전 피선거권의 상실, 피선거권이 없는 상태의 당선, 등록무효, 비례대표의원의 당적이탈·변경이나 이중당적으로 인하여 당선이 무효로 된 때에는 대통령선거에 있어서는 법무부장관을, 국회의원선거·지방의회의

61) 이를 간단히 정리하자면 다음과 같은 도표로 나타낼 수 있을 것이다.

원 및 지방자치단체의 장의 선거에 있어서는 관할고등검찰청검사장을 피고로 한다(동법 제223조 제4항).

3. 선거소송의 효과

소장을 접수한 법원은 선거에 대한 규정에 위반된 사실이 있는 때라도 **선거의 결과에 영향을 미쳤다고 인정하는 때**에 한하여 **선거의 전부나 일부의 무효** 또는 **당선의 무효**를 판결할 수 있다(공직선거법 제224조).

Ⅳ. 현행 선거쟁송의 문제점과 개선방향

선거쟁송은 선거운동 및 당선자확정의 문제에 가려서 선거제도의 여러 문제들 가운데서 미미한 비중만을 갖는 것으로 인식되는 경우가 많다. 그러나 올바른 선거과정의 보장은 공정하고 효과적인 선거쟁송, 특히 선거소송을 통해서만 확보될 수 있다. 불법적인 수단을 동원해서라도 일단 당선만 되면 모든 문제가 묻혀질 수 있다고 할 경우에는 올바른 선거과정 및 이를 통한 합리적인 대표자의 선출을 기대할 수 없을 것이기 때문이다.

그러나 이러한 선거쟁송의 의미에 비하여 현행 쟁송제도는 헌법이론적 관심을 많이 못받고 있을 뿐만 아니라 제도 자체의 미비점들도 적지 않게 안고 있다. 예컨대 선거소청의 경우 선거일 내지 당선인결정일로부터 14일 이내에 소청을 제기하도록 제한하고 있는 것(공직선거법 제219조 제1항, 제2항)도 -비록 선거의 법률관계를 빨리 확정하여서 안정성을 확보하려는 취지는 이해할 수 있으나- 지나치게 짧은 기간이라는 문제가 있다. 또한 선거소송과 당선소송을 구별하는 실익이 분명하지 않으며, 선거소송의 신속한 처리도 확보되지 못하고 있다.[62)]

선거쟁송의 제도는 그것이 곧 공정한 선거과정의 마무리라는 인식에 기초하여 신중하게, 하지만 신속하고 효율적으로 진행될 수 있도록 개선될 필요가 있다. 공정하고 효율적인 사법작용에 의하여 입법과 집행의 객관성과 합리성이 확보될 수 있는 것처럼, 올바른 선거쟁송제도는 전체 선거과정의 공정성을 확보하기 위한 필수적 전제조건인 것이다.

---

62) 공직선거법 제225조는 "선거에 관한 소청이나 소송은 다른 쟁송에 우선하여 신속히 결정 또는 재판하여야 하며, 소송에 있어서는 수소법원은 소가 제기된 날부터 180일 이내에 처리하여야 한다"고 규정하고 있지만, 현실적으로 이러한 기간이 제대로 지켜지지 않은 예는 무수히 많다. 단순히 법률규정 하나를 둠으로써 신속한 쟁송이 손쉽게 확보되는 것은 아니라는 점을 고려하여 실효적인 대안을 마련하는 것이 필요할 것이다.

▶ 사례 풀이:

1. 갑, 을, 병의 헌법소원심판청구는 적법한가? (20점)

Ⅰ. 서: 헌법소원심판의 유형과 적법요건 [2점]

Ⅱ. 공권력에 의한 기본권의 침해 [5점]

1. 공권력으로서의 입법작용
2. 침해되는 기본권
3. 사안에 대한 판단

Ⅲ. 기본권침해의 직접성, 현재성, 자기관련성 [7점]

1. 입법작용에 의한 기본권침해와 직접성 요건
2. 현재성에 대한 판단
3. 자기관련성에 대한 판단

Ⅳ. 보충성 및 기타의 적법요건 [5점]

1. 헌법소원심판청구의 보충성 요건
2. 변호사강제주의
3. 청구기간

Ⅴ. 결론 [1점]

2. 갑과 을의 경우 공직선거법에서 같은 액수의 기탁금을 요구하고 있는 것은 적정한가? 아니면 불합리한 차별이라고 볼 수 있는가? (40점)

Ⅰ. 사안의 분석과 쟁점의 정리 [3점]

Ⅱ. 지역구선거와 비례대표선거의 유사점과 차이점 [7점]

1. 현대적 선거의 특성과 실질적 주체로서의 정당
2. 유사점: 정당에 대한 지지가 선거에 미치는 영향
3. 차이점: 정당공천과 무소속후보의 가능성 여부

Ⅲ. 지역구 선거에서 기탁금 제도의 의미와 기능 [8점]

1. 선거공영제의 의의와 한계
2. 지역구 선거의 후보자 난립과 그 문제상황
3. 기탁금 제도를 통한 진입장벽의 의의와 기능

Ⅳ. 비례대표 선거에서 기탁금 제도의 의의와 기능 [8점]

1. 비례대표 선거의 구조와 선거운동의 특성
2. 비례대표 선거의 후보자 난립의 문제와 해결방안 - 저지조항 등
3. 기탁금 제도가 비례대표 선거에서 갖는 의미와 한계

Ⅴ. 차별의 합리성 여부에 대한 판단 [12점]

1. 비교집단과 평등심사기준
2. 목적의 정당성과 수단의 적합성
3. 침해의 최소성과 법익의 균형성

Ⅵ. 결론 [2점]

3. 병의 경우 헌법재판소는 어떠한 본안판단을 내려야 하는가? (40점)

Ⅰ. 사안의 분석과 쟁점의 정리 [3점]

Ⅱ. 선거운동의 의미와 비례대표선거의 특성 [7점]

1. 선거운동의 의의와 기능
2. 인물투표로서의 지역구 선거와 정당투표로서의 비례대표 선거

3. 비례대표선거의 특성에 따른 선거운동의 차이

Ⅲ. 당원으로서의 선거운동과 후보자로서의 선거운동 [8점]

1. 당원들의 선거운동과 정당 간부의 선거운동

2. 지역구 후보자의 선거운동과 비례대표 후보자의 선거운동

3. 비례대표 후보자의 선거운동 허용의 범위와 한계

Ⅳ. 공직선거법 제79조에서 비례대표 후보자에게 허용되지 않는 선거운동의 성격 [8점]

1. 공개장소에서의 연설 · 대담의 의미

2. 지역구 선거에서 후보자 간의 연설 · 대담을 통한 유권자의 선택 가능성

3. 비례대표 선거에서 후보자 간의 연설 · 대담을 통한 유권자의 선택 가능성

Ⅴ. 헌법재판소의 본안 판단 [12점]

1. 헌법재판소의 결정 형식(변형결정의 가능성에 대한 검토)

2. 사안에 대한 판단

3. 헌법재판소 결정의 효력

Ⅵ. 결론 [2점]

제 3 장 지방자치제도

현행헌법 제117조와 제118조는 지방자치단체의 구성과 이를 기초로 한 지방자치의 시행을 규정하고 있다. 이에 따라 1988년 지방자치법이 제정되었고, 1991년 지방의회가 구성되었다. 그리고 1995년 6월 27일의 지방자치선거를 기점으로 지방의회와 지방자치단체의 장 모두가 지역주민의 직접선거에 의해 선출됨으로써 명실상부한 지방자치가 30여년만에 부활되었다.

그러나 지방자치와 관련하여 아직도 많은 문제들이 미결로 남아 있으며, 지방자치의 실현구조에 대한 논란도 계속되고 있다. 따라서 지방자치에 대한 헌법적 고찰에 있어서는 지방자치를 헌법적으로 보장하고 있는 기본적 의의가 어디에 있으며, 그러한 헌법적 보장의 성격은 어떻게 이해되어야 하는가의 문제가 가장 먼저 해결되어야 할 것이다. 지방자치에 대한 헌법규정의 의의가 분명히 밝혀진 연후에 비로소 그에 따라 –최근 많이 논의되고 있는 조례입법권의 한계 등을 포함한– 지방자치단체의 자치권의 (정당한) 범위 또는 국가와 지방자치단체의 관계 등이 보다 명확하게 설정될 수 있기 때문이다.

헌법 제117조 ① 지방자치단체는 주민의 복리에 관한 사무를 처리하고 재산을 관리하며, 법령의 범위안에서 자치에 관한 규정을 제정할 수 있다.
② 지방자치단체의 종류는 법률로 정한다.

헌법 제118조 ① 지방자치단체에 의회를 둔다.
② 지방의회의 조직·권한·의원선거와 지방자치단체의 장의 선임방법 기타 지방자치단체의 조직과 운영에 관한 사항은 법률로 정한다.

【사례: 지방자치단체에 대한 정부 합동감사의 합헌성 여부】

최근 서울시의 뉴타운 개발과 관련하여 민원들이 끊임없이 발생하자 행정안전부장관은 국무총리실의 국무조정실장에게 서울시에 대한 부분감사(감사분야는 지방세, 건설·도시계획, 환경, 보건복지, 식품 등, 감사반은 행정안전부, 국토교통부, 환경부, 보건복지부, 식품의약품안전청 등 5개 부·청 내외) 조정협의를 하였고, 국무조정실장은 위 조정협의를 승인하였다.

행정안전부장관은 서울시에 정부합동감사계획을 통보하였다. 이에 서울시는 지방선거를 앞두고 있는 상황에서 감사 준비를 하는데 어려움이 있다면서 감사를 내년으로 연기해줄 것을 요청했으나 받아들여지지 않았다. 결국 정부합동감사반은 예정대로 서울시에 대한 정부합동감사를 실시하였다.

이에 서울시에는 이러한 감사대상의 일부는 서울시의 고유사무인 자치사무인데, 그에 관한 법령위반사실이 밝혀지지 아니하였고 법령위반 가능성에 대한 합리적인 의심조차 없는 상황에서 사전적 · 포괄적으로 합동감사를 실시하는 것은 헌법과 지방자치법이 부여한 자치행정권, 자치재정권 등 지방자치권을 침해하였다고 주장하며 헌법재판소에 권한쟁의심판을 청구하였다.

〈헌재 2009.5.28. 2006헌라6 결정 참조〉

1. 서울시의 권한쟁의심판청구는 적법한가? (20점)
2. 고유사무에 대한 감사는 지방자치권의 침해로 볼 수 있는가? (30점)
3. 서울시의 권한쟁의심판청구가 적법한 경우 헌법재판소는 어떤 본안판단을 내려야 하는가? (50점)

제 1 절 지방자치의 역사적 발전

Ⅰ. 지방자치의 역사적 뿌리

「지방」자치라는 단어는 개념적으로 국가와 지방의 구별을 전제로 한다. 즉 국가의 존재를 전제하였을 때 비로소 지방의 자치가 이야기될 수 있다. 예컨대 아직 국가를 형성하지 못한 부족공동체 사회에서 자신들의 문제를 자율적으로 처리했다고 해서 그것을 근대적 지방자치의 원형으로 볼 수는 없는 것이다.

그러나 국가의 존재가 항상 지방자치의 존재와 대칭을 이루어 왔던 것은 아니다. 국가의 규모가 작을 경우에는 특별히 지방자치를 이야기할 필요성이 없을 것이며, 국가의 규모가 큰 경우라 하더라도 국가권력은 일반적으로 중앙집권적인 구조로 형성되는 경향이 있었기 때문에 지방의 자치를 인정하지 않으려는 태도를 취하는 경우가 보편적이었기 때문이다. 물론 역사적으로 봉건적 사회구조에 기초한 국가의 경우에는 일정한 사항에 대한 결정권을 봉건영주가 배타적으로 행사하는 경우도 적지 않았다. 그러나 그것은 넓은 의미의 지방분권적 국가권력구조를 나타내는 것일 수는 있지만, **지역(주민)의 자율성**을 존중하는 근대적인 의미의 지방자치와는 거리가 먼 것이 대부분이었다.

그런 까닭에 지방자치를 포함한 근대적 자치제도의 역사적 뿌리로서는 오히려 중세의 **자유도시**를 드는 것이 일반적이다. 그러나 지방자치를 비롯한 근대적 자치제도들(예컨대 대학의 자치 등)은 정치적 · 사회적 배경, 그리고 제도 자체의 존재의의 및 기능 등에 있어서 –신분제사회를 전제한 가운데 도시의 정치적 · 경제적 특권으로 일정범위의 자유를 인정받았던– 중세의 자유도시들과는 커다란 차이를 보인다. 따라서 자유도시의 전통이 근대적 자치제도의 형성에 직접·간접으로 영향을 미친 것은 사실이지만, 그것이 오늘날 자치제도의 본질과 기능을 이해하는 데 결정적인 요소가 되지는 못한다.

Ⅱ. 근대적 자치이념의 형성과 각국의 지방자치제도의 발전

근대적 자치이념의 형성과 발전은 무엇보다 근대민주주의의 발전과정과 맥을 같이 한다. 군주주권론으로 무장한 절대군주제에 대항하여 모든 국민의 자연적 자유를 주장하고 사회계약설에 기초한 국민주권론을 주장하는 가운데 이미 자치의 이념이 싹트고 있었다.

또한 보충성의 원리를 중심으로 한 사회이론도 역시 개인의 자율성에 대한 존중, 나아가 집단적 또는 지역적 문제의 자율적 처리와 국가적 간섭의 보충적 인정을 주장함으로써 같은 방향으로의 발전경향을 보이고 있었다.

근대적 지방자치의 발전은 이러한 흐름 속에서 이해될 수 있다. 근대초의 절대군주제가 서서히 또는 급격히 약화·몰락하면서 중앙집권적 국가조직의 지방에 대한 통제력이 약화되었으며, 다른 한편으로는 시민의 자율성에 대한 요청이 지역적 문제의 처리에 대한 자율성으로까지 확대된 것이다.

1. 영국의 지방자치의 발전

이러한 지방자치의 발전은 이른바 「주민자치」의 형태로 발전되어 온 영미의 지방자치에서 잘 나타나고 있다.

영국의 지방자치는 중세의 봉건제도에 뿌리를 두고 있다고 주장되기도 하지만, 근대적 형태의 지방자치는 민주화의 진전과 더불어 1832년의 의회개혁으로 정치적 역량을 강화시킨 신흥 상공업계층에 의한 지방제도의 개혁에서 비롯된다. 1835년의 도시단체법(Municipal Corporation Act)의 제정 이래 선거권의 확대 등 **지역주민의 참여를 확장**하고 지방제도를 정비하며 **지방자치단체 내지 지방의회의 권한을 확장**하는 일련의 개혁이 진행되어 오늘의 영국 지방자치제를 확립시킨 것이다.

2. 미국의 지방자치

영국의 지방자치제도를 답습하였던 미국은 독립 후 점차 독자적인 형태를 발전시키게 되었다.

한편으로는 주민의 정치참여가 확대·강화되면서 **지방자치단체의 중요한 공무원들을 직접 선거**하는 전통이 확립되었고, 다른 한편으로는 연방정부 및 주정부와 구별되는 지방정부의 특성을 고려하여 **중립적·비정치적 행정에 대한 요청**이 강화된 것도 하나의 특색이라 할 수 있다. 그런 가운데 획일화되지 않은 다양한 유형의 지방자치가 발전되었으며, 1930년대 이후로는 도시문제를 중심으로 한 행정수요의 양적·질적 확대와 주정부 및 연방정부의 지방행정에 대한 관여의 증대가 나타나고 있다.

3. 프랑스의 지방자치

이른바 「단체자치」의 형태로 발전되어 온 프랑스 · 독일의 경우에는 영미와는 상당히 다른 형태의 지방자치가 발전되어 왔었다.

중앙집권적 경향이 유달리 강했던 프랑스의 경우에는 1789년의 대혁명과 더불어 구체제의 지방제도를 폐지하고 근대적 지방자치제도의 창설을 보았으나 그 운영의 미숙과 혁명 후의 혼란으로 말미암아 점차 국가의 관여가 증대되었고, 1800년에는 나폴레옹에 의해 강력한 **중앙집권적 지방행정조직**으로 대체되었다. 1871년에는 도(Départements)의회가 창설되어 자치조직으로서의 기능을 일부 갖게 되었으나 지방은 여전히 국가에 종속되어 있었으며, 그 자치권의 범위도 국가가 인정하는 정도에 따라 결정된다는 생각이 지배적이었다. 따라서 본격적인 지방자치를 이야기할 수 있게 된 것은 1982년 3월에 이른바 지방분권법이 통과되면서부터라고 말할 수 있다.

4. 독일의 지방자치

독일의 근대적 지방자치는 폰 슈타인(*Freiherr von Stein*)의 개혁운동에서 비롯되는 것으로서, 이는 시민의 정치참여를 통해 도시자치권을 강화함과 더불어 프로이센(Preußen)의 국가체제를 강화시키려는 것이었다.

이러한 개혁사상에 기초하여 1808년 프로이센시법(die preußische Städteordnung)이 제정되어 지역주민의 참여권을 중심으로 한 자치권의 확대에 기여하였으나 반자유주의적 정치발전과 더불어 점차 시민참여의 폭은 축소되었고, 비스마르크제국에 의한 독일통일 후에는 주민의 참여보다는 **행정능률**을 위하여 **여러 지역들의 독자성과 고유성을 고려하는 가운데 일정범위의 자치를 국가가 인정**하는 단체자치의 전통이 확립되었다.

이에 따라 독일의 지방자치에서는 자치의 이념(즉 지역사무에 대한 주민의 참여)으로부터 점차 멀어지는 문제가 발생되었고, 이런 맥락 하에서 바이마르헌법 당시에는 지방자치를 -헌법개정을 통해 언제든지 폐지할 수 있는- 제도적 보장으로 이해하는 칼 슈미트의 주장이 큰 호응을 얻었다. 나아가 나치 하에서는 국가사회주의의 영향으로 지방자치가 근본적으로 부정되었다. 결국 독일에서는 제2차 세계대전 이후에 지방자치가 새로이 재건되어 오늘에 이르고 있다.

5. 일본의 지방자치

일본은 19세기말 독일(비스마르크제국)의 영향 하에 중앙집권적 경향이 강한 지방자치제도를 만들었다.

이후 지역사무의 범위 및 지역의 자율권이 점차 확대되는 경향을 보이다가 태평양전쟁을 계기로 중앙집권적 통제를 강화함으로써 지방자치가 공동화(空洞化)되는 현상도 나타났다. 결국 제2차 세계대전이 끝난 후 민주주의의 건설이라는 측면에서 지방행정의 민주화가 추진되었고, 1947년 일본헌법의 제정과 더불어 지방자치법이 시행됨으로써 새로운 지방자치제도를 구성하여 발전시켜오고 있다.

Ⅲ. 우리 헌법상의 지방자치제도의 발전

우리나라는 1948년의 헌법제정 당시부터 지방자치의 시행을 규정하고 있었다(제96조, 제97조). 이에 따라 1949년 7월 4일 법률 제32호로 지방자치법이 제정되었지만, 지방의회는 1952년에 비로소 구성되었다. 그 후 제1공화국에서는 4차에 걸친 지방자치법의 개정이 있었다.

1960년 헌법에서는 지방자치의 확대를 위해 제97조 제2항을 신설하여 "지방자치단체의 장의 선임방법은 법률로써 정하되 적어도 시, 읍, 면의 장은 그 주민이 직접 이를 선거한다"고 규정하고 있었으나 민주주의 및 지방자치에 대한 경험과 인식의 부족으로 말미암아 지방자치의 민주적 기능보다 역기능의 측면이 더욱 부각되었으며, 그 결과 5 · 16 이후 지방자치의 사실상 폐지에 명분을 제공하였다.

5 · 16 군사쿠데타 이후 군정을 거쳐 만들어진 이른바 제3공화국 헌법은 지방자치에 관하여 시 · 읍 · 면장의 주민직접선거제를 법률로 정하도록 국회에 위임하였고(제109조, 제110조), 지방의회의 구성시기는 법률로 정한다고 부칙 제7조 제3항에 추가로 규정하였다. 그런데 국회에 위임된 지방의회의 구성은 여당이 다수인 국회에서 법률을 제정하지 않음으로 인하여 무산되었고, 결국 지방자치는 실현되지 못하였다.

그리고 유신헌법(제4공화국 헌법) 하에서는 지방의회의 구성을 아예 조국의 평화적 통일이 있을 때까지 미뤄버렸다(부칙 제10조). 이로써 헌법상의 지방자치에 관한 규정은 사문화되었고, 제5공화국 헌법은 부칙 제10조에서 지방의회의 구성은 재정자립도를 감안하여 순차적으로 하되 그 시기는 법률로 정한다고 규정하였으나 역시 법률이 제정되지 않음으로 인하여 그 실현을 보지 못하였다.

결국 현행헌법에 의하여 지방자치법이 새로이 제정됨으로써 비로소 지방자치가 30여 년 만에 부활된 것이다.

제 2 절 지방자치의 현대적 기능

이상 살펴본 바와 같은 지방자치의 역사적 발전과정에서 우리는 지방자치의 본질과 기능에 대한 이해의 단서를 찾을 수 있다. 한편으로는 영미의 지방자치에서 나타나듯이 지방「자치」가 지역문제에 대한 **주민의 참여**를 본질적 요소로 하고 있으며, 지방자치는 **민주주의를 실현**시키는 데 중요한 역할을 한다는 것을 확인할 수 있다. 그러나 다른 한편으로는 독일 · 프랑스의 예에서 나타나듯이 단순히 국가행정조직의 일부로서 지역을 생각하는 가운데 **국가의 편의**와 **행정능률**을 고려하여 일정한 범위의 자치권을 부여하는 것으로 지방자치를 이해한 경우도 있음을 볼 수 있다.[1]

그러나 주민의 참여와 행정능률을 양자택일적인 것으로 보는 견해는 오늘날 찾기 어렵다. 프랑스와 독일에서도 지방자치가 과거의 전통을 벗어나 주민참여를 확대하는 방향으로 변화되었고, 또 영미의 지방자치도 행정능률을 고려하지 않을 수 없게 된 것이다. 따라서 지방자치는 이제 **민주주의의 초석**으로서, **지역주민의 참여를 통해 이익을 확보하는 중요한 수단**으로서, 그리고 동시에 **능률적인 행정을 위한 효과적인 방법**으로서 인정되고 있는 것이다.

하지만 지방자치의 실시가 항상 민주주의의 실현, 지역주민의 이익확보, 능률적 행정의 구현을 담보하는 것은 아니다. 지방자치를 제대로 실현시킬 수 있는 여러 전제조건들, 특히 **자율성에 대한 지역주민들의 공적 책임의식**이 결여되어 있는 경우에는 오히려 상당한 혼란이 야기될 수도 있다. 프랑스 대혁명 직후의 지방자치가 그러했고, 해방 후 실시되었던 지방자치에 대한 우리의 경험도 그러한 교훈을 남겼다. 지방자치의 역사적 발전에 대한 검토는 한편으로는 지방자치를 통하여 민주주의의 실현, 지역적 이익의 증대와 행정능률의 제고가 가능하고 필요하다는 것을 보여주었지만, 또한 동시에 지방자치의 올바른 실현을 위하여 많은 관심과 노력이 필요하다는 것도 확인시켜주고 있다.

Ⅰ. 민주주의와 지방자치

1. 민주주의와 자율, 자치

지방자치는 무엇보다 민주적 국가질서형성에 기여하는 바가 크다. 오늘날 지방자치가 정당화될 수 있는 중요한 이유는 지역주민의 정당한 의사를 민주적으로 실현시킬 수 있다는 데에서,[2] 즉 국가의 차원에서 실현되는 민주주의를 지역의 차원으로까지 확대시킨다는 데에서 찾을 수 있을 것이다.

---

1) 예컨대 권영성, 헌법학원론, 2010, 237쪽 이하에서는 지방자치의 기능을 지방자치의 이념과 관련시켜서 "지방행정에 대한 정당국가적 경향에서 오는 부작용을 최소화하며 지방행정의 능률성을 제고하며, 지방주민으로 하여금 그들의 사무를 그들 스스로 처리하게 함으로써 주민을 민주적으로 교육하고, 경제·사회·문화정책 등을 분업적으로 집행하도록 하는 분업적 기능을 수행하도록 하는 데 있다"고 말하면서 지방자치의 본질에 대해서는 자치위임권설을 주장하고, 지방자치제의 법적 성격에 대해서는 제도적 보장설을 따르고 있다. 이처럼 지방자치의 본질과 기능을 각기 분리시켜서 검토하고 있는 견해가 있는가 하면, 허영, 한국헌법론, 2025, 908쪽 이하처럼 지방자치의 본질과 기능을 연결시켜서 검토하면서 지방자치가 기본권과 불가분의 관계에 있다는 점, 기능적 권력통제의 효과를 갖는다는 점, 보충의 원리를 실현시키는 제도라는 점을 강조하고 있다. 그러나 이 책에서는 그러한 출발점에도 불구하고 헌법상의 지방자치를 제도적 보장으로 이해함으로써 적지 않은 혼란을 야기하고 있다.
그러나 지방자치의 본질에 대한 이해와 기능에 대한 이해는 서로 맞물려 있을 수밖에 없으며, 지방자치를 민주주의의 필수적 요소로, 나아가 지역주민의 기본권실현과 직결되어 있는 핵심적 요소로서 파악하는 견해는 지방자치를 전통적인 제도적 보장으로 이해하는 견해와 양립될 수 없다.

2) 이러한 의미에서 독일연방헌법재판소는 지방자치를 "민주주의의 싹"이라고 표현하고 있다. BVerfGE 79, 127(149).

현대의 민주적 국가질서는 무엇보다 국민의 자유와 평등을 최대한 실현시키는 방향으로 형성되어야 한다. 따라서 -이른바 **보충성원리**(Subsidiaritätsprinzip)가 요청하는 바와 같이- 국민생활의 각 영역별로 최대한의 자율과 자치가 보장되어야 하며, 국가의 개입은 필요한 최소한에 머물러야 한다는 것은 헌법의 기본원리인 민주주의의 요청이기도 한 것이다.

이런 맥락에서 지방자치는 자율의 이념에 따라 **다원주의에 기초한 상향적 국가질서형성**을 가능케 하는 데 중요한 역할을 담당하고 있다고 말할 수 있다.

2. 권력분립과 지방자치

또한 지방자치는 현대적 권력분립의 중요한 요소이기도 하다. 권력분립원리는 오늘날 민주적 국가권력의 구성을 위한 기본원리로 인정되고 있다. 그러나 종래와 같은 입법-집행-사법의 수평적 권력분립만으로는 행정국가화, 정당국가화 등으로 더욱 미묘해진 현대의 복잡한 권력구조 내에서의 견제와 균형을 충분히 달성할 수 없다.

이에 따라 포괄적 · 다차원적 권력분립이론이 폭넓게 주장되고 있으며, 이러한 이론들에 의해 지방자치는 -중앙정부와 지방자치단체 사이의 권한배분 및 업무수행의 독자성을 통하여- **수직적 권력분립의 중요한 요소**로 인정되고 있는 것이다.

3. 민주주의의 - 불가결한 - 핵심요소로서의 지방자치

오늘날 지방자치는 민주주의의 실현에 있어서 매우 큰 역할을 하는 제도로 인정되고 있다. 이에 따라 지방자치는 민주주의를 실현함에 있어서 꼭 필요한 핵심적 요소의 하나가 아닌가라는 문제가 제기된다. 즉 지방자치를 배제한 민주주의는 올바른 민주주의가 될 수 없지 않는가라는 것이다.

이러한 문제제기는 무엇보다 헌법개정의 한계라는 측면에서 현실적 의미를 갖는다. 우리가 지방자치를 민주주의의 불가결한 핵심적 요소, 즉 자유민주적 기본질서의 구성요소로 인정하게 되면 지방자치는 헌법개정에 의해서도 폐지될 수 없다고 인정되는 것이다.

과거 헌법상 지방자치가 완전히 폐지되지는 않았지만 부칙에 의해 사실상 유명무실하게 되었던 경험들 때문에 이 문제에 대하여 유보적인 태도를 취하는 경우가 많으나, 우리가 지방자치의 의의와 기능에 솔직하다면 지방자치가 민주주의의 핵심요소 가운데 하나임을 인정하여야 할 것이다.[3)]

---

3) 종래 지방자치의 법적 성격에 대해서는 제도적 보장설이 다수설이었지만, 이러한 제도적 보장설은 헌법개정을 통해 지방자치를 폐지할 수 있다는 문제를 안고 있다. 비록 우리 헌법사를 통해서 지방자치가 시행되지 못했던 기간은 짧지 않지만, 그 기간은 민주주의가 제대로 실현되지 못하고 있던 독재의 시기와 일치한다. 또한 그 기간 동안에도 지방자치가 헌법에서 완전히 배제된 적은 없었다는 점을 고려할 때, 과연 지방자치 없는 민주주의를 주장할 수 있을지는 매우 의심스럽다.

Ⅱ. 참여의 원리로서의 지방자치

1. 지방자치의 본질적 요소로서의 지역주민의 참여

이미 개념적으로도 지방「자치」는 지역사무의 처리에 지역주민이 참여한다는 것을 본질적 징표로 한다. 즉 자치의 가장 중요한 개념적 징표는 관련 당사자들의 참여이며, 「지방」자치의 경우 지역주민의 참여는 가장 본질적인 개념징표의 하나인 것이다. 이런 맥락에서 지방자치단체란 지역적으로 설정되고 한계 지워진 지역주민들의 단체라고 이해되어야 할 것이며, 지방자치단체의 사무란 지역주민들의 직접·간접의 참여 하에 이루어지는 지역사무를 의미한다.[4]

따라서 지역주민의 참여라는 요소를 배제한 가운데 독립된 법인으로서의 지방자치단체를 중심으로 지방자치를 이해하는 태도는 정당하지 않다. 민주주의의 원리에 따라 모든 국민이 국가의사결정에 참여할 수 있는 것과 마찬가지로 지방자치는 모든 지역주민이 지역문제의 처리에 참여할 수 있도록 보장하는 데 그 의의가 있는 것이다.

2. 지방자치를 통한 자유영역의 확보 및 참여기회의 확대

민주적 국가질서의 형성이라는 기능과 **표리(表裏)의 관계**에 있는 것이 지역주민의 참여라는 측면이다. 지방자치는 한편으로 국가질서의 형성을 민주화시키는 기능을 하며, 다른 한편으로는 그것이 가능하도록 (지역사무처리에 관한) 지역주민의 참여를 보장하고 확대시키는 기능을 하는 것이다.

이는 국가질서의 형성에 있어서 나타나는 민주주의와 기본권의 상호관계와도 유사하다고 볼 수 있다. 국민의 참정권을 통하여 국민이 -일방적으로 국가의 규율만을 받는 것이 아니라- 국가질서의 형성에 참여함으로써 비로소 자유로워질 수 있는 것처럼 (**참여를 통한 자유!**), 지역주민도 지역문제의 결정과 집행의 과정에 대한 참여, 즉 지방자치를 통하여 비로소 지방정부에 의한 일방적 규제가 아닌 참여 속의 자유를 확보할 수 있으며, 나아가 참여기회의 확대라는 상승작용까지 기대할 수 있다.[5]

3. 지방자치 참여의 효과

이러한 지역주민의 참여는 그 자체로서 자율적 문제해결을 가능케 함으로써 **민주주의를 실현**시키는 역할을 할 뿐만 아니라, 국가적 의사형성과정에 앞서 소규모의 지역단위에서 참여의 훈련을 쌓는 것은 **민주주의의 교육**으로서도 커다란 의미를 갖는다. 지방자치를 민주주의의 교육장 내지 민주주의의 초등학교로 부르는 것은 그러한 맥락에서 이해될 수 있을 것이다. 나아가 참여의 과정을 통하여 **정치적 지도자를 발굴·양성**하는 효과까지도 지방자치에서 기대할 수 있다.

---

4) 지방자치에 대한 지역주민의 참여에 관하여는 아래의 「제3절 Ⅰ. **현행 지방자치법상 주민의 직접민주제적 참여**」 참조.

5) 이런 맥락에서 지역주민들의 지방자치에 대한 참여「권」은 기본권적 성격을 갖는다고 볼 수 있다.

Ⅲ. 행정능률의 확보와 지방자치

1. 지방자치단체에 의한 업무처리의 특성

지방자치는 또한 전통적으로 행정능률을 확보하는 효과적인 수단으로 인식되어 왔다. 한편으로는 영국으로부터 발전된 주민자치의 전통에 따라 지역주민의 참여라는 요소가 강조되어 왔지만, 다른 한편으로는 대륙, 특히 독일에서 발전된 단체자치의 전통에 따라 지역단체에 의한 업무처리의 능률성이 지방자치를 지탱하는 또 하나의 축으로 인정되었던 것이다.

실제로 지방자치단체에 의한 업무처리는 −적어도 지역사무에 관한 한− 국가에 의한 업무처리와 비교할 때 **지역사무에 정통**하고 **주민근거리행정**을 펼칠 수 있다는 점에서 오늘날에도 능률성이 매우 높을 수 있다.

2. 지방자치단체의 고유사무 처리의 능률성

지방자치단체에 의해 처리되는 지역사무를 다시금 고유사무와 위임사무로 나눌 때, 지방자치(단체)에 의한 지역사무의 처리가 능률성을 갖는 것은 무엇보다 고유사무에서 두드러지게 나타난다.

사무의 성질상 지방자치단체에 속하는 고유사무를 처리함에 있어서는 국가에 의한 획일적 규율보다는 지방자치를 함으로써 **지역주민들의 애향심**이나 **지역적 특색**을 활용하여 지역발전에 기여하도록 하는 것이 가능하기 때문이다.

3. 지방자치단체의 위임사무 처리의 능률성

또한 국가사무의 일부를 지방자치단체가 위임받아 처리하는 위임사무[6]에 있어서도 행정능률을 높일 수 있다는 것이 중요하게 고려된다.

이러한 국가위임사무의 경우에는 한편으로는 국가에 의한 −지역의 특성과 지역간의 균형을 고려하는− 전체적 · 종합적 계획의 필요성을 충족시키면서 다른 한편으로는 지역의 사정과 현실에 밝은 지방자치단체가 구체적 수행을 담당함으로써 사무처리의 효율성을 높일 수 있다는 것이다.

4. 지방자치의 보충적 기능으로서의 행정능률

그러나 이와 같은 「행정능률」의 측면은 「민주적 국가질서의 형성」 또는 「지역주민의 참여」와 비교했을 때 지방자치의 **보충적 기능**으로 평가되어야 할 것이며, 행정능률만을 위하여 (민주주의와 참여의 원리에 기초한) 지방자치의 독자성과 자기책임성을 훼손시켜서는 안 될 것이다.[7] 그렇다고 지방자치가 국가에 의한 법적 통제와 감독에서 완

---

6) 현행법상 국가사무를 지방자치단체에 위임하는 형식으로는 지방자치단체 자체에 위임하는 경우(이른바 단체위임사무: 지방자치법 제13조 제1항)와 그 기관에 위임하는 경우(이른바 기관위임사무: 도로법 제23조 제1항, 하천법 제28조 제1항 등)가 있다.

전히 벗어날 수 있다는 것은 아니며, 지방자치도 어디까지나 국가법질서의 테두리 안에서 허용된다.

결국 국가는 헌법상 보장되고 있는 지방자치를 존중하고, 법률에 의하여 구체화시켜야 하는 반면, 지방자치단체 내지 그 실질적 주체인 지역주민은 국가의 기본적 법질서를 존중하고 준수하여야 하는 것이다.

제 3 절 지방자치에 있어서 주민의 역할 및 지방자치에 대한 정당참여

Ⅰ. 현행 지방자치법상 주민의 직접민주제적 참여

1. 지방자치의 본질과 주민참여의 중요성

앞서 설명된 바와 같이 지역주민의 참여는 지방자치의 본질적 요소이다. 그러나 현실적인 여건으로 인하여 지역주민들이 모든 지역사무를 직접 처리하는 것은 불가능하다.

예컨대 지방자치단체의 규모가 매우 작아서 주민의 직접적인 의사결정이 가능한 경우(말하자면 지방자치 차원에서 전면적인 직접민주제가 가능한 경우)라면 모르되, 그렇지 않은 경우에는 결국 지방자치단체에서도 국가와 마찬가지로 대의제적 구조를 갖출 수밖에 없다.

그러나 이러한 현실을 이유로 지방자치에서 지역주민의 참여가 갖는 의미가 평가절하되어서는 안 된다. 지방의 자치가 정당화될 수 있는 가장 중요한 근거는 지역주민의 자율적 의사에 기초한 지역문제의 처리이며, 이는 지역주민의 폭넓은 관심과 참여 하에서만 가능하기 때문이다.

특히 현행 지방자치법은 지역문제에 있어서는 지역주민의 직접민주제적 참여의 가능성을 크게 확장시켰다. 오랜 논란 끝에 주민투표제가 도입되었고, 그 밖에 조례의 제정 및 개폐 청구, 감사청구, 주민소송, 주민소환 등의 제도가 인정되고 있다.

2. 주민투표제

지방자치법 제18조에서는 주민투표제도를 인정하고 있으며, 이와 관련하여 주민투표법이 제정되어 구체적인 주민투표의 주체 및 대상과 절차를 정하고 있다.

주민투표의 주체는 ① 18세 이상의 주민으로서 그 지방자치단체의 관할구역에 주민등록이 되어 있는 자(공직선거법 제18조의 규정에 의하여 선거권이 없는 자 제외),

7) 즉 국가는 지방자치단체를 직접적 · 포괄적인 지배 하에 있는 하급행정기관으로서 취급해서는 곤란하며, 지방자치단체는 자기책임 하에 자율적인 업무수행을 할 수 있어야 한다.

② 출입국관리 관계법령의 규정에 의하여 대한민국에 계속 거주할 수 있는 자격(체류자격변경허가 또는 체류기간연장허가를 통하여 계속 거주할 수 있는 경우 포함)을 갖춘 외국인으로서 지방자치단체의 조례가 정하는 자이다(주민투표법 제5조).

주민투표의 대상은 ① 주민에게 과도한 부담을 주거나 중대한 영향을 미치는 지방자치단체의 주요결정사항(지방자치법 제18조, 주민투표법 제7조 제1항)과 ② 중앙행정기관의 장이 지방자치단체의 폐지하거나 나누거나 설치하거나 합치는 경우 또는 구역변경, 주요시설의 설치 등 국가정책의 수립에 관하여 주민의 의견을 듣기 위하여 필요하다고 인정하고, 주민투표의 실시구역을 정하여 관계 지방자치단체의 장에게 주민투표의 실시를 요구할 경우(주민투표법 제8조 제1항)이다.[8]

그러나 1. 법령에 위반되거나 재판중인 사항, 2. 국가 또는 다른 지방자치단체의 권한 또는 사무에 속하는 사항, 3. 지방자치단체의 예산 · 회계 · 계약 및 재산관리에 관한 사항과 지방세 · 사용료 · 수수료 · 분담금 등 각종 공과금의 부과 또는 감면에 관한 사항, 4. 행정기구의 설치 · 변경에 관한 사항과 공무원의 인사 · 정원 등 신분과 보수에 관한 사항, 5. 다른 법률에 의하여 주민대표가 직접 의사결정주체로서 참여할 수 있는 공공시설의 설치에 관한 사항(다만, 주민투표법 제9조 제5항의 규정에 의하여 지방의회가 주민투표의 실시를 청구하는 경우 제외), 6. 동일한 사항(그 사항과 취지가 동일한 경우를 포함한다)에 대하여 주민투표가 실시된 후 2년이 경과되지 아니한 사항에 대해서는 주민투표를 할 수 없다(주민투표법 제7조 제2항).

주민투표의 절차와 관련하여 지방자치단체의 장은 주민[9] 또는 지방의회의 청구[10]에 의하거나 직권[11]에 의하여 주민투표를 실시할 수 있다(주민투표법 제9조 제1항).

주민이 주민투표청구를 하고자 하는 때에는 주민투표청구인대표자를 선정하여야 하며, 청구인대표자와 서면에 의하여 청구인대표자로부터 서명요청권을 위임받은 자는 그 지방자치단체의 조례가 정하는 서명요청기간 동안 주민에게 청구인서명부에 서명할 것을 요청할 수 있다(주민투표법 제10조). 그러나 지방자치단체의 관할구역의 전부 또는 일부에 대하여 공직선거법의 규정에 의한 선거가 실시되는 때에는 그 선거의 선거일전 60일부터 선거일까지 그 선거구에서는 서명을 요청할 수 없다(주민투표법 제11조 제1항).

3. 조례의 제정 및 개폐 청구

주민투표 이외에도 현행 지방자치법은 지역주민이 직접 조례의 제정 또는 개폐를

8) 이 경우 중앙행정기관의 장은 미리 행정안전부장관과 협의하여야 한다.
9) 주민투표의 주체(=주민투표청구권자)는 그 총수의 20분의 1 이상 5분의 1 이하의 범위 안에서 지방자치단체의 조례로 정하는 수 이상의 서명으로 그 지방자치단체의 장에게 주민투표의 실시를 청구할 수 있다(주민투표법 제9조 제2항).
10) 지방의회는 재적의원 과반수의 출석과 출석의원 3분의 2 이상의 찬성으로 그 지방자치단체의 장에게 주민투표의 실시를 청구할 수 있다(주민투표법 제9조 제5항).
11) 지방자치단체의 장이 직권에 의하여 주민투표를 실시하고자 하는 때에는 그 지방의회 재적의원 과반수의 출석과 출석의원 과반수의 동의를 얻어야 한다(주민투표법 제9조 제6항).

청구할 수 있도록 함으로써 주민발안제를 수용하고 있다.

청구의 주체는 18세 이상의 주민(공직선거법 제18조의 규정에 의한 선거권이 없는 자는 제외)이다. 「주민조례발안에 관한 법률」 제5조는 지방자치단체의 유형 및 규모에 따라 200분의 1부터 20분의 1까지 6단계로 기준을 제시하면서 그 기준 이내에서 해당 지방자치단체의 조례로 정하는 청구권자 수 이상이 연대 서명하여 주민조례청구를 할 수 있도록 정하고 있다.

그러나 1. 법령을 위반하는 사항, 2. 지방세 · 사용료 · 수수료 · 부담금의 부과 · 징수 또는 감면에 관한 사항, 3. 행정기구의 설치 · 변경에 관한 사항, 4. 공공시설의 설치를 반대하는 사항은 **청구금지사항**이다(주민조례발안에 관한 법률 제4조).

청구의 절차와 관련하여 주민조례청구를 위해서는 청구권자가 대표자를 선정하여야 하며, 선정된 대표자는 1. 주민조례청구의 취지 · 이유 등을 내용으로 하는 조례의 제정 · 개정 · 폐지 청구서(이하 "청구서"라 한다), 2. 조례의 제정안 · 개정안 · 폐지안(이하 "주민청구조례안"이라 한다)을 지방의회 의장에게 대표자 증명서 발급을 신청해야 한다(제6조). 대표자는 청구인명부를 작성하여 제출하여야 하며(제7조~제10조), 지방의회 의장은 요건을 갖춘 주민조례청구를 수리하고(제12조 제1항), 주민조례청구안을 1년 이내에 의결하여야 한다. 다만, 필요한 경우에는 본회의 의결로 1년 이내의 범위에서 한 차례만 그 기간을 연장할 수 있다(제13조 제1항).

4. 감사청구와 주민소송, 손해배상청구, 변상명령 등

지방자치단체의 18세 이상의 주민은 시 · 도는 300명, 제198조의 규정에 의한 인구 50만 이상 대도시는 200명, 그 밖의 시 · 군 및 자치구는 150명을 넘지 아니하는 범위에서 그 지방자치단체의 조례로 정하는 18세 이상의 주민수 이상의 연대서명으로 시 · 도에 있어서는 주무부장관에게, 시 · 군 및 자치구에서는 시 · 도지사에게 그 지방자치단체와 그 장의 권한에 속하는 사무의 처리가 법령에 위반되거나 공익을 현저히 해친다고 인정되면 **감사를 청구**할 수 있다(지방자치법 제21조 제1항).[12)]

그리고 지방자치법 제22조에서는 감사청구한 사항과 관련있는 위법한 행위나 업무를 게을리한 사실에 대하여 해당 지방자치단체의 장을 상대방으로 소송을 할 수 있도록 규정하고 있다.

주민소송의 제기요건으로는 ① 주무부장관 또는 시 · 도지사가 감사청구를 수리한 날부터 60일을 지나도 감사를 끝내지 아니한 경우, ② 제21조제9항 및 제10항에 따른 감사 결과 또는 같은 조 제12항에 따른 조치 요구에 불복하는 경우, ③ 제21조제12항에 따른 주무부장관이나 시 · 도지사의 조치 요구를 지방자치단체의 장이 이행하지 아니한

12) 그러나 1. 수사 또는 재판에 관여하게 되는 사항, 2. 개인의 사생활을 침해할 우려가 있는 사항, 3. 다른 기관에서 감사하였거나 감사중인 사항(다만, 다른 기관에서 감사한 사항이라도 새로운 사항이 발견되거나 중요사항이 감사에서 누락된 경우와 주민소송의 대상이 되는 경우는 제외), 4. 동일한 사항에 대하여 제22조 제2항 각호의 어느 하나에 해당하는 소송이 계속중이거나 그 판결이 확정된 사항은 감사청구의 대상에서 제외된다(지방자치법 제21조 제2항).

경우, ④ 제21조제12항에 따른 지방자치단체의 장의 이행 조치에 불복하는 경우(지방자치법 제22조 제1항).

이와 관련하여 주민이 제기할 수 있는 소송은 1. 해당 행위를 계속하면 회복하기 곤란한 손해를 발생시킬 우려가 있는 경우에는 그 행위의 전부나 일부를 중지할 것을 요구하는 소송, 2. 행정처분인 해당 행위의 취소 또는 변경을 요구하거나 그 행위의 효력 유무 또는 존재 여부의 확인을 요구하는 소송, 3. 게을리한 사실의 위법확인을 요구하는 소송, 4. 해당 지방자치단체의 장 및 직원, 지방의회 의원, 해당 행위와 관련이 있는 상대방에게 손해배상청구 또는 부당이득반환청구를 할 것을 요구하는 소송(제22조 제2항 본문)이다.[13)14)]

지방자치단체의 장은 주민소송에 대하여 **손해배상청구나 부당이득반환 청구**를 명하는 판결이 확정되면 그 판결이 확정된 날부터 60일 이내를 기한으로 하여 당사자에게 그 판결에 따라 결정된 손해배상금이나 부당이득반환금의 지불을 청구하여야 한다. 다만, 손해배상금 또는 부당이득반환금을 지불하여야 할 당사자가 지방자치단체의 장이면 지방의회 의장이 지불을 청구하여야 한다(제23조 제1항).

지방자치단체의 장은 주민소송에 대하여 변상할 것을 명하는 판결이 확정되면 그 판결이 확정된 날부터 60일 이내를 기한으로 하여 당사자에게 그 판결에 의하여 결정된 금액을 **변상할 것을 명령**을 하여야 한다(제24조 제1항).[15)]

5. 주민소환제

주민소환제도는 지역주민의 의사에 의해 지방자치단체의 대표자(비례대표의원을 제외한 선출직 공직자)들을 그 직에서 물러나게 만드는 직접민주제적 제도이다. 이 제도는 위법한 행위에 대한 법적 책임을 묻는 것이 아니라 지역주민이 정치적 책임을 묻는 것이라는 점에서 주민소송과는 본질적으로 구별되며, 법적 효과도 큰 차이를 보인다.

주민소환의 주체는 ① 19세 이상의 주민으로서 당해 지방자치단체 관할구역에 주민등록이 되어 있는 자(공직선거법 제18조의 규정에 의하여 선거권이 없는 자는 제외), ② 19세 이상의 외국인으로서 출입국관리법 제10조의 규정에 따른 영주의 체류자격 취득일 후 3년이 경과한 자 중 같은 법 제34조의 규정에 따라 당해 지방자치단체 관할구역의 외국인등록대장에 등재된 자이다(주민소환에 관한 법률 제3조 제1항).

---

13) 다만, 그 지방자치단체의 직원이 「회계관계직원 등의 책임에 관한 법률」 제4조의 규정에 따른 변상책임을 져야 하는 경우에는 변상명령을 할 것을 요구하는 소송을 말한다(지방자치법 제22조 제2항 제4호 단서).

14) 그러나 중지청구소송은 당해 행위를 중지함으로써 생명 또는 신체에 대한 중대한 위해발생의 우려가 있거나 그 밖에 공공복리를 현저하게 저해할 우려가 있는 때에는 이를 제기할 수 없으며(제22조 제3항), 모든 주민소송은 90일 이내에 이를 제기하여야 한다(제22조 제4항). 이 소송이 계속중인 때에는 다른 주민은 동일한 사항에 대하여 별도의 소송을 제기할 수 없으며(제22조 제5항), 소송의 계속중에 소송을 제기한 주민이 사망하거나 제16조의 규정에 의한 주민의 자격을 잃은 때에는 소송절차는 중단된다(제22조 제6항).

15) 규정에 의하여 변상명령을 받은 자가 같은 항의 기한 이내에 변상금을 지불하지 아니하면 지방세체납처분의 예에 따라 징수할 수 있다(제24조 제2항).

주민소환의 청구요건은 ① 소환사유를 서면에 구체적으로 명시하여 관할선거관리위원회에 주민소환투표의 실시를 청구하여야 하며, ② 시 · 도지사의 경우 당해 지방자치단체의 주민소환투표청구권자 총수의 100분의 10 이상, 시장 · 군수 · 자치구의 구청장의 경우 주민소환투표청구권자 총수의 100분의 15 이상, 지역구 지방의원의 경우 당해 지방의회의원의 선거구 안의 주민소환투표청구권자 총수의 100분의 20 이상의 서명이 있어야 한다. ③ 시 · 도지사에 대한 주민소환투표를 청구함에 있어서 당해 지방자치단체 관할구역 안의 시 · 군 · 자치구 전체의 수가 3개 이상인 경우에는 3분의 1 이상의 시 · 군 · 자치구에서 각각 주민소환투표청구권자 총수의 1만분의 5 이상 1천분의 10 이하의 범위 안에서 대통령령이 정하는 수 이상의 서명을 받아야 한다.[16] ④ 시장 · 군수 · 자치구의 구청장 및 지역구 지방의원에 대한 주민소환투표를 청구함에 있어서 당해 시장 · 군수 · 자치구의 구청장 및 당해 지역구지방의회의원 선거구 안의 읍 · 면 · 동 전체의 수가 3개 이상인 경우에는 3분의 1 이상의 읍 · 면 · 동에서 각각 주민소환투표청구권자 총수의 1만분의 5 이상 1천분의 10 이하의 범위 안에서 대통령령이 정하는 수 이상의 서명을 받아야 한다.[17](제7조)

그러나 1. 선출직 지방공직자의 임기개시일부터 1년이 경과하지 아니한 때, 2. 선출직 지방공직자의 임기만료일부터 1년 미만일 때, 3. 해당선출직 지방공직자에 대한 주민소환투표를 실시한 날부터 1년 이내인 때에는 주민소환투표의 실시를 청구할 수 없다(제8조).

주민소환투표의 절차는 ① 관할선거관리위원회가 주민소환투표청구가 적법하다고 인정하는 경우에는 지체 없이 그 요지를 공표하고, 소환청구인대표자 및 해당선출직 지방공직자에게 그 사실을 통지하여야 하며(제12조 제1항), 주민소환투표대상자에게 소명의 기회를 부여하여야 한다(제14조). ② 관할선거관리위원회는 주민소환투표대상자의 소명요지 또는 소명서 제출기간이 경과한 날부터 7일 이내에 주민소환투표일과 주민소환투표안(소환청구서 요지 포함)을 공고하여 주민소환투표를 발의하여야 한다(제12조 제2항). ③ 주민소환투표를 실시할 경우 관할선거관리위원회는 주민투표안의 내용, 투표 사항에 관한 의견과 그 이유, 투표절차 등에 관한 사항을 게재한 주민소환투표공보를 1회 이상 발행하여야 한다(제12조의2). ④ 주민소환투표일은 제12조 제2항의 규정에 의한 공고일부터 20일 이상 30일 이하의 범위 안에서 관할선거관리위원회가 정한다. 다만, 주민소환투표대상자가 자진사퇴, 피선거권 상실 또는 사망 등으로 궐위된 때에는 주민소환투표를 실시하지 아니한다. 또한 주민소환투표 공고일 이후 90일 이내에 주민투표법에 의한 주민투표, 공직선거법에 의한 선거 · 재선거 및 보궐선거(대통령 및 국회의원 선거 제외), 동일 또는 다른 선출직 지방공직자에 대한 주민소환투표가 있을 때에

16) 다만, 당해 지방자치단체 관할구역 안의 시 · 군 · 자치구 전체의 수가 2개인 경우에는 각각 주민소환투표청구권자 총수의 100분의 1 이상의 서명을 받아야 한다(제7조 제2항 단서).

17) 다만, 당해 시장 · 군수 · 자치구의 구청장 및 당해 지역구지방의회의원 선거구 안의 읍 · 면 · 동 전체의 수가 2개인 경우에는 각각 주민소환투표청구권자 총수의 100분의 1 이상의 서명을 받아야 한다(제7조 제3항 단서).

는 주민소환투표를 그에 병합하거나 동시에 실시할 수 있다(제13조).

주민소환투표의 효력은 ① 주민소환투표대상자는 관할선거관리위원회가 제12조 제2항의 규정에 의하여 주민소환투표안을 공고한 때부터 제22조 제3항의 규정에 의하여 주민소환투표결과를 공표할 때까지 그 권한행사가 정지된다(제21조 제1항).[18] ② 주민소환은 주민소환투표권자 총수의 3분의 1 이상의 투표와 유효투표 총수 과반수의 찬성으로 확정되며(제22조 제1항),[19] 주민소환이 확정된 때에는 주민소환투표대상자는 그 결과가 공표된 시점부터 그 직을 상실한다(제23조 제1항).[20] ③ 관할선거관리위원회는 개표가 끝난 후 지체 없이 그 결과를 공표하고, 소환청구인대표자, 주민소환투표대상자, 관계중앙행정기관의 장, 당해 지방자치단체의 장(또는 권한대행자) 및 당해 지방의회 의장(지방의회의원이 주민소환투표대상자인 경우에 한하며, 지방의회의 의장이 주민소환투표대상자인 경우에는 당해 지방의회의 부의장을 말한다)에게 통지하여야 한다(제22조 제3항). ④ 보궐선거 및 재투표에 관하여는 주민소환에 관한 법률이 규정한 사항을 제외하고는 지방자치단체의 장 및 지방의회의원에 관한 규정에 관한 공직선거법 제195조 내지 제201조를 준용한다(제25조 제2항).

주민소환투표의 효력을 다투는 방법으로 **주민소환투표쟁송**이 인정되고 있다. ① 주민소환투표의 효력에 관하여 이의가 있는 해당 주민소환투표대상자 또는 주민소환투표권자(주민소환투표권자 총수의 100분의 1 이상의 서명을 받아야 한다)는 주민소환투표결과가 공표된 날부터 14일 이내에 관할선거관리위원회 위원장을 피소청인으로 하여 지역구시·도의원, 지역구자치구·시·군의원 또는 시장·군수·자치구의 구청장을 대상으로 한 주민소환투표에 있어서는 특별시·광역시·도선거관리위원회에, 시·도지사를 대상으로 한 주민소환투표에 있어서는 중앙선거관리위원회에 **소청**할 수 있다(제24조 제1항). ② 소청에 대한 결정에 관하여 불복이 있는 소청인은 관할선거관리위원회 위원장을 피고로 하여 그 결정서를 받은 날(결정서를 받지 못한 때에는 공직선거법 제220조 제1항의 규정에 의한 결정기간이 종료된 날)부터 10일 이내에 지역구시·도의원, 지역구자치구·시·군의원 또는 시장·군수·자치구의 구청장을 대상으로 한 주민소환투표에 있어서는 그 선거구를 관할하는 고등법원에, 시·도지사를 대상으로 한 주민소환투표에 있어서는 대법원에 **소송**을 제기할 수 있다(제24조 제2항).[21]

---

18) 지방자치단체장이 소환투표의 대상인 경우 부단체장이 권한대행을 한다(제21조 제2항). 또한 권한행사가 정지된 지방의회의원은 그 정지기간 동안 공직선거법 제111조의 규정에 의한 의정활동보고를 할 수 없다. 다만, 인터넷에 의정활동보고서를 게재할 수는 있다(제21조 제3항).

19) 전체 주민소환투표자의 수가 주민소환투표권자 총수의 3분의 1에 미달하는 때에는 개표를 하지 아니한다(제22조 제2항). 2007년 12월 12일 주민소환투표가 하남시에서 전국 최초로 실시되었으나 투표율미달로 부결된 바 있다.

20) 주민소환투표에 의하여 그 직을 상실한 자는 그로 인하여 실시하는 해당보궐선거에 후보자로 등록할 수 없다(제23조 제2항).

21) 주민소환투표에 관한 소청 및 소송의 절차에 관하여는 공직선거법 제219조 내지 제229조의 규정 중 지방자치단체의 장 및 지방의회의원에 관한 규정을 준용한다(제24조 제3항).

Ⅱ. 지방자치단체의 구성과 정당참여의 불가피성

오늘날 국가 단위의 전국적인 정치의사형성과정에서는 정당의 의의와 기능에 대한 이의(異意)를 찾기 어렵지만, 지방자치단체 차원에서의 정당참여에 대해서는 많은 논란이 계속되고 있다.

그것은 정치적 의사형성이라는 공통점에도 불구하고 전국적인 규모로 행해질 경우와 지역 단위로 행해질 경우에 나타나는 각종 차이점을 무시할 수 없기 때문이다. 그리고 이러한 차이점은 곧 지역적 정치의사형성에 대한 정당참여가 과연 바람직한가라는 문제와도 직결되고 있는 것이다.[22)]

이 문제는 지방자치의 이념과 현실을 동시에 고려하는 가운데 해결되어야 한다. 현재 지방자치단체는 직접민주제적 사무처리를 전면적으로 수용할 수 없는 규모이기 때문에 결국 대표자를 선출하여 지역사무처리의 대부분을 맡기는 대의제적 기본구조를 갖추고 있다. 그 때문에 선거와 더불어 정당의 활동이 불가결해진 것이다.[23)]

그러나 정당의 참여를 허용하는 것은 정당의 활동 여하에 따라 자칫하면 지역적 문제를 자율적으로, 그리고 지역주민의 의사와 이익에 부합되도록 처리한다는 지방자치제도의 근본취지에 반하는 결과를 야기할 수도 있다. 이에 따라 정당참여 내지 정당활동을 인정한다 하더라도 그것을 어떠한 형태로, 그리고 어느 정도의 범위까지 허용할 것인지가 현실적으로 문제될 수밖에 없다.

Ⅲ. 지방자치(선거)와 정당참여

종래 지방자치에 대한 정당참여의 문제는 지방자치선거에 대한 전국규모 정당의 참여를 허용할 것인가의 문제를 중심으로 전개되었으며, 이와 관련하여 정당의 참여가 갖는 장 · 단점에 대한 많은 논의가 있었다.[24)]

지방자치(선거)에 전국규모의 정당이 참여함으로써 기대될 수 있는 **긍정적 효과**로는 ① 후보자의 정치적 성향과 과거의 경력 및 앞으로의 활동에 대한 예측이 비교적 수월해질 수 있다는 점에서 **지방자치단체 선거에 있어서 지역주민들의 선택이 용이해진다**는 점, ② 중앙당과 시 · 도당의 유기적인 연계를 통하여 **국가와 지방자치단체, 국가사무와 지역사무의 유기적 연계**에 기여할 수 있다는 점, ③ 전국규모 정당의 참여는 **국민의사의 통일적 형성**에 기여할 수 있다는 점, ④ **정당을 통한 정치적 지도**

---

22) 이에 관하여는 앞의 「제2장 제5절 Ⅳ. 3. 지방자치단체선거에 대한 정당참여의 문제」 참조.

23) 또한 지역문제해결에 대한 주민참여 및 이를 통한 민주주의의 실현, 그리고 지역문제해결에 있어서의 능률성 확보 등 지방자치의 기능을 최대한 살려내기 위해서는 지방정치의 활성화가 필요하다. 이를 위해서는 지역주민의 의사를 지역사무의 공식적 담당자들에게 전달함으로써 지역문제에 대한 지역주민들의 관심과 적극적인 참여가 가능하도록 하는 매개체, 즉 정당조직이 필수적이다.

24) 지방자치에 대한 지방정당(Rathauspartei)의 참여 가능성에 대해서는 장영수, 지방자치와 정당, 정당과 헌법질서(심천 계희열박사 화갑기념논문집), 1995, 327-360쪽 참조.

자의 발굴 · 양성에 효과적일 수 있다는 점 등을 들 수 있다.

반면에 전국규모의 정당이 지방자치(선거)에 참여함으로써 야기될 수 있는 **부정적 효과**로는 ① 당내민주주의가 제대로 되지 않은 중앙집권적 정당의 경우 지역적 이해관계가 간과되고 결국 **시·도당이 중앙당에 예속됨으로 인하여 지방이 중앙에 종속**되는 결과를 가져올 수 있다는 점, ② **중앙정치에 있어서의 여·야당간의 갈등 내지 정쟁을 지방자치단체에까지 확산**시킬 수 있다는 점 등이 있다.

정당의 지방자치참여가 가져올 수 있는 긍정적 또는 부정적 효과는 결국 현재의 전국규모 정당들이 얼마나 민주적인 조직을 갖추고 있으며, 또 민주적인 내부적 의사결정과정을 통하여 활동하고 있는가에 달려 있다. 특히 당내민주주의를 통해 시·도당과 중앙당의 유기적인 관계가 잘 정리되어 있을 때 비로소 정당참여의 긍정적 효과를 기대할 수 있는 것이다.[25)]

제 4 절 중앙정부와 지방자치단체의 기본관계

Ⅰ. 지방자치의 본질에 비추어 본 양자의 기본관계

1. 지방자치의 본질에 대한 이해: 주민자치와 단체자치

「지방」자치라는 용어는 개념적으로 국가와 지방의 구별을 전제로 한다. 그러나 근대적 지방「자치」가 인정되기 위해서는 단순한 국가와 지방의 개념적 구별이 아니라 중앙집권적 국가권력이 점차 약화되고 분권화되는 정치적 발전이 전제되어야 한다. 즉, 절대적 권력집중에서 권력의 분립으로, 그리고 권력의 중앙집권에서 지방분권으로의 정치적 발전의 결과가 근대적 지방자치의 이념적 기초가 되는 것이다.

따라서 지방자치는 한편으로는 근대적 민주주의의 발달과, 다른 한편으로는 중앙정부와 지역단체의 구분이라는 정치적 현실과 불가분의 관계 속에 있다. 비록 지방자치의 근원으로 영국에서 발전된 **주민자치**와 대륙, 특히 독일에서 발전된 **단체자치**의 두 가지 전통이 제각기 형성·발전되어 왔으나 적어도 오늘날의 지방자치는 양자의 결합을 통해 구체화되고 있다는 것이 널리 인정되고 있다.

따라서 지방자치에 있어서는 한편으로는 지역문제에 관하여 주민이 자율적으로 정치적 의사를 형성한다는 점이, 다른 한편으로는 일정한 지역을 기초로 한 지방자치단체가 독립된 인격과 자치권을 통하여 자주적으로 단체의 의사를 결정하고 그 사무를 처리

25) 그러나 이러한 측면에서 현재 우리나라의 전국규모 정당들이 충분히 민주화되어 있다고 볼 수 없다는 점이 문제된다. 더구나 당헌·당규상의 여러 비민주적인 요소를 떠나서도 구체적으로 중앙당이 지구당(현재의 시·도당)의 정치활동에 크게 관여·간섭하는 예가 드물지 않았으며, 지구당(현재의 시·도당)에 대한 선거지원은 물론 지난 1991년부터 현재까지 운영되고 있는 지방의회의 활동에 대해서도 중앙당의 입김이 작용하고 있다는 지적이 적지 않았다.

한다는 점이 본질적 요소로서 인정되는 것이다. 결국 중앙정부와 지방자치단체는 민주주의에 기초하여 국민의 자유로운 삶의 실현에 기여한다는 공통의 목적을 갖고 있으나 구체적으로 그 목적을 달성하는 데 기여하는 방식은 각기 다른 것이다.

2. 중앙정부와 지방자치단체의 관계설정의 모델들

중앙정부와 지방자치단체의 목적의 공통성 내지 그로부터 나오는 상호협력 · 공화관계, 그리고 양자의 목적달성방식의 차이에서 나오는 상호독립성과 견제가 구체적으로 어떠한 모습으로 엮어져야 하는가에 대하여는 아직도 많은 논의가 진행중이며, 그러한 논의는 국가와 지방자치단체의 관계설정에 관한 여러 가지의 모델로 정리되고 있다.

예컨대 **상호독립형 모델**은 중앙정부와 지방자치단체가 상호대등한 위치에서 각자의 역할을 분담하고 있는 것으로 이해하며, **국가우위형 모델**은 지방자치단체가 중앙정부의 감독 하에서 제한된 업무만을 담당하는 것으로 파악한다. 그리고 **상호의존형 모델**은 중앙정부와 지방자치단체가 경쟁적 또는 종속적인 관계에 있는 것이 아니라 상호견제 내지 통제의 수단을 갖고 있으며, 권력의 분산과 더불어 업무수행상의 상호의존성이 양자의 관계의 본질을 형성하고 있다고 본다.

3. 양자의 관계설정에 대한 모델들의 의의와 한계

이러한 여러 모델은 중앙정부와 지방자치단체의 관계를 어느 하나의 측면에서 설명하려고 시도하는 것이기 때문에 현실적인 양자의 관계를 전체적으로 설명하는 데 부족함이 많다. 그러나 중앙정부와 지방자치단체의 관계를 지방자치의 현대적 기능에 비추어서 새롭게 정립하는 데 참고가 될 수는 있을 것이다.

상호독립형 모델은 지방자치가 중앙정부의 영향을 벗어나 지역사무의 자율적 처리에 초점을 맞추고 있음을 보여주고, 국가우위형 모델은 위임사무를 통한 행정능률의 확보를 설명하기에 적합하지만 이를 극단화시키면 자치의 본질에 반하게 된다. 그리고 상호의존형 모델은 자치의 본질을 침해하지 않으면서 국가와 지방자치단체의 업무분담을 통한 행정능률의 확보를 설명하기에 적합하다.

그러나 이러한 모델만으로 구체적인 중앙정부와 지방자치단체의 관계를 확인할 수는 없으며, 양자의 관계에 관한 구체적인 모습은 오히려 중앙정부와 지방의회, 그리고 중앙정부와 지방자치단체장의 관계에 대한 개별적 검토를 통하여 확인될 수 있다.

Ⅱ. 중앙정부와 지방의회의 관계

「지방」자치는 국가의 존재를 전제로 한다. 즉 국가의 울타리 안에서 지방자치단체가 그 지역의 사무를 자율적으로 처리하는 것이다. 따라서 지방자치는 국가법질서의 테두리 내에서 인정되는 것이 원칙이며, 지방의회의 권한행사를 포함한 지방자치단체의 자율권은 국가법질서를 파괴하는 것이 되어서는 안 된다. 이런 맥락에서 지방의회의 구성 및 활동과 관련하여 중앙정부가 지방의회의 권한을 여러 가지로 제약하며, 각종 통제를 가하기도 한다. 또한 때로는 중앙정부와 지방의회의 권한이 경합되는 경우도 있다.

1. 국회와 지방의회의 관계

지방의회의 구성 및 권한행사와 관련하여 중앙정부가 영향을 미치는 것으로는 일차적으로 **국회의 입법기능을 통한 관여**를 들 수 있다.

국회는 "지방의회의 조직 · 권한 · 의원선거 … 에 관한 사항은 법률로 정한다"는 헌법 제118조 제2항의 규정에 따라 지방자치법을 비롯한 지방자치에 관련된 각종 법률을 제정하고 개정함으로써 지방의회의 권한범위를 획정 · 한정하며, 그에 대한 각종 통제장치를 마련하고 있다.

이에 따라 지방자치법 제37조 및 제47조 이하의 규정에 의해 지방의회의 조직과 권한에 관한 사항이 정해지고 있으며, 지방자치법 제32조에 의해 조례제정의 절차가 규율되고 있을 뿐만 아니라, 동법 제192조에 의해 지방의회 의결의 재의요구 등이 인정되고 있다.

2. 정부와 지방의회의 관계

지방자치에 대한 **행정적 관여**는 주로 지방자치단체장의 활동에 대한 것이기 때문에 지방의회의 활동에 대한 관여는 상대적으로 많지 않다.

정부는 지방의회에 의한 집행활동에 대하여 조언, 권고 또는 지도를 할 수 있으며, 필요하다고 인정될 경우 재정지원 또는 기술지원을 할 수 있다(지방자치법 제184조). 또한 지방의회의 의결이 법령에 위반되거나 공익을 현저히 해한다고 판단되면 광역자치단체에 대하여는 주무부장관이, 기초자치단체에 대하여는 광역자치단체장이 재의(再議)를 요구할 수 있도록 하며, 지방의회에서 재의결된 경우에도 대법원에 제소할 수 있고, 필요에 따라 집행정지결정을 신청할 수 있도록 함으로써 지방의회의 권한에 대한 통제에 관여하고 있다(지방자치법 제192조).

3. 사법부(법원, 헌법재판소)와 지방의회의 관계

지방의회의 권한과 활동에 대한 **사법적 통제**로는 지방자치법 제120조 또는 제192조의 재의결에 대한 불복소송이 제기될 경우 인정되는 대법원의 재판이 있으며, 그 밖에 조례의 위헌 · 위법성이 문제될 경우에는 위헌 · 위법한 조례에 의한 처분을 대상으로 하는 행정소송에 의한 통제가(행정소송법 제4조), 그리고 별도의 집행행위 없이 조례 자체에 의한 권리 침해가 발생된 경우에는 헌법소원에 의한 통제가 인정될 수 있다(헌법재판소법 제68조 제1항).

Ⅲ. 중앙정부와 지방자치단체장의 관계

지방의회와 지방자치단체장 가운데서 지방「자치」를 위하여 더 본질적인 요소는 지방의회이다. 지방의회의 구성과 활동이야말로 지방「자치」의 핵심인 것이다. 따라서 지방자치단체장이 중앙정부에 의해 임명되는 (이른바 반쪽짜리) 지방자치형태는 가능해도 지방의회의 구성이 없는 지방자치는 가능하지 않다. 그런 만큼 지방자치단체에 대한 중앙정부의 관여는 지방의회보다는 주로 지방자치단체장에 집중되고 있다.

1. 국회와 지방자치단체장의 관계

지방자치단체장에 대한 **국회의 관여**는 역시 일차적으로 입법작용을 통하여 지방자치단체장의 권한범위를 정하고 이에 대한 각종의 통제장치를 마련하는 것으로 나타난다. 지방자치법 제106조 이하의 규정에서는 지방자치단체장의 지위와 권한 등을 정하고, 동법 제29조에서는 규칙제정권을, 동법 제184조 이하에서는 지방자치단체의 사무에 대한 국가의 지도·감독을 규정하고 있다. 그 밖에도 국회는 위임사무에 대하여 국정감사 및 국정조사를 통해 직접 통제하는 것이 가능하다(국정감사 및 조사에 관한 법률 제7조 제2호, 제4호). 다만 국회가 직접 감사하지 않고 지방의회로 하여금 감사하도록 할 수 있다(지방자치법 제49조 제3항).

2. 정부와 지방자치단체장의 관계

지방자치에 대한, 특히 지방자치단체장을 통한 지방자치활동에 대한 국가적 관여의 대부분은 **행정적 관여**로 나타난다. 다양한 형태로 이루어지는 행정적 관여는 크게 9가지 정도로 나뉘어진다.

① **보고와 자료제출**: 지방자치단체장에게 일정한 보고의무가 인정되고 있는 경우로는 조례와 규칙의 제정과 개폐(지방자치법 제35조), 예산의 의결(지방자치법 제149조 제2항), 결산승인(지방자치법 제150조 제2항), 사무위탁(지방자치법 제168조 제1항), 행정협의회의 구성(지방자치법 제169조 제1항) 등이 있으며, 그 밖에 지방자치법 제184조 제1항에 따라 자료제출의 요구가 인정되고 있다.

② **지도 및 지원**: 지방자치법 제184조에 의하여 중앙정부는 지방자치단체의 사무에 대하여 지도 및 조언, 권고를 할 수 있으며, 필요하다고 인정할 경우 재정지원 또는 기술지원을 할 수 있다.

③ **승인, 허가, 인가 등**: 예컨대 읍·면·동의 명칭변경이나 구역의 폐치·분합(지방자치법 제5조 제3항), 지방자치단체조합의 설립(지방자치법 제176조 제1항)의 경우처럼 지방자치단체의 주요사무를 처리함에 있어서 중앙정부의 승인, 허가 또는 인가 등이 요구되는 경우도 있다.

④ **인사에 대한 관여**: 부단체장의 인사에 대한 대통령의 임명권(지방자치법 제123조 제3항), 지방공무원의 정원에 대한 대통령령의 규율(지방자치법 제125조 제2항)을

통하여 인사에 대한 관여도 인정되고 있다.

⑤ **재정에 대한 지도·감독**: 중앙정부는 지방교부세, 국고보조금, 지방채관리(지방재정법 제11조) 등을 통하여 지방재정의 운영에 대한 지도·감독을 할 수 있으며, 중기지방재정계획의 수립 및 보고·협의(지방재정법 제33조), 지방자치단체에 대한 회계감사(지방자치법 제190조)도 인정된다.

⑥ **감사**: 행정안전부장관에 의한 지방자치단체의 사무에 대한 감사(지방자치법 제190조), 감사원에 의한 감사(감사원법 제22조 제1항 제2호)와 위임사무의 처리와 관련한 주무부장관의 지도·감독(지방자치법 제185조 제1항) 등이 인정된다.[26)]

⑦ **위법·부당한 명령·처분의 시정**: 지방자치단체장의 명령이나 처분이 법령에 위반되거나 현저히 부당하여 공익을 해친다고 인정되면 주무부장관이 시정을 명령하고, 그 기간 내에 시정되지 않을 때에는 이를 취소·정지할 수 있다(지방자치법 제188조).

⑧ **직무이행명령**: 지방자치단체장이 위임사무의 관리 및 집행을 명백히 게을리하고 있다고 인정되면 주무부장관이 기간을 정하여 서면으로 그 이행할 사항을 명령할 수 있으며, 기간 내에 이를 이행하지 않을 경우에는 대집행 또는 행정·재정상 필요한 조치를 취할 수 있다(지방자치법 제189조).

⑨ **지방자치단체상호간의 분쟁에 대한 조정**: 지방자치단체 상호간에 분쟁이 있는 때에는 협의해결이 원칙이지만, 협의해결이 쉽게 이루어지지 않을 경우 당사자의 신청에 따라 중앙정부가 이를 조정할 수 있다(지방자치법 제164조-제167조).

3. 사법부와 지방자치단체장의 관계

지방자치단체장의 권한과 활동에 대한 **사법적 통제**는 중앙정부의 행정적 관여와

---

26) **헌재 2009.5.28. 2006헌라6**: "지방자치제 실시를 유보하던 개정전 헌법 부칙 제10조를 삭제한 현행 헌법 및 이에 따라 자치사무에 관한 감사규정은 존치하되 '위법성 감사'라는 단서를 추가하여 자치사무에 대한 감사를 축소한 구 지방자치법 제158조 신설경위, 자치사무에 관한 한 중앙행정기관과 지방자치단체의 관계가 상하의 감독관계에서 상호보완적 지도·지원의 관계로 변화된 지방자치법의 취지, 중앙행정기관의 감독권 발동은 지방자치단체의 구체적 법위반을 전제로 하여 작동되도록 제한되어 있는 점, 그리고 국가감독권 행사로서 지방자치단체의 자치사무에 대한 감사원의 사전적·포괄적 합목적성 감사가 인정되므로 국가의 중복감사의 필요성이 없는 점 등을 종합하여 보면, 중앙행정기관의 지방자치단체의 자치사무에 대한 구 지방자치법 제158조 단서 규정의 감사권은 사전적·일반적인 포괄감사권이 아니라 그 대상과 범위가 한정적인 제한된 감사권이라 해석함이 마땅하다.

중앙행정기관이 구 지방자치법 제158조 단서 규정상의 감사에 착수하기 위해서는 자치사무에 관하여 특정한 법령위반행위가 확인되었거나 위법행위가 있었으리라는 합리적 의심이 가능한 경우이어야 하고, 또한 그 감사대상을 특정해야 한다.

따라서 전반기 또는 후반기 감사와 같은 포괄적·사전적 일반감사나 위법사항을 특정하지 않고 개시하는 감사 또는 법령위반사항을 적발하기 위한 감사는 모두 허용될 수 없다.

행정안전부장관 등이 감사실시를 통보한 사무는 서울특별시의 거의 모든 자치사무를 감사대상으로 하고 있어 사실상 피감사대상이 특정되지 아니하였고 행정안전부장관 등은 합동감사 실시계획을 통보하면서 구체적으로 어떠한 자치사무가 어떤 법령에 위반되는지 여부를 밝히지 아니하였는바, 그렇다면 행정안전부장관 등의 합동감사는 구 지방자치법 제158조 단서 규정상의 감사개시요건을 전혀 충족하지 못하였다 할 것이므로 헌법 및 지방자치법에 의하여 부여된 서울특별시의 지방자치권을 침해한 것이다."

관련된 제소의 형태로 많이 나타난다. 예컨대 위법 · 부당한 명령 · 처분에 대한 중앙정부 또는 상급자치단체의 시정에 대한 대법원의 재판(지방자치법 제188조 제6항), 그리고 직무이행명령에 대한 대법원의 재판(지방자치법 제189조 제6항) 등이 그러하다. 그밖에 지방자치단체의 각종 명령이나 처분에 대한 소송(예컨대 사용료의 부과 · 징수에 관한 지방자치법 제157조 제4항)을 통하여 통제하게 된다.

제 5 절 지방의회와 지방자치단체장간의 올바른 관계정립

Ⅰ. 지방자치의 유형에 따른 양자의 기본관계

지방자치의 유형을 분류하는 방법은 매우 다양하며, 여러 기준에 따라 지방자치를 분류할 때, 지방자치의 유형은 수백 가지에 달한다고 한다. 그 중 지방자치의 유형을 분류하는 가장 대표적인 방법은 기관구성의 방식, 즉 지방의회와 지방자치단체장의 관계가 어떻게 설정되느냐에 따른 것이고, 이런 분류방법에 따라 기관통합형과 기관대립형 그리고 절충형의 지방자치가 서로 구별된다.

기관통합형은 지방자치단체의 정책결정기능과 정책집행기능을 지방의회 하나에 모두 귀속시키는 형태로서 지방자치를 주민의 의사에 따라 보다 공정하고 신중하게 운영할 수 있다는 점이 장점으로 인정될 수 있으나 전문성의 결여가 문제되기도 하며, 지방행정을 총괄할 책임자가 없음으로 인하여 행정의 전체적 통일성의 확보가 문제로 지적되기도 한다.

기관대립형은 지방자치단체의 정책결정기능을 담당하는 지방의회와 정책집행기능을 담당하는 지방자치단체의 장을 각기 분리 · 독립시킴으로써 견제와 균형의 원리에 입각한 지방자치를 실현하는 형태로서, 지방자치단체장을 주민이 직접 선출하는 경우와 중앙정부가 임명하는 경우가 있다. **직선제**의 경우에는 지방자치에 대한 주민통제의 효과가 커지며 지방자치단체장이 지역주민의 직접선출에 의한 강력한 정당성을 기초로 지방의회와 대등한 지위를 확보하고 실질적인 활동이 가능하다는 장점이 있는 반면, **임명제**의 경우에는 중앙정부와의 유기적 연계에 기초하여 행정능률을 높일 수 있는 효과가 있다. 그러나 임명제의 경우는 그 민주적 정당성의 기초가 약하다는 근본적 문제점이 있고, 직선제의 경우에는 선거를 의식한 파행적 행정, 또는 지방의회와의 갈등으로 인한 행정능률의 저하 등이 문제되기도 한다.

절충형은 지방자치단체의 정책결정기관과 정책집행기관을 분립시킨다는 점에서 기관대립형의 요소를 갖고 있으나 양자를 서로 대립시키지는 않는다는 점에서 기관통합형의 요소를 갖고 있어서 기관대립형과 기관통합형의 절충형이라고 일컬어지는 것이다. 이는 정책집행기관을 지방의회로부터 분리시키는 점에서 기관통합형과 구별되며, 정책집행기관의 구성이 지방자치단체장 개인을 중심으로 이루어지는 것(이른바 수장제)이 아니라 합의제로 된다는 점에서 기관대립형과 구별된다. 이러한 절충형은 운영 여하에 따라서 기관대립형과 기관통합형의 장점을 최대한 살릴 수 있는 반면에, 자칫하면 행정책임의 소재 불명확이나 전문성의 결여 등이 나타날 수 있는 문제점을 안고 있다.

Ⅱ. 현행법상 지방의회와 지방자치단체장의 관계

현행법상의 지방자치를 앞서 설명한 모델에 따라 분류하면 기관대립형에 속한다고 볼 수 있을 것이다. 지방의회와 지방자치단체장이 각기 지역주민의 직선에 의하여 선출되고 양자가 지방자치법에 따라 일정한 권한을 부여받은 가운데 각기 상호통제 및 견제의 기능을 함으로써 중앙정부의 권력분립체계에 유사한 지방자치단체 내의 권력분립을 이루고 있는 것이다.

1. 지방의회와 지방자치단체장의 권한분배

지방의회와 지방자치단체장의 관계에서 가장 먼저 눈에 띄는 것은 각기 그 **활동영역과 권한사항을 분점**하고 있다는 것이다.

지방의회는 조례의 제정 · 개정 및 폐지, 예산의 심의 · 확정, 결산의 승인, 법령에 규정된 것을 제외한 사용료 · 수수료 · 분담금 · 지방세 또는 가입금의 부과와 징수, 기금의 설치 · 운용, 대통령령으로 정하는 중요재산의 취득 · 처분 및 공공시설의 설치 · 처분, 법령과 조례에 규정된 것을 제외한 예산외 의무부담이나 권리의 포기 등에 관한 의결권을 가지며, 기타 법령이나 조례에 의하여 지방의회의 권한으로 인정된 사항에 관한 의결을 할 수 있다(지방자치법 제47조).

반면에 지방자치단체의 장은 법령과 조례의 범위 내에서 자치규칙을 제정할 수 있으며(지방자치법 제29조), 지방자치단체의 사무와 법령에 의하여 지방자치단체장에게 위임된 사무를 관리하고 집행한다(지방자치법 제116조).

2. 지방의회와 지방자치단체장의 상호통제

이와 같이 지방의회와 지방자치단체장은 각기 의결권과 집행권을 나누어 담당하고 있으나 **상호통제의 권한과 기능**도 아울러 보유하고 있다.

지방의회가 지방자치단체장에 대하여 행사할 수 있는 통제권한으로는 조례제정 및 예산 · 결산의 의결과 승인 등 앞서 설명된 권한을 통한 간접적인 통제 이외에 지방자치단체의 사무에 대한 감사 · 조사권이 인정되고 있으며(지방자치법 제49조), 그 밖에 지방자치단체의 장 또는 관계공무원을 지방의회나 그 위원회에 출석시켜서 답변을 요구할 권한이 인정되고 있다(지방자치법 제51조 제2항).

반면에 지방자치단체장은 조례제정에 대한 재의요구권(지방자치법 제32조 제3항), 지방의회의 의결에 대한 재의요구권 및 재의결에 대한 제소권(지방자치법 제120조, 제

192조), 예산상 집행이 불가능한 의결의 재의요구권(지방자치법 제121조) 등을 보유하고 있다.

3. 양자의 관계의 문제점과 발전방향

이러한 현행법상 지방의회와 지방자치단체의 관계를 살펴보면 행정조사권, 증인의 출석요구권, 증언청취권, 자료요청권 등을 보유하고 있는 미국의 예, 또는 사무관리와 집행에 대한 출납검사, 조사권, 불신임권 등을 보유하고 있는 일본의 예에 비하여 한국의 지방의회가 지방자치단체장에 대하여 보유하고 있는 통제권한은 상대적으로 약한 편이라 할 수 있다.[27)]

반면에 지방자치단체장의 지방의회에 대한 통제권한은 의회해산권까지 보유하고 있는 일본에 비하면 약한 편이지만, 조례안 및 예산안에 대한 거부권을 보유하는 미국의 경우에 비하면 강력한 편이다. 특히 지방자치단체장을 주민이 직접 선출하게 됨에 따라 그 민주적 정당성과 권위가 강화되면서 -한편으로는 지방자치단체가 중앙정부에 대한 독자성을 강화하게 되었다는 긍정적 측면이 나타나고 있지만- **지방의회와 지방자치단체장간의 갈등**이 보다 노골화되는 경우도 적지 않다. 그러나 현행법상으로는 이러한 갈등을 조정하는 제도적 장치가 매우 불충분하기 때문에 이에 대한 대책이 마련되어야 할 것이다.

Ⅲ. 양자의 올바른 관계정립을 위한 방향과 조건들

지방의회와 지방자치단체장은 지방자치를 이끌어 가는 두 개의 중심축이다. 그러므로 지역주민의 의사를 최대한 반영하는 가운데 합리적이고 능률적인 지역사무의 처리를 위해서는 지방의회와 지방자치단체장이 각자의 역할을 충실히 수행하는 것이 필수적이다.

그럼에도 불구하고 현실적으로 지방의회와 지방자치단체장이 불필요한 갈등으로 시간과 노력을 소모하는 예가 적지 않았고, 경우에 따라서는 지방의회와 지방자치단체장의 담합으로 주민의 의사와 이익을 도외시하는 엉뚱한 사례도 없지 않았다. 이런 상황에서 우리에게 시급한 것은 지방의회와 지방자치단체장의 관계를 올바르게 정립하기 위한 방향설정과 그 구체적 실현조건에 대한 검토일 것이다.[28)]

---

27) 그러나 현행법상 지방자치단체의 기관 상호간의 권한쟁의심판은 허용되지 않는다. 이에 관하여는 **헌재 2010.4.29. 2009헌라11 결정** 참조.

28) 지방의회와 지방자치단체장간의 관계정립에 관하여는 그 동안 많은 논의가 있어 왔다. 예컨대 지방의회와 지방자치단체장의 업무범위를 좀 더 명확하게 규율하여야 하고, 이를 위하여 각종 법령을 정비할 필요가 있으며, 나아가 중앙정부 및 상급기관의 간섭이 완화되고 지방의회의원들과 지방행정부공무원들의 행태가 변화되어야 한다는 원론적 지적도 있다. 또한 현행의 기관대립형제도를 재검토하고 기관통합형제도를 일부 도입하자는 논의, 지방의회와 지방자치단체장의 업무를 조정하기 위한 협의체제를 구성하자는 논의, 부단체장의 지위와 권한을 조정해서 양자를 중계할 수 있도록 하자는 의견 등도 나오고 있으며, 그 밖에 지방선거에 대한 정당참여를 배제 또는 제한해야 한다는 주장도 있다.

그러나 보다 중요한 것은 지방자치의 실질적 주체인 **지역주민의 지방자치에 대한 적극적인 관심과 노력**, 그리고 그것을 **지방의회 및 지방자치단체장의 활동에 반영시킬 수 있는 통로**를 제도적으로 확보하는 것이다. 지방자치에서부터 민주주의가 제대로 실현되고 지역주민의 민주적 의사가 지방의회나 지방자치단체장의 활동을 철저히 감시·통제하여 투명한 지방자치가 실현될 수 있을 때, 지방의회와 지방자치단체장의 갈등도 정상적인 범위를 벗어나지 않게 될 것이기 때문이다.

제6절 지방의회의 조례제정권의 의의, 범위 및 한계

Ⅰ. 지방의회의 법적 지위와 조례제정권의 근거

지방자치의 본질은 **지역주민의 참여**를 통하여 지역사무를 자율적으로 처리하는 데 있다. 그러나 현실적 조건으로 인하여 지역주민의 직접적 참여를 통하여 지역사무를 자율적으로 처리하기에는 어려움이 많기 때문에 국가의 경우뿐만 아니라 지방자치의 경우에도 **대표자를 통한 간접적 참여**를 통해 지방자치가 실현될 수밖에 없는 것이 오늘의 현실이다.[29]

지방의회는 지역주민의 일차적 대표기관이며, **지방자치단체의 입법기관**으로서의 역할을 담당한다. 앞서 살펴본 바와 같이 지방의회는 그 밖에도 중요지방사무에 대한 의결기관으로서, 그리고 지방자치단체장의 지역사무처리에 관한 통제기관으로서도 중요한 의의를 갖는다. 그러나 지방의회의 가장 중심적인 기능은 역시 입법기능이며, 지방의회에 의해 제정되는 자치규범, 즉 조례는 지방자치에서 매우 중요한 의의를 갖는다.[30] 중앙정부에 있어서 국회가 그러하듯이 지방자치단체에서는 지방의회가 –이른바 집단적 대표로서 지역주민과 보다 밀접한 위치에서 지역주민의 의사를 잘 반영할 수 있다는 것 때문에– 일차적 대표기관성을 갖고 있으며, 지역주민의 의사를 수렴하여 지방자치단체의 중심적 자치규범인 조례를 제정할 권한을 부여받고 있는 것이다.

이러한 맥락에서 지방자치단체의 자치입법권이 지방자치의 핵심적 요소의 하나로서 헌법 제117조 제1항에서 명문으로 인정되고 있으며, 이를 구체화한 지방자치법 제28조 이하와 동법 제47조 제1항 제1호에 의하여 지방의회의 조례제정권이 인정되고 있다.

---

29) 따라서 지방자치의 실현은 곧 지역주민의 대의기관인 지방의회의 구성을 필수적 요소로 한다. 지방자치단체의 장은 직선제 이외에 간선제 또는 임명제도 가능하지만, 적어도 지방의회는 지역주민에 의해 직접 선출된 의원들로 구성되어야 지방자치의 실시를 이야기할 수 있는 것이다. 그렇기 때문에 헌법 제118조 제1항에서도 "지방자치단체에 의회를 둔다"는 명문규정을 두고 있다.

30) 지방자치단체가 –단순히 중앙정부에 의해 결정된 것을 지방에서 수행하는 하급행정기관이 아닌– 독자적인 결정에 따라 지역사무를 처리하고 이를 통하여 지역의 독자적 발전으로 성공할 수 있기 위해서는 지역사무의 자율적 처리를 위한 (지역적으로만 통용되는) 일반적·추상적 법규범의 정립이 필수적이며, 이러한 맥락에서 인정된 자치입법권의 핵심부분이 지방의회의 조례제정권이다.

Ⅱ. 조례제정권의 범위와 한계

지방자치단체는 국가 또는 상급지방자치단체에 의하여 구체적 · 개별적으로 위임된 사무뿐만 아니라 그 지역의 사무(고유사무)에 대한 포괄적인 자치권한을 갖는다. 이런 맥락에서 볼 때 지방의회는 지역사무의 처리를 위하여 필요한 범위 안에서 자치입법으로서의 조례를 자율적으로 (즉 법령의 구체적 위임 없이) 제정할 수 있어야 한다. 그러나 다른 한편으로 지방자치는 어디까지나 국가의 울타리 안에서, 즉 국가법질서의 테두리 내에서 인정된다는 점을 생각하면 국가법질서의 통일성을 깨뜨리는 조례에 대하여는 일정한 한계를 그어야 할 필요도 인정될 수 있다.

지방자치법 제28조 제1항은 "**법령의 범위에서**" 조례를 제정할 수 있다고 규정함으로써 이 문제에 대한 일차적 기준을 제시하고 있다. 그러나 여기서 말하는 「법령의 범위」를 어떻게 해석할 것인가의 문제를 놓고 견해의 대립이 여전히 심각한 상태이며, 특히 지방자치법 제28조 제1항 단서의 "주민의 권리 제한 또는 의무 부과에 관한 사항이나 벌칙을 정할 때에는 법률의 위임이 있어야 한다"는 규정에 대하여는 더욱 많은 논란이 야기되고 있다.

1. 법률유보의 일반적 요청과 조례의 제정

지방자치법 제28조 제1항 본문에서 요구하는 「법령의 범위」가 법령의 명시적 수권이 있을 경우에만, 그리고 그 범위 내에서만 조례제정이 가능하다는 의미인가 아니면 법령에 명시적으로 반하지 않는 범위 내에서는 개별적 수권 없이도 조례의 제정이 가능하다는 의미인가에 관한 해석상의 논의는 결국 조례의 제정과 관련하여 법률유보의 원칙이 어떻게 적용될 것인가의 문제로 이해될 수 있다.

오늘날 법치주의에 따라 일반적으로 인정되고 있는 법률유보의 원칙은 집행권의 행사를 위하여는 입법부가 제정한 **법률의 근거**가 있어야 한다는 것이다. 이 때 법률의 근거가 요구되는 집행작용의 범위에 관하여는 아직 학설상 논란이 있으나 이러한 법률유보의 요청이 권력분립의 관점에서, 그리고 집행작용의 민주적 통제를 통한 기본권의 보장을 위하여 필요하다는 점에 대하여는 이견이 없다.

지방자치단체의 조례에 대하여도 이러한 법치주의와 법률유보의 원칙이 배제될 수는 없다. 그러나 그것이 곧 모든 조례의 제정은 법률의 근거를 필요로 한다는 의미로 해석되어서는 안 될 것이다. 조례제정권의 법적 근거가 이미 헌법 제117조 제1항에 있음을 생각할 때, 조례의 제정은 역시 -지방자치의 본질에 부합되게- 법령에 의한 개별적 수권이 없는 경우에도 자치사무에 관하여 포괄적으로 인정될 수 있다고 해석하는 것이 합리적이라고 생각된다.[31)]

---

31) 같은 맥락에서 대법원은 청주시의 정보공개조례에 대하여 "… 이사건 정보공개조례안은 … 행정에 대한 주민의 알 권리의 실현을 그 근본내용으로 하면서도 이로 인한 개인의 권익 침해가능성을 배제하고 있으므로 이를 들어 주민의 권리를 제한하거나 의무를 부과하는 조례라고는 단정할 수 없고 따라

2. 법률우위의 원칙과 조례제정권의 범위

이와 같이 법령에 명시적으로 반하지 않는 범위 내에서는 개별적 수권 없이도 조례의 제정이 가능하다는 입장에서 지방자치법 제28조 제1항의 **법령의 범위**를 해석한다고 하더라도 이때 법령에의 위반을 또 어떻게 볼 것인가에 관하여 많은 논의가 있다.

법령의 범위를 엄격하게 해석하여 -이른바 국가법령의 선점론에 따라- 일단 법령에 의하여 기준이 정해져 있을 경우에는 조례로써 이보다 더 높은 기준을 취하는 경우나 더 낮은 기준을 취하는 경우를 가리지 않고 모두 법령에 위반되는 것으로 보는 견해가 있는가 하면, 법령의 범위에 대한 해석을 완화하여 일정한 경우 국가에 의한 통일적 기준보다 -그 지방자치단체의 상황을 고려하여- 좀 더 높은 기준을 채택하는 것도 가능하다고 보는 견해도 제시되고 있다.[32)]

이에 관하여 과거에는 조례제정권의 한계를 벗어나는 것으로 보는 견해가 다수였으나 최근에는 허용가능성을 긍정하는 견해가 유력하게 대두되고 있으며, 이와 관련하여 **법령에 의하여 규제의 한도가 정해진 경우**와 **법령이 단지 최저기준만을 정한 경우**를 나누어 각기 다르게 처리하는 것이 합리적이라는 주장이 설득력을 얻고 있다.

3. 기본권의 제한과 조례

지방자치법 제28조 제1항 단서는 "주민의 권리제한 또는 의무부과에 관한 사항이나 벌칙을 정할 때에는 법률의 위임이 있어야 한다"고 규정하고 있다. 즉 기본권의 제한이 될 수 있는 사항에 대하여는 법률의 명시적 위임이 필요함을 확인하고 있는 것이다. 이러한 요청은 기본권제한이 법률에 의하여 또는 법률에 근거해서만 가능함(헌법 제37조 제2항)을 생각하면 당연한 것으로 받아들일 수 있다.

그러나 지방자치의 현실적 문제와 관련시켜서 생각하면 이 문제도 그렇게 간단하지는 않다. 지방자치단체의 조례제정권이 포괄적으로 인정되어 법령에 저촉되지 않는 범위에서는 구체적 위임 없이 조례의 제정이 가능하다고 해도, 그러한 조례의 위반에 대해 제재를 가할 수 없게 된다면 **조례의 실효성**이 크게 문제될 수 있기 때문이다. 이런 문제로 인하여 심지어 지방자치법 제28조 제1항 단서는 지방자치의 본질을 침해하는 것으로서 위헌이라는 주장까지도 나오고 있다.

서 그 제정에 있어서 반드시 법률의 개별적 위임이 따로 필요한 것은 아니라 할 것이다. … 정보공개조례안은 국가위임사무가 아닌 자치사무 등에 관한 정보만을 공개대상으로 하고 있다고 풀이되는 이상 반드시 전국적으로 통일된 기준에 따르게 할 것이 아니라 지방자치단체가 각 지역의 특성을 고려하여 자기 고유사무와 관련된 행정정보의 공개사무에 관하여 독자적으로 규율할 수 있다고 보여지므로 구태여 국가의 입법미비를 들어 이러한 지방자치단체의 자주적인 조례제정권의 행사를 가로막을 수는 없다"(**대법원 1992.6.23. 선고 92추17 판결**)고 판시한 바 있다.

32) 이러한 견해대립은 주로 국가가 규제요건으로 정한 기준보다 더 높은 기준을 지방자치단체의 조례가 요구하고 있는 경우에 문제된다. 예컨대 관광 및 휴양지로 조성된 지방자치단체의 조례가 국가의 법령이 전국에 대하여 통일적으로 요구하는 공장폐수의 규제기준치보다 더 높은 기준을 요구함으로써 환경오염시설이 자치단체 내에 생기는 것을 원천적으로 방지하는 경우를 과연 허용될 수 있는 것으로 볼 것인가의 문제이다.

하지만 지방자치단체의 조례에 의하여 기본권을 제한하는 문제는 매우 조심스럽게 접근될 수밖에 없다. 비록 위법한 조례에 의한 기본권침해에 대하여 사법적 구제를 받을 가능성은 있지만 역시 기본권을 침해하는 조례제정이 없는 것이 가장 바람직하기 때문이다. 더구나 지방자치법 제34조에 의하여 조례위반에 대해서는 **1,000만 원 이하의 과태료**를 부과하는 것이 가능하게 되어 있으므로 그 밖의 제재수단을 확보하기 위하여 지방자치법 제28조 제1항 단서의 한계를 넘어서는 조례가 인정될 필요성도 사실상 그리 크지는 않다.

이와 관련하여 헌법재판소는 조례에 의한 기본권침해가 헌법소원의 대상임을 밝히고 있다.[33] 다만 담배자동판매기 설치금지 조례와 관련하여 "담배소매업을 영위하는 주민들에게 자판기 설치를 제한하는 것을 내용으로 하고 있으므로 주민의 직업선택의 자유 특히 직업수행의 자유를 제한하는 것이 되어 지방자치법 제15조(현행 지방자치법 제28조 제1항) 단서 소정의 주민의 권리의무에 관한 사항을 규율하는 조례라고 할 수 있으므로 지방자치단체가 이러한 조례를 제정함에 있어서는 법률의 위임을 필요로 한다. 그런데 조례의 제정권자인 지방의회는 선거를 통해서 그 지역적인 민주적 정당성을 지니고 있는 주민의 대표기관이고, 헌법이 지방자치단체에 대해 포괄적인 자치권을 보장하고 있는 취지로 볼 때 조례제정권에 대한 지나친 제약은 바람직하지 않으므로 조례에 대한 법률의 위임은 법규명령에 대한 법률의 위임과 같이 반드시 구체적으로 범위를 정하여 할 필요가 없으며 포괄적인 것으로 족하다고 할 것이다"(**헌재 1995.4.20. 92헌마264 결정**)라는 결정을 내렸다.

4. 지방세의 부과 · 징수와 조례

헌법 제59조는 "조세의 종목과 세율은 법률로 정한다"고 규정하고 있다. 이와 같이 **조세법률주의**가 헌법상 규정된 것은 조세의 종목과 세율 등을 결정하는 것이 곧 국민의 재산권에 대한 제한과 직결되기 때문이다.

그러나 지방자치법 제152조는 "지방자치단체는 법률로 정하는 바에 따라 지방세를 부과 · 징수할 수 있다"고 규정하고 있으며, 이와 관련하여 지방세기본법 제5조 제1항은 "지방자치단체는 지방세의 세목, 과세대상, 과세표준, 세율 그 밖에 지방세의 부과 · 징수에 관하여 필요한 사항을 정할 때에는 이 법 또는 지방세관계법에서 정하는 범위에서 조례로 정하여야 한다"고 규정하고 있다. 또한 구 지방세법 제7조 제2항은 "지방자치단체는 공익상 기타의 사유로 인하여 필요한 때에는 불균일과세를 할 수 있다"고 규정함으로써 적지 않은 문제를 야기하였다. 법률의 명시적 위임이 있다는 점에서 지방자치법 제28조 제1항 단서의 규정에 위반되는 것은 아니지만 헌법규정에 따른 **조세법률주의 또는 포괄적 위임입법의 금지에 위배되는 것은 아닌지**가 문제된 것이다.

---

33) **헌재 1994.12.29. 92헌마216 결정**: "헌법재판소법 제68조 제1항에서 말하는 "공권력"에는 입법작용이 포함되며, 지방자치단체에서 제정하는 조례도 불특정다수인에 대해 구속력을 가지는 법규이므로 조례제정행위도 입법작용의 일종으로서 헌법소원의 대상이 된다."

이 문제에 대하여 헌법재판소는 "지방세법이 지방세의 부과와 징수에 관하여 필요한 사항을 조례로 정할 수 있도록 한 것은 지방세법은 그 규율대상의 성격상 어느 정도 요강적 성격(要綱的 性格)을 띨 수밖에 없기 때문이라고 해석된다. 왜냐하면 비록 국민의 재산권에 중대한 영향을 미치는 지방세에 관한 것이라 하더라도 중앙정부가 모든 것을 획일적으로 확정하는 것은 지방자치제도의 본래의 취지를 살릴 수 없기 때문이다. 더구나 지방세법의 규정에 의거하여 제정되는 지방세부과에 관한 조례는 주민의 대표로 구성되는 지방의회의 의결을 거치도록 되어 있으므로 법률이 조례로써 과세요건 등을 확정할 수 있도록 조세입법권을 부분적으로 지방자치단체에 위임하였다고 하더라도 조세법률주의의 바탕이 되고 있는 "대표 없이는 조세 없다"는 사상에 반하는 것도 아니다"(**헌재 1995.10.26. 94헌마242 결정**)라고 봄으로써 지방세법규정은 조세법률주의에 반하여 위헌이라거나 포괄적 위임입법의 원칙에 반하여 위헌이라고 볼 수는 없다는 결정을 내렸다.[34)][35)]

5. 조례제정권의 법률에 의한 본질적 침해와 그 구제

지방자치는 지금까지 주로 '법령의 범위' 안에서 보장되는 것으로 이해되어 왔으며, 또 그런 맥락에서 조례입법권의 범위와 한계가 논의되어 왔다. 그러나 법률로써 지방자치의 본질적 요소인 조례제정권을 심각하게 침해하는 경우, 예컨대 지방자치에 대한 법률의 개입이 심각하여 조례제정권이 유명무실하게 되는 경우에는 그러한 법률의 위헌성 문제도 생각해 볼 수 있다.

이 문제는 지방자치에 대한 헌법적 보장의 의미를 어떻게 이해하느냐에 따라 다르게 나타날 수 있다.

현재 국내의 다수설에 따라 지방자치를 (칼 슈미트에 의해 주장된 것과 같은 의미의) **제도적 보장**으로 이해할 경우에는 이른바 '전통적인 제도의 핵심내용'에 대한 침해의 위헌성을 주장할 수 있다. 그러나 오랜 중단 끝에 비로소 지방자치가 다시 실시되고 있는 우리의 경우 지방자치가 오랜 전통을 갖고 있다고 말하기는 어렵기 때문에 '전통적인 제도의 핵심내용'으로 주장될 수 있는 것이 과연 무엇인지를 확인하는 데에 많은 어려움이 있다.

---

34) 또한 헌법재판소는 "조세평등주의는 특정의 납세의무자를 불리하게 차별하는 것을 금지할 뿐만 아니라 합리적 이유없이 특별한 이익을 주는 것도 허용하지 아니하는바, 부산직할시검인계약서제도실시에따른시세불균일과세에관한조례 제2조, 제3조는 검인계약서제도 실시로 인해 개인간의 거래의 경우, 실거래가격이 입증되는 법인과의 거래의 경우와는 달리, 종전과 달라진 조세부담의 급증에 따른 조세저항을 줄이고 성실신고를 유도하여 이 제도의 조기정착을 도모하고자 한 것이므로 감세대상의 선정에 있어서 자의적이거나 합리성이 결여되었다고 할 수 없으므로, 조세평등주의에 위반되지 않는다"(**헌재 1995.10.26. 94헌마242 결정**)고 판시한 바 있다.

35) 이러한 헌법재판소의 결정은 입법자의 의사를 최대한 존중하는 가운데 내려진 타협적 결론이라고 할 수 있다. 만일 문제의 규정을 위헌으로 인정할 경우 지방세법의 기본구조를 근본적으로 바꾸어야 할 뿐만 아니라, 자칫하면 지방자치를 훼손하는 결과를 야기할 수도 있을 것이기 때문이다. 그러나 문제의 근본적 해결을 위해서는 역시 지방세에 있어서도 조세법률주의의 원칙이 엄격하게 적용되도록 하여야 할 것이며 결국 지방세법의 개정을 통해 불균일과세의 법적 근거는 삭제되었다.

반면에 지방자치가 단순히 제도 자체를 보장하는 데 그치는 것이 아니라 **지역주민의 기본권**을 보장하는 측면도 아울러 갖고 있는 것으로 이해할 경우에는 보다 분명한 결론을 이끌어 낼 수 있다. 이 경우 지방자치의 본질적 요소에 대한 심각한 침해는 당연히 위헌으로 문제될 수 있으며, 이에 대하여는 위헌법률심판, 헌법소원심판 등에 의한 구제가 가능하다. 또한 국회와 지방자치단체의 관계에서 권한쟁의심판도 이용될 수 있을 것이다.

Ⅲ. 위법한 조례에 대한 구제

지방의회의 조례제정권은 지방자치의 실현을 위한 핵심적 요소의 하나임에 틀림없다. 그러나 앞서 살펴 본 바와 같이 조례제정권은 일정한 범위와 한계 내에서 인정되는 것이기 때문에 이를 넘어서는 조례는 그 위법성이 문제될 수밖에 없다. 그럼에도 불구하고 때로는 이러한 한계를 넘어서는 위법한 조례가 제정되는 예도 있고, 그로 인한 권리침해가 문제되는 경우도 적지 않다.

조례제정권의 정당한 범위와 한계를 넘어선 것으로서 위법성이 문제되는 경우는 크게 두 가지 유형으로 나뉘어질 수 있다. 먼저 **법령 또는 상급지방자치단체의 조례·규칙에 위반된 조례**가 위법한 것으로 인정될 수 있으며(지방자치법 제28조, 제30조 참조), 또 **조례제정절차상 하자가 있는 경우**도 그 위법성이 문제될 것이다(지방자치법 제32조 참조).

이와 같이 위법한 조례의 제정·적용으로 인하여 공익 또는 개인의 권리가 침해되는 경우에는 이에 대한 구제수단이 문제될 수밖에 없다. 현행 지방자치법상 마련되어 있는 **위법한 조례에 대한 대응수단**으로는 조례제정절차에서 지방자치단체장이 조례안에 대한 재의를 요구하는 것(지방자치법 제32조 제3항, 제192조)과 지방의회에 대한 중앙정부의 지도 및 지원을 통한 간접적·예방적 통제(지방자치법 제184조)가 있다. 그밖에 위법한 조례에 의한 처분을 대상으로 하는 소송이 구제수단으로 이용될 수 있으며, 또한 별도의 집행행위 없이 조례 자체에 의한 권리 침해가 발생된 경우에는 헌법소원에 의한 통제가 인정될 수 있다.[36)]

제 7 절 자치재정의 문제

Ⅰ. 고찰의 출발점: 자치재정의 의의와 이에 대한 법적 규율의 기본구조

지방자치와 관련하여 그 동안 가장 많이 문제되어 오던 사항의 하나가 자치재정의

36) 헌재 1994.12.29. 92헌마216 결정.

문제이다. 성공적인 지방자치를 위해서는 지방자치단체가 재정에 관한 자율성, 즉 자치재정권을 가져야 함은 물론이고 나아가 재정자립도가 높으면 높을수록 유리한 것이 사실이다. 지방자치단체가 지역사무처리에 필요한 비용을 국가에 의존함이 없이 스스로 조달할 수 있을 때 지역사무처리의 자율성도 더 잘 확보될 수 있는 것이다.

그러나 현실적으로 국가재정과 지방재정이 완전히 분리될 수는 없다는 점도 항상 염두에 두어야 할 것이다. 중앙정부와 지방자치단체의 유기적 협력관계 속에서 전체로서의 국가질서가 형성·발전되어야 한다는 맥락에서 볼 때 국가재정과 지방재정의 밀접한 상호관련성은 불가피한 것이다. 특히 오늘날과 같이 교통과 통신의 발달, 생활관계의 복잡한 연계성 등으로 인하여 지역의 독자성이 점차 약화되고 오히려 전국적 통일성과 형평성이 강조되는 상황에서는 더욱 그러하다.

따라서 한편으로는 지방의 자치를 실질적으로 가능하게 하는 자율적 재정권의 확보가 요청되지만 다른 한편으로는 **지방재정의 합리적·효율적 운용 및 이를 통한 전국의 균형있는 발전을 담보하기 위하여 지방재정에 대한 국가의 관여**도 일정한 범위에서 인정될 수밖에 없다. 현행법상으로도 지방자치단체의 재정적 수입과 지출 면에서 각기 다양한 국가의 관여가 제도화되어 있으며, 또 그 운용과 관련하여 많은 논란이 전개되고 있다.

먼저 지방자치와 관련된 **재정의 부담**에 관하여는 지방재정법 제20조 이하에서 그 원칙을 정하고 있다. 지방자치단체의 관할구역의 자치사무에 관하여 필요한 경비는 당해 지방자치단체가 전액을 부담하며(제20조), 지방자치단체 또는 그 기관이 법령에 의하여 처리해야 할 사무로서 국가와 지방자치단체 상호간에 이해관계가 있는 경우에, 그 원활한 사무처리를 위하여 국가에서 부담해야 할 경비는 대통령령이 정하는 바에 따라 국가가 그 전부 또는 일부를 부담한다(제21조 제1항, 제22조 제1항). 그리고 국가가 스스로 행해야 할 사무를 지방자치단체 또는 그 기관에 위임하여 수행하는 경우에는 국가가 그 소요경비 전부를 당해지방자치단체에 교부하도록 되어 있다(제21조 제2항). 그 밖에 정책상 또는 지방자치단체의 재정사정상 특히 필요하다고 인정될 경우에는 국가가 지방자치단체에 보조금을 교부할 수 있다(제23조 제1항).

반면에 지방자치단체의 재정적 수입원 가운데 가장 큰 부분을 차지하는 지방세의 세목에 관하여는 지방세기본법 제7조 이하에서 규율되고 있다. 어떠한 세목을 국세 또는 지방세로 하는가에 따라, 즉 **세원의 배분**에 따라 국가와 지방자치단체의 재정적 수입이 큰 폭으로 달라질 수 있기 때문에 이러한 규정들은 매우 큰 현실적 의의를 갖는다. 현재 지방세로 규정되어 있는 것으로는 보통세로서 취득세, 등록면허세, 레저세, 담배소비세, 지방소비세, 주민세, 지방소득세, 재산세, 자동차세가 있으며, 그 밖에 목적세로서 지역자원시설세, 지방교육세가 있다.

지방재정의 운용에 관해서는 몇 가지 원칙이 요구되고 있다. 수지균형의 원칙, 재정구조 탄력성확보의 원칙, 행정수준의 확보·향상의 원칙, 재정운영 효율화의 원칙, 재정운영 공정의 원칙, 재정질서 적정화의 원칙, 장기적 재정안정의 원칙 등이 그것이다. 이러한 원칙들을 고려하는 가운데 지방재정의 구체적 운용은 예산의 편성과 지출을 통하여 이루어지며, 결산을 통해 그 타당성을 확인하게 된다. 지방자치단체의 **예산 및 결산제도**에 관하여는 지방재정법 제33조 이하에서 규정되고 있다. 지방자치단체의 예산편성은 자치단체장의 권한이지만 중앙정부는 행정안전부장관의 지방자치단체예산편성기준(지방재정법 제38조 제2항)을 통해 이에 관여하고 있으며, 예산안은 지방의회의 의결에 의해 확정된다. 또한 중앙정부는 지방자치단체의 중기지방재정계획에 대한 통제(지방재정법 제33조)를 통하여 지방재정의 운용에 관여하고 있다.

Ⅱ. 지방자치단체의 재정적 수입원

지방자치단체의 재정적 수입원은 지방세 이외에 정부간 수입으로 일컬어지는 지방교부세와 국고보조금, 그리고 기타의 수입으로 나뉘어질 수 있다.

1. 지 방 세

지방세는 지방자치단체가 그 기능을 수행하는 데 소요되는 일반적 경비를 충당하기 위하여 그 구성원인 주민 또는 그 지역 안에서 일정한 행위를 하는 자로부터 징수하는 재화로서 국세와 마찬가지로 법률에 근거하여 강제적으로 부과되고 징수된다. 이러한 지방세는 개별적으로 공급되는 자치단체의 급부와 관계없이 징수되며, 특정한 것이 아니라 일반적 용도에 사용되고, 원칙적으로 금전으로 표시되어 징수된다는 특징을 갖는다.

지방세의 부과 및 징수에 관하여는 재정수입 면에서 보편성과 안정성, 신축성과 충분성이 고려되어야 하며, 주민의 부담과 관련하여 형평의 원칙, 부담분임의 원칙, 응익(應益)의 원칙 등이 요청된다. 또한 '자치'재정의 차원에서의 자주성의 원칙과 세무행정 면에서의 확실성과 최소비용의 요청도 무시되어서는 안 될 것이다.

2. 정부간 수입

지방자치단체가 직접 과세하고 징수하는 지방세수입과는 달리, 국가로부터 지방자치단체가 재정적 지원을 받는 경우가 있다. 지방교부세와 국고보조금이 그것인데, 이를 흔히 정부간 수입이라고 부르기도 한다.

지방교부세는 국가와 지방자치단체간 세원배분의 문제 및 지방자치단체간 재정력 격차를 해소하여 형평에 맞는 공공서비스 수준을 유지하기 위하여 중앙정부가 국세수입의 일부를 지방자치단체에 배분해 주는 자금을 말한다. 이에 관한 사항은 지방교부세법에 의해 규율되고 있으며, 현재 내국세총액의 19.24%가 지방교부세의 재원으로 정해져 있다(지방교부세법 제4조 제1항).

국고보조금은 국가가 특정한 사무나 사업을 지방자치단체가 실시하도록 의무화하거나 권장할 경우에 그 집행을 위하여 필요한 경비로 충당하도록 용도를 지정하여 지방자치단체에 교부하는 자금을 말한다. 이러한 국고보조금은 국가예산의 일부를 반대급부를 받지 않고 지급한다는 특징을 갖고 있으며, 보조금(지방재정법 제23조), 부담금(지방재정법 제21조 제1항), 교부금(지방재정법 제21조 제2항), 기타 손실보상금, 조장금, 이자보전금 등 여러 형태로 교부된다.

3. 기타 수입

그 밖에 지방자치단체의 재정적 수입으로는 사용료, 수수료, 재산수입 등의 경상수입과 기부금, 이월금, 전입금, 지방채 등을 포함한 임시수입이 일반회계수입으로 인정되고 있으며, 각종 사업수입이 특별회계수입으로 인정된다.

Ⅲ. 지방자치단체의 재정적 지출

지방자치단체의 재정운용은 재정수입의 확보와 더불어 각종 지방자치단체 사무의 처리를 통한 재정적 지출을 통하여 이루어진다. 이러한 지방자치단체의 재정적 지출, 즉 경비지출은 재정부담 내지 경비부담과 구별되어야 한다. 재정적 지출은 사무처리를 위하여 필요한 경비를 직접 지출하는 것이며, 그 소요경비의 최종적 부담을 의미하는 재정부담 내지 경비부담과는 별도로 문제되는 것이다. 경비부담에 관하여는 그 경비가 소요되는 사무의 성질에 따라 국가와 지방자치단체간, 그리고 지방자치단체 상호간에 적절한 분담이 요청되고 있다(지방재정법 제20조 이하 참조).

지방자치단체의 재정적 지출은 매우 **다양한 형태**로 나타난다. 특히 각 지방자치단체의 종류와 규모, 그 자연적 및 사회·경제적 여건의 다양성에 따라 각 지방자치단체의 행정수요도 다양한 형태로 나타나며, 따라서 이를 뒷받침하여야 할 지방자치단체의 재정적 지출에 대한 수요도 다양할 수밖에 없는 것이다. 지방자치단체의 재정적 지출은 그 사용목적에 따라 일반행정비, 사회복지비, 산업경제비, 지역개발비, 문화체육비, 민방위운영비, 기타 각종지원비로 분류되며, 경제적 성질을 기준으로 할 때 인건비, 물품비, 경상이전, 자본지출, 융자 및 출자, 보전재원, 내부거래 등으로 분류되기도 한다.

또한 지방자치단체의 재정적 지출은 각 지방자치단체의 행정수요를 충당하기 위한 것으로서, 구체적으로는 각 지방자치단체와 이해관계가 있는 사무나 사업의 수행을 위한 것이므로 전국적 성격을 갖고 있는 국가의 재정적 지출과는 달리 **지역적 한계성**을 갖는다. 그러나 오늘날 전국적인 통일성과 보편성, 또는 일정한 평균적 수준의 확보를 위한 요청 등에 의하여 전국적 동질성이 강화되고 지역적 특색은 약화되는 경향도 무시할 수 없다. 따라서 중앙행정의 직접적 관여의 여부 및 정도에 따라 지방사업으로 결정되고 또 그 재정적 지출도 그에 따라 결정되는 경향이 나타나고 있다.

지방자치단체의 재정적 지출은 국가(또는 상급자치단체)에 의해 지원되는 재원에 의존하는 바가 크다. 지방자치단체의 재정적 지출의 효과가 당해 자치단체의 관할구역에만 한정되지 않고 다른 지역으로 확산되는 경향이 있으며, 중앙정부와 지방자치단체가 경비지출을 통해 분담 · 협력해야 할 업무가 증대되고 있다는 점, 그리고 지방자치단체간의 재정적 자립도에 현저한 차이가 있다는 점 때문에 이러한 **의존성**이 심화되고 있는 것이다.

Ⅳ. 재정자립의 실현노력과 지방재정의 문제점

자치재정의 문제는 **지방자치단체의 재정자립도**와 불가분의 관계에 있다. 그러나 단순히 재정자립도만을 기준으로 하여 지방자치의 실시조건 또는 성공 여부를 논하는 것은 곤란하다. 지방자치사무의 원활한 수행을 위하여 재정자립도가 높을수록 바람직한 면이 있는 것은 사실이지만, 지역 간의 경제력의 불균형이 크게 나타나고 있는 현실 속에서 모든 지방자치단체가 균형있게 발전하기 위해서는 국가에 의한 -앞서 살펴본 지방교부세, 국고보조금 등에 의한- **지방재정의 조정**이 필요한 것이다.

현실적으로 지방자치단체의 재정수입 가운데 가장 큰 비중을 차지하고 있는 것은 지방세이다. 따라서 단순히 재정자립도를 높이는 것만이 문제라면 국세로 정해져 있는 세목 중의 몇 가지를 지방세로 전환함으로써 쉽게 재정자립도를 높일 수 있을 것이다. 하지만 그것은 오히려 지방자치단체 간의 재정적 불균형을 심화시킬 수 있다는 문제를 안고 있기 때문에 곤란한 것이다. 그렇다고 지방자치단체의 재정적 자립을 위한 노력이 불필요하다는 것은 결코 아니다. 자치재정의 방만한 운영은 결국 지역주민의 부담으로 돌아가게 되며, 건실한 재정을 위한 지방자치단체의 노력은 아무리 강조되어도 지나치지 않다. 다만 현재 각 지방자치단체 간에 경제력의 격차가 크게 나타나고 있으며, 그로 인하여 건실한 재정운영에도 불구하고 재정자립도가 낮을 수밖에 없는 지방자치단체들이 있기 때문에 이들을 위한 지방교부세, 국고보조금 등의 제도가 잘 활용되어야 한다는 것이다.

그러나 현재 지방재정에 관하여는 그 밖에도 많은 문제들이 제기되고 있다. 국민총생산 내지 국가재정의 규모에 비할 때 지방재정의 비율이 몹시 낮다는 점이 논란의 대상이 되고 있으며, 중앙과 지방 간의 사무분담과 경비분담이 불일치하여 국가위임사무의 경우에도 국가가 그 비용을 전부 부담하지 않는 경우가 있다는 점도 지적되고 있다. 또한 세원배분에 있어서의 중앙과 지방의 불균형이나 지역별 지방세수입의 불균형, 그리고 지역경제의 특성에 맞는 세목의 부재를 비판하는 견해도 있으며, 그 밖에 지방교부세 등의 비율이 낮아 실효성이 떨어진다는 비판도 있다.

제8절 협동적 지방자치: 지역사무처리를 위한 지방자치단체간의 협력

Ⅰ. 지방자치단체간 협력의 의의와 필요성

지방자치의 본질은 지역사무를 지역주민들의 참여 하에 지방자치단체의 활동을 통하여 자율적으로 해결한다는 데 있다. 그러나 우리가 지역사무로 분류하는 것 가운데서는 그 사무처리와 관련된 활동범위와 영향범위가 순수하게 그 지역에만 국한되지 않는 것들이 많이 있다.[37]

이와 같이 여러 지역에 관련된 사무를 처리하는 데에는 어느 특정 지방자치단체의 자율성만을 기준으로 내세우기는 곤란하다. 특히 지방자치단체간의 이해관계가 대립되는 경우에는 더욱 많은 문제를 낳을 수 있으며, 이와 관련하여 이른바 지역이기주의의 문제가 논의되기도 한다. 따라서 이러한 문제의 해결을 위해서는 전통적인 지방자치단체의 자율권에 의한 해결이 아닌 새로운 해결방식이 요청된다.

여러 지역의 이해관계가 복잡하게 얽혀 있는 사무를 처리하는 데에는 두 가지 방법을 생각해 볼 수 있다. 하나는 **국가적 관여를 통하여 통일적으로 처리하는 방법**이고, 다른 하나는 **관계 지방자치단체들의 협력을 통하여 자율적으로 처리하는 방법**이다. 국가의 관여를 통하여 문제를 해결하는 방법은 사안의 비중과 영향범위가 전국적인 경우에 비로소 고려되는 것이 바람직하고, 인근 몇 개 지방자치단체에 관련된 사무라면 지방자치단체들의 자율적 협력을 통하여 해결하는 것이 자치의 이념에 부합될 것이다.

Ⅱ. 지방자치단체간 협력의 법적 기초와 한계

지방자치단체간의 협력을 통한 지역사무의 처리는 지방자치단체의 자율권의 발현으로 볼 수 있다. 즉 헌법 제117조에 기초한 지방자치단체의 자율성이 **자율적 협력**을 내포하는 것으로 해석될 수 있다는 것이다.

그러나 지방자치단체간의 협력을 단순히 자율에만 맡기는 데에는 일정한 한계가 있을 수밖에 없다. 자율적 협력에 의한 문제해결이 가장 바람직하다는 데에는 이론의 여지가 없지만, 지방자치단체가 서로 협력하도록 하는 제도적 장치, 나아가 지방자치단체 상호간에 일정한 **협력의무**(지방자치법 제164조)까지 인정될 필요가 있는 것이다.

또한 지방자치단체간의 협력에 일정한 한계가 있다는 점도 아울러 고려되어야 한

37) 교통 · 통신의 발달 및 생활권의 확대 등과 더불어 이런 사무는 계속 증대되고 있는데, 예컨대 상수원지역의 토목 · 건설사업, 농 · 축산단지 등에 대한 관리 또는 쓰레기처리장의 설치 및 활용 등과 같이 그 지방자치단체만의 문제가 아닌 인근 여러 지방자치단체의 이해관계와 직결되어 있는 문제들이 적지 않은 것이다. 또한 사업의 규모가 여러 지방자치단체에 걸쳐 있는 지역사무도 있다.

다. 각 지방자치단체의 고유한 본질영역에 속하는 사항들, 예컨대 선거나 예산의 편성 등에 관한 사항은 지방자치단체간의 협력을 통해 해결될 사항은 아닌 것이다.

Ⅲ. 지방자치단체간 협력의 여러 형태

지방자치단체간 협력의 방식은 크게 공법상의 방식과 사법상의 방식으로 나뉘어 진다. 공법상의 방식으로는 사무의 위탁을 통한 직접적 · 개별적 사무처리상의 협력과 행정협의회 또는 지방자치단체조합과 같은 조직체의 구성을 통한 협력이 있으며, 사법상의 방식으로는 사법적 계약의 형식으로 지방자치단체간의 협력을 실현시키는 방법이 이용될 수 있다.

1. 사무의 위탁

사무의 위탁은 지방자치단체 또는 그 장이 소관사무의 일부를 다른 지방자치단체 또는 그 장에게 위탁하여 처리하게 하는 것이다(지방자치법 제168조). 사무위탁을 받은 지방자치단체 또는 그 장은 그 사무에 대한 관리 · 처리권을 갖게 되며, 위탁한 지방자치단체 또는 그 장의 관리 · 처분권은 상실된다. 그러나 사무처리의 결과는 위탁한 지방자치단체 또는 그 장이 직접 처리한 것과 같은 효과를 발생시키므로, 사무위탁에 관한 규약에서 달리 정한 경우를 제외하고는 위탁한 지방자치단체의 관련조례 또는 규칙이 사무위탁을 받은 지방자치단체에 대해서도 적용된다(지방자치법 제168조 제5항).

2. 행정협의회

지방자치단체는 2개 이상의 지방자치단체에 관련된 사무의 일부를 공동으로 처리하기 위하여 관계 지방자치단체 간의 **행정협의회**를 구성할 수 있다(지방자치법 제169조). 행정협의회의 조직과 운영 등에 관하여는 지방자치법 제169조 이하에서 몇 가지 강행규정을 두고 있다.

행정협의회는 그 사무처리를 위해 필요할 경우 관계지방자치단체의 장에 대하여 자료의 제출, 의견의 개진 기타 필요한 협조를 요구할 수 있다(지방자치법 제172조). 또한 행정협의회의 결정은 그 구성에 참여한 지방자치단체에 대하여 구속력을 가지며, 행정협의회가 관계 지방자치단체 또는 그 장의 명의로 행한 사무의 처리는 관계 지방자치단체 또는 그 장이 행한 것과 같은 효력을 갖는다(지방자치법 제174조).

행정협의회에서 합의가 이루어지지 않은 사항에 대하여 관계지방자치단체의 장으로부터 조정요청이 있을 때에는 행정안전부장관 또는 시 · 도지사가 조정위원회의 심의를 거쳐 조정결정을 내릴 수 있고, 관계 지방자치단체의 장은 이를 이행하여야 한다(지방자치법 제173조).

3. 지방자치단체조합

2개 이상의 지방자치단체가 하나 또는 둘이상의 사무를 공동으로 처리할 필요가 있을 때에는 규약을 정하여 그 지방의회의 의결을 거친 후 행정안전부장관 또는 시 · 도지사의 승인을 얻어 **지방자치단체조합**을 설립할 수 있다(지방자치법 제176조). 지방자치단체조합은 법인으로 구성되는 특별지방자치단체로서 고유의 구역, 사무, 기구 및 재산을 보유하고 독자적인 기능을 갖지만, 일반적 지방자치단체와는 달리 이차적이고 보충적인 역할을 한다고 말할 수 있다. 지방자치단체조합은 그 구성원이 지역주민이 아닌 조합에 참여하는 지방자치단체이며, 그 권한이 제한적이고, 해산의 경우 관계 지방자치단체의 협의에 의해 재산을 처분할 수 있다(지방자치법 제181조 제2항)는 특징을 갖고 있다.

4. 현행 제도들의 문제점과 개선방향

사무위탁, 행정협의회, 지방자치단체조합 등 공동사무처리제도는 지방자치의 현대적 발전에 따라 점점 더 활성화될 것이 예견되고 있다. 그러나 이들 공동사무처리제도에 대하여는 민주적 통제 또는 지방자치단체의 자주성과 관련하여 비판이 제기되기도 한다.

민주적 통제의 문제로는 주민의 직접적 통제가 거의 불가능하게 되어 있다는 점과 지방의회에 의한 통제도 상당히 미약한 경우가 대부분이라는 점, 그리고 지방자치단체조합의 경우 그 조합장과 조합회의의 위원의 선임과정에 대한 민주성의 문제 등이 지적되고 있다.

그리고 **지방자치단체의 자주성**과 관련해서는 현실적으로 공동사무처리제도에 참여하는 지방자치단체 상호간의 대등성에 관한 문제, 그리고 이들 제도에 대한 국가의 관여가 상당한 정도에까지 미치고 있다는 점에 대한 비판이 제기되고 있다. 이러한 문제들을 슬기롭게 극복할 수 있을 때, 지방사무의 공동처리를 통하여 지역이기주의가 아닌 협동적인 지방자치를 발전시킬 수 있을 것이다.

Ⅳ. 지방자치단체의 이중적 구조와 협력의 문제

현행 지방자치법상으로 지방자치단체는 특별시, 광역시, 특별자치시와 도 및 특별자치도(이른바 광역자치단체), 그리고 시와 군 및 구(이른바 기초자치단체)의 두 종류로 나누어진다(지방자치법 제2조 제1항). 이러한 **지방자치단체의 이중적 구조**는 많은 논란의 대상이 되고 있다.[38]

---

38) 그 동안 지방자치단체의 조직을 현행대로 유지하는 편이 낫다는 주장과 지방자치단체의 조직을 일원화하여야 한다는 주장이 대립되는가 하면, 지방자치단체의 조직을 일원화할 경우에도 광역자치단체를 없앨 것인지, 아니면 기초자치단체를 없앨 것인지 등에 관한 견해들이 매우 첨예하게 대립되어 온 것이다.

이러한 문제의 근원은 현재의 지방자치단체구조가 구태의연한 지방행정조직체계를 그대로 답습하는 형태로 만들어졌다는 데 기인한다. 과거 지방자치가 실시되기 이전의 지방행정조직과 구역을 가급적 손대지 않은 채 그대로 지방자치단체라는 형태로 옮겨 놓으려고 한 결과가 현재의 이중적 지방자치단체구조인 것이다.[39]

하지만 적어도 현행법상의 지방자치조직체계가 유지되고 있는 동안에는 **기초자치단체와 광역자치단체의 관계 및 상호협력**이 매우 중요한 현실적 문제로서 고려되지 않을 수 없다. 양자의 관계는 자치의 본질이라는 관점에서 생각하면 지역주민의 자율성과 직접적 관련성을 가질 수 있는 기초자치단체가 보다 본질적이고 광역자치단체는 기초자치단체들 사이의 이해관계를 조정하고 제한된 범위에서 통일적 사무처리기준을 마련하는 등 보충적 역할을 수행하는 것이 합리적이다. 현행 지방자치법의 규정도 같은 맥락에서 양자의 관계를 규율하고 있다(지방자치법 제11조 이하 참조). 기초자치단체와 광역자치단체는 대등성을 전제로 상호협력을 통하여 지역사무의 효율적 처리를 위해 공동노력을 기울여야 하는 것이다.

그러나 우리의 현실을 돌아보면 기초자치단체와 광역자치단체의 관계가 우선과 보충의 관계보다는 마치 상하관계처럼 인식되고 있으며, 광역자치단체가 기초자치단체에 대하여 관여하는 범위가 -중앙정부가 광역자치단체에 대하여 그러한 것처럼- 매우 넓을 뿐만 아니라 통제의 수단도 매우 강력하다는 점을 쉽게 확인할 수 있다.

지방자치가 아직 제대로 정착되지 못한 상황에서 이런 여러 가지의 -자치의 본질에 반하는- 상황들이 나름대로 예외적 현상으로서 인정될 수 있었다. 중앙정부에 의한 지방자치단체의 지도 · 감독의 필요성이 인정되었고, 광역자치단체에 의한 기초자치단체의 감독 · 통제가 합리화될 수 있었던 것이다. 또한 지방자치단체가 중앙정부에 대립해서 자기주장을 펼칠 수 있기 위해서도 광역자치단체의 덩치가 필요하다는 주장도 있다. 하지만 지방자치가 점차 자리를 잡게 되면서 이런 과도적 현상들을 점진적으로 제거하는 것도 더욱 신중하고 진지하게 검토되어야 할 것이다. 모든 규범적 문제는 현실을 이상으로 접근시키기 위한 노력과 결부되어 있으며, 지방자치의 실현에 관한 요청에 있어서도 예외는 아닌 것이다.

사례 풀이:

1. 서울시의 권한쟁의심판청구는 적법한가? (20점)

Ⅰ. 서: 권한쟁의심판의 성격과 적법요건 [2점]

Ⅱ. 당사자: 국가 또는 지방자치단체 [5점]

1. 당사자능력과 당사자적격
2. 서울시의 당사자능력

39) 지방자치의 본질과 이념을 고려하는 가운데 지방자치조직을 구성하려고 했다면 지역주민의 실질적 참여가 가능하고, 지역사무의 독자성이 인정되는 지방자치단체의 규모가 어떤 것인가를 고려하지 않을 수 없을 것이다. 그러나 현재의 지방자치단체조직에 그와 같은 원칙적 요청이 반영되었다고는 보이지 않는다.

3. 사안에 대한 판단

Ⅲ. 주장 내용: 권한의 존부 및 범위에 관한 다툼 [7점]

1. 권한: 헌법상 기관의 헌법상 또는 법률상 권한

2. 권한에 영향을 미치는 처분: 정부의 합동감사

3. 서울시의 지방자치권

Ⅳ. 청구기간 및 기타의 적법요건 [5점]

1. 청구기간

2. 권한침해의 종료와 예외적 심판청구의 이익

Ⅴ. 결론 [1점]

2. 고유사무에 대한 감사는 지방자치권의 침해로 볼 수 있는가? (30점)

Ⅰ. 서: 자치권의 의미와 자치사무의 성격 [3점]

Ⅱ. 자치사무의 개념과 유형 [7점]

1. 자치사무의 개념과 유형: 고유사무와 위임사무

2. 고유사무의 의의와 성격

3. 위임사무의 범위와 특징

Ⅲ. 지방자치법 제171조와 자치사무에 대한 감사의 범위, 절차 [9점]

1. 자치사무에 대한 감사의 주체

2. 자치사무에 대한 감사의 범위: 자치사무에 대한 보고, 서류·장부·회계 감사

3. 법령 위반사항에 대한 감사와 그 절차

Ⅳ. 감사권 범위를 벗어난 감사의 효력 [9점]

1. 지방자치법 제167조에 따른 위임사무 감사와 제171조에 따른 자치사무 감사

2. 고유사무에 대한 감사의 범위: 법령위반사항

3. 감사권 범위를 벗어난 감사의 위헌성

Ⅴ. 결론 [2점]

3. 서울시의 권한쟁의심판청구가 적법한 경우 헌법재판소는 어떤 본안판단을 내려야 하는가? (50점)

Ⅰ. 서론 [4점]

Ⅱ. 지방자치단체의 활동에 감사의 유형과 기능 [12점]

1. 현행법상 지방자치단체에 대한 감사의 유형

2. 지방의회에 의한 감사의 의의와 기능

3. 중앙행정기관에 의한 감사의 의의와 기능

4. 감사원 감사의 의의와 적용범위

Ⅲ. 정부합동감사의 법적 근거와 한계 [16점]

1. 지방자치의 발달과 정부 감사의 축소 필요성

2. 지방자치법의 개정과 제171조에 따른 감사의 범위

3. 지방자치에 대한 감사원 감사와 중복 감사의 제한 필요성

Ⅳ. 헌법재판소의 본안판단과 그 효력 [16점]

1. 권한쟁의심판에 대한 결정의 형식

2. 사안에 대한 판단

3. 헌법재판소 결정의 효력

Ⅴ. 결론 [2점]

제 4 장 공직(공무원)제도

민주국가에 있어서 국가의 사무는 곧 모든 국민의 이해(利害)와 관련을 맺고 있으며, 따라서 모든 국민의 관심과 참여 하에 공정하게 이루어져야 한다. 누가 국가사무(공직)를 담당하고 또 이를 어떻게 수행하는가의 문제가 정치안정과 법치국가실현의 중요한 전제가 된다는 것은 선진각국의 예가 분명히 보여주고 있다. 반면에 공직이 오염되었을 때의 폐해 또한 잘 알려져 있다.

이런 맥락에서 국가사무의 담당자인 공무원이 과연 어떻게 선출되며 어떤 헌법상의 지위 내지 권리와 의무를 갖는지, 나아가 이들의 기능적 공정성을 보장하기 위한 방법은 무엇인지의 문제 등이 헌법적인 중요성을 갖는다. 그러므로 공무원(공직)제도의 헌법적 고찰에 있어서는 단순히 공무원의 지위 내지 권리와 의무라는 측면에서가 아니라 전체 국가과제의 올바른 수행이라는 거시적 관점에서의 접근이 무엇보다 중요하다.

헌법 제7조 제1항: 공무원은 국민전체에 대한 봉사자이며, 국민에 대하여 책임을 진다.
제2항: 공무원의 신분과 정치적 중립성은 법률이 정하는 바에 의하여 보장된다.

그 밖에 국가공무원법, 지방공무원법, 공직자윤리법 등 참조.

【사례: 교원의 시국선언과 정치활동의 제한】

A공립고등학교 교사 갑(甲)은 2016.1.9. 서울시 광장에서 자신이 조합원이자 간부로서 활발하게 활동하고 있는 전국교직원노동조합(이하 '전교조'라 함)의 교원들과 함께 역사교과서 국정화를 반대하는 내용의 '시국선언'을 주도하고 참여하였다.

교육감 을(乙)은 2016.4.28. 갑의 이러한 행위가 지방공무원법 제58조 제1항 및 「교원의 노동조합 설립 및 운영 등에 관한 법률」 제3조에 위배된다는 이유로 甲에게 해임의 징계처분을 하였다. 그러자 갑은 교원소청심사위원회의 소청심사를 거쳐 법원에 징계처분의 취소를 구하는 소를 제기하였으나 갑의 청구는 기각되었다. 갑은 위 법원의 판결에 대해 항소하였고 항소심 소송이 계속 중이던 2017.11.15. 항소심 법원에 지방공무원법 제69조 제1항, 제58조 제1항, 교원노조법 제3조에 대해 위헌법률심판제청신청을 하였으나 기각되었다.

이에 갑은 변호사 병(丙)을 대리인으로 선임하여, 2018.2.20. 지방공무원법 제

58조 제1항과 제69조 제1항 및 교원노조법 제3조에 대해 지방공무원의 집단행동을 금지하고 교원노조에게 일체의 정치활동을 금지하는 것은 자신과 교원노조의 정치적 표현의 자유의 본질내용을 침해할 뿐만 아니라, 교원노조에 대해서만 정치활동을 금지함으로써 교원노조를 부당하게 차별하고 있으며, 대학교원단체는 정치활동이 제한되지 않음에 반해 위 법률조항들이 초·중등 교원단체의 경우에만 정치활동을 제한하는 것은 불합리한 차별이라고 주장하면서, 헌법재판소에 헌법재판소법 헌법소원심판을 청구하였다.

B사립중학교 교사 정(丁)은 전교조의 조합원이자 간부인 바, 역사교과서 국정화를 반대하는 내용의 '2차 시국선언'을 2016.5. 거행하기로 계획하고 있던 2016.4. 말경 갑에 대한 징계처분에 관한 보도를 접하게 되었다. 그리하여 '2차 시국선언'을 감행하기에 앞서 일단 헌법재판소의 결정을 받아보기로 의견을 모으게 되었다. 이에 정(丁)과 전교조는 변호사 무(戊)를 대리인으로 선임하여, 2016.5.18. 사립학교법 제55조 제1항, 노동조합법 제3조에 대하여 이 법률조항들이 교원노조의 가입과 노조활동이 합법화되어 있는 상태에서 업무시간 외에 학교 밖에서 행한 시국선언까지 불법화함으로써 자신의 정치적 표현의 자유, 평등권 등을 침해한다고 주장하면서 헌법재판소에 헌법소원심판을 청구하였다.

〈헌재 2014.8.28. 2011헌바32등 참조〉

1. (1) 갑(甲)이 헌법소원심판청구는 적법한가? (헌법소원심판청구의 적법성 검토시 적법한 심판대상을 정확하게 특정할 것) (15점)
   (2) 정(丁)과 전교조의 헌법소원심판청구는 적법한가? (15점)
2. 사안에서 甲의 정치적 표현의 자유는 헌법상 어느 정도까지 보호되며, 이를 제한하는 지방공무원법 제58조 제1항은 합헌인가? (40점)
3. 교원노조법 제3조가 교원노조의 일체의 정치활동을 금지하는 것은 교원노조를 일반 노조나 대학교원단체에 비해 불합리하게 차별하는 것으로서 위헌인가? (30점)

제1절 공직 및 공무원의 의의와 범위

Ⅰ. 공직제도의 의의

국가적 과제의 수행과 관련되는 업무의 범위는 매우 넓고, 따라서 그 가운데에는 성격이 다른 많은 유형의 행위들이 포함된다. 그러나 사적 결사와 구별되는 **국가조직의 (조직상 및 기능상의) 특성으로부터 나오는 일정한 공통성**이 다양한 형태와 방식으로 수행되는 공직의 헌법적 특성을 구성하고 있으며, 공직제도 내지 공무원제도는 이를 기초로 이해되어야 한다.

근래에는 국가의 활동방식이 종래의 권력적 작용에만 국한되지 않고, 비권력적 작용 내지 사법적(私法的) 형태의 작용이 늘어가고 있다. 이에 따라 공직의 수행도 다양한 방식으로 이루어지고 있다. 종래처럼 고권적인 것에만 국한되지 않으며, 공법상의 단체나 자치단체 등의 활동을 통해서도 이루어지고 있는 것이다.

그러나 공직의 수행에 있어서는 일정한 공통점이 확인될 수 있다. 그것은 공무원에 의한 공직의 수행에 있어서는 -기본권적 자유를 누리는 사인 또는 사적 단체의 경우와는 달리- **민주적 정당성**의 요청이 부과되며, **국민의 기본권에 보다 엄격하게 구속된다**는 점이다.

Ⅱ. 공무원의 범위

국가적 과제수행의 담당자, 즉 공무원의 범위를 어떻게 이해하는지에 대해서는 다양한 견해가 대립되고 있다.

공무원의 범위는 **좁게 이해할 때**에는 직업공무원제에 의해 신분이 보장되는 행정직 공무원, 즉 국가공무원법 제2조 제2항과 지방공무원법 제2조 제2항에 의한 경력직 공무원 가운데서 국가 또는 지방자치단체와 특수지위관계를 맺고 공직을 수행하는 사람을 의미한다. 또한 **넓게 볼 때**에는 공직의 수행을 담당하는 모든 사람, 즉 국가와 지방자치단체뿐만 아니라 그 밖의 모든 공법상의 단체에서 공무를 수행하는 모든 사람을 포함하는 것으로 이해된다. 그리고 이들의 **중간 단계**로 국가 또는 지방자치단체와 넓은 의미의 공법상 근무관계를 맺고 공무를 담당하는 사람들 모두를 지칭하는 개념으로서 공무원의 개념을 사용하기도 한다.

그러나 이러한 구별은 학자들에 따라 상당한 차이를 보이고 있을 뿐만 아니라 그로 인한 혼란도 적지 않기 때문에, 공무원을 이야기할 때에는 구체적으로 어떤 의미에서 사용되고 있는지가 분명하게 확인되어야 한다.

Ⅲ. 공무원의 종류

1. 국가공무원과 지방공무원

공무원은 공무원법상 국가공무원과 지방공무원으로 구분된다. 즉 국가와 직접 공법상의 근무관계에 있는 공무원과 지방자치단체와 공법상의 근무관계를 맺고 있는 공무원이 구별되고 있으며, 이들은 각기 국가공무원법과 지방공무원법에 의해 규율되고 있는 것이다.

그러나 국가공무원법의 내용과 지방공무원법의 내용은 대동소이하기 때문에 이로 인한 차이는 현실적으로 크지 않다.

2. 경력직공무원과 특수경력직공무원

국가공무원법 제2조, 지방공무원법 제2조에 따라 공무원은 경력직과 특수경력직으로 구별된다. 이 구별은 국가공무원법 및 지방공무원법상의 각종 규정의 적용, 특히 공무원의 신분보장 및 정치활동의 금지 등과 관련하여 매우 중요한 의미를 갖는다(국가공무원법 제3조, 지방공무원법 제3조 참조).

경력직 공무원은 일반직 공무원, 특정직 공무원으로 나누어지며, 특수경력직 공무원은 정무직 공무원, 별정직 공무원으로 나누어진다.

Ⅳ. 민주주의, 법치주의와 공직(공무원)제도의 특성

공직(공무원)제도의 정당성근거는 개인의 공무담임권과 같은 기본권에 있는 것이 아니라 민주적 대표제의 구조 속에서 나타나는 -국민에 의한 직접선거를 통해서이건, 국민의 대표자에 의해 제정된 법률이나 그 밖의 일정한 임명절차 등에 의한 것이건- **민주적 정당성의 부여**에 있다.

이러한 정당성의 부여는 또한 **통제의 필요성과 가능성**을 의미하기도 한다. 따라서 모든 공직의 수행에 있어서는 국민의 감시와 감독, 그리고 국민의 대표자인 의회에 의한 통제가 확보되어 있어야 하는 것이 원칙이다. 이러한 정당성의 부여와 통제 하에서만 공직의 민주적 정당성이 확보될 수 있는 것이다.

또한 **법치주의의 요청**에 따라 공무원의 공직수행에 있어서는 합법적으로 활동할 것이 요청된다. 설사 공무원제의 기본구조상 가장 본질적인 것이 상명하복이라 하더라도 그것이 법치주의의 희생 위에서 관철되어서는 안 될 것이다. 공직수행의 합법성은 관료조직과 -비록 조직의 효율성에 대한 노력에서 기본적인 공통성을 보인다 할지라도- 사기업을 구별하는 기본적인 징표가 되고 있다.[1)]

그러므로 공직수행을 통해 민주주의와 법치주의가 실현되기도 하지만, 역으로 올바른 민주주의와 법치주의를 전제할 때에만 공정한 공직의 수행이 확보될 수 있다는 점도 강조되어야 할 것이다.

---

1) 이런 맥락에서 법치주의는 공무원인 국민이 국가조직의 일부로서 매몰되지 않고, 공직을 벗어난 자유로운 영역에 있어서는 사적인 자기실현이 가능하도록 보장하기도 한다.

제 2 절 공직취임

Ⅰ. 공직취임의 의의와 모든 국민의 기회균등

1. 공직취임의 의의

국민이 공직에 취임하여 국가의 사무를 직접 담당할 수 있도록 하는 것은 크게 두 가지 측면에서 의미를 갖는다.

첫째, 공직에 취임하고자 하는 국민에게는 공직이 하나의 직업으로서 자기를 실현하고 생계를 유지하는 수단이 될 수 있다. 즉 기본권적 보장이 요청되는 것이다.

둘째, 국가질서의 민주성이라는 관점에서도 -일반국민과 단절된- 특수한 계층에서 공직을 독점하는 것은 인정될 수 없으며, 공직의 담당자가 될 수 있는 기회가 모든 국민에게 균등하게 부여되어야 한다. 이것은 또한 공직수행의 객관성과 공정성의 확보를 위해서도 필요하다.

2. 공직취임의 기회균등

공직취임의 기회는 모든 국민들에 대하여 균등하게 부여되어야 한다. 이는 헌법 제11조의 평등권, 그리고 헌법 제25조의 공무담임권으로부터 도출되는 당연한 국민의 권리이기도 하다.

그러나 모든 국민에 대하여 공직취임의 기회를 균등하게 부여한다는 것을 형식적으로 이해해서는 안 된다. 즉 해당되는 공직에서 요구되는 능력에 따른 차별은 합리적인 것이기 때문에 기회균등의 요청에 반하지 않는 것으로 보아야 하기 때문이다.[2)]

따라서 선거에서의 당선, 공무원채용시험의 합격 등 주관적 전제조건에 의해 공직취임의 기회가 사실상 제한되는 것은 정당한 것으로 인정된다.

Ⅱ. 공직취임의 전제로서의 비어 있는 공적 직위

1. 조직법상의 그리고 예산법상의 선결문제

공직에 취임할 수 있는 모든 국민의 균등한 기회는 비어 있는 공직이 있을 때에 비로소 인정될 수 있는 것이다. 이를 위해서는 조직법상으로 결원 내지 인원의 보충이 필요해야 하는 것은 물론, 그에 대한 예산이 확보되어 있어야 할 것이다.

2) 이와 관련하여 헌법재판소는 제대군인에 대한 가산점제도 및 국가유공자 가족에 대한 가산점제도에 대하여 각각 위헌 및 헌법불합치결정을 내린 바 있다(헌재 1999.12.23. 98헌바33 결정; 헌재 2006.2.23. 2004헌마675등 결정).

2. 공직에의 채용과 고용정책

많은 경우에 공직에의 채용은 경제적인 관점에 따라 고용정책의 측면에서 결정되기도 한다. 즉 긴축예산의 운용으로 공무원의 증원을 동결하는 경우도 있고, 역으로 경제활성화 내지 실업문제 등과 관련하여 증원을 하는 경우도 있다.

그러나 인사문제에 관한 결정은 장기적인 것이기 때문에 공직의 수급조절을 통해 경제문제를 해결하려는 것에 대해 비판적인 시각도 많다.

Ⅲ. 공직에의 선발의 기준

1. 모든 공직지원자에 대한 평등(기회균등)

공직담당자의 선발에 있어서 가장 먼저 고려되어야 할 기준은 평등의 원칙, 즉 공직에 지원한 다수의 후보자들에 대하여 균등한 기회가 보장되어야 한다는 원칙이다. 하지만 일정한 전문성이 요구되는 분야에서 그에 상응하는 형식요건 등을 요구하는 것은 합리적인 차별로 인정되어야 할 것이다.

2. 직무적합성

다수의 공직후보자 가운데서 실제 공직을 담당할 사람을 선발함에 있어서는 그 직무에 적합한지의 여부가 가장 우선적으로 고려되어야 할 것이다.

구체적인 기준은 다양한 직무의 유형과 성질에 따라 각기 다르게 인정될 수밖에 없으며, 이에 따라 평가의 기준도 달라질 수 있다.

역으로, 직무의 수행과 전혀 무관한 기준(예컨대 종교나 출신지역 등)을 가지고 선발하는 것은 허용되지 않는다.

3. 문제사례: 정당비호자(Parteipatronage)

집권정당이 소속 당원 내지 그 추종자들을 위하여 인사권을 남용하는 경우는 가장 흔히 있을 수 있는 예이면서 또한 가장 위험한 예이기도 하다. 최근까지도 계속 문제되는 낙하산식 인사의 폐해는 널리 알려져 있다. 이를 방지하기 위한 노력은 다양한 형태로 전개되고 있으며, 직업공무원제의 보장은 그 대표적인 예라고 할 수 있다.[3)]

Ⅳ. 공직지원자들의 기본권적 보호

공직을 지원하는 국민들에 대해서는 공무담임권(헌법 제25조), 직업선택의 자유(헌법 제15조), 평등권(헌법 제11조) 등의 기본권이 인정되고 있으며, 이들 기본권에 의한

3) 아래의 각주 20에 소개되는 헌재 1989.12.18. 89헌마32등 결정 참조.

보호를 누릴 수 있다.

그러나 이러한 기본권적 보호는 국가의 부당한 결정으로부터 공직지원자들을 (소극적으로) 보호할 뿐이지, 적극적으로 공직에 취임할 수 있는 권리를 부여하는 것은 아니다.

제 3 절 공무원의 헌법상 지위와 기본권의 제한

Ⅰ. 공직의 특수성과 공무원의 특별한 헌법상 지위

민주국가에서 공직의 수행은 곧 민주주의의 실현을 지향하는 것이며, 따라서 공직의 담당자인 공무원은 특정인이나 특정집단, 특정정당 등을 위하여 존재하고 활동하는 것이 아니라 주권자인 국민전체를 위하여 봉사하여야 한다. 즉 공직은 전체 국민의 이익을 위한 것이라는 특성을 갖고 있기 때문에 이에 상응하는 특별한 수행방식이 요청되는 것이다.

이런 맥락에서 가장 먼저 강조되어야 할 것은 공직의 수행에 있어서는 사적 업무와는 구별되는 공익의 요청이 본질적이라는 점이다. 때문에 공직의 수행자인 공무원에 대해서는 일반국민과는 달리 강력한 공익의 요청에 따라 특별한 헌법상의 지위 및 이로부터 도출되는 특별한 의무가 부과된다.

Ⅱ. 국민전체에 대한 봉사자로서의 공무원: 헌법 제7조 제1항 전단

1. 국민전체에 대한 봉사자

헌법 제7조 제1항 전단은 이러한 맥락에서 공무원이 국민 전체에 대한 봉사자임을 선언하고 있다. 즉 민주적 법치국가의 실현을 위한 공직수행은 곧 주권자인 국민 전체를 위한 것이어야 하며, 특정 계층이나 당파를 위한 것이 되어서는 안 된다는 것을 확인한 것이다.

따라서 공무원의 활동은 항상 객관적이고 공정한 공직수행으로 나타나야 하며, 그것은 공직의 본질로부터 도출되는 가장 기본적인 요청이다.

2. 공무원의 범위

헌법 제7조 제1항 전단에서 이야기되는 공무원의 범위는 넓은 의미로 이해되어야 한다. 즉 공무원이 국민 전체에 대한 봉사자이어야 한다는 것은 공직의 본질로부터 직접 도출되는 것이므로 모든 공직의 수행자들은 국민 전체에 대한 봉사자로 이해되어야 한다는 점에 이론(異論)이 없다.

Ⅲ. 공무원의 국민에 대한 책임: 헌법 제7조 제1항 후단

이와는 달리 헌법 제7조 제1항 후단에 규정되어 있는 국민에 대한 책임에 대해서는 논란이 있다.

일부 학자들은 이러한 책임을 책임정치라는 요청에서 비롯되는 국민에 대한 정치적 책임으로 이해하고, 따라서 직업공무원 등과 같이 정치적 중립성을 지는 공무원은 국민에 대한 직접적 책임을 지지 않는다고 주장한다. 즉 헌법 제7조 제1항 전단의 경우와는 달리 동조항 후단의 공무원은 정치직 공무원으로 한정되어야 한다는 것이다.[4]

그러나 규정의 문언상 국민에게 봉사하여야 할 공무원의 범위와 국민에 대하여 책임을 지는 공무원을 분리하는 것이 어색할 뿐만 아니라, 공직수행에 따르는 책임원칙의 측면에서도 그러한 주장에는 문제가 많다. 책임의 유형을 이념적 · 정치적 책임과 법적 책임으로 나누어 볼 때, 모든 공무원이 이념적 · 정치적 책임을 지는 것이 아니라는 점은 타당하지만,[5] 법적 책임에 있어서는 모든 공무원이 동일한 부담을 져야 한다. 즉 헌법과 법률에 명문규정이 있는 경우에는 −정치직, 비정치직을 막론하고− 이를 준수하고, 이에 위반될 경우 법적 제재를 받게 되는 책임을 져야 한다는 것이다.

Ⅳ. 공무원의 기본권제한: 특별권력관계의 이론 → 특수지위의 이론으로

1. 특별권력관계이론의 성립과 발달

과거 독일의 입헌군주제시절에는 국가와 사회의 이원론에 기초하여 일반권력관계와 특별권력관계를 구별하였다. 그에 따라 국가(군주)와 국민의 관계는 이른바 **일반권력관계**로서 법치주의가 적용되지만, 사회의 영역이 아닌 국가의 영역에 속해 있었던 공무원은 군주의 수족과도 같이 생각되었으며, 이들 사이에 성립되는 **특별권력관계** 내에서는 법치주의의 원칙에 따른 특별한 보호가 필요하지 않다고 인정되었다.

결국 특별권력관계란 포괄적인 명령 · 복종관계로부터 출발한 것이었으며, 그에 따라 법치주의의 적용이 전면적으로 배제됨으로써 기본권의 제한에 관한 법률유보의 배제 및 이에 따른 공무원에 대한 포괄적인 기본권제한의 가능성, 나아가 특별권력관계 내부에서 발생된 문제에 대한 사법심사의 제한 등을 특징으로 하게 되었다.

군주제가 종식되고 민주국가가 건설되면서 특별권력관계의 이론은 현실에 맞지 않는 이론으로 비판되기 시작했으며, 그 결과 제한적으로나마 특별권력관계에 대해서도 법치주의의 요청을 받아들여야 한다는 주장이 강하게 제기되었다. 그러나 최근에

---

4) 예컨대 문홍주, 제6공화국 한국헌법, 1987, 326쪽; 박일경, 제6공화국 신헌법, 1990, 356쪽. 이러한 견해는 자유위임의 원칙에 따른 법적 기속의 배제를 법적 책임의 배제와 동일시하는 오류에서 비롯된 것으로 보인다.

5) 정치적 책임의 문제는 기속위임을 배제하고 국민의 대표자들이 국민의 의사를 벗어나 국가사무에 대한 자율적 처리와 그에 대한 책임정치를 강조하는 자유위임의 원칙에서 그 근거를 찾아야 할 것이다.

는 특별권력관계 자체를 부정하고 이를 해체하여야 한다는 주장이 더욱 강하게 제기되고 있다.

2. 특별권력관계의 성립

현재까지 특별권력관계를 주장하는 학자들은 특별권력관계의 성립을 크게 두 가지 형태로 나누고 있다.

첫째, 당사자의 동의와 상관없이 **법률규정에 의해 직접 특별권력관계가 형성되는 경우**가 있다. 예컨대 군대의 입대, 수형자의 수감 등에 의하여 특별권력관계가 형성되는 경우이다.

둘째, **당사자의 동의에 의하여 특별권력관계가 성립되는 경우**가 있다. 이 경우는 다시 ① 당사자의 자발적 동의가 있는 경우, 즉 공무원으로 임명되는 경우, 국·공립학교에 진학하는 경우와 ② 법률상 동의의무가 있는 경우, 예컨대 취학대상 아동의 취학과 같은 경우로 나뉘어진다.

3. 특별권력관계의 유형과 내용

또한 특별권력관계를 몇 가지 유형으로 나누기도 한다. 예컨대 공법상의 근무관계, 공공시설 이용관계, 공법상의 특별감독관계, 공법상의 사단관계 등으로 나누어서 그 각각에서 나타나는 특성들을 중심으로 특별권력관계를 설명하는 것이다.

그러나 특별권력관계라는 범주를 이렇게 분류하는 것에 대해서는 비판이 있다. 도대체 무엇때문에 이러한 다양한 유형의 -그것도 성질이 다르기 때문에 그 내용에 대한 구체적 규율도 달라져야 하는- 관계들을 특별권력관계라는 이름 하에 묶어두어야 하는지가 문제되는 것이다.

이러한 특별권력관계에는 -구체적 형태의 상이성에도 불구하고- 일정한 공통성이 있다는 것이 특별권력관계를 주장하는 학자들의 일반적인 견해이다. 즉 특별권력관계에서는 일반권력관계에서와는 달리 명령권과 징계권을 포함한 포괄적인 명령·복종관계가 인정되고 있다는 것이다.

4. 특별권력관계의 본질론과 이에 대한 재검토

(1) 일반권력관계와 특별권력관계의 본질에 대한 고전적 이해

특별권력관계와 일반권력관계는 실질적 기반을 달리하고 있다고 이해하는 데에서 출발한다. 즉 양자의 절대적 구별 하에 일반권력관계에서 인정되는 법치주의의 요청(입법적·사법적 보장)이 특별권력관계에서는 완전히 배제된다고 보았던 것이다.

(2) 특별권력관계수정론, 부인론

이러한 고전적인 특별권력관계이론의 문제는 군주제의 종식 이후 적나라하게 드러났으며, 이를 수정할 필요성이 널리 인정되었다. 그런 가운데 특별권력관계에서도 기본권이 인정되고, 그에 따라 법치주의가 관철되어야 한다는 요청이 받아들여지게 되었다.

이러한 입장의 변화는 일반권력관계와 특별권력관계의 본질적 차이를 인정하지 않고, 다만 특수한 관계 속에 있는 국민은 일반권력관계에서보다는 국가에 대한 복종의무가 더 강화되어 있는 것으로 이해하는 것이다. 하지만 그 구체적 이론구성에 있어서는 특별권력관계를 부분적으로 수정하면서 이론 자체는 유지하려는 입장에서부터 이를 완전히 부인하고 해체시키려는 입장까지 다양하게 전개되었다.

5. 특수지위의 이론과 법치주의

오늘날 특별권력관계의 이론은 점차 극복되고 있다. 공무원, 수형자 등 특수한 지위에 있는 국민에게는 일반국민과는 다른 특별한 요청이 부과될 수 있다는 것은 누구도 부정할 수 없다.

그러나 그 경우도 -법률의 근거를 필요로 하지 않는- 법치주의의 예외를 인정하기보다는 법률에 근거하여서만 그러한 특수한 지위에 따른 특별한 요청이 정당화될 수 있는 것으로 이해하는 특수지위(또는 특수신분)의 이론이 대두되었다. 이러한 견해는 공무원도 단순히 정부 또는 정권의 도구가 아닌 공직을 직업으로 하는 '국민'이므로 기본권의 제한도 공직수행의 객관성과 공정성을 확보하는 데 필요한 최소한에 그쳐야 한다는 생각에 기초한 것이다.[6]

이러한 특수지위의 이론은 법치주의의 요청에 보다 충실한 것일 뿐만 아니라 국가권력의 민주성 확보라는 측면에서도 기존의 특별권력관계보다 설득력이 강하기 때문에 오늘날 널리 인정되고 있다. 하지만 구체적인 문제에 들어가서 -특수지위로 인하여- 공무원의 기본권에 대한 특별한 제한이 어느 정도까지 허용될 것인지에 대해서는 직무의 성격과 문제되는 기본권의 실현구조를 고려하여 개별적으로 검토하여야 할 것이다.[7]

---

6) 특수지위의 이론에 관하여는 「제2권 제1부 제5장 제5절 **특별권력관계와 기본권의 제한**」 참조

7) 예컨대 국가공무원법 제65조와 지방공무원법 제57조에 의한 공무원의 정치활동 제한은 담당하는 직무의 성질을 고려하지 않은 채 획일적으로 요구하고 있다는 점 때문에 많은 문제를 낳고 있다. 이에 대하여는 아래의 「제5절 Ⅳ 3. **공무원의 정치적 중립성의 보장**」 참조. 또한 국가공무원법 제66조와 지방공무원법 제58조에 의한 노동삼권의 제한도 일반공무원과 사실상 노무에 종사하는 공무원을 나누어 놓고 있지만, 그 구별이 명확하지 않을 뿐 아니라 과연 사실상 노무에 종사하는 공무원에게만 노동삼권이 인정되어야 하는지에 대해서 많은 논란이 있다. 그런데 헌법재판소는 국가공무원법 제66조 제1항이 "사실상 노무에 종사하는 공무원에 대하여서만 근로3권을 보장하고 그 이외의 공무원들에 대하여는 근로3권의 행사를 제한함으로써 일반근로자 또는 사실상 노무에 종사하는 공무원의 경우와 달리 취급하는 것은 헌법 제33조 제2항에 그 근거를 두고 있을 뿐 아니라 합리적인 이유가 있다 할 것이므로 헌법상 평등의 원칙에 위반되는 것이 아니다"라고 판시하였으며(**헌재 1992.4.28. 90헌바27등 결정**), 같은 맥락에서 지방공무원법 제58조 제1항에 대해서도 합헌결정을 내린 바 있다(**헌재 2005.10.27. 2003헌바50 결정**).

제 4 절 공무원의 권리와 의무

Ⅰ. 공무원의 기본적 권리

공무원 역시 직업인이며, 따라서 보수청구권(국가공무원법 제46조-제49조, 지방공무원법 제44조-제46조의3), 연금청구권(공무원연금법 제28조 이하), 의료보험수급권(국민건강보험법 제6조 제2항), 기타 법률이 정하는 권리가 인정되고 있다.

Ⅱ. 공무원의 직무상의 일반적 의무

1. 직무에 전념할 의무

공무원의 가장 기본적인 의무는 자신의 직무를 성실히 수행할 의무라고 할 수 있다. 이를 통해서만 공무원의 공직수행이 「국민에 대한 봉사」라는 본연의 과제에 충실할 수 있기 때문이다.

국가공무원법 제56조와 지방공무원법 제48조가 규정하고 있는 **성실의무**, 그리고 국가공무원법 제58조 제1항과 지방공무원법 제50조 제1항이 규정하고 있는 **직장이탈의 금지**는 이와 같은 직무에 전념할 의무의 표현이라고 할 수 있다.

2. 상관의 명령에 복종할 의무

또한 공직수행에 있어서는 업무의 일관성과 통일성 및 이를 통한 효율성이 매우 강조된다. 따라서 공직수행의 효율성과 계속성을 확보하기 위하여 공무원에 대해서는 상관의 직무상의 명령에 복종할 의무가 부과된다.

국가공무원법 제57조와 지방공무원법 제49조는 이를 명시하고 있다.

3. 청렴의무

공직수행의 객관성과 공정성을 담보하기 위해서는 공직자들이 직무의 수행과 관련하여 대가를 받는 일이 있어서는 안 될 것이다. 또한 공무원이 상관의 명령에 복종하면서 직무를 집행하는 과정이 공정하기 위해서는 공무원이 상관에게 재산상의 이익을 주는 행위가 있어서도 안 될 것이다.

국가공무원법 제61조와 지방공무원법 제53조는 이러한 맥락에서 공무원이 직무와 관련하여 사례, 증여 또는 향응을 주거나 받지 못하도록 규정하고 있을 뿐만 아니라, 직무상의 관계 여하를 불문하고 소속 상관에게 증여를 하거나 소속 공무원으로부터 증여를 받지 못하도록 규정하고 있다.

4. 비밀엄수의무

공무원은 그 담당하는 직무와 관련하여 개인과 국가에 관한 많은 비밀을 알게 될 수 있다. 만일 공무원이 이러한 비밀을 이용할 경우에는 관련된 개인이나 국가에 커다란 피해를 입힐 수 있으며, 나아가 차후의 공무집행에 대한 협조를 얻기가 어려워지는 문제가 발생할 수 있다.

이 때문에 국가공무원법 제60조와 지방공무원법 제52조는 공무원이 직무상 지득한 비밀을 재직 중은 물론 퇴직 후에도 엄수하도록 요구하고 있다.

5. 품위유지의무 등

그 밖에 공무원에 대해서는 품위유지의 의무(국가공무원법 제63조, 지방공무원법 제55조), 영리업무 및 겸직의 금지(국가공무원법 제64조, 지방공무원법 제56조), 정치운동의 금지(국가공무원법 제65조, 지방공무원법 제57조), 노동운동 등 집단행동의 금지(국가공무원법 제66조, 지방공무원법 제58조) 등이 규정되고 있다.

Ⅲ. 대통령의 의무

국가공무원법이나 지방공무원법에 의해 인정되는 일반적인 공무원의 의무 이외에 대통령에 대해서는 헌법상 특별히 인정되는 의무가 있다.

헌법 제66조 제2항에서는 대통령이 국가의 독립, 영토의 보전, 국가의 계속성, 헌법의 수호를 위한 책무를 진다고 명시하고 있으며, 헌법 제66조 제3항에서는 조국의 평화적 통일을 위한 성실한 의무를 규정하고 있다.[8)]

Ⅳ. 국회의원의 의무

대통령과는 별도로 국회의원에 대해서는 헌법 제46조에서 특별한 의무가 규정되고 있다.

동조 제1항에서는 **청렴의무**가 명시되고 있으며, 제2항에서는 국회의원의 직무수행에 있어서 **국가이익을 우선**하여 양심에 따라 하도록 요구하고 있다. 또한 제3항에서는 **지위를 남용한 이권개입의 금지**를 규정하고 있다.[9)]

Ⅴ. 국군의 의무

과거 군의 정치개입에 의한 헌정파괴의 경험에 바탕하여 현행헌법은 국군에 대한 의무

8) 대통령의 의무에 대해서 구체적인 내용은 「제3권 제3부 제3장 제2절 **대통령의 선출과 그 신분상의 지위**」 참조.
9) 국회의원의 의무에 대해서 구체적인 내용은 「제3권 제3부 제2장 제2절 Ⅲ. 4. **국회의원의 권한과 의무**」 참조.

를 명시하고 있다. 그것은 국군이 **국가의 안전보장과 국토방위의 의무**를 진다는 점을 명시하면서 **정치적 중립성**을 지키도록 요구하고 있는 것이다(헌법 제5조 제2항).

Ⅵ. 공직자윤리법에 따른 공무원의 의무

1. 재산의 등록과 공개

공직자윤리법에 의한 공무원의 의무 가운데 가장 많은 주목을 받고 있는 것이 재산의 등록과 공개에 관한 것이다. 동법 제3조에서는 재산등록의무자의 범위를 규정하고 있으며, 제4조에서는 등록대상재산의 범위를 정하고 있다. 또한 재산등록의무자와 재산공개대상자를 구분하여 동법 제10조와 제10조의2에서 이에 관한 규정들을 두고 있다.

이러한 규정들은 공무원들이 직무집행과 관련하여 부당한 재산형성이 있었는지의 여부를 밝히기 위한 전제로서의 역할을 하며, 이를 통해 재산형성과정에 대한 의혹이 제기되는 경우가 많다. 그러나 현재로서는 아직 재산의 상태만을 등록하고 공개할 뿐이고 재산의 형성과정은 주식 및 가상자산 거래내역의 신고(동법 제6조의2) 등 제한된 경우 이외에는 밝히지 않게 되어 있기 때문에 실효성이 떨어진다는 비판도 있다.

2. 직무상 비밀 등을 이용한 재물취득의 금지

공직자윤리법 제14조의2에서는 등록의무자인 공무원이 그 직무상 지득한 비밀을 이용하여 재물 또는 재산상 이익을 취득하여서는 안 된다고 규정하고 있다. 이러한 규정은 국가공무원법 및 지방공무원법이 규정하고 있는 비밀엄수의 의무가 단순히 비밀자체의 유지에만 초점을 맞추고 있을 뿐, 자신이 직무상 지득한 비밀을 이용하여 재산상의 이익을 취하는 행위를 규제하지 못한다는 점을 보완하기 위한 것이다.

과거 고급공무원의 경우 기업에 관한 정보나 각종 개발계획에 관한 정보 등을 이용하여 주식, 부동산 등으로 치부하는 예가 적지 않았기 때문에 이 규정은 현실적으로 중요한 의미를 갖는다.[10)]

3. 주식백지신탁

공직자윤리법 제14조의4 이하의 규정에 의하여 도입된 주식백지신탁제도는 직무와 관련한 이해충돌을 막기 위한 제도로서 일정 범위의 공무원들에 대해서 주식의 매각 또는 백지신탁을 법적으로 규정하고 있다.[11)]

주식백지신탁의 대상자는 공직자윤리법에 의한 재산등록의무자 중 제10조 제1항

10) 그러나 이에 관하여는 현행법상 처벌규정이 없다는 점이 문제되기도 한다.

11) 또한 주식백지신탁계약이 체결된 경우에는 당해 신탁계약이 해지될 때까지는 공개대상자 등과 이해관계자 중 어느 누구도 새로이 주식을 취득하여서는 안 된다. 다만 이해관계자가 「상법」에 따른 주식회사의 발기인으로서 주식을 인수하는 경우에는 그러하지 아니하다(동법 제14조의6 제1항).

의 규정에 의한 공개대상자와 기획재정부 및 금융위원회 소속 공무원 중 대통령령이 정하는 자(본인 및 이해관계자)이다.

주식백지신탁의 기준은 본인 및 이해관계자(제4조 제1항 제2호 또는 제3호에 해당하는 자, 단 제4조 제1항 제3호의 자 중 제12조 제4항의 규정에 의하여 재산등록사항의 고지를 거부한 자는 제외)의 보유주식의 총가액이 1천만 원 이상 5천만 원 이하의 범위 안에서 대통령령이 정하는 금액을 초과하는 때이다.

주식백지신탁의 방법은 보유주식을 수탁기관에 맡기는 계약을 체결하고, 수탁기관은 신탁계약이 체결된 날부터 60일 이내에 당초 신탁된 주식을 처분해야 한다.[12] 공개대상자 등은 신탁재산의 관리 · 운용 · 처분에 관여하지 못할 뿐만 아니라 이에 관한 정보의 제공도 요구하지 못한다. 다만, 수탁기관은 신탁계약을 체결할 때에 대통령령이 정하는 범위 안에서 미리 신탁재산의 기본적인 운용방법을 제시할 수 있다. 수탁기관이 선량한 관리자의 주의의무로써 신탁업무를 수행한 경우에는 이로 인한 일체의 손해에 대하여 책임을 지지 않으며, 공개대상자 등은 주식백지신탁계약의 체결 또는 해지로 인한 재산변동사항을 동법 제6조 및 제11조의 규정에 의한 신고에 포함하여 함께 신고하여야 한다.

다만, 공직자윤리법 제14조의5 제7항 및 제14조의12의 규정에 의하여 주식백지신탁 심사위원회로부터 직무관련성이 없다는 결정을 통지받은 때에는 **주식백지신탁의 예외**로 인정된다.[13]

4. 외국정부 등으로부터의 선물수령신고

공직자윤리법 제15조 제1항 제1문은 공무원 또는 공직유관단체의 임 · 직원이 외국 또는 그 직무와 관련하여 외국인(외국단체 포함)으로부터 일정 가액[14] 이상의 선물을 받은 때에는 지체 없이 소속기관 · 단체의 장에게 신고하고 당해 선물을 인도하도록 규정하고 있다.[15] 또한 이러한 규정은 본인뿐만 아니라 가족이 외국으로부터, 또는 당해 공무원이나 공직유관단체의 임 · 직원의 직무와 관련하여 외국인으로부터 선물을 받은 경우에도 적용된다.[16]

이 규정은 공무원이 공직수행과 관련하여 외국 또는 외국인의 영향을 받지 않고 공정하게 업무를 수행하도록 하기 위한 것이다.

5. 퇴직공직자의 유관사기업체에의 취업제한

공직자윤리법 제17조는 공무원 등의 직무집행에 있어 이권이 개입될 여지를 차단하

---

12) 다만, 60일 이내에 주식을 처분하기 어려운 사정이 있는 경우로서 수탁기관이 공직자윤리위원회의 승인을 얻은 때에는 주식의 처분시한을 연장할 수 있으며, 이 경우 1회의 연장기간은 30일 이내로 하여야 한다(동법 제14조의4 제1항 제2호 가목).

13) 이러한 예외 인정의 필요성은 부인될 수 없지만, 과도한 예외 인정으로 주식백지신탁제도의 실효성이 심각하게 훼손되고 있다는 비판도 적지 않다.

14) 공직자윤리법 제15조 제2항의 규정에 따라 신고대상 선물의 가액은 대통령령으로 정한다.

15) 이렇게 신고된 선물은 신고 즉시 국가 또는 지방자치단체에 귀속된다(동법 제16조 제1항).

16) 동법 제15조 제1항 제2문.

기 위하여 대통령령 등이 정하는 직급 또는 직무분야에 종사하였던 공무원과 공직유관단체의 임 · 직원은 퇴직일로부터 3년간 퇴직 전 5년 동안에 소속하였던 부서의 업무와 밀접한 관련이 있는 일정 규모 이상의 영리를 목적으로 하는 사기업체 또는 영리사기업체의 공동이익과 상호협력 등을 위하여 설립된 법인 · 단체에 취업할 수 없도록 규정하고 있다.

만일 이 규정에 위반하여 취업한 경우에는 동법 제19조의 규정에 의하여 공직자윤리위원회위원장과 국가기관 · 지방자치단체 또는 공직유관단체의 장이 관계중앙행정기관의 장에게 해당인에 대한 취업해제조치의 강구를 요청하여야 하며, 요청을 받은 관계중앙행정기관의 장은 해당인이 취업하고 있는 영리사기업체 또는 협회의 장에게 그의 해임을 요구하여야 한다. 또한 이러한 해임요구를 받은 영리사기업체 또는 협회의 장은 지체 없이 이에 응하여야 한다.

다만, 관할 공직자윤리위원회의 승인을 얻은 때에는 이러한 취업제한에 대한 예외가 인정된다.[17)]

제 5 절 직업공무원제의 원칙

Ⅰ. 공무원제도의 발달과 직업공무원제도

특별권력관계의 이론이 발전되던 당시의 공무원신분은 매우 불안정한 것일 수밖에 없었다. 그 결과 공무원들이 공직의 수행에 전념하지 못하게 될 경우에는 결국 국가(또는 군주)의 입장에서도 바람직하지 못한 결과가 나오게 된다.

이런 문제를 해결하기 위해서, 즉 특별권력관계에도 불구하고 공무원들이 자신의 직무에 전념할 수 있도록 하기 위해서 고안된 것이 직업공무원제도라고 할 수 있다. 국가(군주)는 공무원의 생계와 신분을 책임지고, 이에 대한 반대급부로서 공무원은 국가(군주)에 충성하며, 직무에 충실하도록 하는 것이다.

Ⅱ. 직업공무원제도의 의의와 기능

군주제의 몰락과 더불어 직업공무원제는 새로운 차원으로 발전하게 되었다. 특별권력관계가 군주제의 몰락 이후 서서히 쇠퇴의 길을 걸어온 반면, 직업공무원제는 엽관제와 정실인사 등으로 인한 공무원제도의 타락을 막고 그럼으로써 국가사무 수행에 있어서의 객관성과 공정성, 계속성과 안정성을 지속적으로 확보하는 수단으로서 더욱 중요

---

17) 동법 제17조 제1항 단서.

한 역할을 담당하게 된 것이다.

이에 따라 오늘날 직업공무원제도는 민주주의와 법치주의를 실현시키는 매우 중요한 수단으로 인정되고 있다.

Ⅲ. 직업공무원제도의 내용

1. 기능의 유보

기능의 유보는 국가기능 가운데 어떤 부분이 직업공무원에 의해 담당되어야 할 것인지에 관한 문제이다. 그것은 (신분적 안정성과 독립성을 갖는) 직업공무원이 국가작용, 특히 행정작용의 수행을 담당하도록 하였을 경우에 행정의 합법률성과 정치적 중립성이 가장 잘 보장될 수 있다는 점 때문에 매우 커다란 현실적인 의미를 갖는다.[18]

그러나 직업공무원에게 유보되는 행정작용의 구체적 범위에 관하여는 아직도 논란이 끊이지 않고 있다. 권력적 작용에만 미친다는 견해, 급부적 작용에까지 미친다는 견해, 공적 과제를 수행하는 모든 국가작용에 미친다는 견해 등이 아직도 대립되고 있는 것이다. 국가작용의 객관성과 공정성의 확보라는 측면에서는 모든 국가작용을 직업공무원에게 맡기는 것이 바람직할 수도 있다. 그러나 현실적으로 정치적 지도작용(또는 통치작용)[19]에 의해 해결되어야 할 국가과제도 있기 때문에 모든 국가작용으로 확장되는 데에는 문제가 있으며, 정치적 지도작용을 제외한 행정작용의 영역에서는 직업공무원제의 원칙이 적용되어야 할 것이다.

2. 구조보장: 국가와 공무원의 특별한 관계

구조의 보장은 국가와 공무원이 주고받는 보장과 부담의 상응관계라고 할 수 있다. 즉 공무원은 국가에 대한 성실한 근무와 충성을 제공하고, 이에 대한 반대급부로서 국가는 공무원에 대한 법적 · 경제적 안정을 제공하는 것이다.

먼저 공무원이 국가에 대해서 제공하는 공법상의 근무 및 충성관계의 내용으로는 ① 국가와 헌법에 대한 충성의무, ② 공직수행의 효율성(실적주의 원칙), ③ 정치적 중립성, ④ 파업 기타 집단행동의 금지, ⑤ 품위의 유지 등이 기본적으로 인정된다.

이에 대응하여 국가가 공무원에게 제공하는 공무원의 법적 · 경제적 안정의 내용으로는 ① 종신제 내지 정년보장의 원칙, ② 신분보장, ③ 생계의 보장, ④ 적정한 직위의 표시 등이 인정되어 왔다.

---

18) 대립되는 이해관계들에 대한 공무원의 중립성은 –법관의 독립성과 마찬가지로– 법치주의를 담보하는 것이기도 하다.

19) 행정작용과 정치적 지도작용의 구별에 관하여는 「제3권 제2부 제3장 제2절 **정치적 지도작용(통치작용)**」 참조.

Ⅳ. 현행헌법상의 직업공무원제도

1. 공무원제도에 관한 현행헌법의 규정들

현행헌법은 공무원제도에 관하여 제7조를 비롯하여 헌법 제24조(국민의 선거권), 헌법 제25조(국민의 공무담임권), 헌법 제78조(대통령의 공무원 임면권), 헌법 제33조 제2항(공무원의 노동3권 제한), 헌법 제29조(공무원의 직무상의 불법행위에 대한 국가책임) 등 다수의 규정을 두고 있다. 그러나 그 가운데 직업공무원제에 관한 기본규정은 제7조 제2항이라고 할 수 있다.

헌법 제7조 제2항은 "공무원의 신분과 정치적 중립성은 법률이 정하는 바에 의하여 보장된다"고 명시함으로써 직업공무원제의 헌법적 근거를 마련하고 있다. 물론 이 규정에 의하여 신분과 정치적 중립성이 보장되는 공무원은 헌법 제7조 제1항과는 달리 모든 공직수행의 담당자(즉 넓은 의미의 공무원)가 아니라 행정작용을 담당하는 좁은 의미의 공무원에 한정되어야 한다.[20)]

2. 공무원의 신분보장

공무원의 신분보장과 관련하여 국가공무원법 제68조는 "공무원은 형의 선고, 징계처분 또는 이 법으로 정하는 사유에 따르지 아니하고는 본인의 의사에 반하여 휴직 · 강임 또는 면직을 당하지 아니한다. 다만, 1급공무원과 제23조에 따라 배정된 직무등급이 가장 높은 등급의 직위에 임명된 고위공무원단에 속하는 공무원은 그러하지 아니하다"고 규정함으로써 공무원의 신분이 함부로 침해되지 않도록 하고 있다.[21)]

---

20) **헌재 1989.12.18. 89헌마32등 결정**: "우리나라는 직업공무원제도를 채택하고 있는데, 이는 공무원이 집권세력의 논공행상의 제물이 되는 엽관제도(獵官制度)를 지양하고 정권교체에 따른 국가작용의 중단과 혼란을 예방하고 일관성있는 공무수행의 독자성을 유지하기 위하여 헌법과 법률에 의하여 공무원의 신분이 보장되는 공직구조에 관한 제도이다. 여기서 말하는 공무원은 국가 또는 공공단체와 근로관계를 맺고 이른바 공법상 특별권력관계 내지 특별행정법관계 아래 공무를 담당하는 것을 직업으로 하는 협의의 공무원을 말하며 정치적 공무원이라든가 임시적 공무원은 포함되지 않는 것이다."

21) 헌법재판소는 직업공무원제에 대하여 "직업공무원제도 하에 있어서는 과학적 직위분류제(職位分類制), 성적주의 등에 따른 인사의 공정성을 유지하는 장치가 중요하지만 특히 공무원의 정치적 중립과 신분보장은 그 중추적 요소라고 할 수 있는 것"(**헌재 1989.12.18. 89헌마32등 결정**)이라고 인정한 바 있다.

또한 헌법재판소는 이와 관련하여 " … 조직의 변경과 관련이 없음은 물론 소속공무원의 귀책사유의 유무라던가 다른 공무원과의 관계에서 형평성이나 합리적 근거 등을 제시하지 아니한 채 임명권자의 후임자임명이라는 처분에 의하여 그 직을 상실하는 것으로 규정하였으니, 이는 결국 임기만료되거나 정년시까지는 그 신분이 보장된다는 직업공무원제도의 본질적 내용을 침해하는 것으로서 헌법에서 보장하고 있는 공무원의 신분보장 규정에 정면으로 위반된다"(**헌재 1989.12.18. 89헌마32등 결정**)고 인정하고 있다. 하지만 다른 한편으로 헌법재판소는 "공무원으로 임용된 경우에 있어서 정년까지 근무할 수 있는 권리는 헌법의 공무원신분보장 규정에 의하여 보호되는 기득권으로서, 공무원법상의 정년규정을 변경함에 있어서 공무원으로 임용될 때 발생한 공무원법상의 정년규정까지 근무할 수 있다는 기대 내지 신뢰를 합리적 이유 없이 박탈하는 것은 헌법상의 공무원신분보장 규정에 위배된다 할 것이나, 공무원이 임용 당시의 공무원법상의 정년규정까지 근무할 수 있다는 기대와 신뢰는 행정조직, 직제의 변경 또는 예산의 감소 등 강한 공익상의 정당한 근거에 의하여 좌우될 수 있는 상대적이고 가변적인 것에 지나지 않는다고 할 것이므로 정년규정을 변경하는 입법은 구법질서에 대하여 기대했던 당사자의 신뢰보호 내지 신분관계의 안정이라는 이익을 지나치게 침해하지 않는 한 공익목적 달성을 위하여 필

그러나 이와 같은 국가공무원법 제68조만으로 실효적인 신분보장이 확보될 수 있는가에 대해서는 의문의 여지가 있다. 단순히 휴직, 강임, 면직 등에 대한 제한만으로 공무원의 신분이 충분히 보장된다고는 말하기 어려우며 승진의 탈락, 불리한 보직의 배정 등을 통해 불이익한 처우가 가해질 수 있는 여지가 많기 때문이다.

3. 공무원의 정치적 중립성의 보장

공무원이 공직의 수행과 관련하여 객관성과 중립성, 계속성과 안정성을 확보하여야 한다는 요청은 무엇보다 정치적 중립성의 요청과 결부되어 검토되어야 한다. 만일 공무원이 정치적 중립을 지키지 못할 경우에는 정권이 바뀔 때마다 공직제도의 근간이 흔들리는 심각한 문제가 발생할 것이기 때문이다.

그러나 공무원의 정치적 중립성 요청의 공무원의 모든 정치활동의 금지를 의미하는 것은 아니기 때문에 제한되는 정치활동의 구체적 범위가 문제되며, 국가공무원법과 지방공무원법이 이에 대한 기준을 제시하고 있다.[22] 그러나 이러한 기준의 타당성 내지

요한 범위 내에서 입법권자의 입법형성의 재량을 인정하여야 할 것이다"(**헌재 1994.4.28. 91헌바15등 결정**) 라고 판시한 바 있다.

나아가 헌법재판소는 "금고 이상의 형의 선고유예를 받은 경우에 그 유예기간 중에 있는 자는 공무원이 될 수 없고 또한 위 규정에 해당할 때에는 당연히 퇴직한다라는 규정은 지방공무원의 신분보장 원칙에 반하는 것이라고 볼 수 없다"(**헌재 1990.6.25. 89헌마220 결정**)고 인정한 바 있다. 그러나 헌법재판소는 판례변경을 통해 "공무원이 금고 이상의 형의 선고유예를 받은 경우에는 공무원직에서 당연히 퇴직하는 것으로 규정하고 있는 이 사건 법률조항은 금고 이상의 선고유예의 판결을 받은 모든 범죄를 포괄하여 규정하고 있을 뿐 아니라, 심지어 오늘날 누구에게나 위험이 상존하는 교통사고 관련 범죄 등 과실범의 경우마저 당연퇴직의 사유에서 제외하지 않고 있으므로 최소침해성의 원칙에 반한다"(**헌재 2002.8.29. 2001헌마788등 결정**)고 판시하였다.

22) **국가공무원법 제65조(정치운동의 금지):**
① 공무원은 정당이나 그 밖의 정치단체의 결성에 관여하거나 이에 가입할 수 없다.
② 공무원은 선거에서 특정 정당 또는 특정인을 지지 또는 반대하기 위한 다음의 행위를 하여서는 아니 된다.
1. 투표를 하거나 하지 아니하도록 권유 운동을 하는 것
2. 서명 운동을 기도(企圖)·주재(主宰)하거나 권유하는 것
3. 문서나 도서를 공공시설 등에 게시하거나 게시하게 하는 것
4. 기부금을 모집 또는 모집하게 하거나, 공공자금을 이용 또는 이용하게 하는 것
5. 타인에게 정당이나 그 밖의 정치단체에 가입하게 하거나 가입하지 아니하도록 권유 운동을 하는 것
③ 공무원은 다른 공무원에게 제1항과 제2항에 위배되는 행위를 하도록 요구하거나, 정치적 행위에 대한 보상 또는 보복으로서 이익 또는 불이익을 약속하여서는 아니 된다.
④ 제3항 외에 정치적 행위의 금지에 관한 한계는 대통령령 등으로 정한다.

지방공무원법 제57조(정치운동의 금지):
① 공무원은 정당이나 그 밖의 정치단체의 결성에 관여하거나 가입할 수 없다.
② 공무원은 선거에서 특정정당 또는 특정인을 지지하거나 반대하기 위하여 다음 각 호의 어느 하나에 해당하는 행위를 하여서는 아니 된다.
1. 투표를 하거나 하지 아니하도록 권유하는 것
2. 서명운동을 기획·주재하거나 권유하는 것
3. 문서 또는 도화(圖畵)를 공공시설 등에 게시하거나 게시하게 하는 것
4. 기부금품을 모집하거나 모집하게 하는 행위 또는 공공자금을 이용하거나 이용하게 하는 것
5. 타인에게 정당이나 그 밖의 정치단체에 가입하게 하거나 가입하지 아니하도록 권유하는 것
③ 공무원은 다른 공무원에게 제1항과 제2항에 위배되는 행위를 하도록 요구하거나 정치적 행위에 대

합헌성에 대한 논란은 여전히 계속되고 있다.

입법론적으로 볼 때 공직수행의 정치적 중립성이 곧 정당가입의 금지로 연결되어야 할 것인지에 대해서는 논란의 여지가 있다. 공무원의 정당가입을 금지한다고 해서 공무원들이 개인적으로 특정 정당에 대해 지지하는 마음을 갖는 것조차 막을 수는 없기 때문에 정당가입금지의 실효성이 문제되며, 또한 정당가입을 허용해 놓을 때에 오히려 누가 어느 정당을 지지할 것인지를 알기 때문에 직무수행상의 정치적 중립성을 통제하기가 쉬워진다는 측면도 간과할 수 없기 때문이다.[23)]

최근에는 공무원의 정치적 의사표현이 정치적 중립성과 관련하여 문제된 사례가 많다. 시국선언을 주도 또는 이에 참여하는 등 정부정책에 대하여 비판적인 정치의사를 표현한 것과 관련하여 공무원의 정치적 의사표현이 어디까지 허용될 수 있는지에 대한 논란이 적지 않은 것이다.[24)]

한 보상 또는 보복으로 이익 또는 불이익을 약속하여서는 아니 된다.

④ 제1항부터 제3항까지에서 규정한 사항 외에 공무원의 정치적 행위의 금지에 관한 한계는 대통령령으로 정한다.

23) 헌법재판소는 공무원의 정치적 중립성에 대한 요청이 정당가입의 금지로 나타나는 것 자체에 대해서는 합헌으로 인정하였으나(**헌재 2014.3.27. 2011헌바43 결정**) 퇴직 후의 정당가입까지 제한하는 것과 관련해서는 "검찰총장은 퇴직일부터 2년 이내에는 정당의 발기인이 되거나 당원이 될 수 없다"는 검찰청법 제12조 제4항에 대한 위헌결정(**헌재 1997.7.16. 97헌마26 결정**)과 "경찰청장은 퇴직일부터 2년 이내에는 정당의 발기인이 되거나 당원이 될 수 없다"는 경찰법 제11조 제4항에 대한 위헌결정(**헌재 1999.12.23. 99헌마135 결정**)을 통해서 지나친 제한에 한계를 그은 바 있다.

24) **헌재 2007.8.30. 2003헌바51등 결정**: "공무원의 공무 이외의 일을 위한 집단행위를 금지하고 있는 것은 공무원의 집단행동이 공무원 집단의 이익을 대변함으로써 국민전체의 이익추구에 장애가 될 소지가 있기 때문에 공무원이라는 특수한 신분에서 나오는 의무의 하나를 규정한 것이고, 위 개념이 '공익에 반하는 목적을 위하여 직무전념의무를 해태하는 등의 영향을 가져오는 집단적 행위'라고 명백히 한정하여 해석되므로, 법 제66조 제1항이 언론·출판의 자유와 집회·결사의 자유의 본질적인 내용을 과도하게 침해한다고 볼 수 없다."

대법원 2012.4.19. 선고 2010도6388 전원합의체 판결: "공무원인 교원의 경우에도 정치적 표현의 자유가 보장되어야 하지만, 공무원의 정치적 중립성 및 교육의 정치적 중립성을 선언한 헌법정신과 관련 법령의 취지에 비추어 정치적 표현의 자유는 일정한 범위 내에서 제한될 수밖에 없고, 이는 헌법에 의하여 신분이 보장되는 공무원인 교원이 감수하여야 하는 한계이다. 더구나 공무원인 교원의 정치적 표현행위가 교원의 지위를 전면에 드러낸 채 대규모로 집단적으로 이루어지는 경우에는 그것이 교육현장 및 사회에 미치는 파급력을 고려한 평가가 요구된다. 따라서 공무원인 교원이 집단적으로 행한 의사표현행위가 국가공무원법이나 공직선거법 등 개별 법률에서 공무원에 대하여 금지하는 특정의 정치적 활동에 해당하는 경우나, 특정 정당이나 정치세력에 대한 지지 또는 반대의사를 직접적으로 표현하는 등 정치적 편향성 또는 당파성을 명백히 드러내는 행위 등과 같이 공무원인 교원의 정치적 중립성을 침해할 만한 직접적인 위험을 초래할 정도에 이르렀다고 볼 수 있는 경우에, 그 행위는 공무원인 교원의 본분을 벗어나 공익에 반하는 행위로서 공무원의 직무에 관한 기강을 저해하거나 공무의 본질을 해치는 것이어서 직무전념의무를 해태한 것이라 할 것이므로, 국가공무원법 제66조 제1항에서 금지하는 '공무 외의 일을 위한 집단행위'에 해당한다고 보아야 한다. 여기서 어떠한 행위가 정치적 중립성을 침해할 만한 직접적인 위험을 초래할 정도에 이르렀다고 볼 것인지는 일률적으로 정할 수 없고, 헌법에 의하여 정치적 중립성이 요구되는 공무원 및 교원 지위의 특수성과 아울러, 구체적인 사안에서 당해 행위의 동기 또는 목적, 시기와 경위, 당시의 정치적·사회적 배경, 행위 내용과 방식, 특정 정치세력과의 연계 여부 등 당해 행위와 관련된 여러 사정을 종합적으로 고려하여 판단하여야 한다."

4. 교원노조, 공무원노조의 합법화와 공무원의 집단행동

현행헌법 제33조 제2항은 "공무원인 근로자는 법률이 정하는 자에 한하여 단결권·단체교섭권 및 단체행동권을 가진다"고 명시하고 있으며, 이에 근거하여 대다수 공무원들의 근로삼권은 인정되지 않고 있었다.

1999년 제정된 「교원의 노동조합 설립 및 운영 등에 관한 법률」과 2005년 제정되어 2006년 1월부터 시행된 「공무원의 노동조합 설립 및 운영 등에 관한 법률」에 의해 공무원의 단결권과 단체교섭권이 인정된 것은 공무원 기본권 보장의 큰 진전이라 평가될 수 있다.

그러나 국가공무원법 제66조와 지방공무원법 제58조는 공무원의 집단행위 금지에 관한 규정을 존치시키고 있기 때문에 교원노조법 및 공무원노조법과의 관계에서 논란이 적지 않다. 이는 현행법 해석상 공무원노조법에 의한 예외가 인정되는 경우를 제외하고는 공무원의 집단행위가 여전히 금지되고 있는 것으로 볼 수 있으나 제한되는 집단행위의 구체적 범위가 어디까지인지 대해서는 날카로운 견해의 대립이 있는 것이다.[25)]

5. 제도적 보장으로서의 직업공무원제도?

직업공무원제도를 칼 슈미트적 의미의 제도적 보장으로 이해하는 견해가 적지 않다. 그러나 오늘날 칼 슈미트적 의미의 제도적 보장을 주장하는 것은 특별한 의미가 없다. 실제 전통적으로 내려온 제도로서 그 중요성이 인정되어 헌법에까지 규정된 것 가운데서 헌법개정을 통해 삭제될 만한 것은 찾아보기 어렵기 때문이다.

더욱이 직업공무원제도는 민주적 법치국가를 실현시키는 데 중심적 요소의 하나인 공직제도의 본질적 구성부분의 하나이다. 직업공무원제도를 폐지하고 공직제도를 유지한다는 것은 생각하기 어렵기 때문에 이를 칼 슈미트적 의미의 제도적 보장으로 이해할 수는 없을 것이다.

6. 직업공무원제도의 변화: 국가중심에서 국민중심으로

직업공무원제도의 현대적 의미는 무엇보다 그것이 공직수행의 객관성과 공정성을 확보하기 위한 필수적 수단이 되고 있다는 점에서 찾을 수 있다.

과거에는 공직제도 자체가 국가와 사회의 구별에 기초한 것이었고, 그 결과 국민과는 유

---

25) **대법원 2009.6.23. 선고 2006두16786 판결**: "지방공무원법 제58조 제1항 본문은 "공무원은 노동운동 기타 공무 이외의 일을 위한 집단행위를 하여서는 아니 된다."고 규정하고 있는바, 여기서 '공무 이외의 일을 위한 집단행위'라고 함은 공무에 속하지 아니하는 어떤 일을 위하여 공무원들이 하는 모든 집단적 행위를 의미하는 것이 아니라 언론·출판·집회·결사의 자유를 보장하고 있는 헌법 제21조 제1항과 지방공무원법의 입법 취지, 지방공무원법상의 성실의무와 직무전념의무 등을 종합적으로 고려하여 '공익에 반하는 목적을 위하여 직무전념의무를 해태하는 등의 영향을 가져오는 집단적 행위'를 말한다(**대법원 2004.10.15. 선고 2004도5035 판결** 등 참조)."

리된 국가만의 제도로 파악되었기 때문에 직업공무원제도도 국가를 중심으로 이해되었다. 하지만 현대 민주국가의 공직제도는 국민에게 봉사하는, 국민중심의 제도로 파악되어야 한다. 따라서 직업공무원제도의 실질적 의미도 국민에 대한 봉사에서 찾아야 한다.

제 6 절 법관과 군인의 특수지위

헌법상 공무원들 가운데 특별한 역할 때문에 특별히 규정되고 있는 공무원으로 - 대통령과 국회의원 기타 헌법기관에 해당되는 공무원들 이외에- 법관과 군인이 있다. 이들은 헌법상의 특수한 기능을 담당하며, 이에 기초하여 헌법상 특별한 지위가 인정되는 것이다.

Ⅰ. 법관의 특수지위

법관은 사법기능의 담당자로서 헌법상 특별한 지위가 인정되고 있다.[26] 일반공무원과는 달리 보다 강한 전문성과 독립성 그리고 특별한 신분보장(헌법 제106조)의 요청이 인정되고 있으며, 이에 따라 특별한 규정을 통하여 사법부의 독립(헌법 제103조)이 규정되고 있는 것이다.[27]

Ⅱ. 군인의 특수지위

군인의 경우에도 역시 국가의 안전보장과 국방이라는 특수한 사명에 따른 조직 및 활동상의 특수성에 따라 특별한 규정을 통하여 규율되고 있다. 헌법 제5조는 국군의 국가안전보장 및 국토방위의 의무와 더불어 정치적 중립성을 강조하고 있으며, 이에 기초한 국군조직법 등이 제정되어 있다.

---

26) 법관의 지위에 관하여 구체적인 내용은 「제3권 제3부 제4장 제2절 **사법부조직의 기본원리: 사법부의 독립**」 참조.

27) 헌법재판소도 법관의 신분보장과 관련하여 "헌법에 의하여 그 신분이 직접 보장되고 있는 법관이 적법절차에 의하지 않고 그 의사에 반하여 해직이 강제된다면 사적으로는 법관 개인의 인간적인 존엄과 가치 및 행복추구권에 심각한 상처를 입게 되겠지만, 공적으로도 사법권독립과 법치주의에 중대한 위협이 될 것"(**헌재 1992.11.12. 91헌가2 결정**)이라고 인정한 바 있다. 사법부의 독립 및 그 내용으로서의 법관의 독립에 대해서는 「제3권 제3부 제4장 제2절 **사법부조직의 기본원리: 사법부의 독립**」 참조.

제7절 공무원의 직무상의 활동과 국가책임

공무원이 직무상의 불법행위를 통하여 국민에게 손해를 끼친 경우에는 이에 대한 책임이 문제된다. 공직의 수행은 국민에게 봉사하는 것이므로 이러한 일이 발생되지 않는 것이 원칙이지만, 현실적으로 직무상의 불법행위가 발생되는 경우도 적지 않으므로 이에 대한 공무원 자신의 책임과 국가의 책임이 문제되는 것이다. 이 문제를 해결하기 위하여 현행헌법은 제29조에서 국가배상청구권을 인정하고 있다.[28]

또한 공무원의 정당한 직무행위가 국민에게 손실을 발생시키는 경우도 있을 수 있는데, 이러한 경우에는 보상이 문제된다. 헌법 제23조 제3항이 규정하고 있는 재산권의 수용, 사용, 제한 등에 대한 보상,[29] 그리고 헌법 제28조에서 규정되고 있는 형사보상[30] 등이 이에 해당된다.

사례 풀이:

1. (1) 갑(甲)의 헌법소원심판청구는 적법한가? (15점)
   1. 서: 위헌심사형 헌법소원의 의의와 적법요건 [2점]
   2. 심판대상 [4점]
   3. 재판의 전제성 [4점]
   4. 기타의 적법요건 [4점]
   5. 결론 [1점]

   (2) 정(丁)과 전교조의 헌법소원심판청구는 적법한가? (15점)
   1. 서: 권리구제형 헌법소원과 적법요건 [2점]
   2. 공권력의 행사 또는 불행사에 의한 기본권의 침해 [4점]
   3. 기본권침해의 직접성, 현재성, 자기관련성 [5점]
      - 법령소원과 관련한 기본권침해의 직접성 요건 강조
   4. 기타의 적법요건 [3점]
   5. 결론 [1점]

2. 갑(甲)의 정치적 표현의 자유는 헌법상 어느 정도까지 보호되며, 이를 제한하는 지방공무원법 제58조 제1항은 합헌인가? (35점)

   Ⅰ. 사안의 분석과 쟁점의 정리 [3점]

   Ⅱ. 교원의 법적 지위와 기본권의 특별한 제한 [6점]
   1. 교원의 특수성과 법적 지위
   2. 기본권 주체로서의 교원
   3. 담당하는 직무의 특수성과 기본권의 특별한 제한

---

28) 국가배상청구권에 대하여는 「제2권 제2부 제19장 제1절 **국가배상청구권**」 참조.

29) 재산권의 수용 · 사용 · 제한에 대한 보상에 대하여는 「제2권 제2부 제10장 제4절 **재산권의 제한: 사용, 수용, 제한**」 참조.

30) 형사보상청구권에 대하여는 「제2권 제2부 제19장 제2절 **형사보상청구권**」 참조.

Ⅲ. 교원의 정치적 의사표현의 인정범위와 한계 [12점]
1. 교원의 학생에 대한 영향력과 정치적 의사표현 자유의 제한
2. 교원의 정치적 의사표현이 인정될 수 있는 경우
- 직무와 무관한 사적 공간에서의 정치적 표현의 자유의 허용
- 직무공간과 시간을 벗어났으나 공적 장소에서의 정치적 표현의 문제
3. 전교조 시국선언에 대한 헌재결정과 그 의미
Ⅳ. 지방공무원법 제58조 제1항의 합헌성에 대한 검토 [12점]
1. 명확성원칙에 대한 검토
2. 과잉금지원칙에 대한 검토
3. 기본권의 본질내용침해금지원칙에 대한 검토
4. 지방공무원법 제58조 제1항의 합헌적 해석
Ⅴ. 결론 [2점]

3. 교원노조법 제3조가 교원노조의 정치활동을 금지하는 것은 교원노조를 일반 노조나 대학교원 단체에 비해 불합리하게 차별하는 것으로서 위헌인가? (35점)

Ⅰ. 쟁점의 정리 [3점]
Ⅱ. 평등의 실현구조와 사안에서의 비교집단 [6점]
1. 평등의 의의와 법 앞의 평등 - 상대적 평등
2. 평등의 실현구조와 차별의 합리성 여부에 대한 판단
3. 비교집단의 의미와 사안에서의 비교집단
Ⅲ. 정치적 기본권의 중요성과 엄격한 심사기준의 적용 [12점]
1. 교원에 대한 정치적 중립성의 요청
2. 민주국가에서 정치적 기본권이 갖는 의미와 중요성
3. 사안의 성격과 엄격한 심사기준의 적용
Ⅳ. 교원노조에 대한 차별적 취급과 비례성심사 [12점]
1. 목적의 정당성 및 방법의 적정성
2. 침해의 최소성
3. 법익의 균형성
Ⅴ. 결론 [2점]

제 5 장 경제헌법

헌법이 정치만을 대상으로 하는 것이 아니라 국가공동체 내의 모든 사항을 규율하는 기본법으로 인식되면서 경제질서의 헌법적 기초에 대한 관심이 높아지게 되었고, 이에 따라 경제헌법에 대한 관심도 높아졌다.

그러나 경제헌법이라는 울타리 안에서 논의되어야 할 내용의 범위와 한계, 그리고 이를 지배하는 원리에 대해서는 아직도 논란이 적지 않다. 이러한 경제헌법에 대한 헌법적 접근에 있어서는 무엇보다 경제질서의 기본적 의미, 즉 경제질서의 공동체관련성에 대한 이해가 전제되어야 한다.

이러한 전제 위에서 비로소 경제적으로 중요한 활동이 법적인 보장과 규제 속에 놓이게 되는 것을 설명할 수 있고, 나아가 어떠한 내용의 보장과 규제가 필요한지를 검토할 수 있다. 또한 이러한 기본적인 전제 위에서 한편으로는 **개인의 자유로운 경제활동의 보장**이, 다른 한편으로는 **경제활동에 대한 국가적 개입의 양태와 정도 및 그 근거** 등이 경제헌법이라는 주제로 논의될 수 있다.

> 헌법 제119조 ① 대한민국의 경제질서는 개인과 기업의 경제상의 자유와 창의를 존중함을 기본으로 한다.
> ② 국가는 균형있는 국민경제의 성장 및 안정과 적정한 소득의 분배를 유지하고, 시장의 지배와 경제력의 남용을 방지하며, 경제주체간의 조화를 통한 경제의 민주화를 위하여 경제에 관한 규제와 조정을 할 수 있다.

제 1 절 경제에 관한 헌법규정의 탄생과 경제헌법

Ⅰ. 헌법이해의 변화와 경제에 대한 태도 변화

1. 전통적인 헌법이해와 헌법의 규율범위 – 정치의 법으로서의 헌법

전통적으로 헌법은 **공법**(公法)에 속하는 것으로 이해되었다.[1] 이러한 공법과 사법

1) 즉 헌법, 행정법, 형법, 소송법 등은 공법에, 민법이나 상법 등은 **사법(私法)**에 속하는 것으로 보는 공

의 구별은 무엇보다 각 영역을 지배하는 기본원리의 차이에서 드러난다고 할 수 있다. 외견상 똑같은 행위라 할지라도 공법의 적용을 받느냐, 아니면 사법의 적용을 받느냐에 따라 상이한 법적 효과가 귀속될 수 있기 때문이다.[2] 또한 공법과 사법은 적법과 불법의 인정에 있어서 각기 독자적인 기준을 갖고 있기 때문에 그 판단이 항상 일치하지는 않는다.[3]

결국 헌법을 공법으로 분류한 것은 헌법이 국가의 조직과 권한 및 그 권한이 국민에게 행사되는 방식 등 국가권력을 규율대상으로 하는 법이라고 이해하였기 때문이다. 또는 이를 좀 더 확대하여 헌법을 국가권력행사의 기초가 되는 **정치과정에 관한 법**으로 이해하기도 하였다.

이런 맥락에서 국가적 생활관계는 사적 생활관계와 다른 여러 특성들을 갖는다는 점이 강조될 수 있다. 무엇보다 국가 그 자체가 국가권력을 행사하여 공익을 실현시키는 존재이며, 이러한 국가의 활동에는 -**사적 자치(私的 自治)의 원칙**에 따라 보다 넓은 자유의 영역이 인정되는 사법적(私法的) 법률관계에서와는 달리- **법치주의의 원리**에 따라 보다 엄격한 법적 규율이 요청되고 있다는 점에서 나타난다.

이와 같은 전통적인 헌법이해에 따르면 개인의 경제생활은 사적인 활동이므로 사법(私法)에 의해 규율되는 것이고, 헌법의 규율대상이 아니라고 보게 된다. 즉 전통적인 이해에 따를 때, 정치현상이 아닌 경제현상은 헌법적 고찰의 대상에서 배제되었던 것이다.

2. 국가(헌법)의 과제에 대한 이해의 변화와 규율범위의 확대

이러한 전통적 헌법이해의 배경에는 자유주의 사상이 자리하고 있었다.[4] 그러나 고전적 자유주의의 기본전제, 즉 개인의 자유와 국가권력의 긴장관계라는 것은 오늘날 부분적으로만 타당하다.

현대 민주국가에서도 국가권력의 남용과 오용에 의해 개인의 자유가 침해되는 경우

법과 사법의 구별체계에 따를 때, 헌법은 국가의 권력적 작용을 다루는 법이기 때문에 공법으로 분류되었던 것이다.

2) 예컨대 특정인이 개인적으로 잘 아는 점포에서 시중보다 비싼 가격으로 물건을 구입하는 경우, 그것이 사법이 적용되는 경우라면 단순히 매매계약상의 문제로 처리될 것이지만, 그 특정인이 국가기관의 자격으로 구입한 경우라면 (특혜시비가 문제되는 것은 접어 두고라도) 공법이 적용되며 위법한 행위로 인정될 수 있다.

3) 구체적으로 어떤 기준에 따라 공법과 사법을 구별할 것인지에 대해서는 아직까지도 합의된 통일적 기준 없이 이익설, 주체설, 법률관계설, 생활관계설 등 다양한 기준이 제시되고 있으며, 노동법, 경제법이나 사회보장법 등과 같이 공법적인 성격과 사법적인 성격을 동시에 갖고 있는 새로운 법영역이 발전됨에 따라 공법과 사법의 구별은 점차 퇴색되고 있다. 그럼에도 불구하고 공법과 사법의 구별은 아직까지도 -비록 과거와는 다른 형태이지만- 인정되고 있는 사적 자치의 원칙 등으로 인하여 여전히 의미를 상실하지 않고 있다.

4) 즉 개인의 자유와 국가의 권력을 긴장관계 속에서 이해하고, 개인의 자유에 대한 국가권력의 침해를 최소화하는 공동체질서가 최상의 것이라고 생각하는 자유주의의 입장에서는 개인의 사적 활동의 영역과 국가권력이 행사되는 영역을 최대한 구분하고, 이에 기초하여 공법과 사법, 또는 공적 영역과 사적 영역을 구분하여 이들이 각기 다른 법원칙에 의해 지배된다고 이해할 필요가 있었던 것이다.

는 적지 않지만, 그렇다고 그것이 국가권력의 본질로 이해되지는 않는다. 오히려 민주국가 내에서의 국가권력은 국민의 기본권, 즉 모든 국민의 자유와 평등을 보장하고 실현시키는데 유용한 수단으로 인식되고 있는 것이다.

이런 맥락에서, 사적 생활에 대한 국가권력의 개입은 종래와 같이 금기시되는 것이 아니라 오히려 적극적으로 요청되기도 한다. 즉 국가의 과제는 전통적인 국가생활, 군대와 경찰 등의 활동을 통한 질서유지에만 있는 것이 아니라 각종 사회보장, 경제정책의 수립과 집행, 환경보호 등 다양한 영역으로 확장되고 있으며, 이러한 국가의 과제 내지 활동범위의 변화는 헌법(의 규율범위)에 대한 이해의 변화를 전제하는 것이기도 하다.

3. 사적 생활영역에 대한 국가적 간섭의 증대와 그 현실적 · 이론적 기초

이처럼 현대에 들어와 사적 생활영역에 대한 국가의 침투가 다양하고 광범위하게 나타나는 것은 크게 세 가지 요인에 기초한다.

첫째, **민주주의의 관철**에 의해 국가권력의 본질에 대한 이해가 달라졌다. 종래 군주국가에 있어서의 국가권력은 국민을 위해 존재하는 것이 아니라 군주에 의해 장악되어 있고, 경우에 따라서는 국민의 자유와 권리를 침해할 수도 있는 존재, 국민과는 이질적인 존재였다. 그러나 민주주의가 관철되면서 국가권력의 의의와 기능에 대한 이해도 변화될 수밖에 없었다. 국가권력은 국민에게, 즉 국민의 기본권을 보장하고 실현하는 데, 봉사하는 수단으로 인식되었으며, 국가권력의 출발점은 국민으로부터 나오는 민주적 정당성에서 찾을 수 있다.

둘째, **현대 산업사회의 현실**이 국가의 광범위한 개입을 요청하고 있다. 종래에는 국가권력이 개인의 자유와 권리를 침해하는 것이 주로 문제되었고, 헌법의 역할은 이러한 국가권력을 제한함으로써 개인의 자유와 권리를 확보하는 것으로 이해되었다. 그러나 오늘날 국가가 개인의 자유와 권리를 침해하는 일은 많이 줄어들었지만, 사인(私人) 상호간의 관계에서 자유와 권리가 침해되는 현상이 두드러지게 나타나고 있다. 사적 생활관계에서 나타나는 -예컨대 기업주와 노동자, 제조회사와 소비자 사이에서 나타나는- 실질적 힘의 불평등 및 그로 인하여 야기되는 사회적 · 경제적 약자의 인권침해가 증대되었으며, 이러한 문제의 해결을 위하여 국가의 광범위한 개입이 요청되고 있는 것이다.

셋째, 헌법에 대한 새로운 이해를 통하여 **국가의 영역과 사회의 영역, 즉 공(법)적 영역과 사(법)적 영역의 구별이 완화**되었다. 아직도 공(법)적 영역과 사(법)적 영역의 구별을 완전히 무의미한 것으로 취급하기는 어렵지만, 적어도 양자의 구별이 과거와 같이 엄밀한 것으로는 여겨지지 않는다. 더욱 중요한 것은 종래 공법의 영역에만 속하는 것으로 취급되었던 헌법이 공법과 사법을 포함한 모든 법의 최고법으로 새롭게 이해되고 있다는 것이다. 따라서 개인의 사적 생활영역에 대해서도 헌법의 적용이 요청된다는 점이 인정되었으며, 이에 기초하여 국가권력이 개인의 사적 생활영역에 관여하는 것이 정당화되는 것이다.

Ⅱ. 경제헌법의 개념과 의의

1. 경제헌법개념의 태동과 헌법(이론)으로의 도입

경제헌법(Wirtschaftsverfassung)이라는 개념은 독일 경제학에서 먼저 사용되기 시작하였으며, 초기에는 경제질서, 경제제도, 경제단계 또는 경제스타일과 같은 의미로 사용되었다. 특히 이 개념은 신자유주의 경제학파의 오이켄(Eucken)과 뵘(Böhm)에 의해 널리 보급되었으며, 이들은 경제헌법을 공동체의 경제생활의 질서에 관한 전체적 결정이라고 규정하였고, 이에 따라 「중앙통제적 경제」와 「시장경제」라는 두 가지 형태로 경제유형의 이념형적 구별을 제시하였다.

그러나 1950년대 독일에서 경제헌법에 대한 논의가 활발해지면서 이러한 이념형적 구별의 한계가 인식되었고, 보다 세분화된 -그리고 현실에 가까운- 경제모델이 추구되었다. 여기서는 헌법에 내포되어 있는 사회국가적 요청이 중요한 기준으로 고려되었다. 이러한 맥락에서 새로운 유형의 경제질서를 지칭하는 개념으로 사회적 시장경제라는 용어가 탄생되었다. 이를 통하여 경제학에서 시작된 경제헌법의 논의가 법학, 특히 헌법학의 차원으로 이전된 것이다.

이렇게 규범적으로 이해된 경제헌법의 개념을 어떻게 정의할 것인가에 대해서는 아직도 논란이 없지 않다.[5] 그러나 현재의 시점에서는 경제헌법의 개념을 경제질서의 헌법적 기초라는 정도로 포괄적으로 파악하고, 그 구체적 의미내용 및 구성요소, 그리고 전통적인 (정치적) 헌법과의 관계 등에 대해서는 개별적으로 고찰해 들어가는 편이 바람직할 것이다.

2. 사회국가적 이념과 경제에 관한 헌법의 태도

경제질서의 형성과 가장 밀접한 관련을 맺고 있는 헌법원리로는 사회국가원리를 들 수 있다. 민주주의나 법치주의도 경제질서와 무관하다고는 할 수 없지만, 사회국가원리만큼 직접적으로 경제질서의 형성 방향을 제시하고 있지는 않기 때문이다.

물론 헌법의 기본원리가 헌법 전체의 구조와 성격을 규정짓는 의미를 갖고 있다고 볼 때, 경제헌법도 전체로서의 헌법을 구성하는 한 요소인 이상 이러한 헌법의 기본원리에 의한 규율을 벗어나지 못한다. 즉 경제질서의 형성에 있어서도 민주주의와 법치주의의 요청은 존중되어야 하는 것이다.[6] 예컨대 개인의 자유로운 경제활동의 여지를 전혀

---

5) 예컨대 발러슈테트(*K. Ballerstedt*)처럼 경제헌법을 "사회적 수요의 충족에 참여함을 통하여 기초를 형성한, 그리고 시장을 매개로 하는 -국가적 또는 초국가적으로 존재하는- 경제공동체 내의 기본질서"라고 정의함으로써 경제공동체의 법적인 질서로서의 경제헌법과 전통적인 (정치적) 헌법을 이원적으로 파악하는 견해가 있는가 하면, 바두라(*P. Badura*)처럼 좁은 의미의 경제헌법과 넓은 의미의 경제헌법을 나누어서 전자는 경제생활의 질서에 관한 헌법규정을 의미하는 것으로, 그리고 후자는 경제적 과정의 조직과 진행을 지속적으로 규정하는 법규들의 총체로 파악하는 견해도 제시되고 있다.

인정하지 않는 중앙집권적 통제경제는 민주주의 및 법치주의와 양립할 수 없다.[7]

헌법상의 민주주의와 법치주의가 어떤 특정한 이념형의 경제헌법을 실현시키도록 구체적으로 요구하고 있는 것은 아니다. 하지만 적어도 개인의 경제생활에 있어서 원칙적으로 자유가 인정되어야 한다는 것, 즉 경제적 자유권의 보장은 민주주의와 법치주의에 의해 담보되는 내용의 일부인 것이다.[8] 다만 현실적인 문제는 자유민주적 기본질서와 모순되지 않는 범위 내에서 국가가 -경제활동에 개입함에 있어서- 개인의 자유로운 경제활동의 영역을 어디까지 제한할 수 있는가에 있다고 할 수 있다.

이런 맥락에서 국가의 경제활동에 대한 개입을 이념적으로 정당화하고 또 한계지우는 것이 사회국가원리라고 할 수 있다. 사회국가원리는 사회적 정의의 이념에 기초하여 재산권보장의 성격을 변화시켰고, 사회적 기본권을 발달시켰으며, 나아가 경제질서의 성격을 자유시장경제에서 사회적 시장경제로 바꾸었다. 즉 개인의 경제활동에 대해 국가가 무간섭의 원칙을 유지하는 데에서 사회적 정의의 실현을 위해 국가가 개입하여야 한다는 쪽으로 방향을 바꾸게 만들었던 것이다. 그러나 또한 사회국가원리는 경제활동에 대한 국가의 간섭이 지나치지 않도록, 즉 개인의 자율성을 침해하지 않도록 「보충적 개입」을 요청하기도 한다.

3. 경제헌법과 경제법, 경제정책의 관련성

결국 경제헌법의 탄생을 통해 국가는 더 이상 경제활동에 대해 무관심할 수 없음이 확인되었고, 경제헌법의 근거 하에서 국가가 개인의 경제활동에 대하여 개입하게 되었다.

그러나 이러한 국가의 개입은 민주적 정당성을 갖추어야 함은 물론이고, 법치국가적 절차도 준수하여야 한다. 즉 경제헌법에 의해 경제활동에 대한 국가개입의 가능성과 기본적 방향은 설정되었지만, 구체적인 국가작용을 위해서는 법률에 의하여 국가권력의 발동에 관한 상세한 규정이 만들어질 필요가 있으며, 이러한 경제법에 기초하여 비로소 구체적인 국가의 경제정책, 그리고 경제정책적 처분이 가능해지는 것이다.

이런 맥락에서 볼 때, 경제헌법은 경제법에 의해 구체화되며, 경제법은 경제정책에 의해 보다 구체화되어 실현된다. 그만큼 경제헌법은 추상적이며, 경제정책은 구체적이다. 추상적인 경제헌법은 경제법과 경제정책에 일정한 형성의 여지를 주는 것이다. 그러나 그러한 형성의 여지도 무제한한 것은 아니다. 모든 경제법과 경제정책은 경제헌법이, 나아가 전체로서의 헌법이 허용하고 있는 한계 내에서 형성되어야 하는 것이다.

---

6) 헌법 제119조 제2항에서 "국가는 균형있는 국민경제의 성장 및 안정과 적정한 소득의 분배를 유지하고, 시장의 지배와 경제력의 남용을 방지하며, 경제주체간의 조화를 통한 경제의 민주화를 위하여 경제에 관한 규제와 조정을 할 수 있다"고 선언함으로써 "경제의 민주화"를 강조하고 있는 것은 이런 맥락에서 이해될 수 있을 것이다.

7) 전시 또는 국가긴급사태의 경우에만 중앙집권적 통제경제가 허용된다는 것은 역으로 정상상태에 있어서는 그것이 허용되지 않음을 보여준다.

8) 반면에 나치나 공산주의 등에서 볼 수 있는 중앙집권적인 헌법(의 정치적 지도원리)은 원칙적으로 모든 개인에게 독립적인 경제활동의 자유를 인정하는 시장경제와 양립하지 못한다.

제2절 경제질서의 유형과 한국헌법상의 경제질서의 기본원리

Ⅰ. 헌법의 기본구조와 경제유형

1. 민주주의와 경제적 자유, 경제의 민주화

헌법질서를 구성하는 가장 중요한 원리로 꼽히는 민주주의는 경제질서의 형성에 있어서도 중요한 역할을 담당하는 것으로 인정된다. 즉 민주주의의 이념인 자유와 평등의 실현은 경제의 영역에서도 관철되어야 하는 것이다.

이와 관련하여 **경제적 자유의 확보**라는 측면이 우선적으로 지적될 수 있다. 우리 헌법상의 민주주의는 개인의 자유로운 삶의 형성을 최대한 보장하고 있으며, 경제적 생활도 역시 자유롭게 형성될 수 있도록 요청하는 것이다. 이러한 경제적 자유는 무엇보다 시장을 매개로 한 자유로운 경제활동의 보장으로 구체화된다.

나아가 경제의 민주화라는 이름으로 **경제적 의사결정의 분권화**와 더불어 **분배의 실질적 평등을 위한 노동자의 참여**까지도 민주주의원리에 의해 요청되고 있다. 과거 개발독재 하에서 정권 또는 이와 유착된 소수의 대기업 등 특정집단에 의하여 경제의 기본적 사항이 일방적으로 결정되는 가운데 나타났던 부익부 빈익빈의 현상을 바로잡기 위해 경제의 민주화가 요청되는 것이다.

2. 법치주의에 기초한 경제활동의 법적 보장과 규제

민주주의와 더불어 헌법의 가장 중요한 기본원리로 인정되는 법치주의도 경제활동의 형성과 규제에 매우 커다란 역할을 하고 있다. 특히 법치국가적 절차에 따른 경제활동의 보장과 규제의 메커니즘은 오늘날 (헌)법적으로 인정되는 경제활동의 범위와 한계를 파악하는데 결정적인 역할을 하고 있다.

법치주의는 일차적으로 **경제활동의 자유 내지 법적 안정성을 보장**하는 역할을 한다. 다른 기본권들과 마찬가지로 경제적 기본권도 법치주의의 틀 안에서 보호되며, 경제적 기본권에 대한 제한은 법치주의의 요청에 기초한 엄격한 기본권제한의 요건과 절차에 따라서만 가능한 것이다.

그러나 법치주의는 **경제활동의 규제**를 근거지우기도 한다. 법치국가적 절차에 따라 개인의 자유로운 경제활동에 대해 국가가 여러 가지 형태의 제약을 가할 수 있다는 점은 오늘날 널리 인정되고 있다.

하지만 이러한 규제에는 또한 법치국가적 한계가 있다는 점이 아울러 지적되어야 할 것이다. 예컨대 이러한 규제를 통하여 **사유재산제도**를 폐지할 수 없고,[9] 규제와 조

---

9) 헌법재판소가 "사유재산과 시장경제를 골간으로 한 경제질서"를 자유민주적 기본질서의 내용으로 보고 있는 것(**헌재 1990.4.2. 89헌가113 결정**)은 사유재산제의 폐지가 허용되지 않음을 밝혀준 것이다. 그러나 헌법재판소는 또한 "사유재산제도의 보장은 타인과 더불어 살아가야 하는 공동체생활과의 조

정을 통한 공익의 달성과 국민의 기본권의 제한은 항상 **비례의 원칙**에 합치되어야 하며, 규제와 조정으로 재산권, 직업의 자유 등 **경제적 기본권의 본질적 내용**을 침해해서는 안 될 것이다.[10)]

3. 사회국가원리와 경제질서의 유형 → 양극단의 배제

경제질서와 가장 직접적인 관련성을 맺고 있는 사회국가원리는 한편으로는 경제활동에 대한 국가적 개입을 정당화시키는가 하면, 다른 한편으로는 이러한 국가의 개입이 보충적인 것에 머무르도록 요청하고 있다. 즉 개인의 자유와 창의가 우선적으로 인정되는 가운데, 국가의 개입 없이는 경쟁에서 낙오하기 쉬운 사회적 · 경제적 약자에 대한 국가의 배려를 보충적으로 인정하는 것이다.

이런 맥락에서 사회국가원리에 기초한 경제질서는 자유경쟁을 무제한적으로 인정하는 자유시장경제도 아니고, 개인의 자유와 창의를 근본적으로 제한하는 통제경제도 아닌 그 중간의 단계라고 할 수 있을 것이다. 그러나 경제활동에 국가의 개입이 전무(全無)도 전부(全部)도 아닌 중간영역의 스펙트럼은 매우 광범위하기 때문에 구체적으로 어느 정도까지 국가가 경제활동에 대하여 개입할 수 있고, 또 개입하여야 하는지의 문제는 여전히 어렵고 복잡한 문제일 수밖에 없다.

Ⅱ. 경제질서 및 경제헌법의 유형에 관한 논의와 그 의의

1. 경제헌법의 가능한 유형들

경제질서 내지 경제헌법의 유형을 어떻게 분류할 수 있는지에 대해서는 많은 논란이 있었지만, 아직도 구체적이고 뚜렷한 기준이 제시되지는 못하고 있다. 이에 따라 -앞서 확인한 것처럼- 극단적인 자유방임이나 극단적인 통제경제를 배제할 경우에는 헌법이 취할 수 있는 경제질서, 즉 가능한 경제헌법의 유형은 크게 세 가지로 나뉠 수 있다.

첫째는 헌법이 경제질서에 대하여 특정한 모델을 제시하지 않고 중립을 지키는 가

화와 균형을 흐트려뜨리지 않는 범위 내에서의 보장"이라고 판시하기도 했다(**헌재 1989.12.22. 88헌가13 결정**).

10) 예컨대 헌법재판소는 구 도시계획법 제21조에 대한 위헌소원 결정에서 "토지재산권은 강한 사회성, 공공성을 지니고 있어 이에 대하여는 다른 재산권에 비하여 보다 강한 제한과 의무를 부과할 수 있으나, 그렇다고 하더라도 다른 기본권을 제한하는 입법과 마찬가지로 비례성원칙을 준수하여야 하고, 재산권의 본질적 내용인 사용 · 수익권과 처분권을 부인하여서는 아니 된다"(**헌재 1998.12.24. 89헌마214등 결정**) 라고 판시한 바 있다. 같은 맥락에서 헌법재판소는 "공특법(공공용지의취득및손실보상에관한특례법)상의 협의취득 제도는 본질적으로는 사적 자치의 영역에 속하는 사법(私法)질서에 해당되고, 다만 공공사업의 원활한 수행을 위하여 일정한 규제가 이루어지고 있는 것이다. 따라서 공특법 제6조에 따른 사실상의 소유권의 강제취득은 아무리 공익을 위한 것이라 해도 사법질서에 의한 공익추구를 일차적으로 장려하고자 마련된 공특법의 범위를 벗어나고 있는 것이다(그러한 소유권의 강제취득은 헌법에 따라 엄한 기준 하에 마련된 토지수용법 등에 따라 행해지는 것이 바람직하다). 그러므로 공특법 제6조는 헌법 제23조 제1항에 규정된 재산권을 헌법 제37조 제2항에 규정된 비례의 원칙에 어긋나게 침해하고 있다"(**헌재 1995.11.30. 94헌가2 결정**)고 판시함으로써 비례의 원칙에 위배된 재산권제한의 위헌성을 인정한 바 있다.

운데 제한적으로만 국가의 경제적 개입을 허용하는 방법이다. 즉 사회국가의 실현을 위한 국가의 개입을 최소한으로만 인정하고, 국가는 가급적 경제활동에 대한 개입을 자제하도록 하는 방법이다.

둘째는 헌법이 경제질서에 대해 중립을 지키지만, 입법자는 경제질서에 대하여 광범위한 개입을 할 수 있도록 하는 방법이다. 즉 입법자의 재량을 통해 경제에 대한 적극적인 개입과 조정이 가능하도록 하는 것이다.

셋째는 헌법이 직접 경제질서에 대해 일정한 기본방향을 적극적으로 설정하는 것이다. 즉 헌법의 명문규정을 통해 국가가 경제활동에 대하여 개입할 수 있는 근거와 방법을 제시하는 것이다.

2. 독일에서의 논의와 그 의의

경제헌법에 관한 구체적 규정들을 두지 않고 있었던 기본법 하의 독일에서는 경제헌법에 대해 다양한 견해들이 발전되었다.

예컨대 크뤼거(*H. Krüger*)처럼 경제질서에 대한 국가적 중립을 강조하는 견해도 있었고,[11] 아벤트로트(*W. Abendroth*)처럼 경제헌법적 중립과 입법자의 경제법적 형성의 자유를 강조한 견해도 있었다.[12] 또한 경제헌법에 관한 명문의 규정이 없었음에도 불구하고 니퍼다이(*H. C. Nipperdey*)처럼 사회적 시장경제를 주장하거나,[13] 후버(*E. R. Huber*)처럼 혼합경제헌법을 주장한 예도 있다.[14]

3. 한국에서의 논의와 그 실익 – 현행 헌법규정의 해석론을 중심으로

이와 같은 독일에서의 논의는 독일 기본법의 해석을 통해 발전된 것이기 때문에, 독일과는 전혀 다르게 경제에 관한 매우 상세한 명문규정들을 두고 있는 우리 헌법의 경우에는 이와 같은 해석상의 혼란이 상당 부분 생략될 수 있다. 특히 헌법 제119조의 내용을 볼

11) 국가는 경제질서에 대하여 간섭하지 말고 개인의 자유로운 경제활동에 맡겨야 한다는 자유방임주의적 입장이다. 이러한 입장에서는 입법자에 의한 경제정책적 프로그램의 구상과 시행도 금기시하고 오직 공공복리를 위한 지원 및 위험의 방지를 위해서만 입법자의 적극적인 활동을 인정한다.

12) 비록 헌법은 경제질서에 대하여 중립이지만, 그것은 입법자가 경제에 대한 자유방임적 태도를 취하도록 만드는 것은 아니며, 오히려 입법자에게 광범한 (경제질서의) 형성의 자유를 보장하는 것이라고 생각하는 견해이다. 이러한 견해에 따르면 자유주의적 경제질서를 채택하는지, 아니면 사회적 경제질서를 실현시킬 것인지는 입법자의 재량영역에 속한다.

13) 헌법상 명문의 규정이 없다 하더라도, 헌법은 사회적 시장경제질서를 보장하고 있다고 보는 입장이다. 이러한 견해에 대하여 당시 독일에서는 사회적 시장경제라는 개념이 아직 분명하지 않으며, 이를 상세하게 규정할 경우에는 또 정치적 형성의 영역을 지나치게 한정하게 된다는 지적도 있었지만, 그러나 이런 지적에도 불구하고 헌법이 경제질서를 구체적으로 형성하는 입법자에게 요구하는 기준과 한계의 핵심을 담고 있다는 평가도 받았다.

14) 경제헌법에 대한 헌법적인 결단을 "개인의 권리로서의 자유의 보장과 그러한 자유에 대한 사회적 구속을 하나의 체계 안에서 조화시키는 질서"라고 보는 입장이다. 이러한 입장에서는 각종 경제관련 자유권 또는 경제와 관련된 다른 헌법규정들도 동시에 고려하고, 그 전체적 관련 속에서 현행 경제헌법체계가 구성된다고 이해하는 것이다. 그러나 그 실질에 있어서 「사회적 시장경제」를 인정하는 것과 크게 다르지 않다.

때, 우리 헌법이 경제헌법적 중립을 취하고 있다고는 말할 수 없을 것이다.

결국 우리 헌법의 해석에 있어서는 경제질서 내지 경제헌법의 유형 자체를 가리는 노력보다는 헌법 제119조에서 전제되고 있는 중간적 경제질서로서의 사회적 시장경제를 전제로 하여 그 구체화에 초점을 맞추어 고찰하는 것이 더 큰 의미를 가질 수 있을 것이다.[15)]

Ⅲ. 현행헌법의 경제관련규정과 그로부터 도출되는 헌법적 기준

1. 한국헌법상의 경제질서의 변화와 현행헌법의 태도

(1) 제헌헌법상의 경제질서

제헌헌법은 제84조에서 "대한민국의 경제질서는 모든 국민에게 생활의 기본적 수요를 충족할 수 있게 하는 사회정의의 실현과 균형있는 국민경제의 발전을 기함을 기본으로 삼는다. 각인의 경제적 자유는 이 한도 내에서 보장된다"고 규정하고 있었다. 이러한 규정은 경제적 자유와 국가의 개입을 동시에 인정하는 중간적 모델이기는 하였지만, 오히려 국가의 개입에 좀 더 비중을 둔다는 의미로 이해될 수 있을 것이다.

실제로 이 규정에 기초하여 농지개혁(제86조) 기타 광범위한 국·공유화(제88조) 등을 통한 통제경제가 실시되었으나, 그 시행상 여러 가지 경제적 비효율성의 문제가 드러나면서 제2차 개헌을 통해 경제에 대한 국가의 통제를 대폭 완화시키게 되었다.

(2) 제2공화국 헌법상의 경제질서

제3차 개헌에서는 경제질서에 대하여 별로 다루어지지 않았으며, 결과적으로 당시의 경제질서 및 그에 관한 헌법규정은 제1공화국 후반기와 크게 다르지 않았다.

(3) 제3공화국 헌법상의 경제질서

제5차 개헌에 의해 성립된 제3공화국 헌법에서는 제111조에 경제에 관한 규정을 두고 있었다. 동조 제1항에서는 "대한민국의 경제질서는 개인의 경제상의 자유와 창의를 존중함을 기본으로 한다"고 명시하고 있었고, 동조 제2항에서는 "국가는 모든 국민에게 생활의

---

15) 헌법재판소도 현행헌법상의 경제질서를 사회적 시장경제로 보고 있다. 헌법재판소는 "우리 헌법 제119조는 제1항에서 대한민국의 경제질서는 개인과 기업의 경제상의 자유와 창의를 존중함을 기본으로 한다고 규정하여 사유재산제도, 사적 자치의 원칙, 과실책임의 원칙을 기초로 하는 자유시장 경제질서를 기본으로 하고 있음을 선언하면서, 한편 그 제2항에서 국가는 균형있는 국민경제의 성장 및 안정과 적정한 소득의 분배를 유지하고, 시장의 지배와 경제력의 남용을 방지하며, 경제주체간의 조화를 통한 경제의 민주화를 위하여 경제에 관한 규제와 조정을 할 수 있다고 규정하고, 또한 헌법 제34조 제1항은 모든 국민은 인간다운 생활을 할 권리를 가진다, 제5항은 신체장애자 및 질병·노령 기타의 사유로 생활능력이 없는 국민은 법률이 정하는 바에 의하여 국가의 보호를 받는다고 규정하여 사회국가원리를 수용하고 있어, 결국 우리 헌법은 자유시장 경제질서를 기본으로 하면서 사회국가원리를 수용하여 실질적인 자유와 평등을 아울러 달성하려는 것을 근본이념으로 하고 있다(헌재 1998.5.28. 96헌가4등 결정). 즉 우리 헌법의 경제질서는 사유재산제를 바탕으로 하고 자유경쟁을 존중하는 자유시장 경제질서를 기본으로 하면서도 이에 수반되는 갖가지 모순을 제거하고 사회복지·사회정의를 실현하기 위하여 국가적 규제와 조정을 용인하는 사회적 시장경제질서로서의 성격을 띠고 있다(헌재 1996.4.25. 92헌바47)"(**헌재 2001.2.22. 99헌마365 결정**)고 판시한 바 있다.

기본적 수요를 충족시키는 사회정의의 실현과 균형있는 국민경제의 발전을 위하여 필요한 범위안에서 경제에 대한 규제와 조정을 한다"고 규정하고 있었다.

나아가 제3공화국 헌법에서는 이러한 기본입장의 연장선상에서 농지소작제도의 금지(제113조), 협동조합의 육성(제115조) 등을 규정하고 있었다.

(4) 제4공화국 헌법상의 경제질서

1972년 제7차 개헌을 통해 형성된 제4공화국 헌법에서는 기본적으로 제3공화국 헌법과 유사한 경제조항들을 두고 있었다. 그러나 경제현실에 대한 국가의 개입이라는 측면에서 보면, 보다 강력한 국가주도적 경제정책이 시행되었다는 점이 지적될 수 있을 것이다.

(5) 제5공화국 헌법상의 경제질서

1980년의 제8차 개헌을 통해 만들어진 제5공화국 헌법에서는 경제상황의 변화에 따른 새로운 규정들이 많이 추가되었다. 특히 독과점의 규제와 조정(제120조 제3항), 중소기업의 보호·육성(제124조 제2항), 소비자보호(제125조), 국가표준제도(제128조 제2항) 등이 새롭게 헌법에 명문화되었다.

(6) 현행헌법상의 경제질서

현행헌법은 제9장 경제(제119조-제127조) 이외에 제23조의 재산권, 제22조 제2항의 무체재산권, 제15조의 직업선택의 자유, 제76조 제1항의 대통령의 긴급재정·경제처분과 그 명령권 등 경제질서에 관한 다수의 규정을 명문화하고 있다.

이러한 현행헌법상의 경제질서가 개인의 자유로운 경제활동의 보장과 이에 대한 국가의 보충적 규제 및 조정 등을 내용으로 하는 사회적 시장경제(수정자본주의의 경제질서)로 이해되어야 한다는 점에 대해서는 이론(異論)을 찾기 어렵다.

2. 현행헌법상 경제질서 형성의 기본방향: 개인과 기업의 자유와 창의를 존중

현행헌법 제119조 제1항이 경제질서 형성을 위한 일차적 원칙으로 명시하고 있는 것은 개인과 기업의 자유와 창의를 존중한다는 것이다.[16] 이처럼 헌법이 명시적으로 개인과 기업의 자유와 창의를 우선시하고 있는 것은 개인의 경제적 자유의 기본권적 보장이라는 측면 이외에도 -비록 그 동안 많은 문제점들을 드러냈지만- 경제의 성장과 부의 창출에는 자본주의적 시장경제질서가 커다란 장점을 갖고 있다는 점을 인정하는 것이다.[17]

---

16) 헌법 제119조 제1항: "대한민국의 경제질서는 개인과 기업의 경제상의 자유와 창의를 존중함을 기본으로 한다."

17) 헌법재판소도 헌법 제119조 제1항의 의미와 관련하여 "헌법 제119조 제1항은 대한민국의 경제질서는 개인과 기업의 경제상의 자유와 창의를 존중함을 기본으로 한다고 하여 시장경제의 원리에 입각한 자유주의적 경제체제임을 천명하였는바, 이는 기업의 생성·발전·소멸은 어디까지나 기업의 자율에 맡긴다는 기업자유의 표현이며 국가의 공권력은 특단의 사정이 없는 한 이에 대한 불개입을 원칙으로 한다"라고 판시하고 있다(**헌재 1993.7.29. 89헌마31 결정**). 국가의 경제에 대한 간섭은 모두 경제상의 자유와 창의를 존중하기 위하여 이루어지는 것이므로 헌법 제119조 제1항 이하의 경제에 대한 규제와 조정에 대한 모든 규정은 위 조항의 실현을 위한 것이고 그 조항들의 한계 또한 위 조항이라 할

따라서 현행헌법 제119조 제1항은 경제헌법에 관한 원칙으로서 국가의 경제에 대한 개입에 있어서 그 방향을 제시함과 동시에 한계도 정하고 있는 것이다. 즉 국가는 개인과 기업이 자유롭게 경제적 활동을 할 수 있도록 보장하고, 이러한 경제활동이 가능하도록 법적 · 사회적 · 문화적 여건을 조성해야 하며, 한 걸음 더 나아가 그러한 경제활동의 생산물, 즉 경제적 재화에 대해서도 보호를 해야 한다.

3. 사회적 정의의 실현을 위한 경제적 규제와 조정 – 국가적 규제의 보충성

현행헌법 제119조 제2항은 경제활동에 대한 국가의 개입을 근거지우고 있다.[18] 비록 경제적 자유권의 보장을 위해, 그리고 자본주의의 장점을 살리기 위해 개인과 기업의 자유와 창의를 존중하는 것이 필요하지만, 자본주의적 시장경제의 단점도 간과될 수 없는 것이기 때문에 이를 해결하기 위한 국가의 규제와 조정도 필요하다고 인정하는 것이다.

그런데 이러한 규제와 조정은 어디까지나 보충적으로만 인정된다. 즉 경제문제의 일차적 해결은 개인과 기업의 자유로운 계약과 경제활동을 통하여 이루어질 수 있도록 하며, 국가의 개입은 개인과 기업에 의한 자율적 해결이 실패한 경우나 불가능한 경우에만 허용되어야 한다는 것이다.[19] 이러한 보충성의 요청은 개인의 경제적 자유를 최대한 보장하기 위한 것이며, 경제활동에 대한 국가적 개입의 근거가 되고 있는 사회국가원리 자체의 성격으로부터 도출될 수 있는 것이기도 하다.[20]

Ⅳ. 경제의 국제적 의존과 경제헌법

오늘날 경제의 국제적 의존도가 높아짐에 따라 국가경제가 국제경제상황, 국제경제협의체 등에 의해 받는 영향이 증대되고 있다.

것이다.

18) 헌법 제119조 제2항: "국가는 균형있는 국민경제의 성장 및 안정과 적정한 소득의 분배를 유지하고, 시장의 지배와 경제력의 남용을 방지하며, 경제주체간의 조화를 통한 경제의 민주화를 위하여 경제에 관한 규제와 조정을 할 수 있다."

19) 따라서 이러한 한계를 벗어나는 과도한 개입은 위헌이 된다. 이와 관련하여 헌법재판소는 이른바 국제그룹해체사건에서 "피청구인이 대통령에게 건의 · 보고하여 그 지시를 받아 청구인 경영의 국제그룹을 해체키로 하고 그 인수업체를 정한 후 이의 실행을 위하여 제일은행장 등에게 지시하여 국제그룹 계열사에 대한 은행자금 관리에 착수하게 하는 한편 동 은행으로 하여금 계열사의 처분권을 위임받는 등 해체준비를 하도록 하고 피청구인이 만든 보도자료에 의거 제일은행의 이름으로 언론에 발표하도록 하는 등의 일련의 국제그룹 해체를 위한 공권력의 행사는 헌법상 법치국가의 원리, 헌법 제119조 제1항의 시장경제의 원리, 헌법 제126조의 경영권 불간섭의 원칙, 헌법 제11조의 평등권의 각 규정을 직접적으로 침해한 것으로서 헌법에 위반된다"(**헌재 1993.7.29. 89헌마31 결정**)고 판시한 바 있다.

20) **대법원 2015.11.19. 선고 2015두295 전원합의체 판결**: "우리 헌법상 경제질서는 '개인과 기업의 경제상의 자유와 창의의 존중'이라는 기본 원칙과 '경제의 민주화 등 헌법이 직접 규정하는 특정 목적을 위한 국가의 규제와 조정의 허용'이라는 실천원리로 구성되고, 어느 한쪽이 우월한 가치를 지닌다고 할 수는 없다. 따라서 헌법 제119조 제2항에 따라 이루어진 경제규제에 관한 입법의 해석과 적용에 관하여도, 위와 같은 기본 원칙이 훼손되지 않고 실천원리가 그 한계를 벗어나지 않으면서도 기능을 발휘할 수 있도록 하여야 한다."

그러나 그것이 경제에 대한 헌법적 내지 국가적 관심과 책임을 감소시키는 것은 결코 아니며, 오히려 이에 대한 적극적 대응이 요청된다. 이러한 적극적 대응의 결과, 의회보다 -국제관계에 보다 직접적인 통로를 가지고 있는- 집행부가 경제에 대한 영향력을 증대시키게 되는 경우가 많다. 즉 국제경제상황 및 이에 대한 국제적 규율을 이유로 의회가 법률을 통해 경제에 대해 규율할 수 있는 영역이 축소되는 결과가 나타나는 것이다.[21]

제3절 헌법상 경제제도의 구체화

Ⅰ. 경제질서의 기초로서의 재산권: 상대적 보장

이미 사회국가원리에서 설명된 바와 같이 재산권의 보장과 경제질서는 동전의 앞뒷면처럼 맞물려 있다. 즉 경제질서의 규제는 동시에 재산권(의 취득, 행사 또는 처분)에 대한 제한이 될 수밖에 없고, 거꾸로 재산권의 보장은 경제질서에 대한 국가 개입의 제한으로 나타날 수밖에 없다는 것이다.

역사적 발전과정에서 쉽게 확인될 수 있는 것처럼 근대인권선언 당시 인정되었던 재산권의 절대적 보장은 국가가 경제활동에 대하여 철저한 불간섭을 원칙으로 삼았던 자유(방임적)시장경제와 맞물려 있는 것이었고, 반면에 사회적 시장경제는 재산권의 절대적 보장을 부정하는 상대적 보장으로의 변화를 전제로 해서 비로소 인정될 수 있었다.

Ⅱ. 경제활동의 자유와 국가적 개입의 유보

앞서 설명한 바와 같이 현행 헌법상의 경제질서는 개인과 기업의 자유와 창의를 존중하여야 한다는 원칙을 중심으로 하되, 사회국가적 요청에 따른 국가의 개입을 가능하도록 하고 있다.

이와 관련하여 현행헌법은 국가의 개입이 행해질 수 있는 구체적 경우들을 예시하고 있다:

헌법 제120조 제1항에서는 **광업권 등의 특허**에 관한 규정을 두고 있으며, 헌법 제121조에서는 **농지소작제의 금지**와 더불어 **위탁경영 및 임대차의 허용**을 규정하고 있다. 또한 헌법 제122조에서는 **국토에 관한 제한과 의무**를 명시하고 있으며, 제125조

21) 이는 최근의 FTA협상과정과 그에 대한 국회의 제한된 영향력을 통해서도 확인될 수 있다. 이런 문제의 해결을 위해 「통상조약의 체결절차 및 이행에 관한 법률」이 2012년 제정되었으나 그 실효성은 아직 확인되지 못한 상태이다.

에서는 **대외무역의 규제와 조정**을 위한 헌법적 근거를 마련하고 있다. 그리고 헌법 제126조에서는 **사영기업의 국·공유화**에 대한 원칙적 제한을 인정함으로써 예외적인 국·공유화의 가능성을 열어 놓고 있다.

이러한 헌법상의 경제규정들은 경제활동의 자유에 대한 제한임에 틀림없지만, 그것이 경제질서형성의 원칙이 아닌 예외적 현상이라는 점, 즉 시장경제를 기본으로 하여 보충적으로만 인정된다는 점이 간과되어서는 안 될 것이다.[22]

Ⅲ. 경제질서의 형성에 관한 입법자의 권한과 과제

헌법 제120조 제1항, 제121조 제2항, 제122조, 제124조, 제126조 등과 같이 "법률이 정하는"이라는 규정을 통하여 입법자의 권한사항으로 명시적인 유보를 하지 않은 경우라 하더라도, 민주적 입법자가 경제질서의 형성에 관한 일차적 권한과 과제를 지고 있음은 의회의 국민대표성에 비추어 보더라도 자명한 것이다.

그러나 경제질서를 형성하는 의회의 활동이라 할지라도 기본권의 구속 하에 있으며, 따라서 국민의 경제적 기본권을 지나치게 제한하거나 그 기초가 되는 시장경제질서를 위협하는 입법은 허용될 수 없다.[23]

Ⅳ. 경제질서의 형성에 관한 집행부의 활동

헌법과 법률의 구속 하에서 경제질서의 구체적 형성에 직접 영향을 미치는 많은 활동이 집행부에 의해 수행된다. 비록 헌법과 법률에 의해 경제질서의 근간이 결정된다고 하지만, 경제활동에 대한 국가의 구체적 개입은 대부분 집행부의 활동을 통해 이루어지는 것이다.

대통령과 국무회의 등 중앙정책기관들을 비롯한 각종 경제부처들이 경제정책을 수

22) 따라서 전면적인 통제·계획경제의 도입은 헌법상 허용되지 않는다.

23) 헌법재판소도 구 주세법 제38조의7 등에 대한 위헌심판에서 "이 사건 법률조항이 규정한 구입명령제도는 소주판매업자에게 자도소주의 구입의무를 부과함으로써, 어떤 소주제조업자로부터 얼마만큼의 소주를 구입하는가를 결정하는 직업활동의 방법에 관한 자유를 제한하는 것이므로 소주판매업자의 '직업행사의 자유'를 제한하는 규정이다. 또한 구입명령제도는 비록 직접적으로는 소주판매업자에게만 구입의무를 부과하고 있으나 실질적으로는 구입명령제도가 능력경쟁을 통한 시장의 점유를 억제함으로써 소주제조업자의 '기업의 자유' 및 '경쟁의 자유'를 제한하고, 소비자가 자신의 의사에 따라 자유롭게 상품을 선택하는 것을 제약함으로써 소비자의 행복추구권에서 파생되는 '자기결정권'도 제한하고 있다. … 중소기업의 보호란 공익이 자유경쟁질서안에서 발생하는 불리함을 국가의 지원으로 보완하여 경쟁을 유지하고 촉진시키려는데 그 목적이 있으므로, 구입명령제도는 이러한 공익을 실현하기에 적합한 수단으로 보기 어렵다. … 따라서 구입명령제도는 소주판매업자의 직업의 자유는 물론 소주제조업자의 경쟁 및 기업의 자유, 즉 직업의 자유와 소비자의 행복추구권에서 파생된 자기결정권을 지나치게 침해하는 위헌적인 규정이다. 소주시장과 다른 상품시장, 소주판매업자와 다른 상품의 판매업자, 중소소주제조업자와 다른 상품의 중소제조업자 사이의 차별을 정당화할 수 있는 합리적인 이유를 찾아 볼 수 없으므로 이 사건 법률조항은 평등원칙에도 위반된다"(**헌재 1996.12.26. 96헌가18 결정**)고 판시함으로써 경쟁을 지나치게 제한하는 입법의 위헌성을 인정한 바 있다.

립하고 운용하는 가운데 국가의 경제질서에 대한 개입의 구체적 방식과 정도가 결정된다. 또한 국가긴급권의 일종으로 인정되는 대통령의 긴급재정 · 경제처분과 그 명령권(헌법 제76조 제1항)도 경제질서에 직접적인 영향을 미치는 수단이다.[24)]

Ⅴ. 경제질서의 형성에 있어서 사법작용이 차지하는 비중

경제질서형성 내지 경제정책의 문제는 일반적으로 「자유로운 정치적 형성의 영역」에 속하는 것으로 인정되어 사법부에 의하여 그 정당성 여부가 문제된 예는 별로 없으며, 경제예측의 실수나 부적절한 수단의 선택 등도 별도의 법위반행위가 문제되지 않는 한 사법적 책임을 물을 대상은 아니라고 보는 것이 일반적이다.

그러나 매우 중요한 영역에서 문제되는 경제적 재화의 분배를 입법과 집행에만 맡겨놓고 -국민경제의 균형있는 발전이라는 규정과 관련하여- 헌법적으로 통제하지 않는 것에 대해서는 비판적으로 보는 견해도 있다.[25)]

Ⅵ. 그 밖의 구체화: 경제헌법과 국가재정, 독과점규제, 기업구조조정 등

1. 경제헌법과 국가재정

경제헌법과 구별되지만 또한 매우 밀접한 관련을 맺고 있는 것이 국가재정의 문제이다. 국가경제의 성장 및 안정이 국가재정의 중요한 전제일 뿐만 아니라 국가재정의 적절한 운용이 경제질서에 대한 국가의 개입수단으로 이용되기도 하기 때문이다.

그러나 기본적으로 양자는 헌법 내의 각기 다른 영역에 속하는 것이며, 각기 다른 헌법원칙에 의해 지배된다.

2. 경제헌법과 독과점규제

최근 독과점의 문제가 경제현실에서 차지하는 비중이 높아지면서 이 문제에 대한 경제법적 규율은 매우 중요한 국가과제의 하나로 자리잡게 되었다.

그러나 그 동안에는 독과점에 대한 규제의 방법과 범위 등이 입법자의 재량에 따라 결정될 수 있다고 생각되었지만, 최근에는 독과점에 대한 규제의 헌법적 근거가 특별히 문제되고 있다. 그에 따라 독과점 규제의 구체적 방법과 범위의 문제까지도 경제헌법의 커다란 틀 안에서 파악함으로써 규제의 필요성과 가능한 범위 및 한계를 좀 더 확실하게 정하려는 노력이 진행되고 있다.

---

24) 예컨대 1993년의 금융실명제에 관한 대통령의 긴급재정명령(정식명칭은 「금융실명거래및비밀보장에관한긴급재정명령」이며, 1993년 8월 12일자의 대통령긴급재정경제명령 제16호로서 공포 · 시행되었고, 1997년 12월 31일 법률 제5493호 「금융실명거래및비밀보장에관한법률」로 대체되었다)이 이에 해당된다.

25) 예컨대 교육예산의 분배를 단순히 교육부를 비롯한 교육정책의 집행자에게 맡겨두는 것보다는 일정한 정도 입법적 관여와 더불어 사법적 통제 하에 놓는 것이 필요하다고 볼 수 있다.

3. 경제헌법과 기업구조조정

외환위기로 촉발된 IMF 구제금융을 계기로 우리 경제의 취약한 부분들이 적나라하게 드러났으며, 경제의 체질강화를 위한 기업의 구조조정이 광범위하게 행해졌다. 그러나 기업의 구조조정 과정에서 나타났던 기업의 흡수합병 또는 국가의 광범위한 개입 등을 통해 많은 법적·경제적 문제들이 제기되었다.

이러한 문제들은 단순히 경제법적 또는 노동법적 시각에서 해결되기는 어려운 것으로서, 그 헌법적 근거와 한계에 대한 규명이 요청되는 사항이었다. 그러나 현실적으로는 충분한 법률적 근거조차 마련되지 않은 채 지나치게 서둘러 진행된 측면이 적지 않다.[26)]

제4절 경제에 대한 법과 정치의 책임

Ⅰ. 경제문제에 대한 일차적 책임: 시장의 문제인가 정책의 문제인가?

오늘날 자유시장의 자동조절기능에 대한 신뢰의 약화로 인하여 경제에 대한 국가의 간섭이 점차 증대되고 있는 것은 세계적인 현상이다.

그러나 또한 지나친 개입이 오히려 경제적 문제들을 악화시키는 경우도 적지 않다. 특히 경제현실에 대한 정확한 전문적 이해에 기초한 정책이 아니라 기존의 경제지침 등을 맹종하는 경제정책의 경우에 그러한 문제가 더욱 많이 발생한다.

따라서 시장경제에 대한 국가의 경제정책적 개입은 매우 조심스럽게 행해져야 하며, 그것은 무엇보다 시장의 기본구조, 즉 자유로운 경쟁을 억제하지 않는 방향으로 이루어져야 한다.

Ⅱ. 올바른 경제발전의 조건으로서의 법(제도)

그 동안 경제에 대한 책임은 일차적으로 정치에 있다고 믿어왔다. 그러나 경제헌법의 시각에서 볼 때, 경제에 대한 법의 책임도 간과될 수 없다. 단순히 자유로운 경제활동을 보장해주고, 독과점 등의 폐해를 시정하기 위한 국가의 개입을 근거지우는 법이 아니라 경제활동 전체에 대한 올바른 이해에 기초하여 경제의 구체적·개별적 여건을 조정하고 개선하는 법(제도)이 있어야 한다는 것이다. 이런 측면에서 법이 경제에 대해 지는 책임은 매우 적극적이고 광범위한 것이라고 할 수 있다.

올바른 경제발전을 위해서는 많은 요소들이 필요하다. 창의적인 기업가와 기업활

---

26) 예컨대 구조조정 과정에서 문제되었던 일부 은행의 퇴출과정에서도 그 법적 근거가 문제되었으며, 하이닉스 반도체의 합병과정에서도 문제는 적지 않았다.

동, 생산성과 숙련도가 높은 노동자, 사회간접자본, 기업에 대한 금융기관의 적절한 지원…. 그런 요소들 가운데 빠뜨려서는 안 될 중요한 것 중의 하나가 효율적이고 공정한 법(제도)이다.

올바른 법(제도)의 확보는 기업활동을 자극하고 그 능률성을 제고하기 위해서도, 또한 공정한 기업경쟁과 균등한 국민경제의 발전을 위해서도 매우 중요하다. 비록 여러 경제적 조건들이 갖추어져 있다 할지라도 그것만으로 성공적인 경제발전을 이룩할 수는 없으며, 그 조건들을 잘 결합시켜서 활력있는 경제활동을 가능케 하는 것은 경제에 관한 법제도이기 때문이다.

이러한 법을 올바르게 만들고 운용할 수 있기 위해서는 또한 법과 경제에 대한 올바른 이해가 전제되어야 할 것이다.

제 6 장 헌법의 보장 · 보호

헌법의 보호는 헌법을 구체화하여 올바르게 실현시키는 것과 표리의 관계에 있다. 올바른 헌법의 실현은 이미 그 자체로서 헌법의 보호를 내포하고 있는 것이며, 헌법의 보호는 이러한 올바른 헌법의 실현이 외적인 장애에 부딪혔을 때 문제되는 것이다.

따라서 헌법의 보호를 올바르게 이해하기 위해서는 헌법의 전체적 실현과정을 염두에 두고 그 정상적 실현의 확보라는 측면에서 헌법의 보호를 위한 제도적 장치들을 이해하여야 하며, 이와 같은 기본적 인식을 바탕으로 개별적 · 구체적 제도들의 헌법체계 내의 위치와 각종 제도 간의 상호관련에 주목하여야 할 것이다.

제 1 절 헌법의 규범력과 헌법의 보호

Ⅰ. 헌법의 실현과 헌법보호

헌법을 포함한 모든 규범은 현실 속에서의 실현을 지향하고 있다. 특히 미래를 향한 개방성을 그 본질적 특성으로 하는 헌법에 있어서는 다양한 절차와 과정을 통한 구체화 내지 실현을 통하여 비로소 헌법의 의의와 기능이 분명하게 된다. 따라서 헌법의 해석과 적용을 통한 헌법의 실현은 헌법의 본질적 속성의 하나로 인정되며 헌법학과 헌법실무도 궁극적으로 헌법실현에 기여하고자 하는 것이다.

이러한 헌법실현과 표리의 관계에 있다고 할 수 있는 것이 이른바 헌법보호이다. 헌법의 형식으로 규정된 규범들은 한편으로 현실 속에서의 실현을 지향하는 반면(적극적 측면), 다른 한편으로는 스스로를 외부의 공격으로부터 지키려는(소극적 측면) 속성을 갖는다. 이러한 헌법의 존립을 보장하는 것은 헌법 자체 내의, 혹은 형법이나 기타 법률에 의한 각종 제도의 구비만으로 완결될 수는 없으며, 일차적으로 헌법의 규범력의 문제이다.[1)]

---

1) 이에 관하여는 콘라드 헷세(계희열 역), 헌법의 규범력, 헌법의 기초이론, 2001, 13-43쪽 참조.

Ⅱ. 헌법의 존립 기초로서의 헌법의 규범력

법학, 즉 규범학으로서의 헌법학을 이야기할 수 있는 전제는 규범력을 갖는 헌법의 존재이다. 만약 헌법규범이 사실적 세력관계의 단순한 반영에 불과하고, 따라서 현실을 능동적으로 규율할 수 있는 힘을 전혀 갖지 못하고 있다면, 그러한 헌법규범의 존재의의는 단순히 대외적인 (혹은 대국민적인) 선전물 이상의 아무 것도 아닐 것이며, 헌법에 대한 연구와 검토, 즉 헌법학도 무의미할 수밖에 없다. 따라서 헌법의 규범력은 헌법규범 내지 헌법학의 존립 기초라고 할 수 있다.[2)]

이러한 헌법의 규범력, 즉 헌법의 효력의 문제는 그 헌법의 실질적인 주체, 즉 헌법제정권력자 내지 주권자의 문제와 직결되어 있다. 따라서 민주주의국가에 있어서 헌법의 규범력의 문제는 헌법을 제정한 국민의 의사가 관철되느냐 그렇지 못하느냐의 문제이기도 한 것이다.

헌법규범이 (헌법을 제정한 국민자신의 의사를 제외한) 국가 내의 여러 세력들에 의해 무시당하고 침해당할 위험이 있을 때, 이들에 대해 헌법의 준수를 요청할 수 있는 궁극의 힘은 헌법제정자인 국민 자신으로부터 나올 수밖에 없다. 헌법은 헌법의 제정자인 국민이 그 헌법을 수호하고자 하는 강력한 의지를 가지고 있을 때에만 확고한 규범력을 발할 수 있으며, 모든 세력들의 침해에 대하여 스스로를 지킬 수 있다.[3)]

Ⅲ. 헌법보호의 개념과 유형

1. 헌법보호와 국가보호

종래 헌법보호와 국가보호를 같은 개념으로 이해하는 경우도 적지 않았다. 그러나 엄밀하게 볼 때 양자는 구별되는 개념이다.

국가보호(Staatsschutz)란 좁은 의미로 이해될 때에는 국가의 실존(=존립)을 -특히 외적으로부터- 보호하는 것이라고 할 수 있으며, 넓은 의미로 이해될 때에는 특정 국가의 법적·사실적 존립을 외부 또는 내부로부터의 공격에 대하여 보호하기 위한 각종 제도·조치를 의미한다. 특히 넓은 의미의 국가보호는 헌법보호보다 포괄적인 개념으로 이해된다.

이에 비하여 **헌법보호**(Verfassungsschutz)는 단순히 국가의 현상을 유지하는 국가보호와는 달리 헌법의 형태로 구체화된 「기본적 가치질서」의 보호로 이해될 수 있으며, 국가보호보다 좁은 개념으로 이해된다.

---

2) 이런 맥락에서 헌법의 규범력 문제는 곧 헌법이 현실적인 세력들, 즉 정당, 각종 사회단체, 재벌 기타 경제단체, 노조, 군대 등의 의사에 반하여 자신의 규범내용을 관철시킬 수 있는지, 또 관철시킬 수 있다면 그 힘은 어디서부터 나올 수 있는지의 문제라고 할 수 있다.

3) 헷세는 이를 국민의 헌법에의 의지(Wille zur Verfassung)라고 표현하면서, 헌법의 규범력의 근원으로 매우 강조하였다.

2. 광의의 헌법보호와 협의의 헌법보호

헌법보호의 수많은 제도들은 직접적으로 헌법에 대한 침해를 사후적으로 제거하거나 사전적으로 예방하는 좁은 의미의 헌법보호와 간접적으로 (즉 조직적 · 절차적으로) 헌법의 규범력의 강화에 기여하는 넓은 의미의 헌법보호로 나누어 볼 수 있다. **좁은 의미의 헌법보호**는 자유민주적 기본질서 그리고 국가의 존립과 안전을 내부 또는 외부의 헌법적대적 세력에 의한 침해로부터 보호하는 것을 의미하며, **넓은 의미의 헌법보호**는 국가의 규범적 기본질서로서의 헌법의 유지와 준수를 확보하는 것을 의미한다.[4)]

이렇게 볼 때 헌법보호로서 특별히 문제가 되는 것은 일반적으로 좁은 의미의 헌법보호가 될 것이다. 그리고 여기서 특히 유의할 점은 헌법보호가 반대와 비판을 억압하는 수단이 되어서는 안 된다는 것이다. 민주주의헌법을 보호하는 것은 그것이 민주주의이기 때문이지 다른 어떤 이유 때문도 아니다. 헌법의 보호를 위하여 민주주의가 민주주의임을 정지하게 된다면[5)] 그러한 헌법보호는 그 자신의 존립근거에 반하는 것이다.

제2절 헌법보호의 주체와 보호법익

Ⅰ. 헌법의 수호자(Hüter der Verfassung) 문제

바이마르 헌법 당시에 헌법의 수호자가 누구인가에 대하여 헌법학자들 사이에 치열한 논쟁이 벌어진 바 있다.

이 논쟁에서 칼 슈미트(*C. Schmitt*)는 헌법을 실현시키고, 헌법적 권력행사를 효과적으로 제한할 수 있는 기능을 가진 국가기관이 바로 헌법의 수호자라고 주장하였으며, 바이마르 공화국 헌법 하에서는 국가비상사태에 대한 최종적 권한을 갖고 있던 공화국 대통령이 바로 그 같은 위치에 있다고 생각하였다.[6)] 반면에 한스 켈젠(*H. Kelsen*)은 바이마르 헌법상의 중립적 사법기관인 국사재판소가 헌법의 수호자가 되어야 한다고

---

4) 또한 헌법보호를 **구조적 보장**과 **예방적 · 진압적 보장**으로 나누고 전자는 권력분립, 기본권의 본질적 내용보장, 헌법개정의 한계 등을 통해 구체화되는 국가조직상의 권한규정, 절차규정을 통한 헌법내재적 헌법보호를 의미하며, 후자는 기본권실효, 위헌정당해산, 고위직공무원탄핵, 정보기관, 정치형법, 국가긴급권 등을 통해 구체화되는 직접적인 헌법보호로 구별하기도 한다.

5) 예컨대 바이마르 헌법 제48조 제2항("독일 내에서 공공의 안녕질서에 대한 중대한 장애가 발생되거나 발생된 위험이 있는 경우에 독일 대통령은 공공의 안녕질서를 회복하는 데 필요한 조치를 할 수 있으며, 필요한 경우에는 군대를 동원할 수 있다. 이 목적을 위하여 대통령은 일시적으로 제114조[인신의 자유], 제115조[주거의 불가침], 제117조[통신의 비밀], 제118조[언론 · 출판의 자유], 제123조[집회의 자유], 제124조[결사의 자유] 및 제153조[재산권보장]에 정한 기본권의 전부 또는 일부를 정지할 수 있다")과 같은 규정에 따라 그러한 민주주의의 정지가 발생될 수 있다.

6) 이러한 칼 슈미트의 논리는 대통령의 비상대권을 폭넓게 정당화시킴으로 인하여 독재화의 가능성을 인정하였으며, 결국 나치집권의 정당화에 기여하였던 것으로 평가된다.

주장하였다. 또한 이러한 논쟁의 영향은 제2차 세계대전 이후에까지 미쳐서 테오도르 마운츠(*Th. Maunz*)는 기본법상의 헌법재판소를 헌법의 수호자로 주장하기도 하였다.[7]

그러나 어느 하나의 국가기관만을 헌법의 수호자로 보려는 생각은 이미 시대성을 상실하였다. 모든 국가기관, 나아가 국민 전체가 헌법의 규범력을 존중하려는 헌법에의 의지를 가질 때 민주주의 헌법의 수호가 비로소 가능할 것이기 때문이다.

Ⅱ. 일차적 보호법익으로서의 자유민주적 기본질서

민주주의 국가에 있어서의 헌법보호는 일차적으로 민주주의의 보호 내지 자유민주적 기본질서의 보호로 볼 수 있다. 즉 방어적 민주주의의 이론에 기초하여 헌법보호를 이해할 수 있다는 것이다.

이런 맥락에서 볼 때, 헌법보호의 핵심은 곧 민주주의의 핵심이다. 하지만 민주주의의 본질을 특정한 내용적 가치가 아니라 정치과정의 공개에 기초하는 다원적 절차에서 찾을 때, 헌법의 보호법익은 곧 그러한 자유로운 다원적 정치과정 자체의 보호로 이해될 수밖에 없다.[8]

따라서 「자유민주적 기본질서의 보호」로서의 헌법보호는 그러한 자유로운 정치과정을 부정하려는 세력 내지 경향에 대한 민주주의 헌법의 보호이지, 역으로 민주적 과정 자체를 제한하는 헌법보호가 되어서는 안 된다.

Ⅲ. 국가의 존립, 안전

국가의 존립과 안전의 보호가 의미하는 것은 ① 국가의 존재 그 자체와 통일성의 유지, ② (국제법주체로서의) 대외적인 활동능력, ③ (사회적인 질서유지의 주체로서의) 대내적인 활동력, ④ 영토 내에 거주하고 있는 주민들의 영역적 일체성과 물리적 생존을 포함하는 것으로 이해된다.

그러나 이와 관련되는 모든 위협이나 침해가 곧 헌법보호의 각종 수단들을 발동시키는 것은 아니다. 국가의 존립과 안전에 대한 위협을 이유로 헌법보호의 수단을 발동하기 위해서는 무엇보다 국가의 –영토, 국민 또는 국가권력의– 본질적 부분을 침해하는 (또는 침해하고자 하는) 진지한 위협이 있어야 한다.

---

7) 그러나 헌법재판소의 결정은 입법권 · 행정권의 자발적인 협조에 의해서만 그 집행이 가능하다는 점에서 헌법재판소를 헌법의 수호자로 보는 데 어려움이 있다는 지적도 있다.

8) 이와 관련하여 데닝어(*E. Denninger*)가 "자유민주적 기본질서는 정치의 특정한 내용을 보호하는 것이 아니라 정치적 과정의 구조와 형식 자체를 보호하는 것이다"라고 말한 것은 시사하는 바가 크다.

제3절 헌법보호의 각종 제도

헌법보호의 수단들은 넓은 의미의 헌법보호를 위한 수단들과 좁은 의미의 헌법보호를 위한 수단으로 나누어질 수 있다.

전자에 속하는 것은 헌법의 준수를 확보하기 위한 다양한 헌법상의 제도들이지만, 후자에 속하는 것은 그 중에서도 헌법에 대한 직접적 침해에 대한 대응수단들이다. 이러한 좁은 의미의 헌법보호수단에 속하는 것은 정당을 비롯한 각종 결사의 해산제도, 기본권의 남용에 대한 제한, 정치형법, 행정적 헌법보호 그리고 국가긴급권과 저항권 등이 있다. 다만 국가긴급권과 저항권은 그 비중을 고려하여 독립된 절에서 그 내용을 고찰하도록 한다.

Ⅰ. 넓은 의미의 헌법보호(헌법준수의 확보)의 각종 제도

1. 헌법규정의 (원칙적인) 직접적 구속력

헌법은 국가의 최고법으로서 모든 국가기관 및 모든 국민에 대하여 원칙적으로 직접적 효력을 미치며, 그 준수를 요청한다. 이러한 헌법의 구속력은 헌법의 준수를 확보하는 가장 기본적인 조건으로서 (넓은 의미의) 헌법보호의 요소로 인정될 수 있다.

2. 헌법의 불가침성과 경성헌법성

헌법침해, 헌법파괴, 헌법폐제 등으로부터 헌법의 실체를 보호하기 위하여 한편으로는 헌법의 최고성과 불가침성이 선언되고, 다른 한편으로는 헌법개정에 있어서도 일반 법률과는 다른 가중된 요건 내지 절차를 요구하는 경성헌법이 채택됨으로써 헌법의 준수가 확보되고 있다. 나아가 독일의 경우 헌법개정의 한계에 관한 명문규정(기본법 제79조 제3항)이 도입되어 헌법보호의 기능을 하기도 한다.

이러한 헌법의 불가침성 내지 경성헌법성은 특히 위로부터의 헌법침해, 즉 국가기관 스스로가 헌법을 침해하는 경우에 대하여 헌법을 보호하는 제도로서 작용한다.

3. 포괄적 권한을 갖는 헌법재판소의 설치

포괄적인 권한을 갖는 헌법재판소의 설치를 통하여 헌법의 준수를 사법적으로 통제하는 것이 가능하게 됨으로써 헌법의 구속력이 보다 강화되었으며, 모든 헌법기관, 행정관청 등이 헌법을 준수하도록 보다 강력하게 요청할 수 있게 되었다.

4. 권력분립원리의 구체화

국가작용이 특정 국가기관의 독단적인 결정에 의해 집행되지 않고 상호견제 · 통제하는 여러 기관들의 개입 · 관여 속에서 이루어지도록 권력을 구성함으로써(기관간 및 기관내 통제, 겸직금지 등), 한편으로는 국가권력의 (분업적) 능률성을, 다른 한편으로는 국가권력의 남용의 방지를 꾀한다. 이러한 권력분립을 통한 국가권력의 남용 방지는 국민의 자유를 보장하는 기능과 더불어 헌법보장(보호)적 기능도 한다.

5. 국가기관의 합의제적 구성

합의제원리는 이미 로마시대부터 공화국(res publica)의 보장을 위한 구조적 요소로 간주되었다. 의회, 정부, 최고법원, 기타 중요한 국가기관은 대부분의 국가에서 합의제적으로 구성됨으로써 권력의 남용을 막고 헌법의 준수를 담보하고자 하는 것이다.

6. 공직제도(특히 직업공무원제도)

공직의 담당자는 국가 및 국민과 특별한 관계에 서게 된다. 민주국가의 공무원은 전체국민에 대한 봉사자이다. 그러므로 공무원은 정치적 중립, 헌법에 대한 충성 등의 의무를 진다. 이처럼 공직제도의 확립 내지 안정된 직업공무원제의 도입을 통해 공직의 안정적 수행을 확보할 경우, 이는 동시에 헌법의 준수를 확보하는 것이기도 하다.

7. 공개성의 원칙

공개성의 원칙은 국가적 결정의 정당성을 확보하기 위한 중요한 수단이다. 민주주의 하에서 결정과 그 이유를 공개하도록 함으로써 국가기관을 통제하는 것은 민주적 절차와 기준의 준수를 위한 중요한 요소이다. 국가적 의사형성과정의 공개를 통하여 야당은 정부 · 여당의 행동을 심사하기 위한 결정적인 기준을 획득하며, 국민 또한 이를 통하여 중요한 판단기준을 제공받을 수 있을 뿐만 아니라, 그것이 역으로 정부 · 여당의 합헌적 행동을 강제하는 효과가 있기 때문이다. 이런 맥락에서 볼 때, 공개성의 원칙은 언론과 여론 등을 통한 통제기능의 기초이기도 하다.

8. 국민의 기본권 행사

또한 국민의 올바른 기본권 행사도 국가기관의 위헌적 행위에 대하여 통제적 기능을 수행한다. 국민은 국가권력의 남용에 대하여 방어권으로서의 자유권을 주장하고 경우에 따라 이를 헌법재판을 통해 확인시킬 수 있으며, 나아가 정치적 기본권(선거권, 국민투표권, 언론 · 출판의 자유, 청원권 등)을 통하여 보다 적극적인 대응도 가능하다.

Ⅱ. 정당과 각종 결사의 해산제도

1. 정당의 해산

앞서 설명된 바와 같이 위헌정당의 해산제도는 자유민주적 기본질서를 보호하기 위한 매우 중요한 제도이며, 좁은 의미의 헌법보호를 위한 대표적 수단으로 인정된다.[9)]

2. 결사의 해산

과거 「사회단체등록에 관한 법률」에 의해 등록(제3조)된 각종 사회단체로부터 정기적으로 조직 및 활동상황을 보고 받고(제6조) 일정한 조건 하에서 등록을 취소(제8조)함으로써 사회단체를 해산시키는 것이 인정되었으나, 현재에는 일반적인 결사를 규율하는 포괄적 규정을 가진 법률은 존재하지 않는다. 하지만 자유민주적 기본질서나 국가의 존립을 침해하는 위헌적인 결사에 대해서는 형법이나 국가보안법 등의 규정을 통한 규제가 가능할 것이다.

Ⅲ. 기본권의 제한

1. 기본권의 실효

기본권의 실효제도는 독일기본법 제18조에 의해 채택된 제도로서, 의사표현의 자유 등을 남용하여 자유민주적 기본질서를 침해한 자에 대하여 기본권의 효력을 상실시키는 것이다.[10)]

이러한 기본권의 실효제도는 정당해산 제도와 더불어 방어적 민주주의의 대표적 제도로 꼽히고 있다. 하지만 개인의 활동에 의한 자유민주적 기본질서의 침해는 현실적 위험성이 적은데 반하여 기본권의 실효가 개인의 기본권에 미치는 효력은 극도로 강력한 것이어서 실제로 기본권실효제도가 활용된 예는 없으며 사실상 사문화되었다고 할 수 있다.

우리 헌법은 기본권의 실효제도를 도입하지 않았다.

2. 기본권의 제한

국민의 기본권의 보장은 민주적 법치국가의 가치적 핵심을 이룬다. 그러나 이것이 곧 절대적·무제한적 보장을 의미하는 것은 아니며, 국민의 기본권은 일정한 요건 하에 제한될 수 있다.[11)] 특히 자유민주적 기본질서의 보호를 위하여 기본권의 제한이 가능하다는 것에 대해서는 이론의 여지가 없다.

---

9) 앞의 「제3부 제1장 제4절 **정당의 해산**」 참조.

10) 독일기본법 제18조: "의사표현의 자유, 특히 신문의 자유, 교수의 자유, 집회의 자유, 결사의 자유, 서신, 우편 및 전신의 비밀, 재산권 또는 망명자비호권을 자유민주적 기본질서에 대한 공격을 위해 남용하는 자는 이 기본권들의 효력을 상실한다. 실효 여부와 그 범위는 헌법재판소에 의하여 선고된다."

11) 기본권 제한의 구체적 요건과 기준에 대하여는 「제2권 제1부 제5장 제4절 **법률에 의한 기본권제한(법률유보)**」 참조.

Ⅳ. 정치형법 - 국가적 존립의 보호를 위한 형사법적 구성요건들

1. 정치형법의 개념

정치형법이란 국가보호를 위한 형법, 즉 헌법의 자유민주적 기본질서를 보호하기 위한 형법을 말한다. 이는 민주적 정치질서에 반하는 행위를 처벌한다는 의미에서 정치형법이라 지칭되는 것이다.

2. 형법상의 수단

현행형법상 내란의 죄(제87조-제91조), 외환의 죄(제92조-제104조)는 국가의 존립 및 이의 기초가 되는 자유민주적 기본질서의 보호에 관한 규정이라고 볼 수 있다. 따라서 이 형법규정들은 헌법보호의 수단이라고 할 수 있다.

3. 국가보안법

국가보안법은 1948년 제정되었으나 이후 수많은 개정을 거쳤으며, 특히 1980년 폐지된 반공법의 규정들을 다수 흡수하면서 대표적인 정치형법으로 자리하게 되었다. 그러나 동법은 남북한의 대립관계를 전제하는 가운데 북한과의 교류를 포괄적으로 규제하는 다수의 규정들을 둠으로써 위헌의 시비가 끊이지 않고 있다.

4. 보안관찰법

보안관찰법은 형법 제88조, 제89조, 제90조, 제92조 내지 제98조, 제100조 및 제101조, 군형법 제5조 내지 제8조, 제9조 제2항 및 제11조 내지 제16조, 국가보안법 제4조 제5조, 제6조, 제9조 제1항 · 제3항 · 제4항(보안관찰법 제2조)과 같이 국가보호에 관한 범죄를 범한 자를 출소 후에도 계속 보안관찰함으로써 국가의 안전과 사회의 안녕을 유지하고자 하는 법이다(보안관찰법 제1조). 따라서 동법은 형법과 군형법, 국가보안법을 보충하는 사후처분을 담고 있는 정치형법이라고 할 수 있다.

Ⅴ. 행정적 헌법보호

1. 개 념

행정적 헌법보호수단이란 경찰권을 비롯한 행정권을 발동하여 헌법질서를 보호하는 제도적 장치를 말한다. 즉 행정작용에 의한 헌법보호의 수단을 가리키는 것이다.

2. 신원조회제도

공무원 임용시에 행해지는 신원조회제도는 헌법적대적 세력의 공직취임을 방지하는 기능을 통하여 헌법보호에 기여할 수 있다. 그러나 지나친 공직취임의 제한은 오히려 그 국가의 민주성에 대한 침해가 될 수 있다는 점에 유의하여야 한다.

3. 국가정보원의 설치 · 운용

정부조직법 제17조 및 국가정보원법에 따라 설치된 국가정보원은 대통령 직속 하에서 「외국 내지 국외단체와 연결을 맺고 있는 헌법의 적을 정보활동적 방법에 의해 대처」하는 기능을 한다. 이를 위하여 국가정보원은 형법 중 내란의 죄, 외환의 죄, 군형법 중 반란의 죄, 암호부정사용죄, 군사기밀보호법에 규정된 죄, 국가보안법에 규정된 죄와 관련되는 정보의 수집 · 작성 · 배포를 그 직무범위에 포함시키고 있다(국가정보원법 제4조 제1항 제1호).

4. 군정보기관의 설치와 활동

군정보기관의 활동도 국가정보원과 유사한 기능을 할 수 있다. 예컨대 대통령령 제33409호(2023.4.18.) 「군사안보지원사령부령」 제1조에 설치근거를 두고 있는 국군방첩사령부의 구성과 활동이 그와 같은 역할을 하는 것이다.

제 4 절 국가긴급권

Ⅰ. 국가긴급사태의 발생과 그 헌법적 의의

1. 국가긴급사태(=국가비상사태)의 개념

국가긴급사태 또는 국가비상사태란 헌법에 규정된 정상적인 수단이 아니라 예외적인 수단을 통하여만 제거할 수 있는, 국가의 존립 또는 공공의 안녕질서에 대한 심각한 위험에 직면해 있는 상태를 말한다.

2. 국가긴급사태의 유형

국가긴급사태의 유형을 어떻게 나눌 수 있는지에 대해서는 다양한 기준에 따라 상이한 분류가 행해지고 있다. 하지만 국가긴급사태의 분류가 이에 대응하는 국가긴급권의 유형 내지 각 유형별 권한범위 및 권한행사방식을 결정하는 기준으로서의 의미를 가져야 한다는 점을 생각하면, 국가긴급사태의 유형을 발생의 원인에 따라서 나누는 것이 적절하다고 할 수 있다.

이렇게 볼 때, 국가긴급사태는 크게 내부로부터의 위협이 문제되는 내부적 긴급사태와 외부로부터의 위협이 문제되는 외부적 긴급사태로 나눌 수 있을 것이다.

내부적 긴급사태의 경우는 다시금 **자연재해**(예컨대 대지진 또는 화산폭발 등)**와 중대한 사고**(예컨대 체르노빌 핵발전소 사고)**로 인한 경우**와 **정치적 · 사회적 · 경제적**

혼란으로 인한 (자유민주적 기본질서에 대한) **급박한 위험**으로 나뉘어질 수 있다.

그리고 **외부적 긴급사태**는 외부로부터의 위험의 정도에 따라 **긴장이 고조되고 있는 상황**과 **전쟁 등이 발발한 경우**로 나뉘어질 수 있을 것이다.

이들 각각의 경우에 대해서 그 위험의 정도에 따라 구체적으로 어떠한 국가긴급권이 인정될 수 있는지가 개별적으로 검토되어야 할 것이다.

3. 국가긴급사태에 대한 헌법적 대응의 유형

국가긴급사태는 어느 국가에서라도 발생될 수 있다. 그러나 이에 대한 헌법적 대응의 유형은 일정하지 않다. 예컨대 미국의 경우처럼 이를 헌법적 차원의 규정 없이 법률적 차원에서 해결하는 예도 있다. 또한 과거 바이마르 헌법처럼 국가긴급사태에 대하여 일반조항을 통하여 대응하는 예도 있다. 하지만 오늘날에는 헌법 자체에서 국가긴급사태에 대하여 상세한 규정을 두는 예가 늘고 있다. 그것은 헌법이 직접 국가긴급사태를 규율함으로써 국가긴급권의 헌법적 근거를 마련함과 동시에 국가긴급권의 남용을 막기 위한 것이다.

현행헌법도 국가긴급권의 남용의 역사적 경험에 바탕하여 국가긴급권의 헌법적 근거 내지 발동요건, 행사방식, 통제의 수단 등을 상세하게 규율하고 있다.

Ⅱ. 국가긴급권의 인정과 그 헌법적 수용

1. 국가긴급권의 불가피성

국가긴급권은 그 동안 역사적으로 많은 남용의 예를 보여 왔기 때문에 이를 기피하는 경향도 없지 않으나, 정상적인 헌법적 장치만으로는 극복되기 어려운 급박한 사태의 발생이 언제라도 가능하다는 것을 생각하면 국가긴급권의 인정은 불가피하다. 설사 법적으로 국가긴급권을 전혀 인정하지 않는다 하더라도 그러한 국가긴급사태가 발생하게 된다면, 결국 누군가 초법적인 비상권을 행사할 수밖에 없기 때문이다.

2. 국가긴급권의 헌법적 수용의 의의

국가긴급권의 헌법적 수용은 한편으로는 국가긴급사태에 효율적으로 대응하기 위한 것이고, 다른 한편으로는 국가긴급사태에서도 역시 (긴급한) 국가권력행사의 헌법적 근거 및 요건과 한계를 명시함으로써 국가긴급권의 남용을 막기 위한 것이다. 즉 헌법적인 정상상태를 가능한 한 넓게 유지하면서, 긴급사태시에는 집행부에게 정상상태에서 갖는 권한을 넘는 특별한 권한을 꼭 필요한 정도로만 부여함으로써 위기에 적절하게 대응할 수 있도록 한 것이다.

3. 법치주의의 예외로서의 국가긴급권?

종래 국가긴급권을 법치주의의 예외로 인정하는 견해들이 있었다. 하지만 이러한 견해들은 국가긴급권이 기본권제한의 법률유보 원칙에 대한 예외가 된다는 점을 법치주의의 예외로 확대해석한 것으로 보인다. 비록 국가긴급권이 행사됨으로 인하여 정상상태에서의 법치주의적 절차가 부분적으로 배제되는 현상이 발생되지만, 그것은 어디까지나 헌법적 수권의 범위 내에서 이루어지는 것이며, 따라서 헌법의 지배라는 법치주의의 가장 기본적인 요청은 여전히 지켜지고 있는 것이다.

오히려 국가긴급권을 헌법에서 직접 규정한 것은 국가긴급권이 헌법의 테두리 안에서 행사되도록 만들기 위한 것이다. 따라서 국가긴급사태 하에서도 헌법 그 자체는 불가침으로 남아 있어야 하며, 그 밖에 의회, 헌법재판소 등과 같은 기본적인 헌법상의 제도들도 그러하다.

Ⅲ. 국가긴급권의 발동과 그 통제

1. 긴급재정 · 경제처분권과 그에 관한 명령권

대통령은 헌법 제76조 제1항에 따라 "내우 · 외환 · 천재 · 지변 또는 중대한 재정 · 경제상의 위기에 있어서 국가의 안전보장 또는 공공의 안녕질서를 유지하기 위하여 긴급한 조치가 필요하고 국회의 집회를 기다릴 여유가 없을 때에 한하여 최소한으로 필요한 재정 · 경제상의 처분을 하거나 이에 관하여 법률의 효력을 가지는 명령을 발할 수 있다."

이 규정에 의해 나타나는 긴급재정 · 경제처분권과 그에 관한 명령권의 **발동요건**은 내우 · 외환 · 천재 · 지변 또는 중대한 재정 · 경제상의 위기에 있어서 국가의 안전보장 또는 공공의 안녕질서를 유지하기 위하여 긴급한 조치가 필요하고 국회의 집회를 기다릴 여유가 없을 때로 한정되고 있다.

또한 이러한 긴급재정 · 경제명령은 **법률의 효력**을 갖는다는 것이 이 규정을 통해 선언되고 있다. 즉 법률적 효력을 부여함으로써 집행부의 신속하고 효율적인 대응이 가능하도록 하고 있는 것이다.

그리고 헌법 제76조 제3항에 따라 대통령의 긴급재정 · 경제처분 또는 그에 관한 명령은 **지체없이 국회에 보고하여 그 승인을 얻어야 한다**. 만일 이러한 승인을 얻지 못한 때에는 동조 제4항에 따라 그 처분 또는 명령의 효력이 상실되며, 이 경우 그 명령에 의하여 개정 또는 폐지되었던 법률은 그 명령이 승인을 얻지 못한 때부터 당연히 효력을 회복한다. 또한 동조 제5항에 따라 대통령은 국회에 대한 보고와 승인 여부에 대한 사항을 지체없이 공포하여야 한다.

2. 긴급명령권

대통령은 또한 헌법 제76조 제2항에 따라 "국가의 안위에 관계되는 중대한 교전상태에 있어서 국가를 보위하기 위하여 긴급한 조치가 필요하고 국회의 집회가 불가능한 때에 한하여 법률의 효력을 가지는 명령을 발할 수 있다."

이 규정은 긴급명령권의 **발동요건**을 국가의 안위에 관계되는 중대한 교전상태, 그리고 국회의 집회가 불가능한 경우로 한정함으로써 앞서의 긴급재정 · 경제처분 및 그에 관한 명령권에 비하여 강화하고 있다.

그것은 긴급명령권도 **법률의 효력**을 인정하고 있다는 점에서 긴급재정 · 경제명령과 유사하지만, 재정 · 경제상의 사항에 한정되지 않는다는 점에서 보다 포괄적인 권한으로 볼 수 있기 때문이다. 즉 남용의 위험이 더 크다고 볼 수 있기 때문이다.

또한 긴급명령권도 앞서의 긴급재정 · 경제처분 및 그에 관한 명령권과 마찬가지로 헌법 제76조 제3항 및 제4항의 규정에 따라 **지체없이 국회에 보고하여 그 승인을 얻어야** 하며, 만일 이러한 승인을 얻지 못한 때에는 명령의 효력이 상실된다. 이 경우 그 명령에 의하여 개정 또는 폐지되었던 법률은 그 명령이 승인을 얻지 못한 때부터 당연히 효력을 회복한다. 그리고 역시 동조 제5항에 따라 대통령은 국회에 대한 보고와 승인 여부에 대한 사항을 지체없이 공포하여야 한다.

3. 계엄선포권

대통령은 헌법 제77조 제1항에 따라 "전시 · 사변 또는 이에 준하는 국가비상사태에 있어서 병력으로써 군사상의 필요에 응하거나 공공의 안녕질서를 유지할 필요가 있을 때에는 법률이 정하는 바에 의하여 계엄을 선포할 수 있다."

이 규정에서 나타나듯이 **계엄선포의 요건**은 전시 · 사변 또는 이에 준하는 국가비상사태에 있어서 병력으로써 군사상의 필요에 응하거나 공공의 안녕질서를 유지할 필요가 있을 때로 한정되고 있다.

계엄의 유형은 헌법 제77조 제2항에 따라 비상계엄과 경비계엄으로 나뉘어지며, 계엄법 제2조 제2항과 제3항에 의하여 **비상계엄**은 "대통령이 전시 · 사변 또는 이에 준하는 국가비상사태시 적과 교전상태에 있거나 사회질서가 극도로 교란되어 행정 및 사법기능의 수행이 현저히 곤란한 경우에 군사상의 필요에 응하거나 공공의 안녕질서를 유지하기 위하여 선포"하며, **경비계엄**은 "대통령이 전시 · 사변 또는 이에 준하는 국가비상사태시 사회 질서가 교란되어 일반 행정기관만으로는 치안을 확보할 수 없는 경우에 공공의 안녕질서를 유지하기 위하여 선포"하는 것으로 규정되어 있다.

계엄의 효과로는 헌법 제77조 제3항에 따라 "비상계엄이 선포된 때에는 법률이 정하는 바에 의하여 영장제도, 언론 · 출판 · 집회 · 결사의 자유, 정부나 법원의 권한에 관하여 특별한 조치를 할 수 있다." 그러나 계엄법 제9조 제1항 제1문에서는 "비상계엄지역에서 계엄사령관은 군사상 필요한 때에는 체포 · 구금 · 압수 · 수색 · 언론 · 출판 · 집회 · 결사 또는 단체행동에 대하여 특별한 조치를 할 수 있다"고 규정함으로써 헌법 제77조 제3항에 명시되지 않은 제한까지 포함하고 있다. 이에 대하여 논란의 여지는 있으나 계엄법상의 제한조치들이 계엄의 목적달성에 불가피한 경우에 한하여 허용된다고 보아야 할 것이다.

그리고 **계엄에 대한 통제**로서는 헌법 제77조 제4항에 따른 국회에 대한 통고와 동조 제5항에 따른 국회의 해제요구권이 있다. 이러한 국회의 통제권을 침해하지 못하도록 하기 위하여 계엄법 제13조는 계엄선포 중에도 (현행범인 경우를 제외하고는) 국회의원의 불체포특권을 인정하고 있다.

Ⅳ. 국가긴급권의 한계

국가긴급권의 한계에 대해서는 강학상 많은 논란이 있다. 목적적 한계, 기한적 한계, 상황적 한계, 내용적 한계가 논의되는가 하면,12) 목적에 따른 한계, 시간적 한계, 절차적 한계를 이야기하기도 한다.13) 또한 동인(動因)·목적·내용상의 한계로 나누어 보는 견해도 있다.14)

이러한 국가긴급권의 한계에 대한 논의는 국가긴급권 행사의 정당성 판단과 관련하여 현실적 의미를 갖는다. 즉 한계를 벗어난 국가긴급권의 행사는 정당성을 상실한 위헌적 행위가 되며, 위헌법률심판 등의 방법에 의해 통제될 수 있다는 것이다. 실제로 국가긴급권의 행사가 헌법재판의 대상이 된다는 점이 헌법재판소의 판례에 의해 인정되고 있으며,15) 이런 맥락에서 국가긴급권의 정당한 범위와 한계를 명확히 하는 것은 중요한 현실적 의미를 갖는 것이다.

그렇게 볼 때, 국가긴급권의 한계에 대한 논의는 곧 국가긴급권의 정당성 확보를 위한 조건에 대한 논의와 사실상 다르지 않다. 그 동안 강학상 논의되었던 목적상의 한계, 시간상의 한계 등도 결국 국가긴급권의 정당성판단의 기준을 정리한 것이라고 할 수 있다. 이런 맥락에서 국가긴급권의 한계는 앞서 설명된 발동요건이 지켜져야 할 뿐만 아니라(**발동요건상의 한계**), 그 발동의 목적이 국가의 존립 내지 자유민주적 기본질서의 보호를 위해 필요한 것이어야 하며(**목적상의 한계**), 그 성질상 국가긴급사태에 대응하기 위한 일시적이고 임시적인 조치에 한정되어야 함(**시간상의 한계**)은 명백하다. 이에 더하여 그 구체적인 조치들이 **비례의 원칙**에 합치되어야 한다는 것도 국가긴급권 행사의 정당성 판단의 기준으로 제시될 수 있을 것이다.

---

12) 권영성, 헌법학원론, 2010, 72쪽.
13) 김철수, 헌법학개론, 2007, 91쪽.
14) 허영, 한국헌법론, 2025, 94쪽.
15) 헌법재판소는 "대통령의 긴급재정경제명령은 국가긴급권의 일종으로서 고도의 정치적 결단에 의하여 발동되는 행위이고 그 결단을 존중하여야 할 필요성이 있는 행위라는 의미에서 이른바 통치행위에 속한다고 할 수 있으나, 통치행위를 포함하여 모든 국가작용은 국민의 기본권적 가치를 실현하기 위한 수단이라는 한계를 반드시 지켜야 하는 것이고, 헌법재판소는 헌법의 수호와 국민의 기본권 보장을 사명으로 하는 국가기관이므로 비록 고도의 정치적 결단에 의하여 행해지는 국가작용이라고 할지라도 그것이 국민의 기본권 침해와 직접 관련되는 경우에는 당연히 헌법재판소의 심판대상이 된다"(**헌재 1996.2.29. 93헌마186 결정**)라고 판시하고 있다. 그러나 국가긴급권의 행사를 통치행위에 속하는 것으로 볼 것인지에 대해서는 논란의 여지가 있다. 이에 대하여는 장영수, 헌법상 통치작용과 통치행위의 개념적 구별에 관하여, 법정고시 1996년 1월호, 78-90쪽 참조.

제5절 저 항 권

Ⅰ. 초실정적 권리로서의 저항권과 그 실정화의 의의

1. 저항권의 개념

저항권의 기본적인 내용은 정당하지 못한, 폭압적인 권력의 행사에 대해서는 피지배자인 국민이 힘으로 저항할 수 있다는 것이다. 하지만 초기의 저항권은 국민의 자연법적 권리로서 막연히 상정되고 있었을 뿐, 구체적인 국가질서의 형성 또는 회복에 관한 분명한 생각에 기초하였던 것은 아니었다.

이에 비하여 오늘날 헌법상의 저항권 개념은 헌법질서의 수호라는 측면에서 이해된다. 즉 헌법질서가 완전히 무너지는 것을 저지하기 위하여 국민이 실정법의 테두리를 벗어나서 실력을 행사하는 보충적이고 최후적인 헌법보호수단이 곧 저항권인 것이다.

이런 맥락에서 저항권은 혁명권과 구별된다. 비록 양자가 대부분 정상적인 법절차를 벗어나는 폭력적 수단을 동원하게 된다는 공통점을 갖고 있지만, 그 의도에 있어서 양자는 근본적으로 상이하다. 혁명은 기존의 (법)질서를 전복 · 단절시키고, 이를 통하여 새로운 헌법질서를 창설하고자 한다.[16] 반면에 저항권은 기존의 법질서를 유지 · 회복시키려는 의도를 갖고 있는 것이다.

저항권은 정상적인 헌법질서, 자유민주적 기본질서라는 헌법적 가치질서를 수호하고자 하는 것이다. 물론 이를 수호하는 것은 일차적으로 국가기관들의 과제이다. 하지만 이러한 과제는 국민의 도움과 참여 없이는 달성될 수 없다. 특히 국가기관의 부패와 타락, 무능력 등으로 인하여 이러한 과제의 수행을 더 이상 기대할 수 없을 때에는 주권자인 국민이 직접 움직일 수 있다는 것이 저항권의 기본적 생각이다.

2. 저항권의 역사적 발전

저항권의 뿌리는 동서양을 막론하고 폭군방벌론에서 찾을 수 있다.[17] 그러나 저항권사상은 기독교를 통하여 그 힘을 강화시켰다. 초기 기독교에서는 성경에 기초하여 소극적 저항권을 인정하였지만, 중세의 기독교는 이교도적 권위에 대한 적극적 저항권이론을 발전시켰다.

또한 중세의 봉건법에 따를 때에도 가신이 일정한 경우 영주에 대하여 충성관계의

16) 혁명이 전복시키려고 하는 헌법질서의 입장에서 보면, 혁명은 비합법적인 법파괴이다. 그러나 관철되고 승인됨으로써 이러한 흠은 대부분 치유된다. 즉 그때부터 합법적 권력, 새로이 창설된 법질서가 될 수 있다. 그러나 새로이 형성된 질서의 정당성 문제는 여전히 제기될 수 있으며, 특히 불법적인 쿠데타에 의한 집권을 정당화하는 선전수단으로 혁명을 주장할 수 있기 때문에 혁명에 있어서도 그 정당성의 문제는 매우 중요한 의미를 가진다.

17) 저항권의 역사에 관하여는 심재우, 저항권, 2000, 50쪽 이하; 헬라 만트(심재우 역), 폭정론과 저항권, 1994, 35쪽 이하 참조.

해지를 통지한 후 공식적으로 투쟁할 수 있었으며, 1215년 마그나 카르타(Magna Charta; 제61조)와 13세기 독일의 작센슈피겔(Sachsenspiegel; Ⅲ, 78 §2) 등에서도 저항권이 인정되었다. 그 결과 저항권은 부분적으로는 불문법으로, 부분적으로는 법적 문서에 의하여 인정되었다.

그러나 절대국가 시대에는 절대군주에 대한 절대적 복종이 요청되었다. 왕은 legibus solutus(법률로부터 해방된 자)로서 통일적이고 불가분적인 국가권력의 보유자였다. 개인적 권리, 신분상의 권리나 특권 모두 왕의 결정에 굴복하여야 했다. 따라서 실정법상으로는 저항권이 인정될 여지가 없었다. 법이론상 저항권문제는 여전히 논의되었지만, 현실적으로 관철되지 못했던 것이다.

다만 영국은 마그나 카르타의 전통에 따라 별도의 발전을 보였으며, 미국도 독립선언과 함께 저항권을 인정하였다. 그리고 프랑스는 1789년 대혁명에 의해 절대주의체제를 전복하고 저항권을 인정하였다.

반면에 독일은 19세기의 입헌주의시기에도 절대국가시대의 국가관에 입각하여 저항권을 인정하지 않았다. 1919년 바이마르의 민주주의 헌법에서도 사정은 마찬가지였다. 나치의 불법적 통치를 경험한 직후에 제정된 독일기본법에서도 저항권은 인정되지 않았고[18] 오로지 민주적 법치국가의 구성만이 문제되었다.[19] 그러던 것이 1968년 국가긴급권의 헌법수용과 더불어 제20조 제4항에 저항권을 수용하게 되었다.

3. 전통적인 저항권이해와 저항권의 실정화

전통적인 저항권은 폭군방벌론에서부터 내려오는 불법적 통치에 대한 최후의 대응수단이라는 성격을 지키고 있었다. 따라서 저항권행사의 대상은 오로지 불법적 지배(권력)였고, 저항권행사의 목표는 이러한 정당하지 않은 국가권력에 대항하여 이를 붕괴시키는 것으로 한정되었다.

이처럼 저항권은 초실정적 권리로 이해하는 것이 일반적이었다. 그런데 근대 시민혁명의 시기도 아닌 20세기 후반에 들어와 저항권을 실정화시킨 독일의 경우에는 저항권의 실정화에 관한 논란이 매우 폭넓게 전개되었다.

당시에도 저항권의 성격상 실정화가 적절하지 않다고 보는 견해가 오히려 지배적이었으나, 1968년의 헌법개정에 의해 독일기본법상 저항권이 실정화된 데에는 몇 가지 고려가 작용하였다. 당시의 상황에서 헌법개정을 통한 국가긴급권의 도입에 따른 우려를 감소시키고 그에 대한 균형추로서의 역할을 할 수 있도록 한다는 취지에서 저항권의 도입이 추진되었고, 또한 저항권이 국가권력의 담당자 및 일반국민에 대하여 경고적 내지

18) 헷센주헌법 제147조, 브레멘헌법 제19조, 베를린헌법 제23조 제3항 등 주(州)헌법 차원에서 저항권이 도입된 예는 있으나, 기본법 제정 당시 저항권을 도입하자는 제안은 저항권이 초법적 차원에 속한다는 논거에 따라 압도적 다수로 부결되었다.

19) 당시의 논의에 있어서는 법치국가가 저항권을 흡수해버렸다. 기본법 제정자들은 불법적 통치란 법치국가에서는 생각될 수 없다고 보았다. 법치국가는 자유의 수호자 자체이며, 오히려 그에 대한 저항이 불법으로, 혁명으로 평가되었던 것이다.

교육적 기능을 할 수 있다는 점이 지적되기도 하였다.[20)]

이와 같이 헌법상 실정화된 저항권은 전통적으로 이해된 저항권보다는 구체적인 의미내용을 갖게 된다. 즉 저항권행사의 대상은 정상적인 헌법질서를 배제하려고 하는 모든 형태의 시도로 구체화되며, 저항권행사의 목표도 정상적인 헌법적 국가질서의 회복이라는 분명한 형태로 나타나는 것이다. 이런 맥락에서 헌법상의 저항권은 국가 및 헌법의 긴급구조권이라 지칭되기도 한다.

4. 저항권과 시민불복종(Ziviler Ungehorsam)

저항권과 매우 유사하지만 구별되어야 할 것으로서 시민불복종이 있다. 시민불복종은 -저항권이 극단적인 폭압상태, 즉 법치국가적 체제가 기능을 상실하고 불법정권으로 변질되거나 그럴 위기에 처해 있는 경우의 한계상황을 전제하고 있는 것과는 달리- 전체법질서의 정당성을 승인하면서 문제되는 개별법규정에 대한 불복종을 보이는 것이다.[21)]

시민불복종과는 달리 저항권의 수단에 대해서는 일정한 한계가 미리 정해져 있지 않다. 극단적인 경우에는 폭군의 시해와 같은 살인행위조차 허용되기도 하는 것이다. 반면에 시민불복종의 경우에는 어떤 입장의 표명에 불과하기 때문에 비폭력적 불복종(예컨대 KBS시청료납부거부운동) 이외에 폭력적인 수단을 투입하는 것은 인정되지 않는다. 이러한 시민불복종은 저항권의 현대적 형태, 즉 현대적 조건 하에서 실질적으로 활용가능한 형태의 저항권으로 지칭되기도 한다.

Ⅱ. 저항권에 관한 외국의 입법례와 국내의 판례

1. 영 국

영국에서는 앞서 설명한 바와 같이 1215년의 대헌장(Magna Charta) 제61조에서 저항권이 인정되었으며, 그 이후 1628년의 권리청원(Petition of Rights), 1679년의 인신보호법(Habeas Corpus Act), 1689년 권리장전(Bill of Rights) 등의 헌법적 문서들은 대헌장 제61조의 저항권을 확인하였다.

이러한 영국의 저항권은 사회계약론의 입장에서 국민과 왕이 일정한 지배계약을 체결하였고, 그 계약에 왕도 구속되며, 이를 파괴했을 경우에는 저항권이 인정될 수 있다는 사상에 기초하고 있었다. 또한 인권사상, 즉 「국가권력도 침해할 수 없는 천부적이고 대국가적인 불가양의 자연적 인권」이라는 사상도 저항권의 기초가 되었다.

---

20) 또한 당시 노조에서 캅의 쿠데타(Kapp-Putsch)의 예를 들어 이른바 「저항적 파업」이 불법시 되지 않도록 헌법적 근거를 마련하려는 시도가 저항권의 도입에 긍정적 역할을 하였다고 평가되기도 한다.

21) 따라서 그 지향하는 바도 저항권은 법치국가적 전체질서의 회복인 반면, 시민불복종은 체제 자체를 문제삼지 않고 공적 의의가 있는 개별사안에 대해 그 윤리적 · 법적 문제를 강하게 제기하는 일종의 항의 내지 호소(Appell)인 것이다.

2. 미 국

미국의 경우 식민지시절 여러 주의 헌법, 특히 1776년의 버지니아 권리장전 제3조에 저항권이 규정되고 있었으며, 이러한 저항권 규정은 1776년의 미국 독립선언으로 연결되었다. 특히 미국 건국의 역사적 배경은 이러한 저항권사상을 강조하게끔 만들었던 것이다.[22)]

이러한 미국의 저항권 규정은 영국에서부터 시작된 인권사상에 기초하고 있는 것으로 평가된다.

3. 프랑스

프랑스에서는 1789년 8월 26일의 "인간과 시민의 권리선언" 제2조가 억압에 대한 저항의 권리(droit de la résistance á l'oppression)를 인정함으로써 저항권이 명문화되었다. 그리고 1791년의 헌법 이래 많은 헌법에서 저항권이 인정되었으며, 1946년 헌법과 1958년 헌법도 그 전문에서 1789년의 선언을 수용함으로써 저항권을 받아들였다.

이러한 프랑스의 저항권은 한편으로 룻소의 사상에 크게 영향받은 것이지만, 다른 한편으로는 미국의 모델에 자극받은 것으로 평가되기도 한다.

4. 독 일

독일기본법의 제정 이전에는 헷센주헌법 제147조, 브레멘헌법 제19조 등에서 위헌적으로 행사된 공권력에 대항한 저항을 의무로 규정하고 있었으며, 독일기본법이 제정된 이후에 만들어진 베를린헌법 제23조 제3항에서 명백한 기본권침해의 경우에 대하여 저항권을 인정하였다.

그리고 독일기본법은 1968년 6월 24일 17차 개정으로 제20조 제4항에 저항권을 실정화 하였으며, 이 규정은 "이 질서를 제거하려는 자에 대해서는 다른 수단이 없을 경우 모든 독일인이 저항권을 갖는다"고 선언하였다.

5. 대한민국

우리 헌법상 저항권을 직접 인정한 명문규정은 없으며, 헌법전문 중의 "불의에 항거한 4 · 19 민주이념을 계승하고"라는 문구의 해석문제가 제기된다.

이와 관련하여 개헌협상과정에서 저항권의 명시여부가 여야간에 쟁점이 된 바 있고, 결국 헌법전문에 "불의에 항거한 4 · 19 민주이념을 계승하고"라는 문구를 삽입함으로써 그것을 대신하기로 합의하였다는 점에 착안하여 ① 4 · 19가 저항권의 행사였다는 점에 국민적 합의가 있고, ② 개헌안작성자들의 의도가 그 문구를 저항권에 관한 완곡한 표현이라는 점에 양해하였음을 고려할 때, 헌법전문의 동문구를 저항권에 관한 근

22) 미국의 연방헌법이 저항권을 명문화시키고 있지는 않다. 하지만 판례법국가인 미국에서 저항권에 관한 명문규정이 없다고 해서 이를 부정하고 있는 것으로 볼 수는 없을 것이다.

거규정으로 해석하여도 무방할 것이라는 주장이 있다.[23)]

그러나 이러한 주장은 저항권 실정화의 의미, 즉 실정헌법을 통한 구체화의 의미를 살리지 못한다. 때문에 초실정법적 권리로서의 저항권을 인정하려는 견해가 일반적이며, 이러한 견해들은 대체로 저항권을 자연법상의 권리로 인정하거나, 국민주권 및 민주주의 원리로부터 도출한다. 또한 사회계약의 이념으로부터 저항권의 근거를 찾기도 한다.

이처럼 국내의 헌법학이 대체로 저항권을 인정하는 태도를 취하는 반면에, 대법원은 이른바 민청학련사건(1975년 긴급조치위반사건)판결이래 저항권을 인정하지 않는 태도를 보이고 있다.[24)] 반면에 헌법재판소는 저항권을 직접 인정한 경우는 아직 없지만, 저항권을 인정하는 듯한 태도를 취하고 있다.[25)]

Ⅲ. 저항권 행사의 요건과 방식 및 한계

1. 저항권 행사의 요건

(1) 저항상황과 헌법보호의 의도

저항권이 인정되기 위해서는 먼저 저항권 행사가 가능한 상황, 즉 저항상황이 존재하여야 한다. 이러한 저항상황은 두 가지 요소를 특징으로 한다.

첫째, 헌법질서의 침해를 통하여 불법정권화되었음이 객관적으로 명백하거나 헌법

---

23) 권영성, 헌법학원론, 2010, 80쪽 이하.

24) **대법원 1975.4.8. 선고 74도3323 판결**: "소위 저항권에 의한 행위이므로 위법성이 조각된다고 하는 주장은 그 '저항권' 자체의 개념이 막연할 뿐만 아니라 … 그것은 실존하는 실정법적 질서를 무시한 초실정법적인 자연법질서 내에서의 권리주장이며 … 실존하는 헌법적 질서를 전제로 한 실정법의 범주 내에서, 국가의 법적 질서의 유지를 그 사명으로 하는 사법기능을 담당하는 재판권행사에 대하여는, 실존하는 헌법적 질서를 무시하고 초법규적인 권리개념으로써 현행실정법에 위배된 행위의 정당화를 주장하는 것은, 그 자체만으로서도 이를 받아들일 수 없는 것이고 … "

대법원 1980.8.26. 선고 80도1278 판결: "저항권은 초실정법적인 자연법질서내의 권리주장으로서 그 개념자체가 막연할 뿐만 아니라 실정법을 근거로 국가사회의 법질서 위반여부를 판단하는 재판권 행사에 있어서는 적용될 수 없다."

25) **헌재 1994.6.30. 92헌가18 결정**: "국가긴급권의 인정은 국가권력에 대한 헌법상의 제약을 해제하여 주는 것이 되므로 국가긴급권의 인정은 일면 국가의 위기를 극복하여야 한다는 필요성 때문이기는 하지만 그것은 동시에 권력의 집중과 입헌주의의 일시적 정지로 말미암아 입헌주의 그 자체를 파괴할 위험을 초래하게 된다. 따라서 헌법에서 국가긴급권의 발동기준과 내용 그리고 그 한계에 관해서 상세히 규정함으로써 그 남용 또는 악용의 소지를 줄이고 심지어는 국가긴급권의 과잉행사 때는 저항권을 인정하는 등 필요한 제동장치도 함께 마련해 두는 것이 현대의 민주적인 헌법국가의 일반적인 태도이다. 우리 헌법도 국가긴급권을 대통령의 권한으로 규정하면서도 국가긴급권의 내용과 효력 통제와 한계를 분명히 함으로써 그 남용과 악용을 막아 국가긴급권이 헌법보호의 비상수단으로서 제 기능을 나타내도록 하고 있다."

헌재 1997.9.25. 97헌가4 결정: "그러나 저항권이 헌법이나 실정법에 규정이 있는지 여부를 가려볼 필요도 없이 제청법원이 주장하는 국회법 소정의 협의 없는 개의시간의 변경과 회의일시를 통지하지 아니한 입법과정의 하자는 저항권행사의 대상이 되지 아니한다. 왜냐하면 저항권은 국가권력에 의하여 헌법의 기본원리에 대한 중대한 침해가 행하여지고 그 침해가 헌법의 존재 자체를 부인하는 것으로서 다른 합법적인 구제수단으로는 목적을 달성할 수 없을 때에 국민이 자기의 권리·자유를 지키기 위하여 실력으로 저항하는 권리이기 때문이다."

질서 침해의 명백한 기도가 있어야 한다. 둘째, 국가기관의 작용, 예컨대 국회, 법원 또는 헌법재판소에 의한 문제해결이 더 이상 가능하지 않아야 한다. 이러한 저항상황을 전제로 비로소 저항권의 행사가 인정될 수 있다.

그러나 또한 저항권의 행사는 헌법을 보호하기 위한 목적으로만 정당화될 수 있다. 정상적인 헌법질서를 보호·회복하기 위한 것이 아니라 다른 의도(예컨대 정권의 장악)를 가지고 실력을 행사하는 것을 저항권으로 인정할 수는 없기 때문이다.

(2) 저항상황의 시기(始期), 종기(終期)

저항권의 행사가 정당화될 수 있기 위해서는 저항권 행사의 시점도 중요하다. 즉 헌법질서에 대한 구체적이고 명백한 위험이 현존할 때 비로소 저항권의 행사가 정당화될 수 있는 저항상황이 시작되는 것이다.

또한 새로운 헌법질서가 관철됨으로 인하여 저항권의 행사를 통해 보호하고자 하는 원래의 헌법이 종국적으로 효력을 상실한 경우에는 저항권의 토대가 붕괴되는 것으로 볼 수 있다. 그러나 이 경우에도 새로운 헌법질서의 정당성에 대한 문제는 여전히 남게 되며, 정당성에 대한 심각한 의심은 역시 저항권으로 연결될 것이다.

(3) 저항대상

저항권 행사의 대상은 헌법질서를 침해한, 또는 침해하려고 시도하는 자이다. 헌법질서에 대한 침해는 불법화된 국가권력에 의해서도 시도될 수 있지만, 쿠데타 또는 폭동 등에 의해서도 시도될 수 있다.

따라서 저항권의 주체인 국민은 국가권력의 보유자에 의한 쿠데타 등과 같은 위로부터의 정변에 대해서뿐만 아니라 비국가적 영역의 혁명적 세력들에 의한 폭동 등과 같은 아래로부터의 정변에 대해서도 헌법질서의 수호를 위해 저항할 수 있다.[26)]

(4) 보충성/최후수단성 – ultima ratio로서의 저항권

저항권 행사의 정당성이 인정되기 위한 또 하나의 중요한 요건은 보충성 내지 최후수단성이다.[27)] 그런 의미에서 저항권은 예외적인 긴급권이고, ultima ratio(최후의 수단)로 인정되는 것이다.

저항권은 새로운 질서를 정당화하는 것이 아니고 기존질서를 수호하는 것이다. 저항권의 행사는 주권자인 국민이 이미 결정하였던 헌법질서를 지키기 위한 투쟁으로 이해되기 때문이다. 그러므로 저항은 체제전복적 의미에서가 아니라 보전적 의미에서만 허용된다.[28)]

---

26) 이와 관련하여 허영, 한국헌법론, 2025, 86쪽 이하에서는 저항권이 이른바 하향식 헌법침해에 대한 헌법보호수단으로 분류되고 있다. 그러나 앞에서 살펴본 캅의 쿠데타(Kapp-Putsch)의 예에서 알 수 있듯이 저항권은 국가권력의 남용에 의한 헌법파괴뿐만 아니라 쿠데타 등에 의한 헌법파괴에 대해서도 행사될 수 있다는 점에서, 저항권은 위로부터의 헌법침해뿐만 아니라 아래로부터의 헌법침해에 대한 보호수단도 될 수 있다고 보아야 할 것이다.

27) 즉, 기존의 헌법질서 내에서 인정되고 있는 여타의 법적 구제수단들이 유효한 구제수단이 될 가망이 없어서 (국민개인은 저항권을 행사할 수 있게 되기 전에 국가기관에 호소하여야 한다) 저항권의 행사가 법의 유지·회복을 위한 남아있는 최후의 수단일 때 비로소 저항권의 행사가 정당화될 수 있는 것이다.

⑸ 성공가능성?

저항권 행사의 요건으로서 성공가능성을 드는 경우가 있다. 그러나 이러한 주장은 타당하다고 보기 어렵다. 저항권 행사의 정당성은 그 규범으로서의 타당성에 기초하는 것이지, 사실적 조건에 따라 그 정당성 여부를 결정할 수는 없기 때문이다.

2. 저항권 행사의 방식

저항권 행사의 방식은 불복종과 같은 수동적 저항과 폭력의 행사 등을 통한 적극적 저항으로 나누어질 수 있다. 이와 관련하여 법질서 안에서 이미 허용되고 있는 행동들, 예컨대 소송 · 시위 · 파업 · 직장폐쇄 · 공직사퇴 등도 사실상의 저항으로 생각될 수 있으나 이들은 저항권의 의미에서의 저항은 아니다. 즉 법에 의해 허용된 저항은 저항권의 행사가 아닌 것이다. 법적으로는 그 자체 위법이고 단지 저항권을 통하여 특별히 정당화되는 행동만이 여기서 문제되는 저항인 것이다.[29)]

저항의 형식, 방식은 구체적 상황에 맞아야 한다. 그래야 저항이 성공할 수 있을 것이기 때문이다. 과거 저항권의 행사방식으로 이용되던 것으로는 권력자의 강제퇴임, 국가기밀의 폭로, 사보타지, 소요, 법률과 명령에 대한 불복종, 정치적 파업 등이 있었으며, 극단적인 경우에는 권력자의 살해 등도 저항권의 행사로서 정당화되었다.

또한 저항권은 개인적으로 행사될 수도 있으며, 집단적으로 행사될 수도 있다. 개인적 행사의 경우 저항권의 주체는 자연인인 국민에 한정되며, 외국인이나 법인의 저항권 행사는 인정되지 않는다.[30)] 또한 집단적 행사의 경우 저항권의 성공가능성이 높아지기 때문에 교회 · 정당 · 노동조합 등을 구심점으로 한 조직적인 저항권 행사의 예가 많다. 그러나 이 경우에도 단체 자체가 저항권의 주체로 인정되지는 않으며, 그 구성원 개개인이 저항권의 주체로 이해된다.

3. 저항권의 한계

주권자인 국민 자신에 의한 최후의 헌법보호수단으로 이해되는 저항권은 아무리 그것이 최후의 수단(ultima ratio)으로 머무른다 해도 남용될 위험성 또한 적지 않다. 특히 저항권의 행사 과정에서 발생될 수 있는 폭력적인 행위들을 정당화 내지 합법화하는 것은 오히려 법치국가적 질서의 침해가 될 수 있다.

---

28) 즉, 국가기관이 국민에 의하여 정당화된 질서를 유지할 능력이 더 이상 없거나 그럴 의지가 더 이상 없는 경우에 비로소 개개 국민이 그에게 부여된 저항권에 근거하여 그 국가기관을 대신하여 헌법질서를 수호하는 것이 허용된다. 다만 시간적으로 법적 구제를 모두 거친 후에는 헌법질서의 파괴를 더 이상 막기 어렵다는 절박한 상황이 명백할 경우에는 보충성의 예외를 인정하는 견해도 있다.

29) 저항권은, 정상상황에서는 법질서에 의해 보호되는 정당한 행위가 아니기 때문에 위법으로 인정되는 행동들을 특별한 경우에 정당화해 주는 기능을 한다. 그러한 한에서 저항권은 일종의 정당화사유(=위법성조각사유)이다.

30) 이와 관련하여 공무원이 저항권 행사의 주체가 될 수 있는지가 문제될 수 있다. 이에 대하여 공직의 담당자로서의 공무원은 국가질서의 안정성과 통일성을 담보하는 그의 지위 때문에 -국가긴급권의 주체가 되는 것은 별론으로 하더라도- 저항권의 주체가 되지는 못한다는 견해가 있다. 그러나 공무원도 공직의 담당자로서가 아니라 사인으로서 저항권을 행사하는 것까지 금지된다고는 볼 수 없을 것이다.

따라서 저항권의 행사에 있어서도 저항상황의 존재 및 헌법질서 회복의 목적뿐만 아니라 개별적 저항행위의 정당성에 대해서도 신중하게 검토할 필요가 있다. 즉 저항권의 행사를 통해 나타나는 개별적 행위들은 헌법질서를 유지하는 데 기여하는 것이어야 하며, 특히 비례의 원칙에 따른 한계 내에 있어야 한다는 것이다.

저항권은 법적으로 완전히 해결되지 않았고, 앞으로도 그럴 수 없을 것이다. 아무리 훌륭한 헌법도 자기의 파괴를 절대적으로 방지할 수는 없기 때문이다. 다만 민주적 법치국가의 실현을 통해 저항권이 최소한의 경우로 축소될 수 있을 따름이다. 슐레처(*A. L. Schlözer*)의 말대로 "그 국민이 저항권을 실제로 행사하는 것은 말할 것도 없고 아예 생각할 필요도 없는 국가야말로 참으로 헌법국가라 불릴 만하다."

2

기본권론

「**헌법총론**」이 헌법의 중요한 기본개념들과 기본원리, 그리고 제도적 기초 등을 통하여 전체 헌법질서의 근간을 밝혀주는 부분이라면, 그에 이어지는 「**기본권**」은 오늘날 국가공동체 질서를 형성하는 가장 중요한 요소 내지 기준으로 인정되는 것으로서, 개인과 국가, 그리고 개인과 개인의 관계를 헌법상의 권리와 의무라는 맥락에서 정리하는 부분이다.

종래 기본권은 단지 **국가에 대한 개인의 권리**라는 측면에서만 이해되었다. 즉 기본권을 **국민의 국가에 대한 주관적 공권**이라고 보면서, 이를 사법(私法)상의 권리에 대응하는 공권(公權)으로 이해하였다. 그리고 그 의미는 국가에 대한 개인의 지위를 설정하는 데 있다고 생각하였던 것이다. 그러나 오늘날에는 기본권이 단순히 **국가에 대한 개인의 권리**라는 측면에서 뿐만 아니라, **국가질서를 형성하는 기준 내지 지침**으로서도 중요한 의미를 갖는다고 인정된다. 즉 기본권을 헌법의 중심적 가치로 이해하고, 이를 보장하고 실현하는 것이 헌법질서 내지 국가질서의 궁극적 목표라고 인정하게 됨에 따라, 기본권은 모든 국가작용에서 고려되어야 할 기준으로 이해되는 것이다.

이러한 기본권이해의 변화는 결국 헌법 전체에 대한 이해의 변화에서 비롯된 것이며, 또한 기본권의 구조와 성격의 이해, 나아가 개별기본권의 실현방식 등에서 매우 커다란 변화를 야기하기도 하였다.

이러한 이해의 변화를 염두에 두고 「기본권」을 공부함에 있어서는 몇 가지 유의하여야 할 점이 있다.

첫째, **기본권의 의의와 성격에 대한 정확한 이해**가 선행되어야 한다. 도대체 기본권이 무엇인지, 어떻게 형성·발전되어 온 것인지를 확실하게 이해하지 못한 상태에서 기본권의 개별적 문제들을 이해하고 해결하기란 어려울 수밖에 없다. 따라서 기본권의 개념 내지 그 뿌리를 근대 인권사상과의 연결 속에서 분명하게 밝히고, 오늘날 헌법상의 기본권을 어떻게 파악할 것인지를 분명히 앎으로써 기본권에 대한 올바른 이해의 전제를 갖추어야 한다.

둘째, **기본권 일반이론(기본권총론)과 개별기본권의 연계**를 정확히 이해하여야 한다. 기본권을 다시 크게 두 부분으로 나누었을 때, 기본권 일반이론(기본권총론)과 개별기본권으로 나누어진다는 것은 일반화되어 있으나, 그 연계가 분명하지 못한 경우가 드물지 않으며, 그로 인하여 기본권이 체계적으로 이해되지 못하는 경우가 많다. 그러나 기본권 일반이론은 개별기본권을 염두에 두고 정리된 것이기 때문에 양자의 연계 없이 이를 논하는 것은 추상적 공리공론이 되어버릴 수 있다.

셋째, **개별기본권 상호간의 체계적 관련**에도 소홀하지 말아야 한다. 기본권의 대상이 되는 영역은 국가질서 전반을 포괄하는 매우 방대한 것이다. 또한 개별기본권들은 각기 다른 역사적 배경 속에서 독자적으로 발전되어 온 경우가 대부분이므로, 하나의 틀 속에서 각 개별기본권에 대한 이해를 전체적으로 조망하기 어려울 수 있다. 그러나 현행헌법상의 기본권의 전체적 실현구조라는 관점에서 볼 때, 개별기본권들은 −상호

경합하고 충돌하는 가운데- 일정한 질서 속에 조화를 이루어서 실현될 수밖에 없다. 이를 위해서는 각 개별기본권들의 체계적 상호관계(또는 실현구조)에도 주목하여야 한다는 것이다.

그리고 「기본권」도 그 자체로서 완결되는 것이 아니라 앞에서 공부한 「헌법총론」, 그리고 뒤에서 정리될 「국가조직」과 연결되어 있다는 점을 항상 의식하여야 한다. 즉 기본권의 개별적 내용들을 공부하면서 한편으로는 「헌법총론」에서 공부한 내용들과 연계시키려는 의도적 노력이 있어야 하며, 다른 한편으로는 나중에 「국가조직」을 공부할 때에도 「헌법총론」 및 「기본권」에서 공부한 내용들과 계속 연계해 나가는 적극적 노력이 필요한 것이다. 이러한 노력을 통해서 비로소 헌법이 개별적 사항에 대한 토막지식으로서가 아니라, 전체로서의 국가질서 내지 헌법질서에 대한 거시적 체계로서 올바르게 이해될 수 있기 때문이다.

제1부

기본권 총론(기본권 일반이론)

이 책에서 기본권은 「**기본권 총론**」과 「**개별기본권**」의 두 부분으로 나뉜다. 그 중 첫째 부분인 「기본권 총론」은 모든 개별기본권에 공통되는 부분들을 다룬다.

사실 개별기본권들은 어떤 통일된 흐름 속에서 체계적으로 발전되어 왔다기보다는 각기 다른 역사적 배경 속에서 독자적으로 발전해 왔다고 보아야 한다. 예컨대 종교의 자유가 발전된 배경이나 맥락과 근로권 및 노동삼권이 탄생되어 발전하게 된 배경, 그리고 환경권이 인정되게 된 배경은 상당한 차이를 보이고 있다. 또한 모든 기본권이 세계 어디에서나 똑같은 방식으로 실현되는 것은 아니며, 예컨대 평등권이 실현되는 과정이나 언론자유의 실현구조 등은 각 국가마다 적지 않은 편차를 드러내고 있다.

그렇기 때문에 모든 개별기본권에 공통되는 부분들을 정리한다는 것은 쉽지 않은 일이지만, 거꾸로 그 때문에 이러한 공통분모들을 추출할 필요성이 더욱 커진다고도 볼 수 있다. 수많은 개별기본권들이 각기 다른 맥락에서 발전되고 또 실현되는 과정에서 발생되는 혼란을 예방하기 위해서라도 이들을 일정한 체계적 관련성 속에서 정리할 필요가 더욱 강하게 대두되기 때문이다.

이런 맥락에서 정리된 기본권 총론은 모든 개별기본권의 공통점으로서 기본권의 의의와 성격에 대한 일반적 설명과 더불어 **기본권의 실현구조**를 다룬다. 즉 모든 개별기본권이 그 역사적 발전과정과 보호영역 내지 권리의 내용에 있어서 커다란 차이를 보이고 있지만, 적어도 그 실현구조는 공통점을 갖는다는 것이다.

기본권의 실현구조는 크게 4개의 부분으로 나누어질 수 있다. 첫째는 **주체**의 문제이며, 둘째는 **객체(대상)**의 문제, 셋째는 **내용확정**의 문제, 마지막 넷째는 **보호(침해와 구제)**의 문제이다.

첫째, 기본권의 실현을 위해서는 **그 기본권이 누구에 의해 주장될 수 있는지의 문제**가 먼저 정리되어야 한다. 이는 특히 자연인(自然人)만이 기본권의 주체가 될 수 있는지 아니면 법인(法人)도 기본권의 주체로 인정될 수 있는지, 그리고 국민(國民)만이 기본권의 주체가 될 수 있는지 아니면 외국인(外國人)도 기본권의 주체로 인정되는지의 문제를 담고 있다. 이러한 기본권주체의 문제에 대한 답은 개별기본권마다 다를 수 있다. 즉 어떤 기본권은 자연인만이 주체가 될 수 있고, 또 어떤 기본권은 법인도 주체로 인정된다. 어떤 기본권은 국민만이 주체가 될 수 있고, 또 어떤 기본권은 외국인도 주체로 인정된다. 그러나 기본권 총론에서는 이를 개별기본권에 따라 그때 그때 달리 정해지는 문제로 보지 않고, 기본권의 성격과 유형을 나누면서 「**기본권의 주체**」 문제로서 전체적으로 정리하는 것이다.

둘째, 기본권의 실현을 위해서는 **그 기본권이 누구에 대해서 주장될 수 있는지의 문제도** 해결되어야 한다. 종래 기본권을 「국가에 대한 국민의 주관적 공권」으로 파악하던 당시에는 이런 문제가 특별히 제기되지 않았다. 기본권은 당연히 국가에 대해 주장되는 것으로 이해되었기 때문이다. 그러나 오늘날에는 기본권이 단지 국가에 대한 개인의 권리로서 뿐만 아니라 국가질서 전체를 형성하는 기준과 지침으로도 작용한다는 이른바 「기본권의 이중성」이 인정되면서, 국가에 대해서 뿐만 아니라 사인 상호간에도 기본권이 주장될 수 있다고 생각하게 되었다. 그 결과 기본권의 실현과정에서 그 개별기본권이 국가에 대해서만 주장될 수 있는 것인지, 아니면 사인에 대해서도 주장될 수 있는 것인지에 대한 검토가 매우 중요한 의미를 갖게 되었으며, 기본권 총론에서는 이를 「**기본권의 효력**」이라는 이름하에 대국가적 효력과 대사인적 효력으로 나누어 전체적으로 정리하고 있는 것이다.

셋째, 기본권의 실현을 위해서는 그 기본권의 **내용을 어떻게 확정할 수 있는지의 문제**도 중요하다. 물론 개별기본권이 각기 담고 있는 내용은 각 개별기본권마다 상이할 수밖에 없고, 그 내용 자체의 공통분모를 추출한다는 것은 —적어도 '모든' 개별기본권을 대상으로 할 때에는— 사실상 불가능하다고 볼 수 있다. 그러나 내용 자체가 아니라 내용을 확정하는 방식은 공통될 수 있다. 즉 각 기본권의 개념요소를 중심으로 일정한 개념의 외연에 따른 보호영역의 한계를 일차적으로 설정하고, 다시금 다른 법익(타인의 기본권 또는 공익)과의 관계를 조정하기 위한 일정한 제한을 구체적 실현과정에서 인정함으로써 기본권의 내용을 확정하는 방법이 이용되고 있는 것이다. 이는 기본권 총론에서 「**기본권의 한계와 제한**」이라는 이름으로 정리되고 있다.

넷째, 기본권의 실현과정은 **그 기본권의 정상적 실현이 방해되었을 때 어떤 대응방법을 통해 기본권을 보호하고, 정상적으로 실현되도록 할 것인지의 문제**도 포함한다. 만일 기본권이 정상적으로 실현되는 경우만을 상정하고, 이에 대한 방해가 있을 경우에 대한 대비가 없다면, 그러한 기본권은 실효성을 대부분 상실하게 될 것이다. 따라서 기본권의 실현구조상 기본권에 대한 보호는 매우 큰 비중을 차지할 수밖에 없으며, 각 기본권에 대한 침해의 유형과 그에 대한 구제방법의 유형도 전체적으로 정리될 필요가 있다. 이것이 기본권 총론에서 「**기본권의 보호**」 또는 「**기본권의 침해와 구제**」로 설명되고 있는 것이다.

기본권 총론에서 다루어지는 것으로는 이와 같은 기본권의 실현구조에 관한 것들 이외에도 「기본권의 의의와 성격」, 「기본권의 역사적 발달」, 또는 「기본권의 분류와 체계」에 관한 것들이 포함된다. 그러나 이러한 내용들이 추가된다고 해도 기본권 일반이론이 기본권의 실현구조를 중심으로 정리되고 있다는 점이 달라지지는 않는다. 오히려 이들을 통해 모든 개별기본권에 공통된 부분들이 더욱 잘 드러날 수 있고, 기본권의 실현구조상의 공통점과 차이점들이 선명해질 수 있는 것이다.

제 1 장 기본권이란 무엇인가?

「제1장 기본권이란 무엇인가」에서는 종래 **기본권의 개념**에 대한 논의로서 전개되었던 것들, 특히 인권과 기본권의 상관관계 속에서 기본권의 개념을 분명히 이해하는 것을 중요한 목표로 하며, 이와 더불어 헌법관의 일부로 논의된 바 있는 이른바 **기본권관**에 대한 논의를 다시 정리함으로써 기본권의 올바른 이해를 위한 기초를 정립하고자 한다.

기본권이 무엇인지를 정확하게 알기 위해서는 먼저 「기본권」이라는 말이 어떻게 탄생되었으며, 그 의미가 무엇인지, 그리고 현재의 헌법질서 속에서는 어떻게 실현되고 있는지를 전체적으로 검토해 보아야 할 것이다. 「제1장 기본권이란 무엇인가」에서는 이러한 기본권의 전체적 이해를 위한 올바른 출발점을 제시할 것이다.

제 1 절 기본권의 개념

Ⅰ. 기본권의 사상적 기초: 자연권 사상과 그 역사적 발전

1. 전근대적 국가질서와 공법질서

근대적인 법률관계는 무엇보다 **권리 · 의무의 관계**를 중심으로 성립된다. 그러나 이러한 –사법(私法)의 영역에서 비교적 일찍부터 발전되었던– 근대적 법률관계가 공법(公法)의 영역에서 발달되고 보편화된 것은 그다지 오래되지 않았다.

권리 · 의무의 관계로서의 근대적 법률관계가 공법의 영역에서 인정되기 이전까지 국가는 지배의 주체이고 국민은 단지 국가권력에 복종할 뿐이었다. 즉 전근대적 국가질서 내지 공법질서의 특징은 이와 같은 일방적인 **지배 · 복종의 관계**라고 할 수 있다.

2. 고대의 자연권 사상

근대적인 국가질서 내지 공법질서가 발전되기 이전에도 제한된 형태로나마 국민이 국가에 대하여 일정한 권리를 갖는다는 점이 일찍부터 인정되고 있었다. 이것은 무엇보다 「폭군방벌론(暴君放伐論)」 등의 형태로 나타나는 **저항권 사상**에서 볼 수 있는 제한된 형태의 자연권 사상에서 발견될 수 있다.

그러나 국민에게 유보되어 있는 최후의 권리라는 저항권을 내용으로 하는 고대의 자연권 사상은 그 현실적 의의가 매우 미약하였으며, 보다 적극적인 국민의 권리로서의 인권은 -비록 고대 그리스의 아테네에서 정치참여의 권리 내지 자유가 「자유인인 남자」에게 부여되는 예가 있었지만- 아직 존재하지 않았다.

고대의 자연권 사상에서는 현대적 기본권 이해의 철학적 기초가 될 수 있는 인간의 존중 내지 인간의 존엄, 그리고 인간의 자유와 평등에 대한 사상적 · 철학적 기초는 발견될 수 있으나, 그것이 국민의 보편적 권리라는 형태로 발전되지 못하고 있었던 것이다.

3. 중세의 자연권 사상

중세에 들어와서는 무엇보다 기독교 사상이 서구의 사상체계에 커다란 영향을 미쳤으며, 이러한 사정은 토마스 아퀴나스 등에 의해 발전되어 온 **신법(神法) 내지 자연법(自然法)의 이해에 영향을 받은 자연권 사상**의 경우에도 마찬가지였다. 특히 기독교의 「신(神) 앞의 평등」이라는 사상을 중심으로 모든 인간의 (관념적) 평등의 기틀이 잡히게 되었고, 이를 계기로 자연권 사상이 보다 발전할 수 있는 계기가 마련되었다.

신법(神法) 내지 자연법(自然法)에 반하는 국가권력에 대한 저항이 교회법뿐만 아니라 세속의 정치이론에서도 보다 강력하게 주장되었고, 나아가 이성법(理性法) 내지 자연법 사상의 발전은 **군주의 지배권력을 제한하는 신분계급들의 권리보장**으로 연결됨으로써 근대적 기본권의 발달에 중요한 역할을 했다고 평가된다. 그러나 중세의 자연권 사상 역시 모든 인간의 보편적 권리를 폭넓게 인정하였던 근대적 인권사상과는 아직 거리가 있는, 제한된 파급효만을 가지고 있었다.

4. 근대 이래의 인권사상의 발전

종교개혁, 인본주의, 합리주의의 대두와 더불어 근대적 정치질서가 새로이 형성되면서 자연권 사상 내지 인권사상의 발전도 새로운 국면에 접어들게 되었다.

그로티우스(*Hugo Grotius*), 푸펜도르프(*Samuel Pufendorf*), 코크(*Edward Coke*), 로크(*John Locke*) 등에 의하여 국민의 자연권 내지 인권의 의미가 새롭게 정리되었으며, 모든 인간의 천부적 권리로서 「생명」과 「자유」와 「재산」이 강조되었다.

특히 이러한 근대적 인권사상의 발전에서 주목하여야 할 것은, 그것이 근대 이래의 **민주적 정치발전과 밀접하게 결합**되어 있었으며, 인권의 발전은 무엇보다 국가권력을 제한하고자 하는 데 초점이 맞춰져 있었다는 점이다.

Ⅱ. 인권과 기본권: 인권의 초국가성과 기본권의 실정성

1. 인권의 보편성: 초국가적, 초인종적 권리로서의 인권

근대 이래의 자연권 사상은 무엇보다 **천부인권사상**이라는 형태로 발전되었다. 즉 모든 인간에게는 태어나면서부터 당연히 부여되는 권리가 있으며, 이는 국가권력에 우선하는 것이므로 국가권력이 이를 함부로 제한할 수 없다고 생각하였던 것이다.

이와 같이 인권을 모든 인간의 권리로 이해할 때, 그것은 국적이나 인종에 상관없이 모든 인간에게 적용되는 보편성을 갖는다. 그렇기 때문에 인권은 구체적 현실상황의 고려보다는 인권사상 내지 인권이념의 실현에 더 큰 비중을 둔다고 할 수 있으며, 추상적 · 이념적 성격이 강하다.

2. 실정화된 인권으로서의 기본권

그러나 실제 국가질서 속에서 구체적 · 현실적으로 -법에 의해- 보장되는 권리는 이러한 추상적 · 이념적인 인권과는 다를 수 있다. 즉 각 국가(헌법)에 의해 실정화된 국민의 권리는 보편적인 인권과 편차를 보이는 형태로 나타날 수 있다. 이처럼 **실정헌법에 의해 보장되고 있는 국민의 기본적 권리**를 우리는 기본권이라 부른다.

이러한 기본권에 대해서는 「**인권의 최소한**」이라는 수식어가 붙는 경우가 많다. 즉 보편적인 성격을 갖는 인권이 모든 국가에서 최대한 보장될 수 있으면 가장 바람직하겠지만, 그것이 현실적으로 가능하지 않은 경우도 드물지 않다. 그러나 적어도 인권 중의 최소한의 부분만큼은 모든 국가가 받아들일 수밖에 없으며, 따라서 기본권은 인권의 최소한이라는 주장이다.

그러나 이러한 주장은 하나의 경향을 설명할 수 있을 뿐 항상 타당한 명제로 인정될 수는 없다. 왜냐하면 ① 보편적인 인권의 범위가 명확하지 않고, ② 일반적으로 인정되고 있는 인권의 범위를 넘어서는 기본권규정을 갖고 있는 경우도 있으며,[1] ③ 국가에 따라서는 최소한의 인권조차 실정법상 인정되지 않는 경우도 있기 때문이다.

결국 인권과 기본권의 관계는 단순히 어느 쪽이 보다 일반적이고 포괄적인지를 확인하는 방식으로는 정리될 수 없다. 오히려 인권은 인류역사의 발전을 통해 전체적인 발전방향을 제시해주는 이념적인 것으로, 그리고 기본권은 그러한 **인권이 특정 국가의 헌법에 의하여 -인권사상의 발전 및 인권선언 등을 고려하는 가운데- 자국의 상황에 맞추어 실정화된 것**으로 이해되어야 할 것이다.[2]

그러므로 우리가 실정헌법을 중심으로 헌법해석학을 이야기할 때에는 인권보다는 우리 헌법에 의하여 실정화된 기본권을 중심으로 고찰을 진행하게 되는 것이다.

---

1) 예컨대 1919년 바이마르 헌법에 의해 사회적 기본권이 처음 실정화되었을 당시에는 그러한 기본권들이 아직 보편적 인권으로 인정되지 못하고 있었다.

2) 최근 국제인권규범의 발전과 더불어 인권과 기본권의 관계가 새롭게 문제되고 있다. 국제인권규범과 헌법상의 기본권은 인권사상이라는 하나의 뿌리에서 뻗어 나온 두 개의 가지처럼 생각될 수 있다. 양자는 인권의 실현이라는 공동의 목적을 갖고 있으며, 그 구체화의 과정에서 해석상 참고가 되는 등 상호 영향을 미친다.

Ⅲ. 기본권보장의 체계로서의 헌법

1. 가치질서로서의 헌법

헌법학을 비롯한 법학에 가치문제가 도입된 것은 비교적 최근의 일이다. 20세기 초까지만 해도 근대 자연과학과 더불어 널리 보급되었던 실증적 사고와 방법이 법학에서도 지배적이었고, 그 영향 하에 발전된 법실증주의는 가치적 요소를 법학에서 배척하려고 하였기 때문이다.

그러나 **자연과학과 구별되는 정신과학의 학문성과 방법론적 독자성**에 대한 깊은 성찰이 요구되면서 여러 새로운 방법론적 시도들도 있었다. 그런 가운데 20세기 초에 탄생된 가치이론은 가치와의 관련이라는 관점에서 사회과학의 독자적 방법론을 구성하려 하였으며, 이는 또한 법실증주의에 젖어 있던 법학에 있어서도 하나의 신선한 충격이었다. 이를 계기로 법학 특히 헌법학에 있어서는 가치이론적 토대 위에서 많은 이론들이 주장되었으며,[3] 이들은 전통적인 법방법론과 경합·충돌하면서 점차 지배적인 이론으로 자리를 잡게 되었다.

이러한 새로운 이론이 보급되면서 오늘날에는 **어떤 공동체, 어떤 헌법도 가치 및 가치평가로부터 완전히 자유로울 수 없다**는 것이 일반적으로 인정되고 있다. 이미 헌법제정 자체도 일정한 가치평가에 기초하고 있다고 할 수 있으며, 일정 한도의 가치평가는 법에 있어 불가피하다고까지 할 수 있다.

그에 따라 헌법을 가치질서로 파악하는 견해가 오늘날 널리 받아들여지고 있다. 아직도 헌법의 가치관련성을 인정할 경우의 문제점이 지적되기도 하고, 헌법의 가치관련성을 어떻게 구체화시킬 것인지에 대한 견해대립도 적지 않지만, 적어도 헌법 자체가 일정한 가치에 기초하고 있으며, 그 가치를 실현시키기 위한 여러 제도를 도입하고 있다는 점에 대해서는 이론(異論)의 여지가 없다.

2. 가치의 객관화와 실정화 → 인류사적 보편가치로서의 기본권

가치와 관련된 문제들의 어려움은 무엇보다도 가치가 주관성을 갖는다는 것, 즉 사람들마다 어떤 것이 얼마나 가치있는지에 대하여 각기 다른 생각을 갖고 있다는 사실에 기인한다. 따라서 가치의 문제가 법적으로 정립될 수 있기 위해서는 개인에 따라 다른 형태로 형성된 **주관적인 가치관념을 객관화시키는 과정**이 필수적이다.

이러한 가치의 객관화는 결국 모든 사람이 동시에 인정하는 가치, 즉 모든 사람이 중요하다고 인정하며, 따라서 보호할 필요가 있다고 공통적으로 생각하는 것을 통하여 확보될 수밖에 없다. 그러나 그러한 것을 그때그때의 공동체구성원 다수의 결정에 의해

---

3) 가치이론적 법방법론은 법실증주의에 대한 비판에서 출발한다. 바이마르 시대의 방법논쟁이 보여주듯이 새로운 법방법론은 스스로를 정신과학적 방법이라 칭하며 신칸트철학(특히 서남독일학파), 딜타이(*W. Dilthey*)의 생철학, 하르트만(*N. Hartmann*)과 쉘러(*M. Scheller*)의 실질적 가치론 등과 연결되어 법학, 특히 헌법학의 새로운 기초를 마련코자 하였다.

확인하는 것은 현실적으로 가능하지도, 바람직하지도 않으며, 심지어 만장일치에 의한 경우에도 마찬가지이다.

결국 우리는 인류사적 경험을 통하여 확인되고 정당화된 기본적인 가치들을 중심으로 가치의 객관화를 시도할 수밖에 없다. 그리고 그러한 **객관화된 가치는 무엇보다 오랜 역사적 경험과 투쟁 속에서 확보되어 온 기본권 가운데서 찾을 수 있다**. 우리는 기본권의 형태로 헌법에 규정되어 있는 개별적 자유 및 평등의 보장 가운데서 인류사적 경험의 침전물로서의 근본가치를 발견하게 되는 것이다.

헌법을 기본권을 중심으로 하는 일정한 가치체계로 파악하려는 시도는 이미 바이마르 시대에 루돌프 스멘트(*Rudolf Smend*)에 의해 시작된 이래로[4] 계속 설득력을 강화해 왔으며, 특히 제2차 세계대전 이후에는 서독 기본법의 제정과 관련하여 가치구속성의 문제가 보다 적극적으로 검토되었다. 또한 「**기본법의 가치결단**(Wertentscheidung des Grundgesetzes)」, 「**기본법의 가치질서**(Wertordnung des Grundgesetzes)」의 의미와 내용에 관한 논의들이 보다 깊이 있고 다양하게 전개된 바 있으며, 나아가 1970년대 후반 서독에서는 이른바 「근본가치논쟁」을 통하여 공동체의 기초를 형성하는 근본가치라는 것이 구체적으로 어떻게 확인될 수 있으며, 그것이 헌법체계 내에서 어떠한 의미를 갖고 있는가 또는 가져야 하는가에 관하여 다양한 견해의 대립을 보인 바 있다.

3. 헌법의 중심가치로서의 기본권

그 동안 헌법적 가치정립 및 그 객관성에 관한 문제는 많은 논란을 겪어 왔으나, 오늘날에는 헌법이 일정한 가치에 기초하고 있다는 것, 그리고 그러한 가치의 핵심을 이루는 근본가치는 인류사적 보편가치인 기본권을 통해 확인될 수 있다는 것,[5] 그리고 -기본권의 해석문제를 포함하여- 헌법질서를 구체화하는 데 있어서도 헌법적 가치질서가 특별한 의미를 갖고 있다는 것이 일반적으로 인정되고 있다. 즉 헌법질서를 가치적 질서 내지 가치적 결단에 기초하고 있는 질서로 이해하고 있는 것이다.

이처럼 기본권이 헌법적 가치질서의 중심으로 인정됨에 따라, 스멘트에 의해 주장된 이래 점차 설득력을 갖고 보급되어 온 기본권의 가치이론은 이제 기본권의 본질과 성격, 그리고 기본권과 국가권력의 관계를 해명하는 중요한 준거가 되고 있다. 기본권이 헌법의 중심적 가치로 인정됨에 따라 헌법질서의 형성과 유지가 기본권을 중심으로 체계화되어 설명되고 있다. 즉 헌법의 최고이념인 「인간으로서의 존엄과 가치」는 곧 기본권의 형태로 구체화되며, 이러한 **기본권을 보장하고 실현하는 것이 헌법의 중심과제**로 인정된다. 그

---

4) 스멘트는 종래 개인이 국가에 대하여 주장할 수 있는 권리, 즉 주관적 공권으로만 이해되었던 기본권을 헌법질서의 중심적 가치로 새롭게 해석하였다. 이에 관하여는 아래의 「제2절 Ⅲ. 2. **루돌프 스멘트(R. Smend)의 기본권관**」 참조.

5) 헌법을 가치질서로 볼 때, 헌법이 지향하는 가치들을 가장 잘 표현하고 있는 것은 기본권이다. 즉 헌법이 보호하고 실현시켜야 할 공동체의 가치들이 「생명에 대한 존중(생명권)」, 「자유의 보장과 실현(각종 자유권)」, 「평등의 실현(평등권)」 등 각종 개별기본권의 형태로 헌법 안에 담겨 있는 것이다.

러므로 기본권은 **국가기관의 존립근거**이고, 모든 국가활동은 기본권의 보장과 실현에 정향되어 있는 것이다.

그러나 헌법의 가치질서는 기본권의 핵심내용을 중심으로 하는 최소한의 근본가치, 즉 공동체의 존립기초가 될 수 있는 최소한의 핵심부분을 제외하고는 세계관적 중립을 전제하는 개방적인 가치질서로 이해되어야 한다. 우리가 다원주의적 사고에 기초하고 있는 민주주의를 통하여 자유와 평등의 이념을 실현시키고자 할 때, 헌법의 가치질서가 어떤 특정한 가치에 기초한 **「가치의 독재」**를 의미하는 것일 수 없음은 너무도 자명하다. 오히려 기본권의 핵심부분의 하나인 「인격의 자율성」은 그러한 가치의 독재와 모순되는 것이라고 말할 수 있다.[6)]

이런 맥락에서 기본권이 헌법의 중심가치 내지 근본가치로 인정된다는 것의 의미를 분명히 할 필요가 있다. 헌법상 기본권의 실현은 어떤 특정한 개별기본권을 절대화하는 형태로서가 아니라 모든 국민의 다양한 기본권을 동시에 보장하는 형태로 이루어진다. 즉 기본권들 상호간의 경합과 충돌, 그리고 이들을 조정하여 조화를 이루려는 노력 가운데 기본권의 최대한의 실현이 가능한 것이다.[7)]

제 2 절 헌법관과 기본권(기본권관)

Ⅰ. 법실증주의적 헌법관에서 본 기본권

1. 법실증주의적 헌법관의 기초와 기본권관

법실증주의는 법학에 있어서 모든 자연법적 요소를 배제하고 실정법만을 법학의 대상으로 삼아서 법학의 학문성과 객관성을 확보하고자 노력한다. 기본권의 이해에 있어서도 법실증주의의 이러한 태도는 계속 유지되기 때문에 자연권이나 천부인권을 인정하지 않고 헌법이론적 고찰을 실정(헌)법상 인정된 권리의 해석에만 국한시키고 있다.

이러한 법실증주의의 기본태도 때문에 법실증주의 헌법학자들에 의해 발전된 기본권이론은 기본권의 의의와 비중에 대하여 소극적인 태도를 보이며, 무엇보다 **기본권이 국가권력을 구속하는 것이 아니라 국가법질서의 테두리 내에서 기본권이 보장된다**

6) 민주주의가 다원주의에 기초하고 있으며 또 민주적 헌법은 인격의 가능한 한 최대한의 발현가능성을 향해 개방되어 있어야 하는 것이라면, 헌법에 있어서의 가치 내지 가치질서로서의 헌법은 이를 막거나 제한하기 보다는 촉진하고 장려하는 것이어야 할 것이다.

7) 따라서 어느 특정의 기본권 하나만을 절대화하려는 시도는 기본권을 헌법의 중심가치 또는 근본가치로 인정하는 취지에 어긋난다고 할 수 있다. 인간의 존엄을 실현시키기 위해 필요한 다양한 기본권들을 동시에 최대한 보장하는 것, 이것이 헌법상 기본권보장의 취지이며, 그 구체적 실현의 방식과 정도는 현실적 조건에 따라 달라질 수 있다. 다만 어떤 경우에도, 어느 하나의 기본권도 완전히 포기될 수는 없다는 의미에서 헌법의 근본가치라고 할 수 있으며, 모든 기본권들의 최대한 실현이 국가질서의 목표라는 점에서 헌법의 중심가치라고 할 수 있는 것이다.

고 보는 특징을 갖고 있다.

2. 게오르그 옐리네크(G. Jellinek)의 기본권관

옐리네크는 지위론(Statuslehre)이라는 형태로 자신의 기본권이해를 정리하였다. 그는 기본권을 **국민이 국가에 대해 갖는 지위**로 이해하고, 이를 능동적 지위(참정권), 적극적 지위(청구권), 소극적 지위(자유권), 수동적 지위(의무)의 4가지로 분류함으로써 자신의 기본권에 대한 입장을 밝힌 것이다.

능동적 지위: 참정권 ←
적극적 지위: 청구권 ↔
소극적 지위: 자유권 ↔
수동적 지위: 의　무 →

이러한 옐리네크의 지위론의 배경에는 국가와 개인의 관계를 지배와 복종의 관계로 보는 그의 기본 생각이 깔려 있다. 즉 그의 지위론은 **지배의 주체로서의 국가**와 **복종의 주체로서의 개인**을 전제로 하고 있다. 이러한 전제 하에서의 기본권이란 일차적으로 국가권력에 대한 개인의 방어적 권리(즉 소극적 지위)가 중심이 될 수밖에 없다.

이 소극적 지위에서 나오는 자유는 선국가적인 것이 아니라 국가의 자제에서 나오는 것이다. 따라서 국가는 단지 이 자유를 부여해 줌으로써 스스로를 구속할 뿐이며 「특정의 자유」를 보장해 줄 의무를 지는 것은 아니다. 즉 소극적 지위에서 나오는 「자유」란 특정의 구체적 생활영역에 관한 것이 아니라 **위법적 강제로부터의 일반적 · 추상적 자유**를 말한다.

또한 국가는 원칙적으로 무제한의 권력인 까닭에 만약 -과도한 자유로 인하여- 국가가 존립의 위협을 받는 경우 이 구속을 다시 제거하는데 있어 법적으로 방해받지 않는다는 것이다. 그러므로 모든 자유권은 「국가에 의한 법적 제한 내에서」만 인정된다. 요컨대 자유란 국가의 자제에서 나오는 -즉 국가의 은총에 기초한 것으로서 언제든지 회수될 수 있는- 국가의 법적 제한 내에서의 자유를 말한다.[8]

3. 한스 켈젠(H. Kelsen)의 기본권관

켈젠은 옐리네크와 유사하지만 조금 다른 맥락에서 기본권을 **국민의 법질서에 대한 관계**로서 정리하였으며, 이를 세 가지 관계로 설명하였다. 국민이 법질서에 복종하는 수동적 관계, 국민이 법질서의 제정에 참여하는 능동적 관계와 국민이 법질서로부터

---

8) 적극적 지위와 능동적 지위에 있어서도 국가가 그 권리를 부여해 주고 또한 언제든지 회수할 수 있다는 것은 마찬가지이다. 적극적 지위에 있어서 옐리네크가 가장 중요한 내용으로 생각하는 「국가에 대한 개인의 권리보호 청구권」이나, 능동적 지위에 있어서 「개인이 국가의 권한을 행사하는 것」들은 개인이 갖는 인격 때문에 인정되는 것이다. 그런데 이 인격은 바로 국가가 부여해 주는 것이다. 즉 이 권리들 역시 전능한 존재인 국가의 은총에 근거하고 있는 것이다.

자유로운 소극적 관계가 그것이다.

그러나 켈젠에게 있어서 법질서란 강제질서를 의미하며, 주권적 국가는 전능한 힘을 가지고 있기 때문에 국가(=법질서)는 인간의 모든 행동을 규제할 수 있다. 이러한 전제 하에서 켈젠이 말하는 자유, 즉 법질서로부터 자유로운 소극적 관계란 **국가적 강제질서가 인간의 행동을 규제하지 않는 범위 내에서의 자유**를 말한다. 즉 국가적 법질서가 인간의 모든 행동을 구속하는 것은 아니기 때문에 국민은 법질서에 의해 구속되지 않는 영역을 갖게 되며 이 영역 내에서만 자유로울 수 있다. 결국 그가 이해하는 자유란 국가가 법을 규정하지 않음으로 인하여 인정되는 (국가의 자제에서 나오는) 것, 즉 **반사적 효과**에 지나지 않는다.

헌법이 설령 자유권을 규정하고 이를 보장한다고 해도 그것은 법률유보를 전제로 한 보장을 의미하기 때문에 입법기관에게 자유권의 침해를 위임하는 결과에 지나지 않는다. 이러한 규정을 통해 자유영역이 특별한 법적 보호를 받지만, 그렇다고 그것이 (국가의 활동 자체를 제약하는) 권리는 아니라는 것이다. 왜냐하면 자유영역에 대한 헌법적 보장은 헌법이 입법기관에게 자유영역의 침해를 위임함으로써 곧바로 해제되기 때문이라는 것이다.

요컨대 켈젠에게 있어서 자유란 반사적 효과에 지나지 않으며 객관적 법질서인 실정법질서에 의해 침해(제한)될 수 없는 주관적 권리 또는 자유권이란 있을 수 없다. 즉 「국가의 부작위」나 「국가로부터의 자유」를 요구할 수 있는 법적 권리는 있을 수 없는 것이다.[9)]

Ⅱ. 결단주의적 헌법관에서 본 기본권

1. 결단주의적 헌법관의 기초와 기본권관

칼 슈미트(*C. Schmitt*)에 의해 제창된 결단주의 헌법이론은 **국가와 사회의 이원론**에 기초하여 기본권을 국가로부터 자유로운 영역으로 이해하였다. 결단주의의 기본권이론은 고전적 자유주의의 기본권이론에 기초한 것으로서 시민적 법치국가를 전제한 것이었기 때문에 진정한 의미의 기본권은 선국가적 자연권으로서의 자유권뿐이라고 생각하였다.

그러나 또한 결단주의는 헌법을 **정치적 구성부분과 법치국가적 구성부분**으로 나누어 보면서, 기본권의 문제는 헌법 전체의 중심이라기보다는 법치국가의 문제에 한정된다고 보았고, 그에 따라 정치적 결단의 문제와 법치국가적 기본권보장의 문제가 충돌되는 경우도 가능하다고 생각하였다. 그리고 그러한 경우에는 정치적 결단이 우선한다고 보았던 것이다.

9) 하지만 *H. Kelsen*, Reine Rechtslehre, 2.Aufl., 1960, S.130ff.(insb. S.147ff.)에서는 기본권 내지 자유권이 제한된 의미에서 권리성을 갖는다고 인정함으로써 약간 완화된 태도를 보인다.

2. 자유권과 기타의 기본권

칼 슈미트에 따르면 시민적 법치국가에 있어서는 자유권만 진정한 기본권으로 볼 수 있다고 한다. 그것은 자유권만이 시민적 법치국가의 기본원리인 **영역구분의 원리**(Verteilungsprinzip – **배분의 원리**로 번역하기도 함)[10]에 부합되기 때문이라는 것이다. 즉 그의 주장에 따르면 국가와 사회의 구분을 전제할 때, 개인의 자유로운 영역은 국가의 성립 이전에 주어진, 이른바 선국가적인 것이기 때문에 원칙적으로 무제한적인 반면에 이러한 자유의 영역을 제한하는 국가의 권한은 원칙적으로 제한적이라는 것이다.

이런 맥락에서 기본권을 이해할 경우, 영역구분의 원리에 따라 인정되는 자유권은 선국가적(先國家的) 내지 초국가적(超國家的) 자유이며, 천부적 자연권으로서의 자유라고 보게 된다. 즉 영역구분의 원리에 따라 인정되는 **자유**는 「국가에 의하여 비로소 인정되는 법적 자유」가 아니라 「국가 이전부터 인정되는 자유로운 영역」이며, 「국가로부터의 자유」, 즉 국가(권력)에 대한 방어권으로서의 자유를 의미한다는 것이다.

이처럼 결단주의는 자유권만을 본래의 순수한 기본권으로 보고 이를 강조하다보니 참정권이나 사회적 기본권과 같은 **자유권 이외의 기본권들**은 영역구분의 원리로 설명할 수 없게 된다. 칼 슈미트처럼 헌법을 정치적 구성부분과 비정치적 구성부분으로 구별하는, 즉 민주주의의 원리와 법치국가의 원리를 대립시키는 입장을 취할 경우, 참정권은 국가생활에 참여하는 정치적 성격의 민주적 시민의 권리이기 때문에 무제한의 자유권과는 다르고 여기에는 법치국가의 원리인 영역구분의 원리가 적용될 수 없다는 것이다.[11]

따라서 칼 슈미트는 참정권이나 사회적 기본권은 자유권처럼 전국가적 · 천부적 · 무제한적 성질의 기본권이 아니라 이들은 「법률이 정하는 바에 따라」 인정되고 제한되는 상대적 기본권이라고 보게 된다. 즉 칼 슈미트의 결단주의적 기본권이해에 있어서 **자유권은 절대적 기본권이고 기타의 기본권은 상대적 기본권**이다.

---

10) 독일어 「Verteilungsprinzip」을 종래 「배분의 원리」로 많이 번역해 왔다. 이러한 번역은 직역에 가깝지만 의미를 정확하게 전달하는 데에는 적절치 못하다고 생각된다. 이 원리의 의미는 국가와 사회의 이원론을 전제로 각 영역에서 권한을 행사하는 방식 및 범위를 달리 보아야 한다는 데 있다는 것을 생각할 때, 「영역구분의 원리」라는 번역이 보다 적절할 것으로 생각된다.

11) 이와 관련하여 칼 슈미트는 참정권에 있어서는 민주적 평등사상이 존중되어야 하지만 외국인에게는 인정될 수 없고, 사회적 기본권은 그 성격이 또 다르다고 주장했다. 우선 국가에 대해 소극적으로 자유를 요구하는 것이 아니라 적극적으로 급부를 요구하는 경우, 그 국가는 시민적 법치국가가 아니라 사회주의적 법치국가(sozialistischer Rechtsstaat)이며, 국가의 적극적 급부를 요구하는 사회적 기본권은 이를 실현시킬 수 있는 능력과 조직을 전제로 하기 때문에 이 권리들은 자유권처럼 무제한적일 수가 없다는 것이다. 따라서 사회적 기본권은 그 논리적 · 법적 구조상 자유권과는 상반되기 때문에 이들을 구별하지 않고 모두 마찬가지로 기본권이라고 부르는 것은 기본권의 올바른 이해를 오도할 수 있다고 주장하였다.

3. 제도보장

기본권의 의미에 대해 소극적이었던 법실증주의와는 달리 자유권과 그 밖의 기본권을 나누어서 이해한 칼 슈미트의 경우에도 그가 활동하던 당시의 바이마르 헌법의 기본권규정들을 해석함에 있어서 전통적인 (선국가적) 자유권으로 보기도 어렵고, 그렇다고 참정권이나 사회권으로 보기도 어려운 규정들을 어떻게 설명할 것인지의 문제에 부딪히게 되었다. 예컨대 바이마르 헌법의 기본권 장(章)에 규정되어 있었던 지방자치제, 직업공무원제, 사유재산제, 혼인제도, 가족제도 등과 결부되어 있는 각종 권리들(지방자치에 관한 권리, 직업공무원에게 인정되는 각종 권리 등)의 성격을 어떻게 볼 것인지가 문제되었던 것이다.

이러한 권리들의 성격규명과 관련하여 칼 슈미트는 이른바 제도적 보장의 이론을 전개하였다. 즉 이러한 권리들은 국가 내에서 인정되는 것이기 때문에 -선국가적 · 초국가적 자연권인- 순수한 의미의 자유권으로 볼 수는 없다. 그러나 또한 국가에 대하여 적극적 급부를 요청하는 사회권으로 보기에도 곤란한 점이 있었기 때문에 사회권으로 분류하기도 어렵다. 그런데 칼 슈미트는 이를 일종의 제도적 보장이라고 봄으로써 문제를 해결하려고 하였던 것이다. 즉 이 권리들을 법률상의 권리로 정할 수도 있는 것이지만, 단순히 입법자의 처분에 맡겨 놓지 않고 헌법에 문제되는 제도들을 직접 규정함으로써 이러한 권리들에 대한 특별한 보호가 헌법상 부여되고 있다는 것이다.

칼 슈미트에 따르면 이러한 제도적 보장은 기본권과 구별되는, 이른바 **전통적으로 내려온 공법적 및 사법적 제도 그 자체의 보장**이며, 그 의미는 이 권리들을 단순히 입법자의 처분에 맡겨놓지 않고 입법자를 헌법에 구속시킴으로써 이들 제도 및 이와 결부된 권리들을 보호하는데 있다고 한다. 즉 입법자가 아니라 헌법개정자에 의해서만 이들을 배제할 수 있도록 하는 데에 있다는 것이다.

Ⅲ. 통합론적 헌법관에서 본 기본권

1. 통합론적 헌법관의 기초와 기본권관

통합론은 결단주의와 마찬가지로 법실증주의를 극복하기 위하여 제창된 헌법이론이지만, 그 주장내용은 결단주의와 전혀 상이한 방향을 가리키고 있었다. 특히 통합론은 기본권의 헌법적 비중을 다른 어느 헌법이론보다 강조한 점에 주목할 필요가 있다.

통합론은 국가를 하나의 통합과정으로 이해하였고, 헌법은 이러한 통합과정의 법적 기본질서로 파악하였다. 또한 **기본권을 그러한 헌법의 핵심 내지 통합의 중심적 요소로서 인정**함으로써 통합론은 **헌법을 기본권보장의 체계 내지 기본권을 중심으로 하는 가치질서로 이해**하였다. 이러한 기초 위에서 통합론은 기본권을 -종래 법실증주의나 결단주의처럼- 단순한 개인의 권리로서만 파악한 것이 아니라, 기본권이 국가질서 내지 헌법질서의 형성원리로 작용하게 된다는 점을 새로이 밝혀냄으로써 기본권이론의 새로운 지평을 열었다.

2. 루돌프 스멘트(R. Smend)의 기본권관

통합론을 창시한 스멘트는 국가를 끊임없이 새롭게 형성되는 통합의 과정으로, 그리고 이러한 통합과정의 법질서를 헌법이라고 이해하였다. 그리고 기본권은 이러한 법질서의 기초를 이루며 정치적 생활공동체인 국가를 구성하는 실질적인 계기인 동시에 국가를 정당화하는 실질적 요소라고 본다. 즉 기본권은 국가질서를 형성해 나가는 **물적 통합(sachliche Integration)의 요소**라는 것이다.

이러한 기본권은 헌법이 추구하는 목적 내지 목표를 보여주는 규범으로서 하나의 **가치체계** 또는 **문화체계**라고도 할 수 있다고 한다. 다시 말하자면 기본권이란 특정의 공동체에 전래되고 유지되면서 그 공동체의 바탕을 이루는 가치 및 문화가 그 공동체구성원의 콘센스에 의해 집약되어 나타난 것이며, 이 가치체계 내지 문화체계로서의 기본권은 통합의 실질적 요소로서 국가를 구성하는 실질적 요소가 된다는 것이다. 이런 맥락에서 기본권적 가치의 실현을 통하여 정치적 생활공동체인 국가가 형성되고 유지된다고 말하기도 한다.

스멘트가 기본권을 개인과 국가의 대립관계에서 국가에 대한 개인의 방어적 권리로서만 이해하는 전통적 이론을 벗어나 기본권을 통합의 실질적 요소로 보게 됨에 따라, 즉 정치적 통일체로서의 국가가 기본권에 의해 비로소 창설된다고 보게 됨에 따라 이로부터 여러 가지 중대한 결과들이 나온다. 우선 **기본권은 국가생활의 방향을 제시하는 지침이 된다.** 즉 기본권은 입법, 집행 및 사법의 지침이 된다. 또한 **기본권은 법률에 대한 해석의 원칙이며 모든 실정법질서를 정당화시켜 주는 정당성의 원천이 된다.** 따라서 기본권은 모든 실정법질서의 기초가 되며 행정과 사법작용만이 아니라 입법작용까지도 기속하게 된다.

그리고 스멘트가 주장한 바와 같이 국가가 기본권에 의해 비로소 창설된다고 보는 경우, 국가의 존재를 전제로 하고 국가와 개인의 대립관계에서 기본권을 보는 소위 영역설정적 사고란 인정될 수 없다. 즉 기본권을 -그것이 법실증주의가 주장하는 것처럼 국가권력의 자제에서 나오든 아니면 결단주의에서 주장되는 것처럼 선국가적인 것이기 때문에 인정되는 것이든 간에- 종래처럼 「국가로부터의 자유로운 영역」, 「국가로부터의 자유」, 「국가권력의 제한」 또는 「국가작용의 한계」 등으로만 볼 수 없게 된다.

또한 국가가 기본권에 의하여 창설된다고 하는 경우, 국가권력을 구성하고 조직하는 국가조직(통치구조)에 관한 규정은 기본권과 대립되는 별개의 규정이 아니라 기본권의 실현을 위한 수단 또는 기술적 장치를 의미하게 된다. 바로 여기에 오늘날 국가는 개인의 기본권을 존중하고 보호하기 위해 존재하는 것이지 그 반대가 아니라는 명제가 성립될 수 있는 근거가 있다. 즉 스멘트의 관점에서는 기본권과 국가조직(통치구조)이 상호 대립관계의 이원적 구조가 아니라 전체로서의 일원적 구조로 파악된다.

기본권을 통합의 실질적 요소로, 즉 정치적 통일체인 국가를 형성하는 실질적 요소로 보는 스멘트의 기본권이론에서부터 오늘날의 기본권이론에 결정적 영향을 주고 있는 다음과 같은 세 가지 중요한 특징적 요소를 찾아 볼 수 있다.

첫째는 기본권을 **객관적 규범**으로 보는 것이다. 가치 및 문화체계의 표현인 기본권은 통합의 요소이며 국가구성의 요소이다. 이 기본권적 가치의 실현을 통하여 정치적 생활공동체인 국가가 형성되고 유지되게 된다. 이처럼 기본권은 국가의 형성과 유지의 객관적 질서가 되며 질서의 요소가 된다는 것이다.

둘째는 기본권을 **제도적으로 이해**하는 것이다. 즉 자유란 임의적인 것이 아니라 전체 국가질서 내에 편입될 때 그 질서 내에서 의의를 갖는다는 것이다.

셋째는 기본권의 **정치적 성격을 강조**하는 것이다. 기본권은 통합의 실질적 요소로서, 그리고 정치적 생활공동체인 국가의 구성요소로서 정치적 성격을 갖지 않을 수 없다는 것이다.

이러한 스멘트의 통합론적 기본권이론의 영향을 받아 많은 새로운 기본권이론이 전개되었다.

3. 헷세(K. Hesse)의 기본권관

헷세는 기본권의 이중성(또는 양면성)이론을 전개한다. 그의 이론은 기본적으로 스멘트의 기본권이론에 기초하고 있으나 스멘트가 소홀히 다룬 기본권의 주관적 권리의 측면을 다시 강조하고 있다. 즉 기본권은 한편으로는 주관적 권리이고 다른 한편으로는 공동체(즉 국가)의 객관적 질서의 기본적 요소라는 것이다.

(1) 주관적 권리로서의 기본권

헷세에 따르면 기본권은 한편에 있어서「주관적 권리」, 즉 개인의 권리이다. 그것은 신앙의 자유, 평등권 등과 같은 좁은 의미의「인간 및 시민의 권리」에 있어서만이 아니라 부부와 가정, 학문과 예술의 자유 등과 같은 법제도 또는 하나의 생활영역의 자유에 있어서도 개인의 주관적 권리이다.

이 주관적 권리로서의 기본권은 인간 및 시민으로서의 개개인이 갖는 헌법상의 권리이다. 인간 및 시민의 권리로서의 기본권은 우선 **국가권력에 대한 방어권**이다. 자유로운 헌법질서에 있어서 이러한 방어권이 필요한 까닭은 민주주의도 인간에 대한 인간의 지배이고 이러한 지배는 권력남용의 유혹을 받기 때문이며, 또한 국가권력은 법치국가에 있어서도 불법을 행할 가능성이 있기 때문이다. 따라서 개인의 자유와 평등을 효과적으로 보장하기 위해서는 민주주의와 법치국가라고 하는 객관적 질서를 형성하는 것 외에도 자유와 평등에 대한 주관적 권리를 보장하는 것이 필요하게 된다.

주관적 권리로서의 기본권은 국가의 침해에 대한 방어의 가능성을 마련해 주기 위해서만 보장되는 것이 아니다. 헌법은 한 걸음 더 나아가 기본권 속에 보장되어 있는 **자유의 현실화**(Aktualisierung)를 위하여 기본권을 보장하고 있다. 이러한 현실화를 - 예컨대 인격의 자유로운 발현, 의사표현의 자유와 알 권리, 자유로운 사회적 단체의 결성 등을- 통하여 비로소 헌법에 의하여 구성된 공동체(국가)의 자유로운 질서는 살아 움직일 수 있게 된다. 국민은 단지 사적 임의의 영역에서 국가에 대하여 자신을 지킬 뿐만 아니라 자유롭게 그리고 자기의 책임 하에 스스로의 생활을 형성하며 공동체의 사안에 협력해야 한다.

(2) 객관적 질서의 요소로서의 기본권

기본권은 다른 한편 공동체(국가)의 「객관적 질서의 기본요소」이기도 하다. 즉 기본권은 **민주주의질서, 법치국가질서 및 사회국가질서의 기본요소**가 된다. 예컨대 선거권, 언론 · 출판 · 집회 · 결사의 자유, 정당의 자유와 기회균등, 양심의 자유 등과 같은 기본권은 민주주의질서의 기본요소이며, 재판청구권 등이 법치주의질서의 중요한 요소가 된다.[12] 또한 각종의 사회적 기본권은 사회국가질서를 구성하는 데 중요한 역할을 한다.[13]

또한 기본권은 혼인과 가족, 재산권과 상속권 등을 보장함으로써 **사법질서(私法秩序)의 기초**를 보장한다. 나아가 기본권은 특정의 생활영역, 예컨대 종교적 및 정신적 생활, 예술과 학문, 가족, 사회적 단체형성의 영역을 비국가적 생활영역으로서 유지하고 보호하며 그 밖의 중요한 생활영역과 정서(整序)시키고자 한다.

이처럼 기본권이 공동체(국가)의 객관적 질서의 기본요소가 된다는 것은 오늘날의 민주국가에 있어서는 당연한 것이다. 기본권은 개인의 주관적 권리의 성격과 객관적 질서의 요소로서의 성격을 동시에 가지며 이 두 가지 성격(측면)은 기능적으로 서로를 보완하고 강화한다.[14] 즉 기본권의 객관적 원리로서의 측면을 주관적 권리로서의 측면과 분리시켜서는 안 된다.

4. 해벌레(P. Häberle)의 기본권관: 제도적 기본권이론

해벌레의 기본권이론은 제도적 기본권이론이라고 지칭된다. 그것은 해벌레가 기본권을 보는 시각이 전통적 기본권이론과는 많이 다르기 때문이다.

전통적인 헌법이론에서는 기본권을 제도로서의 국가에 대립하는 자연권적 성질을 갖는 것으로, 즉 국가나 법과 같은 제도 이전에 형성되었고, 그 때문에 법질서 속에서도 **선국가적(先國家的) 내지 초국가적(超國家的) 성격**을 갖는 것으로 보는 견해가 많았다. 때문에 기본권은 제도의 일부라기보다는 오히려 제도에 의해 가해지는 억압에 대항

12) 기본권이 공동체(국가)의 전체법질서를 구성하는 요소라고 할 때 이 전체질서는 주관적 권리로서의 개별기본권이 실제 행사되어 살아있는 것이 될 때 비로소 현실적 질서가 된다. 민주주의질서, 법치국가질서, 사회국가질서, 문화국가질서 및 사법질서(私法秩序)는 각기 해당되는 개별기본권이 실현될 때 비로소 현실적 질서가 되며 전체질서도 현실적인 것이 된다.

13) 물론 독일의 경우에는 사회적 기본권이 명문화되어 있지 않기 때문에 헷세가 사회적 기본권을 직접 예로 들었던 것은 아니다. 하지만 헷세의 논리를 우리 헌법에 적용시킨다면 그와 같이 말할 수 있을 것이다.

14) 이런 맥락에서 헷세는 기본권의 **방어권으로서의 성격**에 대응하여 국가권력에 대한 **소극적(부정적) 권한규정의 성격**을 강조하였다. 즉 국가권력은 기본권을 보장하기 위한 구체화 및 -경우에 따라- 제한의 권한을 가질 수 있으나, 기본권이 보장하는 자유와 평등을 침해할 수는 없다는 것이다. 예컨대 「집회 및 시위에 관한 법률」을 규정할 권한은 집회와 시위의 자유를 폐기하거나 침해하는 권한을 포함하지 않고, 조세입법권은 불평등한 부담을 과할 권한을 포함하지 않는다는 것이다.

하는 수단으로 인식되는 것이 일반적이었던 것이다.[15] 그러나 해벌레는 오오류(*M. Hauriou*)의 제도이론과 스멘트에 의한 기본권의 새로운 해석, 그리고 헷세에 의해 발전된 기본권의 이중적 성격을 기초로 기본권의 성격을 새롭게 규정하였다.

해벌레의 견해에 따르면 기본권은 한편으로는 개인적 권리로서의 측면을 가지며, 다른 한편으로는 제도적 측면을 갖는다고 한다. 즉 기본권은 한편으로는 기본권주체에게 주관적 공권을 보장하는 개인적 권리를 의미하고 있지만, 다른 한편으로는 이미 특정 개인의 자유나 개인들 상호간의 관계를 넘어서는 객관적·제도적인 측면을 보이고 있다는 것이다.[16] 이러한 객관적·제도적 측면은 특정한 생활영역의 자유로운 형성과 유지·정서에 관한 **헌법적 보장**이라는 형태로 나타난다. 따라서 기본권은 기본권주체의 관점에서는 「개인적 권리(주관적 공권)」로서의 의미를 갖지만, 객관적 질서의 관점에서 보면「제도」로서의 의미를 갖는다. 즉 양자는 불가분적으로 결합되어 있고, 양자의 작용에 의하여 기본권의 올바른 실현이 강화될 수 있다.[17]

이런 맥락에서 해벌레는 "자유는 제도의 반대개념이 아니라 상관개념"이라고 주장한다. 기본권의 제도적 측면과 주관적 권리의 측면은 서로 고립되고 대립하는 것이 아니라 상호관련 속에 있는 대등한 것으로 이해되어야 하며, 또한 어느 한쪽이 다른 쪽에 종속되는 것으로 이해되거나 목적과 수단의 관계에 있는 것으로 이해되어서는 안 된다는 것이다. 그는 또한 기본권에 의해 실현되는 자유로운 생활영역을 살아 있는 것으로 만드는 것은 그 기본권을 행사하는 -특정개인이 아닌- 불특정다수의 기본권주체들이라는 점을 강조한다. 이들의 반복되는 활동을 통하여 기본권은 제도(적 현상)가 되며, 생명력을 유지할 수 있다는 것이다.

이러한 해벌레의 기본권이론은 **기본권의 자연권성, 선국가성의 차원을 완전히 부정하고 제도적인 현상을 통하여 구체화되는 기본권에 초점을 맞춘 이론**이라고 평가될 수 있다. 그의 이론은 제도의 메커니즘에 대한 철저한 신뢰에 기초하고 있는 것이기 때문에 그러한 전제가 결여된 곳에서는 -특히 민주주의와 법치주의를 통한 제도의 올바른 운용이 확립되지 않은 상황에서는- 많은 문제를 낳게 될 수 있으며, 자연권에 대한 호소를 다시금 불러일으키게 될 수 있다.

Ⅳ. 맺음: 국가(권력)와 국민의 관계에 비추어 본 기본권이론의 타당성

위에서 살펴 본 바와 같이 옐리네크는 기본권을 국가에 대한 방어권으로 보고 주관적 공권으로 인정하기는 하지만, 그것은 국가의 은총에 기초한 것이기 때문에 국가에 의해 언제든지 회수될 수 있는 것이라고 한다. 더구나 켈젠은 기본권의 주관적 공권성

---

15) 칼 슈미트가 "자유는 결코 제도일 수 없다"고 말하는 것은 이러한 맥락에서 이해될 수 있다.
16) 해벌레가 주장하는 「제도」는 국가 내지 법 전반을 포괄하는 넓은 개념으로 이해되고 있기 때문에 칼 슈미트가 이야기하는 「제도적 보장」과는 차원이 다르다.
17) 이러한 해벌레의 주장은 **법적** 권리의 실제 보장은 사실상 국가권력이나 법제도를 통해서 이루어질 수 밖에 없다는 점을 강조하면서, 결국 제도를 벗어난 기본권의 의미를 부인하는 것으로 연결된다.

마저 인정하지 않고 자유란 단지 반사적 효과에 지나지 않는다고 한다. 이들이 말하는 자유와 권리는 **국가의 법적 제한 내에서만 인정되는 자유와 권리, 즉 실정권**이다. 이러한 옐리네크나 켈젠의 법실증주의적 기본권이론은 국민이 주권자임을 전제한 국가와 국민의 관계가 아니라, 국가를 지배의 주체, 국민을 복종의 주체로 전제하여 전개된 것이기 때문에 오늘날 민주국가의 기본권이론으로는 적합하지 않다.

칼 슈미트는 기본권을 초국가적 · 선국가적 권리로 파악하는 고전적 자유주의의 입장에서 기본권을 이해한다. 이에 따라 그는 자유권만을 진정한 기본권으로 인정하면서 자유권을 **선국가적 · 천부적 · 무제한적 자연권**으로 이해한다. 그러나 이러한 칼 슈미트의 이론도 오늘날의 기본권이론으로는 적합하지 않다. 추상적인 자연법이나 자연권을 주장하는 것만으로는 구체적으로 **지금 여기에서** 타당한 법과 권리를 찾는 데 충분치 못하기 때문이다. 우리처럼 자유주의 시대를 거치지 않았고 오랜 군사독재로 인하여 기본권의 제약을 경험한 경우에는, 기본권을 자연권으로 주장하면서 초국가성 · 선국가성 및 그에 기초한 무제한성을 주장하는 것이 호소력을 가질 수 있지만, 그럼으로써 현실적으로 기본권이 보장되지는 못한다. 기본권은 결국 국가법질서의 테두리 내에서, 그러나 또한 기존의 국가법질서에 구속되는 것이 아니라 새로운 국가법질서를 창설해가면서 스스로 실현되고 또 보장되는 것이기 때문이다.

이렇게 보면 결국 통합론의 관점에서 본 기본권이론이 가장 설득력 있는 것으로 인정된다. 통합론의 기본권이론은 무엇보다 국민을 중심으로 한 민주주의 국가질서를 기초로 전개되었기 때문에 오늘날의 기본권을 파악하는 데 적합한 것이다. 통합론은 기본권을 **통합의 실질적 요소, 즉 정치적 통일체인 국가를 구성하는 요소**로 봄으로써 기본권이 ① 국가생활의 방향을 제시하는 지침이 되고, ② 입법 · 행정 · 사법작용을 구속하며, ③ 모든 실정법질서를 정당화시켜 주는 정당성의 원천이 된다고 주장하고 있다. 바로 이러한 측면 때문에 통합론의 기본권이론은 오늘날의 민주주의적 국가질서에 부합하는 이론이다. 이런 관점에서 볼 때 기본권은 국가의 은총에 기초하고 있는 것이 아니라, 거꾸로 국가가 개인의 기본권을 존중하고 보호하기 위해 존재한다는 민주적 국가관이 가능하게 된다.

이처럼 스멘트가 민주적 기본권이론을 체계화하였지만 그의 기본권이론은 기본권의 주관적 권리로서의 성격을 충분히 고려하고 있지 않다는 문제점을 안고 있다. 또한 해벌레의 제도적 기본권이론은 제도 속에서의 기본권실현이라는 측면을 잘 설명하고 있지만, 기본권 자체가 제도 형성의 기준과 지침이 되는 면을 충분히 강조하고 있지 않다는 문제가 있다. 그렇기 때문에 현재의 시점에서 가장 설득력 있는 기본권이론은 헷세의 이중성이론이라고 할 수 있다. 즉 기본권을 주관적 권리로만이 아니라 객관적 질서의 요소로 이해할 때 비로소 기본권의 현대적 의미를 올바르게 파악할 수 있는 것이다.

제3절 민주주의와 기본권

Ⅰ. 민주주의의 본질로서의 국민주권 — 그 실현의 가능성과 한계

민주주의의 출발점은 국민주권이다. 고전적 민주주의의 어원에서 그러한 유사성을 찾을 수 있을 뿐만 아니라, 근대적 민주주의의 탄생과정 또한 군주주권에 대립하는 국민주권의 발달에서 찾을 수 있기 때문이다.[18)]

그러나 오늘날 민주적 국가질서는 불가피하게 대의제를 기본으로 구성된다. 주권자는 국민이지만, 실제 국가권력의 행사는 국민의 대표자, 즉 대의기관을 통하여 행해지는 것이 오늘날의 정치현실 속에서는 불가피하기 때문이다. 물론 대의제 하에서도 적지 않은 문제들이 발생되며, 그 중 가장 중요한 문제는 국민과 대표자 사이에 발생되는 갈등에 있다.

하지만 분명한 것은 민주주의의 출발점은 여전히 국민주권이고, 대표자가 아닌 국민이 주권자라는 점이다. 따라서 문제해결의 지침은 항상 국민주권의 실현, 즉 **국민이 진정 주권자로서 인정받고 대우받는 국가질서의 형성**에 있다.

이러한 국민주권의 실현은 일차적으로 국민의 기본권보장에서 찾을 수 있다. 즉 주권자인 국민의 권리를 헌법적으로 규정하고 보장함으로써, 나아가 이를 실현하기 위한 구체적 조건들을 최적으로 형성함으로써, 국민주권이 실현되고 민주주의가 실현되는 것이다.[19)]

Ⅱ. 민주주의의 이념으로서의 자유와 평등, 목적으로서의 기본권보장

1. 민주주의의 이념으로서의 (국민의) 자유, 평등

민주주의 이념이 무엇이냐에 대해서는 많은 논란이 있지만, 적어도 자유와 평등이 민주주의의 기본이념이라는 점은 일반적으로 인정되고 있다. 종래 자유주의와 민주주의를 구분하여 전자는 자유를 이념으로, 후자는 평등을 이념으로 하는 것이라고 생각하는 견해도 있었지만, 적어도 오늘날에는 자유 없는 민주주의를 생각하기 어렵다는 점이 널리 인정되고 있기 때문이다.

민주주의의 이념으로서의 자유와 평등은 국민주권과 불가분의 관계에 있다. 즉 국민이 주권자이기 위해서는 국민의 자유와 평등이 보장되어야 한다는 것이다. 국민을 주권자라고 인정하면서, 그러한 국민의 자유를 박탈하고 억압하는 것은 논리적으로 모순이다. 또한 특정인이 아닌 모든 국민이 동시에 주권자라고 인정하면서 이들 사이의 평

18) 국민주권 내지 주권이론의 발달에 대하여는 「제1권 제2부 제2장 제2절 **민주주의와 국민주권**」 참조.
19) 민주주의의 발전사에 나타나는 민주적 국가질서에 대한 요청과 인권보장에 대한 요구의 상승작용을 통해서도 이러한 점을 확인할 수 있다.

등을 인정하지 않는 것도 마찬가지이다.

2. 자유, 평등의 구체화로서의 기본권 — 민주주의의 목적으로서의 기본권보장

민주주의의 이념을 자유와 평등이라고 인정한다 할지라도, 추상적 자유와 추상적 평등을 목표로 해서는 민주주의가 나아가야 할 방향을 올바르게 설정할 수가 없다. 구체적으로 어떻게 자유와 평등을 실현시킬 것인지의 문제가 밝혀져야 하는 것이다. 이를 위해서는 무엇보다 민주주의의 이념인 자유와 평등의 내용을 구체화시킬 필요가 있다.

자유와 평등은 개별적 생활영역, 개별적 생활관계 속에서 그 구체적인 모습을 드러내게 된다. 즉 개별적 자유권과 개별적인 평등권의 모습으로 나타나는 것이다.

민주주의의 이념으로서의 자유는 자신의 삶을 자율적으로 형성할 수 있는 자유, 즉 자기 삶의 주체가 될 수 있는 인격적 자율성을 의미한다. 이러한 인격적 자율성이 확보되기 위해서는 각 생활영역에서 생명권, 사생활의 비밀과 자유, 종교의 자유, 양심의 자유, 언론의 자유, 결사의 자유, 선거권, 재산형성 및 사용의 자유, 직업의 자유, 교육의 권리, 근로의 권리 등 각종 기본권이 보장되어야 하는 것이다.[20]

평등 또한 개별적 생활영역별로 구체화된다. 하지만 평등은 독자적인 생활영역을 갖고 있는 것이 아니라 모든 생활영역에서 구체적인 상황에 따라 제기되는 문제이기 때문에 일반적으로 자유의 문제와 중첩되어서 나타나게 된다. 즉 선거의 자유 문제와 더불어 선거의 평등 문제가, 재산권을 비롯한 경제적 자유의 문제와 더불어 경제적 평등의 문제가 제기되며, 교육의 자유와 교육의 기회균등, 직업의 자유와 직업선택의 기회균등의 문제가 함께 제기되는 것이다.[21]

따라서 자유와 평등이라는 이념을 지향하는 민주주의는 이러한 기본권의 보장과 실현을 지향하는 것이라고 할 수 있다.

Ⅲ. 민주주의와 기본권의 상호영향관계

1. 민주주의의 기초로서의 기본권(의 행사)

기본권은 오늘날 기본권의 이중성이 인정됨에 따라 개인의 권리로서 뿐만 아니라 국가질서형성의 중심요소로서도 중요한 의미를 갖게 되었다.[22]

예컨대 **국민의 자유로운 의사형성**이 민주주의의 출발점이라고 할 때, 이는 국민

---

20) 인격적 자율성의 실현을 위한 구체적 자유는 형식적 의미의 자유권적 기본권에 의해서만 보장되는 것이 아니다. 실질적 자유를 보장하는 수단으로서의 사회적 기본권 등도 인격적 자율성의 실현을 위한 중요한 조건이라고 보아야 할 것이기 때문이다.

21) 그렇기 때문에 자유권의 경우 독자적인 보호영역을 중심으로 이야기되는 것과는 달리, 평등권의 경우에는 별도의 보호영역을 갖지 않는다.

22) 이러한 맥락에서 국민이 어떠한 기본권을 보유한다는 것 자체가 국가질서의 형성방향 내지 지침을 의미하는 것이 되기 때문에 국가질서의 형성에 관한 기본원리인 민주주의에도 커다란 영향을 미칠 수밖에 없다. 나아가 국민이 이들 기본권을 적절하게 행사하는 것은 민주주의를 실현하는 데 매우 결정적인 역할을 한다.

에게 언론의 자유를 비롯한 각종 표현의 자유, 알권리 등이 확보되고 또 국민이 이를 적절하게 행사할 수 있도록 보장될 경우에 비로소 가능해진다고 할 수 있다.

또한 오늘날 민주주의의 실현이 **대의제**[23]를 기본구조로 하고 있다는 점도, 국민의 선거권, 공무담임권의 적절한 행사를 전제하는 것이다. 선거권과 피선거권을 통한 대의기관의 구성, 그리고 언론의 자유 등을 통한 대의기관의 통제 없이 대의제가 올바르게 실현된다는 것은 불가능하기 때문이다.

나아가 민주주의의 본질적 요소의 하나로 꼽히는 **다원적 정치과정** 또한 결사의 자유, 정당설립 및 활동의 자유 등을 떠나서는 생각조차 할 수 없는 것이다.

2. 국가조직을 통한 기본권보장의 구체화와 그 기준으로서의 민주주의

헌법상 다양한 기본권이 선언되고 있다 할지라도 그 구체적 실현과 보호는 결국 국가작용을 통해 이루어진다.

오늘날의 민주국가에서는 과거의 군주국가와는 달리 국가의 존립목적 자체가 주권자인 국민에게 봉사하는 데 있으며, 이는 곧 국민의 기본권에 봉사하는 것이라고 이해될 수 있다.[24] 그러나 구체적으로 기본권이 국가작용에 의하여 어떻게 보장되고 실현되는지, 또 국가작용에 의한 기본권의 제한이나 침해는 어떻게 설명될 것인지에 대해서는 복잡한 검토가 필요할 것이다.[25]

이와 관련하여 유의하여야 할 것은 **민주주의의 원리가 이러한 문제를 해결하는 데 기준으로 활용될 수 있다**는 것이다. 즉 기본권과 국가작용의 충돌 내지 기본권과 공익의 충돌에 있어서는 민주주의의 원리에 따라 국민의사를 최대한 반영하고 국민의 이익을 최대한 실현하는 방향으로 문제를 풀어나가야 한다는 것이다. 하지만 역시 국민의 의사와 국민의 이익이 충돌하는 경우의 딜레마는 풀기 어려운 과제이다.

3. 민주주의의 한계로서의 기본권보장

기본권의 보장은 또한 민주주의의 한계로 작용하기도 한다. 종래 민주주의가 상대주의적 관용에만 치우쳐서 결과적으로 민주주의가 스스로를 민주주의의 적으로부터 보호하는 것조차도 소홀히 했던 역사적 경험에 비추어 민주주의의 상대주의적 성격 내지 **상대주의적 관용에 대해서도 일정한 한계를 그어야 할 필요성**이 인정되었다.

---

23) 대의제에 관하여는「제1권 제2부 제2장 제3절 **민주적 의사결정과 대의제 민주주의**」참조.

24) 그렇기 때문에 종래와는 달리 국가작용과 기본권이 대립적 관계에 있는 것이 아니라 기본권의 실현과 보호가 국가작용의 목적으로 인정되는 관계, 즉 **기본권과 국가작용 사이에 목적과 수단의 관계가 성립되었다**는 점은 이미 여러 차례 강조된 바와 같다.

25) 즉 국가기관의 구성과 활동의 기준은 기본권임에 틀림없지만, 특정인의 특정기본권을 실현하고 보호하는 것이 아니라 모든 국민의 모든 기본권을 동시에 최대한 보장하여야 하는 것이기 때문에, 국가작용을 통한 기본권의 실현과 보호는 때때로 특정인의 특정기본권에 대한 제한의 형태로 나타날 수 있다. 하지만 경우에 따라서는 국가권력 담당자들의 잘못으로 기본권에 대한 부당한 제한, 즉 기본권에 대한 침해가 발생될 수도 있기 때문에 국가작용과 기본권의 문제는 더욱 미묘하게 전개될 수밖에 없는 것이다.

이때 그 한계를 구성하는 내용, 즉 자유민주적 기본질서의 내용으로서 인정되었던 것이 지난 수세기의 역사적 경험을 통해 모든 침해로부터 보호되어야 할 가치가 있는 것으로 인정된 인권 내지 기본권, 그리고 이를 보장하기 위한 중요한 제도들이었다.

실제로 민주주의의 상대주의적 성격이 극단화되어 절대적 상대주의에 빠지게 되면, 다수의 지지를 받기만 하면 어떤 결정이든 내릴 수 있고, 무엇이든 집행할 수 있다는 다수의 횡포, 다수의 독재에 빠지게 된다. 그러나 상대주의적 관용은 바로 자유의 기본조건이기도 하기 때문에 이를 전면적으로 부정하는 것도 곤란했던 것이다.

이러한 문제점을 극복하기 위한 대안으로 제시되었던 것이 이른바 가치구속적 민주주의였으며, 이는 일반적인 의사결정과정에서 상대주의를 인정하되, 자유민주적 기본질서로 불리는 일정한 핵심가치, 즉 **헌법의 근본가치들은 다수결의 대상이 되지 않는다**고 인정함으로써 상대주의의 예외를 설정한 것이다.

민주주의를 수호하기 위해 인정되는 특별한 헌법보호로서의 방어적 민주주의는 기본권의 (특별한) 제한을 통한 기본권의 보호라고도 말할 수 있다.[26] 앞서 검토한 바와 같이 민주주의가 기본권보장을 목적으로 하는 것이라고 했을 때, 그러한 민주주의가 잘못된 다수결에 의하여 국민의 기본권을 침해하는 결정을 내려서는 안 되기 때문에, 민주주의의 자기목적 이탈을 방지하기 위한 장치가 곧 방어적 민주주의이기 때문이다.

제 4 절 법치주의와 기본권

Ⅰ. 법치주의의 뿌리와 기본권

법치주의는 민주주의와 더불어 헌법의 구조와 성격을 결정짓는 중추적 기본원리로 인정된다. 특히 1987년의 6월혁명 이후 민주화가 많은 진전을 보였고, 이와 더불어 민주주의의 정착을 위해서는 법치주의의 확립이 필요하다는 인식도 확산되었다.

근대적 헌법국가의 구성원리로서의 법치주의는 영국과 미국 또는 독일 등에서 각기 상이한 발전과정을 거쳐 왔지만,[27] 이런 다양한 형태에도 불구하고 공통분모로 추출될 수 있는 부분이 있다. 그것은 법을 **정의의 실현**으로 생각하고, 법을 통하여 국민의 기본권을 보장하고자 하였다는 점이다.

현행헌법은 법치주의를 명시적으로 규정하고 있지 않다. 그러나 우리 헌법의 뿌리가 되었던 서구의 근대적 헌법이 법치주의를 기본원리로 인정하고 있었고, 이를 계수한

26) 방어적 민주주의는 일반적인 기본권의 제한과는 다른 특수성을 가지고 있기 때문에 이를 기본권제한의 일반적 경우와 유사하게 취급하기는 곤란하다는 점에 유의하여야 한다. 방어적 민주주의는 헌법상 특별히 인정된 경우에 한하여 예외적으로 -기본권의 일반적 제한과는 비교하기 어려운- 강력한 효과를 가진 수단으로써 대응하는 것이기 때문이다.

27) 이에 관하여는 「제1권 제2부 제3장 제2절 **법치주의의 형성과 발전**」 참조.

우리 헌법도 법치주의를 당연히 전제하고 있는 것으로 해석되므로, 법치주의가 우리 헌법의 기본원리 가운데 하나라는 점에 대하여는 이론(異論)이 없다.

Ⅱ. 형식적 · 시민적 법치국가와 기본권

법치주의는 여러 나라에서 다양한 형태로 발전되어 왔다. 그러나 그들 가운데 우리의 법형성에 가장 직접적인 영향을 미쳤던 독일에서의 법치주의는 형식적 · 시민적 법치국가에서 실질적 · 사회적 법치국가로의 발전을 보였다. 이러한 발전은 우리의 법치주의에 대한 이해와 실현에도 큰 영향을 미친 바 있다.

1. 형식적 · 시민적 법치국가의 형성

영국의 법의 지배가 독일에 도입되어 법치국가라는 형태로 형성되던 초기의 독일에서는 법치국가를 전체 국가질서가 법에 의하여 형성되고 유지되는 국가로 이해하였다. 그러나 프로이센을 중심으로 1871년 독일이 통일된 이후 군주의 권력이 강력해지면서 법치주의는 상당히 위축되었으며, 그 결과 법치주의의 형식화가 나타나게 되었다.

몰(*Rudolf von Mohl*) 등에 의하여 국가유형 내지 새로운 국가원리로 이해되었던 법치국가는 더 이상 국가질서 전체를 지배하는 요소로서 인정되지 않고 -국가목적 또는 국가내용과는 구분되는- **정치권력을** (그것이 민주적인 것이건, 군주적인 것이 건을 불문하고) **완화시키는 비정치적 형식원리**로 축소되었던 것이다. 이러한 태도는 당시의 헌법이론을 지배하던 법실증주의의 몰가치적 태도와 결합되어 지배적인 경향을 이루게 되었다.

결국 19세기의 독일에서는 1849년 프랑크푸르트 헌법의 좌절과 비스마르크 제국의 탄생으로 대표되는 자유주의세력의 약화라는 현실적 요인 및 법실증주의에 의해 지배되던 당시의 헌법이론이 형식적 · 시민적 법치주의라는 결과를 가져오게 만들었다.

2. 법치국가의 전제로서의 권력분립

시민적 법치국가에 있어서 권력분립은 국가권력의 예측가능성과 통제가능성을 보장하기 위한 조직원리로 이해된다. 권력의 분립을 통하여 비로소 국가권력의 절차적 적정성과 이를 통한 국민의 자유로운 영역의 보장이 가능하게 된다는 것이다.

이러한 맥락에서 권력의 분립은 법치주의의 가장 기본적인 전제이기도 하다. 즉 최고의 국가기관들과 그 권한이 분리되어야 하고 이들 간의 견제와 균형이 이루어져야 비로소 권력남용의 가능성이 억제되고, 국민의 자유가 보장될 수 있다는 것이다.

3. 법치국가의 핵심내용으로서의 기본권(자유권)보장

형식적 · 시민적 법치국가는 국가로부터의 소극적 자유를 중심으로 기본권을 이해하며, -근대인권사상의 전통 속에서- 일정한 사적 영역의 선국가성(先國家性) 내지 자연권성(自然權性)을 강조하고 이의 절대적 보장을 요청하게 된다.

그러나 형식적 · 시민적 법치국가 하에서는 적극적인 국가질서의 형성에 관한 기본권(참정권) 내지 사적 생활에 있어서의 국가적 급부의 요청에 관한 기본권(사회적 기본권)은 인정되기 어렵다.

따라서 이러한 형식적 법치국가는 민주주의 및 사회국가원리와 대립될 수도 있다. 하지만 형식적 법치국가도 –비록 자유권에 한정되기는 하였지만– 기본권의 보장을 그 기본적인 목적으로 하고 있었다는 점은 명백하다.

Ⅲ. 실질적 법치국가의 발전과 기본권

1. 형식적 · 시민적 법치국가의 한계와 실질적 법치국가의 대두

1919년 독일에서도 최초의 민주공화국(바이마르 공화국)이 수립되었다. 그럼에도 불구하고 헌법학에서는 종래의 형식적 · 시민적 법치국가론을 답습하는 경향이 한동안 주류였으며, 그 결과 바이마르 공화국 당시에도 법실증주의가 지배적 학설이었다.

하지만 독일 헌법학계의 일각에서는 법실증주의를 극복하려는 움직임이 다양하게 전개되었으며, 이와 함께 법치주의에 대한 새로운 이해가 주장되기 시작하였다. 특히 헤르만 헬러(*H. Heller*)는 종래의 형식적 민주주의이해, 형식적 법치주의이해를 비판하면서 독일에서 그 동안 상실되었던 민주주의와 법치주의의 내적인 결합을 회복시키려 노력하였다. 물론 그의 주장이 당시에 널리 받아들여졌던 것은 아니었지만, 나치(Nazi)의 경험 후에는 더 이상 형식적 · 시민적 법치국가를 고집하는 사람은 찾기 힘들게 되었다.

이러한 인식의 변화는 결국 실질적 법치주의의 발전으로 연결되었다. 단순히 법에의 구속, 법의 최고성을 주장하고 이에 따른 합법률성만을 강조하는 것이 아니라 실질적으로 정의로운 상태를 창설하고 유지하는 것이 중요하다고 인식되었던 것이다. 이에 따라 헌법은 이러한 질서의 기초와 과제를 규정짓는 구체적이고 실질적인 기본원리들을 실정화하여야 한다는 생각이 널리 보급되었으며, 법치주의의 실질적 요소들이 강조되었던 것이다.

2. 법치의 실질적 요소로서의 기본권

법치주의를 단순히 법의 형식을 갖추는 통치, 즉 법의 내용적 정당성은 묻지 않고, 그로 인하여 악법에 의한 통치도 법치라고 인정하는 형식적 법치국가로 이해하는 데에는 많은 문제가 있다. 그러나 실질적 법치국가를 주장하면서 법의 내용적 정당성까지 요청되는 것으로 이해할 경우, 그 내용적 정당성은 과연 어디에서 찾을 수 있는가?

정당성의 기준으로서 막연히 자연법을 이야기하는 것은 곤란하다. 자연법의 내용이 불확정적이기 때문에 그에 대한 논란은 탈출구를 찾을 수 없으며, 이를 구속력 있게 정리하는 것은 사실상 불가능한 것이다. 그렇다고 법률 그 자체에서 정당성의 근거를 도출할 수도 없다.

결국 법의 내용적 정당성을 판단하는 기준이 될 수 있는 것은 헌법, 특히 헌법의 최고 이념으로 인정되고 있는 인간의 존엄 및 이와 연결되어 있는 (실질적) 자유와 (실질적) 평등, 그리고 이러한 헌법이념의 구체화로 나타나고 있는 기본권 이외에는 현실적으로 없다.

즉 기본권은 법치의 목적이자 법치주의의 실질적 요소가 되어 법의 내용적 정당성을 판단하는 기준이 되는 것이다.

3. 법치주의의 새로운 이해에 기초한 현대적 기본권이해

실질적 법치주의의 발전은 또한 기본권을 -종래와 같이 소극적 방어권으로서의 자유권에 국한시키지 않고- 보다 적극적이고 실질적인 것으로 확장시키는 경향으로 연결되었다.

이러한 맥락에서 기본권의 국가질서형성적 기능, 민주적 기능 등을 강조하는 새로운 기본권이론들이 대두되었으며, 기본권과 법치국가적 헌법질서는 서로에게 영향을 주고받는 상승작용을 통하여 더욱 눈부신 발전을 보이게 되었다. 각종 사회적 기본권이 폭넓게 보장되었으며, 나아가 기존의 자유권들도 형식적 자유가 아닌 실질적 자유의 보장을 담고 있는 것으로 재해석되었다. 또한 기본권을 국가질서 전반을 지배하는 규준으로 인정하는 태도가 점차 보편화되고 있다.

물론 법치주의만으로 기본권의 모든 측면을 설명할 수 없으며, 거꾸로도 마찬가지이다. 하지만 적어도 민주국가에서는 양자가 목적과 수단의 관계로 연결되어 있으며, 이를 통해 양자의 충돌과 모순이 원천적으로 배제되고 있다는 것은 명백하다.[28)]

제 5 절 기본권과 국가조직

Ⅰ. 국가조직의 존립목적으로서의 기본권보장

1. 전통적인 「국가와 사회의 이원론」과 그 한계

근대적 헌법이론의 기초 가운데 하나였던 「국가와 사회의 구별」은 특히 입헌군주제의 정치현실 하에서 헌법의 규범력을 설명하는 데 적합한 이론이었다.[29)]

---

28) 과거 형식적 법치주의를 주장하던 시기에 발생될 수 있었던 양자의 충돌이나 모순, 즉 법률의 형식에 의한 기본권의 침해는 더 이상 인정될 수 없다. 또한 특별권력관계나 국가긴급권 등과 관련하여 법치주의의 예외를 인정하려는 태도도 더 이상 타당하지 않으며, 법치주의를 통한 기본권의 보장은 모든 국가권력의 행사에 대해 예외 없이 인정되어야 한다. 기본권이 제한될 수 있는 경우는 오로지 기본권 자신의 효율적 보장을 위해서 필요한 경우뿐이다. 이에 관하여는 아래의 「제5장 제4절 Ⅲ. **법률유보에 의한 기본권제한의 근거(목적)**」 참조.

그러나 오늘날 전통적인 의미에서 국가와 사회의 구별 내지 양자의 이원론을 주장하는 것은 더 이상 불가능하게 되었다. 민주주의가 관철됨에 따라 더 이상 군주가 아닌 국민의 대표자가 국가권력을 담당하게 되었을 뿐만 아니라, 그러한 대표자의 선출과 활동에는 국민의 직접적인 관여가 전제되어 있으므로 전통적인 의미의 국가와 사회의 구별 자체가 붕괴된 것이다. 또한 사회국가의 발달로 인하여 전통적으로 사회의 영역에 속하던 시민생활의 다양한 분야에서 국가의 적극적인 개입을 통한 조성과 조정이 나타나고 있다.

물론 제한적인 의미에서 국가와 사회의 이원론을 여전히 주장하는 학자들도 있다. 예컨대 국가의 영역을 지배하는 원리(국가권력의 강제력)와 사회의 영역을 지배하는 원리(사적 자치)가 다르다는 점을 강조하거나, 국가의 영역에서 인정되는 기본권(예컨대 참정권, 사회권, 절차적 기본권)과 사회의 영역에서 인정되는 기본권(자유권)의 성격의 차이를 강조하는 견해들이 존재한다. 그러나 이러한 차이는 공적인 영역과 사적인 영역의 차이 내지 공법과 사법의 구별로 대체될 수 있으며, 그나마도 단순히 공·사의 이원적인 것으로 나누기 어렵기 때문에 보다 상세한 단계화가 필요한 상황이다.

2. 헌법질서의 출발점으로서의「인간의 존엄」과 그 구체화로서의「기본권」

종래 이원적으로 파악되던 국가와 사회를 하나의 연결고리 안에서 파악하게 된 것은 무엇보다 민주주의의 관철로 인하여 양자의 구별이 의미를 상실하였기 때문이다. 그리고 그러한 변화는 곧 기본권의 의미를 새롭게 이해하는 것으로 이어졌다.[30)]

민주주의의 실현으로 인하여 국가와 사회를 포함한 전체 공동체의 최고이념은 **인간에의 봉사 내지 인간 존엄의 실현**이라고 널리 인정되었다. 국가와 국민의 관계가 이원적인 대립관계가 아닌 국민을 중심으로 한 통일적 관계로 재정립되면서, 인간의 존엄성이 이를 상징하게 된 것이다.[31)]

이러한 인간(의 존엄성)에 대한 존중은 기본권의 존중으로 나타난다. 기본권은 인간이 존엄한 존재로서 삶을 영위할 수 있기 위한 개별적인 조건들이기 때문에 결국 인간의 존엄은 기본권을 통해 구체화된다고 할 수 있기 때문이다.

3. 기본권의 보장과 실현을 위한 도구로서의「국가조직」

종래의 군주제 하에서는 마치 국가를(또는 군주를) 위해 국민이 봉사하는 것처럼 구성되었다면, 민주국가에서는 거꾸로 국민을 위해 국가가 존재하는 것으로 이해된다.

---

29) 군주세력과 시민세력이 병존하는 가운데 각기 국가의 영역과 사회의 영역을 지배하는 것으로 봄으로써 한편으로는 군주가 국가권력을 장악하고 있는 현실을 설명하고, 다른 한편으로는 시민세력이 사회의 영역을 지배하고 있다고 봄으로써 군주의 국가권력이 시민의 사적 생활에 간섭하는데 일정한 한계를 두었던 것이다.

30) 민주주의의 실질적 의미는 국민이 실질적으로 주권자로서 대접받을 수 있도록 하는데 있으며, 이는 기본권의 보장과 실현을 통해서 비로소 가능하기 때문이다.

31) 인간의 존엄은 인간에 대한 존중의 표현이다. 모든 인간은 -다른 아무런 조건과 관계없이- 인간이라는 이유만으로 존엄한 존재로서 대우받아야 한다는 요청이 곧 인간의 존엄인 것이다.

국가는 어떤 초월적 목적(예컨대 신의 섭리, 대자연의 질서, 초월적 윤리의 실현 등)을 위해 선재(先在)하는 것이 아니라 국민에 의해, 국민을 위해 비로소 형성되고 유지되는 것으로 이해되는 것이다.

국가공동체의 존재 이유에 대한 이해가 바뀌면서 국가조직에 대한 이해도 아울러 변화될 수밖에 없었다. 민주주의의 관철에 따라 국가권력의 정당성 근거가 **주권자인 국민의 수권(授權)**에 있는 것으로 이해되었으며, 이에 따라 국가기관의 구성과 권한범위 및 활동방식도 국민에 의해 정당화되어야 하는 것으로 이해되었다. 국민에게, 즉 국민의 기본권을 보장하고 실현하는 데 봉사하는 것이 국가조직의 궁극적인 존재이유로 인정된 것이다.

물론 국가작용의 목적은 공익의 실현이라고 할 수 있다. 그러나 그 공익의 실체도 -적어도 현대 민주주의의 관점에 볼 때- 기본권과 무관하지 않다. **민주주의 하에서의 공익**이란 결국 여러 사람들의 기본권을 동시에 실현시키는 것을 의미하는 것이지, 기본권과 대립되는 독자적 법익은 아니기 때문이다.

Ⅱ. 기본권의 보장을 위한 국가조직의 기본원리: 권력분립원리

1. 국가권력의 성질과 그 조직화의 문제점

국가권력이란 **국가기관이 국민에 대하여 행사하는 사실상의 강제력**이다. 여러 가지 미사여구로써 국가권력을 치장한다고 할지라도 국가「권력」의 가장 기본적인 속성은 역시 국민에 대한 강제력이다. 그렇기 때문에 이러한 강제력을 어떻게 활용 또는 통제하는지가 종래 국가학, 정치학 또는 헌법학의 중심문제였다.

민주주의 하의 국가권력은 국민으로부터 그 정당성이 인정되어야 하기 때문에 선거 등에 의한 정당성의 부여를 통해서 비로소 형성되며, 그 행사 또한 국민의 의사와 국민의 이익에 최대한 합치되어야 한다. 하지만 민주주의 하에서도 국가권력은 국민에 대한 강제력으로서의 속성을 여전히 가지고 있으며, 그로 인한 문제도 또한 안고 있다. 즉 **권력의 남용 또는 오용**의 문제는 민주주의 하에서도 계속되고 있는 것이다.

이러한 국가권력을 어떻게 합리적으로 구성하고 분배함으로써 국가조직이 -그 존립목적에 부합하게- 국민의 기본권을 침해하지 않고 그 실현에 봉사할 수 있도록 만들 것인지가 국가조직을 구성함에 있어서 가장 기본적인 과제라고 할 수 있다.

2. 권력분립을 통한 국가권력 남용의 억제

종래의 헌법학에서는 국가권력의 남용이 주된 문제였기 때문에 이를 막기 위한 방안이 여러 가지로 모색되었다. 그 가운데 오늘날까지 널리 받아들여지고 있는 방법이 권력의 분립이다. 국가권력을 -절대군주제 하의 군주처럼- 특정인에게 집중시키지 않고 분립시켜 상이한 여러 국가기관들이 이를 담당하도록 함으로써 국가권력의 남용이나 오용을 막는 것이다.

이러한 권력분립의 방법은 가장 단순하면서도 효과적인 것이기 때문에 근대 이래 수많은 헌법들에 의해 널리 수용되었고, 오늘날에는 거의 모든 헌법이 채택하는 보편적 국가조직원리가 되었다. 그러나 구체적인 권력분립의 방법과 내용에 있어서는 과거와 달라진 점들도 적지 않다.

예컨대 대부분의 국가에서는 전통적인 입법(부)-집행(부)-사법(부)의 삼권분립을 채택하고 있다. 그러나 오늘날에는 그러한 권력분립의 기본구조를 유지하는 가운데서도 포괄적 권력분립, 다차원적 권력분립 등의 이름 하에 다양한 권력분립적 시도들이 폭넓게 나타나고 있는 것이다.[32)]

3. 권력분립을 통한 국가기능의 효율성 확보

현대적 권력분립이 고전적 권력분립과 구별되는 가장 중요한 요소의 하나는 무조건적인 권력의 억제 내지 약화만을 목적으로 하지 않는다는 점이다. 국가권력이 군주의 수중에 있고, 이를 억제하여 국민의 기본권을 보장해야 할 필요성이 있을 당시에는 국가권력의 억제 자체가 목표가 될 수 있었다. 그러나 민주국가에서의 국가권력은 국민이 스스로의 필요에 의해, 즉 기본권의 보장과 실현을 위해 창설한 것이다. 따라서 국가권력을 억제하는 것만이 중요한 것이 아니라, 국민에게 봉사하는 국가권력의 적절한 능률성도 동시에 확보하는 것이 필요한 것이다.

현대국가의 대표적 특징으로 이해되고 있는 **정당국가화**나 **행정국가화**는 바로 이러한 국가기능의 능률성이라는 측면을 통해서 비로소 그 의미가 정확히 이해될 수 있다. 단순히 국가권력의 억제라는 측면에서만 보면, 정당을 통해 정부와 여당이 하나로 결합하게 되는 정당국가화나 집행부가 입법부나 사법부에 비하여 훨씬 더 큰 조직과 인력을 갖게 되는 행정국가화는 권력분립의 요청에 반하는 것으로 생각될 수 있다. 그러나 정당국가화나 행정국가화는 국민이 요청하는 국가작용의 능률성을 확보하기 위해 꼭 필요한 것이기 때문에 그 정당성이 인정되는 것이다.[33)]

Ⅲ. 기본권의 보장을 위한 국가권력의 활동

1. 입법작용

입법이란 강학상 법정립작용, 즉 헌법, 법률, 명령, 규칙 등 추상적 법규범의 정립을 의미하지만, 헌법학에서는 「법률의 제정」이라는 의미로 많이 사용된다.[34)] 이러한 의미의 입법은 헌법을 일차적으로 구체화시키는 작용으로서의 의의를 갖게 된다.

따라서 헌법의 중심적 가치인 기본권도 입법에 의해 구체화되는 부분이 매우 많다.

---

32) 이에 관하여 상세한 것은 「제3권 제1부 제3장 제3절 **권력분립의 현대적 변용**」 참조.
33) 이에 관하여는 「제3권 제1부 제3장 제4절 **현대적 헌법원리로서의 권력분립원리**」 참조.
34) 헌법학에 있어서의 법률개념에 대해서는 「제3권 제2부 제2장 제2절 **현행헌법 제40조와 법률의 개념**」 참조.

비록 자유권의 경우에는 법률에 의한 구체화 없이도 직접 효력을 갖는다고 인정되는 예가 많지만, 그 밖의 기본권들(예컨대 사회권, 참정권, 절차적 기본권 등)은 법률에 의하여 비로소 구체적 내용이 확정되거나 실현방식이 결정되는 경우가 대부분이다.

물론 입법이 항상 기본권을 실현시키기만 하는 것은 아니고, 법률에 의한 기본권의 제한이 문제되는 경우도 많다. 그러나 기본권의 올바른 제한은 역시 기본권 실현의 일부로 이해될 수 있기 때문에 입법과 기본권의 충돌로 이해될 수는 없다. 또한 위헌적 법률이 기본권을 침해하는 경우도 발생될 수 있지만, 이에 대해서는 위헌법률심판이나 헌법소원과 같은 구제수단을 통해 문제를 해결할 수 있다.

2. 집행작용

집행이란 행정작용과 정치적 지도작용을 총칭하는 것으로서, 헌법과 법률에 의해 만들어진 기준과 지침에 따라 구체적인 국가사무를 처리하는 작용이다.[35)]

집행작용은 국가작용 가운데 양적으로 가장 큰 비중을 차지하고 있을 뿐 아니라, 국민이 직접 요청하는 국가작용의 거의 대부분을 담당하고 있으며, 그런 가운데 국민에 대한 직접적인 규제의 대부분을 담당하고 있기 때문에 기본권과의 마찰이 가장 많이 문제되는 국가작용이기도 하다.

물론 집행작용도 기본권을 보장하고 실현하는 것을 존립목적으로 하고 있기 때문에 집행작용에 의한 기본권침해는 원칙적으로 발생해서는 안 된다.[36)] 만일 불법적인 기본권침해가 발생된다면 행정소송, 헌법소원 등의 방법에 의해 구제를 받을 수 있다.

3. 사법작용

모든 국가작용이 그러하듯이 사법작용도 기본권의 보장과 실현을 위해 만들어진 것이다. 특히 사법작용은 그 성질상 입법이나 집행에 의한 기본권침해를 구제하는 역할을 주로 하기 때문에 사법기관은 원칙적으로 기본권의 수호자로서 작용한다.

그러나 때로는 오판이나 불공정한 사법절차 진행 등으로 기본권을 침해하는 경우도 생길 수 있으며, 이에 대한 구제수단으로서 상소제도, 재심제도 등이 마련되어 있다. 그러나 현행 헌법재판소법 제68조 제1항 본문 후단에 의하여 법원의 재판에 대한 헌법소원은 배제되고 있기 때문에 헌법소원에 의한 구제는 인정되지 않고 있다.[37)]

---

35) 이에 관하여 상세한 것은 「제3권 제2부 제3장 **집행기능**」 참조.

36) 법률과 마찬가지로 집행작용에 의한 기본권의 규제가 있을 수 있지만, 그러한 규제는 법률에 근거하여야 하며, 비례원칙에 합치하여야 한다.

37) 법원의 재판에 대한 헌법소원(이른바 재판소원)의 문제에 대하여는 「제3권 제3부 제5장 제5절 Ⅵ. 2. (3) **사법작용에 대한 헌법소원**」 참조.

제 2 장 기본권의 역사적 발달

기본권은 어떤 완결된 논리체계에 따라 도식적으로 발전되어 온 것이 아니라 압제에 대한 투쟁의 산물로서 역사적인 체험에 따라 매우 다양하게 발전되어 온 것이다. 따라서 하나하나의 개별기본권은 나름의 역사를 갖고 있다.

그러나 서로 다른 맥락에서 형성·발전된 개별기본권들도 국가공동체 내에서 구체화되는 과정 속에서 상호 영향을 주고받을 수밖에 없고, 이들 기본권이 경합하고 충돌하는 과정을 올바르게 정리하기 위해서는 각각의 개별기본권에 대한 정확한 이해가 선행되어야 한다. 즉, 개별기본권을 올바르게 이해하고 실현하기 위해서는 한편으로 기본권의 전체적인 흐름, 전체적인 발달의 과정을 올바르게 파악하여야 하며, 다른 한편으로는 그러한 흐름 가운데서 나타나는 개별기본권의 특수한 성격과 내용에 대한 이해가 필요하다는 것이다.

「제2장 기본권의 역사적 발달」에서 개별기본권의 역사가 아닌 **전체로서의 기본권의 역사적 발달**을 검토하는 의미는 그 첫 번째 단계로서 기본권의 전체적인 흐름을 파악하는 데 있다.

제 1 절 근대적 기본권의 기원과 각국의 인권보장

Ⅰ. 개인의 권리에 대한 의식(권리의식)의 탄생과 발전

1. 근대적 기본권의 기원에 대한 견해의 대립

근대적 기본권의 기원을 어디에서 찾을 수 있는가에 대하여는 그 동안 많은 견해가 대립되어 왔다.

기본권의 기원을 **프랑스대혁명**과 1789년 8월 26일의 **인간과 시민의 권리선언** 및 그의 정신적 기초를 이루었던 **계몽사상**에서 찾는 견해가 있는가 하면, 다른 한편으로는 **종교개혁**, 특히 양심의 자유로운 결정에 따른 종교의 자유를 강조하는 **프로테스탄티즘**에서 그 기원을 찾는 견해도 있다. 나아가 **고대와 중세의 저항권이론** 및 이와 결합되어 나타나는 **스토아철학**과 **기독교의 자연법전통**으로 거슬러 올라가 근대적 기본권의 뿌리를 찾는 견해도 있고, 보다 현실적인 측면을 강조하면서 **정치적·경제적 요소**에서, 즉 자유로운 상품 거래의 조건을 확보하려는 자본가에게서 그 기원을 찾는 견해, 혹은 **영미법의 전통**을 그 기원으로 보는 견해도 있다.

확실한 사실은 이 모든 철학적, 종교적, 정치적 사조들이, 즉 그리스와 로마시대의 철학, 기독교사상, 종교개혁, 계몽사상 등이 모두 기본권의 발전에 직접·간접의 영향을 주었다는 것이다.

2. 기본권의 전사(前史): 중세 등족(等族)의 권리(Standesrecht)

오늘날의 기본권과 유사한 인권의 시초는 중세 등족(等族)의 권리, 즉 **신분적 특권의 보호**에서 찾을 수 있다. 등족의 권리가 성립되거나 확인되는 계기는 여러 가지가 있었다. 가령 중세 후기 귀족과 도시들이 군주와 영주에 대해 대관식을 거행하거나 충성을 맹세하기에 앞서 전래의 권리와 특정의 자유를 보장하도록 요구하였고, 때로는 이들을 문서로 보존하였다.

이러한 신분적 특권의 대표적 예라고 할 수 있는 1215년의 대헌장(Magna Charta Libertatum)은 국왕의 재판권 남용에 대항하여 관습에 의해 인정되어 오던 권리들을 보장하기 위해 만들어진 것이었으며, 법률에 의한 재판에 따르지 않은 체포, 구금, 추방 등을 금지하고 있었다. 그 밖에도 이와 유사한 규정들은 중세 유럽의 각국에서 발견된다. 그러나 이들의 대부분은 아직 모든 인간 또는 모든 국민의 권리로서 인정되는 것이 아니라 등족의 특수한 권리 내지 도시의 특권에 관한 것이었다.

이처럼 근대적 기본권이 발달되기 이전의 단계에서는 오늘날과 같은 「모든 국민의 자유와 권리」가 아니라 지배자의 권력을 제한하는 「등족(等族)의 자유와 권리」가 먼저 제도적으로 형성되었으며, 이것이 차츰 모든 국민의 권리로 발전하게 되었던 것이다.

3. 근대적 기본권의식의 탄생과 발전

중세까지 제한된 특권계층의 권리, 즉 등족의 권리를 중심으로 발전되었던 공법상의 권리에 관한 의식은 종교개혁, 사회계약론의 정치사상, 휴머니즘의 영향 등에 의하여 새로운 국면에 접어들게 되었다.

에드워드 코크(*Edward Coke*)는 생래적 권리를 주장하면서 그 실질적 보장을 위해 보통법(common law)의 우위를 핵심으로 하는 법의 지배(Rule of Law)를 강조한 바 있으며, 존 밀튼(*John Milton*)은 생명, 자유 및 재산의 권리, 종교의 자유(종교적 관용)와 양심의 자유, 표현의 자유, 출판의 자유 및 검열의 폐지 등을 주장하였다. 나아가 존 로크(*John Locke*)는 생명, 자유 및 재산[1]에 관한 인간의 권리는 생래적인 것이고, 그것은 사회계약에 의해 소멸된 것이 아니라 오히려 확보되는 것이라고 생각하였으며, 이러한 인권의 보장을 위해 입법권과 집행권의 분리를 주장하였다. 또한 몽테스큐(*Montesquieu*)는 3권분립을 통한 국가권력의 제한을 강조하였다.

1) 여기서 재산(property)이라고 하는 것은 중세 및 17세기의 관념에 있어서 단순한 물질적인 것만이 아니라 개인의 자유권의 총체를 의미하는 것이었으며, 특히 노동력과 생활을 영위할 능력을 포함하는 것이었다.

이러한 새로운 사상이 대두되면서 그 파급효는 점점 더 커졌고, 이 사상은 결국 18세기의 계몽사조(*Spinoza, Grotius, Pufendorf, Thomasius, Christian Wolff*)와 연결되었으며, 나아가 각국의 인권선언으로 귀결되었다.

Ⅱ. 영국에서의 인권보장

1. 1215년 대헌장(Magna Carta Libertatum)

영국에서의 인권사상은 종교개혁, 사회계약이론, 계몽사상 등의 영향을 받으면서 크게 발전하였고 특히 코크(*Edward Coke*, 1552-1634), 밀튼(*John Milton*, 1608-1674), 로크(*John Locke*, 1633-1674) 등의 역할은 매우 컸다.

그러나 영국은 그보다 오래전인 1215년에 이미 「대헌장」을 가지고 있었다. 대헌장은 당시 영국의 왕이었던 존(*John*)과 귀족들 사이에서 합의된 문서였으며, 전문(全文) 63개 조항으로 구성되었다. 그 내용은 (모든 국민이 아니라) 귀족(貴族)과 도시(都市)들의 전래된 권리와 특권을 보호하고 생명, 자유, 재산의 침해는 판결에 의해서만 집행될 수 있으며 이러한 의무이행에 대해서는 독립된 25명으로 구성되는 귀족위원회의 통제하에 두도록 한다는 것이다. 통치자가 이 약속과 의무를 위반할 때에는 경우에 따라 저항권을 인정하고 있었다.

그러므로 대헌장은 모든 국민을 위한 것이라기보다는 군주(君主)와 등족(等族) 사이에 체결된 것으로서 등족의 자유와 권리를 보호하는 헌장이었다. 그러나 대헌장에서 인정되었던 권리가 점차 그 적용의 범위를 확대하게 되면서 모든 국민의 권리로 발전하게 되었기 때문에 그 역사적 의미는 매우 크다고 할 수 있다.

2. 1628년 권리청원(Petition of Right)

이후 영국에서는 군주와 의회가 계속 대립하고 투쟁하는 가운데 의회의 권리가 점차 확대되었을 뿐만 아니라 의회에 참여하는 등족들의 자유와 권리도 점차 확대되었다. 그러나 당시 시민계급에 속하는 국민 대다수는 직접 그러한 자유와 권리를 누릴 수 없었고, 단지 의회의 활동을 통해 간접적 내지 반사적인 자유만을 누리고 있었기 때문에 오늘날의 기본권과는 상당한 거리가 있었다.

1628년 의회는 왕의 자의적 통치에 대해 대헌장을 내세워 신민(臣民)의 자유와 권리를 재확인하는 「권리청원」의 승인을 군주(찰스1세)로부터 얻어냈다. 이에 따라 의회의 승인 없는 과세가 금지되었으며, 인신(人身)의 자유에 대한 보장이 인정되었다.[2)]

---

2) 1647년 혁명위원회가 제시한 인민협약(Agreements of the People)은 크롬웰(*O. Cromwell*)이 서명을 거부함으로써 발효되지는 못했지만, 여기에는 종교와 양심의 자유, 강제병역으로부터의 자유, 법 앞의 평등, 오직 법에 근거한 인신과 재산에 대한 침해, 의회추종자의 사면 등과 같은 중요한 기본권의 내용들이 들어 있었다.

3. 1679년 인신보호법(Habeas Corpus Act)

1679년 혁명 후 군주(찰스2세)로부터 얻어 낸「인신보호법」(人身保護法)은 인신보호영장에 의한 구속적부심사제를 제도화하여 모든 자의적(恣意的) 법적용을 배제하고 인신의 보호를 강화하였다.

4. 1689년 권리장전(Bill of Rights)

1689년 영국 의회가 명예혁명을 통해 국왕(제임스2세)을 추방한 뒤 쟁취한「권리장전」에서는 의회의 승인이 없으면 국왕이 법률의 효력을 정지하거나 조세의 부과와 상비군의 설치를 할 수 없도록 하였다. 그 밖에 인신의 보호, 청원권, 의회에 있어서의 언론의 자유 등이 권리장전을 통해 선언되었다.[3)]

Ⅲ. 미국에서의 인권보장

1. 1776년 버지니아 권리장전(Virginia Bill of Rights)

과거 유럽에서 미국으로 이주한 사람들 가운데는 종교적 박해를 피하고 신앙의 자유를 얻기 위하여 조국을 등지고 신대륙을 찾은 사람들이 많았다. 이들은 유럽의 국가들, 특히 영국에서 겪었던 군주의 억압 또는 인습의 폐해로부터 벗어나서 새로운 질서를 형성하고자 하였으며, 그것은 미대륙에 건설되었던 여러 식민지 주(州)의 헌법 내지 권리장전을 통해 결실을 맺게 되었다.

이러한 권리장전들 가운데서도 특히 1776년 6월 12일 제정되었던 전문(全文) 16개조의「버지니아 권리장전」은 시기적으로 다른 것들에 앞설 뿐만 아니라 그 내용도 당시로서는 상당히 풍부한 것이었기 때문에 가장 대표적인 권리장전으로 꼽힌다. 버지니아 권리장전은 생명, 자유, 재산권과 행복추구권을 보장하였을 뿐만 아니라 그 밖에도 종교·신앙의 자유, 신체의 자유, 언론·출판의 자유, 저항권 등을 명문으로 인정하고 있었다.

2. 1776년 미국 독립선언

영국의 식민지로서 미대륙에 건설된 여러 주(州)들은 본국인 영국의 영향 하에 있었고, 또 기본적으로 영국의 제도와 문물을 따르고 있었다. 그러나 시간이 경과하면서 식민지들은 영국의 영향을 벗어나 점차 독자적인 제도와 문물을 형성하게 되었으며, 영국의 간섭과 억압에 대해서도 점차 비판적인 태도를 보이게 되었다.

그런 가운데 영국과 식민지들의 충돌은 점차 심화되었고, 결국 미대륙의 영국 식민지들은 연맹을 결성하여 영국에 대항하면서 1776년 독립을 선언하게 되었다. 1776년 7

3) 나아가 1701년의 왕위계승법(Act of Settlement)에서는 왕위계승에 관한 규정만 둔 것이 아니라 의회의 지배와 자유를 확실하게 보장하였다.

월 4일의 미국 독립선언문에서는 모든 국민의 평등과 생명 · 자유 · 행복추구권 등이 천부적이고 불가양인 것으로 선언되었다.

3. 미국헌법과 증보조항(Amendments)

미국은 독립전쟁을 통해 결국 영국으로부터 분리 · 독립하였으나 1787년에 제정된 미국의 연방헌법은 -중요한 인권들을 직접 예시하였던 독립선언문과는 달리- 인권에 관한 규정들을 포함하고 있지 않았다. 그 이유로는 연방을 구성하는 여러 주(州)들이 이미 권리장전을 갖고 있었다는 것이 지적되지만, 그 밖에도 연방의 권한강화를 경계하는 분권주의적 태도로 인하여 이러한 인권규정이 배제되었다고 이해될 수 있을 것이다.

그러나 이러한 헌법의 태도는 많은 논란을 낳게 되었으며, 그 결과 1791년에는 증보조항의 형태로 10개조의 인권에 관한 규정들이 추가되었다. 그 내용은 종교 · 언론 · 출판 · 집회의 자유, 신체의 자유, 적법절차, 사유재산의 보장 등을 담고 있었지만, 당시 미국연방대법원은 이러한 인권규정이 연방정부에 대해서만 구속력을 갖는다고 해석함으로써 실제 적용범위 내지 파급효는 크지 않았다. 그러나 그 후 증보조항들의 추가, 특히 남북전쟁이후 추가된 증보 제14조는 적법절차조항이 주(州)에 대해서도 적용되도록 함으로써 인권조항들이 연방정부뿐만 아니라 주정부에 대해서도 구속력을 가질 수 있게 만들었다.

Ⅳ. 프랑스에서의 인권보장

1. 인간과 시민의 권리선언(Déclaration des drois de l'homme et du citoyen)

프랑스의 인권사상에 크게 영향을 준 사람으로는 특히 볼떼르(*Voltaire*, 1694－1778), 몽테스큐(*Montesquieu*, 1689－1755), 룻소(*J. J. Rousseau*, 1712－1778) 등을 들 수 있다. 프랑스에서는 1789년 대혁명 당시 「인간과 시민의 권리선언」이 선포되었다. 이 인권선언은 흔히 「프랑스 인권선언」이라고도 지칭되는데, 이는 프랑스뿐만 아니라 유럽대륙 전체에서 최초로 나타났던 근대적 인권선언이었다.

전문(全文) 17개 조항으로 된 「인간과 시민의 권리선언」의 전문(前文)에서는 인권의 자연권성, 불가양성 및 신성함이 선언되고 있다. 또한 제1조에서 인간은 태어날 때부터 자유롭고 평등함이 선언되었고, 그 밖에 자유 · 재산 · 안전의 권리 및 억압에 대한 저항권, 신체의 자유, 종교의 자유, 표현의 자유 등 대부분의 고전적 자유와 권리가 인권선언 가운데 포함되었다.

특히 제16조에서 "인권이 보장되지 않고 권력이 분립되지 않은 사회는 헌법을 가졌다고 볼 수 없다"고 선언한 것은 근대 입헌주의적 헌법의 특징을 밝힌 것으로 평가되어 매우 널리 인용되고 있다. 프랑스 인권선언은 종래의 절대왕정, 즉 구체제(ancien régime)를 타파하고 새로운 국가질서를 형성하고자 하는 의도에 기초하여 제정되었으며, 인권의 보장과 권력의 분립이 새로운 질서의 핵심으로 인정되었던 것이다.

2. 제1공화국 헌법 ~ 제5공화국 헌법

프랑스 인권선언은 2년 후에 제정된 1791년의 프랑스 헌법에 편입되어 헌법의 구성요소가 되었다. 그러나 대혁명 이후 프랑스 정치상황의 불안정이 계속됨에 따라 헌법의 변동이 거듭되었고 그때마다 인권규정에도 변동이 있었다.

1793년 6월 24일의 헌법에는 35개 조항의 방대한 인권규정이 채택되었고 그 자연권성 · 불가양성도 강조되었다. 그러나 이 헌법은 −당시의 난국타개를 위해 혁명정부의 독재가 필요하다고 하여− 평화가 도래할 때까지 시행이 보류되었고, 사실상 로베스삐에르(*Robespierre*)의 지배 하에 있던 공안위원회의 공포정치를 정당화하기 위한 수단으로 전락하고 말았다. 결국 이 헌법은 시행되지 못한 채 1795년에 새 헌법이 등장함으로써 역사의 저편으로 사라지게 되었다.

1795년 8월 22일의 헌법에는 22개 조항의 권리와 9개 조항의 의무가 규정되었다. 여기서는 이처럼 기본권의 수가 축소되었을 뿐만 아니라 그 성격도 보수적으로 변하였다. 그나마 몇 해 못 가서 나폴레옹의 쿠데타로 헌법은 폐기되고 1799년 12월 13일의 새헌법에는 아예 기본권규정이 없었다. 나폴레옹의 몰락 후 1814년 6월 4일의 헌법에는 기본권규정이 있었으나 이는 왕정복고 헌법이었기 때문에 보수적 성격의 것이었다. 1848년 11월 4일의 제2공화국 헌법에 규정된 기본권규정들도 이러한 보수적 성격에서 별로 벗어나지 못하였다. 1875년 2월 25일의 제3공화국 헌법은 기본권규정을 두지 않았다.

프랑스에서 현대적 의미의 기본권규정이 헌법상 채택된 것은 1946년 10월 13일의 제4공화국 헌법과 1958년 9월 28일의 제5공화국 헌법에서라고 할 수 있다.

Ⅴ. 독일에서의 인권보장

1. 1849년의 프랑크푸르트 헌법

독일에서는 영국이나 프랑스에 비해 인권을 보장하는 헌법규정이 매우 늦게 나타났다. 독일이 통일되기 이전 군소 영방(領邦)국가들의 헌법에서 기본권이 규정된 예들은 몇 가지 찾아볼 수 있으나 그것은 근대적 의미의 기본권과는 거리가 있었고, 더욱이 독일 남부의 몇 개 국가에 국한되었기 때문에 헌법을 제정하였다는 사실 이상의 의미를 찾기는 어렵다.

독일의 인권보장에서 특별한 의미를 갖는 것은 1848/49년의 프랑크푸르트 헌법이다. 1848년 3월 자유주의자들의 혁명의 결과 프랑크푸르트에 국민회의가 소집되어 헌법제정을 논의하게 되었고, 이듬해 3월 28일 헌법이 제정 · 공포되었다.

그러나 이 헌법은 결국 시행되지 못한 가운데 복고세력이 재등장하게 되었으며, 그 결과 이 헌법은 한 번도 실제 적용되지 못한 초안에 머무르게 되었다. 하지만 1849년의 프랑크푸르트 헌법(초안)은 60개 조항에 달하는 기본권규정을 두고 있었을 뿐만 아니라 그 내용 또한 당시로서는 가장 진보적이었던 것으로 평가된다. 비록 프랑크푸르트 헌법(초안)은 직접 시행되지 못했지만, 그 내용들은 이후의 헌법발전에 커다란 영향을 미쳤다.

2. 비스마르크 헌법

프로이센을 중심으로 독일이 통일된 후 비로소 전체 독일에 실제 적용되는 통일헌법이 1871년 제정되었다. 그러나 1871년의 독일제국헌법(이른바 비스마르크 헌법)은 국가조직에 관한 규정들을 주로 담고 있었으며, 기본권에 관한 규정은 완전히 배제하고 있었다. 단지 연방법률(聯邦法律)이나 주헌법(州憲法)들에 의하여 국민의 자유와 권리가 제한적으로 인정되었을 뿐이었다.

이처럼 비스마르크 헌법은 군주의 권한을 강력하게 보장하면서 시민의 권리에 대해서는 소극적인 태도를 취하고 있었다. 그로 인하여 비스마르크 헌법이 비록 형식상으로는 권력분립을 전제로 군주의 권한이 헌법에 기초하여 인정되고, 헌법적 절차에 의해 통제되는 외양을 갖추고 있었지만(즉 당시 지배적이었던 입헌주의의 형식을 취했지만), 실질적으로는 군주의 권한이 헌법을 넘어서는 경우가 많았기 때문에 이른바 **외견적 입헌주의**(外見的 立憲主義)의 헌법으로 지칭되었다.

3. 바이마르 헌법

결국 독일헌법에 의한 실질적이고 본격적인 기본권의 보장은 제1차 세계대전의 결과로 독일제국이 패망한 후 독일 최초의 공화국으로 성립된 바이마르 공화국의 헌법에서 비로소 시작되었다.

1919년의 바이마르 헌법은 프랑크푸르트 헌법의 영향을 많이 받아 고전적 기본권들을 포괄적으로 규정하였을 뿐만 아니라 사회적 기본권을 최초로 규정한 헌법으로도 유명하다.[4)]

4. 독일 기본법(Bonner Grundgesetz)

나치에 의한 심각한 인권의 침해·유린이 발생되고, 제2차 세계대전을 통해 나치가 패망한 후 1949년에 제정된 독일 기본법은 제1조에서부터 인간의 존엄성을 규정하면서 국가와 국가권력은 인간의 존엄성 존중을 위해 존재한다는 것을 분명히 하고 있

---

4) 1919년 바이마르 헌법이 사회적 기본권을 최초로 규정한 헌법이라고 할 때, 1917년 소련헌법과의 관계가 문제되는 경우가 많다. 소련헌법도 외견상 사회적 기본권으로 볼 수 있는 규정들을 다수 포함하고 있었기 때문이다. 그러나 사회적 기본권과 사회주의국가의 기본권은 구별되어야 한다. 사회적 기본권은 전통적인 자유권에 대한 일반적 보장을 전제하는 가운데 사회국가(Sozialstaat)로의 발전을 통해 등장한 것으로서 자유권에 대한 보충적 의미를 갖는다. 하지만 사회주의 국가의 기본권은 전통적 자유권에 대한 전면적 부정을 전제로 새롭게 구성된 것이기 때문에 외견상 사회적 기본권과 유사한 형태를 보이고 있더라도, 그 실질적 의미와 내용, 실현방식은 현격한 차이를 나타낸다. 그렇기 때문에 1919년의 바이마르 헌법이 –사회주의 국가의 기본권이 아닌– 사회적 기본권을 최초로 규정한 헌법으로 인정되는 것이다.

다. 또한 바이마르 헌법의 민주적 전통을 최대한 계승하는 한편, 바이마르에서 나타났던 여러 문제점을 극복하기 위한 노력의 일환으로 사회적 기본권을 전부 배제함으로써 헌법의 규범력 강화를 위해 노력하였다. 독일 기본법은 그 대신 사회국가원리조항만을 두고 있다.

또한 1990년의 동서독의 통일 이후에는 몇 차례의 기본법 개정을 통하여 기본권의 보장을 더욱 강화하였다. 예컨대 기본법 제3조 제2항에 제2문을 추가함으로써 남녀의 동등한 권리가 실제로 관철되도록 촉구하고 지원할 의무를 국가가 지도록 명문화하였으며, 그 밖에 기본법 제20조a를 신설하여 환경보호를 국가목표로 명문화한 것도 이런 맥락에서 이해될 수 있다.

제 2 절 대국가적 방어권(防禦權)으로서의 기본권(자유권)

Ⅰ. 영미에서의 발전: 법의 지배와 개인의 자유의 절차적 보장

영미에서의 인권보장은 영국에서 발전된 법의 지배(rule of law), 그리고 그 영향하에 미국에서 발전된 적법절차(due process of law)의 성격과 내용에서 나타나듯이 국가권력의 자의로부터 개인의 법적 지위를 보장하는 것으로 나타났으며, 그것은 무엇보다 절차적인 보장을 중심으로 발전되었다.

따라서 영미의 인권보장은 영장제도, 법원조직의 정비, 배심제도 등을 특징으로 하며, 이러한 인권보장은 국가권력에 대항하여 국민이 자신의 자유를 확보한다는 의미를 갖고 있었다. 당시 종교의 자유, 신체의 자유, 언론의 자유, 재산권 등 각종 기본권의 보장은 국가에 의한 보장을 의미하는 것이 아니라 국가로부터의 보장, 즉 국가에 의한 부당한 침해로부터의 보장을 의미하는 것이었으며, 이러한 기본권의 보장은 그 기본권에 의해 보호되는 영역의 확보라는 의미보다는 기본권에 대한 침해가 발생되었을 경우에 그에 대한 구체적이고 실질적인 구제수단의 마련이라는 측면에 초점을 맞춰서 발전되었다.

Ⅱ. 대륙에서의 발전: 형식적 법치국가와 개인의 자유로운 (사적) 영역의 보장

대륙, 특히 독일에서의 인권보장은 형식적·시민적 법치국가의 형성과 발전에 크게 영향을 받았다.

법치국가 사상의 형성이 영국의 법의 지배로부터 영향을 받은 점은 일반적으로 인정되지만, 독일에서의 법치국가는 당시 독일의 정치적 상황으로 인하여 영국에서와는 많이 다른 방향으로 발전되었다. 그 결과 등장한 형식적 법치국가는 국가권력의 전체적 구성을 법의 지배 하에 두기보다는 일단 구성된 국가권력의 활동을 법에 구속시키는 정도에 만족하였으며, 그것도 형식적으로 법률의 근거를 두는 것으로 충분하다고 여겼다.

이런 상황에서 인권의 보장이란 결국 법치국가의 요청이 통용되기 어려운 국가의 영역에서보다는 사회의 영역 내지 사적 영역, 즉 국가권력과는 무관한 개인의 자유로운 영역을 국가권력의 간섭으로부터 보호하는 소극적인 것으로 이해되었던 것이다.

Ⅲ. 19세기적 기본권으로서의 자유권(自由權)

전체적으로 19세기까지의 인권보장은 일반적으로 「국가로부터의 자유」를 의미하는 소극적 방어권으로서의 자유권을 중심으로 전개되었다고 말할 수 있다.

물론 이러한 자유권의 보장과 직접 관련되는 절차적 권리(청원권, 재판청구권 등)가 이미 인정되고 있었고, 또 정치적 권리가 부분적·제한적으로 인정되기도 하였지만, 인권의 중심은 여전히 **국가로부터 자유로운 개인의 삶의 형성**에 있었던 것이다. 다만 그 구체적 보장과 관련하여 영미와 대륙은 서로 다른 발전방향을 보였는데, 영미의 경우에는 영장제도 등을 중심으로 구체적인 보호방법에, 대륙의 경우에는 죄형법정주의 등을 중심으로 보호의 구체적인 범위에 더 많은 비중을 두어왔던 것이다.

제 3 절 국가에 대한 적극적 급부청구권(積極的 給付請求權)으로서의 기본권(사회권)

Ⅰ. 20세기의 사회적 상황의 변화

자유권 중심으로 형성되었던 근대적 인권에 획기적 변화가 시작된 것은 20세기 초였다. 1917년의 소련 혁명과 그에 따른 사회주의적 인권의 출현은 전통적인 자유권과는 전혀 다른 새로운 것이었으며, 1919년의 바이마르 헌법은 -사회주의적 기본권과는 구별되는 의미에서- 사회적 기본권을 채택함으로써 또 하나의 새로운 가능성을 열어 놓았다.

이처럼 새로운 인권이 대두된 것은 당시의 사회적 상황에 기인한 것이라고 할 수 있다. 즉 자유권 중심의 전통적인 인권보장을 통해 자유로운 정치적·경제적 활동이 보장되는 가운데 시민사회가 형성되면서 인권은 **시민계급의 생명, 자유, 재산을 보호하는 시민의 자유와 권리**를 의미하는 것으로 되었다. 그러나 다른 한편 시민사회의 형성과 더불어 진행된 산업사회로의 급속한 발전이 수많은 근로자들을 양산하게 되었으며, 이들의 법적 지위가 새롭게 문제된 것이다. 이들은 전통적 자유권의 보장을 통해 그들의 실질적 지위, 즉 **노동관계를 통한 생존의 보장과 삶의 질 확보**를 달성할 수 없었기 때문에 전통적 자유만으로 만족하지 못하고 새로운 인권의 탄생을 요청하게 된 것이다.[5)]

Ⅱ. 「인권의 사회화」의 두 가지 기본방향

산업사회의 성립과 근로대중의 출현은 많은 새로운 문제를 제기하였다. 종래와 같이 모든 것을 추상적 개인의 자유에만 맡기는 자유방임적 국가의 문제점이 지적되었고, 자본주의적 경제질서의 모순이 점차 드러나게 되었다. 그 결과 단순히 「국가로부터의 자유」를 보장하는 것만으로는 충분치 않으며 사회적 · 경제적 불평등의 해결을 위해 국가의 적극적 (급부)활동이 필요하다는 인식이 널리 보급되었다.

이러한 문제들에 대하여 한편으로는 급진적인 「프롤레타리아 계급국가(=공산국가)」의 건설을 통한 문제의 해결이 시도되었고, 다른 한편으로는 사회적 연대성의 이념에 기초한 사회국가의 형성이 주장되었다.

산업사회의 형성을 통해 탄생된 무산계급은 유산계급인 시민계급과 점차 긴장 · 대립하는 관계에 서게 된다. 시민혁명의 결과 국가는 시민계급의 손에 있었기 때문에, 산업사회의 노동자계층은 그들의 사회적 지위와 권리를 향상시키고 관철시키기 위하여 기존의 국가질서에 저항하게 되었다. 여기서 상이한 두 가지 대응방향이 나타난다.

그 하나는 국가를 우선 전복하고 나서 새로운 질서를 수립하려는 형태인데 이를 「사회주의혁명」이라 부르고, 이 혁명을 통해 성립된 국가를 「프롤레타리아 계급국가」라 부른다. 또 다른 하나는 민주적 다수를 형성하여 기존의 국가질서의 틀 안에서 이를 변형시키려는 형태인데 이를 「사회개혁」이라 부르고, 이 개혁을 통해 성립된 국가를 「사회국가」라 부른다.

이러한 두 가지 유형의 국가는 근로대중의 권리를 보호하는 데 있어서도 서로 다른 방법을 채택했다. 전자의 해결방법을 급진적 **사회주의적 모델**이라고 한다면 후자의 방법을 온건한 **사회국가적 모델**이라고 부를 수 있다.

Ⅲ. 사회주의적 모델

1917년의 혁명을 통해 프롤레타리아 계급국가를 건설한 구소련은 「사회주의적 모델」을 채택한 대표적 국가였다. 구소련은 혁명이 성공한 후 1918년 1월 이른바 「노동하고 착취당하는 인민의 권리선언」을 채택하였으며, 이 권리선언은 1918년 7월 10일의 헌법(레닌 헌법)에 그대로 수용되었다. 이미 여기서도 전통적인 자유권 이외에 다수의 사회주의적 기본권이 채택되었다.

---

5) 이에 관하여는 「제1권 제2부 제4장 제3의 헌법원리로서의 사회국가원리」 참조.

이러한 구소련의 사회주의적 기본권은 1936년 12월 5일의 헌법(스탈린 헌법)과 1977년 10월 7일의 헌법(브레즈네프 헌법)에 의해 더욱 구체화되었으며, 매우 광범위한 사회주의적 기본권의 카탈로그를 갖게 되었다.[6)]

그러나 사회주의의 이념에 치우쳐서 자유의 문제를 도외시하였던 사회주의 헌법 및 그에 기초한 사회주의적 기본권은 인간의 본성을 -예컨대 자유와 풍족한 삶을 향한 갈망 등을- 무시한 채 국가의 개입과 통제를 통해 모든 문제를 해결하려고 하다가 결국 실패하고 말았다. 그 결과 구소련을 비롯한 동구의 공산권 국가들이 붕괴된 후 새로운 국가질서를 수립하기 위한 변혁의 바람이 거세게 불어닥친 바 있다.

Ⅳ. 사회국가적 모델

동구권 국가들과는 달리 서구의 국가들은 사회주의적 모델 대신에 사회국가적 모델을 채택하였다. 특히 1919년의 바이마르 헌법은 사회국가의 원리에 기초하여 다수의 사회적 기본권을 최초로 규정하였다.

이러한 사회적 기본권은 자유의 부정에 기초하였던 사회주의적 모델과는 달리 자유권과 사회권의 양립을 통해 인권이 실질적으로 보장될 수 있다는 믿음에 기초한 것이었다. 그러나 그 경우에도 변화의 폭과 파급효는 결코 작지 않았다. 과거 절대적 보장이 당연한 것으로 여겨지던 재산권에 대하여 중대한 변화가 발생되었으며, 재산권의 상대화가 관철되었다. 같은 맥락에서 사기업의 국공유화의 문제, 근로자의 근로조건 개선을 위한 단결권의 인정 등이 사회국가적 모델 안에서 문제되었다.

사회국가적 모델은 사회주의적 모델과는 달리 자유권과 사회권의 양립을 전제한 것이었기 때문에 세계의 많은 나라들에 의해 폭넓게 수용되었으며, 오늘날에는 국제적 인권조약들도 사회권을 보편적 인권의 일부로 인정하고 있다.

6) 스탈린 헌법 제10장에서 노동의 양과 질에 상응하는 보수가 보장되는 노동권, 휴양권, 노령·질병 등의 경우 물질적 보장을 받을 권리, 교육을 받을 권리, 여성의 보호와 평등권 등이 규정되었으며, 브레즈네프 헌법 제7장에서는 노동권과 최저임금수령권, 무상의 직업교육권·직업선택권, 건강을 보호받을 권리, 근로무능력자의 보호, 사회보장, 주택을 가질 권리, 교육을 받을 권리, 문화생활권, 혼인과 가족의 건강을 보호받을 권리 등이 명시되었다.

제 4 절 기본권보장의 국제화와 확대: 새로운 유형의 기본권 (제3세대의 기본권)

Ⅰ. 기본권보장의 국제적 의의와 국제인권선언

1. 기본권보장의 국제화의 의의와 필요성

오늘날 교통·통신의 발달과 인적 교류의 증대 등으로 인하여 인권도 개별국가만의 노력으로는 효과적으로 보장되기 어려우며, 국제적 공동노력이 이루어질 경우에 비로소 실효성 있는 보장이 가능하게 되었다. 또한 20세기에 들어와 두 차례의 세계대전을 겪으면서 극심한 인권유린을 경험한 인류는 인권보장의 문제를 인류의 보편적 문제로 인정하고 있다.

인권에 대한 이러한 인식의 변화로 인하여 인권의 문제는 더 이상 개별국가의 문제로 간주되지 않게 되었고 인권탄압에 대한 타국의 간섭은 더 이상 내정간섭으로 간주되지 않는 경향을 보이고 있다.

2. 세계인권선언과 지역적 인권규약

이미 제1차 세계대전 이후 개별조약을 통해 특정 기본권을 국제적으로 보장하는 예들이 나타났으나 국제적 차원에서 인권보장의 기초를 이룬 것은 1945년 국제연합(UN)의 결성이었다. **국제연합(UN)헌장**은 이미 인간의 존엄과 가치, 기본적 인권과 평등 및 경제적·사회적 기본권 등을 선언하고 있었다.

이 국제연합헌장의 정신에 기초하여 1948년 12월 10일 **세계인권선언**이 채택되었다. 전문과 30개 조항으로 구성된 세계인권선언 가운데는 인간의 존엄성, 평등권, 신체의 자유, 표현의 자유, 정보수집의 자유, 망명자보호청구권, 국제적 평등보호청구권 등 대부분의 중요한 인권들이 포함되어 있다. 이 선언은 비록 강제력은 없지만 국제적 인권보장에 있어서 획기적 계기가 되었다.

1950년 11월 4일에는 **유럽인권규약**이 채택되었고, 이 규약은 1953년 9월 30일부터 발효하여 회원국에 대해 구속력을 갖게 되었다. 나아가 1961년에는 유럽사회헌장이 채택되어 사회적 기본권 등으로 그 내용이 확대되었다. 비록 유럽지역에 국한된 것이긴 하지만 강제력을 가진 인권규약이 탄생되었다는 것은 국제적 인권보장의 새로운 전기를 마련한 것이었으며, 뒤이어 미주 인권규약, 아프리카 인권규약 등 지역적 인권규약이 탄생되는데 촉매제 역할을 하였다.

3. 국제인권규약

국제연합은 구속력 있는 인권보장을 위한 노력으로 1966년 12월 16일 제21차 총회에서 **국제인권규약**(International Covenant on Human Rights)을 제정하였다. 이 규약은 전문과 31개조로 구성된 「경제적 · 사회적 및 문화적 권리에 관한 규약」(A규약), 전문과 53개조로 구성된 「시민적 및 정치적 권리에 관한 규약」(B규약) 그리고 「B규약 선택의정서」로 구성되어 있다. 이 규약의 내용은 세계인권선언을 보다 상세하게 규정하고 실시규정을 두어 서명국의 의무에 관하여 상세히 규정한 것이다. 이 규약은 1977년부터 서명국에 대해 효력을 발생하기 시작하였다.7)

우리나라는 A규약에는 유보 없이 가입하고 B규약에는 국내법과 저촉되는 4개 조항(비상계엄 하에서의 단심제, 외국에서 받은 형(刑)의 경감 또는 면제, 노무직을 제외한 공무원 및 사립학교교원의 집단행동, 혼인 중 또는 혼인 해소시의 배우자의 평등)을 유보하고 가입하기로 이미 1985년 10월 4일의 국무회의에서 의결하였으나, 1990년 3월 16일에야 국회에서 가입동의안이 의결되어 동가입서의 기탁을 마친 후 1990년 7월 10일부터 효력을 발하게 되었다. 이러한 유보 가운데 현재는 공무원과 교원의 집단행동과 관련한 제22조에 대한 유보만이 남아 있다.

Ⅱ. 생활조건의 현대적 변화와 새로운 유형의 기본권: 환경권, 평화적 생존권

1. 현대산업사회의 발달과 그 파급효

산업혁명 이래 눈부신 발전을 보여 온 자본주의적 경제질서 및 이와 결부된 과학기술의 발달은 한편으로는 생산력의 놀라운 향상과 생활의 편의를 위한 개선과 진보를 가져왔지만, 다른 한편으로는 -과거와는 전혀 다른- 새로운 생산방식과 생활방식을 불가피하게 만듦으로써 적지 않은 부작용도 초래하였다.

경제와 산업의 발전이 모든 것에 우선되고, 이를 위하여 어떠한 희생이라도 감수하려고 하던 시대에는 이러한 산업화에 따른 문제점들도 대체로 묵인되었다. 그러나 이러한 부작용이 계속 쌓여서 더 이상 무시할 수 없는 상황에 이르게 되자, 이 문제에 대한 해결은 외면할 수 없는 헌법적 문제로 대두되었다.

2. 기본권의 발전과 새로운 기본권적 욕구의 출현

이러한 맥락에서 고전적인 자유권적 기본권을 중심으로 구성되었던 기본권체계가 사회적 기본권을 포함하는 것으로 확대되었고, 최근에는 더 나아가 삶의 전반적인 여건 내지 생존조건에 대한 것까지 기본권적 보호의 대상으로 파악하려는 움직임도 등장하였다.

이러한 움직임은 결국 삶의 일반적 여건 내지 생존조건이 종래처럼 당연한 것으로 전제될 수는 없다는 인식이 그만큼 확산되었음을 반증한다.

---

7) 국제인권규약에 관하여는 장영수, 국제인권규약의 국내법적 효력, (고려대학교 법학연구소) 법학논집 제34집, 1998, 45—77쪽 참조.

3. 새로운 유형의 기본권: 환경권, 평화적 생존권 등

이러한 삶의 일반적 여건의 보장에 관한 기본권은 오늘날 무엇보다 환경권의 형태로 구체화되고 있다. 산업화의 결과로 나타난 환경파괴와 더불어 특정한 사항에 대한, 특정의 대상에 대한 특정한 내용의 권리가 아니라 자연환경의 보호에 관한 포괄적 권리로서의 환경권보장이 현실적인 문제로 제기되고 있는 것이다.[8)]

나아가 삶의 자율적 형성에 있어 가장 기본적인 요소라고 할 수 있는 평화에의 요청을 기본권적으로 구성하여 평화적 생존권을 삶의 일반적 여건보장에 관한 기본권의 하나로 주장하는 견해도 있다.[9)]

제 5 절 한국헌법상의 기본권(보장)규정의 변천

인권사상이 서구에서 발전되는 동안에 우리는 군주국가체제를 유지하고 있었다. 그 결과 20세기 초반까지도 우리에게 인권사상은 생소한 것이었다. 비록 일제의 식민지시절에 다양한 저항운동이 있었지만, 그것은 서구에서와 같이 인권사상에 기초한 것이 아니었고, 오히려 조국의 독립을 위한 것이었기 때문에 성격이 많이 달랐다고 할 수 있다.

서구의 인권사상이 헌법적 형태로 등장한 것은 1919년의 상해 임시정부헌법이 최초였다. 임정헌법은 3개항의 인권보장규정을 채택하고 있었던 것이다. 그러나 임정헌법은 실제 한반도에서 규범력을 갖지 못하고 있었기 때문에 그 의미는 크지 않다. 결국 인권이 실제 규범력을 갖는 헌법을 통해 한반도에서 적용되는 것은 1945년 해방이 되고, 1948년 헌법이 제정되면서 비로소 가능해졌던 것이다.

Ⅰ. 제1공화국 헌법상의 기본권

1948년의 제헌헌법은 여러 기본권들을 명문으로 규정(헌법 제8조~제30조)하였다. 평등권과 신체의 자유, 종교의 자유, 언론 · 출판의 자유 등을 비롯한 자유권, 근로삼권을 비롯한 사회적 기본권, 청원권과 재판청구권을 비롯한 절차적 기본권 그리고 기본의무 등을 규정하였다. 또한 재산권에 대해서는 공공복리적합의무를 규정하였고 근로자의 이익분배균점권, 생활무능력자의 보호, 가족의 건강보호와 같은 오늘날에도 실현하기 어려운 사회적 기본권도 규정되었다.

그러나 이러한 규정들은 외국의 헌법을 참조하여 규정된 것이었고, 우리의 현실에

8) 환경권에 관하여는 「제2권 제2부 제17장 제2절 **환경권**」 참조.
9) 평화적 생존권에 관하여는 「제2권 제2부 제17장 제3절 **평화적 생존권**」 참조.

부합되지 않는 면이 적지 않았다.

Ⅱ. 제2공화국 헌법상의 기본권

제헌헌법은 여러 기본권을 규정하고 있었지만, 그 기본권들이 항상 존중되고 실현되었던 것은 아니었다. 한편으로는 인권의식의 미숙으로 인하여 기본권이 제대로 주장되지 못하는 예도 적지 않았으며, 다른 한편으로는 국가권력에 의한 의도적인 기본권침해도 적지 않았다. 그러나 그런 과정을 통해 서서히 국민의 인권의식이 성장하였으며, 그 바탕 위에서 1960년의 4 · 19혁명이 가능하였던 것이다.

4 · 19혁명의 결과로 만들어진 제2공화국 헌법은 기본권보장을 보다 강화하였다. 우선 ① 개별적 법률유보조항들을 삭제하였고, ② 기본권의 본질적 내용의 침해를 금지시켰다. 또한 ③ 자유권의 천부인권적 성격이 강조되었다. 나아가 정치적 자유권의 보장 없이는 모든 자유의 보장이나 민주주의의 실현이 불가능하다는 사실을 인식하게 됨에 따라 ④ 언론 · 출판 · 집회 · 결사의 자유에 대한 허가와 검열을 금지하였고, ⑤ 정당의 자유로운 활동과 보호를 규정하였으며, 기본권의 효과적인 보호를 위해 ⑥ 헌법재판소의 설치가 규정되었다.

Ⅲ. 제3공화국 헌법상의 기본권

1962년의 헌법은 5 · 16군사쿠데타의 결과로서 만들어진 것이었지만, 기본권규정에 있어서는 나름의 발전을 보였다.

① 모든 헌법규범의 최고가치이며 기본권보장의 이념적 기초라고 할 수 있는 「인간의 존엄과 가치」가 처음 규정되었다. 그 밖에 신체의 자유와 관련하여 ② 고문의 금지와 ③ 자백의 증거능력 제한규정이 추가되었고, ④ 직업선택의 자유와 ⑤ 인간다운 생활을 할 권리 및 ⑥ 교육의 자주성과 정치적 중립성이 새로 규정되었다. 다른 한편 ⑦ 근로자의 이익분배 균점권, ⑧ 불법행위를 한 공무원의 파면청구권 등은 삭제되었다.

Ⅳ. 제4공화국 헌법상의 기본권

1972년 만들어진 이른바 유신헌법은 우리나라에서는 그 유례를 찾을 수 없는 「헌법에 의한 독재」를 완벽에 가깝게 규정한 헌법이었다. 유신헌법의 문제점은 권력구조에서 가장 분명하게 나타나지만,[10] 기본권의 보장과 관련하여서도 많은 문제점들을 안고 있었다.

① 거의 모든 기본권에 대하여 개별적 법률유보 조항을 신설하였다. 신체의 자유와

---

10) 이에 관하여는 「제1권 제1부 제2장 제3절 Ⅱ. **헌법의 기본과제에 위배되는 헌법제정**」과 「제1권 제1부 제3장 제4절 Ⅳ. **제4공화국(제7차 개헌)**」 참조.

관련하여 ② 긴급구속의 범위를 확대하고, ③ 구속적부심사제를 폐지하였으며, ④ 자백의 증거능력제한 규정을 삭제하였다. ⑤ 언론·출판의 자유에 대한 검열제·허가제를 가능하게 했고, ⑥ 재판을 받을 권리와 관련하여 대통령이 긴급조치를 한 경우에도 군법회의에 의한 재판이 가능하도록 하였다. ⑦ 재산권의 공용수용·사용·제한에 대한 보상을 정당한 보상에서 법률에 의한 보상으로 변경했고, ⑧ 국가배상청구에 있어서 군인·군속·경찰공무원 등에게는 이중배상을 금지했다. ⑨ 근로삼권의 보장을 법률로 제한할 수 있도록 하였다. ⑩ 기본권의 제한규정을 강화하여 국가안전보장을 위하여 필요한 경우에도 법률로 기본권을 제한할 수 있도록 하였고, ⑪ 기본권의 본질적 내용의 침해금지 규정을 삭제했다.

V. 제5공화국 헌법상의 기본권

유신헌법의 독재체제 하에서도 국민의 인권의식은 오히려 향상되었고, 민주화에 대한 열망도 더욱 커졌기 때문에 1980년 집권한 신군부세력도 헌법개정에서 기본권보장규정을 확대·강화하지 않을 수 없었다. 유신헌법에서 삭제·폐지·제한되었던 규정들을 제3공화국 헌법상의 기본권규정 수준으로 복귀시켰고 여기에 새로운 기본권을 추가하였다.

① 행복추구권이 신설되었고, ② 개별적 법률유보가 대부분 삭제되었고, ③ 본질내용의 침해금지규정이 회복되었고, ④ 구속적부심이 부활되었다. ⑤ 고문금지가 명문화되었으며, ⑥ 자백의 증거능력의 제한 규정이 부활하였다. 나아가 ⑦ 형사피고인의 무죄추정, ⑧ 사생활의 비밀과 자유의 보장, ⑨ 연좌제금지, ⑩ 평생교육에 관한 권리, ⑪ 환경권 등이 추가되었다.

그러나 헌법상의 기본권규정은 개선되었지만, 제5공화국 하에서의 실제 인권상황은 유신헌법 당시와 큰 차이가 없었다.

VI. 현행헌법상의 기본권

국민의 민주화에 대한 요구는 1987년 대통령직선제를 비롯한 민주화조치의 내용을 담은 6·29선언을 탄생시켰다. 헌정사상 처음으로 여·야의 합의로 만들어진 현행헌법은 제5공화국의 기본권조항에 몇 개의 새로운 기본권을 추가함으로써 우리 기본권보장 역사상 가장 진보적인 내용을 갖추게 되었다.

새로 추가된 기본권으로는 ① 형사피의자 등의 형사보상청구권(헌법 제28조), ② 범죄피해자의 구조청구권(헌법 제30조), ③ 여자·노인·청소년의 복지권(헌법 제34조 제3항, 제4항), ④ 쾌적한 주거생활권(헌법 제35조 제3항) 등이 있다. 그 밖에 ⑤ 적법절차조항이 규정되었고(헌법 제12조 제1항), ⑥ 변호인의 조력을 받을 권리의 고지(헌법 제12조 제5항 제1문), ⑦ 체포·구속시 가족에게 그 일시·장소를 통지할 의무(헌법 제

12조 제5항 제2문) 등이 규정되었다. 또한 ⑧ 언론 · 출판에 대한 허가 · 검열금지, 집회 · 결사에 대한 허가금지(헌법 제21조 제2항) 규정 등이 추가되었다.

제3장 기본권의 주체

「제3장 기본권의 주체」는 누가 기본권을 주장할 수 있으며, 또 이를 관철시킬 수 있는 자격과 지위를 갖고 있느냐의 문제를 다룬다. 헌법상 **자연인인 국민**은 당연히 기본권 주체로 전제되고 있다. 그러나 국민이 아닌 **외국인의 기본권**, 그리고 자연인이 아닌 **법인(또는 권리능력 없는 단체)의 기본권**이 인정될 수 있는지에 대해서는 개별적인 검토가 필요하다.

자연인의 경우, 모든 인간에 공통적으로 인정되어야 할 기본권(이른바 인간의 권리)에 대해서는 외국국적자 및 무국적자도 기본권의 주체가 될 수 있지만, 일정한 기본권의 경우에는 국민만이 기본권의 주체로 인정되기도 한다(이른바 국민의 권리). 또한 법인이 기본권의 주체가 될 수 있느냐의 문제에 대해서는 법인의 종류에 따라, 그리고 기본권의 성질에 따라 대답이 달라질 수밖에 없다.

【사례: 외국인의 기본권주체성】

최근 국내경기침체가 오랜 기간 지속되면서 실업문제가 심각해졌다. 이에 따라 정부는 실업 문제를 다소 완화시키기 위해 외국인 노동자의 국내 체류 연장을 더욱 까다롭게 하였다. 그로 인하여 외국인 노동자들의 처지가 불안정해지면서 상당수의 외국인 노동자들이 합법적 체류를 위해 한국 여성과의 위장결혼을 하고 있다는 소문이 광범위하게 퍼졌다.

이에 국회에서는 외국인 노동자들과 한국 여성의 위장결혼에 대한 효과적인 규제를 위해 「외국인과의 혼인에 관한 특례법」을 제정하였다. 이 법률의 주요 내용은 다음과 같다:

1) 대한민국 국민과 외국인의 결혼이 합법적으로 성립하기 위해서는 혼인 당사자인 외국인의 합법적인 체류 자격이 있어야 하며, 이를 출입국관리소에서 확인한 서류를 첨부하여야 한다.
2) 노동자 신분으로 입국한 외국인이 대한민국 여성과 결혼한 경우에는 결혼 이후 5년 동안 일정한 양식에 따라 혼인생활의 정상적인 유지에 관하여 6개월 단위로 관할 구청에 신고하여야 한다.
3) 2회 연속으로 신고를 하지 않거나 신고의 내용이 사실과 다른 점이 확인될 경우에는 관할 구청은 법무부에 통지하고, 법무부는 혼인의 무효에 관한 소송을 법원에 청구할 수 있으며, 법원에서 혼인무효의 판결이 내려지면 해당

외국인은 강제출국된다.

4) 이 법률은 공포와 동시에 시행된다. 단, 위 2)와 3)의 내용은 이 법 시행 전에 결혼한 부부들에게도 적용된다.

대만에서 국내 대기업의 초청으로 들어와 컴퓨터 보안전문가로 활동하고 있는 갑(甲)은 회사 동료인 을(乙)과 가까워져서 약혼을 한 사이이다. 이들은 결혼을 목전에 두고 있는 상태에서 이 법률이 시행됨에 따라 결혼생활에 적지 않은 불편이 예상되므로 이 법률의 합헌성을 다툴 계획을 가지고 있다. 또한 병(丙)은 몽골 노동자로 입국하였으나 일하던 상점의 주인 딸 정(丁)과 2년 전에 결혼하여 아들을 하나 낳고 살고 있는데, 이 법률의 시행으로 인하여 뜻하지 않은 부담을 지게 된 것에 대해 불만을 가지고 있다.

1. 갑과 병이 이 법률에 대해서 헌법재판소에 헌법소원심판을 청구한다면, 그 청구는 적법한가? (30점)
2. 갑은 이 법률에 의해 어떤 기본권이 위헌적으로 침해되었다고 주장할 수 있는가? (50점)
3. 병은 이 법률에 의해 기본권이 소급적으로 침해되었다고 볼 수 있는가? (20점)

제 1 절 기본권(향유)능력과 기본권행사능력

Ⅰ. 기본권능력의 의의

기본권능력(Grundrechtsfähigkeit) 또는 기본권향유능력이란 헌법상 보장된 기본권을 향유할 수 있는 능력, 즉 기본권의 주체가 될 수 있는 자격을 말한다.

이러한 기본권능력은 민법상의 권리능력과 유사하지만 동일한 것은 아니다. 민법상의 권리능력을 갖고 있지만 기본권능력이 인정되지 않는 경우도 있으며, 거꾸로 권리능력이 없지만 기본권능력이 인정되는 경우도 있다. 예컨대 외국인의 경우 －민법상 권리능력의 주체로 인정된다는 점에는 이론(異論)이 없지만－ 인신의 보호에 관한 기본권이나 정신적 자유권 등(이른바 인간의 권리)에 있어서는 국민과 같이 기본권능력을 갖고 기본권의 주체로 인정되는 반면에, 참정권과 같은 기본권(이른바 국민의 권리)에 있어서는 외국인의 기본권능력이 인정되지 않는다. 또한 거꾸로 민법상의 권리능력이 인정되지 않는 사자(死者)가 명예권이나 존엄권 등에서와 같이 기본권능력이 인정되어 기본권의 주체가 되는 경우도 있다.[1)]

따라서 헌법상의 기본권능력은 민법상의 권리능력과 많은 부분 일치하기는 하지만

1) 그 밖에 민법상 원칙적으로 권리능력이 인정되지 않는 태아에 대해서도 생명권이 인정되는가 하면, 민법상 권리능력 없는 사단에 대해서도 기본권능력이 인정되는 경우가 있다.

항상 동일한 것은 아니라고 할 수 있다. 특히 민법상의 권리능력과는 달리 헌법상의 기본권능력은 각 개별기본권에 따라 그 인정범위가 달라진다는 점에 유의하여야 한다. 그 결과 -기본권의 성질에 따라- 권리능력 없는 사단의 기본권능력을 인정하면서도 법인의 기본권능력을 부정하는 예도 나타날 수 있는 것이다.

Ⅱ. 기본권능력과 기본권행사능력의 구별

기본권행사능력(Grundrechtsmündigkeit od. Grundrechtsausübungsfähigkeit)이란 기본권능력을 가진 자, 즉 기본권주체가 기본권을 구체적으로 행사할 수 있는 능력을 말한다. 즉 일정한 기본권의 주체로 인정된다고 하더라도 그 기본권을 실제로 행사할 수 있는지의 문제는 그와 별도로 검토되어야 한다는 것이다.[2)]

기본권능력의 경우와 마찬가지로 기본권행사능력의 인정 여부도 모든 기본권에 대하여 동일한 기준을 적용시킬 수는 없다. 일정한 기본권(예컨대 존엄권, 생명권, 신체의 자유 등)에 대해서는 모든 인간에 대하여 기본권능력이 인정될 뿐만 아니라, 기본권행사능력도 별도로 문제되지 않는다. 또한 일정한 기본권에 대해서는 헌법이 명문규정으로 기본권행사능력을 정해놓고 있거나[3)] 헌법의 위임에 의해 입법자가 기본권행사능력을 정하는 경우[4)]도 있다.

그러나 헌법의 명문규정이나 명시적 위임 없이 기본권행사능력의 제한이 문제되는 경우도 없지 않으며, 이러한 경우에는 기본권행사능력을 어떤 기준에 따라 판단할 것인지가 문제되는 것이다. 특히 **미성년자**에 대해서는 기본권행사능력이 많이 문제된다. 미성년자의 기본권능력을 인정하면서 기본권행사능력을 제한하는 것은 -민법상 권리능력을 갖고 있으면서도 행위능력이 제한되는 경우처럼- 정신적·육체적 능력의 미숙을 이유로 한 것이다. 즉 일반적으로 올바른 판단을 내리고 그에 기초하여 자신의 삶에 대한 중요한 결정을 내릴 수 있는 능력이 있는지에 따라서 기본권행사능력이 인정되며, 특히 성년에 달하지 못한 미성년자에 대해서는 기본권의 행사능력이 제한되어야 할 필요가 폭넓게 인정될 수 있다는 것이다.

그러나 구체적으로 미성년자에 대해서 어떤 경우에 어떠한 기본권의 행사능력을 제한할 것인지는 결코 간단하지 않은 문제이다. 단순히 미성년이라는 이유로 모든 기본권

---

2) 예컨대 대한민국의 국민으로서 **선거권**의 주체로 인정되기는 하지만(즉 기본권능력은 인정되지만) 일정한 연령(현행 공직선거법상 만18세)에 달하기 이전에는 실제로 선거권을 행사할 수 없도록 되어 있는 것이나, 역시 헌법상 **공무담임권**의 주체라는 점은 인정되지만 일정한 연령에 달한 경우에는 정년제에 의하여 공직에서 물러나야 하는 것, 그리고 미성년자도 역시 **거주·이전의 자유**라는 기본권의 주체가 되기는 하지만 친권자에 대해서 이를 주장할 수 없도록 되어 있는 것(친권자의 거소지정권) 등이 기본권능력과 기본권행사능력의 차이를 보여주는 대표적 예라고 할 수 있다.

3) 예컨대 헌법 제67조 제4항에 의해 대통령의 피선거권은 만40세에 달한 이후에야 행사할 수 있도록 되어 있다.

4) 예컨대 헌법 제24조 및 제25조의 규정에 기초하여 공직선거법 제15조 제1항과 제16조 제2항이 국회의원의 선거권과 피선거권을 18세로 정하고 있다.

의 행사능력을 제한할 수 있다고 보기도 어렵기 때문에 개별기본권의 성질에 따라 구체적으로 판단할 수밖에 없다. 또한 막연하게 미성년이라는 이유만으로 행사능력을 제한할 수는 없기 때문에 이를 구체화하는 법률의 근거가 있어야 한다. 그렇지 않을 경우에는 미성년자의 기본권을 과도하게 제한하는 것이 될 수 있기 때문이다.[5)]

제2절 헌법관과 기본권의 주체

Ⅰ. 기본권주체에 관한 문제의 소재

1. 인간의 권리와 국민의 권리의 구별

기본권의 뿌리는 근대 인권사상에서 찾을 수 있다. 따라서 기본권은 어느 정도 보편적 인권의 영향을 받고 있다. 그러나 기본권은 인권의 동의어가 아니다. 기본권은 인권의 실정화로 볼 수 있으며, 각 국가의 정치적 · 사회적 배경에 따라 각기 다른 내용을 담고 있다는 점이 인정되기도 한다. 그로 인하여 기본권은 인권적 성격(즉 보편성)을 부분적으로 담고 있는가 하면, 동시에 실정권적 성격을 갖고 있기도 하다.

그로 인하여 기본권이 이른바 **인간의 권리**로서 인권적 성격에 따라 모든 인간에게 인정되는지(즉 모든 인간이 기본권의 주체가 되는지), 아니면 이른바 **국민의 권리**로서 실정권적 성격에 따라 국적을 가지고 있는 국민에게만 인정되는지(즉 국적을 가지고 있는 국민만이 기본권의 주체로 인정되는지)의 문제는 많은 논란의 중심에 서 있었으며, 기본권 주체에 관한 핵심적 문제의 하나였다.

2. 자연인의 기본권과 법인의 기본권

또한 단체의 발달 및 이에 기초한 법인격 이론이 정립됨과 더불어 **자연인**이 아닌 **법인 또는 권리능력 없는 단체**도 기본권의 주체로 인정될 수 있는지에 대한 논란도 점차 격렬해졌다.

전통적인 천부인권사상에 기초하여 자연권적 성격을 강조하는 입장에서는 자연인이 아닌 법인이 기본권의 주체가 된다는 것을 인정하기 어려웠다. 그러나 단체의 실질적 비중의 증대 및 이와 결부된 단체법이론의 발달을 고려할 때, 오로지 자연인에게만 기본권이 인정되고 법인을 비롯한 단체는 기본권의 주체가 될 수 없다고 보는 데에도 현실적 어려움이 적지 않았던 것이다.

5) 예컨대 미성년자의 기본권행사능력은 부모의 친권과의 관계에서 문제될 수 있다. 이와 관련하여 민법 제914조는 미성년자의 거주 · 이전의 자유(헌법 제14조)가 친권자의 거소지정권에 의해 제한될 수 있음을 명시하고 있다. 또한 그 밖의 경우에도 미성년자는 부모의 친권에 의해 기본권의 행사가 제한될 수 있다. 그러나 이러한 친권의 행사에도 일정한 한계가 있으며, 미성년자가 점차 성장하고 독자적인 판단능력이 형성됨에 따라 친권자의 간섭은 점차 축소되어야 하는 것이다.

이 문제는 한편으로는 법인이론 내지 단체법이론의 의의와 적용범위를 사법에 한정시킬 것인지 아니면 공법의 영역으로까지 확장할 것인지와 관련되어 있으며, 다른 한편으로는 기본권의 의의와 성격을 어떻게 이해할 것인지에 따라 달리 생각될 수 있는 문제였다.

Ⅱ. 헌법관에 따른 기본권이해의 차이와 기본권주체의 문제

이와 같은 외국인 또는 법인이 기본권의 주체가 될 수 있는가 라는 문제에 대해 각 헌법관은 상이한 태도를 보였다.

법실증주의 헌법관에서는 실정법을 기준으로 기본권의 주체 여부를 판단하므로 선국가적 자연권으로서 모든 인간에게 인정되는 권리라는 관념을 인정하지 않는다. 따라서 기본권은 실정법상 인정되는 국민의 권리일 뿐 외국인에게 당연히 인정될 수는 없는 것으로 본다. 또한 실정법을 기준으로 할 때, 자연인과 법인을 구별할 이유는 없다고 생각하여 법인의 기본권주체성도 인정하는 태도를 취한다. 다만 기본권은 (자연인, 법인을 포함한) 국민의 국가에 대한 주관적 공권으로 이해되므로, 국가 또는 국가의 일부라고 할 수 있는 공법인은 기본권의 대상일 뿐 기본권의 주체는 되지 못한다고 본다.

반면에 **결단주의적 헌법관**에서는 오로지 자연권으로서의 자유권만이 진정한 의미의 기본권이라고 본다. 따라서 이러한 기본권은 선국가적(先國家的)인 것이기 때문에 국가에 의해 비로소 창설되는 국적을 기준으로 기본권의 주체가 될 수 있는지 여부를 따진다는 것은 논리적인 모순이 된다. 그러므로 결단주의에서는 외국인의 기본권주체성을 -적어도 자유권에 있어서는- 당연한 것으로 인정한다. 하지만 같은 논리에 의해 국가에 의해 비로소 인정되는 법인격을 근거로 기본권의 주체가 된다는 것은 선국가적 기본권의 성질과 부합되지 않으므로 법인의 기본권주체성은 부정된다.

통합론적 헌법관에 기초한 입장은 다시금 나누어진다. 통합론의 제창자인 스멘트는 통합과정에 초점을 맞추어 기본권을 파악했고, 그런 맥락에서 통합과정으로서의 국가의 구성원인 국민만이 기본권의 주체가 될 수 있다고 생각했다. 즉 외국인은 통합과정의 적극적 참여자가 될 수 없으므로 기본권의 주체가 될 수 없다는 것이다. 반면에 개인뿐만 아니라 단체도(법인은 물론 정당 등 권리능력없는 단체도) 통합과정의 주체가 될 수 있기 때문에 기본권의 주체가 될 수 있다고 주장하였다.

그러나 스멘트이론의 계승자인 헷세는 모든 기본권에 대하여 획일적으로 외국인 또는 법인의 기본권주체성을 인정하거나 부정하는 대신에 각 기본권의 성격에 따라 차별화하는 태도를 보이고 있다. 즉 외국인의 경우에도 일정한 기본권(이른바 인간의 권리)의 주체가 될 수 있으며, 법인도 성질상 기본권의 주체가 될 수 있는 경우가 있다고 인정하고 있는 것이다.

이처럼 헌법관에 따른 기본권의 성격이해의 차이는 기본권주체에 대한 이해에도 영향을 미치고 있으나, 그것이 절대적인 것은 아니다.

특히 독일기본법처럼 명문의 규정을 통해 독일인의 권리와 인간의 권리를 구분하고,[6] 나아가 법인에 대해서는 그 성질상 허용되는 기본권의 주체가 될 수 있다는 명문규정[7]을 두고 있는 경우에는 헌법관에 따른 결론을 일방적으로 주장할 수 없다. 또한 우리 헌법처럼 명문규정을 두지 않고 있는 경우에도 헌법관에 따른 획일적 결론보다는 개별 기본권의 성격에 따라 기본권주체의 문제를 세분화하여 살펴보는 것이 타당할 것이다.

제 3 절 기본권의 주체로서의 자연인

Ⅰ. 내국인의 기본권

1. 기본권주체로서의 국민

자연인인 국민은 예외 없이 기본권의 주체가 된다. 즉 대한민국의 국적을 가진 모든 사람은 그의 연령이나 성별, 사회적 신분이나 지위, 재산 등과 무관하게 모두가 기본권의 주체가 될 수 있으며, 범죄자나 정신병자 등도 예외는 아니다.[8]

따라서 원칙적으로 자연인인 국민의 기본권능력은 무제한적이다. 즉 원칙적으로 헌법상 인정되는 모든 기본권의 주체가 될 수 있다는 것이다.[9] 단지 기본권행사능력에 대해서는 경우에 따라 일정한 제한이 가해질 수 있다.

2. 태아(胎兒)의 기본권

이상 살펴본 것처럼 자연인인 국민의 기본권주체성은 가장 폭넓게 인정되고 있다.

---

6) 독일기본법은 기본권마다 그 주체를 모든 사람(Jeder)과 독일인(Deutscher)으로 나누어 놓고 있기 때문에 그에 따라 인간의 권리와 국민의 권리가 구분될 수 있다. 예컨대 일반적 인격권, 평등권, 의사표현의 자유 등은 모든 사람의 권리로 명시되고 있고, 집회의 자유, 결사의 자유, 거주이전의 자유, 직업의 자유 등은 독일인이 권리의 주체로 명시되고 있다.

7) 독일기본법 제19조 제3항: "기본권이 그 성질상 내국법인에 적용될 수 있는 때에는 그들에게도 적용된다."

8) 이와 관련하여 미성년자 또는 특수신분관계(또는 과거의 표현에 따를 때 특별권력관계)에 있는 사람의 기본권주체성을 문제 삼는 경우도 있다. 그러나 이들의 경우에도 -앞서 설명한 기본권능력과 기본권행사능력의 구별에서 나타나듯이- 기본권의 주체가 된다는 사실 자체가 문제되는 것은 아니며, 기껏해야 기본권의 제한이 문제될 수 있을 뿐이다. 이는 또한 헌법재판소가 **헌재 2008.1.17. 2007헌마700 결정**에서 대통령의 헌법소원 청구인 적격을 인정한 것과도 연결된다. 대통령도 국민의 한 사람으로서 기본권의 주체가 되며, 대통령으로서의 권한이 아니라 국민으로서의 기본권이 침해되면 헌법소원을 청구할 수 있는 것이다. 다만 대통령의 경우 담당하는 직무의 특수성으로 인하여 기본권이 일반국민보다 많이 제한될 수 있다.

9) 물론 일정한 신분을 전제하는 기본권에 대해서는 예외가 인정될 수 있다. 예컨대 노동삼권은 근로자의 지위를 전제하는 것이기 때문에 근로자가 아닌 국민이 노동삼권의 현실적 주체가 되지는 못한다. 하지만 모든 국민은 근로자가 될 수 있는 지위에 있으므로 잠재적인 노동삼권의 주체라고 할 수 있다.

오늘날에는 사람이라고 볼 수 없는 상태, 즉 출생 이전의 상태(태아)나 사망 이후의 상태에서도 기본권의 주체가 될 수 있는지의 여부가 문제되기도 한다.

태아의 경우 모든 기본권의 주체가 된다는 것은 원천적으로 불가능하다. 신체활동이 불가능한 상태이므로 신체의 자유를 주장할 수도 없고, 아직 독자적인 정신활동이 가능한 상태가 아니기 때문에 양심의 자유나 종교의 자유 등을 주장할 수도 없다. 또한 언론의 자유나 집회의 자유, 결사의 자유 등을 행사할 수 있는 상황도 아니다.

그러나 일정한 경우에는 태아에게도 기본권을 인정할 필요가 있다. 예컨대 태아의 생명과 건강에 대한 보호의 필요성을 부정할 수는 없다. 만일 이를 부인할 경우에는 태아에 대한 가해는 전혀 위법하지 않은 것으로 평가될 것이며, 이와 같은 태도가 태아의 생명뿐만 아니라 인간의 생명과 존엄에 대한 경시로 이어질 위험이 크기 때문이다.[10)]

이에 따라 태아도 생명권을 비롯한 일정한 기본권의 주체가 될 수 있다고 보는 것이 오늘날 일반화되어 있다. 이런 입장에서 독일연방헌법재판소는 낙태를 허용하는 독일형법 제218조의 개정법률을 위헌으로 판결하기도 했다.[11)]

3. 사자(死者)의 기본권(존엄권, 명예권)

태아보다 기본권의 주체로 인정되기에 더욱 곤란한 상태에 있는 것이 사자(死者)이다. 이미 사망한 상태에 있으므로 생명권은 물론 각종 자유권의 주체, 또는 사회권의 주체로도 인정되기 곤란한 것이다.

그러나 오늘날 제한된 범위에서 사자도 기본권의 주체로 인정될 수 있다고 보는 견해가 점차 보편화되고 있다. 즉 존엄권이나 명예권의 침해는 사후에도 발생될 수 있고, 이러한 기본권의 침해를 방치하는 것은 인간의 존엄이나 인격에 대한 중대한 훼손이 될 수 있기 때문에 규제되어야 한다는 것이다.[12)]

과거 나치의 경우처럼 사체를 산업적으로 이용하거나 심하게 모욕하는 행위는 사자의 존엄권에 대한 침해로 인정되어야 하며, 사자에 대해 허위의 비방으로 명예를 훼손하는 행위도 명예권에 대한 침해로 인정되어 적절한 대응책이 마련되어야 한다는 것이다.

이처럼 사자(死者)의 기본권주체성을 제한적으로 인정하는 것에 대해서는 합의가 형성되고 있지만, 구체적으로 사자의 기본권이 어떻게 행사되고 보호될 수 있는지와 관

---

10) 이와 관련하여 **헌재 2019.4.11. 2017헌바127 결정**에서 헌법재판소는 이른바 산모의 자기낙태죄와 의사의 의사낙태죄에 대해 헌법불합치결정을 내리면서 낙태의 허용조건을 완화하는 개선입법을 촉구한 바 있다.

11) BVerfGE 39, 1. 그러나 독일 연방헌법재판소는 동·서독이 통일된 이후에 내려진 제2차 낙태판결에서 낙태에 대한 형사처벌이 실효성이 없다는 판단 하에 의사 등 전문가와의 상담을 거쳐서 임신 후 12주 이내의 낙태를 허용하는 것이 가능하다는 판결을 내린 바 있다. 이에 관하여는 BVerfGE 88, 203(263ff.) 참조.

12) 이와 관련하여 **헌재 2010.10.28. 2007헌가23 결정**에서는 "… 조사대상자가 사자(死者)인 경우에도 인격적 가치에 대한 중대한 왜곡으로부터 보호되어야 한다. 사자(死者)에 대한 사회적 명예와 평가의 훼손은 사자(死者)와의 관계를 통하여 스스로의 인격상을 형성하고 명예를 지켜온 그들의 후손의 인격권, 즉 유족의 명예 또는 유족의 사자(死者)에 대한 경애추모의 정을 제한하는 것이다"라고 판시한 바 있다.

련해서는 아직도 복잡한 문제들이 남아있다.

예컨대 사자의 기본권을 인정할 경우에도 이를 사자 자신의 기본권으로 인정할 것인지, 아니면 사자와 관련된 사람들의 기본권으로 인정할 것인지에 따라 기본권실현의 방식과 절차에 문제가 생길 수 있다. 전자의 경우에는 누가 기본권의 침해에 대해 구제를 청구할 수 있는 소송당사자가 될 것인지가 문제될 수 있다. 또한 후자의 경우에는 관련된 사람의 범위를 좁게(예컨대 가족, 일정범위 이내의 친족 등으로) 보게 되면 남아있는 가족 등의 유무에 따라 기본권의 보호 여부가 달라지는 문제가 발생한다. 그렇다고 범위를 일반인에게까지 확대시키면 법적 명확성과 관련하여 문제가 될 것이다.

결국 사자(死者)의 기본권을 인정하기 위해서는 이러한 절차의 문제를 명확히 해결할 필요가 있으며, 예컨대 입법을 통해 사자의 존엄권이나 명예권의 침해에 대해 주장할 수 있는 가족이 없을 경우에는 공익의 대표자로서 검사가 사자의 기본권을 직접 대리하거나 대리할 자를 지정할 수 있도록 할 필요가 있을 것이다.[13)]

Ⅱ. 외국인의 기본권

외국인은 대한민국의 국적을 갖고 있지 않은 사람을 말한다. 즉 외국의 국적을 갖고 있는 자와 무국적자가 모두 외국인의 개념에 포함된다.

이러한 외국인은 국민과는 달리 모든 기본권의 주체로 인정되지는 않는다. 그렇다고 외국인의 기본권주체성을 전면적으로 부정할 수도 없다. 결국 개별기본권의 성질에 따라 외국인이 그 기본권의 주체가 될 수 있는지의 여부를 판단하여야 한다.

1. 헌법규정

독일기본법과는 달리 우리 헌법상의 기본권규정들은 거의 예외 없이 "**모든 국민은** … "이라는 표현을 사용하고 있다. 즉 헌법조문의 문구만으로 판단할 경우에는 마치 외국인에게는 전혀 기본권이 인정되지 않는 것으로 해석될 수 있는 여지도 있는 것이다. 그러나 이와 같은 조문형식만을 이유로 우리 헌법상의 기본권이 오로지 국민에게만 인정될 수 있고 외국인에게는 배제되는 것으로 해석할 수는 없다.

먼저 **기본권의 성격**에 비추어 볼 때, 이른바 인간의 권리에 속하는 일정한 기본권(예컨대 인신의 보호에 관한 기본권, 정신적 자유에 관한 기본권, 사생활의 보호에 관한 기본권 등)은 외국인에게도 당연히 인정되어야 한다. 외국인의 생명권과 신체의 자유, 종교의 자유나 주거의 자유 등을 인정하지 않는다면 어떤 결과가 발생될 것인가?

더욱이 현행헌법은 **국제평화주의와 국제법의 존중**을 선언하고 있다. 따라서 외국인에 대해서도 일정한 법적 지위를 보장하는 것은 국제법적으로 요청될 뿐만 아니라 국

13) 예컨대 형사소송법 제228조가 "친고죄에 대하여 고소할 자가 없는 경우에 이해관계인의 신청이 있으면 검사는 10일 이내에 고소할 수 있는 자를 지정하여야 한다"고 규정하고 있는 것과 유사한 방식으로 이 문제를 해결하는 것이 가능할 것이다.

제법을 존중하는 국내법의 요청이기도 하다.[14)]

그리고 **현행헌법규정의 문구**는 국민의 기본권주체성을 선언하고 있을 뿐, 외국인의 기본권주체성을 명시적으로 부인하고 있는 것은 아니다. 즉 외국인의 기본권주체성에 대해서는 명문의 규정이 없는 상태이므로 해석을 통해 그 흠결을 보충할 여지가 있는 것이다.

이런 여러 관점을 종합적으로 고려할 때, 외국인의 기본권주체성이 전면적으로 부인될 수는 없으며, 학설과 판례도 이를 당연한 전제로 인정하고 있다.

2. 헌법관과 외국인의 기본권

앞서 설명한 바와 같이 헌법관에 따라 외국인이 기본권의 주체가 될 수 있느냐에 대한 기본적 입장에 차이가 있다.

법실증주의적 헌법관에서는 헌법이 국내법질서로서의 성격을 갖는다는 것을 강조하면서 외국인의 기본권을 배제한다. 외국인에 대한 입법적 보호를 배제하는 것은 아니지만, 그것을 기본권적 보호로 볼 수는 없다는 것이다. 반면에 **결단주의적 헌법관**은 기본권의 자연권적 성격에 따라 외국인에게도 기본권이 당연히 인정되어야 한다는 입장이다.

그리고 **통합론적 헌법관**의 태도는 통합과정의 테두리를 어떻게 이해하느냐에 따라 상이한 결론에 이르게 된다. 스멘트의 경우는 기본권의 국가형성적 내지 정치적 기능을 강조하였으며, 이에 대한 외국인의 관여는 곤란하다고 보았다. 그 결과 외국인의 기본권을 부정하게 된 것이다. 그러나 헷세의 경우에는 통합과정을 좀 더 넓게 인정하면서 정치작용을 통한 것과 그 밖의 경우를 나눔으로써 기본권의 종류에 따라 외국인에게도 기본권이 인정될 수 있다고 보았다.

3. 국제질서에 관한 헌법상의 기본원칙과 외국인의 기본권

현행헌법은 국제질서와 관련하여 국제평화주의(헌법 제5조 제1항), 국제법의 존중(헌법 제6조 제1항), 그리고 외국인의 법적 지위에 관한 상호주의(헌법 제6조 제2항)를 선언하고 있다.

이러한 헌법의 태도를 통하여 국제적으로 보편성을 갖는 기본권, 즉 인간의 권리에 해당되는 기본권은 내·외국인을 막론하고 모든 인간에게 동일하게 적용되어야 한다는 것, 다시 말하자면 모든 인간이 그러한 기본권의 주체로 인정된다는 것은 논리적으로 당연히 인정되어야 할 뿐만 아니라 현실적으로도 이미 보편화되어 있다.

따라서 독일기본법처럼 헌법이 직접 외국인의 기본권주체성을 인정하는 경우는 물론이고, 우리 헌법처럼 그러한 명문의 규정이 없는 경우에도 성질상 인간의 권리인 경우 외국인도 기본권의 주체로 인정된다. 다만 어떤 기본권의 경우에 외국인이 주체로

14) 우리 헌법상의 국제평화주의, 국제법의 존중, 외국인의 법적 지위의 보장 등에 대해서는 「제1권 제2부 제6장 **국제질서에 관한 헌법원리**」 참조.

인정될 수 있는지에 대해서는 좀 더 세분화된 검토가 필요하다.

4. 기본권의 종류에 따른 차별

외국인이 기본권의 주체로서 인정될 수 있는지의 여부는 기본권의 종류에 따라 달라진다. 이를 구체적으로 검토해 보면 다음과 같이 정리될 수 있다.

① **인신의 보호에 관한 기본권**(생명과 신체에 관한 기본권)은 외국인에게도 평등하게 인정되어야 하는 인간의 권리이다.

② **사생활의 보호에 관한 기본권**(사생활의 비밀과 자유, 주거의 자유, 통신의 비밀)도 역시 인간의 권리에 속하므로 외국인에게도 평등하게 인정된다.

③ **정신적 자유권**(양심의 자유, 종교의 자유, 언론의 자유, 집회의 자유, 결사의 자유, 학문의 자유, 예술의 자유 등)도 인간의 권리로서 외국인에게도 기본권주체성이 인정된다.

④ **참정권**(선거권, 피선거권, 정당설립 및 활동의 자유)은 원칙적으로 외국인에게 인정되지 않는 국민의 권리이다.

⑤ **경제적 자유권**(재산권, 영업의 자유 등)은 외국인에게 조약에 의해(즉 상호주의 원칙에 따라) 기본권주체성이 인정될 수 있다.[15)]

⑥ **사회적 기본권**은 성질상 법률에 의한 구체화를 어떻게 하느냐에 따라 외국인에게 인정될 수도 있고 부정될 수도 있다.

⑦ **절차적 기본권**(청원권, 재판청구권 등)은 실체적 기본권과 맞물려 있는 것이므로 외국인의 실체적 기본권의 보호를 위해 필요한 경우에는 국민과 평등하게 인정된다. 다만 경제적 기본권의 성격을 동시에 갖고 있는 국가배상청구권은 상호주의 원칙에 따라 인정된다.[16)]

제 4 절 기본권의 주체로서의 법인

Ⅰ. 법인의 기본권능력

단체법이론의 발달을 통해 법인에게 사법상의 권리능력을 인정하는 것은 오랜 역사

15) **헌재 2014.8.28. 2013헌마359 결정**: "직업의 자유는 국가자격제도정책과 국가의 경제상황에 따라 법률에 의하여 제한할 수 있고 인류보편적인 성격을 지니고 있지 아니하므로 국민의 권리에 해당한다. 이와 같이 헌법에서 인정하는 직업의 자유는 원칙적으로 대한민국 국민에게 인정되는 기본권이지, 외국인에게 인정되는 기본권은 아니다. 국가 정책에 따라 정부의 허가를 받은 외국인은 정부가 허가한 범위 내에서 소득활동을 할 수 있는 것이므로, 외국인이 국내에서 누리는 직업의 자유는 법률 이전에 헌법에 의해서 부여된 기본권이라고 할 수는 없고, 법률에 따른 정부의 허가에 의해 비로소 발생하는 권리이다."

16) 국가배상법 제7조: "이 법은 외국인이 피해자인 경우에는 해당국가와 상호 보증이 있을 때에만 적용한다."

를 가지고 있다. 그러나 법인에 대하여 기본권능력을 인정하는 문제에 대해서는 보다 첨예한 견해의 대립이 있었다.

법실증주의자들의 주장에 따르면 자연인이나 법인은 모두 법질서에 의해 법인격을 부여받은 것으로 보았기 때문에 법인도 기본권의 주체가 되는데 아무런 문제가 없다고 생각하였다. 이에 반해 결단주의자인 칼 슈미트는 기본권(즉 자유권)을 선국가적(先國家的)인 자연권으로 보았기 때문에, 기본권의 성질상 법인은 그 주체가 될 수 없다고 주장하였다.

독일에서의 논란은 기본법 제19조 제3항에서 "기본권이 그 성질상 내국법인에 적용될 수 있는 때에는 그들에게도 적용된다"라고 명문으로 규정함으로써 사실상 종식되었다. 즉 기본권의 성질에 따라 법인도 재산권, 거주 · 이전의 자유 등과 같은 기본권의 주체로 인정될 수 있다는 점이 분명해진 것이다. 이와 같은 명문규정을 두지 않고 있는 우리 헌법의 경우에도 해석상 기본권의 성질에 따라 법인도 기본권의 주체가 될 수 있다는 점을 부정하는 견해는 찾기 어렵다.[17)]

그러나 법인이 기본권의 주체로 인정될 수 있는 근거가 무엇인가에 대해서는 견해의 대립이 있다. 예컨대 법실증주의가 주장하듯이 자연인과 법인 모두가 법질서에 의해 권리의무의 주체로 인정되는 것이므로 차이를 인정할 필요가 없다는 견해가 있는가 하면, 법인이라는 제도를 인정하는 이유는 법인의 구성원인 자연인을 보호하기 위한 것이기 때문이라고 보는 견해도 있다. 혹은 이와 달리 법인이 자연인과는 구별되는 독립된 실체를 가지고 있다는 점에 초점을 맞추어 설명하기도 한다.

이러한 견해의 대립은 법인의 기본권주체성을 인정함으로써 기대하는 효과가 무엇인지에 대한 이해의 차이에서 발생되는 것이며, 또한 법인에게 인정될 수 있는 기본권이 구체적으로 무엇인지를 판단하는 데 영향을 미친다.

예컨대 법실증주의의 입장은 법형식의 논리적 일관성을 관철시키고자 하는 것이며, 이러한 논리에 따르면 법인에게도 원칙적으로 자연인과 구별 없이 기본권이 인정되어야 할 것이다. 반면에 법인의 구성원인 자연인에 초점을 맞추어서 법인의 기본권주체성을 인정하는 견해는 '법인이란 자연인의 이익을 위한 도구에 불과하다'는 점을 강조하고 있다. 하지만 이 견해는 자연인이 주체가 될 수 있는 기본권 가운데 법인의 기본권주체성은 인정되지 않는 경우를 설명하기 곤란해진다.[18)]

그렇기 때문에 법인을 자연인과는 구별되는 독자적인 실체로 인정하는 전제 위에서 기본권주체성의 문제를 정리하는 것이 타당할 것이다.[19)]

---

17) 헌법재판소도 "법인 등 결사체도 그 조직과 의사형성에 있어서, 그리고 업무수행에 있어서 자기결정권을 가지고 있어 결사의 자유의 주체가 된다고 봄이 상당하므로…"(**헌재 2000.6.1. 99헌마553 결정**) 라고 판시함으로써 법인의 기본권주체성을 명시적으로 인정하고 있다.

18) 사법(私法)상 법인의 권리능력을 인정하는 것은 법인의 배후에 있는 개개의 자연인의 역할변화 또는 교체에도 불구하고 초개인적 조직체인 법인 그 자체의 이름으로 법률관계가 형성될 수 있도록 함으로써 법률관계의 계속성과 안정성을 확보하기 위한 것이다. 마찬가지의 맥락에서 법인의 기본권능력도 법인 그 자체에 인정되는 것이지 그 구성원들에게 인정되는 것은 아니라고 보아야 할 것이다.

Ⅱ. 사법인의 기본권주체성

법인의 기본권주체성과 관련하여 일차적으로 문제되는 것은 사법인이다. 사법인의 경우에도 내국사법인과 외국사법인은 그 기본권능력이 인정되는 범위가 다르기 때문에 나누어 살펴보아야 한다.

1. 사법인의 존재의의와 기본권능력

각종 결사, 특히 사적 결사의 존재는 자연인의 여러 가지 목적에 봉사하기 위한 것이다. 그러한 결사가 목적을 효과적으로 달성할 수 있도록 하기 위해서는 이와 같은 결사에 독자적인 권리능력(즉 법인격)을 인정하여 이른바 법인으로 구성하는 것이 필요하였다.

사법인에 대하여 기본권능력을 인정하는 것은 –사법상 권리능력을 인정하는 것과 마찬가지의 맥락에서– 이와 같은 단체의 존립목적에 부합되는 것이다.

2. 기본권의 주체로서의 내국사법인

법인의 기본권능력의 문제는 주로 내국사법인을 중심으로 제기된다. 즉 기본권의 성질과 내용에 따라 법인의 기본권주체성을 판단하는 원칙이 가장 뚜렷하게 나타나는 경우가 내국사법인인 것이다.

기본권의 성질과 내용이 자연인을 전제로 하는 것(즉 자연인 전속적인 기본권)의 경우에는 법인의 기본권주체성이 부정될 수밖에 없다. 예컨대 생명과 신체에 관한 기본권, 또는 인간의 정신활동 자체에 관한 기본권은 법인에게 인정되지 않는다. 나아가 자연인의 물질적 · 육체적 생존을 전제하는 기본권(사회보장 등에 관한 사회적 기본권)도 법인에게는 적용될 여지가 없다.

반면에 재산권을 비롯한 경제적 기본권은 물론 법인의 활동과 직접 관련되는 다수의 기본권들은 법인에게도 인정된다. 예컨대 법인에게 –자연인의 내면적 정신활동 자체인– 신앙의 자유가 인정되기는 어렵지만, 종교적 집회나 결사의 자유는 인정될 수 있다.[20]

---

19) 물론 법인은 결코 자체목적이 될 수 없으며, 국가가 그러하듯이 모든 단체의 궁극적 존재의미는 인간에의 봉사에 있다. 하지만 적어도 기본권주체성과 관련하여서는 법인을 –자연인과는 별개의 독립된 존재로서– 기본권의 주체가 될 수 있도록 인정하는 것이 (인간중심의) 기본권체계를 구성하는 데 도움이 된다는 측면에서 이해하여야 할 것이다.

20) 유사한 맥락에서 헌법재판소는 "법인도 법인의 목적과 사회적 기능에 비추어 볼 때 그 성질에 반하지 않는 범위 내에서 인격권의 한 내용인 사회적 신용이나 명예 등의 주체가 될 수 있고 법인이 이러한 사회적 신용이나 명예 유지 내지 법인격의 자유로운 발현을 위하여 의사결정이나 행동을 어떻게 할 것인지를 자율적으로 결정하는 것도 법인의 인격권의 한 내용을 이룬다고 할 것이다"라고 판시한 바 있다(헌재 2012.8.23. 2009헌가27 결정).

3. 기본권의 주체로서의 외국사법인

외국사법인이 기본권의 주체가 될 수 있느냐에 대하여 국내에서는 논의가 많지 않지만, 내국사법인과 똑같이 인정하기는 곤란하다고 볼 수 있다. 자연인인 외국인의 경우와는 달리 인간의 권리이기 때문에 외국사법인에게도 당연히 인정되어야 한다고 볼 경우는 찾기 어렵고, 외국사법인의 국내활동 및 그 근거로서의 기본권은 오히려 상호주의 원칙에 따라 인정되는 것이 합리적이기 때문이다. 독일 연방헌법재판소도 이러한 입장을 취하고 있다.

외국사법인의 기본권주체성을 부정한다고 해서 외국사법인은 전혀 보호받지 못한다는 것을 의미하는 것은 물론 아니다. 외국사법인도 일정한 방식으로 법적 보호를 누린다. 첫째, 국가의 활동은 법치주의 원리에 구속되기 때문에 국가가 외국사법인에 대한 규제를 가할 경우에는 법률유보의 원칙에 따라 법률의 근거를 가져야 한다. 둘째, 외국사법인의 권리침해에 대해서 재판절차를 통한 보호는 인정된다. 그리고 이러한 보호와는 별도로 외국사법인도 국내법에 따른 현지법인의 구성을 통해 기본권의 주체가 될 수 있다.[21]

Ⅲ. 공법인의 기본권주체성

최근에는 사법인보다 공법인의 기본권주체성에 대한 관심이 더욱 높아지고 있다. 사법인의 경우 -구체적 인정범위에 대한 논란은 접어두더라도- 기본권의 주체가 될 수 있다는 점 자체에 대해서는 논란이 없는 반면에, 공법인에 대해서는 기본권주체성의 인정 여부에 대해서부터 많은 논란이 있기 때문이다.[22]

1. 공법인의 특수성과 기본권능력의 문제

종래 기본권은 국민이 국가에 대해 주장할 수 있는 공권(公權)으로 이해되었으며, 공법인은 국가목적의 달성을 위해 창설된 것으로서 국가의 일부로 취급되어 왔다.

이렇게 볼 때, 공법인이 국가에 대해 기본권을 주장하는 것은 기본권의 개념상 맞지 않으며, 또한 공법인과 국가의 관계는 내부적 관계에 의해 규율될 것이므로 이들의 상호관계에 기본권을 적용시키는 것은 불필요하다고 보는 견해가 지배적이었다. 즉 공법인에 대하여 기본권주체성을 인정하는 것은 가능하지도, 필요하지도 않다는 것이다.

나아가 국가 자체도 일종의 공법인이라고 인정하는 맥락에서 보면, 공법인의 기본권주체성은 더욱 인정되기 어렵다. 국가는 기본권의 주체가 아닌 객체(수규자)로 인정될 뿐인데, 국가를 기본권의 주체로 인정한다는 것은 논리적으로 모순될 뿐만 아니라, 만일 국

21) 이에 관하여는 계희열, 헌법학(중), 2007, 67쪽 이하 참조.

22) 공법인의 경우 외국공법인이 기본권의 주체로 문제되는 경우는 현실적으로 거의 나타날 수 없기 때문에 내국공법인에 관해서만 고찰한다.

가를 기본권의 주체로 인정하고 국가가 기본권의 대사인적 효력을 인정할 경우에는 국가가 국민에 대하여 기본권을 주장하는 기현상이 나타날 수 있다는 것이다.

그러나 오늘날에는 과거와 달리 공법인의 종류와 역할이 매우 다양해졌다. 예컨대 국 · 공립대학이나 국 · 공영방송국처럼 국가의 간섭으로부터 벗어나 사법인과 같은 목표를 가지고 같은 활동을 하는 공법인들도 나타나게 되었는데, 이들에 대해서는 국가와의 관계를 내부관계로 해결하도록 하는 데 문제가 적지 않다는 점이 새롭게 문제되고 있는 것이다. 그로 인하여 공법인의 기본권주체성을 제한적으로나마 인정하려는 견해도 매우 강력하게 대두되고 있다.

2. 공법인의 기본권주체성을 부인하는 논거

공법인의 기본권주체성을 부인하는 전통적 논거는 「국가」와 「사회」의 구별에서 기본권의 영역을 찾아야 한다는 것이다. 즉 기본권은 사회의 영역에 속하는 개인 또는 단체의 자유를 국가의 간섭으로부터 보호하는 것인데, 공법인은 사회의 영역이 아닌 국가의 영역에 속하는 존재이기 때문에 기본권의 주체가 될 수 없다는 것이다.

국가와 사회의 구별을 기본권이론의 기초로 삼고 있는 칼 슈미트의 헌법이론에서는 물론이고, 법실증주의적 헌법관에서도 공법인의 기본권주체성은 원칙적으로 부정된다. 공법인은 국가의 일부이기 때문에 기본권에 구속될 뿐이고 기본권을 주장할 수는 없다고 한다.[23] 기본권의 객체(수규자)인 공법인이 동시에 기본권의 주체가 될 수는 없다는 것이다.

독일 연방헌법재판소도 공법인의 기본권주체성을 원칙적으로 부정하고 있다. 공법인이 공무를 수행하는 한 기본권의 주체가 될 수 없다는 것이다. 하지만 동재판소에 따르면, 공법인의 기본권주체성이 예외적으로 인정되는 경우도 있다. 즉 공법인이 공무를 수행하는 경우에도 해당 공법인이 「기본권에 의해 보장된 생활영역에 직접 배치」된 경우에는 기본권의 주체가 될 수 있다는 것이다. 그 예로는 공법인으로 되어 있는 대학이 학문의 자유의 주체가 될 수 있으며, 역시 공법인인 국 · 공영방송이 언론의 자유의 주체가 될 수 있다는 것이다.

3. 공법인의 기본권주체성을 인정하는 논거

공법인의 기본권주체성을 인정하는 논거는 주로 이를 부정하는 논거에 대한 비판을 통하여 나타난다. 이러한 인정설의 주요논거는 다음과 같다.

① 공법인이 고권적 행위를 할 때는 기본권의 주체가 되지 못하지만 국고행위와 같은 사법적 형태(私法的 形態)로 활동하는 경우에는 주체가 될 수 있다는 견해이다.

② 조직법상 국가로부터 독립되어 있고 고유한 업무영역을 갖고 있는 공법인들(예컨대 국 · 공립대학, 국 · 공영방송국 등)은 기본권의 주체가 된다는 것이다. 독일 연방

---

23) 다만 옐리네크는 공법인의 하나인 자치단체에 대해서는 소극적 지위를 인정함으로써 제한적이나마 기본권의 주체가 될 수 있다고 인정하였다.

헌법재판소도 일련의 판결에서 이 견해를 부분적으로 수용하였다.

③ 법인이 공적 임무를 수행하는 경우 기본권의 주체가 될 수 없으나 공법인이 개인적 이익을 결합하여 그들의 이익을 대변하는 담당자로서 국가적 형태로 나타나는 공동이익에 대항하는 경우 그 주체가 될 수 있다는 것이다.

④ 공법인이 다른 공법인에 대해 전형적인 기본권관계인 복종의 관계가 성립되는 경우, 즉 공법인이 사인처럼 다른 공법인의 지배 하에 있는 경우 기본권의 주체가 된다는 것이다. 그러나 공법인이 국가와 지시 · 감독관계에 서있는 경우에는 주체가 될 수 없다고 한다.

4. 공법인의 기본권주체성에 대한 판단

공법인의 기본권주체성은 획일적으로 부인하거나 인정할 수 없는 문제이다. 위에서 본 바와 같이 부인하는 입장에서도 예외를 인정하고 있고, 인정하는 입장에서도 일정한 조건에 따라 매우 제한된 범위 내에서만 인정하고 있다. 그 결과만을 놓고 볼 때 부인하는 입장이나 인정하는 입장이나 차이가 별로 없다.

예컨대 국 · 공립대학이나 국 · 공영방송국의 기본권주체성은 널리 인정되고 있는 것이 현실이다. 또한 지방자치단체나 그 밖의 공법인이 국가에 대하여 기본권을 주장할 수 있도록 하는 것이 오늘날의 권력분립에 따른 국가내부의 다원적 구조에 따라 인정되어야 한다는 견해도 있다. 그러나 그 인정범위는 앞서 살펴본 바와 같이 -국가와 지시 · 감독관계에 있지 않은- 매우 제한적인 것일 수밖에 없다.

결론적으로 정리하자면, 공법인의 기본권주체성은 원칙적으로 부정된다. 다만 국 · 공립대학, 국 · 공영방송국 등에 대해 예외적으로 인정하려는 경향이 있을 뿐이다.[24)]

Ⅳ. 권리능력 없는 단체의 기본권주체성: 특히 정당의 기본권주체성

법인격이 없는 단체, 즉 권리능력이 없는 단체에 대하여는 특별히 기본권능력이 문제되는 예가 많지 않다. 그러나 예외적으로 정당의 경우에는 (정당은 일반적으로 권리능력 없는 사단이다) 정당의 특수한 헌법상의 지위 및 기능과 관련하여 기본권주체성이 문제된다.

정당과 관련하여서는 특히 독일 연방헌법재판소가 정당의 헌법기관성을 긍정함으로써 정당에게 권한쟁의의 당사자능력을 인정하였던 것이 문제되었으며, 이와 더불어 정

---

24) 헌법재판소도 서울대학교 입시요강에 관한 헌법소원사건에서 국립대학교인 서울대학교가 학문의 자유와 대학의 자율권이라는 기본권의 주체가 됨을 인정한 바 있으며(**헌재 1992.10.1. 92헌마68등 결정**), 세무대학설치법폐지법률 위헌확인 사건에서 "국립대학인 세무대학은 공법인으로서 사립대학과 마찬가지로 대학의 자율권이라는 기본권의 보호를 받으므로, 세무대학은 국가의 간섭 없이 인사 · 학사 · 시설 · 재정 등 대학과 관련된 사항들을 자주적으로 결정하고 운영할 자유를 갖는다"고 판시한 바 있다(**헌재 2001.2.22. 99헌마613 결정**). 또한 국립대학이 대학 자율권의 주체로서 헌법소원심판 청구인능력이 인정된 바도 있다(**헌재 2015.12.23. 2014헌마1149 결정**).

당이 헌법소원을 제기할 자격이 있는지의 문제가 논의되었다. 이에 대해 독일 연방헌법재판소는 선거절차의 형성에 관한 문제에 있어서는 권한쟁의를 제기할 수 있으며, 그 밖의 기본권침해에 대하여는 헌법소원을 제기할 수 있다고 판결한 바 있다.

그러나 우리나라의 경우 권한쟁의에 대해서는 헌법 제111조 제1항 제4호와 헌법재판소법 제62조가 명문으로 심판청구권자를 국가기관과 지방자치단체에 한정하고 있으므로 현행법상 정당에게 권한쟁의의 청구인적격을 인정할 여지는 없다. 그러나 정당에게 헌법소원을 제기할 자격을 인정하는 문제는 긍정적으로 검토될 수 있을 것이다.[25)]

사례 풀이:

1. 갑과 병이 이 법률에 대해서 헌법재판소에 헌법소원심판을 청구한다면, 그 청구는 적법한가? (30점)

Ⅰ. 서: 헌법소원심판의 유형과 적법요건 [3점]

Ⅱ. 공권력에 의한 기본권의 침해 [9점]

1. 공권력으로서의 입법작용
2. 침해되는 기본권과 외국인의 기본권주체성
3. 사안에 대한 판단

Ⅲ. 기본권침해의 직접성, 현재성, 자기관련성 [9점]

1. 입법작용에 의한 기본권침해와 직접성 요건
2. 현재성에 대한 판단
3. 자기관련성에 대한 판단

Ⅳ. 보충성 및 기타의 적법요건 [7점]

1. 헌법소원심판청구의 보충성 요건
2. 변호사강제주의

---

25) **헌재 1991.3.11. 91헌마21 결정**: "그런데 시 · 도의회의원선거에 있어서 정당은 후보자의 추천과 후보자를 지원하는 선거운동을 통하여 소기의 목적을 추구하는데, 이 경우 평등권 및 평등선거의 원칙으로부터 나오는(선거에 있어서의) 기회균등의 원칙은 후보자에 대하여서는 물론 정당에 대하여서도 보장되는 것이며, 따라서 정당추천의 후보자가 선거에서 차등대우를 받는 것은 바로 정당이 선거에서 차등대우를 받는 것과 같은 결과가 되는 것이다. 이와 같이 정당이 선거에 있어서 기회균등의 보장을 받을 수 있는 헌법적 권리는 정당활동의 기회균등의 보장과 헌법상 참정권보장에 내포되어 있다고 할 것이므로 헌법 제8조 제1항 내지 제3항, 제11호 제1항, 제24조, 제25조는 그 직접적인 근거규정이 될 수 있는 것이며, 헌법 전문과 제1조, 제41조 제1항, 제67조 제1항, 제37조 제2항, 제116조 제2항은 간접적인 근거규정이 될 수 있는 것이다."

헌재 2006.3.30. 2004헌마246 결정: "청구인(사회당)은 등록이 취소된 이후에도, 취소 전 사회당의 명칭을 사용하면서 대외적인 정치활동을 계속하고 있고, 대내외 조직 구성과 선거에 참여할 것을 전제로 하는 당헌과 대내적 최고의사결정기구로서 당대회와, 대표단 및 중앙위원회, 지역조직으로 시 · 도위원회를 두는 등 계속적인 조직을 구비하고 있는 사실 등에 비추어 보면, 청구인은 등록이 취소된 이후에도 '등록정당'에 준하는 '권리능력 없는 사단'으로서의 실질을 유지하고 있다고 볼 수 있으므로 이 사건 헌법소원의 청구인능력을 인정할 수 있다. 또한, 정당설립의 자유는 그 성질상 등록된 정당에게만 인정되는 기본권이 아니라 청구인과 같이 등록정당은 아니지만 권리능력 없는 사단의 실체를 가지고 있는 정당에게도 인정되는 기본권이라고 할 수 있고, 청구인이 등록정당으로서의 지위를 갖추지 못한 것은 결국 이 사건 법률조항 및 같은 내용의 현행 정당법(제17조, 제18조)의 정당등록요건규정 때문이고, 장래에도 이 사건 법률조항과 같은 내용의 현행 정당법 규정에 따라 기본권제한이 반복될 위험이 있으므로, 심판청구의 이익을 인정할 수 있다."

3. 청구기간

Ⅴ. 결론 [2점]

2. 갑은 이 법률에 의해 어떤 기본권이 위헌적으로 침해되었다고 주장할 수 있는가? (50점)

Ⅰ. 사안의 분석과 쟁점의 정리 [4점]

Ⅱ. 「외국인과의 혼인에 관한 특례법」에 의한 규제의 유형과 관련되는 기본권 [8점]

1. 적용대상과 헌법 제11조 평등권
2. 혼인의 절차에 대한 규제와 헌법 제36조 혼인 및 가족생활의 보호
3. 혼인생활에 대한 신고와 헌법 제17조 사생활의 비밀과 자유
4. 혼인무효 및 강제출국과 거주이전의 자유

Ⅲ. 평등권 침해의 정당성 여부에 대한 판단 [18점]

1. 비교집단: 외국인 여성과 결혼한 대한민국 남성과의 비교
2. 심사기준: 성별에 의한 차별과 엄격한 심사기준의 적용
3. 비례성판단: 수단의 적합성, 침해의 최소성, 법익의 균형성에 대한 판단

Ⅳ. 혼인의 자유 등에 대한 제한의 정당성 여부에 대한 판단 [18점]

1. 혼인 절차에 대한 규제의 정당성 판단
2. 혼인생활에 대한 신고 요구의 정당성 판단
3. 강제출국의 정당성 판단

Ⅴ. 결론 [2점]

3. 병은 이 법률에 의해 기본권이 소급적으로 침해되었다고 볼 수 있는가? (20점)

Ⅰ. 서: 병의 헌법상 지위(대한민국 국적취득 여부)와 제한되는 기본권 [2점]

Ⅱ. 법치주의의 요청과 소급효금지원칙의 의미 [4점]

1. 법치주의와 법적 안정성의 요청
2. 법의 예측가능성과 소급효의 금지
3. 유리한 소급효와 불리한 소급효의 차별화

Ⅲ. 「외국인과의 혼인에 관한 특례법」의 적용시점과 소급효의 유형 [6점]

1. 소급효의 유형: 진정소급효와 부진정소급효
2. 혼인생활에 대한 신고의무의 성격과 부진정소급효
3. 부진정소급효의 헌법적 정당화 요건

Ⅳ. 공익상의 요청과 기본권제한 사이의 법익형량 [7점]

1. 위장결혼 규제의 공익적 필요성
2. 병의 안정적인 혼인생활 유지에 관한 기본권
3. 양자의 법익형량

Ⅴ. 결론 [1점]

제 4 장　기본권의 효력(객체)

제3장에서 검토하였던 「기본권의 주체」가 기본권을 주장할 수 있는 자가 누구인지의 문제라면, 「기본권의 효력」은 그러한 기본권을 누구에 대해서 주장할 수 있느냐의 문제이다. 이러한 기본권의 효력 문제는 크게 국가를 기본권의 객체로 하는 경우, 즉 **대국가적 효력**의 문제와 사인을 기본권의 객체로 하는 경우, 즉 **대사인적 효력**의 문제로 나누어진다.

전통적인 기본권이해에 따라 **기본권을 국민이 국가에 대해 주장할 수 있는 공권으로 이해하는 경우**에는 기본권의 대국가적 효력은 당연한 것으로 인정되지만, 기본권의 대사인적 효력은 인정될 여지가 없다. 따라서 과거에는 기본권의 효력과 관련하여 오로지 대국가적 효력만이 문제되었다.

그러나 오늘날에는 **사인(私人)에 의한 인권침해**가 점차 증가하면서 기본권의 대사인적 효력을 인정하려는 견해가 헌법이론과 실무에서 지배적인 위치를 차지하게 되었다. 하지만 기본권의 대사인적 효력을 인정하는 근거는 무엇인지, 그리고 기본권의 대사인적 효력과 대국가적 효력은 똑같은 실현구조를 가지고 있는지 아니면 다른 것인지, 대사인적 효력이 인정되는 경우에 기본권의 성격 및 실현구조가 과거와는 어떻게 달라지는지 등에 관한 복잡한 문제들이 아직도 충분히 해명되지 않은 채로 남아 있다.

【사례: 대학 입시요강에 의한 기본권의 제한】

갑 등은 용인시 소재 비인가 대안학교인 A중고등학교에 재학 중인 학생들로서, 2016년도 제2회 고등학교 졸업학력 검정고시(2016.8.3. 시행)에 합격하여 고등학교 졸업학력을 취득하였다. 이들은 초등학교 교사가 되기 위하여 국립대학인 서울교육대학교, 경인교육대학교, 춘천교육대학교 등에 응시하고자 하였다.

그러나 이들 대학에서는 2016.5.경 '2017학년도 수시모집 신입생 모집요강'을 공표하였는데, 장애인, 기초생활수급자 또는 차상위계층 등을 대상으로 하는 일부 특별전형을 제외하고 대부분의 전형에 있어 고등학교 졸업자 또는 졸업예정자로 지원자격을 한정하였다. 이에 따라 검정고시로 고등학교 졸업학력을 취득한 사람은, 일부 특별전형의 대상에 해당되지 않는 이상, 대학의 수시모집에 지원할 수 없게 되었다.

갑 등은 이들 대학의 '2017학년도 수시모집 신입생 모집요강'이 검정고시 출신으로서 이들 대학에 진학하여 초등학교 교사가 되고자 하는 청구인들의 교육받을 권리 등을 침해하고 있다고 주장하면서 2016.8.4. 헌법재판소에 헌법소원심판을 청구하였다.

〈헌재 2017.12.28. 2016헌마649 참조〉

1. 갑 등의 헌법소원심판청구는 적법한가? (30점)
2. 사립대학의 입시요강이 문제되었을 경우에는 적법요건의 판단이 달라질 것인가? (10점)
3. 갑의 헌법소원심판청구가 적법한 경우 헌법재판소는 어떠한 본안판단을 내려야 하는가? (50점)

제1절 민주적 헌법국가와 기본권의 성격

Ⅰ. 전통적인 기본권이해와 국가에 대한 공권(公權)으로서의 기본권

1. 전통적인 기본권이해의 전제

통합론 이전의 전통적인 기본권이론은 크게 두 갈래로 나누어진다. 하나는 자연권사상을 배경으로 기본권의 **초국가적 자연권성**을 강조하는 시민적·자유주의적 법치국가사상에 기초한 기본권이론이고, 다른 하나는 법실증주의에 기초하여 기본권을 실정법체계 내에서 비로소 인정되는 **실정법상의 권리**로 이해하는 것이다.

기본권의 자연권성을 강조하는 입장에서는 무엇보다 기본권의 뿌리인 인권의 보편성에 주목하며, 이러한 초국가적 내지 선국가적 기본권의 보장이 근대 입헌주의의 핵심임을 강조한다.[1] 반면에 기본권을 실정권으로 파악하는 법실증주의의 입장에서는 기본권이 국가 내의 권리임을 강조하면서 그 구체적 보장의 범위 및 방법이 실정법에 의해 비로소 정해진다고 주장한다.[2]

그러나 이러한 두 가지 기본권이론은 많은 차이를 가지고 있음에도 불구하고 하나의 공통점을 갖고 있었다. 그것은 양자가 모두 기본권을 **개인이 국가에 대해 주장할 수 있는 권리**, 이른바 **주관적 공권**으로 이해하고 있었다는 점이다.

2. 소극적 방어권으로서의 기본권

기본권의 역사적인 발전과정이 보여주듯이 개인의 권리로서의 기본권은 일차적으로 소극적 방어권이라는 형태로 나타났다. 즉 개인의 헌법상의 지위(특히 자유권)를 국가권력이 부당하게 침해하는 것에 대하여 국민은 기본권을 주장함으로써 방어할 수 있게

---

1) 비록 기본권이 –군주세력과 시민세력이 대립하고 있는 정치적 현실을 전제로 한– 입헌군주제 하에서는 모든 국가공동체의 질서를 지배하는 것으로 인정되지는 못할지라도, 적어도 국가권력이 침해할 수 없는 일정한 울타리를 만들어 개인의 자유를 보호하는 것으로 파악되었던 것이다.
2) 이에 관하여는 「제2권 제1부 제1장 제2절 Ⅰ. **법실증주의적 헌법관에서 본 기본권**」 참조.

되는 것이다.

이러한 방어권이 인정되어야 할 필요성은 과거 **국가권력의 우월성과 그 남용의 위험성**에서 찾을 수 있다. 즉 국가권력은 국민에 대하여 강제력을 발동하여 그 지배에 복종시킬 수 있는 힘을 가지고 있는데, 이러한 권력이 남용되는 경우를 막기 위하여 국가권력의 개입을 막을 수 있는 힘을 기본권이라는 형태로 국민들에게 부여하는 것이 필요했던 것이다.

오늘날의 민주국가에 있어서는 국가권력의 성질 및 그 정당성의 기초에 대한 이해가 과거의 입헌군주제 당시와는 많이 달라졌다. 국가권력은 국민에게 봉사하기 위한, 즉 국민의 기본권을 보장하고 실현시키기 위한 도구로 이해되는 것이다. 하지만 민주국가에서도 권력의 오용과 남용은 여전히 가능하기 때문에 오늘날에도 기본권이 소극적 방어권으로서의 기능을 하는 것은 여전히 필요하고 중요하다.[3]

3. 적극적 급부청구권으로서의 기본권

과거 자유권을 중심으로 구성되었던 기본권목록은 20세기에 들어와 다양한 새로운 기본권들을 추가함으로써 매우 풍부해졌다. 사회국가원리에 기초한 사회적 기본권 및 문화국가원리에 기초한 문화적 기본권, 그리고 제3세대의 기본권이라 불리는 환경권 등 수많은 기본권들이 20세기에 들어와 새롭게 대두되었으며, 이러한 기본권의 확대는 국가기능의 확대와 맞물려 있다.

20세기에 들어와 다양한 새로운 기본권들이 무수히 대두된 데에는 무엇보다 민주주의의 관철이 가장 중요한 배경으로 작용하였다. 민주주의가 관철되어 국민과 국가의 관계가 대립관계가 아닌 협조관계 내지 목적과 수단의 관계로 바뀌면서, 국민은 국가의 개입을 무조건 배제하는 소극적 태도를 벗어나서 일정한 경우에는 기본권의 실현을 위해 국가가 적극적으로 활동하도록 요청하게 된 것이다.

민주주의에 기초한 국가의 역할증대, 특히 사회적 · 문화적 생활영역의 비중 확대와 이에 대한 국가적 배려의 필요성에 기초하여 기본권이 소극적 방어권을 넘어서서 적극적 급부청구권으로까지 확장된 것이다.[4]

4. 「개인의 권리로서의 기본권」의 의미에 관한 반성

오늘날에도 기본권이 개인의 권리로서의 측면을 갖는다는 점은 부정할 수 없다. 다만 그 개인의 권리가 갖는 의미는 새롭게 해석되어야 할 필요가 있다. 즉 전통적인 기본권이론에서는 기본권을 개별적인 경우에 행사될 수 있는 권리로 봄으로써 미시적인 접근을 하는 데 그쳤다면,[5] 오늘날의 -**기본권의 이중성**에 기초한- 기본권이론은 그러

3) 이러한 소극적 방어권으로서의 기본권은 각종 자유권과 평등권에 의하여 개인의 자유로운 생활영역을 보장하는 형태로 구체화된다.

4) 그러나 이러한 변화가 소극적 방어권으로서의 자유권이 갖고 있는 의미를 감소시키는 것은 결코 아니다.

5) 즉 기본권은 구체적인 침해에 대한 보호의 문제로 인식되었을 뿐이고, 그러한 기본권의 보장 및 행사

한 개인의 권리를 통해 국민이 국가질서 속에서 어떠한 위치를 갖게 되는지에도 주목하는 것이다.

민주적 헌법국가의 관점에서 본다면 헌법에 의해 규정되는 민주적·법치국가적 질서의 중심은 국민이며, 국민을 위해 국가가 존립하는 것이지, 국가를 위해 국민이 존재하는 것은 아니라고 할 수 있다. 따라서 기본권을 통해 −국가질서 속에 편입되어 있지만, 또한 그 질서의 주체가 되는− 국민이 어떤 법적 지위를 가지고 있는지를 확인하는 것은 헌법질서를 올바르게 형성하기 위한 출발점이라고 할 수 있다.

이런 맥락에서 볼 때, 국민 개개인이 누리는 기본적인 법적 지위로서의 기본권은 근대 **인권사상의 역사적 전통**에 기초한 것일 뿐만 아니라 **근대적 민주주의의 발전**과도 매우 밀접한 관련을 가지고 있는 것이다. 이에 따라 오늘날 기본권(의 핵심적 부분들)은 국가의 기초가 되는 것, 즉 헌법제정권력조차 구속하는 초실정적인 것으로 간주되고 있으며, 이를 부정하는 질서는 정당성을 주장할 수 없게 되었다.

Ⅱ. 새로운 기본권이해와 헌법질서의 중심적 가치로서의 기본권

1. 새로운 기본권이해의 기초: 헌법의 중심적 가치로서의 기본권

전통적인 기본권이해가 개인의 권리로서의 측면에만 초점을 맞추고 있었던 반면, 통합론에 기초한 새로운 기본권이해는 무엇보다 기본권이 헌법의 중심적 가치라는 점을 새롭게 부각시켰다. 즉 기본권은 개인의 법적 지위를 확보해주는 수단일 뿐만 아니라 **전체 헌법질서가 어떻게 형성되어야 할 것인지를 밝혀주는 기준 내지 시침**으로서의 의미도 갖고 있다는 것이다.[6)]

민주적 헌법질서를 전제한다면, 주권자인 국민에게 봉사하기 위해 국가조직이 구성되어 활동하는 것이 당연하고, 국민에게 봉사한다는 것은 결국 국민의 기본권을 최대한 보장하고 실현하는 것이 된다는 것도 논리적으로 자명하다. 나아가 국가기관의 모든 활동, 그리고 이를 통해 형성되는 국가질서는 결국 국민의 기본권을 보장하고 실현시키는데 초점이 맞춰져 있어야 한다. 그러므로 기본권이 국가질서 형성의 기준 내지 지침이 된다는 것은 당연한 논리적 귀결이다.

따라서 기본권의 주관적 측면(즉 개인의 권리로서의 측면)과 기본권의 객관적 측면(즉 국가질서를 형성하는 기준 내지 지침으로서의 측면)은 상호 보완하고 강화하는 관계에 있다. 즉 기본권의 양 측면은 불가분의 관계 속에 놓여 있다.

가 국가질서 전체에 대하여 어떠한 파급효를 가져올 수 있는지에 대해서는 관심이 기울여지지 않았다. 예컨대 특정인에 대한 언론의 자유의 침해가 발생한 경우에는 그러한 침해를 받은 당사자가 그에 대해 기본권을 주장함으로써 「침해에 대한 구제를 받을 수 있는 법적 가능성」을 확보하는 데 관심을 가졌을 뿐이고, 이러한 기본권의 보장을 통해 국가질서가 어떻게 형성될 것인지에 대해서는 큰 관심을 기울이지 않았던 것이다.

6) 이에 관하여는 「제2권 제1부 제1장 제2절 Ⅲ. 3. **헷세(K. Hesse)의 기본권관**」 참조.

2. 국가권력의 소극적 권한규정으로서의 기본권

기본권의 「소극적 방어권」으로서의 측면에 대응하는 것이 「국가권력의 소극적 권한규정」으로서 기본권이 갖는 의의 내지 기능이다.

국가권력은 기본권을 보장하기 위해 형성된 것이다. 따라서 국가권력은 기본권을 구체화할 뿐만 아니라, 정서(整序)의 필요(즉 실효적인 보장의 필요)에 의해 기본권을 제한할 수도 있다. 하지만 그러한 국가권력에 의한 구체화나 제한이 기본권의 의의에 부합되지 않게 기본권을 침해해서는 안 된다. 즉 국가질서의 형성은 기본권에 의해 보장되는 개인의 자유와 권리를 존중 · 보장하는 방향으로 구체화되어야 한다.

이를 뒤집어 보면, **국가권력은 기본권을 침해하지 않는 방향으로 구성되고 활동하여야 한다**고 말할 수 있다. 헌법상의 국가권력은 무제한적인 권력, 전능한 권력이 아니라 애당초 법적으로 구성된 권력이며, 그 구성과 행사에 일정한 한계를 갖고 있다. 그리고 기본권이 그러한 한계를 이루는 요소로 인정되는 것이다.

따라서 국가는 기본권규정들에 의해 허용된 범위 내에서만 합법 · 합헌적으로 권력을 행사할 수 있다.

3. 국가질서를 적극적으로 형성하는 요소로서의 기본권

기본권은 국가권력이 침해하지 말아야 할 한계요소로서 작용할 뿐만 아니라, 국가권력이 적극적으로 실현시켜야 할 목표이기도 하다. 즉 기본권은 **국가질서의 적극적 형성에 직접 영향을 미치는 요소**로서도 작용하는 것이다.

특히 개인과 개인 사이의 자유로운 소통이나 결합 및 그 결과로서 나타나는 정치적 질서의 형성에 관한 각종 기본권(언론의 자유, 집회의 자유, 결사의 자유 등)은 기본권의 행사를 통해 국가질서가 형성되는 측면을 잘 보여주고 있다. 하지만 기본권의 구체적인 행사를 통해서 비로소 기본권이 국가질서를 적극적으로 형성하는 요소로 인정되는 것이 아니라, 기본권의 존재 자체가 국가기관에 대하여 구속력 있는 지침이 되는 것이다.

헌법상 보장되는 기본권, 즉 개인의 헌법상 지위는 이러한 국가에 의한 각종 법과 제도를 통하여 구체적으로 형성되고, 한계가 정해지며, 보호된다. 하지만 거꾸로 그 공동체질서는 국민의 기본권이 존재하고 또 실제 행사됨으로써 비로소 현실성을 얻게 되는 것이다. 즉 기본권의 존재와 기능을 통하여 비로소 살아있는 공동체질서가 민주주의 및 법치주의에 기초하여 구체적으로 형성될 수 있는 것이다.[7)]

---

7) 언론 · 출판 · 집회 · 결사의 자유 및 기타 정치적 기본권에 의해 다원적 정치의사형성과정으로서의 민주주의가 비로소 가능하게 되며, 또한 기본권에 의해 그리고 기본권을 위해 법치국가적 헌법질서가 비로소 구체적인 의의와 형태를 갖추게 된다. 나아가 혼인과 가족, 재산권 등의 기본권을 통하여 사법질서(私法秩序)의 헌법적 기초가 마련되며, 종교, 교육, 노동, 학문, 예술 등의 생활영역도 기본권에 의해 그 헌법적 기초가 놓여지고 있다.

Ⅲ. 기본권이론의 새로운 발전과 기본권의 실현구조

이처럼 주관적 공권으로 인식되던 기본권이 헌법의 중심적 가치로서 새롭게 이해됨에 따라 기본권이론은 커다란 변화를 보이게 되었다. 새로운 기본권이론은 기본권의 의의와 기능에 대한 이해를 혁신적으로 변화시켰을 뿐만 아니라, 헌법질서의 성격이나 국가권력에 의한 각종 과제수행의 의미와 방식에 이르기까지 폭넓은 파급효를 낳았던 것이다.

이러한 파급효 가운데 특히 의미 있는 부분의 하나가 바로 기본권의 실현구조가 변화되었다는 점이다. 즉 새로운 기본권이론으로 인하여 기본권의 효력(즉 대상)이 인정되는 범위가 확장되었으며, 기본권제한의 의미도 변화되었던 것이다.[8] 특히 기본권의 효력과 관련하여 새로운 기본권이론은 전통적인 대국가적 효력 이외에 대사인적 효력이 인정될 수 있는 결정적인 계기를 마련하였다.

제 2 절 기본권의 대국가적 효력

Ⅰ. 기본권의 공권성과 대국가적 효력

기본권은 원칙적으로 국가를 그 대상(=객체)으로 한다. 기본권을 공권으로 파악하는 전통적인 견해는 이를 당연한 전제로 여기고 있었으며, 독일 기본법처럼 기본권이 모든 국가권력을 구속한다는 것을 명시하는 경우도 있다.[9]

또한 현행헌법 제10조 제2문도 "국가는 개인이 가지는 불가침의 기본적 인권을 확인하고 이를 보장할 의무를 진다"라고 규정함으로써 기본권이 국가권력에 대한 구속력을 갖고 있음을 확인하고 있다.

그러나 현행헌법상 모든 기본권이 모든 국가권력을 똑같은 정도로 구속한다고 보기는 어렵다. 사회적 기본권을 모두 삭제한 독일 기본법과는 달리 현행헌법은 다수의 사회적 기본권 규정들을 두고 있으며, 자유권과 사회권은 국가권력을 구속하는 방식 및 정도에 있어서 상당한 차이를 보이기 때문이다.

그러므로 -모든 기본권이 대국가적 효력을 갖는다는 대전제는 포기하지 않는다 하더라도- 개별기본권의 성격을 고려하는 가운데 그 기본권의 국가권력에 대한 효력(구속력)의 정도를 세분화하여 검토하는 것이 필요하다.

---

8) 기본권이해의 변화에 따른 기본권제한의 의미변화에 대해서는 「제2권 제1부 제5장 **기본권의 한계와 제한(내용확정)**」 참조.

9) 독일 기본법 제1조 제3항: "이하의 기본권은 직접 효력을 가진 법으로서 입법, 집행 및 사법권을 구속한다."

Ⅱ. 권력작용에 대한 기본권의 구속력

1. 인간의 존엄과 행복추구권의 대국가적 효력

인간의 존엄(=인간으로서의 존엄과 가치)은 모든 기본권의 원천이며, 헌법의 최고이념이다. 인간이 존엄하다는 것은 어떤 이의도 허용되지 않는 무조건적인 전제이며, 이는 우리가 인간이기에 지켜야 할 가장 기본적인 규범이다.[10)]

따라서 헌법 제10조 제1문 전단에 규정되어 있는 인간의 존엄은 −헌법의 최고이념, 최고가치로서− 모든 국가권력을 구속한다. 즉 입법, 집행, 사법의 모든 국가권력은 인간의 존엄에 위배되는 활동을 해서는 안 된다는 것이다.

또한 헌법 제10조 제1문 후단에 규정되어 있는 행복추구권도 −헌법재판소의 판례처럼 인격의 자유로운 발현으로 이해할 때[11)]− 이에 위배되는 국가권력의 행사는 허용되지 않는다고 보아야 할 것이다.[12)]

2. 평등권의 대국가적 효력

과거에는 평등을 제한적으로 생각하던 시절이 있었다. 즉 평등권을 단순히 「법 앞의 평등」으로 보고 이는 곧 「법적용의 평등」을 의미하기 때문에 법의 집행기관인 행정권과 사법권만이 평등권에 구속되고 입법권은 평등권에 구속되지 않는다는 소위 **입법비구속설**이 지배적이었던 시기가 그러하다.

반면에 자연법론자들 또는 실질적 법치주의를 주장하는 사람들은 이러한 입법비구속설이 법의 형식만을 고려하여 평등을 실현시킬 뿐 실제 그 법 내용의 평등을 무시하고 있다는 문제점을 지적하면서, 진정한 의미의 평등은 법의 내용까지도 평등할 때 비로소 실현될 수 있다는 의미에서 이른바 **입법구속설**을 주장하였다.

현행헌법의 해석론으로도 입법구속설이 통설로 받아들여지고 있다.[13)]

3. 자유권의 대국가적 효력

기본권의 성립과 발전과정을 살펴볼 때, 자유권은 초기 기본권의 중심이었을 뿐만 아니라 오늘날에도 −비록 과거에 비해 그 비중이 줄어들기는 했지만− 기본권 가운데 가장 큰 비중을 차지하고 있다. 이러한 자유권은 과거에서부터 지금까지 국가권력에 대한 방어권으로 기능하고 있으며, 개인의 자유로운 생활영역을 국가로부터 방어하는 자

---

10) 인간의 존엄에 관하여 상세한 것은 「제2권 제2부 제1장 **인간의 존엄, 행복추구권**」 참조.

11) 헌법재판소는 행복추구권의 성격을 때로는 독일 기본법상의 인격권 내지 인격의 자유발현권과 유사하게 보고 있으며, 같은 맥락에서 일반적 행동의 자유권으로 이해하는 경우도 있다. 이에 관하여는 「제2권 제2부 제1장 제5절 **행복추구권의 의의와 내용**」 참조.

12) 그 성격의 이해에 대해서는 아직도 논란이 많다. 상세한 것은 「제2권 제2부 제1장 제6절 **행복추구권의 법적 성격**」 참조.

13) 계희열, 헌법학(중), 2007, 232쪽 이하; 권영성, 헌법학원론, 2010, 398쪽; 김철수, 헌법학개론, 2007, 541쪽 이하; 허영, 한국헌법론, 2025, 379쪽 이하.

유권은 오늘날에도 모든 국가권력을 구속하는 것으로 인정되고 있다.

다만 최근에는 자유권의 실질적 보장을 위해 자유권이 단순히 국가의 간섭을 배제하는 것을 넘어서 자유의 실현을 위한 조건을 국가가 마련하도록 요구하는 내용까지 포함하는 것으로 확대되는 경향이 있다.[14] 이처럼 자유권이 국가의 개입에 대한 소극적 방어를 넘어서 국가에 대한 적극적 청구를 내용으로 하는 경우에는 사회권과 유사하게 입법권에 대하여 한정된 구속력을 가질 뿐이고 -이를 구체화하는 법률이 제정되지 않은 상황에서는- 집행권과 사법권을 구속하지는 못한다.

4. 참정권의 대국가적 효력

참정권은 국민이 국가질서의 형성과정에 직접 참여할 수 있는 기회를 기본권으로 보장하고 있는 것이다. 따라서 국가의 존재를 전제하는 이른바 「국가 내의 권리」이기 때문에 국가가 법률로 정하는 바에 따라 인정되는 것이라고 이해하는 견해도 있다.[15]

그러나 민주국가에 있어서 참정권은 국가와 헌법의 근간을 이루는 가장 중요한 부분에 속하며, 이를 부인하는 것은 곧 민주주의 자체를 부정하는 것이기 때문에 헌법제정권력도 참정권의 본질적 부분을 훼손하지는 못한다고 인정하는 것이 타당하다. 더구나 헌법에 의해 인정된 참정권을 입법자가 임의로 제한하거나 사실상 사문화시키는 것은 결코 허용되지 않으며, 헌법재판을 통해 위헌으로 판단되어야 할 것이다.

그러므로 민주국가에 있어서 참정권이 갖는 특별한 의미와 비중을 고려할 때, 참정권은 입법권, 집행권, 사법권을 포함한 모든 국가권력에 대하여 직접 효력을 미친다고 인정되어야 한다.

5. 사회적 기본권의 대국가적 효력

사회적 기본권은 국가의 재정적 능력이 없으면 실현이 불가능한 기본권이다. 그렇기 때문에 사회적 기본권의 법적 성격은 자유권과 동일하게 인정되기는 곤란하며, 이를 어떻게 볼 것인지에 대하여 견해가 나뉘고 있다.

그러나 사회적 기본권을 프로그램규정으로 보든, 소위 추상적 권리로 보든 입법권만을 구속할 뿐 사법권과 행정권을 직접 구속하지 못한다는 점에는 이론(異論)이 없다. 다만 추상적 권리설, 또는 구체적 권리설의 입장에서 입법이 없어도 침해배제청구권은 가능하다고 주장하는 경우가 있으며, 또한 구체적 권리설을 주장하면서 헌법재판소에 의한 헌법불합치 · 입법촉구결정의 가능성을 거론하는 경우도 있다.[16]

---

14) 예컨대 순수한 자유권으로 이해되던 학문의 자유나 예술의 자유가 최근에는 학문 활동이나 예술 활동에 대한 국가의 지원을 요청하는 권리까지 포함하는 것으로 확대되고 있다. 상세한 것은 「제2권 제2부 제8장 제1절 **학문의 자유** / 제2절 **예술의 자유**」 참조.

15) 모든 기본권의 인정여부 및 인정범위가 실정법에 의해 정해진다고 보는 법실증주의 헌법관은 물론, 결단주의에서도 진정한 의미의 기본권인 자유권이 아닌 참정권은 헌법과 법률이 정하는 바에 의해 그 인정 여부 및 범위가 정해진다고 본다.

16) 사회적 기본권의 효력에 관하여 상세한 것은 「제2권 제2부 제12장 제3절 **사회적 기본권의 성질 · 효력**」 참조.

6. 절차적 기본권의 대국가적 효력

절차적 기본권은 실체적 기본권의 침해를 전제로, 그 구제를 위한 절차를 기본권으로 구성해 놓은 것이다. 특히 절차적 기본권은 성질상 국가권력에 의한 구제를 청구하는 것이므로 당연히 대국가적 효력을 갖는다.

다만 청구의 대상은 개별기본권마다 다르다. 예컨대 청원권은 몇 가지 청원금지대상을 제외하고는 모든 국가작용을 대상으로 하므로, 모든 국가기관에 대해 그 소관사항과 관련하여 청원권을 행사할 수 있다. 그러나 재판청구권은 성질상 사법권에 대한 구속력을 갖는 것이다.

Ⅲ. 비권력작용(국고작용)에 대한 기본권의 구속력

1. 국가기관의 활동형식의 구분: 권력작용(고권적 작용)과 비권력작용(국고작용)

전통적으로 국가기관의 활동에 대해 특별한 의미를 부여하였고, 또 그로부터 국민을 보호하기 위하여 기본권을 인정하였던 것은 국가기관이 권력의 행사를 통해 국민을 강제하는 힘을 가지고 있었기 때문이다. 즉 국가권력을 통한 강제가 부당한 것일 경우 이를 막기 위해 기본권이 인정되었던 것이다.

그러나 오늘날 국가기관의 활동은 국가기관이 우월한 지위에서 국민에게 강제력을 가지고 명령하는 작용인 권력적(고권적) 작용에만 국한되지 않는다. 오히려 현대에 들어와서는 국가기관이 국고행정(國庫行政)이나 급부행정(給付行政)의 영역에서 사인(私人)과 마찬가지로 사법적(私法的) 형태로 활동하는 비권력적 작용이 증가하고 있는 것이다.

이와 같은 비권력적 작용도 공적 업무를 수행하는 중요한 방식이 될 수 있다. 예컨대 물가정책을 수행하고자 할 때에는 국가가 **공권력의 행사를 통해** 특정 물품들의 가격을 직접 통제하는 방식으로 경제주체들의 활동에 관여하는 것도 가능하지만, 경우에 따라서는 국가가 **시장을 통해** 과잉 생산된 물품을 구매하거나 부족한 물품에 대해서는 정부가 비축해 놓은 물품을 방출하는 등의 방법도 효과적인 정책수행방식이 될 수 있는 것이다.

물론 국고작용은 이처럼 직접 정책목표의 달성을 위한 경우보다는 국가 스스로의 경제적 수요, 예컨대 국가의 재정력의 강화나 재정수입의 확충 또는 공적 업무의 수행과정에서 필요한 물품을 조달하는 경우 등과 같이 공익실현과정에서 필요한 조건을 갖추기 위한 보조적 작용으로 이용되는 경우가 더욱 많다. 하지만 양자의 구별이 항상 명확한 것은 아니다.

2. 국가권력의 사법(私法)으로의 도피와 국고작용에 대한 기본권의 구속

이처럼 국가가 국가권력을 행사하지 않고 사법상 거래의 주체로 활동하는 경우에 있어서는 사법이 적용되어야 하므로 기본권의 구속력이 배제되어야 한다는 견해가 있었다.

예컨대 독일의 바이마르 헌법 당시에는 사법적(私法的)으로 활동하는 국고행정은 기본권에 구속되지 않는 것으로 보는 견해가 지배적이었다. 그러나 이후 기본권의 의미와 비중에 대한 인식이 달라지면서 이 문제에 대해서도 새로운 검토가 요청되었다.

과거 국고작용에 대한 기본권의 효력을 배제하던 견해는 무엇보다 권력작용에 대해서는 기본권을 통해 국민을 보호해야 할 특별한 필요성이 인정되지만, 비권력작용에 대해서는 그러한 필요성을 찾기 어렵다는 것을 논거로 한다.

그러나 이러한 견해는 타당하지 않다. 이처럼 공권력이 사법적 형태로 활동하는 경우에는 기본권에 구속되지 않는다고 하면, 공권력이 그때그때 편리한대로 공법적 또는 사법적 형태를 선택하여 활동하게 되는 이른바 **사법(私法)으로의 도피**가 문제되기 때문이다.

국가행정을 경우에 따라 기본권의 구속에서부터 벗어나게 하는 것은 행정의 편의성이라는 관점에서는 적절하고 필요할지도 모르지만 기본권의 관점에서 볼 때에는 결코 바람직하지 않다. 국가와 국민의 이해관계가 충돌되는 경우에 단지 국가가 사법적 활동의 형식을 취했다는 이유만으로 기본권의 구속을 벗어나게 된다면 기본권의 실효성은 현저하게 감소될 것이기 때문이다.[17)]

애초에 모든 국가작용이 기본권을 보장하고 실현시키기 위한 것이라고 볼 때, 국가작용의 효율성이란 결국 행정의 편의성이 아닌 기본권보장의 효율성이라는 기준에 따라 평가되어야 한다. 따라서 국고행정이 기본권에 구속된다고 하여 업무 수행이 곤란해진다고 말할 수는 없다. 오히려 공익을 수행하는 국가작용은 -권력적 작용이건 비권력적 작용이건을 불문하고- 사인처럼 임의로 활동할 권리를 갖지 못한다고 인정하여야 할 것이다. 즉 사법적 형식으로 행해지기 때문에 헌법의 효력이 미치지 않는 유보된 국가작용이 있다고 생각하는 것은 곤란하다.

이런 맥락에서 볼 때, 사법적 형태로 활동하는 국가권력도 전적으로 기본권에 구속되어야 한다고 보아야 할 것이며, 오늘날의 통설과 판례도 이러한 태도를 지지하고 있다.[18)]

---

17) 예컨대 국가가 공권력을 행사해서 토지를 수용할 경우에는 기본권의 구속력이 미치기 때문에 국가는 정당한 보상을 하는 등 일정한 요건과 절차를 갖추어야만 한다. 그런데 국가가 사법적 활동의 형식을 취하여 토지를 매입할 경우에는 아무런 제약 없이 특정인과 임의의 가격으로 (예컨대 시가보다 훨씬 높은 가격 또는 훨씬 낮은 가격으로) 계약을 체결하여도 전혀 문제가 없다고 할 수 있을까? 경우에 따라서는 국가와의 거래 상대방에 대한 특혜가 문제될 수도 있고, 또 경우에 따라서는 국가에 의한 (법적 강제는 아니지만) 사실상의 압력이 문제될 수도 있을 것이다.

18) 계희열, 헌법학(중), 2007, 83쪽 이하; 권영성, 헌법학원론, 2010, 325쪽 이하; 김철수, 헌법학개론, 2007, 399쪽 이하; 허영, 한국헌법론, 2025, 288쪽; **헌재 1992.10.1. 92헌가6등 결정**.

제 3 절 기본권의 대사인적 효력(제3자적 효력)

Ⅰ. 문제상황의 개관

1. 전통적인 기본권이해: 주관적 공권으로서의 기본권

전통적으로 기본권은 국가에 대한 국민의 권리로 이해되었다. 근대적 시민혁명을 통해 그 위력을 입증하였던 자유주의 사상은 국가권력으로부터 국민의 지위를 보호할 수 있는 방어권으로서의 자유를 천부인권으로 규정하였고, 이를 중심으로 형성되었던 기본권은 「국가로부터의 자유」를 내용으로 하는 소극적 방어권으로 이해되었던 것이다.

그 이후 기본권이 절차적 기본권(청구권적 기본권), 참정권, 사회적 기본권 등으로 계속 확대되었지만, 기본권이 **국가에 대한 권리**라는 점에는 큰 변화가 없었다. 그것은 공법과 사법의 구별을 전제로 공법의 영역에서 적용되는 기본권은 공권으로서의 성격을 갖는 반면에, **사법의 영역에서는 사적 자치의 원칙**이 적용되어야 한다는 생각에 기초한 것이었다.

전통적인 자유주의 법사상에 기초한 헌법이론들은 물론, 법실증주의 헌법학자들도 기본권을 국가에 대한 개인의 권리, 즉 주관적 공권으로 이해하였으며, 결단주의를 제창하였던 칼 슈미트도 기본권을 국가에 대한 개인의 권리로 이해하였다. 다만 통합론을 제창하였던 스멘트에 의해 기본권이 단순히 개인의 권리로 이해될 것이 아니라 국가질서를 형성하는 중심적 가치로 이해되어야 한다는 새로운 인식이 싹텄지만, 그것은 아직 커다란 파급효를 갖지 못했으며, 스멘트 자신도 이를 기본권의 (사법적 영역으로의) 적용확대로 직접 연결시키지는 못하였다.

2. 새로운 문제상황의 전개와 사인 간의 기본권 문제의 대두

이처럼 기본권을 국가에 대한 권리로 이해하던 전통적 헌법이론이 오늘날과 같은 형태로 바뀌게 된 것은 두 가지 상황으로 인한 것이다.

첫째, **현실의 변화**로 인하여 사인 상호간에도 기본권을 적용하여야 할 필요성이 생기게 되었다. 종래에는 기본권을 주로 침해하던 것이 국가였다. 하지만 근대 이래 국가권력에 대한 통제의 메커니즘이 고도로 발달되었을 뿐만 아니라 민주주의가 관철됨으로 인하여, 국가권력이 국민의 기본권을 침해하는 일은 현저하게 감소되었다. 반면에 산업사회가 발달되면서 사적 집단이나 세력의 힘이 점차 커졌고, 이들에 의한 기본권의 침해도 중대되어 더 이상은 간과될 수 없는 상태에 이른 것이다.[19]

---

19) 종래 국가에 대해서 인권 내지 기본권이라는 특별한 권리가 인정될 필요가 생겼던 것은 국가와 국민이 대등하지 않았기 때문이다. 국가는 공권력의 주체로서 국민에게 일정한 강제력을 행사할 수 있는 지위에 있는 반면에 국민은 이에 복종하여야 하는 위치에 있었기 때문에, 국민이 부당한 국가권력의 행사로부터 스스로를 보호하기 위해서는 인권 내지 기본권이라는 특별한 권리가 인정되어야 했다. 그

둘째, 종래 기본권은 국가에 대해서만 인정될 수 있는 특별한 성질을 갖는다는 생각을 깨뜨리는 **새로운 이론적 뒷받침**이 있었다. 기본권을 사인에 대해서까지 적용할 필요성을 가장 먼저 민감하게 느끼고, 이를 위한 이론을 개발해 왔던 것은 미국이었다. 미국에서는 사인에 의한 기본권의 침해에 대해서도 이를 일정한 요건 하에 국가행위로 의제하여 법적인 규제를 가하는 방식으로 기본권의 효력을 확장시켰던 것이다.[20]

그러나 이러한 미국의 판례이론을 참고하였던 독일에서는 기본권이 단순히 개인의 권리로서의 성격만을 갖는 것이 아니라 국가질서형성의 기준과 지침이 되는 헌법의 중심적 가치로서의 성격도 갖고 있다는 인식을 갖게 되었다. 그러한 맥락에서 독일의 헌법이론은 기본권이 법질서의 통일성이라는 관점에서 볼 때 사법질서(私法秩序)를 형성하는 기준이기도 하다는 것을 내세워 −국가행위를 의제함이 없이− 기본권의 대사인적 효력을 인정하는 태도를 보였던 것이다.

이렇게 기본권의 대사인적 효력이 인정되면서 기본권이 사인 상호간의 관계에서 실제로 어떤 경우에 어떤 방식으로 실현될 수 있는지, 나아가 기본권의 대사인적 효력이 인정되기 이전과 달라진 점은 과연 무엇인지가 문제되기 시작하였다.

Ⅱ. 미국헌법상 기본권의 대사인적 효력

1. 미국 헌법상 기본권의 효력확장과 대사인적 효력

기본권의 대사인적 효력의 문제는 미국에서 먼저 시작되었다. 미국은 1776년의 독립선언을 전후하여 버지니아 권리장전 등 다수의 근대적 인권선언을 갖고 있었지만, 미국 연방헌법이 처음 제정될 당시(1787년)에는 기본권규정을 포함하지 않고 있었다.[21]

런데 사인 상호간의 관계는 국가와 국민간의 관계와 달리 **대등성**을 본질로 하기 때문에 이러한 기본권의 적용이 배제되었던 것이다.

하지만 현대산업사회의 발달은 사회적 · 경제적 강자와 약자의 계층화를 뚜렷하게 만들었다. 이러한 계층화는 기본권의 실현과 관련되어 있는 기존의 다양한 현실적 조건들 중의 하나로 치부해 버릴 수 없는 특수성을 갖고 있다. 그것은 사회적 · 경제적 강자와 약자 사이에는 —전통적인 헌법이론에 따를 때 기본권이 사인 상호간에는 적용될 필요가 없다고 인정되었던 기본적 이유인— 대등성의 요건이 상실되었다는 점이다. 각종 사회적 세력은 국가권력과 같은 법적 강제력을 가지고 있지는 않지만, 사회적 약자에 대해서 사실상의 강제력을 행사하게 되었다. 이런 상황에서 사회적 세력, 사회적 · 경제적 강자가 형식은 자유로운 사인 간의 합의, 즉 계약의 형태를 취하고 있지만 실질적으로는 사실상의 강제력을 행사하여 계약상대방의 인권을 제약하는 것을 그대로 방치하게 된다면, 이는 수백년의 노력을 통해 겨우 국가권력으로부터 보호되고 있는 인권이 사회 내의 세력에 의해 붕괴되는 결과를 야기하게 될 것이다. 이에 따라 사회적 세력에 의한 인권침해를 억제할 수 있는 새로운 기본권이론의 탄생이 요청되었던 것이다.

20) 미국에서는 남북전쟁 후 국가권력에 의한 인종차별은 금지되었으나 사인에 의한 인종차별은 여전히 근절되지 못했다. 이러한 상황 속에서 기본권의 효력을 확장시킴으로써 사인에 의한 인종차별을 막으려는 노력으로 인하여 미국에서 기본권을 사인 상호간의 관계에 적용시키는 현상이 가장 먼저 나타났던 것이다.

21) 미국헌법의 제정자들도 이 문제에 대해 논란을 벌였으나, 그들 중의 다수는 이미 연방을 구성하는 주(州)들이 독자적인 권리장전을 갖고 있는 예가 많았기 때문에 연방헌법에 기본권규정을 중복하여 만들 필요가 없다고 생각하였으며, 다른 한편으로는 연방은 단지 주들의 활동에 대한 조정자의 역할에

1791년에야 비로소 10개의 증보조항이 추가되면서 종교 · 언론 · 출판 · 집회의 자유, 신체의 자유, 적법절차, 사유재산의 보장 등의 기본권이 명문화되었던 것이다.

그러나 이러한 기본권규정들은 오로지 연방에 대해서만 그 효력이 미치는 것으로 생각되었으며, 사인 상호간의 관계에서는 물론 주(州)에 대해서도 효력이 미치지 못하는 것으로 인정되었다. 남북전쟁 후 1868년에 새로 추가된 증보조항 제14조에 의해 비로소 연방헌법상의 기본권규정이 주(州)들에도 효력을 미치는 것으로 인정되었다.[22)]

미국에서 기본권의 대사인적 효력을 인정하게 만든 직접적인 계기는 사인(私人)에 의한 인종차별이었으며, 이 문제를 중심으로 서서히 판례와 이론이 변하기 시작하였다. 비록 사인에 의한 인종차별 등의 기본권 침해라고 하더라도 국가가 어떤 형태로든지 그 사인과 관련이 되면 −예컨대 국가가 사인에게 원조를 해 주거나 그 집행에 관여하는 등의 경우− 그 사인의 행위를 국가행위와 동일시하거나 국가행위인 것처럼 의제하여 사인 상호간에도 기본권을 적용한다는 것이다. 즉 기본권은 국가에 대해서만 효력을 갖는다는 것을 전제하고 이를 일정한 요건 하에 사인 간의 관계에까지 확장하는 것이다.

2. 미국의 국가행위의제이론과 그 유형

따라서 미국헌법상 사인 상호간에도 기본권의 효력을 미치게 하기 위해서는 사인의 행위가 국가행위와 유사한 것으로 인정 또는 의제될 수 있는 조건이 갖추어져야 한다. 미국연방대법원은 이와 관련하여 **국가행위설**(state action doctrine) 또는 **국가유사설**(theory of looks like government)이라는 이름 하에 국가행위를 의제하는 이론을 개발하여 기본권이 사인 상호간의 관계에도 적용되는 것을 인정하고 있다. 그 대표적인 예로 들 수 있는 것들은 다음과 같다:

① **국가재산의 이론**(state property theory): 국가의 재산을 임차한 사인이 그 시설에서 기본권을 침해하였을 경우에는 그러한 사인의 행위를 국가의 행위와 동일시하여 기본권을 적용시킬 수 있다는 이론이다. 즉 국가재산을 이용하게 함으로써 사인의 기본권침해를 국가가 방조한 것이 되므로, 이에 대해서는 기본권규정이 적용될 수 있다는 것이다.

② **국가원조의 이론**(state assistance theory): 국가에서 재정적 원조나 조세감면

한정되어야 한다고 생각했기 때문에 연방이 직접 국민의 기본권을 침해할 가능성이 크지 않다고 믿기도 했다. 그로 인하여 미국연방헌법에는 기본권규정이 빠져 있었던 것이다.

22) 증보조항 제14조의 「적법절차조항」(due process clause)과 「법의 평등보호조항」(equal protection clause)은 미국의 인권보장 구조를 크게 바꾸었으며, 기본권이 사인 상호간의 관계에서도 적용되는 효력확장의 기초가 되기도 하였다.

미국의 연방대법원은 "어떤 주(州)도 적법절차에 의하지 아니하고는 어떤 사람으로부터도 생명 · 자유 또는 재산을 박탈할 수 없으며 … 어떤 사람에 대하여도 법률에 의한 평등한 보호를 거부하지 못한다"라는 증보조항 제14조를 처음에는 기본권의 대사인적 효력을 부인하는 근거로 삼았다. 즉 이 조항의 「어떤 주(州)」(any state)라는 문구에 비추어 볼 때, 이 조항은 국가권력을 제한하는 규정일 뿐 사인에 의한 기본권의 침해에 대해서까지 확장될 수는 없다고 보았던 것이다. 그러나 나중에 연방대법원은 사인의 행위라도 국가와 일정한 관련이 있는 경우 국가행위와 동일시하는 소위 국가행위설(state action doctrine)을 내세워 기본권의 대사인적 효력을 인정하게 되었다.

등의 혜택을 받는 사인(예컨대 버스회사 등과 같은 공익사업체)이 기본권을 침해한 경우에는 이를 국가에 의한 기본권침해와 동일시하여 헌법상의 기본권규정을 적용시킬 수 있다고 인정하는 것이다.

③ **통치기능의 이론(governmental function theory)**: 성질상 통치기능을 행사하는 사인(예컨대 정당, 사립대학)이 기본권을 침해한 경우에는 이를 국가의 행위와 동일시하여 헌법상의 기본권규정이 적용된다고 보는 이론이다.

④ **사법적 집행의 이론(judicial enforcement theory)**: 사인에 의한 기본권의 침해가 재판상 문제된 경우에 그것을 법원이 합법적인 것으로 인정하여 사법적으로 집행하게 되면, 그러한 법원의 행위가 위헌적인 기본권침해행위가 된다는 것이다. 즉 사인에 의한 기본권의 침해를 법원이 인정하는 것은 곧 국가가 기본권의 침해를 방조하는 것이 되기 때문에 허용될 수 없다는 것이다.

⑤ **특권부여의 이론(governmental regulation theory)**: 국가에 의해 특별한 권한을 부여받고 있으며, 그에 따라 국가의 규제를 받으면서 국가와 밀접한 관계 속에 있는 사인(예컨대 전차회사나 버스회사 등)의 기본권침해를 국가의 행위와 동일시하는 것이다.

Ⅲ. 대사인적 효력에 관한 독일의 이론

1. 독일의 헌법이론과 판례의 경향

미국헌법상의 판례와 이론이 기본권은 원칙적으로 국가에 대한 권리라는 입장을 견지하면서 사인에 대한 기본권의 적용을 국가작용의 의제를 통해 비로소 인정하는 것과는 달리, 독일의 헌법이론과 판례는 기본권의 대사인적 효력을 인정하는데 훨씬 적극적인 태도를 보였다.

기본권을 전통적인 이해에 따라 국가와 개인의 관계에만 국한시켜서 **국민이 국가에 대하여 갖는 주관적 공권**으로만 이해하는 경우에는 기본권의 대사인적 효력의 문제는 인정될 여지가 없다. 기본권의 본질상 사인은 그 대상이 될 수 없기 때문이다. 그러나 기본권을 **국가공동체의 전체 질서를 형성하는 기준 내지 지침**으로서의 측면도 갖는 것으로 인정할 때에는 사정이 달라진다. 이 경우 기본권은 헌법의 중심적 가치로서 사법질서의 형성에 대해서도 영향을 미칠 수 있기 때문이다.

이와 같이 기본권에 대한 새로운 이해에 기초하여 기본권이 공법과 사법을 포함한 모든 법질서에 적용되는 기준과 지침으로 받아들여짐에 따라 기본권이 －국가행위를 의제함이 없이－ 사인 간의 관계에서도 적용될 수 있다고 인정하는 견해들이 강력하게 대두되었고, 현재 통설과 판례의 입장을 이루고 있는 것이다.

그러나 대사인적 효력을 어떻게 인정할 것인가에 관하여는 독일에서도 날카로운 견해의 대립이 계속되고 있다. 비록 과거와 같이 기본권의 대사인적 효력 자체를 부정하려는 견해는 찾기 어렵지만, 대사인적 효력을 인정하는 경우에도 구체적으로 어떤 방식으로 기본권이 사인 상호간의 관계에 적용되어야 하는지에 관하여 직접효력설(직접적용설)과 간접효력설(간접적용설)이 대립되고 있는 것이다.

2. 효력 부인설(적용부인설)

전통적인 기본권이론의 입장에서 기본권은 국가에 대해서만 효력을 가질 수 있으며, 사인 상호간의 법률관계에는 원칙적으로 효력이 미치지 않는다고 보는 이론이다. 즉 ① 기본권은 국가에 대한 개인의 권리로서 이해되어야 하기 때문에 사인에 대해 주장한다는 것은 기본권의 성질에 부합되지 않으며, ② 사인에 의한 침해행위가 발생된 경우에는 불법행위를 구성하는 것으로 보아, 법률로 그 문제를 해결할 수 있으며, ③ 공법과 사법의 구별을 전제로 공법상의 권리인 기본권이 사법의 영역에 침투해 들어가서 사인 상호간의 관계에 적용되는 것이 부당하다고 주장하기도 한다.[23)]

그러나 오늘날 효력부인설을 지지하는 견해는 찾기 어렵다. 사인에 의한 기본권의 침해는 더 이상 외면할 수 없을 정도로 큰 비중을 차지하고 있을 뿐만 아니라, 기본권의 새로운 이해에 따라 기본권을 전체 법질서의 기준 내지 지침으로 이해할 때에는 사법질서라 해서 기본권의 효력을 벗어날 수는 없기 때문이다. 또한 사적 자치의 보장을 전면적으로 부정해서는 안 되겠지만, 외견상 사적 자치일 뿐 사실상 (경제적 · 사회적) 강자가 약자를 억압하여 계약이 체결된 경우가 드물지 않은데, 이를 당사자 사이의 합의이므로 무조건 존중하여야 한다는 것도 설득력이 약하다. 설령 자유로운 합의에 의한 결정이라 하더라도 그 결과가 기본권을 심각하게 훼손하는 것이라면, 그것이 또한 국가공동체의 근간을 훼손하는 것이 될 수도 있다는 점을 생각하여야 할 것이다.[24)]

3. 직접적 효력설(직접적용설)

니퍼다이(*H.C. Nipperdey*), 라이스너(*W. Leisner*) 등에 의해 대표되는 직접효력설은 공법과 사법의 구별보다는 전체법질서의 통일성이라는 관점을 더 강조한다. 즉 모든 법은 오로지 헌법을 정점으로 하는 통일된 법질서를 구성하며, 따라서 최고법인 헌법의 구속력은 사법을 포함한 모든 법에 미친다는 것이다.

이처럼 **법질서의 통일성** 및 **헌법의 최고성**을 강조할 경우에는 사법의 영역에서 사적 자치의 원칙에 따라 체결된 계약도 헌법의 중심적 가치인 기본권에 위배되어서는 안 되기 때문에, 만일 계약에 의해 기본권이 침해되는 경우가 발생된다면, 그것은 위헌적인 계약으로서 무효가 된다는 것이다.

그러나 직접효력설을 주장하는 학자들 사이에서도 기본권이 사인 상호간의 관계에서 어떻게 구체화되어야 하는가에 대해서는 의견이 일치되지 않고 있다.

예컨대 니퍼다이와 라이스너는 기본권이 사인 상호간에 적용되는 경우에는 국가와

---

23) 그 밖에 독일 기본법 규정(기본법 제1조 제3항, 제19조 제4항)이 국가권력에 대한 기본권의 구속만을 명시하고 있을 뿐 사인에 대한 구속을 인정하지 않고 있다는 점이 지적되기도 한다.

24) 예컨대 당사자간의 자유로운 합의가 있는 경우에도 생명의 매매, 장기의 매매 등은 -그것이 명문규정에 의해 불법화되지 않은 상황이라 하더라도- 유효한 계약이라고 보기는 어려울 것이다.

개인의 관계에서와 같은 강도로 적용되는 것은 아니라고 본다. 개인의 기본권이 자율적으로 제한될 수도 있다는 점을 인정하고 있는 것이다. 그러나 그러한 자율적인 제한이 구체적인 조건(즉 실제로 대등한 당사자간의 자유의사에 기초했다는 점)과 결부되어 있어야 하며, 제한의 한계(완전한 포기의 금지, 본질적 내용의 침해금지)가 전제되어야 한다고 생각한다. 또한 기본권의 직접적인 대사인적 효력을 원칙적으로 인정한다고 해서 모든 기본권이 사법질서에서 효력을 발해야 한다는 것은 아니라고 하며, 헌법의 명문규정 또는 기본권의 성질상 사인 상호간의 관계에 직접 적용될 수 있을 경우에 이를 인정하고자 한다.

반면에 슈바베(*J. Schwabe*)는 사인 상호간의 법률관계도 결국은 국가법질서에, 즉 입법과 재판을 통한 국가법질서의 구성과 실현에 달려 있다는 점을 강조한다. 그렇기 때문에 공·사법의 이원론을 전제하여 공법적 영역에서는 기본권의 직접적용을, 사법적 영역에서는 간접적용을 주장하는 것은 잘못이라는 것이다. 이러한 입장에 따라 그는 기본권이 모든 사법관계에서 당연히 적용된다고 주장한다. 그리고 그것이 사적 자치의 부인은 아니라고 한다. 사인은 일정한 경우 사법관계에서 자신의 기본권을 포기할 수도 있으며, 다른 한편으로는 사적 자치를 원용하는 상대방에 대해 보다 큰 공적 이익을 주장할 수 있다는 것이다.

4. 간접적 효력설(간접적용설)

뒤리히(*G. Dürig*) 등에 의해 대표되는 간접효력설은 헌법의 최고성을 강조하는 직접효력설보다 사법(私法)의 독자성에 좀 더 큰 비중을 두는 이론이며, 오늘날 독일과 우리나라의 다수설이라고 할 수 있다.

간접효력설에 따르면 사인 상호간의 법률관계를 규율하는 것은 일차적으로 사법(私法)이며, 사법은 공법인 헌법과는 구별되는 독자성을 갖고 있기 때문에 헌법상의 기본권규정을 사법질서에서 직접적으로 적용하는 것은 바람직하지 않다고 한다. 그렇기 때문에 간접효력설은 헌법상의 기본권이 사인의 상호관계(즉 사법상의 계약)에 직접 적용되는 것보다는 신의성실, 공서양속 규정 등과 같은 **사법(私法)의 일반조항을 매개로 간접적으로 적용**되는 것이 바람직하다고 본다.[25)]

이러한 간접효력설도 헌법의 통일성을 인정하고 있으며, 사적 자치의 결과로 형성된 사법적 법률관계에 대하여 소송이 제기된 경우에는 민사재판도 (국가활동이기 때문에) 기본법 제1조 제3항에 따라 기본권에 구속될 수밖에 없다는 점을 부인하지 않는다. 다만 직접효력설은 그 논거가 상당한 설득력을 가지고 있음에도 불구하고, 근본적인 문제를 안고 있다고 한다. 그것은 비록 똑같은 생활과정에 대한 것이라 하더라도 그 (개

25) 즉 직접효력설이 주장하는 것처럼 헌법을 기초로 하는 전체법질서의 통일성이 유지되는 것도 중요하지만 다른 한편으로는 사법질서의 독자성과 고유법칙성도 존중되어야 하기 때문에 -양자를 동시에 충족시키기 위해서는- 기본권이 사인 상호간에 직접 적용되는 것으로 이해하기보다는 사법의 일반조항을 통해 간접적으로 적용되는 것으로 이론을 구성하는 편이 좋다는 것이다.

인의) 영역의 침해자가 국가냐 개인이냐에 따라 합법성과 위법성이 구별되어야 하기 때문이다. 즉 국가에 의한 침해였다면 위헌이었을 것도 사인 간에는 민법적으로 합법인 경우가 있다는 점을 제대로 반영하지 못한다는 것이다.[26)]

물론 간접효력설을 인정할 경우에도 기본권이 -비록 직접 적용되는 것이 아니라 사법상의 일반조항을 통해 적용되는 것이기는 하지만- 사법적 법률관계, 특히 사적 자치에 의해 지배되었던 계약의 영역에까지 그 효력을 미친다는 것은 마찬가지이다. 다만 직접효력설과는 달리 사법의 독자성 내지 사적 자치를 최대한 보장하고 존중하기 위한 이론구성이라는 점에서 차이가 나타날 뿐이다.

Ⅳ. 사인 간의 기본권 적용과 국가의 기본권보호의무

1. 기본권에 대한 이해의 변화와 국가의 과제

스멘트 이래로 기본권에 대한 전통적 시각은 크게 변화될 수밖에 없었다. 스멘트 자신이 기본권의 주관적 권리성보다 객관적 가치로서의 측면을 더욱 강조했으며, 이러한 새로운 시각이 기본권의 이중성 이론에 의해 보편화된 이후 기본권이해는 그 이전과 비교할 수 없을 정도로 크게 달라진 것이다. 이러한 변화는 기본권의 대사인적 효력에 관한 이론 등에 파급되고 있다.

이러한 기본권이해의 변화는 물론 민주주의의 발전과 직결되어 있다. 기본권이 국가질서의 중심적 가치로 인정될 수 있는 근거는 바로 기본권의 주체인 국민이 곧 주권자이고, 국가질서 전체의 중심으로 인정되기 때문인 것이다. 따라서 국민의 기본권을 보호하고 실현하는 것은 당연히 국가의 중심적 과제로 인정될 수밖에 없다.

이러한 맥락 속에서 기본권의 보호와 실현을 위한 국가의 과제는 점차 확대되었다. 종래에는 기본권에 대한 침해를 소극적으로 억제하는(즉 방어권으로서의 기본권을 존중하는) 것만으로 국가의 기본권보호가 충족되었다고 보았지만, 오늘날에는 다양한 형태의 적극적 급부를 통해 국가가 기본권을 실현시키는 것이 요청되고 있으며, 심지어 사인 상호간의 관계에서 발생되는 기본권의 침해에 대해서도 국가의 적극적 개입을 통한 문제의 해결 내지 예방이 요청되고 있는 것이다.[27)]

2. 독일에서의 기본권보호의무의 발전과 그 배경

이러한 상황을 전제할 때, 국가가 기본권보호의무를 지는 것은 당연하다고 볼 수 있다. 그러나 독일과 국내의 헌법이론 및 판례에서는 「국가의 기본권보호의무」가 이와 같은 포괄적인 국가의무로서가 아니라 「특정한 경우에 발생하는 국가의 구체적 의무」를 의미하는 경우가 있다.

---

26) 이런 맥락에서 뒤리히는 "헌법과 민법은 적법과 불법에 있어서 독자적이다"라고 주장한 바 있다.
27) 한 걸음 더 나아가, 모든 국가작용이 기본권의 보장과 실현을 위한 것이라고 이해하는 것도 충분히 설득력을 가질 수 있게 된 것이 민주주의의 관철이 가져온 결과라고 할 수 있다.

독일의 기본권보호의무 이론은 독일 연방헌법재판소의 1975년 낙태판결, 1977년 슐라이어 납치사건 판결 및 그 이후의 원자력발전소 판결, 비행기소음판결 등에서 나타난 바와 같이 독일기본법 제1조 제1항과 제2조 제2항, 또는 기본권의 객관적 측면을 근거로 주장되었다. 이처럼 기본권보호의무에 관한 새로운 판례가 출현하게 된 것은 기본권의 국가에 대한 구속이 어디까지 미치는지를 좀 더 분명하게 확인하기 위한 노력의 산물이라고 볼 수 있다. 즉 전통적인 개인의 권리로서의 기본권이 주장되고 관철될 수 없는 경우라 할지라도 기본권의 객관적 측면은 국가질서 전체를 구속한다고 할 수 있을 것이며, 이를 구속력 없는 지침이 아니라 국가권력을 직접 구속하는 규범으로 인정해야 할 범위를 구체화시키기 위하여 기본권보호의무라는 이론을 탄생시킨 것이다.

독일 연방헌법재판소는 기본권보호의무에 대해 국민을 **사인에 의한 위법한 기본권침해**와 타국의 군사적 위협으로부터 보호하여야 할 의무로 이해하는 태도를 보이고 있다. 그러나 헌법적인 측면에서 −특히 기본권의 효력과 관련하여− 직접적인 의미를 갖는 것은 사인에 의한 기본권침해와 이에 대한 국가의 보호의무라고 할 수 있다. 국가에 의한 기본권의 침해에 대해서는 직접적인 기본권의 효력이 인정되고 있기 때문에 기본권보호의무를 특별히 강조할 필요가 없었던 것이고, 반면에 사인 상호간의 관계에서 발생되는 기본권침해에 대해서는 국가의 적극적인 보호의무를 인정함으로써 이에 대한 국가의 적극적 조치를 이끌어낼 필요성이 인정된 것이다.

이처럼 국가의 기본권보호의무를 사인에 의한 기본권침해와 관련하여 적용할 경우에는 무엇보다 기본권보호의무와 대사인적 효력의 관계가 문제될 수 있다. 즉 기본권보호의무와 기본권의 대사인적 효력은 항상 결합하여 나타나는 것인지, 만일 그렇다면 양자의 관계는 구체적으로 어떤 것인지, 또 만일 양자가 별개의 적용영역을 가지고 있다면 그 각각의 영역은 어떤 것인지가 문제되는 것이다.

이에 대하여 기본권보호의무가 기본권의 대사인적 효력을 인정하는 근거가 되고 있다고 보는 견해도 있다. 국가가 사인 상호간의 관계에서 발생되는 침해에 대해서도 기본권을 보호하여야 할 의무가 있기 때문에 기본권의 대사인적 효력의 인정도 가능해진다는 것이다. 그러나 사인 상호간의 관계에서 기본권이 문제되는 상황은 두 가지로 나뉜다는 점을 먼저 생각해야 한다.

3. 사인에 의한 기본권침해의 유형과 기본권보호의무

사인 상호간의 관계에서 발생되는 기본권의 침해는 불법행위에 의한 경우와 계약에 의한 경우를 구별할 필요가 있다.

기본권의 대사인적 효력이 인정되기 이전에도 사인 상호간의 관계에서 권리의 침해가 발생되는 경우가 있었고, 그 가운데는 기본권의 침해로 볼 수 있는 것도 많이 있었다. 이처럼 사인에 의해 인권 내지 기본권의 침해가 발생되는 경우에는 이를 형사법상 및 민사법상의 불법행위로 인정[28]함으로써 불법행위의 법리에 따른 권리구제를 인정하

는 것이 일반적이었다.[29]

반면에 기본권의 대사인적 효력이 인정되는 경우는 사적 자치가 적용되는 영역이다. 공법과 구별되는 사법의 가장 두드러진 특징은 사적 자치에서 찾을 수 있다. 똑같은 행위가 공법의 영역에서 국가에 의해 행해진 경우에는 불법으로 인정될 것도, 사법의 영역에서 사인 간의 합의에 의해 행해진 경우에는 합법으로 인정될 수 있는 경우가 많이 있다.[30] 이런 맥락에서 전통적인 헌법이론은 인권의 침해가 문제되는 경우에도 사인 간의 합의에 의해(즉 사적 자치에 따라) 인권의 침해가 인용된 경우에는 그것을 굳이 침해로 보고 이를 금지해야 할 필요가 없다고 보았다. 즉 인권의 문제까지도 사법의 영역(즉 사인 상호간의 자율적 합의가 형성되는 영역)에 있어서는 사적 자치에 맡겨진다는 것이다.[31]

기본권의 대사인적 효력의 이론은 이러한 전통적인 이론이 오늘날의 현실에 맞지 않으며, 헌법의 최고성이 사법질서에서도 관철되기 위해서는 사인 상호간의 계약에 대해서도 –사적 자치의 원칙에 우선하여– 기본권의 효력이 인정되어야 한다는 것이다. 다만 직접효력설은 문제되는 계약에 대하여 「기본권의 위배를 이유로」 무효를 인정해야 한다고 주장하는 반면, 간접효력설은 「사법상의 일반조항에 대한 위배를 이유로」 문제되는 계약의 무효를 인정해야 한다고 보는 차이를 보일 뿐이다.

이렇게 볼 때, 독일 연방헌법재판소에 의해 기본권보호의무가 문제된 것들은 기본권의 대사인적 효력에 관한 것이라기보다는 사인의 불법행위에 의한 기본권침해에 관한

---

28) 근대적인 법률관계는 권리–의무관계를 중심으로 구성되었다. 이는 국가에 대해서는 국가권력에 대한 복종의 의무와 이를 완화시키는 기본권의 대응관계로 설명될 수 있으며, 사인 상호간에는 당사자의 대등성을 전제로 사적 자치의 원칙에 따른 자율적인 법률관계(권리–의무관계)의 형성으로 나타났다. 그러나 사인 상호간에도 모든 문제가 사적 자치만으로 해결될 수 있는 것은 아니었고, 합의를 통한 계약이 성립되지 않은 상태에서 생명과 신체 또는 재산에 대한 강제적인 침해가 발생한 경우에는 국가권력이 법질서의 유지 내지 법적 평화의 확보 차원에서 개입하는 것이 인정되었다. 이런 맥락에서 국가형벌권을 통한 문제의 해결도 가능하였고, 때로는 국가권력을 통한 강제집행도 권리보호의 차원에서 허용되었다.

29) 예컨대 기본권으로서의 생명권은 국가에 대해서만 주장될 수 있었다. 하지만 그렇다고 해서 사인 상호간에 발생되는 생명권의 침해에 대해 국가가 방치하고 있었던 것은 아니다. 국가는 살인을 형법상의 범죄로 규정하고 이를 처벌함으로써 생명권의 침해를 억제하였으며, 또한 이러한 살인행위는 동시에 민사법상의 불법행위를 구성하므로 유족들은 가해자에 대하여 위자료를 청구하는 것이 인정되었다. 생명권이 아닌 다른 기본권들의 경우에도 상황은 대체로 비슷하였다. 국가에 의한 기본권의 침해가 정당하지 않은 것으로 인정되는 경우에는 사인에 의한 (당사자의 동의가 없는) 침해도 대부분 불법행위로 인정되어 그에 대한 구제가 인정되고 있었던 것이다.

과거에는 기본권이 국가에 대해서만 주장할 수 있는 특별한 성격의 권리이고, 사인 상호간에는 적용될 수 없다고 생각했다. 그것은 이미 사인 상호간에도 이와 같은 형사상 불법행위의 처벌과 민사상 불법행위에 대한 손해배상을 통하여 그 문제가 해결될 수 있다고 보았기 때문에 기본권을 사인 상호간의 관계에까지 확장할 필요성이 상대적으로 크지 않다고 믿었기 때문인 것이다.

30) 예컨대 국가가 국유재산을 특정인에게 시세보다 싸게 불하하거나 거꾸로 국가가 필요한 물품을 특정인에게서 시세보다 비싸게 구입할 경우에는 평등위반을 이유로 그 매매행위의 불법성이 주장될 것이다. 하지만 사인(私人)이 특정인에게 자신의 재산을 시세보다 싸게 매도하거나 심지어 증여하는 경우에도 –그것이 증여세 등의 문제를 낳는 것을 제외하면– 불법으로 문제되지는 않는다.

31) 물론 인권의 침해가 지극히 심각한 경우(예컨대 목숨을 팔기로 하는 계약, 노예가 되기로 하는 계약 등)에는 그 계약이 반사회성을 이유로 무효가 될 것이다.

것이라고 할 수 있다. 사적 자치의 영역에서 발생한 기본권침해, 즉 계약에 의한 기본권침해에 대한 보호가 문제되는 것이 아니라 사인의 불법행위에 의한 기본권의 침해가 발생되었을 때, 이에 대한 국가의 보호의무를 문제삼고 있는 것이다.

이처럼 기본권보호의무가 대사인적 효력보다는 사인의 불법행위에 의한 기본권침해에 대해 인정되는 것은 역시 현실적 보호의 필요성으로 설명될 수 있다. 대사인적 효력의 경우 별도의 보호의무를 인정하여야 할 현실적 필요성이 크지 않은 반면에, 불법행위의 경우 국가의 적극적 활동에 의해 구제를 받아야 할 입장에 있는 국민으로서는 국가에 대해 일정한 경우 -보호의무를 전제로- 보호청구권을 주장할 필요가 인정되는 것이다.

하지만 현실적으로 발생되는 모든 불법행위에 대해 국가의 보호의무 내지 국민의 보호청구권을 인정하고, 그 위반에 대해 국가의 책임을 묻는다는 것도 현실적으로 가능하지 않은 일이다. 그렇기 때문에 기본권보호의무를 과연 어떤 경우에 어디까지 인정할 수 있을 것인지는 여전히 문제로 남아 있으며, 단지 몇 개의 판례를 통해 인정되는 사례가 확인되고 있을 뿐이다.

4. 한국헌법상의 기본권보호의무의 의미와 한계

최근 우리 헌법재판소도 몇 개의 판례를 통해 기본권보호의무를 인정하는 태도를 보이고 있다. 그러나 과연 어떤 맥락에서, 그리고 어느 정도까지 기본권보호의무를 인정하고자 하는 것인지는 분명치 않다.

우리 헌법 제10조 제2문도 독일 기본법 제1조 제1항과 유사하게 "국가는 개인이 가지는 불가침의 기본적 인권을 확인하고 이를 보장할 의무를 진다"고 규정함으로써 기본권보호의무를 인정할 수 있는 헌법적 근거를 마련하고 있다. 그 밖에 헌법 전문(前文)의 "우리들과 우리들의 자손의 안전과 자유와 행복을 영원히 확보할 것을 다짐하면서 … "라는 문구, 그리고 생명, 신체에 대한 범죄피해자에 대한 국가의 구조의무를 규정하고 있는 헌법 제30조 등이 기본권보호의무의 근거로 주장된다.

이를 근거로 헌법재판소는 검사의 불기소처분이 헌법소원의 대상이 된다는 것을 뒷받침하는 근거의 하나로서 국가의 보호의무를 원용한 바 있으며,[32] 1997년에는 교통사고처리특례법 제4조 제1항 등에 대한 헌법소원심판[33] 가운데 소수의견에서 문제되는 법률조항의 합헌성 판단을 위한 심사기준으로서 기본권보호의무를 원용한 바 있다.[34]

---

32) 헌재 1989.4.17. 88헌마3 결정 참조.

33) 헌재 1997.1.16. 90헌마110등 결정. 교통사고처리특례법 제4조 제1항은 헌재 2009.2.26. 2005헌마764등 결정에서 일부 위헌으로 명시적 판례변경이 있었다. 그러나 이 조항의 기본권보호의무 위반은 여전히 인정되지 않았다.

34) 그 밖에 헌재 2001.11.29. 2000헌바37 결정; 2003.9.25. 2002헌마533 결정 등에서 기본권보호의무를 인정하고 있다. 또한 헌재 2011.8.30. 2008헌마648 결정에서는 「우리 헌법은 전문에서 "3·1운동으로 건립된 대한민국임시정부의 법통"의 계승을 천명하고 있는바, 비록 우리 헌법이 제정되기 전의 일이라 할지라도 국가가 국민의 안전과 생명을 보호하여야 할 가장 기본적인 의무를 수행하지 못

하지만 우리 헌법재판소의 판례에서도 이러한 기본권보호의무의 인정은 단편적인 사례들의 확인에 지나지 않고, 기본권보호의무가 인정되는 경우에 국가가 지는 책임의 의미와 내용 및 그 실효성에 대해서는 의문의 여지가 있다. 구체적으로 어떠한 사인 상호간의 불법행위에 대해서, 어느 정도까지 국가가 구체적인 보호의무를 지고 있는지, 그리고 그 밖의 불법행위에 대해서는 국가가 어떤 책임을 지는지가 명백하지 않다는 점은 독일에서의 문제상황과 크게 다르지 않은 것이다.

기본권보호의무를 인정하는 실익은 결국 기본권의 구체화에 있어서 일차적 책임자인 입법자가 올바르게 기본권을 보호 · 실현시키고 있는지를 평가하는 데 있다. 하지만 구체적 기준 없이 이를 도입할 경우에는 오히려 헌법재판관들의 주관적 판단이 입법의 결과를 좌우하는 −권력분립 내지 기능법적 한계의 관점에서 결코 바람직하지 않은− 상황을 초래할 수 있다. 따라서 이러한 구체적 기준 없이 기본권보호의무를 포괄적으로 인정하는 것은 아직 시기상조라고 평가될 수 있다.

Ⅴ. 한국헌법상 기본권의 대사인적 효력

1. 현행헌법규정과 학설, 판례

우리나라에서도 사인 상호간의 관계에 기본권이 적용되어야 할 현실적 필요성은 매우 크다. 그러나 현행헌법도 미국이나 독일의 경우와 마찬가지로 기본권의 대사인적 효력에 관해 아무런 명문규정을 두지 않고 있다. 그 결과 기본권의 대사인적 효력의 문제는 학설과 판례에 맡겨져 있다.

기본권의 대사인적 효력에 관한 국내학설의 경향은 독일의 이론적 영향을 받아 기본적으로 대사인적 효력을 인정하지만 ① 성질상 사인 간의 관계에 적용될 수 없는 기본권은 배제되고(그러나 구체적으로 어떠한 기본권이 사인 간의 관계에 적용될 수 없는지에 대하여는 견해의 대립이 있다),[35] ② 헌법의 명문규정상[36] 또는 성질상[37] 사인 상

한 일제강점기에 징병과 징용으로 일제에 의해 강제이주 당하여 전쟁수행의 도구로 활용되다가 원폭피해를 당한 상태에서 장기간 방치됨으로써 심각하게 훼손된 청구인들의 인간으로서의 존엄과 가치를 회복시켜야 할 의무는 대한민국임시정부의 법통을 계승한 지금의 정부가 국민에 대하여 부담하는 가장 근본적인 보호의무에 속한다고 할 것이다.」라고 판시하고 있다.

35) 예컨대 계희열, 헌법학(중), 2007, 100쪽에서는 "청구권적 기본권, 사법절차적 기본권, 참정권(선거권, 공무담임권, 국민투표권), 소급입법에 의한 참정권제한과 재산권박탈금지 등"을 성질상 대사인적 효력을 가질 수 없는 것으로 보고 있으며, 허영, 한국헌법론, 2025, 297쪽 이하에서도 이와 유사하게 "사법절차적 기본권"과 "소급입법에 의한 참정권제한과 재산권박탈금지, 청원권, 국가배상청구권, 범죄피해자의 구조청구권, 형사피해자의 공판진술권 등"과 같이 "수신인이 국가일 수밖에 없는 것"은 대사인적 효력과 무관한 것으로 보고 있다. 반면에 김철수, 헌법학개론, 2007, 411쪽에서는 사인 간의 관계에서 적용되지 못하는 기본권으로서 "국가배상청구권, 형사보상청구권 등"을 들고 있다.

36) 이와 관련하여 헌법 제21조 제4항에서 "언론 · 출판이 타인의 명예나 권리를 침해한 때에는 피해자는 이에 대한 피해의 배상을 청구할 수 있다"고 규정한 것을 근거로 언론 · 출판의 자유가 사인 간에 직접 적용되어야 한다는 주장이 있다(허영, 한국헌법론, 2025, 297쪽). 그러나 언론자유의 성질에 기초하여 대사인적 효력을 인정하는 것은 가능하겠지만, 헌법 제21조 제4항을 근거로 언론자유의 대사인적 효력을 −그것도 직접적 효력을− 주장하는 데에는 문제가 있다. 왜냐하면 헌법 제21조 제4항은 언

호간의 관계에 직접 적용될 수 있는 기본권은 직접 적용되며, ③ 성질상 사인 간의 관계에서도 적용될 수 있는 그 밖의 기본권은 간접 적용된다는 것으로 요약할 수 있다.

우선 성질상 사인 상호간의 관계에서는 적용될 수 없는 기본권, 즉 개인과 국가 사이에서만 적용될 수 있는 기본권들은 대사인적 효력이 문제되지 않는다. 그러한 기본권으로는 절차적 기본권,[38] 형사피의자 및 형사피고인의 권리,[39] 공무담임권(제25조), 소급입법에 의한 참정권제한과 재산권박탈금지(제13조 제2항) 등이 있다. 그리고 근로삼권처럼 성질상 사인 상호간에 적용되는 것을 전제하고 있는 기본권도 문제가 되지 않는다.

대사인적 효력이 현실적으로 문제되는 것은 양자의 어느 쪽에도 해당되지 않는 기본권들이다. 현행헌법은 기본권의 대사인적 효력에 관하여 아무런 규정도 두지 않고 있기 때문에 이러한 기본권의 대사인적 효력에 대하여는 개별기본권의 성질 내지 그 기본권이 담당하는 과제와 기능에 비추어 판단하여야 한다.

하지만 기본권의 대사인적 효력을 구체화함에 있어서는 -비록 헌법이 최고법으로서 공법뿐만 아니라 사법에 대해서도 기준과 지침으로서의 역할을 하고 있다고 하지만 - 공법과 사법의 구별이 갖는 의미를 고려하여 사법의 독자성에 대한 충분한 배려도 필요할 것이다. 즉 사법질서에 있어서 기본권의 적용은 기본권이 사법(私法)에 의해 전혀 또는 충분히 보장되지 못할 때에 국한되어야 하며, 사법(私法)에 의한 기본권보호 여하를 확인하지도 않은 채 기본권의(즉 헌법의) 최고성만을 강조하면서 기본권의 적용을 확대하려는 태도는 결코 정당하지 않다.[40]

론의 자유를 사인에 의한 침해로부터 보호하는 규정이 아니라, **언론의 자유를 남용하여 타인의 권리를 침해한 경우**에 그에 대한 배상을 규정한 것이기 때문이다. 즉 이 조항은 거꾸로 명예권 등의 대사인적 효력을 인정하는 근거가 될지언정 언론자유의 대사인적 효력의 근거로 보기에는 부적절하다.

37) 성질상 직접적인 효력을 미치는 기본권에 속하는 것으로는 학자에 따라 ① 인간의 존엄 및 행복추구권(제10조), ② 노동삼권 및 노동조건의 보호에 관한 권리(제33조 및 제32조 제3항, 제4항, 제5항), ③ 언론출판의 자유(제21조), ④ 참정권(제24조, 제25조, 제72조, 제130조 제2항) 등을 들고 있다.

38) 청원권(제26조), 재판청구권(제27조), 형사보상청구권(제28조), 국가배상청구권(제29조), 범죄피해자의 구조청구권(제30조)등이 여기에 속한다.

39) 여기에는 제12조의 고문을 받지 아니할 권리 및 불리한 진술거부권(제2항), 영장제시 요구권(제3항), 체포·구속이유를 알 권리(제5항), 변호인의 도움을 받을 권리(제4항과 제5항), 구속적부심사청구권(제6항)과 제27조의 재판청구권 및 제28조의 형사보상청구권이 속하며 이와 관련되는 원칙들로 죄형법정주의(제12조 제1항 제2문, 제13조 제1항), 이중처벌금지원칙(제13조 제1항 후단), 사전영장주의(제12조 제3항 본문), 연좌제금지(제13조 제3항), 자백의 증거능력제한(제12조 제7항), 무죄추정의 원칙(제27조 제4항) 등이 있다.

40) **대법원 2010.4.22. 선고 2008다38288 전원합의체 판결**: "헌법상의 기본권은 제1차적으로 개인의 자유로운 영역을 공권력의 침해로부터 보호하기 위한 방어적 권리이지만 다른 한편으로 헌법의 기본적인 결단인 객관적인 가치질서를 구체화한 것으로서, 사법(私法)을 포함한 모든 법영역에 그 영향을 미치는 것이므로 사인 간의 사적인 법률관계도 헌법상의 기본권규정에 적합하게 규율되어야 한다. 다만 기본권규정은 그 성질상 사법관계에 직접 적용될 수 있는 예외적인 것을 제외하고는 사법상의 일반원칙을 규정한 민법 제2조, 제103조, 제750조, 제751조 등의 내용을 형성하고 그 해석기준이 되어 **간접적으로 사법관계에 효력을 미치게 된다**. 종교의 자유라는 기본권의 침해와 관련한 불법행위의 성립 여부도 위와 같은 일반규정을 통하여 사법상으로 보호되는 종교에 관한 인격적 법익침해 등의 형태로 구체화되어 논하여져야 한다."

대법원 2015.2.12. 선고 2011다76617 판결: "기본권 규정은 그 성질상 사법관계에 직접 적용될

2. 기본권의 대사인적 효력의 적용방식과 유형

기본권의 대사인적 효력은 「기본권이라는 헌법(따라서 전체 법질서)의 중심가치가 사법질서 속에 어떻게 구체화되는가」 라는 문제를 중심으로 발전되어 왔다. 그러나 이에 관한 직접적용설과 간접적용설의 대립은 실제 적용상 큰 차이를 보이지는 않고 있으며, 오히려 상호접근의 경향을 보이고 있다. 다만 이론구성상 간접적용설이 사법질서의 독자성에 대하여 보다 많은 배려를 함으로써 조금 더 쉽게 받아들여지고 있는 것으로 보인다.

기본권의 대사인적 효력에 있어서 현실적으로 중요한 것은 직접효력설이냐 간접효력설이냐 하는 것보다는 오히려 기본권이 입법자와 법관에게 어떤 구속력을 갖느냐 하는 것이다. 사법질서에서 나타나는 기본권의 구속력은 일차적으로 입법자에 대한 구속력이며, 법관에 대한 구속은 원칙적으로 이러한 입법자에 대한 구속의 반영 내지 구체화라고 할 수 있다. 기본권은 원칙적으로 입법자의 법제정과 이를 적용하는 법관의 판결에 의해 사법질서에 영향을 미치는 것이며, 그 구체적 내용은 개별적으로 따질 수밖에 없다.

예컨대 사법(私法)을 제정하는 입법자도 기본권을 비롯한 헌법의 기본적 요청의 테두리 내에서 활동하게 된다. 따라서 입법자가 제정한 법률 그 자체가 기본권을 부당하게 제한 · 침해하는 경우에는 위헌법률심판 등과 같은 헌법재판을 통하여 그 위헌성을 확인하는 방법을 취할 수밖에 없을 것이다.

또한 민사재판을 담당하는 법관은 입법자가 제정한 법률에 구속된다. 그러나 법관은 법률에 흠결이 있을 경우, 그리고 상위규범인 헌법이 법률과 달리 정하고 있을 때에는 예외적으로 법률의 구속으로부터 벗어날 수 있다. 따라서 기본권을 고려하여 법률의 흠결을 보충(기본권에 부합되는 일반조항의 해석)함으로써, 또는 위헌법률심판제청 등을 통하여 기본권에 위반되는 법률의 적용을 배제함으로써 기본권의 대사인적 효력의 실현을 가능하게 할 수 있다.[41]

수 있는 예외적인 것을 제외하고는 사법상의 일반원칙을 규정한 민법 제2조, 제103조, 제750조, 제751조 등의 내용을 형성하고 그 해석 기준이 되어 간접적으로 사법관계에 효력을 미치게 되므로, 위 헌법상의 기본권에 근거하여 바로 원고들이 피고에 대하여 수사기관에 대한 이메일 제공 현황의 공개를 구할 수는 없다."

41) 그러나 만일 법관의 판결 자체가 기본권을 침해하는 경우가 발생한다면 -현행 헌법재판소법 제68조 제1항이 법원의 재판을 헌법소원의 대상에서 배제하고 있으므로- 이에 대하여는 현행법상 구제수단이 없다.

제 4 절 대사인적 효력과 기본권의 충돌

Ⅰ. 사인 간의 관계에 대한 이해의 변화와 기본권적 이해

종래 기본권이 국가와 국민의 관계에서만 적용되고 사인 상호간의 관계에는 적용되지 않는다고 생각하던 시기에는 사적 자치가 적용되는 영역은 물론 그 밖의 영역, 예컨대 불법행위가 적용되는 경우에도 기본권의 문제로는 인식되지 않았다.

그러나 오늘날에는 공법과 사법의 엄격한 구별이 붕괴되고 모든 법질서가 헌법을 정점으로 하는 통일적 질서라고 하는 점이 강조되고 있다. 더욱이 기본권은 단순히 「개인이 국가에 대해서 주장할 수 있는 권리」로서의 측면만을 갖고 있는 것이 아니라 「헌법의 중심적 가치로서 모든 국가활동의 기준 내지 지침」으로서의 의미도 갖는 것이라고 인정되면서, 종래 기본권의 문제로 인식하지 않던 것들까지도 기본권의 시각에서 그 의미가 새롭게 이해되었다.

기본권의 충돌이라는 현상도 그런 맥락에서 이해될 수 있다. 즉 기본권의 충돌에 관한 헌법적 이론구성은 비교적 최근에 이루어진 것이지만, 그 현상 자체가 새로운 것은 아니다. 종래부터 있어왔지만 과거에는 다른 이름으로 설명되던 현상들이 오늘날에는 기본권의 충돌이라는 이름 하에서 설명되고 있는 것이다.

Ⅱ. 기본권 충돌의 성격과 유형

기본권의 충돌이란 하나의 사건에서 복수의 기본권주체가 서로 대립되는 기본권을 주장하고 있는 경우를 말하며,[42] 그 해결을 위해서는 어느 기본권이 적용되어야 할 것인지에 대한 국가의 판단이 요구된다.

예컨대 언론의 자유를 주장하는 TV방송의 보도 내용이 그 대상자의 명예를 훼손하였다고 문제되는 경우, 방송사의 언론의 자유와 그 대상자의 명예권이 충돌하게 되는 것이다. 그리고 이에 대해 국가는 언론의 자유를 인정하여 그 보도의 정당성을 확인하거나, 명예의 불법적 침해를 인정하여 보도의 부당성을 인정하든지 함으로써 어느 한 쪽의 기본권이 정당하게 행사되었음을 판단해야 한다.

이러한 문제는 과거 (형법상 · 민법상의) 불법행위의 문제로서만 다루어졌다. 즉 방송의 내용이 형법상 명예훼손죄에 해당되는지의 여부를 판단하고, 이에 대한 위법성조

42) 기본권의 충돌과 더불어 '기본권의 경합'을 이야기하는 경우도 있다. 그러나 형법 제37조 이하에서 정하고 있는 경합범의 경우에 형량이 가중되는 것과는 달리 공권력에 의해 침해되는 기본권이 경합된다고 해서 그 위헌성이 더욱 가중되는 것은 아니다. 즉, 헌법소송에서 공권력에 의한 기본권 침해가 문제될 경우에는 합헌인지 아니면 위헌인지가 문제될 뿐, 위헌성의 정도를 나누어서 해당 공권력에 대해 제재의 강도를 달리하는 것은 아니다. 그러므로 기본권의 경합은 개념상 인정될 수 있으나, 실익이 없는 논의가 된다.

각의 사유가 있는지를 확인함으로써 문제되는 보도가 합법인지 아니면 위법인지를 판단할 수 있었고, 같은 맥락에서 문제되는 방송이 민법상의 불법행위를 구성하게 되는지, 그에 대한 위법성조각사유가 인정되는지를 판단하였던 것이다. 그러나 오늘날에는 그 문제를 기본권 충돌의 문제로 이해하고, 헌법적 차원에서부터 검토하게 된다.[43]

기본권의 충돌과 관련하여서는 또한 기본권 상호간의 충돌 이외에 기본권과 (기본권이 아닌) 타법익의 충돌, 그리고 이른바 기본권의 유사충돌이 구별되기도 한다.

일반적으로 **기본권의 충돌**이라고 할 때에는 기본권 상호간의 충돌을 가리킨다. 즉 구체적인 사건에 있어서 대립되는 당사자들이 서로 자신의 기본권을 주장하는 경우이다. 이러한 경우에는 충돌되는 기본권들의 대등성이 가장 분명하게 드러나기 때문에 이들의 갈등을 어떻게 해소시킬 것인지가 문제되며, 그 정당한 판단의 기준이 항상 논란의 대상이 된다.

반면에 **기본권과 기본권이 아닌 법익, 즉 헌법상 보호되는 공익이 충돌되는 경우**를 기본권의 충돌이라는 개념 속에 포함시킬 것인지에 대해서는 논란이 있다. 공익이라는 것도 결국에는 여러 국민들의 기본권을 보장하고 실현시키기 위한 조건들을 의미하는 것이고, 따라서 기본권과 공익의 관계도 기본권 상호간의 관계와 본질적으로 다르지 않다는 점 때문에 이들 양자의 충돌까지도 넓은 의미의 기본권의 충돌로 이해하는 견해도 있다.[44] 하지만 기본권과 공익의 충돌은 바로 기본권제한의 문제로 나타난다는 점을 고려할 때, 이를 기본권의 충돌로 끌어들여서 설명하는 것은 적절치 못하다고 할 수 있다.

그리고 **기본권의 유사충돌**이라는 것은 외견상 기본권이 충돌하고 있는 것처럼 보이지만 실제로는 기본권의 충돌이라고 볼 수 없는 경우를 가리킨다. 예컨대 타인의 물건을 훔친 도둑이 자신의 절도행위를 행복추구권의 행사라고 주장할 경우에는 도둑의 행복추구권과 피해자의 재산권이 충돌되는 것처럼 생각될 수도 있다. 그러나 절도행위를 행복추구권에 의해 보호되는 행위로 볼 수 없다는 점을 고려한다면, 이 경우에는 단순히 불법적인 재산권의 침해가 있을 뿐이지 기본권의 충돌이 발생되는 경우라고 말할 수는 없다.[45]

Ⅲ. 기본권 충돌의 경우에 대한 문제해결의 방식

기본권의 충돌이 발생된 경우에 어떤 기준에 따라 문제를 해결할 것인지에 대해서는 다양한 견해들이 대두된 바 있다. 그러나 현재 실질적인 비중을 갖고 있는 것은 **실**

43) 물론 그로 인하여 실무상의 문제해결방식이 근본적으로 달라지는 것은 아니다. 하지만 적어도 기본권에 대한 헌법적 고려를 통해 그 판단의 의미를 새롭게 이해할 수 있으며, 기본권의 실현을 위한 좀 더 적극적인 노력이 더해지는 계기가 될 수 있을 것이다.

44) 이에 관하여는 계희열, 헌법학(중), 2007, 122쪽 이하 참조.

45) 하지만 위의 경우처럼 기본권에 의해 보호되지 않는다는 점이 명백한 경우는 오히려 드문 경우이다. 대부분의 경우에는 오히려 기본권에 의해 정상적으로 보호되는지의 여부에 대한 판단이 필요할 것이고, 그 검토의 결과에 의해 비로소 기본권의 충돌이 발생하는지의 여부를 확인하게 될 것이다.

제적 조화와 **법익형량**의 두 가지라고 할 수 있다.

실제적 조화의 원칙은 헌법의 통일성과 관련하여 요청되고 있는 것으로서, 헌법상 보호되는 법익들은 헌법규범의 해석을 통하여 각 법익이 모두 실현될 수 있도록 상호 조정되어야 한다는 것이다. 즉 법익 사이의 충돌이 생기는 경우에 성급한 법익형량이나 추상적인 이익형량을 통한 양자택일로써 (타법익을 희생함으로써) 하나의 법익만이 실현되어서는 안 된다. 오히려 헌법의 통일성의 원리에 따라 양법익의 최적의 실현이 요청되는 것이다.46)

이러한 실제적 조화의 원칙은 무엇보다 기본권이 충돌하는 경우에 많이 적용된다. 즉 기본권의 충돌에서는 충돌되는 양법익의 대등성이 인정되므로 어느 한쪽을 일방적으로 우선시키는 결론을 내리기보다는 양쪽을 동시에 최대한 고려하면서 적절한 타협점을 찾아낼 수 있도록 노력하는 것이다. 예컨대 언론의 자유와 명예권이 충돌한 경우에 -법익형량을 통하여 어느 한쪽이 일방적으로 우월한 기본권이라고 판단하지 않고- 명예를 침해하는 내용의 언론이 공익을 위한 것으로서 사실에 부합되는 경우에는 언론의 자유를 우선시키되 그렇지 않은 경우에는 명예권을 우선시키는 방법으로 두 기본권을 동시에 최대한 보장할 수 있는 조화점을 찾는 것, 그것이 실제적 조화의 요청이라고 할 수 있다.

하지만 기본권의 충돌에 대하여 실제적 조화의 원칙이 항상 적용될 수 있는 것은 아니다. 예컨대 산모의 생명이 위독하여 낙태를 고려하는 경우에는 산모의 생명권과 태아의 생명권이 충돌하는 기본권의 충돌이 발생되지만, 이처럼 양자택일이 불가피한 상황에 있어서는 실제적 조화의 원칙을 적용할 수 없게 되는 것이다.

이러한 양자택일적 경우에는 결국 충돌되는 양 기본권 가운데서 어느 법익을 우선시킬 것인지에 대해 판단을 내릴 수밖에 없으며, 그 판단은 어느 법익이 더 크고 중대한 것으로 평가될 수 있는지를 따지는 법익형량의 원칙에 따를 수밖에 없다. 그러나 기본권을 서열화시켜서 중요한 기본권이 적용된다는 식으로 법익형량을 하는 것은 곤란하며, 구체적인 사정을 고려해서 판단하여야 할 것이다.47)

Ⅳ. 「기본권의 대사인적 효력」과 「기본권의 충돌」의 비교

1. 기본적인 동일성: 사인 상호간의 기본권 문제

이상에서 살펴본 바와 같이 기본권의 대사인적 효력과 기본권의 충돌은 유사점과 더불어 상이점도 적지 않게 가지고 있다.

먼저 양자의 가장 기본적인 동일성을 들자면, 기본권의 대사인적 효력과 기본권의 충돌이 모두 **사인 상호간에서 발생되는 기본권의 문제**라는 점을 들 수 있다. 즉 전통적인

46) 실제적 조화의 원칙(das Prinzip praktischer Konkordanz)에 관하여는 「제1권 제1부 제4장 제6절 Ⅲ. **실제적 조화의 원칙**」 참조.

47) 예컨대 그러한 기본권의 충돌이 초래된 과정이나 그로 인한 불이익의 정도(심각성), 다른 구제수단의 존부 등이 그러한 판단의 기준이 될 수 있을 것이다.

기본권이론에 따를 경우에는 양자 모두 기본권이 적용될 수 없는 문제들인 것이다.

그러나 오늘날 기본권이론의 변화에 따라 기본권의 대사인적 효력이 널리 인정되고 있을 뿐만 아니라 기본권의 충돌도 기본권이론의 한 영역으로 뿌리내리게 되었다.

2. 대상의 차이: 사인 간의 계약, 사인 간의 불법행위

그러나 또한 기본권의 대사인적 효력과 기본권의 충돌은 사인 상호간의 관계형성의 방식이 다르다는 점에서 구별된다.

기본권의 대사인적 효력은 당사자의 자발적인 계약(즉 사적 자치의 행사)을 통해 형성된 당사자간의 법률관계(즉 사법질서)가 그 내용상 헌법상의 기본권에 위배되기 때문에 문제되는 경우이다. 즉 기본권의 대사인적 효력이 인정되기 이전이라면 당연히 정상적인 계약으로서 합법적이라 인정되고 그 이행이 법에 의해 담보되었을 계약내용이, 기본권이 사인 상호간에도 적용됨으로 인하여 불법적인 계약으로 평가가 바뀌는 것이다.[48]

반면에 기본권의 충돌은 기본권을 주장하는 주체가 상대방의 기본권행사가 정당하지 못하고(즉 불법이고), 자신의 기본권 행사가 정당한 것이라고(즉 정당한 범위 내에 있다고) 주장하는 것이다. 즉 기본권의 충돌에서는 기본권행사의 정당한 범위를 벗어난 불법적 행사가 문제되며, 이러한 문제해결의 방식은 −기본권이라는 시각으로 새롭게 검토하게 되었다는 점을 제외하면− 기본권충돌의 이론이 탄생되기 이전과 크게 다르지 않다.

3. 해결방식의 차이: 기본권규정의 (직접 또는 간접적인) 적용, 실제적 조화와 법익형량

또한 기본권의 대사인적 효력 문제를 해결하는 기준과 기본권의 충돌을 해결하는 기준도 상이하다.

기본권의 대사인적 효력은 결국 헌법상의 기본권규정을 사인 상호간의 법률관계, 즉 계약에 적용함으로써 그 계약이 헌법상의 기본권규정에 위배되는 내용을 담지 못하도록 하는 것이다.[49] 직접효력설은 기본권규정이 민사재판에서 직접 재판의 근거로 작용할 수 있다고 보는 것이고, 간접효력설은 헌법상의 기본권규정을 직접 재판의 근거로 사용하지 말고 사법의 일반조항을 재판의 근거로 해서 판단하도록 요구한다는 점에서 차이가 있다. 하지만 양자는 사인 상호간에 체결된 계약도 결과적으로 기본권에 부합되어야 한다고 요청하는 점에서 아무런 차이가 없다.

하지만 기본권의 충돌에 있어서는 단순히 기본권의 적용이 문제되는 것이 아니라, 문제되는 영역이 충돌되는 양 기본권 가운데 어느 기본권의 정당한 보호범위에 속하는 것인지를 판단하는 것이 문제되며, 이러한 판단의 기준으로서는 앞서 검토한 실제적 조화의 원칙과 법익형량의 원칙이 활용된다.

---

48) 기본권의 대사인적 효력이 기본권의 충돌보다 더 큰 현실적 의미를 갖는 이유는 이처럼 기본권의 대사인적 효력을 적용함으로써 현실적 법판단에 중대한 변화가 발생되기 때문이다.

49) 물론 그러한 기본권의 구속력은 −앞서 검토한 바와 같이− 국가에 대한 경우처럼 강력하지는 않다고 보는 것이 일반적이다.

4. 해결의 결과: 문제되는 계약의 무효화, 불법적인 기본권침해에 대한 구제

기본권의 대사인적 효력과 기본권의 충돌은 그 적용의 결과에 있어서도 커다란 차이점을 보이고 있다.

기본권의 대사인적 효력은 사법상의 계약에 대해서 기본권을 적용함으로써 문제의 계약이 기본권에 위배될 경우에는 그 계약을 무효화시키는 것이다. 즉 사법상의 계약이 헌법상의 기본권에 위배되는지의 여부에 대한 판단이 문제될 뿐, 일단 그 판단이 내려지고 양자의 충돌이 확인될 경우에는 그 결론은 항상 계약의 무효로 나타난다.[50)]

그러나 기본권의 충돌에 있어서는 상위법과 하위법의 관계가 아닌 대등한 기본권 상호간의 충돌이 문제된다. 따라서 기본권의 충돌에서는 어느 일방의 우위를 확인하는 것이 아니라 어느 기본권이 정당한 범위 내에 있는지에 대하여 -거꾸로 보면 어느 기본권이 정당한 범위를 벗어났는지에 대하여- 판단하고, 그 판단에 의해 정당한 범위를 벗어난 기본권에 대해서는 불법성을 인정하여 문제되는 기본권행사의 취소, 손해배상 등이 요구될 수 있는 것이다.

사례 풀이:

1. 갑 등의 헌법소원심판청구는 적법한가? (30점)
   - Ⅰ. 서: 헌법소원심판의 유형과 적법요건 [3점]
   - Ⅱ. 공권력에 의한 기본권의 침해 [9점]
     1. 국립대학 입시요강의 공권력 해당 여부
     2. 침해되는 기본권
     3. 사안에 대한 판단
   - Ⅲ. 기본권침해의 직접성, 현재성, 자기관련성 [9점]
     1. 직접성 요건에 대한 판단
     2. 현재성에 대한 판단
     3. 자기관련성에 대한 판단
   - Ⅳ. 보충성 및 기타의 적법요건 [7점]
     1. 헌법소원심판청구의 보충성 요건
     2. 변호사강제주의
     3. 청구기간
   - Ⅴ. 결론 [2점]
2. 사립대학의 입시요강이 문제되었을 경우에는 적법요건의 판단이 달라질 것인가? (10점)
   - Ⅰ. 쟁점: 국립대학과 사립대학 입시요강이 공권력행사에 해당하는지의 여부 [1점]
   - Ⅱ. 국립대학 입시요강의 공권력 행사로서의 성격 [3점]
   - Ⅲ. 사립대학 입시요강의 공권력 행사로서의 성격 여부 [3점]
   - Ⅳ. 적법요건에 대한 판단의 변화 여부 [2점]

---

50) 상위법인 헌법상의 기본권이 하위법인 사법상의 계약과 충돌할 경우에는 상위법인 기본권을 적용시킴으로써 하위법인 계약이 무효화되는 것이다.

V. 결론 [1점]

3. 갑의 헌법소원심판청구가 적법한 경우 헌법재판소는 어떠한 본안판단을 내려야 하는가? (60점)

I. 사안의 분석과 쟁점의 정리 [5점]

II. 교육의 권리와 기회균등 [10점]

1. 헌법 제31조 제1항의 해석과 교육의 기회균등
2. 교육의 기회균등과 대학에 진학할 수 있는 기회
3. 대학의 자치와 입시요강에 의한 검정고시 출신자 차별의 문제점

III. 검정고시 출신자에 대한 대학입시에서의 차별과 그 정당성 논거 [15점]

1. 입시요강에 대한 대학의 자율성
2. 정시 모집의 기회
3. 특별전형에서의 기회

IV. 차별에 대한 정당성 판단 [15점]

1. 교육의 기회균등에 대한 차별과 비교집단
2. 평등심사의 기준
3. 수시의 (특별전형을 제외한) 일반전형에서 검정고시 출신자 차별의 합리성 여부

V. 헌법재판소의 본안 판단 [12점]

1. 헌법재판소의 결정 형식
2. 사안에 대한 판단
3. 헌법재판소 결정의 효력

VI. 결론 [3점]

제 5 장 기본권의 한계와 제한(내용확정)

「제5장 기본권의 한계와 제한」은 **기본권의 내용을 확정하는 방식**을 정리하는 부분이다. 제3장과 제4장에서 기본권의 주체와 효력(객체)을 논의함으로써 기본권을 누가 누구에 대해서 주장할 수 있는지가 확인되었으므로, 이제는 구체적으로 주장할 수 있는 기본권의 내용이 무엇인지에 대하여 확정할 필요가 있다.

물론 기본권의 구체적 내용은 모든 개별기본권마다 상이하다. 하지만 이를 구체적으로 확정하는 방식은 일정한 공통성을 갖는다. 즉 모든 기본권은 그 개념에 의해 그어지는 일정한 **한계** 내에서만 보호될 수 있으며(보호영역의 일차적 한정), 이를 벗어나는 내용에 대해서는 그 기본권을 원용할 수 없다. 또한 일차적 보호범위에 속하는 것이라 할지라도 타인의 기본권이나 공익과의 조정을 통해 보호영역이 다시금 축소될 수 있다. 즉 기본권의 일차적 내용에 속하는 것이 **제한**될 수 있다(보호영역의 이차적 제한).

이러한 기본권의 한계와 제한의 전체적 구조와 기준을 분명히 이해할 때에 비로소 기본권의 실현구조가 전체적으로 파악될 수 있을 것이다.

제 1 절 기본권의 실현과 기본권의 제약

Ⅰ. 기본권의 역사적 발달과 기본권제약의 성격의 변천

기본권의 구체화에 있어서 고려되어야 할 현실적 조건 가운데 가장 먼저 들 수 있는 것이 그 기본권이 탄생되고 발전된 상황, 즉 역사적 배경 내지 연혁의 문제이다. 기본권 제약의 성격에 대한 이해에 있어서도 기본권의 역사적 발달에 따른 변화가 주목된다.[1)]

과거 입헌군주국가시대에는 기본권제약을 (국민의 이익과 별개로 존재하는) 국가이익을 위한 것으로 보았다. 그러나 오늘날 민주주의가 보편화되면서 국민의 이익과 별개

1) 헌법상 규정된 기본권을 현실 속에서 실현시키기 위해서는 무엇보다 기본권의 의미내용을 구체화시키는 것이 필요하다. 헌법해석의 방법으로 행해지는 이러한 기본권의 구체화에 있어서, 한편으로는 기본권을 통하여 실현시키고자 하는 개인의 자유롭고 평등한 생활영역의 보장이 문제되지만, 다른 한편으로는 그 기본권이 실현되어야 할 현실의 상황이 동시에 고려되어야 한다. 따라서 기본권의 실현과 기본권의 제약(한계와 제한)은 서로 맞물려 있는 것이라고 이해될 수 있다. 헌법이 추구하는 바는 모든 국민의 기본권을 최대한 실현시키는 것이지만, 이를 위해서는 서로 대립하는 여러 기본권들을 조정하는 것이 불가피하며, 그런 조정은 개개의 기본권에 대한 제약의 형태로 나타나기 때문이다.

로 존재하는 국가의 이익은 더 이상 인정되지 않는다. 기본권의 보장을 위해 국가권력이 정당화되는 상황에서 국가권력에 의한 기본권의 제약도 결국 그 실질에 있어서는 기본권의 실효적 보장을 위한 것으로 이해되고 있는 것이다.

그러나 이러한 제약이 –의도는 선한 것이라 하더라도– 항상 정당한 것은 아니다. 경우에 따라서는 불필요한 또는 필요 이상의 제약이 가해지기도 한다. 따라서 기본권에 대한 제약에 있어서는 한편으로 그러한 제약의 필요성이 인정되지만, 다른 한편으로는 함부로 기본권을 제약하지 못하도록 제약의 요건과 기준을 엄격하게 정하는 것도 매우 중요하다.

Ⅱ. 기본권의 구체화와 기본권에 대한 제약

기본권의 제약(한계와 제한)은 ① 기본권의 보호영역을 일정한 **한계** 안에 국한시킨다는 것, ② 그 한계 내에서 보호영역을 축소한다는 것, 즉 이미 설정된 보호영역을 **제한**한다는 것의 두 가지 의미를 내포한다.

기본권을 구체화하여 실현시키기 위해서 기본권에 대한 제약이 필요하다는 점은 당연히 전제될 수밖에 없다. 특정인의 특정기본권만을 보장하는 것이 아니라 모든 국민의 수많은 기본권을 동시에 최대한 보장하기 위해서는, 기본권들 상호간에 또는 기본권과 공익 사이에서 발생되는 충돌을 정서(整序)하는 것이 불가피하다. 이를 위해서는 충돌되는 기본권들의 내용을 확정하여 개별적인 경우에 어떤 기본권이 우선적으로 보호되어야 하는지를 판단하여야 한다. 즉 기본권의 내용 내지 보호범위를 확정하는 것이 필요한 것이다.

기본권의 제약은 이런 의미에서 개별기본권의 보호범위를 확정함으로써 (무수한 타기본권 내지 공익과 경합 · 충돌되고 있는) 개별기본권이 보호될 수 있는 경우와 그렇지 않은 경우를 구별하는 작업이라고 할 수 있다. 즉 개별기본권의 보호범위 내에서는 그 기본권이 효력을 발할 수 있지만, 그 보호범위 밖에서는 기본권을 주장할 수 없게 되는 것이다.

기본권의 제약은 기본권의 한계와 기본권의 제한으로 단계화된다.

기본권의 한계는 개별기본권의 일차적 보호범위를 추상적으로 설정하는 것이며, 이 작업은 대체로 기본권의 개념 자체에 의해 수행된다. 예컨대 종교의 자유라는 기본권의 일차적 보호범위는 「종교」라는 개념 자체로부터 나온다. 종교가 아닌 것을 종교의 자유라는 기본권으로써 보호할 수는 없다는 것이다. 이러한 기본권의 한계는 다른 법익과의 구체적 충돌을 전제하는 것은 아니다. 다만 각 개별기본권이 적용될 수 있는 영역(보호범위)의 울타리를 일반적 · 추상적으로 그어놓는 것이다.

그런데 이와 같이 일반적으로 그어 놓은 울타리는 다른 기본권 내지 타인의 기본권의 보호영역과 관련되는 경우가 있을 수 있다.[2] 그렇기 때문에 이러한 기본권 보호영역의 중첩 내지 경합 · 충돌이 발생된 경우에는 각각의 기본권들의 일차적 보호범위 내에서도 −즉 기본권의 한계에 의해 그어진 울타리 내에서도− 그 기본권들 모두가 아무런 제한 없이 실현될 수는 없다. 그 결과 기본권의 구체적 행사에 있어서는 **기본권의 제한**이 문제된다.[3)]

기본권의 제한은 기본권의 한계에 의해 일차적으로 설정된 울타리(보호범위)가 축소되는 형태로 나타나는 것이다. 이러한 기본권의 제한의 의미는 **기본권 상호간 그리고 기본권과 공익을 정서(整序)**하는 데 있다. 즉 기본권의 제한은 기본권에 의해 보장되는 공동체구성원들의 생활관계들을 상호 정서하고, 나아가 기본권에 의해 보장된 생활관계를 −국가생활에 있어서 중요하기 때문에 법적으로 보호되는− 공익[4)]과 정서하는 것이다.

이러한 정서의 기준으로는 일차적으로 **실제적 조화의 원칙**을 생각할 수 있다.[5)] 실제적 조화의 원칙에 따라 기본권을 정서한다는 것은 일정한 가치서열에 따라 기본권 적용의 우선순위를 정하기 어렵다는 것을 의미하는 것이다. 즉 모든 기본권이 나름의 중요성을 갖고 있기 때문에 어떤 특정한 기본권이 다른 기본권에 항상 우선한다고 볼 수 없고, 구체적인 경우에 충돌되는 기본권 모두를 최대한 실현시킬 수 있는 적절한 조화점을 찾아야 한다는 것이다.[6)] 그러나 헌법이 이러한 정서의 문제를 직접 정하는 경우는 예외에 속한다. 오히려 헌법은 대부분의 경우 입법자가 법률로써 정서하도록 하고 있다.

Ⅲ. 헌법상의 기본권제약의 체계

이상 검토한 바에 기초하여 현행헌법상 기본권에 대한 제약의 전체적 체계를 개관해 보면 다음과 같다:

기본권의 제약은 크게 기본권의 한계와 제한으로 나누어진다. 기본권의 한계는 기본권의 일차적 보호범위를 확정하는 것이며, 기본권의 제한은 일차적 보호범위에 속하는 것을 전제로 개별기본권이 구체적 · 개별적 법익의 충돌 가운데서 인정될 수 있는(행사될 수 있는) 범위를 최종적으로 확정하는 것이다.

기본권의 한계는 다시금 개념적 한계와 규범적 한계로 나누어질 수 있다. **개념적**

---

2) 즉 같은 행위가 종교의 자유뿐만 아니라 교육의 권리 또는 집회의 자유 등과 관련될 수 있으며, 언론의 자유의 행사에 속하는 행위가 타인의 명예권과 관련되는 경우, 예술의 자유의 행사에 속하는 행위가 타인의 재산권과 관련되는 경우 등이 가능한 것이다.

3) 이런 맥락에서 볼 때, 기본권의 충돌 문제는 기본권제한의 한 유형으로 포섭될 수 있을 것이다.

4) 민주국가에서 공익이란 국민 다수의 기본권실현과 관련되는 조건을 지칭하는 것에 지나지 않기 때문에 공익과 기본권은 −군주국가에서와는 달리− 동질적인 것이라고 할 수 있다. 따라서 어느 한쪽의 일방적인 우위를 이야기할 수 없는 것이고, 구체적인 경우에 그 경중을 따져야 할 것이다.

5) 실제적 조화의 원칙에 관하여는 「제1권 제1부 제4장 제6절 Ⅲ. **실제적 조화의 원칙**」 참조.

6) 물론 실제적 조화의 원칙이 모든 상황에서 적용될 수 있는 것은 아니고, 예컨대 산모의 생명권과 태아의 생명권이 충돌되는 경우처럼 양자택일이 부득이한 경우도 있다.

한계는 기본권의 개념 자체로부터 일정한 울타리를 그어 한계를 설정하는 것을 의미하는데, 우리 헌법 하에서도 이를 인정하는 데에는 아무런 문제가 없다. 그러나 **규범적 한계**는 이와 달리 기본권이 일정한 내용을 가져서는 안 된다는 규범적 요청을 의미하는 것으로서 독일의 경우에는 현실적 필요성 때문에 인정되고 있으나,[7] 우리 헌법의 해석상으로는 규범적 한계를 인정할 필요가 없다.

기본권의 제한은 헌법에 의한 제한과 법률에 의한 제한으로 나누어지는데, 현행헌법상 인정되고 있는 **헌법에 의한 제한**은 개별적 제한과 사리(事理)상의 제한이 있다. 그리고 **법률에 의한 제한**은 일반적 법률유보에 의한 제한과 개별적 법률유보에 의한 제한으로 구별될 수 있다. 이와 관련하여 형성적 법률유보는 기본권의 구체적 내용 형성을 법률에 맡기는 것이므로 제한과는 구별되어야 한다.[8]

제 2 절 기본권의 (내재적) 한계

Ⅰ. 기본권의 개념(내재)적 한계

기본권의 개념적 한계란 **기본권의 개념이 미치는 범위에 따른 한계**를 말한다. 모든 기본권은 그 개념(내용)의 범위가 끝나는 곳에 한계가 있다. 이미 기본권의 개념은 그 자체로서 기본권의 보호영역에 일정한 테두리를 긋고 있기 때문에, 예컨대 예술의 자유는 예술에만 허용되고, 종교의 자유는 종교를 그 보호의 대상으로 하며 종교가 아닌 것에는 적용되지 않는 것이다.

그러나 이 문제가 그렇게 간단한 것은 아니다. 구체적으로 예술의 개념범위를 어떻게 설정하는지에 따라 예술의 자유에 의해 보호되는 활동과 그렇지 않은 활동의 차이가 생기기 때문에 기본권의 개념범위를 확인하는 문제는 매우 민감하고 중요한 문제이다.[9] 그렇기 때문에 기본권의 개념범위를 누가 어떻게 확인하는지가 매우 중요한 헌법적 문제로 대두되는 것이다.

---

7) 이에 관하여는 아래의 「제2절 Ⅱ. **기본권의 규범(내재)적 한계**」 참조.

8)
* 기본권의 제약
  - 기본권의 한계
    - 개념(내재)적 한계
    - 규범(내재)적 한계 (×)
  - 기본권의 제한
    - 헌법에 의한 제한
      - 일반적 제한 (×)
      - 개별적 제한
      - 사리상의 제한
    - 법률에 의한 제한
      - 개별적 법률유보
      - 일반적 법률유보
      - * **기본권형성적 법률유보**

9) 예컨대 옴진리교는 제20조(종교의 자유)가 보호하는 종교의 개념에 포함되는가, 나이트클럽에서의 스트립쇼는 제22조 제1항(예술의 자유)이 보호하는 예술의 개념에 포함되는가, 매매춘은 제15조(직업의 자유)가 보호하는 직업의 개념에 포함되는가 등의 문제는 결코 간단히 대답될 수 있는 것이 아니다.

또한 헌법상 기본권의 개념 자체에 일정한 제한문구를 부가함으로써 그 개념을 한정하는 경우도 있다. 예컨대 독일 기본법 제8조 제1항은 집회의 자유를 보장하지만 「평온한」 그리고 「무기를 휴대하지 않은」이라는 문구를 부가함으로써 집회의 개념을 한정하고 이러한 집회만을 보장한다. 또한 독일 기본법 제5조 제1항 제1문은 정보의 자유를 보장하지만 「일반적으로 접근할 수 있는 정보원(情報源)으로부터의 정보」라고 표현함으로써 정보의 개념을 한정하고 이를 통하여 정보의 자유의 범위를 한정한다.

기본권의 개념(내재)적 한계는 헌법해석에 의하여 확인 · 확정된다. 헌법해석은 입법자에 의해 법률의 형태로 구체화되기도 하고, 법원의 판결이나 헌법재판소 결정의 형태로 나타나기도 한다.

Ⅱ. 기본권의 규범(내재)적 한계

이와 같은 기본권의 개념적 한계 이외에 규범적 한계가 논의되는 경우가 있다. 즉 기본권에 있어서 당연히 준수되어야 할 일정한 규범적 요청이 기본권의 개념적 한계와는 별도로 기본권의 내재적 한계로 이야기되는 것이다.

이러한 규범적 한계로 거론되는 것으로는 이른바 3한계설, 공동체유보설, 규범조화적 한계설 등이 있다.

3한계설은 독일 기본법 제2조 제1항에 규정되어 있는 타인의 권리, 도덕률, 헌법질서(이른바 Schrankentrias)를 침해하는 기본권의 행사는 정당화될 수 없다고 생각하여, 이러한 세 가지 요소가 모든 헌법에서 당연히 인정되는 기본권의 규범적 한계라고 보는 견해이다. **공동체유보설**은 보다 높은 공동체이익의 보호를 위해 기본권의 한계설정이 필요하다는 주장이고, **규범조화적 한계설**은 헌법의 통일성의 관점에서 헌법이 추구하는 전체적 가치질서의 실현을 위하여 기본권에 일정한 한계가 인정된다는 주장을 하고 있다.

그러나 이들을 과연 기본권의 내재적 한계로 볼 수 있는지의 문제는 접어 두고라도 우리의 경우는 -독일과는 달리- 법률에 의한 제한이 불가능한 **절대적 기본권**과 제한이 가능한 **상대적 기본권**이 실정헌법상 구별되지 않고 있다.[10] 우리 헌법상의 모든 기본권은 제37조 제2항의 규정에 따라 일반적 법률유보 하에 있기 때문에 굳이 규범적 한계를 통하여 기본권에 제약을 가해야 할 필요가 없으며, 이를 인정할 경우 오히려 기준의 불명확성 및 남용의 위험성이 문제될 수 있다.

---

10) 독일 기본법은 기본권에 대한 일반적 법률유보조항을 두지 않고 개별적 법률유보만을 두고 있다. 그 결과 개별적 법률유보조항이 있어서 법률로써 제한할 수 있는 상대적 기본권과 법률유보조항이 없기 때문에 법률로 제한할 수 없는 절대적 기본권이 구별되고 있다. 문제는 절대적 기본권(예컨대 종교의 자유, 예술의 자유 등)이라 하더라도 무제한적으로 보호될 수는 없다는 점이다. 그로 인하여 규범적 한계를 통해 절대적 기본권도 다른 법익과 정서시키는 방안이 모색된 것이다.

제 3 절 헌법에 의한 기본권제한

Ⅰ. 헌법에 의한 기본권의 일반적 제한

독일 기본법 제2조 제1항에서 규정되고 있는 타인의 권리, 도덕률, 헌법질서를 헌법에 의한 기본권의 일반적 제한으로 보는 입장도 있다. 즉 이들 세 가지를 헌법이 모든 기본권에 일반적으로 적용될 수 있는 제한요건을 명문화한 것으로 이해하는 것이다.

그러나 모든 개별기본권의 구체적 내용을 고려하지 않은 채 일반적으로 적용될 수 있는 제한기준을 헌법에서 직접 정하는 데에는 여러 가지 문제가 따르기 때문에 이런 견해를 지지하는 학자들은 많지 않다. 더욱이 한국의 경우에는 헌법에 의한 기본권의 일반적 제한을 규정하고 있는 것으로 볼만한 명문규정이 없다.

Ⅱ. 헌법에 의한 기본권의 개별적 제한

1. 헌법에 의한 개별적 제한과 그 효과

헌법규범이 명시적으로 개별기본권을 직접 제한하는 경우로는 예컨대 정당설립의 자유를 보장하면서 정당의 목적이나 활동이 민주적 기본질서에 위배되지 못하도록 제한하는 것(제8조 제4항), 국민의 국가배상청구권을 보장하면서 군인, 군무원, 경찰공무원 등의 배상청구권을 제한한 것(제29조 제2항), 그리고 노동삼권을 보장하면서도 공무원인 근로자의 경우에는 법률이 정하는 자에 한해서만 인정하고 주요방위산업체에 종사하는 근로자의 단체행동권을 제한하는 것(제33조 제2항과 제3항) 등이 있다.

이처럼 헌법이 직접 기본권의 제한을 명시한 경우에는 기본권의 제한에 관한 입법자의 역할이 축소된다. 즉 헌법이 기본권을 제한하고 있는 사항에 관하여 입법자가 법률로 다시 규정하더라도 이는 입법자 자신이 이 기본권을 제한하는 것이 아니라 입법자는 이미 헌법에 의해 제한되고 있는 것을 선언적으로 확인하는데 불과하며, 입법자는 단지 헌법이 정한 울타리 내에서 구체적 형성을 할 수 있을 뿐이다.

2. 헌법 제8조 제4항, 그 헌법적 의의

이와 같이 헌법이 직접 개별기본권을 제한하는 것의 의미는 무엇보다 일반법률에 의해서 달리 규율할 수 없도록 함으로써 그 기본권에 대한 제한이 보다 한정된 범위에서만 가해지도록 하는 데 있다. 그 대표적인 예로서 헌법 제8조 제4항에 의한 정당해산의 경우를 들 수 있다.

헌법 제8조 제4항은 "정당의 목적이나 활동이 민주적 기본질서에 위배될 때에는 정부는 헌법재판소에 그 해산을 제소할 수 있고, 정당은 헌법재판소의 심판에 의하여 해산된다"라고 규정함으로써 **민주적 기본질서의 위배**라는 실체적 요건이 갖추어진 경우 **헌법재판소의 심판**이라는 절차에 의해 정당활동의 자유라는 기본권이 제한될 수 있음을 규정하고 있다. 그러나 이 규정은 정당을 해산시키는 경우에 일반결사보다 훨씬 강화된 절차적 보장을 헌법이 직접 규정함으로써 「정당특권」이라고 지칭되고 있으며, 이는 법률로 달리 규정할 수 없는 것이다.[11)]

3. 헌법 제29조 제2항, 그 문제성과 역사적 배경

반면에 현행헌법상에는 정상적으로는 인정될 수 없는, 즉 법률에 의한 제한의 형태로는 정당화될 수 없는, 기본권제한을 규정하고 있는 것도 있다. 예컨대 헌법 제29조 제2항이 그러하다.

동조항은 1971년 6월 22일 대법원에 의하여 국가배상법 제2조 제1항이 위헌판결을 받게 되자,[12)] 1972년의 헌법개정에 의하여 –위헌시비를 사전에 봉쇄하기 위하여– 같은 내용의 규정을 헌법에 편입한 것이다.

4. 헌법 제33조 제2항과 제3항, 헌법의 (입법자에 대한) 수권과 그 한계의 문제

헌법 제33조 제2항과 제3항은 공무원 및 주요방위산업체 근로자에 대한 노동삼권의 제한을 규정하고 있다. 그러나 헌법 제8조 제4항이나 제29조 제2항과는 달리 법률에 의하여 제한될 수 있도록 하는 수권규정의 형태를 취하고 있다.

이처럼 헌법이 특정한 기본권의 제한에 관한 특별한 규정을 두고 있으면서도 그 구체적인 제한의 기준과 방법을 명시하지 않고 법률에 맡기는 경우에는 복잡한 문제가 발생될 수 있다. 한편으로는 일반적 법률유보와 달리 헌법이 그 제한의 가능성을 직접 명시하고 있다는 점에서 다른 기본권보다 강력한 제한이 인정될 수 있는 근거가 될 수 있지만, 다른 한편으로는 이 경우에도 무제한적 제한은 가능하지 않다는 점에서 그 한계가 동시에 문제되는 것이다.

예컨대 공무원에 대한 노동삼권 제한의 경우, 헌법규정은 "공무원인 근로자는 법률이 정하는 자에 한하여 단결권·단체교섭권 및 단체행동권을 가진다"고 되어 있지만, 이 규정에 기초하여 모든 공무원의 노동삼권을 아무런 합리적 근거 없이 무제한적으로 제한할 수 있다고 보기는 어려운 것이다.[13)]

---

11) 헌법 제8조 제4항에 의한 정당해산에 관하여는 「제1권 제3부 제1장 제4절 **정당의 해산**」 참조.
12) 대법원 1971.6.22. 선고 70다1010. 이 판결에 의하여 종래의 국가배상법 제2조 제1항 단서는 평등에 위배되는 것으로서 위헌으로 결정되었다. 이에 관하여 상세한 것은 「제2권 제2부 제19장 제1절 V. 1. **헌법 제29조 제2항에 의한 제한**」 참조.
13) 이에 관하여는 아래의 「제2부 제15장 제2절 Ⅶ. 1. **헌법 제33조 제2항 및 제3항에 의한 제한**」 참조.

Ⅲ. 기본권충돌시 헌법의 통일성의 관점에서 나오는 기본권의 사리(事理)상의 제한

기본권의 사리상의 제한이란 헌법규범이나 법률에 의해 명시적으로 제한되지 않는 기본권이라도 기본권 상호간의 관계에서 사리상 제한되는 것을 말하며, 독일 기본법의 해석상 기본권의 규범적 한계와 유사한 역할을 한다.

예컨대 독일 기본법 제4조 제1항은 신앙과 신앙고백의 자유(=종교의 자유)를 아무런 명시적 제한 없이 보장하지만, 이 기본권의 실행이 -유아나 처녀를 제물로 바치는 행위 등과 같이- 인간의 존엄을 침해하는 경우 제1조 제1항의 존엄권 규정에 의하여 제한된다. 또한 예술의 자유는 독일기본법상 명시적 제한규정이 없지만,[14] 미술가가 남의 집 벽에 그림을 그리는 행위는 재산권보장의 규정에 의해 제한된다.

이러한 사리상의 제한은 절대적 기본권에 대해서도 인정된다는 점에서 기본권의 규범적 한계와 유사한 기능을 하지만, 사리상의 제한은 그 기본권 자체로부터 나오는 것이 아니라 다른 기본권에 대한 보호의 필요성에 따라 인정되는 것이라는 점에서 양자는 구별된다. 따라서 이를 구체화하여 제정된 -기본권을 제한하는- 법률이 있을 경우에는 그 법률에 의한 제한의 정당성 문제로 다루어야 할 것이다.[15]

제 4 절 법률에 의한 기본권제한(법률유보)

Ⅰ. 법률유보의 유형: 개별적 법률유보와 일반적 법률유보

1. 개별적 법률유보: 헌법 제12조 제1항 제2문

개별적 법률유보란 앞서 설명한 바와 같이 개별기본권조항에 법률유보조항을 두는 것을 말한다. 그러나 우리 헌법상으로는 일반적 법률유보가 인정되고 있기 때문에 개별적 법률유보가 사실상 별 의미가 없게 되었다.

1972년의 소위 유신헌법 당시에는 거의 모든 기본권에 유보조항이 있었으나 1980년의 제5공화국 헌법 이후 거의 모든 유보조항을 제거하였다. 현행헌법에서는 신체의 자유(제12조 제1항 제2문)와 재산권(제23조 제1항 제2문) 규정에 법률유보가 있으나, 재산권에 규정된 법률유보는 재산권제한적 의미보다 재산권형성적 의미가 강하다고 할 수 있다. 이처럼 개별법률유보의 수가 적을 뿐만 아니라 제37조 제2항에 일반적 법률유보를 두고 있기 때문에 개별적 법률유보의 의미가 사실상 사라지게 된 것이다.

---

14) 즉 독일 기본법상 예술의 자유는 법률에 의해서도 제한될 수 없는 이른바 「절대적 기본권」에 속한다.

15) 우리 헌법에서 기본권의 규범적 한계와 마찬가지로 기본권의 사리상의 제한도 크게 문제되지 않는 이유는 일반적 법률유보가 인정됨으로 인하여 기본권의 제한이 대부분 법률로 구체화되고 있기 때문이다.

즉 이론적으로 보면 제37조 제2항이 규정하고 있는 국가안전보장, 질서유지 및 공공복리를 위해 필요한 경우라는 요건 이외의 경우에도 법률에 의해 신체의 자유나 재산권이 제한될 수 있다. 그러나 국가안전보장, 질서유지, 공공복리라는 개념들이 매우 포괄적이기 때문에 여기에 포섭되지 않는 경우란 사실상 있을 수 없다.

2. 일반적 법률유보: 헌법 제37조 제2항

일반적 법률유보란 모든 기본권에 적용될 수 있도록 법률유보를 일반적으로 규정하는 것을 말한다.

우리 헌법은 제37조 제2항에서 「국가안전보장」, 「질서유지」 또는 「공공복리」를 위하여 필요한 경우라는 요건 하에서 법률로써 모든 기본권을 제한할 수 있도록 규정하고 있다. 즉 개별적 법률유보가 필요 없이 어떤 기본권이든지 법률로써 제한이 가능하도록 정하고 있는 것이다.[16]

이러한 우리 헌법의 태도는 개별적 법률유보만을 두고, 일반적 법률유보를 두지 않고 있는 독일 기본법과 비교된다. 독일 기본법은 기본권규정들 가운데 개별적 법률유보가 붙어 있는 것과 그렇지 않은 것들을 나누고 있으며, 그에 따라 전자는 법률에 의해 제한될 수 있는 이른바 상대적 기본권으로, 그리고 후자는 법률로써도 제한할 수 없는 절대적 기본권으로 설정하고 있는 것이다.

Ⅱ. 법률유보에 의한 기본권제한의 형식 – 법률, 조약 등

헌법 제37조 제2항의 규정에 따라 기본권의 제한은 원칙적으로 법률의 형식으로 행해져야 한다. 하지만 헌법 제6조 제1항에 따라 법률적 효력을 갖는 조약과 일반적으로 승인된 국제법규에 의한 기본권의 제한도 인정될 수 있다.

기본권을 제한하는 법률은 「일반성」과 「명확성」을 가진 법률이어야 한다. 여기서 **일반적 법률**이란 특정한 사람이나 사항에만 적용되는 것이 아니라 모든 사람 또는 사항에 일반적으로 적용되는 법률을 말한다.[17] 즉 특정인에게만 또는 특정사건에만 적용되는 법률을 제정하여 기본권을 제한해서는 안 되는 것이다. 이처럼 일반성을 요구하는 근거는 평등의 원칙 때문이라고 할 수 있다. 즉 기본권을 제한하는 법률은 불특정다수인에게 적용될 수 있도록 함으로써 입법자가 특정인에 대하여 특혜나 특별한 불이익을 주지 못하도록 하는 데에 그 목적이 있는 것이다.[18]

---

16) 우리 헌법 제37조 제2항은 기본권제한의 대상으로 "**국민의 모든 자유와 권리**"라고 명시적으로 규정하고 있다.

17) 그러나 대부분의 법률은 한정된 범위의 사람과 한정된 사항에 적용되는 것이 보통이다. 따라서 항상 인적 범위와 사항을 명확하게 하는 것이 중요하다. 일반성이라는 기준만으로는 개별적 법률과 구별이 어렵다.

18) 이러한 맥락에서 처분적 법률이나 개별사항법률 등의 합헌성이 문제되기도 한다. 이에 관하여는 「제3권 제2부 제2장 제2절 **현행헌법 제40조와 법률의 개념**」 참조.

또한 기본권을 제한하는 법률은 **명확성**을 갖추어야 한다. 즉 불명확한 법률로 기본권을 제한해서는 안 된다. 이른바 「막연하기 때문에 무효」(void for vagueness)라는 이론이 미국 연방대법원의 판례를 통해 확립된 것처럼, 기본권을 제한하는 법률의 내용이 불명확한 경우 그 법률은 무효이다. 독일 기본법은 제19조 제1항 제2문에서 기본권을 제한하는 법률은 제한의 대상이 되는 기본권을 구체적으로 적시하도록 규정하고 있는데 여기에는 막연한 법률로 기본권을 제한하지 못하도록 하려는 의미가 들어 있다.[19)]

Ⅲ. 법률유보에 의한 기본권제한의 근거(목적)

1. 국가안전보장

기본권은 국가안전보장을 위해 필요한 경우에 제한될 수 있다. 그런데 국가안전보장의 개념을 이해하는 데 있어서 주목할 것은, 이 개념이 1972년의 소위 유신헌법에서 처음 규정되어 현행헌법에까지 유지되고 있다는 점이다. 제헌헌법에서 제3공화국 헌법까지는 질서유지와 공공복리의 요건만이 규정되어 있었고, 따라서 국가안전보장은 질서유지의 개념에 포함된다고 보았으나 제4공화국 헌법에서 이를 따로 규정하였다.

이러한 배경에서 볼 때 국가안전보장이란 외부로부터 국가의 존립과 안전 그리고 이와 관련되는 내부적 안전과 존립을 보장하는데 국한된다고 보는 것이 적절하다. 즉 내부에서의 질서파괴도 국가안전보장을 위협할 수 있으나 이는 질서유지의 범주에 속한다고 보아야 할 것이다. 국가안전보장을 위해 기본권을 제한하는 법률로는 형법(내란 · 외환죄), 국가보안법 등을 들 수 있다.

2. 질서유지

기본권은 질서유지를 위해 필요한 경우에도 제한될 수 있다. 질서유지의 개념을 넓은 의미로 이해할 때 국가안전보장의 개념도 포함되지만, 국가안전보장의 개념을 질서유지의 개념에서 분리시켜 외부로부터의 국가의 존립과 안전의 보장으로 보는 경우에는 질서유지란 내부에 있어서의 국가의 존립과 안전의 보장을 의미하며 더 나아가 경찰법적 의미의 공공질서까지를[20)] 포함한다고 볼 수 있다. 질서유지를 위해 기본권을 제한하는 법률로는 형법, 집회 및 시위에 관한 법률, 도로교통법, 소방기본법, 경범죄처벌법, 청소년보호법, 경찰법(국가경찰과 자치경찰의 조직 및 운영에 관한 법률), 경찰관직무집

---

19) **헌재 2008.7.31. 2007헌가4 결정**: "영화진흥법 제21조 제3항 제5호는 '제한상영가' 등급의 영화를 '상영 및 광고 · 선전에 있어서 일정한 제한이 필요한 영화'라고 규정하고 있는데, 이 규정은 제한상영가 등급의 영화가 어떤 영화인지를 말해주기보다는 제한상영가 등급을 받은 영화가 사후에 어떠한 법률적 제한을 받는지를 기술하고 있는바, 이것으로는 제한상영가 영화가 어떤 영화인지를 알 수 없고, 따라서 영화진흥법 제21조 제3항 제5호는 명확성원칙에 위배된다."

20) 경찰법적 의미의 공공질서란 「이를 준수하는 것이 그때그때의 지배적인 사회적 인식 및 윤리의식에 비추어 공동생활을 위한 불가결한 전제로서 인식되는 규율들의 총체적 개념」을 말한다.

행법 등 많은 법률이 있다.

3. 공공복리

기본권은 또한 공공복리를 위해 필요한 경우에 제한될 수 있다. 그런데 공공복리의 개념은 매우 불확정적이고 다의적이다. 공공복리의 개념은 어떤 관점에서 보느냐에 따라 매우 다르게 이해될 수 있다.[21)]

우리 헌법상의, 특히 사회국가적 관점에서의 공공복리는, 기본적으로 개인의 이익을 인정하지만, 공동체 전체의 입장에서 이를 사회정의에 맞게 조정한 국민 공동의 이익이라고 할 수 있다. 즉 공동체구성원 전체를 위한 공존공영의 이익이라고 할 수 있다. 공공복리를 위해 기본권을 제한하는 법률로는 개발제한구역의 지정 및 관리에 관한 특별조치법, 도시공원 및 녹지 등에 관한 법률, 국토의 계획 및 이용에 관한 법률, 건축법, 도로법, 하천법, 산림자원의 조성 및 관리에 관한 법률 등 수많은 법률이 있다.

Ⅳ. 법률유보에 의한 기본권제한의 기준

헌법 제37조 제2항은 국민의 기본권을 국가안전보장, 질서유지, 공공복리를 위하여 "**필요한 경우에 한하여**" 법률로써 제한하도록 규정하고 있다.

여기서 「필요한 경우」란 헌법상 보호되는 법익(즉 국가안전보장, 질서유지, 공공복리)을 보장·실현하기 위해 불가피하게 요구되는 경우를 말하며, 이처럼 "필요한 경우에 한하여" 기본권을 제한할 수 있다는 것은 기본권제한의 기준으로서 **비례성원칙**을 요구하고 있는 것으로 이해될 수 있다.

즉 헌법 제37조 제2항의 "필요한 경우"로 인정되기 위해서는 기본권의 제한이 보호하려는 법익을 실현하는데 적합한 것이어야 하며(적합성; Geeignetheit), 또한 그 제한은 필요한 최소한도에 그쳐야 한다(필요성; Erforderlichkeit). 나아가 그러한 제한에 있어서는 보호하려는 법익과 제한하는 기본권 사이에 적절한 비례관계가 있어야 한다(균형성; Proportionalität).[22)]

그 동안 기본권의 제한과 관련하여서는 정신적 자유와 경제적 자유에 대한 제한의 기준을 달리 취급하여야 한다는 의미의 **이중기준의 원칙**, 언론의 자유에 대한 제한이 필요한지를 판단하는 기준으로 발전되어 왔던 **명백하고 현존하는 위험의 원칙**, 또는 기본권의 제한을 요구하는 공익과 제한되는 기본권을 형량해 보아야 한다는 **이익형량의 원칙** 등이 발전되었다. 그러나 오늘날 기본권 제한의 기준으로 보편화되고 있는 비례(성)원칙은 이러한 요소들을 모두 포함하고 있다고 할 수 있을 것이다.[23)]

---

21) 예컨대 전체주의국가에서는 개인의 이익을 부인하고 국가지상주의적으로 공공복리를 이해하고 있는데, 이러한 공공복리의 개념이 우리 헌법에 맞지 않는다는 것은 명백하다.

22) 비례원칙에 관하여는 「제1권 제2부 제3장 제3절 Ⅲ. 법치주의와 비례성」 참조.

23) 이익형량과 비례성을 혼동하는 경우가 적지 않다. 그러나 정확하게 말하자면, 이익형량은 비례성원칙의 제3단계인 법익균형의 의미로 이해될 수 있다. 그런 의미에서 비례성원칙 안에 이익형량이 포함되

V. 법률유보에 의한 기본권제한의 한계: 본질적 내용의 침해금지

1. 헌법규정과 그 의의

헌법 제37조 제2항 후단은 "국민의 모든 자유와 권리는 … 제한하는 경우에도 자유와 권리의 본질적 내용을 침해할 수 없다"고 규정하고 있다.24) 이로써 기본권을 제한하는 입법자의 권한에 대한 헌법적 한계가 명문화된 것이다.

이 규정은 우리 헌법에 있어서도 법이론적으로 볼 때 해벌레(*P. Häberle*)의 주장처럼 단지 선언적 의의를 가질 뿐이다. 왜냐하면 최고법인 헌법이 규정하고 있는 기본권을 입법자가 법률로써 기본권의 본질적 내용까지 제거할 수는 없기 때문이다. 즉 입법자가 법률로써 헌법규정을 폐기할 수는 없기 때문이다.25)

그러나 입법자는 기본권제한을 통해 기본권을 사실상 공동화(空洞化)시킬 수 있기 때문에 본질내용의 침해금지에 관한 규정은 공동화에 대한 방지의 문제로서 그 의의를 갖는다. 즉 제한된 기본권이 공동체생활에서 더 이상 아무런 실효성도 발휘할 수 없는 정도로 제한된 경우 그 본질적 내용이 침해된 것이다.

2. 「본질적 내용」의 의미에 대한 학설대립

기본권의 본질적 내용에 대한 침해금지와 관련하여 가장 문제되고 있는 것은 도대체 무엇이 「기본권의 본질적 내용」에 해당되는 것인가 라고 할 수 있다.

기본권의 본질적 내용을 설명하기 위하여 여러 가지 말들이 사용된다. 예컨대 기본권의 근본요소(Grundsubstanz), 핵심부분(Kernbestand), 핵심영역(Kernbereich), 본질적 핵심(Wesenskern) 등의 다양한 용어가 사용되고 있다. 그러나 이들은 결국 본질적 내용을 더 구체화시킨 것이라기보다는 이를 다른 표현으로 대체한 것에 지나지 않는다.

그러한 기본권의 본질적 내용이 무엇이냐에 대해서는 그 동안 많은 논의가 있었으며 절대설, 상대설, 절충설 등으로 견해가 대립되고 있다.

① **절대설** – 이 견해에 따르면 모든 기본권에는 절대적으로 침해할 수 없는 핵심영역이 있으며, 그 핵심영역의 주변에 제한 가능한 영역이 있다는 것이다. 따라서 이러한 제한 가능한 영역을 넘어서서 핵심영역까지 침해하는 것은 본질적 내용의 침해로서 금지된다고 본다. 이런 절대설의 입장에서는 생명권을 박탈하는 사형과 같이 제한하고 난 후에 남는 것이 없으면 본질적 내용의 침해라고 본다.

어 있다고 보는 것이다.

24) 이 규정은 독일 기본법 제19조 제2항을 모방한 것으로 제2공화국 헌법에서 처음으로 규정되었고, 제3공화국 헌법에서도 유지되었다. 그러나 소위 유신헌법에서는 이 규정이 삭제되었다가 제5공화국 헌법에서 부활되어 현재까지 이어져 오고 있다.

25) 과거 소위 유신헌법당시 기본권의 본질적 내용의 침해금지규정이 삭제되었기 때문에 입법자는 법률로써 기본권의 본질적 내용까지도 제한할 수 있다는 주장도 제기된 바 있었다.

② **상대설** - 이 견해에 따르면 기본권의 본질적 내용의 범위는 구체적인 경우 상호 경합되는 법익의 형량을 통하여 확정되며, 그 구체적인 범위는 그때그때의 필요에 따라 보다 넓게 또는 보다 좁게 이해할 수 있다고 보는 것이다. 이 견해에 따르면 기본권제한의 정도는 충돌(경합)하는 이익에 대한 평가에 달려 있다고 보기 때문에, 만약 공적 이익을 고려하여 제한이 필요하다고 인정될 경우에는 생명권을 박탈하는 사형과 같이 기본권을 완전히 배제하는 것까지도 인정될 수 있다.

③ **절충설** - 이 견해는 일단 기본권의 핵심을 절대적으로 보호하는 것을 원칙적으로 긍정하지만 공동체의 존립을 위해 필요한 법익의 보호를 위해서는 예외적으로 기본권의 핵심에 대한 제한도 허용될 수 있다는 것이다.

이 견해들 가운데 절대설은 우선 본질적 내용의 한계가 어디에 있는지를 설명하지 못하고 있으며, 기본권에 따라서는 제한하고 나면 남는 것이 아무 것도 없는, 즉 본질적 내용이 침해될 수밖에 없는 것들이 있는데(예컨대 생명권과 관련되는 사형 또는 낙태, 신체의 자유와 관련되는 종신 또는 장기형, 직업의 자유와 관련하여 특정직업에 취업하지 못하는 것 등), 이러한 문제들을 해결할 수 없다는 단점이 있다. 이러한 단점은 절충설에 대해서도 똑같이 제기될 수 있다.

따라서 헷세(*K. Hesse*)의 견해에 따라 상대설의 관점에서 본질적 내용의 의미를 찾는 것이 더 타당할 것으로 보인다. 그는 기본권제한의 한계를 실제적 조화의 원칙에서 찾는다. 즉 기본권의 본질적 내용은 허용된 제한의 가능성이 끝나는 곳에서 시작된다는 것이다. 다시 말하자면 제한되는 법익과 보호하려는 법익이 동시에 최적의 실효성을 나타낼 수 있는 경계가 그 한계라는 것이다. 그러한 경계는 양 법익이 동시에 최대한으로 실현될 수 있도록 비례적으로 정서하는 것이다.[26)]

기본권의 본질적 내용에 대한 이러한 견해는 -기본권의 성질상 양자택일적으로만 제한할 수 있는 예외를 접어두면- 대부분의 사안에서 기본권의 본질적 내용을 설명하는데 적합하며 매우 의미 있는 것임에 틀림없다. 그러나 이로써 해결할 수 없는 적지 않은 예외는 문제로 남는다. 그렇기 때문에 레르헤(*P. Lerche*)는 기본권의 본질내용에 대한 침해금지조항이 경고적 의의(Signalbedeutung)를 가질 뿐이라고 말하기도 한다.

26) 헌법재판소는 기본권의 본질적 내용에 관하여 "이는 헌법에서 부여한 기본권을 법률로 그 범위를 제한할 수는 있으되, 제한하여야 할 현실적인 필요성이 아무리 큰 것이고 또 강조될 것이라 하더라도 기본권을 근본적으로 잃게 하는 본질적 내용을 침해하는 기본권 제한입법은 허용되지 아니함을 뜻한다"고 말하면서 절대설에 가깝게 이야기한 바 있으나(**헌재 1991.7.22. 89헌가106 결정**), 다른 한편으로는 "사형이 비례의 원칙에 따라서 최소한 동등한 가치가 있는 다른 생명 또는 그에 못지아니한 공공의 이익을 보호하기 위한 불가피성이 충족되는 예외적인 경우에만 적용되는 한, 그것이 비록 생명을 빼앗는 형벌이라 하더라도 헌법 제37조 제2항 단서에 위반되는 것으로 볼 수 없다"고 함으로써 상대설의 입장을 보이기도 했다(**헌재 1996.11.28. 95헌바1 결정**).

VI. 기본권형성적 법률유보

법률유보 가운데는 지금까지 살펴 본 바와 같은 기본권을 제한하는 법률유보만이 아니라 이와 구별되는 기본권형성적 법률유보가 있다. 이것은 기본권이 보장하고자 하는 생활관계와 생활영역이 아직 확정되어 있지 않은 경우에 법률에 의하여 이를 구체적으로 형성하거나 그 권리의 행사절차를 규정하도록 하는 것을 말한다.

기본권형성적 법률유보에 의한 구체적 형성은 입법자에 의해 법률의 형식으로 행해지기 때문에 기본권의 제한과 때로는 혼동을 일으키기도 한다. 실제로 기본권의 구체적 형성은 기본권의 제한으로 보일 수 있고, 또한 제23조 제1항 제2문처럼 재산권의 내용과 한계를 입법자가 정하도록 하는 경우 기본권의 제한과 구체적 형성은 잘 구별되지 않는다. 즉 기본권의 구체적 형성과 제한간의 경계는 유동적인 것이다.

그러나 기본권제한적 법률유보와 기본권형성적 법률유보는 전자가 기본권의 제한을 목적으로 하는데 반하여 후자는 기본권의 실현을 목적으로 하고 있다는 점에서 구별되며, 또한 전자는 기본권의 내용범위가 일단 확정되어 있는 것을 전제로 이를 제한하는 것이고 후자는 기본권의 내용범위를 비로소 확정하는 것이라는 점에서 구별된다. 따라서 기본권형성적 법률유보는 국가에 의한 침해의 배제를 문제삼는 전통적인 자유권의 영역보다는 국가의 적극적인 활동을 요청하는 기본권에서 많이 문제된다.

이러한 법적인 구체적 형성은 기본권적 자유가 법을 필요로 한다는 것을 말해 주며 기본권적 자유는 「자연적 자유」가 아니라 「법적 자유」로써만 현실성을 갖는다는 것을 확인해 준다. 기타의 기본권들(사회적 기본권, 참정권, 절차적 기본권 등)에 있어서는 법률에 의한 구체적 형성이 더욱 절실하게 필요하다. 왜냐하면 이들은 법률에 의한 구체적 형성 없이는 그 실현이 불가능하기 때문이다. 이처럼 우리 헌법상 대부분의 기본권규정들은 법률에 의한 구체적 형성을 통해 비로소 실현된다. 즉 우리 헌법상의 법률유보에는 기본권제한적인 것보다 기본권실현적 또는 기본권보장적인 것이 더 많다.

법적인 구체적 형성을 통해 비로소 실현되는 기본권 가운데 특히 기본권실현적 내지 기본권행사절차적인 것으로는 선거권(제24조), 공무담임권(제25조), 재산권의 내용(제23조 제1항 제2문), 손실보상의 방법과 내용(제23조 제3항), 교육의 자주성 · 전문성 · 정치적 중립성 및 대학의 자율성(제31조 제4항), 국가유공자 등의 우선적 근로권(제32조 제6항), 생활무능력자의 보호청구권(제34조 제5항), 환경권(제35조 제2항) 청원권(제26조), 형사피해자의 공판진술권(제27조 제5항), 국가배상청구권(제29조 제1항), 형사보상청구권(제28조), 범죄피해자의 구조청구권(제30조) 등이 있다.

또한 법률에 의한 구체적 형성에 있어서 기본권보장적 측면이 강한 것으로는 국선변호인의 도움을 받을 권리(제12조 제4항 단서), 저작자 · 발명가 · 과학기술자와 예술가의 권리(제22조 제2항), 재산권의 제한과 보상(제23조 제3항), 교육제도의 법정(제31조 제6항), 근로조건의 법정(제32조 제2항 제2문과 제3항), 공정한 재판을 받을 권리(제27

조 제1항), 민간인에 대한 군사재판의 특례(제27조 제2항) 등이 있다.

제 5 절 특별권력관계와 기본권의 제한

Ⅰ. 특별권력관계이론의 역사적 배경과 내용

특별권력관계란 전통적 이론에 따르면 일반권력관계에 대응하는 개념으로서, 특별한 법적 원인(법률이나 당사자의 동의)에 의거하여 성립되며 일정한 공법상의 목적달성에 필요한 한도 내에서 당사자의 **일방이 상대방을 포괄적으로 지배하고 그 상대방은 이에 복종**하는 것을 내용으로 하는 공법상의 특수한 법률관계를 말한다. 즉 특별권력관계란 법으로부터 자유로운 영역이며 여기서는 기본권이 적용되지 못한다는 것이다.[27)]

19세기 중엽에 성립된 특별권력관계이론은 바이마르시대에도 계속되었다.[28)] 기본법시대에 들어와서도 이러한 이론은 상당기간 계속되었지만 점차 이에 대하여 "관헌국가의 잔재"라는 등 많은 비판이 가해졌다. 이러한 비판을 수용하는 맥락에서 1956년 울레(*C.H. Ule*)는 특별권력관계를 기본관계(Grundverhältnis)와 내부관계(Betriebsverhältnis)로 구별하여 적어도 특별권력관계의 설정·변경·존속에 직접적인 영향을 미치는 기본관계에서는 기본권의 효력을 인정하고 그 침해에 대해서는 사법적 권리구제도 허용해야 한다는 주장을 펴서 많은 호응을 얻었다. 이를 계기로 종래의 특별권력관계이론은 크게 변하였으며 1972년 독일연방헌법재판소도 이른바 「수형자결정」에서 수형자의 기본권도 법률에 의하거나 법률에 기초해서만 제한될 수 있다는 것을 명백히 했다.

Ⅱ. 민주주의, 법치주의의 일반화와 특별권력관계이론의 붕괴

헷세(*K. Hesse*)에 따르면 과거처럼 지배주체로서의 국가와 복종의 주체로서의 개인을 전제로 하여 국가와 개인의 관계를 지배와 복종의 관계로 보고 개인의 일반적 지위를 일반권력관계로 보는 것은 오늘날의 민주적 헌법질서에서는 더 이상 그 존재이유를 상실하였으며, 일반권력관계에 대응하는 특별권력관계도 함께 그 존재이유를 상실하였다고 한다.

따라서 일반국민이 국가에 대해 갖는 통상적 권리·의무관계를 넘어 개인이 국가에

27) 특별권력관계에서는 기본권이 적용되지 못하는 것 이외에도 행정의 합법률성의 원칙도 배제되고 특별권력관계에서의 명령은 행정내부규칙이나 지시의 형식으로 행해지며 그러한 행정규칙과 지시는 사법적 심사의 대상이 되지 않는다는 것 등이 주장되었다.

28) 바이마르 공화국헌법 제130조 제2항은 공무원의 정치적 신념의 자유와 결사의 자유를 보장하고 있었지만 -또한 이론적으로도 비판적 견해가 제기되기는 했지만- 특별권력관계에서의 기본권의 제한은 당연한 것으로 생각했었다.

대해 보다 밀접한 관계를 가짐으로써 특별한 의무를 발생시키거나 부분적으로 특별한 권리도 발생시키는 여러 가지 형태의 관계들을 종합적으로 표현하는 종래의 이른바 「특별권력관계」개념을 헷세는 「특수지위(신분)관계」라는 말로 표현하고 있다.

이러한 특수한 관계의 본질은 -수형자의 관계와 학생의 관계에서 그 실질적 상이성이 드러나듯이- 권력에의 복종이라는 형식적 범주에 있다고 볼 수 없고, 각기 독특한 고유법칙성을 가진 생활관계이기 때문에 각기 다른 특별한 질서를 필요로 한다는 데 있는 것이라고 한다.

공동체생활에 있어서 불가결한 이들 생활관계의 질서는 특별한 권리 · 의무를 설정함으로써 각 개인을 특별한 생활영역에 편입시키기 때문에 지위설정적 작용을 한다. 따라서 이른바 「특별권력관계」는 국민의 일반적 지위와 대응하여 볼 때 특수지위라고 표현하는 것이 내용상 보다 정확하다는 것이다. 이 관계들은 각기 특수성을 갖고 있기 때문에 획일적 특수지위는 있을 수 없고 항상 다수의 상이한 특수지위관계들만이 있을 뿐이라고 한다.

Ⅲ. 특수지위관계의 성립과 이에 속하는 국민의 기본권의 제한

특수지위관계는 공동체생활에 있어서 불가결하다. 이 특수생활관계에서 기본권에 의해 설정된 개인의 일반적인 헌법상 지위가 제한 없이 유지된다면 이 특수지위관계는 그 설정된 목적을 달성할 수 없게 될 것이다. 따라서 기본권의 제한은 불가피하다. 문제는 그 제한의 근거를 어디에서 찾을 것이며 제한의 한계는 어디에 있는가이다.

특수지위관계에 있어서도 기본권의 제한은 오직 헌법에서만 그 근거를 찾을 수 있다. 기본권은 헌법적으로 보장되어 있기 때문에 그 제한도 헌법에 의해 적극적으로 규정되어 있든가 적어도 전제되어 있는 경우에만 가능하다.

또한 특수지위관계에 있어서 기본권이 어느 정도까지 제한될 수 있는가의 문제는 -국민의 일반적 지위에 있어서의 기본권제한과 마찬가지로- 결국 실제적 조화의 원칙에서 그 한계를 찾을 수밖에 없다. 즉 기본권이 특수지위관계에 의해 희생되어서도 안 되고 기본권적 보장이 특수지위관계의 기능을 불가능하게 해서도 안 된다. 특수지위관계에 있어서의 기본권은 그 설정목적을 달성하는데 필요한 한도 내에서만 제한될 수 있다. 기본권과 특수지위관계는 모두 다 최적의 실효성을 얻을 수 있도록 비례적으로 정서되어야 한다.

현행헌법은 「특수지위관계」를 다양하게 설정하고 있다. 즉 공무원근무관계(제7조, 제29조 제2항, 제33조 제2항, 제78조), 병역복무관계(제39조, 제27조 제2항, 제110조), 학생교육관계(제31조), 수형자복역관계(제12조, 제13조, 제27조, 제28조) 등이 그것이다. 이러한 특수지위관계는 공동체생활에 있어서 불가결한 생활관계이며 이들은 각기 상이한 고유법칙성을 가진 생활관계이기 때문에 각기 독특한 생활질서를 필요로 한다. 즉 이러한 생활관계가 설정된 목적의 달성을 위해 기본권의 제한을 포함하는 특별한 질서가 요구된다.

현행헌법은 이러한 특수지위에 있는 사람들의 기본권을 직접 제한하기도 한다. 가령 공무원인 근로자는 법률이 정하는 자에 한하여 근로삼권을 인정하는 것(제33조 제2항), 군인 · 군무원은 원칙적으로 군사법원의 재판을 받도록 하는 것(제27조 제2항, 제110조 제1항 참조), 군인 · 군무원 · 경찰공무원에 대해서는 국가배상청구권을 제한하는 것(제29조 제2항), 비상계엄하의 군사재판은 군인 · 군무원의 특정한 범죄에 대하여 사형선고의 경우를 제외하고는 단심(單審)으로 할 수 있는 것(제110조 제4항) 등이다.

또한 현행헌법은 특수지위관계의 설정을 통해 이미 이 생활관계에 맞는 기본권의 제한을 예정하고 있고 실제로 많은 법률에 의해 기본권이 제한되고 있다. 가령 공무원은 직무상 비밀을 누설할 수 없다. 즉 공무원은 표현의 자유가 제한된다(형법 제127조, 국가공무원법 제60조, 지방공무원법 제52조, 정당법 제43조, 법원공무원규칙 제35조의9). 또한 공무원은 대통령이나 국회의원 등에 입후보하려면 일정기간 이전에 사임하여야 한다(공직선거법 제53조). 이밖에도 공무원, 군인, 재학생, 수형자 등은 여러 가지 법률에 의해 그들의 기본권을 제한받고 있다.

제 6 절 국가긴급권에 의한 기본권의 제한

Ⅰ. 국가긴급권의 의의와 필요성

헌법에 규정된 정상적인 절차와 수단이 아니라 예외적인 절차와 수단을 통하여만 제거할 수 있는 **국가의 존립 또는 공공의 안녕질서에 대한 심각한 위험**에 직면해 있는 이른바 국가긴급사태의 경우에는 이를 해결하기 위한 국가긴급권의 인정이 불가피하다.

이에 따라 현행헌법 제76조, 제77조는 국가긴급권을 명문으로 규정함으로써 한편으로는 이러한 국가긴급사태에 효율적으로 대응하고자 하며, 다른 한편으로는 국가긴급사태에서도 역시 (긴급한) 국가권력행사의 헌법적 근거 및 요건과 한계를 명시함으로써 국가긴급권의 남용을 막고자 하고 있다.

이를 위하여 헌법적인 정상상태를 가능한 한 넓게 유지하면서, 정상상태에서 갖는 권한을 넘는 특별한 권한(국가긴급권)을 -보통 집행부에- 부여하는 것이다.

Ⅱ. 국가긴급권과 법치주의

기본권은 국가긴급사태 하에서 보다 많이 제한된다. 국가긴급사태에 효과적으로 대처하기 위하여 국가긴급권이 행사될 경우에는 정상상태에서의 법치주의적 절차가 부분적으로 배제되고 보다 많은 기본권의 제한이 행해질 수 있는 것이다. 그러나 그것은 어디까지나 헌법적 수권의 범위 내에서 이루어지는 것이며, 따라서 헌법의 지배라는 법치주의의 가장 기본적인 요청은 여전히 지켜지고 있는 것이다.

헌법은 특별히 어려운 상황이나 시기라고 하여 그 규범력을 상실하는 것이 아니며, 상실해서도 안 된다. 이러한 상황 하에서도 최소한의 민주주의와 법치주의가 유지되어야 한다. 따라서 국가긴급사태 하에서도 헌법 그 자체는 불가침으로 남아 있어야 한다. 또한 의회, 헌법재판소 등과 같은 기본적인 헌법상의 제도들도 그러하다.

Ⅲ. 국가긴급권에 의한 기본권제한의 대상, 근거, 형식 및 한계

국가긴급사태 또는 국가비상사태가 발생하는 경우에는 국가긴급권의 행사에 의해 기본권이 제한될 수 있다. 긴급사태가 발생하였을 경우, 이를 극복하고 정상상태를 회복하기 위한 긴급권의 행사내용 가운데는 기본권을 제한하는 조치도 포함되는 것이다. 우리 헌법도 국가긴급사태가 발생하는 경우에는 기본권에 대한 예외적인 제한이 가능하도록 규정하고 있다.[29)]

1. 긴급재정·경제처분 및 이에 관한 명령(제76조 제1항)에 의한 기본권제한 / 긴급명령(제76조 제2항)에 의한 기본권제한

헌법 제76조 제1항에 따르면 "대통령은 내우 · 외환 · 천재 · 지변 또는 중대한 재정 · 경제상의 위기에 있어서 국가의 안전보장 또는 공공의 안녕질서를 유지하기 위하여 긴급한 조치가 필요하고 국회의 집회를 기다릴 여유가 없을 때에 한하여 최소한으로 필요한 재정 · 경제상의 처분을 하거나 이에 관하여 법률의 효력을 가지는 명령을 발할 수 있다"고 규정되어 있고, 동조 제2항에 따르면 "대통령은 국가의 안위에 관계되는 중대한 교전상태에 있어서 국가를 보위하기 위하여 긴급한 조치가 필요하고 국회의 집회가 불가능한 때에 한하여 법률의 효력을 가지는 명령을 발할 수 있다"고 규정되어 있다.

이러한 대통령의 긴급명령 또는 재정 · 경제명령 및 그 처분에 의한 조치 가운데는 법률의 개정과 폐지를 포함하여(제76조 제4항) 기본권을 제한하는 조치도 있을 수 있다. 즉 재정 · 경제상의 처분이나 명령에 의해 재산권, 근로삼권, 직업의 자유 등과 같은 기본권이 제한될 수 있다. 이에 비해 긴급명령에 의한 기본권제한의 대상은 경제적 기본권과 그에 관련되는 기본권만이 아니라 모든 기본권이 그 대상이 될 수 있다.

2. 비상계엄(제77조)에 의한 기본권제한

헌법 제77조 제1항에 따르면 "대통령은 전시 · 사변 또는 이에 준하는 국가비상사

29) 국가긴급권의 발동요건 및 효력, 통제에 관하여 상세한 것은 「제1권 제3부 제6장 제4절 Ⅲ. **국가긴급권의 발동과 그 통제**」 참조.

태에 있어서 병력으로써 군사상의 필요에 응하거나 공공의 안녕질서를 유지할 필요가 있을 때에는 법률이 정하는 바에 의하여 계엄을 선포할 수 있다"고 규정되어 있고, 동조 제3항에 따르면 "비상계엄이 선포된 때에는 법률이 정하는 바에 의하여 영장제도, 언론 · 출판 · 집회 · 결사의 자유, 정부나 법원의 권한에 관하여 특별한 조치를 할 수 있다"고 규정되어 있다.

이처럼 비상계엄이 선포되면 헌법 제77조 제3항에 기초하고 있는 계엄법에 따라 기본권들이 제한될 수 있다. 또한 비상계엄 하에서는 민간인도 군사법원의 재판을 받으며(제27조 제2항, 제110조), 비상계엄 하의 군사재판은 일정한 범죄에 한하여 사형선고의 경우를 제외하고는 단심재판이 허용된다(제110조 제4항).

구 계엄법에서는 헌법 제77조 제3항에 명시되지 않은 거주 · 이전의 자유도 계엄사령관의 특별조치권의 대상이 되도록 규정한 것과 관련하여 논란이 있었다. 그런데 2025년 계엄법 개정을 통해 거주 · 이전의 자유를 특별조치권의 대상에서 삭제하였다. 일응 헌법과의 통일성을 꾀한 것으로 볼 수 있지만, 실제 비상계엄이 선포되는 상황이 발생했을 때 거주 · 이전의 자유에 대해서는 제한할 수 없느냐의 문제가 발생할 수 있다.

예컨대 전시 · 사변 등의 경우에 거주 · 이전에 대한 통제의 필요성은 부정할 수 없다. 그런데 계엄법에서 이에 대한 제한의 근거를 삭제한 것은 또 다른 논란을 초래할 수 있다. 차라리 계엄법에 근거를 두되, 이를 헌법 제77조 제3항에 근거한 것뿐만 아니라, 헌법 제37조 제2항에 근거한 것으로서 정당성을 인정하는 것이 더 합리적일 것이다.

제 6 장 기본권의 보호(침해와 구제)

「제6장 기본권의 보호」는 기본권의 주체가 상대방에 대하여 기본권을 주장하고 있는 상황에서 이러한 기본권이 올바르게 존중되고 실현되지 않았을 때, 다시 말하자면 기본권이 침해되었을 때 발생하는 문제이다. 정상적인 기본권의 실현에 장애가 생겼을 때 이를 바로잡는 것이 기본권의 보호 내지 기본권의 침해에 대한 구제의 문제인 것이다.

기본권의 보호는 기본권의 실현구조를 완성시키는 의미를 갖는다. 주체와 객체(효력), 내용확정(한계와 제한)을 통해 누가 누구에 대해 어떤 내용의 기본권을 주장할 수 있는지가 정해지고, 기본권의 행사가 가능해진다. 하지만 기본권에 대한 무시 또는 침해가 발생할 경우에 이를 구제하는 수단이 마련되지 않는다면 기본권이란 현실 속에서 실현되지 못하는 공리공론에 불과할 것이기 때문이다.

제 1 절 기본권의 구체화와 기본권의 보호

Ⅰ. 국가질서 속에서의 「기본권의 구체화」와 「기본권의 보호」

헌법질서 속에서 기본권이 구체화되기 위해서 한편으로는 개인의 생활관계가 외부적 방해 없이 자율적으로 형성될 수 있도록 보장하는 것이 문제되지만, 다른 한편으로는 기본권의 보장과 실현을 위한 국가권력의 역할도 중요한 의미를 갖는다. 적어도 민주적 헌법국가에서는 기본권의 효력이 모든 국가권력에 미칠 뿐만 아니라, 나아가 국가권력의 존립목적 자체가 기본권의 보장에 있다고 인정되기 때문에 모든 국가권력은 기본권의 보장과 실현을 지향하는 것이어야 한다는 것이다.

이러한 기본권의 구체화와 표리의 관계에 있는 것이 기본권을 외부적 침해로부터 보호하는 것이다. 기본권을 현실 속에서 최대한 실현시키고자 하는 노력은 곧 그와 같은 기본권을 외부의 불법·부당한 침해로부터 보호하려는 노력으로 연결되는 것이다. 이를 위하여 헌법은 한편으로 국가가 기본권을 보장하고 실현할 의무를 (명시적 또는 묵시적으로) 선언하고 있으며, 다른 한편으로는 기본권침해에 대한 (사전예방적 및 사후구제적) 보호수단들을 마련함으로써 기본권의 현실화를 꾀하고 있다.

Ⅱ. 국가권력의 기본권존중의무와 국가권력에 의한 기본권의 침해

민주주의국가에 있어서 국가권력은 기본권을 보장하기 위해 국민에 의해 창설된 것이고, 따라서 모든 국가권력은 기본권을 존중하고 이를 실현시켜야 할 의무를 지고 있음에도 불구하고 현실적으로 국가권력에 의한 기본권의 불법 · 부당한 침해는 있을 수 있다. 오늘날의 민주국가에서도 국가권력에 의한 기본권의 침해가 문제되는 이유는 바로 여기에 있다.

국가권력에 의한 기본권의 불법적인 침해로부터 기본권을 보호하는 방법은 국가권력의 구성방식에서부터 시작된다. 즉 국가권력이 남용될 수 있는 가능성을 원천적으로 축소시켜 나가기 위하여 국가권력의 집중을 막고, 입법－집행－사법의 국가작용들을 각기 독립된 기관이 담당하도록 하는 **권력분립의 원칙**은 기본권의 보호를 목적으로 하는 것이다. 이처럼 국가권력을 분립시키고, 분립된 모든 국가권력이 헌법에 구속되도록 함으로써 기본권은 가장 효과적으로 보장될 수 있다.

그러나 현대적 권력분립은 단순히 국가권력의 남용을 방지하기 위한 견제와 균형이라는 소극적 의미에만 그치는 것이 아니라 국가권력의 능률적 활동의 측면도 아울러 고려해야 한다. 국가활동 자체가 국민의 기본권을 보장하고 실현하는 것이기 때문에 그 능률성을 감소시키는 것은 곧 기본권의 보장을 약화시키는 것이 될 수 있기 때문이다. 이런 맥락에서 **정당국가화 또는 행정국가화 현상**이 권력분립의 원칙에도 불구하고 불가피한 상황으로 받아들여지는 것이다. 하지만 그로 인하여 국가권력에 대한 통제의 필요성이 증대되는 측면도 간과되어서는 안 될 것이다.

현행헌법은 국가권력에 의한 기본권침해의 양태에 따라 여러 가지 보호조치를 마련해 놓고 있다. 기본권보장에 관한 국가의 의무를 선언(제10조 제2문)하고 있을 뿐만 아니라, 기본권의 본질적 내용의 침해금지(제37조 제2항 후단), 청원권(제26조), 재판청구권(제27조), 형사보상청구권(제28조), 국가배상청구권(제29조), 손실보상청구권(제23조 제3항), 위헌법령심사(제107조 제1항, 제2항), 행정심판(제107조 제3항), 헌법소원(제111조 제1항 제5호) 등이 헌법에 직접 규정되어 있고 그 밖에 저항권의 행사나 예컨대 국가인권위원회 등과 같은 특별한 제도를 통해 기본권이 보호될 수 있다.

Ⅲ. 새로운 문제상황: 사인(私人)에 의한 기본권의 침해와 그에 대한 보호

오늘날에는 사인에 의한 기본권 침해도 여러 측면에서 문제되고 있다. 한편으로는 사인의 불법행위(살인, 절도, 사기 등)에 의한 기본권 침해가 발생하며, 다른 한편으로는 사회적 · 경제적 강자가 사회적 · 경제적 약자를 억압하여 불리한 조건의 계약을 감수하도록 만듦으로써 기본권이 침해되는 경우도 있다.

이러한 문제들 가운데 전자의 경우는 기본권의 충돌 내지는 상호제한의 문제로 정리될 수 있으며, 민 · 형사상의 불법행위로 인정하여 형사처벌하거나 손해배상을 청구하는 등의 방법으로 구제받을 수 있다. 반면에 후자의 경우는 기본권의 대사인적(제3자적) 효력의 문제로 나타나고 있다.

나아가 국가의 기본권보호의무를 인정함으로써 사인 상호간의 관계에서 불법적인 기본권의 침해가 발생했을 경우에도 국가가 이에 개입하여 기본권을 보호하는 적극적 활동이 요청되기도 하며, 이와 관련하여 국민의 보호청구권이 인정되기도 한다.[1)]

제 2 절 입법과 기본권의 보호

Ⅰ. 입법에 의한 기본권의 실현과 보호

1. 입법기능의 성격과 입법에 의한 기본권의 실현

추상성과 개방성을 특징으로 하는 헌법규범은 일차적으로 입법자에 의해 구체화된다.[2)] 이런 의미에서 입법기능은 일차적으로 국가질서형성의 방향을 결정하는 **정책결정적 성격**을 갖는다. 오늘날의 민주국가에서는 (기본권을 중심가치로 하는) 헌법적 규범을 -현실적 조건을 고려하는 가운데- 어떻게 구체화할 것인지에 대한 방향의 결정이 입법, 즉 법률의 제정에 의해 내려지는 것이다.

그러나 또한 오늘날 입법부는 단순히 정책결정기관으로서만이 아니라 **국정통제기관**으로서도 중요한 의미를 갖는다. 현대의 행정국가화경향에 따라 국가과제의 대부분을 집행부가 담당하는 현실 속에서, 국민에 의해 직접 선출된 대표자로 구성된 의회는 집행부의 활동이 국민의 의사와 이익을 충분히 반영하고 있는지, 헌법과 법률의 테두리 내에서 이루어지고 있는지를 감시·감독하는 통제기능을 통해 기본권을 실현시키고 있다.[3)]

2. 기본권보호를 위한 입법부의 기능

민주적 헌법 하에서의 모든 국가작용이 그러하듯이 입법도 기본권의 보장과 실현을 위해 국민에 의해 창설된 것이며, 민주주의 원리는 입법작용이 국민의 의사를 최대한 반영시키는 가운데 국민의 이익을 잘 실현시킬 것을 요구하고 있다.

물론 권력분립을 통해 입법작용이 독립된 기관에 의해 담당되고, 이를 통해 법치가 가능하게 되는 것, 즉 법의 객관성과 공정성이 확보될 수 있도록 하는 것 자체가 기본

---

1) 국가의 기본권보호의무에 관하여는 「제2권 제1부 제4장 제3절 Ⅳ. **사인 간의 기본권 적용과 국가의 기본권보호의무**」 참조.

2) 즉 입법자는 추상적인 헌법규범을 현실상황 속에서 보다 쉽게 적용할 수 있도록 구체화시키며, 나아가 헌법 스스로가 결정을 내리지 않고 입법자에게 그 결정을 위임한 영역에서는 국가질서를 어떠한 방향으로 형성시켜 나아갈 것인지를 입법자가 -자유위임의 원칙에 따라 일정한 정치적 책임 하에서, 그러나 국민에 의한 기속 없이 자유롭게- 결정하는 것이다.

3) 현대적 권력분립체계 및 그 안에서 입법부가 담당하는 기능에 관하여는 「제3권 제1부 제3장 **권력분립의 위기와 현대적 권력분립**」 참조.

권의 보장과 실현에 기여하는 것이라고 할 수 있다. 하지만 한 걸음 더 나아가서 입법기관의 활동을 통한 기본권의 보호에 대해서도 주목할 필요가 있다. 즉 입법작용을 통해 기본권의 보호에 필요한 법률을 제정할 수 있을 뿐만 아니라, 입법작용의 방식 내지 절차를 통해 기본권 보호의 가능성을 확대시킬 수도 있다.

이런 맥락에서 입법작용의 담당자인 입법부는 **절차법의 제정**이나 **입법예고제, 청원** 등을 통해 기본권의 **사전예방적 보호**에 기여하는 한편, **위임입법에 대한 통제**를 비롯한 **각종 대정부통제권의 행사** 또는 **청원** 등을 통해 **사후구제적 보호**에도 적지 않은 기여를 하고 있다.

Ⅱ. 입법에 의한 기본권침해의 유형과 그에 대한 기본권의 보호

헌법규범, 특히 기본권규범은 법률에 의한 구체화를 필요로 하는 경우가 많다. 그러나 기본권 중에서는 그 성질상 법률에 의한 구체화가 필요 없이 직접 효력을 발하는 것으로 이해되는 것도 있다. 따라서 직접 효력을 발하는 기본권의 경우에는 입법자도 이에 구속되며 이를 침해하는 입법은 위헌이 된다.

반면에 법률에 의해 구체화되어야 하는 기본권의 경우에는 「입법자의 형성의 자유」와 관련하여 입법자의 특수한 지위의 존중이 문제된다. 즉 입법자에 의해 제정된 법률은 일단 합헌적인 것으로 추정되며, 헌법해석자(특히 헌법재판소)는 합헌적 법률해석을 통하여 법률에 대한 위헌판단을 가능한 한 신중하게 하여야 한다.

하지만 입법이 헌법에 의해 인정된 한계를 넘어서 기본권을 침해하게 될 경우에는 이에 대한 구체적인 보호수단이 문제될 수밖에 없다. 이처럼 입법에 의한 기본권의 침해가 발생되는 경우는 「적극적 입법에 의한 기본권침해」와 「입법부작위에 의한 기본권침해」로 나누어 고찰될 수 있다.

1. 「적극적 입법에 의한 기본권침해」에 대한 사전예방적 기본권보호

입법권에 의한 기본권침해에 대해 사전예방적인 보호수단으로 인정될 수 있는 방법은 많지 않다. 입법은 헌법의 일차적 구체화이며, 국민에 의해 직접 선출된 국회의원들에 의해 국가질서형성의 기본방향을 설정하는 작용이다. 그렇기 때문에 입법에 대해서는 **폭넓은 형성의 자유**가 인정되어야 하며, 이를 사전적으로 규제할 수 있는 수단은 예외적으로만 인정되고 있는 것이다.

더욱이 우리의 경우 입법에 의한 기본권침해를 사전예방적으로 보호하는 대표적인 헌법상의 제도라고 할 수 있는 (프랑스식의) 예방적 규범통제나 (독일식의) 추상적 규범통제는 도입되지 않고 있다. 현행법상 청원이나 대통령의 법률안거부권이 사전예방적 보호수단으로 지칭될 수 있으나 실효성은 크지 않다. 오히려 기본권의 침해와 관련된 법률의 제정에 대해 일정한 제한을 가하는 「기본권의 내적 공동화에 대한 보호」가 보다 현실적인 보호의 기능을 한다고 할 수 있다.[4)]

⑴ 기본권의 내적 공동화(空洞化)에 대한 보호

입법에 의한 기본권의 침해는 기본권을 제한하는 법률이 앞서 설명되었던 기본권제한의 요건과 기준을 지키지 않음으로 인하여 기본권에 대한 위헌적인 제약을 가하는 것이다.[5] 반면에 입법부가 법률유보를 남용함으로써 적정한 제한을 넘어서고, 그 결과 기본권의 보호영역을 지나치게 축소시키는 경우에는 기본권에 대한 보호가 사실상 유명무실해지는 「기본권의 내적 공동화」가 발생되는 것이다.

따라서 법률로써 기본권을 제한할 경우에 엄격한 기준을 지키도록 하는 것은 입법에 의한 기본권침해를 사전적으로 예방하는 기능을 할 수 있다. 기본권의 내적 공동화를 막기 위해 요구되는 헌법상의 기준으로는 ① 일반성과 명확성을 갖는 형식적 의미의 법률로써만 기본권을 제한할 수 있도록 하는 것, ② 포괄적 위임입법의 금지, ③ 기본권의 본질적 내용에 대한 침해의 금지 등이 인정되고 있다.

⑵ 예방적 규범통제 또는 추상적 규범통제에 의한 보호

예방적 규범통제제도는 프랑스에서 채택되고 있는 제도로서, 위헌의 소지가 있는 입법에 대해서는 입법절차의 진행 중에 헌법평의회에 의한 심사를 받도록 하는 제도이다.

추상적 규범통제제도는 위헌성이 있는 법률이 제정되어 기본권이 침해될 우려가 있으나 아직 구체적으로 적용되지 아니한 상태에서 이 법의 위헌성을 심사할 수 있는 제도로서 기본권의 침해를 사전에 예방할 수 있는 효과적인 기본권보호제도이다.

우리 헌법은 위헌법률심판제도를 규정하고 있으나(제111조 제1항 제1호), 그 적용을 법률의 위헌 여부가 재판의 전제가 된 경우에 한정함으로써(제107조 제1항) 이른바 **구체적 규범통제제도**만을 채택하였고, 추상적 규범통제제도는 채택하지 않았다.[6]

⑶ 기타의 사전예방적 보호

기본권을 침해할 우려가 있는 입법의 경우, 이 법률이 적용되기 전에 기본권의 침해를 사전적으로 예방할 수 있는 방법으로 우리 헌법상 **청원권의 행사**를 통한 방법과 **대통령의 법률안거부권의 행사**를 통한 방법, 그리고 **국가인권위원회의 권고** 등이 있다.

국회가 제정한, 또는 심의과정 중에 있는 법률이 기본권을 침해할 우려가 있는 경우에는 국민이 그 법의 폐지나 개정을 입법기관에 청원할 수 있다(헌법 제26조, 청원법 제5조 제3호). 그러나 국회 내에서 다수에 의해 제정된 법률에 대한 청원이 받아들여져서 법률이 개정 또는 폐지되는 경우는 현실적으로 기대하기 어렵기 때문에 청원권을 통한 기본권의 사전예방적 보호는 실효성이 크지 않다.

또한 국회가 기본권을 침해할 우려가 있는 위헌적인 법률을 제정하는 경우에 대통령이 이 법률안에 대해 서명·공포하는 것을 거부함으로써(헌법 제53조 제2항) 기본권을 보호하는 것도 헌법상 가능하다. 하지만 현실적으로 대통령의 거부권행사를 통한 기

4) 입법부가 법률을 제정함에 있어서 이러한 기준을 엄격하게 준수하였는지의 여부는 헌법재판작용(위헌법률심판, 헌법소원 등)에 의하여 사후적으로 통제될 수 있다.

5) 즉 기본권제한의 요건과 기준이 올바르게 지켜진 법률에 의해서는 기본권의 침해가 발생될 수 없다고 할 수 있다.

6) 규범통제의 유형에 관한 구체적 설명은 「제3권 제3부 제5장 제5절 Ⅱ. 2. **제도의 유형**」 참조.

본권보호기능도 실효성이 높지는 않다. 국회의 다수에 의해 통과된 법률에 대하여 대통령이 거부권을 행사하는 경우가 매우 드물 뿐만 아니라, 대통령이 거부권을 행사한 경우에도 국회가 재의결하면 그 법률안은 법률로서 확정되기 때문이다(헌법 제53조 제4항).

그리고 국가인권위원회는 기본권의 침해를 예방하기 위해 국가기관과 협의하거나 일정한 사항을 권고할 수 있으므로(국가인권위원회법 제19조 이하), 이를 통해 기본권의 사전예방적 보호를 꾀하는 것도 가능할 것이다. 하지만 구속력이 없기 때문에 실효성에 한계가 있다.

2. 「적극적 입법에 의한 기본권침해」에 대한 사후구제적 기본권보호

(1) 구체적 규범통제에 의한 보호

입법자가 제정한 법률이 실제 적용됨으로써 국민의 기본권을 침해한 경우에는 그러한 법률의 위헌성여부를 검토하여 위헌으로 확인된 법률을 무효화하는 것이 필요하다.

현행법상 법률의 위헌 여부는 ① 그 법률의 위헌여부가 **재판의 전제**가 된 경우에 ② **법원이** 소송당사자의 신청에 기초하여 또는 직권으로 문제되는 법률의 위헌여부에 대한 심판을 헌법재판소에 **제청**하면, ③ **헌법재판소가** 이에 대해 최종적으로 **판단**을 내린다(헌법재판소법 제41조 제1항).

위헌법률심판이 제청된 법률에 대하여 헌법재판소가 위헌이라는 최종적 판단을 내리게 되면, 그 법률은 효력을 상실하며(헌법재판소법 제47조 제2항), 당해 법원은 그 법률의 적용을 배제함으로써 위헌법률에 의한 기본권의 침해를 막고 정상적인 기본권의 보장과 실현을 확보하는 것이다.

(2) 헌법소원에 의한 보호

또한 현행법상 위헌적 공권력의 행사 또는 불행사로 기본권이 침해된 경우, 헌법소원의 방법에 의한 기본권의 구제가 가능하다(헌법재판소법 제68조 제1항).

이런 맥락에서 입법자에 의한 위헌적 입법이 －구체적인 집행행위를 매개함이 없이－ 직접적·현재적으로 기본권을 침해하는 경우에는 그 법률의 집행행위를 기다릴 필요 없이 바로 그 법률에 대한 헌법소원이 가능하다. 따라서 헌법소원심판에 의해서도 입법에 의한 기본권침해가 구제되는 경우가 있다.

이와 같은 (이른바 권리구제형) 헌법소원과 헌법재판소법 제68조 제2항에 의해 인정되는 이른바 위헌소원은 구별되어야 한다. 위헌소원은 형식상 헌법소원의 한 형태로 구체화되어 있으나 그 실질은 위헌법률심판이라고 할 수 있기 때문이다.[7] 그러나 위헌소원도 역시 기본권을 보호하는 기능을 한다.

(3) 청원에 의한 보호

입법권에 의한 사전예방적 보호수단으로 청원권이 행사될 수 있는 것과 마찬가지로, 입법자가 제정한 법률에 의해 기본권이 침해된 경우 사후구제적 보호수단으로 그

---

7) 이에 관하여 상세한 것은 「제3권 제3부 제5장 제5절 Ⅵ. **헌법소원심판권**」 참조.

법률의 개정이나 폐지를 국회에 청원하는 것이 가능하다(헌법 제26조 제1항, 청원법 제5조 제3호).

그러나 이미 국회의원의 다수에 의해 제정된 법률이 청원에 의해 개정 또는 폐지되는 것은 현실적으로 기대하기 어렵다.

(4) 국가인권위원회에 의한 보호

현행법상 국가인권위원회는 독립위원회로서 기존의 국가기관에 의해 충분히 보호되지 못한 기본권보호를 위해 피해자들의 진정에 기초하여 또는 직권에 의해 각종 인권침해사례를 조사하고, 정책과 관행의 시정을 권고하거나 법원과 헌법재판소에 대해 의견을 제출하는 등의 활동을 할 수 있다(국가인권위원회법 제19조 이하).

따라서 국가인권위원회는 기본권을 침해하는 국회의 입법에 대해서도 시정의 권고 등 일정한 보호작용을 담당할 수 있다. 이러한 국가인권위원회의 구성과 활동은 기본권보호의 측면에서 진일보한 것임에는 틀림없지만, 아직은 그 권한이 미약할 뿐만 아니라 조직규모와 활동의 측면에서도 보완이 필요한 점이 많다.

3. 「입법의 부작위에 의한 기본권침해」와 그에 대한 기본권의 보호

입법부작위, 즉 입법자가 무의식적으로 또는 고의로 입법을 하지 않음으로 인하여 기본권이 침해된 경우, 이에 대한 기본권보호의 문제는 매우 신중한 접근을 필요로 한다. 왜냐하면 입법자의 입법부작위를 위헌으로 판단하는 것은 결국 입법자에 대해 입법명령을 하는 것과 마찬가지가 되고, 그것은 입법자의 고유영역에 대한 매우 중대한 간섭이 되어 권력분립을 깨뜨리게 될 우려가 있기 때문이다.

따라서 입법부작위에 의한 위헌적 기본권침해가 인정되기 위해서는 먼저 입법자에게 입법의무가 법적으로 인정되어야 한다. 즉 입법의무의 내용과 범위를 분명히 정하고 있는 「법률제정에 관한 헌법적 위임」이 있어야 한다. 입법부작위에 의한 기본권침해는 이러한 헌법적 위임에도 불구하고 입법자가 법률을 제정하지 않았을 때, 또는 입법자가 일단 입법을 하기는 했지만 개선의 필요성이 발생하였음에도 불구하고 입법개선의무를 이행하지 않는 경우에 발생된다.[8]

입법자가 법률을 제정하지 않은 **단순입법부작위**(또는 진정입법부작위)에 의해 기본권을 침해한 경우에 대해서는 현행법상 실효성 있는 보호수단이 없다. 입법청원이나 정치적 의사표현을 통하여 입법을 촉구하는 방법이 있으나 일반적으로 그 실효성은 크지 않다.[9] 그러나 재판을 통해 입법을 강제하는 것은 권력분립의 원리에 비추어 볼 때 부인될 수밖에 없다. 또한 입법부작위에 대한 헌법소원도 단순입법부작위에 대해서는 원칙적으로 인정될 수 없다. 다만 구체적인 입법위임이 있음에도 불구하고 입법을 하지

---

8) 이와 관련하여 입법부작위에 의한 기본권침해는 입법자가 애당초 입법을 하지 않은 「단순입법부작위」에 의한 기본권침해의 경우와 「입법개선의무의 불이행」으로 인한 기본권침해의 경우로 구별하는 것이 일반적이다.

9) 다만 이러한 입법의 촉구가 정당이나 선거를 통하여 어느 정도 효과를 거둘 수 있는 경우도 있다. 그것은 결국 민주주의가 얼마나 튼튼하게 뿌리내리고 있는지에 달려있다.

않음으로 인해 기본권을 침해한 경우 예외적으로 헌법소원의 대상이 될 수 있다.[10)]

이와는 달리 입법자가 일단 입법을 했으나 상황의 변화로 말미암아 입법 당시에는 예상하지 못했던 기본권침해가 현실적으로 나타남에도 불구하고 이를 개정하지 않음으로써, 즉 **입법개선의무의 불이행**(또는 부진정입법부작위)으로 인하여 기본권을 침해하는 경우에는 헌법소원이나 -상황에 따라서는- 구체적 규범통제도 가능하다. 입법권은 기본권에 기속되기 때문에 일단 법률을 제정한 후에도 그 법률이 기본권을 침해하지 못하도록 법률을 개선해야 할 헌법상의 의무가 인정되는 것이다.[11)]

제 3 절 집행과 기본권의 보호

기본권은 법의 적용과정에서 집행기관에 의해 가장 많이 침해된다. 그 침해형태도 ① 법률의 해석·적용을 잘못하여 기본권을 침해하는 경우, ② 법률을 위법하게 적용하여 기본권을 침해하는 경우, ③ 위헌적인 법률을 적용하여 기본권을 침해하는 경우, ④ 법률을 집행하지 아니하여 기본권을 침해하는 경우 등 다양하다.

Ⅰ. 집행권에 의한 기본권의 실현과 보호

1. 집행기능의 성격과 집행작용에 의한 기본권의 실현

오늘날 행정국가화경향에 따라 그 활동영역을 더욱 확대시켜 오고 있는 집행기능은

---

10) 헌법재판소도 구체적인 입법의무가 있는 경우에는 헌법소원을 인정하고 있다. **헌재 1989. 3.17. 88헌마1; 1989.9.8. 89헌마37; 1989.9.29. 89헌마13; 1991.9.16. 89헌마163; 1992.12.24. 90헌마174 결정** 등 참조. 이와 관련하여 **헌재 2009.7.30. 2006헌마358 결정**에서는 "지방공무원법 제58조 제2항은 '사실상 노무에 종사하는 공무원'의 구체적인 범위를 조례로 정하도록 하고 있기 때문에 그 범위를 정하는 조례가 제정되어야 비로소 지방공무원 중에서 단결권·단체교섭권 및 단체행동권을 보장받게 되는 공무원이 구체적으로 확정된다. 그러므로 지방자치단체는 소속 공무원 중에서 지방공무원법 제58조 제1항의 '사실상 노무에 종사하는 공무원'에 해당하는 지방공무원이 단결권·단체교섭권 및 단체행동권을 원만하게 행사할 수 있도록 보장하기 위하여 그 구체적인 범위를 조례로 제정할 헌법상 의무를 부담하며, 지방공무원법 제58조가 '사실상 노무에 종사하는 공무원'에 대하여 단체행동권을 포함한 근로3권을 인정하더라도 업무 수행에 큰 지장이 없고 국민에 대한 영향이 크지 아니하다는 입법자의 판단에 기초하여 제정된 이상, 해당 조례의 제정을 미루어야 할 정당한 사유가 존재한다고 볼 수도 없다.
헌법 제33조 제2항과 지방공무원법 제58조 제1항 단서 및 제2항에 의하면 조례에 의하여 '사실상 노무에 종사하는 공무원'으로 규정되는 지방공무원만이 단체행동권을 보장받게 되므로 조례가 아예 제정되지 아니하면 지방공무원 중 누구도 단체행동권을 보장받을 수 없게 된다. 따라서 이 사건 부작위는 청구인들이 단체행동권을 향유할 가능성조차 봉쇄하여 버리는 것으로 청구인들의 기본권을 침해한다"라고 판시한 바 있다.

11) 헌법재판소는 입법개선의무의 불이행의 문제를 입법부작위로 파악하기보다는 제정되어 있는 법률의 위헌성 문제로 파악하여 그에 대한 위헌판단이 가능하다는 태도를 보이고 있다. 이와 관련하여 헌법재판소는 "기본권 보장을 위한 법규정이 불완전하여 보충을 요하는 경우에는 그 불완전한 법규 자체를 대상으로 하여 그것이 헌법위반이라는 적극적인 헌법소원을 청구함은 별론으로 하고, 입법부작위를 헌법소원의 대상으로 삼을 수는 없다"라고 판시한 바 있다(**헌재 1999.1.28. 97헌마9 결정**).

전통적으로 기본권에 대한 침해가 가장 많이 문제되는 국가기능이다. 집행기능은 그 활동범위가 매우 포괄적일[12] 뿐만 아니라 국민과 직접 부딪치는 대국민활동이 많기 때문에 그와 관련한 기본권의 침해도 많이 문제될 수밖에 없는 것이다.

따라서 집행기능의 기본권구속성은 다른 어떤 국가기능의 경우보다도 강조되어 왔다. 오늘날에도 법치주의의 원리에 따라 행정권의 행사는 항상 헌법과 법률에 기속되며, 그 행사에 대하여 사법적인 사후심사가 포괄적으로 가능하게 됨으로써 법치주의적 통제가 강화되고 있다.[13]

하지만 오늘날 집행기능의 민주적 정당성이 확보 · 강화됨에 따라 집행활동에 대해서도 부정적인 시각만으로는 평가할 수 없게 되었다. 오히려 국민을 위한 능률적인 집행활동 및 이를 통한 기본권의 효율적인 실현이 요청되는 것이다.

이와 관련하여 행정의 전문성과 능률성을 살리기 위하여 행정에 일정한 재량영역이 인정되는 경우도 많으며, 헌법과 법률의 기속 하에 행정입법권이 인정되기도 한다. 그러나 행정활동 역시 –재량행위이건 행정입법이건– 국민에 대한 봉사, 즉 기본권의 실현을 목적으로 하는 것이며, 따라서 여전히 기본권에 구속되고 있다.

2. 기본권보장을 위한 집행부의 기능

집행부는 기본권의 보장과 실현을 위해 여러 가지 기능을 담당하고 있다. 기본권의 보장과 실현을 구체화시키는 법률을 실제 적용하는 일은 대부분 집행작용에 속할 뿐만 아니라, 집행부는 국가의 안보, 질서의 유지 등을 통해 기본권실현의 조건들을 확보하는 역할을 하기도 하다.

또한 집행부는 권력분립에 기초하여 타국가기관을 통제함으로써 기본권을 보호하는 기능을 하기도 한다. 비록 그 실효성이 크지는 않지만, 대통령의 법률안거부권 등을 통한 입법부에 대한 통제와 사면권을 통한 사법부에 대한 통제는 위헌적인(즉 기본권을 침해하는) 법률이나 재판에 대한 보호수단으로 활용될 수 있는 것이다.

Ⅱ. 집행권에 의한 기본권침해에 대한 사전예방적 기본권보호

기본권의 보호는 침해된 후에 사후적으로 구제하는 것보다 침해되기 전에 사전적으로 예방하는 것이 훨씬 더 효과적이다. 이미 침해된 권리를 사후적으로 구제하는 경우에는 완전한 권리회복이 어려울 뿐만 아니라 많은 시간과 비용, 노력을 필요로 하기 때

12) 집행작용의 범위를 미리 정하여 한정하기 어렵다. 권력분립의 원리에 따라 헌법과 법률에 의하여 다른 국가기관의 권한으로 부여되지 않은 작용에 관한 것은 일반적으로 집행작용의 대상이 된다.

13) 다만 이와 관련하여 특수한 성격을 갖는 것이 외교행위라고 할 수 있다. 외교행위도 국가권력의 행사인 이상 원칙적으로 기본권에 구속된다. 즉 기본권의 효력은 외교행위에도 미친다. 그러나 외교행위는 국제적 파급효 및 국가의 대외적 공신력 등의 문제와 관련하여 통치행위로 인정되는 경우도 있기 때문에, 상황에 따라서는 구체적 기본권침해로 인한 위헌성의 판단에 대한 사법적 심사가 배제될 수도 있다.

문이다.

그러나 우리의 경우 집행기관에 의한 기본권침해를 사전에 예방할 수 있는 효과적 수단은 별로 많지 않다. 행정절차에 의한 보호가 극히 부분적으로 시행되고 있을 뿐이며, 그 밖에 청원권에 의한 보호제도가 있다. 또한 국가인권위원회도 사전예방적 보호기능을 부분적으로 수행할 수 있을 것이다(국가인권위원회법 제19조 제6호 참조).

1. 행정절차에 의한 보호

집행기관에 의한 기본권침해를 사전에 예방할 수 있는 방법으로는 행정절차에 의한 기본권보호를 들 수 있다. 행정작용이 행해지기 전에 당사자 등의 의견제출(행정절차법 제27조, 제27조의2), 청문(동법 제28조 이하), 공청회(동법 제38조 이하), 행정입법의 예고(동법 제41조 이하) 등을 통해 사전에 권리침해의 가능성을 축소시키며, 처분을 함에 있어서도 이유제시(동법 제23조) 등을 요구함으로써 기본권침해를 예방하는 작용을 하는 것이다.

현행헌법은 미국헌법상의 적법절차조항(증보 제14조)이나 일본헌법상의 법정절차조항(제31조)과 같은 조항을 일반적으로 규정하고 있지는 않다. 그러나 우리 헌법은 법치국가를 헌법의 기본원리로 삼고 있으며, 이러한 법치주의원리는 행정작용에 대한 절차적 통제의 헌법적 근거가 된다. 우리나라의 행정절차법도 이러한 법치주의원리에 기초한 것으로 이해될 수 있다.

2. 청원에 의한 보호

행정행위로 인해 기본권이 침해될 우려가 있는 경우 관계당사자는 관련국가기관에 기본권의 침해를 예방하기 위해 문서로 청원할 수 있다(청원법 제4조, 제9조).

국가기관은 청원에 대하여 심사할 의무를 지기 때문에(헌법 제26조 제2항) 심사의 결과에 따라 기본권의 침해를 예방할 수 있다. 법률의 제정이나 개정 및 폐지에 대한 청원과는 달리, 구체적 사안과 관련하여 집행부에 대한 청원을 할 경우 그 청원이 받아들여져서 문제가 해결될 가능성이 다소 높다고 평가된다.

3. 추상적 규범통제에 의한 보호

기본권의 침해를 사전에 예방할 수 있는 방법의 하나가 추상적 규범통제제도이다. 제정된 법률이 기본권을 침해할 우려가 있고 위헌의 소지가 있는 경우 그 법률을 시행하기 전에 위헌심사를 함으로써 적어도 위헌적 법률의 적용으로 인한 기본권의 침해를 사전에 막을 수 있다.[14] 그러나 현행법상 추상적 규범통제제도는 채택되지 않고 있다.

---

14) 추상적 규범통제는 입법에 의한 기본권침해의 사전예방적 보호수단이 됨과 동시에 집행에 의한 기본권침해의 사전예방적 보호수단으로서도 기능할 수 있다.

Ⅲ. 집행권에 의한 기본권침해에 대한 사후구제적 기본권보호

1. 법원에 의한 보호

집행기관에 의한 기본권침해에 대해 가장 중요하고 효과적인 사후구제적 보호수단은 법원에 의한 보호이다.

집행기관에 의한 기본권침해의 유형과 성질에 따라 피해자는 관할법원에 재판을 청구할 수 있고 재판을 통해 구제를 받을 수 있다. 특히 집행기관에 의하여 기본권의 침해가 발생된 경우에는 **행정소송**이 사후구제적 보호수단으로서 매우 중요한 역할을 한다. 또한 공무원의 직무상 불법행위로 기본권의 침해가 발생된 경우에도 **국가배상**에 관한 소송이 제기되면 법원이 심판권을 갖는다.[15] 그 밖에 기본권보호에 있어서 중요한 역할을 하는 **명령·규칙의 위헌 또는 위법심사권**도 법원이 담당하고 있다.

(1) 행정소송

위법한 행정행위로 인하여 기본권의 침해를 받은 국민은 행정소송을 제기함으로써 기본권의 보호를 받을 수 있다. 1998년 행정법원이 창설되어 행정소송사건의 제1심을 담당함으로써 행정소송을 통한 구제는 더욱 두터워졌다. 이에 따라 과거 행정소송의 필요적 전심절차였던 행정심판은 임의적인 것이 되었으며, 법원의 재판을 통한 기본권의 구제는 그만큼 더 확대된 것이다(행정소송법 제18조).

행정소송과 관련하여 행정청의 부작위에 대한 소송이 가능한지에 대해서는 견해의 대립이 있었다.[16] 그러나 현행 행정소송법에서는 부작위에 대한 위법확인소송을 인정하고 있다(동법 제4조 제3호). 따라서 행정청의 부작위로 기본권이 침해된 경우 이의 위법을 확인하는 소송을 제기할 수 있게 되었다.

부작위위법확인소송에서 인용판결이 확정되면 부작위행정청은 판결의 취지에 따라 당초의 신청에 대한 처분을 해야 할 의무를 지게 되므로(동법 제30조 제2항, 제38조 제2항) 비록 행정소송법이 명시적으로 의무이행소송을 인정하고 있지 않지만 유사한 효과를 기대할 수 있다.

(2) 명령·규칙의 위헌·위법심사

헌법상 명령·규칙을 제정할 수 있는 집행기관이 헌법이나 법률에 위반되는 명령·규칙을 제정함으로써 국민의 기본권을 침해하는 경우 법원은 그 심사권을 통해 기본권을 보호할 수 있다. 다만 법원은 그 명령·규칙이 헌법이나 법률에 위반되는지의

15) 과거 국가배상에 대해서도 예전의 행정소송과 유사하게 배상심의회의 심의를 거친 후에 비로소 국가배상법에 따른 소송의 제기가 가능했지만, 역시 제도의 개선을 통해 직접 소송의 제기가 가능하게 되었다(국가배상법 제9조).

16) 즉 행정청이 법령에 의거한 개인의 신청에 대하여 일정한 기간 내에 일정한 행정행위를 해야 함에도 불구하고 이를 이행하지 않은 경우, 그 위법의 확인 또는 일정한 행위의 의무이행을 구할 수 있는지가 문제되었던 것이다. 이에 대해 종래의 다수설과 판례는 부정적이었다. 그것은 마치 입법부작위에 대해 권력분립적 관점에서 헌법재판소의 위헌결정이 곤란하다고 보았던 것과 같은 맥락에서 행정부작위에 대한 법원의 위법판단이 곤란하다고 보았기 때문이었다.

여부가 재판의 전제가 된 때에만 그 심사권을 갖는다(헌법 제107조 제2항: 구체적 규범통제). 법원은 심사의 결과 문제되는 명령 · 규칙이 위헌 · 위법이라고 판단될 때에는 그 명령 · 규칙의 적용을 거부함으로써 기본권을 보호할 수 있다.

2. 헌법재판소에 의한 보호

(1) 헌법소원

집행권을 포함한 공권력의 행사 또는 불행사에 의해 기본권의 침해를 받은 자는 헌법재판소에 직접 기본권의 구제와 보호를 청구하여 그 심판에 따라 기본권을 보호받을 수 있다. 이러한 헌법소원제도는 기본권의 보호에 있어서 매우 효과적인 수단이다.

그러나 헌법소원을 제기하기 위해서는 다른 법률에 구제절차가 있는 경우 그 절차를 모두 거친 후에야 제기할 수 있고(헌법소원의 보충성), 법원의 재판은 헌법소원의 대상이 될 수 없도록 제한되어 있다(헌법재판소법 제68조 제1항).

(2) 구체적 규범통제

위헌법률의 집행에 의해 기본권이 구체적으로 침해되고 그 법률의 위헌 여부가 재판의 전제가 된 경우, 법원의 직권 또는 소송당사자의 신청에 기초하여 헌법재판소에 위헌여부의 심판을 제청하고, 헌법재판소가 당해 법률을 위헌이라고 결정하면 이 위헌적 법률에 의해 침해된 기본권은 구제된다.

즉 헌법재판소의 결정에 따라 문제되는 법률은 무효가 되며, 법원은 그 법률의 적용을 배제함으로써 위헌법률에 의한 기본권의 침해로부터 기본권을 보호하는 것이다. 현행법상 법률의 위헌여부에 대한 최종적 심정권은 헌법재판소가 가지며(헌법 제107조 제1항), 법원은 위헌법률심판 제청권만을 가진다.

3. 집행권에 의한 보호

집행기관에 의해 침해된 기본권을 집행기관 스스로가 구제하는 제도들이 마련되어 있다. 행정심판이나 국가배상제도 등이 그것이다. 이 제도들은 사법권에 의한 구제보다 신속하고 능률적인 구제가 가능하기는 하지만 한계가 있다. 왜냐하면 집행기관이 스스로 내린 처분에 대해 그 위법 · 부당성을 인정하고 시정하기는 쉽지 않기 때문이다.

(1) 행정심판

행정심판이란 행정청의 위법 또는 부당한 처분이나 부작위로 침해된 국민의 권리 또는 이익을 구제하고 아울러 행정의 적절한 운영을 꾀하기 위해 마련된 행정쟁송절차를 말한다(행정심판법 제1조).

행정심판에는 행정청의 위법 또는 부당한 처분을 취소 또는 변경하는 **취소심판**, 행정청의 처분의 효력 유무 또는 존재 여부에 대하여 확인하는 **무효 등 확인심판**, 행정청의 위법 또는 부당한 거부처분이나 부작위에 대하여 일정한 처분을 하도록 하는 **의무이행심판**의 세 가지가 있다(행정심판법 제5조).

헌법 제107조 제3항은 재판의 전심절차로서 행정심판을 할 수 있도록 하고 행정심판의 절차는 법률로 정하되 사법절차가 준용되도록 규정하고 있다. 이처럼 폭넓은 행정심판영역을 설정함으로써 권익구제의 가능성을 넓히고, 행정심판절차를 사법절차에 따르도록 함으로써 권익구제의 공정성과 실효성을 높이려고 한 점은 높이 평가할 수 있을 것이다. 그러나 스스로 내린 처분에 대해 행정기관이 과오를 인정하고 시정하는 데는 한계가 있을 수밖에 없으며, 이로 인하여 과거 필요적 전심절차로 인정되던 행정심판이 법개정에 의하여 임의적 전심절차로 바뀌게 된 것이다.

(2) 국가배상제도

공무원의 직무상 불법행위로 손해를 입은 국민은 법률이 정하는 바에 따라 국가나 공공단체에 손해배상을 청구할 수 있다(헌법 제29조 제1항). 국가배상제도는 이처럼 기본권의 침해를 입은 국민이 국가에 대하여 손해배상을 청구할 수 있도록 규정함으로써 행정행위에 의해 침해된 기본권을 집행부 스스로가 구제하고 보호하는 제도이다. 그러나 이를 거치지 않고 직접 법원에 국가배상청구소송을 제기하는 것도 가능하다.

(3) 형사보상제도

집행권에 의한 기본권의 침해 중 매우 심각한 것이 바로 불법·부당한 인신구속에 의한 기본권침해이다. 이러한 침해에 대한 구제제도로서 헌법 제28조는 형사보상제도를 도입하여, 형사피의자 또는 형사피고인으로서 구금되었던 자가 법률이 정하는 불기소처분을 받거나 무죄판결을 받은 때에는 법률이 정하는 바에 의하여 국가에 정당한 보상을 청구할 수 있다고 규정하고 있다.

4. 국가인권위원회에 의한 보호

입법에 의한 기본권침해의 경우와 마찬가지로 집행에 의한 기본권침해도 국가인권위원회에 의한 보호가 가능하다. 하지만 국가인권위원회는 단지 시정의 권고 등을 할 뿐 구속력 있는 결정권이 없기 때문에 그 실효성에 대해서는 의문의 여지가 있다.

5. 국민권익위원회에 의한 보호

국민권익위원회도 고충민원의 처리 및 이와 관련된 불합리한 행정제도의 개선, 부패발생의 예방과 규제를 통하여 국민의 기본권을 보호하는 역할을 담당한다. 다만 그 역할의 중복 등으로 인하여 실효성에 대해서는 의문이 제기되고 있다.

6. 청원에 의한 보호

행정작용으로 인해 기본권이 침해된 경우에도 피해자는 기본권의 구제를 위해 관련 국가기관에 문서로 청원할 수 있다(헌법 제26조 제1항, 청원법 제4조, 제9조). 국가기관은 청원에 대하여 심사할 의무를 지기 때문에(헌법 제26조 제2항) 심사의 결과에 따라 기본권의 침해를 구제받을 수 있다. 구체적 기본권침해의 구제를 위한 청원은 입법이나 법률의 개·폐에 대한 청원보다는 효과적인 권리구제로 연결될 수 있는 가능성이 높다.

7. 특별한 인권옹호제도에 의한 보호

기본권의 침해에 대한 구제방법으로 특별한 인권옹호기관에 의한 구제수단이 있다. **인권상담제도**나 **법률구조제도**가 그것이다. 권리를 침해당하고서도 전문적인 법률지식이나 돈이 없기 때문에 권리구제를 받지 못하는 주로 서민들을 위한 제도이다. 물론 이 제도들은 집행기관에 의한 기본권침해만이 아니라 사인(私人)에 의한 권리침해를 포함한 모든 인권침해를 그 대상으로 한다.

제 4 절 법원과 기본권의 보호

법원의 재판도 −상대적으로 드물기는 하지만− 기본권을 침해할 수가 있다. 사법권이 기본권을 침해하는 경우로는 예컨대 ① 법령해석의 잘못, ② 위헌법령의 적용, ③ 사실판단의 잘못 등으로 인한 기본권침해, ④ 재판절차에 있어서 소송당사자를 정당하게 대우하지 않은 경우, ⑤ 정당한 이유 없이 재판을 지연함으로 인한 신속한 재판을 받을 권리를 침해하는 경우 등이 있다.

Ⅰ. 법원의 재판에 의한 기본권의 보호

사법(司法)은 구체적인 법적 분쟁이 발생한 경우에 −당사자로부터의 쟁송의 제기를 기다려− 독립적 지위를 가진 기관이 제3자적 입장에서, 무엇이 법인가를 판단하고 선언함으로써, 법질서를 유지하는 작용이다.

따라서 사법은 본질적으로 −국가질서의 적극적 형성 내지 기본권의 적극적 실현보다는− 기존의 법질서의 유지에 치중하는 소극적인 측면을 갖고 있다고 할 수 있다. 하지만 그것은 무엇보다 사법이 다른 국가기관에 의해 국민의 기본권이 침해되는 것을 헌법과 법률에 비추어 평가 · 판단함으로써 기본권구제의 기능을 주로 담당하고 있는 데에 기인하는 것이기도 하다. 즉 사법은 본질적으로 기본권의 침해보다는 기본권의 구제와 보다 밀접한 관련을 맺고 있는 국가기능인 것이다.

따라서 사법은 다른 국가기관의 통제, 특히 집행부의 통제를 통하여 기본권을 보호하는 기능을 주로 담당하고 있다.

Ⅱ. 법원의 재판에 의한 기본권침해의 유형

1. 오판(誤判)에 의한 기본권침해

법원의 재판은 객관성과 공정성을 생명으로 하기 때문에 잘못된 판결을 막기 위해 법관의 자격을 엄격히 하여 전문성을 확보하고, 그러한 법관들이 헌법과 법률에 따라 재판하도록 함으로써 기준의 통일성을 확보하고 있다(헌법 제27조 제1항, 제103조).

그러나 법원의 재판에 있어서도 오판이 없지 않다. 예컨대 ① 법령을 잘못 해석한 경우도 있고, ② 위헌적 법령을 -위헌법률심판 또는 위헌 · 위법한 명령 · 규칙에 대한 심판을 통해 걸러내지 않고- 그대로 적용한 경우, 나아가 ③ 사실판단에 있어서 오류가 있는 경우도 있다.

2. 재판절차상 소송당사자에 대한 부당한 대우

잘못된 판결 이상으로 문제가 심각한 것은 재판절차상 피고인에 대해 부당한 대우를 함으로써 당사자의 재판절차상의 기본권을 침해한 경우이다.

예컨대 형사판결에 있어서 확정판결 전의 피고인은 헌법상 무죄로 추정된다(헌법 제27조 제4항). 그런데 만일 법관이 피고인을 유죄인 것처럼 취급하였을 경우에는 그 자체로서 기본권의 침해가 발생되는 것이다. 또한 형사판결, 민사판결을 막론하고 소송절차상 당사자를 불평등하게 취급하였을 경우에는 평등권의 침해가 문제될 수 있을 것이다.

3. 부작위에 의한 침해

비록 법원이 소송절차상으로나 재판의 결과에 의해 소송당사자의 기본권을 침해하지는 않았다 하더라도 정당한 사유 없이 재판을 지연하는 것 자체도 기본권의 침해가 된다. 헌법상 보장되는 재판청구권은 신속한 재판을 받을 권리를 포함하고 있으며(헌법 제27조 제3항), 정당한 사유 없는 재판의 지연은 재판청구권의 침해로 인정되는 것이다.

Ⅲ. 법원의 재판에 대한 기본권보호의 방법

재판작용은 구체적인 쟁송(爭訟)을 전제로 하여 법에 따라 분쟁을 해결하는 소극적 · 수동적 기능을 그 특징으로 한다. 따라서 법원의 재판에 의한 기본권의 침해가 발생되었을 경우, 그에 대한 보호는 사후구제적일 수밖에 없다.

1. 심급(상소)제도, 재심에 의한 기본권보호

법원의 재판에 의한 기본권침해의 경우, 즉 법령의 해석이나 사실판단의 잘못으로 인한 기본권의 침해에 대해서는 상급법원에 상소(항소, 상고) 또는 재심청구, 비상상고(형사소송법 제441조 이하)나 비약적 상고(형사소송법 제372조)를 함으로써 기본권의 보호를 받을 수 있다.

2. 헌법소원에 의한 기본권보호

법원의 판결에 의해 기본권이 침해된 경우 이를 효과적으로 구제할 수 있는 최종적 구제방법이 헌법소원제도이다. 그러나 우리 헌법재판소법은 법원의 판결에 대한 헌법소

원을 제외시키고 있다(헌법재판소법 제68조 제1항).[17)]

다만 당사자가 위헌법률심판의 제청을 신청했는데 법원이 이를 기각한 경우에는 헌법재판소법 제68조 제2항에 의한 위헌소원의 방법으로 헌법재판소의 판단을 구하고 이를 통해 기본권을 보호받는 것이 가능할 수 있다.

3. 대통령의 사면권행사에 의한 기본권보호

대통령은 국가원수로서 사면권을 가지며(헌법 제79조), 이 권한의 행사를 통해 사면·감형·복권시킴으로써 사법권에 의하여 침해될 수도 있는 기본권을 최종적으로 보호할 수 있다. 하지만 사면권은 본래 사법권에 대한 통제를 위해서가 아니라 국익을 위해 예외적·제한적으로만 행사되어야 하는 것이므로 이를 법원에 의한 기본권침해에 대한 효과적인 보호수단으로 보기는 곤란하다.

4. 형사보상청구권

법원의 오판으로 유죄가 확정되어 복역한 국민이 나중에 재심 등을 통하여 무죄판결을 받은 경우에는 국가에 대한 형사보상청구가 인정된다(헌법 제28조).

제 5 절 헌법재판과 기본권의 보호

Ⅰ. 기본권의 최후의 보루로서의 헌법재판

1. 헌법재판의 의의와 기능

오늘날 헌법재판의 제도적 의의는 헌법의 실현 전반에서 헌법의 규범력을 강화하며, 나아가 헌법 및 그 중심가치인 기본권을 안과 밖, 위와 아래로부터의 침해에 대해 보호하는 데 있는 것으로 인정된다.

예컨대 위헌법률심판제도는 입법의 합헌성을 확보하는 것이며, 권한쟁의심판제도는 국가기관 및 지방자치단체의 권한행사의 합헌성을 확보하기 위한 것이다. 탄핵심판제도는 고위공직자의 합헌적 권력행사를 담보하기 위한 것이고, 위헌정당해산제도는 정당이 합헌적 질서를 파괴하지 못하도록 하는 것이다. 그리고 헌법소원제도는 공권력의 행사 또는 불행사로 인하여 헌법의 중심적 가치인 기본권이 침해되지 않도록 하기 위한 것이다.

즉 헌법재판은 헌법의 규범력을 높이고 실질적 법치국가를 실현하기 위한 가장 강력한 법적 수단인 것이다.

---

17) 재판소원의 원칙적 배제 및 예외적 인정에 관하여는 「제3권 제3부 제5장 제5절 Ⅵ. 2. (3) **사법작용에 대한 헌법소원**」 참조.

2. 법적 최종결정기관으로서의 헌법재판소

헌법재판을 담당하는 헌법재판소는 헌법을 해석하는 최고의 권위를 가짐으로 인하여 모든 국가기관에 강력한 영향력을 행사할 수 있게 되었다. 즉 헌법재판소는 최고법을 최종적으로 해석하는 기관으로서 이른바「법적 최종결정기관」인 것이다.

이러한 헌법재판소의 지위가 곧 다른 국가최고기관(대통령, 국회 등)에 대한 우위를 의미하는 것은 아니다. 헌법재판기능은 일종의 사법기능으로 이해되며, 헌법재판소도 역시 사법기관으로서 –법원과 마찬가지로– 재판의 공정성을 위한 중립성·독립성·소극성·수동성 등의 특성을 가지며, 헌법에 의해 부여된 기능의 범위 내에서만 그 권한을 행사할 뿐이다.[18)]

그러나 헌법재판은 국가작용의 합헌성을 심사하는 실정법상의 최종적 심급이다. 따라서 위헌적 국가작용에 의해 기본권의 침해가 발생된 경우에는 헌법재판을 통한 구제가 최후의 수단으로 인정된다.[19)] 하지만 현행법상 법원의 재판에 대한 헌법소원을 배제함으로써 헌법재판을 통한 기본권의 구제에는 커다란 공백이 생기게 되었다.

Ⅱ. 헌법재판에 의한 기본권침해와 이에 대한 기본권보호

법원의 재판에 의한 경우와 유사하게 헌법재판소에 의해서도 기본권이 침해될 가능성은 있다. 그러나 헌법재판소는 법적 최종결정기관이다. 따라서 헌법재판소의 결정을 다툴 수 있는 더 이상의 법적 구제수단은 존재하지 않는다. 결국 저항권의 행사 이외의 다른 (실정법상의) 구제수단은 존재하지 않는다.

제 6 절 국민과 기본권의 보호

Ⅰ. 사인(私人)에 의한 기본권침해와 기본권보호

사인이나 사적 단체에 의한 기본권의 침해는 종래 법률에 의한 규율의 문제로 취급되었다. 즉 형사상의 제재 또는 민사상의 불법행위로 인한 손해배상의 문제로 정리되었

18) 이와 관련하여 대법원과 헌법재판소의 관계가 많이 문제되기도 한다. 그러나 양자는 상하관계에 있는 것이 아니라 권력분립의 체계 내에서 각기 고유한 기능을 담당하고 있는 대등한 헌법기관들로 이해되어야 할 것이다. 하지만 아직도 위헌·위법 명령·규칙심사권에 관한 관할권(**헌재 1990.10.15. 89헌마178 결정** 참조), 변형결정의 기속력 문제(**헌재 1997.12.24. 96헌마172 결정**) 등이 많이 다투어지고 있으며, 또한 법원의 재판에 대하여는 헌법소원을 하지 못하게 되어 있는 것(헌법재판소법 제68조 제1항)도 문제가 되고 있다. 이에 대하여 상세한 것은「제3권 제3부 제5장 제5절 Ⅵ. **헌법소원심판권**」참조.

19) 헌법재판의 경우도 법원의 재판과 마찬가지로 오판 등에 의하여 기본권을 침해할 가능성을 배제하지는 못한다. 하지만 헌법재판은 실정법상의 최종심급이기 때문에 헌법재판의 결과에 대하여 다시금 이의를 제기하여 이를 교정할 수 있는 실정법상의 제도는 인정되지 않는다.

던 것이다. 하지만 기본권의 성격에 대한 이해의 변화에 기초하여 그 동안 사인 상호간의 관계에는 기본권의 적용되지 않는다고 보았던 기본적인 시각이 변화되었고, 그 결과 기본권의 대사인적 효력의 문제 등이 새롭게 제기되었다.

1. 사인에 의한 위법한 기본권침해와 이에 대한 기본권보호

사인에 의한 위법한 기본권침해에 대해서는 형사법상의 각종 처벌과 민사법상의 손해배상으로 해결하는 것이 일반적이다. 예컨대 절도행위가 있었을 경우에는 형법 제329조에 의한 절도죄로 형사처벌하는 것과 동시에 민법 제750조에 따른 손해배상의 책임을 물을 수 있는 것이다.

하지만 경우에 따라서는 타인의 위법한 행위와 관련하여 국가의 기본권보호의무가 문제되기도 한다. 즉 사인에 의한 기본권침해에 대한 보호를 국가에 대해 보다 적극적으로 요청하면서 국가의 작위(예컨대 낙태를 허용하는 입법) 또는 부작위(예컨대 소음규제입법의 미비)를 위헌으로 판단하는 경우도 있다.[20]

2. 사적자치의 범위 내에서 행해진 기본권침해와 기본권의 대사인적 효력

사적 자치, 특히 계약의 형태로 행해진 기본권의 침해에 대해서는 기본권의 대사인적 효력을 통해 기본권의 보호가 이루어진다.[21]

Ⅱ. 기본권보호의 최후수단으로서의 저항권

기본권을 침해하는 국가권력에 대하여 기본권의 보호를 위해 모든 가능한 제도적 구제수단을 다하였으나 기본권의 침해가 여전히 계속되고 다른 방법으로는 기본권을 보호할 수 없는 경우에는(보충성) 최후수단으로 저항권의 행사를 통해(최후수단성) 기본권을 보호할 수 있다[22].

칼 슈미트에 따르면 개인의 저항권은 최후의 보호수단이며 불가양의 권리이다. 그러나 저항권의 행사에 의한 기본권보호의 성공가능성은 매우 희박하며 저항권 자체도 많은 문제점을 갖고 있다.

---

20) 국가의 기본권보호의무에 대하여는 앞의 「제4장 제3절 Ⅳ. **사인 간의 기본권 적용과 국가의 기본권 보호의무**」 참조.
21) 기본권의 대사인적 효력에 대해서는 앞의 「제4장 제3절 **기본권의 대사인적 효력(제3자적 효력)**」 참조.
22) 저항권에 관하여 상세한 것은 「제1권 제3부 제6장 제5절 **저항권**」 참조.

제 7 장 기본권의 분류와 기본권체계

「제7장 기본권의 분류와 기본권체계」는 기본권 총론과 개별기본권을 연결시키는 고리의 역할을 한다. 기본권 총론이 모든 기본권의 공통분모라고 할 수 있는 부분들을 전체적으로 정리하는 것이라면, 개별기본권에서는 각 기본권마다 나타나는 특징적인 면을 부각시켜서 검토하게 된다. 하지만 기본권 총론에서 검토된 것들을 제외한 모든 요소들을 개별기본권에서 검토하는 데에는 어려움이 많다. 개별기본권의 수가 많고 그 내용과 성질이 다양할 뿐만 아니라, 실현의 방식과 구조 또한 상이한 점들이 많기 때문이다.

이러한 가운데서도 몇몇의 기본권들끼리는 상당한 유사성을 보여주기도 한다. 따라서 기본권의 성질이 유사한 것들을 묶어 놓고 이들 사이의 공통점을 잘 이해하는 가운데 개별기본권의 구조와 특성을 파악할 수 있다면 개별기본권의 실현과정을 정확하게 이해하는 과정에서 나타나는 어려움들이 상당 부분 완화될 수 있을 것이다. 따라서 기본권의 분류 및 이를 통해 짜여지는 기본권의 체계는 각 개별기본권의 내용과 성질, 실현구조 등을 일목요연하게 파악하는 데 큰 도움을 줄 수 있다.

제 1 절 전체로서의 기본권과 개별기본권

Ⅰ. 헌법체계의 논리적 구성과 전체로서의 기본권

헌법학은 헌법의 테두리 안에서 제기되는 모든 문제들을 하나의 일관된 논리 가운데서 파악하고자 한다. 즉 모든 헌법적 문제들 및 그에 대한 해결책을 논리적 통일성 속에 맞추어 놓고자 하는 것이다.

이와 같은 헌법(학)의 **논리적 통일성** 내지 이를 뒷받침하는 **체계적 일관성**은 (헌)법의 기능과도 직결되는 것이다. (헌)법의 가장 기본적인 과제는 (헌)법적 분쟁을 객관적이고 공정하게 해결하는 것인데, 유사한 분쟁에 대해서도 그때그때 각기 다른 기준을 내세우고, 다른 결론을 내리게 된다면 그러한 (헌)법의 객관성과 공정성에 대한 신뢰는 유지될 수 없을 것이기 때문이다. 특히 헌법은 전체 (실정)법질서의 무게중심 역할을 하는 최고법이다. 그러한 만큼 헌법이 체계적 일관성을 확보한다는 것은 실정법질서 전체의 안정성과도 직결되는 문제인 것이다.

이런 맥락에서 볼 때, 헌법 내에서 헌법의 체계적 일관성을 유지시킬 수 있는 무게중심이 무엇인가에 대해서 많은 관심이 기울여질 수밖에 없다. 그리고 오늘날에는 (전체로서의) 기본권이 －민주주의, 법치주의 등 헌법의 기본원리와 더불어－ 국가이해, 헌법이해에 있어서 핵심적 위치를 차지하고 있는 것으로, 즉 **헌법의 중심적 가치**로 인식되고 있다. 적어도 현대 민주주의국가에 있어서는 기본권(의 보장과 실현)이 국가(조직)의 존립근거이며, 국가활동의 궁극적 목적인 것이다.

Ⅱ. 헌법의 역사적 발전과정과 개별기본권의 형성, 발전

헌법의 여러 영역들은 각기 특수한 상황 속에서 독자적인 발전을 보여 왔다. 종래 헌법(학)의 중요부분으로 다루어지던 것 중에는 오늘날 그 의의가 퇴색된 것도 있으며(예컨대 국가형태), 반대로 새로운 제도가 창설되어 헌법이론과 헌법실무에 있어 커다란 영향을 미치기도 한다(예컨대 헌법재판). 이처럼 헌법의 내용과 비중이 끊임없이 변화되는 가운데 헌법 자체도 변화·발전된다.

헌법의 변화를 잘 보여주는 영역의 하나가 기본권이다. 기본권의 영역에서 나타났던 많은 변화들, 특히 개별기본권의 형성과 발전은 －인권이라는 형태로 주장되는 어느 정도의 보편성에도 불구하고－ 국가마다 상이한 실정화의 과정을 거쳐 왔다. 예컨대 미국, 프랑스 등에서는 학문의 자유나 예술의 자유를 명문화시키지 않고 일반적 표현의 자유 가운데서 보장하는가 하면, 우리나라나 독일의 경우에는 이들을 독립된 기본권으로 명문화하고 있다. 또한 평등권을 보편적 인권으로 인정함에도 불구하고 서구에서의 평등실현의 방법 및 정도가 아랍권 국가들이나 카스트제도가 남아있는 인도의 경우와 같을 수는 없다.[1)]

따라서 개별기본권의 구체적 내용과 실현방식 등의 문제는 어떤 일정한 틀만으로 설명되기 곤란한 점이 많다. 개별기본권은 애초부터 다른 개별기본권과의 일정한 내적 관련 속에서, 즉 전체적인 기본권의 유기적 체계를 전제하고 그 일부로서 형성되고 발전되어 온 것이 아니라 많은 경우 각기 독자적으로 이루어진 것이다. 그렇기 때문에 개별기본권의 특수성을 고려하여 전체적 기본권을 분류하고 체계를 세우는 것은 개별기본권의 내재적 성질에 기초한 것이라기보다는 개별기본권이 나름으로 발전해 온 결과를 사후적으로 정리한 것에 지나지 않는 것이다.

Ⅲ. 기본권체계와 기본권분류의 문제

이처럼 각기 다른 역사적 배경 속에서 독자적인 발전과정을 거쳐 왔고, 이를 통하여 각기 상이한 성격과 내용을 갖게 된 개별기본권들을 일정한 내적 관련 속에서 파악

1) 또한 한 국가 내의 기본권조차도 그때그때의 현실에 따라 다른 형태로 발전될 수 있다는 것은 지난 몇 십 년의 우리 헌법사가 잘 보여주고 있다.

하는 것은 결코 쉽지 않다. 기본권의 체계를 논하거나 또는 기본권을 일정한 내적 관련에 따라 분류하는 것에 관하여 많은 논란이 끊이지 않는 이유가 여기에 있다.

더구나 하나의 기본권이 동시에 여러 가지의 성격을 갖는 경우도 드물지 않다. 예컨대 언론의 자유는 정신적 자유로서의 측면을 갖고 있는가 하면, 민주정치의 초석이 된다는 점에서 정치적 자유로 이야기되기도 한다. 또한 직업의 자유는 경제적 기본권으로 분류되지만 인격실현과 밀접한 관련을 가지고 있기도 하다. 이처럼 하나의 기본권이 다양한 측면을 가지고 있는 경우 때문에 과연 기본권의 체계 내지 분류를 어떻게 하여야 할 것인가에 대해서는 수많은 학설들이 대립되고 있는 것이다.

제 2 절 기본권분류의 여러 기준

Ⅰ. 옐리네크(G. Jellinek)의 지위론

가장 전통적인 분류의 하나로서 옐리네크의 이른바 지위론(Statuslehre)을 들 수 있다. 이미 옐리네크의 기본권관에서 설명되었던 것처럼,[2] 그는 기본권을 국민의 국가에 대한 지위로 파악하면서 이를 능동적 지위(참정권), 적극적 지위(청구권), 소극적 지위(자유권), 수동적 지위(의무)의 네 가지로 나누어 검토하였다.

이러한 지위론에 따른 기본권의 분류는 한편으로 기본권의 성격을 잘 구별하는 것으로 평가될 수 있지만, 그 전체적 구조와 성격을 설명하는 데에는 미흡한 부분이 있다. 특히 현대적 기본권이해에 기초하여 기본권을 분류하는 데에는 적합하지 않다.

Ⅱ. 주체에 따른 분류

1. 인간의 권리와 국민의 권리

기본권을 외국인을 포함한 모든 인간에게 인정되는 것과 국민에게만 인정되는 것으로 분류한 것이다.

이렇게 볼 때, **인간의 권리**에 속하는 것으로는 인권의 보편성에 기초하여 외국인에게도 국민과 동등하게 인정되어야 하는 기본권이라고 할 수 있으며, 인신의 보호, 사생활의 보호, 정신적 자유권 등이 이에 속한다. 반면에 **국민의 권리**는 국가공동체의 구체적 형성에 직접 연결되어 있는 까닭에 외국인에게는 원칙적으로 인정될 수 없는 기본권이며, 대표적인 예로서 참정권을 들 수 있다.

하지만 이러한 분류방법은 앞서 검토하였던 기본권의 주체에 관한 논의를 기본권의 분

2) 이에 관하여는 「제2권 제1장 제2절 Ⅰ. 2. 게오르그 옐리네크(G. Jellinek)의 기본권관」 참조.

류로 다시 정리한 것에 지나지 않으며, 그나마도 불충분한 정리라고 할 수 있다.[3)] 결과적으로 이러한 분류는 전체 기본권의 체계를 이해하는 데 큰 도움이 되지 못한다.

2. 자연인의 권리와 법인에게도 인정되는 권리

기본권을 자연인에게만 인정되는 것과 법인에게도 인정되는 것으로 분류하는 것도 가능하다.

이렇게 볼 때, **자연인의 권리**는 자연인의 생물학적 생존과 정신적 활동을 전제하기 때문에 법인에게는 인정되기 곤란한 이른바 자연인 전속적인 기본권을 의미하며, 이에 속하는 것으로는 생명권, 신체의 자유, 신앙의 자유 등을 들 수 있다. 반면에 **법인에게도 인정되는 권리**는 재산권, 거주·이전의 자유, 명예권 등과 같이 성질상 법인에게도 인정될 수 있는 기본권을 말한다. 그러나 법인의 성질에 따라 구체적 인정의 범위가 달라질 수 있다.

이러한 분류방법도 기본권의 주체에 관한 논의를 기본권의 분류로서 다시 정리한 것이며, 전체적 기본권의 체계를 파악하는 데에는 큰 도움이 되지 못한다.

Ⅲ. 성질에 따른 분류

1. 자연권과 실정권(초국가적 기본권과 국법상의 기본권)

자연권과 실정권의 구별은 전통적인 기본권분류방법의 하나이며, 이미 오래전부터 중요한 의미를 가지고 있었지만 최근에는 그 의미가 상당히 퇴색되었다.

자연권은 국가에 의해 비로소 인정되는 권리가 아니라 국가 이전에 이미 모든 인간에게 생래적으로 부여되었다고 인정되는 권리로서 초국가적 인권 또는 선국가적 권리로서 이해된다. 전통적인 의미의 자유권이 이에 해당되는 것으로 설명된다.

반면에 **실정권**은 국가를 전제로 헌법규정에 의해 비로소 창설되는 기본권을 의미한다. 사회권, 정치적 기본권, 절차적 기본권 등이 이에 속하는 것으로 설명된다.

하지만 오늘날 양자의 구별은 특별한 의미를 갖지 못한다. 헌법학에서 논의하는 법적 권리로서의 기본권은 국가를 벗어난 자연권이 아니라 헌법질서 속에서 실정법적으로 보장되고 있는 기본권이지만, 그 뿌리는 초국가적 인권이라는 점도 간과될 수 없기 때문이다.

2. 절대적 기본권과 상대적 기본권

절대적 기본권과 상대적 기본권의 구별은 독일에서 논의되는 것과 국내에서 논의된 사항을 조심스럽게 구별하여 정리되어야 한다.

---

3) 앞서 검토한 바와 같이 인간의 권리라고 일반적으로 인정하기도 어렵고, 그렇다고 국민에게만 인정되는 권리라고 보기도 어려운 중간 영역의 기본권들이 존재하기 때문이다. 이에 관하여는 앞의 「제3장 제2절 Ⅰ. 1. **인간의 권리와 국민의 권리의 구별**」 참조.

일반적 법률유보를 채택하지 않고 있는 독일 기본법 하에서 **절대적 기본권**이라 함은 개별적 법률유보가 없어서 법률로써도 제한할 수 없는 기본권을 가리킨다. 예컨대 인격권, 종교의 자유, 양심의 자유, 학문의 자유, 예술의 자유 등이 이에 속한다. 반면에 **상대적 기본권**은 개별적 법률유보가 있어서 법률로써 제한할 수 있는 기본권을 말하며, 신체의 자유, 언론의 자유, 집회의 자유, 직업의 자유 등 다수의 기본권이 이에 속한다. 이러한 구별은 앞서 검토한 바와 같이 기본권에 대하여 규범적 한계를 인정하는 중요한 근거가 되었다.[4)]

반면에 국내에서는 물리적 제한이 불가능한 기본권(내심영역의 자유)으로 볼 수 있는 기본권인 신앙의 자유와 내면적 양심형성의 자유를 절대적 기본권으로, 그 밖의 기본권을 상대적 기본권으로 분류하는 견해도 있었다. 하지만 구별이 정확하지 않을 뿐만 아니라 구별의 실익도 없다.

3. 진정한 기본권과 부진정한 기본권

이는 칼 슈미트의 견해에 따른 분류로서 **진정한 기본권**이란 초국가적 인권으로서의 자유권을 말하며, **부진정한 기본권**이란 그 밖의 모든 기본권을 가리킨다.

이러한 기본권의 분류는 국가와 사회의 구별에 기초하여 사회의 영역에 대한 국가권력의 개입을 막는 자유권만이 선국가적 기본권으로서의 의미를 가지며, 그 밖의 기본권은 국가의 존재와 활동을 전제한다는 점에서 차별화한 것이다. 하지만 국가와 사회의 이원론이 극복되고 있는 현대 민주국가에서는 이러한 구별도 큰 의미를 갖지 못한다.

4. 실체적 권리와 절차적 권리

기본권을 실체적 권리와 절차적 권리로 분류하는 것은 그 기본권의 실현구조상의 차이를 기준으로 한 것이다. 즉 **실체적 권리**란 인간의 구체적 생활영역의 보호를 내용으로 하는 기본권으로서 자유권, 사회권, 환경권 등 대부분의 기본권이 이에 속한다. 반면에 **절차적 권리**는 실체적 기본권의 침해를 전제로 하여 이를 구제하기 위해 인정되는 절차를 기본권으로 구성한 것으로서 청원권, 재판청구권 등이 이에 속한다.

Ⅳ. 효력에 따른 분류

1. 현실적 기본권과 방침적 기본권

현실적 기본권과 방침적 기본권의 분류는 기본권이 국가권력에 대한 직접적인 구속력을 갖는지의 여부에 따른 것이다. 즉 **현실적 기본권**은 국가권력을 직접 구속하는 기본권을 말하며, 소극적 방어권에 속하는 자유권 및 자유권의 침해를 근거로 주장되는 절차적 기본권이 이에 속한다. 반면에 **방침적 기본권**은 국가권력에 대한 직접적 구속

---

4) 앞의 「제2권 제5장 제2절 Ⅱ. 기본권의 규범(내재)적 한계」 참조.

력을 갖지 못하고, 단지 국가질서형성의 방향 내지 방침만을 담고 있는 기본권을 가리킨다. 적극적 급부청구권에 해당되는 사회권 및 그와 유사한 권리들(예컨대 학문, 예술에 대한 국가의 지원을 요청할 권리, 환경개선을 위한 국가의 적극적 활동을 요청할 권리 등)이 이에 속한다.[5]

2. 대국가적 기본권과 대사인적 기본권

이는 기본권의 효력에서 논의된 바 있는 대국가적 효력과 대사인적 효력을 기본권의 분류기준으로 사용한 것이다. 즉 **대국가적 기본권**은 성질상 국가에 대해서만 주장될 수 있는 기본권으로서 사회권, 절차적 기본권 등을 지칭하며, **대사인적 기본권**은 성질상 사인 상호간의 관계에서도 주장될 수 있는 기본권을 말하며, 자유권, 노동삼권 등이 이에 속한다.

Ⅴ. 내용에 따른 분류

1. 자 유 권

자유권은 근대적인 인권선언의 초기부터 인정되어 왔던 전통적인 기본권의 유형에 속하는 것을 총칭하는 것으로서 국가에 대한 **소극적 방어권**의 성격을 갖고 있는 것이다. 즉 국가가 개인의 자유로운 생활영역에 대해 간섭하지 못하도록 하는 내용을 담고 있는 기본권을 가리키며, 이러한 자유권은 **국가로부터의 자유**를 나타내는 것으로 이해된다.

2. 사 회 권

사회권은 사회국가원리의 발달과 관련하여 사회적 정의의 이념을 구체화하는 기본권으로서, 국가에 대한 **적극적 급부청구권**의 성격을 갖는다. 이러한 사회권은 개인의 자유가 형식적 자유에서 실질적 자유로 발전하는 것을 상징하며, 국가의 적극적 활동을 통해 자유실현의 조건을 마련한다는 의미에서 **국가로의 자유**라고 표현되기도 한다.

3. 제3세대의 기본권

새로운 유형의 기본권에 속하는 환경권, 평화적 생존권 등을 일컬어 제3세대의 기본권이라 부르기도 한다. 이러한 기본권들은 기존의 기본권들과는 달리 특정한 행위유형에 대한 보호를 담고 있는 것이 아니라 **생활여건의 포괄적 보호**에 관한 기본권이라는 특징을 갖고 있다.

---

5) 이에 관하여는 「제2권 제2부 제12장 제3절 **사회적 기본권의 성질 · 효력**」 참조.

VI. 기타의 분류방법

1. 시민적 권리와 정치적 권리

가끔씩 시민적 권리와 정치적 권리의 구별이 행해지기도 한다. 전통적으로 이러한 구별은 국가와 사회의 이원론을 전제한 것으로서 **시민적 권리**는 국가의 영역이 아닌 사회의 영역에 속하는 자유권을 지칭하는 용어로 사용되었으며, **정치적 권리**는 사회의 영역에 속한다고 볼 수 없는 기본권 가운데서도 특히 국가작용에 적극적으로 참여할 수 있는 권리를 지칭하는 말이었다.

2. 주기본권과 보조적 권리

과거 기본권을 인간의 존엄을 구체화시키는 몇 개의 주기본권(주자유권, 주평등권, 주사회권)으로 나누고, 다시금 이를 구체화하는 개별기본권으로 파악하려는 견해가 있었으며, 이러한 입장에서 주기본권과 보조적 권리를 구별하기도 했다.

이런 견해에 따를 때, **주기본권**이란 인간의 존엄을 직접 구체화시킨 것으로서 해당 영역 전체를 포괄하는 권리로서 이해되었으며, 헌법 제10조의 행복추구권을 주자유권으로, 헌법 제11조 제1항의 법앞의 평등을 주평등권으로, 그리고 헌법 제34조의 인간다운 생활을 할 권리를 주사회권으로 파악하였다.

이렇게 볼 때, 개별기본권은 주기본권을 구체화시키는 **보조적 권리**로 파악된다. 예컨대 행복추구권을 주자유권으로 이해하고, 모든 개별적 자유권은 그로부터 도출되는 것으로 이해하였던 것이다.

3. 객체에 따른 분류: 국가권력만을 구속하는 권리와 대사인적 효력도 갖는 권리

앞서 설명되었던 효력에 따른 분류 가운데 대국가적 기본권과 대사인적 기본권의 구별과 다르지 않다.

4. 명문화된 권리와 열거되지 않은 기본권

이는 말 그대로 헌법규정에 명시되어 독자적인 기본권으로 구성된 것과, 생명권, 성명권, 초상권 등과 같이 헌법규정에 명시되지 않은 가운데 헌법 제10조와 헌법 제37조 제1항에 의해 기본권성이 인정된 것을 구별하는 것이다.

5. 개인적 권리와 단체적 권리

이러한 구별에 따를 때, **개인적 권리**는 개인적으로 행사가 가능한 기본권을 말하며, 대부분의 기본권이 이에 속한다. 반면에 **단체적 권리**는 단체적으로만 행사가 가능한 기본권을 가리키며, 집회의 자유, 결사의 자유 등이 이에 속한다.

제 3 절 우리 헌법상의 기본권분류 및 체계

Ⅰ. 존엄권과 행복추구권

헌법 제10조에서 인정되고 있는 **인간으로서의 존엄과 가치**는 헌법의 출발점이며 최고이념이다. 그러나 이러한 인간의 존엄은 단순히 헌법의 이념 내지 원리로 그치는 것이 아니라 구체적인 개인의 존엄에 대한 침해가 있을 경우 이에 대한 침해의 배제를 청구하는 구체적 기본권으로서도 작용할 수 있다는 견해가 있다. 즉 개인의 권리로서의 존엄권이 주장되기도 하는 것이다.

또한 헌법 제10조의 **행복추구권**의 성격과 보호범위에 대하여도 많은 논란이 있다. 행복이라는 개념은 매우 주관적인 것이기 때문에 법적으로 객관화되기 어렵다는 문제가 있으나, 이에 반하여 자신의 행복을 위하여 개인이 노력하는 것, 즉 행복을 추구하는 것 자체는 일정한 형태로 객관화 될 수 있으며, 이는 헌법적 보호의 대상이 될 수 있다. 즉 행복추구권의 보호대상은 행복 그 자체가 아니라 행복을 추구하는 개인의 활동이라고 말할 수 있다. 그러나 문제는 행복의 추구라는 것도 매우 막연하고 광범위하다는 것이다. 따라서 행복추구권을 구체적인 권리로 인정할 경우에는 다른 개별기본권과의 관계가 문제될 수밖에 없다.

Ⅱ. 평 등 권

헌법상 「평등」의 문제는 매우 다양한 각도에서 제기된다. 「정의」라는 법의 기본이념과 관련하여 문제되는가 하면, 「인간의 존엄」과도 직결된다. 따라서 「평등의 실현」은 인간의 존엄과 마찬가지로 국가질서의 형성에 관한 기본원리로서의 측면을 갖고 있다. 그러나 또한 국가권력 등이 평등에 반하는 활동으로 개인의 법적 지위를 침해하는 경우에는 개인의 권리로서의 평등권이 문제될 수 있다.

따라서 「개인의 권리」로서의 평등권도 「평등사상의 발전」이라는 역사적 흐름 속에서 제기된 많은 기본적 문제들과 연결하여 이해하여야 할 것이다. 헌법 제11조에 규정되어 있는 평등권은 **「같은 것을 같게, 다른 것을 다르게」** 취급할 것을 요청하는 것이지만, 그 구체적 실현의 기준과 관련하여 **평등한 대우**에서 **기회의 균등**, 그리고 최근에는 **분배의 평등**으로까지 계속 확대되고 있다.

Ⅲ. 자 유 권

1. 인신의 보호

인신의 보호는 **인간의 생명과 신체에 대한 보호**를 의미한다. 인간의 생명과 신체는 가장 기본적인 보호대상이며, 이들에 대하여는 헌법상 특별한 보호가 부여된다. 즉 신체의 자유를 제한하는 체포·구금·압수·수색에 대하여는 법률에 의한 기본권의 제한이라는 일반적인 요건과 절차 이외에도 법관이 발부한 영장을 별도로 요구함으로써 기본권제한의 남용을 막고 있는 것이다.

현행헌법상 인신의 보호와 관련하여 명문화되어 있는 것으로는 헌법 제12조와 제13조에 규정되어 있는 **신체의 자유**와 **형사피의자 · 형사피고인의 권리**(자백의 증거능력제한, 형벌불소급의 원칙, 일사부재리의 원칙, 소급입법의 제한, 연좌제의 금지 등)가 있으며, 그 밖에 이와 관련하여 **생명권, 신체를 훼손당하지 않을 권리**가 인신의 보호에 관한 (열거되지 않은) 기본권으로 인정된다.

2. 사생활영역의 보호

사생활영역은 공익관련성이 적은 영역이고, 개인의 자율적 형성의 여지가 더욱 폭넓게 인정되는 영역이다. 사생활영역의 보호에 관한 기본권으로는 헌법 제17조의 **사생활의 비밀과 자유**, 헌법 제16조의 **주거의 자유**, 헌법 제18조의 **통신의 비밀** 등이 규정되고 있다.

헌법상 이들 기본권에 대하여는 국가권력에 의한 기본권제한이 최소한으로만 인정되며, 이 영역의 중요부분에 대한 제한은 특별한 제한요건(예컨대 주거의 압수수색에 대한 영장주의, 통신비밀의 제한에 대한 법원의 허가 등)이 요구된다.

3. 정신적 자유권

정신적 자유권은 인간의 정신적 활동 및 이들을 외부로 표현하는 자유를 그 보호대상으로 한다. 여기에 해당되는 것으로는 인간의 내면적 정신활동을 보장하는 헌법 제20조의 **종교의 자유**, 헌법 제19조의 **양심의 자유**뿐만 아니라 이를 외부로 표현하는 헌법 제21조의 **언론 · 출판의 자유, 집회의 자유, 결사의 자유**, 그리고 학문적 또는 예술적 정신활동 및 그 표현에 관한 헌법 제22조의 **학문의 자유**와 **예술의 자유**가 있다. 이들 정신적 자유권은 인간의 창조적 활동의 근원을 보호하는 것이기 때문에 일반적으로 경제적 생활영역의 보호에 관한 기본권(경제적 자유권) 보다 강력한 보호를 받는다.

4. 경제적 생활영역의 보호

재산권의 보장을 중심으로 하는 경제적 자유권은 우리 삶의 많은 부분과 폭넓은 관련을 맺고 있으나 현대의 사회국가적 발전에 따라 가장 많은 제한을 받는 기본권들이다. 이에 해당되는 것으로는 헌법 제23조의 **재산권의 보장**, 헌법 제14조의 **거주 · 이전의 자**

유, 헌법 제15조의 **직업의 자유**, 그리고 헌법 제124조의 **소비자의 권리**가 있다.

Ⅳ. 참정권(정치적 기본권)

국민의 정치참여를 기본권의 형태로 보장하는 참정권의 의의는 무엇보다 민주주의와의 관련 속에서 찾아질 수 있다. 국민의 참정권의 보장과 올바른 행사를 통해서만 민주주의의 실현이 가능하고, 그런 점에서 참정권의 의의는 매우 크다고 할 것이다.

이와 같이 민주적 국가질서형성이라는 커다란 테두리 안에서 볼 때 참정권에 해당되는 것으로는 국민이 대표자를 선출하는 과정의 기본권적 보호(헌법 제24조의 **선거권**), 자신이 직접 국가사무의 담당자가 될 수 있도록 기본권으로 보장하는 것(헌법 제25조의 **공무담임권**), 국민이 직접 국가의사결정에 참여할 수 있도록 하는 기본권(헌법 제72조와 제130조 제2항의 **국민투표권**) 및 정당을 매개로 한 정치참여의 기본권적 보장(헌법 제8조의 **정당설립 및 활동의 자유**) 등으로 나누어 살펴볼 수 있다.

Ⅴ. 사회적 기본권

20세기적 기본권으로 일컬어지는 사회적 기본권은 국가기능에 대한 새로운 이해를 전제하는 것이다. 사회적 기본권은 -사회국가원리와의 관련 속에서- 한편으로는 사회적 정의 내지 실질적 자유와 평등이라는 이념과의 관련성에서, 다른 한편으로는 국가에 의한 재정적 뒷받침이라는 현실적 조건을 구비하여 법률에 의해 구체화되어야 한다는 점에서 다른 유형의 기본권과 구별된다.

현행헌법상 명문화되고 있는 사회적 기본권으로는 헌법 제34조의 **인간다운 생활을 할 권리**, 헌법 제31조의 **교육의 권리**, 헌법 제32조의 **근로의 권리**, 헌법 제33조의 **노동삼권**, 헌법 제36조의 **혼인과 가족생활의 보호**, **보건의 권리**가 있다.

Ⅵ. 새로운 유형의 기본권

오늘날 새로운 문제상황의 전개에 따라 새로운 기본권이 나타나고 있다. 특히 특정한 구체적 생활영역에 대한 구체적 침해가 아닌, 이른바 생활여건의 보호에 관한 새로운 기본권의 대두가 주목되고 있다.

이와 관련하여 현행헌법상 명문화된 것으로는 헌법 제35조의 **환경권**을 들 수 있으며, 그 밖에 **평화적 생존권**을 주장하는 경우도 있다.

Ⅶ. 열거되지 않은 기본권

헌법상 명문화된 기본권들에 의해 보호되지 못하는 생활영역들도 있을 수 있다. 예컨대 생명권, 초상권, 성명권 등은 명문화되어 있지 않다. 그러나 이러한 생활영역이라고 해서 기본권에 의한 보호의 대상에서 배제되는 것으로 볼 수는 없다. 이러한 영역들은 헌법 제37조 제1항에 의한 **열거되지 않은 자유와 권리**로서 보호될 수 있다.

Ⅷ. 절차적 기본권(청구권적 기본권)

청구권적 기본권이라고도 불리는 절차적 기본권은 앞서 설명된 실체적 기본권을 보호하기 위한 절차를 기본권적으로 보장하고 있는 것이다.

헌법 제26조의 **청원권**과 헌법 제27조의 **재판청구권**은 절차적 기본권의 대표적인 것이다. 그 밖에 특별한 기본권침해의 경우에 인정되는 절차적 기본권으로서 헌법 제29조의 **국가배상청구권**, 헌법 제28조의 **형사보상청구권**, 헌법 제30조의 **범죄피해자구조청구권**이 현행헌법상 인정되고 있다.

Ⅸ. 국민의 기본적 의무

민주국가의 국민은 주권자로서 헌법상 보장된 기본권을 누리고 있는 기본권의 주체가 될 뿐만 아니라 국가공동체 자체의 유지와 발전에 대한 책임을 지고 있기도 하다. 이러한 책임은 기본권이 보장되고 실현될 수 있는 조건이 되는 국가공동체의 존립 내지 국가기관들의 활동을 가능하게 하며, 또 국가질서에 대한 침해가 있을 경우 이를 수호해야 하는 국민의 기본적 의무로 나타난다.

헌법상 인정되는 국민의 기본적 의무로는 헌법 제38조에 의한 **납세의 의무**, 제39조에 의한 **국방의 의무**, 제31조 제2항에 의한 **교육을 받게 할 의무**, 제32조 제2항에 의한 **근로의 의무**, 제23조 제2항에 의한 **재산권행사의 공공복리적합의무**, 그리고 제35조 제1항 후단에 의한 **환경보전의 의무**가 명문화되어 있다. 그러나 그 밖에 헌법과 법률을 준수할 의무, 타인의 권리를 존중할 의무 등 불문의 헌법상 의무도 인정된다.

제 4 절 기본권분류의 의의와 한계

기본권 총론에서 이야기하는 기본권은 -헌법체계의 논리적 구성을 위해 일반화시키고 추상화시킨- 전체로서의 기본권이다. 그러나 헌법 내지 개별기본권의 구체적인 발전과정은 그와 같은 전체로서의 기본권을 전제하고 일정한 프로그램에 따라 진행되어 온 것은 아니었다. 역사적으로 보면 인권 내지 기본권은 오히려 구체적인 현실 속에서 개별적으로 문제되는 경우마다 하나씩 둘씩 확인되고 쟁취되어 온 것이다.

따라서 전체로서의 기본권을 전제하고 헌법상 보장되고 있는 기본권의 체계를 이야기하는 경우 그것이 **상이한 역사적 배경 하에서 형성·발전되어온 개별기본권들의 특성**들을 간과하지 않도록 유의하여야 한다. 마찬가지로 개별기본권들을 몇 개의 유형으로 분류하는 경우에도 그와 같은 분류가 어떤 절대적 근거를 가지고 있는 것은 아니며, 기준을 정하기에 따라 다양한 분류방법이 가능하다는 것, 즉 기본권의 분류는 상대적이라는 것이 출발점이 되어야 한다.

기본권의 분류가 갖는 실질적 의의는 개별기본권들의 역사적 발전과정 속에서 나타난 상호관계, 나아가 오늘날 여러 개별기본권들을 실현하는 과정에서 나타나는 여러 유사점과 차이점을 보다 분명하게 밝혀줌으로써 그들을 이해하고 실현시키는 데 도움이 될 수 있다는 데 있는 것이지 어떤 절대적 기준에 따라 기본권의 등급을 매기거나 개별기본권들 사이의 (수학)논리적 구조를 밝히는 데 있는 것은 아니다.

이러한 기본권의 분류 및 체계 또한 완전한 것은 결코 아니다. 기본권의 분류 및 체계란 전체로서의 기본권을 완성된 도식 속에서 파악하는 것이 아니다. 그것은 역사적 발전과정을 통해 상이한 형태로 형성된 기본권들을 그 유사성과 상이성을 함께 검토하면서 체계적이고 통일적인 이해가 쉽게 될 수 있도록 도움을 주는 **보조적 정리수단** 이상의 것이 될 수 없다.

제2부

개별기본권

「제2부 개별기본권」은 「제1부 기본권 총론」과의 유기적 관련 속에서 고찰되어야 한다. 기본권총론에서 전체로서의 기본권이 갖는 공통점, 즉 기본권의 개념과 성격, 기본권의 전체적 발전경향, 기본권의 실현구조(주체, 대상, 내용확정, 보호)가 검토되었지만, 그 자체만으로서는 현실 속에 적용될 수 없는 추상적 이론에 불과하기 때문에 현실 속에서 제기되는 구체적이고 개별적인 기본권과 연결되어야 하는 것이다.

개별기본권에 대한 검토에 있어서는 각각의 기본권에 대한 미시적 검토뿐만 아니라 거시적 검토에도 상당한 비중을 두어야 한다. 즉 개별기본권을 고립적으로 고찰하는 것이 아니라 그 기본권이 어느 유형에 속해 있는지를 염두에 두면서, 각 유형 내에서의 유사성, 그리고 각 유형 간의 상관관계 등을 함께 생각해야 하는 것이다. 그럼으로써 개별기본권들의 실현구조가 결국은 다른 수많은 기본권들과 얽혀 있음을 확인할 수 있을 것이며, 이처럼 기본권들의 실현구조가 얽혀 있는 전체적 모습이 바로 통합론에서 이야기하는 통합과정이기도 하다는 것을 느끼게 될 것이다.

개별기본권에 대한 검토의 체계는 「제1부 제7장 제3절 **우리 헌법상의 기본권 분류 및 체계**」에서 정리된 순서에 따른다. 즉 헌법이념 내지 헌법원리적 성격을 갖고 있는 인간의 존엄, 행복추구권, 평등권을 먼저 검토한 후에, 자유권, 사회권, 새로운 유형의 기본권, 열거되지 않은 기본권 등 실체적 기본권을 검토하고, 그 다음 순서로 절차적 기본권을 검토하며, 최종적으로 국민의 기본의무를 정리하는 것이다.

다만 자유권에 속하는 기본권들은 그 수가 많을 뿐만 아니라 현행헌법상의 기본권 체계에서 차지하는 비중이 높으므로 다시금 인신(생명과 신체)의 보호에 관한 권리, 사생활의 보호에 관한 권리, 정신적 자유권, 경제적 자유권, 참정권 등으로 나누어 검토한다.

기본권의 분류방법 자체가 상대적인 것이기 때문에 이러한 검토의 순서 또한 절대적인 것은 아니다. 하지만 그렇다고 그 순서가 무의미하다는 것은 결코 아니다. 이러한 순서는 개별기본권의 성격과 실현구조의 차이를 반영하고 있는 것이기 때문에 그 순서에 따라 개별기본권들을 정리하는 것이 이들의 체계적 이해에 도움이 될 것이다.

제1장 인간의 존엄, 행복추구권

「인간으로서의 존엄과 가치」는 종래 묵시적으로 전제되었던 것이다. 인간의 존엄에 대한 존중과 보장은 기본권을 인정하는 뿌리이기 때문이다. 그러나 20세기 초 전체주의에 의한 인권유린의 경험 이후 인간존엄은 다시금 강조되고 있으며, 인간존엄의 의미 및 법적 성격과 구체화의 문제는 아직 논란의 대상이 되고 있다.

또한 「행복추구권」의 문제는 무엇보다 현행헌법의 체계 내에서 행복추구권이 어떤 의미를 가질 수 있는지에 대한 고찰을 중심으로 검토되어야 할 것이다. 독일 기본법의 체계 내에서의 「인격의 자유발현권」과는 다른 구조를 전제하고 있기 때문에 과연 현행 헌법상 행복추구권이 어떤 실질적 의미를 가질 수 있는지가 계속 논란의 대상이 되고 있는 것이다.

> 헌법 제10조: 모든 국민은 인간으로서의 존엄과 가치를 가지며, 행복을 추구할 권리를 가진다. 국가는 개인이 가지는 불가침의 기본적 인권을 확인하고 이를 보장할 의무를 진다.

제1절 인간존엄의 역사적 배경

Ⅰ. 묵시적 전제로서의 인간존엄과 그 명문화

현행헌법 제10조는 제1문 전단에서 모든 국민은 「인간으로서의 존엄과 가치」를 갖는다고 확인하고 있다.

이와 같이 인간의 존엄을 명문화하는 것은 독일 기본법의 예에 따른 것으로서 최근의 헌법에서는 드물지 않게 찾아볼 수 있다. 반면에 이러한 인간의 존엄에 대한 명문규정은 근대 인권선언 가운데서는 오히려 찾아보기 어렵다. 그것은 근대 인권선언이 인간의 존엄을 부정했기 때문이 아니라, 너무 자명한 것으로 전제하였기 때문이다.

하지만 제1, 2차 세계대전 및 전세계적으로 많은 후유증을 남겼던 전체주의의 경험 등을 통하여 이러한 전제가 더 이상 자명한 것으로만 인식될 수는 없게 되었다. 그러한 가운데 나타났던 인간성 상실의 국가질서에 대한 반성이 결국 각국의 헌법에서 인간의 존엄을 명문화하는 형태로 나타났고, 같은 맥락에서 현행헌법도 제10조 제1문

전단의「인간으로서의 존엄과 가치」라는 문구를 규정하고 있는 것이다.

Ⅱ. 인간존엄의 현대적 문제상황과 헌법

모든 규범, 나아가 인간 그 자신과 인간에 의해 이루어진 모든 것의 의의 내지 보호가치는 인간존엄을 그 전제로 한다.

인간의 존엄을 부정하는 상태에서는 −생명, 신체, 자유, 재산 등− 인간의 모든 것이 보호가치가 있는 것으로 받아들여지기 어려울 것이다. 나아가 그 경우에는 인간에 의해 형성된 모든 것, 즉 사회질서나 국가 혹은 문화적 창조물 등의 가치도 그 근거를 상실하게 될 것이다.

그러나 그 동안 묵시적으로 전제되었던 인간존엄이 새롭게 문제되는 상황, 이른바「인간성 부정」내지「인간성 상실」의 문제는 오늘날에도 갖가지 형태로 우리 주변에 남아있다. 독재정권 하에서 고문사건(내지 고문치사)들이 있었을 뿐만 아니라, 인신매매, 섹스산업 등에 의한 인간의 상품화, 물격화는 여전히 문제되고 있는 것이다.

제2절 인간의 존엄의 의의

Ⅰ. 인간이란(적용범위의 한정)?

인간의 존엄을 이야기하기 위하여 먼저 답해져야 할 선결문제는 도대체 **존엄의 주체인 인간은 무엇인가** 라는 물음이다.

「인간」과「인간이 아닌 존재」는 분명하게 구별될 수 있다고 생각하기 쉽지만, 현실적인 문제에서 이에 대한 답이 간단하지는 않다. 즉 생물학적으로 인간이라는 종(種)에 속하는 모든 생명체를 인간으로 볼 것인지, 아니면 그들 가운데서도 −적극적 또는 소극적 기준에 따라− 일정한 인격을 갖춘 생명체만을 존엄의 주체인 인간으로 보아야 할 것인지[1]는 결코 단순하지 않은 문제이다.

이 문제는 노예제도, 인종차별, 남녀차별 등과도 직결되어 있는 문제이지만, 그것이 가장 극단적인 형태로 나타났던 것은 나치의 경우였다. 나치는 게르만 민족의 우월성을 주장하는 혈통 이데올로기에 따라 모든 인간이 똑같이 존엄하다는 것을 근본적으로 부정하면서 유태인을 학살하였을 뿐만 아니라, 독일인들 가운데서도 일정한 유전적 질환자, 범죄인 등에 대해서는 인간의 존엄을 부정하고 안락사 등을 강행했던 것이다.

1) 예컨대 우리가 일상적으로 흔히 듣는「짐승같은 사람」,「짐승만도 못한 사람」등의 말을 곧이곧대로 이해하면, 이들에 대해서는 인간으로서의 존엄성이 인정되지 않는다고도 할 수 있을 것이다.

그와 같은 나치의 극단적인 행동에 대한 반성을 통해 모든 인간은 존엄하며, 존엄의 주체로서의 인간은 -국가가 자의적으로 인격적 존재인지의 여부 등을 판단함이 없이- 모든 생물학적 인간이라는 결론이 얻어졌다.

하지만 오늘날에는 또 다른 측면에서 존엄의 주체로서의 인간범위가 문제되기도 한다. 그것은 출생 이전의 태아도 인간존엄의 주체가 되는지, 된다면 어느 시점부터 될 수 있는지, 그리고 사자(死者)도 존엄의 주체로서의 인간에 속하는지가 문제되는 것이다.[2)]

이러한 문제들에 대하여 어떻게 답하는지에 따라 인간존엄의 파급효는 크게 달라진다.[3)]

Ⅱ. 헌법의 인간상(인간이해)

존엄의 주체로서의 인간이 무엇이냐 라는 문제와는 별도로, 헌법의 전제가 되고 있는 인간상이 어떠한 것인지에 대해서도 검토해 볼 필요가 있다. 이것은 인간존엄의 인정 여부에 대한 것이라기보다는 인간존엄의 실현방식에 관한 것이라고 할 수 있다. 인간의 본질 내지 본성을 어떻게 이해하느냐에 따라 인간의 존엄을 실현시키는 방식 내지 공동체 내에서의 질서를 형성하는 방식이 달라질 수밖에 없기 때문이다.

그러나 우리가 여기에서 인간의 본질 또는 본성에 관한 수많은 이론들을 낱낱이 검토할 필요는 없다. 헌법의 관심은 헌법이 구성하고자 하는 국가질서 내지 법질서 속에서 인간이 차지하는 위치 내지 비중의 문제, 즉 **개인(個人)과 공동체(共同體)의 관계**에 대한 이해에 집중되고 있기 때문이다.

이와 관련하여 헌법의 인간상을 개인주의(Individualismus), 인격주의(Personalismus), 전체주의(Totalitarismus)의 세 가지로 크게 나누어 보는 견해가 많이 원용되고 있다.

개인주의적 관점에서 인간의 본성이 고립된 개인으로서 존재하며, 각자가 개인의 자유와 간섭없는 삶을 최고의 가치로 삼고 있다고 생각할 경우에는 그에 부합하는 자유주의적 헌법질서가 가장 이상적인 공동체질서로 인정될 수 있을 것이다.

반면에 전체주의적 관점에서 인간은 본질적으로 불완전한 존재이며, 타인과의 결합을 통해서만 완성될 수 있다고 볼 때, 그리고 그러한 결합을 통해 전체적인 완성을 지향하는 것이 개개인의 독자적인 삶보다 훨씬 중요한 의미를 갖는다고 인정할 경우에는 전체를 위해 개인의 희생을 요구하는 헌법질서가 정당화될 수 있을 것이다.

그러나 오늘날에는 인간이 어느 한 쪽의 극단으로 이해되어서는 곤란하다고 보는 인격주의적 관점이 지배적이다.[4)] 「고립된 주권적 개인」도, 「전체의 한 부품으로서의 인간」도 아닌, **처분할 수 없는 불가침의 고유가치를 가지며, 자유로운 발현을 향해 항**

2) 이에 관하여 「제2권 제1부 제3장 제3절 Ⅰ. 내국인의 기본권」 참조.
3) 즉 존엄의 주체를 넓게 인정하면 할수록 인간존엄의 테두리 안에서 해결될 수 있는 문제들이 늘어나고, 이를 벗어나는 문제가 축소되는 반면에, 존엄의 주체를 좁게 인정할 경우에는 인간존엄의 적용범위뿐만 아니라 구체적 문제해결에 미치는 실질적 파급효 또한 심각하게 약화될 수밖에 없다.
4) 이런 맥락에서 인격주의는 개인주의도 집단주의도 아닌 그 중간이라고 말할 수 있다.

상 열려 있는, 그러나 동시에 공동체 속에서, 즉 타인과의 관계 속에서 자신을 실현시켜나가는 인격체로서 인간을 이해하고, 그에 맞게끔 한편으로는 개인의 자율과 창의를, 다른 한편으로는 타인과의 올바른 관계를 위한 공동체규범에 의한 규제를 동시에 인정하는 헌법질서가 가장 바람직하다고 인정되는 것이다.

Ⅲ. 존엄의 의미

1. 인간존엄의 종교적 뿌리

모든 인간이 존엄하다는 사상의 뿌리로서 기독교의 「신－인간동형설」[5)]이 중요한 의미를 가진다. 또한 불교적 관점에서 모든 인간은 불성(佛性)을 갖고 있다고 보는 것도 이와 유사한 것으로 이해될 수 있다. 이러한 생각은 모든 인간이 자유, 평등의 주체라고 인정하는 데 있어서도 이념적 기초의 역할을 하였다.

이러한 주장은 특히 기독교나 불교가 지배적인 종교로 남아 있는 국가에서 매우 커다란 의미를 가질 수 있다. 하지만 종교적 관점으로 (헌)법적 근거를 밝히는 데에는 한계가 있을 수밖에 없다. 예컨대 기독교나 불교가 지배적 종교가 아닌 국가에서도 인간의 존엄은 인정되어야 할 것이기 때문에 이러한 주장의 설득력에는 한계가 있다.

2. 인간존엄의 세속화와 정치철학

근대적 합리주의의 발달과 함께 인간존엄의 세속화가 진행되었다. 여기서는 무엇보다 인간의 이성에 기초하여 인간의 존엄을 설명하려는 시도가 점차 대두되었다.[6)]

이처럼 철학사상에 의해 인간존엄에 대한 다양한 해석이 전개되었던 반면에, 법실증주의 헌법이론은 형식적인 실정법체계의 구성에 치중하여 법의 정신적 기초에 소홀하였다. 그렇기 때문에 인간존엄의 실질적 기초가 되는 기본권의 법률적 보장, 행정의 합법률성, 사법적 권리구제 등을 요청하고 근거지웠으나, 그러한 보장의 목적은 망각되었으며, 인간의 존엄이 헌법적 이념 내지 준거로서 전면에 부각되지 못하였다.

오늘날 인간의 존엄이 헌법의 출발점으로 인정되는 것은, 인간이 객관적으로 존엄하기 때문이라기보다는 우리가 인간이기 때문이라고 말할 수 있을 것이다. 우리 스스로

---

5) "모든 인간은 하나님의 형상에 따라 만들어졌다"는 성경구절에 근거한 이 주장은 "모든 인간이 하나님 앞에 평등하다"는 말씀과 함께 모든 인간의 존엄의 가장 중요한 논거로 오랫동안 통용되었다. 모든 인간은 신의 형상에 따라 만들어 졌으므로 「고유한 가치」를 가지며, 다른 인간들과 일정한 동질성을 갖는다는 것이다.

6) 예컨대 푸펜도르프(*S. Pufendorf*)는 신에 의해 창조된 인간의 사회적 본성으로부터 인간의 존엄을 도출하면서, 인간의 존엄은 윤리적 구속 하에 있는 인간의 자유 및 평등의 기초라고 강조한 바 있으며, 칸트(*I. Kant*)는 인간의 도덕적 자율성에서 인간의 존엄을 도출하면서 도덕률에 의한 구속을 강조하였다. 반면에 쇼펜하우어(*Schopenhauer*)는 가치개념의 상대성을 강조하면서 「인간존엄」이라는 개념의 사용을 비판하였으며, 가치는 다른 것과의 비교 · 평가이고, 따라서 절대적 가치란 있을 수 없다는 견해를 피력하였다. 그리고 맑스(*K. Marx*)는 인간의 형이상학적 차원을 부정하면서 "인간의 뿌리는 인간 자신일 뿐이다"라고 주장하였다.

가 인간이고, 인간으로서의 삶을 소중히 여기기 때문에 이를 서로 존중하고 존중받기 위한 최소한의 전제로서 인간의 존엄을 인정하는 것이다.[7)]

3. 헌법적 개념으로서의 인간존엄의 의미

현행헌법은 제10조 제1문 전단에서 「인간으로서의 존엄과 가치」의 보장을 명문으로 규정하고 있다. 이러한 규정은 무엇을 의미하는가?

보는 시각에 따라서는 이를 종래의 철학적 관점을 수용한 것으로서 이른바 **형이상학적 · 윤리적 가치**를 -자연법으로서- 그대로 받아들이고 있는 것으로 볼 수도 있을 것이다. 하지만 오늘날에는 이러한 자연법적 이해는 널리 받아들여지지 않고 있다. 헌법에 일단 실정화된 이상, 그 실정헌법의 해석이 문제되어야 하며, 내용조차 명확하지 않은 자연법에 의존하는 것은 법의 객관성을 확보하는 데 도움이 되지 않는다는 생각 때문이다. 그 때문에 헌법 제10조에 명문화된 인간존엄은 자연법의 단순한 수용이라기보다는 **법가치화된(즉 실정화된) 윤리적 가치** 내지 **헌법적인 가치**의 창설로 이해하는 것이 일반적이다.

인간이 존엄하다고 인정하는 것은 막연한 존엄 그 자체로 그치는 것은 아니다. 인간이 존엄하다고 인정하는 것은 적어도 가축처럼 사육당하거나 기계처럼 이용당하지 않고 자신의 삶을 자기 스스로 결정할 수 있다는 것을 전제한다. 즉 인간의 존엄으로부터 **인격적 자율성**이 직접 도출된다. 또한 모든 인간은 존엄하다는 점에서, 그리고 인격적 자율성을 갖고 있다는 점에서 평등하다는 것이 이로부터 추론될 수 있다. 즉 인간의 존엄은 **자유와 평등의 출발점**이 되는 것이다.

이렇게 이해할 때, 인간의 존엄은 자유와 평등, 그리고 이를 구체화시키는 개별적 기본권들의 출발점이 된다. 또한 **인간을 -자신의 삶을 자율적으로 형성할 기회가 전혀 인정되지 않는- 단순한 객체로 취급하거나 이용하는 경우**에 인간의 존엄에 대한 가장 분명한 침해를 확인할 수 있다.

---

7) 만일 인간의 존엄을 부정할 경우에는 인간의 생명과 신체, 자유와 권리, 나아가 인간에 의해 만들어진 모든 제도나 기구, 학문적 · 예술적 업적도 아무런 가치가 없고, 보호되어야 한다고 말할 수 없게 될 것이다.

제 3 절 인간존엄의 법적 성격

Ⅰ. 헌법질서의 이념적 기초(최고이념)로서의 인간의 존엄

1. 헌법의 중심가치로서의 인간존엄

오늘날 헌법질서의 중심적 가치는 기본권이라고 널리 인정되고 있다. 그러한 기본권의 모태가 되는 것이 인간의 존엄이라고 생각할 때, 인간의 존엄이 헌법의 핵심적 가치라는 점은 누구도 부정할 수 없다.

이런 맥락에서 볼 때, 헌법 제10조의 규정은 「모든 인간은 단지 인간이라는 그 이유만으로 존엄하고 가치가 있다」는 의미로 해석된다. 즉 헌법의 중심가치는 인간(의 존엄)이고, 국가권력은 이를 존중하고 보호하여야 한다는 것이다.[8] 이러한 인간의 존엄은 모든 규범의 필수적인 전제이다. 그것은 입증을 문제 삼지 않고 있으며 우리가 무조건적으로 받아들여야 할 의제(擬制)라고 말할 수 있을 것이다.[9]

이와 관련하여 헌법의 기본원리인 민주주의도 인간의 존엄 내지 국민의 존엄을 출발점으로 삼고 있다는 점이 강조될 수 있다. 민주주의 하에서는 국가의 존엄이 아니라 인간의 존엄이 모든 법과 권위의 기초가 되고 있는 것이다.

2. 인간존엄의 구성적 의의

인간의 존엄은 기본권의 출발점이고, 기본권은 헌법의 중심적 가치로서 국가질서 형성의 기준과 지침이 된다. 따라서 인간의 존엄은 모든 **헌법질서를 구성하는 기준과 지침**으로서의 역할을 한다고 볼 수 있다.

이처럼 인간의 존엄이 헌법질서의 형성에 미치는 파급효는 크게 세 가지 정도로 정리될 수 있다. ① 헌법질서를 구체화하고 형성함에 있어서 방향과 기준이 된다. ② 헌법조항과 법령의 의미 등이 문제되는 경우 해석의 기준이 된다. ③ 헌법조항과 법령의 흠결이 문제되는 경우 보완을 위한 기준이 된다.

3. 인간존엄의 통제적 의의

인간의 존엄은 헌법질서의 구체화를 위한 기준과 지침으로 작용할 뿐만 아니라 **인간의 존엄에 반하는 국가작용을 금지하는 근거**가 되기도 한다.

---

8) 국가공동체의 법적 기본질서인 헌법은 세계관에 있어서는 중립적이지만 가치중립적이지는 않다. 즉 헌법은 일정한 가치에 기초하여 그것을 실현시키는 국가질서의 구성을 지향하고 있다. 그리고 그러한 가치의 중심에 서 있는 것이 기본권이라면, 그 기본권들의 이념적 기초(나아가 전체 헌법의 이념적 기초)가 되고 있는 것이 인간의 존엄이라고 할 수 있다.

9) 헌법재판소는 인간존엄을 "기본권보장의 핵"(헌재 1992.10.1. 91헌마31), "다른 헌법규정을 기속하는 최고의 헌법원리"(헌재 1992.10.1. 91헌마31), "모든 기본권보장의 종국적 목적(기본이념)"(헌재 1990.9.10. 89헌마82 결정), "헌법이념의 핵심"(헌재 1992.4.14. 90헌마82) 등으로 표현하고 있다.

이런 맥락에서 이야기되는 인간존엄의 통제적 역할은 다시 세 가지로 정리될 수 있다. ① 인간의 존엄은 어떠한 경우에도 국가활동이 침해해서는 안 될 한계가 된다. ② 기본권제한**방향**의 한계가 된다. ③ 헌법개정**방향**의 한계가 된다.

Ⅱ. 구체적 권리로서의 인간존엄

이상에서 검토한 바와 같이 종래 인간의 존엄은 헌법의 최고이념 내지 이념적 기초로서 이해되고 있었다. 그러나 최근에는 이른바 「존엄권」을 인정하고, 그에 대한 직접적 침해의 문제를 특별하게 취급하는 방법이 문제되었다.[10)]

헌법학자들 사이에서도 이에 대해서는 견해가 팽팽하게 대립되고 있다. 인간존엄을 모든 기본권의 출발점이 되는 최고의 헌법이념으로 이해할 때에는 성격상 구체적 권리로 인정될 수 없다는 견해가 주장되는가 하면,[11)] 인간의 존엄과 행복추구권이 불가분의 관계에 있음을 주장하면서 구체적 권리성을 인정하기도 한다.[12)] 나아가 이 문제를 무의미하고 불필요한 논쟁으로 치부하는 견해도 있다.[13)]

현실적으로 이 문제는 고문, 인신매매, 생체실험, 대량학살 등의 -이른바 인간의 존엄을 직접적으로 침해하는- 사안에 대해 헌법적으로 어떻게 대응할 것인가의 문제라고 할 수 있다. 이러한 문제들은 기존의 개별기본권침해, 즉 신체의 자유 내지 신체를 훼손당하지 않을 권리, 생명권 등의 침해로 처리될 수도 있는데, 존엄권의 침해를 특별히 따로 주장하기 위해서는 그러한 개별기본권의 침해로 볼 때와는 무엇인가 달라지는 점이 있어야 할 것이다.

이러한 맥락에서 우리가 생각해 볼 수 있는 것은 같은 살인이라도 우발적인 살인과 인간의 존엄을 침해하는 고문치사를 같이 취급할 것인가의 문제이다. 이를 단지 형사재판절차를 통한 양형의 문제로만 볼 경우에는 존엄권을 별도로 인정하는 것은 큰 의미가 없다. 하지만 만일 존엄권의 침해에 대해서는 보다 강력한 대응(예컨대 공소시효의 배제)이 가능하게 될 경우, 존엄권을 별도로 인정하는 실익이 분명해질 것이다.

---

10) 이 문제는 과연 인간존엄이 독자적·개별적 권리성을 가질 만큼 구체적인 내용으로 특정될 수 있는지를 핵심으로 한다. 기존의 인간존엄에 관한 논의들은 개별기본권에 의해 구체화되는 것을 전제한 것이기 때문에, 어떤 특정한 영역이 인간존엄에 대한 직접적 침해라고 생각하지 않았다. 하지만 20세기 이후에는 인격에 대한 전면적인 부정(예컨대 고문, 인신매매, 노예제, 생체실험, 대량학살 등)을 통해 인간을 인간이 아닌 물건처럼 취급하는 경우에 대하여 인간존엄의 직접적 침해를 인정하고, 이와 관련하여 구체적 존엄권의 보장을 강조하는 경향이 새롭게 대두되었던 것이다.

11) 권영성, 헌법학원론, 2010, 378쪽.

12) 김철수, 헌법학개론, 2007, 483쪽 이하.

13) 허영, 한국헌법론, 2025, 367쪽 각주 1. 여기서 허영교수는 인간의 존엄이 독자적 기본권으로서의 성질을 가질 수 있는지의 여부에 관한 국내 학자들의 주장이 기본권의 본질과 기능을 실정권설 또는 자연권설에 따라서 이해하는 결과 빚어진 논쟁이라고 보고 있다. 그러나 헌법의 최고이념으로 인정되는 인간의 존엄이 이를 넘어서서 구체적 권리성을 가질 수 있는지, 또 그 경우에는 어떠한 현실적 의미를 갖게 되는지에 대한 검토는 단순히 기본권의 본질을 실정권으로 보는지 또는 자연권으로 보는지에 따라 달라지는 것은 아니다.

Ⅲ. 기본권을 통한 인간존엄의 구체화(인간존엄과 개별기본권과의 관계)

1. 인간존엄의 구체화로서의 개별기본권

헌법상의 개별기본권은 인간의 존엄을 구체화한 것으로 이해될 수 있다. 즉 인간의 존엄은 인격적 자율성과 존엄의 평등으로 나타나며, 이러한 자유와 평등이 각 생활영역 속에서 구체화된 것이 개별기본권으로 나타나는 것이다.

이와 관련하여 기본권의 변천을 어떻게 이해할 것인지가 문제되기도 한다. 즉 개별기본권의 의미와 내용, 적용의 범위와 방식 등이 새롭게 이해되는 경우가 드물지 않으며, 나아가 새로운 기본권이 창설되는 경우도 있다. 이렇게 다양한 형태로 나타나는 기본권의 변천이 곧 인간의 존엄 자체의 변천을 의미하는 것인지가 문제되는 것이다.

그러나 이러한 기본권이해의 변천은 인간의 존엄 그 자체에 대한 이해의 변천을 전제하는 것은 아니다. 오히려 대부분의 경우 인간의 존엄이라는 근본가치(최고이념)가 생활관계의 변화에 따라 새롭게 적용되는 것이라고 이해될 수 있을 것이다.

2. 인간존엄과 열거되지 않은 권리

인간의 존엄은 또한 헌법 제37조 제1항에 의해 열거되지 않은 자유와 권리로 인정될 수 있는 것인지의 여부를 판단하기 위한 기준으로서의 기능을 한다.

현행 헌법은 제37조 제1항에서 "국민의 자유와 권리는 헌법에 열거되지 아니한 이유로 경시되지 아니한다"고 명시하고 있다. 이러한 규정은 두 가지 의미를 갖는 것으로 이해될 수 있다. 첫째, 헌법에 명문으로 열거되지 않은 자유와 권리도 **기본권성**을 갖는다. 둘째, 열거되지 않은 자유와 권리도 다른 기본권들과 **동등하게** 취급되어야 한다.

생명권처럼 그 중요성이 널리 인정되고 있는 기본권조차도 -오히려 그 보장이 너무나도 당연한 것으로 여겨졌기 때문에- 명문화되지 않고 있는 것에서 확인될 수 있듯이, 열거되지 않은 자유와 권리 가운데서도 기본권으로 인정되어야 할 것들, 그리고 명문화된 다른 기본권에 못지않은 비중을 갖고 있는 것들이 있다는 점을 헌법 제37조 제1항이 확인하고 있는 것이다.

그런데 이처럼 열거되지 않은 자유와 권리의 보장을 선언할 경우에, 과연 특정한 권리(예컨대 잠잘 권리, 쉴 권리, 남의 집을 엿볼 권리 등)가 기본권성을 갖는지의 여부를 판단하는 잣대가 문제될 수밖에 없다. 그리고 그 잣대는 당연히 인간의 존엄이다. 인간의 존엄을 구체화하는 것으로 인정될 경우에는 헌법 제37조 제1항의 열거되지 않은 자유와 권리에 해당되고 따라서 헌법적으로 보장되지만, 그렇지 않고 오히려 다른 사람들의 인간존엄을 침해하는 것이라면, 그것은 헌법 제37조 제1항에 의한 보장을 누릴 수 없는 것으로 판단될 것이다.

3. 인간존엄과 법률유보에 의한 기본권제한(본질적 내용의 침해금지)

인간의 존엄이 모든 기본권의 이념적 기초라는 점에 착안하여 인간존엄을 이른바 기본권의 핵으로 보고, 이에 따라 기본권제한의 한계인 기본권의 본질적 내용이 곧 인간존엄이라고 보는 견해도 있다.[14)]

이러한 견해는 기본권의 본질내용과 관련하여 절대설의 입장을 옹호하려는 데에서 출발한 것이라고 할 수 있다. 그러나 이러한 주장은 설득력이 별로 없다. 기본권의 본질적 내용을 보호하고자 하는 것은 모든 개별기본권의 특수성(보호영역, 실현방식 등)을 고려하는 가운데 그 기본권이 공동화(空洞化)되지 않도록 하기 위한 것이지, 모든 개별기본권이 인간의 존엄을 실현시키는 것이기 때문에 역으로 이를 침해해서는 안 된다는 논리로서 설명될 수 있는 것은 아니기 때문이다.

모든 기본권은 인간의 존엄을 구체화한 것이며, 인간의 존엄은 -비단 본질적 내용에서 뿐만 아니라- 어떤 경우에도 침해되어서는 안 되는 것이다. 기본권의 제한도 미시적으로 볼 때에는 특정인의 특정 기본권에 대한 제한이지만, 거시적으로 볼 때에는 전체 국민의 인간존엄을 실현하는 데 필요하기 때문에 정당화되는 것이라고 이해되어야 할 것이다. 그렇지 않고 오로지 인간의 존엄을 제약할 뿐인 기본권제한이라면 그 자체로서 위헌이라는 판단을 받게 될 것이다.[15)]

제 4 절 행복추구권의 연혁

Ⅰ. 외국의 입법례

행복추구권에 대한 규정은 초기의 근대 인권선언에서 발견된다. 예컨대 1776년의 **버지니아 권리장전**은 제1조에서 "… 행복과 안녕을 추구 · 획득하는 수단을 수반해서 생명과 자유를 향유하는 권리…"를 명시하고 있었으며, 같은 해의 **미국 독립선언**에서도 "… 생명, 자유 및 행복을 추구할 권리…"를 선언하고 있었다.

그러나 이러한 행복추구권의 규정은 현대로 넘어오면서 점차 찾기 어렵게 되었으며, 최근의 예로서는 1947년 일본 헌법 제13조에서 "… 생명 · 자유 및 행복추구에 대한 국민의 권리…"를 선언하고 있는 것을 들 수 있다.

Ⅱ. 한국헌법에의 편입

우리 헌법은 제헌 당시부터 행복추구권에 대해서는 명문의 규정을 두지 않고 있었다. 또한 1962년 헌법(제3공화국 헌법)에서 "인간으로서의 존엄과 가치"에 관한 규정을 도입할 당시에도 행복추구권은 고려되지 않았다.

---

14) 허영, 한국헌법론, 2025, 371쪽.

15) 헌법재판소가 **헌재 2016.12.29. 2013헌마142 결정**에서 수형자의 경우에도 구치소 내의 과밀수용행위가 인간의 존엄과 가치를 침해한 것으로 판시한 것도 이런 맥락에서 이해될 수 있다.

행복추구권이 우리 헌법에 도입된 것은 1980년 헌법(제5공화국 헌법)에 의해서이다. 이미 그 당시에도 행복추구권의 헌법적 의의와 내용, 그 본질과 성격에 대하여는 많은 논란이 있었으며, 이 규정이 오히려 헌법의 체계와 구조에 혼란만 초래하고 있다는 비판도 있었다. 그리고 그러한 논란은 현재까지도 계속되고 있다.

제 5 절 행복추구권의 의의와 내용

Ⅰ. 행복이란?

행복추구권에서 전제되는 행복이란 매우 주관적인 것이라고 할 수 있다. 똑같은 상황에서 어떤 사람은 행복을 느낄 수 있고, 또 다른 사람은 그렇지 않을 수 있기 때문이다. 이처럼 행복은 매우 주관적인 것이기 때문에 법적으로 객관화되기 어렵다는 문제점이 있다.

그러므로 개인의 주관적 만족을 의미하는 행복을 법적으로 명확하게 규정하는 것은 현실적으로 곤란하며, 따라서 행복 자체를 법적으로 보호 또는 보장한다는 것도 현실적으로 곤란하다.

Ⅱ. 행복의 추구

이에 반하여 자신의 행복을 위하여 개인이 노력하는 것, 즉 행복을 추구하는 것 자체는 일정한 형태로 객관화될 수 있으며, 이는 헌법적 보호의 대상이 될 수 있다. 즉 행복추구권의 보호대상은 행복 그 자체가 아니라 **행복을 추구하는 개인의 활동**이라고 말할 수 있다.

그러나 문제는 행복의 추구라는 것도 매우 막연하고 광범위하다는 것이다. 각자가 행복을 느끼는 것이 주관적인 만큼, 이를 추구하는 활동도 각기 다양한 형태로 나타날 수밖에 없다. 예컨대 돈을 버는 것이 행복인 사람이 있는가 하면, 학문연구에서 행복을 느끼는 사람도 있고, 여행에서 행복을 느끼는 사람이 있는가 하면, 남의 방해 없이 혼자 지내는 것에서 행복을 느끼는 사람도 있을 수 있다.

이러한 다양한 활동을 기본권으로 보호하는 데에는 다양한 영역에 대한 기본권적 보장이 필요하다. 즉 때로는 재산권의 보장이, 때로는 학문의 자유나 거주 · 이전의 자유, 사생활의 비밀이 행복추구에 필요한 것이다. 이처럼 다양한 기본권이 행복의 추구와 관련되기 때문에 행복추구권을 독자적인 기본권으로 인정할 경우에는 다른 개별기본권과 중첩되는 현상이 문제될 수밖에 없다.

Ⅲ. 행복추구권과 인간존엄의 관계

인간의 존엄은 모든 기본권의 이념적 기초이며, 그것은 행복추구권에 대해서도 예외가 아니다. 그러나 구체적인 권리로서의 존엄권을 인정할 경우에는 양자의 관계를 다른 각도에서 분석하는 것도 가능하다.

이런 맥락에서 인간의 존엄은 **자기보존**(Selbsterhaltung), 즉 「생존과 존엄성의 유지」를 기본적인 내용으로 하고 있으며, 행복추구는 독일 기본법상의 인격의 자유발현권(독일 기본법 제2조 제1항)과 같은 의미에서 **자기발현**(Selbstentfaltung), 즉 「자신이 원하는 방향으로의 삶을 적극적으로 형성할 자유」를 내용으로 한다고 보는 견해가 있다.[16] 즉 인간의 존엄은 어떠한 이유로도 제한될 수 없는 절대적 보호대상인 반면, 행복의 추구는 인간의 공동체관련성 내지 공동체내재성으로 인하여 타인과의 관계 속에서 제한될 수 있다는 것이다.

Ⅳ. 행복추구권의 구체적 내용

행복의 추구가 각 개인에 따라 매우 다양한 형태로 행해지기 때문에, 이를 헌법적으로 보장하는 행복추구권도 매우 광범위하고 다양한 활동과 관련되어 있을 수밖에 없다. 따라서 그 구체적 내용을 일일이 열거하는 것은 가능하지 않다.

다만 이와 관련하여 국내 헌법학자들은 행복추구권의 구체적 내용 가운데 중요한 것으로 생명권, 신체를 훼손당하지 않을 권리, 자유로운 활동과 인격발전에 관한 권리, 평화적 생존권, 휴식권, 수면권, 일조권, 스포츠권 등을 들고 있다.[17] 하지만 이들은 대부분 열거되지 않은 권리로서 인정되는 것이기도 하기 때문에 다시금 행복추구권과 헌법 제37조 제1항과의 관계가 문제된다.

헌법재판소는 행복추구권에서 일반적 행동의 자유와 개성의 자유로운 발현권을 도출한 바 있으며, 동시에 계약의 자유는 일반적 행동자유권에서 파생되는 것으로 보았다.[18] 또한 성적 자기결정권이 개인의 인격권·행복추구권에서 전제되어 있는 개인의 자기운명결정권에 포함되어 있는 것으로 본 판례도 있다.[19]

16) 김선택, 헌법 제9조 제1문 전단 「인간으로서의 존엄」의 의미와 법적 성격, 고려대학교 석사학위논문, 1984, 98쪽.
17) 권영성, 헌법학원론, 2010, 385쪽 이하.
18) 헌재 1991.6.3. 89헌마204 결정.
19) 헌재 1990.9.10. 89헌마82 결정. 또한 헌법재판소는 최근의 판례에서 형법상의 혼인빙자간음죄를 성적 자기결정권 및 사생활의 비밀과 자유에 대한 과도한 제한으로 위헌이라고 판시하였다(헌재 2009.11.26. 2009헌바58등 결정).

제 6 절 행복추구권의 법적 성격

Ⅰ. 일반원리인가, 주관적 권리인가?

기본권의 이중성을 인정하는 입장에서 볼 때, 행복추구권만이 아니라 모든 개별기본권이 국가질서를 형성하는 객관적 요소 내지 기준으로서의 측면도 갖는다.

그러나 행복추구권이 헌법원리로서의 성격만을 갖고 주관적 권리로서의 의미를 갖지 않는다는 주장은 받아들이기 곤란하다. 「행복추구권의 연혁」을 보거나 「헌법규정의 문구」를 보거나 또는 「인간존엄과의 관계」를 보더라도, 행복추구권을 독립된 일반원리로 보기에는 무리가 있다.

헌법재판소도 행복추구권의 주관적 권리성을 인정하고 있다.[20)]

Ⅱ. 자연권인가, 실정권인가?

기본권의 성격과 관련하여 자연권성 또는 실정권성을 논의하는 것은 비단 행복추구권에만 국한된 문제는 아니다. 그러나 행복추구권의 경우 그 자연권성을 주장하는 견해들이 다른 기본권들보다 많이 나타나고 있기 때문에 특별히 검토될 필요가 있다.

그러나 문제의 본질은 행복추구권이 자연권인지 실정권인지를 논하는 기본적 시각 자체에 있다. 근대적 **인권**은 그 뿌리가 자연권사상에 있다. 따라서 행복추구권을 비롯한 대부분의 자유권적 기본권은 자연권적 성격을 갖고 있다고 말할 수도 있다.

하지만 오늘날 실정화된 모든 **기본권**은 헌법이 규정한 바에 따라, 헌법의 테두리 내에서 보장되고 있다. 오늘날 기본권과 국가질서의 이중적 관계를 고려할 때, '자연권이냐 실정권이냐' 또는 '자연법론자냐 법실증주의자냐'를 흑백논리로 따지는 것은 옳지 않다.

Ⅲ. 포괄적 권리인가, 개별적 권리인가?

행복추구권의 성격과 관련하여 사생활의 비밀, 인격권 등 몇 개의 개별기본권을 담고 있는 것인지, 아니면 -그 외에도 행복을 추구하는 데 필요한 것이면 헌법에 열거되지 않은 자유와 권리까지도 그 내용으로 하는- 포괄적 기본권[21)]으로 이해될 것인지가 문제된 바 있다.

그러나 이러한 논의는 현실적으로 실익이 별로 없다. 포괄적 기본권성을 인정하는 학자들조차 행복추구권은 다른 개별기본권과의 관계에서 보충적 적용을 인정하고 있는데,[22)]

---

20) 헌재 1989.10.27. 89헌마56 결정(군검찰관의 기소유예처분에 의한 행복추구권 침해); 1991.6.3. 89헌마204 결정(계약의 자유); 1998.12.24. 98헌가1 결정(마실 물을 선택할 수 있는 자유); 2001.9.27. 2000헌마159 결정(휴식권); 2003.11.27. 2002헌마193 결정(미결수용자의 접견교통권) 등 참조.

21) 권영성, 헌법학원론, 2010, 384쪽.

이렇게 볼 경우에는 행복추구권이 -명문화된 기본권이건, 아니면 열거되지 않은 자유와 권리로서 (인간의 존엄에 비추어서 보호가치가 있는 것으로 인정되어) 보호되는 기본권이건 중첩을 피할 수 없기 때문에- 실제 적용될 수 있는 여지를 찾기 어렵기 때문이다.

Ⅳ. 행복추구권과 그 밖의 기본권의 관계: 보장경합설, 보충적 보장설

특정한 행위 또는 법적 지위의 보장에 대한 헌법적 근거가 문제될 경우에 다른 기본권에 의한 보호와 행복추구권에 의한 보호를 어떤 관계에서 이해할 것인가의 문제가 있다. 이와 관련하여 논리적으로 세 가지 가능성이 있다.

첫째는 행복추구권이 우선적으로 적용됨으로써 다른 기본권을 배제하는 **우선적 적용설**이 가능할 것이다. 하지만 이러한 견해는 현실적으로 주장되기 어렵다. 만일 행복추구권이 우선적으로 적용될 경우에는 거의 모든 기본권이 행복추구권의 그늘 아래에 묻히게 되어, 사실상 행복추구권만으로 모든 문제를 해결하게 될 것이고, 개별적인 상황에 따른 구체적 검토는 오히려 힘들게 될 것이기 때문이다.

둘째로 행복추구권과 다른 기본권을 동시에 인정하는 이른바 **보장경합설**이 주장될 수 있다. 이렇게 볼 때에는 기본권의 보호를 위해서는 특별히 문제될 것이 없겠지만, 행복추구권과 개별기본권의 관계가 모호해진다. 헌법재판소는 초기에 이러한 태도를 취해 왔다. 그러나 최근에는 보충적 보장설을 취하는 판례가 주류를 이루고 있다.[23)]

셋째로 행복추구권을 일반적 규정으로 보고, 개별기본권을 특별규정으로 이해하는 전제 위에서 개별기본권이 우선적으로 적용되고 직접 적용되어야 할 기본권규정이 없을 때에만 행복추구권이 적용된다는 **보충적 보장설**이 있다. 그러나 헌법 제37조 제1항에 의해 열거되지 않은 권리가 구체적 기본권으로 형성될 때, 이들도 행복추구권에 대한 특별규정으로 이해하면 현실적으로 행복추구권이 적용될 여지가 전혀 없게 된다.

결국 행복추구권의 성질에 비추어 볼 때에는 보충적 보장이 적합하지만, 이렇게 볼 때에는 헌법 제37조 제1항에 의해 행복추구권이 설 자리가 없게 된다는 것이 가장 큰 문제라고 할 수 있다.[24)]

---

22) 권영성, 헌법학원론, 2010, 386쪽.

23) 예컨대 "행복추구권은 다른 기본권에 대한 보충적 기본권으로서의 성격을 지니므로, 공무담임권이라는 우선적으로 적용되는 기본권이 존재하여(청구인들이 주장하는 불행이란 결국 교원직 상실에서 연유하는 것에 불과하다) 그 침해 여부를 판단하는 이상, 행복추구권 침해 여부를 독자적으로 판단할 필요가 없다"(**헌재 2000.12.14. 99헌마112등 결정**)고 판시한 경우도 있고, "어떠한 법령이 수범자의 직업의 자유와 행복추구권 양자를 제한하는 외관을 띠는 경우 두 기본권의 경합 문제가 발생하는데, 보호영역으로서 '직업'이 문제되는 경우 직업의 자유와 행복추구권은 서로 특별관계에 있어 기본권의 내용상 특별성을 갖는 직업의 자유의 침해 여부가 우선하므로, 행복추구권 관련 위헌 여부의 심사는 배제된다고 보아야 한다"(**헌재 2003.9.25. 2002헌마519 결정**)고 본 판례도 있다. 그리고 "헌법 제10조 전문의 행복추구권은 다른 개별적 기본권이 적용되지 않는 경우에 한하여 보충적으로 적용되는 기본권이라 할 것이므로, 행복추구권에 앞서 적용되는 개별 기본권 침해 여부에 대해 판단하는 이상 따로 행복추구권 침해 여부를 판단할 필요는 없다"고 판시하기도 했다(**헌재 2006.3.30. 2005헌마598 결정**).

24) 그것이 현재까지도 행복추구권이 헌법체계 내에서 특별한 역할을 하지 못하고 있다고 평가받는 이유이기도 하다.

제 2 장 헌법상의 평등원칙과 평등권

「평등」은 이미 오래전부터 －적어도 서양철학에 있어서는－ 정의의 문제와 동일시되면서 수많은 논의를 통해 그 내용과 형식에 관한 다양한 고찰을 자극해왔을 뿐만 아니라, 근대 이래로는 자유와 더불어 민주주의의 양대 이념의 하나로 일컬어지고 있다. 또한 평등은 국가질서의 정당성을 심사하는 헌법원리로 등장하는가 하면, 평등권의 형태로 구체화되어 개인의 기본권으로서 행사되기도 한다.

그런 가운데 평등이 적용되는 영역은 헌법질서 전체라고 할 수 있을 정도이며, 평등문제가 나타나는 형태도 매우 다양하다. 예컨대 전통적인 가부장적 남존여비사상의 잔재와 관련하여 양성차별의 문제가 제기되는가 하면, 국제적 교류의 증대와 더불어 인종차별의 문제, 외국인차별의 문제가 부각되고 있으며, 해묵은 지역차별의 문제도 아직 완전히 해결되지 않고 있는 상태이다. 그 밖에도 학력에 따른 차별의 문제, 선거권의 (실질적) 평등 문제, 조세의 평등 문제, 부의 재분배 문제 등 평등이 문제되는 상황은 실로 수없이 많다.

이처럼 다양한 형태로 제기되고 있는 평등의 문제를 올바르게 정리하는 것은 기본권으로서의 평등권에 한정되지 않고, 헌법의 전체적 체계를 이해하는 데에도 매우 중요한 의미를 갖는다.

헌법 제11조: ① 모든 국민은 법 앞에 평등하다. 누구든지 성별·종교 또는 사회적 신분에 의하여 정치적·경제적·사회적·문화적 생활의 모든 영역에 있어서 차별을 받지 아니한다.
② 사회적 특수계급의 제도는 인정되지 아니하며, 어떠한 형태로도 이를 창설할 수 없다.
③ 훈장 등의 영전은 이를 받은 자에게만 효력이 있고, 어떠한 특권도 이에 따르지 아니한다.

【사례: 보건복지부 고시에 의한 평등권 침해 여부】

보건복지부는 국민건강보험법 제39조 제2항, '국민건강보험 요양급여의 기준에 관한 규칙' 제5조 제2항의 위임에 따라 2007.7.1. 고시로 '요양급여의 적용기준 및 방법에 관한 세부사항'을 제정하여 A형 혈우병 치료제에 대하여 요양급여를 실시하고 있는데, 그 중 '리콤비네이트주', '애드베이트주' 등의 유전자재조합제제에 대하여는 그 대상환자를 ① 처음 혈우병약제를 투여받는 환자, ② 면역능이 저하되어 감염의 위험성이 큰 HIV 양성 환자, ③ 1983.1.1. 이후에 출생한 환자로 한정하고 있다.

그 결과 1983.1.1. 이전에 출생한 A형 혈우병 환자인 청구인들은 모두 위 유전자재조합제제의 요양급여 대상환자 기준에 해당하지 않아 혈액제제에 대하여만 요양급여의 적용을 받고 있다. 이에 갑 등은 1983.1.1. 이후 출생한 A형 혈우병 환자에 한하여 유전자재조합제제에 대한 요양급여를 인정한 위 '요양급여의 적용기준 및 방법에 관한 세부사항'이 2010.2.1. 개정에서 유전자재조합제제의 범위를 확대하면서도 대상자의 범위를 여전히 1983.1.1. 이후에 출생한 환자로 한정함으로써 평등권 등을 침해한다는 2010.11.24. 헌법재판소에 헌법소원심판을 청구하였다.

〈헌재 2012.6.27. 2010헌마716 참조〉

1. 갑 등의 헌법소원심판청구는 적법한가? (30점)
2. 사안의 경우 보건복지부 고시에 의한 평등권 침해에 적용될 심사기준에 대해 논하시오. (20점)
3. 갑 등의 헌법소원심판청구가 적법한 경우 헌법재판소는 어떠한 본안판단을 내려야 하는가? (50점)

제 1 절 평등의 헌법적 의의와 문제상황

Ⅰ. 평등의 개념과 구조: 체계적 인식 및 평가의 과정과 비교·평등의 문제

1. 체계적 인식 및 평가의 과정: 같은 것과 다른 것의 구별과 유형화(체계화)

세계 속의 모든 존재자들은 무한한 다양성과 개별성 속에 존재한다. 따라서 모든 존재자들을 개별적으로 인식하려는 것은 그 자체 가능하지도 않을 뿐 아니라, 존재자들의 상호관계에 대한 파악 또한 불가능하게 만든다.

세계에 대한 인식의 발달은 보다 많은 존재자들을 접하고 이들을 개별적으로 파악하여 이들에 대한 지식을 축적함으로써가 아니라, 오히려 무한한 다양성과 개별성 속에 존재하는 존재자들을 일정한 기준에 따라 유형화하고, 이들의 상호관계를 분석·파악함으로써 이루어졌다. 이와 같은 **유형화**를 통하여 비로소 **체계적 인식**으로서의 학문이 성립되고 발달될 수 있었던 것이다.

규범의 형성과 적용에 있어서도 마찬가지의 문제가 존재한다. 인간의 개별적인 행위 또한 무한한 다양성과 개별성 속에 존재하는 것이므로, 이러한 행위에 대한 규범적 평가도 일정한 유형화를 전제하지 않을 수 없다.[1] 규범을 정립하는 데 있어서도 일정한 행위유형을 정형화하는 것이 필요하며, 또한 정립된 규범을 구체적 현실에 적용하는 데 있어서도 문제되는 구체적 행위가 그 규범이 전제하는 행위유형에 포섭될 수 있는지의 여부에 대한 판단이 요구되는 것이다.

2. 비교의 개념적 전제: 평등과 동일의 구별

평등이라는 개념도 유형화의 문제와 밀접한 내적 관련 속에 있다. 평등이란 결국 비교의 결과 같게 취급되는 것, 다시 말하면 하나의 유형에 속하는 것으로 평가되는 것이기 때문이다. 이러한 평등의 문제는 개념적으로 두 가지 전제에 기초하고 있다.

첫째, 평등은 동일하지 않은 다수, 즉 **비교가 가능한 다수의 대상**을 전제로 한다. 평등을 말하기 위해서는 둘 이상의 대상을 필요로 할 뿐만 아니라, 그들이 서로 다르다는 것, 즉 동일하지 않다는 것을 개념적 전제로 하는 것이다.[2)]

둘째, 동일하지 않은 다수의 대상을 전제했을 때, 그들이 평등하지 않은지를 판단하기 위해서는 **기준**이 필요하게 된다. 즉 동일하지 않은 다수의 대상을 하나의 유형으로 분류할 것인지, 아니면 서로 다른 유형으로 분류할 것인지는 유형분류의 기준에 따라 달라질 수 있다. 그러므로 판단기준이 무엇이냐에 따라 같은 대상들에 대하여 평등한 것으로 볼 수도 있고, 불평등한 것으로 볼 수도 있다.[3)]

3. 구별의 기준과 평등: 절대적 · 획일적 평등과 상대적 · 구체적 평등

평등에 대한 요청이 거의 무제한적인 평등, 즉 모든 인간의 평등(만인의 평등)으로 나타나고, 그 결과 평등의 대상이 극도로 확대되는 경우에 평등은 절대적인 평등의 모습을 보이게 된다. 이와 같이 모든 인간에 대한 무제한적이고 획일적인 평등도 나름의 의미를 갖는다. 그것은 특히 근대 인권의 발달과정에서 제기되었던 「만인의 평등」이라는 요청에서 보여주듯이 정의(正義)라는 보편적 요청과 불가분의 관계에 있는 것이다.[4)]

하지만 이와 같은 절대적 평등개념이 구체적인 법적 문제에서 일반적으로 적용될 수는 없다. 비록 「만인의 평등」이라는 것은 누구나 인간이라는 측면에서 평등하다는 것

---

1) 예컨대 A가 B를 목졸라 숨이 멎게 만든 행위와 C가 D에게 총을 쏘아 심장이 멎게 만든 행위, 그리고 E가 F를 칼로 찔러 뇌사상태에 빠지게 한 행위를 하나의 유형으로 묶어 같게 평가할 것인가, 아니면 서로 다른 유형으로 묶어 각기 다르게 평가할 것인가?

2) 완전히 같은 것으로 취급되는 대상들(예컨대 100원짜리 동전들), 또는 인간의 인식능력의 범주 내에서 그 차이를 전혀 구별할 수 없는 다수의 대상들에 대해서는 평등을 논의할 필요도 없이 양자가 동일하다고 말하면 된다. 동일하지 않은 다수의 대상을 전제했을 때 비로소 그들이 평등한지 평등하지 않은지에 대한 판단을 할 수 있게 되는 것이다.

3) 예컨대 40대의 부모와 10대의 자녀를 국적이라는 기준에 따라서 유형화시킬 때에는 하나의 유형에, 즉 대한민국의 국민이라는 유형에 포함되며, 따라서 평등한 것으로 취급될 수 있다. 반면에 성년이라는 기준에 따라 이들을 평가할 때에는 다른 결과가 나오게 될 것이다. 양자는 평등하지 않으며, 부모는 자녀에 대해 친권을 행사할 수 있게 되는 것이다. 이런 맥락에서는 평등은 단순히 **같은 것을 같게, 다른 것을 다르게** 취급하는 것이 아니라 (같은 대상들에 대해서도) **같은 점은 같게, 다른 점은 다르게** 취급하는 것이라고 말할 수 있다.

4) 이러한 의미의 절대적 · 획일적 평등은 구체적 질서형성의 원리로서보다는 공동체의 성격과 방향을 정해주는 **이념**으로서 중요한 의미를 갖는다. 이러한 만인의 평등이라는 이념적 기초 위에서 비로소 개별적인 평등, 즉 -합리적인 차별을 전제로 하는- 비례적 평등의 적용도 가능하게 된다.

을 확인하고 있으나, 현실적으로 각기 맡은 바 역할이나 지위 또는 구체적 상황 등에 의해 서로 다른 요소들이 많이 작용하고 있기 때문에 모든 사람을 모든 경우에서 (법적으로) 획일적으로 평등하게 취급할 수는 없기 때문이다.

따라서 사실상 존재하고 있는 공통점과 차이점들 가운데서 일정한 것을 평등한 것으로 혹은 불평등한 것으로 취급하는 기준을 어디에서 찾을 것인가 라는 구체적·개별적 평등(상대적 평등)의 문제가 일반적·형식적 평등과는 별도로 제기될 수밖에 없다. 오늘날 제기되는 평등의 문제는 대부분 획일화된 일반적 평등의 문제보다는 구체적·개별적 영역에 있어서의 평등문제, 즉 각 경우에 맞는 **합리적인 기준의 문제**인 것이다.

Ⅱ. 평등의 헌법적 의의: 합리적이고 정의로운 질서의 형성과 평등의 문제

1. 법의 이념으로서의 정의

정의가 법의 제1차적인 이념이고, 법이 정의의 실현을 지향해야 한다는 점에 대하여는 오늘날까지 이론(異論)이 없다. 정의는 실정법의 가치표준이고 입법자의 목표인 것이다.

그러나 수천 년에 걸쳐 정의의 구체적 내용을 밝히고자 하는 많은 노력들에도 불구하고 정의가 보편타당하게 밝혀지지는 못했다. 즉 누구나 이의 없이 인정하는 보편타당한 절대적 정의는 아직 확인되지 않고 있는 것이다. **각자에게 그의 (정당한) 몫을 주**는 것이 정의라는 식의 형식적 개념정의는 널리 받아들여지기도 하지만, 그것은 정의의 실체를 밝혀주지 못하는 빈껍질(Leerformel)[5]에 불과하다. 정의의 이름 하에 서로 다른 내용들이 주장될 경우에도 어느 쪽이 옳은지를 판단할 수 있는 실질적 기준을 내포하지 못하고 있기 때문이다.[6]

결국 우리가 정의롭다고 일컫는 것들은 우리가 옳다고 생각하는 사회질서에 대한 관념, 즉 각 시대에서 달리 통용되는 정의관념에 기초하고 있으며, 이에 따라 정의의 실체에 대한 생각은 시대와 장소에 따라, 그리고 개개인의 신념체계에 따라 다르게 나타났던 것이다.[7]

---

5) 데닝어(*E. Denninger*)는 인간의 존엄과 같은 추상적 가치를 "가치의 빈껍질(Wertleerformel)"이라고 표현한 바 있다. 여기서 빈껍질이라는 말은 추상적 정의개념 안에 담을 수 있는 내용이 가변적이라는 것을 지칭하는 것일 뿐, 그러한 개념정의가 전혀 무의미하다는 의미는 결코 아니다. 형식적 정의개념도 나름으로 정의의 성격을 밝히는데 기여하고 있다는 점은 부인될 수 없다. 다만 그러한 정의개념으로써 정의의 구체적 내용까지 밝혀져서 무엇이 정의로운 것이고 또 무엇이 그렇지 아니한지를 쉽게 판단할 수 있도록 해주지는 못한다는 것을 지적하는 것이다.

6) 그 결과 한 쪽에서 정의라고 믿는 것이 다른 쪽에서는 불의로 규정되고, 이곳에서 비난의 대상이 되는 것이 다른 곳에서는 정당한 것으로 인정되기도 한다.

7) 그런 의미에서 정의의 요청도 현실 속에서는 상대주의 내지 다원주의와 연결되는 상대적 정의일 수밖에 없다.

2. 정의의 실체로서의 평등

과거 정의가 무엇인가에 대한 수많은 논의는 -아리스토텔레스 이후로는- 정의의 실체 내지 핵심이 평등이라는 결론을 벗어나지 못했다. 오늘날에도 정의는 **산술적(절대적) 평등(=평균적 정의)** 또는 **비례적(상대적) 평등(=배분적 정의)**으로 이해된다.[8)]

법에서 인정되는 산술적 평등은 비례적(상대적) 평등의 결과로 생각될 수 있다. 일단 비례적(상대적) 평등에 의해 동등한 자격이 인정된 이후에야 비로소 그들에게 산술적 평등을 인정할 수 있는 것이다. 따라서 법에 있어서의 정의, 법에 있어서의 평등은 결국 "각자에게 그의 (정당한) 몫을"이라는 배분적 정의를 기본으로 하게 된다.

그러나 그것만으로 평등의 문제가 해결되는 것은 아니다. 비례적 평등(=배분적 정의)은 자의적인 차별을 금지하고 평등한 것을 평등하게, 불평등한 것을 불평등하게 취급할 것을 요청하고 있지만, ① 도대체 누구를 평등 또는 불평등하게 볼 것인지, ② 또 평등한 것과 불평등한 것을 어떻게 취급하여야 할 것인지에 관한 보편타당한 기준을 내포하고 있지는 않다.[9)]

결국 평등은 실정법체계의 정당성을 판단하는 기준으로 작용하지만, -적어도 비례적 평등, 즉 배분적 정의라는 형식만으로- 구체적인 질서형성의 방향을 제시할 수는 없다. 이에 관하여는 결국 개별적인 검토가 필요하며, 각기 상이한 기준들이 제시될 수 있다.

Ⅲ. 오늘날 평등의 헌법적 문제상황

평등은 현대헌법의 가장 중요한 이념의 하나로 널리 승인되고 있을 뿐만 아니라 헌법의 구조와 성격을 규정짓는 기본원리로서, 나아가 평등을 요구하는 개인의 권리로서 다양하게 문제되고 있다. 따라서 헌법의 어떤 영역에서든 평등이 문제되지 않는 곳은 찾기 어렵다. 그러나 그 중에서 오늘날 평등과 관련하여 특히 많은 문제가 제기되는 것으로 다음의 몇 가지를 들 수 있다.

1. 인종·국적 등에 의한 차별

근대헌법상의 평등이 '만인의 평등'에 대한 주장에서 시작되었다고 볼 때, 평등에 대한 가장 근원적인 침해의 하나로 인종 또는 국적에 의한 차별을 들 수 있을 것이다. 예컨대 미국의 경우에는 **인종차별**이 평등권침해의 가장 심각하고도 흔한 예가 되고 있으며, 그 밖의 많은 나라에서도 외국인이 노동, 주거, 교육 등에 있어서 내국인보다 불

---

8) 그러므로 헌법 제11조의 평등조항은 정의의 실현과 관련하여 특별한 의미를 갖는다.

9) 라드부르흐(*G. Radbruch*)가 예를 들고 있는 것처럼 동일한 범죄를 범한 두 사람에게 같은 범죄행위를 했다는 이유로 동일한 형벌이 과해져야 하는가 아니면 그들의 전과나 연령 등에 비추어 달리 취급되어야 하는가의 문제에 대한 답은 정의로부터 직접 도출될 수 없는 것이다.

리한 조건 하에 있는 경우가 드물지 않다.

우리나라의 경우 인종에 의한 차별은 아직 심각한 문제로 제기되고 있지 않으나[10] 외국인 노동자가 증가함에 따라 **국적에 따른 차별**의 문제는 이미 간과할 수 없는 현실이 되었다. 결국 여기서도 평등의 이념에 따른 합리적 규율, 즉 내국인 노동자와 외국인 노동자를 차별하는 합리적 근거 내지 범위가 문제될 수밖에 없는 것이다.

2. 양성차별의 문제

그 동안 많은 개선이 있었으나 양성차별은 가정과 사회, 특히 직장에서 아직까지도 여러 가지 형태로 남아있다. 여러 측면에서 양성차별은 점차 개선되어가고 있는 상황이지만 완전한 양성평등을 이야기하기는 어려우며, 양성차별은 평등의 실현과 관련하여 오늘날까지도 가장 많이 문제되는 것들 중의 하나이다.[11]

오늘날 양성차별이 부당하다는 점에 대한 인식은 비교적 널리 확산되었으나 구체적인 경우에 양성의 차별이 합리적인 것인지 아닌지에 대하여는 아직도 많은 논란이 지속되고 있다. 이와 관련하여 평등의 이념에 따른 합리적 차별의 기준, 즉 양성이 차별되어야 할 경우와 그렇지 않아야 할 경우를 판단하는 기준 및 차별의 정당한 범위에 대한 진지한 검토가 요청되고 있으며, 최근에는 이른바 **역차별의 문제**까지 제기되어 양성평등의 실현이 쉽지 않음을 확인시켜주고 있다.

3. 사회적 불평등

그 밖에도 현실적으로 다양한 형태로 나타나는 사회적 불평등이 오늘날 평등과 관련하여 중요한 문제로 제기되고 있다. 즉 재산, 소득, 교육, 사회적 지위 등에 기초하여 행해지는 유·무형의 각종 차별은, 그것이 과연 합리적인 것인지의 여부에 대하여 많은 대립되는 견해들을 낳고 있는 것이다.

특히 사회적 불평등의 문제에 있어서는 판단의 기준과 관련된 의견대립이 가장 첨예하게 나타나고 있을 뿐만 아니라, 그러한 의견의 논거 또한 뚜렷한 세계관의 차이를 반영하고 있다. 사회적 불평등의 존부 및 정도, 그 원인 및 해결방법 등에 대한 입장의 차이는 계층간 또는 계급간의 갈등과 연결되어 있어서 문제의 심각성을 더해주고 있다.

---

10) 다만 다문화 가정의 증가추세를 고려하여 인종차별의 문제가 발생하지 않도록 교육과 제도보완에 신경 쓸 필요가 있다.

11) 양성차별의 문제는 인종차별과 더불어 해묵은 평등침해의 대표적 예이다. 선거권의 인정, 임금차별의 철폐 등을 중심으로 점진적으로 진행되어 오던 양성차별의 철폐는 최근 페미니즘의 대두와 더불어 사회 속의 여성의 역할과 지위에 관한 보다 적극적이고 체계적인 검토와 결부된 적극적인 여권운동으로 연결되었다. 그러나 전통적인 가부장제의 그늘을 완전히 벗어나지 못하고 있는 우리 사회의 경우 양성평등은 아직 현실이라기보다는 과제로 이해되어야 할 것이다.

제2절 평등사상의 역사

Ⅰ. 평등사상의 역사적 뿌리

1. 고대의 평등사상

평등의 개념은 고대 그리스에서 탄생되었던 것으로 알려지고 있다. 플라톤(*Platon*)과 아리스토텔레스(*Aristoteles*)에 의해 평등개념은 정치의 중심적 개념으로 발전되었으며, 이때부터 평등문제는 민주주의의 핵심적 징표의 하나로 인식되기 시작하였다.

플라톤은 인간의 생래적 불평등(출생 그 자체에서 비롯되는 불평등)을 전제한 가운데 같은 신분계층 내에서의 평등을 주장하였으며, 이에 따라 「철인정치(哲人政治)」를 이상적인 것으로 간주하였다.

또한 아리스토텔레스는 평등을 수에 있어서의 평등과 존귀함의 평등으로 구별하였고, 전자는 인간과 인간의 관계에 있어서, 후자는 공적인 권위나 직위, 돈 등의 분배에 있어서 기준이 되었다. 나아가 아리스토텔레스는 사회적 및 정치적 기능에 있어서 인간의 차이는 생래적인 것이라고 주장함으로써 자유인들 간의 평등을 인정하는 것과는 대조적으로 노예와 자유인, 또는 남자와 여자는 그 본질상 불평등한 것으로 보았다.

2. 기독교의 평등사상

이러한 고전적인 생래적 불평등의 사상을 극복하고 모든 인간의 원칙적 평등을 인정하게 되는 데에는 기독교사상이 영향을 미친 바가 크다.

기독교의 이른바 「신-인간동형설」에 근거한 기독교적 평등사상은 모든 인간은 신의 형상에 따라 만들어졌으므로 「고유한 가치」를 가질 뿐만 아니라 다른 인간들과 일정한 동질성을 갖는다는 생각에 기초하였으며, 모든 인간이 신 앞에 평등하다는 사상으로 발전되었다.

원시기독교에서 뚜렷하게 나타나는 기독교적 평등사상은 신에 의해 창조된 세계 안에서는 사회적 계급이 없을 뿐 아니라, 주인과 노예의 구별도 없고, 양성이 평등하다고 인정하였다. 이러한 사상은 점차 세속질서에 있어서의 평등으로 발전되어 나가는 경향을 보였던 것이다.

3. 근대 자연법사상과 평등의 이념

기독교의 평등사상은 중세 기독교사회 속에서는 광범하게 적용되지 못하였으나, 근대에 들어와 합리주의에 기초한 자연법이 부흥하면서 평등사상에 큰 영향을 미쳤다.

초기에는 모든 인간이 자연질서 속에서 평등하다는 이른바 자연적 자유가 주장되었으며, 이러한 주장은 이른바 (사회계약이전의 상태인) **자연상태에 있어서의 평등**이라는 생각으로 이어졌다.

같은 맥락에서 국민들의 법적인 지위에 관하여 –사회계약론의 입장에 따라 국가질서와 국가권력을 설명하면서– **국가적 승인에 의한 「법적 평등」**이 정치적으로 주장되기 시작하였다.

Ⅱ. 근대적 기본권으로서의 평등권의 발달

1. 근대인권선언과 만인의 평등

모든 국민의 법적 평등이라는 의미에서 만인의 평등을 최초로 성문화한 것은 미국이 독립하기 이전 식민지 주(州)들의 권리장전들이었다.[12] 그리고 그 사상적 배경으로는 합리주의적 자연법사상가들(*Samuel Pufendorf, Christian Wolff* 등)의 영향을 빼놓을 수 없다.

나아가 1789년의 프랑스인권선언(인간과 시민의 권리선언)은 제1조에서 "인간은 권리에 있어서 자유롭고 평등하게 태어나 생존한다. 사회적 차별은 공동이익을 근거로 해서만 있을 수 있다"라고 선언하였다.

이러한 근대적 인권선언들이 만인의 평등을 주장한 것은 생래적인 불평등, 즉 출생에 의한 불평등을 야기해 온 봉건적 신분 내지 계급을 더 이상 인정할 수 없다는 의지의 표명이라고 할 수 있다.

2. 평등권의 축소와 법앞의 평등

그러나 이러한 만인평등의 사상은 곧 구체적인 문제에 부딪히게 되었다. 모든 개별적인 문제에 있어서 만인의 평등을 주장할 수는 없었던 것이다. 이에 따라 이미 1793년의 프랑스 헌법에서는 「법앞의 평등」이 강조되었으며, **생래적 자연권으로서의 평등권**과 **실정화된 권리(법앞의 평등)로서의 평등권**이 구별되었다.

여기서 문제되었던 「법앞의 평등」은 국가권력을 의회에 의해 제정된 법에 구속시키는 법치국가의 형태로 발전되었으며, 결과적으로 국가권력의 행사에 대한 예측가능성의 확보에 기여하게 되었다. 즉 일차적으로는 법률을 모든 경우 같은 방식으로 적용할 것(법률의 일반성)을 요청하게 된 것이다.

그러나 국민주권사상 내지 의회주권사상의 영향으로 인하여 평등의 원칙을 국민의 대표기관인 의회의 권한과 활동에 대한 한계로서는 인정하지 않으려는 태도가 지배적이었다.[13]

---

12) 예컨대 1776년의 버지니아 권리장전 제4조는 "공직수행의 필요에 따른 경우를 제외하고는 어떤 개인이나 집단도 공동체로부터 배타적 또는 특수한 보수나 특권을 부여받을 권리는 없다. 또한 그와 같은 공직은 상속될 수 없으며, 집행부, 의회 및 법원의 공직은 세습될 수 없다"고 규정함으로써 특권(신분)의 금지를 통한 평등의 실현을 선언하고 있었다.

13) 이미 룻소(*J. J. Rousseau*)의 사회계약론에서도 이러한 생각을 찾아볼 수 있다. 룻소는 대의제도에 대해 상당한 불신을 표명한 반면(사회계약론 제3편 제15장), 법률이란 일반의사의 표현이고, 법의 대상이 일반적이기만 하면 평등은 확보된다고 생각하였다. 즉 법은 특권을 얼마든지 정할 수 있지만 그 누구를

3. 평등원칙의 입법에 대한 구속력

군주세력이 붕괴되어 모든 국가권력이 민주화되고, 상대적으로 의회의 국민대표성이 점차 약화되면서 입법까지도 평등원칙에 구속되어야 한다는 견해가 점차 강력하게 제기되었다. 이에 따라 형식적인 법적용의 평등만이 아니라, 입법내용의 평등, 즉 평등원칙의 실질적 내용까지도 법적 평등의 내용으로 검토되어야 한다는 주장이 대두되었다.

흔히 **입법비구속설**과 **입법구속설**의 대립으로 이야기되는 평등원칙의 입법에 대한 구속력의 문제는 결국 평등원칙이 입법을 포함한 모든 국가작용을 구속하여야 한다는 입법구속설의 관철로 귀결되었고, 그 결과 평등의 적용범위는 다시금 확대되었다. 단순히 입법자가 설정한 기준에 따른, 즉 실정법의 테두리 내에서 인정되는 평등이 아니라 실정법 자체가 헌법적 평등의 요청에 부합되는지까지도 함께 검토되기 시작한 것이다.[14]

4. 형식적 평등에서 실질적 평등으로 – 발전의 방향과 구별의 기준

이러한 맥락에서 입법비구속설에 따른 법적용(만)의 평등을 형식적 평등으로, 입법구속설에 따른 법내용(까지)의 평등을 실질적 평등으로 이해하는 견해도 있다.[15] 그러나 이러한 태도에는 –우리의 언어감각에 비추어 볼 때– 약간의 문제가 있다고 생각된다. 즉 입법내용의 평등이 곧 실질적 평등이라고 단언하기는 어렵다는 것이다.

법적용의 평등은 (실정)법이라는 형식적 기준에 따라 그 적용대상에 일단 포함된 사람들에 대하여 같은 대우를 하도록 하는 것이므로 형식적 평등으로 보는 것이 타당하다고 볼 수 있다. 하지만 **법내용의 평등**이 반드시 실질적 평등이라고는 보기 어렵다. 왜냐하면 입법내용에 있어서도 형식적 기준에 의한 평등과 실질적 기준에 의한 평등이 각기 달리 문제되고 있는 경우가 많기 때문이다.

예컨대 공직선거법 제15조에 의하여 만 18세에 달한 국민은 선거권을 갖는다. 이 때 선거권부여의 기준은 만 18세라는 형식적 기준에 따른 것이며, 후보자에 대하여 올바른 판단을 내릴 수 있는 개인의 능력을 구체적으로 평가하여 이를 기준으로 삼는 것이 아니다. 그런 의미에서 헌법과 공직선거법에 의한 보통선거권은 형식적 평등이라고 말할 수 있을 것이다. 반면에 소득세법 제55조에 의한 누진과세 등은 구체적인 소득액 내지 담세능력에 따라 차별적으로 부과하고 있다는 점에서 실질적 기준에 따른 평등을 실현시키고 있는 것이라고 말할 수 있다. 즉 법내용의 평등이기 때문에 반드시 실질적 평등이라고 말할 수 있는 것은 아니라는 것이다.[16]

지명하여 특권을 줄 수는 없고, 법은 계급을 만들거나 각 계급에 들어갈 수 있는 자격을 정할 수 있지만, 누구는 들어갈 수 있다고 개별적인 대상을 지정할 수는 없다는 것이다(사회계약론 제2편 제6장).

14) 이런 맥락에서 오늘날 평등의 원칙은 형식적 평등뿐만 아니라 실질적 평등까지 포함하는 것으로 이해되는 것이다.

15) 예컨대 헷세(*K. Hesse*)는 형식적 평등과 실질적 평등을 각기 법적용의 평등과 법제정의 평등으로 풀이하고 있으며, 계희열, 헌법학(중), 2007, 233쪽 이하에서도 형식적 평등과 법적용의 평등, 그리고 실질적 평등과 법제정의 평등을 동일시하고 있다.

16) 물론 형식적 평등 또는 실질적 평등이 무조건 옳다는 식의 주장을 펴고자 하는 것은 결코 아니다. 오

물론 형식적 평등과 실질적 평등의 문제는 그 개념을 어떻게 정의하느냐에 따라 달라질 수 있는 문제이다. 하지만 일반적 개념사용례 및 형식적 평등과 실질적 평등을 구별함으로써 얻을 수 있는 실익이 무엇인가에 비추어 볼 때, 형식적 평등은 형식적 기준에 따른 평등을, 실질적 평등은 실질적 기준에 따른 평등으로 구별하는 것이 옳다고 생각한다.

제 3 절 일반적 평등원칙의 내용과 효과

Ⅰ. 일반적 평등원칙과 구체적 평등권의 구별

1. 헌법의 기본적 요청으로서의 평등

모든 규범적 평가에서 평등의 문제는 필연적으로 제기될 수밖에 없다. 이미 평등은 정의라는 형태로 모든 법규범의 이념으로 인정되고 있으며, 또한 헌법의 기본원리로 받아들여지고 있다.

이에 따라 평등이라는 헌법의 기본적 요청은 공법과 사법을 망라한 모든 법질서를 관류하는 중심적 원리의 하나로 받아들여지고 있다. 모든 법규범은 평등이라는 이념에 비추어 그 정당성을 판단받게 되며, 그 결과 법에 기초한 모든 국가작용도 역시 평등의 요청을 벗어나지 못한다.

2. 입법자의 형성의 자유와 국민의 기본권으로서의 평등권

평등이라는 헌법의 기본적 요청은 일차적으로 입법에 의해 실현된다. 즉 개별적인 경우에 어떠한 기준에 따라 평등 여부를 판단할 것인지, 나아가 그들에 대한 취급을 어떻게 하는 것이 평등의 요청에 부합하는 것인지를 일차적으로 법률에 의해 정하게 되는 것이다.[17)]

평등이라는 헌법적 요청을 법률로 구체화시키는 데 있어서 입법자는 원칙적인 형성의 자유를 갖는다.[18)] 그러나 법률(즉 입법자에 의한 구체화)이 국민의 평등을 부당하게 침해했을 경우에는 국민의 기본권으로서의 평등권의 침해가 문제되며, 그 법률은 위헌법률심판, 헌법소원 등에 의한 통제를 받게 될 것이다.

히려 구체적 상황에 따라 형식적 평등이 적합한 경우도 있을 수 있고, 실질적 평등이 필요한 경우도 인정될 수 있다고 보아야 할 것이다.

17) 모든 법적 문제에 대한 판단의 기준은 헌법을 일차적으로 구체화시키는 법률에 의해 우선 정해진다. 한편으로는 그러한 법률적 기준 자체가 평등을 실현시키는 것이며, 다른 한편으로는 그러한 기준도 헌법적 평등의 요청에 구속되어야 한다는 것이다.

18) 입법자의 형성의 자유에 관하여는 헌재 1995.12.28. 95헌마196 결정; 1998.11.26. 97헌바65 결정; 1999.7.22. 98헌바14 결정 참조.

국민의 기본권으로서의 평등권은 평등원칙에 대응하는 것이다. 국가권력이 평등원칙에 기속되어 활동하는 만큼, 평등원칙을 벗어나 국민의 평등에 대한 침해가 있게 되면 국민은 평등권의 침해를 주장할 수 있다.

그러나 평등원칙의 적용영역과 평등권이 인정되는 범위가 정확하게 일치한다고 보기는 어렵다. 헌법이념으로서의 평등원칙은 모든 국가작용을 기속하며, 그에 대한 예외를 인정하지 않지만, 그러한 모든 경우에 대하여 국민이 자신의 평등권침해를 주장할 수 있다고 보기는 어려운 것이다. 그에 따라 구체적으로 어떤 경우에 평등권의 침해가 인정될 수 있는지가 문제되며, 이에 대한 법적 판단을 중심으로 많은 헌법이론적 논의가 전개되었다. 하지만 아직 명확한 판단기준은 밝혀지지 않았고, 판례를 통한 구체적·개별적 판단에 크게 의존하고 있는 상태이다.[19)]

Ⅱ. 평등한 대우

1. 평등한 대우의 내용

헌법상의 평등원칙은 일차적으로 평등한 대우를 의미한다. 모든 사건, 모든 사람을 획일적으로 같게 취급하는 기계적 평등이 아니라 같은 것을 같게, 다른 것을 다르게 취급하는 상대적·비례적 평등의 관점에서 같은 사안은 같게, 다른 사안은 다르게 취급하도록 요구하는 것이다.

또한 헌법상의 평등원칙은 형식적 의미의 평등뿐만 아니라 실질적 의미의 평등까지도 적극적으로 실현시킬 것을 요구하고 있다. 즉 국가에 의한 불평등한 법적용을 금지할 뿐만 아니라 법의 내용 또한 평등의 원칙에 부합하여야 하며, 나아가 평등의 실현을 위한 국가의 적극적인 활동까지도 요청하는 것이다.

이처럼 자의적 차별의 금지를 내용으로 하는 평등대우의 요청은 헌법적 평등원칙의 가장 기본적인 요소이다. 하지만 구체적인 경우에 어떤 것이 같은 것으로서 평등하게 취급되어야 하고, 또 어떤 것이 서로 다른 것으로 차별되어야 하는지는 법률에 의한 구체화를 고려하는 가운데 헌법의 전체적인 맥락에 따라서 개별적으로 판단할 수밖에 없다.

2. 입법에 의한 평등한 대우

다른 헌법적 규범과 마찬가지로 헌법상의 평등원칙도 일차적으로 입법자에 의하여 구체화된다. 평등대우에 있어서도 어떤 것이 같은 것으로 평등하게 취급되고, 또 어떤 것은 서로 다른 것으로서 차별하여 취급할 것인지의 판단은 일차적으로 입법자에 의해

---

19) 예컨대 라이프홀츠(*G. Leibholz*)는 자의(恣意)의 금지를 평등의 내용으로 파악하면서 그 내용은 미국과 스위스의 판례에 의해 축적된 기준들을 원용하였다. 이처럼 평등을 입법과 법적용에 있어서의 자의의 금지로 이해하는 태도는 오늘날까지 일반적으로 인정되고 있지만, 개별적인 경우에 적용될 수 있는 그 구체적인 기준의 문제는 아직도 많은 경우 미해결로 남아 있다.

내려지는 것이다.[20)]

하지만 이러한 입법자의 판단도 헌법의 테두리 안에서 이루어져야 함은 물론이다. 입법자에 의한 평등대우의 구체화(즉 차별)는 그 목적과 기준이 헌법적 요청에 부합되는 것이어야 한다. 즉 정당한 공익목적을 위하여 비례에 맞는 수단으로써 자의적이지 않은(즉 합리적인) 차별을 하여야 하며, 이를 벗어나는 입법은 곧 위헌판단의 대상이 되는 것이다.[21)]

다만 입법을 통한 적극적인 평등실현이 요청되는 경우에 국회의 입법부작위를 평등원칙의 위배로 판단할 수 있는지에 대해서는 좀 더 신중한 검토가 필요할 것이다.[22)]

3. 집행에 의한 평등한 대우

평등의 침해가 가장 많이 문제되는 국가작용은 역시 집행이다. 전통적으로 법 앞의 평등을 이야기할 경우에도 법집행의 평등이 문제되었던 것이었고, 오늘날에도 집행기관에 의한 법적용의 평등은 여전히 중요하다.

집행기관은 구체적 사안에 대한 판단을 기초로 다양한 법적 효과를 발생시키는 행정작용을 하며, 그러한 행정작용은 평등원칙의 구속 하에 있는 것이다. 따라서 행정작용에 의한 차별도 입법의 경우와 마찬가지로 평등의 헌법적 요청에 부합되어야 할 뿐만 아니라, 이러한 행정작용은 또한 법치행정의 원칙에 따라 법률에 의해 구체화된 기준들에도 부합되어야 한다.

특히 행정작용이 유사한 사안을 차별적으로 취급하는 경우에는 차별의 합리적 근거가 없는 한 평등의 침해로 인정될 수 있다. 행정작용에 대해서도 일정한 경우 재량 내지 판단의 여지가 인정되기는 하지만, 그러한 경우에도 행정관청이 일단 내린 처분은 행정관청 스스로를 구속하기 때문에 유사한 사안은 평등하게 취급하여야 한다(행정재량의 한계로서의 자기구속). 즉 재량의 행사도 통일적 기준에 따라야 하는 것이다.

---

20) 이런 맥락에서 평등원칙을 구체화하는 경우에도 입법자는 상당한 정도의 형성의 자유를 갖는다고 할 수 있다. 그러나 그것이 입법자의 자의(恣意) 또는 독점적 판단권을 인정한다는 의미는 결코 아니다.

21) 헌법재판소는 별도의 가중적 구성요건표지의 부가 없이 형법과 동일 구성요건을 규정하면서 법정형만 상향조정한 특정범죄 가중처벌 등에 관한 법률 제5조의4 제1항에 대해 "어느 조항으로 기소하는지에 따라 벌금형의 선고 여부가 결정되고, 선고형에 있어서도 심각한 형의 불균형을 초래하게 함으로써 형사특별법으로서 갖추어야 할 형벌체계상의 정당성과 균형을 잃어 인간의 존엄성과 가치를 보장하는 헌법의 기본원리에 위배될 뿐만 아니라 그 내용에 있어서도 평등원칙에 위반되어 위헌"이라고 판시하였다(**헌재 2015.2.26. 2014헌가16등 결정**).

22) 이 문제는 곧 입법부작위에 대한 위헌판단의 문제와 관련하여 헌법의 구체적인 입법명령 내지 입법위임이 없는 상태에서 입법자의 작위의무(입법의무)를 강제하기 어렵다는 데에서 비롯된다. 적극적인 평등실현을 위한 입법의 시기와 방법, 내용 등을 결정하는 것도 –헌법이 직접 달리 정하고 있지 않은 한– 입법자에게 맡겨져 있기 때문이다. 이와 관련하여 평등원칙이 "헌법이 스스로 입법의 범위와 내용을 정하여 입법할 것을 명백하게 위임한 헌법위임"이 아니라는 이유로 한수웅 교수는 평등권침해의 경우 심판대상은 입법부작위가 아닌 입법자의 작위라고 주장하고 있다(한수웅, 평등권과 입법부작위, 법조 1997년 2월, 5-30쪽). 그러나 예컨대 양성평등 또는 지역간 평등의 실현을 위한 일정한 입법을 헌법이 요구하고 있음에도 불구하고 입법자가 법률을 제정하지 않는 진정입법부작위는 현실적으로 발생될 수 있으며, 그 경우에는 입법부작위에 의한 평등권의 침해를 헌법소원 등의 방법으로 다투는 것도 가능할 것이다.

4. 사법에 의한 평등한 대우

다른 국가작용들과 마찬가지로 사법적 판결도 평등의 원칙에 구속된다. 사법부는 엄격하게 헌법과 법률에 구속되어 판결을 하지만, 그 판결이 평등에 반하는 경우 위헌성이 문제되지 않을 수 없기 때문이다.

그러나 현행 헌법재판소법상 법원의 재판에 대하여는 헌법소원이 배제되고 있으므로 법원의 판결이 헌법상의 평등원칙에 위배될 경우에도 그에 대한 구제방법이 사실상 없다는 문제점이 있다.[23)]

Ⅲ. 기회의 균등

1. 기회균등의 의의

기회균등이란 장래에 특정한 물질적 또는 정신적 재화를 획득할 수 있는 가능성, 즉 기회를 평등하게 인정하는 것을 말한다.[24)]

이러한 기회균등은 종래 모든 개인에게 동등한 기회가 주어진다고 인정하고, 국가가 이를 침해 · 박탈하지 않도록 하는 **형식적 기회균등**으로 이해되었으나, 오늘날에는 모든 국민이 실질적으로 동등한 기회를 가질 수 있도록 하는 조건의 창출을 위해 국가가 적극적으로 활동하여야 한다는 의미의 **실질적 기회균등**이 요청되고 있다.

2. 기회균등의 적용영역과 한계

형식적 기회균등은 모든 자유의 영역에서 발견될 수 있다. 즉 모든 사람에게 언론의 자유를 인정하여 자유로운 의사표현의 기회를 부여하는 것, 모든 국민에게 직업선택의 자유를 인정하여 원하는 직업을 가질 수 있는 기회를 부여하는 것 자체가 형식적 기회균등으로 이해될 수 있는 것이다. 다만 이러한 기회균등은 현재의 자유로운 상태보다는 장래에 일정한 목표를 달성할 수 있는 가능성이라는 점에 초점을 맞추고 있는 것이다.

그러나 형식적 기회균등은 실질적 불평등을 야기하는 경우가 많다. 거처가 있는 사람과 노숙자 사이에서의 주거의 자유를 누릴 수 있는 가능성, 학문 또는 예술활동을 위한 경제적 기초(예컨대 실험기자재, 예술활동의 도구 등)를 가지고 있는 사람과 그렇지 못한 사람 사이에서의 학문 · 예술의 자유를 누릴 수 있는 가능성은 현실적으로 커다란 차이를 보일 수밖에 없기 때문이다.

---

23) 법원의 재판에 대한 헌법소원(이른바 재판소원)에 대하여는 장영수, 현행 헌법소원제도의 의의, 본질과 법원의 재판에 대한 헌법소원의 문제, (고려대학교 법학연구소) 법학논집 제32집, 1996, 1-25쪽 참조.

24) 이런 의미에서 기회균등은 -정당의 기회균등, 선거후보자 기타 공직후보자의 기회균등, 교육의 기회균등 등과 같이- 미래를 향한 가능성을 모두에게 똑같이 보장하는 것이라고 할 수 있다.

따라서 오늘날 기회균등의 문제는 주로 실질적 기회균등을 중심으로 논의된다. 그러나 구체적으로 국가의 개입을 통한 기회균등의 보장이 어느 정도까지 가능하고 또 바람직한지는 일차적으로 입법자의 판단과 결정에 맡겨져 있다.

Ⅳ. 분배의 평등

1. 분배의 평등의 의의와 한계

오늘날 평등의 문제와 관련하여 가장 많이 문제되는 것들 중의 하나가 분배의 평등이다. 그러나 분배의 평등은 사회적 정의 내지 사회국가적 요청에 따라 매우 강조되고 있음에도 불구하고 그 실현에 있어서는 적지 않은 문제점을 안고 있다.

일차적으로 문제되는 것은 평등한 분배를 판단할 수 있는 **기준이 매우 모호하다**는 것이다. 그리고 평등한 분배를 위한 기준을 국가적(즉 법적)으로 강제할 경우에는 그로 인하여 **개인의 자유의 영역에 대한 매우 심각한 제약이 있을 수 있다**는 점도 분배의 평등 문제를 어렵게 만들고 있다.

2. 전제: 부익부, 빈익빈의 고리를 끊기 위한 사회적 장치의 마련

분배의 평등은 그 자체만으로서는 사회적 정의나 사회국가적 요청에 상응하게 실현되기 어렵다. 분배의 평등이 실질적으로 가능하기 위해서는 부익부, 빈익빈의 고리를 끊기 위한 사회적 장치가 마련되어야 하며, 그것은 무엇보다 실질적 기회균등의 보장을 통해서 이루어질 수 있을 것이다.

3. 출발점: 재산권의 사회적 구속성

분배의 평등은 경제적 재화에 대한 국가적 통제를 필수적인 내용으로 하게 되므로 그것이 가능하기 위해서는 재산권의 사회적 구속성이 인정되어야만 한다. 즉 재산권이 개인의 절대적 권리로서 이해되는 것이 아니라, 모든 경제적 재화가 사회적 관련 속에서 생산되고 또 분배된다는 점이 기본적으로 받아들여져야 하는 것이다. 이러한 출발점 위에서 비로소 분배의 평등을 위한 각종 제한이 정당한 것으로 인정될 수 있을 것이다.

4. 내용: 동등한 실적에 대한 동등한 보수의 원칙

분배의 평등은 결국 사회적·경제적 약자가 자신의 노동에 대한 정당한 몫을 찾게 해 주는 것이 된다. 그것은 무조건적인 분배가 아닌 정당한 활동에 상응하는 분배가 되어야 할 것이며(정의로서의 평등!), 원칙적으로 동등한 (생산)실적에 대하여는 동등한 분배가 이루어지는 형태로 구체화되어야 할 것이다.

제 4 절 구체적 평등권의 적용범위와 평등권에 대한 제한

Ⅰ. 구체적 평등권의 적용범위

1. 구체적 평등권보장의 의의

헌법상 일반적 평등원칙이 인정되는 것과 동시에 국민의 구체적 기본권으로서의 평등권이 인정되고 있는 것은 한편으로는 양자가 불가분의 관계 속에 연결되어 있음을 보여주고 있다. 하지만 이는 동시에 헌법 제11조 제1항 제2문에서 규정되고 있는 평등권이 평등의 전체문제를 포괄하지 못하는 일부에 지나지 않으며, 열거적인 것이 아니라 예시적인 것에 지나지 않다는 점도 보여준다.

앞서 언급한 바와 같이 평등원칙이 문제되는 모든 경우에 평등권의 침해가 인정되는 것은 아니기 때문에 어떤 경우에 구체적 평등권의 침해가 인정될 수 있는지, 그리고 어떤 법적 구제가 가능한지에 대해서는 일반적인 평등원칙과는 별도로 신중한 검토가 필요하다.

2. 평등권의 주체

현행헌법 제11조 제1항 제1문의 "모든 **국민**은 법 앞에 평등하다"는 문구에도 불구하고 평등권은 국민만이 아닌 모든 인간이 누릴 수 있는, 이른바 「인간의 권리」로 이해된다. 즉 **외국인**도 평등권의 주체가 될 수 있다는 것이다.

그러나 평등의 적용영역은 자유권, 사회권, 정치적 기본권, 절차적 기본권 등 다양한 기본권의 영역과 중첩되고 있기 때문에 모든 경우에 외국인을 국민과 같이 대우할 수는 없다. 이에 따라 구체적으로 어떤 경우에 외국인을 국민과 똑같이 대우하고, 또 어떤 경우에 국민과 외국인을 차별할 것인지도 평등의 중요한 문제 가운데 하나로 대두된다.[25)]

나아가 자연인이 아닌 **법인**도 평등권의 주체가 될 수 있다. 성질상 법인의 기본권주체성이 인정되는 기본권영역에서는 법인도 평등대우, 기회의 균등 등을 주장할 수 있다.[26)]

3. 평등권의 내용: 차별금지사유와 차별금지영역

현행헌법 제11조 제1항 제2문은 "누구든지 성별 · 종교 또는 사회적 신분에 의하여 정치적 · 경제적 · 사회적 · 문화적 생활의 모든 영역에 있어서 차별을 받지 아니한다"고

---

25) 실제로 인종과 국적에 의한 차별의 문제는 평등이 문제되는 대표적인 예의 하나이며, 외국인 노동자에 대한 불합리한 차별의 문제는 이미 우리에게도 해묵은 과제의 하나가 되었다.
최근 헌법재판소는 난민인정자를 긴급재난지원금 지급대상에서 제외한 것을 평등권 침해로 인정한 바 있다(**헌재 2024.3.28. 2020헌마1079 결정**).

26) 예컨대 중소기업의 육성을 위한 국가적 지원의 경우, 대기업과 중소기업 사이의 합리적 차별의 문제, 해당되는 중소기업들 간의 평등문제 등이 제기될 수 있으며, 이와 관련한 평등대우, 기회균등이 헌법적으로 요청된다. 그러나 구체적 기준의 설정과 그 타당성에 대한 판단, 평등침해에 대한 구제의 문제는 자연인의 경우와는 또 다른 기준이 필요할 것이다.

규정하고 있다. 이에 따라 평등권의 내용으로 차별금지사유와 차별금지영역을 이야기하는 것이 현행헌법의 해석론으로 일반화되어 있다.[27]

헌법 제11조 제1항 제2문이 예시하고 있는 **차별금지사유**는 성별, 종교, 사회적 신분이다. 즉 그 동안 많은 논란이 된 바 있던 양성차별의 금지, 종교에 따른 차별의 금지, 사회적 신분에 따른 차별의 금지를 명시한 것이다. 그러나 이러한 차별금지사유는 말 그대로 예시적인 것에 지나지 않는다. 즉 성별이나 종교, 사회적 신분이 아닌 다른 기준에 따른 차별도 역시 평등위반으로서 금지되는 것은 마찬가지이다. 또한 차별금지사유에 해당되는 것이라 할지라도 합리적인 차별은 평등에 위반되지 않는다. 예컨대 남녀의 생리적 구조의 차이에 따라 여성에게만 생리휴가를 인정하는 것이 양성평등에 반한다고 보기는 어려운 것이다.

헌법 제11조 제1항 제2문은 "정치적 · 경제적 · 사회적 · 문화적 생활의 모든 영역에 있어서" 차별을 금지하고 있다. 이와 관련하여 **차별금지영역**을 정치적 생활영역, 경제적 생활영역, 사회적 생활영역, 문화적 생활영역으로 나누어 고찰하기도 한다.[28] 그러나 이는 인간의 모든 생활영역을 망라함을 선언한 것이기 때문에 개별적인 생활영역을 헌법에서 언급한 네 가지로 나누고 그 어느 영역에 속하는지를 따지는 것은 큰 의미가 없다. 평등의 구체화는 보다 세분화된 영역에서 각기 다른 기준에 따라 이루어질 수밖에 없기 때문이다.[29]

결국 평등권의 내용은 개별적 문제상황 내지 문제영역에 따라 각기 합리적인 기준을 찾아 구체화시킬 수밖에 없다.

4. 평등권의 대사인적 효력

입법비구속설과 입법구속설의 대립이 입법구속설의 관철로 귀결됨에 따라 평등권은 집행권, 사법권뿐만 아니라 입법권까지 포함한 모든 국가권력을 구속하는 기본권으로 인정되고 있다. 나아가 평등권은 대국가적 효력뿐만 아니라 대사인적 효력도 인정되는 기본권이다.

평등권은 대사인적 효력이 가장 먼저 문제된 기본권이며, 또한 현재까지도 대사인적 효력이 가장 많이 문제되는 기본권의 하나이다. 미국에서 -대사인적 효력 인정의 출발점이라고 할 수 있는- 기본권의 효력확장이론이 발전되었던 계기가 바로 흑백의 인종차별이었고, 또 독일에서도 남녀의 임금평등 문제가 대사인적 효력 이론의 발달에 큰 영향을 미쳤다는 점을 생각하면 평등권이 대사인적 효력 이론의 발전에서 얼마나 큰 비중을 갖고 있는지를 짐작할 수 있다.

27) 계희열, 헌법학(중), 2007, 243쪽 이하; 권영성, 헌법학원론, 2010, 394쪽 이하; 김철수, 헌법학개론, 2007, 543쪽 이하.

28) 예컨대 권영성, 헌법학원론, 2010, 396쪽 이하.

29) 예컨대 같은 경제적 생활영역에 있어서의 평등이라 할지라도 누진세를 채택하고 있는 소득세 및 상속세 등에서의 평등(내지 합리적 차별)과 임금에 있어서의 양성평등을 동일한 기준으로 취급하기는 어려운 것이다.

평등권의 대사인적 효력을 인정한다 하더라도 직접적용과 간접적용에 관하여는 아직도 견해의 대립이 있다. 국내에서는 대체로 간접적용설이 추종되고 있지만, 평등권의 임무와 기능을 고려하여 헌법질서의 테두리 내에서 그때그때 구체적 상황에 따라 판단할 문제이지 획일적으로 정할 수 없는 문제라고 보는 견해도 있다.[30)]

5. 평등권의 제한을 통한 평등권의 실현

평등권의 실현은 구체적인 경우에 어떤 것이 합리적 차별로서 헌법상의 평등요청에 부합되며, 또 어떤 것이 불합리한 차별로서 평등에 위배되는지를 판단함으로써 이루어진다. 따라서 평등권의 구체화는 곧 합리적 차별의 구체적 기준을 마련하는 것이기도 하다.

이런 맥락에서 볼 때, 평등권의 제한이란 형용의 모순이라고도 볼 수 있다. 합리적인 차별은 평등의 제한이 아닌 평등의 실현이 될 것이며, 불합리한 차별은 정상적인 기본권의 제한이 아닌 위헌적 침해가 될 것이기 때문이다.

그러나 때로는 헌법 스스로가 일반적으로는 합리적 차별이라고 보기 어려운 차별을 직접 규정함으로써 평등실현의 예외를 정하기도 한다.

Ⅱ. 헌법에 의한 평등권 제한(=구체화)의 의의와 유형

1. 헌법에 의한 직접적 평등권 제한의 의의

기본권의 제한은 특정인의 특정기본권을 절대적으로 보장하기보다는 모든 국민의 모든 기본권을 동시에 최대한 보장하기 위한 기본권의 상호제약이라고 할 수 있다. 그러나 비록 기본권의 실효적 보장을 위한 것이라도, 그러한 제한의 남용 및 오용을 막기 위하여 기본권의 제한에는 일정한 형식, 목적, 기준, 한계 등 엄격한 요건의 충족이 요청된다.

기본권제한의 여러 형식 가운데 가장 확실하면서도 드문 경우는 헌법 스스로가 기본권의 제한을 명시하는 경우이다. 이러한 경우에는 그 제한의 정당성에 대하여 더 이상의 위헌시비를 막을 수 있고, 입법자가 이를 달리 규정할 가능성을 배제하게 됨으로써 일정한 장점[31)]과 더불어 문제점[32)]도 안게 된다.

---

30) 계희열, 헌법학(중), 2007, 257쪽.

31) 예컨대 헌법 제8조 제4항에 의한 위헌정당해산의 경우에는 정당해산의 요건과 절차를 헌법이 직접 명시함으로써 법률에 의해 요건을 완화시킬 수 없도록 만들었다. 그럼으로써 정당은 일반결사와는 달리 그 목적과 활동이 민주적 기본질서에 위배될 경우에만, 그리고 헌법재판소의 결정에 의해서만 해산되도록 함으로써 특별한 보호가 헌법적으로 부여되고 있는 것이다. 이 경우는 기본권의 제한을 헌법이 직접 규정함으로써 그 기본권을 보다 두텁게 보호하는 대표적 예라고 할 수 있다.

32) 예컨대 국가배상청구권을 제한하고 있는 헌법 제29조 제2항은 정상적으로는 인정될 수 없는, 즉 그 제한이 안고 있는 내용상의 문제점으로 인하여 법률에 의한 제한의 형태로는 정당화될 수 없는 기본권제한을 헌법에 직접 규정함으로써 위헌시비를 봉쇄하고 있다(이른바 실질적 위헌을 주장하여 동조항에 대한 위헌결정이 청구되기도 하였으나 헌법재판소는 이에 대한 헌법재판소의 관할권을 부정한

2. 현행헌법상의 직접적 평등권 제한의 유형과 그 정당성

현행헌법이 직접 평등권의 제한(즉 차별의 정당화)을 인정하고 있는 경우는 크게 세 가지로 나누어질 수 있다.

첫째는 **특권을 예외적으로 인정**하는 것이다. 헌법 제8조 제4항에 의한 (일반결사와 차별되는) 정당의 특권, 헌법 제84조(대통령에 대한 형사소추의 제한)와 제44조(국회의원의 불체포특권), 제45조(국회의원의 면책특권) 등에 의한 대통령과 국회의원의 특권, 그리고 헌법 제32조 제6항에 의한 국가유공자·상이군경 및 전몰군경의 유가족의 우선취업권 등이 이에 해당된다. 이러한 특권의 인정은 그 차별의 합리적 근거가 문제되는 바, 현행헌법이 인정하고 있는 특권들은 정당의 특수한 지위와 기능, 대통령 및 국회의원의 공직수행상의 필요성, 그리고 국가를 위해 특별한 희생을 한 사람들 및 그 유가족에 대한 생존배려 등의 차원에서 정당한 것으로 인정될 수 있다.

둘째 유형은 **공무원의 기본권에 대하여 특별한 제한**을 두는 것이다. 헌법 제33조 제2항에 의한 공무원의 근로삼권 제한, 헌법 제29조 제2항에 따른 군·경 등의 국가배상청구권제한, 헌법 제83조와 제43조가 규정하고 있는 대통령과 국회의원의 겸직금지 등이 이에 해당된다. 이들 제한 가운데 대통령과 국회의원의 겸직금지는 권한집중의 방지 및 공정한 공무집행의 필요에 따른 것이고, 또 그 범위를 법률로써 구체화하도록 함으로써 사실상 헌법에 의한 직접적 제한의 의미를 많이 상실하였다. 그러나 공무원의 근로삼권 제한이나 군·경 등의 국가배상청구권제한은 그 정당성과 관련하여 많은 논란의 여지를 남겨두고 있다.

그리고 그 밖에 헌법이 직접 규정하고 있는 특수한 차별로는 헌법 제110조의 **군사법원에 의한 재판**, 그리고 헌법 제87조 제4항이 규정하고 있는 **현역군인의 국무위원 임명금지** 등을 들 수 있다. 이 경우에도 차별의 합리적 근거가 문제될 수 있는데, 군사법원의 경우에는 비상계엄이라는 특별한 경우를 제외하고는 대법원에의 상소가 가능하도록 함으로써 문제의 소지를 줄이고 있으며, 현역군인의 국무위원 임명금지는 군사권력과 민간권력의 분립이라는 차원에서 그 정당성을 인정받고 있다.

3. 비교헌법적 검토

현행헌법은 기본권, 특히 평등권에 대한 직접적 제한규정을 비교적 많이 두고 있는 경우에 속한다. 정당특권을 규정한 헌법 제8조 제4항은 접어 두더라도 헌법 제29조 제2항에 의한 국가배상청구권의 제한, 헌법 제33조 제2항에 의한 공무원의 근로삼권 전체의 제한 등은 민주적 법치국가에서 그 예를 찾기 어려운 것들이다.

바 있다. 이에 관하여는 **헌재 1995.12.28. 95헌바3 결정** 참조). 동조항은 1971년 6월 22일의 대법원 판결에 의하여 국가배상법 제2조 제1항이 위헌판결을 받게 되자 1972년의 헌법개정에 의하여 같은 내용의 규정을 헌법에 편입함으로써 탄생된 것이며, 오늘날에 이르기까지 계속 그 정당성이 문제되고 있는 조항인 것이다.

물론 현실적 조건의 차이로 인하여 서구의 여러 나라들이 기본권을 보장하는 것과 똑같은 형태로 우리 헌법이 기본권을 보장하기 어렵다는 점은 인정될 수 있다. 하지만 그러한 경우에도 굳이 헌법에 직접 규정함으로써 현실의 변화를 고려한 탄력적 입법으로 문제를 풀어갈 가능성조차 봉쇄하고 있다는 것은 입법기술상으로도 결코 현명한 선택은 아니라고 보아야 할 것이다.

비록 현행헌법의 해석론으로서는 명문규정을 부정하거나 무시할 수 없지만, 적어도 입법론적으로는 헌법 제29조 제2항이나 제33조 제2항과 같은 조항을 헌법개정을 통해 삭제하고 구체적인 평등실현의 문제를 법률에 의한 제한에 맡기는 편이 보다 합리적이라고 생각된다.[33)]

Ⅲ. 법률에 의한 평등권 제한(=구체화)의 의의와 유형

1. 법률유보의 원칙과 법률에 의한 평등권의 제한

기본권제한의 가장 대표적인 형식은 역시 법률에 의한 제한, 즉 법률유보의 원칙에 따른 제한이며, 평등권의 경우에도 법률에 의한 (합리적) 차별의 구체화가 가장 많이 문제된다.[34)] 모든 국가작용이 평등원칙에 구속되고, 그에 따라 모든 국가작용에 의하여 평등권이 구체화된다고 볼 수 있지만, 헌법상의 평등원칙은 법률에 의하여 일차적으로 그 구체적 형태를 갖추게 되는 것이다.

평등권의 제한, 즉 차별을 구체화하는 법률은 무엇보다 차별의 합리적 근거를 갖고 있어야 한다. 법률 또한 헌법상의 평등권에 구속되기 때문에 차별의 합리적 근거를 찾을 수 없는 법률은 위헌으로 인정될 수밖에 없기 때문이다. 실제로 헌법재판소의 활동 이후 평등권에 대한 침해(즉 불합리한 차별)로 인정되어 위헌 선언된 법률도 적지 않다.[35)]

2. 제한의 대표적인 예와 그 합리성의 검토

현행법상 특정한 신분 또는 지위를 갖고 있는 국민 또는 외국인에 대하여 일정한 차별대우를 규정하고 있는 예는 적지 않다. 그 중 대표적인 것으로서는 ① 공무원법에 의한 공무원의 정당가입금지와 정치활동제한 및 주거지제한, ② 군관계법에 의한 군

---

33) 다만 헌법 제33조 제2항의 경우에는 법률로써 공무원의 근로삼권을 인정할 수 있는 여지를 남기고 있기 때문에 입법자의 적극적인 의지에 따라 탄력적인 운용의 가능성이 약간이나마 남아 있다고 할 수 있으나, 역시 헌법개정을 통해 공무원의 근로삼권 전체가 아닌 단체행동권만을, 그리고 공직수행과의 관련성 속에서 예외적으로 제한하는 것이 바람직할 것이다. 공무원의 노동삼권에 관하여는 「공무원의 노동조합 설립 및 운영 등에 관한 법률」 참조.

34) 법률에 의한 평등권의 제한은 합리적 차별로 인정되어야 하는 것이기 때문에 그 실질은 평등권의 구체화로 보아야 함은 앞서 검토한 바와 같다.

35) 헌법재판소의 설치 이전에도 대법원에 의한 위헌법률심판을 통해 평등권침해로서 위헌결정된 법률이 없지 않다(예컨대 국가배상법 제2조 제1항 단서에 대한 1971년 6월 22일의 대법원 판결 70다1010). 그러나 위헌법률심판이 활성화되고, 그런 가운데 평등권을 비롯한 여러 기본권을 침해한 법률에 대한 위헌선언이 활발해진 것은 역시 헌법재판소가 구성되어 활동한 이후라고 할 수 있다.

인 · 군무원의 영내거주 · 정치활동제한, ③ 행형법에 의한 수형자의 서신검열 · 교화 등 통신과 신체의 자유에 대한 제한, ④ 공직선거법 등에 의한 일정범위의 전과자에 대한 공무담임권의 제한, ⑤ 출입국관리법에 의한 외국인의 체류와 출국의 제한, ⑥ 외국인 토지법과 증권거래법 등에 의한 외국인의 토지소유 및 주식소유제한 등이 거론된다.[36)]

이러한 법률상의 제한은 헌법에 의한 직접적 제한과는 달리 헌법적 통제의 대상이 된다. 또한 상황의 변화에 따라 법률을 개정함으로써 탄력적인 적응이 가능하다는 장점도 갖고 있다.[37)] 그러나 현행법상 공무원의 정당가입금지 등과 같이 그 합헌성에 대한 논란이 계속되고 있는 것도 적지 않으며, 부부간의 재산분할 등과 관련된 불평등도 계속 논란의 대상이 되고 있다.

Ⅳ. 헌법재판소 판례를 통한 평등권의 구체화

헌법재판소의 활동은 평등권의 구체화에도 매우 중대한 영향을 미쳤다. 지난 30여 년 동안의 활동을 통하여 헌법재판소는 평등권의 의의와 성격을 구체화하는 데 많은 기여를 하였으며, 헌법재판소에 의해 많은 법률이 평등권과 관련하여 합헌으로 인정되기도 하였고, 위헌으로 무효화되기도 하였다.

헌법재판소는 평등원칙과 평등권을 엄밀하게 구별해서 사용하고 있지는 않다.[38)] 헌법재판소는 현행헌법 제11조 제1항에 따른 평등의 요청을 때로는 평등원칙으로, 때로는 평등권으로 표현하면서 그 내용을 자의(恣意)의 금지를 중심으로 정리해 왔다.

헌법재판소는 특히 "평등위반 여부를 심사함에 있어 엄격한 심사척도에 의할 것인지, 완화된 심사척도에 의할 것인지는 입법자에게 인정되는 입법형성권의 정도에 따라 달라지게 될 것"[39)]이라고 함으로써 시혜적인 법률과 같이 넓은 입법형성의 자유가 인정되어 있는 경우에는 "현저하게 합리성이 결여되어 있는 것이 아닌 한 헌법에 위반된다고 할 수는 없다"[40)]고 보는 반면에 "헌법에서 특별히 평등을 요구하고 있는 경우와 차별적 취급으로 인하여 관련 기본권에 대한 중대한 제한을 초래하게 된다면 입법형성권은 축소되어 보다 엄격한 심사척도가 적용되어야 할 것"[41)]이라고 보고 있다.

이러한 기준에 따라 헌법재판소는 5급 이상의 해직공무원을 특별채용 대상에서 제외한 경우,[42)] 사립학교법 제58조에 따른 사립학교교원의 면직절차를 국공립학교 교원과

---

36) 계희열, 헌법학(중), 2007, 257쪽 이하; 권영성, 헌법학원론, 2010, 410쪽; 김철수, 헌법학개론, 2007, 568쪽.

37) 예컨대 구 외무공무원법에 의한 귀화인의 외무공무원임용제한은 국제화시대에 맞는 인력수급의 필요성이 제기됨에 따라 법개정을 통해 철폐되었다.

38) 예컨대 **헌재 1989.1.25. 88헌가7 결정**에서 "평등의 원칙은 국민의 기본권 보장에 관한 우리 헌법의 최고원리로서 … 국민의 기본권중의 기본권인 것이다"라고 말하고 있고, 그 이후의 판례에서도 평등원칙에 대한 위반이라는 표현과 평등권에 대한 침해라는 표현을 거의 구별 없이 사용하고 있다.

39) 헌재 1999.12.23. 98헌마363 결정.

40) 헌재 1993.12.23. 89헌마189 결정.

41) 헌재 1999.12.23. 98헌마363 결정.

달리 한 경우[43] 등에 대해서는 입법자의 형성권을 인정하여 합헌으로 결정하였고, 교육공무원법 제11조에 따른 국공립사범대학출신자의 우선채용,[44] 구 제대군인지원법 제8조에 따른 공무원채용시험의 군필자 가산점제도에 대해서는 엄격한 비례성심사를 요구함으로써 위헌결정[45]을 내린 바 있다. 그러나 국가유공자 등의 유가족에 대한 가산점제도에 대해서는 합헌으로 결정[46]함으로써 논란이 벌어졌고, 이후 국가유공자 가족에 대한 가산점에 대해서도 판례변경을 통해 헌법불합치결정이 내려졌다.[47] 또한 공무상 질병 또는 부상으로 '퇴직 이후에 폐질상태가 확정된 군인'에 대하여 상이연금 지급에 관한 규정을 두지 않은 군인연금법 제23조 제1항에 대하여 평등원칙 위배로 헌법불합치 결정이 내려졌다.[48]

제 5 절 평등실현의 아포리와 우리의 과제

평등은 모든 규범의 정립과 실현에서 고려되어야 할 가장 기본적인 법이념의 하나이며, 헌법상 모든 국가작용을 구속하는 법원칙이고, 또한 모든 국민에게 인정되고 있는 기본권이기도 하다. 특히 근대적 민주주의사상은 자유 이상으로 평등의 이념을 실현시키는데 초점을 맞추기도 하였다.

그러나 평등의 문제는 오늘날 그 비중에 비하여 가볍게 다루어지는 느낌이 없지 않다. 평등의 강조가 자유의 제한 내지 억압을 초래한다는 잘못된 인식이 있는가 하면, 평등을 구체화시키는 몇 가지 법원칙(행정의 자기구속, 자의금지를 비롯한 평등심사의 몇 가지 기준 등)과 적절한 사회보장의 확보, 그리고 양성차별, 지역차별, 외국인노동자에 대한 차별 등 몇몇 영역에서의 평등만으로 평등에 대한 고민을 벗어날 수 있다는 생각도 드물지 않게 보인다. 이처럼 평등에 대한 관심이 근대 초에 비해 오히려 줄어드는 것은 평등문제의 가장 큰 이슈였던 봉건적 신분의 철폐가 완수되었고, 그 밖의 영역에서의 평등도 점진적인 발전을 보임으로써 사람들의 관심이 평등보다는 보다 치열한 대립이 나타나는 영역으로 옮겨진 때문이라고 할 수 있을 것이다.

하지만 현재에도 우리가 평등의 문제를 잊어도 좋을 만큼 평등실현의 전체적 구조와 과정이 완벽하게 정리되어 작동하고 있는 것은 아니다. 앞서 살펴본 바와 같이 평등의 성격과 구조에 관해서 대강의 윤곽은 그릴 수 있으며, 그에 대한 합의도 발견할 수

42) 헌재 1993.9.27. 92헌바21 결정.
43) 헌재 1997.12.24. 95헌바29등 결정.
44) 헌재 1990.10.8. 89헌마89 결정.
45) 헌재 1999.12.23. 98헌마363 결정.
46) 헌재 2001.2.22. 2000헌마25 결정.
47) 헌재 2006.2.23. 2004헌마675등 결정.
48) 헌재 2010.6.24. 2008헌바128 결정.

있다. 하지만, 구체적인 문제에 들어가서 그 사안을 과연 평등한 것으로 취급할 것인가 아닌가에 있어서는 여전히 많은 문제가 남아있고, 그에 대한 기준도 결국 개별적 · 구체적으로 찾아나갈 수밖에 없다고 보는 것은 평등실현이 아직도 많은 과제를 남기고 있음을 반증하는 것이기도 하다.[49]

물론 평등의 문제를 완벽하게 정리하여 무엇이 평등한 것이고 무엇이 차별되어야 하는 것인지를 전부 미리 결정해 놓는다는 것은 가능하지 않으며, 어쩌면 바람직하지 않을 수도 있다. 인간의 삶 가운데 나타나는 모든 상황을 예측하고 그에 대한 평등을 미리 판단하는 것이 불가능할 뿐만 아니라, 예측할 수 있는 부분에 대한 평등판단도 상황의 변화에 따라서는 불합리한 구속, 잘못된 평등의 강요를 통한 억압이 될 수 있기 때문이다.

결국 평등의 문제는 계속 새롭게 고민되어야 하는, 그렇기 때문에 궁극적인 해결은 영원히 구할 수 없지만 현재의 질서를 정의롭게 형성하기 위해서는 포기할 수 없는 가장 근원적인 문제의 하나로 영원히 남을 수밖에 없다. 마치 같은 사실(史實)을 대상으로 하는 경우에도 시대의 변화, 가치관의 변화에 따라 새로운 관점에서 역사(歷史)를 기술하는 것이 불가피한 것처럼, 평등 문제에 대한 판단도 계속 새롭게 검토될 수밖에 없는 것이다. 따라서 평등실현을 위한 우리의 과제는 어떤 하나의 관점을 절대화하는 것이 아니라 늘 열린 자세로 좀더 나은 평등실현의 가능성을 끊임없이 새롭게 모색하는 것이다. 평등의 본질, 평등의 지향점을 항상 가슴 속에 담고…

사례 풀이:

1. 갑 등의 헌법소원심판청구는 적법한가? (30점)
   - Ⅰ. 서: 헌법소원심판의 유형과 적법요건 [3점]
   - Ⅱ. 공권력에 의한 기본권의 침해 [9점]
     1. 보건복지부 고시의 공권력 해당 여부
     2. 침해되는 기본권
     3. 사안에 대한 판단
   - Ⅲ. 기본권침해의 직접성, 현재성, 자기관련성 [9점]
     1. 직접성 요건에 대한 판단
     2. 현재성에 대한 판단
     3. 자기관련성에 대한 판단
   - Ⅳ. 보충성 및 기타의 적법요건 [7점]
     1. 헌법소원심판청구의 보충성 요건
     2. 변호사강제주의
     3. 청구기간: 청구기간의 도과 여부 판단
   - Ⅴ. 결론 [2점]
2. 사안의 경우 보건복지부 고시에 의한 평등권 침해에 적용될 심사기준에 대해 논하시오. (20점)

---

49) 평등에 대한 헌법재판소의 태도에 관하여는 장영수, 평등의 헌법상 의의와 실현구조 -헌법재판소 결정에 대한 분석을 중심으로-, 한독법학 제16호(2004.11.30), 261-346쪽 참조.

Ⅰ. 서: 평등의 입법에 대한 구속력과 심사기준의 특수성 [3점]
Ⅱ. 엄격한 심사기준과 완화된 심사기준 [6점]
　1. 양자의 구별기준
　2. 엄격한 심사기준의 의미와 적용방식
　3. 완화된 심사기준의 의미와 적용방식
Ⅲ. 사회보장의 확대와 입법형성권의 존중 [9점]
　1. 사회권의 특성과 사회보장 확대에 관한 입법자의 판단여지
　2. 사회권에 대한 평등심사의 원칙: 완화된 심사
　3. 사안에 대한 판단
Ⅳ. 결론 [2점]

3. 갑 등의 헌법소원심판청구가 적법한 경우 헌법재판소는 어떠한 본안판단을 내려야 하는가? (50점)

Ⅰ. 사안의 분석과 쟁점의 정리 [5점]
Ⅱ. 평등권의 의의와 차별의 합리성 여부 [10점]
　1. 헌법상 평등원칙과 평등권의 의미
　2. 상대적 평등: 같은 것을 같게, 다른 것을 다르게
　3. 입법에 의한 평등의 구체화와 위헌심사의 가능성
Ⅲ. 보건복지부 고시의 내용과 효력 [15점]
　1. 보건복지부 고시의 형식과 효력
　2. 고시의 내용과 적용 대상의 한정
　3. 쟁점: 적용 대상 한정의 합리성 여부
Ⅳ. 차별에 대한 정당성 판단 [15점]
　1. 사안에서의 비교집단
　2. 평등심사의 기준
　3. 차별의 합리성 여부
Ⅴ. 헌법재판소의 본안 판단 [12점]
　1. 헌법재판소의 결정 형식
　2. 사안에 대한 판단
　3. 헌법재판소 결정의 효력
Ⅵ. 결론 [3점]

제3장 인신의 보호

「제3장 인신의 보호」에 속하는 기본권으로는 헌법 제12조 제1항에서 규정되고 있는 **신체의 자유**, 헌법 제12조 제2항 이하와 제13조에서 규정되고 있는 **형사피고인 및 형사피의자의 기본권**이 있을 뿐만 아니라 **생명권**, **신체를 훼손당하지 않을 권리**도 포함된다.

인간의 생명과 신체가 다른 활동에 비해 우선적인 보호의 대상이 되어야 한다는 것은 당연한 것이지만, 오히려 그렇기 때문에 생명과 신체의 보호가 명문화되지 않은 예들도 많다. 우리 헌법도 신체의 자유를 명문화시키고 있을 뿐, 생명이나 신체 그 자체의 보호를 내용으로 하는 생명권, 신체를 훼손당하지 않을 권리를 명문화시키고 있지는 않다.

이처럼 생명과 신체의 보호가 명문화되지 않은 기본권으로 남아 있다고 해서 이들에 대한 보호의 중요성이 감소되는 것은 결코 아니다. 우리의 경우 그러한 명문규정은 없어도 이들이 기본권으로서 보호된다는 것을 부정하는 견해는 찾을 수 없으며, 단지 구체적인 실현방식에 대한 논란이 존재할 뿐이다.

헌법 제12조: ① 모든 국민은 신체의 자유를 가진다. 누구든지 법률에 의하지 아니하고는 체포·구속·압수·수색 또는 심문을 받지 아니하며, 법률과 적법한 절차에 의하지 아니하고는 처벌·보안처분 또는 강제노역을 받지 아니한다.

② 모든 국민은 고문을 받지 아니하며, 형사상 자기에게 불리한 진술을 강요당하지 아니한다.

③ 체포·구속·압수 또는 수색을 할 때에는 적법한 절차에 따라 검사의 신청에 의하여 법관이 발부한 영장을 제시하여야 한다. 다만, 현행범인인 경우와 장기 3년 이상의 형에 해당하는 죄를 범하고 도피 또는 증거인멸의 염려가 있을 때에는 사후에 영장을 청구할 수 있다.

④ 누구든지 체포 또는 구속을 당한 때에는 즉시 변호인의 조력을 받을 권리를 가진다. 다만, 형사피고인이 스스로 변호인을 구할 수 없을 때에는 법률이 정하는 바에 의하여 국가가 변호인을 붙인다.

⑤ 누구든지 체포 또는 구속의 이유와 변호인의 조력을 받을 권리가 있음을 고지받지 아니하고는 체포 또는 구속을 당하지 아니한다. 체포 또는 구속을 당한 자의 가족 등 법률이 정하는 자에게는 그 이유와 일시·장소가 지체

없이 통지되어야 한다.
⑥ 누구든지 체포 또는 구속을 당한 때에는 적부의 심사를 법원에 청구할 권리를 가진다.
⑦ 피고인의 자백이 고문·폭행·협박·구속의 부당한 장기화 또는 기망 기타의 방법에 의하여 자의로 진술된 것이 아니라고 인정될 때 또는 정식재판에 있어서 피고인의 자백이 그에게 불리한 유일한 증거일 때에는 이를 유죄의 증거로 삼거나 이를 이유로 처벌할 수 없다.

헌법 제13조: ① 모든 국민은 행위시의 법률에 의하여 범죄를 구성하지 아니하는 행위로 소추되지 아니하며, 동일한 범죄에 대하여 거듭 처벌받지 아니한다.
② 모든 국민은 소급입법에 의하여 참정권의 제한을 받거나 재산권을 박탈당하지 아니한다.
③ 모든 국민은 자기의 행위가 아닌 친족의 행위로 인하여 불이익한 처우를 받지 아니한다.

제1절 가장 기본적인 보호대상으로서의 「생명」과 「신체」

현행헌법의 기본권규정은 제10조에서 「인간으로서의 존엄과 가치」 및 「행복추구권」을 확인하고 제11조에서 「평등」을 선언한 후, 곧이어 **신체의 자유 및 이와 관련된 형사절차상의 보장**을 규정하고 있다. 즉 헌법 제12조 제1항은 이른바 「신체의 자유」를 보장하고 있으며 제12조 제2항~제7항과 제13조는 이와 관련된 「형사피의자와 형사피고인의 권리」를 보장하고 있다.

이처럼 인신에 대한 보호를 우선적으로 규정하고 있는 것은 무엇보다 기본권의 역사적 발달과정에서 신체(거동)의 자유가 차지하는 비중이 매우 컸기 때문이다. 인간의 신체적 활동의 자유에 대한 보호는 정신적 활동의 자유와 더불어 인간의 시원적 요구인 동시에 인간생존을 위한 최소한의 조건이다. 신체의 자유에 대한 보장 없이는 다른 자유의 향유도 사실상 불가능해지며, 자유로운 정치적·사회적 질서(민주주의) 또한 불가능해지는 것이다.

물론 인신의 보호는 신체의 자유만으로 완성되지 않는다. 단순히 신체(거동)의 자유만이 아니라 그에 앞서서 신체의 완전성에 대한 보호, 나아가 그 전제로서 생명에 대한 보호가 필요한 것이다. 그러나 종래 생명과 신체의 완전성에 대한 보호는 특별히 기본권으로 규정되지 않는 것이 일반적이었다.[1)] 그러나 제2차 세계대전을 전후로 대두된

1) 그것은 −마치 인간의 존엄이 그러했듯이− 당연한 전제로 여겨졌기 때문이었으며, 인간의 생명과 신체에 대한 보호는 오히려 자력구제의 배제 및 국가의 권력독점, 그리고 −생명과 신체를 침해하는−

새로운 문제상황으로 인하여 과거 당연한 것으로 전제되었던 것들이 더 이상 당연하지 않게 되었으며, 생명권, 신체를 훼손당하지 않을 권리가 인간존엄과의 관계 속에서 새로운 문제로 제기되었다.2)

그렇다고 기본권으로 구성되고 있는 인간의 생명과 신체에 대한 보호가 단지 과거의 경험의 반복을 막기 위한 것으로 소극적으로 이해되어 좁은 범위에 국한될 이유는 없다. 오히려 이것은 「인간의 존엄」과의 관계 속에서 인간의 인격적 자율성(자율적인 삶의 형성)이 인간의 물리적 생존조건인 생명과 신체에 미치는 것으로 파악될 수 있을 것이다.

이러한 맥락에서 인간의 생명과 신체에 대한 보호는 생물학적 · 의학적 관점에서의 생명과 신체의 기능에 대한 보호만이 아니라 인간의 인격성과 관련된 전체적 보호를 그 내용으로 하며, 신체의 외양에 대한 보호도 포함한다고 인정되는 것이다.

제 2 절 기본권으로서의 생명권

Ⅰ. 생명권의 헌법상의 근거규정

현행헌법은 생명권에 대한 명문규정을 두지 않고 있으나 이를 인정해야 한다는 점에 대해서는 이론(異論)이 없다. 생명권을 인정하지 않으면서 다른 기본권을 인정한다는 것은 생각조차 할 수 없을 만큼 생명권은 모든 여타의 개별기본권의 전제가 되는 것이다.

그러나 현행헌법상 생명권의 근거규정을 무엇으로 볼 것인가에 대해서는 논란이 있다. 예컨대 생명권의 근거를 "인간의 존엄성존중을 규정한 헌법 제10조, 신체의 자유를 규정한 제12조 제1항 그리고 헌법에 열거되지 아니한 권리까지도 경시되어서는 아니 된다는 제37조 제1항 등에서" 찾을 수 있다고 보는 견해3)가 있는가 하면, "헌법 제10조에서 인간의 가치에 관해서 규정하고 있기 때문에 인간으로서의 생존의 가치가 인정되어야 한다"고 주장하는 학자4)도 있다. 그리고 실정헌법상의 근거에 관한 구체적인 언급 없이 생명권이 "우리 헌법에 명문규정이 없지만, '생명권'은 '신체적 완전성' 및 '신체활

국가권력의 자의적 행사에 대한 통제 내지 이를 통해 확보되는 국가권력의 정당한 행사를 통해 구체화되어 왔다.

2) 인간의 존엄을 경시 · 말살하는 전체주의의 경험 및 세계대전의 경험은 헌법 및 기본권의 이념적 기초로서의 인간존엄의 문제를 새롭게 부각시켰을 뿐 아니라, 그런 상황 속에서 인간의 생명과 신체의 완전성에 대한 보호의 문제도 현실적인 것으로 새롭게 떠오르고 있는 것이다. 예컨대 나치에 의한 생명과 신체의 무자비한 침해를 경험하였던 독일은 생명과 신체의 보호 자체를 기본권으로 명문화시키고 있는 것이다.

3) 권영성, 헌법학원론, 2007, 407쪽.

4) 김철수, 헌법학개론, 2007, 495쪽.

동의 임의성'을 보장하는 '신체의 자유'의 당연한 전제일 뿐 아니라 '인간의 존엄성'을 그 가치적인 핵으로 하는 우리나라 기본권질서의 논리적인 기초"라는 주장도 있다.[5]

이러한 견해의 대립은 −생명권 자체의 내용이나 효력에 영향을 주는 것은 아니지만− 기본권의 전체적 실현구조를 어떻게 이해할 것인지의 문제와 관련되는 것이기 때문에 잘 정리할 필요가 있다. 즉 앞서 검토된 바와 같이 인간의 존엄이 개별기본권으로 구체화되는 것으로 보고, 그러한 구체화를 명문화된 개별기본권에 의한 경우와 그렇지 않은 경우(즉 헌법 제37조 제1항에 해당되는 열거되지 않은 기본권에 의한 경우)로 크게 나누어서 볼 때,[6] 생명권을 비롯한 명문화되지 않은 기본권은 헌법 제37조 제1항의 열거되지 않은 기본권에 의해 보장되는 것으로 보는 것이 타당할 것이다.[7]

Ⅱ. 보호법익: 생명

생명권의 보호법익은 생명이다. 이때 생명은 「인간의 존엄」에 있어서 그러했듯이 개인이나 국가권력에 의한 평가를 통한 자의적인 차별(생존의 가치가 있는 생명의 여부 등의 판단)이 가능하지 않도록 **물리적 · 생물학적 생존**이라는 객관적인 기준에 따라 이해되어야 할 것이다. 그러므로 인간의 물리적 · 생물학적 생존의 보호로서의 생명권에 있어서는 사회적 가치나 유용성, 신체적 및 정신적 상태에 따른 차별을 전혀 허용되지 않는다.

이러한 생명이 갖는 법적 의의는 인간존엄과의 관련 속에서 규범적으로 이해되어야 한다. 즉 물리적 · 생물학적 존재로서의 인간의 생명권에 의한 보호가 구체적으로 어느 시점에서부터 어느 시점까지 미치는지의 문제(생명의 시작[始期]과 끝[終期]의 문제)는 규범적인 관점에서 결정될 수밖에 없는 것이다.

Ⅲ. 생명권의 주체

생명권의 주체의 문제에 있어서는 **출생 이후 사망 이전의 모든 인간**(내국인과 외국인의 구별 없이 국가권력의 영향 하에 있는 모든 인간)이 주체가 된다는 점에 대하여는 문제의 여지가 없다. 문제가 되는 것은 출생 이전의 태아, 또는 인공수정란 등에 대한 법적 보호, 그리고 사망의 시기와 관련하여 뇌사 인정 등이다.

1. 생명의 시기(始期)

생명의 시작을 출생시로 볼 것이냐 아니면 그 이전으로 거슬러 올라가야 할 것이냐의 문제는 곧 태아의 생명권이라는 문제와 직결되어 있다. 즉 출생을 통해 비로소 인간

5) 허영, 한국헌법론, 2025, 399쪽.
6) 이에 관하여는 「제2권 제2부 제1장 제3절 Ⅲ. **기본권을 통한 인간존엄의 구체화(인간존엄과 개별기본권과의 관계)**」 참조.
7) 열거되지 않은 권리로 보장된다고 하여 더 약하게 보장되는 것은 결코 아니다!

으로 인정되어 법적 보호를 받는다고 보아야 할 것인지, 아니면 출생 이전의 태아도 법적 보호를 받아야 하는지가 문제되는 것이다.

이에 대해서는 1975년 2월 25일의 독일 연방헌법재판소 판결(BVerfGE 39, 1) 이래 태아의 생명권을 인정하는 것은 일반화되고 있으며, 국내의 학설과 판례도 일반적으로 태아의 생명권을 인정하고 있다.[8] 하지만 그 경우에도 어느 시점부터 태아로서 생명권의 주체로 인정될 수 있는지에 대해서는 아직도 많은 문제가 해결되지 않고 있는 상태이다.[9]

또한 인공수정에 의해 형성된 생명에 대하여도 유사한 문제가 발생된다. 특히 출생을 목적으로 만들어진 시험관아기의 경우라면, 태아와 마찬가지의 생명권에 대한 보호가 인정되어야 할 것이다. 나아가 순전히 실험목적으로 인공수정이 이루어지고, 또 이를 사후에 폐기(?!)하는 경우에도 인간의 존엄과 더불어 생명권의 침해 여부가 문제될 수 있는 것이다.[10]

이와 관련하여 인공수정 내지는 세포의 복제와 배양이 생명과학적 연구를 위하여 제한적으로(법률에 근거한 개별적 허가에 의해) 허용되어야 한다는 주장과 전면 금지되어야 한다는 주장이 팽팽하게 대립되고 있으며, 현재 「생명윤리 및 안전에 관한 법률」이 이에 관한 기준(동법 제20조 이하)을 제시하고 있으나 논란은 아직도 계속되고 있다.

2. 생명의 종기(終期)

생명의 종기에 대한 헌법적 관점에서의 논의는 무엇보다 장기이식과의 관련성 속에

---

8) **대법원 1999.6.11. 선고 98다22857 판결** 참조. 이 판결에서 대법원은 기형아의 출산 문제와 관련하여 –비록 모자보건법에 의해 낙태가 인정되는 경우에 대해서는 예외로 보고 있지만– 부모의 낙태결정권을 인정하는 문제에 대해 부정적인 판단을 내리고 있으며, 또한 태아 자신의 추정적 의사에 기초해 장애를 갖고 출생한 것 자체에 대해 문제삼는 것도 역시 부정적으로 판단한 바 있다.

9) 과거에는 임신 후 3개월 이전의 태아에 대해서는 특별한 보호가 필요없다고 주장하는 견해도 있었다. 그 근거는 임신 후 3개월이 경과되어야 태아가 인간의 형태를 갖추게 된다는 것이었다. 하지만 이러한 견해는 몇 가지 문제점을 안고 있다. 과연 인간의 형태를 판단하는 기준이 무엇인지, 인간의 형태라는 것이 과연 결정적인 기준이 될 수 있는지(예컨대 인간의 형태를 벗어난 기형아에 대해서는 보호가 불필요하다는 것인지), 그리고 인간의 형태를 갖추게 되는 정확한 시점을 누가 어떻게 판단할 것인지 등이 문제되는 것이다.

이와 관련하여 **헌재 2012.8.23. 2010헌바402 결정**에서는 "태아도 그 성장 상태를 막론하고 생명권의 주체로서 보호받아야 하는 존재라는 점에서 수정란이 자궁에 착상한 이후부터 출산하기 이전까지의 태아를 성장 단계에 따라 구분하여 보호의 정도를 달리하는 것은 정당화될 수 없다"고 판시하였다.

다만, 헌법재판소는 임신 32주 이전에 태아의 성별 고지를 금지하는 의료법 제20조 제2항(이하 '심판대상조항' 이라 한다)이 낙태의 의도가 없는 부모까지 규제하여 헌법 제10조 일반적 인격권에서 나오는 부모가 태아의 성별 정보에 대한 접근을 방해받지 않을 권리를 침해하는 것으로 판시하였다(**헌재 2024.2.28. 2022헌마356등 결정**).

10) 오늘날에는 유전공학의 발달로 인해 어느 시점까지 연구를 위한 인공수정이나 세포의 복제, 배양 등이 허용되는지가 더욱 현실적인 문제로 대두되고 있으며, 이와 관련하여 수정시 이미 인간으로 인정되어야 한다는 견해, 자궁 내에 착상되었을 때를 기준으로 보아야 한다는 견해, 일정한 세포분열시기(예컨대 8배기)를 기준으로 하여야 한다는 견해 등이 대립되고 있는 상황이다. 이와 관련하여 **헌재 2010.5.27. 2005헌마346 결정**에서는 모체에 착상되거나 원시선이 나타나지 않은 이상 현재의 자연과학적 인식수준에서 독립된 인간과 배아 간의 개체적 연속성을 확정하기 어렵다는 이유 등을 근거로 기본권 주체성을 부인하였다.

서 심장박동의 정지를 사망의 기준시점으로 볼 것인가, 아니면 뇌사의 상태를 사망으로 볼 것인가의 문제를 중심으로 전개되었다. 즉 생존의 희망을 갖는 뇌사자의 가족과 장기를 이식 받고자 하는 사람간의 이해관계가 충돌되는 경우에 이 문제를 어떻게 해결할 것인지가 많이 문제되는 것이다.

현재 「장기 등 이식에 관한 법률」이 제정되어 뇌사판정에 관한 기준을 만들어 시행하고 있으나[11] 아직도 논란의 여지는 적지 않다. 한편으로는 동법 제16조 이하에서 정한 절차에 따라 뇌사판정이 이루어질 경우에도 잘못된 판단이 내려지는 경우를 완전히 배제할 수 없다는 우려가 있는가 하면, 다른 한편으로는 그와 같이 절차가 복잡해짐으로 인하여 오히려 뇌사판정을 통한 장기이식 및 생명의 구제가 더욱 어려워지고 있다는 비판도 있는 것이다.

그러나 경솔한 뇌사판정은 인간의 생명을 침해할 수 있다. 그러므로 단지 장기이식을 쉽게 하기 위해 뇌사판정을 용이하게 만들어서는 안 된다. 즉 뇌사의 판정을 위해서는 생명유지에 필요한 중요한 뇌기능이 이미 정지상태에 돌입했을 뿐만 아니라 다시는 회복될 수 없다는 점에 대한 객관적인 판단이 공정하게 내려질 수 있어야 할 것이다.

Ⅳ. 생명권의 보호를 위한 국가(법질서)의 의무

국가는 생명권의 중요성에 상응하여 생명권을 두텁게 보호할 책임을 지고 있다. 이러한 국가의 의무는 단순히 국가권력이 국민의 생명권을 불법적으로 침해해서는 안 된다[12]는 정도에 그치는 것이 아니다. 국가는 나아가 국민의 생명을 사회적 위협(범죄)이나 질병 등으로부터 보호할 의무도 지고 있다.

생명권의 보호에 관한 국가의 과제는 이런 맥락에서 크게 세 가지로 나누어질 수 있다.

첫째, 국가 자신이 생명권을 불법적으로 침해해서는 안 된다. 현재 사형제도 자체가 금지되고 있지 않기 때문에 생명권 제한이 전면적으로 배제되는 것은 아니지만, 국가권력에 의한 생명권의 제한은 매우 엄격한 요건 하에서만 가능한 것이다.

둘째, 국가 스스로에 의한 생명권의 침해뿐만 아니라 사인(私人)에 의한 생명권의 침해(즉 살인행위)도 억제되어야 한다. 국가는 이를 위하여 각종 형벌제도 등을 통해 국민의 생명권을 보호하고 있다.

셋째, 각종 질병이나 사고 등에 의한 생명의 위협으로부터 국민의 생명을 보호하는 것도 필요하다. 국가는 이를 위하여 각종 보건제도, 산업안전제도 등을 마련하고 있다.

---

11) 장기 등 이식에 관한 법률 제16조 이하. 그러나 뇌사는 누구나 쉽게 확인할 수 있는 심장사와는 다른 특수한 검진을 통해 내려지는 것이기 때문에 그 판정의 객관성과 공정성을 둘러싼 논란이 끊이지 않고 있다.

12) 법률에 의한 생명권의 제한(예컨대 사형)은 언제나 다른 생명을 보호하기 위한 경우에 국한되어야 하며, 그것도 항상 비례의 원칙에 따라서 행해져야 한다.

V. 생명권과 관련된 몇 가지 쟁점

1. 생명권과 사형제도

가장 많이 논란된 문제의 하나는 사형제도라고 할 수 있다. 사형제도는 생명권을 완전히 박탈하는 것이기 때문에 생명권의 본질적 내용에 대한 침해로서 위헌이라는 주장이 끊임없이 제기되었던 것이다.[13)]

그러나 헌법이론상 논란의 여지는 있어도 현행헌법 스스로가 사형을 금지하지 않고 오히려 간접적으로 사형이 가능함을 시사하고 있기 때문에[14)] 사형제도 자체가 곧 위헌이라고 보기는 어렵다.[15)]

다만 헌법은 사형을 금지하지 않을 뿐, 사형의 폐지를 배제한 것도 아니기 때문에 법률로써 사형제도를 폐지하는 것은 가능하다.[16)]

2. 자살의 교사와 방조, 촉탁에 의한 살인, 안락사 등의 문제

그 밖에 생명권과 관련하여 자살 혹은 자살에 대한 교사나 방조, 촉탁에 의한 살인, 안락사[17)] 등이 문제되기도 한다.[18)]

이러한 문제들은 **생명권이 처분가능한 기본권인지**에 따라 그 답이 달라진다. 즉 생명권을 마치 재산권과 비슷하게 보아 타인에게 자신의 생명에 대한 처분권을 넘겨줄 수 있다고 보게 된다면, 자살에 대한 방조는 물론, 촉탁에 의한 살인이나 안락사 등도 법적으로 문제될 여지가 없다.

하지만 인간생명에 대한 존중은 인간의 존엄과 직결되는 것으로서 자기 자신의 생

13) 예컨대 김철수, 헌법학개론, 2007, 514쪽 이하 참조.

14) 헌법 제110조 제4항: "비상계엄하의 군사재판은 … 다만, 사형을 선고한 경우에는 그러하지 아니하다."

15) 이러한 맥락에서 헌법재판소는 사형제도를 규정한 형법 제41조와 제250조 제1항에 대하여 합헌결정을 내린 바 있다(**헌재 1996.11.28. 95헌바1 결정**); 그리고 **2010.2.25. 2008헌가23 결정**에서도 합헌 5人, 위헌 4人의 의견으로 사형제도에 대하여 합헌결정을 내렸으나, 사실상 입법을 통해 사형제도를 규정하고 있는 형법 제41조를 개폐하도록 요청하고 있다.

16) 또한 사형이라는 극단적인 형벌은 매우 엄격한 요건에 따라 예외적으로만 인정되어야 한다. 이와 관련하여 대법원은 "우리 법이 사형제도를 두고 있지만, 사형은 사람의 목숨을 빼앗는 마지막 형벌이므로, 사형의 선고는 범행에 대한 책임의 정도와 형벌의 목적에 비추어 그것이 정당화될 수 있는 특별한 사정이 있는 경우에만 허용되어야 하고, 따라서 사형을 선고함에 있어서는 범인의 연령, 직업과 경력, 성행, 지능, 교육정도, 성장과정, 가족관계, 전과의 유무, 피해자와의 관계, 범행의 동기, 사전계획의 유무, 준비의 정도, 수단과 방법, 잔인하고 포악한 정도, 결과의 중대성, 피해자의 수와 피해감정, 범행 후의 심정과 태도, 반성과 가책의 유무, 피해회복의 정도, 재범의 우려 등 양형의 조건이 되는 모든 사항을 참작하여 위와 같은 특별한 사정이 있음을 명확하게 밝혀야 한다"라고 판시한 바 있다(**대법원 2002.2.8. 선고 2001도6425 판결**).

우리나라에서 현재까지 20년 이상 사형이 집행되지 않아 사실상의 사형폐지국으로 분류되고 있는 것도 같은 맥락에서 이해될 수 있다.

17) 안락사의 문제는 최근 의료계에서 그 인정 필요성을 주장하면서 다시금 많이 논란되고 있으며, 네덜란드나 벨기에처럼 안락사를 인정하는 법률을 제정하고 있는 국가도 있다.

18) 최근 법원의 판결을 통하여 연명치료의 중단을 의미하는 소극적 안락사가 합법으로 인정되고 있다. 헌법재판소도 '연명치료중단에 관한 자기결정권'을 헌법상 보장된 기본권으로 인정하고 있다(**헌재 2009.11.26. 2008헌마385 결정**).

명을 가볍게 처분할 권리는 누구에게도 없다고 보아야 한다.[19] 이를 부정할 경우에는 전체 기본권체계 자체가 붕괴될 위험이 발생하기 때문이다.[20]

3. 특수한 직업과 생명의 위험

특수한 직업을 가진 경우에는 생명에 대한 위험이 뒤따르는 경우가 있다. 예컨대 경찰관이 흉악범과 대치할 경우, 소방관이 화재 중인 건물에 투입되는 경우, 군인이 전쟁을 치르는 경우 등이 그러하다.

이와 관련하여 이들이 구체적인 직무수행 중에 자신의 생명권을 주장하여 위험을 감수하도록 하는 직무상의 명령을 거부할 수 있는지가 문제되기도 한다. 예컨대 "자기 생명의 희생이 확실시되는 직무집행을 강요할 수는 없다"고 말하면서 "한 사람 공무원의 생명을 희생시키지 않으면 도저히 다수의 생명을 구할 수 없는 절박한 경찰상의 위험에 직면해서 행해진 직무명령은 그것을 위법한 직무명령이라고 할 수는 없지만, 생명권을 존중하는 한 그 직무명령을 어긴 공무원에 대한 국가의 형벌권은 인정될 수 없다"고 주장하는 학자도 있다.[21]

그러나 경찰관이나 소방관의 경우 자신이 담당하는 직무가 안고 있는 위험성을 충분히 알고 그 직업을 선택한 사람들이기 때문에 어느 정도 위험한 상황에 투입되는 것은 불가피하다고 할 수 있다. 또한 군인의 경우 성질상 전쟁수행 중의 명령에 대해 생명권을 이유로 불복하는 것이 -그 명령이 특별히 불합리한 것이라면 모르겠지만- 일반적으로 인정되기는 곤란할 것이다.

제3절 신체를 훼손당하지 않을 권리

Ⅰ. 신체를 훼손당하지 않을 권리의 헌법상의 근거규정

신체를 훼손당하지 않을 권리(본인의 승낙 없이 강제로 이루어지는 불법적인 신체훼손의 금지)[22]도 그 근거조항이 문제되고 있다.

신체를 훼손당하지 않을 권리도 생명권과 마찬가지로 제10조와 제12조 제1항, 제37

19) 극단적인 예로서, 만일 자신의 생명에 대한 전면적인 처분권이 인정된다면, 누군가 이를 사들여서 원하는 때 인간사냥을 하는 것조차도 생명권의 침해가 되지 않는다고 보게 될 것이다.

20) 반면에 김철수, 헌법학개론, 2007, 517쪽에서는 이 문제를 환자의 존엄사(尊嚴死)의 권리와 생명권의 충돌의 문제로 보고 있다.

21) 허영, 한국헌법론, 2025, 402쪽.

22) 과거에는 신체를 훼손시키는 형벌이 많이 있었다. 곤장을 치고, 얼굴에 문신을 넣는 등의 행위뿐만 아니라 신체의 일부를 절단하는 형벌까지도 동서양에서 적지 않게 행해졌다. 하지만 그러한 형벌은 비인도적인 것이라는 비판으로 인하여 점차 사라지게 되었고, 오늘날 형벌의 수단으로 신체를 훼손시키는 것은 -이슬람권 국가 등과 같은 일부 예외를 제외하면- 전면적으로 금지되고 있다.

조 제1항의 통합적 해석에 의하여 헌법적으로 보장된다는 견해[23]가 있는 반면에 신체의 불훼손성이 최협의의 행복추구권에 포함되는 것으로 보는 학자도 있다.[24] 그리고 신체의 자유 안에서 '신체적 완전성'과 '신체활동의 임의성'이 보장되고 있다는 학설도 있다.[25]

이처럼 신체를 훼손당하지 않을 권리에 대해서 많은 논란이 계속되고 있는 것은 - 인신의 구속이 신체의 훼손으로 연결되는 경우가 많았지만- 개념상 인신의 구속을 통한 신체의 자유에 대한 제한과 신체의 훼손은 구별되어야 한다는 요청이 중요한 의미를 갖기 때문이다. 과연 어느 쪽에 더 비중을 두느냐에 따라 결론이 달라질 수 있겠지만, 전통적으로 신체의 자유는 부당한 인신구속에 대항하여 형성·발전되어 왔다는 점을 고려할 때, 신체를 훼손당하지 않을 권리는 이와 구별되는 독립된 기본권으로서 (생명권과 마찬가지로) 헌법 제37조 제1항의 열거되지 않은 기본권으로서 보호되는 것으로 보는 것이 타당할 것이다.[26]

Ⅱ. 보호법익: 신체의 현상태의 유지

신체를 훼손당하지 않을 권리의 보호법익은 신체의 현상태를 유지하는 것이다. 이를 **신체의 완전성의 유지**라고 표현하기도 한다.

신체의 훼손은 다양한 형태로 발생될 수 있다. 예컨대 신체의 일부에 대하여 가시적인 훼손이 가해지는 경우도 있을 수 있고, 혹은 가시적인 훼손 없이 건강을 침해하는 경우도 가능하다. 또한 신체의 기능에는 아무 이상이 없더라도 신체의 외양에 대한 침해를 통해 신체를 훼손하는 경우도 있다. 신체를 훼손당하지 않을 권리는 이러한 모든 침해를 막고 신체의 육체적·정신적 현상태 및 외양을 유지하는 것을 모두 포함하는 것이다.

이러한 맥락에서 독일의 헌법학자 뒤리히(*G. Dürig*)는 신체를 훼손당하지 않을 권리의 보호법익을 네 가지로 정리한 바 있다. 즉 신체를 훼손당하지 않을 권리의 보호법익이 ① 단종(거세)으로부터의 자유, ② 생물학적·의학적 의미에서의 육체적 건강에 대한 침해로부터의 자유, ③ 고통으로부터의 자유, ④ 외양의 손상으로부터의 자유를 포함한다는 것이다.

그러나 육체적 현상태의 유지와는 달리 정신적 현상태의 유지라는 것은 매우 확인하기 어려운 문제라고 할 수 있다. 그렇기 때문에 신체를 훼손당하지 않을 권리를 통하여 보호하고자 하는 것은 일차적으로 신체적 현상태의 유지, 즉 육체적인 것에 초점

23) 권영성, 헌법학원론, 2010, 415쪽.
24) 김철수, 헌법학개론, 2007, 509쪽.
25) 허영, 한국헌법론, 2025, 402쪽.
26) 하지만 헌법재판소는 "헌법 제12조 제1항 전문에서 "모든 국민은 신체의 자유를 가진다"라고 규정하여 신체의 자유를 보장하고 있는 것은, 신체의 안전성이 외부로부터의 물리적인 힘이나 정신적인 위험으로부터 침해당하지 않을 자유와 신체활동을 임의적이고 자율적으로 할 수 있는 자유를 말하는 것"이라고 판시함으로써(**헌재 1992.12.24. 92헌가8 결정**) 신체를 훼손당하지 않을 권리가 신체의 자유에 내포되어 있다는 견해를 취한 바 있다.

을 맞추어야 할 것이며, 정신적인 영향은 -정신적 생활영역의 보호에서 다루어지는 것은 별론으로 하고- 그것이 신체적인 현상에까지 영향을 미치는 경우에만 「신체를 훼손당하지 않을 권리」에 의한 보호의 대상이 되는 것으로 파악되어야 할 것이다.

Ⅲ. 신체를 훼손당하지 않을 권리의 주체

신체를 훼손당하지 않을 권리의 주체는 **국가권력의 영향 하에 있는 모든 인간**이다. 생명권이나 신체의 자유를 포함하여 인신의 보호에 관한 모든 자유는 이른바 인간의 권리로서 -국민과 외국인의 구별 없이- 모든 인간에게 인정되는 것이다.

태아나 체외수정의 경우에는 비록 신체에 대한 형법적인 보호의 대상은 되지 않고 있으나 역시 신체를 훼손당하지 않을 권리의 주체가 될 수 있다.[27)]

Ⅳ. 신체를 훼손당하지 않을 권리의 보호를 위한 국가(법질서)의 의무

국가가 의도적으로 국민의 신체를 훼손하는 행위는 정당화될 수 없으며, 이러한 국가의 행위가 금지됨은 자명하다. 그러나 국가가 국민에게 일정한 -신체의 훼손을 가져올 위험성이 높은- 활동을 법적으로 강제하고, 이에 의하여 실제로 신체의 훼손이 있게 되었을 경우에는 목적과 수단의 비례성을 검토하여 개별적으로 그 정당성 여부를 판단할 수밖에 없다.

이러한 비례성의 판단에서 우선적으로 고려되어야 할 것은 **「인간의 존엄」에 대한 직접적인 침해**는 결코 정당화될 수 없다는 점이다. 따라서 국가권력은 본인의 의사에 반하는 생체실험, 거세, 나아가 거짓말 탐지기나 약물, 최면 등을 이용한 정신 또는 기억의 강제적 확인 등을 시도해서는 안 된다. 체형(體刑) 또한 허용될 수 없으며, 국가권력에 의한 여하한 형태의 신체적 학대도 금지되어야 한다.

또한 신체를 훼손당하지 않을 권리와 관련하여 최근에는 **사회적 환경에 의한 침해**라는 새로운 문제상황이 제기되기도 한다. 예컨대 차량 또는 비행기의 소음 등으로 인하여 불특정 다수인의 신체(즉 건강)에 대한 침해가 발생될 수 있으며, 유사한 침해는 (핵)발전소, 화학공장 등에 의해서도 발생될 수 있다.[28)]

---

27) 예컨대 약물중독이나 감염, 사고 등으로 인하여 -경우에 따라 모체와 함께- 신체를 훼손당한 경우에는 이에 대한 법적 보호가 필요하고 가능하다. 이러한 경우에는 또한 민법상의 불법행위를 구성하여 그에 대한 손해배상을 청구하는 것도 인정될 수 있을 것이다(민법 제762조).

28) 이러한 경우 대부분 환경권의 침해로서 문제될 수 있을 것이지만, 그것이 명백하고 심각한 건강의 침해를 야기할 경우에는 신체를 훼손당하지 않을 권리에 대한 침해도 동시에 문제될 수 있다. 이러한 침해가 발생된 경우에 신체를 훼손당하지 않을 권리를 사회적으로 중요한 다른 법익과 형량하여 적절하게 보호하는 것은 일차적으로 입법자의 과제이다.

제4절 신체의 자유의 보장

【사례: 인신의 보호】

갑은 A대학교 컴퓨터 공학과 재학중 본인의 컴퓨터 실력을 자랑하려는 의도에서 친구들과 함께 B은행 전산망을 해킹하였다. 그 결과 은행 전산망이 다운되면서 막대한 손실이 발생하였고, 갑은 결국 체포되어 징역 3년을 선고받고 C교도소에 복역 중이다.

교도소 내에서 갑은 모범수로 인정받았으나, 그와 같은 감방에 복역하고 있던 모범수 을이 부모님의 병환으로 인하여 귀휴 하였다가 복귀하지 않은 것과 관련하여 갑이 을을 대신하여 외부의 조력자들에게 연락을 해주었다는 혐의를 받고 독방으로 이송되었으며, 30일간 외부와 연락을 하거나 받지 못하도록 하는 처분을 받았다.

이러한 징벌이 과도한 것이며, 자신의 인권을 침해한다고 판단한 갑은 이를 법적으로 다투고자 한다.

〈헌재 2004.12.16. 2002헌마478 결정 참조〉

1. 30일의 기간이 끝난 직후에 갑이 이러한 징벌처분에 대해 변호사의 조력을 얻어 헌법소원심판을 청구하였다. 이 청구는 적법한가? (30점)
2. 갑은 자신이 을의 조력자들에게 연락을 해주었다는 것이 확실하게 입증되지 않은 상태에서 혐의만으로 독방으로 이송하고 징벌을 부과한 것은 자신의 인권에 대한 과도한 침해하고 주장한다. 이러한 갑의 주장은 타당한가? (40점)
3. 갑은 자신이 비록 복역 중이지만 부당한 징벌 등에 대응하기 위하여 변호사의 조력을 받을 권리가 인정되어야 하는데, 30일 동안 외부와 연락을 하지 못하도록 한 것은 이를 원천적으로 봉쇄한 것이어서 위헌이라고 주장하다. 이러한 갑의 주장은 타당한가? (30점)

Ⅰ. 신체의 자유의 헌법적 의의

신체의 자유는 국가권력에 의한 방해를 받음이 없이 자유로이 활동할 수 있는 법적 가능성, 즉 **신체활동의 자유(신체거동의 자유)**를 의미한다.

자유로운 신체활동은 다른 기본권을 행사하기 위하여 중요한 전제가 될 뿐만 아니라, 신체를 훼손당하지 않을 권리와도 밀접한 관련을 갖고 있다. 신체의 자유에 대한 제한(체포 · 감금 등)은 이미 신체에 대한 훼손의 위험성을 상당부분 내포하고 있기 때문이다.

따라서 신체의 자유에 대한 보장에 있어서는 단순히 「거동의 자유」로서의 측면만이 아니라 「인신의 보호」로서의 측면이 더욱 강조되고 있으며, 이런 점에서 거동 자체에 초점을 맞추고 있는 「거주 · 이전의 자유」와 구별된다.

그러나 신체의 자유에 의해 보호되는 영역과 거주·이전의 자유에 의해 보호되는 영역간의 구별이 까다로운 경우도 있다. 특히 거동의 자유 측면에서 양자는 매우 유사하기 때문에 양자의 구별은 오히려 연혁적인 의미가 더 크다고 볼 수 있으며,[29] 구체적인 행사의 방식에 따라 양자를 구별하기보다는 제한의 방식에 따라 양자를 구별하는 것이 일반적이다.[30]

Ⅱ. 신체의 자유의 보호법익

신체의 자유는 **자기가 원하는 임의의 장소에 가서 머물 수 있는 법적 가능성**으로 정의될 수 있다.

따라서 신체의 자유에 대한 헌법적 보장은 단순히 기본권의 주체를 일정장소에 가두어 놓음으로써 자유를 박탈하는 것을 금지하는 데에서 그치는 것이 아니라 특정장소에 대한 접근을 금지하는 것도 배제한다. 또한 특정시간에 특정장소를 떠나지 못하게 하는 것도 신체의 자유의 제한이 된다.

제한의 수단이 물리적인 것인지, 아니면 법규에 의한 강제나 금지인지는 문제되지 않는다. 다만 제한의 방식에 따라 신체의 자유에 대한 제한이 문제되는 것인지, 아니면 거주·이전의 자유에 대한 제한이 문제되는 것인지를 구별해야 하는 경우가 발생될 수 있다.

Ⅲ. 신체의 자유의 주체

신체의 자유도 생명권이나 신체를 훼손당하지 않을 권리와 마찬가지로 이른바 인간의 권리이기 때문에 국가권력의 영향 하에 있는 (국민과 외국인을 포함한) **모든 인간**이 그 주체로 인정된다.

다만 **미성년자**는 신체의 자유와 관련하여 **특별한 제한**이 인정되고 있다. 미성년자도 역시 신체의 자유의 주체가 되기는 하지만 이를 친권자에 대해 행사하지는 못한다. 오히려 친권자는 미성년자의 거소를 지정할 권한이 인정되고 있는 것이다(민법 제914조).[31]

Ⅳ. 신체의 자유에 대한 국가의 보호와 제한

헌법 제12조 제1항 제1문은 "모든 국민은 신체의 자유를 가진다"라고 선언하고 있

---

29) 양자의 연혁적 구별에 관하여는 「제2권 제2부 제11장 제1절 Ⅰ. **역사적 기초**」 참조.

30) 즉 체포·구금·압수·수색의 방법으로 신체의 자유를 제한하는 경우에는 검사의 신청에 의해 법관이 발부한 영장이 필요한 반면(헌법 제12조 제3항), 거주·이전의 자유에 대한 제한은 기본권제한의 일반적 요건에 따라 법률로써 가능하다. 또한 체포·구금·압수·수색 이외의 방법으로 신체의 자유에 대한 제한이 가해지는 경우는 사실상 거주·이전의 자유에 대한 제한과 구별이 불필요하다고 말할 수 있을 것이다.

31) 이에 관하여는 「제2권 제1부 제3장 제1절 Ⅱ. **기본권능력과 기본권행사능력의 구별**」 참조.

다. 이러한 신체의 자유의 보장은 불법한 체포·구속, 압수·수색, 심문, 처벌, 보안처분 및 강제노역 등을 금지하는 것이다(헌법 제12조 제1항 제2문).

그러나 구체적으로 국가가 이를 어떤 방식으로 보호할 것인지에 관하여 대륙법계와 영미법계는 전통적으로 상이한 강조점을 가지고 있었다. 즉 대륙법계에서는 법치주의에 기초한 죄형법정주의 내지 법률유보를 중심으로 한 실체적 보장에 역점을 두었던 반면에 영미법계에서는 법의 지배와 적법절차의 발전을 통한 절차적 보장에 치중하였던 것이다.[32]

1. 신체의 자유의 실체적 보장

신체의 자유에 대한 실체적 보장은 신체의 자유의 내용을 헌법적으로 규정하고 이를 함부로 침해하지 못하도록 정하고 있는 것이다.

이런 맥락에서 -모든 기본권의 제한이 일반적으로 그러하듯이- 신체의 자유에 대한 제한도 법률로써만 가능하도록 하는 **죄형법정주의의 원칙과 그 파생원칙(형벌불소급, 일사부재리 등)**도 신체의 자유에 대한 실체적 보장으로서 발달되었던 것이다.[33]

2. 신체의 자유의 절차적 보장

반면에 신체의 자유에 대한 절차적 보장은 신체의 자유를 제한함에 있어서 일정한 절차를 거치도록 함으로써 함부로 제한되지 않도록 하는 것이다. 예컨대 신체의 자유를 제한할 경우에 영장을 필요로 하도록 하는 영장제도나, 구속이유 등에 대한 고지제도, 그리고 신체의 자유가 제한되어 있는 상태에서 체포·구속적부의 심사를 청구할 수 있도록 하는 제도 등은 신체의 자유에 대한 절차적 보장에 해당된다.[34]

---

32) 물론 오늘날에는 이러한 구별은 연혁적 의미 이상을 갖지 못한다. 오늘날에는 대륙법계에서도 영미법에서 발전된 절차적 보장을 수용하고 있으며, 거꾸로 영미법계에서도 대륙법계에서 발전되었던 실체적 보장을 간과하지 않고 있기 때문이다.

33) 이와 관련하여 헌법재판소는 형벌에 관한 책임주의 원칙에 따라 종업원 등의 법위반행위에 대해서 영업주 등이 선임·감독상의 주의의무를 대하여 아무런 잘못이 없는 경우까지도 형벌을 부과하게 되는 양벌규정을 위헌으로 판시한 바 있다(**헌재 2010.7.29. 2009헌가14등 결정; 헌재 2010.7.29. 2009헌가25등 결정; 헌재 2010.12.28. 2010헌가94 결정**).

34) 그 밖에 적법절차를 신체의 자유에 대한 절차적 보장으로 인정하는 견해가 있다(예컨대 권영성, 헌법학원론, 2010, 424쪽 이하). 그러나 헌법재판소는 적법절차를 "헌법 제13조에 규정한 형벌법규불소급, 일사부재리 및 연좌제금지의 원칙과 헌법 제12조 제3항에 규정한 영장주의의 원칙을 아울러 고려하면, 위 헌법조항이 규정하는 적법절차주의는 적어도 형사소송절차에 있어서는 그 절차를 규율하는 법이 형식적 의미의 법률로 정하여져야 할 뿐만 아니라, 그 법률의 내용이 정의에 합치되는 것이어야 한다는, 다시 말하자면 절차의 적법성뿐만 아니라 절차의 적정성까지 보장되어야 한다는 뜻으로 이해하는 것이 마땅하다고 본다"라고 판시한 바 있다(**헌재 1993.7.29. 90헌바35 결정**). 그것은 우리 헌법 제12조 제1항에서 적법절차를 언급한 것 때문에 발생되고 있는 이해의 혼란이라고 할 수 있다. 그러나 적법절차(due process of law)란 미국에서 법에 의거한 국가권력의 행사를 확보하기 위하여 발전된 것으로서 법치주의의 미국식 표현이라고 할 수 있는 것이며, 그 내용에는 절차적 보장뿐만 아니라 실체적 요청까지도 포함되고 있다(이에 관하여는 「제1권 제2부 제3장 제2절 Ⅱ. **미국의 권력분립과 법치주의**」 참조). 따라서 적법절차를 신체의 자유에 대한 절차적 보장에 한정시켜서 이해하는 것은 적절치 못하다.

(1) 영장제도

헌법 제12조 제3항에 의해 도입된 영장제도란 체포 · 구속 · 압수 · 수색 등 신체의 자유에 대한 직접적이고 심각한 제한에 대해서는 −기본권제한의 일반요건에 따라 요구되는 사항들(법률의 형식, 비례원칙 등) 이외에− 법관이 발부한 영장이라는 특별한 요건을 갖추도록 요구하는 제도이다.

이처럼 신체의 자유에 대한 제한에 있어서 법관이 발부한 영장을 필요로 하도록 정하고 있는 것은 신체의 자유가 함부로 제한되지 못하도록 하기 위한 것이다. 단순히 기본권제한의 법률유보에 따라 법률의 근거가 있으면 제한될 수 있도록 하지 않고, 사법부의 독립에 의해 그 중립성과 공정성이 확보되고 있는 법관의 심사를 통해 신체의 자유에 대한 제한이 꼭 필요한지를 먼저 심사하도록 함으로써 국가기관이 특히 범죄수사 등과 관련하여 신체의 자유를 과도하게 제한하는 것을 막는 것이다.[35][36]

다만 현행범인인 경우에는 누구든지 영장 없이 체포할 수 있으며(헌법 제12조 제3항 단서, 형사소송법 제212조), 장기 3년 이상의 형에 해당하는 죄를 범하고 도피 또는 증거인멸의 염려가 있으며 긴급을 요할 때에는 영장 없이 긴급체포가 가능하다(헌법 제12조 제3항 단서, 형사소송법 제200조의3). 그리고 비상계엄이 선포된 경우에는 영장주의에 대한 특별한 제한이 계엄당국에 의해 내려질 수 있다(헌법 제77조 제3항).

(2) 체포 · 구속의 이유 등에 대한 고지

헌법 제12조 제5항은 "누구든지 체포 또는 구속의 이유와 변호인의 조력을 받을 권리가 있음을 고지받지 아니하고는 체포 또는 구속을 당하지 아니한다. 체포 또는 구속을 당한 자의 가족 등 법률이 정하는 자에게는 그 이유와 일시 · 장소가 지체없이 통지되어야 한다"고 규정하고 있다.

이 규정은 두 가지 내용을 담고 있다. 제1문은 이른바 미란다(Miranda)원칙[37]을 인정하고 있는 것인데, 영장제도가 실질화되고 피의자 또는 피고인이 적절한 방어권을

---

35) 이처럼 영장제도를 도입함으로써 수사의 편의를 위해 신체를 자유를 침해하는 것이 억제될 수 있기 때문에 이를 법률유보와 비교하여 **법관유보**라 부르기도 한다. 헌법재판소도 "형사절차에 있어서의 영장주의란 체포 · 구속 · 압수 등의 강제처분을 함에 있어서는 사법권 독립에 의하여 그 신분이 보장되는 법관이 발부한 영장에 의하지 않으면 아니 된다는 원칙이고, 따라서 영장주의의 본질은 신체의 자유를 침해하는 강제처분을 함에 있어서는 중립적인 법관이 구체적 판단을 거쳐 발부한 영장에 의하여야만 한다는 데에 있다"고 판시한 바 있다(**헌재 1997.3.17. 96헌바28등 결정**).
또한 특별검사가 참고인에게 지정된 장소까지 동행할 것을 명령할 수 있게 하고 참고인이 정당한 이유 없이 위 동행명령을 거부한 경우 천만 원 이하의 벌금형에 처하도록 규정한 이른바 이명박특검법의 동행명령조항에 대하여 헌법재판소는 영장주의 및 과잉금지원칙에 위배되는 것으로 판시한 바 있다(**헌재 2008.1.10. 2007헌마1468 결정**).

36) 또한, 대법원은 압수 · 수색영장에 근거한 휴대폰의 압수와 관련하여 영장발부의 사유가 된 범죄혐의 사실과 관련 없는 휴대폰 내용 중의 전자정보를 임의로 출력하거나 파일로 복제하는 행위는 위법한 것으로 보았다(대법원 2022.1.14.자 2021모1586 결정).

37) 미란다(Miranda)원칙은 미국 연방대법원의 1966년의 Miranda v. Arizona 사건(383 U.S. 436) 판결에 의해 확립된 원칙으로서, ① 피의자에게 진술거부권이 있다는 사실, ② 피의자의 진술이 그에게 불리한 증거로 이용될 수 있다는 점, ③ 피의자가 변호인의 조력을 받을 권리를 가지고 있다는 점을 고지하지 않은 채 피의자를 구금한 상태에서 피의자를 심문하여 얻은 진술은 증거로 채택될 수 없다는 것이다.

행사하기 위해서는 그러한 보호수단이 존재함을 알고 있어야 한다는 것이다. 또한 제2문은 체포 · 구속된 자의 가족 등이 그러한 사실을 알고 적절한 방어수단을 강구할 수 있도록 하는 것까지 보장함으로써 방어권을 더욱 강화시키고 있다.[38)]

(3) 체포 · 구속의 적부에 대한 심사

헌법 제12조 제6항에 의해 인정되고 있는 체포 · 구속의 적부심제도는 일단 영장주의에 의해 법관이 체포 또는 구속이 적절하다고 인정하여 신체의 자유가 제한된 경우라 하더라도, 다시금 피의자 또는 그 변호인 등이 그 적부를 심사하도록 청구하고, 법원이 이를 심사하여 석방시킬 수 있도록 한 것이다.

이와 같은 체포 · 구속의 적부심은 영미에서 발전된 제도로 오늘날 세계 각국에서 널리 도입되어 있으며, 우리의 경우 1948년의 제헌헌법 이래 헌법상의 제도로 채택되었다. 그러나 제4공화국 헌법(이른바 유신헌법) 당시에는 이와 같은 적부심이 폐지되었으며, 그 이유로서 "법관이 발부한 영장에 의해 체포 · 구속이 행해졌기 때문에 이를 다시금 심사하여 석방시키는 것은 모순"이라는 주장이 제기된 바 있었다.

그러나 체포 · 구속을 위한 영장은 수사기관의 요청에 의해, 수사기관이 제출한 자료에 기초하여 발부된 것이기 때문에 항상 정확한 것이라고는 할 수 없으며, 실제로 영장이 발부된 사건이기 때문에 항상 유죄라고 추정할 수도 없는 것이다. 따라서 체포 · 구속된 피의자가 자신의 상황을 설명하고 혐의와 관련된 소명자료를 제출하고 체포 · 구속의 적부를 심사해 주도록 청구할 수 있게 인정하는 것은 신체의 자유에 대한 잘못된 제한을 최소화하기 위해 꼭 필요한 것이다.

제5공화국 헌법 이래 체포 · 구속에 대한 적부심사제도는 다시금 헌법상의 제도로 인정되고 있으며, 현행헌법도 이를 신체의 자유를 보호하기 위한 제도로 활용하고 있다.[39)]

3. 신체의 자유에 대한 제한의 기준

신체의 자유에 대하여는 헌법 제37조 제2항에 의한 일반적 법률유보에 의한 제한이 가능할 뿐만 아니라 제12조 제1항에 의하여 개별적 법률유보도 부가되어 있다.

그러나 이처럼 일반적 법률유보와 개별적 법률유보를 중첩하고 있는 데에서 특별한 의미는 찾기 어려우며, 신체의 자유에 대한 제한도 기본권의 일반이론에서 이야기한 바와 같은 맥락에서 법률에 의하여 제한될 수 있다. 즉 영장의 발부 등과 같은 특별요건 이외에 신체의 자유에 대한 제한이 정당한 것인지를 판단하는 기준으로는 기본권제한의 일반이론에서 정리된 것처럼 비례의 원칙이 적용되어야 한다.

다만 개인의 권리(기본권)로서 신체의 자유가 갖는 의의와 중요성은 「비례의 원칙」에 따라 제한의 정당성을 판단하는 데 있어서도 고려되어야 한다.

---

38) 진술거부권은 형사절차뿐만 아니라 행정절차 국회에서의 조사절차 등에서도 보장된다(**헌재 1997.3.27. 96헌가11 결정** 이래의 확립된 판례). 그러나 형사절차와 달리 국회증언감정법상 진술거부권을 고지받을 권리가 인정되지 않는 것은 양자의 목적 내지 성질상 차이를 고려한 것으로서 합헌이라는 판례가 있다(**헌재 2015.9.24. 2012헌바410 결정**).

39) 체포 · 구속의 적부심에 관한 구체적 절차는 형사소송법 제214조의2에 의해 규율되고 있다.

사례 풀이:

1. 30일의 기간이 끝난 직후에 갑이 이러한 징벌처분에 대해 변호사의 조력을 얻어 헌법소원심판을 청구하였다. 이 청구는 적법한가? (30점)
   Ⅰ. 서: 헌법소원심판의 의의와 청구요건 [3점]
   Ⅱ. 공권력의 행사 또는 불행사에 의한 기본권의 침해 [8점]
      1. 공권력
      2. 갑의 기본권주체성
      3. 갑이 침해를 주장할 수 있는 기본권
   Ⅲ. 침해의 직접성, 현재성, 자기관련성 [10점]
      1. 침해의 직접성, 현재성, 자기관련성 요건의 의미
      2. 징계가 종료된 이후의 침해의 현재성 문제
      3. 사안에 대한 판단
   Ⅳ. 구제의 보충성, 청구기간 및 변호사 강제주의 등의 요건 [7점]
      1. 보충성 요건의 판단
      2. 청구기간
      3. 변호사 강제주의 등
   Ⅴ. 결론 [2점]
2. 갑은 자신이 을의 조력자들에게 연락을 해주었다는 것이 확실하게 입증되지 않은 상태에서 혐의만으로 독방으로 이송하고 징벌을 부과한 것은 자신의 인권에 대한 과도한 침해하고 주장한다. 이러한 갑의 주장은 타당한가? (40점)
   Ⅰ. 사안의 분석과 쟁점의 정리 [4점]
   Ⅱ. 징벌의 의의, 성격과 징벌에 의한 기본권 제한 [6점]
      1. 징벌의 의의와 기능
      2. 징벌의 성격 및 형벌과의 관계
      3. 사안의 경우 징벌에 의한 기본권 제한
   Ⅲ. 확인되지 않은 혐의와 징벌 부과의 정당성 여부 [8점]
      1. 「형의 집행 및 수용자의 처우에 관한 법률」 제107조: 징벌의 요건
      2. 「형의 집행 및 수용자의 처우에 관한 법률」 제110조: 징벌대상자의 조사
      3. 「형의 집행 및 수용자의 처우에 관한 법률」 제111조: 징벌위원회의 심의 · 결정
      4. 사안에 대한 판단
         - 징벌위원회의 심의 · 결정을 거친 징벌처분인지, 아니면 조사를 위한 조치인지에 따라서 달라질 수 있다.
   Ⅳ. 갑에 대한 혐의와 독방 이송의 정당성 판단 [10점]
      1. 「형의 집행 및 수용자의 처우에 관한 법률」 제14조: 독거 수용의 원칙
      2. 독방 이송의 의미와 징벌로서의 성격 여부
         - 「형의 집행 및 수용자의 처우에 관한 법률」상의 금치처분과의 관계
      3. 독방 이송의 정당성 판단
   Ⅴ. 갑에 대한 혐의와 30일간 외부연락 금지의 정당성 판단 [10점]
      1. 제110조에 따른 조사를 위한 조치일 경우의 정당성 판단
      2. (제107조와 제111조에 따른) 징벌 처분일 경우의 요건 충족 여부
      3. 징벌처분일 경우의 비례성 판단

VI. 결론 [2점]

3. 갑은 자신이 비록 복역 중이지만 부당한 징벌 등에 대응하기 위하여 변호사의 조력을 받을 권리가 인정되어야 하는데, 30일 동안 외부와 연락을 하지 못하도록 한 것은 이를 원천적으로 봉쇄한 것이어서 위헌이라고 주장하다. 이러한 갑의 주장은 타당한가? (30점)

Ⅰ. 서론 [3점]

Ⅱ. 변호인의 조력을 받을 권리의 의의와 보호범위 [5점]

1. 변호인의 조력을 받을 권리의 의의와 성격
2. 변호인의 조력을 받을 권리의 역할과 보호범위
3. 변호인의 조력을 받을 권리의 인정범위에 대한 헌재 판례

Ⅲ. 수형자의 특수한 지위와 변호인의 조력을 받을 권리 [6점]

1. 수형자의 법적 지위와 기본권의 제한
2. 인권의 주체로서의 수형자와 변호인의 조력을 받을 권리의 인정 필요성
3. 수형자의 특수한 지위에 따른 변호인의 조력을 받을 권리의 제한 필요성

Ⅳ. 조사 과정에서의 변호인의 조력을 받을 권리 [7점]

1. 조사 과정의 성격과 변호인의 조력 필요성
2. 「형의 집행 및 수용자의 처우에 관한 법률」 제110조의 해석과 합헌성 검토
3. 사안에 대한 판단

Ⅴ. 징벌 처분과 변호인의 조력을 받을 권리 [7점]

1. 징벌 처분의 성격과 이를 다투기 위한 변호인의 조력 필요성
2. 「형의 집행 및 수용자의 처우에 관한 법률」 제107조 이하의 해석과 합헌성 검토
3. 사안에 대한 판단

VI. 결론 [2점]

제 5 절 형사피의자(刑事被疑者)와 형사피고인(刑事被告人)의 권리

Ⅰ. 무죄추정의 원칙

헌법 제27조 제4항에 따라 형사피고인은 유죄의 판결이 확정될 때까지 무죄로 추정된다.[40)]

이처럼 피고인 또는 피의자에 대해 유죄의 확정판결 이전까지 무죄로 추정하는 것은 피고인 또는 피의자가 유죄로 취급됨으로 인하여 인권의 침해가 발생되는 것을 막기

40) 헌법재판소는 이러한 맥락에서 "수사 및 재판단계에서 유죄가 확정되지 아니한 미결수용자에게 재소자용 의류를 입게 하는 것은 미결수용자로 하여금 모욕감이나 수치심을 느끼게 하고, 심리적인 위축으로 방어권을 제대로 행사할 수 없게 하여 실체적 진실의 발견을 저해할 우려가 있으므로, 도주 방지 등 어떠한 이유를 내세우더라도 그 제한은 정당화될 수 없어 헌법 제37조 제2항의 기본권 제한에서의 비례원칙에 위반되는 것으로서, 무죄추정의 원칙에 반하고 인간으로서의 존엄과 가치에서 유래하는 인격권과 행복추구권, 공정한 재판을 받을 권리를 침해하는 것" 이라고 판시한 바 있다(헌재 1999.5.27. 97헌마137등 결정).

위한 것임과 동시에 법치주의의 요청에 따른 것이기도 하다.[41] 피고인 또는 피의자의 유죄·무죄는 법원의 재판에 의하여 비로소 확정되며, 그 이전에 이미 유죄인 것처럼 취급하는 것은 법치주의의 기본원칙에 모순되는 것으로 말할 수 있다.[42]

그에 따라 형사소송절차에 있어서는 불구속수사를 원칙으로 하며,[43] 범죄사실에 대한 입증의 책임은 기소자인 검사에게 있으며 피고인 자신이 무죄임을 적극적으로 입증할 필요가 없다. 결과적으로 유죄의 입증이 없을 경우에는 무죄로 인정되어야 하는 것이다.

Ⅱ. 자백의 증거능력 및 증명력제한의 원칙

헌법 제12조 제7항은 "피고인의 자백이 고문·폭행·협박·구속의 부당한 장기화 또는 기망 기타의 방법에 의하여 자의(自意)로 진술된 것이 아니라고 인정될 때 또는 정식재판에 있어서 피고인의 자백이 그에게 불리한 유일한 증거일 때에는 이를 유죄의 증거로 삼거나 이를 이유로 처벌할 수 없다"고 규정하고 있다.

신체 및 신체의 자유에 대한 불법적인 위협, 침해 등을 통하여 얻어낸 자백을 유죄의 증거로 인정할 경우에는 결국 이러한 불법적 침해를 조장하게 될 우려가 있다. 따라

41) **헌재 2005.5.26. 2001헌마728 결정**: "형사피고인뿐만 아니라 피의자에게도 무죄추정의 원칙과 방어권보장의 원칙이 적용되므로, 피의자에 대한 계구사용은 도주 또는 증거인멸의 우려가 있거나 검사조사실 내의 안전과 질서를 유지하기 위하여 꼭 필요한 목적을 위하여만 허용될 수 있다. … 당시 청구인은 도주·폭행·소요 또는 자해 등의 우려가 없었다고 판단되고, 수사검사도 이러한 사정 및 당시 검사조사실의 정황을 종합적으로 고려하여 청구인에 대한 계구의 해제를 요청하였던 것으로 보인다. 그럼에도 불구하고 피청구인 소속 계호교도관이 이를 거절하고 청구인으로 하여금 수갑 및 포승을 계속 사용한 채 피의자조사를 받도록 하였는바, 이로 말미암아 청구인은 신체의 자유를 과도하게 제한당하였고 이와 같은 계구의 사용은 무죄추정원칙 및 방어권행사 보장원칙의 근본취지에도 반한다고 할 것이다."

헌재 2015.12.23. 2013헌마712 결정: "수형자라 하더라도 확정되지 않은 별도의 형사재판에서만큼은 미결수용자와 같은 지위에 있으므로, 이러한 수형자로 하여금 형사재판 출석 시 아무런 예외 없이 사복착용을 금지하고 재소자용 의류를 입도록 하여 인격적인 모욕감과 수치심 속에서 재판을 받도록 하는 것은 재판부나 검사 등 소송관계자들에게 유죄의 선입견을 줄 수 있고, 이미 수형자의 지위로 인해 크게 위축된 피고인의 방어권을 필요 이상으로 제약하는 것이다. 또한 형사재판에 피고인으로 출석하는 수형자의 사복착용을 추가로 허용함으로써 통상의 미결수용자와 구별되는 별도의 계호상 문제점이 발생된다고 보기 어렵다. 따라서 심판대상조항이 형사재판의 피고인으로 출석하는 수형자에 대하여 사복착용을 허용하지 아니한 것은 청구인의 공정한 재판을 받을 권리, 인격권, 행복추구권을 침해한다."

42) 영국의 「법의 지배」를 정리하였던 다이시(*A.V. Dicey*)는 이와 관련하여 법의 지배의 제1원칙으로서 정규법의 우위를 주장하면서 정규법의 위반이 정규법원의 판결에 의해 확정되지 않으면 누구도 처벌되거나 법률상 신체와 재산의 침해를 받지 않는다고 강조한 바 있다. 이에 대하여 상세한 것은 「제1권 제2부 제3장 제2절 **Ⅰ. 영국의 법의 지배(Rule of Law)의 전통**」 참조.

43) **헌재 1992.4.14. 90헌마82 결정**: "신체의 자유를 최대한으로 보장하려는 헌법정신, 특히 무죄추정의 원칙으로 인하여 불구속수사·불구속재판을 원칙으로 하고 예외적으로 피의자 또는 피고인이 도피할 우려가 있거나 증거를 인멸할 우려가 있는 때에 한하여 구속수사 또는 구속재판이 인정될 따름이며 구속수사 또는 구속재판이 허용될 경우라도 인신의 구속은 신체의 자유에 대한 본질적인 제약임에 비추어 그 구속기간은 가능한 한 최소한에 그쳐야 하고 특히 수사기관에 의한 신체구속은 신체적·정신적 고통 외에도 자백강요, 사술(詐術), 유도(誘導), 고문 등의 사전예방을 위하여서도 최소한에 그쳐야 할 뿐더러 구속기간의 제한은 수사를 촉진시켜 형사피의자의 신체구속이라는 고통을 감경시켜 주고 신속한 공소제기 및 그에 따른 신속한 재판을 가능케 한다는 점에서 헌법 제27조 제3항에서 보장된 신속한 재판을 받을 권리의 실현을 위하여서도 불가결한 조건이다."

서 자백을 목적으로 인신에 대한 부당한 침해를 가하는 것을 방지하기 위하여 자백의 증거능력 및 증명력에 대한 제한을 두고 있는 것이다.

Ⅲ. 고문을 받지 아니할 권리

헌법 제12조 제2항은 "모든 국민은 고문을 받지 아니하며…"라고 규정하여 고문의 금지에 관한 명문의 규정을 두고 있다. 사실 고문이 얼마나 비인간적 · 비인도적인 것인지를 생각하면 너무나도 당연한 것이지만, 그 동안 현실적으로 고문이 많이 자행되었던 역사적 경험이 이 규정의 필요성을 설명하고 있다.

같은 맥락에서 형법 제125조는 "재판, 검찰, 경찰 기타 인신구속에 관한 직무를 행하는 자 또는 이를 보조하는 자가 그 직무를 행함에 당하여 형사피의자 또는 기타 사람에 대하여 폭행 또는 가혹한 행위를 가한 때에는 5년 이하의 징역과 10년 이하의 자격정지에 처한다"고 규정함으로써 고문의 금지를 구체화하고 있고, 형사소송법 제309조도 고문에 의한 자백의 증거능력을 부정하고 있다.[44)]

Ⅳ. 체포 · 구속의 이유 등을 고지받을 권리

헌법 제12조 제5항 제1문은 이른바 미란다 원칙에 따라 체포 · 구속의 이유를 고지받을 권리를 인정하고 있다.

구속을 당하는 사람의 입장에서 보면 구속의 이유를 정확히 알아야 (변호인의 조력 등을 통하여) 효과적인 방어가 가능할 것이므로 구속이유를 고지받는 것은 인신의 부당

---

44) 이와 관련하여 헌법재판소는 형사소송법 제312조에 대한 위헌법률심판에서 다음과 같이 판시한 바 있다: "검사작성 피의자신문조서는 공판준비 또는 공판기일에서의 원진술자의 진술에 의하여 그 성립의 진정함이 인정된 때에는 동 조항 단서의 일정한 조건하에 이를 증거로 할 수 있다. 여기에서 성립의 진정이란 간인 · 서명 · 날인 등 조서의 '형식적인 진정'과 그 조서의 내용이 원진술자가 진술한 대로 기재된 것이라는 '실질적인 진정'을 모두 의미한다(대법원 1995.10.13. 선고 95도1761 판결).

… 대법원은 종래 소위 형식적 진정성립이 인정되면 그로부터 실질적 진정성립이 인정되는 것으로 추정하고 있었으나(대법원 1984.6.26. 선고 84도748 판결; 2000.7.28. 선고 2000도2617 판결 등), 최근 2004.12.16. 선고한 2002도537 전원합의체 판결에서 대법관 전원일치의 의견으로 검사작성 피의자신문조서는 공판준비 또는 공판기일에서 원진술자의 진술에 의하여 형식적 진정성립뿐만 아니라 실질적 진정성립까지 인정된 때에 한하여 비로소 그 성립의 진정함이 인정되어 증거로 사용할 수 있다고 판시하여 종전의 입장을 변경하였다. 이러한 대법원의 변경된 견해 하에서는 피고인이 공판정에서 검사작성 피의자신문조서가 자신의 진술과 다르게 기재되었다고 주장하면, 즉 실질적 진정성립을 부인하면 당해 피의자신문조서의 증거능력이 인정되지 않고 따라서 동 신문조서를 유죄의 증거로 사용할 수 없게 되었다.

이 사건 법률조항 본문의 합리성에 더하여 이제 대법원의 새로운 견해에 의할 때 동 조문으로 말미암아 형사소송의 일방 당사자로서 유죄의 입증책임이 부과되어 있는 검사의 책임이 경감되는 효과가 발생하지 않을 뿐만 아니라, 검사가 피의자의 자백을 얻기 위하여 무리하게 수사를 한다든가 법원이 피고인의 공판정 진술보다 검사 앞에서의 진술을 우선한다든가 하는 우려는 없게 되었다.

따라서, 이 사건 법률조항 본문으로 말미암아 형사소송의 당사자로서 형사피고인의 방어권 행사가 부당하게 곤란하게 된다든지 평등원칙을 위배하여 공정한 재판을 받을 권리가 침해된다고 할 수 없고, 그 밖에 제청법원이 주장하는 바 무죄추정의 원칙, 고문을 받지 아니할 권리, 불리한 진술거부권, 생명 · 신체의 자유권 등의 침해가 발생할 가능성은 없다고 할 것이다."(**헌재 2005.5.26. 2003헌가7 결정**).

한 제한에 대한 적절한 대응을 위해 필수적이다.

Ⅴ. 불리한 진술의 거부권(묵비권)

헌법 제12조 제2항은 "모든 국민은 … 자신에게 불리한 진술을 강요당하지 아니한다"고 규정하고 있다.

만일 형사절차에서 불리한 진술의 강요가 인정될 경우에는 -그것이 개인의 인격에 미치는 영향은 접어두고라도- 인신에 대한 불법적인 침해로 연결될 가능성이 높기 때문에 이를 금지하고 있는 것이다. 또한 이를 침해하여 강요에 의해 얻어낸 자백은 증거능력이 인정되지 않는다.

Ⅵ. 변호인의 조력을 받을 권리

헌법 제12조 제4항은 "누구든지 체포 또는 구속을 당한 때에는 즉시 변호인의 조력을 받을 권리를 가진다"라고 규정하고 있다.

대부분의 경우 형사피의자나 피고인은 형사절차나 이와 관련된 법규를 충분히 알고 적절하게 국가형벌권에 대응할 수 있는 전문적 지식과 능력을 갖고 있지 못하다. 그렇기 때문에 피의자나 피고인이 국가형벌권에 의한 인신에 대한 침해에 효과적으로 대응하기 위해서는 전문적 지식과 경험을 쌓은 변호인의 조력이 필요하다고 인정되는 것이다.[45] 즉 국가와 피의자(또는 피고인) 사이의 무기평등이라는 관점에서도 변호인의 조력을 받을 권리는 필수적이다.[46] 또한 불구속 피고인 또는 피의자에게도 변호인의 조력을 받을 권리는 인정될 뿐만 아니라 별도의 입법형성 없이 헌법규정에서 직접 도출된다.[47]

국선변호인제도의 적절한 활용은 변호인의 조력을 받을 권리를 실질화하는 데 도움이 될 수 있을 것이다.[48]

---

45) 헌법재판소는 수형자와 소송대리인인 변호사의 접견을 일반접견에 포함시켜 시간은 30분 이내로 횟수는 월 4회로 제한한 구 「형의 집행 및 수형자의 처우에 관한 법률 시행령」의 위헌성을 인정하고 헌법불합치 결정을 내린 바 있다(**헌재 2015.11.26. 2012헌마858 결정**).

46) 이와 관련하여 변호인과의 접견교통권은 매우 중요한 의미를 갖는다. "변호인의 조력을 받을 권리의 필수적 내용은 신체구속을 당한 사람과 변호인과의 접견교통권이며 이러한 접견교통권의 충분한 보장은 구속된 자와 변호인의 대화내용에 대하여 비밀이 완전히 보장되고 어떠한 제한·영향·압력 또는 부당한 간섭없이 자유롭게 대화할 수 있는 접견을 통하여서만 가능하고 이러한 자유로운 접견은 구속된 자와 변호인의 접견에 교도관이나 수사관 등 관계공무원의 참여가 없어야 가능"하며(**헌재 1992.1.28. 91헌마111 결정**), 헌법재판소는 이러한 맥락에서 미결수용자와 변호인 사이의 서신은 다른 서신에 비해 특별한 보호를 받아야 한다고 인정한 바 있다(**헌재 1995.7.21. 92헌마144 결정**).

47) **헌재 2004.9.23. 2000헌마138 결정**.

48) 이와 관련하여 대법원은 "헌법상 보장되는 '변호인의 조력을 받을 권리'는 변호인의 '충분한 조력'을 받을 권리를 의미하므로, 피고인에게 국선변호인의 조력을 받을 권리를 보장하여야 할 국가의 의무에는 피고인이 국선변호인의 실질적 조력을 받을 수 있도록 할 의무가 포함된다"고 판시한 바 있다(**대법원 2015.12.23. 선고 2015도9951 판결**).

Ⅶ. 체포·구속적부심사청구권

헌법 제12조 제6항은 "누구든지 체포 또는 구속을 당한 때에는 적부의 심사를 법원에 청구할 권리를 가진다"라고 규정하고 있다.

이러한 권리는 앞서 설명한 바와 같이 영장발급에 대한 재심사를 통하여 인신에 대한 보다 두터운 보호를 부여하는 것이다. 따라서 이러한 적부심제도는 사전영장주의에 대한 일종의 보완제도로서 기능한다고 평가될 수 있다.[49)]

Ⅷ. 신속한 공개재판을 받을 권리

헌법 제27조는 재판청구권을 인정하고 있으며, 동조 제1항에서는 "헌법과 법률이 정한 법관에 의하여 법률에 의한 재판을 받을 권리"를, 동조 제3항에서는 "신속한 재판을 받을 권리"를 명시하고 있다.

신속하고 공정한 재판을 받을 수 있도록 하는 것은 인신구속의 장기화를 막고 정당한 기본권을 보장하기 위하여 매우 중요하다. 그런 맥락에서 재판청구권은 가장 기본적이고, 중요한 사법절차적 기본권이라고 할 수 있다.[50)]

Ⅸ. 형사보상청구권

헌법 제28조는 "형사피의자 또는 형사피고인으로서 구금되었던 자가 법률이 정하는 불기소처분을 받거나 무죄판결을 받은 때에는 법률이 정하는 바에 의하여 국가에 정당한 보상을 청구할 수 있다"라고 규정하고 있다.

형사피의자 또는 형사피고인으로서 구금되었던 자가 불기소처분을 받거나 무죄판결을 받음으로써 그의 범죄에 대한 혐의가 해소되었을 때에는 그가 구금으로 인해 부당한 피해를 입었다는 것이 확인되었다고 할 수 있을 것이다. 이 제도는 이러한 경우에 국가의 공권력으로 인하여 받은 물질적·정신적 피해에 대한 보상을 국가에 청구함으로써 인신에 대한 부당한 침해를 사후적으로 구제하는 것이다.[51)]

---

49) **헌재 2004.3.25. 2002헌바104 결정**: "위 규정은 '체포·구속을 당한 때'라고 하는 매우 구체적인 상황에 관련하여 헌법적 차원에서 '적부의 심사를 법원에 청구할 권리'라는 구체적인 절차적 권리를 보장하고 있지만, 입법자의 형성적 법률이 존재하지 아니하는 경우 현실적으로 법원에서 당사자의 '체포·구속적부심사청구권'에 대하여 심리할 방법이 없기 때문에, 입법자가 법률로써 구체적인 내용을 형성하여야만 권리주체가 실질적으로 이를 행사할 수 있는 경우에 해당하는 것으로서, 이른바 헌법의 개별규정에 의한 헌법위임(Verfassungsauftrag)이 존재한다고 볼 수 있다. 나아가 이러한 체포·구속적부심사청구권의 경우 헌법적 차원에서 독자적인 지위를 가지고 있기 때문에 입법자가 전반적인 법체계를 통하여 관련자에게 그 구체적인 절차적 권리를 제대로 행사할 수 있는 기회를 최소한 1회 이상 제공하여야 할 의무가 있다고 보아야 한다."

50) 재판청구권에 대하여 상세한 것은 「제2권 제2부 제18장 제3절 **재판청구권**」 참조.

51) 형사보상청구권에 대하여 상세한 것은 「제2권 제2부 제19장 제2절 **형사보상청구권**」 참조.

제 4 장 사생활영역의 보호: 사생활의 비밀과 자유, 주거의 자유, 통신의 비밀

「제4장 사생활영역의 보호」에 속하는 기본권으로는 헌법 제16조의 「주거의 자유」, 헌법 제17조의 「사생활의 비밀과 자유」, 헌법 제18조의 「통신의 비밀」이 있다.

이 기본권들은 사생활영역의 보호에 관한 기본권이라는 공통점을 갖는다. 다만 헌법조문의 순서와는 상관없이 헌법 제17조의 「사생활의 비밀과 자유」가 사생활영역의 보호에 관한 일반적 기본권으로 이해되어야 할 것이고, 헌법 제16조의 「주거의 자유」는 주거라는 특별한 공간에서 이루어지는 사생활에 대해 특별히 강화된 보호를 부여하는 것으로, 헌법 제18조의 「통신의 비밀」은 통신이라는 매체를 이용한 정보의 교환에 대한 특별한 보호를 인정하는 것으로 이해될 수 있을 것이다.

사생활영역에 대한 헌법적 보호를 올바르게 이해하기 위해서는 두 가지 측면에 유의해야 한다.

첫째, 사생활의 보호는 **개인의 인격과 직접 연결되는 중요한 보호가치**를 갖는다는 점이다. 즉 사적 생활의 자유로운 형성 및 이에 대한 비밀의 유지는 개인의 삶에 있어서 매우 높은 가치를 갖는 것이기 때문에 함부로 침해되어서는 안 된다는 것이다.

둘째, 사생활영역은 말 그대로 **공적 관련성이 적은 영역**이다. 따라서 사생활영역에 대해서는 공익을 이유로 한 제한의 필요성이 인정될 여지가 그만큼 적어지기 때문에, 사생활영역의 보호에 관한 기본권의 제한도 함부로 행해질 수 없다. 다만 사생활영역에서도 공적 관련성이 완전하게 배제될 수는 없기 때문에 예외적으로 -공익 내지 타인의 기본권을 보호하기 위하여- 제한될 수 있으며, 이에 대해 신중한 접근이 필요한 것이다.

헌법 제16조: 모든 국민은 주거의 자유를 침해받지 아니한다. 주거에 대한 압수나 수색을 할 때에는 검사의 신청에 의하여 법관이 발부한 영장을 제시하여야 한다.

헌법 제17조: 모든 국민은 사생활의 비밀과 자유를 침해받지 아니한다.

헌법 제18조: 모든 국민은 통신의 비밀을 침해받지 아니한다.

제 1 절 사생활의 비밀과 자유

【사례: 「아동 · 청소년의 성보호에 관한 법률」과 새로 촬영한 사진 제출 의무】

甲은 「아동 · 청소년의 성보호에 관한 법률」 위반으로 기소되어 징역 3년 및 5년간의 신상정보 공개명령 등을 선고받아 확정되었다. 위 판결 확정 후 청구인은 2017.9.7. 최초로 신상정보를 등록하였는데, 그로부터 1년마다 관할경찰서의 장에게 새로 촬영한 사진을 제출할 의무가 있음에도 2018.9.10.까지 새로 촬영한 사진을 제출하지 아니하였다는 범죄사실로 법원에서 2018.10.15. 벌금 150만 원의 형을 선고받았다.

이에 甲은 항소하여 항소기각판결을 선고받은 후 상고하여 상고심 계속 중 구 「아동 · 청소년의 성보호에 관한 법률」 제34조 제2항 등이 자신의 개인정보 자기결정권, 일반적 행동의 자유 등 기본권을 과도하게 침해할 뿐만 아니라, 자유형 이외에 신상정보의 고지 및 공개를 규정한 것은 실질적으로 명예형 내지 수치형의 성격을 지니므로 이중처벌금지원칙에 위반된다고 주장하면서 법원에 위헌법률심판제청 신청을 하였으나, 기각되었다.

이에 甲은 헌법재판소에 헌법소원심판을 청구하였다.

〈헌재 2015.7.30. 2014헌바257; 헌재 2016.5.26. 2015헌바212 참조〉

〈참고조문〉

구 「아동 · 청소년의 성보호에 관한 법률」 제34조 제2항:

등록대상자는 제1항에 따라 제출한 신상정보(이하 "제출정보"라 한다)가 변경된 경우에는 그 사유와 변경내용(이하 "변경정보"라 한다)을 변경사유가 발생한 날부터 30일 이내에 제1항에 따라 제출하여야 한다. 다만, 사진은 최초 등록일부터 1년마다 새로 촬영한 사진을 제출하되, 교정시설 또는 치료감호시설에 수용된 자의 경우에는 석방 또는 치료감호 종료 전에 새로 촬영한 사진을 교정시설등의 장에게 제출하여야 한다.

1. 갑의 헌법소원심판청구는 적법한가? (20점)
2. 갑의 헌법소원심판청구가 적법할 경우, 갑의 개인정보 자기결정권 및 일반적 행동의 자유 침해 주장에 대해 헌법재판소는 어떠한 본안판단을 내려야 하는가? (50점)
3. 갑의 헌법소원심판청구가 적법할 경우, 이중처벌금지원칙 위반 주장에 대해 헌법재판소는 어떤 본안판단을 내려야 하는가? (30점)

Ⅰ. 공적 영역과 사적 영역의 구별과 그 현대적 의의

1. 구별의 뿌리: 국가와 사회의 구별, 공적 영역과 사적 영역의 구별

사생활영역에 대한 특별한 보호는 공적 영역과 사적 영역의 구별을 전제로 한다. 이러한 구별은 무엇보다 입헌군주제의 현실에서 비롯되었던 **국가와 사회의 구별** 내지 **공적 영역과 사적 영역의 구별**에서 비롯된다.[1)]

전통적인 헌법이론은 이러한 이원적 구별에 기초하고 있었다. 자유주의적 법치주의이론 및 이에 기초한 기본권이론이나 고전적 권력분립이론, 특별권력관계이론 등도 이러한 구별을 전제하고 있었던 것이다. 또한 법의 영역도 이러한 구별을 전제로 하여 공법과 사법으로 크게 나누어져서 각기 독자적인 원리에 의해 지배되는 것으로 구성되었다.

2. 현대의 발전에 따른 공적 영역과 사적 영역의 혼합

그러나 오늘날에는「공적 영역과 사적 영역의 구별」내지는「국가와 사회의 구별」이 과거와 같이 분명한 형태로 행해지기 어렵다.[2)] 또한 민주주의와 더불어 사회국가가 발달함에 따라 이제 국민의 이해관계가 곧 국가의 이해관계와 일치하는 것으로 이해되기 때문에 국가의 영역과 사회의 영역을 엄격하게 구별할 필요성 자체가 감소되었다.

민주주의 하에서 국가권력은 국민에 의해 구성되고 따라서 국가권력의 정당성의 기초는 국민이다. 즉 시민세력이 종래의 사회 영역뿐만 아니라 국가 영역까지도 담당하는 주체로 인정되고 있는 것이다. 따라서 국가와 사회의 구별은 (그리고 그에 기초한 공적 영역과 사적 영역의 구별은) 오늘날 -완전히 부정되는 것은 아닐지라도- 과거와는 달리 상당히 완화될 수밖에 없다.[3)]

또한 **사회국가**의 발전도 공적 영역과 사적 영역의 구별을 완화시키는 데 큰 영향을 미치고 있다. 사회국가가 발전되면서 종래 사회의 영역에 속하는 개인의 문제에 대해서도 국가가 적극적으로 개입하여 사회적 정의를 실현시키도록 요구되고 있기 때문이다.[4)]

이러한 변화로 인해 이제 공적 영역과 사적 영역을 엄격하게 구별하는 것은 더 이상 가능하지 않게 되었으며(**공적 영역과 사적 영역의 구별의 상대화**), 그 결과 오늘

---

1) 종래 국가와 사회의 구별은 군주(세력)가 지배하는 영역과 군주(세력)의 힘이 미치지 않는 영역을 구별하고자 하는 것이었고, 이를 통해 군주의 권한을 한정하는 의미를 가지고 있었다.

2) 종래 군주(세력)의 영역과 시민(세력)의 영역으로 나뉘던 것이, 오늘날에는 민주주의의 관철로 인해 -즉 국민적 정당성과 무관하게 세습적으로 국가권력을 담당하던 군주세력은 더 이상 존재하지 않게 됨에 따라- 더 이상 가능하지 않게 되었기 때문이다.

3) 국가기관의 구성과 활동 등에 작용하는 법원리와 사인 상호간의 거래관계에 작용하는 법원리가 서로 다르다는 점에서 양자의 구별은 여전히 존재하지만, 그 한계는 상당히 모호해지고 있을 뿐만 아니라, 그 중간영역을 점하고 있는 노동법, 경제법 등의 새로운 법영역도 출현하고 있기 때문이다.

4) 예컨대 개인의 기본권이 국가의 불간섭을 중심으로 형성되었던 자유권에서 사회권으로 확장됨으로써 국민의 기본권보장을 위한 국가의 적극적 활동을 요구하는 것이나, 사적 경제생활에 대해서도 사회적 시장경제의 요청에 따라 국가의 개입이 인정되고 있는 것은 종래의 국가와 사회의 이원적 구별로는 설명될 수 없는 현상이다.

날에는 사적 영역 내지 그 일부로서의 사생활의 영역이 어디까지인지를 엄밀하게 한정하는 것도 더욱 어렵게 되었다.

3. 사생활영역보호의 현대적 문제상황

최근 무엇이 사생활인지에 대한 일반적 관념이 바뀌고 있다는 점도 사생활영역을 한정·확정하고 이를 보호하는 데 어려움으로 작용하고 있다. 이러한 변화는 두 가지 측면에서 검토될 수 있다.

한편으로는 사생활의 주체인 국민들의 **의식이 변화**되고 있다는 점이다. 은밀한 사생활로서 대외적으로 공표되기 곤란한 내용으로 여겨지던 것들이 오늘날에는 신문, 잡지 또는 방송과의 인터뷰를 통해 공개되는가 하면, 이를 책으로 출간하는 예들도 적지 않다. 그로 인하여 사생활로서 보호되어야 할 영역이 과연 어디까지인지가 문제되고 있는 것이다.

또한 다른 한편으로는 각종 정보의 획득을 위한 **사생활침해의 기회 증대**가 문제된다. 정보화사회로의 진입을 통해 정보의 필요성과 중요성이 강조되면서, 국가나 언론매체, 각종 기업 기타 사회적 세력들에 의한 정보수집과정에서 사생활이 침해되는 현상이 증가했으며,[5] 이에 대응하여 사생활영역을 더욱 적극적으로 방어하려는 경향도 나타나고 있다.

Ⅱ. 「사생활의 비밀과 자유」에 대한 보호의 필요성

1. 인격적 자율권과 사생활의 보호(비밀과 자유)

헌법의 최고이념이자 출발점인 「인간의 존엄」은 곧 개개인의 「인격적 자율성」의 보장으로 연결된다. 이러한 인격적 자율성은 곧 개별기본권의 전체 영역에 의해 구체화되고 있으나, 그것은 또한 개인의 공동체관련성(헌법의 인간상!)에 의해 상당한 제약을 받게 된다.

따라서 개인의 생활영역 중에서 공동체관련성(공적 성격)이 상대적으로 약한 영역에서는 인격적 자율성의 요청이 그만큼 강하게 나타나며, 자율적 생활관계형성에 대한 존중도 더욱 많이 고려되어야 할 것이다.

이런 맥락에서 볼 때, 사생활의 영역은 공적 성격이 적은 만큼 자율적으로 사생활을 형성하고 유지할 수 있도록 보호되어야 할 필요성이 더욱 크다고 할 수 있다. 더욱이 사생활 영역에서의 자율성은 개인의 인격형성에 직접적인 영향을 미치는 경우가 많기 때문에 사생활의 보호는 인격적 자율성의 보호와 직접적인 관련이 있는 것으로 평가된다.[6]

---

5) 특히 도청장치와 몰래카메라의 이용 등을 통한 불법적인 정보의 획득과 유통은 이미 여러 차례 심각한 사회적 문제로 제기되기도 하였다.

6) 예컨대 사생활의 비밀과 자유에 대한 별도의 명문규정을 두지 않고 있는 독일 기본법 하에서는 사생활에 대한 보호가 기본법 제2조 제1항의 인격권에 포함되어 있는 것으로 해석하는 것이 일반적이다.

2. 사생활의 비밀과 자유의 사법(私法)에 의한 보호

종래 사생활 영역은 (국가와 사회의 구별을 전제로) 사회의 영역 내지 사적 영역에 속하는 것으로 인정되었다. 그러나 실제로 국가(즉 군주)에 의해 사생활이 침해되는 경우는 흔치 않았기 때문에 특별히 기본권으로서 보호되기보다는 인격권의 형태 내지 프라이버시권의 형태로 사법(私法)에 의해 보호되었다.

예컨대 개인의 사생활에 대한 국가나 다른 개인의 침해가 있을 경우에는 그 침해의 형태에 따라 명예권, 성명권, 초상권 또는 개인비밀의 침해로서 불법행위가 문제될 수 있다. 이처럼 침해행위의 불법성이 인정될 경우에는 사법의 일반조항에 따라 손해배상과 원상회복을 요구할 수 있는 것으로 처리하였던 것이다.

3. 사생활의 비밀과 자유의 기본권적 보호

그러나 사법(私法)에 의하여 사생활을 보호하는 데에는 일정한 한계가 있다. 한편으로는 국가권력에 의한 침해에 대해 보호의 실효성이 문제되기도 하며, 다른 한편으로는 사적 자치와 과실책임을 최대한 존중하는 사법의 속성상 사인 상호간의 관계에서 발생된 침해에 대한 보호에 소극적인 경우가 적지 않았기 때문이다.

그로 인하여 사생활의 비밀과 자유를 기본권으로 규정하여 보호하는 문제는 이미 오래 전부터 논란의 대상이었다. 사생활의 영역 가운데서도 보호의 필요성이 특히 강조되었던 주거 내에서의 사생활에 대해서는 이미 오래 전부터 **주거의 자유**라는 독립된 기본권으로 보호되고 있었으며, 최근에는 사적 정보의 교환을 침해하는 행위도 **통신의 비밀**에 대한 침해로서 금지하는 것이 일반적이다.

사생활의 비밀과 자유를 헌법상의 기본권으로 명문화하는 입법례는 아직 많지 않지만, 이에 대한 헌법적 보호도 점차 확대되는 경향이 두드러지게 나타나고 있다.

Ⅲ. 사생활의 비밀과 자유의 보호영역

1. 사생활영역의 가변성에 따른 영역 확정의 어려움

공적 영역과 사적 영역을 획일적으로 구분하는 것은 더 이상 가능하지 않다. 그렇다고 공적 영역과 사적 영역의 구별 없이 모든 영역이 똑같이 취급될 수 있다는 것도 아니다. 아직도 공법과 사법의 구별에 기초한 공적 영역과 사적 영역의 구별은 의미를 가지고 있으며, 각 영역에서 적용되는 법원리의 차이도 무시할 수는 없다.

결국 오늘날 공적 영역과 사적 영역은 여전히 구별되고 있고, 그 구별의 의미도 무시될 수 없지만, 그 구별의 기준이 더 이상 명확하지 않게 되었고, 결과적으로 어떤 행위가 어떤 영역에 속하는 것인지를 판단하기가 지극히 곤란하게 된 것이다.

특히 사생활 영역을 판단하는 기준은 더욱 혼란스럽다. 사회적 금기들이 하나 둘 소멸되어 감에 따라 종래 매우 은밀한 것으로 여겨지던 것들이 방송의 인터뷰나 토크쇼 등 언론매체를 통해 아무렇지도 않게 공개되는가 하면, 성(性)에 대한 의식도 크게 변화되었다. 그로 인하여 과거 인간의 자연적 본능에 기초하여 사생활 여부를 판단할 수 있다고 생각했지만, 오늘날에는 그러한 기준도 더 이상 타당하다고 보기 힘들게 된 것이다.

2. 영역이론(Sphärentheorie)

사생활의 영역을 특정하기 위한 기준으로서 가장 널리 알려진 것은 독일 연방헌법재판소에 의해 발전된 영역이론이다.

독일 연방헌법재판소는 인간의 생활영역을 먼저 사적 영역과 사회적 영역으로 구분하여 사적 영역에 대해 보다 강력한 보호를 인정한다. "사적(私的)인 삶의 형성에 있어서의 불가침의 영역"의 보장은 동시에 인격의 자유로운 발현을 위한 핵심이자 본질적 내용을 구성한다고 생각하였던 것이다.[7] 결국 인격의 보호는 일차적으로 인간의 사적 영역에 대한 존중의 보장 내지 요청으로 나타난다는 것이다.

독일 연방헌법재판소는 사적 영역을 다시 절대적으로 불가침적인 **가장 내밀한 영역**과 절대적 보호의 대상은 아닌 **광의의 사적 영역**의 두 가지로 나눈다. 후자의 영역에서는 이미 타인과의 (사적) 교류가 수행되고 있다는 점에서 전자와 구별된다는 것이다. 그리고 경우에 따라서는 이러한 양영역의 중간에 **은밀한 영역**이라는 것을 따로 설정하기도 한다.

그러나 영역이론에 대해서는 이러한 영역들을 구별하는 기준이 명확하지 않다는 점이 비판되고 있다.

3. 역할이론(Rollentheorie)

역할이론은 영역이론과는 달리 사생활의 영역을 공공성과 무관하지 않은 것으로 생각한다. 즉 공적 성격의 유무를 판단하는 것은 그 행위유형을 외적으로 고찰하는 것보다는 오히려 그때그때 개개인이 맡고 있는 (국민으로서, 직장인으로서 또는 가족으로서의) **역할에 따라 달리 전개되는 커뮤니케이션과 정보의 분배**에 초점을 맞추어 판단해야 한다는 것이다.[8]

하지만 역할이론에 대해서는 사생활의 보호가 단순히 정보의 전파에 대한 보호에 한정되지는 않는다는 점, 그리고 역할에 따른 구별이 명확하지 않은 경우도 드물지 않다는 점이 문제될 수 있다.

---

7) 왜냐하면 이 영역에 인간의 자율적 결정과 자기 책임이 뿌리내리고 있으며, 이러한 영역에서 나타나는 "인간의 개체성"과 "정신적 · 영적 관계에 있어서의 완전성"이 –인격권과 인간의 존엄과의 결합에서 나타나는– 가장 강력한 기본권적 보호를 필요로 하기 때문이라고 한다.

8) 따라서 사적 영역의 보호에 있어서 결정적인 것은 커뮤니케이션의 상대방에 대한 정보의 분배에 있어서 그 역할에 상응하는 제한을 두는 것이고, 또한 그 정보들을 역할과 상관없이 (제3자에게) 계속 전달하는 것을 금지하는 것이라고 한다.

4. 자율적 자기표현 이론(Theorie der autonomen Selbstdarstellung)

자율적 자기표현의 이론은 사적인 (특히 정치적인) 결정의 자유를 강조하는 입장에서 나온 것이다. 이 이론에 따르면 사생활에 대한 보호는 자신의 사생활에 관한 결정을 외부로 표현하고 그럼으로써 주변에 영향을 미치는 것까지 포괄하는 것으로 이해된다. 따라서 **자기 개인에 관련된 정보를 언제 누구에게 도달하도록 할 것인지에 관한 결정권**까지도 이에 포함되는 것으로 이해된다.

이 이론은 사생활에 대한 보호의 확장을 설명할 수 있지만, 무엇이 사생활인지에 대한 근본적인 물음에 답을 주고 있지는 않다.

5. 커뮤니케이션이론(Kommunikationstheorie)

커뮤니케이션이론은 사생활의 문제를 커뮤니케이션에 대한 보호의 문제로 이해한다. 즉 사생활에 대한 보호는 인간의 사회적 생활과 인격형성의 포괄적 조건으로서의 (언어에 의한) **커뮤니케이션의 불가침**과 이러한 **커뮤니케이션에 대한 원치 않는 (제3자의) 참여의 금지**를 내용으로 하는 것으로 보는 것이다.[9)]

그러나 이 이론도 －모든 커뮤니케이션이 사생활에 대한 것은 아니라고 볼 때－ 과연 어떤 것이 사생활에 해당되는 커뮤니케이션인지를 설명하지 않고 있다는 점이 문제로 지적될 수 있을 것이다.

6. 해결의 시도: 사생활영역의 단계적 구체화

사생활영역을 한정 · 확정하려는 많은 이론들은 나름대로의 타당성을 갖고 있다. 그러나 그 어느 하나의 이론만으로 모든 것을 충분히 설명하지는 못한다. 그러므로 현재로서는 상술한 여러 이론들을 종합적으로 고려하는 가운데서 사생활영역에 속하는지의 여부를 개별적으로 확정하는 방법이 이용되어야 한다.

또한 사생활영역의 보호에 관한 기본권들 상호간의 관계에 대하여 일단 우리는 헌법 제17조의 **사생활의 비밀과 자유**에 의해 전체 사생활영역에 대한 일반적 보호가 부여되고 있으며, 그 중에서 헌법 제16조의 **주거의 자유**, 헌법 제18조의 **통신의 비밀** 등 개별기본권이 규정되고 있는 경우에는 그 규정들에 의한 특별한 보호가 부여되고 있는 것으로 인정할 수 있다. 그 밖의 **성명권, 초상권, 명예권 등의 명문화되지 않은 기본권**에 대한 보호는 헌법 제37조 제1항에 의한 것으로 파악될 수 있을 것이며, 이들에 대하여는 그때그때의 문제상황에 따라 상이한 강도의 보호가 부여되고 있다고 볼 수 있다.

---

9) 이 이론에 따르면 사생활의 보호에 있어서는 커뮤니케이션을 통해 교환되는 정보의 유형이나 내용이 문제되는 것이 아니라, 그때그때의 커뮤니케이션의 상황에 －특히 대화상대에 대한 신뢰성의 정도에－ 따라 결정되는 커뮤니케이션의 전체적 맥락과의 관련이 중요한 의미를 갖는다고 한다.

Ⅳ. 사생활의 「비밀」과 「자유」의 보호내용

1. 정보와 행동: 삶을 형성하는 두 가지 요소

모든 개인이 당연히 갖는 인격적 자율성은 곧 자기책임 하에 자신의 삶을 자율적으로 형성하는 것으로 이해될 수 있으며, 이로부터 가장 직접적으로 인정될 수 있는 것이 **사적인 생활을 자율적으로 형성할 권리**이다. 이러한 관점에서 개인이 자신의 삶을 형성해 나가는 과정은 곧 정보와 행동이라는 두 가지의 요소를 통해 보다 분명하게 나타날 수 있다.

정보와 행동은 상호적 작용을 한다. 한편으로는 정보가 행동을 좌우하는 측면이 있고, 다른 한편으로는 행동을 통해 새로운 정보가 산출된다는 측면도 있다. 그리고 이런 맥락에서 올바른 정보가 행동을 이끌어간다는 점이 강조될 수 있다.[10)]

그러므로 사생활의 자율적 형성에 있어서도 정보의 자율적 처리가 항상 중요한 문제로 등장한다. 자신이 처한 상황에 대한 정확한 정보를 가지고 이를 올바르게 활용하는 자, 자신이 교류하는 상대방의 지식을 정확하게 평가할 수 있는 자만이 미래를 향하여 자신의 자율적 행동을 현명하게 계획하고 결정할 수 있는 것이다.

이런 여러 관점들을 고려할 때, 사생활의 자율적 형성은 두 가지 측면에서 정보와 연결된다. 한편으로는 자신의 사생활에 관한 문제들을 결정하기 위해 필요한 정보를 얻을 수 있어야 한다. 올바른 정보 없이는 올바른 행동 또한 가능하지 않기 때문이다.[11)] 하지만 다른 한편으로는 사생활이 사생활답기 위해서는 자신에 관한 (자신의 과거나 현재의 모습에 대한) 일정한 정보를 다른 사람에게 전달하거나 혹은 전달하지 않을 수 있는 권리가 인정되어야 한다.[12)] 그러한 **자기정보를 자율적으로 처리할 권한**에 기초하여 비로소 사생활에 있어서 자율적 행동이 가능해지는 것이다.[13)]

2. 사생활의 자율적 형성권과 그 제한의 원칙: 개인적 선택의 존중

인간은 사회적 관련 속에서 존재한다. 따라서 인간은 그때그때의 상황에 따라 결정된 객관적 · 사회적 구조의 틀 속에서 활동하게 된다.[14)]

그러나 인간은 또한 그 틀 자체가 제공하는 것 이상의 것을 실현시킬 수 있는 잠재력을 자신의 내부에 가지고 있으며, 이러한 잠재력의 발휘를 통해 사회적 구조의 틀 자체를 새로운 형태로 변형시키기도 한다. 따라서 이러한 인간의 가능성의 실현과 사회적

---

10) 최근 헌법재판소에서 주민등록번호가 불법유출되어 오 · 남용의 우려가 있는 경우에도 주민등록번호 변경을 일체 허용하지 않는 것은 개인정보자기결정권에 대한 과도한 침해로서 위헌이라고 판시한 것(**헌재 2015.12.23. 2013헌바68등 결정**)도 이런 측면에서 사적정보의 중요성을 강조한 것이다.

11) 이러한 정보획득의 문제는 주로 알권리의 문제로 다루어진다. 이에 관하여는 「제2권 제2부 제6장 제4절 **의사(정보)수령자의 자유(특히 알권리)**」 참조.

12) 흔히 인격권의 내용으로 언급되는 초상권, 성명권 등도 이러한 맥락에서 이해될 수 있을 것이다.

13) 이와 관련하여 최근 개인정보자기결정권이 학설 및 판례에 의해 널리 인정되고 있다. 이에 관하여는 최재원, 『개인정보자기결정권의 실현구조』, 고려대 석사학위논문, 2014 참조.

14) 국가나 법과 같은 것도 그러한 사회적 틀의 하나로 볼 수 있을 것이다.

구조의 틀은 내적 긴장관계 속에 있다. 이를 고려하는 가운데 헌법질서를 어떻게 형성시켜나갈 것인지를 결정하는 일차적 판단주체는 인간 자신이며, 이것이 헌법적으로는 인간의 존엄과 인격의 자유로운 발현으로 나타나고 있다.[15)]

이러한 맥락에서 사생활의 자율적 형성권은 부당한 국가권력의 간섭으로부터 자율적 인격의 구체화를 보호하는 것으로도 이해될 수 있을 것이다.[16)]

3. 사생활의 자율적 형성권과 국가적 규율권한의 기능적 종속성의 원칙

사생활의 자율적 형성(인격의 자율적 발현)을 강조하는 태도는 **국가적 규율권한의 기능적 종속성의 원칙**을 통하여 보다 분명한 형태로 발전된다.

인격권의 주체가 자신의 자율적 형성권의 행사를 통하여 특정한 삶의 방식을 선택하는 것은 －이러한 선택에는 물론 그 동안의 삶의 방식을 거부하는 것도 포함된다－ 국가의 규율권한에 선행한다. 하지만 그러한 선택을 하는 경우에는 곧 그에 상응하는 정당한 국가의 규율권한에 복종하여야 한다.

예컨대 특정한 종교적 또는 정치적 목적을 위해 집회를 하는 것이 허용되는 반면에 일단 이러한 집회에 참가하기로 결정(선택)을 한 사람은 집회에 있어서의 공공질서의 유지를 위한 특정규정들에 복종하여야 하는 것과 마찬가지로, 개인적 가족생활의 영위에 있어서 법적인 승인 없이 (즉 법률혼에 따른 결혼신고 없이) 결혼을 하는 것은 허용되지만, 그로부터 발생되는 결과에 관하여 입법자가 특정한 규정을 두는 것도 또한 가능하다는 것이다.[17)]

Ⅴ. 사생활의 비밀과 자유의 제한

1. 사적인 생활을 자율적으로 형성할 권리의 제한

사생활의 영역에서 사적인 생활을 자율적으로 형성하는 권리도 －비록 다른 영역에 비해 약하기는 하지만－ 공동체관련성을 완전히 벗어나지는 못한다. 따라서 중대한 공적 이익(또는 타인의 기본권)을 위해서 제한될 수 있다. 예컨대 개인의 사생활이라 할지라도 그것이 공적 중요성을 갖는 경우에는 금지되거나 제한될 수 있다.[18)]

---

15) "의심스러울 때는 자유에 유리하게"라는 명제도 같은 맥락에서 이해될 수 있을 것이다.

16) 물론 이 경우에도 정보와 행동의 구체적인 제한과 관련하여 비례성의 요청이 관철되어야 할 것이다. 그러므로 사생활의 자율적 형성권을 제한하는 법규정은 정보와 행동에 대한 원래의 선택 자체를 제한해서는 안 되며, 그러한 선택의 결과로서 사회적 손상을 가져오는 작용이 발생되는 경우에 그러한 결과를 막기 위해 필요한 최소한의 제한으로 구성되어야 한다. 최근 독일 연방헌법재판소의 판례에서 나타나고 있는 심사척도인 **개인적 선택의 원칙**은 바로 이러한 관점을 강조하고 있는 것이다. 형사법규정 등에서 나타나는 소수의 예외를 제외하면, 사생활과 관련해서는 개인의 자율적 결정 그 자체가 최대한 보장되어야 한다고 인정되는 것이다.

17) 예컨대 법률상 혼인신고가 되지 않은 사실혼의 경우에 대해 입법자가 사실혼을 금지시키는 것은 사생활에 대한 침해로서 위헌이 되지만, 입법자가 법률혼을 장려하기 위하여 주택의 분양, 세제의 감면 등에 있어서 차별을 둠으로써 사실혼관계에 있는 사람들에게 불이익을 가하는 규정을 두는 것은 허용된다는 것이다.

물론 사생활에 대한 제한의 경우에도 기본권제한의 일반적 요건과 기준에 따른 제한은 인정되어야 할 것이다. 다만 구체적인 비례성 판단에 있어서 사적 생활의 자율적 형성이 개인의 인격 내지 인격적 자율성과 관련하여 매우 중요한 것이라는 점을 충분히 고려하여야 할 것이다.

2. 자율적 자기표현의 권리 내지 자기정보통제권의 제한

사생활의 자율적 형성에 관한 권리보다도 더 많이 제한될 수 있는 것이 자기정보의 자율적 통제권이다. 개인에 관한 정보라 할지라도 그 정보가 공적 중요성을 가질 수 있는 경우는 상대적으로 더 많기 때문이다.[19)]

예컨대 공적 인물의 사생활에 관한 정보에 대해서는 일반인과는 달리 좀 더 넓은 제한이 인정되는 것이 일반적이며,[20)] 공적 인물이 아니라 할지라도 사안 자체가 공적인 중요성을 갖게 되는 경우에는 그에 관한 정보의 −본인의 의사에 반하는− 공개가 필요하다고 인정될 수 있다. 즉 자기정보의 자율적 통제권은 사적인 생활의 자율적 형성권보다는 공동체관련성에 기초한 제한의 가능성이 조금 더 넓게 인정될 수 있을 것이다.[21)]

사례 풀이:

1. 갑의 헌법소원심판청구는 적법한가? (20점)

Ⅰ. 서: 위헌소원의 의의 및 성격과 청구요건 [2점]

Ⅱ. 재판의 전제성 [7점]

1. 소송의 계속
2. 심판대상법률(조항)이 당해 소송사건에 적용
3. 심판대상법률(조항)의 위헌 여부에 따라 다른 내용의 재판

Ⅲ. 위헌법률심판제청의 신청과 기각 [6점]

1. 위헌소원의 성격과 위헌법률심판제청의 의미
2. 법원의 기각 결정과 그 구속력
3. 헌법재판소법 제68조 제2항에 의한 헌법소원심판의 청구

Ⅳ. 기타의 청구요건 [4점]

1. 변호사 강제주의

---

18) 예컨대 특수한 기밀에 관한 정보를 취급하는 사람에 대하여 외국인과의 사적 접촉을 금지하는 것 등을 생각할 수 있을 것이다.

19) 예컨대 **헌재 2010.5.27. 2008헌마663 결정**에서는 채무불이행자 명부나 그 부본을 누구든지 보거나 복사할 것을 신청할 수 있도록 규정한 민사집행법 제72조 제4항이 채무의 이행을 위해 노력하도록 하는 간접강제의 효과를 가질 수 있으며, 거래상대방에 대한 신용조사의 수단이 될 수 있다는 점에서 거래의 안전에 기여한다고 평가하여 개인정보자기결정권을 침해하는 것은 아니라고 판시하였다.

또한 **헌재 2010.2.25. 2008헌마324등 결정**에서는 공직선거법 제82조의6에 따른 인터넷실명인증제와 관련하여 실명인증자료의 보관 및 제출의무가 개인정보자기결정권에 대한 침해는 아니라고 판시하였다.

20) 공적 인물의 이론에 대하여는 염규호, 공적 인물과 명예훼손, 언론중재 2000년 봄호, 62-81쪽 참조.

21) 그러나 공적 인물의 사생활이 무제한적으로 공개될 수 있는 것은 아니다. 헌법재판소는 **헌재 2007.5.31. 2005헌마1139 결정**에서 4급 이상 공무원들의 병역면제사유인 질병명을 그 종류와 상관없이 관보와 인터넷을 통해 공개하는 것에 대해 헌법불합치결정을 내린 바 있다.

2. 청구기간

V. 결론 [1점]

2. 갑의 헌법소원심판청구가 적법할 경우, 갑의 개인정보 자기결정권 및 일반적 행동의 자유 침해 주장에 대해 헌법재판소는 어떠한 본안판단을 내려야 하는가? (50점)

I. 사안의 분석과 쟁점의 정리 [5점]

II. 신상정보 제출의무의 의의와 성격 [9점]

1. 구 「아동·청소년의 성보호에 관한 법률」의 입법취지
2. 전과자에 대한 신상정보 제출의무 부과의 의의와 기능
3. 매년 새로운 신상정보 제출의무의 부과와 그 의미

III. 신상정보 제출의무에 의해 제한되는 기본권 [9점]

1. 신상정보의 성격과 인격권의 제한
2. 개인정보 자기결정권의 제한
3. 일반적 행동의 자유의 제한

IV. 기본권 제한의 정당성에 대한 비례성 판단 [12점]

1. 목적의 정당성 및 수단의 적합성
2. 침해의 최소성
3. 법익의 균형성

V. 헌법재판소의 본안판단 [12점]

1. 헌법재판소의 결정 형식과 주문
2. 구 「아동·청소년의 성보호에 관한 법률」 제34조 제2항 등에 대한 합헌성 판단
3. 결정의 효력

VI. 결론 [3점]

3. 갑의 헌법소원심판청구가 적법할 경우, 이중처벌금지원칙 위반 주장에 대해 헌법재판소는 어떤 본안판단을 내려야 하는가? (30점)

I. 서 [3점]

II. 이중처벌금지원칙의 의의와 기능 [7점]

1. 형벌의 정당성과 그 구성요소
2. 이중처벌금지의 의의
3. 이중처벌금지와 일사부재리

III. 신상정보 제출의무의 성격 [7점]

1. 형벌과 보안처분의 구분
2. 현행법상 형벌의 유형
3. 보안처분으로서의 신상정보 제출의무

IV. 형벌과 보안처분의 병과와 이중처벌금지원칙 [11점]

1. 보안처분의 형벌적 성격에 대한 평가
2. 형벌과 보안처분의 기능상 차이와 병과의 필요성
3. 이중처벌금지원칙과 보안처분의 병과

V. 결론 [2점]

제 2 절 주거의 자유

Ⅰ. 역사적 뿌리

주거는 인간의 생존의 울타리로서 매우 중요한 의미를 갖는다. 따라서 주거에 대한 보호는 이미 오래전부터 문제되어 왔다.[22)]

주거의 자유의 기원과 관련하여 특히 중요한 비중을 갖는 것은 영국의 대헌장 제52조이다. 이 조항은 봉건영주의 특권으로서의 주거(봉건영지)의 불가침을 인정함으로써 "나의 집은 나의 성이다(My house is my castle)"는 당시의 일반적인 관념을 표현하고 있었다.

근대적 기본권으로서는 1776년 버지니아 권리장전 제10조에서 사적 공간에 대한 기본권적 보호를 명문화하였고, 1791년 미국 헌법 수정 제4조에서 가택(houses)에 대한 보호를 명시적으로 언급함으로써 근대적인 주거의 자유가 형성되었다.

이처럼 주거는 사생활에 대한 기본권적 보장 가운데서 가장 먼저, 그리고 특별하게 보장되고 있는 최소한의 공간이라고 할 수 있다.

Ⅱ. 현재의 문제상황

1. 사회적 여건의 변화

주거의 자유는 애초에 영토(영지, 토지)에 대한 평온의 보호로서 구성되었던 것이었지만, 근대 이후의 정치적 · 사회적 발전에 따라 많은 변화를 겪게 되었다. 또한 현대에는 보다 복잡한 통제 하에 놓여있는 **공공성의 영역**이 증대됨에 따라 그 보상물로서 **외부적 간섭이 없는 「사적 공간」의 필요성**이 사회심리학적으로도 인정되고 있다.

한편으로는 근대의 자유주의적 정치발전에 따라 개인의 자율적 결정권이 강조되면서 주거의 자유가 토지 또는 가옥의 소유로부터 분리되는 경향을 보이게 되었고, 다른 한편으로는 근대 이래의 산업화과정에서 인구의 유동이 급격히 증가됨에 따라 사생활의 공간에 대한 기본관념이 종래와는 다르게 구성될 수밖에 없었다.

그 결과 현대의 주거개념은 종래와는 달리 상당한 범위로 확대되었다. 개인의 배타적 지배 하에 있는 공간이라는 개념은 완화되었고, 특정인이 사생활을 영위할 수 있는 독립된 공간이라면 폭넓게 주거로 인정하는 경향이 나타나고 있는 것이다. 이에 따라 호텔이나 여관의 객실 등은 물론 영업소, 나아가 주거용 차량 등에까지도 주거의 자유를 인정하는 것이 일반화되고 있다.

---

22) 특히 고대에는 「종교의식의 장소」로서의 주거의 보호가 문제되었으며, 중세의 교회법상으로는 교회건물의 불가침이 주장되어 교회가 국가권력에 의해 억압받는 자들의 피신처로 기능하게끔 되기도 하였다. 그 밖에 게르만법이 「주거의 평온」을 인정하는 전통을 가지고 있었다고 한다.

2. 주거의 자유와 다른 기본권(특히 사생활의 비밀과 자유)과의 관계

주거의 자유는 앞서 살펴본 바와 같이 가장 오래된 기본권 중의 하나라고 할 수 있다. 그러나 생명이나 신체에 관련된 인신의 보호, 또는 종교의 자유나 양심의 자유, 언론의 자유 등과 같은 정신적 자유의 보호, 또는 경제생활의 기초로서 특별한 의미를 갖고 있는 재산권의 보호에 비하면 그 동안 덜 주목되었던 기본권의 하나이기도 하다.

하지만 주거의 자유에 대한 보호는 개인의 최소한의 사적 공간의 보호로서 특별한 의미를 갖는 것이며, 그런 의미에서 주거에 대한 보호는 사생활에 대한 보호의 핵심적 부분이라고 할 수 있다. 그렇기 때문에 주거의 자유에 대한 제한(압수, 수색)을 위해서는 신체의 자유에 대한 제한(체포, 구금, 압수, 수색)에 준하여 법관이 발부한 영장이 요청되는 것이다(헌법 제16조 제2문).

이런 맥락에서 「주거라는 특수한 공간 내에서의 사생활」에 대해서는 보다 강력한 보호가 헌법상 인정되고 있는 것으로 이해될 수 있다. 즉 헌법 제17조에 의한 사생활의 비밀과 자유와 헌법 제16조에 의한 주거의 자유는 **일반－특별의 관계**에 있고, 따라서 주거의 자유가 인정될 때에는 사생활의 비밀과 자유는 당연히 전제되는 것이지만, 특별히 따로 논의될 필요는 없다고 보아야 할 것이다.

물론 주거의 자유는 주거 내에서 행사되는 여타의 기본권들과 결합되어서 행사될 수 있으며(예컨대 주거 내에서의 대화, 통신, 학문적 토론 또는 예술활동 등), 이러한 경우에는 여러 종류의 기본권이 동시에 주장되는 것도 가능하다.

Ⅲ. 주거의 자유의 의의와 내용

1. 주거의 자유의 의의

주거의 자유의 기본적 의의는 사생활의 보호를 위한 최소한의 공간을 기본권으로 확보한다는 데에 있다. 즉 주거 내에서 행해지는 사생활에 대해서는 거리나 공원, 산이나 바닷가에서보다 강력한 보호가 인정되어야 한다는 것이다.

그러므로 주거의 자유에 대한 보장은 주거라는 공간 내에서 사생활의 비밀과 자유가 인정되는 것으로 이해될 수 있다. 즉 주거의 자유는 주거 안에서의 **사생활의 자율적인 형성**은 물론, 그 안에서 있었던 일에 대한 **정보의 자율적 통제권**까지 내포하는 것이다.

2. 주거의 범위

헌법상 주거의 자유에 의해 보호되는 주거의 개념은 민법상의 주소의 개념과는 구별되어야 한다. 오늘날 주거의 개념은 **독점적으로 사용·거주하고 있는 사적 공간**은 모두 포함하는 것으로 확대되고 있다. 즉 모든 사람에게 출입이 허용되고 있는 공간에 대해서는 주거의 자유를 주장할 수 없지만, 출입이 제한되고 있는 공간에 대해서는 주

거의 자유를 넓게 인정하는 경향이 나타나고 있는 것이다.[23)]

이런 맥락에서 오늘날 자신의 소유건물에 대해서만 주거의 자유가 인정되는 것이 아니라, 셋방, 호텔방 등은 물론, 회사, 상점, 공장, 학교 등까지도 주거로 인정된다. 반면에 자신의 소유라도 현재 자신이 아닌 타인의 적법한 사용 하에 있는 공간에 대해서는 주거의 자유를 주장할 수 없다.[24)]

3. 주거의 자유의 내용

주거의 자유는 **주거라는 독립된 사적 공간에서 행해지는 사생활**을 보호하는 것이다. 따라서 정당한 주거권자의 동의나 승낙 없이는 주거라는 공간에 대한 어떠한 형태의 간섭도 배제되는 것이 원칙이다. **주거권자 또는 그 대리인의 승낙**은 명시적인 것뿐만 아니라 추정적인 것까지도 포함한다.[25)]

이러한 주거의 자유에 대한 침해는 물리적인 주거의 침입에 의해서 뿐만 아니라 주거의 외부에서 내부의 대화를 감청하는 등의 기술적 도구를 이용해서 이루어질 수도 있다.[26)] 주거의 자유에 있어서도 결국 자기정보의 자율적 통제권이 그 핵심의 한 부분이 될 수밖에 없기 때문에, 외부로부터의 주거 내부에 대한 감시나 도청 등에 의한 불법적 정보획득에 대해서도 보호되어야 하는 것이다.

Ⅳ. 주거의 자유의 주체

주거의 자유는 그 성질상 국민과 외국인을 구별하지 않는 모든 **인간의 권리**이며, 또한 **법인에게도 인정될 수 있는 권리**이다.

---

23) 그러나 구체적으로 어디까지를 주거로 볼 것인지의 판단이 어려워지는 경우도 드물지 않다. 예컨대 기차 내의 침대칸을 주거로 볼 것인지, 휴양지에 쳐 놓은 천막도 주거로 볼 것인지 등에 대해서는 논란의 여지가 있다. 이러한 경우에는 그것이 주거의 목적을 갖고 있는지, 그리고 주거로서 인식될 수 있는지를 판단의 기준으로 보아야 할 것이다.

24) 예컨대 자기 소유의 집이라 하더라도 세를 준 경우에는 세입자가 정당한 주거권자가 되며, 집주인은 세입자의 동의 없이 주거에 침입할 수 없다.

25) 그러나 주거권자의 동의가 있었던 경우에도 불법행위를 할 목적으로 주거에 들어간 경우에는 진정한 동의가 있었다고 보기 어렵기 때문에 주거의 침입이 된다고 본 판례가 있다. 대법원은 간통을 위해 처의 동의를 얻어 주거에 들어간 경우를 주거침입죄에 해당되는 것으로 본 예가 있으며(**대법원 1958.5.23. 선고 4291형상117 판결**), 대리시험자의 시험장 입장에 대해서도 주거침입죄를 적용한 바 있다(**대법원 1967.12.19. 선고 67도1281 판결**). 그러나 이들 행위는 이미 그 자체가 불법(간통죄, 공무집행방해죄 등)으로서 처벌의 대상이 될 뿐만 아니라, 앞의 사례에서는 처도 주거권자라는 점에서 정당하지 않은 동의라고 보기 어렵다는 문제가 있다. 이러한 비판에 따라 대법원은 피고인이 피해자의 부재중에 피해자의 처와 혼외 성관계를 가질 목적으로 피해자의 처가 열어 준 현관 출입문을 통하여 피해자와 피해자의 처가 공동으로 거주하는 아파트에 들어간 사안에서, 피고인의 주거 출입이 부재중인 피해자의 의사에 반하는 것으로 추정되더라도 주거침입죄가 성립하지 않는다고 판례를 변경하였다(**대법원 2021.9.9. 선고 2020도12630 전원합의체 판결**).

26) 따라서 주거권자의 정당한 동의 없이 주거에 침입함으로써 주거 내에서의 사생활을 침해하는 경우는 물론, 몰래카메라나 도청장치 등을 이용하여 주거 내의 사생활에 대한 정보를 얻어내는 것도 주거에 대한 침해가 된다.

그러나 주거의 자유는 권한 있는 주거자에게만 인정되기 때문에, 사실상 주거하는 자에게 항상 인정되는 것은 아니다. 예컨대 도둑이나 강제점유자 등에게는 주거의 자유가 인정될 수 없다. 또한 주거의 소유자라 할지라도 정당한 주거이용권을 갖고 있는 세입자나 투숙객 등이 주거를 이용하고 있을 때에는 이들의 주거권이 우선한다.

이와 관련하여 원래 정당하게 주거하던 임차인이 –예컨대 임대차 계약의 종료 등으로 인하여– 정당한 주거권을 상실한 경우에는 주거의 자유를 주장할 수 없는지가 문제될 수 있다. 이에 대해서는 논란의 여지가 있지만, 임대차계약의 종료와 동시에 주거의 자유를 상실하고, 집주인은 임차인을 아무런 법적 제한 없이 주거에서 쫓아낼 수 있다는 결론을 이끌어내는 것은 사회적 약자의 보호라는 측면에서 문제가 크다. 따라서 임차인에게 주거의 자유는 계속 인정되어야 할 것이며, 주택의 인도를 위한 법적 절차를 통해서만 주거로부터의 퇴거를 강제할 수 있을 것이다.

Ⅴ. 주거의 자유에 대한 제한

다른 기본권들과 마찬가지로 주거의 자유도 절대적으로 보장되는 것은 아니다. 즉 주거의 자유도 헌법 제37조 제2항에 따른 일반적 법률유보 하에 있으며, 기본권제한의 일반적 요건과 기준에 따른 제한이 가능하다. 그러나 헌법 제16조 제2문은 주거에 대한 압수 · 수색에 대해 영장제도를 규정함으로써 가중요건을 두고 있다.

1. 영장주의의 의의

주거의 자유에 대한 제한, 특히 주거에 대한 압수와 수색에 대해서는 신체의 체포 · 구금 · 압수 · 수색과 마찬가지로 영장주의가 적용된다. 예컨대 은닉된 범인이나 범죄물품 등을 발견하기 위해 필요한 경우에도 법관이 발부한 영장 없이는 국가기관이 주거에 대해 압수나 수색을 할 수 없다(법관유보!).

이처럼 신체의 자유와 함께 주거의 자유에 대해서 영장주의를 특별히 규정함으로써 특별한 보호를 부여하고 있는 것은 주거의 자유가 그만큼 중요한 기본권이라는 점을 반증하는 것이다. 주거의 자유를 통해 최소한의 사적 공간을 확보하는 것은 인격적인 삶을 위해 중요한 의미를 갖는다는 판단이 영장주의의 요청에 내포되어 있는 것이다.

2. 적용범위: 압수나 수색

헌법 제16조 제2문은 주거에 대한 압수나 수색의 경우를 명시하면서 영장주의를 요청하고 있다. 이에 따라 압수나 수색이 아닌 다른 목적을 위해 국가권력이 주거를 제한하는 경우에도 영장이 필요할 것인지에 대해 논란이 있다. 예컨대 경제감독, 영업감독, 조세자료의 확인 등을 목적으로 주거에 들어가고자 하는 경우에도 영장주의의 원칙이 관철되어야 할 것인지가 문제되는 것이다.

이에 대해서는 주거의 자유에 대한 보호를 우선시켜서 영장이 필요하다고 보는 설,

대규모로 행해지는 행정작용의 성질상 모든 개별 영업소에 대해 영장을 요구한다는 것이 사실상 곤란하다고 생각하여 영장이 필요하지 않다고 보는 견해 등이 제시된 바 있다. 그러나 오늘날에는 소방활동이나 전염병예방과 같이 순수한 행정목적을 위한 경우나 특히 긴급을 요하는 경우 이외에는, 특히 형사상의 목적을 위한 경우에는 영장주의가 적용되어야 한다는 절충설이 다수설로 받아들여지고 있다.[27)]

이 문제와 관련하여서는 헌법규정에서 "검사의 신청에 의하여" 법관이 발부한 영장이라고 명시하고 있다는 점에 주목할 필요가 있다. 즉 헌법은 형사문제를 염두에 두고 있었기 때문에 영장의 발부에 대해 검사의 신청을 요건으로 정하고 있는 것이다. 따라서 모든 행정규제에 대해 일률적으로 영장을 요구하는 것은 적합하지 않다고 할 수 있다. 다만 형사처벌로 연결될 수 있는 문제에 대해서는 영장을 요구하는 것이 필요할 것이다.

제3절 통신의 비밀

【사례: 통신의 비밀】

갑(甲) 등은 A중공업이 근로자를 정리해고한 것에 항의하여 크레인 점거 농성 중이던 을(乙) 등을 응원하고자 2011.6.11.부터 2011.10.9. 사이에 희망버스 집회를 개최하였다는 취지의 '집회 및 시위에 관한 법률' 위반 등 혐의로 기소된 사람들이다.

해당 수사기관은 위 사건의 수사 또는 체포영장의 집행을 위하여 법원의 허가를 얻어 전기통신사업자에게 청구인들에 대한 통신비밀보호법 제2조 제11호 바목에 해당하는 통신사실 확인자료의 제출을 요청하여 이를 제공받았고, 위 청구인들은 2011.12.22.경부터 2012.4.4.경 사이에 해당 수사기관으로부터 위와 같은 통신사실 확인자료 제공사실을 통지받았다.

이에 갑 등은 2012.2.29., 병(丙) 등은 2012.6.19. 통신비밀보호법 제2조 제11호 바목, 제13조 제1항, 제2항, 제13조의3이 청구인들의 통신의 자유, 사생활의 비밀과 자유, 개인정보자기결정권 등 기본권을 침해한다고 주장하면서 헌법재판소에 헌법소원심판을 청구하였다.

〈헌재 2018.6.28. 2012헌마191등 참조〉

〈참고조문〉

통신비밀보호법 제13조 (범죄수사를 위한 통신사실 확인자료제공의 절차)

① 검사 또는 사법경찰관은 수사 또는 형의 집행을 위하여 필요한 경우 전기통신사업법에 의한 전기통신사업자(이하 "전기통신사업자"라 한다)에게 통신사실 확인자료의

27) 계희열, 헌법학(중), 2007, 415쪽; 권영성, 헌법학원론, 2010, 466쪽; 김철수, 헌법학개론, 2007, 658쪽 이하.

열람이나 제출(이하 "통신사실 확인자료제공"이라 한다)을 요청할 수 있다.

통신비밀보호법 제13조의3 (범죄수사를 위한 통신사실 확인자료제공의 통지)

① 제13조의 규정에 의하여 통신사실 확인자료제공을 받은 사건에 관하여 공소를 제기하거나, 공소의 제기 또는 입건을 하지 아니하는 처분(기소중지결정을 제외한다)을 한 때에는 그 처분을 한 날부터 30일 이내에 통신사실 확인자료제공을 받은 사실과 제공요청기관 및 그 기간 등을 서면으로 통지하여야 한다.

1. 갑과 병 등의 헌법소원심판청구는 적법한가? (25점)
2. 통신비밀보호법 제13조 제1항 중에서 "검사 또는 사법경찰관은 수사를 위하여 필요한 경우 전기통신사업법에 의한 전기통신사업자에게 제2조 제11호 바목, 사목의 통신사실 확인자료의 열람이나 제출을 요청할 수 있다"고 규정한 것이 갑 등의 통신의 자유 등 기본권을 위헌적으로 침해하는가? (50점)
3. 통신비밀보호법 제13조의3 제1항의 통지조항은 적법절차원칙에 위반하여 갑 등의 개인정보자기결정권을 침해하는가? (25점)

Ⅰ. 통신의 비밀보장의 문제상황

통신이란 정보의 전달이라고 할 수 있다. 그렇기 때문에 정보화가 가속화될수록 통신의 양적·질적 증가는 불가피하다. 특히 현대의 정보화사회에서는 정보의 신속성과 정확성이 무엇보다 강조되기 때문에, 이를 뒷받침하는 통신수단의 발달은 필수적이다.

그러나 이처럼 정보통신이 발달함에 따라 -어쩌면 바로 그 때문에- 통신의 비밀에 대한 침해도 기하급수적으로 증대되고 있다. 즉 정상적인 방법으로 정보를 획득하는 것에 만족하지 못하고, 통신의 내용을 불법적으로 검열 또는 도청함으로써 정보를 획득하려는 시도 또한 증가하고 있는 것이다.

이처럼 통신의 비밀에 대한 침해가 증대되는 것은 여러 가지 문제를 야기하게 된다. 개인의 「사생활에 관한 정보」가 유출될 수 있는가 하면, 「기업정보」나 「국가기밀」도 침해될 수 있기 때문이다. 따라서 통신의 비밀을 보장하는 것은 사적 정보의 보호 내지 사생활의 보장을 위해서, 기업의 자유롭고 건전한 경쟁을 통한 영업활동을 위해서, 그리고 중요한 국가정보의 유출을 막고 국익을 지키기 위해서도 꼭 필요한 것이다.

Ⅱ. 통신의 비밀보장의 의의와 내용

1. 통신의 의의

헌법 제18조에서 규정되고 있는 통신이란 **직접 대면하지 않고 행해지는 의사(=정보)의 교환**을 총칭한다. 즉 편지, 소포, 전신, 전화, 팩시밀리, PC통신, 인터넷 등의 모든 형태의 정보전달수단을 통신이라고 부르는 것이다.

따라서 통신은 의사전달의 수단이라고도 할 수 있으며, 의사표현의 한 형태로도 이해될 수 있다. 그렇기 때문에 통신의 비밀에 의해 보호되는 것은 동시에 언론의 자유에 해당되는 것이기도 하다.

2. 통신의 비밀보장의 의의

통신의 비밀을 보장하는 것은 사생활의 보호, 기업활동의 보호, 국가기밀의 보호 등 다양한 측면과 관련되어 있으나, 통신의 비밀은 일반적으로 사생활영역의 보호에 속하는 기본권으로 분류된다. 그 이유는 통신 내용 가운데 양적으로 가장 많은 것이 사적 통신이기 때문이라고 할 수 있지만, 다른 한편으로는 사적 생활이 공적 생활보다 기본적인 의미를 갖는다는 인식에서 비롯된 것이라고 볼 수 있다.

특히 통신의 비밀은 -사생활에 대한 보호라는 측면에서 볼 때- 자율적인 정보처리권과 직접 연결되는 것으로 이해될 수 있다. 자신의 사생활에 대한 정보를 통제할 수 있는 권리는 통신을 통해 정보가 전달되는 과정 및 정보전달의 상대방을 한정하는 데에도 미치는 것으로 이해되어야 할 것이기 때문이다. 따라서 통신의 비밀은 사생활의 비밀과 자유에 의해 보호되는 자율적인 정보처리권을 특히 통신과 관련되는 영역에서 특별히 보호하고 있는 것으로 이해될 수 있다.[28)]

3. 통신의 비밀보장의 내용

헌법 제18조가 규정하고 있는 통신의 비밀은 **통신의 전체과정**을 포함한다. 즉 통신의 비밀이 효과적으로 보장되기 위해서는 단순히 통신의 내용이 비밀로 유지되어야 할 뿐만 아니라, 누가 누구에게 어떠한 통신매체를 이용하여 정보를 전달했는지도 비밀로 지켜져야 할 것이기 때문이다. 이런 의미에서 통신의 비밀보장은 두 가지를 포함한다.

첫째, 통신에 대해 **당사자가 아닌 제3자의 인지(認知)를 금지**한다. 즉 누가 누구에 대해 어떤 내용의 통신을 했는지를 알려고 해서는 안 되는 것이다. 물론 통신의 방식이 공개를 전제하고 있는 경우에는 예외가 된다.[29)]

둘째, **직무상 통신의 내용을 인지한 경우에는 이를 제3자에게 전달하는 것을 금지**한다. 예컨대 전화교환원이나 우편배달부 등이 통신의 주체나 상대방 또는 통신내용을 우연히 알게 된 경우에도 이를 제3자에게 알려서는 안 된다는 것이다. 다만 중대한 범죄와 관련된 내용을 우연히 알게 된 경우에 이를 범죄수사기관에 신고하는 경우 등은 예외로 인정될 수 있을 것이다.[30)]

---

28) 이런 의미에서 통신의 비밀보장도 주거의 자유처럼 사생활의 비밀과 자유에 대해 일반-특별의 관계에 있다고 할 수 있다.

29) 예컨대 공개된 인터넷 게시판 등을 통해 특정인에게 의사를 전달하는 경우에는 다른 사람들이 통신의 내용을 보아도 된다는 것을 전제한 것이라고 할 수 있다.

30) 하지만 이 경우도 우연히 그와 같은 내용을 알게 되었다는 것을 전제하는 것이지, 범죄와의 관련을 알기 위해 의도적으로 통신내용을 확인하고자 하는 행위를 정당화하는 것은 결코 아니다. 범죄수사와 관련하여 통신내용을 확인하기 위해서는 통신비밀보호법이 정하고 있는 요건을 갖추어야 한다.

Ⅲ. 통신의 비밀에 대한 제한

1. 통신의 비밀에 대한 제한의 유형

통신의 비밀에 대한 제한은 기본권제한의 일반적 요건과 절차에 따라 행해질 수 있다. 현재 이러한 제한을 인정하고 있는 대표적인 법률로서는 「통신비밀보호법」, 「전파법」, 「국가보안법」 및 「정보통신망 이용촉진 및 정보보호 등에 관한 법률」, 「전기통신사업법」 등이 있다.

이러한 통신의 비밀에 대한 제한은 법률의 근거 하에 엄격한 비례의 원칙에 따라 행해져야 하며, 제한의 유형에 따라 법률이 정하고 있는 요건을 갖추어야 한다. 예컨대 「개인정보보호법」 제15조 이하에 의해 개인정보의 수집 · 이용을 위한 요건이 엄격하게 요구되고 있으며, 「정보통신망 이용촉진 및 정보보호 등에 관한 법률」 제42조에서는 청소년의 보호를 위해 청소년유해매체물을 표시하게 하는 등 다양한 형태의 제한을 가하고 있다. 또한 「통신비밀보호법」은 범죄수사 및 국가안보와 관련한 통신비밀의 제한을 규정하고 있으며,[31] 「형의 집행 및 수용자의 처우에 관한 법률」에 따른 서신검열(제43조)[32] 등 다양한 형태의 제한이 각종 법률에 의해 부과되고 있다.[33]

2. 통신의 비밀보장과 영장주의

통신의 비밀은 사생활의 중요한 부분의 하나로서 특별히 강조되어 보호되고 있다. 즉 사적 정보의 보호는 헌법 제17조의 사생활의 비밀과 자유로서도 보장될 수 있는데, 통신의 비밀보장을 헌법 제18조에서 별도로 명문화시키고 있는 것은 헌법 제17조에 의한 보장을 넘어서는 특별한 보장을 의도하고 있는 것이라고 볼 수 있는 것이다.

그러나 영장주의를 명시하고 있는 주거의 자유와는 달리 통신의 비밀에서는 헌법이 영장주의를 명시하고 있지 않다. 그 결과 통신의 비밀에 대한 제한의 경우, 특히 형사소추를 위해 국가기관이 통신의 비밀을 제한할 경우에는 압수 · 수색에 관한 영장제도가 적용되어야 하는지의 여부가 학설상 논란의 대상이 된 바 있다.

---

31) 예컨대 통신비밀보호법에 따른 통신비밀의 제한에는 다음과 같은 요건이 필요하다.
- 범죄수사를 위한 서신검열과 전기통신의 감청: 법원의 사전허가 필요 (제6조)
- 국가안보를 위한 정보수사기관의 통신제한
  - 내국인에 대한 경우: 고등법원 수석판사의 허가 (제7조 제1항 제1호)
  - 외국인에 대한 경우: 대통령의 승인 (제7조 제1항 제2호)

32) 이와 관련하여 수형자의 서신을 검열하는 것이 수형자의 통신의 비밀을 침해하는 것이라 하여 헌법소원이 제기된 바 있으나, 헌법재판소는 수형자의 서신검열이 정당한 목적을 위하여 부득이할 뿐만 아니라 유효적절한 방법에 의한 최소한의 제한이며, 통신의 자유의 본질적 내용을 침해하는 것이 아니라고 판시한 바 있다(**헌재 1998.8.27. 96헌마398**); 그러나 2008년 12월 22일부터 시행되어 행형법을 대체하게 된 「형의집행및수용자의처우에관한법률」 제43조에서는 일정한 사유가 있는 경우에만 서신검열을 할 수 있도록 제한하고 있다.

33) 그러나 이러한 법률상의 제한은 기본권제한의 요건과 기준을 갖추어야 한다. 이와 관련하여 헌법재판소는 **헌재 2010.12.28. 2009헌가30 결정**에서 통신제한조치기간의 연장을 허가함에 있어 총기간 내지 총연장횟수의 제한을 두지 않고 무제한 연장을 허가할 수 있도록 규정한 통신비밀보호법 제6조 제7항 단서의 관련 부분에 대하여 헌법불합치 결정을 내린 바 있다.

이에 대해서는 헌법이 비록 영장주의를 명시하지는 않았다 할지라도 통신의 비밀보장의 성격이나 헌법이 이를 독립된 기본권으로 구성한 취지에 비추어 볼 때, 영장이 필요하다고 보는 것이 타당할 것이다. 이러한 취지에서 1993년 통신비밀보호법이 제정되면서, 범죄수사를 위한 통신비밀의 제한에 대해서는 법원의 허가를 요하도록 규정함으로써(통신비밀보호법 제6조) 사실상 영장주의를 적용하는 것과 같은 결과가 되었다.

3. 통신비밀보호법상 통신사실확인자료 제공과 전기통신사업법상 통신자료 제공

최근 감청에 못지 않게 통신비밀의 제한으로 문제되는 것이 통신과 관련한 개인정보의 제공이다. 통신비밀보호법 및 전기통신사업법에 의한 수사기관의 통신자료의 확보는 핸드폰 위치추적을 통한 범인 검거 등을 위해 많이 사용되지만, 공수처의 무차별 통신조회를 통해 그 오남용의 문제도 심각하게 떠올랐다.

통신비밀보호법 제13조 이하에서는 통신사실확인자료의 제공에 대해 법원의 허가를 받도록 할 뿐만 아니라, 사후 통지를 규정하고 있으나, 구 전기통신사업법 제83조에서는 법원의 사전 허가도, 사후 통지도 규정되지 않고 있다는 점이 문제되었다. 그러나 헌법재판소는 전기통신사업법 제83조는 임의수사의 형식임을 근거로 법원의 허가는 필요치 않은 것으로 보았으며, 사후 통지의 미비에 대해서만 적법절차 위반을 이유로 헌법불합치결정을 내렸다.[34)]

Ⅳ. 통신의 비밀보장과 관련된 몇 가지 쟁점

1. 통신의 비밀보장과 도청

도청의 금지는 통신의 비밀에 대한 보장의 가장 기본적인 요청에 속한다. 그러나 특수한 공익목적으로 도청을 허용하는 예는 각국에서 찾아볼 수 있다. 다만 이와 같은 -보다 중대한 공익을 위한- 도청의 허용이 남용되는 것을 막기 위해 도청의 대상을 한정하고, 도청인정의 절차를 엄격하게 하는 것이 중요한 관심사가 되고 있다.

미국의 경우에는 1968년의 「범죄방지 및 거리 안전을 위한 종합법률」(Omnibus Crime Control and Safe Street Act)에서 법관의 영장을 받아 도청이 가능하도록 규정하였으며, 독일의 경우에는 「서신, 우편 및 전신의 비밀 제한에 관한 법률」(Gesetz zur Beschränkung des Brief-, Post- und Fernmeldegeheimnisses)이 제정되어 역시 도청의 요건과 절차를 정한 바 있다. 그리고 우리나라에서는 통신비밀보호법이 그와 같은 기능을 하고 있다.[35)]

---

34) 헌재 2022.7.21. 2016헌마388등 결정.
35) 또한 대법원은 불법선거운동을 적발할 목적으로 도청기를 설치하기 위하여 타인의 주거에 침입한 행위에 대해 정당행위의 성립을 부정한 바 있다(대법원 1997.3.28. 선고 95도2674 판결).

2. 전화의 역탐지

전화의 역탐지란 전화의 발신장소 내지 발신인을 추적하는 것을 의미한다. 통신의 비밀은 앞서 설명한 바와 같이 통신의 주체와 객체(상대방) 및 내용 모두를 대상으로 하는 것이기 때문에 전화의 역탐지도 원칙적으로 통신의 비밀에 대한 침해라고 할 수 있다. 그러나 중대한 범죄(예컨대 어린이 유괴나 납치 등)가 발생된 경우에는 피해자 또는 수사기관의 요청에 의해 전화를 역탐지하는 것도 허용될 수 있다.

물론 이 경우에도 통신비밀보호법에 따른 법관의 허가가 문제될 수 있지만, 협박의 현행범에 대한 경우에는 영장주의의 예외를 인정하는 것에 준하여 법원의 허가 없이 전화의 역탐지가 허용된다고 보아야 할 것이다.

3. 전화의 발신자확인장치

전화의 발신자를 확인할 수 있도록 하는 것이 문제된 바 있는데, 이 경우에도 전화의 역탐지와 유사한 문제가 발생될 수 있다. 즉 통신의 주체를 밝히는 것이 통신의 비밀에 대한 보장을 침해하는지의 여부가 문제될 수 있는 것이다.

이처럼 전화의 발신자확인이 문제된 것은 이른바 전화폭력 또는 음란전화가 기승을 부리면서부터인데, 통신비밀보호법 제13조는 일정한 요건과 절차에 따라 전기통신사업자에게 통신사실의 확인을 청구할 수 있도록 함으로써 이 문제의 해결을 꾀하고 있다.[36] 물론 이 경우에도 통신비밀의 문제가 제기될 여지는 있지만, 피해자의 보호가 더욱 중요하다고 보기 때문에 발신자확인의 정당성을 인정하는 견해가 다수이다.

이와는 달리 전화사업자들이 부가서비스의 일종으로 발신번호를 확인할 수 있도록 한 것은 구체적인 범죄의 혐의 등과 무관하게 일방적·일률적으로 발신자의 정보를 공개한다는 점에서 더 큰 문제의 소지를 안고 있다. 하지만 현재 발신자가 원할 경우에는 발신번호가 수신자에게 전달되지 않도록 하는 것도 가능하다는 점이 그러한 문제의 소지를 감소시키고 있다(전기통신사업법 제84조 제1항 단서).

사례 풀이:

1. 갑과 병 등의 헌법소원심판청구는 적법한가? (25점)

Ⅰ. 서: 헌법소원심판의 유형과 적법요건 [2점]

Ⅱ. 공권력에 의한 기본권의 침해 [7점]

1. 입법에 의한 기본권 침해와 법령소원
2. 침해되는 기본권
3. 사안에 대한 판단

Ⅲ. 기본권침해의 직접성, 현재성, 자기관련성 [9점]

---

36) 통신비밀보호법 제13조에서 검사 및 사법경찰관이 범죄수사와 관련하여 통신의 확인을 할 수 있도록 규정하고 있으며 전기통신사업법 제84조 제2항에서는 폭언·협박·희롱 등으로부터 보호하기 위하여 송신인의 전화번호 등을 수신인에게 알려줄 수 있도록 규정하고 있다.

1. 법령소원과 직접성 요건에 대한 판단
2. 현재성에 대한 판단
3. 자기관련성에 대한 판단

Ⅳ. 보충성 및 기타의 적법요건 [6점]

1. 헌법소원심판청구의 보충성 요건
2. 변호사강제주의
3. 청구기간: 청구기간의 도과 여부 판단

Ⅴ. 결론 [1점]

2. 통신비밀보호법 제13조 제1항 중에서 "검사 또는 사법경찰관은 수사를 위하여 필요한 경우 전기통신사업법에 의한 전기통신사업자에게 제2조 제11호 바목, 사목의 통신사실 확인자료의 열람이나 제출을 요청할 수 있다"고 규정한 것이 갑 등의 통신의 자유 등 기본권을 위헌적으로 침해하는가? (50점)

Ⅰ. 사안의 분석과 쟁점의 정리 [5점]

Ⅱ. 통신의 비밀의 의의와 보호범위 [9점]

1. 통신의 개념과 통신비밀의 의의
2. 통신비밀의 보호범위: 통신의 주체, 시기, 내용 등
3. 통신사실 확인자료 제공과 통신비밀의 충돌

Ⅲ. 통신사실 확인자료의 의의와 근거 [9점]

1. 통신사실 확인자료의 개념
2. 수사 목적의 통신사실 확인자료 제공의 필요성
3. 그 정당성 근거로서의 법원의 허가

Ⅳ. 통신비밀보호법 제13조 제1항의 요청조항에 대한 비례성 판단 [12점]

1. 목적의 정당성 및 수단의 적합성
2. 침해의 최소성
3. 법익의 균형성

Ⅴ. 헌법재판소의 본안판단 [12점]

1. 헌법재판소의 결정 형식(변형결정의 가능성)
2. 사안에 대한 판단
3. 결정의 효력

Ⅵ. 결론 [3점]

3. 통신비밀보호법 제13조의3 제1항의 통지조항은 적법절차원칙에 위반하여 갑 등의 개인정보자기결정권을 침해하는가? (25점)

Ⅰ. 사안의 분석과 쟁점의 정리 [2점]

Ⅱ. 적법절차원칙의 의의와 성격 [4점]

1. 헌법의 기본원리로서의 법치주의와 적법절차
2. 적법절차의 헌법적 근거: 헌법 제12조 제3항, 제16조 등
3. 적법절차의 적용범위: 영장주의, 적절한 고지, 의견진술의 기회 등

Ⅲ. 수사의 밀행성과 통지시기의 쟁점 [4점]

1. 적법절차원칙에 따른 통신사실 확인자료 제공의 통지 필요성
2. 수사의 밀행성 요청으로 인한 즉시 통지의 곤란성
3. 통신비밀보호법 제13조의3 제1항에 따른 통지시기의 실효성 문제

Ⅳ. 기본권 제한의 정당성에 대한 비례성 판단 [7점]

1. 목적의 정당성 및 수단의 적합성

2. 침해의 최소성

3. 법익의 균형성

Ⅴ. 헌법재판소의 본안판단 [7점]

1. 헌법재판소의 결정 형식(변형결정의 가능성)

2. 사안에 대한 판단

3. 결정의 효력

Ⅵ. 결론 [1점]

제 5 장 정신적 자유권 ①: 종교의 자유, 양심의 자유, 사상의 자유

「제5장 정신적 자유권 ①」에서는 **종교의 자유, 양심의 자유, 사상의 자유**를 다룬다. 이 기본권들은 인간의 내면적 정신활동에 관한 것으로서 인간의 자율적 정신활동의 기초를 형성한다는 점에서 매우 특별한 의미를 갖는다. 그렇기 때문에 이 기본권들에 대해서는 그에 상응하는 특별한 보호가 인정되고 있다.

하지만 인간의 내면적인 정신활동과 그 결과를 외부로 표현하는 것은 상호 영향을 주고받는 것이기 때문에 단순하게 이원화되기 어렵다. 예컨대 신앙의 자유, 양심의 자유라는 내면적 정신활동의 보호는 이를 외부로 표현하는 언론의 자유와 직접적인 관련을 가질 수밖에 없으며, 이러한 사실은 이들 기본권의 역사적 발전과정을 통해 쉽게 확인될 수 있다.

그럼에도 불구하고 종교의 자유, 양심의 자유, 사상의 자유를 하나의 범주 속에서 고찰하는 것이 일반적이다. 왜냐하면 이들은 일차적으로 인간의 내면적 정신활동을 대상으로 하고 있다는 점에서 **실현구조상 일정한 공통점**을 갖고 있을 뿐만 아니라 부분적으로는 **보호영역이 중첩되는 현상**도 찾아볼 수 있기 때문이다.

> 헌법 제19조: 모든 국민은 양심의 자유를 가진다.
> 헌법 제20조: ① 모든 국민은 종교의 자유를 가진다.
> ② 국교는 인정되지 아니하며, 종교와 정치는 분리된다.

제 1 절 종교의 자유, 양심의 자유, 사상의 자유의 역사적 발전

Ⅰ. 종교적 신념의 특성

사회질서를 형성 · 유지하는 데 있어서 각종 신념체계들이 미치는 영향은 매우 크다. 그에 따라 모든 사회는 –종교규범이건, 도덕규범이건, 아니면 법규범이건– 일정한 중추적 규범을 갖게 된다. 그 가운데서 역사적으로 가장 먼저 발달되었으며, 고대 국가의 형성에 커다란 영향을 미쳤던 것은 종교규범 내지 종교적 신념이다.

그러나 종교적 신념의 특성인 **절대성의 요구**[1])는 필연적으로 종교들 상호간의 충돌로 이어진다. 각기 유일하게 옳은 신념인 종교는 다른 종교를 용납하기 어려운 것이다. 그로 인하여 종교 간의 충돌은 참혹한 종교전쟁을 낳았으며, 다른 전쟁과는 달리 죽음이 곧 순교라는 생각 때문에 종교 간의 충돌은 타협되기 어렵다는 특성도 가지고 있었다.

종교의 타락으로 인하여 종교에 대한 신뢰가 많이 약해지고, 근대 이후 합리주의가 인간의 정신세계를 지배하게 되면서 비로소 종교의 절대성에 대하여 일정한 한계를 그으려는 노력이 성공하기 시작했다. 그 결과 **종교적 신념의 절대성**을 -적어도 세속질서 내에서는- **완화시키고 종교적 관용을 확보하려는 노력**을 중심으로 기본권으로서의 「종교의 자유」가 형성 · 발전되었다.

Ⅱ. 고대 종교들의 대립

고대의 종교들은 오늘날과는 달리 매우 다양한 형태로 발달되었다.[2] 이 시기의 종교들은 민족 고유의 신화와 전설들과 혼합되어 종교로서의 의미가 명확하지 않은 경우도 많았고, 그 종교를 신봉하는 민족에 대한 선민(選民)의식을 강조하는 것이 대부분이었다.

따라서 고대 종교의 특성 가운데 하나는 **지역적 · 민족적 종교**라는 점이며, 또한 이러한 종교의 내용과 의식 및 중심계층이 세속적 이해관계와도 직결되어 있는 **제정일치(祭政一致)**로 나타나는 경우가 일반적이었다.

그로 인하여 고대 종교들 사이에 충돌이 생기는 경우는 순수한 종교적 신념들 사이의 정신적 마찰이라기보다는 국가 내지 민족 간에 이해관계의 대립과 갈등이 발생한 것으로 볼 수 있는 경우가 대부분이었다.

Ⅲ. 세계종교의 탄생과 종교적 신념의 확장

1. 불교의 탄생

인도의 힌두교가 종교의 역사에서 차지하는 비중은 매우 독특하다. 그러나 힌두교는 그 내용의 복잡성 및 신분적 차별 등으로 인하여 세계인의 보편적 종교로 발전되지는 못했다. 반면에 힌두교를 모태로 발전되었던 불교는 석가모니 부처님의 새로운 깨달음과 가르침에 기초하여 세계종교로 발전하게 되었다.

불교는 세상을 고해(苦海)로 설명하면서 깨달음을 통해 부처가 되어 세상의 고통을

1) 종교는 인간의 정신과 육체, 인간의 모든 삶을 전체적으로 지배하고자 하는 특성을 갖는 신념체계라고 할 수 있다. 종교는 세계의 기원과 인간의 존재의미에 대해 나름의 설명을 제시하며, 이에 대한 신봉을 요구한다. 그럼으로써 종교는 인간의 삶을 처음부터 끝까지 설명하고 또 규율하는 신념체계로 자리잡게 되었던 것이다.

2) 유일신을 숭배하는 유태교와 같은 종교가 있었는가 하면, 이집트나 그리스처럼 다신교의 형태로 발전된 것도 있었다. 그 밖에도 수많은 국가, 수많은 민족들이 원시적 형태의 종교 내지 종교적 신념체계를 가지고 있었다.

벗어나는 것을 강조하였다. 그와 동시에 -국가와 민족, 신분 등과 상관없이- **모든 인간에게는 불성(佛性)이 있다**는 점을 강조함으로써 세계종교로 발돋움하였으며, 중국을 비롯한 동아시아 지역에 전파되어 커다란 영향을 미친 바 있다.

2. 원시기독교와 로마제국

유태교에서 발전된 기독교가 유태인만의 종교가 아닌 세계종교로 발전하면서 종교적인 마찰과 갈등은 더욱 두드러지게 되었다. 불교의 경우 몇 가지 예외적인 경우를 제외하고는 대체로 기존의 종교와 잘 융화되는 편이었지만, 기독교는 그렇지 못했던 것이다.

기독교는 특정 민족에 대한 선민의식을 배제하고 **모든 인간은 신(神) 앞에 평등하다**고 주장하면서 국가와 민족을 초월한 종교로 발전하게 되었다. 그 결과 한편으로는 기독교가 특정 국가의 울타리를 넘어서 다른 국가, 다른 민족으로 전파될 수 있는 기틀이 마련되었지만, 다른 한편으로는 한 국가, 한 민족 내에서도 여러 종교가 동시에 신봉되면서 종교적 갈등이 점차 현실적인 문제로 제기되었던 것이다.[3)]

3. 이슬람교(국가)와 주변국가

이슬람교도 서남아시아를 지배하게 되면서 세계종교로의 발전을 보였다. 특히 이슬람세력이 많은 주변 국가들을 정복하면서 이슬람교가 널리 전파되었고, 결국 이슬람교와 토착종교의 갈등이 문제될 수밖에 없었다.

또한 이슬람교와 기독교 사이의 충돌로 야기되었던 이른바 **십자군 전쟁**은 종교적 충돌의 대표적 예로 들 수 있을 것이다.

4. 중세 가톨릭의 정교일치사회

중세유럽은 가톨릭에 의해 지배되는 교권사회였다. 이러한 가톨릭의 지배는 종교적 영역에 머물지 않고 세속질서에까지 광범위하게 미쳤다.

특히 가톨릭은 타종교의 신봉자(이교도)나 혹은 가톨릭의 추종자 가운데서도 정통신앙과 어긋나는 주장을 하는 사람(이단자)에 대하여는 종교재판을 통하여 가혹한 처벌을 하였다. 이러한 가톨릭신앙의 절대성의 요구는 **모든 이교적 · 이단적 신앙의 배척**으로 나타났던 것이다.

---

3) 이러한 종교적 갈등으로 인하여 발생된 충돌의 대표적 예의 하나가 로마제국에 의한 기독교의 박해라고 할 수 있을 것이다. 기독교가 로마제국 내에서 전파되면서 기독교는 제국의 황제를 신격화하는 기존의 종교와 충돌하게 되었으며, 그 결과 로마제국은 기독교에 대해 모진 탄압을 가했다. 그러나 기독교도들은 종교적 관용을 요구하면서 계속 신도를 늘려나갔던 것이다.

Ⅳ. 종교개혁과 종교적 관용, 양심의 자유

1. 종교개혁(신교의 탄생)과 신 · 구교의 대립

중세 말 가톨릭이 타락하자 이를 비판하면서 이른바 「종교개혁」을 통해 성립한 신교는 가톨릭과 극렬한 대립을 보이게 되었다.[4)]

신 · 구교의 대립에 있어서 중요한 것은 −종교적 신념이 일반적으로 그러하듯이− 양측 모두가 자기만이 절대적으로 옳다고 주장하면서 타협의 여지를 인정하지 않았다는 점이다. 그리고 그 결과는 순교를 불사하는 장기적인 종교전쟁으로 나타났다.[5)]

2. 신 · 구교의 타협과 종교적 관용 및 그 인정범위

종교전쟁이 장기화되면서 −현실적인 여건에 의해 불가피하게− 서로를 종교적으로 관용하는 타협이 신 · 구교 간에 이루어지게 되었다. 그러나 이러한 타협에 의해 개인의 종교선택의 자유가 인정된 것은 아니었다.

즉 신 · 구교 간의 타협은 종교의 자유 내지 종교적 관용이라는 원칙에 대한 양해가 아니라 현실적인 필요에 따른 집단 간의 타협이었다.[6)] 그렇기 때문에 이러한 관용은 개개인의 자유로운 종교 및 종파의 선택으로 연결되지는 않았다.

3. 양심의 자유의 탄생: 종교적 신앙과 세속문제에 관한 양심의 구별

양심이라는 개념은 오래선부터 존재하였다. 그러나 근대 초까지 양심은 개인의 권리로서 인식되지 않았다.

양심의 문제가 일반적으로 인정되기 시작한 것은 근대적 합리주의가 발달하고, 인간의 이성에 대한 신뢰가 보편화된 이후라고 할 수 있다. 그제서야 비로소 종교적 문제와 세속의 문제를 분리시키려는 노력이 활발하게 전개될 수 있었고, 나아가 종교적 신앙과 세속문제에 관한 양심이 점차 구별되기 시작하였다.

양심 및 양심의 자유의 세속화는 베이컨(*F. Bacon*), 알투지우스(*J. Althusius*), 그로티우스(*H. Grotius*) 등에 의해 이루어졌다. 즉 신(神)에 의해 모든 인간에게 부여된 이성의 힘에 근거하여 자율적으로 판단할 능력이 모든 사람에게 있다고 주장되었던 것이다.

---

4) 한편으로는 교황의 권위와 성경의 권위 등에 대한 신학적 논쟁이 문제되기도 하였지만, 다른 한편으로는 봉건영주들과 제후들의 세력다툼도 중요한 요소로 작용하였다.

5) 비록 종교적 갈등의 초기에는 정치적 고려, 세속적 이해관계 등이 개입된 바가 적지 않지만, 일단 종교적 갈등이 본격화되면, 이는 누구도 걷잡을 수 없는 극렬한 대립으로 나타나는 경우가 많았던 것이다.

6) 따라서 예컨대 로마 가톨릭과 루터파 신교 간에 타협이 이루어지고 이들이 서로를 인정하고 탄압하지 않는다는 약속이 성립되었어도 그 밖의 종파들(예컨대 캘빈파, 쯔빙글리파)에 대한 관용은 인정되지 않은 경우가 많았다.

Ⅴ. 근대인권선언과 종교의 자유, 양심의 자유

1. 영 국

종교의 자유나 양심의 자유도 영국의 많은 사상가들에 의해 일찍부터 주장되었다. 특히 밀튼(*J. Milton*)과 밀(*J. S. Mill*)은 인간의 자율적 이성에 대한 신뢰를 바탕으로 「사상의 자유시장론」, 「진리생존설」 등을 주장하면서 인간의 자율적 이성이 제 기능을 발휘하기 위하여 양심의 자유, 종교의 자유가 인정되어야 함을 역설하였다.

오늘날까지도 정신적 자유와 관련하여 많은 추종자를 만들고 있는 **사상의 자유시장론**은 「특정 사상에 대해 국가가 지지 또는 억압하지 않고 자유로운 경쟁을 할 수 있도록 방임해 두면 경쟁하는 여러 사상들 가운데서 가장 설득력 있고 합리적인 사상이 살아남게 된다」는 것이다. 이는 곧 「진리는 어떠한 환경에서도 자신을 입증하게 된다」는 **진리생존설**과도 맥을 같이 하는 것이다.

2. 미 국

초기에 유럽에서 미국으로 이민한 사람 중의 상당수는 종교의 자유를 찾아간 것이었다. 따라서 미국에서는 종교의 자유에 대한 관심이 특별할 수밖에 없었으며, 이것은 식민지시절부터 여러 주(州)들이 종교의 자유를 선언함으로써 분명하게 확인되고 있다.

이러한 맥락에서 미국의 독립선언에서도 양심에 따른 자유로운 종교의 행사가 인정되고 있었으며, 미국 연방헌법 또한 종교의 자유를 인정하고 있다(증보 제1조).

3. 프 랑 스

프랑스도 영국과 미국에 이어 근대적 시민혁명 및 이를 통한 인권의 실현을 경험하였던 나라였다. 하지만 프랑스에서는 가톨릭이 국교였으므로 모든 사람에게 부여되어 있는 종교의 자유의 실질적 의미는 매우 제한적이었다.

그 결과 프랑스에서 모든 국민에게 동등한 종교의 자유가 인정되기는 했지만, 모든 종교적 문제에 대한 국가의 중립성 및 종교적 평등이 완전하게 보장되는 것은 아니었다. 이러한 국가의 중립은 1848년 프랑스 헌법에 의해 비로소 확보될 수 있었으며, 이를 통하여 **일반적 종교의 자유**가 인정되었다.

4. 독 일

독일에서는 자연법 사상을 중심으로 종교의 자유보다 양심의 자유가 좀 더 부각되었던 점이 특징이라고 할 수 있다.

일찍이 종교개혁을 경험하였던 독일에서는 종교적 행사에 있어서의 교회의 독립과 정치실무에 있어서의 종교 및 양심의 자유가 보장되었으며, 프로이센에서는 모든 국민에 대한 일반적인 종교의 자유도 보장된 바 있다.[7)]

그리고 18세기 말 이래 신념의 자유, 사상의 자유가 정치적 투쟁의 전면에 부각되면서 이들에 대한 기본권적 보호가 특히 많이 주장되었다.

5. 국제인권선언과 종교 · 양심 · 사상의 자유

오늘날 종교의 자유와 양심의 자유 및 사상의 자유는 모든 인간이 당연히 누려야 할 인권으로 널리 인정되고 있다. 그 결과 이들 기본권은 국제인권의 중요한 구성부분으로 인정되어 각종 국제적 인권규범에 의해 확인되고 있다.

예컨대 1948년 제3회 UN총회에서 채택된 세계인권선언은 제18조에서 사상, 양심 및 종교의 자유를 선언하였으며, 이를 이어받아 국제인권규약 B규약(시민적 · 정치적 권리에 관한 국제규약) 제18조도 사상, 양심 및 종교의 자유를 규정하고 있다. 그 밖의 많은 국제적 인권선언에서도 종교, 양심 및 사상의 자유가 확인되고 있다.

제 2 절 종교의 자유

Ⅰ. 종교의 개념

1. 국가에 의한 종교의 개념정의의 문제

종교는 법질서에 의하여 비로소 창설되는 것이 아니라 이미 사회 속에서 발생되어 있는 것을 법이 포착할 뿐이다. 따라서 이에 대해 법적으로 구속력 있는 정의를 내린다는 것은 자칫하면 종교의 자유를 침해하는 것이 될 수 있다. 그러나 또한 종교의 자유에 의한 보호의 대상을 확정하기 위해서는 종교의 개념을 한정할 필요도 있다.

따라서 종교에 대한 개념정의를 시도함에 있어서는 특정한 신념체계를 종교로서 보호하려는 또는 이러한 보호에서 배제하려는 국가의 의도가 개입되지 않도록 **중립적인 입장에서 개념정의**를 하는 것이 매우 중요하다. 즉 특정 종교의 입장, 또는 이에 반하는 입장을 전제하지 않고 객관성과 공정성 · 합리성을 갖는 개념정의를 하여야 한다.[8)]

이런 맥락에서 종교는 **신앙의 체계**로 이해될 수 있으며, 신앙이란 **인격적 또는 비인격적 신성(神性)을 통해서 또는 초세계적 인과성을 통해 나타나는 초월적 힘과 법칙에 대한 주관적 확신**이라고 넓게 정의될 수 있을 것이다.[9)]

---

7) 그러나 이것은 오늘날의 종교의 자유처럼 자신의 종교적 · 도덕적 확신에 따라 행동할 수 있는 자유를 넓게 보장하는 것이 아니라 가까운 가족 범위 내에서의 (특히 집에서의) 예배 등과 같은 좁은 영역에 국한되고 있었다.

8) 따라서 특정종교의 입장, 예컨대 기독교의 입장에서 종교를 "인간과 창조주와의 관계 내지 그 존재에 대한 외경과 순종"(Davis v. Beason, 133 U.S. 333[1890])이라는 식으로 정의하는 것은 곤란하다.

9) 따라서 신앙은 유신론적인 것과 자연신론적인 것 및 세계의 기원에 대해 어떤 절대적인 것을 출발점으로 삼지 않는 관념들을 모두 포함한다. 또한 신앙이 계시, 명상, (교회의) 교설 또는 -합리주의자들이 믿을 수 있도록- 이성 등의 어느 것에 기초하고 있건, 그것이 종교적 보호의 대상이 된다는 점에 영향을 미치지 않아야 할 것이다.

2. 종교와 사상, 세계관의 구별

이렇게 이해된 종교는 **초월적 존재와 힘, 초세계적인 법칙에 대한 주관적 확신**을 핵심으로 한다고 볼 수 있다.

반면에 사상이나 세계관은 초월적인 세계가 아닌 현세의 세속적 질서에 관심을 집중시킨다. 즉 우리가 살고 있는 **현재의 세계를 어떻게 이해하고 또 어떻게 변화시켜야 할 것인지에 대한 신념체계**가 사상 또는 세계관의 형태로 나타나는 것이다.

바로 이처럼 초자연적인 힘과 초월적인 섭리의 존재에 대한 주장을 편다는 점이 종교의 기본적 징표인 반면에, 사상이나 세계관은 신(神)과 영혼이나 내세 등과 같은 초월적 존재와 세계가 아닌 세속적인 세계의 질서에 초점을 맞추고 있다는 점에서 구별된다.

3. 종교와 미신, 사교 등의 구별

종교와 미신(迷信)의 구별, 종교와 사교(邪敎)의 구별에 있어서는 명확한 기준을 찾는 데 어려움이 많다. 종교의 특징 중의 하나가 합리적으로 설명될 수 없는 부분에 대한 신념이나 주장이기 때문에, 과학적이지 않다고 모두 미신으로 취급하거나 사교로 취급할 수는 없다.[10)]

결국 현실적으로 가능한 유일한 기준은 그 신념체계의 주장내용이 국가의 입장에서 보아 수용가능한 범위를 벗어나지 않고 있는지에서 찾을 수 있다. 즉 **인간의 존엄성 및 그 보장을 위한 국가질서를 존중하는 신앙체계**는 국가와 양립될 수 있으며, 이를 국가가 종교로서 보호하지 않을 이유는 없다. 반면에 이를 부인하는 신념체계는 결국 국가와 충돌할 수밖에 없으며, 국가가 종교로서 보호할 수 없을 것이다.

Ⅱ. 종교의 자유의 의의와 내용

1. 종교의 자유의 헌법적 의의: 종교의 자유의 이중성

종교의 자유도 다른 기본권들과 마찬가지로 이중성을 갖는다. 즉 한편으로는 개인의 권리로서의 측면을 갖고 있지만, 다른 한편으로는 국가질서 전체를 형성하는 기준과 지침으로 작용하는 것이다.

개인의 권리로서의 종교의 자유는 신앙의 자유와 종교적 활동의 자유(종교의식의 자유, 종교적 집회 · 결사의 자유, 선교의 자유, 종교교육의 자유 등)를 포함하지만, **국**

10) 이미 오래 전부터 종교로 인정되어 오던 신앙체계에 대해서는 논의의 소지가 별로 없다. 예컨대 불교나 기독교 또는 이슬람교 등을 종교가 아니라고 주장할 여지는 없다. 그러나 새롭게 등장하는 종교 또는 기존 종교에서 갈라져 나온 새로운 종파 등에 대해서는 사이비 종교라는 비난도 적지 않았다. 이들 새로운 종교를 무조건 인정하는 것도 곤란하지만, 그렇다고 기존 종교가 이를 인정하는지의 여부를 기준으로 삼을 수도 없다. 국가는 특정 종교의 입장에서 종교인지 아니면 사교인지의 여부를 판단할 수 없기 때문이다.

가질서를 형성하는 기준과 지침으로서의 종교의 자유는 국가가 종교와 관련된 문제에 있어서 어떤 원칙에 따라 행동해야 하는지를 말해주고 있다.

종교의 자유로부터 도출되는 국가활동의 기준은 크게 세 가지로 정리될 수 있다.

첫째, 국민들이 자유롭게 종교를 선택하고 신봉할 수 있도록 국가가 이를 보호해야 한다. 이를 위해서는 국민의 상이한 종교적 확신이 공적 질서에 대한 장애가 되지 않도록 하여야 할 것이다.[11)]

둘째, 국민들이 자유롭게 종교를 선택하고 신봉할 수 있기 위해서는 국가가 종교와 분리되어야 한다. 즉 국교가 금지되어야 한다.[12)]

셋째, 국가활동의 모든 영역에서 종교적 중립성이 지켜져야 한다. 즉 국가는 어떤 경우에도 특정 종교에 유리 또는 불리하게 행동해서는 안 된다.[13)]

2. 신앙의 자유

종교의 자유는 가장 기본적으로 신앙의 자유를 포함한다. 여러 종교 가운데서 자유롭게 선택하여 신봉할 수 있는 자유 내지 아무 종교도 갖지 않을 수 있는 자유(소극적 신앙의 자유)는 종교의 자유의 핵심에 해당되는 것이다.

신앙의 자유는 종교적 신념을 갖게 되는 과정 및 이를 변경하는 과정에 대해 국가의 간섭을 배제한다. 즉 신앙의 소유 또는 무소유를 강제하는 것은 물론, 신앙의 소유에 영향을 미칠 수 있는 국가활동은 금지되는 것이다.[14)]

3. 종교적 활동의 자유

(1) 종교의식의 자유

종교의 자유에 있어서 신앙의 자유에 버금갈 정도로 특별한 보호를 받아야 하는 것이 종교의식의 자유라고 할 수 있다. 기도나 예배, 예불 등 각 종교마다 독특한 형태로 발전되어 온 종교의식은 그 종교의 신봉자들이 종교에 대한 귀속감을 느끼게 하는 매우 중요한 행사일 뿐만 아니라, 신앙의 표현으로서 가장 기본적인 의미를 가지고 있기 때문이다.

이러한 종교의식의 자유는 -그 의식의 내용이 인간을 제물로 바치는 것이나 악마

---

11) 국민들이 상이한 종교를 신봉하고, 이에 따라 상이한 신념체계를 가지고 있다 할지라도 그것이 국가와 법을 인정하고 존중하는 데에는 영향을 미치지 않을 수 있도록 하여야 하며, 그 범위 내에서 국가는 국민의 종교적 신앙 및 이에 기초한 활동의 자유를 넓게 보호해야 한다.

12) 만일 국가가 특정종교를 국교로 인정하고 있을 경우에는 아무리 국가가 종교의 자유를 인정하고, 다양한 종교가 자유롭게 신봉될 수 있도록 보장한다 하더라도 그 영향을 무시할 수 없으며, 국가의 종교적 중립을 담보할 수 없을 것이기 때문이다.

13) 국가는 모든 종교활동에 대해 오로지 세속질서의 관점에서 일정한 -모든 종교에 공통되는- 법적 기준을 적용시킬 수 있을 뿐이다.

14) 다만 사인(私人) 또는 사적 단체에 의한 신앙의 전파는 -국가가 신앙의 소유에 영향을 미치는 것과는 달리- 후술하는 선교의 자유에 의해 보호되지만, 그것도 신앙의 자유를 존중하는 범위 내에서 인정되는 것이며, 개인의 신앙에 대한 자유를 침해하는 것이 되어서는 안 된다.

숭배 등의 사교(邪敎)적 성격을 갖는 것이 아니라면- 폭넓게 인정되는 것이 원칙이며, 국가에 의해 종교의식을 방해받거나 강요당하지 않을 자유를 모두 포함한다. 하지만 종교의식이 타인의 기본권 또는 중대한 공익과 충돌될 경우에는 제한될 수도 있다.[15)]

(2) 종교적 집회·결사의 자유

종교적 목적을 가진 집회의 자유, 또는 결사의 자유에 대해서는 일반적인 집회 · 결사의 자유와는 다른 특별한 보호가 인정되고 있다. 종교의 자유에 대한 특별한 보호가 종교적 목적을 가진 집회 · 결사의 자유에 대한 보다 강한 보호로 연결되고 있는 것이다.[16)]

예컨대 종교적 집회에 대해서는 옥외집회 및 시위에 대한 신고제 등의 규정이 적용되지 않으며, 지금은 폐지된 「사회단체 신고에 관한 법률」에서도 종교단체를 그 적용대상에서 제외하고 있었다. 또한 현재에도 종교단체에 대해서는 세제 등에 있어서 특별한 혜택이 주어지고 있다.[17)]

(3) 선교의 자유

종교의 자유는 선교의 자유를 포함한다.[18)] 이러한 선교의 자유는 이미 같은 종교를 갖고 있는 사람을 제외한 모든 사람을 대상으로 할 수 있다. 따라서 무종교인에 대한 선교뿐만 아니라 다른 종교의 신봉자에 대해서도 선교가 가능하다.[19)]

그러나 선교는 어디까지나 개인의 자유로운 판단에 의한 종교의 선택을 전제하는 것이기 때문에 상대방에 대한 억압이나 강요가 개입되어서는 안 된다.

---

15) 예컨대 한밤중에 큰소리를 내어 종교의식을 함으로써 주변 주민들의 잠을 방해하는 행위, 또는 종교의식을 위해 교통소통을 방해하는 행위 등은 제한될 수 있다. 물론 이 경우에도 기본권의 제한 내지 충돌의 법리가 적용되어야 한다.

16) 이러한 종교적 집회 · 결사의 자유에 대한 특별한 보호는 결국 종교적 자율성을 최대한 보장하기 위한 것이며, 같은 맥락에서 종교단체의 내부적 징계에 대해서도 원칙적으로 자율성이 최대한 존중된다. 예컨대 대법원은 교회의 권징재판에 대하여 "…종교단체가 교리를 확립하고 단체 및 신앙상의 질서를 유지하기 위하여 목사 등 교역자나 교인에게 종교상의 방법에 따라 징계 · 제재하는 종교단체의 내부적인 제재에 지나지 아니하므로 원칙적으로 사법심사의 대상이 되지 아니하고 그 효력과 집행은 교회 내부의 자율에 맡겨져 있는 것이므로 그 권징재판으로 말미암은 목사, 장로의 자격에 관한 시비는 직접적으로 법원의 심판의 대상이 된다고 할 수 없다"고 판시한 바 있다(**대법원 1984.7.24. 선고 83다카2065 판결; 대법원 1995.3.24. 선고 94다47193 판결**).

17) 예컨대 「**상속세 및 증여세법**」 제16조 제1항과 제52조에 따라 종교단체에 대한 상속 또는 증여의 경우 상속세 또는 증여세의 과세가액에 산입하지 않는 것이 이에 해당된다.

18) 종교는 절대적 진리에 대한 주관적 확신을 그 내용으로 하고 있을 뿐만 아니라, 이를 전파시킴으로써 세상에 진리와 정의 또는 사랑을 충만하게 하는 것을 추구하는 것이 일반적이다. 따라서 이를 금지하는 것은 종교의 본질적 부분을 심각하게 제한하는 것이 될 수 있다.

19) **대법원 1996.9.6. 선고 96다19246, 19253 판결**: "종교의 자유에는 자기가 신봉하는 종교를 선전하고 새로운 신자를 규합하기 위한 선교의 자유가 포함되고 선교의 자유에는 다른 종교를 비판하거나 다른 종교의 신자에 대하여 개종을 권고하는 자유도 포함되는바, 종교적 선전, 타 종교에 대한 비판 등은 동시에 표현의 자유의 보호대상이 되는 것이나, 그 경우 종교의 자유에 관한 헌법 제20조 제1항은 표현의 자유에 관한 헌법 제21조 제1항에 대하여 특별 규정의 성격을 갖는다 할 것이므로 종교적 목적을 위한 언론 · 출판의 경우에는 그 밖의 일반적인 언론 · 출판에 비하여 보다 고도의 보장을 받게 된다. … 다른 종교나 종교집단을 비판할 권리는 최대한 보장받아야 할 것인데, 그로 인하여 타인의 명예 등 인격권을 침해하는 경우에 종교의 자유 보장과 개인의 명예보호라는 두 법익을 어떻게 조정할 것인지는, 그 비판행위로 얻어지는 이익, 가치와 공표가 이루어진 범위의 광협, 그 표현 방법 등 그 비판행위 자체에 관한 제반 사정을 감안함과 동시에 그 비판에 의하여 훼손되거나 훼손될 수 있는 타인의 명예 침해의 정도를 비교 · 고려하여 결정하여야 한다."

(4) 종교교육의 자유

종교교육의 자유는 종교의 교리에 따라 가정[20] 또는 학교에서 교육시킬 수 있는 자유를 의미한다. 이러한 종교교육은 선교의 중요한 수단으로 시작되었지만, 오늘날에는 종교의 자유 내에서 독자적인 의미와 비중을 갖는 중요한 요소로 인정되고 있다.

현재 종교교육의 자유는 종교단체 등에서 종교교육을 목적으로 사립학교를 설립하고, 이들 학교에서 특정 종교에 관한 교육을 실시하는 것을 포함한다. 그러나 우리의 경우 학생들의 학교선택권이 인정되지 않고 있는 상황이기 때문에 학교 내에서의 종교교육에 대해서는 많은 논란이 있으며,[21] 국 · 공립학교의 경우에는 특정 종교의 교리에 입각한 종교교육의 실시가 국가의 종교적 중립성의 요청에 따라 금지되고 있다.[22]

그 밖에 종교단체의 순수한 경제적 활동, 예컨대 기념품의 판매행위 등은 종교의 본질과 직결되는 것은 아니기 때문에 종교의 자유에 의한 보호의 대상이 되지 않으며, 영업활동의 자유에 의한 보호가 적용되어야 할 것이다. 또한 종교에 대한 비판은 언론의 자유에 의해 보호될 수 있으며, 그 자체가 종교의 자유에 의해 보호되는 것은 아니다.[23]

Ⅲ. 종교의 자유의 주체

종교의 자유는 원칙적으로 모든 자연인이 누릴 수 있는 인간의 권리이다. 즉 대한민국의 국민에게만 인정되는 것이 아니라, 외국국적자나 무국적자에게도 우리 국민과

20) 가정 내에서의 종교교육과 관련하여서는 미성년자의 종교에 대해 친권자가 과연 어느 정도까지 종교의 선택 및 종교교육 등을 강제할 수 있는지가 매우 복잡하고 미묘한 문제로 제기되고 있다.

21) 이와 관련하여 강제로 배정된 사립학교에서 특정 종교교육을 실시하는 것은 다른 종교를 가진 학생의 종교의 자유를 침해하는 것이 되므로, 교육권을 가진 부모의 동의 또는 묵인 없이 특정 종교교육을 실시하는 것은 위헌이라는 주장이 제기되고 있다(계희열, 헌법학[중], 2007, 355쪽 이하 참조). 그러나 사립대학의 경우에는 학생이 대학을 선택한 경우이므로 사정이 달라진다. 이와 관련하여 대법원은 기독교 재단이 설립한 사립대학에서 일정 학기 동안 대학예배에 참석할 것을 졸업요건으로 하는 학칙을 정한 경우, 헌법상 종교의 자유에 반하는 위헌 무효의 학칙이 아니라고 판시한 바 있다(**대법원 1998.11.10. 선고 96다37268 판결**).

22) 교육기본법 제6조 제2항: "국가와 지방자치단체가 설립한 학교에서는 특정한 종교를 위한 종교교육을 하여서는 아니 된다."

23) 그러나 종교적 교리의 논쟁에 관한 것은 예외적으로 종교의 자유에 의한 보호의 대상이 될 수 있다. 예컨대 대법원은 "종교의 자유에는 자기가 신봉하는 종교를 선전하고 새로운 신자를 규합하기 위한 선교의 자유가 포함되고 선교의 자유에는 다른 종교를 비판하거나 다른 종교의 신자에 대하여 개종을 권고하는 자유도 포함되는바, 종교적 선전, 타 종교에 대한 비판 등은 동시에 표현의 자유의 보호대상이 되는 것이나, 그 경우 종교의 자유에 관한 헌법 제20조 제1항은 표현의 자유에 관한 헌법 제21조 제1항에 대하여 특별 규정의 성격을 갖는다 할 것이므로 종교적 목적을 위한 언론 · 출판의 경우에는 그 밖의 일반적인 언론 · 출판에 비하여 보다 고도의 보장을 받게 된다"고 판시하였고(**대법원 1996.9.6. 선고 96다19246 판결**), 나아가 "어느 교단이 그 산하 단체로 하여금 다른 교단 소속 목사의 주장의 이단성 여부에 관해 연구하게 한 후 그 결과를 책자에 게재하여 배포한 경우, 비록 그 공표 내용 중에 그 목사의 교리와 주장을 비판하고 그 명예를 침해하는 내용이 포함되어 있다고 할지라도, 이는 신앙의 본질적 내용으로서 최대한 보장받아야 할 종교적 비판의 표현 행위로서 그 안에 다소 과장되거나 부적절한 표현이 있다 하더라도 중요한 부분에 있어서 진실에 합치할 뿐만 아니라 자기 교단의 교리 보호와 그 산하 지도자들 및 신자들의 신앙 보호를 위하여 주로 그들을 상대로 주의를 촉구하는 취지에서 공표한 것이므로 위법성이 없다"고 판시한 바 있다(**대법원 1997.8.29. 선고 97다19755 판결**).

똑같이 인정되어야 하는 **인간의 권리**인 것이다.

종교의 자유의 주체와 관련하여 가장 많이 문제되는 것은 **미성년자**인데, 아무리 미성년자라 하더라도 종교의 자유의 주체가 된다는 점은 부정될 수 없다. 다만 일정한 연령까지는 부모에 의해 자녀의 종교가 선택되고,[24] 종교교육이 행해지는 것을 부인 또는 금지하기 곤란하기 때문에 친권자의 권한이 인정될 수밖에 없다.

그러나 만 19세, 즉 성년에 달하기 이전에는 무조건 친권자가 종교문제에 대한 결정권을 갖는다고 보는 것도 불합리한 점이 있다. 오히려 만 14세 이상의 청소년에게 종교선택권을 법률에 의해 인정하고 있는 독일의 경우처럼 일정한 기준을 만드는 편이 합리적이라고 할 수 있을 것이다.

또한 **법인의 기본권주체성**과 관련해서는 순수한 내면적 정신활동에 속하는 신앙의 자유는 인정될 수 없지만, 그 밖의 종교활동의 자유와 관련해서는 법인도 종교의 자유의 주체가 될 수 있다고 보는 것이 일반적이다.[25]

Ⅳ. 종교의 자유의 대사인적 효력

기본권의 대사인적 효력이 가장 많이 문제되는 것의 하나가 종교의 자유이다. 과거에는 국가에 의한 종교의 억압과 관련하여 종교의 자유의 대국가적 효력이 주로 문제되었지만 오늘날에는 대사인적 효력이 주로 문제된다. 종교의 자유는 정신적 자유권의 하나일 뿐 아니라, 신앙을 갖고 있는 사람들에게 종교가 갖는 의의와 비중은 지극히 큰 것이기 때문에 사인 상호간에도 이를 함부로 제한하는 것은 금지되어야 한다고 인정되기 때문이다.

그러나 **종교의 자유의 대사인적 효력을 지나치게 강조할 경우에는 오히려 그것이 종교의 자유를 침해하는 결과를 가져올 수 있다.** 예컨대 배우자의 선택이나 재산의 기부 등에 있어서 종교적 이유로 차별하는 것을 금지하게 된다면 그것은 종교적 관점을 고려하여 자신의 배우자를 선택하거나 특정 단체에 재산을 기부하는 것을 원천적으로 막는 결과가 될 것이며, 그것은 당사자의 종교의 자유에 대한 심각한 침해가 될 수 있다.[26]

하지만 또한 사법관계에서도 종교의 자유에 대한 억압은 제한되어야 한다는 요청이 종교의 자유의 대사인적 효력을 통해 나타나고 있다. 예컨대 특정 종교를 신봉하도록 하는 계약은 개인의 종교의 자유에 대한 심각한 침해가 될 수 있기 때문에 무효라고 인정되며, 근로관계에 있어서도 종교상의 이유로 차별대우를 해서는 안 된다.[27] 마찬가지

24) 흔히 이야기되는 모태신앙, 유아영세 등은 부모가 자녀의 종교를 결정하는 것으로 이해될 수밖에 없다.

25) 예컨대 계희열, 헌법학(중), 2007, 356쪽; 김철수, 헌법학개론, 2007, 802쪽. 그러나 권영성, 헌법학원론, 2010, 490쪽에서는 종교의 자유를 인간의 권리로 보면서 자국인과 외국인의 기본권주체성을 인정하고 있다.

26) 그렇기 때문에 사법(私法)관계에서는 종교상의 이유로 불평등한 대우를 하는 것이 무조건 금지되는 것은 아니다.

27) 예컨대 근로기준법 제6조는 국적, 신앙 또는 사회적 신분을 이유로 한 근로조건의 차별적 대우를 금지하고 있다.

로 부모의 한 쪽에 대해 종교적 확신을 이유로 친권을 박탈하는 것은 옳지 않다는 독일의 판례가 있는가 하면, 부부간에 있어서도 배우자의 개종은 종교의 자유의 정당한 행사이며, 결혼에 대한 의무위반이나 침해로 볼 수 없다고 보는 독일 연방헌법재판소의 판례도 있었다.[28)]

V. 종교의 자유의 한계와 제한

1. 내면적 신앙과 외적 활동의 구별

종교의 자유와 관련하여서는 내면적 신앙과 외적 활동을 구별하는 것이 일반적이다. 개인의 내심의 영역에 한정시켜서 신앙을 갖는 것 자체는 절대적 기본권으로서 무제한 보호되지만, 외적 종교활동의 자유는 헌법과 법률에 의한 제한이 가능한 상대적 기본권이라는 것이다.[29)]

이러한 구별은 나름의 설득력을 갖고 있으나, 그 의미는 좀 더 명확하게 밝혀질 필요가 있다. 앞서 검토했던 것처럼 물리적 제한이 불가능하다는 이유로 절대적 기본권을 설정하는 것은 현실적으로 타당하지 않다.[30)]

그러나 **내면적 신앙의 자유**에 대해서는 외적 종교활동의 자유와는 달리 제한을 인정하기 곤란한 것도 사실이다.[31)] 또한 신앙에 대해서는 그 제한의 필요성을 발견하기도 어렵다. 신앙 자체가 아니라 그 외부적 표현이 다른 법익과 충돌을 일으킬 경우에만 제한의 필요성이 인정될 것이기 때문이다.

따라서 종교의 자유에 대한 제한은 현실적으로 신앙의 자유를 제외한 **외적 종교활동의 자유**에 대한 제한만이 문제된다. 물론 제한의 요건과 기준은 역시 기본권제한의 일반적 법리에 따라야 할 것이다. 그러한 제한 가운데 그 동안 많이 문제되었던 것들로는 다음과 같은 것들을 들 수 있다.

2. 특수신분관계(학교, 군대, 교도소 등)와 종교의 자유의 제한

종교단체에서 설립한 학교 또는 군대나 교도소 등에서 종교를 전파하도록 하는 것이 종교적 차별이 되는 것은 아닌지, 또 이미 다른 종교를 가지고 있는 사람들의 종교의 자유를 침해하는 것은 아닌지가 문제된 예가 적지 않다.

---

28) 이처럼 종교의 자유의 대사인적 효력의 문제는 매우 미묘하게 나타나고 있다. 한편으로는 사인에 의한 종교의 자유의 침해로부터 보호될 필요가 널리 인정되고 있지만, 다른 한편으로는 종교의 자유에서는 종교적 평등만이 아니라 자신이 신봉하는 종교를 위해 차별적 행동도 나타날 수밖에 없다는 점도 인정되고 있는 것이다. 결국 문제의 핵심은 종교의 자유에 기초한 차별이 정당화되는 한계가 어디까지냐에 있다고 할 수 있을 것이다.

29) 예컨대 권영성, 헌법학원론, 2010, 492쪽.

30) 앞의 「제2권 제1부 제7장 제2절 Ⅲ. 2. **절대적 기본권과 상대적 기본권**」 참조.

31) 설사 자백약물, 최면술 또는 고문 등의 방법으로 내면적 신앙을 확인하고 통제하는 것이 가능하다 할지라도 그 수단으로 이용되는 것들은 인간의 존엄을 심각하게 침해하는 것으로서 금지되어야 하는 것들이기 때문이다.

종교계 사립학교의 문제는 널리 알려진 것이며,[32] 그 밖에 군대에서 교회나 불당 등을 설치하는 행위, 교도소에서 재소자의 교화를 이유로 역시 기독교나 불교를 전파할 수 있도록 하는 행위 등이 문제되는 것이다.

이러한 행위가 국가에 의해 주도될 경우에는 그것이 특정 종교에 유리 또는 불리하게 작용할 의도를 가지고 있는 것이 아니라, **합리적인 근거에 의해 정당화될 수 있는 사유**를 가지고 있어야 한다.[33] 그러나 역시 본인의 의사에 반하여 종교적 행사에 강제적으로 참여하도록 하는 것은 금지된다.

3. 국기에 대한 경례의 요구와 종교의 자유의 제한

국기에 대한 경례를 일종의 우상숭배로 규정하고 있는 일부 종파에서는 국기에 대한 경례를 거부한 경우가 있었다. 이와 관련하여 과연 이를 종교의 자유에 의해 보호될 수 있는 것으로 볼 수 있는지에 대해 날카로운 논쟁이 전개되었다.

이와 관련하여 대법원은 「여호와의 증인」 신도인 학생이 국기에 대한 경례를 종교상의 우상숭배라고 거부하자 이를 학칙위반으로 제적시킨 사건에 대하여 이를 합법적인 것으로 인정한 바 있다.[34]

또한 미국의 경우에는 이에 대한 견해의 대립이 연방대법원의 판례의 변경으로 나타났다. Minersville School District v. Gobitis, 310 U.S. 586(1940)에서는 국기에 대하여 경례를 할 것을 강제하는 규칙의 합헌성을 인정하였으나, West Virginia State Board of Education v. Barnette, 319 U.S. 624(1943)에서는 국기에 대한 경례와 충성의 선서를 학생들에게 요구하는 주(州)법을 위헌이라고 판결하였던 것이다.[35]

4. 집총 병역의 강제와 종교의 자유의 제한

인간을 살상하는 집총훈련을 받을 수 없다는 종교적 이유 또는 양심상의 이유로 병역을 거부하는 행위에 대하여는 그 정당성을 인정하기 어렵다고 보는 것이 국내의 통설이며, 판례의 일관된 태도였다.[36]

이러한 통설과 판례는 ① 독일 기본법 제4조 제3항에서 양심적 병역거부가 명문으로 인정되고 있는 것과는 달리 헌법상 명문규정이 없고, ② 헌법 제37조 제2항에 기초하여 종교의 자유도 법률유보에 의한 제한이 가능하고, ③ 병역의 의무가 헌법상 인정되고 있으며, ④ 이를 인정할 경우 기본권남용의 위험성이 있을 뿐 아니라 현실적 정치

---

32) 이에 관하여는 **대법원 1998.11.10. 선고 96다37268 판결** 참조.

33) 즉 종교적인 관점이 아니라 세속적인 관점에서 그러한 종교전파의 필요성이 인정될 경우에는 특수신분관계 속에서 일정한 종교적 활동이 제약될 수도 있고, 경우에 따라서는 권유될 수도 있다.

34) **대법원 1976.4.27. 선고 75누249 판결.**

35) 판례가 대립될 정도로 이 문제는 매우 복잡하고 미묘한 것이라고 할 수 있다. 하지만 그러한 경례의 요구가 종교적 관점이 아닌 세속적 관점임을 전제로 긍정될 수 있으리라고 생각된다. 다만 이를 위반한 경우에 대한 징계는 이러한 상황을 고려하여 -비례성에 맞는- 가벼운 것으로 한정되어야 할 것이다.

36) 대법원 1962.9.28. 선고 4294刑上406; 대법원 1965.12.21. 선고 65도894; 대법원 1969.7.22. 선고 69도934.

상황의 불안정 때문에 이를 인정하기 곤란하다는 것을 그 논거로 들고 있었다.[37)]

그러나 헌법재판소에서 대체복무제를 인정하지 않고 있는 병역법 제5조에 대해 헌법불합치결정을 내렸고,[38)] 대법원에서는 양심적 병역거부가 입영거부의 정당한 사유라고 판례를 변경함[39)]에 따라 2019년 말까지 대체복무제의 도입이 불가피하게 되었다.

이와 관련하여 대체복무제가 병역기피의 수단으로 악용될 수 있다는 우려가 적지 않았으며, 「대체역의 편입 및 복무 등에 관한 법률」이 2019.12.31. 제정되었으나 대체역의 심사 및 복무의 내용에 대해서는 아직도 논란이 계속되고 있다.

5. 성직자의 범인은닉과 종교의 자유

종교적 관점에서 교회나 절이 피난처의 역할을 했던 예들은 적지 않으며, 그러한 전통에 따라 성직자의 범인은닉이 종교의 자유에 의해 보호될 수 있는지가 문제되는 경우도 있다. 그러나 국가와 교회의 특별한 관계가 형성되어 전승되었던 서구의 경우와는 달리 우리의 경우 이를 인정하지 않는 태도가 지배적이다.[40)]

Ⅵ. 정교분리(政敎分離)의 원칙(헌법 제20조 제2항)

헌법상의 기본권으로서의 종교의 자유는 국가와 종교가 서로 분리될 때에만 가능하다. 모든 종교 및 종파에 대한 자유의 원칙은 종교에 대한 국가의, 또는 국가에 대한 종교의 지배를 금지할 뿐만 아니라 특정 종교나 종파를 위해 국가권력을 투입하는 것을 금한다. 이것은 항상 타종교나 종파에 대한 불이익을 내포하기 때문이다.

1. 정교분리의 의의와 내용

정교분리의 원칙은 기본적으로 세 가지 정도의 요청을 포함하고 있다.

첫째, **국교(國敎)의 부인**이 전제된다. 국가가 특정종교를 국교로 지정함으로써 그 종교와 특별한 관계를 설정하게 될 경우에는 국가의 종교적 중립을 기대할 수 없기 때문에 국교의 부인은 정교분리를 위한 가장 기본적인 전제로 인정된다.

---

37) 헌법재판소는 이와 관련하여 대체복무를 요구할 권리가 헌법상의 양심의 자유로부터 직접 도출되지 않는다고 인정하면서도 입법자에 대하여 대체복무 내지 양심보호조치의 도입을 권고한 바 있었다(헌재 2004.8.26. 2002헌가1 결정).

38) 헌재 2018.6.28. 2011헌바379등 결정.

39) 대법원 2018.11.1. 선고 2016도10912.

40) 이와 관련하여 대법원은 이른바 미국문화원 방화사건에 대한 판결에서 "사제가 죄지은 자를 능동적으로 고발하지 않은 것은 종교적 계율에 따라 그 정당성이 용인되어야 한다고 할 수 있을 것이나 그에 그치지 아니하고 적극적으로 은닉·도피케 하는 행위는 어느 모로 보나 사제의 정당한 직무범위를 벗어난 것으로써 그 동기나 목적에 있어 정당성을 인정할 수 없고 … 그 수단이나 방법에 있어 상당하다 할 수 없고, 피고인이 보호하려는 이익과 피고인의 행위로 인하여 침해되는 법익을 서로 교량하여 볼 때 현저하게 균형을 잃었으며, 피고인의 행위는 그 당시의 상황에 비추어 긴급하고 부득이한 것이라고 할 수 없고 그 행위 외에 달리 다른 길을 택하는 것이 불가능하거나 또는 현저하게 곤란한 유일한 방법이라고 인정하기 어렵다"라고 판시한 바 있다(대법원 1983.3.8. 선고 82도3248 판결).

둘째, **국가에 의한 종교적 활동이 금지**되어야 한다. 형식적으로 국교를 인정하지는 않는다 하더라도, 국가 스스로 특정종교의 의식에 따른 활동(예컨대 종교의식에 따른 대통령의 취임 등)을 하게 된다면 사실상 국교를 인정하는 것과 마찬가지의 결과가 될 것이다.

셋째, **국가에 의한 특정종교의 우대 또는 억압이 금지**되어야 한다. 국가가 특정종교를 우대 또는 억압할 경우에는 종교의 평등이 침해되며, 이는 또한 종교의 자유에 대한 침해를 낳게 될 것이다.

2. 정교분리의 원칙에 따른 국가활동의 한계

정교분립의 원칙에 따라 국공립기관의 종교적 활동이 원칙적으로 금지된다. 그러나 때로는 종교와 관련된 행사에 국가기관이 관여하게 되는 경우가 발생될 수 있다.[41] 또한 국가에서 종교단체에 대한 재정적 지원을 하는 경우도 있을 수 있다. 이런 경우들과 관련하여 어떤 요건과 기준에 따라, 그리고 어떤 한계 내에서 국가의 종교적 활동이 전개될 수 있는지가 문제된다.

이에 대한 기준으로는 크게 세 가지를 들 수 있다. ① 그 **목적이 세속적**이어야 한다. 즉 국가의 종교적 활동이 외적으로는 종교행사로 보이더라도 종교적 목적의 달성을 국가가 지원하려는 것이 아니라 세속적인 이유에 따른 것이어야 한다는 것이다.[42] ② 그 **일차적인 효과가 세속적**이어야 한다. 아무리 국가는 세속적 목적을 위해 종교활동에 관여한 것이라 할지라도 그 결과가 세속적인 측면보다는 종교적인 측면에서 나타난다면, 이는 특정종교에 대한 우대나 억압이 되어버릴 수 있기 때문이다. ③ 국가의 종교에 대한 **과도한 개입을 초래하는 것이 아니어야** 한다. 국가의 관여를 통해 특정종교의 흥망성쇠가 좌우될 수 있도록 하는 것은 곤란하다는 것이다.

3. 개별적 문제들

① **종교단체의 자율권**: 정교분리의 원칙과 관련하여 가장 먼저 인정될 수 있는 것은 종교단체의 자율권이 최대한 존중되어야 한다는 것이다. 따라서 종교단체의 내부적 분쟁에 대하여는 정부나 법원의 관여가 자제되어야 한다. 종교단체의 내부적 문제에 대한 일차적인 판단은 종교단체 스스로가 할 수 있도록 해야 한다는 것이다.[43]

② **특정종교에 따른 국가제도**: 예컨대 군목제도, 국가가 특정종교의 의식에 따른 행

41) 예컨대 부처님오신날 기간에 공공시설을 이용하여 연등행사를 할 수 있도록 하거나, 성탄절기간에 공공건물이나 광장에 크리스마스트리를 설치하는 행위 등은 종교적 성격을 갖는 것으로 볼 여지도 있다.

42) 예컨대 부처님오신날이나 성탄일을 공휴일로 하는 것은 특정 종교에 대한 우대의 측면이 아니라, 단지 국민의 다수가 이들 종교를 믿고 있고, 그로 인해 이들 종교의 신도에게 편의를 제공하는 것이 필요하다는 고려에 기초한 것이다. 그렇기 때문에 국가의 종교활동의 정당한 범위를 벗어나지 않은 것이라고 할 수 있다.

43) 예컨대 가톨릭 교회의 경우 신부의 자격이 있는지의 여부에 대한 판단은 법원이 아닌 교회 당국에 의해 결정되는 것이 합리적이라고 할 수 있다.

사를 하는 것, 특정종교에서 특별한 의미를 갖는 날(성탄일이나 부처님오신날 등)을 공휴일로 하는 것 등이 종교의 자유와 관련하여 문제되는 경우가 많다.[44] 이와 관련하여 비록 종교에 그 뿌리를 두고 있는 제도라 하더라도 이미 국민의 다수가 그와 같은 제도나 행사에 익숙해져 있는 경우, 즉 그것이 이미 문화적인 현상으로 뿌리를 내렸을 경우에는 특별히 국가의 종교적 중립성에 대한 침해가 문제되지는 않는다고 볼 수 있다. 그러나 그렇지 않은 경우에는 역시 국가의 종교적 중립성이 문제될 수 있을 것이다.

③ **종교의 정치관여**: 국가가 종교적 중립성을 지켜야 한다는 것이 곧 종교도 정치적 중립성을 지켜야 한다는 것을 의미하는 것은 아니다. 오히려 종교는 다원적 헌법질서 가운데서 자신의 의사와 이해를 관철시키기 위한 정치적 활동을 할 수 있다고 보아야 한다.[45]

제 3 절 양심의 자유

【사례: 양심의 자유】

최근 가짜뉴스 논란이 심해지면서 가짜뉴스를 보도한 신문이나 방송에 대해서는 손해액이 5배까지 부과될 수 있도록 하는 징벌적 손해배상과 더불어 사과문의 게재를 명령하는 신문법 및 방송법 개정안이 국회를 통과하였다.

A신문에서는 여당 중진의원 갑의 금품수수의혹을 보도하였는데, 여당에서는 이에 대해 언론중재위원회에 A신문사의 사과문 게재를 요구하였고 언론중재위원회에서는 A신문사에 대해 사과문 게재를 명령하였다. A신문사는 갑의 금품수수에 대해 의혹이 있다는 사실을 보도한 것이 가짜뉴스에 해당되지 않는다고 주장하며 재심을 청구하였으나 재심 기각통지를 받았다.

A신문사는 사과문을 게재명령을 받고, 재심기각통지까지 받았으므로 지체없이 사과문을 게재하여야 함에도 불구하고 이를 이행하지 않았다는 이유로 신문법 위반 혐의로 기소되었다. 이 사건을 담당하게 된 B지방법원에서는 소송의 계속 중에 신문법의 '사과문 게재' 부분에 대하여 헌법재판소에 위헌법률심판을 제청하였다.

〈헌재 2015.7.30. 2013헌가8 결정 참조〉

44) 헌법재판소는 **헌재 2022.11.24. 2019헌마941 결정**에서 육군훈련소 내 종교행사의 참석 강제를 종교의 자유 침해로 인정하였다.

45) 예컨대 종교인들이 종교단체를 통해 국가정책에 대한 비판 등을 하는 것을 부정적으로 평가할 이유는 없다. 다만 그러한 정치적 활동이 국가와 종교를 일치시키는 것(즉 다원주의 자체를 부정하는 것)이 되어서, 다른 종교에 대한 부정이나 억압을 지향해서는 안 된다.

> 1. 법원의 위헌법률심판제청은 적법한가? (25점)
> 2. 헌법재판소는 어떤 본안판단을 내려야 하는가? (50점)
> 3. 만일 신문법에서 사과문의 게재 대신에 언론중재위원회의 결정 자체를 공표하도록 하였을 경우에는 합헌으로 볼 수 있는가? (25점)

Ⅰ. 양심의 개념

1. 국가에 의한 양심의 개념정의의 문제

종교의 자유에서와 마찬가지로 양심의 자유에 있어서도 **국가가 양심을 판단할 수 있느냐**는 문제가 제기될 수 있다. 특히 민주주의 하에서는 국민에 의해 국가가 형성되는 것이지 국가에 의해 국민이 만들어지는 것은 아니라고 생각할 때, 국가가 국민의 양심에 대해 법적으로 구속력 있는 개념정의를 내린다는 것은 매우 위험한 것으로 느껴질 수 있다.[46)]

그러나 현실적으로 무엇이 양심의 자유에 의해 보호될 수 있는지를 판단하기 위해, 즉 보호대상을 확정하기 위해서라도 양심의 개념은 정의되어야 한다. 결국 국가에 의한(특히 법원이나 헌법재판소에 의한) 양심의 개념정의는 불가피하지만, 국가의 개념정의는 양심의 내용에 대한 수많은 견해들 및 개념정의들을 고려하는 가운데 특정한 주의나 주장에 치우치지 않는 중립적인 입장에서 –다양한 견해를 포용할 수 있도록– 내려져야 한다.[47)]

이런 맥락에서 양심은 **선악(善惡)에 대한 개인의 주관적 판단**으로 폭넓게 이해될 수 있을 것이다.

2. 양심과 도덕성

양심을 이처럼 선악에 대한 개인의 판단으로 이해할 경우에는 양심과 도덕성의 관계가 문제된다. 비록 양심은 주관적인 판단으로서 문제되고, 도덕성은 비교적 객관화된 기준들을 제시하고 있다는 차이는 있지만, 개인의 양심에 있어서도 일반적인 도덕기준이 적용되는 경우가 오히려 대부분이라고 할 수 있기 때문에 이들의 연관성은 부정될 수 없다.

---

46) 국민에 의해 국가가 창설된다는 것은 결국 무엇이 올바른 국가인지, 국가가 어떤 활동을 해야 하는지가 국민의 양심에 따라 결정된다는 의미로 이해될 수 있다. 그런데 거꾸로 국가가 국민의 양심이 무엇인지를 판단한다는 것은 이러한 민주주의의 출발점에 역행하는 것으로 볼 수도 있기 때문이다.

47) 헌법재판소도 같은 맥락에서 "일반적으로 민주적 다수는 법질서와 사회질서를 그의 정치적 의사와 도덕적 기준에 따라 형성하기 때문에, 그들이 국가의 법질서나 사회의 도덕률과 양심상의 갈등을 일으키는 것은 예외에 속한다. 양심의 자유에서 현실적으로 문제가 되는 것은 국가의 법질서나 사회의 도덕률에서 벗어나려는 소수의 양심이다. 따라서 양심상의 결정이 어떠한 종교관 · 세계관 또는 그 외의 가치체계에 기초하고 있는가와 관계없이, 모든 내용의 양심상의 결정이 양심의 자유에 의하여 보장된다"고 판시하고 있다(**헌재 2004.8.26. 2002헌가1 결정**).

하지만 양심의 자유가 도덕성과 일치되는 것으로 보기는 어렵다. 일반적인 도덕성 판단의 기준과는 구별되는 독특한 양심적 판단기준을 가지고 있는 경우에는 그러한 주관적 판단도 양심의 자유에 의해 보호되어야 할 것이기 때문이다.[48)]

3. 양심과 사상의 구별

개념상 양심과 사상의 구별이 가능하다는 데에는 이론이 없다. 즉 양심의 자유는 선악에 대한 주관적 판단이라고 이해될 수 있는 반면에 사상은 **올바른 사회질서에 대한 주장이나 견해, 즉 세계관적 입장**으로 이해될 수 있기 때문이다.

현행법상 양심과 사상의 구별이 문제되는 것은 실정법 규정 때문이다. 즉 양심의 자유만이 헌법 제19조에 명시되어 있고, 사상의 자유는 현행헌법상 명문화되어 있지 않기 때문에 과연 사상의 자유의 근거조문을 어디에서 찾을 것인지와 관련하여 양자의 관계가 문제되는 것이다.

일부 학자들은 양심의 개념을 좀 더 폭넓게 이해하는 것을 전제로 헌법 제19조에서 양심의 자유뿐만 아니라 사상의 자유까지 보장되고 있다고 해석하려고 시도하기도 한다. 하지만 이처럼 양심의 개념을 도덕적·윤리적 판단과는 무관한 사상의 영역에까지 확장시킬 경우에는 해석의 명확성이 크게 침해될 우려가 있기 때문에 사상의 자유는 헌법 제37조 제1항에 의한 열거되지 않은 기본권으로 파악하는 것이 타당할 것이다.

Ⅱ. 양심의 자유의 의의와 내용

1. 양심의 자유의 헌법적 의의와 기능

다른 기본권들과 마찬가지로 양심의 자유도 이중성을 갖는다. 한편으로는 개인의 주관적 권리로서 국가권력이 양심의 자유를 침해하지 못하도록 요구할 수 있지만, 다른 한편으로는 전체로서의 국가질서의 형성이 개인의 양심을 보호하는 방향으로 전개되어야 한다는 것이다.

개인의 권리로서의 양심의 자유는 양심형성(결정)의 자유, 양심을 지킬 자유, 양심실현의 자유 등으로 분류되지만, 그 중 양심실현의 자유를 인정할 것인지에 대해서는 날카로운 논쟁이 계속되고 있다. 그리고 **국가질서형성의 지침으로서의 양심의 자유**는 국가가 국민들에게 특정한 견해를 강요하지 않도록 함으로써 자유로운 의사의 형성과 표현이 가능해지는 다원적 헌법질서의 형성에 대한 요구로 나타나고 있다.

양심의 자유는 기본권의 이중성에 기초하여 다양한 기능을 발하고 있다. 개인의 권리로서 자유로운 의사의 형성을 보장받을 수 있다는 것은 자신의 자유로운 사유에 기초

48) 물론 양심을 확대해석하여 모든 개인의 생각은 -그것이 불합리하고 타인에 대한 침해를 가져오는 것이라 하여도- 무제한적으로 보호된다고 주장하기는 어렵다. 그러나 현실적으로 양심의 자유는 개인의 내면적 판단의 영역에 있어서는 외부적 간섭이 배제되어야 하기 때문에 그러한 생각조차도 제한되어서는 안 될 것이다.

하여 자신의 삶을 형성해 나갈 수 있도록 함으로써 **인격형성의 중요한 기초**가 될 수 있다. 또한 양심의 자유를 통해 자유로운 의사형성을 할 수 있게 되는 것은 이를 표출시키고 결집함으로써 국민의 의사에 기초한 국가질서의 형성이 가능하게 되는 초석이기도 하다. 즉 양심의 자유는 사상의 자유와 더불어 **다원적 헌법질서 형성의 출발점**이 되는 것이다.

때문에 양심의 자유에 대한 보호는 개인의 권리로서 뿐만 아니라 국가질서의 민주성이라는 측면에서도 매우 중요한 의미를 갖는다. 이에 따라 양심의 자유에 대한 보호는 헌법의 정당성 · 민주성을 판단하는 척도로서도 기능하게 된다.

2. 양심형성(결정)의 자유

양심의 자유의 가장 기본적인 내용은 외부의 압력이나 간섭, 강제 등을 받지 않고 자신의 양심에 따라 판단하고 결정할 수 있는 자유, 즉 어떤 문제에 대해서 자신의 양심을 준거로 하여 판단을 형성할 수 있는 자유이다. 이러한 자유가 양심형성의 자유 또는 양심결정의 자유[49] 등으로 표현되고 있다.[50]

양심형성의 자유가 중요한 의미를 갖는 것은 모든 개인이 자신의 삶을 자신의 양심상의 결정에 따라 형성해 나갈 수 있는 주체로 인정된다는 데 있다. 따라서 양심의 형성에 대한 외부적 영향은 국가 내에 있는 누구에게라도 있을 수 있는 일반적인 영향의 경우보다는 특정인의 양심적 판단에 영향을 미치기 위해 의도적으로 영향을 미칠 경우에 특히 문제된다.

3. 침묵의 자유(양심추지의 금지)

양심형성의 자유와 표리의 관계에 있는 것이 침묵의 자유라고 할 수 있다. 이는 양심의 유지의 자유,[51] 양심을 지키는 자유,[52] 또는 양심활동의 소극적 자유[53] 등으로 표현되기도 하는데, 성질상 양심형성의 자유와 마찬가지로 절대적으로 보호되어야 할 것이지만, 그 동안 침해되었던 예가 적지 않으며, 현재에도 많은 영역에서 논란의 대상이 되고 있다.[54]

---

49) 계희열, 헌법학(중), 2007, 334쪽 이하와 김철수, 헌법학개론, 2007, 792쪽 이하에서는 "양심의 형성의 자유"로 표현하고 있고, 권영성, 헌법학원론, 2010, 483쪽에서는 "양심결정(양심형성)의 자유"로, 그리고 허영, 한국헌법론, 2025, 469쪽 이하에서는 "양심형성 및 결정의 자유"로 표현하고 있다.

50) 물론 양심의 형성이 외부의 영향으로부터 완전히 단절된 가운데서 이루어지는 것은 아니다. 오히려 개개인의 양심적 판단의 기준은 그가 어려서부터 받아온 교육이나 사회적 환경 등의 영향 하에서 형성된다고 할 수 있다.

51) 김철수, 헌법학개론, 2007, 793쪽 이하.

52) 허영, 한국헌법론, 2025, 469쪽 이하.

53) 계희열, 헌법학(중), 2007, 336쪽 이하.

54) 예컨대 과거 많이 문제되었던 이단심문, 자백의 강요 등이 이러한 양심을 지킬 자유에 대한 침해였을 뿐만 아니라, 현재에도 충성선서, 사죄광고(사죄광고의 위헌성에 관하여는 **헌재 1991.4.1. 89헌마160 결정** 참조), 증인의 증언의무, 기자의 취재원에 대한 진술의무 등과 관련하여 문제되고 있는 것이다.

양심형성의 자유가 온전히 보호되기 위해서는 이러한 양심상의 결정에 대해 침묵할 수 있는 자유가 보장되어야 한다. 만일 그렇지 않을 경우에는 자유로운 양심상의 결정조차도 외부의 영향에 노출될 수 있으며, 부당한 압력으로부터 벗어날 수 없게 되기 때문이다.55) 때문에 오늘날에는 양심을 지킬 자유가 양심형성의 자유와 더불어 양심의 자유의 내용으로 인정되어야 한다는 것이 널리 인정되고 있다.56) 그러나 양심상의 결정과 무관한 사실에 대해서도 침묵할 자유가 있는가를 중심으로 아직도 복잡한 문제들이 남아 있다.57)

4. 양심실현의 자유

최근 양심의 자유와 관련하여 가장 날카로운 견해의 대립이 나타나고 있는 영역이 바로 양심실현의 자유라고 할 수 있다. 즉 양심의 자유를 **내면의 양심형성**이나 이를 외부로 표현하도록 강제당하지 않을 자유에 국한시킬 것인지, 아니면 보다 적극적으로 이해하여 **양심상의 결정에 따른 행동**에까지 그 보호가 미치는 것으로 볼 것인지가 문제되는 것이다.

긍정설을 주장하는 학자들은 양심실현의 자유가 없는 양심의 자유는 실질적으로 무의미하다는 생각에 기초하고 있다. 즉 양심의 자유가 인정되는 근거는 결국 양심에 따른 행동을 인정하기 위한 전제일 뿐이라는 것이다.58) 반면에 **부정설**을 주장하는 학자들은 양심의 표명이나 양심실현의 자유를 근거로 모든 법률적 의무를 거부하는 것은 인정하기 곤란하다는 견해를 취하고 있다.59) 또한 작위에 의한 양심실현은 인정하기 곤란하지만, 부작위에 의한 양심실현의 자유는 인정될 수 있다는 의미에서 **절충설**이 이야기되기도 한다.60)

이러한 양심실현의 자유를 인정할 것인지는 현실적으로 양심상의 이유에 따른 병역거부, 또는 양심범 등의 문제와 밀접한 관련을 맺고 있기 때문에 더욱 민감한 사항이

55) 이러한 맥락에서 -비록 헌법재판소는 준법서약서의 강제가 위헌이 아니라는 판결을 내린 바 있지만(**헌재 2002.4.25. 98헌마425등 결정**)- 이른바 준법서약서는 양심의 자유를 침해하는 것으로 보아야 할 것이다.

56) 이와 관련하여 침묵의 자유(양심추지의 금지) 이외에 양심에 반하는 행동을 강요당하지 않을 권리(양심에 반하는 작위의무로부터의 해방)까지를 이에 포함시키는 견해가 있다(허영, 한국헌법론, 2025, 470쪽). 하지만 양심에 반하는 행동을 강요당하지 않을 권리를 넓게 인정할 경우에는 사실상 양심실현의 자유를 인정하는 것과 다르지 않게 되므로 이러한 견해는 침묵의 자유와 양심실현의 자유를 구별하는 입장과 양립되기 곤란하다고 생각된다.

57) 예컨대 증언의 강제가 침묵의 자유를 침해하는 것인지에 대해서 날카로운 견해 대립이 있다. 이에 관하여는 아래의 「Ⅵ. **양심의 특수문제: 증거(증언)와 양심**」 참조.

58) 계희열, 헌법학(중), 2007, 339쪽 이하; 허영, 한국헌법론, 2025, 471쪽.

59) 권영성, 헌법학원론, 2010, 487쪽.

60) 허영 교수는 양심실현의 자유를 인정하는 입장을 취하고 있지만, 만일 허영 교수처럼 양심을 지킬 자유의 내용으로 양심을 표명하도록 강제당하지 않을 자유와 양심에 반하는 행동을 강제당하지 않을 자유의 두 가지를 인정하면서, 양심실현의 자유를 인정하지 않을 경우에는 절충설의 입장이 될 수 있다. 허영 교수가 말하는 양심에 반하는 행동을 강제당하지 않을 자유는 사실상 소극적 양심실현의 자유와 다르지 않기 때문이다.

다. 하지만 현실적 문제에 앞서 양심실현의 자유가 기본권의 전체적 실현구조 속에서 어떤 위치에 설 수 있는지를 검토해 볼 필요가 있다.

개인의 양심은 다양한 형태로 실현될 수 있다.[61] 중요한 것은 어떤 경우이든 **양심의 실현은 다른 기본권에 의해 보호되는 영역과 중첩되고 있다**는 것이다.[62] 이렇게 볼 때, 양심실현의 자유를 인정하는 것은 항상 다른 기본권과 경합된다. 즉 모든 개별 기본권 자체가 양심에 따른 기본권행사를 전제하는 것으로 이해될 수 있기 때문이다. 따라서 양심실현의 자유를 별도로 인정하는 것은 실익이 없다.

Ⅲ. 양심의 자유의 주체

양심의 자유도 종교의 자유와 마찬가지로 모든 자연인이 누릴 수 있는 인간의 권리로 이해된다. 즉 대한민국의 국민뿐만 아니라, 외국국적자나 무국적자에게도 우리 국민과 똑같이 인정되어야 하는 **인간의 권리**인 것이다.

양심의 자유의 주체와 관련하여 논란이 되고 있는 것의 하나가 **미성년자의 기본권 주체성**이다. 미성년자라 하더라도 양심의 자유의 주체가 될 수 있다는 점은 일반적으로 인정되지만, 성인과 똑같이 자유로운 양심상의 결정을 할 수 있다고 보기는 어려운 점도 있다.[63] 그렇기 때문에 개별적인 경우에 따라 어떤 문제에 대해서 어느 정도의 양심적 결정을 인정하고 존중하여야 할 것인지가 문제되는 것이다.

또한 양심의 자유는 인간의 정신현상과 직결되어 있는 것이기 때문에 **법인의 기본권주체성**은 인정하지 않는 것이 일반적이다.[64]

Ⅳ. 양심의 자유의 효력

양심의 자유도 전통적인 자유권의 하나로서 대국가적 효력은 물론 대사인적 효력도 갖는 기본권으로 인정된다. 즉 양심의 자유는 국가에 의한 간섭이나 영향력의 행사를

61) 예컨대 양심선언과 같이 자신의 양심에 따라 특정한 사실을 공표하는 방식으로 실현될 수도 있고, 선거에서 자신의 투표권을 행사하는 방식으로 실현될 수도 있다. 또한 자신의 재산을 자선단체에 기부하는 방식으로 실현될 수도 있고, 거리에 나와 시위에 참여하는 방식으로 실현될 수도 있다.

62) 왜냐하면 양심의 자유가 모든 개별적 행동의 전제가 되는 내면적 양심의 문제를 일차적 보호의 대상으로 삼고 있는 반면에, 이러한 내심의 결정에 기초한 인간의 모든 행동은 그것이 보호가치가 있는 것으로 인정될 경우에는 -명문화된 기본권에 의해 보장되건, 아니면 헌법 제37조 제1항의 열거되지 않은 자유로 보장되건- 개별적 자유권에 의한 보호의 틀 안에 있기 때문이다. 결국 양심실현의 자유는 항상 다른 기본권과 중첩될 수밖에 없다는 것이다.

63) 예컨대 양심형성과 관련하여 성인에게 특정한 입장의 정당성을 설명하는 것과 미성년자에게 도덕교육을 시키는 경우에 있어서는 상당한 정도의 차이가 인정될 수 있다.

64) 헌법재판소는 사죄광고의 위헌성을 인정하면서 그 근거로 양심의 자유를 들었다(**헌재 1991.4.1. 89헌마160 결정**). 그러나 당해 위헌소원의 청구주체였던 동아일보사가 법인으로서 양심의 자유의 주체로 인정되는 것인지에 대해서는 명시적으로 언급하지 않았다. 그러나 이 사안의 경우 법인도 양심의 자유를 누린다는 것을 직접적으로 인정한 것이라기보다는 법인의 구성원인 자연인의 양심의 자유를 간접적으로 인정한 것으로 보아야 할 것이다.

배제하는 방어권으로 이해되어 왔지만, 오늘날에는 사인에 의한 양심의 침해로부터도 보호되어야 하는 것으로 인정되고 있다.

그러나 구체적으로 양심의 자유의 대사인적 효력이 어떤 경우에 인정될 수 있을 것인지에 대해서는 아직도 많은 논의가 있다. 기본권의 대사인적 효력에 관한 이론에 따라 양심의 자유에 대한 침해를 이유로 사법상 유효하게 성립된 계약을 무효로 하기 위해서는 단순히 개인의 주관적 양심에 따라 계약의 이행이 곤란하다는 정도의 막연한 주장만으로는 충분치 못할 것이다. 따라서 양심의 자유의 대사인적 효력이 인정되기 위해서는 개인의 특수한 사정이나 생각에 따라 내린 양심상의 결정보다는 누구라도 인정할 수 있을 정도로 **양심의 심각한 침해가 객관적으로 인정**되어야 할 것이다.

Ⅴ. 양심의 자유의 한계와 제한

1. 내면적 양심의 한계와 제한

양심실현의 자유를 제외한 내면적 양심(즉 양심형성의 자유와 양심을 지킬 자유)에 대하여는 제한이 불가능한 절대적 기본권이라고 주장하는 견해도 있다.[65] 그러나 현실적으로 내면적 양심에 대한 각종의 제한이 물리적으로 가능할 뿐만 아니라, (증언의무 등에서 이야기되는 것처럼) 일정한 조건 하에 그 정당성이 인정되기도 하는 현실에서는 이를 절대적 기본권으로 인정하기는 곤란하다.

오히려 오늘날 양심의 자유는 -앞서 설명한 바와 같이 양심실현의 자유를 양심의 자유에서 배제하고 내면적 양심의 자유만을 보호의 내용으로 한정한다 할지라도- 기본권제한의 일반원칙에 따라 법률로 제한될 수도 있다고 보아야 할 것이다. 다만 내면적 양심에 대한 제한(양심상의 결정에 대한 고백의 강요 등)은 현실적으로 인격성과 직결되는 문제이기 때문에 극히 예외적으로만 인정되어야 할 것이다.

2. 양심실현의 한계와 제한

양심실현의 자유도 양심의 자유의 내용에 포함되는 것으로 보는 입장에서는 양심실현의 한계와 제한이 문제될 수 있다. 이러한 문제는 매우 복잡한 형태로 나타날 수밖에 없는데, 한편으로는 개인의 양심이라 할지라도 국가법질서를 존중하여야 한다는 요청을 벗어날 수 없다는 점이 지적될 수 있는가 하면, 다른 한편으로는 개인의 양심이 국가의 법에 우선한다는 측면이 문제될 수 있기 때문이다.[66]

그 때문에 양심실현의 자유를 인정하는 학자들도 한편으로는 양심의 실현을 이유로

---

65) 계희열, 헌법학(중), 2007, 345쪽; 권영성, 헌법학원론, 2010, 488쪽; 김철수, 헌법학개론, 2007, 799쪽.

66) 이러한 딜레마가 가장 잘 드러나는 문제의 하나가 양심범의 문제이다. 양심범의 경우 과연 국가질서에 대한 존중을 우선시킬 것이냐, 아니면 개인의 양심적 판단을 우선시킬 것이냐에 따라 정반대의 결론이 내려질 수 있을 것이다.

국가법질서를 무시하거나 타인의 권리를 함부로 침해할 수 없다는 점을 특별히 강조하고 있으며, 다른 한편으로는 양심실현의 자유에 대해서는 독일 기본법처럼 내재적 한계 이외에는 헌법 자체에 의한 제한만이 허용되도록 하는 것이 바람직하다는 견해를 입법론적으로 제시하기도 한다.[67]

Ⅵ. 양심의 특수문제: 증거(증언)와 양심

1. 양심상의 결정과 사실에 대한 증거확인(증언)의 구별

양심의 자유와 관련하여 특별한 문제로 제기되는 것의 하나가 증언의 문제이다. 종래 양심의 자유는 선악에 대한 판단의 문제로서 사실에 대한 문제는 아니라고 보았다. 따라서 내면적인 양심상의 판단이 아닌 객관적인 사실에 대한 증거의 확인(또는 증언)을 요청하는 것은 양심의 자유에 반하지 않는다고 보는 것이 일반적이었다.

그러나 현실적으로 증언에 있어서도 사실의 확인이 양심의 문제와 결부되어 있는 예도 적지 않다. 예컨대 자신의 친구가 불법행위를 저지른 것을 목격했다 할지라도, 그 사실에 대해 증언하는 것은 자신의 친구에 대해 의리를 지켜야 한다는 양심상의 결정에 반하는 것이 될 수 있다. 때문에 사실의 확인이라고 해서 양심상의 결정과 항상 무관하다고 단정하기 어렵다는 데 문제의 복잡성이 있다.

2. 현행법의 태도와 증거(증언)요청의 한계

그러나 누구나 양심을 이유로 증언을 거부할 수 있다면, 사실상 아무도 증인이 되지 않으려고 할 수도 있으며, 경우에 따라서는 사법절차의 운영 자체에 상당한 문제가 발생될 수도 있다. 그렇기 때문에 일정한 경우, 예컨대 증언거부권이 인정되는 등의 예외적인 상황을 제외하고는 증언의 의무를 인정하는 것이 현행법의 태도이다.

이처럼 사실에 관한 증거의 확인(증언)을 인정한다 할지라도 이러한 증언에 있어서도 일정한 한계가 인정되어야 한다. 즉 증언을 통해 확인할 수 있는 사항은 단지 외적 사실에 대한 것에 한정되어야 하며, 국가기관 앞에 적나라한 심리적 내면을 노출시킴으로써 양심과 인간의 존엄을 침해하는 것이 되어서는 안 된다는 것이다. 그렇기 때문에 국가는 기본권향유자에게 양심의 자유의 보장에 적합하지 않은 증거(증언)규정들을 적용시킬 수 없다.

이러한 맥락에서 형사상 불리한 진술의 거부권(헌법 제12조 제2항 후단), 증언거부권(국회에서의 증언 · 감정 등에 관한 법률 제3조에 의한 증언거부, 형사소송법 제148조 이하에 의한 증언거부, 민사소송법 제314조 이하의 증언거부권 등)이 인정되고 있는 것이다.

67) 계희열, 헌법학(중), 2007, 345쪽 이하.

사례 풀이:

1. 법원의 위헌법률심판제청은 적법한가? (25점)

Ⅰ. 위헌법률심판의 성격과 적법요건의 의미 [3점]

Ⅱ. 구체적 규범통제와 재판의 전제성 [7점]

1. 구체적 규범통제의 개념과 특성
2. 재판의 전제성의 의미
3. 재판의 전제성의 구성요소

Ⅲ. 사안의 재판의 전제성 구비 여부에 대한 판단 [7점]

1. 법원에의 소송의 계속
2. 해당 법률(조항)의 당해 사건에의 적용
3. 해당 법률(조항)의 위헌성 여부에 따른 판결 결과의 차이

Ⅳ. 위헌 여부에 대한 합리적 의심과 소의 이익 [6점]

1. 위헌 여부에 대한 합리적 의심
2. 소의 이익
3. 헌법적 해명의 중요성에 따른 예외 인정

Ⅴ. 결론 [2점]

2. 헌법재판소는 어떤 본안판단을 내려야 하는가? (50점)

Ⅰ. 사안의 분석과 쟁점의 정리 [5점]

Ⅱ. 양심의 자유의 개념 및 성격과 보호범위 [8점]

1. 양심의 자유의 개념과 성격
2. 양심의 자유의 주체: 법인의 기본권 주체성
3. 양심의 자유의 내용과 사안에 대한 판단: 양심에 반하는 행위의 강제

Ⅲ. 사과문 게재와 양심의 자유 [10점]

1. 사과문 게재의 의미와 성격
2. 사과문 게재와 양심의 자유 내지 인격권
3. 헌법재판소의 판례: 사죄광고, 준법서약서 등에서의 엇갈린 판례

Ⅳ. 제한의 정당성에 대한 비례성 판단 [12점]

1. 목적의 정당성과 수단의 적합성
2. 침해의 최소성
3. 법익의 균형성

Ⅴ. 헌법재판소의 본안판단 [12점]

1. 헌법재판소 결정의 유형과 주문
2. 사안에 대한 판단
3. 헌법재판소 결정의 효력

Ⅵ. 결론 [3점]

3. 만일 신문법에서 사과문의 게재 대신에 언론중재위원회의 결정 자체를 공표하도록 하였을 경우에는 합헌으로 볼 수 있는가? (25점)

Ⅰ. 서: 양심의 자유와 사과문 게재의 쟁점 [3점]

Ⅱ. 양심의 자유와 불법의 확인과의 관계 [6점]

1. 양심의 의미와 그 주관성
2. 양심과 불법의 충돌 – 양심범의 문제

3. 양자의 균형과 조화

Ⅲ. 불법의 확인과 양심의 강제 [7점]

1. 법적 절차에 따른 불법의 확인이 갖는 의미와 한계

2. 양심의 자유가 갖는 초국가적 성격과 그 한계

3. 불법에 대한 책임, 그러나 양심의 강제는 최소화!

Ⅳ. 사과문 게재와 불법성 확인의 유사점과 차이점 [7점]

1. 불법의 확인이라는 측면에서의 유사점

2. 양심의 강제 유무라는 측면에서의 차이점

3. 언론중재위 결정의 공표가 갖는 의미와 합헌성 판단

Ⅴ. 결론 [2점]

제 6 장 정신적 자유권 ②: 언론의 자유

헌법 제21조에서는 「언론 · 출판의 자유」로 명시하고 있지만, 오늘날에는 「언론의 자유」라는 표현에 더욱 익숙하다. 한때는 출판의 자유가 언론의 자유의 핵심적인 요소였지만, 오늘날 언론의 자유는 방송의 자유, 나아가 뉴미디어의 자유 등으로 계속 발전해 나아가고 있기 때문이다.

언론의 자유는 「일반적 표현의 자유」로 지칭되기도 하며, 정신적 자유의 중요한 부분을 차지하고 있다. 언론의 자유는 자율적 의사표현이라는 측면에서 **자신의 삶을 자율적으로 형성**하는 데 있어서 중요하다는 점이 인정되고 있으며, 다른 한편으로는 국민의 자발적 의사의 자유로운 표현과 결집을 가능케 함으로써 **민주적 국가질서형성의 기초**가 된다는 점이 보편적으로 승인되고 있는 것이다.

그러나 오늘날 언론의 자유는 단순히 의사표현의 자유로 이해되기보다는 전체적인 의사소통(커뮤니케이션)의 자유로 이해된다. 즉 **의사표현과 의사수령 및 의사매개를 포함한 의사소통의 전체 과정**이 언론의 자유에 의해 보호되는 것이다. 더구나 최근에는 의사를 전달하는 매체가 다양하게 발달됨으로 인하여 언론의 자유를 둘러싼 새로운 문제들이 더욱 복잡하게 전개되고 있다.

헌법 제21조: ① 모든 국민은 언론 · 출판의 자유와 집회 · 결사의 자유를 가진다.
② 언론 · 출판에 대한 허가나 검열과 집회 · 결사에 대한 허가는 인정되지 아니한다.
③ 통신 · 방송의 시설기준과 신문의 기능을 보장하기 위하여 필요한 사항은 법률로 정한다.
④ 언론 · 출판은 타인의 명예나 권리 또는 공중도덕이나 사회윤리를 침해하여서는 아니된다. 언론 · 출판이 타인의 명예나 권리를 침해한 때에는 피해자는 이에 대한 피해의 배상을 청구할 수 있다.

【사례: 언론의 자유 - 정보비공개결정과 알권리】

사기 및 협박에 관한 범죄 혐의로 구속된 갑(甲)의 변호사 을(乙)은 갑으로부터 구속적부심에 관한 의뢰를 받고 갑에 대한 사건을 담당하고 있는 A경찰서의 서장 병에게 갑에 대한 수사기록 중 고소장과 피의자신문조서의 열람 및 등사를 신청하였다.

병(丙)은 위 서류들이 형사소송법 제47조 소정의 소송에 관한 서류로서 공판개정전의 공개가 금지되는 것이고 이는 「공공기관의 정보공개에 관한 법률」 제9조 제1항 제1호에 규정하고 있는 이른바 다른 법률에 의하여 비공개사항으로 규정된 정보에 해당한다는 이유로 을의 신청을 거부하였다.

을은 이러한 병의 결정이 위헌적인 기본권의 침해라고 주장하며 헌법재판소에 헌법소원심판을 청구하였다.

〈헌재 2003.3.27. 2000헌마474; 2014.3.27. 2012헌마652 참조〉

〈참고조문〉

형사소송법 제47조 (소송서류의 비공개)

소송에 관한 서류는 공판의 개정 전에는 공익상 필요 기타 상당한 이유가 없으면 공개하지 못한다.

공공기관의 정보공개에 관한 법률 제9조 (비공개 대상 정보)

① 공공기관이 보유·관리하는 정보는 공개 대상이 된다. 다만, 다음 각 호의 어느 하나에 해당하는 정보는 공개하지 아니할 수 있다.

1. 다른 법률 또는 법률에서 위임한 명령(국회규칙·대법원규칙·헌법재판소규칙·중앙선거관리위원회규칙·대통령령 및 조례로 한정한다)에 따라 비밀이나 비공개 사항으로 규정된 정보

1. 을(乙)의 헌법소원심판청구는 적법한가? (30점)
2. 구속적부심사건 피의자의 변호인에게 고소장과 피의자신문조서에 대한 열람 및 등사를 거부한 경찰서장의 정보비공개결정이 변호인의 피구속자를 조력할 권리 및 알 권리를 침해하여 헌법에 위반되는가? (40점)
3. 병(丙)이 갑(甲)의 범죄혐의에 대해 경찰서 기자실에서 기자들의 취재 요청에 응하여 갑이 경찰서 조사실에서 양손에 수갑을 찬 채 조사받는 모습을 촬영할 수 있도록 허용하였을 경우, 이는 위헌적 기본권침해라고 볼 수 있는가? (30점)

제1절 언론·출판의 자유의 역사적 발전

Ⅰ. 그 뿌리에 있어서의 종교의 자유 및 사상의 자유와의 밀접한 연관

정신적 자유를 내면적 정신활동의 자유와 그 외부적 표현의 자유로 구별할 때, 사상 혹은 양심의 자유와 종교의 자유는 전자에 속하며, 언론·출판의 자유 등은 후자에 속한다.

이러한 구별은 헌법의 기본권체계가 갖추어진 현대헌법 하에서는 기본권의 체계적

이해와 보장이라는 측면에서 그 실익을 갖는다. 그러나 기본권이라는 것은 전체의 유기적 관련 속에서만 실효적으로 보장될 수 있으며, 특히 사상 및 종교의 자유와 언론·출판의 자유는 매우 밀접한 관련을 가지고 있다.[1)]

우리가 근대적 인권의 발달사를 통하여 보는 「표현의 자유」를 위한 투쟁은 동시에 이러한 사상의 자유 등을 실질적으로 획득하기 위한 투쟁이기도 하였던 것이다. 따라서 인쇄술이 발달되기 이전의 시기, 따라서 출판의 자유라는 것이 문제되지도 않았던 시기의 표현의 자유(곧 언론의 자유)의 역사는 종교적 신앙 내지 정치적·사상적 신념에 대한 박해와 이에 대한 투쟁으로 계속되었던 것이다.

Ⅱ. 인쇄술의 발달과 언론·출판의 대중화

근대 초 인쇄술의 급격한 발달과 보급으로 표현의 자유는 새로운 국면에 접어들게 되었다. 1450년 구텐베르크에 의해 발명된 **활판인쇄술**은 소수의 상류층에 국한되어 있던 지적 문화를 대중화시키는 결정적 계기가 되었으며, 또한 자유사상에 대해서도 새로운 활력을 불어 넣었다.[2)]

이렇게 언론·출판이 점차 그 영향력의 범위를 넓혀가게 되자 이에 위협을 느낀 집권층은 질서유지의 명목 하에 언론·출판에 대한 (특히 대중적 영향력을 갖는 출판에 대한) 강한 통제를 시작했다. 인쇄소는 **허가제**가 되었고 출판물은 **사전검열**되었으며 무거운 세금이 부과되는 등의 각종 억압이 있었다. 그러나 이러한 정부의 태도는 자유사상가들에 의해 세찬 도전을 받게 되었다.

도전은 이론적인 측면에서 시작되었다. 밀튼(*J. Milton*), 존 스튜어트 밀(*J. S. Mill*)에 의해 대표되는 **진리생존설, 사상의 자유시장론** 등은 자유로운 사상 내지 표현의 자유(특히 기존질서에 비판적인 사상과 표현의 자유)에 이론적 기초를 제공하였다. 그리고 이러한 자유로운 사상과 표현에의 요구가 범국민적 합의로 나타났을 때 집권층은 더 이상 그것을 거부할 수 없었던 것이다.

Ⅲ. 근대시민혁명과 기본권으로의 확립

1776년의 버지니아 권리장전 제12조[3)]에서 출판의 자유가, 그리고 1789년의 프랑스

---

1) 신앙, 양심 및 사상의 자유가 순전히 내심의 자유에 불과하다면 그것은 누구나 갖고 있는 것이지만 거의 무가치한 것이다. 자유로운 내면적 정신활동의 가치는 그것이 외부로 표출되어 사회 속에서 살아 움직이며 기능하고 작용하는 데 있는 것이며, 또한 자신의 사상적 탐구를 통하여 주위사람들의 행동을 규정하는 관념과 제도들의 오류를 발견한 사람이 그것을 표현하지 못한다는 것은 그 자신에게도 매우 고통스러운 일일 것이다.

2) 이제 자유사상가들은 종래처럼 자신들의 혁신적 사상(특히 기존질서에 대해 비판적인 사상)이 지배층에 의해 관용되기만을 기대하는 것이 아니라 오히려 대중 속에서 그들의 유력한 지지자를 찾을 수 있었다. 또한 역으로 이들의 사상은 대중의 구심점이 되어 대중의 결속된 힘을 가능케 하였던 것이다.

3) "출판의 자유는 자유의 유력한 방벽의 하나이며, 이 자유를 제한하는 자는 전제적 정부라고 하지 않

인권선언(인간과 시민의 권리선언) 제11조[4]와 1791년의 미국헌법 증보 제1조[5]에서 포괄적인 표현의 자유가 최초로 명문화된 이래, 세계 각국의 헌법에서 언론의 자유는 국민의 기본권으로서의 지위를 확고히 하였다. 또한 한국의 현행헌법도 제21조에서 언론·출판의 자유에 대한 헌법적 보장을 명문으로 규정하고 있다. 그러나 비록 표현의 자유, 특히 언론·출판의 자유를 형식적으로 인정하는 데에는 더 이상 이론의 여지가 없다 할지라도 그 자유의 실질적 보장내용을 어떻게 볼 것인가에 관하여는 아직 의견의 일치를 보지 못하였다.

언론·출판의 자유가 처음 인정될 당시에는 그것이 언론·출판에 대한 **허가제 내지는 사전검열제가 부정**되어 제한 없이 자신의 의사를 발표할 수 있음을 의미할 뿐 발표된 내용에 대한 사후적 통제를 부인하는 것은 아니라는 것이 일반적 견해였다. 그러나 언론의 자유가 다른 기본권의 보장에도 큰 영향을 미친다는 점이 널리 인식되면서 언론·출판의 자유를 보다 강력하게 보장하려는 여러 시도가 나타나게 되었으며, 그것은 이론적으로는 종래의 단순한 사전억제의 금지를 넘어서 **권한남용의 이론, 악의의 경향의 이론, 우월적 지위의 이론, 불명확하기 때문에 무효의 이론, 명백하고 현존하는 위험의 원칙, 이익교량론** 등으로 발전되어 왔다.

오늘날 언론·출판의 자유의 의의와 필요성은 보다 강력하고 폭넓게 인식되고 있으며, 그 실효적 보장을 위한 몇 배의 노력이 기울여지고 있다. 그러나 아직도 문제는 많다. 국가질서와의 관계에서 언론의 자유가 어느 선까지 인정되어야 할 것인가도 문제될 뿐 아니라 현대 산업사회에서 파생되는 새로운 문제들도 많이 제기되고 있기 때문이다.

Ⅳ. 현대 산업사회 속에서의 새로운 문제들: 정보화사회로의 발전과 언론의 자유

현대 산업사회에서 우리가 언론·출판의 자유를 실효적으로 보장하기 위해서는 상황의 변화에 따라 새롭게 제기되는 문제들에 적절히 대응하지 않으면 안 된다.

현대 산업사회의 가장 두드러진 특징의 하나는 **정보화사회로의 발전**이다. 생산력과 기술수준이 일정 궤도에 올라선 이후에는 거의 대부분의 문제들의 성패가 올바른 정보의 획득과 관리에 달려있다는 것이 널리 인식되었으며, 이에 따라 가능한 한 많은 정보를 확보하고 이들을 효율적으로 관리·이용하려는 노력은 국가기관이나 개인 또는 사

으면 안 된다."

4) "사상과 의사의 자유로운 교환은 인간의 가장 귀중한 권리의 하나이다. 따라서 모든 시민은 자유로이 말하고 쓰고 인쇄할 수 있다. 다만 법에 의해 규정된 경우에 있어서의 그 자유의 남용에 대해서는 책임을 져야 한다."

5) "미연방의회는 종교를 수립하거나 종교의 자유로운 행사를 금지하거나 언론 또는 출판의 자유를 제한하거나 또는 평온하게 집회하고 고통의 구제를 위하여 정부에 청원하는 인민의 권리를 침해하는 법률을 만들 수 없다."

회적 단체나 기업을 불문하고 일반화되어 있다.

그러나 현대적 정보·통신기술의 발전에 기초한 정보화사회로의 발전이 항상 긍정적인 측면만을 보여준 것은 아니다. 정치와 경제, 사회와 문화의 모든 영역에서 컴퓨터를 이용하여 각종 정보들이 대량으로 획득·정리되고 보존되거나 유통되면서 공적 및 사적 정보망은 무수한 정보들을 통하여 우리의 삶에 직접·간접으로 크나큰 영향력을 미치고 (아니면 적어도 미칠 가능성을 갖고) 있다. 그 결과 -사생활영역에서조차- 개인의 자율적 삶의 형성이 더욱 어렵게 되고 있으며, 또한 그와 같은 **정보들이 개인에 대한 통제 내지 영향력행사의 수단으로 남용될 위험**도 증대되고 있는 것이다.[6)]

이러한 상황은 언론자유의 실현에도 직접적으로 영향을 미친다. 한편으로는 현대적 정보·통신수단의 발달이 언론의 매체를 다양화·효율화시키고 있으며, 또한 언론자유의 실현구조가 변화되면서, 언론의 자유가 단순히 표현의 자유를 내용으로 하는 것에서 정보를 획득할 권리(알권리)까지 포함하는 것으로 확대되었다. 나아가 직접적인 의사의 소통보다 정보·통신수단을 매개로 하는 의사소통이 더욱 증대되면서 이들 언론매체들에 대한 법적인 보장과 통제가 언론자유의 실현과 관련한 중대한 문제로 새롭게 대두되었다.[7)] 그러나 다른 한편으로는 이러한 발달이 개인의 자율적 삶의 형성에 미치는 영향을 우려하는 견해들이 대두되면서 개인의 자율적 정보처리권의 인정과 그 구체적 내용범위가 문제로 제기되고 있다.

결국 현대의 정보화사회로의 발전은 정보창출, 정보전달, 정보보호의 문제 등과 관련하여 언론자유의 새로운 문제상황의 전개로 연결되고 있는 것이다.

제2절 언론·출판의 자유의 의의와 현대적 실현구조

Ⅰ. 언론·출판의 자유의 의의와 기능: 언론·출판의 자유의 이중적 측면

헌법상의 기본권은 근대적 인권의 발달과정에서 확인할 수 있는 바와 같이 개인의 권리로서 발전되어 왔다. 그러나 국가가 민주화되고 국가질서가 점차 민주주의의 이념

6) 이에 따라 이미 많은 나라에서 정보보호법이 제정되었고, 국내에서도 오래전부터 정보보호법의 제정에 관한 많은 논의가 진행된 결과 1994년 1월 7일 「공공기관의 개인정보보호에 관한 법률」이 제정되었다.

7) 이러한 새로운 문제상황을 형성하는 것은 무엇보다 대중매체(Mass Media)의 발달과 더불어 대두되는 여러 가지 문제들이라고 할 수 있다. 대중매체의 급격한 발달은 그 영향력의 크나큰 신장을 가져왔다. 그 결과 언론은 국민의 정치적 의사형성의 매체로서 국가권력에 대한 규제적인 기능을 할 뿐만 아니라, 광범위한 국민교육적 내지는 국민계도적 기능까지도 담당하게 되었다. 또한 다른 한편으로는 언론의 대기업화 내지는 독점화를 중심으로 언론기업 내에서의 경영권과 편집권의 관계 등이 언론·출판의 자유가 공동화(空洞化)되지 않기 위한 중요한 조건으로서 부각되고 있으며, 언론·출판의 자유가 실질적으로 기능하기 위한 전제로서 알권리 등의 문제도 제기되는 것이다.

에 따라 (기본권의 보장을 중심으로) 새롭게 형성되면서 기본권의 의의는 새로운 차원으로 발전하게 되었다. 기본권은 단순히 개개인의 권리로서만이 아니라 전체적인 국가질서형성의 기준으로서도 중요한 의의를 갖게 된 것이다. 이러한 기본권의 이중적 측면은 언론자유의 경우 특히 뚜렷하게 나타난다.

고전적인 언론의 자유는 **개인의 권리**로서 보장되었으며, 언론의 자유가 갖는 이러한 측면은 오늘날에도 여전히 핵심적인 것이다. 입을 열고 생각하는 바를 말할 수 있다는 것은 단지 자신이 「원하는 바를 행할 수 있다」는 것 이상의 의미를 갖는다.[8] 즉 자유로운 언론을 통한 타인과의 의사소통은 자신을 외부로 표현하는 일방적인 행위에 그치는 것이 아니라 타인과 끊임없이 주고받는 대화(커뮤니케이션)의 과정이다. 우리는 이러한 과정을 통해서 한편으로는 자신의 의사를 외부로 표현하며, 다른 한편으로는 외부로부터 들어오는 정보에 기초하여 자신의 의사를 형성하거나 수정한다. 결국 언론의 자유가 확보될 때 비로소 올바른 정보를 가지고 자신의 삶을 올바르게 형성하며, 자아를 실현시킬 가능성이 열리는 것이다.

또한 언론의 자유는 입을 열어 말을 할 수 있는 개인의 권리라는 측면을 넘어서 **국가질서를 민주적으로 형성**하는 데 있어서도 커다란 비중을 차지하고 있다.[9] 이와 같이 언론의 자유가 국민의 정치적 의사형성을 통한 국가질서형성에서도 중요한 기능을 담당한다는 것이 인정됨에 따라,[10] -언론의 자유가 전통적인 기본권의 하나로서, 즉 개인의 (주관적) 권리로서 보장될 뿐만 아니라- 언론(즉 의사소통)의 전체과정 자체가 헌법적으로 보호되고 있다. 언론자유는 「헌법질서를 구성하는 객관적 요소」로서의 측면도 갖는 것으로 인정되는 것이다.

Ⅱ. 언론·출판의 자유의 현대적 실현구조

언론의 자유에 대한 헌법적 보장은 자유로운 의사소통을 보장함을 의미한다. 즉 오늘날의 언론자유는 의사표현의 자유에만 국한되지 않으며, 포괄적인 의사소통의 자유로 이해된다.

단순히 의사를 표현하는 것만이 아니라, 이를 의사소통의 과정 속에 끌어들여 전파되도록 하는 것도 언론자유의 내용으로 인정되고 있으며, 나아가 의사표현의 상대방도 수동적인 지위에만 있는 것이 아니라 의사소통과정에 적극적으로 참여하는 당사자로서 일정한 의사수령자의 권리(정보청구권 내지 알권리)를 갖는다.

---

8) 인간은 사고하는 존재, 감정을 갖고 있는 존재로서 자기 자신을 외부적으로 표현하고자 하는 본능적인 욕구를 갖고 있을 뿐만 아니라, 그와 같은 사고와 감정 자체도 외부와의 접촉을 통해서 비로소 형성되고 다듬어질 수 있는 것이다.

9) 공적인 사안에 대하여 모든 국민이 언론자유에 기초한 자유로운 의사소통을 통하여 자신의 -찬성 또는 비판하는- 견해를 형성하고, 나아가 이를 자유롭게 표현함으로써 전체국민의 의사가 여론의 형태로 나타날 수 있고 정치에 영향을 미칠 수 있다는 것은, 다원주의를 통해 구체화되는 현대 대중민주주의의 필수적인 기초인 것이다.

10) 이에 따라 언론의 자유를 정신적 자유권이 아니라 정치적 자유권으로 분류하는 학자도 있다.

오늘날 언론의 자유는 특정인이 의사를 표현하고 또 일정한 매체가 이를 매개 · 전달하는 단계를 거쳐 다른 사람들에 의하여 그 의사가 수령됨으로써 비로소 완결되는 **의사소통의 전체 과정의 보장**으로 이해되는 것이다. 이러한 의사소통의 과정 속에서는 한 순간의 의사표현자가 다음 순간에는 의사수령자가 되기도 하며, 앞서의 의사수령자가 현재의 의사표현자가 되기도 한다.

따라서 자유로운 의사소통이 보장되기 위해서는 ① 의사표현의 자유와 전파의 자유, ② 정보의 자유 내지 알권리, ③ 신문, 방송, 기타 의사소통을 매개하는 매체들의 자유가 확보되어야 한다. 언론자유는 의사표현자의 기본권일 뿐만 아니라 의사수령자의 권리이기도 하며, 나아가 이들 사이를 매개하는 의사매개자(특히 대중매체)의 기본권이기도 한 것이다.

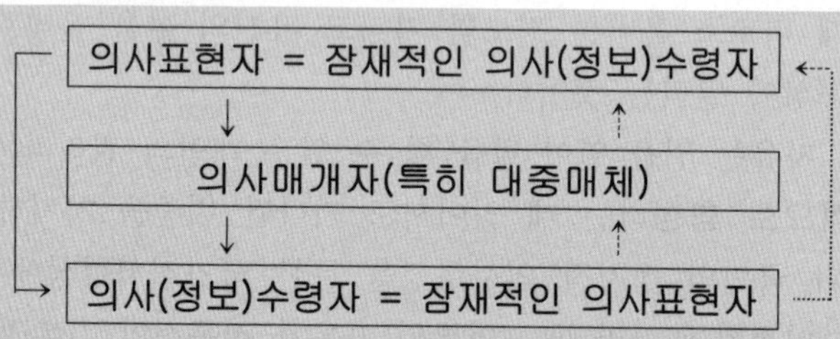

(실선은 현실적인 의사전달경로를, 점선은 잠재적인 의사전달경로를 가리킨다.)

의사표현자의 자유와 의사수령자의 자유 및 대중매체의 자유는 그 내용이 각기 다를 뿐만 아니라 이를 구체화 · 실현시키는 형태 또한 많은 차이를 보이고 있다. 따라서 이하에서는 이들을 개별적으로 검토한다. 그러나 이같이 각기 나누어서 설명하는 가운데서도 이들 세 가지 요소들이 전체적으로 의사소통의 자유(즉 언론 · 출판의 자유)라는 맥락 속에 내적으로 결합되어 있으며, 나아가 일반적 인격권 내지 인간으로서의 존엄과 밀접한 관련 속에 있음을 항상 주목하여야 할 것이다.

제 3 절 의사표현자의 자유(표현의 자유와 전파의 자유)

Ⅰ. 의사표현자가 누리는 언론자유의 효력범위

1. 언론자유에 의한 보호의 대상: 의사의 표현 및 전파

헌법상 언론 · 출판의 자유에 의해 보호되는 언론 · 출판은 의사형성의 기초가 될 수 있는 모든 형태의 언급, 표현을 말하며, 그것은 사실에 관한 것이건 가치판단에 관한 것이건을 불문한다. 자신이 보고, 듣고 느끼고 생각한 바(즉 자신의 意思)를 말, 글,

그림, 기타 다양한 방법으로 외부에 표현할 권리가 언론 · 출판의 자유에 의하여 헌법상의 기본권으로서 보장되는 것이다.

이러한 의사표현의 자유가 헌법적으로 보장되는 것은 그것이 개인의 자유로운 인격의 발현을 위한 불가결의 조건이기 때문이며, 이를 억압할 경우 인간의 존엄에 대한 심각한 위협이 초래될 수 있기 때문이다. 따라서 표현의 내용이 사회적(또는 정치적)으로 중요한 것인지의 여부나 의사표현자가 거짓말을 하고 있는지의 여부는 원칙적으로 문제되지 않는다. 하지만 명예훼손 등의 경우에 그러하듯이 다른 법익과의 충돌이 문제되는 영역에 있어서는 의사표현내용의 진실성이 문제되기도 한다.

또한 언론 · 출판의 자유에 대한 헌법적 보호는 자신의 의사를 외부로 표현하는 것만이 아니라 다른 사람과의 광범한 접촉, 다양한 전파매체의 이용을 통하여 표현된 의사내용을 조직적 · 계획적으로 전파하는 것에까지 미친다. 언론 · 출판의 자유는 단지 '벽을 향해 말할 수 있는 자유'가 아니라 타인과의 자유로운 의사소통을 보장하는 것이며, 이를 통한 자기실현을 보장하는 것이다.

따라서 전파의 자유는 의사표현자가 의사소통의 상대방(의사수령자)에게 도달하는 과정이 법적 · 사실적 장애 없이 자유로워야 함을 의미하는 것이며, 의사소통의 상대방은 특정인일 수도 있지만, 불특정의 다수인일 수도 있다. 이러한 −불특정다수인에 대한− 전파의 자유를 통하여 개인의 의사가 사회적인 파급효과를 갖게 되고, 나아가 국가질서의 형성에도 영향을 미치게 될 수 있다.

2. 표현의 형태

언론의 자유에 의해 보호되는 표현은 말, 글, 그림 등의 보편적인 형태만이 아니라 특수한 기호나 부호, 몸짓이나 상징물, 음악의 연주 등 의사소통에 기여할 수 있는 모든 형태를 취할 수 있으며, −자신의 의사를 분명히 표현하고, 또 이를 통하여 타인의 주목과 반향을 얻을 수 있도록− 어떠한 표현형태를 선택할 것인지도 언론자유의 범위에 속한다.[11] 단 특수한 표현형태와 표현방식을 취하는 경우에는 일반적 표현의 자유로서의 언론 · 출판의 자유가 아닌 다른 기본권(예컨대 학문의 자유, 예술의 자유, 집회의 자유 등)이 적용될 수도 있다.

그러나 다른 법익을 침해하는 표현형태까지 인정되는 것은 아니다. 따라서 예컨대 국기를 찢거나 불태우는 것도 분명히 자신의 의사를 표현하여 타인의 주목을 끌 수 있는 표현방법이지만, 법적으로 허용되지는 않는다.[12]

---

11) 이와 관련하여 헌법재판소는 종래 음란표현을 헌법 제21조가 규정하는 언론 · 출판의 자유의 보호영역에 해당하지 않는다는 입장을 취하였으나 최근 헌재 2009.5.28. 2006헌바109등 결정에서 판례를 변경하여 이를 보호영역에 포함되는 것으로 인정하였다.

12) 형법 제105조: "대한민국을 모욕할 목적으로 국기 또는 국장을 손상, 제거 또는 오욕한 자는 5년 이하의 징역이나 금고, 10년 이하의 자격정지 또는 700만원 이하의 벌금에 처한다."

헌재 2019.12.27. 2016헌바96 결정: "국기는 국가의 역사와 국민성, 이상 등을 응축하고 헌법이 보장하는 질서와 가치를 담아 국가의 정체성을 표현하는 국가의 대표적 상징물이다. 심판대상조항은 국기를 존중, 보호함으로써 국가의 권위와 체면을 지키고, 국민들이 국기에 대하여 가지는 존중의 감

3. 의사전달의 매체

언론 · 출판의 자유에 의해 보호되는 의사소통은 오늘날 사람과 사람이 직접 대면하는 가운데서 이루어지는 경우보다는 일정한 전달매체를 통하여, 예컨대 편지나 신문 또는 유 · 무선의 통신(전화, 전신, 라디오, 텔레비전 등)을 매개체로 하여 이루어지는 경우가 더 많다.

언론 · 출판의 자유는 −특별한 헌법상 · 법률상의 제한이 없는 한− 의사전달의 매체를 자유롭게 선택하는 것을 포함한다. 그러나 언론 · 출판의 자유와의 관련에서 일종의 특별영역으로 이해될 수 있는 통신의 비밀이 문제되는 영역에 있어서는 헌법 제18조의 규정이 적용된다.[13)]

4. 기본권의 주체

언론 · 출판의 자유는 특정한 국가의 정치적 질서의 형성과도 밀접한 관련을 갖고 있지만, 일차적으로 개인의 인격발현과 직결되어 있는 이른바 **인간의 권리**이다. 따라서 대한민국의 국적을 갖는 국민만이 아니라 외국인도 언론 · 출판의 자유의 주체가 된다.

또한 법인과 권리능력 없는 단체들도 언론 · 출판의 자유를 누린다. 만일 언론 · 출판의 자유가 자연인에게만 인정됨으로 인하여 −다수의사의 형성과정을 통하여 결집된 독자적인 의사를 갖는− 단체들의 주장이나 가치평가들이 다원적 의사형성과정에서 배제된다면 오늘날의 대중민주주의의 현실 하에서는 올바른 민주적 의사형성과정 자체가 불가능할 것이기 때문이다.

단 공법인의 경우는 국가로부터 독립된 조직(예컨대 국공립대학이나 국공영방송국)인 경우를 제외하고는 언론 · 출판의 자유의 주체가 될 수 없을 것이다.

정을 보호하려는 목적에서 입법된 것이다.

심판대상조항은 국기가 가지는 고유의 상징성과 위상을 고려하여 일정한 표현방법을 규제하는 것에 불과하므로, 국기모독 행위를 처벌한다고 하여 이를 정부나 정권, 구체적 국가기관이나 제도에 대한 비판을 허용하지 않거나 이를 곤란하게 하는 것으로 볼 수 없다. 만약 표현의 자유만을 강조하여 국기모독 행위를 금지 · 처벌하지 않는다면, 국기가 상징하는 국가의 권위와 체면이 훼손되고 국민이 국기에 대하여 가지는 존중의 감정이 손상되며 국민을 극단적 대립과 갈등 상황으로 몰아넣을 수 있다. 국기모독 행위를 경범죄로 취급하거나 형벌 이외의 다른 수단으로 제재하여서는 입법목적을 효과적으로 달성하기 어렵다. 형법 제정 이후 국기모독죄로 기소되거나 처벌된 사례가 거의 없으며, 심판대상조항의 법정형은 법관이 구체적 사정을 고려하여 합리적으로 양형할 수 있도록 규정되어 있다.

그러므로 심판대상조항은 과잉금지원칙에 위배되어 청구인의 표현의 자유를 침해한다고 볼 수 없고, 표현의 자유의 본질적 내용을 침해한다고도 할 수 없다.”

13) 예컨대 통신비밀보호법(제5조, 제6조), 형사소송법(제107조), 형의집행및수용자의처우에관한법률(제43조), 채무자회생및파산에관한법률(제484조) 등에 의해 도청이나 편지 개봉 등이 허용되는 경우, 이것은 통신의 비밀에 대한 제한일 뿐만 아니라 의사전달매체에 대한 방해로서 언론자유의 침해로도 볼 수 있다. 그러나 헌법 제18조의 통신의 비밀이 우선적으로 적용됨으로 인하여 의사전달매체에 대한 방해가 특별히 따로 문제되지는 않는 것이다.

Ⅱ. 의사표현자의 언론자유에 대한 보호의 이중적 측면

1. 방어적 권리로서의 측면

언론 · 출판의 자유에 있어서도 –근대적 인권의 발달사에서 나타나는 자유주의적 전통에 따라– 국가에 대한 국민의 방어적 권리로서의 측면이 우선적으로 강조된다. 즉 언론 · 출판의 자유는 일차적으로 개인 및 단체의 자유로운 의사표현과 전파를 국가에 의한 불법 · 부당한 침해로부터 방어하는 기능을 한다.

언론 · 출판의 자유에 대한 국가의 불법 · 부당한 침해는 기본권의 정당한 제한으로 인정될 수 없는 법적 · 사실적 수단을 동원하여 국민의 자유로운 의사표현과 전파에 영향을 미치는 것을 의미하며, 그것은 의사표현 자체에 대한 것이 아니라 전달수단에 대한 침해로도 나타날 수 있으며,[14] 나아가 의사수령자에게 전달되는 것을 방해하는 형태로도 행해질 수 있다.[15]

2. 법질서의 객관적 원리로서의 측면

개인의 자유로운 의사표현과 전파는 곧 국가의 정치적 · 경제적 · 사회적 · 문화적 조건들과 밀접한 상호관계 속에 있다.[16]

국가질서는 자유로운 의사표현과 전파를 보장하는 방향으로 구성되어야 하며, 이러한 국가질서는 또한 민주주의, 법치주의 등의 헌법의 기본원리의 틀 안에서(예컨대 의사표현에 있어서의 기회균등 등에 의하여) 구체화된다. 국가에 의한 자유로운 의사표현과 전파의 보장에 있어서는 과연 국가가 개입하지 않는 것만으로 충분한지, 아니면 이를 현실적으로 보장하기 위한 국가의 적극적 보조활동이 필요한 것인지가 구체적인 상황에 따라 판단되어야 할 것이다.

또한 언론 · 출판의 자유가 법질서의 객관적 원리로서의 측면을 갖고 있다는 것을 인정함으로써 **대사인적 효력**도 인정될 수 있게 된다.

사인 상호간의 관계에 있어서는 국가와 국민의 관계에 있어서와 같은 형태로 기본권의 구속력이 미치지는 않는다. 따라서 예컨대 사법적 계약에 의해 특정사항에 대하여 침묵하기로 하는 것(의사표현의 자유의 포기)도 허용될 수 있으며, 국가는 국민의 자율적 결정을 존중하여야 한다. 그러나 표현의 자유에 대한 포기가 법적 · 사실적으로 자유로운 결정에 기초한 것이라기보다 사회적 · 경제적 세력에 대한 「항복」에 불과할 경우

---

14) 전화 기타 통신수단에 대한 방해, 또는 신문 · 방송에 의한 보도의 방해 등이 이에 해당된다.

15) 예컨대 강연을 위해 연사와 청중이 모여 있는 가운데 –연사의 연설은 직접적으로 방해하지 않고– 청중을 해산시키는 경우가 이에 해당된다.

16) 즉 의사표현자의 자유를 헌법적으로 보장하는 것은 단지 개인의 권리의 보장에만 그치는 것이 아니라 정치적 · 경제적 · 사회적 · 문화적인 영역에서 개인의 자유로운 의사표현 및 전파를 통해 형성되는 국가질서의 보장, 그리고 개인의 자유로운 의사표현의 전제가 되는 정치적 · 경제적 · 사회적 · 문화적인 여건의 조성에까지 연결되는 것이다.

에는 기본권의 대사인적 효력이 문제될 것이다.

Ⅲ. 국가에 의한 법적 규율

1. 표현 및 전파의 자유를 구체화하는 국가의 작용

개인과 단체의 의사표현 및 전파의 자유에 있어서는 -후술하는 신문, 방송 등 대중매체의 경우와는 달리- 국가에 의한 구체화의 필요성이 상대적으로 적다. 국가는 의사표현 및 전파를 포괄적으로 보호하여야 하며, 독자적인 기준에 따라 -예컨대 사회적으로 중요한지의 여부에 따라- 차별할 수 없다.

또한 국가는 의사소통의 과정에 대하여도 최대한의 자유를 보장하여야 한다. 이는 단지 국가가 자유로운 의사소통을 방해하지 않는 것으로 충분치 않으며, 자유로운 의사소통에 장애가 될 수 있는 요소들을 법적 규제를 통하여 제거하는 것이 요청된다. 예컨대 정치적·경제적 세력을 이용한 여론조작을 통하여 자유로운 의사소통을 방해하는 것을 법적으로 규제함으로써 자유로운 의사표현과 전파를 보호하는 것이 요청되는 것이다.

2. 허가와 검열의 금지: 모든 형태의 사전적 제한의 금지

헌법 제21조 제2항은 언론·출판에 대한 허가나 검열을 금지하고 있다. 언론·출판에 대한 허가와 검열은 과거 언론·출판을 통해 새로운 사상이 전파되고 기존질서를 위협했을 때 체제유지를 위해 사용되었던 수단이었으며, 이러한 허가나 검열의 금지는 언론·출판의 자유를 확보하기 위한 투쟁을 통해 비로소 달성된 것이었다.

이와 같이 허가나 검열을 금지하는 것은 언론·출판에 의해 이루어지는 의사소통과정 및 그 내용에 대한 국가의 감시와 통제를 배제함으로써 의사소통에 대한 국가의 간섭 내지 국가의 조종을 막고자 하는 것이다.[17] 따라서 어떠한 목적을 위해서도 -정당한 법익의 보호, 예컨대 타인의 명예의 보호 등을 위해서도- 허가나 검열은 허용되지 않는다.[18]

---

17) 헌법재판소의 판례에 따르면 사전검열인지 여부의 판단은 ① 허가를 받기 위한 표현물의 제출의무, ② 행정권이 주체가 된 사전심사절차, ③ 허가를 받지 아니한 의사표현의 금지, ④ 심사절차를 관철할 수 있는 강제수단을 기준으로 한다.

18) 이와 관련하여 구 「정기간행물 등록 등에 관한 법률」 제10조 제1항에 의한 납본제도의 위헌성이 문제된 바 있으나 헌법재판소는 납본제가 내용의 심사 및 이에 기초한 발행금지 등의 제한이나 제재가 가해지는 것이 아니므로 사전검열이 아니라고 판시하였으며(**헌재 1992.6.26. 90헌바26 결정**), 마찬가지로 초·중등학교의 교과용 도서를 국정 또는 검·인정한 것에 한하도록 하는 구 교육법 제157조도 사전검열에는 해당되지 않는 것으로 보았다(**헌재 1992.11.28. 89헌마88 결정**). 그리고 옥외광고물의 게시에 대하여 시장·군수·구청장 등의 허가를 받도록 하고 있는 「옥외광고물 등 관리법」 제3조에 대해서도 "그 광고물 등의 종류·모양·크기·색깔, 표시 또는 설치의 방법 및 기간 등을 규제하고 있을 뿐, 광고물 등의 내용을 심사·선별하여 광고물을 사전에 통제하려는 제도가 아님은 명백"하다는 이유로 헌법 제21조 제2항이 정하는 사전허가·검열에 해당되지 않는다고 판시한 바 있다(**헌재 1998.2.27. 96헌바2 결정**). 또한 사전심의를 받지 아니한 의료광고를 금지하고 이를 위반한 경우 처벌하는 의료법규정의 위헌성을 인정한 판례도 있다(**헌재 2015.12.23. 2015헌바75 결정; 헌재 2020.8.28. 2017헌가35등 결정**).

그러나 허가와 검열의 금지가 언론 · 출판에 대한 모든 제한을 금지하는 것은 아니다. 따라서 −사전적이지 않은− 정당한 제한은 인정된다.

3. 법률에 의한 제한

언론의 자유도 −다른 기본권과 마찬가지로− 무제한의 절대적 권리는 아니다. 따라서 헌법적으로 중요한 법익의 보호를 위한 정당한 제한은 허용된다. 이러한 제한은 기본권제한의 일반적 요건과 기준에 따라 법률에 의해 행해져야 한다.

따라서 기본권에 대한 제한은 −헌법 제21조 제4항과 같이 헌법이 직접 제한하고 있는 경우 및 국가비상사태 등의 예외를 제외하면− 원칙적으로 국민의 대표기관인 국회에서 제정된 법률의 형식으로 제한된다. 나아가 기본권을 제한하는 법률은 헌법 제37조 제2항에 따라 "국가안전보장, 질서유지, 공공복리"를 위해서만 제한될 수 있다. 그러한 제한은 비례성(적합성, 필요성, 협의의 비례성)에 합치되는 제한이어야 하며, 기본권의 본질적 내용을 침해할 수 없다.[19)]

4. 개별적 사례

표현 및 전파의 자유와 관련하여 가장 많이 문제되는 것은 다른 법익과의 충돌, 특히 타인의 명예권과의 충돌이다.

일반적으로 명예는 실재하는 가치로서의 **내적 명예**와 사회적인 명성, 평가를 의미하는 **외적 명예**, 그리고 당사자의 주관적인 **명예감정**으로 나누어진다. 이렇게 볼 때 명예의 침해와 관련하여 어느 쪽이 보호되어야 하는가에 관하여는 논란이 있으나, 내적 명예는 객관적인 사실 그 자체이므로 침해될 수 없는 것이고, 주로 문제되는 것은 외적 명예와 명예감정이다. 그러나 헌법상 보호되는 것은 어느 한쪽만이 아니고 이들 양자가 동시에 보호되는 것으로 이해하여야 할 것이며, 특히 명예감정에 비중을 두어야 할 것이다(인격권으로서의 명예권: 자율적인 자기표현권의 구체화). 만일 외적 명예에만 비중을 두는 경우에는 명예권의 인정 여부가 전적으로 제3자에게 맡겨지는 결과가 될 것이기 때문이다.

언론의 자유와 명예권이 충돌할 경우 개별적 · 구체적 문제를 해결하기 위해서는 실제적 조화의 원칙[20)]에 따라 충돌되는 양 법익이 동시에 최대한 보호될 수 있는 조화점이 어디인가를 찾아야 할 것이다.

---

19) 이와 관련하여 헌법재판소는 **헌재 2010.12.28. 2008헌바157 결정**에서 공익을 해할 목적으로 전기통신설비에 의하여 공연히 허위의 통신을 한 자를 형사처벌하는 전기통신기본법 제47조 제1항은 그 '공익' 개념이 불명확하여 위헌이라는 결정을 내린 바 있으며, **헌재 2015.10.21. 2013헌가20 결정**에서는 대한민국 또는 헌법상 국가기관에 대해 모욕, 비방, 사실왜곡, 허위사실 유포 등의 방법으로 대한민국의 안전, 이익, 위신을 해하거나 해할 우려가 있는 표현이나 행위에 대한 형사처벌을 규정한 구 형법 제104조의2가 표현의 자유를 침해하여 위헌이라고 판시하였다. 또한, 대북전단을 금지하는 남북관계발전에 관한 법률 제24조 제1항 제3호 및 그 위반행위에 대한 처벌조항에 대해 **헌재 2023.9.26. 2020헌마1724등 결정**은 표현의 자유를 침해하는 것으로서 위헌이라고 판시하였다.

20) 실제적 조화의 원칙에 관하여는 「제1권 제1부 제4장 제6절 Ⅲ. **실제적 조화의 원칙**」 참조.

제 4 절 의사(정보)수령자의 자유(특히 알권리)

과거 국가기관에 의한 정보의 독점 및 왜곡된 정보의 제공을 통하여 국가가 -국민의 자율적 의사결정을 방해하면서- 전체주의적 또는 권위주의적 체제로 변화되거나 또는 그러한 체제를 유지하였던 경험을 갖고 있는 나라들이 적지 않다. 이러한 경험에 기초하여 최근에 특히 새롭게 강조되는 권리가 의사(정보)수령자의 자유이다.[21]

Ⅰ. 의사(정보)수령자가 누리는 언론자유의 효력범위

1. 정보의 원천(Informationsquelle)

의사소통과정은 곧 정보를 주고받는 정보의 전달과정으로 이해될 수 있다. 따라서 의사소통을 위하여, 그리고 의사소통을 통하여 정보를 획득하는 것[22]은 언론의 자유가 실질적으로 보장되기 위한 가장 기본적인 전제이자 내용이라고 할 수 있다.

그렇기 때문에 의사수령자에게는 단순히 수동적인 정보의 획득만이 인정되는 것이 아니라 적극적으로 정보의 원천에 접근하는 것까지도 보호되어야 한다. 따라서 이와 같은 정보원(情報源)으로부터 무언가를 알게 되는 것뿐만 아니라, 적극적으로 정보원에 접근하여 이를 이용하고 정보를 획득하는 것도 언론의 자유에 의해 보장된다.

2. 정보의 원천에 대한 접근가능성

의사수령자의 자유(정보의 자유 내지 알권리)가 국가 또는 제3자에 대하여 모든 정보를 빠짐없이 제공하도록 요구할 수 있는 권리로 이해될 수는 없다.[23] 정보의 자유 내지 알권리가 보장된다는 것은 어디까지나 **사법상 또는 공법상으로 금지되지 않은 정보의 원천에 대한 접근**이 국가에 의해 방해받아서는 안 된다는 의미로 이해되어야 한다.[24]

예컨대 주거권에 의해 보호되는 타인의 주거 내의 사생활에 대한 알권리를 주장할 수도 없으며, 법적으로 보호되는 국가기밀에 대한 정보제공을 국가에 요구할 수도 없다. 결

21) 최근에는 알권리와는 반대의 측면에서 「잊혀질 권리」가 인정될 수 있는지에 대해 논란이 있다. 이에 관하여는 조소영, 잊혀질 권리, 공법연구 제42권 제2호, 433-457쪽 참조.

22) 물론 정보의 원천은 의사소통과정에서 정보를 제공하는 의사표현자에 국한되지 않는다. 그 밖에 의사전달매체(예컨대 신문, 방송 등의 대중매체)도 정보의 원천이 될 수 있으며, 또한 일정한 사건 자체(예컨대 열차사고, 배의 침몰 등)도 -직접적인 목격을 통하여- 정보의 원천이 될 수 있다.

23) **헌재 2011.12.29. 2010헌마293 결정:** "정보의 공개를 통해 일방의 알 권리를 충족한다는 것은 정보를 공개당하는 타방 정보주체의 사생활의 비밀과 자유 및 개인정보 자기결정권이 제한된다는 것을 의미하므로 알 권리를 무제한적으로 보장할 수는 없다. …… 개인정보 보호의 정도는 개인정보의 성격, 정보수집의 목적, 정보의 이용형태, 정보처리방식 등을 감안하여 당해 정보처리의 위험성에 따라 구체적으로 결정되어야 한다. 예컨대, 사상이나 신조에 관한 정보, 범죄나 전과사실, 병력 등과 같이 그 자체로 개인의 내밀한 영역을 드러내는 민감한 개인정보의 경우에는 그 수집 내지 보유만으로 기본권 침해의 가능성이 크기 때문에 공개·활용에 있어서도 특별히 강화된 보호를 필요로 한다."

24) 헌법재판소는 이런 맥락에서 구치소 등 수용소에서의 신문구독도 알권리에 포함되는 것으로 해석한 바 있다(**헌재 1998.10.29. 98헌마4 결정**).

국 문제가 되는 것은 정보의 원천에 대한 접근이 법적으로 어디까지 인정되는가 하는 것이며, 이 범위를 벗어난 정보요청은 보호의 대상이 되지 못한다. 반면에 이 범위 내에서의 정보제공요청이 거부될 경우에는 정보의 자유(알권리)의 침해가 문제될 것이다.[25)]

3. 정보획득의 수단

정보획득과정은 (법적으로 허용되는) 특수한 기술적 수단의 사용여부와 상관없이 보호된다. 이러한 수단이 이미 의사표현자에 의해 사용된 경우(예컨대 편지, 신문 또는 의사표현자가 직접 녹화·녹음한 테이프 등)에는 별 문제가 없으나 정보수령자가 의사표현자의 동의없이 기술적 수단(사진, 녹음, 녹화 등)을 동원하여 정보를 기록한 경우에는 그것이 다른 기본권(예컨대 초상권 등의 형태로 나타나는 인격권)을 침해함으로써 기본권의 충돌이 문제될 수 있다.

4. 소극적 정보수령의 자유

기본권의 주체는 스스로 원하지 않는 의사소통의 과정에서 벗어날 수 있는 자유가 있다.[26)] 즉 소극적 정보수령의 자유가 인정되는 것이다. 이것은 언론의 자유가 일차적으로 개인의 인격발현을 위한 것이라는 점에서 그 근거를 찾을 수 있으며, 나아가 의사표현자의 언론자유는 표현의 상대방을 선택할 자유를 포함하고 있지만, 그것이 원하지 않는 제3자를 강제로 의사소통과정에 끌어들일 수 없다는 것으로도 설명될 수 있다.

Ⅱ. 의사(정보)수령자의 언론자유에 대한 보호의 이중적 측면

1. 방어적 권리로서의 측면

오늘날 정보의 자유 내지 알 권리가 민주주의와 관련하여 커다란 비중을 차지하고 있음이 계속 지적되고 있으나, 의사(정보)수령자가 누리는 언론자유도 일차적으로는 개인의 방어적 권리로서의 성질을 갖는다. 즉 정보의 자유 내지 알권리는 의사소통을 통한 인격의 자유로운 발현에 기여하는 권리로서 국가권력에 대한 일정한 한계를 긋는 소극적 방어권이며, 따라서 –의사표현의 자유 내지 전파의 자유와 마찬가지로– 국가에 의한 불법·부당한 침해로부터 방어되어야 하는 것이다.

---

25) 헌법재판소는 알권리를 적극적으로 인정하는 여러 판결을 내린 바 있다. 특히 자신에 관한 정보는 구체적인 정보공개에 관한 입법이 없는 상태에서도 공개를 요구할 수 있다고 인정한 판례(**헌재 1989.9.4. 88헌마22 결정; 헌재 1991.5.13. 90헌마133 결정** 등)는 시사하는 바가 매우 크다.
또한 헌법재판소는 **헌재 2015.6.25. 2011헌마769등 결정**에서 변호사시험성적의 비공개를 위헌으로 판단한 바 있으며, 나아가 헌법재판소는 **헌재 2019.7.25. 2017헌마1329 결정**에서 변호사시험법에 의한 성적공개 기간의 제한을 위헌으로 판시하였다.

26) 예컨대 특정한 주제에 대한 이야기나 광고 등을 보지 않거나 듣지 않는 것은 의사소통의 과정 속에서 관용되어야 한다.

2. 법질서의 객관적 원리로서의 측면

국민의 정보의 자유 내지 알권리가 갖는 개인의 권리로서의 측면은 이 기본권이 법질서의 객관적 원리로서 특히 민주적 국가의사형성에 있어서 -의사의 표현 및 전파와 마찬가지로- 불가결의 핵심요소를 이룬다는 측면을 통하여 강화된다.

정보의 자유가 국가질서형성의 객관적 원리로서 작용하는 것은, 무엇보다 국민에게 중요한 정보들을 국민이 접근하지 못하도록 해서는 안 되며, 오히려 국가는 -국민의 알권리를 최대한 보장하기 위하여- 중요정보에 대한 국민의 접근이 가능하도록 조치들을 취해야 한다는 것으로 집약된다.[27]

Ⅲ. 국가에 의한 법적 규율

1. 정보의 자유 내지 알권리를 구체화하는 국가의 작용

정보의 자유 내지 알권리에 있어서는 무엇보다 정보의 원천에 대한 접근가능성을 법적으로 근거지우고 범위를 확정하는 국가의 작용이 중요하다.

이를 법적으로 구체화시켜서 객관적으로 명확하게 적용하는 것은 -의사수령자에 의해 정보제공요청을 받는- 의사표현자를 위해서도,[28] 의사수령자를 위해서도,[29] 그리고 의사소통의 과정 자체를 위해서도[30] 중요한 의미를 갖는다.

2. 법률에 의한 제한

의사표현 및 전파의 자유와 마찬가지로 정보의 자유 내지 알권리도 헌법적으로 중요한 법익의 보호를 위해 제한될 수 있다. 이러한 제한은 역시 기본권제한의 일반적 요건과 기준에 따라 법률에 의해 행해져야 한다.

3. 개별적 사례

정보수령의 자유와 관련하여 청소년보호의 목적을 위한 제한이 특히 문제된다. 정신적·육체적으로 아직 완전히 성숙되어 있지 못한 청소년에게는 그들에게 심각한 영향을

27) 이것은 국가의 직무영역에 대한 공개의무라는 형태로 나타날 수도 있고, 경우에 따라서는 제3자의 정보요청권이라는 형태로 구체화될 수도 있다. 그 구체적인 범위는 민주주의와 법치주의의 원리에 따른 국가의사결정과정의 공개라는 관점에서 검토되어야 할 것이며, 보도금지 등은 보다 중대한 법익의 보호를 위해서 예외적으로만 허용되어야 한다.

28) 의사표현자의 관점에서는 어디까지 정보를 공개하여야 하는지의 여부는 곧 어디부터 사적 정보로서 공개하지 않아도 되는지의 문제와 직결되어 있으므로 사생활의 보호와 관련하여 현실적 의미를 가질 수 있을 것이다.

29) 의사수령자의 입장에서는 중요한 정보에 대한 접근가능성이 법적으로 보장되어 있을 경우에 그러한 정보들을 보다 신속하고 불편없이 획득할 수 있게 될 것이다.

30) 일정한 정보에 대한 접근가능성이 법적으로 보장될 경우에는 이들을 중심으로 한 의사형성과 의사소통이 보다 안정된 기초 위에서 이루어질 수 있게 될 것이며, 이를 통하여 의사소통과정이 제 기능을 다하는 데에도 도움이 될 것이다.

미칠 수 있는 특정한 내용(예컨대 폭력성, 음란성)의 정보수령이 제한될 수 있다는 점에 대하여는 크게 이론(異論)이 없다.[31] 그러나 구체적으로 어떤 내용의 정보가 어느 정도까지 제한될 수 있는가에 관하여는 아직도 견해가 일치되어 있지 않다.[32]

다만 일반적 기준으로 이야기할 수 있는 것은 의사(정보)내용에 대한 국가적 중립성을 전제로, 그리고 청소년의 언론자유를 존중하는 가운데 구체적 위험성에 대응하여 비례성에 합치되는 제한만이 허용된다는 것이다.

제 5 절 대중매체의 자유

언론의 자유가 현대적 형태로 확장되는 가운데 가장 큰 변화는 대중매체의 존재와 역할이 과거와 비교할 수 없을 정도로 확대되었다는 점에서 찾을 수 있다. 오늘날의 의사소통(커뮤니케이션)구조는 대중매체를 통한 정보의 전달 없이는 생각하기조차 힘든 상황에 접어든 것이다.

그러나 대중매체에 의한 왜곡된 정보전달이 가져올 수 있는 위험성도 결코 간과될 수 없기 때문에 대중매체의 자유는 대중매체에 의한 정보전달의 공정성에 의해 제한되는 측면도 적지 않음을 함께 고려하여야 할 것이다.

Ⅰ. 대중매체의 현대적 상황: 새로운 전자매체(뉴미디어)의 발달과 그 파급효

대중매체는 책, 신문, 방송(라디오, TV), 영화, 비디오, 뉴미디어 등으로 계속적인 발전을 보여 왔으며, 오늘날 직접적인 의사소통보다 대중매체를 통한 간접적인 의사소통이 증대되면서 그 영향력이 가일층 증대되고 있다. 특히 새로운 전자매체, 즉 뉴미디어의 등장과 급속한 발전으로 인하여 대중매체는 새로운 사실적 · 법적 문제상황에 직면하게 되었다. 현대 과학기술의 발전에 힘입어 새로운 매체들이 등장하게 된 것은 곧 새로운 가능성임과 동시에 기존의 언론질서에 대한 심각한 도전이기도 하기 때문이다.

그 중에서도 인터넷의 발전은 유통되는 정보의 양과 속도를 과거와 비할 수 없을

---

31) 정보통신망을 통해 청소년유해매체물을 제공하는 자에게 이용자의 본인확인 의무를 부과하고 있는 청소년 보호법 제16조 제1항 등과 관련하여 헌법재판소는 "강한 전파력을 가지고 무차별적으로 유포될 수 있는 가능성을 지닌 인터넷 매체의 특성을 고려할 때 이러한 제한을 통하여 달성하고자 하는 청소년 보호라는 공익은 매우 중대한 것임에 반해, 이 사건 본인확인 조항으로 인하여 청구인들이 입게 되는 불이익은 인터넷상 청소년유해매체물을 이용하려는 경우 본인인증 절차를 거쳐야 하는 것이므로, 과잉금지원칙에 반하여 청구인들의 알 권리 및 개인정보자기결정권을 침해하지 않는다"고 판시하였다(**헌재 2015.3.26. 2013헌마354 결정**).

32) 특히 음란성이 문제되는 경우에 관하여는 장영수, 예술의 자유에 대한 헌법적 보장의 의의와 한계, 구산 곽종영교수 화갑기념논문집, 1993, 95-114(110)쪽 참조.

정도로 고도화시켰을 뿐 아니라, 정보유통의 구조를 과거와는 완전히 다른 형태로 변질시켜 버렸다. **인터넷에 접속하여 자신의 의사를 쉽게 표현하고 또 불특정다수인에게 쉽게 전파시킬 수 있는 기회**를 누구나 가질 수 있게 되었는가 하면, 수많은 정보 가운데서 자신이 원하는 정보를 찾을 수 있게 됨으로써 정보선택권 내지 알권리의 측면이 -신문, 방송 등 기존의 대중매체에 의해 제공되는 정보에 수동적으로 의존하던 당시와는 비할 수 없을 정도로- 활발해지기도 하였다.33) 하지만 반면에 인터넷의 **초국가적 연결망**이라는 성격, 그리고 **인터넷 접속자들의 익명성**으로 말미암아 인터넷에서의 기본권침해에 대한 효과적인 구제가 매우 곤란하다는 어려움도 매우 중대한 문제로 제기되고 있다.34)

이러한 상황은 인터넷에서만 발행·방영되는 인터넷 신문, 인터넷 방송 이외에 기존의 매스 미디어, 즉 기존의 신문이나 방송들도 인터넷으로 진출하여 인터넷 신문, 인터넷 방송의 형태로도 활동함에 따라 더욱 복잡해지고 있다. 이에 따라 뉴미디어에 적용되어야 할 새로운 법적 기준의 마련이 점차 시급한 과제로 부각되고 있으며, 외국에서도 입법을 통해 또는 판례를 통해 각기 기준의 마련에 부심하고 있지만, 아직은 뚜렷한 해결이 보인다기 보다는 암중모색의 단계에 머물러 있는 형편이라고 할 수 있다. 더욱이 국내에서는 여러 가지 뉴미디어 관련 문제들이 제기되고 있지만, 아직은 이론적 연구와 법제의 정비 등이 비로소 시작되는 단계라고 할 수 있다.

Ⅱ. 대중매체가 누리는 언론자유의 의의와 효력범위

1. 대중매체의 자유의 의의 — 일반적 의사표현의 자유와의 관계

언론의 자유는 의사표현자의 자유에서 시작되어 의사수령자의 자유까지 확장되었다. 그러나 오늘날 의사소통의 과정은 매우 다양화·복잡화 되었으며, 이에 따라 의사소통을 위해 사용되는 매체들도 매우 다양화·복잡화 되었을 뿐만 아니라, 이들이 의사소통과정에서 차지하는 비중도 매우 증대되었다. 그러므로 언론의 자유가 목표하는 것이 자유로운 의사소통의 과정 전반을 보호하는 것이라면, 의사표현자의 자유나 의사수령자의 자유 못지않게 대중매체의 자유도 중요시되지 않을 수 없다.

현대의 의사소통구조 속에서는 의사전달매체들의 올바른 기능과 공정성을 통해서만 바람직한 의사소통 내지 의사형성을 기대할 수 있다. 따라서 의사전달매체, 특히 대중매체가 의사소통과정에서 담당하는 기능을 보호하고 그 공정성을 담보하기 위하여 대중매체에 대하여는 언론의 자유에 의한 특별한 보호가 인정된다. 대중매체가 그 기능을

33) 나아가 인터넷의 활용이 행정조직의 내부에까지 영향을 미쳐서 관료적 행정이 점차 상호작용이 가능한 행정으로 바뀌게 된다는 지적도 나오고 있다.

34) 특히 인터넷과 관련하여 많이 문제되는 명예훼손의 문제, 지적재산권 침해의 문제, 그리고 정보보호의 문제 등에 있어서는 법적으로도, 기술적으로도 과거 개인 또는 단체 등에 의한 기본권침해와는 다른 규제 및 구제의 어려움을 겪고 있다.

수행하기 위하여 필요한 활동의 전체 과정이 대중매체의 자유에 의하여 보호되는 것이다.[35] 이런 맥락에서 대중매체의 자유는 대중매체의 공적 기능과 불가분의 관계 속에 있는 것으로 볼 수 있다.

2. 취재(정보수집)의 자유

오늘날 대중매체, 특히 신문·방송은 의사표현자에 의해 표현된 의사내용을 −자신의 의사를 전혀 개입시킴이 없이− 그대로 전달하는 것이 아니라 국가적·사회적으로 중요한 정보들을 수집하여 정리·편집해서 의사수령자에게 전달한다. 이러한 과정 속에서 대중매체의 활동은 의사(정보)의 수동적인 매개에 그치는 것이 아니라 의사(정보)의 능동적인 매개에까지 그 영역을 확장하고 있다. 이에 따라 대중매체에 의한 의사(정보)의 매개활동에 대해 인정되는 언론자유에 있어서 일차적으로 문제되는 것은 정보를 적극적·능동적으로 수집하는 취재활동의 자유이다.

취재의 자유와 관련하여 특히 문제되는 것은 기자가 **취재원에 대한 비밀**을 지키는 것이 언론의 자유에 의해 보호되고 있는가 하는 것이다. 이에 관하여는 각국의 학설과 판례에서 견해의 첨예한 대립이 나타나고 있지만, 사견(私見)으로는 긍정되어야 할 것으로 본다. 기자가 취재원에 대해 비밀을 지키는 것은 단순히 당해 기자 또는 신문사 등의 개별적 이익을 위해서가 아니라 일반적으로 「취재원과 기자 사이의 신뢰관계」를 유지하도록 함으로써 전체 언론매체들이 −정보를 폭넓게 수집할 수 있도록 함으로써− 제 기능을 다하도록 하는 데 큰 비중을 차지하고 있다는 점이 고려되어야 할 것이기 때문이다.

3. 편집의 자유

대중매체가 취재 등을 통하여 수집된 정보를 원래의 내용과 분량 그대로 의사(정보)수령자에게 전달할 수는 없다. 수집된 정보들을 취사·선택하여 일정한 형태로 편집하는 것은 대중매체에 의한 의사매개에 있어서 불가피한 것이다.

문제가 되는 것은 이러한 편집은 정보 자체가 갖는 비중의 경중에 따라 객관적으로 행해져야 한다는 점이다. 외부로부터의 영향력에 의하여 편집과정에서 특정의 사안이 형평에 맞지 않게 특별히 강조되거나 또는 간과되어서는 안 된다는 것이다. 따라서 편집의 자유에 의하여 **편집과정에 대한 국가권력의 관여가 금지**됨은 물론 **경영권과 편집권의 분리**가 요청되고 있다.

4. 보도의 자유

편집을 통하여 정리된 의사(정보)를 보도하는 것도 대중매체의 자유에 속하며, 이에

---

35) 이와 같이 대중매체의 자유를 의사(정보)매개활동의 보호에 관한 것으로 파악하는 것이 곧 대중매체는 의사표현자의 자유(표현 및 전파의 자유)를 누릴 수 없다는 것을 의미하는 것은 아니다. 다만 여기서는 대중매체가 의사매개자로서 누리는 자유를 논하고 있는 것이다.

대한 국가, 경영자 또는 제3자의 간섭은 금지된다. 헌법규정(제21조 제2항)에 의하여 보도에 대한 허가나 검열은 금지되지만, 보도내용에 대한 사후적 통제는 인정될 수 있다.

또한 보도의 자유가 인정되는 것은 보도에 대한 외부적 압력으로 인하여 왜곡된 의사(정보)의 전달을 막기 위한 것이므로 허위사실을 보도하는 것까지 보도의 자유에 의해 보호되는 것으로 볼 수는 없다.36)

5. 전파 · 보급의 자유

대중매체의 자유는 보도된 내용이 가능한 많은 의사(정보)수령자에게 전달되도록 전파 · 보급하는 데에도 미친다. 예컨대 신문을 배달하는 것, 방송국에서 중계탑을 설치하는 것, 또는 신문의 축쇄판의 발행이나 방송내용을 비디오테이프에 담아서 보급하는 것 등이 이에 해당될 수 있다.

6. 광고의 자유

대중매체와 관련하여 오늘날 가장 많이 문제되는 것의 하나가 광고의 문제이다. 한편으로는 광고도 의사소통과정에 들어와 있는 것으로서 언론의 자유에 의하여 보호될 수 있는지의 여부가 문제되고 있으며, 다른 한편으로는 대중매체가 재정적 기초로서 광고수익을 얻을 자유가 문제되기도 한다.

언론의 자유가 의사소통의 과정을 보장하는 것이라고 이해할 때, 광고가 상업적 목적 이외에 의사소통과 관련되는 내용을 담고 있을 경우에는 광고도 역시 언론자유에 의한 보호를 받는다고 보아야 할 것이다.37)

또한 대중매체가 광고를 게재 또는 방영할 자유에 있어서도 법률상 광고 이외의 다른 충분한 재정적 수단(예컨대 시청료의 징수, 국고지원 등)이 예정되어 있는 경우에는 광고의 금지가 가능할 수 있다. 그러나 그와는 달리 재정의 상당부분을 광고에 의존할 수밖에 없는 경우에는 **광고의 게재 · 방영을 금지하거나 사실상 방해하는 행위**도 대중매체의 언론자유를 침해하는 것으로 보아야 할 것이다.38)

---

36) 고의로 허위사실을 보도한 경우, 보도내용의 진실성을 확인하는 과정에서 중과실을 범한 경우, 그리고 보도내용의 진실 여부를 전혀 검토하지 않은 경우에는 형사처벌까지도 인정될 수 있으며(형법 제307조 제2항), 그 밖에 경미한 과실이 문제되는 경우에도 정정보도(언론중재및피해구제등에관한법률 제14조, 제15조), 반론보도(언론중재및피해구제등에관한법률 제16조)와 추후보도(언론중재및피해구제등에관한법률 제17조), 손해배상(민법 제750조, 제751조)이 인정될 수 있을 것이다.

37) 헌법재판소도 "광고물도 사상 · 지식 · 정보 등을 불특정다수인에게 전파하는 것으로서 언론 · 출판의 자유에 의한 보호를 받는 대상이 됨은 물론"이라고 판시한 바 있으며(**헌재 1998.2.27. 96헌바2 결정**), 그 밖의 판례에서도 "광고표현의 자유"를 기본권으로 인정하고 있다(**헌재 2000. 3.30. 99헌마143 결정**). 헌법재판소는 같은 맥락에서 한국방송광고자율심의기구로 하여금 텔레비전 방송광고의 사전심의를 담당하도록 한 것이 헌법이 금지하는 사전검열에 해당된다고 판시한 바 있다(**헌재 2008.6.26. 2005헌마506 결정**).

38) 예컨대 1976년 동아일보에 대한 광고탄압의 경우처럼 광고게재의 금지나 방해가 대중매체에 대한 탄압의 효과적인 수단으로 이용될 수 있기 때문이다.

Ⅲ. 대중매체의 언론자유에 대한 보호의 이중적 측면

1. 방어적 권리로서의 측면

대중매체가 누리는 언론자유도 일차적으로 소극적 방어권으로서의 성격을 갖는다. 즉 대중매체에 의한 의사(정보)매개의 전체 활동이 –즉, 취재 · 편집 · 보도 · 보급 · 광고의 모든 활동이– 국가 및 경영자에 의한 간섭으로부터 자유로워야 한다는 것이다.

이러한 외부적 간섭으로부터 자유로울 경우에만 왜곡 없는 공정한 의사(정보)의 매개를 대중매체에 기대할 수 있을 것이다.

2. 법질서의 객관적 원리로서의 측면

오늘날 국민의사의 형성에 있어서 대중매체의 기능과 비중은 절대적이다. 그런 만큼 대중매체가 올바르게 기능할 수 있도록 국가법질서를 구성하는 것 또한 대중매체의 자유의 보장과 밀접한 상호연관 속에 있다.

대중매체의 자유는 한편으로는 대중매체의 적정한 기능을 보장하면서 다른 한편으로는 남용의 위험을 최소화시키는 가운데 공정하고 자유로운 의사소통질서에 기여하는 대중매체를 확보할 수 있도록 국가질서가 형성될 것을 요청하는 것이다.

이러한 맥락에서 언론의 공정성과 공공성 및 관련자의 보호를 위하여 일정한 경우에 정정보도청구권(언론중재및피해구제등에관한법률 제14조, 제15조), 반론보도청구권(언론중재및피해구제등에관한법률 제16조)과 추후보도청구권(언론중재및피해구제등에관한법률 제17조)이 인정되고 있다.[39)]

Ⅳ. 국가에 의한 법적 규율

1. 국가에 의한 구체화

대중매체가 오늘날 언론자유의 실현에 있어서 절대적인 비중을 차지하고 있고, 그 영향력이 막강한 만큼, 대중매체가 그 힘을 남용하거나 공정하지 않은 보도를 할 때에는 그 엄청난 파급효과 때문에 관계자들이 심각한 피해를 입을 수 있다.

한편으로는 대중매체의 적정한 기능을 보장하면서 다른 한편으로는 남용의 위험을 최소화시키는 가운데 공정하고 자유로운 의사소통질서에 기여하는 대중매체를 확보할 수 있도록 제도를 구체화하여야 한다. 그러나 반대로 이같이 국가에 의해 행해지는 대중매체의 규제가 남용될 경우(예컨대 제5공화국 당시의 언론기본법)에는 오히려 더 위험한 결과가 나올 수 있다.

이와 관련하여 헌법 제21조 제3항은 "통신 · 방송의 시설기준과 신문의 기능을 보장하기 위하여 필요한 사항은 법률로 정한다"고 규정하고 있다.[40)] 그러나 대중매체의 횡포

39) 이를 언론에 대한 일반인의 접근권(Right to Access)이라는 측면에서 검토하기도 한다.

는 국가적 간섭보다는 오히려 대중매체의 자유경쟁에 의해서 가장 효과적으로 억제될 수 있다고 볼 수 있다. 이런 관점에서 **대중매체설립의 자유**가 주장되기도 한다.[41]

2. 법률에 의한 제한

대중매체의 자유도 의사표현자의 자유나 의사수령자의 자유와 마찬가지로 헌법적으로 중요한 법익의 보호를 위해 법률에 의해 제한될 수 있다.[42] 이러한 제한은 역시 기본권제한의 일반적 요건과 기준에 따라야 하며, 기본권의 본질적 내용을 침해하여서는 안 된다.

이와 관련하여 2005년 제정된 「신문 등의 자유와 기능 보장에 관한 법률」에서 가하고 있는 대중매체에 대한 제한 가운데 일부에 대하여 위헌성이 논의되기도 하였으며,[43] 이 법률은 전면개정되어 「신문 등의 진흥에 관한 법률」로 명칭을 변경하였다.

3. 언론매체의 구조에 대한 법적 조정 내지 구성

입법자는 (언론자유를 침해하지 않는 범위 내에서) 대중매체구조에 대한 일정한 모델을 실현시킬 권한을 갖는다. 예컨대 입법자는 공영방송체제와 민영방송체제의 어느 한쪽을 선택하는 결정을 내릴 수 있다.

이러한 문제의 결정은 주로 경제적인 관점과 사회교육적 관점의 어느 쪽을 더 많이 고려하느냐에 따라 달라질 수 있다. 그러나 어떠한 형태로 대중매체들을 제도화하건 대중매체들의 매개기능의 능률성과 그 매개내용의 공정성이 확보될 수 있어야 한다. 이를 위해서는 한편으로 대중매체들의 재정적 기초가 확보되어야 할 것이며,[44] 다른 한편으로는 대중매체의 의사매개활동의 독립성이 충분히 보장되어야 한다.

---

40) 헌법재판소는 구 유선방송관리법에 대한 위헌소원 사건에 대한 결정에서 "내용규제 그 자체가 아니거나 내용규제 효과를 초래하는 것이 아니라면 헌법 제21조 제2항의 금지된 허가에는 해당되지 않는다"고 판시한 바 있다(**헌재 2001.5.31. 2000헌바43등 결정**).

41) 허영, 한국헌법론, 2025, 653쪽에서는 같은 맥락에서 신문발행의 자유가 주장되고 있다. 또한 헌법재판소는 구 정기간행물 등록 등에 관한 법률 제7조 제1항에 대하여 인쇄시설이 자기소유일 것으로 해석하는 것은 위헌이라는 한정위헌결정을 내린 바 있다(**헌재 1992.6.26. 90헌가23 결정**).

42) 헌법재판소도 예컨대 정보통신망법에 따른 불법정보의 취급에 대한 규제의 경우, 동법에 따른 규제가 일방적인 것이 아니라 일정한 요건과 절차를 거치도록 하고 있으며, 그 절차의 합리성 및 규제 목적의 합리성, 제한수단의 비례성 등을 근거로 합헌성을 인정하고 있다(**헌재 2014.9.25. 2012헌바325 결정**).

43) 특히 동법 제17조에서 규정하고 있는 시장지배적 사업자에 관한 규제에서는 「독점규제 및 공정거래에 관한 법률」 제4조에 따른 시장지배적 사업자의 추정보다도 그 대상을 폭넓게 정하고 있기 때문에 형평성의 문제도 제기되었으며, **헌재 2006.6.29. 2005헌마165등 결정**에서 위헌으로 판시되었다. 또한 동법 제15조 제3항에 의하여 신문의 복수소유를 일률적으로 금지한 것에 대해서도 헌법불합치결정이 내려졌다. 그러나 헌법재판소에 의해 합헌으로 인정된 조항들에 대해서도 논란은 계속되고 있다.

44) 헌법재판소는 정부의 방송법 시행령 개정으로 KBS 수신료를 분리 고지하도록 한 것에 대해 KBS가 제기한 헌법소원심판에서 방송의 내용이 아닌 수신료 징수 방법을 변경한 것이 법률유보원칙이나 방송운영의 자유 등에 위배되지 않는다고 판시하였다(**헌재 2024.5.30. 2023헌마820등 결정**).

V. 언론피해의 구제

1. 언론의 파급효와 언론피해

언론보도가 갖는 강력한 영향력은 국가기관의 통제 또는 사회적 부조리의 지적과 개선의 요구 등에서 매우 효과적으로 작용하지만, 언론보도가 개인의 사생활이나 명예 등을 침해할 경우의 피해 또한 매우 극심하게 나타난다.

과거 이러한 결과를 언론매체의 공적 기능을 들어 정당화한 경우도 있었으나, 오늘날에는 언론의 오보 등으로 인한 피해의 구제에 대한 관심이 매우 높아졌다. 인권을 위해 인권을 침해하는 것은 결코 정당하다고 볼 수 없기 때문이다.

이와 관련하여 최근 많은 연구가 진행되었고, 판례가 축적되었으며, 언론피해구제법(언론중재 및 피해구제 등에 관한 법률)과 같은 법률이 만들어졌다.

2. 현행법상 언론피해의 구제수단

언론피해의 구제를 위한 법적 수단은 매우 다양하다. 기본권의 구제를 위한 다양한 법제도적 장치[45] 들이 언론의 자유라는 기본권에 대해서도 활용될 수 있기 때문이다. 그 밖에 「언론중재 및 피해구제 등에 관한 법률」(이하 '언론피해구제법'으로 약칭함)은 언론피해에 대응하기 위해 특별히 만들어진 제도들을 규정하고 있다.

① 언론중재위원회: 언론 등의 보도 또는 매개로 인한 분쟁조정 · 중재 및 침해사항을 심의하기 위하여 언론중재위원회를 두며, 그 활동을 통해 언론피해의 구제를 꾀하고 있다.[46]

② 정정보도청구: 사실적 주장에 관한 언론보도 등이 진실하지 아니함으로 인하여 피해를 입은 자는 해당 언론보도 등이 있음을 안 날부터 3개월 이내에(단, 해당 언론보도 등이 있은 후 6개월 이내에) 그 언론보도 등의 내용에 관한 정정보도를 언론사 · 인터넷뉴스서비스 사업자 및 인터넷 멀티미디어 방송사업자에게 청구할 수 있다. 이러한 청구에는 언론사 등의 고의 · 과실이나 위법성을 요하지 않는다.[47]

③ 반론보도청구: 사실적 주장에 관한 언론보도 등으로 인하여 피해를 입은 자는 그 보도내용에 관한 반론보도를 언론사 등에 청구할 수 있다.[48] 이는 보도내용에 대한 반박의 기회를 줌으로써 당사자의 입장을 밝힐 수 있도록 하고, 언론보도의 객관성과 공정성을 확보하고자 하는 것이다. 그렇기 때문에 반론보도청구에는 언론사 등의 고의 · 과실이나 위법함을 요하지 아니하며, 보도내용의 진실 여부를 불문한다.[49]

④ 추후보도청구: 언론 등에 의하여 범죄혐의가 있거나 형사상의 조치를 받았다고

---

45) 이에 관하여는 앞의 「제2권 제1부 제6장 제6절 국민과 기본권의 보호」 참조.
46) 언론피해구제법 제7조 이하.
47) 언론피해구제법 제14조 제1항, 제2항.
48) 언론피해구제법 제16조 제1항.
49) 언론피해구제법 제16조 제2항.

보도 또는 공표된 자는 그에 대한 형사절차가 무죄판결 또는 이와 동등한 형태로 종결된 때에는 그 사실을 안 날부터 3개월 이내에 언론사 등에 이 사실에 관한 추후보도의 게재를 청구할 수 있으며, 이러한 추후보도에는 청구인의 명예나 권리회복에 필요한 설명 또는 해명이 포함되어야 한다.[50] 추후보도청구권에 관하여는 정정보도청구권에 관한 규정을 준용하지만, 특별한 사정이 있는 경우를 제외하고는 이 법의 규정에 의한 정정보도청구권이나 반론보도청구권의 행사에 영향을 미치지 아니한다.[51]

3. 언론피해의 새로운 문제상황과 대책

최근 인터넷을 비롯한 뉴미디어의 발달은 언론피해의 새로운 문제상황을 야기하고 있다. 이는 인터넷의 강력한 전파성 및 초국적 연결망, 비집중성 등의 특성과 연결되어 불법적인 정보의 유출이나 사생활의 침해, 지적 재산권의 침해 등 다양한 문제로 연결되고 있으며, 이를 통한 언론피해의 문제 또한 심각한 상황이라고 할 수 있다.

그러나 인터넷의 발달 속도에 비하여 법제의 정비가 늦어지고 있을 뿐만 아니라 국제적 공조 없이는 효과적인 규제가 어려운 점, 사이버 공간에서의 자율성에 대한 목소리가 높은 점 등으로 인하여 뉴미디어에 관한 문제상황은 더욱 복잡해지고 있으며, 이를 통한 피해 또한 지속적으로 확대되고 있다.

이러한 문제를 해결하기 위해서는 인터넷을 비롯한 뉴미디어의 순기능과 역기능에 대한 정확한 이해에 기초하여 언론자유의 보호범위와 한계, 그리고 그에 기반한 인터넷 규제입법에 대한 국민적 공감대가 형성되어야 할 것이며, 장기적으로는 국제적 공조체제에 기초하여 합리적인 소통구조가 정립될 수 있어야 할 것이다.

또한 최근에 문제되고 있는 가짜뉴스의 범람에 대해서도 주목할 필요가 있다. 왜곡된 정보를 통해 이익을 얻으려는 움직임은 서구의 선진국에서도 심각한 문제로 인식되고 있으며, 책임있는 언론매체에서는 이에 대응하여 팩트체크를 강조하고 있지만, 분초를 다투는 취재경쟁 속에서 팩트가 제대로 체크되지 못한 경우도 적지 않으며, 인터넷과 SNS를 통해 유통되는 정보들 중에서는 검증되지 않은 정보들이 무수히 많기 때문에 정보소비자의 신중한 태도가 요구되고 있다. 다만, 정부가 앞장서서 가짜뉴스를 억제하려는 것은 자칫 언론의 자유에 대한 심각한 침해가 될 수 있기 때문에 바람직하지 않다.[52]

---

50) 언론피해구제법 제17조 제1항, 제2항.

51) 언론피해구제법 제17조 제3항, 제4항.

52) 표현의 자유에 대한 보호에서 사실(fact)과 의견(opinion)의 구별이 매우 중요하다는 점을 생각할 때, 의견의 다양성에 대한 존중과는 별도로 팩트체크의 중요성은 아무리 강조해도 지나치지 않다. 그러나 팩트를 바라보는 시각 자체에 선입견이 들어 있는 경우에는 팩트체크 자체가 객관성과 공정성을 상실할 수 있다. 그로 인해 팩트체크를 빌미로 한 가짜뉴스와의 전쟁이 오히려 언론탄압이 될 수도 있는 것이다.

사례 풀이:

1. 을의 헌법소원심판청구는 적법한가? (30점)

Ⅰ. 서: 헌법소원심판의 의의와 청구요건 [3점]

Ⅱ. 공권력의 행사 또는 불행사에 의한 기본권의 침해 [8점]

1. 공권력
2. 을의 기본권주체성
3. 을이 침해를 주장할 수 있는 기본권

Ⅲ. 침해의 직접성, 현재성, 자기관련성 [9점]

1. 침해의 직접성, 현재성, 자기관련성 요건의 의미
2. 을의 자기관련성 문제
3. 권리보호이익의 존부 문제
4. 사안에 대한 판단

Ⅳ. 구제의 보충성, 청구기간 및 변호사 강제주의 등의 요건 [8점]

1. 행정소송의 가능성과 보충성 요건의 판단
2. 청구기간
3. 변호사 강제주의 등

Ⅴ. 결론 [2점]

2. 구속적부심사건 피의자의 변호인에게 고소장과 피의자신문조서에 대한 열람 및 등사를 거부한 경찰서장의 정보비공개결정이 변호인의 피구속자를 조력할 권리 및 알 권리를 침해하여 헌법에 위반되는가? (40점)

Ⅰ. 사안의 분석과 쟁점의 정리 [3점]

Ⅱ. 변호인의 법적 지위와 피구속자를 조력할 권리 등 [7점]

1. 변호인의 법적 지위
2. 변호인의 피구속자를 조력할 권리
3. 변호인의 알 권리

Ⅲ. 고소장과 피의자신문조서의 성격과 형사소송법 제47조의 의미 [8점]

1. 고소장 및 피의자신문조서의 의의와 성격
2. 형사소송법 제47조의 의미와 수사중의 사건에 대한 부당한 영향의 우려
3. 사안에 대한 판단
   - 무죄추정의 원칙 및 구속적부심에서 방어권의 실질화를 위한 고소장 등 열람의 필요성

Ⅳ. 형사소송법 제122조 단서의 통신 비밀에 대한 위헌적 침해 여부에 대한 판단 [10점]

1. 목적의 정당성, 수단의 적합성
2. 침해의 최소성
3. 법익의 균형성

Ⅴ. 헌법재판소의 결정과 그 효력 [10점]

1. 변형 결정의 가능성에 대한 검토
2. 사안에 대한 판단 (헌재 2012.12.27. 2011헌바225 결정 참조)
3. 결정의 효력

Ⅵ. 결론 [2점]

3. 병이 갑의 범죄혐의에 대해 경찰서 기자실에서 기자들의 취재 요청에 응하여 갑이 경찰서 조사실에서 양손에 수갑을 찬 채 조사받는 모습을 촬영할 수 있도록 허용하였을 경우, 이는 위헌적 기본권침해라고 볼 수 있는가? (30점)

Ⅰ. 서론 [3점]

Ⅱ. 침해가 문제되는 기본권 [7점]

1. 얼굴을 가리는 조치를 취한 경우와 그렇지 않은 경우의 차이
2. 초상권
3. 인신의 보호와 무죄추정의 원칙

Ⅲ. 기본권 제한의 성격과 목적 [8점]

1. 수사의 성격과 공개의 필요성 여부
2. 형법 제126조 피의사실공표죄와의 관계
3. 사안에 대한 판단

Ⅳ. 기본권 제한 정당성 여부에 관한 비례성 판단 [10점]

1. 목적의 정당성, 수단의 적합성
2. 침해의 최소성
3. 법익의 균형성

Ⅴ. 결론 [2점]

제 7 장 정신적 자유권 ③: 집회의 자유, 결사의 자유

「제7장 정신적 자유권 ③」에서는 집회의 자유와 결사의 자유에 대해서 검토한다. 앞서 검토한 언론의 자유가 「일반적 표현의 자유」로서 발전되어 왔다면, 집회의 자유와 결사의 자유는 특별한 표현의 자유, 즉 「집단적 표현의 자유」로 발전되어 왔다. 그런 맥락에서 집회의 자유와 결사의 자유는 **언론의 자유와 일반-특별의 관계**에 있다고 볼 수 있다.

따라서 집회, 결사의 자유는 언론의 자유의 기본적 구조와 특성을 상당부분 공유한다. 하지만 **집단적 표현**으로서의 특성도 결코 간과되어서는 안 될 것이다. 특히 집단적 의사표현이 오늘날의 상황 하에서는 다수자의 권리라기보다는 **소수자의 권리**로서 활용되고 있다는 측면에 대해서도 주목할 필요가 있으며, 그러한 기본적 성격을 전제로 집회의 자유 및 결사의 자유가 어떻게 -법률을 통해- 구체적으로 형성되는지에 주목해야 할 것이다.

헌법 제21조: ① 모든 국민은 언론 · 출판의 자유와 집회 · 결사의 자유를 가진다.
② 언론 · 출판에 대한 허가나 검열과 집회 · 결사에 대한 허가는 인정되지 아니한다.
③ 통신 · 방송의 시설기준과 신문의 기능을 보장하기 위하여 필요한 사항은 법률로 정한다.
④ 언론 · 출판은 타인의 명예나 권리 또는 공중도덕이나 사회윤리를 침해하여서는 아니된다. 언론 · 출판이 타인의 명예나 권리를 침해한 때에는 피해자는 이에 대한 피해의 배상을 청구할 수 있다.

제 1 절 집회 · 결사의 자유의 헌법적 의의

Ⅰ. 집단적 의사소통의 자유로서의 집회·결사의 자유

집회 · 결사의 자유는 **다수인이 공동의 목적을 가지고 회합 또는 결합하는 자유**를 말한다.

언론 · 출판의 자유가 개인적 자유의 성격을 가진 의사소통의 자유라면, 집회 · 결사의 자유는 집단적 형태로 행하여지는 의사소통을 헌법적으로 보장하는 것이다. 이런 의미에서 집회 · 결사의 자유는 특별한 형태로 나타나는 의사소통의 자유로 볼 수 있다.

집회의 자유와 결사의 자유는 이처럼 **집단적 형태로 행하여지는 의사소통**의 자유의 행사라는 공통점을 갖고 있으나 그 본질과 성격에 있어 적지 않은 상이점도 나타난다. 따라서 언론 · 출판을 이야기할 때에는 하나의 기본권으로 취급하는 것과는 달리 집회의 자유와 결사의 자유는 별개의 독립된 기본권으로 이해된다.

현행법상 집회의 자유는 「집회 및 시위에 관한 법률」에 의해 주로 규율되고 있는 반면에, 결사의 자유를 전체적으로 규율하는 독립된 법률은 없다. 과거 「사회단체 신고에 관한 법률」이 있었지만 현재는 폐지되었고, 단지 결사 중에서 문제가 되는 특수한 경우에 대해서만 개별법률을 통해서 규제하고 있을 뿐이다.[1)]

Ⅱ. 집회 · 결사의 자유의 헌법적 기능

이처럼 집회 · 결사의 자유가 특별한 형태의 커뮤니케이션을 보장하는 것으로 이해될 때, 이러한 특성은 이들 기본권의 헌법적 기능을 이해함에 있어서도 고려되어야 한다.[2)]

이런 맥락에서 집회 · 결사의 자유의 헌법적 기능은 크게 세 가지로 나누어진다.

첫째, 집회 또는 결사를 통한 의사의 소통은 -언론의 자유와 마찬가지로- **커뮤니케이션을 통한 자기실현**을 가능케 한다.

둘째, 집회나 결사를 통해 의사를 수렴하고 집단적으로 표현하는 것은 -역시 언론의 자유와 마찬가지로- **민주주의실현**에 중요한 역할을 한다.[3)]

셋째, 집회 · 결사의 자유는 **소수자의 보호**를 위해 중요한 역할을 한다.[4)]

---

1) 예컨대 반국가단체의 구성에 대해서는 국가보안법 제3조가 이를 금지하고 있으며, 범죄단체의 구성은 형법 제114조에 의해 금지되고 있다.

2) 한편으로는 집회 · 결사의 자유가 언론의 자유와 기본적으로 같은 기능을 할 수 있다는 점도 지적될 수 있지만, 다른 한편으로는 일반적 커뮤니케이션과 구별되는 집회 · 결사의 특수성도 아울러 고려되어야 하는 것이다.

3) 특히 결사의 자유를 인정함으로써 다양한 단체들이 자유롭게 설립되고, 이를 통해 활동할 수 있도록 하는 것은 현대 민주주의의 본질적 징표 가운데 하나로 꼽히는 다원주의의 기본전제이기도 하다.

4) 오늘날처럼 언론의 자유를 이용한 여론의 형성 및 의사결정이 대중매체를 중심으로 이루어지고 있는 상황에서 특별한 권력이나 카리스마, 또는 모두가 주목하는 다수를 형성하지 못하는 소수자들의 의견은 소외되기 쉽다. 이처럼 대중매체에의 접근이 제한되어 있는 일반대중이 단체를 결성하거나 혹은 집회와 집단시위 등과 같은 단체행동을 통하여 스스로 의사표현의 장(場)을 만들고, 그들의 의견이나 요구를 표명하고 전달할 수단을 확보한다는 것은 소수자의 보호라는 측면에서 매우 중요한 의미를 갖는 것이다.

제2절 집회의 자유

【사례: 집회의 자유】

현재 심각한 분규를 겪고 있는 A대학교에 재직하고 있는 교수 갑, 을, 병은 광화문 정부종합청사 후문 앞에서 교육부의 잘못된 교육정책과 분규대학에 대한 처리로 인하여 소속 대학의 문제가 더욱 심각해졌다는 취지의 피켓을 들고 구호를 외치는 등의 행위를 하였다. 이에 경찰에서는 갑 등이 집시법에 따른 사전신고 없이 옥외집회를 개최하였다는 이유로 입건하였고, 결국 갑 등은 검찰에 의해 기소되었다.

이에 갑 등은 혼자서 피켓을 들고 있는 1인 시위는 제한하지 않으면서 3인이 피켓을 들고 하는 행위를 제한하는 것은 평등에 위배되어 위헌이며, 집시법에 따른 사전신고는 헌법상 보장되고 있는 집회의 자유에 대한 과도한 제한으로서 허가제 금지에 반한다고 주장하면서 당해 법원에 위헌법률심판제청을 신청하였으나 기각되자 헌법재판소에 헌법소원심판을 청구하였다.

〈헌재 2014.1.28. 2011헌바174등 결정 참조〉

1. 갑 등의 헌법소원심판청구는 적법한가? (30점)
2. 법원에서 갑의 신청을 받아들여 헌법재판소에 위헌법률심판을 제청하였을 경우에는 갑이 헌법소원심판을 청구할 때와 어떤 차이가 있는가? (20점)
3. 갑의 헌법소원심판청구가 적법할 경우 헌법재판소는 어떤 본안판단을 내려야 하는가? (50점)

Ⅰ. 역사적 발전과 현대적 상황

1. 집회의 자유의 역사적 발전

집회의 자유는 **영국**에서 18세기 후반 이래 정치적 투쟁과정을 통하여 확보된 기본권이다. 영국에서는 특히 청원권과 관련하여 국민여론에 영향을 미치고자 하는 목적으로 집회의 자유가 많이 이용되었다. 이와 관련된 제정법은 1714년의 소요법(Riot Act)에서 시작하여 1817년의 선동적 집회법(Seditious Meeting Act), 1908년의 공공집회법(Public Meeting Act), 1936년의 공공질서법(Public Order Act) 등으로 발전되었다.

영국의 전통을 계승하여 집회의 자유를 최초로 헌법에 규정한 것은 **미국**이다. 미국 헌법 증보 제1조는 "미 합중국 의회는 종교를 창설하거나 종교의 자유로운 행사를 금지하거나, 언론 또는 출판의 자유를 제한하거나 또는 평화롭게 집회하고 고통의 구제를 위하여 정부에 청원하는 인민의 권리를 침해하는 법률을 제정할 수 없다"고 규정하였으며, 이 규정의 해석을 통하여 집회의 자유는 널리 인정되었다.

반면에 **프랑스**의 「인간과 시민의 권리선언」은 여러 가지 중요한 기본권들을 명시하고 있었지만, 집회의 자유에 관한 명문규정을 두지 않고 있었다. 물론 대혁명 당시부터 집회는 시민혁명의 중요한 수단이었으며, 집회의 자유가 보장되어야 한다는 점이 부정되었던 것은 아니다. 다만 헌법상의 명문규정이 없는 가운데 「의사표현의 자유」로부터 도출되는 것으로 인정하고 있었던 것이다.

주변국가에 비하여 민주화의 진전이 늦었던 **독일**에서는 관헌국가적 전통 하에 정치적 집회를 금지하려는 경향이 있었으며, 이에 대응하여 집회의 자유를 기본권으로 확립하기 위한 노력도 계속되었다. 1849년의 프랑크푸르트 헌법(초안)은 제161조에서 집회의 자유를 명시하였지만 실제 시행되지는 못하였고, 1919년의 바이마르 헌법 제123조가 집회의 자유를 규정하여 기본권으로 보장하게 되었다. 또한 1949년의 독일 기본법도 제8조에서 집회의 자유를 명시하고 있다.

이러한 각국 헌법의 영향 하에 **우리 헌법**도 1948년 제헌헌법 제13조에서 "모든 국민은 법률에 의하지 아니하고는 언론 · 출판 · 집회 · 결사의 자유를 제한받지 아니한다"고 규정한 이래 계속 집회 및 결사의 자유를 기본권으로 인정하였다. 특히 집회를 통한 국민의 강력한 의사표현은 독재정권에 대한 투쟁에서 매우 중요한 의미를 갖게 되었지만, 그로 인하여 상당히 심각한 억압을 받기도 하였다.

2. 집회의 자유의 현실적 의의와 문제상황

집회의 자유는 같은 의사를 갖고 있는 사람들이 한 곳에 모여서 그들의 의사를 보다 강력하게 표현하는 것이다. 한 개인의 의사로 표현하는 것보다는 집단적으로 표현함으로써 그들의 의사표현이 갖는 비중을 좀 더 높이려고 하는 것이다.

과거 집회의 자유는 국가권력의 압제 하에 있던 대중이 자신의 의사를 표현하고 관철시키기 위한 수단으로 이용되었지만, 민주주의가 실현된 이후에는 다수자에 의한 집회가 현실적으로 불필요하게 되었다.[5)]

그렇기 때문에 집회의 자유는 오늘날 대중매체 등을 이용하여 자신의 의사를 충분히 표현하지 못하고 있는 소수자들(내지 주도세력의 반대자들)이 자신의 의사를 강력하게 표현하는 수단으로 주로 이용되고 있다.[6)] 그런 가운데 집회의 자유를 이용한 표현의

---

5) 그러나 민주주의를 전제할 때, 이러한 집회의 자유는 다수에게는 —즉 자신의 원하는 방향으로 국가질서를 형성하는 힘을 갖고 있는 세력에게는— 대부분 현실적으로 불필요한 것이다. 또한 오늘날의 의사형성과정을 고려할 때, 대중매체를 통해 자신의 의사를 충분히 전달할 수 있는 집단도 굳이 집회를 통해 자신의 의사를 표현해야 할 필요성을 적게 느끼게 된다.

6) **헌재 2003.10.30. 2000헌바67등 결정**: "집회의 자유는 사회 · 정치현상에 대한 불만과 비판을 공개적으로 표출케 함으로써 정치적 불만이 있는 자를 사회에 통합하고 정치적 안정에 기여하는 기능을 한다. 특히 집회의 자유는 집권세력에 대한 정치적 반대의사를 공동으로 표명하는 효과적인 수단으로서 현대사회에서 언론매체에 접근할 수 없는 소수집단에게 그들의 권익과 주장을 옹호하기 위한 적절한 수단을 제공한다는 점에서, 소수의견을 국정에 반영하는 창구로서 그 중요성을 더해 가고 있다. 이러한 의미에서 집회의 자유는 소수의 보호를 위한 중요한 기본권인 것이다. 소수가 공동체의 정치적 의사형성과정에 영향을 미칠 수 있는 가능성이 보장될 때, 다수결에 의한 공동체의 의사결정은 보다 정당성을 가지며 다수에 의하여 압도당한 소수에 의하여 수용될 수 있는 것이다. 헌법이 집회의 자유를 보장한 것은 관용과 다양한 견해가 공존하는 다원적인 '열린 사회'에 대한 헌법적 결단인 것이다."

방식이 과격화되는 경향도 나타나고 있다.

예컨대 일정한 장소에서 이동하지 않고 집회를 하는 것보다 거리를 움직이며 더 많은 사람들에게 자신의 주장을 호소할 수 있는 시위의 형태가 많이 이용되고 있다. 또한 집회를 통한 의사표현의 효과는 여론의 관심을 집중시키는 데 있는 만큼 대중매체들이 자신들에게 관심을 갖고 보도해 주기를 바라는 경향이 강하게 나타난다. 그 결과 온건한 표현보다는 자신의 주장을 과격하게 표현하는 방식이 선호되는 경향도 나타나는 것이다.

그러나 집회를 통한 표현의 과격성은 폭력적 집회로 연결될 수 있다는 점에서 적지 않은 문제를 안고 있다. 아무리 주장내용이 정당하다 하더라도, 주장의 방법이 옳지 않으면 그러한 집회는 기본권에 의한 보호를 요구할 수 없기 때문이다. 이와 관련하여 집회의 참가자들이 복면이나 마스크 등을 착용함으로써 자신이 누구인지를 감추는 것이 문제되기도 한다. 자신의 동일성을 감추는 집회는 불법적인 행동을 준비하고 있는 것으로 의심될 수 있기 때문이다.[7]

Ⅱ. 집회의 자유의 효력범위

1. 집회의 개념

(1) 집회의 개념정의

집회는 다수인(3인 이상)이 공동의 목적을 가지고 일정한 장소에서 같은 시간에 모이는 것을 말한다. **일시적 모임**이라는 점에서 결사와 구별되며, **공동의 목적**이 있다는 점에서 그것이 없는 우연한 군집과는 다르다.

이와 관련하여 특별히 검토할 필요가 있는 것이 자연발생적(우발적) 집회이다. 이는 처음부터 일정한 목적을 가지고 계획적으로 모인 것은 아니지만, 우연히 모여 있던 사람들 사이에서 사후적으로 공동의 목적이 형성됨으로써 집회로서의 성격을 갖게 된 것이다. 예컨대 지하철을 타기 위해 모여 있던 사람들이 지하철의 연착에 항의하는 집회를 갖게 되는 경우가 이에 해당될 수 있을 것이다.

(2) 집회의 유형

집회의 유형은 분류의 기준에 따라 다양하게 나누어진다. 집회의 장소를 기준으로 **옥내집회와 옥외집회**를 나누는 것이 가능하고, 집회의 시간을 기준으로 **주간집회와 야간집회**를 나눌 수 있다. 또한 집회의 공개성 여하에 따라 **공개집회와 비공개집회**를

7) 현행 「집회 및 시위에 관한 법률」은 이에 관한 명문규정을 두고 있지 않다. 하지만 독일의 경우에는 집회에 있어서 복면착용을 금지하고 있다. 이 문제는 정당한 집회에 참가한 것이 불이익으로 작용할 수 있는 상황인지에 대한 판단과 연계될 수 있다. 예컨대 독재정권 하에서 민주화를 위한 집회에 참여하는 것이 본인과 가족에게 불이익이 될 수 있기 때문에 자신의 동일성을 감추는 경우를 비난하기는 어렵다. 하지만 집회의 자유가 정상적으로 보장되고 있는 상황에서는 굳이 자신의 얼굴을 가려야 할 필요가 없을 것이다. 다만 집회 자체의 목적에 따라 (예컨대 침묵시위의 상징으로) 참가자 전원이 마스크를 착용하는 경우 등은 예외로 인정될 수 있을 것이다.

나누기도 한다.

그러나 집회의 유형분류 가운데 가장 중요한 의미를 갖는 것은 **평화적 집회와 비평화적 집회**의 구별이다. 집회의 자유가 인정되는 조건과 관련하여 집회의 평화성은 가장 중요한 요소로 다루어지고 있기 때문이다. 그리고 집회의 평화성을 판단하는 기준으로서의 무장 여부를 다시 집회의 유형분류의 기준으로 이용하여 **무장집회와 비무장집회**를 나누기도 한다.

(3) 집단적 시위와 행진

집회의 자유와 관련하여 그 동안 많이 논란되던 것들 중에 하나가 시위나 행진이 집회의 개념에 포함될 수 있는지의 여부였다. 그러나 오늘날에는 시위나 행진도 움직이는 집회로 인정하여 집회의 개념에 포함시키는 것이 일반적이다.[8] 다만 시위나 행진에 대해서는 다른 기본권 내지 공익과의 충돌가능성이 더욱 높다는 점 때문에 더 강력한 규제가 인정되는 경우가 많다.

현행법상 집회와 시위는 「집회 및 시위에 관한 법률」에 의하여 함께 규율되고 있다.

2. 집회의 평화성

집회의 평화성은 다른 사람의 기본권 및 공익과 조화를 이루는 가운데 집회의 자유가 제 기능을 발현하기 위한 전제조건이다. 따라서 폭력적인 집회는 헌법상 보장될 수 없다.

(1) 법률규정

「집회 및 시위에 관한 법률」 제3조는 집회의 평화성을 확보하기 위하여 평화로운 집회 및 시위에 대한 방해를 금지하고 있으며,[9] 동법 제5조 제1항 제2호는 폭력적인 집회의 금지를 규정하고 있다.[10] 또한 제16조에서 집회의 주최자에게 집회의 폭력성을 배

---

8) **헌재 2005.11.24. 2004헌가17 결정**: "집회의 자유는 집회를 통하여 형성된 의사를 집단적으로 표현하고 이를 통하여 불특정 다수인의 의사에 영향을 줄 자유를 포함하므로 이를 내용으로 하는 시위의 자유 또한 집회의 자유를 규정한 헌법 제21조 제1항에 의하여 보호되는 기본권이다."
헌재 1994.4.28. 91헌바14 결정: "집회및시위에관한법률 제2조 제2호의 "시위"는 그 문리와 개정연혁에 비추어 다수인이 공동목적을 가지고 (1) 도로·광장·공원 등 공중이 자유로이 통행할 수 있는 장소를 진행함으로써 불특정다수인의 의견에 영향을 주거나 제압을 가하는 행위와 (2) 위력 또는 기세를 보여 불특정다수인의 의견에 영향을 주거나 제압을 가하는 행위를 말한다고 풀이되므로, 위 (2)의 경우에는 "공중이 자유로이 통행할 수 있는 장소"라는 장소적 제한개념은 시위라는 개념의 요소라고 볼 수 없다."

9) **집회 및 시위에 관한 법률 제3조** (집회 및 시위에 대한 방해 금지)
① 누구든지 폭행, 협박, 그 밖의 방법으로 평화적인 집회 또는 시위를 방해하거나 질서를 문란하게 하여서는 아니 된다.
② 누구든지 폭행, 협박, 그 밖의 방법으로 집회 또는 시위의 주최자나 질서유지인의 이 법의 규정에 따른 임무 수행을 방해하여서는 아니 된다.
③ 집회 또는 시위의 주최자는 평화적인 집회 또는 시위가 방해받을 염려가 있다고 인정되면 관할 경찰관서에 그 사실을 알려 보호를 요청할 수 있다. 이 경우 관할 경찰관서의 장은 정당한 사유 없이 보호요청을 거절하여서는 아니 된다.

10) **집회 및 시위에 관한 법률 제5조** (집회 및 시위의 금지)
① 누구든지 다음 각호의 어느 하나에 해당하는 집회나 시위를 주최하여서는 아니 된다.

제하도록 요구하고 있으며,[11] 제17조와 제18조는 질서유지인과 집회참가자에게도 같은 요구를 하고 있다.[12]

⑵ 집회의 평화성에 대한 판단기준

집회의 평화성 여부를 판단함에 있어서는 집회의 자유의 올바른 실현을 우선적으로 고려해야 하며, 단순히 경찰법적 규제의 관점에서 이해해서는 안 된다. 집회의 자유라는 기본권의 실현이 문제되는 영역에 있어서는 집회의 자유를 행사하는 과정에서 나타나는 항의적 성격을 고려해야 하며, 이에 대한 고양된 보호를 인정해야 한다.

그러나 집회의 자유는 집회참가자들의 집단적 의사를 강력하게 표현하는 것을 보호할 뿐이다. 따라서 집회가 단순한 의사표현을 넘어서 사실상의 실력행사(예컨대 핵발전소의 건설을 반대하는 집회가 건설현장에의 출입을 사실상 불가능하게 함으로써 건설을 방해하는 것)로 이어졌을 때, 이러한 행위까지도 집회의 자유에 의해 보호되는 것은 아니다.[13)]

---

1. 헌법재판소의 결정에 따라 해산된 정당의 목적을 달성하기 위한 집회 또는 시위
2. 집단적인 폭행, 협박, 손괴, 방화 등으로 공공의 안녕 질서에 직접적인 위협을 끼칠 것이 명백한 집회 또는 시위

② 누구든지 제1항에 따라 금지된 집회 또는 시위를 할 것을 선전하거나 선동하여서는 아니 된다.

11) **집회 및 시위에 관한 법률 제16조** (주최자의 준수사항)
① 집회 또는 시위의 주최자는 집회 또는 시위에 있어서의 질서를 유지하여야 한다.
② 집회 또는 시위의 주최자는 집회 또는 시위의 질서유지에 관하여 자신을 보좌하도록 18세 이상의 사람을 질서유지인으로 임명할 수 있다.
③ 집회 또는 시위의 주최자는 제1항에 따른 질서를 유지할 수 없으면 그 집회 또는 시위의 종결(終結)을 선언하여야 한다.
④ 집회 또는 시위의 주최자는 다음 각 호의 어느 하나에 해당하는 행위를 하여서는 아니 된다.
1. 총포, 폭발물, 도검(刀劍), 철봉, 곤봉, 돌덩이 등 다른 사람의 생명을 위협하거나 신체에 해를 끼칠 수 있는 기구(器具)를 휴대하거나 사용하는 행위 또는 다른 사람에게 이를 휴대하게 하거나 사용하게 하는 행위
2. 폭행, 협박, 손괴, 방화 등으로 질서를 문란하게 하는 행위
3. 신고한 목적, 일시, 장소, 방법 등의 범위를 뚜렷이 벗어나는 행위

⑤ 옥내집회의 주최자는 확성기를 설치하는 등 주변에서의 옥외 참가를 유발하는 행위를 하여서는 아니 된다.

12) **집회 및 시위에 관한 법률 제17조** (질서유지인의 준수사항 등)
① 질서유지인은 주최자의 지시에 따라 집회 또는 시위 질서가 유지되도록 하여야 한다.
② 질서유지인은 제16조 제4항 각 호의 어느 하나에 해당하는 행위를 하여서는 아니 된다.
③ 질서유지인은 참가자 등이 질서유지인임을 쉽게 알아볼 수 있도록 완장, 모자, 어깨띠, 상의 등을 착용하여야 한다.
④ 관할경찰관서장은 집회 또는 시위의 주최자와 협의하여 질서유지인의 수(數)를 적절하게 조정할 수 있다.
⑤ 집회나 시위의 주최자는 제4항에 따라 질서유지인의 수를 조정한 경우 집회 또는 시위를 개최하기 전에 조정된 질서유지인의 명단을 관할경찰관서장에게 알려야 한다.

집회 및 시위에 관한 법률 제18조 (참가자의 준수사항)
① 집회나 시위에 참가하는 자는 주최자 및 질서유지인의 질서 유지를 위한 지시에 따라야 한다.
② 집회나 시위에 참가하는 자는 제16조 제4항 제1호 및 제2호에 해당하는 행위를 하여서는 아니 된다.

13) 집회의 자유는 집단적 「의사표현」을 보호하는 기본권이지 「의사관철」의 수단은 아니다. 평화적인 방법으로 소수자의 의사를 표현하되 집단적인 표현을 통해 그들의 의사가 여론형성과정에 반영될 수 있도록 노력하는 것이지, 다중의 힘으로 반대의사를 억압하고 자신의 의사를 관철시키려 한다면 이는 민주주의와 법치주의의 근간을 무너뜨리려는 것과 다를 바 없다.

비평화적 집회에 대한 제한은 신체나 재산 등에 대한 침해가 발생된 경우에 비로소 허용되는 것이 아니라 침해의 위협이 명백한 경우에 이미 허용된다.

(3) 집회의 평화성을 위한 조건으로서의 비무장

집회의 비무장에 대한 요청은 평화성과의 직접적인 관련 속에서 이해될 수 있다.

여기서 무장, 즉 무기의 소지와 관련하여 금지되는 것은 총, 칼 등과 같이 본래 무기로서 만들어진 것 이외에도 경우에 따라 무기로 사용될 수 있는 것(도끼, 망치, 쇠파이프 등) 모두를 포함한다.

(4) 개개인의 비평화성과 집회의 비평화성

집회의 평화성은 결국 집회참가자들의 평화성으로부터 나온다. 그러나 집회참가자들의 극히 작은 일부가 비평화적 태도를 취했다고 하여 바로 전체집회가 비평화적인 것이 되고, 따라서 규제되는 것은 아니다. 예컨대 수십만이 모인 대규모 군중집회 가운데서 5~6명이 난동을 피운다고 해서 그 집회 전체를 폭력적인 집회로 보아서는 곤란할 것이다.

3. 준비조치의 보호

집회의 자유의 보호는 집회를 위한 준비조치(예컨대 선전광고, 초대장의 발송 등)에까지도 미친다. 또한 집회에 참가하고자 하는 사람의 활동도 집회의 자유에 의해 보호된다.[14] 따라서 이에 대한 제한은 집회의 자유에 대한 제한의 요건을 갖추어야 한다.

4. 기본권의 주체

집회의 자유가 **외국인**에게도 인정될 수 있는가 하는 문제는 획일적으로 답하기 어렵다. 그것은 집회의 성격에 따라 달라질 수 있기 때문이다. 외국인에게 인정되는 기본권의 보장과 관련되는 집회(예컨대 학문적 또는 예술적 목적의 집회 등)라면 이러한 집회의 주최 및 참가를 부정할 이유가 없겠지만, 외국인에게 인정되지 않는 기본권의 행사와 관련되는 집회(예컨대 정당의 결성을 위한 집회 등)에 대해서는 외국인의 주최 및 참가를 인정하기 곤란하다.

또한 **법인**이 집회의 자유를 누릴 수 있는지에 대해서도 논란이 있지만, 오늘날에는 대체로 인정하는 경향을 보이고 있다. 실제 집회에 참가하여 구체적 활동을 하는 것은

과거 독재정권에 대한 저항의 수단으로 집회·시위를 하던 경우에도 단순한 의사표현이 아닌 반독재투쟁으로서, 저항권의 행사로서 어느 정도의 폭력성이 용인될 수도 있었다. 하지만 민주화된 현실 속에서 과거의 집회·시위 방식을 답습하는 것은 더 이상 정당성을 가질 수 없다.

14) **헌재 2003.10.30. 2000헌바67등 결정**: "집회의 자유는 집회의 시간, 장소, 방법과 목적을 스스로 결정할 권리를 보장한다. 집회의 자유에 의하여 구체적으로 보호되는 주요행위는 집회의 준비 및 조직, 지휘, 참가, 집회장소·시간의 선택이다. 따라서 집회의 자유는 개인이 집회에 참가하는 것을 방해하거나 또는 집회에 참가할 것을 강요하는 국가행위를 금지할 뿐만 아니라, 예컨대 집회장소로의 여행을 방해하거나, 집회장소로부터 귀가하는 것을 방해하거나, 집회참가자에 대한 검문의 방법으로 시간을 지연시킴으로써 집회장소에 접근하는 것을 방해하는 등 집회의 자유행사에 영향을 미치는 모든 조치를 금지한다."

자연인이지만, 그러한 자연인이 법인의 명의로 집회에 참가하고 활동하는 것을 부정할 이유는 없기 때문이다.

Ⅲ. 집회의 자유에 대한 헌법적 보호의 이중적 성격

1. 주관적 권리로서의 집회의 자유

다른 기본권들과 마찬가지로 집회의 자유도 일차적으로 개인의 주관적 권리로서의 성격을 갖는다. 그것은 집회를 통하여 자신의 의사와 이해관계를 표현하는 국민의 권리로 이해될 수 있으며, 구체적 행사는 평화적 집회에 대한 국가의 간섭을 배제하는 방어권으로 나타나게 된다.

2. 객관적 원리로서의 집회의 자유

집회의 자유는 또한 민주주의를 실현하는 데 커다란 역할을 담당하고 있다.[15] 비록 민주주의가 다수의 통치를 전제하지만, 소수자의 의견도 자유롭게 표현될 수 있고 반영될 수 있는 기회를 전제하는 다원주의에 기초하고 있다. 집회의 자유는 이러한 다원주의 실현의 중요한 수단이 되고 있는 것이다.

따라서 국가질서의 형성은 이러한 집회의 자유의 의의와 기능을 최대한 보장하는 방향으로 구체화되어야 한다. 즉 집회의 자유가 국가질서 형성의 기준 내지 지침으로서 작용하는 것이다.

Ⅳ. 국가에 의한 법적 규율과 집회의 자유

1. 기본권의 구체화

집회의 자유가 헌법적으로 인정된다는 것이 곧 모든 형태의 집회가 무제한적으로 허용될 수 있음을 의미하는 것은 아니며, 다른 법익과의 관련 속에서 집회의 자유가 어떠한 요건과 절차에 따라 구체적으로 행사될 수 있는지는 법률에 의해 구체화될 수밖에 없다.

그러므로 「집회 및 시위에 관한 법률」의 의미는 집회의 자유를 올바르게 행사하기 위한 조건들을 구체적으로 정하고 있는 데 있다. 하지만 우리의 경우 과거 독재정권 하에서 집회의 자유를 억압했던 역사적 경험 때문에 현행 「집회 및 시위에 관한 법률」에 의한 각종 제한에 대해서도 그 정당성 내지 적정성을 의심하는 경우가 드물지 않다. 그 결과 집회의 자유가 「집회 및 시위에 관한 법률」에 의해 올바르게 구체화되어 있는지에 대한 검토도

15) **헌재 2003.10.30. 2000헌바67등 결정**: "집회의 자유는 개인의 인격발현의 요소이자 민주주의를 구성하는 요소라는 이중적 헌법적 기능을 가지고 있다. 인간의 존엄성과 자유로운 인격발현을 최고의 가치로 삼는 우리 헌법질서 내에서 집회의 자유도 다른 모든 기본권과 마찬가지로 일차적으로는 개인의 자기결정과 인격발현에 기여하는 기본권이다. 뿐만 아니라, 집회를 통하여 국민들이 자신의 의견과 주장을 집단적으로 표명함으로써 여론의 형성에 영향을 미친다는 점에서, 집회의 자유는 표현의 자유와 더불어 민주적 공동체가 기능하기 위하여 불가결한 근본요소에 속한다."

집회의 자유에 대한 해석에 있어서 중요한 의미를 갖게 되었다.

2. 집회의 자유와 다른 기본권의 충돌의 조정

집회의 자유(특히 시위의 자유)가 행사되는 경우에는 헌법적으로 보장되는 다른 기본권과 충돌되는 경우가 매우 많다. 이러한 경우에는 헌법의 통일성의 요청, 실제적 조화의 원리 등을 고려하여 문제를 해결하여야 한다.

예컨대 시위 등에 의해 영업의 자유에 대한 침해, 또는 자동차운전자의 자유로운 이동의 침해, 지역주민에게 미치는 시위에 따른 소음 등이 문제되는 경우가 발생될 수 있다.[16) 그러나 시위대의 행진방식이나 노선 등을 약간 수정함으로써 침해의 소지를 현저히 감소시킬 수 있을 때에는, 이러한 침해가 -비례성에 반하는 것이기 때문에- 집회의 자유에 의해 보호되지 못한다.

반면에 그와 같은 침해가 불가피한 경우에는 실제적 조화의 원리에 따라 해당법익을 동시에 최대한 실현시킬 수 있는 조화점이 어디인가를 개별적 · 구체적으로 검토하여야 할 것이다.

3. 법률유보에 의한 집회의 자유의 제한

(1) 허가제의 금지(헌법 제21조 제2항)

헌법 제21조 제2항은 언론의 자유에 대한 검열의 금지와 더불어 집회와 결사에 대한 허가제도 금지하고 있다. 이로 인하여 집회의 자유에 대한 구체적인 제한의 방법에 관한 논란이 발생되고 있지만, 허가제의 금지가 신고제의 금지까지 포함하는 것으로는 보기 어렵다는 점에서 「집회 및 시위에 관한 법률」이 정하고 있는 신고제는 합헌이라고 인정하는 것이 통설이다.

그러나 신고요건을 지나치게 엄격하게 정할 경우에는 신고제가 사실상의 허가제처럼 운용될 수도 있다. 그렇기 때문에 「집회 및 시위에 관한 법률」이 정하고 있는 신고요건의 적정성에 대한 판단이 필요하며, 「집회 및 시위에 관한 법률」 제8조에서 정하고 있는 집회금지조치가 사실상의 허가제로 운용되는 것은 아닌지에 대한 논란의 여지가 있다.[17)]

---

16) 물론 그 전제는 집회 · 시위의 자유에 집회 · 시위장소의 선택권이 포함되어 있다는 것이다. 이와 관련하여 헌법재판소는 "집회 · 시위장소는 집회 · 시위의 목적을 달성하는 데 있어서 매우 중요한 역할을 수행하는 경우가 많기 때문에 집회 · 시위장소를 자유롭게 선택할 수 있어야만 집회 · 시위의 자유가 비로소 효과적으로 보장되므로 장소선택의 자유는 집회 · 시위의 자유의 한 실질을 형성한다"고 판시한 바 있다(**헌재 2005.11.24. 2004헌가17 결정**).

17) 이와 관련하여 헌법재판소는 "집회의 자유를 제한하는 대표적인 공권력의 행위는 집시법에서 규정하는 집회의 금지, 해산과 조건부 허용이다. 집회의 자유에 대한 제한은 다른 중요한 법익의 보호를 위하여 반드시 필요한 경우에 한하여 정당화되는 것이며, 특히 집회의 금지와 해산은 원칙적으로 공공의 안녕질서에 대한 직접적인 위협이 명백하게 존재하는 경우에 한하여 허용될 수 있다. 집회의 금지와 해산은 집회의 자유를 보다 적게 제한하는 다른 수단, 즉 조건을 붙여 집회를 허용하는 가능성을 모두 소진한 후에 비로소 고려될 수 있는 최종적인 수단"이라고 판시하고 있다(**헌재 2003.10.30. 2000헌바67등 결정**). 또한 옥외집회신고서를 반려한 행위도 집회의 자유를 침해한 것으로 인정될 수 있다(**헌재 2008.5.29. 2007헌마712 결정**).

(2) 일출 전 일몰 후의 옥외집회 또는 시위의 제한

「집회 및 시위에 관한 법률」 제10조는 일출시간 이전, 그리고 일몰시간 이후의 옥외집회를 특별히 제한하고 있다.

이러한 제한은 타당한 측면이 있다. 일출 전, 일몰 후의 옥외집회 또는 시위에 대해서는 -집회 또는 시위로서의 기능, 즉 집회참가자들의 의견을 일반국민에게 널리 알리는 기능은 매우 약화될 수밖에 없는 반면에 폭력화될 위험성은 상대적으로 높기 때문에- 제한의 정당성이 인정될 수 있는 것이다.

그러나 「집회 및 시위에 관한 법률」 제10조가 일출 전 일몰 후의 옥외집회를 원칙적으로 금지시켜 놓고, 일정한 요건 하에 관할경찰서장의 허가를 통해 허용될 수 있도록 한 것은 허가제의 금지와 관련하여 입법기술상 문제가 있다고 할 수 있다.[18)]

(3) 교통소통을 위한 집회 또는 시위의 제한

「집회 및 시위에 관한 법률」 제12조는 교통의 소통을 이유로 주요도시의 주요도로에서의 (질서유지인이 없는) 집회 또는 시위를 제한하고 있다.

이처럼 주요도시의 주요도로에서의 집회 또는 시위가 교통의 원활한 소통 기타 일반시민에게 미칠 수 있는 파급효를 고려할 때, 질서유지인이 있어야 한다는 요청은 정당한 것으로 평가될 수 있다.

(4) 중요공공관서의 주위 100m 이내 장소에서의 옥외집회 또는 시위의 제한

「집회 및 시위에 관한 법률」 제11조는 ① 국회의사당, ② 각급법원, 헌법재판소, ③ 대통령관저, 국회의장공관, 대법원장공관, 헌법재판소장공관, ④ 국무총리공관, ⑤ 국내주재 외국의 외교기관이나 외교사절의 숙소를 열거하면서 이들 시설로부터 100m 이내의 장소에서는 옥외집회 또는 시위를 할 수 없도록 규정하고 있다.[19)]

---

18) 헌법재판소는 **헌재 2009.9.24. 2008헌가25 결정**에서 야간옥외집회의 금지를 규정한 집시법 제10조에 대하여 2010년 6월 30일까지 잠정적용을 명하고 헌법불합치결정을 내렸다. 그러나 개선입법은 아직 마련되지 않고 있다. 헌법재판소는 **헌재 2014.3.27. 2010헌가2등 결정**에서 야간시위의 금지와 관련하여 집시법 제10조에 대해 한정위헌결정을 내렸는데, 이는 국회의 입법개선의무 해태에 따른 궁여지책으로 보인다.

19) 다만, ③을 제외한 경우 그 공공기관을 대상으로 하지 않거나, 공공기관의 활동을 방해할 우려가 없는 경우, 대규모 집회 또는 시위로 확산될 우려가 없는 경우, ⑤의 경우 외교기관의 업무가 없는 휴일에 개최하는 경우에는 예외로 한다. 이러한 예외조항이 도입된 것은 헌법재판소의 헌법불합치결정에 의해 개선입법이 요구되었기 때문이다.

헌재 2003.10.30. 2000헌바67등 결정: "입법자가 '외교기관 인근에서의 집회의 경우에는 일반적으로 고도의 법익충돌위험이 있다'는 예측판단을 전제로 하여 이 장소에서의 집회를 원칙적으로 금지할 수는 있으나, 일반·추상적인 법규정으로부터 발생하는 과도한 기본권제한의 가능성이 완화될 수 있도록 일반적 금지에 대한 예외조항을 두어야 할 것이다. 그럼에도 불구하고 이 사건 법률조항은 전제된 위험상황이 구체적으로 존재하지 않는 경우에도 이를 함께 예외 없이 금지하고 있는데, 이는 입법목적을 달성하기에 필요한 조치의 범위를 넘는 과도한 제한인 것이다. 그러므로 이 사건 법률조항은 최소침해의 원칙에 위반되어 집회의 자유를 과도하게 침해하는 위헌적인 규정이다".

헌재 2018.5.31. 2013헌바322등 결정: 누구든지 국회의사당의 경계지점으로부터 100미터 이내의 장소에서 옥외집회 또는 시위를 할 경우 형사처벌한다고 규정한 '집회 및 시위에 관한 법률' 제11조 제1호 중 '국회의사당'에 관한 부분 및 제23조 중 제11조 제1호 가운데 '국회의사당'에 관한 부분은 국회의 헌법적 기능을 무력화시키거나 저해할 우려가 있는 집회를 금지하는 데 머무르지 않고, 그 밖의 평화적이고 정당한 집회까지 전면적으로 제한함으로써 구체적인 상황을 고려하여 상충하는 법익간 이들 시설에 인접하여 집회 · 시위를 할 경우에는 국가기관의 기능에 직접적인 영향을 미칠 수 있다는 점을 고려할 때, 이러한 제한은 일면의 타당성을 갖고 있다고 평가할 수 있다. 그러나 이들 시설이 밀집된 지역에서는 사실상 집회 · 시위가 불가능하게 된다는 점을 고려할 때, 100m라는 거리가 과도한 것은 아닌지를 문제삼을 수 있고, 외교사절의 공관이 아닌 숙소까지도 포괄적으로 포함한 것이 과연 정당한 것인지에 대해서도 논란의 여지가 있다.

⑸ 경찰관의 집회 및 시위 장소 출입

「집회 및 시위에 관한 법률」 제19조는 경찰관이 집회 또는 시위의 장소에 출입할 수 있도록 규정하고 있다.

이 규정은 경찰관의 출입이 자유로운 집회에 대한 장애가 될 수 있다는 점에서 과거 논란의 대상이 되었던 바 있다. 그러나 국가권력의 민주성에 대한 신뢰를 전제한다면, 경찰관이 정복을 입고 출입함으로써 집회의 정상적인 진행을 확인하는 것을 무조건 부정할 필요는 없다. 다만 동조 제1항 단서에서 규정하고 있듯이 옥내집회 장소에 대한 출입은 긴급한 필요가 인정되는 경우에 한정되어야 할 것이다.

4. 국가비상사태 하에서의 집회의 자유의 제한

국가비상사태는 정상적인 법률상의 수단으로 극복하기 힘든 특별한 위기상황이며, 이러한 비상사태의 극복을 위해 국가긴급권이 발동되었을 때에는 집회의 자유에 대해서도 법률에 의하지 않은 제한이 가능하다.

이와 관련하여 헌법 제76조 제2항이 규정하고 있는 대통령의 긴급명령권도 법률적 효력을 갖기 때문에 이를 통한 집회의 자유의 제한이 가능하다는 점은 다른 기본권들과 특별히 다르지 않다. 하지만 헌법 제77조 제3항에 따라 계엄선포시 제한되는 기본권 가운데 하나로 집회의 자유가 명시되고 있다는 점에도 주목할 필요가 있다.

의 조화를 이루려는 노력을 전혀 기울이지 않고 있으므로 과잉금지원칙에 위반하여 집회의 자유를 침해한다. 이 조항은 위헌적인 부분과 합헌적인 부분이 공존하고 있다. 따라서 심판대상조항에 대하여 헌법불합치결정을 선고하되, 입법자는 2019.12.31.까지 개선입법을 하여야 한다.

헌재 2018.6.28. 2015헌가28등 결정: 국무총리 공관 인근에서 옥외집회 · 시위를 금지하고 위반시 처벌하는 '집회 및 시위에 관한 법률' 제11조 제3호, 제23조 제1호 중 제11조 제3호에 관한 부분은 국무총리 공관의 기능과 안녕을 직접 저해할 가능성이 거의 없는 '소규모 옥외집회 · 시위의 경우', '국무총리를 대상으로 하는 옥외집회 · 시위가 아닌 경우'까지도 예외 없이 옥외집회 · 시위를 금지하고 있는바, 이는 입법목적 달성에 필요한 범위를 넘는 과도한 제한이므로 과잉금지원칙에 위반하여 집회의 자유를 침해한다. 이 조항은 위헌적인 부분과 합헌적인 부분이 공존하고 있다. 따라서 심판대상조항에 대하여 헌법불합치결정을 선고하되, 입법자는 2019.12.31.까지 개선입법을 하여야 한다.

헌재 2018.7.26. 2018헌바137 결정: 누구든지 각급 법원의 경계 지점으로부터 100미터 이내의 장소에서 옥외집회 또는 시위를 할 경우 형사처벌한다고 규정한 '집회 및 시위에 관한 법률' 제11조 제1호 중 '각급 법원' 부분 및 제23조 제1호 중 제11조 제1호 가운데 '각급 법원'에 관한 부분은 법원 인근에서 옥외집회나 시위가 열릴 경우 해당 법원에서 심리 중인 사건의 재판에 영향을 미칠 위협이 존재한다는 일반적 추정이 구체적 상황에 따라 부인될 수 있는 경우를 고려하지 않은 것으로서 과잉금지원칙에 위반하여 집회의 자유를 침해한다. 이 조항은 위헌적인 부분과 합헌적인 부분이 공존하고 있다. 따라서 심판대상조항에 대하여 헌법불합치결정을 선고하되, 입법자는 2019.12.31.까지 개선입법을 하여야 한다.

사례 풀이:

1. 갑 등의 헌법소원심판청구는 적법한가? (30점)

Ⅰ. 서: 위헌소원의 의의 및 성격과 청구요건 [3점]

Ⅱ. 재판의 전제성 [10점]

1. 소송의 계속
2. 심판대상법률(조항)이 당해 소송사건에 적용
3. 심판대상법률(조항)의 위헌 여부에 따라 다른 내용의 재판

Ⅲ. 위헌법률심판제청의 신청과 기각 [9점]

1. 위헌소원의 성격과 위헌법률심판제청의 의미
2. 법원의 기각 결정과 그 구속력
3. 헌법재판소법 제68조 제2항에 의한 헌법소원심판의 청구

Ⅳ. 기타의 청구요건 [6점]

1. 변호사 강제주의
2. 청구기간

Ⅴ. 결론 [2점]

2. 법원에서 갑의 신청을 받아들여 헌법재판소에 위헌법률심판을 제청하였을 경우에는 갑이 헌법소원심판을 청구할 때와 어떤 차이가 있는가? (20점)

Ⅰ. 서: 위헌법률심판과 위헌소원의 성격상의 유사성과 절차상의 차이점 [2점]

Ⅱ. 성격상 유사성: 위헌소원의 도입배경과 실질적 위헌법률심판으로서의 위헌소원 [4점]

Ⅲ. 절차상 차이점 1: 청구의 주체 - 법원과 당사자 [4점]

Ⅳ. 절차상 차이점 2: 청구의 요건 - 위헌소원의 경우 제청신청의 기각과 제소기간 등의 차이 [4점]

Ⅴ. 절차상 차이점 3: 청구의 효과 - 당해사건의 소송절차 중단의 유무 [4점]

Ⅵ. 결론 [2점]

3. 갑의 헌법소원심판청구가 적법할 경우 헌법재판소는 어떤 본안판단을 내려야 하는가? (50점)

Ⅰ. 사안의 분석과 쟁점의 정리 [5점]

Ⅱ. 갑의 주장과 본안판단의 쟁점 [8점]

1. 평등 위반에 대한 주장
2. 사전허가제 금지 위반에 대한 주장
3. 본안판단의 쟁점

Ⅲ. 평등 위반 주장의 정당성 판단 [12점]

1. 평등권 제한의 심사구조와 비교집단의 설정
2. 평등심사의 기준
3. 사안에 대한 판단

Ⅳ. 사전허가제 금지 위반 주장의 정당성 판단 [12점]

1. 사전허가제 금지의 의미
2. 사전허가제의 의미와 성격, 허용범위에 대한 헌법재판소 판례
3. 사안에 대한 판단

Ⅴ. 헌법재판소의 본안판단 [10점]

1. 헌법재판소의 결정 유형과 주문
2. 사안에 대한 판단

3. 헌법재판소 결정의 효력
VI. 결론 [3점]

제 3 절 결사의 자유

Ⅰ. 역사적 발전과 현대적 상황

1. 결사의 자유의 역사적 발전

결사의 자유는 기본권 중 비교적 늦게 인정된 것에 속하며, 19세기 이후에야 비로소 헌법상의 기본권으로 인정되었다. 근대적 국가와 헌법은 중세적 신분단체들의 고리를 끊고 모든 인간이 자유롭고 평등하다는 것을 확인하고 실현하는 작업에 초점을 맞추고 있었으며, 이러한 작업이 어느 정도 완료된 후에야 비로소 민주적 관점에서의 결사의 필요성과 정당성이 새롭게 인식될 수 있었던 것이다.

중세를 지배하던 조직 가운데 하나였던 각종 길드에 대한 부정적인 인식, 그리고 강압적인 조직이나 배타적인 조직은 자유를 억압한다는 생각 때문에 근대인권선언의 시기(17~18세기)에는 결사에 대한 적대적인 태도가 지배적이었다. 사람들이 자유롭게 단체를 구성하고 그 단체를 통해 활동할 수 있도록 보장되어야 한다는 생각은 19세기에 들어와서 단체법이론 및 다원주의 이론의 영향 하에서 비로소 널리 확산될 수 있었던 것이다.

2. 결사의 자유의 현실적 의의와 문제상황

결사의 자유는 일시적인 모임을 통해 자신들의 의사를 강력하게 표현하는 집회와는 달리 지속성이 있는 단체를 구성하고, 그 단체의 명의로 공동의 의사를 형성하고, 활동함으로써 집단적 의사를 표현할 수 있도록 보장하는 기본권이다.[20]

오늘날의 다원적 (민주주의) 국가질서는 다원적 결사들의 존재와 그들의 활동을 도외시하고는 올바르게 이해될 수 없다. 민주주의는 국민의 다양한 의사들이 표현되고 이를 수렴하여 국가질서를 형성하는 것을 기초로 하는데, 이와 같은 과정(즉 수많은 국민들이 그들의 의사를 표현하고 또 그러한 의사들을 정리하여 수렴하는 과정)은 다원적 단체의 구성과 활동 없이는 사실상 불가능하기 때문이다.[21]

---

20) 이러한 결사의 자유는 집회의 자유와 마찬가지로 집단적 의사표현을 보호한다는 공통점을 갖고 있지만, 결사의 참가자들은 -해산과 더불어 그 참가자들 사이의 연대가 소멸하게 되는 집회의 자유와는 달리- 지속적인 단체의 구성원으로서 계속 활동하게 되기 때문에 그로부터 파생되는 문제들이 집회의 자유보다는 훨씬 다양하고 복잡하다.

21) 이에 관하여는「제1권 제2부 제2장 제5절 **다원주의로서의 민주주의**」참조.

그러나 또한 결사의 형태로 나타나는 사회적 세력들이 부정적 작용을 하는 측면도 적지 않다. 예컨대 민주주의를 실현하는 과정에서 중추적인 역할을 하는 정당도 잘못 이용될 경우에는 민주주의를 효과적으로 파괴하는 도구로 전락할 수 있다.[22] 그렇기 때문에 한편으로는 헌법이 결사의 자유를 규정함으로써 결사를 통한 자유로운 활동을 보장하면서, 다른 한편으로는 결사들에 의한 공익의 침해, 또는 다른 사람들의 기본권침해를 규제하는 것도 필요한 것이다.

Ⅱ. 결사의 개념

결사란 다수의 자연인 또는 법인이 공동의 목적을 위하여 단체를 형성하고 조직적 의사에 복종하는 것을 가리킨다.[23] 이러한 개념정의에서 나타나듯이 결사는 다수인의 결합, 결합의 계속성, 결합의 자발성, 공동의 목적, 조직적 의사에의 복종 등을 개념요소로 한다.

결사에 있어서 **다수인**의 의미는 2인 이상으로 보는 견해가 다수이다. 집회와 마찬가지로 3인 이상을 요건으로 해야 한다는 견해도 있지만, 일시적 결합에 불과한 집회보다 계속성을 갖는 결합인 결사에 대해서는 그 요건을 완화해서 인정하는 것이 필요하다는 의견이 다수인 것이다.

결합의 계속성은 집회와 결사를 구별하는 중요한 표지이다. 즉 일회적인 모임으로 끝나는 것은 결사로 인정될 수 없다. 그러나 일시적인 결사, 즉 항구적인 단체가 아니라 특정한 시점까지, 또는 특정한 목적이 달성될 때까지만 한시적으로 유지되는 단체도 결사로서의 계속성은 갖는 것으로 인정된다.

결합의 자발성은 결사를 통한 자율적 의사표현을 위한 전제이기 때문에 매우 중요한 의미를 갖는다. 따라서 일정한 직업을 가진 사람에게 가입이 강제되는 공법상의 결사는 헌법 제21조에 의한 결사의 자유를 직접 주장할 수 없다.[24]

결사에 요구되는 **공동의 목적**은 넓게 이해되어야 한다. 외견상의 목적이 일치되는 것으로 충분하며, 실제 내심의 의도가 같아야 하는 것은 아니다. 또한 결사구성의 기본목적에 대한 동의만 있으면 부수적인 목적에 대한 이견이 존재하더라도 결사로 인정되는 데에는 문제가 없다.

조직적 의사에 복종한다는 것은 결사의 구성원 개개인의 의사를 수렴하여 하나의 조직적 의사, 즉 결사 자체의 의사를 형성할 수 있어야 하며, 이러한 결사의 의사가 구

22) 이에 대한 대비로 위헌정당의 해산이 인정되고 있는 것이다. 이에 관하여는 「제1권 제3부 제1장 제4절 **정당의 해산**」 참조.

23) 이러한 개념정의는 독일 결사법 제2조 제1항에 따른 것이며, 독일 헌법학자들이 널리 취하고 있는 개념정의이기도 하다. 또한 국내에서도 계희열, 헌법학(중), 2007, 500쪽 이하 등이 이러한 개념정의에 따르고 있다.

24) 헌법재판소도 "결사의 자유에서 말하는 결사란 자유의사에 기하여 결합하고 조직화된 의사형성이 가능한 단체를 말하는 것이므로 공법상의 결사는 이에 포함되지 아니한다"고 판시한 바 있다(**헌재 1996.4.25. 92헌바47 결정**).

성원 전체의 의사를 대신할 수 있다는 점을 인정한다는 것이다. 즉 구성원 개개인은 자신의 의사와 배치되는 견해가 결사의 의사로 형성될 경우에도 이에 따라야 하는 것이다.

Ⅲ. 결사의 자유의 성격과 기능

1. 기본권복합체로서 일반적 결사의 자유

결사의 자유는 결사를 구성할 수 있는 **개인의 권리**와 그러한 권리의 행사에서 나타나는 **집단적 내지 단체적 측면**, 그리고 그 결과로서 구성된 **결사에 대해 보장되는 각종 권리(기본권)**의 측면을 동시에 고려함으로써만 비로소 올바르게 이해될 수 있다.

그런 의미에서 결사의 자유는 기본권복합체(Grundrechtskomplex)라고 지칭되기도 한다.

2. 결사의 자유의 헌법상 의의와 기능

헌법상 결사의 자유는 일차적으로 **의사소통(커뮤니케이션)의 보호**라는 측면에서 중요한 의미를 갖는다.[25]

또한 결사의 자유는 **사회적 단체의 형성을 위한 기초**로서 중요한 의미를 갖는다. 정당이나 노동조합은 헌법 제8조와 헌법 제33조에서 특별히 규정되고 있지만, 일반적 단체형성의 자유는 헌법 제21조의 결사의 자유에서 그 헌법적 근거를 찾게 되는 것이다. 이렇게 사회적 단체가 자유롭게 설립되고, 이를 통해 국민의 의사가 표출·수렴될 수 있도록 하는 것은 **민주주의의 실현을 위한 필수적인 전제**이기도 하다.

나아가 결사의 자유는 **사회국가의 실현을 위한 불가결의 수단**이 된다. 결사의 자유는 사회적·경제적 약자가 결사(예컨대 노동조합, 소비자단체 등)의 형성을 통하여 사회적·경제적 강자와 대등한 위치를 확보할 수 있도록 보조하는 기능을 하기 때문이다.

Ⅳ. 결사의 자유의 보호영역

1. 결사의 유형과 헌법 제21조의 적용범위

헌법상 결사의 자유에 관한 기본규정은 헌법 제21조이다. 하지만 헌법상 특수한 결사로서 별도의 규정에 의한 보호를 받는 경우도 적지 않기 때문에 이들에 대해서 전체적으로 검토하면서 헌법 제21조가 적용되는 경우와 특별규정에 의해 보호되는 것을 조망해 보는 것도 의미가 있다.

먼저 정치적 결사에 해당되는 **정당**은 헌법 제8조의 특별규정에 의해 규율되고 있다. 정당이 현대 민주주의의 실현에서 차지하는 비중을 고려하여 일반결사와는 구별되

---

25) 결사의 자유는 언론의 자유나 집회의 자유와 마찬가지로 커뮤니케이션을 통한 인격의 발현에 중요한 역할을 담당하는 것이다. 다만 커뮤니케이션의 형태가 단체의 형성 및 단체활동에의 참여라는 모습으로 나타나고 있는 것이다.

는 특별한 보호가 헌법 제8조에 의해 명문화되고 있는 것이다.

경제 · 노동영역의 결사에 해당되는 **노동조합**은 헌법 제33조에 의해 특별히 규율되고 있다. 근로삼권, 즉 단결권, 단체교섭권, 단체행동권이 인정되고, 이를 보장하기 위한 각종 노동법규정들이 제정됨으로써 노동조합에 대해서는 일반결사보다 강력한 보호가 인정되고 있다. 또한 **소비자단체**에 대해서는 헌법 제124조가 간접적인 근거를 제공하고 있다.

사회적 영역의 결사, 즉 복지문제, 여성문제, 청소년문제 등에 대해서는 헌법상 사회적 기본권과 관련하여 몇 가지 규정을 두고 있을 뿐이고, 이를 위한 단체에 대해서는 직접적인 근거규정을 따로 두고 있지 않다. 따라서 이러한 단체들의 헌법적 근거는 제21조의 결사의 자유라고 보아야 할 것이다.

종교, 문화(학문, 예술 포함)목적의 결사는 일반적 결사에 비해 특별한 보호를 받는 것으로 인정된다. 즉 종교의 자유(헌법 제20조), 학문 · 예술의 자유(헌법 제22조) 등 해당 기본권에 의하여 보다 강력한 보호가 부여되고 있는 것으로 해석되는 것이다.

그리고 그 밖의 여러 단체들, 예컨대 각종 인권단체와 같은 사회정책적 문제를 다루는 결사에 대해서도 헌법상 특별규정이 없으므로 헌법 제21조가 근거규정이 된다.

2. 적극적 결사의 자유

헌법 제21조의 결사의 자유는 일차적으로 적극적인 결사의 구성 및 이를 통한 활동의 자유를 보장한다. 이러한 적극적 결사의 자유에는 설립의 자유, 활동의 자유, 해산의 자유, 결사에의 가입 · 잔류 및 그로부터의 탈퇴의 자유 등이 포함된다.

설립의 자유는 결사를 형성하는 시기와 목적, 결사의 명칭과 소재지 등에 대해 자유롭게 결정할 수 있는 자유라고 할 수 있다.

활동의 자유는 결사의 운영을 구성원들의 자유로운 의사에 따라 결정하고 실행에 옮길 수 있는 자유를 의미한다. 물론 결사의 성격상 조직적 의사에의 복종이 요구되며, 이에 위반한 구성원들에 대한 내부적 징계도 가능하다.

해산의 자유는 설립의 자유에 대응하는 것으로서, 단체를 통해 달성하고자 하는 목적이 이미 달성된 경우, 또는 달성될 수 없다고 판단되는 경우, 기타 구성원들이 단체의 존속을 더 이상 원하지 않을 경우에는 결사를 구성원들의 의사에 따라 해산할 수 있다는 것이다.

결사에의 **가입의 자유**는 새로운 결사의 설립뿐만 아니라 기존의 결사에 가입하는 것도 보장된다는 것이다. 또한 이미 결사의 구성원이 된 사람들이 그 결사에 **잔류하거나 탈퇴할 수 있는 자유**도 결사의 자유에 포함된다. 만일 그렇지 않을 경우에는 결사의 폐쇄성으로 인하여 오히려 인권의 침해가 발생될 수 있기 때문이다.

3. 소극적 결사의 자유

적극적 결사의 자유가 결사를 통해 자신의 의사를 적극적으로 표현하고 그 실현을 위해 노력할 수 있는 자유라고 할 수 있는 반면, 소극적 결사의 자유는 이러한 결사에 가입하지 않을 수 있는 자유를 의미한다. 즉 소극적 신앙의 자유가 인정되듯이[26] 소극적 결사의 자유도 인정되는 것이다.

그러나 일정한 공법상의 결사(의사회, 변호사회, 상공회의소 등)의 경우에는 가입강제가 인정되기도 한다.[27]

Ⅴ. 기본권의 주체

결사의 자유가 국민의 권리인지 아니면 **외국인**에게도 인정되어야 할 인간의 권리인지에 대해서는 획일적으로 답변되기 어렵다. 집회의 자유와 마찬가지로 그 결사의 목적이 무엇인지에 따라서 달라질 수 있기 때문이다. 외국인이 누릴 수 있는 기본권에 대한 결사의 형성은 원칙적으로 허용되어야 하겠지만, 외국인에게 인정되지 않는 기본권(예컨대 선거권)의 행사와 관련되는 결사에 대해서는 외국인의 결사형성은 물론이고 그에 대한 가입조차 제한될 수밖에 없기 때문이다.

또한 **법인(또는 권리능력 없는 단체)**이 결사의 자유의 주체가 될 수 있는가에 대해서는 이를 인정하는 견해가 일반적이다. 단체가 다른 단체의 구성에 참여하는 경우를 굳이 부정할 이유가 없을 뿐만 아니라, 지분참여 등의 형태로 하나의 회사가 다른 회사의 구성에 참여하거나 여러 시민단체가 모여서 새로운 연합단체를 구성하는 등의 활동을 막는 것은 결사의 자유를 인정한 취지에 반하게 될 것이기 때문이다.[28]

Ⅵ. 결사의 자유에 대한 헌법적 보호의 이중적 측면

1. 개인의 권리로서의 측면

결사의 자유는 일차적으로 개인의 국가에 대한 권리를 의미한다. 이것은 다시 두 가지 측면으로 나누어질 수 있다.

첫째, 결사의 구성원이 되는 자연인의 입장에서 볼 때, 결사의 자유는 자유로운 결사의 형성 및 이를 통한 활동에 대해 국가가 간섭하지 못하도록 하는 방어적 권리로서 이해될 수 있다. 즉 개인은 결사를 통해 자신의 의사 및 이해관계를 표출하고 관철시킬 기회를 갖게 되며, 국가는 이를 방해해서는 안 되는 것이다.

둘째, 결사 자체의 입장에서 보면, 결사의 자유는 그 존립의 기초이며, 결사 자체가 기본권의 주체가 되어서 행사하는 수많은 권리들(종교의 자유, 언론의 자유, 집회의

26) 앞의 「제2권 제2부 제5장 제2절 Ⅱ. 2. **신앙의 자유**」 참조.

27) 그러나 구체적으로 어떠한 공법상의 결사에 대해 어느 정도의 가입강제가 정당화될 수 있는지에 대해서는 별도의 검토가 필요할 것이다.

28) 반면에 공법인은 결사의 자유의 주체가 되기 어렵다고 보아야 할 것이다. 그러나 공법인이 모든 기본권의 주체가 될 수 없다는 것은 아니다. 공법인의 기본권주체성에 관하여는 「제2권 제1부 제3장 제4절 Ⅲ. **공법인의 기본권주체성**」 참조.

자유 등)의 전제이기도 하다. 이미 자연인뿐만 아니라 법인도 수많은 기본권의 주체로 인정되고 있지만, 이러한 법인의 기본권주체성은 결사의 자유를 그 기초로 하고 있는 것이다.

2. 헌법질서를 구성하는 객관적 원리

또한 결사의 자유는 헌법질서의 구성원리로서도 기능한다. 결사의 자유는 개인의 인격발현을 위해 필요한 중요한 기본권일 뿐만 아니라 민주주의를 실현하기 위한 필수적인 전제이기도 하기 때문에 국가질서는 결사의 자유를 최대한 보장할 수 있도록 형성되어야 한다.

또한 결사의 자유는 -이와 같은 기본권의 이중성(특히 객관적 측면)에 기초하여- 대국가적 효력뿐만 아니라 대사인적 효력도 갖는 것으로 인정된다. 결사의 설립 및 활동의 자유는 국가뿐만 아니라 사인에 의해서도 침해될 수 없으며, 이에 위배되는 사인의 행위는 (직접효력설에 따를 경우에는) 기본권에 반하는 것으로서 또는 (간접효력설에 따를 경우에는) 사법상의 일반조항에 반하는 것으로서 무효화될 것이다.

Ⅶ. 결사의 자유의 한계와 제한

1. 허가제의 금지 → 신고제

헌법 제21조 제2항은 집회의 자유와 마찬가지로 결사의 자유에 대해서도 허가제의 금지를 명시하고 있다. 이에 따라 자유로운 단체의 결성에 대해 국가는 사후적인 규제만을 가할 수 있다.[29)]

과거 「사회단체 신고에 관한 법률」은 일반사회단체에 대하여 신고제(제3조)와 신고증의 교부(제4조)를 통하여 규율하였다. 그러나 모든 국민은 동법에 의한 신고여부에 불구하고 자유롭게 결사를 조직하고 결사로서의 모든 활동을 할 수 있는 권리를 가지는 것으로 인정되고 있었다. 그 결과 동법의 존재의미 자체가 분명치 않게 되었다.

현재에는 「사회단체 신고에 관한 법률」도 폐지되어 일반적 결사를 전체적으로 규율하는 법률은 존재하지 않는다. 다만 특수목적의 결사에 대해 각기 관련법률에 의해 설립과 활동에 대한 강제 또는 제한이 가해지고 있을 뿐이다.[30)]

---

29) 예전에는 「사회단체 등록에 관한 법률」에 의해 단체들에 대해 일반적으로 등록의무를 부과하였을 뿐만 아니라, 일정한 경우에는 등록취소의 방법으로 이를 규제하는 것이 인정되고 있었다. 그러나 그와 같은 법의 태도에 대해서는 사실상 허가제와 같은 결과를 가져오며, 결사의 자유를 지나치게 제한한다는 비판이 계속되었으며, 이를 개선하여 「사회단체 신고에 관한 법률」이 제정되었다.

30) 입법자가 법률로써 결사에 대한 사항을 정함에 있어서도 일정한 한계가 인정된다. 이와 관련하여 헌법재판소는 "입법자는 결사의 자유에 의하여, 국민이 모든 중요한 생활영역에서 결사의 자유를 실제로 행사할 수 있도록 그에 필요한 단체의 결성과 운영을 가능하게 하는 최소한의 법적 형태를 제공해야 한다는 구속을 받을 뿐만 아니라, 단체제도를 법적으로 형성함에 있어서 지나친 규율을 통하여 단체의 설립과 운영을 현저하게 곤란하게 해서도 안 된다는 점에서 입법자에 의한 형성은 비례의 원칙을 준수해야 한다"고 판시한 바 있다(**헌재 2002.8.29. 2000헌가5등 결정**).

2. 결사의 설립에 대한 제한: 불법적 결사의 결성금지

일반결사에 대해서는 헌법 제21조의 결사의 자유에 의해 자유로운 설립과 활동이 보호되지만 그러한 보호가 불법적인 목적을 가진 단체에까지 미치는 것은 아니다. 불법적인 결사에 대해서는 법률에 의한 제한(금지)이 가능하다.

예컨대 국가보안법 제3조는 "반국가단체를 구성하거나 이에 가입한 자"에 대한 처벌을 명문화하고 있으며, 형법 제114조는 "사형, 무기 또는 장기 4년 이상의 징역에 해당하는 범죄를 목적으로 하는 단체 또는 집단을 조직하거나 이에 가입 또는 그 구성원으로 활동한 사람"에 대하여 처벌을 명시하고 있다.[31)]

3. 결사의 활동에 대한 제한

결사의 자유가 개인의 기본권으로서, 나아가 민주주의 실현을 위한 필수적 전제로서 중요한 의미를 가지고 있다 할지라도 그것이 무제한적으로 보호될 수 있는 것은 결코 아니다.

특히 국가의 존립 또는 자유민주적 기본질서를 위태롭게 하는 활동은 허용될 수 없다. 그것은 결사 가운데 가장 강력한 보호를 받고 있는 (그로 인하여 정당특권이 인정되고 있다고 지칭되는) 정당조차도 그 목적이나 활동이 (자유)민주적 기본질서를 침해해서는 안 된다고 헌법이 명시(제8조 제4항)하고 있는 데에서도 쉽게 확인될 수 있다.

또한 결사의 활동이 다른 사람이 기본권과 충돌되거나 중대한 공익과 충돌되는 경우에는 실제적 조화의 원칙 또는 비례원칙에 따라 제한될 수 있다.

4. 국가비상사태 하에서의 제한

국가비상사태 하에서는 집회의 자유와 마찬가지로 결사의 자유에 대해서도 법률에 의하지 않은 제한이 가능하다.

---

31) 다만, 현행법상 결사의 해산에 관한 규정이 없음으로 인하여 불법결사의 결성이나 가입에 대해 처벌을 가능하지만, 결사 자체를 해산할 수는 없다는 문제가 있다. 이는 법개정을 통해 해결해야 할 문제이다.

제8장 정신적 자유권 ④: 학문의 자유, 예술의 자유

집회 · 결사의 자유와 마찬가지로 학문 · 예술의 자유도 언론의 자유에 대한 특별한 형태로 이해될 수 있다. 즉 언론의 자유가 「일반적 표현의 자유」에서 시작하여 「의사소통의 일반적 자유」로 발전되어 왔다면, 집회 · 결사의 자유는 「집단적 의사소통의 자유」로 발전되었고, 학문의 자유와 예술의 자유는 「학문적 · 예술적 의사소통의 자유」를 특별히 보호하고 있는 것이다. 그런 맥락에서 학문 · 예술의 자유도 언론의 자유와 일반-특별의 관계에 있다고 볼 수 있다.

하지만 학문의 자유와 예술의 자유를 별도의 독립된 기본권으로 보장하고 있는 우리 헌법과는 달리 이들을 언론자유의 일부로 생각하고, 그 가운데서 보장하는 입법례들도 적지 않다. 이들과는 달리 우리 헌법이 학문의 자유와 예술의 자유를 독립된 기본권으로 명문화한 취지를 이해하기 위해서는 한편으로 학문 · 예술의 자유는 기본적으로 언론자유의 구조와 특성을 공유한다는 점을 인정하면서, 다른 한편으로는 **학문적 및 예술적 의사소통에서 나타나는 -언론의 자유에 의해 보호되는 일반적 의사소통과 구별되는- 특수성**이 무엇인지, 그리고 그것이 어떠한 특별한 보호를 요청하고 있는지에 초점을 맞추어 검토해 볼 필요가 있다.

헌법 제22조: ① 모든 국민은 학문과 예술의 자유를 가진다.
② 저작자 · 발명가 · 과학기술자와 예술가의 권리는 법률로써 보호한다.
헌법 제31조: ④ 교육의 자주성 · 전문성 · 정치적 중립성 및 대학의 자율성은 법률이 정하는 바에 의하여 보장된다.

제1절 학문의 자유

【사례: 학문의 자유와 대학의 자율성】

교육부장관 갑은 국립대학교인 A대학교 총장 을에게 법학전문대학원 설치 인가신청서 상의 장학금 지급비율을 이행하지 않았으니 이를 이행하라는 시정명령을 하였다. 그러나 을은 갑이 법학전문대학원 인가 당시 A대학교 법학전문대학원의 장학금확보율을 장학금지급률로 오해하여 시정명령을 하였다면서 이를 이행하지 아니하였다. 그러자 갑은 법학교육위원회의 심의를 거쳐, A대학교 법학전문대학원의 학생정원 40명 중 차년도 모집정지 1명 및 차차년도 모집정지 1명을 내용으로 하는 제재를 확정 통지하였다.

A대학교는 교육부 장관의 이러한 제재가 헌법 제31조 제4항이 정하고 있는 대학의 자율권을 침해한다고 주장하면서 헌법재판소에 헌법소원심판을 청구하였다.

〈헌재 2015.12.23. 2014헌마1149 참조〉

1. 국립대학교인 A대학교가 헌법소원심판의 청구인이 될 수 있는가? (20점)
2. A대학교의 헌법소원심판청구는 적법한가? (20점)
3. A대학교의 헌법소원심판청구가 적법할 경우 헌법재판소는 어떤 본안판단을 내려야 하는가? (60점)

Ⅰ. 역사적 뿌리

1. 계몽의 시대와 학문의 자유

근대적 학문의 역사적 뿌리는 「계몽」이라는 2세기 이상 계속된 복잡한 과정 속에서 발견될 수 있다. 이 시기를 통하여 학문적 사유가 신학적 도그마의 구속으로부터 해방되었고, -근대국가의 특징인- 정치권력의 세속화와 중립화가 실현되었다.

근대적 학문은 -정신적으로- 자율적인 이성의 인식활동으로 이해되었으며, 데카르트(*Descartes*)의 인식론, 갈릴레이(*Galilei*)의 자연과학, 홉스(*Hobbes*)의 사회계약론 등을 통하여 학문적 활동의 자유에 대한 자연법적 요청이 성숙되었다.

이러한 과정 속에서 자유로운 「철학적 사유(연구와 가르침)」의 보장이 주장되었으며, 이것이 점차 다른 학문(신학, 법학, 의학)으로 전파되었던 것이다.

2. 대학의 발달과 대학의 자치

대학이 학문적 연구와 가르침의 중심기관으로서 역할을 한 것은 중세까지 거슬러 올라갈 수 있다. 그러나 중세의 대학은 **자유로운 연구와 가르침**보다는 지배계층에서 요구하는 내용에 대한 연구와 가르침을 중심으로 활동하였다.

근대에 들어와서 비로소 대학이 「가르침의 자유」를 주장하면서 국가권력과 갈등을 빚게 되었고, 기본권으로서의 학문의 자유가 주장되었으며, 이러한 학문의 자유는 정치적 자유화가 늦었던 독일에서 특히 문제되었다. 학자들은 대학의 자치를 강조했지만, 정치현실은 이에 역행하는 것이었기 때문이다.[1)]

1) 대학의 자치는 특히 프로이센에서 베를린대학을 창립하면서 당시 대학건립의 책임을 맡았던 훔볼트

이러한 현실에 대한 반작용으로 보다 강력한 학문의 자유가 주장되었으며, 그 결과 1849년의 프랑크푸르트 헌법 제152조는 "학문과 그 가르침은 자유이다"라는 규정을 명시하였다. 그리고 후속되는 규정들을 통해 ① 사립학교설립의 자유, ② 사상적인 학교감독의 축소(종교교육에만 국한), ③ 좁은 의미의 가르침의 자유(가르침의 내용 및 방법에 있어서의 독립성) 등이 요청되었다.

3. 독자적 기본권으로서의 학문의 자유

프랑크푸르트 헌법초안은 비록 실제 적용되지 못하고 말았지만, 그 기본권규정들은 이후의 독일헌법의 발달에 커다란 영향을 주었으며, 1919년의 바이마르 헌법 제142조는 프랑크푸르트 헌법 제152조의 전통 위에 서있는 것이었다.

그러나 나치 하에서 학문의 자유는 또 다시 커다란 왜곡을 보게 되었다. 그것은 나치의 절대적 이데올로기가 자유로운 학문(연구와 가르침)과 양립될 수 없었기 때문이다. 그 결과 나치는 능력 있는 학자들을 억압하고 배척하게 되었으며, 이러한 나치의 경험은 학문에 대한 이데올로기적인 왜곡이 가져올 수 있는 문제들을 웅변적으로 시사하고 있다.

독일의 경우에는 이와 같은 역사적 경험에 대한 반성에 기초하여 -일반적 표현의 자유와는 구별되는- 학문의 자유에 대한 특별한 보장이 현실적으로 요청되었고, 이것이 1849년의 프랑크푸르트 헌법 제152조 제4항에 규정된 이래 바이마르 헌법 제142조, 서독 기본법 제5조 제3항으로 계승되어 온 것이다.

이와 유사한 고려는 우리 헌법의 제정에서도 살펴볼 수 있다. 헌법을 기초하였던 유진오 박사가 제헌헌법 제14조에 대하여 "종래와 같이 학원(특히 대학)이 관권의 지배를 받아서 그에 좌우되는 것을 방지하며…"[2]라고 설명하고 있는 것이 그러한 고려를 반증하고 있는 것이다.

따라서 학문의 자유를 독자적인 기본권으로 명문화하게 된 역사적인 배경은 **자유로운 학문적 활동을 억압하고 왜곡시켰던 과거의 경험에 대한 반성**에 기초하여 학문의 자유를 -일반적 표현의 자유보다- 강력하고 포괄적으로 보호하려는 것으로 이해될 수 있을 것이다.[3]

(*W. v. Humboldt*)에 의해 학문적 조직의 기본원리는 "고독과 자유(Einsamkeit und Freiheit)"라는 주장이 나오면서 전면에 나타나기 시작했다. 그러나 독일연합(Deutscher Bund)에서 내린 1819년 9월 20일의 이른바 칼스바드 결정에는 대학법률이 포함되어 있었으며, 그 내용은 대학의 자치 내지 학문의 자유에 역행하는 것이었다.

2) 유진오, 헌법해의, 1949, 44쪽.

3) 따라서 학문의 자유에 대한 명문화는 곧 학문의 자유의 문제상황에 대한 역사적 경험이나 반성을 의미하는 것일 뿐, 그것이 곧 학문의 자유를 명문화하지 않은 국가들보다 더욱 강력한 보호를 현실적으로 부여하고 있는 것으로 이해될 수는 없다. 학문의 자유를 명문화하지 않고 있는 미국, 프랑스 등이 실제로 학문의 자유를 경시하거나 덜 보호하는 것으로 볼 수는 없는 것이다.

Ⅱ. 학문의 개념

1. 국가에 의한 학문의 개념정의의 문제

학문의 자유에 의해 보호되는 대상을 확정하는 데 있어서는 매우 복잡한 문제들이 얽혀 있다. (보호가치가 있는 참된) 학문과 (보호가치가 없는) 비학문의 구별이라는 것은 자칫하면 학문의 자유에 역행하는 것이 될 수 있기 때문이다.

학문의 개념을 정의하는 데 있어서는 두 가지 기본입장이 있다. 하나는 학문을 외부적으로 정의하는 것이고, 다른 하나는 학문에 대한 포괄적인 개념정의를 포기한 채 그 학문성 여부를 학자들에 의한 자율적 판단에 맡기는 것이다.

전자의 입장에서 학문을 일정한 형식에 따라 개념정의하려는 시도로서는 "탐구를 위한 진지한 시도, 또는 학문적 진리에 대한 가르침으로 볼 수 있는 것이 (바이마르)헌법 제142조의 의미의 연구와 가르침에 해당된다"고 말했던 스멘트(*R. Smend*)의 주장이나, "그 내용과 형식에 비추어 진리의 탐구를 위한 진지하고 계획적인 시도로 볼 수 있는 모든 것이 학문적 활동에 해당된다"고 보았던 독일 연방헌법재판소의 견해를 들 수 있다.

그러나 이러한 주장들에는 문제가 있다. 예컨대 과거 진지한 학문적 탐구로 인정되던 것이 오늘날 전혀 비합리적인 것으로 인정되는 경우도 있다.[4] 또한 학문의 발달사를 통해 「학문적인 (따라서 보호가치가 있는) 오류」와 「비학문적인 잘못된 이론과 주장」의 구별이 유동적이라는 것을 확인할 수 있다.[5]

이런 관점에서 볼 때 학문이 무엇인지를 획일적으로 미리 정하는 것보다는 오히려 몇 가지 징표를 통하여 학문의 자유에 의해 보호될 만한 가치가 있는 활동의 범위를 정해 놓는 것이 타당할 것이다. 그러한 -나치의 혈통이데올로기처럼 보호가치 없는 이데올로기와 학문을 구별하는- 징표로는 오류에 대한 개방성, 원칙적 투명성과 세계에 대한 개방성, 원칙적인 교류의 자세, 결과에 대한 무책임 등을 들 수 있다.

국가가 「참된」 학설과 「거짓된」 학설을 구별하는 것은 금지된다. 또한 국가는 성과가 없다거나 혹은 (국가가 보기에) 그 출발점이 잘못되었다고 하여 특정한 연구방향과 그 연구방법을 억압해서는 안 된다. 학문의 자유의 보장이 국가에 의해 부여되는 급부에의 참여로까지 확대되는 경우, 학문의 자유와 평등원칙의 결합을 통해 억압의 금지는 불이익의 금지로 확대될 수 있다. 물론 이 경우에도 국가의 연구지원정책에 있어서의

---

4) 대표적인 예로서 중세에 널리 유포되어 대학에서 강의되기까지도 하였던 점성술과 연금술 등을 들 수 있다. 또한 나치의 혈통이데올로기처럼 학문의 탈을 쓴, 보호가치가 없는 이데올로기도 있다. 이러한 것들은 학문에 대한 정의의 형식적 요건을 갖추고 있으나, 우리가 그것을 이성적으로 고찰할 때, 학문이라고 할 수도 없고, 보호가치가 있다고 할 수도 없을 것이다.

5) 학문의 발전은 중단 없는 조화로운 계속성 가운데서 인식을 통한 세계정복의 전체과정으로서 나타나는 것이 아니라 패러다임의 변화라는 현상의 반복을 통해 나타나는 급격한 인식관점의 전환, 학문적 혁명이라고 부를 만한 것에 의해 이끌어져 왔던 것이다. 그러므로 오늘의 인식수준에서 확실한 진리로 인식되던 것도 내일에는 의심스러운 이론이나 착오로, 모레에는 비학문적 미신으로 취급될지도 모른다.

차별화가 배제되는 것은 아니다.

2. 학문적 활동과 정치적 행동의 구별

학문의 자유를 헌법적으로 보호함에 있어서는 학문적 활동과 정치적 행동을 구별하는 것이 많이 문제된다. 이것은 특히 맑스-레닌주의의 학문이론에 있어서 상당히 중요한 의미를 갖는다. 이들은 학문적 관점이 정치경제적 관점에 종속되어 있다고 주장할 뿐만 아니라, 역으로 이론과 실무의 통일성 속에서 학문적 인식은 곧바로 사회적 행동방향으로 연결되어야 한다고 주장하고 있기 때문이다.

그렇다면 이러한 맑스-레닌주의의 학문개념이 학문적 활동과 정치적 활동의 구별을 금지 또는 불가능하게 만드는가? 나아가 맑스-레닌주의의 연구와 가르침은 그 자체 비학문적이라고 할 수 있는가?

학문적 활동과 정치적 행동의 구별에 있어서 전자는 이론적인 고찰(즉 인식활동)이며, 따라서 일차적으로 사회적 활동에 지향되어 있는 것은 아니라는 점을 우선적인 판단기준으로 할 수 있다. 이런 관점에서 볼 때, 사실에 대한 언급은 -그것이 예언의 형태이건, 설명의 시도이건- 아직 이론적 작업(즉 학문적 활동)의 영역 내에 머물러 있는 것이다. 그것이 특정한 행동의 지침으로 바뀌었을 때 비로소 그것은 정치적 활동의 영역으로 이전된다.[6]

어떤 학문분과에서 맑스이론과의 논쟁을 수행하는 것은 국가의 경찰권의 문제가 아니라 학문적 인식과정의 문제이다. 맑스-레닌주의의 편향성의 문제도 우리는 개별적으로 정도의 차이를 고려해가며 취급하여야 할 것이다. 그러나 정치실무에서의 특정입장을 합리적인 근거 없이 학문의「교조적인」주장내용으로 받아들이는 것은 인정될 수 없다. 그것은 이론의 영역을 벗어난 것이며, 따라서 학문의 자유에 의한 보호의 대상이 되지 못한다.

3. 학문과 의사표현(언론 · 출판)

의사표현의 자유를 넓은 의미로 이해할 때에는 -의사의 표현과 매개 및 수령을 포함하는- 모든 형태의 의사교환(커뮤니케이션)의 과정에 있어서의 자유로 볼 수 있다. 따라서 학문적 교류도 넓은 의미의 의사표현의 일종이라고 볼 수 있다. 그러나 일반적 의사표현을 보호하는 헌법 제21조의 언론 · 출판의 자유는 단순히 의사의 주관적 표현과 교류의 보호에 그치지만, 헌법 제22조의 학문의 자유는 -이러한 주관성을 넘어서서「올바른 것」,「참된 것」을 객관적으로 인식하고자 노력하는- 학문적 표현과 교류에 대한 보호를 부여하는 것이다. 따라서 특별한 보호가치가 있는 것에 대한 특별한 보호라고 할 수 있다.

---

6) 독일 연방헌법재판소가 공산당해산판결에서 밝혔듯이 연구와 가르침은 인식의 작업과 서술이다. 이것이 장래의 발전에 대한 예측이 된다고 할지라도 그 자체로서는 자유민주적 기본질서에 대한 위배가 될 수 없다.

이와 같은 언론 · 출판의 자유와 학문의 자유의 기본관계는 학문의 자유의 전통적 영역들(연구의 자유, 가르침의 자유, 대학의 자치 등) 외에도 특히 오늘날 학문적 교류를 위해 사용되는 기술적 전달매체들(라디오, TV, 비디오테이프 등)에 대하여 헌법 제21조에 의한 보호를 부여할 것인가, 아니면 헌법 제22조에 의한 보호를 부여할 것인가의 문제로도 나타나는데, 학문의 자유를 실질적 · 실효적으로 보장한다는 측면에서 학문적 교류를 위한 기술적 매체들에까지 보호영역을 확장시켜야 한다.

Ⅲ. 학문의 자유의 헌법적 의의: 학문의 자유와 학문의 조직

1. 학문의 자유의 현대적 문제상황

현행헌법 제22조 제1항은 진리를 탐구하는 학문적 활동에 대한 보호가 일반적 의사표현의 경우보다는 더욱 강력한 보호를 받아야 한다는 헌법제정자의 의도를 표현하고 있는 것으로 이해된다. 오늘날 개인의 생활뿐만 아니라 국가 전반에 지극히 큰 영향을 미치고 있는 학문연구 및 교류의 의의와 비중을 생각하면 이러한 특별한 보호의 필요성은 정당화될 수 있다.[7] 나아가 학문의 자유는 오늘날 예술의 자유와 더불어 문화국가적 요청의 가장 기본적인 요소로 인정되고 있다.

그러나 학문의 역할이 –기업이 필요로 하는 신기술의 개발, 경제예측이나 사회현상의 분석과 이를 토대로 한 정책대안의 수립 및 전문적인 인력의 양성 등– **현실적인 수요의 충족**에 그치는 것은 아니다. 학문의 자유는 일차적으로 –다른 자유권적 기본권들과 마찬가지로– **자율적 인격의 발현**을 보장하는 것이다. 이것은 모든 사람이 다양한 관점에서 세계를 인식하는 것에서 출발한다. 헌법상의 학문의 자유는 무엇보다 학문적 다원성과 개방성에 기초하고 있는 것이다.[8]

이러한 학문의 자유를 실질적으로 보장하기 위하여 오늘날에는 학문의 자유를 –자유로운 학문적 연구와 가르침에 대한 외부적인 침해(특히 국가에 의한 간섭)를 배제하는 것에 그치지 않고– 구체적으로 학문적 활동을 위한 여건의 조성을 포함하는 것으로 이해하고 있다. 이것은 특히 연구를 위해 (개인적으로 부담하기 힘들 정도로 값비싼) 시설이나 기자재가 불가결한 경우에 보다 분명하게 드러난다. 그 밖에 새로이 개척된 학문영역과 기존의 학문영역과의 균형의 문제, 가르침의 수준에 있어서의 격차의 극복 등이 오늘날 학문의 자유의 실현과 관련된 새로운 문제로서 대두되고 있다.

---

7) 오늘날의 고도화된 산업사회는 전문화와 복잡화를 특징으로 한다. 그러한 사회일수록 더욱 전문적인 교육, 그리고 새로운 발견과 발명을 통해 시대의 흐름에 뒤지지 않고자 하며, 나아가 이를 선도하고자 한다. 이에 따라 학문의 급속한 발전은 과거의 예상을 훨씬 뛰어넘고 있다. 이런 현대사회에서 학문적 연구와 그 가르침이 차지하는 비중은 점점 더 커질 수밖에 없다.

8) 또한 학문은 미래지향적인 것이다. 아직 현재화되지 않은 것들을 미리 검토하면서 그 문제들을 살펴보고, 우리 사회가 나아갈 방향에 대한 비전과 대안을 제시하는 것이다. 급속도로 변화 · 발전하는 현대 산업사회에서는 학문의 이러한 기능도 매우 중요하다. 학문의 자유의 현대적 의의와 성격 및 보호범위를 논하는 실질적 의미는 이와 같은 학문적 연구 및 활동의 기능과 연결되었을 때 비로소 정확하게 이해될 수 있을 것이다.

2. 학문의 자유의 새로운 이해와 학문에 대한 국가적 지원

학문의 자유를 -오늘날 일반적으로 인정되고 있는 기본권의 이중성에 따라- 객관적 질서원리로 이해할 경우, **학문에 대한 전통적 형태의 보장**만을, 혹은 **대학(의 자율성)**만을 유지하고자 하는 것은 의미가 없다. 또한 학문의 자유의 보장문제를 전적으로 입법자의 책임사항으로 미루는 것도 올바른 태도는 아니다. 학문의 자유는 개인의 자유로운 활동의 보호에서 출발하지만, 오늘날의 문제는 오히려 자유로운 상호교류로서의 학문이 제 기능을 할 수 있기 위하여 최소한 어떠한 조직적 · 구조적 조건들이 충족되어야 하는지에 있다.

따라서 스스로를 문화국가로 이해하는 국가는 학문의 자유를 -침해의 배제를 통해서 뿐만 아니라- 적극적 활동을 통해서 보호하고 장려하여야 한다. 그러나 또한 국가가 학문의 장려를 위해 제도적 장치들을 마련하게 되는 경우, 이러한 것은 결코 -법률에 의한 것이건 행정행위의 형식으로 행해지는 것이건- 자의적으로 작동되어서는 안 된다는 점이 강조되어야 한다.[9)]

국가는 개개의 학자들이 국가에 의한 각종 지원을 통하여 자유로이 연구하고 가르칠 수 있도록 필요한 조치를 취하여야 할 뿐 아니라, 그 지원(또는 그 지원을 통해 설립되는 기구) 자체가 「학문」이라는 제도의 자유로운 발현을 보장할 수 있도록 하여야 한다는 원칙에 따라서 이루어져야 할 것이다. 즉 **조직상의 자율권, 자치행정권**이 요청되는 것이다. 하지만 국가는 또한 이와 같은 자율권이 남용되어(대학인사에서의 명백한 불공정, 특정분과에의 부당한 편향성 등) 제도화된 자유의 영역을 깨뜨리지 않도록 감시할 의무도 지고 있다.[10)]

3. 위탁연구와 학문의 자유

오늘날 학문적 연구를 위한 재정적 지원은 연구자 개인, 또는 그가 소속되어 있는 대학이나 연구소 자체의 재정만으로는 충분치 못한 경우가 많다. 이에 따라 최근에는 기업 등의 외부기관에서 연구비를 지원받아 특정한 분야에 대한 연구를 진행하는 이른바 위탁연구가 많이 행해지고 있다.

이러한 위탁연구에 대해서도 학문의 자유에 의한 보호가 인정되어야 한다. 특히 문제가 되는 것은 이러한 연구에 있어 연구결과를 발표하는 장소, 시기, 방법 등에 관한 연구자의 자율성이 보장되어야 한다는 것이다.[11)] 마찬가지의 맥락에서 특정 경제주체(기업체)에 의해 자신의 조직 내에, 또는 독립적으로 구성된 연구소가 설립되어 이들이

---

9) 반면에 국가가 특정학문분야에 대하여 중점적인 지원을 하는 것은 -그것이 실제로 「공공복리」에 대한 고려로 나온 불가피하고 합리적인 차별이라면- 중립적 학문장려로 이해된 학문의 자유에 반하는 것으로도, 또한 평등의 원칙에 반하는 것으로도 인정되지 않는다.

10) 즉 학문기관은 자유로운 학문적 다원성을 확보할 수 있도록 조직되어야 한다.

11) 연구를 지원한 기업 등의 이해관계에 따라 연구결과에 대하여 일시적으로 비밀을 준수하도록 하는 것은 인정될 수 있다.

특정 목적을 위한 연구를 진행하는 경우에도 역시 학문의 자유에 의한 보호가 인정되어야 할 것이다.

Ⅳ. 개인의 기본권으로서의 학문의 자유

1. 기본권의 주체

학문의 자유는 **학문을 직업으로 하는 학자, 연구가들의 기본권**을 연상시킨다. 그러나 학문의 자유는 직업적인 학자, 연구가들만이 누릴 수 있는 것이 아니라, **학문적 연구와 가르침을 펴고자 하는 모든 국민**이 누릴 수 있다고 보는 것이 타당하다. 학문의 자유는 소수 엘리트를 위한 기본권이 아니라 모든 국민에게 자아를 실현(인격을 발현)시킬 수 있는 가능성을 보장하는 것이기 때문이다.

그러나 이것이 모든 사람에게 같은 정도의 보호가 부여된다는 것은 아니다. 전문학자와 취미연구가가 같이 취급될 수 없으며, 특히 국가에 의한 연구의 지원 등에 있어서 차별이 있을 수 있다.

또한 자연인 이외에 **법인**도 학문의 자유의 주체가 될 수 있다. 특히 −일반적으로 기본권주체성이 인정되지 않는− 공법인인 국·공립대학의 경우 국가로부터의 독립과 자율성이 사법인인 사립대학과 본질적으로 다르지 않으며, 기본권으로 보호되는 생활영역에 직접 배치되어 있다는 점에서 예외적으로 기본권주체성이 인정된다.[12)]

2. 연구의 자유

(1) 연구의 개념과 보호영역

학문적 연구란 계획적인, 방법적인 기초를 갖고 있는, 새로운 인식을 향한 추구를 의미하며, 그 성공의 여부는 묻지 않는다. 그러나 연구의 개념영역을 구체적으로 한정하는 것은 쉽지 않다. 예컨대 한 사람에게는 새로운 인식의 탐구인 것이 다른 사람에게는 이미 객관적 지식이 되어 있을 수도 있다. 또한 연구의 결과가 동시에 학문적 교류

---

12) 헌법재판소는 서울대학교 입시요강과 관련한 판례에서 "헌법 제31조 제4항은 "교육의 자주성·전문성·정치적 중립성 및 대학의 자율성은 법률이 정하는 바에 의하여 보장된다."라고 규정하여 교육의 자주성·대학의 자율성을 보장하고 있는데 이는 대학에 대한 공권력 등 외부세력의 간섭을 배제하고 대학구성원 자신이 대학을 자주적으로 운영할 수 있도록 함으로써 대학인으로 하여금 연구와 교육을 자유롭게 하여 진리탐구와 지도적 인격의 도야라는 대학의 기능을 충분히 발휘할 수 있도록 하기 위한 것이며, 교육의 자주성이나 대학의 자율성은 헌법 제22조 제12항이 보장하고 있는 학문의 자유의 확실한 보장수단으로 꼭 필요한 것으로서 이는 대학에게 부여된 헌법상의 기본권이다. 따라서 국립대학인 서울대학교는 다른 국가기관 내지 행정기관과는 달리 공권력의 행사자의 지위와 함께 기본권의 주체라는 점도 중요하게 다루어져야 한다. 여기서 대학의 자율은 대학시설의 관리·운영만이 아니라 학사관리 등 전반적인 것이라야 하므로 연구와 교육의 내용, 그 방법과 그 대상, 교과과정의 편성, 학생의 선발, 학생의 전형도 자율의 범위에 속해야 하고 따라서 입학시험제도도 자주적으로 마련될 수 있어야 한다"고 판시함으로써 공법인(당시 판례의 표현을 따르면 공법상의 영조물)인 국립대학교의 기본권주체성을 인정한 바 있다(**헌재 1992.10.1. 92헌마68 등 결정**).

의 출발인 경우도 많으며, 학문적 교류 가운데서 연구가 진행되는 것도 가능하다.

연구활동은 학자의 자유영역에 속하며, 여기서는 공권력으로부터의 자유가 보장된다. 이러한 연구의 자유의 내용으로는 특히 문제의 제기, 방법상의 원칙, 연구결과의 평가 및 그 유포 등이 주장된다.[13] 따라서 좁은 의미의 연구의 자유에는 연구의 대상과 방법, 시기와 장소 등에 대한 자율적 결정 등이 포함된다고 말할 수 있으며, 나아가 넓은 의미의 연구의 자유에는 연구결과를 발표(시기와 방법)할 자유, 연구를 위한 집회·결사의 자유 등이 포함된다.

그러나 연구내용에 대한 완전한 침묵의 자유는 인정되지 않는다. 예컨대 연구를 통해 알게 된 특별한 위험의 존재 등에 대하여는 고지의무를 인정할 수 있을 것이며, 그것은 위협받고 있는 상위의 헌법적 이익의 보호를 위해 정당화될 수 있을 것이다.

(2) 연구조직, 연구에 대한 참여권

오늘날의 연구는 대부분 연구자 개인의 재정적 능력의 한계를 넘어서는 막대한 물자의 투입을 통해서만 이루어질 수 있다. 따라서 오늘날에는 독립적인 학문활동을 보장하고 장려하기 위한 재정적·조직적 조치를 취할 국가의 과제가 강조되고 있을 뿐 아니라, 이와 관련하여 학문의 지원을 위한 국가의 조치가 있을 경우 기본권주체들이 이러한 지원의 혜택을 받을 수 있는 권리가 문제된다.

물론 이러한 지원의 내용과 구체적 범위는 헌법 제31조 제4항에 따라 법률에 의해 정해진다. 그러한 법률은 학문의 자유를 보장하는 가운데서 행해져야 한다.[14] 이와 관련하여 학자(특히 대학교수)의 학문적 최소시설요구권이 주장되기도 하지만, 학문장려에 관한 문화적 기본권의 성격상 −법률에 의한 구체화 없이− 일반적으로 인정되기에는 어려움이 많다.[15]

(3) 연구의 자유와 정보보호

오늘날 정보의 중요성은 널리 인식되고 있으며, 이에 따라 헌법의 차원에서도 정보의 자유(알권리), 개인정보의 보호(사생활의 비밀과 자유) 등이 더욱 중대한 문제로 부각되고 있다. 특히 개인정보의 보호는 학문의 자유와 충돌되는 경우가 많다.[16]

이러한 경우 학문적 활동을 위한 정보의 필요성과 정보보호에 관한 개인적 이익의 어느 쪽에도 무조건적 우위를 인정할 수는 없다. 다양한 학문적 활동 및 이들과 충돌되는 개인정보의 보호에 있어 적절한 기준을 세우는 것은 입법의 과제가 된다.

지금까지의 학설 및 관례에 따를 때, 개인의 익명성이 충분히 보장되는 경우에는 −익명성의 보장을 위한 일정한 요건과 절차에 따라− 학문적 활동을 위해 개인정보를 이용

---

13) 따라서 연구의 자유의 보호범위에는 전적으로 새로운 인식의 획득만이 아니라 획득된 인식을 학문적 방법을 통하여 검증하고, 이를 정리·재구성하는 것도 포함된다.

14) 즉 학문에 적합한 방법으로 −대학 등 학문기관의 자율성 및 기본권주체들의 자유영역을 존중하는 가운데서− 합리적인 기준에 따라 참여의 대상과 범위를 확정하여야 하는 것이다. 즉 여기서도 연구자의 자율적 활동에 대한 존중의 원칙은 인정되어야 한다.

15) 그러나 확보된 재정적 수단들을 적정하게 분배할 것을 청구하는 권리가 인정되기도 한다.

16) 예컨대 의학, 심리학, 나아가 경험적 사회과학의 연구에 있어서처럼 인적 정보가 요구되는 경우가 그러하다.

하는 것이 허용되어 왔다. 반면에 충분한 익명성의 보장이 없을 경우에는 개인관련정보들을 수집·분석하는 작업에 있어서 당사자의 동의를 필요로 하는 경우가 많을 것이다.

(4) 연구의 자유와 유전공학(인간의 유전자)

오늘날 학문적 연구와 관련하여 가장 많이 문제되는 경우로서 유전공학의 예를 들 수 있다. 인류에게 가장 커다란 기여를 할 수도, 또는 엄청난 위험을 야기할 수도 있는 유전공학은 「유전자복제를 통한 인간복제」, 또는 「유전자조작을 통한 특수인간의 창조」 등과 같은 문제에서 인간의 존엄과 직접적인 충돌이 발생될 수 있기 때문에 규제의 필요성이 더욱 강조되고 있다.

물론 순수한 학문적 연구에 있어서는 보다 넓은 자유영역이 인정되어야 한다. 그러나 그러한 학문연구도 헌법상의 기본권으로서 보호될 수 있기 위해서는 헌법적인 기본가치, 인간의 존엄, 인간의 생명과 건강에 대한 존중을 그 출발점으로 삼아야 할 것이며, 이를 벗어나는 연구는 기본권으로서 보호되지 못한다고 보아야 할 것이다.[17]

3. 가르침의 자유[18]

(1) 가르침의 자유의 인적 효력범위

상술한 바와 같이 모든 사람이 학문의 자유의 주체가 된다고 할 때, 가르침의 자유의 인적 효력범위와 관련하여 다음과 같은 문제들이 제기될 수 있다.

① 대학이라는 조직의 범위 내에서 행해지는 모든 유형의 지식의 전달이 학문의 자유에 의한 보호를 받는가? 아니면 어느 정도의 반복강의만 그에 해당되는가? 준비과정 또는 보충적 작업에 해당되는 것들은 애당초 학문의 자유의 보호영역에 전혀 해당되지 않는가?

② 학문의 자유는 대학이라는 조직의 범위에 국한되는가? 아니면 이를 넘어서 초·중등학교의 영역에까지 확대될 수 있는가? 학문의 자유와 초·중등학교 교사의 교육의 자유 및 국가의 (초·중등)학교에 대한 감독, 나아가 부모의 교육권, 학생들의 교육에 대한 권리 등의 상호관계는 어떠한가?

③ 대학과 각종 전문학교 사이에 가르침의 자유와 관련하여 중대한 차이가 있는가?

이와 같은 문제해결의 실마리는 **학문적** 가르침의 본질에서 찾을 수 있다.[19] 연구의 자유가 학문적 인식의 탄생과정을 보호하는 것이라면, 가르침의 자유는 그러한 인식을 방해 또는 영향 받지 않고 학문적 교류의 과정 속에 끌어들일 수 있도록 보장하는 것

---

17) 이에 관한 구체적 규율은 「생명윤리 및 안전에 관한 법률」 참조.

18) 학문의 자유는 학문적 연구활동의 자유와 더불어 그 연구의 성과를 다른 사람들에게 자유롭게 전달하는 것을 주된 내용으로 한다. 종래 이를 「연구의 자유」와 「교수(敎授)의 자유」로 표현했는데, 「교수의 자유」라는 표현은 오해의 소지가 있기 때문에 이를 「강학의 자유」 등으로 바꾸어 부르기도 한다. 하지만 정확한 의미를 살리자면 「교수의 자유」나 「강학의 자유」보다는 「가르침의 자유」라는 표현이 더 적절할 것이다.

19) 학문적 가르침에 대한 특별한 보호는 학문적 연구의 자유에 대한 특별한 보호와 불가분의 관계 속에 있다. 학문의 자유는 연구와 가르침의 전체적 과정을 학문이라는 개념을 통하여 포괄적으로 보장하고 있는 것이다.

이다.

그러므로 적어도 자신의 연구결과를 발표하는 연구가는 (학문적) 가르침의 자유를 원용할 수 있다고 인정하여야 한다. 나아가 생소한 연구결과를 학문적 방법으로 정리하여 다시 전달하거나 이에 대한 비판적인 의견을 형성 · 전달하는 것도 역시 (학문적) 가르침의 자유에 의한 보호의 대상이 된다.[20]

그러나 초 · 중등학교 교사의 **교육의 자유**와 **학문적 가르침의 자유**는 구별되어야 한다. 교육의 자유는 새로운 인식을 학문의 세계에 끌어들이는 것이 아니라 기존의 일반화되어 있는 지식(교육내용)을 전달하는 것이기 때문이다.[21]

⑵ 가르침의 자유에 의한 보호의 범위

가르침의 자유에 의한 헌법적 보호는 가르침을 위해 필요한 요소들에 광범하게 미친다. 이에 속하는 것으로는 가르침의 대상, 형식(강의, 세미나, 연습 등), 방법(소재의 선택, 구성, 토론의 여부 등), 내용, 시간, 장소의 자유로운 선택 등을 들 수 있다.

이러한 가르침의 자유는 ① 국가에 의한 침해로부터 보호되어야 할 뿐만 아니라, ② 학문적 조직(대학, 연구소 등)의 행정기구에 의한 간섭으로부터도 보호되어야 한다. ③ 다른 기본권주체, 특히 학생의 (학습의) 자유와 충돌되는 경우에도 그 보호의 필요성을 생각할 수 있으며, 그 밖에 ④ 외부의 제3자에 의한 방해로부터도 보호되어야 한다.

그러나 가르침의 자유도 절대적인 기본권은 아니며, 다른 법익과 충돌될 경우에 제한될 수 있다. 문제는 이러한 제한의 경우에도 외부적 · 조직적 규제의 정당성과 적정성뿐만 아니라 가르침의 자유가 가능한 실질적인 조건들은 계속 확보되도록 하여야 한다는 것이다.[22]

⑶ 가르침의 자유와 학습의 자유의 관계

학문적 가르침의 내용과 방법뿐만 아니라 그 조직과 절차 등의 문제는 가르치는 이의 자유로운 선택에 맡겨져 있다.

그러나 학문적 교류는 −장기적으로 보아− 일방통행이 될 수도 없고, 되어서도 안 된다는 것이 지적되어야 한다. 나아가 학생들은 「단순한 지식전달의 객체」로서가 아니라 「학문적 논의에 함께 참여하는 대학의 구성원, 학문의 동반자」로서 대우받아야 한다.

⑷ 가르침의 자유의 한계

가르침의 자유와 관련하여 많이 논의되는 것 중의 하나가 세계관적 주장들이 대학에서 강의되는 경우에 학문의 자유에 의해 제한 없이 보호될 수 있느냐 라는 문제이다.

20) 이런 맥락에서 볼 때, 독립적인 강의를 행하는 강사(전문학교의 교수 포함) 등은 물론 (기업체 내의) 상급기술자 또는 연구원 등도 (단순한 이야기를 넘어서는) 학문적 가르침을 펴는 경우 가르침의 자유를 누린다.

21) 따라서 초 · 중등교육에 있어서는 국가의 감독이 (학습자료, 내용, 진도 등과 관련하여) 어느 정도 인정될 수 있다. 그러나 이것도 교사의 교육의 자유를 침해하는 것이 되어서는 안 된다.

22) 학문적 가르침의 내용과 방법 등에 있어서는 대학교수 등 가르치는 이의 판단을 우선적으로 존중할 수밖에 없으며, 따라서 국가적 통제 · 규제는 (의사 · 약사의 국가시험 등과 같이) 최후수단으로서만 인정되어야 하는 것이다.

예컨대 학문적 비판이라는 허울 아래 정치적 목적을 수행하고자 하는 경우, 즉 민주주의와 그 제도들을 비판하고 나아가 이를 경멸하고 우스꽝스럽게 만드는 것도 학문의 자유에 의하여 보호된다고 볼 수 있느냐는 문제가 제기되는 것이다.[23)]

이러한 세계관적 주장에 대하여 학문의 자유를 부정하는 입장에서는 헌법상의 근본가치를 강조한다.[24)] 반대로 이러한 세계관적 주장에 대해서도 학문의 자유를 인정하여야 한다는 입장에서는 학문의 창조적 성격을 강조한다.[25)] 이러한 견해의 대립은 무엇보다 민주주의의 기본성격에 대한 이해, 즉 민주주의의 상대적 성격 및 그 한계로서의 근본가치에 대한 정확한 이해를 통해서만 올바른 해결을 찾을 수 있다.

민주주의의 본질은 다원적 개방성에 있으며, 근본가치(자유민주적 기본질서)를 통한 다원성의 제한은 이러한 다원성 자체의 실질적인 보장을 위한 내재적 한계로 이해될 수 있다. 따라서 대학강의에서의 세계관적 주장들, 헌법에 대한 비판 등은 -그것이 학문적 성격을 벗어나는 정치적 선전·선동이 아닌 한- 학문의 자유의 한계 내에 있는 것으로 인정되어야 할 것이다. 학문적 가르침의 자유의 한계는 **비학문적으로 행해지는** -헌법의 기본원리를 경멸적으로 만드는- 사실과 다른 악의적인 비난의 경우에만 인정되어야 한다.

4. 학습의 자유

학문의 자유는 학문적 교류를 보장하는 것이다. 따라서 가르침과 학생의 관계에 있어서도 일방적인 지식의 전달이 아닌 쌍방적인 학문적 교류의 보장이 문제된다.

따라서 학생들이 누리는 학습의 자유는 단순히 가르침의 자유의 반사적 측면으로 축소되어서는 안 된다. 학문의 자유를 학문적 교류의 보장으로 이해할 때, 학문의 자유의 일부로서의 학습의 자유는 학생들도 학문적 과정(학문적 커뮤니케이션)에 적극적으로 참여할 수 있는 권리로서 인정되어야 할 것이다. 이러한 학문적 참여로서 학습은 학생들의 독자적인 연구활동(학위논문 등)은 물론 강의 및 세미나에서의 독자적인 비판적 의견의 개진 등을 통해서 학문적 커뮤니케이션에 참여하는 것으로 나타난다.

하지만 여기서 또한 지적되어야 할 것은 「진리의 문제에 있어서 다수결은 적용되지 않는다」는 것이다. 학문적 교류에 있어서는 어디까지나 학생보다 교수가 중심적 위치에 있으며, 학생들의 의견이 다수라고 하여 가르치는 이의 의사에 우선할 수는 없는 것이다.

---

23) 이러한 문제는 학문의 자유에 대하여 헌법에의 충성(Verfassungstreue)을 명문화하고 있는 독일의 경우 매우 현실적인 것이며, 또한 우리의 경우도 남북한의 분단과 대립이라는 정치적 상황으로 인하여 매우 민감한 것이다.

24) 즉 헌법(민주주의질서)상의 근본가치에 대한 적극적 신봉까지 의무지울 수는 없을지라도 우리 헌법의 근본가치인 기본권, 국민주권원리, 법치국가사상 등은 학문적 가르침의 자유에 대한 한계로서 작용할 수 있다고 보는 것이다.

25) 기존의 인식에 구속되지 않고 항상 새로운 인식을 추구해 나가는 학문활동에 있어서는 -특히 대학이라는 특정한 장소에 있어서는- 급진적인 비판조차도 허용될 뿐 아니라 오히려 요구되어야 한다고 주장한다.

V. 대학의 자치

1. 대학의 자치의 기본적 의의와 헌법적 근거

대학이 학문적 연구와 가르침의 중심기관이 되어 있고, 이에 따라 학문적 연구와 가르침의 자율성에 대한 보장은 대학의 자율성 내지 대학의 자치와 불가분의 관계에 있는 것으로 인정된다. 대학의 자치가 헌법적으로 인정된다는 것은 학문적으로 중요한 영역에 있어서 입법자의 형성의 자유에 일정한 한계를 긋는 의미가 있다.

그러나 현행헌법은 제22조 제1항에 의한 학문의 자유의 보장과는 별도로 제31조 제4항에서 "교육의 자주성 · 전문성 · 정치적 중립성 및 대학의 자율성은 법률이 정하는 바에 의하여 보장된다"고 규정함으로써 학문의 자유와 대학의 자율성의 상호관계가 문제되고 있으며, 나아가 대학의 자율성에 대한 법률유보의 의미도 논란의 대상이 된다.

이에 관하여는 앞서 설명한 바와 같이 헌법 제22조 제1항은 **전통적인 자유권적 기본권(소극적 방어권)으로서의 대학의 자치**를 내포하고 있으며, 헌법 제31조 제4항은 **대학의 자율성을 확보하기 위하여 필요한 문화국가적 급부의 보장**을 담고 있는 것으로 이해되어야 할 것이다. 따라서 대학 내에서의 자율적인 학사운영과 행정은 헌법 제22조 제1항에 따라 원칙적으로 법률에 의해서도 그 본질적 내용을 침해받지 않는다. 반면에 대학이 학문연구기관으로서 제 기능을 수행하기 위해 필요한 재정적 뒷받침을 국가가 하는 경우에는 헌법 제31조 제4항에 의한 (형성적) 법률유보가 인정되는 것이다. 결국 헌법적 차원에서 주로 문제되는 대학의 자치는 자유권적 측면에서의 대학자치행정이 될 것이다.

2. 헌법적으로 보호되는 대학자치행정의 핵심요소

① **자율적 인사권**: 대학교수 및 교직원의 인사를 대학이 외부의 영향을 받지 않고 자율적으로 결정하는 것은 대학자치의 가장 핵심적인 내용이 된다. 이러한 인사의 자율성 없이는 대학의 자치가 보장될 수 없다.

② **자율적 기구편성권**: 또한 대학은 연구 및 가르침을 위하여 필요하다고 인정될 때에는 내부조직을 자율적으로 편성할 수 있다. 즉 기존 기구의 개편이나 폐지는 물론 새로운 기구의 창설도 가능하다.

③ **학과의 자율적 증설과 폐지**: 대학은 연구 및 가르침의 필요성에 따라 학과를 원칙적으로 자율적으로 증설하거나 폐지할 수 있다. 다만 이러한 권한은 국가적인 인력수급의 필요 등에 따라 법률에 의해 제한될 수 있다.

④ **학생정원의 자율적 증감**: 마찬가지로 대학은 학생정원도 자율적으로 증감할 수 있으나, 이 경우도 국가적인 인력수급의 필요 등에 따라 법률에 의해 제한될 수 있다.

⑤ **학생의 자율적 선발**: 대학이 학생선발에 있어서 자율성을 갖는 것은 당연한 요청이다. 그러나 그것이 공정한 기준을 무시한 자의적인 선발을 허용하는 것은 아니다.

⑥ **대학자치행정에 대한 학생참여의 문제**: 학생도 학문의 자유의 주체이고, 대학

내에서 행해지는 학문적 교류(커뮤니케이션)에 참여할 권리를 갖고 있다는 점에서 대학자치행정에 대한 학생참여도 인정될 수 있다. 즉 학생들도 대학의 관리 · 운영에 대하여 비판하거나 대안을 제시할 수 있다고 인정된다.[26)]

사례 풀이:

1. 국립대학교인 A대학교가 헌법소원심판의 청구인이 될 수 있는가? (20점)
   Ⅰ. 서: 기본권의 성격이해와 기본권주체성 [2점]
   Ⅱ. 헌법소원심판의 청구인 = 기본권의 주체 [5점]
      1. 헌법소원심판의 개념: 공권력에 의한 기본권침해를 다투는 헌법소송
      2. 자연인인 국민의 기본권주체성과 청구인능력
      3. 외국인 또는 법인의 기본권주체성과 청구인능력의 제한
   Ⅲ. 전통적인 기본권이론과 공법인의 기본권주체성 [5점]
      1. 기본권의 출발점: 국가 공권력의 오남용에 대한 통제장치
      2. 전통적인 기본권의 주체 = 공권력의 주체가 아닌 상대방
      3. 전통적인 기본권이론과 공법인의 기본권주체성 부인
   Ⅳ. 공법인의 기본권 주체성이 인정되는 예외적 경우 [7점]
      1. 현대적 기본권이론과 공법인의 예외적 기본권 주체성 인정
      2. 헌법이론과 판례에 따른 공법인의 기본권 인정의 예
      3. 사안에 대한 판단
   Ⅴ. 결론 [1점]
2. A대학교의 헌법소원심판청구는 적법한가? (20점)
   Ⅰ. 서: 헌법소원심판의 유형과 적법요건 [2점]
   Ⅱ. 공권력에 의한 기본권의 침해 [5점]
      1. 공권력으로서의 교육부장관의 제재
      2. 침해되는 기본권
      3. 사안에 대한 판단
   Ⅲ. 기본권침해의 직접성, 현재성, 자기관련성 [7점]
      1. 직접성 요건에 대한 판단
      2. 현재성에 대한 판단
      3. 자기관련성에 대한 판단
   Ⅳ. 보충성 및 기타의 적법요건 [5점]
      1. 헌법소원심판청구의 보충성 요건: 행정소송의 가능성 여부
      2. 변호사강제주의
      3. 청구기간
   Ⅴ. 결론 [1점]
3. A대학교의 헌법소원심판청구가 적법할 경우 헌법재판소는 어떤 본안판단을 내려야 하는가? (60점)
   Ⅰ. 사안의 분석과 쟁점의 정리 [5점]

26) 그러나 이러한 대학자치행정에 대한 학생참여는 어디까지나 학문적 교류를 위한 전제로서 인정되는 것이며, 그러한 한계 내에 머물러야 한다.

Ⅱ. 학문의 자유와 대학의 자치의 인정범위 [10점]
Ⅲ. 자유권에 대한 제한과 법률상의 근거 [15점]
　1. 법률유보 원칙의 의의
　2. 법학전문대학원법 제38조, 제39조의 적용 가능성
　3. 법학전문대학원법 제5조 제2항 등의 위반 여부
Ⅳ. 제재처분의 과잉금지 위반 여부 판단 [15점]
　1. 목적의 정당성과 수단의 적합성
　2. 침해의 최소성
　3. 법익의 균형성
Ⅴ. 헌법재판소의 본안판단 [12점]
　1. 헌법재판소의 결정 유형
　2. 본안에 대한 판단
　3. 헌법재판소 결정의 효력
Ⅵ. 결론 [3점]

제 2 절 예술의 자유

【사례: 영화진흥법에 의한 기본권의 제한】

주식회사 A시네마는 2005.11.18. 영상물등급위원회에 카르로스 레이가다스(Carlos Reygadas) 감독의 '천국의 전쟁'(Battle in Heaven)에 대하여 등급분류 신청을 하였다.

영상물등급위원회는 2005.11.24. 이 사건 영화의 내용 중 성기 노출 등의 음란성을 문제삼아 제한상영가등급 판정처분을 하였다. 이에 A시네마는 2006.2.28. 서울행정법원에 이 사건 처분의 취소를 구하는 행정소송을 제기하고, 2006.5.13. 제한상영가등급 판정을 규정한 영화진흥법 제21조 제3항 제5호 등에 대하여 위헌제청신청을 하였으며, 법원이 이 신청을 받아들여 이 사건 위헌법률심판을 제청하였다.

한편, 국회는 2006.4.28. 영화진흥법(이하 '영진법'이라 한다)을 폐지하면서, 영화와 비디오물을 하나로 묶고 종래 영진법에서 정한 내용들을 흡수하여 법률 제7943호로 '영화 및 비디오물 진흥에 관한 법률'을 제정하였다.

〈헌재 2008.7.31. 2007헌가4 참조〉

〈참고조문〉
영화진흥법 제21조 (상영등급분류)
③ 제1항의 규정에 의한 영화의 상영등급은 다음 각 호와 같다. 다만, 예고편·광고영화 등 본편 영화 상영 전에 상영되는 모든 영화는 제1호에 해당하는 경우에 한하여 상영등급을 분류받을 수 있다.
　5. "제한상영가" : 상영 및 광고·선전에 있어서 일정한 제한이 필요한 영화

영화 및 비디오물 진흥에 관한 법률 제29조 (상영등급분류)

② 제1항 본문의 규정에 의한 영화의 상영등급은 다음 각 호와 같다. 다만, 예고편 · 광고영화 등 영화 상영 전에 상영되는 영화는 제1호에 해당하는 경우에 한하여 상영등급을 분류 받을 수 있다.

5. 제한상영가 : 상영 및 광고 · 선전에 있어서 일정한 제한이 필요한 영화

1. 법원의 위헌법률심판제청은 적법한가? (20점)
2. 영화진흥법에서 '제한상영가' 등급의 영화를 '상영 및 광고 · 선전에 있어서 일정한 제한이 필요한 영화'라고 정의한 것이 명확성원칙에 위배되는가? (20점)
3. 영화진흥법이 제한상영가 상영등급분류의 구체적 기준을 영상물등급위원회의 규정에 위임하고 있는 것이 포괄위임금지원칙에 위배되는가? (30점)
4. 사안의 경우 '영화 및 비디오물 진흥에 관한 법률' 제29조 제2항 제5호에 대해서도 위헌 여부를 판단하는 것이 필요한가? 필요한 경우 헌법재판소는 어떤 본안판단을 내려야 하는가? (30점)

Ⅰ. 예술의 자유의 헌법적 보장의 역사

1. 예술과 국가(정치)의 관계

(1) 근대 이전의 예술

근대 이전의 예술은 거의 대부분 독자적인 존재가치를 인정받기 보다는 특정한 정치이념이나 종교이념 또는 도덕관념에 기여하는 것으로 이해되었고 또 그렇게 이용되었다.

특히 서양의 경우 중세 이래 16세기까지의 예술적 활동은 대부분 교회에 의하여 지도되고 원조되었다. 예술의 거의 모든 영역이 신의 찬미와 교회의 권위의 묘사 등 교회제도에 봉사하고 있었으며, 심지어 종교음악의 경우처럼 교회의 목적을 위해 특정한 분야를 탄생시킨 경우도 있다. 물론 음악, 미술, 연극과 문학 등 예술의 각 장르별로 정도의 차이는 있으나 근대 이전의 예술은 기본적으로 국가(정치)적 관점에 종속되어 있었던 것이다.

(2) 근대의 정치적 · 사회적 발전과 예술의 자율성 확보

중세적 봉건제도의 붕괴와 더불어 예술은 점차 종교적 내지 정치적 의도나 의식에 이용되는 것으로부터 벗어나면서 자율성을 확보할 수 있었다. 이러한 예술의 자율성 확보에 직접적인 계기가 된 것은 시민계급의 성장 및 이와 더불어 형성 · 발전된 다원적 정치 · 사회구조이다.[27]

27) 시민세력의 경제적 성장과 이들을 대상으로 한 예술작품의 상품화는 더 이상 군주나 귀족의 비호 없이도 예술가들이 자신의 예술활동을 통해 생계를 유지하는 것이 가능하도록 만들었다. 또한 시민세력의 힘에 의해 형성 · 발전된 다원적 정치 · 사회구조는 개인의 자유의 최대한의 보장을 통해 예술활동의 자율성이 국가에 의해 간섭받지 않을 수 있는 구조적 기본전제가 되었던 것이다.

물론 이런 과정이 항상 순탄하게만 진행되었던 것은 아니며 예술의 독자적 존재가치를 부정하고 예술을 정치권력의 도구로 이용하려는 크고 작은 시도들은 계속 있었다.[28] 그리고 이러한 시도들에 대응하여 예술의 자유를 기본권으로 보장하고자 하는 노력이 근대 인권선언 이래 지금까지 이어지고 있는 것이다.

2. 표현의 자유로서의 예술의 자유

언론의 자유는 근대 인권선언을 통해 인정되기 시작했으며, 그 보호범위는 포괄적으로 인정되는 것이 일반적이었다. 대부분의 국가에서는 언론을 통한 표현의 유형이나 범위를 폭넓게 인정하여 인간의 정신활동을 외부로 표현하는 것 전부를 포괄하는 것으로 보았던 것이다.

그에 따라 영국과 미국, 프랑스 등에서 근대적 인권선언이 탄생될 당시에는 학문의 자유나 예술의 자유를 -독립된 기본권으로 따로 구성하지 않고- 표현의 자유(또는 언론·출판의 자유)에 내포된 것으로 이해하였다. 물론 표현의 자유로써 예술을 보호하는 경우라고 하더라도 그 표현내용에 따라 상이한 법적 보장과 취급이 가능하고 필요하기 때문에, 예술에 대해서는 표현의 자유를 통하여 보장되는 다른 여러 가지 표현들과는 상이한 법적 취급과 보장이 가능하다.

3. 독자적 기본권으로서의 예술의 자유

이와는 달리 예술의 자유를 독자적 기본권으로 명문화하는 입법례는 독일에서 시작되었다. 독일의 경우, 예술의 자유가 독립된 기본권으로 헌법에 규정된 것에는 특별한 사정이 있었다. 즉 바이마르 헌법 제142조는 비스마르크시대의 문화투쟁(Kulturkampf)에 대한 반작용으로 탄생되었으며, 독일 기본법 제5조 제3항은 나치시대의 국가예술주의에 대한 반성에서 나온 것이다.

한국헌법에 예술의 자유가 도입되는 데 있어서도 유사한 고려가 있었음은 1948년 헌법 제14조에 대해 "이는 종래와 같이 …… 藝術家가 그와 같은 (官權의) 支配를 받아서 御用藝術家가 되는 것을 防止하고자 한 規定이다"라고 설명하는 유진오 박사의 말에서도 분명하게 나타난다.[29]

독자적 기본권으로서의 예술의 자유를 명문화한 의의는 예술의 영역에 대한 국가권력의 간섭과 침해가 자유로운 예술활동을 불가능하게 만들고, 나아가 관치예술, 어용예술이라는 왜곡된 형태의 예술을 탄생시켰던 과거의 경험에 대한 반성에 기초하여 **예술의 자율성을 헌법적으로 보다 강력하고 포괄적으로 보장**하고자 하는 데 있는 것이다.[30]

---

28) 특히 나치는 예술의 자율성을 완전히 부정하고 오로지 체제에의 봉사만을 요구하였으며, 이에 불응하는 예술가들의 작품을 불태우고, 작품활동을 금지시키거나 혹은 이들을 국외추방, 살해하는 등의 가혹한 탄압을 가한 바 있다.

29) 유진오, 헌법해의, 1949, 44쪽.

30) 그러나 예술의 자유에 관한 독립된 헌법규정을 두지 않고 표현의 자유의 한 내포로서 예술의 자유를 인정하고 있는 나라들도 각종 법률에 의해 예술의 보호·육성에 힘을 기울이고 있으며, 실제로 미

Ⅱ. 예술의 개념

1. 문제의 소재

일반적 표현의 자유의 내포로서 예술의 자유를 인정하건, 아니면 독자적 기본권으로 예술의 자유를 인정하건, 오늘날 예술의 자유와 관련하여 가장 많이 논의되고 있는 문제는 예술의 자유의 보호객체의 문제, 즉 예술의 자유에 의해 보호를 받는 (또는 보호받을 만한 가치가 있는) 예술이 과연 무엇인가 하는 문제이다.[31]

국가가 예술(藝術)과 비예술(非藝術)을 임의로 구분하여 그에 대한 보호의 여부를 결정한다면 예술의 자유를 헌법적으로 보장하는 의미가 현저하게 감소되리라는 것은 자명하다. 물론 「무엇이 예술이냐」라는 물음에 답을 줄 수 있는 어떤 보편적 기준이 존재하는 것은 아니다.[32] 그렇다고 스스로가 예술임을 주장하는 모든 행동을 예술로 인정한다는 것도 예술의 자유에 대한 특별한 헌법적 보장의 의미에 맞지 않을 것이다.

이런 상황 속에서 한편으로는 예술의 자유를 보장하고 있는 헌법규정은 곧 내용이나 성질을 기준으로 예술에 대한 개념정의를 내리는 것을 금지하고 있는 것이라고 보는 입장이 대두되는가 하면, 다른 한편으로는 "예술로 규정될 수 없는 것은 보호될 수도 없다"는 말과 함께 예술의 자유에 관한 헌법규정으로부터 실질적 개념정의가 명령되고 있다는 주장이 나오기도 하는 것이다.

2. 내용을 기준으로 한 예술의 개념정의

예술의 개념을 내용적 기준에 따라 실질적으로 정의하려는 시도들은 예술이라는 단어의 어원에서부터 추적을 시작한다.[33] 그러나 이같이 미학의 관점을 끌어들여 예술을 정의하려는 입장을 따르게 되면 계속성과 안정성을 목표로 하는 국가가 예술의 본질을 규정지음으로써 결국 법과 예술(의 창조적 혁신성)이 불가피하게 충돌을 일으키게 된다는 것이 주지의 사실이다.[34] 이런 문제를 피하기 위하여 예술의 본질에 대한 접근을 포기하지는 않되 미학적

국·프랑스·일본 등 명문의 헌법규정이 없는 나라들이 예술의 자유를 덜 보호하고 있다고는 말할 수 없을 것이다.

31) 이러한 예술의 개념정의에 있어서 나타나는 어려움은 무엇보다 예술의 창조적 자율성 내지 혁신성이 국가에 의한 일방적 개념정의를 곤란하게 만들고 있다는 사실에 기인하고 있다.

32) 오히려 오늘날의 전위예술, 실험적 예술의 분야에서 확인될 수 있는 것처럼 기존의 예술관념 내지 기존의 미적 평가기준의 붕괴는 예술가들 스스로조차 예술에 대한 보편타당한 개념정의를 포기하게끔 만들고 있다.

33) 우리말로 예술 또는 기술의 의미로 사용되는 "Kunst"라는 용어에 대하여 예컨대 망골트-클라인(*v. Mangoldt-Klein*)은 Können(능력)이라는 단어에서 도출된 것으로 보면서 단어의 일반적 의미로는 완성을 시킬 수 있는 능력을 가리킨다고 하며, 이것이 (우리가 보통 예술이라 말하는) 좁은 의미로 사용될 때에는 "영적·정신적 내용을 고유한 가치를 갖고 있는 형식을 통해 특정한 법칙에 따라 형상화시키는 것"이라고 정의한다. 이와 유사하게 하르트립(*v. Hartlieb*)은 예술을 "그 본질이 상상과 미적인 것에 속해 있으며, 최소한의 창조성을 보여주는 정신적·영적 내용의 형상화"라고 정의하였다.

34) 아른트(*A. Arndt*)는 이에 관하여 "예술이 탄생될 때에는, 즉 하나의 시작이 있을 때에는 역사 속에 하나의 충격이 가해지는 것이고 역사는 비로소 다시 시작된다"는 하이데거(*M. Heidegger*)의 말을 인용하여 법과 예술의 대립관계를 설명하고 있다.

관점과는 다른 법적 구성을 시도하는 노력들이 있었다.

예컨대 독일 연방헌법재판소는 "예술적 활동의 본질은 예술가의 인상, 경험, 체험 등을 일정한 형태언어를 매개로 하여 직접적인 표상으로 나타내는 자유로운 창조적 형성에 있다. 모든 예술적 활동은 합리적으로는 풀어낼 수 없는, 의식적 및 무의식적 과정들의 혼합인 것이다. 예술적 창조에는 직관, 상상 및 예술적 이해가 공동으로 작용한다. 그것은 무엇보다도 (단순한) 통지가 아니라 (내면으로부터 우러나오는) 표현이며, 더욱이 예술가의 인격의 가장 직접적인 표현인 것이다"라고 설명하고 있다.

또한 숄츠(*Rupert Scholz*)가 "지각될 수 있고 표상으로 나타낼 수 있도록 형태를 부여하는 모든 창조적이고 개인적인 행위는 … 예술로 파악될 수 있다. 그것은 그 창조자의 개인적 체험이 객관화되어 표현된 것이며, 커뮤니케이션을 통한 외부로의 의미전달을 지향하고 있는 것이다"라고 말하는 것도 이러한 맥락에서 이해될 수 있을 것이다.

3. 형식을 기준으로 한 예술의 개념정의

이와는 달리 국가의 예술에 대한 개념정의는 오로지 형식적인 기준에만 의존해야 한다는 반대견해들이 있다. 예컨대 초기의 독일 연방행정재판소 판례는 영화의 예술성에 대하여 언급하면서 "법원의 판단에 맡겨져 있지 않은 예술적 가치의 문제는 도외시하고 … 자유롭게 생각한 행동을 표현하는 것"이라는 입장을 취하면서 표현의 자유와의 구별에 관심을 집중시켰다.

또한 크니스(*Wolfgang Knies*)는 예술의 자유의 목적에서 볼 때, 그리고 국가가 예술의 재판관 노릇을 하는 것은 금지되어야 한다는 관점에서 볼 때, 예술의 질적 내용에 대해서 국가가 법적으로 규정짓는 것은 불가능하며, 또 용납될 수도 없다고 주장한다. 다만 기술적이고 형식적인 유형의 예술개념만이 허용된다는 것이다.

프리드리히 뮐러(*Friedrich Müller*)도 국가가 예술에 대하여 내용적 정의를 내리지 못하도록 하여야 된다고 주장한다. 그는 독일 기본법 제5조 제3항 제1문(예술의 자유)의 "예술"이라는 단어를 유형별로 구분하는 정도까지만 예술의 자유의 보호에 합치된다고 생각한다. 헌법적 개념구성에 있어서의 실제적 유용성의 요청과 법치국가적으로 요청되는 규범의 명확성 및 방법의 명확성은 -예술에 대한 가치적 개념(Wertbegriff)이 아니라- 개별화된 구조개념(Strukturbegriff)만을 허용한다는 것이다.

4. 해결의 시도

예술의 개념정의가 갖는 기본적 의의는 무엇보다 예술의 자유에 의해 보호되는 보호객체를 확정하는 데 있다. 보호객체를 확정하지 않고서, 즉 보호의 대상이 되는 예술이 무엇인지를 알지 못하는 채로 예술의 자유를 헌법적으로 보장한다는 것은 불가능하다. 그리고 그러한 보호객체를 확정할 권한이 일차적으로 국가에 부여되어 있다는 것도 부정할 수 없는 사실이며, 따라서 스스로를 예술이라고 주장하는 모든 활동이 곧바로 헌법적으로 보장되는 예술로 인정되기는 곤란하다.

그렇다고 어떤 실질적인 내용을 예술개념의 구속력 있는 기준으로 삼는 데에도 문제가 있다.[35] 독일 연방헌법재판소나 숄츠(*R. Scholz*)가 예술의 핵심적 개념요소로 생각하고 있는 창조적 형성, 창조적이고 개인적인 행위라는 것이 과연 무엇인지, 모방과 창조의 한계는 어디인지 등의 문제도 오늘날 쉽게 대답될 수 있는 것은 아니다.[36]

예술의 특성상 예술에 대한 내용적 기준들은 점차 주관화되어가는 경향을 뚜렷하게 보이고 있다. 그러나 국가가 특정한 활동을 예술로 인정하고, 그에 대한 특별한 보호를 부여하는 것도 자의적이어서는 안 될 것이기 때문에 보다 객관적인 (즉, 가능한 한 최대한 객관화된) 기준을 필요로 하는 것이다.

헌법적인 예술개념은 -특정 장르의 예술활동 또는 예술작품의 미학적 수준 내지 질에 대한 논란과는 상관없이- 적어도 오늘날 일반적으로 인정되는 모든 장르를 포괄할 뿐만 아니라 새롭게 형성되는 예술분야들까지도 수용할 수 있는 여지를 갖고 있는 객관적이고 가치중립적인 것이어야 한다. 그러한 예술개념은 불가피하게 내용적 · 실질적 요소보다는 형식적 내지 기능적 요소에 의존하게 될 것이다.[37]

그렇다고 예술이 내용적으로 완전히 자유롭다는 것은 아니다. 예술은 그 자신의 제작과정을 통해 스스로를 정의한다. 따라서 예술이라고 주장하는 예술가의 요청 외에도 그 요청이 예술의 비평가나 감상자들에게 어떻게 받아들여지는가도 -구속력 있는 절대적 기준은 아니지만- 중요한 판단기준으로 작용하는 것이 정당화될 수 있는 것이다. 이러한 기본적인 전제 위에서 우리는 예술개념의 폭을 가능한 한 넓게 인정하여야 한다.[38]

Ⅲ. 예술의 자유의 법적 성격

예술의 자유는 기본권이 일반적으로 그러하듯이 주관적 권리로서의 측면과 객관적 질서의 요소로서의 양 측면을 갖는다. 그러나 오늘날 예술의 자유의 법적 성격을 특별

---

35) 예컨대 초기에 많이 논의되던 미학적 기준들을 생각하면 오늘날과 과거에 있어서의 미(학)적 기준 자체가 많이 달라졌고, 또 그러한 기준들이 지금 이 순간에도 계속 변화되고 있다는 것이 문제될 것이다.

36) 예컨대 오늘날 문제되고 있는 혼성모방(pastiche)의 경우 과연 모방인지 혹은 (모방을 통한) 창조인지에 관하여 첨예한 견해의 대립이 있다. 또한 패러디가 과연 단순한 모방에 불과한 것인지, 아니면 그것도 일종의 창조로 보아야 하는지에 대해서도 논의의 여지가 많다.

37) 이렇게 보면 예컨대 예술은 자연과는 달리 인공이 가해진 문화현상이라는 점, 따라서 예술가의 내면이 외부로 표출된 것이라는 점, 그리고 그것이 외부세계와의 커뮤니케이션을 지향하고 있다는 점 등이 기본적인 관점으로 받아들여질 수 있을 것이다. 반면에 예술적 이념과의 친근성이나 예술적 창조의 의도, 혹은 특정한 목적과의 관련성과 같이 주관화되기 쉬운 요소들은 예술개념의 표지로 받아들이기 곤란하다. 즉 광고목적으로 만들어졌는지, 아니면 어떤 정치적 목적으로 만들어졌는지의 여부(이른바 참여예술의 문제)가 그것이 헌법적으로 보호되는 예술작품으로 인정되는지의 여부에 영향을 미치지는 않는다는 것이다.

38) 그것은 곧 인간의 존엄이라는 최고가치의 실현을 위한 인간의 자유로운 인격발현의 영역을 그만큼 넓게 인정한다는 것을 의미한다. 하지만 우리는 이 같은 예술개념의 확대가 갖는 실제적 의미를 과대평가해서는 안 될 것이다. 예술의 자유가 헌법적으로 보장되는 다른 법익과의 충돌을 통하여 제한될 수 있음은 물론, 일단 예술의 자유에 의한 헌법적 보장의 대상으로 인정되고 있다고 하더라도 그 보장의 구체적 내용과 강도, 한계 등은 각종의 예술활동과 예술작품에 있어서 적지 않은 차이를 보일 수 있는 것이다.

히 논의하는 실익을 찾자면 그것은 오히려 일반적 표현의 자유와 예술의 자유의 구별, 학문의 자유와 예술의 자유의 구별 등에서 나타나는 예술의 자유의 특성, 그리고 전통적 자유권과 구별하여 근래 새롭게 파악되고 있는 이른바 문화적 기본권으로서의 예술의 자유가 갖는 특성 등과 관련하여 파악되어야 할 것이다.[39]

일반적 표현의 자유 또는 학문의 자유와 구별되는 예술의 자유의 특성은 무엇보다 예술의 특성으로부터 나온다. 예술은 조직화된 구조 또는 권력으로서의 국가에 의하여 정하여지는 것이 아니라 인간의 자유로운 인격의 창조적 발현으로서 형상화되는 것이며, 그것은 무엇보다도 구속받지 않는 창의성, 기존의 것에 대한 부정을 통해 탄생되는 혁신성, 그리고 객관화 · 체계화되기 어려운 고도의 주관성을 특성으로 한다.[40]

따라서 예술활동에는 다른 기본권보다 넓은 자율성의 영역이 필요하며, 또 인정되는 것이다. 나아가 문화국가적 관점을 끌어들여 예술의 자유를 문화적 기본권으로 이해할 경우에 예술에 대한 국가적 지원의 성격과 내용에 대한 이해가 보다 분명해질 수 있을 것이다. 즉 국가의 예술에 대한 지원은 생존배려의 관점에서 행해지는 사회국가적 관점에서의 급부와는 달리 전체국가의 문화적 수준의 향상이라는 관점에 따라 행해지며, 따라서 그 지원의 내용과 정도도 그런 맥락에서 이해되어야 할 것이다.

Ⅳ. 예술의 자유의 헌법적 보장의 내용

1. 예술의 자율성의 보장

(1) 예술창작의 자유

다양한 유형의 예술작품을 창작할 자유는 예술의 자유의 가장 기본적인 내용이다. 이러한 창작의 자유에는 예술작품의 탄생에 이르는 전체 과정의 자유, 즉 소재선택의 자유, 작품형태선택의 자유, 창작과정의 자유로운 진행 등이 모두 포함되는 것으로 인정된다. 나아가 이를 위한 준비나 연습과정(예컨대 연극을 위한 무대장치와 개막전의 연습)도 이에 포함된다. 그러나 이러한 예술창작의 자유에 대한 헌법적 보장도 절대적인 것은 아니기 때문에[41] 타인의 권리(특히 기본권) 또는 그 밖의 법익과 충돌될 경우에는 제한될 수 있다.

예술창작의 자유는 또한 창작된 예술작품의 보호에까지 미친다. 여기서 문제되는 것은 그러한 예술작품이 고도의 예술성을 갖는다고 인정되는 경우에만 보호의 대상이 되는 것은 아니라는 점이다. 실패한 작품의 경우도 마찬가지로 보호의 대상이 된다. 이

39) 데닝어(*E. Denninger*)가 예술의 자유에 대해 a) 개인의 주관적 권리, b) 객관적 법에 의한 자유보호, c) 자유로운 예술생활의 유지와 장려라는 문화국가적 과제의 3측면을 동시에 인정하고 있는 것도 같은 맥락에서 볼 수 있을 것이다.

40) 바로 이러한 예술의 특성이 예술의 자유를 다른 기본권, 특히 −흔히 무차별적으로 같이 취급되는− 학문의 자유와 구별되도록 만든다.

41) 그러나 김철수교수(헌법학개론, 2007, 822쪽)처럼 창작과정에 있어서는 절대적 보호를 인정해야 한다는 주장도 있다.

와 관련하여 예술창작의 자유는 전문인으로서의 예술가에게만 부여되고 있는 것이 아니라는 점도 아울러 지적되어야 할 것이다.

예술의 자유를 헌법적으로 보장하고 있는 기본적 이유는 수준 높은 예술작품의 창작을 장려하기 위한 것이 아니라 예술창작을 통한 자유로운 인격의 창조적 발현을 보장하기 위한 것이다. 따라서 창조된 예술작품의 질 또는 수준과는 상관없이 예술창작의 자유는 모든 사람에게 똑같이 보장되어야 한다.[42] 또한 예술작품을 만들고자 하는 의도 없이 만들어진 것이라도 예술로 평가되는 작품은 특별한 보호를 받아야 할 것이다.[43]

⑵ 예술표현의 자유

문화현상으로서의 예술의 의의는 단순히 창작에만 그치지는 않는다. 예술은 예술가의 내면세계의 표출이며, 그것은 동시에 외부세계와의 커뮤니케이션을 지향하고 있다. 따라서 예술의 자유에 대한 헌법적 보장은 예술작품의 창작뿐 아니라 창작된 예술작품이 예술가의 의사에 따라 다른 사람들에게 표현되는 것, 전파되는 것에까지 미친다.

이런 의미에서 창작된 예술작품이 전시, 연주, 공연 등의 방법으로 일반대중에게 전달되는 과정도 헌법적으로 보장되는 것이며, 이러한 예술표현의 자유는 예술의 특성상 일반적 표현의 자유와는 다른 특별한 법적 취급 내지 보호가 필요하다고 인정되기 때문에 예술의 자유에 의한 특별한 헌법적 보장을 받는 것이다.[44]

이와 관련하여 예술품의 보급을 직업으로 하는 예술출판사와 음반제작사 등도 예술의 자유에 의한 보호를 받는다는 견해도 있으나 예술품을 직업적 차원에서 취급하는 경우에는 직업의 자유, 또는 그 내용에 따라 언론 · 출판의 자유가 적용되어야 할 것이다. 마찬가지로 예술품의 경제적 활용에 대해서는 재산권이 적용될 뿐 예술의 자유에 의한 특별한 보호를 받지 못한다.

그리고 예술작품에 대한 비판 · 비평은 그 자체가 예술은 아니기 때문에 예술의 자유에 의한 보호의 대상으로 보기 보다는 언론의 자유에 의해 보장된다고 보는 것이 일반적이다.[45]

⑶ 예술적 집회 · 결사의 자유

예술활동을 위한 집회나 결사는 일반적 집회 · 결사에 비하여 강화된 보호를 받는

42) 그러므로 예컨대 국가가 직업예술가계층을 한정하고 이를 허가 등의 방법으로 규제하는 것은 위헌이다.

43) 반면에 예술의 자기목적성을 강조하여 예술의 형태를 갖춘 상업광고 등을 예술의 자유의 보호대상으로 인정하지 않는 견해로는 허영, 한국헌법론, 2025, 499쪽 참조.

44) 이런 맥락에서 헌법재판소는 여러 차례에 걸쳐서 −예술작품의 표현도 의사표현의 한 수단이기 때문에 헌법 제21조 제2항이 적용된다는 점을 밝히면서− 예술작품의 표현에 대한 사전적 검열의 금지원칙을 확인한 바 있다. 이러한 맥락에서 구 영화법 제12조 등에 대한 위헌심판에서 공연윤리위원회의 위헌성을 인정한 바 있으며(**헌재 1996.10.4. 93헌가13등 결정**), 구 음반 및 비디오물에 관한 법률 제17조 제1항 등에 대한 위헌심판에서는 한국공연예술진흥협의회의 사전심의가 위헌임을 인정하였다(**헌재 1999.9.16. 99헌가1 결정**). 또한 영상물등급위원회에 대해서도 검열기관성을 인정한 바 있고(**헌재 2001.8.30. 2000헌가9 결정**), 외국비디오물을 수입할 경우에 반드시 영상물등급위원회로부터 수입추천을 받도록 규정하고 있었던 구 음반 · 비디오물및게임물에관한법률 제16조 제1항 등이 사전검열에 해당한다는 판례도 있다(**헌재 2005.2.3. 2004헌가8 결정**).

45) 권영성, 헌법학원론, 2010, 551쪽; 허영, 한국헌법론, 2025, 500쪽.

다.[46] 이것은 예술활동을 위하여 요청되는 고도의 자율성이 예술활동을 위한 집회나 결사에까지 미치는 것으로 이해될 수 있다.

다만 예술단체의 기본권주체성에 대해서는 논란이 있다. 즉 극장, 박물관, 미술관, 예술학교 또는 교향악단 등이 그 자체로서 예술의 자유의 주체가 되는 것인지, 아니면 이를 구성 또는 이용하는 개개인(예컨대 교향악단을 구성하는 음악가 개개인)이 예술의 자유의 주체이고 이들은 단지 예술의 자유를 집단적으로 함께 행사하고 있다고 볼 것인지에 대해 논란이 있는 것이다.

결사의 자유의 기본적 성격에 비추어 볼 때, 예술단체의 기본권주체성을 부정할 이유는 없겠지만, 예술창작의 자유처럼 성질상 인간의 창조적 정신활동에 해당되는 것까지 결사에 의해 직접 행사되는 것으로 보는 것은 곤란할 것이다.

2. 예술의 장려: 국가의 중립성과 예술에 대한 국가의 지원

현대의 민주국가는 무엇보다 인간의 존엄에 기초한 개인의 자유로운 인격을 최대한 존중하는 국가이다. 따라서 국가는 개인의 다양한 창의적 활동을 최대한 가능케 하는 다원적 구조로 구성되며, 국가는 이러한 다원적 활동 중의 어느 하나를 특별히 우대 또는 배척하지 않는 중립성을 지켜야 한다. 예술의 영역에 있어서도 사정은 다르지 않다. 특정한 예술 혹은 예술가만을 국가적으로 허용하고 그 밖의 예술 또는 예술가를 탄압하는 국가예술주의는 예술의 다양성 · 자율성과 양립될 수 없다.

그러나 오늘날 예술을 비롯한 각종 문화의 형성과 발전을 사회의 영역에 속하는 것으로 취급하여 국가적 관여를 배제하고 사인들의 자유방임에 완전히 맡기는 것으로 국가의 과제가 끝난다고 보기는 어렵다.[47] 스스로를 문화국가로 이해하는 현대국가에 있어서 예술의 자유에 대한 헌법적 보장은 단순히 예술활동의 자율성을 보장하고 이에 대한 국가권력의 간섭을 배제하는 데에 머물지 않고 예술의 진흥을 위한 국가적 지원에까지 미치는 것이다.[48]

모든 유형의 예술활동에 대해 똑같은 지원이 행해진다는 것은 현실적으로 불가능하다. 결국 지원에 있어서는 우선순위가 정해지기 마련이고, 또 국가재정에도 한계가 있기 때문에 지원의 정도에 있어서의 차이가 나타날 수밖에 없다. 하지만 이렇게 되면 결국 국가가 예술활동에 대해 차별을 하는 결과가 발생되게 되고, 그것은 예술에 대한 국가의 중립성과 관련하여 적지 않은 문제를 낳게 된다.

따라서 예술에 대한 국가적 지원에 있어서는 그것이 어떤 기준에 따라 어떤 방식으로 어느 정도까지 행해져야 하는지가 현실적인 문제로서 대두되며, 이러한 기준의 객관

---

46) 이에 따라 「집회 및 시위에 관한 법률」 제15조에 의하여 학문 · 예술 등에 관한 집회에 대하여는 각종 규제가 완화되고 있다.

47) 그럴 경우에는 오히려 악화가 양화를 구축하는 현상을 통해 결국 사회전체의 문화적 수준의 저하라는 결과를 가져오게 될 것이다.

48) 그러나 이와 같은 국가의 문화국가적 과제에서 곧바로 예술활동을 하는 개인의 청구권이 도출되는 것은 아니다.

성 · 공정성 여하에 따라 예술에 대한 국가적 지원의 정당성 여부가 결정되는 것이다.[49] 예컨대 특정 예술가에 대한 자의적(恣意的)인 특혜나 불이익은 평등원칙과 관련하여 문제가 될 수밖에 없으며, 국가가 차별적인 지원을 하는 경우에는 그 차별의 합리적인 근거를 제시할 수 있어야 할 것이다.

Ⅴ. 예술의 자유의 한계와 제한

1. 일반적 기준

예술의 자유가 비록 특별한 헌법적 보장을 누리고 있다고 할지라도 절대적이고 무제한적인 권리는 아니다. 예컨대 화가가 그림을 그리기 위해 광화문 네거리 한복판에서 작업을 한다거나 혹은 건축예술의 명목으로 건축법의 규정을 위반하는 것 등은 허용될 수 없다.

그러나 예술의 자유가 갖는 고도의 자율성의 요청 내지 인간의 존엄과의 직접적 관련성 때문에 특히 예술의 자유의 제한과 관련하여 -일반적 표현의 자유의 제한과 관련하여 논의되는 것 이외에도- 다음과 같은 특별한 기준들이 정립될 수 있다.

① 가치평가를 통해 예술개념을 축소함으로써 예술에 대해 제한을 가하는 것은 허용되지 않는다. 이미 예술의 개념과 관련하여 언급한 것처럼 예술의 자유는 예술의 창조적 자율성 내지 혁신성이 최대한 보장될 수 있도록 구체화되어야 할 것이다.

② 예술의 자유에 대한 헌법적 보장의 한계는 헌법 그 자체 내에서만 찾을 수 있으며, 예술의 자유에 대한 제한은 헌법적으로 보장되는 다른 법익의 보호를 위한 -헌법의 체계적 통일성을 고려하는- 정당한 형량에 기초해서만 정당화될 수 있다. 물론 그와 같은 형량은 일차적으로 입법자의 과제이며, 법률에 의하여 구체화되어서 나타난다.

③ 헌법적으로 보호되는 다른 법익으로는 다른 개인의 권리, 특히 인격권과 재산권이 많이 문제되지만, 공동체의 법익(예컨대 자유민주적 기본질서의 보호)도 이에 속하는 것으로 볼 수 있다.

④ 예술의 자유의 구체적인 한계 내지 제한의 범위는 구체적인 사건을 통하여 확인될 수밖에 없다. 구체적 사건에 접하여 행해지는 예술의 자유와 다른 법익과의 형량에 있어서는 예술의 자유가 헌법의 최고이념인 인간의 존엄과 밀접한 관련 속에 있다는 것이 고려되어야 한다.

⑤ (순수한 미적 기준에 따른) 예술작품의 수준에 대한 판단은 배척된다. 그렇지 않으면 가치평가를 통해 예술개념을 축소함으로 예술에 대해 제한을 가하는 것과 같은 결과가 발생될 것이다.

49) 이러한 기준으로는 중립성 외에 다원성, 보충성 등이 논의된다.

2. 개별적 문제영역

(1) 예술의 자유와 음란성

예술의 자유와 관련하여 가장 많이 문제되는 것은 예술의 자유의 행사와 음란성과의 관계 문제이다. 종래 이에 관해서는 문제되는 작품이 예술성을 갖는 예술작품인지 아니면 예술성을 인정하기 곤란한 음란물에 불과한지에 대한 논의가 중심이 되어왔지만, 헌법적인 예술개념의 외연을 그어주는 데 있어서 예술성에 대한 미적 평가가 개입되어서는 곤란하다.[50)]

이러한 문제들은 오히려 예술이냐 외설이냐의 양자택일의 문제가 아니라 구체적으로 어떠한 보호가치 있는 법익이 그 작품에 의해 침해되고 있느냐(또는 침해될 위험이 있느냐)의 문제로 접근되어야 할 것이며,[51)] 이러한 관점에서 오늘날 보호되어야 할 법익은 구체적으로 세분되어야 할 필요가 있다.

오늘날 성적 문제에 대한 개방화의 경향에 따라 과거에 음란한 것으로 금기시되던 것들 가운데 많은 것들이 (예술작품의 형태이건 아니건) 적어도 성인(成人)에게는 더 이상 도덕적 · 법적 비난의 대상이 되지 않게 되었다. 하지만 그러한 것들이 정신적 · 육체적으로 아직 완전히 성숙하지 못한 청소년에게는 심각한 부정적인 영향을 미칠 수 있으며 이러한 결과는 예방되어야 한다는 데에 대한 일반적 합의가 존재하고 있다.

따라서 –소설이건 영화건 연극이건– 예술의 형태를 취하고 있는 작품의 음란성이 문제되는 경우에는 그 작품의 예술성 여부가 일차적으로 문제되는 것이 아니라 그 작품에 의하여 일반 성인에게, 또는 청소년에게 어떠한 구체적인 법익침해의 위험이 발생될 수 있는지가 먼저 검토되어야 할 것이다. 예컨대 검토의 결과 특정 영화가 성인에게는 용인될 수 있지만 청소년에게는 심각한 부정적인 영향을 미칠 것으로 판단될 경우 –예술(작품)에 대한 제한은 필요한 최소한에 그쳐야 할 것이므로– 무조건적인 전면금지보다는 미성년자의 관람금지와 같은 제한적인 규제의 방법이 우선적으로 사용되어야 하는 것이다.

이와 관련하여 형법상 규정되어 있는 음화반포 등에 관한 죄(제243조), 음화제조

---

50) 그것은 지난 몇 십 년 동안 사회의 개방화과정에 있어서 성에 대한 일반적인 인식이 얼마나 급속도로 변화해 왔는지 되돌아보면 쉽게 납득될 수 있는 일이다. 얼마 전까지 음란하다고 금지되었던 작품들이 잠시 후에는 다시 당당하게 공연, 상연 또는 출판되고, 또 어느 순간에는 다시금 그 중의 일부작품에 대하여 음란성의 시비가 재연되기도 하는 상황에서 예술성과 음란성의 한계를 객관화하려는 시도 자체가 무리일 수밖에 없는 것이다.

51) "문학작품의 음란성 여부는 그 기재사실이 그 표현에 있어서 과도하게 성욕을 자극시키거나 또는 성적 질서를 크게 해칠 정도로 노골적이거나…"라고 말하는 판례(**대법원 1975.12.9. 선고 74도1879 판결**)의 견해도 같은 맥락에서 이해되어야 할 것이다. 그러나 그러한 요건에 해당되는지의 여부는 보다 엄격하게 **구체적 위험성**을 기준으로 삼아야 할 것이다. 성윤리 내지 성의식이 급속도로 변화되고 있는 상황에서 법관 개인의 막연한 거부감정을 기초로 "일반 보통인의 성욕을 자극하여 성적 흥분을 유발하고 정상적인 성적 수치심을 해하여 성적 도의관념에 반하는 것"(예컨대 **대법원 2000.12.22. 선고 2000도4372 판결**)을 이야기하는 것은 기본권을 제한하기 위한 근거로서는 불충분하며, 보다 구체적인 위험의 존재를 입증할 수 있어야 할 것이다.

등에 관한 죄(제244조)의 해석과 적용에서도 –청소년보호법 제7조 이하의 규정들과 유기적인 관련 속에서– 상응하는 단계적 구체화가 필요할 것이다.

(2) 예술의 자유와 명예훼손

예술의 자유와 관련하여 많이 문제되는 것의 하나가 명예훼손이다.[52] 예술작품에 의한 명예훼손은 대부분이 문학작품에 의한 경우이므로 이를 언론·출판의 자유와 명예훼손의 관계에 준하여 생각하려는 견해도 적지 않다. 그러나 언론·출판의 자유(또는 일반적 표현의 자유)와 구별되는 예술의 자유를 독자적 기본권으로 명문화하고 있는 현행헌법 하에서의 해석은 언론·출판의 자유와 예술의 자유의 공통점과 차이점을 분명히 인식하는 가운데서 전개되어야 할 것이다. 이런 관점에서 예술의 자유와 명예권의 충돌이 있는 경우에는 앞서 서술한 기준들에 더하여 다음의 몇 가지 구체적 판단기준들이 추가로 제시될 수 있다.

① 예술의 자유와 마찬가지로 명예권도 헌법적으로 보호되는 기본권으로 인정된다. 따라서 명예권에 의한 예술의 자유의 제한은 가능하다.

② 구체적으로 어느 정도의 명예권의 침해가 있으면 이에 기초한 예술의 자유의 제한이 가능한지는 개별적으로 판단될 수밖에 없다.[53]

③ 하지만 인간의 존엄이라는 근본가치에 의한 예술의 자유의 직접적 제한은 예외적인 것으로 취급되어야 할 것이다. 그 성질상 대상이 되는 공적 인물에 대한 어느 정도의 공격성이 내포될 수밖에 없는 풍자나 캐리커처 등에 있어서는 특히 그러하다.

(3) 예술의 자유와 자유민주적 기본질서

앞서 서술한 바와 같이 자유민주적 기본질서의 보호라는 공동체의 법익도 예술의 자유를 제한하는 요소로서 인정될 수 있다. 예컨대 특정한 영화의 상영이 이성적인 평균인에 미치는 작용으로 인하여 국가의 존립과 그 기본질서(자유민주적 기본질서)에 대한 직접적이고 현존하는 위협을 야기하게 될 경우에는 (영화의 상영이라는) 예술의 자유에 대한 제한이 가능하다.

그러나 이러한 극단적인 경우는 극히 예외적으로만 인정되어야 한다. 자유민주적 기본질서는 민주주의의 다원성을 유지·보호하고자 하는 것이며, 예술의 자유의 보장은 그러한 다원성 보장의 대표적인 예인 것이다. 다만 예술의 형식으로 정치적 의사를 표현하는 경우에 있어서(참여예술도 헌법적으로 보장되는 예술이다!) 그 내용이 민주적 기본질서에 대한 직접적이고 전면적인 부정을 의미하는 경우에 한하여 민주적 기본질서의 보호를 이유로 예술의 자유에 가해진 제한이 정당화될 수 있을 것이다.

---

52) 형법 제307조–제310조 참조.

53) 예컨대 독일 연방헌법재판소는 예술의 자유와 인격권(명예의 보호)의 충돌이 문제되는 사건에 있어서 인격권의 사소한 현재적 침해 또는 인격권의 심각한 침해의 단순한 가능성에 대하여 예술의 자유가 우위에 있다는 결론을 내린 바 있다. 그러나 또한 동재판소는 저명한 정치인을 교미중인 돼지로 묘사한 풍자는 인간의 존엄에 의해 보장되는 명예의 핵심적 부분에 대한 침해이며, 일반적 인격권에 대한 중대한 침해라고 하여 예술활동의 자유에 의해 더 이상 보호될 수 없다는 판결을 내린 바 있다.

사례 풀이:

1. 법원의 위헌법률심판제청은 적법한가? (20점)
   - Ⅰ. 위헌법률심판의 성격과 적법요건의 의미 [2점]
   - Ⅱ. 규범통제와 재판의 전제성 [5점]
     1. 구체적 규범통제의 개념과 특성
     2. 재판의 전제성의 의미
     3. 재판의 전제성의 구성요소
   - Ⅲ. 사안의 재판의 전제성 구비 여부에 대한 판단 [7점]
     1. 법원에의 소송의 계속
     2. 해당 법률(조항)의 당해 사건에의 적용
     3. 해당 법률(조항)의 위헌성 여부에 따른 판결 결과의 차이
   - Ⅳ. 위헌 여부에 대한 합리적 의심과 소의 이익 [5점]
     1. 위헌 여부에 대한 합리적 의심
     2. 소의 이익
     3. 헌법적 해명의 중요성에 따른 예외 인정
   - Ⅴ. 결론 [1점]
2. 영화진흥법에서 '제한상영가' 등급의 영화를 '상영 및 광고·선전에 있어서 일정한 제한이 필요한 영화'라고 정의한 것이 명확성원칙에 위배되는가? (20점)
   - Ⅰ. 서: 명확성 원칙의 의미와 역할 [2점]
   - Ⅱ. 법치주의와 기본권 제한에서 법률의 명확성 요청 [5점]
     1. 법치주의와 예측가능성
     2. 기본권 제한 법률의 예측가능성
     3. 기본권 제한 법률의 명확성: 막연하기 때문에 무효
   - Ⅲ. 명확성 원칙 위배 여부의 판단기준 [7점]
     1. 문구의 명확성
     2. 다른 규정의 보완을 통한 예측가능성의 확보
     3. 탄력적인 적용의 필요성 여부
   - Ⅳ. 영화진흥법 조항의 명확성 위반 여부에 대한 판단 [5점]
     1. 문구의 불명확성
     2. 다른 조항을 통한 보완의 불충분성
     3. 탄력적 적용 필요성의 부존재
   - Ⅴ. 결론 [1점]
3. 영화진흥법이 제한상영가 상영등급분류의 구체적 기준을 영상물등급위원회의 규정에 위임하고 있는 것이 포괄위임금지원칙에 위배되는가? (30점)
   - Ⅰ. 서: 포괄위임입법금지원칙의 의미와 기능 [3점]
   - Ⅱ. 법치주의의 구체화로서의 포괄위임금지원칙 [6점]
     1. 법치주의와 법률유보
     2. 법률유보의 형해화에 대한 우려와 헌법 제75조
     3. 포괄적 위임 금지의 의미: 법률에 의한 규율의 밀도 유지
   - Ⅲ. 포괄위임금지원칙 위배 여부의 판단기준 [9점]
     1. 법률로 정해야 할 사항인지의 여부

2. 법률의 전체적 맥락 속에서 해석
3. 규율대상이 요구하는 탄력성의 고려

Ⅳ. 영화진흥법 조항의 포괄위임금지원칙 위배 여부에 대한 판단 [10점]
1. 사안의 성격과 위임 형식의 문제: 영상물등급위원회의 규정에 위임
2. 법률에 의한 구체적 기준의 제시 여부
3. 탄력적 규율 필요성의 인정 어려움

Ⅴ. 결론 [2점]

4. 사안의 경우 '영화 및 비디오물 진흥에 관한 법률' 제29조 제2항 제5호에 대해서도 위헌 여부를 판단하는 것이 필요한가? 필요한 경우 헌법재판소는 어떤 본안판단을 내려야 하는가? (30점)

Ⅰ. 서: 위헌법률심판에서 심판대상 확장의 의미 [3점]

Ⅱ. 위헌법률심판의 구조와 심판대상의 특정 필요성 [7점]
1. 법률의 위헌성 판단의 의미와 기능
2. 위헌법률심판에서 심판대상 특정의 의미
3. 심판대상 특정의 기준: 재판의 전제성

Ⅲ. 심판 도중의 법개정과 심판대상의 확장 필요성 [8점]
1. 심판 도중의 법개정과 그 파급효
2. 위헌결정의 실효성 확보를 위한 심판대상 확장 필요성
3. 법질서의 정합성과 소송경제를 위한 심판대상 확장 필요성

Ⅳ. 법적 공백상태의 발생과 헌법불합치 결정의 필요성 [10점]
1. 사안에 대한 판단과 결정 형식의 문제
2. 입법의 공백과 헌법불합치 결정의 필요성
3. 헌법재판소 결정의 효력

Ⅴ. 결론 [2점]

제 9 장 참정권: 국민투표권, 선거권, 공무담임권, 정당 설립 및 활동의 자유

「제9장 참정권」에서는 선거권, 공무담임권, 국민투표권 등의 정치적 기본권들을 참정권이라는 이름으로 묶어서 정리한다. 사실 정치적 기본권이라는 용어는 매우 막연한 것이다. 도대체 「정치」가 무엇이냐에 대해서 많은 논란이 있을 뿐만 아니라 그 범주에 들어가는 기본권의 범위에 대해서도 -특히 언론의 자유, 집회의 자유, 결사의 자유 등이 이에 속하는지의 여부를 중심으로- 적지 않은 논란이 있다.

여기서는 참정권이라는 분류 하에서 국민의 직접적인 정치참여에 관한 기본권들을 정리하고자 하며, 언론의 자유, 집회의 자유, 결사의 자유 등과 같이 정신적 자유권으로서의 성격을 갖고 있는 동시에 정치참여를 위해서도 이용될 수 있는 기본권들은 배제하였다. 그것은 그러한 기본권들이 여기에서 논의되는 기본권들과는 구별되는 구조와 성격을 가지고 있다는 점에 주목한 것이다.

헌법 제24조: 모든 국민은 법률이 정하는 바에 의하여 선거권을 가진다.

헌법 제25조: 모든 국민은 법률이 정하는 바에 의하여 공무담임권을 가진다.

헌법 제72조: 대통령은 필요하다고 인정될 때에는 외교 · 국방 · 통일 기타 국가안위에 관한 중요정책을 국민투표에 붙일 수 있다.

헌법 제130조: ① 국회는 헌법개정안이 공고된 날로부터 60일 이내에 의결하여야 하며 국회의 의결은 재적의원 3분의 2 이상의 찬성을 얻어야 한다.

② 헌법개정안은 국회가 의결한 후 30일 이내에 국민투표에 붙여 국회의원선거권자 과반수의 투표와 투표자 과반수의 찬성을 얻어야 한다.

③ 헌법개정안이 제2항의 찬성을 얻은 때에는 헌법개정은 확정되며, 대통령은 즉시 이를 공포하여야 한다.

헌법 제 8 조: ① 정당의 설립은 자유이며, 복수정당제는 보장된다.

② 정당은 그 목적 · 조직과 활동이 민주적이어야 하며, 국민의 정치적 의사형성에 참여하는데 필요한 조직을 가져야 한다.

③ 정당은 법률이 정하는 바에 의하여 국가의 보호를 받으며, 국가는 법률이 정하는 바에 의하여 정당운영에 필요한 자금을 보조할 수 있다.

④ 정당의 목적이나 활동이 민주적 기본질서에 위배될 때에는 정부는 헌법재판소에 그 해산을 제소할 수 있고, 정당은 헌법재판소의 심판에 의하여 해산된다.

제1절 참정권의 의의와 헌법적 기능

Ⅰ. 참정권의 개념

정치의 개념이 매우 다의적이기 때문에 그로 인하여 야기되는 혼란도 적지 않다. 「정치」, 「경제」, 「사회」, 「문화」라는 분류도 얼핏 보기에는 적절한 것 같지만 정확하지 않은 면이 많다. 예컨대 경제에 관한 국가정책결정, 사회나 문화에 관한 정치적 논쟁도 가능하기 때문에 정치를 단순히 특정 영역에 한정시키는 것으로(즉 경제, 사회, 문화의 영역과 병립하는 영역으로) 보기는 어렵기 때문이다.

정치라는 것은 영역의 문제라기보다는 오히려 방식 내지 과정의 문제라고도 볼 수 있다. 즉 민주주의를 전제할 때 (넓은 의미의) 정치란 **공적 사안의 해결에 관한 의사의 수렴 및 결정과정**이라고 말할 수 있다.[1] 경제나 사회·문화 영역의 문제도 -그것이 공적인 성격을 갖고, 이를 위해 공적인 의견의 표명과 수렴 및 이를 통한 공적 의사결정과정이 문제된다면- 정치과정 속에 포섭되는 것이다.

따라서 넓은 의미의 정치와 관련되는 기본권의 범위는 매우 넓다. 의사의 표현과 관련되는 모든 기본권이 직접 또는 간접으로 정치과정의 전제가 될 뿐만 아니라, 언론의 자유나 집회의 자유, 결사의 자유 등의 기본권을 행사하지 않고는 민주적 정치과정 자체가 가능하지 않다.[2] 나아가 경제적 기본권이나 사회적 기본권도 정치과정과 무관하다고는 할 수 없을 것이다.

그렇기 때문에 기본권분류의 한 유형으로서 정치적 기본권을 이야기할 때에는 대체로 좁은 의미의 정치를 전제한다. 즉 정치적 의사결정과정에 국민이 **직접** 참여하여 자신의 정치적 의사를 -언론의 자유 등을 통해 표현하고 그 결과가 수렴되도록 하는 정도의 소극적인 것이 아니라- 적극적으로 반영시키는 기본권을 **참정권(정치참여권)**이라는 이름으로 분류하여 다른 기본권들과 구별하고 있는 것이다.

Ⅱ. 참정권의 헌법상 의의와 기능

오늘날 국민의 정치참여에 관한 기본권으로서 참정권의 의미는 민주주의의 실현과정과 분리되어 생각될 수 없다. 민주주의는 국민의 참정권을 인정하기 위한 전제이고,

---

1) 그 중에서도 공적인 성격이 가장 강하게 나타나는 것은 전체 국민의 사안이라고 할 수 있는 국가의 조직과 활동에 관한 것, 그리고 그 밖에 오늘날 국가 못지않게 중요한 비중과 역할을 담당하고 있는 조직으로서 정당에 관한 것을 들 수 있다. 그리고 지방자치단체에 관한 사안도 -비록 국가적 사안에 비하면 약하지만- 공적 성격이 강하다고 할 수 있다.

2) 물론 이들 기본권이 반드시 정치과정에서만 행사되는 것은 아니며, 다른 목적(예컨대 학문, 예술, 친목, 오락 등)을 위해서도 행사될 수 있다. 그렇기 때문에 이들 기본권이 단순히 정치적 기본권으로 분류되기보다는 좀 더 포괄적인 의미에서 정신적 자유권이라고 분류되는 것이다.

또 결과인 것이다.

참정권, 즉 국민이 정치적 의사결정과정에 직접 참여하여 자신의 의사를 반영시키는 방법은 다양한 방향에서 모색될 수 있다. 하지만 대의제를 중심으로 이루어지는 민주적 국가질서의 형성이라는 커다란 테두리 안에서 볼 때, 이는 크게 네 가지로 나누어 질 수 있다.

첫째, 국민은 대표자를 직접 선출함으로써 정치적 의사결정에 참여한다. 국민주권이 민주주의의 출발점이기는 하지만, 주권자인 국민이 모든 국가사무를 직접 처리하는 것은 현실적으로 불가능하다. 그렇기 때문에 현대 민주주의는 대의제의 형태로 운용되고 있으며, 그 첫걸음은 국민이 -국민을 대신해서 국가사무를 처리할- 대표자를 선출하는 것이기 때문에 이러한 대표자선출권, 즉 **선거권**이 참정권 중에서 첫째로 꼽힐 수 있다.

둘째, 대의제민주주의 하에서 국민에 의해 선출되는 대표자는 국민 가운데 한 사람이어야 한다. 과거의 군주나 귀족처럼 특정한 계층에 속하는 사람만이 국민의 대표자가 될 수 있다고 할 경우에는 그 대표성에서 문제가 생길 수 있을 뿐만 아니라 국가사무처리의 공정성에 대해서도 끊임없는 문제가 발생될 것이기 때문이다. 따라서 모든 국민은 스스로 대표자가 될 수 있는 기본권, 즉 (피선거권을 포함한) **공무담임권**을 갖는다.

셋째, 대의제민주주의의 가장 근본적인 딜레마의 하나가 국민의 의사와 대표자의 의사의 불일치라는 문제이다. 양자가 완전히 일치될 수는 없지만, 그렇다고 불일치가 바람직한 것은 결코 아니다. 그런 가운데 대표자가 국민의 의사를 벗어나는 것을 최소화하기 위해 직접민주제적 요소를 가미하는 경우가 드물지 않으며, 특히 현행헌법은 국민투표제도를 도입하고 있다. 이러한 경우 국민이 국가적 중요사항을 직접 결정하는 **국민투표권**도 참정권의 하나로 인정된다.

넷째, 현대국가는 정당국가라고 일컬어진다. 그만큼 정당이 차지하는 비중이 높아지고 있는 것이다. 이런 맥락에서 정당을 매개로 한 국가사무에의 참여(**정당 설립 및 활동의 자유**)도 -비록 선거권과 공무담임권, 국민투표권처럼 국가적 사안을 직접 결정하는 것은 아니지만- 역시 참정권의 하나로 인정될 수 있다.[3]

이들 참정권에 속하는 기본권들은 각기 민주적 국가질서를 형성하는데 중요한 의의와 기능을 담당하고 있다. 대의제(←선거권, 공무담임권) 및 이에 대한 보완(←국민투표권), 다원주의(←정당설립 및 활동의 자유) 등 민주주의의 중요한 구성요소들이 이들 참정권과 직접 연결되어 있으며, 참정권은 그러한 민주적 정치과정의 전제가 되고 있기 때문이다.

---

3) **헌재 2004.3.25. 2001헌마710 결정**: "오늘날 정치적 기본권은 국민이 정치적 의사를 자유롭게 표현하고, 국가의 정치적 의사형성에 참여하는 정치적 활동을 총칭하는 것으로 넓게 인식되고 있다. … 이러한 정치적 자유권에는 정치적 의사를 자유롭게 표현하고, 자발적으로 정당에 가입하고 활동하며, 자유롭게 선거운동을 할 수 있는 것을 주된 내용으로 한다."

또한 참정권에 속하는 기본권들은 국가적 의사결정의 중요한 구성요소가 되기 때문에 외국인들에게는 인정되기 곤란하다는 공통점을 갖는다. 참정권은 이른바 **국민의 권리**로 인정되는 기본권들에 속하는 것이다. 그리고 참정권은 전통적인 자유권, 즉 전(前)국가적 권리에 포섭될 수 없는 **국가 내적 기본권**이라는 점, 국가의 존재를 전제하는 가운데 국가질서를 형성하는 구체적 방식과 관련된 기본권이라는 점도 참정권을 넓은 의미의 정치적 기본권과 구별하게 만드는 중요한 요소의 하나이다.

제2절 선 거 권

Ⅰ. 민주적 선거의 본질, 기능과 그 전제조건

1. 현대의 정치적 조건과 대의제 민주주의

민주주의의 출발점은 국민주권이다. 그러나 군주주권과는 달리 국민주권은 국민이 실제로 행사할 수 있는 권력이 아니다. 전체로서의 국민이 하나하나의 국가사무에 대해 공통된 의사를 형성하여 결정하고 처리한다는 것이 현실적으로 불가능하기 때문이다. 또한 최근에는 국가사무 자체가 고도로 전문화되었기 때문에 전문적 지식과 정보가 없는 일반국민이 이를 담당하는 것이 불합리하게 되었다는 점도 중요한 의미를 갖는다.

그로 인하여 현대의 민주주의는 대의제를 기본으로 하게 되었다. 즉 국민이 국가사무를 직접 결정하고 처리하는 직접민주주의는 가능하지도 않고 바람직하지도 않기 때문에, 간접민주제의 형태로 실현되고 있는 것이다. 그 결과 대의제의 첫 단추인 대표자의 선출과정, 즉 선거는 민주주의 자체의 성패를 좌우할 수 있을 정도로 중요한 의미를 갖게 되었다.[4)]

2. 선거의 기능

선거의 기능은 다양한 관점에서 분석될 수 있다. 하지만 선거가 갖는 헌법적 의의와 기능은 세 가지로 집약될 수 있다.

첫째, 대표자를 선출함으로써 그에게 국가권력을 담당하고 행사할 수 있는 **정당성을 부여**한다. 즉 국민의 정당한 대표자의 자격으로 국민을 위해 국가사무를 담당하고 처리할 수 있는 권한을 부여받는 것이다.

둘째, 선거는 **통제**의 기능을 한다. 즉 국민은 선거권의 행사를 통해 특정 후보자를 대표자로 선출할 수 있을 뿐만 아니라, 그를 선출하지 않을 수도 있기 때문에 선거를

---

4) 그 때문에 선거권은 오늘날 참정권을 대표하는 기본권의 하나로 꼽히고 있다. 그러나 선거권의 범위 및 행사방식 등은 법률에 의해 구체화되므로, 선거권의 구체화는 선거제도와의 연계 속에서 검토되어야 할 것이다. 선거제도에 관하여 상세한 것은 「제1권 제3부 제2장 **선거제도**」 참조.

통한 통제가 가능한 것이다.[5] 이런 맥락에서 통제의 기능은 정당성 부여의 기능과 표리의 관계에 있다고 할 수 있다.

셋째, 국민들이 선거에 참여함으로써 **주권의식 및 민주의식이 고양**되고, 선거를 통해 **국민적 통합**을 이루게 되는 기능이 있다. 선거를 통해 국민들은 자신이 실질적으로 주권자임을 자각하게 되고, 선거와 결부된 각종 민주주의의 실현과정에 보다 적극적으로 참여할 의지를 갖게 되며, 나아가 선거에의 참여를 통해 국가에 대한 소속감을 느끼게 된다는 것이다.

3. 선거의 민주성을 위한 전제조건

그러나 선거의 형식을 취한다고 해서 항상 선거의 민주성이 확보되는 것은 아니다. 진정으로 민주적인 선거가 가능하기 위해서는 여러 전제조건이 갖추어져야 한다. 우리의 현실에서 특별히 유의해야 할 조건으로 두 가지가 있다.

첫째, 최근 문제되는 선거에 대한 참여율의 저하와 관련하여 **가능한 한 많은 국민들이 선거에 참여**하는 것이 중요하다는 점이 강조될 필요가 있다. 선거를 통한 정당성의 부여나 통제는 그것이 국민 다수의 의견이라는 점에 기초하고 있는 것이다. 그런데 정작 선거에 참여하는 국민의 수가 오히려 소수라면 선거의 정상적 기능을 기대하기 어려울 것이다.

둘째, 국민의 선거에 대한 관심을 다시금 높이기 위해서라도 **선거를 통한 선택의 가능성**이 실질적으로 존재해야 한다.[6] 단지 형식적으로만 복수정당제, 다수의 후보가 경합하는 선거가 존재하는 것으로는 충분하지 못하다. 선거를 통해 다원적인 대안 가운데서 선택할 수 있는 실질적인 가능성이 존재해야 하는 것이다.

Ⅱ. 선거권의 의의와 선거제도

1. 선거권의 의의

선거권이란 국민이 그들의 대표자를 선출하는 과정에 참여할 수 있는 권리, 즉 선거에 참여할 수 있는 권리를 말한다.

선거권은 원칙적으로 주권자인 국민 모두에게 인정된다.[7] 그러나 선거권이 실질적으로 어떻게 보장되는가는 선거제도를 어떻게 구체화시키는가에 달려 있다. 즉 선거제도는 자유와 평등이라는 민주주의의 이념에 의해 이끌어지고 있지만, 이를 어떻게 구체

5) 정당국가에서는 이러한 통제의 의미가 더욱 강조될 수 있다. 후보자에 대한 통제는 그의 임기가 끝난 후에야 다시금 가능해지겠지만, 후보자를 공천한 정당에 대한 국민의 통제는 선거의 유형과 무관하게 모든 선거에서 계속될 수 있기 때문이다.

6) 과거 독재정권 하에서보다 오히려 오늘날 선거에 대한 국민의 관심이 낮아진 현상의 가장 큰 원인은 무엇보다 정당들 내지 정치인들의 차별성이 크지 않다는 점에서 찾을 수 있다. 특정 정당이나 후보자를 특별히 지지해야 하겠다는 생각을 못하는 상황에서 선거에 대한 관심도는 낮아질 수밖에 없다.

7) 하지만 현실적으로 선거권은 연령 기타 여러 가지 사유에 의해 제한될 수 있다.

화할 것인지는 각 국가의 정치적·사회문화적 배경에 따라 달라질 수 있다.

2. 선거의 기본원칙

선거의 출발점은 민주주의의 기본이념인 자유와 평등이다. 이러한 선거의 출발점을 구체화시켜서 선거의 모든 과정을 지배하는 원칙으로 정리한 것이 현행헌법 제41조 제1항과 제67조 제1항에 규정된 보통, 평등, 직접, 비밀선거의 원칙이다.

선거에 모든 국민이 평등하게 참여할 수 있도록 인정한 것이 보통선거이고, 선거에 참여하는 국민들에게 동등한 투표가치를 인정함으로써 평등을 실현시키고자 하는 것이 평등선거이다. 또한 직접선거는 국민의 자유로운 의사가 직접 반영되도록 하는 것이며, 비밀선거는 선거의 자유에 대한 침해를 막기 위한 것이다.[8]

3. 선거의 제도적 구체화

자유와 평등이라는 민주주의의 이념, 그리고 이를 구체화시킨 선거의 기본원칙을 준수하는 가운데 구체적으로 대표자를 선출하는 방식을 어떻게 정할 것인지는 각 국가의 입법례에 따라 적지 않은 차이를 보이고 있다.

예컨대 대표결정의 방법에 따라 다수대표제, 소수대표제, 비례대표제, 직능대표제 등이 나누어질 뿐만 아니라, 선거구의 분할방식에 따라 소선거구제, 중선거구제, 대선거구제, 전국구제 등이 나누어진다. 우리의 경우에는 대통령선거에 있어서 전국을 단일 선거구로 하는 상대적 다수대표제가 채택되고 있으며, 국회의원선거에 있어서는 지역구의 소선거구 (상대적) 다수대표제와 전국구의 비례대표제가 혼용되고 있다.

그 밖에 선거구의 획정, 선거실시시기의 문제 등도 선거제도의 문제로 다루어질 수 있으며, 이들이 어떻게 구체화되느냐에 따라 선거권행사의 실질적인 의미와 비중 및 방식이 달라질 수 있다.[9]

Ⅲ. 선거권의 제한

1. 국민의 기본권으로서의 선거권과 법률에 의한 제한

선거권도 국민의 기본권의 하나이며, 기본권제한의 요건과 기준에 따라 법률로 제한될 수 있다. 그러나 민주주의에 있어서 선거가 차지하는 비중, 그리고 국민의 선거권 보장이 차지하는 비중을 고려하여 선거권의 제한은 매우 엄격한 요건에 의하여 한정된 범위에서만 인정되어야 한다.

---

8) 선거의 기본원칙에 관하여 상세한 것은 「제1권 제3부 제2장 제3절 **선거의 기본원칙**」 참조.

9) 선거제도에 관하여 상세한 것은 「제1권 제3부 제2장 제4절 **선거제도의 유형: 대표법(대표자 선출방법)과 선거구**, 제5절 **현행헌법 하의 선거방식**」 참조.

2. 선거기준연령에 의한 제한

공직선거법 제15조에 의해 만18세에 달하지 못한 국민에게는 선거권이 제한되고 있다. 일정한 연령과 같은 정당한 형식적 기준에 따라 선거권을 제한하는 것은 인정될 수 있으나, 과거 19세가 적정한가에 대해서는 논란이 있었다. 민법상의 성년에 맞춰서 만 19세를 기준으로 하던 것이 많은 논의 끝에 18세로 하향조정된 것이다.[10]

3. 특별한 선거권제한사유

공직선거법 제18조 제1항은 ① 금치산선고를 받은 자, ② 1년 이상의 징역 또는 금고 이상의 형의 선고를 받고 그 집행이 종료되지 아니하거나 그 집행을 받지 아니하기로 확정되지 아니한 자, ③ 선거범죄 등[11]에 의해 100만원 이상의 벌금형의 선고를 받고 그 형이 확정된 후 5년 또는 형의 집행유예의 선고를 받고 그 형이 확정된 후 10년을 경과하지 아니하거나 징역형의 선고를 받고 그 집행을 받지 아니하기로 확정된 후 또는 그 형의 집행이 종료되거나 면제된 후 10년을 경과하지 아니한 자(형이 실효된 자도 포함한다), ④ 법원의 판결 또는 다른 법률에 의하여 선거권이 정지 또는 상실된 자에 대하여 선거권의 행사를 제한하고 있다.

이러한 제한은 선거권이라는 중요한 기본권에 대한 심각한 제한임에 틀림없으나, 네 가지 경우가 모두 법원의 판결을 통해서만 확정되는 등 엄격한 요건을 전제하고 있기 때문에 과도한 제한은 아니라고 할 수 있다.

제 3 절 공무담임권

Ⅰ. 공무담임권의 의의와 기능

1. 공무담임권의 의의

공무담임권이란 공직에 취임하여 국가의 사무를 직접 담당할 수 있는 권리를 지칭한다. 대의제민주주의 하에서 국민의 국가의사결정에 대한 참여는 단순히 대표자를 선출하는 것으로 끝나지 않는다. 한 걸음 더 나아가 스스로 국민의 대표자가 되어 국가사무

---

10) 이에 관하여는 「제1권 제3부 제2장 제2절 Ⅰ. 선거권」 참조.

11) 공직선거법 제18조 제2항에 따르면 '선거범'이란 공직선거법 제16장 벌칙에 규정된 죄와 「국민투표법」 위반의 죄를 범한 자를 말한다. 또한 선거범에 준하여 선거권이 제한되는 경우로서 공직선거법 제18조 제1항 제3호는 "「정치자금법」 제45조(정치자금부정수수죄) 및 제49조(선거비용관련 위반행위에 관한 벌칙)에 규정된 죄를 범한 자 또는 대통령 · 국회의원 · 지방의회의원 · 지방자치단체의 장으로서 그 재임중의 직무와 관련하여 「형법」(「특정범죄가중처벌 등에 관한 법률」 제2조에 의하여 가중처벌되는 경우를 포함한다) 제129조(수뢰, 사전수뢰) 내지 제132조(알선수뢰) · 「특정범죄가중처벌 등에 관한 법률」 제3조(알선수재)에 규정된 죄를 범한 자"를 들고 있다.

를 직접 담당할 수 있는 권리가 모든 국민의 기본권으로 인정되고 있는 것이다.

이러한 공무담임권은 **선거직 공무원**, 즉 대통령, 국회의원, 지방자치단체장 및 지방의회의원 등으로 선출될 수 있는 자격을 의미하는 피선거권뿐만 아니라 장관, 차관 기타 행정직 공무원이나 판사, 검사 등을 포함한 **임명직 공무원**으로서 국가사무를 담당할 수 있는 권리를 포함한다. 국민의 직접적 대표자로서 국가사무를 담당하는 경우뿐만 아니라 간접적 대표자로서 국가사무를 담당하는 경우에 대해서도 공무담임권이 인정되는 것이다.

2. 공무담임권의 기능

과거 군주제시대처럼 국가사무의 담당자가 일반국민과 단절된 특수한 계층에 국한될 경우에는 진정한 민주주의의 실현을 기대할 수 없다. 진정한 민주주의는 국민의 직접·간접의 정치참여를 광범위하게 가능케 해야 할 뿐만 아니라, 모든 사람에게 국가사무를 담당할 수 있는 균등한 기회를 부여하여야 한다. 이는 공무집행의 객관성과 공정성의 확보를 위해서도 필요하다.

이런 맥락에서 모든 국민에게 공무담임권이 인정되는 것은 민주주의의 실현에 있어서 선거권에 못지않은 의미와 비중을 갖는다고 할 수 있다. 그러나 공무담임권이 선거에서의 당선, 공무원채용시험의 합격 등 주관적 전제조건에 의해 제한되는 것은 현실적으로 불가피한 것으로 인정될 수밖에 없다.

Ⅱ. 공무담임권의 내용

1. 직업으로서의 공직과 「직업의 자유에 대한 특별법」으로서의 공무담임권

공무담임권은 공직에 취임하여 공무원이 될 수 있는 기본권이라고 할 수 있다. 그러나 민주주의 하의 공직에서는 권력의 의미보다는 직업의 의미가 더 강조되고 있다. 즉 공직도 일종의 직업이고, 그러한 공직의 담당자인 공무원은 공직이라는 직업을 가진 국민으로 이해되는 것이다.

공무담임권의 성질 내지 공직의 성질을 이처럼 이해하는 것은 공직제도의 구성 및 공무원의 기본권제한과 관련하여 중요한 의미를 갖는다.[12)]

2. 대통령, 국회의원, 지방의회의원 등 선거직 공무원의 피선거권 등

공무담임권 가운데서 가장 먼저 고려되어야 할 것은 역시 대통령이나 국회의원, 지방자치단체장 및 지방의회의원 등의 경우처럼 선거직 공무원이 될 수 있는 자격이다.

흔히 피선거권으로 일컬어지는 선거직 공무원이 될 수 있는 권리는 원칙적으로 모든 국민에게 인정되지만, 선거권과 마찬가지로 일정한 요건에 따라 제한될 수 있다. 이

---

12) 이에 관하여 상세한 것은 「제1권 제3부 제4장 **공직(공무원)제도**」 참조.

에 대해서는 공직선거법이 피선거권의 구체적 인정조건과 제한 등을 규율하고 있다.[13)14)]

3. 국가공무원법 및 지방공무원법상의 공무원이 될 수 있는 권리

선거직 공무원이 아닌 행정직 공무원이 될 수 있는 권리에 대해서는 기본적으로 국가공무원법과 지방공무원법이 규율하고 있다.

이 경우에도 원칙적으로 모든 국민에게 자격이 인정되고 있다. 하지만 공무원이 되고자 하는 모든 국민에게 무제한으로 공무원직을 부여할 수는 없기 때문에, 지원자들 가운데서 직무에의 적합성을 판단하기 위하여 일정한 임용시험의 합격 등과 같은 주관적 요건을 갖추도록 요구하는 것이 일반적이다.

4. 기타 특별법에 의해 규율되는 공무원이 될 수 있는 권리

그 밖에 특별법에 의해 규율되는 공무원들도 있다. 예컨대 국회법에 따른 국회소속 공무원, 법원조직법에 따른 법원소속 공무원이나 헌법재판소법에 따른 헌법재판소소속 공무원 등이 그러하다.

이들에 대해서는 국회법, 법원조직법, 헌법재판소법 등이 별도로 규율하고 있지만, 국민의 공무담임권이 이러한 특수한 지위의 공무원이 되는 기회에 대해서도 똑같이 미친다는 점에 대해서는 이론의 여지가 없다. 다만 각각의 경우에 요구되는 전제조건이 다를 뿐이다.

Ⅲ. 공무담임권의 제한

1. 기본권으로서의 공무담임권과 법률에 의한 제한

공무담임권도 기본권제한의 일반적 기준과 한계 내에서 법률에 의한 제한이 가능하다. 그러나 그 제한은 민주적 국가질서의 형성과 유지에 있어서 공무담임권이 갖는 비중을 고려한 최소한의 제한에 머물러야 할 것이다.[15)]

---

13) 이에 관하여 상세한 것은「제1권 제3부 제2장 제2절 Ⅱ. **피선거권**」참조.

14) 헌법재판소는 공무담임권과 관련하여 **헌재 2010.9.2. 2010헌마418 결정**에서 지방자치단체의 장이 금고 이상의 형을 선고받고 그 형이 확정되지 아니한 경우 부단체장이 그 권한을 대행하도록 한 지방자치법 제11조 제1항 제3호가 자치단체장의 공무담임권을 침해한다고 인정하여 헌법불합치결정을 내린 바 있다. 그러나 탄핵소추의 경우 공직수행이 정지되는 것과 비교할 때, 과연 공무담임권의 과도한 제한인지에 대해서는 의문이 있다.

15) **헌재 2005.4.28. 2004헌마219 결정**: "공무담임권은 원하는 경우에 언제나 공직을 담당할 수 있는 현실적인 권리가 아니라 공무담임의 기회를 보장하는 성격을 갖는 것으로서 선거에 당선되거나 또는 공직채용시험에 합격하는 등 일정한 공무담임에 필요한 요건을 충족하는 때에만 그 권리가 구체화되고 현실화되기 때문에 입법자는 이러한 공무담임의 전제조건으로서 각종 공직선거의 내용과 절차, 선거권·피선거권 등 공직선거에 참여할 수 있는 권리 또는 자격을 구체적으로 정하는 권한과 책임을 진다. 따라서 국회의원으로 당선될 권리로서 피선거권을 누구에게, 어떤 조건으로 부여할 것인지는 입법자가 그의 입법형성권의 범위 내에서 스스로 정할 사항이지만, 이때에도 헌법이 피선거권을 비롯한 공무담임권을 기본권으로 보장하는 취지와 대의민주주의 통치질서에서 선거가 가지는 의미와 기능이 충분히 고려되어야 한다는 헌법적인 한계가 있다."

2. 후보자(공직지원자)의 주관적 요건에 의한 제한

선거에서의 당선, 공무원채용시험에의 합격 또는 −공직에서 필요로 하는− 일정한 자격요건 구비 등이 공무담임권의 전제로 요구될 수 있으며, 이를 갖추지 못하는 경우에 공무담임권이 제한되는 것은 인정될 수 있다.

그러나 이러한 제한은 어디까지나 해당 공직의 성격과 부합하는 합리적인 요건에 의한 제한이어야 한다.

3. 공직의 수급에 의한 제한

공직의 수요 · 공급의 차원에서 공무담임권이 현실적으로 제한되는 경우도 있다. 아무리 모든 조건을 다 갖춘 후보자라 하더라도 비어 있는 공직이 없을 경우 공직을 담당할 기회가 제한받게 되는 것이다.

4. 겸직금지 등에 의한 제한

또한 공무담임권은 겸직금지의 형식으로 제한될 수 있다. 겸직금지란 이미 일정한 공직을 가지고 있는 경우에는 새로운 공직에의 취임이 제한되는 것인데, 공직수행의 객관성과 공정성의 확보 및 권력집중의 방지, 그리고 공직수행의 계속성과 안정성을 위해 이러한 겸직금지가 인정되는 경우들이 있다.

예컨대 대통령은 헌법 제83조에 따라 국무총리 · 국무위원 · 행정각부의 장 기타 법률이 정하는 공사의 직을 겸할 수 없으며, 국회의원은 국회법 제29조에 따라 대통령, 헌법재판소 재판관, 선거관리위원회 위원, 국가공무원법 제2조 및 지방공무원법 제2조에 따른 공무원(단, 정치활동이 허용되는 공무원은 제외) 등을 겸하지 못한다.

또한 국가공무원법 제64조 제1항과 지방공무원법 제56조 제1항은 공무원이 "공무 이외의 영리를 목적으로 하는 업무에 종사하지 못하며 소속기관의 장의 허가 없이 다른 직무를 겸할 수 없다"고 규정하고 있다.

그 밖에 공직선거법 제53조 제1항은 공무원이 공직선거에 입후보할 경우에는 선거일전 90일까지 그 직을 사퇴하도록 규정하고 있다.[16]

헌재 2023.6.29. 2020헌마1605등 결정: '아동 · 청소년이용음란물임을 알면서 이를 소지한 죄로 형을 선고받아 그 형이 확정된 사람은 국가공무원법 및 지방공무원법에 따른 일반직공무원으로 임용될 수 없도록 한 규정에 대해 "심판대상조항은 아동 · 청소년과 관련이 없는 직무를 포함하여 모든 일반직공무원에 임용될 수 없도록 하므로, 제한의 범위가 지나치게 넓고 포괄적이다. 또한, 심판대상조항은 영구적으로 임용을 제한하고, 결격사유가 해소될 수 있는 어떠한 가능성도 인정하지 않는다. 그런데 아동 · 청소년이용음란물소지죄로 형을 선고받은 경우라고 하여도 범죄의 종류, 죄질 등은 다양하므로, 개별 범죄의 비난가능성 및 재범 위험성 등을 고려하여 상당한 기간 동안 임용을 제한하는 덜 침해적인 방법으로도 입법목적을 충분히 달성할 수 있다. 따라서 심판대상조항은 과잉금지원칙에 위배되어 청구인들의 공무담임권을 침해한다."고 판시하였다.

16) 다만 동조 제1항 단서에 의해 대통령선거와 국회의원선거에 있어서 국회의원이 그 직을 가지고 입후보하는 경우와 지방의회의원선거와 지방자치단체의 장의 선거에 있어서 당해 지방자치단체의 의회의원이나 장이 그 직을 가지고 입후보하는 경우에는 공직의 사퇴가 요구되지 않는다.

제 4 절 국민투표권

Ⅰ. 대의제민주주의의 기본구조와 직접민주제적 요청

1. 대의제민주주의와 그 정당성의 한계

비록 현대의 정치적 조건 하에서는 대의제민주주의의 형태로 민주주의를 실현시키는 것이 불가피하다 할지라도 그것이 대의제민주주의가 완벽하다는 것을 의미하는 것은 아니다. 대의제 하에서도 문제는 많으며, 특히 **국민의 의사와 대표자의 의사의 불일치**에서 비롯되는 정당성의 한계 문제가 때로는 매우 심각하게 전개되기도 한다.

2. 직접민주제적 요청과 그 실현의 한계

이러한 대의제의 한계 극복을 위해 직접민주제적 요소를 도입하자는 요청이 제기되기도 한다. 특히 최근 새롭게 부각되고 있는 이른바 전자민주주의의 가능성과 관련하여 직접민주제가 광범하게 뿌리내릴 수 있는 기술적 가능성이 주목받기도 한다.

그러나 대의제가 불가피한 이유는 전체 국민의 의사를 수렴하는 것이 어렵다는 점에만 있는 것은 아니다. 오히려 현대에 들어와서는 일반국민이 고도로 전문화된 국가사무를 처리하기 위해 필요한 전문적 지식과 정보를 갖고 있지 못하다는 점이 더 중요한 의미를 갖는다. 그렇기 때문에 전면적인 직접민주제의 도입은 오늘날 **정치의 복잡화·전문화**에 의하여 현실성이 없는 것으로 평가된다.

3. 직접민주제적 요소의 부분적 도입을 통한 대의제민주주의의 보완

이에 따라 직접민주제적 요소의 부분적 도입을 통한 대의제민주주의의 보완이 가장 현실적인 대안이라는 견해들이 지배적이다.

오늘날 직접민주제적 요소로는 특정한 국정사안에 대해 국민이 직접 최종결정을 내릴 수 있도록 하는 **국민투표**,[17] 국민이 법률안 등을 직접 제안할 수 있도록 하는 **국민발안**, 그리고 국민이 일정한 절차에 따라 공무원의 해임을 직접 결정할 수 있도록 하는 **국민소환** 등이 거론되고 있다.

그러나 직접민주제적 요소들을 어떠한 형식으로 어느 정도까지 도입하는 것이 바람직한가에 관하여는 아직도 많은 논란이 계속되고 있다.[18]

---

17) 국민의 정치적 의사형성과정에 직접 참여하는 방법은 다양하지만, 현행헌법상 국민의 광범위한 참여가 가장 직접적으로 보장되고 있는 것은 국민투표라고 할 수 있다. 국민투표는 직접민주주의를 대표하는 제도의 하나일 뿐만 아니라, 대의제 하에서도 대표자의 활동과 국민의 의사 사이에 발생되는 괴리를 극복하기 위한 중요한 보완장치의 하나로 활용되고 있다. 그러나 직접민주제적 요소들이 대부분 그러하듯이 국민투표도 정치적 선동 등에 의하여 오용될 여지가 많기 때문에 이에 대한 비판도 적지 않다.

18) 현실적으로 직접민주제적 제도들을 광범위하게 도입하였던 나라들은 이러한 직접민주제적 요소들의

Ⅱ. 국민투표권의 의의와 기능

1. 국민투표권의 의의

국민투표란 특정한 국정사안에 대해서 국민이 직접 그 정책결정에 참여하여 최종적인 의사결정을 내리는 제도를 말한다. 따라서 국민투표권은 이러한 국민투표에 참여할 수 있는 권리라고 할 수 있다.

대의제를 기본으로 하고 있는 현행헌법상의 민주주의에서는 국민투표 자체가 국가의사를 결정하는 방식으로서는 예외적인 제도라고 할 수 있으며, 국민투표권도 선거권이나 공무담임권 등에 비해서 예외적인 참정권의 유형에 속한다고 할 수 있다.

2. 국민투표권의 긍정적 측면

국민투표권의(따라서 국민투표제도의) 긍정적인 측면은 역시 대의제의 보완이라는 점에서 찾을 수 있다. 비록 국민에 의해 선출된 대표자가 국민을 대신하여 국가사무를 처리할 수 있는 정당성을 부여받았다고 하지만, 경우에 따라서는 대표자가 독자적으로 결정하기에 적절치 못한 중대한 사안이 있을 수 있다. 그러한 경우에 국민의 의사를 직접 확인하고, 최종적 결정을 국민에게 맡기는 것이 민주주의 요청에 더욱 부합한다고 볼 수 있는 것이다.

이런 맥락에서 국민투표권이 올바르게 행사될 경우에는 **정당성의 강화를 통해 대의제의 한계를 극복**하는데 도움이 될 수 있다고 평가된다.

3. 국민투표권의 부정적 측면

국민투표권의(따라서 국민투표제도의) 부정적인 측면은 두 가지로 나누어진다.

첫째, 국민의 직접적 의사에 따라 처리되어야 할 사안이 복잡할 경우에는 그에 대한 국민의사를 수렴하는 것 자체가 결코 간단하지 않으며, 자칫하면 **국민의 의사가 왜곡될 우려**가 있다. 전문적인 지식이나 훈련, 정보 등이 부족한 국민이 투표를 통하여 올바른 판단을 내릴 가능성이 희박한 상태에서 주어진 문제에 대한 가부의 결정만 하는 것으로서는 올바른 정당화작용이 어렵다는 것이다.

둘째, 정치적 후진국의 경우 국민투표가 정치적 선동에 쉽게 영향받을 수 있으며, **독재정권의 정당화를 위하여 남용되는 경향**도 적지 않다. 우리의 경우 최악의 독재적 헌법으로 지칭되는 유신헌법도 국민투표에서 90%가 넘는 지지를 받았던 점은 시사하는 바가 크다고 할 것이다.

효과가 기대에 미치지 못한다는 것을 확인하였다. 그 결과 직접민주제적 제도들을 제한적으로만 도입하는 경향이 지배적이다. 하지만 최근에는 국민소환제의 도입을 둘러싼 찬반논의가 활발하게 진행되고 있다.

Ⅲ. 국민투표권의 구체적 내용과 한계

현행헌법상 국민투표가 인정되는 경우는 두 가지가 있다. 하나는 헌법 제130조 제2항에 따라 헌법개정안의 확정을 위해 국민투표를 하는 것이고, 다른 하나는 헌법 제72조에 따라 국가의 중요정책에 대해 대통령이 국민투표를 실시하는 경우이다.

1. 헌법개정안에 대한 국민투표권

현행헌법 제130조 제2항이 헌법개정안에 대하여 국민투표를 실시하도록 하는 것은 헌법개정에 대한 최종적인 정당성을 국민에게서 구함으로써 헌법의 근원적인 정당성이 국민에게 있음을 다시금 확인하는 의미를 갖는다.

물론 이러한 국민투표도 과거 유신헌법 등과 마찬가지로 독재의 정당화에 이용될 우려가 없는 것은 아니다. 그러나 현행헌법상의 헌법개정절차에 따르면 국민투표 이전에 국회 재적의원 3분의 2의 찬성을 먼저 얻어야 하기 때문에, 이를 통과한 헌법개정안에 대한 국민투표가 단순히 정치적 소수파를 억압하거나 독재를 정당화하는 데 이용될 가능성은 상당히 축소되었다고 할 수 있다.

따라서 헌법개정안에 대한 국민투표의 의미는 그 헌법개정에 국민의 의사를 반영한다는 현실적인 의미보다는 헌법개정에 대한 국민의 직접적 관여를 제도화함으로써 헌법개정의 민주성을 확보하고 나아가 헌법질서의 민주성과 국민의 민주의식을 고양시키는 데 의의가 있다고 할 수 있다.[19)]

2. 국가안위에 관한 중요정책에 대한 국민투표권

헌법개정안에 대한 국민투표와는 달리, 헌법 제72조에 따른 국민투표는 대통령의 권한인 「국민투표부의권」의 행사에 따라 시행되는 것이다. 즉 일정한 사항에 대해서 필수적으로 국민투표를 거치게 하는 것이 아니라, 대통령의 판단에 따라 국민투표가 시행될 수도 있고, 그렇지 않을 수도 있는 것이다.

이처럼 대통령이 임의로 국민투표를 시행할 수 있도록 하는 것은 대통령의 독재를 정당화하는 데 악용될 수 있는 소지가 적지 않다. 국민의식이 충분히 높아지지 못하고, 언론에 대한 영향력행사 등을 통한 여론조작이 가능할 경우에는 국민투표를 통해 대통령이 원하는 결과가 만들어질 수 있을 것이기 때문이다.[20)]

---

19) 물론 정치권의 담합에 의한 헌법개정이 시도될 경우 이를 억제하는 의미도 가질 수 있다. 헌법개정절차상 국민투표가 갖는 의미에 대해서는 「제1권 제1부 제3장 제2절 Ⅲ. 4. **국민투표에 의한 헌법개정안의 확정**」 참조.

20) 그렇기 때문에 헌법 제72조에 따른 국민투표의 대상은 「정책」에 한정되며 「신임」을 묻는 국민투표는 허용되지 않는다. 이에 관하여 상세한 것은 「제3권 제3부 제3장 제3절 Ⅲ. 2. **국가안위에 관한 중요정책에 대한 국민투표부의권**」 참조.

제5절 정당 설립 및 활동의 자유

Ⅰ. 민주적 정치의사형성에 있어서의 정당의 역할과 기능

1. 현대의 다원적 산업사회의 민주주의와 정당의 의의

현대는 모든 국민이 직접 · 간접으로 국가질서의 형성에 참여하는 (정치과정에 참여하는) 대중민주주의의 시대이다. 이러한 대중민주주의의 현실 속에서 (경합 · 충돌되는) 국민의 의사를 (타협과 조정을 통하여) 결집하여 통일된 국가의사를 형성하기 위해서는 다원적인 집단의 존재와 활동, 특히 정당의 존재와 활동이 필수적이다.

2. 정당의 양면성 → 정당에 대한 법적 규율의 양면성

그러나 정당이 항상 민주주의의 실현에 긍정적인 역할만을 하는 것은 아니다. 정당은 민주주의를 화려하게 꽃피우기 위한 불가결의 전제이기도 하지만 –나치 등의 예가 보여주듯이– 민주주의를 가장 효과적으로 파괴하는 무기로 이용될 수도 있다.

이러한 정당의 양면성 때문에 정당에 대한 법적 규율도 양면성을 갖게 된다. 한편으로는 정당의 민주적 기능을 보장하기 위하여 **정당의 자유로운 설립 및 민주적 활동**을 헌법적으로 보호하지만,[21] 다른 한편으로는 **정당에 의한 민주주의의 파괴**를 규제하고 있는 것이다.

Ⅱ. 정당 설립 및 활동의 자유의 의의와 필요성

1. 다원주의로서의 민주주의와 정당

민주주의는 오늘날 다원적 정치과정에 기초하는 것으로 이해되며, 따라서 정당의 민주적 활동도 다원주의 내지 다원적 정치과정의 틀 속에서 이해되어야 한다.

이런 맥락에서 정당은 국민의 자발적인 의사를 왜곡 없이 매개하여 국가의사형성에 참여하는 국민의 자발적인 조직으로 이해된다.

2. 국민의 자발적 조직으로서의 정당과 정당 설립의 자유

다원적 정치과정 속에서 정당이 민주적 기능을 발휘할 수 있기 위해서는 국민의 다원적 의사에 기초하여 이를 반영시키는 조직으로서의 정당이 **자유롭게** 설립될 수 있어

21) 국민의 정치참여는 국민투표, 선거 등을 통해, 또는 공무담임권을 통해 직접 의사를 결정하는 것 이외에도 정당을 설립하고 정당을 통해 활동함으로써 행해질 수 있다. 이러한 정당 활동의 의미와 비중은 현대 정당국가에 있어서는 결코 간과될 수 없는 것이기 때문에 –비록 정당의 설립과 활동의 자유에 대한 보장이 기본권 장이 아닌 총강에 규정되어 있지만– 이를 기본권으로도 인정하는 것이 일반적이다.

야 한다.

만약 외부적 강제나 조종에 의해 정당이 설립되거나 또는 설립되지 못하게 되면, 정당은 국민의 자유로운 의사를 결집하여 매개하는 정당 본연의 기능을 다할 수 없게 되며, 결과적으로 민주주의의 실현 자체가 어렵게 된다.

3. 국민의 정치적 의사형성에의 참여와 정당 활동의 자유

정당의 활동은 국민의 의사를 결집하여 **왜곡 없이** 국가의사로 매개하는 데에서 그 민주적 의의와 기능을 찾을 수 있다.

만약 외부의 영향에 의하여 이러한 매개과정에 왜곡이 일어나게 되면, 국민의사의 실현에 기여한다는 정당의 기능 자체가 왜곡될 것이며, 결과적으로 정당을 통한 민주주의의 실현 자체가 왜곡될 것이다.

Ⅲ. 정당 설립 및 활동의 자유의 성격과 내용

1. 정당 활동의 구조 및 그에 상응하는 법적 보장

정당에 대한 -즉 정당을 통해 활동하는 국민에 대한- 헌법적 보장은 정당의 민주적 설립과 활동의 의미와 성격에 따라 이해되어야 한다.

이것은 크게 두 가지 관점으로 나누어질 수 있다. 대외적으로는 **국가에 대한 방어권**으로서의 측면이 있다. 즉, 정당설립 및 활동의 자유를 국가가 침해해서는 안 된다는 것이다. 그리고 대내적으로는 **정당 내의 자유, 즉 당내민주주의**의 요청을 들 수 있다. 정당의 내부적 조직이 당원들의 의사에 기초해 민주적으로 구성되어야 할 뿐만 아니라, 당내의 의사결정과정 또한 당원의 민주적 의사에 기초한 것이었을 때 비로소 당내민주주의가 실현되고 있다고 평가될 수 있을 것이다.

2. 대국가적 방어권으로서의 정당 설립과 활동의 자유

정당이 정당으로서의 기능을 원활하게 수행하기 위해서는, 즉 정당을 통해 국민의 의사가 왜곡 없이 반영될 수 있기 위해서는 무엇보다 정당의 설립과 활동이 국가의 간섭으로부터 자유로워야 한다. 만일 국가가 특정 정당의 설립과 활동을 조종하거나 방해할 경우에는 국민의 자발적 의사가 정당을 통해 결집되고 매개되는 것이 불가능하기 때문이다.

이와 관련하여 정당법에서 **정당의 등록요건**을 제한하는 것이 정당설립의 자유에 대한 제한이 되지 않는가 하는 문제제기가 가능하다. 그러나 정당법상의 등록요건은 정당으로서의 활동을 제한하는 것이라기보다는, 일정 규모 이상의 정당으로서 국민의 정치적 의사형성에 크게 영향을 미치는 것들을 가려서 국고보조 등을 하기 위한 기준으로서의 의미만을 갖는다고 해석하는 것이 합리적일 것이다.[22)]

또한 **국고보조**도 -비록 규제는 아니지만- 정당에 대한 국가의 관여라는 측면에서 문제될 수 있다. 만일 국고보조로 인하여 정당이 국가에 종속되는 부분이 발생된다면 그것은 정말로 중대한 문제일 것이다. 하지만 국고보조가 정당의 공적 기능에 상응하여 그 재정의 일부를 -국민의 정당에 대한 지지도에 따라- 국가가 지원하는 것에 그치게 된다면 정당활동의 자유를 침해하는 것은 아니라고 볼 수 있다.[23)]

3. 정당의 내부질서와 정당 활동의 자유

국민의 기본권으로서의 정당 설립 및 활동의 자유, 특히 정당 활동의 자유는 정당의 명의로 이루어지는 대외적 활동만을 그 보호대상으로 하는 것이 아니라, 당원들의 정당 내의 활동까지도 보호의 대상으로 한다. 즉 당원들이 정당 내에서 자유롭게 의사를 표현하고, 또 표현된 의사들이 당내 의사결정과정에 충분히 반영될 수 있도록 하는 당내민주주의의 문제로 연결되고 있는 것이다.

그러나 이러한 **당내민주주의**의 실현은 현실적으로 적지 않은 문제들을 안고 있다. 당내민주주의의 필요성과 정당성, 그리고 당내민주주의를 실현하기 위해 요청되는 것들이 무엇인지는 비교적 명백하게 밝혀져 있지만, 정작 당내민주주의를 강제하기는 곤란하기 때문이다. 정당국가적 현실에 비추어 볼 때, 정부가 여당의 당내민주주의를 규제한다는 것은 기대하기 어려우며, 그런 상황에서 야당에 대해서만 규제를 가한다는 것은 자칫 야당탄압이 될 수도 있기 때문이다.[24)]

Ⅳ. 정당 설립 및 활동의 자유의 제한

1. 정당의 민주적 기능과 민주적 의무

정당의 설립과 활동의 자유는 헌법적으로 보장되는 기본권으로 인정된다. 그만큼 정당의 민주적 의의와 기능이 중대하다는 것도 널리 인정되고 있다. 그러나 정당은 민주주의를 화려하게 꽃피우는데 중요한 역할을 할 뿐만 아니라, 경우에 따라서는 (나치당이나 공산당처럼) 민주주의를 효과적으로 파괴하는 도구로 이용되기도 한다.

그렇기 때문에 헌법이 정당을 대하는 태도도 이중적이다. 한편으로는 정당의 민주적 활동을 최대한 보장하지만, 만일 정당이 민주주의를 파괴하고자 할 경우에는 이를 막기 위하여 정당의 해산까지도 인정하고 있는 것이다.

이와 같이 정당의 민주적 기능과 정당 활동의 한계 사이의 긴장관계는 정당의 설립과 활동의 자유에 대한 제한이라는 측면에서도 나타난다. 정당에 대한 규제는 결국 정당을 설립하고 정당을 통해, 또는 정당의 내부에서 활동하는 자유에 대한 규제이기도 하기 때문이다.

---

22) 상세한 것은 「제1권 제3부 제1장 제3절 Ⅰ. **정당의 설립과 활동의 자유**」 참조.
23) 상세한 것은 「제1권 제3부 제1장 제3절 Ⅳ. 2. (3) **국고보조**」 참조.
24) 당내민주주의에 관하여 상세한 것은 「제1권 제3부 제1장 제3절 Ⅲ. **정당의 민주적 내부질서 - 당내민주주의**」 참조.

2. 정당 설립의 자유의 제한

정당법에 의해 **정당의 등록요건**을 제한하고, 이를 충족시키지 못하는 정당에 대해서 등록이 불가능하게 만드는 것은 -앞서 설명한 바와 같이 정당의 기능 자체를 제한하는 것이라기보다는 정당에 대한 국고보조 등의 지원기준을 마련하는 정도의 의미로 이해될 경우에는- 정당 설립의 자유 자체에 대한 제한은 되지 않는다.

그러나 **위헌정당의 해산**과 관련해서도 정당 설립의 자유에 대한 일정한 제한이 부과될 수 있다. 현행법상 위헌정당해산의 효과로 인정되고 있는 대체정당의 금지(정당법 제40조), 유사명칭의 사용금지(정당법 제41조 제2항) 등은 정당 설립의 자유에 대한 제한이라는 측면도 가지고 있기 때문이다. 하지만 이러한 제한은 위헌정당해산의 요건과 절차가 매우 엄격한 반면, 일단 위헌으로 인정된 정당에 대한 제재는 강력할 수밖에 없다는 점에서 정당한 제한이라고 인정되어야 한다.[25]

3. 정당 활동의 자유의 제한

정당 활동의 자유에 대한 제한은 보다 폭넓게 검토될 수 있다. 법적으로 일정한 정당 활동이 금지되거나 일정한 활동이 요구되는 경우가 있을 수 있고, 나아가 위헌정당의 해산이라는 방법으로 행해지는 보다 적극적인 제한도 가능하다.

먼저 정당 활동에 대해 일정한 규범적 요청이 가해지는 것은 정당의 민주적 기능과 관련된 것들이 대부분이며, 그나마도 **정당의 자율성**이라는 요청 때문에 강력한 제재는 찾아보기 어렵다. 예컨대 당내민주주의와 관련하여 정당법상의 입당, 탈당, 당비, 당헌의 기재사항 및 당헌과 강령의 공개 등에 관한 규정, 그리고 대의기관의 결의 등에 서면이나 대리인에 의한 의결을 금지하고 공직선거후보자의 추천을 민주적으로 하도록 하는 규정, 정당재정의 고액에 관한 규정들이 이에 속하는 것이라고 할 수 있지만, 이러한 규정들의 실효성은 매우 미약한 편이다.[26]

보다 강력한 제한은 역시 **위헌정당의 해산**이다. 그러나 위헌정당의 해산은 헌법이 정하고 있는 엄격한 요건과 절차에 따라서만 가능하게 함으로써 위헌정당해산제도의 남용을 막고 있으며, 이를 통한 정당 활동의 제한은 극히 예외적인 경우에만 인정될 수 있다.[27]

---

25) 예컨대 명문규정이 없기 때문에 많은 논란이 계속되고 있는 위헌정당의 소속의원들의 의원직 상실 문제에 있어서도 같은 맥락에서 의원직을 상실한다고 보는 것이 타당할 것이다. 이에 관하여는 「제1권 제3부 제1장 제4절 Ⅳ. 4. **소속의원의 자격상실 여부**」 참조.

26) 상세한 것은 「제1권 제3부 제1장 제3절 Ⅲ. 3. **당내민주주의의 실현방안**」 참조.

27) 상세한 것은 「제1권 제3부 제1장 제4절 **정당의 해산**」 참조.

제10장 경제적 기본권 ①: 재산권

재산권은 생명, 신체에 대한 보호와 더불어 근대 인권선언 당시에 중심적인 역할을 하였던 기본권의 하나였을 뿐만 아니라, 오늘날에도 인간의 경제적 활동의 기초가 되는 기본권으로서 중요한 의의를 갖고 있다. 그러나 최근 사회국가의 발달과 더불어 재산권의 보장은 **절대적 보장에서 상대적 보장으로** 바뀌었으며, 사회국가의 실현 내지 사회적 시장경제를 위한 재산권의 제약이 광범위하게 인정되고 있다.

그러나 재산권보장과 관련된 헌법적 문제들은 이러한 몇 가지 요소만으로 설명되기 힘들 정도로 많은 복잡한 문제들을 안고 있다. 그것은 무엇보다 재산권은 다른 기본권과는 달리 일신전속적인 것이 아니고 **이전(移轉)가능**하다는 특성을 갖고 있다는 점에서 비롯된다. 즉 재산권은 이전이 가능하기 때문에 그만큼 침해의 가능성도 크며, 그에 따라 보호의 필요성도 크기 때문에 재산권에 관한 많은 복잡한 문제들이 야기되었던 것이다.

이전가능성이라는 문제는 재산권에 대한 (정당한) 제한과 관련한 보상의 문제로도 연결된다. 제한이 정당한지의 여부만을 묻는 여타의 기본권과는 달리 재산권에 대한 제한에 대해서는 그것이 정당한 경우에도 보상을 요구하는 것이 가능한 것이다. 그러나 재산권에 대한 모든 제한에 대해 항상 보상이 인정되는 것이 아니라 이른바 재산권의 **사회적 구속성**이 인정되어 보상 없는 재산권제한이 인정되는 경우도 있으므로, 보상이 인정되는 경우와 인정되지 않는 경우의 구별기준이 재산권과 관련된 중요한 문제로 대두되고 있다.

헌법 제23조: ① 모든 국민의 재산권은 보장된다. 그 내용과 한계는 법률로 정한다.
② 재산권의 행사는 공공복리에 적합하도록 하여야 한다.
③ 공공필요에 의한 재산권의 수용·사용 또는 제한 및 그에 대한 보상은 법률로써 하되, 정당한 보상을 지급하여야 한다.

헌법 제22조: ② 저작자·발명가·과학기술자와 예술가의 권리는 법률로써 보호한다.

헌법 제13조: ② 모든 국민은 소급입법에 의하여 참정권의 제한을 받거나 재산권을 박탈당하지 아니한다.

【사례: 재산권보장과 공용수용】

A군의 군수 甲은 골프장 및 리조트 건설을 목적으로 한 B지역 개발을 위해 C주식회사를 「지역균형개발 및 지방중소기업 육성에 관한 법률」(이하 '지역균형개발법'이라 한다)의 개발촉진지구에서 시행되는 지역개발사업의 시행자로 지정 · 고시하였고 몇 달 후에는 실시계획을 승인 · 고시하였다.

C주식회사는 위 개발사업에 편입된 경남 A군 소재 4필지의 토지와 그 지상건물을 취득하기 위하여 그 소유자인 乙과 보상협의를 하였으나 협의가 이루어지지 아니하자, 구 지역균형개발법 제19조 제1항에 의하여 경상남도 지방토지수용위원회에 위 토지에 대한 수용재결 신청을 하였고, 경상남도 지방토지수용위원회는 수용재결을 하였다.

C주식회사는 위 수용처분의 취지에 따라 보상금을 공탁한 뒤, 청구인을 상대로 부동산인도의 소를 제기하였고, 이 소송 계속 중 乙은 구 지역균형개발법 제16조 제1항 제4호, 제19조 제1항에 대하여 위헌법률심판제청 신청을 하였으나 기각되자, 헌법재판소에 헌법소원심판을 청구하였다.

〈헌재 2014.10.30. 2011헌바172등 참조〉

〈참고조문〉

「지역균형개발 및 지방중소기업 육성에 관한 법률」 제16조 (시행자)

① 개발촉진지구안에서 시행되는 지역개발사업(이하 "지구개발사업"이라 한다)은 다른 법률의 규정에 불구하고 다음 각호의 자가 이를 시행할 수 있다.

1. 국가, 지방자치단체
2. 대통령령이 정하는 정부투자기관
3. 「지방공기업법」에 의한 지방공사(이하 "지방공사"라 한다)
4. 제1호 내지 제3호에 규정된 자 외의 자로서 지구개발사업의 시행자로 지정받은 자

제19조 (토지수용등)

① 시행자는 지구개발사업의 시행에 필요한 토지등을 수용 또는 사용할 수 있다. 다만, 시행자가 민간개발자(제30조의 규정에 의한 지역개발법인의 경우에는 민간투자자의 출자비율이 100분의 50 이상인 경우에 한한다)인 경우에는 사업대상 토지면적의 3분의 2 이상을 매입하고 토지소유자 총수 및 건물소유자 총수의 각 2분의 1 이상에 해당하는 자의 동의를 얻는 경우에 한한다.

1. 乙의 헌법소원심판청구는 적법한가? (30점)
2. 「지역균형개발 및 중소기업 육성에 관한 법률」의 제16조 제1항 제4호, 제19조 제1항의 합헌성 여부에 대하여 판단하시오. (50점)
3. 이 사건에 대하여 헌법재판소는 어떤 결정 형식을 취하여야 하며, 그 효력은 어떠한가? (20점)

제1절 재산권보장의 역사적 발전과 현대적 상황

Ⅰ. 사유재산의 역사적 조건

경제구조와 재산질서는 항상 일정한 상관관계 속에 있다. 즉 경제구조의 변화가 있게 되면 재산질서를 규율하는 법규범의 기능도 일정한 변화를 보이게 되는 것이다. 이러한 사실은 경제구조 및 재산질서에 대한 역사적 검토에서 쉽게 확인된다.

재산의 문제, 특히 개인적으로 사용하는 물건에 대한 소유의 문제는 -경제체제의 다양한 형태에 대한 복잡한 논의는 접어두더라도- 모든 법질서 속에서 발견된다. 「도구를 이용하는 존재」로서의 인간의 삶은 **「도구(물건)」와의 특별한 관계**를 전제하는 것이다. 그러나 이러한 관계가 근대적 소유권 내지 재산권으로 인정되고, 그에 따라 그 물건에 대한 (양도나 파괴까지를 포함하는) 자유로운 처분권으로 인정된 것은 비교적 최근의 일이다.

전근대적 재산질서는 사회적 비중이 특히 큰 재화(토지, 건물 및 각종 생산수단 등)에 대하여 상당한 제약을 두고 있었다. 즉 개인적 재산권이 인정되는 경우에도 그 범위는 매우 제한적이었고, 공동체의 필요 내지 군주의 필요에 따른 제약이 광범위하게 인정되고 있었다.

1. 중세의 봉건적 경제 · 사회구조와 재산제도

중세 유럽의 질서는 여러 측면에서 근대와 대비된다. 정치적으로는 교황과 황제를 정점으로 하는 피라미드형 신분구조를 특징으로 하며, 이에 기초한 봉건제는 당시의 농업중심적 경제구조와 맞물려 있었다. 특히 군주가 영주에게 영지를 부여하고, 이들은 그에 상응하여 충성을 맹세하는 전통적인 제도는 세습적인 토지소유권을 중심으로 하는 영지부여의 피라미드구조를 이루고 있었다.

이에 따라 중세의 토지소유와 관련하여서는 이른바 이중적 소유권이론이 발달된 바 있다. 즉 영주의 영지에 대한 소유권이 일차적으로 인정될 수 있지만, 그 권리의 기초에는 군주에 의한 하사라는 관념이 남아 있으며, 영주가 군주에 대한 충성의 의무를 이행하지 않을 경우에는 영주의 소유권에 우선하는 군주의 소유권이 발동되어 영지를 박탈할 수 있다는 것이었다.[1)]

그러나 보다 중요한 것은 이러한 토지(즉 생산수단)에 대한 소유권이 군주나 영주에게 인정되었을 뿐, 정작 경작자인 농민들에게는 인정되지 않고 있었다는 점이다.

---

1) 이는 동아시아에서 주장되었던 왕토사상(王土思想)과도 유사한 점이 있다고 할 수 있다. 그러나 동아시아의 경우 토지를 경작하는 농민이나 그 밖의 사인들에 의한 개인적 토지소유 자체를 부정한 것은 아니라는 점에서 차이가 있다.

2. 근대의 정치적 발전과 경제질서의 개혁

중세의 봉건적 질서가 붕괴되면서 형성된 근대적 질서는 새로운 정치제도의 확립, 인권의 보장과 더불어 새로운 경제질서의 형성을 지향하였다. 특히 자유롭게 소유할 수 있고 처분할 수 있는 **사적 토지소유권의 인정**은 근대 개혁운동 당시 가장 중요한 목표의 하나였다.

종교개혁과 근대적 시민혁명 등을 통하여 새로운 정치질서가 확립되는 과정은 경제질서의 변화와 맞물려 있었다. 그러나 중세를 벗어나 근대로 들어오면서 경제질서가 자동적으로 변화되었던 것은 아니다. 중세적 기득권을 유지하고자 하였던 군주세력과 귀족세력들은 토지소유권을 독점하려는 노력을 포기하지 않았기 때문이다. 결국 경제질서의 개혁을 위해서도 새로운 시민혁명 또는 개혁운동(프랑스대혁명, 19세기 초 독일의 개혁운동 등)이 필요했던 것이다.

이러한 경제질서의 개혁을 통해 토지를 포함한 모든 물건의 자유로운 거래가 가능해지면서 자본주의적 경제체제의 발달을 위한 기초가 형성되었다.

Ⅱ. 자본주의의 발달과 근대적 (사유)재산질서의 형성

1. 자유시장경제의 발달에 따른 봉건적 권리의 제거

자본주의의 발달은 자유주의 사상과 불가분의 관계에 있다. 근대를 지배했던 이데올로기의 하나인 자유주의는 정치적으로 자유로운 공동체질서를 지향했을 뿐만 아니라 경제적으로도 자유로운 거래가 가능한 시장(市場)을 요청하고 있었다.

이러한 자유주의의 요청에 기초하여 자유시장경제의 원리가 제시되었고, 자본주의는 자유시장경제의 원리에 기초하여 형성된 것이었다. 그러나 이러한 자유시장경제의 원리는 중세의 봉건적 경제질서와 양립할 수 없는 것이기 때문에, 이 원리가 실제로 기능할 수 있기 위해서는 전승되어 온 봉건적 권리라는 속박이 제거되어야 했다.

근대적 경제질서의 형성을 위해서는 먼저 토지와 관련하여 영주(또는 지주)와 농부의 기본적 관계가 변화될 필요가 있었고, 또한 영업의 자유가 실현되기 위해서는 길드나 그 밖의 배타적 영업권자의 해체가 선행되어야 했던 것이다.[2)]

2. 생산력의 증대와 자본주의의 발달

자유시장경제가 확립되고 이에 따라 근대적인 시민적 재산질서가 형성되면서 인간

---

2) 이러한 변화의 방법이나 속도는 각국에 따라 적지 않은 차이를 보이기도 했다. 예컨대 영국의 경우에는 산업혁명의 과정을 거치면서 그러한 변화가 점진적으로 나타났다. 또한 프랑스의 경우에는 대혁명 이후 1789년 4월 8일과 1793년 7월 17일의 법령에 의하여 보상 없이 봉건적 권리들을 제거하는 일이 수행되었다. 반면에 독일의 경우에는 봉건적 계층의 정치적 지위가 유지되는 상태로 금전급부 또는 토지이탈을 통해 오랜 기간에 걸쳐서 이러한 변화가 서서히 나타나게 되었다.

의 삶은 커다란 변화를 겪게 되었다. 이러한 변화는 무엇보다 생산력의 급격한 증대라는 측면에서 두드러지게 나타났으며, 그것은 곧 자본주의적 경제체제의 도입과 고도화를 가져왔다.

이러한 자본주의적 경제체제는 경제의 효율성을 극대화한다는 측면에서는 많은 기여를 하였고, 부의 총량을 증대시키는 효과를 가져왔다. 하지만 그 이면에는 경제적 효과를 위해 인간을 착취하고 자연자원을 무분별하게 남용하는 등의 문제점도 적지 않았다.[3)]

근대적 재산권의 보장은 자본주의적 경제질서와 불가분의 관계 속에 있으며, 결국 자본주의의 발달 및 수정이 곧 재산권에 대한 보장의 내용 및 방식이 구체적으로 어떻게 되고 있는지(또 되어야 하는지)의 문제로 연결되고 있는 것이다.

3. 근대 자본주의적 경제질서의 확립과 재산권의 보장

자유주의 사상과 결합하여 나타난 자본주의적 경제질서는 개인의 자유로운 경제활동 및 이와 결부되어 있는 개인의 재산권의 보장을 전제로 한다. 사실 경제활동과 재산권의 보장은 동전의 앞뒷면처럼 맞물려 있는 것이어서 불가분의 관계에 있다고 할 수 있다.[4)] 따라서 자유주의 사상에 기초하여 개인의 자유로운 경제활동을 최대한 보장하는 경제질서는 재산권의 보장에 있어서도 국가의 간섭을 최소화하는 태도와 결합될 수밖에 없다.

근대적 기본권으로 가장 먼저 확립된 것 중의 하나인 재산권에 대한 보장은 바로 그러한 이유 때문에 초기에는 **절대적 보장**으로 이해되었다. 제한이 불가능하다는 의미에서 절대적 보장이라고 말할 수 있는 것은 아니었지만, 적어도 재산의 자유로운 사용, 수익과 처분권으로의 소유권을 원칙적으로 누구나 자유롭게 취득할 수 있도록 함으로써 근대 자본주의적 경제질서가 가능하게 되었던 것이다.[5)]

재산권을 (권력자의 침해로부터) 강력하게 보호하려는 요청, 중세적 경제질서를 극복하고 자유로운 경제활동을 가능케 하려는 노력 등이 결합되면서 한편으로는 **재산권의 절대적 보장** 및 **계약의 자유(사적자치)**, **과실책임의 원칙** 등이 대두되었고, 다른 한편으로는 이와 결부된 자본주의적 경제질서가 탄생하게 된 것이다.

---

3) 인간에 대한 착취의 문제는 이미 19세기부터 「사회적 문제」로서 제기되었으나, 자연자원의 고갈과 관련된 문제는 오늘날(70년대 이래)에 비로소 경제문제 내지 환경문제의 형태로서 제기되었다. 상세한 것은 아래의 「제12장 **사회적 기본권의 이념과 발전**」과 「제17장 **새로운 유형의 기본권(제3세대의 기본권): 환경권, 평화적 생존권 등**」 참조.

4) 개인의 재산권을 어떻게 보장하는가(즉 재산권의 취득-행사-처분의 전체 과정에 대하여 어느 정도의 보장을 인정할 것인가)의 문제는 -그것이 특정인에게만 한정된 문제가 아니라 모든 국민의 문제라는 점을 생각할 때- 전체로서의 경제질서와 맞물려 있을 수밖에 없다.

5) 물론 재산권에 대한 강력한 보장을 요청했던 것이 단지 자본주의 경제체제를 만들기 위해서 그랬던 것은 아니다. 오히려 재산권에 대한 강력한 보장은 권력자에 의한 빈번한 침해 때문에 요구되었던 것이다. 다른 기본권과는 달리 재산권은 이전될 수 있는 성질을 갖고 있기 때문에 권력자에 의한 침해의 목표가 되는 경우가 많았다. 그 때문에 재산권에 대한 보장의 문제는 절실하고 중요한 것으로 인식되었으며, 그 결과 근대적 자유권으로 가장 먼저 확립된 기본권의 하나가 된 것이다.

Ⅲ. 재산권보장의 현대적 상황

1. 사회적 변천과 재산권보장의 변화

근대적 경제질서의 출발점은 자유로운 경제활동이며, 그 기초는 재산권에 대한 철저한 보장이라고 할 수 있다. 개인이 자유롭게 재산권을 취득하고 행사(사용 · 수익)하며 처분할 수 있도록 보장됨으로써 자유로운 경제활동이 영위될 수 있었고, 이러한 자유로운 경제활동이 시장의 자율적 조절에 의해 가장 합리적인 결과로 연결될 수 있다고 믿었던 것이다.

그러나 「시장의 실패」라는 말로 대변되는 자본주의적 자유시장경제의 문제점이 점차 드러나면서 경제질서의 재구성 및 그와 연결되어 있는 재산권보장의 변화가 불가피하게 되었다. 특히 자본주의적 경제질서의 가장 큰 문제점으로 지적되고 있는 독점자본의 폐해와 자본에 의한 노동의 착취[6]는 사회국가라는 새로운 헌법적 요청을 낳게 되었고, 사회국가적 요청에 의해 재산권보장의 변화가 불가피하게 된 것이다.

이러한 재산권보장의 변화를 일컬어 **절대적 보장에서 상대적 보장으로** 바뀌었다고 표현하는 경우가 많다. 그러나 과거에도 재산권에 대한 제한이 없었던 것이 아니며, 오늘날에도 재산권에 대한 제한이 무제한적으로 인정되는 것은 아니다. 재산권보장의 변화는 오히려 개인의 권리에 대한 제한의 측면보다는 전체적 경제질서에 대한 조정의 필요성에서 출발하는 것이며, 다만 이를 위해 필요한 범위 내에서 개인의 재산권에 대하여 예전보다 강력한 제약이 인정되고 있는 것이다.

그 결과 자본주의적 경제질서는 **수정자본주의**로 바뀌게 되었고, 자유시장경제는 **사회적 시장경제**로 변화되었다. 이와 함께 ① 개인주의적 · 자유주의적 세계관에 단체주의적 · 사회주의적 세계관이 가미되었으며, ② 재산권의 전(前)국가성이 부인되고 재산권의 내용과 한계도 법률에 의해 규정됨으로써 그 성격이 변질(상대화)되었고, ③ 개인의 경제활동에 대한 국가의 태도도 불간섭(자유방임)에서 간섭(규제 · 조정)으로 바뀌었던 것이다.[7]

---

6) 경제활동, 특히 생산활동에 있어서 자본과 노동의 역할에 대해서는 많은 논란이 있다. 그러나 단순히 희소성의 원칙이라는 경제논리에만 따르는 자유시장에서는 자본이 집중되어 독점자본화됨으로써 결국 분산되어 있는 노동의 가치는 상대적으로 하락하는 반면에 자본의 가치는 고평가되어 독점자본의 횡포가 나타나게 되는 것은 필연적이다. 그 결과로 나타난 사회적 갈등이 결국 사회주의사상을 탄생시켰으며, 오늘날 헌법의 기본원리 가운데 하나로 인정되고 있는 사회국가원리는 재산권 및 경제질서에 대한 새로운 접근을 요구하고 있는 것이다. 사회국가원리에 관하여 상세한 것은 「제1권 제2부 제4장 제3의 **헌법원리로서의 사회국가원리**」 참조.

7) 이러한 변화를 가장 먼저 반영하였던 것이 바이마르 헌법이었으며, 독일 기본법 제14조나 우리 헌법 제23조의 규정은 바이마르 헌법의 태도를 따르고 있는 것이라고 할 수 있다. 바이마르 헌법은 제153조에서 재산권에 대하여 다음과 같은 규정을 두고 있었다:

"재산권은 헌법에 의하여 보장된다. 그 내용과 한계는 법률로써 정한다. 공용징수는 공공의 복리를 위하여 또 법률에 근거하여서만 이를 할 수 있다. 공용징수는 독일 법률에 달리 정한 것이 있는 경우를 제외하고는 상당한 보상으로 하여야 한다. 보상금액에 대하여 쟁의가 있을 때에는 독일 법률에 달리 정한 것이 있는 경우를 제외하고는 통상재판소에 제소할 수 있도록 하여야 한다. 주, 공공단체 및 공법상의 단체에 대하여 국가가 공용징수를 하는 경우에는 언제나 보상을 하여야 한다. 재

2. 입법에 의한 재산질서의 형성과 부의 재분배

이처럼 재산권의 절대적 보장이 부정되고, 국가에 의해 재산질서 내지 경제질서가 규제될 수 있는 여지가 폭넓게 인정되면서, 일차적으로 입법자에 의한 조정의 방법과 범위가 문제되기 시작한다. 특히 전통적인 재산권보장과 새롭게 대두된 사회국가적 요청 사이의 긴장관계를 어떻게 조화시킬 것인지와 관련하여 논란이 계속되고 있다.

가장 먼저 지적될 수 있는 것은 **부의 편중**이라는 문제이다. 자본주의적 경제질서는 부익부 빈익빈을 가져오게 만들었고, 이로 인한 부의 편중은 커다란 사회적 문제로 등장했기 때문이다. 그러나 타고난 능력에 정당한 노력을 기울여서 형성된 재산을 무조건 부당한 것으로 간주하거나 획일적인 재산의 평등을 공산주의식으로 강제하는 것도 어렵기 때문에 이를 어떻게 조정할 것인지는 결코 간단하지 않은 문제이다.

또한 이와 결부되어 있는 문제인 **경제력의 집중**도 간과될 수 없는 문제이다. 특히 독과점의 문제는 자유경쟁이라는 시장원리와도 부합될 수 없는 것이기 때문에 국가의 개입을 통해서라도 규제되어야 한다는 것이 원칙이다. 하지만 대외적인 경쟁력의 문제나 국내시장의 규모 등으로 인하여 불가피한 것으로 인정되는 경우도 드물지 않다.

또한 최근에는 **토지공개념**에 기초하여 여러 가지 새로운 제도들이 등장하고 있기도 하며,[8)] **각종 세제(稅制)를 통한 부의 재분배**도 매우 진지하게 검토되고 있다.

3. 국제적 관점

재산권은 단순히 경제활동의 기초가 되는 기본권일 뿐만 아니라 생존의 기초가 되기도 하며, 나아가 자아실현 내지 인격발현의 중요한 수단으로 이용되기도 한다. 따라서 재산권의 의의와 비중은 -비록 그 보장의 강도가 과거에 비해 다소 약해졌다 할지라도- 결코 간과될 수 없다.

특히 재산권은 근대인권의 발달과정을 통해 보편적 **인권**의 하나로 형성되었다. 따라서 재산권은 원칙적으로 국민에게만 인정되는 것이 아니라 외국인에게도 인정되며, 이러한 재산권의 보장은 오늘날 국제인권선언, 국제조약 등을 통하여 보완되고 있다. 그러나 재산권의 상대화와 더불어 재산권에 대한 국가적 구속이 강조되면서 외국인의 재산권에 대해서도 여러 가지 제약이 점차 일반화되었다.

산권은 의무를 포함한다. 재산권의 행사는 동시에 공공복리에 적합하여야 한다."

8) 헌법재판소는 토지공개념에 대하여 "토지에 대하여서는 헌법 제122조가 명문으로 "국가는 국민 모두의 생산 및 생활의 기반이 되는 국토의 효율적이고 균형 있는 이용 · 개발과 보전을 위하여 법률이 정하는 바에 의하여 그에 관한 필요한 제한과 의무를 과할 수 있다."고 별도로 규정하고 있는데, 이것이 '토지공개념'의 기초가 되는 것으로서, 토지에 관한 각종 규제법률이 이를 근거로 하여 토지소유자 등에게 여러 가지 의무와 부담을 과하고 있다. 그러나 이러한 토지소유자 등에 대한 여러 가지 의무의 부과와 제재도 헌법 제37조 제2항에 의하여 그 한계가 있음은 물론 재산권의 본질적인 내용을 침해할 수도 없는 것"이라고 판시하고 있다(**헌재 1998.6.25. 95헌바35 결정**). 이런 입장에 기초하여 토지초과이득세에 대해서 재산권에 대한 과도한 제한으로 판단되어 법률 전체에 대한 헌법불합치결정이 내려진 바 있으며(**헌재 1994.7.29. 92헌바49등 결정**), 구 택지소유상한에 관한 법률의 일부 규정에 대해서도 위헌결정이 내려진 바 있다(**헌재 1999.4.29. 94헌바37등 결정**).

예컨대 국제법상으로도 속지주의의 원칙에 따라 자국 내에 있는 외국재산에 대한 수용이 원칙적으로 인정된다. 그러나 그것은 개별협정(예컨대 투자보장협정)에 의해 제한되기도 한다. 그리고 그 밖의 문제도 상호주의의 원칙에 따라 해결되는 것이 일반적이다.

제 2 절 재산권보장의 개념 및 성격과 내용

Ⅰ. 재산 및 재산권의 의의와 기능

재산권과 관련하여 개념상 적지 않은 혼란을 겪게 되는 것이 재산과의 구별이다.

일반적으로 **재산**이란 경제적 가치가 있는 물건(동산, 부동산)과 일정한 지적 활동의 산물로서 경제적 가치를 갖는 것(저작물, 발명품, 새로운 공식 등)을 총칭하는 말이다.

반면에 **재산권**이란 –이러한 재산에 대한 권리를 중심으로 한– 재산적 가치가 있는 권리를 말한다. 즉 소유권 기타 물권, 채권, 상속권 등의 전통적 재산권에 속하는 것뿐만 아니라 지적재산권(저작권, 특허권, 출판권 등), 특별법상의 권리(광업권, 어업권, 수렵권 등), 영업상의 권리, 공법상의 권리(공무원의 봉급청구권, 연금청구권, 국가유공자의 생활조정수당청구권, 수리권, 하천점용권 등) 등도 재산권에 포함되는 것이다.

따라서 재산의 보장과 재산권의 보장은 재산권의 대상이 되는 유·무형의 재화 자체에 대한 보장과 그에 대한 권리의 보장이라는 점에서 구별된다. 즉 헌법상의 재산권 보장은 재산권을 (원칙적으로) 자유롭게 「취득」하고 「행사」하며 「처분」할 수 있도록 보장하는 것이며, 이는 재산의 취득, 사용, 처분과 연결될 수 있지만 항상 일치되는 것은 아니다.

이러한 재산권을 헌법상 보장하는 것은 ① 국민의 경제적인 생활의 기초가 되며, ② 동시에 시장경제질서의 기초가 된다. ③ 또한 재산권의 (절대적 보장이 아닌) 상대적 보장은 사회국가적 이념실현의 바탕이 되고 있으며, ④ 나아가 직업의 자유의 기능적이고 이념적인 전제조건으로 평가되기도 한다.

Ⅱ. 재산권보장의 성격과 내용

재산권도 다른 기본권들과 마찬가지로 이중적 성격을 갖는다. 따라서 재산권의 보장도 개인의 권리로서의 측면과 국가질서를 형성하는 기준 내지는 지침으로서의 측면으로 나누어질 수 있다. 그러나 재산권의 경우에는 사유재산제와 결부되어 있다는 특수성으로 말미암아 재산권의 객관적 측면이 조금 더 복잡하게 나타난다.

1. 개인의 권리의 보장의 측면

재산권보장은 헌법상 인정되는 중요한 기본권의 하나이다. 그러나 현행헌법 제23조 제1항 제2문은 재산권의 "내용과 한계는 법률로 정한다"고 명시함으로써 이른바 형성적 법률유보를 두고 있다. 즉 재산권의 구체적 내용은 헌법에 의해 직접 정해지는 것이 아니라 민법, 상법 기타 각종 법률규정들에 의하여 구체화되도록 헌법 스스로가 위임하고 있는 것이다.

그러나 이러한 위임으로 인하여 재산권보장의 의미가 헌법적 차원에서 법률적 차원으로 격하되는 것은 결코 아니다. 헌법은 단지 재산권과 관련된 새로운 변화의 가능성을 고려하여 재산권의 범위를 확정하지 않고 열어 두었을 뿐이지, 그에 대한 헌법적 보호까지 포기하고 있는 것은 아니기 때문이다.[9)]

따라서 법률에 의해 재산권의 범위에 속하는 것으로 인정되는 한, 그에 대한 보장은 헌법적 차원에서 이루어진다. 만일 재산권에 대한 제한이 필요할 경우에는 헌법 제37조 제2항에 따라 제한의 법률적 근거가 요청되며, 법률로 개인의 재산권을 제한하는 경우에도 그 법률은 헌법상의 원칙들(제10조, 제11조 등)과 제약(제23조 제3항의 정당한 보상, 제120조의 특허, 제126조의 긴절한 필요 등)에 따라야 한다.

2. 국가질서를 형성하는 객관적 원리로서의 측면 → 사유재산제의 보장

재산권은 또한 국가질서를 형성하는 데 있어서 기준 내지 지침으로서의 역할을 한다. 즉 국가질서의 형성은 개인의 재산권의 정당한 보유 및 행사를 가능하게 만드는 방향으로 이루어져야 하는 것이다.

이와 관련하여 재산권의 보장이 사유재산제도의 보장과 맞물려 있다는 점이 지적될 필요가 있다. 헌법 제23조 제1항 제2문은 재산권의 구체적 내용의 형성을 법률에 위임하고 있다. 그러나 그 조항의 의미가 법률로 정하기만 하면 어떤 형태의 재산권도 임의로 인정될 수도 있고, 부정될 수도 있다는 것은 아니다. 예컨대 법률로써 모든 재산권을 전면적으로 폐지하는 것이 헌법 제23조 제1항 제2문에 의해 정당화될 수는 없는 것이다.

헌법상의 재산권보장은 사유재산제의 보장을 내포하는 것으로 이해된다.[10)] 이와 관련하여 과연 사유재산제의 보호범위를 어떻게 이해할 것인지에 대한 논란이 있었는데, 이를 단순히 생존에 필요한 물적 수단의 보장에만 그치는 것으로 볼 수는 없고, 생산수단의 사유까지 포함하는 것으로 이해되어야 할 것이다.[11)]

---

9) 이런 점에서 재산권의 형성적 법률유보에 의한 구체화는 사회적 기본권의 실현구조와 유사한 것으로 볼 수 있다.

10) 즉 칼 슈미트(*C. Schmitt*)가 주장했던 것처럼 기본권과 제도적 보장의 양자택일이 아니라 기본권을 구체화시키는 내용으로서의 제도적 보장이 문제되는 것이다.

11) 특히 헌법 제126조가 사기업의 국공유화를 원칙적으로 제한하고 있는 것에 비추어 볼 때 생산수단의 사유, 즉 자본주의적 경제질서는 헌법 스스로가 전제하고 있는 것으로 이해되어야 할 것이다.

3. 입법자에 의한 재산권의 내용과 한계의 규정

이와 같이 헌법상의 재산권보장은 -다른 기본권들과 마찬가지로- 이중적 성격을 가지며, 특히 재산권보장의 객관적 측면은 사유재산제도의 보장을 내포한다. 그러나 또한 헌법 제23조 제1항 제2문에서 재산권의 "내용과 한계는 법률로 정한다"고 규정하고 있기 때문에 **재산권보장의 구체적 범위**가 과연 어느 정도까지 입법자에 의해 결정될 수 있는지에 대해서도 검토가 필요하다.[12)]

헌법 제23조 제1항 제2문의 규정은 사적 재산권의 구체적 내용과 범위의 결정을 입법자에게 위임하고 있으며, 따라서 입법자는 재산권의 취득과 행사, 처분 등에 관한 포괄적인 규율이 가능하다.[13)] 그러나 이러한 입법자의 형성의 자유가 무제한적으로 허용되는 것은 아니다. 입법자가 재산권의 내용과 한계를 정함에 있어서는 다음과 같은 기준이 존중되어야 한다:

첫째, 기존의 재산질서를 입법에 의해 변경시키는 경우에도 그 방식과 정도는 **비례의 원칙**에 따라야 한다. 비례의 원칙에 위배되는 입법은 위헌으로 인정될 수밖에 없다.

둘째, 입법자에 의한 재산권의 내용과 한계의 설정이 재산권보장의 기본적인 내용이 되고 있는 **사적 이용과 처분을 본질적으로 제한 또는 박탈**해서는 안 된다. 사유재산제를 전면적으로 폐지하는 입법은 물론, 특정인이나 특정계층의 재산권보장을 본질적으로 침해하는 입법도 위헌이 되는 것이다.[14)]

셋째, (기존의) 재산권에 대한 구체적 권리침해가 -수용(收用)의 요건에 따른 보상 없이- **수용적인** (즉 수용과 유사한 결과를 가져오는) **작용**에까지 미쳐서는 안 된다. 헌법 제23조 제3항은 재산권의 수용, 사용, 제한에 대한 보상을 명시하고 있으며, 적어도 수용에 대해서는 보상을 전제하는 것으로 보아야 할 것이기 때문이다.[15)]

Ⅲ. 지적재산권의 보장(헌법 제22조 제2항)

앞서 재산권의 개념에서 확인된 바와 같이 재산권은 유형의 물건에 대한 권리뿐만 아니라 정신활동의 산물로 나타나는 무형의 재화에 대한 각종 권리를 포함한다. 이른바 지적재산권도 헌법상 보장되는 재산권에 속하는 것이다.

---

12) 헌법재판소는 민법상 유류분 제도에서 유류분상실사유를 별도로 규정하지 않은 점, 기여분에 관한 민법 제1008조의2를 유류분에 준용하는 규정을 두지 않은 점이 재산권의 침해로 위헌이라고 인정하였다(**헌재 2024.4.25. 2020헌가4등 결정**).

13) 또한 입법자가 재산권의 내용과 한계를 정함에 있어서는 직접적인 규율이 아니라 조세나 공적 부담금의 형태를 통한 간접적인 방법도 이용될 수 있다.

14) 본질내용의 침해금지에 관한 상대설의 입장에 따를 때, 이러한 내용은 앞서 이야기한 비례의 원칙에 포함될 수 있다. 본질내용의 침해금지에 관하여는 「제2권 제1부 제5장 제4절 Ⅴ. **법률유보에 의한 기본권제한의 한계: 본질적 내용의 침해금지**」 참조.

15) 다만 사용과 제한에 대해서는 재산권의 사회적 제약인지 아니면 보상을 필요로 하는 제한인지(즉 헌법 제23조 제2항이 적용되어야 하는지, 아니면 제3항이 적용되어야 하는지)의 문제가 먼저 해결되어야 할 것이다.

지적재산권은 다시금 저작권과 산업재산권(상표권, 특허권 등), 제3의 지적재산권(컴퓨터소프트웨어에 관한 권리, 데이터베이스에 관한 권리 등)으로 나누어지는데, 특히 오늘날에는 지적재산권이 경제활동에서 차지하는 비중이 점점 더 높아지면서 지적재산권에 대한 특별한 보호가 문제되고 있다.

이와 관련하여 헌법은 제22조 제2항에서 "저작자 · 발명가 · 과학기술자와 예술가의 권리는 법률로써 보호한다"고 규정함으로써 지적재산권에 대한 특별한 법적 보호의 근거를 마련하고 있다.

Ⅳ. 경제의 장에 규정된 재산권보장의 내용

헌법 제9장인 경제의 장에 규정된 내용들은 헌법상의 경제질서와 관련하여 헌법 제23조의 재산권보장과 그 제한에 관한 조항을 보완하는 의미를 갖는다.[16)]

1. 시장경제질서(제119조 제1항)의 원칙과 경제에 대한 국가적 규제와 조정(제119조 제2항)

현행헌법은 개인과 기업의 경제적 자유와 창의를 존중하는 것이 경제질서의 기본이라고 선언하고 있다. 즉 자유로운 경제활동의 보장을 원칙으로 하고 있다는 것이다. 그러나 동시에 ① 균형있는 국민경제의 성장 및 안정, ② 적정한 소득의 분배, ③ 시장의 지배와 경제력 남용의 방지, ④ 경제주체간의 조화를 통한 경제의 민주화를 위하여 국가가 경제에 대한 규제와 조정을 할 수 있다는 점도 명시하고 있다.

이러한 헌법의 태도는 시장경제질서를 기본으로 하되 국가의 폭넓은 개입을 가능케 함으로써, 경제질서가 사회적 시장경제의 형태로 운용되는 것을 가능하게 만들고 있다.

2. 광업권 등의 특허(제120조 제1항) 및 국토와 자원의 개발계획(제120조 제2항)

현행헌법은 제120조 제1항에서 "광물 기타 중요한 지하자원 · 수산자원 · 수력과 경제상 이용할 수 있는 자연력은 법률이 정하는 바에 의하여 일정한 기간 그 채취 · 개발 또는 이용을 특허할 수 있다"고 규정하고 있다.

이 규정은 한편으로는 자유로운 경제활동을 보장하기 위하여 각종 자연자원의 이용을 허용하지만, 다른 한편으로는 공익을 위하여 이를 무제한으로 인정하지 않고 특허를 통해서만 이용할 수 있도록 함으로써 국가에게 이를 감시 · 감독할 권한을 부여한 것이다.

이러한 규정의 취지는 동조 제2항에서 "국토와 자원은 국가의 보호를 받으며, 국가는 그 균형있는 개발과 이용을 위하여 필요한 계획을 수립한다"고 명시한 것에서 잘 드러나고 있다.

---

16) 경제에 관한 헌법의 태도, 즉 경제헌법의 의미와 구조에 대한 전체적 고찰에 관하여는 「제1권 제3부 제5장 **경제헌법**」 참조.

3. 농지소작제의 원칙적인 금지(제121조)

현행헌법은 농지와 관련한 특별규정으로 제121조를 두고 있다. 이 규정의 뿌리는 해방 직후의 농지개혁으로 거슬러 올라갈 수 있다. 그러나 최근의 농업환경이 달라지면서 농지에 대한 헌법적 규율의 방향도 달라지고 있다.

헌법 제121조 제1항은 "국가는 농지에 관하여 경자유전(耕者有田)의 원칙이 달성될 수 있도록 노력하여야 하며, **농지의 소작제도**는 금지된다"라고 규정함으로써 전통적인 맥락에서 농지의 소작제를 금지하고 있다.

그러나 동조 제2항은 "농업생산성의 제고와 농지의 합리적인 이용을 위하거나 불가피한 사정으로 발생하는 **농지의 임대차와 위탁경영**은 법률이 정하는 바에 의하여 인정된다"고 규정함으로써 이농(離農)현상으로 경작되지 못하는 농지 및 대단위 농지의 활용을 통한 농업의 현대화를 꾀하고 있다.

4. 국토에 관한 제한과 의무(제122조)

현행헌법 제122조는 "국가는 국민 모두의 생산 및 생활의 기반이 되는 국토의 효율적이고 균형있는 이용 · 개발과 보전을 위하여 법률이 정하는 바에 의하여 그에 관한 필요한 제한과 의무를 과할 수 있다"고 규정하고 있다.

이 규정은 이른바 **토지공개념의 기초**가 되고 있는 것으로서 토지가 갖는 특별한 성질을 고려하여 특별한 법적 규율의 필요성을 인정하고 있는 근거규정이다. 생산에 따라 양의 조절이 가능한 물건들과는 달리 토지는 한정된 자원일 뿐만 아니라, 인간의 생존 및 활동을 위한 절대적인 조건이기도 하기 때문에 토지의 효율적 관리와 활용은 국가적 중요성을 갖는다고 인정하는 것이다.

그러나 구체적으로 어떠한 제한과 의무가 부과될 수 있는지, 그리고 그러한 제한과 의무의 정당한 범위는 어디까지인지에 대해서는 많은 논란이 계속되고 있다.[17)]

5. 대외무역의 규제 · 조정(제125조)

현행헌법 제125조는 "국가는 대외무역을 육성하며, 이를 규제 · 조정할 수 있다"고 명시하고 있다.

이 규정은 우리나라의 경제가 대외무역에 의존하는 바가 매우 크다는 점을 고려하여 이에 대한 국가의 적극적 개입을 근거지우고 있는 규정이라고 할 수 있다. 하지만 이미 경제질서 전반에 대한 국가의 개입가능성이 헌법 제119조 제2항에 의해 열려 있기 때문에, 이 규정이 특별히 새로운 의미를 갖는 것이라기보다는 대외무역과 관련하여 다시 한 번 강조하는 정도로 이해될 수 있을 것이다.

---

17) 헌법재판소는 토지공개념에 기초하여 제정되었던 「토지초과이득세법」과 「택지 소유 상한에 관한 법률」에 대하여 각기 헌법불합치결정과 위헌결정을 내린 바 있다(헌재 1994.7.29. 92헌바49 결정; 헌재 1999.4.29. 94헌바37등 결정).

6. 사영기업의 국·공유화의 원칙적인 제한(제126조)

현행헌법 제126조는 "국방상 또는 국민경제상 긴절(緊切)한 필요로 인하여 법률이 정하는 경우를 제외하고는, 사영기업을 국유 또는 공유로 이전하거나 그 경영을 통제 또는 관리할 수 없다"고 규정하고 있다.

이 규정은 원칙적으로 사기업의 소유와 경영에 대한 국가의 침해가 허용되지 않음을 선언하고 있는 것이지만, 예외적인 상황에서는 그러한 침해가 가능하다는 점을 인정하는 것이기도 하다. 따라서 그 인정요건이 문제되는데, 여기서 "국방상 또는 국민경제상 긴절한 필요"라는 것은 **전쟁의 발발 및 그에 준하는 상황**이나 **심각한 자연재해 등으로 인하여 시장이 마비되고 국가가 국민의 생존을 위해 직접 생산을 통제할 필요가 발생된 경우**로 이해되어야 할 것이고, 이러한 전제 하에서만 국가가 사기업의 소유와 경영을 직접 제한할 수 있다.[18)]

V. 소급입법에 의한 재산권박탈의 금지(헌법 제13조 제2항)

헌법은 소급입법에 의한 재산권의 박탈을 금지하고 있다. 재산권뿐만 아니라 모든 헌법상의 기본권은 원칙적으로 소급적으로 제한할 수 없다. 그것은 법적 안정성이라는 법의 기본이념에 반하기 때문이다. 따라서 재산권의 소급적 제한도 역시 법치주의에 반하는 것으로서 금지되는 것이 당연하다.

하지만 우리의 헌법사를 돌이켜 보면 소급입법에 의한 재산권박탈의 전례가 없지 않다. 특히 4 · 19혁명 직후와 5 · 16쿠데타 직후에 소급입법에 의하여 재산권을 박탈했었던 전례가 문제되어서 헌법은 제13조 제2항에서 재산권에 대한 소급적 제한을 명시적으로 금지하고 있는 것이다.[19)]

제 3 절 재산권보장의 한계: 사회적 구속성

I. 헌법규정과 재산권의 사회적 구속성의 의의

현행헌법 제23조 제2항은 "재산권의 행사는 공공복리에 적합하도록 하여야 한다"고 명시하고 있다. 이 규정은 **국민의 재산권행사에 대한 공공복리적합의무**로 이야기되기도 하고, 다른 한편으로는 재산권 자체의 성격과 관련하여 **재산권의 사회적 구속**

18) 이에 관하여 상세한 것은 아래의「제5절 **사기업의 국 · 공유화**」참조.

19) 그러나 **헌재 2011.3.31. 2008헌바141등 결정**에서는 "친일재산의 소급적 박탈은 일반적으로 소급입법을 예상할 수 있었던 이례적인 경우에 해당하며, 그로 인해 발생되는 법적 신뢰의 침해는 우리 헌법의 이념 속에서 용인될 수 있다"고 판시한 바 있다.

성으로 표현되기도 한다.

헌법이 이처럼 재산권에 대하여 일정한 사회적 구속성을 인정하고 있는 것은 재산권보장의 성격이 변화되었음을 가장 잘 보여주고 있는 것이다. 즉 재산권은 오늘날 더 이상 개인의 절대적 권리로서가 아니라 사회적 구속성 하에 놓여있는 상대적 권리로 파악되고 있다는 것이 바로 헌법 제23조 제2항을 통해 분명해지는 것이다.

이 규정은 **헌법 제23조 제1항 제2문과의 연계** 속에서 이해되어야 한다. 제1항 제2문에서는 재산권의 내용과 한계를 어떻게 정할 것인가에 대한 입법자의 권한이 문제되고, 제2항에서는 일단 재산권으로 인정된 것의 사회적 구속성이 문제된다. 따라서 양자는 원칙적으로 구별된다. 즉 입법자에 의하여 재산권의 내용으로 일단 인정된 것이라 하더라도 그 행사방식에 있어서 사회적 구속성에 의한 일정한 한계가 인정된다는 것이다.

다른 한편으로는 **헌법 제23조 제3항과의 관계**도 문제된다. 재산권에 대해 일정한 제약이 가해질 경우에 과연 그것이 헌법 제23조 제2항에 의한 사회적 구속성에 해당되며, 따라서 보상이 불필요한 것인지, 아니면 제3항에 의한 제한에 해당되어서 보상을 하여야 하는 것인지는 재산권보장과 관련된 가장 복잡한 문제 중의 하나라고 할 수 있다.[20)]

Ⅱ. 재산권의 사회적 구속성의 전제

재산권의 사회적 구속성이 문제되는 것은 그것이 일단 「재산권」으로서 보장될 수 있는 것이라는 점을 전제로 한다. 즉 재산권으로 보장되지 않는 것에 대해서는 사회적 구속성을 이야기할 필요도 없는 것이다.

이런 맥락에서 볼 때, 재산권으로 인정될 수 없는 것, 예컨대 마약에 대한 소유권이나 노예소유권 등은 합법적인 재산권으로 인정되지 않으므로 그에 대한 사회적 구속성을 문제삼을 필요도 없다.

Ⅲ. 입법자에 의한 사회적 구속성의 구체화

재산권에 대한 사회적 구속성이 의미하는 것은 재산권 자체가 사회적 관련 속에서 사회적 기능을 담당하고 있기 때문에, 이에 기초한 일정한 제약이 내재되어 있다는 것이다.

그러나 구체적으로 재산권에 대하여 어떤 경우에 어떤 종류의 제약이 어느 정도까지 인정될 수 있는지에 대해서는 논란의 여지가 크며, 이러한 제약의 구체적 형태는 일차적으로는 입법자에 의해서 정해질 수밖에 없다.

---

20) 이와 관련하여 재산권의 사회적 구속성은 재산권에 대하여 공권력이 자의적으로 관여하는 것, (사회적 유해성 등을 이유로) 특정한 재산권소유자들에게 불이익을 가하거나 재산권을 박탈하는 것을 정당화시키는 것은 아니라는 점이 강조될 필요가 있다. 재산권의 사회적 구속성은 법적 기준이지 정치적 의도에 의해 자의적인 내용으로 채워질 수 있는 백지위임은 아닌 것이다.

입법자가 사회적 구속성을 구체화함에 있어서는 **헌법적으로 보장된 기본권으로서의 재산권보장**과 **사회적으로 정의로운 재산질서의 형성**이라는 양 측면을 동시에 고려하여야 한다. 입법자는 이러한 양 측면을 균형있게 고려하는 가운데 이해관계자의 보호가치 있는 법익들을 비례성에 따라 올바르게 형량함으로써 구체적인 한계를 형성해나갈 수 있다.

Ⅳ. 재산권의 사회적 구속성의 인정기준과 한계

재산권에 대하여 일반적으로 가하여지는 사회적 구속이 어디까지 정당하게 인정될 수 있는가에 관하여는 지금까지 많은 이론들이 발전되어 왔다. 이러한 이론들은 결국 재산권에 대한 사회적 구속성의 표현으로「보상 없이」부과될 수 있는 제약과 재산권에 대한 제한으로서「보상이 필요한」제한을 구별하는 기준을 모색하는 데 초점을 맞추고 있었다.

1. 형식적 기준과 실질적 기준

종래 재산권의 사회적 구속과 재산권의 제한을 구별하는 기준은 형식설과 실질설로 크게 나누어졌다.

형식설은 구체적인 제약이 과연 (적어도 잠재적으로) 모든 국민에게 일반적으로 인정될 수 있는 성질의 것인지의 여부를 기준으로 삼는 것이었기 때문에 **특별희생의 이론**이라고 일컬어졌다. 즉, 일반적인 제약에 대해서는 보상이 필요없지만, 특정인에게만 특별히 부과되는 제약에 대해서는 보상이 있어야 형평에 맞는다는 것이다.[21)]

실질설은 재산권제약의 내용을 고려하지 않고 오로지 제한의 형태만을 기준으로 삼는 형식설과는 달리, 구체적인 제한의 성격 내지 내용을 고려하여 사회적 구속성에 해당되는지의 여부를 판단하려는 것이다. 이러한 실질설은 다시금 구체적 기준에 따라 방어적 행위로서의 재산권제한의 여부를 따지는 **사회기속이론**, 재산권주체가 그 제한을 수인하도록 기대할 수 있는지의 여부를 기준으로 삼는 **기대가능성이론(수인한도이론)**, 재산권에 대한 제약이 가해진 상태에서도 사적 유용성이 계속 유지되고 있는지의 여부를 묻는 **사적유용성이론**, 재산권에 대한 제약이 현상보존을 위한 것인지의 여부를 판단의 잣대로 삼는 **상황기속이론**, 그리고 침해의 중대성과 범위에 비추어 판단을 내리는 **중대성이론** 등으로 나누어진다.

그러나 이러한 여러 이론들 가운데 어느 하나의 이론만으로는 설명이 어렵기 때문

---

21) 이러한 **특별희생설**은 원래 독일의 바이마르 공화국 당시 발전된 이론으로서 행정행위에 의한 재산권의 개별적 침해를 전제한 것이기 때문에 개별행위설이라고 부르기도 한다. 즉 침해행위가 일반성을 갖는 법률이·아니라 개별적 행정행위에 의해 이루어지고 있다는 점을 기준으로 삼았던 것이다. 그러나 오늘날에는 행정행위에 의한 침해뿐만 아니라 법률에 의한 재산권의 침해도 문제되기 때문에 개별행위설이라는 명칭은 더 이상 타당하지 않으며, 특별희생의 기준을 확인하는 것도 분명하지 않게 되었다.

에 여러 측면을 동시에 고려하는 가운데 개별적인 판단을 내릴 수밖에 없다는 것이 현재의 일반적 견해이고, 판례의 태도이기도 하다.[22)]

2. 경계이론과 분리이론

또한 재산권의 사회적 구속성(헌법 제23조 제2항)과 재산권에 대한 제한(헌법 제23조 제3항)을 구별하는 것과 관련하여 독일에서 발전된 이른바 경계이론(Schwellentheorie)과 분리이론(Trennungstheorie)이 많이 논의되고 있다.[23)]

경계이론은 재산권의 사회적 구속성과 재산권에 대한 제한의 차이를 양적인 것으로 이해하며, 그에 따라 재산권에 대한 제약의 정도가 심해질 경우 종래 사회적 구속으로 인정되었던 것도 제한으로 인정되어 보상이 필요한 것으로 주장한다. 반면에 **분리이론**은 양자의 차이를 질적인 차이로 보며, 양자는 가교될 수 없는 성질의 것으로 이해한다. 즉 처음부터 보상이 필요한 경우와 그렇지 않은 경우는 구별되어야 한다는 것이다.

이러한 양 이론은 각기 장단점이 있다. 경계이론은 현실적으로 양자의 구별기준이 명확하지 않은 상황에서, 동일한 재산권에 대하여 사회적 구속성으로 인한 제약이 각기 다른 사유로 여러 차례 중첩될 경우에는 -하나하나의 제약은 과도한 것이 아니지만- 결과적으로 당해 재산권에 대한 과도한 제약이 되므로 보상을 인정해야 할 필요성이 있다는 점을 잘 설명하고 있다. 반면에 이러한 경계이론은 재산권에 대한 「보상을 전제로 하는」 제한은 결부조항의 성격에 따라 제한을 가하는 법률 자체에서 보상에 관한 규정을 두어야 한다는 점, 즉 애초에 사회적 구속성에 의한 제약으로 의도되었던 것과 보상을 전제로 하는 제한으로 의도되었던 것은 법률의 규정방식부터 다르다는 점을 제대로 해결하지 못한다.[24)]

분리이론은 결부조항의 특성과 잘 부합된다는 장점을 갖지만, 경계이론의 장점으로 인정되는 부분, 즉 사회적 구속성으로 인한 제약이 중첩되는 경우의 문제를 해결하지

---

22) **헌재 1998.12.24. 89헌마214등 결정**: "현실적으로 재산권은 기본권의 주체로서의 국민이 각자의 인간다운 생활을 자기 책임 하에 자주적으로 형성하는 데 필요한 경제적 조건을 보장해 주는 기능을 한다. 그러므로 재산권의 보장은 곧 국민 개개인의 자유실현의 물질적 바탕을 의미한다고 할 수 있고, 따라서 자유와 재산권은 상호보완관계이자 불가분의 관계에 있다고 하겠다. 재산권의 이러한 자유보장적 기능은 재산권을 어느 정도로 제한할 수 있는가 하는 사회적 의무성의 정도를 결정하는 중요한 기준이 된다. 재산권에 대한 제한의 허용정도는 재산권행사의 대상이 되는 객체가 기본권의 주체인 국민 개개인에 대하여 가지는 의미와 다른 한편으로는 그것이 사회전반에 대하여 가지는 의미가 어떠한가에 달려 있다. 즉, 재산권 행사의 대상이 되는 객체가 지닌 사회적인 연관성과 사회적 기능이 크면 클수록 입법자에 의한 보다 광범위한 제한이 정당화된다. 다시 말하면, 특정 재산권의 이용이나 처분이 그 소유자 개인의 생활영역에 머무르지 아니하고 일반국민 다수의 일상생활에 큰 영향을 미치는 경우에는 입법자가 공동체의 이익을 위하여 개인의 재산권을 규제하는 권한을 더욱 폭넓게 가진다고 하겠다."

23) 이에 관하여는 최갑선, 헌법 제23조 1항 2문에 의거한 재산권의 내용 및 한계규정, 심천 계희열박사 화갑기념논문집, 1995, 271-298쪽 참조.

24) 구 도시계획법 제21조에 따른 개발제한구역(이른바 그린벨트)의 지정으로 인한 토지재산권의 제한에 관한 **헌재 1998.12.24. 89헌마214**등 결정이 경계이론과 분리이론의 어느 이론에 기초한 것인지에 대해서 논란이 있다. 그러나 헌법재판소는 이 결정에서 보상없는 과도한 제한이 위헌이라고 판단하였을 뿐이고, 이에 대해서 경계이론 또는 분리이론의 입장을 분명히 한 것은 아니라고 보아야 할 것이다.

못하는 문제점을 안고 있다.

제4절 재산권의 제한: 수용, 사용, 제한

Ⅰ. 재산권제한의 목적

현행헌법은 기본권의 제한과 관련하여 제37조 제2항에서 “국가안전보장, 질서유지, 공공복리”를 기본권제한의 목적으로 제시하고 있다. 즉 이러한 목적을 위해서만 기본권의 제한이 정당화될 수 있다는 것이다. 그러나 헌법 제23조 제3항은 이와 달리 “공공필요”라는 목적을 별도로 설정하고 있다. 그로 인하여 양자의 관계가 문제된다.

이와 관련하여 헌법 제37조 제2항의 규정을 기본권제한입법의 한계규정으로 이해하고, 따라서 공공필요가 인정되는 경우에도 헌법 제37조 제2항에 의한 “국가안전보장, 질서유지, 공공복리”라는 요건이 충족되어야 한다는 주장도 있다.[25] 그러나 현실적으로 헌법 제37조 제2항은 기본권제한의 일반적 기준 내지 요건을 정하고 있는 것이며,[26] 헌법 제23조 제3항에 이와는 다른 “공공필요”라는 개념을 명시하고 있는 것은, 그것이 헌법 제37조 제2항에서 정한 것과는 별도로 보다 강화된 또는 완화된 기준으로 작용하게 되는지와 관련하여 문제되는 것이다.

여기서 일차적으로 고려될 수 있는 것은 헌법 제37조 제2항이 설정하고 있는 것이 모든 기본권에 적용되는 일반적 기준이라면, 헌법 제23조 제3항은 **재산권에 대해서만 적용되는 특별한 기준**을 설정하고 있다는 점이다.[27] 또한 일반적 기본권의 제한이 기본권의 일방적 축소를 가져오는 반면에 재산권의 제한은 “정당한 보상”을 전제하는 것임을 고려할 때 “공공필요”라는 개념을 조금 더 넓게 해석하는 것이 가능할 것으로 생각된다.[28]

Ⅱ. 재산권제한의 형식

재산권제한의 형식은 “법률로써” 하도록 되어 있다. 이것은 헌법 제37조 제2항에 의한 기본권제한의 일반적 요건과 다름없이 인정되는 것이기 때문에 특별히 문제되지는

---

25) 허영, 한국헌법론, 2025, 576쪽.

26) 물론 모든 기준 내지 요건은 한계의 역할도 한다.

27) “공공필요”라는 개념이 헌법 제37조 제2항의 “국가안전보장, 질서유지, 공공복리”라는 개념 속에 포섭될 경우에는 헌법 제23조 제3항의 “공공필요”라는 개념의 존재의의가 상실될 것이다.

28) 그러나 공공필요가 지나치게 확대해석되어서는 안 될 것이며, 헌법재판소는 **헌재 2014.10.30. 2011헌바172등 결정**에서 고급골프장 등 공익성이 낮은 경우에도 공공필요를 인정하는 것은 헌법 제23조 제3항에 위반되는 것으로 판시하였다.

않는다.

다만 재산권의 제한과 관련하여 특별히 문제되는 것은 헌법 제23조 제3항이 이른바 **결부조항**(Junktim-Klausel: 결합조항, 부대조항, 불가분조항 등으로도 번역)의 성격을 갖는다는 것이다. 동조항은 "공공필요에 의한 재산권의 수용 · 사용 또는 제한 및 그에 대한 보상은 법률로써 하되, 정당한 보상을 지급하여야 한다"고 규정하고 있는데, 이 규정을 결부조항으로 해석해야 한다는 점에 대해서는 학설이 대체로 일치하고 있다.[29)]

결부조항이란 헌법이 일정한 사항을 법률에 위임하면서, 그 법률로 일정한 사항을 동시에 규정하도록 요구하고 있는 것을 가리킨다. 그 대표적인 예가 재산권을 제한하는 법률은 동시에 그에 대한 보상에 관한 규정을 포함하여야 한다는 것이다. 이처럼 재산권의 제한에 대해 결부조항의 형식을 취함으로써 「보상의 기준과 방법」을 규정하는 법률에 의해서만 재산권의 제한이 행해질 수 있도록 하는 것은 재산권제한의 남용을 막고 개인의 재산권보장을 실질화하는 데 중요한 역할을 하고 있다.

Ⅲ. 재산권제한의 유형

재산권제한의 유형은 헌법 제23조 제3항이 규정하고 있는 것처럼 수용(공용수용, 공용징수), 사용(공용사용), 제한(공용제한)의 세 가지로 크게 나누어진다.

수용(收用)은 공공필요를 위하여 국가 또는 공공단체 등이 토지 기타 개인의 재산권을 종국적 · 강제적으로 취득하는 것으로서 재산권 자체가 이전되는 경우를 말한다.

사용(使用)은 재산권 자체의 이전은 발생되지 않지만, 공공필요를 위하여 국가 또는 공공단체 등이 토지 기타 개인의 재산을 일시적 · 강제적으로 사용함으로써 원 재산권자의 재산권행사를 제약하는 것을 말한다.

제한(制限)은 공공필요를 위하여 국가 또는 공공단체 등이 토지 기타 개인의 재산권에 대하여 일정한 제한을 가함으로써 원 재산권자의 재산권행사를 제약하는 것을 말한다.[30)]

---

29) 계희열, 헌법학(중), 2007, 568쪽 이하; 권영성, 헌법학원론, 2010, 569쪽 이하; 허영, 한국헌법론, 2025, 578쪽 이하 참조.

30) 예컨대 그 동안 많은 논란의 대상이 되었던 개발제한구역(이른바 그린벨트)의 설정이 이에 해당된다. 개발제한구역의 설정은 종래 헌법 제23조 제2항에 의해 보상이 필요없는 사회적 구속성의 표현으로 주장되었지만, 헌법재판소는 이에 대하여 "개발제한구역으로 지정된 토지를 원칙적으로 지정 당시의 지목과 토지현황에 의한 이용방법에 따라 사용할 수 있는 한, 재산권에 내재하는 사회적 제약을 비례의 원칙에 합치하게 합헌적으로 구체화한 것이라고 할 것이나, 종래의 지목과 토지현황에 의한 이용방법에 따른 토지의 사용도 할 수 없거나 실질적으로 사용 · 수익을 전혀 할 수 없는 예외적인 경우에도 아무런 보상없이 이를 감수하도록 하고 있는 한, 비례의 원칙에 위반되어 당해 토지소유자의 재산권을 과도하게 침해하는 것으로서 헌법에 위반된다"고 판시한 바 있다(**헌재 1998.12.24. 89헌마214등 결정**). 유사한 맥락에서 "입법자는 토지재산권의 제한에 관한 전반적인 법체계, 외국의 입법례 등과 기타 현실적인 요소들을 종합적으로 참작하여 국민의 재산권과 도시계획사업을 통하여 달성하려는 공익 모두를 실현하기에 적정하다고 판단되는 기간을 정해야 한다. 그러나 어떠한 경우라도 토지의 사적 이용권이 배제된 상태에서 토지소유자로 하여금 10년이상을 아무런 보상없이 수인하도록 하는 것은 공익실현의 관점에서도 정당화될 수 없는 과도한 제한으

Ⅳ. 재산권의 제한에 대한 보상

1. 보상의 대상

재산권에 대한 헌법상의 제약은 크게 두 가지로 나누어질 수 있다. 하나는 헌법 제23조 제2항에 의한 사회적 구속성에 의한 제약이고, 다른 하나는 헌법 제23조 제3항에 의한 수용, 사용, 제한에 해당되는 경우이다.

양자의 구별기준에 관하여는 앞서 설명된 바와 같이 많은 논란이 있지만, 일단 그 제약이 사회적 구속성의 범위를 넘어서서 헌법 제23조 제3항에 따른 수용, 사용, 제한에 해당되는 것으로 인정될 경우에는 보상의 대상으로 인정된다. 또한 결부조항을 규정한 헌법의 취지에 따라 보상을 전제하지 않고서는 제한 자체가 불가능하다는 점이 일반적으로 인정되고 있다.

2. 보상의 기준

현행헌법은 재산권의 수용, 사용 및 제한에 대한 보상을 "정당한 보상"으로 명시하고 있다.

제헌헌법은 "상당한 보상"을 명시(제헌헌법 제15조 제3항)하고 있었으며, 이러한 규정은 제2공화국까지 유지되었다. 하지만 제3공화국 헌법(1962년 헌법)에서 "정당한 보상"을 명시한 바 있다(제20조 제3항). 그러나 제4공화국 헌법(1972년 헌법)에서는 단순히 "··보상의 기준과 방법은 법률로 정한다"는 규정을 두고 있었을 뿐이다(제20조 제3항). 그러던 것이 제5공화국 헌법(1980년 헌법)에서는 "보상은 공익 및 관계자의 이익을 정당하게 형량하여 법률로 정한다"는 규정을 두었으며(제22조 제3항), 현행헌법은 "정당한 보상을 지급하여야 한다"는 규정을 만들었다(제23조 제3항).

이와 같은 헌법규정의 변화가 시사하고 있는 바와 같이 보상을 어떠한 기준으로 하느냐, 특히 「정당한 보상」이냐 아니면 「상당한 보상」이냐는 현실적으로 매우 중요한 문제로 다루어졌다. 그것은 보상의 정도에 실질적인 차이를 두는 것으로 이해되기 때문이다. 즉 정당한 보상은 완전보상[31] 내지 시가보상을 의미하는 것으로 이해되는 반면에, 상당한 보상은 피침해자의 경제적 능력 등을 고려하여 시가에 미치지 못하는 보상을 하는 것도 가능하다고 이해되는 것이다.

종래 **상당한 보상**을 인정한 것은 사회국가적 요청 내지 재산권의 사회적 제약의 반영이라는 측면에서 정당한 것으로 보았던 시각을 반영한 것이다. 하지만 그 경우 ① 일반적인 사회적 구속성을 넘어서는 -즉 보상의 필요성이 인정되는- 특별한 재산권의 침해가 인정되는 상황에서 이를 다시금 제한하는 것이 형평에 맞지 않는다는 점, ② 헌

로서 헌법상의 재산권보장에 위배된다고 보아야 한다"라고 판시한 바도 있다(**헌재 1999.10.21. 97헌바26 결정**).

31) **헌재 1995.4.20. 93헌바20등 결정**: "헌법 제23조 제3항이 규정하는 정당한 보상이란 원칙적으로 피수용재산의 객관적인 재산가치를 완전하게 보상하는 것이어야 한다는 완전보상을 의미한다."

법 제23조 제3항에 의한 재산권의 제약을 받는 사람들이 반드시 경제적 강자는 아니라는 점, ③ 그리고 행정기관이 공용수용 등을 남용하는 경향이 적지 않았다는 점 등을 고려하여 다시금 **정당한 보상**이 헌법상 인정되고 있는 것이다.

그러나 개발이익을 보상범위에서 배제하는 것은 헌법 제23조 제3항의 "정당한 보상"에 반하지 않는 것으로 볼 수 있다.[32)]

3. 보상의 방법

보상의 구체적 방법은 재산권의 제한과 보상을 정하는 법률에 의해 결정된다. 예컨대 「토지수용법」 및 「공공용지의 취득 및 손실보상에 관한 특례법」을 대신하여 2003년 1월 1일부터 시행되는 「공익사업을 위한 토지 등의 취득 및 보상에 관한 법률」은 제61조 이하에서 보상에 관한 상세한 규정을 두고 있는데, 사전보상의 원칙(제62조), 현금보상의 원칙(제63조), 개인별보상의 원칙(제64조), 일괄보상의 원칙(제65조) 등을 명시하고 있다.

제 5 절 사기업의 국 · 공유화

Ⅰ. 사회적 시장경제질서와 헌법 제119조 이하의 경제규정의 의의

헌법 제9장의 경제조항들은 헌법 제23조에서 인정되고 있는 재산권의 사회적 제약(재산권보장의 상대성)을 기초로 사회적 시장경제질서의 근간을 형성하고 있다.

앞서 설명된 바와 같이 개인과 기업의 경제상의 자유와 창의를 존중하는 시장경제를 기본으로 하되, 예외적 · 보충적으로 국가의 간섭을 허용하는 이른바 사회적 시장경

---

32) 헌법재판소는 "헌법 제23조 제3항에서 규정한 "정당한 보상"이란 원칙적으로 피수용재산의 객관적인 재산가치를 완전하게 보상하여야 한다는 완전보상을 뜻하는 것이지만, 공익사업의 시행으로 인한 개발이익은 완전보상의 범위에 포함되는 피수용토지의 객관적 가치 내지 피수용자의 손실이라고는 볼 수 없다"고 판시한 바 있다(**헌재 1990.6.25. 89헌마107 결정**). 또한 헌법재판소는 「개발이익 환수에 관한 법률」 제9조 제1항 등에 대한 위헌소원 사건에서 "개발부담금제도의 '개발이익'은 '개발사업의 시행 또는 토지이용계획의 변경 기타 사회 · 경제적 요인'에 의해 발생하는 것을 널리 포함하며 이러한 이익은 현금화된 개별, 구체적 금액이 아니라 객관적 기준에 의해 산정된다. 이 사건 법률조항은 개발부담금의 부과개시시점을 착공시가 아니라 사업시행의 인가 등을 받은 날로 정하고 있는데, 개발사업의 인가 등이 있는 때에는 실제 착공시점과의 사이에 시간차가 있더라도 가격인상요인이 이미 발생하였다고 보는 것이 경험칙에 부합한다. 착공이후에 비로소 지가변동이 있는 사례를 가려내거나 실제의 착공시점을 정확하게 인정할 수 있는 객관적 기준을 마련하는 것은 기술적으로 어렵고, 만일 그와 같은 예외적 경우를 위하여 일률적으로 착공한 때를 부과개시시점으로 삼는다면 이미 가격변동이 일어나거나 또는 가격변동이 진행 중인 많은 경우의 개발이익을 환수할 수 없으므로 형평에 맞지 않는 결과가 된다. 그리고 개발부담금의 부과기준에 관하여 규정하는 개발이익환수에관한법률 제8조에 의하면 문제된 기간 중에 발생하는 정상지가상승분은 공제되도록 되어 있다"는 점을 들어 개발이익의 환수가 정당함을 거듭 확인하고 있다(**헌재 2002.5.30. 99헌바41 결정**).

제질서를 채택하고 있는 것이다.

Ⅱ. 헌법 제126조에 의한 사기업의 국·공유화의 의의

헌법 제126조는 국방상 또는 국민경제상의 긴절(緊切)한 필요에 의하여 사기업을 국·공유화할 수 있도록 규정하고 있다.

국방상의 긴절한 필요가 있는 경우에 사기업을 국·공유화하는 것이 정당화될 수 있다는 점은 -긴절한 필요라는 요건의 해석과 관련하여 어떤 경우가 그에 해당되는지의 문제는 잠시 접어두고 생각할 때- 특별한 이론(異論) 없이 인정될 수 있다. 예컨대 전쟁을 수행하는 과정에서 군수물자의 조달 등을 위하여 사기업을 국·공유화하는 등의 특수상황이 발생되는 것을 부정할 수는 없기 때문이다.

그러나 국방상의 필요가 아닌 **국민경제상의 긴절한 필요**에 의하여 사기업을 국·공유화하는 것은 보다 복잡한 문제를 안고 있다. 과연 어떤 경우에 사기업을 국·공유화하는 것이 필요할 정도의 긴절성을 인정할 수 있는지가 국방상의 경우처럼 전쟁 및 그에 준하는 사태로 쉽게 한정될 수 없기 때문이다. 예컨대 1997년 IMF구제금융을 받던 무렵과 같은 경제위기를 극복하기 위하여 사기업을 국·공유화할 수 있는지에 대해서는 논란의 여지가 많다. 그 경우에는 오히려 경제의 효율성을 떨어뜨려서 경제위기의 극복이 더욱 어려워진다는 비판도 가능하기 때문이다.[33]

결국 국민경제상의 긴절한 필요라는 것은 국방상의 필요에 준하는 엄격한 요건 하에서만 허용되어야 할 것이다. 예컨대 천재지변으로 인하여 경제의 유통구조 자체에 문제가 생겨서 국가의 적극적인 개입 없이는 문제의 해결을 기대하기 어려운 경우에 비로소 국가에 의한 사기업의 국·공유화가 정당화될 수 있는 것이다.

Ⅲ. 사기업의 국·공유화와 보상

또한 헌법 제126조에 의한 사기업의 국·공유화의 경우에는 헌법 제23조 제3항과는 달리 보상에 대한 명문규정을 두지 않고 있다. 그로 인하여 헌법 제23조 제3항에 따른 수용의 경우와는 달리 보상 없는 국·공유화가 가능한지의 여부가 문제된다.

이와 관련하여 헌법 제23조 제3항을 적용하여 사기업의 국·공유화에 대해서도 정당한 보상을 지급하여야 한다는 견해가 있다.[34] 그러나 헌법 제126조를 헌법 제23조 제3항과 구별하여 특별규정으로 인정하고 있는 취지를 생각하면 보상 없는 사기업의 국·공유화도 가능하다는 판단을 내릴 수 있다. 즉 헌법 제126조의 요건은 헌법 제23조 제3항과는 달리 매우 엄격하게 해석되어야 할 뿐만 아니라, 그러한 엄격한 요건이

33) 실제로 IMF 구제금융 당시 국가가 앞장서서 추진하였던 기업구조조정의 대명사였던 이른바 「빅딜」은 실패한 것으로 평가된다.

34) 계희열, 헌법학(상), 2005, 403쪽; 김철수, 헌법학개론, 2007, 761쪽.

갖추어진 경우라면 국가가 당장 보상할 능력이 부족한 경우라 하더라도 일단 사기업을 국 · 공유화하여 사용하도록 허용해야 할 필요가 인정될 수 있기 때문이다.

물론 이러한 경우에도 **원칙적으로** 보상이 있어야 한다는 점을 부정하기는 어렵다. 그러나 경우에 따라서는 **예외적으로** 보상 없는 국 · 공유화도 –법률이 정하는 바에 의하여– 가능하다고 볼 수 있다는 것이다.[35)]

사례 풀이:

1. 乙의 헌법소원심판청구는 적법한가? (30점)
   - Ⅰ. 서: 위헌소원의 의의 및 성격과 청구요건 [3점]
   - Ⅱ. 재판의 전제성 [10점]
     1. 소송의 계속
     2. 심판대상법률(조항)이 당해 소송사건에 적용
     3. 심판대상법률(조항)의 위헌 여부에 따라 다른 내용의 재판
   - Ⅲ. 위헌법률심판제청의 신청과 기각 [9점]
     1. 위헌소원의 성격과 위헌법률심판제청의 의미
     2. 법원의 기각 결정과 그 구속력
     3. 헌법재판소법 제68조 제2항에 의한 헌법소원심판의 청구
   - Ⅳ. 기타의 청구요건 [6점]
     1. 변호사 강제주의
     2. 청구기간
     3. 청구의 효력
   - Ⅴ. 결론 [2점]
2. 「지역균형개발 및 중소기업 육성에 관한 법률」의 제16조 제1항 제4호, 제19조 제1항의 합헌성 여부에 대하여 판단하시오. (50점)
   - Ⅰ. 사안의 분석과 쟁점의 정리 [5점]
   - Ⅱ. 심판대상조항과 공용수용에 의한 기본권 제한 [13점]
     1. 지역균형개발법의 의의와 기능
     2. 지역균형개발법 제19조에 근거한 '시행자에 의한 토지수용'의 장단점
     3. 토지수용으로 인한 재산권 제한의 문제
   - Ⅲ. 지역개발사업의 공익성 문제 [13점]
     1. 지역개발사업의 개념과 유형
     2. 골프장 건설의 성격과 그 공익성의 문제
     3. 사안에 대한 판단
   - Ⅳ. 골프장 건설을 위한 공용수용의 비례성 판단 [16점]
     1. 목적의 정당성, 수단의 적합성
     2. 침해의 최소성

35) 예컨대 징발법 제19조 제3항 단서에서 징발물에 대한 "그 손실이 천재지변 · 전쟁 기타 불가항력의 사유로 인한 때"에 보상의 예외를 인정하고 있는 것처럼 특수한 상황임을 전제로 보상의 예외가 인정될 수 있는 소지가 헌법 제126조에 의한 재산권제한의 경우에는 –헌법 제23조 제3항에 의한 제한과는 달리– 나타날 수 있다는 것이다.

3. 법익의 균형성

Ⅴ. 결론 [3점]

3. 이 사건에 대하여 헌법재판소는 어떤 결정 형식을 취하여야 하며, 그 효력은 어떠한가? (20점)

Ⅰ. 서론 [2점]

Ⅱ. 지역개발사업의 공익성 문제와 단순합헌·위헌결정의 문제점 [4점]

1. 지역개발사업의 유형과 그에 따른 공익성의 차이

2. 단순합헌결정의 문제점

3. 단순위헌결정의 문제점

Ⅲ. 변형결정의 가능성과 유형 [6점]

1. 변형결정의 개념과 유형

2. 한정합헌·한정위헌 결정의 적용요건

3. 헌법불합치결정의 적용요건

Ⅳ. 헌법불합치결정과 그 효력 [7점]

1. 사안의 성격과 헌법불합치결정의 적합성

2. 헌법불합치결정의 유형과 잠정적용의 필요성

3. 헌법불합치결정의 효력

Ⅴ. 결론 [1점]

제11장 경제적 기본권 ②: 거주·이전의 자유, 직업의 자유, 소비자의 권리

「제11장 경제적 기본권 ②」에서는 재산권을 제외한 여타의 경제적 기본권들을 고찰한다. 이에 속하는 것으로는 거주·이전의 자유, 직업의 자유, 소비자의 권리를 들 수 있다.

경제적 생활영역에 대한 보호에 있어서는 재산권의 비중이 압도적으로 큰 것은 분명하지만, 그렇다고 다른 기본권들을 간과해도 좋다는 것은 결코 아니다. 특히 직업의 자유에 대해서는 오늘날 재산권에 버금가는 비중을 갖는 것으로 인정되고 있는 만큼 특별한 주의가 요청된다. 또한 소비자의 권리는 헌법규정의 위치로 볼 때 기본권장에 편제되어 있는 것은 아니지만, 「정당 설립 및 활동의 자유」와 마찬가지로 기본권성을 인정받고 있다는 점에도 주목할 필요가 있다.

헌법 제14조: 모든 국민은 거주·이전의 자유를 가진다.
헌법 제15조: 모든 국민은 직업선택의 자유를 가진다.
헌법 제124조: 국가는 건전한 소비행위를 계도하고 생산품의 품질향상을 촉구하기 위한 소비자보호운동을 법률이 정하는 바에 의하여 보장한다.

제 1 절 거주·이전의 자유

【사례: 서울광장 통행 제한과 거주·이전의 자유】

경찰청장은 노무현 전 대통령이 서거한 2009.5.23.경 고인을 조문하고자 덕수궁 대한문 앞 시민분향소를 찾은 사람들이 그 건너편에 있는 서울광장에서 불법·폭력 집회나 시위를 개최하는 것을 막기 위하여 경찰버스들로 서울광장을 둘러싸 소위 차벽(車壁)을 만드는 방법으로 서울광장에 출입하는 것을 제지하였다.

서울특별시민인 갑 등은 2009.6.3. 서울광장을 가로질러 통행하려고 하다가 서울광장을 둘러싼 경찰버스들에 의하여 만들어진 차벽에 의하여 통행하지 못하게 되자 피청구인의 이와 같은 통행제지행위가 청구인들의 기본권을 침해한다고 주장하면서 2009.7.21. 헌법재판소에 그 위헌확인을 구하는 헌법소원심판을 청구하였다.

〈헌재 2011.6.30. 2009헌마406 참조〉

> 1. 갑 등의 헌법소원심판청구는 적법한가? (30점)
> 2. 사안의 경우 갑 등이 주장할 수 있는 기본권은 무엇인가? (20점)
> 3. 갑 등의 헌법소원심판청구가 적법할 경우 헌법재판소는 어떤 본안판단을 내려야 하는가? (50점)

Ⅰ. 역사적 기초

거주·이전의 자유, 즉 주소와 거소를 자유롭게 선택하고 또 변경하는 것은 중세적 속박으로부터의 해방이라는 점에서 매우 커다란 의미를 갖는 것이었다. 이러한 거주·이전의 자유를 기본권으로서 보장하는 것이 어디에서 시작되었는지에 관하여는 역사적으로 다양한 관점에서 고찰되고 있다.

예컨대 옐리네크(*G. Jellinek*)는 종교의 자유와 양심의 자유를 거주·이전의 자유의 근원으로 보고 있다. 과거 영주의 종교적 신앙을 따르지 않는 자에게 인정되었던 거주지 이탈의 자유가 근대적 거주·이전의 자유의 기초가 되었다는 것이다. 반면에 거주·이전의 자유가 시장경제와 밀접한 관련 속에서 발전되어 왔음을 지적하면서 -근대적인 경제활동을 위한 필수적인 전제였던- 농노해방을 거주·이전의 자유의 역사적 기초로 보는 견해도 있다.[1)]

종래 거주·이전의 자유가 경제적 기본권으로 분류되었던 중요한 이유는 거주·이전과 관련된 경제적 재화의 이동 내지 노동력의 이동에 큰 의미를 두고 있었기 때문이다. 오늘날 거주·이전의 자유는 경제활동을 위해서 뿐만 아니라 교육, 레저, 학술 등 다양한 목적과 결합되고 있으며, 심지어 기본적 의무의 이행을 위해서도 필요하다. 그러나 거주·이전의 자유가 현실적으로 많이 문제되는 경우를 살펴보면 역시 경제적 측면에 따른 거주·이전의 비중이 가장 크다고 할 수 있다.

거주·이전의 자유 및 그 제한과 관련하여 문제되는 것은 무엇보다 신체의 자유로운 이동에 대한 제한이라고 할 수 있는데, 이는 경우에 따라 신체의 자유 및 그 제한의 문제와 중첩되기도 한다.[2)] 그렇기 때문에 실제 거주·이전의 자유가 문제되는 영역은 신체의 자유에 의한 보장[3)]을 제외한 문제로 한정된다. 그리고 남은 보호영역 가운데서는 경제적 활동의 비중이 상대적으로 크기 때문에 거주·이전의 자유를 경제적 기본권으로 분류하는 것이다.

---

1) 거주·이전의 자유가 갖는 의미가 중세적 속박, 즉 자신이 탄생하고 성장해 온 영지를 벗어남에 있어서는 영주의 특별한 허가가 꼭 필요했던 과거의 굴레를 벗어나는 데 있다는 점을 생각할 때, 그것이 종교적 목적과 결합하여 시작되었는지, 아니면 경제적 목적이 주된 이유였는지는 중요하지 않을 수도 있다. 그러나 이러한 역사적 배경을 검토하는 것은 오늘날의 거주·이전의 자유를 어떻게 이해할 것인지와 무관하지 않다.
2) 신체의 자유와 거주·이전의 자유는 연혁적으로 볼 때, 봉건영지 내에서 자유롭게 활동할 수 있는 자유와 그 영지 밖으로 벗어날 수 있는 자유로 구별되었다. 그러나 오늘날에는 이러한 기준을 통한 구별이 사실상 불가능하다.
3) 신체의 자유에 의한 보장에 대해서는 「제2권 제2부 제3장 제4절 **신체의 자유의 보장**」 참조.

Ⅱ. 현대적 상황

1. 국내적 거주 · 이전의 자유

거주 · 이전의 자유는 일차적으로 국내적 거주 · 이전에 대한 보호로 나타난다. 국내에서 주소와 거소를 변경하는 것은 경제활동이나 교육, 레저 기타 다양한 사유로 인하여 끊임없이 발생될 수밖에 없다. 그런 의미에서 거주 · 이전의 자유는 다른 기본권들의 실질적 행사를 가능케 하는 측면을 갖는다.

그러나 최근 국내적 거주 · 이전과 관련하여 특별히 문제되는 것은 「농촌인구의 도시집중」 내지 「수도권인구의 급증」 등으로 나타나는 인구의 편중현상과 이에 대한 각종 규제 등의 문제이다. 예컨대 수도권을 비롯한 대도시지역에 대해 과밀부담금 등의 형태로 규제를 가함으로써 도시로의 이동에 대한 인위적 장벽을 설치하는 것이 거주 · 이전의 자유에 대한 정당한 제한인지의 여부가 문제되는 것이다.

2. 국제적 거주 · 이전의 자유

국제법상으로는 국가 간의 일반적 거주 · 이전의 자유가 인정되고 있지는 않다. 즉 모든 사람이 자유롭게 어느 나라에나 갈 수 있는 것은 아니며, 각국은 외국인을 자국의 영토에 받아들이는 것을 통제할 수 있는 권한을 갖고 있다. 다만 국내에 들어와 있는 외국인의 출국은 원칙적으로 금지해서는 안 될 것이다.

이와 같은 통제는 과거 각국이 사회적 · 정치적 요인에 따라 국내정치적 또는 국제정치적 목적을 위하여 외국인의 입국 및 국내이주, 내국인의 출국 및 국외이주를 통제하던 전통에서 비롯된 것이다. 하지만 오늘날에는 경제적 목적과 관련하여서도 국제적 거주 · 이전의 자유가 많이 문제되고 있다. 또한 유럽인권규약 프로토콜 제4호 제2조, 1966년 12월 16일의 「시민적 및 정치적 권리에 관한 국제규약」 제12조 등에서 국제적으로 거주 · 이전의 자유를 보장하려는 움직임도 있다.

그러나 외국인의 국제적 거주 · 이전의 자유가 내국인에 대하여 인정되는 것과 같은 강도로 인정될 수는 없으며, 입국의 문제는 여전히 국내정치적 결정의 문제로 남아있다. 국제법상으로는 난민, 도망자 등을 그들이 박해당하는 곳으로 돌려보내지 못하도록 하는 것이 제네바 난민조약 제33조에서 체약국가들의 의무로 부과되어 있을 뿐이다.

Ⅲ. 기본권의 주체

1. 미성년자

미성년자도 기본권의 주체로서 거주 · 이전의 자유를 누린다. 그러나 미성년자는 이른바 기본권행사능력의 제한으로 인하여 친권자에 대해 거주 · 이전의 자유를 주장할 수 없으며, 오히려 친권자는 민법 제914조에 따라 미성년인 자녀에 대한 거소지정권을 갖는다.

2. 외 국 인

외국인은 원칙적으로 거주 · 이전의 자유의 주체로 인정되지 않는다. 다만 일단 입국이 허용된 외국인의 경우 일정한 범위 내에서 거주 · 이전의 자유가 인정될 수밖에 없다. 이들의 경우에도 일정한 기본권(예컨대 경제활동이나 교육 · 예술 · 학술활동 등)을 행사하기 위해서는 그것을 위한 거주 · 이전이 불가피하기 때문이다. 그러나 외국인의 경우 내국인과는 다른 특별한 제한이 부과될 수 있다.

3. 법 인

법인의 경우에도 주소(법인등록지) 또는 거소(사무실소재지)의 변경이 현실적으로 필요할 것이므로 법인도 거주 · 이전의 자유를 누린다. 다만 공법인의 경우에는 예외적으로만 기본권의 주체가 될 수 있음은 기본권총론에서 이야기한 바와 같다.

Ⅳ. 보호영역

1. 주소 및 거소의 자율적 결정

거주 · 이전의 자유에 의해 보호되는 것은 「주소 및 거소의 자유로운 결정」이다. 여기서 **주소**는 주민등록지(또는 법인등록지)를, **거소**는 현재 있는 곳을 의미한다.

2. 여행의 자유 및 소재지의 변경

중세적 속박이 제거되면서 근대 초기에 거주 · 이전의 자유가 처음 인정되었을 때에는 여행이나 주소의 변경이 조건 없이 허용되었던 것이 아니라 새로운 주소 또는 거소가 정당화되는 이유와 관련해서 비로소 허용되었다.

하지만 오늘날에는 그러한 제한 없이 여행 또는 그 밖의 사유로 인하여 다른 장소로 가는 것이 −법률에 의하여 특별히 제한되지 않는 한− 전면적으로 허용된다. 또한 이러한 장소의 이동에 있어서는 일정기간 머물러 있을 것이 꼭 필요한 것도 아니다.

3. 재산의 소지와 거주 · 이전

거주 · 이전의 자유를 인정함에 있어서 많이 논란되었던 것 가운데 하나는 「특정지역으로 이주 · 이동하면서 자신의 재산을 소지하는 것」이 거주 · 이전의 자유에 의한 보호범위에 포함되는가 하는 문제이다. 즉 거주 · 이전의 자유가 단순히 신체의 이동만을 의미하는 것인지, 아니면 재산의 이동까지 포함하는 것인지가 문제되는 것이다.

이에 대해서는 원칙적으로 거주 · 이전의 자유의 보호범위에 포함된다고 인정하는 것이 타당할 것이다. 거주 · 이전의 자유는 단순히 맨몸으로 돌아다닐 자유를 보장하는 것이 아니라 경제활동 내지 직업활동이나 교육 등 다양한 목적을 위해 장소의 이동이 필요하다는 것을 전제하고 이를 실질적으로 보호하는 의미를 갖고 있다. 따라서 이러한 활동을 실질적으로 보장하기 위해서는 거주 · 이전에 있어서 재산의 소지가 당연히 인정되어야 한다.

물론 다른 기본권들이 그러하듯이 거주 · 이전의 자유도 법률에 의해 제한될 수 있기 때문에 특정물자의 반입 또는 반출이 금지될 수 있으며, 또한 일정 한도 이상의 외화반출이 금지되거나 특별한 허가를 요하는 등의 제한이 가해지는 것은 가능하다.

4. 입국과 출국

거주 · 이전의 자유는 국내적 거주 · 이전만이 아니라 국제적 거주 · 이전, 즉 해외여행이나 국외이주에 대한 보호까지도 포함한다. 다만 국제적 거주 · 이전의 경우에는 내국인과 외국인이 구별된다.

내국인의 경우 출국의 자유는 두 가지 측면에서 제한될 수 있다. 한편으로는 국내법에 따라 -국내적 및 국제적 관점에서 발생되는 여러 공익과의 관계 속에서- 일정한 요건(예컨대 징집연령자의 경우 병역의무의 이행)과 절차(여권의 발급 등)를 요구하는 것이 가능하고,[4] 다른 한편으로는 가고자 하는 국가에 의해 비자(입국허가)발급의 방식으로 제한될 수 있다. 그러나 입국 내지 귀국의 자유는 헌법상 당연히 보장되는 (제한될 수 없는) 기본권으로 인정된다. 과거 나치독일이나 구소련이 그러했듯이 귀국을 허용하지 않는 것은 삶의 근거를 상실케 하는 중대한 기본권침해로서 허용될 수 없기 때문이다.

반면에 외국인의 경우에는 출입국에 대한 제한이 보다 넓게 인정된다. 입국의 자유에 대해서는 비자발급을 통한 폭넓은 통제가 가능하며, 국내에 체류하고 있는 동안에도 내국인과는 다른 특별한 제한이 가해지는 것도 가능하다. 다만 출국의 자유는 -국내에서 범죄행위 등으로 인하여 재판을 받거나 형의 집행 중에 있는 등의 특별한 경우가 아니라면- 원칙적으로 제한되지 않는다. 외국인의 출국을 막는 것은 강제적인 억류로서 내국인에게 입국의 자유를 제한하는 것과 유사한 결과를 가져올 수 있기 때문이다.

V. 거주 · 이전의 자유의 효력

1. 대국가적 효력

거주 · 이전의 자유는 주소 또는 거소의 변경에 대한 법적 강제나 금지를 부정하는 대국가적 방어권으로 형성 · 발전되었다. 그러므로 주소 및 거소를 자유롭게 선택 · 변경하고, 그 결정에 따라 행동할 수 있는 자유를 법적으로 제한당하지 않을 권리가 거주 · 이전의 자유의 핵심이라고 할 수 있다.

그러나 오늘날 거주 · 이전 자체를 직접적으로 제한하는 경우, 예컨대 주소나 거소의 변경을 위해 특별한 허가나 승인을 받도록 하는 경우는 많지 않다. 현실적으로 많이 문제되는 것은 과거와 같은 직접적 제한이 아니라 오히려 주소 및 거소의 변경에 간접

4) 그러나 오늘날의 국제관계 내지 국제적 교류의 증대에 비추어 이러한 제한은 가급적 적게 인정되어야 할 것이다.

적인 영향을 미치는 국가정책 또는 제도들이다.[5)]

이처럼 간접적 영향을 미치는 정책이나 제도들도 기본권의 효력을 벗어나는 것은 아니다. 하지만 직접적 제한의 경우와 똑같은 기준으로 이러한 정책이나 제도의 기본권 침해 여부를 판단하는 것도 곤란할 것이다. 결국 이러한 간접적 영향에 대해서는 각 경우별로 비례의 원칙에 비추어서 그러한 영향력의 적정성 여부를 판단하여야 할 것이다.

2. 대사인적 효력

거주·이전의 자유와 관련해서는 −대부분의 전(前)국가적 자유권이 그러하듯이− 대사인적 효력도 많이 문제된다. 즉 사인 상호간의 관계에서 계약의 방식으로 거주·이전의 자유가 제한되는 경우가 적지 않으며, 그 경우 거주·이전의 자유를 주장함으로써 그러한 계약의 무효를 주장할 수 있는지가 문제되는 것이다.

예컨대 입사와 동시에 회사 근처의 일정지역에 주소를 둘 것을 요구하는 사법상의 계약을 회사와 체결한 회사원의 경우, 그 계약 자체가 거주·이전의 자유를 침해하는 것이기 때문에 위헌이고 무효라고 주장할 수 있겠는가?

이러한 문제의 답은 구체적인 상황을 고려하지 않은 채 획일적으로 구해질 수 없다. 만일 회사가 요구한 조건에 합리적 근거가 있고, 그에 따라 정당한 절차를 거쳐서 주소의 변경을 제한받기로 합의한 것이라면, 그것은 존중될 필요가 있다. 그러나 합리적인 근거가 없이 단지 회사원들의 무조건적 복종만을 요구하는 것이라면, 그러한 계약의 무효를 주장하는 것도 가능할 것이다.

Ⅵ. 거주·이전의 자유의 제한

1. 법률유보

거주·이전의 자유도 다른 기본권들과 마찬가지로 무제한의 절대적 권리는 아니다. 따라서 헌법적으로 중요한 법익의 보호를 위한 정당한 제한은 허용된다. 이러한 제한은 기본권제한의 일반적 요건과 기준에 따라 법률에 의해 행해져야 한다.

따라서 기본권에 대한 제한은 −헌법 제21조 제4항과 같이 헌법이 직접 제한하고 있는 경우 및 국가비상사태 등의 예외를 제외하면− 원칙적으로 국민의 대표기관인 국회에서 제정된 법률의 형식으로 제한된다.

나아가 기본권을 제한하는 법률은 헌법 제37조 제2항에 따라 “국가안전보장, 질서유지, 공공복리”를 위해서만 제정될 수 있다. 그러한 제한은 비례성(적합성, 필요성, 협

5) 예컨대 대도시의 인구집중을 막기 위해 대도시로 이사 오는 사람들에게 일정한 부담금을 요구하는 등의 불이익을 주는 경우, 또는 도시민의 농촌복귀를 장려하기 위하여 귀농하는 사람들에게 일정한 지원금을 주는 경우, 대규모의 주택단지 또는 공단 등을 건설함으로써 인구를 유치하는 경우, 나아가 (전체 국민에게 균등하게 부과하는 것이 아니라) 일정지역의 주민에 대해서만 각종 사회보장을 (더 많이) 부여하거나 부여하지 않는 등의 방법으로 일정지역에 대한 주민의 유입을 유도하거나 혹은 그 반대의 효과를 기대하는 경우 등의 방법으로 간접적 영향력을 미치는 국가정책이나 제도들은 매우 다양하다.

의의 비례성)에 합치되는 제한이어야 하며, 기본권의 본질적 내용을 침해할 수 없다.

2. 개별적 제한의 근거

현재 거주 · 이전의 자유를 제한하는 법률은 매우 다양하다. 예컨대 출입국관리법, 여권법, 해외이주법 등에 의해 국제적 거주 · 이전의 자유가 제한되고 있는가 하면, 북한지역으로의 거주 · 이전과 관련하여 국가보안법에 의한 제한이 가해지고 있다.

또한 각종 군사시설과 관련된 거주 · 이전의 제한(군사기지및군사시설보호법 등), 각종 형사법규에 의한 거주 · 이전의 제한(소년법, 치료감호 등에 관한 법률, 보안관찰법 등), 보건위생을 위한 거주 · 이전의 제한(감염병의 예방 및 관리에 관한 법률 등) 등이 인정되고 있다.

이러한 제한의 정당성은 상술한 법률유보에 의한 기본권제한의 원칙에 따라 검토되어야 한다.

사례 풀이:

1. 갑 등의 헌법소원심판청구는 적법한가? (30점)
   - Ⅰ. 서: 헌법소원심판의 의의와 청구요건 [3점]
   - Ⅱ. 공권력의 행사 또는 불행사에 의한 기본권의 침해 [7점]
     1. 공권력의 행사로서의 차벽 설치
     2. 침해되는 기본권
     3. 사안에 대한 판단
   - Ⅲ. 기본권침해의 직접성, 현재성, 자기관련성 [8점]
     1. 직접성 요건에 대한 판단
     2. 현재성에 대한 판단
     3. 자기관련성에 대한 판단
   - Ⅳ. 보충성 및 기타의 적법요건 [10점]
     1. 보충성 요건: 행정소송의 가능성에 대한 검토
     2. 변호사강제주의와 청구기간
     3. 권리보호의 이익: 예외적인 심판의 이익 인정
   - Ⅴ. 결론 [2점]
2. 사안의 경우 갑 등이 주장할 수 있는 기본권은 무엇인가? (20점)
   - Ⅰ. 서: 사안의 공권력행사와 침해될 수 있는 기본권 [2점]
   - Ⅱ. 거주 · 이전의 자유 [7점]
     1. 거주 · 이전의 자유의 개념과 보호영역
     2. 헌법재판소의 판례: 헌재 2004.10.28. 2003헌가18; 2011.6.30. 2009헌마406
     3. 새로운 해석의 필요성
   - Ⅲ. 서울시민의 공공시설 이용권(공물이용권) [4점]
     1. 공공시설 이용권의 개념과 성격
     2. 공공시설 이용권의 기본권성 여부

3. 사안에 대한 판단

Ⅳ. 일반적 행동의 자유 [6점]

1. 일반적 행동의 자유의 의의, 보호영역

2. 헌법적 근거: 헌법 제10조 행복추구권의 구체화

3. 일반적 행동의 자유의 제한으로서의 서울광장의 통행 제한

Ⅴ. 결론 [1점]

3. 갑 등의 헌법소원심판청구가 적법할 경우 헌법재판소는 어떤 본안판단을 내려야 하는가? (50점)

Ⅰ. 사안의 분석과 쟁점의 정리 [5점]

Ⅱ. 서울광장 통행 제한의 의미와 헌법적 쟁점 [8점]

1. 서울광장의 조성 이유와 목적에 부합하는 사용

2. 서울광장에 대한 서울시의 관리책임과 통제의 가능성

3. 경찰청의 질서유지 책임과 서울광장에 대한 통제 가능성

Ⅲ. 제한의 법적 근거 [12점]

1. 경찰법 제3조에 따른 국가경찰의 의무

2. 경찰관직무집행법 제2조에 따른 직무의 범위

3. 경찰관직무집행법 제5조에 따른 위험발생의 방지

Ⅳ. 차벽 설치를 통한 통행 제한의 과잉금지 위반 여부 판단 [12점]

1. 목적의 정당성과 수단의 적합성

2. 침해의 최소성

3. 법익의 균형성

Ⅴ. 헌법재판소의 본안판단 [10점]

1. 헌법재판소의 결정 유형

2. 사안에 대한 판단

3. 헌법재판소 결정의 효력

Ⅵ. 결론 [3점]

제 2 절 직업의 자유

【사례: 직업의 자유】

갑은 2014.7.17. A지방법원에서 「아동 · 청소년의 성보호에 관한 법률」위반(강제추행)죄로 징역 1년 6월 및 치료감호 등을 선고받았다. 갑은 이 사건 치료감호 등 판결에 따라 B치료감호소에 수용되어 있던 중 2015.1.30. 치료감호법 제16조 제2항 제1호, '특정 범죄자에 대한 보호관찰 및 전자장치 부착 등에 관한 법률' 제23조 제1항 및 '아동 · 청소년의 성보호에 관한 법률' 제56조 제1항이 갑의 기본권을 침해한다고 주장하며, 이 사건 헌법소원심판을 청구하였다.

〈헌재 2016.4.28. 2015헌마98 결정 참조〉

1. 치료감호법 조항에 대한 갑의 헌법소원심판청구는 적법한가? (15점)
2. 특정 범죄자에 대한 보호관찰 및 전자장치 부착 등에 관한 법률 조항에 대한 갑의 헌법소원심판청구는 적법한가? (15점)
3. 아동 · 청소년의 성보호에 관한 법률 조항은 갑의 직업의 자유를 침해하는가? (70점)

Ⅰ. 역사적 뿌리

직업의 자유도 거주 · 이전의 자유와 마찬가지로 중세의 신분제적 속박으로부터의 해방을 의미한다. 중세에는 직업도 봉건적 · 신분제적으로 규정되었으며, 따라서 주민들의 거의 대부분은 출생신분에 의해 직업이 규정되었던 것이다.[6]

따라서 중세의 신분사회에서는 직업의 자유로운 선택이나 변경 및 그 전제로서의 자유로운 직업교육 등이 인정되지 않고 있었으며, 결국 출생에 의해 정해진 신분이 삶의 거의 모든 영역을 지배하고 있었다. 그러나 이러한 신분적 차별의 불합리성이 널리 인식되면서, 신분제도 자체는 물론, 그와 결부되어 있었던 자유로운 직업의 선택과 행사에 대한 속박도 철폐되고 직업의 자유가 근대적 기본권으로 뿌리내리게 된 것이다.

Ⅱ. 직업의 자유의 현대적 상황

1. 직업의 의의 및 직업의 자유와 다른 기본권과의 관계

직업은 일반적으로 "생활수단을 얻거나 유지하기 위하여 계속적으로 행하는 모든 활동"이라고 정의된다.[7] 그러나 오늘날 직업의 의의와 비중은 과거에 비해 많이 달라졌다는 점을 간과해서는 안 된다. 과거에는 직업을 단순히 경제적 생활의 기초로 생각하는 경향도 없지 않았지만, 오늘날 직업은 단순히 경제적 소득을 얻는 활동으로서가 아니라, 자신이 원하는 삶을 살기 위한 수단으로서의 측면이 더욱 강조되고 있는 것이다.

그러므로 직업은 단순히 돈벌이의 수단이 아니라 **올바른 삶, 각자가 원하는 삶을 영위하기 위한 가장 중요한 조건의 하나**가 된다. 자신이 원하는 직업을 -수많은 사람들의 치열한 경쟁 속에서- 선택할 수 있는 자격을 갖추기 위해 일정한 준비과정들이 많이 필요하다. 특히 **교육**은 이러한 직업의 준비로서의 의미가 크다.[8]

---

6) 이처럼 (본인의 자유로운 선택이 아니라) 출생에 의해 직업을 결정하게 되는 것은 결국 영주에게 일정한 서비스를 지속적으로 제공하기 위한 것이었다는 점에서 개인의 자유보다 특정인, 특정신분계층을 중심으로 구성되어 있었던 당시의 사회질서의 특징을 보여준다.

7) 계희열, 헌법학(중), 2007, 522쪽 참조. 이와 관련하여 **헌재 2010.2.25. 2009헌바38 결정**에서 헌법재판소는 실정법상 금지되는 게임결과물의 환전업이 헌법 제15조가 보장하는 직업에 해당함을 인정하면서도 게임산업진흥에 관한 법률에서 일정한 기준에 달하는 게임결과물 환전업자를 처벌하는 것이 직업선택의 자유에 대한 침해는 아니라고 판시하였다.

8) 이런 맥락에서 오늘날 직업의 자유의 중요한 내용의 하나로 직업교육의 자유를 다루는 것이 일반적이

또한 직업은 (넓은 의미의) **노동**과도 직접 연결된다. 직업활동은 곧 (정신적 또는 육체적) 노동으로 연결되기 때문이다. 따라서 직업과 노동은 불가분의 관계에 있다고 인정되며,[9] 이들은 인간의 인격발현이라는 커다란 흐름 속에서 각각의 역할을 하고 있는 것으로 이해되어야 한다.[10]

2. 경제활동의 발달과 직업의 자유

직업은 시장경제와도 밀접한 관련을 갖는다. 모든 국민이 각자 자유롭게 직업을 선택하고 또 그에 따라 경제활동을 하게 되는 것은 전체로서의 경제구조, 특히 개인의 자발적인 경제활동에 기초하는 시장경제의 핵심요소이기도 하기 때문이다.[11]

경제구조의 변화 내지 경기의 변화는 직업의 선택 및 직업활동에 적지 않은 영향을 미칠 뿐 아니라, 이들은 −장기적으로는− 법적 제도를 통하여 수용됨으로써 직업의 자유라는 기본권의 구체화에 영향을 미친다. 예컨대 경제적 혼란과 위기로 인한 불황은 실업률의 상승으로 이어져서 직업의 선택과 행사에 영향을 미치는 경우가 대부분이며, 이러한 상황에 대응하기 위하여 고용보험 등의 제도가 마련되기도 하는 것이다.

또한 역으로 직업활동이 경제활동의 중요한 부분을 차지하기 때문에 국민들이 어떤 직업을 선택하고 또 어떻게 그 직업활동을 수행하는지가 경제에 미치는 영향도 절대적이다. 예컨대 농업을 직업으로 선택하는 국민의 수가 감소하고, 세소업이나 서비스업에 종사하는 국민의 수가 증대됨에 따라 1차 산업의 비중 감소와 2차 및 3차 산업의 비중 증대가 나타나는 것을 확인할 수 있고, 또한 여성의 취업률이 상대적으로 낮다는 점은 곧바로 여성의 경제활동의 비중이 낮다는 것으로 연결된다.

따라서 직업의 자유에 대한 제한은 경제활동에 대한 제한을 의미하기도 한다.

3. 직업의 자유에 대한 법적 규율

직업 내지 직업의 자유에 대한 법적 규율은 직업의 종류에 따라 다양한 형태로 나타난다. 예컨대 특정직업(변호사, 의사, 약사, 교사 등)의 경우에는 그 직업 자체가 갖고 있는 공익적 성격 때문에 특별한 규제 내지 의무의 부과가 인정되는 경우도 있다. 또한 경제활동에 대한 규제의 차원에서 가해지는 제한이 동시에 직업의 자유에 대한 제한으로도 작용하는 경우가 있다.

그러나 오늘날 가장 많이 문제되는 것은 노동관계법에 의한 규율이다. 각종 노동관계법에 의해 법적으로 규율되고 있는 최저임금제, 각종 쟁의조정제도, 노동시간의 단축

다. 교육은 그 자체로서 인격의 형성·발전과 직결되는 것이지만, 직업의 준비로서의 의미도 아울러 갖고 있기 때문이다.

9) 서구에서 직업과 노동의 관계를 불가분의 것으로 인정하는 데에는 막스 베버(*Max Weber*)가 강조했던 "시민적 직업관과 프로테스탄티즘의 유사성"도 크게 작용했다고 이야기된다.

10) 이러한 맥락에서 독일 연방헌법재판소는 "직업으로서의 노동은 인간의 인격과의 관련 속에서 이해되어야 한다"고 강조한 바 있다.

11) 경제의 중심이 되는 「영업활동」의 자유가 직업의 자유에 포섭되는 것이라는 점을 생각하면, 직업의 자유와 시장경제와의 관계는 더욱 분명하게 인식될 수 있을 것이다.

등은 노동에 관한 기본권의 차원에서만 의미를 갖는 것이 아니라 직업 내지 직업의 자유에 대한 법적 규율의 측면도 갖는 것이다.[12)]

또한 공직도 직업의 일종으로 취급되고 있다는 점을 간과해서는 안 된다. 과거에는 관헌국가적 사고에 따라 공직 자체를 특수한 신분 내지 지위의 상징으로 생각하는 경우가 드물지 않았지만, 오늘날의 민주국가에서는 -모든 국민의 공무담임권에 기초하여- 공직의 담당자들도 일종의 (공직수행을 직업으로 삼는) 직업인으로 이해하는 것이다.

4. 국제적 보장

직업의 자유는 각 국가의 여러 가지 상황, 특히 경제적 조건에 따라 구체적인 보장의 범위와 방법이 달라질 수 있다. 그러나 적어도 직업의 자유 자체가 하나의 기본권으로 보호되어야 하며, 직업선택 및 수행의 자유가 인정되어야 한다는 점(즉 신분적 세습을 통한 직업의 강제가 배제되어야 한다는 점)은 하나의 보편적 요청으로 뿌리내렸다고 할 수 있다.[13)]

이러한 맥락에서 직업의 자유는 보편적 인권의 하나로서 널리 인정되고 있으며, 각종 국제인권법에 의해서도 보장되고 있다. 예컨대 ILO(국제노동기구) 등에 의하여 노동의 형태로 행해지는 직업에 대한 보호가 다양하게 발전되고 있는가 하면, 국제인권규약 A규약(경제적 · 사회적 · 문화적 권리에 대한 국제규약) 제6조와 제7조도 역시 노동에 의한 생계의 영위 및 적정한 근로조건의 확보에 관한 규정을 두고 있다.[14)]

Ⅲ. 헌법 제15조의 해석에 따른 직업의 자유의 성격과 내용

1. 직업의 자유에 대한 전통적인 이해의 변화

앞서 살펴본 바와 같이 직업의 자유는 자유로운 직업의 선택과 행사에 대한 중세적인 속박으로부터의 해방을 의도한 것이었다. 따라서 직업의 자유에 대한 보장은 직업의 선택과 행사 등에 대한 국가의 간섭을 배제하는 **소극적 방어권**으로 이해되었다.

그러나 오늘날에는 그것만으로는 충분치 않다고 생각된다. 직업의 자유는 재산권과 더불어 경제활동의 근간을 형성하는 중요한 기본권이며, 그러한 만큼 사회국가원리의 대두 및 이와 결부된 경제질서의 변화와 밀접하게 맞물려 있다. 따라서 오늘날의 직업

---

12) 헌법 제32조가 규정하고 있는 근로의 권리는 노동자가 자신의 의사와 능력 또는 취향 등에 따라 직업 내지 노동의 종류와 내용, 장소 등을 선택하고 또 타인의 방해를 받음이 없이 이러한 근로관계를 계속할 권리를 말한다. 따라서 근로의 권리에 대한 제한이 직업의 자유에 대한 제한과 중첩되는 경우가 많이 발생될 수 있는 것이다.

13) **헌재 2011.9.29. 2009헌마230 결정**: "직업의 자유 중 이 사건에서 문제되는 직장 선택의 자유는 인간의 존엄과 가치 및 행복추구권과도 밀접한 관련을 가지는 만큼 단순히 국민의 권리가 아닌 인간의 권리로 보아야 할 것이므로 외국인도 제한적으로라도 직장 선택의 자유를 향유할 수 있다고 보아야 한다."

14) 그 밖에 1961년 10월 18일의 유럽사회헌장 등과 같이 직업의 자유에 대한 보장을 포함하고 있는 국제법규는 매우 다양하게 발전되고 있다.

의 자유는 단순히 개인이 자유롭게 직업을 선택하고 행사하는 것만으로 충분하다고는 할 수 없게 된 것이다.

오늘날 직업의 자유는 두 가지 측면에서 새롭게 이해된다. 첫째, 직업의 자유는 **경제질서에 대한 규제와 조정을 위해 제약**되는 경우가 적지 않다. 특히 영업활동의 자유에 대한 제한이 상당히 폭넓게 인정되는 경우가 있다. 둘째, (특히 사회적 약자의) 직업의 자유의 실질적 보장을 위하여 국가의 적극적 활동이 요구되는 경우가 많다. 즉 직업의 자유는 전통적인 자유권의 측면만을 갖고 있는 것이 아니라, 국가의 적극적 급부활동을 요구하는 **사회권적 측면까지도 포함하는 것으로 확장**되는 경향을 보이고 있는 것이다.[15)]

2. 헌법 제15조의 해석과 직업의 자유의 내용범위: 직업의 선택과 행사

현행헌법 제15조는 「직업선택」의 자유에 대한 보호를 규정하고 있다. 그러나 단순히 직업을 선택할 수 있을 뿐이고, 선택된 직업의 자유로운 행사(즉 직업활동의 수행)를 보장하지 않는다면 직업선택의 자유를 인정하는 것은 아무런 실질적 의미도 가질 수 없게 될 것이다. 그렇기 때문에 해석상 헌법 제15조는 직업의 선택만을 보호하는 것이 아니라 선택한 직업을 행사함에 있어서의 자유 및 이와 관련된 여러 여건들(직업교육 등)에 대한 보호도 포함하는 것으로, 즉 **직업의 전체 과정의 보호**로 이해하는 것이 일반적이다.

이런 맥락에서 헌법 제15조는 직업의 자유를 보장하는 규정으로 이해되며, 직업의 자유에는 직업선택의 자유와 직업행사의 자유가 모두 포함되는 것으로 해석된다. **직업선택의 자유**는 단순히 직업을 자유롭게 선택할 수 있는 자유뿐만 아니라, 그 직업의 선택을 위하여 필요한 직업교육 내지 직업훈련을 받을 자유도 포함한다. 또한 직업의 포기 내지 변경의 자유도 직업선택의 자유에 포함된다. 그리고 **직업행사의 자유**는 자신이 선택한 직업에 따라 구체적인 직업활동을 자유롭게 할 수 있도록 보장하는 것이며, 직장의 선택 및 변경의 자유를 포함한다.[16)]

3. 직업교육의 의의와 비중

직업의 자유는 직업교육의 자유를 내포한다. 현대의 전문화된 사회에 있어서 대부분의 직업은 이를 위한 상당한 정도의 사전교육을 통하여 준비되어야 한다. 따라서 원하는 직업을 위하여 필요한 직업교육을 받을 자유는 직업의 자유의 필수적인 내용이 된다.

---

15) 직업의 자유에 대한 실질적 보호는 결국 근로의 권리에 대한 보호와 연결될 수밖에 없다는 점을 고려할 때, 이러한 변화는 불가피한 현상이라고 할 수 있다.

16) 직장의 자유로운 선택의 문제는 직업선택과 직업행사의 양측면 모두와 직접 관련된다. 특정한 직장에서 일하기 위하여 그 직업을 선택하는 경우에는 직장의 선택이 직업선택의 일부로 간주될 수 있는가 하면, 직업이 선택된 연후에 어느 직장에서 직업활동을 하는지만 문제되는 경우에는 직장선택이 직업행사의 일부라고 할 수 있다.

따라서 직업교육을 확대하고 심화하는 것은 헌법 제31조의 「교육을 받을 권리」의 측면에서만 중요한 의미를 갖는 것이 아니라, 직업의 자유를 실질적으로 보장하기 위해서도 중요하다. 직업교육기관을 확충함으로써 원하는 사람을 충분히 수용할 수 있도록 하고, 교육내용을 강화하는 노력이 교육의 자유뿐만 아니라 직업의 자유와 관련하여서도 강조되는 이유가 바로 여기에 있다.

직업교육의 자유는 구체적으로 직업교육을 받기 위한 교육기관을 자유롭게 선택할 수 있는 자유를 포함한다. 특히 전문적인 직업준비기관으로서의 성격을 갖고 있는 대학에 대한 선택권은 중요한 의미를 갖는다.[17] 대학 이외의 다른 공적 및 사적 교육기관의 경우에도 마찬가지의 측면에서 모든 국민의 -능력에 따른- 균등한 접근권이 보장되어야 한다. 다만 의무교육[18]이 문제되는 경우에 있어서는 사정이 다르다.

Ⅳ. 직업선택의 자유

1. 직업선택의 의미와 비중 - 직업선택과 직업행사의 내적 관련성

직업이 인간의 삶에서 차지하는 비중을 고려할 때, 직업의 선택은 인생의 방향을 결정할 정도의 중대한 의미를 갖는다. 즉 어떤 직업을 선택하는지에 따라 그 사람의 인생, 그 사람의 인격발현이 결정적으로 바뀔 수 있다는 것이다. 따라서 직업선택의 자유는 이러한 비중을 충분히 고려하는 가운데 구체화되어야 한다.

그렇기 때문에 직업의 선택과 행사는 불가분의 관계에 있다고 할 수 있다. 직업의 선택 없이는 직업의 행사가 불가능하며, 역으로 직업의 행사를 전제하지 않은 채 직업을 선택할 수도 없다.[19] 그러나 직업의 선택이 반드시 직업의 행사로 이어지는 것은 아니며, 동시에 여러 종류의 직업을 갖거나 행사하는 것도 -그것이 법률에 의하여 금지되어 있는 경우가 아니면- 가능하다.

2. 직업의 선택과 직업의 허가

모든 국민은 원칙적으로 국가에 의한 제한을 받지 않고 자신의 의사에 따라 자유로이 직업을 선택할 수 있다. 그러나 특별한 공익목적을 위하여 필요한 경우에는 직업의 선택에 특별한 허가를 얻도록 할 수 있다. 즉 의사, 약사, 교사, 변호사, 각종 공무원 등과 같이 특히 공공성이 강한 직업의 경우에는, 그들이 수행하여야 할 직업의 내용 및 이를 통해 다른 사람들에게 미치는 영향 등에 비추어 일정한 자격을 가진 사람에 한하여 직업의 선택이 허가되는 것이 가능하다.[20]

---

17) 오늘날 직업의 준비를 위한 교육기관으로서 가장 중요한 비중을 차지하고 있는 것이 대학이다. 따라서 직업교육기관의 자유로운 선택이라는 관점에서 대학에 대한 자유로운 입학도 보장되어야 할 것이다. 그러나 현실적으로 모든 사람이 자유롭게 원하는 대학에 입학한다는 것은 가능하지 않다. 그러므로 합리적인 기준에 따라 우선순위를 정하는 차별은 인정될 수밖에 없다.

18) 의무교육에 관하여는 「제2권 제2부 제14장 제5절 **무상의 의무교육의 내용과 범위**」 참조.

19) 그렇기 때문에 직업행사에 대한 제한이 직업을 선택하는 과정에서 영향을 미치기도 한다.

이러한 경우 직업(선택)에 대한 허가는 일반적으로 주관적인 요건에 따라 행해진다. 즉 그러한 직업을 선택하고자 하는 국민은 자신이 그 직업을 선택 · 행사하기 위하여 필요한 주관적 요건을 갖추고 있음을 (국가시험합격 등의 형태로) 심사받은 후에 해당직업을 선택할 수 있는 것이다. 하지만 경우에 따라서는 사회적인 직업수요 등을 고려하여 -개인의 자격요건 등과는 상관없이- 일정한 직업의 선택에 대한 규제가 가해질 수 있다. 이와 관련하여 약국 또는 주유소의 거리제한 등이 문제된 바 있다.[21]

3. 직업의 금지

형법적으로 금지되는 활동은 직업의 자유에 의한 보호의 대상이 되지 못한다. 그러나 이와는 달리 -국가에 의한 특정한 활동의 독점 등과 같이- 활동 자체는 합법적이지만 그것이 일반 국민에게는 허용되어 있지 않은 경우에는 직업선택의 자유에 대한 침해가 문제될 수 있다.[22] 또한 일정한 요건에 의해 공직취임을 금지하는 것(예컨대 공직선거법 제16조, 제19조, 국가공무원법 제33조 등)도 직업선택의 자유를 제한하는 요인으로 볼 수 있다.

직업의 금지는 그러한 금지의 근거가 합리적이고, 또 제한이 합리적인 기간에 한정될 때에만 그 정당성이 인정될 수 있다.[23] 나아가 평생 동안 특정한 직업(공직 포함)을 선택할 수 없도록 하는 것은 명백히 더 중요한 법익의 보호를 위해 불가피한 경우에만 허용될 수 있을 것이다.[24]

4. 직장의 자유로운 선택

직업의 자유는 직장의 자유로운 선택과 변경을 포함한다. 직장의 자유로운 선택은 직업의 자유로운 선택 및 변경과 결부되어서 나타나는 경우는 물론, 직업 자체는 변화가 없는 가운데 직장만을 변경하는 경우도 포함된다. 따라서 과거 나치의 경우처럼 국가의 동의를 받지 않고는 직장을 변경할 수 없도록 하는 것은 금지된다.

하지만 오늘날 현실적으로 문제되는 것은 재정적인 지원이나 부담을 통해 간접적으

---

20) 다만 이 경우에는 기본권제한의 요건과 기준에 부합되어야 할 것이다.

21) 약국이나 주유소의 거리제한은 직업선택의 자유를 제한하는 것이 아니라 직업행사의 자유를 제한하는 것이라고 할 수 있다. 그러나 실제로 거리제한의 요건을 충족시키는 가운데 직업을 행사하는 것이 사실상 불가능한 경우에는 결국 거리제한이 직업선택 자체를 제한하는 것과 마찬가지의 효과를 가져오게 되는 것이다.

22) 이러한 형태의 직업의 제한(내지 금지)은 중대한 공익 목적을 위하여 불가피한 경우에만 예외적으로 인정되어야 할 것이다.

23) 이와 관련하여 독일 연방헌법재판소는 중대한 공익의 보호를 위해 그러한 예방조치가 필수적인 경우에만 제한의 정당성이 인정된다는 판결을 내린 바 있다.

24) 이와 관련하여 최근 헌법재판소의 안마사규칙에 대한 위헌결정(**헌재 2006.5.25. 2003헌마715 결정**)이 논란의 대상이 된 바 있다. 헌법재판소는 다수 국민의 직업선택의 자유를 인정하기 위하여 시각장애인의 안마사자격 독점을 위헌으로 판단하였지만, 사회적 약자의 생존권에 대한 충분한 배려가 없었다는 비판이 적지 않았다. 그 결과 헌법재판소는 개정의료법 제61조 제1항에 따른 시각장애인의 안마사자격 독점을 합헌으로 인정하는 새로운 판례를 형성하였다(**헌재 2008.10.30. 2006헌마1098등 결정; 헌재 2010.7.29. 2008헌마664등 결정**).

로 영향을 미치는 경우이다.[25] 이러한 문제에 대해서는 그러한 국가작용의 일차적 목적 및 그 정당성, 그리고 직장의 자유로운 선택에 미치는 효과를 종합적으로 고려하여 판단할 수밖에 없을 것이다.

Ⅴ. 직업행사의 자유

직업의 자유는 단순히 직업을 선택하는 자유에만 머물지 않고 선택된 직업을 자유롭게 행사(수행)하는 데까지, 즉 직업활동에도 미친다. 그러나 직업선택에 대한 것과는 달리 직업행사에 대해서는 국가작용으로 인한 직접 · 간접의 제한 내지 영향이 매우 폭넓게 인정되고 있다.

1. 고권적 명령과 금지

오늘날 국가가 경제정책적인 맥락에서 사경제주체에 대한 각종 규제(고권적 명령과 금지)를 가하는 것은 동시에 직업의 자유에 대한 제한도 될 수 있다. 예컨대 정부가 지방에 공단을 조성하고, 수도권의 공장들을 그곳으로 이전하는 정책을 추진하는 경우, 또는 특정한 공해산업에 대해 새로운 시설확장을 금지하는 경우 등에 있어서도 직업의 자유에 대한 (간접적) 제한이 문제될 수 있을 것이다.

그러나 그 동안 학설과 판례는 이를 직업의 자유와 관련하여 다루지 않고 각기 해당되는 경제영역에 관한 문제 내지 입법자의 형성의 자유로 이해하는 경향을 보이고 있다.

2. 경제정책적 형성의 자유 및 예측과 합법성 통제

직업행사의 자유와 관련된 영역에서의 고권적 국가작용은 –법률유보의 원칙에 따라– 법률에 근거하여야 한다. 즉 엄격한 합법성의 요청이 관철되고 있는 것이다.

그러나 입법자가 경제정책적인 분야에서 법률을 제정함에 있어서는 광범위한 **형성의 자유**를 갖는다. 즉 경제적인 현실상황의 판단 및 앞으로의 경제전망에 대한 예측에 기초하여 법률을 제정함에 있어서는 입법자가 상당히 넓은 판단 및 결정의 여지를 갖고 활동할 수밖에 없다.

따라서 단순한 정책의 실패에 대해서는 법적 책임을 물을 수 없다고 보아야 할 것이다.[26]

3. 직업행사에 대한 간접적 작용: 보조금, 조세

직업선택 및 직장선택의 경우와 마찬가지로 직업행사의 경우에 있어서도 보조금

25) 예컨대 수도권지역으로의 직장변경에 대해서는 일정한 부담금을 요구하고, 반대로 수도권지역에서 직장을 다니던 사람이 지방으로 직장을 변경하는 것에 대해서는 일정한 보조금을 지급하는 등의 방법으로 국가가 수도권 인구분산정책을 추진할 경우에는 과연 그것이 직장의 자유로운 선택과 관련하여 직업의 자유를 침해했는지가 문제될 수 있는 것이다.

26) 같은 맥락에서 헌법재판소는 탄핵소추의 사유와 관련하여 정치적 무능력이나 정책결정상의 잘못과 법적 책임을 구분하고 있다(**헌재 2004.5.14. 2004헌나1 결정**).

의 급부나 조세부담의 가중 또는 경감을 통한 간접적인 작용이 현실적으로 많이 문제된다. 이러한 국가의 활동은 직업의 자유를 실질적으로 보장하기 위해 필요한 측면도 있지만, 경우에 따라서는 이를 통해 다른 사람의 직업의 자유를 침해하게 될 수도 있기 때문이다.

따라서 그러한 보조금이나 조세가 직업행사에 직접 영향을 미칠 목적으로 이용되는 경우, 또는 보조금이나 조세의 결과 직업행사에 객관적으로 분명한 규제가 가하여지는 경우에는 직업의 자유에 대한 제한요건을 갖추고 있는지를 검토하여 그 정당성을 판단하여야 한다.[27]

4. 노동관계에 있어서의 직업행사

노동관계를 통하여 행사되는 직업(활동)이 직업의 자유에 의해서도 보장되는 것인지, 아니면 근로의 권리 및 노동삼권에 의한 보호만을 누리는 것인지에 관하여 논란이 제기된 바 있다.

이와 관련하여 독일 연방헌법재판소는 노동관계를 통하여 행사되는 직업(활동)도 직업행사의 자유에 의한 보호를 받는다고 인정하고 있다. 그러나 이 경우 대부분 사적 계약에 의하여, 또는 노동관계법에 의하여 규율되고 있기 때문에 현실적인 의미는 크지 않다.

Ⅵ. 직업의 자유에 대한 제한

1. 직업의 자유의 제한에 대한 단계이론

직업의 자유도 다른 모든 기본권과 마찬가지로 일정한 요건과 기준에 따라 제한될 수 있다. 그런데 독일 연방헌법재판소는 직업의 자유에 대한 제한과 관련하여 이른바 단계이론을 제시하였으며, 우리 헌법재판소도 이를 받아들여 사용하고 있다.

단계이론이란 기본권에 대한 제한의 정당성을 판단하는 기준으로 이용되는 비례의 원칙을 직업의 자유에 대한 제한의 유형에 맞춰 정형화시킨 것이라고 할 수 있다. 즉 직업에 대한 자유로운 접근의 (법률에 의한) 제한을 일정한 단계로 나누어서 그 제한의 강도가 강력할수록 제한을 근거지우는 공익상의 요청도 엄격하게 요구되어야 한다는 것이다.

따라서 단계이론에 따르면 대부분의 직업의 자유에 대한 일차적 제한은 ① **직업행사의 제한**에 그치게 된다. 직업의 자유에 대한 가장 가벼운 제한이기 때문이다. 그러나 ② 중대한 공익상의 이유가 존재하고, 단순히 직업행사의 제한만으로는 공익목적의 달성이 불가능할 때에는 **주관적 사유에 의한 직업선택의 제한**이 가능해진다. 예컨대 변

---

27) 이와 관련하여 독일 연방헌법재판소도 직업의 자유에 대한 제한요건을 검토할 것을 요구하는 판결을 내린 바 있다(BVerfGE 13, 181, 186).

호사, 의사 등과 같이 일정한 자격을 갖춘 사람만이 그 직업을 선택할 수 있도록 하는 것이다.[28] 나아가 ③ 이보다 더 강력한 공익상의 이유가 있을 때에는 **객관적 사유에 의한 직업선택의 제한**도 인정될 수 있다. 예컨대 국가적 차원에서 인력수급의 조절을 위하여 특정한 분야의 자격시험을 일정기간 치르지 않는 경우가 이에 해당된다.[29]

2. 단계이론의 한계와 그에 대한 비판

단계이론은 직업의 자유를 최대한 보장하는 데 초점을 맞추고 있으며, 그 제한 또한 단계적으로 이루어지도록 함으로써 과도한 제한을 막는 데 큰 역할을 하였다. 이에 따라 단계이론은 독일에서 뿐만 아니라 국내에서도 많은 호응과 지지를 얻고 있다. 그러나 또한 이 이론에 대한 비판도 적지 않다.

단계이론에 대한 비판은 크게 두 가지 점에 모아지고 있다. 첫째, 직업의 선택에 대한 제한(허가제)과 직업의 행사에 대한 제한의 구별이 항상 분명한 것은 아니다. 행사에 대한 제한이 강력해질 경우에는 사실상 직업의 선택을 제한하는 것과 크게 다르지 않은 효과를 가져올 수 있기 때문이다. 둘째, 객관적 사유에 의한 직업선택의 제한이 항상 주관적 사유에 의한 직업선택의 제한보다 중대한 제한이 되는 것은 아니다.[30]

결국 직업의 자유의 제한에 관한 단계이론은 -비록 많은 점에서 문제의 해결기준을 명확하게 제시하기는 하였지만- 직업의 자유에 관한 모든 문제를 해결할 수 있는 예외없는 원칙은 아니라고 보아야 할 것이다.

특히 단계이론은 근로관계에 있는, 또는 그 밖의 다른 사람과의 복잡한 관계 속에 놓여있는 사람들의 직업에 관한 기본권행사에 관하여는 아무런 해답도 주지 못하고 있다. 단계이론이 국가에 의한 직업의 자유의 제한과 관련하여서도 적지 않은 비판을 받고 있지만, 사인 상호간의 관계에 있어서의 직업의 자유에 대한 제한에 관하여는 아무런 해명도 제시하지 못하고 있다는 점에서 한계를 보이고 있다.

---

28) 직업선택의 자유와 관련하여 헌법재판소는 **헌재 2023.2.23. 2020헌마1736 결정**에서 코로나19 확진환자의 변호사시험 응시를 금지한 법무부공고가 직업선택의 자유를 침해하는 것으로서 위헌이라고 판단한 바 있다.

29) 그러나 이러한 경우에는 직업의 자유에 대한 심각한 제한이기 때문에 공익의 요청 또한 매우 강력한 것이어야 한다. 이와 관련하여 헌법재판소는 법무사법 시행규칙에 따라 법무사시험을 시행하지 않은 행위가 평등권과 직업의 자유를 침해한 것으로서 위헌이라고 판시한 바 있다(**헌재 1990.10.15. 89헌마178 결정**). 유사한 맥락에서 행정사법 시행령도 직업선택의 자유를 침해하는 것으로 위헌으로 결정되었다(**헌재 2010.4.29. 2007헌마910 결정**).

30) 예컨대 겸직금지 등의 형태로 나타나는 직업선택의 제한은 객관적 사유에 의한 제한이므로 단계이론에 따를 때, 가장 무거운 제한이라고 보아야 하겠지만, 이미 하나의 직업을 가지고 있는 상태에서 겸직을 문제삼는 경우에는 일반적인 직업의 자유에 대한 제한과는 다른 기준이 적용될 필요가 있다는 것이다.

사례 풀이:

1. 치료감호법 조항에 대한 갑의 헌법소원심판청구는 적법한가? (15점)
   Ⅰ. 서: 헌법소원심판의 유형과 적법요건 [2점]
   Ⅱ. 공권력에 의한 기본권의 침해 [3점]
   Ⅲ. 기본권침해의 직접성, 현재성, 자기관련성 [5점]
   Ⅳ. 보충성 및 기타의 적법요건 [4점]
   - 청구기간의 도과 여부 판단
   Ⅴ. 결론 [1점]
2. 특정 범죄자에 대한 보호관찰 및 전자장치 부착 등에 관한 법률 조항에 대한 갑의 헌법소원심판청구는 적법한가? (15점)
   Ⅰ. 서: 헌법소원심판의 유형과 적법요건 [2점]
   Ⅱ. 공권력에 의한 기본권의 침해 [3점]
   Ⅲ. 기본권침해의 직접성, 현재성, 자기관련성 [6점]
   - 법률에 의한 기본권침해와 침해의 직접성 요건
   Ⅳ. 보충성 및 기타의 적법요건 [3점]
   Ⅴ. 결론 [1점]
3. 아동·청소년의 성보호에 관한 법률 조항은 갑의 직업의 자유를 침해하는가? (70점)
   Ⅰ. 사안의 분석과 쟁점의 정리 [5점]
   Ⅱ. 직업의 자유의 성격과 보호범위 [12점]
   1. 직업의 자유의 의의와 기능
   2. 직업의 자유의 내용: 직업선택의 자유와 직업수행(행사)의 자유
   3. 직업의 자유의 보호범위
   Ⅲ. 직업의 자유에 대한 제한과 단계이론 [14점]
   1. 직업의 자유에 대한 제한의 유형와 단계이론
   2. 직업수행(행사)에 대한 제한
   3. 주관적 사유에 의한 직업선택의 제한과 객관적 사유에 의한 직업선택의 제한
   Ⅳ. 갑의 직업의 자유 침해에 대한 비례성 판단 [18점]
   1. 직업선택의 자유 제한에 대한 엄격한 비례성 심사의 필요성
   2. 목적의 정당성 및 방법의 적합성
   3. 침해의 최소성 및 법익의 균형성
   Ⅴ. 헌법재판소의 본안판단 [18점]
   1. 헌법재판소 결정의 형식
   2. 사안에 대한 판단
   3. 결정의 효력
   Ⅵ. 결론 [3점]

제 3 절 소비자의 권리

Ⅰ. 소비자의 권리의 현대적 상황

현대의 산업사회에 있어서 경제생활은 생산자와 소비자의 상호작용을 통해 활발하게 전개되고 있다. 이미 경제의 구조 자체가 막연히 생산의 효율성만을 생각하던 단계에서 구체적으로 소비자를 겨냥한 제품의 생산으로 바뀌고 있는 상황에서 소비자의 비중은 점점 더 높아질 수밖에 없다.

이처럼 소비자의 문제가 의식되기 시작한 것은 기업의 마케팅과 관련하여서라고 알려지고 있다. 그러나 오늘날 법적으로 문제되는 소비자의 지위는 무엇보다 현대적 산업구조의 현실과의 관련 속에서 제기된다. 기업의 규모가 커지고 독 · 과점화될 뿐만 아니라 상품거래도 대량으로 이루어지면서, 소비자는 경제적 · 사회적 약자의 위치로 전락하여 일방적 희생을 입는 경우가 적지 않다는 것이다.

이러한 맥락에서 **사업자**(제조자, 수입 · 판매자 및 용역제공자)와 **소비자**(사업자가 제공하는 상품이나 용역 등을 자신의 소비생활을 위하여 구입 · 이용하는 자)의 현실적인 불평등을 극복하기 위하여 특별히 소비자의 권리를 인정하려는 경향이 현대에 들어와 새롭게 등장 · 강화되고 있는 것이다.

Ⅱ. 소비자의 권리의 기본권성과 헌법적 근거

소비자에 대한 특별한 보호의 필요성은 오늘날 널리 인정되고 있다. 그러나 소비자의 보호 내지 소비자의 권리를 하나의 독립된 기본권으로 인정하는 것이 과연 가능하고 필요한지에 대해서는 논란의 여지가 있다. 그럼에도 불구하고 소비자의 권리를 기본권으로 인정하고자 하는 데에는 세 가지의 논거가 결정적인 역할을 하고 있다.

첫째, 소비자의 권리는 대국가적 권리가 아니기 때문에 기본권으로 보장하기 곤란하다는 주장은 타당하지 않다. 이미 노동삼권처럼 대사인적 효력을 중심으로 하는 기본권, 즉 일차적으로 국가가 아닌 고용주에 대한 효력을 갖는 기본권도 존재하고 있다. 따라서 소비자의 권리를 국가가 아닌 생산자에 대한 효력을 중심으로 하는 기본권으로 구성하는 것도 특별히 문제될 이유가 없다.

둘째, 현대 산업사회에 있어서 소비자의 위치와 생산자의 위치는 심각한 불균형을 이루고 있다고 볼 수 있다. 따라서 소비자가 대기업인 생산자와 일대일로 대응하는 것은 현실적으로 더욱 어려워진다. 이런 상황에서 소비자의 권리를 단순히 사법(私法)에 의한 해결에만 맡기는 것으로는 충분치 못하다.

셋째, 비록 소비자기본법과 같은 개별법률에 의하여 소비자의 권리를 보장하는 것이 가능하기는 하지만, 그 경우에 소비자에게 인정되는 권리의 성격을 분명히 하기 위하여 그 헌법적 근거를 밝히는 것이 의미가 있다.

이와 같은 논거들에 기초하여 소비자의 권리를 -비록 헌법상 기본권의 형태로 구체화되어 있지는 않지만- 하나의 헌법상의 기본권으로 인정하는 것이 가능하고 필요하다.[31] 또한 대부분의 헌법학자들도 소비자의 권리를 기본권으로 인정하고 있다.[32]

다만 소비자의 권리를 헌법상의 기본권으로 인정할 경우에도 그 근거조항을 어느 것으로 볼 것인지의 문제가 남는다. 헌법 제37조 제1항을 근거조항으로 보아서, 하나의 열거되지 않은 기본권으로 파악할 것인지, 아니면 헌법 제124조를 근거조항으로 볼 것인지, 혹은 여러 조항들을 동시에 고려하는 가운데서 헌법적 근거를 찾을 것인지 등이 문제되는 것이다.

이와 관련하여 소비자의 권리와 소비자 보호운동을 각기 다른 헌법적 근거에서 파악하는 것은 타당하지 않기 때문에 소비자의 권리도 소비자 보호운동을 규정한 헌법 제124조에 근거한 것으로 이해하는 것이 타당하다는 주장[33]이 점차 설득력을 얻고 있다.[34]

Ⅲ. 소비자의 권리의 법적 성격과 내용

1. 소비자의 권리의 법적 성격

소비자의 권리의 법적 성격에 관하여 다양한 견해들이 있으나 다른 기본권들과 마찬가지로 소비자의 권리도 기본적으로 두 가지 측면에서 검토할 수 있을 것이다.

소비자의 권리는 한편으로 **자유로운 경제생활의 보장에 관한 방어권**으로서의 측면을 갖는다. 즉 소비자들의 자유로운 상품선택이 국가 또는 제3자에 의해 침해되지 않아야 하며, 나아가 소비자들이 사업자들과의 관계에서 자신의 이익을 관철시키기 위하여 집단적 활동을 하는 것에 대해서도 방해받지 않아야 한다는 것이다. 하지만 소비자의 권리를 소극적 방어권의 측면이 아니라 국가에 의한 보호의 측면에서 볼 때 소비자의 권리는 **사회권적 측면**도 가지고 있다.[35]

나아가 소비자의 권리는 객관적 측면에서 **소비자의 정당한 법적 지위를 보장하는**

31) 헌법 제124조에서는 소비자보호운동에 대한 보호를 선언하고 있을 뿐이다. 그러나 이러한 소비자보호운동에 대한 헌법적 보장은 곧 소비자의 권리를 전제한 것으로 이해될 수 있다.

32) 계희열, 헌법학(중), 2007, 582쪽 이하; 권영성, 헌법학원론, 2010, 583쪽 이하.

33) 계희열, 헌법학(중), 2007, 582쪽.

34) 이렇게 이해하는 것은 소비자의 권리를 막연하게 열거되지 않은 기본권으로 파악하는 것보다 더 구체적인 헌법적 근거를 제시할 수 있는 장점이 있을 뿐만 아니라, 그 성격과 효력을 보다 명확하게 제시할 수 있다는 장점도 갖는다. 최근 헌법재판소도 헌법 제124조를 소비자의 권익에 대한 헌법적 보호로 해석하고 있다(**헌재 2011.12.29. 2010헌바54 결정**).

35) 즉 소비자의 자유로운 활동 및 단체결성에 대해 방해받지 않아야 한다는 점에서는 자유권적 측면이 강조되지만, 이러한 소비자의 활동을 국가가 적극적으로 지원해야 한다는 점에서는 사회권적 측면을 갖는 것이다. (이런 점에서 소비자의 권리는 노동삼권, 특히 단결권과 유사하다) 다만 자유권적 측면과 사회권적 측면의 어느 쪽을 더 강조하느냐에 따라 소비자의 권리를 어느 쪽에 분류하느냐의 차이가 생길 뿐이다.

법질서의 형성과 유지를 촉구하는 성격을 갖는다. 즉 소비자기본법을 비롯한 각종 입법이 소비자의 권리를 보장하는 방향으로 제정 · 개정되어야 하며, 이를 구체화시키기 위한 한국소비자원 등의 기구가 요청되는 것이다.

2. 소비자의 권리의 내용

소비자의 권리가 어떤 내용을 담고 있는지, 또는 담고 있어야 하는지에 대해서는 -소비자의 권리 자체가 비교적 최근에 발전된 것이기 때문에- 아직도 많은 논란이 계속되고 있다. 그런 가운데 소비자권리의 내용을 밝히는 데 역사적으로 중요한 비중을 갖는 것들이 몇 가지 있다.

가장 먼저 들 수 있는 것은 1962년 케네디대통령이 의회에 보낸 「소비자의 이익보호」에 관한 특별교서이다. 여기서는 소비자의 권리로서 안전의 권리, 알권리, 선택할 권리, 의견을 반영시킬 권리가 구체적으로 언급되었다.

나아가 국제소비자연맹(IOCU)에 의해 소비자의 권리의 내용이 많이 확장되었다. 여기서는 생존에 필요한 물품과 서비스를 제공받을 권리, 안전의 권리, 정보를 제공받을 권리, 선택할 권리, 손해배상 또는 구제조치를 받을 권리, 교육의 권리, 의견을 반영시킬 권리, 쾌적한 환경에서 생활할 권리 등이 인정되었다.

그리고 현행 소비자기본법 제4조는 이를 수용하여 소비자의 기본적 권리로서 다음과 같은 것들을 명시하고 있다:

① 물품 및 용역(이하 "물품등"이라 한다)으로 인한 생명 · 신체 및 재산에 대한 위해로부터 보호받을 권리
② 물품등을 선택함에 있어서 필요한 지식 및 정보를 제공받을 권리
③ 물품등을 사용함에 있어서 거래의 상대방 · 구입장소 · 가격 및 거래조건 등을 자유로이 선택할 권리
④ 소비생활에 영향을 주는 국가 및 지방자치단체의 정책과 사업자의 사업활동 등에 대하여 의견을 반영시킬 권리
⑤ 물품등의 사용으로 인하여 입은 피해에 대하여 신속 · 공정한 절차에 의하여 적절한 보상을 받을 권리
⑥ 합리적인 소비생활을 위하여 필요한 교육을 받을 권리
⑦ 소비자 스스로의 권익을 옹호하기 위하여 단체를 조직하고 이를 통하여 활동할 수 있는 권리
⑧ 안전하고 쾌적한 소비생활 환경에서 소비할 권리

Ⅳ. 소비자의 권리의 효력

소비자의 권리가 구체적으로 어떻게 보장되어야 하는지에 대해서는 아직도 논란이 계속되고 있으며, 시민운동의 형태로 소비자들의 자기 권리 찾기가 활발해지고 있다.

하지만 이에 대한 국가의 활동은 소비자기본법의 규정 및 이에 기초한 소비자원의 활동을 통해 나타나게 된다.

결국 헌법상 소비자의 권리는 **국민 내지 시민단체에 의한 소비자운동**과 **소비자기본법을 중심으로 한 국가의 개입과 조정**이라는 양 날개를 중심으로 이해되어야 할 것이다. 소비자의 권리는 기본권으로서 원칙적으로 모든 국가권력을 구속하는 효력을 가질 뿐 아니라, 소비자의 권리의 성격상 사업자에 대하여서도 구속력을 갖게 된다.

이러한 소비자의 권리가 갖는 효력은 소비자기본법 제6조, 제19조 등에 의하여 구체화되고 있다.

1. 국가 및 지방자치단체에 대한 효력

국가 및 지방자치단체는 앞서 열거된 (소비자기본법 제4조에 규정되어 있는) 소비자의 기본적 권리를 실현시켜야 할 의무를 지게 된다. 소비자기본법 제6조는 이를 다음과 같이 예시하고 있다:

① 관계법령 및 조례의 제정 및 개정 · 폐지
② 필요한 행정조직의 정비 및 운영 개선
③ 필요한 시책의 수립 및 실시
④ 소비자의 건전하고 자주적인 조직활동의 지원 · 육성

2. 사업자에 대한 효력

소비자의 권리는 국가에 의한 지원과 보호를 받지만, 소비자권리의 일차적인 대상자는 역시 사업자이다. 소비자기본법 제19조는 사업자에 대한 효력으로서 다음과 같은 것을 명시하고 있다:

① 사업자는 물품등으로 인하여 소비자에게 생명 · 신체 또는 재산에 대한 위해가 발생하지 아니하도록 필요한 조치를 강구하여야 한다.
② 사업자는 물품등을 공급함에 있어서 소비자의 합리적인 선택이나 이익을 침해할 우려가 있는 거래조건이나 거래방법을 사용하여서는 아니 된다.
③ 사업자는 소비자에게 물품등에 대한 정보를 성실하고 정확하게 제공하여야 한다.
④ 사업자는 소비자의 개인정보가 분실 · 도난 · 누출 · 변조 또는 훼손되지 아니하도록 그 개인정보를 성실하게 취급하여야 한다.
⑤ 사업자는 물품등의 하자로 인한 소비자의 불만이나 피해를 해결하거나 보상하여야 하며, 채무불이행 등으로 인한 소비자의 손해를 배상하여야 한다.

V. 소비자의 권리의 제한과 보호

소비자의 권리도 다른 기본권과 마찬가지로 기본권제한의 요건과 기준을 갖춘 법률에 의하여 제한될 수 있다.[36]

만약 소비자의 권리에 대한 침해(불법 · 부당한 제한)가 있을 경우에는 기본권보호의 일반적 수단을 이용할 수 있으며, 이와 관련하여 특히 소비자피해에 관하여 소송구조와 절차의 개선이 논의되기도 한다. 또한 소비자기본법 제55조 제1항에 의하여 한국소비자원에 대한 피해구제의 신청이 인정되기도 한다.

36) **헌재 2011.12.29. 2010헌바54 결정**: "헌법상 보장되는 소비자보호운동의 일환으로 행해지는 소비자불매운동은 모든 경우에 있어서 그 정당성이 인정될 수는 없고, 헌법이나 법률의 규정에 비추어 정당하다고 평가되는 범위에 해당하는 경우에만 형사책임이나 민사책임이 면제된다고 할 수 있다. 즉, 헌법상 보호되는 소비자불매운동에는 정당하게 보호될 수 있는 영역이 존재하고 넘지 말아야 할 한계가 내재되어 있다는 것이다. 이러한 취지에서 소비자보호법에서도 구체적으로 열거된 소비자의 기본적 권리를 '정당하게' 행사할 것을 요구하고 있다(제5조 제1항). 우선, 소비자불매운동은 객관적으로 진실한 사실을 기초로 행해질 것이 요구된다. 다만, 어느 정도 객관적인 정보원을 통해 수집한 정보로서 진실한 사실로 믿기에 충분한 경우, 전체적인 경위에 비추어 오류의 정도가 크지 않은 경우, 불매운동 참여여부의 의사결정에 직접적인 영향을 미치지 않을 정도의 지엽적인 부분에 오류가 있는 경우 등은 위 요건을 충족한 것으로 볼 수 있다. 다음으로, 소비자불매운동에 참여하는 소비자의 의사결정의 자유가 보장되어야 할 것이다. 불매운동에 참여할 것을 강요한다거나 참여하지 않았음을 이유로 불이익을 가하는 등의 행위가 개재되어 있다면 그 정도에 따라 불매운동 자체의 정당성을 잃은 것으로 평가될 수도 있다. 한편, 불매운동의 목적과 참여가 정당하더라도, 불매운동의 실행과정에서 대상기업의 영업소에 침입하여 기물을 파괴하거나 사업자, 직원, 관련자들에게 폭행 · 협박을 가하거나 하는 등 위법한 수단이 동원된다면 역시 정당한 불매운동으로 평가받기 어려울 것이다."

제12장 사회적 기본권 ①: 사회적 기본권의 이념과 발전

「제12장 사회적 기본권 ①: 사회적 기본권의 이념과 발전」에서는 자유권과 대비되는 사회권의 기본적 구조와 성격을 확인하면서 사회적 기본권이 탄생하게 된 출발점과 발전과정을 고찰한다. 즉 **사회적 기본권에 대한 총론적 검토**라고 할 수 있다.

사회적 기본권은 사회국가의 발전과 표리의 관계에 있는 기본권이다. 즉 헌법총론에서 검토하였던 사회국가원리의 이념 내지 출발점이 곧 사회적 기본권의 이념 내지 출발점이며, 사회국가원리의 구조와 성격이 곧 사회적 기본권의 구조와 성격으로 연결되고 있다.

그러나 이러한 양자의 일치점만으로 사회적 기본권을 올바르게 이해할 수는 없다. 사회적 기본권은 사회국가원리의 구체화이지만, 바로 그렇기 때문에 그 구체화의 과정에서 나타나는 -사회국가원리만으로는 설명되기 어려운- 많은 요소들을 담고 있다. 이와 관련하여 사회적 기본권의 의의와 성격, 구체화과정 등에 대한 정밀한 개별적 검토가 요청된다.

제 1 절 기본권의 분류와 사회적 기본권

사회적 기본권(=사회권)은 전통적인 자유권적 기본권(=자유권)의 대립개념으로 20세기 초에 탄생되었다. 헌법총론에서 사회국가원리의 탄생과 발전을 통하여 살펴보았던 이념들(실질적 평등, 사회적 정의)이 기본권의 형태로 구체화되어 나타난 것이 바로 사회적 기본권인 것이다. 따라서 사회적 기본권은 전통적인 자유권적 기본권과의 대조를 통하여 보다 분명하게 이해될 수 있다.

첫째, 자유권과 사회권은 **이념적 배경**에 있어서 차이가 있다. 자유권이 자유의 이념을 강조하는 근대적 자유주의 사상에 기초하고 있는 반면에 사회권은 사회적 정의, 실질적 평등을 강조하는 사회주의 사상을 수용하고 있는 것이다.

둘째, **현실적 배경**의 차이 또한 분명하다. 자유권은 18세기 이후의 시민사회를 배경으로 하여 발전되었던 반면에, 사회권은 산업혁명 이후 독점자본주의의 폐해가 드러나게 되었던 후기자본주의의 사회를 그 배경으로 하여 발전되었던 것이다.

셋째, 자유권과 사회권은 그 **성격 내지 실현구조**의 차이를 보이고 있다. 자유권은 국가의 개입을 배제하는 소극적 방어권으로서의 성격을 갖고 있으며, 그 결과 자유권은 국가권력을 멀리하는 「국가로부터의 자유」로 지칭되기도 하였다. 반면에 사회권은 국가의 적극적 활동을 통한 기본권보장을 의미하는 적극적 급부청구권으로서의 성격을 갖는다. 그로 인하여 사회권은 「국가에 의한 자유」 또는 「국가로의 자유」라고 지칭되기도 한다.

넷째, 양자의 차이는 **사법적 보장**에서도 나타난다. 자유권은 기본권 가운데서도 가장 먼저 인정되었을 뿐만 아니라, 과거 전(前)국가적 기본권, 초(超)국가적 기본권이라고 지칭되었을 정도로 국가에 의한 침해로부터 강력하게 보호되어야 하는 것으로 인정되었다. 따라서 자유권에 대한 사법적 보장은 -이를 구체화하는 입법이 없는 상태에서도- 당연히 인정되는 것으로 보는 것이 일반적이다. 반면에 사회권은 국가에 의한 급부활동을 전제하는 것이기 때문에, 법률에 의한 구체화 이전에도 당연히 자유권과 같은 직접적 효력을 갖는 것으로 보기 어렵다.

제 2 절 사회적 기본권의 사상적 배경과 역사적 발달

Ⅰ. 사회적 연대성의 사상적 뿌리

사회적 기본권의 출발점은 인간애 내지 동료애라고 말할 수 있다. 즉 같은 국가공동체의 구성원으로서 서로 도와가면서 살아야 한다는 것이 그 출발점인 것이다.

이러한 생각의 뿌리는 고대 이래 종교적 내지 도덕적 관점에서 주장되어 오던 인류애, 형제애 등에 관한 사상들에서 찾을 수 있다. 그리고 휴머니즘과 계몽의 시기를 통하여 국가질서 속에서 이를 실현시키려는 노력이 등장했으며, 이러한 발전은 프랑스대혁명 당시 「자유」와 「평등」이라는 양대 이념 이외에 제3의 이념으로 주장되었던 「박애(또는 형제애)」로 구체화되었다.

그러나 이러한 박애 내지 연대성이라는 이념은 국가질서의 외부적 형성(작용형식 등)에 관한 것이라기보다는 내면적인 성격에 관한 것이기에 많은 경우 표면화되지 않았고, 또 개인주의의 발달 속에서 잊혀지기도 했다.

Ⅱ. 근대적 사회주의사상과 사회적 기본권의 보장

근대초의 사회질서 및 경제질서는 중세적 봉건질서의 부정에서 출발하였으며, 신분적 차별이 없는 자유로운 사회질서 내지 경제질서의 구성을 목표로 하였다. 그 결과 자유경쟁에 기초한 시장원리를 바탕으로 자본주의적 경제질서가 발달되었으며, 이러한 자본주의적 경제질서가 한편으로는 생산력의 증대 등 긍정적 효과를 가져왔다. 하지만 다른 한편으로는 종래의 봉건적 신분차별에 갈음하는 경제적 · 사회적 강자와 약자의 계층적 차별화와 대립이 점차 사회적인 문제로 대두되었다.

사회주의는 새로운 문제현상에 대한 해결을 사회적 연대성에서 찾고자 하는 사상으로 태동되었다. 생시몽(*Saint Simon*) 등의 초기사회주의는 합리적인 사회질서의 구성을 통한 정의로운 분배를 가능케 하는 이상적 국가의 구성을 꿈꾸었으며,[1] 또한 칼 맑스(*Karl Marx*) 등에 의해 발전된 공산주의는 한 걸음 더 나아가 사회적 약자들의 힘을 결집하여 그들이 주체가 되는 새로운 사회의 건설을 주장하기도 하였다.

이처럼 사회주의 사상은 다양한 형태로 발전되었을 뿐만 아니라, 그 주장내용과 파급효 또한 매우 복잡하기 때문에 획일적으로 평가하기는 어렵다. 하지만 사회적 약자의 문제를 인식하였고, 약자에 대한 도덕적인 배려뿐만 아니라 이들의 적극적 권리를 주장하였다는 점에서 사회주의 사상은 근대적 질서에 커다란 파문을 일으켰으며, 새로운 질서형성의 방향을 제시하였다고 평가될 수 있다. 사회국가원리 내지 사회적 기본권의 사상도 이러한 사회주의 사상의 영향 하에서 발전되었던 것이다.

Ⅲ. 독점자본주의의 발달과 계급대립의 격화

사회주의 사상의 발달은 노동자계층을 계몽하고 단결시켰으며, 그들에게 분배의 정의라는 이론적 · 사상적 무기를 제공하였다.

그러나 자본가계층은 고전적인 자유경쟁의 원리를 고집하며 노동자계층과 계속적으로 크고 작은 마찰을 빚었다. 그 결과 자본주의적 자유방임 경제구조 속에서 점차 독점자본이 형성되고 그 횡포가 심해졌으며, 그로 인하여 심각한 사회적 (계층 간의) 갈등양상이 대두되었다. 이러한 상황에서 사회주의 사상은 수많은 사람에게 설득력 있는 대안으로 부상되었고, 나아가 이에 기초한 사회주의 정치운동이 본격적으로 시작되기도 하였다.

이처럼 노동자와 자본가 사이의 대립의 배후에는 한편으로 경제적 이해관계의 충돌이 있었지만, 다른 한편으로는 이념의 충돌 내지 이데올로기의 충돌 또한 커다란 역할을 하였다. 경제적 생산에 투입되는 노동과 자본 사이의 분배의 문제는 노동자와 자본가 사이의 이익분배의 문제였을 뿐만 아니라 새롭게 등장한 (무산대중에게 지지를 받았던) 사회주의 사상과 전통적인 (유산계급에 의해 지지를 받았던) 자유주의 사상의 경합과 충돌이기도 하였던 것이다.

---

1) 생시몽은 이런 맥락에서 자연과학적 방법을 사회과학에 적용하여 최대다수의 최대이익을 보장하는 합리적 사회를 건설하고자 시도하였다. 생시몽의 이상, 즉 산업체계에 이르는 길은 그의 윤리적 견해와 직접적으로 일치하는 과학적 원리를 적용해서 생산력을 전면적으로 발전시키는 것이다. 기생적 지배계급을 제거하고, 모든 사회구성원이 의무적으로 생산노동에 참여하도록 하며, 모두가 각자의 능력을 발휘할 수 있는 평등한 기회를 확보하기 위하여 정치학을 산업과학으로 개조하고, 국가를 인민지배의 수단으로부터 산업관리의 수단으로 개조함으로써 사회 안에서 인간의 지위가 각자의 능력에 따라 결정되도록 하고자 시도하였던 것이다.

그런 가운데 1917년 러시아에서 혁명이 발발하여 공산주의 정권(소련)이 수립된 일은 당시의 자본주의 질서를 옹호하던 기득권계층에 커다란 위기감을 느끼게 만들었다.

Ⅳ. 사회적 기본권의 헌법적 수용

한편으로는 사회적 정의의 이념이 보다 많은 사람들에게 설득력을 갖게 되고, 다른 한편으로는 공산주의 혁명이라는 극단적 해결을 피해야 한다는 위기의식이 기득권계층에 널리 퍼지면서 노동자계층과 자본가계층의 갈등은 새로운 타협으로 마무리되었다.

새로운 대안으로 등장한 사회국가원리는 자유주의와 사회주의 중의 양자택일을 포기하고 양자의 공존을 시도한 것이라고 할 수 있다. 또한 경제적 이해관계의 조정이라는 측면에서도 「자본에 의한 노동의 착취」나 「프롤레타리아의 독재를 지향하는 공산주의적 해결」을 모두 지양하면서, 자유로운 경제활동과 공정한 분배의 조화를 모색하였다.

사회적 기본권이 헌법에 수용된 것은 이러한 사회국가원리의 실현이라는 측면에서 매우 중요한 의미를 갖고 있다. 사회적 기본권은 노동자계층과 자본가계층의 타협을 상징하는 것이며, 동시에 사회국가의 발전방향을 제시하는 것이기 때문이다.

사회적 기본권은 1919년 바이마르 헌법에서 최초로 규정됨으로써 자유권 중심의 기본권목록을 크게 보충·확대하였으며, 그 이후 세계 각국의 헌법으로, 나아가 국제적 인권으로 널리 보급·전파되었다.

Ⅴ. 사회적 기본권의 국제적 보장

사회적 기본권의 보편화는 무엇보다 국제인권규범에 의해 초국가적 인권성을 인정받고 있다는 점에서 확인된다. 자유권이 초국가성을 인정받고 있는 것과는 달리 사회권은 국가의 적극적 급부를 요청하는 권리이기 때문에 국가내적 권리로 보는 것이 일반적이다. 그럼에도 불구하고 이러한 사회권의 보장을 특정국가의 문제가 아닌 모든 국가에 공통된 문제로 인식하게 됨으로써 사회권도 보편적 인권으로서의 성격을 인정받게 된 것이다.

이미 1948년의 세계인권선언은 제22조 이하에서 각종 사회적 기본권들을 규정하고 있었다. 예컨대 사회보장에 관한 권리(제22조), 근로의 권리 및 노동삼권(제23조), 휴식 및 여가의 권리 등(제24조), 건강의 권리 및 모성의 보호 등(제25조), 교육의 권리(제26조) 등이 명시되었다. 또한 경제적, 사회적 및 문화적 권리에 관한 국제규약(국제인권규약 A규약)은 노동과 휴식에 관한 권리(제7조), 노동삼권(제8조), 사회보장에 관한 권리(제9조), 혼인과 가족의 보호 및 임산부와 어린이의 보호(제10조), 인간다운 생활수준의 보장 및 개선(제11조), 건강권(제12조) 및 교육권(제13조, 제14조) 등 사회권을 매우 광범위하게 규정하고 있다.

그 밖에도 사회권의 보장에 관한 국제인권규범은 각종 지역적 인권협약 및 ILO규정 등 매우 다양한 형태로 발전되어 있다.

제3절 사회적 기본권의 성질 · 효력

Ⅰ. 사회국가원리와 사회적 기본권

현행헌법은 사회국가원리를 헌법의 기본원리 가운데 하나로 인정하고 있는 것으로 해석된다.[2] 또한 현행헌법은 제31조 이하에서 각종 사회적 기본권을 명시하고 있다.

이처럼 사회국가원리와 사회적 기본권이 동시에 인정되고 있음으로 인하여 양자의 관계를 어떻게 이해할 것인지가 매우 중요한 의미를 갖게 되었다. 양자 모두의 출발점이라고 할 수 있는 사회적 정의의 이념이 사회국가원리와 사회적 기본권에서 각기 어떻게 구체화되는지가 헌법의 실현이라는 측면에서 특별한 의미를 가지고 있을 뿐만 아니라, **헌법의 기본원리로서의 사회국가원리**와 **기본권으로서의 사회적 기본권**의 상호관계에 대한 이해는 사회적 기본권의 본질 이해에 있어서도 매우 중요하다.

이와 관련하여 사회적 기본권을 규정하지 않고 사회국가원리만을 규정하고 있는 독일 기본법의 예는 시사하는 바가 많다. 널리 알려진 바와 같이 독일 기본법은 바이마르 공화국 헌법상의 사회적 기본권 규정들이 사실상 -국가의 재정적 · 경제적 능력의 미비로 인하여- 사문화되었을 뿐만 아니라, 이러한 규정들을 통해 헌법 전체의 규범력이 약화되었다는 점에 대한 반성에 기초하여 사회적 기본권규정들을 모두 삭제하였다. 독일 기본법은 그 대신에 사회국가원리를 기본법에 명시하는 것으로 사회적 정의의 요청에 응답하였던 것이다.

이처럼 사회적 기본권을 모두 삭제하고 사회국가원리만을 규정하는 경우에는 헌법규정들의 **예외 없는 직접적 효력**을 주장할 수 있고, 사회적 기본권의 결여에 대해서는 -비록 기본권으로서 보장되는 것은 아니지만- 법률에 의한 보장을 통해 충분히 현실적 요청에 대응해 나갈 수 있다는 점을 높이 평가할 수 있다. 그러나 사회적 기본권을 직접 규정하고 있는 경우와는 달리 사회적 정의의 실현에 관한 거의 모든 사항이 입법자에게 맡겨져 있다는 점은 사회국가원리만을 인정하는 경우의 문제로 지적될 수 있다.

우리 헌법은 제헌헌법 이래로 다수의 사회적 기본권규정들을 두고 있다. 그러나 건국 초기에 사회적 기본권규정들은 바이마르 당시와 크게 다르지 않은 유명무실한 기본권에 지나지 않았다. 국가의 재정적 · 경제적 능력이 부족했을 뿐만 아니라, 사회적 · 경제적 약자에 대한 특별한 배려를 국가의 의무로 인식하는 것도 부족했기 때문이다.

---

2) 헌법상 사회국가원리를 명시하고 있는 규정은 없다. 그러나 헌법의 전체적 구조와 성격에 비추어 볼 때, 사회국가원리가 헌법의 기본원리 가운데 하나라는 것을 부정하는 견해는 찾기 어렵다. 이에 관하여는 「제1권 제2부 제4장 제1절 Ⅱ. 3. **현행헌법상의 사회국가원리**」 참조.

그러나 최근 사회적 기본권은 매우 중요한 역할을 담당하고 있다. 건국 후 지난 반세기 동안 사회적 및 경제적 영역에서 매우 긍정적인 변화가 있었기 때문이다. 경제적 발전과 더불어 국가의 재정적·경제적 능력도 어느 정도 확보되었고, 사회적 약자를 배려해야 할 필요성에 대한 인식도 많이 발전되었다. 그런 가운데 사회적 기본권은 작게는 각종 사회보장입법의 기준이 되고 있으며, 크게는 전체 국가질서 형성의 방향을 설정하는 데 중요한 지침이 되고 있다.[3)]

Ⅱ. 사회적 기본권의 법적 성격

사회적 기본권은 –사회국가원리와 마찬가지로– **국가의 적극적 활동**에 의해 비로소 실현될 수 있는 것이며, **국가의 재정적 뒷받침**을 요구한다는 특징을 갖는다. 또한 **입법에 의한 구체화**를 필요로 하며, 이를 실현시키는 과정에서는 **충돌하는 이해관계들의 조정**이 매우 미묘하고도 중요한 것으로 대두된다.

이처럼 사회권은 자유권과는 다른 여러 가지 특성을 갖고 있기 때문에 그 법적 성격을 어떻게 볼 것인가에 대해서도 많은 논란이 계속되고 있다.

1. 프로그램규정설

바이마르 헌법에 의해 사회적 기본권이 최초로 명문화되었을 당시 독일의 통설은 이를 사법적 청구나 집행이 가능한 구체적·현실적 권리가 아니라 단순히 입법의 방향을 정한 것에 불과하다고 보았다. 즉 사회적 기본권은 입법자에게 입법의 방침을 제시하는 방침규정(Programmsatz)일 뿐이고, 직접적인 효력을 갖지 못한다고 보았던 것이다.

그러나 이러한 프로그램규정설도 사회적 기본권이 아무런 법적 효력이 없다고 보는 것은 아니다. 사회권에 기초하여 직접 국가에 대해 급부의 청구를 할 수 없다고 보았지만, 입법자에 대한 일정한 구속은 인정할 수 있다는 것이기 때문이다.[4)]

2. 국가목표규정설과 입법위임설

프로그램규정설은 사회권이 자유권과는 달리 국가의 재정적·경제적 뒷받침을 요구하기 때문에 국가에 대한 직접적 효력을 갖기 곤란하다는 점을 잘 설명하고 있지만, 사회권의 규범력을 충분히 설명하지 못했다는 비판을 많이 받았다. 이러한 문제점을 해결하기 위하여 사회적 기본권을 국가목표규정 또는 입법위임으로 이해하는 견해가 있다.

국가목표규정(Staatszielbestimmung)이란 모든 국가활동에 대한 기준과 지침을 제시함으로써 국가활동이 지향해야 할 방향을 정해놓는 규정을 말한다. 이러한 국가목

---

3) 물론 사회적 기본권을 명문화하지 않은 가운데 사회국가원리만을 인정할 경우에도 사회보장입법 등을 통한 사회적 정의의 실현은 가능하다. 그러나 헌법에 의해 사회적 기본권으로 명시된 영역과 그렇지 않은 영역에서 나타나는 차이는 결코 간과될 수 없다.

4) 특히 바이마르 공화국 후반기에는 이처럼 프로그램 규정으로서의 사회적 기본권이 입법자에 대한 법적 구속력을 갖는다는 점이 강조되었다.

표규정은 입법뿐만 아니라 집행과 사법에 대해서도 구속력을 갖는다고 인정된다.

입법위임(Gesetzgebungsauftrag)이란 입법자에게 특정한 내용의 입법을 하도록 헌법이 입법자에 대하여 일정한 사항을 위임한 것을 말한다. 예컨대 사회적 기본권과 관련하여 그 구체적인 내용의 확정 및 이를 통한 실현이 입법자에게 위임되어 있으며, 입법자는 이러한 위임에 따라 입법을 해야 할 의무를 지고 있다는 것이다.

이러한 국가목표규정과 입법위임은 상당한 유사점과 함께 차이점도 가지고 있다. 양자 모두 헌법이 직접 구체적 내용을 정하지 않고 국가기관의 활동에 의해 정해지도록 하고 있다는 점, 그리고 구체화에 관하여 국가기관에게 의무를 부과하고 있다는 점은 공통점이다. 하지만 국가목표규정은 입법, 집행, 사법을 모두 구속하는 반면에 입법위임은 입법자만을 구속한다는 점, 그리고 입법자에 대한 구속력의 정도에 있어서는 입법위임이 보다 강력하다는 점 등이 차이점으로 지적된다.[5)]

그러나 양자의 구별은 명확하지 않다. 국가목표규정으로 인정되는 것들(예컨대 사회국가원리) 가운데 입법위임을 내포하는 경우가 적지 않으며, 또한 입법위임으로 인정되는 것들도 결국 입법적 구체화를 통한 집행과 사법에 대한 구속을 전제하고 있기 때문이다.

3. 추상적 권리설

프로그램규정설은 물론 국가목표규정설이나 입법위임설도 사회적 기본권을 국가활동의 방침이나 기준 또는 국가의 과제로 이해했을 뿐, 이를 개인의 권리로 인정하지는 않았다. 하지만 헌법상의 사회적 기본권은 기본「권」으로 규정되어 있기 때문에 헌법규정의 문구에 부합되도록 그 권리성을 인정하려는 견해가 대두되었다.

추상적 권리설은 사회적 기본권의 특성(특히 국가의 재정적 능력 등 현실적 조건이 갖추어지지 않은 상태에서 직접적 효력을 주장하기 곤란하다는 점)을 고려하여 사회적 기본권의 권리성을 독특한 형태로 주장하였다. 국민은 국가에 대하여 사회적 기본권의 실현에 필요한 적절한 입법 등을 요구할 권리를 가지지만, 이 권리는 입법을 통해 구체화되었을 때 비로소 현실적인 법적 권리가 되는 추상적 권리라는 것이다.

이러한 추상적 권리설에 대해서는 적지 않은 비판이 있었다. 특히 추상적 권리설에 따르면 사회적 기본권은 헌법상 규정되어 있는 보장내용을 직접 청구하거나 재판을 통해 확인받을 수 없는 잠재적 권리에 불과하기 때문에, 과연 이를 권리라고 이름붙일 수 있는 것인지가 많이 문제된다.

4. 구체적 권리설

추상적 권리설은 사회적 기본권의 권리성을 주장하였다. 하지만 추상적 권리설에 따를 때 사회적 기본권은 권리라는 명칭만을 가지고 있을 뿐이고 법적 권리로서의 실질

5) 계희열, 헌법학(중), 2007, 709쪽 이하 참조.

을 갖추지 못하고 있다는 비판이 가해졌으며, 결국 명칭만 다를 뿐 추상적 권리설은 프로그램규정설 내지 입법위임설 등과 크게 다르지 않다는 문제가 제기되었다.

이러한 비판에 따라 새롭게 주장된 구체적 권리설은 다시금「불완전한 구체적 권리설」과「구체적 권리설」로 나누어진다.

불완전한 구체적 권리설이란 사회적 기본권이 자유권처럼 직접적 효력을 갖는 권리는 아니지만, 일부 청구권적 기본권이나 정치적 기본권 등과 동일한 수준의,[6] 이른바 불완전하나마 구체적인 권리로서의 성격을 갖는다는 것이다.[7] 이 견해는 한편으로 사회권의 현실적 의의와 비중에 초점을 맞추어 이를 구체적 권리로 인정할 실익을 강조하였고, 다른 한편으로 사회적 기본권이 일정한 경우에는 헌법재판을 통해 재판규범으로서의 효력을 가질 수 있다고 주장하였다. 그러나 이러한 불완전한 구체적 권리라는 것도 개념 자체가 불명확할 뿐만 아니라 추상적 권리설과 마찬가지로 입법위임설 등과의 차이가 뚜렷하지 못하다는 문제점을 안고 있다.[8]

구체적 권리설은 사회적 기본권이 그 자체로서 직접 효력을 갖는 권리이며, 이를 위반한 경우에는 법적 구제가 가능하다고 주장한다. 예컨대 국가가 사회적 기본권의 실현을 위한 적절한 입법을 게을리 한 경우에는 부작위에 의한 사회적 기본권의 침해가 발생되는 것이기 때문에, 행정소송법에 따른 부작위위법확인소송이나 이행소송을 제기할 수 있으며, 헌법소원에 의한 사법적 구제도 가능하다는 것이다.[9] 이처럼 구체적 권리설이 사회적 기본권의 권리성을 인정하려는 노력은 높이 평가될 수 있겠지만, 법적 권리로서의 성질에 대한 구체적 검토 및 논증이 부족하다는 비판을 받고 있다.[10]

구체적 권리설 또는 불완전한 구체적 권리설은 사회적 기본권이 헌법상「권리」로 규정되어 있다는 점과 사회적 기본권이 오늘날 그 중요성을 더 크게 인정받고 있다는 점에 착안하였다. 하지만 이 학설은 사회권이 자유권과는 달리 입법에 의한 구체화 없이는 그 권리의 내용이 법적 강제력을 갖고 실현되지는 못한다는 점을 간과하였다. 자유권과 사회권은 입법에 의한 구체화라는 점에 있어서 실현구조상의 커다란 차이를 안고 있는데, 이를 무시한 채 양자를 똑같은 권리로 취급하는 것 자체가 무리인 것이다.

이런 점들을 생각해 볼 때, 사회적 기본권은 헌법에 규정된 것만으로 직접 적용되는 구체적 권리라고 보기는 어렵고, 일종의 잠정적인 권리로(즉 아직은 법적 권리로서 사법을 통해 담보되지 못하고 있는 것으로) 보아야 할 것이며, 그 성격은 입법자에 대한 헌법적 위임으로 보는 것이 타당하다고 생각된다. 그러나 입법자에 의해 구체적 입법이 만들어지는 순간 사회적 기본권은 −더 이상 잠정적인 권리가 아니라− 현실적 권리가

---

6) 이와 관련하여 "일부 청구권적 기본권이나 정치적 기본권과 동일한 수준의 구체적 권리"가 무엇이냐를 문제삼기도 한다. 이에 관하여는 계희열, 헌법학(중), 2007, 716쪽 참조.

7) 권영성, 헌법학원론, 2010, 648쪽.

8) 계희열, 헌법학(중), 2007, 716쪽 참조.

9) 김철수, 헌법학개론, 2007, 945쪽 이하.

10) 계희열, 헌법학(중), 2007, 717쪽 참조.

되며, 이에 대한 보호는 기본권적 성격을 갖는 것으로 이해될 수 있을 것이다.

Ⅲ. 사회적 기본권의 효력

1. 구체화입법 이전의 사회적 기본권의 효력

국가의 재정적 뒷받침을 전제로 하는 사회적 기본권의 성격상 모든 사회적 기본권에 대하여 직접적 효력을 인정하는 것은 불가능하다. 아무리 구체적 권리설을 주장한다 할지라도 사회적 기본권에 관한 헌법규정만 있고 그 구체적 실현의 조건과 방법 및 정도를 정하는 법률이 없는 상태에서 사회적 기본권의 직접적 구속력을 인정하기는 곤란하다.[11)]

따라서 법률에 의해 구체화되지 않은 상태에서 사회적 기본권의 효력을 주장하는 것은 대부분 -그 내용과 실현방식 내지 범위조차 정해지지 않은- 기본권의 요구를 적극적으로 주장하는 것보다는 **입법의 부작위**가 사회적 기본권에 위배된다는 것을 확인하려는 데 그치게 된다.

물론 사회적 기본권에 기초하여 입법부작위를 위헌으로 판단할 수 있게 된다면, 그 의미는 매우 크다고 할 수 있다. 일단 입법이 있게 되면 사회적 기본권의 내용과 실현방법 등이 구체화되고, 그에 따라 사회적 기본권도 자유권과 마찬가지로 구체적 권리성을 갖게 되기 때문이다. 그러나 문제는 입법자에게 형성의 자유가 인정되어 있는 영역에서 입법부작위를 직접 위헌으로 판단하는 것은 결코 쉽지 않다는 것이다.

사회적 기본권의 실현이 입법자에 의한 구체화에 맡겨지는 것은 현실적 조건을 충분히 고려하는 가운데 실현의 내용과 방법 및 범위 등을 확정하는 것이 필요하기 때문이다. 따라서 입법의 부작위에 대해 사회적 기본권에 기초하여 작위의무를 일반적으로 인정하는 데에는 어려움이 있다. 다만, 헌법 또는 다른 법률에 의하여 구체적인 작위의무가 인정되는 경우에는 입법의 부작위를 문제삼아 사회적 기본권의 구체화를 입법자에게 강제하는 것이 가능할 것이다.

2. 구체화입법 이후의 사회적 기본권의 효력

일단 사회적 기본권을 구체화하는 법률이 제정되면 사회적 기본권의 내용, 실현방식, 효력 등은 원칙적으로 그 법률에 따르게 된다. 즉 헌법상의 사회적 기본권이 입법을 통해 구체화되어(내용이 채워져서) 실제 적용됨으로써 국가권력을 구속하는 힘을 발휘하게 되는 것이다. 이처럼 입법에 의해 구체화된 사회적 기본권은 집행과 사법을 구속하는 힘을 발휘하며, 이에 위배되는 국가활동에 대해서는 각종 기본권보호수단이 발

---

11) 예컨대 고용보험법이 제정되지 않은 상태에서 헌법 제32조의 근로의 권리 또는 헌법 제34조의 인간다운 생활을 할 권리만을 가지고 실업급여를 국가에 대해 요구할 수 없으며, 의료급여법 등이 제정되지 않은 상태에서 헌법 제36조 제3항의 보건의 권리만 가지고 직접 국가에 대해 의료급여 등을 요구할 수 없는 것이다.

동될 수 있다.

문제는 구체화된 사회적 기본권의 내용과 효력이 상당부분 입법의 결과 즉 법률에 의존하고 있는데, 그 **법률의 내용이 헌법상의 사회적 기본권의 취지에 부합되는지**가 쟁점으로 부각되는 경우이다. 만일 사회적 기본권을 구체화시키는 법률이 헌법상 사회적 기본권의 근본취지에 위배되는 내용을 담고 있다면, 이에 대해 위헌성을 확인할 수 있을 것인지가 문제되는 것이다.

이러한 경우에도 입법자가 구체적인 상황(국가의 재정, 국민경제적 상황과 국민적 수요 등)을 고려하여 내린 판단을 존중하여야 한다는 점은 분명하다. 그러나 구체적인 상황에 대한 판단을 통해 아직 입법이 가능한 상황이 아니라는 판단이 내려지는 경우(입법의 부작위가 있는 경우)와는 달리, 구체적인 입법이 이미 있는 상태에서 그 내용에 대하여 위헌성 여부를 판단하는 경우에는 좀 더 적극적인 태도가 요청된다.

입법부작위에 대해서 헌법재판소가 위헌판단을 내릴 경우에는 입법에 대한 의회의 주도권이 심각하게 훼손될 수 있으며, 의회가 아닌 헌법재판소가 사실상 입법을 주도하는 결과가 야기될 수 있기 때문에 권력분립에 반하는 것으로 보는 견해가 지배적이다(헌법재판의 기능법적 한계). 그 때문에 사회적 기본권의 경우에도 입법의 부작위를 위헌으로 판단하는 것에 대해서는 소극적인 것이다. 하지만 일단 의회에 의해 구체적인 입법이 행해진 경우에 그 내용의 합헌성 여부를 판단하는 것은 헌법재판소의 권한범위에 속하는 것으로 보아야 할 것이다.

따라서 사회적 기본권을 구체화한 법률의 내용에 대해서는 헌법재판소의 판단을 통해 위헌성을 확인하는 것이 가능하다고 보는 견해가 일반적이다.

3. 사회적 기본권의 대사인적 효력

사회적 기본권은 국가에 대한 급부청구권을 본질적 내용으로 한다. 그러므로 그와 같은 사회적 기본권을 사인 상호간의 관계에 적용하는 데에는 어려움이 크다. 예컨대 국가에 대해 근로의 권리나 교육의 권리를 주장하듯이 사인에 대해 그러한 기본권을 주장할 수 있는 상황 자체가 성립되기 어려운 것이다.

따라서 사회적 기본권의 대사인적 효력은 원칙적으로 부인된다. 그러나 대사인적 효력을 갖는 사회적 기본권으로 인정되는 것이 있다. 가장 대표적인 예로 이야기되는 것이 노동삼권이다. 노동삼권은 국가에 대해서 효력을 가질 뿐만 아니라 사인, 즉 고용주에 대해서도 효력을 갖는 것으로 인정되기 때문이다.

하지만 이 문제에 대해서도 조심스럽게 접근할 필요가 있다. 노동삼권은 순수한 의미의 사회적 기본권이라기보다는 자유권적 측면과 사회권적 측면을 동시에 가지고 있는 복합적 성격의 기본권이라고 할 수 있다. 즉 노동조합의 결성 및 단체교섭, 단체행동에 대해 국가 또는 사인의 방해를 배제하도록 요구할 수 있는 권리로서의 측면(즉 자유권적 측면)과 이러한 노동자들의 활동이 부당하게 억압되지 않도록 국가가 각종 입법이나 처분 등을 통해 적극적인 보호조치를 취하도록 요구하는 권리로서의 측면(즉 사회권적 측면)이 결합되어 있는 것이다.

일반적으로 인정되는 노동삼권의 대사인적 효력, 즉 고용주에 대한 효력은 사실상 자유권적 측면에 관한 것이다. 반면에 사회권적 측면은 성질상 국가에 대한 요청으로서만 가능한 것이지 고용주에게 이를 요구할 수는 없다. 노동관계법의 강행규정을 통해 고용주에게 일정한 의무를 부과함으로써 고용주가 노동삼권을 방해하지 못하도록 할 뿐이지, 노동삼권의 상대방인 고용주가 이를 적극적으로 보장하고 실현하도록 헌법상의 기본권이 요구하고 있다고 해석하는 것은 곤란할 것이기 때문이다.

제 4 절 관련문제들

그 밖에 사회적 기본권의 일반적 이해와 관련하여 제기되는 문제들로서 중요한 의미를 갖는 것들이 몇 가지 있다. 예컨대 기본권의 이념적 기초로서의 자유와 평등의 문제 내지 그와 연결되어 있는 자유권과 사회권의 관계에 대한 문제 등이 그러하다.

Ⅰ. 이념적 기초로서의 자유와 평등의 문제

헌법, 그 중에서도 기본권에 관한 문제해결에 있어서 자유와 평등이라는 양대이념은 항상 존중되어야 하지만, 특히 자유권과 사회권의 관계라는 문제는 자유와 평등의 상호관계라는 문제와 밀접하게 관련되어 있다. 자유권은 자유의 이념에 기초하는 것으로, 사회권은 평등의 이념에 기초하는 것으로 생각하는 이분법적 사고는 사회적 기본권의 올바른 이해에 적지 않은 장애가 되기도 한다.

종래 자유와 평등을 긴장관계 속에서 파악하는 견해가 적지 않았던 것은 사실이다. 심지어 자유주의와 민주주의를 구별하여 전자는 자유, 후자는 평등을 지향하는 것으로 이해하기도 했으며, 어느 한쪽의 극단화는 필연적으로 다른 한쪽을 위축시키기 때문에 양자 사이의 선택(예컨대 자유주의에 기초한 자본주의냐 평등주의에 기초한 공산주의냐의 선택)을 불가피한 것으로 보는 견해도 있었다. 또한 양자의 긴장과 대립을 조정하는 것이 필요하다는 관점에서 황금률적 해결을 시도하면서 **평등한 자유** 또는 **자유의 평등**을 강조하는 견해도 적지 않았다.[12)]

그러나 자유와 평등은 애초에 대립되어서는 안 되는 것이다. 이미 인간의 존엄에 관한 설명 가운데서 언급했듯이, 인간의 존엄은 헌법의 최고이념이며, 모든 기본권의 출발점이다. 자유와 평등도 또한 그로부터 파생된 것이라고 할 수 있다. 즉 무조건적 자유,

---

12) 예컨대 라이프홀츠(*G. Leibholz*)는 자유와 평등이 긴장관계에 있으며, 그 조화는 칸트적 의미의 도덕성에 따라 해결하는 수밖에 없다고 보았다. 즉 자유를 주장하는 사람은 또한 동시에 그 같은 자유를 다른 사람들에게도 인정하여야 한다는 것이다.

무조건적 평등이란 아무런 의미도 가질 수 없으며, 오로지 인간의 존엄을 실현하기 위한 조건으로서의 자유와 평등이 존재할 뿐이다. 따라서 공동의 목적을 추구하는 자유와 평등이 대립될 수밖에 없다는 생각은 출발점에서부터 잘못 이해하고 있는 것이다.

물론 자유와 평등은 각기 다른 방향에서 인간의 존엄을 구체화시키는 것이고, 그로 인하여 개별적인 경우에 충돌이 발생되거나 긴장관계가 형성되기도 한다. 그러나 그 경우에도 충돌이나 긴장이 본질적인 것은 아니다. 오히려 근본적인 출발점을 고려하는 가운데 이러한 충돌이나 긴장을 해소하도록 노력해야 할 것이다.

이런 맥락에서 **자유와 평등의 실질화를 통해 양자가 접근하게 된다**는 점을 강조했었던 헤르만 헬러(*Hermann Heller*)의 견해[13)]는 주목할 가치가 있다. 자유와 평등을 형식적으로 이해할 경우에는 자유는 방종으로, 기계적 평등은 억압으로 인식될 수 있다. 이러한 경우에는 양자의 충돌이 불가피하다. 하지만 자유와 평등을 실질적으로 이해할 경우에는 각자의 능력과 노력의 차이를 고려하는 가운데 실질적인 평등을 실현시키고자 노력하게 되고, 그 가운데서 모든 공동체구성원들이 명목상의 자유가 아닌 실제 누릴 수 있는 자유를 확보할 수 있게 된다.

Ⅱ. 자유권과 사회권의 관계

1. 자유권 개념의 이해

사회주의 사상이 대두된 이후, 사회국가원리가 헌법에 수용되고, 사회적 기본권이 명문화되면서, 전통적인 자유권에 대한 이해에도 적지 않은 변화가 나타나고 있다. 자유권은 전통적으로 국가에 대한 소극적 방어권(개인의 자유로운 생활영역에 대한 국가의 불간섭)으로 이해되고 있었지만, 오늘날에는 **자유를 실현시킬 국가의 의무**까지 포함하는 것으로 확대되는 경향을 보이고 있는 것이다.

이러한 변화의 배경에는 자유를 형식적 자유가 아닌 실질적 자유로 이해해야 한다는 인식의 변화가 자리하고 있다. 예컨대 재산권을 인정하면서도 재산을 획득할 기회는 사실상 특정 계층에 의해 독점되고 있다거나, 직업의 자유를 인정하면서도 그 전제로서 확보되어야 할 직업교육의 기회는 특정 계층에 의해 독점되고 있는 경우에는 형식적 자

---

13) 헤르만 헬러(*Hermann Heller*)는 자유와 평등의 관계에 있어서 중요한 것은 도덕률보다는 오히려 헌법상 국가가 양원리를 보장하고 있다는 사실이라고 생각하였다. 즉 국가가 모든 사람에게 자유를 보장한다면 이는 형식적 자유의 보장, 예컨대 누구든지 프롤레타리아가 될 수도 있고 대자본가가 될 수도 있는 권리의 보장에 국한되어서는 안 되며, 국가는 실질적 자유를 위한 전제를 마련하여야 한다는 것이다. 다시 말하면 모든 개인에게 자기실현을 위한 현실화될 수 있는 실질적 가능성들을 부여해 주어야 한다고 그는 주장하였던 것이다. 이런 의미에서 자유를 실질적으로 이해하면, 그 동안 자유롭지 못했던 사람들에 대한 실질적 자유의 보장은 또한 실질적 평등의 실현에 접근하게 되며, 그럼으로써 양자의 대립은 제거될 수 있다고 헬러는 생각했다. 이런 맥락에서 헬러는 자유와 평등이 형식적으로 이해되고 그럼으로써 실질적 불평등에 유리하게 작용하는 "자유주의적 법치국가(liberaler Rechtsstaat)"의 대립개념으로서 모든 사람의 실질적으로 평등한 자유를 위하여 노력하는 국가를 "사회적 법치국가(sozialer Rechtsstaat)"라고 불렀다.

유는 헌법상 보장되어 있지만 실질적 자유는 보장되지 않고 있다고 할 수 있다. 비록 국가가 개인의 자유로운 재산권을 침해하는 것도 아니고 직업의 자유에 대한 억압을 가하고 있는 것도 아니지만, 현실적으로 이미 왜곡되어 있는 경제구조나 사회구조를 국가가 적극적으로 나서서 교정하지 않는다면 그러한 자유는 단지 「종이 위의 글씨」에 불과할 뿐이다.

결국 자유권이 실질적으로 보장되기 위해서는 국가가 각종 자유권을 침해하지 않는 것만으로는 충분치 못하며, 자유가 실제 행사될 수 있는 조건의 마련을 위해 국가가 노력해야 한다는 것이 분명해진다. 특히 현대에는 거대화된 사적 조직들에 의한 자유의 침해도 적지 않게 발생되기 때문에 이들에 의해 개인의 자유가 억압되지 않도록 국가가 합리적인 기준을 만들고, 그 준수를 강제하는 것도 매우 중요한 의미를 갖는다.[14)]

2. 자유권과 사회권의 구별의 상대화

이처럼 자유권의 성격 및 실현구조에 대한 이해가 변화되면서, 자유권과 사회권의 구별 자체도 상대화되고 있다. 이러한 자유권과 사회권의 구별의 상대화는 크게 세 가지 요소에 의해 야기되고 있다.

첫째, 자유권 개념의 이해가 변화됨에 따라 양자의 구별이 상대화되고 있다. 앞서 설명된 것처럼 자유권이 자유를 실현시킬 국가의 의무까지도 포함하는 것으로 새롭게 이해되면서, 자유권이 -사회권과 유사하게- 국가에 대한 급부청구를 요구하는 것으로까지 확대되고 있다. 이러한 현상을 통해 자유권이 사회권에 접근하는 것을 확인할 수 있다.

둘째, 자유와 평등의 실질화에 기초하여 사회권의 기능에 대한 이해가 변화됨에 따라 양자의 구별이 상대화되는 측면이 있다. 종래 자유권은 자유의 이념을 추구하는 것이고, 사회권은 평등의 이념을 추구하는 것으로서 각자 다른 목표를 가지고 있다고 생각하는 경향이 적지 않았다. 하지만 오늘날에는 자유와 평등의 실질화에 따라 사회권 역시 실질적 자유의 보장이라는 측면을 갖고 있다고 인정되는 것이다.

셋째, 현재의 사회적 기본권규정들 가운데 전통적인 방어권적 자유와 국가에 의한 급부를 혼합적으로 보장하는 것들이 적지 않다. 예컨대 근로의 권리는 전통적인 노동의 자유에서 출발한 것이 오늘날에는 근로의 기회 및 근로조건의 개선 등에 관한 국가의 적극적 급부를 포함하는 것으로 확대된 것이며, 교육의 권리도 원래 교육의 자유에서 출발하였던 것이 유사한 발전을 거쳐 사회적 기본권으로 인정되고 있는 것이다.

14) 예컨대 기업과 개인의 거래관계에서 일반적으로 이용되는 「보통거래약관」의 내용에 대해서 개인이 다투어서 합리적으로 교정하는 것은 현실적으로 기대하기 어렵다. 때문에 국가가 일정한 기준을 만들어서 약관의 내용을 규율하고, 그럼으로써 약관을 경제적·사회적 지위를 남용한 자유의 억압수단으로 이용하지 못하도록 만드는 것이 필요한 것이다.

3. 자유권과 사회권의 상호보완 · 긴장관계

이처럼 자유권과 사회권의 구별이 상대화되는 현상은 외부적 조건에 의한 변화라기보다는 기본권 자체의 이해가 변화됨으로써 발생된 것이라고 할 수 있다. 그렇기 때문에 이러한 변화의 여러 측면은 각 개별기본권들의 실현구조 가운데서도 발견된다. 이러한 자유권과 사회권의 관계는 두 가지의 차원에서 각기 검토되어야 한다.

먼저 **자유권에 속하는 기본권들과 사회권에 속하는 기본권들의 관계**에서는 양자의 상호보완적 역할에 주목하여야 할 것이다. 예컨대 직업의 자유가 실질적으로 보장되기 위해서는 이를 위한 교육이 전제되어야 하듯이, 전통적인 의미의 자유권적 기본권을 실현시키기 위한 조건들이 사회적 기본권에 의해 보장되는 측면이 있는 것이다. 그러나 또한 많은 경우 사회적 기본권의 보장을 위하여 국가의 개입이 인정되고, 이는 전통적인 의미에서의 자유의 영역을 축소하는 것으로 나타나기도 한다.

또한 **각 개별기본권의 내부에서 자유권적 측면과 사회권적 측면이 각기 결합**되어 나타나는 예가 적지 않다는 점에도 주의를 기울일 필요가 있다. 이미 학문의 자유나 예술의 자유에서 살펴보았듯이 전통적인 자유권으로 분류되던 기본권들이 국가에 대한 급부청구를 내용으로 하는 경우가 있는가 하면,[15] 앞으로 살펴보게 될 여러 사회적 기본권들도 자유권적 측면을 동시에 내포하고 있는 예가 적지 않은 것이다.

특히 사회권의 경우에는 자유권적 측면과의 결합을 정확하게 이해하는 가운데, 한편으로는 자유권적 측면과 사회권적 측면이 각기 어떻게 달리 이해되고 실현되어야 하는지를 구별하고, 다른 한편으로는 양자의 내적 연관도 결코 간과하지 않아야 할 것이다.

Ⅲ. 현실적 실현조건의 문제

사회적 기본권의 실현구조와 성격 및 효력 등과 관련하여 문제의 핵심에 놓여 있는 것이 바로 현실적 실현조건이라고 할 수 있다. 이미 여러 차례 강조된 바와 같이 사회적 기본권의 보장범위 및 방법 등은 입법에 의하여 비로소 구체화되며, 입법자는 국가의 재정, 국민경제의 상황 등을 종합적으로 고려하여 입법의 시기와 내용을 정할 수 있다.

그렇기 때문에 헌법이나 다른 법률에 의해 구체적으로 입법이 요구되고 있는 경우를 제외하고는 입법을 할 것인지의 여부 및 입법의 내용은 원칙적으로 입법자의 판단에 맡겨져 있다고 보는 것이 일반적이다. 하지만 입법자의 형성권이 무제한적으로 인정될 수는 없기 때문에 일정한 헌법적 기준이 도출될 필요가 있다는 주장이 제기된다. 즉 구체적 현실 속에서 무엇을 어디까지 어떻게 실현시킬 수 있는지를 판단하는 기준을 헌법 스스로가 구속력 있게 확정하지는 않았지만(그것은 현실적으로 불가능하지만), 적어도

15) 최근에는 정보기본권(정보인권)과 관련하여 사회적 약자의 정보접근권(정보격차의 해소)의 보장이 문제되기도 한다. 이에 관하여는 국가인권위원회, 정보인권보고서, 2013.1. 참조.

일정한 경우에는 입법자가 현실적 조건을 올바르게 평가하지 않았다고 비판하고 위헌으로 판단할 수 있어야 한다는 점이 문제되는 것이다.

하지만 현실적 조건에 대한 입법자의 평가는 대체로 정책적 판단에 기초한 것이고, 이를 법적 평가의 대상으로 삼는 데에는 적지 않은 어려움이 있다.[16] 이러한 문제는 오히려 민주적 정치과정 속에서 해결될 수 있도록 하는 것이 더 합리적이라고 할 수 있을 것이다.[17]

16) 예컨대 경제정책의 경우에 있어서도 정책의 실패에 대한 법적 책임을 묻기는 곤란하다는 것이 판례의 태도임은 「제1권 제3부 제5장 제3절 V. **경제질서의 형성에 있어서 사법작용이 차지하는 비중**」에서 살펴본 바와 같다.

17) 예컨대 독일 기본법은 사회적 기본권에 관한 상세한 규정을 포기하고 사회국가원리를 명시하는 것에 그치고 있다. 즉 사회적 정의의 실현방법과 내용 및 구체적 범위와 실시시기 등에 관한 것이 포괄적으로 입법자에게 맡겨져 있는 것이다. 그러나 사회적 기본권을 폭넓게 명문화시키고 있는 우리나라에 비해서 독일의 사회국가 실현 내지 사회적 정의의 구현이 뒤떨어져 있다고 평가하기는 어려울 것이다. 독일의 경우처럼 법적 강제를 명시하지 않더라도 민주적 정치과정이 원활하게 작동할 경우에는 이를 통한 사회국가의 실현이 더욱 효과적일 수 있기 때문이다.

제13장 사회적 기본권 ②: 인간다운 생활을 할 권리

「제13장 사회적 기본권 ②: 인간다운 생활을 할 권리」에서는 헌법 제34조에 규정되어 있는 「인간다운 생활을 할 권리」를 중심으로 한 「사회보장에 관한 권리」를 고찰한다. 이 기본권은 사회적 약자에게 가장 먼저 보장되어야 한다는 점에서 −비록 헌법규정상의 순서에 따를 때에는 가장 먼저 고찰되어야 할 사회적 기본권이라고 보기 어렵지만− 성질상 사회적 기본권 가운데 가장 먼저 고찰될 필요가 있기 때문이다.

헌법 제34조에 규정된 인간다운 생활을 할 권리와 관련하여 그 성격의 이해를 둘러싼 논란이 있다. 예컨대 이를 사회적 기본권의 총칙적 규정 내지 모사회권(母社會權)으로 이해할 경우에는 모든 사회적 기본권의 뿌리 내지 출발점이 될 수 있기 때문에 이를 먼저 검토할 필요가 있다. 하지만 사회적 기본권의 성격 내지 인간다운 생활을 할 권리의 실현구조를 염두에 두고 검토해 본다면 이러한 모사회권으로 이해하기보다는 하나의 구체적인 개별기본권으로 파악하는 것이 합리적이라고 할 수 있다.

헌법 제34조: ① 모든 국민은 인간다운 생활을 할 권리를 가진다.
② 국가는 사회보장 · 사회복지의 증진에 노력할 의무를 진다.
③ 국가는 여자의 복지와 권익의 향상을 위하여 노력하여야 한다.
④ 국가는 노인과 청소년의 복지향상을 위한 정책을 실시할 의무를 진다.
⑤ 신체장애자 및 질병 · 노령 기타의 사유로 생활능력이 없는 국민은 법률이 정하는 바에 의하여 국가의 보호를 받는다.
⑥ 국가는 재해를 예방하고 그 위험으로부터 국민을 보호하기 위하여 노력하여야 한다.

【사례: 공무원 연금의 압류금지와 이혼한 배우자의 연금분할청구권】

甲과 乙은 1982.1.16. 혼인하여 甲은 공무원으로 생활하였고, 乙은 가사를 전담하였다. 그런데 甲과 乙은 2014.10.16. 협의이혼하였고, 이후 甲은 2014.12.31. 정년퇴직하여 2017.1.부터 공무원연금공단에서 매월 260만 원의 퇴직연금을 수령하고 있다.

乙은 2015.2.17. 甲을 상대로 A법원에 재산분할의 소를 제기하였고, 법원에서는 乙에게 퇴직연금을 제외한 재산의 35%를, 그리고 퇴직연금의 30%를 지급하도록 판결하였으며, 이 판결에 乙이 불복하지 않아 2015.9.22. 확정되었다.

2015.6.22. 법률 제13387호로 개정된 공무원연금법은 분할연금제도를 도입하여, 법정 요건을 갖춘 분할연금 수급권자는 원칙적으로 퇴직연금액 또는 조기퇴직연금액 중 혼인기간에 해당하는 연금액을 균등하게 나눈 금액을 지급받을 수 있도록 하면서(제46조의3), 민법상 재산분할청구에 따라 연금분할이 별도로 결정된 경우에는 그에 따르도록 하는 분할연금 지급의 특례도 함께 규정하였다(제46조의4). 위 조항들에 따른 분할연금은 개정법 시행일인 2016.1.1. 이후 최초로 지급사유가 발생한 사람부터 지급하도록 하였다(같은 법 부칙 제1조, 제2조 제1항).

乙은, 분할연금 지급의 특례를 규정한 공무원연금법 제46조의4, 개정 공무원연금법의 시행일을 2016.1.1.로 정한 같은 법 부칙 제1조, 분할연금 지급의 적용대상을 규정한 같은 법 부칙 제2조 제1항이, 분할연금제도 시행 이전에 법원의 재산분할심판에 따라 연금분할이 확정된 乙로 하여금 공무원연금법 제46조의3에서 정한 비율에 따른 분할연금을 청구할 수 없게 하여 자신의 기본권을 침해한다고 주장하면서, 헌법재판소에 헌법소원심판을 청구하였다.

丙은 이혼 후 전남편 丁에게서 자녀의 양육비로 일시금 5천만 원과 매월 70만 원씩 60개월 동안 지급해야 한다는 법원의 판결을 2016.1.15. 받았고, 이 판결은 확정되었다. 그런데 공무원연금법 조항에 따라 전남편 丁의 퇴직연금에 대해 압류와 강제집행을 할 수 없게 되자 丙은 이 조항으로 인하여 자신의 기본권이 침해된다고 주장하면서 헌법재판소에 헌법소원심판을 청구하였다.

〈헌재 2018.4.26. 2016헌마54; 2018.7.26. 2016헌마260 참조〉

공무원연금법 (2015.6.22. 법률 제13387호로 개정된 것)

제46조의4(분할연금 지급의 특례) 제46조의3에도 불구하고 「민법」 제839조의2 또는 제843조에 따라 연금분할이 별도로 결정된 경우에는 그에 따른다.

공무원연금법 부칙 (2015.6.22. 법률 제13387호)

제1조(시행일) 이 법은 2016년 1월 1일부터 시행한다.

제2조(분할연금 지급에 관한 적용례) ① 제46조의3부터 제46조의5까지의 개정규정에 따른 분할연금은 이 법 시행 후 최초로 지급사유가 발생한 사람부터 지급한다. 이 경우 분할연금액 지급 대상 혼인기간에는 이 법 시행 전에 배우자 또는 배우자였던 사람이 공무원으로서 재직한 기간 중의 혼인기간을 포함한다.

1. 乙의 헌법소원심판청구는 적법한가? (20점)
2. 개정법률에서 분할연금제도를 도입하면서 개정법 시행 후 최초로 지급사유가 발생한 사람부터 분할연금을 지급하도록 한 공무원연금법 부칙조항은 개정법 시행일 이전에 공무원과 이혼한 배우자의 평등권을 침해하는가? (30점)
3. 을의 헌법소원심판청구가 적법한 경우 공무원연금법 제46조의3에 대해 乙이 침해를 주장할 수 있는 기본권은 무엇이며, 그에 대해 헌법재판소는 어떤 본안판단을 내려야 하는가? (50점)

제 1 절 「인간다운 생활」의 의의

Ⅰ. 인간의 존엄을 실현시키는 생활로 「인간다운 생활」을 이해하는 경우

「인간다운 생활」을 가장 넓은 의미로 이해할 때에는 **인간의 존엄을 실현시키는 생활**이라는 의미로까지 확장될 수 있다. 예컨대 "인간의 존엄성에 상응하는 건강하고 문화적인 생활"[1]로 이해하는 경우가 이에 해당된다.

그러나 「인간다운 생활」을 이렇게 이해할 때에는 「인간다운 생활을 할 권리」가 모든 기본권을 포괄하는 개념이 되어버린다는 문제가 발생된다. 즉 모든 생활영역에서의 기본권 문제를 인간다운 생활을 구체화 내지 실현하는 문제로 보게 될 것이며, 그 결과 헌법 제34조 제1항의 「인간다운 생활을 할 권리」는 「인간으로서의 존엄과 가치」를 규정한 헌법 제10조의 규정과 사실상 유사한 기능을 하게 될 것이다. 또한 행복추구권, 열거되지 않은 자유와 권리 등과의 관계에서도 많은 문제를 낳게 될 것이다.

Ⅱ. 사회적 급부를 통한 보장으로 「인간다운 생활」을 이해하는 경우

이와는 달리 「인간다운 생활」을 넓게 -그러나 상술한 경우보다는 좁게- **사회적 급부를 통하여 보장되는 생활**을 의미하는 것으로 이해하는 견해도 있다.[2]

이와 같이 「인간다운 생활」을 국가적 급부에 의하여 보장되는 일정수준의 경제적·사회적 생활로 이해할 경우에는 헌법 제34조 제1항의 「인간다운 생활을 할 권리」가 포괄적인 사회적 기본권보장(주사회권 내지 주생존권)[3]을 인정하고 있는 것으로 볼 수 있는 가능성이 열리게 된다.

Ⅲ. 최소한의 물적 기초의 보장으로 「인간다운 생활」을 이해하는 경우

반면에 헌법 제34조 제1항의 「인간다운 생활」을 좁게 해석하는 경우에는 **최소한의 물적 생활의 기초를 확보한 생활**로 이해하게 된다. 예컨대 "인간의 생존에 필요한 최소한의 물질적 급부를 제공함으로써 생존의 기초를 마련해 주는 것"[4] 또는 "물질적인

---

1) 권영성, 헌법학원론, 2010, 655쪽. 권영성 교수는 인간다운 생활을 할 권리를 사회적 기본권으로 분류하고 있으나 "인간의 존엄성에 상응하는 건강하고 문화적인 생활"이라는 문구만 놓고 생각한다면 이는 단순히 사회적 기본권만이 아닌 자유권적 기본권에 의한 보호까지도 포괄하는 것으로 이해될 수 있을 것이다.

2) 김철수, 헌법학개론, 2007, 951쪽에서는 "「인간의 존엄성에 상응하는 생활」, 즉 건강하고 문화적인 최저한도의 생활"로 표현하고 있다. 이러한 표현은 상술한 권영성 교수의 표현과 크게 다르지 않으나 「최저한도」를 강조함으로써 국가적 급부에 의한 보호를 내용으로 함을 시사하고 있다.

3) 김철수, 헌법학개론, 2007, 950쪽 참조.

4) 계희열, 헌법학(중), 2007, 721쪽.

궁핍으로부터의 해방을 주 내용으로 하는 물질적인 최저생활"[5]로 이해하는 견해가 이에 속한다.

이러한 경우 인간다운 생활을 할 권리는 최소한의 인간다운 생활을 위한 물적 기초가 결여된 경우의 국가에 대한 급부청구권으로 이해되며, 이에 따라 인간다운 생활을 할 권리는 개별기본권의 형태를 갖추게 된다. 그 구체적인 내용과 효력의 확정이 가능하게 되는 것이다.

제2절 인간다운 생활을 할 권리의 기본권체계 내에서의 위치

Ⅰ. 「인간다운 생활」의 이해에 따른 결론

상술한 맥락에서 인간다운 생활을 어떻게 이해하였는가에 따라 「인간다운 생활을 할 권리」가 어떠한 기본권인지, 즉 기본권체계 내에서 어떠한 위치를 차지하고 있는지가 결정될 수 있다.

먼저 인간다운 생활을 「인간의 존엄을 실현시키는 생활」로 가장 넓게 이해할 경우에는 이를 실현시키는 인간다운 생활을 할 권리는 **전체기본권(자유권+사회권)의 포괄적 기초**로 이해될 수밖에 없을 것이다. 반면에 인간다운 생활을 국가의 급부를 통하여 보장되는 생활로 넓게 이해할 경우에는 인간다운 생활을 할 권리가 **사회적 기본권의 포괄적 기초**로 이해된다. 그러나 인간다운 생활을 좁게 이해하여 최소한의 물질적 수요가 보장되는 생활로 이해할 경우에는 인간다운 생활을 할 권리가 **개별화된 사회적 기본권**으로 이해될 것이다.

Ⅱ. 헌법조문(헌법 제34조)의 위치에 따른 추론

기본권의 성격에 대한 이해에 있어서 보충적인 기준으로 이용될 수 있는 것이 헌법조문의 위치이다. 헌법조문이 일정한 체계를 갖고 있다는 전제에서 출발하는 이러한 기준이 비록 절대적인 판단기준은 될 수 없지만 기본권 상호간의 내적 관련을 고려하여 개별적 기본권을 파악하는 유용한 방법이 될 수 있다.

그러한 맥락에서 볼 때, 헌법 제34조 제1항의 「인간다운 생활을 할 권리」를 인간의 존엄과 유사하게 기본권 전체의 포괄적 기초로 이해하는 데에는 어려움이 있으며, 조문의 위치상 사회적 기본권에 속하는 것으로 볼 수 있을 것이다. 또한 적어도 조문의 위치에서 볼 때 인간다운 생활을 할 권리는 사회적 기본권 가운데서도 제31조의 교육의

---

5) 허영, 한국헌법론, 2025, 615쪽.

권리, 제32조의 근로의 권리, 제33조의 근로삼권 등에 이어서 제34조에 규정되고 있다는 점에서 사회적 기본권의 포괄적 기초라기보다는 여러 개별적 사회권 중의 하나로 판단할 수 있을 것이다.

특히 헌법 제34조 제1항과 제2항~제6항의 규정들을 통일적으로 이해하면 인간다운 생활을 할 권리가 곧 사회보장 · 사회복지를 통해 구체화된다고 해석하는 것이 가능하다.

Ⅲ. 「인간다운 생활을 할 권리」의 기능에 비추어 내릴 수 있는 결론

「인간다운 생활을 할 권리」가 기본권체계 내에서 실질적으로 어떠한 기능을 할 수 있는지 또는 해야 하는지를 하나의 판단기준으로 생각할 수 있다. 그러나 이러한 맥락에서 생각하더라도 인간다운 생활을 할 권리는 역시 개별기본권으로 이해하는 편이 의미가 있다.

「인간으로서의 존엄과 가치」가 헌법 제10조에서 명문으로 규정되어 있는 상황에서 「인간다운 생활을 할 권리」를 자유권과 사회권을 포함한 전체 기본권의 포괄적 기초로 이해하는 것은 불필요한 중복이 될 것이기 때문에 결과적으로 인간다운 생활을 할 권리의 존재의의를 퇴색시킬 것이다. 그렇다고 「인간다운 생활을 할 권리」를 사회적 기본권의 포괄적 기초, 즉 포괄적 사회권 내지 주생존권 등으로 이해하는 것도 실익이 없기는 마찬가지이다.[6)]

따라서 「인간다운 생활을 할 권리」는 포괄적 기본권이 아닌 하나의 개별적 기본권으로서 구체적 보호내용을 갖고 있는 것으로 보는 것이 타당하다.

제 3 절 인간다운 생활을 할 권리의 주체

자연인인 국민이 인간다운 생활을 할 권리를 비롯한 사회적 기본권의 주체가 된다는 점에 대하여는 이론(異論)의 여지가 없다. 문제가 되는 것은 외국인 또는 법인의 기본권주체성이다.

Ⅰ. 외국인의 기본권주체성

인간다운 생활을 할 권리를 비롯한 대부분의 사회적 기본권에 대하여는 국민만이

6) 자유권과는 달리 사회권의 경우에는 입법에 의한 구체화가 있기 이전에는 급부청구의 권리가 직접적인 효력을 발생시키지 못하기 때문에, 포괄적 기본권의 필요성과 실효성이 떨어진다. 또한 굳이 명문화되지 않은 사회적 기본권을 인정하고자 할 경우에는 헌법 제37조 제1항에 의해 열거되지 않은 자유와 권리로서 보장될 수 있는 여지가 있기 때문에, -포괄적 자유권의 경우와 마찬가지로- 포괄적 사회권을 별도로 인정할 실익이 없다.

주체가 될 수 있다고 보는 것이 국내의 통설이다.

그러나 외국인의 기본권주체성을 부정하는 것이 갖는 실익은 그다지 크지 않다.7) 왜냐하면 인간다운 생활을 할 권리를 비롯한 대부분의 사회적 기본권은 법률에 의한 구체화를 통하여 그 내용과 효력이 확정되기 때문에 외국인에 대한 (사회적 기본권을 통한) 구체적 보호의 여부 및 정도는 법률에 의해 비로소 정해지기 때문이다.8)

외국인의 경우도 법률에 의해 인정되는 범위에서 개별적인 사회보장 · 부조의 주체가 될 수 있다. 예컨대 독일은 의료보험 등은 물론, 출산장려금, 양육비, 집세보조금 등을 내국인만이 아니라 외국인에게도 지급한 바 있다.9) 반면에 우리나라의 국민연금법 제6조는 가입대상을 "18세 이상 60세 미만의 국민"에 한정하고 있으며, 국민건강보험법도 그 적용을 원칙적으로 국민에 한정하고 있다.10)

Ⅱ. 법인의 기본권주체성

일반적으로 사회적 기본권은 자연인전속적인 것으로 이해된다. 애초에 사회적 기본권 내지 사회국가원리의 이념적 기초가 사회적 연대성에 있다는 점을 생각해 볼 때, 이러한 사회적 기본권의 자연인전속성은 명백해진다.

따라서 인간다운 생활을 할 권리도 사회적 연대성의 이념에 기초하여 사회적 · 경제적 약자에게 최소한의 물적 생활을 보장하는 것으로 이해한다면, 그것은 성질상 자연인에게만 인정될 수 있는 것이지 법인에게까지 인정될 이유는 없을 것이다.

제 4 절 인간다운 생활을 할 권리의 법적 성격과 효력

인간다운 생활을 할 권리는 대표적인 사회적 기본권의 하나이다. 따라서 그 성격과

7) 물론 국가에 의한 사회적 기본권의 침해가 있을 때 그에 대한 쟁송과 관련하여 제기되는 청구인적격의 문제 등에 있어서는 외국인의 기본권주체성에 관한 논의가 일정한 실익을 가질 수 있을 것이다.

8) 즉 외국인의 기본권주체성을 인정하는지와 상관없이 법률로 정하기에 따라서 외국인에 대해서도 일정한 정도의 인간다운 생활, 즉 경제적 · 사회적 최저생활의 유지를 위한 국가적 급부를 부여할 수도 있고, 안할 수도 있는 것이다.

9) 그러나 독일의 외국인에 대한 사회보장은 1990년 동서독 통일 이후 통일비용의 부담으로 인하여 크게 축소되었다. 이 또한 법률에 의한 보호의 정도를 보여주는 예라 할 수 있다.

10) 국민건강보험법 제5조 제1항은 적용대상을 "국내에 거주하는 국민"으로 명시하고 있으며, 동법 제10조 제1항 제2호는 "국적을 잃은 날의 다음날"부터 가입자의 자격을 상실하게 함으로써 외국인에 대한 적용을 배제하고 있다. 다만, 국민건강보험법 제109조에 따라 외국 정부가 사용자인 사업장의 근로자의 건강보험에 관하여는 외국 정부와 한 합의에 따라 이를 따로 정할 수 있다. 또한, 국내에 체류하는 재외국민 또는 외국인(이하 "국내체류 외국인등"이라 한다)이 적용대상사업장의 근로자, 공무원 또는 교직원이고 국민건강보험법 제6조 제2항 각 호의 제외 사유에 해당하지 않으면서 주민등록자, 재외동포로서 국내거소신고가 된 자, 출입국관리법에 따른 외국인등록자는 예외적으로 직장가입자로 인정된다.

효력에 대한 이해는 앞서 검토되었던 사회적 기본권의 일반적 성격과 효력을 대부분 공유하고 있다.

Ⅰ. 사회적 기본권으로서의 성격

인간다운 생활을 할 권리의 성격을 어떻게 이해할 것인가에 관하여는 사회적 기본권의 이념적·총칙적 규정[11] 내지 주생존권[12] 등으로 이해하는 견해가 적지 않다. 그러나 「인간다운 생활」에 대한 이해, 헌법조문의 위치, 현행헌법상의 기본권체계 내에서 인간다운 생활을 할 권리가 할 수 있는 기능 등에 비추어 볼 때 역시 개별적인 사회권으로 파악하는 것이 타당하다고 생각된다.

이렇게 볼 때 인간다운 생활을 할 권리는 사회적 기본권으로서의 일반적 성격을 다른 사회권들과 공유하게 될 것이다. 즉 사회적 기본권의 내용이 되는 국가에 대한 급부청구를 -자유권적 기본권처럼- 직접 사법적으로 청구하고 집행할 수 있는 구체적·현실적 권리는 아니지만,[13] 국가활동에 대한 일정한 방향을 제시하고 있는 **국가목표규정 내지 입법위임규정**으로 이해될 수 있는 것이다.[14]

Ⅱ. 사회적 기본권으로서의 효력

따라서 인간다운 생활을 할 권리는 또한 -사회적 기본권으로서- 법률에 의해 구체화됨으로써 비로소 구체적·현실적 효력을 발할 수 있다. 다만 사회적 기본권도 국가활동의 지침으로서의 효력을 갖고 있기 때문에 일정한 범위 내에서는 입법에 의한 구체화 이전에도 효력을 발할 수 있다.

1. 구체화입법 이전의 효력

법률에 의해 구체화되지 않은 사회적 기본권을 직접 주장하는 것은 현실적으로 불가능하다. 문제는 과연 입법의 부작위에 대해 사회적 기본권에 기초하여 작위의무를 인정할 수 있을 것인가에 있다.

---

11) 권영성, 헌법학원론, 2010, 655쪽.

12) 김철수, 헌법학개론, 2007, 951쪽: 인간다운 생활을 할 권리는 "주생존권적 기본권으로서의 성격을 가지고 다른 개별적인 생존권적 기본권들이 여기서 파생된다."

13) **헌재 1995.7.21. 93헌가14 결정**: "인간다운 생활을 할 권리로부터는 인간의 존엄에 상응하는 생활에 필요한 "최소한의 물질적인 생활"의 유지에 필요한 급부를 요구할 수 있는 구체적인 권리가 상황에 따라서는 직접 도출될 수 있다고 할 수는 있어도, 동 기본권이 직접 그 이상의 급부를 내용으로 하는 구체적인 권리를 발생케 한다고는 볼 수 없다고 할 것이다. 이러한 구체적 권리는 국가가 재정형편 등 여러 가지 상황들을 종합적으로 감안하여 법률을 통하여 구체화할 때에 비로소 인정되는 법률적 권리라고 할 것이다."

14) 이와 관련하여 추상적 권리설, 불완전한 구체적 권리설, 구체적 권리설 등이 주장되고 있으나 그 내용은 실제로 크게 다른 점이 없이 명칭만을 달리함으로써 오히려 이해의 혼란을 야기하는 측면이 크다고 생각된다. 이에 관하여는 「제2권 제2부 제12장 제3절 Ⅱ. **사회적 기본권의 법적 성격**」 참조.

일반적으로 이러한 작위의무는 -헌법 또는 다른 법률에 의하여 구체적인 작위의무가 인정되는 경우를 배제하면- 인정되기 어려울 것이다. 다만 기존의 입법에 대한 개선을 소홀히 함으로써 발생되는 문제(이른바 입법개선의무의 불이행)에 대하여는 이를 위헌으로 확인할 수 있을 것이다.

2. 구체화입법 이후의 효력

일단 사회적 기본권을 구체화하는 법률이 제정되면 사회적 기본권의 내용, 효력 등은 원칙적으로 그 법률에 따르게 된다. 그러나 그 법률이 사회적 기본권의 근본취지에 반하는 내용으로 제정되었다면 사회적 기본권을 기초로 위헌성을 따질 수 있을 것인가가 문제될 수밖에 없다.

이러한 경우에는 구체적인 입법의 위헌성을 확인하는 것이 가능하다고 본다. 따라서 인간다운 생활을 할 권리를 구체화하는 입법이 인간다운 생활을 할 권리의 본질에 반하는 경우에는 그 위헌성을 인정할 수 있다.

3. 대사인적 효력

사회적 기본권은 국가에 의한 급부청구를 내용으로 하는 기본권이다. 따라서 대사인적 효력은 -예컨대 근로삼권처럼 특수한 구조에 의해 성질상 대사인적 효력이 전제되는 경우를 제외하면- 원칙적으로 부인된다.

이와 관련하여 제3자에 의한 사회적 기본권의 방해를 문제삼아서 이를 배제하는 것이 사회적 기본권의 대사인적 효력이라고 이해하는 견해도 있으나, 이는 타당하지 않다. 사회적 기본권은 어디까지나 국가에 의한 급부청구를 그 보호내용으로 하는 것이며, 기본권을 비롯한 권리행사에 대한 방해는 그 자체로서 별도로 취급되어야 하기 때문이다.[15)]

제 5 절 인간다운 생활을 할 권리의 내용

Ⅰ. 국가의 사회적 과제의 수행

인간다운 생활을 확보하기 위한 국가의 사회적 과제수행은 다시금 크게 세 가지의 방식으로 나누어진다.

---

15) 이러한 방해에 대한 보호는 그 방해의 내용과 방식에 따라 -예컨대 신체에 대한 위해를 가함으로써 사회적 기본권의 행사를 방해할 경우에는 신체의 자유 및 재판청구권 등을 통하여 보호될 수 있는 것처럼- 여러 기본권, 특히 자유권적 기본권 및 절차적 기본권의 행사를 통하여 확보될 수 있을 것이다.

1. 사회보험

국가의 급부에 의한 인간다운 생활의 보호는 의료보험, 재해보험, 고용보험, 연금보험 등과 같은 사회보험의 형태로 수행될 수 있다. 즉 질병이나 상해, 산업재해, 실업 등으로 많은 재산상의 부담을 지게 하는 사고가 발생할 경우에 대비하여 국민이 보험에 가입함으로써 평상시 일정한 부담을 지고, 사고가 발생하였을 경우 보험을 통하여 국민생활의 안정과 보장을 꾀하는 것이다.

이러한 사회보험의 기본구조는 개인보험(사보험)과 유사하지만 자유로운 계약에 기초하는 개인보험과는 달리 강제가입 또는 이용강제가 인정되는 경우가 많으며, 국가나 사업주가 보험금의 일부를 부담하도록 하는 형태가 많이 이용된다. 또한 보험료의 징수에 있어서 행정상의 강제징수방법이 인정되는 경우도 있다.[16]

2. 사회부조(생활보호)

사회부조(공공부조)는 생활이 지극히 곤궁한 국민에게 국가 또는 공공단체가 최저생활에 필요한 각종 급여를 행하는 것을 말한다. 즉 국가에서 일정한 최저생활의 기준을 정한 후 자격심사를 통하여 신체의 장애나 노령, 질병 등의 이유로 생활능력이 없는 국민들에게 국가가 직접 일정한 급부를 (현금 또는 현물로) 함으로써 인간다운 생활이 가능하도록 하는 것이다.

이와 같은 사회부조의 대표적인 제도로서는 국민기초생활보장법에 의한 각종 급여와 의료급여법에 의한 의료급여가 인정되고 있다. 국민기초생활보장법에 의한 급여의 종류로는 생계급여, 주거급여, 의료급여, 교육급여, 해산급여, 장제급여, 자활급여가 인정되고 있으며(제7조 이하), 급여의 정도는 “건강하고 문화적인 최저생활을 유지할 수 있는 것이어야 한다”고 규정하고 있다(제4조 제1항).

3. 사회복지

사회복지란 아동, 노인, 심신장애자 등 사회적·경제적 약자의 보호를 목적으로 국가(또는 공공단체)가 그 보호, 갱생 및 생활자립기반의 조성 등을 위한 각종 시설이나 편의수단을 마련하여 이를 제공하는 것을 말한다.

이러한 사회복지는 국가가 직접 경제적 재화(현금 또는 현물)를 급부하는 것이 아니라 공적 서비스의 제공을 통하여 생활상의 어려움에 대한 보충적 지원을 하는 것이

---

16) **헌재 2001.2.22. 99헌마365 결정**: “국민연금제도는 가입기간 중에 납부한 보험료를 급여의 산출근거로 하여 일정한 급여를 지급하는 것이므로 반대급부 없이 국가에서 강제로 금전을 징수하는 조세와는 성격을 달리한다. 비록 국민연금법 제79조가 연금보험료의 강제징수에 관하여 규정하고 있으나 이는 국민연금제도의 고도의 공익성을 고려하여 법률이 특별히 연금보험료의 강제징수 규정을 둔 것이지 그렇다고 하여 국민연금보험료를 조세로 볼 수는 없다. 또한 국민연금제도에 소득재분배의 효과가 있지만, 이는 사회보험의 본질적 요소로서 소득재분배를 어느 정도로 할 것인지는 입법정책의 문제이며, 뿐만 아니라 연금보험료의 징수는 재산권행사의 사회적 의무성의 한계 내에 있다고 볼 수 있다. 따라서 국민연금제도는 조세법률주의나 재산권보장에 위배되지 않는다.”

다. 예컨대 양로원, 고아원, 탁아시설, 직업훈련원 및 각종 갱생원 등을 설치하여 이용할 수 있도록 하는 것이 이에 해당된다.

Ⅱ. 경제에 대한 규제와 조정(?)

국가는 국민의 인간다운 생활을 보장하기 위하여 경제질서에 관한 규제와 조정의 방법을 이용할 수 있다고 보는 견해가 있다. 헌법 제119조 제2항을 비롯하여 제122조(국토의 이용 · 개발과 보전), 제123조 제4항(농 · 어민의 이익보호), 제124조(소비자보호운동의 보장) 등을 통하여 인간다운 생활의 보장이 가능하다는 것이다.[17]

그러나 헌법 제9장의 경제관련규정들은 -비록 사회국가원리에서 출발하고 있다는 공통점은 있으나- 좁은 의미로 이해된 인간다운 생활의 보호를 일차적인 목적으로 하고 있는 것으로는 보기 어렵다. 헌법 제119조 제2항에서 "국가는 균형있는 국민경제의 성장 및 안정과 적정한 소득의 분배를 유지하고, 시장의 지배와 경제력의 남용을 방지하며, 경제주체간의 조화를 통한 경제의 민주화를 위하여 경제에 관한 규제와 조정을 할 수 있다"라고 규정되어 있고, 그 밖의 여러 규정들이 경제질서에 대한 각종 규제와 조정의 헌법적 근거를 제시하고 있다. 하지만 그것은 전체적으로 경제질서의 방향을 제시하고 있는 것이지, 직접적으로 국민에게 최소한의 물적 기초를 확보해주기 위한 것으로 보기는 어려운 것이다.

제 6 절 인간다운 생활을 할 권리의 한계와 제한

Ⅰ. 「인간다운 생활을 할 권리」의 구체화와 그 제한

인간다운 생활을 할 권리는 사회적 기본권이다. 따라서 인간다운 생활을 할 권리의 한계와 제한을 포함한 구체적 실현의 내용과 범위는 인간다운 생활에 대한 보호의 현실적 필요성과 더불어 국가의 재정적 능력과 국민경제의 현실 등을 고려하는 가운데 법률에 의하여 정해진다.[18]

그러나 인간다운 생활을 할 권리가 일단 법률에 의하여 구체화된 경우에는 이에 대한 제한의 문제가 제기될 수 있다. 즉 국민건강보험법, 국민기초생활보장법, 고용보험법 등이 제정됨으로 인하여 구체적인 급여청구권이 일단 발생한 경우에는 이를 다시금 제한하는 상황이 발생될 수 있는 것이다.[19]

---

17) 권영성, 헌법학원론, 2010, 659쪽.

18) 그러므로 인간다운 생활을 할 권리의 한계와 제한의 문제는 -자유권적 기본권의 경우와는 달리- 실질적으로 큰 의미가 없다고 할 수 있다.

이 경우에는 인간다운 생활을 할 권리도 기본권제한의 일반적인 요건과 기준에 따라, 즉 국가안전보장, 질서유지, 공공복리를 위하여 비례성원칙에 따라 제한이 가능할 것이다.

Ⅱ. 「인간다운 생활을 할 권리」의 실현 및 제한의 기준

인간다운 생활을 할 권리를 각종 법률에 의하여 구체화하고 또 이를 다시금 제한하는 경우에는 자유권적 기본권의 실현 및 제한의 경우와는 달리 몇 가지 특별히 고려되어야 할 점이 있다. 그것은 한편으로는 인간다운 생활을 할 권리를 비롯한 사회적 기본권이 추구하는 사회정책적 목표라는 측면에서 검토될 수 있으며, 다른 한편으로는 사회적 기본권 내지 사회국가실현의 한계라는 측면에서 고찰될 수 있다.

먼저 **사회적 기본권이 추구하는 사회정책적 목표**로는 ① 물질적인 궁핍으로부터 해방될 수 있도록 하는 최소한의 생계보장과 인간생존을 위해 필수적인 물적 수단의 보장, ② 국가와 사용자에 대한 생활예속성의 감소, ③ 빈부격차의 감소, ④ 자신의 노력에 의해 성취한 생활수준이 경제사정의 악화에 의해 영향받지 않고 유지될 수 있는 방법의 보장이 이야기된다.[20] 이러한 목표에 합치되는 방향으로 인간다운 생활을 할 권리가 실현되고 또 제한되어야 한다는 것이다.[21]

또한 **사회적 기본권 내지 사회국가실현의 한계**라는 측면도 인간다운 생활을 할 권리가 실현되고 또 제한되는 과정에서 비중있게 고려되어야 한다. 사회적 기본권의 실현을 위한 국가의 급부활동이 개인의 자율성을 침해하면서 모든 국민의 (생활여건의) 획일적인 균일화를 지향하는 것으로 곡해되어서는 안 된다. 사회적 기본권이 인격적 자율성의 침해로 연결되어서는 안 되는 것이다. 그리고 인간다운 생활을 구체화하는 과정에서 현실적인 조건의 고려도 도외시되어서는 안 될 것이다.[22] 물론 그 판단은 일차적

---

19) 이와 관련하여 인간다운 생활을 할 권리 그 자체가 공공복리의 실현에 해당되므로 공공복리를 이유로 한 인간다운 생활권의 제한은 허용될 수 없으며, 국가안전보장 · 질서유지를 위해서 「인간다운 생활을 할 권리」가 반드시 제한되어야 할 필요가 있는 경우를 쉽게 생각할 수 없다는 이유로 인간다운 생활을 할 권리는 법률로써 제한하기에 적합하지 않은 기본권이라는 주장이 제기되고 있다(허영, 한국헌법론, 2022, 598쪽 이하). 그러나 이러한 주장은 설득력이 약하다. 비단 인간다운 생활을 할 권리뿐만 아니라 넓게는 모든 기본권이 -개인의 권리로서 뿐만 아니라 헌법질서의 객관적 구성요소로서 기능한다는 점에서- 공공복리의 실현으로 볼 수 있지만, 그렇다고 해서 공공복리를 이유로 한 기본권제한이 불가능한 것은 아니다. 공공복리는 여러 측면에서 생각될 수 있으며, 따라서 서로가 공공복리의 실현을 주장하면서도 상호제약의 필요성이 인정될 수 있는 것이다. 공공복리개념의 다의성, 추상성에 관하여는 계희열, 헌법학(중), 2007, 141쪽; 권영성, 헌법학원론, 2010, 352쪽 이하; 김철수, 헌법학개론, 2007, 433쪽 이하 참조.

20) 허영, 한국헌법론, 2025, 620쪽 이하 참조.

21) 그러나 이러한 목표실현의 실질적 기준 및 목표에 접근하기 위한 구체적 방법에 관한 이해는 계속 변화되고 있다는 점도 아울러 지적되어야 할 것이다.

22) 사회적 기본권을 실현시키는 국가의 급부활동은 국가의 재정에 큰 부담을 줄 수 있을 뿐 아니라 대부분의 경우 국민경제에 대해서도 상당한 영향을 미치게 된다. 따라서 이를 어떤 방식으로 어느 정도까지 실현시켜야 할 것인지는 국가의 재정적 능력과 국민경제에의 파급효과 등을 종합적으로 고려하는 가운데 신중하게 검토되어야 한다.

으로 민주적 입법자의 과제라고 보아야 할 것이다.[23)]

사례 풀이:

1. 乙의 헌법소원심판청구는 적법한가? (20점)
   Ⅰ. 헌법소원심판의 유형과 적법요건 [2점]
   Ⅱ. 공권력에 의한 기본권의 침해 [5점]
      1. 공권력으로서의 입법작용
      2. 침해되는 기본권
      3. 사안에 대한 판단
   Ⅲ. 기본권침해의 직접성, 현재성, 자기관련성 [7점]
      1. 입법작용에 의한 기본권침해와 직접성 요건
      2. 현재성에 대한 판단
      3. 자기관련성에 대한 판단
   Ⅳ. 보충성 및 기타의 적법요건 [5점]
      1. 헌법소원심판청구의 보충성 요건
      2. 변호사강제주의
      3. 청구기간
   Ⅴ. 결론 [1점]
2. 개정법률에서 분할연금제도를 도입하면서 개정법 시행 후 최초로 지급사유가 발생한 사람부터 분할연금을 지급하도록 한 공무원연금법 부칙조항은 개정법 시행일 이전에 공무원과 이혼한 배우자의 평등권을 침해하는가? (30점)
   Ⅰ. 서: 법개정과 평등권 적용의 문제 [3점]
   Ⅱ. 공무원연금법 부칙 제2조의 의미와 기능 [7점]
      1. 부칙조항의 일반적 의의와 기능: 시행시기 · 대상의 한정을 통한 법적안정성 확보
      2. 분할연금제도 도입과 법적안정성의 문제
      3. 분할연금제도 도입과 입법형성권(입법재량)
   Ⅲ. 비교집단과 평등심사의 기준 [8점]
      1. 비교집단: 2016.1.1. 이전과 이후에 이혼한 사람들
      2. 엄격한 심사와 완화된 심사의 구별기준
      3. 사안에 적용될 평등심사기준
   Ⅳ. 평등권 침해 여부에 대한 판단 [10점]
      1. 차별의 합리성에 대한 판단
      2. 입법재량의 남용 내지 한계일탈 여부에 대한 판단
      3. 사안의 평등권 침해 여부에 대한 판단
   Ⅴ. 결론 [2점]
3. 공무원연금법 제46조의3에 대해 乙이 침해를 주장할 수 있는 기본권은 무엇이며, 그에 대해 헌법재판소는 어떤 본안판단을 내려야 하는가? (50점)

---

23) 다만, 이러한 입법자의 입법형성권이 무제한인 것은 아니다. **헌재 2023.9.26. 2019헌마1165 결정**은 내국인과 달리 외국인이 보험료를 체납한 경우에는 다음 달부터 곧바로 보험급여를 제한하는 국민건강보험법 제109조 제10항이 평등권 침해로 판시하였다.

Ⅰ. 사안의 분석과 쟁점의 정리 [5점]

Ⅱ. 연금분할청구권의 성격과 乙이 침해를 주장할 수 있는 기본권 [8점]

1. 퇴직연금수급권 및 연금분할청구권의 의의와 성격
2. 퇴직연금수급권의 헌법적 근거: 인간다운 생활을 할 권리, 재산권
3. 연금분할청구권의 헌법적 근거: 재산권, 평등권, 인간다운 생활을 할 권리

Ⅲ. 분할연금제도의 성격과 입법형성권 [10점]

1. 분할연금제도의 의의와 성격
2. 분할연금제도 도입의 방식 및 단계에 대한 입법자의 입법형성권
3. 공무원연금법 제46조의4의 의미와 기능

Ⅳ. 심판대상조항의 기본권 침해 여부 [12점]

1. 재산권 및 사회보장수급권과 입법형성권의 한계
2. 분할연금지급의 특례와 평등권
3. 사안에 대한 판단

Ⅴ. 헌법재판소의 결정과 그 효력 [12점]

1. 헌법재판소 결정의 형식
2. 乙의 사회보장수급권 및 평등권 침해에 대한 판단
3. 헌법재판소 결정의 효력

Ⅵ. 결론 [3점]

제14장 사회적 기본권 ③: 교육의 권리

교육의 권리는 교육이 갖는 의의와 기능 때문에 비중 있게 다루어질 필요가 있다. 즉 교육은 인간의 삶을 자율적으로 형성하는데 기초가 되는 것이기 때문에, 이러한 교육의 실질적 보장을 전제로 할 때 비로소 다른 기본권들의 실질적 보장이 가능하다는 것이다.

이런 맥락에서 교육의 권리에 접근할 때 특히 주목하여야 할 점이 두 가지 있다. 하나는 교육의 문제가 개인의 권리로서 뿐만 아니라 국가적으로도 중요성을 가지고 있기 때문에, 한편으로는 국민의 기본권으로서 보호되고 있지만, 다른 한편으로는 교육에 관한 의무도 부과되고 있다는 점이다. 다른 하나는 교육의 권리 속에 교육의 자유라는 자유권적 측면과 교육여건의 조성에 관한 급부청구권이라는 사회권적 측면이 결합되어 있다는 점이다.

이러한 교육의 권리의 구조적 특성을 전제하였을 때 비로소 교육의 권리의 전체적 실현과정을 올바르게 파악하는 것이 가능해진다.

헌법 제31조: ① 모든 국민은 능력에 따라 균등하게 교육을 받을 권리를 가진다.
② 모든 국민은 그 보호하는 자녀에게 적어도 초등교육과 법률이 정하는 교육을 받게 할 의무를 진다.
③ 의무교육은 무상으로 한다.
④ 교육의 자주성 · 전문성 · 정치적 중립성 및 대학의 자율성은 법률이 정하는 바에 의하여 보장된다.
⑤ 국가는 평생교육을 진흥하여야 한다.
⑥ 학교교육 및 평생교육을 포함한 교육제도와 그 운영, 교육재정 및 교원의 지위에 관한 기본적인 사항은 법률로 정한다.

【사례: 교육의 권리와 국정교과서】

갑은 A중학교 한국사 교사로 재직하면서 학생들을 가르치고 있으며, 동시에 '한국사교육을 위한 교사모임'의 대표로서 활동하고 있다. 갑은 여러 동료 교사들과 협력하여 현재 사용하고 있는 고등학교 한국사교과서에 대한 보충교재로서 사용될 수 있는 '통일시대의 한국사교과서'를 저술하였고, 이를 보충교재로 사용하고 보완하는 과정에서 현행 한국사교과서보다 학생들에게 더 잘 맞는 한국사교과서가 될 수 있다는 생각을 갖게 되었다.

그런데 초·중등교육법 제29조 제2항과 이에 근거한 「교과용도서에 관한 규정」(대통령령) 제4조, 「중·고등학교 교과용도서 국·검·인정 구분」(교육부고시)에 기초하여 고등학교의 한국사교과서를 국정도서로 정하여 교육부가 저작, 발행, 공급하도록 규정하고 있어, 갑의 고등학교 한국사교과서의 저작·출판이 원천적으로 불가능함을 알고 갑은, 위 법률 및 대통령령의 각 조항이 헌법 제31조 제4항, 제21조 제1항, 제22조 제1항에 의하여 보장되고 있는 헌법상의 기본권을 침해하고 있어 위헌이라고 주장하면서, 헌법재판소에 헌법소원심판을 청구하였다.

한국사 분야의 석학으로 알려진 B대학교 명예교수 을은 한국사 국정교과서가 특정 정권을 옹호하는 편향된 역사관을 보이고 있을 뿐만 아니라, 일제의 식민사관에 기초하여 고구려 건국 이전의 만주역사를 한국사에서 제외함으로써 만주를 중국의 고대사로 편입하려는 중국의 동북공정에 빌미를 주었고, 이로써 전통문화창달 및 홍익인간 등 헌법이념과 자신의 행복추구권 등 기본권이 침해되었다고 주장하면서, 헌법재판소에 헌법소원심판을 청구하였다.

〈헌재 1992.11.12. 89헌마88; 2006.11.14. 2006헌마1200 참조〉

1. 갑과 을의 헌법소원심판청구는 적법한가? (30점)
2. 갑과 을의 헌법소원심판청구가 적법한 경우 헌법재판소는 어떤 본안판단을 내려야 하는가? (50점)
3. 고등학교 한국사 교과서를 국정교과서와 검정 교과서 중에서 선택할 수 있도록 할 경우에는 헌법재판소의 판단이 달라질 것인가? (20점)

제 1 절 교육의 헌법적 의의

I. 개인의 권리로서의 교육

1. 개인의 자율적 인격 발현을 위한 필수적 전제로서의 교육

헌법의 출발점 내지 이념적 기초는 인간의 존엄이다. 그런데 인간의 존엄을 실현시키기 위해서는 인간이 자신의 삶을 자율적으로 형성할 수 있도록 보장하는 것이 필요하다. 자신의 삶조차 스스로 결정하지 못하면서 존엄하다고 말할 수는 없기 때문이다.[1] 이러한 인격적 자율성이 헌법적 자유의 기초가 되며, 헌법상의 모든 자유는 인격적 자율성의 실현을 위한 수단이라고 할 수 있다.[2]

1) 이에 관하여는 앞의 「제2부 제1장 제2절 Ⅲ. 3. **헌법적 개념으로서의 인간존엄의 의미**」 참조.
2) 이러한 의미에서의 자유는 자유권만을 지칭하는 것은 아니며, 실질적 자유의 확보를 위한 조건으로서

개인의 자율적 삶을 가능케 하는 첫 번째 조건은 모든 개개인이 자신과 주변세계에 대해 올바른 판단을 내릴 수 있을 정도의 **지식과 정보**를 확보하는 것이라고 할 수 있다.[3] 자율적인 삶은 자율적 판단에 기초했을 때 비로소 가능하며, 진정으로 자율적인 판단은 올바른 지식과 정보에 기초했을 때에만 가능하기 때문이다.

자율적 삶의 기본조건이 되는 이러한 지식은 직·간접의 개인적 체험으로부터도 나올 수 있다. 하지만 인간의 삶의 조건들에 관한 중요하고 기본적인 지식들을 체계적으로 익히고, 나아가 그 바탕 위에서 자신의 삶을 형성해 나가기 위해서 필요한 지식을 독자적으로 습득해 나갈 수 있기 위해서는 인류가 지난 수천 년 간 축적해 놓은 지식을 전승받기 위한 교육이 꼭 필요하다.

2. 직업을 위한 준비로서의 교육

교육은 직업을 위한 준비로서도 매우 중요한 의미를 갖는다. 직업 자체도 개인의 자율적 인격발현의 중요한 수단이다.[4] 하지만 인격적 자율성을 떠나서도 직업과 교육의 밀접한 관련성은 다각도로 강조되고 있다.

그것은 무엇보다 오늘날의 직업이 대부분 전문화되어 있기 때문이다. 고도로 전문화된 직업은 그에 상응하는 전문적인 자격을 갖춘 사람만이 선택할 수 있다. 예컨대 경제에 대한 지식이 없는 사람이 경제전문가가 될 수 없으며, 법에 대한 전문지식이 없는 사람이 법조인이 될 수는 없을 것이다. 이처럼 자신이 원하는 직업을 선택할 수 있는 실질적인 기회를 갖기 위해서는 이를 위한 전문적인 (직업)교육을 통해 일정한 자격을 갖추어야 하는 경우가 대부분이다.

그런 의미에서 직업교육의 자유는 직업의 자유의 한 내용으로 인정되기도 한다. 그러한 직업교육의 의미와 내용, 실현방식 및 제한의 문제 등은 결국 교육의 권리와 밀접한 관련 하에 이해될 수밖에 없다.

Ⅱ. 교육의 국가적 차원

1. 국민의 교육이 정치적 발전에 미치는 영향

교육은 개인의 권리로서 중요한 의미를 가지고 있을 뿐만 아니라, 국가적 차원에서도 매우 중요한 의미를 갖는다. 교육이 국가적 차원에서 갖는 의미는 민주국가가 국민

의 사회권도 결국 인격적 자율성을 실현시키기 위한 수단이라고 볼 수 있다. 종래에는 개인이 자신의 삶을 형성해 나가는 것을 국가가 방해하지 않는 것으로 충분하다고 생각했다. 그러나 현대에는 국가가 이를 위한 조건들의 마련을 위해 적극적으로 활동하는 것이 요청되고 있다. 특히 사회적 기본권은 이러한 조건의 마련을 위한 국가의 적극적 활동을 국민의 기본권이라는 형식으로 보장하고 있는 것이다.

3) 그런 맥락에서 삶의 구성요소를 정보와 행동으로 정리해 보는 것은 여기서도 특별한 의미를 갖는다. 정보와 행동의 관계에 대해서는 「제2권 제2부 제4장 제1절 Ⅳ. 1. **정보와 행동: 삶을 형성하는 두 가지 요소**」 참조.

4) 이에 관하여는 앞의 「제2권 제2부 제11장 제2절 Ⅱ. 1. **직업의 의의 및 직업의 자유와 다른 기본권과의 관계**」 참조.

의 기본권보장을 목적으로 하기 때문에 기본권 자체가 국가질서 형성의 기준과 지침이 된다는 일반적 의미에 한정되는 것이 아니다. 한 걸음 더 나아가 교육은 국가의 존립과 발전의 결정적인 조건이 된다.[5)]

특히 민주주의 하에서는 몇몇 엘리트의 능력만으로 올바른 국가발전을 이끌어가기 어렵다. 주권자인 국민 모두가 국가의 의미, 주권의 의미, 민주주의의 의미 등에 대해 올바르게 이해하고, 주권자로서의 역할을 올바르게 할 수 있을 때 비로소 진정한 민주주의의 실현이 가능한 것이다. 국민이 이러한 자신의 역할을 자각하게 만드는 것이 교육의 중요한 과제의 하나라고 할 수 있다.

2. 국민의 교육수준(지적 수준)과 국가발전과의 밀접한 상관관계

교육은 민주정치의 실현이라는 측면에서 중요한 의미와 비중을 차지하고 있을 뿐만 아니라, 그 밖의 영역에서도 국가발전과 밀접한 관련을 맺고 있다.

오늘날 국가발전이라는 개념은 국제적 경쟁력과 불가분의 관계에 있다. 국가의 발전은 결국 세계 속의 경쟁에서 살아남는 경우에만 가능한 것이기 때문이다. 따라서 각종 산업이나 기술 또는 문화의 영역도 국제적 경쟁 속에서 비교우위를 차지할 수 있거나, 아니면 적어도 대등한 수준이 확보될 때에만 국가발전이 가능할 것이다.

이런 측면에서 볼 때 체계적이고 효과적인 교육을 통하여 잘 훈련된 인력은 국가의 경제적 발전의 기초가 되며, 국가의 문화적 발전도 국민의 교육수준에 좌우될 수밖에 없다는 점이 분명해진다.

Ⅲ. 교육의 권리의 의의

이상 살펴본 바와 같이 교육의 권리는 개인의 권리로서 중요한 의미와 비중을 가질 뿐만 아니라, 국가발전의 중요한 조건이라는 측면에서도 특별한 의미와 비중을 갖는다. 따라서 교육의 문제는 이 두 가지 측면을 동시에 바라보는 가운데서만 그 전체적 의미와 성격, 실현구조 등을 올바르게 파악할 수 있다.

예컨대 교육의 권리가 개인의 기본권으로서 작용하는 측면에 있어서는 일반적인 기본권 이론의 적용이 가능하다. 하지만 다른 기본권과는 달리 교육에 대해 국가가 적극적으로 개입하여 각종 교육시설과 제도 등에 대하여 포괄적인 의무를 부담하며, 나아가 학령아동의 보호자에 대해 교육을 받게 할 의무까지 부과하고 있는 것은 −다른 기본권들과 비교할 때− 교육의 국가적 중요성이라는 측면에서만 설명이 가능할 것이다.

---

5) 현실적으로 국가의 능력, 국가의 수준을 결정하는 것은 그 국가를 구성하는 국민들의 능력과 수준이라고 할 수 있다. 아무리 천혜의 조건들을 갖고 있는 국가라 할지라도 국민들이 이를 적절하게 활용하고 관리할 수 있는 능력이 없다면, 그 국가는 발전하기 어려울 뿐만 아니라, 경우에 따라서는 외세에 의한 침략의 대상이 되기 쉽다는 것이 역사를 통해 확인되고 있다. 국민이 건전한 사고를 가지고 있고, 다양한 분야에서 전문적 능력을 발휘할 수 있는 국가야말로 진정한 강대국이 될 수 있다고 할 것이다.

따라서 교육의 권리를 올바르게 이해하고 실현하는 데 있어서는 교육이 갖는 양 측면을 전체적으로 조망하는 가운데 이를 정리하는 것이 필요하다.[6)]

제2절 「교육을 받을 권리」의 법적 성격과 효력

Ⅰ. 교육을 받을 권리의 법적 성격: 교육을 받을 권리의 이중적 차원

헌법 제31조 제1항은 "모든 국민은 능력에 따라 균등하게 교육을 받을 권리를 가진다"고 선언하고 있다.[7)] 그리고 제3항 이하에서는 교육의 여건에 대한 국가의 적극적 지원 내지 급부를 규정하고 있다. 그로 인하여 「교육을 받을 권리」는 사회권으로 분류되는 것이 일반적이다.

그러나 「교육을 받을 권리」는 자유권의 측면도 가지고 있다. 「교육을 받을 권리」가 사회권의 측면을 가지고 있고, 또 오늘날에는 사회권의 측면이 주로 문제된다는 것은 분명하다. 하지만 자유권의 측면을 무시하고서는 「교육을 받을 권리」를 올바르게 이해할 수 없다.

1. 교육의 자유와 교육의 기회균등 → 자유권적 측면

교육에 대한 헌법적 보호는 교육의 자유에 대한 보호에서 출발했다. 즉 개인의 자유로운 교육을 국가가 방해해서는 안 된다는 것이다.

초·중등학교에서의 교육은 이미 어느 정도 정립된 지식을 전달하는 것이기 때문에 -대학에서 학문의 형태로 행해지는 새로운 지식 내지 사상의 탐구 및 전수와는 달리- 국가에 의한 침해가 크게 문제되는 예는 상대적으로 적었다. 그 결과 교육의 자유는 당

---

6) 교육을 받을 권리의 헌법상 의의와 기능에 대하여 헌법재판소는 "교육을 받을 권리는, 첫째 교육을 통해 개인의 잠재적인 능력을 계발시켜 줌으로써 인간다운 문화생활과 직업생활을 할 수 있는 기초를 마련해 주고, 둘째 문화적이고 지적인 사회풍토를 조성하고 문화창조의 바탕을 마련함으로써 헌법이 추구하는 문화국가를 촉진시키고, 셋째 합리적이고 계속적인 교육을 통해서 민주주의가 필요로 하는 민주시민의 윤리적 생활철학을 어렸을 때부터 습성화시킴으로써 헌법이 추구하는 민주주의의 토착화에 이바지하고, 넷째 능력에 따른 균등한 교육을 통해서 직업생활과 경제생활의 영역에서 실질적인 평등을 실현시킴으로써 헌법이 추구하는 사회국가, 복지국가의 이념을 실현한다는 의의와 기능을 가지고 있다"라고 판시한 바 있다(**헌재 1994.2.24. 93헌마192 결정**).

7) 헌법 제31조 제1항에서 이야기하는 "교육을 받을 권리"는 부모가 자녀를 교육시킬 권리, 즉 부모의 자녀교육권과는 구별된다. 부모의 자녀교육권에 대하여 헌법재판소는 "자녀의 양육과 교육은 일차적으로 부모의 천부적인 권리인 동시에 부모에게 부과된 의무이기도 하다. '부모의 자녀에 대한 교육권'은 비록 헌법에 명문으로 규정되어 있지는 아니하지만, 이는 모든 인간이 누리는 불가침의 인권으로서 혼인과 가족생활을 보장하는 헌법 제36조 제1항, 행복추구권을 보장하는 헌법 제10조 및 "국민의 자유와 권리는 헌법에 열거되지 아니한 이유로 경시되지 아니한다"고 규정하는 헌법 제37조 제1항에서 나오는 중요한 기본권이다. 부모는 자녀의 교육에 관하여 전반적인 계획을 세우고 자신의 인생관·사회관·교육관에 따라 자녀의 교육을 자유롭게 형성할 권리를 가지며, 부모의 교육권은 다른 교육의 주체와의 관계에서 원칙적인 우위를 가진다"라고 판시한 바 있다(**헌재 2000.4.27. 98헌가16등 결정**).

연히 전제되는 것으로 인정된 경우가 많았으며, 근대인권선언에서도 교육의 자유 내지 교육의 권리를 특별히 명시적으로 규정한 예는 찾기 어렵다.

그러나 교육의 자유가 무시되어도 좋다는 것은 결코 아니다. **교육의 자유**는 항상 전제되어 있고, 특별히 침해되지 않는 경우에는 표면에 드러나지 않고 있기 때문에 주목을 받지 못했을 뿐이지, 그 중요성이 덜한 것은 아니다. 만일 교육의 자유가 보호되지 않는다면 교육의 보장을 위한 국가적 급부는 그 목표를 상실하게 될 것이다. 사회권적인 교육의 권리는 교육의 자유를 실질적으로 보장하기 위한 것이라고 보아야 할 것이기 때문이다.

또한 **교육의 기회균등**도 유사한 맥락에서 이해될 수 있다. 한편으로는 국가에 의한 침해의 배제라는 측면에서 자유권적 보호(소극적 방어권)를 누리는가 하면, 실질적인 기회균등이라는 측면에서 국가에 대한 적극적 급부의 요청으로 연결되기도 하는 것이다.

2. 교육여건의 조성을 위한 국가의 적극적 활동 → 사회권적 측면

교육의 권리가 자유권적 보장을 넘어서 사회권적 성질을 갖는 것으로 이해되기 시작한 것은 학교교육(즉 공교육)이 발달되고, 학교교육을 관리 · 개선할 국가의 적극적 활동이 요구되면서부터라고 할 수 있다. 국가는 교육시설과 교과과정, 교사의 수급 등을 책임지게 되었고, 이를 중심으로 교육의 기회를 실질적으로 제공하는 국가의 적극적 급부활동이 교육의 권리를 실현하는 데 결정적인 의미를 갖게 된 것이다.

현행헌법 제31조 제3항~제6항의 규정들도 이러한 맥락에서 교육여건의 조성을 위한 국가의 적극적인 활동을 규정하고 있다. 제3항에서는 의무교육이 무상임을 선언하고 있으며, 제4항에서는 교육의 자주성, 전문성, 정치적 중립성 및 대학의 자율성에 대한 보장을 선언하고 있다.[8] 그리고 제5항에서는 평생교육의 진흥을 규정하고 있으며, 제6항에서는 교육제도와 그 운영, 교육재정 및 교원의 지위에 관한 기본적인 사항을 법률로 정하도록 하고 있다.

이와 같이 국가의 -경제적 · 재정적 뒷받침을 필요로 하는- 적극적인 활동을 통해 구체화되는 영역에서의 교육의 권리는 사회권으로서의 성격을 갖는다.

---

8) 이러한 제4항의 규정은 얼핏 보기에 사회권이 아닌 자유권을 규정한 듯한 인상조차 풍기고 있다. 그러나 그 의미는 국가의 적극적 급부활동을 통한 보장으로 이해되어야 한다. 이에 관하여는 앞의 「제2부 제8장 제1절 Ⅴ. 1. **대학의 자치의 기본적 의의와 헌법적 근거**」 참조.

하지만 헌법재판소는 양자를 명확하게 구별하지 않은 채, "헌법 제31조 제4항도 "교육의 자주성 · 전문성 · 정치적 중립성 및 대학의 자율성은 법률이 정하는 바에 의하여 보장된다"고 규정하여 교육의 자주성 · 대학의 자율성을 보장하고 있는데, 이는 대학에 대한 공권력 등 외부세력의 간섭을 배제하고 대학구성원 자신이 대학을 자주적으로 운영할 수 있도록 함으로써 대학인으로 하여금 연구와 교육을 자유롭게 하여 진리탐구와 지도적 인격의 도야(陶冶)라는 대학의 기능을 충분히 발휘할 수 있도록 하기 위한 것이며, 교육의 자주성이나 대학의 자율성은 헌법 제22조 제1항이 보장하고 있는 학문의 자유의 확실한 보장수단으로 꼭 필요한 것으로서 이는 대학에게 부여된 헌법상의 기본권이다. 여기서 대학의 자율은 대학시설의 관리 · 운영만이 아니라 전반적인 것이라야 하므로 연구와 교육의 내용, 그 방법과 대상, 교과과정의 편성, 학생의 선발과 전형 및 특히 교원의 임면에 관한 사항도 자율의 범위에 속한다"고 판시하고 있다(**헌재 1998.7.16. 96헌바33등 결정**).

Ⅱ. 교육을 받을 권리의 효력

앞에서 살펴본 바와 같이 교육의 권리가 자유권적 측면과 사회권적 측면을 동시에 갖는다면, 그러한 양 측면에 따라 효력도 나누어 검토되어야 한다.

1. 자유권적 측면(교육의 자유, 교육의 기회균등)의 효력

교육의 권리가 갖는 자유권적 측면, 즉 교육의 자유와 교육의 기회균등에 대한 국가의 침해를 배제하는 소극적 방어권은 국가권력을 억제하는 **직접적 효력**을 갖는다. 자유권에 속하는 기본권이 일반적으로 그러하듯이, 교육의 자유도 기본권을 침해하는 국가활동을 억제하는 측면에서는 직접적 효력을 인정받을 수 있는 것이다.

또한 자유권적 측면에 있어서는 **대사인적 효력**의 인정도 가능하다. 예컨대 사인 상호간의 합의를 통해 교육의 자유를 포기하기로 하는 등의 계약에 대해서 (구체적인 계약의 내용에 따라 판단의 여지가 있겠지만) 기본권을 침해하는 계약임을 확인하여 그 무효를 주장할 수 있다. 다만 직접효력설과 간접효력설의 어느 쪽 입장을 취하느냐에 따라 그 적용의 방식이 달라질 수 있다.

2. 사회권적 측면(교육여건조성을 위한 국가의 적극적 활동 요청권)의 효력

반면에 교육의 권리의 사회권적 측면은 −사회적 기본권의 일반적 성질에 따라− 법률에 의한 구체화를 필요로 하며, 직접적인 효력을 갖지 못한다. 즉 법률에 의해 구체화된 이후에 비로소 구체적 · 현실적 효력을 발할 수 있다.

하지만 헌법 제31조는 제4항에서 교육의 자주성, 전문성, 정치적 중립성 및 대학의 자율성에 대하여, 그리고 제6항에서 교육제도와 그 운영, 교육재정 및 교원의 지위에 관하여 법률로 제정하도록 구체적인 입법위임을 하고 있다. 따라서 이러한 사항에 대해서는 구체화입법 이전에도 입법의 부작위에 대한 작위의무를 인정하여 입법부작위의 위헌성을 인정하는 것이 가능할 것이다.[9)]

입법자가 법률로써 교육여건의 조성 내지 개선을 위한 국가활동의 범위와 기준 등을 구체화시킨 경우에는, 그 법률에 의해 교육의 권리의 내용이 확정된다. 하지만 그 법률이 교육의 권리를 규정하고 있는 헌법의 취지에 위배되는 내용이라고 인정될 경우에는 위헌법률심판 등의 방법으로 다투는 것이 가능할 것이다.

---

9) 현행법상으로는 「교육기본법」을 비롯한 각종 교육관련법률들에 의하여 그 내용들이 이미 구체화되어 있다.

제 3 절 교육을 받을 권리의 주체

Ⅰ. 외국인의 기본권주체성

사회적 기본권이 일반적으로 그러하듯이 교육의 권리도 법률에 의한 구체화를 통하여 그 내용과 효력이 확정되기 때문에 외국인에 대한 구체적 보호의 여부 및 범위도 -일반적으로 기본권주체성을 인정하기는 어렵고- 역시 법률에 의해 비로소 정해지는 것이 원칙이다.

그러나 교육의 권리는 순수한 사회권이 아니라 **자유권적 측면**도 갖고 있기 때문에 이러한 측면에서는 외국인의 기본권주체성도 부인되기 어렵다. 교육의 권리의 이중적 측면 가운데 자유권적인 측면은 -인격의 발현을 위한 가장 기본적인 조건의 하나로서- 성질상 외국인에게도 인정되어야 하기 때문이다.

Ⅱ. 법인의 기본권주체성

법인이 교육의 권리의 주체가 될 수 있는지의 문제는 교육의 권리를 어떻게 이해하느냐에 따라 상당히 달라질 수 있다.

만일 교육의 권리를 교육시설의 제공, 교육과정의 마련 등에 관여하는 권리까지 포함하는 것으로 이해할 경우에는 -마치 일정한 경우 종교법인이 종교의 자유를 주장할 수 있는 것처럼- 학교법인에 대해서도 교육의 권리의 주체가 될 수 있다고 인정하여야 할 것이다. 그러나 교육의 권리를 헌법 제31조 제1항의 규정에 명시된 바와 같이 "교육을 받을 권리"로 한정하여 생각하면 법인이 교육의 권리의 주체가 되지는 못한다고 보아야 할 것이다.[10]

현재 국내의 학설은 헌법 제31조에서 보장된 교육의 권리를 "교육을 받을 권리"라고 이해하여 법인의 기본권주체성을 부정하는 것이 일반적이다.[11]

10) 이와 관련하여 헌법재판소는 교원의 교육권(가르칠 권리)은 헌법 제31조 제1항의 "교육을 받을 권리(이른바 수학권)"와 구별된다고 판시한 바 있다(헌재 2000.12.14. 99헌마112등 결정).

11) 계희열, 헌법학(중), 2007, 752쪽; 김철수, 헌법학개론, 2007, 970쪽.

제 4 절 교육을 받을 권리의 내용

Ⅰ. 교육의 자유의 보장

교육을 받을 권리는 일차적으로 교육의 자유를 포함한다. 즉 **자신이 원하는 내용의 교육을 자신이 선택한 조건 하에서 받을 수 있는 자유**가 인정되는 것이다.

이러한 교육의 자유는 학생의 교육시설(학교) 선택권, 교육내용 선택권 등의 형태로 나타나게 된다. 그러나 이러한 교육의 자유도 현실적인 조건에 의하여 제한이 불가피한 경우에는 기본권제한의 일반적 요건과 기준에 따라 제한될 수 있다.[12)]

또한 교육의 자유는 −앞서 설명한 교육의 국가적 중요성 때문에− 교육의 의무와 맞물려서 그 행사가 제한되는 경우가 있다. 즉 의무교육이 인정되는 범위에서는 교육을 받지 않을 자유(소극적 교육의 자유)가 인정되지 않는 것이다.

Ⅱ. 교육의 기회균등의 보장

교육의 자유와 관련하여 교육의 평등, 즉 모든 국민에게 균등한 교육을 제공하는 것은 특별한 중요성을 갖는다. 교육의 차별은 그 밖의 다른 기본권영역에서의 차별로 전파될 수 있는 여지가 매우 크기 때문이다.

그러나 모든 국민에게 똑같은 교육을 받도록 하는 것은 현실적으로 가능하지도 않을 뿐만 아니라, 바람직하지도 않다. 개개인의 받고자 하는 교육의 분야와 내용, 그 깊이 등에 있어서 차이가 있을 뿐만 아니라, 학습능력 내지 수학(修學)능력에도 상당한 차이가 있을 수밖에 없으며, 이런 모든 이들에게 획일적으로 똑같은 교육을 할 수는 없기 때문이다.

결국 교육의 기회균등은 헌법 제31조 제1항에서 규정하고 있는 것처럼 "능력에 따라 균등하게 교육을 받을 권리"의 형태로, 즉 수학능력에 따라 균등한 기회를 부여하는 것만이 정당성을 인정받을 수 있는 것이다.[13)]

---

12) 이와 관련하여 거주지를 기준으로 중·고등학교 입학을 제한하는 것이 위헌인지의 여부가 다투어진 바 있었다. 이에 대하여 헌법재판소는 "거주지를 기준으로 중·고등학교의 입학을 제한하는 교육법시행령 제71조 및 제112조의6 등의 규정은 과열된 입시경쟁으로 말미암아 발생하는 부작용을 방지한다고 하는 입법목적을 달성하기 위한 방안의 하나이고, 도시와 농어촌에 있는 중·고등학교의 교육여건의 차이가 심하지 않으며, 획일적인 제도의 운용에 따른 문제점을 해소하기 위한 여러 가지 보완책이 위 시행령에 상당히 마련되어 있어서 그 입법수단은 정당하므로, 위 규정은 학부모의 자녀를 교육시킬 학교선택권의 본질적 내용을 침해하였거나 과도하게 제한한 경우에 해당하지 아니한다"고 판시한 바 있다(**헌재 1995.2.23. 91헌마204 결정**).

13) 이는 역으로 수학능력 이외의 사유에 의한 차별이 있어서는 안 된다는 것을 의미하는 것으로 해석될 수 있다. 예컨대 수학능력은 충분한데 경제적 이유 등으로 교육을 받지 못하는 경우가 있어서는 안 된다는 것이다. 하지만 이를 해결하기 위해서는 다시금 국가의 재정적 뒷받침이 필요하므로, 구체적인 교육권 보장의 범위와 방법은 법률에 의해 정해지게 될 것이다. 이와 관련하여 헌법재판소는 "헌

Ⅲ. 교육여건의 확보 및 개선을 위한 국가의 의무

교육의 자유, 교육의 평등을 실질적으로 보장하기 위해서는 국가의 적극적 급부가 필수적이다. 개인의 경제적 여건 등에 따라 사실상 교육을 제대로 받지 못하는 경우를 최소화시키고 모든 국민이 능력에 따라 균등한 교육을 받을 수 있도록 하기 위해서는 모든 국민이 평등하게 이용할 수 있는 교육시설을 확보하고 이를 적절하게 운영하는 방안과 그 재정 등을 국가가 마련하여야 하기 때문이다.

이를 위하여 헌법 제31조 제6항에서는 "교육제도와 그 운영, 교육재정 및 교원의 지위에 관한 기본적인 사항은 법률로 정한다"고 규정하고 있다. 이 규정은 교육의 권리를 실질적으로 보장하기 위한 조건들을 국가가 입법을 통해 정비함으로써 교육에 대한 적극적 급부를 실행하겠다는 의미로 이해될 수 있다. 즉 모든 국민이 충실한 교육을 받을 수 있는 여건을 마련하고, 또 개선하기 위한 국가의 의무가 인정되고 있는 것이다.[14)]

이러한 헌법규정에 기초하여 교육기본법, 초·중등교육법, 고등교육법, 지방교육자치에 관한 법률, 교육공무원법, 사립학교법, 교육세법 등이 제정되었다.

Ⅳ. 교육의 자주성·전문성·정치적 중립성 및 대학의 자율성의 보장

교육여건의 보장에 관한 헌법 제31조 제6항의 규정과는 별도로 헌법 제31조 제4항에서는 "교육의 자주성·전문성·정치적 중립성 및 대학의 자율성은 법률이 정하는 바에 의하여 보장된다"고 규정하고 있다.

이 규정은 얼핏 보기에 자유권적 측면을 규정하고 있는 것처럼 이해될 수 있다. 그러나 이 규정을 자유권적 측면에 관한 것으로 이해할 경우에는 적지 않은 체계상의 혼란이 발생된다. 자유권을 "법률이 정하는 바에 의하여" 보장한다는 말도 자유권의 성질과 맞지 않을 뿐만 아니라, 헌법 제31조가 이미 사회권적 보장을 전제하고 있는 규정이라는 점과도 부합되지 않기 때문이다. 더구나 대학의 자율성(즉 대학의 자치)을 자유권으로 보장하는 것은 헌법 제22조 제1항의 학문의 자유에 포함되어 있다고 보는 것이 일

법 제31조 제1항은 "모든 국민은 능력에 따라 균등하게 교육을 받을 권리를 가진다"고 규정하여 국민의 교육을 받을 권리를 보장하고 있다. '교육을 받을 권리'란, 모든 국민에게 저마다의 능력에 따른 교육이 가능하도록 그에 필요한 설비와 제도를 마련해야 할 국가의 과제와 아울러 이를 넘어 사회적·경제적 약자도 능력에 따른 실질적 평등교육을 받을 수 있도록 적극적인 정책을 실현해야 할 국가의 의무를 뜻한다"라고 판시한 바 있다(**헌재 2000.4.27. 98헌가16등 결정**).

14) 이와 관련하여 헌법재판소는 "헌법 제31조 제4항·제6항은 교육제도와 교육재정제도의 형성에 관하여 헌법이 직접 규정한 사항 외에는 입법자에게 위임하고 있으므로, 입법자는 중앙정부와 지방정부의 재정상황, 의무교육의 수준 등의 여러 가지 요소와 사정을 감안하여 교육 및 교육재정의 충실을 위한 여러 정책적 방안들을 구상하고 그 중의 하나를 선택할 수 있으며, 이에 관한 입법자의 정책적 판단·선택권은 넓게 인정된다"고 판시함으로써 입법자의 형성의 자유를 폭넓게 인정하고 있다(**헌재 2005.12.22. 2004헌라3 결정**). 그러나 헌법재판소는 교육의 중요성을 고려하여 "입법자가 법률로 정하여야 할 교원지위의 기본적 사항에는 교원의 신분이 부당하게 박탈되지 않도록 하는 최소한의 보호의무에 관한 사항이 포함된다"고 판시한 점도 주목할 필요가 있다(**헌재 2003.2.27. 2000헌바26 결정**).

반적이다.

따라서 이 규정은 자유권적 내용을 법률로 정하는 것이 아니라, 이들을 실현시키기 위한 「국가적 급부의 내용과 범위, 시기 등」을(즉 사회권적 사항들을) 법률로 정한다는 의미로 해석되어야 할 것이다.[15)]

제 5 절 무상의 의무교육의 내용과 범위

Ⅰ. 교육의 의무와 의무교육의 범위

헌법 제31조 제2항은 모든 국민이 그 보호하는 자녀에게 "적어도 초등교육과 법률이 정하는 교육"을 받게 할 의무를 부과하고 있다. 즉 모든 국민이 초등교육을 포함한 일정한 교육을 의무적으로 받게끔 하면서, 그에 대한 책임을 학령아동의 보호자에게 지우고 있는 것이다.

이러한 의무교육의 필요성은 국민의 교육이 개인적 권리의 측면뿐만 아니라 국가적 차원에서도 매우 중요하다는 점에서 설명될 수 있다. 다만 의무교육은 무상으로 하여야 하기 때문에 의무교육의 범위를 무제한으로 인정할 수는 없으며, 국가의 재정적 · 경제적 형편을 고려하여 법률이 정하는 범위까지 실시하게 되는 것이다.[16)]

현행법상 의무교육의 범위는 교육기본법 제8조 제1항에 따라 "6년의 초등교육과 3년의 중등교육"으로 한다. 이에 따라 초 · 중등교육법 제12조 제1항에서는 국가가 교육기본법 제8조 제1항에 따른 의무교육을 실시하여야 하며, 이를 위한 시설의 확보 등 필요한 조치를 강구하여야 한다고 규정하고 있다. 또한 지방자치단체에 초등학교 · 중학교 및 초등학교 · 중학교의 과정을 교육하는 특수학교의 설립의무가 부과되고 있으며(제12조 제2항, 제3항), 국 · 공립학교의 설립 · 경영자 및 제3항의 규정에 의하여 의무교육대상자를 위탁받은 사립학교의 설립 · 경영자는 의무교육을 받는 사람으로부터 제10조의2 제1항 각호의 비용(입학금, 수업료, 학교운영지원비, 교과용 도서 구입비)을 받을 수 없도록 하고 있다(제12조 제4항).[17)]

---

15) 교육의 자주성, 전문성, 정치적 중립성 등이 교사의 권리라는 측면이 아니라 교육을 받는 학생의 권리라는 측면에서 보장되고 있다는 점을 생각하면 이러한 해석의 필요성은 더욱 분명해진다.

16) 이에 대하여 헌법재판소는 "헌법상 초등교육에 대한 의무교육과는 달리 중등교육의 단계에 있어서는 어느 범위에서 어떠한 절차를 거쳐 어느 시점에서 의무교육으로 실시할 것인가는 입법자의 형성의 자유에 속하는 사항으로서 국회가 입법정책적으로 판단하여 법률로 구체적으로 규정할 때에 비로소 헌법상의 권리로서 구체화되는 것으로 보아야 한다"고 보았으며, "중학교 의무교육을 일시에 전면실시하는 대신 단계적으로 확대실시하도록 한 것은 주로 전면실시에 따르는 국가의 재정적 부담을 고려한 것으로 실질적 평등의 원칙에 부합된다"고 판시하였다(**헌재 1991.2.11. 90헌가27 결정**).

17) **헌재 2012.8.23. 2010헌바220 결정**: "의무교육을 실시하는 학교에 있어서 의무교육대상자의 수요를 충족시킬 수 있는 물적 · 인적 기반을 구비하기 위한 재원을 확보할 의무는 헌법 제31조 제3항에 의하여 국가나 지방자치단체에 부과되어 있다고 할 것이므로, 기본적 교육수입(또는 등록금)으로 분류된

Ⅱ. 의무교육에 대한 비용부담의 문제: 무상의 범위

이처럼 의무교육을 실시하게 되면, 그에 대한 비용은 무상으로 하게 된다(헌법 제31조 제3항). 즉 국가나 지방자치단체는 필요한 학교의 설립과 운영, 나아가 필요한 교재와 경비를 부담하며,[18] 학령아동의 친권자 · 후견인은 보호 하에 있는 어린이를 취학시킬 의무를 지는 것이다.

그러나 구체적으로 의무교육에 들어가는 비용 가운데 어디까지를 무상으로 인정하여 국가와 지방자치단체의 부담으로 할 것인지에 대해서는 논란이 있다. 이와 관련하여 무상의 범위에 대해서는 법률이 정하도록 한다는 **무상범위법정설**, 수업료만 무상이라는 **수업료무상설**, 수업료 이외에 교재나 학용품, 나아가 급식비 등 취학에 관련되는 일체의 비용을 무상으로 하여야 한다는 **취학필수비무상설** 등이 이야기되고 있다.[19]

현재 초 · 중등교육법 제12조 제4항은 "국립 · 공립학교의 설립자 · 경영자와 제3항의 규정에 따라 의무교육대상자의 교육을 위탁받은 사립학교의 설립자 · 경영자는 의무교육을 받는 사람으로부터 제10조의2 제1항 각호의 비용을 받을 수 없다"고 규정함으로써 입학금, 수업료, 학교운영지원비, 교과용 도서 구입비가 무상으로 확인되고 있는 상태이다.[20] 하지만 필요한 재정의 확보를 통하여 무상의 범위를 확대하는 것이 필요할 것이다.

제 6 절 국가의 평생교육진흥의무

Ⅰ. 평생교육의 의의

헌법 제31조 제5항은 "국가는 평생교육을 진흥하여야 한다"고 명시하고 있다. 이러한 평생교육의 진흥에 관한 국가의 의무는 1980년 헌법에서 처음 도입된 것이다(1980년 헌법 제29조 제5항).

평생교육이란 초등학교에서 중 · 고등학교를 거쳐서 대학교로 이어지는 정규의 교육과정 이외에 각종의 사회교육을 포괄하는 개념으로서 모든 국민이 평생을 통해 누릴

학교운영지원비를 의무교육 대상자인 중학생으로부터 징수하는 것은 의무교육의 무상원칙에 부합하지 아니한다."

18) 이와 관련하여 「지방교육자치에 관한 법률」 제37조 제1항은 "의무교육에 종사하는 교원의 보수와 그 밖의 의무교육에 관련되는 경비는 「지방교육재정교부금법」이 정하는 바에 따라 국가 및 지방자치단체가 부담한다"고 규정하고 있다. 이에 관하여는 또한 지방교육재정교부금법 제11조도 참조.

19) 계희열, 헌법학(중), 2007, 742쪽; 권영성, 헌법학원론, 2010, 671쪽; 김철수, 헌법학개론, 2007, 976쪽 이하 참조.

20) 이와 관련하여 사립초등학교의 경우가 문제되기도 하는데, 국 · 공립학교의 수용능력이 있음에도 불구하고 자원하여 사립학교에 취학한 경우에는 무상의 혜택을 받을 수 없다고 보는 견해가 지배적이다. 이에 관하여는 계희열, 헌법학(중), 2007, 742쪽; 권영성, 헌법학원론, 2010, 671쪽; 김철수, 헌법학개론, 2007, 977쪽 참조.

수 있는 교육을 총칭하는 개념이다. 이러한 평생교육은 국민의 자기발전과 자아실현을 위하여 계속적인 교육의 기회를 제공함으로써 현대의 직업생활, 사회생활, 문화생활에 더욱 잘 적응할 수 있도록 하는 것이다.

이러한 평생교육을 통하여 개인의 자기발현이 촉진됨은 물론 국가발전에도 긍정적인 영향을 기대할 수 있다.

Ⅱ. 국가의 평생교육진흥의무의 구체화

헌법에 의해 부과된 평생교육의 진흥의무에 기초하여 국가는 교육기본법 제10조 제1항에서 "전 국민을 대상으로 하는 모든 형태의 평생교육은 장려되어야 한다"고 확인하고 있다. 또한 같은 조문 제3항은 "평생교육시설의 종류와 설립 · 경영 등 평생교육에 관한 기본적인 사항은 따로 법률로 정한다"고 규정하고 있다.

이러한 헌법 및 교육기본법의 규정에 기초하여 과거의 사회교육법을 개편하여 「평생교육법」이 제정되었고, 그 밖에 「장애인 등에 대한 특수교육법」, 「산업교육진흥 및 산학협력촉진에 관한 법률」 등이 제정되었다.

특히 평생교육에 관한 기본법이라고 할 수 있는 평생교육법은 평생교육의 이념으로서 ① 평생교육의 기회균등, ② 학습자의 자유로운 참여와 자발적인 학습, ③ 정치적 · 개인적 편견의 선전을 위한 방편으로의 이용금지, ④ 평생교육과정의 이수자에 대한 상응하는 사회적 대우의 부여를 명시하고 있다(제4조).

또한 평생교육법은 평생교육의 활성화를 위한 방안으로서 평생교육사의 양성(제24조 이하), 학교형태의 평생교육시설(제31조), 사내대학형태의 평생교육시설(제32조), 원격대학형태의 평생교육시설(제33조), 사업장부설 평생교육시설(제35조), 시민사회단체부설 평생교육시설(제36조), 학교부설 평생교육시설(제30조), 언론기관부설 평생교육시설(제37조), 지식 · 인력개발사업관련 평생교육시설(제38조) 등에 대한 규정들을 두고 있다.

사례 풀이:

1. 갑과 을의 헌법소원심판청구는 적법한가? (30점)

Ⅰ. 서: 헌법소원심판의 의의와 청구요건 [3점]

Ⅱ. 공권력의 행사 또는 불행사에 의한 기본권의 침해 [8점]

1. 공권력
2. 갑과 을의 기본권주체성
3. 갑과 을이 침해를 주장할 수 있는 기본권

Ⅲ. 침해의 직접성, 현재성, 자기관련성 [9점]

1. 침해의 직접성, 현재성, 자기관련성 요건의 의미
2. 을의 자기관련성 문제
3. 권리보호이익의 존부 문제

4. 사안에 대한 판단

Ⅳ. 구제의 보충성, 청구기간 및 변호사 강제주의 등의 요건 [8점]

1. 행정소송의 가능성과 보충성 요건의 판단
2. 청구기간
3. 변호사 강제주의 등

Ⅴ. 결론 [2점]

2. 갑과 을의 헌법소원심판청구가 적법한 경우 헌법재판소는 어떤 본안판단을 내려야 하는가? (50점)

Ⅰ. 사안의 분석과 논점의 정리 [5점]

Ⅱ. 교육의 권리의 의의와 적용범위 [6점]

1. 교육의 권리의 헌법적 의의
2. 교육의 주체와 각각에게 인정되는 교육권
3. 교사의 수업(授業)의 자유와 그 보호범위

Ⅲ. 국정교과서제도의 의의, 기능과 헌법적 근거 [8점]

1. 국정교과서의 개념과 국정교과서제도의 의의
2. 교과용 도서의 기능과 국정교과서제, 검인정제의 장단점
3. 국정교과서제도의 헌법적 근거와 한계

Ⅳ. 국정교과서의 내용과 정부의 책임 [8점]

1. 국정교과서의 파급효와 부적절한 내용에 대한 책임
2. 을의 주장에 대한 검토
3. 국정교과서의 내용 변경과 국정교과서 제도 자체의 문제

Ⅴ. 국정교과서제도에 대한 비례성 심사 [8점]

1. 국정교과서제도의 목적의 정당성, 방법의 적합성
   → 학문과 구별되는 교육의 특성
2. 침해의 최소성
   → 국정제도의 폐쇄성과 교육의 자주성 · 전문성 · 정치적 중립성
3. 법익의 균형성
   → 교과서 국정제도의 장점과 단점의 비교

Ⅵ. 헌법재판소의 본안판단과 그 효력 [10점]

1. 헌법소원심판과 위헌법률심판의 관계
2. 결정의 형식과 주문
3. 결정의 효력

Ⅶ. 결론 [5점]

3. 고등학교 한국사 교과서를 국정 교과서와 검정 교과서 중에서 선택할 수 있도록 할 경우에는 헌법재판소의 본안판단이 달라질 것인가? (20점)

Ⅰ. 서: 국정교과서제도의 의의와 성격 [2점]

Ⅱ. 국정 교과서와 검정 교과서 중에서 선택할 수 있도록 하는 것의 의미 [5점]

Ⅲ. 한국사 교과서의 국정제도 자체의 합헌성 여부에 대한 판단에 미치는 영향 [6점]

Ⅳ. 국정 교과서의 내용적 편향성에 대한 판단에 미치는 영향 [6점]

Ⅴ. 결론 [1점]

제15장 사회적 기본권 ④: 근로의 권리, 근로삼권

헌법 제32조와 제33조에 규정된 근로의 권리와 근로삼권은 단순히 근로 내지 노동에 관한 권리라는 공통점 이외에도 적지 않은 내적 연관관계를 갖고 있기 때문에 그 연결구조에 유의하면서 검토되어야 할 필요가 있다.

또한 과거 노동의 자유, 노조의 자유설립권 등을 중심으로 「자유권」으로서 주장되어 오던 이들 기본권을 오늘날 사회적 기본권으로 인정하는 배경에도 주목하면서, 그 성격과 실현구조에 대한 검토와 연결시켜 보는 것도 의미가 있을 것이다.

즉 근로 자체가 인간의 경제적 · 사회적 생활에서 어떤 기능을 담당하고 있는지, 그리고 이에 대한 국가의 태도가 어떻게 변화되었으며, 현재 이들 권리의 실현구조가 어떻게 되어 있는지에 주목하면서 개별적인 문제를 살펴보는 것이 이들 권리를 올바르게 이해하는 데 도움이 될 것이다.

헌법 제32조: ① 모든 국민은 근로의 권리를 가진다. 국가는 사회적 · 경제적인 방법으로 근로자의 고용의 증진과 적정임금의 보장에 노력하여야 하며, 법률이 정하는 바에 의하여 최저임금제를 시행하여야 한다.
② 모든 국민은 근로의 의무를 진다. 국가는 근로의 의무의 내용과 조건을 민주주의의 원칙에 따라 법률로 정한다.
③ 근로조건의 기준은 인간의 존엄성을 보장하도록 법률로 정한다.
④ 여자의 근로는 특별한 보호를 받으며, 고용 · 임금 및 근로조건에 있어서 부당한 차별을 받지 아니한다.
⑤ 연소자의 근로는 특별한 보호를 받는다.
⑥ 국가유공자 · 상이군경 및 전몰군경의 유가족은 법률이 정하는 바에 의하여 우선적으로 근로의 기회를 부여받는다.

헌법 제33조: ① 근로자는 근로조건의 향상을 위하여 자주적인 단결권 · 단체교섭권 및 단체행동권을 가진다.
② 공무원인 근로자는 법률이 정하는 자에 한하여 단결권 · 단체교섭권 및 단체행동권을 가진다.
③ 법률이 정하는 주요방위산업체에 종사하는 근로자의 단체행동권은 법률이 정하는 바에 의하여 이를 제한하거나 인정하지 아니할 수 있다.

제 1 절 근로의 권리

【사례: 산재보험과 그 적용범위】

甲은 'ㅇㅇ비닐하우스'라는 사업장의 근로자로 근무하였는데 2017.7.8. 논에 들어가 잡초를 뽑는 작업을 하던 중 돌부리에 부딪히는 사고로 '우측 제1족지 개방창, 궤양 혈관합병증 동반한 당뇨' 등의 상병을 입었다고 주장하면서 2018.9.20. 근로복지공단에 요양급여신청을 하였다.

근로복지공단은 2018.10.11. 청구인에 대하여, 이 사건 상병 중 '우측 제1족지 개방창'은 업무상 재해로 볼 수 있으나 위 사업장은 상시근로자 수가 5명 미만으로 산재보험 적용제외사업이라는 이유로 청구인의 위 신청을 불승인하는 처분을 하였다.

甲은 이러한 공단의 처분에 불복하여 법원에 요양불승인처분취소의 소를 제기하였고, 그 소송이 계속중인 상태에서 산업재해보상보험법 제6조 단서, 같은 법 시행령 제2조 제1항 제6호에 대하여 위헌법률심판제청신청을 하였으나 기각되자, 헌법소원심판을 청구하였다.

〈헌재 2018.1.25. 2016헌바466 참조〉

산업재해보상보험법 제6조 (적용범위)
이 법은 근로자를 사용하는 모든 사업 또는 사업장(이하 "사업"이라 한다)에 적용한다. 다만, 위험률·규모 및 장소 등을 고려하여 대통령령으로 정하는 사업에 대하여는 이 법을 적용하지 아니한다.

산업재해보상보험법 시행령 제2조 (법의 적용 제외 사업)
① 「산업재해보상보험법」 제6조 단서에서 "대통령령으로 정하는 사업"이란 다음 각 호의 어느 하나에 해당하는 사업 또는 사업장(이하 "사업"이라 한다)을 말한다.
6. 농업, 임업(벌목업은 제외한다), 어업 및 수렵업 중 법인이 아닌 자의 사업으로서 상시근로자 수가 5명 미만인 사업

1. 갑의 헌법소원심판청구는 적법한가? (20점)
2. 산업재해보상보험법 제6조는 포괄위임입법금지원칙에 위배되는가? (30점)
3. 甲이 침해를 주장할 수 있는 기본권은 무엇이며, 기본권 침해 여부에 대해 헌법재판소는 어떤 본안판단을 내려야 하는가? (50점)

Ⅰ. 노동에 대한 사회적 인식의 변화와 노동권의 사상

1. 노동에 대한 사회적 인식의 변화

과거에는 근로, 즉 노동에 대하여 천시하는 경향이 있었다. 이것은 무엇보다 고대와 중세의 신분제사회에 있어 농업근로자 및 기타 단순근로자들은 항상 하층에 속했다는 것과 관련이 있다.

그러나 근대적 정치 · 경제질서가 형성되면서 새로운 변화가 생겨나기 시작했다. 개신교를 중심으로 노동을 신성시하는 새로운 사고의 형성은 노동에 대한 기존의 인식을 바꾸는 데 큰 기여를 하였으며, 또한 경제질서의 변화와 더불어 경제력을 기초로 한 신분상승의 수단으로서의 노동이 중요시되었던 것이다.

이처럼 노동에 대한 인식이 변화됨으로써 중세적 질서와 구분되는 근대적 질서가 비로소 뿌리내렸다고 할 수 있으며, 이러한 인식의 변화는 또한 자본주의의 밑거름이 되었다고 평가되고 있다.

2. 현대 산업사회에 있어서의 노동의 문제와 노동권의 사상

자본주의 발달의 결과로 형성된 산업사회는 자본과 노동의 결합을 통한 생산력의 증대를 그 기초로 하고 있다. 이러한 산업사회에 있어서는 생존을 위한 수단으로 노동력을 팔아야 하는 노동자계급의 등장이 하나의 중요한 특색을 이루고 있다.

특히 독점자본주의의 발달로 인하여 자본과 노동의 대립이 격화된 상황에서는 노동의 가치하락 내지 자본에 의한 노동의 착취 문제는 노동자들의 생존과 직결되는 문제였다. 그로 인하여 노동의 문제를 단순히 경제의 논리에 맡겨서 약육강식의 법칙에 따라 해결되도록 해서는 안 된다는 인식이 확산되었으며, 노동에 대한 법적 보장의 요청이 대두되었다.

이러한 노동에 대한 법적 보장의 요청은 근로의 권리(=노동권)의 사상으로 연결되었으며, 현행헌법 제32조가 근로의 권리에 관한 규정을 두고 있는 것도 이러한 노동의 문제에 대한 인식 내지 노동권 사상의 수용이라는 측면에서 이해되어야 할 것이다.

Ⅱ. 노동 및 노동권의 헌법적 의의

1. 노동 및 노동권의 역사적 발전

17~18세기의 자연법사상에 있어서 근로권(또는 노동권)은 개인이 자유로이 노동하는 것은 인간의 천부적인 권리의 하나로서 국가권력도 이를 침해해서는 안 된다는, 이른바 **노동의 자유(자유권으로서의 노동권)**의 의미로 주장되었다.

이러한 노동의 자유가 사회적 기본권과 관련하여 보다 적극적인 성격을 띠게 된 것은 자본주의의 진전에 따라 실업이 대량으로 발생하고 근로자의 빈곤이 심화된 19세기

중엽 이후부터라고 볼 수 있다. 20세기에 들어서서는 사회국가원리의 대두와 더불어 노동권도 적극적 의미와 내용을 갖는 **사회적 기본권**으로 파악되어야 한다는 견해가 대두되었다. 즉 사회적 약자이며 근로를 생존수단으로 하는 압도적인 다수 국민의 생활보장을 위해서 노동에 대한 사회권적 보장이 필요하다는 것이다.

이러한 역사적 흐름 속에서 바이마르 헌법 제163조는 "모든 독일국민에게는 경제적 활동에 의하여 그 생활수단을 구할 수 있는 기회가 부여된다. 적당한 근로의 기회가 부여되지 아니한 자에 대하여는 필요한 생계비를 지급한다" 고 규정함으로써 노동에 대한 사회권적 보호를 시작하였고, 이처럼 노동의 권리를 헌법적으로 규정하는 것은 제2차 세계대전 후 세계 각국으로 확대되었다.

2. 현행법상 근로 내지 노동의 개념

노동의 개념이 무엇인가에 대해서는 아직도 적지 않은 논란이 계속되고 있다. 그러나 일반적으로 노동이란 육체적·정신적 방법에 의한 경제적 활동을 총칭하는 것으로 이야기되고 있다. 종래와는 달리 육체적 활동만을 노동으로 한정할 수 없는 것은 현재의 산업구조상 불가피한 것이며, 경제적 활동에 속하지 않는 모든 활동(예컨대 여가활동, 학습활동)을 노동으로 포함할 수도 없기 때문이다.

그런데 헌법적으로 특별히 문제되는 근로는 자본과의 결합과정에서 갈등을 야기하는 노동, 즉 **사용자(=고용주)에게 일정한 임금을 받고 그에 대한 대가로 제공되는 노동**이다. 예컨대 자영업자의 노동은 자신의 노동에 대한 대가를 매출을 통해 얻게 되므로 그 이익의 분배와 관련된 갈등이 발생되지 않지만, 임금노동자의 경우에는 발생된 이익을 사용자(=고용주)와의 사이에서 어떻게 적정하게 분배하는지가 늘 문제되는 것이다.

이미 독점자본주의의 폐해 등을 통해 나타난 것처럼, 자본과 노동 사이의 이익 분배를 단순히 시장의 법칙에 맡겨버리게 되면 힘의 우열에 의해 불공정한 분배가 생기게 된다. 이를 막고 공정한 분배가 가능하도록 하는 것이 현대 헌법 및 노동법의 과제라고 할 수 있다. 이런 맥락에서 헌법 제32조도 임금노동이라는 의미로 근로를 규정하고 있는 것이다.

3. 근로권(=노동권)의 현대적 의의

노동의 개념을 이와 같이 볼 때, 근로의 권리 내지 노동의 권리는 노동자가 자신의 의사에 따라 적절한 조건 하에서 노동을 할 수 있는 권리로 이해된다.

헌법 제32조가 규정하고 있는 **근로의 권리**는 노동자가 자신의 의사와 능력 또는 취향 등에 따라 직업 내지 노동의 종류와 내용, 장소 등을 선택하고 또 타인의 방해를 받음이 없이 이러한 근로관계를 계속할 권리를 말한다. 이러한 근로의 권리는 근로자가 자신의 노동력을 가장 유리한 조건으로 제공함으로써 일정한 대가(임금 등)를 얻어 생계를 유지하고, 나아가 풍요로운 삶의 유지를 꾀할 수 있도록 보장할 뿐만 아니라, 만일 근로자가 근로의 기회를 얻지 못한 경우에는 국가에 대해 적절한 근로의 기회를 제공해 주거나 적절한 생활보장을 해 주도록 요구할 수 있는 권리도 포함하고 있다.

이처럼 근로권에 대하여 헌법이 특별한 보호를 명문화하고 있는 것은 근로가 개인에게 있어서 생계의 수단으로서 뿐만 아니라 자아실현의 수단으로서도 중요한 의미를 가지며, 나아가 국가에 있어서 국민의 건전한 근로가 경제질서의 중대한 기초가 되기 때문이라고 할 수 있다.

Ⅲ. 근로권(= 노동권)의 법적 성격

1. 근로권의 법적 성격에 관한 학설의 대립

헌법 제32조가 규정하고 있는 근로의 권리가 자유권적 성질을 갖는지, 아니면 사회권적 성질을 갖는지에 대한 견해의 대립이 많이 이야기되고 있다. 그러나 현재 순수한 자유권설을 주장하는 견해는 찾아보기 어려우며, 현실적으로는 사회권적 성질(생존권적 성질)을 갖는다는 견해[1]와 자유권적 성격과 사회권적 성격을 아울러 가지고 있다는 견해[2]가 대립되고 있다고 할 수 있다.

현행헌법 제32조의 헌법상의 위치나 헌법 제32조가 담고 있는 내용에 비추어 볼 때, 근로의 권리는 자유권이라기보다는 사회권으로 분류되는 것이 타당하다고 인정될 소지가 크다. 하지만 근로의 권리는 원래 노동의 자유(개인의 자유로운 노동에 대한 국가의 방해금지)에서 출발된 것이다. 비록 현재에는 국가에 의한 침해가 문제되는 예가 흔치 않기 때문에 노동의 자유를 크게 의식하지 않고 있다 하더라도, 노동의 자유에 대한 보호가 필요하다는 점, 그리고 그에 대한 헌법적 근거는 제32조일 수밖에 없다는 점을 생각할 때, 근로권은 자유권적 성격과 사회권적 성격을 동시에 갖는다고 이해하는 것이 타당하다.

다만 이 경우에도 사회권적 성격과 관련하여 그것이 프로그램 규정으로 이해될 것인지, 아니면 추상적 권리설이나 구체적 권리설 등에 따라 이해될 것인지를 중심으로 논의가 계속되고 있다.[3]

2. 근로권의 이중적 차원과 근로권의 법적 성격

근로의 권리는 노동의 자유로부터 발전된 것이기 때문에 일차적으로 자유권적 측면을 갖고 있다. 그러나 오늘날 주로 문제되는 것은 노동의 보호를 위한 국가의 적극적 활동, 즉 사회권적 측면이다. 이처럼 근로의 권리도 교육의 권리와 유사하게 자유권적 측면과 사회권적 측면을 동시에 가지고 있는 것이다.

근로의 권리는 먼저 **자유권적 측면**, 즉 노동의 자유로서 보호된다. 이는 개인이 노동의 조건과 시기, 방법 등을 자유롭게 선택할 수 있도록 보장하는 것이며, 국가가

1) 김철수, 헌법학개론, 2007, 992쪽 이하.
2) 권영성, 헌법학원론, 2010, 673쪽.
3) 이 문제에 관하여는 앞의 「제2권 제2부 제12장 제3절 Ⅱ. **사회적 기본권의 법적 성격**」 참조.

노동을 강제하거나 노동의 조건과 방법 등을 임의로 변경하는 것은 노동의 자유에 대한 침해가 된다. 즉 헌법 제12조 제1항에 의해 금지되고 있는 강제노역이 되어버리는 것이다.[4)]

그러나 현대적 근로의 권리는 역시 자유권적 측면보다는 **사회권적 측면**에서 많이 문제된다. 국가가 개인의 노동활동을 규제하는 경우보다는 근로의 여건 등을 위하여 개입하는 경우가 훨씬 많다는 것이다. 이런 맥락에서 근로의 기회를 가질 수 있도록 국가가 고용증진을 위한 적극적인 정책을 펴나가도록 요구할 수 있는 권리, 나아가 적절한 근로조건(임금수준 포함)의 확보를 위해 국가가 노력하도록 요구할 권리 등이 근로권의 사회권적 측면의 내용으로 인정되고 있다. 이와 관련하여 헌법 제32조는 제3항 이하에서 근로기준, 여자 및 연소자의 보호, 국가유공자 등의 유가족에 대한 우선적 근로기회의 제공을 명시하고 있다.

Ⅳ. 근로권의 주체

1. 외국인의 기본권주체성

교육의 권리와 유사하게 근로권도 자유권적 측면과 사회권적 측면을 동시에 가지고 있기 때문에 외국인의 기본권주체성도 그 각각에 대해서 설명되어야 할 것이다.

먼저 자유권적 측면과 관련하여서는 근로권의 경우 교육의 권리와는 달리 외국인의 기본권주체성이 당연히 인정되는 것으로 보기 어렵다는 점을 지적할 수 있다. 그것은 근로권이 단순히 개인의 권리로서의 차원만이 아니라 국가(경제)질서의 형성과도 밀접한 관련을 갖고 있기 때문이며, 외국인을 기본권주체로 인정할 경우 그것은 곧 내국인의 권리를 사실상 제약하는 결과를 가져오게 되기 때문이다.

그리고 사회권적 측면에서는 -다른 사회적 기본권들과 마찬가지로- 근로의 권리에 대한 국가의 적극적 급부의 내용과 범위는 법률에 의해 정해지므로, 법률이 정하는 바에 따라 외국인(특히 외국인노동자)의 근로권이 인정될 수 있다. 하지만 외국인에 대해서는 근로의 자유 자체가 제한되고 있기 때문에 일정한 요건을 갖춰서 근로자로서의 자격을 갖춘 경우라면 그들에 대한 사회권적 보호도 아울러 인정되는 것이 원칙이라고 할 수 있다.[5)]

---

4) 물론 강제노역도 법률이 정하는 바에 따라 허용될 수 있다. 하지만 이는 근로의 권리뿐만 아니라 신체의 자유에 대해서도 중대한 침해가 되기 때문에 징역형 등과 같은 특별한 경우가 아니면 비례의 원칙을 충족시키기 어렵다.

5) 이와 관련하여 근로기준법 제6조가 "국적, 신앙 또는 사회적 신분을 이유로 근로조건에 대한 차별적 처우를 하지 못한다"고 명시하고 있다는 점에도 주목할 필요가 있다. 이에 관하여는 또한 **헌재 2007.8.30. 2004헌마670 결정** 참조. 또한 **헌재 2023.3.23. 2020헌바471 결정**에서는 근로자가 사망할 당시 대한민국 국민이 아닌 자로서 외국에 거주하고 있던 유족(외국 거주 외국인 유족)을 퇴직공제금 지급에서 제외하는 것은 평등원칙 위반으로 위헌이라고 판시하였다.

2. 법인의 기본권주체성

근로의 권리, 즉 노동활동의 헌법적 보호는 자연인의 육체적 · 정신적 활동 및 이를 통한 생계의 유지를 특별히 보호하는 것이다. 따라서 법인은 성질상 근로권의 주체가 될 수 없다고 보아야 할 것이다. 이 점에서 근로의 권리는 법인이 기본권의 주체가 될 수 있는 직업의 자유 내지 영업의 자유와 구별된다.

Ⅴ. 근로권의 내용

앞서 살펴본 바와 같이 근로권은 자유권적 측면과 사회권적 측면을 동시에 갖고 있다. 그러나 현행법상 주로 문제되는 것은 사회권적 측면이다. 국가에 의해 개인의 자유로운 노동활동이 직접 침해되는 경우가 흔하지 않은 반면에, 사용자(=고용주)에 의한 침해에 대하여 국가가 개입하여 공정한 근로조건 등을 확보할 수 있도록 요청되는 경우는 많기 때문이다. 따라서 이하에서는 근로권의 내용을 사회권적 측면이 구체화되는 모습들을 중심으로 정리한다.

1. 국가의 고용증진 의무

근로권의 사회권적 측면은 일차적으로 근로기회의 제공에서부터 시작된다. 즉 국가가 근로기회의 제공을 확대할 수 있도록 고용증진을 위해 적극적으로 노력하여야 한다는 요청이 근로권으로부터 도출되는 것이다.

국가의 고용증진의 의무는 무엇보다 근로권이 근로자의 생존보장과 직결되어 있다는 점에서 그 절박성을 갖는다. 그러나 현실적으로 무조건적인 고용기회창출은 가능하지 않으며, 결국 사회정책 · 경제정책을 수립함에 있어서 고용증진의 측면도 -그 밖의 다른 경제적 요인들과 함께- 고려하는 것으로써만 실현이 가능할 것이다.

2. 해고의 자유의 제한

근로기회의 제공과 표리의 관계에 있는 것이 근로기회 박탈의 제한이다. 즉 해고의 제한인 것이다. 해고의 자유는 근대 시민법의 원리이며 자본주의적 경제의 기초인 계약자유의 중요한 내용에 속한다. 그러나 오늘날에는 노동자에게 근로가 갖는 비중, 그리고 사용자와 노동자의 실질적인 불평등 등을 고려하여 노동관계법에 의해 해고에 대한 제한이 인정되고 있다.

예컨대 근로기준법 제23조는 정당한 사유 없는 해고, 휴직, 정직, 전직, 감봉 기타 징벌을 하지 못하도록 하고 있을 뿐만 아니라, 근로자가 업무상의 부상 또는 질병의 요양을 위하여 쉰 기간과 그 후 30일간 또는 출산전후의 여성이 근로기준법에 따라 쉰 기간과 그 후 30일간은 해고하지 못하도록 규정하고 있으며, 같은 법 제24조에서는 경영상의 이유에 의한 해고의 제한도 명시하고 있다. 그 밖에 해고의 예고(제26조), 부당해고 등에 대한 구제신청(제28조) 등이 근로기준법에 의해 규정됨으로써 부당한 해고로부터 노동자의 지위를 보호하고 있다.

3. 적정임금의 보장과 최저임금제의 시행

헌법 제32조 제1항 제2문에서는 "국가는 사회적 · 경제적 방법으로 … 적정임금의 보장에 노력하여야 하며, 법률이 정하는 바에 의하여 최저임금제를 시행하여야 한다"고 명시하고 있다. 즉 근로조건 가운데 가장 중요한 부분이라고 할 수 있는 임금에 대해 헌법이 직접 기준을 제시한 것이다.

여기서 적정임금이란 노동의 생산성과 근로자 및 그 가족의 합리적인 생활수준 등을 고려하여 적정하다고 인정되는 임금수준을 의미하며, 이는 물질적인 최소한의 생활조건을 충족시키는 데 적합한 임금수준인 최저임금과는 구별된다. 헌법은 최저임금제를 명시적으로 요구함으로써 이에 대해서는 입법자의 선택의 여지가 없음을 분명히 하였지만, 적정임금의 보장에 관하여는 국가가 사회적 · 경제적인 방법으로 노력하여야 한다는 요청에 그침으로써 적정임금의 보장은 현실적 조건에 따라 달라질 수 있음을 시사하고 있다.

현행법상 최저임금제는 최저임금법에 의해 구체화되고 있다. 이 법 제4조 제1항은 "최저임금은 근로자의 생계비, 유사 근로자의 임금, 노동생산성 및 소득분배율 등을 고려하여 정한다. 이 경우 사업의 종류별로 구분하여 정할 수 있다"고 명시하면서 최저임금제의 구체적 내용을 정하고 있으며, 이렇게 결정된 최저임금은 사용자에 대한 직접적 구속력을 갖게 되어 최저임금액 이상의 임금을 지급하도록 요구하고 있다.

반면에 적정임금의 보장은 구체적 법적 기준을 마련하기 어렵기 때문에, 결국 근로삼권의 행사 및 그에 대한 국가의 적절한 지원 등을 통해서만 가능한 상태라고 할 수 있다.

4. 근로조건기준의 법정주의

헌법 제32조 제3항은 근로조건에 관한 기준을 법률로 정하도록 요구하고 있다. 이는 과거 근로조건을 사용자와 노동자 사이의 자유로운 계약에 맡겼을 때, 사실상의 교섭력의 차이로 말미암아 사용자에게 일방적으로 유리한 조건의 근로계약이 체결된 예가 많았으며, 그것이 근로의 권리를 심각하게 침해하였다는 점에 대한 반성에서 비롯된 것이다.

현재 근로기준법이 제정되어 근로조건에 대한 법적 기준을 폭넓게 규율하고 있으며, 이러한 규율을 통하여 사용자와 근로자 사이의 힘의 우열로 인하여 부당한 근로조건이 강제되지 않도록 하고 있다. 특히 근로기준법에 의한 1일 8시간, 1주 40시간 근로제(제50조), 연장근로의 제한(제53조), 근로중의 휴식(제54조), 휴일(제55조), 연차유급휴가(제60조) 등의 규정은 강행규정으로서 근로자의 근로조건 개선에 큰 역할을 하고 있다.[6]

---

6) 근로기준법에 의한 강행규정들은 근로자들에게 보다 유리한 조건으로의 변경은 허용하는, 이른바 편

5. 여자와 연소자의 근로에 대한 특별보호

헌법 제32조 제4항과 제5항은 여성과 연소자의 근로에 대한 특별한 보호를 규정하고 있다. 이는 사회적 약자의 보호라는 측면에서 명시된 것이기도 하지만, 역사적으로 여성 및 청소년이 열악한 근로환경에서 많은 고통을 겪었던 점에 대한 반성을 담고 있는 것이기도 하다.

이를 구체화하고 있는 대표적 법률도 근로기준법인데, 이 법은 제6조에서 남녀의 차별적 대우를 금지하고 있으며, 제64조 이하에서 여성과 소년의 근로에 대한 상세한 규정을 두어 열악한 근로환경을 피하도록 하고 있다. 또한 「남녀고용평등과 일·가정 양립지원에 관한 법률」도 근로관계에 있어서 여성에 대한 차별의 금지를 비교적 상세하게 규정하고 있다.

6. 국가유공자 등의 우선적 근로기회보장

헌법 제32조 제6항에서 "국가유공자·상이군경 및 전몰군경의 유가족은 법률이 정하는 바에 의하여 우선적으로 근로의 기회를 부여받는다"고 명시하였다.

이처럼 국가를 위해 큰 희생을 한 사람의 유가족에 대하여 보상의 차원에서 근로의 기회에 관한 우선권을 제공하는 것 자체에 대해서는 누구도 이의를 제기하기 어려울 것이다. 이와 관련하여 「국가유공자 등 예우 및 지원에 관한 법률」은 여러 가지 제도를 도입하고 있는데, 국가에 의한 직접적인 보상(제11조 이하)이나 교육지원(제21조 이하) 등이 인정되고 있는 이외에 취업보호라는 이름으로 채용시험의 가점(제31조), 국가기관 등의 채용의무(제32조), 기업체 등의 우선고용의무(제33조의2), 보훈특별고용(제34조) 등이 도입되었다.

그런데 과거 제대군인에 대해서는 가산점을 인정하는 것이 평등에 반하여 위헌이라는 헌법재판소 결정[7]이 내려졌음에도 불구하고 국가유공자 등의 유가족에 대한 가산점은 합헌이라는 결정이 내려짐으로 인하여 양자 사이의 불일치가 논란의 대상이 되었으나, 판례변경을 통해 국가유공자 가족에 대한 가산점제도도 위헌으로 인정되었다.[8]

VI. 근로권의 효력

1. 근로권의 자유권적 측면의 효력

근로권의 자유권적 측면은 -자유권의 일반적 성격에 따라- 모든 국가권력을 직접 구속하는 효력을 갖는다. 따라서 입법, 집행, 사법의 모든 국가권력은 개인의 자유로운

면적 강행규정이라고 할 수 있다. 이에 관하여는 근로기준법 제3조와 제15조 참조.

7) 헌재 1999.12.23. 98헌마363 결정.

8) 헌재 2001.2.22. 2000헌마25 결정에서는 합헌으로 결정, 그러나 헌재 2006.2.23. 2004헌마675등 결정에서 판례변경을 통해 불합치결정이 내려졌다.

근로활동을 침해하지 않아야 하며, 이에 대한 불법적인 침해는 각종 기본권보호수단의 발동으로 연결될 것이다.

또한 근로권의 자유권적 측면은 대사인적 효력도 가질 수 있다. 예컨대 사인 상호간에 체결된 계약에 의하여 근로활동이 과도하게 제한된다고 볼 경우에는 그 계약이 헌법상의 근로의 권리를 침해하는 것이어서 위헌, 또는 사법상의 일반조항에 반하는 것이어서 위법이라고 주장하는 것이 가능할 것이다.

2. 근로권의 사회권적 측면의 효력

반면에 근로권의 사회권적 측면은 –역시 사회적 기본권의 일반적 성격에 따라– 법률에 의해 구체화되어야 하며, 그 자체로서는 입법자에게 지침으로서 작용할 뿐 그 밖의 직접적인 효력은 인정하기 어렵다. 따라서 법률에 의해 구체화된 이후에 비로소 직접적인 효력을 가질 수 있다.

현재 근로기준법을 비롯한 각종 노동법규정들이 헌법상의 근로권을 구체화시키고 있다.

Ⅶ. 근로권의 제한

근로권도 –다른 기본권들과 마찬가지로– 무제한의 절대적 권리는 아니기 때문에 기본권제한의 일반적 요건과 기준에 따라 법률로 제한하는 것이 가능하다. 다만 이 경우에도 근로권의 자유권적 측면과 사회권적 측면은 성질상 각기 달리 취급되어야 할 것이다.

먼저 자유권적 측면에 대한 제한, 즉 헌법상 보장되고 있는 노동활동의 자유에 대한 국가의 개입은 기본권제한의 일반적 요건에 따라 법률로써, 그리고 비례의 원칙에 따라 행해질 수 있다. 그러나 사회권의 경우에는 법률에 의해 그 구체적 보호의 범위가 비로소 설정되므로 자유권과는 달리 법률에 의해 구체화된 내용을 중심으로 그 보장과 제한의 문제가 논의되어야 한다. 물론 이 경우에도 일단 구체화된 기본권을 제한하기 위해서는 법률의 형식과 비례성의 요건 등은 갖추어져야 한다.

사례 풀이:

1. 갑의 헌법소원심판청구는 적법한가? (20점)
   - Ⅰ. 서론: 위헌소원의 의의 및 성격과 청구요건 [2점]
   - Ⅱ. 재판의 전제성 [7점]
     1. 소송의 계속
     2. 심판대상법률(조항)이 당해 소송사건에 적용
     3. 심판대상법률(조항)의 위헌여부에 따라 다른 내용의 재판
   - Ⅲ. 위헌법률심판제청의 신청과 기각 [6점]
     1. 위헌소원의 성격과 위헌법률심판제청의 의미

2. 법원의 기각 결정과 그 구속력
3. 헌법재판소법 제68조 제2항에 의한 헌법소원심판의 청구

Ⅳ. 기타의 청구요건 [3점]
1. 변호사 강제주의
2. 청구기간

Ⅴ. 결론 [2점]

2. 산업재해보상보험법 제6조는 포괄위임입법금지원칙에 위배되는가? (30점)

Ⅰ. 서론: 기본권의 형성 및 제한 입법과 포괄적 위임입법의 문제점 [3점]

Ⅱ. 법치주의의 요청과 헌법 제75조에 따른 포괄적 위임입법 금지의 원칙 [7점]
1. 법치주의와 법률유보
2. 국가작용의 체계와 위임입법의 필요성
3. 이른바 규율의 밀도와 포괄적 위임입법의 금지

Ⅲ. 위임의 필요성에 대한 검토 [9점]
1. 산재보험법 제6조의 규정과 위임의 방식
2. 산재보험 적용제외사업과 관련한 사회경제적 여건의 변화 정도
3. 대통령령에서 탄력적으로 규율할 필요성

Ⅳ. 예측가능성에 대한 검토 [9점]
1. 산재보험법 제6조의 기준: 위험률, 규모, 장소 등
2. 위험률의 의미 내지 예측가능성
3. 규모와 장소의 의미 내지 예측가능성

Ⅴ. 결론 [2점]

3. 甲이 침해를 주장할 수 있는 기본권은 무엇이며, 기본권 침해 여부에 대해 헌법재판소는 어떤 본안판단을 내려야 하는가? (50점)

Ⅰ. 사안의 분석과 쟁점의 정리 [5점]

Ⅱ. 산재보험 및 그 수급권과 관련 기본권 [8점]
1. 산재보험의 의의와 기능
2. 산재보험수급권의 헌법적 근거: 인간다운 생활을 할 권리
3. 산재보험수급권 인정의 범위와 관련한 기본권: 평등권

Ⅲ. 산재보험수급권의 인정요건 [10점]
1. 산업재해의 성격과 산재보험의 대상범위
2. 산재보험의 적용범위에 대한 입법자의 입법형성권
3. 산재보험법 제6조 및 동법 시행령 제2조의 합헌성 여부에 대한 판단

Ⅳ. 산재보험 적용대상 사업과의 비교와 평등권 침해 여부 [12점]
1. 비교집단: 산재보험 적용대상 사업
2. 사회적 기본권과 평등심사기준
3. 차별의 합리성 여부에 대한 판단

Ⅴ. 헌법재판소의 결정과 그 효력 [12점]
1. 결정의 유형과 주문의 형식
2. 갑의 인간다운 생활권 및 평등권 침해에 대한 판단
3. 헌법재판소 결정의 효력

Ⅵ. 결론 [3점]

제 2 절 근로삼권(=노동삼권)

근로삼권은 근로의 권리를 실질적으로 보장하는 역할을 한다. 근로삼권은 비록 근로의 권리처럼 근로의 기회를 제공하도록 직접 요구할 수 있는 권리는 아니다. 하지만 일단 근로자로서의 지위를 얻어 사용자와의 고용계약관계에 들어간 근로자들은 사용자의 우월한 지위에 대응하기 위한 수단으로 근로삼권을 인정받음으로써 사용자의 부당한 억압에 대처할 실질적 가능성을 갖게 되는 것이다.

그러나 오늘날에는 근로삼권의 인정범위 및 행사방법 등과 관련하여 많은 복잡한 문제들이 제기되고 있다. 한편에서는 교원노조의 합법화를 계기로 공무원노조, 교수노조 등이 인정되고 있는가 하면, 다른 한편에서는 노조의 정치참여와 관련된 문제들도 만만치 않게 제기되고 있는 것이다. 이러한 문제들을 전체적으로, 그리고 일관성 있게 해결하기 위한 기준은 근로삼권의 의의와 성격 및 기능에서 찾을 수 있을 것이다.

【사례: 단체협약과 노조전임자 지원의 합헌성 여부】

산별노조인 A노조는 7개 회사와의 단체협약에서 '회사는 조합사무실과 집기, 비품을 제공하며 조합사무실 관리유지비(전기료, 수도료, 냉난방비, 영선비) 기타 일체를 부담한다.', '회사는 노동조합에 차량을 제공한다(주유비, 각종 세금 및 수리비용을 지급한다).'는 등의 노조 운영비를 지원하는 조함을 포함시켰다.

그런데 대전지방고용노동청 천안지청장은 이 단체협약의 노조 운영비 지원에 관한 조항은 '노동조합 및 노동관계조정법'노동조합법 제81조 제4호를 위반하였다는 등의 이유로 2010.11.11. 노동조합법 제31조 제3항에 따라 시정명령을 내렸다.

A노조는 대전지방고용노동청 천안지청장을 상대로 이 사건 시정명령의 취소를 구하는 소를 제기하고, 그 소송 계속 중 노동조합법 제81조 제4호 등에 대한 위헌법률심판제청신청을 하였으나 대전지방법원은 위헌법률심판제청을 기각하였다. 이에 A노조는 헌법재판소에 헌법소원심판을 청구하였다.

〈헌재 2018.5.31. 2012헌바90 참조〉

〈참고조문〉

제81조(부당노동행위) 사용자는 다음 각 호의 어느 하나에 해당하는 행위(이하 "부당노동행위"라 한다)를 할 수 없다.

4. 근로자가 노동조합을 조직 또는 운영하는 것을 지배하거나 이에 개입하는 행위와 노동조합의 전임자에게 급여를 지원하거나 노동조합의 운영비를 원조하는 행위. 다만, 근로자가 근로시간중에 제24조 제4항에 따른 활동을 하는 것을 사용자가 허용함은 무방하며, 또한 근로자의 후생자금 또는 경제상의 불행 기타 재액의

방지와 구제등을 위한 기금의 기부와 최소한의 규모의 노동조합사무소의 제공은 예외로 한다.

1. A노조의 헌법소원심판청구는 적법한가? (30점)
2. 노동조합 및 노동관계조정법에서 노조에 대한 회사의 운영비 지원을 부당노동행위로서 금지하고 있는 이유는 무엇인가? (20점)
3. A노조의 헌법소원심판청구가 적법한 경우 헌법재판소는 어떤 본안판단을 내려야 하는가? (50점)

Ⅰ. 근로삼권의 역사적 발전

1. 근로삼권에 대한 초기의 적대적 경향

근로삼권은 자본주의경제 하에서 경제적 · 사회적 약자인 근로자가 사용자(자본가)와 대등하게 경제적 교섭을 하기 위한 필수적 수단으로 인정되고 있으며, 오늘날 근로삼권 자체의 인정은 -구체적인 인정범위에 대한 논의는 차치하고- 당연시되고 있다.

그러나 근로삼권의 역사적 발전은 일반적 합의 속에서 순탄하게 이루어졌던 것은 아니다. 과거 근로삼권이 처음 문제되기 시작했을 때 그것은 오히려 범죄시되기도 하였다. 왜냐하면 근로삼권에 의한 근로자의 단체적 행동은 개별적 노동력의 처분을 불가능하게 만드는 노동력의 독점적 거래로 인식되었기 때문이다.

즉 근로삼권은 (노동력의) 거래의 자유에 대한 억압으로 이해되었고, 이에 따라 한때는 노동조합의 결성 자체를 금지하고 범죄시하기도 하였다.

2. 근로삼권의 승인과 헌법에의 수용

그러나 노동조합들의 투쟁, 단체법의 이론에 의한 정당화, 다원주의의 발달 등으로 인해 초기의 근로삼권에 대한 부정적 인식과 적대적 경향은 점차 불식되었으며, 노동조합의 결성 및 노조를 중심으로 한 근로자의 단체적 행동에 대해 국가는 「적대시 → 방임 → 적극적 보장」의 단계로 태도를 점차 변화시켜 왔다.

우리 헌법도 제헌헌법에서부터 근로삼권을 헌법상 보장하고 있었다. 그러나 과거 권위주의적 정권 하에서는 파업에 대한 우려 등으로 인하여 근로삼권의 보장을 최소화하려는 경향이 강했고, 그로 인하여 근로삼권을 보장하는 헌법규정도 적지 않은 변화를 겪었다.

제헌헌법에는 없었던 공무원의 근로삼권 제한에 관한 규정이 1962년 헌법 당시에 도입되었고(1962년 헌법 제29조 제2항),[9] 1972년 헌법은 이를 "공무원과 국가 · 지방자치단체 · 국영기업체 · 공익사업체 또는 국민경제에 중대한 영향을 미치는 사업체에 종

9) 그러나 제1공화국 당시에도 1949년 제정된 국가공무원법은 제37조에서 "공무원은 정치운동에 참여하지 못하며 공무 이외의 일을 위한 집단적 행동을 하여서는 아니 된다"고 규정하고 있었다.

사하는 근로자의 단체행동권"에 대한 제한으로까지 확대하였다(1972년 헌법 제29조 제3항). 그러던 것이 현행헌법에서 약간 완화되어서 공무원의 근로삼권을 제한(제33조 제2항)하고 "법률이 정하는 주요방위산업체에 종사하는 근로자의 단체행동권"을 제한(제33조 제3항)하는 정도로 조정된 것이다.

Ⅱ. 근로삼권의 의의와 기능

1. 근로삼권의 의의

근로삼권은 노동자들에게 인정되는 단결권, 단체교섭권, 단체행동권을 총칭하는 말이다. 즉 노동조합을 자유롭게 결성할 수 있는 권리, 결성된 노동조합을 대표자로 하여 사용자와 단체로 교섭할 수 있는 권리, 그리고 교섭이 원만하게 이루어지지 않을 경우에 파업 기타 단체행동을 할 수 있는 권리가 곧 근로삼권인 것이다.

이러한 근로삼권이 헌법상의 기본권으로 인정되고 있는 것은 근로자의 보호를 위한 것이다. 시장원리에 따라 자본과 노동의 관계를 설정할 경우에는 생산수단을 소유하지 못한 근로자들이 경제적 약자의 위치에 서게 되며, 그 결과 근로자들이 자본가들에 의해 일방적으로 불리한 계약조건을 강요·감수(착취)당하게 될 우려가 크다.

이러한 문제를 해결하기 위하여 근로자들이 노동조합이라는 단체를 통해 결합된 힘을 보유할 수 있도록 함으로써 **사용자와 대등한 위치**에 설 수 있도록 하며, 이러한 위치에서 사용자와 교섭할 수 있도록 하고, 나아가 이러한 교섭이 일방적으로 사용자에게 유리하게 진행되지 않도록 할 수 있는 실질적인 압력수단으로서 단체행동권까지 인정하고 있는 것이다.

따라서 근로삼권은 형식적 자유보다는 실질적 자유 내지 실질적 평등의 관점에서 그 존재의의를 찾을 수 있으며, 개인적 정의의 관점보다는 사회적 정의의 관점에서 정당화된다.

2. 근로삼권의 기능

앞서 결사의 자유에서 살펴본 것처럼 노동조합도 일종의 결사라고 할 수 있으며, 따라서 노동조합의 결성은 일종의 결사를 구성하는 것이라고 이해될 수 있다. 이렇게 볼 때 노동조합을 중심으로 인정되고 있는 근로삼권의 기능도 결사의 일반적 기능을 전제하고 이해하는 것이 합리적이라고 할 수 있다. 이런 맥락에서 근로삼권의 기능은 크게 세 가지로 정리될 수 있다.

첫째, 결사의 자유가 일반적으로 그러하듯이 **인격의 자율적 발현에 기여**하는 기능을 한다. 노동조합의 결성 및 노동조합의 활동을 통해서 자신이 원하는 바를 실현시키고자 하는 사람에게 있어서 근로삼권을 인정하는 것은 삶의 목표에 접근하는 길을 열어주는 것이 될 수 있기 때문이다.

둘째, 근로삼권은 경제적·사회적 약자인 노동자의 지위를 강화시킴으로써 **실질적**

평등을 확보하는 기능을 한다. 근로삼권은 근로자를 무조건 우선시키고자 하는 것도 아니고, 사용자를 무조건 억압하는 것도 아니다. 근로삼권의 목적은 경제적 · 사회적 약자인 노동자에게 적정한 힘의 결집을 허용함으로써 근로자와 사용자의 대등성을 확보할 수 있도록 하는 것이다.

셋째, 이러한 근로삼권은 **근로권을 실효적으로 보장**하는 기능을 한다. 근로권에 의해 적정한 근로조건 등이 보장되고 있다 할지라도 모든 근로조건을 근로기준법 등 법률규정이 정하는 바에 의해 보호받을 수는 없다. 근로권의 실질적인 보호를 위해서는 근로자들 스스로가 자신의 정당한 지위를 사용자로부터 인정받을 수 있는 실질적 지위의 보장이 전제되어야 하는데, 근로삼권을 통해 이러한 지위가 부여되고 있는 것이다.

Ⅲ. 근로삼권의 법적 성격

1. 근로삼권의 법적 성격에 관한 학설의 대립

근로권과 마찬가지로 근로삼권에 대해서도 그 성격을 자유권으로 이해할 것인지, 아니면 사회권으로 이해할 것인지에 대하여 학설의 대립이 있다. 이와 관련하여 자유권설, 사회권설(생존권설), 복합적 권리설(자유권과 생존권의 복합설) 등이 소개되고 있지만, 다수설은 근로삼권이 **자유권적 측면과 사회권적 측면을 동시에 가지고 있다**[10)]고 인정하고 있다.

하지만 최근에는 근로삼권을 **사회권적 기능을 수행하는 자유권**이라고 이해하는 견해가 대두되고 있다. 즉 근로삼권은 근로자의 권익향상을 위한 권리로서 사회적 기능을 수행한다는 점에서 광의의 사회권이라고 할 수 있으나, 근로삼권의 보장형식이나 보장내용은 자유권[11)]이라는 것이다.[12)]

결국 문제의 핵심은 근로삼권을 준수하도록 국가가 사용자에게 법적으로 강제하고 있는 것의 성격을 어떻게 이해하느냐에 있다. 이는 소수설의 주장처럼 근로자의 국가에 대한 직접적인 급부청구와는 다르다고 볼 수 있다. 그러나 사회권의 개념을 그렇게 좁게만 이해하기는 곤란하다고 생각된다. 교육의 권리에 기초하여 교육여건의 개선에 관한 국가의 활동을 요구하는 것처럼, 또 근로의 권리에 기초하여 근로조건의 개선을 위

10) 권영성, 헌법학원론, 2010, 684쪽; 김철수, 헌법학개론, 2007, 1004쪽 이하; 허영, 한국헌법론, 2025, 598쪽.

11) 계희열, 헌법학(중), 2007, 786쪽 이하.

12) 이 문제는 노동삼권의 실현구조를 어떻게 이해할 것인지의 문제와 맞물려 있다. 근로삼권이 –역사적 발전과정에서 드러나듯이– 자유로운 노동조합의 결성 및 노조를 중심으로 한 교섭행위 및 단체행동에 대해 국가의 간섭과 방해를 배제하는 권리라는 측면에서는 전통적인 자유권의 성격을 그대로 가지고 있다. 때문에 자유권적 측면을 전면적으로 부정하는 견해는 찾기 어렵다. 하지만 문제는 근로삼권의 사회권적 측면이다. 사회권적 측면을 어떻게 이해하는지에 따라 학설이 대립되고 있는 것이다.
다수설은 근로삼권이 국가의 제도적 보장과 뒷받침을 통해서 사용자에게 이를 준수하도록 요구되고 있다는 점에 초점을 맞추고 있다. 그렇기 때문에 근로삼권은 사회권으로서의 성격도 갖고 있다는 것이다. 반면에 소수설은 이러한 국가의 보호가 급부청구권과는 구별되는 것이며, 실질적으로 법의 준수를 요구하는 것은 자유권적 기본권과 다를 바 없다는 점을 강조하고 있다.

한 국가활동을 요청할 수 있는 것처럼, 근로삼권에 기초하여 노동조합의 결성이나 활동에 관한 여건을 개선하도록 국가에게 요청할 수 있는 권리를 인정하는 것을 굳이 자유권적 성격이라고 보아야 할 이유는 크지 않다고 보기 때문이다.

2. 근로삼권의 이중적 차원과 근로삼권의 법적 성격

이렇게 이해할 때, 근로삼권의 경우에도 자유권적 성격과 사회권적 성격의 중첩현상이 나타나고 있다. 즉 근로삼권도 근로권 등과 마찬가지로 자유권적 측면과 사회권적 측면을 동시에 갖고 있는 것이다.

먼저 근로삼권의 자유권적 측면은 근로자들의 자유로운 단결, 즉 **노동조합의 결성**, 그리고 노동조합을 중심으로 한 **단체교섭**, **단체행동**을 보장하며, 이에 대한 국가의 개입을 배제하는 것을 내용으로 한다. 또한 기본권의 대사인적 효력에 기초하여 사용자가 이를 방해하는 것도 역시 근로삼권의 침해로 인정될 수 있다.

현재 근로삼권의 침해는 -국가에 의한 규제와 억압이 더 크게 문제되었던 과거와는 달리- 사용자에 의해 주로 발생되고 있다. 그로 인하여 근로삼권은 사용자에 의한 침해를 막기 위해 국가가 적극적으로 활동하도록 요청하는 내용까지 포함하는 것으로 확장되었다. 이로 인하여 근로삼권의 사회권적 측면이 인정되는 것이다. 물론 그 구체적 활동의 범위와 방법 등은 법률에 의하여 구체화되어야 할 것이다.

Ⅳ. 근로삼권의 주체: 근로자

1. 외국인의 기본권주체성

법인은 성질상 근로권의 주체로도 인정되지 않은 만큼, 근로권을 전제로 하는 근로삼권의 주체도 될 수 없다. 그러나 외국인의 경우에는 좀 더 신중한 접근이 필요하다.

먼저 외국인의 경우에는 근로권이 예외적으로만 인정된다는 점을 다시 확인할 필요가 있다. 하지만 일단 근로권이 법률에 의해 부여되었고 이에 따라 근로자의 지위를 획득한 이상, 외국인도 근로삼권의 주체로 인정될 수 있고 또 인정되어야 한다. 근로권은 인정하면서 이를 실질적으로 보장하기 위한 근로삼권을 인정하지 않는 것은 곤란하기 때문이다.

이와 관련하여 근로기준법 제6조가 국적을 이유로 한 근로조건의 차별을 금지하고 있는 것, 그리고 「노동조합 및 노동관계조정법」 제9조가 "노동조합의 조합원은 어떠한 경우에도 인종, 종교, 성별, 연령, 신체적 조건, 고용형태, 정당 또는 신분에 의하여 차별대우를 받지 아니한다"고 규정하고 있는 것도 같은 맥락에서 이해될 수 있을 것이다.

2. 비근로자의 근로삼권?

근로삼권과 관련하여 적지 않은 오해가 발생되고 있는 부분이 바로 자영업자들의 단체행동 등에 관한 문제이다.

예컨대 노점상이 시청 또는 구청의 단속에 항의하는 집단적 행동을 할 경우에 이들도 근로삼권에 의해 보호되는 것으로 주장하는 경우가 있다. 그러나 헌법상의 근로삼권은 임금노동자, 즉 사용자에게 고용되어서 일정한 임금을 받고 노동력을 제공하는 위치에 있는 사람에 대한 특별한 보호를 의미하는 것이다. 따라서 근로자의 개념에 포함되지 않는 자영업자의 집단적 행동이 근로삼권에 의해 보호될 수는 없다.

물론 노점상 등도 사회적 · 경제적 약자로 분류될 수 있을 것이고, 그에 따라 이들에 대한 특별한 보호가 요청되는 측면도 긍정될 수 있다. 그러나 근로삼권은 근로자의 지위를 강화시킴으로써 사용자와의 실질적 평등을 확보하는 것이 목적이다. 따라서 자영업자의 집단적 행동은 일반적 집회 · 결사의 자유 등에 의해 보호될 뿐 근로삼권에 의한 보호의 대상은 되지 못하는 것이다.

3. 근로삼권에 대응하는 사용자의 권리

근로자들이 유리한 근로조건을 쟁취하기 위하여 근로삼권을 행사함으로써 사용자에게 일정한 압력을 행사하는 경우, 이러한 근로자들의 쟁의행위에 대응하여 사용자가 직장폐쇄 등의 방법으로 맞서는 경우가 있다. 이와 관련하여 근로자의 근로삼권에 대응하는 사용자의 권리를 보장해야 한다는 주장이 있다.

근로삼권을 보장함으로써 근로자의 지위가 실질적으로 사용자와 대등한 수준으로 강화되었다면, 이제 대등한 입장에서 사용자에게도 각종 기본권(의사표현의 자유, 재산권 등)의 행사를 통하여 노조와 협상을 하고, 또 단체행동에 대응하는 것은 인정되어야 한다. 그러나 사용자에게 별도로 근로삼권과 같은 특별한 보호수단을 인정해 주는 것은 다시금 양자의 균형을 깨뜨리게 될 우려가 있기 때문에(사용자는 이미 그러한 보호가 필요할 정도로 약하지 않다!) 그러한 특별한 보호는 인정될 수 없다.

다만 오늘날 노조가 점차 거대화되고 강력해지면서 이에 대응하는 사용자단체의 구성이 문제된다는 점에 대해서는 주목할 필요가 있다. 특히 산별노조, 한국노총 또는 민주노총 등 노조가 연대적 투쟁을 할 수 있는 규모로 확대됨에 따라 이에 대응하는 사용자단체의 구성이 문제되며, 실제로 노조의 연대투쟁에 대한 사용자들의 공동대응이 한경협(구 전경련) 등의 사용자단체를 통하여 이루어지고 있다.

이러한 문제에 대해서는 노조(연합)의 실질적 지위가 개별기업의 사용자 이상의 위치에까지 이르렀다면, 역시 실질적 평등의 관점에서 사용자단체의 구성과 공동대응을 통한 사용자의 지위의 강화도 부정할 이유는 없다고 보아야 할 것이다.

V. 근로삼권의 내용

1. 단 결 권

단결권이란 근로자들이 근로조건의 유지 또는 개선을 위한 협상에서 사용자와 대등한 교섭력을 가질 수 있도록 노동조합을 결성하거나 이미 결성된 노동조합에 가입할 수

있는 권리를 의미한다.[13)]

단결권은 다시금 개인적 단결권과 집단적 단결권으로 분류될 수 있는데, **개인적 단결권**이란 근로자 개인이 단체(노동조합)를 결성하거나 이에 가입할 수 있는 권리를 의미한다. 그리고 **집단적 단결권**은 단체 자체의 단결권을 의미하는 것으로서 단위노조들이 산별노조 또는 노총 등을 구성하거나 이에 가입하는 권리를 지칭한다.

나아가 단체에 가입하지 않을 수 있는 권리, 탈퇴할 수 있는 권리를 의미하는 **소극적 단결권**도 단결권의 내용으로 인정되는 것이 일반적이다.[14)]

2. 단체교섭권

단체교섭권이란 근로자가 근로조건의 향상을 위하여 단결체의 명의로 사용자나 사용자단체와 자주적으로 교섭하는 권리를 말한다.

적정한 임금의 보장 등 근로조건의 문제는 사용자와 근로자의 이해가 가장 첨예하게 대립될 수 있는 부분이므로 이에 대한 단체교섭 및 단체교섭의 결과 체결된 단체협약에 대해서는 특별한 보호가 필요하다.

현행 「노동조합 및 노동관계 조정법」은 사용자가 노동조합의 대표자 또는 위임받은 자와의 단체협약체결 또는 단체교섭을 정당한 이유 없이 거부하거나 해태하는 경우에는 부당노동행위로 인정하여 규제하고 있으며(제81조 제3호), 근로자와 사용자 사이의 단체교섭의 결과 단체협약이 체결되면 그 효력이 당사자들 간의 신사협정에 그치는 것이 아니라 법적 보장을 받게 된다(제33조 이하). 또한 단체교섭과정에서의 행위가 민사상 또는 형사상 유책한 행위라 할지라도 단체교섭권의 정당한 행사로 인정될 경우에는 이에 대한 책임이 면제된다(제3조, 제4조).

3. 단체행동권

단체행동권은 노동쟁의[15)]가 발생한 경우에 근로자가 단결체로서 집단적으로 쟁의행위[16)]를 할 수 있는 권리를 가리킨다.

---

13) 노동조합 이외에 일시적인 쟁의단체의 구성 및 이에 대한 가입도 단결권의 내용으로 인정될 수 있으나, 주로 문제되는 것은 역시 노동조합이다.

14) 소극적 단결권에 대하여는 계희열, 기본권으로서의 소극적 단결권, 김진웅박사 화갑기념논문집, 1985, 3-35쪽 참조. 그러나 헌법재판소는 "헌법 제33조 제1항은 "근로자는 근로조건의 향상을 위하여 자주적인 단결권·단체교섭권 및 단체행동권을 가진다."고 규정하고 있다. 여기서 헌법상 보장된 근로자의 단결권은 단결할 자유만을 가리킬 뿐이고, 단결하지 아니할 자유 이른바 소극적 단결권은 이에 포함되지 않는다고 보는 것이 우리 재판소의 선례라고 할 것이다(헌재 1999.11.25. 98헌마141, 판례집 11-2, 614, 623-624 참조). 그렇다면 근로자가 노동조합을 결성하지 아니할 자유나 노동조합에 가입을 강제당하지 아니할 자유, 그리고 가입한 노동조합을 탈퇴할 자유는 근로자에게 보장된 단결권의 내용에 포섭되는 권리로서가 아니라 헌법 제10조의 행복추구권에서 파생되는 일반적 행동의 자유 또는 제21조 제1항의 결사의 자유에서 그 근거를 찾을 수 있다"고 봄으로써 소극적 단결권 인정에 소극적인 태도를 보이고 있다(**헌재 2005.11.24. 2002헌바95등 결정**).

15) 노동쟁의: 노동조합과 사용자 또는 사용자단체간에 임금·근로시간·복지·해고 기타 대우 등 근로조건의 결정에 관한 주장의 불일치로 인하여 발생한 분쟁상태(「노동조합 및 노동관계조정법」 제2조 제5호).

16) 쟁의행위: 파업, 태업, 직장폐쇄 기타 노동관계 당사자가 그 주장을 관철할 목적으로 행하는 행위와 이

쟁의행위는 업무의 정상적인 운영을 저해하는 것이므로 단체교섭의 결렬을 전제로 최후수단으로서 인정되는 것이며, 사용자에 대한 실질적인 압력이 되므로 노동삼권 중 가장 강력한 것이다. 예컨대 동맹파업(strike), 태업(sabotage), 불매운동(boycott), 감시행위(picketting), 생산관리[17] 등이 그 방법으로서 논의된다.

이러한 단체행동권은 근로자의 근로조건의 개선을 위해 (단체교섭에 의해 목적달성이 불가능한) 불가피한 경우에만 행사되어야 하며, 그러한 쟁의행위는 비폭력적이어야 한다. 따라서 시설물의 파괴 등은 정당화되지 않는다.

또한 정치적 파업이 근로삼권에 의해 보호될 수 있는지가 문제되기도 하는데, 근로삼권은 근로자와 사용자 사이에서 근로권을 실질적으로 보장하기 위한 것이기 때문에 이를 벗어난 정치적 파업은 원칙적으로 금지된다고 보아야 할 것이다.[18] 물론 노조의 정치적 의사표현도 일반적 표현의 자유에 의해 보호될 수 있다. 하지만 쟁의행위로서 민·형사상의 면책 등을 포함하는 강력한 보호는 인정되지 않는 것이다.

Ⅵ. 근로삼권의 효력

1. 근로삼권의 이중적 차원과 근로삼권의 대국가적 효력

앞서 검토한 바와 같이 근로삼권은 자유권적 측면과 사회권적 측면을 동시에 가지고 있다. 그 각각의 측면은 각기 다른 효력을 발하기 때문에 이를 분리하여 고찰할 필요가 있다.

먼저 근로삼권의 자유권적 측면의 효력은 일차적으로 근로자의 단결권, 단체교섭권, 단체행동권에 대하여 국가의 개입을 금지하는 것으로 나타난다. 이러한 자유권적 측면의 효력은 입법에 의한 구체화와 상관없이 국가권력을 직접 구속하는 것이다.

그리고 근로삼권의 사회권적 측면의 효력은 단결권, 단체교섭권, 단체행동권에 따

에 대항하는 행위로서 업무의 정상적인 운영을 저해하는 행위(노동조합및노동관계조정법 제2조 제6호).

17) 이와 관련하여 노동자들의 생산관리가 합헌으로 인정될 수 있는지의 여부가 문제되기도 한다. 생산관리는 노동조합이 사용자의 의사에 반하여 생산수단을 자기지배 하에 두고 경영까지도 장악하는 경우를 말하며, 경영자의 태업 등으로 근로자의 파업이 실효성을 거둘 수 없는 경우 외국의 근로자들이 가끔 이용하는 제도로 알려지고 있다. 그러나 이는 사용자의 재산권에 대한 심각한 침해로 인하여 위헌이 된다는 견해(권영성, 헌법학원론, 2010, 695쪽; 김철수, 헌법학개론, 2007, 1015쪽)가 있는가 하면, 노동삼권과 사용자의 재산권보장을 적절하게 교량하여 일정한 한도 내에서만 인정된다는 견해(계희열, 헌법학(중), 2007, 781쪽 이하; 허영, 한국헌법론, 2025, 608쪽)도 있다.

18) 이와 관련하여 헌법재판소는 "노동조합이 근로자의 근로조건과 경제조건의 개선이라는 목적을 위하여 활동하는 한, 헌법 제33조의 단결권의 보호를 받지만, 단결권에 의하여 보호받는 고유한 활동영역을 떠나서 개인이나 다른 사회단체와 마찬가지로 정치적 의사를 표명하거나 정치적으로 활동하는 경우에는 모든 개인과 단체를 똑같이 보호하는 일반적인 기본권인 의사표현의 자유 등의 보호를 받을 뿐이다"라고 판시한 바 있다(**헌재 1999.11.25. 95헌마154 결정**). 그러나 "근로자의 지위와 직접 관계되는 사항을 쟁점으로 하는 이른바 산업적 정치파업은 정당한 쟁의행위"라고 보는 견해(권영성, 헌법학원론, 2010, 695쪽), 또는 이와 유사한 맥락에서 "작업환경의 유지·개선과 불가분의 관계에 있는 국가의 경제정책 내지 산업정책 등을 이유로 하는 단체행동은 정치적 파업으로 볼 수 없다"는 주장도 제기되고 있다(허영, 한국헌법론, 2025, 609쪽).

라 조금씩 다르게 구체화된다. 단결권의 경우에는 사용자의 부당노동행위에 의해 근로자의 단결권이 방해받지 않도록 국가의 보호를 청구할 권리로 나타나며, 이는 「노동조합 및 노동관계 조정법」 제81조 제1호 등에 의해 구체화되고 있다. 단체교섭권은 단체교섭을 위한 적절한 제도적 장치를 마련하도록 국가에 요청할 수 있는 권리로 나타나고 있으며, 역시 「노동조합 및 노동관계 조정법」 제81조 제3호 등에 의해 구체화되어 있다. 그리고 단체행동권 역시 「노동조합 및 노동관계 조정법」 제81조 제5호 등에 의해 구체화되어 있다.

특히 단체교섭 및 단체행동권의 행사는 일반적 행동의 자유와는 다른 특별한 보호를 받기 때문에 민·형사상의 책임을 발생시키지 않는 효과가 인정되고 있다(「노동조합 및 노동관계 조정법」 제3조, 제4조). 또한 근로삼권의 행사를 이유로 한 사용자의 불이익한 처우도 금지된다(「노동조합 및 노동관계 조정법」 제81조 제5호).

2. 근로삼권의 대사인적 효력

근로삼권은 대국가적 효력 이외에 대사인적 효력도 인정되고 있다. 근로삼권 자체가 일차적으로 사용자와의 관계에서 문제되는 것이기 때문에 대사인적 효력이 인정되는 것은 당연하다고 보는 견해가 일반적이다. 그러나 이 경우에도 자유권적 측면과 사회권적 측면은 구분되어야 한다.

성질상 대사인적 효력이 인정되는 기본권은 자유권에 한정된다. 사회권은 국가에 대한 급부의 청구를 내용으로 하는 것이므로 대사인적 효력을 인정하여 사인에 대한 급부청구를 인정하는 것은 곤란하기 때문이다. 따라서 근로삼권의 대사인적 효력도 자유권적 측면에서 인정되는 것이라고 보아야 할 것이다. 사회권적 측면, 즉 국가에 대해 근로삼권의 보장을 위한 적극적 활동을 요구하는 것을 사용자에 대해서도 똑같이 적용하기는 곤란할 것이다.

Ⅶ. 근로삼권의 제한

1. 헌법 제33조 제2항 및 제3항에 의한 제한

근로삼권에 대한 제한 가운데 가장 포괄적인 것은 헌법 스스로가 설정하고 있는 제한이다. 헌법 제33조 제2항은 공무원인 근로자에 대하여 근로삼권의 전면적 제한을 가능하게 하고 있으며, 제33조 제3항은 주요방위산업체에 종사하는 근로자의 단체행동권의 제한을 가능하게 하고 있는 것이다.

특히 최근에는 공무원노조와 관련하여 공무원의 근로삼권 문제를 둘러싼 날카로운 견해대립이 나타난 바 있다. 한편에서는 헌법 제33조 제2항 및 국가공무원법 제66조의 규정을 들어 공무원노조의 불법성을 주장했지만, 다른 한편에서는 국제인권규약 등 국제인권법을 들면서 공무원노조의 결성이 정당한 인권의 행사임을 강조하였던 것이다.

이 문제는 단순히 현행헌법의 해석론만으로 해결되기 어려운 문제라고 할 수 있다.

현행헌법의 해석을 통해서는 공무원노조의 금지가 합법이라고 할 수 있었지만, 계속 금지를 유지하는 것만이 바람직하다고는 말하기 어려웠던 것이다. 그 결과 과거 사립학교 교원의 근로삼권에 대한 문제처럼 입법의 개선을 통해 문제를 해결하는 것[19]이 바람직하다는 견해에 따라 「공무원의 노동조합 설립 및 운영 등에 관한 법률」이 제정되었으며, 이 법률에 따라 공무원의 단결권, 단체교섭권은 인정되는 반면에 단체행동권은 금지되고 있다(동법 제11조).

2. 헌법 제37조 제2항에 의한 제한

근로삼권에 대해서는 헌법 제33조 제2항과 제3항에서 직접 규정되고 있는 제한 이외에도 헌법 제37조 제2항의 일반적 법률유보에 의한 제한이 가해질 수 있다. 즉 국가안전보장, 질서유지, 공공복리를 위하여 법률에 의한 제한이 가능한 것이다. 이러한 제한이 기본권제한의 일반적 요건과 기준에 부합하여야 함은 물론이다.

3. 국가비상사태 하에서의 제한

국가긴급권의 성격상 국가비상사태 하에서는 법률에 의하지 않은 특별한 제한(대통령의 긴급명령권, 비상계엄에 의한 제한)도 인정될 수 있다.

이와 관련하여 계엄법 제9조 제1항에서는 "단체행동"에 대한 명시적 언급이 있지만, 헌법상의 근거규정인 헌법 제77조 제3항에서는 근로삼권에 대한 명시적 언급이 없다는 것이 문제되기도 한다. 그러나 헌법 제77조 제3항의 규정을 한정적 열거로 보기는 어렵기 때문에 해석상 큰 문제가 되지는 않는다고 할 수 있을 것이다.

사례 풀이:

1. A노조의 헌법소원심판청구는 적법한가? (30점)
   - Ⅰ. 서: 위헌소원의 의의 및 성격과 청구요건 [3점]
   - Ⅱ. 재판의 전제성 [10점]
     1. 소송의 계속
     2. 심판대상법률(조항)이 당해 소송사건에 적용
     3. 심판대상법률(조항)의 위헌 여부에 따라 다른 내용의 재판
   - Ⅲ. 위헌법률심판제청의 신청과 기각 [9점]
     1. 위헌소원의 성격과 위헌법률심판제청의 의미
     2. 법원의 기각 결정과 그 구속력
     3. 헌법재판소법 제68조 제2항에 의한 헌법소원심판의 청구
   - Ⅳ. 기타의 청구요건 [6점]
     1. 변호사 강제주의

---

19) 과거 공무원이 아닌 사립학교 교원의 근로삼권의 제한과 관련하여 논란이 있었으며 이에 관하여는 헌법재판소가 제한의 합헌성을 인정한 바 있다(헌재 1991.7.22. 89헌가106). 그러나 1999년 제정된 「교원의 노동조합 설립 및 운영 등에 관한 법률」에 의하여 교원노조는 합법화되었다.

2. 청구기간

V. 결론 [2점]

2. 「노동조합 및 노동관계조정법」에서 노조에 대한 회사의 운영비 지원을 부당노동행위로서 금지하고 있는 이유는 무엇인가? (20점)

I. 서: 회사의 노조 운영비 지원이 갖는 의미와 쟁점 [2점]

II. 부당노동행위 제도의 의미와 기능 [4점]

1. 부당노동행위의 개념
2. 노사 간의 세력균형을 위한 적극적 입법의 필요성
3. 부당노동행위의 유형과 그에 대한 법적 제재

III. 노조 운영비 지원 금지조항의 의의와 기능에 관한 헌법재판소의 해석 [6점]

1. 입법취지: 노동조합의 자주성 확보
2. 노조 운영비 지원과 사용자의 영향력 침투의 문제
3. 노조의 자주성 침해가 문제되지 않는 경우에 대한 예외 인정?

IV. 사용자와 노조의 세력관계 변화와 새로운 해석 필요성 [7점]

1. 사용자와 노조의 대등성이 확보된 경우
2. 사용자가 노조에 대해 우월한 경우
3. 노조가 사용자에 대해 우월한 경우 - 새로운 해석 필요성

V. 결론 [1점]

3. A노조의 헌법소원심판청구가 적법한 경우 헌법재판소는 어떤 본안판단을 내려야 하는가? (50점)

I. 사안의 분석과 쟁점의 정리 [5점]

II. 사용자의 노조 운영비 지원 금지조항과 제한되는 기본권 [8점]

1. 입법목적: 사용자와 노조의 실질적 평등 확보
2. 단체교섭권의 제한
3. 행복추구권의 제한

III. 단체교섭권의 의의와 보호범위 [10점]

1. 근로삼권의 체계 속에서 단체교섭권의 의의
2. 노사 협상의 자율성과 국가 개입의 (원칙적) 보충성
3. 단체교섭권의 한계: 법령에 의해 정해지는 상황 / 노사의 대등성이 깨어질 경우

IV. 제한의 정당성에 대한 비례성 판단 [12점]

1. 목적의 정당성, 수단의 적합성
2. 침해의 최소성
3. 법익의 균형성

V. 헌법재판소의 결정과 그 효력 [12점]

1. 헌법재판소 결정의 형식
2. 사안에 대한 판단
3. 헌법재판소 결정의 효력

VI. 결론 [3점]

제16장 사회적 기본권 ⑤: 혼인과 가족생활의 보호, 보건의 권리

「혼인과 가족생활에 대한 보호」와 「보건의 권리」는 헌법 제36조에 함께 규정되고 있지만 -그 보호의 대상은 전혀 다른- 두 개의 구별되는 독립된 권리로 이해되어야 한다.

혼인과 가족생활에 대한 보호는 -교육이나 근로에 관한 기본권들이 그러했듯이- 자유권적 측면의 보장에서 시작되었지만 사회적 보장의 측면이 강화됨으로 인하여 오늘날에는 사회적 기본권으로 분류되고 있다. 즉 혼인의 자유 및 이를 통한 자유로운 가족의 구성, 그리고 이혼의 자유를 통한 가족해체의 자유 등이 근대적 인권으로 확립되면서 혼인과 가족에 대한 보호가 시작되었지만, 오늘날에는 혼인과 가족의 자유보다는 이에 대한 국가의 지원과 보조가 주로 문제되고 있는 상황인 것이다.

반면에 보건의 권리는 순수한 사회권으로 이해될 수 있다. 국민의 건강에 대한 침해를 막는 자유권적 측면은 이미 신체를 훼손당하지 않을 권리에 의해 확보되고 있으므로 보건의 권리에서 이를 다시 보호대상으로 포착해야 할 이유가 없기 때문이다.

헌법 제36조: ① 혼인과 가족생활은 개인의 존엄과 양성의 평등을 기초로 성립되고 유지되어야 하며, 국가는 이를 보장한다.
② 국가는 모성의 보호를 위하여 노력하여야 한다.
③ 모든 국민은 보건에 관하여 국가의 보호를 받는다.

제 1 절 혼인과 가족생활의 보호

혼인과 가족생활의 문제는 종래 국가정책적으로 중요한 문제였다. 혼인과 가족구성의 문제를 종교적 차원에서 규율하고자 하는 경향도 있었고, 건강한 가족구성이 국력의 기초라는 생각에 따라 혼인과 가족에 대해 국가가 관여하려는 경향도 매우 컸었던 것이다.

이에 반발하여 개인의 자율적 삶의 형성에 가장 중요한 요소의 하나였던 혼인 및 이혼의 문제를 개인의 자유의사에 따르도록 하려는 경향이 근대 이후로 강력하게 대두되었으며, 그 결과 혼인 및 이혼의 자유가 기본권으로 뿌리내리게 되었다.

하지만 오늘날에는 이미 당연시되고 있는 혼인 및 이혼의 자유보다는 인구정책적 고려에 따라 국가가 혼인과 출산 및 육아 등에 대하여 적극적 지원을 하는 것이 주로 문제되고 있다.

Ⅰ. 혼인과 가족생활에 대한 보호의 역사적 뿌리

1. 혼인에 대한 보호

혼인에 대한 법적 보호의 문제는 무엇보다 혼인의 자유에 대한 보호로 시작되었다. 즉 혼인이 당사자의 자유의사에 의해 이루어지는 것이 아니라 교회나 영주의 허가를 받아서만 가능하였던 중세적인 혼인의 틀을 깨고, 당사자의 자유의사에 기초한 시민적 혼인제도를 도입하면서 혼인의 자유가 헌법적으로 보장되게 되었다.

따라서 혼인의 자유는 **결혼 또는 이혼에 대한 종교적인 구속의 제거** 및 **영주나 경찰의 허가권한의 배제**로 나타나게 되었다. 이러한 근대적 기본권으로서의 혼인의 자유는 곧 근대적 민법에 의해 혼인제도로 구체화되었다. 이에 따르면 혼인은 기본적으로 사적 자치의 원칙에 따라, 즉 당사자의 자유의사에 따라 이루어진다. 다만 미성년자 등의 경우에는 일정한 요건에 따라 혼인의 자유가 제한될 수 있다.

2. 가족생활에 대한 보호

혼인의 결과 구성된 가족은 전통적으로 -동·서양 모두- 가부장적 구조를 가지고 있었다. 그에 따라 가족에 대한 책임은 가장이 지는 것으로 인정되고 있었기 때문에 가족생활에 대한 국가적 보호는 특별히 문제되지 않았었다.

가족생활에 대한 보호가 문제되기 시작한 것은 주로 인구정책적인 이유 때문이었다. 과거 인구의 수는 국력의 중요한 요소의 하나였기 때문에 가급적 많은 자녀를 낳고 건강하게 키우도록 국가가 배려를 해야 한다는 요청이 있었으며, 이러한 측면에서 「가족에 대한 국가적 배려 내지 지원」이 정당화되었던 것이다.

Ⅱ. 혼인과 가족생활에 대한 보호의 현대적 구조

1. 혼인과 가족의 구조변화

근대적인 혼인과 가족생활은 현대에 들어와 커다란 변모를 보이고 있다. 종래에는 혼인의 자유가 강조되면서 특별한 허가를 요하지 않는 「신고에 의한 결혼」이 혼인제도의 중요한 요소였지만, 오늘날에는 혼인신고 없이 동거하는 경우들이 증가하면서 과거와는 많이 달라진 결혼관, 결혼상을 보이고 있다.

또한 가족생활에 있어서도 산업구조의 변화와 더불어 전통적인 대가족제도가 소가족제도로 분해되어 가는 변혁이 있었다. 이로 인하여 과거 가부장적 권위를 중심으로 형성되었던 가족생활의 내부에도 역시 커다란 변화가 있을 수밖에 없었다.

2. 혼인과 가족생활에 있어서의 양성의 평등

이와 같은 혼인과 가족생활의 변화 속에서 가장 두드러지게 대두되는 것 중의 하나가 양성의 평등, 즉 남녀평등의 문제이다.

중세는 물론 근대 초까지도 남녀간의 차이는 너무도 당연하게 전제되었다. 그러나 근대 이후 (한정된 범위에서나마) 여성에 대한 교육의 확대 및 여성의 사회적·문화적 활동의 활성화, 그리고 산업구조의 발전에 따라 여성의 사회적·경제적 비중은 점차 증대되었으며, 이에 따라 여성의 지위도 점차 강화되었다.

현대에 들어와서는 여성의 참정권 확보와 더불어 혼인과 가족생활에 있어서도 여성이 남성과 평등한 지위를 갖는다는 것이 점차 관철되기 시작하였다. 하지만 우리나라의 경우 아직도 현실적으로 잔존하고 있는 전통적 관념과 불평등한 제도, 관습으로 인하여 헌법 제36조 제1항은 "혼인과 가족생활은 개인의 존엄과 양성의 평등을 기초로 성립되고 유지되어야 하며, 국가는 이를 보장한다"고 명문으로 규정하고 있는 것이다.[1)]

3. 자녀의 법적 지위

가족생활에 있어서는 자녀에 대한 법적 보호의 문제도 빠뜨릴 수 없다. 결혼을 통하여 성립된 가족은 자녀에 의하여 완성된다.

그러나 자녀도 또한 인간으로서, 국민으로서 헌법과 법률에 의한 보호를 받으며, 각종 기본권의 주체가 된다. 따라서 자녀를 부모의 소유물로 취급하는 것은 결코 정당화되지 못한다. 다만 부모는 자녀에 대한 일차적인 양육권과 교육권을 가지며, 자녀는 이에 복종하여야 한다.

4. 가족에 대한 부양

가족생활에 있어서는 경제적인 생활의 유지가 가장 중요한 요소의 하나이다. 이는 과

---

1) 이와 관련하여 헌법재판소는 "오늘날 가족관계는 한 사람의 가장(호주)과 그에 복속하는 가속(家屬)으로 분리되는 권위주의적인 관계가 아니라, 가족원 모두가 인격을 가진 개인으로서 성별을 떠나 평등하게 존중되는 민주적인 관계로 변화하고 있고, 사회의 분화에 따라 가족의 형태도 모와 자녀로 구성되는 가족, 재혼부부와 그들의 전혼소생자녀로 구성되는 가족 등으로 매우 다변화되었으며, 여성의 경제력 향상, 이혼율 증가 등으로 여성이 가구주로서 가장의 역할을 맡는 비율이 점증하고 있다. 호주제가 설사 부계혈통주의에 입각한 전래의 가족제도와 일정한 연관성을 지닌다고 가정하더라도, 이와 같이 그 존립의 기반이 붕괴되어 더 이상 변화된 사회환경 및 가족관계와 조화되기 어렵고 오히려 현실적 가족공동체를 질곡하기도 하는 호주제를 존치할 이유를 찾아보기 어렵다"고 판시하면서 호주제의 위헌성을 인정한 바 있다(**헌재 2005.2.3. 2001헌가9등 결정**). 또한 헌법재판소는 "입양이나 재혼 등과 같이 가족관계의 변동과 새로운 가족관계의 형성에 있어서 구체적인 사정들에 따라서는 양부 또는 계부 성으로의 변경이 개인의 인격적 이익과 매우 밀접한 관련을 가짐에도 부성의 사용만을 강요하여 성의 변경을 허용하지 않는 것은 개인의 인격권을 침해"한다고 인정하면서 부성주의 원칙에 대한 예외를 인정하지 않고 있는 민법 제781조 제1항에 대한 헌법불합치를 결정하였다(**헌재 2005.12.22. 2003헌가5 등 결정**).

거 가장의 책임으로 여겨져 왔으나, 오늘날의 혼인 및 가족생활에 있어서는 부부의 공동책임 내지 경제적 능력이 있는 가족구성원의 책임으로 인정하는 것이 일반적이다.

이러한 맥락에서 민법 제826조 제1항은 **부부 간의 상호부양의무**를 규정하고 있으며, 민법 제974조 제1호는 **직계혈족 및 그 배우자 간의 상호부양의무**를 인정하고 있다.

Ⅲ. 혼인과 가족생활에 대한 보호의 이중적 측면

1. 혼인과 가족생활에 대한 보호의 헌법적 의의

혼인 및 이를 기초로 구성되는 가족은 최소의 공동생활체이며, 국가공동체의 기초가 된다. 따라서 자유롭고 건전한 혼인 및 가족생활의 보장은 개인의 자유로운 인격의 발현을 위하여 필수적일 뿐만 아니라 건전한 국가공동체의 형성과 유지를 위해서도 매우 중요하다.

이러한 혼인과 가족생활에 대한 헌법적 보호는 교육의 권리나 근로의 권리와 유사하게 자유권적 측면과 사회권적 측면을 동시에 갖고 있다. **혼인 및 가족생활의 자율성을 통한 자율적인 삶의 형성과 유지를 확보**하기 위하여 국가의 침해를 배제하는 것은 자유권적 측면이고, **건전한 혼인과 가족생활의 보장을 통한 건전한 국가공동체의 구성**을 위해 국가의 지원을 요청하는 것은 사회권적 측면이라고 할 수 있다.

2. 혼인과 가족생활에 대한 보호의 자유권적 측면

혼인의 자유는 배우자를 자유롭게 선택함으로써 자신의 삶을 누구와 함께 누릴 것인지를 결정하는 자유이다. 그러므로 혼인의 자유는 인간의 삶을 자율적으로 형성함에 있어서 가장 중요한 부분의 하나라고 할 수 있다. 만일 혼인의 자유가 부정되고 국가에 의한 간섭과 침해(강제에 의한 혼인 또는 혼인의 방해)가 인정된다면, 자신이 원하는 삶을 영위할 수 있는 공간은 현저하게 축소될 수밖에 없을 것이기 때문이다.

또한 혼인의 결과로 구성된 -최소단위의 공동체인- 가족이 어떠한 형태로 삶을 영위해 나갈 것인지에 대해서도 국가는 원칙적으로 간섭하지 말아야 한다.[2] 굳이 보충성의 원리를 들지 않더라도, 가족의 내부에 관한 일은 가족구성원들에 의해 자율적으로 처리될 수 있도록 하는 것이 바람직하다.[3] 다만 그것이 중대한 헌법적 가치와 충돌될 경우에는 국가의 개입이 예외적으로 허용될 수 있을 것이다.[4]

2) 이와 관련하여 헌법재판소는 "호주제는 당사자의 의사나 복리와 무관하게 남계혈통 중심의 가의 유지와 계승이라는 관념에 뿌리박은 특정한 가족관계의 형태를 일방적으로 규정 · 강요함으로써 개인을 가족 내에서 존엄한 인격체로 존중하는 것이 아니라 가의 유지와 계승을 위한 도구적 존재로 취급하고 있는데, 이는 혼인 · 가족생활을 어떻게 꾸려나갈 것인지에 관한 개인과 가족의 자율적 결정권을 존중하라는 헌법 제36조 제1항에 부합하지 않는다"고 판시한 바 있다(**헌재 2005.2.3. 2001헌가9등 결정**).

3) **헌재 2015.2.26. 2009헌바17등 결정**에서 형법상 간통죄에 대해 위헌결정을 내린 것도 이런 맥락으로 이해될 수 있다. 다만, 그것이 배우자의 성실의무 자체를 부정하는 것은 아니며, 민사상의 책임은 오히려 더 무겁게 인정되어야 한다는 점을 간과해서는 안 될 것이다.

4) 예컨대 가정 내의 폭력행위 등으로 인한 인권침해가 발생될 경우에는 국가의 개입이 정당화될 수 있

3. 혼인과 가족생활에 대한 보호의 사회권적 측면

(1) 혼인에 대한 국가적 급부

국가가 혼인을 직접적으로 강제하거나 금지하는 것은 결코 정당화될 수 없다. 그러나 인구정책적 측면 또는 사회정책적 측면에서 혼인을 장려하기 위한 간접적인 수단을 사용하는 것은 허용될 수 있다.

예컨대 국가가 혼인을 장려하고, 혼인에 따르는 각종 부담을 경감시키기 위하여 결혼비용 등에 대한 보조 또는 융자를 한다거나, 결혼한 사람에 대한 조세상의 감면혜택을 주거나 배우자수당을 지급하는 것 등은 -그 정도가 지나치지 않은 한- 정당한 정책적 수단으로 인정될 수 있다.

(2) 출산 및 양육에 대한 국가적 급부

같은 맥락에서 가족생활에 대한 국가의 보호도 인정될 수 있다. 예컨대 법적으로 유급출산휴가를 보장하는 것, 국가가 출산장려금을 지급하는 것, 양육비용을 국가가 보조하거나 양육을 위한 사회적 시설을 확충하는 것 등이 이에 해당된다.

Ⅳ. 혼인과 가족생활에 대한 보호의 구체적 내용과 형태

1. 출발점: 혼인과 가족에 의한 공동생활의 자유와 이에 대한 지원

혼인과 가족생활에 대한 헌법적 보호는 무엇보다 개인의 자유의 측면, 즉 혼인과 가족에 의한 공동생활을 자율적으로 영위해 나가는 것을 그 대상으로 한다. 따라서 누구와 언제 어디에서 혼인을 할 것인지, 나아가 혼인 후 어디에서 어떻게 살 것이며, 자녀는 몇을 둘 것인지 등은 당사자의 자율에 맡겨진다.

국가는 이러한 개인의 자율성을 존중하여야 하며, 이에 간섭할 수 없다. 국가는 단지 -개인의 자유로운 혼인 및 가족생활의 영위에 외부적인 경제적 · 사회적 여건에 의한 장애가 있을 경우에- 당사자들이 이를 극복할 수 있도록 지원할 수 있을 뿐이다.

2. 혼인과 가족공동체의 구성

혼인과 가족생활에 대한 헌법적 보호의 일차적 대상은 「혼인과 이를 통한 가족공동체의 구성」이며, 그 자율성은 보장된다. 이러한 보호는 예컨대 혼인을 퇴직사유로 하는 근로계약을 금지하는 남녀고용평등과 일 · 가정 양립지원에 관한 법률(제11조 제2항) 등에 의해 구체화되기도 한다.

그러나 결혼 및 이를 통한 가족공동체의 구성은 상술한 바와 같이 건전한 국가공동체를 위해서도 매우 중요한 의미를 갖는다. 따라서 국가는 -혼인과 가족생활에 있어서의 개인의 자율성을 침해하지 않는 범위 내에서- 일정한 수단을 통하여 영향을 미칠

을 것이다. 이러한 맥락에서 「가정폭력방지 및 피해자보호 등에 관한 법률」과 「가정폭력범죄의 처벌 등에 관한 특례법」이 제정되어 시행되고 있다.

수 있다.

예컨대 법률혼주의를 통하여 혼인을 신고하도록 하는 것, 또는 일정한 국가적 급부의 조건으로 혼인이나 일정수의 자녀를 요구하는 것 등이 이에 해당될 것이다.[5)]

3. 혼인생활 및 가족생활의 영위 – 모성의 보호

혼인과 가족생활에 대한 보호의 이차적 대상은 이미 구성된 가족 속에서 「혼인생활 및 가족생활을 영위」하는 것이다.

혼인생활 및 가족생활의 영위에 있어서도 당사자의 자율성을 보장하는 것이 무엇보다 우선시된다. 그러나 여기서도 국가적 관점에 따른 특별한 지원과 보호 및 규제가 있을 수 있다. 특히 국가적으로 가장 문제되는 것은 출산과 관련된 것이며, 이에 관하여 헌법 제36조 제2항은 "모성의 보호"를 특별히 규정하고 있다.[6)]

모성의 보호는 곧 인류가 하나의 종족으로서 계속 그 존재를 유지하기 위한 중요한 조건이며, 국가의 차원에서도 건강한 국민의 출생과 양육을 위한 기초가 되기 때문에 헌법적 중요성을 갖고 있다고 인정되는 것이다.

4. 이혼과 가족의 해체

끝으로 혼인과 가족생활에 대한 보호는 이혼과 이를 통한 가족의 해체에까지 미친다. 자율적인 혼인의 보장이 이혼의 자유에까지 미쳐야 한다는 것은 근대 초 혼인의 자유가 인정될 때부터 함께 강조되던 것이며, 오늘날에도 원칙적으로 인정되고 있다.[7)]

또한 부모와 자식의 관계도 입양의 취소나 파양에 의해 단절되어 가족의 해체를 가져오기도 한다(민법 제884조 및 제898조 이하 참조).

Ⅴ. 생활방식의 변화에 따른 실질적 보장의 요청

그 동안 혼인의 자유는 –동성동본에 대한 혼인금지가 문제되는 것 이외에는[8)]– 비교적 크게 문제되지 않고 있으며, 가족생활에 있어서는 특히 우리나라의 경우 인구의

---

5) 그러나 혼인을 한 사람에 대해 합리적 사유 없이 불리한 처분을 하는 경우에는 그것이 위헌으로 판단될 수 있다. 예컨대 헌법재판소는 누진과세제도 하에서 **혼인한 부부의 자산소득을 합산하여 과세**하도록 함으로써 혼인하지 않은 사람들보다 더 많은 세금을 납부하도록 하는 것은 혼인한 부부를 비례의 원칙에 반하여 사실혼관계의 부부나 독신자에 비하여 차별하는 것으로서 헌법 제36조 제1항에 위배된다고 판시한 바 있다(**헌재 2002.8.29. 2001헌바82 결정; 헌재 2005.5.26. 2004헌가6 결정**).

6) 이를 구체화하여 모성의 생명과 건강에 대한 보호를 규정하고 있는 것이 모자보건법이고, 한부모가족의 생활안정과 복지증진을 위해 제정된 것이 한부모가족지원법이다.

7) 과거 간통죄를 형사처벌하는 것에 대해 헌법재판소가 합헌결정(**헌재 1990.9.10. 89헌마82 결정; 헌재 1993.3.11. 90헌가70 결정; 헌재 2001.10.25. 2000헌바60 결정; 헌재 2008.10.30. 2007헌가17 등**)을 내렸으나, 시대의 변화에 따라 헌법재판소가 판례를 변경하여 이를 위헌으로 결정(**헌재 2015. 2.26. 2009헌바17등 결정**)함으로써 간통죄가 폐지되었다.

8) 헌법재판소는 동성동본에 대한 혼인의 금지를 규정한 민법 제809조 제1항에 대해 헌법불합치결정을 내림으로써 이 문제를 둘러싼 오랜 논란에 종지부를 찍었다(**헌재 1997.7.16. 95헌가6등 결정**).

증가가 문제되었을 뿐 인구의 감소 측면은 현실적으로 크게 문제되지 않았으므로 헌법적 보호규정의 실질적 의의에 대해 많은 사람들이 무관심하였다.

그러나 우리나라에서도 산업화과정과 더불어 생활방식에 적지 않은 변화가 야기되었을 뿐만 아니라, 그와 더불어 혼인과 가족생활을 실질적으로 보장하기 위한 조건(특히 양육을 위한 현실적 조건의 보장, 사회시설 확충 등)의 창출이라는 문제가 이미 현실적인 문제로 대두되기 시작하였다. 그에 따라 입법자에 의한 기본권의 구체화가 현실적으로 강력하게 요청되고 있다.9)

제2절 보건의 권리

Ⅰ. 보건의 개념과 보건권의 연혁

보건(保健)이란 건강을 지키고 유지하는 일을 의미한다. 종래 개인의 건강을 지키고, 또 건강에 대한 침해가 있을 경우에 이를 회복시키는 것은 당사자의 사적 과제로 인식되는 것이 일반적이었고, 이를 국가의 과제로 인식한 경우는 많지 않았다. 국가가 시혜적 차원에서 빈민구휼제도를 두거나 가난한 병자에 대한 치료시설을 운영한 예들은 있었지만, 그것이 국가의 법적 의무로 인식되지는 않았던 것이다.

보건에 대한 보호가 국가의 법적 과제로 인식된 것은 사회국가원리의 도입 내지 사회적 기본권의 대두를 통해서이며, 이를 최초로 명문화한 것은 바이마르 헌법 제119조 제2항에서 "가족의 순결과 건강은 유지되어야 하며, 국가와 공공단체는 이를 지원하여야 한다"고 규정한 것이었다. 이후 보건의 권리는 국가의 사회적 과제에 대한 인식의 보편화와 더불어 세계 각국의 헌법으로 확산되었으며, 우리 헌법도 제헌헌법 제20조에서 규정된 이래 현행헌법에 이르기까지 보건의 권리를 기본권으로 보장하고 있다.

Ⅱ. 보건권의 법적 성격

현행헌법 제36조 제3항이 규정하고 있는 보건권의 법적 성격을 어떻게 이해할 것인지에 대해서는 적지 않은 논란이 있다. 그것은 보건권이 교육의 권리나 근로의 권리처럼 자유권적 측면과 사회권적 측면을 아울러 가지고 있는 것인지, 아니면 순수한 사회권으로 이해되어야 할 것인지가 분명하지 않기 때문이다.

보건이라는 개념에 초점을 맞춰서 볼 경우에는 보건권이 자유권적 측면과 사회권적 측면을 동시에 가지고 있다고 보는 것이 합리적이다. 예컨대 보건권을 "국가권력에 의

---

9) 이미 근로기준법의 일부조항, 모자보건법, 한부모가족지원법 등에 의해 이러한 수요에 대응하려는 입법적 노력이 나타나고 있으나, 아직은 충분하다고 보기 어려운 상황이다.

한 건강생활의 침해금지와 건강생활의 침해에 대한 국가의 적극적인 보호의무를 그 내용으로 하는 권리"로 보는 견해는 보건권이 자유권적 측면과 사회권적 측면을 모두 포함하는 것으로 보는 것이다.[10)]

그러나 이렇게 넓게 볼 경우에는 「보건의 권리」와 (신체를 훼손당하지 않을 권리의 내포로 인정되는) 「건강에 대한 침해의 금지」를 구별하는 것이 불가능하게 될 것이다. 그렇다고 보건의 권리 안에서 신체를 훼손당하지 않을 권리를 전체적으로 포함하는 것으로 해석하기도 어렵다. 따라서 보건권은 -「건강에 대한 침해의 금지」를 「신체를 훼손당하지 않을 권리」의 내용으로 인정하는 한- 자유권적 측면을 배제한 순수한 사회적 기본권으로 이해되어야 한다.[11)]

이런 맥락에서 볼 때 보건권은 국가가 국민의 건강 내지 신체의 완전성을 침해하지 못하도록 하는 소극적 방어권으로서의 "신체를 훼손당하지 않을 권리"와 구별되는, 국가의 적극적 활동을 요청하는 사회적 기본권으로서의 성격을 갖는다. 즉 보건권은 「위생적인 생활환경을 조성함으로써 국민의 건강을 유지할 수 있도록 하며, 나아가 건강을 해친 국민이 건강을 회복할 수 있도록 국가의 적극적인 활동을 요청할 수 있는 권리」로 이해되는 것이다.

Ⅲ. 보건권의 내용: 하위법률에 의한 구체화를 중심으로

사회적 기본권이 일반적으로 그러하듯이 보건권도 국가에 대해 적극적인 활동을 요청하는 급부청구권이며, 그 내용과 효력은 법률에 의해 구체화됨으로써 비로소 확정된다. 현행법상 보건의료기본법에 의해 보건의료에 관한 기본적인 사항이 규정되어 있으며, 다수의 개별법률에 의해 구체적인 사항들이 정해지고 있다.

1. 보건담당기구의 설치 · 운영

국가의 보건활동을 위해서는 이를 담당하는 조직이 필요함은 당연하다. 정부조직법상 보건복지부가 국민의 보건을 담당하는 기구로 설치되어 있으며, 그 하부에 다양한 부서와 국립의료원을 비롯한 여러 국립병원, 국립보건원, 국립재활원, 국립검역소 등의 다양한 기관들이 구성되어 운영되고 있다.

또한 지역보건법에 따라 지방자치단체에 의해 지역별로 보건소 또는 보건의료원이 설치되어 국민의 보건을 위한 활동을 담당하고 있다. 그 밖에 정신건강복지법(「정신건

10) 허영, 한국헌법론, 2025, 515쪽 이하 참조.

11) 권영성 교수는 보건권을 "국민이 자신과 가족의 건강을 유지하는 데 필요한 국가적 급부와 배려를 요구할 수 있는 권리"라고 정의하고 있지만(헌법학원론, 2010, 711쪽), 보건권의 법적 성격에 대해서는 "공권력에 의한 건강침해에 대하여 그 배제를 요구할 수 있다는 점에서는 자유권적 성격을 가지는 것이지만, 자신과 가족의 건강에 대하여 국가의 적극적 배려를 청구할 수 있다는 점에서는 사회권적 성격을 가지는 것"이라고 보고 있다(712쪽). 그러나 이처럼 보건권을 자유권과 사회권의 양면을 갖는 것으로 이해할 경우에는 신체를 훼손당하지 않을 권리와의 관계가 문제될 것이다.

강증진 및 정신질환자 복지서비스 지원에 관한 법률」)에 기초하여 정신보건시설(정신병원, 정신요양시설, 정신보건연구기관, 사회복귀시설 등)이 설치되어 운영되고 있으며, 학교보건법에 따른 보건실의 설치와 운영도 같은 맥락에서 이해될 수 있다.

2. 전염병의 예방, 위생검사 등

보건활동의 첫 번째 단계는 예방활동이라고 할 수 있다. 건강에 대한 침해가 발생된 이후에 사후적으로 이를 회복시키는 것보다는 사전적으로 이를 예방하는 것이 보건을 위해 훨씬 효과적이기 때문이다.

이를 위하여 「감염병의 예방 및 관리에 관한 법률」 등에 따른 각종 건강검진, 예방접종, 방역활동 등이 인정되고 있다. 그러나 전염병의 예방 등을 위한 제한이 동시에 다른 기본권의 제한이 되는 경우가 많기 때문에, 이러한 경우 기본권제한의 요건과 절차를 따라야 한다.

마찬가지로 국민의 보건을 위하여 「공중위생관리법」에 기초하여 음식점, 접객업소 등에 대한 위생검사 등이 행해질 수 있다. 이것도 역시 예방적 차원에서 국민의 건강에 대한 침해를 사전에 막고자 하는 것이다.

3. 보건권과 의료보험제도

각종의 예방적 조치에도 불구하고 건강의 침해가 발생된 경우에는 이를 회복시키기 위한 국가의 활동이 보건권에 기초해서 청구될 수 있다. 이러한 맥락에서 의료보험제도나 의료급여제도도 보건권을 실현하는 것으로 볼 수 있다.

Ⅳ. 보건권과 다른 기본권의 관계

보건권은 앞서 설명한 바와 같이 사회적 기본권이라는 점에서 자유권으로서의 (신체를 훼손당하지 않을 권리의 일부인) **건강권**과 구별된다.

또한 보건권은 **인간다운 생활을 할 권리**와의 경합이 문제될 수 있다. 예컨대 의료보험은 인간다운 생활을 할 권리의 내용으로도 인정되는 것이고, 또한 보건의 권리와도 무관하지 않기 때문이다. 그러나 양자가 모두 사회적 기본권으로서 법률에 의해 구체화되고 있으므로 현실적으로는 양자의 경합이 특별하게 실현구조상의 차이를 발생시키지는 않는다.

제17장 새로운 유형의 기본권(제3세대의 기본권): 환경권, 평화적 생존권 등

「제17장 새로운 유형의 기본권(제3세대의 기본권)」에서는 지금까지 고찰해 왔던 자유권, 사회권과는 구별되는 새로운 성격의 기본권으로 이해되는 환경권, 평화적 생존권 등에 대해 고찰한다.

종래의 자유권은 개인의 자유로운 생활영역에 대한 국가의 개입을 배제하는 **소극적 방어권**으로서의 성격을 갖는 것으로 인식되었고, 사회권은 이와 달리 국가가 적극적으로 개인의 생활영역에 개입하여 일정한 급부를 해주도록 요구하는 **적극적 급부청구권**으로 이해되었다. 그러나 환경권, 평화적 생존권 등의 새로운 기본권은 이들과 유사한 측면 내지 중첩되는 측면도 많지만, 특정한 생활영역을 그 보호영역으로 한정하지 않는 포괄성, 그리고 다른 기본권의 실효적 보장을 위한 일반적 여건의 보호에 관한 기본권이라는 특수성을 갖는다.

헌법 제35조: ① 모든 국민은 건강하고 쾌적한 환경에서 생활할 권리를 가지며, 국가와 국민은 환경보전을 위하여 노력하여야 한다.
② 환경권의 내용과 행사에 관하여는 법률로 정한다.
③ 국가는 주택개발정책등을 통하여 모든 국민이 쾌적한 주거생활을 할 수 있도록 노력하여야 한다.

【사례: 환경책임과 재산권】

서울시 성북구에서 주유소 사업을 하던 甲은 3년 전부터 지병이 악화되어 주유소 사업을 접고자 하였으나 적당한 매수인이 나타나지 않아 乙에게 자신의 토지와 주유소를 임대하였고, 3년 전부터는 乙이 甲의 소유인 토지 위에서 주유소를 운영하였다. 그런데 최근 주유소 주변 토양오염이 문제되어 정밀조사를 한 결과 주유소 지하에 설치된 저장탱크의 배관 이상으로 기름이 유출되어 토양오염이 발생한 것으로 확인되었다.

이에 성북구청장은 乙에게 오염된 토양의 정화조치를 명하였으나 乙은 자신이 주유소 사업을 하게 된 것이 3년에 불과하고, 배관 이상이 발생한 것이 3년 이내라는 증거가 없으므로 토양오염에 대한 정화 책임을 지는 것은 부당하다고 항변하였다. 이에 성북구청장은 토지소유자이며 주유소의 소유자인 甲이 토양오염에 대한 정화 책임을 지는 것이 타당하다고 생각하여 갑에게 토양오염의 정화를 명하였다.

甲은 서울 북부지원에 성북구청장의 처분의 취소를 구하는 소송을 제기하였으나 기각되었고, 항소 중에 처분의 근거가 된 토양환경보전법 제2조 제3호, 제10조의3 제3항 제2호에 대한 위헌법률심판제청을 신청하였으나 역시 기각되었다. 이에 甲은 헌법재판소에 위 조항들이 위헌성을 다투는 헌법소원심판을 청구하였다.

〈헌재 2012.8.23. 2010헌바167 결정 참조〉

〈참고조문〉

토양환경보전법

제2조(정의) 이 법에서 사용하는 용어의 정의는 다음 각 호와 같다.

3. "토양오염관리대상시설"이라 함은 토양오염물질을 생산·운반·저장·취급·가공 또는 처리함으로써 토양을 오염시킬 우려가 있는 시설·장치·건물·구축물 및 장소 등을 말한다.

제10조의3(토양오염의 피해에 대한 무과실책임)

③ 다음 각 호의 1에 해당하는 자는 제1항의 규정에 의한 오염원인자로 본다. 다만, 제3호(토양오염관리대상시설을 양수한 자에 한한다) 및 제4호의 경우에 토양오염관리대상시설을 인수한 자가 선의이며 과실이 없는 때에는 그러하지 아니하다.

2. 토양오염의 발생 당시 토양오염의 원인이 된 토양오염관리대상시설을 소유·점유 또는 운영하고 있는 자

1. 갑의 헌법소원심판청구는 적법한가? (30점)
2. 토양환경보전법 제2조 제3호의 규정은 명확성 원칙에 반하는가? (20점)
3. 토양환경보전법 제10조의3 제3항 제2호의 규정은 토양오염관리대상시설의 소유자, 점유자, 운영자의 재산권을 침해하는가? (50점)

제1절 새로운 문제상황의 전개와 새로운 기본권의 대두

Ⅰ. 현대산업사회의 발달과 그 파급효

산업혁명 이래 근대의 자본주의적 경제질서의 발달과 결부되어서 나타난 과학기술의 발달은 한편으로는 생산력의 눈부신 증가와 생활의 편의를 위한 많은 진보를 가져왔다. 하지만 다른 한편으로는 기존의 것과 전혀 다른 새로운 생산방식과 생활방식을 불가피하게 함으로써 적지 않은 부작용도 낳았다.

이러한 부작용은 크게 두 가지 방향에서 확인될 수 있다. 하나는 생산과정에서 자본에 의한 노동의 착취로 표현되는 「인간의 인간에 대한 착취」였고, 다른 하나는 환경

파괴를 통해 나타나는 「인간의 자연에 대한 착취」라고 할 수 있다.

경제와 산업의 발전에 시각을 한정시키고 이를 위하여 모든 것을 희생시키던 시대에는 이러한 산업화의 부작용을 경시하거나 또는 감수하려는 경향들이 주류를 이루었다. 그러나 그것이 계속 쌓여서 더 이상 무시할 수 없는 단계에 와서는 결국 이를 정면으로 다루지 않을 수 없게 된 것이다.

Ⅱ. 기본권의 발전과 새로운 기본권적 욕구의 출현

결국 문제에 대한 인식의 변화는 헌법질서 전체의 변화로 연결되었다. 이는 한편으로 사회국가원리, 환경국가원리 등 새로운 기본원리의 등장을 가져왔으며, 다른 한편으로는 이에 대응하는 새로운 기본권들의 출현을 낳게 되었다.

고전적인 자유권적 기본권을 중심으로 구성되었던 기본권체계가 사회적 기본권을 포함하는 것으로 확대된 것은 사회국가원리의 대두와 맥을 같이 하는 것이고,[1] 환경권을 비롯한 새로운 기본권의 등장 또한 환경국가원리 등과 같은 새로운 헌법원리들과의 밀접한 내적 관련 속에서만 이해될 수 있다.[2]

특히 20세기 후반 이후에 비로소 널리 인정된 환경권 등은 특정한 부작위(침해의 배제) 또는 작위(국가의 급부활동)를 내용으로 하는 기존의 기본권들과는 달리 삶의 전반적인 여건 내지 생존조건에 대한 것까지도 기본권적 보호의 대상으로 파악하려는 경향을 보임으로써 기본권의 새로운 형태를 탄생시키게 되었다. 이것은 결국 삶의 일반적 여건 내지 생존조건이 종래처럼 당연한 것으로 전제될 수는 없다는 인식이 그만큼 확산되었음을 반증한다.

Ⅲ. 새로운 유형의 기본권: 환경권, 평화적 생존권 등

이러한 삶의 일반적 여건의 보장에 관한 기본권은 오늘날 무엇보다 환경권의 형태로 구체화되고 있다. 산업화의 결과로 나타난 환경파괴와 더불어 특정한 사항에 대한, 특정의 대상에 대한 특정한 내용의 권리가 아니라 생활환경의 보호에 관한 포괄적 권리로서의 환경권보장이 현실적인 문제로 제기되고 있는 것이다.

나아가 삶의 자율적 형성에 있어 가장 기본적인 요소라고 할 수 있는 평화에의 요청을 기본권적으로 구성하여 평화적 생존권을 삶의 일반적 여건보장에 관한 기본권의 하나로 주장하는 견해도 있다. 그 밖에 개발에 관한 권리, 인류공동유산의 보존에 관한 권리 등을 묶어서 「제3세대의 인권」으로 분류하기도 한다.

---

1) 사회국가원리에 관하여는 「제1권 제2부 제4장 제3의 **헌법원리로서의 사회국가원리**」 참조.
2) 환경국가원리에 관하여는 「제1권 제2부 제5장 제3절 **환경국가원리**」 참조.

제2절 환 경 권

Ⅰ. 현대산업의 발달과 환경문제의 제기

산업의 발달은 인류의 생활을 여러 측면에서 엄청나게 바꾸어 놓았다. 한편으로는 생산력의 증대를 통해 물질적 풍요를 가능케 하였지만, 다른 한편으로는 사회적으로, 또 자연환경과 관련하여 적지 않은 문제를 야기하기도 하였던 것이다.

특히 산업의 발달로 인한 자연환경의 파괴는 종래 무한한 것으로 생각되었던 깨끗한 물과 공기 등을 이제 한정된 재화로 인식할 수밖에 없게 만들었고, 누적된 환경오염과 환경파괴를 해결하는 것은 국가의 가장 중요한 과제 가운데 하나가 되었다.

이런 맥락에서 환경파괴 및 환경오염에 대한 국가적 규제의 필요성이 인정되었고, 다른 한편으로는 깨끗한 생활환경을 누릴 권리의 인정이 요구되었다.

Ⅱ. 환경보호문제의 복잡성·다양성과 그 법적 구성의 문제

1. 환경과 산업의 긴장관계

오늘날 환경에 대한 파괴 내지 오염이 전혀 없는 상태를 요구하는 것은 현실적으로 불가능하다. 그 동안 진행되어온 산업화의 과정을 백지로 돌릴 수도 없으며, 지금 현재도 지속적인 산업화가 인간의 생존과 생활을 위해 불가피한 것이다.

그렇다고 환경에 전혀 피해를 끼치지 않는 산업만을 육성한다는 것도 단기적으로는 불가능하다. 따라서 한편으로는 환경의 보호를 요구하면서도 다른 한편으로는 –약간의 환경파괴를 감수하고라도– 포기될 수 없는 산업활동을 인정할 수밖에 없다는 데에 환경보호의 복잡성과 어려움이 있다.

결국 현실적인 대안은 산업활동을 최대한 합리적으로 보장하면서 동시에 환경피해를 최소화하는 균형점 내지 조화점을 찾는 것이 될 수밖에 없다. 어느 일방만을 극단화시킬 수는 없기 때문이다.

2. 환경보호의 실효성과 국제적 협조의 필요성

오늘날처럼 산업이 대규모화되고 그 환경파괴의 영향이 국경 내에 머물지 않는 상황에서는 환경보호 내지 환경파괴에 대한 대응에 있어서도 국제적인 공동노력이 필수적이다.

예컨대 구소련의 체르노빌 원자력발전소 사고가 유럽 전역에 영향을 미치고, 중국의 황사가 우리나라에 영향을 미치는 등, 환경파괴의 영향은 국경을 넘는 경우가 일반적이기 때문에 국제적인 공동노력 없이는 효과적인 대응이 불가능한 것이다.

3. 환경침해에 대한 법적 구제의 방법

구체적으로 산업활동 등에 의하여 환경의 파괴 내지 오염이 발생되고 이로 인하여 현실적 피해를 입는 사람이 발생되는 경우 이를 어떻게 법적으로 구제할 것인지에 대해서도 많은 논란이 있다.

전통적인 구제방법은 사법상의 불법행위로 인한 손해배상을 인정하는 것이다. 그러나 이 경우에는 인과관계의 입증과 관련하여 많은 문제가 발생되고, 결과적으로 구제의 실효성을 담보하기 어렵게 된다.

그래서 최근에는 공법적인 방법이 많이 도입되고 있다. 즉 오염물질의 배출기준 등을 국가가 정해서 규제할 뿐만 아니라 일정한 요건이 충족된 경우에는 국가가 직접 피해보상을 하는 방법도 이용되는 것이다.

그러나 이러한 두 가지 방법 모두 입증의 방법 및 구체적 기준의 설정 등과 관련하여 매우 복잡한 문제들을 안고 있다.

Ⅲ. 기본권으로서의 환경권의 헌법적 의의

현행헌법 제35조는 환경권을 기본권으로 규정하고 있다. 그러나 기본권으로서의 환경권이 어느 정도까지 구체적 내용을 가질 수 있는지에 대해서는 논란의 여지가 크며, 그 구체적 보호범위는 아직도 계속 확장되고 있는 상황이다. 그런 가운데 현재까지 환경권의 보장과 관련하여 일반적으로 인정되고 있는 것은 다음과 같다.

1. 삶의 일반적 여건에 관한 기본권적 보호

환경권은 특정한 행위를 요청하는 권리가 아니라 깨끗한 자연환경 자체를 누릴 수 있는 권리로 이해된다. 따라서 환경권은 깨끗한 자연환경을 누릴 수 있기 위해 필요한 모든 작위와 부작위를 포괄적으로 요청하는 권리라고도 이해될 수 있을 것이다.

여기서 나타나는 환경권의 특성은 환경권이 기존의 자유권이나 사회권과는 달리 특정한 생활영역에 대한 보호가 아니라, 모든 기본권의 전제가 되는 삶의 일반적 여건의 보장을 내용으로 하고 있다는 점이다. 그것은 곧 모든 기본권이 실질적으로 보장되기 위한 전제조건을 보장하는 것이라고 할 수 있다.

2. 경제 및 산업의 방향제시

환경권이 기본권으로 보장되고, 이를 실현하도록 요청될 경우에는 –헌법의 기본원리로서의 환경국가원리가 그러하듯이– 국가질서 전체가 환경보호에 부합되는 방향으로 재편되어야 한다.

환경권은 경제 및 산업과 관련해서는 보다 직접적이고 구체적인 요청을 하게 된다. 그것은 기존의 환경오염의 주된 원인이 산업시설 및 그 생산물에서 비롯된 것이고, 이를 감축하는 것이 환경보호의 첫걸음이 되기 때문이다.

하지만 앞서 살펴보았듯이 환경보호를 위해 산업시설을 전부 폐기하거나 산업활동을 전면적으로 중단시키는 것은 가능하지 않다. 결국 환경보호에 부합되는 형태로 경제질서를 점차 개편해 나가고, 이와 더불어 산업활동 역시 환경보호와 부합되는 방향으로 개선해 나가도록 하는 것이 현실적 대안이다.

3. 환경권의 보장과 환경보전의무

현행헌법은 환경권을 기본권으로 인정하고 있을 뿐만 아니라, 환경보전의 의무를 동시에 규정하고 있다. 더구나 환경보전의 의무를 국가에 대해서만 부과하는 것이 아니라 국민에 대해서도 부과하고 있다.

이는 환경보전이 국가기관만의 노력을 통해 성취되기 어려우며, 전국민의 노력을 통해서만 성공적으로 성취될 수 있다는 인식에 기초한 것이라고 할 수 있다. 그러나 환경보전의무에 있어서도 국가가 지고 있는 환경침해에 대한 방지의무, 적극적인 환경개선의 의무 등과 국민이 지고 있는 소극적인 환경침해 금지의무, 국가의 환경보호활동에 협조할 의무 등을 같은 비중으로 이해할 수는 없을 것이다.

Ⅳ. 환경권의 법적 성격

1. 학설의 대립

환경권의 성격에 관하여는 종래 다양한 학설들이 대립되고 있었다. 예컨대 환경권이 인간의 존엄권으로부터 도출된다고 보는 견해, 행복추구권의 일종으로 보는 견해, 그리고 사회적 기본권으로 이해하는 견해, 자유권적 측면과 사회권적 측면을 동시에 가지고 있는 총합적 권리라고 보는 견해 등이 대립되었던 것이다.

이러한 견해의 대립은 전통적인 자유권과 사회권의 구조 속에서 환경권을 이해하려는 시도에서 비롯된 것이라고 할 수 있다. 그러나 환경권은 오늘날 자유권, 사회권과 구별되는 새로운 유형의 기본권으로 이해하는 것이 타당하다고 할 수 있다. 비록 구체적인 실현과정에서 부분적으로 자유권이나 사회권과 유사한 측면이 나타나기도 하지만, 전체적으로 볼 때, 자유권이나 사회권으로 분류하기 곤란한 측면이 많기 때문이다.

2. 환경권의 특성과 법적 성격

환경권의 특성은 무엇보다 특정한 작위(급부청구) 또는 부작위(방해배제)를 중심내용으로 하는 권리가 아니라 삶의 여건에 관한 포괄적 보장을 담고 있다는 점에서 찾을 수 있다. 즉 환경권은 그 보호대상인 환경 자체의 포괄성에 따라 상당히 넓은 외연을 갖게 될 뿐만 아니라 환경침해의 다양성 및 구제방법의 복잡성에 따라 매우 복잡 · 다양한 내용과 특성을 보인다.

환경권의 법적 성격 또한 이러한 다양한 형태의 환경침해 및 이에 대한 구제를 고려하여 개별적으로 검토되어야 한다. 예컨대 환경권에 기초하여 국가에 의한 환경침해를 배제할 경우에는 자유권과 유사한 형태로 환경권이 나타날 수 있다. 또한 사인에 의한 환경침해에 대해서도 유사하게 이해될 수 있다. 반면에 환경권에 기초하여 기존의 열악한 환경을 개선하기 위한 국가의 적극적 활동을 요청할 경우에는 사회권과 유사한 형태로 구체화될 수도 있다.

그러나 이러한 경우에도 환경권의 실현은 구체적 요건과 효과 등에 있어서 전통적인 자유권 및 사회권과는 많은 점에서 차이를 보이고 있다는 점이 간과되어서는 안 된다.

V. 환경권의 내용과 구체화

환경권은 그 보호대상의 포괄성 내지 침해방식의 다양성 때문에 실정법상으로도 매우 다양한 형태로 구체화될 수밖에 없다. 현행 환경법체계도 이로 인하여 환경정책기본법을 중심으로 대기환경보전법, 물환경보전법, 토양환경보전법, 자연환경보전법, 소음 · 진동관리법, 원자력진흥법, 환경친화적 산업구조로의 전환촉진에 관한 법률, 환경기술 및 환경산업 지원법 등으로 다양하게 구체화되어 있다.

1. 대기오염의 방지와 개선

환경보호를 생각할 때 가장 먼저 검토되는 것 가운데 하나가 대기오염의 문제이다. 대기오염은 인간의 생존조건을 가장 절박하게, 그리고 포괄적으로 침해하는 것이 될 수 있으며, 이를 통한 생명과 건강의 위협 또한 심각하기 때문이다.

이러한 문제에 대응하기 위해 제정된 것이 「대기환경보전법」인데, 이 법은 대기오염으로 인한 국민건강 및 환경상의 위해를 예방하고 대기환경을 적정하게 관리 · 보전함으로써 모든 국민이 건강하고 쾌적한 환경에서 생활할 수 있게 함을 목적으로 하고 있다. 이 법은 대기오염의 상시측정, 대기오염경보 등에 관한 규정과 더불어 사업장 등의 대기오염물질배출규제, 생활환경상의 대기오염물질배출규제, 자동차 · 선박 등의 배출가스의 규제 등에 관한 규정을 두고 있다.

2. 수질오염의 방지와 개선

대기오염 못지않게 인간의 삶에 결정적인 영향을 미치는 것이 수질오염이다. 특히 식수의 오염은 생명과 건강에 직접적이고 치명적인 결과를 야기할 수 있기 때문에 수질오염의 방지와 개선은 환경보호의 중요한 부분 가운데 하나로 늘 인정되고 있다.

수질환경의 보전과 개선을 위해 제정된 것이 「물환경보전법」인데, 이 법은 수질오염으로 인한 국민건강 및 환경상의 위해를 예방하고 하천 · 호소(湖沼) 등 공공수역의 물환경을 적정하게 관리 · 보전함으로써 국민이 그 혜택을 향유하고 미래의 세대에 승계할 수 있도록 함을 목적으로 하고 있다. 이 법은 수질오염의 상시측정에 관한 규정 이외에, 폐수의 배출규제, 폐수종말처리시설, 공공수역 및 호소(湖沼)의 수질보전, 폐수처리업 등에 관한 규정을 두고 있다.

3. 소음 · 진동공해의 방지와 개선

종래 소음 · 진동공해에 대해서는 대기오염이나 수질오염과는 달리 가볍게 생각하는 경향이 없지 않았다. 그러나 현대의학에 의하여 과도한 소음이나 진동이 인간의 정신적 · 육체적 삶에 미치는 영향이 밝혀진 이후로는 이를 적정한 수준으로 규제하는 것도 환경보호의 중요한 내용으로 인식되고 있다.3)

현재 「소음 · 진동관리법」에 의하여 이러한 문제들이 규율되고 있는데, 이 법은 공장 · 건설공사장 · 도로 · 철도 등으로부터 발생하는 소음 · 진동으로 인한 피해를 방지하고 소음 · 진동을 적정하게 관리 · 규제함으로써 모든 국민이 조용하고 평온한 환경에서 생활할 수 있게 함을 목적으로 하고 있다. 또한 이 법은 대기오염, 수질오염과 유사하게 상시측정을 규정하고 있을 뿐만 아니라, 공장 소음 · 진동의 규제, 생활소음 · 진동의 규제, 교통소음 · 진동의 규제, 항공기소음의 규제, 방음시설의 설치기준 등에 관한 규정을 두고 있다.

4. 방사능누출의 방지

20세기에 들어와 인류가 방사능물질들을 이용하기 시작하면서 이와 관련된 장점과 위험성에 관한 논의는 끊임없이 계속되고 있다. 한편에서는 원자력 에너지의 이용이 화석연료의 이용에 비해 환경친화적이라고 주장하는가 하면, 다른 한편에서는 방사능의 누출로 인한 피해는 체르노빌, 후쿠시마의 원자력발전소 사고가 보여주듯이 커다란 재앙이 될 수 있다.

현행법은 「원자력진흥법」과 「원자력안전법」 등을 통해 방사능으로 인한 환경파괴를 규제하고 있다. 원자력관련법률들은 원자력의 연구 · 개발 · 생산 · 이용과 이에 따른 안전관리에 관한 사항을 규정하여 학술의 진보와 산업의 진흥을 촉진함으로써 국민생활의 향상과 복지증진에 기여하며, 방사선에 의한 재해의 방지와 공공의 안전을 도모함을 목적으로 제정되었고, 원자력진흥위원회 및 원자력안전위원회의 설치와 운영, 원자력진흥종합계획의 수립 · 시행 및 원자력의 연구 · 개발, 원자로 및 관계시설의 건설과 운영, 핵연료주기사업 및 핵물질의 사용, 방사성폐기물의 저장 · 처리 등에 관한 규정을 두고 있다.

---

3) **헌재 2019.12.27. 2018헌마730 결정**: "심판대상조항이 선거운동의 자유를 감안하여 선거운동을 위한 확성장치를 허용할 공익적 필요성이 인정된다고 하더라도 정온한 생활환경이 보장되어야 할 주거지역에서 출근 또는 등교 이전 및 퇴근 또는 하교 이후 시간대에 확성장치의 최고출력 내지 소음을 제한하는 등 사용시간과 사용지역에 따른 수인한도 내에서 확성장치의 최고출력 내지 소음 규제기준에 관한 규정을 두지 아니한 것은, 국민이 건강하고 쾌적하게 생활할 수 있는 양호한 주거환경을 위하여 노력하여야 할 국가의 의무를 부과한 헌법 제35조 제3항에 비추어 보면, 적절하고 효율적인 최소한의 보호조치를 취하지 아니하여 국가의 기본권 보호의무를 과소하게 이행한 것으로서, 청구인의 건강하고 쾌적한 환경에서 생활할 권리를 침해하므로 헌법에 위반된다."

5. 자연경관 내지 환경의 보호

환경보호는 단순히 대기나 수질, 소음, 방사능 등에 의한 환경침해의 배제를 통해서만 이루어지지는 않는다. 환경보호는 보다 폭넓게 자연환경을 보전하고 개선함으로써만 실질적으로 확보될 수 있기 때문이다. 이를 위하여 자연경관 내지 자연환경의 포괄적 보호가 요청되는 것이다.

「자연환경보전법」은 자연환경을 인위적 훼손으로부터 보호하고, 생태계와 자연경관을 보전하는 등 자연환경을 체계적으로 보전 · 관리함으로써 자연환경의 지속가능한 이용을 도모하고, 국민이 쾌적한 자연환경에서 여유 있고 건강한 생활을 할 수 있도록 함을 목적으로 제정된 것이다. 이 법은 자연환경보전기본계획의 수립과 자연보호운동 등에 관한 규정을 두고 있을 뿐만 아니라, 생태 · 경관보전지역의 관리, 생물다양성의 보전, 자연자산의 관리 등에 관한 규정들을 두고 있다.

6. 환경보호적 경제정책의 실시

환경보호가 지속적 · 장기적으로 발전하기 위해서는 현상적인 문제의 해결뿐만 아니라 환경위해요인들의 근본적인 개선이 필요하다. 이런 맥락에서 강조될 수 있는 것이 환경보호적 경제정책의 문제라고 할 수 있다. 즉 친환경적인 산업구조 내지 경제정책을 통해 장기적으로 환경친화적 산업만이 살아남을 수 있도록 만듦으로써 환경보호의 장기적 발전이 가능해지는 것이다.[4)]

이러한 맥락에서 제정된 법률이 「환경친화적 산업구조로의 전환 촉진에 관한 법률」, 「환경기술 및 환경산업 지원법」, 「친환경농어업 육성 및 유기식품 등의 관리 · 지원에 관한 법률」 등이다. 「환경친화적 산업구조로의 전환 촉진에 관한 법률」은 환경친화적인 산업구조의 구축을 촉진하여 에너지 및 자원을 절약하고 환경오염을 줄이는 산업활동을 적극 추진함으로써 환경보전과 국가경제의 지속가능한 발전에 기여함을 목적으로 제정된 것이다. 이 법에 의하여 설비자금의 지원, 기술개발사업지원, 청정생산기술의 이전 · 확산, 국제협력의 촉진, 환경설비 및 재제조품의 품질인증, 보조금의 지급 등이 규정되고 있다. 또한 「환경기술 및 환경산업 지원법」에 의해서는 환경기술의 실용화, 국제공동연구의 촉진, 환경기술 · 정보의 보급, 환경기술지원 등이 규정되고 있다.

VI. 환경권의 효력

1. 대국가적 효력

환경권도 일차적으로 대국가적 효력을 갖는 기본권이다. 환경권에 기초하여 국가의

4) 헌법재판소는 최근 범세계적으로 문제되고 있는 기후위기와 관련하여 정부가 '국가 온실가스 배출량을 2030년까지 2018년의 국가 온실가스 배출량 대비 35퍼센트 이상의 범위에서 대통령령으로 정하는 비율만큼 감축하는 것'을 '중장기 국가 온실가스 감축 목표'로 하도록 규정한 '기후위기 대응을 위한 탄소중립·녹색성장 기본법' 제8조 제1항이 환경권을 침해하는 것으로 인정하고 헌법불합치결정을 내렸다(헌재 2024.8.29. 2020헌마389등 결정).

환경침해행위를 중지하도록 요구할 수 있으며,[5] 나아가 -법률에 의해 구체화된 범위 내에서- 환경의 개선을 위한 국가의 적극적 활동을 요구할 수 있다.

현재 환경권의 구체화를 통해 나타나고 있는 국가의 의무는 앞서 검토한 바와 같이 대기오염, 수질오염, 소음공해, 방사능오염 등 다양한 분야에서 환경의 침해를 배제하는 것과 더불어 그러한 침해의 상태를 개선하는 것이라고 할 수 있다. 아울러 환경에 대한 침해가 발생되었을 경우에 이를 보전(補塡)하기 위한 환경분쟁조정법 등도 환경권의 구체화로 이해될 수 있다.

2. 대사인적 효력

환경권이 대사인적 효력을 갖는다는 점은 일반적으로 인정되고 있다. 환경침해행위가 국가기관에 의해서만 행해지는 것이 아니라 사인에 의해서도 행해지며, 환경권이 이에 대한 구제의 헌법적 근거가 될 수 있다는 것이 부정되어야 할 이유가 없기 때문이다.[6]

그러나 구체적으로 사인 상호간의 관계에서 발생된 환경권침해에 있어서는 당사자 적격과 인과관계의 입증 등을 중심으로 복잡한 문제들이 많이 제기될 수 있기 때문에 이를 어떻게 구성할 것인지가 논란의 대상이 되고 있다.[7]

---

5) 그러나 대법원은 환경권에 기초하여 직접 방해배제청구권이 인정될 수는 없다는 태도를 취하고 있다. 1995년의 판결에서 "헌법 제35조 제1항은 환경권을 기본권의 하나로 승인하고 있으므로, 사법의 해석과 적용에 있어서도 이러한 기본권이 충분히 보장되도록 배려하여야 하나, 헌법상의 기본권으로서의 환경권에 관한 위 규정만으로는 그 보호대상인 환경의 내용과 범위, 권리의 주체가 되는 권리자의 범위 등이 명확하지 못하여 이 규정이 개개의 국민에게 직접으로 구체적인 사법상의 권리를 부여한 것이라고 보기는 어렵고, 사법적 권리인 환경권을 인정하면 그 상대방의 활동의 자유와 권리를 불가피하게 제약할 수밖에 없으므로, 사법상의 권리로서의 환경권이 인정되려면 그에 관한 명문의 법률규정이 있거나 관계 법령의 규정취지나 조리에 비추어 권리의 주체, 대상, 내용, 행사방법 등이 구체적으로 정립될 수 있어야 한다"(**대법원 1995.5.23. 선고 94마2218 판결**)고 판시한 이래, 이러한 태도를 견지하고 있다(대법원 1995.9.15. 선고 95다23378 판결; 대법원 1997.7.22. 선고 96다56153 판결; 대법원 1999.7.27. 선고 98다47528 판결).

6) 다만 사인에 의한 환경침해가 현실적으로 문제되는 경우들은 대부분 순수한 의미의 대사인적 효력이 적용되는 사안, 즉 계약에 의한 환경권의 침해보다는 사인의 불법행위에 의한 환경침해들이다.

7) 이와 관련하여 대법원은 공해소송에 있어서 인과관계의 입증에 대하여 이른바 개연성이론을 제시하고 있다. 즉 "공해로 인한 불법행위에 있어서의 인과관계에 관하여 당해행위가 없었더라면 결과가 발생하지 아니하였으리라는 정도의 개연성, 즉 침해행위와 손해와의 사이에 인과관계가 존재하는 상당정도의 가능성이 있다는 입증을 함으로써 족하다"고 판시하였으며(**대법원 1974.12.10. 선고 72다1774 판결**), 이러한 대법원의 태도는 최근에도 계속되어서 "오염물질인 폐수를 배출하는 등의 공해로 인한 손해배상을 청구하는 소송에 있어서는 기업이 배출한 원인물질이 물을 매체로 하여 간접적으로 손해를 끼치는 수가 많고 공해문제에 관하여는 현재의 과학수준으로도 해명할 수 없는 분야가 있기 때문에 가해행위와 손해의 발생 사이의 인과관계를 구성하는 하나하나의 고리를 자연과학적으로 증명한다는 것은 극히 곤란하거나 불가능한 경우가 대부분이므로, 이러한 공해소송에 있어서 피해자에게 사실적인 인과관계의 존재에 관하여 과학적으로 엄밀한 증명을 요구한다는 것은 공해로 인한 사법적 구제를 사실상 거부하는 결과가 될 우려가 있는 반면에 가해기업은 기술적, 경제적으로 피해자보다 훨씬 원인조사가 용이한 경우가 많을 뿐만 아니라 그 원인을 은폐할 염려가 있고 가해기업이 어떠한 유해한 원인물질을 배출하고 그것이 피해물건에 도달하여 손해가 발생하였다면 가해자측에서 그것이 무해하다는 것을 입증하지 못하는 한 책임을 면할 수 없다고 보는 것이 사회형평의 관념에 적합하다고 할 것이다"라고 판시한 바 있다(**대법원 1997.6.27. 선고 95다2692 판결**).

Ⅶ. 환경권의 한계와 제한

1. 환경권의 한계

비록 환경권이 헌법상의 기본권으로 명문화되어 있지만, 환경권에 기초하여 완전한 무공해의 자연환경을 요구할 수는 없다. 그렇기 때문에 일정한 수인의 한도 내에서는 환경권이 주장될 수 없다고 보는 것이 일반적이다.

하지만 이처럼 환경권이 일정한 한계를 가지고 있다고 할지라도 그 구체적 기준이 항상 분명한 것은 아니며, 또한 국가의 경제적 환경이나 환경기술의 진보 등에 따라 달라질 수 있는 소지도 적지 않다. 그에 따라 환경권의 사실상 한계를 의미할 수 있는 수인 한도의 기준에 대해서는 일차적으로 입법자가 법률로 정하도록 하는 것이 합리적이다.

2. 환경권의 제한

환경권도 기본권이기 때문에 헌법 제37조 제2항에 따른 제한의 대상이 된다. 즉 환경권도 법률에 근거하여, 그리고 국가안전보장이나 질서유지, 공공복리를 위하여, 비례에 맞는 수단으로 제한될 수 있다.

다만 환경권의 내용 가운데 국가의 환경침해에 대한 배제청구권은 (자유권과 유사하게) 기본권제한의 일반적 법리에 따라 제한될 수 있는 반면에, 국가의 환경보전과 개선을 위한 적극적 활동을 청구하는 권리는 (사회권과 유사하게) 법률에 의한 구체화에 따라 그 내용과 한계가 결정된 것을 전제로 다시금 그 제한이 문제될 수 있다는 점에서 구조상의 차이가 있다.

제 3 절 평화적 생존권

Ⅰ. 평화에 대한 헌법적 관심의 역사적 뿌리

평화에 대한 헌법적 관심은 근대 주권국가가 출현하던 당시로까지 거슬러 올라갈 수 있다. 중세 말 근대 초에 나타났던 정치적 · 사회적 불안정의 경험은 법적 평화의 요청을 모든 것에 우선하게 만들었고, 그러한 현실적 기초 위에서 주권이론 및 근대적 주권국가의 탄생이 이루어졌던 것이다.

그러나 당시 평화에 대한 요청은 국가권력을 중심으로 한 국가 내에서의 평화를 확보하는 데 국한되었다. 국제법상으로는 주권국가의 전쟁권이 여전히 인정되었고, 평화란 단지 당사국들의 합의에 기초하는 것일 뿐이었다.

그러던 것이 제1차 및 제2차 세계대전의 경험과 이에 대한 반성을 통하여 국제적 평화와 국내평화의 밀접한 상관관계가 분명하게 인식되었다. 평화로운 국제질서에 대한 국제법적 및 헌법적 관심이 증대되었고, 이에 기초하여 각종 국제협약 등에서 침략전쟁의 부인과 평화유지에 관한 선언이 이어졌다. 또한 각국의 헌법에도 유사한 규정을 두는 것이 점차 보편화되었다.[8)]

Ⅱ. 평화적 생존권의 현대적 의의

평화적 생존권이란 이와 같은 평화에의 욕구로부터 평화에 관한 기본권을 도출하고자 하는 노력을 통해 제안된 것이다. 즉 국가의 평화유지의무를 직·간접적으로 규정하고 있는 헌법규정으로부터 국민의 평화유지에 관한 기본권이 도출될 수 있다고 보는 것이다.

이러한 평화적 생존권에 관한 논의는 일본의 일부학자들과 지방법원판례 등을 중심으로 시작되었지만 아직까지 보편적으로 인정되고 있는 상태는 아니다. 다만 평화적 생존권이 오늘날에는 UNESCO 국제회의를 통하여 약소국을 중심으로 한 제3세대 인권의 하나로 이야기되고 있다.[9)]

Ⅲ. 평화적 생존권의 법적 성격

평화적 생존권을 구체적으로 어떻게 이해할 수 있을 것인지에 대해서는 아직 견해가 일치되지 않고 있다.

평화적 생존권의 주된 내용이 침략전쟁에 강제되지 않고 평화적 생존을 할 수 있도록 국가에게 요청할 수 있는 권리라는 점에 대해서는 대체로 의견이 일치되고 있다. 하지만 그것이 개별기본권에 의해 구체화된 부분들을 포함한 포괄적 권리로 볼 것인지, 아니면 이들의 실질적 전제 내지 여건의 보장에 관한 권리로 파악할 것인지에 대해서는 견해의 대립이 존재한다. 또한 평화적 생존권이 이른바 추상적 권리로 파악되어야 하는지, 아니면 구체적 권리성을 갖는 것으로 볼 수 있는지에 대해서도 견해가 대립되고 있다.

그러나 사회적 기본권의 경우에도 그러했듯이 평화적 생존권을 재판상 청구가 가능한 권리로 구성하는 데에는 적지 않은 문제가 따르기 때문에 국가목적규정 내지 입법위임

---

8) 헌법의 기본원리로서의 국제평화주의에 대해서는 「제1권 제2부 제6장 제2절 **국제질서에 관한 헌법의 기본원리: 국제평화주의**」 참조.

9) 헌법재판소는 과거의 판례에서 "오늘날 전쟁과 테러 혹은 무력행위로부터 자유로워야 하는 것은 인간의 존엄과 가치를 실현하고 행복을 추구하기 위한 기본전제가 되는 것이므로, 헌법 제10조와 제37조 제1항으로부터 평화적 생존권이라는 이름으로 이를 보호하는 것이 필요하며 그 기본내용은 침략전쟁에 강요되지 않고 평화적 생존을 할 수 있도록 국가에 요청할 수 있는 권리라고 볼 수 있다"고 인정한 바 있다(**헌재 2006.2.23. 2005헌마268 결정**).
그러나 헌법재판소는 이후의 판례에서 평화적 생존권을 헌법상 보장된 기본권으로 볼 수 없다는 입장으로 판례를 변경하였다(**헌재 2009.5.28. 2007헌마369 결정**).

정도로 이해하는 것이 평화적 생존권의 성질에 부합된다.

Ⅳ. 평화적 생존권의 내용

1. 평화상태의 유지와 향유

평화적 생존권의 기본적 요청은 평화로운 상태의 유지와 향유이다. 평화 그 자체가 어떤 구체적인 급부라고는 할 수 없지만, 평화로운 상태에서만 다른 기본권들을 마음껏 향유하는 것이 가능하기 때문에 평화로운 상태는 -마치 환경권과 유사하게- 다른 기본권들이 최적으로 실현되기 위한 중요한 조건 가운데 하나라고 할 수 있다.

2. 외부로부터의 침략에 대응하기 위한 자위권 발동의 근거

평화의 유지는 소극적인 전쟁의 회피만을 의미하지는 않는다. 국가가 평화를 깨뜨리고 침략전쟁을 일으키고자 할 때 이를 막는 근거로 평화적 생존권이 주장될 수 있지만, 거꾸로 외국의 침략에 의해 우리의 평화가 위협받을 경우에는 평화적 생존권이 자위권발동의 근거가 될 수 있다. 평화란 자연적으로 주어지는 상태가 아니라 힘과 노력에 의해 확보될 수 있는 것이기 때문이다.

Ⅴ. 평화적 생존권의 효력

평화적 생존권의 효력에 대한 견해는 평화적 생존권의 법적 성격에 대한 이해에 따라 달라진다. 과거 추상적 권리설 또는 구체적 권리설의 입장에서 평화적 생존권의 효력이 논의되었지만, 오늘날에는 역시 국가목적규정 내지 입법위임 정도로 이해되고 그에 부합되는 효력이 인정되어야 할 것이다.

1. 추상적 권리설의 입장

평화적 생존권을 추상적 권리로 인정하는 입장에서는 평화적 생존권이 구체적 권리성을 갖지 못한다고 보기 때문에 이를 직접적인 재판규범으로 활용하기 곤란하다고 본다. 즉 종래의 일상적 생활이익을 넘어서는 독자적인 소의 이익을 찾을 수 없기 때문에 평화적 생존권에 기초하여 국가활동에 의한 기본권침해를 직접 주장하기는 곤란하다는 것이다. 따라서 평화적 생존권은 단지 국가정책의 방향만을 제시할 뿐이라고 주장하는 것이다.

2. 구체적 권리설의 입장

반면에 평화적 생존권을 구체적 권리로 인정하는 입장에서는 이에 기초한 소송상의 청구가 가능하다고 본다. 즉 평화적 생존권에 대한 직접적인 침해의 가능성이 있으면 독자적인 소의 이익을 인정하고 이에 따라 국가의 평화침해활동에 의한 기본권침해를 주장하는 것이 가능하며, 이를 재판규범으로 원용하는 것도 가능하다는 것이다.

그러나 이러한 견해들은 각기 문제를 안고 있다. 추상적 권리설은 권리라는 명칭만을 붙였을 뿐, 실제로 권리성을 부여하지 않고 있으며, 그 실질은 국가목적규정 내지 입법위임으로 이해하는 것과 다르지 않다. 그리고 구체적 권리설은 과연 평화적 생존권이 국가의 선전포고 등을 가로막을 수 있을 정도의 효력과 구체성을 가질 수 있는지가 문제되는 것이다.

이렇게 볼 때, 평화적 생존권은 역시 국가목적규정 내지 입법위임으로 이해되고 그에 따른 효력이 인정되는 것이 타당할 것이다.[10]

사례 풀이:

1. 갑의 헌법소원심판청구는 적법한가? (30점)

Ⅰ. 서: 위헌소원의 의의 및 성격과 청구요건 [3점]

Ⅱ. 재판의 전제성 [10점]

1. 소송의 계속
2. 심판대상법률(조항)이 당해 소송사건에 적용
3. 심판대상법률(조항)의 위헌 여부에 따라 다른 내용의 재판

Ⅲ. 위헌법률심판제청의 신청과 기각 [8점]

1. 위헌소원의 성격과 위헌법률심판제청의 의미
2. 법원의 기각 결정과 그 구속력
3. 헌법재판소법 제68조 제2항에 의한 헌법소원심판의 청구

Ⅳ. 기타의 청구요건 [7점]

1. 변호사 강제주의
2. 청구기간
3. 청구의 효력

Ⅴ. 결론 [2점]

2. 토양환경보전법 제2조 제3호의 규정은 명확성 원칙에 반하는가? (20점)

Ⅰ. 서: 기본권 제한 입법의 명확성 요청과 그 의미 [3점]

Ⅱ. 명확성원칙의 개념과 성격: 불명확하기 때문에 무효 [7점]

1. 명확성의 개념과 그 상대성
2. 명확성이 요청되는 이유
3. 명확성원칙의 기능: 명확성이 결여된 법률에 의한 기본권제한의 무효화

Ⅲ. 명확성의 판단 기준 [9점]

1. 문구상 표현에서 범위의 한정
2. 목적 달성과의 관련성
3. 체계적·논리적 일관성

10) 국가목적규정 내지 입법위임에 대해서는 앞의 「제2권 제2부 제12장 제3절 Ⅱ. 2. **국가목표규정설과 입법위임설**」 참조.

Ⅳ. 토지환경보전법 제2조 제3호의 해석 [9점]
1. "장소 등"의 해석과 그 범위의 한정
2. 입법목적 달성과의 관련성
3. 제2조 제3호의 정의조항과 제10조의2, 제10조의3 과의 체계적·논리적 정합성
Ⅴ. 결론 [2점]

3. 토양환경보전법 제10조의3 제3항 제2호의 규정은 토양오염관리대상시설의 소유자, 점유자, 운영자의 재산권을 침해하는가? (50점)

Ⅰ. 사안의 분석과 쟁점의 정리 [5점]
Ⅱ. 재산권의 성격과 보호범위 [8점]
1. 재산권의 개념
2. 재산권의 성격과 효력에 대한 일반적 이해
3. 환경책임에 의한 재산권 제한의 가능성
Ⅲ. 오염원인자 책임의 의미와 입법형성의 한계 [10점]
1. 환경책임의 개념과 유형
2. 과실책임으로서의 오염원인자 책임
3. 오염원인자 책임에 대한 입법형성의 자유와 그 한계
Ⅳ. 재산권 제한의 정당성 판단 [12점]
1. 목적의 정당성 및 수단의 적합성
2. 침해의 최소성
3. 법익의 균형성
Ⅴ. 헌법재판소의 결정과 그 효력 [12점]
1. 결정의 유형과 주문의 형식: 법적 공백의 우려와 헌법불합치결정의 필요성
2. 사안에 대한 판단
3. 헌법재판소 결정의 효력
Ⅵ. 결론 [3점]

제18장 절차적 기본권(청구권적 기본권) ①: 절차적 기본권의 의의와 기능, 청원권, 재판청구권

제18장에서는 자유권, 사회권, 제3세대의 기본권으로 이어져 왔던 실체적 기본권에 대응하는 절차적 기본권의 의의와 기능을 살펴보고, 절차적 기본권 가운데서 가장 기초가 되는 청원권과 재판청구권을 고찰한다.

청원권과 재판청구권은 -여타의 절차적 기본권들이 각기 특수한 상황에서만 적용되는 제한성을 갖는 것과는 달리- 기본권의 침해에 대해 보편적으로 이용될 수 있는 일반적 적용가능성을 특징으로 한다. 물론 청원권이나 재판청구권이 배제되는 경우가 예외적으로 존재하기는 하지만 이들이 가장 일반적으로 적용되는 절차적 기본권이라는 점에 대해서는 이견(異見)이 없다. 그러나 청원권과 재판청구권은 미묘한 대립관계에 놓여 있기도 하다.

청원권은 권한 있는 국가기관에 대해 문제되는 기본권의 침해를 진지하게 검토해 보도록 요청할 뿐이고, 그 침해 자체를 구속력 있게 확정하여 구제하도록 요청하지 못하는 대신, 그 적용의 영역이 매우 광범위하다. 반면에 재판청구권은 사법제도의 확립을 전제로 문제되는 기본권의 침해를 객관적이고 공정한 재판을 통해 확정함으로써 기본권보호의 실효성을 강화시키고 있다. 따라서 재판청구권 내지 그 기초가 되는 사법제도가 잘 정립되어 공정하고 효율적인 재판이 가능할 경우에는 청원권의 의의와 비중이 상대적으로 축소되는 반면에, 그렇지 못한 경우에는 청원권의 의미와 활용이 더욱 부각되는 것이다.

헌법 제26조: ① 모든 국민은 법률이 정하는 바에 의하여 국가기관에 문서로 청원할 권리를 가진다.

② 국가는 청원에 대하여 심사할 의무를 진다.

헌법 제27조: ① 모든 국민은 헌법과 법률이 정한 법관에 의하여 법률에 의한 재판을 받을 권리를 가진다.

② 군인 또는 군무원이 아닌 국민은 대한민국의 영역 안에서는 중대한 군사상 기밀 · 초병 · 초소 · 유독음식물공급 · 포로 · 군용물에 관한 죄 중 법률이 정한 경우와 비상계엄이 선포된 경우를 제외하고는 군사법원의 재판을 받지 아니한다.

③ 모든 국민은 신속한 재판을 받을 권리를 가진다. 형사피고인은 상당한 이유가 없는 한 지체없이 공개재판을 받을 권리를 가진다.

④ 형사피고인은 유죄의 판결이 확정될 때까지 무죄로 추정된다.
⑤ 형사피해자는 법률이 정하는 바에 의하여 당해 사건의 재판절차에서 진술할 수 있다.

제 1 절 절차적 기본권의 의의와 기능

Ⅰ. 실체적 기본권과 절차적 기본권의 분류에 관하여

헌법상 보장되고 있는 기본권은 「인간의 존엄」이라는 최고이념에서 출발하여 이를 구체화하여 실현시키는 여러 개별기본권의 형태로 나타난다.

이러한 기본권의 보장은 일차적으로 -소극적 방어권의 형태이건 적극적 급부청구권의 형태이건- 구체적인 생활영역의 보호로 나타난다. 하지만 이렇게 선언된 기본권이 침해되고 이를 구제하는 수단이 미비된 경우에는 기본권의 보장 자체가 유명무실하게 될 수도 있다. 그렇기 때문에 기본권의 침해가 발생되었을 때, 이를 구제하는 수단 자체를 하나의 기본권으로 구성해서 보장하는 것이 필요하게 된다.

이렇게 볼 때, 기본권은 구체적인 생활영역의 보장으로 나타나는 **실체적 기본권**과 이러한 기본권이 침해되었을 경우에 이를 구제하기 위해 인정되는 **절차적 기본권**으로 분류될 수 있다.[1)]

Ⅱ. 절차적 기본권의 의의: (실체적) 기본권침해를 제거·전보하기 위한 절차의 보장

그러나 이러한 실체적 기본권과 절차적 기본권의 분류도 인식의 편의를 위한 것일 뿐, 양자가 완전히 별개는 아니라는 점에 주목할 필요가 있다.

실체적 기본권과 절차적 기본권은 오히려 연장선상에서 이해되어야 한다. 양자의 어느 한 쪽만을 강조해서는 기본권보장의 본래 목적을 달성할 수 없으며, 진정한 기본권보장을 실현시키기 위해서는 양자의 결합이 필수적이기 때문이다. 어떠한 실체적 (기본권의) 보장도 절차적 (기본권의) 보장 없이는 그 실현을 담보할 수 없을 것이며, 반대로 실체적 보장이 없는 절차적 보장은 맹목이 될 것이다.

따라서 절차적 기본권의 의의는 실체적 기본권을 전제로 이것이 침해되었을 때 그

1) 지금까지 국내 헌법학계에서는 절차적 기본권을 「청구권적 기본권」이라고 부르는 예가 많았다. 그러나 청구권적 기본권이라는 용어는 과거 자유권과의 대비 속에서는 그 의미를 가질 수 있었지만, 급부청구권으로서의 사회권이 보편화된 오늘날에는 그 권리의 성질을 표현하는 용어로는 부적절하다. 청원권, 재판청구권 등의 기본권구제를 위한 기본권은 기본권구제의 절차를 기본권으로서 보장하는 것이라는 점에서 「절차적 기본권」으로 표현하는 것이 더 정확하다고 할 수 있다.

침해상태를 제거하거나, 또는 침해로 인하여 발생한 손해를 전보함으로써 기본권의 실질적 보장을 가능하게 한다는 점에서 찾을 수 있다.

Ⅲ. 절차적 기본권의 행사요건: (실체적) 기본권의 침해(의 위험)

이처럼 절차적 기본권은 실체적 기본권을 전제로 하여 그 실질적 보장을 위해 마련된 것이다. 그렇기 때문에 절차적 기본권의 발동은 **실체적 기본권의 침해 내지 침해의 위험**을 요건으로 한다.

예컨대 재판청구권은 구체적인 법적 권리의 침해를 전제하는 것이고, 국가배상청구권은 공무원의 직무상의 불법행위로 인한 손해의 발생을 전제하는 것이다. 이처럼 구체적인 경우에 실체적 기본권의 침해를 전제로 할 때 비로소 절차적 기본권이 인정되는 것이기 때문에, 절차적 기본권의 행사요건은 실체적 기본권과는 다르다.

실체적 기본권은 특정한 생활영역을 보호의 대상으로 하며, 보호영역에 대한 침해의 배제는 물론, 그 보호영역 내에서의 자유로운 활동이나 급부의 청구 등을 위하여 언제라도 행사될 수 있다. 그러나 절차적 기본권은 실체적 기본권이 방해받지 않고 정상적으로 보장되고 있는 상황에서는 현실화되지 않는다.

Ⅳ. 절차적 기본권의 유형과 효력

절차적 기본권은 기본권의 침해유형에 따라, 그리고 침해에 대한 절차적 대응방법에 따라 여러 가지로 나누어질 수 있다. 예컨대 국가배상청구권은 「공무원의 직무상의 불법행위」라는 특별한 침해양식에 초점을 맞추고 있는 절차적 기본권이라고 할 수 있다. 그리고 청원권은 관계국가기관의 호의적 검토에 의존하는 것이고, 재판청구권은 사법적 판단을 통해 합법성을 판단하고 판결의 결과에 대해 강제력을 부여한다는 점에서 차이점을 보이고 있다.

그런 가운데 어떤 것들을 절차적 기본권으로 제도화할 것인지, 그리고 얼마나 강력한 효력을 부여할 것인지는 -사법제도의 출발점이 되는 재판청구권, 그리고 법치주의의 중요한 내용으로 인정되는 국가배상청구권을 제외하면- 원칙적으로 헌법제정자의 정책적 판단에 맡겨져 있다고 할 수 있다.

현행헌법은 가장 역사가 오랜 청원권과 가장 비중이 높은 재판청구권, 그리고 이미 오래전부터 헌법상 보장되고 있는 국가배상청구권 이외에도 형사보상청구권, 범죄피해자구조청구권을 명문화하고 있다.

제2절 청원권

청원권은 종래 군주에 대한 청원을 통해 문제를 해결하던 관행을 국가기관에 대한 청원의 권리로 제도화한 것이다.

기본권으로서 청원권은 재판에의 관여, 국가원수에 대한 모독 등의 예외를 제외하고는 모든 국가기관에 대해 행해질 수 있기 때문에 포괄적으로 적용될 수 있으며, 당해 국가기관이 청원내용을 받아들일 경우에는 가장 효과적인 구제가 가능하다는 장점도 있다.

그러나 청원은 말 그대로의 청원(請願 - 원하는 바를 청하는 것)에 그칠 뿐, 객관적인 판단에 의한 구속력 있는 해결을 보장하는 것은 아니기 때문에 사법제도가 발달되면 될수록 그 의의와 비중이 축소되는 경향을 보이게 된다.

Ⅰ. 청원권의 뿌리와 역사적 발전

청원권은 기본권의 구제를 위해 인정되고 있는 절차적 기본권 가운데 가장 오랜 역사를 갖고 있는 것이라고 할 수 있다. 그 이전에도 재판제도가 없었던 것은 아니지만, 근대적인 재판제도를 전제로 비로소 기본권으로서의 재판청구권이 인정되었다고 볼 때, 청원권이 그보다 오랜 역사적 뿌리를 갖고 있다고 볼 수 있기 때문이다.

청원권의 역사적 뿌리는 왕에 대한 탄원의 제도에서 비롯된다. 종래 "왕은 불법을 행할 수 없다"는 사고 하에 왕에게 직접 탄원함으로써 불법적인 국가활동을 바로잡으려는 노력들이 있었으며, 이것이 제도화되어 오늘날의 청원권으로 발전된 것이다.

실제로 왕의 의사와 상관없는 관리들의 불법행위가 문제되는 경우에 있어서는 이러한 청원 내지 탄원의 제도가 상당한 실효성을 가져올 수도 있었으며, 또한 이를 방해하려는 움직임도 없지 않아 이를 권리로서 보장하는 것이 의미가 있었다.

그러나 이러한 제도는 어디까지나 자신의 정당한 권리에 대한 불법적인 침해를 「호소」할 뿐이며 문제의 해결은 전적으로 왕(또는 그 신하)의 임의에 맡겨져 있었다. 따라서 재판제도가 확립되고 재판청구권이 근대적 기본권으로서 뿌리를 내린 이후에는 청원권의 의의와 비중은 상대적으로 감소될 수밖에 없었다.

Ⅱ. 현대적 기본권으로서의 청원권의 의의와 기능

헌법 제26조에서 규정되고 있는 청원권은 "법률이 정하는 바에 의하여 국가기관에 문서로 청원할 권리"로서 보장되고 있으며, 국민의 청원에 대하여 국가는 '심사할 의무'를 지고 있다. 이를 구체화한 청원법은 청원기관의 장은 청원을 접수한 경우에는 지체없이 청원사항을 성실하고 공정하게 조사할 의무를 부여하고 있다. 다만, 청원사항이 별도의 조사를 필요로 하지 아니하는 경우에는 조사 없이 신속하게 처리할 수 있다(청원법 제18조). 청원기관의 장은 청원을 접수한 때에는 특별한 사유가 없으면 90일 이내에 처리결과를 청원인에게 알려야 한다. 다만, 부득이한 사유로 90일 이내에 청원을 처리하기 곤란한 경우에는 60일의 범위에서 한 차례만 처리기간을 연장할 수 있다(청원법 제21조).

그러나 이러한 청원권은 국가기관의 호의적 수용에 의존할 뿐, 청원의 대상이 되는 국가기관에 대한 강제적 구속력을 갖지 못하기 때문에 그 실효성이 떨어질 수 있다는 점이 문제된다. 따라서 청원권의 현실적 의의와 비중은 **재판청구권의 활발한 이용과 반비례의 관계**에 있다고 할 수 있다.

재판제도가 잘 정비되어 큰 어려움 없이 재판을 통한 권리구제가 행해질 수 있다면 청원권의 의의와 기능은 상대적으로 미미할 수밖에 없다. 반면에 변호사비용 등 경제적 이유 등으로 인하여 재판을 통한 권리구제에 어려움이 많고, 그 신속성, 공정성 및 권리구제의 효율성에 대한 의구심이 존재하게 되면 상대적으로 청원권의 행사를 통해 문제를 해결하려는 노력이 많을 수밖에 없다.

하지만 사법제도가 잘 발달된 경우에도 청원권의 의미가 완전히 상실되는 것은 아니다. 청원권은 사법제도가 미치지 못하는 영역에서 나름의 기능을 수행할 수 있기 때문이다.

먼저 법률의 제정과 개폐 등 **재판을 통해 해결하기 어려운 영역**에서는 청원권의 의의가 상대적으로 크게 부각될 수 있다.

그리고 **국가기관의 비리나 부조리의 시정을 요구하는 청원**은 해당국가기관에 대한 통제의 자료가 될 뿐만 아니라 입법정책의 중요한 자료가 될 수 있다. 특히 국민의 일차적 대표기관인 국회에 대하여 집행부의 활동에서 나타나는 비리나 부조리의 시정을 구하는 청원은 국회가 대정부통제활동을 하는 데 중요한 자료가 될 수 있다.[2]

나아가 청원권의 행사는 **국민의 희망을 국가에 개진하는 민의반영의 통로 내지 수단**으로서의 의미를 가짐으로써 직접민주제적 기능을 수행한다는 평가도 있다.[3]

Ⅲ. 청원권의 법적 성격

1. 청원권의 법적 성격에 대한 학설의 대립

청원권의 법적 성격에 대하여는 종래 자유권설, 청구권설, 자유권과 청구권의 이중적 성격설, 참정권설, 참정권과 청구권의 이중적 성격설 등 다양한 학설들이 대립해왔다. 이러한 여러 학설들은 각기 나름의 근거를 갖고 있는 것이지만, 오늘날 기본권의 성격과 실현구조를 설명하는 데에는 문제가 있다.

2) 이에 관하여는 계희열, 헌법학(중), 2007, 621쪽.
3) 계희열, 헌법학(중), 2007, 621쪽; 김철수, 헌법학개론, 2007, 1052쪽.

예컨대 **자유권설**은 청원권을 국가에 대해 자유롭게 청원할 수 있는 권리로 보고, 그 이후의 결과에 대한 구속력 있는 청구가 법적으로 보장되는 것은 아니라고 보는 점에서 일리가 있지만, 자유권과 절차적 기본권의 실현구조상의 차이를 간과하고 있다.

청구권설은 급부청구권으로 설명되는 사회적 기본권과의 구별이 명확하지 않다는 문제를 가지고 있으며, **자유권과 청구권의 이중적 성격설**은 양쪽의 문제를 모두 안게 된다.

청원권이 국민의 의사를 국가사무의 처리에 반영시키고자 한다는 점에서 **참정권설**에 따라 넓은 의미의 참정권으로 보는 것도 가능할 수 있지만, 그러한 분류가 현실적인 실익을 갖는다고 말하기는 어렵다.[4] 그리고 **참정권과 청구권의 이중적 성격설** 또한 양쪽의 문제를 모두 포함하게 된다.

그러므로 청원권의 법적 성격은 전통적인 분류에 따른 자유권이나 청구권 또는 참정권 등으로 파악하기 어렵다. 청원권은 기본권의 침해를 전제로 그 구제를 위한 수단 자체를 기본권으로 구성하고 있는 절차적 기본권의 대표적 예로 보는 것이 타당할 것이다.

2. 청원권의 특성과 절차적 기본권으로서의 청원권

청원권은 청원의 대상이 거의 모든 국가작용에 미친다는 점과 청원내용에 대하여 청원의 대상기관을 구속하지 못한다는 점을 기본적인 특징으로 한다.

이 두 가지의 특징은 서로 맞물려 있는 것이다. 만일 청원권이 대상기관에 대한 구속력을 갖게 된다면 그 요건이 더욱 엄격해질 수밖에 없고, 결과적으로 청원의 대상이 축소될 것이기 때문이다. 청원권의 의의와 기능에서 나타나듯이 청원권은 재판청구권 등에 의해 보호되지 못하는 영역에서도 작용할 수 있다는 장점을 가지고 있다. 그러나 그로 인하여 효력이 약화되고 있는 것이다.[5]

비록 청원법 제18조와 제21조가 청원을 받은 기관은 청원수리의무 및 이를 성실·공정·신속히 심사처리하고 그 결과를 청원인에게 통지하여야 할 의무를 규정하고 있으나, 청원내용에 대한 심사처리는 당해국가기관의 재량적 판단에 의해 좌우된다는 점에서 청원권은 재판청구권과는 본질적으로 다른 것이다.[6]

---

4) 청원권의 행사를 통해 국민이 국가사무의 처리에 관여하게 된다는 점에서 청원권을 넓은 의미의 정치적 기본권으로 보는 것은 가능할 수 있다. 그러나 이렇게 분류할 경우에는 언론의 자유나 집회·결사의 자유를 비롯한 다수의 기본권들이 정치적 기본권으로 분류될 수 있게 된다. 그러나 이러한 분류가 개별기본권들의 체계적 이해에 도움이 되지 않음은 앞의 「제2권 제1부 제7장 **기본권의 분류와 체계**」에서 설명한 바와 같다.

5) 실체적 기본권처럼 특정한 생활영역을 직접 보호하는 것이 아니라, 그러한 생활영역에 대한 침해가 있을 때, 그 침해의 제거 또는 그로 인해 발생한 손실의 전보를 위해 행사될 수 있다는 점에서는 청원권도 다른 절차적 기본권과 같다. 그러나 청원권은 어디까지나 관계 국가기관에 국민이 자신의 상황을 「호소」 내지 「탄원」하는 것에 그칠 뿐이고, 청원을 받은 국가기관에게 그 내용을 실현시킬 의무를 발생시키지 않는다는 점에서 다른 절차적 기본권과 구별되는 것이다.

6) **헌재 2004.5.27. 2003헌마851 결정**: "헌법 제26조와 청원법의 규정에 의할 때, 헌법상 보장된 청원권은 공권력과의 관계에서 일어나는 여러 가지 이해관계, 의견, 희망 등에 관하여 적법한 청원을 한 모든 국민에게, 국가기관이 청원을 수리·심사하여 그 결과를 통지할 것을 요구할 수 있는 권리를 말

Ⅳ. 청원권의 주체

1. 외국인의 기본권주체성

외국인에게 실체적 기본권이 인정되고 있을 때, 그 기본권이 침해된(또는 침해될 위험이 있는) 경우에는 외국인에게도 절차적 기본권이 인정되어야 할 것이다. 따라서 외국인에게도 청원권의 기본권주체성을 인정하는 것이 일반적이다.[7]

2. 법인의 기본권주체성

법인도 역시 (제한된 범위에서나마) 실체적 기본권의 주체로 인정될 수 있는 이상, 이들 기본권의 침해와 관련하여 법인도 절차적 기본권의 주체로 인정되어야 한다.[8] 절차적 기본권을 인정함으로써 비로소 –절차적 기본권의 행사를 통해 침해상태를 제거하거나, 또는 그 침해로 인하여 발생한 손해를 전보함으로써– 실체적 기본권도 실질적으로 보장될 수 있기 때문이다.

또한 공법인에 대해서도 기본권주체성이 인정될 때에는 그 기본권이 침해되었을 경우에 청원권의 행사가 인정되어야 할 것이다.

Ⅴ. 청원권의 내용

1. 청원사항(청원법 제5조)과 청원금지사항(청원법 제6조, 제25조)

청원법 제5조에 의해 청원사항으로 명시되어 있는 것으로는 1. 피해의 구제, 2. 공무원의 위법·부당한 행위에 대한 시정이나 징계의 요구, 3. 법률·명령·조례·규칙 등의 제정·개정 또는 폐지, 4. 공공의 제도 또는 시설의 운영, 5. 그 밖에 국가기관 등의 권한에 속하는 사항의 다섯 가지가 있다. 그러나 제5호에서 "그 밖에 국가기관 등의 권한에 속하는 사항"이라는 포괄적인 규정을 두고 있기 때문에 사실상 국가기관의 활동에 속하는 거의 모든 사항이 청원권행사의 대상이 된다고 할 수 있다.

오히려 실질적인 의미를 갖는 것은 청원을 수리하지 않는 사항, 즉 청원금지사항을 규정하고 있는 청원법 제6조라고 할 수 있다. 이 조항에서는 1. 국가기밀 또는 공무상 비밀에 관한 사항, 2. 감사·수사·재판·행정심판·조정·중재 등 다른 법령에 의한 조사·불복 또는 구제절차가 진행 중인 사항, 3. 허위의 사실로 타인으로 하여금 형사처분 또는 징계처분을 받게 하는 사항, 4. 허위의 사실로 국가기관 등의 명예를 실추시

하므로, 청원서를 접수한 국가기관은 이를 수리·심사하여 그 결과를 통지하여야 할 헌법에서 유래하는 작위의무를 지고 있고, 이에 상응하여 청원인에게는 청원에 대하여 위와 같은 적정한 처리를 할 것을 요구할 수 있는 권리가 있다."

7) 계희열, 헌법학(중), 2007, 628쪽; 권영성, 헌법학원론, 2010, 604쪽; 김철수, 헌법학개론, 2007, 1053쪽.

8) 계희열, 헌법학(중), 2007, 628쪽; 권영성, 헌법학원론, 2010, 604쪽; 김철수, 헌법학개론, 2007, 1053쪽.

키는 사항, 5. 사인간의 권리관계 또는 개인의 사생활에 관한 사항, 6. 청원인의 성명, 주소 등이 불분명하거나 청원내용이 불명확한 사항의 여섯 가지를 청원불수리사항으로 명시하고 있다. 또한 청원법 제25조에서는 "누구든지 타인을 모해할 목적으로 허위의 사실을 적시한 청원을 하여서는 아니 된다"고 명시함으로써 모해 목적의 허위청원을 금지하고 있다.

2. 청원의 방법과 절차

(1) 문서에 의한 청원

헌법 제26조 제1항과 청원법 제9조에 의하여 청원은 일정한 사항을 기재한 문서로 하여야 한다.

청원은 청원인의 성명(법인인 경우에는 명칭 및 대표자의 성명)과 주소 또는 거소를 기재하고 서명한 문서(「전자정부법」에 의한 전자문서 포함)로 하여야 한다(청원법 제9조 제1항). 다수인이 공동으로 청원을 하는 때에는 그 처리결과를 통지받을 3인 이하의 대표자를 선임하여 이를 청원서에 표시하여야 하며(제11조 제3항), 청원서에는 청원의 이유와 취지를 밝히고, 필요한 때에는 참고자료를 첨부할 수 있다(제11조 제4항).

청원을 문서로 하도록 요구하는 것과 청원서에 일정한 사항의 기재 및 첨부서류 등을 요구하는 것은 청원의 진지성과 진실성을 확보하기 위한 것으로 이해될 수 있다.

(2) 청원서의 제출과 그 처리

청원서는 청원사항을 담당하는 기관에 제출하여야 한다(청원법 제11조 제1항). 청원서를 접수한 기관은 청원서에 미비한 사항이 있을 경우 보완을 요구할 수 있으며(청원법 제15조 제1항), 청원사항이 그 기관이 관장하는 사항이 아니라고 인정되는 때에는 그 청원사항을 관장하는 기관에 청원서를 이송하고 이를 청원인에게 통지하여야 한다(청원법 제15조 제2항).

동일인이 동일한 내용의 청원서를 동일한 기관에 2건 이상 제출하거나 2 이상의 기관에 제출하는 **반복청원, 이중청원**의 경우에는 나중에 접수된 청원서를 반려할 수 있다(청원법 제16조).

(3) 국회와 지방의회에 대한 청원

국회나 지방의회에 대한 청원에는 국회법 제123조 제1항, 지방자치법 제85조 제1항에 의하여 국회의원과 지방의회의원의 소개 또는 국회규칙으로 정하는 일정한 수 이상의 국민의 동의가 필요하다.

이처럼 국회나 지방의회에 대한 청원에 특별한 요건을 두는 것은 청원권행사의 남용을 막기 위한 것으로 이해될 수 있지만, 현실적으로 이러한 제한에는 많은 문제가 있다. 만일 국회의원이나 지방의회의원의 소개가 현실적으로 청원을 막는 효과를 발생시키게 된다면, 이는 국회의원이나 지방의회의원과의 개인적 관계 등에 따라 기본권의 행사가 제약되는 불합리한 결과가 될 것이다. 그렇지 않고 국회의원이나 지방의회의원의 소개는 형식에 불과하게 되어서 국회나 지방의회에 대한 모든 청원이 사실상 제한 없이

제기될 수 있다면, 이러한 요건 자체가 무의미하게 될 것이다.[9)]

Ⅵ. 청원권행사의 효과

청원권의 행사는 청원내용에 대상기관이 구속되도록 하는 법적 효과를 발생시키지는 않는다. 단지 청원을 수리한 국가기관은 청원을 성실 · 공정 · 신속히 심사처리하고 그 결과를 청원인에게 통지할 의무만을 지는 것이다(청원법 제18조, 제21조).[10)]

정부의 정책과 관련되는 청원서가 정부에 제출 또는 회부된 경우에는 국무회의가 그 청원을 심사한다(헌법 제89조 제15호). 국회에 청원서가 제출된 경우에는 소관위원회에서 심사한다(국회법 제124조 제1항). 국회가 채택한 청원으로서 정부에서 처리하는 것이 타당하다고 인정되는 청원은 의견서를 첨부하여 정부에 이송하고, 정부는 이 청원을 처리하고 그 처리결과를 지체 없이 국회에 보고하여야 한다(국회법 제126조).

이와 관련하여 주목할 점은 청원권의 자유로운 행사를 보장하기 위하여 "누구든지 청원을 하였다는 이유로 차별대우를 받거나 불이익을 강요당하지 아니한다"고 청원법에 명시하고 있다는 점이다(청원법 제26조).

Ⅶ. 청원권의 제한

청원권은 헌법 제26조 제1항의 규정에 따라 법률(즉 청원법)이 정하는 바에 의해 인정된다. 청원법은 한편으로는 청원권을 인정하면서, 다른 한편으로는 일정한 경우에 청원권의 행사를 제한하고 있다.

---

9) 헌법재판소는 지방의회에 청원하고자 할 때 지방의회 의원의 소개를 요하도록 하는 것이 합헌이라고 판단하였다(**헌재 1999.11.25. 97헌마54 결정; 헌재 2006.6.29. 2005헌마604**). 그러나 이 판례의 소수의견에서 "청원인 거주지 선출의원이 결원이거나 청원내용을 반대하는 경우 다른 의원의 소개를 얻기가 쉽지 않고, 또 소개여부가 완전히 의원 개인의 임의에 맡겨져 있어 이는 결국 청원서의 제출을 어렵게 하는 수단에 다름 아니며, 직접민주주의적인 요소가 결여된 우리의 지방자치제도하에서는 청원권의 행사를 통하여 주민의 의사를 직접 반영하는 보완기능으로서의 역할 또한 중요하다 할 것임에도 불구하고 위와 같은 제한을 둔 것은 지방의회의 편의를 도모하기 위한 것으로 청원권 그 자체를 유명무실하게 하는 것이므로 위헌이 선언되어야 한다"고 주장한 점에도 주목할 필요가 있다.

10) 이와 관련하여 헌법재판소는 "헌법 제26조와 청원법규정에 의할 때 헌법상 보장된 청원권은 공권력과의 관계에서 일어나는 여러 가지 이해관계, 의견, 희망 등에 관하여 적법한 청원을 한 모든 국민에게, 국가기관이 (그 주관관서가) 청원을 수리할 뿐만 아니라, 이를 심사하여, 청원자에게 적어도 그 처리결과를 통지할 것을 요구할 수 있는 권리를 말한다. 그러나 청원권의 보호범위에는 청원사항의 처리결과에 심판서나 재결서에 준하여 이유를 명시할 것까지를 요구하는 것은 포함되지 아니한다고 할 것이다. 왜냐하면 국민이면 누구든지 널리 제기할 수 있는 민중적 청원제도는 재판청구권 기타 준사법적 구제청구와는 완전히 성질을 달리하는 것이기 때문이다. 그러므로 청원소관관서는 청원법이 정하는 절차와 범위 내에서 청원사항을 성실 · 공정 · 신속히 심사하고 청원인에게 그 청원을 어떻게 처리하였거나 처리하려 하는지를 알 수 있을 정도로 결과를 통지함으로써 충분하다고 할 것이다. 따라서 적법한 청원에 대하여 국가기관이 수리, 심사하여 그 처리결과를 청원인 등에게 통지하였다면 이로써 당해국가기관은 헌법 및 청원법상의 의무이행을 필한 것이라 할 것이고, 비록 그 처리내용이 청원인 등이 기대하는 바에 미치지 않는다고 하더라도 더 이상 헌법소원의 대상이 되는 공권력의 행사 내지 불행사라고는 볼 수 없다"고 판시한 바 있다(**헌재 1997.7.16. 93헌마239 결정**).

현행 청원법에 의해 청원이 제한되고 있는 사항으로는 앞서 검토한 바와 같이 청원법 제6조에 의한 불수리사항과 청원법 제25조에 의한 모해의 금지가 있다. 그 밖에 국가긴급권의 행사에 의해 청원권이 제한되는 것도 가능하며, 청원법이 아닌 다른 법률에 의하여 청원권을 제한하는 것도 가능하다. 다만 이러한 경우에도 기본권제한의 요건과 기준은 준수되어야 할 것이다.

제 3 절 재판청구권

재판청구권은 사법제도와 맞물려 발달해왔다. 사법제도는 권리구제의 객관성과 공정성을 담보하는 것을 생명으로 하며, 재판청구권의 의미는 이러한 사법제도의 발달에 따라 그 비중이 점점 더 커졌던 것이다.

그 결과 재판청구권은 −기본권의 구제를 국가기관의 호의적 검토에 의존하는 청원권과는 달리− 제3자적 기관인 사법부의 객관적이고 공정한 판단을 통해 권리를 구제한다는 장점 때문에 청원권을 제치고 절차적 기본권의 중심에 서게 되었다.

그러나 재판청구권의 실효성은 공정하고 효율적인 사법제도에 의존하고 있기 때문에, 사법제도의 구성과 운용에 문제가 있음으로 인하여 재판의 공정성이나 효율성(신속성과 경제성)에 문제가 발생될 경우에는 오히려 청원권의 비중이 증대될 수 있다.

따라서 재판청구권은 전체 사법제도와의 연결구조 속에서 검토되어야 하며, 공정하고 효율적인 재판을 가능하게 하는 전제조건들이 재판청구권의 내용으로 포섭되고 있다.

【사례: 제소기간 제한의 재판청구권 침해 여부】

갑은 A건설회사에서 시공하는 공사현장에서 일하던 중에 2004.8.23. 교통사고로 인하여 심한 부상을 입고 입원하게 되었다. 갑은 2005.5.18. 근로복지공단에 병원의 진단에 따라 요양신청과 기기고정술에 대한 사전승인신청을 하였으나, 근로복지공단은 2005.6.2. 청구인의 요양신청을 '요추 염좌, 경추 염좌'로 변경승인하였고, 2005.6.3.에는 기기고정술에 대한 승인신청을 불승인하였다.

갑은 그 무렵 이 사건 처분의 취소를 구하는 소를 제기하였으나 청구기각판결이 확정되었다. 청구인은 2015.9.4. 다시 이 사건 처분의 취소를 구하는 소를 제기하였으나, 2016.12.16. 제소기간 도과를 이유로 소가 각하되자, 항소하여 현재 항소심에 계속 중이다. 갑은 당해사건이 계속 중이던 2016.7.6. 법원에 행정소송법 제20조 제1항에 대하여 위헌법률심판제청을 신청하였으나, 법원에서 이를 기각하자 헌법재판소에 헌법소원심판을 청구하였다.

광고회사 을은 옥외광고물등관리법위반으로 기소되어 2016.11.3. 무죄 판결을 선고받았으나, 검사가 항소하여 2017.8.25. 옥외광고물등관리법위반방조죄로 벌금 500만원을 선고받았고, 상고하였으나 2017.11.21. 상고기각결정을 받았다. 이에 을은 2018.2.7. 헌법재판소에 위 대법원 결정의 취소 및 헌법재판소법 제68조 제1항의 위헌확인을 구하는 헌법소원심판을 청구하였다.

〈헌재 2018.6.28. 2017헌바66; 2018.8.30. 2018헌마143 참조〉

〈참고조문〉

행정소송법 제20조 (제소기간)

① 취소소송은 처분 등이 있음을 안 날부터 90일 이내에 제기하여야 한다.

헌법재판소법 제68조 (청구 사유)

① 공권력의 행사 또는 불행사(不行使)로 인하여 헌법상 보장된 기본권을 침해받은 자는 법원의 재판을 제외하고는 헌법재판소에 헌법소원심판을 청구할 수 있다. 다만, 다른 법률에 구제절차가 있는 경우에는 그 절차를 모두 거친 후에 청구할 수 있다.

1. 갑의 헌법소원심판청구는 적법한가? (25점)
2. 을의 헌법소원심판청구는 적법한가? (25점)
3. 갑의 헌법소원심판청구가 적법한 경우 헌법재판소는 어떤 본안판단을 내려야 하는가? (50점)

Ⅰ. 법치주의원리와 재판청구권의 의의

민주주의와 더불어 헌법의 양대 기본원리의 하나로 일컬어지는 법치주의원리는 권력분립을 전제로 하여 기본권보장의 실현을 목적으로 하고 있다.

이러한 기본권보장을 담보하기 위하여 **법률유보의 원칙** 및 **행정의 합법률성의 요청**과 더불어 **사법절차적 보장**, 즉 재판제도의 보장도 법치주의의 핵심요소의 하나로 인정되고 있다. 즉 재판을 청구할 수 있는 권리를 기본권으로 보장하는 것은 법치주의의 직접적인 표현이라고 할 수 있다.

사법제도는 사인 또는 국가기관에 의하여 정당한 권리가 침해당할 경우 **중립성과 독립성에 의해 공정성을 보장받는 법원의 심사**를 통해 침해된 권리의 구제가 가능하도록 보장하는 것이며, 재판청구권은 이러한 사법제도를 이용한 기본권의 구제를 요구하는 권리라고 할 수 있다.

특히 재판청구권은 청원권과는 달리 -관계 국가기관의 호의적인 검토에 의지하는 것이 아니라- 제3자(독립된 법원)에 의한 객관적이고 공정한 검토를 통하여 권리를 분명하게 확인하고 구제할 수 있다는 점에서 훨씬 더 강력하고 효과적인 기본권보호수단이라고 할 수 있다. 그렇기 때문에 재판청구권은 기본권의 실효적 보장을 위해 꼭 필요한 기본권으로 널리 인정되고 있으며, 법치주의의 핵심적 요소의 하나로도 인정되고 있다.

Ⅱ. 재판청구권의 역사적 발전

재판청구권은 재판제도, 즉 사법제도와 맞물려서 함께 발전해온 것이기 때문에 재판청구권의 역사적 발전은 사법제도의 역사적 발전과 표리의 관계에 있다.

1. 영미의 사법제도와 재판청구권

영미의 사법제도는 영국에서 비롯된 보통법의 발달과 밀접한 관련 속에 있다. 영국에서 재판청구권은 이미 1215년의 마그나 카르타(Magna Charta Libertatum)에 의해 인정되고 있었지만(제39조, 제40조),[11] 그 실질적 보장은 사법제도의 발달을 통해 비로소 가능하였기 때문이다.

즉 영국에서는 국왕에 의하여 좌우되지 않는 독립된 법원이 객관적 기준에 따라 재판을 통해 법을 발견하는 것이 무엇보다 중요하다고 여겨졌으며, 이를 통해 형성된 보통법의 존중이 법의 지배(rule of law)의 핵심을 이루었던 것이다.

그에 따라 영미의 사법제도는 **정규의 법원(보통법재판소)에 의한 재판**을 강조하였으며, 특별법원은 -과거 영국이 경험했던 성좌재판소(Court of Star Chamber)처럼 - 국가 내지 국왕의 이익을 정의에 우선시킬 우려가 크다고 생각하여 배척하였다.[12] 그 결과 영미에서는 현재까지도 -독일, 프랑스 등의 경우와는 달리- 전문법원이 발달되지 않고 있다.

영미의 사법제도의 중요한 특징 가운데 하나는 **배심제도**라고 할 수 있다. 법적 판단을 위해서는 전문법관의 역할이 중요한 것은 분명하지만, 적어도 형사사건에 있어서 사실판단에 대해서는 일반인으로 구성된 배심원들이 재판에 관여함으로써 사법이 법관들에 의해 독점될 경우에 나타날 수 있는 폐해를 막고자 하였던 것이다.[13]

이러한 맥락에 따라 미국 연방헌법 증보 제6조는 공정한 배심에 의한 신속한 공개재판을 받을 권리를 인정하고 있다.

2. 대륙의 사법제도와 재판청구권

대륙의 사법제도가 영미의 사법제도와 구별되는 특징으로는 무엇보다 **특수법원의 발달**을 들 수 있다. 영국에서 특수법원에 대해 부정적인 인식을 가졌던 것처럼, 프랑스나 독일의 특수법원들(특히 프랑스의 국사원을 비롯한 행정법원들)도 과거에는 국가목적을 우선시키고, 이를 위해 개인의 권리가 제약되는 것을 정당화시킨 예가 적지 않았다.

그러나 근대 이후 계몽사상과 자유주의 사상의 영향 하에 재판의 공정성을 확보하

---

11) 1628년의 권리청원은 이러한 재판청구권을 다시 확인한 바 있다(제3조-제5조).

12) 이러한 영미법의 전통은 법의 지배에 대한 이해로부터 비롯된 것이다. 이에 관하여는 「제1권 제2부 제3장 제2절 Ⅰ. **영국의 법의 지배(Rule of Law)의 전통**」 참조.

13) 그러나 배심제도의 장단점에 대해서는 아직도 논란이 많다. 한편에서는 사법의 민주성을 확보하는 중요한 제도로 높이 평가하는가 하면, 다른 한편에서는 배심제도에 의해 사법의 전문성은 물론 중립성까지도 훼손될 수 있다는 우려가 적지 않다.

기 위한 투쟁이 계속되었으며, 그 결과 1789년의 프랑스 인권선언 제7조와 1791년 프랑스 헌법 제3장 제5절에서 독립된 법원에 의해 재판을 받을 권리가 보장되었다. 독일의 경우 1849년 프랑크푸르트 헌법초안 제175조에서 재판청구권이 규정된 바 있으나 시행되지 못하였고, 바이마르 헌법 제105조에 의해 비로소 기본권으로 보장되었다.

이처럼 국가권력이 민주화되고 법치주의가 확고하게 뿌리내린 이후에는 사법제도의 의의와 기능도 크게 변화되었으며, 특히 특수법원들이 **현대적 전문법원으로 발전**하여 보다 전문적인 재판을 하게 된 점에 대해서는 주목할 필요가 있다. 예컨대 프랑스의 헌법평의회와 국사원, 그리고 독일의 연방헌법재판소와 연방행정재판소, 연방노동재판소, 연방사회재판소 등은 각 법영역에 따른 전문성을 살리는 데 큰 기여를 하고 있는 것으로 평가된다.

Ⅲ. 재판청구권의 법적 성격

재판청구권의 법적 성격에 대해서는 "국가에 대하여 재판을 청구하는 것을 내용으로 하는 청구권적 기본권"으로 보는 견해[14]와 "재판이라는 국가적 행위를 청구할 수 있는 적극적 측면과 헌법과 법률이 정한 법관이 아닌 자에 의한 재판 및 법률에 의하지 아니한 재판을 받지 아니하는 소극적 측면"을 동시에 갖고 있으므로 "청구권과 자유권이라는 양면적 성격을 가진 권리"라고 보는 견해[15]가 대립되고 있다.

그러나 청구권이라는 개념은 앞서 살펴본 바와 같이 사회권과의 구별을 분명히 하지 못하기 때문에 부적합하고, 절차적 기본권이라는 개념을 사용하는 편이 더 정확하다고 할 수 있다. 그리고 재판청구권이 자유권적 측면을 가지고 있다는 주장은 재판청구권의 본질 내지 자유권의 본질에 대한 잘못된 이해에서 비롯된 것으로 보인다. 헌법상의 재판청구권은 「헌법과 법률이 정한 법관에 의하여 신속하고 (헌법과 법률에 따른) 공정한 재판을 받을 권리」를 내용으로 하는 것이고, 이를 벗어나는 재판은 정당한 재판이라고 할 수 없기 때문에 재판청구권의 침해로 인정되는 것이다. 즉 헌법과 법률이 정한 법관이 아닌 자에 의한 재판 및 법률에 의하지 아니한 재판을 받지 아니하는 소극적 측면을 자유권적 성격을 갖는 것으로 보아야 할 이유는 없다.

이렇게 볼 때 재판청구권의 법적 성격은 절차적 기본권이라는 점에서 찾아야 할 것이다. 다만 다른 절차적 기본권들과는 달리 재판청구권은 사법제도의 존재를 전제로 한다는 특징을 갖는다. 재판청구권의 보장은 곧 사법제도를 구성하여야 할 입법자의 의무를 전제하는 것이다.[16] 그러나 구체적인 사법제도의 내용에 대하여는 입법자의 형성의 자유가 인정되어야 한다.[17]

---

14) 김철수, 헌법학개론, 2007, 1061쪽.
15) 권영성, 헌법학원론, 2010, 608쪽.
16) 따라서 사법제도를 구성하여야 할 입법자의 의무가 국민의 재판청구권으로부터 도출될 수 있다.
17) 입법자는 예컨대 영미식의 사법제도에 기초하여 전문법원의 설치를 하지 않을 수도 있고, 대륙식의 사법제도를 도입하여 각종 전문법원을 설치할 수도 있다. 또한 구체적인 사법절차의 내용형성에 대해

Ⅳ. 재판청구권의 주체

1. 외국인의 기본권주체성

청원권의 경우와 마찬가지로 재판청구권에 대해서도 외국인의 기본권주체성이 인정되어야 한다.[18]

외국인에게 인정되는 실체적 기본권이 침해될 경우에 이를 구제받기 위한 재판청구권을 인정하지 않는다면, 사실상 실체적 기본권조차도 인정하지 않는 것과 마찬가지의 결과가 될 것이다. 따라서 외국인에게 실체적 기본권을 인정한 경우에는 그 기본권의 침해와 관련하여 재판청구권도 당연히 인정되어야 하는 것이다.

2. 법인의 기본권주체성

법인의 경우도 외국인과 마찬가지로 실체적 기본권의 주체가 되는 경우에는 그 권리의 침해와 관련하여 재판청구권의 주체가 된다.

법치주의의 발달 및 이에 기초한 사법제도의 확립과 더불어 재판청구권은 가능한 한 넓게 인정되고 있으며, 요즈음에는 법인은 물론 권리능력 없는 단체의 기본권주체성도 인정하는 것이 일반적이다.[19]

Ⅴ. 재판청구권의 내용

1. 「재판」을 받을 권리

재판청구권은 재판을 받을 권리를 보장하는 것이다. 재판은 법적인 분쟁을 법에 따라 해결하는 절차이다.[20] 그러나 재판이 국민의 기본권보호수단으로서 효과적으로 기능할 수 있기 위해서는 단순히 「재판」을 받을 권리를 인정하는 것만으로는 충분하지 않고, 「신속하고 공정한 재판」, 즉 **권리구제에 실질적으로 도움이 되는 재판**이어야 한다.

따라서 재판청구권은 단순히 「재판」을 받을 수 있는 권리를 의미하는 것이 아니라

서도 -그것이 사법의 본질 내지 국민의 재판청구권과 충돌되지 않는 범위 내에서는- 입법자의 형성권이 존중되어야 할 것이다.

18) 계희열, 헌법학(중), 2007, 651쪽; 권영성, 헌법학원론, 2010, 608쪽; 김철수, 헌법학개론, 2007, 1062쪽.

19) 계희열, 헌법학(중), 2007, 651쪽; 권영성, 헌법학원론, 2010, 608쪽; 김철수, 헌법학개론, 2007, 1062쪽.

20) 헌법재판소는 재판에 대하여 "구체적 사건에 관하여 사실의 확정과 그에 대한 법률의 해석적용을 그 본질적인 내용으로 하는 일련의 과정"이라고 정의하면서(**헌재 1995.9.28. 92헌가11등 결정**), "법관에 의한 재판을 받을 권리를 보장한다고 함은 법관이 사실을 확정하고 법률을 해석 · 적용하는 재판을 받을 권리를 보장한다는 뜻이고, 그와 같은 법관에 의한 사실확정과 법률의 해석적용의 기회에 접근하기 어렵도록 제약이나 장벽을 쌓아서는 아니 되며, 만일 그러한 보장이 제대로 이루어지지 아니한다면 헌법상 보장된 재판을 받을 권리의 본질적 내용을 침해하는 것으로서 우리 헌법상 허용되지 아니한다"고 해석하고 있다(**헌재 1995.9.28. 92헌가11등 결정; 헌재 2000.6.29. 99헌가9 결정**).

신속하고 공정한 재판을 통하여 자신의 정당한 권리를 구제받을 수 있는 권리를 의미한다. 이에 따라 재판청구권의 실질적 의미는 **공정한 재판, 신속하고 경제적인 재판, 재판절차상의 공정성**을 모두 확보한 경우에만 실현될 수 있다.

⑴ 재판을 받을 권리의 유형

현행법상 재판을 받을 권리의 유형을 분류하는 경우가 있다. 즉 민사재판, 형사재판, 행정재판, 헌법재판 등의 재판유형에 따라 민사재판청구권, 형사재판청구권, 행정재판청구권, 헌법재판청구권 등을 나누는 것이다.

그러나 이러한 유형의 분류는 구체적인 사법제도를 어떻게 구성하는지에 달려 있는 것이며, 각 유형에 속한 재판들의 구체적 내용 또한 입법자가 형성한 바에 따라 달라질 수 있는 여지가 적지 않다. 따라서 이러한 유형분류의 독자적인 의미는 크지 않다고 할 수 있다.

⑵ 재판청구의 요건

재판청구권은 **법적 분쟁**을 재판을 통해 해결하도록 청구하는 기본권이다. 따라서 재판청구권은 법적 분쟁에 대해서만 행사될 수 있으며, 법적 분쟁이 아닌 학문상의 논쟁이나 정치적 분쟁은 -그것이 법적인 관점에서 별도로 문제되지 않는 한- 재판청구의 대상이 되지 않는다.

또한 재판청구권은 권리구제를 위해 인정되는 것이므로 권리침해와 관련하여 **당사자적격, 소의 이익**이 인정되어야 한다.

⑶ 재판청구의 한계

법적 분쟁이고, 당사자적격과 소의 이익이 인정된다 하더라도 일정한 경우에는 재판을 담당하는 사법부의 권한범위 밖의 문제(사법권의 한계)로 인정되어 재판청구의 대상에서 배제될 수 있다.

예컨대 헌법 제64조 제4항과 같이 명문의 헌법규정에 의하여 법원의 재판이 배제되는 경우가 있으며, 그 밖에 국제법상의 한계 또는 통치행위 등을 중심으로 권력분립상의 한계 등이 인정되고 있다.[21)]

2. 「헌법과 법률이 정한 법관」의 재판을 받을 권리

⑴ 헌법과 법률이 정한 법관

헌법 제27조 제1항 전단은 "헌법과 법률이 정한 법관에 의하여" 재판을 받을 권리를 명시하고 있다. 이처럼 법관의 자격을 한정하는 것은 객관적이고 공정한 재판을 위하여 필수적이다.

법관의 자격을 한정하는 일차적 의미는 고도의 전문성을 갖는 판결에 필요한 전문적 지식과 훈련을 갖춘 자만이 법관이 되도록 하는 데 있다. 즉 올바른 법적 판단을 내릴 수 있는 사람만이 법관이 되도록 함으로써 법관의 판단을 신뢰할 수 있도록 하는 것

---

21) 사법권의 한계에 관한 구체적인 내용에 관하여는 「제3권 제2부 제4장 제3절 Ⅱ. **사법작용(사법권)의 한계**」 참조.

이다. 법관의 자격제한은 또한 법관에 대한 신분보장의 전제가 되기도 한다. 일정한 자격을 갖춘 법관에 대해서는 철저한 신분보장을 함으로써 판결의 객관성과 공정성을 확보할 수 있도록 하는 것이다.

(2) 즉결심판 · 가사심판 · 보호처분 · 약식절차

즉결심판은 "범증이 명백하고 죄질이 경미한 범죄사건을 신속 · 적정한 절차로 심판"하는 것으로서 "지방법원, 지원 또는 시 · 군법원의 판사"는 "즉결심판절차에 의하여 피고인에게 20만원 이하의 벌금, 구류 또는 과료에 처할 수 있다"(즉결심판에 관한 절차법 제1조와 제2조). 이러한 즉결심판은 헌법과 법률이 정한 법관에 의한 재판이며, 그 결과에 불복할 경우에는 7일 이내에 정식재판을 청구할 수 있기 때문에(같은 법률 제11조 제1항, 제14조) 합헌이라고 인정하는 것이 일반적이다.[22]

또한 가정법원의 가사심판, 지방법원 소년부나 가정법원 소년부의 보호처분, 치료감호법상의 치료감호처분에 대해서도 헌법과 법률이 정한 법관에 의한 재판이므로 문제되지 않는다고 보는 견해가 일반적이다.[23]

그리고 약식절차(형사소송법 제448조 이하)는 지방법원의 관할에 속하는 사안으로서 검사의 청구에 따라 공판절차 없이 약식명령으로 피고인을 벌금, 과료 또는 몰수에 처할 수 있도록 한 간이형사절차라고 할 수 있다. 이러한 약식절차의 경우에도 7일 이내에 정식재판을 청구할 수 있기 때문에(형사소송법 제450조, 제453조) 재판청구권의 침해는 아니라고 보는 견해가 지배적이다.[24]

(3) 배심재판제도

영미에서 발달된 배심제도는 법관이 아닌 일반인이 판결에 관여하는 것을 주된 내용으로 한다. 만일 이러한 배심제도를 우리가 도입할 경우에는 "헌법과 법률이 정한 법관에 의한 재판"이라는 헌법상의 요청에 위배되는 것이 아닌지가 문제될 수 있다.

그러나 국내의 지배적 견해는 법관이 아닌 배심원이 사실심에 한하여 관여하는 것은 허용될 수 있다고 보면서, 법률심에 관여하지 않는다면 합헌으로 인정될 수 있다는 입장을 취하고 있다.[25] 「국민의 형사재판 참여에 관한 법률」 제5조 제1항에 해당되는 사건에 대해서는 국민참여재판이 가능하지만, 피고인이 이를 원치 않거나 동법 제9조 제1항에 따른 법원의 배제결정이 있는 경우는 예외이다(제5조 제2항).

---

22) 계희열, 헌법학(중), 2007, 643쪽; 권영성, 헌법학원론, 2010, 611쪽; 김철수, 헌법학개론, 2007, 1066쪽.

23) 계희열, 헌법학(중), 2007, 643쪽; 권영성, 헌법학원론, 2010, 611쪽; 김철수, 헌법학개론, 2007, 1066쪽.

24) 계희열, 헌법학(중), 2007, 643쪽; 권영성, 헌법학원론, 2010, 611쪽; 김철수, 헌법학개론, 2007, 1066쪽 이하.

25) 계희열, 헌법학(중), 2007, 642쪽 이하; 권영성, 헌법학원론, 2010, 611쪽; 김철수, 헌법학개론, 2007, 1065쪽 이하; 허영, 한국헌법론, 2025, 436쪽. 반면에 참심제도에 대해서는 과거 위헌이라는 견해가 많았으나, 최근 국민의 사법참여를 강화하는 사법개혁위원회의 법률안 가운데서 참심제의 도입이 논의되면서 적극적으로 수용하려는 견해도 많아졌고, 2007년 6월 제정된 「국민의 형사재판 참여에 관한 법률」에서는 배심과 참심을 결합한 형태로 도입하고 있다.

(4) 군사재판

현행헌법 제110조 제1항은 군사법원을 특별법원으로 인정하고 있으며, 헌법 제110조 제3항은 군사법원의 조직 · 권한 및 재판관의 자격을 법률로 정하도록 하고 있다. 이에 기초한 군사법원법 제22조 이하의 규정에 따라 "헌법과 법률이 정하는 법관"이 아닌 자에 의한 재판이 행해지게 된다.[26]

따라서 군사법원에 의한 군사재판은 "헌법과 법률이 정하는 법관에 의한 재판"의 예외가 된다. 그러나 헌법상 군사법원에 대한 예외 인정의 근거가 마련되어 있으며, 헌법 제110조 제2항에 따라 군사법원의 상고심은 대법원에서 관할하게 함으로써 군사재판이 사법의 기본적 조건을 갖출 수 있도록 하고 있으므로 위헌은 아니라고 보는 견해가 일반적이다.

(5) 통고처분

관세범에 대하여 관세청장 또는 세관장이 벌금, 몰수, 추징금의 납부를 통고하는 경우(관세법 제311조 제1항),[27] 재정범(財政犯)에 대하여 지방국세청장, 세무서장 등이 벌금, 과료, 몰수를 통고하는 경우(조세범 처벌절차법 제15조), 또는 교통범칙자 등에 대하여 경찰서장 또는 제주특별자치도지사가 범칙금 등의 통고처분(도로교통법 제163조)[28]을 내리는 것은 법관의 자격이 없는 자에 의한 것이다. 하지만 그 성질이 재판이라고는 할 수 없으며, 이 처분에 대한 정식재판의 청구가 가능하므로 재판청구권의 침해라고 할 수는 없다.

(6) 행정기관에 의한 재결 또는 결정

과거 행정심판을 행정소송의 필수적 전치절차로 인정하고 있었을 때에는 -비록 행정심판에 대하여 준사법적 절차로서 사법절차의 준용이 요구되고 있었지만- 심판의 주체가 "헌법과 법률이 정한 법관"이 아닌 행정기관이라는 점에서 위헌논란이 많이 있었다.

그러나 현행헌법은 재판의 전심절차로 행정심판을 할 수 있도록 하는 헌법적 근거

---

26) 군사법원법 개정으로 평시 군사재판에서는 군판사 3명이 재판관이 되지만, 전시 군사재판에서는 여전히 관할관제도와 심판관제도가 있으며, 법관의 자격이 없는 사람이 재판관이 될 수 있다는 점에서 군사법원은 특별법원이며, 비상계엄 하의 군사재판은 사형을 제외하고 단심으로 할 수 있다는 점에서도 그러하다.

27) 헌법재판소는 구 관세법에 따른 통고처분에 대해서 "통고처분은 상대방의 임의의 승복을 그 발효요건으로 하기 때문에 그 자체만으로는 통고이행을 강제하거나 상대방에게 아무런 권리의무를 형성하지 않으므로 행정심판이나 행정소송의 대상으로서의 처분성을 부여할 수 없고, 통고처분에 대하여 이의가 있으면 통고내용을 이행하지 않음으로써 고발되어 형사재판절차에서 통고처분의 위법 · 부당함을 얼마든지 다툴 수 있기 때문에 관세법 제38조 제3항 제2호가 법관에 의한 재판받을 권리를 침해한다든가 적법절차의 원칙에 저촉된다고 볼 수 없다"고 판시한 바 있다(**헌재 1998.5. 28. 96헌바4**).

28) 헌법재판소는 도로교통법상의 통고처분에 대해서도 "통고처분은 처분을 받은 당사자의 임의의 승복을 발효요건으로 하고 있으며, 행정공무원에 의하여 발하여 지는 것이지만, 통고처분에 따르지 않고자 하는 당사자에게는 정식재판의 절차가 보장되어 있다. 통고처분 제도는 경미한 교통법규 위반자로 하여금 형사처벌절차에 수반되는 심리적 불안, 시간과 비용의 소모, 명예와 신용의 훼손 등의 여러 불이익을 당하지 않고 범칙금 납부로써 위반행위에 대한 제재를 신속 · 간편하게 종결할 수 있게 하여주며, 교통법규 위반행위가 홍수를 이루고 있는 현실에서 행정공무원에 의한 전문적이고 신속한 사건처리를 가능하게 하고, 검찰 및 법원의 과중한 업무 부담을 덜어 준다. 또한 통고처분제도는 형벌의 비범죄화 정신에 접근하는 제도이다. 이러한 점들을 종합할 때, 통고처분 제도의 근거규정인 도로교통법 제118조 본문이 적법절차원칙이나 사법권을 법원에 둔 권력분립원칙에 위배된다거나, 재판청구권을 침해하는 것이라 할 수 없다"고 판시하였다(**헌재 2003.10. 30. 2002헌마275 결정**).

(헌법 제107조 제3항)를 마련하고 있을 뿐만 아니라, 1998년부터는 행정심판을 필수적 전치절차가 아닌 임의적 전치절차로 하여 당사자의 선택에 따라 직접 행정소송을 제기하는 것이 가능하기 때문에(행정소송법 제18조) 행정심판을 위헌으로 주장하는 견해는 더 이상 찾아보기 어렵다.[29]

3.「법률에 의한」 재판을 받을 권리

공정한 재판의 보장은 "헌법과 법률이 정하는 법관에 의한 재판"의 보장만으로 완결되지 않는다. 객관적이고 공정한 재판을 위해서는 법관이 적용하는 기준 및 재판절차의 진행이 법률에 따르는 것이어야 한다(헌법 제27조 제1항 후단).[30] 즉 공정한 재판을 위해서는 법관의 자의도 배제되어야 하기 때문에 법률이라는 객관적 기준을 통해 법적용의 객관성과 통일성을 확보하고자 하는 것이다.[31]

그러나 법률의 의미는 구체적인 재판유형에 따라 달라질 수 있다는 점에 유의하여야 한다. 형사재판의 경우에는 죄형법정주의의 요청에 따라 국회에서 법률의 형식으로 제정된 규범만을 의미하지만,[32] 민사재판의 경우에는 성문법 이외에 관습법 등도 포함

---

29) 다만 전심절차가 필수적인 것으로 요구되는 경우에는 별도의 검토가 필요할 것이다. 헌법재판소는 이의신청 및 심사청구를 거치지 아니하고서는 지방세 부과처분에 대하여 행정소송을 제기할 수 없도록 한 지방세법 제78조 제2항과 관련하여 "지방세 부과처분에 대한 이의신청 및 심사청구의 심의·의결기관인 지방세 심의위원회는 그 구성과 운영에 있어서 심의·의결의 독립성과 공정성을 객관적으로 신뢰할 수 있는 토대를 충분히 갖추고 있다고 보기 어려운 점, 이의신청 및 심사청구의 심리절차에 사법절차적 요소가 매우 미흡하고 당사자의 절차적 권리보장의 본질적 요소가 결여되어 있다는 점에서 지방세법상의 이의신청·심사청구제도는 헌법 제107조 제3항에서 요구하는 "사법절차 준용"의 요청을 외면하고 있다고 할 것인데, 지방세법 제78조 제2항은 이러한 이의신청 및 심사청구라는 2중의 행정심판을 거치지 아니하고서는 행정소송을 제기하지 못하도록 하고 있으므로 위 헌법조항에 위반될 뿐만 아니라, 재판청구권을 보장하고 있는 헌법 제27조 제3항에도 위반된다 할 것이며, 나아가 필요적 행정심판전치주의의 예외사유를 규정한 행정소송법 제18조 제2항, 제3항에 해당하는 사유가 있어 행정심판제도의 본래의 취지를 살릴 수 없는 경우에까지 그러한 전심절차를 거치도록 강요한다는 점에서도 국민의 재판청구권을 침해한다 할 것이다"라고 판시한 바 있다(**헌재 2001. 6.28. 2000헌바30 결정**).

30) 헌법재판소는 이와 관련하여 "법률에 의한 재판이라 함은 합헌적인 실체법과 절차법에 따라 행하여지는 재판을 의미하므로, 결국 형사재판에 있어서는 적어도 그 기본원리인 죄형법정주의와 위와 같은 적법절차주의에 위반되지 않는 실체법과 절차법에 따라 규율되는 재판이라야 "법률에 의한 재판"이라고 할 수 있다"라고 판시한 바 있다(**헌재 1993.7.29. 90헌바35 결정**).

31) 같은 맥락에서 헌법재판소는 "법률에 의한 재판을 받을 권리라 함은 법관에 의한 재판은 받되 법대로의 재판, 즉 절차법이 정한 절차에 따라 실체법이 정한 내용대로 재판을 받을 권리를 보장하자는 취지라고 할 것이고 이는 재판에 있어서 법관이 법대로가 아닌 자의와 전단에 의하는 것을 배제한다는 것이다"라고 판시한 바 있다(**헌재 1993.11.25. 91헌바8 결정**).

32) 헌법재판소는 이와 관련하여 "형사소송의 기본이념은 실체적 진실발견과 적법절차 및 신속한 재판의 원칙이라고 할 수 있다. 헌법은 제27조 제1항에서 '모든 국민은 헌법과 법률이 정한 법관에 의하여 법률에 의한 재판을 받을 권리를 가진다.'라고 규정하고, 여기서의 법률에 의한 재판이라 함은 '형사재판에 있어서는 적어도 그 기본원리인 죄형법정주의와 절차의 적법성뿐만 아니라 절차의 적정성까지 보장되는 적법절차주의에 위반되지 않는 실체법과 절차법에 따라 규율되는 재판'으로 피고인의 방어활동이 충분히 보장되고, 실질적 당사자대등이 이루어진 공정한 재판을 의미한다. 이에 따라 형사피고인은 형사소송절차에서 공소사실에 대한 주장과 답변 및 입증·반증 등 공격과 방어의 기회가 충분히 보장되고, 단순한 처벌대상이 아니라 형사소송절차를 형성·유지하는 당사자로서의 지위를 향유하며, 검사의 공격에 대하여 실질적인 '무기평등'이 이루어진 공정한 재판을 받을 권리를 기본권으로 보장받고 있는 것이다"라고 판시한 바 있다(**헌재 1997.11.27. 94헌마60 결정**).

되기 때문이다. 그러나 모든 유형의 재판에서 그 절차에 관한 사항은 성문법으로 정하는 것이 원칙이며, 관습법에 따라 재판절차의 진행을 인정하는 것은 객관성 및 공정성에 대한 논란의 여지가 많기 때문에 곤란하다.

4. 「신속한 공개재판」을 받을 권리

(1) 신속한 재판

재판의 신속성은 권리구제의 실효성을 위하여 매우 중요하다. 재판이 지연될 경우에는 소송을 진행하는 당사자가 시간적·경제적으로 많은 부담을 안게 될 뿐만 아니라 정신적인 고통 또한 커질 수 있고, 재판에서 승소한다 하더라도 그 효과가 감소되는 경우가 대부분이기 때문이다. 그렇기 때문에 아무리 공정한 재판이라 할지라도 신속하게 권리를 확보해 주지 않으면 사실상 권리구제의 실효성이 상실 내지 감소된다고 할 수 있다.[33)]

그러나 구체적으로 어떤 경우에 재판이 지연되었다고 할 수 있을 것인지에 대한 판단은 쉽지 않다. 구체적 사건에 따라 소송에 요구되는 시간이 다를 수 있기 때문에, 소송에 걸린 기간 내지 소송지연의 기간, 소송지연의 사유, 소송지연으로 인하여 침해된 이익의 정도 등을 종합적으로 고려하여 소송지연의 합리성 여부를 판단하여야 할 것이다.[34)]

(2) 공개재판

재판의 공개성에 대한 요청은 재판의 객관성과 공정성을 담보하기 위한 것이다. 밀실에서의 재판은 재판에 부당한 영향력이 미칠 우려를 더욱 크게 하기 때문이다.

이에 따라 헌법 제27조 제3항 제2문은 "형사피고인은 상당한 이유가 없는 한 지체없이 공개재판을 받을 권리를 가진다"고 명시하고 있다. 그러나 재판의 객관성과 공정성을 위한 공개재판의 요청은 형사재판뿐만 아니라 모든 유형의 재판에서 요구된다. 그렇기 때문에 헌법 제109조 제1문은 "재판의 심리와 판결은 공개한다"고 규정했으며, 모든 재판은 원칙적으로 공개재판이다.

다만 헌법 제109조 단서에서 "심리는 국가의 안전보장 또는 안녕질서를 방해하거

---

33) 그런 의미에서 계희열, 헌법학(중), 2007, 647쪽 이하에서는 "재판의 지연은 재판의 거부와 다를 바 없을 수 있다"는 지적까지 나오고 있다.

34) 이와 관련하여 헌법재판소는 구 소송촉진등에관한특례법 제6조 제1항의 단서에서 "다만, 국가를 상대로 하는 재산권의 청구에 관하여는 가집행의 선고를 할 수 없다"고 규정한 것과 관련하여 "재산권과 신속한 재판을 받을 권리의 보장에 있어서 합리적 이유 없이 소송당사자를 차별하여 국가를 우대하고 있는 것이므로 헌법 제11조 제1항에 위반(違反)된다"고 판시한 바 있었다(**헌재 1989.1.25. 88헌가7 결정**). 하지만 정작 법원에 의한 소송의 지연과 관련해서는 "법원은 민사소송법 제184조에서 정하는 기간 내에 판결을 선고하도록 노력해야 하겠지만, 이 기간 내에 반드시 판결을 선고해야 할 법률상의 의무가 발생한다고 볼 수 없으며, 헌법 제27조 제3항 제1문에 의거한 신속한 재판을 받을 권리의 실현을 위해서는 구체적인 입법형성이 필요하고, 신속한 재판을 위한 어떤 직접적이고 구체적인 청구권이 이 헌법규정으로부터 직접 발생하지 아니하므로, 보안관찰처분들의 취소청구에 대해서 법원이 그 처분들의 효력이 만료되기 전까지 신속하게 판결을 선고해야 할 헌법이나 법률상의 작위의무가 존재하지 아니한다"고 판시한 바 있다(**헌재 1999.9.16. 98헌마75 결정**).

나 선량한 풍속을 해할 염려가 있을 때에는 법원의 결정으로 심리를 공개하지 아니할 수 있다"고 규정함으로써 공개재판에 대한 예외를 인정하고 있다. 이러한 공개재판의 예외는 오직 심리에 대해서만 인정되기 때문에 판결(선고)은 반드시 공개하여야 한다.

5. 「정당한 재판절차」에 관한 권리

(1) 대심과 비송절차

재판의 공정성을 확보하기 위하여 가장 중요한 조건 가운데 하나가 절차의 공정성이라고 할 수 있다. 공정한 절차를 통해서만 공정한 재판결과를 담보할 수 있을 뿐만 아니라, 불공정한 절차는 그 자체로서 당사자의 인권에 대한 침해가 될 수 있기 때문이다.

현재의 사법제도는 절차의 공정성을 확보하기 위하여 자의(恣意)의 금지와 무기의 평등을 모든 소송절차에 요구하고 있으며, 이를 반영하는 대표적인 제도가 당사자주의와 구두변론주의에 입각한 대심(對審)이라고 할 수 있다. 이러한 대심구조는 재판상의 중요한 쟁점에 대해서 당사자에게 주장과 입증 및 반증의 기회를 줌으로써 절차의 공정성을 확보함과 더불어 법원이 제3자적 위치에서 객관적인 판단을 내릴 수 있도록 하는 장점을 갖는다.

그러나 비송사건절차, 파산절차 등은 실체적 권리·의무에 대한 다툼을 내용으로 하는 것이 아니라 그것이 이미 확정되어 있음을 전제로 하여 법원이 후견적·감독적 입장에서 사인 간의 법률관계를 구체적으로 형성하는 절차라고 할 수 있다. 그렇기 때문에 이러한 절차에서는 대심구조를 취하지 않더라도 재판절차의 공정성을 침해한 것은 아니라고 인정된다.

(2) 재판의 관할 및 대법원의 재판

절차상 정당한 재판이 되기 위해서는 관할권을 가진 법원에 의한 재판이어야 한다. 그러므로 헌법과 법률에 따라 관할권이 인정되고 있지 않은 법원에 의한 재판은 위헌 또는 위법으로 판단된다.

이와 관련하여 최고법원인 대법원의 관할범위를 어떻게 인정하여야 하는지, 그리고 국민은 대법원의 재판을 받을 권리를 갖는지에 대하여 견해의 대립이 있다. 한편으로는 "우리나라 법원은 최고법원인 대법원과 하급법원으로 구성되므로 국민은 최고법원인 대법원의 재판을 받을 권리를 가지고 있다고 봄이 타당하다"는 주장[35)]이 있는가 하면, 다른 한편으로는 재판을 받을 권리가 당연히 대법원의 재판을 받을 권리까지 포함하는 것은 아니기 때문에 입법정책에 따라 상고의 제한이 가능하다는 견해[36)]가 있다.

이러한 견해의 대립은 대법원의 재판이 갖는 의의와 비중으로 인하여 비롯된 것이라고 할 수 있다. 즉 대법원의 재판이 결정적인 의미를 갖고 있기 때문에 국민은 대법원의 재판까지 요구할 권리를 가져야 한다는 생각과 오히려 대법원의 재판이 실효성을 갖기 위해서는 상고의 제한이 필요하다는 생각이 충돌되고 있는 것이다. 따라서 이에

35) 김철수, 헌법학개론, 2007, 1074쪽.
36) 계희열, 헌법학(중), 2007, 653쪽 이하; 권영성, 헌법학원론, 2010, 609쪽.

대한 판단은 재판의 현실적 조건을 고려하는 가운데 내려져야 한다. 만일 모든 국민의 상고를 받아들여도 대법원이 공정하고 신속한 재판을 하는데 큰 지장이 없다면 상고의 제한을 위헌으로 주장할 수 있지만, 그렇지 않은 경우에는 상고의 제한을 -물론 엄격한 요건 하에서- 합헌으로 인정할 수밖에 없다.[37)]

6. 형사피해자의 재판절차상 진술권

현행헌법 제27조 제5항은 "형사피해자는 법률이 정하는 바에 의하여 당해 사건의 재판절차에서 진술할 수 있다"는 규정을 새로 도입하였다. 이 규정은 형사피해자의 진술을 통해 피해의 상황과 정도 등을 확인하여 재판의 결과에 고려될 수 있도록 함으로써 한편으로는 피해자가 침해된 권리에 대한 정당한 법적 판단을 기대할 수 있도록 하며, 다른 한편으로는 법원이 실체적 진실의 확인 및 적정한 형량의 결정에 대한 판단자료로 삼도록 하는 것이다.

이러한 헌법규정에 기초하여 형사소송법 제294조의2는 형사피해자의 진술권에 관한 구체적인 규정을 두고 있다. 법원은 범죄로 인한 피해자 또는 그 법정대리인의 신청이 있는 경우에는 그 피해자를 증인으로 신문하여야 하며(제1항),[38)] 범죄로 인한 피해자를 신문하는 경우에는 당해 사건에 관한 의견을 진술할 기회를 주어야 한다(제2항). 다만 동일한 범죄사실에서 신청인의 수가 다수인 경우에는 진술할 자의 수를 제한할 수 있고(제3항), 재판절차상의 진술을 신청한 피해자가 출석통지를 받고도 정당한 이유 없이 출석하지 아니한 때에는 그 신청을 철회한 것으로 본다(제4항).

VI. 재판청구권의 효력

1. 대국가적 효력

재판청구권은 국가에 대하여 재판을 청구할 수 있는 권리이다. 즉 신속하고 공정한 재판을 통해 자신의 정당한 권리를 확인하고 보장해 줄 것을 요청하는 권리인 것이다.

따라서 재판청구권의 일차적 대상은 사법부라고 할 수 있다. 그러나 재판청구권이

---

37) 헌법재판소는 이와 관련하여 "상소심에서 재판을 받을 권리를 헌법상 명문화한 규정이 없고 상고문제가 일반법률에 맡겨진 우리의 법제에서는 헌법 제27조에서 규정한 재판을 받을 권리에 모든 사건에 대해 상고법원의 구성법관에 의한, 상고심절차에 의한 재판을 받을 권리까지도 포함된다고 단정할 수 없을 것이고, 모든 사건에 대해 획일적으로 상고할 수 있게 하느냐 않느냐는 특단의 사정이 없는 한 입법정책의 문제라고 할 것이다"라고 판시하였으며(**헌재 1992.6.26. 90헌바25 결정**), 이러한 헌법재판소의 태도는 그 후 여러 차례의 판례에서 계속 견지되고 있다(헌재 1993.11.25. 91헌바8 결정; 헌재 1995.1.20. 90헌바1 결정; 헌재 1995.10.26. 94헌바28 결정; 헌재 1997.10.30. 97헌바37등 결정; 헌재 1998.2.27. 96헌마92 결정; 헌재 2001.2.22. 99헌마461 결정).

38) 다만 이에 대하여 형사소송법 제294조의2 제1항에서는 몇 가지 예외를 규정하고 있다. "2. 피해자 등이 이미 당해 사건에 관하여 공판절차에서 충분히 진술하여 다시 진술할 필요가 없다고 인정되는 경우, 3. 피해자 등의 진술로 인하여 공판절차가 현저하게 지연될 우려가 있는 경우"에 대해서는 피해자의 증인신문을 생략할 수 있도록 하고 있는 것이다.

사법부에 대해서만 효력을 갖는 것은 아니다. 입법과 집행을 포함한 모든 국가권력이 재판청구권에 직접 구속되며, 국민은 재판청구권을 구체화하는 다양한 국가작용(사법절차의 미비를 해결하기 위한 입법 등)을 청구할 수 있다.

2. 대사인적 효력

재판청구권 등 절차적 기본권의 객체는 원칙적으로 국가이다. 즉 국가가 아닌 사인에 대하여 이를 주장할 수는 없는 것이다. 물론 절차적 기본권의 행사에 대하여 사인에 의한 방해가 있을 경우에는 이를 문제삼을 수 있겠지만, 그것이 곧 절차적 기본권의 대사인적 효력의 문제로 인식되어서는 곤란할 것이다.[39]

이와 관련하여 사인 간의 계약으로 재판청구권을 포기하는 것이 문제되기도 한다. 만일 어떤 경우에도 재판청구권을 행사하지 않겠다는 계약이 체결될 경우에는, 그 계약은 반사회적 계약으로서 무효가 된다. 그러나 그것이 무효가 되는 이유는 재판청구권에 대한 침해 때문이라기보다는 기본권보장을 사실상 무력화시키기 때문이라고 할 수 있다. 따라서 개별적 분쟁에 대하여 소송을 제기하지 않기로 하는 합의 내지 항소하지 않기로 하는 합의는 -강박이나 기만에 의한 합의, 내용상 전혀 불합리한 합의가 아니라면- 유효한 것으로 인정하는 것이 일반적이다.

Ⅶ. 재판청구권의 제한

1. 군사법원에 의한 재판

헌법상의 재판청구권, 즉 헌법과 법률이 정한 법관에 의한 재판을 받을 권리가 제한되는 경우로 군사법원에 의한 재판을 받게 되는 경우가 있다. 이는 재판청구권에 대한 중대한 제한이기 때문에 헌법적 근거가 있는 경우에만 인정될 수 있는데, 현행헌법은 두 가지 경우를 규정하고 있다.

첫째, 헌법 제110조는 군사법원에 관한 규정을 두어서 군인, 군무원 등에 대해서는 군사재판을 받도록 법률로 규정할 수 있게 하였으며, 헌법 제27조 제2항은 군인 · 군무원에 대한 군사법원의 재판을 예정하고 있다. 특별법원은 원칙적으로 허용되어서는 안 되겠지만, 군사법원에 대해서는 헌법 스스로가 예외를 인정하고 있을 뿐만 아니라, 군대의 특수성을 고려하여 합헌으로 인정하는 것이 일반적이다.

둘째, 일반국민의 경우에는 헌법 제27조 제2항에 규정된 사유에 해당될 때, 즉 "중대한 군사상 기밀 · 초병 · 초소 · 유독음식물공급 · 포로 · 군용물에 관한 죄 중 법률이 정한 경우와 비상계엄이 선포된 경우"를 제외하고는 군사법원의 재판을 받지 않는다.

---

39) 사인에 의한 방해행위는 구체적으로 불법적인 신체의 자유에 대한 제약이나 강박, 기만 등의 행위를 통해 나타나게 될 것이며, 이러한 행위가 어떠한 기본권을 침해하는지는 그 유형별로 개별적으로 검토하여야 할 것이다.

2. 상고의 제한

상고의 제한[40]은 앞서 검토한 **대법원의 재판을 받을 권리**가 인정되는지와 맞물려 있는 문제이다. 이에 대해 학설의 대립이 있으나 현재의 다수설과 헌법재판소 판례는 합헌성을 인정하고 있는 상태이다.

그러나 상고가 임의로 제한될 수 있는 것은 아니며, 합리적인 근거가 있는 경우에만 예외적으로 제한될 수 있다고 보아야 한다. 그렇기 때문에 사실판단에 대한 상고의 제한은 합리적인 이유가 있을 경우에는 합헌으로 볼 수 있지만, 법률해석에 관한 문제에 있어서는 대법원이 최종심이 되어야 하므로 상고의 제한이 있어서는 안 된다고 인정하는 견해가 지배적이다.

다만 **비상계엄 하의 군사재판**에 대해서는 상고의 제한이 헌법 제110조 제4항에 의해 직접 인정되고 있다.

3. 제소기간의 한정

소송절차에 있어서 제소기간을 한정하는 것이 재판청구권에 대한 사실상의 제한으로 작용하는 측면이 있다. 예컨대 행정소송법 제20조에 의해 행정소송상의 제소기간이 한정되고 있는 것이나, 헌법재판소법 제69조에 의해 헌법소원의 청구기간이 한정되고 있는 경우가 이러한 맥락에서 문제될 수 있다.

그러나 이러한 제한은 -비록 재판청구권에 대한 중대한 제한임에는 틀림없지만- 행정소송 및 헌법소원이 갖는 그 파급효에 비추어 법률관계를 조속히 확정할 필요가 인정되므로 합헌이라고 인정하는 것이 일반적이다.[41] 다만 제소기간이 불명확하거나 지나치게 짧은 경우에는 재판청구권의 침해로서 위헌이 될 수 있다.[42]

---

40) 상고의 제한은 민사소송법 제423조와 「상고심절차에 관한 특례법」에 의해 인정되고 있다.

41) 계희열, 헌법학(중), 2007, 652쪽; 권영성, 헌법학원론, 2010, 619쪽 이하. 그러나 김철수, 헌법학개론, 2007, 1089쪽에서는 헌법소원과 관련하여 법령이 직접적으로 권리를 제한하고 있는 경우에는 침해가 현재하는 한 제소할 수 있도록 해야 한다는 견해를 취하고 있다.

42) 이와 관련하여 헌법재판소는 "일반적으로 행정소송에 관한 절차를 어떻게 구성할 것인가, 특히 제소기간을 얼마동안으로 할 것인가는 기본적으로 입법형성권을 가진 입법권자가 결정할 사항으로, 재판청구권 제한의 한계를 벗어난 예외적인 경우가 아니면, 구체적인 적용대상 법률관계의 성질상 이를 조속히 확정할 합리적인 필요가 있는지의 여부에 따라 상당한 범위 안에서 입법권자의 재량범위가 폭넓게 허용되어야 한다"고 인정하고 있다(**헌재 1996.8.29. 93헌바63등 결정**). 그러나 동시에 "제소기간과 같은 불변기간은 국민의 기본권인 재판을 받을 권리행사와 직접 관련되기 때문에 그 기간계산에 있어서 나무랄 수 없는 법의 오해로 재판을 받을 권리를 상실하는 일이 없도록 쉽사리 이해되게, 그리고 명확히 규정되어야 할 것인바, 지방세 부과처분 이의신청에 대한 과세관청의 결정통지가 없는 경우 상급관청에 대한 심사청구기간과 그 기산점에 관하여 규정한 지방세법 제58조 제3항(1961.12.8. 법률 제827호, 개정 1984.12.24. 법률 제3757호)의 전단 및 후단의 규정은 통상의 주의력을 가진 이의신청인이 심사청구기간에 관하여 명료하게 파악할 수 없을 정도로 그 규정이 모호하고 불완전하며 오해의 소지가 충분하여 헌법상 법치주의의 파생인 불변기간 명확성의 원칙에도 반하고, 그 불복청구기간마저 단기간이어서 종당에는 재판청구권으로 연결되는 불복신청권 상실의 위험을 초래케 하는 등 헌법상 보장된 국민의 재판을 받을 권리를 본질적으로 침해할 우려가 크므로 헌법에 위반된다"라고 판시(**헌재 1993.12.23. 92헌바11 결정**)한 이래 같은 입장을 견지하고 있다(**헌재 1993.12.23. 92헌가12 결정; 헌**

사례 풀이:

1. 갑의 헌법소원심판청구는 적법한가? (25점)

Ⅰ. 서: 위헌소원의 의의 및 성격과 청구요건 [2점]

Ⅱ. 재판의 전제성 [8점]

1. 소송의 계속
2. 심판대상법률(조항)이 당해 소송사건에 적용
3. 심판대상법률(조항)의 위헌 여부에 따라 다른 내용의 재판

Ⅲ. 위헌법률심판제청의 신청과 기각 [7점]

1. 위헌소원의 성격과 위헌법률심판제청의 의미
2. 법원의 기각 결정과 그 구속력
3. 헌법재판소법 제68조 제2항에 의한 헌법소원심판의 청구

Ⅳ. 기타의 청구요건 [7점]

1. 변호사 강제주의
2. 청구기간
3. 청구의 효력

Ⅴ. 결론 [1점]

2. 을의 헌법소원심판청구는 적법한가? (25점)

Ⅰ. 서: 헌법소원심판의 의의와 청구요건 [2점]

Ⅱ. 공권력의 행사 또는 불행사에 의한 기본권의 침해 [9점]

1. 공권력의 개념과 재판소원의 배제
2. 을의 기본권주체성
3. 을이 침해를 주장할 수 있는 기본권

Ⅲ. 침해의 직접성, 현재성, 자기관련성 [7점]

1. 기본권침해의 직접성 요건의 판단
2. 현재성 요건의 판단
3. 자기관련성 요건의 판단

Ⅳ. 구제의 보충성, 청구기간 및 변호사 강제주의 등의 요건 [6점]

1. 보충성 요건의 판단
2. 청구기간
3. 변호사 강제주의 등

Ⅴ. 결론 [1점]

3. 갑의 헌법소원심판청구가 적법한 경우 헌법재판소는 어떤 본안판단을 내려야 하는가? (50점)

Ⅰ. 사안의 분석과 쟁점의 정리 [5점]

Ⅱ. 재판청구권의 의의 및 성격과 보호범위 [8점]

1. 재판청구권의 개념
2. 재판청구권의 성격과 효력
3. 재판청구권의 보호범위

Ⅲ. 제소기간 제한의 의미와 기능 [10점]

재 1998.6.25. 97헌가15 결정). 또한 지나치게 짧은 즉시항고기간을 규정한 인신보호법에 대해서 위헌 결정을 내린 바 있다(헌재 2015.9.14. 2013헌가21 결정).

1. 법적 안정성의 요청과 제소기간의 제한
2. 행정소송법 제20조 제1항에 따른 제소기간 한정의 기준
3. '처분이 있음을 안 날'과 '처분이 위법함을 안 날'의 차이

Ⅳ. 제소기간 제한의 정당성 판단 [12점]

1. 목적의 정당성 및 수단의 적합성
2. 침해의 최소성
3. 법익의 균형성

Ⅴ. 헌법재판소의 결정과 그 효력 [12점]

1. 헌법재판소 결정의 형식
2. 사안에 대한 판단
3. 헌법재판소 결정의 효력

Ⅵ. 결론 [3점]

제19장 절차적 기본권(청구권적 기본권) ②: 국가배상청구권, 형사보상청구권, 범죄피해자구조청구권

제19장에서는 청원권, 재판청구권과는 달리 특수한 형태의 기본권침해에 대해서만 인정되는 절차적 기본권들을 고찰한다.

국가배상청구권은 「공무원의 직무상의 불법행위에 의한 기본권의 침해」라는 특수한 경우에 대한 구제방법으로 인정되는 것이며, 형사보상청구권은 「형사피의자 또는 형사피고인으로서 구금」되는 형태로 기본권의 침해를 당한 경우에 대한 구제수단으로 인정된 것이다. 또한 범죄피해자구조청구권은 「범죄행위로 인하여 생명과 신체에 대한 피해」를 입은 국민에 대해 국가가 일정한 구조금을 지급하도록 한 것이다.

이들 기본권은 실체적 기본권의 침해를 전제로 그에 대한 구제절차를 기본권으로 구성한 것이지만, 순수한 의미의 절차적 기본권이라기보다는 각기 특수한 성격을 혼유하고 있다. 국가배상청구권은 경제적 기본권의 성격을 부분적으로 갖고 있으며, 형사보상청구권은 사법절차에 대한 보완의 의미를, 그리고 범죄피해자구조청구권은 사회권적 성격을 아울러 갖고 있는 것이다. 따라서 이들 기본권의 성격을 고려하는 검토가 필요할 것이다.

헌법 제28조: 형사피의자 또는 형사피고인으로서 구금되었던 자가 법률이 정하는 불기소처분을 받거나 무죄판결을 받은 때에는 법률이 정하는 바에 의하여 국가에 정당한 보상을 청구할 수 있다.

헌법 제29조: ① 공무원의 직무상 불법행위로 손해를 받은 국민은 법률이 정하는 바에 의하여 국가 또는 공공단체에 정당한 배상을 청구할 수 있다. 이 경우 공무원 자신의 책임은 면제되지 아니한다.

② 군인 · 군무원 · 경찰공무원 기타 법률이 정하는 자가 전투 · 훈련 등 직무집행과 관련하여 받은 손해에 대하여는 법률이 정하는 보상 외에 국가 또는 공공단체에 공무원의 직무상 불법행위로 인하여 배상은 청구할 수 없다.

헌법 제30조: 타인의 범죄행위로 인하여 생명 · 신체에 대한 피해를 받은 국민은 법률이 정하는 바에 의하여 국가로부터 구조를 받을 수 있다.

제1절 국가배상청구권

【사례: 법률에 의한 '재판상 화해'의 간주에 의해 침해되는 기본권】

갑 등은 대통령의 긴급조치 제1호, 제4호, 제9호를 위반하였다는 범죄사실로 1974년 내지 1979년경 징역형을 선고받아 그 판결이 확정된 사람들 본인 또는 그 유족이다. '민주화운동 관련자 명예회복 및 보상 등에 관한 법률'에 따라 구성된 '민주화운동 관련자 명예회복 및 보상 심의 위원회'는 위와 같은 사실을 인정하여 갑 등의 본인 또는 그 피상속인을 민주화운동 관련자로 심의·결정한 후 2004년 내지 2008년경 보상금 등을 지급하는 결정을 하였고, 갑 등은 위 지급결정에 동의한 다음 보상금 등을 지급받았다.

이후 헌법재판소는 긴급조치 제1호, 제2호, 제9호를 위헌으로 결정하였고, 대법원은 긴급조치 제1호, 제4호, 제9호를 위헌으로 판단하였다. 그 결과 긴급조치 위반을 이유로 한 기존 유죄판결은 재심절차에서 취소되고 무죄판결이 선고되었다. 이에 갑 등은 대한민국을 상대로 불법 체포·구금·고문 등의 가혹행위, 출소 이후에도 계속된 감시, 위헌·무효인 긴급조치에 근거한 유죄판결의 선고 등으로 인해 발생한 정신적 손해 등의 배상을 청구하는 소송을 법원에 제기하였고, 그 소송 계속 중 '민주화운동 관련자 명예회복 및 보상 등에 관한 법률' 제18조 제2항에 대한 위헌법률심판제청을 신청하였으나 기각되었다. 이에 갑 등은 헌법재판소에 헌법소원심판을 청구하였다.

〈헌재 2018.8.30. 2014헌바180등 참조〉

〈참고조문〉

'민주화운동 관련자 명예회복 및 보상 등에 관한 법률' 제18조 (다른 법률에 의한 보상 등과의 관계 등)

② 이 법에 의한 보상금 등의 지급결정은 신청인이 동의한 때에는 민주화운동과 관련하여 입은 피해에 대하여 민사소송법의 규정에 의한 재판상 화해가 성립된 것으로 본다.

1. 갑 등의 헌법소원심판청구는 적법한가? (20점)
2. 위원회의 보상금 등 지급결정에 동의한 때 재판상 화해의 성립을 간주함으로써 법관에 의하여 법률에 의한 재판을 받을 권리를 제한하는 것은 재판청구권을 침해하는가? (30점)
3. 보상금 등의 지급결정에 동의한 때 "민주화운동과 관련하여 입은 피해"에 대해 재판상 화해의 성립을 간주하는 심판대상조항이 정신적 손해에 대한 국가배상청구권을 침해하는가? (50점)

Ⅰ. 국가배상청구권의 역사적 뿌리

근대 초 국가권력과 법을 동일시하던 시기에는 국가에 의한 불법적 행동이란 있을 수 없는 일, 논리적인 모순으로 생각되었다.

이러한 사고는 "왕은 불법을 행할 수 없다" 또는 "국가는 불법을 행할 수 없다"는 주장으로 표현되었으며, 결국 당시에는 국가에 대한 손해배상청구권이 전혀 인정될 수 없었다. 다만 공무원의 개인적 불법행위에 대한 손해배상책임만이 문제될 수 있을 뿐이었다.

그러나 국민의 권리의식이 발달되고, 나아가 기본권의 실효적 보장을 위한 각종 제도적 장치가 문제되면서 상황은 변화되기 시작하였다. 비록 자기책임설, 대위책임설 등으로 그 책임의 성질에 대한 논란은 있을지언정 -국민의 권리를 효과적으로 구제하기 위하여- 공무원의 직무상의 불법행위로 인하여 발생한 국민의 손해를 국가가 배상하도록 하여야 한다는 사실이 점차 인식되고 관철되었던 것이다.

Ⅱ. 국가배상청구권의 의의와 법적 성격

1. 국가배상청구권의 의의

현행헌법 제29조에 의해 규정되고 있는 국가배상청구권은 「공무원의 직무상 불법행위로 인하여 손해를 입은 자가 국가 또는 공공단체에 대하여 배상을 청구할 수 있는 권리」라고 할 수 있다.

이처럼 공무원의 직무상 불법행위에 대해서 공무원 개인의 책임 이외에 국가 또는 공공단체의 책임을 인정하는 것은 법치주의의 실현이라는 측면에서 매우 중대한 의미를 갖는다. 한편으로는 불법적인 국가활동에 의한 국민의 기본권침해를 구제한다는 점에서도 그러하지만, 다른 한편으로는 공무원의 직무상 불법행위에 대해 국가책임을 인정함으로써 국가가 이를 방지하기 위한 적극적 노력을 도외시할 수 없게 하였다는 점에서도 그러하다.

이런 의미에서 국가배상청구권은 법치국가원리의 최종적 담보(ultima ratio des Rechtsstaates)라고 지칭되기도 한다.

2. 국가배상청구권의 법적 성격에 대한 학설의 대립

오늘날 국가배상청구권이 인정되어야 한다는 점, 이를 통한 기본권의 보장 내지 법치주의의 실현이 현대국가의 중요한 요소로 이미 뿌리내리고 있다는 점에 대해서는 이견을 찾기 어렵다. 그러나 국가배상청구권의 법적 성격에 대해서는 아직도 적지 않은 논란이 계속되고 있다.

(1) 직접효력규정설과 방침규정설

국가배상청구권을 직접효력규정으로 이해할 것인지, 아니면 방침적 규정으로 볼 것인지에 대한 논란은 **헌법 제29조의 효력**에 관한 것이다.

직접효력규정설은 헌법 제29조에 의하여 공무원의 불법행위로 인한 기본권침해가 있을 경우에 국민이 국가배상을 청구할 수 있는 권리가 직접 발생된다고 보는 것이다. 반면에 방침규정설은 헌법 제29조에서 직접 그러한 권리가 도출되기는 어렵고 법률에 의한 구체화를 통하여 비로소 그러한 권리가 탄생된다고 보는 것이다.

이러한 견해의 대립은 헌법 제29조 제1항에 표현되어 있는 "법률이 정하는 바에 의하여"라는 문구의 의미를 어떻게 이해하느냐에서 비롯되는 것이라고 할 수 있다.

직접효력규정설은 이 문구가 국가배상청구권의 행사절차와 기준 등을 법률로 정하도록 하는 것이고, 국가배상청구권의 인정은 헌법에 의해 직접 확보되어 있는 것이기 때문에 법률로 이를 부정할 수는 없다는 것이다. 직접효력규정설에 따르면 오히려 입법자가 구체적 절차와 기준 등을 법률로 정해야 할 헌법상의 의무를 진다고 해석된다.

반면에 방침규정설은 국가배상청구권의 모든 사항이 법률에 의해 비로소 결정된다고 이해한다. 즉 헌법상의 국가배상청구권은 추상적 권리에 불과하며, 법률에 의해 비로소 구체적인 권리가 된다는 것이다.

이러한 두 가지 견해는 각기 나름의 논거를 가지고 있다. 하지만 불법행위에 대한 배상이 사회적 약자에 대한 급부와는 다른 측면을 가지고 있다는 점을 −즉 법치주의의 관점에서도 침해된 권리를 구제하는 것이 우선되어야 하며, 국가의 재정을 이유로 이를 회피할 수 없다는 점 등을− 고려할 때 직접효력규정설이 타당하다고 할 수 있다.[1)]

(2) 재산권설과 청구권설

국가배상청구권의 성격에 대한 재산권설과 청구권설의 대립은 **청구의 내용**과 관련하여 나타나는 것이다.

재산권설은 국가배상청구권을 헌법 제23조 제1항에 규정되어 있는 재산권의 한 내용으로 이해하는 것으로 대법원의 과거 판례에서 주장된 소수견해였다. 반면에 청구권설은 국가배상청구권이 기본권의 구제를 위한 청구권적 성격을 갖는 것으로서 재산권과는 별도로 인정되고 있음을 강조한다.

이러한 견해의 대립은 국가에 의한 배상이 금전급부를 원칙으로 하기 때문에 국가배상청구권이 금전급부청구권으로서의 실질을 갖고 있다는 점에서 비롯된 것이라고 할 수 있다. 그러나 그러한 측면이 일부 있다고 해서 국가배상청구권 자체를 재산권으로 이해하는 데에는 무리가 크다. 국가배상청구권이 공무원의 불법적인 공무집행에 대한 권리구제수단으로서의 실질을 갖는다는 점을 간과하고 재산권성을 강조하는 것은 국가배상청구권의 핵심을 오해하게 만들 우려가 있기 때문이다.

(3) 공권설과 사권설

국가배상청구권을 공권으로 이해할 것이냐 아니면 사권으로 이해할 것이냐에 관한

1) 이러한 견해의 대립은 국가배상법이 이미 제정되어 있는 현재의 상황에서는 큰 실익이 없을 수 있다. 하지만 국가배상청구권의 성격을 분명히 하는 의미가 있을 뿐만 아니라, 국가배상법의 규정 내용의 일부가 위헌인지의 여부를 판단할 경우에는 중요한 현실적 의미를 가질 수 있다.

견해의 대립은 **청구의 실행방식**과 관련하여 대두된 것이다.

공권설은 국가배상청구권이 헌법규정에 의해 직접 효력을 갖는 권리일 뿐만 아니라, 성질상 일반적인 사권(私權)과는 달리 일정한 경우에는 양도나 압류될 수 없다는 점(국가배상법 제4조), 국가배상법이 단체주의적 공평부담의 원칙을 선언하고 있으며, 행정주체의 의무(배상의무)를 규정한 공법이라는 점을 그 논거로 들고 있다.[2)]

반면에 사권설은 국가배상청구권은 재산상 손실보상청구권과 마찬가지로 국가가 사적인 사용자의 지위에서 책임을 지는 것이기 때문에 이를 사권이라고 보는 것이 타당하며, 만일 공권이라고 볼 경우에는 국가배상청구권에 대한 많은 제약이 가능할 것이기 때문에 권리보장상 부적합하다고 주장한다.[3)]

이러한 견해의 대립은 당사자가 국가배상청구권에 기초한 소송을 제기할 경우에 어떠한 소송절차를 거쳐야 하는지에 관한 것이다. 즉 공권설에 따를 경우에는 국가배상청구권이 행정소송을 통해 실현될 수 있으며, 사권설에 따르면 민사소송의 방법을 이용하게 된다.

그 동안 법원의 소송실무상 국가배상사건은 민사소송으로 다루어져왔다. 그러나 이론적으로 볼 때 이러한 소송실무에는 문제가 있다고 비판될 수 있다. 국가배상청구권은 기본권으로서의 성격을 가지고 있을 뿐만 아니라, 행정청의 처분 등이 원인이 되어 발생한 것이기 때문에 -공사법의 구별에 비추어 볼 때- 공권으로 인정되는 것이 타당할 것이다.[4)]

Ⅲ. 국가배상청구권의 주체

1. 외국인의 기본권주체성

앞서 살펴본 청원권이나 재판청구권은 외국인에 대해서도 -그가 침해된 실체적 기본권의 주체로 인정되는 한- 국민과 똑같이 기본권의 주체로 인정하는 것이 원칙이었다. 그러나 국가배상청구권의 경우에는 실체적 기본권의 침해에도 불구하고 외국인의 기본권주체성이 당연히 인정되지는 않는다.

이러한 맥락에서 현행 국가배상법 제7조는 "이 법은 외국인이 피해자인 경우에는 해당 국가와 상호 보증이 있을 때에만 적용한다"고 명시하고 있다. 이 규정은 상호주의의 원칙을 선언하고 있는 것으로 이해될 수 있는데, 국가배상청구권이 가지고 있는 경제적 보장의 측면 때문에 -경제적 기본권들의 경우에 그러하듯이- 외국인의 기본권주체성을 제한적으로 인정하고 있는 것이다.

---

2) 권영성, 헌법학원론, 2010, 620쪽.
3) 김철수, 헌법학개론, 2007, 1108쪽.
4) 이에 관하여 상세한 것은 계희열, 헌법학(중), 2007, 669쪽 이하 참조.

2. 법인의 기본권주체성

법인의 경우에도 사정은 비슷하다. 내국사법인의 경우에는 실체적 기본권이 침해되었을 경우에 이를 구제하는 절차적 기본권의 보장을 배제할 이유가 없기 때문에 당연히 국가배상청구권의 주체로도 인정된다. 그러나 외국법인의 경우에는 역시 상호보증이 있는 경우에 한하여 국가배상청구권의 주체로 인정될 수 있다.

Ⅳ. 국가배상청구권의 내용

1. 국가배상청구의 개념과 유형

현행헌법 제29조는 공무원의 직무상 불법행위로 인하여 발생한 손해에 대한 배상청구만을 명시하고 있다. 그러나 국가배상법은 이와 더불어 도로 · 하천 그 밖의 공공의 영조물의 설치 · 관리의 하자로 인한 손해발생에 대한 배상청구도 규정하고 있다(국가배상법 제5조). 이에 따라 국가배상청구를 넓은 의미로 이해하여 양자를 포괄하는 경우도 있고, 좁게 이해하여 전자만을 대상으로 지칭하는 경우도 있다.

그러나 공공시설의 설치 · 관리상의 하자로 인한 손해에 대한 배상은 국가배상법에 의해 공무원의 직무상 불법행위로 인한 손해에 대한 배상규정이 부분적으로 준용되고 있을 뿐, 양자의 구조와 성격은 다른 점이 적지 않다. 또한 헌법상 국가배상청구권으로 명시된 것은 공무원의 직무상의 불법행위로 인한 손해에 대한 배상청구이므로 기본권으로서의 국가배상청구권은 공무원의 직무상 불법행위로 인하여 발생된 손해에 대해서만 인정되는 것으로 보는 것이 일반적이다.[5)]

2. 국가배상청구권의 성립요건

(1) 공 무 원

헌법 제29조에 의하여 국가배상청구권이 발생하기 위해서는 먼저 「공무원」의 직무상 불법행위가 있어야 한다. 이때의 공무원은 국가공무원법, 지방공무원법상 공무원의 신분을 가진 자만이 아니라, 널리 공무를 위탁받아 이에 종사하는 자를 모두 포함하는 것으로 보는 것이 일반적이다.

국가배상청구권을 인정하는 취지가 국민의 손해를 배상함으로써 기본권을 실질적으로 보장하는 데 있다는 점을 생각할 때, 공무원의 범위를 최대한 넓게 해석하여 공무의 수행에 종사하는 자를 모두 포함하는 것으로 보는 것은 정당한 태도라고 할 수 있을 것이다.

---

5) 이와 관련하여 특별히 언급될 필요가 있는 것은 주한미군의 불법행위에 의해 손해가 발생된 경우의 문제인데, 이에 대해서는 한미행정협정(대한민국과 아메리카합중국간의 상호방위조약 제4조에 의한 시설과 구역 및 대한민국에서의 합중국군대의 지위에 관한 협정) 제23조 제5항과 「대한민국과 아메리카합중국간의 상호방위조약 제4조에 의한 시설과 구역 및 대한민국에서의 합중국군대의 지위에 관한 협정의 시행에 관한 민사특별법」 제2조 제1항에 따라 국가배상법이 적용된다.

(2) 직무상 행위

국가배상청구권의 발생요건으로서 「직무상 행위」라 함은 그 실질이 공직의 수행에 관한 것임을 요구하는 것이 아니라 피해자인 국민이 볼 때 **직무상의 행위로 인식할 수 있는 행위**이면 된다고 보는 것이 일반적이다. 만일 그렇게 보지 않을 경우에는 피해를 입은 국민에 대한 손해를 구제하는 것이 불충분해질 뿐만 아니라, 손해의 발생을 두려워하는 국민이 공직의 수행에 대해 비판적이고 비협조적인 태도를 취하게 만들 우려도 있기 때문이다.

또한 직무행위의 성질과 관련하여 권력작용만을 의미하는 것으로 볼 것인지, 아니면 권력작용 이외에 관리작용까지 포함하는 것으로 볼 것인지,[6] 나아가 이들 이외에 사법상의 행위까지 포함하는 것으로 볼 것인지에[7] 대해서도 논란이 있다. 이 문제는 국가배상청구권을 공권으로 볼 것인지, 아니면 사권으로 볼 것인지와 관련되는 것으로서 국가배상청구권을 공권으로 이해하는 전제에서 볼 때, **사법상의 행위를 제외한 권력작용과 비권력작용**을 포함하는 것으로 보는 것이 타당할 것이다.[8]

(3) 불법행위

현행헌법 제29조에서 정하고 있는 「불법행위」는 **고의 또는 과실로 법령에 위반하여 하는 행위**를 말한다.

이러한 불법행위는 작위뿐만 아니라 부작위도 포함하며, 법령의 위반은 법률이나 명령의 위반뿐만 아니라 법일반원칙의 위반,[9] 관습법의 위반,[10] 또는 행위가 객관적으로 부적당함[11]을 의미하는 것으로까지 넓게 해석하는 것이 일반적이다. 그리고 고의나 과실을 요건으로 하는 점에서 공공시설의 설치·관리상의 하자로 인한 손해발생의 경우와 구별된다. 이처럼 과실책임의 원칙을 인정함으로 인하여 고의·과실에 대한 입증책임은 피해자가 지는 것이 원칙이 된다. 그러나 가해자를 특정하는 것은 요건이 아니기 때문에 누구의 행위인지가 판명되지 않더라도 공무원의 행위임이 분명한 경우에는 국가의 배상책임이 인정된다.

(4) 손해의 발생

국가배상청구권이 인정되기 위해서는 또한 「손해의 발생」이 확인되어야 한다. 즉 **법률상 보호되는 법익의 침해로 말미암아 정신적·물질적 불이익이 발생**되었을 경우에 국가배상청구권이 인정될 수 있는 것이다.

여기서 손해는 공무원의 직무상 불법행위로 인하여 「타인」에게 발생된 손해를 의미

6) 계희열, 헌법학(중), 2007, 659쪽 이하; 권영성, 헌법학원론, 2010, 622쪽; 허영, 한국헌법론, 2025, 690쪽 이하.
7) 김철수, 헌법학개론, 2007, 1109쪽.
8) 이렇게 볼 때 국가 또는 공공단체의 사법상의 행위로 인하여 손해가 발생한 경우에는 국가배상법이 아닌 사법규정에 의해 그 배상문제가 해결되어야 할 것이다.
9) 계희열, 헌법학(중), 2007, 662쪽.
10) 권영성, 헌법학원론, 2010, 623쪽.
11) 김철수, 헌법학개론, 2007, 1111쪽.

하는데, 가해자인 공무원과 그의 직무상 불법행위에 가담한 자를 제외한 다른 국민에게 손해가 발생되어야 한다는 것이다. 또한 이러한 손해의 발생과 공무원의 직무상 불법행위 사이에 인과관계가 입증되어야 하는데, 이러한 인과관계의 판단은 상당인과관계설에 따르는 것이 판례의 태도이다.[12)]

3. 국가배상책임의 성질

국가배상책임의 성질에 대하여 대위책임설과 자기책임설의 대립이 있다. 이러한 견해의 대립은 공무원의 불법행위에 대해 국가가 어떤 위치에서 책임을 지는지에 관한 것이지만, 어떠한 견해를 취하느냐에 따라 국가의 불법행위를 한 공무원에 대한 구상권의 인정여부, 그리고 국민의 국가 또는 불법행위를 한 공무원에 대한 배상청구가 선택적인 것이 될 수 있는지와 관련되어 있기 때문에 실무상 중요한 의미를 가질 수 있다.

(1) 대위책임설

대위책임설은 국가의 배상책임을 국가 자신의 불법행위에 대한 책임으로 보지 않고 피해자의 보호를 위해 공무원의 책임을 국가가 대신 지는 것으로 보는 것이다.

이러한 견해에 따르게 되면 원래의 불법행위책임은 행위자인 공무원이 지는 것인데 국가가 그 책임을 인수하는 것이 된다. 따라서 공무원은 국민에 대한 책임을 면하는 대신에 국가에 대하여 책임을 지게 되고, 국가는 공무원에 대하여 구상권을 행사할 수 있게 된다.

(2) 자기책임설

자기책임설은 공무원의 행위를 국가 자신의 행위로 보고, 국가의 배상책임을 국가 자신의 불법행위에 대한 책임으로 이해하는 것이다. 이렇게 볼 경우에는 내부적 관계에서 구상권이 인정될 것인지의 여부는 별론으로 하고, 국민에 대해서는 원칙적으로 국가만이 책임을 진다고 할 수 있다.

그러나 때로는 국가의 공무원에 대한 사용자로서의 책임을 근거로 자기책임설을 주장하기도 한다. 이로 인하여 자기책임설의 의미와 실현구조에 관하여 작은 혼란이 발생되기도 한다. 이 경우에는 공무원은 불법행위자로서의 책임을 지지만 국가는 사용자로서의 책임을 지는 형태로 각기 책임이 존재하며, 국민은 배상청구를 선택적으로 할 수 있다고 볼 수 있기 때문이다.

---

12) **대법원 2001.4.13. 선고 2000다34891 판결**: "공무원이 법령에서 부과된 직무상 의무를 위반한 것을 계기로 제3자가 손해를 입은 경우에 제3자에게 손해배상청구권이 발생하기 위해서는 공무원의 직무상 의무 위반행위와 제3자의 손해 사이에 상당인과관계가 있지 아니하면 아니 되는 것이고, 상당인과관계의 유무를 판단함에 있어서는 일반적인 결과발생의 개연성은 물론 직무상 의무를 부과한 법령 기타 행동규범의 목적이나 가해행위의 태양 및 피해의 정도 등을 종합적으로 고려하여야 할 것인바, 공무원에게 직무상 의무를 부과한 법령의 보호목적이 사회 구성원 개인의 이익과 안전을 보호하기 위한 것이 아니고 단순히 공공일반의 이익이나 행정기관 내부의 질서를 규율하기 위한 것이라면, 가사 공무원이 그 직무상 의무를 위반한 것을 계기로 하여 제3자가 손해를 입었다 하더라도 공무원이 직무상 의무를 위반한 행위와 제3자가 입은 손해 사이에는 법리상 상당인과관계가 있다고 할 수 없다."

(3) 현행법상의 배상책임 구조에 비추어 본 결론

이상 검토된 대위책임설과 자기책임설은 국가책임의 본질을 어떻게 이해하고, 그에 따라 국가배상절차 및 범위를 어떻게 정할 것인지를 문제삼던 당시에는 매우 중요한 현실적 의미를 가지고 있었다. 그러나 오늘날에는 이론적 검토에 의거하여 국가배상제도를 구성하는 것보다는 오히려 현실적 고려에 기초하여 제도를 구성하는 경향이 더 강하게 나타나고 있다.

예컨대 현행 국가배상법은 공무원의 불법행위로 인하여 국가 또는 지방자치단체가 피해자에게 손해를 배상한 경우에 가해공무원에게 고의나 중과실이 있으면 가해공무원에게 구상권을 행사할 수 있도록 규정하고 있다(국가배상법 제2조 제2항). 이 규정은 국가배상책임의 성질이 아니라 가해공무원의 고의·중과실을 구상권인정의 판단기준으로 정하고 있는 것이다. 이러한 현행법의 태도는 공무원의 직무집행의 효율성을 고려한 정책적 판단에 따른 것으로 이해된다. 만일 공무원의 경과실에 대해서까지 구상권을 인정할 경우에는 공무원들이 불법행위를 범하게 될 것을 우려하여 소극적인 업무수행으로 일관하게 될 수 있기 때문이다. 또한 판례는 이러한 현행법의 태도에 맞추어 피해자의 배상청구도 고의·중과실에 대해서는 국가 또는 공무원에 대한 선택적 청구를 인정하되 경과실에 대해서는 국가에 대해서만 청구할 수 있다고 인정하고 있다.

이러한 현행법과 판례의 태도는 국가배상책임의 본질보다는 합리적인 결과를 더 우선시하는 것으로 이해될 수 있으며, 결과의 합리성을 담보할 수 있다면 잘못된 것이라고는 할 수 없을 것이다. 하지만 이론적인 측면에서 국가배상책임의 본질을 어떻게 이해할 경우에 이러한 현행법의 태도와 잘 조화될 수 있는지도 검토할 필요는 있다.

이렇게 볼 때, 국가의 배상책임은 자기책임, 그 가운데서도 사용자책임으로 이해하는 것이 합리적이라고 생각된다. 왜냐하면 대위책임설은 국가의 무책임성을 주장하던 권위주의적 국가관에서 비롯된 것으로서 오늘날 받아들이기 어렵고, 자기책임설 가운데 국가의 행위자책임을 인정하는 견해는 선택적 청구와 관련하여 현행법을 설명하기는 어렵기 때문이다. 그러므로 자기책임설 가운데 국가의 사용자책임을 인정하는 입장에서 선택적 청구를 인정하는 것을 원칙으로 하지만, 정책적 고려에 의하여 예외적으로 경과실에 대해서는 선택적 청구를 인정하지 않는 것으로 정리하는 것이 현행법의 이해와 가장 잘 부합될 수 있을 것이다.

4. 국가배상청구의 대상

(1) 국가에 대한 청구와 공무원에 대한 청구

국가배상청구권이 인정될 경우에 그 청구의 대상은 일차적으로 국가이다. 하지만 그 경우에도 불법행위를 행한 공무원의 책임이 특별히 면제되지 않는 경우에는 선택적 청구를 인정하는 것도 가능할 수 있다. 다만 이와 관련하여 국가배상청구권의 본질을 어떻게 이해할 것인지가 문제될 수 있다.

이와 관련하여 국내의 다수설은 자기책임설을 전제로 하여 배상청구의 상대방을 국가로 보고 있다.[13] 그러나 법원은 국가배상법 제2조 제2항의 해석과 관련하여 고의 또는 중과실의 경우에 한하여 선택적 청구를 인정하고 있다.[14] 국가배상법이 경과실에 대해서는 구상권을 인정하지 않고 있는데, 만일 피해자의 선택적 청구를 인정할 경우에는 피해자가 당해 공무원에 대해 배상을 청구함으로써 구상권배제의 취지가 -피해자의 청구가 국가를 대상으로 하느냐 아니면 당해 공무원을 대상으로 하느냐에 따라- 유명무실해질 수 있기 때문이다.

앞서 검토한 바와 같이 현재의 상황에서 국가배상청구의 본질을 도식적으로 이해할 필요는 없다. 합리적인 결과를 가져올 수 있다는 점에서 국가배상법과 판례의 태도는 정당한 것으로 인정되며, 이에 따라 피해자의 선택적 청구는 고의 또는 중과실의 경우에 한정되는 것으로 이해되어야 할 것이다.

(2) 선임·감독자와 비용부담자에 대한 선택적 청구권

국가 또는 지방자치단체에 대하여 피해자가 배상을 청구하는 경우에, 가해공무원을 선임 · 감독하는 기관과 공무원의 봉급 기타 비용을 부담하는 기관이 동일하지 않은 경우에는 양자의 어느 쪽에 대해서도 배상을 청구할 수 있다(국가배상법 제6조 제1항).

국가배상법은 이렇게 선택적 청구를 인정함으로써 한편으로는 양쪽 기관 모두에게 책임을 인정하고 있으며, 다른 한편으로는 국민의 배상청구를 용이하게 만들고 있는 것이다. 그러나 이 경우에도 실제 배상을 한 기관은 배상을 해야 할 책임 있는 기관에게 구상권을 행사할 수 있다(국가배상법 제6조 제2항).

5. 배상청구의 절차와 배상의 범위

국가배상의 청구절차는 헌법 제29조 제1항에 의해 법률이 정하도록 위임되어 있으며, 이에 따라 국가배상법이 이를 정하고 있다.

과거 국가배상의 경우 배상심의회에 의한 배상전치주의가 적용된 바 있다. 이에 따라 배상심의회의 결정을 거친 이후에야 국가배상청구소송이 가능하였다. 하지만 국가배상법의 개정을 통해 현재에는 배상심의회에 배상신청을 하지 아니하고도 소송을 통한 배상의 청구가 가능하게 되었다(국가배상법 제9조).

배상의 범위는 헌법 제29조 제1항의 "정당한 배상"이라는 문구에 따라 가해행위와 상당인과관계에 있는 모든 손해에 대한 배상을 포함하는 것으로 이해된다. 이와 관련하여 국가배상법 제3조는 배상의 기준을 정하고 있다. 그러나 판례는 이러한 기준이 배상의 상한을 한정하는 것은 아니라고 보고 있다.[15]

---

13) 계희열, 헌법학(중), 2007, 663쪽 이하; 권영성, 헌법학원론, 2010, 625쪽; 허영, 한국헌법론, 2025, 692쪽 이하.

14) 대법원 1996.2.15. 선고 95다38677 판결 이래의 확립된 판례.

15) 대법원 1970.1.29. 선고 69다1203 판결; 대법원 1970.2.10. 선고 69다1729 판결.

V. 국가배상청구권의 제한

1. 헌법 제29조 제2항에 의한 제한

현행헌법 제29조 제2항은 "군인 · 군무원 · 경찰공무원 기타 법률이 정하는 자가 전투 · 훈련 등 직무집행과 관련하여 받은 손해에 대하여는 법률이 정하는 보상 외에 국가 또는 공공단체에 공무원의 직무상 불법행위로 인한 배상은 청구할 수 없다"는 규정을 두고 있다.

이 규정은 1971년 당시 대법원에 의해 위헌으로 결정[16]되었던 구 국가배상법 제2조 제1항 단서가 제7차 개헌(1972년 헌법)에 의해 헌법에 도입되어 현행헌법에까지 이어져 오는 것이다. 이미 1971년의 위헌결정에서 나타나듯이 이 규정은 군인 등에 대한 차별대우의 합리적 근거와 관련하여 평등의 관점에서 많은 문제를 야기해 왔던 규정이지만, 현행헌법의 해석상으로는 헌법에 의해 기본권을 직접 제한하는 특별규정으로 이해할 수밖에 없다.[17]

다만 이 규정이 안고 있는 문제를 최소화하기 위하여 규정의 적용범위를 축소시킬 필요성은 인정된다. 헌법재판소가 공동불법행위로 인한 손해배상 후 국가에 대하여 구상권을 행사하는 경우에 대해서는 헌법 제29조 제2항(국가배상법 제2조 제1항 단서)에 의한 예외규정의 적용을 배제한 것[18]도 이러한 맥락에서 이해될 수 있을 것이다.[19]

---

16) **대법원 1971.6.22. 선고 70다1010 판결.**

17) 이와 관련하여 헌법재판소는 "1. 헌법 제111조 제1항 제1호 및 헌법재판소법 제41조 제1항은 위헌법률심판의 대상에 관하여, 헌법 제111조 제1항 제5호 및 헌법재판소법 제68조 제2항, 제41조 제1항은 헌법소원심판의 대상에 관하여 그것이 법률임을 명문으로 규정하고 있으며, 여기서 위헌심사의 대상이 되는 법률이 국회의 의결을 거친 이른바 형식적 의미의 법률을 의미하는 것에 아무런 의문이 있을 수 없으므로, 헌법의 개별규정 자체는 헌법소원에 의한 위헌심사의 대상이 아니다. 2. 헌법은 전문과 각 개별조항이 서로 밀접한 관련을 맺으면서 하나의 통일된 가치 체계를 이루고 있는 것으로서, 헌법의 제규정 가운데는 헌법의 근본가치를 보다 추상적으로 선언한 것도 있고, 이를 보다 구체적으로 표현한 것도 있으므로 이념적 · 논리적으로는 규범 상호간의 우열을 인정할 수 있는 것이 사실이다. 그러나 이때 인정되는 규범 상호간의 우열은 추상적 가치규범의 구체화에 따른 것으로 헌법의 통일적 해석에 있어서는 유용할 것이지만, 그것이 헌법의 어느 특정규정이 다른 규정의 효력을 전면적으로 부인할 수 있을 정도의 개별적 헌법규정 상호간에 효력상의 차등을 의미하는 것이라고는 볼 수 없다. 3. 국가배상법 제2조 제1항 단서는 헌법 제29조 제1항에 의하여 보장되는 국가배상 청구권을 헌법 내재적으로 제한하는 헌법 제29조 제2항에 직접 근거하고, 실질적으로 그 내용을 같이하는 것이므로 헌법에 위반되지 아니한다"고 판시한 바 있으며(**헌재 1995.12.28. 95헌바3 결정**), 그 이후의 헌법재판소 판례들도 같은 태도를 취하고 있다(**헌재 1996.6.13. 94헌바20 결정; 헌재 1996.6.13. 94헌마118 등 결정; 헌재 2001.2.22. 2000헌바38 결정**).

18) 헌법재판소는 이와 관련하여 "국가배상법 제2조 제1항 단서 중 군인에 관련되는 부분을, 일반국민이 직무집행 중인 군인과의 공동불법행위로 직무집행 중인 다른 군인에게 공상을 입혀 그 피해자에게 공동의 불법행위로 인한 손해를 배상한 다음 공동불법행위자인 군인의 부담부분에 관하여 국가에 대하여 구상권을 행사하는 것을 허용하지 않는다고 해석한다면, 이는 위 단서 규정의 헌법상 근거규정인 헌법 제29조가 구상권의 행사를 배제하지 아니하는데도 이를 배제하는 것으로 해석하는 것으로서 합리적인 이유 없이 일반국민을 국가에 대하여 지나치게 차별하는 경우에 해당하므로 헌법 제11조, 제29조에 위반되며, 또한 국가에 대한 구상권은 헌법 제23조 제1항에 의하여 보장되는 재산권이고 위와 같은 해석은 그러한 재산권의 제한에 해당하며 재산권의 제한은 헌법 제37조 제2항에 의한 기본권제한의 한계 내에서만 가능한데, 위와 같은 해석은 헌법 제37조 제2항에 의하여 기본권을 제한할 때 요

2. 헌법 제37조 제2항에 의한 제한

국가배상청구권도 다른 기본권들과 마찬가지로 국가안전보장, 질서유지, 공공복리를 위하여 법률에 의해 제한될 수 있다.

이러한 제한은 기본권제한의 일반적 요건과 절차에 따라야 한다. 즉 법률의 형식 이외에도 제한의 비례성이 갖추어져야 하며, 본질적 내용을 침해해서는 안 되는 것이다. 예컨대 국가배상책임을 전면적으로 부인하거나 배상기준을 지나치게 낮게 책정한 법률은 위헌이라고 판단될 것이다.

현행법 가운데는 우편법 제5장(제38조－제45조)이 국가배상법이 아닌 특별규정의 적용을 규정하고 있다.

3. 국가긴급권에 의한 제한

국가긴급권의 성격상 국가비상사태 하에서는 법률에 의하지 않은 특별한 제한(긴급명령, 긴급재정 · 경제명령 및 처분, 비상계엄에 의한 제한)이 인정될 수 있다.

국가배상청구권의 경우에도 법률적 효력을 갖는 국가긴급권에 의한 제한이 인정될 수 있으며, 이러한 제한이 위헌적인 경우에는 헌법재판 등의 방법으로 다툴 수 있다.

사례 풀이:

1. 갑 등의 헌법소원심판청구는 적법한가? (20점)
   - Ⅰ. 서: 위헌소원의 의의 및 성격과 청구요건 [2점]
   - Ⅱ. 재판의 전제성 [7점]
     1. 소송의 계속
     2. 심판대상법률(조항)이 당해 소송사건에 적용
     3. 심판대상법률(조항)의 위헌여부에 따라 다른 내용의 재판
   - Ⅲ. 위헌법률심판제청의 신청과 기각 [6점]
     1. 위헌소원의 성격과 위헌법률심판제청의 의미
     2. 법원의 기각 결정과 그 구속력
     3. 헌법재판소법 제68조 제2항에 의한 헌법소원심판의 청구
   - Ⅳ. 기타의 청구요건 [4점]
     1. 변호사 강제주의
     2. 청구기간
   - Ⅴ. 결론 [1점]

구되는 비례의 원칙에 위배하여 일반국민의 재산권을 과잉제한하는 경우에 해당하여 헌법 제23조 제1항 및 제37조 제2항에도 위반된다"고 판시한 바 있다(**헌재 1994.12.29. 93헌바21 결정**).

19) 최근 국가배상법 개정으로 제1조 제3항을 신설하여 "제1항 단서에도 불구하고 전사하거나 순직한 군인 · 군무원 · 경찰공무원 또는 예비군대원의 유족은 자신의 정신적 고통에 대한 위자료를 청구할 수 있다"고 규정한 것도 같은 맥락으로 이해할 수 있다.

2. 위원회의 보상금 등 지급결정에 동의한 때 재판상 화해의 성립을 간주함으로써 법관에 의하여 법률에 의한 재판을 받을 권리를 제한하는 것은 재판청구권을 침해하는가? (30점)

Ⅰ. 사안의 분석과 쟁점의 정리 [3점]

Ⅱ. 재판상 화해의 의의와 효력 [10점]

1. 재판상 화해의 개념
2. 재판상 화해의 성격
3. 재판상 화해의 효력

Ⅲ. 재판상 화해 성립의 간주에 의한 재판청구권의 제한 여부 [8점]

1. 재판상 화해의 기판력과 향후 재판에 미치는 영향
2. 입법에 의한 재판상 화해 간주의 의미와 입법형성권의 범위
3. 사안의 경우: 민주화보상법에 의한 재판청구권의 제한

Ⅳ. 제한의 정당성에 대한 판단 [7점]

1. 보상금 등 지급결정에 대한 동의의 의미
2. 위원회의 중립성과 독립성, 심의절차의 전문성과 공정성
3. 불복절차의 인정

Ⅴ. 결론 [2점]

3. 보상금 등의 지급결정에 동의한 때 "민주화운동과 관련하여 입은 피해"에 대해 재판상 화해의 성립을 간주하는 심판대상조항이 정신적 손해에 대한 국가배상청구권을 침해하는가? (50점)

Ⅰ. 사안의 분석과 쟁점의 정리 [5점]

Ⅱ. 국가배상청구권의 의의와 보호범위 [8점]

1. 국가배상청구권의 개념과 성격
2. 국가배상법에 의한 국가배상청구권의 구체화
3. 보호범위: 물질적 손해와 정신적 손해

Ⅲ. 국가배상법과 민주화보상법의 관계 [10점]

1. 일반법과 특별법의 관계
2. 국가배상청구권의 제한으로서의 민주화보상법 제18조 제2항
3. 동 조항의 합헌성 여부에 대한 판단의 필요성과 그 기준

Ⅳ. 국가배상청구권 제한의 정당성 판단 [12점]

1. 목적의 정당성 및 수단의 적합성
2. 침해의 최소성
3. 법익의 균형성

Ⅴ. 헌법재판소의 결정과 그 효력 [12점]

1. 헌법재판소 결정의 형식: 법적 공백의 우려와 헌법불합치결정의 필요성
2. 사안에 대한 판단
3. 헌법재판소 결정의 효력

Ⅵ. 결론 [3점]

제2절 형사보상청구권

Ⅰ. 형사보상청구권의 의의와 성질

1. 형사보상청구권의 의의와 기능

사법제도, 특히 형벌의 부과와 관련된 형사사법제도의 운용은 범죄행위를 확인하고 처벌함으로써 정당한 권리를 보호하는 것이지만, 경우에 따라서는 잘못된 운용에 의한 피해가 발생되는 경우도 있다. 형사보상이란 이처럼 형사제도에 의하여 불이익을 입은 자의 손실을 보상하는 것이다.

현행헌법 제28조는 형사보상제도의 헌법적 기초로서 모든 국민의 형사보상청구권을 규정하고 있다. 즉 형사보상청구권은 형사피의자 또는 형사피고인으로서 구금되었던 자가 불기소처분을 받거나 공판의 결과 확정판결에 의하여 무죄판결을 받은 경우에 자신이 입은 물질적 · 정신적 손해를 보상하여 주도록 국가에 대하여 청구할 수 있는 권리인 것이다.

형사보상청구권은 제헌헌법 당시부터 인정되고 있었지만, 현행헌법 이전에는 형사피고인이 무죄판결을 받았을 경우만을 대상으로 하고 있었다. 그러나 형사피의자도 보호가 필요하다는 인식에 따라 형사피의자로서 구금되었다가 불기소처분을 받은 경우에 대해서도 형사보상청구권을 인정하게 된 것이다.

이러한 형사보상청구권은 형사사법에 의하여 발생된 피해를 구제함으로써 당사자의 인권을 보장하는 기능을 함과 동시에 공권력의 남용에 대한 경고적 작용을 한다.

2. 형사보상의 본질

형사보상의 본질이 무엇인가에 대해서는 손해배상설, 손실보상설, 이분설 등이 대립되고 있다.

손해배상설은 국가의 위법한 행위에 대한 배상책임으로서, 공무원의 불법행위에 의하여 손해가 발생된 경우에 국가가 배상책임을 지는 것과 실질적으로 다를 바가 없다고 주장한다.[20] 반면에 **손실보상설**은 피고인 또는 피의자가 적법하게 구금된 경우에 대해서도 그가 무죄의 판결이나 불기소처분을 받은 경우에는 보상을 하여야 한다는 점을 강조하면서 그 성질은 공법상의 공평부담원칙에 기초한 무과실의 손실보상이라고 하는 것이다. 그리고 **이분설**은 「오판에 대한 보상」과 「구금에 대한 보상」을 나누어서 전자는 손해배상이지만 후자는 손실보상이라고 본다.

이러한 학설의 대립은 형사보상의 요건에 대한 이해와 직접 관련된 것인데, 현재 헌법규정이 "정당한 보상을 청구할 수 있다"고 명시하고 있으며, 헌법규정의 해석 및

---

20) 즉 고의 · 과실이 없는 경우라 하더라도 부당한 구속영장이나 잘못된 하급심판결은 객관적으로 보아 위법이므로 배상책임을 져야 한다는 것이다.

형사보상법의 규정에 의하여 무과실책임이 인정되고 있음을 생각할 때, 손실보상으로 이해하는 다수설의 입장이 합리적이라고 할 수 있다.

Ⅱ. 형사보상청구권의 법적 효력

1. 학설의 대립

형사보상청구권의 법적 효력에 관해서는 -국가배상청구권의 경우와 유사하게- 직접효력규정설과 입법방침적 규정설이 대립되고 있다. 현행헌법 제28조도 국가배상청구권을 인정한 제29조 제1항과 마찬가지로 "법률이 정하는 바에 의하여" 보상을 청구할 수 있도록 규정하고 있기 때문이다.

그러나 보상의 경우는 배상의 경우와 다르다는 점 때문에 국가배상청구권의 논리를 그대로 수용하는 데에는 어려움이 있다. 배상의 경우 손해의 산정 및 이에 기초한 정당한 배상을 인정하며, 이를 -법률에 의한 구체화 이전에도- 법적으로 강제하는 것이 충분한 근거가 있을 뿐만 아니라 그 절차상의 복잡성도 크게 우려하지 않을 수 있다. 하지만 보상의 경우에는 손해액을 정확하게 배상하는 것과는 다른 상황이기 때문에 직접효력설을 고수하기에 어려움이 있는 것이다.

2. 해결의 시도

현재 국내 헌법학계의 다수견해는 직접효력설을 지지하고 있다.[21] 만일 그렇지 않을 경우에는 형사보상청구권의 실효성이 감소되는 것을 우려한 때문이다. 그러나 보상의 특수성을 생각할 때, 그리고 법적 성질과 관련하여 다수설에 따라 손실보상설을 취할 경우에는 직접효력설을 고수하는데 문제가 적지 않다고 할 수 있다.

헌법 제28조의 규정은 입법자에게 형사보상청구권을 구체화하는 법률을 제정하도록 요구하고 있다. 이것은 단순히 입법방침으로 규정하고 있는 것이 아니라 직접적이고 구체적인 입법의무를 규정하고 있는 것으로 보아야 할 것이다. 그러나 청구의 구체적인 범위와 내용은 법률이 정하는 바에 따르게 된다.

Ⅲ. 형사보상청구권의 내용

1. 형사보상청구권의 성립요건

형사보상청구권이 인정되기 위해서는 세 가지 요건이 갖추어져야 한다. 첫째, 형사피의자 또는 형사피고인의 신분을 가져야 한다. 둘째, 구금되었어야 한다. 셋째, 불기소처분 또는 무죄판결을 받았어야 한다.[22]

21) 계희열, 헌법학(중), 2007, 691쪽; 권영성, 헌법학원론, 2010, 629쪽; 김철수, 헌법학개론, 2007, 1101쪽; 허영, 한국헌법론, 2025, 441쪽.

여기서 **형사피의자**란 범죄의 혐의를 받아 수사기관에 의해 수사를 받고 있는 사람으로서 아직까지 공소가 제기되지는 않은 상태에 있는 사람을 가리킨다. 그리고 **형사피고인**은 검사에 의하여 공소가 제기된 사람을 말한다.

구금은 형사소송법에 따라 일정한 장소에 가두어 둔 것을 의미하며, 형사피의자의 경우에는 공소제기 전의 경찰서 유치장 구금이나 구치소 수감 등이 이에 해당된다. 그리고 형사피고인의 경우에는 형사소송법에 의한 일반절차 또는 재심이나 비상상고절차에서 무죄재판을 받은 자가 미결구금을 당하였을 경우(「형사보상 및 명예회복에 관한 법률」(이하 '형사보상법'으로 약칭) 제2조 제1항)와 상소권회복에 의한 상소·재심 또는 비상상고의 절차에서 무죄재판을 받은 자가 원판결에 의하여 구금 또는 형의 집행을 받았을 경우를 포함한다(형사보상법 제2조 제2항).

형사피의자는 검사로부터 공소를 제기하지 아니하는 처분을 받거나 사법경찰관으로부터 **불송치결정**을 받은 경우에 형사보상을 청구할 수 있기 때문에 **불기소처분** 또는 **기소유예처분**이나 **기소중지처분**이 있은 경우에는 형사보상을 청구할 수 있다. 또한 형사보상법 제27조 제1항 단서는 "구금된 이후 불기소처분 또는 불송치결정의 사유가 있는 경우와 해당 불기소처분 또는 불송치결정이 종국적인 것이 아니거나 형사소송법 제247조에 따른 것일 경우"에 대해서는 형사보상청구를 배제하고 있다. 나아가 불기소처분을 받은 경우에도 ① 본인이 수사 또는 재판을 그르칠 목적으로 허위의 자백을 하거나 다른 유죄의 증거를 만듦으로써 구금된 것으로 인정되는 경우, ② 구금기간 중에 다른 사실에 대하여 수사가 행하여지고 그 사실에 관하여 범죄가 성립한 경우, ③ 보상을 하는 것이 선량한 풍속 기타 사회질서에 반한다고 인정할 특별한 사정이 있는 경우에는 피의자 보상의 전부 또는 일부를 지급하지 않을 수 있다(형사보상법 제27조 제2항).

무죄판결이란 공소가 제기된 범죄에 대하여 죄가 없음을 확인하는 판결로서, 당해 절차에 의한 무죄판결뿐만 아니라 상소권 회복에 의한 상소, 재심 또는 비상상고에 의한 무죄판결도 포함하며(형사보상법 제2조), 면소나 공소기각의 재판을 받은 경우에도 면소 또는 공소기각의 재판을 할만한 사유가 없었더라면 무죄의 재판을 받을만한 현저한 사유가 있었을 때에는 형사보상청구의 대상이 된다(형사보상법 제26조). 다만 ① 형법 제9조 및 제10조 제1항의 사유(형사미성년자 또는 심신장애자에 해당)에 의하여 무죄재판을 받은 경우, ② 본인이 수사 또는 심판을 그르칠 목적으로 허위의 자백을 하거나 또는 다른 유죄의 증거를 만듦으로써 기소, 미결구금 또는 유죄재판을 받게 된 것으로 인정된 경우, ③ 1개의 재판으로써 경합범의 일부에 대하여 무죄재판을 받고 다른 부분에 대하여 유죄재판을 받았을 경우에는 법원이 재량으로 보상청구의 전부 또는 일부를 기각할 수 있다(형사보상법 제4조).

---

22) 그러나 헌법재판소는 **헌재 2022.2.24. 2018헌마998등 결정**에서 피고인이 무죄판결을 받지는 않았으나 원판결보다 가벼운 형으로 유죄판결이 확정됨에 따라 원판결에 따른 구금형 집행이 재심판결에서 선고된 형을 초과하게 된 경우, 재심판결에서 선고된 형을 초과하여 집행된 구금에 대하여 보상요건을 규정하지 아니한 '형사보상 및 명예회복에 관한 법률' 제26조 제1항이 평등권을 침해한다고 판단하여 헌법불합치결정을 내렸다.

2. 형사보상청구권의 주체

형사보상청구의 주체는 원칙적으로 형사피의자 또는 형사피고인 본인이다. 그러나 본인이 사망한 경우에는 상속인이 이를 청구할 수 있다(형사보상법 제3조).

이처럼 형사보상청구권을 상속시키는 것은 형사보상청구권이 일종의 재산권적 성격도 가지고 있음을 의미하기도 하지만, 피해자의 사망으로 인하여 국가의 책임을 면하게 하는 경우에 발생될 수 있는 불합리한 결과를 막기 위한 것이기도 하다.

또한 외국인의 경우에도 형사피의자 또는 형사피고인으로 구금되는 등의 요건을 갖출 경우에는 그에 대한 형사보상청구권이 인정되어야 할 것이다.

3. 형사보상청구의 절차와 청구에 대한 결정 및 재판

형사보상법에 따라 형사피의자의 경우에는 불기소처분 또는 불송치결정의 고지 또는 통지를 받은 날로부터 3년 이내에(형사보상법 제28조 제3항), 형사피고인의 경우에는 무죄재판이 확정된 사실을 안 날로부터 3년, 무죄재판이 확정된 때부터 5년 이내에(형사보상법 제8조) 형사보상의 청구를 하여야 한다.[23)]

형사피의자의 경우에는 불기소처분을 한 검사가 소속된 지방검찰청 또는 불송치결정을 한 사법경찰관이 소속된 경찰관서에 대응하는 지방검찰청의 피의자보상심의회에 보상을 청구하며(형사보상법 제28조 제1항), 형사피고인의 경우에는 무죄판결을 한 법원에 보상을 청구한다(형사보상법 제7조).

이러한 청구에 대해 형사피의자의 경우에는 지방검찰청의 보상심의회가 심사·결정하며, 이 심의회는 법무부장관의 지휘·감독을 받는다(형사보상법 제27조 제3항, 제4항). 반면 형사피고인의 경우에는 법원합의부에서 보상청구에 대해 재판한다(형사보상법 제14조 제1항).

4. 형사보상의 내용

현행헌법 제28조는 "정당한 보상"을 명시하고 있다. 이와 관련하여 형사보상법 제5조는 구체적인 규정을 두고 있는데, "그 구금일수에 따라 1일당 보상청구의 원인이 발생한 연도의 최저임금법에 따른 일급(日給) 최저임금액 이상 대통령령으로 정하는 금액 이하의 비율에 의한 보상금을 지급"하도록 정하고 있다. 그러나 1일 5천원이라는 액수도 그러하지만, 이를 구체화시킨 시행령 제2조에서 보상의 상한을 최저임금의 5배로 한정함으로써 과연 정당한 보상이라고 할 수 있는지에 대한 문제가 강력하게 제기되고 있는 상황이다.[24)]

---

23) 이와 관련하여 헌법재판소는 **헌재 2010.7.29. 2008헌가4 결정**에서 형사보상의 청구를 무죄재판이 확정된 때부터 1년 이내로 하도록 규정한 형사보상법 제7조가 헌법 제28조에 반하는 것으로 판단하여 헌법불합치결정을 내리면서 적용중지를 명하였다.

24) 계희열, 헌법학(중), 2007, 689쪽; 김철수, 헌법학개론, 2007, 1104쪽 참조.

보상의 기준에 관하여 현행 형사보상법은 또한 "법원은 제1항의 보상금액을 산정할 때 구금의 종류 및 기간의 장단, 기간 중에 받은 재산상의 손실과 얻을 수 있었던 이익의 상실 또는 정신상의 고통과 신체상의 손상, 경찰·검찰·법원의 각 기관의 고의 또는 과실의 유무, 무죄재판의 실질적 이유가 된 사정, 그 밖에 보상금액 산정과 관련되는 모든 사정을 고려하여야 한다"고 명시하고 있다(형사보상법 제5조 제2항). 그 밖에 사형집행, 벌금 또는 과료의 집행, 노역장유치의 집행, 몰수집행, 추징금 등의 보상에 관하여서도 각기 별도의 규정을 두고 있다(형사보상법 제5조 제3항-제7항).

또한 수사과정 및 형사절차상 불법행위가 있는 경우에는 형사보상과는 별도로 국가에 대한 손해배상도 청구할 수 있다(형사보상법 제6조 제1항).[25)]

제 3 절 범죄피해자구조청구권

Ⅰ. 범죄피해자구조청구권의 의의

1. 범죄피해자구조청구권의 연혁과 입법례

범죄를 예방하고, 범죄로 인한 피해를 방지하는 것은 국가의 가장 기본적인 과제의 하나라고 할 수 있다. 그러나 범죄로 인한 피해가 오히려 증대되면서, 한편으로는 보다 강력한 범죄대책이 요구되고 있지만, 다른 한편으로는 이미 범죄로 인하여 피해가 발생된 경우에 이를 구제하는 데 국가가 적극적으로 나서야 할 의무가 있다는 주장이 점차 설득력을 갖게 되었다.

이와 관련하여 각국에서 범죄피해자의 구조를 위한 다양한 제도들이 시도되었으며, 1963년 뉴질랜드에서 형사재해보상법(The Criminal Injury Compensation Act)이 제정됨으로써 최초의 현대적인 범죄피해자구조제도가 도입된 이래 세계 각국에서 범죄피해자에 대한 구조제도가 입법화되었다.

국내에서 범죄피해자구조제도의 도입이 시도된 것은 1981년 당시였으나, 국가재정형편을 이유로 실시를 미루다가 현행헌법에 의해 범죄피해자구조청구권이 도입되었고, 이에 기초하여 1987년에 범죄피해자구조법이 제정되어 1988년부터 시행되었으며, 2010년 5월 14일 범죄피해자보호법에 통합되었다.

---

25) 다만 보상을 받을 자가 동일한 원인에 대하여 다른 법률의 규정에 의하여 손해배상을 받았을 경우에 그 손해배상의 액수가 형사보상법에 의하여 받을 보상금액수와 동일하거나 이를 초과할 때에는 보상하지 않으며, 그 손해배상의 액수가 형사보상법에 의하여 받을 보상금의 액수보다 적을 때에는 그 금액을 공제하고 보상금의 액수를 정해야 한다(형사보상법 제6조 제2항). 그리고 다른 법률의 규정에 의하여 손해배상을 받을 자가 동일한 원인에 대하여 이 법에 의한 보상을 받았을 때에는 그 보상금액수를 공제하고 손해배상의 액수를 정해야 한다(형사보상법 제6조 제3항).

2. 범죄피해자구조청구권의 의의

현행헌법과 범죄피해자보호법에 따르면 범죄피해자구조청구권은 타인의 범죄행위로 인하여 생명·신체에 피해를 입은 국민이 국가에 대하여 유족구조 또는 장해구조를 청구할 수 있는 권리를 말한다.

이와 같이 범죄피해자구조청구권을 기본권으로 인정한 것은 두 가지 측면에서 의미를 갖는다.

첫째, 범죄발생에 대한 국가의 의무를 간접적으로나마 인정하고 있는 것이다. 범죄를 방지함으로써 범죄에 의한 피해를 막았어야 할 국가의 의무를 전제로 범죄로 인한 피해에 대한 국가의 구조의무를 인정하고 있는 것이기 때문이다.

둘째, 범죄피해자에 대한 보호의 강화를 통하여 사회국가의 실현을 꾀하고 있다. 비록 모든 범죄피해자에 대해 국가가 보상하는 것은 현실적으로 곤란하지만, 일정한 범죄로 인하여 피해자가 사망 또는 중장해를 입은 경우에 그 유족 또는 본인을 구제함으로써 사회적 약자의 보호에 큰 역할을 할 수 있는 것이다.

Ⅱ. 범죄피해자구조청구권의 성격과 효력

1. 범죄피해자구조청구권의 법적 성격

범죄피해자구조청구권의 법적 성격에 대해서는 국가책임설, 사회보장설, 사회분담설 등이 대립되고 있다.

국가책임설은 범죄피해자에 대해 국가가 구조의무를 지는 것은 범죄발생에 대한 국가의 무과실 자기책임에서 비롯된 것으로 이해하는 것이다. 반면에 **사회보장설**은 범죄피해자에 대한 구조는 사회국가적 차원에서 행해지는 것으로 보고 있다. 그리고 **사회분담설**은 세금에 의한 보험의 형태로 범죄위험을 분담시키는 것이라고 한다.

이러한 견해들은 각기 범죄피해자구조청구권의 일면만을 보고 있는 것이라고 할 수 있다. 범죄피해자구조청구권은 국가책임의 측면에 기초한 것이기도 하지만, 사회보장의 측면을 동시에 가지고 있다고 인정하는 견해가 다수설이다.[26)]

2. 범죄피해자구조청구권의 효력

현행헌법 제30조는 국가배상청구권이나 형사보상청구권과 마찬가지로 "법률이 정하는 바에 의하여" 국가로부터 구조를 받을 수 있다고 규정하고 있다.

그러나 이 규정도 역시 입법자에게 모든 것을 맡기고 있는 것이 아니라 구체적인 입법의무를 부과하고 있는 것으로 이해되어야 한다. 마치 사회적 기본권들이 그러하듯

26) 계희열, 헌법학(중), 2007, 698쪽; 권영성, 헌법학원론, 2010, 641쪽; 김철수, 헌법학개론, 2007, 1120쪽; 허영, 한국헌법론, 2025, 701쪽 이하.

이 먼 장래에 실현되어야 할 추상적인 입법방침을 정하고 있는 것이 아니라 직접적이고 구체적인 입법의무를 규정하고 있는 것으로 보아야 한다는 것이다.

그러나 범죄피해자구조청구권이 가지고 있는 사회권적 측면도 완전히 무시될 수는 없기 때문에 구체적으로 어떤 내용으로 범죄피해자구조청구권을 실현시킬 것인지는 –국가의 재정적 · 경제적 형편 등 여러 사정을 고려하여– 입법자가 현실에 맞게 결정할 수 있다고 보아야 할 것이다.

Ⅲ. 범죄피해자구조청구권의 인정요건과 내용

1. 생명·신체를 침해하는 범죄로 인한 피해자의 구조청구권의 인정요건

⑴ 적극적 요건

현행 범죄피해자보호법에 따르면 범죄에 의하여 생명 · 신체를 침해당한 경우에 범죄피해자구조청구권이 인정되기 위해서는 세 가지 적극적 요건이 갖추어져야 한다(범죄피해자보호법 제1조와 제3조).

첫째, 타인의 범죄행위로 인한 피해의 발생이 있어야 한다. 따라서 자신의 과실 등으로 인한 피해의 발생에 대해서는 구조청구권이 인정되지 않는다.

둘째, 생명 · 신체에 대한 피해이어야 한다.[27] 재산상의 피해 등을 이유로 구조청구권이 인정되지는 않는다.

셋째, 피해의 전부 또는 일부를 배상받지 못하는 경우이어야 한다. 따라서 가해자로부터 충분히 배상을 받을 수 있는 경우에는 구조청구권이 인정되지 못한다.[28]

⑵ 소극적 요건

반면에 앞서의 요건을 모두 갖춘 경우에도 일정한 소극적 요건에 해당되면 구조청구권이 인정되지 않는다.

첫째, 부부, 직계혈족, 4촌 이내의 친족(사실혼관계 포함) 또는 동거 친족 간의 범죄인 경우, 둘째, 피해자가 범죄행위를 유발하였거나 당해 범죄피해의 발생에 관하여 피해자에게 귀책사유가 있는 경우, 셋째, 기타 사회통념상 구조금의 전부 또는 일부를 지급하지 아니함이 상당하다고 인정되는 경우에는 구조금의 전부 또는 일부를 지급하지 않을 수 있다(범죄피해자보호법 제19조).

---

27) 대한민국의 영역 안 또는 대한민국의 영역 밖에 있는 대한민국 선박 또는 항공기 안에서 행하여진 사람의 생명 또는 신체를 해하는 죄에 해당하는 행위(형법 제9조, 제10조 제1항, 제12조, 제22조 제1항의 규정에 의하여 처벌되지 아니하는 행위를 포함하며, 동법 제20조 또는 제21조 제1항의 규정에 의하여 처벌되지 아니하는 행위 및 과실에 의한 행위를 제외한다)로 인한 사망, 장해 또는 중상해에 해당되어야 한다(범죄피해자보호법 제3조 제4호).

28) 구 범죄피해자구조법은 가해자가 불명하거나 자력이 없어 피해의 전부 또는 일부를 배상받지 못할 것을 요건으로 하였으나, 개정된 범죄피해자보호법에서는 이러한 요건을 삭제하고, "피해의 전부 또는 일부를 배상받지 못하는 경우" 구조금을 지급하도록 규정하였다(제16조 제1호).

2. 단서의 제공, 진술, 증언 등과 관련된 범죄피해자의 구조청구권

생명 · 신체를 침해하는 범죄로 인한 피해자의 구조청구권과는 달리 자기 또는 타인의 형사사건의 수사 또는 재판에 있어서 고소 · 고발 등 수사단서의 제공, 진술, 증언 또는 자료제출과 관련하여 피해자로 된 때에는 "피해의 전부 또는 일부를 배상받지 못하는 경우"라는 요건은 요구되지 않는다(범죄피해자보호법 제16조 제2호).

이와 같은 경우는 결국 범죄수사에의 협조 등으로 인하여 보복범죄를 당한 경우라고 할 수 있는데, 이러한 보복범죄로부터 피해자를 구조하여야 할 필요성이 더욱 강하기 때문에 이 경우에 대해서는 구조청구권의 인정요건을 완화시키고 있는 것이다. 그러나 소극적 요건은 생명 · 신체를 침해하는 범죄에 대해서와 마찬가지로 인정되고 있다(범죄피해자보호법 제19조).

3. 범죄피해자구조청구권의 내용

범죄피해자구조법에 따른 구조청구권은 피해자 본인에 대해서는 장해구조금 및 중상해구조금의 청구와 지급으로, 그리고 유족에 대해서는 유족구조금의 청구와 지급으로 구체화되고 있다(범죄피해자보호법 제17조). 그 금액은 월급액이나 월실수입액 또는 평균임금에 피해자 또는 유족의 생계유지상황과 장해의 정도를 참작하여 대통령령으로 정하는 개월수를 곱한 금액으로 한다(범죄피해자보호법 제22조).

그러나 피해자 또는 유족이 당해 범죄피해를 원인으로 하여 국가배상법 기타 법령에 의한 급여 등을 지급받을 수 있는 경우에는 대통령령이 정하는 바에 의하여 구조금을 지급하지 않는다(범죄피해자보호법 제20조). 또한 피해자 또는 유족이 당해 범죄피해를 원인으로 하여 손해배상을 받은 때에는 그 금액의 한도 내에서 구조금을 지급하지 않으며, 국가가 구조금을 지급한 때에는 그 지급한 금액의 한도 내에서 당해 구조금의 지급을 받은 자가 가지는 손해배상청구권을 대위한다. 그리고 이러한 손해배상청구권을 대위함에 있어서 대통령령이 정하는 바에 의하여 가해자인 수형자 · 피보호감호자의 작업장려금 또는 근로보상금으로부터 그 배상금을 지급받을 수 있다(범죄피해자보호법 제21조).

Ⅳ. 범죄피해자구조청구권의 주체

1. 피해자 또는 그 유족

범죄피해자구조청구권의 주체는 일정한 범죄로 인하여 중장해를 당한 피해자 본인 또는 피해자의 유족이다.

구조금을 지급받을 수 있는 유족은 ① 피해자의 배우자(사실상 혼인관계를 포함한다) · 피해자의 사망 당시 피해자의 수입에 의하여 생계를 유지하고 있던 피해자의 자, ② 피해자의 사망 당시 피해자의 수입에 의하여 생계를 유지하고 있던 피해자의 부모,

손, 조부모, 형제자매, ③ 앞의 두 경우에 해당하지 아니하는 피해자의 자, 부모, 손, 조부모, 형제자매의 순위로 구조금이 지급된다(범죄피해자보호법 제18조 제1항).

이와 관련하여 태아는 이미 출생한 것으로 보며(범죄피해자보호법 제18조 제2항), 부모의 경우에는 양부모를 선순위로 하고 친생부모를 후순위로 한다(범죄피해자보호법 제18조 제3항).

2. 외국인의 기본권주체성

범죄피해자구조청구권은 절차적 기본권의 성격과 사회적 기본권의 성격을 동시에 가지고 있는 독특한 기본권이다. 그로 인하여 외국인의 기본권주체성을 인정함에 있어서도 특수한 측면이 나타나고 있다.

예컨대 범죄피해자보호법 제23조는 국가배상법 제7조와 유사하게 "이 법은 외국인이 피해자이거나 유족인 경우에는 상호의 보증이 있는 경우에 한하여 적용한다"고 규정하고 있다. 이처럼 상호주의의 원칙을 채택하고 있는 것은 범죄피해자구조청구권이 단순히 절차적 기본권의 성격만을 갖고 있는 것이 아니라 재산권 및 사회권적 측면도 동시에 갖고 있기 때문에 가능한 것이다.

최근에는 다문화 사회의 진전에 따라 외국인의 기본권주체성이 일부 확대되었다. 범죄피해자보호법 제22조에 규정된 바에 따라 해당 외국인이 구조대상 범죄피해 발생 당시 대한민국 국민의 배우자이거나 대한민국 국민과 혼인관계(사실상의 혼인관계를 포함한다)에서 출생한 자녀를 양육하고 있는 자인 경우에는 ①「출입국관리법」제10조제2호의 영주자격, ②「출입국관리법」제10조의2제1항제2호의 장기체류자격으로서 법무부령으로 정하는 체류자격 중의 하나에 해당하면 범죄피해자구조청구권이 인정된다.

V. 범죄피해자구조청구권의 행사절차

범죄피해자구조법에 따라 구조금의 지급에 관한 사항을 심의·결정하기 위하여 지방검찰청에 범죄피해구조심의회를 두게 되며, 이 심의회는 법무부장관의 지휘·감독을 받는다. 또한 심의회의 관할·구성·운영 기타 필요한 사항은 대통령령으로 정한다(범죄피해자보호법 제24조).

구조금을 지급받고자 하는 자는 법무부령이 정하는 바에 의하여 그 주소지·거주지 또는 범죄발생지를 관할하는 심의회에 신청하여야 하며, 이러한 신청은 당해 범죄피해의 발생을 안 날로부터 3년 또는 당해 범죄피해가 발생한 날로부터 10년 이내에 하여야 한다(범죄피해자보호법 제25조).

구조금의 신청이 있을 때에는 범죄피해구조심의회가 신속하게 구조금을 지급하거나 또는 지급하지 아니한다는 결정(지급한다는 결정을 하는 경우에는 그 금액을 정하는 것을 포함한다)을 하여야 한다(범죄피해자보호법 제26조). 또한 피해자의 장해의 정도가 명확하지 아니하거나 기타 사유로 인하여 신속하게 결정을 할 수 없는 사정이 있는 때에는 직권 또는 신청에 의하여 대통령령이 정하는 금액의 범위 내에서 긴급구조금을 지급하는 결정을 할 수 있다(범죄피해자보호법 제28조 제1항).

심의회가 구조결정을 하면 범죄피해자는 구조금의 지급을 받을 권리를 얻게 되는데, 이 권리는 2년간 행사하지 않으면 시효로 인하여 소멸된다(범죄피해자보호법 제31조).

또한 구조금을 받은 자가 ① 사위 기타 부정한 방법으로 구조금의 지급을 받은 경우, ② 구조금을 지급받은 후 제19조에 규정된 사유(구조청구권인정의 소극적 사유)가 발견된 경우, ③ 과오급된 경우에는 심의회의 결정을 거쳐 그가 받은 구조금의 전부 또는 일부를 환수할 수 있다(범죄피해자보호법 제30조).

제20장 기본의무

흔히 6대 의무로 이야기되는 국민의 기본의무는 국가의 형성과 유지에 관하여 국민이 주권자로서 지는 의무로 이해될 수 있다. 하지만 개별의무의 성격과 내용은 적지 않은 상이성을 갖고 있기 때문에 조심스러운 접근이 필요하다. 또한 헌법상 명문화되지 않은 국민의 의무에 대해서도 유의하여야 할 것이다.

헌법 제38조: 모든 국민은 법률이 정하는 바에 의하여 납세의 의무를 진다.
헌법 제39조: ① 모든 국민은 법률이 정하는 바에 의하여 국방의 의무를 진다.
② 누구든지 병역의무의 이행으로 인하여 불이익한 처우를 받지 아니한다.
헌법 제31조: ② 모든 국민은 그 보호하는 자녀에게 적어도 초등교육과 법률이 정하는 교육을 받게 할 의무를 진다.
헌법 제32조: ② 모든 국민은 근로의 의무를 진다. 국가는 근로의 의무의 내용과 조건을 민주주의원칙에 따라 법률로 정한다.
헌법 제35조: ① 모든 국민은 건강하고 쾌적한 환경에서 생활한 권리를 가지며, 국가와 국민은 환경보전을 위하여 노력하여야 한다.
헌법 제23조: ② 재산권의 행사는 공공복리에 적합하도록 하여야 한다.

【사례: 증여세 부과의 합헌성 여부】

갑(甲), 을(乙), 병(丙)은 A여행사의 사실상 1인 소유주였던 정(丁)의 자녀들이다. 그런데 갑은 2003.9.30. A여행사의 주식을 4만주 취득하였고, 을은 2003.6.20. A여행사의 주식을 6만주, B여행사의 주식을 20만주 취득하였으며, 병은 2003.7.4. A여행사의 주식을 4만6천주, B여행사의 주식을 17만5천주를 취득하였다. 그리고 A여행사는 2006.7.3. B여행사에 흡수합병되면서 해산되었다.

서울지방국세청장은 갑이 정으로부터 주식을 증여받았고, 을은 정으로부터 주식취득 자금을 증여받았고, 병은 일부 주식과 주식취득자금을 증여받았고 합병상장이익을 증여받은 것으로 보아 갑, 을, 병의 주소지 세무서장들에게 과세자료를 통보했다. 이에 갑, 을, 병의 주소지 세무서장들은 갑, 을, 병에게 증여받은 주식 그 자체 및 그 취득자금에 대한 증여세를 각 결정·고지하고, 주식의 합병상장이익에 대하여는 당초 증여재산의 가액에 합산하여 증여세를 결정·고지하였다.

이에 갑, 을, 병은 증여세부과처분의 취소를 구하는 행정소송을 제기하였고, 그 소송 계속 중 「상속세 및 증여세법」 제41조의5에 대하여 위헌법률심판 제청신청을 하였으나 기각되자 헌법재판소에 헌법소원심판을 청구하였다.

〈헌재 2016.3.31. 2013헌바372 참조〉

〈참고조문〉

상속세 및 증여세법 제41조의5 (합병에 따른 상장 등 이익의 증여)

① 최대주주등과 특수관계에 있는 자가 최대주주등으로부터 당해 법인의 주식등을 증여받거나 유상으로 취득한 경우 또는 증여받은 재산으로 최대주주등외의 자로부터 당해 법인의 주식등을 취득하거나 다른 법인의 주식등을 취득한 경우로서 그 주식등의 증여일등으로부터 5년 이내에 당해 법인 또는 다른 법인이 특수관계에 있는 주권상장법인 또는 협회등록법인과 합병됨에 따라 그 가액이 증가된 경우로서 당해 주식등을 증여받거나 유상으로 취득한 자가 당초 증여세과세가액 또는 취득가액을 초과하여 대통령령이 정하는 기준 이상의 이익을 얻은 경우에는 당해 이익에 상당하는 금액을 그 이익을 얻은 자의 증여재산가액으로 한다.

1. 갑 등의 헌법소원심판청구는 적법한가? (20점)
2. 상속세 및 증여세법 제41조의5 제1항은 갑 등의 재산권을 침해하는가? (50점)
3. 상속세 및 증여세법 제41조의5 제1항은 조세평등주의 및 과세요건 명확주의에 위배되는가? (30점)

제1절 기본의무의 역사적 발달

Ⅰ. 근대인권선언과 기본의무

근대 이래의 헌법적 발전은 민주주의와 기본권보장을 중심으로 이루어졌다. 그러나 그것이 곧 국민은 국가에 대하여 권리만을 가질 뿐이고 의무는 전혀 부담하지 않는다는 의미는 아니었다. 이미 미국과 프랑스에서 근대적 인권선언이 시작될 때부터 국가에 대하여 국민이 일정한 사회적 · 정치적 의무를 부담하는 것을 당연한 것으로 여겨 왔다.[1)]

18세기 초부터 황금률적인 의미에서 인권과 더불어 발전되어 온 국민의 의무는 국가질서의 유지를 위한 복종의 의무, 국가방위의 의무, 조세의 의무 등의 형태로 구체화되었다. 예컨대 1780년의 매사추세츠 헌법 제10조는 "사회의 모든 개인은 법에 따라

1) 국민은 한편으로는 국가에 대하여 인권으로서의 자유와 평등을 주장할 수 있지만, 다른 한편으로는 이러한 인권이 가능하고 또 보호될 수 있기 위하여 국가의 존속을 위한 일정한 의무를 부담할 수밖에 없다는 것이다.

그의 생명과 자유와 재산을 누릴 수 있도록 사회에 의하여 보호될 권리를 가진다. 그는 필요할 경우 개인적 서비스나 부담금을 통하여 그의 보호를 위한 사회의 부담을 나누어야 한다"고 규정하였으며, 프랑스 인권선언 제13조는 "공공의 군대를 유지하기 위하여, 그리고 행정의 비용을 위하여 일반적인 조세는 불가결하다. 이는 모든 시민에게 그들의 능력에 따라 평등하게 배분되어야 한다"라고 규정하고 있었다.

이와 같이 근대인권선언의 시기에도 **국가의 존속과 활동을 위하여 국민이 일정한 의무를 부담하여야 한다**는 것은 널리 인정되고 있었다. 다만 이를 지나치게 강조하는 것은 시민의 자유와 권리를 중심으로 진행되어온 시민혁명을 퇴색시키는 것으로 오해될 것을 우려하여 국민의 의무에 관한 명문규정을 두지 않았던 예도 적지 않았다.

Ⅱ. 헌법의 발전과 기본의무의 변화

근대인권선언의 시기 이래로 국가에 대한 국민의 의무는 많은 변화를 겪어 왔다. 반동적인 정치적 변혁을 여러 차례 경험했던 독일과 프랑스의 경우에는 국민의 기본의무가 갖는 성격 자체에 대한 이해도 상당한 변화를 겪었으며, 지속적인 민주화의 과정을 밟아 온 영국과 미국의 경우에도 -비록 국민의 의무의 기본성격에 대한 이해의 변화는 적었으나- 그 내용을 구체화시키는 방향으로 점진적인 변화가 있었던 것이다.

예컨대 공화제가 붕괴되고 왕정으로 돌아간 시기의 프랑스나 비스마르크제국 당시의 독일에서는 공화제적인 국민의 의무가 아닌 **신민(臣民)의 의무**가 주장되었다.[2)]이에 따라 **법에 대한 복종이 아닌 군주에 대한 충성**이 국민의 의무로 인정되었으며, 19세기의 법실증주의이론은 이를 국가의 대인고권의 발현으로 해석함으로써 정당화시켰다.

다른 한편으로는 현대사회의 변화에 따라 과거와는 다른 성격의 의무가 새롭게 인정됨으로써 국민의 의무가 확대되기도 하였다. 산업사회의 발전과 사회국가적 발전에 따라 과거 절대시 되던 재산권에 대하여도 일정한 사회적 제약을 가할 수밖에 없게 되었을 때, 이러한 **재산권의 제약을 받아들일 국민의 의무**가 새롭게 인정되었다. 또한 국가의 사회적·문화적 활동의 확대와 더불어 **교육의 의무**가 추가되었으며, 오늘날에는 환경보호의 필요성이 더욱 절실한 것으로 인정되면서 **환경보전의 의무**가 국가에게 뿐만 아니라 국민에게도 인정되고 있는 것이다.

Ⅲ. 현행헌법상의 기본의무규정

현행헌법은 「제2장 국민의 권리와 의무」에서 국민의 기본권(제10조-제37조)과 더불어 국민의 의무에 관한 명문규정도 두고 있다. 이에 해당되는 것으로는 제38조의 **납세의 의무**, 제39조의 **국방의 의무**, 제31조 제2항의 **교육을 받게 할 의무**, 제32조 제

2) 국가존립의 기초는 더 이상 국민이 아니며, 국가에 대한 국민의 의무는 주권자로서 -자신의 필요에 따라- 국가를 존속시키기 위하여 부담하는 의무가 아니라 신민으로서 국가에 봉사하는 의무로 이해되었던 것이다.

2항의 **근로의 의무**, 제35조 제1항의 **환경보전의 의무**가 있으며, 그 밖에 제23조 제2항의 **재산권행사의 공공복리적합성**에 관한 규정이 의무를 규정한 것인지의 여부에 대한 논란이 있다.

「국민의 권리와 의무」에 관한 현행헌법 제2장에서는 국민의 권리, 즉 기본권에 관한 규정이 중심이 되고 있으며 국민의 의무에 대하여는 상대적으로 적은 수의 규정만을 두고 있다. 이것은 외국의 입법례도 마찬가지이다. 근대인권선언 당시부터 현대에 이르기까지 국가와 국민의 관계에 관한 헌법적 규정은 국민의 국가에 대한 권리, 즉 기본권을 중심으로 발전되었으며, 국민의 국가에 대한 의무의 문제는 상대적으로 가볍게 다루어졌던 것이다.

그러나 이러한 사실은 근대 민주국가의 발전이 기본권을 중심으로 진행되어 왔음을 보여주는 것일 뿐, 기본권이 국민의 의무에 대하여 우월한 지위에 있음을 입증하는 것은 아니다. 이미 근대인권선언 당시부터 -국민의 의무가 명문화되지 않은 경우에도- 국가에 대한 국민의 의무가 곧 국가창설의 기초가 된다는 점을 지적하는 견해들이 적지 않았으며, 현실적으로도 국민이 권리만을 많이 누리고 의무는 적게 부담하였던 것은 아니었다. 국민의 의무가 갖는 의의와 성격, 나아가 기본권과 의무의 상호관계에 대하여는 아직도 많은 논의가 진행되고 있는 것이다.

제 2 절 기본의무의 현대헌법상의 의의와 성격

Ⅰ. 국민의 기본의무의 의의와 범위

현대 민주국가에서 주권자인 국민에게 일정한 헌법적 의무를 부담시키는 것은 그것이 주권자인 국민 자신에게도 필요한 일이라는 관점에서만 정당화될 수 있다. 즉 국민이 일정한 의무를 부담함으로써 비로소 -국민 스스로가 그의 기본권의 실현과 보호를 위해 필요로 하는- 국가를 창설하고 유지할 수 있다는 점 때문에 국민은 일정한 의무를 부담하여야 한다는 것이다.

따라서 **국민의 헌법적 의무로서 문제되는 것은 윤리적 · 도덕적 의미에서의 의무가 아니라 법적으로 정형화되고, 헌법에 의해 근거지워지는 의무이다.** 즉 국민의 의무는 국가라는 공동체가 존립할 수 있기 위하여 필수적으로 국민들이 부담할 수밖에 없는 것들을 중심으로 체계화될 수 있는 것이다. 이런 맥락에서 일차적인 국민의 의무로서 인정될 수 있는 것으로는 국가창설 및 국가존속을 위한 국민의 **질서유지 · 준수의무, 국가방위의 의무, 국가의 재정적 기초를 제공할 의무** 등을 들 수 있다.

그러나 이와 같은 국가의 존립을 위한 최소한의 의무를 넘어서 구체적으로 어느 정도까지 국민이 국가에 대한 의무를 부담할 것인지를 획일적으로 말하기는 어렵다. 한편으로는 현대의 새로운 사회적 상황 속에서 국민에게 새로운 의무의 부담이 추가되기도 하지만, 다른 한편으로는 최대한의 보장을 지향하는 기본권과는 달리 국민의 의무는 최소한을 지향하고 있다는 점도 고려되어야 하기 때문이다.[3)]

Ⅱ. 기본의무의 법적 성격

이와 같이 국민의 기본의무는 그 구체적인 범위가 -헌법규정에 의한 명문화와는 상관없이- 명확하게 한정되어 있지 않기 때문에 기본권적 자유와는 달리 직접 효력을 미치는 규정으로 이해될 수 없다.

기본권적 자유는 직접 효력을 갖기 때문에 생명권, 신체의 자유, 언론의 자유 등이 침해될 경우에는 이를 보호하는 구체적 법률규정이 없더라도 이를 기본권침해로 규정하여 이에 대한 헌법적 보호를 요청할 수 있다. 그러나 예컨대 조세의 종목과 세율, 징수방식 등을 법률로 구체적으로 정함이 없이 헌법상의 납세의무에 기초하여 국민에게 직접 세금을 징수하는 것은 인정될 수 없다. 국방의 의무에 기초한 징병절차도 법률에 의한 구체화를 필요로 하며, 교육을 받게 할 의무도 역시 교육법 등에 의한 구체적 내용확정을 필요로 하는 것이다.

따라서 국민의 헌법상 의무는 그 자체로서 직접효력을 갖는 것이 아니라 법률로써 국민에게 일정한 의무를 부과할 수 있도록 입법자에 대하여 일정한 권한을 부여하는 것, 즉 **입법자에 대한 수권(授權) 내지 입법위임**으로 이해되어야 할 것이다.

제3절 기본의무의 현행헌법상의 구체화

Ⅰ. 명문화된 헌법상의 기본의무

현실적으로 국민의 의무에 관한 현행헌법상의 규정들이 매우 추상적이고 단편적이기 때문에 이 몇 개의 규정들이 국민의 의무에 대한 완결된 체계를 구성하고 있는 것으로는 보기 어렵다. 현행헌법은 납세의 의무와 국방의 의무처럼 가장 고전적이고 기본적인 국민의 의무에 속하는 것을 명문화하고 있는가 하면, 교육을 받게 할 의무와 환경보전의 의무처럼 새로운 성격의 의무에 속하는 것들을 단편적으로 명문화하고 있는 것이다.

---

3) 따라서 어떠한 것까지 헌법상 국민의 의무로 인정되어야 할 것인가, 또 일단 헌법상의 의무로 인정된 경우에도 구체적인 현실 속에서 그것이 국민에게 어느 정도까지의 부담을 요구할 수 있을 것인가는 개별적인 경우에 따라 달리 결정될 수밖에 없을 것이다.

1. 납세의 의무

헌법 제38조에서 규정되고 있는 납세의 의무는 **국가의 존속과 활동을 위한 재정적 기초를 마련하기 위하여 국민이 경제적인 기여를 할 의무**를 말한다. 따라서 납세의 의무는 현실적으로 국가의 존립을 위한 가장 기본적인 의무라고 할 수 있다.

국민의 납세의 의무에 대응하는 국가의 과세권은 조세법률주의의 원칙에 따라 국민의 대표자인 의회에서 제정한 법률에 따라서만 행사되어야 한다.[4] 국민의 담세능력을 고려한 공정하고 평등한 과세가 되어야 하며, 조세의 종목과 세율은 반드시 법률로 정하여 국민의 (경제적) 기본권의 침해를 정당화·최소화하여야 하는 것이다.

납세의 의무와 관련하여 조세의 부과를 어느 정도로 그리고 어떤 방식으로 하는가는 비단 국가의 재정적 수요를 충당하는 데 있어서 뿐만 아니라 사회국가의 실현 및 경제정책과도 밀접한 관련을 갖고 있다는 점에 유의할 필요가 있다. 즉 **누진세제 등에 의한 부의 재분배**를 통하여 사회국가적 요청을 실현하는 데 기여할 수 있고, 나아가 특정 산업분야에 대하여 세제상의 혜택 또는 불이익을 줌으로써 국가적인 지원 또는 억제의 효과를 거둘 수 있으며, 이를 통하여 **경제질서를 일정한 방향으로 유도하는 수단**으로 이용되기도 한다.

2. 국방의 의무

헌법 제39조에서 규정되고 있는 국방의 의무는 **외적으로부터 국가를 방위하여 국가의 정치적 독립성과 영토의 완전성을 수호할 의무**를 말한다. 국방의 의무는 납세의 의무와 더불어 국가의 존립을 가능하게 하는 가장 기본적인 의무에 속한다고 할 수 있다.

국방의 의무의 구체적 내용과 형태는 병역법 등에 의하여 구체화되고 있지만 그 기본적 내용은 **군대 또는 예비군 등에서 복무할 의무**와 **국방목적을 위해 필요한 군사**

---

4) 이와 관련하여 구 지방세법 제3조 제1항은 "지방자치단체는 지방세의 세목, 과세객체, 과세표준, 세율 기타 부과징수에 관하여 필요한 사항을 정함에 있어서는 조례로써 하여야 한다"고 규정하고 있었다. 나아가 지방세법 제7조 제2항은 "지방자치단체는 공익상 기타의 사유로 인하여 필요한 때에는 불균일과세를 할 수 있다"고 규정함으로써 적지 않은 문제를 야기하였다. 법률의 명시적 위임이 있다는 점에서 지방자치법 제22조 단서의 규정에 위반되는 것은 아니지만 헌법규정에 따른 **조세법률주의**, 또는 **포괄적 위임입법의 금지**에 위배되는 것은 아닌지가 문제되는 것이다.

이 문제에 대하여 헌법재판소는 "지방세법이 지방세의 부과와 징수에 관하여 필요한 사항을 조례로 정할 수 있도록 한 것은 지방세법은 그 규율대상의 성격상 어느 정도 요강적 성격(要綱的 性格)을 띨 수밖에 없기 때문이라고 해석된다. 왜냐하면 비록 국민의 재산권에 중대한 영향을 미치는 지방세에 관한 것이라 하더라도 중앙정부가 모든 것을 획일적으로 확정하는 것은 지방자치제도의 본래의 취지를 살릴 수 없기 때문이다. 더구나 지방세법의 규정에 의거하여 제정되는 지방세부과에 관한 조례는 주민의 대표로 구성되는 지방의회의 의결을 거치도록 되어 있으므로 법률이 조례로써 과세요건 등을 확정할 수 있도록 조세입법권을 부분적으로 지방자치단체에 위임하였다고 하더라도 조세법률주의의 바탕이 되고 있는 "대표없이는 조세없다"는 사상에 반하는 것도 아니다"라고 봄으로써 지방세법규정은 조세법률주의에 반하여 위헌이라거나 포괄적 위임입법의 원칙에 반하여 위헌이라고 볼 수는 없다는 결정을 내렸다(헌재 1995.10.26. 94헌마242 결정).

적 **조치에 협조할 의무**로 구분될 수 있다.

그러나 과거 일반국민에게는 직접적인 국토방위의 의무를 부과하지 않는 대신 납세의 의무만을 부과하고, 군대는 국왕이 -국민의 세금에 기초하여- 사적으로 모집, 양성하는 경우가 많았다. 그러나 이 경우에는 군대가 사병화되고, 권력자의 권력유지를 위한 도구로 이용되는 폐단이 많이 문제되었다. 결국 **사병(私兵)화된 군대의 문제점**으로 말미암아 종래의 직업군인제 내지 용병제를 중심으로 구성되었던 국방체계는 민주주의의 발전과 더불어 점차 국민의 일반적 병역의무에 기초한 것으로 전환되었다. 종래와 같이 국가의 방위가 특정인 또는 특정 집단의 이해관계에 관한 것이 아니고 모든 국민의 이해관계에 관한 것이라는 인식 하에 프랑스대혁명 직후 시민군의 편성이 이루어졌고, 시민군의 성공적인 정착을 계기로 민주국가에 있어서는 일반적 병역의무에 따른 **국민개병제**가 점차 정착되었던 것이다.[5]

또한 이를 실질적으로 뒷받침하기 위하여 현행헌법 제39조 제2항은 "누구든지 병역의무의 이행으로 인하여 불이익한 처우를 받지 아니한다"고 규정하고 있다.[6]

3. 교육을 받게 할 의무

헌법 제31조 제2항에 규정되어 있는 교육을 받게 할 의무는 일정한 연령에 달한 어린이를 보호하는 국민이 그 보호 하에 있는 어린이에게 "적어도 초등교육과 법률이 정하는 교육을 받게 할 의무"를 말한다.

현대사회에 있어서 교육은 개인의 권리로서 뿐만 아니라 국가적 차원에서도 매우 중요한 의미를 갖는다. 교육은 한편으로는 개인의 기본권으로서 **자율적 인격발현을 위한 전제**가 되며, **직업을 위한 준비**로서 큰 의미를 갖고 있다. 그러나 교육은 동시에 **민주정치의 발전을 위한 기초**가 되며, **국가의 경제적 · 문화적 발전의 기초**가 된다는 측면에서 국가적으로도 중요한 의미를 갖는 것이다.[7]

---

5) 이와 관련하여 남자에 대해서만 병역의무를 부과한 구 병역법 제3조 제1항 전문의 위헌 여부가 문제된 바 있으나 헌법재판소는 **헌재 2010.11.25. 2006헌마328 결정**에서 동조항을 합헌으로 판단하였다.

6) 이와 관련하여 군법무관이었던 자가 전역 후 변호사개업을 함에 있어서 개업지제한을 규정한 구 변호사법 제10조 제2항의 합헌성 여부가 문제된 바 있다. 이에 대하여 헌법재판소는 "… 법 제10조 제2항이 변호사의 개업지를 일정한 경우 제한함으로써 직업선택의 자유를 제한한 것은 그 입법취지의 공익적 성격에도 불구하고 선택된 수단이 그 목적에 적합하지 아니할 뿐 아니라, 그 정도 또한 과잉하여 비례의 원칙에 벗어난 것이고, 나아가 합리적 이유없이 변호사로 개업하고자 하는 공무원을 근속기간 등에 따라 차별하여 취급하고 있다. 그러므로 법 제10조 제2항은 헌법 제11조 제1항, 제15조, 제37조 제2항에 각 위반된다. 또한 병역의무를 이행한 군법무관의 경우는 헌법 제39조 제2항의 경우에도 위반된다"고 보아 구 변호사법 제10조 제2항에 대하여 위헌결정을 내렸다(**헌재 1989.11.20. 89헌가102 결정**).

7) 이와 관련하여 헌법재판소는 "우리 헌법은 문화국가 · 민주국가 · 사회국가 · 복지국가에서 차지하는 교육의 중요성을 감안해서 교육을 모든 국민의 권리로 규정함과 동시에 국가와 국민의 공동의무임을 명백히 밝히고 있다"고 말하면서, 헌법상 교육을 받을 권리가 "첫째 교육을 통해 개인의 잠재적인 능력을 계발시켜 줌으로써 인간다운 문화생활과 직업생활을 할 수 있는 기초를 마련해 주고, 둘째 문화적이고 지적인 사회풍토를 조성하고 문화창조의 바탕을 마련함으로써 헌법이 추구하는 문화국가를 촉진시키고, 셋째 합리적이고 계속적인 교육을 통해서 민주주의가 필요로 하는 민주시민의 윤리적 생활철학을 어렸을 때부터 습성화시킴으로써 헌법이 추구하는 민주주의의 토착화에 이바지하고, 넷째 능력

교육을 받게 할 의무의 주체는 헌법 제31조 제2항에 따라 학령아동의 보호자, 즉 부모(친권자)나 후견인이다. 이러한 교육을 받게 할 의무는 보호자의 양육권에 따르는 중요한 책임이라고 말할 수 있다. 그러나 교육을 받게 할 의무가 일방적으로 학령아동의 보호자에게만 있는 것은 아니다. 국가도 또한 상응하는 적절한 교육시설을 마련하여 교육이 가능하도록 하여야 하기 때문이다. 예컨대 의무교육의 무상제도 등이 이러한 측면에서 요청되는 것이다.

4. 근로의 의무

근로의 의무의 성격과 내용에 대하여는 논란의 소지가 많다. 1919년의 바이마르 헌법은 1917년의 소련 헌법의 영향 하에 제163조에서 "모든 독일인은 그 정신적 및 육체적 힘을 공공의 복리에 적합하게 활용할 도의상의 의무를 진다"라고 규정하였고, 1948년의 우리 제헌헌법은 이러한 바이마르 헌법의 영향 하에 제17조에서 "모든 국민은 근로의 권리와 의무를 가진다"라고 규정하였다. 현행헌법 제32조 제2항도 이러한 발전의 연장선상에서 제헌헌법 제17조의 규정을 이어받아 근로의 의무를 규정함으로써 근로의 의무는 헌법상의 의무로 인정되고 있는 것이다.

이와 같이 근로의 의무를 헌법적으로 규정하고 있는 것은 근로가 갖는 헌법적 의의, 즉 근로의 사회적 비중 내지 책임에서부터 이해될 수 있다. 교육의 경우와 유사하게 근로도 한편으로는 개인의 기본권으로서 **자기(인격)발현의 수단** 및 **생계의 수단**으로서 중요한 의미를 갖고 있지만, 다른 한편으로는 국가적 차원에서도 **경제질서의 기초**로서 비중 있게 취급되는 것이다.

그러나 이러한 근로의 의무가 직접적인 근로의 강제를 의미하는 것으로 이해될 수 있을 것인가는 매우 의심스럽다. 이미 바이마르 헌법이 **도의상의 의무**라고 표현한 것에서도 나타나듯이 근로의 의무는 공동체 내의 생활에서 전제되는 사회적 책임성을 의미하는 것이지, 근로하지 않는 자에게 근로를 강제하는 것으로 이해하기는 곤란한 것이다. 이는 헌법 제12조 제1항에 규정되어 있는 **강제노역의 금지**와 연결시켜 생각할 때, 더욱 명백해진다. 헌법 제32조 제2항이 근로하지 않는 국민에게 강제근로를 시킬 수 있는 헌법상의 근거로 이해되기는 어려운 것이다.[8] 그러나 **근로의 간접적인 강제**, 예컨대 적절한 근로의 기회가 제공되고 있음에도 불구하고 근로하지 않는 국민에 대하여 세제상의 또는 사회보장에 있어서의 일정한 불이익을 가하는 것은 헌법 제32조 제2항에 따라 허용될 수 있을 것이다.[9]

에 따른 균등한 교육을 통해서 직업생활과 경제생활영역에서 실질적인 평등을 실현시킴으로써 헌법이 추구하는 사회국가, 복지국가의 이념을 실현시킨다는 의의와 기능을 가지고 있다"고 선언하고 있다 (**헌재 1994.2.24. 93헌마192 결정**).

8) 같은 취지로는 권영성, 헌법학원론, 2010, 724쪽, 허영, 한국헌법론, 2025, 714쪽 이하. 그러나 김철수, 헌법학개론, 2007, 1171쪽에서는 근로의 의무는 법적 의무이며, 법률로 근로의 의무를 강제하더라도 합헌이라고 보고 있다.

9) 같은 취지에서 계희열, 헌법학(중), 2007, 837쪽 이하에서는 근로의 의무를 법적 의무로 파악하되, 의무불이행에 대한 제재도 간접강제나 금전벌에 그쳐야지 자유형을 부과해서는 안 된다고 강조하고 있다.

5. 환경보전의무

헌법 제35조 제1항에 규정되어 있는 환경보전의 의무는 환경권에 대응하는 것으로서 건강하고 쾌적한 환경을 누리기 위하여 이를 보전할 의무를 말한다.

환경권은 **삶의 여건보장에 관한 권리**로서 그 대상인 환경 자체의 포괄성으로 인하여 상당히 넓은 외연을 갖게 될 뿐만 아니라, 환경침해의 다양성 및 구제방법의 복잡성 때문에 매우 복잡·다양한 내용과 특성을 보인다. 이와 같은 환경권의 포괄성에 대응하여 환경보전의무도 포괄적인 성격을 갖는다.

환경보전은 다양한 측면에서 문제된다. 보전대상인 환경의 침해방식은 대기오염, 소음공해, 수질오염, 자연경관훼손, 방사능오염 등으로 나누어 질 수 있다. 이와 관련하여 한편으로는 **소극적인 침해의 금지**만이 인정될 것인가 아니면 **적극적인 환경보호 및 개선**까지 요구될 수 있을 것인지가 문제되며, 다른 한편으로는 환경침해의 유형과 관련하여 어떤 정도의 환경보전의무가 각기 국가와 국민에게 인정될 수 있는지가 아직도 명확하게 정리되지 않고 있다.

그러나 환경보전과 관련하여 가장 근본적인 문제로 제기되는 것은 **환경보호와 산업과의 관계**이다.[10] 한편으로는 환경의 보호를 요구하면서도 다른 한편으로는 -약간의 환경파괴를 감수하고라도- 포기될 수 없는 산업활동을 인정할 수밖에 없다는 데에 환경보호의 복잡성과 어려움이 있다. 결국 문제는 산업활동을 최대한 합리적으로 보장하면서 동시에 환경피해를 최소화하는 균형점 내지 조화점을 어디에서 찾을 것인가에 있다. 어느 일방만을 극단화시키는 태도는 더 이상 인정될 수 없기 때문이다.

나아가 오늘날처럼 산업이 대규모화되고 그 환경파괴의 영향이 국경 내에 머물지 않는 상황에 있어서는 환경보호 내지 환경파괴에 대한 대응에 있어서도 **국제적인 공동노력**이 필수적이라는 점도 지적되어야 한다.

6. 재산권행사의 공공복리적합의무

헌법 제23조 제2항은 "재산권의 행사는 공공복리에 적합하도록 하여야 한다"고 규정하고 있다. 이 규정은 재산권보장의 상대화 및 **재산권의 사회적 구속성**을 인정하고 있는 것으로 이해되고 있다. 그러나 그와 더불어 이 규정이 국민의 의무를 규정하고 있는 것으로 보아야 하는지에 대하여 견해의 대립이 있다.[11]

---

10) 오늘날 환경에 대한 파괴 내지 오염이 전혀 없는 상태를 요구하는 것은 현실적으로 불가능하다. 그동안 진행되어온 산업화의 과정을 백지로 돌릴 수도 없는 일이며, 지금 현재도 지속적인 산업화가 인간의 생존과 생활을 위해 불가피한 상태가 되어있는 것이다. 그렇다고 환경에 전혀 피해를 끼치지 않는 산업만을 육성한다는 것도 단기적으로는 불가능하다.

11) 예컨대 김철수, 헌법학개론, 2007, 1172쪽 이하에서는 헌법 제23조 제2항에 의한 공공복리적합성을 헌법적 의무로 이해하고 있으나 권영성, 헌법학원론, 2010, 726쪽은 헌법 제23조 제2항을 "재산권 자체에 필연적으로 수반되는 내재적 제약성를 명문화한 헌법원리"로 이해하여야 한다는 견해를 취하고 있다. 또한 허영, 한국헌법론, 2025, 715쪽은 이를 재산권의 헌법적 한계로 이해하면서 헌법 제23조 제2항의 내용과 성격에 관한 '재산권행사의무설'과 '재산권제한설'의 논쟁은 문제의 본질을 잘못

오늘날 자유방임적 시장경제에 기초한 독점자본주의적 경제질서의 한계가 명백해지면서 경제활동에 대한 국가의 일정한 간섭과 규제를 인정하는 **사회적 시장경제**에 기초한 **수정자본주의적 경제질서**가 보편화되었고, 그 전제로서 재산권의 상대화 및 그에 따른 재산권행사의 사회적 구속성이 인정되고 있다.

그러나 재산권행사가 공공복리에 적합하여야 한다는 것을 근거로 재산권에 대하여 공권력이 자의적으로 관여하거나 (사회적 유해성 등을 이유로) 특정한 재산권소유자들에게 불이익을 가하는 것, 또는 재산권을 몰수하는 것이 정당화될 수는 없다. 재산권행사의 공공복리적합성에 대한 요청은 법적 기준에 따른 제약을 인정하는 것이지 정치적 의도에 의해 자의적인 내용으로 채워질 수 있는 백지위임은 아닌 것이다.

재산권행사의 공공복리적합성에 대한 요청이 의미하는 것은 재산권이 사회적 관련 속에서 사회적 기능을 발하고 있기 때문에 일정한 의무를 부담한다는 것이다. 이를 구체화하는 입법자는 헌법적으로 보장된 「기본권으로서의 재산권보장」과 「사회적으로 정의로운 재산질서의 형성」이라는 양 측면을 동시에 고려하는 가운데서 **이해관계자의 보호가치가 있는 법익들을 비례성에 따라 올바르게 형량**함으로써 구체적인 한계를 형성해나갈 수 있다.

Ⅱ. 불문의 헌법상의 기본의무

그러나 현대의 새로운 사회적 상황 속에서 국민에게 부과되는 의무가 이들 몇 개의 명문화된 헌법상의 의무에 한정된다고는 말하기 어려울 뿐 아니라, 심지어 「헌법과 법률을 준수할 의무」처럼 국가질서의 유지를 위한 가장 기본적인 의무 가운데서도 명문화되지 않은 채 당연한 것으로 전제되고 있는 것들이 있다. 따라서 국민의 헌법적 의무가 갖는 의의와 성격, 내용을 전체적으로 조망할 수 있기 위해서는 명문화된 헌법상의 의무 이외에도 몇 가지 불문의 헌법상 의무들을 고려하여야 한다.

헌법상 당연히 전제되고 있는 불문의 의무로는 무엇보다 **헌법과 법률을 준수할 의무**를 들 수 있다. 헌법과 법률을 중심으로 하는 법규범을 통하여 공동체를 구성하고 운영하며, 이러한 공동체의 조직과 활동을 통하여 「인간중심, 인간존중의 사회」를 구성하고자 할 때, 모든 공동체구성원이 그 공동체의 기초가 되는 헌법과 법률을 준수하여야 한다는 것은 가장 기본적인 전제이다.

이와 더불어 **타인의 권리를 존중할 의무**도 중요한 불문의 헌법상 의무로 인정될 수 있다. 「자기중심」 아닌 진정한 「인간중심」의 공동체질서를 형성하기 위해서는 자신의 권리만을 주장하고 존중받는 것이 아니라 타인의 정당한 권리도 아울러 존중해주는

이해한 불필요한 논쟁이라고 보고 있다.

하지만 국민의 기본의무가 앞서 이야기한 바와 같이 입법위임의 의미를 갖고 있을 뿐 직접적인 효력을 갖지 못한다는 점을 고려한다면 이러한 견해의 대립은 현실적인 차이로 나타나지는 못하게 된다. 이와 관련하여 헌법재판소는 "재산권행사의 공공복리 적합의무는 헌법상의 의무로서 입법형성권의 행사에 의해 현실적인 의무로 구체화"된다고 보고 있다(**헌재 1989.12.12. 88헌가13 결정**).

것이 필요하다. 서로의 권리를 존중하는 가운데 비로소 인간존중의 사회가 실현될 수 있는 것이다.

또한 **자신의 권리를 행사함에 있어서도 공존의 이념을 고려**하여야 한다는 것도 불문의 헌법상 의무로 인정될 수 있다. 재산권행사의 공공복리적합의무처럼 개별기본권 가운데 특별히 그와 같은 의무가 명문화된 경우는 물론이고, 그렇지 않은 경우에도 자신의 기본권을 (정당하게) 행사하는 가운데 타인에게 끼칠 수 있는 피해를 최소화하려는 노력이 요청된다는 것이다.

Ⅲ. 기본의무의 법률에 의한 구체화

국민의 헌법상 의무는 직접효력을 갖는 것이 아니라 법률에 의한 구체화를 필요로 하는 것이다. 따라서 앞서 이야기된 모든 헌법상의 의무는 그 자체로서 직접 국민에게 구체적인 작위 또는 부작위의 의무를 발생시키는 것이 아니라, 구체적인 조건과 방식을 정하는 법률에 의하여 비로소 작위 또는 부작위의 구체적 의무가 발생된다.

예컨대 납세의 의무는 국세기본법, 국세징수법을 비롯한 각종 세법에 의하여 비로소 구체적인 형태를 갖추게 되며, 국방의 의무의 구체적 내용과 형태는 병역법 등에 의해 구체화되고 있다. 교육을 받게 할 의무가 인정되는 조건과 방식 및 내용은 교육기본법 등에 의하여 구체화되고 있으며, 환경보전의무의 구체적 내용도 역시 각종 법률에 의하여 정해지고 있는 것이다.

그러나 또한 헌법상의 기본의무를 법률에 의하여 구체적으로 규정한 경우에도 그 내용적 정당성의 문제는 여전히 검토의 대상이 될 수 있다. 국민의 헌법상 의무는 어디까지나 국가공동체의 존립을 위해, 즉 인간중심 · 인간존중의 공동체를 형성하고 유지하기 위해 필요한 범위 내에서 주권자인 국민이 법률에 의한 의무부과를 수인하는 것이지 －기본권과는 달리－ 결코 의무 자체가 목적이 될 수 없다. 그렇기 때문에 개별적인 경우에 법률에 의해 부과되는 의무가 과연 정당한 범위 내에 머물러 있는지를 헌법적으로 검토할 수 있는 것이다.

제 4 절 기본권과 기본의무의 상호관계

Ⅰ. 민주적 헌법체계와 국민의 기본권-기본의무

국가와 국민의 관계를 어떻게 이해하는가는 시대에 따라 많은 변화를 겪어왔다. 그러나 적어도 민주주의가 정착된 이후로는 국민이 국가에 우선한다는 것, 다시 말하면 국가는 국민에게 봉사하는 도구에 지나지 않는다는 것이 일반적으로 인정되고 있다.

따라서 헌법적 관점에서도 일차적으로 기본권의 보장이 중요할 수밖에 없다. 기본권의 보장은 국가의 존립목적이며, 헌법의 중심적 가치인 것이다. 그리고 국민의 의무는 국가의 존립을 위해 인정된다는 점을 생각하면 기본권과 기본의무를 대등한 것으로 인정하기 어렵다는 것이 당연해진다. 헌법적으로 볼 때 기본권의 우월성이 인정되며, 국가의 조직과 권한 및 국가에 대한 국민의 의무는 기본권을 효과적으로 보장하기 위해 필요한 범위 내에서만 정당화되는 것이다. 이를 간단히 표현하자면 **① 기본권(헌법의 중심가치) → ② 국가(기본권보장의 도구) → ③ 기본의무(국가존립의 도구)**의 논리적 순서로 정리될 수 있다.

그렇다고 해서 기본권이 기본의무에 대해 무조건 우위에 있는 것으로 인정될 수는 없다. 그것은 기본권보장의 실현구조를 생각할 때 보다 분명하게 이해될 수 있다. 모든 개인이 기본권의 주체로서 각자의 기본권을 주장하고 행사할 때 이들의 기본권 상호간에 충돌이 발생되는 것은 불가피하다. 그렇기 때문에 모든 사람의 기본권을 동시에 최대한 보장하기 위하여, 즉 **기본권의 효과적인 보장을 위하여 기본권에 대하여 일정한 제한이 가하여질 필요**가 인정된다. 이러한 기본권의 제한은 국가에 의하여, 즉 국회에서 제정한 법률에 근거한 각종 국가기관의 활동에 의하여 행해진다. 따라서 기본권을 보장하는 국가기관의 활동은 물론 기본권을 제한하는 활동도 －적어도 그것이 정당한 권한범위 내에서 정상적으로 행해지고 있는 한－ 기본권의 내용과 효력을 구체화시키는 작용으로서 인정되는 것이다.

마찬가지로 기본의무도 국가의 존속과 활동을 가능케 함으로써 궁극적으로는 기본권의 보장에 기여한다는 측면을 갖고 있다. 즉 기본권－국가－기본의무가 궁극적으로는 공동의 목적을 추구한다는 동질성을 갖고 있으며, 정상적인 국가공동체의 존속과 활동을 전제로 비로소 올바른 기본권의 실현도, 기본의무의 부담도 이야기될 수 있는 것이다.

Ⅱ. 권리와 의무의 통일성?

근래의 기본의무에 대한 논의 가운데서는 권리와 의무의 일반적 대응관계를 전제로 하여 **헌법상의 기본권과 기본의무도 일정한 대응관계, 심지어 대칭관계에 있다고 보는 견해**도 있다. 예컨대 교육의 권리와 교육을 받게 할 의무, 근로의 권리와 근로의 의무, 환경권과 환경보전의무, 재산권과 재산권행사의 공공복리적합의무 등에서와 같이 권리는 의무를 수반하며, 기본권은 기본의무를 통해서만 현실화될 수 있다는 것이다. 나아가 헌법적인 권리 자체가 의무로서의 성격을 갖는다는 것으로 이른바 「권리와 의무의 통일성」이 주장되기도 하였다.

특히 사회주의국가의 헌법에서는 이러한 **권리와 의무의 통일성**이 강조되었다. 1977년의 구소련 헌법의 경우에는 전통적인 근로의 의무, 국토방위의 의무, 사회재산의 존중 및 헌법과 법률의 준수의무 외에도 「사회적대적인 행동에 대해 타협하지 않고, 공공질서의 수호를 위해 모든 방식을 동원하여 기여할 의무」, 「어린이를 사회적으로 유용한 노동을 위해 준비시키고, 이들을 사회주의적 사회에 합당한 구성원으로 양육할 시민의 의무(부모만의 의무가 아님!)」를 인정하기도 했다.

그러나 이와 같이 「기본권과 기본의무의 대칭성」 내지 「권리와 의무의 통일성」을 그대로 받아들이기는 곤란하다. 비록 기본권과 기본의무가 궁극적으로 공동의 목적을 추구하는 것이라고 하지만, 그것이 곧 양자를 동일시하는 것으로 이해될 수는 없다. (헌)법을 통해 형성하고자 하는 공동체질서는 「인간중심, 인간존중」 이념에 기초하여 형성되는 질서, 즉 인간의 존엄을 최대한 실현시키기 위하여 「상호존중의 의무 내지 이를 위한 사회적 책임의 원칙」 위에 서 있는 질서이지만 그러한 의무와 책임이 곧바로 법적 의무로 인정되는 것은 아니기 때문이다. 오히려 그러한 의무와 책임을 어떻게 법적으로 구체화시키느냐의 문제를 중심으로 자유(즉 기본권)의 문제와 의무의 문제가 각기 다른 차원에서 제기되는 것이다.

따라서 헌법적 차원에서 자유의 문제와 의무의 문제는 별도로 검토되어야 한다. 그렇지 않고 자유가 동시에 의무라고 인정하게 된다면 그것은 진정한 의미의 자유가 아니게 된다. 자유의 핵심은 선택의 가능성에 있으며, **기본권으로서의 자유는 적극적 자유만이 아니라 (원칙적으로) 소극적 자유도 포함**하기 때문이다. 예컨대 종교의 자유를 인정하면서 종교를 갖지 않을 자유는 부정한다거나, 혹은 종교의 자유를 더욱 축소하여 특정한 종교를 선택할 자유만을 인정한다면 그것은 결국 종교의 자유를 인정하지 않는 것과 다를 바가 없는 것이다.

Ⅲ. 법치국가적 영역구분의 원리(Verteilungsprinzip)

기본권과 기본의무의 차이는 또한 이른바 「법치국가적 영역구분의 원리」[12)]라는 관점에서 주장되기도 한다. 헌법국가의 이념은 국민의 자유로운 생활, 즉 기본권을 최대한 보장하고자 하는 것이다. 이에 따라 **기본권적 자유는 원칙적으로 무제한**이며, 단지 일정한 요건과 절차에 따라 국가권력에 의해 제한될 수 있을 뿐이다. 그러나 국민이 국가에 대하여 부담하는 의무가 기본권처럼 원칙적으로 무제한이라고 생각될 수는 없다는 것이다.[13)]

그러나 고전적인 법치국가적 영역구분을 오늘날 주장하는 데 대해서는 비판적인 견해가 매우 강력하게 제기되고 있다. 단순히 영역을 구분함으로써 자유와 의무를 구별하는 것은 오늘날 국가의 영역(공적 영역)과 사회의 영역(사적 영역)이 더 이상 명확하게 구분되기

12) 영역구분의 원리에 관하여는 「제2권 제1부 제1장 제2절 Ⅱ. 2. **자유권과 기타의 기본권**」 참조.

13) 국민의 의무로서 인정되는 것 가운데서도 원칙적으로 무제한적이라고 생각될 수 있는 것들이 있다. 예컨대 평화를 유지할 의무는 매우 포괄적인 의무이며 원칙적으로 무제한적이라고 볼 수 있을 것이며, 그 밖에 살인하지 않을 의무, 도둑질하지 않을 의무 등과 같은 것도 원칙적으로 무제한적 의무라 볼 수 있다. 그러나 이와 같이 소극적인 부작위의 의무와는 달리 적극적인 작위의무의 경우에는 일정한 의무의행의 조건과 방식 등을 정하지 않은 채 무조건적·무제한적 의무로 인정될 수 없다. 예컨대 납세의 의무나 국방의 의무 등은 그 구체적인 납세의 조건과 납세방식, 또는 국방의무의 이행조건과 방식 등을 정하지 않은 채 무조건적·무제한적으로 부과할 수 없다.

힘든 상황에서 타당성을 갖기 어려우며, 기본권 및 기본의무의 효력범위에 대한 구별은 양자의 실현조건에 대한 전체적인 검토 속에서 확인되어야 한다는 것이다.

분명한 것은 기본권과 기본의무가 그 **실현구조와 효력 면에서 근본적인 차이**를 보인다는 점이다. 기본권은 헌법의 가장 기초가 되는 중심적 가치들을 실정화한 것이며 원칙적으로 직접적 효력을 갖는다. 그러나 기본의무는 원칙적으로 입법에 의한 구체화와 일정한 제재를 통하여 비로소 현실적 효력을 가질 수 있다. 그렇다고 헌법상의 기본의무규정이 입법에 의하여 구체화되지 않은 상태에서는 아무런 의미를 가질 수 없다는 것은 아니다. 재산권행사의 적정성여부를 판단함에 있어서 「재산권행사의 공공복리적합의무」가 일정한 기준이 되는 것처럼 헌법상의 기본의무규정이 구체적인 법해석과 적용의 과정에서 일정한 기준으로 작용하는 경우들이 적지 않은 것이다.

사례 풀이:

1. 갑 등의 헌법소원심판청구는 적법한가? (20점)
   - Ⅰ. 서: 위헌소원의 의의 및 성격과 청구요건 [2점]
   - Ⅱ. 재판의 전제성 [7점]
     1. 소송의 계속
     2. 심판대상법률(조항)이 당해 소송사건에 적용
     3. 심판대상법률(조항)의 위헌여부에 따라 다른 내용의 재판
   - Ⅲ. 위헌법률심판제청의 신청과 기각 [6점]
     1. 위헌소원의 성격과 위헌법률심판제청의 의미
     2. 법원의 기각 결정과 그 구속력
     3. 헌법재판소법 제68조 제2항에 의한 헌법소원심판의 청구
   - Ⅳ. 기타의 청구요건 [4점]
     1. 변호사 강제주의
     2. 청구기간
   - Ⅴ. 결론 [1점]
2. 상속세 및 증여세법 제41조의5 제1항은 갑 등의 재산권을 침해하는가? (50점)
   - Ⅰ. 사안의 분석과 쟁점의 정리 [5점]
   - Ⅱ. 재산권의 의의와 보호범위 [8점]
     1. 재산 및 재산권의 개념
     2. 재산권의 내용과 보호범위
     3. 납세의무에 의한 재산권의 제한과 그 한계
   - Ⅲ. 주식 및 출자지분 합병 이익에 대한 증여세 과세제도 [10점]
     1. 제도의 의의와 기능
     2. 과세요건
     3. 증여세액의 정산
   - Ⅳ. 재산권 제한의 정당성 판단 [12점]
     1. 목적의 정당성 및 수단의 적합성
     2. 침해의 최소성

3. 법익의 균형성

V. 헌법재판소의 결정과 그 효력 [12점]

1. 헌법재판소 결정의 형식
2. 사안에 대한 판단
3. 헌법재판소 결정의 효력

VI. 결론 [3점]

3. 상속세 및 증여세법 제41조의5 제1항은 조세평등주의 및 과세요건 명확주의에 위배되는가? (30점)

I. 서: 국민의 납세의무와 조세의 정당성을 위한 요건 [3점]

II. 조세법률주의와 조세평등주의의 의의와 기능 [7점]

1. 헌법 제59조와 조세법률주의
2. 과세요건 법정주의와 과세요건 명확주의
3. 평등원칙의 구체화로서의 조세평등주의

III. 조세평등주의 위배 여부 [9점]

1. 조세평등주의의 의미: 담세능력에 기초한 공평과세
2. 일반 주식취득자와 최대주주등과 특수관계에 있는 자의 차별
3. 차별의 합리성 여부: 합병에 관한 정보를 알 수 있는 기회의 측면에서 본질적으로 다른 지위에 있으므로 차별의 합리적 사유 존재!

IV. 과세요건 명확주의 위배 여부 [9점]

1. 조세법률주의의 내용으로서 과세요건 명확주의
2. 명확성의 판단기준: 관련 조항의 체계적 해석 및 법관의 법보충작용을 통한 구체화 등을 통해서 명확한 기준을 도출할 수 있는지 여부
3. 사안에 대한 판단

V. 결론 [2점]

3

국가조직론

헌법총론과 기본권론으로 이어져 온 헌법학 체계는 국가조직론을 통해 비로소 완결될 수 있다. 「**헌법총론**」이 헌법의 중심적 개념들과 기본원리, 그리고 제도적 기초를 통해서 헌법질서 전체의 골격을 형성하고, 「**기본권론**」이 그러한 헌법질서의 지향점으로서 국민의 기본권이 어떤 의미와 실현구조를 갖고 있는지를 밝혀주는 것이라면, 「**국가조직론**」은 기본권에 의해 설정된 목표와 헌법원리에 부합되게 행해지는 구체적인 국가작용의 구조와 성격, 그리고 그러한 국가작용을 담당하는 국가기관의 구성과 권한에 대해 정리하는 것이다.

국가조직론의 내용은 다시금 「국가조직의 출발점으로서의 권력분립」과 「국가기능」, 「국가기관」의 세 부분으로 나누어진다. 이러한 구성은 「헌법총론」－「기본권론」－「국가조직론」으로 연결되는 헌법의 전체적 구조와 무관하지 않다.

먼저 국가조직론의 출발점이 되고 있는 권력분립은 헌법총론의 「제2부 헌법의 기본원리」에서 설명되었던 법치주의의 핵심적 내용으로 널리 인정되고 있을 뿐만 아니라, 기본권의 보장과도 직결되어 있다는 점에 주목할 필요가 있다. 즉 국가조직론의 출발점은 헌법총론과 기본권론 안에 이미 놓여 있다고 할 수 있는 것이다. 따라서 헌법총론과 기본권론을 충실히 이해하였을 경우에는 국가조직론의 이해가 그만큼 수월해질 수 있다. 반면에 그렇지 못한 경우에는 다시금 헌법총론과 기본권론의 해당부분과 권력분립을 연결시켜서 정리하는 노력이 필요할 것이다.

그리고 국가기능에 대한 검토는 법치주의뿐만 아니라 민주주의와도 직접 연결되어 있다. 권력분립을 통해 그 구체적인 관련성이 밝혀질 것이지만, 국가기관이 아닌 국가기능을 먼저 검토해야 하는 이유, 그리고 왜 국가기능을 입법－집행－사법의 세 가지로 나누어야 하는지, 그 각각의 기능이 갖는 독자적 의의와 역할이 무엇인지를 바르게 이해하면, 헌법의 거대한 줄기가 좀 더 정확하게 파악될 수 있을 것이며, 현실 속의 국가권력에 대해서 올바르게 이해하고 평가할 수 있는 잣대를 얻을 수 있을 것이다.

나아가 국가기관에 대한 구체적 검토는 국가조직론 가운데 가장 많은 분량을 차지할 뿐만 아니라, 그 개별적 내용도 헌법총론과 기본권론의 여러 부분들과 맞물려 있다. 예컨대 국회의 구성이나 대통령의 선출에 관한 부분은 헌법총론의 선거제도 및 기본권론의 선거권(및 피선거권)에 관한 부분과 밀접한 관련 속에 있으며, 국회의 재정에 관한 권한은 경제헌법과 관련이 되고, 조약 및 외교사절의 신임접수 등에 관한 국회 및 대통령의 권한은 헌법총론의 국제질서에 관한 기본원리와 연결되는 등 거미줄 같은 연결이 곳곳에서 나타나는 것이다.

흔히 국가조직론은 헌법총론과 기본권론에 비하여 양적으로 비대하지만, 내용의 난이도가 다소 떨어지는 부분으로 평가되어 왔다. 그것은 일리가 있는 평가이기는 하지만, 일리밖에 없는 평가이기도 하다.

헌법총론에서는 헌법 전체의 구조와 성격에 관한 난해하고 추상적인 문제들이 많이 다루어지고, 기본권론에서도 기본권의 실현구조와 개별기본권의 성격 및 효력범위 등에 관한 복잡한 이론들이 많이 전개되고 있다. 이에 비하여 국가조직론에서는 국회, 정부, 대법원, 헌법재판소의 조직과 구성에 관한 기본적인 법규정들의 분석과 정리 정도에 그치는 경우가 많고 이론적 논쟁이 상대적으로 적기 때문에 난이도가 낮아 보이는 것은 사실이다.

하지만 그것은 어디까지나 피상적으로 볼 때에만 그러하다. 현실적 문제에서 국가조직의 문제가 국가조직만의 문제로 끝나는 경우는 오히려 예외에 속한다. 국가조직의 문제는 그 안에 헌법총론의 문제와 기본권론의 문제를 함께 내포하는 것이 일반적이다. 예컨대 대통령에 대한 탄핵심판은 편제상 국가조직론에 속하는 문제이지만, 이 문제를 깊이 들여다보면 그 안에 소추기관인 국회와 피소추기관인 대통령의 민주적 정당성의 문제를 비롯한 민주주의의 문제, 소추절차 및 심판절차의 적법성을 둘러싼 법치주의의 문제가 내포되어 있을 뿐만 아니라, 이러한 탄핵심판이 국민에게 미치는 각종 파급효를 둘러싸고 기본권의 문제도 다양한 각도에서 제기될 수밖에 없다. 그 밖의 다른 사건들의 경우에도 사건의 성격과 내용에 따라 다소간의 차이는 있지만, 헌법총론 및 기본권론과 무관한 순수한 국가조직론만의 문제로 나타나는 경우는 찾기 어렵다.

이러한 국가조직론의 특성에서도 확인될 수 있는 바와 같이, 국가조직론의 공부방법에 있어서는 전체 헌법체계의 유기적 연결을 전제하고, 그 가운데서 개별적인 사항들을 정리하는 것이 매우 중요하다. 이를 위해서 독자들에게 국가조직론의 공부방법과 관련하여 몇 가지 조언을 하는 것이 필요하다고 생각된다.

첫째, 헌법총론이나 기본권론에 비하여 국가조직론에서 다루는 내용은 추상적 성격이 약하고 구체적 현실과 관련하여 이해할 수 있는 부분이 더 많다. 이런 점은 국가조직론의 특징이자 장점일 수 있다. 그러나 이와 같은 구체적 현실관련성을 국가조직론에만 고립시켜서 생각할 경우에는 그 의미가 크게 감소될 뿐만 아니라 헌법의 전체적 체계의 이해에도 커다란 공백이 생기게 된다. 특히 헌법총론에서 추상적으로 이해했던 내용을 국가조직론의 구체적 사례와 연결시켜서 정리하려고 적극적으로 노력할 때에만 전체 헌법체계에 대한 이해를 완결시키는 것이 가능할 것이다.

둘째, 국가조직론의 분량에 압도되어서는 안 되지만, 그렇다고 국가조직론의 개별적인 사항을 지나치게 가볍게 생각하여 주마간산으로 일관하는 것도 곤란하다. 오히려 국가조직론의 체계적 정리를 통해서 전체로서의 헌법에 대한 공부를 완결 지을 수 있다는 점을 염두에 두고 꼼꼼하게 정리해 두는 것이 필요하다. 특히 최근에는 국가조직론과 관련된 헌법재판소의 판례도 많이 증가하였을 뿐만 아니라, 이를 통하여 헌법과 행정법의 접점이 마련되는 경우도 드물지 않다. 예컨대 조세법률주의에 관한 판례나 포괄적 위임입법의 금지에 관한 판례 등을 잘 정리함으로써 해당부분의 헌법적 지식을 탄탄하게 함과 동시에 같은 문제에 대한 행정법적 접근의 기초를 마련하는 것도 가능하다는 것이다.

셋째, 국가조직론의 공부과정에서 드물지 않게 드러나는 문제의 하나가 헌법총론에서 공부한 민주주의원리 및 법치주의원리의 요청과 국가조직의 기본원리인 권력분립원리의 내용 및 관계에 관한 혼란이다. 이 문제는 권력분립 자체의 정확한 이해를 통해 해결될 수 있다. 애초에 민주주의와 법치주의의 요청이 권력분립원리와 직접적으로 충돌될 수는 없다. 헌법해석자는 기본적으로 이러한 충돌을 피하도록 해석해야 할 과제를 지고 있기 때문이다. 결국 대부분의 문제는 양자의 관계를 피상적으로 이해함으로써 발생되는 것이고, 특히 권력분립을 잘못 이해함으로써 발생되는 경우가 많다. 이러한 오류를 범하지 않도록 처음부터 유의할 필요가 있다.

이러한 사항들에 유의하면서 국가조직론을 헌법총론 및 기본권론과 잘 연결하여 전체로서의 헌법을 체계적으로 이해할 때 비로소 헌법공부의 기초를 마친 것이라고 할 수 있을 것이다.

제1부

국가조직의 출발점으로서의 권력분립

이 책에서 국가조직론은 다시금 「권력분립」, 「국가기능」, 「국가기관」의 세 부분으로 나누어진다. 그 중 첫째 부분인 「권력분립」은 국가조직론의 전체적 구조를 이해하는 데 있어서 열쇠의 역할을 한다. 즉 권력분립의 정확한 이해에 기초할 때에만 국가기능이 무엇인지, 왜 국가기능을 입법 - 집행 - 사법으로 나누고 있는지를 이해할 수 있으며, 나아가 이러한 국가기능에 대응하는 국가기관들의 속성 및 구성방식을 파악할 수 있다. 그리고 이러한 전체적인 이해는 국가조직론의 처음부터 끝까지 항상 바탕에 깔려 있어야 할 기초가 된다.

그러나 권력분립에 대한 이해는 생각처럼 단순하지 않다. 이미 오랜 역사를 통해 형성되고 발전되는 과정에서 권력분립에 대해서도 새로운 의미가 부여되고 다양한 형태가 고안되었을 뿐만 아니라, 그 구체적인 실현의 방식 및 범위와 한계에 대해서도 적지 않은 견해의 대립과 혼란이 존재하기 때문이다. 예컨대 국가기관이 아닌 정당 또는 시민단체를 통한 권력분립도 국가조직론상의 권력분립이 될 수 있는가? 만일 그렇다면, 국가기관과 국가기관이 아닌 사회적 세력의 구분기준은 무엇인가? 또 만일 그렇지 않다면 포괄적 권력분립론 등을 통해 현대적 권력분립으로 이야기되는 것은 어떤 의미를 갖는가?

이러한 문제들에 올바르게 답할 수 있기 위해서는 국가조직체계가 무엇인지, 국가권력이 무엇이고, 권력의 분립은 왜 필요하며, 어떤 방식으로 이루어져야 하는 것인지를 정확하게 이해하여야 한다. 그것이 곧 국가조직론에 대한 이해의 첫 단추인 것이다.

제1장 헌법체계와 국가조직체계

「제1장 헌법체계와 국가조직체계」에서는 전체로서의 헌법체계 내에서 국가조직이 갖는 의미와 비중을 정리하면서 국가권력 자체에 대한 정확한 이해를 시도한다.

이를 위해서는 전체 헌법체계의 기초가 되는 국민의 헌법상 지위 내지 역할에 대한 이해를 출발점으로 하여 국가공동체와 국가권력의 기본적인 관계를 어떻게 이해해야 할 것인지에 관한 여러 헌법학자들의 주장을 살펴보면서 정리하는 것이 필요하다. 그 기초 위에서 비로소 국가권력의 구체적 · 개별적 문제점들, 즉 국가권력의 구성과 활동, 그리고 그 과정에서 나타나는 국가권력의 효율성의 요청과 통제의 필요성 등에 대하여 체계적으로 이해할 수 있을 것이다.

제1절 출발점: 국가와 헌법의 기초로서의 국민

Ⅰ. 국가와 헌법의 출발점: 국민(인간)의 존엄

오늘날 공동체와 개인의 관계를 이해할 때, 일방적으로 공동체중심적인 관점에서 모든 문제를 바라보는 **전체주의적 시각**도 잘못되었지만, 고립된 개인의 절대적 우월성을 전제하는 **개인주의적 시각**에도 문제가 많다는 지적이 일반적이다. 어느 한쪽의 관점에서만 이해할 것이 아니라 공동체와 개인이 상호의존하고 있다(이른바 **인격주의적 시각**)는 점을 고려하여야 한다는 것이다.[1)]

그러나 국가와 국민의 관계를 헌법적으로 이해함에 있어서는 이러한 시각을 국가와 국민의 대등성으로 간주해서는 곤란하다. 헌법상 국가와 국민이 상호의존관계에 있는 것은 틀림없지만, 그렇다고 해서 양자 사이에 우열관계조차 없는 것은 아니기 때문이다.

헌법의 최고이념은 헌법 제10조에서 규정되고 있는 「인간으로서의 존엄과 가치」이다. 모든 기본권이 이로부터 도출 · 파생될 뿐만 아니라, 모든 국가질서의 출발점이자 궁극적인 목적은 인간의 존엄을 실현시키는 데 있다고 인정되는 것이다. 다만 특정 개인의 존엄이 아니라 모든 인간의 존엄을 실현시켜야 하기 때문에, 그리고 이를 위해서

---

1) 이에 관하여는 「제2권 제2부 제1장 제2절 Ⅱ. **헌법의 인간상(인간이해)**」 참조.

는 여러 존엄한 주체들(즉 인간들)의 다양한 기본권들 사이에 발생되는 충돌과 혼란을 조정할 필요가 있기 때문에 질서 내지 규범이 요청되며, 이를 위해 국가(권력)가 필요한 것이다.

그러므로 인간의 존엄 및 이로부터 도출되는 기본권이 국가질서의 목적이라면, 국가조직 및 국가권력은 이를 효과적으로 보장하기 위한 수단이라고 볼 수 있다.

그렇다고 해서 국민의 기본권이 국가권력에 대해서 항상 우위에 있다는 것은 아니다. 국가권력은 수많은 기본권들을 조정하는 역할을 담당하는 것이기 때문에 (국가권력이 오·남용되지 않는 정상적인 경우라면) 기본권과 국가권력의 충돌은 결국 기본권과 다른 기본권의 충돌이나 다름이 없다. 따라서 국가권력과 기본권의 충돌이 발생될 경우에는 기본권 상호간의 충돌과 마찬가지 맥락에서 비례성 원칙에 따른 형량을 통해 그 정당성에 대한 판단을 내리게 되는 것이다.

그러므로 「목적으로서의 기본권과 수단으로서의 국가권력이라는 헌법질서의 구조적 특징」과 「개별적인 정당성 판단에서 고려되어야 할 기준들」이 혼동되어서는 안 된다. 경우에 따라서 국가권력을 통해 국민의 기본권을 제한하는 것도 가능하지만, 그러한 국가권력의 배후에는 기본권을 통한, 그리고 보다 궁극적으로는 인간의 존엄성에 기초한 정당성의 부여가 깔려 있는 것이다.

이런 맥락에서 인간의 존엄은 헌법의 최고이념이자 출발점이라고 할 수 있으며, 국가와 헌법의 이해에 대한, 그리고 국가질서의 구성에 대한 기초는 인간 내지 국민에서 찾을 수밖에 없다.[2)]

Ⅱ. 국민에 의한 국가공동체의 구성

'국민이 국가와 헌법의 출발점'이라는 말은 다분히 이념적이고 선언적이다. 민주국가의 경우에 모든 국민이 주권자로서 국가와 헌법의 주인이라고 인정되지만, 실제 국민이 이를 실감할 수 있는 경우는 많지 않다. 오히려 대부분의 국민은 자신을 국가의 주인이라기보다는 군림하는 국가권력에 의해 지배받고 있는 피치자(被治者)로 인식하는 경우가 더 많을 것이다.[3)]

아무리 인간의 존엄이 헌법의 최고이념이고, 국민이 주권자라고 선언한다 해도, 그것은 마치 무조건적인 신앙을 요구하는 종교의 교리처럼 피부에 와닿지 않을 수 있다. 더구나 우리가 태어나기도 전부터 존재했던 국가가 그 안에서 태어난 국민들에 의해 비로소 구성된다는 주장은 자칫 현실과 동떨어진 공리공론으로 느껴질 수도 있다.

그러나 인간의 존엄을 헌법의 최고이념으로 인정하는 이유가 매우 현실적이고 실천

---

2) 바로 그렇기 때문에 국민을 주권자로 인정하고, 국민의 기본권이 보장되는 국가질서를 구성하는 원리인 민주주의와 법치주의가 가장 중요한 헌법의 기본원리로 인정되고 있는 것이다.

3) 우리는 태어날 때부터 법이 정하는 바에 따라 출생신고를 해야 하고, 성장하면서 법질서의 존중을 비롯한 각종 의무를 진다. 물론 헌법과 법률에 의해 부여되는 권리들도 있지만, 그러한 법과 질서가 우리의 손에 의해 만들어진 것이라고 느끼기는 쉽지 않은 것이다.

적인 것처럼,[4] 국민에 의해서 국가공동체가 구성된다고 말하는 데에도 매우 중요하고 현실적인 의미가 있다. 즉 국가라는 것이 어느 한 시점에 구성되어서 그 상태로 계속 유지되는 것으로 이해되지 않고, 국가의 구성요소 및 내용이 끊임없이 바뀌는 과정 자체가 **국가공동체의 계속적인 형성**으로 이해되며, 이러한 과정의 주체가 국민이라는 의미를 담고 있는 것이다.[5]

즉 대한민국이라는 국가공동체는 1948년의 정부수립과 헌법제정을 통해 일회적 사건으로 구성되고 끝난 것이 아니라, 그 이후 수십 년에 걸쳐서 계속적으로 새롭게 구성되어 왔고, 지금 현재도 새로운 형태로 구성되고 있는 과정이라고 할 수 있다. 예컨대 정부조직이나 법원조직 등 국가조직의 변경을 통해서 새롭게 형성되는 측면이 있는가 하면, 경제구조의 변화 또는 시민의식의 변화를 통해 새롭게 형성되는 측면도 있다. 이런 모든 과정을 통해 국민은 국가공동체의 구성에 참여하고 있는 것이다.

Ⅲ. 국민(=헌법제정권력자)에 의한 헌법의 제정

국민에 의한 국가공동체의 구성(계속적인 형성)은 매순간 계속되는 동적 과정이다. 그러나 그 순간순간을 포착하여 현재의 국가의 모습을 확인하고 그에 기초하여 구체적인 국가정책을 수립하거나 국가사무를 처리하는 것은 현실적으로 불가능하다. 또한 국가의 동적 형성에 있어서도 일정한 방향과 기준이 설정되어야 할 필요성은 매우 크다. 끊임없이 변화되어 가는 과정이라 하더라도, 그 과정의 **목표**와 이를 달성하기 위해 그때그때 투입되는 **수단**, 또는 목표에 접근해가기 위해 거쳐야 하는 **절차 및 방법** 등이 합의를 통해 정해져 있지 않을 경우에는 엄청난 혼란이 발생될 것이기 때문이다.

이러한 고려에서 만들어진 국가질서의 기본규범이 헌법이다. 헌법은 국가의 최고법으로서 전체 국가질서의 형성과정을 규율하는 기준과 원칙을 정하고 있으며, 방법과 절차를 제시하고 있는 것이다. 물론 헌법의 제정 또한 국민에 의해 국가가 구성되는 과정의 일부라고 할 수 있다. 즉 주권자(=헌법제정권력자)인 국민에 의해 헌법이 제정되고, 이렇게 제정된 헌법의 틀 안에서 구체적인 국가질서가 형성되며, 다시금 국가질서의 기본틀 자체를 변경할 필요가 생길 경우에는 헌법의 개정 또는 새로운 헌법의 제정이 요구되기도 한다.

여기서 중요한 것은 국민에 의해 헌법이 제정된다는 것, 즉 헌법(제정과 개정)의 주체는 국민이라는 것이다. 비록 구체적인 국가정책의 결정과 국가사무의 처리 등의 국가작용은 대부분 국민에 의해 선출된 대표자에 의하여 간접적으로 수행되지만, 헌법의 제정과 개정은 국민에 의해 직접 정당화됨으로써 국민의 주권과 헌법의 민주성을 확보할 수 있도록 하고 있는 것이다.

---

4) 이에 관하여는 「제2권 제2부 제1장 제1절 **인간존엄의 역사적 배경**」 참조.

5) 이러한 관점을 제시하고 보급한 것은 통합론적 헌법이론의 기여라고 할 수 있다. 이에 관하여는 「제1권 제1부 제1장 제3절 Ⅴ. **통합론적 헌법관과 헌법이론체계**」 참조.

이처럼 국민이 헌법의 제정과 개정에 주체로서 직접 참여하는 것은 세 가지 측면에서 특별한 의미를 갖는다. 첫째, 국민의 직접적 결정에 의하여 헌법에는 최고법으로서의 권위와 정당성이 부여된다. 둘째, 국민이 헌법의 제정과 개정에 대한 최종적 결정권을 가짐으로써 국민을 배제한 정치적 담합에 의하여 헌법이 왜곡될 가능성을 최소화시킬 수 있다.[6] 셋째, 국민이 스스로를 주권자로 자각하게 함으로써 민주의식을 고양하는데 큰 역할을 할 수 있다.

Ⅳ. 국민(=주권자)으로부터 나오는 국가권력

이처럼 국민이 국가와 헌법의 출발점이며, 국가는 국민에 의해 항상 새롭게 형성되고 있다는 점, 그리고 이러한 국가질서의 형성과정을 규율하는 기본법인 헌법도 국민에 의해 제정된다는 점을 생각할 때, 모든 국가권력의 출발점이 국민이라는 것은 당연하다고 할 수 있다. 현행헌법 제1조 제2항에서 "대한민국의 주권은 국민에게 있고, 모든 권력은 국민으로부터 나온다"라고 규정한 것은 이와 같은 국민과 국가권력의 관계를 전제한 것이다.

물론 국가권력이 구체적으로 어떻게 구성되며, 국민은 그러한 국가권력의 구성에 어떤 방식으로 관여하게 되는지에 관하여는 보다 세분화된 검토가 필요하다. 또한 국가와 국가권력의 관계를 어떻게 이해할 것인지를 중심으로 국가권력의 개념과 성격에 대한 견해대립도 적지 않다. 하지만 여기서 우리가 분명히 확인할 수 있고, 앞으로 고찰을 위한 전제로 삼아야 할 것은 모든 국가권력은 국민에 의한 민주적 정당성에 기초하고 있으며, 이를 벗어날 수 없다는 점, 그리고 모든 국가권력은 국민에 의해 제정된 기본규범인 헌법이 정한 틀을 벗어날 수 없다는 점이다.

이를 벗어나는 국가권력은 정당성을 갖지 못하는 불법적인 폭력에 지나지 않는다.

---

6) 물론 국민의 직접적 관여(국민투표)에 의하여 헌법의 제정과 개정을 최종적으로 결정한다 하더라도 독재자의 선동에 의해 잘못된 결정이 내려질 가능성은 열려 있다. 그러나 국민에 의한 최종적 결정은 독재자의 전횡이나 정치적 세력들의 담합을 막을 수 있는 최후의 보루가 될 수 있음은 분명하며, 국민의 민주의식이 확고할수록 그러한 통제적 기능은 커질 수 있다.

제 2 절 국가(공동체)와 국가권력의 개념

Ⅰ. (헌법관에 따른) 국가의 의의와 기능

1. 법실증주의적 헌법관에 따른 국가의 의의와 기능

법실증주의는 무엇보다 신칸트 철학의 영향 하에서 방법이원론에 따라 국가를 이해했다. 예컨대 옐리네크(*G. Jellinek*)가 국가개념을 존재와 당위의 구별에 기초하여 사회학적 국가개념과 법학적 국가개념으로 나누어 고찰하였던 것이 그러하며, 이를 비판하면서 법질서가 곧 국가라는 규범적 이해를 강조하였던 켈젠(*H. Kelsen*)의 이론도 방법이원론을 전제한 가운데 법학에서는 사회학적 국가개념이 불필요하다는 인식에 기초한 것이었다.[7]

이처럼 방법이원론에 기초한 형식적 논리에 따라 국가를 이해할 경우에는 국가의 실질적 의미는 중요하지 않게 된다. 국가를 단지 영토, 국민, 주권(또는 국가권력)으로 구성된 단체로 파악하든, 실정법의 질서 그 자체를 국가로 보든 간에 법실증주의적 헌법관에서는 국가 그 자체가 (실정법을 매개함이 없이) 국민의 삶과 직접 연계되는 것으로는 보지 않았던 것이다.

2. 결단주의적 헌법관에 따른 국가의 의의와 기능

결단주의적 헌법관에서는 국가(공동체)에 대해 특별한 관심을 기울이지 않았다. 결단주의의 주된 관심은 정치적 결단을 내릴 수 있는 힘과 권위가 누구에게 있는지, 그리고 그러한 힘이 어떻게 행사되어 어떠한 결과를 가져올 수 있는지에 있었을 뿐이며,[8] 국가는 이러한 결단이 내려지는 무대 내지 배경 이상의 의미를 갖지 못했던 것이다.

오히려 결단주의의 주된 관심은 넓은 의미의 국가(즉 국가공동체)가 아닌 좁은 의미의 국가(즉 국가조직의 총체)에 기울여지고 있었으며, 그 결과 국가(공동체)가 국민에게 어떤 의미를 갖는지, 그리고 이러한 공동체가 어떻게 구성되며, 발전해 나가는지는 직접적인 관심의 대상이 아니었다.

3. 통합론적 헌법관에 따른 국가의 의의와 기능

반면에 통합론적 헌법관에서는 국가에 대해 새로운 해석을 하고 있을 뿐만 아니라, 이를 헌법 전체에 대한 이해의 기초로 삼고 있다. 통합론은 국가의 실체를 통합(과정)으로 이해하였고, 통합(과정)은 역사적 · 문화적 공동체인 국민(내지 국가)의 생활과정이 일정한 가치질서 속에서 끊임없이 변화 · 발전하는 모습을 나타내는 동적 개념으로 파악

---

7) 이에 관하여는「제1권 제1부 제1장 제3절 Ⅲ. 2. **법실증주의의 의의와 헌법학 내에서의 발전**」참조.
8) 이에 관하여는「제1권 제1부 제1장 제3절 Ⅳ. **결단주의 헌법관과 헌법이론체계**」참조.

되었다.

스멘트의 경우 이러한 통합의 동적 측면을 강조함으로써 법실증주의적인 국가이해와의 차별성을 강조하였다. 즉 완결된 형태의 실정법체계를 전제하는 것이 아니라, 끊임없이 변화·발전하는 구체적 현실과 이에 대응하는 역사적 법규범으로서의 헌법이해가 통합론의 특징을 구성하게 된 것이다. 그러나 스멘트이론의 계승자인 헷세에 이르러서는 국가현상의 동태적 파악과 아울러 헌법의 규범적 안정성에도 비중을 둠으로써 동적 측면과 정적 측면의 조화를 꾀하게 되었다.[9)]

이러한 통합론적 국가이해에 있어서 국가의 실체, 즉 국가의 구성원인 국민에게 국가가 갖는 의미는 결국 국민의 삶에서 나타나는 여러 현상 및 이들의 의미와 방향을 규정하는 가치들의 총체라고 할 수 있을 것이다.

Ⅱ. 국가-권력의 본질, 기능과 내용: 특히 주권과의 관계에서

1. 국가의 본질적 징표로서의 국가권력: 옐리네크(G. Jellinek)

영토(Staatsgebiet), 국민(Staatsvolk)과 함께 국가권력(Staatsgewalt)을 국가의 구성요소로 생각하였던 옐리네크는 비스마르크제국 하에서 입헌군주제의 정치현실을 배경으로 국가권력의 본질을 **지배권력**으로 파악하였으며, 이러한 지배권력으로서의 국가권력이 갖는 속성을 주권개념과 구별하면서 국가권력에 관한 이론을 전개하였다.

옐리네크는 주권이 확정된 내용을 갖지 못하는 형식에 불과한 것이며, 그것은 절대적인 범주로서 타당한 것이 아니라 역사적 조건 속에서 그 정당성을 갖는 역사적 범주에 불과하다고 생각하였다. 그리고 이러한 주권개념은 중세의 국가들을 설명하는데 적합하지 않은 것과 마찬가지로 현대의 비주권국가(옐리네크는 연방을 구성하는 지분국가들을 그 대표적인 예로 꼽았다)들의 국가성을 파악하는 데에도 적합하지 않다고 보았던 것이다. 따라서 옐리네크는 국가의 본질적 징표로서의 국가권력은 주권과 동일시되어서는 안 된다고 주장하였다.[10)]

국가권력의 존재는 이러한 권력을 부여받은 독자적인 기관의 존재를 통하여 표출된다. 따라서 연방국가에 있어서의 지분국가들처럼 -비록 연방법에 의하여 일정한 한계가 그어지게 되더라도- 독자적인 헌법과 법률에 의하여 독자적인 기관을 구성하는 경우는 국가이며, 반면에 지배권력을 행사하는 단체라도 그의 조직이 지방자치단체처럼 상위에 있는 국가의 법률에 의하여 정해져 있는 경우에는 국가가 아니라는 것이다.

---

9) 이에 관하여는 「제1권 제1부 제1장 제3절 Ⅴ. 1. **통합론적 헌법이론의 배경과 출발점**」 참조.

10) 옐리네크는 주권이 국가권력의 속성 가운데 하나라고 보았다. 그런 맥락에서 그는 "국가권력의 존재는 국가의 본질적 징표이다. 그러나 국가권력은 더 이상 다른 것으로부터 도출되는 것이 아닌 그 자신의 힘으로부터 도출되는 지배권력이고, 따라서 그 자체로서 정당한 것이다. 이러한 국가권력의 범위 여하는 그 존재의 인정에 영향을 미치지 않는다. 하나의 공동체가 시원적 힘과 시원적 강제수단으로써 그 구성원과 그의 영역을 그의 독자적인 질서에 따라 지배할 수 있을 때 국가는 존재한다"라고 주장하였던 것이다.

2. 법질서의 효력(Geltung)으로서의 국가권력: 켈젠(H. Kelsen)

규범적 인식의 대상으로서의 국가를 곧 법질서(=강제질서) 그 자체라고 이해하는 켈젠은 국가권력이란 그와 같은 법질서의 효력이라고 주장한다. 즉 국가권력이란 국가공동체의 구성원에게 법질서에 복종할 것을 명하는 규범적 요청이며, 그것은 지배력이고, 강제력이고, 국가에 고유한 권한이라는 것이다.

그리고 켈젠은 주권이 국가권력의 특성 가운데 하나이며, 따라서 국가의 특성이기도 하다고 말했다. 특히 주권을 국가기관의 속성이 아닌 국가 자체의 특성으로 이해하게 된 것은 근대적 국가론의 중요한 성과라고 인정했다. 국가권력의 주권성을 인정하는 것은 국가권력의 최고성을 인정하는 것이며, 권력이라는 것을 의지(Wille)로 볼 경우 국가권력보다 상위에 있는 의지는 없다는 것을 의미하기 때문에 법실증주의적인 논리구조와 잘 부합된다고 생각했던 것이다.[11)]

이러한 기초 위에서 켈젠은 주권이 국가의 실정법규범이 갖는 배타적 효력을 보여주는 것이며, 국가법질서의 통일성을 표현하는 것이라고 주장하였다.

3. 정치적 힘의 표현으로서의 국가권력: 칼 슈미트(C. Schmitt)

법실증주의 헌법이론에 기초하여 국가권력의 의미와 성질 등을 구체적으로 설명하였던 옐리네크나 켈젠과는 달리, 결단주의를 주장하였던 칼 슈미트는 국가권력의 본질 내지 실체를 규명하는 데 큰 관심을 기울이지는 않았다. 단지 주권 내지 헌법제정권력을 어떻게 이해할 것인지, 그리고 헌법제정권력과 헌법개정권력의 구별, 헌법개정권력과 입법권을 비롯한 집행권 · 사법권의 구별 등의 문제를 개별적으로 다루었을 뿐이다.[12)]

하지만 결단주의의 기본적 구조와 성격, 그리고 헌법제정권력 등에서 나타나는 국가권력에 대한 이해를 종합하여 볼 때, 칼 슈미트가 이해하였던 국가권력은 사실적 힘이라는 점에 초점을 맞추고 있는 것으로 볼 수 있다. 법실증주의자들, 특히 켈젠의 경우 규범적 측면에 초점을 맞추어 국가권력을 사실적 힘이 아닌 법질서의 효력이라고 주장하였지만, 칼 슈미트는 정치적 결단을 내릴 수 있는 사실적 힘이 모든 것을 좌우한다고 생각하였으며, 헌법제정권력 등은 그러한 사실적 힘이 규범정립에 관한 권한이라는 형식을 갖추고 나타났을 뿐이라고 생각하고 있기 때문이다.

또한 국가와 사회의 이원론이라는 관점도 법실증주의와 결단주의가 국가권력을 바라보는 시각에 있어서 적지 않은 차이를 보이게 만드는 원인의 하나이다. 법실증주의와는 달리 국가와 사회의 이원론을 인정하는 결단주의 헌법이론은 사회의 영역에 대한

---

11) 이런 맥락에서 켈젠은 주권을 물리적 또는 정신적 힘과 같은 자연적 사실로 이해할 경우에는 이상과 같은 주권개념이 유지될 수 없다는 점을 강조한다. 오로지 국가권력을 국가법질서라는 당위규범의 효력으로 파악할 때에만 국가권력의 주권성이 올바르게 이해된다는 것이다. 즉, 법질서로서의 국가의 최고성을 표현하는 것이 주권성이라는 것이다.

12) 결단주의에 의해 강조되었던 헌법제정권력과 헌법개정권력, 그리고 헌법개정권력과 입법권의 구별 등에 대해서는 「제1권 제1부 제1장 제3절 Ⅳ. 2. **결단과 헌법**」 참조.

국가권력의 침투를 원칙적으로 제한한다는 점에서 법실증주의와 큰 차이를 보이는 것이다.[13)]

4. 기본권적 가치에 구속되는 국가권력: 스멘트(R. Smend)와 헷세(K. Hesse)

국가권력을 맹목적인 강제력으로 보지 않고 일정한 가치에 구속되는 것으로 보는 견해는 통합론에 의해 시작되었다. 법실증주의는 국가권력을 실정법의 효력으로 보았지만, 그 효력은 「정당성」의 문제를 도외시한 것이었기 때문에 결국 실정법이 「사실상 관철되게 하는 힘」이라는 점에 초점을 맞추고 있는 것이었다. 또한 결단주의도 사실적 힘이라는 측면에서 국가권력을 이해하였던 것은 앞서 설명한 바와 같다.

그러나 일정한 이념 또는 가치에 의해 억제되지 않은 맹목적 힘은 위험하며, 권력이 자기목적이 되는 것은 더욱 위험하다. 법실증주의는 이에 대해 법의 문제가 아닌 정치의 문제 또는 윤리의 문제라고 외면하였고, 결단주의는 정치적 결단을 내릴 수 있는 힘이 모든 것을 정당화시킨다고 생각하였다. 그러나 통합론에서는 국가 자체가 일정한 가치에 구속되어야 하는 만큼 국가권력도 이와 같은 가치에 구속되어야 한다고 주장하였다.

통합론의 제창자인 스멘트는 이를 위하여 국가권력의 문제를 국가기능의 문제와 연결시켰다. 즉 헌법의 중심적 가치인 기본권의 보장을 위해 국가기능이 필요한 것이고, 국가권력은 국가기능의 실효성을 위해 요청되는 것으로 보았던 것이다. 이러한 새로운 시각은 스멘트에 의해 완전히 구체화되지는 않았다. 하지만 국가권력의 문제를 -전통적인 시각에서 선재(vorgegeben)하는 것으로 보았던 것과는 달리- 새로운 관점에서 재구성하기 위한 토대를 제공하였던 것이다.[14)]

통합론에 기초한 국가권력이해를 구체화시킨 사람은 헷세이다. 그는 민주주의와 법치주의의 관점에서 국가권력을 정리하였다. 즉 민주적 정당성에 기초하여 국가권력이 형성될 뿐만 아니라, 법치국가적 맥락에서 국가권력은 헌법에 의해 비로소 구성된다는 점을 강조하였던 것이다. 이러한 헷세의 국가권력이해는 권력분립의 내용으로 국가권력의 구성, 정서, 통제를 들고 있는 그의 권력분립론에서 잘 나타나고 있다.[15)]

Ⅲ. 국가권력의 기초와 성질

1. 국가권력의 기초로서의 국민

오늘날의 민주국가에서는 국가권력이 국민으로부터 나온다는 것이 일반적으로 인정된다. 국민주권을 부정하는 민주주의는 있을 수 없으며, 국민주권을 인정하는 것은 곧

---

13) 하지만 칼 슈미트는 가장 강력한 정치적 결단에 의하여 사회의 영역에 대한 개입을 결정할 경우, 이러한 구분도 사실상 무의미해질 수 있다는 점을 인정하고 있다.
14) 이에 관하여는 「제2권 제1부 제1장 제2절 Ⅲ. 2. 루돌프 스멘트(R. Smend)의 기본권관」 참조.
15) 헷세(계희열 역), 독일헌법원론, 2001, 302쪽 이하.

모든 국가권력의 근원이 국민임을 인정하는 것이기 때문이다.

그러나 국가권력의 기초가 국민이라고 인정하는 것이 갖는 실질적인 의미, 그리고 이에 기초하여 국민이 국가권력의 구성과 행사에 실질적으로 미치는 영향력 및 그 구체적인 방법에 대한 이해에 있어서는 상당한 견해의 대립이 나타나고 있다. 이러한 견해의 대립은 크게 세 가지 측면에서 검토될 수 있다.

첫째, 국민주권의 의미에 대한 견해의 대립이 있다. 민주주의는 국민주권에 기초하고 있다. 하지만 전통적 이론에 따를 때, 국민주권은 선언적 의미를 가질 뿐이고, 국민이 직접 주권을 행사하지는 못한다. 그로 인하여 국가권력이 국민으로부터 나온다는 것은 모든 국가권력의 정당성근거가 국민에게 있다는 선언적 의미를 가질 뿐이라고 이해하였다. 그러나 최근 대두되는 이른바 인민주권론(또는 실질적 국민주권론)[16]은 국민이 실질적으로 주권을 행사할 수 있다는 전제 하에 국민이 직접 국가권력의 구성 및 활동에 영향력을 행사하는 것을 인정한다.[17]

둘째, 국민이 국가권력의 구성과 행사에 어떠한 영향력을 미칠 수 있는가(내지 영향력을 미칠 수 있어야 하는가)에 대한 견해의 대립이 있다. 이 문제는 직접민주제의 도입여부 및 범위에 관한 논란과 연결되어 있다. 국민투표의 인정범위를 어느 정도로 확대할 것인지, 국민발안제도 또는 국민소환제도를 도입할 것인지 등의 문제가 이와 연결되어 있는 것이다.[18] 그 밖에 선거와 정당을 통한 국민의사의 반영, 시민단체의 활동을 통한 국민의사의 결집과 그 영향력, 그리고 각종 매체를 통한 여론의 형성과 그 파급효 등이 이와 관련하여 논의될 수 있다.

셋째, 국가권력의 오·남용에 대한 국민의 통제가 어떤 방식으로 행해질 수 있는지(또는 있어야 하는지)에 대한 견해의 대립이 있다. 현행법상 위법한 국가권력의 행사에 대한 법치국가적 통제, 그리고 권력분립의 원리에 의한 국가기관 상호간의 통제 및 국민의 선거, 여론 등을 통한 다양한 통제가 인정되고 있지만,[19] 이에 대한 제도적 개선의 요구도 적지 않으며, 나아가 어떠한 새로운 통제가 도입될 수 있는지, 또는 도입되어야 하는지에 대한 견해의 대립도 적지 않은 것이다.

2. 국가권력의 종류: 주권과 통치권

국가권력에 대한 이해와 관련하여 적지 않은 혼선을 빚고 있는 문제의 하나가 국가권력을 주권과 통치권으로 나누어 볼 수 있는가의 문제이다.

옐리네크(*G. Jellinek*)와 같이 국가권력의 불가분성을 주장하면서 국가기능의 전체

---

16) 이에 관하여는 성낙인, 헌법학, 2022, 136쪽 이하 참조.

17) 이른바 실질적 국민주권론(혹은 인민주권론)의 문제점에 관하여는 「제1권 제2부 제2장 제2절 Ⅲ. **주권이론의 한계, 국민주권론의 한계**」 참조.

18) 최근 논의되었던 국민소환제도는 대의제의 문제점을 국민의 손으로 통제할 수 있는 방법으로 각광을 받았지만, 그 문제점도 적지 않다. 무엇보다 가장 큰 문제는 국민소환이 정치적 반대파를 흔들기 위한 정략적인 수단으로 남용될 소지가 지극히 크다는 점이다. 특히 정치과정의 룰이 확고하게 자리잡지 못한 상황에서는 국민소환제도의 부정적 측면이 긍정적 측면보다 훨씬 클 수 있다.

19) 이에 관하여는 아래의 「제6절 **국가(권력)조직에 대한 민주적·법치국가적 통제**」 참조.

성과 통일성이라는 맥락에서 국가권력의 통일성을 주장하는 견해도 있지만,[20] 국내 헌법학계에서는 국가권력의 개념 속에 주권과 통치권이 포함되어 있는 것으로 이해하는 것이 일반적이다. 주권은 대내적으로 최고이고 대외적으로 독립된 권력으로서 한 국가 내에 유일 · 불가분의 권력인 반면에, 통치권은 국가적 조직을 유지하고 국가적 목적을 구체적으로 실현하기 위한 현실적인 권력으로 그 내용 또는 성질에 따라 다양하게 구분될 수 있는 것으로 보는 것이다.[21] 그 결과 주권은 유일 · 불가분이지만, 주권으로부터 파생되는 통치권은 가분적이고 현실적인 권력이라고 이해된다.[22]

국가권력의 통일성을 주장하는 옐리네크 식의 견해와 통치권의 가분성을 주장하는 국내의 다수설 가운데 어느 쪽이 더 설득력이 있는지, 혹은 두 견해가 양립할 수 있는 것인지에 대해서는 논란의 여지가 있지만, 국가권력의 통일성을 주장한다고 해서 반드시 국가권력의 가분성 내지 권력의 분립을 부정해야 하는 것은 아니라고 생각된다. 이 문제를 해결하기 위해서는 먼저 「국가권력의 통일성의 문제가 갖는 실질적 의미는 어디에 있는가」라는 근원적인 문제에서 출발할 필요가 있는데, 이에 대하여는 후술하는 역사적 발전에 대한 검토를 통해 정리한다.[23]

3. 국가권력의 성질 – 부패로의 경향

국가권력의 문제는 항시 오 · 남용의 위험성과 연결되어 있다. 강력한 권력일수록 부패 · 타락의 경향이 심각하다는 문제는 이미 오래전부터 인식되고 있었으며, 민주화된 국가에서도 국가권력이 오 · 남용될 위험성은 결코 제거될 수 없기 때문이다.[24]

그로 인하여 국가권력에 대해서는 민주적 정당성과 더불어 오 · 남용에 대한 통제가 항시 문제된다. 통제되지 않은 국가권력은 국민 모두에게 재앙이 될 수 있기 때문이다. 그 때문에 민주국가에서도 국가권력의 구성과 행사에 관하여는 권력분립의 원리가 제1원칙으로 굳게 뿌리내리게 되었다.

현대적인 권력분립의 원리가 단순히 분립을 통한 국가권력의 약화만을 지향하는 것은 아니다. 오히려 주권자인 국민을 위해 국가권력이 효율적으로 행사될 필요성도 매우 중요하다. 그렇기 때문에 현대적 권력분립은 권력간의 절대적 균형만을 고집하지 않고, 정당국가화 또는 행정국가화에 의한 권력의 부분적인 집중 내지 강화도 용인하고 있다.

---

20) 이에 관하여는 아래의 「제3권 제1부 제2장 제3절 Ⅱ. **옐리네크(G. Jellinek): 국가권력의 불가분성**」 참조.
21) 통치권은 그 내용에 따라 영토고권, 대인고권, 자주조직권으로 나뉘는가 하면, 발동형태에 따라 입법권, 집행권, 사법권으로 구분되며, 성질에 따라 권력작용과 비권력작용으로 구별되기도 한다고 보는 것이다.
22) 예컨대 권영성, 헌법학원론, 2010, 48쪽, 117쪽; 반면에 김철수, 헌법학개론, 2007, 156쪽에서는 국가권력과 통치권을 같은 의미로 사용하면서, 국가권력 안에 주권이 포함되는 것을 부정하고 있다. 하지만 통치권의 가분성을 인정하는 점에서는 의견의 일치를 보이고 있다.
23) 아래의 「제3권 제1부 제2장 **권력분립이론의 역사적 발달**」 참조.
24) 이와 같은 국가권력의 오 · 남용 위험성은 국가권력 자체의 속성이라기보다는 국가권력을 담당하는 인간의 본성에서부터 나오는 것이다. 즉, 권력을 담당한 사람이 자신의 권력을 항상 객관적 · 중립적으로 행사하는 것이 아니라 개인적인 이해관계에 따라 공정하지 못하게 행사할 위험성이 항시 존재하는 것이다.

그러나 이 경우에도 권력의 오·남용은 막아야 하기 때문에, 이에 대한 대응수단 내지 통제수단은 더욱 강조될 수밖에 없는 것이다.[25)]

제 3 절 국가(권력)조직의 민주적 구성

Ⅰ. 대의제의 현실과 선거를 통한 민주적 정당성의 부여

1. 현대의 정치적 조건과 대의제의 불가피성

비록 국민주권이 민주주의의 본질적 징표이지만, 국민주권만으로 민주주의가 완성되지는 않는다. 주권자로서의 국민, 즉 국적을 가진 모든 사람의 총체로서의 국민은 추상적·이념적 통일체일 뿐이고 구체적인 행동통일체는 되지 못하기 때문이다. 현실적으로 서로 다른 생각, 다른 이해관계를 갖는 국민들 모두가 주권자로 인정되기 때문에 그들 중의 어느 의견에 따라 국가권력이 행사되어야 할 것인지가 혼란스러운 것이다.[26)]

이로 인하여 현대 민주국가에서는 대의제가 보편화되어 있다. 즉 국민이 다수결원리에 따라 대표자를 선출하고, 선출된 대표자가 국민을 대신하여 국가권력을 담당하며, 국가사무를 처리하도록 하는 것이다. 이러한 대의제의 불가피성은 두 가지 측면에서 확인된다. 하나는 국민의 통일된 의사를 확인하기 어렵다는 기술적인 문제이고, 다른 하나는 전문적인 정보와 지식을 갖지 못하고 있는 일반국민이 현대국가의 다양한 전문적 문제들(외교, 국방, 경제, 노동, 환경 등 대부분의 국가사무가 상당한 정도의 전문성을 요구하고 있다)을 판단하고 처리하는 데에는 한계가 있다는 점이다.[27)]

2. 선거의 의의와 기능, 기본전제

대의제의 출발점은 선거이다. 선거를 통해 대표자를 선출하는 것은 곧 국가권력의 담당자를 결정하는 것이며, 국가기관을 구성하는 것이라고 할 수 있다. 따라서 선거를 통해 **활동력 있는 국가조직**[28)]이 비로소 형성된다고 할 수 있다.

이러한 선거의 기능은 세 가지로 정리될 수 있다. 첫째는 대표자의 선출을 통해 국가권력을 담당하고 행사할 수 있는 정당성을 부여하는 것이다. 둘째는 다수의 후보자들

25) 정당국가화, 행정국가화와 더불어 집행부의 권한이 강화되면서, 의회의 대정부통제기능 강화, 또는 헌법재판제도의 도입을 통한 사법적 통제의 강화 등이 강조되는 것은 이러한 맥락에서 이해될 수 있다.
26) 이에 관하여는 「제1권 제2부 제2장 제2절 Ⅲ. 2. **현대민주주의헌법에 있어서 국민주권의 의의와 한계**」.
27) 이에 관하여는 「제1권 제2부 제2장 제3절 Ⅰ. 2. **국민의 자기지배의 이상과 현대의 정치적 조건**」 참조.
28) '활동력 있는 국가조직'을 강조하는 것은 국민주권의 한계로 말미암아 국민을 대신하여 국가사무를 처리할 대표자를 선출하는 것이 선거이기 때문에 선출된 대표자는 활동력 있는 국가조직으로 기능해야 한다는 점을 의미하는 것이다. 또한 이를 위하여 정국의 불안정을 막고 안정된 다수를 형성할 수 있도록 고려(예컨대 비례대표제 선거에서 저지조항의 도입)하여야 할 필요성도 인정된다.

이 선거를 통해 경쟁하도록 함으로써 통제하는 것이다. 그리고 셋째는 선거에의 참여를 통해 국민의 주권의식과 민주의식을 고양시키는 것이다.[29]

그러나 선거가 민주적 기능을 수행할 수 있기 위해서는 기본적으로 전제되어야 할 것들이 있다. 그것은 국민들이 선거에 적극적으로 참여하여야 한다는 것과, 선거를 통해 다수의 대안 가운데서 선택할 수 있는 실질적인 가능성이 확보되어야 한다는 것이다.[30]

3. 대의제의 한계

대의제는 -비록 선거를 통해 민주적 정당성을 부여받은 대표자들에 의해 운영된다 하더라도- 국민의사와는 일정한 거리를 가질 수밖에 없다. 더욱이 대의제는 자유위임의 원칙[31]에 기초한다. 즉 국민의 대표자는 -위법한 행위를 하지 않는 한- 국민의 구체적 의사에 기속되지 않고 자유롭게 정책을 결정하고 집행할 수 있는 것이다.

그러나 그 결과 대의제는 일정한 딜레마에서 벗어나지 못하게 되었다. 즉 국민의 의사와 대표자의 의사 사이에 일정한 거리가 있을 수밖에 없을 뿐만 아니라, 자칫 대표자가 독선적인 의사결정을 통해 국민의 의사를 무시할 위험성이 상존하는 것이다.

이러한 문제를 완화시키기 위하여 국민투표를 비롯한 직접민주제적 요소의 도입이 시도되기도 하였지만, 이들이 안고 있는 문제점도 적지 않기 때문에 오늘날에는 정당민주주의의 활용과 시민단체의 활동, 언론매체의 역할을 통한 여론의 형성 등을 활성화시킴으로써 대의제의 문제점을 보완하려는 노력이 기울여지고 있다.[32]

Ⅱ. 정당을 통한 민주적 정당성의 매개

1. 정당의 의의와 기능

현대의 다원주의 사회에서 다양한 집단 내지 단체들을 구성하고, 이를 통해 자신의 의사 내지 이해관계를 관철시키기 위해 노력하는 것은 자유의 관점과 민주주의의 관점에서 정당화된다. 오늘날의 다원주의는 자유의 수단이며, 민주주의의 본질적 징표 가운데 하나로 인정되는 것이다.[33]

정당은 이러한 다원적 조직체 가운데서도 가장 큰 헌법적 의미를 갖는다. 국민의 다양한 정치적 의사를 결집하여 이에 기초한 국가기관의 구성(선거) 및 활동을 가능하게 하는 매개체로서 기능하기 때문이다. 더구나 오늘날의 대중민주주의 하에서는 정당이라는 조직체 없이 수많은 국민들의 다양한 정치적 의사를 수렴하고 정리·조정하는 것이 사실상 불가능하기 때문에 정당은 민주적 정치과정의 실질적 주체로 등장하고 있다.[34]

---

29) 이에 관하여는 「제1권 제3부 제2장 제1절 Ⅱ. 선거의 민주적 기능」 참조.
30) 이에 관하여는 「제1권 제3부 제2장 제1절 Ⅲ. 선거의 민주성 확보를 위한 기본전제」 참조.
31) 이에 관하여는 「제1권 제2부 제2장 제3절 Ⅳ. 3. 대표자의 국민을 위한 활동: 자유위임과 책임정치」 참조.
32) 이에 관하여는 「제1권 제2부 제2장 제3절 Ⅴ. 대의제 민주주의의 한계와 보완」 참조.
33) 다원주의에 관하여 상세한 것은 「제1권 제2부 제2장 제5절 다원주의로서의 민주주의」 참조.

현실적으로 정당은 선거의 실질적 주체로 인정되고 있을 뿐만 아니라, 선거에 의해 당선된 정당소속 대표자들에 대한 직접적이고 광범위한 영향력행사를 통해 국가권력의 행사에도 매우 큰 영향을 미치고 있다.

2. 정당을 통한 민주적 정당성의 확보와 그 한계

이처럼 정당의 존재와 활동은 오늘날 민주주의를 실현시키기 위한 불가결의 조건이다. 하지만 정당은 거꾸로 민주주의를 가장 효과적으로 파괴하는 수단이 되기도 한다. 나치당의 활동이나 공산당의 세포조직 등은 가장 비민주적인 정당조직의 예를 보여줄 뿐만 아니라, 이러한 정당이 집권할 경우 어떻게 민주주의가 파괴되는지도 잘 보여준 바 있다.

따라서 정당 자체가 민주적이지 않은 경우에는 오히려 정당이 민주주의에 대한 위험요소가 될 수 있으므로, 이에 대한 규제가 필요하다. 이를 위해 현행헌법도 제8조 제4항에서 위헌정당의 해산에 관한 명문의 규정을 두고 있다. 하지만 위헌정당해산제도가 정부·여당의 야당탄압수단으로 오·남용될 경우에는 그 위험성이 더 크기 때문에 위헌정당의 해산을 위해서는 일반결사의 경우와는 달리 엄격한 요건과 절차가 요구되고 있으며, 이로 인하여 정당해산에 관한 헌법 제8조 제4항의 규정은 정당특권이라고 지칭되기도 한다.[35)]

3. 우리의 문제: 당내민주주의의 현주소와 개선방향

우리나라의 경우에도 정당의 민주적 내부질서, 즉 당내민주주의[36)]는 민주주의의 발전을 위한 가장 중요한 조건 가운데 하나이다. 하지만 아직도 정당 내부의 비민주적 요소들은 적지 않다. 예컨대 정치자금 또는 공천을 무기로 정당의 수뇌부가 정당의 소속원들, 특히 공직선거의 후보자들을 좌지우지하는 것은 당내민주주의에 대한 중대한 위협이라고 할 수 있다.

그러나 비민주적 정당관행을 개선하는 것은 결코 쉽지 않은 일이다. 정부가 정당내부의 문제에 국가권력을 발동하여 개입하는 경우에는 자칫 야당탄압이 될 수 있기 때문이다. 물론 정치자금에 대해, 또는 민주적 공천에 대해 명백한 기준을 설정하고 이를 위반하는 행위에 대해 법적 제재를 가하는 것은 가능할 것이다. 하지만 정당 내부의 모든 문제를 법적으로 규제하는 것은 가능하지도, 바람직하지도 않은 것이다.[37)]

결국 당내민주주의를 확보하기 위한 가장 효과적이고 무리가 없는 방법은 국민의 정치적 심판이라고 할 수밖에 없다. 선거를 통해, 또는 여론을 통해 국민이 비민주적 정당활동을 통제하는 것이 최선의 대안인 것이다.

---

34) 정당의 의의와 기능에 관하여는 「제1권 제3부 제1장 제2절 **현행헌법상 정당의 의의와 기능**」 참조.
35) 정당의 해산에 관하여는 「제1권 제3부 제1장 제4절 **정당의 해산**」 참조.
36) 당내민주주의에 관하여는 「제1권 제3부 제1장 제3절 Ⅲ. **정당의 민주적 내부질서 - 당내민주주의**」 참조.
37) 이에 관하여는 「제1권 제3부 제1장 제3절 Ⅲ. 3. (2) **법적 강제의 가능성과 한계**」 참조.

Ⅲ. 선출된 대표자에 의한 임명: 간접적 정당성의 부여

1. 대표자선출의 유형: 선거와 임명

선거는 민주적 대표자 선출방식의 전형적인 예이다. 하지만 모든 대표자를 선거에 의해 선출하는 것은 불가능하다. 국가사무를 담당하는 모든 공직자들을 선거로써 선출할 경우에 소요되는 시간과 노력 및 비용의 문제도 있지만, 선거에 의한 대표자의 선출은 전문성을 도외시한 대중성에 치우칠 가능성이 높다는 것도 중요한 이유가 된다.

그렇기 때문에 현행법상 대통령과 국회의원, 그리고 지방자치단체의 장과 의원 등 특수한 정치적 책임을 지고 있는 대표자를 제외하고는 선거가 아닌 임명의 방식으로 선출되는 것이 일반화되어 있다. 이를 기준으로 국민의 선거에 의해 선출된 직접적 대표와 임명에 의해 선출된 간접적 대표를 구분하기도 한다.

그러나 직접적 대표의 권위와 정당성이 간접적 대표보다 항상 강력한 것은 아니다. 예컨대 국무총리나 장관 또는 각급 행정부 공무원의 권위와 정당성보다는 이들을 임명하는 대통령의 권위와 정당성이 더 강력하다고 할 수 있으며, 국회사무처 직원들의 권위와 정당성보다는 국회의원들의 권위와 정당성이 더 강력하다. 하지만 권력분립의 체계 내에서 국회 및 대통령과 대등한 위치에 있는 헌법재판소나 대법원의 권위와 정당성은 국회나 대통령에 못지않은 것으로 인정될 수 있기 때문이다.[38)]

2. 임명에 의한 대표자 선출과 헌법에 의한 정당성 부여

그럼에도 불구하고 임명에 의해 선출된 대표자는 국민에 의해 직접 정당성이 부여되지 않았다는 점에서 민주적 정당성이 약하다고 지적되기도 한다. 실제로 헌법재판소나 대법원과 같이 국민에 의해 직접 선출되지 않은 기관에서 국민이 직접 선출함으로써 정당성을 부여한 의회나 대통령의 활동을 통제하는 것은 민주적 정당성에 반한다는 주장도 있다.

그러나 민주적 정당성은 선거에 의해서만 부여되는 것은 아니다. 또한 다수의 지지가 무제한적인 (민주적) 정당성을 담보하는 것도 아니다. 때로는 다수의 주장이 틀릴 수 있고, 심지어 민주주의에 반할 수도 있기 때문이다(다수의 지지를 받아서 나치가 집권했던 것을 생각해 보라!).

그 때문에 현대의 민주주의는 실질적 법치주의와의 결합 속에서 다수의 결정이 내용적으로 정당한 것인지에 대해서도 검증하기를 요구한다. 그리고 이러한 요청에 따라 헌법재판소 또는 법원에 의해 의회나 대통령의 활동을 통제하는 것이 헌법적으로 정당화되고 있는 것이다. 이런 맥락에서 헌법재판소나 대법원의 권위와 정당성은 국민의 선거를 통해 부여되는 대신에 헌법에 의해 직접 부여된다고 볼 수 있다.

---

38) 다만 사법작용의 성질상 고도의 전문성이 요구되고, 이를 담당할 헌법재판소 재판관이나 대법관들을 국민의 선거를 통해 선출하는 것은 부적절하기 때문에 임명의 방식이 이용되고 있는 것이다.

반면에 의회나 정부 또는 사법부에 소속된 여타 공무원들의 민주적 정당성은 이들을 임명하는 임명권자의 민주적 정당성 및 임명에 관한 법률규정의 권위에 의존하고 있다고 할 수 있다.

3. 임명제도의 문제점과 개선방향

임명제도가 선거와 더불어 국가권력의 담당자를 결정하고 그들에게 정당성을 부여하는 중요한 제도임에는 틀림없지만, 현재까지 드러난 문제점도 적지 않다.

먼저 대법원장 및 대법관의 임명과 관련하여 대통령이 임명권을 갖고 있는 것이 과연 적절한가에 대한 의문이 있으며, 헌법재판소 재판관의 임명에 있어서도 현행헌법이 정하고 있는 것처럼 국회와 대통령, 대법원장이 각기 3인씩 지명하는 방식에 대해서도 비판이 적지 않다.[39)]

또한 국무총리와 감사원장의 경우에는 헌법상 국회의 동의를 얻도록 규정되어 있지만, 국회법 제65조의2와 인사청문회법에 따른 방송통신위원회 위원장·국가정보원장·공정거래위원회 위원장·금융위원회 위원장·국가인권위원회 위원장·고위공직자범죄수사처장·국세청장·검찰총장·경찰청장·합동참모의장·한국은행 총재·특별감찰관 또는 한국방송공사 사장의 후보자에 대한 인사청문의 경우에는 청문의 결과가 대통령을 구속할 것인지가 명확하지 않음으로 인하여 임명권의 행사와 관련한 논란의 여지가 많은 상황이다.

이러한 문제점들의 개선과 관련하여 청문절차의 실질화, 대상의 확대 등이 논의되고 있지만, 다른 한편에서는 국민소환제의 도입 등이 주장되기도 한다.

제 4 절 국가(권력)조직의 합(헌)법적 활동

Ⅰ. 국가작용의 목적으로서의 기본권보장

1. 국가의 목적으로서의 국민과 기본권

민주주의를 전제할 때, 국민의 기본권을 보장하고 실현하는 것이 국가의 존립목적이라는 점은 자명하다. 국가는 결코 자기목적이 될 수 없으며, 오로지 인간(또는 국민)의 존엄을 중심으로 한 기본권적 가치만이 국가 또는 헌법의 존재근거가 될 수 있는 것이다.

그런 맥락에서 국민(의 기본권을 보장하고 실현하는 것)이 목적이며, 국가조직은 이를 달성하기 위한 수단이라는 점은 통합론적 헌법이론이 뿌리내린 이래로 널리 인정

39) 이에 관하여는 아래의 「제3권 제3부 제5장 제4절 Ⅰ. 1. 헌법재판의 민주적 정당성과 재판관의 선임」 참조.

되고 있다. 그 결과 오늘날 기본권이 헌법의 중심적 가치라는 것을 부정하는 견해는 찾기 어렵다.

2. 국가활동의 지침과 기준으로서의 기본권 및 그 구체화

기본권이 헌법의 중심적 가치라는 것은, 모든 헌법적 작용이 기본권의 올바른 구체화를 지향한다는 것, 따라서 모든 국가기관의 구성과 활동이 기본권적 가치의 구체화를 목적으로 한다는 것을 의미한다.

즉, 기본권을 보장하고 실현하는 데 도움이 되지 않는 국가기관은 그 존재이유 자체가 부정될 수 있으며, 개별적인 국가작용 하나하나가 정당한 것인지의 여부는 기본권의 보장과 실현에 기여하고 있는지의 여부에 달렸다고 할 수 있는 것이다.[40]

3. 국가활동에 의한 기본권제한의 필요성과 구체화(법률유보)

비록 기본권이 목적이고, 국가작용은 이를 보장하고 실현하기 위한 수단이라고 하지만, 때로는 국가권력에 의한 기본권의 제한도 필요하다. 무엇보다도 수많은 사람들의 다양한 기본권을 동시에 최대한 보장하기 위해서는 개별적인 기본권에 대해서 적절한 제한을 가함으로써 기본권들 사이의 갈등과 충돌을 최소화시키는 것이 필요하기 때문이다.

그러나 기본권의 제한이 광범위하게 허용될 경우에는 국가권력이 이를 남용할 위험성도 적지 않다. 그 때문에 기본권의 제한에 대해서는 엄격한 요건과 기준이 요구되고 있으며, 이와 관련하여 현행헌법 제37조 제2항에서는 제한의 근거로서 국가안전보장, 질서유지, 공공복리를, 제한의 형식과 관련하여 법률의 근거를, 제한의 기준으로서 비례성원칙을, 그리고 제한의 한계로서 본질적 내용의 침해금지를 규정하고 있다.[41]

Ⅱ. 집행작용의 합법률성

1. 집행작용의 특성과 합법률성의 요청

집행작용은 입법작용과 사법작용에 대한 대립개념이다. 즉 법치주의의 원리에 기초하여 국가작용을 법정립작용, 법집행작용, 법판단작용으로 나누는 것을 전제로 법집행작용이 비로소 성립될 수 있는 것이다.

실제 국가작용 가운데서 집행작용이 차지하는 양적 비중은 입법작용이나 사법작용보다 크다. 국민의 기본권을 보장하기 위하여, 또는 기본권의 충돌을 정서하기 위하여

---

40) 물론 이렇게 이해될 때의 기본권은 전통적인 헌법이론에서 인정하였던 것과 같은 제한된 의미가 아니라, 인간의 존엄을 구체화하는 포괄적 의미의 기본권(명문화된 기본권과 열거되지 않은 기본권을 모두 포괄하는 기본권)이며, 기본권의 보장과 실현도 직접적인 기본권의 (침해 및 침해의 위협으로부터의) 보호뿐만 아니라 넓은 의미에서 기본권의 실현조건을 개선하는 것까지 포함하는 것으로 이해되어야 할 것이다.

41) 이에 관하여 상세한 것은 「제2권 제1부 제5장 제4절 **법률에 의한 기본권제한(법률유보)**」 참조.

행사되는 대부분의 국가활동은 집행작용에 속하기 때문이다. 하지만 그만큼 집행작용의 오·남용에 의하여 기본권이 침해될 위험성도 크다.

그렇기 때문에 집행작용에 대해서는 합법률성의 요청이 매우 중요한 의미를 갖는다. 집행작용의 담당자가 자의적 판단에 의해 권력을 행사하지 않고, 입법자가 정한 기준에 따라 권력을 행사하도록 함으로써 권력행사의 객관성과 공정성을 확보하고자 하는 것이다.

2. 합법적 활동의 명령

합법률성의 요청은 일차적으로 집행작용의 담당자에게 법률이 명령하고 있는 행동을 하도록 요구한다. 즉 법률이 정하고 있는 기준과 방식에 따라 집행작용이 수행되도록 요구하는 것이다.[42)]

그렇다고 해서 집행작용에 재량의 여지가 전혀 부여되지 않는다는 것은 아니다. 예컨대 입법자는 법률로써 구체적인 사항을 세세하게 정하는 대신에 집행작용의 담당자에게 구체적인 결정을 위임하는 경우가 드물지 않다. 그 결과 법률의 위임 하에 행정입법이 제정되기도 하며, 또한 개별적인 행정처분에 있어서 재량의 여지가 부여되기도 한다.[43)]

그러나 이러한 재량의 여지가 어떤 경우에 인정될 수 있는지는 법률이 정하는 바에 따라 반사적으로 확정되는 것이 일반적이다.[44)] 법률우위의 원칙 및 법률유보에 있어서의 의회유보이론에 따라 행정작용의 재량여지는 법률에 의해 설정되고 또 제한될 수 있기 때문이다.[45)]

3. 위법한 활동의 금지

합법률성의 요청은 또한 집행작용의 담당자가 법률에 위반되는 활동을 하지 못하도록 금지하고 있다. 즉, 집행작용에 대하여 헌법과 법률이 정한 테두리를 벗어나지 못하도록 일정한 한계를 설정하고 있는 것이다.

이처럼 위법한 활동을 금지하는 것은 합법적 활동의 명령과 표리의 관계에 있는 것으로 보이지만, 항상 그런 것은 아니다. 일정한 영역, 즉 재량적 활동의 영역에서는 집행작용에 대한 구체적 명령은 없지만, 그 경우에도 재량의 한계로서 위법한 활동의 금지라는 요청은 여전히 적용되기 때문이다.

---

42) 법치행정은 법의 우위 및 법률유보와 표리의 관계에 있다는 점 때문에 법치행정의 원리 속에 법의 우위와 법률유보의 원칙이 포함되는 것으로 설명되기도 한다.

43) 특히 행정국가화 경향이 심화됨에 따라 이러한 현상은 더욱 문제되고 있다. 행정국가화에 관하여는 「제1권 제2부 제3장 제5절 Ⅲ. **법치주의와 행정: 행정의 합법률성**」 참조.

44) 다만 처분적 법률과 개별사항법률의 차이에서 나타나듯이, 일정한 경우에는 평등원리 또는 권력분립원리에 의하여 입법에 일정한 한계가 그어지기도 한다. 이에 관하여 상세한 것은 아래의 「제3권 제2부 제2장 제3절 Ⅱ. **입법작용(입법권)의 한계**」 참조.

45) 이런 의미에서 집행작용의 합법률성은 법률유보의 원칙과 표리의 관계에 있다고도 볼 수 있다.

Ⅲ. 입법의 합헌성

1. 입법의 특성과 합헌성의 문제

종래 입법에 대해서는 -국민에 의해 직접 부여된 민주적 정당성을 근거로- 무제한적 권력이 인정되어야 한다고 믿었던 학자들도 있었다. 가장 강력한 민주적 정당성을 가지고 있는 의회에서 제정된 법률에 대해서 어느 누구도 그 정당성을 부정할 수 없으며, 오로지 의회 스스로가 법률을 개정하고 폐지할 수 있을 뿐이라고 생각하였던 것이다.

그러나 현실적으로 의회가 잘못된 내용의 법률을 제정하는 예가 많아지면서, 이에 대한 인식도 크게 변화하게 되었다. 과거 의회가 시민세력의 대표로서 군주세력 및 귀족세력과 대립하던 상황에서는 의회의 민주적 정당성을 강력하게 지지하는 것이 무엇보다 중요하였지만, 군주세력과 귀족세력이 붕괴되고, 전체 국가가 민주화된 이후에는 의회만이 민주적 정당성을 갖는다고 주장하기 어렵게 되었기 때문이다.

물론 현재까지도 의회는 국민에 의해 직접 부여된 강력한 민주적 정당성을 가지고 있으며, 이에 기초하여 광범위한 입법권을 행사한다. 하지만 입법권이 무제한적으로 허용될 수는 없으며, 적어도 -국민의사의 직접적 표현이며 최고의 실정법규범인- 헌법에 위배되어서는 안 된다고 인정하는 것이 점차 보편화되었다.

2. 입법자의 자유로운 형성과 입법자에 대한 합헌성 확보의 특수성

입법에 대해 헌법에 의한 구속을 인정한다 할지라도, 입법자의 활동에 대해서는 다른 국가작용보다는 폭넓은 형성의 자유가 인정된다. 그것은 헌법의 특성 및 입법의 특수한 지위에 기초한다.

헌법은 국가질서의 대강을 규정할 뿐, 구체적이고 개별적인 사항까지 세세하게 규정하지는 않는다. 이러한 헌법을 일차적으로 구체화하여 세부적인 사항을 규율하는 것은 입법자의 몫이며, 이와 관련하여 입법자는 -헌법이 정하는 원칙과 기준을 벗어나지 않는 한- 자신의 정책적 판단에 기초하여 다양한 방향으로 형성해나갈 수 있는 여지가 있는 것이다.

그렇기 때문에 법률에 대하여 위헌성을 인정하는 것은 매우 조심스럽다. 예컨대 헌법해석의 원칙으로 인정되고 있는 합헌적 법률해석 및 그에 기초한 한정합헌 또는 한정위헌의 결정도 입법자의 입법형성권을 최대한 존중하면서 법률의 합헌성을 추정하는 것이다.

Ⅳ. 헌법재판과 실질적 법치주의

1. 헌법재판의 의의와 기능

헌법재판이란 헌법적 분쟁에 대한 사법적 판단, 즉 국가작용의 합헌성 문제를 둘러싼 법적 분쟁에 대한 사법적 판단이라고 할 수 있다.

이러한 헌법재판은 비교적 새로운 형태의 사법작용이라고 할 수 있다. 헌법재판은 종래의 민사재판과 형사재판 또는 행정재판 등으로 분류되던 일반적인 사법작용과는 달리 헌법을 판단의 기준으로 직접 적용함으로써 헌법기관들의 활동에 대해 직접 사법적 통제를 가하는 것이며, 그 파급효 또한 기존의 사법작용과 비교하기 힘든 것이다.

이러한 헌법재판의 기능에 관하여는 다양한 견해가 제시되고 있으나,[46] 무엇보다 헌법 자체의 규범력을 강화시키며, 이를 통해 실질적 법치주의를 구체화시킨다는 점이 가장 중요한 기능이라고 할 수 있을 것이다.

2. 실질적 법치주의와 국가작용의 합헌성

오늘날의 법치주의는 형식적 법치주의를 넘어서서 실질적 법치주의를 요청하고 있다. 즉 국가작용이 형식적으로 법에 근거하도록 요구하고 있을 뿐만 아니라, 법의 내용이 정당하여야 한다는 점도 아울러 요청하고 있는 것이다.

하지만 법의 내용적 정당성을 확인하는 것은 현실적으로 쉽지 않은 일이다. 무엇이 내용적으로 정당한 것인가에 대한 판단에 있어서 주관성이 개입될 경우에는 더욱 복잡한 문제들이 야기되기 때문이다.[47] 따라서 실질적 법치주의의 실현을 위해서는 무엇보다 법의 내용적 정당성을 확인하는 객관적 기준이 필요하다.

오늘날 이와 같은 객관적 기준의 역할을 하는 것이 헌법규범이다. 국민의사의 직접적 표현이며, 국가질서의 기본이념과 원리를 수용하고 있는 헌법규범의 내용은 일단 정당하다고 전제하는 가운데, 법률 또는 명령·규칙 등 법규범의 내용이 헌법에 부합되는지의 여부를 심사함으로써 그 내용적 정당성을 판단하는 것이다.

3. 헌법재판의 한계

오늘날 헌법재판의 의미와 비중은 더욱 커지고 있다. 그러나 헌법재판이 만능인 것은 아니다. 헌법재판은 어디까지나 사법작용이며, 따라서 사법작용으로서의 한계를 안고 있다. 즉, 입법처럼 국가질서의 적극적 형성작용을 담당하지도 못하며, 집행과 같이 구체적인 국가사무의 적극적 처리에 나설 수도 없다. 오로지 소극적인 사법판단을 통해 국가작용의 합헌성 여부에 대한 판단만을 내리는 것이다.

하지만 이러한 헌법재판은 입법작용 또는 집행작용에 대한 통제를 통해 전체로서의 국가작용이 합헌적인 질서를 벗어나지 않도록 하는데 중요한 역할을 담당한다. 그런 의미에서 헌법재판은 현대적 국가조직체계(=권력분립체계) 내지 법치국가질서에 있어서 균형추의 역할을 하고 있다고 평가될 수 있을 것이다.

---

46) 이에 관하여는 아래의 「제3권 제3부 제5장 제3절 Ⅰ. **헌법재판의 의의와 기능**」 참조.

47) 오늘날 자연법사상이 널리 수용되지 못하고 있는 것도 이러한 맥락에서 이해될 수 있다. 자연법이 주장하는 정의로운 법의 내용이 무엇인지에 대해서 객관적 기준을 제시하기 곤란하기 때문에, 결국 자연법의 내용이 개인의 주관적 입장에 따라 다양하게 주장되고 있는 것이다.

제5절 국가(권력)조직의 활동의 효율성

Ⅰ. 효율성원칙의 의의와 국가작용의 효율성에 대한 평가의 변화

1. 효율성원칙의 의의

법학의 영역에서 효율성은 다양한 의미로 사용된다. 효율성의 사전적 의미는 투입된 양 내지 노력에 비교하여 산출된 양 또는 결과의 정도를 나타내는 것이지만, 법학에 있어서의 효율성은 사실상의 실효성(tatsächliche Wirksamkeit) 내지 관철가능성(Durchsetzbarkeit)이라는 의미로 사용되기도 하며, 규범의 효력(Geltung)이라는 의미로 사용되는 경우도 있다.

그러나 국가작용의 효율성은 일반적으로 「국가목적의 달성을 위하여 효과적인 수단을 선택함으로써 적절하게 목적을 달성하는 것」으로 이해된다. 즉 기회비용이 적게 들어가는 적절한 수단을 동원하여 국가목적을 효과적으로 달성하는 것이 효율성이라고 할 수 있다.

이러한 국가작용의 효율성은 국가작용의 편의성과 혼동되는 경우가 적지 않다. 그러나 양자는 구별되어야 한다. 효율성은 국가작용의 목적인 법규범(예컨대 국민의 기본권보장)을 적절하게 실현시키는 것이다. 반면에 편의성은 국가작용의 능률성을 위해 행정권의 발동 여부 또는 구체적 수단의 선택에 대한 판단을 행정청이 하도록 하는 것으로서 국가작용의 효율성을 위해 필요한 측면이 있기는 하지만, 때로는 조직이기주의에 의해 국가작용의 근본목적으로부터 멀어질 수 있기 때문에 일정한 제한이 불가피한 것이다.[48]

2. 국가작용의 효율성에 대한 평가의 변화

종래에는 효율성 내지 합목적성(Zweckmäßigkeit)을 합법성(Rechtsmäßigkeit)과 대립적인 것으로 파악하는 경향이 지배적이었다. 그것은 무엇보다 군주국가의 현실 속에서 (군주적 이해관계에서 행해지는) 국가작용의 효율성은 -군주의 권한행사를 제한함으로써 국민의 기본권을 보장하고자 하였던- 법치국가적 절차의 요청과 충돌하는 경우가 많았기 때문이다.

그러나 민주주의가 관철된 오늘날에 있어서는 국가작용의 효율성이 갖는 의미가 달라졌다. 국가작용의 근본적인 목적 자체가 국민의 기본권보장에 있으므로 국가작용의

---

48) 예컨대 국세청에서 조세부과처분을 함에 있어서는 국가의 재정적 수요와 국민의 재산권을 동시에 고려하면서 재정수요의 충당과 재산권보장 사이의 적절한 균형이 요청되며, 효율성원칙은 이를 비례성원칙에 따라 적정하게 고려한 조세부과를 요구하게 된다. 하지만 현실적인 조세부과에 있어서는 세원파악의 용이성, 조세징수의 편의 등에 따라 특정한 경제활동에 대한 조세의 부과와 징수에 치중하는 경우가 생길 수 있다. 이러한 경우는 편의성에는 부합할지 모르지만, 국가목적 달성의 효율성에 부합하는 것은 아니라고 할 수 있다.

효율성이 민주주의 또는 법치주의의 요청과 충돌할 수 없기 때문이다. 오히려 오늘날 국가작용의 효율성을 확보하는 것은 동시에 민주주의와 법치주의를 보다 잘 실현시키는 것으로 평가될 수 있다.

다만 그 전제는 국가작용의 효율성이 궁극적으로 기본권의 보장과 실현의 효율성을 지향하고 있다는 점이다.

Ⅱ. 국가작용의 효율성: 기본권보장의 효율성

1. 국가작용의 효율성의 기본구조

이런 맥락에서 국가작용의 효율성은 어디까지나 기본권의 보장을 목적으로 하며, 이를 위해 구성된 헌법원리들(민주주의, 법치주의, 사회국가원리 등)을 올바르게 구체화하는 것을 전제하고 있다는 점이 강조될 수 있다. 국가활동을 자기목적적으로 이해하여 일방적인 관점에서 효율성을 주장하는 것은 오히려 헌법상의 효율성원칙에 반하는 것이 될 수 있는 것이다.[49]

그러므로 헌법상의 효율성원칙은 몰가치적인 수단의 효율성만을 의미하는 것은 아니다. 오히려 효율성원칙은 헌법적 중심가치를 전제하고 이에 부합되는 수단만을 정당화시키는 것으로 이해되어야 할 것이다. 즉 헌법적 목적을 위한 그리고 헌법적 기준에 따른 효율성만이 문제되는 것이지, 효율성의 원칙이 어떤 경우에서나 무제한적으로 주장되고 적용될 수 있는 것은 아니다.[50]

2. 기본권보장의 효율성

국가작용의 효율성이 궁극적으로 지향하는 것은 기본권의 실현이라는 국가작용의 기본목적을 달성하는 과정에 있어서의 효율성으로 이해되어야 한다. 모든 국가활동은 -그것이 민주적인 것으로 남고자 하는 한- 국민에게, 즉 국민의 기본권을 실현시키는 데 기여하는 것이어야 하며, 국가작용은 이러한 기본권을 보장하고 실현하는 데 효율적이어야 한다는 것이다.[51]

이런 의미에서 헌법질서의 전체적 체계, 즉 인간의 존엄을 출발점으로 하여 기본권의 보장을 통해 구체화된 헌법적 가치와 이를 구체화시키는 국가작용들은 전체적으로 하나의 거대한 흐름 속에서 정리될 수 있으며, 공익을 실현시키는 국가작용들의 효율성

---

49) 예컨대 경찰이 범인 검거의 효율성만을 강조하여 범죄수사의 과정에서 발생되는 인권침해를 대수롭지 않게 여길 경우에는, 경찰작용의 궁극적인 목적인 기본권보장에 역행하는 결과가 발생되며, 그것은 오히려 국가작용의 효율성을 약화시키는 것이라고 평가될 수 있다.

50) 예컨대 해벌레(*P. Häberle*)가 효율성원칙은 그 자체로서 주장될 수 있는 것이 아니라 헌법적 원칙과 규범들과 결합하여 주장될 수 있다고 말하는 것도 같은 맥락에서 이해될 수 있을 것이다.

51) 기본권보장의 효율성이 아니라 공공복리(또는 공익)를 위한 효율성을 이야기한다 하더라도 그 실질은 크게 다르지 않다. 현대 민주국가에서의 공공복리란 결국 다수 국민의 기본권을 보장하고 실현하는 것을 의미하기 때문이다.

은 (공익 자체가 결국 여러 사람들의 기본권을 동시에 최대한 보장하는 것이라는 의미에서) 곧 기본권보장의 효율성으로 이해될 수 있는 것이다.

Ⅲ. 효율성원칙의 현실적 의의

1. 효율성원칙의 법적 성격

효율성원칙은 일반적으로 (즉 법률에 의해 특별한 형태로 구체화되어 있는 경우가 아니면) 개인의 권리로 인정되지는 않는다. 따라서 비효율적인 국가활동으로 인하여 손해를 입은 국민은 −명백한 위법사항이 없는− 단순한 효율성원칙의 위배에 대하여 법적 구제를 받을 수 없다.

그러나 기본권의 행사 및 실현 등과 관련되는 구체적 문제에 있어서는 국가활동의 일정한 −효율적인− 행사방식을 요청할 수 있으며, 이를 어김으로써 기본권을 침해받은 경우에는 그에 대한 구제가 인정되어야 할 것이다. 예컨대 국가기관이 부적절한 수단을 투입함으로써 기본권의 정상적인 실현에 문제가 생긴 경우에는 그 귀책사유 여부를 따져서 책임을 묻는 것이 필요할 것이다.[52]

2. 효율성원칙과 입법자

결국 효율성원칙을 헌법적인 요청으로 인정한다 하더라도 구체적으로 어떤 경우에 어떤 방식으로 효율성을 확보할 것인지에 대한 기준이 명확하지 않은 경우가 적지 않으며, 이런 경우에는 법률에 의해 즉 입법자에 의해 구체적인 기준이 정립될 수밖에 없다.[53]

입법자가 기준을 정함에 있어서는 여러 가지 다양한 관점들을 고려하고 조정하는 가운데 어떤 것이 효율적인 국가활동방식인지를 결정하는 것이 필요하다. 특히 국가작용의 효율성에 대한 고려에 있어서는 국가사무처리의 편의성만이 아니라, 국가작용을 통해 발생될 수 있는 기본권침해의 위험성을 최소화하는 것까지 포함되어야 한다.

이런 맥락에서 국가작용의 활동방식을 규율하는 각종의 절차법에서는 효율성의 원칙이 무엇보다도 강조될 필요가 있다고 할 수 있다.

3. 효율성원칙과 사법부

효율성의 원칙은 최종적으로 사법부에 의해 관철되고, 담보된다. 입법자에 의하여 −효율성의 원칙을 고려하는 가운데− 국가작용의 절차와 방식 등이 정해지면, 집행작용은 이러한 기준에 부합되는 방식으로 구체화되어야 한다.

만일 집행작용이 이러한 법적 절차와 방식을 벗어날 경우에는 사법적 판단을 통하

52) 예를 들어 소방관이 화재를 진압하는 과정에서 옆 건물에 강력한 물줄기를 쏘아 보냄으로써 손해를 발생시킨 경우에는 고의 또는 과실을 따져서 국가배상책임 등을 묻는 것이 가능할 것이다.
53) 물론 입법자에 의한 규율이 헌법적 요청을 벗어날 경우에는 위헌의 문제가 발생될 것이다.

여 이를 확인하고 바로잡아야 한다. 나아가 입법작용이 헌법적 요청을 벗어난 경우에는 헌법재판을 통해 이를 확인하고 바로잡는 것도 필요하게 된다.

제 6 절 국가(권력)조직에 대한 민주적 · 법치국가적 통제

국가권력에 대한 통제는 크게 민주적 통제와 법치국가적 통제로 구분될 수 있다. 민주적 통제가 국민의 의사를 벗어나는 국가활동에 대한 통제라면, 법치국가적 통제는 위법한 국가작용에 대한 통제를 의미한다.

이렇게 볼 때, 법치국가적 통제는 국가권력이 반드시 지켜야 할 규범적 요청을 확보함으로써 국가작용의 합헌성과 합법성을 유지하기 위한 최소한의 통제라고 할 수 있으며, 민주적 통제는 이를 넘어서 국가작용이 국민의 의사에 좀 더 부합되도록 하기 위하여 인정되는 정치적 통제라고 할 수 있다.

Ⅰ. 국가권력에 대한 민주적 통제

1. 국가기관 상호간의 통제

제도화되어 있는 민주적 통제의 대표적인 예는 국가기관 상호간의 통제라고 할 수 있을 것이다. 물론 헌법과 법률에 의해 제도화되어 있는 여러 통제장치들 가운데서는 법치국가적 통제에 해당되는 것들도 많다. 하지만 위헌성 또는 위법성을 요건으로 하여 그에 대한 사법적 판단을 통해 법치국가적으로 통제하는 것 이외에도 국가기관 상호간에 인정되고 있는 통제수단들은 다양하다.

예컨대 탄핵소추의 경우에는 헌법 제65조 제1항에서 "헌법이나 법률을 위배한 때"라고 명시하고, 이에 대하여 사법기관인 헌법재판소가 판단하도록 하고 있으므로 법치국가적 통제라는 것이 분명하지만, 헌법 제63조에 의한 해임건의권, 기타 국회의 각종 동의권 · 승인권 등은 법적 요건과 무관한 정치적 판단에 의해 행사될 수 있는 통제권한들이다. 또한 대통령의 법률안거부권(헌법 제53조 제2항)도 이런 의미에서 정치적 판단에 의한 통제를 가능케 하는 민주적 통제수단의 한 예가 될 수 있다.

2. 정당과 선거를 통한 통제

민주적 통제에 중요한 역할을 담당하는 것이 정당에 의한 통제이다. 특히 야당의 정부 · 여당에 대한 통제는 국회의 정부에 대한 통제가 약화되는 것을 보완하는 기능을 하기 때문에 특별한 중요성을 갖는다.

오늘날의 정당국가화현상 때문에 정부와 여당이 동일한 이념적 · 정책적 기반을 가지게 될 뿐만 아니라, 이를 실현하기 위하여 공조하는 경우가 일반화되고 있는 상황에서 여당의 정부에 대한 통제는 -특별한 경우를 제외하면- 기대하기 어렵다. 또한 여당이 다수당인 경우에는 국회의 정부에 대한 통제까지도 약화될 수밖에 없다. 이런 상황에서 야당의 정부 · 여당에 대한 비판 및 통제는 정당국가화에 의해 약화된 권력분립을 회복시키는 의미를 갖는다.

또한 국민의 선거를 통한 심판도 국가권력에 대한 강력한 민주적 통제의 역할을 함은 주지의 사실이다.

3. 각종 시민단체, 사회단체 등을 통한 여론형성에 의한 통제

국가작용에 대한 민주적 통제는 국가기관의 상호통제나 정당을 통한 통제 이외에도 국민에 의한 다양한 통제를 포함한다. 그러나 국민 개개인의 의견이 국가권력을 통제하는 실질적 힘을 갖기는 어렵다. 그렇기 때문에 다수의 국민의사를 결집함으로써 국가권력을 통제할 수 있는 힘을 갖추려고 노력하는 것이 현실적으로 필요하다.

각종 시민단체와 사회단체는 이런 노력을 통해 형성된 것이다. 경제문제, 사회문제, 환경문제 또는 노동문제 등에 관하여 유사한 생각을 갖고 있는 사람들이 모여서 단체를 결성하고, 이러한 단체의 이름으로 결집된 의견을 표명함으로써 여론을 형성하고, 나아가 국가권력의 담당자들도 무시할 수 없는 강력한 국민의 목소리를 전달하는 것이다.

Ⅱ. 위(헌)법한 국가작용에 대한 법치국가적 통제

1. 기관내부의 통제

민주적 통제는 범위의 제한 없이 광범위하게 행사될 수 있다는 장점이 있는 반면에, 통제의 효력이 불확실하다는 단점이 있다. 특히 여론에 의한 통제처럼 제도화되지 않은 통제수단의 경우에는 국가권력에 대한 구속력이 매우 약할 수밖에 없다.

하지만 국가활동의 위헌성 또는 위법성이 문제될 경우에는 민주적 통제에 그치지 않고, 법치국가적 통제수단이 동원될 수 있다. 그 가운데서 기관내부의 통제는 가장 쉽게 이용될 수 있는 방법이다.

예컨대 행정청의 위법 · 부당한 처분 등에 의하여 권익을 침해당한 자가 행정기관에 대하여 그 시정을 구하는 행정심판은 통제의 신속성과 구제의 경제성을 확보할 수 있다. 하지만 스스로 내린 처분에 대하여 과오를 인정하고 시정하는 데에는 한계가 있을 수밖에 없기 때문에 구제의 실효성이 약화되는 측면이 있다.

2. 법원에 의한 사법적 통제

국가권력의 위법한 행사에 의하여 자신의 권리를 침해당한 경우에는 법원의 재판에 의하여 권리를 구제받을 수 있다. 즉 국가권력의 위법한 행사에 대해서는 사법적 통제가 가해지고 있는 것이다.

가장 대표적인 예로는 행정소송을 들 수 있다. 위법한 행정행위로 인하여 권리를 침해받은 국민은 법원에 행정소송을 제기할 수 있으며, 법원의 구속력 있는 판결에 따라 행정행위의 취소 및 무효확인 등이 가능한 것이다.

그 밖에 공무원의 직무상 불법행위와 관련한 국가배상소송이 제기된 경우에도 법원이 심판권을 갖고 있으며, 명령 · 규칙에 대한 위헌 · 위법의 심판권도 법원에 의한 사법적 통제에 속한다.

3. 헌법재판소에 의한 통제

헌법재판소는 헌법의 최종적인 유권해석기관으로서 국가작용의 합헌성을 사법적으로 확인하는 역할을 담당하고 있으며, 이를 통해 국가작용에 대한 광범위한 통제권을 행사한다.

가장 대표적인 헌법재판인 위헌법률심판은 입법작용의 위헌성을 통제하는 기능을 하며, 권한쟁의심판은 국가기관 또는 지방자치단체의 권한오남용을 통제한다. 또한 탄핵심판도 고위공직자의 위헌 또는 위법적인 권력남용을 통제하며, 헌법소원심판은 국가공권력의 행사 또는 불행사로 인한 기본권의 침해를 통제하는 것이다.

이와 관련하여 헌법재판의 성격이 사법작용인지, 헌법재판소에 의한 통제를 사법적 통제로 볼 수 있을 것인지에 대하여 견해의 대립이 있다.[54] 그러나 헌법재판소의 활동은 법적 기준에 따른 사법적 활동이라고 이해되어야 할 것이다.

Ⅲ. 최후의 수단으로서의 저항권

위헌 · 위법한 국가작용에 대하여 정상적인 방법으로 통제하는 것이 더 이상 가능하지 않을 때, 즉 민주적 통제가 제대로 작동하지 않고, 법치국가적 통제수단마저 신뢰할 수 없게 된 경우에는 최후의 수단으로 저항권이 행사될 수 있다.[55]

그러나 저항권은 기존질서의 전면적 부정 내지 파괴를 전제하는 극단적인 대응수단이기 때문에 위헌 · 위법한 국가작용이 있다고 해서 당장 발동될 수 있는 것이 아니라, 다른 통제수단이 전부 제 기능을 상실한 경우에 최후의 수단으로 행사되었을 경우에만 그 행사가 정당화된다. 또한 저항권의 성공가능성 등과 관련한 문제도 간단하지 않다.[56]

---

54) 이에 관하여 상세한 것은 「제3권 제2부 제4장 제4절 Ⅰ. **현행헌법상 사법작용의 범위**」 참조.

55) 저항권에 관하여 상세한 것은 「제1권 제3부 제6장 제5절 **저항권**」 참조.

56) 저항권의 인정 여부에 관하여 국내 헌법학계의 견해는 대립되고 있으며, 대법원은 저항권을 부인하는 태도를 유지하고 있다(대법원 1975.4.8. 선고 74도3323 판결; 대법원 1980.5.20. 선고 80도306 판결; 대법원 1980.8.26. 선고 80도1278 판결; 대법원 1992.8.14. 선고 92도1246 판결; 대법원 1997.4.17. 선고 96도3376 판결).

제 2 장 권력분립이론의 역사적 발달

오늘날 헌법의 이해, 특히 국가조직의 이해에 있어서 권력분립이론이 차지하는 의미와 비중은 매우 크다. 권력분립은 국가조직 전체를 꿰뚫고 있는 기본적인 구성원리일 뿐만 아니라 활동의 지침이기도 하다.

그럼에도 불구하고 헌법상의 권력분립에 대한 이해의 혼란도 적지 않다. 그것은 무엇보다도 권력분립이라는 이름 아래에서 주장되었던 것들이 적지 않은 변화를 겪었고, 그로 인하여 역사적인 권력분립론과 현대의 권력분립론이 -외견상 비슷한 경우에도- 서로 다른 기초 위에서 서로 다른 목표를 추구하고 있기 때문이다.

물론 현대적 권력분립을 올바르게 이해하기 위해서는 권력분립이론의 역사적 형성과 발달에 대한 정확한 이해가 필요하다. 현대적 권력분립이 적지 않은 부분에서 고전적인 권력분립론으로부터 벗어나 있다 할지라도, 그 현대적 권력분립의 모태는 고전적 권력분립이며, 고전적 권력분립의 형성과 변화의 흐름을 통해 현대적 권력분립에 대한 정확한 이해가 가능할 것이다.

제 1 절 상이한 출발점

권력분립이론의 역사적 뿌리를 어디에서 찾을 수 있는지에 대해서는 적지 않은 논란이 있었다. 그러나 권력분립에 관한 다양한 이론들의 흐름은 크게 두 가지의 상이한 고려에서 그 출발점을 찾을 수 있다.

권력분립의 역사적 뿌리로 가장 많이 거론되는 것은 혼합국가형태론의 형식으로 제안되었던 이상국가론이었다. 이미 고대 그리스 시대부터 주장되었던 혼합국가형태론은 이상적인 국가를 구성하는 방식의 하나로서 고안되었던 것이며, 이를 위해서는 국가권력의 분립이 필요하다고 생각하였던 것이다.[1)]

그러나 헌법적 원리로서의 권력분립에 직접적인 영향을 미쳤던 것은 현실적인 세력관계에 따라 국가권력을 분할하려고 하였던 시도였다. 근대 이래의 현실적인 세력관계에서 군주세력-귀족세력-시민세력의 힘이 어느 한쪽으로 기울 경우에는 권력을 남용하려는 경향이 나타나곤 하였다. 이러한 역사적 경험에 기초하여 각 세력이 일정한 국가

1) 혼합국가형태론에 관하여는 아래의 「제2절 Ⅱ. **혼합국가형태론과 권력분립론**」 참조.

기관을 담당함으로써 권력을 분할하려는 시도가 근대적 권력분립이론으로 연결되었던 것이다.

엄밀하게 이야기하자면, 혼합국가형태론으로 시작되었던 이상국가론의 주장내용과 근대에 시작되었던 세력균형을 위한 권력분할의 이론은 상당한 차이점을 가지고 있다. 이들은 기본적인 지향점이 달랐을 뿐만 아니라, 구체적인 주장의 내용 및 그 구체성에 있어서도 확연한 차이를 확인할 수 있는 것이다.

그러나 근대적인 권력분립론의 주장자들이 당시의 정치적 상황에서 자신들의 주장에 권위를 더하기 위하여 고대의 혼합국가형태론을 많이 원용함으로써 근대 이후의 권력분립론을 이야기할 때에는 위의 두 가지의 상이한 흐름이 하나로 혼합되는 현상이 나타나게 되었다. 그 결과 오늘날의 권력분립론 안에서는 이상국가론에서 출발하는 권력분립론과 현실적 고려에서 출발하는 권력분립론이 하나로 결합하여 나타나게 된다.

제 2 절 고대의 권력분립론

Ⅰ. 아리스토텔레스(Aristoteles)의 권력분립론

아리스토텔레스는 고대 그리스 시대의 국가작용에 대하여 많은 연구업적을 남겼다. 특히 그는 국가의 기능영역을 세 가지로 구별함으로써 권력분립의 기초를 마련했다는 평가를 받기도 한다.[2)]

그가 구별한 세 가지의 국가기능은 첫째, 법률의 의결, 대외관계(동맹, 전쟁, 평화), 집정부의 선출과 책임을 포함하는 평의권과 결정권의 영역, 둘째, 집정부에 부여되는 평의권 및 지시권의 영역, 셋째, 사법권의 영역으로 나누어진다. 그는 이러한 구별을 통해 국가가 담당하는 여러 과제들의 기능분할에 의해 확보될 수 있는 합목적성을 강조하였던 것이다.

아리스토텔레스에 의한 국가기능의 구별은 오늘날의 입법, 집행, 사법과도 유사하며, 혼합국가형태론의 기본구조와도 유사한 측면이 있다.

Ⅱ. 혼합국가형태론과 권력분립론

플라톤(*Platon*)과 아리스토텔레스(*Aristoteles*)에서 시작되어 폴리비우스(*Polybius*)에

2) 아리스토텔레스, 정치학, 제4편 제14장(1298a-1298b) 참조. 물론 아리스토텔레스에 의한 국가기능의 구별은 근대적인 의미의 권력분립과 상당한 거리가 있다. 나아가 그에 의해 정의된 국가기능은 매우 막연하며, 권력분립으로 연결되기 위한 필수적 전제라고 할 수 있는 입법개념의 헌법적 기초를 결여하고 있다는 점이 지적되기도 한다.

의하여 체계화된 혼합국가형태론은 이상적인 국가에 대한 모색을 통해 고안된 것이다. 즉, 국가형태를 군주국, 귀족국, 민주국으로 나누어 각기 정치형태의 장단점을 비교할 때, 그 어느 형태도 완전하지는 않다고 평가되었기 때문에,[3] 이러한 세 가지 국가형태를 혼합함으로써 이상적인 국가를 만들 수 있다고 생각했던 것이다.

이러한 혼합국가형태론은 흔히 권력분립론의 근원으로 일컬어졌으며, 실제로 근대적 권력분립론을 가장 먼저 발달시켰던 17세기의 영국에서는 권력의 균형 및 권력간의 억제, 나아가 권력의 분립까지도 혼합국가형태론과 연관시켜 생각하곤 하였다.

그러나 혼합국가형태론의 본질적 주장은 -이해관계의 균형을 확보하기 위하여- 특히 입법부의 구성과 활동이 군주, 귀족, 국민의 공동작용에 의해 이루어져야 한다는 것이다. 즉 혼합국가형태론 내지 혼합헌법의 주장은 권력을 독립된 기관 간에 분립시키는 국가기관의 구성을 본질적 내용으로 하고 있지는 않았다.[4]

따라서 세력 간의 균형과 이에 기초한 구체적인 국가기관의 분립을 내용으로 하는 근대적인 권력분립은 17세기 영국의 정치적 발전과의 관련 속에서 형성된 것으로 이해하는 것이 타당할 것이다. 다만 앞의 제1절에서 언급되었던 바와 같이 오늘날에는 혼합국가형태론과 근대적 권력분립론을 결합시켜서 이해하는 경향이 크다.

제 3 절 국가권력의 통일성과 권력분립부인론

Ⅰ. 보댕(J. Bodin): 주권의 불가분성

보댕은 근대적 주권국가가 성립되던 시기에 주권이론을 체계화함으로써 근대적 국가론의 발전에 커다란 영향을 미쳤다. 그는 왕권신수설에 기초하여 군주주권론을 주장하였지만, 또한 주권의 성질에 관한 여러 주장을 통해 주권이론의 근간을 확립함으로써 후대의 국가론에 큰 영향을 미쳤다.

그는 주권의 성질에 관하여 「불가분 · 불가양의 최고권력」이라는 점을 무엇보다 강조하였다. 다른 권력들과는 달리 주권은 분할될 수 없는 유일의 최고권력이라고 인정함으로써 주권에 기초하여 국가질서가 통일적인 형태로 성립되고, 그 안에서 안정성이 확보될 수 있다고 생각하였던 것이다.

이러한 주권이론은 국가권력의 분할을 주장하는 권력분립론의 입장과는 상당부분

---

3) 이것은 각각의 정치제도들이 안고 있는 타락의 위험성에 대한 고려와 맞물려 있었다. 즉 군주제가 타락하여 참주제가 될 위험, 귀족제가 타락하여 과두제가 될 우려, 그리고 민주제가 타락하여 중우제가 될 가능성이 모두 인정되므로 그 어느 제도도 완전한 제도는 아니라고 생각하여 보다 이상적인 국가형태를 모색하게 되었던 것이다.

4) 고대의 혼합헌법 내지 혼합국가형태론은 국가형태라는 틀 안에 머물렀고, 그것은 당시의 국가이론의 발전에 비추어 볼 때, 불가피했다고 평가될 수 있을 것이다.

배치될 수밖에 없다. 특히 군주주권론을 주장하여 군주의 절대적이고 무제한적인 권력을 인정하면서, 다시금 권력분립을 주장함으로써 그 권력을 분할하는 것은 현실적으로 양립되기 어려운 점이 있기 때문이다.

Ⅱ. 옐리네크(G. Jellinek): 국가권력의 불가분성

옐리네크는 국가권력과 주권을 구별하면서 국가권력의 불가분성을 강조하였다.[5] 기본적으로 근대입헌주의사상에 의한 권력분립을 부정한 것은 아니지만,[6] 한편으로는 권력분립론 그 자체에 대하여 회의적인 태도를 보이고 있었으며, 나아가 개개의 국가기관에 의한 권한의 분장이 곧 국가권력의 분할을 의미하는 것은 아니라고 주장하였던 것이다.

옐리네크는 권력분립론에 대해 회의적 입장을 보이면서 두 가지 사례에 주목하고 있다. 첫째, 최초의 프랑스헌법(1791)도 1789년의 인권선언에 의해 인정되고 있던 권력분립과 모순되는 내용을 담고 있었다. 입법부에 모든 권력을 집중시켰던 것이다. 둘째, 미국헌법이 삼권분립을 헌법원리로 선언하고 있으나 그 전문에서 국민으로부터 권력이 나옴을 선언함으로써 결국 모든 권력은 국민에 집중됨을 인정하고 있다. 즉 권력분립을 인정하는 경우에도 사실상의 권력집중 내지 권력의 통일성은 불가피하다는 것이다.

나아가 옐리네크는 권력의 분립과 권력의 분장을 구분하였는데, 국가기관들이 각기 다른 권력을 보유하고 행사하는 것이 곧 국가권력의 분립은 아니라고 이해하였다. 이와 같은 옐리네크의 견해는 한 국가에 두 개의 서로 대립되는 국가권력이 존재할 수는 없다는 생각, 즉 국가권력의 통일성이 인정되어야 한다는 생각에 기초한 것이다.

그러나 이러한 옐리네크의 생각은 두 가지 기본적인 문제를 안고 있다.

첫째, 국가권력의 통일성은 국가권력이 지향하는 목표 내지 이념의 통일성을 의미하는 것이지, 국가권력의 성질과 내용 및 행사방법 또는 국가권력의 담당자까지 동일하여야 한다는 것을 의미할 수는 없다. 그런 맥락에서 볼 때, 민주국가의 현대적 권력분립은 -세력균형에 기초했던 근대적 권력분립과는 달리- 모든 국가권력이 국민의 기본권보장에 기여하는 것을 목표로 한다는 통일성을 깨뜨리는 것이 아니라, 오히려 이를 실현시키기 위해서 요청되는 것이다. 따라서 국가권력의 통일성은 권력분립을 부정하는 근거로 적절하지 않다고 할 수 있다.

둘째, 옐리네크는 권력의 분립과 권력의 분장을 나누었는데, 그 구별이 매우 애매

5) 옐리네크는 국가의 통일성으로부터 국가권력의 통일성을 도출하였다. 국가권력의 분할은 하나의 국가를 다수의 국가로 분열시키는 것이라는 주장이다.

6) 그는 정치적 필요에 의해 국가권력의 가분성에 관한 이론, 권력분립의 이론이 등장하게 되었다고 보았다. 즉 입헌주의국가의 건설을 위해, 그리고 연방국가의 구성을 위해 권력분립의 이론이 필요했다는 것이다. 그러나 전자의 경우에 있어서도 국가기관간의 권한의 분장은 가능하지만 국가권력의 분리는 아니라고 보았으며, 연방국가의 경우에 있어서도 연방국가와 지분국가가 각기 독자적인 국가로서 국가권력을 보유하고 있다고 강조함으로써 국가권력의 통일성을 관철시키고자 하였다.

하다. 권력의 분장이 국가권력을 성질에 따라 나누고, 이를 각기 독립된 국가기관이 담당하도록 하는 것을 의미하는 것이라면, 그것은 권력의 분립과 사실상 다를 바가 없다. 만일 그것이 아니라 권력의 분장이 각 국가기관이 주권자의 위임에 따라 권력을 담당하기는 하되 언제든지 주권자에 의해 회수될 수 있는 상태에 놓여 있는 것을 의미한다면, 국가기능의 안정성과 계속성을 확보하는 것이 현실적으로 매우 곤란할 것이다. 따라서 어느 쪽으로 이해하더라도 문제가 있는 것이다.

그러므로 국가권력의 통일성과 권력의 분립이 양립할 수 없다고 보는 것보다는, 오히려 이를 상호 보완적인 관계 속에서 파악하는 것이 더 바람직할 것이다.

제 4 절 근대적 권력분립론

Ⅰ. 절대국가의 헌법(16~18세기)

근대초, 절대적 군주주권론이 정치현실 속에서 관철되고 있던 시기에는 아직 권력의 분립이 주장될 수 없었다. 모든 국가권력은 군주에 의해 독점되고 있었으며, 모든 국가활동은 군주에 의해, 또는 군주의 위임에 따라 행해지는 것이었다. 즉 군주가 주권자임과 동시에 모든 국가권력의 근원으로 인정되었던 것이다.

프랑스의 국왕이었던 루이 14세의 말로 알려진 "짐이 곧 국가다"라는 주장은 당시 군주가 어떤 위치에 있었는지를 잘 보여주고 있다. 군주는 국가와 동일시되었으며, 군주에 의한 정당성의 부여가 없는 국가권력은 인정되지 않았다. 모든 국가권력은 군주의 수중에서 통합되어 있는 상태였으며, 그 구체적인 행사만이 -군주의 수족으로 일컬어지던- 군주의 관료들에 의해 대행될 수 있었을 뿐이었다.

Ⅱ. 17세기에 있어서의 국가와 국가기관의 구별

그러나 17세기 이래 유럽의 정치적 발전은 군주의 절대적 권력을 부정하거나 제한하는 방향으로 전개되었다. 즉, 절대적인 군주주권을 부정하는 태도가 점차 확산되기 시작하였던 것이다. 이러한 새로운 발전은 군주가 국가권력을 담당하는 것을 전면 부정하고 국민주권을 주장하는 급진적인 형태로 나타나기도 하였고, 혹은 군주가 국가권력의 일부를 담당하기는 하되 모든 국가권력을 독점하는 것이 아니라고 보면서 국가와 국가기관을 -즉 국가형태와 국가권력의 담당자를- 구별하는 온건한 형태로 나타나기도 하였다.

하지만 급진적인 경향이건, 아니면 온건한 경향이건, 군주주권론에 기초하여 군주가 절대적인 권력을 갖는다는 절대왕권을 부정한다는 점에서 공통점을 찾을 수 있다.

즉 자연법이론에 기초한 자유주의적 국가사상으로 무장하고, 주권의 소재를 –급진적인 주장에서는 국민주권으로, 온건한 주장에서는 의회주권[7]이나 국가주권[8] 등으로– 달리 해석하고, 그 주권에서 파생된 국가권력을 군주만이 아닌 다른 기관들에 나누어 분배함으로써 국가작용의 독점에서 오는 권력의 남용을 막고 그럼으로써 자연법적 자유를 실현시키고자 한 것이다.

이런 역사적 발전과정을 통해 국가와 국가기관을 구별하는 것은 권력분립을 가능케 하는 중요한 현실적 조건의 하나로 뿌리내리게 되었다.[9] 당시 정치사상가들에 의하여 권력분립의 이론이 체계화됨으로써 이러한 정치적 발전에는 가속도가 붙기 시작했다. 특히 로크(*John Locke*)와 몽테스큐(*Charles Montesquieu*)는 권력분립의 의미와 중요성을 자유로운 국가질서의 확보와 연결시키면서 "권력의 분리가 권력의 억제를 보장해야 한다"고 강조하였고, 이러한 그들의 권력분립사상은 근대의 서구적 헌법질서 형성에 큰 역할을 하였다.

Ⅲ. 로크(J. Locke)의 2권분립론

로크는 그의 저서 「시민정부에 관한 두 논문(Two Treatises of Government, 1690)」에서 권력분립을 강조함으로써 근대적인 권력분립론의 대표적 주장자 가운데 한 사람으로 꼽히고 있다.[10] 그는 국가권력을 성질에 따라 입법권(Legislative Power), 집행권(Executive Power), 동맹권(Federative Power), 대권(Prerogative)으로 나누었다. 그리고 이들의 상호관계에 있어서는 입법권의 최고성을 인정하는 가운데 집행권과 동맹권이 이에 종속하며, 대권은 공공의 복리를 위하여 법률의 구체적 지시 없이 행사

---

7) 의회주권론은 영국에서 발전된 독특한 형태인데, 처음 영국에서 의회주권론이 주장되던 당시의 의미와, 오늘날의 민주화된 영국에서 의회주권론이 담고 있는 의미가 같지 않다는 점에 주목할 필요가 있다. 즉 17~18세기의 영국에서 의회주권론은 군주주권론에 대립하여 귀족세력과 시민세력의 연합체인 의회가 군주보다 실질적으로 우위에 있다는 의미에서 주장되었던 것이지만, 오늘날의 영국에서 의회주권론은 –의회의 민주화 내지 의회에 대한 민주적 통제 등을 통하여– 실질적으로 국민주권과 크게 다르지 않게 되었다.

8) 국가주권론은 군주 또는 의회와 같은 국가의 기관이 주권을 갖는 것이 아니라 국가 자체가 주권자라는 주장을 펼쳤다. 그러나 이러한 국가주권론은 두 가지 문제를 안고 있었다. 첫째로, 군주주권 또는 국민주권의 어느 한쪽 주장이 압도적이지 못할 때, 잠정적인 세력균형에 기초해서만 주장될 수 있는 이론에 불과하였고, 어느 한쪽의 세력이 강력해져서 균형이 깨질 경우에는 국가주권론 또한 유지되기 어렵다는 태생적 한계를 안고 있었다. 둘째, 주권의 소재를 따지는 중요한 의미는 국가권력의 정당성 근거가 어디에 있는지, 또는 위기상황에서의 결정권이 누구에게 있는지에 있다고 할 수 있는데, 국가주권론은 이러한 문제에 대해서 아무런 실질적인 답도 주지 못한다.

9) 군주는 국가 그 자체와 동일시 될 수 없고, 국가의 구성요소인 여러 국가기관 중의 하나로 인정되었으며, 그에 따라 군주는 모든 국가권력이 아닌, 일부의 국가권력(즉, 다른 국가기관에 의해 장악되고 있는 것을 제외한 국가권력)만을 담당하는 것으로 인정되었다. 그 결과 군주의 국가권력과 다른 국가기관에 의해 장악되고 있는 국가권력 사이의 권력분립이 가능하게 된 것이다.

10) 로크의 권력분립론은 천부인권론에 기초하여 국가권력의 제약성을 인정하고 이를 제도화한 것으로서의 의미를 갖고 있었기 때문에 국가의 연원은 '사회계약(social contract)'에 있고, 국가권력은 국민의 신탁에 의해 수권된 범위 내에서 행사되어야 하며, 그 범위를 일탈할 때에는 '불복종' 내지 '저항권'을 가지고 있다고 하였다.

되는 것이지만, 실정법에 의하여 제한될 수 있는 것으로 보았다.

이와 같은 로크의 주장은 국가권력을 서로 다른 4개의 국가권력으로 나누어 놓고 있는 것으로 보인다.[11] 그러나 로크는 실질적으로 국가권력의 담당자와 관련해서는 의회와 국왕이라는 두 개의 국가기관만을 염두에 두고 있다. 집행권과 동맹권이 서로 다른 기관에 의해 담당되기 곤란하다는 점을 인정하고, 나아가 대권이 국왕에게 속한다는 점을 수용함으로써 최고의 국가권력인 입법권은 의회가 담당하지만, 집행권과 동맹권, 대권은 국왕이 담당하는 것으로 인정하고 있는 것이다. 이 때문에 로크의 권력분립론은 2권분립론으로 일컬어지고 있다.[12]

그러나 그의 권력분립론이 −의회와 국왕의 관계를 중심으로 전개되었을 뿐이었고, 당시 보편화되어 있었던 「보통법의 지배」 내지 이를 기초로 한 사법권의 독자성에 대한 명시적 언급을 포함하지 않고 있었으나,[13]− 사법권의 독자성을 부정한 것으로 이해되기는 어렵다. 그것은 로크의 권력분립론이 모든 국가권력을 전체적으로 조망하여 체계적인 형태로 완성된 것이 아니라, 당시의 정치적 상황 하에서 1688년의 명예혁명을 정당화하는 데 초점을 맞추고 있었다는 점에 기인한 것으로 볼 수 있다.[14]

Ⅳ. 몽테스큐(Montesquieu)의 3권분립론

몽테스큐는 모든 국가에 세 가지 종류의 국가권력이 있다고 생각하였다. 즉 입법권, 국제법에 속하는 사항의 집행권(= 집행권), 시민법에 속하는 사항의 집행권(= 사법권)이 있다는 것이다. 그의 주장에 따르면, 입법권에 의하여 일시적 또는 항구적인 법률을 제정, 개정, 폐지할 수 있으며, 국제법에 속하는 사항의 집행권(=집행권)에 의하여 선전(宣戰), 강화(講和), 외교사절의 교환, 질서의 유지 및 외적의 침략을 예방할 수 있다. 그리고 시민법에 속하는 사항의 집행권(=사법권)에 의하여 죄를 처벌하고 개인의 쟁송을 심판하게 된다.

몽테스큐가 국가권력을 이와 같이 세 가지로 나누었던 것은 당시에 현존했던 군주세력, 귀족세력, 시민세력의 상호 견제와 균형을 염두에 두었던 것으로 이해된다. 그는

---

11) 그로 인하여 로크의 권력분립론을 4권분립론으로 보는 견해도 있다(예컨대 허영, 한국헌법론, 2025, 787쪽). 그러나 권력분립의 실질적 의미는 성질에 따라 국가권력을 분류하는 데 있는 것이 아니라, 나누어진 국가권력이 서로 다른 국가기관에 의하여 담당되는 데 있다는 점을 생각할 때, 로크의 주장을 4권분립론으로 보는 것은 무리가 있다고 생각된다.

12) 이에 관하여는 또한 계희열, 헌법원리로서의 권력분립의 원리, 고려법학 제38호, 2002, 1-33(6)쪽 참조. 이처럼 입법권우위의 사상에 기초하여 권력의 견제와 균형보다 권력의 분리에 초점을 맞췄던 로크의 권력분립사상은 영국의 의원내각제에 의하여 구체화된 것으로 평가된다.

13) 당시의 영국에서는 보통법의 전통이 이미 뿌리내리고 있는 상황이었고, 보통법 우위의 사상이 널리 보급되어 있었다. 또한 "누구도 자기자신의 심판관이 될 수 없다"는 보통법의 원칙에 따라 사법권의 독립도 상당히 확보되어 있는 상황이었다.

14) 그러나 입법권의 우위를 주장함으로써 권력분립에 있어서 권력의 균형을 간과한 점에 대해서는 적지 않은 비판이 있다. 이에 관하여는 허영, 한국헌법론, 2025, 787쪽; 윤명선, 권력분립의 원리, 변재옥 박사 화갑기념논문집, 1994, 107-132(113)쪽 참조.

국가권력을 입법권, 집행권, 사법권으로 나누었을 뿐만 아니라, 이를 각기 다른 국가기관이 담당하도록 함으로써 시민의 정치적 자유를 확보하는 것이 권력분립의 의의라는 것을 분명히 하고 있기 때문이다.[15] 입법권과 집행권, 사법권을 분리시켜 놓는 정치체제, 즉 어느 권력도 다른 권력과 결합하여 자의적 · 폭정적으로 통치할 가능성이 없도록 하는 제한정체가 바람직하다고 주장하고 있는 것이다.

이와 같은 몽테스큐의 주장을 통해 입법권, 집행권, 사법권으로 나누어지는 권력분립의 기본적인 틀이 마련되었을 뿐만 아니라, 국가권력(내지 그 배후에 있는 여러 정치세력) 상호간의 견제와 균형을 강조함으로써 근대적인 권력분립의 완성을 보여주고 있다.[16] 이러한 몽테스큐의 권력분립이론은 미국의 대통령제에 의하여 가장 잘 구체화되고 있는 것으로 평가되고 있다.

Ⅴ. 룻소(Rousseau)와 쉬에스(Sieyès): 국민주권과 국민의 헌법제정권력

한편으로는 로크와 몽테스큐 등에 의하여 군주의 권력을 완화시킴으로써 권력분립을 뿌리내리려는 노력이 기울여지고 있는 동안에, 다른 한편에서는 군주주권을 부정하고 국민주권을 관철시킴으로써 모든 국가권력이 국민에 집중되는 국가질서를 지향하는 정치사상도 급속도로 확산되었다. 그 중에서도 룻소의 국민주권론과 쉬에스의 헌법제정권력이론은 커다란 파급효를 남겼다.

1. 룻소의 국민주권론

국민주권론의 대표자로서 널리 알려져 있는 룻소는 권력분립에 대해서 소극적인 입장을 보였다. 비록 그가 명시적으로 권력분립을 부정하거나 비판하였던 것은 아니지만, 그는 몽테스큐적인 권력의 분립을 전제한 권력의 견제와 균형보다는 국민에게 주권이 있다는 것을 전제로 국가권력의 우열관계를 강조하였던 것이다. 즉, 일반의사의 표현으로 인정되는 법률의 우위를 인정함으로써 입법권이 다른 국가권력보다 우위에 있는 것으로 보았던 것이다.

이처럼 국민의 직접적 대표자이며, 입법권의 보유자인 의회의 우위를 인정하는 룻소의 이론은 프랑스의 정치적 전통에도 커다란 영향을 미쳐서, 오랜 동안 의회가 내각보다 강력한 권위와 정당성을 갖는 것으로 인식되었으며, 그로 인하여 프랑스의 역대 공화국들이 의회중심으로 운영되도록 만들기도 하였다.[17]

---

15) 이들 삼권은 논리적인 구별이 아니라 그 당시의 현실적인 사회적 세력을 반영하는 것이었다. 그리하여 집행권은 군주에, 입법권은 인민대표로 구성되는 하원(서민원)과 귀족대표로 구성되는 상원(귀족원)에, 그리고 사법권은 일시적으로 국민에 의해 선임된 기관에 귀속시키고 있다. 사법권은 특정한 신분이나 특정한 직업과 결합되지 않으므로, 말하자면 눈에 보이지 않아 무(無)로 화한다고 주장하였다.

16) 그의 이론이 영국의 정치현실을 모델로 한 것으로 이야기되지만, 실제 그의 주장이 −민주주의 사상을 배경으로 입법권의 우위를 주장하였던 로크의 이권분립론과는 달리− 엄격한 중립성을 전제로 한 자유의 보장수단으로 고안되었던 점을 볼 때, 그의 이론은 일종의 이상형을 그린 것으로 평가될 수 있다.

17) 종래 의원내각제 정부형태를 취해오던 프랑스가 제5공화국에 들어와 이원정부제를 채택함으로써 대통

2. 쉬에스의 헌법제정권력론

프랑스 대혁명 당시에 혁명을 정당화하는 이론을 전개하면서 헌법제정권력이론을 창안하였던 쉬에스도 권력분립을 전면적으로 부정하였던 것은 아니다. 그는 헌법제정권력과 헌법에 의해 만들어진 권력을 나누면서 헌법제정권력은 통일적이지만, 헌법에 의해 만들어진 권력은 가분적이라고 주장함으로써 주권 내지 헌법제정권력의 유일·불가분성과 헌법에 의해 만들어진 권력들의 분립, 즉 권력분립의 가능성을 결합시킬 수 있는 토대를 만들었다.

그러나 쉬에스 역시 헌법제정권력의 절대적 우월성을 강조하는 가운데 권력분립의 측면을 경시하였다는 점은 부정하기 어렵다. 아무리 제정된 권력들이 분립된다 하더라도 상위의 권력인 헌법제정권력은 국민에게 있으며, 결국 국민에 의해 모든 국가권력이 폐기·번복·재창출될 수 있음을 인정하고 있었기 때문이다.

제 5 절 권력분립의 유형

권력분립이론의 역사적 발달은 권력분립의 유형으로 연결된다. 특히 로크의 이권분립론에 기초하여 의원내각제라는 정부형태가 발전되었고, 몽테스큐의 삼권분립론에 기초하여 미국의 대통령제가 창안되었다는 것은 널리 알려진 사실이다.[18] 그러나 그 밖에도 입법부와 집행부의 관계, 또는 입법부와 사법부의 관계를 분석함으로써 각 국가에서 상이하게 발전되어 온 권력분립의 유형을 분석하기도 한다. 하지만 그 실질적 의미는 크지 않다.

Ⅰ. 입법부와 집행부의 관계에 의한 분류

입법부와 집행부는 국정을 실제 담당하는 국가기관으로서 권력분립의 현실적 모습을 이해하는 데에는 양자의 상호관계를 정확하게 파악하는 것이 매우 중요하다. 또한 양자의 관계는 정부형태의 문제와 직결되기도 한다.[19]

령을 중심으로 강력한 정부를 구성하도록 하였던 것도 지나치게 강력한 의회로 인한 정국의 불안정을 막기 위한 것으로 이해된다.

18) 이에 관하여는 아래의 「제2부 제5장 **정부형태 - 국가기능들의 결합유형**」에서 상세하게 검토한다.

19) 또한 현대에는 행정국가화 현상으로 인하여 집행부우위를 일반적인 현상으로 보는 견해도 있으나, 그것은 옳지 않다. 기능적으로 집행부의 권한범위가 확대되었다 할지라도 이에 대한 실효적인 통제수단이 확보됨으로써 실질적인 견제와 균형이 가능한 상태라면 입법부와 집행부의 권력분립적 균형은 유지되고 있는 것으로 볼 수 있기 때문이다.

1. 엄격한 분립형

고전적인 권력분립원리에 가장 충실하게 국가권력을 구성하여, 입법부와 집행부에 각기 입법권과 집행권을 담당시키고 견제와 균형의 원리가 작용하도록 하는 경우를 말한다. 미국연방헌법, 프랑스의 1791년 헌법, 제1공화국과 제2공화국 헌법 등이 이와 같은 '엄격한 권력분립'을 채택한 것으로 평가된다.

2. 균 형 형

입법부와 집행부가 제도적으로는 분립되어 있으나 기능적으로는 협동함으로써 실질적인 균형을 유지하도록 만들어 권력분립의 효과를 발생시키는 경우를 말한다. 영국 등 의원내각제 국가들이 취하고 있는 이른바 '유연한 권력분립'이 이에 해당된다고 할 수 있다.

3. 입법부우위형

형식적으로는 입법부와 집행부가 분립되어 있으나, 실질적으로는 권력의 분립과 균형이 이루어지지 않고, 사실상 입법권과 집행권이 의회에 통합되어 있는 경우를 말한다. 프랑스혁명 당시의 국민공회제, 의회정부제 등이 이 유형에 속한다.

4. 집행부우위형

집행부 특히 국가원수(군주 또는 대통령)에게 권력이 집중되어 있고, 의회는 이러한 국가원수의 활동에 대해 제한된 범위의 통제를 가하는 것 이상의 역할을 하지 못하는 경우를 말한다. 제한군주제, 신대통령제 등이 여기에 속한다.

Ⅱ. 입법부와 사법부의 관계에 의한 분류

입법부와 사법부의 관계는 입법부와 집행부의 관계만큼 권력분립에 중요한 의미를 갖는 것은 아니다. 사법은 그 성질상 일정한 부동성(不動性)[20]을 갖기 때문에 다른 국가작용과의 관계가 권력분립의 유형 또는 정부형태에 따라 크게 달라지지 않기 때문이다. 그러나 헌법재판의 발달에 따라 입법부와 사법부의 관계가 어떻게 형성되는지에 주목하는 학자들도 있다.

1. 입법부우위형

위헌법률심판제도가 채택되지 않고 있음으로 인하여 입법권의 행사에 대한 사법적 통제가 없는 경우를 말한다. 성문헌법이 없기 때문에 위헌법률심판제도를 채택할 수 없

---

20) 사법의 부동성에 관하여는 「제3권 제2부 제5장 제1절 Ⅰ. **정부형태의 개념**」 참조.

는 영국과 같은 경우가 그 대표적인 예라고 할 수 있다.

2. 균 형 형

사법부가 위헌법률심판권을 가지고 있기는 하지만 이른바 구체적 규범통제만을 채택하여 당해 사건에서 법률의 적용을 거부할 수 있는 것에 한정되는 경우를 말한다. 즉 헌법의 해석에 대한 최종적 해석권한은 사법부에게 있지만, 사법권을 통해 법률 자체를 무효화하지 못하도록 함으로써 양자의 균형을 취하는 것이다. 미국의 경우가 이에 속한다.

3. 사법부우위형

사법부(정확하게는 헌법재판소)가 폭넓은 헌법재판권을 가지고 있으며, 이른바 추상적규범통제를 통해 법률의 무효를 선언할 수 있는 것을 포함하여 입법작용에 대한 강력한 통제를 가할 수 있는 경우를 말한다. 독일, 오스트리아, 이탈리아 등이 이에 속한다.

제 3 장 권력분립의 위기와 현대적 권력분립

현대적 권력분립에 있어서도 입법, 집행, 사법의 삼권을 중심으로 하는 권력분립의 기본적 틀은 변함없이 유지되고 있다. 그로 인하여 자칫 근대적 권력분립과 현대적 권력분립의 중대한 차이가 간과되는 경우도 없지 않다.

그러나 근대적 권력분립과 현대적 권력분립 사이에는 그 형식의 유사성에도 불구하고 실질적인 구조와 성격에서 큰 차이가 있으며, 그것은 근대적 권력분립의 기초였던 「군주세력-귀족세력-시민세력들 상호간의 견제와 균형」이 붕괴되고 국민주권에 기초한 민주국가가 관철된 이후, 새로운 기초 위에서 권력분립이론을 재구성하는 노력을 통해 분명하게 밝혀진 바 있다.

그 과정에서 권력분립의 위기가 논의되고, 권력분립의 현대적 변용이 주장되기도 하였다. 하지만 그 모든 것은 결국 근대적 권력분립이 현대적 권력분립으로 재구성되기 위한 변태과정의 부산물이었다고 할 수 있을 것이다.

제 1 절 현실정치적 여건의 변화와 권력분립론의 재검토

우리가 고전적 권력분립이라고도 부르는 근대적 권력분립은 17~18세기 유럽의 정치적 상황을 떠나서 이해될 수 없다. 근대적 권력분립은 군주세력과 귀족세력, 시민세력이 정치적으로 대립하고 있었지만, 그 어느 세력도 절대적 우위를 차지하지는 못하고 있었던 역사적 상황을 배경으로 해서, 당시의 현실에 가장 잘 부합되는 이론으로 고안되었던 것이다.[1)]

역사적 발전과정을 통해서 볼 때, 근대적 권력분립은 군주의 권력약화와 맞물려 있다고 할 수 있다. 절대군주제 하에서는 군주주권론의 바탕 위에서 모든 국가권력이 군주에게 집중되어 있었지만, 점차 귀족세력과 시민세력이 성장하면서 군주의 권한이 견제 내지 통제되고 있었던(또는 그러한 통제의 필요성이 점차 절실해지고 있었던) 상황에서 이를 이론적으로 뒷받침하기 위하여 권력분립이론이 등장하였던 것이다.

---

1) 근대적 권력분립은 한편으로 절대군주제의 부정을 전제한다. 즉 군주세력은 존재하되, 모든 국가권력이 군주의 수중에 집중되어 있지는 않은, 이른바 제한군주제를 전제로 했을 때 비로소 권력의 분립이 가능한 것이다. 하지만 근대적 권력분립은 다른 한편으로는 국민주권이 아직 관철되지 않은 상황을 전제한 것이기도 하다. 즉 군주세력과 귀족세력이 소멸되어 국민이 실재하는 유일한 정치적 세력이 되는 상황도 근대적 권력분립의 전제와는 맞지 않는 것이다.

따라서 근대적 권력분립론은 무엇보다 **세력간의 균형**의 이론이었다. 비록 약화되기는 하였지만 여전히 집행권을 장악하고 있는 군주세력, 점차 정치적 힘을 키우면서 군주에 대한 견제세력으로 등장하는 시민세력, 그리고 전통적인 지위를 아직 유지하고 있었던 귀족세력 등이 상호 견제하면서 균형을 이루는 체계가 권력분립으로 나타났던 것이다.

이러한 근대적 권력분립은 형식면에 있어서는 **(국가)기관의 분립**으로 나타났다. 즉 군주세력에 의해 담당되는 집행부와 시민세력을 대표하는 의회, 또는 정치적으로 중립적인 인물에 의해 담당되는 사법부 등 국가기관 담당자 간의 권력의 분립이었던 것이다. 이러한 권력분립, 특히 입법부, 집행부, 사법부로 나뉘어지는 삼권분립의 구조는 근대적 권력분립의 기본모형이 되었다.

그러나 이러한 근대적 권력분립은 현대에 들어와 심각한 위기에 직면해 있는 것으로 많이 표현된다. 비록 현대적 권력분립에 있어서도 입법-집행-사법으로 나누어지는 권력분립의 기본모형은 유지되고 있는 듯하지만, 근대적 권력분립의 기초는 상당부분 붕괴되었기 때문이다.

가장 먼저 지적될 수 있는 것은 근대적 권력분립의 기초가 되었던 정치적 세력들 사이의 균형, 즉 군주세력, 귀족세력, 시민세력 사이의 균형이 더 이상 존재하지 않는다는 것이다. 국민주권의 관철과 민주주의의 보편화로 인하여 군주세력과 귀족세력이 소멸해버린 현대적 상황에서는 근대적 권력분립의 중요한 존립기초가 상실되었다고 할 수 있기 때문이다.

더구나 근대적 권력분립의 본질적 징표였던 권력간의 균형도 오늘날에는 과거와 같은 형태로 주장될 수 없다. 예컨대 정당국가화 현상에 의하여 의회와 정부가 -정당을 매개로 하여- 내적으로 결합되고, 행정국가화 현상에 의하여 집행부의 인력과 조직규모가 입법부와 사법부를 몇 배 압도하게 되는 상태는 근대적 권력분립의 관점에서는 정상적인 것으로 인정되기 어렵기 때문이다.

이에 따라 권력분립론 자체의 구조와 성격에 대한 재검토가 불가피하게 되었다.

제2절 근대적 권력분립의 한계와 새로운 권력분립이해의 필요성

Ⅰ. 개인주의, 자유주의의 퇴조

근대적 권력분립론의 이념적 기초가 되었던 것은 자유주의사상이었다. 즉 개인의 자유로운 영역과 활동을 최대한 보장하기 위해서는 국가권력은 약할수록 바람직한 것이며, 이를 위하여 권력의 분립과 상호견제를 통해 국가권력을 완화 내지 약화시키는 것은 그 자체로서 의미 있는 것으로 이해되었다.[2)]

그러나 오늘날에는 민주주의에 기초하여 국가권력의 정당성이 확보되고 있을 뿐 아니라, 공익을 위한 국가활동의 효율성이 강조되고 있다. 즉, 국가권력 자체가 국민에 의하여, 국민을 위하여 만들어진 것으로 이해되기 때문에 국가권력의 존립목적 또한 국민의 기본권을 보다 잘 보장하고 실현시키는데 있고, 이러한 기본권보장의 효율성을 위해서는 국가권력의 약화가 아니라 강화가 필요할 수도 있다고 인정되는 것이다.[3)]

Ⅱ. 민주주의의 보편화 - 국민주권과 다원적 집단

민주주의의 보편화는 또한 국민주권의 사상 하에 권력분립을 약화시키는 효과를 가져오기도 했다. 즉 근대적 권력분립론이 제창되던 당시의 정치적 상황과는 달리 군주세력과 귀족세력이 붕괴되어 모든 국가권력이 주권자인 국민으로부터 나온다는 사상이 관철되면서, 권력분립의 현실적 필요성이 상실되었다는 생각이 널리 퍼졌던 것이다.

그러나 국민주권이 관철된다 하더라도 주권자인 국민이 국가권력을 직접 행사하는 것은 현실적으로 불가능하며, 결국 국민이 선출한 대표자가 국가권력을 담당할 수밖에 없다. 따라서 대표자에 의하여 행사되는 국가권력이 분립될 필요가 있는지의 여부에 대한 새로운 검토가 필요하게 되었으며, 결국 근대적 권력분립이 아니라 오늘날의 현실에 부합되는 새로운 권력분립이 요청되는 것이다.[4)]

나아가 현대 민주주의의 본질적 징표 가운데 하나인 다원주의의 발달도 권력분립의 재구성을 요구하고 있다. 근대적 권력분립은 국가기관의 권력분립을 중심으로 발달되었다. 하지만 현대 민주국가에서는 다원적인 사회적 집단들의 의의와 비중이 높아지고 있으며, 이들이 국가질서의 형성에 미치는 영향력[5)]을 무시하고 권력분립을 이야기하기 힘든 상황이 되었다. 그로 인하여 현대적 권력분립론은 국가기관들 사이의 권력분립의 형식적 고찰을 넘어서서 다원적 집단들의 -국가기관에, 그리고 국가질서의 형성에 미치는- 사실적 영향력을 고려하는 가운데 새롭게 구성되어야 한다.

Ⅲ. 정당제도의 영향력 증대 - 정당국가화

근대 영국에서 정당이 탄생된 이래 정당제도는 계속 발전해 왔으며, 오늘날 정당은 대중민주주의의 정치현실 속에서 실질적인 국가권력의 담당자로 등장하고 있다. 정당은 국민의 의사를 수렴하여 이를 국가질서의 형성에 반영되도록 매개함으로써 민주주의 실

2) 근대 자유주의의 관점에서 주장되었던 "약한 정부가 최선의 정부"라는 명제는 이러한 맥락에서 이해될 수 있다. 즉 국가권력은 범죄와 외적의 침입으로부터 국민의 생명과 안전을 보호하는 최소한의 역할에 한정되는 것이 가장 바람직하다고 생각했던 것이다.

3) 현대 민주국가의 특징적 현상이라고 할 수 있는 정당국가화, 행정국가화도 이러한 맥락에서 그 정당성이 인정되고 있는 것이다.

4) 즉 근대적 권력분립과는 다른 맥락에서 현대적 권력분립의 의의와 필요성, 구조와 성격이 새롭게 정리되어야 하는 것이다.

5) 다원주의에 관하여는 「제1권 제2부 제2장 제5절 **다원주의로서의 민주주의**」 참조.

현의 필수적 요소가 되고 있을 뿐만 아니라, 선거의 실질적 주체로 인정되고 있으며, 나아가 국가권력 담당자에 대한 강력한 영향력을 통해 국가권력의 행사에도 큰 역할을 하고 있는 것이다.[6)]

이처럼 정당은 오늘날 민주주의 실현의 불가결의 요소로 인정되고 있다. 하지만 근대적 권력분립의 관점에서 볼 때, 정당은 입법부(의 다수당, 즉 여당)와 집행부를 결합시킴으로써 국가권력의 견제와 균형을 심각하게 깨뜨릴 뿐만 아니라 권력의 분립 자체를 위태롭게 하는 것으로 평가될 수 있다. 그 때문에 정당국가화 현상은 근대적 권력분립의 위기로 이해되는 것이다.

그러나 근대적 권력분립을 유지하기 위하여 정당을 통한 민주주의의 실현을 포기할 수는 없는 일이다. 결국 현실적 대안으로 인정되는 것은 정당국가화를 통한 민주주의의 실현을 한편으로 인정하면서, 다른 한편으로는 정당을 통해 훼손된 국가권력 상호간의 견제와 균형을 회복시킬 수 있는 새로운 통제수단을 도입하는 것이라고 할 수 있다. 현대적 권력분립은 근대적 권력분립과 같은 입법-집행-사법의 형식적 균형이 아니라, 상호통제의 실질화를 통한 권력남용의 억제에 초점을 맞추고 있는 것이다.

Ⅳ. 집행기능을 중심으로 한 국가기능의 확대·강화

현대국가의 가장 두드러진 특징의 하나로 **행정국가화** 및 이와 결부되어 있는 **사회국가화** 내지 **복지국가화** 경향을 들 수 있다. 즉 사회적·경제적 약자를 보호하고 국민의 삶의 질을 높이기 위한 국가의 적극적 활동이 계속 증대되고 있는 것이다. 이러한 경향은 곧 집행부의 과제 및 기능의 확대로 연결된다. 그 결과 입법부나 사법부가 집행부에 대하여 인력과 조직, 전문성 등에서 상대적으로 열등한 위치에 서게 됨으로써 권력간의 균형이 위협받게 되는 경우가 많다.

또한 집행부의 비대화 및 행정작용의 전문화에 따른 **행정입법의 증대**도 권력분립을 침해하는 요소가 될 수 있다. 오늘날 행정의 과제와 기능이 급속도로 증대되면서 한편으로는 국회의 통제능력 저하에 의하여, 다른 한편으로는 행정기능의 효율성을 위하여 행정입법이 증대되는 현상이 두드러지게 나타난다. 이처럼 행정입법이 증대되는 현상은 현실적으로 불가피하다고 할 수 있지만, 권력의 견제와 균형 및 이를 통한 권력의 약화를 지향하는 근대적 권력분립과는 충돌되는 것으로 이해될 수 있을 것이다.

하지만 이와 같은 행정국가화 현상도 -정당국가화와 마찬가지로- 변화된 현실 속에서(즉 주권자인 국민이 그러한 효율적인 행정작용을 필요로 한다는 데서) 그 정당성을 갖고 있는 것이며, 현대적 권력분립은 이러한 현상 자체를 부정하고 억제하려는 것이 아니라 이를 수용하는 가운데 행정권력의 남용을 통제하는 데 초점을 맞추어야 할 것이다.[7)]

---

6) 정당의 민주적 기능에 관하여는 「제1권 제3부 제1장 제2절 Ⅳ. **정당의 헌법적 기능**」 참조.

7) 이러한 맥락에서 행정작용에 대한 의회의 통제 및 사법부의 통제가 더욱 강조되는 것이 현대적 권력

Ⅴ. 헌법재판으로 인한 사법국가화

오늘날 헌법의 규범력을 확보하며 실질적 법치주의를 실현하기 위한 효과적인 수단으로 헌법재판이 세계적으로 확산되고 있다. 특히 동구권에서도 공산주의체제가 붕괴된 이후 헌법재판제도를 수용하는 등, 헌법재판제도의 확산은 최근에 들어와서 더욱 활발해지는 모습을 보이고 있다.

그러나 이러한 헌법재판이 오히려 사법기관의 권한을 강화시킴으로써 사법국가화를 통한 권력균형의 침해를 가져올 수 있다는 우려도 있다. 즉, 헌법재판작용이 입법작용 또는 집행작용보다 사실상 우위에 있게 됨으로써 권력의 균형이 깨진다는 것이다.[8]

이러한 우려는 헌법재판에 대한 부정확한 이해에서 비롯되는 것이 대부분이다. 헌법재판은 수동성과 소극성을 본질적 징표로 하는 사법작용의 일부이며, 사법작용에 의해 다른 국가작용의 본질이 훼손되는 경우는 예상하기 어렵다.[9] 더구나 헌법재판에 있어서는 입법작용의 존중을 전제로 한 합헌적 법률해석의 원칙, 기능적 정당성의 원칙 등이 적용되기 때문에 헌법재판이 권력분립을 침해할 것이라는 우려는 기우(杞憂)라고 할 수 있다.

오히려 오늘날 헌법재판은 정당국가화, 행정국가화에 의하여 깨뜨려지고 있는 권력의 균형을 복원시키면서 정부-여당 또는 집행부의 독선을 억제하는 효과적인 통제수단으로 활용되고 있으며, 현대적 권력분립의 중추적 요소 가운데 하나라고 할 수 있다.

제3절 권력분립의 현대적 변용

Ⅰ. 칼 뢰벤슈타인(K. Loewenstein)의 동태적 권력분립론

뢰벤슈타인은 고전적인 3권분립론이 더 이상 시대에 맞지 않는다는 점을 주장하면서 새로운 형태의 권력분립론을 주장한 대표적 학자의 한 사람이다. 그는 고전적인 3권분립론이 국가권력을 입법-집행-사법으로 나누고 있지만, 의원내각제 정부형태에서 볼 수 있는 바와 같이 입법과 집행을 각기 담당하는 의회와 정부가 그 구성원에 있어서나 담당하는 기능에 있어서 분리될 수 없으며, 현실적으로 상호 협조와 공화가 불가피하다

분립의 특징이기도 하다.

8) 예컨대 포르스토프(*E. Forsthoff*)가 이런 우려를 강하게 표명한 바 있다. 이에 관하여는 *E. Forsthoff* (계희열 역), 헌법률의 개조, 「계희열 편역, 헌법의 해석, 1993」, 89-124(121 이하)쪽 참조.

9) 실제로 헌법재판소의 결정이 국가기관에 의해 존중되는 것은 그 결정에 대한 국민의 신뢰에 기초한다. 만일 헌법재판소가 독선적인 결정을 통해 의회 또는 정부에 의해 결정되어야 할 사항까지도 침범해 들어갈 경우에는 헌법재판소에 대한 국민의 신뢰 자체가 훼손될 것이며, 그 결정의 규범력 또한 약해지게 될 것이다.

는 점에 초점을 맞추었던 것이다.

이러한 고전적 권력분립론에 대한 비판은 이른바 동태적 권력분립의 제안으로 연결되었다. 뢰벤슈타인에 따르면 오늘날의 다원적 사회에서는 국가기능을 정책결정-정책집행-정책통제로 분류하는 것이 합리적이라는 것이다.

정책결정이란 국가공동체의 기본적 사항에 대한 정치적 결정을 의미하며, 이는 현실적으로 의회와 정부의 협조 하에서 행해진다. 또한 국민도 이러한 결정에 어느 정도 참여하는 것이 필요하다고 한다. **정책집행**이란 결정된 정책을 구체적으로 실현하는 것으로서 집행법률이나 사법작용의 형태로 행해지는 경우도 있지만 대부분 행정작용에 의하여 행해진다. 그리고 **정책통제**는 모든 권력담당자의 권력을 억제하고 제한하는 것으로서, 종래 의회와 정부 사이의 권력분장을 통해 이루어졌던 통제기능이 오늘날에는 정부, 의회 및 선거인으로 분할되어 행해지고 있다고 보고 있다.

이러한 뢰벤슈타인의 동태적 권력분립론은 현대의 변화된 상황에서 권력분립을 재구성하려는 시도였으며, 권력의 통제에 초점을 맞추고 있는 것으로 평가될 수 있다.[10] 그러나 정책결정, 정책집행, 정책통제로 국가기능을 나누는 것이 국가기관의 구성과 직접 연결되지 못함으로 인하여 종래의 입법, 집행, 사법을 중심으로 구성된 국가기관을 대체할 수 있는 대안이 되지 못하였다. 그 결과 뢰벤슈타인의 동태적 권력분립론이 현대적 권력분립에 실제 미친 영향은 크지 않다고 할 수 있다.

Ⅱ. 베르너 캐기(W. Kägi)의 포괄적 권력분립론

캐기는 근대적 권력분립을 하나의 도그마로 이해하는 경향을 강력하게 비판하면서 새로운 형태의 권력분립이해를 제창하였다. 그는 권력분립이 자유의 확보를 위한 불가결의 요소라는 점을 인정하였지만, 권력분립의 구체적 형태는 시대에 따라 달라질 수 있다고 생각하였던 것이다. 이런 맥락에서 그는 고전적인 3권분립의 틀을 벗어나 권력분립의 전체적 체계를 완전히 새롭게 파악하는 포괄적 권력분립론을 주장하였다.

물론 캐기도 고전적 권력분립의 기본적 요소였던 입법-집행-사법의 구별을 도외시하였던 것은 아니다. 하지만 그는 **권력분립의 새로운 형태 내지 새로운 요소**로서 ① 헌법제정·개정권과 일반입법권의 2원화, ② 입법부의 양원제, ③ 집행부 내부에 있어서의 권력분립, ④ 국가기능담당자의 임기의 한정, ⑤ 복수정당제의 확립과 여야간의 대립, ⑥ 연방제와 지방자치제에 의한 수직적 권력분립, ⑦ 국가와 교회의 2원화, ⑧ 민간권력과 군사권력의 분리 등을 강조하였다.

이러한 캐기의 포괄적 권력분립론은 현대적 권력분립이해에 커다란 영향을 미쳤다. 무엇보다 전통적인 3권분립의 도그마에서 벗어나 다양한 형태의 권력분립이 가능하고, 또 실제 기능하고 있다는 점에 대한 인식은 권력분립이해의 지평 자체를 크게

10) 이에 관하여는 계희열, 헌법원리로서의 권력분립의 원리, 고려법학 제38호, 2002, 1-33(19)쪽 참조.

확대시켰던 것이다. 그리고 캐기의 영향 하에 오늘날에는 입법-집행-사법의 수평적 권력분립 이외에 연방과 주, 중앙정부와 지방자치단체 사이의 **수직적 권력분립**, 그리고 정당이나 사회적 집단에 의한 **사회적 권력분립**까지도 권력분립의 범주 안에 포함시키게 되었다.

그러나 이러한 인식의 확대에도 불구하고 그 한계 또한 분명하게 인식될 필요가 있다. 수직적 권력분립은 국가조직 내부의 문제로 이해되어야 할 것이기 때문에 수평적 권력분립과 대등한 것은 결코 아니며, 더구나 정당 기타 사회적 세력이나 집단을 통한 권력분립은 -그것이 무의미하다는 것은 결코 아니지만- 국가기관의 분립과는 다른 차원, 다른 맥락에서 검토되어야 할 성질의 것이라는 점을 확실히 할 필요가 있는 것이다. 특히 국가조직의 구성원리로서 권력분립을 이야기할 때에는 입법-집행-사법의 권력분립을 대상으로 할 수밖에 없다.

Ⅲ. 클라우스 슈테른(K. Stern)의 다차원적 권력분립론

캐기와 유사한 맥락에서 슈테른도 다차원적 권력분립을 주장한 바 있다. 그는 시대의 변화에 따라 고전적인 권력분립론에 따른 수평적 권력분립만으로는 권력의 남용을 억제하는데 충분치 못하므로 새로운 다양한 관점에서의 권력분립에 대한 보완 내지 모든 권력주체들 간의 권력통제를 포함하는 다차원적 권력분립이 필요하다고 보았던 것이다.

슈테른에 따르면 새로운 권력분립의 특징을 이루는 다차원성은 전통적인 입법-집행-사법의 구별 이외에 크게 네 가지 요소들에 의해 구성된다.

첫째, **국가와 사회의 구별** 및 이로부터 나타나는 권력의 통제가 권력분립의 중요한 요소가 된다. 사회의 영역에서는 개인의 자유로운 활동이 최대한 보장되어야 할 것이기 때문에 국가권력의 행사가 통제될 수밖에 없으며, 이를 통해 권력분립의 새로운 차원이 등장한다는 것이다. 이와 관련하여 슈테른은 ① 개인의 정치적 참여권 및 정당의 형성, ② 단체의 구성, ③ 여론의 형성, ④ 기업의 공동결정모델에 따른 공직에서의 공동결정 등을 중요한 권력분립적 요소로 꼽았다.

둘째, 수평적 권력분립 이외에 **수직적 권력분립**의 중요성을 강조하면서 독일의 연방국가 제도 하에서 특별한 의미와 비중을 갖고 있는 연방과 주 사이의 권력분립을 강조하였다. 오늘날에는 연방과 주 사이의 수직적 권력분립이 오히려 수평적 권력분립보다도 권력억제 내지 통제의 효과가 크다고 평가하였던 것이다.

셋째, 연방국가적 구조에 비하여 약화된 형태이기는 하지만 **자치행정제도**도 수직적 권력분립의 기능을 한다. 대표적인 예로 지방자치를 들 수 있지만, 그 밖에도 분권적 행정조직에 의한 권력의 분산도 역시 권력분립적 기능을 하는 것으로 평가될 수 있다.

넷째, 또 하나의 중요한 권력분립적 기능을 수행하는 것으로서 집행부 내부에서 **정**

치적 지도와 관료제적 행정 사이의 권력분립[11)]을 들 수 있다.

슈테른은 그 밖에 **국제기구 내지 초국가적 기구와 국가기관 사이의 권력분립**도[12)] 새로운 형태의 수직적 권력분립으로 보았으며, **헌법재판제도**도 결정적인 수평적인 통제요소로서 강조하고 있다.

제 4 절 현대적 헌법원리로서의 권력분립원리

Ⅰ. 역사적 원리로서의 권력분립

오늘날의 헌법질서, 특히 국가조직을 이해함에 있어서 권력분립이 차지하는 의미와 비중은 지극히 크다고 할 수 있다. 그 때문에 권력분립원리를 절대적인 것으로 신봉하는 경향도 있었다. 국가권력이 입법, 집행, 사법의 삼권으로 분립되어야 한다는 것을 영구불변의 초실정적 도그마로 생각하였던 것이다.

그러나 근대적 권력분립의 탄생과정, 그리고 근대적 권력분립의 기초가 붕괴된 이후 현대적 권력분립으로의 변화과정이 보여주듯이 권력의 분립은 도그마라기보다는 역사적 원리로 이해되어야 한다. 즉 역사적 조건 하에서 형성·발달된 것이며, 역사적 상황의 변화에 따라 그 내용 또한 변모될 수 있는 것이다.[13)]

오늘날의 권력분립원리도 현대의 역사적·구체적 국가질서와 그 전제조건들로부터 분리될 수 없다. 현대의 민주주의 헌법이 근대적 권력분립이론에 의해 형성된 헌법사적 전통에 기초하고 있으며, 현대적 헌법원리로서의 권력분립에 대한 이해도 이러한 전통과 분리될 수는 없다. 하지만 근대적 권력분립이론이 형성되었던 당시와는 판이하게 달라진 정치적 현실이 반영되어 새로운 형태로 재구성될 필요도 함께 인정되어야 하는 것이다.

이를 위해서는 권력분립을 개인의 자유를 보장하기 위하여 "시원적으로 존재하는 통일적 국가권력을 분할과 분리를 통한 억제와 균형에 의하여 완화시키는 수단"으로 이해하는

---

11) 집행부 내부에서의 정책결정작용과 그의 기술적 집행작용의 구분에 기초한 양자의 권력분립은 직업공무원제를 통해 실질적 의미를 확보하게 된다. 이에 관하여 상세한 것은 아래의 「제3권 제2부 제3장 제3절 Ⅱ. **정치직과 행정직간의 신분법적 '권력분립'**」 참조.

12) 특히 유럽연합에 속해 있는 독일의 경우처럼 국제기구와의 밀접한 관련 내지 국제기구의 구속력 있는 결정을 수용하는 국내질서를 채택한 경우에는 이러한 국제기구와 국가기관 사이의 권력분립도 중요한 요소로 인정될 수 있을 것이다.

13) 로크나 몽테스큐 또는 미국의 연방주의자 등에 의하여 주장되었던 권력분립론은 특정한 도그마에 기초한 것도 아니었고, 자신의 주장을 도그마화 했던 것도 아니었다. 그들은 당시의 역사적 상황 속에서 정치적 자유를 보장하기 위하여 당시에 실재하였던 정치적 세력들과 그들의 활동을 끌어들여서 권력분립의 이론을 구성하였던 것이다. 즉 그들의 권력분립이론은 자연법적, 초실정적 도그마가 아니라 하나의 역사적 원리인 것이다.

종래의 관념에서 탈피하여야 한다. 민주주의가 관철된 현대적 상황에서의 권력분립은 오히려 백지상태에서 개개의 국가권력을 구성하는 것에서부터 출발하여야 한다.

그 바탕 위에서 국가권력을 담당하는 국가기관들의 권한을 확정 · 한정하면서 한편으로는 상호 협동작용을 규율하고, 다른 한편으로는 권력의 남용을 상호 통제하도록 하는 것이 권력분립인 것이다.

Ⅱ. 권력의 구성

권력분립의 첫 번째 단계는 국가권력의 구성이라고 할 수 있다. 현대의 민주국가에서 국가권력은 국민을 위해 존재한다. 좀 더 정확히 표현하자면 국민의 기본권을 보장하고 실현시키는 것이 국가권력의 존재의미라고 할 수 있을 것이다. 따라서 국가권력의 구성에 있어서도 국민에게 봉사하기 위하여 국가가 해야 할 과제 내지 기능이 무엇인지가 가장 먼저 고려되어야 할 것이다.

그러나 국가가 국민을 위해 수행해야 할 수많은 과제와 기능을 어떤 기준으로 분류할 것인지의 문제는 실로 간단하지 않다. 더구나 권력분립이라는 관점에서 볼 때, 단순히 기능을 분류하는 것이 중요한 것이 아니라, 분류된 기능을 각기 다른 국가기관이 담당하도록 함으로써 권력의 남용을 억제하는 것이 핵심이라 할 수 있으므로, 이를 고려하지 않고 국가기능을 무수히 나누어 놓는 것도 바람직하지 않다.

이와 관련하여 근대적 권력분립론은 당시의 정치적 세력을 토대로 입법부, 집행부, 사법부의 분립을 시도하였다. 즉 세력의 균형을 통해 권력분립이 실질적인 기능을 발휘하기를 기대했던 것이다.[14] 현대적 권력분립이론에서도 입법 – 집행 – 사법으로 국가권력을 나누는 것이 일반화되어 있다. 그러나 이것은 정치적 세력이나 국가기관을 기준으로 한 것이 아니라 법치의 필요성에 근거하여 법을 기준으로 국가기능을 나누어 놓은 것이다. 즉, 법을 정립하는 기능, 정립된 법에 따라 구체적인 국가사무를 처리하는 기능, 그리고 그러한 국가작용이 법에 합치되는지의 여부를 확인하고 판단하는 기능을 각기 나누어 놓음으로써 법을 통한 국가작용의 객관성과 공정성을 담보하고자 하는 것이다.

이런 맥락에서 국가권력의 구성은 입법 – 집행 – 사법으로 국가기능을 나누고, 이를 담당할 국가기관들, 즉 입법부 – 집행부 – 사법부를 구성하는 방식으로 행해진다.[15] 그러나 이와 같은 기준 하나만으로 국가기관 내지 국가기관의 권한범위에 대한 설정이 완

14) 물론 당시의 권력분립은 권력의 구성을 염두에 둔 것이 아니라, 선재하는 국가권력의 분할 내지 분리에 초점을 맞추고 있었다.

15) 입법, 집행, 사법의 성격과 이를 담당하는 입법부, 집행부, 사법부의 구성방식의 내적 연관에도 주목할 필요가 있다. 즉, 입법기능은 국민의 의사를 최대한 반영시키는 가운데 헌법에 의해 정해진 국가질서의 기본방향을 구체화시키는 것이기 때문에 국민의 의사를 다양하게 반영시킬 수 있는 집단적 대표인 의회에서 담당하는 것이 타당하며, 반면에 행정기능은 신속성과 탄력성, 기동성과 능률성이 보다 강조되기 때문에 이를 고려하여 구성된 행정조직을 이끌 수 있는 개인적 대표인 대통령에게 담당시키는 것이 합리적이다. 또한 사법기능은 공정한 재판을 위해 전문적인 자격을 갖춘 법관들로 구성된 독립된 기관인 법원에서 담당하는 것이 정당하다.

료되는 것은 아니다. 만일 입법 – 집행 – 사법의 기능을 입법부 – 집행부 – 사법부에 각기 분장시키는 것으로 국가권력의 구성이 끝날 경우에는 권력의 분립을 통한 객관성과 공정성의 확보는 가능할 수 있어도, 국가작용의 효율성은 확보하기 곤란할 것이기 때문이다.[16)]

그 때문에 입법부, 집행부, 사법부는 본질적 기능으로서 입법기능, 집행기능, 사법기능을 각기 담당할 뿐만 아니라, 보조적 기능으로서 각종의 자율권 내지 규칙제정권 등을 보유하게 되는 것이다. 나아가 헌법은 입법부, 집행부, 사법부에 상호통제를 위한 특별한 권한(예컨대 국회의 각종 동의권 · 승인권, 대통령의 법률안 거부권, 헌법재판소의 탄핵심판권 등)을 부여함으로써 권력의 남용을 막을 수 있도록 하고 있다.

이렇게 볼 때, 국가권력의 구성을 통해 입법부, 집행부, 사법부가 헌법상 부여받는 국가기능은 입법기능, 집행기능, 사법기능이라는 **주된 기능** 이외에, 이를 효율적으로 수행하기 위한 여러 **보조적 기능**들, 그리고 권력남용의 상호 통제를 위한 **통제적 기능**까지 포함하는 것이라고 할 수 있다.

Ⅲ. 권력의 정서

국가권력을 구성하고 그들의 권한을 설정 · 한정하는 것만으로는 국가의 과제와 기능의 올바른 수행을 위하여 충분한 준비가 갖추어져 있다고 볼 수 없다. 국가의 과제들은 대부분 고립된 국가기관의 독자적 활동이 아니라 여러 국가기관들의 협동작용에 의해서만 올바르게 수행될 수 있기 때문이다.

따라서 국가권력의 구성에 이어 각 국가권력을 정서(整序)하는 것이 국가권력의 정상적인 활동을 위해서 중요하다. 즉, 국가기관들의 상호관계를 정서하고, 나아가 그들의 활동에 있어서 각기 담당하고 있는 역할을 분명히 하는 가운데 각자 독자적으로 수행하여야 할 과제와 협동을 통해서 수행하여야 할 과제가 무엇인지, 협동의 방법과 절차는 어떠한지 등에 대하여 잘 정리하는 것이 필요한 것이다.

넓게 보면 입법부, 집행부, 사법부에서 입법, 집행, 사법의 기능을 각기 담당하는 것 자체가 일종의 정서로 생각될 수 있다.[17)] 그러나 국가권력의 정서는 주로 좁은 의미로 사용된다. 즉, 국회에서 법률을 제정하는 과정에 대하여 대통령의 법률안 거부권이 인정됨으로써 법률안에 대한 재의를 하도록 하는 것, 또는 대통령이 국무총리나 대법원장을 임명함에 있어서 국회의 동의를 얻도록 하는 것, 헌법재판소 재판관이나 중앙선거

16) 예컨대 입법부가 입법기능 이외에는 일체의 다른 기능을 담당하지 못하거나, 집행부가 집행기능 이외에 행정입법 등의 기능을 할 수 없고, 사법부는 오로지 재판작용만을 할 뿐 그 밖의 어떤 기능(예컨대 대법원규칙의 제정, 또는 각종의 사법행정작용)도 하지 못할 경우에는 기능수행의 효율성이 크게 떨어질 수밖에 없을 것이다.

17) 예컨대 국회에서 조세법률을 제정하고, 집행부에 속하는 국세청에서 조세법률에 따라 조세를 부과 · 징수하며, 또 이러한 조세의 부과 및 징수에 대한 다툼이 있을 경우에는 법원에서 재판을 통해 그 합법성을 따지는 것 자체가 일정한 기능의 정서를 전제한 것이다.

관리위원회 위원을 임명함에 있어서 대통령과 국회, 대법원장이 각기 3인씩 추천하도록 하는 것 등과 같이 구체적인 국가작용에 있어서 각 국가기관들의 협동작용이 요구되는 경우에 국가권력의 정서가 행해지는 것이다.

이러한 좁은 의미의 정서는 결국 다른 국가기관의 활동에 참여하여 의견을 표명하거나 이의를 제기, 또는 통제하는 등의 다양한 방식으로 행해질 수 있다.[18] 그러나 국가권력의 정서에 있어서 단순히 국가권력 상호간의 견제를 통해 각 기능(즉 권력)담당기관의 고유영역을 확보하고 권력의 남용을 방지하는 것만이 문제되는 것은 아니다. 그 밖에 전체로서의 국가기능이 (국민을 위하여) 효율적으로 수행될 수 있어야 한다는 요청도 고려되어야 하는 것이다. 즉 한편으로는 국가권력의 남용을 방지하면서, 다른 한편으로는 **권력의 「분립」 자체가 「분업에 의한 능률성」을 확보할 수 있다**는 측면도 함께 고려되어야 하는 것이다.

Ⅳ. 권력의 균형

이미 권력의 구성 자체가 권력의 억제와 균형을 전제하고 있는 것이라고 할 수 있다. 권력분립에 따른 국가기관의 구성은 각 국가기관이 자신에게 부여된 국가권력만을 행사하도록 하고 있을 뿐만 아니라, 이와 같은 권한의 한정을 통해 자신이 담당하는 기능도 다른 국가기관의 활동과 연계될 때에만 온전하게 수행될 수 있도록 함으로써 어떤 국가기관도 독선적인 권력행사를 하지 못하도록 하고 있기 때문이다.

또한 국가권력의 정서가 권력의 균형을 내포하고 있다고도 말할 수 있다. 국가권력의 상호관계를 정서함에 있어서는 권력남용의 억제라는 요소도 충분히 고려되고 있기 때문이다. 그럼에도 불구하고 근대 이래 권력분립의 핵심내용으로 주장되어 온 권력 간의 균형은 여전히 -권력의 남용 및 이를 통한 기본권의 침해를 막기 위한- 헌법질서의 본질적 구성부분으로 인정된다. 권력의 구성 및 정서와 더불어 권력의 균형이 다시금 강조되는 것은 그 의미와 비중이 오늘날에도 결코 감소되지 않았기 때문이다.

오늘날 권력분립의 체계 내에서 권력의 균형을 이루는 요소들은 매우 복잡하고 다양하다. 근대적인 삼권분립이 주장되던 시기와는 달리 정당국가화, 행정국가화 등에 의하여 권력의 부분적인 융합 내지 불균형이 크게 대두되고 있고, 그로 인하여 이를 상쇄할 수 있는 또 다른 권력분립적 요소들이 가미될 수밖에 없기 때문이다. 예컨대 포괄적 권력분립론 내지 다차원적 권력분립론에 의해 강조되었던 수직적 권력분립이나 정당에 의한 권력분립, 또는 임기제 및 선거를 통한 권력의 통제 등이 모두 권력분립을 보완하는 요소가 되는 것이다. 나아가 헌법재판의 도입을 통해 더욱 강화된 사법적 통제도 권력의 균형을 회복·유지하며 권력의 남용을 억제하는 중요한 요소가 되고 있다.[19]

18) 이에 관하여는 계희열, 헌법원리로서의 권력분립의 원리, 고려법학 제38호, 2002, 1-33(26 이하)쪽 참조.

19) 이런 맥락에서 현대적 권력분립의 중요한 요소로서의 권력에 대한 억제와 균형은 민주국가적 질서와 법치국가적 질서의 실현을 통해 이루어진다고도 말할 수 있다.

제4장 한국헌법상의 권력분립

우리 헌법은 1948년 제정 당시부터 권력분립의 원리를 채택하였으며, 현행헌법에서도 권력분립의 원리는 국가조직을 구성하는 기본원리로 인정되고 있다. 그러나 권력분립의 구체적 형태는 그 동안 적지 않은 변화를 겪어 왔다. 지난 70여년의 헌법사가 보여주듯이, 헌법제정의 과정에서도 정부형태의 문제로 인하여 파행이 있었고, 9차에 걸친 헌법개정에서도 대부분 권력구조가 핵심적 쟁점이었던 것은, 이러한 변화를 잘 드러내는 것이기도 하다.

다행히 현행헌법은 역대 어느 헌법보다도 민주적 정당성을 갖춘 헌법일 뿐만 아니라, 권력분립에도 비교적 충실한 헌법이라고 평가될 수 있다. 하지만 현행헌법상의 권력분립의 형태도 역사적 질곡 속에서 왜곡되어 있는 부분이 적지 않다. 따라서 현행헌법상의 권력분립을 정확하게 이해하기 위해서는 권력분립 자체의 이론적 발달과 그 기본구조에 대한 이해 이외에도 한국헌법상 권력분립이 어떠한 변천과정을 거쳐서 오늘의 형태에 이르게 되었는지를 정확하게 파악하는 것도 매우 중요하다.

제1절 한국헌법에 있어서의 권력분립의 변천

Ⅰ. 1948년 헌법상의 권력분립 - 제1공화국

1948년의 헌법제정은 새로운 국가의 건설이라는 매우 중요한 의미를 담고 있었으며, 특히 일제의 식민지에서 해방된 후 우리의 손으로 헌법을 제정하는 것이었기에 그 의미는 아무리 강조하여도 지나치지 않을 것이다.

그러나 제헌헌법이 안고 있는 문제점도 적지 않았으며, 특히 헌법의 제정 당시부터 애초에는 의원내각제로 기초되었던 헌법안이 이승만의 강력한 요구에 의하여 하루아침에 대통령제로 바뀌게 되었던 것은 그 이후로 끊임없이 문제되었던 장기집권을 위한 헌법개정의 서막이기도 하였다.

1948년 제정되어 1952년의 제1차 개헌과 1954년의 제2차 개헌을 통해 부분적으로 모습을 바꾸었던 제1공화국 당시의 권력분립구조는 기본적으로 대통령제 정부형태를 취함으로써[1] 삼권의 분립과 독자적 활동을 지향하면서도, 다른 한편으로는 헌법초안에 포함되어 있던 의원내각제적 요소들을 상당부분 잔존시키고 있었다. 그러므로 제1공화국의 권력구조는 **대통령제를 중심으로 의원내각제를 가미한 정부형태**로 평가될 수 있다.

구체적으로 살펴보면, 국회가 입법권을, 대통령을 수반으로 하는 정부가 집행권을, 그리고 법원이 사법권을 담당하는 권력분립의 기본틀은 유지되고 있지만, 대통령과 부통령 이외에 국무총리를 두었고, 국무총리의 임명에는 국회의 승인을 받도록 함으로써[2] 의원내각제적 요소를 포함하고 있었던 것이다.[3]

Ⅱ. 1960년 헌법상의 권력분립 - 제2공화국

제2공화국헌법이라고 불리는 1960년 헌법은 4·19혁명을 통하여 국민의 힘으로 자유당 정권을 붕괴시킨 후 민주주의의 요구를 충실하게 받아들이려 노력하는 가운데 만들어진 헌법이다. 국가권력구조와 관련해서는 **의원내각제**를 채택함으로써 국가권력의 민주성을 제고함과 동시에 대통령을 중심으로 한 집행부의 권력남용을 억제하려는 노력이 반영된 헌법이라고 평가될 수 있다.

1960년 헌법상의 권력분립체계를 살펴보면, 역시 국회가 입법권을 담당하고 있지만,[4] 대통령과 정부를 분리시킴으로써 대통령은 국회의 양원합동회의에서 간선으로 선출되어[5] 국가원수의 지위를 가지며,[6] 국무총리와 국무위원으로 구성되는 국무원이 정부를 구성하여 집행권을 담당하도록 하였다.[7] 국무원은 민의원에 대하여 연대책임을 지며,[8] 국무총리는 대통령이 지명하여 민의원의 동의를 얻도록 하고 있었다.[9] 또한 의원내각제의 기본적 구조에 따라 민의원의 국무원에 대한 불신임권과 국무원의 민의원해산권을 인정하고 있었으며,[10] 민의원이 해산된 경우에는 참의원도 동시에 폐회되도록 규정하고 있었다.[11]

그 밖에도 1960년 헌법은 광범한 헌법재판권을 갖는 헌법재판소의 도입을 규정하고 있었으나,[12] 미처 헌법재판소가 구성되기도 전에 5·16쿠데타에 의하여 제2공화국

1) 1948년 헌법에서는 대통령과 부통령을 국회에서 선출하도록 규정하고 있었으나(1948년 헌법 제53조), 제1차 개헌을 통해 대통령과 부통령을 국민이 직선하도록 개정하였다(1952년 헌법 제53조).
2) 1948년 헌법(제헌헌법) 제69조 제1항 제1문: "국무총리는 대통령이 임명하고 국회의 승인을 얻어야 한다."
3) 그 밖에 대통령이 임시국회의 소집을 요구할 수 있도록 하였던 점(1948년 헌법 제35조 제1항), 정부의 법률안제출권을 인정하였던 점(1948년 헌법 제39조), 대통령의 국무행위에 대하여 국무총리와 관계국무위원의 부서를 받도록 한 점(1948년 헌법 제66조) 등이 의원내각제적 요소로 평가될 수 있을 것이다.
4) 1960년 헌법 제31조.
5) 1960년 헌법 제53조 제1항.
6) 1960년 헌법 제51조.
7) 1960년 헌법 제68조 제1항, 제2항.
8) 1960년 헌법 제68조 제3항.
9) 1960년 헌법 제69조 제1항-제4항.
10) 1960년 헌법 제71조.
11) 1960년 헌법 제35조의2 제2항.

이 붕괴됨으로 인하여 실제 헌법재판소에 의한 헌법재판작용은 없었다.

Ⅲ. 1962년 헌법상의 권력분립 - 제3공화국

1961년 5 · 16 쿠데타의 결과 군사정부가 수립되었고, 군사정부의 민정이양 과정을 통해 1962년 헌법이 만들어졌다. 흔히 제3공화국헌법이라고 지칭되는 1962년 헌법상의 권력구조는 제2공화국의 의원내각제 정부형태를 폐지하고 다시금 **대통령제 정부형태**로 복귀한 것을 기본적인 특징으로 한다.

입법권, 집행권, 사법권은 각기 국회, 대통령을 수반으로 하는 정부, 법원에 부여되었으며, 국회를 단원제로 하였고, 헌법재판소는 폐지되었다. 또한 제1공화국과는 달리 부통령제가 도입되지 않았으나, 국무총리제는 여전히 인정되었다.[13] 대통령의 임시국회소집권[14]과 정부의 법률안제출권[15]도 여전히 인정되고 있었고, 국회의 국무총리, 국무위원에 대한 해임건의권이 도입되고, 감사원장의 임명에 대한 국회의 동의[16]가 인정됨으로써 의원내각제적 요소는 오히려 강화된 측면도 일부 있다.

그러나 국무총리의 임명에 대한 국회의 동의가 폐지되었으며, 무엇보다 대통령에 대한 통제는 미약하였기 때문에 당시의 권력분립체계는 집행부우위의 권력구조로 평가될 수 있을 것이다.

Ⅳ. 1972년 헌법상의 권력분립 - 제4공화국

이른바 유신헌법으로 일컬어지는 1972년 헌법은 역대헌법 가운데 가장 **독재적인 헌법**이라고 할 수 있다. 외견상 권력분립의 기본적인 구조는 갖추고 있었지만, 실제로는 국가기관 상호간의 견제와 균형이 가능하지 않게 만들어진 헌법이었기 때문이다.

1972년 헌법도 입법권이 국회에 속하고, 집행권이 대통령을 수반으로 하는 정부에 속하며, 사법권이 법관으로 구성된 법원에 속한다는 점을 인정하고 있었다. 그러나 국회의 구성에 있어서 대통령이 국회의원 정수의 3분의 1에 해당하는 수의 국회의원을 통일주체국민회의를 통해 선출할 수 있도록 함으로써[17] 사실상 국회를 무력화시키고 있었다.[18] 또한 대법원장뿐만 아니라 모든 법관을 대통령이 임명하도록 함으로써[19] 법원에 대한 통제권을 행사할 수 있게 되었고, 헌법재판기능을 담당하는 헌법위원회 또한 대통

12) 1960년 헌법 제8장 헌법재판소(제83조의3, 제83조의4).
13) 1962년 헌법 제84조.
14) 1962년 헌법 제43조 제2항.
15) 1962년 헌법 제48조.
16) 1962년 헌법 제93조 제2항.
17) 1972년 헌법 제40조.
18) 그 밖에도 대통령은 국회해산권까지도 가지고 있었기 때문에(1972년 헌법 제59조) 국회가 실질적으로 대통령을 통제하는 것을 기대하기 어려운 상황이었다.
19) 1972년 헌법 제103조 제1항, 제2항.

령의 영향력 하에 있었다.[20]

결국 1972년 헌법은 외견상 권력분립을 취하고 있는 것과는 달리 실제로는 권력분립이 되지 않은, **독재적인 헌법**이라고 평가될 수밖에 없는 것이다.

V. 1980년 헌법상의 권력분립 - 제5공화국

1979년의 10 · 26사태에 의하여 유신체제가 붕괴된 이후, 신군부가 다시 집권하면서 1980년 헌법이 만들어졌다. 당시의 유신체제에 대한 국민적 저항을 고려하여 1980년 헌법의 주요내용은 1972년 헌법의 문제점들을 많이 개선한 형태로 나타났다.

권력구조의 측면에서 볼 때에도 **대통령제 정부형태**를 취하면서도 대통령이 국회 또는 법원에 행사할 수 있는 영향력은 축소되었으며, 통일주체국민회의가 폐지됨으로써 이를 매개로 대통령이 무소불위의 권한을 행사하는 것이 더 이상 가능하지 않게 되었다. 그러나 현실적으로 신군부의 국가권력 장악을 위해 필요한 부분만큼은 여전히 비민주적 · 비합리적 요소를 유지시켰으며, 이는 1980년 헌법의 규정 안에서도 발견된다.

1980년 헌법상으로도 입법, 집행, 사법의 권력분립은 부정되지 않았다. 그러나 대통령의 선출과 관련하여 국민의 직선이 아닌 대통령선거인단에 의한 간선을 도입하였던 점, 그리고 대통령의 임기를 7년 단임으로 하였던 점은 민주주의의 관점뿐만 아니라 권력분립의 관점에서도 비판의 대상이 된다. 대통령에 대한 국민의 통제, 그리고 임기제에 의한 시간적 권력분립이 크게 약화된 것이기 때문이다.

또한 대통령의 국회해산권이 여전히 규정되고 있었기 때문에,[21] 대통령의 국회에 대한 우월적 지위가 인정될 수밖에 없었다. 나아가 대법원장과 대법원판사에 대한 대통령의 임명권을 통해 법원에 대한 영향력도 유지되고 있었으며,[22] 헌법위원회도 대통령의 영향력을 벗어나지 못하고 있었다.

이렇게 볼 때, 제5공화국 헌법상의 권력분립도 권력의 견제와 균형을 실현시키기에는 상당히 부족한 것이라고 평가되지 않을 수 없다.

---

20) 헌법위원회의 위원 9인은 1972년 헌법 제109조 제3항에 따라 대통령과 국회, 대법원장이 각기 3인씩 선임하도록 되어 있었다. 하지만 국회와 대법원장이 대통령의 영향력 하에 있었기 때문에 결국 헌법위원회도 그 구성에서부터 대통령의 영향력을 벗어날 수 없었던 것이다.

21) 1980년 헌법 제57조.

22) 1980년 헌법 제105조 제1항, 제2항.

제 2 절 현행헌법상의 권력분립의 기본구조

Ⅰ. 권력분립의 원리에 따른 국가기관의 구성

현행헌법상 국가권력의 분립은 수평적 권력분립과 수직적 권력분립을 포함하고 있을 뿐만 아니라, 시간적 권력분립까지도 전제하고 있다고 볼 수 있다. 이러한 다양한 형태의 권력분립을 통해 국가권력의 구성 자체에서부터 권력의 집중을 억제함과 동시에 남용을 방지하고자 노력하고 있는 것이다.

가장 중요한 비중을 차지하는 **수평적 권력분립**은 국가기능을 입법, 집행, 사법으로 나누고 이를 각기 국회, 대통령을 수반으로 하는 정부, 그리고 사법부에 부여하는 삼권분립의 구조로 나타나고 있다. 이러한 수평적 권력분립의 기본구조는 단지 국가기능을 분류하는 것으로서의 의미만을 가지고 있는 것이 아니라 이러한 기능들이 각기 구별되는 특성을 갖고 있으며, 이러한 특성에 부합되도록 국가기관들을 상이하게 구성하여야 한다는 데 그 실질적 의의가 있다.[23)]

수직적 권력분립은 무엇보다 지방자치를 통해 구체화되고 있다. 비록 연방국가적 구조에 기초한 연방과 주 사이의 권력분립은 채택되지 않고 있지만, 지방자치를 통한 중앙정부와 지방자치단체 사이의 권력분립은 지방자치가 발달되면서 점차 실질적인 의미와 비중이 확대되고 있는 것이다. 또한 현재의 지방자치는 광역자치단체와 기초자치단체의 이원적 구조를 취하고 있는 바, 광역자치단체와 기초자치단체 사이의 권력분립적 구조도 함께 고려될 수 있을 것이다.

그리고 임기제를 통해 구체화되는 **시간적 권력분립**도 중요한 의미를 갖는다. 아무리 강력한 권력이라 할지라도 무기한 인정되는 권력이 아니라 한정된 시간 이후에는 선거 등에 의하여 다시금 정당성을 부여받아야 한다는 사실은 권력의 남용을 억제하는 중요한 요소가 될 수 있으며, 특히 이를 통한 여야의 정권교체는 권력분립의 측면에서 결정적인 역할을 할 수 있는 것이다.[24)]

Ⅱ. 국가권력의 균형을 고려한 권한의 정서

1. 국가기관의 구성에 있어서의 균형

권력분립의 가장 중요한 요청 가운데 하나가 권력의 균형이다. 형식적으로 권력을 분립시켜 놓았다 하더라도 권력의 균형이 확보되지 않으면 권력의 남용을 막기 어렵기

---

23) 각 국가기능과 그것을 담당하는 국가기관의 구성방식 사이의 연관관계에 관하여는 아래의 「제2부 제1장 제3절 **국가기능과 국가기관의 관계**」 참조.

24) 정권의 교체를 통하여 과거 정권의 비리를 밝힐 수 있게 된다는 것은 결국 현 정권도 장래를 대비하여 권력의 오·남용을 자제하여야 한다는 것을 의미하기 때문이다.

때문이다. 비록 근대적 권력분립과 달리 현대적 권력분립에서는 엄격한 권력의 균형을 절대적인 도그마로 생각하지는 않지만, 최대한 권력의 균형을 확보하는 것이 중요하다는 것 자체를 부정하는 것은 아니다.

현행헌법도 국가기관 구성에 있어서 권력균형의 확보를 위해서 여러 규정들을 두고 있다.

가장 대표적인 예로 들 수 있는 것은 헌법재판소와 중앙선거관리위원회의 구성방식이다. 각기 9인으로 구성되는 양 기관이 어느 특정한 국가기관의 일방적인 영향력 하에 놓이지 않도록 하기 위하여 국회, 대통령, 대법원이 각기 3인씩을 임명할 수 있도록 하고 있는 것이다(헌법 제111조 제2항, 제3항, 제114조 제2항).[25)]

또한 대통령이 중요한 헌법기관을 임명함에 있어서 국회의 동의를 받도록 하는 것도 국가기관의 구성에서의 균형을 고려한 것으로 이해될 수 있다. 예컨대 대법원장, 헌법재판소장, 대법관, 국무총리, 감사원장 등에 대한 국회의 임명동의가 이에 해당된다(헌법 제104조 제1항, 제111조 제4항, 제104조 제2항, 제86조 제1항, 제98조 제2항).

그리고 행정각부의 설치 · 조직과 직무범위는 법률로 정하도록 하고 있는 것(헌법 제96조)이나, 대법원과 각급법원의 조직을 법률로 정하도록 하고 있는 것(헌법 제102조 제3항)도 특정 국가기관의 일방적 영향력 하에서 국가기관의 구성이 결정되지 않도록 균형을 고려한 것으로 볼 수 있다.

2. 국가권력의 행사에 있어서의 균형

국가권력의 균형은 무엇보다 권력의 행사에 있어서 중요한 의미를 갖는다. 직접적인 통제를 위한 것은 아니라 할지라도 한 국가기관의 권력행사에 대하여 다른 국가기관이 일정한 균형추의 역할을 할 수 있는 권한을 보유함으로써 남용을 억제할 수 있기 때문이다. 그러나 바로 그 때문에 국가권력의 균형과 통제는 표리의 관계로 맞물려 있을 수밖에 없고, 같은 제도를 학자에 따라 균형의 확보를 위한 것으로 보기도 하고, 또는 통제를 위한 것으로 보기도 하는 경우가 적지 않게 생긴다.[26)]

국가권력행사의 균형을 위한 헌법상의 장치들은 현행헌법상 여러 가지로 규정되고 있다. ① 정부가 예산안의 편성권을 갖는 반면에 국회가 예산안에 대한 심의 · 의결권(헌법 제54조)을 갖는 것이 그러하며, ② 정부의 국채발행 또는 예산 외에 국가의 부담이 될 계약의 체결에 대하여 사전에 국회의 의결을 얻도록 하는 것(헌법 제58조)도 그러하다. ③ 국회가 입법권을 가지고 있지만, 대통령이 그에 대하여 거부권을 행사함으로써 재의를 요구하는 것도 균형을 위한 것으로 볼 수 있으며(헌법 제53조), ④ 국회가 국무총리 · 국무위원에 대하여 국회출석 및 답변을 요구할 수 있는 권리(헌법 제62조 제

---

25) 그러나 이러한 구성방식에 대한 비판도 적지 않다. 이에 관하여는 「제3권 제3부 제5장 제4절 Ⅰ. 1. **헌법재판소의 민주적 정당성과 재판관의 선임**」 참조.

26) 하지만 이러한 차이는 실제 큰 의미를 갖는 것은 아니다. 국가권력의 균형이라는 것도 결국은 통제의 효율성을 위한 전제로서의 역할을 하는 것이기 때문에 결국 균형과 통제라는 두 가지 요소는 결합될 수밖에 없기 때문이다.

2항)와 대통령, 국무총리 등의 국회 출석 · 발언권(헌법 제81조, 제62조 제1항) 등도 역시 그러하다. 또한 ⑤ 대통령의 사면, 감형, 복권에 관한 권한(헌법 제79조 제1항) 등도 이런 맥락에서 이해될 수 있을 것이다.

그러나 국가권력의 행사에 있어서는 균형만을 고려하는 것이 아니라 국민을 위한 활동의 효율성도 고려되어야 한다. 그 때문에 국가권력행사의 균형을 깨뜨리면서 특정 국가기관에 강력한 권한이 부여되는 경우도 생기게 된다.[27] 이러한 경우에 발생될 수 있는 남용의 가능성을 최소화시키기 위하여 보다 강화된 권력통제수단도 필요하게 되는 것이다.[28]

3. 다양한 헌법상의 제도를 통한 균형의 확보

국가권력의 균형을 확보하기 위한 헌법상의 장치들 가운데는 제도 자체를 전통적인 삼권의 영향력에서 상당부분 벗어나도록 함으로써 권력의 균형을 확보하는 것들도 적지 않다.

예컨대 헌법개정에 있어서 국민투표를 거치도록 하는 것(헌법 제130조 제2항)도 국가권력의 균형과 무관하지 않다. 그렇게 함으로써 국회의 의결만으로 헌법이 개정될 경우와는 달리 헌법개정에 관한 국회의 영향력이 완화되고, 권력의 균형을 확보하는 데 긍정적인 효과가 나타나는 것이다.

또한 직업공무원제를 통하여 공무원의 정치적 중립성을 확보하는 것(헌법 제7조), 국군의 정치적 중립성을 선언한 것(헌법 제5조 제2항)도 정치적 영향력을 제한함으로써 국가권력의 균형을 확보하는 데 도움이 된다. 그 밖에 지방자치제(헌법 제117조, 제118조), 중립적인 선거관리(헌법 제114조-제116조), 복수정당제(헌법 제8조 제1항) 등도 국가권력의 균형에 도움이 되는 헌법상의 제도라고 할 수 있다.

Ⅲ. 국가권력의 상호통제

1. 국회에 의한 타 국가기관의 통제

국회는 입법기관일 뿐만 아니라 국민의 대표자로서 정부(=집행부)에 대한 각종의 통제권한도 가지고 있다. 현대국가에서는 행정국가화 경향 등에 의하여 집행부의 과제와 기능이 확대되는 현상이 보편화되고 있는데, 현행헌법은 국회의 대정부통제권한을 강화시킴으로써 확대된 집행부의 권한이 남용되지 못하도록 하는 데 초점을 맞추고 있는 것이다. 그 밖에 국회는 사법부에 대해서도 일정한 통제권을 가지고 있다.

---

27) 예컨대 집행부에 대한 국가긴급권의 인정, 행정입법권의 확대 등은 권력의 균형을 깨뜨릴 수 있지만, 국민을 위해 필요하다는 측면에서 그 정당성이 인정되는 것이다.

28) 따라서 현대적 헌법에서는 특히 행정국가화 경향에 따라 비대해진 집행부를 보다 효과적으로 통제하기 위한 여러 장치들이 많이 개발되고 있다. 이에 관하여는 「제3권 제3부 제3장 제6절 **집행부의 활동에 대한 통제**」 참조.

국회의 대정부통제권 가운데 중요한 것으로는 ① 국정감사 · 조사권(헌법 제61조), ② 선전포고 등 외교행위에 관한 동의권(헌법 제60조), ③ 대통령 기타 고위직 공무원에 대한 탄핵소추권(헌법 제65조), ④ 국무총리, 국무위원의 해임건의권(헌법 제63조), ⑤ 국가긴급권의 행사에 대한 통제권(헌법 제76조 제3항, 제77조 제5항), ⑥ 대통령의 일반사면에 대한 동의권(헌법 제79조 제2항), ⑦ 대통령이 제안한 헌법개정안에 대한 의결권(헌법 제130조 제1항) 등이 있다.

또한 국회가 사법부를 통제하는 권한으로서는 ① 법관 및 헌법재판소 재판관에 대한 탄핵소추권(헌법 제65조)과 ② 사법부와 관련된 사안에 대한 국정조사권(헌법 제61조) 등을 들 수 있을 것이다.

2. 대통령에 의한 타 국가기관의 통제

오늘날 집행부는 다른 어떤 국가기관보다도 광범위한 권한을 부여받고 있으며, 인적 · 물적 조직 및 전문성의 측면에서 다른 국가기관을 압도하고 있는 상황이다. 그렇기 때문에 집행부는 주로 통제의 대상이 되며, 통제의 주체가 되는 경우는 많지 않다.

그러나 예외적으로 집행부의 수반인 대통령이 다른 국가기관의 활동을 통제하는 경우도 있다. 예컨대 대통령의 법률안거부권(헌법 제53조 제2항)도 보는 관점에 따라서는 국가권력행사의 균형이 아니라 국회의 입법권 남용에 대한 통제라고 볼 수 있으며, 대통령의 사면권(헌법 제79조)도 사법권의 행사에 대한 통제로 작용할 수 있다.

3. 법원에 의한 타 국가기관의 통제

법원은 사법기관으로서 재판을 통해 다른 국가작용에 대한 통제를 가할 수 있다. 가장 대표적인 예는 행정소송을 통해 행정작용에 대하여 통제를 가하는 것이지만, 그 밖에 명령 · 규칙 · 처분의 위헌 · 위법심사권(헌법 제107조 제2항)을 통하여 국회규칙이나 행정입법 등에 대해서도 통제를 가할 수 있다.

4. 헌법재판소에 의한 타 국가기관의 통제

오늘날 헌법재판은 권력통제를 위한 매우 중요한 요소로 인정되고 있다. 특히 포괄적인 권한을 갖는 헌법재판소가 구성되고 활동함으로써 권력의 남용에 대한 효과적인 통제라는 측면에서 상당한 진전이 있게 된 것은 현행헌법의 커다란 성과 가운데 하나이다.

현행헌법상 헌법재판소는 위헌법률심판(헌법 제111조 제1항 제1호)을 통해 국회의 입법작용을 통제하며, 탄핵심판(헌법 제111조 제1항 제2호)도 국가권력의 남용에 대한 중요한 통제수단이다. 또한 권한쟁의심판(헌법 제111조 제1항 제4호)을 통해 국가기관 또는 지방자치단체의 권한분쟁을 해결함으로써 권한의 남용을 통제할 뿐만 아니라, 국가공권력에 의한 기본권의 침해를 대상으로 하는 헌법소원심판(헌법 제111조 제1항 제5호)도 국가권력의 오 · 남용에 대한 통제수단으로 널리 활용되고 있다.

제2부

국가기능

현대적 권력분립은 기관의 분립에 앞서서 기능의 분립을 요구한다. 즉, 현대적 권력분립은 선재하는 국가기관을 전제로 그들 사이의 관계만을 문제삼는 것이 아니라, 백지상태에서 헌법을 제정할 때, 어떤 맥락에서 국가조직을 구성할 것인지를 문제삼는 것이다.

그러므로 현행헌법상의 국가조직을 전체적으로 이해하기 위해서는 먼저 국가기능을 정확하게 파악하는 것이 중요하다. 왜냐하면 현대적 권력분립에 따른 국가조직체계는 국가기관들이 수행하여야 할 과제를 중심으로 먼저 국가기능을 설정한 후에, 이러한 기능을 담당할 기관들을 -기능의 성격에 맞게끔- 구성한 것이기 때문이다.

현대적 권력분립에 따라 국가기능을 입법, 집행, 사법으로 분류하는 것은 입법부, 집행부, 사법부의 구성을 위한 전제이며, 입법, 집행, 사법의 성격과 내용을 정확하게 이해하는 것이 곧 입법부, 집행부, 사법부의 구조와 성격 및 권한범위 등을 이해하기 위한 중요한 기초인 것이다.

제 1 장 국가의 과제와 국가기능

현대적 권력분립에서도 국가의 기능을 입법, 집행, 사법으로 나누는 것이 일반화되어 있다. 그러나 단순히 이러한 현실을 당연한 것으로 받아들이고 입법기능, 집행기능, 사법기능에 대한 구체적이고 개별적인 검토로 들어가는 것보다는 도대체 왜 국가기능을 입법, 집행, 사법으로 나누는지를 정확하게 파악하면서 그 의의와 한계를 정리하는 것이 필요하다.

이미 기본권에 관한 검토 가운데서, 또는 제1부의 고찰 가운데서 설명된 것과 중복되는 부분도 있을 것이지만, 그 의미와 중요성은 아무리 강조해도 지나치지 않을 것이다. 이러한 고찰을 통해서 국가조직의 전체적 구조와 성격에 대한 거시적 이해의 깊이를 더할 수 있을 뿐만 아니라, 국가기능 및 국가기관에 관한 개별적 문제를 정확하게 이해하는 것도 훨씬 수월해질 수 있을 것이기 때문이다.

제 1 절 국가조직의 논리구조와 국가기능

Ⅰ. 민주적 헌법의 기본과제

1. 헌법의 대상으로서의 국가(공동체)

종래 국가와 헌법의 관계에 대해서 적지 않은 논란이 있었으며, 심지어 국가가 정치생활의 기초로서 실체적 존재인 반면에 헌법이란 형식적인 존재에 불과하고 실제의 정치세력의 합의에 의해 만들어진 종잇장에 불과한 것으로 보는 견해도 있었다.[1)]

그러나 입헌주의의 발전과 더불어 국가와 헌법은 불가분의 관계 속에 엮어지게 되었다. 국가의 구조와 성격을 결정하는 중요한 요소들이 헌법에 의해 규범적으로 정립되어야 한다는 생각은 결국 법실증주의에 의해 헌법과 국가를 동일시하는 견해로까지 발전되었던 것이다.

---

1) 예컨대 페르디난트 라쌀(*Ferdinand Lassalle*)은 헌법의 문제가 본질적으로 법의 문제가 아닌 힘의 문제라고 보았다. 즉, 군사력이나 사회적 세력, 경제력 또는 정신적 힘과 같은 사실적인 상황이 현실적 헌법(wirkliche Verfassung)이며, 일반적으로 헌법이라 일컬어지는 법적 헌법(rechtliche Verfassung)은 종이조각에 불과하다는 것이다. 따라서 법적 헌법의 힘은 사실적 헌법과 일치되는 한에서만 발휘된다는 것이다. 이에 관하여는 *K. Hesse*(계희열 역), 헌법의 규범력, 「*K. Hesse*(계희열 역), 헌법의 기초이론」, 2001, 13-34(13이하)쪽 참조.

그러나 엄밀하게 이야기하면 국가와 헌법은 별개의 존재이다. 즉, 역사적 · 문화적 동질성을 가진 집단이 일정한 지역 내에서 같은 정치적 · 법적 제도 안에서 생활하는 **공동체로서의 국가**(즉 사실로서의 국가)와 이러한 국가의 내부적 질서와 활동방식 및 발전방향을 규율하는 **최고규범으로서의 헌법**은 개념상 분리될 수 있고, 또 분리되어야 한다.

이러한 분리를 전제로 할 때, 헌법은 국가(공동체)를 그 규범적 규율의 대상으로 한다고 할 수 있다.[2)]

2. 근대 이래의 국가발달과 입헌주의

근대 이래의 국가발달은 다양한 요소에 의해 영향을 받았다. 근대 초에는 주권이론에 기초한 절대적 군주주권 국가가 일반적이었지만, 군주의 절대적 권력이 안고 있는 위험성이 점차 경계의 대상이 되면서 군주의 권한을 억제하려는 노력을 통하여 국가는 새로운 형태로 발전하게 되었다.[3)]

우리가 흔히 제한군주제 또는 입헌군주제라고 부르는 새로운 형태의 국가는 종래의 절대군주제와는 달리 군주도 시민세력과의 합의에 의해 만들어진 헌법적 규범을 준수할 의무를 지는 것을 특징으로 한다. 즉, 군주의 권한이 -초기의 군주주권론에서 주장되었던 것과는 달리- 무제한적인 것은 아니라고 인정되었다.[4)]

입헌주의의 기원은 영국에서 법의 지배가 발달함에 따라 국왕도 "신법, 자연법 및 보통법의 지배를 받아야 한다"는 사상이 형성된 것에서 찾을 수 있다. 하지만 입헌주의의 역사적 발달은 영국에서 의회의 지위와 권한이 확대 · 강화되는 과정에서 의회의 제정법을 통해 국왕의 권한을 억제하는 형태로 진행되었다. 특히 근대적 권력분립의 태동은 입헌주의를 거스를 수 없는 대세로 만들었으며, 민주주의가 관철된 오늘날에도 입헌주의는 헌법국가의 사상으로 연결되어 지속적인 영향을 미치고 있다.[5)]

3. 현대헌법의 기본과제

현대적 헌법은 국민의 기본권보장을 목적으로 하며, 민주주의와 법치주의에 기초하여 국가권력을 구성하고 행사하는 국가질서를 지향한다.

따라서 현대적 헌법의 기본과제는 -헌법총론에서 설명되었던 국가질서의 동적인 형성, 법질서를 통한 국가질서의 정적인 유지라는 기본과제[6)]를 전제로 이야기할 때- 민주적인 의

---

2) 즉, 헌법을 국가의 최고법이라고 부르는 것은 이와 같은 구별을 전제로 할 때 비로소 가능한 것이다.
3) 주권이론의 발전에 관하여는 「제1권 제2부 제2장 제2절 **민주주의와 국민주권**」 참조.
4) 이러한 발전의 배후에는 주권이론의 변천 내지 국민주권론을 앞세운 민주주의 정치사상의 발전, 그리고 정치력 세력관계의 변화를 배경으로 한 권력분립론의 대두 등이 있었다.
5) 입헌주의의 역사적 발전에 관하여는 김종철, 영국 입헌주의의 본질과 특색, 공법연구 제30집 제1호(2001.12), 97-114쪽; 이금옥, 미국 입헌주의의 역사적 전개, 공법연구 제27집 제1호(1998.12), 135-152쪽 참조.
6) 이에 관하여는 「제1권 제1부 제1장 제4절 Ⅲ. **헌법의 기본과제**」 참조.

견수렴을 통해 국민의 의사가 최대한 반영되는 국가질서의 형성, 그리고 국민의 기본권을 최대한 실현시키는 국가질서의 형성과 유지라고 할 수 있을 것이다.

국가조직 형성의 방향 및 방법도 이러한 과제에 부응하여야 한다. 즉, 국민의 민주적 의사를 최대한 수렴할 수 있는 국가조직의 구성, 국민의 기본권을 최대한 보장하고 실현시킬 수 있는 국가조직이 요청되는 것이다.

Ⅱ. 과제수행을 위한 수단으로서의 국가조직

1. 민주적 헌법국가의 기본구조와 작동방식

현대 민주국가의 헌법은 국민의 의사와 이익을 최대한 실현시키는 국가질서를 요청한다. 그러나 모든 국민의 의사와 이익을 완벽하게 실현시키는 것은 현실적으로 불가능하다. 따라서 일정한 타협이 불가피하다.

이러한 타협의 결과로 나타난 것이 현대 민주주의에서 일반화되어 있는 대의제[7] 및 다수결[8]의 방식이라고 할 수 있다. 즉 모든 국민이 자신의 의사와 이해관계를 직접 관철시키려 할 경우에 발생될 혼란과 충돌을 최소화시키기 위해서 국민이 다수결에 의하여 대표자를 선출하고, 선출된 대표자가 일정한 기준을 정함으로써 가능한 한 많은 국민들의 의사를 반영시킬 수 있는, 그리고 가능한 한 많은 국민의 이해관계에 부합되는 국가질서를 만들어나가는 것이다.

하지만 이러한 대의제 민주주의에도 일정한 한계가 있을 수밖에 없고, 그로 인하여 대의제의 딜레마, 또는 대의제의 한계가 끊임없이 문제되고 있음은 주지의 사실이다.[9]

2. 국민에 의한 민주적 의사형성

국가질서의 민주성을 확보하기 위한 일차적 전제조건은 국민의 의사가 민주적으로 형성되고 수렴될 수 있도록 하는 것이다. 이를 위해서는 적어도 세 가지 요소가 구비되어야 한다.

첫째, **국민의 자유로운 의사결정 및 의사표현**이 가능하여야 한다. 이를 위해서 양심의 자유,[10] 언론의 자유[11] 등이 기본권으로 보장되고 있다. 개개의 국민들이 자유롭게 자신의 생각을 형성하고 또 표현할 수 없는 상황이라면 민주적 의사형성은 시작될 수조차 없을 것이기 때문이다.

둘째, 자유롭고 다양하게 표현된 **국민의 의사가 수렴**될 수 있어야 한다. 수천만 국민의 개별적 의사가 각기 개인의 의견으로 흩어져버리고 하나의 결집된 의사로 형성

---

7) 대의제에 관하여는 「제1권 제2부 제2장 제3절 **민주적 의사결정과 대의제 민주주의**」 참조.
8) 다수결원리에 관하여는 「제1권 제2부 제2장 제4절 **민주주의와 다수결**」 참조.
9) 이에 관하여는 「제1권 제2부 제2장 제3절 V. **대의제 민주주의의 한계와 보완**」 참조.
10) 이에 관하여는 「제2권 제2부 제5장 제3절 **양심의 자유**」 참조.
11) 이에 관하여는 「제2권 제2부 제6장 **정신적 자유권 ②: 언론의 자유**」 참조.

되지 못할 경우에는 국민의 의사가 구속력을 갖기 어려울 것이기 때문이다. 국민의사의 수렴을 위해서는 집회 및 결사의 자유,[12] 그리고 정당의 구성과 활동[13]이 중요한 역할을 하며, 그 밖에 대중매체를 통한 여론의 형성[14]도 큰 몫을 한다.

셋째, 수렴된 **국민의사가 국가질서의 형성에 반영될 수 있는 통로**가 열려 있어야 한다. 아무리 국민의사가 민주적으로 형성되었다 하더라도 그것이 국가질서에 전혀 반영될 수 없다면, 그 국가는 민주적이라 할 수 없을 것이기 때문이다. 이러한 통로로서의 역할을 하는 것이 정당[15]과 선거[16] 또는 국민투표[17] 등의 제도적 장치이며, 그 밖에 다양한 민주적 통제장치들도 통로로서의 역할을 한다.

3. 국가사무의 처리를 위한 조직으로서의 국가기관

국가기관은 국민의사를 충분히 고려하는 가운데 국민의 기본권을 최대한 보장하고 실현시키는 방향으로 국가사무를 처리하여야 한다. 하지만 때로는 국민의 현재적 의사와 국민의 이익(기본권의 실질적 보장)이 충돌되는 경우도 있을 수 있다.

이러한 딜레마를 해소하기 위하여 국가기관의 담당자, 즉 국민의 대표자에게는 이른바 자유위임이 인정된다.[18] 하지만 자유위임의 원칙이 인정된다고 해서 국민의 대표자들이 국민의사를 무시할 수 있다는 것은 결코 아니다. 만일 국민의사를 무시하는 대표자가 있다면, 그는 대표자로서의 자격을 상실한 것이라고 말할 수 있을 것이다.

다만 국민 다수의 의사가 -국민이 가지고 있는 전문적인 지식이나 정보의 부족, 순간적인 감정적 판단 등으로 인하여- 오히려 국민 자신의 이익과 충돌할 경우에 예외적으로만 국민의 의사에서 벗어나는 것이 가능할 뿐이며, 이 경우에도 국민의사를 벗어나는 이유를 국민에게 충분히 해명해야만 한다.

국가기관은 어디까지나 국민을 위해서 존재하는 것이고, 국가사무를 처리하는 목적 내지 기준 또한 국민을 위한 것, 즉 국민의 기본권을 실현시키기 위한 것이라는 점이 망각되어서는 안 될 것이다.

---

12) 이에 관하여는 「제2권 제2부 제7장 **정신적 자유권 ③: 집회의 자유, 결사의 자유**」 참조.
13) 이에 관하여는 「제1권 제3부 제1장 **정당제도**」 참조.
14) 대중매체에 관하여는 「제2권 제2부 제6장 제5절 **대중매체의 자유**」 참조.
15) 정당은 국민과 국가기관을 매개하는 이른바 중개자로서의 위치에 있으며, 국민의사를 국가질서에 연결시키는 통로로서 가장 중요한 역할을 한다. 이에 관하여는 「제1권 제3부 제1장 제2절 Ⅳ. **정당의 헌법적 기능**」 참조.
16) 선거를 통한 정당성의 부여나 통제가 국가질서의 형성에 직접적인 영향을 미친다는 점에 대해서는 이론의 여지가 없을 것이다. 선거의 이와 같은 기능에 관하여는 「제1권 제3부 제2장 제1절 **민주적 선거의 의의와 기능**」 참조.
17) 국민투표가 실제 이용되는 경우는 많지 않지만, 국민의 의사에 따라 국가의 중요한 사안이 직접 결정된다는 점에서 통로로서의 기능은 분명히 인정된다. 국민투표의 의의와 기능 및 한계에 관하여는 「제2권 제2부 제9장 제4절 **국민투표권**」 참조.
18) 자유위임에 관하여는 「제1권 제2부 제2장 제3절 Ⅳ. **국민과 대표자의 관계**」 참조.

Ⅲ. 국가과제와 국가기능의 대응관계

1. 국가과제로서의 공공복리

공동체로서의 국가는 특정한 개인이나 집단이 아닌 국가구성원 모두, 즉 국민 모두의 이익을 추구하여야 한다. 국가의 과제 자체가 국민 '일반'에 봉사하는 것이기 때문에 국가의 과제는 흔히 공공복리의 실현으로 표현되기도 한다.

그러나 공공복리가 구체적으로 무엇을 의미하는지에 대해서는 아직도 논란이 많다.[19] 그럼에도 불구하고 공공복리는 국가활동의 목표 내지 과제로 널리 인정되고 있을 뿐만 아니라 헌법 제37조 제2항에 의하여 기본권의 제한사유로도 명시되고 있다. 그리고 공공복리와 관련하여 다음과 같은 점은 비교적 널리 인정되고 있다고 말할 수 있다.

첫째, 공공복리는 **국민의 일반적 의사 내지 일반적 이익**의 확인을 통해 구체화될 수 있다. 즉, 특정인이나 특정집단의 의사와 이익이 아닌 국민 전체의 의사와 이익에 부합되는 것을 공공복리로 볼 수 있다는 것이다.

둘째, 국민의사를 대표하는 것으로 인정되는 **법률**은 원칙적으로 공공복리의 표현으로 인정된다.[20] 나아가 집행작용과 사법작용도 공공복리의 실현을 과제로 하기 때문에 이러한 법률이 정한 구체적 기준에 따라 수행되어야 한다.

셋째, **기본권의 보장**도 공공복리라고 할 수 있다. 다만 특정인의 기본권에 대한 절대적 보장이 아니라 **전체 국민의 기본권을 최대한 보장**하려는 것이기 때문에, 특정인의 기본권이 제한됨으로써 다른 많은 사람들의 기본권이 보장될 수 있는 경우에는 기본권의 제한을 정당화시키는 사유가 되기도 한다.

넷째, 공공복리의 실현과정에서는 **객관적이고 중립적인 업무수행**이 요청된다.

2. 국가활동의 목표와 이를 달성하기 위한 전제 및 한계

국가활동이 그때그때 지향하는 구체적인 목표는 다양할 것이다. 예컨대 국회에서 빈민구조에 관한 법률을 제정할 경우의 목표와 정부에서 독과점을 억제하는 경제정책을 집행할 경우의 목표, 그리고 법원에서 사법구조를 개혁할 경우의 목표는 각기 다를 수 밖에 없다.

그러나 그러한 개별적인 차이에도 불구하고 국가활동의 궁극적인 목표는 기본권의 보장과 실현 내지 이를 집합적으로 표현하고 있는 공공복리라고 할 수 있다. 다만 각 국가기관이 담당하고 있는 영역 및 활동방식의 차이(즉, 권력분립의 원칙에 따라 인정되고 있는 일정한 역할분담), 그리고 개별적인 활동의 내용에 따른 차이가 인정되고 있

19) 과연 어떤 것을 공공복리라고 부를 수 있는지, 또 공공복리와 부분복리(예컨대 개인의 기본권)의 충돌에 대해서는 구체적으로 어떤 기준을 가지고 판단할 것인지에 대한 논란은 아직도 계속되고 있다.

20) 내용상 또는 절차상의 문제로 인하여 법률의 위헌성이 인정되는 경우는 예외라고 할 수 있을 것이다.

는 것이다.

따라서 모든 국가활동에 대해서는 -그 개별적인 차이점에도 불구하고- 공통으로 인정될 수 있는 전제와 한계가 있다. 그것은 민주적 정당성을 확보하여야 할 뿐만 아니라, 법치국가적 형식을 갖추어야 한다는 점, 궁극적인 목표인 기본권보장을 위한 효율성을 확보하여야 한다는 점,[21] 그리고 권력분립의 원칙에 의해 인정되고 있는 각 국가작용의 한계를 벗어나지 말아야 한다는 점(이른바 기능적 적정성의 원칙[22]) 등이다.

3. 국가활동의 방식

국가활동의 방식은 담당하는 과제의 성격과 유형에 따라 매우 다양할 수밖에 없기 때문에 이를 무시하고 획일적으로 똑같은 방식으로 국가활동이 수행되도록 요구하는 것은 결코 바람직하지 않다. 그러나 같은 이유에서 과제의 성격과 유형에 부합되는 방식을 취하도록 요구하는 것은 정당하다고 할 수 있을 것이다.[23]

그렇기 때문에 국가활동의 방식도 담당기관의 임의에만 맡겨질 수는 없다. 오히려 많은 경우에는 과제 내지 업무의 부과와 더불어 그 과제를 담당하는 국가기관의 활동방식을 미리 정하여 놓는 것이 필요하다.[24] 다만, 다양한 업무를 수행하는 국가기관의 경우에는 기관 자체의 활동방식을 일의적으로 정하는 대신에 과제의 종류별로 활동방식을 다양하게 선택할 수 있는 여지를 줄 수 있다.[25]

제 2 절 국가기능의 분류기준

Ⅰ. 전통적 삼권분립과 국가기능의 분류

1. 전통적인 국가기능의 분류와 그 배경

국가기능의 분류에 대해서는 매우 다양하고 복잡한 기준이 제시될 수 있으며, 실제 제시되고 있기도 하다. 그러나 전통적인 국가론에 있어서는 국가기능을 매우 단순하게 분류하였다. 또, 그러한 분류조차도 큰 의미를 갖지 못하는 경우가 많았다.[26]

---

21) 효율성원칙에 관하여는 「제3권 제1부 제1장 제5절 **국가(권력)조직의 활동의 효율성**」 참조.
22) 이에 관하여는 「제1권 제1부 제4장 제6절 Ⅳ. **기능적 적정성의 원칙**」 참조.
23) 예컨대 신속성과 능률성이 무엇보다 우선시되는 과제를 수행할 경우의 활동방식과 충분한 의견수렴을 통한 민주성과 신중성이 강조되는 과제수행의 방식은 다를 수밖에 없는 것이다.
24) 예컨대 사법부의 활동방식은 재판작용의 성질에 의해 규정될 수 있을 것이다.
25) 예컨대 국회의 경우, 입법작용을 수행할 경우의 활동방식과 국정감사작용을 행할 경우의 활동방식이 상이할 수밖에 없을 것이다.
26) 이미 플라톤과 아리스토텔레스에 의해서 국가기능의 분류가 시도되었지만, 그러한 분류가 보편적으로 통용된 것도 아니었고, 더구나 실제 국가기능의 분류가 구체적인 국가기관의 구성이나 국가작용의 방식과 관련하여 의미 있는 결과로 연결되었던 것도 아니었다.

그러나 전통적인 정치사상 내지 국가사상에서는 입법과 그 밖의 기능을 구별하여 생각하는 것이 일반화되어 있었다. 특히 근대 이래의 국가론에 있어서는 아직 권력분립이 뿌리내리기 이전부터도 입법을 통해 기본적인 원칙을 설정하는 작용과 이러한 원칙에 기초하여 구체적인 국가사무를 처리하는 작용의 구별이 널리 인정되고 있었다. 그것은 고대 그리스 당시부터 내려온 전통에 기인하는 것이었고, 또한 혼합국가형태론의 영향 하에 권력의 남용을 막기 위한 최소한의 수단으로 인정되는 것이기도 하였다.[27)]

또한 영국에서는 14세기 보통법재판소의 구성과 더불어 보통법의 발전이 진행되면서 점차 사법의 독자성이 확보되었고, 이를 통해 입법, 집행, 사법의 구별이 현실적인 것으로 발전하기 시작하였다.

2. 삼권분립의 대두와 입법, 집행, 사법의 구별

17세기 이래로 근대적 권력분립이 주장되면서 삼권분립은 국가기능을 분류하는 하나의 보편적 기준으로 자리잡게 되었다.[28)]

입법자에 의하여 행사되는 **입법**은 법률을 제정하는 것이다. 입법권은 입법자의 개인적인 이익에 부합되도록 행사되어서는 안 되며, 사회의 공동목적 내지 통치의 목적에 부합되도록 행사되어야 한다고 주장되었다.

집행권은 국가를 구성하는 국민들에 대해서 일정한 강제력을 행사할 수 있는 힘이며, 이러한 집행권이 남용되지 않기 위해서는 집행권의 행사에 관한 여러 사항이 법률로써 사전에 규율될 필요가 있다고 인정되었다. 특히 입법권과 집행권의 분리는 누누이 강조되었다.

사법과 관련하여서는 무엇보다 재판의 공정성을 확보하는 방법이 많이 논란되었으며, 이와 관련하여 법관이 의존하여야 할 명확한 법이 필요하다는 것, 그리고 위정자 자신이 재판관이 되어서는 안 된다는 것이 강조되었다.

이처럼 국가기능을 입법, 집행, 사법으로 나누는 것이 보편화된 이래로는 권력분립에 대해 적극적이지 않은 정치사상가들조차도 국가기능의 분류에 있어서는 입법, 집행, 사법의 구별을 전제하는 것이 일반화되었다.[29)]

---

27) 이러한 인식은 근대 정치사상가들의 공통된 생각이라고 할 수 있을 것이다. 로크는 그의 저서 「시민정부에 관한 두 논문(Two Treatises of Government, 1690)」에서 입법권이 그 법률을 집행할 수 있는 권력과 구별되어야 하는 이유를 설명하고 있으며, 몽테스큐도 그의 저서 「법의 정신」에서 동일한 인간 또는 동일한 집정관 단체의 수중에 입법권과 집행권이 결합되어 있을 때에는 자유란 없다고 강조하였다.

28) 몽테스큐의 삼권분립론뿐만 아니라 로크의 이권분립론도 사실상 입법, 집행, 사법의 구별을 전제하고 있었다는 점은 앞에서 살펴본 바와 같다. 이에 관하여는 앞의 「제3권 제1부 제2장 제4절 **근대적 권력분립론**」 참조.

29) 예컨대 룻소는 권력분립에 대해 소극적인 것으로 알려져 있지만, 국가기능을 입법과 집행, 사법으로 나누는 것 자체를 부정하지는 않았다. 그는 한 걸음 더 나아가 입법의 권위와 주권이 같은 사람의 손에 집중되었을 때, 로마가 부패하게 되었다는 점을 지적하기도 하였다. 이에 관하여는 룻소(최석기역), 사회계약론, 제2편 제7장 입법자에 대하여(196쪽) 참조.

3. 고전적 삼권분립론에 따른 국가기능 분류의 의의와 한계

이처럼 고전적 삼권분립론의 영향 하에 국가기능을 입법, 집행, 사법으로 분류하는 것이 보편화되었지만, 그 구별의 기준은 매우 유동적이었다.

그것은 무엇보다 국가기능과 국가기관의 관계를 통해 확인될 수 있다. 당시의 국가기능은 현실적인 국가기관을 중심으로 구별하던 것이었다. 각 국가기능의 의의와 성격을 분명히 하는 가운데 국가기능의 성질과 기관의 성격(구성방식 및 활동방식)이 연계되기보다는, 오히려 각 국가기관의 권한범위를 어떻게 인정하는지에 따라 각 기능의 범위 및 한계가 설정되는 경향이 더 컸었던 것이다.[30)]

이처럼 현실적인 국가기관의 권한을 중심으로 기능을 파악할 경우에는 국가기능의 구별이 유동적인 것이 될 뿐만 아니라, 국가기능의 분류가 국가기관의 성질 및 활동방식으로 직접 연결되어 그 기준으로 작용하는 데에도 한계가 있을 수밖에 없다.

Ⅱ. 새로운 권력분립론과 국가기능의 분류

1. 국가기능의 확대와 새로운 권력분립론의 대두

민주주의의 관철 이후 고전적 권력분립이 새로운 형태의 권력분립으로 변모하면서 국가기능에 대해서도 새로운 접근이 많이 시도되었다. 특히 현대국가에서는 행정국가화, 사회국가화 등에 의하여 국가기능 자체가 매우 광범위하게 확장되었기 때문에 국가기능에 대해서도 새로운 시각에서의 접근이 요청되었던 것이다.

이러한 시각의 변화는 새로운 권력분립론과 상당부분 맞물려 있기도 하였다. 전통적인 권력분립론과는 달리 입법, 집행, 사법의 기능분립에 한정시키지 않고 다양한 형태의 권력분립을 시도하면서 국가기능에 대한 이해의 지평도 확장되었던 것이다.

칼 뢰벤슈타인(*Karl Loewenstein*)이 이른바 동태적 권력분립을 주장하면서 정책형성, 정책집행, 정책통제의 형태로 국가기능을 새롭게 나누었던 것이나, 베르너 캐기(*Werner Kägi*)와 클라우스 슈테른(*Klaus Stern*)에 의하여 포괄적·다차원적 권력분립이 시도되면서 전통적인 수평적 권력분립 이외의 다양한 권력분립적 요소를 인정한 것도 이러한 국가기능의 확대 및 변화와 무관하지 않다.

2. 포괄적·다차원적 권력분립과 국가기능의 분류

최근의 새로운 권력분립론을 대표하는 포괄적 권력분립론 내지 다차원적 권력분립론은 국가기능에 대한 새로운 이해에 기초하고 있다. 즉, 국가작용은 전통적인 입법, 집행, 사법의 구별 이외에도 다양한 형태로 구분될 수 있으며, 이에 기초하여 국가권력

30) 이것은 특히 입법사항의 범위에 대한 인식에서 뚜렷이 드러나고 있었다. 이에 관하여는 「제3권 제2부 제2장 제1절 Ⅲ. 입헌주의의 발달과 고전적 법률개념의 징표: 권한(개념)으로서의 법률」 참조.

을 다양한 형태로 분립시키는 것이 가능하다는 것이다.

예컨대 캐기는 헌법의 제정·개정기능과 일반적인 입법기능을 구별하였으며, 입법부의 양원제를 통해 입법부의 내부적 기능분립이 가능함을 강조하였다. 마찬가지로 집행부 내부에서의 기능분립 내지 권력분립도 중요한 의미를 갖는 것으로 보았으며, 임기의 한정을 통한 시간적 권력분립, 연방제와 지방자치에 의한 기능 및 권한의 분담을 통한 수직적 권력분립 등에 대해서도 무게를 두었다.[31)]

슈테른도 캐기와 유사하게 다양한 형태의 기능분립 및 권력분립을 시도하였다. 그 역시 수직적 권력분립과 관련하여 연방과 주 사이의, 또는 중앙정부와 지방자치단체 사이의 기능분립을 강조하였을 뿐만 아니라 집행부 내부에서 정치적 지도작용과 관료제적 행정작용의 구분에 기초하여 이를 권력분립의 요소로 파악하였다. 슈테른은 그 밖에 국제기구 내지 초국가적 기구와 국가기관 사이의 권력분립도 새로운 형태의 수직적 권력분립으로 보았다.[32)]

3. 다양한 분류의 시도와 그 의의 및 한계

이상의 다양한 국가기능의 분류는, 그러나 체계성의 측면에서 결정적인 한계를 노출시키고 있다.

캐기나 슈테른에 의하여 시도되었던 포괄적·다차원적 권력분립은 국가기능의 분립을 전통적인 수평적 권력분립에 한정시키지 않고 수직적 권력분립과 시간적 권력분립으로까지 확장시키는 데 큰 기여를 했다. 그러나 이들의 권력분립은 국가기능의 분립 및 이에 기초한 국가권력의 분립에 한정되지 않고, 사회적 권력분립, 심지어 초국가적 권력분립으로까지 확장됨으로 인하여 국가기능의 분립과 무관한 영역으로까지 넘어가게 되었다. 그로 인하여 정작 「국가」기능의 체계적 정리에는 한계를 보이게 되었던 것이다.

이러한 한계는 현대적 권력분립에 대한 정확한 이해, 그리고 끊임없이 변화·발전하는 국가작용에 대한 지속적인 관심과 분석을 통해서만 극복될 수 있을 것이다.

Ⅲ. 현행헌법상의 국가기능 분류

1. 수평적인 국가기능의 분류와 입법, 집행, 사법

권력분립의 현대적 변용 내지 포괄적·다차원적 권력분립에도 불구하고 현대적 권력분립의 기본은 여전히 입법, 집행, 사법의 수평적 권력분립일 수밖에 없다. 특히 우리가 국가기능의 분립 및 이에 기초한 국가기관의 구성 및 권한범위에 초점을 맞추어

---

31) 캐기의 권력분립론에 대해서는 앞의 「제3권 제1부 제3장 제3절 Ⅱ. 베르너 캐기(W. Kägi)의 포괄적 권력분립론」 참조.

32) 슈테른의 권력분립론에 대해서는 앞의 「제3권 제1부 제3장 제3절 Ⅲ. 클라우스 슈테른(K. Stern)의 다차원적 권력분립론」 참조.

생각할 때, 수평적 권력분립의 비중은 거의 절대적이라고 할 수 있다.

물론 현대적 권력분립의 틀 안에서 이해되는 수평적 권력분립은 고전적 권력분립 하에서의 그것과는 많이 다르다. 무엇보다 기관의 분립에 앞서 기능의 분립이 선행된다는 점에서 그러하고, 그러한 기능의 분립이 기관의 분립(기관의 성격 및 구성방식, 권한범위 등)을 좌우하는 의미를 갖는다는 점에서 그러하다.

현행헌법은 이런 의미에서 입법, 집행, 사법의 구분을 국가조직의 기본틀로 정하고 있다. 헌법 제40조에서는 "입법권은 국회에 속한다"고 규정하고 있으며, 헌법 제66조 제4항은 "행정권은 대통령을 수반으로 하는 정부에 속한다"고 명시하고 있다. 그리고 헌법 제101조 제1항에서는 "사법권은 법관으로 구성된 법원에 속한다"고 정하고 있다.[33)]

2. 입법기능과 행정입법, 사법입법 및 자치입법

현행헌법 제40조에 따라 입법권은 국회에 속한다. 그러나 헌법 제40조에서 의미하는 입법권은 '추상적 법규범의 정립'이라는 강학상의 입법개념과는 구별되어야 한다. 즉 모든 형태의 추상적인 법규범 정립이 헌법 제40조에 따라 국회의 권한에 속한다고 볼 수는 없는 것이다.[34)]

현행헌법이 국회에 부여하고 있는 입법기능은 헌법을 일차적으로 구체화시킴으로써 국가질서의 기본방향을 설정하고, 집행 및 사법작용을 위한 기준과 지침을 마련하는 작용을 의미하는 것으로 이해될 수 있으며, 이러한 국회의 입법작용은 법률이라는 형식으로 정리되어 나타난다.

반면에 '추상적인 법규범의 정립'이라는 의미에서 입법으로 지칭되기는 하지만, 헌법 제40조에서 의미하는 입법은 아닌 **행정입법**, 즉 행정부에 의한 법규범(대통령령, 총리령, 부령 등)의 정립, 또는 **사법입법**, 즉 사법부에 의한 법규범(대법원규칙, 헌법재판소규칙)의 정립, 그리고 **자치입법**, 즉 지방자치단체에 의한 법규범(조례, 규칙 등)의 정립은 이와 구별되어야 한다.

3. 집행부 내부의 기능분류

집행작용은 그 담당하는 업무영역이 가장 광범위할 뿐만 아니라, 가장 복잡하고 전문화되어 있는 국가작용이기도 하다. 그렇기 때문에 현행헌법은 입법, 사법과 집행을 구분하였을 뿐만 아니라 집행부 내부에서의 기능도 몇 가지로 구별하고 있다. 예컨대

---

33) 이러한 헌법규정은 제헌헌법 제31조(입법권은 국회가 행한다)와 제51조(대통령은 행정권의 수반이며 외국에 대하여 국가를 대표한다), 제76조(사법권은 법관으로써 조직된 법원이 행한다) 이래로 입법권을 국회에, 집행권을 대통령을 수반으로 하는 정부에, 그리고 사법권을 법원에 담당시키는 규정체계를 따르고 있는 것이다. 그러나 현행헌법에서 헌법재판소가 새로 도입되었음을 고려할 때, 이러한 규정의 체계에 변화를 가할 필요가 있었음에도 불구하고 이를 반영하지 못한 점은 문제로 지적될 수 있다.

34) 헌법 제40조의 입법개념에 관하여는 아래의 「제3권 제2부 제2장 제2절 **현행헌법 제40조와 법률의 개념**」 참조.

대통령이 담당하는 기능과 행정부가 담당하는 기능을 나누어 놓고 있으며, 행정부 내에서도 국무총리, 국무회의, 행정각부, 그리고 감사원의 기능을 각기 나누어 놓고 있는 것이다.

물론 집행부 내부에서의 기능분류는 이와 같이 헌법에 의해 명시된 것에 한정되지는 않는다. 오히려 집행기능의 실질적 담당자라고 할 수 있는 행정각부의 설치 · 조직과 직무범위는 법률로 정하도록 함으로써(헌법 제96조), 법률에 의한 구체화에 많은 부분을 위임하고 있다.[35] 그 결과 정부조직법을 비롯한 여러 법률에 의하여 집행부가 수행하여야 할 기능이 나누어지고, 이를 담당할 행정기관들의 구체적인 구성 및 활동범위가 정해지고 있다.

하지만 헌법 스스로가 일정한 기능의 분담을 전제로 집행부의 내부조직에 관한 구체적인 규정을 두고 있는 것 자체가 갖고 있는 의미도 결코 과소평가될 수 없을 것이다.[36]

4. 사법기능의 분장과 법원, 헌법재판소

현행헌법은 제101조 제1항에서 "사법권은 법관으로 구성된 법원에 속한다"고 규정하고 있다. 그로 인하여 헌법재판작용의 성질 내지 헌법재판소의 성격에 대한 견해의 대립이 나타나기도 하였다.[37]

하지만 현행헌법의 전체적 구조를 볼 때, 헌법재판작용도 사법작용으로 이해되어야 할 것이며, 헌법재판소도 사법기관으로 이해될 수밖에 없다. 즉 사법기능을 법원과 헌법재판소가 나누어서 담당하고 있는 것이다. 그것은 마치 양원제 의회를 두고 있는 국가에서 입법권을 상원과 하원이 나누어 담당하는 것과 유사하게 이해될 수 있을 것이다.

그러나 현행헌법이 법원과 헌법재판소의 관계를 분명하게 설정하지 않았기 때문에 발생되는 문제들도 적지 않다.[38]

---

35) 그것은 현대의 정치적 · 사회적 환경의 변화에 탄력적으로 대응하기 위한 것으로 이해될 수 있을 것이다.

36) 이와 관련하여 대통령과 국무총리의 관계, 또는 대통령과 국무회의의 관계 등이 헌법상 중요한 문제로 대두된다. 이에 관하여는 아래의 「제3권 제3부 제3장 제4절 **정부의 조직과 각 기관의 권한**」 참조.

37) 이에 관하여는 아래의 「제3권 제2부 제4장 제1절 Ⅱ. **사법작용으로서의 헌법재판작용**」 참조.

38) 이에 관하여 상세한 것은 아래의 「제3권 제3부 제5장 제3절 Ⅱ. 2. **헌법재판소와 (대)법원의 관계**」 참조.

제3절 국가기능과 국가기관의 관계

Ⅰ. 국가기능과 국가기관의 대응관계

현행헌법은 국가기능을 입법, 집행, 사법으로 나누고 이를 각기 국회, 대통령을 수반으로 하는 정부, 그리고 사법부에 부여하는 삼권분립의 기본구조를 채택하고 있다.

이러한 구조는 외견상 고전적인 권력분립과 유사하지만, 그 실질적 의미는 상당한 차이를 보이고 있다. 그것은 현대적 권력분립이 국가기관의 분립에 앞서 국가기능의 분립을 먼저 요구한다는 특징을 가지고 있을 뿐만 아니라, 분립된 국가기능들과 이를 담당하는 국가기관 사이의 특별한 관계를 전제하고 있기 때문이다.

즉, 입법의 특성이 입법기관의 구성방식과 내적 연관관계를 가지고 있으며, 집행의 특성은 집행부 조직의 기본방향과 직접 연결된다. 마찬가지로 사법의 특성을 도외시하고서는 사법부의 조직방식에서 나타나는 특성을 올바르게 이해할 수 없을 것이다.

Ⅱ. 입법기능과 입법기관

1. 입법기능의 특성: 국가질서 형성의 기본적 방향설정

현대 헌법국가에서 국가질서의 근간을 정하는 것은 헌법이다. 그러나 헌법은 말 그대로 국가공동체의 가장 기본적인 사항에 대한 원칙적 규정을 두고 있을 뿐이기 때문에 헌법의 테두리 내에서 국가질서를 형성하는 것은 하위법에 맡겨져 있으며, 이러한 과제를 일차적으로 담당하는 것이 입법이다.

현실적으로 헌법이 정하고 있는 원칙적 규정만으로 국가질서를 규율하는 것은 불가능하기 때문에 입법에 의하여 법률로써 이를 상세하게 정하는 것이 필요한 것이다. 예컨대 헌법 제8조에서 정당에 관한 원칙규정을 두고 있지만, 실제 정당의 설립과 활동 및 해산에 관한 구체적인 기준을 마련하기 위해서는 정당법, 공직선거법, 정치자금법, 헌법재판소법 등의 다양한 법률에 의한 구체화가 필요한 것이다.[39)]

다만 입법자가 법률로써 정할 수 있는 사항이 무엇인지, 그 범위와 한계는 어떻게 설정되어야 하는지에 대해서는 아직도 논란이 없지 않다.[40)]

2. 입법기능의 담당자에게 요구되는 특성

입법작용을 비롯한 모든 국가작용은 궁극적으로 헌법을 구체화시키는 것이다. 그러나 입법작용은 다른 국가작용에 앞서 헌법을 일차적으로 구체화시키는 것이다. 그에 따

39) 헌법의 규정들은 이처럼 법률에 의해 구체화되고 있으며, 법률을 통해 비로소 현실 속에서 실제 적용될 수 있게 되는 경우도 적지 않다.

40) 이에 관하여 상세한 것은 아래의 「제3권 제2부 제2장 제3절 **입법작용의 범위와 한계**」 참조.

라 입법작용은 헌법에 의한 제한을 받을 뿐, 다른 국가작용에 의해 제약되지 않지만, 다른 국가작용은 헌법과 더불어 법률에 의해 정해진 기준에 따라 행해진다. 그런 맥락에서 법률의 우위가 인정되는 것이다.

이처럼 입법은 헌법을 일차적으로 구체화시키는 것이며, 다른 국가작용을 위한 기준과 지침을 마련하는 것이다. 또한 법률은 그 의의와 중요성에 비추어 -비록 헌법처럼 국민에 의해 직접 제정되는 것은 아니라 할지라도- 국민의 대표자가 국민의 의사를 최대한 수렴하는 가운데 민주적으로 제정되어야 한다. 그렇기 때문에 입법작용에 있어서는 신중하고 주의깊은 숙고가 항상 요청된다.[41)]

이에 따라 입법기능의 담당자는 신속하고 능률적인 업무처리보다도 다양한 의견을 민주적으로 수렴하여 신중하게 입법을 할 것이 요구된다.

3. 집단적 대표에 의한 입법부의 구성

이러한 특성 때문에 입법기능을 담당하는 기관을 구성함에 있어서는 집단적 대표인 의회가 이를 맡도록 하는 것이 보편화되어 있다.

의회는 개개 의원이 아닌 전체로서의 국회가 전체 국민을 대표하는 이른바 '집단적 대표'에 해당된다.[42)] 이러한 집단적 대표의 경우에는 전체로서의 국회의 의사를 결정하기 위하여 (전체국민의 경우와 마찬가지로) 다수결에 의한 의사결정과정이 필요하며, 이러한 과정을 통하여 진정한 국민의 의사를 최대한 다양하게 반영하는 것이 가능해진다.[43)]

즉, 의회는 집단적 대표로서 국민의 다양한 의사를 최대한 반영시키기에 적합한 조직이기 때문에 입법기능의 담당자로서 적절하다고 인정되는 것이다.

Ⅲ. 집행기능과 집행기관

1. 집행기능의 특성: 수많은 국가사무의 능률적 처리

오늘날 국가작용 가운데 -적어도 양적인 측면에서- 압도적인 비중을 차지하고 있는 것은 집행작용이다. 현대국가의 두드러진 특징 가운데 하나인 행정국가화로 인하여 -국가의 다양한 과제의 증가를 배경으로- 집행부의 조직과 인력, 전문성 등이 다른 국가기관에 비할 수 없이 강화되고 있는 것이다.

실제로 대부분의 국민들은 입법작용 또는 사법작용과는 직접적인 관련을 맺지 않으며 살 수도 있지만, 집행작용을 벗어나서는 국가생활 자체가 불가능하게 된다. 어려서의 육아와 교육, 성장 후의 병역과 취업 및 노동, 노후의 사회복지 등 우리 주변의 수많은 현실적 조건들이 국가의 집행작용과 맞물려 있기 때문이다.

41) 법률이 한 번 제정되면 수천수만 개의 사안에 반복해서 적용될 수 있는 만큼, 처음부터 다양한 의견을 수렴하고 조정하는 가운데 신중하게 입법이 되어야 할 필요성이 큰 것이다.
42) 장영수, 헌법의 기본원리로서의 민주주의, 안암법학 창간호, 1993, 67-147(95)쪽 참조.
43) 하지만 이와 관련된 복잡한 과정은 기동성과 능률성을 상당히 약화시키기도 한다.

따라서 집행기능의 수행에 있어서는 수많은 국가사무를 어떻게 효율적으로 처리할 것인지가 가장 중요한 문제가 된다.

2. 집행기능의 성격에 부합하는 집행기관 구성의 방식

이처럼 국가의 집행작용이 비대해지면 비대해질수록 그 활동의 능률성은 더욱 강조될 수밖에 없다.[44] 만일 집행작용에 있어서도 모든 개별사안 하나 하나에 대해서 -마치 입법작용처럼- 여러 사람이 모여서 깊이 있는 토의를 거친 후에 처리하는 방식을 취할 경우에는 국가사무의 원활한 수행 자체가 곤란해질 것이다.

오히려 집행작용의 경우에는 방대한 집행작용을 담당하는 거대한 집행부의 조직체계가 일사불란하게 효율적으로 작동하도록 하는 구성방식이 요청된다. 더구나 집행작용에 있어서는 -민주적 의사형성과정을 거쳐 정당성을 확보하는 것이 무엇보다 중요한 입법작용과는 달리- 신속하고 능률적인 업무처리가 무엇보다 강조되는 만큼 상명하복의 피라미드형 조직체계가 보편화되어 있다.

다만, 집행부 조직의 정점에는 국민에 의해 직접 정당성을 부여받은 대통령이 자리함으로써 집행부의 민주성을 담보하는 것이다.

3. 개인적 대표에 의한 집행부의 조직과 활동

이와 같은 집행기능의 특성으로 인하여 집행부의 조직에 있어서는 개인적 대표가 채택되고 있다. 즉 집행부의 수반인 대통령이 개인으로서 전체 국민의 대표자가 되는 것이다.

이러한 '개인적 대표'의 경우에는 국가의사결정의 신속성과 국가기능의 능률성이 '집단적 대표'의 경우보다 훨씬 잘 발휘될 수 있다는 장점을 갖는다. 반면에 국민의 다원적 의사가 다각도로 반영되는 데 있어서는 아무래도 한계가 있다는 단점이 지적될 수 있다.[45]

하지만 집행기능에 있어서는 신속성과 탄력성, 기동성과 능률성이 보다 강조되기 때문에 집단적 대표보다는 개인적 대표와 더 잘 부합된다.

Ⅳ. 사법기능과 사법기관

1. 사법기능의 특성: 객관적이고 공정한 재판을 통한 법치의 실현

법치의 또는 정의 실현의 최후 보루로 불리는 사법기능은 재판을 통하여 잘잘못을 가리는 역할을 담당한다. 즉, 객관적이고 공정한 재판을 통하여 한편으로는 당사자의 정당한 권리를 확인하고 보호해주며, 다른 한편으로는 법을 통하여 분쟁을 해결하고 사회의 갈등

44) 비록 집행부의 조직과 인력이 타 국가기관에 비해 훨씬 방대하지만, 담당하는 국가사무의 양은 그 이상이기 때문이다.
45) 장영수, 헌법의 기본원리로서의 민주주의, 안암법학 창간호, 1993, 67-147(95)쪽 참조.

이 극단화되지 않도록 함으로써 질서와 평화를 유지하는 역할을 하는 것이다.

그러므로 사법의 생명은 재판의 객관성과 공정성에 있다고 할 수 있다. 재판의 공정성에 대한 신뢰가 깨뜨려질 경우에는 사법이 제 기능을 할 수 없는 것은 물론이고, 사법의 존립 기초조차도 위태로워질 수 있기 때문이다.

2. 공정한 사법을 위한 전제로서의 사법부 독립

재판의 객관성과 공정성을 확보하기 위한 기본적인 전제는 사법부의 독립이다. 재판을 담당하는 사법부가 독립적이지 못할 경우에는 재판과정에 외부의 압력이 개입될 소지가 크며, 그것은 곧 재판의 공정성을 침해하게 될 것이기 때문이다.[46)]

따라서 사법기능을 담당하는 사법부를 구성함에 있어서는 무엇보다 어느 누구에게도 종속되지 않은 독립된 기구로 구성하여야 한다는 것이 대원칙으로 인정된다. 즉 사법부의 독립은 사법기능의 성격과 불가분의 관계에 있는 것이다.

3. 법관의 전문성과 독립성: 합리적이고 공정한 법적 판단의 전제

사법기능의 성격과 관련하여 또 한 가지 강조될 수 있는 사항은, 사법부의 구성원인 법관들의 전문성과 독립성이다.

중립적인 위치에서 법적 분쟁에 대한 공정하고 합리적인 판단을 함으로써 당사자의 정당한 권리를 구제하고 법적 평화를 확보한다는 사법기능의 의의에 비추어 볼 때 분쟁에 대한 판단자의 자격문제는 매우 핵심적인 것일 수밖에 없다.

그러므로 법관이 ① 합리적인 법적 판단을 할 수 있는 전문적 지식과 훈련을 받은 자이고, ② 법관이 중립적 위치에서 공정한 재판을 할 수 있도록 독립성이 보장될 때, 즉 법관의 독립이 보장될 때에만 정상적인 사법기능을 기대할 수 있는 것이다.

46) 설사 재판에 대한 외부의 압력이나 간섭이 없다 할지라도 그 통로가 열려 있게 되면, 재판의 공정성에 대한 신뢰를 확보하는 것이 어려워질 것이다.

제 2 장　입법기능

수평적 권력분립에 의해 나누어지는 입법, 집행, 사법의 국가기능 가운데서 가장 먼저 정리되어야 할 것은 입법기능이다. 입법기능은 헌법의 일차적 구체화로서 다른 국가기능을 위한 전제를 마련하는 의미를 가질 뿐만 아니라, 효력상의 우위(법률의 우위)까지 인정될 정도로 특별한 의미와 비중을 갖기 때문이다.

그러나 입법기능의 이해와 관련해서는 적지 않은 혼란이 있다. 그것은 이중적 법률개념으로 인하여 야기된 측면도 없지 않지만, 현행헌법 제40조의 해석과 관련하여 권력분립상의 입법개념과 강학상의 입법개념을 혼동함으로 인하여 발생된 것이기도 하다. 이러한 입법개념의 혼란을 정리하여 입법에 대하여 정확한 이해를 하였을 때 비로소 국가기능 전체의 유기적 관련에 대해서도 올바르게 파악할 수 있을 것이다.

【사례: 입법절차상의 하자와 법률의 효력 등】

갑(甲)은 1953.7.25. 중앙고등군법회의에서 구 국방경비법 제32조, 제33조 위반죄로 사형을 선고받은 뒤 육군총참모장의 확인과정에서 무기징역으로 감형되었다. 갑은 복역하던 중 1995.8.15. 형집행정지로 출소하였다. 법무부장관은 보안관찰법 제4조 제1항에 의하여 갑에 대하여 보안관찰처분을 하였다가, 같은 법 제5조 제1항에 따른 2년의 처분기간 만료일이 다가오자 같은 조 제2항에 의하여 1997.10.28.자로 보안관찰처분의 기간을 갱신하는 처분을 하였다.

갑은 서울고등법원에 기간갱신처분의 취소를 구하는 행정소송을 제기하고 그 효력정지를 구하는 가처분신청을 하는 한편, 그 소송 계속 중에 보안관찰법 부칙 제2조 제2호 중 구 국방경비법 제32조 및 제33조의 규정에 의한 죄로 처벌받은 자를 보안관찰처분대상자로 규정하고 있는 부분에 대해 위헌여부심판의 제청신청을 하였다. 법원이 갑의 제청신청을 기각하자, 갑은 헌법재판소에 헌법소원심판을 청구하였다.

을(乙)은 구 국방경비법이 제정 또는 공포된 일이 없는 무효 내지 부존재의 법률임에도 불구하고 이를 적용하여 청구인들을 재판하고 수감한 것은 불법행위를 구성한다는 취지로 주장하면서 서울지방법원에 이로 인한 손해배상을 구하는 소송을 제기하고, 그 소송계속 중에 구 국방경비법을 미군정장관이 남조선과도정부 법령의 하나로 제정하여 관보에의 게재가 아닌 다른 방법에 의하여 공포한 것으로 추정하는 것이 헌법에 위반되는지 여부에 관하여 위헌여부심판의 제청신청을 하였는데,

법원이 이를 기각하자 헌법재판소에 헌법소원심판을 청구하였다.

〈헌재 2001.4.26. 98헌바79등 참조〉

1. 갑의 헌법소원심판청구는 적법한가? (20점)
2. 을의 헌법소원심판청구는 적법한가? (20점)
3. 갑의 헌법소원심판청구가 적법할 경우, 헌법재판소는 갑의 청구에 대해 어떤 본안판단을 내려야 하는가? (60점)

제 1 절 입헌주의의 발달과 입법의 의의

Ⅰ. 권력분립의 기본구조와 입법의 의미

민주적 법치국가는 국민의 의사에 따라 법을 정립하고 그 법에 따라 구체적 국가질서를 형성해 나가는 것을 기본으로 한다. 따라서 권력분립의 원리에 따라 국가기능을 나누는 데 있어서도 **'법정립작용'으로서의 입법**이 가장 먼저 문제되고, 이러한 입법 내지 그 결과(즉 법률)를 중심으로 집행기능과 사법기능이 수행되게 된다. 고전적 법치주의가 법률의 우위, 즉 입법기능의 우월성을 근간으로 삼았다는 것도 이런 맥락에서 이해될 수 있다.[1)]

그러나 오늘날 입법기능에 관하여는 특히 '실질적 의미의 입법'과 '형식적 의미의 입법'의 구별을 중심으로 많은 이해의 혼란이 존재한다. 올바른 입법기능에 대한 이해, 나아가 올바른 전체 국가기능의 이해를 위해서는 한편으로 입법기능에 대한 이해가 역사적으로 어떻게 발전되어 왔는지를 살펴볼 필요가 있고, 다른 한편으로 오늘날의 민주적 법치국가에 있어서 입법이 어떤 기능을 할 수 있고, 또 해야 하는지에 관한 분명한 인식이 있어야 할 것이다.

그러한 바탕 위에서 비로소 입법기능과 그 담당자(입법부)에 대한 올바른 자리매김이 가능할 것이고, 입법의 과정과 결과에 대한 여러 요청도 또한 올바르게 이해될 수 있을 것이다.

Ⅱ. 근대적 권력분립과 근대적 법률개념의 탄생

민주적 법치국가는 권력의 분립을 전제로 한다. 물론 현대적 권력분립은 일차적으로 기능의 분립이며, 따라서 입법－집행－사법으로 국가기능을 나누어 놓은 후 이러한

1) 법률의 우위에 관하여는「제1권 제2부 제3장 제5절 Ⅱ. 1. **법률의 우위와 헌법의 우위**」참조.

기능을 각기 독립된 기관에 의하여 담당하도록 하는 것이다.

그러나 근대적 권력분립은 이러한 기능의 분립보다는 **기관의 분립**을 중심으로 이해되었다. 물론 이러한 고전적 권력분립은 군주세력과 귀족세력, 시민세력이 대립하던 당시의 현실적 상황 속에서는 적절한 것이기도 했다. 법치주의를 실현시키기 위해서 '법규범을 정립'하고 또 이를 '집행'한다고 하더라도, 하나의 세력이 이를 모두 장악할 경우에는 법의 객관성을 확보할 수 없다고 생각되었기 때문이다. 그래서 **각각의 세력이 담당하는 기관을 분리 · 독립시켜서 각기 견제와 균형을 취하는 것**, 즉 (군주세력이 지배하는) 정부의 집행권과 분리 · 독립된 (시민세력이 지배하는) 의회의 입법권(입법기관)이 필요하다는 것이 당시로서는 무엇보다 현실적인 요청이었다.[2]

따라서 고전적 권력분립 하에서의 법률이란 추상적 법규범의 정립이라는 개념만으로 설명될 수 있는 것이 아니었다. 오히려 법률은 정부와 의회(즉 군주세력과 시민세력)의 권한범위가 구체적으로 어떻게 설정되어 있는지를 반영하는 것이었으며, 그렇기 때문에 법률로 정하는 사항의 범위는 그때그때의 세력관계에 따라 매우 유동적이기도 했다.

Ⅲ. 입헌주의의 발달과 고전적 법률개념의 징표: 권한(개념)으로서의 법률

독일의 초기입헌주의 시대에 법률(Gesetz)은 세습에 의해 그 신분을 획득한 **군주**와 새로이 구성된 **등족회의**(= Ständeversammlung; 근대의회의 전신)가 합의함으로써만 내릴 수 있는 결정을 의미하였다.

이러한 결정들의 대상 내지 내용들은 한편으로 초기 헌법들에서 –이미 17세기 이래의 국가철학에서 주장되었던– 「자유와 재산」이라는 형식으로 정리되었으며, 다른 한편으로는 그때그때 내려진 결정들의 개별적 열거를 통해 정리되었다. 그리고 그 밖에도 특히 중요한 사항은 일반적으로 군주와 등족회의의 공동결정에 의하여 입법의 형식으로 처리되었다.

따라서 초기입헌주의 시대의 법률개념은 동시에 **권한개념**이기도 하였다. 즉 법률로 정해져야 할 사항의 많고 적음은 곧 군주와 등족회의의 세력관계에 따라 결정되었던 것이다. 그러나 군주와 등족회의의 정치현실 측면에서의 대립은 헌법의 형태로 정리되어 무엇이 법률사항인지는 헌법에 의해 대강적으로 정해져 있었고, 따라서 법률개념은 그때그때의 헌법에 종속되어 있었다.

Ⅳ. 후기입헌주의 시대의 법률개념: 법규로서의 법률

후기입헌주의 시대의 헌법학에 이르러서 법률의 개념은 **자유와 재산을 침해(제한)**

---

2) 로크와 몽테스큐 등에 의해 대표되는 고전적 권력분립론은 이를 잘 보여주고 있다. 이에 관하여는 앞의 「제3권 제1부 제2장 제4절 **근대적 권력분립론**」 참조.

하는 법규정으로 정의되었다. 이러한 후기입헌주의의 법률개념은 나름으로 그 시대에 있어 헌법적 의의와 효력을 갖고 있었다. 하지만 그것이 오늘날의 민주적 법치국가에 받아들여지는 데에는 문제가 있다.

19세기에 법률을 법규와 동일시하여 자유와 재산을 침해(제한)하는 법규정으로 축소시킨 것은 결과적으로 이러한 법규사항에 속하지 않는 국가활동의 광범한 영역은 -이른바 국가의 내부영역(기관, 내부조직), 급부행정 등은- 법의 영역밖에 있는 것으로, 즉 법규(= 법률)가 아닌 행정명령으로 규율할 수 있는 것으로 취급하게 만들었다.

이것은 특히 입헌군주제의 시대에 있어서 군주세력과 시민세력이 각기 독립된 독자적인 영역을 갖고 있는 것으로 보고, 이에 따라 국가의 영역과 사회의 영역을 나누어 생각하는 입장으로 연결되었다.

제 2 절 현행헌법 제40조와 법률의 개념

Ⅰ. 입법에 대한 개념의 혼란과 그 원인

1. 문제의 소재

현행헌법 제40조는 "입법권은 국회에 속한다"는 명문규정을 두고 있다. 이 규정은 헌법 제66조 제4항[3] 및 제101조 제1항[4]의 규정과 함께 권력분립의 기초를 이루고 있다.

그러나 정작 국회에 속하는 입법권의 구체적 내용이 무엇인지에 대해서는 입법의 개념에 대한 논란과 더불어 많은 견해의 대립이 존재하고 있다. 그것은 무엇보다 우리가 사용하는 입법의 개념이 다의적(多義的)이기 때문이다.

특히 헌법 제40조의 입법개념은 한편으로는 국회가 법률의 형식으로 규범을 제정하는 권한을 의미하는 것으로 이해될 수 있는가 하면, 다른 한편으로는 추상적 법규범의 정립이라는 의미로도 이해될 수 있기 때문에 헌법 제40조의 해석을 둘러싼 입법개념의 혼란이 더욱 큰 것이다.

2. 강학상의 입법개념과 권력분립상의 입법개념

전통적으로 입법이라는 용어는 법학에서 강학상 **추상적 법규범의 정립**이라는 의미로 사용되었다.

이러한 **강학상의 입법개념**에 따를 때 법률의 제정이나 개정뿐만 아니라 헌법의 제정과 개정, 그리고 각종 명령이나 규칙, 조례 등의 제정과 개정 또한 입법에 속하는 것

3) 헌법 제66조 제4항: "행정권은 대통령을 수반으로 하는 정부에 속한다."
4) 헌법 제101조 제1항: "사법권은 법관으로 구성된 법원에 속한다."

으로 이해된다. 우리가 대통령령이나 총리령, 부령 등을 행정입법이라고 부르고, 대법원규칙이나 헌법재판소규칙을 사법입법, 그리고 지방자치단체의 조례를 자치입법이라고 부르는 것은 이와 같은 강학상의 입법개념을 전제한 것이다.

그러나 우리가 권력분립의 원리를 전제로 국가권력을 입법, 집행, 사법으로 나누었을 때의 입법은 이와 일치할 수 없다. 즉 **헌법 제40조의 입법개념**을 이와 같은 의미로 이해할 수는 없는 것이다. 다른 것은 접어 두더라도 헌법의 제정과 개정까지도 권력분립의 틀 안에서 국회의 입법권에 포함되는 것으로 볼 수는 없기 때문이다.

3. 현행헌법 제40조와 해석의 혼란: 형식설, 실질설, 양립설

이처럼 현행헌법 제40조의 입법개념을 강학상의 입법개념으로 이해할 수는 없다는 점 때문에 헌법 제40조의 해석과 관련하여 적지 않은 혼란이 발생되었다. 그 결과 헌법 제40조가 말하는 입법의 의미를 해석하는 방법과 관련하여 형식설, 실질설, 절충설 등의 견해대립이 나타난 바 있다.

형식설은 입법의 의미를 국회가 형식적 의미의 법률을 제정하는 작용[5]이라고 보는 반면에, **실질설**은 강학상의 입법개념에 기초하여 국가기관이 일반적 · 추상적인 성문법규범을 정립하는 작용이라고 이해하고 있다. 다만 모든 추상적 법규범의 정립을 의미하는 것은 아니기 때문에 헌법이 특별한 규정을 두지 않고 있는 경우에는 의회가 추상적 법규범의 정립을 담당한다는 의미에서 국회입법의 원칙을 규정한 것으로 설명한다.[6] 나아가 입법은 원칙적으로 형식적 의미의 법률제정권으로 이해될 수 있지만, 그 안에 실질적 의미의 입법이 내포되어 있다는 점을 강조하는 **절충설(양립설)**도 주장된 바 있다.[7]

하지만 형식설은 국회가 입법권의 행사를 통해 제정한 것이 법률이고, 또 그 법률을 제정하는 국회의 권한이 입법이라는 식의 순환논법에 빠지게 되어 그 실체를 올바르게 규명하지 못한다는 문제점이 있다. 그리고 실질설의 경우에는 추상적 법규범의 정립 가운데서 국회에 속하는 것과 그렇지 않은 것을 구별하는 기준을 분명하게 밝히지 못하고 있다는 문제점이 있다.

이처럼 입법의 개념을 둘러싼 문제는 결국 국회가 입법권의 행사를 통해 정할 수 있는 것이 무엇이냐, 즉 입법부인 국회의 권한범위의 문제를 핵심에 두고 있음에도 불구하고 권력분립과의 관련성을 분명히 하지 않은 가운데 이중적 법률개념에 기초한 형식설, 실질설 등이 대립됨으로 인하여 혼란이 가중되었던 측면이 적지 않다.

---

5) 김철수, 헌법학개론, 2007, 1314쪽.
6) 권영성, 헌법학원론, 2010, 796쪽. 비슷한 맥락에서 허영, 한국헌법론, 2025, 1016쪽 이하에서는 '국회중심입법의 원칙'이라고 표현하고 있다. 하지만 이 책에서는 형식설과 실질설의 논쟁이 지양되어야 한다고 주장하고 있다.
7) 구병삭, 헌법학Ⅱ, 1983, 718쪽.

Ⅱ. 법률개념의 형성과 변천: 이중적 법률개념의 의의와 한계

1. 프로이센의 예산분쟁과 이중적 법률개념의 탄생

이러한 입법의 개념 내지 법률의 개념에 대한 혼란은 프로이센의 예산분쟁을 계기로 주장되었던 이중적 법률개념에서 비롯된 바가 적지 않다.

1860년대 프로이센의 비스마르크 정부는 당시 자유주의자들이 지배하는 의회와의 대립으로 인하여 국가의 예산 및 집행에 관한 법률들(Haushaltsgesetze)이 부결되자 예산 없는 통치를 선언하고 이를 강행함으로써 정치적으로 뿐만 아니라 헌법적으로도 많은 논란을 낳았다. 특히 예산법률이 전통적인 법률의 개념징표에 비추어 볼 때, 국민의 자유와 재산에 대한 직접적인 침해를 담고 있는 것이 아니라는 이유에서 이를 꼭 의회에서 법률로 정할 필요가 있는가의 문제까지도 함께 논란되었던 것이다.

이와 관련하여 법실증주의 헌법학자 라반트(*P. Laband*)는 법규의 본질적인 징표로서 독자적인 의사영역간 내지 법주체들간의 한계를 설정하는 기능을 강조하였다. 따라서 예산과 같이 국가영역의 내부적 문제에 속하는 사항들은 법규사항이 아니라고 보았다. 즉 법규사항에 속하는 것은 실질적 의미의 법률에 속하지만, 예산법률은 그런 의미에서 실질적 의미의 법률은 아니라고 보았던 것이다.

2. 이중적 법률개념의 역사적 의미와 내용

이처럼 법규사항에 속하는 것을 실질적 의미의 법률로 파악하는 이중적 법률개념에 따르면 법률은 실질적 의미의 법률과 형식적 의미의 법률로 구분될 수 있다.

실질적 의미의 법률은 모든 **법규**, 즉 법규사항(국민의 자유와 재산에 관한 사항)을 정하고 있는 법규범이다. 즉 법률과 법규는 동의어가 되는 것이다. 그러나 형식적 의미의 법률은 -내용과 상관없이- **헌법에 규정된 입법절차에 따라 입법기관에 의해 만들어진 모든 의사행위**를 의미한다. 따라서 형식적 의미의 법률과 실질적 의미의 법률은 부분적으로는 합치되지만 완전히 일치하지는 않는다.[8)]

이러한 이중적 법률개념은 입헌군주제의 현실 속에서 어떤 사항이 꼭 법률로 정해져야 하는지를 밝히는 데 나름의 기여를 했다고 평가될 수 있다.

3. 이중적 법률개념의 한계와 현대적 법률개념

이중적 법률개념의 기초는 군주세력이 지배하는 영역과 이로부터 자유로운 영역(시민세력의 영역)을 각기 국가와 사회로 구분하여 이원적 구조 속에서 고찰하는 것에 있다. 그러나 이러한 구별의 기초 자체가 붕괴된 현재의 상황에서 이중적 법률개념이 갖는 의미는 더 이상 찾을 수 없다.

---

8) 예컨대 형식적 의미의 법률이면서 동시에 실질적인 의미에서도 법률인 경우(예: 민법), 형식적인 의미의 법률이지만 실질적 의미의 법률은 아닌 경우(예: 예산법률), 실질적인 의미의 법률이지만 형식적 의미의 법률은 아닌 경우(예: 법규명령, 관습법)가 존재할 수 있다는 것이다.

이미 이중적 법률개념의 핵심이라고 할 수 있는 법규개념 자체도 더 이상 지탱되기 어려운 상황이다. 오늘날 널리 인정되고 있는 것처럼, 기본권이 전체 헌법질서의 중심적 가치이며, 모든 국가작용이 기본권의 보장과 실현을 위한 것이라고 할 때, 과연 법규사항과 비법규사항을 구별할 수 있겠는가?

결국 이중적 법률개념은 오늘날 헌법구조의 변화(민주주의의 실현)에 따라 그 정치적 · 헌법적 의의를 상실했다고 평가된다.[9] 그러므로 현대적 법률개념은 이중적 법률개념을 벗어나서 새롭게 정립되어야 한다.

Ⅲ. 법률의 일반성(Allgemeinheit des Gesetzes)

1. 국민의사의 표현으로서의 법률과 그 일반성

법률은 국가의 최고규범인 헌법을 일차적으로 구체화시키는 것이다. 비록 국민에 의해 직접 제정된 헌법에 비교할 수는 없지만, 법률은 국민의 일차적 대표자인 의회에서 국민의사를 최대한 수렴하여 제정하는 것이기 때문에 국민의사의 표현으로 인정되고 있다.[10]

따라서 법률에 대해서는 국민 전체의 일반적 이익을 대변해야 한다는 요청이 부과되고 있다. 법률이 다른 국가작용에 우선하는 것(법률의 우위!)은 법률이 국민의사의 표현일 뿐만 아니라 그 결과로서 국민의 일반적 이익을 대변하는 것이기 때문이다.

이러한 법률의 특성은 법률의 일반성을 통해 나타난다. 즉, 법률은 특정인이나 특정집단의 이익을 대변하는, 그래서 특정한 사안에 대해서만 적용되는 것이 아니라 모든 국민에게 똑같이 적용되는 것을 원칙으로 하는 것이다.

2. 평등의 요청과 법률의 일반성

법률의 일반성은 결과적으로 평등의 요청과 결합하게 된다. 모든 국민이 법 앞에 평등해야 한다는 요청은 법률이 모든 국민에게 똑같이 적용되어야 한다는 법률의 일반성을 통해 구체화될 수 있는 것이다.

물론 헌법상의 평등이 무조건적인 기계적 평등은 아니기 때문에 대상에 따른 차별이 인정되지 않을 수 없다. 즉, 같은 것을 같게, 다른 것을 다르게 취급하라는 상대적 평등의 요청에 비추어 볼 때, 모든 경우에 모든 국민을 획일적으로 같게 취급하는 것은 오히려 불합리한 결과를 가져오게 된다는 것이다.[11]

---

9) 다만 오늘날에도 많은 헌법규정과 헌법이론들이 이러한 이중적 법률개념을 전제하고 법률이라는 용어를 때로는 형식적 법률개념으로, 때로는 실질적 법률개념으로 사용하고 있으므로 그에 따라 정확한 이해가 필요한 것이다.

10) 이미 룻소도 법률이 일반의사의 표현이라고 주장한 바 있다. 비록 일반의사론에 대해서는 적지 않은 비판이 있지만, 법률이 국민의사의 표현이라는 점은 널리 인정되고 있다.

11) 예컨대 민간인에 대한 형법적 규율과 군인에 대한 형법적 규율이 같을 수 없으며, 이에 따라 형법과는 별도로 군형법이 제정되어서 군인의 범죄행위를 민간인의 범죄행위와 별도로 규율하고 있다.

현실적으로 국민 전체를 대상으로 하는 법률이 아니라, 특정한 직업을 가진 국민,[12] 특정한 연령대의 국민,[13] 또는 특정한 지역에 거주하는 국민[14] 등 일정한 범위에 속하는 국민을 대상으로 하는 법률도 적지 않다.

이처럼 전체 국민이 아니라 일부 국민에게만 적용되는 법률이 정당화되기 위해서는 그러한 차별이 상대적 평등의 요청에 부합되는 것으로서 차별의 합리성이 인정되어야 할 뿐만 아니라, 그 범위의 설정에 있어서도 불특정다수를 대상으로 해야 한다.[15]

3. 법률의 일반성과 처분적 법률의 문제

최근 법률의 일반성과 관련하여 가장 많이 논란되고 있는 것의 하나가 **처분적 법률**(Maßnahmegesetz)의 문제이다. 법률에 대해서는 행정처분과는 달리 일반성이 요청되고 있음에도 불구하고, 최근에는 구체적인 사안에 대해서 결정을 내리는, 이른바 처분적 성격을 가진 법률이 적지 않게 등장하고 있을 뿐만 아니라, 그 현실적 필요성도 부정하기 어렵다는 것이다.

이러한 문제는 입법기능의 확대 및 이와 결부되어 있는 법률유보에 대한 이해의 변화로 인하여 종래 법률로 정하지 않던 사항들에 대해서도 그것이 국가적 중요성을 가진 사안이고, 국민적 요청이 있을 경우에는 법률로 정하는 것이 필요하다고 인정됨으로 인하여 촉발된 것이다.[16] 즉, 법률은 일반적 기준만을 정립하고 구체적인 처분행위는 행정청에 의해 내려지던 것과는 달리, 법률 자체에서 처분적 성격을 가진 결정을 내포하는 예가 적지 않게 된 것이다.[17]

이러한 처분적 법률이 등장함에 따라 이를 둘러싼 논란이 활발해졌지만, 처분적 법률의 개념 및 인정 여부에 대해서는 아직도 명확한 합의가 없는 상태이다. 대체로 처분적 법률은 법률내용이 일정한 처분적 성격을 가지고 있어서 **추상적·일반적 법률과 구체적 행정처분의 중간영역**에 위치하고 있는 것으로 인식되고 있다.[18] 하지만 이를

---

12) 예컨대 공무원에게만 적용되는 국가공무원법 등의 법률이나, 그 밖에 변호사법, 의료법, 약사법 등 무수한 법률이 특정한 직업을 가진 국민에게만 적용된다.

13) 아동복지법, 청소년보호법, 노인복지법 등이 특정한 연령대의 국민을 대상으로 하는 법률의 예가 될 것이다.

14) 예컨대 수도권정비계획법 등이 이에 속한다.

15) 만일 특정한 사람(또는 집단)에 대해서만 적용되는 법률이라면 그것이 일반성을 갖는다고 보기 어렵기 때문이다. 다만 이와 관련해서는 그 기준 자체가 일반적이라면 현재로서는 그 기준에 해당되는 사람이나 집단이 특정되어 있다 하더라도, 차후의 적용대상이 바뀔 수 있다는 점을 고려하여 그 일반성이 인정되어야 할 것이다.

16) 처분적 법률의 개념은 독일에서 포르스토프(*E. Forsthoff*)가 처음 사용한 이래 일반화되었으며, 이를 둘러싼 이론적 대립은 현재까지도 계속되고 있다. 이에 관하여는 정하중, 법률의 개념 – 처분적 법률, 개별적 법률 그리고 집행적 법률에 대하여 –, 공법연구 제24집 제2호(1996. 6.), 179-206쪽 참조.

17) 이와 관련하여 권영성, 헌법학원론, 2010, 799쪽 이하에서는 처분적 법률을 "행정적 집행을 매개로 하지 아니하고 직접 국민에게 권리나 의무를 발생하게 하는 법률, 즉 자동집행력을 갖는 법률"이라고 말하고 있다. 그러나 법률적용의 대상이 한정되지 않고 모든 국민에게 일정한 권리를 부여하거나 의무를 부과하는 법률을 처분적 법률이라고 할 수는 없을 것이다. 권영성 교수도 처분적 법률의 예를 법률적용의 범위가 특정 범위의 국민 또는 사건으로 한정된 경우와 한시법의 경우에 국한시키고 있다.

특정사건에 대해서만 적용되는 법률인 이른바 **개별사건법률**(Einzelfallgesetz)과 구별할 것인지의 여부에 대해서도 견해가 대립되고 있으며, 그 합헌성 판단의 기준에 대해서도 아직 논란이 끊이지 않고 있는 것이다.[19)]

Ⅳ. 현대적 의미의 입법과 법률개념

오늘날 국가작용의 체계 속에서 입법이 차지하는 의미와 비중은 매우 특별한 것이다. 비록 집행작용의 양적 증대로 인하여 입법 내지 입법부의 비중이 감소된 측면이 없지 않지만, 의회의 입법작용 및 그 결과로서의 법률이 국가질서의 형성과정에서 차지하는 역할은 변화되지 않았고, 또 -대의제민주주의를 포기하지 않는 한- 변화될 수 없기 때문이다.

현대 민주국가에서 입법은 헌법을 일차적으로 구체화시키는 작용이며, 법률은 이러한 입법작용의 결과가 규범적인 형태로 나타난 것이다. 따라서 다른 모든 국가작용은 헌법과 법률이 정한 바에 따라서 구체화되어야 하며, 헌법과 법률의 테두리를 벗어나지 못한다. 즉, 법률은 -그것이 헌법에 위배되지 않는 한- 다른 국가작용에 대한 우월성을 인정받는 것이다.

그러나 법률의 우위가 인정된다고 해서 법률로써 다른 국가작용의 영역을 침해하는 것까지 무제한적으로 허용되는 것은 아니다. 예컨대 법률로써 사법부의 독립을 침해하거나 법관의 재판에 관여하는 것이 허용되지 않을 뿐만 아니라, 법률로 장관의 임명을 결정하는 등 집행부의 권한을 침해하는 것도 헌법상의 권력분립에 위배되는 것이다.

결국 입법 및 법률의 의미와 기능 및 한계는 헌법이 정한 권력분립의 기본틀 안에서 이해되어야 하는 것이다.

---

18) 특히 멩어(*C.F. Menger*)는 처분과 법규범은 교차하는 두 개의 권역(Kreis)을 이루고 있으며, 양자가 중복하는 부분에 처분적 법률이 존재하고 있다고 주장한 바 있다.

19) 우리 헌법재판소도 처분적 법률에 대하여 모호한 태도를 취하고 있다. 헌법재판소는 5·18민주화운동등에관한특별법에 대한 위헌법률심판(**헌재 1996.2.16. 96헌가2등 결정**)에서 "개별사건법률은 원칙적으로 평등원칙에 위배되는 자의적 규정이라는 강한 의심을 불러일으키는 것이지만, 개별법률금지의 원칙이 법률제정에 있어서 입법자가 평등원칙을 준수할 것을 요구하는 것이기 때문에 특정규범이 개별사건법률에 해당한다 하여 곧바로 위헌을 뜻하는 것은 아니며, 이러한 차별적 규율이 합리적인 이유로 정당화될 수 있는 경우에는 합헌적일 수 있다"고 판시한 바 있는 반면에, 보안관찰법에 관한 위헌법률심판 및 위헌소원 사건(**헌재 2003.6.26. 2001헌가17등 결정**)에 대한 결정에서는 "보안관찰법 제6조 제1항 전문 후단이 보안관찰처분대상자에게 출소 후 신고의무를 법 집행기관의 구체적 처분(예컨대 신고의무부과처분)이 아닌 법률로 직접 부과하고 있기는 하나 위 조항은 보안관찰처분대상자 중에서 일부 특정 대상자에게만 적용되는 것이 아니라 위 대상자 모두에게 적용되는 일반적이고 추상적인 법률규정이므로 법률이 직접 출소 후 신고의무를 부과하고 있다고 하더라도 처분적 법률 내지 개인적 법률에 해당된다고 볼 수 없으므로 권력분립원칙에 위반되지 아니한다"라고 판시함으로써 처분적 법률을 위헌으로 보는 듯한 시각을 내비치고 있다.

제3절 입법작용의 범위와 한계

Ⅰ. 현행헌법상 국회가 담당하는 입법작용의 범위

1. 헌법 제40조의 해석과 국회입법원칙의 의미

헌법 제40조의 해석과 관련하여 실질설, 형식설 등의 견해대립은 법률의 개념에 대한 실질적 의미의 법률, 형식적 의미의 법률을 전제한 것이라고 할 수 있다. 그러나 이중적 법률개념이 더 이상 존재의의를 갖지 못한다는 점에 비추어 볼 때, 이러한 견해대립은 출발점에서부터 잘못된 것이라고 할 수 있다.

더욱이 이러한 대립은 기본적으로 입법개념의 문제와 법률개념의 문제를 혼동하는 데에서 출발한다. 입법개념은 어디까지나 국가권력의 분립에 따른 '국가기능'의 하나로서 문제되는 것이며, 법률은 입법기능의 산물이다. 따라서 권력분립의 전체적 체계를 전제하지 않은 채 입법의 의미를 명확하게 이해할 수는 없다.

권력분립의 틀 안에서 입법은 헌법에 의해 정해진 원칙들을 지키는 가운데서 -즉 헌법의 테두리 내에서- 국가질서형성 내지 정책결정의 중요문제들에 대한 기본방향을 정하는 것이다. 이것은 -처분적 법률, 개별사건법률 등의 예외가 없지 않지만- 아직도 대부분 추상적인 법규범의 정립이라는 형태로 나타난다.[20]

따라서 헌법 제40조가 의미하는 바는 국회가 이와 같은 기능을 담당한다는 것, 즉 **국가질서형성 내지 정책결정의 중요문제들을 법률의 형식으로 결정할 권한**을 부여받는다는 의미로 이해되어야 할 것이다.[21]

2. 법률유보의 이론과 국회가 법률로써 정할 수 있는 사항

이와 같은 헌법 제40조의 해석은 전통적인 법률개념을 벗어난 새로운 법률개념을 요청한다. 즉 법률의 개념을 법규성 등 어떤 실질적 기준에 따라 정의하는 것은 더 이상 가능하지 않게 되었으며, 그렇다고 추상적 법규범이라는(즉 일반성이라는) 표지만으로 정의하는 것도 곤란하다.

이와 관련하여 법률유보이론의 새로운 발전은 많은 시사점을 보여준다.[22] 모든 국가작용을 기본권의 구체화로 이해할 때, 전통적인 법률유보이론들, 즉 침해유보설, 사

---

20) 그러나 추상적 법규범의 정립에 관한 모든 사항이 입법기관인 국회의 소관으로 인정되는 것은 아니다. 추상적 법규범의 정립에 해당되는 것도 권력분립의 체계 속에서 국회의 결정으로 정해질 사항과 다른 국가기관의 결정에 맡겨질 사항으로 나누어지기 때문이다.

21) 그것이 법률 이외의 형식으로 행해지는 국회의 (강학상의 입법개념에 속하는) 입법적 기능(국회규칙제정권)을 부인하는 것은 물론 아니며, 다른 국가기관에 의한 (강학상의) 입법적 기능(행정입법, 대법원의 규칙제정권 등)을 배척하는 것도 물론 아니다.

22) 법률유보에 관한 이론의 발전에 관하여는 「제1권 제2부 제3장 제5절 Ⅱ. 2. **법률유보론의 발전과 현대적 상황**」 참조.

회적 유보설, 전부유보설 등의 대립은 그 의미를 상실하게 된다. 이에 따라 현대의 법률유보이론은 어떤 사항에 대하여, 그리고 어느 정도까지 상세하게 법률로 정해야 하느냐를 새로운 기준에 따라 설명할 수밖에 없다.

그리고 현재 다수설로 떠오른 **의회유보이론**은 –실질적 기준을 명확하게 제시하는 것이 사실상 불가능하다는 인식 하에– 의회 스스로가 중요한 것으로 파악한 것에 대해서는 법률로 규율할 수 있다는 것으로 법률유보의 문제를 정리하고 있다. 결국 의회 스스로가 법률로 정할 필요가 있다고 인정하여 법률의 형식으로 규정하는 것이 곧 법률이라는 것이다.

이렇게 이해된 법률개념은 외견상 형식적 의미의 법률개념에 유사한 것 같지만, 그와는 구별되어야 한다. 형식적 의미의 법률개념은 –이중적 법률개념에 따라 법규성(즉 실질적 법률개념)과의 대비를 전제한 것으로서– 어떤 사항이 법률로 정해져야 하는지를 도외시한 개념이지만, 새로운 법률개념은 그렇지 않다. 새로운 법률개념은 헌법에 의해 법률로 정해야 할 사항(입법사항)이 무엇인가에 대한 나름의 해석을 전제로 하는 것이며, 법률로 제정되었다는 것은 그러한 사항(입법사항)에 해당된다는 것을 의미하기 때문이다.

그 결과 과거 입헌주의시대에 있어서와 같은 입법자에 대한 내용적인 구속은 더 이상 존재하지 않게 되었다. 무엇이 법률에 의해 규율되어야 할 것인지의 문제는 결국 광범하게 입법자의 재량에 맡겨져 있는 것이다. 현대헌법에 있어서 법률의 본질적 기준이 상실되었다는 문제는 –기본권 및 그 밖의 다른 실질적 헌법원리들에 준거한– 법률에 대한 광범한 사법적 통제에 의해 보완되고 있다.[23]

3. 국회가 법률로 정해야 하는 사항

이와 같이 의회유보론과 맥을 같이 하여 법률의 개념을 이해할 경우에는 무엇을 법률로 정할 것인지가 일차적으로 의회의 판단에 맡겨진다. 하지만 모든 사항이 의회의 판단에 맡겨져 있는 것은 아니다.

첫째, **헌법이 법률로 정하도록, 또는 법률로 정하지 못하도록 명시한 사항**에 대해서는 국회의 판단이 배제된다. 기본권의 형성 및 제한과 관련하여 헌법이 법률로 정하도록 명시하고 있는 경우에는 국회가 법률로 정하지 않고 행정입법 등에 그 사항의 규율을 맡길 수 없으며, 반대로 헌법이 금지하고 있는 사항(예컨대 헌법 제13조 제2항에 의한 소급입법의 금지)에 대해서는 의회가 법률로 정할 수 없는 것이다.

둘째, 헌법이 직접 국회의 입법을 요구하고 있지는 않더라도 **일정한 법률에서 다른 법률에 의한 규율을 전제하고 있는 경우**에는 법률로 정해야 할 것이다. 예컨대 교육기본법 제7조 제2항은 "교육재정을 안정적으로 확보하기 위하여 지방교육재정교부금 등에 관하여 필요한 사항은 따로 법률로 정한다"고 규정하고 있으며, 이에 따라 그러한

23) 만일 헌법재판제도의 발달을 통해 입법에 대한 광범위한 통제의 가능성이 확보되지 않았다면, 이와 같은 형태의 의회유보이론이 뿌리내리기가 더 힘들었을 수 있을 것이다.

사항에 대해서는 (행정입법만으로 규율할 수 없고) 법률이 필요한 것이다.

셋째, 국회가 법률로써 정할 사항의 일부를 행정입법에 위임하는 경우에도, 구체적 범위를 정하여 위임해야 하며, **포괄적 위임입법은 금지**된다(헌법 제75조).

Ⅱ. 입법작용(입법권)의 한계

1. 헌법과 법률(입법)의 관계에서 나타나는 한계

종래 입법의 한계는 헌법 또는 국제법의 테두리 내에서 입법작용이 이루어져야 한다는 것,[24] 그리고 권력분립의 기본틀 안에서 입법작용에 대한 다른 헌법기관들의 통제가 있다는 점 등을 중심으로 논의되어 왔다.

이러한 한계에 대한 논의는 조금 더 구체화될 필요가 있다. 입법은 크게 보면 국가질서의 형성이라는 측면에서 검토될 수 있다. 즉 국가질서의 형성은 헌법의 제정에 의해 그 기본틀이 만들어지고, 헌법개정에 의해 중요한 사항들이 변경되기도 한다. 그러나 이러한 -헌법제정과 헌법개정을 통해 이루어진- 실정헌법의 테두리 내에서 구체적인 국가질서형성작용을 담당하는 것은 입법과 집행이며, 그중에서 일차적으로 입법자가 국가질서형성의 책임과 권한을 헌법으로부터 부여받고 있다.

따라서 헌법 자체가 입법의 한계가 된다는 말의 의미는 다시금 구체화될 수 있다. **헌법제정(권력)의 한계** 및 **헌법개정(권력)의 한계**로 인정되는 헌법의 이념이나 원리들은 당연히 입법의 한계로도 인정될 것이며, 나아가 **헌법해석의 한계**로 인정되는 실정헌법의 조문도 입법의 한계로 인정되어야 하는 것이다.

2. 권력분립으로부터 나오는 입법작용의 한계

나아가 헌법이 정하고 있는 권력분립의 체계 속에서 입법작용의 절차와 방식, 그 권한의 범위와 한계 등이 구체화되고 있다는 점도 입법의 한계와 관련하여 지적되어야 할 것이다.

입법작용은 국가질서를 위한 중요한 기능임에는 틀림없으나, 그것이 자체목적이 되는 것은 결코 아니다. 오히려 국민의 기본권보장을 중심으로 하는 바람직한 국가질서의 형성을 위해 입법작용이 필요한 것이며, 따라서 이러한 입법작용은 권력분립의 체계 속에서 한정·제한되고, 견제·통제되는 가운데 구체적인 형태를 갖추게 되는 것이다. 그러므로 다른 헌법기관에 의한 입법에 대한 통제도 -입법의 헌법적 한계와 마찬가지로- 입법의 올바른 기능의 보장을 위한 것으로 이해되어야 할 것이다.

---

24) 국제법이 입법을 기속하는 것은 헌법상 인정되고 있는 국제법존중주의의 틀 안에서 이해되어야 할 것이다. 즉, 모든 국제법규범이 입법을 기속하는 것이 아니라 헌법에 의해 입법보다 우위에 있는 것으로 인정되는 국제법규범에 대해서만 그러한 기속력이 인정되는 것이다. 따라서 입법을 기속할 수 있는 국제법규범은 일반적으로 승인된 국제법규에 한정된다. 이에 관하여는 「제1권 제2부 제6장 제3절 Ⅲ. **일반적으로 승인된 국제법규의 존중**」 참조.

따라서 입법에 의하여 집행권의 독자적 활동영역을 침해하거나 사법의 영역인 재판에 직접 관여하는 것은 허용되지 않으며, 이를 넘어서는 입법작용에 대해서는 헌법재판소의 위헌법률심판, 헌법소원심판, 권한쟁의심판 또는 대통령의 법률안거부권행사 등에 의한 통제가 가해질 수 있다.

제 4 절 입법의 절차

Ⅰ. 법률안의 제안

1. 국회의원의 법률안 제안절차

입법기능은 국회의 가장 중요한 기능이며, 국회의원들이 법률안을 제안할 수 있다는 점은 너무나도 당연한 일이다. 그러나 의원들이 법률안을 제안하기 위해서는 일정한 요건과 절차를 갖추어야 한다.

첫째, **국회의원 10인 이상의 찬성**이 있어야 의안의 형식으로 법률안을 발의할 수 있다(국회법 제79조 제1항). 이와 같이 국회의원 10인 이상의 찬성을 요구하는 것은 법률안(또는 다른 의안) 발의의 신중성을 요구하는 것이다.

둘째, 예산 또는 기금상의 조치가 수반되어야 하는 법률안의 경우에는 그 법률안의 시행에 수반될 것으로 예상되는 **비용에 대한 추계서(국회예산정책처의 추계서 또는 국회예산정책처에 대한 추계요구서)를 함께 제출**하여야 한다(국회법 제79조의2 제1항). 이러한 조건을 요구하는 것은 재정적인 조건을 고려하지 않고 법률안을 발의하여 통과시킬 경우에 발생할 문제를 예방하기 위해서 꼭 필요한 것이다.

셋째, 의원이 법률안을 발의하는 때에는 발의의원과 찬성의원을 구분하되, 당해법률안에 대하여 그 제명의 부제로 **발의의원의 성명을 기재**한다. 다만, 발의의원이 2인 이상인 경우에는 대표발의의원 1인을 명시하여야 한다(국회법 제79조 제3항, 제4항). 이는 이른바 법안실명제를 수용한 것으로서 법률안에 대한 국회의원들의 책임성을 강화시키기 위한 것으로 이해될 수 있다.

2. 정부의 법률안 제안절차

현행헌법은 국회의 입법과정에 정부가 관여할 수 있는 방법의 하나로서 법률안제출권을 인정하고 있다(헌법 제52조). 다만 정부의 법률안제출을 위해서는 국무회의의 심의를 거쳐야 한다(헌법 제89조 제3호). 또한 정부는 부득이한 경우를 제외하고는 매년 1월 31일까지 해당 연도에 제출할 법률안에 관한 계획을 국회에 통지하여야 한다. 그 계획을 변경한 때에는 분기별로 주요사항을 국회에 통지하여야 한다(국회법 제5조의3).

이러한 정부의 법률안제출권에 대한 평가는 엇갈리고 있다. 고도의 경험과 지식을 필요로 하는 경제입법과 사회입법 등의 수요가 증대되고 있는 오늘날에는 대통령제국가에서도 집행부에 법률안제출권을 인정하는 것이 합목적적이라고 보는 견해[25]가 있는가 하면, 권력분립에 반하며, 의원들의 입법에 대한 책임을 감소시키기 때문에 바람직하지 못하다는 견해[26]도 있다.

결국 이 문제는 정부의 법률안제출권을 인정함으로써 얻을 수 있는 합목적성 내지 정부활동의 능률성의 요청과 입법기능에 대한 국회의 우월성 내지 책임성 가운데 어느 쪽에 더 무게를 두느냐에 따라서 달리 평가될 수 있을 것이다. 다만 개인적인 의견으로는 현재의 상황에서 집행부의 능률성보다는 입법에 관한 국회의 주도권 내지 책임성을 강화시키는 편이 더 절실하게 요청되고 있는 것으로 본다.

Ⅱ. 법률안의 심의와 의결

1. 소관상임위원회의 심의

국회의원에 의해 법률안이 발의되면, 국회의장은 이를 인쇄하거나 전산망에 입력하는 방법으로 국회의원에게 배부하고 본회의에 보고하며, 소관상임위원회에 회부한다(국회법 제81조 제1항 전단).[27]

소관상임위원회에 회부된 법률안에 대해서는 원칙적으로 위원회에 회부된 후 **일부개정법률안의 경우에는 15일, 제정법률안 및 전부개정법률안 및 폐지법률안의 경우에는 20일(법제사법위원회의 체계·자구 심사의 경우에는 5일, 법률안 외의 의안은 20일)**이 경과하기 전에 이를 위원회 의사일정에 상정하지 못하도록 함으로써(국회법 제59조 본문) 철저한 사전준비를 갖추고 심사를 하도록 하고 있다.

위원회는 법률안을 심사함에 있어서 먼저 그 취지의 설명과 **전문위원의 검토보고**를 듣고 대체토론(안건 전체에 대한 문제점과 당부에 관한 일반적 토론을 말하며 제안자와의 질의·답변을 포함한다)과 **축조심사**[28] 및 찬반토론을 거쳐 표결한다(국회법 제58조 제1항).

위원회의 법률안 심사과정에서도 다른 안건들과 마찬가지로 대체토론 이후 **소위원회의 심사·보고**를 거치도록 되어 있으며(국회법 제58조 제2항, 제3항), 소위원회의 의안심사에서는 축조심사가 생략되어서는 안 된다(국회법 제57조 제8항 단서).

또한 위원회는 제정법률안 및 전부개정법률안에 대하여는 **공청회 또는 청문회**를

---

25) 권영성, 헌법학원론, 2010, 804쪽 참조.

26) 김선택, 의원내각제적 요소의 권력분산효과, 고려대 법학논집, 제33집(1997.8.), 81-118(115)쪽.

27) 또한 법률안이 어느 상임위원회의 소관에 속하는지 명백하지 아니할 때에는 국회의장이 국회운영위원회와 협의하여 상임위원회에 회부하되, 협의가 이루어지지 아니할 때에는 국회의장이 소관 상임위원회를 결정한다(국회법 제81조 제2항). 그리고 국회의장은 특히 필요하다고 인정하는 법률안에 대하여는 본회의의 의결을 얻어 이를 특별위원회에 회부할 수 있다(국회법 제82조 제1항).

28) 일반적인 의안의 경우, 위원회의 의결로써 축조심사를 생략할 수 있으나, 제정법률안 및 전부개정법률안에 대하여는 축조심사를 생략할 수 없다(국회법 제58조 제5항).

개최하여야 한다. 다만, 위원회의 의결로 이를 생략할 수 있다(국회법 제58조 제6항). 그리고 안건이 **예산상의 조치를 수반하는 경우**에는 정부의 의견을 들어야 하며, 필요시 국회예산정책처의 의견을 들을 수 있다(국회법 제58조 제7항). 또한 심사대상인 법률안에 대하여 그 입법취지 · 주요내용 등을 국회공보 또는 국회 인터넷홈페이지 등에 게재하여 **입법예고**하여야 한다(국회법 제82조의2 제1항).[29)]

안건의 신속처리가 필요한 경우 재적의원 과반수 또는 소관 위원회 재적위원 과반수의 서명으로 동의할 수 있으며, 의장 또는 소관 위원회 위원장은 지체 없이 무기명투표로 표결하되 재적의원 또는 소관 위원회 재적위원 5분의 3 이상의 찬성으로 의결한다(국회법 제85조의2 제1항).[30)]

2. 법제사법위원회의 검토

소관상임위원회에서 법률안의 심사를 마치거나 입안한 때에는 법제사법위원회에 회부하여 **체계와 자구에 대한 심사**를 거쳐야 한다. 이 경우 법제사법위원장은 간사와 협의하여 그 심사에 있어서 제안자의 취지설명과 토론을 생략할 수 있다(국회법 제86조 제1항).

법제사법위원회 내에서의 체계와 자구에 대한 심사도 원칙적으로 소관상임위원회의 경우과 같은 절차를 거치도록 되어 있지만, 제정법률안 및 전부개정법률안에 대해서도 축조심사를 생략할 수 있으며, 공청회 또는 청문회를 개최할 필요가 없다(국회법 제58조 제10항).

법제사법위원회의 심사에 대하여 국회의장은 천재지변이나 국가비상사태의 경우 또는 각 교섭단체대표의원과 합의한 경우 심사기간을 정할 수 있으며, 이유 없이 그 기간내에 법제사법위원회가 심사를 마치지 아니한 때에는 바로 본회의에 부의할 수 있다. 다만, 천재지변이나 국가비상사태의 경우에는 의장이 각 교섭단체대표의원과 협의하여 관련된 안건에 대해서만 심사기간을 지정할 수 있다(국회법 제86조 제2항).

법제사법위원회가 이유 없이 회부된 날부터 60일 이내에 심사를 마치지 않은 경우 심사대상 법률안의 소관위원회 위원장은 간사와 협의하여 이의가 없는 경우 의장에게 해당 법률안의 본회의 부의를 서면으로 요구한다. 이의가 있는 경우에는 해당 법률안에 대한 본회의 부의 요구 여부를 무기명투표로 표결하되, 해당 위원회 재적위원 5분의 3 이상의 찬성으로 의결한다(국회법 제86조 제3항).

3. 국회 본회의의 의결

소관상임위원회 및 법제사법위원회의 심의를 마친 법률안은 본회의에 부의된다(국회법 제81조 제1항).

---

29) 다만, 1. 긴급히 입법을 하여야 하는 경우, 2. 입법 내용의 성질 또는 그 밖의 사유로 입법예고가 필요 없거나 곤란하다고 판단되는 경우에는 위원장이 간사와 협의하여 입법예고를 하지 아니할 수 있다.

30) 헌법재판소는 **헌재 2023.3.23. 2022헌라2 결정**에서 민형배 의원의 위장탈당을 통해 조정위원 구성을 입법취지와 다르게 한 것과 관련하여 법률안 심의 · 표결권 침해의 위헌성을 인정하였으나, 이러한 절차를 통해 만들어진 형사소송법 등 개정의 효력은 유효한 것으로 판단하였다.

국회는 위원회의 심사를 거치거나 위원회가 제안한 의안 중 정부조직에 관한 법률안, 조세 또는 국민에게 부담을 주는 법률안 등 주요 의안의 본회의 상정 전이나 본회의 상정 후에 재적의원 4분의 1 이상이 요구할 때에는 그 심사를 위하여 의원 전원으로 구성되는 전원위원회를 개회할 수 있다. 다만, 의장은 주요 의안의 심의 등 필요하다고 인정하는 경우 각 교섭단체 대표의원의 동의를 받아 전원위원회를 개회하지 아니할 수 있다(국회법 제63조의2 제1항). 전원위원회는 재적위원 5분의 1 이상의 출석으로 개회하고, 재적위원 4분의 1 이상의 출석과 출석위원 과반수의 찬성으로 의결한다(국회법 제63조의2 제4항).

소관상임위원회가 본회의에 부의할 필요가 없다고 결정한 법률안은 본회의에 부의하지 아니한다. 그러나 위원회의 결정이 본회의에 보고된 날로부터 폐회 또는 휴회 중의 기간을 제외한 7일 이내에 의원 30인 이상의 요구가 있을 때에는 그 법률안을 본회의에 부의하여야 한다(국회법 제87조 제1항). 이러한 요구가 없을 때에는 그 법률안은 폐기된다(국회법 제87조 제2항).

본회의는 위원회가 법률안에 대한 심사를 마치고 의장에게 그 보고서를 제출한 후 1일을 경과하지 아니한 때에는 이를 의사일정으로 상정할 수 없다. 다만, 의장이 특별한 사유로 각 교섭단체 대표의원과의 협의를 거쳐 이를 정한 경우에는 그러하지 아니하다(국회법 제93조의2).

법률안에 대한 수정동의는 국회의원 30인 이상의 찬성으로 가능하다(국회법 제95조 제1항 본문).[31] 다만 전원위원회의 수정안제출의 경우에는 전원위원장이 제안자가 된다(국회법 제63조의2 제2항). 원안과 수정안(들)이 함께 본회의에 제출된 경우에는 최후에 제출된 수정안을 먼저 표결하며, 의원의 수정안을 위원회의 수정안에 앞서 표결하며, 원안과 차이가 많은 것부터 먼저 표결한다(국회법 제96조 제1항). 그리고 수정안이 모두 부결되었을 때, 원안에 대해 표결한다(국회법 제96조 제2항).

본회의에 상정된 법률안의 의결은 재적의원 과반수의 출석과 출석의원 과반수의 찬성으로 한다(국회법 제109조).

Ⅲ. 법률안의 서명과 공포

1. 법률안의 정부에의 이송

국회에서 의결된 법률안은 국회의장에 의하여 정부에 이송된다(헌법 제53조 제1항, 국회법 제98조 제1항).

정부가 그 법률안에 대하여 이의를 갖지 않을 경우에는 국무회의의 심의(헌법 제89조 제3호)를 거쳐서 대통령이 서명하고, 국무총리와 관계국무위원이 부서한다(헌법 제82조). 이러한 절차를 통하여 법률안은 법률이 된다.

---

31) 다만, 예산안에 대한 수정동의는 의원 50명 이상의 찬성이 있어야 한다(국회법 제95조 제1항 단서).

2. 대통령의 거부권행사와 국회의 재의

법률안에 대해서 이의가 있을 때에는 대통령이 정부에 법률안이 이송된 지 15일 이내에 이의서를 붙여서 국회로 환부하고, 그 재의를 요구할 수 있으며, 이는 국회의 폐회 중이라 하더라도 마찬가지이다(헌법 제53조 제2항). 다만 대통령은 법률안의 일부에 대해서 재의를 요구하거나 법률안을 수정하여 재의를 요구할 수는 없다(헌법 제53조 제3항).

대통령의 재의요구가 있을 경우, 국회는 법률안을 재의에 붙이게 되며, 재적의원 과반수의 출석과 출석의원 3분의 2 이상의 찬성으로 재의결할 때에만 법률안이 법률로 확정될 수 있다(헌법 제53조 제4항).

이러한 대통령의 법률안거부권은 국회의 입법권에 대한 가장 강력한 통제수단의 하나이다. 비록 헌법재판소의 위헌법률심판권 등과 같은 사법적 통제제도처럼 최종적 구속력을 갖는 것은 아니지만, 내용상 위헌이라고 보기는 어려운 경우라고 할지라도 정치적 고려에 의해 거부권을 행사함으로써 법률안의 통과를 저지할 수 있다는 점에서 대통령의 거부권행사는 상당한 효과를 가져올 수 있다.

그러나 대통령의 거부권행사가 입법부의 입법작용에 대한 과도한 제약이 되어서는 안 될 것이기 때문에 국회의 재의결 가능성을 열어 놓음으로써 대통령의 거부권남용을 견제하고 있는 것이기도 하다.

3. 법률의 공포

대통령은 법률안이 정부에 이송된 날로부터 15일 이내에 공포하는 것이 원칙이다(헌법 제53조 제1항). 대통령이 15일 이내에 거부권을 행사하지도 않고, 공포도 하지 않았을 경우에도 그 법률안은 법률로서 확정된다(헌법 제53조 제5항).

국회의 재의결에 의하여 확정된 법률, 또는 대통령이 거부권을 행사하지 않고 15일을 경과하여 확정된 법률은 대통령이 **지체없이 공포**하여야 한다. 법률안의 정부이송 후 15일이 경과되어 법률로 확정된 지 5일이 경과되었거나, 국회에서 재의결되어 정부에 송부된 후 5일 이내에 대통령이 공포하지 않을 경우에는 국회의장이 이를 공포한다(헌법 제53조 제6항, 국회법 제98조 제3항).

법률의 공포는 **법률의 효력발생요건**으로 인정되며,[32] 공포의 방식은 관보에 게재

---

32) 이에 관하여는 권영성, 헌법학원론, 2010, 806쪽. 그러나 대법원은 "구 국방경비법은 우리 정부가 수립되기 전 미군정 아래의 과도기에 시행된 법률로서 그 제정 및 공포의 경위에 관하여 관련 자료의 미비와 부족으로 불분명한 점이 없지 않으나, 위 법이 그 효력 발생일로 규정된 1948.8.4.부터 실제로 시행되어 온 점 및 관련 미군정법령과 정부수립 후의 군형법, 군법회의법의 규정내용 등 여러 정황에 비추어 볼 때, 위 법은 당시의 법규에 따라 군정장관이 1948.7.5. 자신의 직권에 의하여 남조선과도정부 법령(South Korean Interim Government Ordinance)의 하나로 제정하여 군정청관보에의 게재가 아닌 다른 방법에 의하여 공포한 것으로 보여지므로, 위 법은 적법하게 제정·공포되어 유효하다"고 판시한 바 있다(**대법원 1999.1.26. 선고 98두16620 판결**). 또한 헌법재판소도 대법원과 같은 이유를 들어 유효한 성립을 인정하면서 "구 국방경비법 제32조와 제33조의 성립절차상의 하자로 인하여 심판대상조항이 헌법 제12조 제1항 후문의 적법절차원칙에 위배된다고 볼 수는 없다"고 판시하였다(**헌재 2001.4.26. 98헌바79등 결정**).

하는 것이다.[33] 현행법상 공포의 시기는 관보에 게재된 것으로 인정되는 시기이다.[34] 그러나 단순히 관보에 인쇄되었지만, 실제로 일반 국민에게 전달되지 않을 상태에 있을 때에는 이를 공포된 것이라고 보기 어려우므로, 판례는 관보 게재일이라 함은 관보에 인쇄된 발행일자를 뜻하는 것이 아니고 관보가 전국의 각 관보보급소에 발송 배포되어 이를 일반인이 열람 또는 구독할 수 있는 상태에 놓이게 된 최초의 시기를 뜻한다고 보고 있다.[35]

Ⅳ. 법률로서의 효력 발생

법률은 특별한 규정이 없는 한 공포된 날로부터 20일을 경과함으로써 효력을 발생한다(헌법 제53조 제7항). 그러나 국민의 권리 제한 또는 의무 부과와 직접 관련되는 법률은 긴급히 시행하여야 할 특별한 사유가 있는 경우를 제외하고는 공포일로부터 적어도 30일이 경과한 날로부터 시행되도록 하여야 한다(법령 등 공포에 관한 법률 제13조의2).

이처럼 법률의 효력발생에 대하여 일정한 유예기간을 두도록 하는 것은 법적용의 변화를 준비할 수 있도록 함으로써 법적 혼란을 최소화시키려는 것으로 이해될 수 있다. 그러나 최근의 법률은 대부분 부칙규정을 통해 시행일을 명시하므로 실제 20일의 경과규정이 적용되는 예는 많지 않다.

법률이 공포된 후 일정기간이 경과함으로써 법률로서의 효력을 발생하게 되면, 그 법률의 효력은 대한민국의 국가권력이 미치는 범위 내에서 존중되어야 하며,[36] 집행권과 사법권을 구속하는 힘을 갖는다.

사례 풀이:

1. 갑의 헌법소원심판청구는 적법한가? (20점)

Ⅰ. 서: 위헌소원의 의의 및 성격과 청구요건 [2점]

Ⅱ. 재판의 전제성 [8점]

1. 소송의 계속
2. 심판대상법률(조항)이 당해 소송사건에 적용

---

33) 「법령 등 공포에 관한 법률」 제11조 제1항. 그러나 헌법 제53조 제6항과 국회법 제98조 제3항에 의하여 국회의장이 법률을 공포할 경우에는, 서울특별시에서 발행되는 둘 이상의 일간신문에 게재함으로써 한다(같은법 제11조 제2항).

34) 「법령 등 공포에 관한 법률」 제12조: "제11조의 법령 등의 공포일 또는 공고일은 그 법령 등을 게재한 관보 또는 신문이 발행된 날로 한다."
이와 관련하여 대법원은 관보의 명목상의 발행일이 아니라 실제 발행일을 기준으로 해야 한다고 판시한 바 있다(**대법원 1970.10.23. 선고 70누126 판결**).

35) **대법원 1969.11.25. 선고 69누129 판결**. 이와 관련하여 권영성, 헌법학원론, 2010, 805쪽에서는 관보가 서울의 중앙보급소에 도달하여 일반국민이 이를 구독하고자 원하면, 그것이 가능한 상태에 놓인 최초의 시점을 공포의 시기로 보고 있다.

36) 법률은 대한민국의 주권이 미치는 모든 지역과 영토 내의 모든 사람에게 적용된다는 주장도 있으나(권영성, 헌법학원론, 2010, 806쪽), 그것은 법률의 내용에 따라 다를 수 있다. 예컨대 특정지역에만 적용되는 법률, 또는 특정 직업을 가진 국민들에게만 적용되는 법률도 얼마든지 존재하고 있기 때문이다.

3. 심판대상법률(조항)의 위헌 여부에 따라 다른 내용의 재판

Ⅲ. 위헌법률심판제청의 신청과 기각 [6점]

1. 위헌소원의 성격과 위헌법률심판제청의 의미
2. 법원의 기각 결정과 그 구속력
3. 헌법재판소법 제68조 제2항에 의한 헌법소원심판의 청구

Ⅳ. 기타의 적법요건 [3점]

1. 변호사 강제주의
2. 청구기간

Ⅴ. 결론 [1점]

2. 을의 헌법소원심판청구는 적법한가? (20점)

Ⅰ. 서: 위헌소원의 의의 및 성격과 청구요건 [2점]

Ⅱ. 재판의 전제성 [8점]

1. 심판대상조항과 소송의 계속
2. 심판대상법률(조항)이 당해 소송사건에 적용
3. 심판대상법률(조항)의 위헌 여부에 따라 다른 내용의 재판

Ⅲ. 위헌법률심판제청의 신청과 기각 [6점]

1. 위헌소원의 성격과 위헌법률심판제청의 의미
2. 법원의 기각 결정과 그 구속력
3. 헌법재판소법 제68조 제2항에 의한 헌법소원심판의 청구

Ⅳ. 기타의 적법요건 [3점]

1. 변호사 강제주의
2. 청구기간

Ⅴ. 결론 [1점]

3. 갑의 헌법소원심판청구가 적법할 경우, 헌법재판소는 갑의 청구에 대해 어떤 본안판단을 내려야 하는가? (60점)

Ⅰ. 사안의 분석과 쟁점의 정리 [5점]

Ⅱ. 보안관찰법의 의의와 기능 [10점]

1. 보안관찰법의 입법취지
2. 보안관찰처분의 대상자
3. 적법절차에서 벗어난 보안관찰처분의 문제

Ⅲ. 국방경비법의 성립상의 하자 여부 [12점]

1. 미군정기 법령체계와 입법절차의 미비
2. 국방경비법의 제정·공포 경위
3. 대한민국 정부수립 이후의 국방경비법 적용

Ⅳ. 보안관찰처분의 정당성 판단 [15점]

1. 목적의 정당성 및 수단의 적합성
2. 침해의 최소성
3. 법익의 균형성

Ⅴ. 헌법재판소의 결정과 그 효력 [15점]

1. 헌법재판소 결정의 형식
2. 사안에 대한 판단
3. 헌법재판소 결정의 효력

Ⅵ. 결론 [3점]

제 3 장 집행기능

종래 입법, 행정, 사법으로 분류하던 국가기능을 오늘날에는 입법, 집행, 사법으로 분류하는 것이 보편화되어 있다. 현행헌법 제66조 제4항에서 행정권을 명시하고 있음에도 불구하고 과거와는 달리 '행정' 대신에 '집행'이라는 용어가 널리 이용되고 있는 것이다.

이러한 새로운 구별은 종래의 '**행정**'(이른바 협의의 행정)이라는 개념 속에 포섭되기 어려운 특수한 집행기능, 이른바 '**정치적 지도작용**'(또는 통치작용)이 있다는 것을 그 이유로 한다. 즉 집행기능 안에는 행정작용 외에 정치적 지도작용이 포함된다는 것이다. 따라서 집행기능은 행정작용과 정치적 지도작용을 포괄하는 상위개념이 된다.

그러나 행정의 개념범위를 어떻게 파악할 것인지, 행정작용과 정치적 지도작용의 구별은 어떤 기준에 따라야 하며, 양자의 관계는 어떻게 이해되어야 할 것인지에 대해서는 아직도 많은 논란이 계속되고 있다. 집행기능에 대한 이해에 있어서는 이러한 문제들에 초점을 맞추어야 할 것이다.

제 1 절 행정의 개념과 특성

Ⅰ. 행정의 개념에 대한 접근

1. 헌법상의 행정

현행헌법은 제66조 제4항에서 "행정권은 대통령을 수반으로 하는 정부에 속한다"고 규정하고 있으며, 헌법 제65조, 제83조, 제94조 이하 등에서 행정각부에 관하여 언급하고 있다. 또한 헌법 제86조 제2항은 "국무총리는 대통령을 보좌하며, 행정에 관하여 대통령의 명을 받아 행정각부를 통할한다"고 규정하고 있다. 또한 구체적으로 행정에 속하는 사항에 대해서는 헌법 제89조에서 국무회의의 심의사항으로 정하고 있는 것을 통해 어느 정도 짐작할 수 있다.

하지만 현행헌법이 제3장 '국회'에서 입법에 관한 다수의 규정을 통해 국회의 입법권 내지 입법사항과 입법절차에 대해 규정하고 있는 것과는 달리, 제4장 '정부'의 제2절 '행정부'[1]에서는 대통령의 지휘·통솔 하에 있는 행정부조직의 기본적 구조에 대해서 규정하고 있을 뿐이고 구체적인 행정작용의 내용이나 절차에 대해서는 규정하고 있지 않다.

이러한 차이는 무엇보다 행정작용의 포괄성에 기인하는 것으로 이해될 수 있다. 행정의 영역이 매우 방대할 뿐만 아니라, 계속 변화 · 확대되는 현상이 나타나고 있기 때문에 행정에 대한 전체적인 성격규정도 어렵고, 개별적인 열거 또한 곤란하다. 이런 점들로 인하여 행정에 대한 개념정의뿐만 아니라 외연의 설정조차 쉽지 않은 것이다.

2. 학설상의 (적극적 · 소극적) 개념규정의 시도

이와 같은 행정의 포괄성 및 그로 인하여 야기되는 개념규정의 곤란성 때문에 학설상 행정의 개념을 규정하는 데에도 다양한 시도가 나타나고 있다.

학설상의 행정개념은 크게 소극설과 적극설로 분류될 수 있다. **소극설**은 행정의 영역이 방대할 뿐만 아니라, 행정에 속하는 사항들의 성질 또한 다양하기 때문에 이를 일의적으로 규정하기 어렵다는 전제 하에 입법과 사법을 제외한 국가작용을 행정으로 정의한다.[2] 이처럼 전체 국가작용이 입법, 행정, 사법으로 나누어지는 것을 전제로 하여 입법과 사법에 속하지 않는 것을 행정으로 정의하는 것이기 때문에 **공제설**(控除說)이라고 일컬어지기도 한다.

그러나 이러한 소극설은 행정의 성격에 대한 적극적인 규명이 없기 때문에 개념정의로서의 의미를 크게 감소시킬 뿐만 아니라, 오늘날 입법과 사법을 제외한 국가작용에는 행정작용뿐만 아니라 정치적 지도작용(통치작용)이 포함되어 있다는 점에서 적용상의 문제점을 낳고 있기도 하다.

행정의 개념을 적극적으로 규정하려는 적극설은 다시금 목적설, 결과실현설, 기관양태설 등으로 나누어진다. **목적설**은 행정의 특성을 "국가목적 내지 공익목적을 추구하는 국가작용"이라는 점에서 찾고 있으며, **결과실현설**은 행정을 "공익상 필요한 결과의 실현을 목적으로 하는 기술적 · 정신적 · 법률적 사무의 전체"라고 정의한다. 또한 **기관양태설**은 행정을 "상하복종관계에 있는 기관에 의한 법집행작용"이라고 본다. 나아가 최근에는 여러 학설들을 종합적으로 고려하는 가운데 행정의 개념정의보다는 행정의 특징적 요소 내지 징표를 살펴보는 것이 행정의 뜻과 모습을 이해하는 데 도움이 될 것이라고 보는 견해도 있다.[3]

그러나 이러한 적극설에 의한 행정의 개념정의도 입법 및 사법과 비교할 때 행정의 특성을 명확하게 밝히고 있는 것이라고 하기는 어렵다. 목적설이 주장하는 국가목적 내지 공익목적은 입법작용과 사법작용을 포함한 모든 국가작용에 공통된 것이라 볼 수 있

1) 현행헌법은 제4장 '정부' 안에서 '대통령'에 관한 규정과 '행정부'에 관한 규정을 함께 두고 있다. 이를 구별하는 것은 대통령이 행정부의 수반일 뿐만 아니라 국가원수로서의 지위도 아울러 가지고 있기 때문이다. 더구나 대통령이 행정부의 수반으로서 보유하는 권한에 관한 것이라 할지라도, 대통령은 행정작용의 담당자라기보다는 정치적 지도작용(통치작용)의 담당자이기 때문에 현행헌법 제4장 제2절 '행정부'에 관한 규정 가운데서 나타나는 대통령에 관한 헌법규정이 '행정작용'에 관한 규정이라고 속단하기 어렵다.

2) 소극설에 대해서는 류지태 · 박종수, 행정법신론, 2021, 9쪽 참조.

3) 예컨대 김남진 · 김연태, 행정법 I, 2022, 4쪽.

으며, 행정을 적극적인 형성적 국가작용이라고 이해할 경우에는 그러한 성격이 행정작용에 고유한 것이 아니라 입법작용에 대해서도 인정될 수 있을 것이기 때문이다.

오히려 행정의 특성은 입법 및 사법과의 비교를 통해서 보다 분명하게 밝혀질 수 있다. 입법은 법률의 형식으로 국가질서의 기본방향을 정하는 것이고, 행정은 그와 같은 방향설정을 전제로 이를 구체화시키고 실현시키는 작용으로 나타난다. 그리고 사법은 행정작용을 비롯한 모든 국가 내의 활동에 대한 법적 분쟁을 법에 따라 판단하여 분쟁당사자의 정당한 권리를 보호하고 법적 평화를 실현시키는 작용이다.[4)]

Ⅱ. 행정의 헌법적 위치: 입법과 사법 사이

1. 입법과 행정

입법은 헌법을 일차적으로 구체화하는 작용이며, 국가활동을 위한 기준과 지침을 마련하는 작용이다. 그렇기 때문에 입법은 국가활동이 지향해야 할 목표를 설정하고 정책을 결정하는 등의 **방향설정적인 역할**을 한다고 할 수 있다.

반면에 행정은 독자적으로 목표를 설정하거나 정책을 결정하는 것이 아니라, 이미 설정되어 있는 목표를 달성하기 위한, 이미 **결정된 정책을 집행하기 위한 기술적이고 기계적인 작용**이라고 할 수 있다. 즉, 권력분립의 체계 속에서 볼 때, 입법에 의해 결정된 사항을 구체적으로 수행해 나가는 작용이 행정이라고 할 수 있는 것이다.[5)] 이런 맥락에서 입법은 행정에 대하여 우위에 서게 되며(법률의 우위), 행정은 법률로 정해진 사항의 테두리 내에서만 활동하게 된다(법률유보).

하지만 오늘날 권력분립이론 및 법률유보이론의 발전에 의하여 입법과 행정의 관계는 입법에 의한 정책목표의 설정과 행정에 의한 결정된 정책의 집행이라는 **목적설정-수단투입의 관계**에 한정되지 않는 것으로 새롭게 이해되고 있다. 권력분립의 원리를 채택하여 입법과 행정을 서로 구별하고 있는 민주적 법치국가에서는 의회의 독자적인 활동영역이 행정부에 의해 침해되어서는 안 될 뿐만 아니라 행정부의 독자적인 영역이 의회에 의해 침해되어서도 안 된다고 인정되기 때문이다.

그 결과 국가활동의 일정한 영역이 헌법에 의해 (권력분립의 원칙에 따라) 행정부에 유보되어 있다는 의미에서 '**행정유보**'가 주장되고 있다. 다만 이때 행정의 독자적인 영역의 보호는 법률우위의 원칙과 법치행정의 원칙 때문에 (따라서 사법부에 대해 행정

4) 이처럼 행정의 개념을 입법 및 사법과의 비교를 통해 구체화하려는 시도가 필요한 이유는 그만큼 행정작용의 명확한 개념규정이 어렵기 때문이다. 그로 인하여 행정작용의 성질 자체를 규명하는 대신에 행정기관이 담당하는 모든 국가작용을 행정작용으로 정의하는, 이른바 형식적 의미로 행정을 이해하는 경우도 있다. 그러나 이러한 형식적 의미로 행정을 이해하는 것은 국가기능의 성질과 이를 담당하는 기관의 성질 내지 구성방식을 연계시키는 현대적 권력분립의 관점에서 볼 때, 아무런 문제도 해결하지 못하는 순환논법에 빠지게 될 뿐이다.

5) 이와 관련하여 입법이 아닌 통치작용에 의해 행정작용의 목표가 설정되는 경우도 있다는 점에 유의할 필요가 있다. 이에 관하여는 아래의 「제3절 **행정과 정치적 지도의 상호관계**」 참조.

유보를 주장할 수는 없다) 국회의 입법사항에 행정부가 관여하지 못하는 것과 같은 정도로 생각될 수 없다는 점에 유의하여야 한다.[6)]

2. 행정과 사법

입법과의 관계에서 볼 때, 행정과 사법은 모두 법적용이라고 할 수 있다. 즉 입법이 법률을 제정하는 작용이라면, 행정과 사법은 제정된 법률을 적용하는 작용인 것이다.

하지만 행정작용과 사법작용은 입법에 의해 제정된 법을 받아들이는 방식이 다르다. 행정작용에 있어서는 법률이 구체적인 정책목표를 달성하기 위한 기준으로 작용한다. 즉 법률로 정해진 정책목표를 달성하기 위하여 행정작용은 경찰력을 동원하거나, 검찰이 공소를 제기하고, 국세청이 국민에 대해서 과세를 하는 등의 구체적 행동으로 나타나게 되는 것이다. 이런 의미에서 행정작용에 있어서 법률은 **행위규범**이 된다고 할 수 있다.

반면에 사법작용은 법률의 내용에 따라 구체적인 목표달성을 위한 작용을 하는 것이 아니라, 법적 분쟁이 발생된 경우에 법률의 내용을 기준으로 하여 옳고 그름을 판단하는 작용을 한다. 예컨대 국가적 재정수요를 충당하기 위하여 국세청에서는 세법에 따라 국민에게 과세를 하지만, 법원에서는 국세청에 의해 부과된 세금이 세법에서 정해진 대로 공정하게 산정된 것인지, 절차상의 하자는 없는지를 확인하고 판단하는 것이다. 이런 의미에서 사법작용에 있어서 법률은 **판단규범**이 된다고 할 수 있다.

최근 법치행정의 원칙에 따라 행정에 대한 사법적 통제가 점점 더 강화되어 가는 경향이다. 특히 전문화된 행정재판소가 설치되어 활동하고 있는 외국의 경우,[7)] 행정의 독자성에 대한 침해까지 문제되는 경우가 있다. 그러나 사법의 소극성과 중립성 등을 고려할 때, 사법작용이 행정의 독자성을 침해한다고 보기는 어려울 것이다.[8)]

Ⅲ. 행정과 정치적 지도

1. 행정작용과 정치적 지도작용(통치작용)의 구별

종래 입법, 행정, 사법으로 국가작용을 구별하였지만, 오늘날에는 입법, 사법과 구

6) 행정유보는 결국 행정의 전문성, 계속성, 실효성 등을 고려하여 국회의 입법에 의한 행정의 관여에 일정한 한계를 두려는 것이다. 하지만 행정은 본질적으로 입법에 의해 결정된 것을 구체화시키고 보충하는 기능을 하고 있다는 것을 항상 염두에 두어야 할 것이다.

7) 우리나라의 행정법원은 이러한 의미에서의 전문화된 행정재판소와 구별되어야 한다. 독일 등의 경우에 설치되어 있는 행정재판소는 행정사건을 제1심에서 제3심까지 전속적으로 관할하고 있는 반면에, 우리나라의 행정법원은 지방법원급으로 구성되어 있으므로 고등법원과 대법원에서 행정사건의 전문성이 확보되지 않고 있음으로 인하여 실질적 의미가 퇴색되고 있는 것이다.

8) 권력분립의 현대적 이해에 비추어 볼 때, 행정작용은 보다 적극적이고 기능적인 활동을 담당하며, 이에 대한 책임은 법원이 아닌 행정부에 있다고 이해되어야 한다. 따라서 법원이 행정의 적극적이고 탄력적인 활동을 필요로 하는 영역에 대해서 과도하게 개입하는 판결을 하는 것은 자제되어야 한다는 주장이 있다. 예컨대 슈뢰더(*M. Schröder*)는 "…행정에 부합되는 적극적이고 기능적인 활동영역에 대한 책임은 법원이 아닌 행정부에 있으며, 법원이 이를 판결을 통해 자신의 생각에 맞추려 해서는 안 된다"고 말하고 있다.

별되는 집행기능 가운데 행정작용과 구별되는 국가작용, 즉 정치적 지도작용(통치작용)의 영역이 있다는 점이 일반적으로 인정되고 있다. 하지만 양자의 구별이 인정된다 하더라도 구체적인 구별의 기준 및 한계 등에 대해서는 아직도 적지 않은 논란이 있다.

예컨대 행정은 입법과의 관계에서 설명되었던 것처럼, 주어진 목표와 목적을 실현시키는 작용이고 따라서 보다 많은 구속을 받는 반면, 정치적 지도작용은 -입법과 유사하게- 목표설정적 작용이라고 보는 견해가 있다. 그러나 구체적으로 무엇이 행정작용이고 무엇이 정치적 지도작용인지에 대해서는 아직도 해명되지 않은 부분이 적지 않다.

결국 오늘날 행정작용과 정치적 지도작용이 구별되고 있다는 점은 담당하는 업무의 성질 내지 직업공무원제의 적용 여부 등에 의하여 간접적으로 확인될 수 있다.[9)]

2. 집행부 내에서 행정의 위치

집행부 내에서 행정은 결국 국가의 기본적 정책방향을 정하는 정치적 판단 · 결정을 전제로 이를 구체화시키고 실현시키는 작용, 또는 그러한 결정을 위한 전문적인 판단자료의 준비작용 등으로 나타난다. 따라서 행정은 주도적 역할보다는 보조적 · 도구적 역할을 주로 하게 된다.[10)]

그러나 행정이 정치적 결정의 연장선상에서만 이루어지는 것은 아니다. 행정은 그 자체의 독자성을 여러 헌법적 장치를 통해 보장받고 있다(직업공무원제, 지방자치제 등). 그 결과 행정의 안정성과 중립성, 계속성과 능률성이 보장될 수 있는 것이다.

Ⅳ. 행정과 공직

행정과 불가분의 관계에 있는 것이 '공직(öffentlicher Dienst)'이다. 원칙적으로 공직은 행정부 내에서 뿐만 아니라 입법부와 사법부 내에도 존재한다. 하지만 오늘날 조직과 활동의 규모에 있어서 행정부가 입법부와 사법부를 압도하는 까닭에 특히 공직은 행정부 내의 공직을 중심으로 이야기된다.

그에 따라 공직제도와 관련된 공직취임의 문제, 공직에서의 활동에 대한 정치적 중립성과 신분보장(직업공무원제)의 문제 및 이와 직접 관련되어 있는 각종 공무원법상의 문제들은 행정작용의 특징들과 결부되어 있는 것이라고 할 수 있다.[11)] 특히 직업공무원제도의 적용여부는 행정직 공무원과 정치직 공무원을 구별하는 기준이 됨과 동시에 행정작용과 정치적 지도작용을 구별하는 기준으로서도 중요한 의미를 갖는다.[12)]

---

9) 이에 관하여는 아래의 「제3절 Ⅱ. **정치직과 행정직간의 신분법적 '권력분립'**」 참조.

10) 이처럼 보조적 · 도구적 역할을 한다고 해서 행정의 의미와 비중이 과소평가되어서는 안 될 것이다. 행정작용은 집행작용의 대부분을 차지하고 있을 뿐만 아니라, 행정작용의 객관성과 공정성은 정권의 교체 등에 의한 정치적 지도작용의 변화에도 불구하고 국가작용의 계속성과 안정성을 확보할 수 있는 중요한 조건이 되기 때문이다.

11) 이에 관하여 상세한 것은 「제1권 제3부 제4장 **공직(공무원)제도**」 참조.

12) 직업공무원제에 관하여는 「제1권 제3부 제4장 제5절 **직업공무원제의 원칙**」 참조.

제 2 절 정치적 지도작용(통치작용)

Ⅰ. 정치적 지도작용(통치작용)의 개념과 문제점

1. 국가활동에 있어서 제4의 영역으로서의 통치작용

행정작용과 구별되는 또 하나의 집행기능이 이른바 정치적 지도작용(통치작용)이다. 헌법 자체에서는 정치적 지도작용에 대한 명문의 규정을 찾을 수 없으나, 집행기능의 영역 내에서 행정작용과 구별되는 정치적 지도작용의 영역이 있다는 것은 학설상 일반적으로 인정되고 있다.

이러한 정치적 지도작용의 개념은 −이미 설정된 목표를 달성하기 위한 기술적 · 기계적 활동인 행정과는 구별되는− 목표설정적 작용, 즉 정책형성적 활동이 집행부 내에서도 이루어지고 있다는 점에 비추어 볼 때 현실적으로 인정될 수밖에 없다. 집행부 내에서 이루어지는 고도의 정치성을 띠는 작용, 예컨대 외교정책의 수립, 경제정책의 결정, 국방정책의 변화 등은 단순한 행정작용과는 성질상 구별되는 점이 적지 않은 것이다.

2. 정의의 곤란성

이러한 구별에도 불구하고 행정작용과 정치적 지도작용의 경계는 아직도 분명하게 밝혀져 있지 않다. 이 같은 문제는 결국 입법을 포함한 정치적 · 정책적 방향의 지도와 이에 기초한 행정이라는 구별이 현실적으로는 매우 불분명하게 나타나는 경우가 많다는 사실에 기인한다.[13)]

그렇기 때문에 정치적 지도작용이 어떠한 것인가에 대한 분명한 이해가 더욱 중요하다. 그러나 정치적 지도작용이라는 것이 국정의 기본방향을 정하는 −민주주의와 그 기본이념에 의해 설정되는 일정한 테두리 내에서 시대에 따라, 국정의 담당자에 따라 변화될 수 있는− 이른바 국가지도적 작용에 속한다는 일반적 설명 이외에 구체적으로 무엇이 정치적 지도작용에 속하고, 무엇이 행정작용에 속하는지를 분명하게 밝혀줄 수 있을 만큼 명확한 개념정의는 아직 나오지 않고 있다.

3. 정치적 지도작용의 범위를 구체화시키려는 노력

정치적 지도작용의 범위를 명확하게 설정하는 것은 정치적 지도작용이 성질상 행정작용과 다르며, 그에 따라 정치적 지도작용에 대해 요구되는 것들이 행정작용의 경우와는 다르다는 점 때문에 매우 커다란 현실적 의미를 갖는다. 즉, 정치적 지도작용에 속하는지의 여부에 따라 한편으로는 폭넓은 정책적 판단의 여지가 주어질 수 있지만, 다

---

13) 예컨대 일반적으로 비서직은 행정작용을 담당하는 것이라고 할 수 있다. 독자적인 정책의 결정보다는 정책결정자의 보좌에 그치기 때문이다. 그렇다면 대통령 비서관의 경우는 어떠한가? 과연 이들이 담당하는 작용을 정책결정적 작용이 아닌 기술적 · 기계적 집행이라고 할 수 있는가? 만일 이들의 경우가 예외적인 것이라면, 국무총리의 비서관 혹은 장관의 비서관은 어떠한가?

른 한편으로는 그에 대한 정치적 책임의 추궁 가능성도 높아지는 것이다.

구체적으로 정치적 지도작용의 범위를 확정하는 것은 쉽지 않다. 그것은 정치직 공무원의 활동이라고 해서 모두가 정치적 지도작용이라고 단정할 수는 없다는 것 때문에 더욱 그러하다. 예컨대 국무회의에 참석했던 행정안전부 장관이 국무회의에서 의결된 사항을 행정안전부 소속 부처의 책임자들에게 단순히 전달하는 것을 정책결정의 성격을 갖는 것으로 보기는 어려울 것이다.

그렇다고 개별적인 활동유형에 따라 하나하나의 성격을 규명하고, 그에 따라 달리 취급하기에도 어려움이 있다. 그렇기 때문에 현재로서는 집행부 내에서 정치적 지도작용의 담당자로서 특별한 위치에 서게 되는 사람들의 범위를 한정하고, 그에 따라 행정작용과의 구별을 분명하게 하는 데 초점을 맞추고 있는 것이 일반적이다.

Ⅱ. 정치적 지도작용(통치작용)과 통치행위

1. '통치' 개념의 연원과 사용상의 문제성

종래 통치라는 개념은 (절대군주에 의해 행해지는) 모든 국가작용을 포괄하는 개념으로 사용되었다. 그리고 그러한 통치개념은 민주주의, 법치주의에 따른 통제를 전제하는 것이 아니라 모든 통제로부터 벗어나 있는 군주의 절대적 권위의 상징이었다.

이후 근대적 권력분립이 관철되면서 통치라는 개념은 입법, 행정, 사법의 개별 국가기능으로 분리되었으며, 이러한 국가기능들에 대하여는 엄격한 민주적, 법치국가적 통제가 인정되었다. 이러한 과정을 통하여 군주의 절대권을 상징하는 고전적인 통치개념은 소멸되었으나, 오늘날에는 통치라는 것이 집행부의 특수한 행위를 지칭하는 의미로 새롭게 사용되고 있다.

그러나 국내에서는 상술한 바와 같이 통치라는 개념을 전체 국가기능을 포괄하는 것으로 사용함으로 인하여 매우 복잡한 개념상의 혼란을 낳고 있다. 따라서 입법, 집행, 사법을 포괄하는 (종래 통치작용으로 불러왔던) **'국가기능'**과 집행기능의 일부로서의 정치적 지도작용 내지 **'통치작용'**, 그리고 통치작용의 (극히 적은) 일부로서 고도의 정치성 때문에 사법심사가 배제되는 **'통치행위'**를 분명하게 구별하는 것만이 이러한 개념상의 혼란을 종식시킬 수 있을 것이다.

2. 이른바 '통치행위'의 개념과 정당성근거 및 인정범위

통치행위란 「고도의 정치성을 띤 국가작용으로서 사법심사의 대상으로 하기에 부적합할 뿐 아니라, 비록 그에 관한 판결이 있는 경우에도 그 집행이 곤란한 성질의 행위」[14]로 이해된다. 그러나 구체적으로 어떠한 행위가 **고도의 정치성**으로 인하여 **사법적 판단에 부적합**한지에 대하여는 많은 논란이 있다.

14) 권영성, 헌법학원론, 2010, 843쪽 이하; 김철수, 헌법학개론, 2007, 1617쪽 이하; 허영, 한국헌법론, 2025, 1137쪽 참조.

통치행위이론은 연혁적으로 전제군주의 자의적 권력행사와 관련하여 이를 정당화시키는 이론으로 형성되었으며, 오늘날에도 독재적 권력행사의 정당화에 이용되는 경우가 많다. 그렇기 때문에 과거와 같은 형태로 통치행위를 폭넓게 인정하는 것은 곤란하다. 하지만 구체적으로 오늘날의 민주적 법치국가 내에서 통치행위의 정당성의 근거를 어디에서 찾을 수 있으며, 그 인정범위와 한계를 어떻게 규정할 것인지에 대해서는 쉽게 합의되지 못하고 있기 때문에 통치행위의 인정 여부 및 범위에 관하여 첨예한 견해의 대립이 존재하는 것이다.

통치행위의 정당성근거에 관하여는 정당성이 없다고 보는 **통치행위부정설**, 즉 모든 국가활동에 대한 전면적 사법심사를 인정하는 학설도 있다. 하지만 대부분의 국가에서는 고도의 정치성을 띤 일정한 국가작용을 통치행위로 인정하여 사법심사에서 배제하는 것을 인정하고 있으며, 그 근거에 관하여는 **내재적 한계설**, **재량행위설**, **권력분립설**, **사법자제설** 등이 대립되고 있다. 그러나 이들 가운데 어느 이론을 따르는가는 실질적으로 중요하지 않으며, 특히 판례의 입장은 어느 하나의 학설로만 설명하기 어렵다. 즉 여러 학설의 입장이 고려되는 가운데 통치행위를 인정하는 판례가 나오고 있는 것이다.[15]

오늘날 통치행위의 정당성근거에 대한 문제보다 현실적으로 더 관심을 모으고 있는 것은 통치행위의 인정범위에 관한 문제이다. 국교수립, 외교사절의 교환 및 외교관계의 단절 등 사법부의 판단에 맡기기에는 적합하지 않으므로 통치행위로 인정할 수밖에 없는 영역이 오늘날에도 여전히 존재하고 있음은 부정하기 어렵다. 그렇기 때문에 통치행위를 인정하기는 하되, 이를 최소한의 범위로 축소시키는 것이 현실적으로 타당한 해결이라고 할 수 있을 것이다. 구체적으로 어디까지를 통치행위로 인정하는가에 관하여는 아직도 많은 논의의 소지가 있으나 고도의 정치성을 띠는 외교적 행위 등을 비롯한 최소한의 영역에서만 통치행위를 인정하자는 것이다.[16]

3. 통치작용과 통치행위의 구별

이렇게 볼 때, 통치작용이 집행기능의 일부이며, 또 행정작용과는 구별되는 특성을 갖고 있다고 할지라도, 모든 **통치작용**이 곧 사법심사의 대상에서 배제되는 **통치행위**라

15) 예컨대 **대법원 1979.12.7. 선고 79초70 판결** 참조.

16) 통치행위와 관련하여 헌법재판소는 **헌재 1996.2.29. 93헌마186 결정**에서 "대통령의 긴급재정경제명령은 국가긴급권의 일종으로서 고도의 정치적 결단에 의하여 발동되는 행위이고 그 결단을 존중하여야 할 필요성이 있는 행위라는 의미에서 이른바 통치행위에 속한다고 할 수 있으나, 통치행위를 포함하여 모든 국가작용은 국민의 기본권적 가치를 실현하기 위한 수단이라는 한계를 반드시 지켜야 하는 것이고, 헌법재판소는 헌법의 수호와 국민의 기본권 보장을 사명으로 하는 국가기관이므로 비록 고도의 정치적 결단에 의하여 행해지는 국가작용이라고 할지라도 그것이 국민 기본권 침해와 직접 관련되는 경우에는 당연히 헌법재판소의 심판대상이 된다"고 판시한 바 있다. 그러나 **헌재 2004.4.29. 2003헌마814 결정**에서는 "이 사건 파견결정은 그 성격상 국방 및 외교에 관련된 고도의 정치적 결단을 요하는 문제로서, 헌법과 법률이 정한 절차를 지켜 이루어진 것임이 명백하므로, 대통령과 국회의 판단은 존중되어야 하고 헌법재판소가 사법적 기준만으로 이를 심판하는 것은 자제되어야 한다. 이에 대하여는 설혹 사법적 심사의 회피로 자의적 결정이 방치될 수도 있다는 우려가 있을 수 있으나 그러한 대통령과 국회의 판단은 궁극적으로는 선거를 통해 국민에 의한 평가와 심판을 받게 될 것이다"라고 판시하여 고도의 정치성을 이유로 사법심사를 배제함으로써 통치행위에 대한 사법심사를 인정하던 종전의 입장을 사실상 바꾸었다.

는 잘못된 등식은 쉽게 깨뜨려질 수 있다.

광의의 통치행위라고도 불리우는 '통치작용'은 결국 행정작용과 구별되는 정치적 지도작용 내지 국가지도적 작용을 의미하는 것이며, 이에 비하여 **협의의 통치행위**로 불리우는 '통치행위'는 법적 효과를 수반하여 법률적 판단이 가능함에도 불구하고 고도의 정치성을 가짐으로 인해 사법적 심사의 대상에서 제외되는 행위를 의미하는 것이다.

따라서 행정작용에 비하여 정치적 성격이 강한 통치작용이라 하더라도 그것이 반드시 통치행위로서 사법심사의 대상에서 배제된다고 볼 이유는 전혀 없다. 통치작용은 법치주의와 권력분립의 틀 안에서 인정되고 행사되는 국가기능의 일부인 것이다. 또한 통치행위도 법적 통제를 완전히 벗어난 것으로는 볼 수 없다. 구체적으로 문제되는 국가작용이 통치행위인지의 여부가 사법부에 의하여 일차적으로 판단되어야 할 뿐만 아니라, 고도의 정치성을 띠고 있는 국가작용도 정치적 안정과 법치주의의 확립에 따라 사법부가 판단할 수 있는 대상으로 새롭게 인정될 수 있는 여지가 점차 확대되고 있기 때문이다.

Ⅲ. 정치적 지도작용에 대한 법적 구속

정치적 지도작용에 대해서는 행정작용과는 달리 법률의 구속이 구체적이고 세부적으로 정해지기 어렵다. 정책결정적 작용의 일반적 특성은 상황의 변화에 따른 폭넓은 형성의 자유에 있으며, 단순히 기술적·기계적 집행만을 내용으로 하는 행정작용처럼 구체적인 사항에 대해서까지 세세하게 법적으로 구속하기는 어렵기 때문이다.

그러나 정치적 지도작용이 법적 구속을 벗어날 수 있다는 것은 결코 아니다. 고도의 정치성으로 인하여 사법심사의 대상에서 배제되는 통치행위가 아닌 한, 정치적 지도작용도 행정작용과 마찬가지로 헌법과 법률의 구속 하에 있으며, 이를 벗어난 경우에는 사법적 통제의 대상이 된다.

다만 정치적 지도작용에 대한 사법적 통제에는 현실적인 어려움이 적지 않다. 정책결정의 내용이나 절차에서 명백한 위헌성 내지 위법성이 나타날 경우에는 사법적 통제가 가능할 것이지만, 다양한 정책적 대안의 가능성이 열려 있는 경우에는 정책의 실패를 이유로 법적 책임을 묻기는 어려울 것이기 때문이다.[17)]

제3절 행정과 정치적 지도의 상호관계

Ⅰ. 행정작용과 정치적 지도작용(통치작용)의 역할 분담

앞서 설명된 바에 따르면 행정작용과 정치적 지도작용(통치작용)이 각기 어떤 것인

17) 이와 관련하여 오늘날의 민주적 헌법국가에서 일반화되어 있는 제도적·법적 구속 이외에 특히 통치작용과 같은 미묘한 영역에 있어서는 도덕적·정치적 덕성이 많이 요구된다는 지적이 있다.

지, 어떻게 구별될 수 있는지에 대해 대강의 윤곽은 그려질 수 있다.

권력분립의 전체적 구조에 따라 입법-집행-사법의 큰 그림이 그려지고, 입법은 국가질서의 기본방향의 설정으로, 집행은 입법에 의해 정해진 바를 국가질서 속에서 실행하는 것으로, 그리고 사법은 집행작용이 헌법과 법률에 따라 올바르게 행해진 것인지에 대한 확인과 판단으로 이해될 수 있다.

그리고 집행은 다시 정치적 지도작용과 행정작용으로 나누어지는데, 정치적 지도작용은 헌법과 법률의 테두리 내에서 현실상황의 변화를 고려하는 가운데 정책적 판단과 결정을 내림으로써 행정작용의 목표와 방향을 설정하는 것이고, 행정작용은 입법작용에 의해 법률로 정해진 정책목표뿐만 아니라 정치적 지도작용에 의해서 이를 좀 더 구체화시킨 정책목표들도 함께 실현시키기 위하여 활동하는 것이다.

이런 맥락에서 정치적 지도작용은 법률의 일차적 구체화 내지 법률의 위임 하에 행해지는 실질적인 정책결정작용으로, 행정작용은 법률 및 정치적 지도작용의 기술적 집행으로 표현될 수 있을 것이다.

Ⅱ. 정치직과 행정직 간의 신분법적 '권력분립'

결국 집행부 내에서 행정은 국가의 기본적 정책방향을 정하는 -입법 또는 통치작용의 형태로 나타나는- 정치적 판단 · 결정을 전제로 이를 구체화시키고 실현시키는 작용, 또는 그러한 결정을 위한 전문적인 판단자료의 준비작용 등으로 나타난다. 따라서 행정은 주도적 역할보다는 보조적 · 도구적 역할을 주로 하게 된다.[18]

그러나 행정이 통치작용 등을 통한 정치적 결정의 연장선상에서만 이루어지는 것은 아니다. 행정은 그 자체의 독자성을 여러 헌법적 장치, 특히 직업공무원제를 통해 보장받고 있으며, 이를 통하여 행정의 안정성과 중립성, 계속성과 능률성이 보장될 수 있는 것이다. 특히 '직무'의 성질에 따른 직업공무원제의 적용 여부는 행정작용과 통치작용을 구별하는 데 커다란 현실적 의의를 갖는다.

즉 집행부 내에서 어떠한 작용을 담당하느냐에 따라 정치직과 행정직이 구별된다. 정치직의 경우에는 ① 직업공무원제에 의한 신분보장이 없고 언제라도 해임될 수 있으며, ② 전문적 지식보다 정치적 지도력이 요청되고, ③ 법적 구속에 있어서 개별적이고 세세한 구속보다 헌법에 의한 일반적 구속이 문제된다는 특성을 갖는다. 반면에 행정직의 경우에는 직무의 계속성과 안정성을 확보하기 위한 직업공무원제가 인정되며, 이에 따라 신분보장과 엄격한 정치적 중립성이 요청되는 것이다.

이러한 정치직과 행정직의 구별은 집행부 내부에서 (통치작용과 행정작용 사이의) 일종의 권력분립적 기능을 수행할 수 있다.[19]

---

18) 공직취임의 문제, 공직에서의 활동에 대한 중립성과 신분보장(직업공무원제) 및 이와 관련된 공무원제도의 여러 문제들은 곧 행정기능의 특징과 연결되어 이해되어야 할 것이다.

19) 슈테른(*K. Stern*)의 다차원적 권력분립론에서 정치적 지도와 관료제적 행정 사이의 권력분립을 강조

제4절 행정국가화에 따른 집행작용의 확대와 집행작용에 대한 통제의 강화

Ⅰ. 행정국가화의 개념과 필요성

행정국가화는 정당국가화와 더불어 현대적 권력분립을 특징짓는 가장 중요한 현상 가운데 하나이다. 국가권력을 입법, 행정, 사법으로 분립시키고, 이들 간의 견제와 균형을 강조하던 근대적 권력분립은 어느 한 권력이 다른 권력에 비하여 불균형하게 팽창하는 것을 바람직하지 않다고 생각하였다. 그러나 오늘날에는 **행정작용의 비중이 입법, 사법 등의 다른 국가작용에 비하여 현저하게 증대**되고, 그로 인하여 국가기능들 간에 -적어도 양적인 면에서- 심각한 불균형이 드러나고 있는 것이다.

이러한 행정국가화 현상은 고전적인 권력분립론에 기초하고 있는 자유주의적 입헌국가의 관점에서는 정당화될 수 없는 것이다. 그러나 현대 민주주의국가는 거의 예외 없이 행정국가화를 당연한 것으로 받아들이고 있다. 그것은 한편으로는 오늘날의 **국제적 경쟁 속에서 생존하기 위해서는 국가의 행정기능을 강화해야 할 필요**가 있기 때문이지만, 더욱 근본적인 이유는 국민이 이와 같은 행정국가화를 필요로 한다는 데 있다. 즉 민주주의가 관철됨으로써 과거 고전적 권력분립의 기초가 되었던 군주세력, 귀족세력, 시민세력 간의 대립은 더 이상 존재하지 않게 되었으며, 오직 국민에 의한, 국민을 위한 국가권력의 구성과 그들의 협동작용 및 견제작용[20]이 요청되고 있는 것이다.[21]

이런 맥락에서 오늘날의 행정국가화 현상은 가능하고 또 필요하다. 국민이 가장 많이 필요로 하는 국가활동이 행정작용이기 때문에, 그리고 그러한 **행정작용을 강화하여 국민의 수요에 부응하도록 하는 것이 기본권의 보장이라는 국가의 존립목적에 부합**하기 때문에 행정국가화는 민주적 정당성을 갖는 것이다.

Ⅱ. 행정국가화의 구체적 전개

오늘날의 행정국가화 경향은 다른 국가기관의 활동과 비교했을 때 집행부의 행정업

한 것도 같은 맥락에서 이해될 수 있을 것이다. 이에 관하여는 「제3권 제1부 제3장 제3절 Ⅲ. **클라우스 슈테른(K. Stern)의 다차원적 권력분립론**」 참조.

20) 이에 관하여는 장영수, 민주헌법과 국가질서, 1997, 255쪽 이하; *K. Hesse*(계희열 역), 독일헌법원론, 2001, 302쪽 이하 참조.

21) 민주주의의 관철은 기존의 수많은 헌법적 개념들, 헌법적 요청이나 원리들을 무의미한 것으로 만들거나 변형시켰다. 이른바 국가와 사회의 이원론이 그러하며, 이에 기초한 특별권력관계의 이론, 이중적 법률개념, 나아가 법률유보의 이론 등이 커다란 변화를 겪어 왔다. 그리고 이러한 변화의 기초에는 국가기능에 대한 기본적인 인식의 변화, 특히 행정을 포함한 집행기능에 대한 기본적인 인식의 변화가 깔려 있다. 그것은 이제 모든 국가기능이 -그러므로 과거 군주세력에 의해 장악되었고, 군주의 이익을 위해 활동하던 집행기능도 역시- 국민의 필요에 의해 만들어진, 국민에게 봉사하는 도구이며, 결코 국민을 벗어난(즉 민주적 정당성을 벗어난) 독자적인 존재근거를 가질 수 없다는 것이다.

무가 양적·질적으로 증대하는 현상으로 나타나고 있으며, 이는 또한 집행부 조직의 확대와 전문성의 제고로 나타나기도 한다. 행정의 특성 가운데 하나로 널리 인정되고 있는 광범성 때문에 집행작용의 범위를 미리 명확하게 정하여 한정하기가 매우 곤란[22]할 뿐만 아니라, 현실적으로 사회국가의 발전, 경제와 산업, 환경, 노동 등에 대한 국가적 개입과 조정의 필요성 증대 등에 의해 요구되고 있는 국가기능의 확대는 대부분 행정기능의 확대로 나타나기 때문에 더욱 그러한 것이다.

그리고 이같이 집행부의 행정기능이 확대되면서 종래 타국가기관이 담당해오던 영역에까지 행정작용이 확대 내지 침투되는 경우가 있다. 특히 입법부가 아닌 행정기관에 의한 입법(법규범의 정립)작용을 의미하는 행정입법은 오늘날 행정업무의 증대에 따라 불가피한 현실로 다가오고 있다.[23] 전통적인 자유주의적 법치국가 사상에 따를 때, 행정을 의회가 제정한 법률에 구속시킴으로써 시민의 자유와 재산을 국가권력, 특히 집행권의 침해로부터 보호하는 것이야말로 법치주의의 핵심이기 때문에 행정작용의 규범적 근거를 법률이 아닌 행정입법에서 찾는 것은 매우 위험한 것으로 인식될 것이다. 하지만 오늘날의 행정국가화는 행정입법이 법률을 상당부분 대체하는 것을 불가피하게 만들고 있다.[24]

이러한 행정입법의 증대로 말미암아 오늘날 행정작용의 대부분은 법률보다 행정입법에 그 직접적인 근거를 두고 있다. 비록 행정입법 자체가 법률에 근거를 두는 것을 원칙으로 하고 있기 때문에 행정작용도 간접적으로는 법률에 근거를 두고 있는 것이라고 할 수 있지만, 현실적으로 법률과 행정작용의 관계가 그만큼 멀어진 측면은 부인할 수 없다.

Ⅲ. 집행작용에 대한 통제의 강화

행정입법의 증대를 비롯한 행정국가화 현상은 국민이 이를 필요로 한다는 점에서 민주적 정당성을 갖는다. 그러나 이러한 민주적 정당성이 비대해진 행정작용에 대한 통제를 강화할 필요성까지 부인하는 것은 아니다. 오히려 집행부가 비대해질수록 행정권 남용의 문제도 크게 나타나고, 따라서 그에 대한 통제도 더욱 강력하게 요청되고 있

---

22) 권력분립의 원리에 따라 헌법과 법률에 의하여 다른 국가기관에 부여되지 않은 작용에 관한 것은 일반적으로 집행작용의 대상이 된다. 그러나 법률유보의 원칙에 따라 중요국가사항에 관한 집행작용은 법률의 근거가 있어야 할 것이다.

23) 행정작용의 방대한 영역 모두를 의회가 제정한 법률에 구속되도록 하고, 현실의 변화에 대응하는 행정작용의 변화에 항상 법률의 개정을 전제하도록 할 경우에는 **행정작용의 신속성과 탄력성**이 상실될 것이며, 결국은 **행정작용 전체의 효율성**이 심각하게 저해될 것이기 때문이다.

24) **헌재 2016.2.25. 2015헌바191 결정**: "사회적 변화에 대응한 입법수요의 급증과 종래의 형식적 권력분립주의로는 현대사회에 대응할 수 없다는 기능적 권력분립론 등을 감안하여 헌법 제40조와 헌법 제75조, 제95조의 의미를 살펴보면, 의회가 구체적으로 범위를 정하여 위임한 사항에 관하여는 당해 행정기관이 법정립의 권한을 갖게 되고, 이 경우 입법자는 규율의 형식도 선택할 수 있다 할 것이므로, 헌법이 명시하고 있는 법규명령의 형식이 아닌 행정규칙에 위임하더라도 이는 국회입법의 원칙과 상치되지 않는다. 다만, 행정규칙은 법규명령과 같은 엄격한 제정 및 개정절차를 요하지 아니하므로, 기본권을 제한하는 내용에 대해서는 법규명령에 위임함이 바람직하고, 부득이 고시와 같은 형식으로 위임을 할 때에는 적어도 전문적·기술적 사항이나 경미한 사항으로서 업무의 성질상 위임이 불가피한 사항에 한정된다."

다.[25] 그러므로 행정활동이 법률에 따라 수행되어야 한다는 법치행정의 원칙 내지 행정의 합법률성의 원칙은[26] 여전히 법치주의의 가장 중심적 요청에 해당된다.[27]

법치행정의 기본적 요청은 행정이 법률에 따라 행해져야 하며, 행정의 결과로 국민의 기본권을 침해하게 되면, 그에 대하여는 상응하는 배상 또는 보상(공법상의 손해배상, 손실보상)이 있어야 한다는 것으로 요약될 수 있다. 그러나 오늘날 이른바 행정국가화 경향과 더불어 법치행정의 실현에 있어서도 많은 새로운 변화가 일어나고 있다. 국가의 행정과제가 증대됨에 따라 필연적으로 나타나게 되는 행정기능의 전문성, 복잡성, 기동성 그리고 불가역성 등으로 말미암아 행정에 대한 입법적 사전구속 내지 사법적 사후통제가 극히 곤란하게 되고 있는 것이다.[28][29]

이런 맥락에서 볼 때, 행정국가화 경향은 오늘날 법치주의의 실현과 관련하여 보다 진지한 검토를 필요로 한다.[30] 집행권의 확대와 강화가 권한의 남용으로 이어지지 않도록 오늘날 집행작용에 대한 법치국가적 통제를 더욱 강조하고 있는 것도 이러한 맥락에서 이해될 수 있을 것이다. 법치주의의 원리에 따라 집행작용은 **헌법과 법률에 기속**되며, 그 행사에 대하여 **사법적인 사후심사**가 포괄적으로 가능하게 함으로써(행정소송의 개괄주의!), 집행권의 남용에 의한 국민의 기본권침해를 방지하고 있는 것이다.[31]

25) 비록 오늘날의 현실 속에서 행정국가화가 불가피한 측면은 있지만, 그로 인하여 행정국가화 현상이 권력분립적 관점에서 많은 문제를 야기한다는 사실이 바뀌는 것은 아니다. 고전적 권력분립론이 목표로 삼던 국가작용 간의 세력균형은 궁극적 목표도 아니고, 또 현실적으로 실현가능한 것도 아니지만 권력 간의 불균형이 결국은 권력의 남용으로 이어질 가능성이 높을 뿐 아니라, 행정작용에 대한 실효적인 통제가 결여될 경우에는 그로 인한 국민의 기본권침해 또한 심각한 문제가 될 수밖에 없기 때문이다.

26) 법치행정은 법의 우위 및 법률유보와 표리의 관계에 있으므로 법치행정의 원리 속에 법의 우위와 법률유보의 원칙이 포함되는 것으로 표현되기도 한다.

27) 직접적인 대국민활동의 대부분을 담당하는 행정활동은 국민이 느끼는 국가권력 그 자체와 크게 다르지 않으며, 실제 국민의 기본권을 침해하는 국가활동의 대부분은 행정활동이다. 그러한 만큼 -과거 국민적 정당성과는 무관하게 그 존립근거를 갖고 있던 군주국가시대의 행정은 말할 필요도 없고- 민주국가의 행정도 (국민의사의 표현으로 인정되는) 법률에 기속되어야 한다는 점은 법치주의의 가장 핵심적인 요소의 하나로 인정된다.

28) 이에 따라 행정입법의 증대, 재량적 행정작용의 증대 등으로 인하여 법치행정의 원칙이 점차 형해화·공동화되고 있다는 지적이 많이 나타나고 있으며, 이를 막기 위하여 포괄적 위임입법의 금지 등이 헌법에 규정되어 있다(헌법 제75조).

29) 현대 민주행정(법)의 과제는 '행정의 능률성'과 '기본권의 보장'을 동시에 (조화롭게) 실현시키는 것이라고 할 수 있다.

30) 민주주의의 관철로 인하여 국가기능에 대한 기본적 인식의 변화가 요구되었고, 그로 인하여 수많은 헌법적 개념들이 포기 또는 변형되었으며, 심지어 법치주의에 대한 이해조차도 근본적인 변화를 겪어왔다. 그럼에도 불구하고 국가기능에 대한 법치국가적 통제의 필요성 자체는 여전히 존재하며, 그것은 민주국가에서도 매우 중요한 의미를 갖는 것이다.

31) 집행권의 남용에 대한 구체적인 기본권보호수단 내지 통제수단에 관하여는 「제2권 제1부 제6장 제3절 **집행과 기본권의 보호**」 참조.

제 4 장 사법기능

입법과 집행에 비하면, 사법개념에 대한 논란은 비교적 적은 편이다. 사법개념에 대한 형식설과 실질설의 논란이 없는 것은 아니지만 이중적 법률개념 내지 입법개념을 둘러싼 논쟁처럼 복잡하지 않으며, 행정작용과 정치적 지도작용으로 나누어져서 그 구별의 기준 및 양자의 관계를 둘러싸고 많은 논란을 벌이고 있는 집행기능처럼 혼란스럽지도 않다.

그러나 사법기능의 이해에 있어서도 유의해야 할 점이 몇 가지 있다. 입법이나 집행의 경우와 마찬가지로 국가기능에 대한 이해는 그 기능을 담당하는 기관의 성격 및 활동과 연결되는 것이며, 좀 더 정확하게는 그 전제가 된다. 따라서 사법기능의 올바른 이해는 사법기관의 구성방식과 권한범위 및 활동을 이해하는 중요한 지침이 되는 것이다.

그리고 이와 관련하여 사법작용의 본질로부터 도출되는 사법의 기본적 특성, 헌법재판작용의 법적 성격에 대한 사법작용설과 제4의 국가작용설의 대립, 사법절차와 관련하여 국민의 재판청구권과의 연결, 절차의 공정성을 확보하기 위하여 사법절차상 요구되는 원칙 등에 주목할 필요가 있을 것이다.

제 1 절 사법의 개념과 사법작용으로서의 헌법재판

Ⅰ. 사법의 개념

1. 문제의 소재

현행헌법 제101조 제1항은 "사법권은 법관으로 구성된 법원에 속한다"고 명시적으로 규정하고 있다. 이 규정은 입법권에 관한 헌법 제40조 및 행정권에 관한 헌법 제66조 제4항과 더불어 삼권분립에 관한 기본규정으로 이해되고 있다.[1)]

그러나 이 규정은 제40조나 제66조 제4항과 마찬가지로 무엇이 사법인지를 구체적으로 설명하지 않고 있을 뿐만 아니라, 과거 헌법의 규정을 그대로 답습한 것이어서 현행헌법에 의해 새로 도입된 헌법재판소 제도와의 충돌 내지 혼란이 문제된다.

1) 권영성, 헌법학원론, 2010, 831쪽 참조.

사법권이 법원에 속하는 것이라면, 헌법재판소는 사법권을 보유하지 못한다는 것인가? 만일 그렇다면 헌법재판소에 의한 헌법재판작용은 사법개념에 포섭되지 못하는 특수한 성질의 국가작용인가? 그러면 헌법재판소의 인적·물적 구성의 기준과 방식 및 권한행사의 방식 등은 (마치 입법기관인 국회나 집행기관인 대통령, 국무총리, 행정각부 등이 그러하듯이) 법원의 그것과 본질적으로 다른 것인가?

2. 형식적 사법개념과 실질적 사법개념

이러한 문제들에 답하기 위해서는 사법의 개념이 무엇인지를 먼저 확인해야 한다. 그러나 사법개념에 대해서는 입법개념과 유사하게 형식적 사법개념과 실질적 사법개념이 대립하고 있다.

형식적 의미의 사법은 국가기관 중에서 입법부와 행정부가 아닌 사법부의 권한범위에 속하는 사항을 의미하는 것으로 이해된다. 즉, 성질이나 내용이 무엇인가에 상관없이 사법부가 담당하는 사항을 사법이라고 이해하는 것이다.

그러나 이러한 형식적 사법개념은 국가기능과 국가기관의 관계를 거꾸로 이해하고 있다는 문제점을 안고 있다. 앞서 설명한 바와 같이 현대적 권력분립의 요청에 따를 때, 국가기능을 전제로 그 기능을 담당할 기관을 구성하게 된다. 따라서 선재하는 국가기관의 권한을 중심으로 기능을 설명하는 것은 논리적으로 선후가 바뀐 것이며, 현대적 권력분립의 이해에 부합되지 않는 것이다.[2)]

반면에 **실질적 의미의 사법**은 담당기관이 아니라 작용의 성질 또는 국가기관의 성질을 기준으로 사법개념을 정의하는 것인데, 성질설과 기관설 등이 주장된다. 전자는 사법작용이 입법이나 집행과 구별되는 특징을 -법판단작용이라는 점에 초점을 맞춰서- 「사법이란 법을 판단하고 선언함으로써 법질서를 유지하기 위한 작용」이라고 이해하는 것이고,[3)] 후자는 「사법이란 독립적 지위를 가진 기관이 쟁송절차에 따라서 행하는 국가작용」이라고 이해한다.[4)]

3. 사법의 역할과 사법의 개념정의

헌법상의 사법개념은 입법개념 및 집행개념과의 구별을 전제한다. 즉, 권력분립의 틀 안에서 입법 및 집행과는 구별되며, 그러한 구별을 통하여 법치주의의 실현에 기여하는 독자적인 작용을 사법이라고 부르는 것이다. 그런 의미에서 사법을 법정립으로서의 입법, 법집행으로서의 집행과는 구별되는 **법판단작용**으로 이해하는 것은 오늘날 널리 인정되고 있다.

이런 맥락에서 사법개념은 오늘날 「구체적인 법적 분쟁이 발생한 경우에, 당사자로부터의 쟁송의 제기를 기다려, 독립적 지위를 가진 기관이 제3자적 입장에서, 무엇이

---

2) 이에 관하여는 「제3권 제1부 제3장 제4절 Ⅰ. **역사적 원리로서의 권력분립**」 참조.
3) 권영성, 헌법학원론, 2010, 832쪽 참조.
4) 권영성, 헌법학원론, 2010, 832쪽 참조.

법인가를 판단하고 선언함으로써, 법질서를 유지하기 위한 작용」으로 이해되는 것이 일반적이다. 즉, 사법작용은 **법적인 분쟁해결작용**으로서의 성질을 중심으로 이해되고 있는 것이다.

그러나 이와 관련하여 사법의 개념을 형식설과 실질설로 나누어 대립시키는 것은 무의미하다. 헌법해석이라는 관점에서 볼 때, 사법개념을 확정하는 일차적 의미는 현행 헌법 제101조 제1항에 따라 법원에 속하는 국가기능이 무엇인지를 밝히는 것이라고 할 수 있다. 하지만 이러한 헌법해석에 있어서 법원이 사법에 속하는 모든 기능을 독점한다는 것으로 헌법 제101조 제1항을 이해하는 것은 곤란하며, 또한 법원이 사법작용 이외의 기능은 전혀 담당하지 못한다는 의미로 해석할 수도 없기 때문이다.[5)]

오히려 사법개념의 이해에 있어서 중요한 것은 사법의 본질에 대한 정확한 이해 및 이로부터 도출되는 여러 요청들이라고 할 수 있다. 즉 사법의 본질에 따른 사법기능을 수행하기 위하여 사법부의 구성과 활동에 대해서 부과되는 요청들이 충실하게 구현될 때, 올바른 사법작용을 기대할 수 있는 것이다.

Ⅱ. 사법작용으로서의 헌법재판작용

1. 문제의 소재

현행헌법이 헌법재판소제도를 도입하면서 헌법재판작용의 법적 성격에 관한 논의가 국내에서도 활발하게 전개되었다.

종래의 헌법은 전통적인 삼권분립의 체계 속에서 국회-정부-법원이 각기 입법-집행-사법의 기능을 담당하도록 규정하고 있었다. 그러한 입법-집행-사법에 관한 기본규정들을 변경하지 않은 채[6)] 헌법재판소의 헌법재판기능을 추가적으로 규정하고 있는 현행헌법은 도대체 어떠한 국가기능과 국가기관들의 체계를 염두에 두고 있는가?

일차적으로 지적될 수 있는 것은 현행헌법이 헌법재판소를 독립된 장에서 규정함으로써 국회, 대통령과 정부 및 법원과 대등한 위치로 규정하고 있다는 것이다. 이것은 또한 헌법재판소의 관할사항들이 위헌법률심판, 정당해산심판, 탄핵심판, 권한쟁의심판, 헌법소원 등 다른 국가기관들에 강력한 통제력을 미칠 수 있는 사항이라는 점에서 설득력을 가질 수 있다. 즉 헌법재판소의 헌법재판작용은 헌법규정상의 위치나 그 권한범위 등에 비추어 고전적인 사법작용과는 구별되는 징표들을 다수 가지고 있다.

그러나 헌법 및 헌법재판소법상의 규정을 통해 확인될 수 있는 것은 헌법재판소의 조직과 구성 및 활동에 있어서 '헌법재판소 재판관에 대한 엄격한 법관자격의 요청',[7)]

---

5) 사법의 개념을 어떻게 정의하느냐에 따라서 헌법재판작용이 사법에 포함되는지의 여부가 달라진다. 이는 또한 헌법재판작용을 사법에 포함시키는 것이 타당한지의 여부에 따라 사법의 개념정의가 달라질 수 있음을 의미하는 것이다.

6) 헌법 제40조, 제66조 제4항, 제101조 제1항.

7) 헌법 제111조 제2항, 헌법재판소법 제5조.

'외부로부터의 인적 · 물적 독립의 확보',[8] '사법적 절차를 통한 공정한 재판의 보장'[9] 등 전통적인 사법기관인 법원과 매우 유사한 점도 많이 있다는 것이다.

2. 사법작용설과 제4의 국가작용설

이러한 여러 가지 사정 때문에 헌법재판소에게 부여되어 있는 헌법재판작용의 법적 성격이 사법기능에 해당되는지 아니면 다른 어떤 기능으로 이해되어야 하는지에 대하여 견해가 대립되고 있다. 종래 독일에서는 이에 관하여 정치작용설, 입법작용설 등의 입장도 있었으나,[10] 오늘날 국내에서 주로 주장되고 있는 견해는 사법작용설과 제4의 국가작용설이다.

사법작용설에 따르면 헌법재판은 중립적 기관에 의해 사법적 절차에 따라 심판하는 것이기 때문에 사법작용으로 이해되어야 한다.[11] 그러나 전통적 의미의 순수한 사법작용이 아니라 정치적 성격을 아울러 가지고 있는 '정치적 사법작용'이라고 설명되기도 한다.[12]

반면에 헌법재판을 제4의 국가작용이라고 이해하는 입장에 따르면, 헌법재판은 국가의 통치권행사가 언제나 헌법정신에 따라 행해질 수 있도록 입법 · 집행 · 사법 등의 국가작용을 통제하는 기능이기 때문에 사법작용일 수도 없고, 입법작용일 수도 없을 뿐 아니라 그렇다고 행정작용일 수도 없는 독특한 성격을 갖는 제4의 국가작용이라고 한다.[13]

3. 판단의 기준과 결론

헌법재판기능의 법적 성격에 관한 이러한 견해의 대립도 역시 기능의 분립으로서 권력분립의 틀을 올바르게 이해하는 것을 통해 해결될 수 있을 것이다.

국가기능을 기본적으로 입법 · 집행 · 사법으로 나누어 검토하는 것은 이러한 국가의 기본기능들이 각기 구별되는 특성을 갖고 있으며, 이러한 특성에 부합되도록 국가기관들을 상이하게 구성하여야 한다는 데 그 실질적 의의가 있다.[14] 따라서 헌법재판이 사법작용이냐 아니면 제4의 국가작용이냐를 따지는 것도 결국 헌법재판소의 구성방식 및 권한부여 등과 불가분의 관계에 있다.

---

8) 헌법 제112조 제2항, 제3항, 제113조 제2항, 헌법재판소법 제4조, 제8조, 제10조.
9) 헌법재판소법 제22조 이하, 특히 제40조.
10) 상세한 것은 허영, 헌법이론과 헌법, 2021, 954쪽 이하 참조. 오늘날 독일에서는 기본법 규정상 헌법재판소가 '제9장 사법' 안에서 규율되고 있음을 근거로 사법작용설이 통설로 받아들여지고 있다.
11) 권영성, 헌법학원론, 2010, 1115쪽. 김철수, 헌법학개론, 2007, 1652쪽에서 헌법재판소를 「사법적 헌법보장기관」으로 이해하고 있는 것도 같은 맥락으로 이해할 수 있을 것이다.
12) 권영성, 헌법학원론, 2010, 1116쪽.
13) 허영, 한국헌법론, 2025, 942쪽 이하.
14) 즉 입법기능은 국민의 의사를 최대한 반영시키는 가운데 헌법에 의해 정해진 국가질서의 기본방향을 구체화시키는 것이기 때문에 국민의 의사를 다양하게 반영시킬 수 있는 의회에서 담당하는 것이 타당하며, 반면에 행정기능은 신속성과 탄력성, 기동성과 능률성이 보다 강조되기 때문에 이를 고려하여 구성된 행정조직에 담당시키는 것이 합리적이다. 또한 사법기능은 공정한 재판을 위해 전문적인 자격을 갖춘 법관들로 구성된 독립된 기관인 법원에서 담당하는 것이 정당하다.

그런 맥락에서 살펴 볼 때, 제4의 국가작용설은 사법작용과 구별되는 헌법재판작용의 특성 및 그로부터 도출될 수 있는 실질적인 차이에 대하여 충분한 설명이 부족한 것으로 보인다. 오히려 헌법재판소의 조직과 절차 등은 법원과 유사한 점이 많다.

무엇보다 독립성의 확보 및 법관자격의 요구에 있어서 그러하며, 실제 재판절차도 사법절차적 성격을 갖는 것으로 볼 수밖에 없다.[15] 비록 재판관의 선출, 결정의 정치적 파급효 및 그에 따른 (결정과정에서의) 결과에 대한 고려 등이 일반 사법작용과 구별되는 특징으로 지적되기도 하지만, 그것이 헌법재판의 사법적 성격을 부정하는 정도에 이르는 것으로는 보기 어렵다.

또한 헌법 제101조 제1항에서 사법권을 법원에 인정하고 있다는 것이 헌법재판작용의 사법적 성격을 부인하는 논거로 주장될 수도 없다. 기능분립으로서의 권력분립은 입법·집행·사법의 중심적 기능들을 각기 국회·정부·법원에 맡기고 있지만, 그것은 입법·집행·사법의 기능을 국회·정부·법원이 각기 독점함을 의미하는 것도 아니고, 또 국회·정부·법원이 순수하게 입법·집행·사법의 기능만을 수행함을 의미하는 것도 아니기 때문이다.[16]

제 2 절 사법작용의 본질과 대상

Ⅰ. 사법의 본질 - 입법, 집행과의 유사점과 차이점

1. 입법과 사법의 관계

입법과 사법의 관계는 법적 기준의 설정과 설정된 기준에 따른 법적 판단으로 이해될 수 있다. 즉, 입법에 의해 제정된 법률은 사법적 판단의 기준이 되며, 사법은 이러한 기준에 따라 구체적 문제에 대한 판단을 내리는 것이다. 그러나 입법과 사법의 관계가 이러한 기본적 관계를 벗어나는 경우도 없지 않다. 그것은 크게 두 가지 경우로 나타난다.

첫째, 사법부에 의한 법적 판단이 입법에 의해 정해진 기준을 그대로 따르는 것이 아니라 입법에 의해 명확하게 규정되지 않은 것을 스스로 보충하여 법적 기준을 만들어가는 형태로 나타나는 경우가 있다. 종래 법학에서는 사법작용 내지 재판작용(Rechtsprechung)이란 법을 발견하는 것, 즉 이미 정해져 있는 것(=입법에 의해 확정된 것)을 다시 확인하여 말하는(선언하는) 것이라고 생각했다. 그러나 오늘날에는 법관

15) 또한 헌법재판작용을 사법작용으로 이해하여야 할 현실적 필요성(실효성 확보)에 대하여는 이욱한, 헌법재판의 성격과 재판관선출, 사법행정 1992.5, 33-43(40)쪽 참조.

16) 예컨대 양원제의회를 두고 있는 국가에서 두 개의 의회가 입법권을 분장하는 것처럼, 법원과 헌법재판소가 사법권을 각기 분장하는 것도 논리적으로 전혀 문제되지 않을 것이기 때문이다.

의 판결이 단순한 법의 기계적 해석 · 적용으로 이해될 수 없으며, **판결에 의한 법의 창조적인 계속형성**이 이루어지고 있다는 것이 일반적으로 인정되고 있다.[17]

둘째, 입법작용 자체가 사법적 판단의 대상이 되는 경우가 있다. 즉, 법률의 위헌성이 문제되는 경우에는 위헌법률심판 등에 의하여 법률이 법적 판단의 기준이 아닌 대상이 되는 것이다. 그러나 이러한 경우에도 법률에 대한 사법적 판단을 법률의 폐지와 동일시하여 소극적 의미의 입법으로 이해하는 것은 곤란하다. 사법부는 규범통제의 절차에 따라 위헌법률심판을 할 경우에도 엄격하게 합헌성의 통제만을 담당하며, 이를 통하여 입법자의 형성의 자유에 대하여 일정한 한계를 그어주는 역할을 할 뿐이지, 스스로 입법자가 되는 것은 아니기 때문이다.[18]

2. 집행, 특히 행정과 사법의 관계

법치국가에 있어서 집행과 사법은 모두 법에 구속된다. 즉 양자는 모두 넓은 의미의 법집행작용에 속하는 것이다. 특히 행정작용의 경우에는 법치행정의 요청에 따라 -사법과 유사하게- 엄격하게 법에 구속되도록 요청된다. 그 결과 행정의 일정한 영역, 즉 법집행행정의 경우는 사법과의 구별이 부분적으로 문제되기도 한다. 그러나 행정과 사법이 유사한 모습을 보이는 경우라 할지라도 두 가지 점에서 양자는 본질적인 차이를 보인다.

첫째, 행정에 있어서 법은 **행위규범**, 즉 행정이 수행해야 할 과제로 나타나는 반면, 사법에 있어서의 법은 **판단규범**이라는 점에서 행정과 사법은 원칙적으로 구별될 수 있다. 즉 행정관청은 법의 집행을 위해 법률관계의 당사자가 되어 활동하는 반면에, 법원은 어느 편도 들지 않는 제3자의 입장에서 사건에 대한 결정을 내리는 것이다.[19]

둘째, 법관의 판결이 「무엇이 옳은지, 무엇이 법인지를 확인하고 결정하는 작용」이라는 성격을 갖는다면, 행정행위도 또한 그런 측면이 있다. 그러나 양자는 확인 · 결정의 담당자에 있어서 차이를 보이고 있을 뿐만 아니라 양자의 효력에 있어서도 차이가 있다. 행정관청에 의한 확인 · 결정은 법원에 의해 통제되고 교정될 수 있는 반면에, 법원에 의한 확인 · 결정은 행정기관에 의해 존중되어야 하는 것이다.[20]

---

17) 하지만 이러한 법관의 법형성작용을 입법자에 의한 법정립과 같은 수준의 것으로 보아서는 안 될 것이다. 입법의 흠결이 확인되는 영역의 문제들을 법관의 창조적 법형성으로 메워나감으로써 입법을 **보완**하는 것이 입법을 **대체**하는 것으로 이해될 수는 없는 것이다.

18) 일정한 법규범을 위헌으로 판단하는 것이 곧 소극적인 법정립이 될 수 없는 것은 위법한 행정행위를 법원에서 무효로 판결하는 것이 행정작용의 취소 등과 유사한 소극적 의미의 행정작용이 되지 않는 것과 마찬가지이다.

19) 예컨대 국세청에서의 세금통지와 법원의 조세재판을 비교할 때, 양자가 모두 법에 구속되고 있다는 점에서 공통점을 갖는다. 하지만 전자는 일차적으로 국가정책 내지 국고의 관점에서 사안을 보게 되며, 후자는 제3자적 입장에서 정의를 생각하게 된다.

20) 법원의 판결은 행정행위보다 강한 구속력을 갖는다. 나아가 양자의 존속력(Bestandskraft)에 있어서도 상당한 차이가 있다. 행정행위도 일정한 경우에 불가쟁력, 불가변력을 발생시키나 법원의 판결과 같은 정도의 확정력을 갖지는 못하는 것이다.

3. 사법의 본질로서의 공정성과 그로부터 도출되는 여러 요청들

입법과 집행이 적극적인 국가질서의 형성과 관련한 역할을 담당하는 반면에, 사법은 소극적으로 국가질서의 합헌성과 합법성을 확인하고 유지하는 역할을 담당한다. 그로 인하여 입법과 집행이 국가질서의 형성에 관하여 폭넓은 형성의 자유나 재량 내지 탄력성을 요구하는 반면에, 사법은 합헌성과 합법성을 유지하기 위하여 객관적이고 공정한 판단을 핵심으로 하는 것이다.

사법의 역할은 법적 분쟁의 해결을 통해 당사자의 정당한 권리를 보장하고 법적 평화를 확보하는 것이다. 이를 위해서는 **재판의 공정성**을 확보하는 것이 핵심이다. 공정하지 않은 재판은 올바른 법적 분쟁의 해결수단이 될 수 없으며, 당사자의 정당한 권리도, 법적 평화도 확보하기 어려운 것이다. 그러므로 사법에 대해 요구되는 가장 본질적인 요청은 공정성이며, 공정성을 확보하는 것이 사법의 생명이라고 할 수 있다.

사법이 공정하게 법적 판단을 할 수 있기 위해서는 **중립성**의 확보가 필수적인 전제조건이 된다. 사법은 분쟁 당사자의 어느 편도 들지 않는 제3자적 위치에서 판단을 내릴 때에만 공정성을 담보할 수 있기 때문이다. 이러한 중립성은 또한 사법의 **독립성**을 요청한다. 법원과 법관은 사건의 당사자로부터 영향을 받지 않아야 할 뿐만 아니라 법원의 판결에 의하여 영향을 받는 국가로부터도 독립되어 있어야 한다.

법원과 법관의 중립성은 또한 **수동성(소극성)**이라는 결과를 가져온다. 사법은 직권으로 활동하는 것이 아니라 당사자의 신청, 제소에 의해 비로소 활동을 시작하는 것이다.[21] 이러한 점에서도 사법은 행정과 구별된다.[22]

Ⅱ. 사법작용의 대상과 법관유보

1. 사법의 대상으로서의 법적 분쟁

사법의 역할은 **법적 분쟁**의 해결이다. 즉 사법은 분쟁의 법적 해결을 통한 법치국가성의 확보 및 기본권의 보장에 기여하는 국가기능이라고 할 수 있다. 따라서 아직 법적 분쟁으로 발전되지 않은 정치적 · 경제적 · 사회적 분쟁은 사법적 판단의 대상이 되지 않는다.

또한 사법의 대상이 되는 분쟁은 현재 무엇이 법적으로 옳으냐에 대한 분쟁이어야지, 장래에 어떻게 되는 것이 법적으로 옳은가에 관한 분쟁이어서는 안 된다. 그러므로

21) 판결에 대한 불복의 경우에도 마찬가지이다. 패소자의 상소에 의해 판결에 대한 재검토가 비로소 행해지게 되며, 이 경우 상소자의 공격으로부터 원판결을 방어하는 것도 원판결의 법관이 아니라 원판결의 승소자이다. 법관은 여전히 중립적인 위치에 서게 되는 것이다.

22) 반면에 행정기관 내부에서의 행정행위에 대한 검토는 신청에 의해서 뿐만 아니라 직권에 의해 행해질 수도 있다. 설사 상급기관, 감독기관 등에 대한 신청에 기초하여 권리구제를 위한 법적 절차로서 타기관이 검토하는 경우에도 그것은 자신의 사안에 대한 내부적 결정을 의미하는 행정의 자기통제이기 때문에 사법적 재판과는 구별된다.

원칙적으로 **형성소송**은 인정되지 않는다. 다만 형성의 여부 및 방법이 법관의 재량에 맡겨져 있는 것이 아니라 이미 규범적으로 정립되어 있는 경우에는 형성소송도 인정될 수 있다.

사법의 개념과 관련하여 이를 좁은 의미의 재판으로 한정할 것인지, 아니면 **비송사건**의 형식으로 행해지는 법적 분쟁에 관한 판단까지 포함하는 것으로 넓게 이해할 것인지에 대한 견해의 대립이 있었다. 하지만 법적 분쟁에 관하여 제3자적 국가기관으로서의 사법부가 객관성과 공정성, 중립성, 수동성 등의 징표를 충족시키는 활동으로 수행하는 작용이라면 사법개념의 범위에 포함시키는 것이 타당할 것이다.

2. 사법과 재량: 법과 합목적성

법규범의 정립과 집행에 작용하는 중요한 요소 중의 하나로서 합목적성, 즉 적정성과 적합성을 들 수 있다. 이들은 일반적으로 합법성과는 구별되는 것으로 이해되지만 이들을 완전히 무시 · 부정하는 법체계도 있을 수 없다.

그러므로 합목적성의 문제도 사법적 심사의 대상이 될 수 있다. 원칙적으로 사법작용은 합법성에 대한 판단을 중심으로 이루어지며, 합목적성에 대한 고려는 입법자 또는 집행부에 맡겨지는 것이 일반적이다. 하지만 행정행위에 대한 사법적 통제, 또는 규범통제에 있어서도 이러한 합목적성(즉 적정성과 적합성)에 대한 판단이 고려될 수 있다. 예컨대 재량권의 일탈 · 남용에 대한 사법적 통제가 인정될 수 있는 것이다.

또한 기본권의 제한 등과 같이 중요한 법익과 관련되는 경우에는 비례성심사의 형태로 수단의 합목적성을 심사하는 것도 요청된다.

3. 사법과 법관유보(Richtervorbehalt)

국가의 사법기능은 한편으로는 국가법질서의 통일성의 유지 및 이를 통한 안정성의 확보에 초점을 맞추어 생각될 수 있으며, 다른 한편으로 개개의 국민에게는 불법적인 권리침해에 대한 (합법성의 틀 안에서 이루어지는) 구제의 형태로 나타난다.

이러한 사법기능의 올바른 수행은 무엇보다 독립적이고 전문적인 법판단자, 즉 법관에게 의존하는 바가 절대적이다.[23] 그로 인하여 헌법상 법률유보 및 행정유보에 대응하는 개념으로 법관유보를 인정하는 예가 있다. 즉 일정한 기본권에 대한 제한의 경우에는 법률의 규정 이외에도 법관의 판단과 결정을 요구함으로써 기본권에 대한 부당한 침해를 사전적으로 차단하고자 하는 것이다.

이러한 법관유보의 대표적인 예로 영장제도를 들 수 있다. 법률상 기본권제한의 실질적 요건을 갖춘 경우에도 인신의 구속이나 주거에 대한 압수 · 수색 등의 경우에는 법관이 발부한 영장을 갖추도록 요구함으로써 법률적용의 오류로 인하여 회복하기 어려운

---

23) 헌법과 법률이 정한 법관에 의하여 법률에 따른 재판을 받을 권리(헌법 제27조 제1항)와 이를 중심으로 하는 사법절차의 구성이 헌법상의 법치국가성의 확보 및 국민의 기본권보장에 있어 차지하는 비중은 매우 크다.

기본권의 침해가 발생하는 것을 사전적으로 예방하고 있는 것이다.

Ⅲ. 법질서의 통일성과 국가의 사법 독점

헌법 제101조 제1항에 따라 사법기능은 법원이 담당하게 되어 있으며, 원칙적으로 법원 이외의 공권력주체나 사인에 의한 사법권의 행사는 인정되지 않는다. 사법심사는 법질서의 통일성을 확보하기 위한 최후의 수단이기 때문에 법원에 의한 사법독점을 인정하고 있는 것이다.[24]

이처럼 법원 이외의 다른 국가기관은 물론, 비국가적 공권력주체도 역시 사법권을 행사하지 못한다. 따라서 지방자치단체의 경우도 자치입법권, 자치행정권은 인정될 수 있으나 자치사법권은 인정되지 않는다.

또한 사법권의 국가독점으로 인하여 사적 사법도 원칙적으로 인정될 수 없다. 물론 사적 자치라는 맥락에서 **사적 단체들 내부의 사법(유사)적 분쟁해결방식**의 존재가 무조건 부정되는 것은 아니다. 예컨대 특정한 계약에 의해 내부적 분쟁의 해결을 일정한 중재자(제3자)에게 맡기도록 하는 경우도 있을 수 있다.

그러나 이들과 같은 사법(유사)적 분쟁해결도 국가에 의한 사법적 판단의 대상이 될 수 있다는 것을 잊어서는 안 될 것이다.

제 3 절 사법의 절차

Ⅰ. 법치국가와 사법절차의 보장

현대의 다원화된 사회에서는 생활관계가 점차 복잡화·전문화됨에 따라 법적 분쟁들도 더욱 복잡해지고 전문화되고 있다.

사법절차를 보장하는 것은 한편으로 이러한 다양한 법적 분쟁들을 해결함으로써 국민의 권리를 안정적으로 보장하기 위하여 필요하며, 다른 한편으로는 각 영역별로 다양하고 전문적인 형태로 발전되고 있는 문제들에 대한 일관성과 체계성을 유지하는 법규범을 형성·관철함으로써 국가법질서의 통일성을 확보하기 위하여 필수적이다.

물론 기본권의 보장이나 법질서의 통일성 확보가 단순히 사법절차에 의해서만 담보될 수 있는 것은 아니다. 이를 위해서는 법치국가의 전체 구성요소들이 조화롭게 작용하는 것이 필요하다. 즉, 국민의 의사를 올바르게 반영하는 민주적 입법이 필요하고, 헌법과 법률에 따른 집행작용도 중요하다.

24) 다만 헌법재판소에 의한 헌법재판작용의 문제는 별도로 검토되어야 한다. 이에 관하여는 아래의 「제4절 Ⅰ. **현행헌법상 사법작용의 범위**」 참조.

하지만 공정한 사법절차는 이러한 입법과 집행의 객관성과 공정성을 담보하는 역할을 하는 것이기 때문에 **법치국가실현의 최후보루**로 지칭되는 것이다.

Ⅱ. 사법절차적 근본규범: 국민의 재판청구권

사법절차는 결국 법치국가의 실현이라는 헌법적 요청 안에서 이해되어야 하며, 이러한 법치국가의 목표는 국민의 기본권을 올바르게 실현하고 보장하는 것이다. 특히 사법절차는 국민의 재판청구권이라는 기본권의 실현과 불가분의 관계에 있다.

국민의 재판청구권[25]은 자신의 정당한 권리가 침해당할 경우 (중립성과 독립성을 통해 그 공정성을 담보하는) 사법부에 의한 재판을 통하여 권리의 구제를 청구할 수 있는 기본권이다. 따라서 재판청구권은 공정한 사법제도 내지 사법절차를 전제하는 것이며, 재판청구권의 실질적 보장을 위해서는 헌법 제27조 제1항에서 규정하고 있는 바와 같이 "헌법과 법률이 정한 법관에 의하여 법률에 의한 재판"을 공정하게 받을 수 있도록 법원조직과 사법절차가 구성되어야 하며, 헌법 제27조 제3항의 요청에 따라 재판의 신속성 또한 확보되어야 한다.

이런 의미에서 국민의 재판청구권은 사법제도 및 사법절차의 형성을 위한 가장 기본적인 기준 내지 지침이 되는 규범이라고 할 수 있다.

Ⅲ. 사법절차의 기본원칙: 절차의 공정, 무기의 평등, 자의의 금지

1. 절차의 공정

국민의 재판청구권에 기초하여 올바른 사법절차를 구성하기 위하여는 다시금 몇 가지 원칙들이 고려되어야 한다. 그 중에서도 절차의 공정성은 가장 중요한 기준이라고 할 수 있다. 비록 재판의 유형에 따라 강조점의 차이가 생길 수 있지만, 적어도 사법절차의 형태로 구성되는 한, 절차의 공정성은 핵심적 요청이기 때문이다.

절차의 공정성이 확보되기 위해서는 절차의 진행자인 법관의 공정성이 확보되어야 하며,[26] 사법절차의 진행을 규율하는 법규범의 내용적 공정성이 전제되어야 한다.[27] 하지만 그에 못지않게 중요한 것은 법관이 절차의 진행에 있어서 양 당사자를 대등하게, 존엄한 인간으로 대우하는 것이다.

예컨대 법관이 무죄추정의 원칙(헌법 제27조 제4항)에도 불구하고 형사절차의 피고인을 유죄인 것처럼 취급한다거나 소송절차상 당사자를 불평등하게 취급한 경우에는 절

25) 재판청구권에 관하여 상세한 것은 「제2권 제2부 제18장 제3절 **재판청구권**」 참조.
26) 법관에 대한 제척, 기피, 회피의 제도가 인정되고 있는 것도 이러한 맥락에서 이해될 수 있을 것이다.
27) 민사소송법, 형사소송법, 행정소송법 등과 같은 소송절차의 기본규범뿐만 아니라, 소송절차의 진행과 관련된 시행령이나 시행규칙, 대법원규칙 등도 공정한 내용으로 구성되어야 하며, 그렇지 않은 경우에는 위헌의 문제가 제기될 수 있을 것이다. 예컨대 형사소송절차의 진행에 관한 대법원규칙이 원고인 검사에게 일방적으로 유리한 내용을 담고 있을 경우에는 위헌의 문제가 발생하는 것이다.

차의 공정성이 의심될 수밖에 없을 것이다.

2. 무기의 평등

무기의 평등이란 소송절차에 있어서 **당사자의 대등성**을 확보해야 한다는 요청의 표현이라고 할 수 있다. 즉, 원고와 피고 사이에 특별한 유리함이나 불리함이 존재하지 않도록 소송절차가 진행되어야 한다는 것이다.

이러한 의미에서 무기평등의 원칙은 소송의 당사자가 (소송 외적인 관계와 상관없이) 동일한 법적 지위를 가지며, 소송상의 권리를 행사할 기회 및 가능성을 동일하게 인정받아야 한다는 것으로 이해된다.[28] 즉, 당사자의 법적 지위를 형식적으로 평등하게 인정하는 것뿐만 아니라 재판에 영향을 미칠 수 있는 사항에 대하여 주장하고, 증거를 제출할 수 있는 기회를 실질적으로 동등하게 가질 수 있도록 하는 것으로서 '법관 앞의 평등' 이라고도 일컬어진다.

헌법재판소는 헌법 제12조 제2항에 의해 보장되고 있는 진술거부권도 "피고인 또는 피의자와 검사 사이에 무기평등을 도모하여 공정한 재판의 이념을 실현하려는" 것으로 이해하고 있다.[29] 그 밖에 무자력자라 하더라도 자력 있는 상대방에 비하여 권리추구 및 권리방어에 불합리한 어려움을 겪어서는 안 된다고 요청되며, 법관은 객관적이고 공정한 심리진행과 양측이 제출한 자료의 활용 및 평가를 위한 준비를 선입견 없이 수행하고, 법률을 일방에 치우치지 않게 적용하여야 한다.[30]

3. 자의의 금지와 재판의 공개

다른 모든 국가작용에 있어서도 그러하지만, 사법절차에 있어서는 자의의 금지가 특히 강조된다. 자의적인 사법절차는 결코 공정할 수 없기 때문이다. 그러므로 사법절차의 구성(조직화)과 진행의 전체 과정에서 자의성이 없는 공정성이 지배할 때 비로소 올바른 사법절차라고 평가할 수 있을 것이다.

자의적인 사법절차의 배제를 위해 현행헌법 제27조 제3항 제2문은 "형사피고인은 상당한 이유가 없는 한 지체없이 공개재판을 받을 권리를 가진다"고 명시하고 있다. 재판의 투명성을 확보함으로써 자의적인 재판절차를 배제하고자 하는 것이다. 그러나 이러한 공개재판의 필요성은 형사재판뿐만 아니라 모든 유형의 재판에서 요구되는 것이기 때문에 헌법 제109조 제1문에서 "재판의 심리와 판결은 공개한다"고 규정함으로써 모든 재판은 원칙적으로 공개된다.

다만 헌법 제109조 제2문에서 "심리는 국가의 안전보장 또는 안녕질서를 방해하거나 선량한 풍속을 해할 염려가 있을 때에는 법원의 결정으로 공개하지 아니할 수 있다"

---

28) 이에 관하여는 김상훈, 민사소송상 무기평등에 관한 소고, 연세법학연구 제3호, 1995, 907- 917(909)쪽 참조.
29) 헌재 1997.3.27. 96헌가11 결정.
30) 김상훈, 민사소송상 무기평등에 관한 소고, 연세법학연구 제3호, 1995, 907-917(913)쪽 참조.

고 규정함으로써 공개재판에 대한 예외를 인정하고 있으나, 그것이 자의적인 사법절차를 허용하는 것으로는 이해될 수 없을 것이다.

Ⅳ. 사법(절차)의 기능과 특성

사법(절차)의 기능은 앞서 설명된 바와 같이 당사자의 정당한 권리보호와 법질서(또는 법적 평화)의 유지라는 두 가지로 압축될 수 있다. 하지만 이와 같은 사법의 기능이란 결국 법의 기능과 다르지 않다. 사법은 결국 법치를 실현시킴으로써 법의 기능이 올바르게 실현될 수 있도록 하는 것이기 때문이다.

이와 관련하여 국내 헌법학자들이 사법의 기능을 상이하게 정리하고 있는데, 이렇게 다양하게 이해되고 있는 기능들[31]도 결국 **당사자의 정당한 권리의 보호**(즉 정의의 실현)와 **법질서의 유지**(즉 법적 안정성 내지 법적 평화의 확보)라는 법의 기본적 기능을 벗어나는 것은 아니다. 다만 이를 나름으로 세분화시킨 것에 지나지 않는 것이다.

또한 사법절차의 특성(또는 특질)으로 이야기되는 것들[32]도 사법의 개념에서 도출되는 것들을 정리한 것으로 이해될 수 있다. 예컨대 소극성과 수동성은 공정성이라는 사법의 본질로부터 당연히 도출되는 것으로 이미 설명된 바 있으며, 독립성 내지 독자성도 마찬가지이다. 그리고 비정치성 내지 보수성도 사법의 공정성 내지 독립성으로부터 설명될 수 있는 것이다. 이렇게 볼 때, 이러한 사법절차의 특성은 -비록 그것이 틀린 것은 아니지만- 사법의 개념 내지 본질과 별도로 거론되어야 할 실익이 별로 없다고 할 수 있다.

---

31) 예컨대 권영성, 헌법학원론, 2010, 834쪽 이하에서는 사법작용의 기능을 국민의 기본권을 보장하는 기능, 법질서를 유지하는 기능, 법을 인식하고 선언함으로써 법의 의미를 확정하며, 법의 상호모순과 충돌을 해결하고 법의 흠결을 보충하는 기능, 사회평화보장의 기능의 네 가지로 설명하고 있다. 또한 김철수, 헌법학개론, 2007, 1610쪽에서는 사법의 기능으로 법적 통제기능, 개인적 권리보호기능, 법관에 의한 법창조기능, 사회적 긴장관계의 해소기능을 들고 있다. 반면에 허영, 한국헌법론, 2025, 1128쪽에서는 사법기능을 "구체적인 쟁송을 전제로 해서 신분이 독립된 법관의 재판을 통해 법을 선언함으로써 법질서의 유지와 법적 평화에 기여하는 비정치적인 법인식기능"이라고 이해하고 있다.

32) 예컨대 권영성, 헌법학원론, 2010, 834쪽에서는 사법작용의 특성으로 소극성과 수동성, 정치적 중립성, 독립성과 독자성, 보수성의 네 가지를 들고 있다. 반면에 허영, 한국헌법론, 2025, 1129쪽 이하에서는 사법기능의 특질로 기능전제적 특질(분쟁해결의 소극적·수동적 기능), 기능방법적 특질(독립된 법관의 재판을 통한 법선언), 기능목적적 특질(법질서의 유지와 법적 평화의 실현), 기능성질적 특질(비정치적인 법인식작용), 기능효과적 특질(기본권보호효과)의 다섯 가지를 들고 있다.

제 4 절 사법작용의 범위와 한계

【사례: 이라크 전쟁 파병의 위헌성 여부】

갑(甲)은 A시민단체의 간부로서 대통령의 이라크 전쟁에 대한 군대의 파병이 인간으로서의 존엄과 가치, 행복추구권을 침해하였다고 주장하며 헌법재판소에 헌법소원심판을 청구하였다.

을(乙)은 B당의 대표로서 B당과 당원들을 대표하여 국무회의가 미국의 이라크 전쟁을 지원하기 위해 '국군부대의 대이라크전쟁파견동의안'을 심의·의결한 것은 인간으로서의 존엄과 가치, 행복추구권을 침해하였다고 주장하며 헌법재판소에 헌법소원심판을 청구하였다.

병(丙)은 육군에 입대한 아들을 둔 어머니인데, 국회의 이라크 전쟁 파병동의가 인간으로서의 존엄과 가치, 행복추구권을 침해하였다고 주장하며 헌법재판소에 헌법소원심판을 청구하였다.

정(丁)은 일반 국민의 한 사람으로서 대한민국 정부가 국군을 이라크에 파견하기로 한 것은 침략적 전쟁을 부인한다고 규정하고 있는 헌법 제5조에 위반될 뿐만 아니라 특히 의무복무를 하는 일반 사병은 급여를 받는 직업군인인 장교 및 부사관과 달리 실질적으로 급여를 받지 못하는바 일반 사병을 이라크에 파견하는 것은 국가안전보장 및 국방의 의무에 관한 헌법규정에 위반된다는 이유로 헌법재판소에 헌법소원심판을 청구하였다.

〈헌재 2003.12.18. 2003헌마255등; 헌재 2003.12.18. 2003헌마225; 헌재 2004.4.29. 2003헌마814 참조〉

1. 갑, 을, 병의 헌법소원심판청구는 적법한가? (30점)
2. 이라크 전쟁에 건설공병과 의무병을 파병하는 것이 침략적 전쟁에 해당하는 것으로 볼 수 있는가? (30점)
3. 대한민국의 이라크 전쟁 파병은 통치행위에 해당하는 것으로 볼 수 있는가? (40점)

Ⅰ. 현행헌법상 사법작용의 범위

1. 문제의 소재

현행헌법상 사법작용의 범위가 어떻게 되느냐의 문제는 「사법작용이 현행법상 어떤 유형으로 나타나느냐」 라는 문제와 다르지 않다. 즉, 「헌법질서의 테두리 내에서 실정법상 인정되고 있는 소송의 유형이 무엇인가」 라는 문제와 사실상 같은 것이다. 이와 관련하여 유의하여야 할 점이 세 가지 있다.

첫째, 사법작용과 사법권이 혼동되어서는 안 된다.[33] 국가기능으로서의 사법작용은 국가기관으로서의 사법부를 전제하는 것이 아니다. 반면에 사법권은 사법부의 권한을 의미하므로 국가기관으로서 사법부에게 부여되어 있는 권한을 뜻하게 된다.[34]

둘째, 헌법재판작용도 사법작용이라는 점을 전제할 때, 사법작용의 범위는 확대된다. 비록 법원과 헌법재판소가 별개의 국가기관으로 구성되어 있지만, 사법작용의 범위는 법원이 담당하는 소송과 헌법재판소가 담당하는 소송을 포괄하는 개념이 되는 것이다.

셋째, 사법작용의 범위는 헌법에 의해 직접 결정되는 것이 아니라, 법률에 의해 구체적으로 확정된다. 즉, 헌법상 명시되지 않은 소송유형이 법률에 의해 창설 또는 폐지될 수 있으며, 이러한 경우 사법작용의 범위가 확장 또는 축소될 수 있다.[35]

2. 민사소송

민사소송은 사인(私人)의 생활관계에서 일어나는 분쟁을 국가의 재판권에 의하여 법률적 · 강제적으로 해결하는 소송을 말한다.

사법(私法)은 사인 상호간의 생활관계를 규율하는 법적 기준이 되며, 사적 생활관계에서 발생되는 법적 지위나 권리에 대한 국가의 보장을 담보하는 것이기도 하다. 만일 사인 상호간의 생활관계에서 법적 분쟁이 발생하여 권리의 존부나 내용 등에 관하여 확인이 필요할 경우에는 권리를 주장하는 사람이 원고(原告)가 되어 법원에 민사소송을 제기할 수 있다.

현행 민사소송법은 당사자의 대등성을 인정하고, 절차의 공정성을 확보하기 위하여 당사자주의를 채택하고 있다. 이에 따라 민사소송의 원고는 자기가 주장하는 내용이 정당하다는 것을 입증할 자료(증거)를 법원에 제출하여야 하며, 상대방인 피고도 자기에게 유리한 자료를 제출할 수 있다. 원고와 피고가 자신의 주장을 펼치고, 상대방의 주장을 반박하는 공격과 방어가 행해지는 가운데 법원은 제3자적 지위에서 공정한 법적 판단을 내리는 것이다.

소송의 결과로 법원의 판결이 내려지면 법률관계가 확정되며, 이를 강제적으로 집행할 수 있는 힘이 국가권력에 의해 부여됨으로써 소송의 목적이 달성된다.

---

33) 물론 사법권의 범위를 논하는 것이 무의미하다는 것은 아니다. 다만, 사법작용의 범위와 사법권의 범위는 –내용상 상당 부분이 일치함에도 불구하고– 개념상 별개라는 점을 분명히 하여야 한다는 것이다.

34) 이와 관련하여 권영성, 헌법학원론, 2010, 836쪽 이하에서는 법원이 행사하는 사법권의 범위라는 표제 하에서 민사재판권, 형사재판권, 행정재판권, 헌법재판권을 다루고 있으며, 김철수, 헌법학개론, 2007, 1610쪽 이하에서는 사법권의 범위라는 표제 하에 민사소송, 형사소송, 행정소송, 헌법소송 또는 국가소송에 대해 정리하고 있다. 반면에 허영, 한국헌법론, 2025, 1130쪽 이하에서는 사법기능의 범위라는 표제 하에서 「법원에 속하는 고유한 사법기능」과 「법원에 속하는 사법유사의 기능」을 나누어서 민사재판기능, 형사재판기능, 행정재판기능은 전자에 속하는 것으로, 법률에 대한 위헌심사권, 명령 · 규칙에 대한 위헌 · 위법심사권, 선거에 관한 소송의 심판권, 지방자치법 상의 기관소송의 심판권은 후자에 속하는 것으로 설명하고 있다.

35) 예컨대 헌법재판소법의 개정을 통해 법률에 대한 추상적 규범통제를 내용으로 하는 별도의 소송유형을 도입할 경우, 이를 통해 사법작용의 범위가 확장될 수 있는 것이다.

3. 형사소송

형사소송은 범죄의 성립 및 그에 대한 형벌의 부과를 결정하는 소송을 말한다. 즉, 검사의 공소제기를 전제로 하여 피고인의 행위가 형법상의 범죄에 해당되는지, 이를 인정할 경우 어떠한 형벌을 부과하여야 할 것인지를 결정하는 소송인 것이다.

형사소송을 넓은 의미로 이해할 때에는 국가형벌권 행사에 관한 일체의 절차를 가리키며, 여기에는 공판절차 외에 공판절차의 사전적 · 준비적 절차인 수사절차 · 증거보전절차, 그리고 공판절차의 사후적 · 종결적 절차인 재판의 집행절차가 포함된다. 하지만 사법작용의 한 유형으로서의 형사소송을 이야기할 때에는 좁은 의미의 형사소송을 가리키며, 이는 공소제기로부터 재판확정에 이르기까지의 심판절차, 즉 공판절차만을 의미한다.

형사소송의 구조는 법원 스스로 절차를 개시하여 심리 · 재판하는 규문(糾問)주의 소송구조와, 재판기관과 소추(訴追)기관을 분리하여 소추기관의 공소제기로 법원이 절차를 개시하는 탄핵주의 소송구조가 있다. 탄핵주의는 다시 누가 소추기관이 되느냐에 따라 국가소추주의 · 피해자소추주의 · 공중(公衆)소추주의로 나뉜다. 국가소추주의란 공소제기를 다른 국가기관 특히 검사에게 담당케 하고, 피해자소추주의는 피해자 또는 그 친족이, 공중소추주의는 일반공중이 소추하게 하는 제도이다. 또한 탄핵주의는 소송의 주도적 지위를 누가 담당하느냐에 따라 당사자주의와 직권주의로 나뉜다. 당사자주의는 소송당사자, 즉 검사와 피고인에게, 직권주의는 법원에 주도적 지위가 인정되는 소송제도를 말한다.

현행 형사소송법은 탄핵주의 소송구조를 전제로 하여 당사자주의와 직권주의가 혼합된 소송구조를 채택하고 있다.[36)]

4. 행정소송

행정소송은 행정법상의 법률관계에 관한 분쟁에 대하여 제3자적 지위에 있는 법원의 재판절차에 따라 판단하는 소송이다.

행정소송제도의 유형은 각국의 정치적 · 역사적 배경에 따라 차이를 보이는데, 크게 영미법계의 행정소송제도와 대륙법계의 행정소송제도로 나눌 수 있다. 영미법계 국가의 행정소송제도는 일반법원에서 행정사건에 대하여 재판권을 행사하는 반면에, 독일이나 프랑스와 같은 대륙법계 국가의 행정소송제도는 일반법원과는 구별되는 행정재판소가 행정사건에 대한 재판권을 담당한다는 차이를 보이고 있는 것이다.

대륙법계 국가에서 행정재판소를 일반법원과 분리시켰던 것은 행정사건에 대하여 일반법원의 간섭을 배제하고 국가의 공익을 우선적으로 고려하여 재판해야 한다는 것이

---

36) 최근 사법개혁의 일환으로 형사소송에 있어서 당사자주의를 강화시키려는 노력이 기울여지고 있으며, **대법원 2004.12.16. 선고 2002도537 판결**에서 검찰신문조서의 증거능력을 제한하는 결정을 내린 것도 이러한 맥락에서 이해될 수 있다.

었지만, 과거 군주국가 시절에는 사실상 군주의 영향 하에서 재판이 행해지도록 하는 것에 지나지 않았다. 따라서 법의 지배라는 관점에서 볼 때, 공정한 재판을 위해서는 일반법원에 의해 행정재판이 행해지는 영미법계 국가의 행정소송제도가 우월하다고 평가되기도 하였다.[37] 그러나 군주제가 붕괴되고 민주주의가 관철된 이후에는 대륙법계 국가의 행정재판소가 행정소송의 전문성을 잘 살리는 전문법원으로 발전하였고, 오늘날 세계 각국의 사법발전을 위한 모델이 되고 있다.

우리나라의 행정소송제도는 영미법계의 예를 따라 일반법원이 행정소송을 관할하도록 하고 있으며, 현행 행정소송법상 항고소송, 당사자소송, 민중소송, 기관소송이 인정되고 있다.[38][39]

5. 헌법소송

헌법소송은 헌법적 분쟁에 관한 소송이라고 할 수 있다. 즉, 헌법의 해석과 적용에 관한 중요한 사항에 대하여 법적 분쟁이 발생한 경우에 이를 해결하기 위한 소송이 헌법소송인 것이다.

헌법소송의 유형에 있어서도 영미법계 국가를 중심으로 발전되어 온 일반법원형과 대륙법계 국가, 특히 독일과 오스트리아를 중심으로 발전되어 온 헌법재판소형이 나누어진다. 일반법원형은 헌법적 분쟁도 법적 분쟁의 일종이라는 점을 강조하면서 -행정소송의 경우와 마찬가지로- 일반법원이 이에 대한 심판권을 갖고 소송을 진행하도록 하는 형태이다. 반면에 헌법재판소형은 일반법원과는 구별되는 조직과 권한을 가지고 있는 헌법재판소가 민·형사소송의 절차와는 구별되는 방식으로 헌법적인 분쟁에 대한 사법적 판단을 내리도록 하고 있는 것이다.

현행헌법은 헌법재판소제도를 도입함으로써 헌법소송에 있어서 헌법재판소형을 채택하였으며, 그에 따라 일반법원형을 채택한 경우보다 훨씬 광범하고 다양한 헌법소송이 현행법상 인정되고 있다.[40]

---

37) 다이시(*A. V. Dicey*)는 이런 맥락에서 일반법원이 행정소송을 담당하는 것을 법의 지배의 핵심적 요소의 하나로 보았다. 이에 관하여는 「제1권 제2부 제3장 제2절 Ⅰ. **영국의 법의 지배(Rule of Law)의 전통**」 참조.

38) 행정소송법 제3조: 행정소송은 다음의 네 가지로 구분한다.
1. 항고소송: 행정청의 처분 등이나 부작위에 대하여 제기하는 소송.
2. 당사자소송: 행정청의 처분 등을 원인으로 하는 법률관계에 관한 소송. 그 밖에 공법상의 법률관계에 관한 소송으로서 그 법률관계의 한쪽 당사자를 피고로 하는 소송.
3. 민중소송: 국가 또는 공공단체의 기관이 법률에 위반되는 행위를 한 때에 직접 자기의 법률상 이익과 관계없이 그 시정을 구하기 위하여 제기하는 소송.
4. 기관소송: 국가 또는 공공단체의 기관 상호간에 있어서의 권한의 존부 또는 그 행사에 관한 다툼이 있을 때에 이에 대하여 제기하는 소송. 다만, 헌법재판소법 제2조의 규정에 의하여 헌법재판소의 관장사항으로 되는 소송은 제외한다.

39) 헌법재판소는 **헌재 2022.2.24. 2020헌가12 결정**에서 국가를 상대로 하는 당사자소송의 경우에는 가집행선고를 할 수 없다고 규정한 행정소송법 제43조가 국가와 그밖의 권리주체를 합리적 이유 없이 차별한 것으로서 평등원칙에 위배되는 것으로 판시하였다.

40) 이에 관하여 상세한 것은 아래의 「제3권 제3부 제5장 제5절 **헌법재판소의 권한과 헌법재판절차**」 참조.

Ⅱ. 사법작용의 한계

1. 사법작용의 한계와 사법권의 한계: 양자의 구별과 상호 연관성

앞서 설명한 바와 같이 사법작용과 사법권은 구별되어야 하는 별개의 개념이다. 그러나 양자가 내적인 연관성을 가지고 있다는 점도 간과되어서는 안 된다. 사법작용을 전제로 사법부가 구성되고, 사법부의 권한으로서 사법권이 인정되는 것이지만, 사법권의 내용은 다시금 사법작용에 관한 것을 담고 있기 때문이다.[41]

양자의 구별을 전제할 때, 개념상 사법작용의 한계가 먼저 설정되어야 할 것이며, 사법권의 한계는 이로부터 도출되는 것이 원칙이라고 할 수 있다. 이런 맥락에서 볼 때, 사법작용의 한계는 일차적으로 사법의 본질에서 찾을 수 있다. 사법의 본질에 부합되지 않은 사안까지도 사법작용의 대상으로 삼을 수는 없기 때문이다. 그리고 사법작용 자체가 권력분립원리에 기초하여 설정된 개념인 만큼, 권력분립원칙상 사법과 입법, 사법과 집행의 관계로부터 일정한 한계를 긋는 것도 가능할 것이다.

나아가 실정헌법상 또는 국제법에 의하여 사법작용에 일정한 한계가 그어지는 것도 생각할 수 있다. 하지만 이 경우는 사법작용의 성질로부터 나오는 한계라기보다는 사법작용을 담당하는 사법부의 권한행사에 대하여 외부로부터 부과된 제약이라고 할 수 있을 것이다. 즉 사법권의 행사에 대한 제한이라는 것이 좀 더 정확한 표현이라고 할 수 있다. 다만 양자의 내적인 연계로 인하여 사법작용(또는 사법권)의 한계 안에서 함께 논의되는 예가 많다.

2. 사법작용의 본질상의 한계

사법작용의 본질상의 한계는 사법작용이 법적 분쟁에 대한 구속력 있는 재판이라는 본질 자체로부터 도출되는 한계를 말한다. 즉, 사법의 대상이 되지 않는 사안에 대해서는 사법작용이 미칠 수 없는 것이다. 이와 관련하여 구체적 사건성, 당사자적격, 소의 이익, 또는 사건의 성숙성이 없는 경우에는 사법작용의 한계 밖이라고 보는 것이 일반적이다.[42]

구체적 사건성이란 법적 권리 또는 의무의 존부 및 범위 등에 관한 분쟁, 즉 법적 분쟁의 존재를 가리킨다. 법적 분쟁이 아닌 학설상의 논쟁 등에 대해서까지 사법적으로 판단을 내릴 필요는 없기 때문에 사법작용은 법적 분쟁만을 대상으로 하는 것이다.

당사자적격(當事者適格)이란 재판을 청구할 수 있는 자격을 의미한다. 법적 분쟁이 존재한다 하더라도 그 분쟁에 관하여 법적 이해관계를 가진 자가 아니면 소송을 제기할 수 없으며, 제3자에 의한 소송의 제기는 원칙적으로 배제되는 것이다. 다만 집단

41) 사법작용의 범위와 한계의 문제가 사법권의 범위와 한계의 문제와 혼동되는 경우가 적지 않은 것은 그 때문이다.

42) 권영성, 헌법학원론, 2010, 854쪽 이하; 김철수, 헌법학개론, 2007, 1613쪽 이하; 허영, 한국헌법론, 2025, 1137쪽.

적인 이해관계에 관한 소송에 있어서는 당사자적격이 폭넓게 인정될 수 있으며, 예외적으로 민중소송이 인정되는 경우도 있다.

소(訴)의 이익(利益)은 사법적 판단을 통해 당사자가 얻을 수 있는 이익을 의미한다. 법적 분쟁이 존재하더라도 그 분쟁에 대한 사법적 판단을 통해 당사자의 권리보호에 실질적으로 도움이 되는 바가 없다면 사법적 판단 자체가 불필요하다고 할 수 있기 때문에, 소의 이익도 사법작용의 한계요소로 인정된다. 하지만 당사자의 주관적인 권리보호의 이익이 없다 하더라도 객관적인 법질서의 측면에서 소의 이익이 인정되는 경우도 있다.[43)]

사건의 성숙성이란 법적 분쟁이 현재 해결이 가능하고 필요한 문제로 성숙되어 있어야 한다는 것을 가리킨다. 아직 현재의 권리관계에 대한 구체적인 법적 분쟁으로 성숙되어 있지 않은 사안(예컨대 현재의 법률관계에는 아무런 문제가 없지만, 장래 권리침해가 발생할 우려가 있는 경우)은 원칙적으로 사법적 판단의 대상이 되지 않는다. 다만 권리침해의 위험 자체를 보호법익으로 인정하는 경우에는 사법적 판단의 대상이 될 수 있다.

3. 사법작용의 권력분립상의 한계

사법작용은 권력분립원리에 따라 입법작용, 집행작용과 구별되는 개념이다. 따라서 사법작용은 입법작용에 의해 담당되어야 할 영역을 침범하지 말아야 할 뿐만 아니라, 권력분립상 집행에 속하는 사항에 대해서도 원칙적으로 관여하지 말아야 할 것이다.[44)]

---

43) 예컨대 헌법재판소는 "심판청구가 주관적인 권리보호의 이익을 결여하고 있다 하더라도 헌법소원은 개인의 주관적 권리구제의 기능뿐만 아니라 객관적인 헌법질서의 보장기능도 수행하는 것이므로, 기본권 침해행위가 이미 종료되어서 이를 취소할 여지가 없기 때문에 헌법소원이 주관적 권리구제에 별 도움이 되지 않는 경우에도 그러한 침해행위가 앞으로도 반복될 위험이 있거나 당해분쟁의 해결이 헌법질서의 수호·유지를 위하여 긴요한 사항이어서 그 해명이 헌법적으로 중대한 의미를 지니고 있는 경우에는 헌법소원의 이익을 인정하여야 한다"는 입장을 취하고 있다. 이에 관하여는 **헌재 1997.1.16. 90헌마110등 결정; 헌재 2002.7.18. 2000헌마327 결정; 헌재 2002.7.18. 2000헌마707 결정** 등 참조.

또한 대법원도 "소의 이익이라는 개념은 원래 무익한 소송제도의 이용을 통제함으로써 법원의 부담을 경감해 주고자 하는 국가적·공익적 견지에서 고안된 개념이다. 그러나 오늘날과 같이 국민의 기본적 인권의 보장이 강조되고, 국가에 대한 국민의 지위가 특별히 중요시되는 오늘과 같은 시대에 있어서는 소송제도를 이용하는 국민의 권리를 법원의 부담 경감이라는 국가적 이익만을 내세워 제한하는 것이 더 이상 용인되어서는 아니 될 것이다. 남소를 방지한다는 명목으로 소의 이익의 범위를 지나치게 좁게 제한하는 것은 실질적으로 분쟁이 있음에도 불구하고 법원이 법률적인 분쟁이 아니라고 판단하여 재판을 거부함으로써 국민의 재판을 받을 권리를 본질적으로 침해하는 결과를 초래하게 되는 것이다. 소의 이익이란 개념은 더 이상 국민으로 하여금 법원에 의한 분쟁해결의 기회에 접근하기 어렵도록 만드는 제약이나 장벽으로 작용되어서는 아니 되며, 소의 이익에 관한 논의는 어디까지나 국민으로 하여금 그들이 주장하는 분쟁을 가능한 한 재판에 의하여 해결할 수 있도록 길을 열어 준다는 데 주안점을 두고 논의되어야 하는 것이다"라고 판시한 바 있다(**대법원 2000.5.18. 선고 95재다199 전원합의체 판결**).

44) 권영성, 헌법학원론, 2010, 843쪽 이하. 그러나 김철수, 헌법학개론, 2007, 1616쪽 이하에서는 '정책적 또는 현실적 한계'라는 표제 하에서 훈시규정 또는 방침규정, 사법의 소극성의 문제, 자유재량행위, 특수신분관계에 있어서의 처분, 통치행위 또는 정치문제를 들고 있으며, 허영, 한국헌법론, 2025, 1137쪽 이하에서는 '헌법정책적 내지 법리적 한계'라는 표제 하에서 통치행위, 국회의 자율기능, 집행부의 자유재량행위, 특수한 신분관계에서의 행위, 행정청의 부작위나 거부처분을 들고 있다.

그러나 구체적으로 어떤 사항들이 권력분립원리에 따라 사법작용의 대상에서 배제되어야 할 것인지에 대해서는 적지 않은 논란이 있으며, 이와 관련하여 통치행위, 국회의 자율권, 행정청의 자유재량행위, 특별권력관계에 있어서의 처분, 행정소송상의 의무이행판결 등이 주로 거론되고 있다.[45)]

통치행위란 고도의 정치성을 띤 행위로서 사법심사의 대상에서 배제되는 국가작용을 의미한다. 군주국가시절 국왕의 대권행위에서 유래된 것으로 알려진 통치행위를 현대 민주국가에서도 인정할 것인지, 인정할 경우에는 그 인정요건과 범위를 어떻게 할 것인지 등에 대해서는 아직도 많은 논란이 있다.[46)]

국회의 자율권 또는 **행정청의 자유재량행위**는 권력분립적 관점에서 사법심사의 대상에서 배제되어야 한다는 견해가 다수이다. 그러나 국회의 자율권에 해당되는 사항이라 하더라도 절차상의 하자 등이 문제될 경우에는 사법심사의 대상이 되어야 한다는 주장이 있으며,[47)] 행정청의 자유재량행위도 재량권의 일탈, 남용이 문제될 경우에는 사법적 심사의 대상으로 인정하는 견해가 일반적이다.

특별권력관계에서의 처분은 오늘날 특별권력관계 자체를 부정하는 견해가 점차 강력해지면서 그 의미가 축소되고 있다. 하지만 특별권력관계이론을 전제로 내부적 규율에 관하여 특별권력의 주체에게 자유재량이 인정되는 영역에서는 행정청의 자유재량행위와 같이 취급해야 한다는 견해가 있으며,[48)] 반면에 특별권력관계를 부정하고 특수신분관계를 인정하면서 이러한 신분관계에서 발생되는 사안도 사법심사의 대상에서 배제되지는 않는다고 인정하는 견해도 있다.[49)]

의무이행판결(=형성판결)은 행정청의 부작위와 관련하여 행정청의 특별한 처분을 구하는 행정소송이 제기된 경우에 이를 인용하여 행정청의 작위를 명하는 판결을 말한다. 현행 행정소송법상 의무이행판결이 독립된 소송유형으로 인정되고 있지는 않으나, 부작위위법확인소송이 인정되고 있으므로 이를 근거로 의무이행판결도 가능하다는 주장이 있다.[50)] 그러나 법원이 행정관청을 대신하여 직접 구체적인 처분을 하거나 이를 명하는 적극적 의무의행판결은 행정소송법에서 이를 명시적으로 인정하지 않는 한 권력분립상 허용되지 않는다고 보아야 한다는 견해도 있다.[51)]

---

45) 권영성, 헌법학원론, 2010, 843쪽 이하.

46) 통치행위에 관하여는 「제3권 제2부 제3장 제2절 Ⅱ. **정치적 지도작용(통치작용)과 통치행위**」 참조.

47) 권영성, 헌법학원론, 2010, 852쪽에서는 ㉠ 국회의 의사가 유효하게 성립되었는가, ㉡ 의결정족수가 충족되었는가, ㉢ 의장이나 임원의 선거가 유효하게 실시되었는가 하는 문제들도, 그 문제가 「헌법상 보장된 기본권이 공권력의 행사로 말미암아 침해된 경우」라고 주장하는 때에는 헌법소원의 대상이 된다고 보고 있다.

48) 권영성, 헌법학원론, 2010, 853쪽.

49) 허영, 한국헌법론, 2025, 1141쪽.

50) 권영성, 헌법학원론, 2010, 854쪽.

51) 허영, 한국헌법론, 2025, 1141쪽. 이와 관련하여 헌법재판소는 "…은 실질적으로 입법이 전혀 존재하지 않는 의무이행소송이라는 새로운 유형의 항고소송을 창설하여 달라는 것으로 헌법재판소법 제68조 제2항에 의한 헌법소원에서 허용되지 않는 진정입법부작위에 대한 헌법소원심판청구이므로 부적법하다."고 판시한 바 있다(**헌재 2008.10.30. 2006헌마80 결정**).

4. 사법작용의 실정헌법상의 한계

일정한 사항을 사법적 판단의 대상에서 배제하는 헌법상의 명문규정에 의하여 사법작용 내지 사법권에 대해서 일정한 한계가 그어지는 경우가 있다.

현행헌법 **제64조 제4항**은 **국회의원의 자격심사와 징계, 제명**에 대해서는 법원에 제소할 수 없다는 규정을 두고 있다. 이 규정의 취지는 국회의 자율성을 존중하는 권력분립적 고려에 기초한 것으로 이해되고 있지만, 명문의 헌법규정에 의해 사법심사가 배제되는 대표적인 예의 하나로 들 수 있다.

또한 현행헌법 **제110조 제4항**은 **비상계엄 하의 군사재판**에 관하여 사법작용의 배제를 가능하게 하는 예외규정을 두고 있다. “비상계엄하의 군사재판은 군인·군무원의 범죄나 군사에 관한 간첩죄의 경우와 초병·초소·유독음식물공급·포로에 관한 죄 중 법률이 정한 경우에 한하여 단심으로 할 수 있다. 다만, 사형을 선고한 경우에는 그러하지 아니하다”고 규정함으로써 단심으로 할 경우 상소심이 배제되는 것이다.

5. 사법작용의 국제법상의 한계

사법작용에 대한 국제법상의 한계로 논의되는 것으로는 외교특권(치외법권 또는 주권면제), 국제조약, 국제사법재판 등이 있다.

외교특권이란 체재국의 법에 의한 구속을 받지 않고 본국의 법에 따르게 하는 국제법상의 특권을 말한다. 이러한 외교특권을 누리는 예로는 외교사절과 그 수행원 이외에도 국제기구의 직원, 군함의 승무원 등이 있다.[52)]

조약에 대한 사법심사가 가능한지에 관하여는 긍정설과 부정설이 대립되고 있지만, 조약이 법률과 같은 효력을 갖는다는 전제 하에서 조약에 대한 위헌심사는 가능한 것으로 보는 것이 국내 헌법학계의 지배적 견해이다.[53)]

그리고 국제사법재판소의 관할에 속하는 사항에 대해서는 우리나라의 사법부가 사법권을 행사할 수 없다는 견해가 있다. 남북한의 유엔 동시가입 이후로 우리나라와 북한이 국제사법재판소의 당사자능력을 갖게 되었고, 국제분쟁에 대해서 국제사법재판소에 대한 제소가 있는 경우에는 국제사법재판소의 관할권이 우선하게 된다는 것이다.[54)]

---

52) 그 밖에 조약에 의해 외국군대에 대한 사법권이 배제되는 경우도 있다. 예컨대 한미행정협정으로 일컬어지는 「주한미군의 지위에 관한 협정(SOFA)」은 주한미군의 범죄 등에 대한 한국의 재판권행사를 제한하고 있다.

53) 이에 관하여는 「제1권 제2부 제6장 제3절 Ⅱ. 조약의 국내법상의 의의, 효력」 참조.

54) 권영성, 헌법학원론, 2010, 842쪽.

▣ 사례 풀이:

1. 갑, 을, 병의 헌법소원심판청구는 적법한가? (30점)
   - Ⅰ. 서: 헌법소원심판의 의의와 청구요건 [3점]
   - Ⅱ. 공권력의 행사 또는 불행사에 의한 기본권의 침해 [8점]
     1. 공권력 행사로서의 이라크 파병 결정
     2. B당의 기본권주체성
     3. 갑, 을, 병이 침해를 주장할 수 있는 기본권
   - Ⅲ. 침해의 직접성, 현재성, 자기관련성 [9점]
     1. 직접성 요건의 검토
     2. 현재성 요건의 검토
     3. 갑, 을, 병의 자기관련성
   - Ⅳ. 구제의 보충성, 청구기간 및 변호사 강제주의 등의 요건 [8점]
     1. 보충성 요건의 판단
     2. 청구기간
     3. 변호사 강제주의 등
   - Ⅴ. 결론 [2점]
2. 이라크 전쟁에 건설공병과 의무병을 파병하는 것이 침략적 전쟁에 해당하는 것으로 볼 수 있는가? (30점)
   - Ⅰ. 서: 국군 해외파병의 의의와 성격 [3점]
   - Ⅱ. 국제질서에 관한 헌법원리로서의 국제평화주의 [7점]
     1. 국제평화주의의 탄생 배경
     2. 국제평화주의의 헌법적 근거
     3. 국제평화주의의 구체화
   - Ⅲ. 침략전쟁과 방위전쟁, 평화유지군의 구별 기준 [9점]
     1. 헌법 제5조와 침략전쟁 부인의 의미
     2. 침략전쟁과 방위전쟁의 구분: 국군의 역할
     3. 제3의 유형: 평화유지군의 해외파병
   - Ⅳ. 이라크 전쟁에 건설공병 및 의무병 파병의 성격 [9점]
     1. 이라크 전쟁의 성격: 미국의 침략전쟁인가?
     2. 미국을 지원하는 파병의 성격: 침략전쟁의 지원인가?
     3. 건설공병과 의무병 파병은 평화유지군이 될 수 있는가?
   - Ⅴ. 결론 [2점]
3. 대한민국의 이라크 전쟁 파병은 통치행위에 해당하는 것으로 볼 수 있는가? (40점)
   - Ⅰ. 사안의 분석과 쟁점의 정리 [4점]
   - Ⅱ. 통치행위의 개념과 효력 [6점]
     1. 통치행위의 개념
     2. 통치행위의 유형: 좁은 의미와 넓은 의미
     3. 통치행위의 효력: 사법심사의 배제
   - Ⅲ. 통치행위의 판단기준 [8점]
     1. 고도의 정치성
     2. 사법적 심사의 곤란성

3. 외교적 행위에의 한정?

Ⅳ. 통치행위에 대한 헌법재판소의 판례 [8점]

1. 긴급재정명령에 대한 헌법재판소 판례: 헌재 1996.2.29. 93헌마186

2. 이라크 전쟁 파병에 대한 헌법재판소 판례: 헌재 2004.4.29. 2003헌마814

3. 한미연합 군사훈련에 대한 헌법재판소 판례: 헌재 2009.5.28. 2007헌마369

Ⅴ. 이라크 전쟁 파병 결정의 성격과 사법심사의 곤란성 [12점]

1. 고도의 정치성 여부

2. 사법적 심사의 곤란성 여부

3. 외교적 행위에 해당하는지 여부

Ⅵ. 결론 [2점]

제 5 장 정부형태: 국가기능들의 결합유형

정부형태의 문제는 유형론이라는 점에서 국가형태의 문제와 유사한 측면이 있다. 즉 정부형태를 여러 유형으로 분류해 놓고 이를 비교하는 가운데 한편으로는 각각의 특징과 장단점을 비교하고, 다른 한편으로는 우리나라의 정부형태가 어떤 것에 속하는지, 그리고 그에 따라 어떤 장단점을 갖는지를 검토해 보는 것이다.

물론 오늘날 군주국가나 귀족국가가 더 이상 존재하지 않기 때문에 전통적인 국가형태론의 의미가 퇴색했다는 점을 고려할 때, 정부형태론의 의미와 비중은 국가형태론보다 오히려 더 크다고 할 수 있다. 각국의 정부형태, 또는 역대 헌법의 정부형태를 비교하면서 현행헌법상의 정부형태를 분석하고, 그 장단점 내지 개선의 방향을 논의하는 것은 현재에도 매우 큰 실천적 의미를 갖기 때문이다.

정부형태란 실질적으로는 국가기능들의 결합형태를 기준으로 유형을 분류한 것이라고 할 수 있다. 즉, 입법과 집행의 관계를 중심으로 의원내각제, 대통령제, 이원정부제 등이 분류되는 것이다. 이러한 정부형태론을 통해 전체 권력분립체계의 현실적 모습에 접근하게 되는 것이다. 그러나 정부형태론이라는 -상당 부분 추상적인- 유형론만으로 모든 구체적 문제가 해결될 수 있다는 기대는 갖지 않아야 할 것이다.

제 1 절 정부형태의 분류와 그 의의

Ⅰ. 정부형태의 개념

헌법은 국가질서를 전체적으로 규율하는 법이다. 이러한 헌법은 크게 기본권에 관한 사항을 규율하는 내용과 국가조직에 관한 사항을 규율하는 내용으로 나누어진다. 전자는 국가질서 내에서 국민이 어떤 (헌)법적 지위를 가지고 있으며, 이를 어떻게 구체화시키고 관철시킬 수 있는지에 관한 것이라고 한다면, 후자는 국가기관들의 구성과 활동방식 및 권한범위 등을 정하고 있는 것이라고 할 수 있다.

우리가 말하는 정부형태는 이런 의미에서 국가기관들의 구성과 활동방식 등에 관한 전체적 틀을 몇 가지 유형으로 나누어서 정리한 것이라고 할 수 있다. 현대 민주국가에서 국가기관들의 구성과 활동은 입법부 – 집행부 – 사법부가 각기 독자적으로 구성되고 또 상호 견제와 균형의 메커니즘을 형성하게 되는 권력분립을 전제하고 있으며, 특히 사법부의 독립은 자유민주적 기본질서의 내용으로 인정될 정도로 중요한 의미를 갖는 것으로 평가된다.

권력분립이라는 대전제가 유지된다 하더라도 구체적인 국가기관의 구성방식 및 상호관계 등에 관해서는 국가마다, 그리고 헌법마다 적지 않은 차이가 존재할 수밖에 없다. 이러한 차이는 -사법부는 (사법부 독립의 원칙으로 인하여) 일정한 부동성(不動性)을 갖고 있기 때문에- 입법부와 집행부의 관계에서 나타난다.

결국 정부형태란 국가기관들, 특히 **입법부와 집행부 사이에 국가기능 내지 국가권력을 배분하는 유형**이라고 할 수 있으며, 이는 **권력분립의 구체적 형태**가 어떻게 이루어지고 있는지의 문제라고도 할 수 있다.

Ⅱ. 전통적인 정부형태의 분류와 그 의의

전통적인 정부형태의 분류는 의원내각제와 대통령제의 구별에 기초한다. 즉, 의원내각제와 대통령제, 그리고 양자의 혼합형으로서의 이원정부제를 기본적 유형으로 하며, 이를 각국의 역사적·정치적 상황에 맞춰서 변형시킨 여러 정부형태가 있다고 할 수 있을 것이다.[1)]

의원내각제의 탄생은 영국에서 민주주의가 정치적으로 관철되기 시작한 17세기로 소급할 수 있으며, 대통령제의 탄생은 1787년 미국헌법의 제정에서 비롯되었다. 하지만 당시의 국가론 내지 헌법학에서는 정부형태의 분류를 중요하게 다루지 않았으며, 그보다는 군주국, 귀족국, 민주국의 구조와 성격을 비교하는 국가형태론에 더 큰 비중을 두고 있었다.

그러나 19세기말, 20세기 초에 들어와서는 상황이 달라졌다. 영국, 일본 등과 같이 형식적으로 군주제를 존치시키는 국가는 있으나 군주에게 주권이 있다는 의미에서의 군주국가는 더 이상 존재하지 않게 되었으며, 귀족국가 또한 찾아볼 수 없게 되었기 때문이다. 대부분의 국가들은 민주주의를 표방하게 되었고, 그로 인하여 국가형태를 유형으로 나누어 비교할 실익이 크게 감소되었던 것이다.

그 결과 국가론 내지 헌법학의 관심은 국가형태의 비교에서 국가의 내부질서의 비교로 옮겨지게 되었다. 똑같이 민주주의를 표방하는 국가라 하더라도, 실제 국가권력의 구성과 운용의 방식에는 나라마다 적지 않은 차이가 있을 수밖에 없다. 이를 비교·검토하는 가운데 한편으로는 각 국가의 정부형태가 갖는 특성 내지 장단점을 밝힐 수 있고, 다른 한편으로는 특정국가의 정부형태 내지 국가권력구조가 갖는 문제점을 정확하게 진단하고 그에 대한 대안을 제시하는 것도 가능하다는 데 정부형태론의 의미가 있는 것이다.

이런 맥락에서 전통적인 정부형태론은 입법부와 집행부의 구성방식 및 활동방식,

1) 물론 좀 더 상세하게 분류하는 것도 가능하겠지만, 민주국가에서의 권력분립을 전제한 정부형태의 기본유형은 의원내각제와 대통령제, 이원정부제로 압축될 수 있다.

상호관계에 초점을 맞추어 의원내각제와 대통령제를 구별하였고, 이를 기초로 정부형태론의 기본적인 틀을 만들게 되었던 것이다.

Ⅲ. 정부형태의 새로운 분류와 그 한계

전통적인 정부형태론의 구별기준은 오늘날에도 여전히 널리 활용되고 있으며, 이에 따라 정부형태를 분류함에 있어서 의원내각제와 대통령제를 기본모델로 하는 방식이 여전히 많이 활용되고 있다. 그러나 정부형태를 새로운 기준에 따라 분류하려는 시도도 적지 않다.

예컨대 칼 뢰벤슈타인(*K. Loewenstein*)은 정부형태를 전제주의적 정부형태와 입헌주의적 정부형태로 구분하였다.

전제주의적 정부형태는 국가권력이 특정한 개인이나 집단에 집중되어 있고, 권력행사에 대한 통제가 없는 통치방식을 지칭하는 것이다. 이러한 정부형태는 개인에 대한 전체의 우월성을 강조하는 「전체주의적 정부형태」와 그보다는 완화된 형태이지만 국민적 정당성의 근거 없이 집권하는 「권위주의적 정부형태」로 다시금 나누어진다고 하였다. 반면에 **입헌주의적 정부형태**는 기본권의 보장과 권력의 분립이라는 입헌주의적 요소를 갖춘 정부형태로서 이는 다시금 「직접민주제」, 「의회정부제」, 「의원내각제」, 「대통령제」, 「집정부제」 등으로 분류된다고 하였다.

그 밖에 파이너(*S. E. Finer*)의 분류가 많이 소개되고 있는데, 그는 현대적 정부형태를 「자유민주주의국가의 정부형태」, 「전체주의국가의 정부형태」, 「제3세계국가의 정부형태」로 나누고 있다.

이러한 다양한 분류의 시도는 나름의 의미를 가지고 있다. 그러나 정치학적(비교정치론적) 관점에서의 분류는 헌법학적 관점에서 볼 때, 그 의미가 크지 않다. 헌법학의 관심은 현행헌법의 해석에 모아지는데, 현행헌법과는 전혀 기초가 다른 전제주의적 정부형태를 논하는 실익이 크지 않다. 또한 입헌주의적 정부형태 중에서도 현행헌법상의 정부형태를 이해하는 데 별 도움이 되지 않거나, 현행헌법상의 정부형태에 대한 대안으로서의 가치를 가지지 못하는 것에 대해서는 관심이 낮아질 수밖에 없는 것이다.

제 2 절 의원내각제

Ⅰ. 의원내각제의 역사적 발전

1. 로크(J. Locke)의 이권분립론과 영국에서의 의원내각제의 발전

의원내각제의 탄생은 영국의 정치적 발전을 빼고 이야기할 수 없다. 영국에서의 민주주의의 발전, 권력분립의 관철이 의원내각제의 기초가 되었기 때문이다.

17세기의 명예혁명과 이를 정당화시키는 **로크의 이권분립론**[2)]은 국왕의 권력을 제한하는 근거가 되었고, 결과적으로 의회의 국왕에 대한 우위를 기반으로 의회주권론을 확립하는 계기가 되었다. 이후 의회는 정치적 주도권을 장악하였으며, 내각의 구성에 대해서도 직접 관여하는 의원내각제의 형태를 갖추어 나가게 된 것이다.

이러한 영국의 의원내각제는 의회제도의 발달과 더불어 적지 않은 변화를 겪었다. 초기에는 선거권의 제한으로 인하여 소수 귀족들과 신흥자본가들을 중심으로 운영되던 의회가 선거권의 확대를 통해 더욱 민주화되면서 의회의 구성이 민의에 의존하는 바가 이전에 비할 수 없을 정도로 뚜렷해졌을 뿐만 아니라, 대중민주주의의 시대가 열리면서 정당정치가 활성화됨으로써 의회의 구성 및 내각 구성의 방식 또한 달라질 수밖에 없었던 것이다.[3)]

현재 영국의 의원내각제는 수상[4)]이 각료들에 대하여 우월한 지위를 가지고 있으며, **내각이 의회에 대하여 상대적으로 우월한 지위**에 있는 것으로 평가된다.

2. 유럽에서의 의원내각제의 보급: 프랑스, 독일

영국에서 발전된 의원내각제는 민주주의의 보편화 및 의회주의의 보급과 더불어 프랑스, 독일 등 주변국가로 전파되었으며, 그 밖에 전세계의 영연방국가들에도 영향을 미쳤다. 그리고 의원내각제는 일본, 이스라엘 등의 국가에서도 도입되어 전세계적으로 가장 성공적인 정부형태의 하나로 평가되고 있다. 특히 프랑스와 독일에 전파된 의원내각제는 자국의 정치문화에 부합하는 변화를 거쳐서 영국의 의원내각제와는 상당히 구별되는 독자적인 형태로 발전되었다.

현재 **프랑스의 정부형태**는 제3공화국 및 제4공화국 의원내각제에 대한 반작용이라고 할 수 있다. 당시에는 국민에 의하여 직접 선출된 의회의 민주적 정당성이 높이 평가되었던

---

2) 로크의 이권분립론에 관하여는 앞의 「제3권 제1부 제2장 제4절 Ⅲ. **로크(J. Locke)의 2권분립론**」 참조.
3) 종래 군주가 집행부를 장악하고 있는 상황에서 내각구성권을 가지고 있는 의회가 내각에 대하여 상대적인 우월성을 가지고 있던 것과는 달리, 다수당에서 내각을 구성하게 된 이후에는 내각이 실질적으로 의회의 다수당을 장악하는 것과 같은 형태로 변화되었기 때문이다.
4) 최근 국내에서는 의원내각제의 '수상'을 '총리'라는 이름으로 부르는 경우가 많다. 그러나 의원내각제의 수상은 「집행부의 실질적 수반」이라는 점에서 국내의 국무총리와는 구별되어야 한다. 그렇기 때문에 의원내각제의 '수상'을 '총리'로 부르는 데에는 문제가 있다고 보인다.

반면에, 의회에 의해 구성된 내각은 의회의 권위에 억눌려 있던 상황이었다. 그 결과 의회는 내각불신임권을 자주 행사했지만, 내각은 그에 대응하는 의회해산권을 행사할 엄두조차 내기 어려운 형편이었고, 결과적으로 정국의 불안정이 초래되었다.

이러한 의원내각제 하에서의 강한 의회와 약한 정부의 구조로 인한 문제점을 극복하기 위하여 제5공화국 헌법이 탄생되었는데, 이는 집행부를 이원화시킴으로써 의회에 책임을 지는 내각 이외에 의회의 통제로부터 벗어나 있는 대통령을 통해 강력한 집행부를 구성하는 것이었다. 프랑스 제5공화국 헌법은 이를 위해 의원내각제와 대통령제를 혼합함으로써 이원정부제(二元政府制) 또는 반대통령제(半大統領制) 등으로 지칭되고 있다.

반면에 **독일의 경우**에는 바이마르 공화국 당시의 변형된 의원내각제[5]의 실패를 거울삼아 의원내각제의 기본구조를 분명히 하는 대신에 정치적 안정을 확보하기 위하여 몇 가지 새로운 요소를 도입하였다. 무엇보다 바이마르 헌법의 실패를 거울삼아 연방대통령에게 강력한 권한을 부여하는 것을 피하고 형식적 국가원수로서의 지위를 인정하는 것으로 방향이 바뀌었다.[6] 이를 위하여 연방대통령을 국민이 직접 선출하는 대신에 의회를 통한 간접 선거의 방식이 선택되었고, 연방대통령의 수상임명도 연방의회에서 지명된 후보자를 임명하는 형식적 행위로 변화되었다.

그 밖에 연방의회의 연방수상에 대한 불신임권과 연방수상의 연방의회 해산권이 인정되고 있다는 점에서는 전통적인 의원내각제의 기본구조를 유지하고 있으나, 연방의회의 불신임 방법을 "연방의회가 그 의원의 과반수로써 후임자를 선출하고 연방대통령에게 연방수상의 해임을 건의하는 방식으로써만" 가능하도록 한정시키는 이른바 건설적 불신임제도를 창출함으로써 바이마르 공화국 당시와 같은 의회의 내각불신임권 남용으로 인한 정국의 불안정을 예방하고 있다.[7]

Ⅱ. 의원내각제의 기본구조

1. 입법부와 집행부의 공화관계

대통령제와 의원내각제는 그 **출발점**에서부터 차이를 보인다. 의원내각제는 17~18

---

5) 바이마르 공화국의 정부형태는 의원내각제를 기본으로 하였지만, 몇 가지 점에서 의원내각제의 기본구조를 벗어나고 있었다. 대통령을 국민의 직선으로 선출하며, 평상시에는 의원내각제의 방식으로 운영하되, 비상사태가 선포된 경우에는 대통령이 전권을 가지고 국정 전반을 통솔하도록 하고 있었던 것이다. 그 때문에 바이마르 공화국의 정부형태를 변형된 의원내각제, 또는 (프랑스의 이원정부제와는 다른 의미에서) 이원정부제로 지칭하는 것이다.

6) 그러나 헤렌킴제 헌법초안 작성과정에서 연방대통령에게 단순히 형식적 국가원수로서의 지위뿐만 아니라 중립적 권력으로서의 일정한 역할을 부여하고자 하는 논의가 있었으며, 그 결과 연방대통령의 헌법상 지위를 해석함에 있어서는 아직도 논란이 없지 않다. 하지만 현재 독일의 연방대통령의 지위가 바이마르 당시의 대통령과는 근본적으로 다르다는 점에 대하여는 이론의 여지가 없다.

7) 독일의 의원내각제 정부형태에 관한 상세한 것은 장영수, 독일식 의원내각제의 한국적 적용, 헌법학연구 제5집 제1호(1999.5), 37-62쪽 참조.

세기 영국의 정치현실에 기초하여 고안된 것으로 의회주권에 기초한 의회중심적 정부형태라는 특성을 갖는다. 의원내각제는 의회와 집행부의 구성 및 활동을 엄격하게 분리·독립시키는 대통령제와는 달리 의회가 국정운영의 실질적인 중심에 서는 정부형태인 것이다.

의원내각제는 삼권의 엄격한 분립에 기초하여 독립된 기관간의 철저한 견제와 균형에서 출발하는 대통령제와는 달리 책임정치의 사상에 보다 철저하다. 그로 인하여 국민적 정당성을 갖는 의회에서 내각을 구성함으로써 의회와 내각은 각기 분리·독립되지만 내적인 상호연관성을 갖는 체제로 발전되었다. 의원내각제는 국민의 선거에 의해 부여된 정당성을 기초로 의회 내의 다수파가 정권을 획득하며, 그 다수파가 내각을 구성하여 정부를 운영하게 된다는 점에서 의회 내의 다수파와 정부가 필연적 연관성을 갖는 구조로 형성된 것이다.

따라서 의원내각제 정부형태는 입법부와 집행부의 공화관계를 그 기초로 한다는 특성을 갖는다. 대통령제가 분리와 독립을 강조하는 가운데 의회와 정부가 각기 독자적인 정당성을 국민으로부터 부여받아서 독자적인 활동을 하도록 하는 반면에, 의원내각제는 의회와 정부의 공화·협력에 비중을 두며, 국민에 의해 부여된 민주적 정당성이 의회를 매개로 해서 정부로 연결된다는 점을 강조한다.

2. 집행부의 이원적 구조

의원내각제는 집행부를 구성하는 방식에서 대통령제와는 구별되는 특징을 가진다. 대통령제 하에서의 대통령은 **개인적 대표**로서 자신의 의사결정을 통해 국가질서형성의 방향을 설정하는 반면에, 의회는 각기 다양한 계층, 다양한 집단 및 지역의 국민에 의해 선출된 다수의 의원들이 국민의 의사를 제각기 수렴하여 이를 표현하고 또 조정하는 **집단적 대표**이다. 그렇기 때문에 의회는 한편으로는 신속한 국가사무의 처리에는 단점을 보이지만, 국민의 다양한 의사를 다각도로 반영시키는 민주성의 측면에서는 대통령보다 더 뛰어날 수 있다.[8)]

또한 입법부와 집행부의 구성에 있어서 대통령제는 상호 독립의 원칙에 기초하여 각기 국민의 선거에 의한 구성을 원칙으로 하는 반면에, 의원내각제의 경우에는 의회의 다수당이 내각을 구성함으로써 상호협력적 관계의 기초가 마련되고 있다. 그 결과 대통령제 하에서는 대통령이 국가원수의 역할까지 담당하는 것이 보통이지만, 의원내각제의 경우에는 **내각의 수반인 수상과 형식적 국가원수(왕 또는 대통령)로 집행부가 이원화되는 경향**이 나타나고 있다.

3. 입법부와 집행부의 평등과 균형

의원내각제가 의회주권을 인정하는 영국에서 발전되었다고 할지라도 권력분립의 원

8) 대통령제 정부형태는 개인적 대표인 대통령의 리더십에 크게 의존하는 반면에, 의원내각제 정부형태는 집단적 대표인 의회의 민주성을 중심으로 움직이고 있는 것이다.

리에 기초하여 의회와 집행부의 분립 및 균형은 중요시되었다. 그렇기 때문에 의원내각제에서도 입법부와 집행부 사이의 평등과 균형은 강조되고 있다.

먼저 **입법부와 집행부의 활동**에 있어서 평등과 균형이 요구된다. 의원내각제는 입법부가 집행부의 구성과 활동에 대하여 폭넓은 관여를 할 수 있는 반면에, 정부의 각료도 의원의 자격을 가지고 의회의 활동에 직·간접의 영향을 미칠 수 있는 구조를 가지고 있는 것이다. 즉 의원내각제는 국회의원과 집행부각료의 겸직 및 의회와 내각의 광범위한 상호관여를 허용함으로써 협조를 통한 국정수행이 가능하도록 하고 있다는 특징을 가지는 것이다.

나아가 **입법부와 집행부의 존속**에 있어서도 평등과 균형은 강조된다. 상호 독립의 원칙이 강조되는 대통령제와는 달리 「의회의 내각불신임권」과 「내각의 의회해산권」이 동시에 인정되고 있음으로 인하여, 한편으로는 입법부와 집행부가 상대의 존속에 직접적인 영향을 미칠 수 있지만, 다른 한편으로는 그러한 강력한 권한이 어느 한쪽으로 치우치지 않도록 요구되는 것이다.

Ⅲ. 의원내각제의 장·단점과 현실적 성공조건

의원내각제에 대하여는 ① 입법부와 집행부의 협조에 의한 신속한 국정처리, ② 능률적·적극적인 국정수행, ③ 책임정치의 실현 등이 장점으로 이야기되는 반면에 ① 정당정치에 치우칠 우려 및 견제장치의 부재, ② 군소정당난립의 경우 정국의 불안정, ③ 정쟁이 격화될 우려 등이 단점으로 지적된다.

그러나 의원내각제의 실제 운영과 연계되지 않은 채 이와 같이 피상적으로 장·단점을 논의하는 것은 현실과 맞지 않는 도식적 사고에 빠져들기 쉽다. 예컨대 정당정치가 제대로 발달되지 못한 국가에서는 의원내각제를 도입해도 그 장점이 제대로 발현되기 어려울 것이며, 독일처럼 건설적 불신임제도 등 다양한 대안을 마련한 경우에는 그 단점도 상당 부분 예방될 수 있을 것이기 때문이다. 따라서 의원내각제의 장·단점에 대한 평가는 의원내각제의 **현실적 성공조건**에 대한 검토와 연계하는 것이 더 바람직하다고 할 수 있을 것이다.

이렇게 볼 때, 의원내각제는 정치적 타협과 조정의 정치문화가 뿌리를 내리고, 정당정치 내지 의회정치의 기초가 마련되어 있을 것을 성공조건으로 한다고 할 수 있다. 이러한 조건들이 갖추어지지 않은 상황에서는 의원내각제가 제대로 실현될 수 없으며, 그 장점 또한 발현되기 어렵다. 하지만 그런 조건이 갖춰진 경우에는 국민의 다원적 의사를 국가의사로 반영시키는 훌륭한 정치제도로 기능할 수 있다.[9)]

9) 이에 관하여 상세한 것은 장영수, 대통령제의 대안으로서의 의원내각제 - 그 장단점과 한국에서의 적용을 위한 전제, 고려법학 제39집, 2002.11, 89-112(105 이하)쪽 참조.

제 3 절 대통령제

Ⅰ. 대통령제의 역사적 발전

1. 몽테스큐(Montesquieu)의 3권분립론과 미국에서의 대통령제의 발전

대통령제는 1787년 미국헌법의 제정을 통하여 탄생된 것이다. 미국헌법의 제정자들은 한편으로는 영국의 헌정사에서 민주주의 및 법의 지배의 발전에 관한 중요한 교훈을 얻었지만, 다른 한편으로는 영국식의 정치체제에 대한 강한 반발 내지 불신도 가지고 있었다. 그로 인하여 많은 부분 영국의 민주주의로부터 영향을 받으면서도, 영국과는 구별되는 독특한 정치체제를 창안하게 되었던 것이다.

미국헌법에 의해 창안된 대통령제는 **몽테스큐의 삼권분립론**[10]**에 가장 충실한 정부형태**로 일컬어진다. 몽테스큐의 삼권분립론이 군주세력, 귀족세력, 시민세력의 병존을 전제로 이들의 견제와 균형을 통한 권력분립을 주장했던 것과는 달리 미국의 경우 군주세력과 귀족세력은 존재하지 않았다. 그러나 미국헌법의 제정자들은 의회주권을 통해 의회의 절대적 우월성을 인정했던 영국식 의원내각제에 대한 불신으로 인하여 의회를 통제할 수 있는 권력분립을 추구하였다.[11] 이를 위하여 ―몽테스큐의 모델에 유사하게― 국민이 선출한 **대통령**이 군주에 대신하여 집행권을 담당하도록 하며, **의회**의 구성이 국민의 보통선거에 맡겨져 있는 대신에, **연방대법원**은 종신직인 대법관들로 구성되도록 함으로써 이들이 의회와 대통령의 영향을 벗어나는 독자적인 세력이 될 수 있도록 하였던 것이다.

초기의 미국헌법은 시민의 자유를 보호하기 위하여 작은 정부를 지향하면서 연방정부의 권한을 매우 제한적으로 인정하였으며, 실질적인 권한은 주(州)에 더 많이 부여하였다. 그러나 미국의 대통령제도 지난 200여년의 역사를 통해 적지 않은 변화를 겪었다. 초기에는 연방의 권한 자체가 미약했기 때문에 연방대통령의 역할과 비중 또한 제한적이었지만, 점차 연방의 권한이 강해지고 상대적으로 주(州)의 독립성이 약해지면서 연방대통령의 권한 또한 강화되었다. 그런 가운데 연방대통령과 연방의회, 연방대법원 사이의 세력균형을 유지하기 위한 노력은 계속되어서 미국의 대통령제는 **권력의 분리와 독립을 통한 견제와 균형의 이념에 가장 충실한 정부형태**로 평가되고 있다.

---

10) 몽테스큐의 삼권분립에 관하여는 앞의「제1부 제2장 제4절 Ⅳ. **몽테스큐(Montesquieu)의 3권분립론**」참조.

11) 미국헌법의 제정자들이 대통령제를 창안한 가장 중요한 이유의 하나가 바로 의원내각제에서 나타날 수 있는 의회주권적 정치구조에 대한 불신이라고 할 수 있다. 그렇기 때문에 의회의 다수라고 하더라도 모든 일을 좌지우지할 수는 없도록 하고, 엄격한 견제와 균형의 틀 안에서 충분히 통제될 수 있도록 만들어야 한다는 점이 미국에서 대통령제를 만들 당시에 가장 많이 고려되었던 것이다.

2. 신생독립국들에서의 대통령제의 보급

미국의 대통령제는 제2차 세계대전 이후 아시아와 남미, 아프리카의 신생독립국들에 광범위하게 보급되었다. 서구열강에 의해 식민지 통치를 받았던 신생독립국들이 해방과 더불어 독자적인 정부형태를 선택하는 방식은 크게 두 가지 유형으로 나누어질 수 있다.

첫째, 식민지배의 기간이 비교적 길었고, 체계적인 정치질서를 식민지시대를 통해 습득하였던 국가의 경우에는 독립 이후에도 과거의 정치체제를 그대로 유지하는 경향이 컸다. 영연방국가들이 식민지 상태에서 독립한 이후에도 대부분 의원내각제를 채택한 것이나, 미국의 식민지였던 필리핀에서 대통령제를 채택한 것 등이 그 예가 될 것이다.

둘째, 식민지배의 기간이 비교적 짧거나 식민통치가 체계적인 정치과정 없이 억압을 통해 이루어진 경우에는, 식민지였던 당시의 정치체제와 무관하게 정부형태를 선택하였는데, 이러한 경우 대통령제를 선택하는 경향이 강했다. 그 원인으로는 세계적 강대국인 미국의 정치적·경제적·문화적 영향력이 큰 역할을 하였던 점, 그리고 식민지배 이전의 정치체제인 왕정에 비교적 유사하다는 점을 들 수 있다.[12)]

이처럼 신생독립국들에 대통령제가 광범위하게 보급되었지만, 그 결과는 만족스럽지 못한 것이었다. 민주주의와 법치주의의 이념이 뿌리내리지 못하고, 현실정치의 측면에서도 권력분립적 기초가 확보되지 못한 상태에서 대통령제의 외적 형태만을 답습한 결과 대통령의 독재로 귀결된 경우가 대부분이었기 때문이다.

Ⅱ. 대통령제의 기본구조

1. 입법부와 집행부의 상호독립

대통령제 정부형태는 의원내각제와 달리 입법부와 집행부를 엄격하게 분리시키고, 그럼으로써 입법부와 집행부의 공화적 관계보다는 상호독립성을 더욱 강조하는 정부형태이다. 이러한 입법부와 집행부의 상호독립성은 대통령제 정부형태의 가장 기본적인 특성이라고 할 수 있다.

입법부와 집행부의 구성은 독립적이다. 의회에 의하여 집행부가 구성되는 의원내각제와는 달리, 대통령제 하에서는 입법부와 집행부가 각기 국민의 선거에 의하여 별도로 구성된다. 국민의 일차적 대표자인 의회가 국민의 선거에 의해 구성되는 것은 당연하지만, 집행부의 수반인 대통령을 국민의 선거를 통해 선출함으로써 독자적인 민주적 정당성을 확보하는 것은 집행부가 의회로부터 독립하여 활동하기 위한 중요한 기초가 되는 것이다.

---

12) 달리 표현하자면, 의원내각제의 정부형태는 정당정치가 어느 정도 확립된 것을 전제하는 것이었기 때문에 신생독립국들에게 상당히 낯선 제도였다는 점이 문제되었던 것이다.

입법부와 집행부의 활동도 독립적이다. 대통령제 정부형태에서는 입법부와 집행부가 각기 국민의 선거에 기초하여 독자적으로 구성되고, 원칙적으로 구성원의 겸직을 금지함으로써 양 기관의 독립적인 활동을 가능하게 할 뿐만 아니라, 각 기관에 부여된 정당성에 근거하여 각자 입법활동과 집행활동에 전념하도록 하고 있다. 즉, 각자 입법활동과 집행활동에 대해서는 독자적인 권한을 인정하며, 단지 권한의 남용에 대한 통제권만을 서로 행사할 수 있도록 하는 것이다.[13)]

나아가 **입법부와 집행부의 존속**에 있어서도 독립성이 인정된다. 의원내각제의 경우에는 의회의 내각불신임권, 내각의 의회해산권이 인정됨으로써 의회와 내각이 서로의 활동은 물론 존립에 대해서까지 직접 영향력을 행사할 수 있다. 반면에 대통령제에서는 이러한 내각불신임권이나 의회해산권이 인정되지 않음으로 인하여 각자 국민에 대해서만 책임을 지면서 임기 동안 독립적으로 활동할 수 있도록 하고 있는 것이다.[14)]

2. 집행부의 일원적 구성

대통령제 하에서는 -의회가 내각의 구성에 관여함으로써 내각의 수반인 수상과 형식적인 국가원수(왕 또는 대통령)가 이원화되는 의원내각제와는 달리- 대통령이 집행부의 수반일 뿐만 아니라 국가원수를 겸직하는 것이 일반적이다.

이처럼 대통령제가 일원적인 집행부를 특징으로 하는 것은 대통령의 지위가 의원내각제의 수상과는 다르기 때문이다. 의원내각제의 수상은 의회의 다수파에 의해 선임되는 인물이기 때문에, 만일 수상이 국가원수로서의 지위를 겸할 경우에는 수상이 의회와 집행부를 모두 장악하는 결과가 될 우려조차 없지 않다. 이러한 우려를 불식시키기 위하여 집행부를 이원화시킴으로써 수상의 영향력을 감소시키고, 의회와 내각이 대립할 경우에 국가원수가 이를 조정할 수 있도록 하는 정치체제가 만들어진 것이다.

반면에 대통령제는 국민에 의해 정당성을 부여받은 대통령이 집행부를 구성할 뿐만 아니라, 동시에 국가원수로서의 지위를 가지고 있는 것이 일반적이다. 의원내각제와는 달리 원칙적으로 의회가 집행부의 구성에 관여하지 못하게 되어 있으므로 집행부가 일원적으로 구성되며, 그에 따라 대통령이 국가원수로서의 역할도 함께 담당하는 것이다.

3. 입법부와 집행부의 상호 견제와 균형

대통령제의 특징인 입법부와 집행부의 상호독립은 그 구성과 활동에 있어서의 독자성을 의미한다. 대통령제에서는 의회와 대통령이 각기 국민에 의해 선출된다. 뿐만 아니라 입법기능은 의회가, 그리고 집행기능은 정부가 각기 독자적으로 행사할 수 있는 것이다.

---

13) 그렇기 때문에 의회의 입법활동에 대해서 정부가 직접 개입하는 법률안제출권은 인정되지 않으며, 단지 의회의 입법권 남용을 막기 위한 최소한의 통제장치로서 법률안거부권만이 인정된다.

14) 물론 임기 중에도 상호 견제와 균형을 위한 제도적 장치들은 가동된다.

그러나 이러한 활동의 독자성이 입법 및 집행에 관한 절대적인 권한 내지 무제한적 권한으로 이해될 수는 없으며, 오히려 입법부와 집행부가 상호 견제와 균형의 체계를 갖추는 것이 권력분립의 기본적 요청이라고 할 수 있다. 다만, **내부적 과정과 절차에 대해서는 원칙적으로 간섭할 수 없으며, 그 결과에 대한 통제를 가능하게 하도록 함으로써 활동의 독자성과 상호통제라는 두 가지 요청을 조화**시키는 것이다.[15)]

즉, 대통령제 하에서는 상호독립의 요청에 따라 원칙적으로 정부의 법률안제출권이 배제되고 겸직이 금지된다. 반면에 정부가 법률안거부권을 통하여 의회의 입법작용을 통제하고, 의회는 각종 대정부통제권(특히 재정에 관한 통제권)을 보유함으로써 상호 균형을 이루는 가운데 효율적인 견제가 가능하도록 하고 있다.

Ⅲ. 대통령제의 장단점과 성공조건

대통령제는 ① 집행부의 안정, ② 의회 다수파에 의한 횡포의 방지 및 졸속입법의 방지 등과 같은 장점을 갖는 반면에 ① 대통령의 독재화 경향, ② 국정의 통일적 수행의 어려움, ③ 의회와 집행부가 대립할 경우 조정의 어려움 등의 단점을 갖는다고 이야기된다.

그러나 대통령제의 장단점을 **구체적인 제도 운영 및 그 전제조건**과 무관하게 추상적으로 논하는 것은 현실성이 없다. 대통령제는 아직 정당정치 내지 의회정치가 충분히 발전되지 못한 상황에서도 정부를 의회로부터 상당히 독립시킴으로써 국가기능의 안정적 수행을 가능케 하는 장점이 있는 반면에 독재에 치우칠 우려가 있다. 따라서 대통령제는 대통령이라는 개인의 정치적 리더십이 강력하게 작용할 수 있는 정치문화에서 성공할 수 있다. 이러한 대통령제의 특성과 우리의 역사적 경험 및 정치적 문화를 배경으로 대통령제가 현실 속에서 갖는 장단점을 검토할 때 비로소 장단점에 관한 논의가 현실성을 가질 수 있는 것이다.

이렇게 볼 때, 대통령제가 우리의 정치문화에서 갖는 장점은 무엇보다 국민들에게 익숙하며, -적어도 아직까지는- 그 왜곡의 경험 때문에 배척되기보다는 개선을 통해 바로잡아질 수 있는 정치제도로 인식되고 있다는 점, 그리고 그 문제점들을 정치인들이나 학자들만이 아니라 일반국민들까지 잘 알게 되었을 뿐만 아니라 그에 대한 대응방법, 즉 대통령의 권력남용에 대한 통제의 필요성과 가능성에 대해서도 상당히 잘 알게 되었다는 점이다. 그것이야말로 지난 70여년간 대통령제를 중심으로 한 정치적 소용돌

15) 예컨대 의회는 법률안의 제안과 심의, 의결에 관한 독자적인 활동을 하며, 이러한 입법과정이 의회 내에서 진행되는 동안 정부는 이에 관여할 수 있는 법적 권한을 갖지 못한다. 다만 의회 내의 절차가 완료된 후에 법률안거부권을 통해 그 결과에 대한 통제를 가할 수 있을 뿐이다. 반면에 정부에 대한 의회의 통제는 훨씬 광범위하게 인정되고 있다. 그것은 행정국가화 현상 등에 의하여 정부의 권한이 확대·강화되는 만큼 그에 대한 통제의 필요성이 커졌기 때문이라고 할 수 있다. 그 결과 대통령의 인사권에 대한 의회의 인준은 법률안에 대한 거부권과 유사하게 대통령의 지명 후에 행해지지만, 정부의 활동에 대한 각종 재정적 통제의 강화, 행정입법에 대한 의회통제의 강화 등은 -비록 정부의 내부적 활동에 대한 직접적 통제는 아니지만- 사실상 정부의 활동을 제약하는 측면을 갖게 된다.

이 가운데서 피와 땀으로 얻은 훌륭한 교훈이라고 할 수 있을 것이다.[16)]

그러나 우리의 정치문화는 아직까지도 정치적 노선이나 신념체계, 그리고 이를 반영하고 있는 정당조직을 통해 대변되기보다는 오히려 개인의 카리스마나 정치적 지도력을 중심으로 이합집산을 거듭하는 단계를 벗어나지 못하고 있다. 이러한 현실은 대통령에의 권한집중이 -실정헌법의 조문과 상관없이- 언제라도 다시금 강화될 수 있다는 가능성을 보여주고 있으며, 대통령제의 잠재적 위험성을 보여주는 것이기도 하다. 따라서 우리의 정치문화 속에서 대통령제가 성공적으로 발전 · 정착될 수 있는지의 문제는 대통령에 대한 충분한 통제장치를 마련하여 권력의 남용을 억제할 수 있는지에 달려 있다고 할 수 있다.

제 4 절 의원내각제와 대통령제의 혼합형

Ⅰ. 의원내각제와 대통령제의 변형과 혼합형

영국과 미국에서 각기 탄생 · 발전된 의원내각제와 대통령제는 지난 수세기 동안 많은 변화를 겪었다. 그 결과 17~18세기 당시 영국의 의원내각제와 오늘날 영국의 의원내각제를 같은 제도라고 보기 어려울 정도이며, 마찬가지로 미국헌법 제정 당시의 대통령제와 오늘날 미국의 대통령제도 적지 않은 차이를 보이고 있다.

그럼에도 불구하고 의원내각제와 대통령제는 서로를 구별해주는 본질적인 징표들을 가지고 있다. 예컨대 의회에 의한 내각의 구성, 집행부의 이원적 구성, 의회의 내각불신임권, 내각의 의회해산권 등은 의원내각제의 본질적인 징표이며, 의회와 대통령을 각기 국민의 선거로 선출하는 것, 집행부의 일원적 구성, 내각불신임권 및 의회해산권의 부인 등은 대통령제의 본질적 징표라고 할 수 있다.

그러나 원형 그대로의 의원내각제와 대통령제가 영국이나 미국에도 존재하지 않는 것처럼, 세계 각국의 헌법에 도입되고 있는 의원내각제나 대통령제 정부형태도 영국이나 미국과는 다른 특징들을 가지고 있는 경우가 적지 않다. 즉, 각국의 정부형태는 영국이나 미국의 정부형태 모델을 그대로 수용하지 않고 나름의 변형을 거쳐서 받아들이고 있는 경우가 많은 것이다.

이러한 변형의 원인으로는 여러 가지를 들 수 있지만, 양 제도의 장점을 결합시키려는

16) 현실적으로 권위주의적 정치문화가 완전히 극복되지 않은 우리의 상황에 비추어 볼 때, 대통령중심의 비정상적 권력집중을 배제하는 데에는 적지 않은 어려움이 있다. 그러나 대통령의 독재에 대한 지난 수십년의 경험에 기초하여 우리 국민은 이에 대한 적지 않은 법적 · 제도적 통제장치를 발전시켜 왔으며, 특히 대통령의 5년 단임제(헌법 제70조) 및 이를 변경하는 헌법개정의 효력제한(헌법 제128조 제2항)은 매우 중요한 권력통제수단으로서 나름의 실효성을 발휘해 왔다. 다만 최근에는 대통령의 장기집권 위험성이 줄어들고, 책임성 있는 업무수행의 요청이 강조됨에 따라 대통령의 임기를 4년 중임제로 바꾸는 것이 바람직하다는 견해도 강력하게 제기되고 있다.

시도가 그 중요한 원인 중의 하나라고 할 수 있다. 예컨대 대통령제를 기본으로 한 정부형태를 취하면서도 의원내각제적 요소를 가미함으로써 대통령의 독주를 막는 등의 방법이 이용되고 있는 것이다. 하지만 한 걸음 더 나아가 양자의 요소를 거의 대등하게 결합시킴으로써 단순한 변형을 넘어서는 혼합형으로 지칭되는 정부형태도 있다.

Ⅱ. 이원정부제

1. 이원정부제의 개념과 구조

이원정부제란 의원내각제의 요소와 대통령제의 요소가 거의 대등하게 결합되어 있는 정부형태를 지칭한다. 즉, 단순히 변형된 형태의 의원내각제 또는 대통령제로 부르기 힘들 정도로 원형으로부터 많이 벗어나 있을 뿐만 아니라, 의원내각제와 대통령제의 어느 한쪽으로 환원시키기 어려울 정도로 다른 쪽의 요소를 많이 가지고 있는 정부형태를 일컬어 이원정부제라고 부르는 것이다.[17]

이러한 이원정부제는 집행부를 대통령과 내각이라는 두 개의 서로 다른 국가기관이 나누어서 담당하고 있다는 점에서 집행부의 이원성을 특징으로 한다.[18] 이원정부제 하에서의 대통령은 국민에 의해 직접 선출된다는 점에서 대통령제와 유사하고, 내각의 수상은 의회 다수파에 의하여 선임된다는 점에서 의원내각제와 유사하다.

국민에 의해 선출된 대통령은 국가원수로서의 지위와 더불어 집행권의 일부를 담당하며, 특히 외교 · 국방 · 안보 등에 관한 사항을 관장하고, 의회에 대하여 책임을 지지 않는 것이 일반적이다. 이를 통해 집행부가 의회로부터 독립하여 안정성을 확보할 수 있다는 대통령제의 장점을 살리는 것이다. 반면에 수상은 국내정치 및 그 밖의 행정에 관한 사항을 담당하며, 의회에 대하여 책임을 짐으로써 의원내각제의 장점인 책임정치의 측면을 유지하고 있다.

2. 이원정부제의 유형

이원정부제는 크게 두 가지 유형으로 나누어질 수 있다.

첫째는 바이마르 공화국이 채택하였던 이원정부제로서 평상시에는 의원내각제의 구조를 가지고 내각의 수반인 수상이 집행권을 행사하며 의회에 대하여 책임을 지지만, 비상시에는 대통령이 집행권을 전적으로 행사할 수 있는 정치체제이다. 즉 평상시의 의원내각제와 비상시의 대통령제를 결합시킨 것이다. 그럼으로써 평상시에는 의원내각제

---

17) 어떤 경우에 이처럼 양쪽의 요소가 거의 대등하게 나타나고 있는지에 대해서는 논란의 여지가 있다. 예컨대 바이마르 공화국의 정부형태에 대해서도 이원정부제로 분류하는 학자가 있는가 하면, 변형된 의원내각제로 보는 견해도 있다(바이마르 공화국 당시의 독일에서는 이러한 견해가 지배적이었다). 또한 프랑스 제5공화국의 정부형태에 대해서도 이를 이원정부제로 분류하는 견해가 있는가 하면, 신대통령제 또는 반대통령제로 지칭하는 학자들도 있다.

18) 이러한 집행부의 이원성은 대통령이 형식적인 국가원수로서의 지위만을 갖는 것이 아니라 실질적인 집행권의 담당자로서의 권한을 갖는다는 점에서 의원내각제와 구별된다.

의 민주성을, 비상시에는 대통령을 중심으로 한 강력한 리더십을 기대하였던 것이다.[19]

둘째는 프랑스와 포르투갈, 핀란드 등이 채택하고 있는 이원정부제로서 평상시부터 대통령과 내각의 권한이 분장되는 정부형태이다. 의회의 강력한 영향력으로 인한 내각의 불안정이 정국 전반의 불안정으로 연결되지 않도록 하기 위하여 대통령에게 의회에 대한 책임으로부터 벗어나서 강력한 리더십을 발휘할 수 있는 권한을 부여하였던 것이다. 이처럼 대통령제의 대통령과 의원내각제의 수상을 결합시킨 정치체제이기 때문에 이원정부제로 분류되지만, 대통령의 강력한 권한 때문에 신대통령제 또는 반대통령제로 지칭되기도 한다.

3. 이원정부제의 장단점

의원내각제와 대통령제를 결합시킨 이원정부제는 대통령제와 의원내각제의 장단점도 공유하고 있다.

먼저 장점으로는 ① 의원내각제적 운영을 통해 입법부와 집행부의 유기적인 협조 및 공화관계를 형성하고 책임정치를 실현할 수 있다는 점, ② 그리고 정치적 불안정이 문제되는 상황에서는 대통령의 강력한 리더십으로 안정된 국정의 운용이 가능하다는 점을 들 수 있다. 반면에 단점으로는 ① 대통령의 권한행사에 대한 내각과 의회의 통제가 약하고, 대통령의 독재화에 대한 견제장치가 별로 없다는 점, ② 대통령의 리더십이 약화될 경우에는 정국의 불안정이 야기될 수 있다는 점을 들 수 있다.

결국 이원정부제는 의원내각제와 대통령제의 장점을 고루 갖추고 있는 반면에 단점도 모두 가지고 있는 것이다. 따라서 현실적으로 중요한 것은 장점을 발현시킬 수 있는 조건을 갖추는 것이며, 그렇지 않은 상황에서는 이 제도의 도입이 오히려 위험할 수 있다. 바이마르 공화국이 그러했듯이, 의원내각제와 대통령제의 장점을 결합시키려고 만든 제도가 결과적으로는 단점의 결합으로 나타날 수도 있기 때문이다.

제 5 절 한국의 정부형태의 변천

Ⅰ. 제1공화국의 정부형태

1. 제헌헌법상의 정부형태

1948년 제헌헌법상의 정부형태는 일종의 변형된 대통령제에 속한다고 할 수 있다. ① 대통령이 집행부의 수반이면서 동시에 국가원수의 지위에 있었다는 점,[20] ② 국회의

19) 그러나 결과는 반대로 나타났다. 평상시에는 리더십의 부재로 인한 정국 혼란이, 비상시에는 대통령의 독재가 바이마르 공화국의 몰락을 부채질하였던 것이다.

20) 1948년 헌법 제51조: "대통령은 행정권의 수반이며 외국에 대하여 국가를 대표한다."

정부에 대한 불신임권이나 정부의 국회해산권이 인정되지 않고 있었다는 점 등에서 대통령제의 기본구조를 확인할 수 있지만, ① 대통령이 국회의 간선으로 선출되었다는 점,[21] ② 국무총리의 임명 후 국회의 승인을 얻도록 하고 있었다는 점,[22] ③ 대통령이 임시국회의 소집을 요구할 수 있었으며,[23] ④ 정부의 법률안제출권[24]이 인정되고 있었다는 점 등은 전형적인 대통령제에서 벗어나는 것이었기 때문이다.

이처럼 제헌헌법이 변형된 대통령제를 채택하게 된 것은 의원내각제와 대통령제를 결합시키려고 했던 의도에서 비롯된 것이라고 보기 어렵다. 오히려 다분히 우연적인 상황에 의하여 이와 같은 변형이 나타나게 된 것이라고 할 수 있다. 제헌헌법의 초안은 애초에 의원내각제를 염두에 두고 구성된 것이었는데, 중간에 이승만의 강력한 요구에 의하여 대통령제로 급작스럽게 변경되었던 것이다. 그 결과 제헌헌법에서는 -비록 대통령제의 기본틀을 갖추었고, 또 그에 따라 의회의 내각불신임권, 내각의 의회해산권 등 의원내각제의 핵심적 징표들은 제거되었지만- 대통령제의 요소와 의원내각제의 요소가 충분히 여과되지 않은 상태로 헌법 안에 혼재하게 되었던 것이다.

2. 제1차 개헌(拔萃改憲)에 의한 정부형태

1952년의 제1차 헌법개정은 절차의 위헌성 때문에 많은 비판의 대상이 되었다. 사실상 제1차 개헌의 핵심은 대통령의 선출을 간선에서 직선으로 바꾸는 것이었고, 그 밖의 조항들은 정치적으로 큰 의미가 없었던 것이다.

그러나 정부형태의 측면에서 볼 때, 제1차 헌법개정에서 대통령 및 부통령을 직선으로 선출하도록 한 것은 대통령제의 요소를 강화한 것이며, 반면에 국회의 국무원에 대한 불신임제를 도입한 것은 의원내각제의 요소를 강화한 것이라고 할 수 있다.

물론 이러한 변화가 정부형태의 기본틀을 바꿀 정도의 의미와 비중을 가지고 있었던 것은 아니었다.

3. 제2차 개헌(四捨五入改憲)에 의한 정부형태

1954년의 제2차 헌법개정의 경우도 다르지 않다. 제2차 개헌의 핵심은 초대대통령에 대한 3선제한의 철폐[25]이지만, 국무총리제를 폐지함과 동시에 국무원의 연대책임을

21) 1948년 헌법 제53조: "① 대통령과 부통령은 국회에서 무기명투표로써 각각 선거한다. ② 전항의 선거는 재적의원 3분지 2 이상의 출석과 출석의원 3분지 2 이상의 찬성투표로써 당선을 결정한다. 단, 3분지 2 이상의 득표자가 없는 때에는 2차투표를 행한다. 2차투표에도 3분지 2 이상의 득표자가 없는 때에는 최고득표자 2인에 대하여 결선투표를 행하여 다수득표자를 당선자로 한다. ③ 대통령과 부통령은 국무총리 또는 국회의원을 겸하지 못한다."

22) 1948년 헌법 제69조: "① 국무총리는 대통령이 임명하고 국회의 승인을 얻어야 한다. 국회의원 총선거 후 신국회가 개회되었을 때에는 국무총리임명에 대한 승인을 다시 얻어야 한다."

23) 1948년 헌법 제35조: "임시긴급의 필요가 있을 때에는 대통령 또는 국회의 재적의원 4분지 1 이상의 요구에 의하여 의장은 국회의 임시회의 집회를 공고한다."

24) 1948년 헌법 제39조: "국회의원과 정부는 법률안을 제출할 수 있다."

25) 1954년 헌법 제55조 제1항: "대통령과 부통령의 임기는 4년으로 한다. 단, 재선에 의하여 1차 중임할 수 있다."

폐지하고 국무위원에 대한 개별적 불신임제를 도입[26]한 것은 의원내각제적 요소의 약화로 평가될 수 있을 것이다. 반면에 참의원이 대법관 기타 고급공무원에 대한 인준권[27]을 확보한 것은 의원내각제적 요소의 강화로 볼 수도 있을 것이다.

그러나 이러한 변화도 역시 정부형태의 유형 자체를 다르게 평가할 정도의 의미와 비중을 가지고 있었던 것은 아니었다.

Ⅱ. 제2공화국의 정부형태(1960년헌법상의 정부형태)

제1공화국의 여러 문제점에 대한 반작용으로 탄생된 제2공화국 헌법상의 정부형태는 대통령제의 독재화경향을 벗어나고자 의원내각제로 구성되었다.

제2공화국의 정부형태는 비교적 고전적인 형태에 충실한 의원내각제라고 할 수 있다. 집행부의 이원적 구성(대통령과 총리),[28] 민의원의 국무원에 대한 불신임권, 국무원의 민의원해산권 등이 인정되었으며,[29] 국무원은 민의원에 대하여 연대책임[30]을 지도록 규정하고 있었다.

그러나 제2공화국은 정치적 혼란 속에서 단명으로 끝났으며, 우리 헌정사상 유일하게 의원내각제 정부형태를 채택하였던 기록을 남겼다.

Ⅲ. 5 · 16군사정부의 정부형태

1961년 5 · 16군사쿠데타가 성공한 후 제3공화국이 수립되어 민정이양까지의 2년여 동안은 국가재건비상조치법에 기초한 통치가 행해졌으며, 국가재건최고회의에 모든 권력이 집중되어 있었다. 이를 의회정부제(회의제)에 해당하는 것으로 보는 견해도 있다.[31]

부칙: "이 헌법 공포 당시의 대통령에 대하여는 제55조 제1항 단서의 제한을 적용하지 아니 한다."

26) 1954년 헌법 제70조의2: "① 민의원에서 국무위원에 대하여 불신임결의를 하였을 때에는 당해 국무위원은 즉시 사직하여야 한다. ② 전항의 불신임결의는 그 발의로부터 24시간 이상이 경과된 후에 재적의원 과반수의 찬성으로 한다."

27) 1954년 헌법 제42조의2: "① 참의원은 대법관, 검찰총장, 심계원장, 대사, 공사 기타 법률에 의하여 지정된 공무원의 임명에 대한 인준권을 가진다. ② 국회의 폐회 또는 휴회중에 전항의 공무원이 임명되었을 때에는 다음에 집회된 참의원에서 그 사후승인을 얻어야 한다."

28) 1960년 헌법은 종전 헌법에서 「제4장 정부」 안에서 '대통령'과 '국무원'을 각기 제1절과 제2절로 다루던 것을 「제4장 대통령」, 「제5장 정부」로 구성함으로써 규정형식에서부터 집행부의 이원화를 명백히 하였다.

29) 1960년 헌법 제71조: "① 국무원은 민의원에서 국무원에 대한 불신임결의안을 가결한 때에는 10일 이내에 민의원해산을 결의하지 않는 한 총사직하여야 한다. ② 국무원은 민의원이 조약비준에 대한 동의를 부결하거나 신년도 총예산안을 그 법정기일 내에 의결하지 아니한 때에는 이를 국무원에 대한 불신임결의로 간주할 수 있다. ③ 민의원의 국무원에 대한 불신임결의는 재적의원 과반수의 찬성을 얻어야 한다. ④ 국무원에 대한 불신임결의안은 발의된 때로부터 24시간 이후 72시간 이내에 표결하여야 한다. 이 시간 내에 표결되지 아니한 때에는 불신임결의안은 제출되지 아니한 것으로 간주한다. ⑤ 국무원은 국무총리가 궐위되거나 민의원 의원총선거 후 처음으로 민의원이 집회한 때에는 총사직하여야 한다."

30) 1960년 헌법 제68조 제3항: "국무원은 민의원에 대하여 연대책임을 진다."

31) 권영성, 헌법학원론, 2010, 788쪽.

그러나 5 · 16군사정부를 정상적인 정부형태의 틀 안에서 설명하는 데에는 적지 않은 어려움이 있다. 당시에는 제2공화국 헌법이 개정되거나 폐지되지 않은 상황이었음에도 불구하고, 무력과 국가재건비상조치법을 앞세워서 헌법의 효력을 대부분 정지시킨 가운데 국가재건최고회의에 권력을 집중시킨 것이었기 때문이다.

그런 가운데 국가재건최고회의에 국회의 권한과 내각의 지시 · 통제권이 집중되어 있었고,[32] 사법행정에 대한 지시 · 통제권,[33] 지방자치단체장의 임명권,[34] 혁명재판소와 혁명검찰부의 설치권[35] 등이 부여되고 있었다. 뿐만 아니라 국가재건비상조치법이 헌법에 우선하는 효력을 갖는다고 선언[36]함으로써 정상적인 민주적 정부형태의 틀을 벗어나는 독재체재를 만들었던 것이다.

Ⅳ. 제3공화국의 정부형태

1. 1962년 헌법상의 정부형태

1962년의 제5차 개헌을 통해 탄생된 제3공화국의 정부형태는 다시금 대통령제를 기본으로 하여 의원내각제적 요소를 일부 가미한 것으로 평가된다.

① 국회와 대통령이 각기 국민의 선거에 의해 선출되고, ② 국회의 정부에 대한 불신임권과 대통령의 의회해산권이 인정되지 않고 있었다는 점에서 대통령제의 기본틀을 갖추고 있었지만, ① 대통령의 임시국회 소집요구권,[37] ② 정부의 법률안제출권[38] 등이 여전히 인정되고 있었으며, ③ 국회가 국무총리와 국무위원에 대한 해임건의권[39]을 갖는 등 의원내각적 요소도 적지 않았던 것이다.

2. 제6차 개헌과 정부형태

1969년의 제6차 헌법개정은 제2차 개헌과 마찬가지로 대통령에 대한 3선 제한을 철폐하는 것만이 문제되었을 뿐이고, 정부형태의 변화로 볼 만한 권력분립체계의 변동은 보이지 않았다.

다만 제39조에서 "「국회의원은 대통령 · 국무총리 · 국무위원 · 지방의회의원 기타 법률이 정하는 공사의 직을 겸할 수 없다」를 「국회의원은 법률이 정하는 공사의 직을 겸할 수 없다」"라고 개정함으로써 국회의원이 국무총리와 국무위원을 겸직할 수 있도록 한 것은 대통령제적 요소를 완화하고 의원내각제적 요소를 강화한 것으로 볼 수 있을 것이다.

---

32) 국가재건비상조치법 제9조, 제13조.
33) 국가재건비상조치법 제17조.
34) 국가재건비상조치법 제20조.
35) 국가재건비상조치법 제22조 제2항.
36) 국가재건비상조치법 제24조.
37) 1962년 헌법 제43조 제2항.
38) 1962년 헌법 제48조.
39) 1962년 헌법 제59조.

V. 제4공화국의 정부형태(1972년헌법상의 정부형태)

1972년의 유신헌법은 **정상적인 권력분립을 갖추지 않은 독재적 헌법**이라고 할 수 있다. 외견상 대통령을 선출하게 되어 있으므로 대통령제로 분류하는 견해[40)]가 많았지만, 국민에 의해 직접 대통령이 선출되는 것도 아니었을 뿐만 아니라 대통령이 국회와 법원 등에 대해서까지 강력한 권한을 보유함으로써 사실상 대통령에 모든 권력이 집중되었던 것이다.

유신헌법은 ① 통일주체국민회의에서 대통령을 선출하도록 함으로써 국민이 선거를 통하여 대통령에게 정당성을 부여하거나 통제하는 것을 배제했으며,[41)] ② 국회의원 정수의 3분의 1을 대통령이 추천하도록 하였고,[42)] ③ 법관의 임명에 관한 광범한 권한[43)]을 대통령에게 부여하고 있었으며, ④ 긴급조치권,[44)] 의회해산권[45)] 등을 통해 대통령에게 국정 전반에 대하여 강력한 권한을 부여하고 있었다.

반면에 대통령에 대한 통제는 ① 선거를 통한 통제가 불가능하였을 뿐만 아니라, ② 의회에 의한 통제도 기대하기 어려운 상태였고,[46)] ③ 법원에 의한 사법적 통제도 사

40) 물론 전형적인 대통령제로 보는 견해는 많지 않았고, 변형된 대통령제로서 신대통령제, 반대통령제 혹은 영도적 대통령제 등으로 지칭되었다.

41) 1972년 헌법 제39조: "① 대통령은 통일주체국민회의에서 토론없이 무기명투표로 선거한다. ② 통일주체국민회의에서 재적대의원 과반수의 찬성을 얻은 자를 대통령당선자로 한다. ③ 제2항의 득표자가 없는 때에는 2차투표를 하고, 2차투표에도 제2항의 득표자가 없는 때에는 최고득표자가 1인이면 최고득표자와 차점자에 대하여, 최고득표자가 2인 이상이면 최고득표자에 대하여, 결선투표를 함으로써 다수득표자를 대통령당선자로 한다."

42) 1972년 헌법 제40조: "① 통일주체국민회의는 국회의원 정수의 3분의 1에 해당하는 수의 국회의원을 선거한다. ② 제1항의 국회의원의 후보자는 대통령이 일괄 추천하며, 후보자 전체에 대한 찬반을 투표에 붙여 재적대의원 과반수의 출석과 출석대의원 과반수의 찬성으로 당선을 결정한다. ③ 제2항의 찬성을 얻지 못한 때에는 대통령은 당선의 결정이 있을 때까지 계속하여 후보자의 전부 또는 일부를 변경한 후보자명부를 다시 작성하여 통일주체국민회의에 제출하고 그 선거를 요구하여야 한다. ④ 대통령이 제2항의 후보자를 추천하는 경우에, 통일주체국민회의에서 선거할 국회의원 정수의 5분의 1의 범위 안에서 순위를 정한 예비후보자명부를 제출하여 제2항의 의결을 얻으면, 예비후보자는 명부에 기재된 순위에 따라 궐위된 통일주체국민회의 선출 국회의원의 직을 승계한다."

43) 1972년 헌법 제103조: "① 대법원장인 법관은 대통령이 국회의 동의를 얻어 임명한다. ② 대법원장이 아닌 법관은 대법원장의 제청에 의하여 대통령이 임명한다."

44) 1972년 헌법 제53조: "① 대통령은 천재 · 지변 또는 중대한 재정 · 경제상의 위기에 처하거나, 국가의 안전보장 또는 공공의 안녕질서가 중대한 위협을 받거나 받을 우려가 있어, 신속한 조치를 할 필요가 있다고 판단할 때에는 내정 · 외교 · 국방 · 경제 · 재정 · 사법 등 국정전반에 걸쳐 필요한 긴급조치를 할 수 있다. ② 대통령은 제1항의 경우에 필요하다고 인정할 때에는 이 헌법에 규정되어 있는 국민의 자유와 권리를 잠정적으로 정지하는 긴급조치를 할 수 있고, 정부나 법원의 권한에 관하여 긴급조치를 할 수 있다. ③ 제1항과 제2항의 긴급조치를 한 때에는 대통령은 지체없이 국회에 통고하여야 한다. ④ 제1항과 제2항의 긴급조치는 사법적 심사의 대상이 되지 아니한다. ⑤ 긴급조치의 원인이 소멸한 때에는 대통령은 지체없이 이를 해제하여야 한다. ⑥ 국회는 재적의원 과반수의 찬성으로 긴급조치의 해제를 대통령에게 건의할 수 있으며, 대통령은 특별한 사유가 없는 한 이에 응하여야 한다."

45) 1972년 헌법 제59조: "① 대통령은 국회를 해산할 수 있다. ② 국회가 해산된 경우 국회의원 총선거는 해산된 날로부터 30일 이후 60일 이전에 실시한다."

46) 유신헌법 하에서는 대통령의 국회의원 정수 3분의 1 추천권으로 인하여 여당이 다수당이 될 수밖에 없는 상황이었을 뿐만 아니라, 국회가 대통령에 대하여 직접적으로 책임을 물을 수 있는 제도적 장치는 탄핵소추밖에 없었다. 그러나 탄핵소추의 요건이 국회 재적의원 과반수의 발의와 재적의원 3분의2

실상 불가능한 상황이었고,[47] ④ 헌법개정을 통한 변화의 가능성도 막혀 있었다.[48]

Ⅵ. 제5공화국의 정부형태(1980년헌법상의 정부형태)

10 · 26사태로 인하여 유신체제가 붕괴된 이후 신군부의 집권을 통해 만들어진 제5공화국 헌법은 외견상 유신헌법의 제도적 독재를 벗어나 대통령제로 복귀하는 모습을 보였다. 대통령과 국회가 각기 선출되고, 대통령의 국회에 대한 권한이 상당부분 축소되었으며, 긴급조치권 등을 완화시킴으로써 독재적 요소를 감소시킨 것이다.

그러나 대통령에게 강력한 권한이 부여되고 있었음에도 불구하고 대통령을 간선으로 선출하도록 함으로써 국민적 정당성의 요청을 외면하였고, 실제 운용상으로도 독재적인 측면을 많이 드러내었다. 그 결과 제5공화국의 정부형태는 신대통령제 내지는 반대통령제에 가까운 것으로 평가된다.[49]

Ⅶ. 현행헌법상의 정부형태

1. 현행헌법상 정부형태의 기본구조

1987년 6월혁명의 결과로 탄생된 현행헌법은 과거의 헌법과 비교할 때, 가장 민주화된 헌법으로서 국민의 의사를 최대한 반영시킨 것으로 평가될 수 있을 것이며, 특히 정부형태에 관한 것은 직선제 개헌을 요구했던 국민의 직접적인 결정에 기초한 것이라고 할 수 있다.

현행헌법상의 정부형태는 대통령제를 기본으로 하고 있다. 국회의원의 선거와 대통령의 선거를 각기 별도로 치르는 것도 그렇고, 국회가 입법을 담당하는 반면에 집행권은 대통령을 수반으로 하는 정부에 속하게 한 것도 그렇다. 또한 의원내각제의 본질적 요소 가운데 하나라고 할 수 있는 의회의 내각불신임권과 내각의 의회해산권이 인정되지 않고 있다는 점도 대통령제의 모습이다.

그러나 현행헌법상의 대통령제는 미국식의 대통령제와는 모습을 달리하고 있는 점

이상의 찬성으로서 현실적으로 관철되기 어려웠을 뿐만 아니라, 탄핵의 결정은 대통령의 영향 하에서 임명된 헌법위원회에서 담당하도록 함으로써 실제 탄핵결정이 내려지는 것은 기대할 수 없는 상황이었다.

47) 제3공화국 말기인 1971년 당시 국가배상법 제2조 제1항 단서에 대한 대법원의 위헌결정을 둘러싼 정부와 법원의 대립은 유신헌법을 통해 대법원의 위헌법률심판권이 박탈되고 위헌결정에 찬성했던 대법관이 전원 재임용에서 탈락되는 등의 사태를 겪으면서 법원의 약화로 귀결되었다. 이러한 상황은 제4공화국에서 제5공화국까지의 15년 동안 대법원에서 단 1건의 위헌법률심판제청도 하지 않았다는 점에서 극명하게 드러난다.

48) 유신헌법상 헌법개정절차는 대통령이 제안하여 국민투표로 확정하는 것과 국회 재적의원 과반수가 제안하여 국회 재적의원 3분의 2 이상의 찬성을 얻은 후 통일주체국민회의에서 확정하도록 하는 경우의 두 가지가 있었다. 그러나 어느 절차에 의하더라도 대통령의 의사에 반하는 헌법개정을 관철시킬 가능성은 없었다.

49) 권영성, 헌법학원론, 2010, 789쪽.

들도 적지 않다. 대통령제의 원래 출발점에서 벗어나는 여러 가지 요소들이 들어와 있는 것이다. 예컨대 국회의원이 집행부의 구성원인 국무위원을 겸직할 수 있는 것도 그러하고, 정부에 법률안제출권(헌법 제52조)이 인정되고 있는 점도 그러하다. 국무총리의 임명에 국회의 동의를 얻도록 한 것(헌법 제86조 제1항)도 미국식 대통령제에서는 찾기 어려우며, 국무총리 및 관계 국무위원의 부서권(헌법 제82조), 국무위원의 임명에 대한 국무총리의 제청권(헌법 제87조 제1항) 등도 그러하다.

따라서 현행헌법상의 정부형태도 대통령제를 기본으로 하였지만, 의원내각제적 요소가 가미된, 이른바 변형된 대통령제라고 할 수 있을 것이다.

2. 이른바 변형된 대통령제와 그 문제점

이처럼 미국식 대통령제가 아닌 −의원내각제적 요소가 가미된− 변형된 대통령제가 꾸준히 유지되어 온 배경은 어디에 있는가?

제헌헌법의 경우에는 급작스러운 헌법내용의 변화에서 그 이유를 찾을 수 있다. 하지만 그 이후의 헌법에서는 이러한 문제를 제거하고 정상적인 대통령제로 회복시킬 수 있는 기회가 적지 않게 있었다. 그럼에도 불구하고 계속 변형된 대통령제를 지속시켰던 것은 당시의 권력자들이 그러한 변형된 모습 안에서 자신에게 유리한 점을 발견했기 때문이라고 할 수 있다.

사실 대통령제는 엄격한 분리·독립을 추구하기 때문에 대통령이 다른 국가기관에 개입할 수 있는 여지가 적으며, 그 대신 대통령이 집행부를 이끌어가는 데 다른 국가기관이 개입할 수 있는 여지도 또한 적다. 반면에 의원내각제는 대통령제와 달리 의회와 집행부의 공화·협조관계를 더 강조하기 때문에 집행부의 활동에 대한 의회의 관여, 그리고 의회의 활동에 대한 집행부의 개입도 광범위하게 이루어진다. 그런데 기존의 헌법에서 대통령제와 의원내각제의 요소가 기묘하게 혼합되면서 대통령에 대한 국회의 관여는 적당한 선에서 허용되는 가운데 국회에 대한 대통령의 개입이 훨씬 광범위하게 이루어질 수 있게 되었던 것이다.[50)]

나아가 이러한 대통령제와 의원내각제적 요소의 혼합이 이루어지는 가운데, 대통령이 의회에 대해서뿐만 아니라 모든 국가기관에 대해서 상대적으로 우월한 지위에 있는 것으로 점차 인식될 수 있었다는 점도 간과되어서는 안 될 것이다. 대통령이 단순히 집행부의 수반이라는 지위에 머물러 있는 것이 아니라 모든 국가기관의 문제에 대해 관여하고 전체 국가질서의 형성에 대해 중심적 지위에 있는 존재로 점차 부각되었던 것이다.[51)]

---

50) 예컨대 대통령에 대한 국회의 관여는 대통령의 활동에 대한 직접적 관여보다는 국무총리에 대한 임명동의 등 간접적이고 제한적인 것에 머무르는 반면에, 국회의 활동에 대한 대통령의 관여는 법률안제출권 등에 의하여 보다 직접적이고 강력한 형태로 나타나고 있는 것이다.

51) 이러한 인식이 확산되는 데에는 유신헌법에 의한 대통령의 권한강화 내지 독재화도 큰 역할을 하였다.

제3부

국가기관

국가조직론의 실체를 구성하고 있는 것은 국가기관이다. 이런 의미에서 권력분립 및 국가기능에 관한 이론들과 국가기관에 관한 이해의 관계는 기본권총론과 개별기본권의 관계와 유사하다고 할 수 있다.

기본권론에서 기본권총론은 개별기본권의 전체적 이해를 돕기 위한 것이고, 실제 기본권의 보장과 실현의 문제는 개별기본권을 통해 나타난다. 이와 마찬가지로 국가조직론에서 권력분립 및 이와 연관된 국가기능의 이해는 국가기관에 대한 올바른 이해를 위한 전제로서의 의미를 가지며, 현실적인 문제들은 국가기관의 구성 및 활동을 통해 나타나는 것이다.

그 결과 국가기관의 구성 및 활동에 관해서는 매우 복잡하고 세세한 규율이 필요하다. 입법권을 담당하는 국회의 구성과 권한범위 및 활동방식, 그리고 집행권을 담당하는 정부의 구성 및 권한범위와 내부적 관계, 사법권을 담당하는 법원과 헌법재판소의 구성상의 특수성 (사법부의 독립) 및 활동상의 특수성(재판의 독립성, 공개의 원칙, 공정성의 요청 등)은 매우 조심스러운 접근이 필요한 것이다.

그러나 국가기관론을 권력분립론 및 국가기능론의 연장선상에서 차근차근 검토해 들어갈 경우에는 의외로 복잡하지 않고, 분량 또한 생각보다 많지 않다는 점을 발견할 수 있다. 관련되는 법규정들의 나열을 뛰어 넘어 제도의 본질로부터 풀어낼 경우에는 훨씬 이해가 쉬워질 수 있기 때문이다.

제1장 국가기관의 구성과 활동의 방향

국가기관의 구성과 활동을 전체적 체계 속에서 검토하기 위해서는 개별적인 국가기관의 구성과 활동에 대한 검토에 들어가기에 앞서 국가기관이 무엇인지, 무엇을 위해 존재하며, 구체적으로 어떻게 구성되고 활동하여야 하는지에 대한 일반론적 고찰이 선행되어야 할 것이다. 이를 통해서 국가기관의 의의와 기능, 구성의 원리 및 활동방식에 대한 종합적이고 체계적인 이해가 가능할 것이기 때문이다.

이를 위하여 제1장에서는 국가기관의 개념과 존립근거에 대한 검토를 기초로 하여 국가기관이 헌법의 기본이념 내지 원리들과 어떤 관계에 있는지, 그리고 권력분립 이외에 국가기관의 구성과 활동을 지배하는 원리가 어떤 것인지를 개관한다. 비록 헌법총론 및 기본권론에서 고찰한 것과 중복되는 부분이 적지 않겠지만, 이러한 고찰을 통해서 국가기관에 관한 단편적인 지식의 축적이 아니라 국가기관론 내지 전체로서의 국가조직론을 하나의 커다란 흐름 안에서 조망하는 것이 가능해질 것이다.

다만 이러한 일반론적 검토는 국회, 정부, 법원, 헌법재판소 등의 국가기관을 이해하기 위한 기본적인 전제의 일부를 대상으로 하는 것에 지나지 않기 때문에, 국가기관론에 대한 전체적인 이해는 후술하는 국가기관에 대한 개별적 검토와 연결되었을 때 비로소 가능할 것이다.

제1절 국가기관의 개념과 존립근거

Ⅰ. 국가기관의 개념

국가기관의 의의에 관하여는 그 동안 헌법학에 있어서 적지 않은 논란이 있었다. 이를 포괄적으로 정리한 학자는 옐리네크(*G. Jellinek*)였다.

그는 국가를 비롯한 모든 단체는 단체의 의사를 통일적으로 형성하고 수행하기 위하여 기관의 존재를 필요로 한다고 주장하면서, 국가기관을 직접기관과 간접기관으로 나누어 고찰하였다. 그의 주장에 따르면 **직접기관**(unmittelbare Organe)이란 국가의 헌법(Verfassung)에서 직접 그 존재와 형식이 결정되는 기관이고, 국가는 그 기관을 통해서만 활동할 수 있으며, 그 기관이 없어지면 국가 자체가 붕괴된다. 예컨대 군주국가의 절대군주, 또는 민주국가의 국민 등이 이에 해당된다. 반면에 **간접기관**(mittelbare Organe)이란 -헌법에 의해 직접 규정되는 것이 아니라- 개별적인 위임에 의해 창설되는 기관을 말한다. 일반적으로 직접기관과의 복무계약 등을 통해 국가과제의 수행을 담당하게 되는 개인(공무원)이 이에 해당된다.

그는 또한 기관구성과 관련하여 국가기관을 창조기관과 창조된 기관으로 나누었다. **창조기관**(Kreationsorgane)이란 헌법적으로 규정된 일정한 절차에 따라 일정한 국가기관을 구성하는 기관이다. 예컨대 선거나 임명 등에 의해 국가기관이 구성될 경우 선거 및 임명을 담당하는 기관이 이에 해당된다.[1] 반면에 이러한 절차를 통하여 구성된 기관을 **창조된 기관**(kreierte Organe)이라 부르는 것이다.

그는 그 밖에 일차적 기관(=원시기관, primäre Organe)과 이차적 기관(=대표기관, sekundäre Organe), 단순기관(einfache Organe)과 중층기관(potenzierte Organe), 독립기관(selbständige Organe)과 종속기관(unselbständige Organe), 정상기관(normale Organe)과 비상기관(außerordentliche Organe)을 구별하고 있다.

그러나 옐리네크에게 있어서 가장 비중이 있는 것은 직접기관이었다. 직접기관은 본질상 국가 내의 어떤 다른 기관의 명령에도 종속되어 있지 않으며, 따라서 자신이 담당하고 있는 기능의 내용에 관하여 완전히 독립적이다. 따라서 한 국가 내에 다수의 직접기관이 있을 경우에는 그 기관들이 독립적인지의 여부가 문제된다. 독립적인 직접기관은 국가권력을 보유하고 있기 때문에 다수의 독립적인 직접기관이 존재할 경우에는 그들 상호간의 관할범위를 엄격하게 한정하는 것이 필요하다. 그렇지 않으면 기관간의 정치적 세력다툼에 의해 국가의 통일성이 파괴될 위험까지도 존재한다고 옐리네크는 생각했던 것이다.[2]

이와 같은 국가기관에 관한 옐리네크의 이론은 그 동안 기본적으로 커다란 변화 없이 받아들여져 왔다.[3] 그러나 오늘날 일반적으로 문제되는 것은 -예컨대 정당의 헌법상 지위 등과 관련하여- 구체적인 국가기능의 담당자로 볼 수 있는 것이 어디까지이며, 그들 가운데 독립된 국가최고기관으로 볼 수 있는 것이 또 무엇이냐 하는 것이다.

이에 대하여 오늘날에는 **국가기관**을 '헌법에 의하여 설치되고, 권한이 부여되고, 국가의 기능을 수행하는 국가조직의 일부'라고 이해하며, 그 중에서 **헌법기관**은 '단순히 헌법에 의해 직접 언급되고 있을 뿐만 아니라 그 존재와 지위 및 권한이 헌법에 의해 직접 규정되며, 그 존재와 활동을 통해 국가질서형성의 핵심부분에 참여하는 기관'으로 보는 데 비교적 견해가 일치되고 있다.[4]

---

1) 특히 정당의 헌법상의 지위와 관련하여 정당을 이런 의미에서 창조기관으로서의 국가기관으로 보는 견해도 있다. 특히 정당의 헌법상의 지위와 관련하여 국가기관성을 다투어 온 논의에 관하여는 계희열, 정당의 헌법상 지위, 고시연구 1975.12, 12-22쪽 참조.
2) 그러나 옐리네크는 '통일적인 국가의사' 내지 '국가권력의 통일성'이 곧 유일의 국가최고기관을 필수적인 전제로 하는 것은 아니라고 보았다.
3) 김철수, 헌법학개론, 2007, 1186쪽 이하 참조.
4) 이런 의미에서 **헌법기관**은 단순히 헌법에 규정되었다는 의미의 **헌법상 기관**과 구별된다.

Ⅱ. 국가권력과 국가기관

국가의 존재는 국가기관을 통해 확인된다. 마치 민법상의 법인(法人)과도 유사하게 국가는 국가기관을 통해 그 국가의 이념과 목표를 달성하기 위한 각종 활동을 전개하며, 국가기관의 활동을 통해 국가가 변화 · 발전할 수 있는 것이다.

그러나 국가와 국가기관은 민법상의 법인 및 그 기관과는 여러 측면에서 구별된다. 특히 국가는 국가공동체의 목적을 달성하기 위하여 **국가권력**을 보유하고, 이러한 국가권력이 국가기관에 의하여 행사된다는 점에서 사법(私法)의 영역에서 활동하는 민법상의 법인 및 그 기관과는 본질적인 차이를 보인다.

국가권력의 본질을 어떻게 이해할 것인가에 대해서는 헌법이론체계에 따라 적지 않은 견해의 대립이 있다.[5] 하지만 오늘날의 민주국가에서는 국가권력이 민주적 정당성을 갖추어야 한다는 점에 대해서는 이론의 여지가 없을 뿐만 아니라, 권력의 오 · 남용을 최소화하기 위하여 권력의 분립이 요청된다는 점도 널리 인정되고 있다. 특히 현대적 권력분립이 **국가기능의 분립**을 전제로 하여 그 기능을 담당하는 **국가기관의 분립**으로 연결되는 구조를 특징으로 한다고 할 때, 국가기관이 필요한 이유는 국가기능의 수행에 있다고 할 수 있다.

국가기능은 국가의 목적을 달성하기 위한 여러 과제를 수행하는 작용이다. 국가기관이 국가기능을 담당할 권한을 갖는다는 것은 곧 그러한 **기능을 수행하는 데 필요한 권력**을 부여받는다는 것을 의미한다. 그렇기 때문에 국가기관은 국가기능의 담당자가 되어 일정한 국가권력을 행사하면서 국가과제를 수행하는 것이다.

Ⅲ. 국가기관의 존립근거 - 국민에의 봉사

입법, 집행, 사법의 국가기능이 필요한 이유는 법치주의의 실현을 위한 것이지만, 보다 궁극적으로는 국민이 이를 필요로 하기 때문이다. 즉, 모든 국가기능의 궁극적 목표는 국민에게 봉사하는 데 있다. 따라서 국가기능의 담당자인 국가기관의 궁극적인 존립근거도 역시 국민에의 봉사에서 찾을 수밖에 없다.

국회가 입법권을 부여받고 있는 것도 국민에 의해서이며, 입법활동과 정부에 대한 각종 통제활동을 비롯한 국회의 활동들은 국민을 위한 것이다. **대통령**도 국민의 선거에 의해 집행권의 담당자로 선임되며, 대통령을 비롯한 정부의 활동도 국민에게 봉사하는 데에서만 그 정당성을 찾을 수 있다. 국민이 대표자를 선출하고, 선출된 대표자가 국민을 위해 활동하는 것이 민주주의의 기본적 요청인 것이다.

나아가 **사법부**도 민주적 정당성을 벗어나지는 못한다. 비록 사법의 특수한 성격 (특히 전문성과 공정성의 요청) 때문에 비정치성을 특징으로 하고, 그에 따라 국민이 직접 선거를

---

5) 이에 관하여는 앞의 「제3권 제1부 제1장 제2절 **국가(공동체)와 국가권력의 개념**」 참조.

통해 사법부를 구성하는 것은 곤란하지만, 그렇다고 사법부가 민주적 정당성과 완전히 무관하게 구성될 수 있는 것은 아니다. 더구나 사법작용이 국민에의 봉사라는 국가기능 및 국가기관에 대한 기본적인 요청을 벗어나는 것은 결코 인정될 수 없다.

결국 모든 국가작용은, 그리고 이를 담당하는 모든 국가기관은 국민에 의해, 국민을 위해 만들어진 것이라고 할 수 있다.

제2절 국가기관의 조직과 활동의 실제와 그 문제점

Ⅰ. 국가기관의 민주성 확보의 문제점

민주주의가 관철된 오늘날에는 국가기관의 구성과 활동이 민주적이어야 한다는 원칙적 요청에 대해서 이견을 찾기 어렵다. 즉, 국가기관이 구성되고 활동함에 있어서 국민의 의사가 최대한 반영되어야 한다는 점은 널리 인정되고 있다. 하지만 현실적으로 모든 국가기관의 구성과 활동이 민주적이라고 평가하기도 곤란할 것이다.

비록 민주주의가 지배적인 정치이념이 되었지만,[6] 실제로 민주주의의 이념과 원리에 부합되지 않은 정치체제도 적지 않다. 더구나 국가질서의 기본틀은 민주적이지만 구체적인 활동 내지 권한의 행사에서 비민주성이 드러나는 경우는 무수히 많다. 예컨대 2003년 국제사회의 큰 우환을 야기하였던 미국의 이라크 침공도 민주적이라고는 보기 어려운 상황에서 의사결정이 내려졌고, 군사행동이 시작되었던 것이다.[7]

이처럼 국가질서 전체의 비민주성과는 무관하게 특정한 국가기관의 비민주적 활동이 문제되는 예는 그 밖에도 많이 있다. 이러한 사례들을 단순히 권력의 오·남용으로 취급하여 권력담당자의 개인적 문제로 환원시킬 경우에는 문제의 본질을 단순화시키고, 왜곡하게 될 우려까지 있다. 문제의 핵심은 국가기관의 구성과 활동의 민주성을 보다 효과적으로 확보하는 방법에 있는 것이며, 권력의 분립을 통한 견제와 균형만으로 이를 달성하기에 충분하다고 보기는 어렵기 때문이다.

국가기관의 민주성을 확보하기 위해서는 한편으로는 **국가기관 구성에 있어서의 민주성**을 확보하는 것이 요청되며, 다른 한편으로는 국가기관 구성의 민주성을 통해 **국가기관의 활동에 있어서의 민주성**까지 확보하여야 한다. 이를 위해서는 국가기관에

---

6) 민주주의는 20세기 이래 정당성의 동의어처럼 사용될 정도로 보편화되었으며, 그에 따라 내용을 달리하는 수많은 정치체제가 민주주의를 표방하고 있다. 이에 관하여는 장영수, 헌법의 기본원리로서의 민주주의, 안암법학 창간호, 1993, 67-147(70)쪽 참조.

7) 비록 많은 문제를 안고 있지만, 적어도 미국이 민주국가라는 것을 부정하기는 어렵다. 그런데 왜 미국과 같은 민주국가에서 그와 같은 비민주적 의사결정이 내려진 것인가? 이 문제는 결국 국가 전체의 민주성과 개별적 국가기관의 활동의 민주성이 항상 일치하는 것은 아닐 수 있다는 점에서 비롯된 것이다.

관한 헌법상의 이론과 제도를 어떻게 구성하고 또 이해해야 하는지를 연구하는 것이 헌법학의 중요한 과제 가운데 하나라고 할 수 있다.

Ⅱ. 국가기관의 활동의 합법성 확보의 문제점

국가기관의 구성과 활동에 있어서는 민주성 이외에 합법성도 함께 요청된다. 종래 정치적 형성의 영역에 속하는 국가기관의 구성에는 민주성이 요청되는 반면에, 국가기관의 활동에 있어서는 법률에 근거하여야 한다는 점에서 합법성이 지배한다고 보는 견해가 적지 않았다. 그러나 오늘날에는 민주성이 요청되는 영역(정치의 영역)과 합법성이 지배하는 영역(법의 영역)을 엄밀하게 구분하는 것은 가능하지도 않고 바람직하지도 않다고 보는 견해가 지배적이다.[8)]

국가기관의 활동이 합법적이기 위해서는 먼저 **헌법에 의해 각 국가기관에 부여된 권한의 범위**를 벗어난 활동을 하지 않아야 한다는 점을 강조할 수 있다. 예컨대 대통령이 사법부의 독립을 위태롭게 하는 권한행사를 한다거나, 헌법재판소가 국회의 입법권에 대하여 과도하게 개입함으로써 사실상의 입법기능을 행사하는 등의 활동은 헌법상의 권력분립에 반하는 것이라고 할 수 있다.

또한 국가기관의 활동은 **법률에 의해 정해진 기준**을 정확하게 준수하여야 한다. 비록 헌법상 당해 국가기관의 권한범위에 속한다는 점에 대해서는 이론의 여지가 없다 할지라도, 법률상 일정한 활동이 금지되고 있음에도 불구하고 이를 위반하여 권한을 행사할 경우(또는 거꾸로 법률상 일정한 활동이 요청되고 있음에도 불구하고 권한을 불행사하는 경우)에는 권한의 남용이라고 하지 않을 수 없으며, 결국 불법적인 국가활동이라는 평가를 받게 될 것이다.[9)]

나아가 국가기관의 활동이 합법적인 것으로 인정될 수 있기 위해서는 **목적과 수단 사이의 비례성**이 확보되어야 한다. 설정된 목적 자체는 정당한 것이라 할지라도, 이를 달성하기 위한 수단이 부적절한 것이라면, 이를 정당한 국가기관의 활동 내지 국가권력

8) 예컨대 입법과정에는 민주성의 요청과 합법성의 요청이 동시에 작용한다. 입법의 절차 및 내용이 국민의 의사를 반영하는 것이어야 한다는 점을 강조할 때에는 민주성의 요청이 부각되며, 입법과정이 헌법과 법률이 정한 요건과 방식에 따라 진행되어야 한다는 점을 강조할 때에는 합법성 내지 합헌성의 요청에 초점을 맞추고 있는 것이다. 그러나 어느 한 측면을 강조한다고 해서 다른 측면을 무시할 수는 없다.

9) 예컨대 **대법원 2004.9.23. 선고 2003다49009 판결**에서는 "경찰은 범죄의 예방, 진압 및 수사와 함께 국민의 생명, 신체 및 재산의 보호 등과 기타 공공의 안녕과 질서유지도 직무로 하고 있고, 그 직무의 원활한 수행을 위하여 경찰관직무집행법, 형사소송법 등 관계 법령에 의하여 여러 가지 권한이 부여되어 있으므로, 구체적인 직무를 수행하는 경찰관으로서는 제반 상황에 대응하여 자신에게 부여된 여러 가지 권한을 적절하게 행사하여 필요한 조치를 취할 수 있는 것이고, 그러한 권한은 일반적으로 경찰관의 전문적 판단에 기한 합리적인 재량에 위임되어 있는 것이나, 경찰관에게 권한을 부여한 취지와 목적에 비추어 볼 때 구체적인 사정에 따라 경찰관이 그 권한을 행사하여 필요한 조치를 취하지 아니하는 것이 현저하게 불합리하다고 인정되는 경우에는 그러한 권한의 불행사는 직무상의 의무를 위반한 것이 되어 위법하게 된다"고 판시함으로써 법률상 금지되는 국가활동뿐만 아니라 법률상 요구되는 국가활동의 부작위도 위법함을 명백히 하였다.

의 행사로 볼 수는 없기 때문이다.[10)]

Ⅲ. 국가기관의 보수성과 그 문제점

국가기관은 보수성을 띠는 경우가 많다. 이러한 국가기관의 보수성은 크게 세 가지 원인에 의하여 야기된다.

첫째, 대부분의 국가기관은 -국가권력의 담당자로서- 기득권층에 속해 있다고 스스로 느끼는 경우가 많다. 따라서 자신의 기득권을 지키려는 경향이 암암리에 나타나는 경우가 많고, 결과적으로 보수성을 띠게 되는 것이다.

둘째, 국가기관의 일차적 과제는 현행질서의 유지라고 할 수 있는데, 이처럼 기존질서의 유지에 초점을 맞추다 보면 자연스럽게 보수적 성향을 갖게 된다. 물론 현행질서의 유지 이상으로 개혁을 강조하는 정권도 있다. 하지만 그런 가운데서도 일정 정도의 보수성은 불가피하게 형성된다.

셋째, 국가기관의 선출에 관한 권한을 가지고 있는 국민이 국가기관의 보수성을 요구하는 경우도 있다. 항상 그런 것은 아니지만, 일반적으로 국민의 다수는 변화보다는 안정을 추구하는 경향이 있다. 이러한 국민의 바람이 국가기관의 활동에 영향을 미칠 수밖에 없다는 것이다.

물론 보수성이라는 것이 무조건 나쁘다고 할 수는 없으며, 국가기관의 보수성에 관해서도 여러 긍정적인 측면을 찾아볼 수 있다.[11)] 그러나 국가기관의 보수성이 문제를 야기하는 경우도 적지 않다. 대표적인 예로서 1930년대 미국의 뉴딜 입법에 대해 연방대법원이 위헌결정을 내렸던 것을 들 수 있으며, 그 밖에도 국가기관의 보수성이 국가발전의 장애가 되었던 예는 적지 않다.[12)]

---

10) 예컨대 **헌재 2002.11.28. 2002헌가5 결정**에서는 "법정형의 종류와 범위를 정하는 것은 기본적으로 입법자의 권한에 속하는 것이지만 이러한 입법재량은 무제한한 것이 될 수는 없는바, 법정형의 종류와 범위를 정할 때는 형벌 위협으로부터 인간의 존엄과 가치를 존중하고 보호하여야 한다는 헌법 제10조의 요구에 따라야 하고 형벌개별화의 원칙이 적용될 수 있는 범위의 법정형을 설정하여 실질적 법치국가의 원리를 구현하도록 하여야 하며 형벌이 죄질과 책임에 상응하도록 적절한 비례성을 지켜야 한다. 반국가적 범죄를 저지른 자가 그로 인한 처벌을 받았음에도 불구하고 다시 반국가적 범죄를 저질렀다면 그에 대한 비난가능성이 높고 따라서 책임이 가중되어야 할 것이나, 단지 반국가적 범죄를 반복하여 저질렀다는 이유만으로 다시 범한 죄가 국가보안법 제7조 제5항, 제1항과 같이 비교적 경미한 범죄라도 사형까지 선고할 수 있도록 한 것은 그 법정형이 형벌체계상의 균형성을 현저히 상실하여 정당성을 잃은 것이고, 이러한 형의 불균형은 반국가적 범죄로부터 국가 및 국민을 보호한다는 입법목적으로도 극복할 수는 없는 것이다"라고 판시함으로써 입법목적이 정당한 경우에도 수단의 비례성이 갖춰지지 않으면 위헌이라는 점을 분명히 하였다.

11) 예컨대 국가기관의 보수성은 -포퓰리즘에 빠지지 않고- 국가질서의 계속성과 안정성을 추구하는 데 도움이 될 수 있다.

12) 이러한 국가기관의 보수성은 주로 사법부와 관련해서 많이 문제된다. 사법부가 적극적인 국가질서의 형성이 아니라 소극적인 법질서의 유지와 관련된 업무를 담당하기 때문에 보수적인 성향이 강하게 나타날 뿐만 아니라, 그 구성 및 활동에서도 다른 국가기관과 구별되는 특징을 가지고 있기 때문이다. 의회는 정치적 기관이기 때문에 진보적 성향을 가진 정당과 보수적 성향을 가진 정당들이 각기 의회

그렇기 때문에 국가기관의 보수성을 적절하게 통제하는 것도 필요하다. 하지만 지나친 보수성이 문제되는 것과 마찬가지로 지나친 진보성도 국가질서의 안정성을 깨뜨리는 문제를 낳게 된다. 그러므로 진보와 보수의 어느 한쪽으로 치우치지 않도록 하는 것이 필요하며, 이를 위해서는 국민의 의사를 벗어나는 극단적인 경향이 나타나지 않도록 하는 것이 바람직하다.

따라서 무조건 개혁이 우선이라고 주장함으로써 보수를 공격하는 것보다는 국가기관의 민주성을 확보·강화하는 것이 국가기관의 보수성을 적정한 수준으로 통제하는 가장 효과적인 방법이라고 할 수 있다. 즉, 국가기관(특히 사법부)의 구성에 있어서 민주성의 요소를 최대한 확보하도록 하며, 그 활동에 대해서도 일정한 민주적 평가를 연계시킴으로써 국민의 의사를 크게 벗어나지 못하도록 하는 것이 필요한 것이다.

Ⅳ. 국가기관(특히 집행부 조직)의 잦은 변화와 그 문제점

우리나라의 국가기관, 특히 집행부의 조직은 지난 반세기에 걸쳐 수많은 변화를 거쳐 왔다. 국회도 양원제와 단원제를 왕래하며 적지 않은 변화를 거쳤고, 사법부도 헌법재판소가 신설되는 등의 커다란 변화를 겪었지만, 집행부의 변화와 비교하기는 어려울 것이다. 이처럼 집행부의 조직이 끊임없는 변화를 겪게 되는 원인은 크게 두 가지로 나누어진다.

첫째, 현대사회의 급속한 변화에 따라 국가과제에도 적지 않은 변화가 발생한다. 그리고 그러한 변화에 가장 민감하게 반응해야 하는 것이 집행부라고 할 수 있다. 예컨대 환경문제의 비중이 커짐에 따라 환경부의 신설이 필요해지고, 노동문제에 대응하기 위하여 노동청이 노동부로 승격되는 등의 변화가 있으며, 정보화사회의 진전에 따라 이를 담당하는 부처의 신설 내지 역할의 강화가 요구되는 것이다. 이처럼 새로운 국가과제의 대두, 또는 국가과제의 변화에 따라 집행부 조직의 변화가 요구되는 경우가 많다.

둘째, 정권의 변화에 가장 민감한 것이 집행부의 조직이고, 새로운 정권이 들어설 때마다 자신의 정치적 성향에 따라 정부조직법을 개정하고 집행부 조직을 개편하는 작업을 추진하는 것이 일반적이었다. 때로는 작은 정부를 지향한다는 목표를 가지고 정부조직을 축소한 예가 있는가 하면, 정권이 바뀐 이후에는 다시금 정부의 역할 강화를 내세우면서 정부조직을 오히려 확대하기도 하였다.

이러한 두 가지 원인 가운데 첫 번째의 것은 불가피하다고 인정될 수밖에 없을 것이다. 또한 두 번째 원인도 첫 번째 원인과 결합되어서 나타나는 경우가 적지 않을 것이다.

에 진출하여 다양한 색깔을 보일 수밖에 없다. 또한 집행부는 -정치직 공무원을 제외하면- 대체로 정치적 중립성을 갖는 행정직으로서 주어진 과제를 기술적·기계적으로 집행하는 역할을 하기 때문에 진보와 보수가 크게 문제되지 않는다. 반면에 사법부는 그 (정치적) 중립성과 독립성 때문에 보수적 성향을 갖게 될 때, 이에 대한 적절한 통제가 쉽지 않고, 그 파급효 또한 크게 나타나는 것이다.

하지만 사회적 현실 내지 국민적 수요의 변화, 그리고 그와 맞물려 있는 국가과제의 변화와 무관하게 정권의 필요에 따라 정부조직을 수시로 개편하는 것은 득보다 실이 많을 것이다. 국가조직의 변화는 국가활동의 계속성과 안정성 및 효율성에 -적어도 새로운 조직이 업무에 익숙해질 때까지의 일정 기간 동안은- 적지 않은 부정적 영향을 미칠 것이기 때문이다.

V. 문제해결의 방향

국가기관의 구성과 운용의 실태에 대한 실증적 검토는 항상 이상과 현실 사이의 괴리를 확인시켜주기 마련이다. 하지만 그러한 괴리를 방치한 상태로는 국가의 발전을 기대하기 어렵다. 이상을 향하여 한 걸음씩 앞으로 나가려는 노력은 개인뿐만 아니라 국가의 경우에도 발전의 원동력인 것이다.

민주적 헌법국가의 이상이 무엇인지는 명백하다. 그것을 우리가 정의라고 부르건, 아니면 인권의 보장이라고 지칭하건, 혹은 인간존엄의 실현이라는 이름으로 표현하건, 실질이 달라지지는 않는다. 결국 인간(즉 국민)의 존엄을 실현하기 위하여 인권을 보장하는 것이 곧 정의의 실체라고 할 수 있을 것이기 때문이다.

문제는 우리의 현실이 이상으로부터 많이 유리되어 있다는 점이다. 국가기관의 구성에 있어서도 국민의 의사가 충분히 반영되지 못하는 경우가 적지 않고, 국가기관의 활동이 인권의 보장이 아닌 침해라는 결과를 가져오는 경우도 드물지 않다. 때로는 국민이 옳다고 생각하는 것과 국가기관이 옳다고 생각하는 것 사이에 갈등이 발생되기도 한다.

이런 문제들은 몇 가지 원리나 기준에 의해 쉽게 해결될 수 있는 것은 아니다. 예컨대 국민의 의사를 무조건 존중하는 것이 문제의 해결이 될 수도 없고, 그렇다고 국가기관의 전문성에 모든 것을 맡길 수도 없다. 몇몇 정치지도자들에 대한 신뢰만으로 모든 문제를 풀어나갈 수 있는 것도 아니고, 그렇다고 시민단체의 주장이 항상 옳은 것도 아니다. 외국의 예를 무조건 따를 수도 없고, 그렇다고 무시할 수도 없다.

문제의 합리적 해결을 위해서는 국가기관의 구성과 활동에 관한 세부적인 사항들을 정확하게 이해해야 한다. 민주주의를 부정하는 독재정권에 대한 투쟁에 있어서는 피와 땀을 흘려서 항거할 의지와 용기가 필요했지만, 이제 우리가 직면하고 있는 문제를 해결하기 위해서는 구체적인 판단의 기준과 대안이 필요하다.

즉, 헌법국가의 이념에 부합하는 국가질서가 무엇인지, 이를 위해서는 국가기관이 어떻게 구성되고 활동해야 하는지, 국가기관의 정당한 권한범위는 어디까지이고 왜 그런지, 정당한 권한범위를 넘어서는 활동에 대해서는 어떻게 대응해야 하는지 등에 대해서 국회, 정부, 법원, 헌법재판소 등 각 국가기관별로 세밀하게 검토하여 정확한 기준을 세우는 것이 필요한 것이다.

제2장 국　회

국가기관들 중에서 가장 먼저 검토되어야 할 것은 입법부인 국회이다. 그것은 국회가 입법 – 집행 – 사법의 국가기능 가운데 가장 먼저 검토되어야 할 입법기능의 담당자인 입법부이기 때문이기도 하지만, 다른 한편으로는 국민의 일차적 대표자로서의 중요성을 가지고 있기 때문이기도 하다.

국회를 정확하게 파악하기 위해서는 현행헌법상 국회에 관한 규정들을 분석하고 이를 통해 국회의 구성과 권한 및 활동에 대한 개별적인 사항들에 들어가기에 앞서 **국회의 의의와 기능**을 먼저 이해할 필요가 있다. 즉, **의회주의** 내지 **의회제도**에 대한 정리를 통해서 국회의 이념사적 기초를 이해하고, 이를 통해 외국의 의회와 우리나라의 국회가 함께 전제하고 있는 공통의 기초를 확인하여야 한다.

이러한 전제 위에서 **국회의 헌법상 지위**를 정리함으로써 전체 권력분립의 체계 내에서 국회가 어떤 위치에 있는지를 확인하고, 나아가 **국회의원의 헌법상 지위**를 정리함으로써 국회의원들이 국회의 구성과 활동에서, 그리고 전체 국가활동에서 어떤 역할을 하며, 이를 위하여 어떤 권리와 의무를 가지고 있는지, 국회의원에게 인정되는 특권은 무엇을 위한 것인지를 확인할 수 있을 것이다.

국회에 관한 헌법 및 법률상의 구체적인 규정들은 그 다음 단계에서부터 본격적으로 검토하게 된다. 헌법 및 법률규정들의 분석을 통해 **국회의 구성과 내부조직**에 관한 기본구조를 확인할 수 있고, 그 바탕 위에서 **국회의 구체적인 권한**을 몇 가지 유형으로 나누어서 검토하는 것이 가능해진다. 그리고 **국회와 다른 헌법기관과의 관계**를 정리함으로써 국회에 관한 전체적 고찰이 완결될 것이다.

제1절 의회제도 – 의회의 연혁과 정치적 의의

Ⅰ. 의회의 연혁

민주국가에서 의회(議會)란 국민에 의해 선출된 다수의 대표로 구성되는 국가기관으로서 주로 입법권과 정부(집행부)의 활동에 대한 통제권을 가지고 있다. 현대 민주국가는 예외 없이 권력분립을 채택하고 있기 때문에 입법기능을 주로 담당하는 의회와 집행기능을 주로 담당하는 정부가 분리되고 있으며, 각국의 헌법에 따라 명칭은 상이하지만[1]) 의회를 두고 있는 것은 일반적이다.

그러나 의회의 기원을 어디에서 찾을 수 있는가에 대해서는 견해의 대립이 있다. 일부 학자들은 의회제도의 기원을 고대의 부족회의나 공화정 당시 로마의 원로원에서 찾기도 하지만, 대부분의 학자들은 의회의 뿌리를 **중세의 등족회의**(等族會議 = 신분제의회)[2])에서 찾는다. 등족회의는 영국의 **모범의회**(Model Parliament)[3])나 프랑스 대혁명 전의 **삼부회**[4])에서 보듯이 근대적 의회의 전신으로서 실질적인 역할을 하였을 뿐만 아니라, 실제로 초기의 의회는 중세 등족회의의 부분적인 변형으로 이해될 수 있는 측면을 가지고 있었기 때문이다.

중세 당시 여러 신분계층을 대변하는 대표자들이 모여서 국가의 중요문제들에 관하여 의견을 모으는 전통은 여러 나라에서 발견된다. 그러나 근대에 들어와 중앙집권적 군주국가의 발전과 더불어 중세의 신분제의회도 쇠퇴하였다. 다만 영국의 경우에는 1295년의 모범의회 이래로 의회가 일정한 역할을 계속하였고, 14~15세기경에는 의회의 동의 없이는 국왕이 조세를 부과할 수 없다고 주장할 수 있을 정도로 의회의 지위가 확고해졌다.

영국에서는 청교도혁명과 명예혁명을 통하여 의회가 국왕을 능가하는 권위를 얻게

---

1) 의회라는 용어는 의회제도를 가장 먼저 발달시켰던 영국의 Parliament에서 유래된 것으로 보는 것이 일반적이며, Parliament는 보통명사화되었다. 그러나 미국에서는 Congress라는 단어를 사용하고 있고, 독일의 경우에도 의회(Parlament)라는 용어가 있음에도 불구하고 기본법에서 Bundestag, Bundesrat로 표현되고 있다.

2) 등족회의(=신분제의회)의 기원은 봉건국가에서 국왕이 소집하는 궁정회의에 있다. 봉건제도 하에서 국왕의 신하였던 봉건영주들은 국왕에 대해 「조언과 원조」를 할 의무를 갖고 있었는데, 조언은 국왕의 소집에 응하여 회의에 출석해서 자문에 답하는 의무를 말하며, 원조는 군역(軍役)의 봉사 외에도 국왕이 요구하는 원조금을 제공하는 의무를 말한다. 중세 후기의 유럽 각국에서는 왕권이 강화·상승되는 현상이 나타났지만, 그것은 국왕의 임무증대를 수반하였고 그 임무를 수행하기 위한 재정 확립을 필요로 하였다. 또한 13세기 이후 공적 업무에 관계되는 문제에 대해서 국왕은 영지수입 이외에 일반적 과세에 의한 재정조달이 가능하게 되었다. 그러나 이러한 과세를 위해서는 승인이 필요하다는 봉건적 법관념이 남아 있어서 국왕은 과세할 때마다 직접 과세대상인 영주나 도시 등의 승인을 얻어야 했다. 이 과세 승인을 계기로 하여 국왕의 자문기관에 불과했던 궁정회의는 점차 회의제로서의 조직을 정비하여 시민대표도 참여하는 여러 신분의 회의로 발전하였다. 이로 인해 중세 말기 이후 등족회의는 국가제도 속에 확고히 자리잡았다. 이러한 등족회의의 범위를 어디까지로 볼 것인지에 대해서는 논란이 없지 않으나, 신분제적 대표로 구성된 회의체를 포괄한다고 보는 것이 타당할 것이다. 이렇게 볼 때, 영국의 모범의회나 프랑스의 삼부회 등은 모두 등족회의에 해당된다고 할 수 있을 것이다.

3) 1295년의 모범의회는 영국 최초의 중세적 신분제 의회라고 할 수 있다. 에드워드 1세가 귀족의 횡포를 막고 국왕을 중심으로 국정을 확립하기 위하여, 국내 계층 중 특히 중산계급인 기사들, 도시 시민들의 지지를 얻어 소집한 회의이다. 국왕은 의회구성원으로 대주교·주교·수도원장의 대귀족 외에 각 주에서 2명의 기사, 각 도시에서 2명의 시민 대표를 추가함으로써 이러한 목적을 달성할 수 있었으며, 이 의회의 구성원은 대체로 영국 사회를 대표하는 자들로, 귀족은 상원, 기사·시민은 하원을 각각 구성하게 되었다. 이후 의회제도가 뿌리내리는 데 하나의 중요한 모델이 되었기 때문에 이를 모범의회라고 부르는 것이다.

4) 삼부회는 프랑스의 구제도(舊制度) 아래에서의 신분제 의회를 의미한다. 정식 명칭은 전국삼부회이며, 1301년 필리프 4세가 소수 특권층인 사제·귀족·도시의 대표를 모아놓고 노트르담 성당에서 개최한 것이 기원으로 알려져 있다. 그 뒤 제1부 사제, 제2부 귀족, 제3부 평민의 대표들로 구성된 신분제 의회로 자리잡았으며, 국왕의 주도로 각 신분의 대표에 협력을 요청하는 자문기관의 역할을 주로 하였다.

되어 의회중심의 근대적 정치제도를 발전시킴으로써 근대적인 의회제도를 탄생시켰고, 이렇게 형성된 의회제도는 민주주의의 보편화와 더불어 유럽대륙으로, 나아가 전세계로 전파되었다.

Ⅱ. 의회제도의 탄생과 발달

중세의 신분제의회와 구별되는 근대적 의회제도의 특징은 무엇보다 국민주권을 전제한 국민대표성이라고 할 수 있다. 예컨대 켈젠은 의회주의를 보통·평등의 선거법에 의하여, 즉 민주적으로 국민에 의하여 선출된 동등한 대표자들의 기관(Kollegialorgan)이 다수결의 원리에 따라서 권위적인 국가의사를 형성하는 것이라고 정의하였으며, 이러한 개념정의는 의회주의와 민주주의의 내적 관련성을 잘 드러내고 있다.

영국을 비롯한 유럽 국가에서 의회와 유사한 형태를 갖춘 것은 비교적 오래전으로 거슬러 올라갈 수 있으나, 민주적 의회의 탄생을 명예혁명 이후로 보는 것도 국민대표성이라는 맥락에서 이해될 수 있을 것이다. 그러나 영국에서 근대적 의회가 형성·발전된 이래 의회제도는 많은 변화를 겪어야 했다. 사실 오늘날의 의회제도를 1800년 또는 1850년 당시 영국의 의회제도와 비교한다면 그 동일성을 인식하기가 곤란할 정도의 상이성을 확인할 수 있을 것이다.

영국에서 탄생·발전된 의회제도는 애당초 어떤 특정한 원리나 이념을 중심으로 발전되어온 것이 아니라 그때그때의 정치적 상황에 따라 무수한 관습들과 경험적 규칙들의 조화를 통해, 그리고 전통 속에서의 끊임없는 변형과 구체화를 통하여 형성되고 발전되어온 것이다. 따라서 의회제도에서 나타나는 -때로는 상호 모순적인- 유동성과 유연성이 곧 의회제도의 강점이자 동시에 약점이기도 한 것이다.

그러나 또한 국민다수에 의해 선출된 대표로 구성된 합의체기관이라는 형식만으로, 즉 국민대표기관인 의회가 형식상 존재한다는 것만으로 의회제도 내지 의회주의를 채택하고 있는 것으로 볼 수는 없을 것이다.[5] 서구적 의미의 의회제도, 의회주의를 인정할 수 있기 위해서는 민주적 선거를 통한 대의기관의 구성과 정부에 대한 대의기관(의회)의 효과적인 통제수단이 전제되어야 한다. 또한 다원적인 대안을 형성할 수 있는 가능성 및 이들 대안 가운데서 자유로이 선택할 수 있는 가능성의 보장, 즉 야당의 존재를 통해 나타나는 정치적 대안에 대한 개방성이 필요하다.

---

5) 과거의 동유럽 공산권국가나 현재의 중국, 북한 등의 예에서 볼 수 있는 것처럼 형식적으로는 의회의 입법권이나 정부의 의회에 대한 책임을 인정하고 있지만, 실질적으로 의회주의의 이념에 따라 구성되고 활동하는 것이 아닌 경우에 이를 민주적 의회제도로 인정하기는 어렵다.

Ⅲ. 의회제도의 현대적 문제상황

1. 의회제도의 본질적 징표

의회제도는 지난 수 세기 동안 커다란 변화를 겪어왔을 뿐만 아니라, 각국의 정치적 조건에 따라 다양한 형태로 나타나고 있다.[6] 그러나 이러한 모든 차이에도 불구하고 의회를 의회로 인식할 수 있도록 하는 본질적인 개념징표들이 몇 가지 있다.[7]

첫째, 의회는 **국민대표성**을 가져야 한다. 민주적 정당성을 확보하지 못한 의회는 진정한 의회라고 할 수 없다.

둘째, 의회는 **공개와 토론**의 원리에 기초하여 합리적인 대화와 타협을 통한 문제해결을 추구한다. 의회는 공개적인 대화와 토론의 장(場)이며, 이를 통해 옳은 결론을 추구하는 것이다.

셋째, 의회에서는 다수파가 우선적 지위를 가지며, 최종적인 결정에 있어서는 **다수결**이 지배한다. 즉, 합의 도출에 실패한 경우에는 결국 다수결로써 결정을 내릴 수밖에 없다는 것이다.

2. 의회제도에 대한 비판의 유형

그러나 20세기 이후에는 행정국가화, 정당국가화의 대두와 더불어 의회의 지위가 상대적으로 약화되는 현상이 나타났을 뿐만 아니라, 의회제도 자체가 일정한 한계를 안고 있다는 비판이 대두되기 시작하였으며, 심지어 의회제도의 위기라는 주장도 적지 않다.[8]

의회제도에 대한 비판은 크게 두 가지로 나누어 볼 수 있다. 하나는 오늘날의 현실 속에서 의회가 국민대표기관으로서 '(입법기능을 통한) 국가정책방향의 결정', '국정통제' 등의 **본질적 기능수행에 문제가 있음을 비판**하는 것이고, 다른 하나는 극도로 이상화시킨 의회의 모델을 상정해 놓고 이를 진정한 –역사적으로도 실재하였던– 의회제로 이야기하면서 오늘날 **의회제도의 현실을 타락한 정치쇼에 불과한 것으로 비판**하는 것이다.

---

6) 예컨대 의원내각제 국가에서의 의회의 위상 내지 권한과 대통령제 국가에서의 의회의 지위 내지 권한은 상당한 차이를 보일 수밖에 없다.

7) 이에 관하여는 권영성, 헌법학원론, 2010, 862쪽 이하; 이병훈, 의회주의의 본질과 변천, 「윤세창박사 정년기념논문집(1983.10)」, 673-693쪽; 이병훈, 의회주의의 여러 문제, 「허영민박사 화갑기념논문집(1993.12)」, 805-837쪽 참조.

8) 이러한 위기의 원인으로 권영성, 헌법학원론, 2010, 864쪽 이하에서는 ① 국민적 동질성의 상실로 인한 계층간의 갈등, ② 정당국가화의 경향에 따른 합의기능의 상실, ③ 행정국가화·사회국가화에 따른 의회의 기능적 정체, ④ 선거제도의 성격이 인물투표에서 정당지도자에 대한 신임투표로 변질, ⑤ 의회의 운영방식과 의사절차의 비효율성 등의 다섯 가지를 들고 있다. 반면에 허영, 한국헌법론, 2025, 989쪽 이하에서는 ① 정당국가적 경향으로 인한 의회기능의 약화, ② 국가적 과제의 증가로 인한 의회역량의 한계, ③ 선거제도의 결함으로 인한 의원의 질 저하 및 의회대표성의 약화, ④ 의회주의의 표상으로서의 의원내각제의 부정적인 경험, ⑤ 반의회주의적 결단주의헌법철학의 영향, ⑥ 의회운영방식과 의사절차의 비효율성으로 인한 의회기능의 약화 등의 여섯 가지를 의회제도가 맞고 있는 위기의 원인으로 들고 있다.

특히 후자의 경우에 대하여는 유의할 필요가 있다. 이러한 태도는 특히 의회제를 고전적인 자유주의적 · 시민적 법치국가와 불가분의 관계에 있는 것으로 보면서 현대의 정당국가적 대중민주주의와는 가교될 수 없는 대립의 관계에 있는 것으로 본다.[9)]

그러나 이러한 주장은 지나치게 일방적이다. 우파적 입장에서 자유와 평등을 대립적인 관계에 있는 것으로 보면서 양자택일을 강요하는 것도 민주주의의 본질에 대한 몰이해라고 할 것이며, 반대로 좌파적 입장에서 참여 내지 민주화를 주장하면서 반의회적인 방향으로 나아가려는 것도 모순이라고 할 수 있다.

3. 의회제도 위기론의 본질과 문제해결의 방향

여기서 분명하게 구별해야 할 것은 정치현실에서 항상 제기되고 있는 일상정책에 대한 비판과 체제자체에 대한 근원적인 비판이다. 따라서 먼저 해결되어야 할 것은 자유-민주주의라는 결합형식이 과연 가능한지의 여부이다.[10)]

현행헌법을 비롯한 민주국가의 헌법은 자유-민주주의가 시민의 자유와 평등이라는 양 가치를 동시에 추구하고 있다는 전제 위에 서 있다. 때로는 자유와 평등이 긴장관계를 보이기도 하지만, 이들을 동시에 점차 실현시켜 나가고 도달될 수 있는 최고의 경지까지 고양시키는 것이 가능하다고 믿는 것이다.

반면에 양자의 양립이 불가능하다고 생각하는 입장에서는 민주주의적 지배의 목표를 모든 국민의 평등에서 구하며, 이것은 치자와 피치자의 동일성에 의하여 완성된다. 그러나 이러한 정치적 평등을 칼 슈미트(*C. Schmitt*)처럼 특정 민족의 실체적 동질성으로 생각하게 되면, 이렇게 이해된 민주주의는 소수자에 대해 적대적인 (즉 소수의 자유, 반대와 비판의 자유에 대해 적대적인) 전체주의적인 경향을 나타내게 된다.[11)]

이렇게 되면 민주주의의 내용으로서는 일차적으로 동질성이 주장되게 되며, 나아가 -필요할 경우- 이질적 분자의 제거까지도 민주주의의 내용으로 주장된다. 그 결과 의회 내에서 반대파를 설득하는 것은 더 이상 문제되지 않으며 오로지 이들을 정치적으로, 그리고 종국에는 물리적으로 박멸시키는 것이 문제될 뿐이다. 이런 과정을 통하여 이들이 믿는 정치적 확신은 다수의 가능한 견해 중에서 주관적으로 우선시하는 하나의 의견으로서 존재하는 것이 아니라 불가침의 진리로서 성립하게 된다.

하지만 평등을 국민의 동질성에서 찾지 않고, 법공동체구성원들 사이에 현존하는

---

9) 이러한 주장들은 **민주주의**를 (극단적인 경우에는 모든 개인적 차이를 무시하는 정도에 이르기까지의) 평등에 기초하는 것으로, 그리고 **시민적 · 법치국가적 의회주의**를 (극단적인 경우에는 국가를 부정하는 무정부주의적 무구속에 이르기까지, 또는 국가파괴적인 실증주의적 합법성의 사고에 이르기까지의) 자유의 원리에 속하는 것으로 이원화시키려는 사고를 바탕에 깔고 있다. 이런 관점에서 볼 때 자유의 원칙과 평등의 원칙은 정치적 구조원리 내지 정당화원리로서 도입된 대표와 동일성(Repräsentation und Identität)이라는 개념과 마찬가지로 배타적인 대립관계에 놓이게 된다.

10) 만일 이것이 자유주의와 민주주의의 배타적 대립관계로 인해 진정 불가능하다면 그것은 의회주의에 대한, 나아가 우리헌법의 기본구조에 대한 근본적인 재검토를 필요로 하게 만들 것이다.

11) 이러한 동일성 민주주의의 문제점에 대해서는 「제1권 제2부 제2장 제3절 Ⅰ. 2. **국민의 자기지배의 이상과 현대의 정치적 조건**」 참조.

이질성과 의견의 대립을 인정하는 가운데서 이들에 대한 원칙적인 동등 취급의 의미로 이해하게 되면 결론은 달라진다. 이것은 이성적 존재로서 서로를 인정하는 정신적 기본 태도, 즉 인식론적 관점에서 절대적 진리라는 것의 확인에 대한 회의적 입장을 전제로 하며, 이것은 또한 모든 다원적 민주주의의 정치적 기초, 즉 관용의 문제로 연결된다.[12)]

Ⅳ. 의회제도 개혁론과 의회의 기능제고방안

의회제도의 문제는 대의제라는 보다 큰 울타리 안에서 이해되고 정리되어야 한다. 그렇게 볼 때, 의회제도 개혁론이 갖는 의미와 비중 및 한계에 대해서도 정확한 이해가 가능할 것이다. 한편으로는 대의제 자체를 부정하는 반의회적 주장의 한계가 분명해질 것이고, 다른 한편으로는 의회의 현실적 기능을 제고하는 방법이 적극적으로 모색될 수 있을 것이기 때문이다.

의회의 기능을 제고하기 위해서는 두 가지 방향에서의 접근이 필요하다.

한편으로는 **대의기관의 정당성을 강화**해야 한다. 즉 의회가 진정한 국민의 대표로서 정당성을 확보·강화함으로써 강력한 국민적 지지기반을 가질 수 있을 때 비로소 의회의 기능을 제고하는 것도 가능하다는 것이다. 이를 위해서는 정확한 대표관계를 형성하고 유지하는 것이 중요하기 때문에, 선거제도의 정비를 통하여 선거의 공정성과 정확성을 확보하고, 선거의 실질적 주체가 되는 정당의 민주성을 확보하는 것이 필요할 것이다.

다른 한편으로는 **의회의 전문성을 강화**함으로써 능률성을 확보하는 것이 필요하다. 이미 본회의 중심에서 위원회 중심으로 의회의 운영방식이 바뀐 것이라든가, 전문위원제도의 도입 등을 통해 의회의 전문성을 강화하려는 노력은 많은 진전을 보이고 있다. 그러나 아직도 구체적인 운용에 있어서는 전문성을 충분히 살리지 못하는 예가 적지 않다.

그러나 이러한 제도개혁을 통해서도 의회의 기능에는 일정한 한계가 있을 수밖에 없다. 예컨대 의회의 민주성을 아무리 강화해도 국민의 의사와 의회의 의사 사이에는 일정한 거리가 항상 존재할 수밖에 없는 것이다. 그것은 대의제 자체가 안고 있는 한계라고도 할 수 있을 것이다.[13)] 이런 문제에 대해서는 **직접민주제적 요소의 도입을 통해 대의제를 보완**하는 방안이 적극적으로 고려되어야 할 것이다. 굳이 국민투표 또는 국민발안이나 국민소환과 같은 거창한 제도가 아니더라도 국민의 직접적인 참여와 통제를 좀 더 활성화시키는 다양한 대안들이 개발될 수 있고, 또 되어야 할 것이다.

---

12) 즉, 이러한 문제는 민주적 결정방식으로 이야기되는 다수결원칙의 정당성 근거 내지 그 전제 및 한계와 연결시켜서 생각해야 할 문제라는 것이다.

13) 대의제의 한계에 관하여는 「제1권 제2부 제2장 제3절 Ⅴ. **대의제 민주주의의 한계와 보완**」 참조.

제2절 현행헌법상의 국회와 국회의원의 지위

【사례: 국회의원의 겸직금지와 주식백지신탁】

갑(甲)은 자신이 거주하고 있는 용산구의 지역구국회의원인 을(乙)이 국무위원으로 보건복지부장관을 겸직함으로써 지역구를 대표하여 의정활동을 충실하게 수행할 수 없으므로, 국회의원의 국무위원 겸직은 청구인의 선거권 등을 침해한다고 주장하면서, 2013.10.18. 헌법재판소에 헌법소원심판을 청구하였다.

병(丙)은 2012.5.29. 그 임기를 마친 제18대 국회의원으로서, 그 임기 중 주식백지신탁심사위원회에 자신과 처 등이 보유하고 있는 주식의 직무관련성 여부에 관하여 심사청구를 하였는바, 주식백지신탁심사위원회는 2008.10.8. 당해사건 원고가 국회 기획재정위원회 소속으로서 보유주식 발행기업에 대한 정보접근 및 영향력 행사의 가능성이 있다는 이유로 이 사건 주식의 직무관련성이 인정된다는 결정을 하였다.

병은 위 결정의 취소를 구하는 행정소송을 제기한 후 그 항소심에서, 구 공직자윤리법 제14조의4 제1항 제1호, 제2호가 공개대상자 등의 소유주식을 매각하거나 또는 백지신탁한 후 수탁기관으로 하여금 60일 이내에 전부 처분하도록 규정하고 있는 것은 과잉금지원칙에 위배된다고 주장하였다. 이에 당해 법원은 2010.4.28. 직권으로 헌법재판소에 위헌법률심판을 제청하였다.

〈헌재 2013.11.5. 2013헌마701; 헌재 2012.8.23. 2010헌가65 참조〉

1. 갑의 헌법소원심판청구는 적법한가? (30점)
2. 주식백지신탁에서 국회의원 본인 이외에 일정한 친족관계에 있는 사람들의 보유주식도 포함하도록 한 것은 헌법 제13조 제3항에 위배되는가? (20점)
3. 주식백지신탁제도의 재산권 침해 여부에 대해 헌법재판소는 어떠한 본안판단을 내려야 하는가? (50점)

Ⅰ. 현행헌법상의 권력분립체계에 비추어 본 국가기관의 헌법상 지위

오늘날 권력분립의 체계는 －비록 입법·집행·사법의 기본틀은 유지되고 있다고 할지라도 그것만으로 끝나지 않는－ 포괄적이고 다차원적인 것으로 이해된다. 이와 같은 권력분립의 기본틀 안에서 이해되는 국가기능은 어느 한 기관에 집중될 수 없다. **분업의 효율성**과 상호견제에 의한 **권력남용의 방지**를 위하여 국가기능은 그 성질에 따라 각기 독립된 기관에 맡겨지며, 이들은 때로는 상호협력에 의하여, 때로는 상호견제·통제에 의하여 민주적 헌법질서를 형성해 나가는 것이다.

그러므로 각 국가기관이 담당하고 있는 기능 및 이의 수행을 위해 부여되는 각종 권한들, 그리고 이들 기관의 기능수행과정에서 불가피하게 나타나는 다른 국가기관들과의 상호견제와 통제 및 협조 등은 이러한 복잡한 권력분립체계에 대한 올바른 이해를 전제로 하여서만 비로소 ―불필요한 기능장애가 아닌― 바람직한 전체적 국가질서의 형성, 국가목적(=기본권보장)의 달성으로 연결될 수 있다.

권력분립의 틀 가운데서 각 국가기관의 기능, 조직, 권한 및 상호관계 등이 흔히 헌법상의 지위에 관한 논의를 통하여 다루어진다. 국회, 대통령, 국무총리, 대법원 또는 헌법재판소 등과 같은 국가기관에 대하여 *그 헌법상의 지위를 논하는 실익은 무엇보다 전체적인 국가권력체계 속에서 각 국가기관이 담당하고 있는 기능 및 그 기능의 위치와 비중을 개관하고, 이를 구체적인 권한분배 및 각 국가기관들의 상호관계에 대한 검토와 연결시킴으로써 국가권력구조에 대한 이해를 쉽게 할 수 있도록 도와주는 데에 있다.* 즉 전체 헌법구조를 체계적으로 파악하기 위한 보조적인 관점으로서 의미를 갖는 것이다.

따라서 국가기관의 헌법상의 지위를 올바르게 파악한다는 것은 결국 국가권력구조 전반에 대한 이해와 밀접한 상호관련 속에 있게 된다. 어떠한 국가기관이 현행헌법상의 권력분립체계 내에서 어떠한 위치 내지 비중을 차지하고 있는지는 그 국가기관에 배정되어 있는 기능 및 권한의 범위와 한계, 나아가 이들 기능의 수행에 있어서 다른 국가기관들의 활동에 의하여, 그리고 다른 국가기관들의 활동에 미치는 영향 등을 고려하여 종합적으로 판단되어야 하는 것이다.

Ⅱ. 국회의 헌법상 지위

현대 민주국가의 헌법에 있어 권력분립이란 국가조직의 구성 및 활동에 관한 가장 기본적인 요청의 하나로 인정되고 있다.[14)]

이러한 권력분립의 체계는 전통적으로 삼권분립, 즉 법을 기준으로 하여 '법정립작용'으로서의 입법, '법집행작용'으로서의 집행, 그리고 '법판단작용'으로서의 사법을 나누는 것을 기본으로 하였으며, 오늘날에도 그 틀은 크게 바뀌지 않고 있다.[15)] 그것은 권력분립의 목적 자체가 법치를 통하여 국가권력의 공정성을 확보함으로써 국민의 기본권을 올바르게 보장하고 실현하는 데 있기 때문이다.

권력분립의 틀 안에서 입법작용에 대해서는 특별한 역할과 지위가 부여되고 있다.

---

14) 국민주권의 이념에 따라 국민이 주권자로 인정되지만 대의제로 운영될 수밖에 없는 것이 민주주의의 현실이고, 그 결과 국가권력의 정당성 근거는 국민이되 실제 담당자는 국민에 의해 선출된 대표자일 수밖에 없다. 문제는 이러한 대표자의 권력행사가 국민의 의사를 벗어나 오·남용되기 쉽다는 데 있으며, 이를 방지하기 위한 가장 기본적이며 효과적인 수단으로 고안된 것이 권력분립이다. 즉 국가권력을 입법-집행-사법으로 분립시킴으로써 상호 견제와 균형의 체계를 구성하면 국가권력이 단일한 국가기관에 집중될 때보다 훨씬 공정하게 운영될 수 있다는 것이다.

15) 물론 고전적 권력분립과 현대적 권력분립은 비록 그 외양이 비슷하다 할지라도 내용상 적지 않은 차이를 보이고 있다. 이에 관하여 상세한 것은 장영수, 현행헌법상 권력분립의 기본체계, (고려대학교 법학연구소) 법학논집 제31집, 1995, 23-86쪽 참조.

그것은 무엇보다 입법이 국가질서의 최고규범인 헌법을 일차적으로 구체화시키는 기능을 하며, 집행과 사법은 결과적으로 헌법과 법률에 따라 활동하는 것을 원칙으로 하기 때문이다. 이런 맥락에서 법률의 우위는 법치주의의 내용으로 널리 인정되고 있다.[16]

또한 입법작용의 담당자로서의 국회에 대해서도 헌법상 특별한 지위가 인정되고 있다. 헌법의 일차적 구체화로서의 입법에는 국민의 의사가 최대한 반영되어야 한다는 측면에서 국민의 다양한 의사를 반영시킬 수 있는 집단적 대표[17]로서 국회가 구성될 뿐만 아니라, 그 결과 국회는 국민의 일차적 대표기관으로 인정된다. 그리고 국회는 이러한 대표성에 기초하여 입법기관으로서의 지위 이외에도 국민의 의사를 대신하여 집행부에 의한 국정운영을 통제할 수 있는 국정통제기관으로서의 지위도 인정받고 있는 것이다.

1. 국민대표기관으로서의 지위

국회는 국민에 의해 직접 선출된 국민의 대표기관이다. 비록 국회가 유일한 대표기관은 아니지만, 국회는 국민의 일차적 대표기관으로서 다른 어떤 국가기관보다도 국민과 밀접한 관계에 있는 것이다.

국회를 국민의 **일차적 대표기관**이라고 부르는 것은 국회가 집단적 대표로서 다른 국가기관과는 달리 국민의 다양한 의사를 직접 수렴하는 위치에 있으며, 그로 인하여 국회의 의사가 국민의 의사에 가장 근접한 것으로 취급되기 때문이다.[18]

물론 국회가 국민의 의사를 수렴한다고 해서, 국민의 의사에 구속되는 것은 아니다. 대표관계의 본질로부터 나오는 **자유위임**의 원칙[19]에 따라 국회는 (다른 모든 국가기관과 마찬가지로) 국민의 의사에 직접 기속되지는 않는다. 하지만 자유위임의 원칙에도 불구하고 국회가 국민에 의해 직접 선출되었을 뿐만 아니라, 국민의 의사를 가장 직접적으로 대변한다는 점은 널리 인정된다. 그것은 다른 국가기관과 비교할 때, 그래도 구성과 활동에서 국민의 의사가 가장 많이 반영되고 있는 (또는 반영될 가능성이 높은) 국가기관이 국회이기 때문이다.

국회의 권한을 포함한 모든 국가권력은 국민으로부터 나온다. 하지만 국회의 권한이 국민의 개별적 기속을 받는 것은 아니기 때문에 국민과 국회의 관계를 사법상의 대리관계 또는 위임관계에 준하여 생각하기는 곤란하다. 그 때문에 국내 헌법학계에서는 국민과 국회의 관계를 어떻게 이해할 것인지와 관련하여 **대표관계의 성질**에 관한 학설의 대립이 있다.

---

16) 법치주의의 구성요소로서의 법률의 우위에 관하여는 「제1권 제2부 제3장 제5절 Ⅱ. 1. **법률의 우위와 헌법의 우위**」 참조.

17) 개인적 대표와 집단적 대표의 구별에 관하여는 「제1권 2장 제3절 Ⅲ. 3. **국민대표의 유형: 개인적 대표와 집단적 대표**」 참조.

18) 역사적으로도 의회가 군주세력, 귀족세력에 대립하는 시민세력의 대변자 역할을 해왔을 뿐만 아니라 현재에도 국회는 국민의사에 가장 충실한(또는 충실할 수 있는) 국가기관으로 지칭되는 것이다.

19) 자유위임에 관하여는 「제1권 제2부 제2장 제3절 Ⅳ. 3. **대표자의 국민을 위한 활동: 자유위임과 책임정치**」 참조.

현재 대표관계의 성질에 대해서는 법적 위임관계설(위임대표설), 법정대표관계설(법적 효과설), 대표적 위임설, 헌법적 대표설, 정치적 대표설 등이 주장되고 있다. 하지만 이러한 학설 대립이 갖는 실익은 별로 없다고 할 수 있다. 국민과 대표자의 관계는 −국민의 선거에 의해 대표자가 선출되는 경우에도− 직접적으로 권한을 주고받는 관계가 아니라[20] 헌법과 법률에 의하여 정해진 권한이 여러 대표자들의 담당기능에 따라 부여되는 것이기 때문에 대표관계의 성질에 대한 견해의 차이가 실제 대표자의 지위나 권한 등에 아무런 차이를 가져오지 않기 때문이다.

오히려 국회의 국민대표기관으로서의 지위와 관련하여 현실적 의미를 갖는 것은 **국회의 대표성 약화의 문제**라고 할 수 있을 것이다. 국회의 기능이 상대적으로 저하될 뿐만 아니라 국회의 활동이 국민의사로부터 멀어지는 경향이 나타나면서 국회의 민주적 정당성 자체가 약화되고 있는 것이다.

이러한 문제를 해결하기 위해서는 국회의 구성과 활동의 민주성이 강화되어야 할 것이다. 즉, 한편으로는 선거제도의 개혁을 통해서 국민의 의사에 부합하는 선거결과가 담보될 수 있도록 하여야 하며, 다른 한편으로는 국회 스스로가 국민의 의사를 최대한 수렴하여 반영하려는 보다 적극적인 노력이 기울여져야 할 것이다.

2. 입법기관으로서의 지위

국회는 흔히 입법부로 지칭된다. 국회가 헌법상 담당하는 역할은 매우 다양하지만, 그 중에서도 가장 본질적인 것은 입법기관으로서의 역할이기 때문이다.

국회가 입법기능을 담당하게 된 것은 **입법기능의 성질과 국회의 성질 내지 구성 및 활동의 방식**이 서로 잘 부합하기 때문이다. 즉, 헌법을 일차적으로 구체화시켜서 법률을 제정하고, 이를 통하여 국가질서형성의 기본방향을 설정함에 있어서는 신속하고 능률적인 입법활동보다는 다양한 의견을 민주적으로 수렴하여 신중하게 입법을 하는 것이 더 바람직할 것이므로 집단적 대표인 국회가 입법작용을 담당하기에 적합한 것이다.[21]

그러나 현대에는 입법부가 법률의 제정에서 주도적인 역할을 하지 못하고, 오히려 **정부가 입법과정에서 주도적 역할을 하게 되는 경우**가 드물지 않다.[22] 이러한 현상의 원인은 크게 두 가지로 나누어 볼 수 있다. 첫째, 정당국가화로 인하여 정부와 여당이 함께 움직이는 현상이 두드러지고 있다. 둘째, 행정국가화에 따른 행정입법의 양적 및 질적 증대로 인하여 법질서 내에서 법률이 차지하는 비중 자체가 감소하였다.

하지만 보다 본질적인 문제는 **국회의 전문성 약화**라고 할 수 있다. 헌법상 입법권

20) 선거에 의하여 대통령이나 국회의원을 선출하는 경우에도 국민은 선거를 통해 대표자를 확정할 뿐이지, 그들의 **권한**을 직접 정하거나 부여하는 것은 아니다. 국민은 헌법과 법률에 의해 그들에게 부여되는 권한을 담당할 수 있는 **정당성**을 선거를 통해 부여할 뿐이다.

21) 이에 관하여 상세한 것은 앞의 「제3권 제2부 제1장 제3절 Ⅱ. **입법기능과 입법기관**」 참조.

22) 집행부가 주요입법의 대부분을 제안하고 또 입법과정을 실질적으로 주도함으로 인하여 국회가 통법부로 전락하였다는 지적이 드물지 않으며, 국회가 제정하는 법률의 성격도 그 대강만을 정하고 세부적인 것은 행정입법인 명령·규칙에 위임하는 경향이 강해지고 있다.

은 국회에 부여되어 있다. 즉, 입법기관은 국회이며, 비록 현행헌법상 정부의 법률안제출권이 인정되고 있다 하더라도 국회가 입법에 관한 주도적 지위에 있다는 것은 명백하다. 그럼에도 불구하고 국회의 입법기능이 위축되는 것은 정부가 제출한 법률안의 내용에 대하여 검토 · 비판할 수 있는 전문성이 부족한 경우가 많기 때문이라고 보아야 할 것이다.

이러한 문제를 해결하기 위해서는 국회의 전문성을 강화하는 것이 중요할 뿐만 아니라, 의회의 입법기능을 실질적으로 강화하기 위한 적극적인 조치들이 필요할 것이다. 예컨대 국회 내의 전문위원제도를 활성화하고, 국회와 국회 밖의 전문가집단의 유기적 연계를 강화함으로써 국회 활동의 전문성을 강화하는 것이 하나의 방법이 될 수 있을 것이다. 또한 국회의 입법과정에 다양한 전문가 및 관련시민단체 등의 적극적 참여를 유도하는 것도 국회의 입법기관으로서의 역할에 도움이 될 수 있으며, 행정입법에 대한 국회의 통제를 강화하는 것도 같은 맥락에서 긍정적으로 검토될 수 있다.[23)]

3. 국정통제기관으로서의 지위

국회가 국정통제기관으로서 중요한 역할을 하게 된 것은 현행헌법이 **대통령제 정부형태**를 채택하고 있는 것과 무관하지 않다. 의원내각제 하에서와는 달리 대통령제 하에서는 정부와 의회가 구성의 단계에서 각기 독립되어 있을 뿐만 아니라[24)] 활동에 있어서도 원칙적으로 독립성을 갖는다.[25)] 그 결과 집행영역에 있어서 정부는 국회의 의사와 무관하게 정책을 형성하고 집행할 수 있기 때문에 국회가 이를 통제할 필요성도 더욱 커지는 것이다.

물론 국가작용을 입법, 집행, 사법으로 나누어 각기 다른 국가기관이 담당하도록 하는 권력분립원칙 자체가 일정한 통제의 측면을 가지고 있다고 생각할 수 있다. 특히 군주에게 모든 국가권력이 집중되어 있던 절대군주제로부터 입법권과 사법권이 분리 · 독립되어 입헌군주제 내지 제한군주제로 발전하는 과정은 이러한 측면을 잘 보여주고 있다.

하지만 권력분립에 의해 나누어진 국가권력들은 단순히 분리되어 독자적으로 활동하는 것이 아니라 일정한 경우에는 공화 · 협동을 통하여 공동의 목적달성을 꾀하고, 때로는 견제 · 균형을 통하여 권력의 오 · 남용을 방지한다. 국회의 정부에 대한 통제는 이

---

23) 행정입법에 대한 국회의 통제에 관하여는 장영수, 국회입법권의 약화와 행정입법의 증가에 대한 비판적 고찰, 안암법학 제8호(1999.2), 25-66쪽 참조.

24) 의원내각제 국가에서와는 달리 대통령선거와 국회의원선거가 각기 실시됨으로써 대통령과 국회가 모두 국민으로부터 직접 정당성을 부여받고 있으며, 그 결과 정부와 국회는 -의회의 다수파에 의하여 내각이 구성되는 의원내각제와는 달리- 그 구성에서부터 각기 독립적이다. 이러한 독립성의 측면은 의회의 내각불신임권과 내각의 의회해산권이 인정되어 그 존속에 있어서도 의회와 내각이 상호의존적인 의원내각제와는 달리 대통령제 하에서는 의회와 정부가 원칙적으로 서로의 존속 자체에 직접 영향을 미칠 수 없다는 점으로 연결된다.

25) 그 때문에 대통령제 하에서는 정부의 법률안거부권은 상호견제의 측면에서 인정되더라도 정부의 법률안제출권은 인정되지 않는 것이 일반적이다. 현행헌법 제52조에 의해 인정되고 있는 정부의 법률안제출권이 이질적인 제도로 지칭되는 것은 그 때문이다.

런 맥락에서 볼 때, 국가권력 상호간의 견제를 대표하는 것이라 할 수 있다.[26]

더구나 오늘날에는 행정국가화 경향에 따라 집행부가 비대해지는 현상이 일반화되고 있다. 집행부의 인적 · 물적 조직과 전문성이 입법부와 사법부를 압도하는 현상이 나타나고 있는 것이다. 이에 대한 효율적인 대응을 위해서도 정부에 대한 통제의 필요성은 더욱 강조될 수밖에 없으며, 국회의 국정통제는 −사법부에 의한 행정통제와 더불어− **행정국가화에 대한 균형추**로서도 중요한 의미를 갖는 것이다.

물론 국회가 정부에 대한 통제기능만을 담당하는 것은 아니며, 사법부에 대한 통제기능도 수행한다. 예컨대 법관 및 헌법재판소 재판관에 대하여 국회가 탄핵소추를 의결할 수 있는가 하면, 국정감사권 및 국정조사권을 통하여 사법행정에 대하여 통제하는 것도 가능하다. 하지만 국회의 국정통제의 핵심은 역시 정부에 대한 통제기능이라고 보아야 할 것이다.

4. 국가최고기관으로서의 지위

국회의 헌법상 지위와 관련하여 국회가 국가최고기관인지의 여부를 문제삼는 경우가 있다. 이 문제는 국가최고기관을 어떻게 개념정의할 것인지와 관련되어 있다. 즉, 헌법상 국가최고기관이 하나만 인정될 것인지, 아니면 다수의 국가최고기관이 인정될 수 있는지에 따라서 결론이 달라질 수 있는 것이다.

어의적 의미로 볼 때에는 국가최고기관이 하나가 아닌 다수라는 것이 모순일 수 있다. 그러나 국가조직의 기본원리인 권력분립을 염두에 두고 생각할 때, 하나의 국가최고기관이 존재하고 다른 국가기관들은 그 하위에 있다는 것은 권력분립에 반한다는 문제가 생긴다. 그렇기 때문에 헌법상으로는 권력분립에 의해 각기 독립적 지위가 인정되고 있는 입법, 집행, 사법의 최고기관들을 모두 국가최고기관으로 인정하는 것이 일반적이다.

이렇게 볼 때, 현행헌법상 국가최고기관으로는 입법부로서의 국회, 집행부의 최고기관으로서의 대통령, 사법부의 최고기관으로서 대법원과 헌법재판소가 있다.[27]

Ⅲ. 국회의원의 헌법상 지위

1. 국회의 헌법상의 지위와 국회의원의 헌법상의 지위

국회의 헌법상 지위와 국회의원의 헌법상 지위는 구별되어야 한다. 전체 국회의원이 모여서 구성된 국회는 국민 전체를 대표하며, 국가최고기관의 하나로서 입법기능의

26) 이와 같은 국회의 정부통제는 대통령제 정부형태에서 −그것도 대통령의 다른 국가기관에 대한 상대적 우위가 인정되고 있는 현행헌법 하에서− 대통령을 수반으로 하는 집행부에 대한 통제의 필요성이 다른 어떤 국가기관에 대한 통제보다도 절실하다는 점 때문에 특별한 의미를 갖는 것이다.

27) 국가최고기관과 헌법상 기관은 구별되어야 한다. 국가최고기관은 권력분립상 독립된 기능이 부여되고 있는 입법부, 집행부, 사법부의 최고기관이지만, 헌법상 기관이란 헌법상 그 구성이 예정되어 있는 국가기관을 의미한다. 예컨대 국무총리, 감사원 등은 헌법상 기관에 속하지만 국가최고기관은 아니다.

주체이지만, 국회의원 개개인은 국회의 구성원으로서 국회의 의사결정과정을 통하여 입법기능에 참여할 뿐이고 그 자신이 독립적인 입법기관은 아니기 때문이다.

이러한 차이는 국회의 국민대표기능과 국회의원의 국민대표기능 사이의 차이로부터 비롯된다. 국회는 각 지역구 선거 또는 전국구 비례대표 선거를 통해 선출된 국회의원들이 모여서 전체 국민을 대표할 수 있는 조직이 되지만, 국회의원 개개인은 (대통령과는 달리) 전체 국민으로부터 직접 정당성을 부여받았다고 할 수 없기 때문이다.

그렇다고 국회의원이 국민 전체의 대표자가 아니라 자신을 선출한 지역주민만을 대표한다는 것은 아니다. 국회의원은 **국회의 구성원**이며, **국민의 대표자**이고, **소속 정당의 대표자**이기도 하다.[28] 특히 국민의 대표자로서의 지위와 정당의 대표자로서의 지위가 충돌할 경우에는 원칙적으로 국민의 대표자로서 활동해야 한다고 요청된다.[29]

하지만 현실적으로 국회의원이 정당에 기속되어 있다는 점은 부정할 수 없으므로 국민의 의사 또는 이익과 무관하게 정당의 의사에 따라 활동하는 것이 법적으로 금지되는 것은 아니다. 예컨대 국회의원 스스로가 정당의 내부지침에 따라 행동하는 것을 법으로써 막고 있지는 않다. 하지만 거꾸로 국회의원이 정당의 지시에 반하여 행동하는 것도 역시 허용되어야 하며, 정당의 소속의원에 대한 지배력을 법적으로 담보해주는 것은 자유위임의 현대적 의의[30]에 반하는 것이 된다.[31]

---

28) 국회의원이 자신을 선출한 지역주민의 의사에 더 많이 신경쓰게 되는 것은 현실적으로 불가피한 일이며, 이를 부정적으로 평가할 필요도 없다. 하지만 그러한 사실적 관계와는 별도로 국회의원 개개인에 대해서는 국민의 대표자로서 국민 전체의 이익을 위해 활동해야 할 의무가 부과되는 것이다.

29) 권영성, 헌법학원론, 2010, 943쪽에서는 이와 관련하여 헌법 제46조 제2항에서 "국회의원은 국가이익을 우선하여 양심에 따라 직무를 행한다"고 규정하고 있음을 근거로 국민의 대표자로서의 지위가 우선한다고 보고 있다.

30) 자유위임의 현대적 의의에 관하여는 *K. Hesse*(계희열 역), 독일헌법원론, 2001, 364쪽 이하 참조.

31) 이와 관련하여 **헌재 2003.10.30. 2002헌라1 결정**에 주목할 필요가 있다. 이 결정에서 헌법재판소는 "국회의원의 원내활동을 기본적으로 각자에 맡기는 자유위임은 자유로운 토론과 의사형성을 가능하게 함으로써 당내민주주의를 구현하고 정당의 독재화 또는 과두화를 막아주는 순기능을 갖는다. 그러나 자유위임은 의회 내에서의 정치의사형성에 정당의 협력을 배척하는 것이 아니며, 의원이 정당과 교섭단체의 지시에 기속되는 것을 배제하는 근거가 되는 것도 아니다. 또한 국회의원의 국민대표성을 중시하는 입장에서도 특정 정당에 소속된 국회의원이 정당기속 내지는 교섭단체의 결정(소위 '당론')에 위반하는 정치활동을 한 이유로 제재를 받는 경우, 국회의원 신분을 상실하게 할 수는 없으나 "정당 내부의 사실상의 강제" 또는 소속 "정당으로부터의 제명"은 가능하다고 보고 있다. 그렇다면, 당론과 다른 견해를 가진 소속 국회의원을 당해 교섭단체의 필요에 따라 다른 상임위원회로의 전임(사·보임)하는 조치는 특별한 사정이 없는 한 헌법상 용인될 수 있는 "정당 내부의 사실상 강제"의 범위 내에 해당한다고 할 것"이라고 판시하였다.

헌재 2020.5.27. 2019헌라1 결정에서는 "자유위임원칙은 헌법이 추구하는 가치를 보장하고 실현하기 위한 통치구조의 구성원리 중 하나이므로, 다른 헌법적 이익에 언제나 우선하는 것은 아니고, 국회의 기능 수행을 위해서 필요한 범위 내에서 제한될 수 있다. 이 사건 개선행위의 자유위임원칙 위배 여부는 국회의 기능 수행을 위하여 필요한 정도와 자유위임원칙을 제한하는 정도를 비교형량하여 판단하여야 한다."라고 판시하였다. 그러나 이 판례에 대해서는 학계의 비판이 적지 않다.

2. 의원자격의 발생과 소멸

(1) 의원자격의 발생

국회의원의 자격은 선거에 당선됨을 조건으로 한다. 그러나 실제 국회의원으로서의 자격이 인정되어 권리와 의무를 발생시키는 시점은 임기가 시작될 때라고 할 수 있다.

만일 그렇지 않을 경우에는 아직 임기가 남아 있어서 국회의원으로서의 자격을 가지고 활동하는 사람들과 새로이 국회의원선거에 당선되어 국회의원 자격을 갖게 된 사람들의 권리 · 의무관계가 혼란스럽게 될 것이기 때문이다.

현행 공직선거법 제14조 제2항은 국회의원의 임기는 "총선거에 의한 전임의원의 임기만료일의 다음날로부터 개시된다"고 규정하여 이러한 문제의 발생을 차단하고 있다.

(2) 의원자격의 소멸

국회의원의 자격이 소멸되는 경우는 크게 네 가지 유형으로 나누어진다.

첫째, 정상적인 임기의 만료, 즉 국회의원의 임기개시 후 4년의 경과에 의하여 자격을 상실하는 경우가 있다.[32)]

둘째, 의원자격의 취득과 관련하여 선거소송에 의한 선거무효 또는 당선소송에 의한 당선무효의 결정이 있은 때에는 의원자격이 상실된다.[33)]

셋째, 국회의원의 퇴직, 사직, 제명, 자격심사에 의한 무자격판정에 의하여 의원직이 상실될 수 있다.[34)]

넷째, 소속 정당의 위헌정당해산이 있을 경우, 또는 전국구 비례대표 국회의원의 당적변경이 있을 경우에는 의원직이 상실된다.[35)]

(3) 국회의원의 임기

국회의원의 임기는 4년이며, 대통령과는 달리 중임 및 연임의 제한이 없다. 국회의원의 임기는 총선거에 의한 전임의원의 임기만료일의 다음 날부터 개시된다. 다만, 의원의 임기가 개시된 후에 실시하는 선거에 의한 국회의원의 임기는 당선이 결정된 때부터 개시되며 그 임기는 전임자 또는 같은 종류의 의원의 잔임기간이다.[36)]

임기제도의 의미는 정당성의 갱신에 있다. 즉, 일정한 기간이 지난 후에 선거를 다시 함으로써 임기 동안의 활동에 대해서 평가를 하고, 계속 대표자로서 활동하게 할 것

---

32) 국회의원의 임기를 4년으로 규정하고 있는 헌법 제42조의 규정에 따라 국회의원은 임기개시 후 4년이 경과하면 자격을 상실한다. 다만, 차기 국회의원에 당선될 경우에는 계속 국회의원의 자격을 유지할 수 있을 것이다.

33) 공직선거법 제222조 이하 참조.

34) 국회의원의 사직에 대해서는 국회법 제135조가, 퇴직에 대해서는 국회법 제136조가 정하고 있다. 제명은 징계의 한 형태로 국회법 제163조 제1항 제4호에 규정되어 있으며, 자격심사에 관하여는 국회법 제138조가 규정하고 있다.

35) 비례대표 국회의원의 당적변동이 있을 경우에 의원직을 상실하는 것에 관하여는 공직선거법 제192조 제4항이 규정하고 있다. 그러나 위헌정당해산의 경우에 대해서는 명문의 규정이 없기 때문에 해석상 다툼이 있다. 이에 관하여는 「제1권 제3부 제1장 제4절 Ⅳ. 4. **소속의원의 자격상실 여부**」 참조.

36) 공직선거법 제14조 제2항.

인지의 여부를 판단함으로써 정당성을 갱신하거나 회수하는 것이다.

(4) 국회의원의 겸직금지

헌법 제43조는 "국회의원은 법률이 정하는 직을 겸할 수 없다"고 규정함으로써 국회의원이 국민대표로서의 역할과 양립하기 어려운 공·사의 직을 겸하지 못하게 하고 있다.

이러한 겸직금지는 국회의원이 직무에 충실하도록 요구하는 것이다. 국회의원이 다른 국가기관의 직과 겸직하지 못하도록 하는 경우는 의회의 정상적인 기능을 확보하기 위한 것이라고 할 수 있으며, 영리직업과의 겸직금지는 직무의 공정성을 확보하기 위한 것으로 이해될 수 있을 것이다.

현행 국회법 제29조에서는 국무위원의 겸직금지에 대하여 명시하고 있다:

① 국회의원은 국무총리, 국무위원 이외의 다른 직을 겸할 수 없다. 다만, 공익 목적의 명예직, 다른 법률에서 의원이 임명·위촉되도록 정한 직, 「정당법」에 따른 정당의 직의 경우는 예외로 한다. ② 국회의원이 예외에 해당되지 않는 직을 가진 경우에는 임기개시일 전까지(재선거·보궐선거의 경우에는 당선이 결정된 날의 다음 날까지) 그 직을 휴직 또는 사직하여야 한다. ③ 국회의원이 「공공기관의 운영에 관한 법률」 제4조에 따른 공공기관(한국은행을 포함한다)의 임직원, 「농업협동조합법」, 「수산업협동조합법」에 따른 조합, 중앙회와 그 자회사(손자회사를 포함한다)의 임직원, 「정당법」 제22조 제1항에 따라 정당의 당원이 될 수 있는 교원의 직을 가진 경우에는 임기개시일 전까지 그 직을 사직하여야 한다.

또한 국회법 제29조의2 규정에 따라 의원은 그 직무 외에 '영리를 목적으로 하는 업무'에 종사할 수 없다. 다만, 의원 본인 소유의 토지·건물 등의 재산을 활용한 임대업 등 영리업무를 하는 경우로서 의원의 직무수행에 지장이 없는 경우에는 예외로 한다. 국회의원이 당선 전부터 예외에 해당되지 않는 영리업무에 종사하는 경우에는 임기개시 후 6개월 이내에 그 영리업무를 휴업 또는 폐업하여야 한다.

3. 국회의원의 헌법상의 특권

(1) 국회의원에 대한 특권 인정의 역사적 배경

국회가 제 기능을 다할 수 있기 위해서는 여러 가지 전제조건이 충족되어야 한다. 특히 국회와 정부의 대립관계를 전제할 때, 국회의원들을 정부의 억압으로부터 보호하는 것은 국회의 정상적 기능을 위해서 가장 중요한 전제의 하나라고 할 수 있다.

영국에서 의회가 발달되던 초기에는 의원들이 정부를 통제하기가 매우 어려웠다. 정부에 대한 비판은 자칫 국왕에 대한 모독이나 각료들에 대한 명예훼손이 되기 쉬웠고, 또 정부는 엉뚱한 혐의를 가지고 의원들을 체포·구금함으로써 국회의 소집 및 의사의 진행을 방해하는 예가 드물지 않았기 때문이다. 이런 문제들을 막기 위하여 의원들에 대한 면책특권과 불체포특권이 도입되었던 것이다.

이후 국회의원의 면책특권과 불체포특권은 의회의 기능을 활성화시키기 위한 중요한 조건으로 인식되어 각국의 헌법이 이를 도입하였으며, 오늘날에는 대부분의 국가들이 이를 인정하고 있다.

(2) 국회의원의 면책특권

① **의의와 기능**: 현행헌법 제45조는 "국회의원은 국회에서 직무상 행한 발언과 표결에 관하여 국회외에서 책임을 지지 아니한다"고 규정하고 있다. 즉, 국회의원의 면책특권을 인정함으로써 「국회의원」이 「국회 내」에서 「직무상」 행한 「발언과 표결」에 대하여 민 · 형사상의 책임을 면제하는 것이다. 이처럼 면책특권을 보장하는 것은 특히 국회의 대정부통제활동과 관련하여 국회의원이 정부각료에 대하여 −면책특권이 아니라면 명예훼손이 될 수도 있는− 강력한 비판을 가능하게 만드는 역할을 한다.[37)]

② **법적 성격**: 면책특권은 국회의원의 특권이지만 궁극적으로 국회의 기능을 활성화시키기 위한 것이기 때문에 국회의 특권이기도 하다.[38)] 또한 면책특권이 위법성조각사유인지 아니면 형벌조각사유(인적 처벌조각사유)인지에 대한 논란도 있었으나, 오늘날에는 형벌조각사유로 보는 것이 일반적이다. 그리고 면책특권이 실체법상의 권리인지, 아니면 절차법상의 권리인지에 관한 논란도 있으나 실제 판결에 영향을 주는 것은 아니기 때문에 논의의 실익은 별로 크지 않다.[39)]

③ **인정요건**: 면책특권이 인정되기 위해서는 헌법 제45조의 규정에 따라 다음의 네 가지 요건이 갖추어져야 한다.

첫째, 면책특권의 주체는 「국회의원」으로 한정된다. 따라서 국회의원이 아닌 국무총리, 국무위원, 증인, 참고인 등의 발언자들에 대해서는 면책특권이 인정되지 않는다.[40)]

둘째, 면책특권이 「국회 내」에서 행사되어야 한다. 다만 여기서 「국회 내」라는 말의 의미는 국회의사당만을 의미하는 것이 아니라 국회의 공식업무가 수행되고 있는 장소를 의미하는 것으로 해석된다.

---

37) 대법원은 최근의 판결에서 국회의원의 직무상 발언은 명백히 허위인 사실을 알고 타인의 명예를 훼손한 것이 아니라는 전제하에 "발언내용이 허위라는 점을 인식하지 못했다면 비록 발언내용에 다소 근거가 부족하거나 진위 여부를 확인하기 위한 조사를 제대로 하지 않았다고 하더라도, 그것이 직무수행의 일환으로 이뤄진 것인 이상 면책특권의 대상이 된다"고 판시하였다(**대법원 2007.1.12. 선고 2005다57752**).

또한 대법원은 국회의원인 피고인이, 구 국가안전기획부 내 정보수집팀이 대기업 고위관계자와 중앙일간지 사주 간의 사적 대화를 불법 녹음한 자료를 입수한 후 그 대화 내용과, 전직 검찰간부인 피해자가 위 대기업으로부터 이른바 떡값 명목의 금품을 수수하였다는 내용이 게재된 보도자료를 작성하여 국회 법제사법위원회 개의 당일 국회 의원회관에서 기자들에게 배포한 사안에서 위 행위가 국회의원 면책특권의 대상이 되는 직무부수행위에 해당한다고 판시한 바 있다(**대법원 2011.5.13. 선고 2009도14442 판결**).

38) 이런 맥락에서 볼 때, 면책특권의 성격과 관련하여 국회의원의 특권인지, 아니면 국회의 특권인지를 다투는 것은 논의의 실익이 없다고 할 수 있다.

39) 면책특권의 법적 성격에 관하여는 김형성 · 정순원, 국회의원의 면책특권과 불체포특권, 성균관법학 제16권 제2호(2005), 321−348(326 이하)쪽 참조.

40) 의원직을 겸직한 국무총리나 국무위원의 경우에 대해서는 논란이 있지만, 의원 자격으로 행한 국회 내의 발언과 표결에 대해서는 면책특권을 인정해야 한다는 견해가 지배적이다. 이에 관하여는 권영성, 헌법학원론, 2010, 947쪽 참조.

셋째, 면책특권의 행사는 「직무관련성」이 있어야 한다. 다만 직무관련성은 국회의 활동에 관한 것뿐만 아니라 이에 부수하는 행위도 포함한다.41)

넷째, 면책특권의 행사는 「발언과 표결」에 한정되며, 물리적 폭력에까지 미치는 것이 아니다. 다만 「발언과 표결」은 국회 내에서의 의제에 관한 발의나 질문, 토론 등의 모든 의사표시를 포함하는 것으로 넓게 이해된다.

④ 법적 효과: 면책특권에 해당될 경우에는 국회 밖에서 일체의 법적 책임을 지지 않는다.42) 따라서 명예훼손죄 등 형사상의 책임과 손해배상 등 민사상의 책임이 모두 면제된다. 또한 국회의원으로 재직하고 있는 동안에만 책임이 유예되는 것이 아니라 퇴직 후에도 면책의 효과는 유지된다. 다만 헌법 제45조의 면책특권은 **국회 밖에서의 책임을 면제**시키고 있을 뿐이기 때문에, 국회 내에서 징계를 하는 것은 가능하다.

⑤ 한계: 면책특권의 인정범위는 국회 내에서 직무상 행한 발언과 표결로 한정되기 때문에 같은 내용을 다시 국회 밖에서 발언 또는 출판하는 경우는 면책특권에 의해 보호되지 않는다고 보는 견해가 있다.43) 그러나 현실적으로 면책특권을 이용하여 발언한 내용이 언론보도 등을 통해 공개되어 많은 국민들이 알게 된 상황에서 발언내용을 다시 반복하는 것을 법적으로 문제삼기는 어려울 것이다. 오히려 면책특권의 한계와 관련해서는 "중상적 모욕(verleumderische Beleidigung)"의 경우는 면책특권을 배제하도록 하고 있는 독일기본법 제46조 제1항의 경우처럼 헌법 스스로가 일정한 한계를 설정하는 것이 필요한지를 검토해야 할 것이다.44)

(3) 국회의원의 불체포특권

① 의의와 기능: 현행헌법 제44조는 제1항에서 "국회의원은 현행범인인 경우를 제외하고는 회기중 국회의 동의없이 체포 또는 구금되지 아니한다"고 규정하고 있으며,

---

41) 이와 관련하여 대법원은 국회의원의 면책특권의 대상이 되는 행위는 직무상의 발언과 표결이라는 의사표현행위 자체에 국한되지 아니하고 이에 통상적으로 부수하여 행하여지는 행위까지 포함하고, 그와 같은 부수행위인지 여부는 결국 구체적인 행위의 목적, 장소, 태양 등을 종합하여 개별적으로 판단할 수밖에 없다고 인정하면서, 원고의 내용이 공개회의에서 행할 발언내용이고(회의의 공개성), 원고의 배포시기가 당초 발언하기로 예정된 회의 시작 30분 전으로 근접되어 있으며(시간적 근접성), 원고 배포의 장소 및 대상이 국회의사당 내에 위치한 기자실에서 국회출입기자들만을 상대로 한정적으로 이루어지고(장소 및 대상의 한정성), 원고 배포의 목적이 보도의 편의를 위한 것(목적의 정당성)이라면, 국회의원이 국회본회의에서 질문할 원고를 사전에 배포한 행위는 면책특권의 대상이 되는 직무부수행위에 해당한다고 판시한 바 있다(**대법원 1992.9.22. 선고 91도3317 판결**). 또한 유사한 맥락에서 국회의원이 국회의 위원회나 국정감사장에서 국무위원·정부위원 등에 대하여 하는 질문이나 질의와 국회의원이 국회 내에서 하는 정부·행정기관에 대한 자료제출의 요구도 면책특권의 대상이 되는 행위로 인정한 바 있다(대법원 1996.11.8. 선고 96도1742 판결).

42) 물론 국민에 의한 정치적 책임의 추궁은 가능하며, 소속 정당에 의한 정치적 책임추궁(예컨대 정당의 공천대상에서 배제하는 등의 불이익을 주거나 제명 등 징계를 하는 것)도 면책특권에 의해 금지되지 않는다.

43) 예컨대 권영성, 헌법학원론, 2010, 948쪽.

44) 그러나 독일의 경우에도 중상적 모욕에 해당되어 실제로 국회의원의 면책특권이 제한된 예는 찾기 어려우며, 이를 폭넓게 인정할 경우에는 면책특권의 위축이 문제될 수 있을 것이다.

제2항에서 "국회의원이 회기 전에 체포 또는 구금된 때에는 현행범인이 아닌 한 국회의 요구가 있으면 회기중 석방된다"고 규정함으로써 국회의원의 불체포특권을 인정하고 있다. 이처럼 국회의원에게 불체포특권이 인정된 이유는 국회의원이 사소한 이유 또는 조작된 이유 등으로 체포됨으로써 국회의 활동 자체에 지장을 받는 것을 막기 위한 것이다.[45)]

② **법적 성격**: 불체포특권의 법적 성격은 면책특권과 많이 비교된다. 불체포특권도 -면책특권과 마찬가지로- 국회의원의 특권이면서 동시에 국회의 기능을 활성화시키기 위한 것이라는 공통점을 갖는다. 하지만 면책특권이 국회 내에서의 직무상 발언과 표결에 대한 특별한 보호를 통해 의원의 의회활동을 활성화시키는 것인 반면에, 불체포특권은 범죄행위의 유형을 불문하고 국회의원의 회기중 체포·구금을 제한하는 것이다. 그렇기 때문에 면책특권은 형벌 자체를 면제시키는 효과를 가져오지만 불체포특권은 회기중에 한하여 체포·구금을 일시적으로 연기시키는 효과만을 가져오는 차이를 보인다.

③ **인정요건**: 국회의원의 불체포특권이 인정되기 위해서는 헌법 제44조의 규정에 따라 다음의 세 가지 요건이 필요하다.

첫째, 회기중이어야 한다. 회기중이라 함은 국회의 정기회 또는 임시회의 개회일부터 폐회일까지를 의미하며, 휴회중인 기간도 포함한다. 회기중이 아닌 경우에는 국회의원을 체포·구금하더라도 국회의 활동에 영향을 미치지 않기 때문에 회기중에만 불체포특권이 인정되는 것이다.[46)] 또한 회기 전에 체포·구금된 경우에도 헌법 제44조 제2항의 규정에 따라 회기중에 국회의 요구가 있으면 석방하여야 한다.[47)]

둘째, 현행범이 아니어야 한다. 헌법 제44조 제1항의 규정에 따라 현행범에 대해서는 불체포특권이 배제된다. 현행범의 경우에는 국회의 활동을 무력화시키기 위한 의도를 가지고 의원을 체포·구금한 것으로 볼 수 없기 때문이다.

셋째, 체포·구금에 대한 국회의 동의가 있는 경우가 아니어야 한다. 국회 스스로가 국회의원의 체포·구금에 대해서 동의한 경우에는 당해 국회의원의 체포가 국회의 활동을 무력화시키는 것으로 볼 수 없을 것이기 때문이다.

---

45) 즉, 국회의원 개인의 보호를 위해서라기보다는 국회의원을 체포·구금함으로써 국회의 기능을 무력화시키는 것을 막기 위해서 불체포특권이 인정되는 것이다.

46) 단, 계엄이 선포된 때에는 계엄법 제13조에 따라 현행범이 아닌 한 국회의원의 불체포특권이 회기중인 경우와 아닌 경우를 가리지 않고 인정된다. 이처럼 계엄 하에서 불체포특권을 강화시키고 있는 것은 두 가지 이유로 정리될 수 있다. 첫째, 국회가 계엄해제요구권 등 계엄에 대한 통제권을 가지고 있기 때문에 계엄당국이 국회를 무력화시키려는 시도를 감행할 가능성에 대응해야 할 필요성이 있다. 둘째, 계엄이라는 비상상황 속에서 회기중이 아니라고 해서 다수의 국회의원을 체포·구금할 수 있도록 할 경우에는 자칫 국회의 개회 자체가 어려워질 수도 있다. 결국 계엄에 대한 국회의 통제권을 실질적으로 확보하기 위해 회기중이 아닌 경우에도 불체포특권을 인정한 것으로 이해될 수 있다.

47) 국회의원이 체포 또는 구금된 의원의 석방요구를 발의할 때에는 재적의원 4분의 1 이상의 연서로 그 이유를 첨부한 요구서를 국회의장에게 제출하여야 하며(국회법 제28조), 이에 관한 국회의 의결은 일반의결정족수에 따라 재적의원 과반수의 출석과 출석의원 과반수의 찬성을 요하는 것으로 보는 견해가 일반적이다.

④ **법적 효과:** 불체포특권이 인정됨으로 인하여 국회의원은 회기중 체포·구금되지 않는다. 하지만 면책특권과는 달리 법적 책임 자체를 면제시키는 것이 아니기 때문에, 국회의 회기가 끝난 후에 국회의원을 체포·구금하는 것은 헌법상 문제되지 않는다.

⑤ **한계:** 불체포특권이 인정되기 위한 소극적 요건, 즉 현행범이 아닐 것과 체포·구금에 대한 국회의 동의가 없을 것이라는 요건은 불체포특권의 한계로 지칭되기도 한다.[48] 그러나 지난 제15~17대 국회의 경우 국회에서 체포동의안이 가결된 경우는 단 한 건도 없었다. 나아가 국회의원에 대한 체포를 막고자 하는 의도로 임시국회를 소집하거나 회기를 계속 연장하는 경우가 생겨 '방탄국회'라는 오명까지 쓰게 되었다.[49] 이에 대하여 헌법개정을 통해 일본헌법 제50조[50]처럼 법률유보를 통한 불체포특권의 제한을 가능하도록 하자는 주장도 있다.[51]

(4) 국회의원의 특권 남용과 그에 대한 개선방향

국회의원들은 국민을 대표하는 공인(公人)이다. 단순한 공무원이라는 개념으로 설명될 수 없는, 국민에 의해 직접 선출되어서 국민에 대해 가장 큰 책임을 지는 사람인 것이다. 국회의원에게 인정되는 많은 권한과 특권은 이러한 책임을 수행하기 위해서 필요하다고 인정된 것이지, 국회의원들의 수고에 대한 반대급부는 절대로 아니다.

특히 국회의원의 면책특권과 불체포특권은 국회의 기능이 원활하게 수행되기 위한 조건으로 인정된 것이지, 국회의원들의 개인적 잘못이나 비리를 감싸주기 위한 것은 결코 아니다. 하지만 일부 국회의원들은 자신들에게 인정된 권한, 특권 등을 국회의 기능 활성화라는 측면에서 이해하지 않고 국회의원의 지위에 수반되는 사적 권리로 생각하는 경우가 있고, 그것이 문제되는 것이다.

그 결과 아무런 근거도 없이 정부각료나 반대정당의 구성원에 대해 의혹을 제기함으로써 면책특권을 남용하는 예가 적지 않게 문제된 바 있으며, 이로 인하여 면책특권을 제한하여야 한다는 주장도 일각에서 나오고 있다.[52] 또한 면책특권과 마찬가지로 불체포특권에 대해서도 제한의 필요성이 대두되고 있으며, 2004년 4월 15일의 국회의원

---

48) 예컨대 김형성·정순원, 국회의원의 면책특권과 불체포특권, 성균관법학 제16권 제2호(2005), 321-348(325 이하)쪽.

49) 국회의원들의 공적 의식이 강했더라면 방탄국회라는 것은 생각조차 하기 어려운 일이다. 정말로 국회의원들에 대한 체포가 중대한 정치적 사안이고, 의회에 대한 탄압이라면 그 사안에 대한 정면대응이 필요할 것이다. 그렇지 않은 경우라면 국회의원의 체포에 대해서 국회가 직접 대응할 필요가 없다. 더구나 중요한 국정사안의 처리를 위해서가 아니라 단지 범죄혐의를 받고 있는 동료 국회의원들을 체포로부터 보호하기 위해 국민의 막대한 세금을 들여 국회를 연다는 것은 국회의 본질과 기능을 망각한 것이라고 평가할 수밖에 없을 것이다.

50) 일본헌법 제50조: "양의원의 의원은 법률이 정하는 경우를 제외하고는 국회의 회기중에 체포되지 않고, 회기중에 체포된 의원(議員)은 그 의원(議院)의 요구가 있으면 회기중 석방하여야 한다."

51) 김형성·정순원, 국회의원의 면책특권과 불체포특권, 성균관법학 제16권 제2호(2005), 321-348(340)쪽.

52) 그러나 면책특권의 제한은 자칫 면책특권의 부인과 같은 효과를 가져올 수 있기 때문에 조심스러운 접근이 필요하다. 면책특권의 본질 자체가 국회의원의 자유로운 발언과 표결을 보장함으로써 원활한 국정통제활동을 수행할 수 있도록 하는 것인데, 발언과 표결에 대한 제한을 가할 경우에는 사실상 면책특권의 부인과 다를 바 없는 것이 될 것이기 때문이다.

선거를 앞두고 각 정당들은 불체포특권의 포기 또는 축소를 공약으로 내세운 바 있었으나, 제17대 국회에서도 실제 달라진 점은 없었다. 제헌국회가 구성된 이래 2025년 8월까지 체포동의안이 가결된 것은 20건에 불과하다.

그러나 이러한 문제들 때문에 국회의원의 특권 자체를 없애는 것은 곤란할 것이다. 아직도 국회의 정상적인 활동을 위해 국회의원을 보호할 필요성이 있기 때문이다.[53] 따라서 문제의 해결은 적정한 개선을 통해 추구되어야 할 것이며, 제도 자체의 폐기는 아니라고 할 수 있다.[54]

4. 국회의원의 권한과 의무

국회의원은 국회의 구성원으로서 특권을 가질 뿐만 아니라 국회의 구체적 활동과 관련하여 각종 권한을 가지며, 의무를 지고 있다.

국회의원은 국회의 운영 내지 활동과 관련하여 국회의 **임시회 소집요구권**[55]을 가지며, **의안발의권**,[56] **정부에 대한 질문권**,[57] **토론권**,[58] **표결권**[59] 등을 갖는다. 이러

53) 이에 관하여는 장영수, 불체포특권은 불가침인가, 민주사회를 위한 변론 2004년 1·2월호, 19-25(20 이하)쪽 참조.

54) 면책특권의 대상이 되는 발언에 대해서는 민·형사상의 책임이 면제되지만, 그로 인하여 국회 내에서의 징계조차 불가능해지는 것은 아니다. 그럼에도 불구하고 국회의원들이 면책특권이라는 제도의 문제점만 이야기하면서 제한의 필요성을 주장할 뿐이고, 현행법 하에서도 충분히 가능한 대안의 마련, 즉 국회 내에서 일정한 규범을 만들어 이를 어길 경우에 징계함으로써 면책특권의 남용을 막는 노력을 기울인 바가 없다는 점은 시사하는 바가 크다.

55) 헌법 제47조 제1항: "국회의 정기회는 법률이 정하는 바에 의하여 매년 1회 집회되며, 국회의 임시회는 대통령 또는 국회재적의원 4분의 1 이상의 요구에 의하여 집회된다."
국회법 제5조 (임시회):
① 의장은 임시회의 집회요구가 있을 때에는 집회기일 3일전에 공고한다. 이 경우 둘 이상의 집회요구가 있을 때에는 집회일이 빠른 것을 공고하되, 집회일이 같은 때에는 그 요구서가 먼저 제출된 것을 공고한다.
② 의장은 제1항에도 불구하고 다음 각 호의 어느 하나에 해당하는 경우에는 집회기일 1일 전에 공고할 수 있다.
1. 내우외환, 천재지변 또는 중대한 재정·경제상의 위기가 발생한 경우
2. 국가의 안위에 관계되는 중대한 교전 상태나 전시·사변 또는 이에 준하는 국가비상사태인 경우
③ 국회의원 총선거 후 첫 임시회는 의원의 임기 개시 후 7일에 집회하며, 처음 선출된 의장의 임기가 폐회 중에 만료되는 경우에는 늦어도 임기만료일 5일 전까지 집회한다. 다만, 그 날이 공휴일인 때에는 그 다음 날에 집회한다.

56) 헌법 제52조: "국회의원과 정부는 법률안을 제출할 수 있다."
국회법 제79조 (의안의 발의 또는 제출):
① 의원은 10명 이상의 찬성으로 의안을 발의할 수 있다.
② 의안을 발의하는 의원은 그 안을 갖추고 이유를 붙여 찬성자와 연서하여 이를 의장에게 제출하여야 한다.
③ 의원이 법률안을 발의할 때에는 발의의원과 찬성의원을 구분하되, 법률안 제명의 부제(副題)로 발의의원의 성명을 기재한다.
④ 제3항에 따라 발의의원의 성명을 기재할 때 발의의원이 2명 이상인 경우에는 대표발의의원 1명을 명시(明示)하여야 한다. 다만, 서로 다른 교섭단체에 속하는 의원이 공동으로 발의하는 경우(교섭단체에 속하는 의원과 어느 교섭단체에도 속하지 아니하는 의원이 공동으로 발의하는 경우를 포함한다) 소속 교섭단체가 다른 대표발의의원(어느 교섭단체에도 속하지 아니하는 의원을 포함할 수 있다)을 3명 이내의 범위에서 명시할 수 있다.
⑤ 의원이 발의한 법률안 중 국회에서 의결된 제정법률안 또는 전부개정법률안을 공표하거나 홍보하

는 경우에는 해당 법률안의 부제를 함께 표기할 수 있다.

국회법 제79조의2(의안에 대한 비용추계 자료 등의 제출)

① 의원이 예산상 또는 기금상의 조치를 수반하는 의안을 발의하는 경우에는 그 의안의 시행에 수반될 것으로 예상되는 비용에 관한 국회예산정책처의 추계서 또는 국회예산정책처에 대한 추계요구서를 함께 제출하여야 한다.

② 제1항에 따라 의원이 국회예산정책처에 대한 비용추계요구서를 제출한 경우 국회예산정책처는 특별한 사정이 없으면 제58조 제1항에 따른 위원회의 심사 전에 해당 의안에 대한 비용추계서를 의장과 비용추계를 요구한 의원에게 제출하여야 한다. 이 경우 의원이 제1항에 따라 비용추계서를 제출한 것으로 본다.

③ 위원회가 예산상 또는 기금상의 조치를 수반하는 의안을 제안하는 경우에는 그 의안의 시행에 수반될 것으로 예상되는 비용에 관한 국회예산정책처의 추계서를 함께 제출하여야 한다. 다만, 긴급한 사유가 있는 경우 위원회의 의결로 추계서 제출을 생략할 수 있다.

④ 정부가 예산상 또는 기금상의 조치를 수반하는 의안을 제출하는 경우에는 그 의안의 시행에 수반될 것으로 예상되는 비용에 관한 추계서와 이에 상응하는 재원조달방안에 관한 자료를 의안에 첨부하여야 한다.

⑤ 제1항부터 제4항까지에 따른 비용추계 및 재원조달방안에 관한 자료의 작성 및 제출 절차 등에 필요한 사항은 국회규칙으로 정한다.

57) 국회법 제122조(정부에 대한 서면질문):

① 의원이 정부에 서면으로 질문하려고 할 때에는 질문서를 의장에게 제출하여야 한다.

② 의장은 제1항의 질문서를 받았을 때에는 지체없이 이를 정부에 이송한다.

③ 정부는 질문서를 받은 날로부터 10일 이내에 서면으로 답변하여야 한다. 그 기간내에 답변하지 못할 때에는 그 이유와 답변할 수 있는 기한을 국회에 통지하여야 한다.

④ 정부는 서면질문에 대하여 답변할 때 회의록에 게재할 답변서와 그 밖의 답변관계자료를 구분하여 국회에 제출하여야 한다.

⑤ 제3항의 답변에 대하여 보충하여 질문하려는 의원은 서면으로 다시 질문할 수 있다.

제122조의2 (정부에 대한 질문):

① 본회의는 회기중 기간을 정하여 국정전반 또는 국정의 특정분야를 대상으로 정부에 대하여 질문(이하 "대정부질문"이라 한다)을 할 수 있다.

② 대정부질문은 일문일답의 방식으로 하되, 의원의 질문시간은 20분을 초과할 수 없다. 이 경우 질문시간에 답변시간은 포함되지 아니한다.

③ 제2항에도 불구하고 시각장애 등 신체장애를 가진 의원이 대정부질문을 하는 경우, 의장은 각 교섭단체 대표의원과 협의하여 별도의 추가 질문시간을 허가할 수 있다.

④ 의제별 질문의원수는 의장이 각 교섭단체대표의원과 협의하여 정한다.

⑤ 의장은 제4항에 따른 의제별 질문의원수를 교섭단체별로 그 소속의원수의 비율에 따라 배정한다. 이 경우 교섭단체에 속하지 아니하는 의원의 질문자수는 의장이 각 교섭단체대표의원과 협의하여 정한다.

⑥ 의장은 의원의 질문과 정부의 답변이 교대로 균형 있게 유지되도록 하여야 한다.

⑦ 대정부질문을 하려는 의원은 미리 질문의 요지를 적은 질문요지서를 구체적으로 작성하여 의장에게 제출하여야 하며, 의장은 늦어도 질문시간 48시간전까지 질문요지서가 정부에 도달되도록 송부하여야 한다.

⑧ 각 교섭단체대표의원은 질문의원과 질문순서를 질문일 전날까지 의장에게 통지하여야 한다. 이 경우 의장은 각 교섭단체대표의원의 통지내용에 따라 질문순서를 정한 후 본회의 개의 전에 각 교섭단체대표의원과 정부에 통지하여야 한다.

제122조의3 (긴급현안질문):

② 의원은 20명 이상의 찬성으로 회기중 현안이 되고 있는 중요한 사항을 대상으로 정부에 대하여 질문(이하 이 조에서 "긴급현안질문"이라 한다)을 할 것을 의장에게 요구할 수 있다.

② 제1항에 따라 긴급현안질문을 요구하는 의원은 그 이유와 질문요지 및 출석을 요구하는 국무총리 또는 국무위원을 적은 질문요구서를 본회의개의 24시간전까지 의장에게 제출하여야 한다.

③ 의장은 질문요구서를 접수하였을 때에는 긴급현안질문 실시 여부와 의사일정을 국회운영위원회와 협의하여 정한다. 다만, 의장은 필요한 경우 본회의에서 긴급현안질문 실시 여부를 표결에 부쳐 정할 수 있다.

④ 제3항에 따른 의장의 결정 또는 본회의의 의결이 있었을 때에는 해당 국무총리 또는 국무위원에 대한 출석요구의 의결이 있는 것으로 본다.
⑤ 긴급현안질문시간은 총 120분으로 한다. 다만, 의장은 각 교섭단체대표의원과 협의하여 시간을 연장할 수 있다.
⑥ 긴급현안질문을 할 때의 의원의 질문시간은 10분을 초과할 수 없다. 다만, 보충질문은 5분을 초과할 수 없다.
⑦ 긴급현안질문의 절차등에 관하여 이 조에서 정한 것을 제외하고는 제122조의2를 준용한다.

58) 국회법 제93조 (안건심의): 본회의는 안건을 심의할 때 그 안건을 심사한 위원장의 심사보고를 듣고 질의·토론을 거쳐 표결한다. 다만, 위원회의 심사를 거치지 아니한 안건에 대해서는 제안자가 그 취지를 설명하여야 하고, 위원회의 심사를 거친 안건에 대해서는 의결로 질의와 토론을 모두 생략하거나 그 중 하나를 생략할 수 있다.

59) 헌법 제49조: "국회는 헌법 또는 법률에 특별한 규정이 없는 한 재적의원 과반수의 출석과 출석의원 과반수의 찬성으로 의결한다. 가부동수인 때에는 부결된 것으로 본다."
국회법 제109조 (의결정족수): 의사는 헌법이나 이 법에 특별한 규정이 없으면 한 재적의원 과반수의 출석과 출석의원 과반수의 찬성으로 의결한다.
제110조 (표결의 선포):
① 표결할 때에는 의장이 표결할 안건의 제목을 의장석에서 선포하여야 한다.
② 의장이 표결을 선포한 후에는 누구든지 그 안건에 관하여 발언할 수 없다.
제111조 (표결의 참가와 의사변경의 금지):
① 표결을 할 때에는 회의장에 있지 아니한 의원은 표결에 참가할 수 없다. 그러나 기명투표 또는 무기명투표로 표결할 때에는 투표함이 폐쇄될 때까지 표결에 참가할 수 있다.
② 의원은 표결에 대하여 표시한 의사를 변경할 수 없다.
국회법 제112조 (표결방법)
① 표결할 때에는 전자투표에 의한 기록표결로 가부(可否)를 결정한다. 다만, 투표기기의 고장 등 특별한 사정이 있을 때에는 기립표결로, 기립표결이 어려운 의원이 있는 경우에는 의장의 허가를 받아 본인의 의사표시를 할 수 있는 방법에 의한 표결로 가부를 결정할 수 있다.
② 중요한 안건으로서 의장의 제의 또는 의원의 동의(動議)로 본회의 의결이 있거나 재적의원 5분의 1 이상의 요구가 있을 때에는 기명투표·호명투표(呼名投票) 또는 무기명투표로 표결한다.
③ 의장은 안건에 대하여 이의가 있는지 물어서 이의가 없다고 인정할 때에는 가결되었음을 선포할 수 있다. 다만, 이의가 있을 때에는 제1항이나 제2항의 방법으로 표결하여야 한다.
④ 헌법개정안은 기명투표로 표결한다.
⑤ 대통령으로부터 환부(還付)된 법률안과 그 밖에 인사에 관한 안건은 무기명투표로 표결한다. 다만, 겸직으로 인한 의원 사직과 위원장 사임에 대하여 의장이 각 교섭단체 대표의원과 협의한 경우에는 그러하지 아니하다.
⑥ 국회에서 실시하는 각종 선거는 법률에 특별한 규정이 없으면 무기명투표로 한다. 투표 결과 당선자가 없을 때에는 최고득표자와 차점자에 대하여 결선투표를 하여 다수표를 얻은 사람을 당선자로 한다. 다만, 득표수가 같을 때에는 연장자를 당선자로 한다.
⑦ 국무총리 또는 국무위원의 해임건의안이 발의되었을 때에는 의장은 그 해임건의안이 발의된 후 처음 개의하는 본회의에 그 사실을 보고하고, 본회의에 보고된 때부터 24시간 이후 72시간 이내에 무기명투표로 표결한다. 이 기간 내에 표결하지 아니한 해임건의안은 폐기된 것으로 본다.
⑧ 제1항 본문에 따라 투표를 하는 경우 재적의원 5분의 1 이상의 요구가 있을 때에는 전자적인 방법 등을 통하여 정당한 투표권자임을 확인한 후 투표한다.
⑨ 의장이 각 교섭단체 대표의원과 합의를 하는 경우에는 제2항, 제4항부터 제7항까지에 따른 기명투표 또는 무기명투표를 전자장치를 이용하여 실시할 수 있다.
제113조 (표결 결과 선포): 표결이 끝났을 때에는 의장은 그 결과를 의장석에서 선포한다.
제114조 (기명·무기명투표절차): ① 기명투표 또는 무기명투표를 할 때에는 각 의원은 먼저 명패를 명패함에 넣고, 다음에 투표용지를 투표함에 넣는다.
② 기명투표 또는 무기명투표를 할 때에는 의장은 의원 중에서 몇 명의 감표위원을 지명하고 그 위원의 참여하에 직원으로 하여금 명패와 기명투표 또는 무기명투표의 수를 점검·계산하게 한다. 이 경우 감표위원으로 지명된 의원이 이에 응하지 아니할 때에는 그 의원을 제외하거나 다른 의원을 감표위원으로 지명할 수 있다.

한 국회의원의 권한은 개인으로서의 국회의원의 권한이기 때문에 국회의 권한과 구별되어야 하며, 개인자격으로 행사될 수 있는 것이 대부분이다. 다만 그 중에서 임시회 소집 요구권은 재적의원 4분의 1 이상의 찬성을 요하며, 의안의 발의에는 국회의원 10인 이상의 찬성을 필요로 한다.

그 밖에 국회법 제30조와 「국회의원의 보좌직원과 수당 등에 관한 법률」에 따라 국회의원들은 일정액의 수당, 입법활동비, 특별활동비, 입법 및 정책개발비, 여비 등을 지급받는다.

또한 국회의원은 직무의 공정한 수행과 관련하여 헌법과 국회법에 의하여 일정한 의무를 지고 있다. 헌법 제46조 제1항은 국회의원에게 **청렴의 의무**를 부과하고 있으며, 제2항은 **국가이익우선의 의무**, 제3항은 **이권개입금지의무**를 각기 규정하고 있다. 그 밖에 헌법 제43조에 의한 겸직금지를 국회의원의 의무로 보는 견해도 있다.[60]

국회법에 규정된 국회의원의 의무로는 품위유지의 의무,[61] 회의 질서의 유지의무,[62] 모욕적 발언의 금지의무,[63] 발언에 대한 방해의 금지의무[64] 등이 있다. 그 밖에 국가공무원법 및 공직자윤리법상의 의무가 국회의원에게도 부과된다.[65]

▶ 사례 풀이:

1. 갑의 헌법소원심판청구는 적법한가? (30점)

Ⅰ. 서: 헌법소원심판의 의의와 청구요건 [3점]

Ⅱ. 공권력의 행사 또는 불행사에 의한 기본권의 침해 [8점]

---

③ 투표의 수가 명패의 수보다 많을 때에는 재투표를 한다. 다만, 투표의 결과에 영향을 미치지 아니할 때에는 그러하지 아니하다.

제114조의2 (자유투표):

의원은 국민의 대표자로서 소속정당의 의사에 기속되지 아니하고 양심에 따라 투표한다.

60) 예컨대 권영성, 헌법학원론, 2010, 958쪽.

61) 국회법 제25조 (품위유지의 의무): 의원은 의원으로서의 품위를 유지하여야 한다.

62) 국회법 제145조 (회의의 질서유지):

① 의원이 본회의 또는 위원회의 회의장에서 이 법 또는 국회규칙을 위반하여 회의장의 질서를 어지럽혔을 때에는 의장이나 위원장은 경고나 제지를 할 수 있다.

② 제1항의 조치에 따르지 아니하는 의원에 대해서는 의장이나 위원장은 당일의 회의에서 발언하는 것을 금지하거나 퇴장시킬 수 있다.

③ 의장이나 위원장은 회의장이 소란하여 질서를 유지하기 곤란하다고 인정할 때에는 회의를 중지하거나 산회를 선포할 수 있다.

제148조 (회의진행 방해 물건 등의 반입 금지): 의원은 본회의 또는 위원회의 회의장에 회의진행에 방해가 되는 물건이나 음식물을 반입해서는 아니 된다.

제148조의2 (의장석 또는 위원장석의 점거 금지): 의원은 본회의장 의장석이나 위원회 회의장 위원장석을 점거해서는 아니 된다.

제148조의3 (회의장 출입의 방해 금지): 누구든지 의원이 본회의 또는 위원회에 출석하기 위하여 본회의장이나 위원회 회의장에 출입하는 것을 방해해서는 아니 된다.

63) 국회법 제146조 (모욕 등 발언의 금지): 의원은 본회의 또는 위원회에서 다른 사람을 모욕하거나 다른 사람의 사생활에 대한 발언을 하여서는 아니 된다.

64) 국회법 제147조 (발언방해 등의 금지): 의원은 폭력을 행사하거나 회의중 함부로 발언하거나 소란한 행위를 하여 다른 사람의 발언을 방해해서는 아니 된다.

65) 이에 관하여는 「제1권 제3부 제4장 제4절 **공무원의 권리와 의무**」 참조.

1. 공권력 행사로서의 입법작용
2. 갑의 기본권주체성
3. 갑이 침해를 주장할 수 있는 기본권

Ⅲ. 침해의 직접성, 현재성, 자기관련성 [9점]
1. 직접성 요건의 검토
2. 현재성 요건의 검토
3. 갑의 자기관련성

Ⅳ. 구제의 보충성, 청구기간 및 변호사 강제주의 등의 요건 [8점]
1. 보충성 요건의 판단
2. 청구기간
3. 변호사 강제주의 등

Ⅴ. 결론 [2점]

2. 주식백지신탁에서 국회의원 본인 이외에 일정한 친족관계에 있는 사람들의 보유주식도 포함하도록 한 것은 헌법 제13조 제3항에 위배되는가? (20점)

Ⅰ. 서: 헌법 제13조 제3항의 의미와 도입 배경 [2점]

Ⅱ. 연좌제 금지의 의의와 적용범위 [5점]
1. 자기책임의 원칙
2. 친족의 행위로 인한 책임의 원칙적 배제
3. 친족 관계에 따라 불이익을 주는 합리적 근거의 존부

Ⅲ. 주식백지신탁과 친족관계에 있는 사람의 보유주식 포함의 근거 [6점]
1. 친족관계에 있는 사람의 범위 한정
2. 배우자 명의 주식의 포함 필요성
3. 직계존비속 명의 주식의 포함 필요성

Ⅳ. 기본권 제한의 정당성 판단 [6점]
1. 목적의 정당성, 수단의 적합성
2. 침해의 최소성
3. 법익의 균형성

Ⅴ. 결론 [1점]

3. 주식백지신탁제도의 재산권 침해 여부에 대해 헌법재판소는 어떠한 본안판단을 내려야 하는가? (50점)

Ⅰ. 사안의 분석과 쟁점의 정리 [5점]

Ⅱ. 주식백지신탁의 의의와 적용대상 [8점]
1. 주식백지신탁의 개념
2. 주식백지신탁제도 도입의 배경
3. 주식백지신탁제도의 적용대상

Ⅲ. 병에 대한 주식백지신탁제도의 적용 [10점]
1. 국회의원에 대한 적용과 직무관련성
2. 주식의 신탁과 수탁자의 처분(주식의 매각)
3. 의무 위반시의 제재

Ⅳ. 재산권 제한의 정당성 여부 [12점]
1. 목적의 정당성, 수단의 적합성

2. 침해의 최소성
3. 법익의 균형성
V. 헌법재판소의 결정과 그 효력 [12점]
1. 헌법재판소 결정의 형식
2. 사안에 대한 판단
3. 헌법재판소 결정의 효력
VI. 결론 [3점]

제 3 절 국회의 구성과 내부조직

Ⅰ. 국회의 구성

1. 의회구성의 기본유형: 양원제와 단원제

의회를 구성하는 방식은 다양하지만, 양원제와 단원제의 구별은 의회의 구성방식 가운데 가장 기본적인 것이라고 할 수 있다.

양원제는 의회를 두 개의 각기 독립적으로 구성된 합의체로 조직하여 이들이 의회의 권한을 나누어서 담당하도록 하는 제도라고 할 수 있다. 양원제는 영국에서 의회제도가 처음 시작될 때, 상원(귀족원)과 하원(평민원)을 구별하였던 것에서 비롯되었으며, 현재 영국, 미국, 독일, 캐나다, 스위스, 일본 등에서 채택되고 있다. 특히 영국과 일본 같은 몇몇 국가를 제외하고는 양원제를 채택한 나라들이 대부분 연방제국가라는 점에 주목할 필요가 있다.

반면에 **단원제**는 국민에 의해 선출된 단일한 합의체조직으로 의회를 구성하는 제도이다. 단원제는 의회의 모든 권한을 단일한 의회에 집중시킴으로써 양원제에서 발생될 수 있는 상·하원 사이의 갈등을 방지하고 의회의 권한 및 활동력을 강화시킬 수 있는 제도이기 때문에 연방제국가가 아닌 많은 나라들이 단원제를 채택하고 있다.

과연 양원제와 단원제 가운데 어떤 제도가 더 좋은지는 마치 의원내각제와 대통령제의 장단점과 마찬가지로 각 국가의 현실적 조건에 따라 달리 평가될 수 있기 때문에 일반론적으로 말하기는 어렵다. 과거 쉬에스가 양원제에 대해서 "제2원이 제1원과 같은 결정을 한다면 제2원은 무용한 존재이고, 반대로 제2원이 제1원과 다른 결정을 한다면 제2원은 유해한 존재이다"라고 말하면서 양원제의 폐단과 모순을 지적한 바 있다. 하지만 그것은 귀족원을 전제한 것이고, 예컨대 연방제 국가에서는 양원제가 연방제 자체의 존립과 직결되어 있는 핵심적 요소라고 할 수 있을 것이다.

일반적으로 **양원제의 장점**으로는 ① 의안처리의 신중(하원의 급진 또는 경솔의 방지), ② 의회의 권력분립적 구성, ③ 상원이 하원과 정부 사이에서 완충 역할, ④ 연방국가적 구조를 의회에 반영, ⑤ 지역대표와 직능대표제의 활용 등을 들고 있다. 반면에

양원제의 단점으로는 ① 의안처리의 지연, ② 국가예산의 낭비, ③ 의회의 책임소재불명, ④ 의회의 권한분장으로 인한 대정부통제력의 약화, ⑤ 상원의 보수화로 인한 국민의사의 굴절반영 등이 거론된다.[66)]

그러나 **양원제 도입의 전제조건**으로서 현실적으로 중요한 것은 의회의 권한이 정말로 강력하기 때문에 하나의 국가기관에 전담시키는 것보다는 두 개의 국가기관으로 나누어 놓는 것이 필요한지, 그리고 그렇게 두 개의 의회에서 입법권 및 대정부통제권을 분장할 경우에 이를 정치적으로 잘 조정하여 행사할 수 있는 정치문화가 성숙해 있는지의 여부라고 할 수 있을 것이다.

2. 현행헌법상 국회의 구성

현행헌법은 국회를 단원제로 구성하고 있다. 1948년 제헌헌법 당시부터 단원제 국회로 시작되었고, 1952년의 헌법개정으로 양원제가 도입되었으나 실제 양원제로 국회가 구성되었던 것은 1960년 제2공화국 당시였다. 그러나 1962년 헌법에서 단원제로 복귀한 이래 현행헌법에 이르기까지 단원제를 유지하고 있다.

현행헌법상 국회는 국민의 보통·평등·직접·비밀선거에 의해 선출된 200인 이상의 국회의원들로 구성되도록 하고 있다(헌법 제41조 제1항, 제2항). 따라서 **국회의원의 선거가 곧 국회의 구성**이라고 할 수 있으며, 국회의원선거에 관한 구체적인 사항은 헌법의 위임 하에(헌법 제41조 제3항) 공직선거법이 정하고 있다. 즉, 국회의원선거의 선거권과 피선거권, 선거구, 의원정수, 선거제도의 유형(지역구에서의 소선거구 다수대표제와 전국구에서의 비례대표제의 혼용), 선거의 절차 및 선거운동, 투표와 개표, 당선인 결정, 재선거와 보궐선거, 선거소송 등이 모두 공직선거법에 의해 규율되고 있는 것이다.[67)]

국회의원선거에 의하여 국회가 구성될 경우, 새로운 국회는 국회의원들의 임기개시와 더불어 시작된다. 현행법상 국회의원선거는 4월 9일에서 4월 15일 사이의 수요일에 실시하며,[68)] 국회의원의 임기는 5월 30일 시작하여 4년 후의 5월 29일 만료된다.[69)]

Ⅱ. 국회의 내부조직

국회의원의 선출로써 국회가 구성된 이후에도 국회가 실제 활동가능한 상태로 되기

66) 또한 양원제의 장점은 단원제가 갖추지 못하고 있는 것이라는 점에서 단원제의 단점으로 지적되며, 양원제의 단점은 단원제에서 나타나지 않기 때문에 단원제의 장점으로 설명될 수 있다.

67) 공직선거법에 의한 국회의원선거제도의 상세한 내용에 관하여는 「제1권 제3부 제2장 **선거제도**」 참조.

68) 공직선거법 제34조 제1항 제2호에 따라 국회의원선거는 그 임기만료일 전 50일 이후의 첫 번째 수요일에 선거를 하도록 되어 있다. 다만 선거일이 민속절 또는 공휴일인 때와 선거일 전날이나 다음날이 공휴일인 경우에는 그 다음주의 수요일로 한다(공직선거법 제34조 제2항).

69) 현행헌법 부칙 제3조 제1항에 따라 현행헌법에 의하여 선출된 최초의 국회의원의 임기는 국회의원선거후 현행헌법에 의하여 구성된 국회의 최초 집회일에 개시하도록 되었으며, 1988년 4월 26일 실시한 제13대 국회의원선거에 의해 구성된 국회의 최초의 집회가 1988년 5월 30일에 소집되었기 때문에 국회의원의 임기는 이 날짜를 기준으로 4년으로 결정된 것이다.

위해서는 먼저 내부조직을 구성하여야 한다. 국회는 200명 이상의 국회의원들이 모여서 구성된 합의체기관이기 때문에 단순히 대화와 토론만으로 국회의원의 의견을 수렴하여 구속력 있는 국회의 의사를 형성하기가 매우 어렵다. 그렇기 때문에 국회의 실질적인 활동을 위해서는 국회의원들이 각자의 역할을 분담하면서 내부조직을 구성하고, 그 조직을 통하여 활동해야 하는 것이다.

1. 의장과 부의장

국회가 활동하기 위해서는 내부적으로 의사운영에 대한 일차적인 책임을 지면서, 대외적으로 국회를 대표할 수 있는 인물이 필요하다. 이를 위하여 국회법은 국회에 1명의 의장과 2명의 부의장을 선출하도록 하였다.

의장과 부의장은 국회에서 무기명투표에 의하여 재적의원 과반수의 득표로 선출된다(국회법 제15조 제1항). 임기는 2년이며(국회법 제9조 제1항 본문),[70] 의장은 재임기간 동안 당적을 갖지 못한다.[71] 그러나 선거의 공천을 받기 위하여 임기만료일 전 90일부터 당적보유가 가능하며, 임기만료 후에는 원래의 소속정당으로 복귀하는 점을 고려할 때, 의장의 당적이탈이 과연 얼마나 실효성을 가질 것인지에 대해서는 논란의 여지가 있다.

그 밖에 의장과 부의장은 국회의 동의를 얻어서만 그 직에서 사임할 수 있으며(국회법 제19조), 법률로 특별히 정한 경우를 제외하고는 의원 외의 직을 겸할 수 없다(국회법 제20조 제1항).

2. 위 원 회

국회의 규모가 커지면서 전체 국회의원들이 모여서 의안 하나하나를 심도 있게 검토하는 것은 현실적으로 불가능에 가까워졌으며, 심각한 비능률을 야기하게 되었다. 그 결과 오늘날 국회는 본회의 중심이 아니라 위원회 중심으로 활동하게 되었고, 이에 따라 국회의 활동에서 위원회의 역할과 비중은 매우 높다.[72]

---

70) 그러나 국회의원총선거 후 처음 선출된 의장과 부의장의 임기는 그 선출된 날부터 개시하여 의원의 임기개시 후 2년이 되는 날까지로 하며(국회법 제9조 제1항 단서), 보궐선거에 의하여 당선된 의장 또는 부의장의 임기는 전임자의 잔임기간으로 한다(국회법 제9조 제2항).

71) 국회법 제20조의2 (의장의 당적보유금지):
① 의원이 의장으로 당선된 때에는 당선된 다음 날부터 의장으로 재직하는 동안은 당적을 가질 수 없다. 다만, 국회의원총선거에 있어서 공직선거법 제47조에 따른 정당추천후보자로 추천을 받으려는 경우에는 의원 임기만료일 90일 전부터 당적을 가질 수 있다.
② 제1항 본문에 따라 당적을 이탈한 의장의 임기가 만료된 때에는 당적을 이탈할 당시의 소속정당으로 복귀한다.

72) **헌재 2003.10.30. 2002헌라1 결정:** "상임위원회(Standing Committee)를 포함한 위원회는 의원 가운데서 소수의 위원을 선임하여 구성되는 국회의 내부기관인 동시에 본회의의 심의 전에 회부된 안건을 심사하거나 그 소관에 속하는 의안을 입안하는 국회의 합의제기관이다. 위원회의 역할은 국회의 예비적 심사기관으로서 회부된 안건을 심사하고 그 결과를 본회의에 보고하여 본회의의 판단자료를 제공하는 데 있다. 우리나라 국회의 법률안 심의는 본회의 중심주의가 아닌 소관 상임위원회 중심으로 이루어진다. 소관 상임위원회에서 심사·의결된 내용을 본회의에서는 거의 그대로 통과시키는 이른바 "위원회 중심주의"를 채택하고 있는 것이다. 오늘날 의회의 기능에는 국민대표기능, 입법기능,

현행 국회법상 위원회의 종류는 상임위원회와 특별위원회로 나누어진다(국회법 제35조). **상임위원회**로는 국회운영위원회를 비롯한 17개 위원회가 있으며(국회법 제37조), **특별위원회**로는 예산결산특별위원회(국회법 제45조), 윤리특별위원회(국회법 제46조), 인사청문특별위원회(국회법 제46조의3) 등이 필요에 따라 구성된다.[73)]

특수한 형태의 위원회로 **전원위원회**가 있다. 전원위원회는 위원회중심주의가 보편화됨에 따라 본회의에서의 안건심사가 형식화되는 문제점을 최소화시키기 위하여 도입된 것이다. 전원위원회는 전체 국회의원이 그 구성원이 된다는 점에서 본회의와 유사한 점도 있으나 의사진행방식의 효율성을 위해 의사정족수를 완화시키는 등의 특징을 가지고 있다는 점에서 본회의와 구별된다.[74)]

오늘날의 국회운영은 위원회중심주의를 넘어서 **소위원회중심주의**로 나아가는 경향을 보이고 있다.[75)] 그러나 소위원회의 경우에는 위원회와 달리 비공개로 의사가 진행

정부감독기능, 재정에 관한 기능 등이 포함된다. 의회가 이러한 본연의 기능을 수행함에 있어서는 국민대표로 구성된 의원 전원에 의하여 운영되는 것이 이상적일 것이나, 의원 전원이 장기간의 회기동안 고도의 기술적이고 복잡다양한 내용의 방대한 안건을 다루기에는 능력과 시간상의 제약이 따른다. 이러한 한계를 극복하기 위한 방안으로 위원회제도가 창설된 것이다. 그리하여 상임위원회의 구성과 활동은 의회의 업적과 성패를 실질적으로 결정짓는 변수가 되고 있다고 평가되고 있다".

73) 또한 필요에 따라 여러 위원회가 협의하여 **연석회의**를 열고 의견을 교환하는 것도 가능하다. 다만 이 경우 표결은 할 수 없다(국회법 제63조 제1항).

74) 국회법 제63조의2 (전원위원회):

① 국회는 위원회의 심사를 거치거나 위원회가 제안한 의안 중 정부조직에 관한 법률안, 조세 또는 국민에게 부담을 주는 법률안 등 주요의안의 본회의상정 전이나 본회의상정 후에 재적의원 4분의 1이상이 요구할 때에는 그 심사를 위하여 의원전원으로 구성되는 전원위원회를 개회할 수 있다. 다만, 의장은 주요의안의 심의 등 필요하다고 인정하는 경우 각 교섭단체대표의원의 동의를 받아 전원위원회를 개회하지 아니할 수 있다.

② 전원위원회는 제1항에 따른 의안에 대한 수정안을 제출할 수 있다. 이 경우 해당수정안은 전원위원장이 제안자가 된다.

③ 전원위원회에 위원장 1명을 두되 의장이 지명하는 부의장으로 한다.

④ 전원위원회는 제54조의 규정에도 불구하고 재적위원 5분의 1이상의 출석으로 개회하고, 재적위원 4분의 1이상의 출석과 출석위원 과반수의 찬성으로 의결한다.

⑤ 그 밖에 전원위원회운영에 관하여 필요한 사항은 국회규칙으로 정한다.

75) 국회법 제57조 (소위원회):

① 위원회는 소관 사항을 분담·심사하기 위하여 상설소위원회를 둘 수 있고, 필요한 경우 특정한 안건의 심사를 위하여 소위원회를 둘 수 있다. 이 경우 소위원회에 대하여 국회규칙으로 정하는 바에 따라 필요한 인원 및 예산 등을 지원할 수 있다.

② 상임위원회는 소관 법률안의 심사를 분담하는 둘 이상의 소위원회를 둘 수 있다.

③ 소위원회의 위원장은 위원회에서 소위원회의 위원 중에서 선출하고 이를 본회의에 보고하며, 소위원회의 위원장이 사고가 있을 때에는 소위원회의 위원장이 소위원회의 위원 중에서 지정하는 위원이 그 직무를 대리한다.

④ 소위원회의 활동은 위원회가 의결로 정하는 범위에 한정한다.

⑤ 소위원회의 회의는 공개한다. 다만, 소위원회의 의결로 공개하지 아니할 수 있다.

⑥ 소위원회는 폐회 중에도 활동할 수 있으며, 법률안을 심사하는 소위원회는 매월 3회 이상 개회한다. 다만, 국회운영위원회, 정보위원회 및 여성가족위원회의 법률안을 심사하는 소위원회의 경우에는 소위원장이 개회 횟수를 달리 정할 수 있다.

⑦ 소위원회는 그 의결로 의안 심사와 직접 관련된 보고 또는 서류 및 해당 기관이 보유한 사진·영상물의 제출을 정부·행정기관 등에 요구할 수 있고, 증인·감정인·참고인의 출석을 요구할 수 있다. 이 경우 그 요구는 위원장의 명의로 한다.

되는 예가 많고, 속기록 작성이 의무화되지 않고 있는 등의 문제점으로 인하여 개선의 필요성이 지적되고 있다.[76)]

3. 교섭단체

교섭단체란 20인 이상의 국회의원으로 구성된 국회 내의 단체를 말한다. 이러한 교섭단체는 정치적 이념과 성향을 공유하는 국회의원들이 의안의 발의 및 심의 등에서 협조체제를 형성함으로써 의회 내 활동의 효율성을 높이기 위한 것이다. 그렇기 때문에 20인 이상의 소속의원을 가진 정당은 하나의 교섭단체를 구성하게 된다. 하지만 다른 교섭단체에 속하지 않는 20인 이상의 의원으로 따로 교섭단체를 구성하는 것도 가능하다(국회법 제33조 제1항).

수백 명의 국회의원들이 개별적으로 활동할 경우에는 이들의 개별적 의사를 수렴하여 국회 전체의 의사로 정리하는 데 상당한 시간과 노력이 필요하다. 하지만 의원들이 각기 정치적 성향에 따라 교섭단체에 가입해 있는 경우에는 교섭단체의 대표들을 중심으로 국회운용에 관한 기본적인 사항을 논의하고 합의하는 것이 훨씬 간편해질 수 있으므로 이를 적극적으로 인정하고 있는 것이다.

결국 교섭단체란 사실상 정당중심의 국회운용을 기정사실로 받아들이는 것이며, 정당국가의 표현이라고 할 수 있을 것이다.[77)] 그러나 교섭단체 대표에게 지나치게 강력한 권한을 부여하는 것은 당내민주주의와 갈등을 빚게 될 우려도 적지 않다.[78)]

---

⑧ 소위원회에 관하여는 이 법에서 다르게 정하거나 성질에 반하지 아니하는 한 위원회에 관한 규정을 적용한다. 다만, 소위원회는 축조심사(逐條審查)를 생략해서는 아니 된다.

⑨ 예산결산특별위원회는 제1항의 소위원회 외에 심사를 위하여 필요한 경우에는 이를 여러 개의 분과위원회로 나눌 수 있다.

76) 이에 관하여는 이한규, 입법과정 개선에 관한 헌법적 고찰, 고려대학교 박사학위논문, 2001, 179쪽 이하 참조.

77) "교섭단체(Negotiation Group)는 원칙적으로 국회에 일정 수 이상의 의석을 가진 정당에 소속된 의원들로 구성되는 원내의 정당 또는 정파를 말한다. 정당은 국민의 정치적 의사형성을 목적으로 하는 국민의 자발적 조직이다. 따라서 원내에 의석을 확보한 정당은 정당의 정강정책을 소속의원을 통하여 최대한 국정에 반영하고 소속의원으로 하여금 의정활동을 효율적으로 할 수 있도록 권고·통제할 필요가 있다. 법은 국회에 20인 이상의 소속의원을 가진 정당은 하나의 교섭단체가 되며, 국회 내 상임위원회의 구성은 교섭단체 소속의원수의 비율에 의하여 각 교섭단체대표의원의 요청으로 의장이 선임 및 개선한다고 규정하고 있어(제33조 제1항, 제48조 제1항), 국회운영에 있어 교섭단체의 역할을 제도적으로 보장하고 있다. 교섭단체는 정당국가에서 의원의 정당기속을 강화하는 하나의 수단으로 기능할 뿐만 아니라 정당소속 의원들의 원내 행동통일을 기함으로써 정당의 정책을 의안심의에서 최대한으로 반영하기 위한 기능도 갖는다"(**헌재 2003.10.30. 2002헌라1 결정**).

78) 현행국회법상 교섭단체의 대표의원은 국회의원의 의석배정(제3조), 연간 국회운영 기본일정의 결정(제5조의2), 국회사무총장의 임면(제21조 제3항), 교섭단체정책연구위원의 임면(제34조 제2항), 국회운영위원회에의 참여(제39조 제2항), 예산결산특별위원회의 구성(제45조 제2항), 윤리심사자문위원회의 자문위원 추천(제46조의2 제2항), 상임위원회 위원의 선임 및 개선(제48조 제1항), 정보위원회의 구성 및 참여(제48조 제3항), 본회의중 위원회의 개회에 대한 협의(제56조), 전원위원회의 개회에 대한 관여(제63조의2 제1항 단서), 본회의의 개의시에 대한 협의(제72조), 본회의의 공개에 대한 협의(제75조 제1항 단서), 의사일정의 변경에 대한 협의(제77조), 위원회의 심사기간에 대한 협의(제85조 제1항, 제86조 제2항), 법률안의 본회의 상정시기에 대한 협의(제93조의2 단서), 정당 또는 교섭단체를 대표하는 연설(제104조 제2항), 의사진행 및 표결방법에 대한 협의(제104조 제3항–제5항, 제105조, 제

제 4 절 국회의 운영과 의사원칙

Ⅰ. 국회의 운영

1. 입법기와 회기제

국회의 운영은 길게는 입법기(立法期)를 단위로 생각될 수 있으며, 짧게는 회기를 단위로 이루어진다.

입법기(= 의회기)란 국민의 선거에 의해 구성된 국회가 동일한 의원들로 활동하는 전체기간을 말한다. 원칙적으로 임기와 일치하지만, 의회가 해산되는 등의 예외적인 경우에는 불일치가 발생될 수 있다.

회기는 국회가 의안처리를 위해 집회한 날로부터 폐회일까지의 의회활동기간을 말한다. 그 기간은 정기회의 경우와 임시회의 경우가 각기 다르다. 현행헌법은 "정기회의 회기는 100일을, 임시회의 회기는 30일을 초과할 수 없다"고 규정하고 있으며(제47조 제2항), 구체적인 기간은 국회가 집회한 후 즉시 결정하여야 한다(국회법 제7조 제2항).

국회는 회기중이라도 기간을 정하여 **휴회**(休會)할 수 있다. 다만 휴회중이라도 대통령의 요구가 있을 때, 의장이 긴급한 필요가 있다고 인정할 때 또는 재적의원 4분의 1이상의 요구가 있을 때에는 회의를 재개한다(국회법 제8조).

2. 정기회와 임시회

국회의 **정기회(= 정기국회)**는 매년 정기적으로 국회가 소집되는 것을 말한다. 헌법 제47조 제1항에 따라 정기회는 매년 1회 열리며, 그 날짜는 국회법 제4조에 따라 매년 9월 1일로 정해져 있다.[79)]

정기회의 가장 중요한 업무는 예산안의 심의 · 확정이라고 할 수 있다. 헌법 제54조 제2항에 따라 정부는 회계연도마다 예산안을 편성하여 회계연도 개시 90일 전까지 국회에 제출하고, 국회는 회계연도 개시 30일 전까지 이를 의결하여야 한다. 즉, 정기회가 열리기 전까지 예산안이 국회에 제출되고, 국회는 이를 정기회 기간중에 심의 · 확정하여야 하는 것이다.

물론 정기회 기간중에도 법률안의 제안이나 기타 대정부질문 등이 가능하다. 하지만 구 국회법 제93조의2 제2항에서는 "정기회 기간중에 위원회 또는 본회의에 상정하

112조 제5항), 회의록의 배부 · 반포에 대한 협의(제118조 제1항 단서), 대정부질문에 대한 협의(제122조의2, 제122조의3) 등에 관한 권한을 갖는다.

그런데 현행법상 상임위원회 위원의 선임 및 개선에 관한 권한을 교섭단체 대표의원이 가지고 있기 때문에 국회의원 본인의 의사와 무관하게 소관상임위를 변경하는 사건이 발생해서 문제된 바 있다. 이에 대하여 헌법재판소는 합헌성을 인정했지만(**헌재 2003.10.30. 2002헌라1 결정**) 당내민주주의의 관점에서 볼 때, 문제의 소지가 있다.

79) 그러나 그 날이 공휴일인 경우에는 그 다음날에 집회한다(국회법 제4조 단서).

는 법률안은 다음 연도의 예산안처리에 부수하는 법률안에 한한다. 다만, 긴급하고 불가피한 사유로 위원회 또는 본회의 의결이 있는 경우에는 그러하지 아니하다"라고 규정함으로써 예산과 무관한 법률에 대한 공방으로 인하여 예산안의 처리가 지연되는 것을 막고자 하였으나, 이 조항이 국회의 입법권에 대한 제약이라는 주장에 따라 2012년 국회법 개정에 의해 삭제되었다.

국회의 **임시회(= 임시국회)**는 정기회의 기간 이외의 시점에 국회의 활동이 필요할 때 국회가 소집되는 것을 말한다. 국회법 제5조의2 제2항 제1호 본문에 따라 2월, 3월, 4월, 5월, 6월의 1일과 8월 16일에는 임시회가 소집되는 것이 원칙이며, 그 밖에 대통령 또는 국회의 재적의원 4분의 1 이상의 요구로 임시회가 소집될 수 있다(헌법 제47조 제1항).

국회의원총선거 후 첫 임시회는 의원의 임기개시 후 7일에 집회하며, 처음 선출된 의장의 임기가 폐회 중에 만료되는 경우에는 늦어도 임기만료일 5일 전까지 집회한다. 다만 그 날이 공휴일인 때에는 그 다음 날에 집회한다(국회법 제5조 제3항). 대통령이 임시회의 집회를 요구할 때에는 기간과 집회요구의 이유를 명시하여야 한다(헌법 제47조 제3항).

3. 회계연도

회계연도란 예산의 편성과 집행 및 결산의 기준이 되는 기간을 말하며, 국가재정법 제2조에 따라 국가의 회계연도는 매년 1월 1일에 시작하여 12월 31일 종료한다.[80)]

기업의 경우에는 기업의 창립과 해산이 일정하지 않기 때문에 회계연도도 일정하지 않다. 기업은 상법상 1년에 한 번 이상 결산을 하도록 요구되고 있을 뿐이고 그 날짜는 정해놓지 않았기 때문에 각 기업이 스스로 정한 기간에 따라 회계연도를 정할 수 있다. 기업의 경우와는 달리 국가의 경우에는 재정활동의 계속성을 확보하는 데에는 문제가 없다. 하지만 예산·결산제도를 통하여 재정에 대한 적정한 통제를 가할 수 있기 위해서는 일정한 기간을 단위로 회계를 정리하도록 하는 것이 필요하므로 회계연도를 정하게 되는 것이다.

회계연도가 실질적인 의미를 갖기 위해서는 예산을 1년 단위로 편성하고, 각 회계연도에 지출되는 경비는 그 회계연도의 세입에서 지출되어야 한다는 **회계연도 독립의 원칙**[81)]이 전제되어야 한다. 그러므로 회계연도는 예산 및 결산을 심의하는 국회의 활동

---

80) 국가가 아닌 다른 기관의 회계연도는 국가의 회계연도와 일치하지 않을 수 있다. 예컨대 초·중등교육법 제30조의3 제1항에서는 "학교회계의 회계연도는 매년 3월 1일에 시작하여 다음 해 2월 말일에 끝난다"고 명시하고 있고, 고등교육법 제20조 제1항에서는 "학교의 학년도는 3월 1일부터 다음 연도 2월 말일까지로 한다"고 규정하고 있으며, 사립학교법 제30조는 "학교법인의 회계연도는 그가 설치·경영하는 사립학교의 학년도에 따른다"고 명시하고 있다. 결국 초·중·고등학교와 사립대학의 회계연도는 국가의 회계연도와는 달리 3월 1일부터 2월 말일까지인 것이다. 이에 관하여는 **대법원 1991.6.28. 선고 90다카25277 판결** 참조.

81) 국가재정법 제3조(회계연도 독립의 원칙): "각 회계연도의 경비는 그 연도의 세입 또는 수입으로 충당하여야 한다."

과 중요한 연관을 가지고 있을 뿐만 아니라, 국회의 정기회에서 예산을 적기에 심의·확정하는 것도 회계연도 제도의 실효성 확보를 위해 매우 중요하다.

Ⅱ. 국회의 의사원칙

1. 의사공개의 원칙

국회는 국민의 일차적 대표기관으로서 국민을 대변하는 역할을 한다. 국민의 의사를 수렴하여 입법을 하며, 국민을 대신하여 정부의 활동을 통제하는 것이 국회의 주된 역할인 것이다. 그러므로 국회의 의사과정을 공개함으로써 국민의 의사가 제대로 반영되고 있는지를 확인할 수 있도록 하는 것은 민주주의의 기본적 요청이며, 책임정치를 위한 전제조건이라고 할 수 있을 것이다.

국회의 의사과정에 대한 공개의 원칙은 다양한 형태로 구체화된다. 현행 국회법상 본회의의 공개(제75조), 위원회에서의 방청(제55조), 소위원회 회의의 공개(제57조 제5항) 등에 관한 명문규정이 존재할 뿐만 아니라,[82] 그 밖에 신문이나 방송 등에 의하여 국회의 의사과정을 보도 내지 중계방송할 수 있도록 하는 것(제149조, 제149조의2), 그리고 국회의 회의록을 공개하여 열람 및 공표가 가능하게 하는 것(제118조) 등이 모두 의사공개의 원칙에 의해 정당화된다.

그러나 모든 의사과정을 예외 없이 공개할 경우에는 국가기밀 등과 관련하여 커다란 문제가 발생될 수 있기 때문에 현행헌법은 한편으로 의사공개의 원칙을 선언하면서도 그에 대한 예외를 인정하고 있으며,[83] 국회법도 이를 구체화하여 의사공개의 원칙에 대한 예외인정의 가능성을 명문화하고 있다.[84][85]

2. 회기계속의 원칙

회기계속의 원칙이란 회기중에 의결되지 않은 의안이 그 회기의 만료와 함께 폐기되지 않고 다음 회기에서 계속 심의될 수 있도록 하는 의안심사원칙을 말한다. 영국 등

---

82) 즉, 본회의뿐만 아니라 위원회의 의사과정에 대해서도 공개의 원칙이 적용되어야 한다는 요청이 이미 국회법상 반영되고 있다.

83) 헌법 제50조:
① 국회의 회의는 공개한다. 다만, 출석의원 과반수의 찬성이 있거나 의장이 국가의 안전보장을 위하여 필요하다고 인정할 때에는 공개하지 아니할 수 있다.
② 공개하지 아니한 회의내용의 공표에 관하여는 법률이 정하는 바에 의한다.

84) 국회법 제75조 제1항 단서(본회의의 비공개), 제54조의2 제1항(정보위원회 회의의 비공개), 제55조 제1항(위원회 방청조건으로서의 위원장의 허가), 제57조 제5항 단서(소위원회 회의의 비공개) 등 참조. 그러나 **헌재 2022.1.27. 2018헌마1162 결정**에서 정보위원회 회의를 전면 비공개로 한 국회법 제54조의1 제1항 본문은 위헌으로 결정되었다.

85) 이와 관련하여 헌법재판소는 **헌재 2000.6.29. 98헌마443등 결정**에서 국회 예산결산특별위원회 계수조정소위원회의 회의에 대한 시민단체 방청불허, 그리고 국정감사에 대한 시민단체 방청불허에 대한 심사의 결과 국회가 의사과정을 비공개로 결정한 것이 합헌이라는 결정을 내렸다. 하지만 이 결정에 대해서는 의사공개 원칙의 의미와 비중을 지나치게 가볍게 평가했다는 비판이 적지 않다. 이에 관하여는 장영수, 알권리와 의사공개의 원칙, 헌법실무연구 제4권, 2003.12, 204-225쪽 참조.

의 국가는 회기불계속의 원칙을 채택하고 있고, 프랑스 등의 국가는 회기계속의 원칙을 채택하고 있는데, 양제도는 각기 장단점을 가지고 있는 것으로 평가된다.

회기계속의 원칙은 회기중에 모든 의안을 심사하여 처리하지 못한 경우에도 다음 회기에 새로이 안건을 제출하여 처음부터 심의해야 하는 번거로움을 피하고 의안심사의 신속성과 능률성을 확보할 수 있다는 장점을 갖는다. 다만 입법기의 변화(국회의원의 임기만료)로 인하여 국회의 구성이 새롭게 된 경우에는 회기계속의 원칙을 유지하기 어렵기 때문에 예외적으로 회기불계속을 채택하는 경우가 많다.

반면에 **회기불계속의 원칙**은 회기중에 의결되지 않은 의안은 그 회기의 만료와 더불어 폐기되는 것이 정당하다는 생각에 기초하고 있다. 즉, 국회의 매 회기는 별개의 독립된 존재이고, 그 사이에는 의사의 연속이 없다고 보는 것이다. 이러한 회기불계속의 원칙은 의원들이 불요불급한 안건들을 제출하는 것을 방지하는 효과를 가져올 수 있다는 장점을 갖고 있으나, 자칫 의사진행이 원활하지 않은 경우에는 동일한 안건을 회기마다 계속 새롭게 제출하고 심사해야 하는 번거로움이 야기될 수 있다.

현행헌법 제51조는 "국회에 제출된 법률안 기타의 의안은 회기중에 의결되지 못한 이유로 폐기되지 아니한다. 다만, 국회의원의 임기가 만료된 때에는 그러하지 아니하다"라고 규정함으로써 입법기가 변화되는 경우를 제외하고는 회기계속의 원칙을 인정하고 있다.

3. 일사부재의의 원칙

일사부재의(一事不再議)의 원칙은 국회에서 일단 부결된 의안을 같은 회기중에 다시 제출하여 심의하지는 못하도록 하는 원칙이다. 같은 의안을 동일 회기중에 여러 차례 반복해서 제출할 경우에는 이미 확정된 국회의 결정을 번복하려는 것이기 때문에 무리가 발생될 수 있으며, 원활한 의사진행에 어려움이 생길 수도 있을 것이다.

결국 일사부재의는 **의사진행의 능률성**을 높이고, 동일의안을 반복적으로 제출함으로써 소수파가 국회의 **의사진행을 방해하는 것을 방지**하고자 하는데 그 의미가 있다고 할 수 있다. 이러한 맥락에서 국회법 제92조는 "부결된 안건은 같은 회기중에 다시 발의하거나 제출할 수 없다"고 명시함으로써 일사부재의 원칙을 도입하고 있다.

그러나 일사부재의 원칙을 경직되게 운영할 경우에는 오히려 문제가 발생될 수도 있다. 회기의 초반에 부결되었던 의안이 회기의 중·후반에 들어가서는 사정의 변경에 따라 매우 절박하게 요청되는 의안으로 평가될 수도 있기 때문이다. 그러므로 의안제출 이후의 사정변경에 의해 다시금 의안을 제출하는 경우에는 일사부재의의 적용대상이 아니라고 보는 것이 합리적일 것이다.[86)]

4. 다수결원칙과 정족수

오늘날 다수결원칙이 민주적 의사결정방식으로 널리 뿌리내리고 있지만,[87)] 구체적

86) 권영성, 헌법학원론, 2010, 890쪽 참조.
87) 다수결이 민주주의 실현과 관련하여 갖는 의미에 대하여는 「제1권 제2부 제2장 제4절 **민주주의와 다**

인 다수결의 형식과 유형 및 그 장단점에 대해서는 보다 깊이 있는 논의가 필요하다. 특히 현재까지 국회 내의 다수결은 이른바 단순다수결 이외에 다양한 형태의 가중다수결이 혼용되고 있는 상태이기 때문에 조심스러운 접근이 요청된다.

국회 내에서의 다수결은 의안에 대한 찬반을 다수의 결정에 맡기는 형태로 이루어지며, 합의체기관인 국회의 성격상 다수결은 국회의 중요한 결정들 대부분에 적용될 수밖에 없다. 그러나 다수에 의한 결정으로서의 국회의결에 앞서 국회가 결정을 내릴 수 있는 상태에 있는지를 판단하는 의사정족수가 먼저 확보되어야 한다.

의사정족수란 의안을 심의하기 위하여 현행법상 국회의원들이 몇 명 이상 출석해야 하는지에 관한 숫자를 가리킨다. 반면에 **의결정족수**란 의안에 대한 의결을 하는 데 필요한 숫자(의안에 찬성하는 국회의원의 수)를 말한다. 현행법은 일반정족수와 특별정족수를 각기 규정하여 안건에 따라 다양하게 세분화하고 있다.

먼저 **일반정족수**에 대해서는 헌법 제49조가 "국회는 헌법 또는 법률에 특별한 규정이 없는 한 재적의원 과반수의 출석과 출석의원 과반수의 찬성으로 의결한다. 가부동수인 때에는 부결된 것으로 본다"라고 정하고 있다. 하지만 국회법 제73조 제1항은 국회 본회의의 의사정족수와 관련하여 "본회의는 재적의원 5분의 1이상의 출석으로 개의한다"고 명시하고 있다.

현행헌법상 국회의 의결에 관하여 **특별정족수**가 정해져 있는 경우로는 헌법개정안의 의결(제130조 제1항: 재적의원 3분의 2 이상의 찬성), 국회의원의 제명처분(제64조 제3항: 재적의원 3분의 2 이상의 찬성), 탄핵소추의결(제65조 제2항: 대통령 -재적의원 과반수의 발의와 재적의원 3분의 2 이상의 소추의결; 기타- 재적의원 3분의 1 이상의 발의와 재적의원 과반수의 소추의결), 국무총리·국무위원해임건의(제63조 제2항: 재적의원 3분의 1 이상의 발의와 재적의원 과반수의 찬성), 계엄의 해제요구(제77조 제5항: 재적의원 과반수의 찬성), 거부된 법률안의 재의결(제53조 제4항: 재적의원 과반수 출석과 출석의원 3분의 2 이상의 찬성) 등이 있다.[88)]

수결」 참조.

88) 그 밖에 이른바 국회선진화법에 의하여 국회법상 5분의 3이상이 찬성을 표하는 경우는 안건의 신속처리(제85조의2), 법사위심의지체에 대한 본회의 부의요구(제86조 제3항), 무제한 토론의 종결(제106조의2 제6항)이 있다.

국회선진화법과 관련하여 국회법 제85조 제1항 등에 대한 권한쟁의심판이 청구된 바 있으나, 헌법재판소는 "헌법실현에 관한 1차적 형성권을 갖고 있는 정치적·민주적 기관인 국회와의 관계에서 헌법재판소가 가지는 기능적 한계에 비추어 보더라도, 헌법재판소가 근거규범도 아닌 이 사건 입법부작위의 위헌 여부에 대한 심사에까지 나아가는 것은 부적절하므로 그 심사를 최대한 자제하여 의사절차에 관한 국회의 자율성을 존중하는 것이 바람직하다"는 이유 등을 들어서 각하 결정을 내린 바 있다(**헌재 2016.5.26. 2015헌라1 결정**).

제5절 국회의 권한

Ⅰ. 국회의 권한분류의 상대성

현행헌법상 국회의 권한으로 인정되고 있는 것들은 매우 다양하다. 국회는 입법부로서 입법에 관한 권한을 가질 뿐만 아니라, 국정통제기관으로서 각종의 대정부통제권을 가지고 있으며, 나아가 국민의 일차적 대표기관으로서 헌법상 기관의 구성에 관한 권한 및 각종 재정에 관한 권한 등을 부여받고 있는 것이다.

이처럼 국회의 헌법상 권한은 양적으로 많을 뿐만 아니라 그 성질도 다양하기 때문에 이들을 일정한 유형으로 분류하여 정리하는 것이 일반적이다. 그러나 현실적으로 국회의 권한에 대한 분류방법도 매우 다양하기 때문에 어떤 특정한 분류방법만이 절대적으로 타당하다고 말하기 어려운 상황이다.

예컨대 분류방식 자체를 형식적 분류와 실질적 분류로 나누기도 하거니와, 실질적 분류에 들어가서도 국회의 권한을 입법에 관한 권한, 재정에 관한 권한, 국정통제에 관한 권한, 국회내부사항에 관한 권한으로 분류하는 학자들[89]이 있는가 하면, 이를 국회의 기능이라는 측면에서 입법기능, 재정기능, 통제기능, 인사기능, 자율기능으로 나누는 예[90]도 있다.

다만 국회의 헌법상 지위에 대응하여 입법에 관한 권한, 국정통제에 관한 권한을 하나의 분류기준으로 설정하고 그 밖의 권한들을 다시 헌법기관의 구성에 관한 권한 등으로 묶는 것이 일반적인 분류방법이라고 할 수 있다.

이하에서는 국회의 권한을 입법에 관한 권한, 헌법개정 및 헌법상 기관의 구성에 관한 권한, 재정에 관한 권한, 국정통제에 관한 권한 및 자율권으로 나누어 검토한다. 그러나 이러한 분류 역시 상대적이며, 예컨대 헌법상 기관의 구성이나 재정에 관한 권한도 국정통제의 기능을 수행할 수 있다는 점에 주목할 필요가 있을 것이다.

---

89) 권영성, 헌법학원론, 2010, 892쪽; 김철수, 헌법학개론, 2007, 1311쪽; 성낙인, 헌법학, 2022, 462쪽 이하; 홍성방, 헌법학(下), 2011, 125쪽 이하. 그러나 구체적인 내용서술에 들어가서는 이를 다시 상이한 기준으로 구체화하기도 한다. 성낙인교수가 입법권, 재정권, 국정통제권, 국회내부사항에 관한 자율적 권한의 분류를 유지하는 반면, 권영성교수와 홍성방교수는 입법에 관한 권한, 재정에 관한 권한, 헌법기관구성에 관한 권한, 국정통제에 관한 권한, 국회의 자율권으로 나누어 검토하고 있고(권영성, 헌법학원론, 2010, 893쪽 이하; 홍성방, 헌법학(下), 2011, 126쪽 이하), 김철수교수는 입법권, 헌법개정에 관한 권한, 중요조약체결·비준에 대한 동의권, 재정에 관한 권한, 대정부견제권, 탄핵소추권, 국정감사권과 국정조사권, 중요공무원선임권과 임명동의권, 자율권으로 나누어 검토하고 있다(김철수, 헌법학개론, 2007, 1312쪽 이하).

90) 허영, 한국헌법론, 2025, 1014쪽 이하.

Ⅱ. 국회의 입법에 관한 권한

입법의 개념은 크게 두 가지로 나누어진다. 하나는 추상적 법규범의 정립이라는 강학상의 입법개념이고, 다른 하나는 국회의 입법작용과 관련한 헌법 제40조의 입법개념이다.[91] 이러한 구별을 전제할 때, 현행헌법상 국회의 입법권은 추상적 법규범의 정립 전반에 관한 것이라기보다는 법률의 제정에 관한 것으로 이해되어야 할 것이다. 즉, 국가질서에 관한 중요사항을 법률로 정할 수 있는 권한이 국회의 입법권인 것이다.[92]

이와 관련하여 헌법 제40조를 국회입법의 원칙으로 이해하는 견해가 있다.[93] 그러나 입법-집행-사법의 국가기능이 권력분립의 원칙에 따라 분립되는 가운데 국회는 집행 및 사법과 구별되는 **입법기능의 담당자**로 구성되었음을 생각할 때, 입법부가 헌법의 제정이나 개정까지 포함한 모든 추상적 법규범의 정립에 관한 권한을 원칙적으로 보유하며, 단지 헌법규정이 달리 정한 경우만을 예외로 취급하는 데에는 무리가 있다고 할 수 있을 것이다.

그러므로 국회의 입법권이 미치는 범위는 법률로써 정할 수 있는 사항의 범위를 중심으로 논의되어야 한다. 예컨대 헌법개정에 관한 권한이나 조약의 체결·비준에 관한 동의권, 국회규칙의 제정에 관한 권한 등을 국회의 입법에 관한 권한의 한 유형으로 취급하는 것은 적절하지 않다고 할 수 있다.

헌법의 개정에 관한 국회의 권한은 국회가 국민의 대표기관으로서 헌법질서의 근본적 변화에 대하여 직접 관여할 수 있는 것으로 인정되어야 할 것이며, 입법사항에 관한 정부의 결정에 대한 국회의 동의권[94]도 입법에 관한 권한이라기보다는 정부의 활동에 대한 통제권으로 이해되는 것이 체계상 맞을 것이다.

Ⅲ. 헌법의 개정 및 헌법상 기관의 구성에 관한 권한

1. 헌법개정 발의권 및 심의·의결권

헌법 제128조 제1항에 따라 국회는 재적의원 과반수로 헌법개정안을 발의할 수 있다. 국회가 대통령과 더불어 헌법개정안에 대한 발의권을 부여받고 있는 것은 국민의 대표자로서 국민의 의사를 수렴하여 헌법질서의 근본적 변화를 제안할 수 있는 위치에 있기 때문이라고 할 수 있다.

발의된 헌법개정안은 대통령이 20일 이상 공고한 후(헌법 제129조), 공고된 날로부

---

91) 이에 관하여 상세한 것은 앞의 「제3권 제2부 제2장 제2절 **현행헌법 제40조와 법률의 개념**」 참조.

92) 국회의 입법권에 관하여 상세한 것은 앞의 「제3권 제2부 제2장 **입법기능**」 참조.

93) 예컨대 권영성, 헌법학원론, 2010, 796쪽 이하에서는 이중적 법률개념을 전제로 헌법 제40조가 "실질적 의미의 입법에 관한 권한은 헌법에 특별한 규정이 없는 한 원칙적으로 「국회의 권한에 속한다」는 국회(중심)입법의 원칙을 규정한 것"이라고 보고 있다.

94) 이에 속하는 것으로는 조약의 체결·비준에 관한 동의권 이외에도 일반사면에 대한 동의권, 긴급명령권 등에 대한 승인권 등이 있다.

터 60일 이내에 국회의 재적의원 3분의 2 이상의 찬성을 얻어서 통과되어야 한다(헌법 제130조 제1항).[95] 현행헌법이 국민투표에 의한 헌법개정안의 확정이라는 절차를 두고 있으면서도 헌법개정안에 대하여 국회의 의결을 먼저 거치도록 하고 있으며, 그것도 재적의원 3분의 2 이상이라는 가중다수결을 요구하고 있는 것은 국회 내 소수파의 보호를 위한 것으로 이해될 수 있다.

소수파는 재적과반수에 이르지 못하기 때문에 헌법개정안을 발의할 수는 없지만, 재적 3분의 1 이상의 의원수를 확보하기만 하면 -이른바 저지소수로서- 헌법개정을 저지할 수 있도록 하고 있는 것이다. 따라서 국회의 다수파라 할지라도 소수파가 반대하는 헌법개정을 강행하기는 매우 어렵게 되어 있다.[96]

2. 대통령에 대한 결선투표권

현행헌법 제67조 제1항은 대통령의 선출방식을 국민에 의한 직선으로 규정하고 있다. 그러나 제67조 제2항은 대통령선거에서 최고득표자가 2인 이상일 경우에는 국회의 재적의원 과반수가 출석한 공개회의에서 다수표를 얻은 자를 당선자로 하도록 규정하고 있다.

이와 같은 대통령의 예외적 간선제는 대통령의 민주적 정당성과 관련하여 많은 문제를 낳는다. 수천만의 선거인들이 투표하는 과정에서 동일한 득표자가 2인 이상 나올 가능성은 현실적으로 거의 없다고 할 수 있지만, 이러한 경우에 대해서 간선제를 규정한 것은 정당하다고 보기 어려우며, 국민이 결선투표를 하도록 하는 것이 타당할 것이다.[97]

3. 헌법상 기관 구성원의 선임권

국회는 대통령, 대법원과 함께 헌법재판소 재판관(헌법 제111조 제3항)과 중앙선거관리위원회 위원(헌법 제114조 제2항)을 각기 3인씩 선임함으로써 헌법상 기관의 구성에 참여하고 있다. 이처럼 국회가 헌법상기관의 구성에 참여함으로써 대통령, 대법원과 공동결정권을 행사하는 권한은 일반적으로 헌법기관구성에 관한 권한,[98] 중요공무원선임권과 임명동의권,[99] 인사기능[100] 등으로 분류되고 있다.

그러나 입법권의 적절한 행사를 통해서도 집행부에 대하여 일정한 통제를 가할 수 있는 것처럼, 국회가 헌법기관의 구성에 참여하여 공동결정함으로써 대통령의 일방적

---

95) 이러한 국회의 헌법개정안에 대한 의결권은 대통령이 발의한 헌법개정에 대한 통제가 될 수 있다. 즉 국회 재적의원 3분의 2 이상의 찬성을 받지 못하면 대통령이 제안한 헌법개정안이 부결되는 것이다.

96) 민주주의가 다수결에 의존하는 바가 크기는 하지만, 다수의 독선과 횡포가 문제되는 경우도 적지 않다. 그러한 다수의 독선이 적어도 국가질서의 기초인 헌법에는 함부로 작용하지 못하도록 하는 제도적 장치로서 한편으로는 국회에서 재적의원 3분의 2 이상의 찬성이라는 가중다수결이 요구되고 있으며, 다른 한편으로는 국회를 통과한 헌법개정안에 대해서도 다시금 국민투표에 의해 최종적으로 확정하도록 요구하고 있는 것이다.

97) 이에 관하여는 「제1권 제3부 제2장 제5절 Ⅱ. 4. **결선투표제도의 문제**」 참조.

98) 권영성, 헌법학원론, 2010, 910쪽; 홍성방, 헌법학(下), 2011, 150쪽.

99) 김철수, 헌법학개론, 2007, 1356쪽 이하.

100) 허영, 한국헌법론, 2025, 1050쪽.

의사에 의해 헌법재판소의 재판관이나 중앙선거관리위원회의 위원이 선임되는 것을 막는 것도 통제적 측면을 가지고 있다고 평가할 수 있을 것이다.

다만 국회가 대통령, 대법원과 함께 헌법기관의 구성에 참여하는 것은 헌법재판소나 중앙선거관리위원회가 어느 쪽으로도 치우치지 않고 중립적으로 구성되도록 하기 위한 것인데, 국회와 대통령, 대법원이 각기 3인씩 선임하도록 하는 것이 중립적 구성을 현실적으로 담보할 수 있는지에 대해서는 의문의 여지가 있다. 무엇보다도 대통령과 국회가 정당을 매개로 연결되는 정당국가적 현실을 고려할 때, 외견상의 황금분할이 실질적으로는 전혀 다르게 작용할 수 있기 때문이다.[101]

4. 헌법상 기관의 임명에 관한 동의권

국회는 또한 대통령의 헌법상 기관의 임명에 대하여 동의권을 행사하기도 한다. 현행헌법상 이에 속하는 것으로는 국무총리와 감사원장에 대한 임명동의권과, 대법원장·대법관 및 헌법재판소장의 임명에 대한 동의권이 있다.

집행부의 구성원인 **국무총리**의 임명에 대하여 국회의 동의를 받도록 한 것(헌법 제86조 제1항)은 의원내각제적 요소로 평가된다. 즉, 국무총리가 대통령에 의하여 일방적으로 선임되는 것이 아니라 국회가 국무총리의 임명에 관여함으로써 한편으로는 국무총리의 민주적 정당성을 일정 정도 확보하고, 다른 한편으로는 국무총리가 독자적인 헌법상의 권한을 행사할 수 있는 조건을 마련하는 것이다.[102]

감사원장의 임명에 대한 국회의 동의권(헌법 제98조 제2항)도 감사원이 대통령에 의해 일방적으로 구성됨으로 인하여 업무상의 중립성을 잃게 될 우려를 막기 위한 것이며, 비록 감사원이 집행부 소속의 국가기관이지만 업무의 성질상 정치적 영향력을 최소화시켜서 중립적인 업무수행을 담보할 필요가 있기 때문이라고 할 수 있다.

반면에 대통령의 **대법원장 및 대법관**의 임명에 대한 동의권(헌법 제104조 제1항, 제2항)과 **헌법재판소장** 임명에 대한 동의권(헌법 제111조 제4항)은 집행부 구성원이 아닌 사법부의 수장에 대한 대통령의 임명권을 견제하는 의미를 갖는다. 비록 대통령이 국가원수로서 대법원장이나 헌법재판소장에 대한 임명권을 헌법상 부여받고 있지만, 이는 권력분립의 원칙과 관련하여 중대한 문제를 야기할 수 있다. 그러므로 대통령이 자의적으로 임명권을 행사하여 사법부에 과도한 영향력을 행사하는 것을 국회의 관여를 통해 막고자 하는 것이다.

그러나 역시 정당국가화 경향으로 인하여 대통령의 임명권을 국회가 실질적으로 통제하는 데에는 일정한 한계가 있다고 할 수 있다.

---

101) 특히 헌법재판소 재판관의 임명방식에 대해서는 그 동안 적지 않은 비판이 가해졌다. 이에 관하여는 장영수, 현행헌법체계상 헌법재판소의 헌법상의 지위, (고려대학교 법학연구소) 법학논집 제30집(1994), 31-67(53 이하)쪽 참조.

102) 이에 관하여는 아래의 「제3권 제3부 제3장 제4절 Ⅱ. 2. **국무총리의 헌법상 지위와 임명방식**」 참조.

Ⅳ. 국회의 재정에 관한 권한

1. 재정에 관한 헌법원칙: 조세법률주의와 조세평등주의

(1) 국가재정의 기초로서의 조세 - 조세국가의 발달

국가재정의 기초가 되는 것은 국민이 부담하는 조세이다. 즉, 국민의 필요에 의하여 국가조직이 구성되고 활동하는 만큼, 국가조직의 구성과 활동에 들어가는 비용은 국민 스스로가 부담하여야 한다는 것이 현대 민주국가의 재정운용의 기초가 되고 있는 것이다. 이러한 의미에서 현대국가는 조세국가로 지칭되기도 한다.

중세 유럽에서는 봉건영주가 영지의 운영을 위해 필요한 재원을 영지 내에서의 각종 경제적 활동을 통해 스스로 해결하는 것이 원칙이었으며, 조세는 (예컨대 전쟁이 발생한 경우 그 경비의 충당 등과 같이) 특별한 재정수요가 발생될 경우에 등족회의의 동의를 얻어서 징수하는 예외적인 재정수입원일 뿐이었다.

그러나 현대국가에서는 국민이 납세의 의무[103]를 일반적으로 지고 있다. 이러한 의무는 국민에 대한 강제적인 경제적 부담을 수반하게 되지만, 그렇다고 조세를 부담한 국민이 직접적으로 이에 상응하는 반대급부를 받는 것도 아니다. 그렇기 때문에 납세의무는 헌법상의 규정에 기초하여 직접 국민에게 부과될 수 없으며, 국민을 대표하는 의회에서 조심스럽게 그 기준과 내용 및 징수절차 등을 정한 후에 비로소 구체적·개별적으로 국민에게 부과될 수 있다. 이러한 전제 위에서 강제적 징수가 정당화되는 것이다.

(2) 조세법률주의의 의의와 내용

현행헌법은 제38조에서 납세의 의무를 모든 국민의 기본의무로 규정하고 있으며, 제59조에서 "조세의 종목과 세율은 법률로 정한다"고 규정함으로써 **조세법률주의**를 선언하고 있다. 조세가 국가재정의 주된 수입원으로서 중요한 의미를 갖고 있기 때문에 이를 뒷받침하기 위하여 헌법이 납세의 의무를 명시하고 있지만, 조세의 부과와 징수를 정부의 임의에 맡길 경우에는 그로 인하여 국민의 재산권에 대한 심각한 침해가 발생될 우려가 있기 때문에 조세에 관한 중요사항을 국회가 법률로써 정하도록 하고 있는 것이다.[104]

나아가 조세에 관한 법률은 -조세가 국민의 기본권에 대한 제한을 수반하게 되는 것이 일반적이기 때문에- 기본권제한의 일반적 요건과 기준에 따라 일반성과 명확성의 요건을 충족시켜야 한다. 또한 조세에 관한 법률규정들은 그 내용이 비례성원칙에 비추어서 정당한 것으로 평가될 수 있어야 한다. 이런 맥락에서 볼 때, 조세법률주의는 정부의 조세고권을 통제하는 중요한 역할을 하고 있음이 명백하다.

헌법재판소도 조세법률주의와 관련하여 "조세행정에 있어서의 법치주의의 적용은 조세징수로부터 국민의 재산권을 보호하고 법적 생활의 안전을 도모하려는 데 그 목적

103) 납세의 의무에 관하여는「제2권 제2부 제20장 제3절 Ⅰ. 1. **납세의 의무**」참조.
104) 비록 헌법규정상으로는 조세의 종목과 세율만을 법률로 정하도록 명시하고 있지만, 해석상으로는 그 밖에도 납세의무자, 과세대상물건, 과세표준, 과세절차 등도 법률로 정해야 하는 것으로 이해된다.

이 있는 것으로서, 과세요건법정주의와 과세요건명확주의를 그 핵심적 내용으로 하는 것이지만 오늘날의 법치주의는 국민의 권리 · 의무에 관한 사항은 법률로써 정해야 한다는 형식적 법치주의에 그치는 것이 아니라 그 법률의 목적과 내용 또한 기본권 보장의 헌법이념에 부합되어야 한다는 실질적 법치주의를 의미하며 헌법 제38조, 제59조가 선언하는 조세법률주의도 이러한 실질적 법치주의를 뜻하는 것이므로 비록 과세요건이 법률로 명확히 정해진 것일지라도 그것만으로는 충분한 것이 아니고 조세법의 목적이나 내용이 기본권 보장의 헌법이념과 이를 뒷받침하는 헌법상의 제 원칙에 합치되지 아니하면 아니 된다"고 판시한 바 있다.[105)]

(3) 공평과세의 요청과 조세평등주의

조세법률주의와 밀접한 연관 하에 있는 것이 조세평등주의(공평과세의 원칙)이다. 조세법률주의 가운데서 언급되었던 법률의 일반성은 평등의 요청을 과세대상에 대하여 적용시키는 것이라고 할 수 있기 때문이다. 조세법률의 일반성을 통하여 과세기준이 특정인이나 특정집단, 특정사안에 대해서만 선별적으로 적용되지 않고 불특정다수인 내지 불특정다수의 사안에 대해 (적어도 동일한 요건을 충족시키는 한) 똑같이 적용되어야 한다는 것이다.

이처럼 조세에 있어서 평등의 요청이 특별히 강조되는 것은 그것이 조세의 정당성을 인정하는 데 결정적인 의미를 갖기 때문이다. 모든 국민에게 공평한 부담으로 부과된 조세에 대해서는 그 정당성을 쉽게 인정할 수 있지만, 특정인이나 특정집단에게 유리하게 부과된 조세, 또는 그 반대로 특정인이나 특정계층에 대해 불합리하게 중과세를 하는 것은 조세정의에 반하는 것이라고 할 수밖에 없다.[106)]

---

105) 헌재 1992.2.25. 90헌가69등 결정 이래의 확립된 견해. 또한 헌법재판소는 조세법률주의에 따른 조세법규의 해석과 관련하여 "… 유추해석이나 확장해석은 허용되지 아니하고 엄격히 해석하여야 하는 것은 조세법률주의에 비추어 당연한 것이지만 조세법규에 있어서도 법규 상호간의 해석을 통하여 그 의미를 명백히 할 필요가 있는 것은 다른 법률의 경우와 마찬가지이고, 그와 같은 조세법규의 해석에 의하여 조세의 부과, 면제 여부를 확정하는 것은 유추해석 또는 확장해석에 의하여 조세의 부과나 면제범위를 확장, 감축하는 것과는 전혀 다른 문제"라고 판시함으로써 조세법률주의가 조세법규의 해석에까지 미친다는 점을 분명히 하였다(**헌재 1996.8.29. 95헌바41 결정**).

106) 헌법재판소는 이와 관련하여 "우리 헌법은 제11조 제1항에서 "모든 국민은 법 앞에 평등하다. 누구든지 성별 · 종교 또는 사회적 신분에 의하여 정치적 · 경제적 · 사회적 · 문화적 생활의 모든 영역에 있어서 차별을 받지 아니한다"라고 규정하고 있다. 조세평등주의는 위 헌법규정에 의한 평등의 원칙 또는 차별금지의 원칙의 조세법적 표현이라고 할 수 있다. 따라서 국가는 조세입법(租稅立法)을 함에 있어서 조세의 부담이 공평하게 국민들 사이에 배분되도록 법을 제정하여야 할 뿐만 아니라, 조세법의 해석 · 적용에 있어서도 모든 국민을 평등하게 취급하여야 할 의무를 진다. 이러한 조세평등주의의 이념을 실현하기 위한 법 제도의 하나가 바로 국세기본법 제14조에 규정한 실질과세의 원칙이라고 할 수 있다. 또한 이러한 조세평등주의는 정의의 이념에 따라 "평등한 것은 평등하게", 그리고 "불평등한 것은 불평등하게" 취급함으로써 조세법의 입법과정이나 집행과정에서 조세정의(租稅正義)를 실현하려는 원칙이라고 할 수 있다"고 판시하고 있을 뿐만 아니라(**헌재 1989.7.21. 89헌마38 결정**), 구체적 담세능력의 차이와 관련하여 "… 그런데 오늘날 세원(稅源)이 극히 다양하고, 납세의무자인 국민의 담세능력에도 차이가 많을 뿐만 아니라, 조세도 국가재원의 확보라는 고전적 목적 이외에 다양한 정책적 목적 하에 부과되고 있기 때문에 조세법의 영역에서는 입법자에게 광범위한 형성권이 부여되어 있다. 따라서 취득세의 입법과 관련하여서도 입법자는 모든 과세대상을 동일하게 취급할 것인가 아니면 특정의 대상에 대하여는 이와 구별하여 중과세할 것인가, 중과세할 경우 그 대상을 무엇으로 한정할 것이며 그 세율은 어느 정도

조세의 평등을 주장할 경우에는, 그것이 형식적 평등이 아니라 **실질적 평등**을 지향하고 있다는 점도 아울러 강조되어야 한다. 조세는 모든 사람에게 무조건 똑같이 부과될 수 없으며, 납세자의 경제적 능력에 따라 차등을 두어 부과되는 것이 오히려 실질적 평등에 부합되기 때문이다. 따라서 조세평등의 원칙은 납세자들의 실질적인 담세능력을 고려하는 **응능과세의 원칙**(das Prinzip der Besteuerung nach der Leistungsfähigkeit)을 내포한다.[107]

그러나 응능과세의 원칙을 인정하는 것만으로 조세평등의 문제가 쉽게 해결되는 것은 아니다. 과연 어떤 기준에 따라 담세능력을 평가할 것이며, 그렇게 평가된 담세능력의 차이가 구체적인 과세에 있어서 어떤 방법으로 어느 정도까지 반영될 것인지의 문제는 구체적인 조세의 종목과 과세표준, 세율 등을 결정할 때마다 항상 새롭게 제기되고 해결되어야 할 것이기 때문이다.

또한 조세평등을 더욱 적극적으로 생각할 경우에는, 과세에 있어서의 평등뿐만 아니라 **조세를 통한 평등의 실현**을 강조하기도 한다. 예컨대 조세를 통해 부를 재분배하려는 시도가 이런 맥락에서 이해될 수 있다. 상속세와 증여세의 세율을 높게 책정함으로써 부의 세습을 막고자 하는 것이나, 재산세와 소득세를 누진과세함으로써 시장에 의한 분배결과를 교정하여 부의 집중을 최소화하고자 하는 노력이 이러한 사상에 기초한 것이다.[108]

그러나 이와 같이 조세를 통해 부를 재분배하려는 시도에 대해서도 일정한 헌법적 한계는 그어져야 한다. 일차적으로 지적될 수 있는 것은, 그러한 시도도 민주적·법치국가적 절차에 기초한 것이어야 하며, 이를 철저하게 준수하여야 할 필요가 있다는 점이다. 또한 아무리 의도가 실질적 평등을 통해 사회적·경제적 약자를 배려하기 위한 것이라 할지라도 그것이 경제활동에 대한 지나친 부담이 되어서는 안 될 것이다. 예컨

로 할 것인가 등에 관하여 광범위한 입법형성의 자유를 갖는다고 할 수 있다. 다만 이러한 결정을 함에 있어서도 입법자는 재정정책적, 국민경제적, 사회정책적, 조세기술적 제반 요소들에 대한 교량을 통하여 그 조세관계에 맞는 합리적인 조치를 하여야만 평등의 원칙에 부합할 수 있으며, 그러한 결정이 비합리적이고 불공정한 조치라고 인정될 때에는 조세평등주의에 반하여 위헌이 된다고 할 것이다"라고 선언한 바 있다(**헌재 1999.2.25. 96헌바64 결정**).

이러한 맥락에서 헌법재판소는 종합부동산세법의 세대별합산규정이 헌법 제36조 제1항에 위배되는 것으로 인정한 바 있다(**헌재 2008.11.13. 2006헌바112등 결정**).

107) 즉 담세능력의 차이에 따라 조세부담도 상응하게 차별화되어서 「담세능력이 같은 사람들 사이에서는 같게, 다른 사람들 사이에서는 다르게」 부과되어야 한다는 것이다.

108) 이와 관련하여 헌법재판소는 "오늘날 조세는 국가의 재정수요를 충족시킨다고 하는 본래의 기능 외에도 소득의 재분배, 자원의 적정배분, 경기의 조정 등 여러 가지 기능을 가지고 있으므로, 국민의 조세부담을 정함에 있어서 재정·경제·사회정책 등 국정전반에 걸친 종합적인 정책판단을 필요로 할 뿐만 아니라, 과세요건을 정함에 있어서 극히 전문기술적인 판단을 필요로 한다. 조세법규를 어떠한 내용으로 규정할 것인지에 관하여는 입법자가 국가재정, 사회경제, 국민소득, 국민생활 등의 실태에 관하여 정확한 자료를 기초로 하여 정책적, 기술적인 판단에 의하여 정하여야 하는 문제이므로, 이는 입법자의 입법형성적 재량에 기초한 정책적, 기술적 판단에 맡겨져 있다고 할 수 있다. 따라서 조세법 분야에 있어서 소득의 성질의 차이 등을 이유로 하여 그 취급을 달리하는 것은 그 입법목적 등에 비추어 자의적이거나 임의적이 아닌 한 그 합리성을 부정할 수 없고 조세평등주의에 위반하는 것이라고 볼 수 없다"고 판시한 바 있다(**헌재 2001.12.20. 2000헌바54 결정**).

대 고소득자 및 기업에 대한 지나친 누진과세는 자칫 이들이 외국으로 도피하게끔 만들 우려조차 있는 것이다.

2. 예산안의 심의 · 확정권

(1) 예산의 개념과 성질

예산(Budget)이란 회계연도를 기준으로 작성된 **정부재정의 운용을 위한 세입 및 세출의 계획안**을 말한다. 예산은 특히 재정수입의 계획이라는 측면에서 국민에 대한 과세와 직결되므로 정부의 일방적인 과세를 통제하기 위한 수단으로서 예산에 대하여 국회가 관여하는 것은 매우 중요한 의미를 가지고 있다.

종래 군주국가 시절의 예산제도는 국왕에 의한 과세권의 남용을 막기 위한 효과적인 수단으로 기능하였으며, 오늘날의 민주국가에서도 정부가 작성한 예산안에 대한 국회의 심의 · 확정권은 입법권에 버금가는 국회의 핵심적 권한의 하나로 자리잡고 있다. 특히 현대의 사회국가적 요청에 따라 국가의 예산규모는 점차 방대해져서 정부의 재정운용이 민간경제에 미치는 영향도 커졌다. 그로 인하여 국회의 예산통제권이 갖는 의미도 아울러 증대되었다고 평가할 수 있다.[109)]

예산의 형식과 관련하여서는 영국, 미국, 독일, 프랑스 등과 같이 **예산법률주의**를 채택하는 입법례가 많으나, 현행헌법은 제54조에서 제53조의 입법절차와는 별도의 절차에 의하여 예산을 의결하도록 함으로써 일본, 스위스 등의 예에 따라 예산에 대하여 **특수형식**을 취하도록 하고 있다.[110)]

그러나 예산의 법적 성질에 관하여는 이를 일종의 법규범으로 이해하는 견해가 다수이다.[111)] 예산이 법률이나 조약, 명령, 규칙, 조례 등과 같은 일반적인 규범의 형식을 취하고 있지는 않지만, 국회의 심의와 의결을 통하여 세입, 세출과 관련된 정부의 재정작용을 구속력 있게 통제하는 준칙으로 확정되는 것이다. 그렇기 때문에 예산은 특수한 형태의 법규범으로 이해되는 것이다.

(2) 예산안의 심의 · 확정의 절차

국회의 예산심의는 정부에 의해 제출된 예산안을 대상으로 한다. 즉, 정부는 매년 회계연도 개시 90일 전까지(즉 10월 초까지) 예산안을 편성하여 국회에 제출하여야 하며(헌법 제54조 제2항 전단), 국회는 9월 1일 시작된 정기회의 기간 중에 예산안에 대

---

109) 국회의 예산 · 결산에 대한 통제권은 정부의 재정운용이 자의적으로 행해지는 것을 막는 역할을 함과 동시에 공적 재정의 운용을 합리화함으로써 공공부문에서의 자원이용의 효율화를 추구한다. 민간부문에서는 경쟁원리가 작용함으로 인하여 비효율적인 재화와 용역의 활용은 자연도태되는 것이 일반적이다. 하지만 공공부문에서는 순수하게 경쟁논리로써 재정을 운용할 수 없기 때문에, 한편으로는 공익적 활동을 위한 재정투자를 적극적으로 인정하면서도 다른 한편으로는 재정운용의 효율성 및 건전성을 국회가 통제할 필요가 인정되는 것이다.

110) 그러나 입법론적으로는 예산법률주의를 채택하는 것이 바람직하다는 주장이 적지 않다. 그것은 예산이 법률과 불일치함으로 인하여 발생되는 여러 가지 복잡한 문제를 피할 수 있기 때문이다. 예산과 법률의 관계에 대하여는 김철수, 헌법학개론, 2007, 1395쪽 이하 참조.

111) 권영성, 헌법학원론, 2010, 903쪽 이하; 김철수, 헌법학개론, 2007, 1395쪽 이하 참조.

한 심의를 하게 된다.[112] 또한 국회는 회계연도의 개시 30일 전까지 예산안을 확정하여야 한다(헌법 제54조 제2항 후단).[113]

예산안의 심의 · 확정의 절차는 ① 국회 본회의에서 정부의 시정연설을 통한 예산안 편성의 배경설명, ② 소관상임위원회의 예비심사, ③ 예산결산특별위원회의 심사, ④ 국회 본회의에서의 의결을 통한 확정의 순서로 진행된다(국회법 제84조, 제45조, 제66조, 제67조, 제93조).[114]

국회가 예산안을 심의 · 확정하는 과정에서 예산안의 소극적 수정(일정 영역에 대한 예산의 삭제 또는 감액)은 가능하지만, 예산의 증액 또는 새로운 비목(費目)의 신설을 위해서는 정부의 동의를 받아야 한다(헌법 제57조). 이는 국가의 재정에 관해서도 정부의 편성권과 국회의 심의 · 확정권이 균형을 이룸으로써 어느 한쪽에 의하여 예산이 자의적으로 확정되는 것을 막기 위한 것으로 이해될 수 있을 것이다.

그 밖에 조약이나 법률로써 확정된 지출항목은 국회가 예산심의과정에서 삭감할 수 없다고 보는 것이 일반적이다.[115]

(3) 임시예산과 추가경정예산

회계연도가 개시될 때까지도 국회가 예산안을 의결하지 못할 경우에는 국가의 재정운용에 중대한 문제가 발생될 수 있다. 그러나 헌법은 예산안이 확정되지 않은 경우에도 다음의 목적을 위한 경비는 전년도 예산에 준하여 집행하도록 함으로써[116] 이러한

---

112) 예산안의 편성에 있어서는 예산일년주의가 원칙으로 되어 있지만, 일정한 경우에는 예외가 인정되고 있다. 즉, 수년에 걸친 사업에 소요되는 경비에 관하여는 **계속비**로서 국회의 의결을 미리 얻음으로써 사업의 진행 도중에 국회의 예산배정 배제로 인하여 사업이 중단되는 일이 없도록 한 것이다(헌법 제55조 제1항). 계속비에 관하여는 또한 국가재정법 제23조 제2항에서 그 연한을 원칙적으로 5년으로 한정하고, 연장이 필요한 경우에는 국회의 의결을 얻도록 함으로써 계속비의 방만한 운영을 억제하고 있다.

113) 2013.5.28. 개정된 국가재정법 제33조에서는 정부가 예산안을 회계연도 개시 120일 전까지 국회에 제출하도록 규정함으로써 예산심의기간을 연장하였다.

114) 예산안 처리가 법정기일을 지키지 못하는 경우가 많아짐에 따라 예산안 등을 본회의에 자동부의하는 국회법 개정안(국회법 제85조의3)이 2013년 5월 30일부터 시행되었다.

국회법 제85조의3(예산안등 본회의 자동부의 등)

① 위원회는 예산안, 기금운용계획안, 임대형 민자사업 한도액안(이하 "예산안등"이라 한다)과 제4항에 따라 지정된 세입예산안 부수 법률안의 심사를 매년 11월 30일까지 마쳐야 한다.

② 위원회가 예산안등과 제4항에 따라 지정된 세입예산안 부수 법률안(체계 · 자구심사를 위하여 법제사법위원회에 회부된 법률안을 포함한다)에 대하여 제1항에 따른 기한까지 심사를 마치지 아니하였을 때에는 그 다음 날에 위원회에서 심사를 마치고 바로 본회의에 부의된 것으로 본다. 다만, 의장이 각 교섭단체대표의원과 합의한 경우에는 그러하지 아니하다.

③ 의장은 제2항 본문에 따른 법률안 중에 같은 제명의 법률안이 둘 이상일 경우에는 제2항 본문에도 불구하고 소관 위원회 위원장의 의견을 들어 일부 법률안만을 본회의에 부의할 수 있다.

④ 의원이나 정부가 세입예산안에 부수하는 법률안을 발의하거나 제출하는 경우 세입예산안 부수 법률안 여부를 표시하여야 하고, 의장은 국회예산정책처의 의견을 들어 세입예산안 부수 법률안으로 지정한다.

⑤ 위원회가 제4항에 따라 지정된 세입예산안 부수 법률안에 대하여 대안을 입안한 경우에는 그 대안을 제4항에 따라 세입예산안 부수 법률안으로 지정된 것으로 본다.

115) 권영성, 헌법학원론, 2010, 906쪽; 김철수, 헌법학개론, 2007, 1399쪽.

116) 이를 임시예산 또는 준예산이라고 한다.

문제를 최소화시키고 있다(헌법 제54조 제3항).

첫째, 헌법이나 법률에 의하여 설치된 기관 또는 시설의 유지·운영

둘째, 법률상 지출의무의 이행

셋째, 이미 예산으로 승인된 사업의 계속

그리고 예산안이 국회의 의결을 얻은 이후에 발생된 사유로 인하여 예산에 변경을 가할 필요가 있을 경우에는 정부가 **추가경정예산**을 편성하여 국회에 제출할 수 있다(헌법 제56조). 이러한 추가경정예산은 예비비[117]로써 대응하기 어려운 경우에 예산상의 필요에 따라 편성되는 것이며, 본예산과 같은 절차를 거쳐서 심의·의결되어야 한다.[118]

(4) 예산의 효력

현행헌법상 예산은 법률과는 다른 형식을 취하고 있으며, 그에 따라 법률과는 다른 효력을 갖게 된다. **예산일년주의**에 따라 예산의 효력은 (계속비의 경우를 제외하고) 당해 회계연도 내에서만 미친다. 또한 예산은 관계국가기관을 구속할 뿐이고, 일반국민에 대하여 직접적인 구속력을 갖지 않는다. 결국 예산의 실질적 효력은 국가기관의 재정적 행위에 대한 구속력이라고 할 수 있다.

그러나 우리나라처럼 영구세주의를 채택한 경우에는 **세입예산**의 의미가 크지 않다.[119] 세입예산만으로 세입이 확보되는 것이 아니라 세입의 근거가 되는 세법 등이 있어야 하기 때문이다. 다만 세입예산에 미리 계상되지 않은 수입은 세법 등에 근거하여 징수되었다 하더라도 당해 연도의 세출에 충당할 수 없다는 점에서 법적 효력이 있다고 할 수 있을 것이다.[120]

반면에 **세출예산**의 구속력은 분명하게 인정된다. 지출의 항목과 시기 및 액수에 대한 구속력이 인정될 뿐만 아니라 지출목적 이외의 용도로 예산을 사용하지 못하며, 예산이 정한 각 기관간, 각 장·관·항간에 상호 이용(移用)할 수 없다. 다만, 예산집행상 필요[121]에 따라 미리 예산으로써 국회의 의결을 얻었을 때에는 기획재정부장관의 승인을 얻어 이용(移用)하거나 기획재정부장관이 위임하는 범위 안에서 자체적으로 이용할 수 있다(국가재정법 제47조 제1항).[122]

---

117) 예산안 가운데는 예측할 수 없는 예산 외의 지출, 또는 예산을 초과하는 지출에 충당하기 위하여 **예비비**가 설치될 수 있는데, 이러한 예비비는 총액으로 국회의 의결을 얻어야 하며, 예비비의 지출은 차기 국회의 승인을 얻어야 한다(헌법 제55조 제2항).

118) 권영성, 헌법학원론, 2010, 907쪽; 김철수, 헌법학개론, 2007, 1401쪽.

119) 국가의 세입에는 조세수입 이외에도 각종 부담금, 사용료 등 다양한 유형이 있다. 그러나 현재 우리나라의 세입예산 중에서는 조세수입의 비중이 압도적이기 때문에 영구세주의가 세입예산의 의미를 감소시키는 것이다.

120) 김철수, 헌법학개론, 2007, 1397쪽.

121) 국가재정법 제47조 제1항 각호에서 이러한 경우로 인정되는 것은 다음과 같다.
1. 법령상 지출의무의 이행을 위한 경비 및 기관운영을 위한 필수적 경비의 부족액이 발생하는 경우
2. 환율변동·유가변동 등 사전에 예측하기 어려운 불가피한 사정이 발생하는 경우
3. 재해대책 재원 등으로 사용할 시급한 필요가 있는 경우
4. 그 밖에 대통령령으로 정하는 경우

3. 결산심사권

국가의 재정운용은 「정부의 예산안 편성」→「국회의 예산안 심의 · 확정」→「관계 국가기관의 예산집행」→「예산집행에 대한 결산」의 순서로 진행된다.

국회는 정부가 편성한 예산안을 심의 · 확정할 뿐만 아니라, 확정된 예산안에서 정한 바대로 예산이 집행되었는지를 결산할 권한도 가지고 있다. 그것은 예산과 결산이 밀접한 관련성을 가지고 있기 때문이라고 할 수 있다. 그러나 예산안에 대한 심의 · 확정이 국가재정에 대한 사전적 통제로서 강력한 실효성을 가지고 있는 반면에, 결산심사권은 형식적으로 운용되는 경향이 있다.

정부는 감사원의 검사를 거친 결산을 회계연도마다 다음 회계연도 5월 31일까지 국회에 제출하여야 하며(국가재정법 제61조), 결산에 대한 심의 · 의결을 정기회 개회 전까지 완료하여야 한다(국회법 제128조의2).

이를 위하여 예산집행이 끝난 후 각 중앙관서의 장은 국가회계법에서 정하는 바에 따라 매 회계연도마다 작성한 결산보고서를 다음 연도 2월 말일까지 기획재정부장관에게 제출하여야 하며, 국회의 사무총장, 법원행정처장, 헌법재판소의 사무처장 및 중앙선거관리위원회의 사무총장은 회계연도마다 예비금사용명세서를 작성하여 다음 연도 2월말까지 기획재정부 장관에게 제출하여야 한다(국가재정법 제58조). 기획재정부장관은 국가회계법에서 정하는 바에 따라 회계연도마다 작성하여 대통령의 승인을 받은 국가결산보고서를 다음 연도 4월 10일까지 감사원에 제출하여야 한다(국가재정법 제59조).

감사원은 제59조에 따라 제출된 국가결산보고서를 검사하고 그 보고서를 다음 연도 5월 20일까지 기획재정부장관에게 송부하며(국가재정법 제60조), 정부는 제60조에 따라 감사원의 검사를 거친 국가결산보고서를 다음 연도 5월 31일까지 국회에 제출하여야 한다(국가재정법 제61조).

국회에 제출된 결산보고서는 예산안의 경우와 유사하게 소관상임위원회의 예비심사와 예산결산특별위원회의 종합심사를 거쳐 본회의에서 심의 · 의결되며, 국회가 그 결과를 정부에 통지함으로써 결산심사가 종료된다.

4. 정부의 중요 재정행위에 관한 동의권 · 승인권

국회는 국민의 일차적 대표기관으로서 국민의 재산권에 직접적 영향을 미치는 중요한 사항에 대하여 국민을 대신하여 결정권, 심사권 또는 동의권을 행사하고 있다. 입법권에 기초한 조세법률주의가 그러하고, 예산안에 대한 심의 · 확정권 및 결산심사권도 같은 맥락에서 이해될 수 있을 것이다. 그리고 그 밖에도 정부의 재정행위 중에서 국민

122) 또한 정부조직 등에 관한 법령의 제정 · 개정 또는 폐지로 인하여 그 직무와 권한에 변동이 있을 때에는 기획재정부장관은 당해 중앙관서의 장의 요구에 의하여 그 예산을 상호 이용(移用) 및 이체(移替)할 수 있으며, 이와 같이 예산을 이용 또는 이체한 때에는 기획재정부장관이 당해 중앙관서의 장 및 감사원에 통지하여야 한다(국가재정법 제47조 제2항, 제3항).

에게 직접적인 부담이 될 수 있는 중요한 사항에 대해서는 국회의 동의권 또는 승인권이 인정되고 있다.

먼저 국가긴급권의 일종으로 인정되는 **긴급재정·경제처분 및 그에 관한 명령**이 발해진 경우에는 지체없이 국회에 보고하여 승인을 얻어야 한다(헌법 제76조 제3항). **예비비의 지출**에 대해서도 차기 국회의 승인을 얻어야 하며(헌법 제55조 제2항), 정부가 **국채를 모집**하거나 **예산 외에 국가의 부담이 될 계약을 체결**할 경우에도 국회의 사전동의를 받아야 한다(헌법 제58조). 마찬가지로 **국가나 국민에게 중대한 재정적 부담을 지우는 조약의 체결·비준**에 대해서도 국회는 동의권을 갖는다(헌법 제60조 제1항).

V. 국회의 국정통제에 관한 권한

1. 국정통제권의 의의와 성질

앞서 설명된 바와 같이 국회의 권한을 분류하는 기준 내지 방식은 매우 다양하기 때문에 어떤 기준도 절대적인 것으로 보기는 어렵다. 이처럼 분류기준이 상이해지면서 국회의 국정통제권에 속하는 권한이 무엇인지에 대한 견해 또한 적지 않은 차이를 보이고 있다.

예컨대 탄핵소추권, 국정감사·조사권, 긴급명령과 긴급재정경제처분·명령에 대한 승인권, 계엄해제요구권, 국방 및 외교정책에 대한 동의권, 일반사면에 대한 동의권, 국무총리·국무위원의 해임건의권, 국무총리·국무위원 등의 국회출석요구 및 질문권을 국회의 국정통제권으로 분류하는 학자[123)]가 있는가 하면, 대정부견제권이라는 분류 하에서 국무총리임명동의권, 국무총리·국무위원 등의 출석요구권 및 질문권, 국무총리·국무위원 해임건의권, 긴급명령, 긴급재정·경제명령 및 처분에 대한 승인권, 계엄해제요구권, 선전포고 및 국군해외파견·외국군주둔에 대한 동의권, 일반사면에 대한 동의권으로 정리하는 학자[124)]도 있다. 그 밖에 탄핵소추의결권, 국정감사 및 조사권, 정책통제권을 통제기능으로 분류하는 경우도 있다.[125)] 이처럼 국회의 권한에 대한 분류뿐만 아니라 국정통제권에 속하는 권한이 무엇인지에 대해서도 학자들 사이에 의견이 분분한 상황이다.

이와 같은 현상은 무엇이 국정통제권인지에 대한 엄격한 기준을 세우기 어렵기 때문이기도 하지만, 다른 한편으로는 엄격한 기준의 필요성이 크지 않기 때문이기도 하다. 왜냐하면 어떤 의미에서는 국회의 모든 권한이 국정통제적 기능을 담당하고 있다고 볼 수 있기 때문이다. 예컨대 대부분의 학자들이 국정통제권과 구별하는 입법권조차도 국정통제적 기능을 할 수 있다는 점은 명백하다. 중요한 사항을 정부가 독자적으로 행하지 못하고 법률에 근거해서만 하도록 하는 것이 이미 정부에 대한 통제적 의미를 담

123) 권영성, 헌법학원론, 2010, 912쪽 이하.
124) 김철수, 헌법학개론, 2007, 1340쪽 이하.
125) 허영, 한국헌법론, 2025, 1038쪽 이하.

고 있는 것이다.

이런 넓은 의미에서 볼 때, 국회의 권한은 대부분 국정통제의 기능을 수행한다고 보아도 지나치지 않을 것이다. 그러나 **좁은 의미의 국정통제권**(즉 국정통제를 목적으로 창설된 권한)과 **넓은 의미의 국정통제권**(즉 권한의 본질은 다른 기능에 있으나 부수적으로 국정통제적 기능도 수행할 수 있는 권한)은 구별될 수 있을 것이며, 이런 맥락에서 볼 때, 좁은 의미의 국정통제권에 속하는 것으로는 국정감사 · 조사권, 국방 및 외교정책에 관한 동의권, 일반사면에 대한 동의권, 긴급명령과 긴급재정경제처분 및 그 명령에 대한 승인권, 계엄해제요구권, 국무총리 · 국무위원 등의 국회출석요구 및 질문권, 국무총리 · 국무위원에 대한 해임건의권, 탄핵소추권 등을 들 수 있을 것이다.

좁은 의미의 국정통제권을 다시 유형화시키자면 **국정감사 · 조사권**처럼 정부의 활동에서 나타나는 문제점들을 조사 · 감사함으로써 통제하는 것, **정부의 활동에 대한 각종 동의권, 승인권**을 통해 국정을 통제하는 것, 그리고 **집행부 구성원에 대한 직접적인 인적 통제**에 해당되는 것들로 분류하는 것이 가능하다. 예컨대 국무총리 · 감사원장 등에 대한 임명동의와 검찰총장 등에 대한 인준절차, 국무총리 · 국무위원 등에 대한 해임건의, 대통령 · 국무총리 · 행정각부의 장 등에 대한 탄핵소추 등은 세 번째의 유형에 해당될 것이다.[126]

2. 국정감사 · 조사권

(1) 국회의 대정부통제에서 국정감사 · 조사가 갖는 의미

국정감사와 국정조사는 그 자체로서 정부의 활동을 직접 통제하는 수단이라기보다는 통제를 위해 필요한 자료를 조사하고 수집하는 것이라고 할 수 있다. 말하자면 국정감사 · 조사가 정부의 권한행사를 중지시키거나 담당자를 문책하는 등의 실질적 통제를 가하는 것은 아니지만, 과연 이러한 통제가 가해져야 할 것인지의 여부를 판단하는 데 필요한 자료의 수집을 가능케 함으로서 국회에 의한 정부통제의 전제를 마련하는 역할을 하는 것이다.

현행 「국정감사 및 조사에 관한 법률」에 따르면 국정감사 또는 국정조사를 담당한 위원회는 직접 조치를 취하는 것이 아니라 그 조사결과를 의장에게 보고하고,[127] 그에 대한 처리는 본회의 의결로 하도록 되어 있다.[128] 그로 인하여 국정감사권 및 국정조사권의 성질에 대하여는 보조적 권한설,[129] 국정감사권은 독립적 권능이고 국정조사권은 보조적 권능이라는 설[130] 등이 대립하여 왔지만, 보조적 권한설이 다수 학자들의 지지

126) 그 밖에 예산 · 결산에 대한 심의 · 의결권 등과 같은 재정에 관한 권한도 국회의 대정부통제에 활용될 수 있을 것이다. 하지만 재정에 관한 권한은 정부에 대한 통제 이외에 국가경제 및 국가기관들의 재정적 수요와 지출 등 다양한 문제에 대한 종합적인 고려 하에 행사되어야 할 것이므로 역시 넓은 의미의 국정통제권에는 속하지만, 좁은 의미의 국정통제권에는 포함되지 않는 것으로 보아야 할 것이다.

127) 국정감사 및 조사에 관한 법률 제15조 제1항: "감사 또는 조사를 마쳤을 때에는 위원회는 지체없이 그 감사 또는 조사 보고서를 작성하여 의장에게 제출하여야 한다."

128) 국정감사 및 조사에 관한 법률 제16조 제1항: "국회는 본회의 의결로 감사 또는 조사결과를 처리한다."

129) 권영성, 헌법학원론, 2010, 922쪽.

를 받고 있는 상황이다.

그러나 이러한 국정감사와 국정조사가 단순히 국회가 다른 권한을 효율적으로 행사하기 위한 수단에 그치지 않고 그 자체로서 정부의 활동에 대한 중요한 통제기능을 담당하고 있다는 점에 대해서는 이론의 여지가 없다. 그 때문에 국정감사권 및 국정조사권의 성질을 어느 하나로 규정짓는 것에 반대하는 견해도 강력하게 제기되고 있다.[131)]

(2) 국정감사의 의의와 기능

현행법상 인정되고 있는 국정감사는[132)] 국회가 국정전반에 관하여 소관 상임위원회별로 매년 실시하는 감사활동으로서 매년 정기국회 이전에 하는 것을 원칙으로 하되, 본회의 의결에 의하여 그 시기를 변경할 수 있도록 되어 있다.[133)]

이러한 국정감사에 대해서는 국정전반에 대한 광범위한 감사를 시행함으로 인하여 집행부에 상당히 큰 부담을 주며, 심한 경우 정상적인 업무에 지장이 될 정도라는 비판이 적지 않다. 예컨대 감사기간에 비해서 과다한 감사대상기관을 선정함으로써 대부분의 감사가 형식적인 것에 머무른다거나 중복감사의 문제, 폭로성감사의 문제, 과도한 서류제출요구의 문제, 감사의 전문성결여 문제 등 현재의 국정감사제도가 안고 있는 문제는 결코 작지 않다고 볼 수 있을 것이다.[134)]

그러나 국정감사를 통해 정부의 잘못된 집행작용이 확인되는 예가 적지 않기 때문에 아직은 그 효과가 크다고 보는 견해도 강력하며, 더욱이 유신헌법 당시에 국정감사가 폐지되었다가 현행헌법에 의해 부활된 이후로는 국정감사의 의미가 더욱 강조되고 있는 상황이다.[135)]

---

130) 김철수, 헌법학개론, 2007, 1351쪽.

131) 예컨대 이관희, 국정감사제도의 문제점과 개선방향, 공법연구 제27집 제3호(1999.6), 139-174 (143)쪽; 허영, 한국헌법론, 2025, 1044쪽; 홍성방, 헌법학(下), 2011, 156쪽.

132) 현행헌법은 제61조에서 국정감사에 관한 근거규정을 두고 있으며, 이에 기초하여 「국회법」, 「국정감사 및 조사에 관한 법률」, 「국회에서의 증언·감정 등에 관한 법률」에서 국정감사에 관한 세부적인 사항을 정하고 있다.

133) 국정감사 및 조사에 관한 법률 제2조(국정감사):

① 국회는 국정전반에 관하여 소관 상임위원회별로 매년 정기회 집회일 이전에 국정감사(이하 "감사"라 한다) 시작일부터 30일 이내의 기간을 정하여 감사를 실시한다. 다만, 본회의 의결로 정기회 기간 중에 감사를 실시할 수 있다.

② 제1항의 감사는 상임위원장이 국회운영위원회와 협의하여 작성한 감사계획서에 따라 한다. 국회운영위원회는 상임위원회간에 감사대상기관이나 감사일정의 중복 등 특별한 사정이 있는 때에는 이를 조정할 수 있다.

③ 제2항에 따른 감사계획서에는 감사반의 편성, 감사일정, 감사요령 등 감사에 필요한 사항을 기재하여야 한다.

④ 제2항에 따른 감사계획서는 매년 처음 집회되는 임시회에서 작성하고 제7조에 따른 감사대상기관에 이를 통지하여야 한다. 다만, 국회의원총선거가 실시되는 연도에는 국회의원총선거 후 새로 구성되는 국회의 임시회 또는 정기회에서 감사계획서를 작성·통지할 수 있다.

⑤ 제4항에 따른 감사계획서의 감사대상기관이나 감사일정 등을 변경하는 경우에는 그 내용을 감사실시일 7일 전까지 감사대상기관에 통지하여야 한다.

134) 이에 관하여 상세한 것은 이관희, 국정감사제도의 문제점과 개선방향, 공법연구 제27집 제3호(1999.6), 139-174(149 이하)쪽 참조.

(3) 국정조사의 의의와 기능

국정감사와는 달리 국정조사는 조사가 필요한 사안이 있을 때마다 실시할 수 있으며, 국회의 재적의원 4분의 1 이상의 요구가 있을 때 국정조사가 행해지게 된다.[136)]

이처럼 국정조사는 -국정전반을 대상으로 하는 국정감사와는 달리- 의혹이 제기되는 부분만을 조사의 대상으로 하기 때문에 조사의 효율성이 높다는 것이 장점이며, 선진국의 경우 대부분 국정감사권 없이 국정조사권만을 인정하고 있다.[137)]

그러나 우리나라의 경우 유신헌법에서 폐지되었던 국정감사권을 대신하여 제5공화국헌법에서 국정조사권이 최초로 도입되었으나 실제 발동된 예는 없었고, 사실상 사문화되었다. 현행헌법에 들어와서는 국정감사권과 국정조사권이 병존하고 있지만, 정치권 내부의 갈등으로 인하여 국정조사권의 발동이 무산되는 예가 많기 때문에 국정조사권의 실효성이 떨어지고 있는 상황이다.

(4) 양 제도의 병존에 따른 문제와 개선의 방향

현행헌법상 국정감사제도와 국정조사제도가 동시에 인정되고 있는 것은 비효율적이기 때문에, 그 중 하나의 제도만을 존치시켜야 한다는 주장이 있다. 사실 제도의 효율성만을 생각하면 국정감사제도를 폐지하고 국정조사제도가 손쉽게 활용될 수 있도록 만드는 것이 바람직할 것이다.[138)]

하지만 그 전제는 국정조사권이 쉽게 발동되지 못하는 우리의 정치상황이 바뀌는 것이다. 이미 국정조사권의 발동요건이 3분의 1에서 4분의 1로 완화되었지만, 실제로 국정조사권이 쉽게 발동될 수 있는 분위기는 아직 아닌 것으로 보인다. 이러한 상황이 바뀌어 국정조사권이 활성화되기 전에 국정감사권을 먼저 폐지할 경우에는 국회의 대정부통제기능의 약화만을 가져오게 될 것이다.

---

135) 국정감사제도의 연혁에 관하여는 이관희, 국정감사제도의 문제점과 개선방향, 공법연구 제27집 제3호(1999.6), 139-174(143 이하)쪽 참조.

136) 국정감사 및 조사에 관한 법률 제3조 (국정조사):
① 국회는 재적의원 4분의 1 이상의 요구가 있는 때에는 특별위원회 또는 상임위원회로 하여금 국정의 특정사안에 관하여 국정조사(이하 "조사"라 한다)를 시행하게 한다.
② 제1항에 따른 조사요구는 조사의 목적, 조사할 사안의 범위와 조사를 시행할 위원회 등을 기재하여 요구의원이 연서한 서면(이하 "조사요구서"라 한다)으로 하여야 한다.
③ 의장은 제2항의 조사요구서가 제출되면 지체없이 본회의에 보고하고 각 교섭단체대표의원들과 협의하여 조사를 시행할 특별위원회를 구성하거나 해당 상임위원회(이하 "조사위원회"라 한다)에 회부하여 조사를 시행할 위원회를 확정한다. 이 경우 국회가 폐회 또는 휴회 중일 때에는 조사요구서에 따라 국회의 집회 또는 재개의 요구가 있는 것으로 본다.
④ 조사위원회는 조사의 목적, 조사할 사안의 범위와 조사방법, 조사에 필요한 기간 및 소요경비 등을 기재한 조사계획서를 본회의에 제출하여 승인을 받아 조사를 한다.
⑤ 본회의는 제4항의 조사계획서를 검토한 다음 의결로써 이를 승인하거나 반려한다.
⑥ 조사위원회는 본회의에서 조사계획서가 반려된 경우에는 이를 그대로 본회의에 다시 제출할 수 없다.

137) 국정조사권에 관한 외국의 입법례에 관하여는 전원배, 의회조사권에 관한 비교헌법적 연구, 서울대 박사학위논문, 1995, 10쪽 이하 참조.

138) 이에 관하여는 이관희, 국정감사제도의 문제점과 개선방향, 공법연구 제27집 제3호(1999.6), 139-174(168 이하)쪽 참조.

3. 정부의 활동에 대한 각종 동의권 · 승인권

(1) 대통령의 권한행사와 그에 대한 동의권 등의 역할

현행헌법상 대통령은 집행부의 수반이면서 동시에 국가원수로서 매우 강력한 권한을 보유하고 있다. 더구나 국가원수로서의 권한에 외교사절의 신임접수(헌법 제73조)를 비롯하여 대외적으로 국가를 대표하는 형식적 · 의전적 권한뿐만 아니라 헌법개정안발의권(헌법 제128조 제1항), 국민투표부의권(헌법 제72조), 임시국회소집요구권(헌법 제47조 제1항), 법률안제출권(헌법 제52조), 사면권(헌법 제79조) 등 실질적 권한이 다수 포함되어 있기 때문에 현행헌법상 대통령은 다른 국가기관에 대하여 상대적으로 우월한 지위에 있는 것으로 평가되고 있다.

따라서 대통령의 권한행사가 독단적으로 행해질 경우에는 적지 않은 문제가 발생될 것이기 때문에 대통령의 권한행사에 대해서는 사후적 통제뿐만 아니라 권한행사의 방식과 관련한 절차적 통제도 중요한 의미를 갖는다.[139] 그 중에서도 국회가 행사하는 각종 동의권, 승인권 등은 집행부 내부에서의 절차적 통제(예컨대 국무총리 및 관계 국무위원의 부서 등)와는 달리 실질적인 구속력이 있기 때문에 통제의 효과가 매우 높은 편이다.

(2) 국가긴급권에 대한 승인권, 해제요구권

대통령의 권한 가운데 과거 군사독재시절에 가장 많이 남용되었던 것이 국가긴급권이었기 때문에 현행헌법은 이에 대한 통제에 특별히 신경쓰고 있다. 하지만 국가긴급권의 필요성을 부정할 수 없을 뿐만 아니라, 긴급한 경우에 신속한 대응을 내용으로 하는 국가긴급권의 성격상 사전적 통제는 사실상 불가능하다. 그로 인하여 대통령의 국가긴급권에 대한 국회의 통제도 사후적인 형태로 나타날 수밖에 없다.

헌법 제76조 제1항에 따른 긴급재정 · 경제처분 및 명령, 동조 제2항에 따른 긴급명령에 대해서는 지체없이 국회에 보고하여 승인을 받도록 하고 있으며(헌법 제76조 제3항), 승인을 얻지 못한 경우에는 그 처분 또는 명령의 효력이 상실되도록 하고 있다(헌법 제76조 제4항). 또한 대통령이 헌법 제77조 제1항 및 제2항에 기초하여 계엄을 선포한 경우에도 국회에 지체없이 통고하도록 하고 있으며(헌법 제77조 제4항), 국회는 재적의원 과반수의 찬성으로 계엄의 해제를 요구할 수 있다(헌법 제77조 제5항).[140]

이처럼 대통령의 국가긴급권행사를 국회가 통제할 수 있도록 하는 등 국가긴급권의 남용을 막는 제도적 장치로 인하여 현행헌법 하에서는 국가긴급권의 남용이 크게 문제되지 않고 있다.

(3) 일반사면에 대한 동의권

대통령은 국가원수로서 사면권을 가지고 있다(헌법 제79조 제1항).[141] 하지만 사면

---

139) 대통령의 권한행사방식 및 이를 통한 절차적 통제의 의미와 비중에 관하여는 아래의 「제3권 제3부 제3장 제3절 Ⅶ. **대통령의 권한행사의 절차와 방법**」 참조.

140) 국가긴급권에 관하여 상세한 것은 「제1권 제3부 제6장 제4절 **국가긴급권**」 참조.

권 중에서도 일반사면은 특정한 범죄유형에 속하는 사람 모두를 사면하는 것이기 때문에 사실상 국회가 입법으로 법률의 적용에 대하여 「일반적 효력을 갖는」 예외를 인정한 것과 마찬가지가 된다. 따라서 대통령이 일반사면을 자의적으로 행사할 경우에는 사실상 입법권을 침해하는 결과가 될 수 있다.

헌법은 이러한 문제점을 막고, 대통령의 자의적 사면권행사를 통제하기 위하여 일반사면에는 국회의 동의를 요하는 것으로 명시하고 있다(헌법 제79조 제2항). 그러나 일반사면과는 달리 특별사면에 대해서는 이러한 제약이 없기 때문에 실질적으로 일반사면에 해당되는 사항에 대해서도 특별사면의 형식을 빌어서 국회의 동의 없이 사면권을 행사한 경우가 존재한다.[142)]

(4) 기타 국방 및 외교정책에 대한 국회 동의권 · 승인권

그 밖에 국회는 입법사항 및 그에 준하는 사항에 대하여 정부가 결정할 경우에 이에 대한 동의권을 부여받고 있다.

예컨대 국회는 상호원조 또는 안전보장에 관한 조약, 중요한 국제조직에 관한 조약, 우호통상항해조약, 주권의 제약에 관한 조약, 강화조약, 국가나 국민에게 중대한 재정적 부담을 지우는 조약 또는 입법사항에 관한 조약의 체결 · 비준(헌법 제60조 제1항), 선전포고, 국군의 외국에의 파견 또는 외국군대의 대한민국 영역 안에서의 주류(헌법 제60조 제2항)에 대한 동의권을 헌법상 인정받고 있다.

이러한 동의권은 정부의 활동에 대한 통제의 기능을 할 뿐만 아니라, 국회의 입법기관으로서의 역할을 실질적으로 보장하는 기능도 한다. 입법사항 및 이에 준하는 사항을 결정함에 있어서 국회를 배제할 경우에는 사실상 국회의 입법권을 우회적으로 침해하는 결과가 될 수 있기 때문이다.

4. 집행부의 구성원에 대한 인적 통제

(1) 집행부의 구성에 관한 국회관여의 의의와 한계

현행헌법은 대통령제 정부형태를 채택하고 있기 때문에 국회와 정부는 각기 국민의 선거를 통해 독립적으로 구성되며, 그 활동도 원칙적으로 독립적이다.

물론 상호통제의 측면에서 정부에 대한 국회의 각종 통제권이 인정되고 있으며, 또 국회의 입법에 대해서 대통령의 법률안거부권이 인정되고 있다는 점은 간과될 수 없다. 하지만 집행부에 대한 국회의 통제는 어디까지나 상호독립성을 전제한 가운데서 행해지는 통제에 머물러야 하며, 의원내각제의 경우처럼 구성 자체에 깊숙이 관여하는 것은 대통령제의 본질에 반하는 것이라 평가될 수 있을 것이다.

---

141) 대통령의 사면권에 대하여는 아래의 「제3권 제3부 제3장 제3절 Ⅵ. 6. 사면 · 감형 · 복권에 관한 권한」 참조.

142) 1998년 김대중 대통령이 취임하면서 각종 교통법규위반으로 처벌 또는 불이익을 받고 있던 사람들을 모두 사면하였다. 그 결과 2304명이 형집행정지로 석방된 것을 비롯하여 552만여 국민들이 각종 규제와 벌점 등에서 해방되었다. 하지만 이 과정에서 국회의 동의를 얻어 일반사면을 명한 것이 아니라, 수백만의 대상자 개개인에 대한 특별사면의 형식을 취함으로써 국회의 동의절차를 회피한 것은 심각한 헌법적 문제라고 지적될 수 있을 것이다.

사실 집행부의 구성과 관련한 국회의 인적 통제는 활용 여하에 따라서는 매우 강력한 통제수단이 될 수 있다. 그러나 현행헌법상 집행부의 구성에 관여할 수 있도록 국회에 부여된 권한들 중에는 일반적인 대통령제의 예를 벗어난 것이 적지 않다. 특히 대통령선거에서 최고득표자가 2인 이상인 경우에 국회에서 결선투표를 하도록 한 것은 상당한 문제를 야기하고 있으며, 그 밖에 국무총리, 국무위원 등에 대한 해임건의권 등에 대해서도 논란의 여지가 적지 않다.

(2) 국무총리 · 국무위원 등의 국회출석요구 및 질문권

현행헌법 제62조 제2항은 "국회나 그 위원회의 요구가 있을 때에는 국무총리 · 국무위원 또는 정부위원은 출석 · 답변하여야 하며, 국무총리 또는 국무위원이 출석요구를 받은 때에는 국무위원 또는 정부위원으로 하여금 출석 · 답변하게 할 수 있다"고 명시하고 있다.

의원내각제가 아닌 대통령제 정부형태 하에서는 이처럼 국회의 정부 각료들의 출석요구 및 질문권을 인정하는 것이 예외적인 현상이기 때문에 이러한 국회의 권한은 의원내각제적 요소로 평가되기도 한다. 하지만 현행헌법상 대통령의 강력한 권한에 대응하여 국회의 정부에 대한 통제권도 강화시킨 것으로 이해될 수 있다.

국회법 제121조는 헌법규정에 기초하여 국회 본회의 또는 위원회는 그 의결로써 국무총리 · 국무위원 또는 정부위원의 출석을 요구할 수 있다고 규정하고 있으며, 특정한 사안에 대하여 질문하기 위하여 대법원장 · 헌법재판소장 · 중앙선거관리위원회위원장 · 감사원장 또는 그 대리인의 출석을 요구할 수 있도록 규정하고 있다.

그 밖에 국회법 제122조 이하에서는 정부에 대한 서면질문, 대정부질문, 긴급현안질문 등에 대하여 규정하고 있다.[143)]

(3) 국무총리 · 국무위원의 해임건의권

현행헌법은 국무총리 또는 국무위원의 해임을 대통령에게 건의할 수 있는 권한을 국회에 부여하였다(헌법 제63조 제1항).

그러나 이러한 국회의 해임건의권은 대통령제 정부형태에서는 예외적인 제도일 뿐만 아니라 해임건의의 의결정족수(국회 재적의원 3분의 1의 발의와 재적과반수의 찬성)가 국무총리 및 국무위원에 대한 탄핵소추의 의결정족수와 같기 때문에, 이 제도를 별도로 존치시킬 실익은 크지 않다.

다만 해임건의권의 경우에는 탄핵소추와는 달리 '직무상의 위헌 · 위법한 행위'를 요건으로 하지 않기 때문에 정치적 사유로 인한 해임건의가 활용될 여지는 있다. 하지만 국회의 해임건의는 헌법재판소의 탄핵결정을 통해서 피소추자의 파면이라는 법적 효과를 가져오는 탄핵소추와는 달리 대통령에 대한 「건의」에 그칠 뿐이기 때문에 -해임건의가 갖는 정치적 의미 내지 압력은 접어두고 생각할 때- 그 법적 효력의 측면에서도 약점을 가지고 있다.[144)]

---

143) 이에 관하여는 앞의 〈주 58〉 참조.

144) 실제로 2003년 9월 3일 김두관 행정자치부 장관에 대해서 국회에서 해임건의안을 의결하였지만 대통령은 그러한 해임건의에 구속되지 않았으며, 국회의 해임건의 후 정치적 고려에 의하여 김두관 장관이 스스로 사임한 후에 후임 장관을 임명하였을 뿐이다. 하지만 당시에도 해임건의의 법적 효력을

(4) 대통령, 국무총리, 행정각부의 장 등에 대한 탄핵소추권

탄핵제도는 고위직공무원에 대한 가장 강력한 통제수단의 하나이다. 헌법재판소의 탄핵결정이 내려질 경우에는 공직에서 파면되는 것은 물론이고, 국회의 탄핵소추만으로도 피소추자의 권한행사가 정지되는 등 강력한 효과가 인정된다.

현행헌법상의 탄핵제도는 영국의 형사재판적 탄핵제도와 구별되는 징계적 탄핵제도이며, 사법기관인 헌법재판소에 의한 탄핵심판을 전제로 「직무상의 위헌 · 위법한 행위」를 요건으로 한다는 점에서 정치기관인 상원에서 탄핵결정을 내리는 미국과는 구별되는 사법적 탄핵제도라고 할 수 있을 것이다.[145)]

국회의 탄핵소추권은 대통령을 비롯한 고위공직자의 위법행위를 통제하는 효과적인 수단이 될 수 있으며, 특히 대통령을 비롯한 집행부의 독재화에 대응하기 위한 수단으로 활용될 수 있다. 그러나 2004년 3월 12일의 대통령에 대한 국회의 탄핵소추에 대해서는 탄핵소추권의 남용이라는 비판도 적지 않았다.[146)] 특히 윤석열 정부 3년 동안 탄핵소추가 발의된 것이 31건에 달했으나, 헌법재판소에서 탄핵결정이 내려진 것은 윤석열 대통령에 대한 것 단 1건뿐이었고, 그밖에 국무총리, 감사원장, 법무부장관, 행정안전부장관, 방송통신위원장 및 여러 검사 등에 대한 탄핵이 모두 기각되었거나 탄핵소추 발의 후에 의결되지 못했다. 그로 인해 탄핵소추가 탄핵인용결정을 위한 것이 아니라, 소추대상자에 대한 직무정지 효과를 노린 것이라는 비판도 매우 날카로웠다.

(5) 국회의 인사청문회를 통한 통제

국무총리 및 감사원장에 대해서는 국회가 대통령의 임명에 직접 관여할 수 있는 임명동의권이 헌법상 보장되고 있다. 하지만 국회법 제65조의2 및 인사청문회법에 따라 인정되고 있는 국무위원, 방송통신위원회 위원장, 국가정보원장, 국세청장, 검찰총장, 경찰청장, 합동참모의장 등에 대한 인사청문회의 효력은 이와 구별된다.

국무총리나 감사원장에 대한 임명동의의 경우에는 국회가 임명동의를 거부함으로써 대통령의 인사권 자체를 통제할 수 있다.[147)] 반면에 국무위원, 방송통신위원회 위원장, 국가정보원장, 고위공직자범죄수사처장, 국세청장, 검찰총장, 경찰청장, 합동참모의장 등에 대해서는 국회가 인사청문회를 열지만 임명동의안 표결은 하지 않고 있다. 헌법상 임명동의권이 국회에 부여된 경우와 같이 취급하기 곤란하기 때문이다.[148)]

둘러싼 논란은 적지 않았다.

145) 탄핵심판제도에 관하여는 아래의 「제3권 제3부 제5장 제5절 Ⅲ. **탄핵심판권**」 참조.

146) 지난 2004년 3월 12일의 탄핵소추에 대해서는 장영수, 대통령탄핵의 헌법적 쟁점과 우리의 과제, 고려법학 제42호(2004.4), 45-70쪽 참조.

147) 실제로 국회는 여러 차례 국무총리에 대한 임명동의안을 부결시킨 바 있으며, 2003년 9월 26일 본회의에서는 윤성식 감사원장 후보자에 대한 임명동의안을 부결시킨 바 있다.

148) 이와 관련하여 국회는 2003년 4월 23일의 인사청문회에서 고영구 국가정보원장 내정자에 대해 부적절하다는 경과보고서를 채택한 바 있으며, 대통령은 이러한 국회의 의견에도 불구하고 고영구 내정자를 국가정보원장으로 임명함으로써 적지 않은 법적 · 정치적 논란이 야기된 바 있었다.

이후 역대 정부에서는 국회의 인사청문회의 결과와 무관하게 국무위원 등을 임명한 사례가 반복되었고, 그로 인해 인사청문회 무용론까지 나오고 있다. 그 결과 최근에는 인사청문회법을 개정하여 국무위원 등에 대해서도 국회의 인사청문결과가 구속력을 가져야 한다는 주장이 힘을 얻고 있다. 다만,

VI. 국회의 자율권

【사례: 국회의원의 상임위 강제 사임의 위헌성 여부】

갑(甲)은 A당 소속 국회의원으로서 국회 보건복지위원회 상임위원으로 활동하였다. 여야 합의로 1999.2.8. 법률 제5854호로 제정된 국민건강보험법 제33조 제2항 및 부칙 제10조에 의하면 건강보험의 직장가입자와 지역가입자의 재정을 2002.1.1.부터 통합하기로 되어 있었는데, A당은 이와 같은 건강보험재정통합방안에 반대하여 '재정분리'안을 당론으로 결정한 후 이를 2001년 12월 정기국회에서 통과시킨다는 방침을 정하였다.

갑은 평소 건강보험재정문제와 관련하여 '재정통합'이 올바른 길이라는 소신을 가지고 있었는바, A당 지도부는 보건복지위원회 소속 A당 위원 중 유일하게 당론에 반대하고 있는 갑을 동 위원회에서 강제로 사임시켜서라도 당론을 관철하고자 하였다. 그리하여 2001.12.24. A당의 원내총무 을(乙)은 국회의장에게 갑을 보건복지위원회에서 사임시키고 같은 당 소속 의원 병(丙)의 보임을 요청하는 서류를 제출하였고, 국회의장이 이 서류에 결재함으로써 갑은 위 위원회에서 강제 사임되었다.

이에 갑은 2002.1.24. 국회의장이 A당 교섭단체대표의원이 제출한 사·보임 요청서에 결재함으로써 갑을 국회 보건복지위원회에서 강제 사임시킨 행위로 말미암아 자신의 국회의원으로서의 법률안 심의·표결권이 침해되었다고 주장하면서, 그 권한침해의 확인 및 국회의장의 사·보임행위의 무효확인을 구하는 권한쟁의심판을 헌법재판소에 청구하였다.

〈헌재 2003.10.30. 2002헌라1 참조〉

1. 갑의 권한쟁의심판청구는 적법한가? (30점)
2. 정당에서 당론으로 국회의원의 판단에 개입하는 것은 자유위임의 원칙에 위배되는가? (20점)
3. 갑의 권한쟁의심판청구가 적법한 경우 헌법재판소는 어떠한 본안판단을 내려야 하는가? (50점)

1. 자율권의 의의

국회의 자율권이란 국회가 다른 국가기관의 간섭을 받지 않으면서 헌법과 법률의 테두리 안에서 국회 내부의 조직 및 의사에 관한 사항을 결정할 수 있는 권한을 의미한다.

국회의 자율권이 인정되어야 하는 것은 **권력분립적 요청**에 따라 국회의 내부적 사항에 대해서는 집행부나 사법부의 관여를 배제하는 것이 필요하며, **국회의 원활한 기능수행**을 위해서는 내부적 문제를 자율적으로 처리하는 것이 필요하기 때문이다.

이러한 국회의 자율권은 근대의회의 발생지인 영국에서 의회의 기능활성화를 위한 전제조건으로 인정되기 시작하여 세계각국의 헌법 및 국회법에 도입된 것이다. 우리나

이를 위해서는 인사청문회의 구성 및 심의 기준, 심의 절차 등의 내실화가 전제되어야 할 것이다.

라의 헌법과 국회법도 집회 및 의사에 관한 자율권, 국회규칙제정권, 의원신분에 관한 자율권 등을 인정하고 있다.

2. 자율권의 구체적 내용

국회의 자율권은 다양한 형태로 구체화되는데, 이를 크게 네 가지 영역으로 나누어 고찰할 수 있다.

첫째, 국회는 **집회 및 의사에 관한 자율권**을 가지고 있다. 국회는 헌법과 국회법이 정하는 바에 따라 집회, 휴회, 폐회, 회기, 의사일정, 의사진행 및 질서유지 등을 자율적으로 결정할 수 있는 것이다. 이는 국회의 정상적인 활동을 위한 기본전제라고 할 수 있다.

둘째, 국회는 **내부조직의 구성에 관한 자율권**을 갖는다. 국회의장 및 부의장의 선출, 위원회의 구성, 사무총장과 국회사무처 직원의 임면 등에 관하여 다른 국가기관의 관여 없이 자율적으로 결정하는 것이다.

셋째, 국회는 **국회규칙의 자율적 제정권**을 갖는다. 헌법 제64조 제1항은 국회가 법률에 저촉하지 아니하는 범위 안에서 「의사(議事)와 내부규율」에 관하여 규칙을 정할 수 있다고 명시하고 있으며, 이러한 국회규칙은 국회의 내부조직이나 집회 및 의사진행 등 다양한 영역에 관하여 제정될 수 있기 때문에 국회규칙의 제정권은 다른 자율권과 중복되는 경우가 많다. 그러나 국회규칙의 의미와 비중이 크기 때문에 이를 국회의 자율권을 상징하는 것으로 평가하는 경우도 적지 않다.

넷째, 국회는 **의원의 신분에 관한 자율권**을 갖는다. 국회의원의 신분에 관한 사항을 다른 국가기관의 관여 없이 자율적으로 결정하도록 함으로써 국회의 활동에 다른 국가기관이 영향을 미치는 것을 막고자 하는 것이다. 이에 속하는 것으로는 헌법 제64조 제2항 및 제3항에 따른 의원의 자격심사와 징계, 제명 등이 있으며, 이에 관한 국회의 자율적 결정에 대해서는 법원에 제소할 수 없다(헌법 제64조 제4항).[149]

3. 자율권의 한계

국회의 자율권은 헌법상 보장되는 것으로서, 국회가 헌법에 의해 부여받은 기능을 원활하게 수행하기 위해 필요한 것이다. 그러나 그러한 자율권도 헌법과 법률의 테두리 내에서만 보장되는 것이기 때문에 무제한적으로 보장되는 것은 아니다.

예컨대 헌법 제64조 제4항에 의해 국회의원의 자격심사 및 징계처분에 대해서는 법원에 제소할 수 없지만, 국회의 의사절차가 명백하고 중대한 하자를 보일 경우에는

149) 그러나 헌법 제64조 제4항은 사법부에 대한 제소가 아니라 법원에 대한 제소만을 금지하고 있기 때문에 헌법재판소에 대한 제소는 가능한 것이 아닌가라는 문제가 발생한다. 즉, 헌법재판소에 대하여 헌법소원 등의 방법으로 제소하는 것이 헌법 제64조 제4항에 의해 금지될 수 있는지가 문제되는데, 이에 대하여는 헌법재판소에 대한 헌법소원제기는 가능하다는 견해(권영성, 헌법학원론, 2010, 940쪽)와 국회의 자율권에 속하는 사항에 대해서는 다른 국가기관이 개입하여 그 정당성을 가리는 것은 바람직하지 않고, 헌법재판소도 그 예외는 아니라는 견해(김철수, 헌법학개론, 2007, 1359쪽의 〈주 1〉 참조)가 대립하고 있다.

의사절차가 적법하게 이루어졌는지를 사법심사의 대상으로 삼는 것이 가능하다.

이와 관련하여 헌법재판소는 국회의장이 야당의원들에게 본회의 개의일시를 국회법에 규정된 대로 적법하게 통지하지 않음으로써 그들이 본회의에 출석할 기회를 잃게 되었고, 그 결과 법률안의 심의·표결과정에 참여하지 못하게 되었다면 이로써 야당의원들의 헌법에 의하여 부여된 법률안 심의·표결의 권한이 침해된 것이라고 인정함으로써 국회의 입법절차상의 하자가 사법심사의 대상임을 분명히 하였다.[150)]

사례 풀이:

1. 갑의 권한쟁의심판청구는 적법한가? (30점)
   - Ⅰ. 서: 권한쟁의심판의 성격과 적법요건 [3점]
   - Ⅱ. 당사자: 국가 또는 지방자치단체 [8점]
     1. 당사자능력과 당사자적격
     2. 국회의원의 당사자능력
     3. 사안의 심판 당사자: 청구인 갑과 피청구인 국회의장
   - Ⅲ. 주장 내용: 권한의 존부 및 범위에 관한 다툼 [10점]
     1. 권한: 헌법상 기관의 헌법상 또는 법률상 권한
     2. 권한에 영향을 미치는 처분: 국회의장의 사·보임행위
     3. 국회의원의 법률안에 대한 심의·표결권
   - Ⅳ. 청구기간 및 기타의 적법요건 [7점]
     1. 청구기간
     2. 권리보호의 이익과 헌법적 해명의 필요성
   - Ⅴ. 결론 [2점]
2. 정당에서 당론으로 국회의원의 판단에 개입하는 것은 자유위임의 원칙에 위배되는가? (20점)
   - Ⅰ. 서: 정당민주주의와 정당의 의원에 대한 구속의 문제 [2점]
   - Ⅱ. 자유위임 원칙의 의의와 기능 [5점]
     1. 자유위임의 의미 - 기속위임과의 구별
     2. 자유위임 원칙의 헌법적 근거: 제7조 제1항, 제45조, 제46조 제2항 등
     3. 자유위임 원칙의 기능
   - Ⅲ. 자유위임의 현대적 의미: 정당의 의원에 대한 법적 구속의 배제 [5점]
     1. 자유위임의 전통적 의미: 선거민의 의원에 대한 기속의 배제
     2. 자유위임의 현대적 의미: 정당의 의원에 대한 기속의 배제
     3. 정당의 의원에 대한 사실적 구속과 법적 구속의 구분
   - Ⅳ. 당론과 자유위임 원칙 [7점]
     1. 당론의 의의와 법적 성격
     2. 당론의 구속력: 법적 구속력은 없으나, 사실상 구속력 있음
     3. 사실상의 강제로서의 당론과 자유위임의 원칙

---

150) **헌재 1997.7.16. 96헌라2 결정.** 이 결정에서 헌법재판소는 국회의원의 권한침해는 인정하였지만, 법률안의 가결선포행위에 대해서는 재판관들의 의견이 엇갈려서 기각으로 결정하였다.

V. 결론 [1점]

3. 갑의 권한쟁의심판청구가 적법한 경우 헌법재판소는 어떠한 본안판단을 내려야 하는가? (50점)

I. 사안의 분석과 쟁점의 정리 [5점]

II. 국회의원의 법률안 심의·표결 권한 [8점]

1. 국회의원의 헌법상 지위
2. 국회의원의 헌법상 권한으로서의 법률안 심의·표결 권한
3. 상임위원회 배정에 따른 권한행사의 차이

III. 상임위원회의 구성과 국회의장의 직무 [10점]

1. 상임위원회의 의의와 기능
2. 원내교섭단체를 통한 상임위원회 구성
3. 국회의장의 선임 및 개선

IV. 국회의장의 갑에 대한 사·보임행위의 정당성 여부 [12점]

1. 국회법 제48조와 국회의장의 직무
2. 교섭단체대표의원의 요청에 따른 사·보임행위의 정당성
3. 교섭단체대표의원의 요청의 정당성

V. 헌법재판소의 결정과 그 효력 [12점]

1. 헌법재판소 결정의 형식
2. 사안에 대한 판단
3. 헌법재판소 결정의 효력

VI. 결론 [3점]

제 6 절 국회와 다른 헌법기관과의 관계

I. 국회와 정부의 관계

국회와 정부의 관계는 정부형태에 따라, 즉 대통령제이냐 아니면 의원내각제이냐에 따라 기본적인 차이를 보인다. 현행헌법은 대통령제 정부형태를 채택하고 있기 때문에 기본적으로 상호독립의 관계를 가지고 있다.

국회와 정부(대통령)는 각기 국민의 선거에 의하여 독립적으로 구성되며, 그 활동 및 존속에 있어서도 의원내각제와 같은 상호의존성(국회의 내각불신임권과 내각의 국회해산권)이 인정되지 않고 독립성에 기초하고 있다. 현행헌법상으로도 국회와 정부는 각기 독립적으로 구성되며, 국회는 입법기능을, 정부는 집행기능을 담당한다.

그러나 현행헌법상 국회와 정부의 관계는 두 가지 요소에 의하여 전형적인 대통령제로부터 적지 않게 벗어나 있다. 하나는 대통령에게 강력한 권한이 집중됨으로 인하여 국회와 정부의 관계에 있어서 정부(대통령)의 상대적 우월성이 나타나고 있다는 점이고, 다른 하나는 의원내각제적 요소가 부분적으로 가미되어 정부의 활동에 대한 국회의

관여가 –비록 의원내각제와 비교할 수 있을 정도는 아니지만 일반적인 대통령제와 비교할 때– 넓게 인정되고 있다는 점이다.[151]

그러나 국회와 정부의 관계를 나타내는 가장 중요한 요소는 역시 **입법과 집행의 분담**, 그리고 행정국가화 등에 기인한 집행부의 비중 증대라는 현상에 대응하여 **국회의 대정부통제권을 강화하는 경향**이라고 할 수 있을 것이다.

Ⅱ. 국회와 법원의 관계

국회와 법원의 관계는 –사법부의 독립으로 인하여– 국회와 정부의 관계와는 많이 다른 모습을 보인다. 국회와 법원이 권력분립원칙에 따른 상호통제의 메커니즘을 벗어난 것은 아니지만, 국회가 정부에 대하여 강력한 통제권을 갖는 것과는 달리 법원에 대해서는 강력한 통제권을 가지고 있지 않은 것도 그 때문이다.

현행헌법상 국회와 법원의 관계는 두 가지 측면에서 검토될 수 있다. 하나는 헌법재판소, 중앙선거관리위원회의 구성에 공동으로 참여함으로써 공화관계 내지 협조관계를 보이는 것이고, 다른 한편으로는 제한된 범위 내에서 국회가 법원을 통제하고, 또 법원이 국회를 통제하는 것이다.

국회가 법원을 통제하는 것은 대부분 입법권과 예산심의권을 통한 간접적인 통제로 나타난다. 즉, 입법권의 행사를 통해 법원에 대해 판결의 기준을 제시할 수 있으며, 경우에 따라서는 법원조직법의 개정을 통해 보다 직접적인 영향력의 행사도 가능하다. 또한 법원의 예산에 대한 심의를 통해서도 법원에 일정한 영향력을 행사하는 것이 가능하다. 그러나 이러한 영향력의 행사가 법원의 재판에 영향을 미치는 것이 되어서는 안 된다.

또한 법원이 국회의 활동을 통제하는 것은 국회가 제정한 법률에 대하여 헌법재판소에 위헌법률심판을 제청함으로써, 국회규칙에 대한 위헌 · 위법심사권을 행사함으로써, 그리고 국회의원에 대한 선거소송을 통해서 가능하다. 그러나 사법적 판단의 본질상 국회에 대한 통제라는 결과는 부수적으로 나타날 뿐이고, 통제 자체를 위하여 사법적 판단이 내려질 수는 없다.

Ⅲ. 국회와 헌법재판소의 관계

헌법재판소도 사법기능을 담당하는 사법기관이기 때문에 국회와 헌법재판소의 관계도 국회와 법원의 관계에 유사한 측면이 있다. 그러나 법원과 헌법재판소의 구성방식의 차이 및 담당하고 있는 권한의 차이에 따라 국회와 법원의 관계와는 다른 측면도 적지 않다.

국회와 헌법재판소의 협조관계는 헌법재판소의 구성에 국회가 관여하는 것이나, 국

151) 예컨대 국회의원이 정부의 각료를 겸할 수 있도록 되어 있는 점이나, 국회에서 국무총리 등에 대한 임명동의권을 가지고 있는 점, 국회가 국무총리나 국무위원 등의 국회출석을 요구하고 질문할 수 있는 권한을 가지고 있는 점 등이 그러하다.

회의 탄핵소추에 대하여 헌법재판소가 탄핵심판을 하는 것으로 나타난다.152)

그리고 국회가 헌법재판소의 활동에 대해 통제하는 것은 법원의 경우와 마찬가지로 –사법부의 독립에 대한 존중 때문에– 입법권과 예산심의권을 통해서 간접적으로 통제하는 것만 가능하다. 반면에 헌법재판소는 위헌법률심판권, 법률에 대한 헌법소원, 권한쟁의심판권을 통해서 국회의 활동에 대한 보다 직접적인 통제를 가할 수 있다.

그 결과 헌법재판소가 국회의 가장 기본적인 권능을 통제할 수 있으므로 외견상 헌법재판소가 국회보다 우월한 것으로 여겨지는 경우도 있다. 그러나 국회와 헌법재판소의 관계도 권력분립의 원칙에 따른 역할의 분담이며, 그 전제는 상호대등성이다. 즉, 국회와 헌법재판소는 각기 헌법에 의해 부여된 권한을 행사할 뿐이고, 그 헌법상 지위의 우열관계는 존재하지 않는 것이다.153)

152) 물론 국회의 탄핵소추를 헌법재판소의 탄핵심판에서 기각할 경우에는 협조의 측면보다는 통제의 측면이 부각될 수 있을 것이다.

153) 특히 국회와 헌법재판소 사이에서 기능적 적정성의 원칙이 강조되는 것도 이러한 맥락에서 이해될 수 있다. 즉, 국회와 헌법재판소는 각기 헌법에 의해 부여된 기능을 헌법이념 내지 권력분립의 요청에 부합되게 행사하여야 한다. 예컨대 헌법재판소가 위헌법률심판을 통해 국회의 입법권행사를 통제할 수 있다 하더라도, 위헌으로 결정된 법률에 대한 대체입법의 마련은 다시금 국회의 권한에 속하는 것이다. 기능적 적정성의 원칙에 관하여 상세한 것은 「제1권 제1부 제4장 제6절 Ⅳ. **기능적 적정성의 원칙**」 참조.

제3장 정　　부

대통령제 정부형태를 채택하고 있는 현행헌법 하에서 가장 비중이 큰 국가기관은 역시 집행기능을 담당하는 정부(=집행부)라고 할 수 있다. 더구나 현대국가에서는 집행기능의 확대라는 현상이 두드러지면서 정부의 역할이 차지하는 비중은 더욱 커졌고, 집행부의 권한 또한 확대되었다.

그러므로 정부의 조직과 권한범위 및 활동방식을 헌법의 틀 안에서 올바르게 분석하고 비판하기 위해서는 다음과 같은 몇 가지 관점에 주목할 필요가 있다.

첫째, 대통령제 정부형태를 전제하였을 때, 대통령의 헌법상 지위를 어떻게 파악할 것인지에 관심을 기울일 필요가 있다.

둘째, 대통령의 헌법상 지위와 대통령에게 부여된 헌법상의 권한이 어떻게 연결되는지에 대하여 비판적인 검토가 필요하다.

셋째, 대통령에 의해 구성되는 -그러나 국회 등 다른 국가기관의 영향도 크게 받고 있는- 행정부조직, 특히 국무총리와 국무회의의 성격 및 활동에 주목해야 한다.

넷째, 감사원, 국정원 등 대통령 직속기관들의 조직과 활동에 대해서도 관심을 가져볼 필요가 있을 것이다.

이런 여러 관점들을 중심으로 정부에 대한 전체적인 상(像)을 그려나가는 것이 작게는 정부의, 크게는 권력분립 전체의 올바른 이해를 위한 중요한 기초가 될 것이다.

제1절 대통령제 정부형태와 대통령의 헌법상 지위

Ⅰ. 현행헌법상의 정부형태와 대통령의 헌법상 지위

현행헌법은 대통령제 정부형태를 취하고 있다.[1] 그에 따라 대통령이 국가원수로서 형식적 · 의전적 권한만을 갖는 의원내각제 국가(예컨대 독일)의 경우와는 달리, 우리나라의 대통령은 집행부의 수반으로서 실질적인 권한도 함께 가지고 있다.

그러나 현행헌법상의 대통령제는 미국식 대통령제의 모델에 충실한 것이라기보다는 상당 부분 변형된 대통령제라고 할 수 있다. 이러한 변형의 뿌리는 제헌헌법 당시에 의

1) 대통령제 정부형태의 기본구조와 특성에 관하여는 앞의 「제3권 제2부 제5장 제3절 Ⅱ. **대통령제의 기본구조**」 참조.

원내각제로 마련되었던 헌법초안을 순식간에 대통령제로 바꾸면서 전체적인 재구성이 이루어지지 못한 데 있다. 하지만 대통령제 정부형태를 수십년간 유지하면서 이러한 요소들이 제거되지 않고 변형된 대통령제가 계속된 배경에는 대통령직을 둘러싼 장기집권 및 권력집중의 욕구가 있었다.

실제로 우리 헌법의 의원내각제적 요소들을 분석해 보면, 대통령의 권한을 통제하는 국회의 기능이 강화된 것보다는 오히려 대통령이 국회의 활동에 관여할 수 있게 함으로써 정부의 권한이 강화된 측면이 더 많다. 전체적으로 볼 때, 국회가 정부의 활동에 관여 내지 통제할 수 있도록 하는 제도적 장치는 미약하다는 점을 확인할 수 있다.[2)]

이러한 현상은 결과적으로 대통령에의 권한집중을 통해 다른 국가기관에 대하여 대통령이 상대적으로 우월한 지위에 있음을 밝혀주는 것이며, 그로 인하여 현행헌법상의 대통령제는 엄격한 삼권분립에 기초한 미국식 대통령제에서 벗어나 **대통령이 상대적으로 우월적 지위에 있는 변형된 대통령제**로 분류되는 것이다.

다른 국가기관에 대한 대통령의 우월성은 현행헌법상 대통령에게 부여되고 있는 권한의 분석을 통해 확인될 수 있다. 즉, 대통령은 권력분립의 틀 안에서 집행부의 수반으로서 실질적인 권한을 가지고 있을 뿐만 아니라, 국가원수로서도 (형식적·의전적인 권한만이 아니라) 입법부와 사법부에 대한 상대적 우월성을 가져오게 하는 실질적인 권한을 갖고 있는 것이다.

그러므로 현행헌법상의 대통령 내지 집행부를 정확하게 이해하기 위해서는 대통령이 헌법상 어떤 위치에 있으며, 어떤 권한들을 부여받고 있는지, 그리고 그러한 권한들이 인정되는 이유가 무엇인지에 대하여 권력분립의 틀을 염두에 두고 비판적으로 검토하는 것이 필요하다. 이를 위하여 대통령의 헌법상 지위를 집행부 수반으로서의 지위와 국가원수로서의 지위로 나누어 검토하는 것이 필요하다.[3)]

---

2) 의원내각제적 요소로 지칭되는 정부의 법률안제출권으로 인하여 국회의 핵심적 권한인 입법권이 상당한 영향을 받고 있다는 것이 대표적인 예라고 할 수 있다. 반면에 의회가 정부를 통제할 수 있는 의원내각제적 요소는 대부분 국무총리나 국무위원들에 대한 것일 뿐이고, 대통령에 대한 직접적인 통제수단을 찾기 어렵다는 점은 시사하는 바가 크다.

3) 대통령의 헌법상의 지위에 관하여 권영성, 헌법학원론, 2010, 962쪽 이하에서는 국민대표기관으로서의 지위, 국가원수로서의 지위, 집행부수반으로서의 지위로 나누어 검토하고 있으며, 김철수, 헌법학개론, 2007, 1411쪽 이하에서는 국가의 원수로서의 지위, 국가의 한 주권행사기관으로서의 지위, 행정권의 수반으로서의 지위, 국가수호자로서의 지위로 나누고 있다. 또한 허영, 한국헌법론, 2025, 1173쪽 이하에서는 대통령의 헌법상 지위를 국가원수로서의 지위, 국정의 최고책임자로서의 지위, 행정부수반으로서의 지위, 대의기관으로서의 지위, 기본권보호기관으로서의 지위로 나누어서 정리하고 있다.

이러한 구별의 다양성은 대통령의 「헌법상의 지위」에 대한 이해의 혼란에서 비롯되는 것으로 생각된다. 국가기관의 헌법상 지위를 논하는 의미 내지 실익은 그 국가기관이 권력분립의 체계상 어떤 위치에 있으며, 그로 인하여 어떤 권한을 헌법상 부여받고 있는지를 일목요연하게 정리하는 데 있다. 따라서 이를 벗어나서 국가기관의 기능 내지 활동과 관련된 모든 것을 「헌법상의 지위」에서 논하는 것은 적절치 못하다고 할 수 있다.

예컨대 국회의 경우 국민의 「일차적」 대표기관임을 강조하는 것이 특별한 의미를 가지고 있다. 국회는 국민의 일차적 대표기관이기 때문에 국민을 대신하여 입법기관이 되고, 또 국정통제기관으로서의 지위를 가지게 되는 것이다. 하지만 다른 국가기관에 대해서 대의기관 내지 국민대표기관으로서의 즉, 한편으로는 대통령이 **집행부의 수반**으로서 권력분립의 틀 안에서 입법부, 사법부와 대등한 위치에서 인정받고 있는 지위 내지 권한이 무엇인지를 살펴보고, 다른 한편으로는 대통령이 권력분립의 틀을 벗어나 **국가원수**로서 어떤 지위에 있으며, 어떤 권한(특히 형식적 · 의전적 권한이 아닌 실질적 권한)을 행사할 수 있는지를 검토함으로써 현행헌법상 대통령에의 권한집중이 어떠한지, 그리고 그 문제점이 무엇인지를 확인할 수 있을 것이다.

Ⅱ. 집행부 수반으로서의 지위

1. 권력분립의 틀과 집행부 수반의 권한범위

현대적 권력분립원칙은 입법, 집행, 사법의 기능을 분립시키는 것뿐만 아니라, 이러한 국가기능들이 각기 독립된 국가기관에 의해 담당될 것도 요청한다.[4] 그것은 법정립과 법집행, 법판단을 구분함으로써 법치를 실현시키기 위한 것이며, 궁극적으로는 국가권력의 행사를 객관화함으로써 국민의 기본권을 보장하기 위한 것이다.

이런 맥락에서 볼 때, 집행기능을 담당하는 집행부는 입법, 사법과 구분되는 집행작용의 담당자이며, 집행부의 수반으로서 대통령에게 부여된 권한 또한 일차적으로 **집행작용에 관한 권한**이라고 할 수 있을 것이다. 즉 대통령은 헌법 제66조 제4항에 따라 정부(즉 집행부)의 수반이며, 정부가 담당하는 집행작용에 관한 권한을 국민과 헌법에 의해 부여받고 있는 것이다.

이러한 대통령의 집행작용에 관한 권한은 집행부의 조직에 관한 권한과 집행부의 활동에 관한 권한으로 나누어질 수 있으며, 그에 상응하여 대통령의 집행부 수반으로서의 지위도 집행부의 조직권자로서의 지위와 집행부의 최고책임자로서의 지위로 구분될 수 있다.[5]

2. 집행부의 조직권자로서의 지위

국민의 선거를 통해 집행권에 대한 민주적 정당성을 직접 부여받은 국민의 대표자가 대통령이다. 이러한 민주적 정당성에 기초하여 대통령은 집행부를 구성할 권한

지위를 논하는 것은 특별한 의미가 없다. 그것은 모든 국가기관에 공통된 것이며, 따라서 특정 국가기관이 권력분립체계상 어떤 위치에 있는지를 (즉 「헌법상 지위」를) 밝히는데 직접적인 도움이 되지 않기 때문이다. 마찬가지로 대통령의 헌법상 지위와 관련하여 기본권보호기관이나 국가(헌법)수호자로서의 지위를 논하는 것도 실익이 없다. 오늘날에는 대통령뿐만 아니라 모든 국가기관이 기본권보호기관이며, 헌법수호자로서의 역할을 해야 하기 때문이다.

4) 즉, 입법기능은 입법부가, 집행기능은 집행부가, 그리고 사법기능은 사법부가 담당하도록 요구하는 것이다.

5) 권력분립은 그 밖에도 국가기관 상호간의 통제를 통한 권력남용의 억제를 요청하고 있기 때문에, 국회가 정부에 대한 국정통제기능을 수행하듯이 정부도 다른 국가기관의 활동에 대한 통제기능을 일부 수행한다. 예컨대 대통령의 법률안거부권도 집행부의 수반으로서 갖는 입법작용에 대한 통제권으로 이해될 수 있다. 그러나 행정국가화 경향에 따른 집행부의 비대화로 인하여 집행부는 주로 통제의 대상이 되며, 통제의 주체가 되는 경우는 많지 않다.

을 갖는다.

대통령은 국회의 동의를 얻어 국무총리를 임명할 권한을 가지며(헌법 제86조 제1항), 국무총리의 제청으로 국무위원을 임명한다(헌법 제87조 제1항). 또한 대통령은 헌법과 법률이 정하는 바에 따라 공무원을 임면할 권한을 갖는다(헌법 제78조).

이러한 대통령의 집행부 조직권은 집행부에 대한 대통령의 권한임과 동시에 책임이라고 할 수 있다. 다만, 대통령의 집행부 조직권의 의미는 집행부 구성원의 임면에 관한 것일 뿐이고, 집행부 조직체계 자체의 변경에 대한 것은 아니다.[6]

3. 집행부의 최고책임자로서의 지위

대통령은 집행부의 수반으로서 집행작용에 대한 최고책임자이다. 즉, 집행부의 활동에 대한 최종적인 결정권자이며, 집행부 구성원들의 활동에 대한 최고의 지휘 · 감독권을 갖는다. 이런 의미에서 대통령은 집행부의 활동에 대한 최종적인 권한을 가지며, 그에 대한 책임을 진다고 할 수 있다.

대통령이 집행부의 활동에 대한 최고책임자로서의 권한을 가지고 있다고 하더라도 이를 자의적으로 행사해서는 안 된다. 대통령의 권한은 **헌법과 법률이 정한 절차**에 따라 행사되어야 하며, 국무회의의 심의나 국가안전보장회의 등의 자문, 국무총리나 관계 국무위원의 부서 등이 요구되는 경우가 많다.[7]

또한 대통령은 집행부의 활동에 대한 권한을 보유함과 아울러 책임을 진다는 점에도 유의하여야 한다. 대통령이 직접 불법적인 권한행사를 한 경우뿐만 아니라, 집행부의 활동 전반에서 나타나는 불법적인 활동 내지 부적절한 활동에 대하여 **최고책임자 내지 최고지휘 · 감독자로서의 책임**을 져야 하는 것이다. 다만, 정치적 책임이 문제되는 경우와 법적 책임을 져야 할 경우는 그때그때 구분되어야 할 것이다.

Ⅲ. 국가원수로서의 지위

1. 권력분립의 틀과 국가원수의 지위

권력분립의 기본적 틀은 입법(부)-집행(부)-사법(부)의 분립과 상호통제라고 할 수 있다. 국회와 정부, 사법부(법원, 헌법재판소)가 각기 독자적으로 구성되고 활동하는 것은 그러한 요청에 기초한 것이다.

그런데 국가원수(國家元首)라는 것은 입법과 집행, 사법의 어느 쪽으로도 분류하기 어렵다. 국가원수란 말 그대로 **전체로서의 국가를 상징 내지 대표하는 인물**이다. 그렇기 때문에 국가원수를 입법부나 집행부 또는 사법부의 어느 한 쪽에 소속한 인물로

6) 집행부의 조직체계를 바꾸기 위해서는 정부조직법 등 관련법률의 개정이 필요하므로, 이는 국회의 권한에 속한다고 할 수 있을 것이다.

7) 대통령의 권한행사 방식 내지 절차에 관하여는 아래의 「제3절 Ⅶ. 대통령의 권한행사의 절차와 방법」 참조.

보기 어려운 것이다.

결국 국가원수는 권력분립의 틀 안에서 설명되기 어려운, **권력분립에 대해서 이질적인 존재**로 평가될 수밖에 없다.[8] 그러나 현대 민주국가의 경우에도 국가원수의 존재를 부정해 버릴 수는 없다. 국내적으로 국가 전체를 대표·상징하는 인물이 필요할 뿐만 아니라, 대외적으로도 국가를 대표하여 의전적 활동을 하는 인물이 꼭 필요하기 때문이다.

만일 국가원수가 실질적인 권한을 보유하지 않고 **형식적 · 의전적인 권한**만을 가지고 있을 경우에는 국가원수의 존재와 활동이 권력분립에 미치는 영향은 거의 없다고 볼 수 있을 것이다. 의원내각제 국가의 국가원수가 대체로 그러하다.

하지만 국가원수가 입법부 또는 집행부, 사법부의 활동에 직접 관여할 수 있는 **실질적 권한**을 가질 경우에는 권력분립에 중대한 문제가 발생될 수밖에 없다. 특히 우리나라의 경우처럼 대통령이 국가원수라는 것을 근거로 권력분립을 초월하는 권한을 다수 보유하고 있는 경우에는 이러한 문제가 매우 심각할 수밖에 없다.

2. 대외적으로 국가를 대표하는 지위

현행헌법 제66조 제1항은 "대통령은 국가의 원수이며, 외국에 대하여 국가를 대표한다"고 명시하고 있다. 이 규정은 대통령이 국가원수라는 것을 밝힘과 동시에 국가원수의 가장 주된 의미가 대외적으로 국가를 대표하는 것임을 확인하고 있다.

이처럼 국가원수로서의 대통령은 외국에 대하여 대한민국을 대표하는 위치에 있으며, 이에 기초하여 조약을 체결·비준하고 외교사절을 신임·접수 또는 파견하며, 선전포고와 강화를 할 권한을 갖는다(헌법 제73조).

이러한 권한은 순수하게 의전적인 것이 아니라 실질적인 것으로 이해될 수도 있다. 하지만 조약의 체결과 비준에 관한 실질적인 작업은 집행부에서 담당하고, 또 일정한 내용의 조약에 대해서는 국회의 동의를 받아야 한다. 즉, 국가원수로서 대통령이 조약에 대해 체결·비준하는 것은 (집행부의 수반으로서 실질적인 작업을 지휘·감독하는 것을 배제하면) 형식적이고 의전적인 것이라고 볼 수 있다.[9]

또한 대통령은 대외적으로 국가를 대표하는 인물이기 때문에 외국으로부터 외교상의 특권을 누리기도 한다.

3. 헌법상 기관의 구성권자로서의 지위

현행헌법상 대통령은 헌법상 기관의 구성에 관한 권한을 많이 가지고 있다. 그 가운데서 집행부의 구성원에 대한 임면권은 집행부의 수반으로서 가지는 권한이라고 볼

8) 권력분립 이전의 절대군주제 국가의 경우 군주는 입법, 집행, 사법에 관한 모든 권력을 장악하고 있던 실질적인 국가원수였으며, 현재의 영국 등과 같은 형식적 군주제 국가의 경우 군주는 국가를 대표하는 상징적인 국가원수이다. 하지만 어느 경우라 하더라도 군주는 권력분립의 틀 안에서 설명되기 어려운 이질적 존재이다.

9) 외교사절의 신임·접수 또는 파견, 선전포고와 강화 등에 대해서도 같은 맥락으로 이해할 수 있다.

수 있으므로 큰 문제가 되지 않는다. 예컨대 국무총리(헌법 제86조 제1항)나 감사원장(헌법 제98조 제2항)의 임명은 −비록 국회의 동의를 얻어야 하지만− 대통령이 집행부의 수반으로서 행사하는 권한이라고 볼 수 있다.

그러나 **집행부의 구성원이 아닌 헌법상 기관의 구성**에 대통령이 임명권을 갖는 것은 국가원수로서의 지위에 의해서만 설명될 수 있다. 예컨대 대통령이 대법원장(헌법 제104조 제1항)이나 대법관(헌법 제104조 제2항), 또는 헌법재판소장(헌법 제111조 제4항)을 임명하는 권한을 보유하고 있는 것은 집행부의 수반으로서의 지위로는 설명될 수 없는 것이다.[10]

만일 이러한 헌법상 기관 구성에 관한 대통령의 권한이 실질적인 권한, 즉 대통령이 임의로 행사할 수 있는 권한으로 이해된다면, 이는 권력분립의 심각한 훼손을 의미할 수밖에 없다. 논리적으로는 대통령의 국가원수로서의 지위와 집행부 수반으로서의 지위가 구별되지만, 이를 실제 행사하는 대통령은 한 사람이기 때문에 대통령이 다른 국가기관을 실질적으로 구성할 수 있도록 하는 것은 집행부가 다른 국가기관을 지배하는 결과를 낳게 될 것이기 때문이다.

그러므로 대법원장, 대법관 또는 헌법재판소장에 대한 대통령의 임명권은 형식적 권한으로 이해되어야 하며, 그렇게 될 수 있도록 하는 관행이 확립될 필요가 있다.

4. 국정의 통합 · 조정자로서의 지위

대통령의 헌법상 지위와 관련하여 가장 많은 논란이 있는 것은 이른바 국정의 통합 · 조정자로서의 지위에 관한 것이다.

현행헌법상 대통령의 권한에 속하는 것 가운데서는 집행부의 수반으로서의 대통령에게 인정된 것으로 보기는 어려운 (즉, 권력분립의 틀 안에서는 설명되기 어려운) 권한들이 적지 않다. 이러한 권한들은 결국 국가원수로서의 대통령에게 인정된 권한으로 보아야 할 것이다.

대통령이 국가원수로서 갖는 권한들 중에서 일정 부분은 대외적으로 국가를 대표하는 지위에 나오는 형식적 · 의전적 권한이므로 큰 문제를 야기하지 않으며, 헌법상 기관의 구성에 관여하는 권한도 형식적 권한으로 해석될 수 있는 여지가 남아 있다. 그러나 일부 권한은 국가원수로서 가지는 권한이되, 실질적 권한으로 볼 수밖에 없는 것이어서 권력분립과 관련하여 많은 문제를 야기시키는 것이다.

이에 속하는 것으로는 대통령의 헌법개정발의권(헌법 제128조 제1항), 국민투표부의권(헌법 제72조), 임시국회소집요구권(헌법 제47조 제1항), 국회출석 · 발언 및 서한에 의한 의사표시의 권한(헌법 제81조), 법률안제출권(헌법 제52조), 사면 · 감형 · 복권

10) 반면에 헌법재판소 재판관 중의 3인을 실질적으로 지명하는 권한이나, 중앙선거관리위원회의 위원 중 3인을 대통령이 임명하는 것은 집행부의 수반으로서의 지위에서 나오는 것으로 이해될 수 있다. 그것은 국회, 대법원과 함께 각기 3분의 1의 구성원을 선임함으로써 권력분립적 요구를 수용하고 있기 때문이다.

에 관한 권한(헌법 제79조) 등이 있다.

이러한 권한들로 인하여 대통령의 다른 국가기관에 대한 상대적 우월성이 나타나게 되는 것이며, 또한 많은 경우 이러한 권한의 남용이 문제되기도 한다. 그러므로 이들 권한의 일부는 헌법개정을 통하여 폐지하는 것이 필요할 것이며,[11] 다른 권한들도 그 남용의 금지를 위하여 엄격한 요건과 절차를 통해서만 행사가 가능하도록 하는 것이 필요할 것이다.[12]

그 밖에 대통령의 국가원수로서의 지위와 관련하여 **「국가와 헌법의 수호자」로서의 지위**를 이야기하는 경우도 있으나 이는 적절치 않다고 생각된다. 비록 헌법 제66조 제2항과 제69조에서 대통령이 국가와 헌법을 수호해야 할 의무를 규정하고 있으나, 이는 대통령만의 의무라고 볼 수 없으며, 모든 국가기관의 의무이기 때문이다.

또한 국가와 헌법의 수호자로서 대통령에게 부여된 국가긴급권(헌법 제76조의 긴급재정·경제처분 및 그 명령권, 긴급명령권, 헌법 제77조의 계엄선포권)이나 위헌정당해산제소권(헌법 제8조 제4항)은 대통령이 집행부의 수반으로서 가지는 권한일 뿐이고, 권력분립의 틀을 벗어나서 국가원수로서 가지는 권한으로 이해되어야 할 이유가 없다.[13]

제2절 대통령의 선출과 그 신분상의 지위

I. 대통령의 선거

현행헌법은 대통령제 정부형태를 취하고 있으며, 더욱이 대통령에게 권한이 집중된 이른바 변형된 대통령제를 채택하고 있다. 그에 따라 대통령은 집행부의 수반으로서 뿐만 아니라 국가원수로서 강력한 권한들을 가지고 있다.

이러한 **대통령의 강력한 권한은 그에 상응하는 강력한 민주적 정당성을 요청한다.** 의원내각제 국가의 대통령이 대부분 간선으로 선출되는 것과는 달리 대통령제 국가의 대통령은 직선으로 선출되는 것이 원칙인 것도 이러한 민주적 정당성의 요청 때문이다. 대통령이 강력한 권한을 보유하면 보유할수록 그 권한에 대한 (국민에 의한) 보다 직접적인 정당성부여를 필요로 하는 것이다.

---

11) 예컨대 헌법개정발의권, 임시국회소집요구권, 법률안제출권 등은 폐지하여도 큰 문제가 없을 것이며, 오히려 국회의 위상을 강화하는 데 도움이 될 것이다.

12) 예컨대 사면권을 폐지하는 데에는 문제가 있다. 하지만 사면권(특히 특별사면)의 남용을 막기 위하여 요건과 절차를 강화하는 것은 필요할 것이다.

13) 그것은 다른 국가원수로서의 지위에서 파생되는 권한과는 달리 국가긴급권의 행사에 대해서는 국회의 통제가 가해진다는 점, 그리고 위헌정당해산제소에 대해서는 헌법재판소의 판단에 의하여 최종적인 결정이 내려진다는 점에서 분명하다.

이와 관련하여 미국의 경우에는 대통령선거에서 간선을 채택하고 있으나 실질적으로는 직선에 가깝게 운용하고 있다는 점을 참고할 수 있으며, 한 걸음 더 나아가 프랑스의 경우에는 대통령선거에 있어서 상대적 다수대표제가 아닌 절대적 다수대표제를 채택함으로써 민주적 정당성의 강화에 더욱 노력하고 있다는 점에도 주목할 필요가 있다.

현행헌법상 대통령은 국민의 보통·평등·직접·비밀 선거에 의한 상대적 다수대표제 선거로 선출된다. 다만 최고득표자가 2인 이상인 경우에는 국회에서 결선투표를 하며, 대통령후보자가 1인일 경우에는 그 득표수가 선거권자 총수의 3분의 1 이상이 되어야 한다(헌법 제67조 제1항~제3항).[14)]

Ⅱ. 대통령의 취임·임기

1. 대통령의 취임

대통령선거에서 당선된 후보자는 대통령직에 취임함으로써 대통령으로서의 신분을 취득한다.

대통령은 취임에 즈음하여 "나는 헌법을 준수하고 국가를 보위하며 조국의 평화적 통일과 국민의 자유와 복리의 증진 및 민족문화의 창달에 노력하여 대통령으로서의 직책을 성실히 수행할 것을 국민 앞에 엄숙히 선서합니다"라는 선서를 한다(헌법 제69조).

2. 현행헌법상 대통령의 임기

현행헌법상 대통령의 임기는 5년이며, 중임할 수 없다(헌법 제70조). 이처럼 대통령의 임기를 한정하고, 중임을 금지한 것은 장기집권의 방지에 그 의미가 있다고 할 수 있다.

해방 후 70여년의 헌법사를 돌아볼 때, 제헌과정에서부터 현행헌법에 이르기까지 늘 대통령의 선출방식 및 임기, 중임제한이 논란의 핵심이었던 것을 확인할 수 있으므로 5년 단임제의 역사적 필요성은 인정될 수 있다.[15)]

다만 최근에는 4년 중임제로의 개헌이 필요하다는 논의가 시작되고 있어서 새로운 검토가 필요하다.

3. 임기제도의 의미

임기제도가 갖는 의의는 **정당성의 한정**에 있다. 임기의 한정 없이 무제한의 정당성을 부여하는 경우에는 그만큼 통제의 가능성이 약화되며, 그 결과 직무담당자가 타성에 젖고 보수화되는 경향이 나타나게 된다.

14) 현행헌법상의 대통령선거에 관하여 상세한 것은「제1권 제3부 제2장 제5절 Ⅱ. **대통령선거**」참조.

15) 실제로 국민의 대통령 직선과 5년 단임제에 기초한 현행헌법은 역대 어느 헌법과도 비교할 수 없는 최장수헌법이 됨으로써 그 실효성을 입증하고 있다.

임기제도는 이를 막기 위하여 일정한 기간을 임기로 정하고, 임기가 만료된 후에는 새로운 절차를 통하여 정당성을 회수 또는 갱신함으로써 **공직의 수행이 계속 국민의 의사와 이익에 부합되도록 하는 기능**을 담당한다.

그러나 임기제도는 잘못 이용되면 오히려 공직의 적정한 수행에 대한 장애요인이 될 수도 있다. 임기로 인하여 공직수행의 능률성이 저해되는 측면도 있을 수 있고, 임기제도가 정당한 통제가 아닌 부당한 압력의 수단으로 이용되는 경우도 있을 수 있다.

따라서 임기제도를 통한 정당성의 확보 · 갱신과 공직수행의 능률성 · 적정성의 긴장관계에 대한 적절한 배려가 필요하다.

4. 대통령 임기의 4년 중임제 개헌의 필요성

1987년의 6월혁명에 의하여 헌법이 개정되던 당시에는 대통령의 장기집권을 막는 것보다 더 중요한 것은 없다고 할 수 있는 상황이었기에 5년 단임제가 꼭 필요하였고, 실제로 5년 단임제는 기대했던 역할을 충실히 했다고 볼 수 있다. 하지만 현재의 시점에서는 5년 단임제의 순기능이 더 크게 나타나는지, 아니면 역기능이 더 큰 상황인지를 재검토해 볼 필요가 있다.

5년 단임제의 순기능은 무엇보다 장기집권에 따른 독재화의 가능성을 막는 데 있다. 사실 지금이라고 장기집권의 위험이 전혀 없는 것은 아니다. 하지만 적어도 1987년 당시와 비교할 때, 특정인이나 특정집단에 의한 장기집권 및 그에 의한 독재화의 위험성은 매우 낮은 상황이다. 그에 따라 5년 단임제의 역기능이 오히려 더 부각되고 있다는 점도 간과할 수 없다. 연임의 가능성이 없다 보니 임기 말이 되면 이른바 **레임덕 현상**이 강하게 나타날 뿐만 아니라 **대통령 자신의 국정에 대한 책임감이 약해지는 문제**를 낳게 되었던 것이다.

물론 「장기집권의 위험성 방지」와 「대통령의 책임 있는 국정수행」 가운데 어느 쪽에 더 큰 비중을 두느냐에 따라 결론은 달라질 수 있다. 하지만 이제는 적어도 이 문제를 진지하게 검토할 시점은 되었다. 헌법개정에 관한 논의 자체를 덮어두기보다는 과연 지금의 상황에서 개정이 필요한 것인지에 대한 논의가 이제 신중하게 시작되어야 한다. 헌법개정이 정말로 필요한지에 대한 판단은 그 논의의 결과가 말해줄 것이다.

Ⅲ. 대통령의 권한대행

1. 대통령의 유고와 권한대행자

현행헌법은 대통령제를 채택하고 있지만, 부통령을 두지 않고 있다. 그로 인하여 대통령이 직무를 수행하기 곤란한 경우에 누가 어떻게 그 권한을 대행할 것인지가 문제된다.

이에 대하여 헌법 제71조에서는 "대통령이 궐위되거나 사고로 인하여 직무를 수행할 수 없을 때에는 국무총리, 법률이 정한 국무위원의 순서로 그 권한을 대행한다"고

명시하고 있다. 이 때 국무위원의 순서는 정부조직법 제26조 제1항에 따른다.[16)]

하지만 대통령이 가지고 있는 강력한 권한 및 이와 결부되어 있는 국민에 의한 직접적인 정당성의 부여 등을 고려할 때, 국민에 의해 선출되지 않은 국무총리나 국무위원이 권한을 대행하는 데에는 문제가 적지 않다.

2. 대통령 궐위시의 권한대행

대통령의 궐위란 대통령직의 담당자가 더 이상 존재하지 않게 된 경우를 말한다. 즉, 대통령이 사망하거나, 탄핵결정으로 파면된 경우, 선거소송 등을 통하여 자격을 상실한 경우 등에 해당되어 대통령직이 공석이 되었을 때를 가리키는 것이다.

대통령이 궐위된 경우에는 일단 권한대행이 필요하겠지만, 빠른 시간 내에 후임자를 선출하는 것이 필요하다. 국민에 의해 직접 선출되지 않은 국무총리 등이 대통령직을 대행하는 데에는 한계가 있을 수밖에 없기 때문이다. 헌법 제68조 제2항에서 대통령의 궐위시 60일 이내에 후임자를 선출하도록 요구하는 것도 이러한 맥락에서 이해될 수 있다.

이와 관련하여 권한대행의 직무범위를 어디까지 인정할 것인지가 문제되는데, 궐위의 경우에는 권한대행이 현상유지적인 것에 한정되어야 할 이유가 없다는 견해[17)]와 그 원인이 무엇이든 권한대행자의 직무범위는 대통령의 직무범위와 같을 수 없다는 견해[18)]가 대립하고 있다.

이러한 견해의 대립은 대통령의 사고시와 달리 궐위시의 경우에는 대통령의 복귀를 전제하는 것이 아니기 때문에 현상유지적 직무에 한정할 필요가 없지 않은가에 대한 판단의 차이에서 기인한다. 그러나 궐위시의 경우에도 권한대행자의 민주적 정당성이 취약한 만큼, 권한대행자의 직무범위는 위기관리를 위하여 필요한 최소한에 한정되어야 할 것이다.

3. 대통령 사고시의 권한대행

대통령의 사고란 대통령직이 공석이 된 것은 아니지만, 일정한 사유로 인하여 대통령의 직무수행이 불가능한 경우를 말한다. 예컨대 대통령이 신병으로 인하여 직무수행이 일시 불가능한 경우나 국회의 탄핵소추로 인하여 직무집행이 정지된 경우 등이 이에

---

16) 정부조직법 제12조 제2항: 의장이 사고로 직무를 수행할 수 없는 경우에는 부의장인 국무총리가 그 직무를 대행하고, 의장과 부의장이 모두 사고로 직무를 수행할 수 없는 경우에는 기획재정부장관이 겸임하는 부총리, 교육부장관이 겸임하는 부총리 및 제26조 제1항에 규정된 순서에 따라 국무위원이 그 직무를 대행한다.

정부조직법 제26조 제1항: 대통령의 통할하에 다음의 행정각부를 둔다.

기획재정부, 교육부, 과학기술정보통신부, 외교부, 통일부, 법무부, 국방부, 행정안전부, 국가보훈부, 문화체육관광부, 농림축산식품부, 산업통상자원부, 보건복지부, 환경부, 고용노동부, 여성가족부, 국토교통부, 해양수산부, 중소벤처기업부.

17) 권영성, 헌법학원론, 2010, 973쪽.

18) 김철수, 헌법학개론, 2007, 1423쪽; 허영, 한국헌법론, 2025, 1078쪽.

해당된다.

대통령의 사고시에는 대통령이 업무에 복귀할 때까지 (또는 헌법재판소의 탄핵결정으로 인하여 대통령의 궐위가 확정될 경우에는 후임자의 선출시까지) 권한대행의 순서에 따라 국무총리 또는 국무위원이 대통령의 권한을 대행한다.

대통령의 사고시 권한대행의 직무범위는 성질상 잠정적인 현상유지에 국한되는 것으로 보는 견해가 일반적이다.[19] 대통령의 업무복귀가 가능한 상황에서 기본적인 정책의 변화나 내각의 개편 등과 같은 국정의 기본방향을 바꾸는 행동은 정당화될 수 없기 때문이다.[20]

Ⅳ. 대통령의 (형사상) 특권과 헌법상 의무

1. 대통령의 형사상 특권

현행헌법 제84조에 따라 대통령은「내란 또는 외환의 죄를 범한 경우」를 제외하고는「재직중 형사상의 소추」를 받지 아니한다.

이 규정은 대통령이 국가원수로서 품위를 유지하고, 직무집행을 원활히 할 수 있도록 하는 데 그 의미가 있다. 다만 재직중에 소추를 금지하고 있는 것에 지나지 않기 때문에 퇴직후에 형사소추를 받을 수는 있으며,[21] 또한 재직 중에도 민사상의 소추나 탄핵소추는 가능하다.

하지만 대통령의 형사상 특권에 대한 예외로서 내란 또는 외환의 죄를 명시하고 있는데, 이는 국가의 존립과 관련되는 범죄이기 때문에 대통령의 임기가 끝나고 퇴직한 후까지 공소제기를 미룰 수 있는 상황이 아니기 때문이다.

대통령의 재직중의 범죄행위와 관련해서 헌법 제84조에 따라 형사소추가 불가능한 기간 동안에는 공소시효가 중단되는 것으로 보는 것이 타당할 것이다.[22]

---

19) 대통령의 궐위시에는 현상유지적 권한행사에 한정될 필요가 없다는 입장을 보였던 권영성 교수도 대통령의 사고시에는 현상유지적 권한행사에 한정되어야 한다는 입장을 보이고 있다. 이에 관하여는 권영성, 헌법학원론, 2010, 974쪽 참조.

20) 2004년 노무현 대통령에 대한 국회의 탄핵소추로 인하여 대통령의 권한이 정지되었을 때, 고건 국무총리가 대통령의 권한을 대행한 바 있으며, 당시에 대통령 권한대행의 직무범위를 어떻게 보아야 할 것인지가 논란의 대상이 된 바 있다. 하지만 대부분의 헌법학자들은 현상유지적 권한에 한정되는 것으로 보아야 한다는 견해를 지지했다.

21) 즉, 대통령은 내란과 외환의 죄를 제외한 모든 형사범죄에 대하여 소추면제의 특권을 누리지만, 그것은 재직중에 한정되기 때문에 범죄 자체에 대한 책임에서 벗어나는 것은 아니다. 반면에 국회의원의 면책특권은 국회 내에서 직무상 행한 발언과 표결로 그 대상범위가 제한되어 있지만, 퇴직후에도 그에 대한 책임을 물을 수 없다는 점에서 대통령의 특권과는 다르다.

22) **헌재 1995.1.20. 94헌마246 결정**: "우리 헌법이 채택하고 있는 국민주권주의(제1조 제2항)와 법 앞의 평등(제11조 제1항), 특수계급제도의 부인(제11조 제2항), 영전에 따른 특권의 부인(제11조 제3항) 등의 기본적 이념에 비추어 볼 때, 대통령의 불소추특권에 관한 헌법의 규정(헌법 제84조)이 대통령이라는 특수한 신분에 따라 일반국민과는 달리 대통령 개인에게 특권을 부여한 것으로 볼 것이 아니라 단지 국가의 원수로서 외국에 대하여 국가를 대표하는 지위에 있는 대통령이라는 특수한 직책의 원활한 수행을 보장하고, 그 권위를 확보하여 국가의 체면과 권위를 유지하여야 할 실제상의

2. 성실한 직무수행의 의무

대통령은 국가의 원수로서, 그리고 집행부의 수반으로서 대통령의 직무를 성실하게 수행하여야 할 헌법상의 의무를 진다.

헌법 제69조는 이와 관련하여 헌법의 준수의무, 국가보위의 의무, 조국의 평화적 통일에 노력할 의무, 국민의 자유와 복리의 증진에 노력할 의무, 민족문화의 창달에 노력할 의무를 취임선서를 통해 확인하도록 요구하고 있다. 또한 헌법 제66조 제2항에 의하여 국가의 독립·영토의 보전·국가의 계속성과 헌법을 수호할 의무가 부과되고 있다.

이와 같은 대통령의 헌법상 의무는, 대통령만의 의무라기보다는 모든 국가기관의 의무라고 이해될 수 있는 것이다. 다만 대통령은 국가원수로서 모든 국가기관을 대표하는 위치에 있으므로 취임선서 등을 통해 국민 앞에서 이와 같은 의무를 선언하는 것이다.

3. 겸직금지의 의무

현행헌법 제83조는 대통령이 "국무총리·국무위원·행정각부의 장 기타 법률이 정하는 공사의 직"을 겸할 수 없다고 명시하고 있다.

대통령이 대통령직 이외의 국무총리, 국무위원 등의 공직을 겸하지 못하도록 하는 것은 -국가원수로서의 품위를 유지하도록 하는 목적 이외에도- 대통령이 정부관직을 겸함으로써 국정을 자의적으로 전단하는 것을 방지하려는 목적을 가지고 있다.[23] 결국 수평적 권력분립의 관점에서 대통령이 입법부나 사법부의 공직을 겸하는 것이 금지됨은 물론이고, 집행부 내부의 권력분립을 위해서도 대통령이 집행부의 다른 공직을 겸하지 못하도록 요구하고 있는 것이다.

또한 대통령이 사적으로 일정한 직위를 갖는 것도 -그것이 비영리의 명예직일 경우를 제외하면- 허용되기 곤란하다. 대통령의 권한이 막강한 만큼, 그 권한행사의 객관성과 공정성을 확보하기 위하여 겸직이 금지되는 것이다.

Ⅴ. 전직 대통령에 대한 예우

현행헌법 제85조는 전직 대통령의 신분과 예우에 관하여 법률로 정하도록 규정하

필요 때문에 대통령으로 재직중인 동안만 형사상 특권을 부여하고 있음에 지나지 않는 것으로 보아야 할 것이다. 위와 같은 헌법제84조의 규정취지와 함께 공소시효제도나 공소시효정지제도의 본질에 비추어 보면, 비록 헌법 제84조에는 "대통령은 내란 또는 외환의 죄를 범한 경우를 제외하고는 재직중 형사상의 소추를 받지 아니한다"고만 규정되어 있을 뿐 헌법이나 형사소송법 등의 법률에 대통령의 재직중 공소시효의 진행이 정지된다고 명백히 규정되어 있지는 않다고 하더라도, 위 헌법 규정은 바로 공소시효진행의 소극적 사유가 되는 국가의 소추권행사의 법률상 장애사유에 해당하므로, 대통령의 재직중에는 공소시효의 진행이 당연히 정지되는 것으로 보아야 한다."

23) 실제로 독재국가의 경우에는 대통령이 국방부장관이나 육군참모총장 등을 겸직함으로써 실질적인 권력집중을 확인시키는 예가 드물지 않았다.

고 있다. 국가원수로서 국민 전체를 대표하였던 전직 대통령에 대한 예우의 필요성은 긍정될 수 있지만, 이를 헌법에서 명시할 필요까지 있는지는 의심스럽다.

현재 「전직 대통령 예우에 관한 법률」이 제정되어 본인과 일정 범위의 유족에 대한 연금, 기념사업의 지원, 비서관 및 경호 · 경비, 교통 · 통신의 편의와 사무실 등에 대한 지원 등이 인정되고 있다.[24)]

그러나 전직 대통령이 공무원에 취임한 경우에는 그 기간 동안 연금의 지급이 정지되며, 탄핵결정으로 퇴임하거나 국적을 상실한 경우 등에는 전직 대통령으로서의 예우를 받지 못한다.[25)]

또한 전직 대통령의 예우와 관련하여 전직 대통령에게 국회에서 증언하도록 요구하는 것이 전직 대통령에 대한 예우에 어긋나는 것인지의 여부가 문제된 바 있다.

예컨대 1979년의 10 · 26 및 12 · 12 사태와 관련하여 국회에서 증언을 요청받았을 때, 당시 국무총리로서 대통령 권한대행을 하다가 통일주체국민회의에 의하여 제10대 대통령으로 선출되었던 최규하 대통령은 전직 대통령의 예우를 이유로 이를 거부한 바 있다.

그러나 전직 대통령에 대한 예우가 주권자인 국민의 요구에 우선할 수 없음은 명백하며, 국회가 국민의 의사를 수렴하여 전직 대통령에게 역사적 사실에 대한 증언을 요구할 경우에는 전직 대통령도 이를 받아들이는 것이 옳다고 본다.

제3절 대통령의 권한

Ⅰ. 대통령의 권한의 분류

현행헌법상 대통령의 권한은 매우 다양하고 방대하다. 그렇기 때문에 이들 권한을 일정한 유형으로 분류하여 정리하는 것이 필요하다. 하지만 대통령의 권한을 어떤 기준에 따라 어떤 방식으로 분류할 것인지에 대해서는 학자마다 상당한 차이를 보이고 있다.[26)]

24) 전직 대통령 예우에 관한 법률 제4조-제6조.

25) 전직 대통령 예우에 관한 법률 제7조 (권리의 정지 및 제외 등):
① 이 법의 적용대상자가 공무원에 취임한 경우에는 그 기간 동안 제4조 및 제5조에 따른 연금의 지급을 정지한다.
② 전직 대통령이 다음 각호의 어느 하나에 해당하는 경우에는 제6조 제4항 제1호에 따른 예우를 제외하고는 이 법에 따른 전직 대통령으로서의 예우를 하지 아니한다.
1. 재직 중 탄핵결정을 받아 퇴임한 경우
2. 금고 이상의 형이 확정된 경우
3. 형사처분을 회피할 목적으로 외국정부에 도피처 또는 보호를 요청한 경우
4. 대한민국의 국적을 상실한 경우

26) 예컨대 권영성, 헌법학원론, 2010, 975쪽 이하에서는 대통령의 권한을 비상대권적 권한, 헌법기관구

이러한 다양한 구별은 각기 나름의 의미와 문제점을 함께 가지고 있다. 예컨대 대통령의 권한을 국가원수로서의 권한과 집행부 수반으로서의 권한으로 나눌 경우에는 권력분립의 틀 안에서 설명될 수 있는 권한과 그렇지 않은 권한을 구별하는 데 의미를 가질 수 있지만, 수많은 권한들을 단지 두 개의 유형으로 나누는 데서 나타나는 문제점이 있다.

또한 국가원수로서의 권한과 집행부 수반으로서의 권한을 전제로 이를 각기 몇 개로 나누어 놓는 것도 문제가 있다. 이 경우에는 대통령의 국가기관 구성에 관한 권한이 헌법상 다양하게 나타나고 있는데, 그 중에서 국가원수로서 행사하는 것과 집행부 수반으로서 행사하는 것을 어떻게 정리할 것인지가 문제될 수 있기 때문이다.

그러므로 대통령의 권한을 분류함에 있어서는 일단 대통령이 국가원수로서 가지는 권한 중에서 **대외적 활동에 관한 권한과 국정의 통합 · 조정에 관한 권한**을 각기 하나의 유형으로 설정하고, **국가기관의 구성에 관한 권한** 안에서는 국가원수로서의 권한과 집행부 수반으로서의 권한을 나누어 검토하는 편이 이해의 편의에 도움이 될 것으로 생각된다. 그리고 **집행작용에 관한 권한**을 하나의 유형으로 설정할 수 있을 것이며, 그 밖에 **다른 국가기관의 활동에 대한 관여 및 통제권**을 하나의 유형으로 설정하여 입법부 및 사법부의 활동에 대한 대통령의 권한을 정리하는 것이 무난할 것으로 생각된다.

Ⅱ. 대외적 활동에 관한 권한

대통령은 국가원수로서 대외적으로 국가를 대표하는 지위에 있다. 이로부터 파생되는 권한이 대외적 활동에 관한 권한이라고 할 수 있다.

이에 속하는 것으로는 헌법 제73조에 따른 조약의 체결 · 비준, 외교사절의 신임 · 접수 또는 파견, 선전포고 및 강화 등이 있으며, 그 밖에 헌법 제60조 제2항에 따른 국군의 해외파병과 외국군대의 국내주둔도 이에 해당되는 것으로 해석된다.

대외적 활동에 대한 대통령의 권한은 국가원수로서 행사하는 형식적 · 의전적인 권한과 집행부의 수반으로서 행사하는 실질적 권한이 중첩되어 있는 것이라고 볼 수 있다. 따라서 집행부 내에서 대외적 활동을 위한 실질적인 작업을 하는 과정에서는 국회의 동의(헌법 제60조)를 얻어야 하는 등 권력분립적 통제과정이 전제되어 있다.[27] 하지만 실질적 작업이 완료된 후에는 대통령이 국가를 대표하여 형식적 · 의전적 절차를 주관하는 것이다.

성에 관한 권한, 집행에 관한 권한, 국회와 입법에 관한 권한, 사법에 관한 권한으로 나누고 있으며, 김철수, 헌법학개론, 2007, 1424쪽 이하에서는 헌법개정과 국민투표에 관한 권한, 헌법기관구성에 관한 권한, 국회에 관한 권한, 입법에 관한 권한, 사법에 관한 권한, 행정에 관한 권한, 국가긴급권으로 나누고 있다. 그리고 허영, 한국헌법론, 2025, 1080쪽 이하에서는 대통령의 권한을 외교적 권한, 통치적 권한, 조직적 권한, 정책적 권한으로 나누고 있다.

27) 집행부 내부에서의 통제, 예컨대 국무회의의 심의(헌법 제89조)나 부서제도(헌법 제82조) 등에 의한 통제도 이 단계에서 가해질 수 있다.

Ⅲ. 국정의 통합·조정권한

국정의 통합 · 조정권한이란 대통령의 국가원수로서의 지위로부터 파생되는 실질적인 권한을 가리킨다. 이들 권한은 권력분립의 틀 안에서 설명되기 어려운 권한이기 때문에 별도로 취급될 필요가 있다.28)

1. 헌법개정안의 발의권

현행헌법 제128조 제1항에 따라 대통령은 헌법개정안의 발의권을 가진다. 동조항이 국회의원 재적과반수에 헌법개정안 발의권을 인정함과 동시에 대통령에게도 헌법개정안의 발의권을 인정하고 있는 것은 헌법의 개정을 포함한 국가질서의 변경에 대해 대통령이 주도적으로 국정을 이끌어 갈 수 있도록 한 것으로 이해될 수 있다.

그러나 대통령에게 헌법개정안의 발의권이 꼭 인정되어야 할 것인지에 대해서는 의문의 여지가 많다. 적어도 세 가지 점에서 대통령의 헌법개정안 발의권은 문제를 안고 있는 것이다.

첫째, 권력분립의 틀 안에서 입법에 구속되어야 하는 집행부의 수반인 대통령이 -비록 그가 동시에 삼권분립의 틀을 넘어서는 국가원수로서의 지위를 갖는다고는 하더라도- 헌법의 개정을 요구할 수 있는 권한을 갖는다는 것은 정상적이라고 평가하기 어렵다.

둘째, 정당국가화에 따라서 대통령이 소속 정당의 국회의원들의 협조를 얻어서 헌법개정안을 발의할 수 있다는 점을 고려할 때 대통령의 헌법개정안 발의권이 꼭 인정될 필요가 있는지 의문스럽다.

셋째, 발의된 헌법개정안은 국회의 재적의원 3분의 2 이상의 찬성을 얻어야 하므로, 국회의원 재적과반수의 발의를 거치지 않고 대통령이 단독으로 발의하도록 하는 것이 별로 실효성을 갖기 어렵다.29)

이런 문제점들을 고려할 때, 대통령의 헌법개정안 발의권은 입법론적으로 재검토될 필요가 있다.

2. 국가안위에 관한 중요정책에 대한 국민투표부의권

(1) 국민투표의 제도적 의의와 기능

국민투표는 특정한 국정사안에 대하여 국민이 직접 투표를 통하여 참여함으로써 최종적인 의사결정을 내리는 제도를 말한다.30)

---

28) 다만 이들 중에서 법률안제출권은 입법에 대한 관여권 가운데서, 그리고 사면권은 사법에 대한 관여권 가운데서 설명하기 위하여 아래의 「Ⅵ. **국회 및 사법부의 활동에 대한 관여·통제권**」에 분류해 놓았다.

29) 헌법개정의 절차에 관하여는 「제1권 제1부 제3장 제2절 Ⅲ. **현행헌법상의 헌법개정 절차와 그 의미**」 참조.

30) 국민투표(권)의 의의와 기능에 관하여는 「제2권 제2부 제9장 제4절 Ⅱ. **국민투표권의 의의와 기능**」

국민투표는 국민주권 내지 국민의 의사를 가장 잘 드러내는 의사결정방식이라고 할 수 있기 때문에 민주주의를 상징하는 제도의 하나로 널리 인식되고 있으며, 대의제를 기본으로 하고 있는 현대의 민주국가에서도 헌법개정이나 영토의 변경 등 가장 중요한 국가적 결정은 국민투표에 맡기는 예가 많다.

국민투표의 기능은 무엇보다 대의제의 보완이라는 점에서 찾을 수 있다. 대의제 하에서 나타나는 **국민과 대표자의 의사가 불일치하는 문제**를 해소하기 위하여 일정한 경우 국민의 의사를 직접 물어서 최종적인 결정을 내리는 것이 바로 국민투표이며, 가장 강력한 민주적 정당성을 갖고 있는 국민이 직접 결정하도록 함으로써 더 이상의 시비가 존재할 수 없게 만드는 것이다.

그러나 시간과 비용의 문제, 그리고 전문성을 갖는 사안에 대해서는 부적합하다는 문제 등으로 인하여 국민투표를 광범위하게 실시하는 것은 곤란하다. 그렇기 때문에 현행헌법은 국민투표의 실시를 헌법개정에 대한 최종확정(헌법 제130조 제2항)과 더불어 대통령이 부의한 국가안위에 관한 중요정책(헌법 제72조)이라는 두 가지 경우에만 인정하고 있다.

(2) 국민투표의 유형과 중요정책에 대한 국민투표의 성격

국민투표는 크게 정책투표(Referendum)와 신임투표(Plebiszit)로 나누어질 수 있다. **정책투표**는 중요한 제도의 도입이나 변경 등과 같은 정책의 결정을 국민투표에 의해 확정하도록 하는 것이고, **신임투표**는 정치권력에 대한 국민의 신임 여부 및 그에 따른 정치권력자의 진퇴를 국민투표로 결정하는 것이다.

두 가지 모두 국민주권이라는 측면에서만 볼 때에는 많은 장점을 가지고 있다고 할 수 있다. 그러나 현대 민주국가들은 국민투표에 대해 상당히 소극적이다. 예컨대 나치의 뼈아픈 경험을 안고 있는 독일처럼 연방영역의 변경이라는 특수한 사안(독일기본법 제29조) 이외에는 헌법상 국민투표제도를 두지 않고 있는 경우도 있다. 더구나 신임투표제도에 대해서는 대부분의 국가들이 부정적이다. 그것은 신임투표가 안고 있는 문제점 때문이라고 할 수 있다.

대통령에 대한 신임투표가 인정될 경우에는 그것이 대통령의 독선 내지 독재를 정당화하는 역할을 하게 될 수 있다.[31] 또한 신임투표는 야당에 의해 남용될 소지도 있다. 대통령제는 의회의 내각불신임권과 내각의 의회해산권이 인정되는 의원내각제 정부형태와는 달리 대통령의 임기중 국정의 안정적 수행이 보장되는 정부형태이다. 그런데 신임투표제도를 도입할 경우에는 야당이 대통령에 대한 정치공세의 수단으로 신임투표의 실시를 수시로 요구하게 될 수 있다. 그로 인하여 국정의 안정적 수행에 방해를 받

참조.

31) 만일 대통령이 신임투표에서 다수의 지지를 획득한 후에 대중적 지지에 기대어 긴급입법 등의 방법으로 국회를 무력화시키고 독재화된다면 어떻게 할 것인가? 대통령의 권한남용이나 불법행위가 문제되는 상황에서 신임투표가 대통령에게 면죄부를 주는 것이 되어도, 다수의 지지만 확보된다면 상관없다고 할 수 있을까? 만일 그렇게 생각할 경우에는 나치도 다수의 지지에 의해 집권했고, 독재화되었다는 점을 상기할 필요가 있을 것이다.

게 되면, 대통령제의 중요한 장점 하나가 유명무실해질 수도 있는 것이다.

바로 이와 같은 문제점 때문에 현대의 민주국가들은 신임투표제도에 대해 부정적이며, 우리 헌법 제72조도 국가안위에 관한 중요「정책」에 대해서만 국민투표를 시행할 수 있도록 함으로써 정책투표임을 분명히 하고 있다.[32)]

(3) 중요정책에 대한 국민투표의 의무성 여부와 신임투표의 문제

결국 헌법 제72조에 의한 국민투표는 정책투표이며, 신임투표가 아니다. 또한 국가안위에 관한 중요정책이라 하더라도 이를 국민투표에 붙일 것인지의 여부는 대통령의 판단에 맡겨진 것이며, 의무적으로 국민투표에 붙여야 하는 것은 아니다.

이와 관련하여 최근 두 가지 사건이 문제된 바 있다. 하나는 신임투표를 실시하겠다는 2003년 노무현 대통령의 발언과 관련하여 그 위헌성 여부가 논란된 것이며, 다른 하나는 2004년 신행정수도의 건설과 관련하여 수도의 이전에 관하여 대통령이 의무적으로 국민투표를 실시했어야 하는지의 여부가 헌법적으로 문제되었던 사건이다.

먼저, 신임투표의 실시는 결국 현행헌법상 위헌이라는 견해가 지배적인 것으로 보인다. 그 결과 2003년 노무현 대통령이 공언했던 신임투표실시는 결국 관철되지 못했으며, 이에 관하여 헌법재판소도 신임투표의 시행이 구체적으로 추진되지 않았기 때문에 문제되지 않는다는 결론[33)]을 내린 바 있다.[34)]

---

32) 그 배경에는 1975년 2월 12일 시행되었던 박정희 대통령과 유신헌법에 대한 신임투표의 부정적 경험이 자리하고 있다. 당시 집권자에 의해 분명한 헌법적 근거 없이 시행되었던 신임투표의 결과, 당시 정권은 98.3%의 지지를 획득함으로써 독재를 정당화시켰던 것이다. 이러한 문제의식에 기초하여 1972년헌법(유신헌법) 제49조에서 "대통령은 필요하다고 인정할 때에는 국가의 중요한 정책을 국민투표에 붙일 수 있다"고 규정하던 것을 1980년헌법 제47조와 현행헌법 제72조에서는 "대통령은 필요하다고 인정할 때에는 외교·국방·통일 기타 국가안위에 관한 중요정책을 국민투표에 붙일 수 있다"고 개정함으로써 신임투표를 위해 이용될 가능성을 축소시킨 것이다.

33) 이에 관하여는 **헌재 2003.11.27. 2003헌마694등 결정** 참조.

34) 그러나 현행헌법 하에서는 국민투표에 의하여 대통령의 신임을 묻는 것이 전혀 불가능하다고 보기는 어렵다. 원칙론을 이야기하자면 불가능하다고 말할 수 있겠지만, 현행헌법 하에서도 대통령의 신임을 국민투표를 통해 물을 수 있는 편법적인 방법이 전혀 없는 것은 아니기 때문이다. 대통령이 국가안위에 관한 중요정책을 국민투표에 붙이면서, 그에 대한 국민의 평가를 신임에 연계시키는 방법이 가능한 것이다. 신임투표제도가 헌법상 인정되지 않고 있는 상황에서 이처럼 정책투표와 연계시키는 편법적 방법이 바람직하다고 평가하기는 어렵다. 하지만 국내외에서 그러한 사례가 이미 몇 차례 있었던 점도 부정할 수 없다. 1969년 헌법개정을 신임에 연계시켰던 프랑스의 드골 대통령이 헌법개정안의 부결과 함께 대통령직을 사임했던 예가 있으며, 국내에서도 유신체제의 도입을 위한 1972년의 헌법개정안을 박정희 대통령이 자신에 대한 신임과 연계시켰던 예가 있다. 물론 이런 식의 신임투표도 결코 긍정적으로 평가될 수 있는 것은 아니다. 예컨대 여소야대의 상황에서 발생되는 대통령의 국정운영상의 어려움을 국민투표로 해결하겠다는 식의 발상 자체가 의회주의에 기초한 대의제의 본질에 반하는 것이며, 만일 대통령이 국회를 견제하는 수단으로 국민투표를 이용하게 된다면, 그것은 대통령의 독재화로 연결될 수도 있기 때문이다. 이 때문에 헌법재판소는 대통령이 헌법상 국민에게 자신의 신임을 국민투표의 형식으로 물을 수 없을 뿐만 아니라, 특정 정책을 국민투표에 붙이면서 이에 자신의 신임을 결부시키는 것도 위헌적인 행위로서 헌법상 허용되지 않는다는 입장을 취하고 있다(**헌재 2004.5.14. 2004헌나1 결정**). 그러나 현행헌법 제72조의 규정에 따라 중요한 정책을 국민투표에 붙이면서 이에 대한 평가가 곧 정권에 대한 심판 내지 신임 여부를 판가름하게 된다고 언급하는 것 자체가 위헌이라고 보기는 어려울 것이다.

또한 정책투표를 신임과 연계시키기 위해서는 국민투표의 대상이 되는 정책이 헌법 제72조의 요청에 따라 국가안위에 관한 것이어야 할 뿐만 아니라, 동시에 대통령의 가장 중요한 정치철학과 직결되

그리고 수도이전에 관한 국민투표의 실시에 관하여는 -그것이 정치적으로 바람직하다고 평가되는 것과는 별도로- 이를 대통령의 의무로 보기는 곤란하다는 견해가 지배적이다. 헌법 제72조의 문구는 명백하게 "대통령이 필요하다고 인정할 때" 대통령이 "국민투표에 붙일 수 있다"고 규정하고 있기 때문이다. 이와 관련하여 헌법재판소는 「신행정수도의 건설을 위한 특별조치법」에 대한 헌법소원심판에서 소수의견으로 헌법 제72조에 따른 국민투표권 침해를 인정한 바 있으나, 다수의견은 이를 인정하지 않았다.[35)]

3. 임시국회 소집 요구권

현행헌법 제47조 제1항은 대통령도 국회의 임시회를 집회하도록 요구할 수 있음을 명시하고 있다. 의원내각제적 요소의 하나로 꼽히고 있는 대통령의 임시국회 소집 요구권은 현재 그 존재이유가 분명치 않은 권한 가운데 하나이다.

과거 의원내각제적 요소로 꼽히던 대통령의 권한 가운데 상당부분은 헌법개정에 의한 대통령의 권한 조정을 통하여 삭제되었다. 대표적인 예로서 1972년 헌법 제59조와 1980년 헌법 제57조에 따른 대통령의 국회해산권을 들 수 있다. 의원내각제적 요소의 가미라는 미명 하에 대통령의 권한강화에만 기여하던 제도들은 합리적 이유가 없는 한 제거되어야 할 것이다.

대통령의 임시국회 소집 요구권도 과거의 권위주의적 대통령체제 하에서 국회의 위상을 약화시키면서 대통령의 지위를 강화시키는 데 기여하던 것이었고, 국회의 자율성 존중을 위해서는 삭제되는 것이 입법론적으로는 타당할 것이다.

Ⅳ. 국가기관의 구성에 관한 권한

1. 대통령의 헌법상 지위와 국가기관의 구성에 관한 권한의 유형

현행헌법상 대통령이 국가기관의 구성에 관여하는 것은 크게 두 가지 유형으로 나

는 것이어야 한다. 실제로 정책과 신임이 연계되기 위해서는 그 정책에 대한 찬반이 곧 대통령(내지 그가 이끄는 정부)에 대한 신임과 동일시될 수 있을 정도의 밀접한 연관성이 확보되어야 하기 때문이다. 예컨대 김대중 정부에서 햇볕정책에 관하여 국민투표를 시행하면서, 그에 대한 찬반을 김대중 대통령에 대한 신임과 연계시키는 경우라면 정책과 신임의 연계가 가능할 것이다. 햇볕정책은 대북문제의 기본틀에 관한 것으로서 헌법 제72조가 명시하고 있는 것 가운데 하나인 통일에 관한 것으로 국가안위와도 직결되는 사항일 뿐만 아니라 그 정책이 김대중 정권의 정치철학이 집약된 가장 중요한 정책이라고 할 수 있기 때문이다. 그러나 노무현 정부에서 문제되었던 이라크 파병문제는 신임과 연계시키기에 적절한 정책이라고 보기 어렵다. 이라크 파병 문제 자체가 외교에 관한 중요한 정책으로서 역시 헌법 제72조에서 명시되고 있는 국가안위와 관련된 것으로 볼 수 있겠지만, 그것이 노무현 정부의 정치철학을 대변하는 것이라고 보기는 어렵기 때문이다.

35) **헌재 2004.10.21. 2004헌마554등 결정** 참조. 이 결정의 다수의견은 수도에 관한 사항이 관습헌법에 속한다고 인정하면서 관습헌법의 개정을 위해서는 법률이 아닌 헌법의 개정이 필요하다는 이유로 「신행정수도의 건설을 위한 특별조치법」의 위헌성을 인정한 바 있다. 그러나 이러한 논거에는 적지 않은 법리적 문제점이 있다. 이에 관하여는 장영수, 신행정수도건설을위한특별조치법 위헌확인결정의 찬반 논쟁(반대론), 고시계 2004.12, 86-102쪽 참조.

누어질 수 있다. 하나는 집행부의 수반으로서 집행부의 구성을 비롯한 국가기관의 구성에 관여하는 것이고, 다른 하나는 국가원수로서 집행부에 속하지 않는 국가기관의 구성에 관여하는 것이다.

먼저 대통령이 집행부의 수반으로서 집행부를 구성하는 권한에 속하는 것으로는 국무총리와 국무위원의 임명권, 감사원장과 감사위원의 임명권이 있다. 반면에 국가원수로서 집행부에 속하지 않는 국가기관의 구성에 관여하는 권한으로는 대법원장 및 대법관의 임명권, 헌법재판소장의 임명권을 들 수 있다.

그리고 헌법재판소 재판관 및 중앙선거관리위원회 위원 중의 각 3분의 1을 국회 및 대법원과 함께 선임하는 것은 비록 집행부의 구성에 관한 권한은 아니지만, 대통령이 집행부의 수반으로서 국회, 대법원과 대등한 위치에서 (즉, 권력분립의 틀 안에서) 행사하는 권한으로 이해될 수 있을 것이다.

2. 국무총리와 국무위원의 임명권

대통령은 국회의 동의를 얻어서 국무총리를 임명하며(헌법 제86조 제1항), 국무총리의 제청으로 국무위원을 임명한다(헌법 제87조 제1항). 이처럼 대통령제 정부형태를 취하면서도 부통령을 두지 않고 국무총리를 두고 있을 뿐만 아니라 국무총리의 임명에 대하여 국회의 동의를 얻도록 한 것은 대통령제와는 잘 맞지 않는 이질적인 제도라고 할 수 있다.[36)]

제헌헌법 당시에 국무총리 제도를 두었던 것은 의원내각제로 만들었던 헌법초안을 급하게 대통령제로 바꾸는 과정에서 나타났던 부작용의 산물이라고 볼 수 있을 것이다. 그러나 그 이후 국무총리제도가 계속 유지된 이유, 그리고 국무총리의 임명에 대해 국회의 동의를 얻도록 한 이유는 다른 맥락에서 찾을 수 있다.

그것은 한편으로는 (부통령을 두지 않음으로써) 집행부의 권력을 대통령에게 집중시키기 위한 방법이었으며, 다른 한편으로는 국무총리의 임명에 국회가 관여하도록 함으로써 대통령의 강력한 권한을 완화시키는 듯한 외관을 만드는 효과를 가져오기도 하였다.

현실적으로 국회의 동의권이 있다고 하더라도 국무총리는 결국 대통령이 원하는 사람들 가운데서 임명될 수밖에 없다는 것은 명백하다. 그럼에도 불구하고 국무총리가 국회의 동의에 의해서 임명되고, 또 국무총리가 국무위원의 제청권이나 부서권 등을 통해서 대통령을 통제할 수 있는 듯한 외관을 보임으로써 대통령의 권력이 많이 억제되는

---

36) 의원내각제적 요소가 강하게 작용하고 있던 제헌헌법은 국무총리를 대통령이 임명하고, 국회의 승인을 받도록 하였으며(제헌헌법 제69조 제1항), 의원내각제 정부형태를 채택하였던 제2공화국 헌법은 대통령이 국무총리를 지명하고 민의원의 동의를 얻도록 규정하고 있었다(1960년 헌법 제69조 제1항 본문). 반면에 제3공화국 헌법에서는 대통령의 국무총리 임명에 대한 국회의 관여를 삭제하였다가(1962년 헌법 제84조 제1항) 1972년의 유신헌법에서 대통령의 국무총리 임명에 대한 국회의 동의권을 부활시켰고(1972년 헌법 제63조 제1항), 그 상태로 현재까지 국무총리의 임명에 대한 국회의 동의제도가 유지되고 있다.

듯한 인상을 보이는 것이다.

그러나 실질적으로 대통령의 국무총리 및 국무위원 임명권은 사실상의 집행부 구성권으로서 큰 제약 없이 행사될 수 있다고 볼 수 있으며, 국회의 국무총리 임명동의권과 국무위원에 대한 인사청문회도 미국의 인사청문회를 통한 검토 이상으로 대통령의 임명권을 강력하게 제약하는 것은 아니라고 할 수 있다.[37]

3. 감사원장과 감사위원의 임명권

대통령이 감사원장과 감사위원을 임명하는 방식도 국무총리 및 국무위원의 임명방식과 유사하다. 감사원장은 대통령이 국회의 동의를 얻어서 임명하며(헌법 제98조 제2항), 감사위원은 감사원장의 제청으로 대통령이 임명하는 것이다(헌법 제98조 제3항).

감사원의 구성에 대하여 이와 같은 특별한 규정을 헌법에 두고 있는 이유는 감사원의 중립성과 공정성을 확보하기 위한 것으로 이해된다. 그러나 업무수행의 중립성과 공정성이 필요하다는 점을 놓고 볼 때, 감사원 이외에 검찰이나 경찰, 국가정보원 등의 구성에도 유사한 요건을 도입할 수 있었음에도 불구하고 감사원에 대해서만 이와 같은 특별규정을 두고 있는 것은 감사원이 권력의 행사를 직접 뒷받침하는 기관이 아니기 때문이라고 볼 수 있다.[38]

하지만 입법론적으로는 감사원의 구성에 국회의 관여가 인정되는 것과 같은 방식으로 다른 중요 국가기관에 대해서도 국회에 의한 통제를 인정하는 것이 필요할 것이다.[39]

4. 대법원장과 대법관의 임명권

현행헌법상 인정되고 있는 대통령의 여러 권한들 가운데 가장 문제가 많은 것의 하나로 꼽힐 수 있는 것이 대법원장 및 대법관의 임명권이다.

현행헌법 제104조 제1항은 대통령이 국회의 동의를 얻어 대법원장을 임명하도록 하고 있으며, 제2항은 대통령이 대법원장의 제청으로 국회의 동의를 얻어 대법관을 임명하도록 하고 있다. 비록 국회의 동의를 얻도록 함으로써 대통령의 자의적인 인사권행사는 방지하고 있지만, 국무총리의 예에서 보듯이 대통령이 임명권을 실질적으로 행사할 경우에는 대통령의 의사가 대법원의 구성에 결정적인 역할을 할 수도 있다.

---

37) 우리나라의 경우 헌법상 국회의 임명동의권이 인정되는 경우에는 국회의 결정이 대통령에 대한 구속력을 갖지만, 국회법과 인사청문회법에 기초하여 국무위원 등에 대해서 인사청문회를 개최한 결과는 대통령의 임명권을 구속하지 못한다고 보는 것이 일반적이다. 그러나 미국의 경우에는 의회에 의한 인사청문회의 결과가 대통령의 임명권을 사실상 구속하고 있다.

38) 즉, 감사원의 경우에는 국회의 관여를 허용하더라도 대통령의 입장에서 부담이 상대적으로 적은 편이었기 때문이라고 볼 수 있다.

39) 이와 관련하여 현행 국회법 및 인사청문회법에 따른 검찰총장, 경찰청장, 국가정보원장 및 국세청장 등에 대한 인사청문회의 실질화가 필요하다고 할 수 있다. 예컨대 이들에 대하여 헌법에서 직접 정하고 있는 국무총리나 감사원장의 경우와 마찬가지로 임명에 대한 사전동의를 도입하는 것이 곤란하다면, 임명 후 국회의 사후승인을 받도록 요구하는 것도 한 방법이 될 수 있을 것이다.

이처럼 대통령이 사법부의 구성에 깊이 관여하도록 하는 것은 사법부의 독립을 위해서 결코 바람직하지 않다. 그러므로 대통령이 국가원수로서 대법원장 및 대법관을 임명한다 하더라도 그러한 임명권은 실질적 임명권이 아닌 형식적 임명권으로 이해되는 것이 바람직하며, 대통령은 단지 임명제청을 받아서 의전상 임명장을 수여하는 것으로 보아야 할 것이다.[40]

5. 헌법재판소장과 헌법재판소 재판관의 임명권

현행헌법 제111조 제4항에서 규정되고 있는 헌법재판소장의 임명방식도 대법원장의 경우와 유사하다. 즉, 대통령이 국회의 동의를 얻어서 헌법재판소 재판관 중에서 헌법재판소의 장을 임명하는 것이다.

이러한 헌법재판소장의 임명방식이 안고 있는 문제점도 대법원장의 경우와 다르지 않으며, 현행헌법의 해석상으로는 대통령의 임명권을 형식적인 권한으로 보는 것이 합리적인 문제해결의 방법이 될 수 있다. 하지만 역시 문제의 근본적인 해결을 위해서는 헌법개정을 통하여 대통령의 임명권 자체를 삭제하고 헌법재판소 내부에서 헌법재판소의 장을 선임하도록 하는 것이 더 바람직할 것이다.

헌법재판소의 장과는 조금 다른 방식으로 선임되고 있는 것이 헌법재판소의 재판관이다. 현행헌법 제111조 제2항, 제3항에 의해 대통령이 지명한 3인, 국회가 선출한 3인, 대법원장이 지명한 3인의 총 9인으로 헌법재판소가 구성되는 것이다. 이 경우에는 대통령의 지명권을 통해 헌법재판소의 구성이 좌우되지는 않는다고 볼 수도 있으나, 현실적으로 헌법재판소 재판관의 선임방법으로서는 많은 문제를 안고 있다는 비판이 적지 않다.[41]

6. 중앙선거관리위원회 위원의 임명권

중앙선거관리위원회는 1960년 4 · 19 혁명을 촉발시켰던 3 · 15 부정선거의 경험에 대한 반성에 기초하여 선거의 공정한 관리를 위한 중립적인 기구로 만들어진 것이다.

따라서 중앙선거관리위원회 위원의 임명에 있어서는 대통령도 9인의 위원 중 3인을 임명하는 자격을 가질 뿐이다. 그 밖에 국회가 3인의 위원을 선출하고, 대법원장이 3인을 지명하도록 하고 있다(헌법 제114조 제2항 제1문). 이러한 구성방식은 외견상 매우 중립적이고 공정한 것으로 보이지만, 실제로는 적지 않은 문제를 안고 있다.[42]

중앙선거관리위원회의 위원장은 위원들 중에서 호선한다(헌법 제114조 제2항 제2문).

---

40) 입법론적으로는 대법원장 및 대법관에 대한 대통령의 임명권 자체를 삭제하는 것이 더 확실한 방법이 될 수 있다. 사법부의 독립을 위해서는 사법부 내부에서 대법원장 및 대법관을 선임하도록 하며, 단지 국회의 청문절차를 거치게 함으로써 자의적 인사에 대한 통제를 가하는 것이 합리적이라고 할 수 있다.

41) 이에 관하여는 「제3권 제3부 제5장 제4절 Ⅰ. 1. **헌법재판의 민주적 정당성과 재판관의 선임**」 참조.

42) 이에 관하여는 아래의 「제5절 Ⅲ. **선거관리위원회의 조직과 구성**」 참조.

V. 집행작용에 관한 권한

【사례: 대통령의 권력적 사실행위에 대한 통제】

갑은 주식회사 국제상사를 주력기업으로 하여 20여개 회사를 계열기업으로 한 세칭 국제그룹의 창업자로서 국제그룹계열사들의 주식을 소유하고 있었는데 1985. 2. 21. 국제그룹의 주거래은행인 주식회사 제일은행의 국제그룹해체방침 발표에 따른 후속조치로 그 무렵부터 위 주식을 모두 제3자에게 매도하게 되었다.

갑은 국제그룹해체가 공권력에 의하여 결정된 것이고 대통령의 지시를 받은 재무부 장관이 주도하여 제일은행으로 하여금 국제그룹해체를 발표하게 한 것이므로 공권력의 행사로 인하여 헌법상 기본권을 침해받았다고 주장하면서 1989.2.27. 그 공권력의 행사의 취소를 구하는 헌법소원심판을 헌법재판소에 청구하였다.

〈헌재 1993.7.29. 89헌마31 참조〉

1. 갑의 헌법소원심판청구는 적법한가? (30점)
2. 갑의 헌법소원심판청구가 적법한 경우 헌법재판소는 어떠한 본안판단을 내려야 하는가? (50점)
3. 국가가 부실기업을 정리할 수 있는 헌법적 근거 및 합법적 절차는 무엇인가? (20점)

1. 집행작용에 관한 대통령의 권한의 유형

대통령은 집행부의 수반으로서 집행부의 활동에 관한 최고책임자이며, 최고지휘 · 감독자이다. 특히 현대국가에서 집행부의 활동영역이 확대되는 만큼 집행부의 활동에 관한 대통령의 권한이 갖는 의미와 비중도 역시 커지고 있다.

현행헌법상 집행작용에 관한 대통령의 권한으로 분류될 수 있는 것으로는 공무원임면권, 국군통수권, 재정에 관한 권한, 영전수여권, 행정입법권과 국가긴급권(긴급재정 · 경제명령권 및 그 처분권, 긴급명령권, 계엄선포권)을 들 수 있다.

그 중에서도 대통령의 행정입법권에 대해서는 이를 입법에 관한 권한으로 분류하는 학자들이 많지만,[43] 앞서 검토한 바와 같이 국가기능으로서의 입법을 강학상의 입법개념인 추상적 법규범의 정립과 구별하여 이해할 경우 행정입법은 −비록 추상적인 법규범의 정립에 속한다 할지라도− 집행작용의 일부로 이해되어야 할 것이다.

2. 공무원임면권

대통령은 헌법과 법률이 정하는 바에 의하여 공무원을 임면한다(헌법 제78조). 즉, 대통령은 공무원을 임명하고, 또 면직시킬 권한을 가지고 있는 것이다.

대통령의 공무원임면권을 넓게 이해할 경우에는 모든 공무원에 대한 임면을 포괄하

43) 권영성, 헌법학원론, 2010, 1009쪽 이하; 김철수, 헌법학개론, 2007, 1428쪽; 허영, 한국헌법론, 2025, 1093쪽 이하.

며, 따라서 집행부의 공무원뿐만 아니라 입법부나 사법부에 속하는 공무원에 대한 임면권까지 모두 포함하는 것으로 볼 수 있다. 하지만 국회의 경우 선거에 의해 국회의원이 임명되며, 국회사무처의 직원에 대한 임명도 국회의 자율권에 속하는 것으로 인정된다. 사법부의 경우에도 대법원장이나 대법관, 헌법재판소장과 헌법재판소 재판관 등 헌법이 정한 경우를 제외하고는 사법부의 독립이라는 원칙에 따라 대통령의 관여가 배제되는 것으로 이해되어야 한다.

따라서 대통령의 공무원임면권은 집행부의 소속공무원에 대한 임면권을 의미한다고 보는 것이 일반적이며, 이 경우에도 임면권의 자의적 행사를 막기 위하여 헌법과 법률에서 일정한 제약이 가해지고 있는 경우가 많다.

먼저 **임명권의 제약**과 관련하여서는 ① 국무총리와 감사원장의 경우에는 국회의 동의를 얻어야 임명할 수 있으며(헌법 제86조 제1항, 제98조 제2항), ② 국무위원의 임명에는 국무총리의 제청이, 감사위원의 임명에는 감사원장의 제청이 필요하다(헌법 제87조 제1항, 제98조 제3항). ③ 또한 검찰총장 · 합동참모의장 · 각군참모총장 · 국립대학교총장 · 대사 기타 법률이 정한 공무원과 국영기업체관리자의 임명에는 국무회의의 심의를 거쳐야 하며(헌법 제89조 제16호), ④ 대통령 또는 대법원장이 추천한 헌법재판소 재판관 · 중앙선거관리위원회 위원 및 국무위원 · 방송통신위원회 위원장 · 국가정보원장 · 고위공직자범죄수사처장 · 검찰총장 · 경찰청장 · 국세청장 · 합동참모의장 등은 국회의 인사청문회를 거친 후에 임명하여야 한다(국회법 제65조의2 제2항).[44] ⑤ 교육의원[45] · 교육감 등과 같이 선거를 통해 선출되는 공무원에 대해서는 임명권을 행사할 수 없으며(「지방교육자치에 관한 법률」 제22조, 제43조~제50조), ⑥ 시험을 통한 선발과 같이 일정한 자격이 요구되는 공무원[46]은 그러한 자격이 구비되어야 임명할 수 있다.

또한 **면직의 제약**과 관련하여서도 ① 임기제가 보장되는 공무원에 대해서는 위법행위 등을 이유로 한 해임이나 파면이 아니라면 면직할 수 없으며, ② 직업공무원제에 의하여 신분보장이 되는 공무원의 경우에도 일정한 면직사유(탄핵, 형벌, 징계처분 등)가 존재할 경우에만 면직이 가능하다.

3. 국군통수권

헌법 제74조 제1항에 따라 대통령은 헌법과 법률이 정하는 바에 의하여 국군을 통수한다. 현행법상 군대는 행정조직의 일부이며, 군대의 조직과 활동에 관한 사항은 군

44) 헌법재판소 재판관 후보자가 헌법재판소장 후보자를 겸하는 경우에는 헌법재판소장의 임명동의를 위한 인사청문회가 헌법재판소 재판관 후보자에 대한 인사청문회를 겸하는 것으로 본다(국회법 제65조의2 제5항).

45) 교육의원에 관한 조항은 2014.6.30. 이후 효력이 정지되었으며, 현재 「제주특별자치도 설치 및 국제자유도시 조성에 관한 특별법」 제65조 이하에 따라 제주특별자치도에서만 교육의원이 인정되고 있다. 다만, 국회에서 제주에만 적용되는 교육위원제도를 폐지하기로 함에 따라 제주의 교육위원제도는 2026년 6월 30일까지만 존속한다.

46) 국가공무원 및 지방공무원의 경우에 임용시험을 통하여 선발되는 예는 행정고시와 외교관후보자선발시험을 비롯하여 각종 공무원 공채시험 등 매우 다양하다.

사행정의 분야로 분류된다. 따라서 대통령의 국군통수권은 대통령이 집행부의 수반으로서 군사행정에 관한 최고책임자이기도 함을 확인한 것으로 이해될 수 있다.[47)]

또한 대통령이 국군의 통수권을 갖는 것은 국가 내의 가장 강력한 무력집단인 **군대를 문민적으로 지휘 · 통제**한다는 데 큰 의미가 있다.

현행헌법은 과거 군대의 정치개입에 대한 부정적 경험에 기초하여 군의 정치적 중립을 명문으로 규정하고 있다(헌법 제5조 제2항). 또한 군인은 현역을 면한 후가 아니면 국무위원으로 임명될 수 없다고 규정하여(헌법 제87조 제4항) 현역군인이 국방부장관이 되지 않도록 함으로써 문민적 통제를 강조하고 있다.

나아가 군대에 대한 문민적 통제의 확립을 위하여 국군의 조직과 편성에 관한 군정(軍政)과 국군을 동원하여 작전을 수행하는 군령(軍令)의 일원화를 의미하는 **병정통합주의**(兵政統合主義)가 채택됨으로써 대통령이 군의 최고사령관으로서 군대 전반에 대한 직접적이고 포괄적인 지휘 · 통제권을 가지며, 군대의 군국주의화를 경계하는 것이다.

또한 대통령의 국군통수권이 남용되지 않도록 **국군통수권의 행사에 관한 통제**도 강조되고 있다. 국군통수권의 행사가 헌법과 법률에 따라야 함은 물론이고(헌법 제74조 제1항), 침략적 전쟁을 위한 군사력의 이용이 금지되고(헌법 제5조 제1항), 일정한 군사활동에 대해서는 국회의 동의를 얻거나(헌법 제60조) 국무회의의 심의(헌법 제89조 제2호, 제5호, 제6호, 제16호)를 거쳐야 하는 등 다양한 통제를 받고 있는 것이다.

4. 재정에 관한 권한

정부의 광범위한 집행작용에는 이에 상응하는 재정적 수요가 따르기 마련이다. 그렇기 때문에 집행부의 활동에 관한 대통령의 권한 가운데서도 특별한 의미와 비중을 가지고 있는 것의 하나가 재정에 관한 권한이다.

대통령의 재정에 관한 권한은 크게 두 가지로 분류될 수 있다. 하나는 재정수요에 따라서 예산을 편성하고 그에 기초하여 국가의 재정적 수입을 확보하는 권한이며, 다른 하나는 편성된 예산에 따라 재정을 지출하면서 집행활동을 전개하는 권한이다. 그러나 대통령의 재정에 관한 권한은 국민의 재정적 부담을 전제하는 것이기 때문에 국민의 대표기관인 국회의 통제를 받게 된다.

대통령의 재정에 관한 권한에 속하는 것으로는 예산안의 편성 및 제출권(헌법 제54조 제2항), 추가경정예산안의 편성 및 제출권(헌법 제56조), 준예산의 집행권(헌법 제54조 제3항), 예비비의 지출권(헌법 제55조 제2항), 국채모집권(헌법 제58조), 긴급재정 · 경제처분권 및 그 명령권(헌법 제76조 제1항) 등이 있다.

---

47) 이와 관련하여 권영성, 헌법학원론, 2010, 1000쪽 이하에서는 대통령의 국군통수권을 군정(軍政)에 관한 것과 군령(軍令)에 관한 것으로 나누어서 전자는 집행부 수반의 지위에서 보유하고 행사하는 것으로 볼 수 있지만, 후자는 국가원수로서의 대통령이 보유하는 것으로 보아야 하며, 결국 전체로서의 국군통수권은 국가원수로서의 대통령에게 있다는 입장을 취하고 있다. 그러나 이러한 견해는 대통령의 헌법수호에 관한 권한이 집행부의 수반이 아닌 국가원수로서의 권한이라는 전제에서 출발한 것이기 때문에, 그 전제 자체가 부정될 경우에는 성립되기 어렵다.

5. 영전수여권

대통령은 법률이 정하는 바에 의하여 훈장 기타의 영전을 수여하는 권한을 갖는다(헌법 제80조). 이러한 영전수여권의 성격도 영전의 성격에 따라 국가를 대표하여 대통령이 행사하는 경우와 집행부 수반으로서의 자격에서 행사하는 경우가 나누어질 수 있을 것이다.

훈장 기타 영전을 수여하는 것은 대한민국 국민 또는 외국인으로서 대한민국에 공적을 세운 사람에 대하여 그 공로를 기리는 상훈으로 수여하는 것이다. 국가의 이름으로 상훈을 수여하는 것에는 신중한 검토가 필요하므로, 국무회의의 심의를 거쳐야 한다(헌법 제89조 제8호).48)

영전의 수여는 이를 받은 당사자에게만 효력이 있고, 어떠한 특권도 이에 따르지 않는다(헌법 제11조 제3항).

6. 행정입법권

(1) 행정입법의 의의와 기능

행정입법이란 입법부가 아닌 행정기관에 의한 입법(법규범의 정립)작용을 지칭하는 개념으로 널리 사용되고 있다. 비록 행정입법의 범위를 어떻게 설정할 것인지에 관하여는 행정법학자들 사이에서 논란이 있으나,49) 오늘날 행정입법의 증대가 -집행작용의 확대 및 이와 결부되어 있는 행정국가화 현상을 대표하는 것으로서- 불가피한 현상이라는 점에 대해서는 이론의 여지가 없다.

전통적인 자유주의적 법치국가 사상에 따를 때, 행정을 의회가 제정한 법률에 구속시킴으로써 시민의 자유와 재산을 국가권력, 특히 집행권의 침해로부터 보호하는 것이야말로 법치주의의 핵심이기 때문에 행정작용의 규범적 근거를 법률이 아닌 행정입법에서 찾는 것은 매우 위험한 것으로 인식될 수 있다. 하지만 오늘날의 행정국가화는 행정입법이 법률을 상당부분 대체하는 것을 불가피하게 만들고 있는 것이다.50)

행정입법을 부정할 수 없는 이유는 행정입법이 담당하는 기능에 있다. 행정입법은 **행정작용의 신속성과 탄력성**을 확보하는 데 결정적인 역할을 하며, 이를 통하여 **행정작용의 효율성**을 확보하는 데 중요한 역할을 하는 것이다.51) 그러므로 행정입법의 증대를 비롯한 행정국가화 현상은 국민이 이를 필요로 한다는 점에서 민주적 정당성을 갖는다고 말할 수 있다.52)

---

48) 영전의 수여에 관한 상세한 내용은 상훈법에서 정하고 있다.

49) 이에 관하여는 김남진, 행정입법의 현황과 문제점, 고시계 1996.12, 15-25쪽 참조.

50) 행정입법의 의의와 필요성 및 한계에 대하여는 장영수, 국회입법권의 약화와 행정입법의 증가에 대한 비판적 고찰, 안암법학 제8호(1999.2), 25-66(27 이하)쪽 참조.

51) 행정작용의 방대한 영역 모두를 의회가 제정한 법률에 구속되도록 하고, 현실의 변화에 대응하는 행정작용의 변화에 항상 법률의 개정을 전제하도록 할 경우에는 행정작용의 신속성과 탄력성이 상실될 것이며, 결국은 행정작용 전체의 효율성이 심각하게 저해될 것이기 때문이다.

52) 그러나 이러한 민주적 정당성이 비대해진 행정작용에 대한 통제를 강화할 필요성까지 부인하는 것은

이러한 행정입법의 증대로 말미암아 오늘날 행정작용의 상당 부분은 법률보다 행정입법에 그 직접적인 근거를 두고 있다. 비록 행정입법 자체가 법률에 근거를 두는 것을 원칙으로 하고 있기 때문에 행정작용도 간접적으로는 법률에 근거를 두고 있는 것이라고 할 수 있지만, 현실적으로 법률과 행정작용의 관계가 그만큼 멀어진 측면은 부인할 수 없다.

(2) 행정입법의 유형과 포괄적 위임입법의 금지

행정입법은 그 제정주체, 제정절차, 성질, 내용, 효력 등을 기준으로 다양하게 분류된다.[53] 그러나 대통령의 행정입법권과 관련하여 중요한 의미를 갖는 분류는 위임명령과 집행명령의 구별이다. 헌법 제75조에서 "대통령은 법률에서 구체적으로 범위를 정하여 위임받은 사항과 법률을 집행하기 위하여 필요한 사항에 관하여 대통령령을 발할 수 있다"고 규정하고 있으며, 이 규정에 기초하여 위임명령과 집행명령이 구별되는 것이다.

위임명령은 헌법 제75조에 따라 「법률에서 위임받은 사항」에 관하여 규율하는 명령을 의미한다. 그러므로 위임명령의 존재와 내용 및 효력은 모법의 위임에 의존한다. 따라서 모법이 폐지된 경우, 또는 모법이 개정되어 위임의 내용이 바뀌거나 폐지된 경우에는 위임명령도 개정 또는 폐지된다. 다만 위임명령은 법률에 의해 위임을 받은 범위 내에서 법률이 직접 정하지 않은 사항에 관하여도 규율할 수 있다는 점에서 집행명령과 구별된다.

집행명령은 헌법 제75조에 따라 「법률을 집행하는 데 필요한 사항」에 관하여 규율하는 명령을 말한다. 집행명령은 법률의 위임 없이도 법률의 실제 집행과 관련하여 필요한 사항을 규율하기 위하여 제정될 수 있지만, 그 내용은 역시 법률에 종속된다.[54] 또한 법률에서 정하지 않고 있는 입법사항을 집행명령에서 새로이 정할 수 없다.

이러한 위임명령과 집행명령은 모두 대통령령이라는 형식으로 제정되며, 모법에 종속된다는 공통점을 갖는다.

행정입법과 관련하여 특히 문제되는 것은 행정입법의 남용이다. 행정입법이 국회입법을 대체하고, 국회가 통법부로 변해가는 현상이 심화되면서 법치주의의 근간이 훼손된다는 우려조차 나오고 있는 것이다. 이러한 문제를 막기 위하여 헌법 제75조는 위임입법과 관련하여 「구체적으로 범위를 정하여 위임받은 사항에 대하여」 위임입법을 제정할 수 있다고 명시하고 있다. 즉, 포괄적인 위임을 통하여 법률은 단지 행정입법에 대

아니다. 오히려 집행부가 비대해질수록 행정권 남용의 문제도 크게 나타나고, 따라서 그에 대한 통제도 더욱 강력하게 요청되고 있다. 비록 오늘날의 현실 속에서 행정국가화가 불가피한 측면은 있지만, 그로 인하여 행정국가화 현상이 권력분립적 관점에서 많은 문제를 야기한다는 사실이 바뀌는 것은 아니다. 고전적 권력분립론이 목표로 삼던 국가작용간의 세력균형은 궁극적 목표도 아니고 또 현실적으로 실현가능한 것도 아니지만, 권력간의 불균형은 결국 권력의 남용으로 이어질 가능성이 높다. 뿐만 아니라 행정작용에 대한 실효적인 통제가 결여될 경우에는 그로 인한 국민의 기본권침해 또한 심각한 문제가 될 수밖에 없기 때문이다.

53) 행정입법은 크게 법규명령과 행정규칙으로 나누는 것이 일반적이다. 하지만 법규명령의 종류 및 행정규칙의 종류는 매우 다양하게 분류되고 있다. 이에 관하여는 김남진 · 김연태, 행정법 I, 2013, 155쪽 이하, 174쪽 이하 참조.

54) 집행명령은 모법의 개정에도 불구하고 그 효력을 유지할 수 있지만 모법이 폐지될 경우에는 집행명령 역시 효력을 상실한다(**대법원 1989.9.12. 선고 88누6962 판결**).

한 형식적 근거만을 제공하고 실제 중요한 사항은 모두 행정입법에 위임하는 경우를 금지하고 있는 것이다. 이러한 포괄적 위임입법의 금지와 관련하여 헌법재판소는 몇 가지 기준을 제시한 바 있다.

첫째로 검토되어야 할 것은 문제되는 사안이 **법률로써 정해야 할 사항인지의 여부**이다. 예컨대 조세법률주의의 원칙에 따라 조세의 종목과 세율 및 납세의무의 구체화를 위해 필요한 기본적인 사항은 법률로 정해야 하며, 시행령이나 조례 등에 위임될 수 없기 때문에 법률이 이러한 사항을 위임입법에 맡겼을 경우에는 그 자체만으로도 위헌으로 인정될 것이다.[55] 마찬가지로 기본권의 제한에 관한 사항은 법률에 그 근거를 두어야 한다. 비록 세세한 부분까지 법률에서 직접 다 규정하지는 않는다 하더라도 기본권제한의 중요부분에 관한 것은 법률에서 직접 규정해야만 한다고 인정되는 것이다.[56]

둘째, **법률의 전체적 맥락** 속에서 규정의 문구를 해석하여야 한다. 법률에서 일정한 사항에 대한 구체적 규율을 하위법규에 위임하고 있는 경우에, 그 문구만을 놓고 볼 때에는 포괄적 위임으로 생각될 수 있지만, 법률의 전체적 맥락을 통해서 위임의 구체적 범위 및 판단의 기준이 밝혀질 수 있는 경우에는 굳이 포괄적 위임으로 보아서 위헌으로 판단하지 않겠다는 태도를 보이고 있는 것이다.[57] 이러한 헌법재판소의 태도는 합

---

55) 이와 관련하여 헌법재판소는 조세법률주의의 내용으로 과세요건법정주의와 과세요건명확주의를 들고 있으며, "납세의무를 성립시키는 납세의무자 · 과세물건 · 과세표준 · 과세기간 · 세율 등의 과세요건과 조세의 부과 · 징수절차를 모두 국민의 대표기관인 국회가 제정한 법률로 규정하여야 한다는 것이 과세요건법정주의이고, 또한 과세요건을 법률로 규정하였다고 하더라도 그 규정내용이 지나치게 추상적이고 불명확하면 과세관청의 자의적인 해석과 집행을 초래할 염려가 있으므로 그 규정 내용이 명확하고, 일의적이어야 한다는 것이 과세요건명확주의"라고 보고 있다(**헌재 1989.7.21. 89헌마38 결정** 이래의 확립된 판례). 따라서 납세의무의 구체화를 위해 필요한 기본적인 사항들, 즉 누가 납세의무자가 되며, 어떤 대상(소득, 재산, 거래행위 등)에 대해 과세를 할 것인지, 그리고 과세의 기준 및 과세금액을 어떻게 결정할 것인지, 그리고 조세의 부과 및 징수에 관한 절차에 이르기까지 과세에 영향을 미치는 중요한 사항은 모두 법률로 정하도록 하고 있는 것이다.

56) **헌재 1989.11.20. 89헌가102 결정**: "물론 직업선택의 자유도 헌법 제37조 제2항에 의하여 제한될 수 있다. 그러나 위와 같은 직업선택의 자유는 삶의 보람이요 생활의 터전인 직업을 개인의 창의와 자유로운 의사에 따라 선택케 함으로써 자유로운 인격의 발전에 이바지하게 하는 한편 자유주의적 경제 · 사회질서의 요소가 되는 기본적 인권이라 아니할 수 없다. 따라서 그 제한은 반드시 법률로써 하여야 할 뿐 아니라 국가안전보장, 질서유지 또는 공공복리 등 정당하고 중요한 공공의 목적을 달성하기 위하여 필요하고 적정한 수단 · 방법에 의하여서만 가능한 것이다."

다만 법률에 근거하지 않은 행정처분에 의한 기본권의 침해가 발생할 경우 행정소송의 대상이 되며, 그 결과 -재판소원을 배제하고 있는 현행법상- 헌법재판소의 직접적 관할대상에서 벗어나게 되므로 이 문제를 헌법재판소가 직접 다룬 예는 찾기 어렵다. 예컨대 예비판사임용거부처분의 취소를 구하는 헌법소원에 대해서 헌법재판소는 그것이 법원의 재판관할 하에 있는 사건으로서 헌법소원의 대상이 아니라고 판단하여 부적법 각하한 바 있다(**헌재 2001.12.20. 2001헌마245 결정**).

57) 법률에 미리 대통령령으로 규정될 내용 및 범위의 기본사항을 구체적으로 규정하여 둠으로써 행정권에 의한 자의적인 법률의 해석과 집행을 방지하고 의회입법의 원칙과 법치주의를 달성하고자 하는 헌법 제75조의 입법취지에 비추어 볼 때, "구체적으로 범위를 정하여"라 함은 법률에 대통령령 등 하위법규에 규정될 내용 및 범위의 기본사항이 가능한 한 구체적이고도 명확하게 규정되어 있어서 누구라도 당해 법률 그 자체로부터 대통령령 등에 규정될 내용의 대강을 예측할 수 있어야 함을 의미하고(**헌재 1991.7.8. 91헌가4 결정** 참조), **이러한 예측가능성의 유무는 당해 특정조항 하나만을 가지고 판단할 것은 아니고 관련 법조항 전체를 유기적 · 체계적으로 종합판단하여야 하며, 각 대상 법률의 성질에 따라 구체적 · 개별적으로 검토하여야 한다.** 따라서 법률조항과 법률의 입법취지를 종합적으로 고찰할 때 합리적으로 그 대강이 예측될 수 있는 것이라면 위임의 한계를 일탈하지 아니한 것으로

헌적 법률해석의 정신에 기초한 것으로 이해될 수 있으며, 입법기술상의 흠결을 해석을 통해 보완하는 것으로 평가될 수 있을 것이다.

셋째, **규율대상이 요구하는 유동성 내지 탄력성**이 어느 정도이며, 위임의 범위가 그러한 요구 이상으로 폭넓게 인정되고 있는지의 여부도 이에 대한 판단기준이 될 수 있다.[58] 이는 위임입법을 인정해야 할 경우에 발생되는 법치국가적 문제점과 위임입법의 현실적 필요성을 비교 · 형량하는 비례성 판단의 관점으로 이해될 수 있을 것이다.

이러한 여러 기준들을 통해 위임의 범위에 대한 대강의 기준이 도출될 수 있으면, 문구가 추상적 · 포괄적인 것으로 보일지라도 그것을 포괄적 위임이기 때문에 위헌이라고 판단할 필요는 없다. 하지만 이러한 구체화의 기준이 제시되기 곤란한 상황이라면 포괄적 위임입법으로서 위헌으로 판단될 수밖에 없을 것이다.

(3) 행정입법에 대한 통제

행정입법의 남용을 통제하기 위하여 현행헌법은 포괄적 위임입법의 금지라는 사전적 통제 이외에도 다양한 통제수단을 마련하고 있다.

먼저 집행부 자체 내의 통제수단으로는 대통령령의 발포에 앞서 거쳐야 하는 국무회의의 심의(헌법 제89조 제3호), 그리고 국무총리와 관계국무위원의 부서(헌법 제82조)가 있다. 그 밖에 입법예고(행정절차법 제41조-제44조)와 공청회(행정절차법 제45조) 등의 절차를 거침으로써 행정입법에 대한 절차적 통제를 확보하는 것도 행정입법의 남용을 방지하는 데 의미 있는 역할을 한다.

그리고 국회는 모법의 개정 및 폐지를 통하여, 국정감사 · 조사권의 행사를 통하여, 또는 탄핵소추 등을 통하여 행정입법을 통제할 수 있을 뿐만 아니라 행정입법에 대한 국회의 직접적인 검토와 통제도 강화되는 경향을 보이고 있다.[59] 법원은 헌법 제107조 제2항에 따른 명령 · 규칙의 위헌 · 위법심사권을 행사함으로써 행정입법을 통제할 수 있으며, 헌법재판소도 행정입법에 대한 헌법소원심판을 통하여 통제권을 행사하고 있다.

판단되어야 할 것이다(헌재 1994.6.30. 93헌가15등 결정; 헌재 1994.7.29. 93헌가12 결정; 헌재 1996.3.28. 94헌바42 결정; 헌재 1998.2.27. 95헌바59 결정; 헌재 2003.6.26. 2002헌가16 결정; 헌재 2003.7.24. 2002헌바54 결정 등 참조).

58) 즉 헌법재판소에 따르면 위임입법에 대해 요구되는 구체성, 명확성의 정도는 그 규율대상의 종류와 성격에 따라 달라질 것이지만, 특히 처벌법규나 조세법규 등 국민의 기본권을 직접적으로 제한하거나 침해할 소지가 있는 법규에서는 구체성, 명확성의 요구가 강화되어 그 위임의 요건과 범위가 일반적인 급부행정법규의 경우보다 더 엄격하게 제한적으로 규정되어야 하는 반면에, 규율대상이 지극히 다양하거나 수시로 변화하는 성질의 것일 때에는 위임의 구체성, 명확성의 요건이 완화되어야 한다는 것이다(헌재 1991.2.11. 90헌가27 결정; 헌재 1994.7.29. 92헌바49등 결정; 헌재 1998.2.27. 95헌바59 결정; 헌재 2003.7.24. 2002헌바54 결정; 헌재 2005.7.21. 2004헌가30 결정 등 참조).

그러나 위임의 명확성의 요건이 완화될 수 있는 경우에도 국민의 헌법상 기본권 및 기본의무와 관련된 중요한 사항 내지 본질적인 내용에 관한 사항에 대한 정책형성기능은 원칙적으로 주권자인 국민에 의하여 선출된 대표자들로 구성되는 입법부가 담당하여 법률의 형식으로써 이를 수행하여야 하고, 이와 같이 입법화된 정책을 집행하거나 적용함을 임무로 하는 행정부나 사법부에 그 기능이 넘겨져서는 안 된다고 해석되므로, 이와 같은 사항을 대통령령 등 하위법규에 위임하는 데에는 일정한 한계가 있다(**헌재 1998.3.26. 96헌바57 결정**).

59) 이에 관하여는 장영수, 국회입법권의 약화와 행정입법의 증가에 대한 비판적 고찰, 안암법학 제8호(1999.2), 25-66쪽 참조.

7. 국가긴급권

(1) 국가긴급권의 의의와 성격

국가긴급권이란 헌법에 규정된 정상적인 수단이 아니라 예외적인 수단을 통해서만 제거될 수 있는 **국가의 존립 또는 공공의 안녕질서에 대한 심각한 위협**, 즉 **국가긴급사태**에 대응하기 위하여 특별히 인정되고 있는 권한이다.[60)]

현행헌법상 대통령의 국가긴급권으로는 긴급재정 · 경제처분권과 그에 관한 명령권(헌법 제76조 제1항), 긴급명령권(헌법 제76조 제2항), 계엄선포권(헌법 제77조)이 인정되고 있다.

국가긴급권을 대통령의 국가원수로서의 지위(「국가와 헌법의 수호자」로서의 지위)에서 나오는 권한으로 이해하는 견해도 있으나, 이는 적절하지 않다. 헌법상 국가긴급권이 대통령에게 부여되고 있는 것은 국가긴급사태의 성질상 입법부나 사법부가 아닌 집행부에서 국가긴급권을 발동하여 위기상황을 해결하는 것이 적절하기 때문이며, 국가긴급권이 입법부와 집행부 또는 집행부와 사법부 사이의 권력분립적 통제구조를 벗어난 것은 아니기 때문이다.[61)]

따라서 국가긴급권은 대통령이 집행부 수반으로서 행사하는 권한이며, 국가긴급사태의 경우에 예외적으로 대통령이 직접 **법률적 효력을 갖는 집행작용**을 수행할 수 있도록 허용하고 있는 것이다.

(2) 긴급재정 · 경제처분과 그에 관한 명령권

현행헌법 제76조 제1항은 "내우 · 외환 · 천재 · 지변 또는 중대한 재정 · 경제상의 위기에 있어서 국가의 안전보장 또는 공공의 안녕질서를 유지하기 위하여 긴급한 조치가 필요하고 국회의 집회를 기다릴 여유가 없을 때에 한하여" 긴급재정 · 경제처분과 그에 관하여 법률의 효력을 갖는 명령을 발할 수 있도록 하고 있다.

또한 대통령의 긴급재정 · 경제처분 및 이에 관한 명령은 지체 없이 국회에 보고하여 그 승인을 얻어야 한다(헌법 제76조 제3항). 만일 승인을 얻지 못한 경우에는 대통령의 처분 및 명령의 효력이 상실되며, 그 명령에 의해 개정 또는 폐지되었던 법률은 당연히 효력을 회복한다(헌법 제76조 제4항).

이러한 입법적 통제 이외에도 대통령의 긴급재정 · 경제처분 및 이에 관한 명령은 사법심사의 대상이 된다고 보는 것이 일반적이다.[62)]

---

60) 국가긴급사태 및 국가긴급권에 관하여 상세한 것은 앞의 「제1권 제3부 제6장 제4절 **국가긴급권**」 참조.

61) 대통령의 국가긴급권 행사에 대해서는 -국가원수로서의 지위로부터 나오는 권한들과는 달리- 국회의 통제 내지 사법적 통제가 인정되고 있다.

62) 특히 헌법재판소는 **헌재 1996.2.29. 93헌마186 결정**에서 "대통령의 긴급재정경제명령은 국가긴급권의 일종으로서 고도의 정치적 결단에 의하여 발동되는 행위이고 그 결단을 존중하여야 할 필요성이 있는 행위라는 의미에서 이른바 통치행위에 속한다고 할 수 있으나, 통치행위를 포함하여 모든 국가작용은 국민의 기본권적 가치를 실현하기 위한 수단이라는 한계를 반드시 지켜야 하는 것이고, 헌법재판소는 헌법의 수호와 국민의 기본권 보장을 사명으로 하는 국가기관이므로 비록 고도의 정치적 결단에 의하여 행해지는 국가작용이라고 할지라도 그것이 국민의 기본권 침해와 직접 관련되는 경우에는 당연히

(3) 긴급명령권

현행헌법 제76조 제2항은 "국가의 안위에 관계되는 중대한 교전상태에 있어서 국가를 보위하기 위하여 긴급한 조치가 필요하고 국회의 집회가 불가능한 때에 한하여" 긴급명령권이 발동될 수 있도록 정하고 있다.

긴급명령권도 긴급재정 · 경제처분에 관한 명령권과 마찬가지로 법률적 효력을 갖는다. 그러나 긴급명령권은 요건이 긴급재정 · 경제처분 및 이에 관한 명령권의 경우보다 까다로운 대신에 재정 · 경제상의 사항에 한정되지 않는다는 점에서 더 포괄적인 권한으로 활용될 수도 있다.

긴급명령권은 지체 없이 국회에 보고하여 그 승인을 받아야 한다는 점, 그리고 승인을 얻지 못한 경우에는 명령의 효력이 상실될 뿐만 아니라 그 명령에 의해 개정 또는 폐지되었던 법률이 당연히 효력을 회복한다는 점에서도 긴급재정 · 경제처분 및 그에 관한 명령권과 같다.

(4) 계엄선포권

현행헌법 제77조에서 대통령의 권한으로 인정되는 계엄선포권은 과거 군사독재 정권에 의하여 오 · 남용되던 것을 통제하는 데 초점을 맞춰서 입법화한 것으로 이해될 수 있다.

대통령은 "전시 · 사변 또는 이에 준하는 국가비상사태에 있어서 병력으로써 군사상의 필요에 응하거나 공공의 안녕질서를 유지할 필요가 있을 때"에는 법률이 정하는 바에 의하여 계엄을 선포할 수 있다.

계엄은 비상계엄과 경비계엄으로 나뉘며(헌법 제77조 제2항), 특히 비상계엄의 경우에는 "법률이 정하는 바에 의하여 영장제도, 언론 · 출판 · 집회 · 결사의 자유, 정부나 법원의 권한에 관하여 특별한 조치"를 할 수 있다(헌법 제77조 제3항).

계엄을 선포한 때에는 대통령은 지체없이 국회에 통고하여야 한다(헌법 제77조 제4항). 국회가 재적의원 과반수의 찬성으로 계엄의 해제를 요구한 때에는 대통령은 이를 해제하여야 한다(헌법 제77조 제5항).

사례 풀이:

1. 갑의 헌법소원심판청구는 적법한가? (30점)

Ⅰ. 서: 헌법소원심판의 의의와 청구요건 [3점]

Ⅱ. 공권력의 행사 또는 불행사에 의한 기본권의 침해 [8점]

1. 공권력 행사로서의 권력적 사실행위
2. 갑의 기본권주체성
3. 갑이 침해를 주장할 수 있는 기본권

Ⅲ. 침해의 직접성, 현재성, 자기관련성 [8점]

1. 직접성 요건의 검토
2. 현재성 요건의 검토
3. 자기관련성 요건의 검토

헌법재판소의 심판대상이 된다"고 판시한 바 있다.

Ⅳ. 구제의 보충성, 청구기간 및 변호사 강제주의 등의 요건 [9점]
  1. 보충성 요건의 판단
  2. 청구기간과 변호사 강제주의
  3. 권력적 사실행위의 종료와 심판청구의 이익
Ⅴ. 결론 [2점]

2. 갑의 헌법소원심판청구가 적법한 경우 헌법재판소는 어떠한 본안판단을 내려야 하는가? (50점)

Ⅰ. 사안의 분석과 쟁점의 정리 [5점]
Ⅱ. 재산권 및 영업의 자유의 의의와 보호범위 [8점]
  1. 경제적 자유의 핵심으로서의 재산권과 직업의 자유
  2. 재산권의 의의와 보호범위(제한의 한계)
  3. (직업의 자유의 내용으로서의) 영업의 자유에 대한 제한과 그 한계
Ⅲ. 권력적 사실행위에 의한 기본권 침해의 문제점 [10점]
  1. 권력적 사실행위의 형식과 실제의 영향력
  2. 권력적 사실행위에 대한 통제의 필요성
  3. 기본권 제한의 헌법적 요건과 권력적 사실행위의 문제점
Ⅳ. 권력적 사실행위에 의한 기업 해체의 정당성 여부 판단 [12점]
  1. 기본권 제한의 형식(법률에 의한 제한) 위배
  2. 기본권 제한의 기준(비례성 원칙) 위배
  3. 본질적 내용의 침해금지 위배
Ⅴ. 헌법재판소의 결정과 그 효력 [12점]
  1. 헌법재판소 결정의 형식
  2. 사안에 대한 판단
  3. 헌법재판소 결정의 효력
Ⅵ. 결론 [3점]

3. 국가가 부실기업을 정리할 수 있는 헌법적 근거 및 방식은 무엇인가? (20점)

Ⅰ. 서: 부실기업 정리의 필요성과 그 기준 및 절차의 엄격성 [2점]
Ⅱ. 헌법 제23조 제3항의 적용 가능성 여부 [5점]
  1. 재산권에 대한 수용의 헌법적 근거로서의 제23조 제3항
  2. 헌법 제23조 제3항의 구체화로서의 「공익사업을 위한 토지 등의 취득 및 보상에 관한 법률」
  3. 부실기업 정리에 대한 헌법 제23조 제3항 및 「공익사업을 위한 토지 등의 취득 및 보상에 관한 법률」 적용의 곤란성
Ⅲ. 헌법 제126조와 그 요건 [5점]
  1. 헌법 제126조의 의미와 보상에 대한 해석상 논란
  2. 요건: 국방상 또는 국민경제상 긴절한 필요로 인하여 법률이 정하는 경우
  3. 징발법 등에 대한 구체화
Ⅳ. 국회 입법에 의한 부실기업 정리방식의 구체화 [7점]
  1. 과거 기업의 통폐합 및 빅딜 등의 경험과 문제점
  2. 부실기업 정리를 위한 법적 근거의 필요성
  3. 채무자 회생 및 파산에 관한 법률, 기업구조조정촉진법 등에 의한 부실기업 정리
Ⅴ. 결론 [1점]

Ⅵ. 국회 및 사법부의 활동에 대한 관여 · 통제권

【사례: 대통령의 사면권행사의 범위와 효력】

갑(甲)은 무기형을 선고받고 현재 대전교도소에서 복역 중인 자인바, 대통령이 1999.8.15. 일부 정치인에 대하여 광복절 특별사면을 실시하자, 그것이 대통령의 사면권을 남용하여 갑의 평등권을 침해한 위헌적 공권력행사라고 주장하면서 1999.8.25. 헌법재판소에 헌법소원심판을 청구하였다.

을(乙)은 1993.10.12. 인천지방법원에서 「특정범죄 가중처벌 등에 관한 법률」 위반(조세)등으로 징역 2년 및 벌금 10억 원을 선고받고 항소하여 1994.2.16. 서울고등법원에서 징역 2년에 집행유예 3년 및 벌금 10억 원을 선고받은 후 상고를 포기하여 확정되었다.

이후 을은 1996.2.25. 사면법 제5조, 제7조의 규정에 따라 집행유예된 징역형에 대하여 형의 선고의 효력을 상실케 하는 특별사면과 복권을 받았고, 위 사면 후 위 벌금형의 집행을 담당하는 인천지방검찰청에서 을에게 미납된 벌금 2억 5,500만 원을 납부하라는 징수명령 및 집행처분을 하자, 을은 위 유죄판결이 선고된 범죄행위에 대하여 사면을 받았으므로 벌금형도 사면을 받은 것이라고 주장하면서 인천지방법원에 재판의 집행에 관한 이의신청을 제기하였다가 기각되었고, 서울고등법원에 항고하였으나 기각되었다.

이에 을은 대법원에 재항고하면서 사면법 제5조 제1항 제2호에 대하여 위헌법률심판제청신청을 하였으나 기각되자, 헌법재판소에 헌법소원심판을 청구하였다.

〈헌재 2000.4.27. 99헌마499; 2000.6.1. 97헌바74 참조〉

〈참고조문〉

사면법 제5조 (사면, 감형, 복권의 효과)

① 사면, 감형 및 복권의 효과는 다음 각 호와 같다.

2. 특별사면: 형의 집행이 면제된다. 다만, 특별한 사정이 있을 때에는 이후 형 선고의 효력을 상실하게 할 수 있다.

1. 갑의 헌법소원심판청구는 적법한가? (20점)
2. 을의 헌법소원심판청구가 적법한 경우 헌법재판소는 어떠한 본안판단을 내려야 하는가? (50점)
3. 대통령의 특별사면권행사를 제한하기 위해서는 어떤 입법이 필요한가? (30점)

1. 국회 및 사법부의 활동에 관한 대통령의 관여 · 통제권의 유형

대통령은 집행부의 수반으로서 집행부의 조직과 활동에 관한 폭넓은 권한을 가지고 있을 뿐만 아니라 국회 및 사법부의 활동에 관여 또는 통제하는 권한도 가지고 있다. 이러한 권한들 중의 일부는 권력분립의 틀 안에서 이루어지는 상호통제의 메커니즘을 구체화한 것으로 이해될 수 있다. 예컨대 국회의 입법권 남용을 견제하기 위한 대통령의 법률안거부권이나 법률안공포권이 그러하고, 헌법재판소에 위헌정당의 해산을 제소할 수 있는 권한도 그러하다.

그러나 정상적인 권력분립의 틀 안에서는 설명되기 어려운 권한도 있다. 예컨대 법률안제출권이나 사면 · 감형 · 복권에 관한 권한이 그러하다. 이러한 권한은 대통령이 집행부 수반으로서 행사할 수 있는 것은 아니며, 국가원수로서 특별히 부여받은 권한이라고 보아야 할 것이다. 그러나 이러한 권한을 남용할 경우 실질적인 통제가 거의 불가능하다는 것이 또한 현실적인 문제이기도 하다.

2. 법률안제출권

대통령은 국회에 법률안을 제출할 수 있는 권한을 가진다(헌법 제52조).

이러한 법률안제출권은 행정입법만으로는 충족되기 어려운 집행활동에 대한 법률적 근거를 보다 쉽게 마련할 수 있도록 함으로써 집행작용의 능률성을 강화시키는 측면이 있는가 하면, 권력분립에 반하며 의원들의 입법에 대한 책임을 감소시키기 때문에 바람직하지 못한 측면이 있다.

그로 인하여 대통령의 법률안제출권에 대해서는 찬반의견이 대립되고 있는데, 입법론적으로는 국회의 위상강화를 위하여 삭제되는 것이 바람직할 것으로 본다.[63)]

3. 법률안거부권

국회에서 의결된 법률안이 정부에 이송되었을 때, 대통령은 15일 이내에 이의서를 첨부하여 국회로 환부하면서 재의를 요구할 수 있다(헌법 제53조 제2항). 다만 대통령은 법률안의 일부에 대해서 재의를 요구하거나 법률안을 수정하여 재의를 요구할 수는 없다(헌법 제53조 제3항).

이러한 대통령의 법률안거부권은 권력분립의 틀 안에서 이루어지는 상호통제의 메커니즘에 따른 것이며, 국회의 입법권에 대한 가장 효과적인 통제수단의 하나이다. 헌법재판소의 위헌법률심판권 등과 달리 법률의 내용적 위헌성을 전제하지 않고 정치적 판단에 의하여 거부권을 행사할 수 있기 때문이다. 그러나 대통령이 거부권을 남용하는 문제가 발생될 수 있으므로, 대통령의 거부권행사의 남용을 견제하기 위하여 국회에서 재적의원 과반수의 출석과 출석의원 3분의 2 이상의 찬성으로 재의결할 수 있도록 하고 있다(헌법 제53조 제4항).[64)]

4. 법률안공포권

대통령은 법률안이 정부에 이송된 날로부터 15일 이내에 공포하여야 한다(헌법 제

63) 대통령의 법률안 제출권에 관하여는 「제3권 제2부 제2장 제4절 Ⅰ. 2. **정부의 법률안 제안절차**」 참조.
64) 대통령의 법률안거부권에 대하여는 「제3권 제2부 제2장 제4절 Ⅲ. 2. **대통령의 거부권행사와 국회의 재의**」 참조.

53조 제1항). 대통령이 15일 이내에 거부권을 행사하지도 않고, 공포도 하지 않았을 경우에도 그 법률안은 법률로서 확정된다(헌법 제53조 제5항).

국회에서 제정한 법률안에 대하여 대통령이 공포하도록 하는 것은, 역시 국회의 자의적 입법권행사를 방지하는 데 그 의미가 있다고 할 수 있다. 또한 대통령이 공포에 앞서 거부권을 행사할 것인지의 여부를 판단할 수 있도록 하는 기능도 한다.

국회의 재의결에 의하여 확정된 법률, 또는 대통령이 거부권을 행사하지 않고 15일을 경과하여 확정된 법률은 대통령이 지체없이 공포하여야 한다. 법률안의 정부이송 후 15일이 경과되어 법률로 확정된 지 5일이 경과되었거나, 국회에서 재의결되어 정부에 송부된 후 5일 이내에 대통령이 공포하지 않을 경우에는 국회의장이 이를 공포한다(헌법 제53조 제6항, 국회법 제98조 제3항).

5. 위헌정당해산제소권

현행헌법 제8조 제4항에 따라 위헌정당의 해산을 위해서는 정부의 제소가 선행되어야 한다. 즉, 대통령이 국무회의의 심의를 거치고(헌법 제89조 제14호), 국무총리 및 관계 국무위원의 부서를 받아서(헌법 제82조) 위헌정당의 해산을 제소할 수 있는 것이다.

이러한 위헌정당해산제소권은 헌법재판소의 위헌정당해산심판권을 발동시키는 조건이지만, 정부가 위헌으로 의심되는 정당에 대하여 헌법재판소에 제소할 의무를 지는 것은 아니라고 보는 견해가 일반적이다. 상황에 따라서는 민주적 정치과정 속에서 위헌정당을 도태시키는 것이 더욱 현명한 대응방법일 수도 있기 때문이다.[65]

6. 사면 · 감형 · 복권에 관한 권한

(1) 사면권의 의의와 유형

대통령은 법률이 정하는 바에 의하여 사면 · 감형 또는 복권을 명할 수 있는 권한을 갖는다(헌법 제79조 제1항).

사면은 범죄인에 대한 소추권이나 재판권의 효력을 제한하는 것을 의미한다. 사면의 종류로는 일반사면과 특별사면이 있는데, 일반사면은 특정한 범죄로 인하여 처벌되는 모든 사람을 사면하는 것이고, 특별사면은 형의 선고를 받은 특정인을 사면하는 것이다. 일반사면을 명하려면 국회의 동의를 얻어야 한다(헌법 제79조 제2항).[66]

감형은 형의 선고를 받은 사람을 대상으로 형량 또는 형의 집행을 감경시켜 주는 것이며, 복권은 형의 선고로 인하여 상실 또는 정지된 법률상의 자격을 회복시켜 주는 것이다. 일반사면의 경우와는 달리 일반감형이나 일반복권의 경우에는 국회의 동의를 요하지 않는다.

---

65) 위헌정당의 해산에 관하여는 「제1권 제3부 제1장 제4절 **정당의 해산**」 참조.

66) 일반사면에 대한 국회 동의권의 의미에 대하여는 「제3권 제3부 제2장 제5절 Ⅴ. 3. (3) **일반사면에 대한 동의권**」 참조.

(2) 사면권의 법치국가적 문제점과 해결방향

이러한 대통령의 사면·감형 및 복권에 관한 권한은 사법부의 작용에 대한 가장 본질적인 관여 내지 침해라고 볼 수 있다. 그것은 이미 행해진 사법적 판단을 완전히 뒤집는 행위이기 때문이다. 사면은 단순히 법치국가적 절차에 따라 내려진 각종 형벌과 제재, 즉 법치국가적 절차의 결과만을 백지화하는 것이 아니라 그 절차 자체의 의미를 손상시킨다는 데 문제의 심각성이 있다.[67)]

전제군주의 대권에서 유래된 사면권은 **법을 초월하는 군주의 권위를 상징**하는 것이었다. 어떠한 사법적 절차에 따라 어떤 처벌이 예정되어 있거나 또는 집행중에 있더라도 군주는 이를 무효화하는 특별한 권위를 보유하고 있었던 것이다. 이러한 전근대적인 사면권이 현대의 법치국가에서도 여전히 인정되고 있는 이유는 법치국가적 절차도 완벽하지는 못하다는 인식에서 찾을 수 있다.

아무리 법치국가적 절차가 치밀하게 구성되어도 불합리한 결과가 나올 수 있기 때문에 이를 교정할 수 있는 구제수단을 하나쯤 남겨두려는 생각, 그리고 고도의 정치적 고려에 따라 −법적 판단과는 별도로− 국가이익을 위해 법치국가적 절차의 효과를 배제시킬 필요가 있을 수 있다는 생각이 사면권을 현대의 법치국가에서도 존치되도록 만든 것이다.

그러나 근대 이래 통치행위의 인정범위가 계속 축소되어 온 것처럼, 사면권의 행사도 억제되어야 하며, 말 그대로 예외가 되어야 한다. 법치국가적 절차를 통해서 나온 결과가 −사법제도 자체의 문제나 사법적 판단과정의 문제로 인하여− 명백히 정의와 형평에 반하며 별도의 구제수단이 없는 경우에, 또는 법적 판단은 정당한 것임에도 불구하고 국가이익을 위하여 법적 판단의 효과를 그야말로 예외적으로 배제하는 경우[68)]에만 사면권을 인정하는 것이 현대의 법치국가적 요청과 사면권을 양립시킬 수 있는 것이다.[69)]

연례행사처럼 반복되는 대규모 사면을 당연한 것으로 받아들이는 것도 큰 문제라고 할 수 있다.[70)] 이러한 문제는 결국 사법절차의 신뢰회복, 나아가 전체 법치국가적 과정

---

67) 사면의 반복으로 인하여 법치국가적 절차에 따른 각종 제재가 유명무실하게 된다면 누가 그 절차를 존중하겠는가?

68) KAL기 폭파범으로 사형선고를 받았다가 사면된 김현희씨의 경우가 이에 해당된다고 볼 수 있을 것이다.

69) 이런 맥락에서 볼 때, 그 동안 우리나라의 사면권행사는 정도를 벗어난 것이라고 평가될 수 있다. 국회의 동의를 요하는 일반사면도 아닌 특별사면을 통하여 법원의 판결에 의해 형이 집행중이던 사람들을 수천 명씩 석방해야 하고, 수백만의 국민들에 대한 각종 징계 등을 취소해야 할 상황이라면 법치국가적 절차의 근간에 문제가 있는 것으로 해석될 수밖에 없다. 만일 그렇지 않은 상황에서 사면권을 행사했다면 그것은 명백히 권한의 남용이며, 결과적으로 법치국가적 질서의 근간을 흔들고 있는 것이다.

70) 그 동안 우리나라에서 대규모 사면이 계속 반복되고, 또 이를 당연시하기에 이르게 된 데에는 민주의식의 결여도 크게 작용했다. 국민으로부터 권력을 위임받아 이를 국민을 위해 행사하는 국민의 대표자인 대통령을 마치 전제군주처럼 생각하고, 대통령이 새로 취임하면 −기존의 정권과의 차별화를 위해− 그 동안 이루어진 정치·경제·사회 각 분야의 성과를 부정하는 태도, 나아가 마치 새로운 왕이 즉위한 것처럼 사면권의 행사를 통해 국민에게 시혜를 베푸는 태도는 결코 민주적이라 평가될 수 없을 것이다.

그러나 보다 본질적인 문제는 사면권행사의 배경에 법치국가적 절차에 대한 불신이 자리하고 있다는 점이다. 그 동안 법치국가적 절차, 특히 사법절차가 항상 올바르게 행사된 것은 아니었다는 인식이 비정상적인 사면권행사를 묵인 또는 환영하게 만들었고, 때로는 오히려 사면권행사를 요청하도록

의 체계화에 따른 법치의 확립을 통하여 해결되어야 한다. 왜냐하면 사면권을 통한 개별적이고 불충분한, 경우에 따라 자의적일 수도 있는 구제보다는 법치국가적 절차 자체의 개선을 통한 구제가 보다 근본적이고 실효적인 해결이 될 것이기 때문이다.

(3) 사면권의 한계

사면권의 본질상 -사면제도 자체를 부정하는 경우를 별론으로 하면- 대통령의 사면권 행사를 다시금 사법심사의 대상으로 삼는 것은 곤란할 것이다. 이미 법치국가를 벗어난 사면권행사를 법치국가적 틀 안에서 평가하려는 것 자체에 문제가 있기 때문이다.

다만 사면권의 행사에 있어서도 자기 자신을 사면할 수는 없다는 것과, 탄핵결정에 의하여 파면된 사람을 사면할 수는 없다는 한계는 인정되어야 할 것이다.

사례 풀이:

1. 갑의 헌법소원심판청구는 적법한가? (20점)
   - Ⅰ. 서: 위헌소원의 의의 및 성격과 청구요건 [2점]
   - Ⅱ. 재판의 전제성 [7점]
     1. 소송의 계속
     2. 심판대상법률(조항)이 당해 소송사건에 적용
     3. 심판대상법률(조항)의 위헌 여부에 따라 다른 내용의 재판
   - Ⅲ. 위헌법률심판제청의 신청과 기각 [6점]
     1. 위헌소원의 성격과 법원에 대한 위헌법률심판제청의 의미
     2. 법원의 기각 결정과 그 의미
     3. 헌법재판소법 제68조 제2항에 의한 헌법소원심판의 청구
   - Ⅳ. 기타의 청구요건 [4점]
     1. 변호사 강제주의
     2. 청구기간
   - Ⅴ. 결론 [1점]
2. 을의 헌법소원심판청구가 적법한 경우 헌법재판소는 어떠한 본안판단을 내려야 하는가? (50점)
   - Ⅰ. 사안의 분석과 쟁점의 정리 [5점]
   - Ⅱ. 헌법 제79조 대통령의 사면권의 의의와 효력 [8점]
     1. 사면권의 개념과 유형
     2. 사면권의 성격과 대상범위
     3. 사면권 행사의 효과
   - Ⅲ. 사면법 제5조 제1항 제2호의 해석 [10점]
     1. 특별사면의 성격과 일반적 효과
     2. 형 선고의 효력의 예외적 상실
     3. 사안에의 적용과 그 결과
   - Ⅳ. 사면법 제5조 제1항 제2호의 정당성 여부 [12점]

만든 것이다. 정치적 외압 등에 의하여 사법적 판단이 왜곡되었다고 의심받고 있는 상황에서는 법치국가적 절차의 존중을 위해 사면권행사가 통제되어야 한다는 생각이 약해질 수밖에 없는 것이다.

1. 헌법 제79조에 위배되는지 여부
2. 재산권 침해 여부
3. 평등권 침해 여부

V. 헌법재판소의 결정과 그 효력 [12점]

1. 헌법재판소 결정의 형식
2. 사안에 대한 판단
3. 헌법재판소 결정의 효력

VI. 결론 [3점]

3. 대통령의 특별사면권행사를 제한하기 위해서는 어떤 입법이 필요한가? (30점)

I. 서: 사면권의 특성과 제한입법의 특수성 [3점]

II. 대통령의 특별사면권 오남용과 제한 필요성 [7점]

1. 일반사면과 특별사면의 구분과 각자의 역할
2. 특별사면권 남용의 문제점
3. 최근의 개헌논의와 대통령의 사면권 제한 논의

III. 특별사면권 행사를 제한하는 입법을 위한 개헌 필요성 여부의 검토 [8점]

1. 헌법 제79조와 입법형성권의 범위
2. 국회 동의를 요할 경우: 개헌 필요
3 독립된 사면심사위원회의 심사 등 제한을 가할 경우: 개헌 불필요

IV. 국회 입법에 의한 제한의 가능성과 한계 [10점]

1. 사면권의 특성과 내용적 제한의 곤란성: 사법판단을 뒤집는 사면권 행사의 특수성
2. 예외적인 내용적 제한: 대통령 자신에 대한 사면, 탄핵결정에 대한 사면
3. 절차적 제한: 국회 동의를 제외한 다양한 선택 가능성

V. 결론 [2점]

VII. 대통령의 권한행사의 절차와 방법

1. 대통령의 권한행사 방식의 의의

현행헌법은 대통령제 정부형태를 채택하고 있으며, 현행헌법상의 대통령제는 특히 대통령의 권한이 보다 강화된, 이른바 변형된 대통령제(신대통령제)에 속하는 것으로 분류될 수 있다. 이에 따라 대통령은 집행부 수반으로서 뿐만 아니라 국가원수로서도 -형식적·의전적 권한을 넘어서는- 실질적 권한을 보유함으로써, 이른바 삼권을 통합·조정하는 지위에서 강력한 권한을 보유·행사할 수 있게 되어 있다.

이처럼 대통령에게 강력한 권한이 부여되고 있기 때문에 한편으로는 그 권한에 대한 정당성의 확보가 더욱 중요한 문제로 제기되고 있으며, 다른 한편에서는 대통령의 권한에 대한 통제의 필요성도 더욱 중요한 문제로 부각된다. 그러나 현실적으로 탄핵을 제외하고는 대통령에 대한 직접적인 통제수단은 별로 없으며, 탄핵제도 또한 쉽게 이용될 수 있는 제도가 아니기 때문에 대통령의 권한행사「방식」에 대한 헌법상의 요청이 특별한 의미를 갖는 것으로 주목받고 있다.

대통령의 권한행사방식에 대한 현행헌법상의 통제수단으로는 헌법 제89조에 의한 국무회의의 심의, 헌법 제82조에 의한 문서주의 및 부서제도를 비롯하여 각종 자문기관의 자문(제90조, 제91조, 제92조, 제93조 등)과 국회의 동의 또는 승인(제76조 등) 등이 명문으로 규정되고 있다. 이러한 제도들은 대통령의 권한행사방식을 통제함으로써 대통령의 권한남용을 억제할 수 있다는 기대에 기초하고 있는 것이다.[71)]

2. 국무회의의 심의

현행헌법 제89조는 일정한 사항에 대하여 국무회의의 심의를 거치도록 요구하고 있다. 이미 헌법 제89조에 명시된 사항들도 상당히 광범위할 뿐만 아니라, 동조 제17호는 "기타 대통령 · 국무총리 또는 국무위원이 제출한 사항"도 국무회의의 심의를 거치도록 하고 있으므로, 사실상 집행부의 활동 중에서 중요한 사항은 거의 모두 국무회의의 심의를 거치는 것으로 이해될 수 있을 것이다.

이처럼 중요한 활동에 대해서 국무회의의 심의를 거치도록 하는 것은 크게 두 가지 의미를 갖는다. 한편으로는 집행부의 중요 구성원들이 모여서 국무회의를 하는 가운데 사안에 대한 기본적 상황을 함께 알고, 이에 대하여 통일적이고 일관성 있는 대책을 수립 · 추진할 수 있도록 하는 데 그 의미가 있으며, 다른 한편으로는 대통령이 자의적으로 결정하지 않고 국무총리 및 여러 국무위원들의 의견을 충분히 수렴하여 최종적인 결정을 내리도록 하는 것이다.

그러나 대통령이 국무회의의 심의에 구속되는 것은 아니기 때문에,[72)] 국무회의의 심의가 대통령에 대한 실질적인 통제기능을 발휘하는 데에는 한계가 있다.

3. 문서주의와 국무총리 및 관계 국무위원의 부서

대통령의 국법상 행위는 문서로써 하여야 하며, 이 문서에는 국무총리와 관계 국무위원이 부서하여야 한다(헌법 제82조).

대통령의 국법상 행위란 대통령의 공식적인 권한행사를 의미하며, 이를 문서로써 하도록 하는 것은 대통령의 권한행사를 객관화시키고, 권한행사의 신중성을 확보하는 데 그 의미가 있다고 할 수 있다.

또한 대통령의 국법상 행위에 대하여 국무총리와 관계 국무위원의 부서(대통령의 서명에 이어서 서명하는 것)를 요구하는 것은 대통령의 독단을 방지하고, 국무총리와 관계 국무위원의 책임소재를 분명히 하는 의미를 갖는다.

그러나 부서제도 역시 국무총리와 국무위원들이 현실적으로 대통령의 의사를 거부하기 어려운 점을 고려할 때, 대통령의 권한행사에 대한 실효성 있는 통제수단이 되기는 어렵다.

---

71) 그러나 국회의 동의와 승인의 경우를 제외한 다른 통제수단은 대통령의 지휘 하에 있는 집행부 내부의 통제절차이기 때문에 그 실효성에 대하여 많은 문제가 제기되고 있다.

72) 이에 관하여는 아래의 「제4절 Ⅲ. 2. 국무회의의 심의와 그 효과」 참조.

4. 각종 자문기관의 자문

국가안전보장에 관련되는 대외정책 · 군사정책과 국내정책의 수립에 관하여 국무회의의 심의에 앞서 대통령의 자문에 응하기 위하여 국가안전보장회의를 둔다(헌법 제91조 제1항). 그러나 대통령은 그 자문의 결과에 구속되지 않는다.

국가안전보장회의 이외에도 현행헌법은 국가원로자문회의(헌법 제90조), 민주평화통일자문회의(헌법 제92조), 국민경제자문회의(헌법 제93조), 국가과학기술자문회의(헌법 제127조 제3항) 등에 관한 규정을 두고 있으나, 이들은 임의적 자문기관이므로 실제 대통령의 권한행사를 통제하는 역할은 기대하기 어렵다.

5. 국회의 동의, 승인 및 의결

대통령의 권한행사를 실제로 통제할 수 있는 절차는 국회의 동의 및 승인 등의 절차라고 할 수 있다.

현행헌법상 국회의 동의 또는 의결을 얻어야 하는 경우로는 예산안의 확정(헌법 제54조), 계속비 및 예비비의 설치(헌법 제55조 제1항, 제2항 전단), 추가경정예산안의 확정(헌법 제56조), 국채의 모집 또는 예산 외에 국가에 부담이 될 계약의 체결(헌법 제58조), 상호원조 또는 안전보장에 관한 조약, 중요한 국제조직에 관한 조약, 우호통상항해조약, 주권의 제약에 관한 조약, 강화조약, 국가나 국민에게 중대한 재정적 부담을 지우는 조약 또는 입법사항에 관한 조약의 체결 · 비준(헌법 제60조 제1항), 선전포고, 국군의 외국에의 파견 또는 외국군대의 대한민국 영역 안에서의 주류(헌법 제60조 제2항), 일반사면(헌법 제79조 제2항), 국무총리의 임명(헌법 제86조 제1항), 감사원장의 임명(헌법 제98조 제2항), 대법원장 및 대법관의 임명(헌법 제104조 제1항 및 제2항), 헌법재판소장의 임명(헌법 제111조 제4항)이 있다.

국회의 승인을 얻어야 할 경우로는 예비비의 지출(헌법 제55조 제2항 후단), 긴급재정 · 경제처분 및 그에 관한 명령, 긴급명령권의 발동(헌법 제76조 제3항)이 있다.

국회의 동의, 승인 및 의결의 절차는 국회가 대통령을 통제하는 실질적인 제도적 장치로 기능할 수 있으며, 이를 거치지 않은 대통령의 권한행사는 그 효력이 인정될 수 없다.

6. 대통령의 권한행사 방식의 위반에 대한 통제

대통령이 헌법상 요구되는 권한행사의 방식을 위반한 경우에는 그 위반의 유형 및 위헌성의 정도에 따라 통제의 방법을 고려하여야 할 것이다.

예컨대 대통령의 권한행사가 국무회의의 심의를 거치지 않았거나 국무총리 및 관계 국무위원의 부서를 결여한 경우에는 그 위헌성은 명백하다. 하지만 국무회의의 심의나 국무총리 및 관계 국무위원의 부서가 대통령에 대한 실질적 통제력이 크지 않은 점을 고려할 때, 과연 대통령의 권한행사 자체를 무효로 할 것인지, 아니면 효력 자체는 유효로 인정하되 그러한 행위의 위헌성을 근거로 한 탄핵소추 등의 통제가 가능하다고 볼 것인지에 대한 견해의 대립이 존재한다.[73] 반면에 문서주의에 위반한 경우이거나 국회의 동의, 승인 또는 의결을 결여한 경우에는 효력 자체를 부인하는 것이 일반적이다.

현행법상 대통령이 권한행사 방식을 위반한 경우에는 그 위헌성에 대한 통제방법이 활용될 수 있다. 그러나 현행헌법상 대통령의 책임을 직접 물을 수 있는 유일한 통제수단은 헌법 제65조 및 헌법재판소법 제48조 이하의 규정에 따른 탄핵제도이다. 즉 헌법상 요구되는 절차규정의 위반은 헌법 제65조 제1항의 "직무집행에 있어서 헌법이나 법률을 위배한 때"에 해당된다. 그러나 헌법 제65조 제2항 단서에 규정된 대통령의 탄핵소추를 위하여는 국회재적의원 과반수의 발의와 국회재적의원 3분의 2이상의 찬성이 있어야 하므로 현실적인 관철가능성은 높지 않다.

그 밖에 대통령에 대한 통제수단으로 생각될 수 있는 것으로는 선거에 의한 통제, 여론에 의한 통제가 있다. 하지만 현행헌법상 대통령은 단임제로 선출되므로(헌법 제70조), 선거에 의한 대통령의 직접적인 통제는 기대하기 어려우며, 대통령이 소속된 정당에 대한 선거를 통한 간접적 통제만이 가능할 것이다. 또한 국민의 여론을 통한 정치적 통제도 생각할 수 있으나 그 실효성이 불확실하다는 문제점이 있다.

제 4 절 정부의 조직과 각 기관의 권한

Ⅰ. 정부의 개념과 구조

「정부」라는 말은 다양한 의미로 사용된다. **넓은 의미의 정부**는 입법부, 집행부, 사법부를 모두 포괄하는 국가기관 전체를 의미하며, **좁은 의미의 정부**는 집행부만을 가리킨다. 또한 경우에 따라서는 집행부 내부에서도 대통령을 제외한 내각을 지칭하여 정부라고 부르기도 한다.

그러나 현행헌법은 제4장의 표제를 정부로 하고, 그 안에서 대통령과 행정부에 관한 것을 다루고 있으며, 헌법 제66조 제4항에서는 "행정권은 대통령을 수반으로 하는

---

73) 이에 관하여 권영성, 헌법학원론, 2010, 1048쪽은 "국무회의의 심의절차를 무시한 대통령의 국무행위도 당연무효가 되는 것은 아니고, 단지 위법(헌법위반)한 행위로서 탄핵소추의 사유가 되는 데 지나지 않는 것으로 보아야 한다"는 입장으로 유효설을 취하고 있는 반면에 김철수, 헌법학개론, 2007, 1475쪽은 "국무회의는 필수적 국가최고정책심의기관이기 때문에 이의 심의를 결한 대통령의 권한행사는 무효로 보아야 할 것"이라고 주장하면서도 "대통령의 행위에 대하여 사법부가 합헌여부의 판단을 자제할 것으로 보이고 헌법재판소도 판단을 회피할 것으로 예상되므로 실질적으로는 효력을 부인하기 어려울 것"이라는 모호한 입장을 취하고 있다. 그리고 허영, 한국헌법론 2025, 1104쪽은 "절차와 방법을 어긴 대통령의 권한행사는 적법한 것으로 간주될 수 없기 때문에 그 효력이 인정될 수 없는 경우가 많다. 특히 문서주의를 어기거나 국회의 동의·의결·승인 절차와 국무회의 심의절차를 무시한 대통령의 권한행사는 그 효력이 인정될 수 없다"는 입장을 취하고 있다.

정부에 속한다"고 규정하고 있다. 이를 통해 현행헌법은 정부를 입법부, 사법부와 구별되는 집행부의 의미로 사용하고 있음을 확인할 수 있다.

또한 **현행헌법상 정부의 구조**는 대통령과 행정부로 구분되며, 행정부 내부에는 국무총리와 국무위원, 행정각부, 감사원 등이 설치된다. 이러한 국가기관들은 헌법상 설치가 요구되는 필수적 헌법상 기관이지만, 그 역할은 대통령에 대한 보좌에 지나지 않는다. 집행작용에 관하여 국민으로부터 직접 정당성을 부여받은 것은 대통령이고, 정부(즉 집행부)는 대통령의 지휘 · 감독 하에서 집행작용을 수행하는 하부조직인 것이다.

결국 정부의 구조는 개인적 대표로서의 대통령을 정점으로 만들어진 피라밋형 업무처리 시스템으로 이해될 수 있을 것이다.

≪현행헌법상의 국가기관의 구성≫

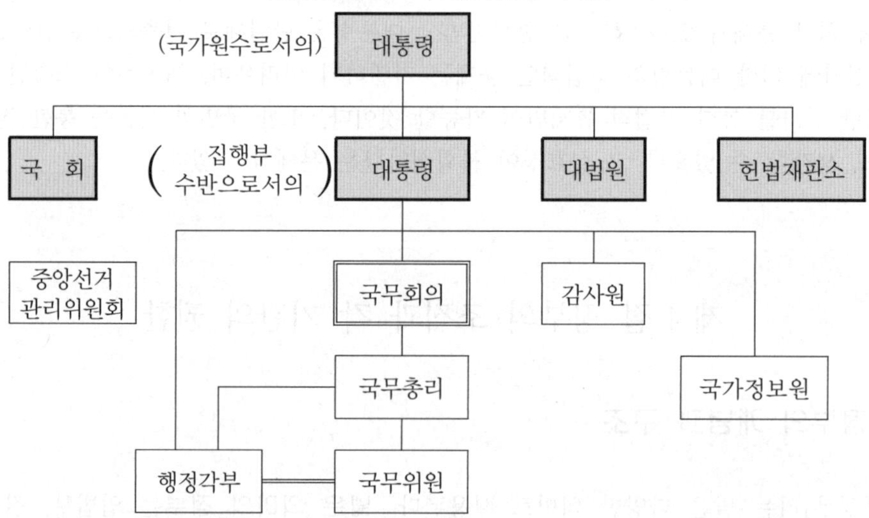

Ⅱ. 국무총리와 국무위원

【사례: 국무총리와 국무총리서리의 헌법상 지위와 권한】

갑(甲)은 국가정보원의 수사활동에 의해 산업스파이로 체포되어 제1심법원에서 유죄판결을 받은 사람으로서, 항소심에 소송이 계속 중인 상태에서 국가정보원의 존립근거가 되는 정부조직법 제17조와 국가정보원법 제2조 등이 헌법 제86조 제2항에 위배되어 위헌이라고 주장하여 위헌법률심판제청을 신청하였으나 기각되자 헌법재판소에 헌법소원심판을 청구하였다.

대통령 을(乙)은 국무총리 후보자 병(丙)에 국회의 임명동의를 요청하였으나 국회 내에서 여야의 대립으로 인해 임명동의안 처리가 계속 지연되자, 국회의 동의 없이 을을 국무총리서리로 임명하여 정부부처의 장관들을 통솔하도록 하였다. 이에 정(丁) 등 야당 국회의원들은 자신들의 권한침해를 주장하면서 헌법재판소에 권한쟁의심판을 청구하였다.

〈헌재 1994.4.28. 89헌마221; 1998.7.14. 98헌라1 참조〉

〈참고조문〉

헌법 제86조 제2항

국무총리는 대통령을 보좌하며, 행정에 관하여 대통령의 명을 받아 행정각부를 통할한다.

정부조직법 제17조 (국가정보원)

① 국가안전보장에 관련되는 정보 · 보안 및 범죄수사에 관한 사무를 담당하기 위하여 대통령 소속으로 국가정보원을 둔다.

② 국가정보원의 조직 · 직무범위 그 밖에 필요한 사항은 따로 법률로 정한다.

국가정보원법 제2조 (지위)

국가정보원(이하 "국정원"이라 한다)은 대통령 소속으로 두며, 대통령의 지시와 감독을 받는다.

1. 정(丁) 등의 권한쟁의심판청구는 적법한가? (30점)
2. 갑(甲)의 헌법소원심판청구가 적법한 경우 헌법재판소는 어떠한 본안판단을 내려야 하는가? (50점)
3. 대통령의 국법상 행위에 국무총리 대신 국무총리서리가 부서하는 것이 가능한가? (20점)

1. 국무총리제의 제도적 의의

현행헌법상의 정부형태는 일종의 변형된 대통령제로 이해되고 있다. 즉 미국식 대통령제를 기본모델로 하고 있으나 의원내각제적 요소가 상당부분 가미되어 있을 뿐 아니라, 대통령과 국회의 권한범위와 상호관계 등에 있어서 대통령으로의 권한집중이 강화되고 있는 형태인 것이다.

이러한 현행헌법상의 정부형태에서 가장 특징적인 것의 하나가 국무총리이다. 미국식 대통령제에서는 찾기 어려운 제도이고 의원내각제의 수상과도 구별되기 때문에, 현행헌법상의 국무총리가 과연 어떠한 제도적 의의와 기능을 갖고 있는지에 대하여 논란이 많은 것이다.

국무총리의 제도적 의의에 관하여 국내 헌법학계에서는 의원내각제의 수상,[74] 대통령제의 부통령, 또는 대통령제의 국무장관에 유사한 기관으로 보는 주장들이 있는가 하면, 그러한 여러 기관들의 성격을 복합적으로 갖는 것으로 보는 견해,[75] 대통령제에 있어서는 이례적인 특수한 제도로 보는 견해,[76] 그리고 대통령의 정치적 방탄벽으로 이해하는 견해[77]도 있다.

74) 의원내각제 정부형태의 집행부수반을 수상으로 부를 것인지, 총리라고 부를 것인지에 관하여는 앞의 「제2부 제5장 제2절 Ⅰ. 1. 로크(J. Locke)의 이권분립론과 영국에서의 의원내각제의 발전」 참조.
75) 권영성, 헌법학원론, 2010, 1029쪽.
76) 김철수, 헌법학개론, 2007, 1457쪽.

현행헌법의 권력분립체계에 비추어 볼 때 국무총리는 의원내각제의 수상, 대통령제의 부통령이나 국무장관과는 다른 위치에 있는 **보좌기관**이다. 그 실제운용에 따라 달라질 소지는 있으나 국무총리제의 현재까지의 운용에 비추어 볼 때 그 존재의의에 많은 회의가 있을 수밖에 없다.

2. 국무총리의 헌법상 지위와 임명방식

(1) 국무총리의 헌법상 지위

현행헌법상 국무총리가 어떤 지위를 부여받고 있는가, 즉 현행헌법의 권력분립체계 내에서 국무총리에게 어떤 권한과 의무가 부가되고 있는가에 관하여는 일반적으로 ① 대통령의 권한대행자, ② 대통령의 보좌기관, ③ 집행부의 제2인자 내지 국무회의의 부의장 등으로 설명된다.[78)]

첫째, 국무총리는 **대통령의 일차적 권한대행자**가 된다. 이는 현행헌법상 부통령 제도가 인정되지 않고 있음으로 인하여 발생되는 결과이며, 권한대행의 민주적 정당성과 관련하여 적지 않은 문제를 야기시키고 있다.[79)]

둘째, 국무총리는 **대통령의 보좌기관**이다. 집행작용에 대한 최고책임자이자 최고의 지휘·감독자는 대통령이며, 국무총리는 이를 보좌하는 역할을 한다. 즉, 국무총리는 대통령과 집행작용의 영역을 분장하는 것이 아니라, 대통령이 집행작용을 전체적으로 책임지고 통할하는 것을 보좌하는 데 그친다는 점에서 이원정부제의 총리와 구별된다.

셋째, 국무총리는 **집행부의 제2인자**이다. 국무총리는 대통령의 유고시 그 직무를 대행할 수 있는 위치에 있을 뿐만 아니라, 평상시에도 대통령의 명을 받아 행정각부를 통할한다(헌법 제86조 제2항). 이러한 국무총리의 지위는 국무회의의 부의장이 된다(헌법 제88조 제3항)는 점에서도 나타난다.

이러한 국무총리의 헌법상 지위를 통하여 나타나고 있는 것은 국무총리가 집행부의 수반인 대통령을 보좌할 뿐 현행헌법의 권력구조상 대통령을 통제할 만한 독자적 권한을 부여받고 있지는 못하다는 것이다.[80)]

---

77) 허영, 한국헌법론, 2025, 1105쪽. 여기서 허영 교수는 국무총리제를 권위적인 대통령관의 그릇된 역사적인 유물로 인식하고 있으며, 따라서 국무총리제를 폐지하고 부통령제를 두는 것이 헌법이론적으로 옳다고 주장하고 있다.

78) 권영성, 헌법학원론, 2010, 1031쪽에서는 대통령 다음가는 상급행정관청으로서의 지위를 추가하고 있으며, 김철수, 헌법학개론, 2007, 1458쪽 이하에서는 그 밖에 타국무위원에 우월한 지위, 중앙행정기관으로서의 지위를 추가하고 있다. 또한 허영, 한국헌법론, 2025, 1106쪽 이하에서는 대통령의 권한대행자로서의 지위 대신에 차상급중앙행정기관으로서의 지위를 포함시키고 있다.

79) 이에 관하여는 앞의 「제2절 III. **대통령의 권한대행**」 참조.

80) **헌재 1994.4.28. 89헌마86 결정**: "우리나라의 정부형태는 약간의 의원내각제적 요소도 있기는 하나 기본적으로는 대통령제(또는 대통령중심제)로서 행정권 행사에 관한 최고·최후의 결정권자는 대통령이라고 해석되는 점, 국무총리의 권한 중에는 국무위원 및 행정각부의 장 임명제청권(헌법 제87조 제1항, 제94조), 대통령의 국법상 행위에 관한 문서에의 부서권(헌법 제82조) 등 대통령의 권한행사에 대하여 다소의 견제적 기능을 할 수 있다고 보여지는 것이 있기는 하나, 우리 헌법이 대통령제 정부형태를 취하면서도 국무총리제도를 둔 주된 이유가 부통령제를 두지 않았기 때문에 대통령 유고시의 그 권한 대행자가 필요하고 또 대통령제의 기능과 능률을 높이기 위하여 대통령을 보좌하고 그 의견

⑵ 국무총리의 임명방식과 국무총리서리의 헌법적 문제점

국무총리는 현역군인이 아닌 자 가운데서(헌법 제86조 제3항),[81] 대통령이 국회의 동의를 얻어 임명한다(헌법 제86조 제1항). 이때 국회의 동의는 임명 이전에 행해져야 하는 **사전적 동의**라는 데 이견이 없다.

그러나 문제는 지금까지 대통령이 국무총리를 임명함에 있어서 기존의 국무총리를 먼저 해임하고 새로운 총리후보자를 일단 국무총리서리로 임명한 상태에서 국회에 국무총리에 대한 임명동의를 요청하는 경우가 일반적이었다는 점에서 발생한다. 즉, 국회의 임명동의를 아직 받지 못한 상태에서 국무총리서리의 자격으로 이미 국정에 관여하는 예가 드물지 않았던 것이다.

이와 관련하여 1998년 헌법재판소는 국무총리서리의 임명에 대한 권한쟁의심판에서 각하결정을 내린 바 있다.[82] 비록 재판관들 사이에 견해의 대립은 있었지만, 다수의견은 국무총리서리를 두는 것 자체가 무조건 위헌이 된다고 보지는 않았던 것이다.

사실 헌법과 법률(특히 정부조직법)에 총리서리에 관한 명문의 규정이 없다는 것만을 이유로 국무총리서리의 임명을 위헌으로 보는 데에는 문제가 있다. 과거 몇 차례 이용되었던 대통령의 특사 같은 경우도 헌법 및 법률상의 근거가 뚜렷하지는 않다. 하지만 대통령이 자신의 권한 가운데 일부를 위임하여 특사를 파견하는 것이 위헌이라고 보기는 어려운 것과 마찬가지로, 행정각부를 직접 통할할 권한을 갖고 있는 **대통령이 국무총리서리에게 자신의 권한을 위임**하여 국무총리서리로서의 직무를 수행하도록 하는 것이 무조건 위헌이라고 보기는 어려운 것이다.[83]

하지만 이 경우에도 총리서리의 권한은 어디까지나 대통령에게서 위임받은 권한에 한정되는 것이지, **헌법상 국무총리에게 부여되는 권한**, 특히 대통령에 대한 일정한 견제 내지 통제의 의미를 담고 있는 권한을 포함하지는 못한다. 즉 대통령의 국법상 행위에 대한 국무총리의 부서권(헌법 제82조), 국무위원의 임명에 관한 국무총리의 제청권(헌법 제87조 제1항) 및 국무위원에 대한 해임건의권(헌법 제87조 제3항) 등은 총리서리가 행사할 수 없는 것이다.

이처럼 헌법상 국무총리의 권한에 속하는 것을 총리서리가 행사하지 못하도록 하는

을 받들어 정부를 통할·조정하는 보좌기관이 필요하다는 데 있었던 점과 대통령에게 법적 제한 없는 국무총리해임권이 있는 점(헌법 제78조, 제86조 제1항 참조) 등을 고려하여 총체적으로 보면, 우리 헌법상 국무총리의 지위의 바탕은 그가 대통령의 첫째가는 보좌기관인 점에 있다고 보여진다."

81) 헌법에서 현역군인을 국무총리로 임명하는 것을 금지하는 것은 문민적 정부구성의 원칙을 관철시키기 위한 것으로 이해될 수 있을 것이다.

82) **헌재 1998.7.14. 98헌라1 결정.** 다만 이 결정에서는 정권이 바뀌어서 신임 대통령의 취임으로 국무총리와 국무위원은 모두 사직서를 제출한 상태라는 점, 그리고 대통령이 국회에 국무총리 임명동의안을 제출하지 않거나 그 동의안이 부결된 상태에서 국무총리서리를 임명한 경우와는 달리 국회의 사정으로 인하여 임명동의가 늦어진 상황이라는 점 등이 고려되었다는 점도 염두에 두어야 할 것이다.

83) 하지만 이런 헌법이론적 문제를 떠나서 생각해 볼 때, 과연 국회의 동의를 얻기도 전에 현직 총리를 해임하고 서둘러서 총리서리를 임명할 시급한 이유가 있는지는 의문스럽다. 정권의 교체와 같은 특별한 사정이 있는 경우가 아니라면 오히려 국회의 임명동의절차가 끝난 이후에 공식적으로 총리의 교체를 거쳐 집무를 시작하도록 하는 것이 더 바람직할 것이기 때문이다.

것은 국무총리의 임명에 대해 국회의 동의를 얻도록 하는 것과 같은 맥락이다. 즉 국무총리는 집행부의 구성원으로서 대통령을 보좌하며, 대통령의 명을 받아 행정각부를 통할하는 위치에 있지만(헌법 제86조 제2항), 대통령의 권한남용을 통제하는 역할도 부분적으로 수행하기 때문에 대통령이 일방적으로 임명하지 않고 국회의 동의를 얻어 임명하도록 하고 있는 것이다. 따라서 국회의 동의를 아직 얻지 못한 총리서리가 헌법상 총리에게 인정되고 있는 권한들까지 행사하는 것은 위헌이라고 보아야 한다.[84]

3. 국무총리의 권한과 책임

(1) 국무총리의 권한

현행헌법상 국무총리는 대통령을 보좌하며 국정을 통할하는 위치에서 다양한 권한을 부여받고 있다.

첫째, 국무총리는 **대통령의 권한을 대행할 권한**을 갖는다. 대통령이 궐위되거나 사고로 인하여 직무를 수행할 수 없을 때에는 국무총리가 일차적인 권한대행권을 갖는 것이다(헌법 제71조).

둘째, 국무총리는 **국무위원 및 행정각부 장의 임명에 대한 제청권**을 가지며 **국무위원의 해임을 대통령에게 건의**할 수 있다(헌법 제87조 제1항, 제3항, 제94조). 이러한 국무총리의 임면관여권은 국무총리가 국무위원들에 대한 지도력을 발휘할 수 있게 함과 동시에 대통령의 자의적 인사권 행사를 억제하는 의미를 갖는다.

셋째, 국무총리는 국무회의의 부의장으로서 **국무회의에 참여**하며, 국무회의에서 검토되는 국가의 중요한 사항들에 대한 심의에 참여할 수 있다(헌법 제88조, 제89조).

넷째, 국무총리는 **대통령의 국법상 행위에 대하여 부서할 권한**이 있다(헌법 제82조). 이러한 부서권은 대통령의 자의적 권한행사에 대한 통제의 의미를 가지나, 실효성은 그다지 높지 않은 것으로 평가된다.

다섯째, 국무총리는 대통령의 명을 받아 **행정각부를 통할하는 권한**을 갖는다(헌법 제86조 제2항). 그러나 국무총리의 행정각부에 대한 통할권은 대통령의 권한에서 파생되는 것이기 때문에 대통령의 직접적인 통할권에 대립할 수 없다.

여섯째, 국무총리는 **총리령을 발할 수 있는 권한**을 갖는다. 헌법 제95조는 국무총리가 법률 또는 대통령령의 위임에 따라, 또는 직권으로 총리령을 발할 수 있도록 규정하고 있으며, 이에 따라 총리령은 -대통령령과 유사하게- 위임명령 또는 집행명령으로 구분될 수 있다.[85]

---

84) 현실적으로 국무총리가 대통령에 대한 통제자로서의 역할을 얼마나 수행할 수 있는지, 혹은 그 동안 수행해 왔는지에 대한 평가의 문제와 국무총리가 그러한 역할을 수행하도록 요구하는 헌법의 규범적 요청은 구별되어야 할 것이다. 따라서 국무총리의 통제기능이 유명무실함을 이유로 이러한 통제적 권한의 규범적 의미를 무시해서는 안 된다.

85) 다만 총리령은 대통령령의 하위에 있다. 반면에 총리령과 부령의 관계에 대하여는 총리령이 우위라는 견해(김철수, 헌법학개론, 2007, 1467쪽 이하)와 총리령과 부령이 동등하다는 견해(권영성, 헌법학원론, 2010, 1038쪽)가 대립되고 있다. 총리령과 부령의 우열관계를 논하는 의미는 양자의 내용이 충돌할 경우의 효력과 관련된 것이기 때문에, 이러한 문제를 해결하기 위해서는 총리령이 부령에 우선하

일곱째, 국무총리는 **국회에 출석하여 발언할 권한**을 갖는다(헌법 제62조 제1항). 이러한 권한도 역시 의원내각제적 요소에 속하는 것이지만, 실질적으로 특별한 역할을 하고 있는 것은 아니다.

(2) 국무총리의 책임

현행헌법상 국무총리는 대통령에 대한 보좌기관이다. 따라서 국무총리는 대통령을 보좌할 포괄적인 의무를 지며, 국무총리의 헌법상 권한은 동시에 대통령에 대한 보좌의 의무와도 연결된다.

구체적으로 국무총리에 대해서는 ① 국무위원 및 행정각부 장관의 임명제청 및 해임건의를 통한 보좌, ② 국무회의의 부의장으로서 국무회의의 구성과 활동에 대한 보좌, ③ 대통령의 국법상 행위에 대한 부서를 통한 보좌, ④ 행정각부의 통할을 통한 보좌의 의무가 헌법상 인정되고 있다.

또한 국무총리는 집행부의 활동에 대해 국민 앞에 책임을 질 뿐만 아니라, 국민의 일차적 대표기관인 의회에 대해서도 책임을 진다. 국회는 임명동의권을 통해 국무총리의 임명에 직접 관여(헌법 제86조 제1항)할 뿐만 아니라, 국회와 그 위원회는 국무총리의 출석 및 질문에 대한 답변을 요구할 수 있다(헌법 제62조 제2항). 나아가 국회는 헌법 제63조에 따른 해임건의권, 또는 헌법 제65조에 따른 탄핵소추권의 행사를 통하여 국무총리에게 정치적 또는 법적 책임을 물을 수 있다.[86)]

4. 국무위원의 헌법상 지위와 권한

국무위원은 국무회의의 구성원으로서 집행부의 핵심적 위치에 있는 헌법상의 기관이다. 현행헌법은 국무위원에 대하여 그 임명방법, 역할 및 해임 등에 관한 규정을 두고 있으나, 국무회의의 구성원으로서의 역할 이외에는 개개의 국무위원들에 대한 특별한 권한을 명시하고 있지는 않다.[87)]

현행헌법상 국무위원은 국무회의의 구성원이며(헌법 제87조 제2항 후단, 제88조 제2항), 국정에 관하여 대통령을 보좌하는 역할을 한다(헌법 제87조 제2항 전단). 집행부의 민주적 정당성은 대통령의 선거를 통해 부여된 것이기 때문에 국무총리와 마찬가지로 국무위원들도 독자적인 정당성을 갖지 못하므로 대통령에 대한 보좌역할에 한정되고 있는 것이다.

국무위원의 선임은 국무총리의 제청을 받아 대통령이 임명하는 방식으로 행해지며(헌법 제87조 제1항), 그 수는 15인 이상 30인 이하이다(헌법 제88조 제2항). 또한 군

는 것으로 보는 견해가 합리적일 것이다.

86) 헌법 제63조에 따른 해임건의권과 헌법 제65조에 따른 탄핵소추권은 그 의결정족수가 똑같지만 요건에 차이가 있다는 점에 주목할 필요가 있다. 즉, 해임건의권은 그 발동요건에 특별한 제한이 없기 때문에 정치적 책임을 묻기 위하여 해임건의를 하는 것이 가능한 대신에 대통령은 그러한 해임건의에 구속되지 않는다. 반면에 탄핵소추는 직무집행의 위헌·위법성을 요건으로 하는 것으로서 법적 책임을 묻는 것이며, 헌법재판소의 사법적 판단을 통해 최종적 결정이 내려지는 것이다.

87) 실제 집행부의 활동과 관련하여 중요한 것은 국무위원들 가운데서 행정각부의 장이 선임된다는 점이며, 결국 행정각부의 장이 아닌 국무위원의 경우에는 그 역할 내지 권한이 매우 한정되어 있다.

인은 현역을 면한 후에 국무위원이 될 수 있으며(헌법 제87조 제4항), 현행법상 국무위원(또는 국무총리)과 국회의원의 겸직은 가능하다. 대통령은 국무위원의 해임여부에 대한 재량권을 가지고 있으며, 국회의 해임건의(헌법 제63조)가 있는 경우에도 그 건의에 법적으로 구속되지는 않는다.

헌법 및 정부조직법에 따라 국무위원의 권한으로 인정되는 것으로는 대통령의 권한대행권(헌법 제71조), 국무회의의 소집요구권(정부조직법 제12조 제3항) 및 국무회의에서의 심의 · 의결권(헌법 제88조 및 제89조), 부서권(헌법 제82조), 국회에의 출석 · 발언권(헌법 제62조 제1항) 등이 있다. 또한 대통령과 국회에 대하여 책임을 지는 점에서는 국무총리와 유사하다.

사례 풀이:

1. 정(丁) 등의 권한쟁의심판청구는 적법한가? (30점)

Ⅰ. 서: 권한쟁의심판의 성격과 적법요건 [3점]
Ⅱ. 당사자: 국가 또는 지방자치단체 [8점]
 1. 당사자능력과 당사자적격
 2. 국회의원의 당사자능력
 3. 사안의 심판 당사자: 청구인 갑과 피청구인 대통령
Ⅲ. 주장 내용: 권한의 존부 및 범위에 관한 다툼 [10점]
 1. 권한: 헌법상 기관의 헌법상 또는 법률상 권한
 2. 권한에 영향을 미치는 처분: 대통령의 국무총리서리 임명
 3. 국회의원의 국무총리에 대한 임명동의권
Ⅳ. 청구기간 및 기타의 적법요건 [7점]
 1. 청구기간
 2. 권리보호의 이익과 헌법적 해명의 필요성
Ⅴ. 결론 [2점]

2. 갑(甲)의 헌법소원심판청구가 적법한 경우 헌법재판소는 어떠한 본안판단을 내려야 하는가? (50점)

Ⅰ. 사안의 분석과 쟁점의 정리 [5점]
Ⅱ. 국무총리의 헌법상 지위와 권한 [8점]
 1. 대통령제 정부형태와 국무총리의 헌법상 지위
 2. 대통령과 국무총리의 관계
 3. 헌법 제86조 제2항의 해석
Ⅲ. 대통령 직속기관으로서의 국가정보원 [10점]
 1. 대통령 직속기관의 의의와 기능
 2. 정부조직법 제17조, 국가정보원법 제2조 등의 의미
 3. 국가정보원에 대한 국무총리의 관여배제와 그 의미
Ⅳ. 정부조직법 제17조, 국가정보원법 제2조 등의 합헌성 여부 [12점]
 1. 헌법 제86조 제2항의 '행정각부'의 의미
 2. 국가정보원에 대한 국무총리 통할의 필요성 여부

3. 행정권의 최종 결정권자로서의 대통령

Ⅴ. 헌법재판소의 결정과 그 효력 [12점]

1. 헌법재판소 결정의 형식

2. 사안에 대한 판단

3. 헌법재판소 결정의 효력

Ⅵ. 결론 [3점]

3. 대통령의 국법상 행위에 국무총리 대신 국무총리서리가 부서하는 것이 가능한가? (20점)

Ⅰ. 서: 국무총리서리의 의의와 쟁점 [2점]

Ⅱ. 국무총리의 부서권과 그 의미 [4점]

1. 헌법 제82조와 부서의 의미

2. 국무총리에 의한 대통령의 견제로서의 부서권

3. 대통령의 총리 임면권과 부서권 행사의 현실적 한계

Ⅲ. 국무총리서리의 임명과 그 권한 [5점]

1. 국무총리서리의 개념과 역할

2. 국무총리의 헌법상 권한으로서의 부서권 등

3. 국무총리의 헌법상 권한과 국무총리서리의 한계

Ⅳ. 국무총리서리의 부서권 인정 여부 [8점]

1. 대통령의 국법상 행위를 위한 부서 필요성

2. 국무총리서리의 부서 인정의 문제점

3. 국무총리 임명방식의 개선을 통한 문제해결

Ⅴ. 결론 [1점]

Ⅲ. 국무회의

1. 국무회의의 의의와 성격(헌법상의 지위)

현행헌법상의 국무회의는 대통령과 국무총리 및 15인 이상 30인 이내의 국무위원으로 구성된다(헌법 제88조 제2항). 이러한 국무회의는 국무총리가 그러하듯이 매우 독특한 성격을 가지고 있다. 의원내각제의 내각과 다르고, 그렇다고 미국식 대통령제의 각료회의와도 구별되는 점들을 가지고 있는 것이다.

의원내각제의 내각은 의회의 다수파에 의해 구성되며, 집행에 관한 사항을 의결할 권한을 갖는 실질적인 집행권의 주체이다. 수상을 비롯한 내각의 구성원은 의회의 구성원으로서 국민에 의해 직접 선출된 인물들이기 때문에 직접적인 민주적 정당성을 함께 가지고 있으며, 의회에 대하여 연대책임을 진다.

반면에 **미국식 대통령제의 각료회의**는 국민의 선거에 의해 민주적 정당성을 부여받은 대통령이 자신의 활동에 대한 보좌를 위해 구성한 기관으로서 헌법상 그 존재 및 권한범위가 요구되고 있는 필수적 기관은 아니다. 즉, 헌법상의 필수기관이 아닌 임의적 기관이며, 대통령을 보좌할 뿐, 대통령을 통제할 수 있는 권한은 없다.

이렇게 비교할 때, 현행헌법상의 국무회의는 대통령에 대한 보좌기관일 뿐 집행활

동에 대한 실질적인 결정권을 갖는 의결기관이 아니라는 점에서 의원내각제의 내각보다는 미국식 대통령제의 각료회의와 유사하다. 반면에 임의기관이 아니라 헌법상의 필수기관이라는 점에서는 의원내각제의 내각에 유사한 점도 가지고 있다.

이런 점들을 고려할 때, 국무회의는 헌법상의 필수기관이고, 집행부 내의 최고정책심의기관이며, 독립된 합의제기관이라는 특성을 갖는 것으로 보는 견해가 지배적이다.

첫째, 국무회의는 헌법상의 필수기관이다. 즉, 대통령이 필요에 따라 구성할 수도 있고, 구성하지 않을 수도 있는 것이 아니라 헌법에 의해 반드시 구성해야만 하는 국가기관인 것이다. 또한 이를 폐지하기 위해서는 헌법의 개정이 있어야 한다.

둘째, 국무회의는 집행부 내의 최고정책심의기관이다. 국무회의는 헌법 제89조에 따라 집행부의 중요한 정책들을 심의하는 기관이며, 집행부 내에서는 최고의 위치에 있는 심의기관이라고 할 수 있다.

셋째, 국무회의는 독립된 합의제기관이다. 즉, 국무회의를 진행함에 있어서는 -비록 대통령과 국무총리가 국무회의의 의장과 부의장이 되지만(헌법 제88조 제3항)- 모든 구성원이 대등한 위치에서 발언하고 토의할 수 있다는 것이다.[88]

2. 국무회의의 심의와 그 효과

국무회의는 의장인 대통령의 소집에 의해 개회되며(정부조직법 제12조 제1항), 정부의 권한에 속하는 중요정책을 심의사항으로 한다. 현행헌법 제89조는 국무회의의 심의사항을 명시하고 있다.[89] 특히 헌법 제89조 제17호는 기타 대통령·국무총리 또는 국무위원이 제출한 사항도 국무회의의 심의를 거치도록 하고 있으므로, 집행부의 활동에 관한 중요사항은 거의 예외 없이 국무회의의 심의대상이 된다고 할 수 있다.

---

88) 하지만 대통령이 집행부의 수반으로서 최고의 지휘·감독권을 갖고 있기 때문에 국무회의가 대통령의 의사를 벗어나는 것은 현실적으로 기대하기 어렵다.

89) 헌법 제89조: 다음 사항은 국무회의의 심의를 거쳐야 한다.

1. 국정의 기본계획과 정부의 일반정책
2. 선전·강화 기타 중요한 대외정책
3. 헌법개정안·국민투표안·조약안·법률안 및 대통령령안
4. 예산안·결산·국유재산처분의 기본계획·국가의 부담이 될 계약 기타 재정에 관한 중요사항
5. 대통령의 긴급명령·긴급재정경제처분 및 명령 또는 계엄과 그 해제
6. 군사에 관한 중요사항
7. 국회의 임시회 집회의 요구
8. 영전수여
9. 사면·감형과 복권
10. 행정각부간의 권한의 획정
11. 정부안의 권한의 위임 또는 배정에 관한 기본계획
12. 국정처리상황의 평가·분석
13. 행정각부의 중요한 정책의 수립과 조정
14. 정당해산의 제소
15. 정부에 제출 또는 회부된 정부의 정책에 관계되는 청원의 심사
16. 검찰총장·합동참모의장·각군참모총장·국립대학교총장·대사 기타 법률이 정한 공무원과 국영기업체관리자의 임명
17. 기타 대통령·국무총리 또는 국무위원이 제출한 사항

국무회의의 운영 및 심의절차에 대해서는 대통령령인 국무회의규정이 규율하고 있다. 국무회의는 국가의 중요정책이 정부 전체의 차원에서 충분히 심의될 수 있도록 운영되어야 하며, 정례국무회의는 매주 1회 소집하고, 임시국무회의는 필요에 따라 그때그때 소집한다(국무회의규정 제2조).

대통령 · 국무총리 또는 국무위원은 헌법 제89조 및 법령에 규정된 국무회의의 심의사항을 의안으로 제출하며(국무회의규정 제3조 제1항), 국무회의에 상정할 의안으로서 2개 이상의 부 · 처에 관련되는 의안은 사전에 관계 부 · 처간에 합의를 얻어서 제출하여야 한다. 다만, 합의를 얻지 못한 때에는 그 사유를 분명히 밝혀 국무회의에 상정할 수 있다(국무회의규정 제4조).

국무회의는 구성원 과반수의 출석으로 개의하고, 출석구성원 3분의 2 이상의 찬성으로 의결한다. 다만 원격영상회의의 방식으로 회의를 진행하는 것이 가능하며, 이 경우 국무회의의 구성원은 동일한 회의장에 출석한 것으로 본다(국무회의규정 제6조).

국무회의의 심의를 헌법이 명시적으로 요구하고 있는 경우에는 이를 거치지 않은 대통령의 권한행사는 위헌이 된다. 하지만 국무회의의 심의를 거친 후에도 심의의 결과가 대통령을 구속하지는 못한다고 보는 것이 지배적 견해이다. 국무회의 자체도 결국은 독자적인 정당성에 기초하여 집행활동을 주도적으로 전개해 나가는 의결기관이라기보다는 대통령에 대한 보좌기관의 성격이 강하기 때문이다.[90]

Ⅳ. 대통령의 자문기관

현행헌법은 대통령의 자문기관으로서 국가안전보장회의, 국가원로자문회의, 민주평화통일자문회의, 국민경제자문회의, 국가과학기술자문회의에 관한 규정을 두고 있다. 그러나 이러한 자문기관 중에서 헌법상 반드시 설치되어야 하는 것은 국가안전보장회의뿐이며, 그 밖의 자문기관은 대통령이 설치 여부를 결정할 수 있는 임의적 자문기관이다.

1. 국가안전보장회의

국가안전보장에 관련되는 대외정책 · 군사정책과 국내정책의 수립에 관하여 국무회의의 심의에 앞서 대통령의 자문에 응하기 위하여 국가안전보장회의를 둔다(헌법 제91조 제1항).

국가안전보장회의는 헌법상의 필수적 자문기관이지만, 자문기관의 성격상 그 자문의 내용이 대통령을 구속하지는 못한다. 또한 국가안전보장회의의 자문은 국무회의의 심의에 앞서서 행해지므로, 그 자문내용을 국무회의에서 재검토하는 것도 가능하다.

---

90) 이와 관련하여 국무회의를 자문기관이 아닌 심의기관이라고 설명하는 것이 실제 특별한 의미를 갖지는 못한다는 점에도 주목할 필요가 있다. 자문기관과의 차이는 대통령이 자문을 요구한 사항만이 아니라 헌법상 국무회의의 심의를 거치도록 요구되고 있는 모든 사항에 대하여 심의를 한다는 것뿐이고, 그 결과는 자문의 경우와 다를 바가 없기 때문이다.

국가안전보장회의의 조직과 활동에 관하여 필요한 구체적인 사항은 국가안전보장회의법에 의해 정해지고 있다.

2. 국가원로자문회의

국정의 중요한 사항에 관한 대통령의 자문에 응하기 위하여 국가원로로 구성되는 국가원로자문회의를 둘 수 있다(헌법 제90조 제1항).

국가원로자문회의는 임의적 자문기관이며, 헌법은 직전 대통령이 국가원로자문회의의 의장이 되도록 하는 규정을 두고 있다(헌법 제90조 제2항). 그러나 현재 국가원로자문회의는 구성되어 있지 않다.[91]

3. 민주평화통일자문회의

평화통일정책의 수립에 관한 대통령의 자문에 응하기 위하여 민주평화통일자문회의를 둘 수 있다(헌법 제92조 제1항).

민주평화통일자문회의도 임의적 자문기관이지만, 한반도의 평화적 통일을 위한 정책적 준비의 필요성 때문에 현재 구성되어 있으며, 민주평화통일자문회의법에 따라 내부조직을 갖추고 각종 활동을 하고 있다.

4. 국민경제자문회의

국민경제의 발전을 위한 중요정책의 수립에 관하여 대통령의 자문에 응하기 위하여 국민경제자문회의를 둘 수 있다(헌법 제93조 제1항).

국민경제자문회의도 임의적 자문기관이지만, 국가정책에서 경제가 차지하는 의미와 비중이 증대함에 따라 국민경제자문회의법에 기초하여 1999년 설립되어 활동하고 있다.

5. 국가과학기술자문회의

헌법은 제127조 제1항에서 "국가는 과학기술의 혁신과 정보 및 인력의 개발을 통하여 국민경제의 발전에 노력하여야 한다"고 규정하면서 동조 제3항에서는 "대통령은 제1항의 목적을 달성하기 위하여 필요한 자문기구를 둘 수 있다"고 명시하고 있다.

국가과학기술자문회의는 1991년 국가과학기술자문회의법이 제정되면서 상설 자문기관이 되었으며, 2008년 개정을 통해 국가교육과학기술자문회의로 변경되었으나, 2013년 개정을 통해 「국가과학기술자문회의법」이 만들어지면서 기존의 과학기술정책의 발전방향과 과학기술개발을 촉진하기 위한 제도의 발전방향 등에 대한 자문을 주된 업무로 하고 있다.

---

91) 현행헌법에서 새로 도입된 국가원로자문회의는 제5공화국 당시 설치되었던 국정자문회의를 확대개편한 것으로 보는 견해가 많다. 그러나 초대 국가원로자문회의의 의장이었던 전두환 전대통령이 퇴임 후에도 영향력을 유지하기 위하여 이 제도를 만들었다는 비판을 받고 사퇴한 이후 현재까지 국가원로자문회의는 구성되지 않고 있다.

Ⅴ. 행정각부

1. 행정각부의 개념과 성격

행정각부는 집행부의 구성단위로서 대통령의 하위에서 대통령이 결정한 정책과 그 밖의 집행부의 권한에 속하는 사항을 집행하는 중앙행정기관을 말한다.

따라서 행정각부는 단순한 보좌기관이 아니라 실질적인 집행을 담당하고 있는 하위 행정관청이며, 집행작용의 각 영역별로 나뉘어서 집행부의 정책을 구체화시키고 실현시키는 역할을 담당한다.

2. 행정각부의 설치 · 조직과 직무범위

행정각부의 설치 · 조직과 직무범위는 법률로 정한다(헌법 제96조). 행정각부의 설치는 집행작용을 어떻게 구분하여 독립된 행정관청들이 담당하도록 할 것인지를 (예컨대 외교부와 통상부를 각기 독립시킬 것인지, 아니면 통합시킬 것인지를) 결정하는 것이며, 행정각부의 조직은 내부조직을 의미하는 것으로 이해될 수 있다.

현재 행정각부의 설치 및 조직에 관한 기본법률은 정부조직법이다. 2022년 5월 10일 정부의 출범에 따라 국회 본회의를 통과한 정부조직법 개정안에 의해 18개의 행정각부가 19개로 확대되었다. 그 결과 2025년 7월 현재 행정각부는 기획재정부, 교육부, 과학기술정보통신부, 외교부, 통일부, 법무부, 국방부, 행정안전부, 국가보훈부, 문화체육관광부, 농림축산식품부, 산업통상자원부, 보건복지부, 환경부, 고용노동부, 여성가족부, 국토교통부, 해양수산부, 중소벤처기업부로 나누어져 있다(정부조직법 제26조 제1항).

또한 행정각부에 장관 1명과 차관 1명을 두되, 장관은 국무위원으로 보하고, 차관은 정무직으로 한다(정부조직법 제26조 제2항 본문).[92]

3. 행정각부의 장

행정각부의 장은 국무위원 중에서 국무총리의 제청으로 대통령이 임명한다(헌법 제94조). 따라서 행정각부의 장은 국무위원의 지위를 가지고 있어야 하므로, 국무회의의 구성원이면서 동시에 특정 행정영역의 장이 되는 것이다.

행정각부의 장은 현실적으로 행정업무와 관련하여 권한과 책임을 가지게 된다. 소속 직원들을 지휘 · 감독할 뿐만 아니라, 소관사무에 대하여 지방행정기관의 장을 지휘 · 감독할 수 있는 권한도 가지고 있다(정부조직법 제26조 제3항).

또한 행정각부의 장은 부령을 발할 수 있으며(헌법 제95조), 소속공무원에 대한 임용제청권(5급 이상의 공무원)과 임용권(6급 이하의 공무원 및 대통령령에 의해 임용권이 위임된 경우)을 갖는다(국가공무원법 제32조 제1항-제3항).

---

92) 다만 기획재정부 · 과학기술정보통신부 · 외교부 · 문화체육관광부 · 산업통상자원부 · 보건복지부 · 국토교통부에는 차관 2명을 둔다(정부조직법 제26조 제2항 단서).

VI. 감 사 원

1. 감사원의 헌법상의 지위

감사원은 국가의 세입 · 세출의 결산, 국가 및 법률이 정한 단체의 회계검사와 행정기관 및 공무원의 직무에 관한 감찰을 하기 위하여 대통령 소속 하에 설치되는 헌법상의 기관이다(헌법 제97조).

감사원의 역할은 회계검사와 직무감찰이 주된 것이니만큼, 감사원이 기능을 올바르게 수행할 수 있기 위해서는 무엇보다 독립성과 중립성이 강조된다. 그렇기 때문에 감사원의 헌법상 지위와 관련해서는 비록 대통령의 소속 하에 있지만, 헌법상의 필수적 기관이며, 독립된 기관이라는 점이 강조된다.

첫째, 감사원은 대통령 소속 하에 있는 기관이다. 감사원은 조직상으로 볼 때 행정부에 속하며, 따라서 대통령의 소속 하에 있는 것이다. 그러나 대통령의 직속 하에 있기 때문에 –비록 대통령의 영향력 행사를 완전히 피하기는 어렵겠지만– 국무총리나 행정각부 장관을 비롯한 다른 집행부 내의 고위공직자들의 영향력으로부터는 어느 정도 벗어날 수 있다.

둘째, 감사원은 헌법이 예정하고 있는 필수적 기관이다. 물론 감사원이 회계검사 및 직무감찰에 관한 권한을 독점하는 것은 아니다. 국회의 국정감사권 및 국정조사권이 유사한 목적을 위해 행사될 수 있으며, 집행부 내의 다른 국가기관들도 내부감찰권을 행사할 수 있다. 하지만 그로 인하여 감사원의 역할이 퇴색되는 것은 아니며, 감사원의 감사기능이 효율성을 확보함으로써 국가작용 전반의 객관성과 공정성의 향상에 기여할 수 있기 때문에 헌법이 감사원을 헌법상의 필수적 기관으로 정하고 있는 것이다.

셋째, 감사원은 외부의 압력을 벗어나 독립적으로 업무를 수행하는 독립기관이다. 감사원법 제2조 제1항에서 "감사원은 대통령에 소속하되 직무에 관하여는 독립의 지위를 가진다"고 규정하고 있으며, 제2조 제2항에서 "감사원 소속 공무원의 임용, 조직 및 예산의 편성에 있어서는 감사원의 독립성이 최대한 존중되어야 한다"고 규정하고 있는 것도 이러한 맥락에서 이해될 수 있다.

그 밖에 감사원의 경우 업무처리의 신속성과 능률성보다는 신중성과 공정성이 더 요구된다는 점을 들면서 합의제기관으로서의 성격을 강조하기도 한다.[93]

2. 감사원의 구성

감사원은 원장을 포함한 5인 이상 11인 이하의 감사위원으로 구성된다(헌법 제98조 제1항). 감사원장은 국회의 동의를 얻어 대통령이 임명하고, 그 임기는 4년으로 하며, 1차에 한하여 중임할 수 있다. 감사위원은 원장의 제청으로 대통령이 임명하고, 그 임기는 4년으로 하며, 1차에 한하여 중임할 수 있다(헌법 제98조 제2항, 제3항).

93) 이에 관하여는 권영성, 헌법학원론, 2010, 1055쪽 참조.

감사원장의 임명에 국회의 동의를 요구하고 있는 것은 대통령의 자의적 인사권 행사를 통제함으로써 감사원이 일정한 정치적 중립성을 확보할 수 있도록 하는데 그 의미가 있다고 할 수 있다. 그리고 감사위원의 임명에 있어서도 감사원장의 제청을 받아서 임명하도록 함으로써 역시 대통령의 자의적 인사권을 통제할 수 있는 최소한의 장치가 마련되고 있는 것이다.

그 밖에 감사원장의 직무대행, 감사위원의 자격 및 신분보장 등에 관하여는 감사원법에서 상세한 내용을 규정하고 있다(감사원법 제4조 제3항, 제7조, 제8조).

3. 감사원의 권한

감사원의 권한은 크게 네 가지로 나누어진다. 결산 및 회계검사와 관련된 권한, 직무감찰권, 감사결과의 처리에 관한 권한, 그리고 감사원규칙제정권이 그것이다.

(1) 결산 및 회계검사에 관한 권한

결산 및 회계검사에 관한 권한으로는 국가의 결산검사권과 회계검사권, 법률이 정한 단체의 회계검사권이 있다. 감사원은 세입·세출의 결산을 매년 검사하여 대통령과 차년도 국회에 그 결과를 보고하여야 한다(헌법 제99조, 감사원법 제21조). 감사원의 회계검사의 대상범위에 관하여는 감사원법 제22조와 제23조가 상세하게 규정하고 있다.

(2) 직무감찰에 관한 권한

직무감찰에 관한 권한은 감사원법 제24조에서 규정하고 있는데, 입법부와 사법부에 소속된 공무원을 제외한 집행부 소속 공무원만을 대상으로 하며, 공무원의 비위에 대한 감찰뿐만 아니라, 행정활동의 적정성에 대한 평가를 의미하는 행정감찰까지 포함한다.[94]

(3) 감사결과의 처리에 관한 권한

감사원은 **감사결과의 처리에 관한 권한**으로서 변상책임의 판정, 징계요구, 시정 등의 요구, 법령·제도·행정의 개선요구 및 이에 관한 권고를 할 수 있으며, 그 밖에 감사원에 대하여 재심의(再審議) 청구가 있을 경우에는 이를 처리한다(감사원법 제31조-제40조).

(4) 감사원규칙제정권

감사원규칙제정권은 감사원의 업무상의 자율성을 확보하기 위하여 인정되는 것으로서, 감사원은 감사에 관한 절차, 감사원의 내부규율과 감사사무처리에 관한 규칙을 제정할 수 있다(감사원법 제52조).

4. 감사원의 발전방향: 국회 소속으로 이관하는 문제에 대하여

2003년 당시에 정치권에서 감사원의 회계검사기능을 국회로 이관하는 문제가 제기된 바 있었고, 이 문제를 둘러싼 논란[95]이 헌법학계에서 상당한 반향을 불러일으킨 바

94) 헌법재판소는 강남구청 등과 감사원 간의 권한쟁의심판에서 감사원이 지방자치단체에 대하여 합법성뿐만 아니라 합목적성에 대해서도 감사한 행위가 법률상 권한 없이 이루어진 것은 아니라고 판시한 바 있다(헌재 2008.5.29. 2005헌라3 결정).

있었다.

회계검사기능의 국회이관이 바람직한 것인지에 대해 당시 헌법학계 내에서 명확한 결론이 내려졌다거나 합의가 도출된 것은 아니었지만, 무엇보다 헌법개정 없이 감사원의 헌법상 기능을 국회로 이관하거나 감사원 자체를 국회 소속으로 이관하는 것이 불가능하다는 논리 때문에 이 문제를 둘러싼 논란은 '찻잔 속의 태풍'으로 끝나고 말았다. 그러나 헌법개정을 전제할 때, 감사원의 국회이관 문제는 매우 중요한 현안의 하나가 될 수 있으며, 이를 둘러싼 논란 또한 적지 않다.

비교법적으로 볼 때, 감사기관을 독립기관으로 구성하거나 국회 소속으로 하는 예가 집행부 소속으로 하는 국가들보다 압도적으로 많은 것은 분명하다. 또한 독립기관형이나 국회소속형 감사기관의 장점들도 많다. 그러나 우리나라의 정치문화와 행정현실을 고려하지 않고 각 제도의 추상적인 장단점을 비교하는 것은 큰 의미가 없다. 오히려 외국의 제도들과 현행 감사원제도의 장단점을 입체적으로 비교하는 가운데 -즉, 추상적인 장단점의 비교가 아니라 현실적인 조건을 고려하여 장점과 단점 중에서 어느 쪽이 더 크게 나타날 것인지를 비교하는 가운데- 감사원의 구조개혁을 시도해야 할 것이다.

제 5 절 선거관리위원회

Ⅰ. 제도적 의의

선거의 관리는 그 성질상 행정업무에 해당된다. 그렇기 때문에 외국의 경우에는 선거관리를 일반 행정기관이 담당하는 것이 일반적이며, 우리나라의 경우에도 제1공화국 당시에는 내무부(현재의 행정안전부)에서 선거관리를 담당하였다.

그러나 1960년 4·19 혁명을 촉발시키는 계기가 되었던 3·15 부정선거의 경험 등에 비추어서 1960년헌법부터는 (부정선거에 대한 반작용으로) 선거관리위원회를 독립된 헌법상의 필수기관으로 구성한 것이다.

따라서 선거관리위원회는 독립된 헌법상의 기관이기는 하지만, 입법부로서의 국회와 집행부로서의 정부, 그리고 사법부로서의 법원과 헌법재판소와 대등한 위치에 있는 국가최고기관이라고 평가하기는 곤란하다. 국회 등의 헌법기관은 각기 입법, 집행, 사

95) 이에 관하여는 강경근, 감사원의 위상과 감사기능에 관한 헌법적 고찰, 헌법학연구 제9권 제2호(2003.8), 177-199쪽; 김동만, "회계검사기능의 국회이관에 관한 논의"에 대한 소고, 중앙행정논집 제17권 제1호(2003.8), 77-94쪽; 김종철, 감사조직의 개편방향 -감사원의 소속과 기능의 재편론을 중심으로-, 공법연구 제31집 제2호(2002.12), 195-223쪽; 주영진, 감사원의 회계검사기능의 국회이관에 관한 소고, 국회보 통권438호(2003.4), 91-97쪽; 함인선, 감사원의 기능 및 위상의 재정립에 관한 검토 - 최근의 「회계검사기능의 국회이관」론과 관련하여, 헌법학연구 제9권 제2호(2003.8), 201-210-9쪽 참조.

법이라는 국가기능을 담당하는 대표적인 국가기관이지만, 선거관리위원회는 기술적인 이유로 제도적 독립을 확보한 것에 지나지 않기 때문이다.

Ⅱ. 선거관리위원회의 헌법상 지위

선거관리위원회는 선거와 국민투표의 공정한 관리 및 정당에 관한 사무를 처리하기 위하여 설치된 헌법상의 독립된 합의제기관이다(헌법 제114조 제1항).

선거관리위원회의 역할은 선거의 공정한 관리를 중심으로 이와 관련된 업무들을 객관적이고 공정하게 처리하는 데 있다. 그렇기 때문에 선거관리위원회의 헌법상 지위와 관련하여서는 중립성과 공정성이 무엇보다 강조된다.[96]

첫째, 선거관리위원회는 독립된 헌법상의 기관이다. 부정선거의 경험에 기초하여 공정한 선거관리를 위하여 만들어진 국가기관이기 때문에, 공정성의 전제로서 국회나 대통령 등 어느 국가기관에도 종속되지 않는 독립성이 가장 중요하게 여겨진 것이다.

둘째, 선거관리위원회는 헌법상의 필수적 기관이다. 따라서 국회가 입법을 통해 선거관리위원회를 폐지하는 것은 가능하지 않으며, 선거관리위원회의 폐지를 위해서는 헌법의 개정이 있어야만 한다.

셋째, 선거관리위원회는 합의제기관이므로 직무에 관한 의결과정에서 위원장과 위원들은 법적으로 동등한 위치에서 토의하고 결정하는 것이 원칙이다.

Ⅲ. 선거관리위원회의 조직과 구성

중앙선거관리위원회는 대통령이 임명하는 3인, 국회에서 선출하는 3인과 대법원장이 지명하는 3인의 위원으로 구성하며, 위원장은 위원 중에서 호선한다(헌법 제114조 제2항).

그러나 대통령이 3인, 국회에서 3인, 대법원장이 3인씩 각기 선출하는 방식은 구성의 객관성과 공정성을 담보하기에는 부적절한 제도이다. 이러한 구성방식은 외견상 입법부와 집행부, 사법부가 적절한 균형을 이루고 있는 것처럼 보이지만, 정당국가의 현실을 고려할 때, 그와 같은 외견상의 황금분할은 허구로 드러나기 때문이다.[97]

중앙선거관리위원회 위원의 임기는 6년이며, 정당에 가입하거나 정치에 관여할 수 없다. 또한 중앙선거관리위원회 위원은 탄핵 또는 금고 이상의 형의 선고에 의하지 아

96) 헌법재판소는 감사원이 독립된 헌법기관인 중앙선거관리위원회에 대해 직무감찰을 할 수 있는지에 대한 권한쟁의심판을 통해 3·15부정선거의 경험을 통해 탄생된 중앙선거관리위원회의 독립성과 중립성이 헌법적으로 보장되어 있으며, 중앙선거관리위원회는 감사원의 직무감찰할 대상에 포함되지 않는다고 판시하였다(**헌재 2025.2.27. 2023헌라5 결정**).

97) 즉, 대통령이 국회의 다수당과 연계될 경우 국회에서 선출하는 3인 중의 2인을 추가하여 5인의 위원에 대한 임명권을 확보할 수 있다. 더구나 대통령이 자신이 임명한 대법원장의 협조를 얻을 경우에는 9인의 위원 중 8인까지도 대통령의 의사에 따라 임명되도록 하는 것이 가능하다.

니하고는 파면되지 아니한다(헌법 제114조 제3항～제5항).

Ⅳ. 선거관리위원회의 권한과 의무

1. 선거와 국민투표의 관리

선거관리위원회의 가장 본질적인 임무는 선거와 국민투표의 관리이다. 즉, 선거관리위원회는 선거 및 국민투표에 있어서 선거운동(또는 국민투표운동) 및 투표와 개표, 당선자의 확정(또는 국민투표 결과의 확인)에 이르는 전체적 과정을 객관적이고 공정하게 관리하여야 할 권한과 책임을 가지고 있는 것이다.

각급 선거관리위원회는 선거인명부의 작성 등 선거사무와 국민투표사무에 관하여 관계 행정기관에 필요한 지시를 할 수 있으며(헌법 제115조 제1항, 선거관리위원회법 제16조 제1항), 선거사무를 위하여 인원·장비의 지원 등이 필요한 경우에 행정기관에 대하여는 지시 또는 협조요구를, 공공단체 및 은행법 제2조의 규정에 의한 은행(개표사무 종사원을 위촉하는 경우에 한한다)에 대하여는 협조요구를 할 수 있다(선거관리위원회법 제16조 제2항).

이러한 지시를 받거나 협조요구를 받은 행정기관·공공단체 등은 우선적으로 이에 응하여야 한다(헌법 제115조 제2항, 선거관리위원회법 제16조 제3항).

2. 정당사무의 관리

선거관리와 직결되어 있으며, 선거관리에 못지않은 정치적 중립성과 공정성이 요구되는 영역이 정당사무의 관리에 관한 사항이라고 할 수 있다. 그렇기 때문에 현행법은 정당사무의 관리에 관한 사항도 선거관리위원회의 권한과 책임에 맡겨 놓고 있는 것이다.

정당법은 정당의 설립과 관련한 사항을 선거관리위원회에서 관리하도록 규정(정당법 제7조, 제11조, 제16조)하고 있을 뿐만 아니라, 선거관리위원회가 정당에 대하여 보고 또는 자료제출 등을 요구(정당법 제36조)할 수 있으며, 정당으로부터 정기보고를 받으며(정당법 제35조), 등록취소 등에 관한 사항을 담당(정당법 제44조～제48조)하는 등 정당사무에 대한 광범위한 권한과 책임을 부여하고 있다.

또한 정치자금법에 따른 정치자금의 배분과 관련하여서도 정치자금의 기탁(정치자금법 제22조), 기탁된 정치자금의 배분(정치자금법 제23조), 정당에 대한 국고보조금의 지급(정치자금법 제25조 제4항, 제27조 제5항) 등을 선거관리위원회에 맡기고 있다.

3. 선거에 관한 계도

선거관리위원회는 소극적인 선거관리에 그치지 않고, 적극적으로 올바른 선거의 시행을 위한 계도활동을 담당한다.

이와 관련하여 선거관리위원회법 제14조는 "각급선거관리위원회는 선거권자의 주권의지의 앙양을 위하여 상시계도를 실시하여야"하며, "선거 또는 국민투표가 있을 때에는 각급선거관리위원회는 그 주관 하에 문서 · 도화 · 시설물 · 신문 · 방송 등의 방법으로 투표방법 · 기권방지 기타 선거 또는 국민투표에 관하여 필요한 계도를 실시하여야 한다"고 규정하고 있다.

4. 규칙제정

중앙선거관리위원회는 법령의 범위 안에서 선거관리 · 국민투표관리 또는 정당사무에 관한 규칙을 제정할 수 있으며, 법률에 저촉되지 아니하는 범위 안에서 내부규율에 관한 규칙을 제정할 수 있다(헌법 제114조 제6항).

선거관리위원회의 규칙제정권은 선거관리위원회의 활동을 효율적으로 전개하기 위한 중요한 조건의 하나이며, 선거관리위원회의 자율성을 확보하기 위한 전제이기도 하다. 그러나 헌법에서 선거관리위원회의 규칙에 대해 「법령」의 범위 안에서 선거관리 · 국민투표관리 또는 정당사무에 관한 규칙을 제정할 수 있다고 규정한 것에는 입법론적 문제가 있다. 현행헌법상 선거관리위원회가 독자적인 헌법상 기관으로 구성되어 있음에도 불구하고 법률이 아니라 명령에까지 구속되도록 한 것은 규범체계상의 문제를 야기할 수 있기 때문이다.

Ⅴ. 선거관리위원회의 활동방향: 선거운동의 보장과 규제의 조화

지난 60여년 간 선거관리위원회는 공정한 선거를 위하여 나름으로 많은 기여를 해왔다. 그러나 최근 민주화의 진전에 따라 관권선거의 문제가 적어지면서 오히려 선거관리위원회는 규제의 강화에 더욱 초점을 맞추는 경향을 보이고 있어서 많은 비판을 받고 있다.

공정한 선거의 관리는 선거운동에 대한 규제의 일방적 강화를 통해 확보되는 것은 아니다. 선거운동의 자유를 최대한 보장하는 가운데 공정한 선거를 해치는 각종 행위(불법선거운동)를 규제함으로써 민주적 선거를 실현시키는 것이 최선의 선거관리인 것이다. 따라서 선거의 공정성 확보를 명분으로 내세우며 선거운동의 자유, 나아가 국민의 일반적인 행동의 자유까지 지나치게 규제하려는 태도는 지양되어야 할 것이다.[98)]

---

98) 예컨대 선거관리위원회는 선거에 인접한 기간 동안 동창회 등의 모임을 금지하려는 시도를 한 바 있다. 이는 선거의 공정성을 확보하기 위한 것이라고는 하지만, 비례성원칙에 도저히 합치되기 어려운 과도한 규제라고 할 수 있을 것이다.

제6절 집행부의 활동에 대한 통제

현대적 권력분립에서 집행부는 주로 통제의 대상으로 등장한다. 그것은 정당국가화 및 행정국가화 현상에 의해 이미 집행부가 비대해진 상황 하에서 집행부에 집중된 권력이 남용되지 않도록 적정하게 통제하는 것이 중요하기 때문이다.[99] 그러므로 집행부의 활동에 대한 다양한 통제를 전체적으로 조망하면서 일목요연하게 정리하는 것도 중요한 의미를 갖는다.

Ⅰ. 국민에 의한 통제

집행부에 대한 통제 가운데서 가장 먼저 생각될 수 있는 것은 국민에 의한 통제이다. 이는 크게 전체로서의 국민이 집행부를 통제하는 것과 개인으로서의 국민이 기본권의 행사를 통해 집행권에 대한 통제적 작용을 하는 것으로 나누어질 수 있다.

전자에 속하는 것으로는 **선거**를 통한 통제, 국민의 **여론**형성을 통한 통제, 그리고 최후의 수단으로 **저항권**의 행사를 통한 통제가 있다. 후자에 속하는 것으로는 **청원권**의 행사를 통한 통제, **손해배상**의 청구를 통한 통제, **행정소송**을 통한 통제 및 **헌법소원**의 제기를 통한 통제가 있다.

Ⅱ. 국회에 의한 통제

국회는 국정통제기관으로서 다양한 대정부통제권을 가지고 집행부에 대한 통제를 가하고 있다.

이는 다시금 각종 동의권, 의결권 및 승인권에 의한 통제, 예산·결산심의권의 활용을 통한 통제, 국회출석요구·질문권 및 국정감사·조사권을 통한 통제, 그리고 해임건의권과 탄핵소추권을 통한 통제 등으로 분류될 수 있다.

Ⅲ. 법원에 의한 통제

법원에 의한 집행부의 통제는 크게 두 가지 유형으로 집약될 수 있다. 하나는 행정소송을 통한 통제이며, 다른 하나는 행정입법에 대한 위헌·위법심사를 통해 통제하는 것이다.

현실적으로 법치주의의 확립에 따라 사법적 권리보장의 의미와 비중이 확대되면서

---

99) 실제로 집행부와 다른 국가기관의 관계도 대부분 집행부에 대한 통제를 중심으로 형성되어 있다. 반면에 대통령의 법률안거부권이나 사면권을 통해 입법부 또는 사법부에 대하여 통제권을 행사하는 것을 제외하면 집행부가 다른 국가기관을 직접적으로 통제하는 경우는 많지 않다.

법원에 의한 사법적 통제의 의미와 비중은 더욱 커지고 있다.

Ⅳ. 헌법재판소에 의한 통제

오늘날 헌법재판소는 법치주의를 강화하며, 정당국가화 및 행정국가화에 의하여 비대해진 집행부의 권력남용을 통제하는 가장 중요한 국가기관으로 점차 자리잡고 있다.

현행법상 헌법재판소는 다양한 헌법소송을 통해 집행부를 통제할 수 있다. 가장 직접적이고 강력한 통제수단의 하나인 탄핵심판권이 헌법재판소에 있으며, 그 밖에 권한쟁의심판, 헌법소원심판 등을 통하여 집행작용을 통제하는 것이 가능하다.

Ⅴ. 집행부 자체에 의한 통제

집행부에 대한 통제 가운데서 가장 쉽게 이용될 수 있지만, 그 실효성은 아직 미약하다고 할 수 있는 것이 집행부 자체 내의 통제수단들이다.

이에 속하는 것으로는 대통령의 권한행사와 관련하여 국무회의의 심의, 국무총리와 관계 국무위원의 부서제도 등이 있으며, 그 밖에 행정심판제도, 상급관청의 지휘·감독, 직업공무원제의 확립, 행정절차의 민주화 등도 집행부의 내부적 통제수단이라고 할 수 있다.

제4장 법　　원

법원은 전통적인 사법기능의 담당자이다. 비록 오늘날에는 법원 이외에도 헌법재판소가 사법기관으로서 광범위하게 활동하고 있지만, 법원에 의한 사법작용의 의미와 비중은 결코 감소되었다고 할 수 없다.

법원이 담당하는 사법기능은 고전적인 권력분립의 체계를 전제한 것이다. 즉, 국회에서 법률을 제정하고, 정부에서 이를 시행할 때, 법원에서는 정부 또는 사인(私人)의 활동이 헌법과 법률에 부합되는지의 여부를 판단하는 역할을 담당하는 것이다. 그런 의미에서 법원의 활동은 전통적인 의미의 합법성 심사라고 할 수 있다.

이런 맥락에서 법원이 담당하는 사법기능은 헌법재판소가 담당하는 사법기능과 구별된다. 법원은 (적어도 대륙법의 판덱텐법학의 체계에서는) 전통적인 사법의 영역에서 엄격한 정치적 중립성을 전제로 법적 문제를 –법관의 자의를 최대한 배제하면서– 법률규정에 따라 해결하려고 노력하는 반면에, 헌법재판소는 법률의 내용적 정당성에 대한 심사를 비롯한 헌법적 쟁송에 대한 합헌성 판단을 임무로 하며, 그 과정에서는 합법성의 심사를 넘어서는 정당성의 판단까지 포함되어 있는 것이다.

법원이 담당하는 사법기능의 특성은 법원의 구성방식 및 활동방식과도 무관하지 않다. 법원과 헌법재판소는 같은 사법기관이기 때문에 공유하는 점이 적지 않은 반면에, 담당하는 역할의 상이함으로 인한 차이점도 적지 않은 것이다.

제1절 권력분립과 사법부로서의 법원

Ⅰ. 기능의 분립과 사법기능, 기관의 분립과 사법부

1. 법치주의적 국가질서와 사법의 의의

법치주의는 헌법 전체를 지배하는 기본원리의 하나이다. 그렇기 때문에 국가조직의 기본구조 또한 법치주의의 영향 하에 있다. 입법, 집행, 사법으로 국가기능을 나누고 국회, 정부, 법원이 이를 각기 담당하도록 하는 권력분립원리도 법치주의에서 파생된 것이라고 할 수 있으며, 개별적인 국가기능이나 국가기관들 모두가 법치의 실현을 지향한다.

그럼에도 불구하고 사법기능은 입법이나 집행에 비하여 법치주의의 실현과 보다 밀접한 관련에 있는 것으로 평가된다. 그것은 입법이 법치주의의 실현 이외에도 국민의 의사를 수렴하는 민주성에 관심을 갖고,[1] 집행은 법치 이외에 집행작용의 능률성 내지 합목적성을 고려하는 반면에,[2] 사법은 법치의 실현에 초점을 맞추고 있기 때문이다.

사법기능은 법적 분쟁을 공정하게 해결함으로써 한편으로는 당사자의 정당한 권리의 보호 내지 정의의 실현을 목표로 하며, 다른 한편으로는 법적 평화의 확보 내지 법질서의 안정성에 기여한다.[3] 따라서 사법의 생명은 공정성이며, 이를 위해서는 사법에 대한 신뢰의 확보가 무엇보다 중요하다. 즉, 사법이 제 기능을 할 수 있기 위해서는 국민이 사법부의 결정을, 나아가 사법부 자체를 신뢰할 수 있어야 하는 것이다. 더욱이 현대의 다원화된 산업사회에서는 생활관계의 복잡화 · 전문화 · 다양화와 더불어 보다 많은 복잡하고 다양한 법적 분쟁들이 나타나고 있다. 이런 상황에서 국민의 권리를 안정적으로 보호하고 국가법질서의 안정성과 통일성을 유지하기 위해서는 –정치적 이해관계 등을 배제하는 법의 객관적이고 중립적인 판단자로서– 사법부의 적정한 활동이 꼭 필요하다. 법원은 이러한 사법기능을 담당하는 국가기관이다.

2. 권력분립의 의의변천과 법원

근대적 권력분립의 체계 하에서 입법기능을 담당하는 의회 및 집행기능을 담당하는 정부와 더불어 법원은 사법기능의 담당자로서 권력분립의 중심기관이었다.

근대적 권력분립은 세력균형의 이론이라고 일컬어진다. 즉 의회는 시민세력을 대변하고 있었고, 정부는 군주세력에 의해 담당되었다. 반면에 법원은 -비록 귀족세력의 이해관계를 대변한다고 말하기 어려운 경우가 많았지만- 대체로 귀족에 의해 담당되었다.

그런 가운데 법원은 법치주의의 발달과 더불어 법의 객관성과 공정성을 담보하는 법의 수호자로서 점차 자리잡게 되었고, 특히 군주의 막강한 권력조차도 법에 구속되어야 한다는 주장이 관철되면서 법원의 위상은 매우 높아지게 되었다.

근대 유럽에서 법원이 군주의 권력을 제한할 수 있을 정도의 힘과 권위를 갖게 된 것은 무엇보다 국민의 법원에 대한 신뢰에 기초한 바가 크다. 법원의 사법적 판단을 신뢰하였던 국민들은 법원이 군주의 자의적 권력행사를 통제하기 바랐던 것이다.

그러나 역설적으로 민주주의가 관철되면서 상황이 달라지게 되었다. 보통선거가 확립되면서 의회의 민주성이 높아졌고, 정부도 이제는 –세습에 의한 군주가 담당하는 것이 아니라– 민주적으로 구성되면서, 오히려 법원만이 민주적 정당성에서 상대적으로 멀어지게 된 것이다.[4]

---

1) 입법작용을 (국민의 일차적 대표자이며, 집단적 대표인) 의회가 담당하도록 하는 것은 바로 이러한 민주성의 요청 때문이라고 할 수 있다.

2) 집행작용뿐만 아니라 모든 국가작용에서 능률성 내지 합목적성이 요청되지만, 기능의 성질상 입법에 의해 설정된 다양한 목표를 달성하는 데 초점을 맞추고 있는 집행작용에서 능률성 및 합목적성의 요청이 더욱 강하게 부각되고 있다.

3) 이에 관하여는 앞의 「제3권 제2부 제4장 제2절 Ⅰ. 3. **사법의 본질로서의 공정성과 그로부터 도출되는 여러 요청들**」 참조.

결과적으로 법원은 현재 가장 비민주적이고 보수적인 국가기관이 되었다. 그것은 근대적 권력분립에서 현대적 권력분립으로 바뀌는 과정에서 의회나 정부가 겪은 것과 같은 커다란 변화를 법원은 겪지 않았다는 것을 의미한다.

법원의 구성이 의회나 정부와는 달리 국민의 선거를 통한 민주적 정당성과 거리를 두게 된 것은 사법기능의 성격과도 무관하지 않다. 한편으로는 사법기능이 요구하는 전문적 지식의 요청 때문에, 다른 한편으로는 사법적 판단의 공정성을 위한 전제로서의 정치적 중립성에 대한 요청 때문에 사법부의 구성은 민주적 정당성과 (상대적으로) 친하지 않은 것이다.

Ⅱ. 사법기능의 담당자로서의 법원

1. 헌법 제101조 제1항에 따른 사법권의 주체로서의 법원

현행헌법 제101조 제1항은 "사법권은 법관으로 구성된 법원에 속한다"고 규정하고 있다. 이 규정은 입법권을 국회에게 부여한 헌법 제40조, 행정권을 정부에게 부여한 헌법 제66조 제4항과 더불어 삼권분립을 선언한 규정으로 일컬어진다.

그러나 이러한 헌법규정들은 고전적인 권력분립에 따른 분류를 그대로 유지한 것이어서 몇 가지 문제를 안고 있다. 헌법 제40조는 이중적 법률개념과 관련한 입법개념의 혼란을 야기하는 측면이 있으며, 헌법 제66조 제4항은 「행정권」이라는 표현을 사용함으로써 행정과 집행의 차이를 반영하지 못하고 있다. 그리고 헌법 제101조 제1항은 헌법재판소를 염두에 두지 않고 만들어진 구 헌법의 조항을 헌법재판소 제도를 도입한 현행헌법에서도 그대로 답습한 것이어서 헌법이론적 문제를 낳고 있는 것이다.

앞서 검토한 바와 같이 헌법재판작용의 성질 또한 사법작용으로 이해되어야 한다면, 헌법재판소도 역시 사법기관으로 인정되어야 할 것이다. 따라서 현행헌법 제101조 제1항은 법원이 사법권의 주체임을 선언한 것으로 해석될 수밖에 없지만, 그 의미는 한정적으로 이해되어야 한다. 즉, 법원은 －법원만이 사법권의 주체라고 할 수는 없으므로－ 사법권의 배타적 주체는 아니며, 헌법재판소도 법원과 함께 사법권의 주체로 인정되어야 하는 것이다.

다만, 법원이 담당하는 사법작용과 헌법재판소가 담당하는 사법작용의 범위는 현행법상 비교적 명확하게 구분되고 있다. 법원은 민사재판과 형사재판, 행정재판 등의 전통적인 사법작용을 담당하며, 헌법재판소는 위헌법률심판, 탄핵심판, 정당해산심판, 권한쟁의심판, 헌법소원심판과 같은 헌법적 분쟁에 대한 심판을 담당하는 것이다.

---

4) 이처럼 권력분립의 의의변천에 따라 특히 입법부와 집행부의 권한범위 및 상호관계는 종래와는 많이 다르게 발전되었다. 반면에 사법의 경우에 있어서는 올바른 사법기능을 위한 대전제, 즉 '사법부의 독립' 때문에 입법, 집행과는 다른 "부동성(不動性)"이 지배하고 있음에 주목할 필요가 있다.

2. 법원에게 맡겨진 사법기능의 범위

현행법상 법원이 담당하고 있는 사법기능의 범위는 크게 세 가지 기준에 의해서 확정된다.

첫째, **헌법이 법원의 판결 또는 결정에 따르도록 규정하고 있는 사항**에 대해서는 법원의 사법작용이 미친다. 예컨대 헌법 제12조 제3항과 제16조에 따른 영장발부권, 제12조 제6항에 따른 구속적부심사권, 제107조 제1항에 따른 위헌법률심판제청권, 제107조 제2항에 따른 명령·규칙의 위헌·위법심사권 등이 이에 해당된다.[5] 반면에 헌법 제64조 제4항의 경우처럼 법원의 사법기능이 미치지 못함을 명시하는 경우도 있다.

둘째, **국가형벌권의 행사**를 위해서는 법원의 판결을 거쳐야 한다. 즉, 형사적인 불법판단은 법원의 본질적인 사법작용의 영역에 속한다. 다만 사형 또는 자유형과는 달리 벌금이나 자격정지 등의 형벌의 경우에는 행정벌과의 구별이 문제되는 경우가 발생된다. 행정관청에 의하여 과태료를 부과하는 경우, 또는 징계위원회 등에 의한 징계처분 등이 내려지는 경우에는 법원의 판결이 요구되지 않지만, 구체적으로 어떤 경우는 형벌로, 어떤 경우는 행정벌로 대응할 것인지에 대해서는 아직도 논란이 계속되고 있다.[6]

셋째, **그 밖의 구체적인 사항에 대해서는 국회가 법률로써 법원의 사법작용이 미치는 범위를 확정**한다. 예컨대 법원조직법, 민사소송법, 형사소송법, 행정소송법, 가사소송법, 증권 관련 집단소송법, 소송촉진 등에 관한 특례법 등에서 법원의 사법작용에 관한 구체적 규정들을 두고 있다.

3. 법원에 의한 법정립작용과 행정작용

법원은 사법기관이므로 법원의 주된 기능은 사법기능이다. 그러나 국회가 입법기능만을 담당하는 것이 아닌 것과 마찬가지로, 법원도 사법기능만을 담당하는 것은 아니다.[7]

오늘날 사법기능 및 사법권, 그리고 이를 담당하는 사법부의 의의와 비중, 권한범위 등은 현대적인 권력분립의 체계 내에서 이해되어야 하기 때문에, 법원의 활동영역 또한 법적 분쟁해결작용, 즉 사법적 판단작용에만 그치는 것은 아니다. 전체적인 국가권력의 유기적인 관련 속에서 —사법부로서 법원의 기본기능은 물론 사법기능이지만— 법원은 사법기능의 능률적인 수행을 위해 필요한 법정립작용과 행정작용도 할 수 있다.

---

5) 영장의 발부 등은 좁은 의미의 사법작용(즉 재판작용)이 아니라고 볼 수 있다. 그러나 헌법이 영장의 발부 등을 법원에서 담당하도록 한 것은 법원이 사법기능의 담당자이기 때문이다. 즉, 영장의 발부 등에 관한 헌법규정은 사법기능의 담당자인 법원에게 사법기능의 수행과 연계하여 담당하여야 할 사항을 규정한 것으로 이해될 수 있을 것이다.

6) 이 문제는 결국 행정벌에 대하여 당사자가 불복할 경우에는 법원에 의한 사법적 쟁송절차를 거칠 수 있도록 함으로써 해결하여야 할 것이다. 이에 관하여는 「제2권 제2부 제18장 제3절 Ⅴ. 2. (5) **통고처분**」 참조.

7) 이른바 형식적 사법개념을 전제하고, 법원에 의해 행사되는 모든 국가작용이 사법작용이라는 입장을 취할 경우에는 물론 결론이 달라질 수 있다.

이러한 맥락에서 현행헌법 제108조는 대법원의 규칙제정권을 인정하고 있다. 사법입법(司法立法)이라고도 일컬어지는 대법원규칙의 제정은 성질상 추상적 법규범의 정립으로서 강학상의 입법개념에 해당된다.[8] 하지만 대법원규칙의 자율적 제정은 법원의 주된 기능인 사법기능을 원활하게 수행하기 위한 보조적 기능으로 이해되어야 한다.

사법기능의 수행과 관련된 기본적 사항들은 역시 법률로 정해야 하겠지만, 법원 내의 각종 업무처리에 관한 기준과 지침 등에 대해서도 모두 국회가 법률로 정하도록 할 경우에는 자칫 사법부에 대한 국회의 영향력이 지나치게 커질 수 있다. 그것은 사법부의 독립을 위태롭게 할 우려가 있을 뿐만 아니라, 사법기능의 원활한 수행에도 상당히 장애가 될 수 있기 때문에 자율적 규칙제정권을 인정하고 있는 것이다.[9]

또한 법원은 일정한 범위에서 사법기능의 수행과 관련되는 행정기능을 자율적으로 수행한다. 즉, 법원 내부의 인사나 예산의 집행, 기타 재판의 진행에 부수하는 각종 행정작용은 집행부가 아닌 법원 자체에서 담당하는 것이 원칙이다. 사법행정작용(司法行政作用)이라고 지칭되는 법원의 행정적 활동 역시 사법입법과 유사하게 한편으로는 사법부의 독립을 위하여, 다른 한편으로는 사법기능의 능률성을 위하여 인정되는 것이다.

Ⅲ. 국가에 의한 재판권의 독점

사법기능을 담당하고, 그에 따라 국가의 권위를 가지고 법적 분쟁에 대한 구속력 있는 판단을 내리는 것은 −헌법재판 등 헌법 스스로가 인정한 예외를 제외하면− 헌법 제101조 제1항에 의해 법원의 전속적 권한이 되었다.

따라서 법원의 관할에 속하는 사항에 대해서는 법원 이외의 다른 공권력주체나 사인에 의한 **사법권의 행사**가 허용될 수 없다. 이는 앞서 설명한 바와 같이 법질서의 안정성과 통일성을 위해 꼭 필요한 것으로 인정되며,[10] 오늘날 자력구제의 금지는 법치주의의 기본적 요청의 하나로 인정되는 것이다.

그러나 이처럼 국가, 즉 법원이 재판권을 독점하는 것이 정당화되기 위해서는 재판의 객관성과 공정성에 대한 국민의 신뢰가 전제되어야 한다. 그렇지 않을 경우에는 법원의 권위가 실추될 뿐만 아니라 국가에 대한 국민의 불만과 불신이 커지고, 이러한 불만과 불신이 누적될 경우에는 국가질서의 근간이 흔들릴 수도 있을 것이다.

---

8) 물론 헌법 제40조의 의미에서의 입법개념에는 해당되지 않는다. 헌법 제40조의 입법개념에 관하여는 앞의 「제3권 제2부 제2장 제2절 **현행헌법 제40조와 법률의 개념**」 참조.

9) 이렇게 볼 때, 이른바 사법입법은 행정입법과 유사한 측면이 있다고 할 수 있다. 하지만 행정입법이 매우 방대한 영역에서 법률을 대체하는 현상까지 보이고 있는 반면에 사법입법이 인정되는 범위는 제한적이라는 점, 그리고 행정입법을 부인할 경우에는 행정의 능률성이 위협받게 되지만, 사법입법을 부정할 경우에는 사법작용의 능률성뿐만 아니라 사법부의 독립까지 위협받을 수 있다는 점에서 차이점을 발견할 수 있다.

10) 이에 관하여는 앞의 「제3권 제2부 제4장 제2절 Ⅲ. **법질서의 통일성과 국가의 사법 독점**」 참조.

제 2 절 사법부조직의 기본원리: 사법부의 독립

【사례: 법관의 연임불허 결정과 관련 조항의 위헌성 여부】

甲은 10년간 판사로 재직한 이후 대법원장에게 연임희망원을 제출하였으나 법관인사위원회는 甲연임적격 여부가 문제되는 판사로서 심의대상에 해당한다고 결정하였고, 甲에게 이를 통지하였다. 甲은 법관인사위원회 회의에 출석하여 의견을 진술하고 소명자료를 제출하였으며, 법관인사위원회는 같은 날 甲을 연임부적격으로 의결하였다.

연임적격 여부에 관하여 대법관회의를 거친 후, 대법원장은 청구인의 10년 동안 근무성적평정 결과와 법관인사위원회의 연임적격에 관한 심의 결과 등을 종합하여 甲이 법원조직법 제45조의2 제3항에 따라 甲을 연임하지 않기로 하는 결정을 하였다. 이에 甲은 소청심사를 청구하였으나 기각되자 서울행정법원에 대법원장의 연임불허 결정의 취소를 구하는 소송을 제기하였고, 서울행정법원에서는 헌법재판소에 위헌법률심판을 제청하였다.

〈헌재 2016.9.29. 2015헌바331 결정 참조〉

법원조직법 제44조의2 (근무성적 등의 평정)

① 대법원장은 판사에 대한 근무성적과 자질을 평정(評定)하기 위하여 공정한 평정기준을 마련하여야 한다.

② 제1항의 평정기준에는 근무성적평정인 경우에는 사건 처리율과 처리기간, 상소율, 파기율 및 파기사유 등이 포함되어야 하고, 자질평정인 경우에는 성실성, 청렴성 및 친절성 등이 포함되어야 한다.

③ 대법원장은 제1항의 평정기준에 따라 판사에 대한 평정을 실시하고 그 결과를 연임, 보직 및 전보 등의 인사관리에 반영한다.

④ 제1항부터 제3항까지에서 규정한 사항 외에 근무성적과 자질의 평정에 필요한 사항은 대법원규칙으로 정한다.

1. 위의 위헌법률심판제청은 적법한가? (20점)
2. 근무평정에 관한 사항을 대법원규칙에 위임하고 있는 법원조직법 조항은 포괄위임금지원칙에 위배되어 위헌인가? (30점)
3. 위의 위헌법률심판제청이 적법할 경우, 대해서 헌법재판소는 어떤 본안판단을 내려야 하는가? (50점)

Ⅰ. 사법부 독립의 연혁과 의의

1. 사법부 독립의 개념

사법부의 독립은 사법기능을 담당하는 사법기관(법원, 헌법재판소)이 다른 국가기관 및 사회적 세력이나 사건의 당사자 등으로부터 독립되어 있어야 한다는 것을 의미한다.

사법부의 독립은 한편으로는 올바른 사법기능의 논리적 전제조건이라는 차원에서 생각할 수 있으며, 다른 한편으로는 법치주의와 권력분립의 발전에 따라 비로소 현실적으로 가능하게 되었다는 측면을 고려하여야 한다. 즉, 헌법상 독립된 기관으로 구성되어 있는 사법부가 사법기능을 담당하였을 때에만 **중립적이고 공정한 재판을 통한 국민의 권리구제와 법치국가성의 확보**를 기대할 수 있기 때문에, 사법부의 독립이 요청되는 것이다.[11)]

오늘날 사법부의 독립은 사법기관의 구성과 활동에 관한 제1원칙으로 인정되고 있다. 사법부의 독립은 단순히 국가기관으로서의 사법부를 권력분립체계상 다른 국가기관의 종속 하에 두지 않는다는 요청에서 그치는 것이 아니라, 법관의 재판이 외부의 영향을 받지 않고 공정하게 내려질 수 있기 위한 조건의 창출에까지 미치는 것이다. 그렇기 때문에 사법부의 독립은 **조직상의 독립(법원의 독립)**뿐만 아니라 **기능상의 독립(법관의 독립)**까지 포함하는 것으로 이해된다.

2. 사법부 독립의 연혁

절대군주제 국가에서는 모든 국가권력이 군주의 수중에 집중되어 있었고, 사법권까지도 국왕의 권한에 속했다. 그 결과 당시의 재판은 -군주 자신에 의한 것이건 아니면 군주의 위임을 받은 신하에 의한 것이건- 판결의 객관성과 공정성을 담보할 수 없었으며, 실제로 자의적 재판에 의한 가혹한 형벌의 예는 수없이 많았다.

절대왕권의 약화를 통해 비로소 사법부의 독립이 확보될 수 있었고, 이는 역사적으로 영국에서 법의 지배사상이 뿌리내리게 된 것과 맥을 같이 한다. 또한 프랑스에서 몽테스큐가 삼권분립론을 주장하는 과정에서 사법권이 입법권, 집행권과 구분되어야 한다는 점을 명시적으로 강조하기도 하였다.

근대 시민혁명의 과정에서 권력분립과 기본권의 보장이 입헌주의의 핵심요소로 강조되면서 사법부의 독립은 근대적 헌법의 핵심요소로 인정되기 시작했으며, 이후 사법부의 독립은 법치주의 및 권력분립의 핵심적 요소로서, 나아가 자유민주적 기본질서의 본질적 징표[12)]의 하나로 널리 인정되고 있다.

---

11) 이런 맥락에서 사법부의 독립은 법원조직의 제1원칙이며, 동시에 헌법재판소 구성의 제1원칙이기도 하다. 그러나 또한 중립적이고 공정한 재판을 통한 국민의 권리구제와 법치국가성의 확보에 기여하지 못하는 경우에는 사법부의 독립이 무의미하다는 것을 의미하기도 한다.

12) 자유민주적 기본질서의 구성요소에 관하여는 「제1권 제2부 제2장 제6절 Ⅰ. 3. **민주주의의 (침해되어**

3. 사법부 독립의 현대적 의의와 구조

사법부의 독립이 근대적 권력분립에서든 현대적 권력분립에서든 똑같이 강조되고 있는 것은, 사법부의 독립이야말로 정상적인 사법기능을 위한 필수적인 전제이기 때문이다. 「어느 누구도 자기 자신에 관한 사건의 재판관이 되어서는 안 된다」는 법언이 시사하는 바와 같이 재판관은 사건에 대하여 일정한 거리를 두고 중립적 위치에서 판단할 수 있어야 한다. 이를 위한 가장 기본적인 조건이 사법부의 독립인 것이다.

그러나 사법부의 독립이 무조건적이고 절대적인 요청으로 이해될 수는 없다. 사법기능도 결국은 국민의 기본권보장과 국가법질서의 안정성이라는 목적에 봉사하는 수단이고, 사법부의 독립은 그러한 사법기능을 위해 인정되는 것이다. 그러므로 사법부의 독립도 고전적인 도식으로만 생각될 것이 아니라 현대의 민주적 법치국가의 현실 속에서 그 실질적 의의와 기능에 비추어 항상 새롭게 검토되어야 할 것이다.

따라서 사법기능은 사법부의 판단에 절대적으로 맡겨야 한다는 식의 주장은 곤란하다. 오히려 사법부의 활동에 대한 간섭을 무조건 배제하기보다는 사법작용의 객관성과 공정성을 위태롭게 하지 않는 범위 내에서 다른 국가기관이 법원의 활동에 영향을 미치는 것도 허용될 수 있으며, 때로는 사법부가 국민의 여론에 따라 개혁을 위해 노력할 필요도 인정되는 것이다.[13)]

사법작용은 오로지 법에 따르기만 하면 된다는 생각은 버려야 한다. 그 법이 어떻게 만들어졌는지, 내용적으로 정당한지도 아울러 고려하는 가운데 비로소 올바른 재판이 가능하며, 이를 위해서는 법의 형식만이 아니라 법의 이념, 법의 지향점까지 함께 생각해야 한다. 결국 법은 인권실현의 도구라는 점이 고려되어야 하며, 이러한 맥락에서 **사법의 민주성**도 중요한 화두로 제시되는 것이다.[14)]

Ⅱ. 조직상의 독립(법원의 독립)

1. 입법부(국회)로부터의 독립

권력분립의 체계상 법원은 국회와 마찬가지로 독립된 헌법기관이다. 국회와 법원은 입법기능과 사법기능을 각기 분담하며, 조직과 구성에 있어서도 분리·독립되어 있다.

국회는 법원의 재판에 관여할 수 없다. 국회가 개별적 사건에 대하여 재판에 갈음하는 법률을 제정함으로써 특정인을 처벌하는 것도 권력분립에 위배되며, 사법부의 독

서는 안 될) 핵심으로서의 자유민주적 기본질서」 참조.

13) 이에 관하여는 신평, 헌법이념을 구현하는 사법개혁, 헌법학연구 제8권 제2호(2002.8), 153-174쪽; 오동석, 사법부독립의 민주주의적 방향, 민주법학 제16호(1996), 273-296쪽 참조.

14) 사법의 민주성 내지 법원의 민주적 정당성을 확보하는 방법과 관련하여 예컨대 독일의 연방헌법재판소 재판관이나 미국의 연방대법원 판사들이 어떻게 임명되고, 또 그럼에도 불구하고 그들의 직무상의 독립이 어떻게 확보되는지에 주목할 필요가 있을 것이다. 이에 관하여는 아래의 「제3권 제3부 제5장 제4절 Ⅰ. 1. **헌법재판의 민주적 정당성과 재판관의 선임**」 참조.

립을 침해하는 것으로 인정된다. 이러한 맥락에서 국회의원의 법관 겸직은 금지된다.[15)]

그러나 법치주의와 권력분립의 기본구조 속에서 입법부와 사법부는 공동의 목적을 위해 협력하는 관계이기도 하다. 국회는 법원조직법 및 각종 소송절차에 관한 법률의 제정 및 개정을 통하여 법원의 조직과 권한 및 소송절차의 진행 등에 관한 중요한 지침을 정하며, 법원은 국회에서 제정한 법률에 따라 재판을 하는 것이다.

그러므로 법원의 국회로부터의 독립은 권력분립의 체계 내에서 나타나는 조직의 독립성과 역할의 분담을 의미하는 것이지, 절대적인 분리 및 상호불간섭의 의미로는 이해될 수 없다.

2. 집행부로부터의 독립

법원의 독립이 가장 문제되는 영역은 집행부와의 관계이다. 법원의 진정한 독립을 위해서는 -과거 군주제 시절의 경우 군주의 영향력으로부터의 독립이 가장 절실했던 것처럼- 집행부로부터의 독립이 가장 중요한 의미를 갖는다.[16)]

정부와 법원은 집행기능과 사법기능의 담당자로서 조직과 구성이 각기 분리·독립되어 있다. 정부의 구성원이 법관을 겸직할 수 없으며,[17)] 정부가 법원의 재판에 간섭하거나 영향력을 행사하는 것도 금지된다. 정부가 법원의 조직과 구성, 권한행사 및 절차 등에 있어서 일체의 간섭을 하지 못하도록 요청받고 있는 것이다.

그러나 현실적으로 이러한 엄격한 독립이 이루어지고 있는지에 대해서는 의문의 여지가 있으며, 특히 대통령이 대법원장 및 대법관에 대한 임명권(헌법 제104조 제1항, 제2항)을 가지고 있음으로 인하여 사법부의 독립이 위협받고 있다는 주장이 적지 않다. 물론 미국 등의 경우에도 의회의 동의를 전제로 국가원수로서의 대통령이 대법원장이나 대법관을 임명하는 예는 드물지 않다. 그러나 그들과는 다른 정치문화, 사법적 전통을 가지고 있는 우리의 경우 대통령의 임명권이 남용될 우려가 더 큰 것도 부정하기 어려운 것이다.[18)]

3. 법원의 자율권

법원의 독립이 실질적으로 뒷받침되기 위해서는 법원의 사법작용이 국회의 입법작용과 정부의 집행작용에 전적으로 의존하지 않고, 일정한 범위의 자율적 입법권과 자율적 행정권이 사법부에 부여될 필요가 있다.

이를 위하여 현행헌법은 제108조에서 대법원규칙제정권을 인정하고 있으며, 법원의 사법행정권도 같은 맥락에서 인정되고 있다.

---

15) 국회법 제29조 제1항 제1호 참조. 법관이 국회의원직을 겸할 수 없다는 점에 있어서도 마찬가지이다. 이에 관하여는 법원조직법 제49조 제1호 참조.

16) 그것은 또한 현재에도 집행부가 법원에 미치는 사실상의 영향력이 그만큼 위협적이라는 것을 의미하기도 한다.

17) 법관이 행정부서의 공무원이 되는 것도 금지된다. 이에 관하여는 법원조직법 제49조 제2호 참조.

18) 이에 관하여는 임지봉, 우리나라 사법권 독립의 문제점에 관한 비교법적 연구, 사법행정 제41권 제2호 (2000.2), 11-22(16 이하)쪽 참조.

Ⅲ. 기능상의 독립(법관의 독립)

사법부의 독립을 확보하는 의미는 재판의 공정성을 확보하는 데 있다. 그러므로 법원의 조직상 독립을 확보하는 것은 재판의 공정성을 확보하기 위한 필요조건일 뿐이고, 충분조건은 결코 아니다. 재판의 공정성을 확보하기 위해서는 실제 재판을 담당하는 법관의 독립이 확보되어야 하는 것이다.

이러한 법관의 독립(=사법부의 기능상의 독립)은 다시금 신분상의 독립과 직무상의 독립(재판상의 독립)으로 나누어진다. **신분상의 독립**을 통해 조직으로서의 법원과 더불어 개인으로서의 법관이 외부의 영향으로부터 보호될 수 있도록 하며, **직무상의 독립**을 통해 법관의 재판이 외부의 영향 없이 헌법과 법률에 따라 공정하게 진행될 수 있도록 담보하는 것이다.

1. 법관의 신분상의 독립

법관이 공정한 재판을 할 수 있기 위해서는 재판의 결과가 법관의 신분에 영향을 미치지 않아야 한다. 자신이 내리는 재판의 결과에 따라 법관에게 불이익한 처우가 가해지거나, 혹은 승진 등에 영향을 미칠 경우에는 재판의 공정성을 담보할 수 없기 때문이다.

현행법상 법관의 신분상 독립을 확보하기 위한 제도로서는 법관의 자격제, 법관인사의 독립, 법관의 임기제 · 연임제 및 정년제, 법관의 정치적 중립성 보장, 법관의 신분보장 등이 있다.

첫째, **법관의 자격제**(헌법 제101조 제3항)는 외부의 영향에 좌우되지 않고 공정한 재판을 담당할 자격이 있는 사람만이 법관이 되도록 함으로써 사법부의 독립 내지 재판의 공정성을 확보하기 위한 가장 기본적인 전제가 된다. 구체적인 법관의 자격은 법원조직법에서 정하고 있다.[19] 그러나 현행법상의 법관자격은 지나치게 전문지식의 평가에 치우치

---

19) 법원조직법 제42조(임용자격)

① 대법원장과 대법관은 20년 이상 다음 각 호의 직(職)에 있던 45세 이상의 사람 중에서 임용한다.
　1. 판사 · 검사 · 변호사
　2. 변호사 자격이 있는 사람으로서 국가기관, 지방자치단체, 「공공기관의 운영에 관한 법률」 제4조에 따른 공공기관, 그 밖의 법인에서 법률에 관한 사무에 종사한 사람
　3. 변호사 자격이 있는 사람으로서 공인된 대학의 법률학 조교수 이상으로 재직한 사람
② 판사는 5년 이상 제1항 각 호의 직에 있던 사람 중에서 임용한다. 이 경우 20년 이상 제1항 각 호의 직에 있던 사람 중에서 특정 재판사무만을 담당하는 판사를 임용할 수 있다.
③ 제1항 각 호에 규정된 둘 이상의 직에 재직한 사람에 대해서는 그 연수를 합산한다.
④ 판사의 임용에는 성별, 연령, 법조경력의 종류 및 기간, 전문분야 등 국민의 다양한 기대와 요청에 부응하기 위한 사항을 적극 반영하여야 한다.
⑤ 법원행정처는 제2항 및 제4항에 따른 판사 임용 과정과 결과 및 임용제도 개선 상황을 매년 국회 소관 상임위원회에 보고하여야 한다.

법원조직법 제43조(결격사유)

① 다음 각 호의 어느 하나에 해당하는 사람은 법관으로 임용할 수 없다.
　1. 다른 법령에 따라 공무원으로 임용하지 못하는 사람
　2. 금고 이상의 형을 선고받은 사람
　3. 탄핵으로 파면된 후 5년이 지나지 아니한 사람
　4. 대통령비서실 소속의 공무원으로서 퇴직 후 3년이 지나지 아니한 사람

고 있으며, 법관으로서의 품성과 소양의 평가가 반영되지 못하고 있다는 비판이 적지 않다.

둘째, **법관인사의 독립**은 법원조직의 독립과도 직결되는 중요한 요소로서 외부의 영향력으로 인하여 법관의 신분이 좌우되는 것을 막는 역할을 한다. 현행법상 대법원장과 대법관을 제외한 법관의 인사는 대법원장 및 대법관회의에 맡겨져 있다.[20] 하지만 법관인사의 객관성과 공정성에 대한 비판은 그 동안 적지 않았으며, 최근 사법개혁논의 가운데서도 개선에 대한 다양한 대안이 제시되고 있다.

셋째, **법관의 임기제·연임제 및 정년제**는 법관으로서의 지위를 확보하는 역할을 한다. 현행헌법 제105조에 따라 대법원장 및 대법관의 임기는 6년이고, 일반법관의 임기는 10년이다. 다만 대법원장을 제외한 대법관과 일반법관은 연임할 수 있지만, 대법원장은 중임할 수 없다.[21] 종신제를 취하고 있는 미국의 경우와는 달리 임기제를 취하고 있는 것은 법관의 보수화를 방지할 수 있다는 장점을 갖지만, 과거 법관의 재임용탈락이 문제되었던 경우처럼 법관의 독립을 위협할 수 있는 우려도 있다.

넷째, **법관의 정치적 중립성**은 법관의 신분상 독립은 물론, 재판의 객관성과 공정성을 담보하기 위해서도 중요한 전제조건이다. 법관의 경우에는 일반공무원과는 다른 엄격한 독립성과 중립성이 요구되기 때문에 –설령 직업공무원제의 적용을 받는 행정공무원들에게 정당가입 및 직무 외의 정치활동이 허용된다 하더라도– 엄격한 정치적 중립성이 요청된다.[22]

다섯째, **법관의 신분보장**은 법관의 신분에 직접 영향을 미치는 불이익한 처분을

---

5. 「정당법」 제22조에 따른 정당의 당원 또는 당원의 신분을 상실한 날부터 3년이 경과되지 아니한 사람
6. 「공직선거법」 제2조에 따른 선거에 후보자(예비후보자를 포함한다)로 등록한 날부터 5년이 경과되지 아니한 사람
7. 「공직선거법」 제2조에 따른 대통령선거에서 후보자의 당선을 위하여 자문이나 고문의 역할을 한 날부터 3년이 경과되지 아니한 사람

② 제1항 제7호에 따른 자문이나 고문의 역할을 한 사람의 구체적인 범위는 대법원규칙으로 정한다.

◎ 헌법재판소는 법원조직법 제43조 제1항 제5호에서 '당원의 신분을 상실한 날부터 3년이 경과되지 아니한 사람'에 관한 부분이 과도하게 공직취임의 기회를 제한한다고 보아 위헌으로 결정하였다(헌재 2024.7.18. 2021헌마460).

20) 헌법 제104조 제3항: 대법원장과 대법관이 아닌 법관은 대법관회의의 동의를 얻어 대법원장이 임명한다.
법원조직법 제44조 (보직):
① 판사의 보직은 대법원장이 행한다.
② 사법연수원장, 고등법원장, 특허법원장, 법원행정처차장, 지방법원장, 가정법원장, 행정법원장, 회생법원장은 15년 이상 제42조 제1항 각호의 직에 있던 사람 중에서 보한다.

21) 법원조직법 제45조에서도 임기 및 연임에 관하여 같은 내용을 규정하면서 정년에 대한 구체적인 기준도 정하고 있다.
법원조직법 제45조 (임기·연임·정년):
① 대법원장의 임기는 6년으로 하며, 중임할 수 없다.
② 대법관의 임기는 6년으로 하며, 연임할 수 있다.
③ 판사의 임기는 10년으로 하며, 연임할 수 있다.
④ 대법원장과 대법관의 정년은 각각 70세, 판사의 정년은 65세로 한다.
⑤ 판사는 그 정년에 이른 날이 2월에서 7월 사이에 있는 경우에는 7월 31일에, 8월에서 다음 해 1월 사이에 있는 경우에는 1월 31일에 각각 당연히 퇴직한다.

22) 법원조직법 제49조 제3호는 법관이 정치운동에 관여하는 것을 금지하고 있다.

제한하는 것이다. 이와 관련하여 현행헌법 제106조 제1항은 "법관은 탄핵 또는 금고 이상의 형의 선고에 의하지 아니하고는 파면되지 아니하며, 징계처분에 의하지 아니하고는 정직 · 감봉 기타 불리한 처분을 받지 아니한다"고 명시하고 있다.[23)]

2. 법관의 직무상의 독립

법원조직의 독립 및 법관신분의 독립은 결국 법관의 재판이 독립적으로 공정하게 이루어지기 위한 기본적 전제조건이다. 따라서 법관의 직무상의 독립(= 재판상의 독립)은 사법부 독립의 핵심이라고 할 수 있다.

그러나 법관이 외부의 영향을 벗어나 독립적으로 재판한다는 것이 법관의 자의에 따른 재판이 되거나, 객관적 기준을 상실한 재판이 되어서 어떤 법관이 재판을 담당하는지에 따라 재판의 결과가 달라지는 것은 곤란할 것이다. 그렇기 때문에 법관의 직무상의 독립은 어디까지나 외부의 부당한 영향력으로부터의 독립을 의미할 뿐이지, 헌법과 법률이라는 객관적 기준에 구속되어야 한다는 점은 달라지지 않는다.[24)]

법관이 **헌법과 법률에 따른 재판**을 하여야 한다(헌법 제103조)는 것은 일차적으로 재판의 공정성과 일관성을 확보하기 위한 것이다. 하지만 법률에 따른 재판의 요청은 권력분립의 틀 안에서 입법과 사법의 역할분담을 전제하는 것이며, 헌법에 따른 재판은 헌법의 우위를 전제하고 있는 것이기도 하다.

법관의 판단기준이 되는 헌법은 성문헌법과 불문헌법을 모두 포함한다. 반면에 법률의 경우에는 죄형법정주의가 적용되는 형사재판에 있어서는 형식적 의미의 법률로 한정되지만, 민사재판이나 행정재판에 있어서는 불문법도 재판의 기준이 될 수 있다. 또한 적용대상인 법률의 합헌성에 대한 의문이 있을 경우에는 헌법재판소에 위헌법률심판을 제청하여야 한다(헌법 제107조 제1항).

현행헌법 제103조는 또한 **양심에 따른 재판**을 요구하고 있다. 그러나 헌법 제103조의 양심은 헌법 제19조의 양심의 자유에서 의미하는 것과는 달리 해석된다. 일반적으로 양심은 "선악(善惡)에 대한 개인의 주관적 판단"으로 이해되지만,[25)] 헌법 제103조의 양심은 법관의 개인적 양심이 아니라 법관으로서의 직업적 양심 내지 법리적 양심으로 이해되는 것이다.[26)]

법관의 재판은 또한 독립적인 것이기 때문에 헌법과 법률 및 법관의 직업적 양심 이외에는 다른 국가기관이나 사회적 세력 또는 소송당사자의 영향을 받지 않고, 재판의 결

23) 법원조직법 제46조도 같은 내용을 규정하고 있다. 그 밖에 법원조직법 제48조는 징계에 관한 규정을 두고 있으며, 이 규정에 기초하여 법관징계법이 제정되었다.

24) 이와 관련하여 헌법재판소는 법관도 기본권의 주체로서 표현의 자유를 보장받아야 하나, **법관의 표현의 자유는 법원과 법관의 사법권 행사의 공정성과 중립성 유지 및 이에 대한 국민의 신뢰를 확보하기 위하여 제한될 수 있고**, 구 법관징계법 제2조 제2호에서 정한 징계사유는 이러한 목적을 달성하기 위하여 법관으로서의 품위를 손상하거나 법원의 위신을 실추시킨 행위만을 제한하는 것으로서 합헌이라고 판시하였다(**헌재 2012.2.23. 2009헌바34 결정**).

25) 이에 관하여는 「제2권 제2부 제5장 제3절 Ⅰ. **양심의 개념**」 참조.

26) 만일 그렇지 않을 경우에는 양심에 따른 재판이 헌법과 법률에 따른 재판과 충돌할 수 있을 것이다.

과에 대해서도 형사상의 책임을 지지 않으며, 징계 등에 의한 불이익을 받지 않는다.[27)]

Ⅳ. 현행헌법상 사법부 독립의 문제점

현대 민주국가의 권력분립체계에 있어서 사법부의 독립은 당연한 전제가 되고 있다. 그러나 현행헌법상의 사법부 독립은 적지 않은 문제를 안고 있다. 이러한 문제들은 세 가지로 나누어질 수 있다.

첫째, 사법부의 구성에 있어서 대통령이 대법원장과 대법관을 임명하도록 하는 것(헌법 제104조 제1항, 제2항)은 사법부의 독립을 약화시킬 우려가 크다. 이 문제를 해결하기 위해서는 대법원장 및 대법관의 임명방식을 실질적으로 개선하여 대통령의 임명권을 배제하거나, 적어도 형식적인 임명권만이 행사되도록 하여야 한다.[28)]

둘째, 사법부의 내부적 인사가 법관의 독립을 침해한다는 주장이 적지 않았다. 비록 형벌이나 징계는 아니라 할지라도 인사상의 불이익이 결과적으로 재판에 영향을 줄 수 있다는 것이다. 법관의 인사제도를 개선함으로써 보직이나 근무지 등을 이용한 인사상의 유·불리한 처분이 최소화되도록 하여야 할 것이다.

셋째, 사법부의 보수성 내지 사법부의 관료화가 사법부 독립의 의미를 왜곡시키는 경우도 있다.[29)] 사법부의 독립성을 보장하는 것은 재판의 중립성과 공정성을 확보하기 위한 것이다. 이를 무시하고 제도상으로 나타나는 형식적 독립에만 치중할 경우에는, 제도의 외형상 독립이 보장된 듯 하더라도 재판의 중립성과 공정성에 대한 신뢰를 받지 못할 수 있으며, 이는 결국 사법부의 독립이 제 기능을 하지 못하는 것으로 평가될 수 밖에 없다.

사례 풀이:

1. 위의 위헌법률심판제청은 적법한가? (20점)

Ⅰ. 위헌법률심판의 성격과 적법요건의 의미 [2점]

Ⅱ. 구체적 규범통제와 재판의 전제성 [5점]

1. 구체적 규범통제의 개념과 특성
2. 재판의 전제성의 의미
3. 재판의 전제성의 구성요소

Ⅲ. 사안의 재판의 전제성 구비 여부에 대한 판단 [6점]

1. 법원에의 소송의 계속

27) 또한 법관의 재판에 대해서 외부적 강제가 없기 때문에 이를 책임질 수 있는 사람이 법관이 되도록 하는 것이 더욱 중요한 것이다.

28) 한 걸음 더 나아가 대법원장이 대법관을 임명제청하는 것(헌법 제104조 제2항)에 대해서도 비판이 있다. 대법원장과 대법관의 위계형성을 통해 독립성을 침해한다는 것이다. 이에 관하여는 송기춘, 대법원장의 대법관 임명제청권에 관한 헌법학적 논의, 민주법학 제23호(2003), 263-283쪽 참조.

29) 이에 관하여는 또한 신평, 한국헌법상 법관의 직무상 독립에 관하여, 세계헌법연구 제7호(2002), 309-325(322 이하)쪽 참조.

2. 해당 법률(조항)의 당해 사건에의 적용
3. 해당 법률(조항)의 위헌성 여부에 따른 판결 결과의 차이

Ⅳ. 소의 이익 및 기타 요건 [6점]
1. 소의 이익
2. 헌법적 해명의 중요성과 소의 이익에 대한 예외 인정
3. 위헌 여부에 대한 합리적 의심

Ⅴ. 결론 [1점]

2. 근무평정에 관한 사항을 대법원규칙에 위임하고 있는 법원조직법 조항은 포괄위임금지원칙에 위배되어 위헌인가? (30점)

Ⅰ. 서: 대법원규칙과 포괄위임금지원칙의 적용 [3점]

Ⅱ. 법치주의와 포괄위임금지원칙 [7점]
1. 법치주의와 법률적 근거의 필요성
2. 법률유보원칙과 법률이 필요한 사안의 범위
3. 포괄위임금지원칙과 규율의 밀도

Ⅲ. 포괄위임금지원칙의 판단기준 [9점]
1. 법률로 정해야 할 사안인가?
2. 법률(조항)의 전체적 취지의 이해
3. 탄력적 규율의 필요성의 정도

Ⅳ. 법원조직법 제44조의2 제4항의 합헌성 여부의 판단 [9점]
1. 사법부의 독립과의 관련성 - 법률로 정해야 할 중요성
2. 법원조직법 제44조의2 제2항과의 관계 속에서의 해석 - 예측가능성 확보
3. 사법부의 자율적 인사권과 관련한 탄력적 규율의 필요성

Ⅴ. 결론 [2점]

3. 위의 위헌법률심판제청이 적법할 경우, 대해서 헌법재판소는 어떤 본안판단을 내려야 하는가? (50점)

Ⅰ. 사안의 분석과 쟁점의 정리 [5점]

Ⅱ. 사법부 독립과 법관의 독립 [8점]
1. 사법부 독립의 의미와 성격
2. 법원의 독립과 법관의 독립
3. 법관의 독립과 신분보장, 정년제, 연임제

Ⅲ. 헌법 제105조 제3항과 연임제의 의미 [10점]
1. 헌법 제105조 제3항의 해석: 연임제 자체가 위헌은 아니다.
2. 연임에 대한 입법위임의 의미와 한계
3. 헌법 제105조 제3항의 구체화로서의 법원조직법 제44조의2

Ⅳ. 법원조직법 제44조의2의 합헌성 여부의 판단 [12점]
1. 근무성적평정에 따른 연임 등 판단의 필요성
2. 판사의 신분보장과의 관계
3. 근무성적평정 방식의 절차적 정당성 여부

Ⅴ. 헌법재판소의 본안판단 [12점]
1. 헌법재판소의 결정 유형과 주문
2. 사안에 대한 판단

3. 헌법재판소 결정의 효력
VI. 결론 [3점]

제3절 법원의 조직

Ⅰ. 법치주의원리와 법원조직의 기본방향

법치주의의 목표는 법의 객관성과 공정성을 확보하고, 그럼으로써 한편으로는 법을 통해 국민의 자유와 권리를 법적으로 보장하고, 다른 한편으로는 법적 분쟁을 국가가 나서서 해결함으로써 법적 평화를 유지하는 것이다. 하지만 법치주의의 보다 궁극적인 목표는 국가권력의 구성과 행사가 법에 따라 객관성과 공정성을 확보하도록 함으로써 모든 국민의 기본권을 최대한 보장하고 실현시키는 것이라고 할 수 있다.

권력분립의 현대적 체계 내에서 법치주의의 실현은 국민의 대표기관인 의회가 제정한 법률에 의해 일차적으로 구체적 형태를 갖추게 된다. 그러나 이를 통한 **기본권보장의 최후의 보루** 내지 최종적 담보는 재판을 통한 사법적 보장이다. 법원은 헌법과 법률에 따라 양심에 기초하여 공정하게 재판하여야 하며, 모든 소송당사자를 불편부당하게 대우함으로써 기본권의 보장과 실현에 결정적인 기여를 하는 것이다.

더욱이 법치국가에 있어서 개인의 자유와 권리가 허용되는 범위는 최종적으로 법원의 판결에 의해 구체화되는 만큼, 신속하고 공정한 판결이 가능하도록 법원의 조직이 이루어져야 한다. 법원의 조직에 있어서 한편으로는 사법의 기본적 요청인 공정성, 중립성, 독립성이 우선적으로 고려되어야 하며, 다른 한편으로는 사법작용의 신속성과 경제성도 최대한 확보할 수 있도록 배려되어야 할 것이다.

Ⅱ. 재판의 심급제와 법원조직의 기본구조

1. 사법의 기본적 요청과 심급제도

오늘날 사법절차의 보장은 가장 중요한 기본권보장수단의 하나로 인정되고 있으며, 국민의 사법절차 이용을 위하여 법원은 전국적인 조직을 갖추어서 손쉽게 재판제도를 이용할 수 있도록 하여야 한다.

이처럼 다수의 법원을 구성하여 국민의 재판을 담당하도록 할 경우에는 다수의 법원에서 내려지는 판결 사이에 불일치가 나타날 가능성이 적지 않다.[30] 판결의 불일치 내지 그 결과로 나타나는 법적용의 불일치는 법질서의 통일성을 심각하게 위협할 뿐만

30) 비록 헌법 제103조에 따라 법원의 판결에서는 헌법과 법률이라는 동일한 기준이 적용되지만, 그 해석의 차이로 인하여 판결의 불일치가 발생될 가능성은 결코 적지 않다.

아니라 법원의 판결에 대한 신뢰도 매우 약화시킬 수 있다.

그렇기 때문에 다수 법원의 판결을 통일적으로 조정할 수 있는 제도적 장치가 필요하다. 그리고 가장 확실한 조정장치는 상급법원의 통제를 통한 사법적 통일성의 확보라고 할 수 있을 것이다. 즉, 하급심에서 나타나는 판결의 불일치를 상급법원의 판결을 통해 조정할 수 있도록 하는 것이다.

그러므로 재판을 여러 심급으로 나누어 놓음으로써 하급심의 판결을 상급심에서 재검토하도록 하는 심급제는 재판의 통일성 확보를 위한 가장 중요한 제도적 장치이다. 또한 법원의 판결에서도 오류가 발생될 가능성은 존재하기 때문에 이를 시정할 수 있는 기회를 보장하기 위해서 상소제도를 두고 있으며, 이러한 제도 역시 심급제를 통해서만 가능한 것이다.

2. 법원조직의 기본구조

현행법상 법원조직의 기본구조는 심급제를 전제로 하여 대법원과 하급법원으로 나누어진다.[31] 하급법원들의 판결을 최종심이며 최고법원인 대법원을 통해 조정함으로써 통일성을 확보할 수 있도록 한 것이다.

현행법상 최고법원인 대법원을 제외한 하급법원은 고등법원, 특허법원, 지방법원, 가정법원, 행정법원, 회생법원의 6종류로 나누어진다. 그러나 법원조직의 기본구조는 대법원, 고등법원, 지방법원의 단계구조를 가지고 있으며, 특허법원은 특허사건을 전담하는 고등법원급의 법원이고, 가정법원과 행정법원, 회생법원은 각기 가사사건과 행정사건, 채무자 회생 및 파산사건을 전담하는 지방법원급의 법원이다.

그러나 특허법원과 가정법원, 행정법원, 회생법원을 제외한 전문법원이 다양하게 설치되어 있지 않을 뿐만 아니라, 제1심에서 가정법원이나 행정법원, 회생법원이 갖는 전문성이 제2심으로 연결되지 않으며, 특허법원의 전문성 또한 대법원으로 연결되기 어렵기 때문에 재판의 전문성을 일관되게 확보하기 어려운 것이 현재의 상황이다.

---

31) 헌법 제101조 제2항: 법원은 최고법원인 대법원과 각급법원으로 조직된다.
법원조직법 제3조 (법원의 종류):
① 법원은 다음의 6종류로 한다.
1. 대법원
2. 고등법원
3. 특허법원
4. 지방법원
5. 가정법원
6. 행정법원
7. 회생법원
② 지방법원 및 가정법원의 사무의 일부를 처리하게 하기 위하여 그 관할구역에 지원(支院)과 가정지원, 시법원 또는 군법원(이하 "시 · 군법원"이라 한다) 및 등기소를 둘 수 있다. 다만, 지방법원 및 가정법원의 지원은 2개를 합하여 1개의 지원으로 할 수 있다.
③ 고등법원 · 특허법원 · 지방법원 · 가정법원 · 행정법원 · 회생법원과 지방법원 및 가정법원의 지원, 가정지원, 시 · 군법원의 설치 · 폐지 및 관할구역은 따로 법률로 정하고, 등기소의 설치 · 폐지 및 관할구역은 대법원규칙으로 정한다.

독일 등 외국의 예와 비교할 때 -법원의 전문성과 관련하여- 적극적인 전문법원의 설치와 운용은 매우 시급한 실정이다. 법치국가에 있어서의 사법의 분쟁해결기능은 단순히 공정한 재판의 확보만을 요구하는 것이 아니라 신속하고 능률적인 재판까지를 요구하며, 이를 위해서는 법원의 전문성 확보가 필수적인 전제이기 때문이다.

현대 사회의 복잡화 · 전문화 및 이로 인한 법적 분쟁의 전문화 · 복잡화를 고려할 때, 법원의 전문성은 더욱 강조될 수밖에 없다. 실제의 생활관계에 대한 정확하고 전문적인 이해에 기초하여 법적 분쟁을 해결하기 위해서는 사법의 전문화가 무엇보다 중요한 의미를 가지고 있는 것이다.[32)]

Ⅲ. 대법원의 구성과 관할

1. 대법원의 헌법상 지위

대법원은 국회, 대통령, 헌법재판소와 더불어 국가최고기관의 하나로 꼽히고 있다. 그에 따라 대법원의 헌법상 지위를 어떻게 이해할 것인가에 대한 관심도 크며, 헌법학자들이 이를 보는 시각도 역시 다양하다.[33)]

하지만 대법원의 경우에도 -다른 국가기관들의 헌법상 지위를 논할 경우와 마찬가지로- 권력분립체계 내에서 어떤 위치에 있으며, 어떤 기능을 담당하고 있는지, 또 그와 관련하여 어떤 권한을 갖게 되는지를 일목요연하게 밝히는 데 그 헌법상 지위를 논하는 의미가 있다. 이렇게 볼 때, 대법원의 헌법상 지위는 사법기관으로서의 지위, 최고법원으로서의 지위, 국가최고기관(또는 독립된 헌법기관)으로서의 지위로 나누어 살펴볼 수 있을 것이다.

첫째, 대법원은 **사법기관으로서의 지위**를 갖는다. 대법원의 사법기관성을 인정하는 것은 대법원의 성격과 기능, 구성 및 활동의 방식을 이해하는 데 중요한 의미를 갖는다. 대법원은 사법기능을 담당하며, 사법부의 독립을 주장할 수 있다. 또한 대법원의 조직과 구성에 있어서도 법관의 자격이 요구되며, 대법원의 재판작용은 사법절차에 요구되는 여러 원칙과 기준에 부합되어야 한다.

둘째, 대법원은 사법기관 중에서도 **최고법원**이다. 즉, 법원의 조직체계 내에서 최상위에 있는 법원인 것이다. 따라서 법원의 권한에 속하는 재판작용은 대법원을 최종심으로 하며, 대법원은 하급심의 판결에 대하여 그 법리적 타당성을 검토하여 파기 · 환송

32) 특히 오늘날의 행정국가화 경향 등에 효율적으로 대응하기 위해서도 이에 상응하는 법원의 전문화는 매우 시급하다.

33) 권영성, 헌법학원론, 2010, 1080쪽 이하에서는 대법원의 헌법상 지위를 최고법원으로서의 지위, 국민의 기본권보장기관으로서의 지위, 헌법수호기관으로서의 지위, 최고사법행정기관으로서의 지위로 나누어서 고찰하고 있다. 반면에 김철수, 헌법학개론, 2007, 1558쪽 이하에서는 대법원의 헌법상 지위를 주권행사기관의 하나로서의 지위, 최고기관의 하나로서의 지위, 국민의 기본권보장기관으로서의 지위, 최고최종심법원으로서의 지위, 위헌법률심판제청기관으로서의 지위, 최고사법행정기관으로서의 지위의 여섯 가지로 나누고 있다. 그리고 허영, 한국헌법론, 2025, 1151쪽 이하에서는 최고법원으로서의 지위, 기본권보호기관으로서의 지위, 법적 평화보장기관으로서의 지위를 인정하고 있다.

할 수 있는 권한을 가진다. 다만 법원의 관할에 속하는 법적 분쟁이라 하더라도 상고의 제한에 의하여 대법원의 심판이 배제되는 것도 가능하다.[34)]

셋째, 대법원은 국회, 대통령, 헌법재판소와 함께 헌법상 부여된 기능을 독립적으로 수행하는 헌법기관 내지 **국가최고기관**이다. 비록 법원과 헌법재판소가 사법기능을 나누어서 담당하고 있지만, 최고법원인 대법원과 헌법재판소는 각기 다른 어떤 국가기관에도 종속되지 않는 국가최고기관인 것이다.

2. 대법원의 구성

(1) 대법원장 및 대법관의 선임

대법원장은 국회의 동의를 얻어 대통령이 임명한다(헌법 제104조 제1항). 대법관은 대법원장의 제청으로 국회의 동의를 얻어 대통령이 임명하며(헌법 제104조 제2항),[35)] 대법관의 수는 대법원장을 포함하여 14인으로 한다. 그 밖에 대법원 내에 대법관이 아닌 판사로 재판연구관을 둔다.[36)]

(2) 대법원의 내부조직

대법원의 내부조직으로는 대법원장, 대법관, 대법관회의, 대법원전원합의체, 부 등이 있다.

대법원장은 최고법원인 대법원의 장으로서 대외적으로 법원을 대표하고, 대법관회의의 의장이 되며(법원조직법 제16조 제1항), 대법원전원합의체의 재판장으로서의 지위를 갖는다(법원조직법 제7조 제1항). 대법원장은 대법원을 비롯한 모든 법원을 대표하지만, 대법원장이 행한 처분에 대한 행정소송의 피고는 법원행정처장으로 한다(법원조직법 제70조). 대법원장은 대법관의 임명제청권을 비롯하여 법원의 인사에 폭넓게 관여

---

34) 상고의 제한에 관하여는 「제2권 제2부 제18장 제3절 Ⅴ. 5. (2) **재판의 관할 및 대법원의 재판**」 참조.

35) 대법관 임명방식을 둘러싼 논란에 관하여는 장영수, 대법관 선임방식의 헌법적 의미와 개선방향, 고대법대 100년의 학문적 성과와 미래(고려대학교 법학과 100주년 기념논문집 제1권), 2005, 21-39쪽.

36) 헌법 제102조:
① 대법원에 부를 둘 수 있다.
② 대법원에 대법관을 둔다. 다만, 법률이 정하는 바에 의하여 대법관이 아닌 법관을 둘 수 있다.
③ 대법원과 각급법원의 조직은 법률로 정한다.
법원조직법 제4조 (대법관):
① 대법원에 대법관을 둔다.
② 대법관의 수는 대법원장을 포함하여 14명으로 한다.
법원조직법 제24조 (재판연구관):
① 대법원에 재판연구관을 둔다.
② 재판연구관은 대법원장의 명을 받아 대법원에서 사건의 심리 및 재판에 관한 조사·연구업무를 담당한다.
③ 재판연구관은 판사로 보하거나 3년 이내의 기간을 정하여 판사가 아닌 사람 중에서 임명할 수 있다.
④ 판사가 아닌 재판연구관은 2급 또는 3급 상당의 별정직공무원이나 「국가공무원법」 제26조의5에 따른 임기제공무원으로 하고, 그 직제(職制) 및 자격 등에 관하여는 대법원규칙으로 정한다.
⑤ 대법원장은 다른 국가기관, 공공단체, 교육기관, 연구기관 그 밖에 필요한 기관에 대하여 소속 공무원 및 직원을 재판연구관으로 근무하게 하기 위하여 파견근무를 요청할 수 있다.
⑥ 제5항에 따라 파견된 재판연구관에게는 대법원규칙으로 정하는 수당을 지급할 수 있다.

할 수 있는 권한을 가지며, 법원의 조직, 인사, 운영, 재판절차, 등기, 가족관계등록 그 밖의 법원업무에 관련된 법률의 제정 또는 개정이 필요하다고 인정하는 경우에는 국회에 서면으로 그 의견을 제출할 수 있다(법원조직법 제9조 제3항).

대법관은 대법원의 구성원으로서 대법원의 판결에 참여하며, 대법관회의의 구성원으로서 대법관회의의 소관사항에 대한 의결권을 갖는다.

대법관회의는 대법관 전원으로 구성되며, 대법원장이 그 의장이 된다. 대법관회의는 대법관 전원의 3분의 2 이상의 출석과 출석인원 과반수의 찬성으로 의결하며, 의장은 의결에 있어서 표결권을 가지고 가부동수인 경우에는 결정권을 갖는다(법원조직법 제16조). 대법관회의의 의결을 거쳐야 할 사항으로는 1. 판사의 임명 및 연임에 대한 동의, 2. 대법원규칙의 제정과 개정 등에 관한 사항, 3. 판례의 수집 · 간행에 관한 사항, 4. 예산요구, 예비금지출과 결산에 관한 사항, 5. 다른 법령에 의하여 대법관회의의 권한에 속하는 사항, 6. 특히 중요하다고 인정되는 사항으로서 대법원장이 회의에 부친 사항이 있다(법원조직법 제17조).

대법원전원합의체는 대법관 전원의 3분의 2 이상의 합의체이며 대법원장이 그 재판장이 된다. 대법원의 심판권은 원칙적으로 대법원전원합의체에 속한다. 다만 대법관 3인 이상으로 구성된 부에서 먼저 사건을 심리하여 의견이 일치한 때에는 그 부에서 재판할 수 있다. 하지만 1. 명령 또는 규칙이 헌법에 위반된다고 인정하는 경우, 2. 명령 또는 규칙이 법률에 위반된다고 인정하는 경우, 3. 종전에 대법원에서 판시한 헌법 · 법률 · 명령 또는 규칙의 해석적용에 관한 의견을 변경할 필요가 있다고 인정하는 경우, 4. 부에서 재판함이 적당하지 아니하다고 인정하는 경우에는 대법원전원합의체에서 심판한다(법원조직법 제7조 제1항).

부(部)는 대법관 3인 이상으로 구성되며(법원조직법 제7조 제1항), 대법원장은 필요하다고 인정하는 경우에 특정한 부로 하여금 행정 · 조세 · 노동 · 군사 · 특허 등 사건을 전담하여 심판하게 할 수 있다(법원조직법 제7조 제2항).[37]

(3) 대법원의 부속기관

대법원의 부속기관으로는 법원행정처, 사법연수원, 사법정책연구원, 법원공무원교육원, 법원도서관, 대법원장비서실, 사법정책자문위원회, 법관인사위원회 등이 있다.

법원행정처는 사법행정사무를 관장하기 위해 설치된 기관이며, 법원의 인사 · 예산 · 회계 · 시설 · 통계 · 송무 · 등기 · 가족관계등록 · 공탁 · 집행관 · 법무사 · 법령조사 및 사법제도연구에 관한 사무를 관장한다(법원조직법 제19조).

사법연수원은 판사의 연수와 사법연수생의 수습에 관한 사무를 관장하기 위하여 설치되며(법원조직법 제20조), **사법정책연구원**은 사법제도 및 재판제도의 개선에 관한 연구를 위하여(법원조직법 제20조의2), **법원공무원교육원**은 법원직원 · 집행관 등의 연

37) 대법원의 부는 대법원전원합의체에 의한 재판이 신속성과 효율성을 떨어뜨린다는 점을 보완하고 재판업무의 효율성과 전문성을 제고하기 위하여 활용되는 것이라는 점에서 마치 국회에서 본회의 대신에 위원회를 활용하는 것과 유사한 측면이 있다.

수 및 양성에 관한 사무를 관장하기 위하여 설치된다(법원조직법 제21조).

법원도서관은 재판사무의 지원 및 법률문화의 창달을 위한 판례 · 법령 · 문헌 · 사료 등 정보를 조사 · 수집 · 편찬하고 이를 관리 · 제공하는 역할을 하며(법원조직법 제22조), **대법원장비서실**은 대법원장의 업무를 보조하는 역할을 한다(법원조직법 제23조).

사법정책자문위원회는 대법원장이 필요하다고 인정할 경우에 사법정책에 관하여 자문을 받기 위해 구성되는 임의적 자문기관이며(법원조직법 제25조), **법관인사위원회**는 법관의 인사에 관한 중요사항을 심의하기 위하여 설치되는 기관이다(법원조직법 제25조의2).

3. 대법원의 관할

대법원의 관할에 속하는 심판사항이 무엇인지에 대해서는 헌법과 법원조직법 및 공직선거법 등이 규정하고 있다.

헌법은 제107조 제2항에서 **명령 · 규칙의 위헌 · 위법심사**를 대법원의 관할로 인정하고 있으며, 제110조 제2항에서 **군사법원의 상고심**이 대법원의 관할이라는 점을 명시하고 있다.

법원조직법은 제14조에서 1. 고등법원 또는 항소법원 · 특허법원의 판결에 대한 **상고사건**, 2. 항고법원 · 고등법원 또는 항소법원 · 특허법원의 결정 · 명령에 대한 **재항고사건**, 3. 다른 법률에 의하여 대법원의 권한에 속하는 사건을 대법원의 관할로 정하고 있다.

그리고 법원조직법 제14조 제3호와 관련하여 공직선거법에 따른 **선거소송**[38]과 지방자치법에 의한 **기관소송**[39]이 대법원의 관할로 인정되고 있다.

Ⅳ. 하급법원의 조직과 관할

1. 고등법원

고등법원은 대법원의 하급법원이며, 지방법원의 상급법원이다. 서울, 부산, 대구, 광주, 대전, 수원의 6곳에 설치되어 있으며, 1. 지방법원 합의부 · 가정법원 합의부, 회생법원 합의부 또는 행정법원의 제1심 판결 · 심판 · 결정 · 명령에 대한 항소 또는 항고사건, 2. 지방법원단독판사 · 가정법원단독판사의 제1심 판결 · 심판 · 결정 · 명령에 대한 항소 또는 항고사건으로서 형사사건을 제외한 사건 중 대법원규칙으로 정하는 사건, 3. 다른 법률에 의하여 고등법원의 권한에 속하는 사건을 관할한다(법원조직법 제28조).

고등법원의 심판은 판사 3인으로 구성된 합의부에서 행하며(법원조직법 제7조 제3항), 고등법원의 판결에 불복할 경우에는 일정한 기간 내에 법률이 정하는 바에 따라

---

38) 선거소송에 관하여는 「제1권 제3부 제2장 제7절 Ⅲ. 선거소송」 참조.

39) 기관소송에 관하여는 김남진 · 김연태, 행정법Ⅰ, 2022, 1018쪽 이하; 류지태 · 박종수, 행정법신론, 2021, 685쪽 이하 참조.

대법원에 상고할 수 있다(법원조직법 제14조 제1호).

2. 특허법원

특허법원은 고등법원급으로 구성되며, 1. 특허법 제186조 제1항, 실용신안법 제33조, 디자인보호법 제166조 제1항 및 상표법 제162조에서 정하는 제1심사건, 2. 민사소송법 제24조 제2항 및 제3항에 따른 사건의 항소사건, 3. 다른 법률에 의하여 특허법원의 권한에 속하는 사건을 관할한다(법원조직법 제28조의4).

특허법원의 심판은 고등법원과 마찬가지로 판사 3인으로 구성된 합의부에서 행하며(법원조직법 제7조 제3항), 특허법원의 판결에 불복할 경우에는 일정한 기간 내에 법률이 정하는 바에 따라 대법원에 상고할 수 있다(법원조직법 제14조 제1호).

3. 지방법원

지방법원은 제1심 법원으로서 고등법원의 하급법원이다. 관할구역 안에 지원, 시·군법원, 등기소를 두며, 원칙적으로 단독판사가 심판을 담당하지만, 중요한 사건에 대해서는 지방법원의 합의부가 심판을 담당한다(법원조직법 제32조 제1항). 또한 단독판사의 심판에 대한 항소심을 지방법원의 본원 또는 지원의 합의부에서 담당하기도 한다(법원조직법 제32조 제2항).

시·군법원은 지방법원의 산하 조직으로서 시·군법원의 판사는 소속 지방법원장 또는 지원장의 지휘를 받아 시·군법원의 사법행정사무를 관장하며, 그 소속직원을 지휘·감독한다. 다만, 가사사건에 관하여는 그 지역을 관할하는 가정법원장 또는 그 지원장의 지휘를 받는다(법원조직법 제33조 제2항).

또한 시·군법원은 1. 「소액사건심판법」의 적용을 받는 민사사건, 2. 화해·독촉 및 조정에 관한 사건, 3. 20만 원 이하의 벌금 또는 구류나 과료에 처할 범죄사건, 4. 「가족관계의 등록 등에 관한 법률」 제75조에 의한 협의상 이혼의 확인을 관할한다. 다만 제2호 및 제3호의 사건이 불복신청으로 제1심법원에 계속하게 된 경우에는 그 지역을 관할하는 지방법원 또는 그 지원이 관할한다. 다만, 「소액사건심판법」의 적용을 받는 사건은 그 시·군법원에서 관할한다(법원조직법 제34조 제1항, 제2항).

4. 가정법원

가정법원은 가정이나 소년에 관한 사건을 다루는 지방법원급의 법원이다. 가정법원에는 지원을 둘 수 있으며(법원조직법 제39조), 가정법원 및 가정법원지원의 합의부는 1. 가사소송법에서 정한 가사소송과 마류 가사비송사건 중 대법원규칙으로 정하는 사건, 2. 가정법원판사에 대한 제척·기피사건, 3. 다른 법률에 의하여 가정법원합의부의 권한에 속하는 사건에 대한 관할권을 갖는다(법원조직법 제40조 제1항).

5. 행정법원

행정법원은 행정소송사건을 전문적으로 심판하는 지방법원급의 법원이다. 행정법원의 심판은 판사 3인으로 구성된 합의부에서 행하며(법원조직법 제7조 제3항), 행정소송법에서 정한 행정사건과 다른 법률에 의하여 행정법원의 권한에 속하는 사건에 관하여 제1심으로서 관할권을 갖는다(법원조직법 제40조의4).

종래와는 달리 행정심판을 거치지 않고 바로 행정법원에 제소하는 것이 가능하며(행정소송법 제18조), 행정법원의 결정에 불복할 경우에는 고등법원에 항소할 수 있다(법원조직법 제28조 제1호).

V. 특별법원

1. 특별법원의 의의와 특별법원 금지의 원칙

특별법원은 전문법원과 구별되어야 한다. **전문법원**은 특허법원, 행정법원 등과 같이 특정한 분야의 법적 분쟁을 전문적으로 처리하는 법원을 가리킨다. 반면에 **특별법원**은 정상적인 사법절차의 요건을 갖추지 못한 법원을 지칭한다. 예컨대 헌법과 법률이 정하는 자격을 갖추고 그 독립성이 보장되는 법관으로 구성되지 않는 법원이 이에 해당되며, 그 밖에 대법원을 최종심으로 하지 않는 법원도 특별법원이라고 할 수 있다.

법치주의의 기본적 요청에 따라 헌법 제27조는 헌법과 법률이 정한 법관에 의한 정당한 재판을 받을 권리를 보장하고 있으므로 특별법원의 설치는 원칙적으로 금지된다. 따라서 행정기관에 의한 재판처럼 헌법과 법률로 정한 법관에 의하지 않은 재판은 금지되는 것이다.[40]

이처럼 특별법원을 금지하는 것은 판결의 객관성이 확보되지 못하고, 따라서 법치주의의 실현이 사실상 문제되었던 과거의 경험에 대한 반성에서 비롯되었다. 예컨대 영국의 성좌재판소, 프랑스와 독일의 (과거) 행정재판소 등은 국왕에 의해 임명된 법관이 국왕의 의사에 따라 재판함으로써 많은 문제를 낳았던 것이다.

2. 군사법원

특별법원은 금지된다. 하지만 헌법 제110조에 의하여 명문으로 인정되고 있는 군사법원은 -비록 헌법과 법률에 의해 정해진 법관에 의한 재판을 담보하지 못하는 경우라도- 위헌이라고 할 수 없다.

군사법원의 상고심도 대법원이기 때문에 군사법원도 역시 판결의 통일성을 벗어나지는 못하는 것이 원칙이지만, 비상계엄 하의 군사재판은 군인 · 군무원의 범죄나 군사에 관한 간첩죄의 경우와 초병 · 초소 · 유독음식물공급 · 포로에 관한 죄 중 법률이 정

40) 다만 행정심판은 그것이 -비록 행정사법이라고 불리는 경우도 있지만- 사법작용이 아니므로 특별법원에 해당되지 않는다.

한 경우에 한하여 단심으로 할 수 있다(다만, 사형을 선고한 경우에는 예외이다. 이에 관하여는 헌법 제110조 제4항 참조).

그러나 과거 군대에서 법관의 자격을 갖춘 사람을 확보하기 어려웠던 것과는 달리 충분한 인력을 확보하고 있는 현재에도 과연 법관의 자격이 없는 장교들이 재판을 하는 예외를 -더구나 비상시가 아닌 평상시에도- 계속 인정해야만 하는가에 대해서는 논란의 여지가 있다.[41)]

제 4 절 법원의 권한범위와 한계

Ⅰ. 법원의 관할에 속하는 소송의 재판권

법원의 중심적인 권한은 사법권이다. 그러나 현행헌법은 사법권을 법원과 헌법재판소에 나누어주고 있기 때문에 헌법 제101조 제1항의 규정에도 불구하고 법원이 사법권 전체를 담당하는 것은 아니며, 법원의 관할에 속하는 소송에 관한 재판권으로 한정된다.

현행법상 법원의 관할에 속하는 소송으로는 민사소송, 형사소송, 행정소송, 선거소송이 있으며, 위헌법률심판이나 탄핵심판, 정당해산심판, 권한쟁의심판, 헌법소원심판과 같은 헌법소송은 헌법재판소의 관할에 속한다.[42)]

Ⅱ. 명령 · 규칙에 대한 위헌 · 위법 심사권

법원은 재판의 대상이 되는 사건에 적용할 명령 · 규칙이 헌법이나 법률에 위반되는지의 여부가 재판의 전제가 될 경우에는 이를 심사할 권한을 가지며, 무효라고 판단될 경우에는 그 적용을 배제할 수 있다.

헌법 제107조 제2항이 대법원에게 명령 · 규칙의 위헌 · 위법성을 「최종적으로」 심사할 권한이 있다고 인정한 것은 각급 법원의 심사권을 전제로, 대법원이 이를 최종적으로 심사할 권한이 있음을 밝힌 것으로 해석된다.[43)]

---

41) 이에 관하여 상세한 것은 송기춘, 군사재판에 관한 헌법학적 연구, 공법연구 제33집 제3호, 2005, 273-296쪽 참조.

42) 이에 관하여는 앞의 「제3권 제2부 제4장 제4절 Ⅰ. **현행헌법상 사법작용의 범위**」 참조.

43) 헌법 제107조 제2항에 따른 명령 · 규칙의 위헌 · 위법성에 대한 대법원의 「최종적」 심사권과 관련하여 명령 · 규칙에 대한 헌법재판소의 심사권이 배제되는지의 여부가 논란이 된 바 있다. 대법원은 헌법 제107조 제2항의 문구에 따라 헌법재판소가 위헌법률에 대한 심사권만을 가지며, 명령 · 규칙에 대한 심사권을 가지지 못한다고 보았다. 반면에 헌법재판소는 명령 · 규칙의 제정과 개정도 공권력의 행사에 해당되므로 명령 · 규칙에 의하여 기본권이 직접 침해된 경우에는 헌법소원의 대상이 되므로 헌법재판소가 심판권을 가진다고 보았다.

이 문제에 관한 헌법학계의 지배적 견해는 대법원의 최종적 심사권을 법원조직 내부에서의 최종적 심사권으로 이해하는 것을 전제로, 명령 · 규칙에 대한 헌법소원심판을 정당한 것으로 인정법원에게 이와 같은 명령 · 규칙에 대한 위헌 · 위법 심사권을 인정한 것은 한편으로는 법질서의 통일성을 확보하기 위한 것이고, 다른 한편으로는 위헌 · 위법한 명령 · 규칙의 적용으로 인한 기본권의 침해를 막기 위한 것이라고 할 수 있다.

Ⅲ. 위헌법률심판제청권

명령 · 규칙의 위헌 · 위법성이 문제되는 경우와는 달리 법률의 위헌성 여부가 재판의 전제가 될 경우[44]에는 법원이 직접 그에 대하여 판단을 내리지 않고 헌법재판소에 위헌법률심판을 제청하여야 한다.

헌법 제107조 제1항은 "법률이 헌법에 위반되는 여부가 재판의 전제가 된 경우에는 법원은 헌법재판소에 제청하여 그 심판에 의하여 재판한다"고 명시하고 있으며, 그 의미는 소송사건의 담당 법원이 **재판의 전제가 되는 법률규정에 대한 합리적인 의심**을 갖게 될 경우[45]에는 헌법재판소의 판단을 구하여 위헌 여부를 확인한 후 그에 따라서 재판을 하도록 하는 것이다.

법원의 위헌법률심판제청은 직권 또는 당사자의 신청에 의해서 행해질 수 있으며, 대법원 이외의 법원이 위헌법률심판제청을 할 경우에는 대법원을 거쳐야 한다(헌법재판소법 제41조 제5항). 그러나 대법원을 거치도록 하는 것은 형식적인 절차일 뿐이고, 대법원이 이를 일차적으로 심사하여 위헌법률심판제청을 막지는 못한다.

Ⅳ. 법원의 자율권

앞서 설명된 법원의 권한들은 소송절차와 직접 관련된 재판권 또는 재판의 전제가 되는 명령 · 규칙의 위헌 · 위법성이나 법률의 위헌성 여부에 관한 것이다. 하지만 법원도 사법절차에 관한 권한 이외에 이를 보조하기 위한 자율권을 인정받고 있다.

법원의 자율권에 속하는 대표적인 예로는 대법원규칙제정권(헌법 제108조)을 들 수 있다. 사법절차의 진행 및 이를 뒷받침하기 위한 법원 내부의 여러 활동에 대한 기준을 헌법과 법률의 테두리 내에서 법원 스스로 정할 수 있도록 하는 것이기 때문이다.

그 밖에 법원은 법정의 질서유지와 관련한 자율권을 갖는다. 재판절차의 공정한 진행 및 이를 위한 법원의 권위를 확보하기 위해서 법정 내의 질서유지를 법원(재판장)의

하고 있다. 특히 법무사법시행규칙에 관한 헌재 1990.10.15. 89헌마178 결정의 경우처럼 대법원규칙에 의한 기본권침해가 문제될 때에는 헌법소원심판을 인정해야 할 필요성이 더욱 크다.

44) 재판의 전제성에 관하여는 아래의 「제3권 제3부 제5장 제5절 Ⅱ. 3. **현행헌법 및 헌법재판소법에 따른 위헌법률심판절차**」 참조.

45) 합리적인 의심이란 문제되는 법률의 위헌성에 대한 확신이 있는 경우는 아니더라도, 위헌으로 볼 수 있는 여지가 있을 경우를 말한다. 즉, 법원이 판단하기에 위헌의 여지가 있을 경우에는 적극적으로 헌법재판소에 위헌법률심판을 제청하여야 한다. 하지만 위헌의 여지가 없음에도 불구하고 소송당사자가 위헌법률심판을 제청해 달라고 신청할 경우에는 -소송지연 등의 우려가 있으므로- 그에 구속되지 않는다.

권한이자 의무로 인정하고 있는 것이다. 이와 관련하여 법원조직법은 법정에 대한 출입의 통제, 녹화 등의 통제, 경찰관의 파견요구, 법정질서문란행위에 대한 통제 등을 규정하고 있다.[46]

V. (법원의) 사법권의 한계

법원의 사법권에 속하는 사항에 대해서도 일정한 경우에는 헌법의 명문규정에 의하여 그 한계가 인정되기도 한다. 예컨대 헌법재판소의 권한에 속하는 사항은 법원의 권한에서 배제되며, 국회의원의 자격심사, 징계, 제명에 대해서는 헌법 제64조 제4항에 의하여 법원의 재판이 배제된다. 또한 일정한 군 관련 범죄와 비상계엄 하의 군사재판에 대해서도 헌법 제27조 제2항과 제110조 제4항에서 예외규정을 두고 있다.

그 밖에 사법기능 자체에 대한 한계로 인정되는 것들이 사법권의 한계로 인정될 수 있다. 사법작용의 본질상의 한계로 지적되는 것으로는 구체적 사건성, 당사자적격, 소의 이익, 사건의 성숙성이 있으며, 권력분립상의 한계로 거론되는 것으로는 통치행위, 국회의 자율권, 행정청의 자유재량행위, 의무이행판결(형성판결) 등이 있다.[47]

제 5 절 사법절차운영의 기본원칙

I. 재판의 심급제

1. 3심제의 원칙

법원의 재판은 심급구조에 따라 진행되며, 소송의 유형에 따라 차이가 있으나 3심제를 원칙으로 하고 있다.

법원의 재판이 심급구조를 갖게 되는 것은 다수의 법원에서 내려지는 재판의 통일성을 확보하기 위한 불가피한 선택이다. 그러나 3심제를 취할 것인지, 아니면 2심제나 4심제를 취할 것인지는 입법정책의 문제라고 할 수 있다.[48]

현행법상의 3심제 원칙은 헌법상의 원칙이 아닌 법원조직법상의 원칙이다. 법원조직법은 사건의 경중에 따라서 제1심을 지방법원 단독판사가 관할하는 사건과 지방법원 합의부에서 관할하는 사건으로 나누고 있다(제32조 제1항).

단독판사가 관할하는 사건의 경우에는 「지방법원(지원)단독부」→「지방법원(본원)

---

46) 이에 관하여는 아래의 「제5절 Ⅲ. **법정질서의 유지**」 참조.
47) 이에 관하여는 앞의 「제3권 제2부 제4장 제4절 Ⅱ. **사법작용의 한계**」 참조.
48) 심급을 많이 둘 경우에는 보다 정밀한 심사가 가능할 수 있으나, 소송의 신속성 및 경제성을 희생시켜야 할 것이며, 심급을 적게 둘 경우에는 오판을 걸러내기가 그만큼 어려워질 것이다.

합의항소부」→「대법원」의 단계로 3심이 이루어지며, 합의부 관할사건의 경우에는「지방법원합의부」→「고등법원」→「대법원」의 단계로 3심이 이루어진다.[49]

2. 3심제의 예외

현행법상 법원의 심판은 3심제가 원칙이지만, 법률의 규정에 의해 2심제 또는 단심제가 적용되는 예외적인 경우도 있다.

2심제가 적용되는 경우로는 특허소송과 지방자치단체 선거의 일부를 들 수 있다. **특허소송**은 특허심판원에 의한 심판을 전제로 하여 고등법원급의 특허법원이 제1심을, 대법원이 제2심을 담당한다(법원조직법 제28조의4). 그리고 지방자치단체 선거 중에서 **기초자치단체장 선거와 기초의회의 의원선거, 광역의회의 지역구의원선거**는 시·도선관위에의 선거소청을 전제로 고등법원이 제1심을 담당하고 대법원이 제2심이 된다(공직선거법 제222조 제2항, 제223조 제2항).

단심제가 적용되는 경우로는 대통령선거, 국회의원선거, 시·도지사선거, 비례대표 시·도의원선거의 선거소송과 비상계엄 하의 군사재판이 있다. **대통령과 국회의원의 선거소송**은 선거소청 없이 바로 대법원에 제소하여 단심으로 판결을 내리게 되며(공직선거법 제222조 제1항, 제223조 제1항), **시·도지사선거, 비례대표 시·도의원선거**의 경우에는 중앙선거관리위원회에 대한 선거소청을 거쳐서 대법원이 선거소송을 담당한다(공직선거법 제222조 제2항, 제223조 제2항). 그리고 (사형선고를 제외한) **비상계엄 하의 군사재판**은 군사법원에 의한 단심으로 결정된다(헌법 제110조 제4항).

Ⅱ. 공개재판의 원칙

1. 의의와 기능

재판의 객관성과 공정성을 확보하고, 이에 대한 국민의 신뢰를 얻기 위하여는 재판의 과정과 결과를 공개하는 것이 필요하다. 재판을 공개하는 것은 재판의 전체적 과정을 투명하게 함으로써 재판과정에 외부의 영향력이 침투하지 못하도록 할 수 있기 때문이다.

이와 관련하여 헌법 제27조 제3항에서는 형사피고인에게 신속한 공개재판을 받을 권리를 인정하고 있을 뿐만 아니라, 헌법 제109조는 재판의 심리와 판결을 공개하도록 요구하고 있다.

재판의 **심리**(審理)란 소송 사건에 관하여 법관이 판결에 필요한 사실관계 및 법률관계를 조사하는 것을 말한다. 예컨대 법정에서 원고와 피고가 질문을 받고, 증거를 제시하며, 변론을 전개하는 과정이 모두 심리에 해당되는 것이다. **판결**(判決)은 심리의 결과에 따라 사건의 실체에 대하여 법관이 내리는 판단을 판결문으로 작성하고 이를 선

49) 행정법원은 합의부에서 심판을 담당하므로, 제2심은 고등법원이 된다.

고함으로써 사건에 대하여 법적 구속력을 갖는 결론을 내리는 것을 의미한다.

헌법이 재판의 심리와 판결을 모두 공개하도록 요구하는 것은 재판의 투명성을 위한 것이지만, 법원의 모든 활동을 공개하도록 요구하는 것은 아니다. 따라서 심리와 판결에 해당되지 않는 법원의 작용, 예컨대 소송법상의 결정이나 명령을 모두 공개하여야 하는 것은 아니다. 하지만 굳이 비밀로 하여야 할 이유가 없을 경우에는 역시 공개하는 것이 바람직할 것이다.

2. 공개재판의 예외

현행헌법은 제109조 단서에서 "심리는 국가의 안전보장 또는 안녕질서를 방해하거나 선량한 풍속을 해할 염려가 있을 때에는 법원의 결정으로 공개하지 아니할 수 있다"고 규정하고 있다.

이러한 규정은 공개재판의 원칙에 대한 예외라고 할 수 있다. 하지만 심리만을 비공개로 할 수 있을 뿐이고, 판결은 언제나 공개되어야 한다. 판결 자체가 비공개로 될 경우에는 사법의 객관성과 공정성을 심각하게 해칠 우려가 있을 뿐만 아니라 국민의 사법에 대한 불신을 증폭시킬 수 있기 때문에 판결의 비공개는 인정하지 않고 있는 것이다.

또한 국가의 안전보장이나 안녕질서, 선량한 풍속을 위한 심리의 비공개도 재판의 공개원칙에 대한 예외의 인정이 꼭 필요할 정도의 중대성을 가지고 있는 경우에만 정당화될 수 있으며, 그 판단에는 비례성원칙이 적용되어야 할 것이다.

Ⅲ. 법정질서의 유지

공정한 재판과정을 확보하기 위해서 공개재판의 원칙이 인정되고 있으나, 이로 인하여 법정의 질서가 문란해진다면 이는 공정한 재판과정을 위하여 바람직하지 않은 일이 될 것이다. 공정한 재판절차의 진행을 위해서도 법정질서를 유지하는 것은 중요한 의미를 갖기 때문이다.

이와 관련하여 법원조직법은 재판장이 법정 내의 질서를 유지할 수 있는 권한과 책임을 가지고 있음을 확인하고 있으며, 구체적으로 법정에 대한 출입의 통제, 녹화 등의 통제, 국가경찰공무원의 파견요구, 법정질서문란행위에 대한 통제 등을 규정하고 있다.[50)]

---

50) 법원조직법 제58조 (법정의 질서유지):
① 법정의 질서유지는 재판장이 담당한다.
② 재판장은 법정의 존엄과 질서를 해칠 우려가 있는 사람의 입정(入廷) 금지 또는 퇴정(退廷)을 명할 수 있고, 그 밖에 법정의 질서유지에 필요한 명령을 할 수 있다.
법원조직법 제59조 (녹화 등의 금지): 누구든지 법정 안에서는 재판장의 허가없이 녹화, 촬영, 중계방송 등의 행위를 하지 못한다.
법원조직법 제60조 (경찰공무원의 파견요구):
① 재판장은 법정에서의 질서유지를 위하여 필요하다고 인정할 때에는 개정 전후에 상관없이 관할경찰서장에게 경찰공무원의 파견을 요구할 수 있다.

제6절 법원과 다른 헌법기관과의 관계

Ⅰ. 다른 국가기관에 의한 사법작용의 전제의 마련

1. 법원에 대한 입법부(국회)의 작용

국회는 입법기능을 통하여 법원의 판단기준인 법률을 제정한다. 즉 입법작용을 통한 법률의 제정은 사법작용의 전제인 것이다.

또한 국회는 법원조직법을 비롯한 각종 사법작용에 관한 법률의 제정, 개정 및 폐지를 통하여 법원의 조직, 법관의 지위와 재판의 절차 등을 정한다. 나아가 국회는 재정에 관한 권한을 통하여 법원의 재정에도 영향력을 행사할 수 있다.

2. 법원에 대한 집행부(정부)의 작용

정부는 명령과 규칙의 형태로 역시 법원의 판단기준이 되는 규범을 제정할 수 있다. 또한 정부는 법원의 활동을 위한 인적 · 물적 조건을 갖추는 데 현실적인 도움을 주며, 예산안의 편성을 통하여 법원의 재정에 영향을 미치기도 한다.

특히 우리나라의 경우에는 대통령에 의한 대법원장 및 대법관의 임명이 크게 문제될 수 있다.[51)]

Ⅱ. 법원에 의한 다른 국가기관의 통제

1. 법원에 의한 집행부통제

법원의 주된 활동은 사법작용이며, 사법작용에 의한 집행부의 통제는 행정소송을

---

② 제1항의 요구에 따라 파견된 경찰공무원은 법정 내외의 질서유지에 관하여 재판장의 지휘를 받는다.
법원조직법 제61조 (감치 등):
① 법원은 직권으로 법정 내외에서 제58조 제2항의 명령 또는 제59조를 위반하는 행위를 하거나 폭언 · 소란 등의 행위로 법원의 심리를 방해하거나 재판의 위신을 현저하게 훼손한 사람에 대하여 결정으로 20일 이내의 감치(監置)에 처하거나 100만원 이하의 과태료를 부과할 수 있다. 이 경우 감치와 과태료는 병과(倂科)할 수 있다.
② 법원은 제1항의 감치를 위하여 법원직원 · 교도관 또는 경찰공무원으로 하여금 즉시 행위자를 구속하게 할 수 있으며, 구속한 때로부터 24시간 이내에 감치에 처하는 재판을 하여야 하고 이를 하지 아니하면 즉시 석방을 명하여야 한다.
③ 감치는 경찰서유치장 · 교도소 또는 구치소에 유치(留置)함으로써 집행한다.
④ 감치는 감치대상자에 대한 다른 사건으로 인한 구속 및 형에 우선하여 집행하며, 감치의 집행중에는 감치대상자에 대한 다른 사건으로 인한 구속 및 형의 집행이 정지되고, 감치대상자가 당사자로 되어 있는 본래의 심판사건의 소송절차는 정지된다. 다만, 법원은 상당한 이유가 있는 경우에는 소송절차를 계속하여 진행하도록 명할 수 있다.
⑤ 제1항의 재판에 대하여는 항고 또는 특별항고를 할 수 있다.
⑥ 제1항의 재판에 관한 절차와 그 밖에 필요한 사항은 대법원규칙으로 정한다.

51) 이에 관하여 상세한 것은 장영수, 대법관 선임방식의 헌법적 의미와 개선방향, 고대 법대 100년의 학문적 성과와 미래(고려대학교 법학과 100주년 기념논문집), 2005, 21~39쪽 참조.

비롯한 각종 재판권의 행사를 통해 나타난다.

사법작용의 성격상 법원에 의한 집행부의 통제는 사후적 통제가 원칙이다. 다만 영장제도의 경우처럼 기본권을 침해하는 처분을 행정청이 내리기 이전에 미리 법원의 판단을 거치도록 하는 경우에는 사전적인 통제도 예외적으로 인정된다.

또한 법원의 재판에 의한 집행부통제는 행정소송 이외에 민사소송이나 형사소송에 의해서도 가능하다는 점에 유의할 필요가 있다.52)

2. 법원에 의한 입법부통제

입법부, 즉 국회의 활동에 대한 사법적 통제는 주로 법원이 아닌 헌법재판소의 몫이다. 예컨대 위헌법률심판이나 헌법소원심판, 권한쟁의심판 등이 그러한 역할을 주로 담당하는 것이다.

하지만 법원이 국회를 통제하는 기능이 전혀 없는 것은 아니다. 예컨대 위헌법률심판의 제청권도 국회의 입법권에 대한 통제를 보조하는 역할을 할 수 있으며, 국회의원에 대한 선거소송도 국회에 대한 통제의 기능을 한다.

---

52) 예컨대 공무원의 불법행위가 있는 경우 민사소송을 통한 손해배상(국가배상 포함)이나 형사소송을 통한 처벌로써 집행부를 통제하는 것도 가능하다.

제 5 장　헌법재판소

현행헌법상 권력분립체계의 두드러진 특징 가운데 하나가 헌법재판소제도의 도입을 통한 사법적 통제의 강화라고 할 수 있다.

현행헌법은 헌법재판소를 설치하면서 종래 대법원, 헌법위원회 또는 탄핵재판소 등이 담당하던 위헌법률심판, 정당해산심판, 탄핵심판 등의 헌법적 분쟁에 대한 재판권을 헌법재판소의 권한범위에 포함시켰을 뿐만 아니라 헌법소원심판 등 새로운 권한을 헌법재판소에 부여하고 있다. 이처럼 포괄적인 권한을 가진 헌법재판소를 설치함으로 인하여 현행헌법은 역대 어떤 헌법보다도 사법기능을 강화한 헌법으로 평가된다.

그러나 헌법재판소가 실제 운용되는 과정에서 적지 않은 문제도 발견된다. **헌법재판소의 구성방식**과 관련해서도 논란이 적지 않으며, 헌법재판소와 대법원의 관계에서 나타나는 갈등은 헌법재판소의 권한범위 및 행사방식과도 연결되어 많은 복잡한 문제들을 낳고 있다. 예컨대 **변형결정의 효력, 명령 · 규칙에 대한 헌법소원**, 그리고 **법원의 재판에 대한 헌법소원** 등에 관해서는 현재까지도 헌법재판소와 대법원 사이에 갈등이 계속되고 있다. 비록 헌법재판소제도가 도입되고 활용됨으로 인하여 헌법적 분쟁에 대한 사법적 통제는 강화되었지만, 아직 미결의 문제로 남아 있는 부분도 적지 않은 것이다.

그러므로 헌법재판소제도의 전체적 흐름을 정리하기 위해서는 헌법재판(소)제도의 의의와 기능, 그리고 개별적인 헌법재판작용의 의의와 유형, 현행법상의 실현구조 등을 살피면서 그 긍정적인 측면과 개선이 요구되는 부분을 함께 검토하는 것이 필요하다.

제 1 절 헌법재판제도의 연혁과 유형

Ⅰ. 고전적인 권력분립의 사상과 사법

1. 고전적인 삼권분립의 기초

고전적인 삼권분립의 이론은 당시의 현실적 정치상황, 즉 군주세력과 시민세력 및 귀족세력의 대립이라는 정치현실을 배경으로 세력 간의 균형을 통하여 정치적 자유의 확보를 꾀하였던 것이다.

이러한 고전적 권력분립의 이론은 특히 몽테스큐에 의해 체계화되었다.[1] 그는 당시의 현존하였던 사회적 세력들, 즉 군주세력과 귀족세력, 시민세력 사이에 정치적 균형을 이루게 하는 질서를 형성함으로써 -적어도 당시로서는 진보적인 입장에서- 새로이 대두되는 시민세력의 존재를 인정하고 그들의 사회적 기능에 상응하는 정치적 지위를 부여하려고 하였던 것이다.

이러한 권력분립사상에 기초한 근대적 입헌주의헌법은 각 세력을 대표하는 국가기관들의 분립(즉 기관의 분립)을 중심으로 구성되었다.[2)]

2. 고전적 삼권분립체계 내에서 사법의 역할과 한계

고전적인 삼권분립의 체계 내에서 사법은 무엇보다 소극적인 통제의 기능을 담당한다.

입법은 기본적으로 일시적 또는 항구적인 법률을 제정하거나 이미 제정되어 있는 법률을 개정·폐지함으로써 국가질서형성의 기본방향을 정하고 또 이를 변경하는 기능을 담당하며, 집행은 법률의 기초 위에서 구체적인 결과실현을 위한 적극적인 작용을 담당한다.

반면에 사법은 무엇보다 이러한 집행작용이 법률의 테두리 내에서 올바르게 수행되었는지를 확인하고, 국민 상호간 또는 국민과 국가 간의 법적 분쟁을 법률에 비추어 해결함으로써 법적 평화와 법에 의한 정의를 실현시키는 작용이다.

이러한 고전적인 삼권분립은 또한 고전적 법치주의의 기본적 요청에 따른 국가권력 상호간의 견제와 균형의 이론이기도 하였다. 고전적인 권력분립의 체계 내에서 법치주의는 일차적으로 법률의 우위를 전제로 하여 그 바탕 위에서 주장되는 법치행정 및 사법절차의 보장으로 이해되었으며, 따라서 사법은 법률을 전제로 그 실현에 봉사하는 것으로 이해되었던 것이다.

그런 가운데 입법과 집행 및 사법이 각기 다른 국가권력에 대한 견제의 수단을 가짐으로써 어느 한 권력의 권한남용을 방지하고, 전체적으로 국가권력의 올바른 행사를 담보하고자 하였다. 따라서 어느 한 국가권력이 다른 국가권력에 대한 절대적 우위를 갖는 것은 생각될 수 없었으며, 오로지 법률의 우위라는 형태로 입법의 (논리적) 상대적 우위가 주장되었을 뿐이었다.

이러한 고전적 권력분립의 체계 내에서 고대나 중세의 자연법사상 및 근본법사상은 퇴색되었고, 법률 자체를 심사대상으로 하는 사법절차는 생각될 수 없었다.

---

1) 몽테스큐, 법의 정신, 제11편 제6장 참조.

2) 권력분립에 있어서 기능의 분립과 기관의 분립에 관하여는 앞의「제3권 제1부 제3장 제1절 **현실정치적 여건의 변화와 권력분립론의 재검토**」,「제3권 제2부 제1장 제1절 **국가조직의 논리구조와 국가기능**」 참조.

Ⅱ. 법치주의의 발달과 사법기능의 강화

1. 영국의 보통법의 전통과 법의 지배

영국법, 특히 영국의 공법에 있어서 '법의 지배'라는 관념은 중심적인 위치를 차지하고 있다. 영국에서는 13세기말 사법제도의 정비와 더불어 판례법을 중심으로 하는 보통법(Common Law)의 발전을 보이게 되었으며, 이러한 보통법이 국왕까지도 구속한다는 사상이 발달되면서 보통법의 지배라는 의미로 '법의 지배'가 주장되었던 것이다.

이러한 '보통법의 지배' 또는 '보통법의 우위'라는 사상은 제임스1세와의 투쟁을 통해 왕도 보통법에 구속된다는 것을 주장하였던 에드워드 코크에 의해 특히 강조되었으며, 그는 Dr. Bonham사건에서 "의회의 제정법이 보편적 정의와 이성에 반하거나 보통법에 반하는 경우 또는 그 자체가 모순되거나 집행이 불가능할 경우, 보통법은 그것을 억제하고 이러한 법률을 무효라고 판단할 수 있다"고 주장하였다.[3)]

2. 미국의 위헌법률심사제의 탄생과 발전

영국의 경우 이러한 보통법의 우위를 통한 법의 지배의 사상은 곧 의회주권의 발전과 더불어 의회제정법의 우위로 바뀌게 되었지만, 영국에서 그 의미를 상실하였던 에드워드 코크의 사상은 오히려 미국에서 위헌법률심사제의 탄생에 영향을 미치게 되었다.

1787년 제정된 미국연방헌법은 무엇보다 몽테스큐의 삼권분립모델에 기초한 철저한 권력분립과 이를 통한 제한된 정부(limited government)의 구성을 그 특색으로 하였다. 헌법제정 당시 국민주권이 국가적 정당성의 근거로 인정되기는 하였으나, 헌법상 주권이라는 개념은 의식적으로 회피되었다. 의회주권(내지 그 실체로서의 국민주권)에 기초하였던 영국과는 달리 미국연방헌법에서는 국가기관들의 분립과 상호견제, 나아가 연방과 주간의 입법권의 분장 등을 통해 구성되는 복잡한 권력분립체계가 도입되었던 것이다.[4)]

이러한 미국헌법의 기본적 특징으로 말미암아 미국 연방대법원에는 특별한 기능이 부여되었다. 비록 헌법상의 명문규정은 없었지만, 헌법제정 당시부터 입법부와 행정부의 모든 활동이 연방대법원에 의한 사법심사의 대상이 되어야 한다는 주장이 있었으며, 1803년 Marbury vs. Madison사건에 대한 판결 이래로는 실제로 의회가 제정한 법률에 대한 위헌심사도 인정된 것이다.[5)]

---

3) 에드워드 코크의 사상이 국왕의 대권을 제약하게 된 것에 관하여는 양승두/이동과/김영삼/전형성, 영미공법론, 1997, 128쪽 참조.

4) 그것은 미국이 영국의 식민지에서 독립하는 과정에서 영국의 의회(주권)에 대한 불신을 갖게 되었기 때문이라고 볼 수 있을 것이다.

5) 미국에서 위헌법률심사제도를 도입하는 과정에서는 적지 않은 정치적 논란이 있었다. 헌법제정과정에서도 찬반의 대립이 있었을 뿐만 아니라, 1803년 Marbury vs. Madison사건에 대한 연방대법원의 판결도 미묘한 정치적 상황 때문에 관철될 수 있었던 것이었다. 이에 관하여 상세한 것은 김운용, 위

3. 독일의 법치주의와 헌법재판제도의 발달

법의 지배(rule of law) 또는 적법절차(due process of law)를 통해 발전되어온 영국이나 미국의 법치주의와는 달리 독일의 법치국가(Rechtsstaat)사상은 뒤늦게 발전되었을 뿐만 아니라 독특한 성격을 보이게 되었다.[6)]

초기에는 영국의 영향 하에 이상적인 국가유형 내지 국가원리로서의 법치국가를 지향하던 것이 -(외견적) 입헌군주제의 현실 속에서- 점차 초기의 성격을 상실하여 형식화되고 축소되는 경향을 보였으며, 이후 법실증주의의 발달은 이러한 변화를 더욱 가속시켰다.

그 결과 20세기 초까지 독일의 법치주의는 ① 권력분립의 원리 ② 법률의 우위와 행정의 합법률성 ③ 법원의 독립 ④ 사법적 권리보호 ⑤ 공법적 손해의 전보 등을 구성요소로 하는 형식적 법치국가로 이해되었다.

그러나 입헌군주제가 붕괴되고 민주공화국(바이마르 공화국)이 성립되면서 법치주의를 실질적인 것으로 새롭게 이해하려는 노력이 나타나게 되었다. 특히 나치의 경험으로 형식적 법치주의의 한계를 확인한 이후에 제정된 1949년 서독기본법에서는 단순히 법률의 형식만이 아니라 법률의 내용적 정당성까지 문제삼는 실질적 법치주의가 광범하게 수용되었으며, 이를 위하여 무엇보다 법률의 내용적 정당성까지 헌법적 가치기준에 비추어 심사하는 헌법재판제도가 확립되었다.

Ⅲ. 현대적 권력분립과 헌법재판의 유형 - 헌법재판과 입법권의 관계를 중심으로

1. 영국: 의회주권, 위임입법통제의 문제

영국에서는 1688년 명예혁명 이후 의회주권이 철저하게 관철되었고, 그 결과 의회의 제정법에 대한 사법적 심사는 인정되지 않게 되었다.

따라서 영국에서 규범통제로서 문제되는 것은 행정부에 의해 제정된 이른바 위임입법에 대한 통제의 문제가 있을 뿐이며,[7)] 헌법재판이라고 부를 만한 것은 존재하지 않는다.

2. 미국: 위헌법률심사제(비집중형 사법심사)

1803년 Marbury vs. Madison사건에 대한 판결 이래로 미국에서는 법률에 대한

헌심사론, 1998, 49쪽 이하 참조.

6) 독일의 법치국가 발전에 관하여는 「제1권 제2부 제3장 제2절 Ⅳ. **독일의 법치국가(Rechtsstaat)사상의 형성과 발전**」 참조.

7) 영국에서의 위임입법통제에 관하여는 양승두, 영국의회에 의한 위임입법의 통제, 공법연구 제3집, 1974, 73-111쪽; 홍현철, 영국 위임입법의 통제, 호서대 사회과학연구 제15집(1996), 3-19쪽 참조.

사법심사가 인정되게 되었고, 이러한 심사의 권한은 연방대법원뿐만 아니라 모든 법원에 인정되었기 때문에 '비집중형 사법심사'라고 불리기도 한다.

미국과 같은 비집중형 사법심사를 채택하고 있는 국가에서 모든 법관이 법의 해석 · 적용에 있어서 사법심사권을 가지고 있다고 인정하는 것은 –비록 최종적인 심사권은 연방대법원에 있지만– 모든 법관은 일반법률이 헌법에 모순될 때에는 상위법우선의 원칙에 따라 전자를 무시하고 후자를 적용하여야 한다는 생각에 기초하고 있는 것이다.

이러한 비집중형 위헌법률심사제도는 노르웨이, 덴마크, 스웨덴, 일본 등에서도 채택되었으며, 우리나라의 경우에도 제3공화국 헌법에서 이를 채택한 바 있다.

3. 오스트리아, 독일: 헌법재판소제도(집중형 사법심사)

미국의 경우와는 달리 오스트리아, 독일 등에서는 –권력분립의 원칙에 따라– 일반법원이 입법에 대한 판단을 하는 것이 배제되고, 법률의 합헌성에 관한 심사권한이 단일의 기관, 즉 헌법재판소에 집중되는 이른바 '집중형 사법심사'가 채택되고 있다.[8)]

이에 따라 헌법재판소의 구성에 있어서 –입법에 대한 사법부의 개입을 금지하는 권력분립원칙에 따라 철저한 정치적 중립을 요구받는– 일반법원과는 달리 민주적 정당성 등에 관해 특별한 배려를 함으로써 권력분립의 요청을 반영시키고, 동시에 헌법재판소가 특정한 정치세력이나 정당의 시녀가 되지 않도록 보장하고자 한다.

이러한 집중형 위헌심판제도는 이탈리아, 스페인, 터키, 러시아 등에서도 채택되었으며, 우리나라의 경우에는 제2공화국 헌법과 현행헌법에서 이를 채택하였다.

4. 프랑스: 헌법평의회

프랑스에서는 전통적으로 국민주권의 관념에 따라 입법에 대한 사법적 심사를 부정적으로 평가하는 경향이 있어 왔으며, 그것은 결과적으로 법치주의 및 입법에 대한 사법심사의 발전에 부정적으로 작용하였다. 그 결과 프랑스의 법치주의는 영국, 미국, 독일 등에 비하여 발전이 늦었으며, 이러한 문제의식에 따라 헌법평의회가 설치되었다.

1958년 헌법에 의해 구성된 프랑스의 헌법평의회는 그 구성 및 운용면에서 일반적인 사법기관과 차이를 보인다. 대통령과 상하양원에서 각 3명씩 임명하는 9인의 평의원 및 전직대통령으로 구성되는 평의회의 구성원은 법관의 자격이 요구되지 않으며, 그 심사는 –국민투표에 의해 채택된 법률을 제외한– 국회에서 의결된 법률에 대한 합헌성의 통제[9)]를 중심으로 국민투표와 선거의 통제 등에까지 미친다.

이러한 헌법평의회의 구성방식이나 활동범위로 인하여 이를 정치적 기관으로 보는 견해도 있었다. 그러나 헌법평의회는 그 독립성을 강조하면서 정치적인 기관이라기보다

---

8) 미국의 선례를 따르지 않은 이유로는 법률의 효력을 일반적으로 무효화하지 않고 당해사건에서만 적용을 배제하고, 법질서의 통일성의 문제는 선례구속력으로 해결하는 영미법의 체계가 대륙법계 국가에서는 생소하였다는 점이 지적되기도 한다.

9) 또한 법률 또는 명령의 제정절차에도 개입할 수 있다는 점에서 프랑스 헌법평의회의 관여범위는 미국식의 사법심사나 독일식의 헌법재판소보다 더 폭넓은 것이라고 할 수 있다.

는 재판기관으로서 활동하려고 노력하였고, 그 결과 오늘날 프랑스에서 헌법평의회는 최고의 (정치적) 사법기관으로 일컬어지고 있다.[10)]

제2절 한국헌법상의 헌법재판제도의 발전

Ⅰ. 제1공화국 헌법상의 헌법재판제도

제헌헌법은 헌법적 분쟁에 관한 포괄적인 재판권을 예정하고 있지는 않았지만, 위헌법률심판제도는 두고 있었다. 제헌헌법 제81조 제2항은 "법률이 헌법에 위반되는 여부가 재판의 전제가 되는 때에는 법원은 헌법위원회에 제청하여 그 결정에 의하여 재판한다"고 규정함으로써 헌법위원회라는 특별한 기관이 위헌법률심판을 담당하도록 하였다.

헌법위원회는 부통령을 위원장으로 하고, 대법관 5인과 국회의원 5인으로 구성되었으며(제헌헌법 제81조 제3항), 위원에 유고가 있는 경우에 직무를 대행할 예비위원을 두었다.[11)] 대법관인 위원과 예비위원은 대통령이 임명하고(헌법위원회법 제3조), 국회의원인 위원과 예비위원은 국회에서 선출하는데(헌법위원회법 제4조 제1항), 국회에서 위원과 예비위원을 선출할 때에는 단기무기명투표로 위원정수의 배수를 선출하고, 그 중에서 다시 단기무기명투표로 5인의 위원을 선출하고 남은 자를 예비위원으로 하였다(헌법위원회법 제4조).

위원과 예비위원의 임기는 대법관인 경우는 4년으로 하였으며, 국회의원인 경우는 임기 중으로 하였고, 임기 중 국회의원 또는 대법관의 직을 물러나게 되면 위원의 자격도 당연히 상실되었다(헌법위원회법 제6조).

법률의 위헌 여부의 제청은 당해사건의 담당판사 또는 소송당사자의 신청에 의하여 판사 3인으로 구성되는 합의부의 결정으로써 당해법원이 행하며, 이 결정에 대하여 담당판사 또는 소송당사자가 이의가 있을 때에는 항고할 수 있었다(헌법위원회법 제9조).

위헌법률심판의 제청이 있을 경우에는 당해 사건의 재판이 정지될 뿐만 아니라, 헌법위원회가 위헌법률심판의 제청을 수리하였을 때에는 대법원으로 하여금 각급 법원에 있어서 당해 법률을 적용하여야 할 사건의 심리를 중지시켜야 한다고 규정하고 있었다(헌법위원회법 제10조).

---

10) 이에 관하여는 성낙인, 프랑스 헌법학, 1995, 666쪽 이하 참조.

11) 1950년 헌법위원회법 제2조:
헌법위원회에 위원 이외에 국회의원 중에서 예비위원 5인, 대법관 중에서 예비위원 약간 명을 둔다.
예비위원은 소속을 같이 하는 위원이 사고로 인하여 위원회에 출석할 수 없을 때에는 출석하여 위원의 직무를 대행한다.
예비위원이 위원회에 출석할 수 있는 순위는 위원회의 의결에 의한다.

헌법위원회의 위헌결정에는 위원 3분의 2 이상의 찬성이 있어야 했다(제헌헌법 제81조 제4항). 헌법위원회의 위헌결정은 장래를 향하여 효력이 발생하지만, 형벌조항은 소급하여 그 효력을 상실하도록 하였다(헌법위원회법 제20조).

이상과 같은 제헌헌법 당시의 위헌법률심판은 -비록 헌법위원회라는 특이한 기관에 의해 담당되기는 하였지만- 현재의 헌법재판소에 의한 위헌법률심판과 유사한 점이 상당히 많았다.

또한 제헌헌법은 탄핵사건을 전담하는 **탄핵재판소**의 설치를 규정하고 있었다. 제헌헌법 제47조에 따르면 부통령이 탄핵재판소 재판장의 직무를 행하고[12] 대법관 5인과 국회의원 5인이 심판관이 되었다. 단 대통령과 부통령을 심판할 때에는 대법원장이 재판장의 직무를 행하도록 하였다. 탄핵판결에는 심판관 3분의 2 이상의 찬성이 있어야 했으며, 탄핵판결의 결과는 공직으로부터 파면함에 그쳤다. 단 이에 의하여 민사상이나 형사상의 책임이 면제되는 것은 아니었다.

Ⅱ. 제2공화국 헌법상의 헌법재판제도

제2공화국은 제1공화국 당시와는 달리 헌법재판소제도의 도입을 규정하고 있었다. 비록 헌법재판소가 실제 구성되기 이전에 제2공화국이 붕괴됨으로 인하여 헌법재판소가 활동하지는 못하였지만, 그 역사적 의미는 적지 않다.[13]

제2공화국 헌법상의 헌법재판소는 위헌법률심사, 헌법에 관한 최종적 해석, 국가기관간의 권한쟁의, 정당의 해산, 탄핵재판, 대통령 · 대법원장 · 대법관의 선거에 관한 소송 등을 관장하게 되어 있었다(제2공화국 헌법 제83조의3).

헌법재판소는 9인의 심판관으로 구성되는 상설기관으로서 대통령 · 대법원 · 참의원이 각각 3인씩의 위원을 선임하게 되어 있었고, 임기는 6년으로 2년마다 3인씩 선임하도록 하였으며, 또한 심판관은 정당에 가입하거나 정치에 관여할 수 없도록 규정되었다(제2공화국 헌법 제83조의4 제1항~제4항).

헌법재판소의 심판관은 법관의 자격을 가지고 있어야 하며, 심판관의 보수와 대우는 대법관의 예에 준하도록 하였다(1961년 헌법재판소법 제2조). 헌법재판소장은 재적심판관 과반수의 투표로써 호선된 자를 대통령이 확인하였다(헌법재판소법 제5조 제2항).

헌법재판소는 심판관 5인 이상의 출석으로 심리하며, 심판관 5인 이상의 찬성으로 심판하되, 위헌법률심판과 탄핵심판의 경우에는 심판관 6인 이상의 출석으로 심리하도록 하였다(헌법재판소법 제8조 제1항).

---

12) 부통령이 탄핵재판소 재판장이 되도록 한 것은 부통령이 상원의장으로서 탄핵사건에 대한 심판을 주도하는 미국의 탄핵제도에서 영향받은 것으로 볼 수 있을 것이다.

13) 무엇보다 제2공화국 당시에 헌법재판소제도를 도입하였던 경험이 현행헌법에서 헌법재판소를 실제로 도입하여 운용하는 데 중요한 역할을 하였으며, 특히 당시의 헌법재판소가 포괄적인 헌법재판권을 가지고 있었다는 점이 끼친 영향도 적지 않다고 평가할 수 있다.

법원에 계속중인 사건에 관하여 법원 또는 당사자가 법률의 위헌 여부의 심사나 헌법에 관한 최종적 해석을 헌법재판소에 제청하였을 때에는 헌법재판소의 결정에 의하여 당해 사건에 대한 법원의 결정을 헌법재판소의 판결이 있을 때까지 정지할 수 있도록 하였고(헌법재판소법 제9조 제1항), 헌법재판소가 이와 같은 결정을 하였을 경우에는 즉시 이를 대법원에 통고하여야 하며, 대법원은 각급법원에 있어서 당해 법률 또는 헌법조항을 적용하여야 할 사건의 심리를 중지시키도록 하고 있었다(헌법재판소법 제9조 제2항).

법률의 위헌 여부와 헌법해석에 관한 헌법재판소의 판결은 법원과 기타 국가기관 및 지방자치단체의 기관을 기속하며(헌법재판소법 제22조 제1항), 헌법재판소에 의하여 위헌의 판결을 받은 법률 또는 법률의 조항은 판결이 있은 날로부터 법률로서의 효력을 상실하도록 하였다. 다만 형벌에 관한 조항은 소급하여 그 효력을 상실하도록 하였다(헌법재판소법 제22조 제2항).[14)]

그러나 헌법재판소법이 제정된 지 한달 후에 발생된 5 · 16 군사쿠데타로 말미암아 헌법재판소의 설치는 국가재건비상조치법에 의하여 유보되었다. 이후 헌법재판소는 결국 제3공화국 헌법에서 폐지됨으로써 제2공화국의 헌법재판소는 실제 구성되어 활동해 보지 못한, 조문상의 국가기관으로 남게 되었다.

Ⅲ. 제3공화국 헌법상의 헌법재판제도

제2공화국 당시의 헌법재판소제도를 폐지한 제3공화국 헌법은 헌법재판에 관한 포괄적인 권한을 갖는 헌법재판전담기관을 두는 대신에 **대법원**에게 위헌법률심판권과 위헌정당의 해산소송에 관한 권한을 부여하였다.

제3공화국 헌법 제102조 제1항에서는 "법률이 헌법에 위반되는 여부가 재판의 전제가 된 때에는 대법원은 이를 최종적으로 심사할 권한을 가진다"고 명시함으로써 대법원이 위헌법률심판권을 가지고 있음을 확인하였으며, 제103조에서는 "정당해산을 명하는 판결은 대법원 법관 정수의 5분의 3 이상의 찬성을 얻어야 한다"고 규정함으로써 위헌정당의 해산판결도 역시 대법원의 관할에 속함을 인정하였다.

다만 탄핵심판에 관한 권한은 대법원장을 위원장으로 하고, 대법원판사 3인과 국회의원 5인으로 구성되는 **탄핵심판위원회**가 관할하도록 하였다. 다만, 대법원장을 심판할 경우에는 국회의장이 위원장이 되며, 탄핵결정에서는 구성원 6인 이상의 찬성이 요구되었다. 탄핵결정의 효과는 역시 공직으로부터 파면함에 그치도록 하였지만, 이에 의하여 민사상이나 형사상의 책임이 면제되지는 않도록 하였다(제3공화국 헌법 제62조

14) 그 밖에 국가기관 간의 권한쟁의에 관한 헌법재판소의 판결도 모든 국가 또는 지방자치단체의 기관을 기속하도록 하고 있었고, 탄핵의 소추를 받은 자는 헌법재판소의 파면의 재판의 선고에 의하여 파면되도록 규정하였다. 그리고 정당이 해산을 명하는 헌법재판소의 판결을 받은 때에는 즉시 해산되도록 하였다(헌법재판소법 제22조 제3항-제5항).

제1항~제4항).

이러한 제3공화국 당시의 헌법재판제도를 특징짓는 것은 역시 대법원이 위헌법률심판권을 담당하였던 점이다. 그러나 당시에 대법원의 위헌법률심판권이 활발하게 이용되었던 것은 아니었으며, 대법원이 국가배상법 제2조 제1항 단서(군인, 군무원 등에 대한 국가배상청구권의 제한)에 대하여 위헌판결을 내렸을 때 정부와 대법원 사이에 심각한 갈등이 빚어지기도 하였다.[15]

Ⅳ. 제4공화국 헌법상의 헌법재판제도

제4공화국 헌법 하에서는 대통령·국회·대법원장이 각각 3인씩 지명하는 9인의 위원으로 **헌법위원회**가 구성되었으며, 이러한 헌법위원회가 위헌법률심판, 탄핵심판, 위헌정당해산심판을 담당하였다(제4공화국 헌법 제109조 제1항~제3항).

유신헌법 당시의 헌법위원회는 제1공화국의 헌법위원회와 명칭은 같지만, 그 구성방식이나 권한범위, 활동의 내용 등에서 적지 않은 차이를 보이고 있었다. 위헌법률심사권만을 담당하였던 제1공화국의 헌법위원회와 비교할 때 그 권한이 확대된 것이라고 할 수 있으나, 실제 그 권한이 행사된 바는 없었고, 「휴면기관」이라는 비아냥까지 있었다.

헌법위원회의 위원으로는 20년 이상 판사·검사 또는 변호사의 직에 있던 사람뿐만 아니라 대통령·국회의장·대법원장·국무총리·국무위원·법제처장의 직에 있던 사람 등과 20년 이상 경력의 법률학교수도 위원으로 임명될 수 있었으며(1973년 헌법위원회법 제3조 제1항), 임기는 6년으로 정해져 있었다(제4공화국 헌법 제110조 제1항, 헌법위원회법 제5조).

9인의 위원 중 1인만이 상임이었고, 나머지는 모두 명예직으로서 비상임이었다. 상임위원은 위원 중에서 대통령이 임명하였고, 위원장이 사고로 인하여 직무를 수행할 수 없을 때에는 상임위원이 그 직무를 대리하도록 하였다(헌법위원회법 제7조, 제10조).

헌법위원회는 위원 7인 이상의 출석으로 심리하도록 하였고, 법률의 위헌결정·탄핵의 결정 또는 정당해산의 결정을 할 때에는 위원 6인 이상의 찬성으로, 그 이외의 결정은 출석위원 과반수의 찬성으로 행하도록 하였다(제4공화국 헌법 제111조 제1항, 헌법위원회법 제9조).

법원에서 법률의 위헌 여부의 결정을 헌법위원회에 제청하였을 때에는 당해 사건의

15) 국가배상법 제2조 제1항 단서에 대한 대법원의 위헌판결(**대법원 1971.6.22. 선고 70다1010 판결**)에 대하여 당시 박정희 대통령은 세 가지 반응을 보였다. 첫째, 동조항에 대하여 위헌의견을 냈던 대법관 전원을 재임용에서 탈락시킴으로써 사법부의 독립을 침해하는 모습을 보였다. 둘째, 1972년 유신헌법의 제정을 계기로 대법원의 위헌법률심판권을 박탈하여 헌법위원회로 이관시켰다. 셋째, 대법원에 의하여 위헌으로 판결되었던 국가배상법 제2조 제1항 단서의 내용을 1972년 유신헌법에 삽입함으로써 더 이상 이를 위헌으로 판단하지 못하도록 만들었다. 그 결과 유신헌법 시대에는 대법원이 정부에 의해 철저히 길들여지는 태도를 보이기도 하였다.

재판이 정지되도록 하였고, 헌법위원회가 위헌법률심판의 제청을 수리하였을 때에는 대법원이 각급법원에 대하여 당해 법률을 적용하여야 할 사건의 재판을 정지하게 하도록 규정하였다(헌법위원회법 제13조 제1항, 제2항).

위헌결정이 내려진 법률은 역시 결정이 있는 날로부터 효력을 상실하도록 하였으며, 형벌에 관한 조항만을 예외적으로 소급하여 효력을 상실하도록 하였다(헌법위원회법 제18조 제1항).

V. 제5공화국 헌법상의 헌법재판제도

제5공화국 헌법 하에서의 헌법재판제도는 제4공화국 하에서의 헌법재판제도와 기본적으로 같았다. 헌법위원회에서 위헌법률심판, 탄핵심판, 정당해산심판을 담당하도록 하고 있었던 점도 그러하며, 헌법위원회의 구성방식이나 임기도 달라지지 않았다. 또한 헌법위원회의 의결정족수조차 달라진 점이 없었다(제5공화국헌법 제112조~제114조).

다만 법률이 정하는 바에 따라 연임이 가능하다는 명문의 규정이 첨부되었다는 점이 헌법규정상의 변화라고 할 수 있으며(제5공화국헌법 제113조 제1항 후단), 위원의 자격과 관련하여 헌법위원회법에서 15년 이상 판사, 검사, 변호사 또는 법률학조교수 이상의 직에 있던 자로 하여금 헌법위원회의 위원이 될 수 있도록 한 것도 작은 변화라고 할 수 있을 것이다(1982년 헌법위원회법 제3조 제1항).

그러나 제도의 면에서나 실제 운용의 면에서나 제5공화국 당시의 헌법위원회가 제4공화국의 헌법위원회와 다른 점은 거의 없었다고 평가될 수 있다.

VI. 현행헌법상의 헌법재판제도

1987년 헌법개정을 통해 도입된 헌법재판소는 독일의 헌법재판소를 모델로 하여 위헌법률심판, 헌법소원심판, 권한쟁의심판, 탄핵심판, 위헌정당해산심판 등에 관하여 포괄적이고 강력한 권한을 갖는 기관으로 구성되었다.

그러나 현행헌법상의 헌법재판소에는 추상적 규범통제가 인정되지 않고 있으며, 헌법의 최종적 해석에 관한 권한이 배제되고 있으며, 그 밖에도 헌법소원의 대상에서 법원의 판결이 빠져 있는 등 -독일의 연방헌법재판소나 제2공화국 헌법상의 헌법재판소에 비하면- 그 권한범위가 상대적으로 약하게 나타나고 있는 측면도 있다.

하지만 지난 30여년 동안 헌법재판소가 헌법규범의 활성화에 기여한 바는 크다고 할 수 있으며, 헌법재판소의 권위가 신장되면서 헌법재판의 비중 또한 커지고 있다.

제3절 헌법재판소의 헌법상의 지위

Ⅰ. 헌법재판의 의의와 기능

1. 헌법재판의 제도적 의의

헌법재판의 의의는 종래 정치적 세력관계에 의하여 결정되던 것들을 사법적 심사의 대상으로 끌어들였다는 데 있다.[16]

의회 내의 다수관계(즉 다수결원리)에 의하여 결정되던 사항들이 이제는 위헌법률심판의 대상이 됨으로써 사법적 판단을 통해 그 내용적 정당성을 확인받게 되었고, 국가기관들의 권한다툼도 역시 헌법재판소의 권한쟁의심판을 통해 해결될 수 있도록 하였다. 또한 헌법소원심판도 종래 사법심사의 대상 밖에 있던 것들을 상당부분 사법심사의 대상으로 끌어들이는 역할을 하였다.

이처럼 헌법재판은 고전적인 사법기능의 외연을 확장시키는 역할을 하였으며, 이를 통하여 법치의 강화 내지 실질적 법치주의의 실현, 나아가 비대해진 집행부에 대한 실질적 통제의 강화 등에 기여하고 있다.

그러나 헌법재판을 통한 사법기능의 확장에 대하여 비판적인 견해도 적지 않았다. 특히 국민주권이나 권력분립을 근거로 헌법재판에 대해 부정적인 견해를 보인 학자들이 상당수 있었다.

국민에 의해 직접 선출된 의회에서 민주적 정당성을 가지고 제정한 법률을 -그에 상응하는 민주적 정당성을 가지지 못하는- 헌법재판소에서 위헌으로 판단할 수 있다는 점에 대한 문제제기가 있는가 하면, 위헌법률심판이나 권한쟁의심판 등을 통하여 헌법재판소가 다른 국가기관들의 상급기관이 되는 사법국가화는 권력분립에 반한다는 주장도 있었다.

그러나 이러한 견해는 오늘날 더 이상 타당하지 않다. 국민주권을 국민의 의사에 의한 직접적인 통치로 이해하는 것이 불가능한 현대적 정치현실을 전제할 때, 국민주권이 -비록 국민에 의해 직접 선출되었다고는 하지만- 의회 및 의회에서 제정된 법률에 의해서 실현된다고 볼 수는 없다. 그렇기 때문에 국민주권을 이유로 법률에 대한 헌법적 통제를 부정하는 것은 정당하지 않다.

또한 권력분립도 법률의 우위를 중심으로 하는 고전적인 시민적·자유주의적 법치주의의 관점에서가 아니라 현대적인 실질적 법치주의의 관점에서 새롭게 이해되어야 한다. 따라서 단순히 권력의 분할과 독립만이 권력분립의 목적은 아니다. 오히려 권력분

---

16) 이러한 평가는 물론 헌법재판작용의 본질을 사법작용으로 이해하는 것을 전제한다. 헌법재판작용의 성질에 대한 논의에 관하여는 앞의 「제3권 제2부 제4장 제1절 Ⅱ. 사법작용으로서의 헌법재판작용」 참조.

립의 기본적 목적은 국민의 기본권보장에 있다고 보아야 할 것이다.

이렇게 볼 때, 무엇보다 헌법 및 그 안에 구체화되어 있는 기본권규정들의 우위를 중심으로 헌법적 요청을 국가질서 속에 관철시키는 헌법재판이 권력분립의 부정이나 파괴로 이해될 수는 없을 것이다. 오히려 **헌법재판의 제도적 의의**는 실질적 법치주의의 실현을 위하여 필요한 '규범의 내용적 정당성'을 확보하기 위한 수단이라는 점에, 그리고 이를 통하여 기본권보장을 강화 내지 실질화시킨다는 점에 있다고 할 수 있다.[17)]

2. 헌법재판의 기능

헌법재판의 기본적 역할은 다양한 헌법적 분쟁에 대한 사법적 판단을 통하여 (사법의 외연을 확장시키면서) 법의 이념을 실현시키는 데 있다고 할 수 있다.

이를 다시금 세분하여 헌법재판의 기능을 여러 가지로 분류하기도 한다. 예컨대 헌법재판의 기능을 ① 민주주의이념구현의 기능, ② 헌법질서수호의 기능, ③ 기본권보장의 기능, ④ 소수자보호의 기능, ⑤ 정치적 평화유지의 기능, ⑥ 연방제유지의 기능으로 나누는 견해가 있는가 하면,[18)] 이를 ① 헌법보호기능, ② 권력통제기능, ③ 자유보호기능, ④ 정치적 평화보장기능으로 간단히 정리한 예도 있다.[19)]

나아가 헌법재판의 기능을 세분화하여 ① 헌법수호와 실질적 국민주권의 보장기능, ② 권력통제와 소수자보호기능, ③ 헌법재판의 역사적 기능, ④ 헌법재판의 창조적 기능, ⑤ 헌법재판의 정치적 기능(정치체제의 균형적 유지기능, 정치적 분쟁의 평정기능, 정권교체와 개혁의 정통성 확립기능), ⑥ 헌법재판의 사회통합기능, ⑦ 헌법재판의 헌법본질에 대한 심층적 교육기능, ⑧ 혁명과 급격한 정치 · 사회변동을 방지하는 국가형성기능으로 분류하는 학자도 있다.[20)]

이처럼 학자에 따라 헌법재판의 기능이 다양하게 분류되지만, 그 분류의 세분화에 차이가 있을 뿐이고 실질적인 내용은 큰 차이를 보이지 않고 있다.

3. 헌법재판의 한계

헌법재판의 본질을 사법작용으로 이해할 경우에는 사법작용으로서의 한계가 문제된다. 따라서 사법작용의 한계로 인정되는 사법본질상의 한계, 권력분립적 한계, 실정헌법상의 한계 및 국제법적 한계 등은 헌법재판에 대해서도 똑같이 적용되는 것이 원칙이다.[21)]

---

17) 이와 관련하여 사법적극주의와 사법소극주의가 논란된 바 있다. 개념의 정의와 관련하여 견해의 대립이 있기는 하지만 대체로 사법적극주의란 사법부가 적극적인 헌법해석 및 법률해석을 통하여 정책형성에 개입하는 것을 지칭하며, 사법소극주의는 헌법이란 법률규정을 좁게 해석함으로써 판결이 정책에 영향을 미치는 것을 가급적 회피하려는 태도를 지칭한다. 이에 관하여 상세한 것은 임지봉, 사법적극주의와 사법권독립, 2004, 20쪽 이하 참조.

18) 권영성, 헌법학원론, 2010, 1115쪽 이하.

19) 허영, 한국헌법론, 2025, 943쪽 이하.

20) 조병윤, 헌법재판의 의의와 기능, 「김철수교수 화갑기념논문집」, 1993, 3~21쪽.

21) 사법작용의 한계에 관하여는 앞의 「제3권 제2부 제4장 제4절 Ⅱ. **사법작용의 한계**」 참조.

그러나 법원이 아닌 헌법재판소가 헌법재판을 담당하도록 하는 경우에는 정치적 사건에 대하여 –미국식 사법심사를 채택하고 있는 경우보다– 적극적인 자세를 취하는 경향이 있다. 그것은 일반법원과 달리 헌법재판소는 헌법적 분쟁을 전담하는 기관이며, 헌법적 분쟁 자체가 상당한 정도의 정치적 파급효를 가질 수밖에 없는 것이므로 이를 고려하여 헌법재판소의 구성이나 심판절차 등이 형성되었기 때문이라고 할 수 있다.

반면에 헌법재판의 본질을 사법작용이 아닌 다른 것(예컨대 제4의 국가작용)으로 이해할 경우에는 헌법재판의 한계 문제는 제도본질적인 것이라기보다는 헌법재판의 기능과 실효성을 높이기 위한 정책적 고려의 산물로 본다. 즉 사법작용의 본질로부터 나오는 한계를 헌법재판에 그대로 적용시켜야 한다는 논리는 성립될 수 없는 것이다. 그 결과 헌법재판의 대상에서 제외되어야 하는 국가작용의 분야는 있을 수 없다는 주장을 하고 있다.[22)]

Ⅱ. 헌법재판소의 사법기관으로서의 지위

1. 사법기능의 담당자로서의 헌법재판소

현행헌법이 헌법재판소제도를 도입하면서 헌법재판작용의 법적 성격에 관한 논의가 국내에서도 활발하게 전개되었다. 이와 관련하여 사법작용설, 제4의 국가작용설 등이 대립하고 있으며,[23)] 이러한 논의는 헌법재판소의 성격 내지 헌법상 지위에 대한 이해와도 밀접한 관련을 가지고 있다.

헌법재판작용을 사법작용으로 이해할 경우에는 이를 담당하는 헌법재판소는 사법기관이 되며, 사법기관으로서의 여러 가지 특성을 요구받게 된다. 반면에 헌법재판작용이 사법작용이 아닌 다른 성질의 국가작용이라면, 그 국가작용의 성질에 부합하는 기관구성의 방식 및 활동방식이 헌법재판소에 요구될 것이다.

이런 맥락에서 볼 때, 헌법재판작용의 성격을 사법작용으로 이해하는 전제가 정당하다면, 헌법재판소를 사법기능의 담당자, 즉 사법기관으로 이해하는 것 또한 정당하다고 볼 수 있다. 비록 현행헌법이 법원과 헌법재판소를 각기 독립된 장에서 규정하고 있고, 또 헌법 제101조 제1항에서 사법권이 법원에 속한다고 명시함으로 인하여 헌법재판소가 사법작용과는 구별되는 특수한 작용을 담당하는 듯한 외관을 보이는 것도 사실이지만,[24)] 전체적으로 볼 때 헌법재판소는 사법기관으로 이해되는 것이 합리적이다. 그것

---

22) 허영, 한국헌법론, 2025, 952쪽 이하. 이처럼 정책적 한계를 인정할 경우에도 헌법재판이 정치문제에 너무 깊이 관여하지 않는 것이 타당하다고 보고 있다.

23) 헌법재판작용의 성격에 관한 논의에 관하여는 앞의 「제3권 제2부 제4장 제1절 Ⅱ. **사법작용으로서의 헌법재판작용**」 참조.

24) 이것은 또한 헌법재판소의 관할사항인 위헌법률심판, 탄핵심판, 정당해산심판, 권한쟁의심판, 헌법소원심판이 다른 국가기관들에 강력한 통제력을 미칠 수 있는 사항이라는 점에서 설득력을 가질 수 있다. 즉 헌법재판소의 헌법재판작용은 헌법규정상의 위치나 그 권한범위 등에 비추어 고전적인 사법작용과는 구별되는 점들이 적지 않다.

은 세 가지 측면에서 확인될 수 있다.

첫째, 법치를 중심으로 한 권력분립 자체가 입법, 집행, 사법 이외에 −적어도 아직까지는− 다른 특별한 기능을 알지 못하고 있다. 만일 새로운 국가기능을 추가하여 4권분립을 만드는 것이 더 합리적이라면, 제4의 국가작용이 기존의 3개 국가작용과 구별되는 특성이 무엇인지를 먼저 밝히고, 그에 상응하는 국가기관의 구성과 활동의 독자성을 설명할 수 있어야 할 것이다.[25]

둘째, 현행헌법과 헌법재판소법에 따른 헌법재판소의 조직과 구성 및 활동에 있어서도 「헌법재판소 재판관에 대한 엄격한 법관자격의 요청」,[26] 「외부로부터의 인적·물적 독립의 확보」,[27] 「사법적 절차를 통한 공정한 재판의 보장」[28] 등 전통적인 사법기관인 법원과 유사한 측면이 오히려 더 많다.

셋째, 마치 양원제 국가에서 입법권을 상원과 하원이 분장하는 것처럼, 헌법재판소제도를 두고 있는 국가에서 사법권을 법원과 헌법재판소가 분장하는 것도 결코 권력분립체계상 문제를 발생시키지 않는다.[29]

이와 같이 헌법재판기능을 일종의 사법기능으로 이해하는 전제 위에서 헌법재판소는 사법기관으로 이해된다. 그리고 그 결과 헌법재판소의 구성과 활동에 있어서는 사법기관으로서 독립성 확보 및 재판의 공정성과 중립성이 무엇보다 강조된다. 즉, 헌법재판소의 독립성의 확보는 단순히 입법정책적 고려에 의해 인정될 수도, 부정될 수도 있는 것이 아니라 그 본질상 당연히 전제되어야만 하는 것이다.[30]

마찬가지로 헌법재판의 절차 및 심판기준도 사법으로서의 특성에 부합되어야 할 것이다. 심판절차의 객관성과 공정성, 당사자간의 평등의 확보 등이 강조될 뿐 아니라, 헌법재판소의 결정도 원칙적으로 정치적 고려가 아닌 법적 기준에 따라 내려져야만 하는 것이다.[31]

---

25) 국가기능을 기본적으로 입법·집행·사법으로 나누어 검토하는 것은 이러한 국가의 기본기능들이 각기 구별되는 특성을 갖고 있으며, 이러한 특성에 부합되도록 국가기관들을 상이하게 구성하여야 한다는 데 그 실질적 의의가 있다. 따라서 헌법재판이 사법작용이냐 아니면 제4의 국가작용이냐를 따지는 것도 결국 헌법재판소의 구성방식 및 권한부여 등과 불가분의 관계에 있다고 볼 때, 사법과 구별되는 헌법재판의 특성을 해명하지 못할 경우에는 이를 독자적인 국가작용이라고 주장하는 것도 무리일 것이다.

26) 헌법 제111조 제2항, 헌법재판소법 제5조.

27) 헌법 제112조 제2항, 제3항, 제113조 제2항, 헌법재판소법 제4조, 제8조, 제9조, 제10조.

28) 헌법재판소법 제22조 이하, 특히 제40조.

29) 이런 맥락에서 헌법 제101조 제1항에서 사법권을 법원에 인정하고 있다는 것이 헌법재판작용의 사법적 성격을 부인하는 논거가 될 수 없다는 점도 지적될 수 있다. 기능분립으로서의 권력분립은 입법·집행·사법의 중심적 기능들을 각기 국회·정부·법원에 맡기고 있지만, 그것은 입법·집행·사법의 기능을 국회·정부·법원이 각기 독점함을 의미하는 것도 아니고, 또 국회·정부·법원이 순수하게 입법·집행·사법의 기능만을 수행함을 의미하는 것도 아니기 때문이다.

30) 물론 헌법재판소 재판관임명에 있어서 정치적 영향력이 미치고 있다는 점이 문제될 수는 있다. 그러나 그것은 헌법재판의 특성에 따른 부분적인 변화로 이해되어야 할 것이며, 역으로 그러한 영향력을 최소화시킬 수 있는 재판관의 신분보장이 그와 더불어 문제되는 것이다. 유사한 고려는 미국 연방대법관의 임명에서도 확인될 수 있다.

2. 헌법재판소와 (대)법원의 관계

사법기능을 분장하고 있는 사법기관으로서 헌법재판소와 (대)법원은 현행헌법상 특별한 관계에 있다. (대)법원과 국회의 관계, (대)법원과 정부의 관계, 혹은 헌법재판소와 국회의 관계, 헌법재판소와 정부의 관계는 삼권분립의 틀 안에서 설명될 수 있는 것이다. 하지만 (대)법원과 헌법재판소의 관계는 그러한 것들과는 구별되는 매우 독특한 것이다.

첫째, (대)법원과 헌법재판소는 사법기능을 나누어 담당함으로써 일정한 업무를 분담하고 있으며, 이를 통한 **기능적 협력관계**에 있다. 예컨대 법원이 재판에 적용되어야 할 법률을 스스로 무효화시키거나 배제하는 것은 가능하지 않기 때문에 법률의 위헌 여부에 대한 판단은 헌법재판소에 의존하여야 한다. 하지만 위헌법률심판에 있어서 법원은 제청권을 가지고 있으며, 법원의 제청이 없으면 헌법재판소의 위헌법률심판 자체가 가능하지 않다.[32]

둘째, 현행헌법상 (대)법원과 헌법재판소는 일정한 경우에 중첩적인 권한을 가지고 있음으로 인하여 일정한 사안에 있어서는 **경쟁관계**에 놓이게 된다. 예컨대 현행헌법 제107조 제2항은 대법원에게 명령·규칙의 위헌·위법에 대한 심사권을 부여하고 있다. 하지만 헌법재판소는 위헌적인 명령·규칙에 의하여 기본권이 침해되었을 경우, 이에 대한 헌법소원심판권을 행사하고 있다.[33] 결국 명령·규칙의 위헌성에 대한 대법원과 헌법재판소의 심판권이 경합되고 있으며, 이를 통한 권한의 경합 및 경쟁관계가 나타나는 것이다.[34]

셋째, (대)법원과 헌법재판소는 현행법상 권한범위가 합리적으로 규정되고 있지 않음으로 인하여 **갈등관계**를 보이기도 한다. 예컨대 헌법재판소의 변형결정의 구속력을 둘러싼 대법원과 헌법재판소 사이의 갈등,[35] 또는 법원의 재판에 대한 헌법소원의 배제[36]로 인하여 발생되는 여러 가지 문제점 등이 이에 해당된다고 볼 수 있을 것이다.

이와 같이 여러 가지 형태로 나타나고 있는 (대)법원과 헌법재판소의 관계는 앞으로 많은 개선이 필요할 것이다. 기능적 협력관계를 유지·발전시키는 것은 필요하지만, 국가기관간의 경쟁과 갈등은 국민을 위해 바람직하지 않기 때문이다. 어떤 국가기관이 어떤 권한을 담당하느냐 하는 문제는 항상 국민을 위해 어느 쪽이 도움이 되는지를 기

---

31) 물론 통치행위에 대한 사법적 판단의 자제 등은 예외가 될 수 있다.

32) 과거 제4공화국과 제5공화국 당시(1972~1987)에는 대법원의 위헌법률심판제청이 없음으로 인하여 위헌법률심판제도가 유명무실해진 바 있으며, 이에 대한 우려로 헌법재판소법 제68조 제2항에 의한 이른바 위헌소원이 탄생한 것이다. 이에 관하여는 아래의 「제3부 제5장 제5절 Ⅱ. 5. **특수형식의 위헌법률심판으로서의 위헌소원**」 참조.

33) **헌재 1990.10.15. 89헌마178 결정** 참조.

34) 그 결과 동일 사안에 대해 대법원과 헌법재판소가 각기 법적 판단을 내릴 가능성이 있으며, 자칫 사법의 불일치가 발생될 우려도 적지 않다.

35) 변형결정에 관하여는 아래의 「제5절 Ⅱ. 4. (2) **위헌법률심판의 결정유형과 변형결정의 효력**」 참조.

36) 재판소원에 관하여 상세한 것은 아래의 「제5절 Ⅵ. 2. (3) **사법작용에 대한 헌법소원**」 참조.

준으로 판단하여야 하며, 국가기관의 이해관계에 따라서 결정될 수 있는 문제가 아니라는 점에 유의하여야 할 것이다.

하지만 여기서 기본적으로 전제되어야 할 것은 대법원과 헌법재판소는 상하관계에 있는 것이 아니라 권력분립의 체계 내에서 각기 고유한 기능을 담당하고 있는 헌법기관(국가최고기관)들이라는 점이다.

Ⅲ. 헌법재판소의 헌법기관성

1. 헌법기관의 의미

헌법재판소는 입법기능의 담당자인 국회, 집행부의 수반인 대통령, 그리고 최고법원인 대법원과 함께 **국가최고기관** 또는 **헌법기관**으로 지칭된다. 이러한 국가기관들을「국가최고기관」또는「헌법기관」이라고 부르는 것은, 이들이 다른 국가기관에 종속되어 있지 않고, 권력분립의 체계상 독자적인 기능과 권한을 담당하고 있다는 것 때문이다.

국가 내에 최고기관은 하나밖에 있을 수 없다고 생각하여 국가원수이자 집행부의 수반인 대통령만이「국가최고기관」이라고 보는 경우도 있지만, 이러한 견해는 권력분립을 사실상 부정하는 것이 되기 때문에 곤란하다. 또한「헌법기관」이라는 용어를 헌법에 명시되어 있는 국가기관이라는 의미로 사용하는 경우도 있다. 이렇게 볼 때에는 국회의원이나 국무총리, 국무회의, 감사원 등도 헌법기관이라고 할 수 있다. 그러나 권력분립상 독자적인 기능과 권한 및 책임을 부여받고 있는 헌법기관은 입법기능의 담당자인 국회, 집행부의 수반인 대통령, 사법기능의 최고책임자인 대법원과 헌법재판소로 한정되는 것이다.[37)]

이런 의미에서 헌법기관은 '단순히 헌법에 의해 직접 언급되고 있을 뿐만 아니라 그 존재와 지위 및 권한이 헌법에 의해 직접 규정되며, 그 존재와 활동을 통해 국가질서형성의 핵심부분에 참여하는 기관'이라고 할 수 있을 것이다.

2. 독립된 헌법기관으로서의 헌법재판소

이런 맥락에서 살펴볼 때 현행헌법상의 헌법재판소를 독립된 헌법기관으로 보는 데에는 아무런 문제가 없다고 말할 수 있다. 헌법재판소는 헌법에 의해 직접 구성된 기관으로서 다른 어떤 국가기관에도 제도적으로 종속되어 있지 않으며 헌법에 의하여 독자적인 기능과 권한을 직접 부여받고 있는 것이다.

그러나 간혹 헌법재판소의 헌법기관성은 다른 측면에서 문제되기도 한다. 즉 헌법

37) 중앙선거관리위원회는 조직상 다른 국가기관으로부터 독립되어 있는 헌법상의 기관이다. 그러나 그 위치가 국회나 대통령, 법원 또는 헌법재판소와 대등한 것이라고 하기는 어렵다. 중앙선거관리위원회가 담당하고 있는 기능이 권력분립의 체계상 입법, 집행, 사법과 대등한 또 하나의 국가기능이라고 보기에는 적절치 않으며, 그 성질상 집행기능에 속하는 것을 단지 객관적이고 공정한 선거관리를 위하여 조직을 독립시켜 놓은 것에 지나지 않기 때문이다. 이에 관하여 상세한 것은 앞의「제3권 제3부 제3장 제5절 Ⅰ. **제도적 의의**」참조.

재판소는 포괄적인 권한의 행사를 통하여 다른 국가기관들에 대해 강력한 통제력을 발휘할 수 있는 위치에 있다는 것 때문에 이른바 '사법국가화' 경향이라는 논의와 함께 헌법재판소가 사실상 다른 모든 국가기관의 상위에 있는 유일한 국가최고기관이 아닌가 하는 물음까지도 제기되고 있는 것이다.[38]

이 문제는 오늘날 권력분립에 대한 이해를 통하여 해결되고 있다. 모든 국가기능 및 이를 담당하는 기관들의 권한은 그 자체로서 절대적일 수 없다. 민주국가에서 절대적 권위를 주장할 수 있는 것은 오직 주권자인 국민뿐인 것이다.[39] 그러므로 헌법재판소를 포함한 모든 국가기관들은 국민에게 봉사하는 위치에서 한편으로는 헌법에 의해 부여된 기능을 성실히 수행함으로써, 다른 한편으로는 다른 기관들의 성실한 기능수행을 감시·통제함으로써 전체로서의 헌법질서가 올바르게 형성·유지되도록 하는 데에서 그 존재의의를 찾아야 한다.[40]

한 국가기관이 헌법상 동등한 지위를 인정받고 있는 -즉 헌법상의 명문규정에 의해 기능과 조직상의 독립성이 인정되고 있는- 다른 국가기관에 대하여 사실상 우월하다고 주장하는 것은 헌법적으로 무의미할 뿐 아니라, 때로는 유해한 것이다.

3. 헌법재판소의 헌법기관성의 실질적 의미

헌법재판소를 독립된 헌법기관으로 인정하는 것은 몇 가지 현실적 문제와 연결된다. 예컨대 1950년대에 독일에서 연방헌법재판소의 헌법상의 지위에 대하여 많은 논의가 전개되던 당시, 연방헌법재판소는 자신의 헌법기관성을 주장하면서 다음과 같은 권리들을 그로부터 도출하였다:

① 학문적 보조인력 및 법관이 아닌 공무원들의 인사권을 포함한 자율적 행정권
② 독자적인 예산편성·지출권
③ 재판소구성원의 특수한 지위를 인정함으로써 일반공무원법의 적용 배제
④ 연방대통령, 연방의회, 연방참사원 등 다른 헌법기관과의 동등성

이 문제의 해결은 헌법이 정하고 있는 권력분립의 틀 안에서 헌법재판소가 어떠한 기능을 담당하고 있으며, 그러한 기능을 올바르게 수행하기 위하여 어떠한 지위가 보장되어야 하는가에 달려 있었다. 결국 독일에서 이 문제는 입법과 연방헌법재판소의 사무규칙 등에 의하여 대부분의 요청이 명문화됨으로써 해결되었다.

---

38) 이는 일반적으로 부정되고 있다. 권영성, 헌법학원론, 2010, 1129쪽; 김철수, 헌법학개론, 2007, 1653쪽 참조. 또한 허영교수는 최고기관성에 대한 논의 자체를 불필요한 것으로 보고 있다(한국헌법론, 2025, 955쪽).

39) 그러나 주권자인 국민은 추상적·이념적 통일체일 뿐, 구체적 행동통일체는 아니므로(권영성, 헌법학원론, 2010, 132쪽; 김철수, 헌법학개론, 2007, 190쪽 이하; 허영, 한국헌법론, 2025, 173쪽) 국민에 의한 절대적 권력의 사실적 행사는 있을 수 없다.

40) 헌법재판소는 기존의 권력분립체계를 변형시키는 새로운 권한과 기능들을 담당하면서 국회-정부-법원에 대한 강력한 통제기관으로 자리하게 되었다. 그러나 헌법재판소가 타국가기관과의 관계 속에 주장할 수 있는 독립성과 헌법기관성은 일방적인 종속이 아닌 상호견제와 균형을 통해 독립성과 최고성을 확보한다는 의미이지, 타국가기관에 대한 헌법재판소의 일방적인 우위를 의미하는 것은 아니다.

또한 우리 헌법과 헌법재판소법도 유사한 규정들을 도입함으로써 헌법재판소의 헌법기관성을 분명히 하고 있다. 즉 헌법재판소의 규칙제정권,[41] 예산의 독립편성,[42] 헌법재판소장 및 재판관들의 대우[43] 등을 통하여 헌법재판소의 헌법기관(국가최고기관)으로서의 지위를 간접적으로 밝히고 있는 것이다.

제 4 절 헌법재판소의 구성과 조직

Ⅰ. 헌법재판소의 인적 구성

헌법재판소가 사법기관이며, 독립된 헌법기관이라는 것을 밝히는 것은 또한 헌법재판소의 인적 구성, 즉 헌법재판소 재판관이 어떻게 임명되어야 할 것인가의 문제와도 밀접한 관련을 갖는다.

헌법재판기능이 사법기능으로 이해될 경우 헌법재판소 재판관은 사법적 판단에 적합한 전문성과 공정성을 갖추고 있는 인물이어야 할 것이며, 헌법재판소의 헌법기관성을 인정하는 것은 곧 헌법재판소 재판관 역시 그에 상응하는 권위와 정당성을 부여받아야 함을 전제하는 것이다.[44]

1. 헌법재판의 민주적 정당성과 재판관의 선임

헌법재판작용은 입법, 집행 등의 국가활동에 대한 강력한 통제기능을 통하여 국가질서형성의 기본방향을 결정하는 데 커다란 영향을 미치는 작용이다. 이러한 헌법재판은 국가의 기본법인 헌법을 모든 국가기관이 준수하도록 요청하는 것이라는 점에서 헌법보장 내지 실질적 법치주의 실현의 중요한 수단으로 인정되고 있다. 그러나 다른 한편으로는 헌법재판에 대하여 부정적으로 보는 시각도 없지 않다. 즉, 민주국가에서 국민으로부터 직접 정당성을 부여받은 의회나 정부의 행위를 어떻게 헌법재판소가 무효화하고 통제할 수 있는지가 문제되는 것이다.

이 문제는 헌법재판소가 헌법기관으로서 갖는 정당성으로 대답될 수밖에 없다. 이러한 정당성은 일차적으로 헌법재판소가 타국가기관에 대하여 행사하는 통제권한이 국민에 의해 제정된 헌법에 의해 직접 부여된 것이라는 점에서 찾을 수 있다. 그러나 그

41) 헌법 제113조 제2항, 헌법재판소법 제10조.
42) 헌법재판소법 제11조.
43) 헌법재판소법 제15조.
44) 이러한 헌법재판소의 인적 구성에 관한 문제는 헌법재판소의 재판관을 어떠한 방식으로 선임하여야 하는가의 문제에서 시작하여 선임된 재판관들의 활동에 있어서의 객관성과 공정성을 확보하기 위한 제도적 장치, 나아가 헌법재판소의 결정이 효율성을 가질 수 있기 위하여 헌법재판소 재판관들에게 어떤 자격이 요청되느냐의 문제를 포괄한다.

것만으로 헌법재판소의 모든 활동의 정당성을 확보하는 데에는 충분치 못하다. 의회나 정부가 그 구성(즉 국회의원선거 및 대통령선거)에 있어서 국민으로부터 정당성을 부여받듯이, 헌법재판소의 구성(즉 재판관의 선출)에 있어서도 민주적 정당성을 확보할 수 있는 방법을 모색하게 되는 것은 바로 그 때문이다.

그러나 사법기능을 담당하는 전문법관들을 국민이 직접 선출함으로써 민주적 정당성을 부여하는 방법은 현실적으로 채택되기 어렵다. 따라서 대부분의 국가들에 있어서는 국민이 직접 선출한 대표자가 헌법재판담당기관을 구성하도록 함으로써 간접적으로 민주적 정당성을 확보하도록 하고 있다.[45)]

현행헌법은 이와 관련하여 헌법재판소 재판관을 국회, 대통령, 대법원이 각각 3인씩 선임하도록 규정하고 있다(제111조 제2항, 제3항). 이러한 선임방법은 일견 타당한 것으로 보일 수 있다. 입법 – 집행 – 사법의 고전적인 담당기관들이 헌법재판소의 구성에 동등하게 참여함으로써 한편으로는 국회 – 정부 – 법원의 균형이 유지되고 있으며, 다른 한편으로는 헌법재판소가 어느 한 국가기관에 의해 좌우되지 않고 중립적인 위치에서 활동할 수 있도록 보장하는 것으로 생각할 수 있기 때문이다.

그러나 조금만 더 깊이 고찰해 보면 이러한 생각이 피상적인 것에 그치고 있음을 쉽게 확인할 수 있다. 오늘날 정당국가화 경향에 따라 행정부와 여당이 사실상 연결되어 있음을 생각할 때, 그리고 대법원장 및 대법관 임명권을 통해 대통령이 대법원에 대해 행사할 수 있는 사실상의 영향력을 고려해 보면, 이와 같은 국회-정부-법원 사이의 형식상의 균형은 실질적으로는 전혀 무의미하다고 지적될 수 있는 것이다.[46)]

결국 기존의 국가기관들 사이의 균형을 유지하면서 헌법재판소의 재판관임명에 평등하게 관여한다는 도식적 사고는 헌법재판소의 기능 및 위상에 부합되는 해결이 될 수 없다. 헌법재판의 기능이 적정하게 수행될 수 있도록 담보하면서 헌법재판소의 최고성, 독립성, 중립성, 전문성, 그리고 민주적 정당성을 동시에 최대한 확보할 수 있는 임명방식이 추구되어야 한다.

이러한 맥락에서 현행헌법상의 선출방식 대신에 국회에서 헌법재판소 재판관 전원을 선출하도록 하는 방식,[47)] 또는 국회에서 6인, 대통령이 국회의 동의를 얻어 3인을 선출하는 방식[48)] 등이 대안으로 주장되고 있다.

---

45) 예컨대 독일 연방헌법재판소의 경우에는 의회에서(연방의회와 연방참사원) 헌법재판소 재판관 전원을 선임하도록 하고 있으며, 미국의 연방대법관 선임의 경우에는 대통령이 지명하여 의회의 인준을 거치도록 하고 있다.

46) 더욱이 대법원에 의한 헌법재판소 재판관의 선임은 -대법원 자신도 국민에 의한 직접적 정당성을 부여받지 못하고 있기 때문에- 헌법재판소의 민주적 정당성을 매개하기에도 부적합하다고 할 수 있다.

47) 계희열, 헌법재판의 제도적 고찰, 월간고시 1989.12, 67-82(71)쪽. 이러한 방식은 헌법재판소의 민주적 정당성을 확보하면서 대통령의 지나친 영향력을 견제하는 데 유리하다는 점이 강조될 수 있다.

48) 이욱한, 헌법재판의 성격과 재판관선출, 사법행정 1992.5, 33-43(43)쪽. 이러한 방식은 "국정수행에 있어서 주도적 역할을 담당하며 그에 상응하는 권리와 책임이 주어진 대통령을 헌법재판관을 선출하는 데 전혀 배제시킨다는 것은 체제파괴로 보여질 수 있다"는 점을 고려한 것이라고 주장된다.

2. 헌법재판의 공정성 · 중립성 및 재판관의 독립성과 임기의 제한

현행헌법 제112조 제1항에서는 "헌법재판소 재판관의 임기는 6년으로 하며, 법률이 정하는 바에 의하여 연임할 수 있다"고 규정하고 있다. 이러한 임기 및 연임의 문제는 재판관의 선임방식과 더불어 헌법재판의 중립성 및 독립성을 확보하는 데 중요한 의미를 갖는다.

실제로 헌법재판소 재판관 선임의 문제는 민주적 정당성의 매개와 더불어 또 하나의 중요한 문제와 결부되어 있다. 헌법재판소 재판관의 **독립성**과 **중립성**이 바로 그것이다.[49] 헌법재판소 재판관이 어떠한 방식으로 선임되느냐에 따라 재판관의 독립성과 중립성, 나아가 헌법재판기능 자체의 중립성과 공정성이 확보될 수도, 아니면 침해될 수도 있는 것이다.

그러나 민주적 정당성을 국민에 의해 직접 선출된 국가기관(즉 정치적 기관)을 통해 간접적으로 확보하는 방법은 재판관의 중립성 및 독립성의 확보와는 어느 정도 모순을 보일 수밖에 없다. 예컨대 미국 연방대법관의 경우처럼 대통령에 의해 지명되고 의회의 청문회를 통한 인준절차를 거치는 경우라 하더라도 그 임명이 정치적 고려에서 완전히 벗어나기는 어려운 것이다. 때문에 헌법재판소 재판관, 나아가 헌법재판기능 자체의 중립성과 독립성을 확보할 수 있기 위하여는 선임방식의 문제와 아울러 선임된 재판관들에 대한 철저한 신분보장, 그리고 임기제도의 합리적 규율이 매우 중요한 의미를 갖게 된다.

헌법재판소 재판관에 대한 **신분보장**은 헌법 제112조 제3항과 헌법재판소법 제8조에 따라 탄핵결정이 된 경우, 또는 금고 이상의 형의 선고를 받은 경우가 아니면 파면되지 않도록 함으로써 확보되고 있다. 이러한 두터운 신분보장은 재판관의 독립성을 확보함으로써 공정하고 중립적인 헌법재판이 가능하도록 하는 데 그 의의가 있다.

반면에 **임기제도**가 갖는 의의는 정당성의 한정에 있다. 임기의 한정 없이 무제한의 정당성을 부여하는 경우에는 그만큼 통제의 가능성이 약화되며, 그 결과 직무담당자가 타성에 젖고 보수화되는 경향이 나타나게 된다. 임기제도는 이를 막기 위하여 일정한 기간을 임기로 정함으로써 -그리고 임기가 만료된 후에는 새로운 절차를 통하여 정당성을 회수 또는 갱신하도록 함으로써- 공직의 수행이 계속 국민의 의사와 이익에 부합되도록 만드는 것이다.

그러나 임기제도는 잘못 이용되면 오히려 공직의 적정한 수행에 대한 장애요인이 될 수도 있다. 임기로 인하여 공직수행의 능률성이 저해되는 측면도 있을 수 있고, 임기제도가 정당한 통제가 아닌 부당한 압력의 수단으로 이용되는 경우도 있을 수 있다.

---

49) 비록 헌법재판소법 제4조가 "재판관은 헌법과 법률에 의하여 그 양심에 따라 독립하여 심판한다"고 규정하고 있으며, 헌법 제112조 제2항과 헌법재판소법 제9조가 "(헌법재판소) 재판관은 정당에 가입하거나 정치에 관여할 수 없다"고 선언하고 있지만, 이러한 규정보다 더 중요한 의미를 갖는 것은 독립성과 중립성이 가능하도록 하는 실질적인 조건의 확보이다.

따라서 임기제도를 통한 정당성의 확보 · 갱신과 공직수행의 능률성 · 적정성의 긴장관계에 대한 적절한 배려가 필요하다.

특히 헌법재판소의 경우에는 그 특수한 지위로 인하여 임기제도 및 연임제도가 특별한 의미를 갖게 된다. 즉 임기의 한정과 연임의 인정은 -현행헌법상 헌법재판소 재판관의 임명방식과 연결되어 기존의 재판관들이 새로운 임명절차를 거치도록 만듦으로 인하여- 결국 기존의 재판관들이 선임기관에 종속되게 하는 사실적 효과를 가져올 가능성도 있다는 것이다.

이와 관련하여 연임제도를 포기하고 종신제나 단임제를 도입함으로써 헌법재판소의 -선임기관으로부터의- 독립성과 중립성을 보다 강화시킬 수 있다는 점이 지적된다.[50] 예컨대 미국 연방대법원의 경우는 대법관들의 종신제를 통하여 임명권자인 대통령이 대법관들에게 미칠 수 있는 영향력을 최소화시키고 있으며, 독일 연방헌법재판소의 경우에는 임기를 늘려 12년 단임제로 함으로써 역시 헌법재판소 재판관들의 소신 있는 판결을 유도하고 있다.

물론 종신제나 단임제가 장점만 갖고 있는 것은 아니다. 종신제의 장점으로는 완전한 신분보장을 통한 독립성의 확보와 소신 있는 판결의 가능성을 들 수 있지만, 단점으로는 재판관들이 타성에 젖고 보수화될 가능성을 지적할 수 있다. 마찬가지로 단임제의 경우에도 연임에 신경 쓰지 않고 소신 있는 판결을 내릴 수 있게 하는 반면에, 단점으로는 업무의 계속성과 전문성을 저해할 가능성이 간과될 수 없다.

결국 이 문제는 과연 우리의 현재 상황에서는 어떤 제도가 더 바람직한가? 또는 어떤 제도가 더 적은 부작용을 가져올 수 있을 것인가? 라는 관점에서 답을 찾아야 할 것이다.

그렇게 볼 때, 적어도 우리의 현재 상황에서는 아직 종신제의 도입에 현실적으로 많은 문제가 있을 것으로 보인다. 헌법재판에 대한 충분한 경험의 축적을 통해 특정인이 종신으로 그 직을 맡기에 적당한지의 여부를 판단할 수 있는 기준들이 아직 형성되지 못하고 있다는 점 때문에 더욱 그러하다. 따라서 현실적인 대안은 역시 임기를 늘려 단임으로 하는 것이라고 할 수 있을 것이다.

3. 헌법재판의 전문성 · 효율성과 재판관의 자격

그 동안 상대적으로 덜 강조되어 왔지만, 재판관 및 재판소의 독립성과 중립성 못지않게 중요한 것이 헌법재판의 전문성과 효율성의 문제이다. 헌법재판소는 그의 관할에 속하는 헌법적 분쟁에 대하여 중립적인 위치에서 공정한 재판을 하여야 할 뿐 아니라, 그 분쟁을 신속하고 효율적으로 처리할 수 있는 전문적 능력을 갖추어야 하는 것이다.

이와 관련하여 헌법 및 헌법재판소법은 헌법재판소 재판관에 대하여 「법관의 자격」만을 요구함으로써[51] 이 문제를 매우 단순하게 취급하고 있다. 그러나 헌법재판의 중요

50) 계희열, 헌법재판의 제도적 고찰, 월간고시 1989.12, 67-82(72)쪽; 이욱한, 헌법재판의 성격과 재판관선출, 사법행정 1992.5, 33-43(42)쪽.

성 및 헌법재판의 특수성[52]을 고려할 때, 이 문제는 좀 더 비중 있게 다루어질 필요가 있다.

앞서 살펴본 바와 같이 헌법재판작용은 법적 기준에 따라 법적 판단을 내리는 사법작용의 일종이다. 따라서 헌법재판소 재판관에게 법관의 자격을 요구하는 것은 일견 당연하다고도 할 수 있다.

그러나 문제되는 것은 오늘날 사법의 전문성을 위해 전문법원의 설치가 점차 범세계적으로 확대되어 가고 있으며, 법관들의 전문적인 능력의 배양이 강조되고 있는데 반하여, 현재 우리나라의 법원조직이나 법관인사 등은 전문화의 측면에서 아직도 부족함이 많다는 점이다. 더욱이 그 동안 헌법재판이 활성화되지 않았던 과거의 경험으로 인하여 일반재판과는 구별되는 헌법재판의 특성이 아직도 많은 법조인들에게 생소한 상황이다.

따라서 헌법재판소 재판관의 선임에 있어서는 비단 재판관들의 독립성과 중립성뿐만 아니라 전문성과 관련하여서도 개선의 여지가 많다고 할 것이다.

이에 관하여는 그 동안 몇 가지 논의가 있어왔지만, 법관 및 사법연수원생에 대한 헌법교육의 강화, 그리고 일정한 범위(2-3인) 내에서 헌법학교수를 헌법재판소 재판관으로 선임하는 방법 등이 대안으로 지적될 수 있을 것이다.[53]

Ⅱ. 헌법재판소의 내부조직

1. 헌법재판소의 장

헌법재판소의 장은 국회의 동의를 얻어 헌법재판소 재판관 중에서 대통령이 임명한다(헌법 제111조 제4항, 헌법재판소법 제12조 제2항).

헌법재판소장은 헌법재판소를 대표하고, 헌법재판소의 사무를 총괄하며, 소속공무원을 지휘·감독한다(헌법재판소법 제12조 제3항). 헌법재판소장이 일시적인 사고로 인하여 직무를 수행할 수 없을 때에는 재판관 중 임명일자 순으로 그 권한을 대행한다. 다만, 임명일자가 같을 때에는 연장자 순으로 대행한다(헌법재판소법 제12조의2 제1항). 다만, 헌법재판소장이 궐위(闕位)되거나 1개월 이상 사고로 인하여 직무를 수행할 수 없을 때에는 재판관 중 재판관회의에서 선출된 사람이 그 권한을 대행한다. 다만, 그 권한대행자가 선출될 때까지는 제1항에 해당하는 사람이 권한을 대행한다(헌법재판소법 제12조의2 제2항).

---

51) 헌법 제111조 제2항, 헌법재판소법 제5조.

52) 헌법재판의 특수성은 무엇보다 일반법률과는 다른 헌법의 특성, 그리고 이에 따른 -법률해석과는 구별되는- 헌법해석의 특수성에서 비롯된다. 헌법해석에 관하여는 「제1권 제1부 제4장 **헌법의 해석**」; 계희열(편역), 헌법의 해석, 1993 참조.

53) 헌법재판소 재판관을 법관자격자로 한정하는 제도의 문제점에 관하여 상세한 논의는 정재황, 헌법재판제도의 문제점과 개선방향, 「한국법학교수회(편), 법학교육과 법조개혁」, 1994, 100-126(102 이하)쪽 참조.

2. 헌법재판소 재판관

헌법재판소의 재판관은 법관의 자격을 가진 사람 중에서[54] 대통령이 임명하되, 9인의 재판관 중에서 3명은 국회에서 선출하는 사람을, 3명은 대법원장이 지명하는 사람을 임명한다(헌법 제111조 제2항, 제3항, 헌법재판소법 제6조 제1항, 제2항).

헌법재판소 재판관의 임기는 6년이며, 연임할 수 있다(헌법 제112조 제1항, 헌법재판소법 제7조 제1항). 재판관의 정년은 70세이다(헌법재판소법 제7조 제2항).

재판관의 임기가 만료되거나 임기중 재판관이 결원된 경우에는 임기만료 또는 결원된 날로부터 30일 이내에 후임자를 임명하여야 한다(헌법재판소법 제6조 제4항). 다만, 국회에서 선출한 재판관이 국회의 폐회 또는 휴회중에 그 임기가 만료되거나 결원이 된 경우에는 국회는 다음 집회가 개시된 후 30일 이내에 후임자를 선출하여야 한다(헌법재판소법 제6조 제5항).

헌법재판소의 재판관은 1. 탄핵결정이 된 경우, 2. 금고 이상의 형의 선고를 받은 경우를 제외하고는 그 의사에 반하여 해임되지 않으며(헌법 제112조 제3항, 헌법재판소법 제8조), 정당에 가입하거나 정치에 관여할 수 없다(헌법 제112조 제2항, 헌법재판소법 제9조).

또한 헌법재판소 재판관은 1. 국회 또는 지방의회의 의원의 직, 2. 국회 · 정부 또는 법원의 공무원의 직, 3. 법인 · 단체 등의 고문 · 임원 또는 직원의 직을 겸할 수 없으며, 영리를 목적으로 하는 사업을 할 수 없다(헌법재판소법 제14조).

3. 재판관회의

헌법재판소는 합의제 심판기관이며, 헌법재판소장이 대외적으로 헌법재판소를 대표하기는 하지만, 대통령이 집행부를 통할하는 것처럼 헌법재판소를 통할하는 것은 아니다. 그렇기 때문에 헌법재판소의 중요한 업무는 재판관회의에서 결정되는 것이 원칙이다.[55]

재판관회의는 재판관 전원으로 구성하며, 헌법재판소장이 의장이 된다. 재판관회의는 재판관 전원의 3분의 2를 초과하는 인원의 출석과 출석인원 과반수의 찬성으로 의결하며, 의장

54) 헌법재판소법 제5조 제1항에 따라 40세 이상으로서 15년 이상 1. 판사, 검사, 변호사, 2. 변호사의 자격이 있는 사람으로서 국가기관, 국영 · 공영기업체, 「공공기관의 운영에 관한 법률」 제4조에 따른 공공기관 또는 그 밖의 법인에서 법률에 관한 사무에 종사한 사람, 3. 변호사의 자격이 있는 사람으로서 공인된 대학의 법률학 조교수 이상의 직에 있던 사람 중에서 헌법재판소 재판관이 임명된다. 또한 동조 제2항에 따라 1. 다른 법령에 의하여 공무원으로 임용하지 못하는 사람, 2. 금고 이상의 형을 선고받은 사람, 3. 탄핵에 의하여 파면된 후 5년이 지나지 아니한 사람, 4. 「정당법」 제22조에 따른 정당의 당원 또는 당원의 신분을 상실한 날부터 3년이 경과되지 아니한 사람, 5. 「공직선거법」 제2조에 따른 선거에 후보자(예비후보자를 포함한다)로 등록한 날부터 5년이 경과되지 아니한 사람, 6. 「공직선거법」 제2조에 따른 대통령선거에서 후보자의 당선을 위하여 자문이나 고문의 역할을 한 날부터 3년이 경과되지 아니한 사람은 재판관으로 임명될 수 없다.

55) 헌법재판소 재판관회의 규칙 제2조에 따르면, 재판관회의는 헌법재판소장이 필요하다고 인정하거나 헌법재판소 재판관 3인 이상의 요청이 있는 때에 헌법재판소장이 소집한다.

은 의결에 있어 표결권을 가진다. 특히 1. 헌법재판소규칙의 제정과 개정, (헌법재판소법) 제10조의2의 규정에 따른 입법의견의 제출에 관한 사항, 2. 예산요구, 예비금지출과 결산에 관한 사항, 3. 사무처장, 사무차장, 헌법재판연구원장, 헌법연구관 및 3급 이상 공무원의 임면에 관한 사항, 4. 특히 중요하다고 인정되는 사항으로서 헌법재판소장이 재판관회의에 부치는 사항은 재판관회의의 의결을 거쳐야 한다(헌법재판소법 제16조 제1항~제4항).

Ⅲ. 헌법재판소의 보조기관

1. 헌법재판소 사무처

헌법재판소는 행정사무를 처리하기 위한 보조기관으로 사무처를 두고 있으며, 사무처장과 사무차장 이하 실 · 국 · 과를 두어 구체적인 업무를 담당하고 있다.

사무처의 장인 사무처장은 헌법재판소장의 지휘를 받아 사무처의 사무를 관장하며, 소속공무원을 지휘 · 감독한다. 또한 사무처장은 국회 또는 국무회의에 출석하여 헌법재판소의 행정에 관하여 발언할 수 있으며, 헌법재판소장이 한 처분에 대한 행정소송의 피고가 된다. 그리고 사무차장은 사무처장을 보좌하며, 사무처장이 부득이한 사유로 인하여 직무를 수행할 수 없을 때에는 그 직무를 대행한다(헌법재판소법 제17조 제1항-제7항).

사무처공무원은 헌법재판소장이 임면한다. 다만, 3급 이상의 공무원의 경우에는 재판관회의의 의결을 거쳐야 한다. 또한 헌법재판소장은 다른 국가기관에 대하여 그 소속공무원을 사무처공무원으로 근무하게 하기 위하여 헌법재판소에의 파견근무를 요청할 수 있다(헌법재판소법 제18조 제4항, 제5항).

2. 헌법연구관과 헌법연구관보, 헌법연구위원

헌법재판소의 전문성 강화 및 원활한 재판업무의 보조를 위하여 가장 중요한 조직의 하나가 연구관제도라고 할 수 있다.[56] 헌법연구관은 헌법재판소장의 명을 받아 사건의 심리 및 심판에 관한 조사 · 연구에 종사하며(헌법재판소법 제19조 제3항), 헌법연구관의 임기는 10년으로 하되 연임할 수 있고, 정년은 60세로 한다(헌법재판소법 제19조 제7항).

헌법연구관은 1. 판사 · 검사 또는 변호사의 자격이 있는 사람, 2. 공인된 대학의 법률학 조교수 이상의 직에 있던 사람, 3. 국회 · 정부 또는 법원 등 국가기관에서 4급 이상의 공무원으로서 5년 이상 법률에 관한 사무에 종사한 사람, 4. 법률학에 관한 박사학위 소지자로서 국회 · 정부 · 법원 또는 헌법재판소 등 국가기관에서 5년 이상 법률에 관한 사무에 종사한 사람, 5. 법률학에 관한 박사학위 소지자로서 헌법재판소규칙이

56) 중요한 헌법적 판단을 내리기에 앞서 헌법적 쟁점들을 미리 검토해 보거나 외국의 입법례 및 헌법판례 등을 비교 · 검토하는 등의 작업을 통해 헌법재판에 큰 영향을 미치고 있는 것이 바로 헌법재판소의 연구관인 것이다.

정하는 대학 등 공인된 연구기관에서 5년 이상 법률에 관한 사무에 종사한 사람 중에서 헌법재판소장이 재판관회의의 의결을 거쳐 임용한다(헌법재판소법 제19조 제4항).

반면에 1. 국가공무원법 제33조 각호의 어느 하나에 해당하는 사람, 2. 금고 이상의 형을 선고받은 사람, 3. 탄핵결정에 의하여 파면된 후 5년이 경과되지 아니한 사람은 헌법연구관이 될 수 없다(헌법재판소법 제19조 제6항).

헌법재판소장은 다른 국가기관에 대하여 그 소속공무원을 헌법연구관으로 근무하게 하기 위하여 헌법재판소에의 파견근무를 요청할 수 있으며(헌법재판소법 제19조 제9항), 사무차장은 헌법연구관의 직을 겸할 수 있다(헌법재판소법 제19조 제10항).

헌법연구관을 신규임용하는 경우에는 3년의 기간 헌법연구관보로 임용하여 근무하게 한 후 그 근무성적을 고려하여 헌법연구관으로 임용한다. 다만, 경력 및 업무능력 등을 고려하여 헌법재판소규칙이 정하는 바에 따라 헌법연구관보 임용을 면제하거나 그 기간을 단축할 수 있다. 헌법연구관보도 헌법재판소장이 재판관회의의 의결을 거쳐 임용한다(헌법재판소법 제19조의2 제1항, 제2항).

또한 헌법재판소에 헌법연구위원을 둘 수 있는데, 헌법연구위원은 사건의 심리 및 심판에 관한 전문적인 조사·연구에 종사한다(헌법재판소법 제19조의3 제1항). 그 밖에 헌법재판소 산하기관으로 헌법재판연구원이 설립되어 헌법 및 헌법재판의 연구와 헌법연구관 등의 교육을 담당한다(헌법재판소법 제19조의4 제1항).

3. 소장비서실과 재판관비서관 등

헌법재판소장은 대외적으로 헌법재판소를 대표하는 등의 업무가 많으므로 비서실을 두어 그 업무를 보조하게 하고 있다. 또한 헌법재판소 재판관들에 대해서도 비서관을 배정하여 재판관의 명을 받아 헌법재판소의 업무와 관련한 여러 사무를 담당하도록 하고 있다(헌법재판소법 제20조).

그 밖에 헌법재판소에는 서기 및 정리 등을 둠으로써 행정업무를 보조하게 하고 있다. 서기 및 정리는 사무처직원 중에서 헌법재판소장이 지명한다. 서기는 재판장의 명을 받아 사건에 관한 서류의 작성·보관 또는 송달에 관한 사무를 담당하며, 정리는 심판정에 있어서의 질서유지와 기타 재판장이 명하는 사무를 집행한다(헌법재판소법 제21조).

제 5 절 헌법재판소의 권한과 헌법재판절차

Ⅰ. 헌법재판소의 권한범위와 일반심판절차

1. 헌법재판소의 헌법상 지위와 권한범위

현행헌법상 헌법재판소는 법원과 함께 사법기능을 분장하는 사법기관이다. 따라서 헌법재판소의 권한범위를 확정함에 있어서는 법원과의 권한분배가 문제될 수밖에 없다. 이러한 법원과 헌법재판소 사이의 권한분배 내지 헌법재판소에 부여되는 권한의 범위는 헌법정책적 고려에 따라 다르게 인정될 수 있다.

헌법재판의 인정범위 내지 헌법재판소에 부여되는 (헌법재판에 관한) 권한의 인정범위는 각국의 정치문화적 배경 내지 사법제도의 전통에 따라 상당한 차이를 보이고 있다.[57] 예컨대 위헌법률심판에 있어서도 예방적 규범통제, 구체적 규범통제 또는 추상적 규범통제의 도입에 관한 각국의 제도가 차이를 보이고 있으며, 우리나라의 경우에도 1960년의 제2공화국 헌법에서 인정되었던 헌법재판소의 권한범위와 현행헌법상 헌법재판소의 권한범위가 일치하지 않고 있다.

현행헌법상 헌법재판소에 인정되는 권한은 크게 여섯 가지로 나누어질 수 있다(헌법 제111조 제1항, 제113조 제2항).

첫째, 국회의 입법권에 대한 가장 강력하고 효율적인 통제수단인 **위헌법률심판권**이 헌법재판소의 권한으로 인정되고 있다. 헌법재판의 여러 유형 가운데 가장 기본적인 것에 속하는 위헌법률심판의 권한이 대법원이 아닌 헌법재판소에 부여된 것은 헌법재판의 중심적 권한이 헌법재판소에 있음을 확인시켜주는 것이다. 현행법은 구체적 규범통제만을 인정하고 있으며, 법개정을 통해 추상적 규범통제를 도입하는 것이 바람직하다는 주장도 있다.

둘째, 고위공직자의 위헌·위법한 행위에 대한 강력한 통제수단인 **탄핵심판권**이 헌법재판소에 부여되고 있다. 대법원 혹은 탄핵재판소 등에서 탄핵심판을 담당하도록 하지 않고, 헌법재판소가 탄핵심판을 담당하도록 함으로써 헌법재판소의 위상 내지 통제기능을 더욱 강화시키고 있는 것이다.

셋째, 방어적 민주주의를 실현하는 대표적 제도인 위헌정당해산제도와 관련하여 **정당해산심판권**이 헌법재판소의 권한으로 인정되고 있다. 정당해산심판권이 헌법재판소에 부여된 것은 정치과정의 합헌성을 통제하는 최종적 책임이 헌법재판소에 있음을 확인시켜주는 것이다.

넷째, 헌법재판소는 국가기관 또는 지방자치단체를 당사자로 하는 권한분쟁이 발생할 경우 이에 대하여 심판하는 **권한쟁의심판권**을 가지고 있다. 이러한 권한쟁의심판권은 헌법재판소가 권한분쟁에 대한 중립적 판단자로서도 중요한 역할을 기대받고 있음을 보여준다.

다섯째, 헌법의 가장 중요한 기능인 기본권의 실질적 보장을 위하여 헌법소원제도가 현행헌법에 의해 도입되었으며, 이에 관한 **헌법소원심판권**이 헌법재판소의 권한으로 인정되고 있다. 현재 헌법소원심판은 위헌법률심판과 더불어 가장 활발하게 이용되

57) 권력분립의 고전적 체계에 따라 법원에 의한 사법작용이 세계 각국에서 상당한 정도의 유사성을 보이는 것과 비교할 때, 헌법재판에 관한 각국의 제도가 보여주는 차이는 시사하는 바가 많다. 이러한 차이를 통해 한편으로는 각 국가의 실정에 맞는 헌법재판제도의 모델을 발전시킬 여지가 많이 있음을 확인할 수 있지만, 이는 다른 한편으로는 헌법재판에 관한 보편적 기준이 마련되지 못하고 있음을 의미하는 것이기도 하다.

고 있는 헌법소송유형이며, 실질적 법치주의를 실현하는 가장 중요한 도구의 하나이다. 하지만 현행 헌법재판소법에 의해 법원의 재판에 대한 헌법소원이 배제되고 있다는 점 때문에 적지 않은 문제가 야기되고 있다.

여섯째, 헌법재판소의 자율적 활동을 뒷받침하기 위하여 **헌법재판소규칙제정권**이 인정되고 있다. 위헌법률심판권 등 다섯 가지 헌법소송에 관한 권한을 독립적이고 효율적으로 행사하기 위한 전제로서의 역할을 하는 것이 헌법재판소규칙제정권이라고 할 수 있다.

이처럼 현행법상 헌법재판소의 권한으로 인정되고 있는 것은 크게 여섯 가지이다. 그러나 그 밖에 **선거소송**도 일종의 헌법소송이기 때문에 헌법재판소가 이를 담당하는 것이 합리적이라는 주장도 제기되고 있으며, 또한 제2공화국 헌법 당시에 헌법재판소의 권한으로 인정되었던 **헌법의 최종적 해석에 관한 포괄적 권한**의 인정(제2공화국 헌법 제83조의3 제2호)이 필요하다는 견해도 있다.

2. 헌법재판소의 일반심판절차

현행 헌법재판소법은 헌법재판소의 심판을 일반심판절차와 특별심판절차로 나누어 규정하고 있다. 여기서 일반심판절차란 헌법소송의 유형에 따른 차이에도 불구하고 헌법재판소가 관할하는 사건들의 재판에 공통적으로 적용되는 소송절차를 지칭한다. 반면에 특별심판절차는 각 소송유형별로 다르게 인정되고 있는 심판절차를 말한다. 현행 헌법재판소법에 따른 일반심판절차는 크게 여섯 가지로 정리될 수 있다.

(1) 심판의 주체

현행헌법 및 헌법재판소법상 헌법소송에 있어서 심판의 주체는 헌법재판소이다. 헌법재판소법 제22조는 **재판부의 구성**과 관련하여 헌법재판소법상 특별한 예외규정이 있는 경우[58]를 제외하고는 헌법재판소의 심판은 재판관 전원으로 구성되는 재판부에서 관장하며, 헌법재판소장이 재판부의 재판장이 된다고 명시하고 있다. 또한 헌법재판소법 제23조 제1항에서는 심판정족수와 관련하여 재판부는 재판관 7인 이상의 출석으로 사건을 심리함을 선언하고 있다.

그리고 법원에 의한 재판과 유사하게 일정한 경우에는 재판관에 대한 제척·기피·회피가 인정되고 있다. 헌법재판소법 제24조 제1항에 따른 **제척사유**로는 1. 재판관이 당사자이거나 당사자의 배우자 또는 배우자이었던 경우, 2. 재판관과 당사자가 친족관계이거나 친족관계였던 경우, 3. 재판관이 사건에 관하여 증언이나 감정을 할 경우, 4. 재판관이 사건에 관하여 당사자의 대리인이 되거나 되었던 경우, 5. 기타 재판관이 헌법재판소 외에서 직무상 또는 직업상의 이유로 사건에 관여한 경우가 열거되고 있으며, 재판부는 직권 또는 당사자의 신청에 의하여 제척의 결정을 한다(헌법재판소법 제24조 제2항).

---

58) 예컨대 헌법소원심판의 본안전 판단을 위한 지정재판부의 경우가 이러한 예외에 해당된다. 이에 관하여는 아래의 「제5절 Ⅵ. 3. (3) **헌법소원에 대한 지정재판부의 심리**」 참조.

또한 제척사유에 해당되지는 않지만 재판관에게 심판의 공정을 기대하기 어려운 사정이 있는 경우에는 당사자는 **기피신청**을 할 수 있다. 다만, 변론기일에 출석하여 본안에 관한 진술을 한 때에는 그러하지 아니하며, 당사자는 동일한 사건에 대하여 2명 이상의 재판관을 기피할 수 없다(헌법재판소법 제24조 제3항, 제4항). 또한 재판관은 제척 또는 기피의 사유가 있는 때에는 재판장의 허가를 얻어 스스로 재판에 관여하는 것을 **회피**할 수 있다(헌법재판소법 제24조 제5항).[59)]

(2) 심판의 청구

헌법재판소에 심판을 청구할 경우에는 심판청구의 주체가 누구인지 문제된다. 물론 심판유형에 따라 청구의 주체는 달라질 수 있다. 그러나 헌법재판소법 제25조는 이와 관련한 일반적 규정을 두고 있다.

각종 심판절차에 있어서 정부가 당사자(참가인을 포함한다)인 때에는 법무부장관이 이를 대표하며, 각종 심판절차에 있어서 당사자인 국가기관 또는 지방자치단체는 변호사 또는 변호사의 자격이 있는 소속직원을 대리인으로 선임하여 심판을 수행하게 할 수 있다고 명시함으로써 **심판청구의 주체 내지 그 대리인**에 관한 규정을 두고 있다(헌법재판소법 제25조 제1항, 제2항). 또한 각종 심판절차에 있어서 당사자인 사인은 변호사를 대리인으로 선임하지 아니하면 심판청구를 하거나 심판수행을 하지 못한다고 규정함으로써 **변호사강제주의**를 명시하고 있다.[60)] 다만, 그가 변호사의 자격이 있는 때에는 그러하지 아니하다고 규정하고 있다(헌법재판소법 제25조 제3항).[61)]

심판청구의 방식과 관련해서는 헌법재판소법은 "헌법재판소에의 심판청구는 심판절차별로 정하여진 청구서를 헌법재판소에 제출함으로써 한다. 다만, 위헌법률심판에서는 법원의 제청서, 탄핵심판에서는 국회의 소추의결서의 정본으로 이에 갈음한다"(제26조 제1항)고 규정하고 있으며, 이러한 청구서에는 필요한 증거서류 또는 참고자료를 첨부할 수 있다(헌법재판소법 제26조 제2항).

헌법재판소가 청구서를 접수한 때에는 지체없이 그 등본을 피청구기관 또는 피청구인에게 **송달**하여야 한다. 그리고 위헌법률심판의 제청이 있은 때에는 법무부장관 및 당해 소송사건의 당사자에게 그 제청서의 등본을 송달한다(헌법재판소법 제27조). 청구서 또는 보정서면의 송달을 받은 피청구인은 헌법재판소에 **답변서**를 제출할 수 있다. 그 답변서에는 심판청구의 취지와 이유에 대응하는 답변을 기재한다(헌법재판소법 제29조).

---

59) 당사자의 제척 및 기피신청에 관한 심판에는 민사소송법 제44조, 제45조, 제46조 제1항 · 제2항 및 제48조의 규정을 준용한다(헌법재판소법 제24조 제6항).

60) 헌법재판소는 헌법재판에 있어서의 변호사강제주의의 합헌성을 인정하고 있다(**헌재 1990.9.3. 89헌마120등 결정** 이래 확립된 판례).

61) 사인이 헌법소송의 당사자가 되는 경우는 현실적으로 헌법소원심판에 국한된다. 따라서 헌법소원심판 이외의 경우에는 변호사강제주의가 현실적으로 문제되지 않는다. 그러나 헌법재판소는 "헌법재판소법 제25조 제3항에 의한 변호사강제주의의 규정은 여러 가지 헌법재판의 종류 가운데 사인이 당사자로 되는 심판청구인 탄핵심판청구와 헌법소원심판청구에 있어서 적용된다고 보아야 할 것인데 …"(**헌재 1990.9.3. 89헌마120등 결정**)라고 판시하고 있다.

또한 재판장은 심판청구가 부적법하나 보정할 수 있다고 인정하는 경우에는 상당한 기간을 정하여 **보정(補正)**을 요구하여야 하며,[62] 이러한 보정서면은 청구서와 같은 방식으로 송달되어야 한다. 재판장의 요구에 따른 보정이 있는 경우에는 처음부터 적법한 심판청구가 있은 것으로 보며, 재판장이 기간을 정하여 보정을 요구한 보정기간은 헌법재판소법 제38조의 규정에 의한 심판기간에 산입되지 않는다(헌법재판소법 제28조).

(3) 헌법재판의 심리

현행 헌법재판소법에 의한 **심리의 방식**은 크게 두 가지로 나누어진다. 탄핵심판, 정당해산심판 및 권한쟁의심판은 **구두변론**에 따르지만, 위헌법률심판과 헌법소원심판은 원칙적으로 **서면심리**로 하되, 다만 재판부가 필요하다고 인정하는 경우에는 변론을 열어 당사자·이해관계인 기타 참고인의 진술을 들을 수 있다(헌법재판소법 제30조).[63]

헌법재판의 심리를 위한 **증거조사**는 당사자의 신청 또는 직권으로 당사자신문, 증인의 신문, 증거자료의 제출요구, 감정, 상황의 검증 등의 방법으로 행해진다(헌법재판소법 제31조 제1항). 또한 재판부는 결정으로 다른 국가기관 또는 공공단체의 기관에 대하여 심판에 필요한 **사실을 조회하거나, 기록의 송부나 자료의 제출을 요구**할 수 있다. 다만, 재판·소추 또는 범죄수사가 진행 중인 사건의 기록에 대하여는 송부를 요구할 수 없다(헌법재판소법 제32조).

심판의 장소, 즉 심판의 변론과 종국결정의 선고가 행해지는 장소는 원칙적으로 헌법재판소의 심판정이다. 다만, 헌법재판소장이 필요하다고 인정하는 경우에는 심판정 이외의 장소에서 이를 할 수 있다(헌법재판소법 제33조).

헌법재판소의 **심판은 공개**된다. 즉, 심판의 변론과 결정의 선고가 모두 공개되는 것이 원칙이다. 다만, 서면심리와 평의는 공개하지 않으며, 법원의 재판과 마찬가지로 국가의 안전보장·안녕질서 또는 선량한 풍속을 해할 우려가 있는 때에는 재판부의 결정으로 심리를 공개하지 않을 수 있다(헌법재판소법 제34조, 법원조직법 제57조 제1항 단서).

헌법소송절차에서 재판장은 **심판정의 질서와 변론의 지휘 및 평의의 정리**를 담당한다(헌법재판소법 제35조 제1항). 또한 헌법재판소법은 심판정의 질서유지 및 용어의 사용과 관련하여 법원조직법을 준용하도록 함으로써(헌법재판소법 제35조 제2항) 재판장은 법원의 경우와 마찬가지로 법정질서의 유지에 관한 폭넓은 권한을 가진다.[64]

(4) 헌법재판의 결정

헌법재판소가 결정을 내림에 있어서는 **심판기간의 제한**이 있다. 즉, 헌법재판소는 심판사건을 접수한 날로부터 180일 이내에 종국결정의 선고를 하여야 한다. 다만, 재판관의 궐위로 7인의 출석이 불가능한 때에는 그 궐위된 기간은 심판기간에 이를 산입하지 아니한다(헌법재판소법 제38조).

62) 재판장은 필요하다고 인정하는 경우에는 재판관 중 1명에게 보정요구를 할 수 있는 권한을 부여할 수 있다(헌법재판소법 제28조 제5항).

63) 결국 탄핵심판, 정당해산심판과 권한쟁의심판은 자주 발생되지 않기 때문에 구두변론을 실시하지만, 사건의 수가 많은 위헌법률심판과 헌법소원심판의 경우에는 서류심사를 원칙으로 하는 것이다.

64) 법정질서의 유지에 관한 권한에 대하여는 앞의 「제3권 제3부 제4장 제5절 Ⅲ. 법정질서의 유지」 참조.

헌법재판소의 **결정정족수**는 헌법재판소법 제23조 제2항에 따르므로, 헌법재판소 재판관 7인 이상의 출석과 과반수의 찬성으로 사건에 관한 결정을 내리는 것이 원칙이다.[65] 하지만 헌법 제113조 제1항과 헌법재판소법 제23조 제2항 단서의 규정에 따라 1. 법률의 위헌결정, 탄핵의 결정, 정당해산의 결정 또는 헌법소원에 관한 인용결정을 하는 경우, 2. 종전에 헌법재판소가 판시한 헌법 또는 법률의 해석적용에 관한 의견을 변경하는 경우에는 재판관 6인 이상의 찬성이 있어야 한다.[66]

헌법재판소가 **종국결정**을 할 때에는 1. 사건번호와 사건명, 2. 당사자와 심판수행자 또는 대리인의 표시, 3. 주문, 4. 이유, 5. 결정일자를 기재한 결정서를 작성하고 심판에 관여한 재판관 전원이 이에 서명·날인하여야 한다. 심판에 관여한 재판관은 결정서에 의견을 표시하여야 한다.[67] 종국결정이 선고되면 서기는 지체없이 결정서 정본을 작성하여 이를 당사자에게 송달하여야 하며, 종국결정은 관보에 게재함으로써 이를 공시한다(헌법재판소법 제36조).

헌법재판소의 결정이 일단 내려지면 **일사부재리의 원칙**이 적용되어 헌법재판소는 이미 심판을 거친 동일한 사건에 대하여는 다시 심판할 수 없다(헌법재판소법 제39조).[68]

(5) 심판비용

헌법재판소의 심판비용은 국가부담으로 하되, 당사자의 신청에 의한 증거조사의 비용은 헌법재판소규칙이 정하는 바에 따라 그 신청인에게 부담시킬 수 있다(헌법재판소법 제37조 제1항).

---

65) 다만, 재판관 7명 이상의 출석으로 사건을 심리한다고 규정한 헌법재판소법 제23조 제1항에 대해 임기 만료로 인한 재판관 공석 상황에서 가처분 결정을 통해 이 조항의 효력을 정지시키고 심리를 계속한 바 있다(**헌재 2024.10.14. 2024헌사1250**).

66) 결과적으로 헌법소송의 본안판단에 있어서는 권한쟁의심판의 경우에만 과반수에 의한 결정이 내려지고, 그 밖의 헌법소송에서는 6인 이상의 찬성으로 법률의 위헌결정, 탄핵결정, 정당해산결정 또는 헌법소원의 인용결정이 내려진다.

67) 종래 헌법재판소법 제36조 제3항에서는 법률의 위헌심판, 권한쟁의심판 및 헌법소원심판에 관여한 재판관에 대해서 결정서에 의견을 표시하도록 하고 있었고, 그 결과 탄핵심판과 정당해산심판에 대해서는 소수의견의 표시에 관한 명시적 규정이 없음으로 인하여 2004년의 노무현대통령에 대한 탄핵심판 결정 당시에 논란이 빚어진 바 있다. 결국 헌법재판소는 결정문에서 소수의견을 명시하지 않았으나, 헌법재판의 발전을 위해서는 탄핵심판의 경우에도 소수의견을 명시하는 편이 더 바람직하다는 주장이 매우 강력하게 제기된 바 있으며, 이후 2005년 7월 29일의 법개정을 통하여 모든 헌법재판에 대하여 소수의견을 표시하도록 한 것이다.

68) 헌법재판소는 "헌법재판에 있어서 일사부재리 규정을 두고 있는 이유는 법적 분쟁을 조기에 종결시켜 법적 안정 상태를 조속히 회복하고, 동일 분쟁에 대해 반복적으로 소송이 제기되는 것을 미연에 방지하여 소송경제를 이루기 위함이다. …헌법재판소는 헌법재판소법 제68조 제1항에 의한 헌법소원 중 공권력 작용을 대상으로 하는 권리구제형 헌법소원에 있어서, 재판부의 구성이 위법한 경우 등 절차상 중대하고도 명백한 위법이 있어 재심을 허용하지 아니하면 현저히 정의에 반하는 경우나 (헌재 1995.1.20. 93헌아1, 판례집 7-1, 113, 121), 헌법재판소의 결정에 영향을 미칠 중대한 사항에 관하여 판단을 유탈한 때(헌재 2001.9.27. 2001헌아3, 판례집 13-2, 457, 460)를 재심 사유로 인정한 사실이 있다. …현행 제도하에서도 권리구제형 헌법소원의 경우, 절차상 중대하고 명백한 하자가 있거나 구체적 타당성의 이익이 더 큰 경우 등에는 헌법재판에 대한 재심이 완전히 불가능한 것은 아닐 것이므로 이 사건 규정이 일사부재리에 관하여 정하고 있다고 하더라도 이것이 지나친 기본권 제한 규정이라고 볼 수 없다. 따라서 헌법재판소법 제39조가 청구인들의 재판청구권을 침해한다고 볼 수 없다"라고 하여 일사부재리 규정의 합헌성을 인정하였다(**헌재 2005.12.22. 2005헌마330 결정; 헌재 2006.2.23. 2005헌마49 결정**).

또한 헌법재판소는 헌법소원심판의 청구인에 대하여 헌법재판소규칙으로 정하는 공탁금의 납부를 명할 수 있으며, 1. 헌법소원의 심판청구를 각하할 경우, 2. 헌법소원의 심판청구를 기각하는 경우에 그 심판청구가 권리의 남용이라고 인정되는 경우에는 헌법재판소규칙이 정하는 바에 따라 공탁금의 전부 또는 일부의 국고귀속을 명할 수 있다(헌법재판소법 제37조 제2항, 제3항).

(6) 준용규정: 헌법재판소법 제40조

헌법재판소의 심판절차에 관하여 헌법재판소법에 특별한 규정이 있는 경우를 제외하고는 헌법재판의 성질에 반하지 아니하는 한도 내에서 민사소송에 관한 법령의 규정을 준용한다.[69] 이 경우 탄핵심판의 경우에는 형사소송에 관한 법령을, 권한쟁의심판 및 헌법소원심판의 경우에는 행정소송법을 함께 준용한다. 탄핵심판이나 권한쟁의심판, 헌법소원심판의 경우 형사소송에 관한 법령 또는 행정소송법이 민사소송에 관한 법령과 저촉될 때에는 민사소송에 관한 법령은 준용하지 않는다(헌법재판소법 제40조).

헌법재판소법 제40조의 준용규정과 관련하여 특히 문제되는 것으로 **가처분제도**가 있다. 현행 헌법재판소법은 특별심판절차 가운데 정당해산심판의 경우(헌법재판소법 제57조)와 권한쟁의심판의 경우(헌법재판소법 제65조)에는 가처분제도를 명시적으로 규정하고 있으나, 그 밖의 경우에는 가처분제도를 명시하지 않고 있다.

하지만 탄핵심판의 경우에는 국회의 탄핵소추의 효과로서 탄핵심판대상자의 직무집행이 정지되므로 별도의 가처분제도를 인정할 필요성이 크지 않으며(헌법 제65조 제3항, 헌법재판소법 제50조), 위헌법률심판의 경우에도 법원의 위헌법률심판제청이 있으면 재판절차가 정지되므로 역시 가처분제도의 필요성이 크지 않다(헌법재판소법 제42조 제1항). 결국 가처분제도가 실질적으로 문제되는 것은 헌법소원심판이라고 할 수 있다.

헌법소원심판의 경우 기본권을 침해하고 있는 공권력의 행사를 중단시킬 수 있는 가처분제도가 인정되지 않으면 권리보호의 실효성이 크게 감소될 것이므로 가처분제도의 준용을 인정하는 것이 타당할 것이다.[70]

---

69) 이러한 준용규정과 관련하여 정당해산심판에 민사소송법을 준용하는 것이 위헌이라는 취지로 헌법소원이 제기된 바 있으나, 이에 대해 헌법재판소는 준용조항은 '헌법재판의 성질에 반하지 아니하는 한도'에서만 보충적으로 적용되며, 이에 대한 구체적 판단은 정당의 법적 성격·정당보호와 헌법보호라는 이중적 의미를 갖는 정당해산심판의 성질·준용절차 및 준용대상의 성격 등을 종합적으로 고려하여 헌법재판소가 구체적·개별적으로 판단할 수밖에 없다는 점을 들어 합헌으로 판시하였다(**헌재 2014.2.27. 2014헌마7 결정**).

70) 다만 입법기술상으로는 정당해산심판과 권한쟁의심판의 경우에만 가처분을 명시함으로써 다른 헌법소송절차에서는 가처분이 인정되지 않는 것으로 해석될 여지를 주는 현행법의 태도는 바람직하지 못하다고 할 수 있다. 헌법재판소는 이와 관련하여 **헌재 2002.4.25. 2002헌사129 결정**에서 "헌법재판소법 제40조 제1항에 따라 준용되는 행정소송법 제23조 제2항의 집행정지규정과 민사소송법 제714조의 가처분규정에 의하면, 법령의 위헌확인을 청구하는 헌법소원심판에서의 가처분은 위헌이라고 다투어지는 법령의 효력을 그대로 유지시킬 경우 회복하기 어려운 손해가 발생할 우려가 있어 가처분에 의하여 임시로 그 법령의 효력을 정지시키지 아니하면 안 될 필요가 있을 때 허용되고, 다만 현재 시행되고 있는 법령의 효력을 정지시키는 것일 때에는 그 효력의 정지로 인하여 파급적으로 발생되는 효과가 클 수 있으므로 비록 일반적인 보전의 필요성이 인정된다고 하더라도 공공복리에 중대한 영향을 미칠 우려가 있을 때에는 인용되어서는 안 될 것이다"라고 판시함으로써 가처분의 허용가능성을 인정

Ⅱ. 위헌법률심판권

1. 제도의 의의

위헌법률심판이란 법원 또는 헌법재판소에서 의회가 제정한 법률이 헌법에 위배되는지의 여부를 심사하고, 만일 헌법에 위반되는 것으로 인정되는 경우에는 그 법률의 효력을 (일반적으로) 상실하게 하거나, (당해사건에서의) 적용을 배제하는 제도를 말한다.

헌법재판의 발전과정이 보여주듯이 위헌법률심판은 역사적으로 가장 먼저 발달되었을 뿐만 아니라 오늘날에도 헌법재판을 상징하는 중심적인 헌법재판작용으로 인식되고 있다. 따라서 위헌법률심판의 유형은 비록 다양하게 나타나고 있지만, 오늘날 대부분의 국가에서 채택되고 있으며, **헌법의 최고성을 입법에 대하여 관철시키는 제도**로서 입법에 의한 기본권의 침해를 방지하는 기능은 물론 오늘날 법질서의 통일성을 확보하고 법률내용의 정당성을 확보함으로써 **실질적 법치주의를 관철시키는 수단**으로 광범위하게 기능한다.[71]

위헌법률심판에 있어서는 특히 **헌법재판작용과 입법작용의 관계 내지 헌법재판소와 입법자(즉 국회)의 관계**를 중심으로 많은 문제들이 제기된다. 물론 권력분립의 기본구조는 상호협력 및 상호통제의 관계를 요구하고 있다. 따라서 현행헌법도 한편으로는 입법자가 헌법재판소 재판관 3인의 선출을 통한 헌법재판소의 구성에 관여[72]할 수 있도록 하는가 하면, 헌법재판소법의 제정과 개정, 예산안의 심의 · 확정[73] 등을 통하여 헌법재판의 전제를 마련하는 작용을 하도록 하고 있으며, 다른 한편으로는 헌법재판소가 위헌법률심판[74] 또는 헌법소원심판[75] 등을 통하여 입법을 통제하는 작용을 할 수 있도록 하고 있다.

그러나 현실적이고 구체적인 문제들은 매우 미묘하게 전개될 수 있다. 예컨대 입법자는 위헌결정된 법률과 같은 내용의 입법을 다시 할 수 있는가?[76] 법률이 위헌무효로 인정되고, 새로운 법률의 제정이 시급하나 국회의 상황으로 보아 새로운 법률이 조속히 제정될 가능성이 적을 때, 헌법재판소에 의한 (잠정적인) 입법적 조치가 취해질 수 있는가?[77] 헌법재판소가 헌법 또는 헌법재판소법을 위헌으로 판단할 수 있는가?[78] 등의

한 바 있다. 또한 헌법재판소는 정당해산심판에 가처분을 허용하는 헌법재판소법 제57조가 정당활동의 자유를 침해한다는 주장에 대해서도 정당해산심판의 취지에 따라 가처분제도의 합헌성이 인정된다고 판시하였다(**헌재 2014.2.27. 2014헌마7 결정**).

71) 위헌법률심판제도를 올바르게 이해하기 위해서는 이를 헌법재판의 일반적 기능과의 관련 속에서 이해하되, 특히 위헌법률심판의 경우에 있어서는 개인의 권리구제의 측면과 객관적인 법질서의 통일성의 확보라고 하는 양 측면이 동시에 적절히 고려되어야 할 것이다.

72) 헌법 제111조 제3항, 헌법재판소법 제6조 제1항.

73) 헌법 제54조.

74) 헌법 제111조 제1항 제1호, 헌법재판소법 제41조 이하.

75) 헌법 제111조 제1항 제5호, 헌법재판소법 제68조 이하.

76) 이에 관하여는 *Peter Lerche*(정연주 역), 연방헌법재판소와 입법권자, 공법연구 제25집 제1호, 1997, 197-213(201이하)쪽 참조.

77) 이 문제에 관하여는 *Peter Lerche*(정연주 역), 연방헌법재판소와 입법권자, 공법연구 제25집 제1호,

문제는 구체적인 상황을 고려하지 않고는 쉽게 답해지기 어려운 문제들이다. 다만 **국가기관의 독자적인 영역에 대한 상호존중**을 전제로 헌법의 이념과 현실을 조화시키는 합리적 결론을 찾아야 한다는 원칙에 대한 합의가 있을 뿐이다.

2. 제도의 유형

위헌법률심판제도는 심판의 주체, 즉 위헌법률심판을 담당하는 기관의 성격과 관련하여 일반법원형, 헌법재판소형, 정치기관형으로 나누어질 수 있으며, 심판의 방식 내지 심판의 시기와 관련하여 예방적 규범통제, 추상적 규범통제, 구체적 규범통제로 나누어진다.

먼저 심판의 주체를 기준으로 분류할 때, 일반법원이 위헌법률심판에 관한 권한을 가지고 있는 **일반법원형**에 해당되는 국가로는 미국과 일본 등을 들 수 있다. 이들 국가에서는 헌법재판을 위한 별도의 국가기관을 설치하지 않고, 일반법원에서 법률을 적용하는 과정의 일부로 위헌법률심판을 인정하고 있는 것이다.

반면에 독일과 오스트리아 등에서 발전되어 최근 세계 각국으로 확대되고 있는 **헌법재판소형**은 헌법재판을 전담하는 전문법원으로 구성된 헌법재판소에서 위헌법률심판을 담당하도록 한 것이다. 헌법재판소형은 헌법적 분쟁의 성격 내지 헌법재판의 전문성을 고려하여 구성된 헌법재판소에 광범위한 헌법재판권을 부여하는 것을 특징으로 하며, 위헌법률심판권도 역시 다양한 헌법적 분쟁의 하나로서 헌법재판소에게 맡겨지는 것이다.

반면에 **정치기관형**은 사법기관이 아닌 정치적 기관에서 위헌법률심판을 담당하는 것이다. 대표적인 예로서는 구소련의 연방헌법감독위원회, 구동독의 국가평의회 등을 들 수 있다. 과거에는 프랑스의 헌법평의회를 정치기관으로 분류하는 경우가 있었으나, 오늘날에는 이를 일종의 사법기관으로 보는 견해가 지배적이다.[79]

심판의 방식 내지 심판의 시기를 기준으로 분류할 때, **예방적 규범통제**(사전적·예방적 위헌법률심판)는 법률의 공포 이전에 합헌성을 심사하는 제도로서 프랑스에서 채택되고 있는 위헌법률심판의 방식이다. 예방적 규범통제는 법률의 심의과정에서 위헌심사를 함으로써 법률의 합헌성통제의 실효성을 높일 수 있으며, 위헌적인 법률의 탄생을 원천적으로 봉쇄할 수 있다는 장점을 갖는다. 하지만 사법기관이 입법과정에 깊숙이 관여하는 것은 권력분립의 정신에 반한다는 문제 때문에 프랑스를 제외한 다른 나라에서는 이 제도를 도입한 예를 찾기 어렵다.

1997, 197-213(207 이하)쪽; 방승주, 독일연방헌법재판소에 의한 경과규정의 법적 효과, 서정호교수 정년기념논문집, 1997, 166-196쪽 참조.

78) 이에 관하여 헌법재판소는 **헌재 1995.12.28. 95헌바3 결정**과 **헌재 1996.6.13. 94헌바20 결정**에서 헌법규정에 대한 위헌심판은 가능하지 않다는 입장을 밝힌 바 있다. 그러나 헌법규정들의 이른바 실질적 위헌성을 여전히 주장하는 견해들이 있으며, 이 문제에 관한 논의가 완전히 종결된 것은 아직 아니다.

79) 이에 관하여는 성낙인, 프랑스 헌법학, 1995, 666쪽 이하 참조.

추상적 규범통제는 구체적인 쟁송사건과 관계없이 법률 그 자체의 위헌 여부를 추상적으로 심사하고, 위헌으로 판단될 경우 그 법률의 효력을 일반적으로 무효화하는 제도로서 독일이 이를 채택한 대표적 국가이다. 추상적 규범통제는 예방적 규범통제와는 달리 법률의 성립 이전에 이를 통제하는 것은 아니지만, 그렇다고 구체적 규범통제처럼 법률의 위헌 여부가 재판의 전제가 될 때에만 심판의 대상으로 삼는 것은 아니다. 일단 의회에 의하여 법률이 제정된 이후에 −그 법률의 구체적 적용 및 이를 통한 재판의 전제성을 따질 필요 없이− 법률내용의 위헌성이 문제될 경우에는 이를 심판의 대상으로 삼는 것이다.[80)]

반면에 **구체적 규범통제**는 구체적 소송사건을 심리 · 판단함에 있어서 법률의 위헌 여부가 문제되는 경우에 적용법률의 합헌성을 심사하고, 위헌으로 판단될 경우 그 법률을 적용하지 않는 제도로서 미국이 이러한 위헌법률심판방식의 대표적 국가이다. 미국의 구체적 규범통제는 법률의 위헌 여부가 재판의 전제가 될 때에만 심판대상으로 삼고 있으며, 또 심판의 결과 법률이 위헌으로 인정될 경우에도 그 효력을 일반적으로 무효화하지 않고 당해사건에서의 적용만을 배제함으로써 권력분립의 원리 및 입법부의 입법권에 대한 존중을 최대한 반영한 위헌법률심판으로 평가된다.[81)]

3. 현행헌법 및 헌법재판소법에 따른 위헌법률심판절차

(1) 위헌법률심판제청의 주체(=제청권자)

현행법상 위헌법률심판은 구체적 규범통제의 형태로 규정되어 있다. 즉, 헌법 제111조 제1항 제1호에서는 "법원의 제청에 의한 법률의 위헌 여부 심판"이라고 명시하고 있으며, 이 규정에 기초한 헌법재판소법 제41조 제1항은 "법률이 헌법에 위반되는 여부가 재판의 전제가 된 때에는 당해 사건을 담당하는 법원(군사법원을 포함한다. 이하 같다)은 직권 또는 당사자의 신청에 의한 결정으로 헌법재판소에 위헌 여부의 심판을 제청한다"고 규정하고 있다.

이처럼 재판에서 법률을 적용함에 있어서 그 위헌 여부가 문제되는 경우에만 위헌법률심판의 제청이 가능하도록 되어 있기 때문에, 위헌법률심판을 제청할 수 있는 자격은 당해사건의 담당법원에 한정되고 있다. 추상적 규범통제의 경우처럼 일정한 국가기관이 제청권자로 인정되는 것도 아니고,[82)] 당해소송의 당사자가 제청권자로 인정되는 것도 아니라 오로지 담당법원만이 제청권자로 인정되고 있는 것이다.[83)]

---

80) 따라서 이러한 추상적 규범통제는 위헌적 법률에 의한 기본권침해를 사전 예방적으로 억제한다는 점에서 기본권보호의 실효성이 높은 것으로 평가되며, 국내에서도 기본권보장의 실효성을 위하여 추상적 규범통제의 도입을 주장하는 학자들이 적지 않다.

81) 하지만 실제 미국 연방대법원에 의하여 위헌으로 인정되어 적용이 배제된 법률은 연방의회(또는 주의회)에 의하여 개정 또는 폐지되지 않을 수 없기 때문에 결과에 있어서는 법률의 일반적 무효를 선언한 것과 크게 다르지 않다.

82) 독일의 경우에는 연방정부, 주정부, 연방의회의 4분의 1 이상의 다수가 제청권자로 인정되고 있다(독일의 연방헌법재판소법 제13조 제6호, 제76조).

83) 그로 인하여 담당법원이 잘못된 판단에 근거하여 위헌법률심판제청을 하지 않을 경우에는 당사자에게

(2) 위헌법률심판제청의 절차

법원에 의한 위헌법률심판의 제청은 재판을 담당하는 모든 법원에 의해 행해질 수 있다. 다만 헌법재판소법 제41조 제5항에 따라 대법원 이외의 법원이 위헌법률심판을 제청할 경우에는 대법원을 경유하여야 한다.

이처럼 대법원을 경유하도록 하는 것은 대법원에서 어떤 법률에 대하여 어떤 법원에서 위헌법률심판이 제청되었는지를 확인할 수 있도록 하는 절차로서의 의미를 가질 뿐이며, 과거 유신헌법 당시와 같이 대법원에서 실질적인 심사를 통해 하급법원의 위헌법률심판제청을 통제할 수 있는 권한은 가지고 있지 않다.

(3) 위헌법률심판제청의 대상

위헌법률심판제청의 대상은 「법률」이다. 이처럼 법률만을 대상으로 삼고 있는 것은 법률이 아닌 다른 법규범에 대해서는 다른 방식의 규범통제가 가해질 수 있기 때문이다. 예컨대 명령 · 규칙에 대해서는 헌법 제107조 제2항에 따라 대법원의 위헌 · 위법한 명령 · 규칙에 대한 심사권이 인정되므로 위헌법률심판을 통해 이를 통제할 필요가 없는 것이다.[84][85]

그러므로 위헌법률심판의 대상은 원칙적으로 국회에서 법률의 형식으로 제정된 「법률」이다. 그러나 법률의 형식을 취하고 있지는 않지만, 법률적 효력을 가지고 있는 법규범들에 대해서는 명령 · 규칙의 심사제도 등을 적용하기에 부적합하므로 위헌법률심판의 대상으로 인정하는 것이 일반적이다.[86] 즉, 법률적 효력을 갖는 조약 등의 국제법규도 위헌법률심판의 대상으로 인정되며,[87] 그 밖에 법률적 효력을 갖는 대통령의 긴급재정 · 경제명령(헌법 제76조 제1항)과 긴급명령(헌법 제76조 제2항)도 역시 위헌법률심판의 대상으로 인정되는 것이다.[88]

피해가 발생될 수 있다. 이 문제를 해결하기 위하여 위헌소원제도가 인정되고 있는 것이다. 위헌소원제도에 관하여는 아래의 「Ⅱ. 5. **특수형식의 위헌법률심판으로서의 위헌소원**」 참조.

84) 이와 관련하여 **헌재 2000.1.27. 96헌바95등 결정**에서는 "헌법재판소법 제68조 제2항에 의한 헌법소원 심판청구에서 심판의 대상은 재판의 전제가 되는 법률인 것이지 대통령령은 될 수 없다"고 판시한 바 있다.

85) 또한 조례에 대해서도 대법원의 심사권이 인정되고 있으므로(지방자치법 제120조, 제192조, 행정소송법 제3조 제4호) 역시 위헌법률심판의 대상으로 삼는 것은 부적절하다고 할 수 있다. 이와 관련하여 대법원 1995.7.11. 선고 94누4615 전원합의체 판결과 대법원 1997.6.19. 선고 95누8669 전원합의체 판결에서 대법원은 헌법 제107조 제2항의 "규칙"에는 지방자치단체의 조례와 규칙이 모두 포함된다고 판시한 바 있다.

86) **헌재 2013.2.28. 2009헌바129 결정**에서 헌법재판소가 "법률과 같은 효력을 가지는 이 사건 관습법도 당연히 헌법소원심판의 대상이 되고, 단지 형식적인 의미의 법률이 아니라는 이유로 그 예외가 될 수는 없다"고 판시한 것도 같은 맥락으로 이해될 수 있다.

87) **헌재 2001.9.27. 2000헌바20 결정**.

88) 헌법재판소는 **헌재 2013.3.23. 2010헌바132 결정**에서 유신헌법 제53조에 따른 긴급조치에 대해서도 법률적 효력을 인정하고, 이에 대한 위헌법률심판의 대상이 됨을 인정하였다. 또한 이와 관련하여 "이미 폐기된 유신헌법에 따라 이 사건 긴급조치들의 위헌 여부를 판단하는 것은, 유신헌법 일부 조항과 긴급조치 등이 기본권을 지나치게 침해하고 자유민주적 기본질서를 훼손하는 데에 대한 반성에 기초하여 헌법 개정을 결단한 주권자인 국민의 의사와 기본권 강화와 확대라는 헌법의 역사성에 반하는 것으로 허용할 수 없다"고 지적하면서 현행헌법이 위헌심사의 준거규범이 된다고 보았다.

헌법재판소는 또한 폐지된 법률도 그 위헌 여부가 관련 소송사건의 재판의 전제가 되어 있다면 당연히 헌법재판소의 위헌심판의 대상이 된다고 인정한 바 있으며,[89] 이미 위헌으로 결정된 법률에 대한 위헌법률심판 청구는 부적법하다고 판시한 바 있다.[90] 그리고 헌법의 개별규정에 대한 위헌심판은 가능하지 않다고 확인한 바 있다.[91]

(4) 위헌법률심판제청의 요건

위헌법률심판이 제청되기 위해서는 두 가지 실질적 요건을 갖춰야 한다.

첫째, 문제의 법률이 위헌인지의 여부가 **재판의 전제**가 되어야 한다. 이러한 재판의 전제성은 ① 구체적인 사건이 법원에 계속 중이어야 하고, ② 위헌 여부가 문제되는 법률이 당해사건의 재판에 적용될 뿐만 아니라 ③ 그 법률이 위헌인지의 여부에 따라 담당법원이 다른 내용의 재판을 하게 될 경우이어야 한다.[92]

그러나 문제된 법률의 위헌 여부가 법원의 재판에서 주문 자체에 영향을 미치는 것이어야 할 필요는 없으며, "재판의 결론을 이끌어내는 이유를 달리하는 데 관련되어 있거나 또는 재판의 내용과 효력에 관한 법률적 의미가 전혀 달라지는 경우"도 포함한다.[93]

법률이 재판의 전제가 되는 요건을 갖추고 있는지의 여부는 제청법원의 견해를 존중하는 것이 원칙이나, 재판의 전제와 관련된 법률적 견해가 유지될 수 없는 것으로 보이면 헌법재판소가 직권으로 조사할 수도 있다.[94]

둘째, **위헌성에 대한 합리적 의심**이 존재하여야 한다. 이에 대한 판단은 담당법원에 맡겨져 있다. 하지만 담당법원이 위헌임을 확신할 경우에만 위헌법률심판을 제청한다면, 사실상 위헌법률심판이 활성화되지 못하며, 이를 통한 합헌적 질서의 형성과 유지에도 어려움이 있게 될 것이다. 반면에 위헌성에 대한 문제의 제기가 있으면 무조건 위헌법률심판제청을 하여야 한다고 보기에도 무리가 있다.

그러므로 위헌성에 대한 의심은 다투어지는 법률이 법원의 합리적 검토에 비추어 볼 때 위헌일 가능성이 있다는 정도로 충분하다고 보아야 할 것이다.[95]

---

89) 헌재 1994.6.30. 92헌가18 결정.

90) 헌재 1989.9.29. 89헌가86 결정; 헌재 1994.8.31. 91헌가1 결정.

91) 헌재 1995.12.28. 95헌바3 결정; 헌재 1996.6.13. 94헌바20 결정.

92) 헌재 1992.12.24. 92헌가8 결정; 헌재 1993.5.13. 92헌가10등 결정에서 나타나는 헌법재판소의 입장에 따르면, 위헌법률심판제청 내지 헌법재판소법 제68조 제2항에 의한 헌법소원심판청구의 적법요건인 재판의 전제성이라 함은 첫째 구체적인 사건이 법원에 계속(係屬)되어 있었거나 계속중이어야 하고, 둘째 위헌 여부가 문제되는 법률이 당해 소송사건의 재판에 적용되는 것이어야 하며, 셋째 그 법률이 헌법에 위반되는지의 여부에 따라 당해 사건을 담당한 법원이 다른 내용의 재판을 하게 되는 경우를 말하는 것으로, 여기에서 법원이 -다른 내용의- 재판을 하게 되는 경우라 함은 원칙적으로 법원이 심리중인 당해 사건의 재판의 결론이나 주문에 어떠한 영향을 주는 것뿐만이 아니라, 문제된 법률의 위헌 여부가 비록 재판의 주문 자체에는 아무런 영향을 주지 않는다고 하더라도 재판의 결론을 이끌어 내는 이유를 달리하는 데 관련되어 있거나 또는 재판의 내용과 효력에 관한 법률적 의미가 전혀 달라지는 경우도 포함한다고 인정하고 있다.

93) 헌재 1992.12.24. 92헌가8 결정; 헌재 1993.5.13. 92헌가10등 결정.

94) 헌재 1997.9.25. 97헌가4 결정; 헌재 2009.9.24. 2007헌가15 결정.

95) 1980년 헌법은 법원의 위헌법률심판제청과 관련하여 "법원은 법률이 헌법에 위반되는 것으로 인정할 때에는"이라는 규정을 두고 있었고, 이 규정에 기초하여 법원이 법률의 위헌 여부에 대한 전심권(1차적 심사권)을 갖고 있다는 해석이 가능했다. 그러나 현행헌법은 -과거 법원의 전심권이 남용되어 위헌

⑸ 위헌법률심판제청의 효과: 재판의 정지

법원이 헌법재판소에 위헌법률심판을 제청하였다는 것은, 법원의 입장에서 문제의 법률이 위헌일 가능성이 상당하다고 인정하였음을 의미한다. 따라서 문제의 법률을 적용해서 소송을 계속 진행시키는 것은 곤란하다. 그렇다고 아직 최종적인 위헌판단이 내려지지 않은 상태에서 법원이 임의로 문제의 법률을 배제하고 소송절차를 진행시켜서 재판을 하는 것도 문제가 있다.

이러한 문제 때문에 헌법재판소법 제42조 제1항에서는 "법원이 법률의 위헌 여부 심판을 헌법재판소에 제청한 때에는 당해 소송사건의 재판은 헌법재판소의 위헌 여부의 결정이 있을 때까지 정지된다. 다만, 법원이 긴급하다고 인정하는 경우에는 종국재판 외의 소송절차를 진행할 수 있다"고 명시하고 있다.

결국 법원은 헌법재판소의 위헌 여부 결정을 기다려서 그 결과에 따라 문제의 법률을 적용 또는 배제하는 가운데 최종적인 판결을 내려야 하는 것이다.

⑹ 헌법재판소의 결정

헌법 제113조 제1항과 헌법재판소법 제23조 제2항에 따라 법률에 대한 최종적인 위헌결정은 9인의 재판관 중 6인 이상의 찬성으로 행해질 수 있다.[96]

이처럼 현행법상 법률에 대한 위헌결정에 가중다수를 요구하고 있는 것은 입법부에 대한 존중을 전제한 것이다. 즉, 위헌성이 명확한 경우에만 예외적으로 법률에 대한 위헌결정을 내리도록 한 것이다.

법률심판을 유명무실화 했던 것에 대한 반성에 기초하여- 이 규정을 삭제하였다. 그 결과 현행헌법의 해석상 법원의 전심권은 부정되어야 하며, 따라서 **법원의 전심권을 인정하고 있는 헌법재판소법 제68조 제2항이 위헌이라는 주장**도 제기된 바 있다(정종섭, 위헌법률심판절차에 있어서 헌법재판소와 일반법원의 헌법해석권, 헌법논총 제1집, 1990, 323~358(357 이하)쪽. 이와 관련하여 헌법재판소는 **헌재 1993.7.29. 90헌바35 결정**에서 헌법재판소법 제68조 제2항의 규정이 법원의 합헌판단권을 인정하는 근거가 될 수 없다고 보고 있다).

그러나 법원의「전심권」내지「합헌결정권」의 존부를 문제삼는 이와 같은 논의가 현실적으로 큰 의미를 갖지는 못할 것으로 보인다. 법관이 **헌법과 법률에 따른 재판**을 함에 있어서 법률의 위헌성 여부에 대한 판단을 할 수 있고, 또 하여야 한다는 것은 법질서의 통일성 및 이에 기초한 법의 정상적 기능을 확보하기 위한 당연한 전제이다. 따라서 실무상 법원이 위헌법률심판제청권을 행사함에 있어서 일차적으로 합헌여부에 대한 실질적 판단을 독자적으로 내리는 것은 불가피한 것이다.

문제는 오히려 **법원이 어떤 기준에 따라 위헌법률심판제청을 하여야 하는지**, 그리고 당사자가 법원에 위헌법률심판제청을 신청하였으나 기각되었을 때 인정되는 위헌소원이 폭넓게 인정된다면 법원에 의한 위헌법률심판제청이 어떤 특별한 의미를 가질 수 있는지에 있다. 이에 대하여 국내외의 통설은 합헌의 확신이 있을 때를 제외하고는 법원이 위헌법률심판을 제청하여야 한다고 해석한다. 즉 위헌의 확신이 있을 때뿐만 아니라 위헌 여부에 대한 확신이 서지 않는 경우에도 위헌법률심판을 제청하여야 한다고 본다. 그럼으로써 한편으로는 법원의 일차적 판단권이 남용되는 것을 방지하면서, 다른 한편으로는 위헌법률심판제청에 관한 법원의 판단을 통하여 위헌법률심판제청의 남용에 의한 소송지연을 예방할 수 있다는 것이다.

96) 따라서 9인의 재판관 가운데 5인이 위헌의견을 내고, 4인이 합헌의견을 낸 경우에도 그 법률은 합헌으로 결정되는 것이다.

4. 헌법재판소의 (법률에 대한) 위헌결정의 효력

(1) 위헌결정의 효력이 미치는 범위

위헌으로 결정된 법률 또는 법률의 조항은 그 결정이 있는 날로부터 효력을 상실한다.[97] 즉 당해 사건에 대한 적용만이 배제되는 것이 아니라 그 **법률(조항)의 효력이 일반적으로 소멸**되는 것이다.[98]

헌법재판소에 의한 위헌결정은 법원 기타 국가기관 및 지방자치단체를 기속한다.[99] 이와 같은 **위헌결정의 기속력**은[100] 헌법의 최고규범성에서 직접 도출되는 것으로서, 실질적 법치주의를 실현시키는 중요한 요소가 된다.

그러나 구체적으로 위헌결정의 효력이 미치는 범위에 관하여는 논란의 여지가 있다. 헌법재판소의 결정주문이 기속력을 갖는다는 점에 대해서는 의문의 여지가 없다. 반면에 결정이유에서 언급한 모든 사항이 국가기관을 구속하는 것으로 보는 것에는 무리가 있다.

그렇기 때문에 위헌결정의 기속력은 결정의 주문에 한정된다는 주장도 있다. 그러나 결정의 주문만이 기속력을 가질 경우에는 기속력의 범위가 지나치게 축소되어 위헌결정을 통해 법질서의 합헌성을 확보하는 데 문제가 생길 수 있으며, 결과적으로 위헌적인 법률이 재차 제정되어 다시금 위헌결정이 내려지는 일이 반복될 수도 있다. 이런 점들을 고려할 때, 결정의 주문 이외에 결정의 중요이유(결정요지)도 기속력을 갖는다고 이해하는 것이 타당하다.

또한 위헌결정의 기속력과 관련하여 헌법재판소의 결정이 스스로를 기속할 수 있는지를 문제삼기도 하나, 일사부재리의 원칙이 인정되는 만큼(헌법재판소법 제39조) 헌법재판소도 당해사건에 대한 결정을 번복할 수는 없다고 보아야 할 것이다. 다만 판례의 변경이 가능하므로, 사후에 유사한 사건에서 다른 결정을 내리는 것은 가능할 것이다.

(2) 위헌법률심판의 결정유형과 변형결정의 효력

현행 헌법재판소법이 예정하고 있는 위헌법률심판의 결정유형은 합헌결정과 위헌결정의 두 가지뿐이다. 그러나 현실적으로 헌법재판소는 그 밖에 한정합헌결정, 한정위헌결정, 헌법불합치결정 등의 다양한 변형결정을 활용하고 있다.

한정합헌결정과 **한정위헌결정**은 합헌적 법률해석의 원칙에 기초한 결정유형으로서 위헌심판의 대상이 되는 법률이 다양한 해석가능성을 가지고 있을 뿐만 아니라, 어떤 해석을 취하느냐에 따라 합헌으로 판단될 수도 있고, 위헌으로 판단될 수도 있는 경우에는 위

97) 헌법재판소법 제47조 제2항 본문.

98) 이러한 위헌결정의 효력은 구체적 규범통제의 성격과 잘 맞지 않는다고 볼 수 있는 측면도 있으나, 헌법질서의 객관성과 통일성 및 소송경제를 위해 필요하다고 인정될 수 있다.

99) 헌법재판소법 제47조 제1항.

100) 반면에 헌법재판소의 합헌결정은 기속력이 없다. 즉, 헌법재판소에 의해 합헌으로 결정된 법률이라 하더라도 차후에 다시 위헌법률심판의 대상이 될 수 있는 것이다.

헌적인 해석을 배제한다는 전제조건 하에서 합헌으로 결정하는 것이다.[101)]

반면에 **헌법불합치결정**은 명백한 위헌결정이다. 그럼에도 불구하고 문제의 법률을 위헌으로 결정하여 당장 무효로 만들 경우에는 입법의 공백으로 인한 문제가 발생되는 경우가 드물지 않다. 이러한 문제를 해결하기 위하여 법률의 위헌성을 확인하면서도 잠정적으로 그 존속을 유지시키면서 입법자에 의한 법률의 개정을 요구하는 경우에 이용되는 것이 헌법불합치결정이며, 이러한 헌법불합치결정은 입법의 촉구로 이어지는 경우가 많다.

이러한 변형결정 가운데 최근 대법원과 헌법재판소 사이의 분쟁대상이 되고 있는 것은 한정합헌결정과 한정위헌결정이다. 이러한 변형결정을 둘러싼 갈등은 일차적으로 입법의 미비에 기인한 것이라고 할 수 있다. 변형결정 자체가 헌법과 법률에 의하여 명문으로 인정되고 있는 결정유형은 아니다. 헌법은 위헌법률심판에 대한 구체적인 사항을 정하지 않고 있으며, 이를 정하고 있는 헌법재판소법은 제45조에서 "제청된 법률 또는 법률조항의 위헌 여부만을 결정한다"고 규정하고 있다. 즉 한정합헌, 한정위헌 등의 이른바 변형결정은 실정법에 기초한 것이 아니라 해석을 통하여 발전되어 온 것이다.

그로 인하여 변형결정의 헌법적·법률적 근거 및 효력의 문제도 매우 심각하게 제기되고 있다. 헌법재판소법이 변형결정을 예정하지 않았음을 이유로 변형결정의 가능성 내지 변형결정의 구속력을 부인하는 견해[102)]가 있는가 하면, 헌법과 헌법재판소법이 헌법재판소에게 전부위헌의 결정을 내릴 권한을 부여했다면, 이는 부분위헌이라고 볼 수 있는 변형결정을 내릴 권한을 당연히 포함하는 것이라고 주장함으로써 변형결정의 가능성 및 구속력을 인정하는 견해[103)]도 있다.

이처럼 각각의 입장이 헌법재판소법 규정을 각기 유리한 방식으로 해석함으로써 자신의 주장을 정당화시키고 있기 때문에 실정법규정의 형식논리적 해석만으로는 견해의 대립을 극복하기 어렵다. 따라서 변형결정의 실정법적 근거 및 효력은 문구해석이나 발생사적 해석보다는 목적론적 해석을 통하여 판단되어야 할 것이다. 즉 변형결정을 인정할 경우와 부정할 경우에 각기 발생되는 결과를 비교하여 위헌법률심판제도의 취지에 보다 적합한 경우를 선택하여야 한다는 것이다.

---

101) 종래 헌법재판소는 한정위헌청구를 원칙적으로 부적법하고, 예외적으로 적법한 것으로 판시하였는데, 최근 판례를 변경하여 원칙적으로 적법한 것으로 인정하였다(**헌재 2012.12.27. 2011헌바117 결정**).

102) 실제로 **대법원 1996.4.9. 선고 95누11405 판결**과 **대법원 2001.4.27. 선고 95재다14 판결**에서 대법원은 헌법재판소의 변형결정(한정위헌결정)은 법률 또는 법률조항의 의미·내용과 그 적용범위에 관한 헌법재판소의 견해를 일응 표명한 데 불과하여 법원에 전속되어 있는 법령의 해석·적용 권한에 대하여 어떠한 영향을 미치거나 기속력도 가질 수 없다고 판시하였고, 이어서 **대법원 1997.3.28 선고 95누17960 판결**과 **대법원 1997.3.28. 선고 96누15602 판결**에서 헌법재판소의 헌법불합치결정과 위배되는 판결을 내린 바 있으며, **대법원 2001.2.15. 선고 96다42420 판결**에서도 헌법재판소의 한정위헌결정과 저촉되는 내용의 판결을 내린 바 있다.

103) 김양균, 헌법재판의 입법통제와 변형결정, 공법연구 제25집 제1호(1997.1), 215-231(219)쪽. 또한 헌법재판소도 법률에 대한 한정축소의 해석이 가능하고 또 필요하다는 논거에 기초하여 단순위헌결정뿐만 아니라 한정합헌, 한정위헌결정과 헌법불합치결정도 위헌결정이며, 이들은 모두 기속력을 가진다고 인정하고 있다(**헌재 1997.12.24. 96헌마172등 결정**).

이렇게 볼 때 변형결정 및 그 구속력을 인정해야 할 필요성은 매우 명백해진다. 변형결정을 인정함으로써 앞서 설명한 바와 같이 헌법재판소가 국회의 입법권을 존중하는 가운데 자신의 위헌결정권을 합리적 한도 내로 축소시켜서 운용하는 것이 가능해지기 때문이다. 그러나 만일 변형결정 및 그 구속력을 부인할 경우에는 헌법재판소가 변형결정을 내리는 대신에 단순합헌이나 단순위헌의 결정을 내릴 수밖에 없게 된다. 이 경우 단순합헌의 결정은 위헌의 소지를 방치하는 것이 되기 때문에 **위헌법률심판제도의 취지**에 반하는 것이 될 것이며, 단순위헌의 결정은 **국회의 입법권에 대한 심각한 제약**이 될 수 있다는 어려움을 낳는 것이다.

그러나 동시에 **변형결정의 한계**에 대해서도 깊이 생각해 볼 필요가 있다. 비록 변형결정이 위헌법률심판제도의 취지를 살리면서도 국회의 입법권을 존중해주는 훌륭한 수단으로 이용될 수 있지만, 이러한 변형결정은 어디까지나 보충적 수단이라는 점을 잊지 말아야 한다는 것이다. 위헌법률심판은 법률의 내용이 헌법과 합치되는지의 여부를 판단하는 것이며, 그 판단은 명확할 필요가 있다. 다만 예외적인 경우에 변형결정을 통하여 위헌법률심판제도의 취지와 국회 입법권에 대한 존중을 조화시키게 되는 것이다.

(3) 위헌결정의 효력발생시기

현행 헌법재판소법 제47조 제2항에 따라 위헌으로 결정된 법률 또는 법률의 조항은 그 결정이 있는 날로부터 효력을 상실한다. 제47조 제3항에 따라 형벌에 관한 법률 또는 법률의 조항은 소급하여 그 효력을 상실한다. 다만 해당 법률 또는 법률의 조항에 대하여 종전에 합헌으로 결정한 사건이 있는 경우에는 그 결정이 있는 날의 다음날로 소급하여 효력을 상실한다.

이처럼 법률에 대한 위헌결정은 **소급효를 갖지 못하며, 장래효만을 갖는다**. 이러한 원칙적 장래효와 예외적 소급효의 규정은 "법적 안정성 내지 신뢰보호의 원칙"과 "개별적 사건에 있어서의 정의 내지 평등의 원칙"의 상충관계에서 입법자가 전자를 좀 더 중요시한 것이다.

하지만 헌법재판소는 효력이 다양해질 수밖에 없는 위헌결정의 특수성을 고려하여, ① 구체적 규범통제의 실효성보장을 위하여 특히 위헌결정의 계기가 되었던 당해사건의 당사자, 또는 이와 동종·유사사건으로 법원에 위헌제청신청을 한 사건 혹은 위헌제청신청을 하지 않았지만 당해 법률 또는 법률조항이 재판의 전제가 되어 법원에 계속중인 사건과, ② 당사자의 권리구제의 필요성이 현저한 반면에 소급효인정에 따른 법적 안정성 침해의 우려가 적고, 오히려 소급효를 부인함으로써 정의와 형평 등 헌법적 이념에 반하는 경우[104]에는 **예외적으로 부분적인 소급효를 인정**할 수 있다고 보고 있다.[105]

---

104) 헌법재판소는 "어떤 사안이 후자와 같은 테두리에 들어가는가에 관하여는 본래적으로 규범통제를 담당하는 헌법재판소가 위헌선언을 하면서 직접 그 결정주문에서 밝혀야 할 것이나, 직접 밝힌 바 없으면 그와 같은 경우에 해당하는가의 여부는 일반법원이 구체적 사건에서 해당 법률의 연혁·성질·보호법익 등을 검토하고 제반이익을 형량해서 합리적·합목적적으로 정하여 대처할 수밖에 없을 것으로 본다"고 판시하였다(헌재 1993.5.13. 92헌가10등 결정).

105) 헌재 1993.5.13. 92헌가10등 결정.

5. 특수형식의 위헌법률심판으로서의 위헌소원

(1) 위헌소원의 의의와 성격

위헌소원이란 헌법재판소법 제68조 제2항에 의한 헌법소원(이른바 위헌심사형 헌법소원)을 지칭한다. 즉, 법률의 위헌 여부에 대한 심판의 제청신청이 법원에서 기각된 때에는 그 신청을 한 당사자는 헌법재판소에 헌법소원심판을 청구할 수 있다는 헌법재판소법 제68조 제2항 제1문의 규정에 기초하여 제기되는 헌법소원이 바로 위헌소원인 것이다.

이러한 위헌소원은 형식상 헌법소원이지만, 그 **실질에 있어서는 위헌법률심판**이라고 할 수 있다. 그러나 현행헌법상 위헌법률심판에 대해서는 제111조 제1항 제1호에서 "법원의 제청에 의한 법률의 위헌 여부 심판"이라고 명시하고 있으므로, 법원의 제청이 없을 경우에는 위헌법률심판 자체가 불가능해지는 것이다.

이러한 문제를 해결하기 위하여 헌법소원의 형식으로 사실상의 위헌법률심판을 인정하고 있는 것이 헌법재판소법 제68조 제2항에 의한 위헌소원이다.[106)]

(2) 위헌소원의 제기요건

위헌소원의 제기와 관련하여 청구요건으로서 중요한 의미를 갖는 것은 네 가지로 압축될 수 있다.

첫째, 청구권자는 법원에 계속(係屬)중인 사건에서 재판의 전제가 되는 법률에 대한 **위헌법률심판제청을 법원에 신청하였다가 기각된 당사자**이다.[107)] 따라서 법원에 의한 위헌법률심판제청이 있는 경우에는 위헌소원의 청구가 문제될 여지는 없다. 또한

---

106) 이와 같이 외국에서는 찾기 어려운 독특한 제도가 헌법소원이라는 이름으로 헌법재판소법에 도입되게 된 데에는 우리 헌정사의 특수한 경험이 크게 작용하였다. 제3공화국 말기에 있었던 국가배상법 제2조 제1항 단서에 관한 대법원의 위헌결정 및 그에 뒤이은 엄청난 사법부의 탄압에 영향을 받아 대법원이 제4공화국과 제5공화국의 기간 동안 -당시 위헌법률심판권을 보유하고 있던 헌법위원회에- 단 1건의 위헌법률심사제청도 하지 않았고, 그 결과 위헌법률심사제도가 유명무실하게 되었던 쓰디쓴 경험이 위헌법률심판의 제청 여부를 법원에 전적으로 맡기지 못하게 한 것이다. 또한 그 동안 헌법재판소법 제68조 제2항에 의한 헌법소원이 헌법재판소에서 적지 않게 인용되었음을 볼 때, 이러한 의구심은 근거 없는 것은 아니었다고 할 수 있다.

따라서 헌법재판소법 제68조 제2항에 의한 헌법소원이 현실적으로 필요하다는 것은 명백하다. 그러나 **실질은 위헌법률심판이면서 형식은 헌법소원**을 취하고 있다는 것은 비정상적인 형태임에 틀림없다. 문제는 헌법 제111조 제1항 제1호에서 위헌법률심판에 관하여는 '법원의 제청에 의한 법률의 위헌 여부 심판'으로 못박고 있는 점에 있다. 즉 당사자의 신청에 의한 위헌법률심판이 인정될 여지를 찾기 힘든 것이다. 그러므로 입법론적으로는 헌법 제111조 제1항 제1호를 '법률이 정하는 절차에 따른 위헌법률심판'으로 개정하는 전제 하에, 헌법재판소법 제68조 제2항의 규정을 동법 제41조에 제6항으로 삽입하고, 명칭도 '헌법소원' 대신에 '당사자에 의한 위헌법률심판의 제청'으로 바꾸는 편이 체계에 맞을 것으로 생각된다.

107) 이와 관련하여 헌법재판소는 **헌재 2003.9.25. 2003헌바21 결정**에서 "헌법재판소법 제68조 제2항의 규정에 의한 헌법소원심판은 법률의 위헌 여부 심판의 제청신청을 하여 그 신청이 기각된 때에만 청구할 수 있는 것인바, 청구인은 상고심절차에관한특례법 제4조 제1항에 대한 위헌 여부 심판의 제청신청을 하지 아니하였고 따라서 법원의 기각결정도 없었으므로 이에 대한 심판청구는 부적법하다"고 판시한 바 있다. 또한 행정소송의 피고나 그 보조참가인인 행정청이 위헌소원의 청구권자가 될 수도 있다(**헌재 2008.4.24. 2004헌바44 결정**).

위헌소원의 경우에도 당사자가 사인(私人)인 경우 변호사강제주의의 원칙에 따라 당사자에게 변호사자격이 없는 한 변호사를 대리인으로 선임하여야 한다.[108]

둘째, 위헌소원의 심판은 본질상 위헌법률심판이기 때문에 -위헌법률심판과 마찬가지로- **재판의 전제성**이 요구된다. 즉, 문제가 된 법률의 위헌 여부가 법원에 계속 중인 사건에 대한 재판의 전제가 되어야 한다.[109]

셋째, 헌법재판소법 제68조 제2항에 따른 헌법소원, 이른바 위헌소원은 동법 제68조 제1항에 따른 헌법소원과는 달리 헌법재판소법 제43조의 규정을 준용하여 **위헌법률심사의 제청과 같은 방식의 청구서**를 작성하여 헌법재판소에 심판을 청구하여야 한다.[110] 즉 침해된 권리, 침해의 원인이 되는 공권력의 행사 또는 불행사 등이 아니라 사건 및 당사자, 위헌이라고 해석되는 법률 또는 법률의 조항, 위헌이라고 해석되는 이유 등을 기재한 심판청구서가 요구된다. 이와 같은 차이는 곧 위헌소원의 본질이 위헌법률심판이며, 헌법재판소에서 판단하여야 할 내용과 방식이 위헌법률심판과 다르지 않음을 보여주는 것이다.

넷째, 헌법재판소법 제68조 제2항에 따른 이른바 위헌소원은 위헌법률심판의 제청신청을 기각하는 결정을 통지받은 날로부터 30일 이내에 청구하여야 한다.[111] 또한 제1심에서 청구기간을 도과한 당사자가 상급심에서 다시 제청신청을 하여 또 기각결정을 받은 경우에 헌법재판소에 위헌소원심판을 청구할 수 있는지에 대한 문제가 제기되나, 이를 인정하는 것이 일반적이다.[112]

(3) 위헌소원의 심판절차

위헌소원은 헌법소원의 형식을 취하고 있으나 그 실질은 위헌법률심판이기 때문에 **심판의 대상**은 -공권력의 행사 또는 불행사를 문제삼는 헌법재판소법 제68조 제1항에 의한 헌법소원의 경우와는 달리- 위헌법률심판제청의 대상으로서 문제가 되었던 법률이다. 즉 헌법재판소법 제41조 제1항의 의미의 법률인 것이다.

따라서 국회에서 제정된 이른바 형식적 의미의 법률뿐만 아니라 그와 동일한 효력을 갖는 법규범, 즉 대통령의 긴급재정 · 경제명령(헌법 제76조 제1항)과 긴급명령(헌법 제76조 제2항), 법률과 동일한 효력을 갖는 조약 등이 심판의 대상이 된다.

위헌소원의 경우도 헌법재판소법 제68조 제1항에 따른 헌법소원과 마찬가지로 재판관 3인으로 구성되는 **지정재판부에 의한 사전심사**를 거친다. 지정재판부에서는 청구기관의 도과, 대리인의 선임이 없는 경우, 기타 청구가 부적법하고 그 흠결을 보정할 수 없는 경우에 지정재판부 재판관 전원의 일치된 의견으로 심판청구를 각하할 수 있다.[113]

---

108) 헌법재판소법 제25조 제3항.
109) 반면에 헌법재판소법 제68조 제1항에 의한 헌법소원의 경우 요구되는 기본권침해의 직접성, 현재성, 자기관련성 및 보충성의 요건은 위헌소원의 경우 문제되지 않는다.
110) 헌법재판소법 제71조 제2항.
111) 헌법재판소법 제69조 제2항.
112) 김학성, 헌법재판소법 제68조 제2항의 헌법소원, 고시계 1994.4, 80-92(90)쪽; 정종섭, 헌법재판소법 제68조 제2항의 헌법소원심판제도에 대한 검토, 인권과 정의 1990.11, 68-77(71)쪽, 1990.12, 80-85쪽.

지정재판부의 각하결정이 없는 경우 헌법재판소는 위헌소원에 대한 심판절차에 들어가게 된다. 헌법재판소에 의한 위헌소원의 심판에서는 재판의 전제성을 비롯한 **위헌소원의 제소요건**이 제대로 갖추어졌는지를 검토하고, 문제된 법률의 위헌 여부에 대한 판단을 내리게 된다. 특히 문제된 **법률의 위헌 여부**에 대한 판단에 있어서는 당사자가 주장하는 이유에 한정되지 않고 폭넓게 그 위헌 여부를 검토하여 판단할 수 있다.[114]

위헌소원의 심판이 본질상 위헌법률심판과 같은 것이기 때문에 헌법재판소도 그 결정형식을 -청구인용과 기각으로 판단하던 과거와는 달리- **합헌 또는 위헌의 결정**으로 하고 있다.[115] 물론 한정합헌, 한정위헌 등의 변형결정도 가능하다. 특히 위헌의 결정을 내리기 위해서는 재판관 6인 이상의 찬성이 있어야 한다.[116]

⑷ 위헌소원에 대한 헌법재판소 결정의 효력

위헌소원에 대한 헌법재판소 결정의 효력도 위헌법률심판의 경우와 유사하게 볼 수 있다.[117] 합헌결정 또는 각하결정의 경우에는 특별히 문제될 것이 없으나, 위헌결정의 경우 그 효력의 범위 및 발생시기 등과 관련하여 -위헌법률심판에 의한 위헌결정의 경우와 마찬가지로- 많은 복잡한 문제들이 발생될 수 있는 것이다.

또한 헌법재판소법 제68조 제2항의 규정에 의한 위헌소원이 인용된 경우에 당해 헌법소원과 관련된 소송사건이 이미 확정된 때에는 당사자는 재심을 청구할 수 있다(헌법재판소법 제75조 제7항). 이러한 재심과 관련하여 형사사건에 대하여는 형사소송법의 규정을, 그 밖의 사건에 대하여는 민사소송법의 규정을 준용한다(헌법재판소법 제75조 제8항).

Ⅲ. 탄핵심판권

1. 제도의 의의와 연혁

탄핵이란 일반적인 사법절차나 징계절차로써 소추 또는 징계하기 어려운 고위공직자나 법관 또는 선거관리위원회 위원 등과 같이 신분이 보장된 공무원이 직무상 중대한 잘못을 범한 경우에 이를 의회가 소추하여 처벌하거나 파면하는 제도를 말한다.

이처럼 탄핵제도는 고위공직자 등의 헌법 및 법질서의 준수를 확보하기 위하여 필요한 제도이지만, 이 제도가 남용될 경우의 문제도 적지 않다. 그렇기 때문에 탄핵의 남용을 막기 위해 현행헌법은 탄핵소추기관과 탄핵심판기관을 분리하고 있을 뿐만 아니

113) 헌법재판소법 제72조 제3항.
114) 그것은 위헌법률심판으로서의 특성을 갖는 위헌소원의 성질상 당연한 것이며, 국내의 통설이기도 하다.
115) 당사자의 청구가 이유 없을 때, 즉 문제되는 법률이 합헌이라고 판단될 때에는 기각결정이 아닌 합헌결정을 하며, 청구가 부적법할 때에는 각하결정을 내린다. 반면에 문제되는 법률이 위헌이라고 판단될 때에는 인용결정이 아닌 위헌결정을 내리는 것이다.
116) 헌법 제113조 제1항, 헌법재판소법 제23조 제2항 제1호.
117) 위헌법률심판에 따른 위헌결정의 효력을 규정한 헌법재판소법 제47조를 위헌소원의 경우에 준용하는 헌법재판소법 제75조 제6항 참조.

라, 특히 엄격한 사법적 절차에 따른 공정한 탄핵심판을 요구하고 있다.

이러한 탄핵제도의 뿌리는 의회제도가 가장 먼저 발달된 영국에서 찾을 수 있다. 1376년 영국의회(일명 Good Parliament)에서 최초로 탄핵심판을 한 것으로 알려지고 있는데, 당시에는 주로 국왕의 측근에 있는 대신들에 대한 민중의 요구나 항의에 기초한 형사소송의 수단으로 이용되었다.[118] 이후 탄핵제도는 의회가 정치인을 통제하는 수단으로 활용되었지만, 민주주의가 발전되고 의회의 권한이 확대되면서 오히려 탄핵이 실제 사용되는 예가 점차 사라지게 되었다.[119]

이처럼 탄핵제도는 그 강력한 권한에 비하여 실제 적용된 사례가 많지 않다. 정치적으로 안정된 민주국가에서는 탄핵이라는 극단적 방법을 동원하지 않더라도 의회가 정부를 통제할 수 있는 다양한 수단들을 가지고 있고, 반면에 독재국가에서는 탄핵제도가 헌법상 존재한다 하더라도 그것은 명목적인 것에 불과한 경우가 대부분이기 때문에 역시 실제 행사되기가 어려운 것이다.

우리 헌법도 1948년의 헌법제정 이래로 탄핵제도를 계속 존치시키고 있다. 다만 탄핵심판기관은 계속 변경되어 왔는바, 제헌헌법 당시의 탄핵재판소,[120] 제2공화국의 헌법재판소,[121] 제3공화국의 탄핵심판위원회,[122] 유신헌법 당시와 제5공화국의 헌법위원회,[123] 그리고 현행헌법에서의 헌법재판소로 변화되어 왔다.[124] 하지만 실제 탄핵소추안이 국회를 통과하여 헌법재판소의 탄핵심판이 행해졌던 것은 노무현 전 대통령에 대한 **헌재 2004.5.14. 2004헌나1 결정**이 최초였다.

2. 제도의 유형

현행헌법상의 탄핵제도를 정확하게 이해하기 위해서는 탄핵의 여러 유형을 비교하는 것도 중요한 의미를 갖는다. 다른 제도와 비교함으로써 우리 헌법상의 탄핵이 어떤 특성을 갖고 있는지가 분명하게 드러날 수 있기 때문이다. 그런 맥락에서 우리의 탄핵제도가 형사재판적 탄핵제도가 아닌 징계적 성질의 탄핵제도라는 점, 그리고 정치적 탄핵심판이 아닌 사법적 탄핵심판이라는 점이 강조될 수 있다.

---

118) 이에 관하여는 이승우/정만희/음선필, 탄핵심판제도에 관한 연구(헌법재판연구 제12권), 2001, 14쪽 이하 참조.

119) 이러한 탄핵제도는 의회제도의 보급과 더불어 각국으로 전파되었으며, 특히 대통령에 대한 탄핵은 미국에서 몇 차례 시도된 바 있다. 그러나 실제 탄핵결정을 통해 물러난 대통령은 없다. 1868년의 앤드류 존슨 대통령에 대한 탄핵소추는 1표 차이로 부결되었으며, 1974년 닉슨 대통령에 대한 탄핵소추는 이에 대한 의결이 있기 전에 닉슨이 대통령직을 사임함으로 인하여 표결에 들어가지 않았다. 그리고 1998년 클린턴 대통령에 대한 탄핵도 역시 의결정족수에 미치지 못해서 부결되었다. 미국에서의 탄핵심판사례에 관하여는 이승우/정만희/음선필, 탄핵심판제도에 관한 연구(헌법재판연구 제12권), 2001, 112쪽 이하 참조.

120) 제헌헌법 제47조.

121) 제2공화국 헌법 제47조, 제83조의3 제5호, 제83조의4 참조.

122) 제3공화국 헌법 제62조.

123) 제4공화국 헌법(유신헌법) 제99조, 제109조. 제5공화국 헌법 제101조는 제4공화국 헌법 제99조와 같은 내용이며, 제5공화국 헌법 제112조는 제4공화국헌법 제109조와 내용이 같다.

124) 현행헌법 제111조 제1항 제2호.

형사재판적 탄핵제도란 영국에서 발전된 형태로서 탄핵소추가 되면 탄핵심판을 일종의 형사소송절차로 진행시키고 이를 통해 탄핵대상자의 위법행위에 대한 형벌까지 부과하는 것이다.[125] 반면에 **징계적 탄핵제도**는 탄핵심판을 통해 탄핵대상자가 공직에서 파면되어야 할 것인지의 여부만을 판단한다. 그 밖에 민·형사상의 책임은 별도의 소송을 통해서 물을 수 있지만, 탄핵심판에서는 그 부분에 대해서 판단하지 않는 것이다.

이러한 양 제도유형은 각기 장단점이 있지만, 우리나라를 비롯한 미국, 독일 등 대부분의 국가에서는 징계적 탄핵제도를 두고 있다. 그것은 탄핵심판이라는 특별한 절차를 구성하여 일반법원에 의한 사법절차와는 구별되는 방식으로 제도화시키고 있는 것 자체가 이미 일반 형사절차와 구별되는 특수성을 전제한 것이며, 만일 우리나라의 헌법재판소나 미국의 상원 등과 같은 특별기관에 의해 형사판결까지 내려질 경우에는 일반법원에 의한 형사판결과의 형평성에 있어서도 적지 않은 문제가 발생될 수 있기 때문이다.[126]

또한 탄핵제도는 **정치적 탄핵심판**과 사법적 탄핵심판으로 구별될 수 있다. 예컨대 미국이나 영국의 경우 탄핵은 하원에서 소추하여 상원에서 결정한다. 즉 정치인들로 구성된 의회에 의한 정치적 심판인 셈이다. 물론 이러한 정치적 탄핵심판은 정치인들에 대한 신뢰 내지 민주정치의 공고한 제도화에 대한 신뢰가 전제되어야 할 것이다.[127]

이에 비하여 우리 헌법에서는 탄핵제도가 정치공세의 수단으로 남용될 수 있다는 점을 우려하여 탄핵의 소추는 국회에 맡기되 그에 대한 최종적 결정은 법관의 자격을 갖는 헌법재판소 재판관으로 구성된 헌법재판소에서 담당하도록 하고 있다. 즉 사법적인 탄핵심판제도를 채택하고 있는 것이다.[128] 이처럼 **사법적 탄핵심판제도**를 채택하고 있기 때문에 헌법 제65조 제1항에서는 탄핵의 사유 또한 정치적 책임이 아닌 위법성에 대한 책임[129]을 묻는 것으로 한정되고 있다.[130]

---

125) 영국에서 이처럼 형사재판적 탄핵제도가 발전될 수 있었던 것은 영국의 의회가 사법작용을 담당하는 법원으로서의 기능까지도 수행했었기 때문이다. 의회를 의회고등법원(The High Court of Parliament)라고 표현하기도 했으며, 탄핵의 경우뿐만 아니라 다양한 재판을 담당하기도 했던 것이다.

126) 그렇기 때문에 영국과 같은 특수한 배경을 갖는 국가에서만 형사재판적 탄핵제도가 채택되었으며, 그 밖의 대부분의 국가에서는 징계적 성질의 탄핵제도를 채택하는 것이 보편화되고 있다.

127) 실제로 미국의 경우 탄핵심판이 정치적으로 남용된 예는 찾기 어렵다. 지난 200년 동안 오직 17건의 탄핵사건이 있었을 뿐 아니라, 그 가운데 대통령을 상대로 한 것은 3건에 불과한 것이다. 그 외에는 대부분 법관의 비리를 문제삼은 것들이었다.

128) 이 점에서 현행법상의 탄핵제도는 독일의 탄핵제도와 유사한 측면이 많다. 독일의 탄핵제도에 관하여는 이승우/정만희/음선필, 탄핵심판제도에 관한 연구(헌법재판연구 제12권), 2001, 76쪽 이하 참조. 그러나 독일의 경우 탄핵제도, 특히 기본법 제61조에 규정되고 있는 연방대통령에 대한 탄핵제도는 실제 행사될 가능성이 거의 없는 것으로 취급받고 있으며, 이 문제에 대한 헌법학적 연구문헌도 찾아보기 어려운 형편이다. 기본법 주석서에서 이에 대한 해설을 달고 있는 것들이 있지만, 그 또한 상세한 설명보다는 간단한 개관에 그치고 있는 것이 대부분이다. 단지 연방헌법재판소법 제13조의 해석과 관련한 절차상의 문제에 대한 논의가 이러한 연구의 부족을 보충하고 있을 뿐이다.

129) 독일의 경우에도 정치적 중요성(politische Relevanz)이 아닌 객관적 위헌성(objektiver Verfassungsverstoß)을 그 요건으로서 강조하는 것이 일반적이다.

130) 그 밖에 대통령제 국가에 있어서의 탄핵과 의원내각제 국가의 탄핵을 구별하는 것도 가능할 것이나, 그 실질적 의의는 크지 않다고 할 수 있다. 의원내각제 국가의 경우에는 내각불신임권과 의회해산권이 인정되기 때문에 탄핵을 이용하지 않더라도 수상이나 내각에 대해 책임을 묻는 것이 가능하다는 점에서 대통령제와 구별되지만, 독일의 예가 보여주듯이 대통령에 대한 탄핵소추는 여전히 의미있는

3. 심판절차

(1) 탄핵소추의 요건: 헌법 제65조

현행헌법 제65조 제1항은 "대통령 · 국무총리 · 국무위원 · 행정각부의 장 … 기타 법률이 정한 공무원이 그 직무집행에 있어서 헌법이나 법률을 위배한 때에는 국회는 탄핵의 소추를 의결할 수 있다"고 규정하고 있으며, 제111조 제1항 제2호에서는 탄핵의 심판을 헌법재판소의 관장사항으로 정하고 있다.

이와 같은 현행헌법의 규정은 앞서 검토한 바와 같이 탄핵의 소추 및 심판의 성격을 법적 분쟁해결수단으로 이해하고 있음을 보여준다. 탄핵의 소추 및 심판이 정치적 기준에 따른 판단이 아니라 법적 요건에 따른 사법적 판단을 전제하고 있다는 것은 탄핵의 소추에서 "그 직무집행에 있어서 헌법이나 법률을 위배"할 것을 요건으로 삼고 있다는 점과 그에 대한 최종적인 판단을 헌법재판소에서 내리도록 하고 있다는 점에서 명백히 드러나는 것이다.

따라서 헌법 제65조 제1항의 규정에 따른 탄핵요건에 대한 해석도 헌법재판소에 의한 사법적 판단을 전제한 것으로 엄격하게 해석되어야 한다.[131] 직무집행과 무관한 행위는 탄핵사유에 해당되지 않으며, 도의적 또는 정치적 비난의 대상은 될 수 있지만 헌법이나 법률에 위배되지 않는 행위도 역시 탄핵사유에는 해당되지 않는다.

나아가 탄핵사유로 인정되기 위해서는 직무집행의 위법성 정도와 그 결과로서의 탄핵결정(즉 파면)과의 비례성[132]이 인정되어야 한다.[133]

(2) 탄핵심판절차의 진행: 헌법재판소법 제31조, 제32조, 제40조

현행 헌법재판소법은 탄핵심판절차와 관련하여 별도의 증거조사나 신문 등에 관한 규정을 두고 있지 않다. 따라서 일반심판절차에서 정하고 있는 헌법재판소법 제31조와 제32조의 규정이 탄핵심판의 경우에도 적용된다.

2004년의 노무현대통령에 대한 탄핵심판에서도 헌법재판소는 일반심판절차에 따른 증거조사와 자료제출요구 등을 통해 절차를 진행시킨 바 있다. 당시에는 탄핵심판에 관한 선례가 전혀 없는 상태였기 때문에 시행착오도 많이 나타났으며, 이를 통해 제도적 개선이 요구되는 부분도 적지 않게 확인되었다.[134]

것으로 인정되기 때문이다. 물론 의원내각제 하의 대통령은 대통령제 국가의 대통령과 같이 집행부의 수반으로서 실질적 권한을 행사하지는 못하지만 그 정치적 비중 때문에 헌법에 위배되는 행위를 할 경우에는 그에 대한 책임을 묻는 것이 가능하고 필요하다고 인정되는 것이다.

131) 이러한 엄격성을 전제로 했을 때 비로소 탄핵소추의 의결을 받은 자는 헌법재판소의 심판이 있을 때까지 그 권한행사가 정지되도록 하는 헌법재판소법 제50조의 규정이 정당화될 수 있다.

132) 비례성의 원칙에 관하여는 「제1권 제2부 제3장 제3절 Ⅲ. **법치주의와 비례성**」 참조.

133) 마치 고속도로 상에서 제한속도를 시속 10km 정도 초과해서 달렸다고 면허를 취소하는 것은 과도한 처벌이기 때문에 정당하다고 보기 어려운 것처럼, 가벼운 견책 정도로 끝나야 할 작은 사안을 파면이라는 결과를 가져오게 될 탄핵의 사유로 인정하기는 어렵기 때문이다. **헌재 2023.7.25. 2023헌나1 결정**에서 헌법재판소가 기각 결정을 내린 것도 같은 맥락으로 이해될 수 있다.

134) 탄핵심판의 의의와 비중을 생각할 때, 신중하고 철저한 조사에 기초한 판단이 내려져야 할 것이다. 즉 관련사실을 면밀하게 검토한 후 당사자의 진술, 나아가 전문가의 의견 등을 충분히 확보한 후에

탄핵심판절차의 진행과 관련해서는 구두변론을 원칙으로 하며(헌법재판소법 제30조 제1항), 헌법재판소법에 구체적 규정이 없는 경우에는 형사소송법 및 민사소송법의 규정을 준용한다(헌법재판소법 제40조). 또한 피청구인에 대한 탄핵심판청구와 동일한 사유로 형사소송이 진행되고 있는 때에는 재판부는 심판절차를 정지할 수 있다(헌법재판소법 제51조).

(3) 헌법재판소의 탄핵결정: 헌법 제113조 제1항과 헌법재판소법 제23조 제2항

탄핵심판사건은 다른 헌법소송과 마찬가지로 9인의 재판관 전원으로 구성되는 재판부에서 담당하며, 헌법재판소장이 재판장이 된다. 재판부는 7인 이상의 재판관이 출석하여 사건을 심리하며, 헌법재판소의 탄핵결정에는 재판관 9인 중 6인 이상의 찬성이 필요하다.[135]

탄핵결정에 대하여 이와 같이 가중된 의결정족수를 요구하는 것은 탄핵결정이 미치는 파급효를 고려하여 신중하게 판단하도록 하는 것이다.

4. 결정의 효력

헌법재판소에 의한 탄핵결정은 그 대상자를 **공직으로부터 파면**하는 데 그친다. 그러나 탄핵의 결정을 받음으로써 민·형사상의 책임까지도 면제되는 것은 아니다(헌법 제65조 제4항, 헌법재판소법 제54조 제1항). 현행헌법상의 탄핵심판은 형사재판적 성질을 갖는 것이 아니라 징계적 성질을 갖는 것이기 때문에 그 결정은 파면에 그치지만, 바로 그 때문에 탄핵결정과 형사재판 사이에 일사부재리의 원칙은 인정되지 않는 것이다.

또한 탄핵결정으로 파면된 공직자는 결정선고일로부터 5년이 경과하지 아니하면 공무원이 될 수 없다(헌법재판소법 제54조 제2항). 탄핵결정은 헌법과 법률에 위배되는 불법행위를 전제로 법적 책임을 물어서 파면하는 것이기 때문에, 정치적 책임을 물어서 해임한 경우와는 달리 **일정 기간 공직취임을 금지**시키는 현행법의 태도는 합리적 이유가 있다고 할 수 있다.

그리고 탄핵결정과 관련하여 대통령이 **탄핵결정을 받은 공직자를 사면**할 수 있을 것인지가 문제되기도 한다. 그러나 미국처럼 이를 명문으로 금지하고 있지 않은 경우라 하더라도 탄핵결정에 대한 사면은 인정될 수 없다고 보아야 할 것이다. 국회의 탄핵소추와 헌법재판소의 탄핵결정을 통해 탄핵대상자에 대한 정치적·법적 책임이 명백해진 경우에 대통령이 이를 사면하는 것은 탄핵제도의 실효성을 현저하게 약화시킬 것이기 때문이다.

결정을 내리는 것이 필요하다. 그렇기 때문에 이를 고려하여 탄핵심판의 절차에 관한 규정을 보완하는 것이 요청되는 것이다.

135) **헌재 2017.3.10. 2016헌나1 결정**에서 헌법재판소는 8인의 재판관에 의해 탄핵심판이 진행되었고 8인의 재판관 만장일치로 탄핵결정이 내려졌다.

Ⅳ. 정당해산심판권

1. 제도의 의의

현대 민주국가에서 정당의 의의와 기능은 매우 특별하다.[136] 한편으로는 현대의 대중민주주의를 실현하기 위하여 정당이 꼭 필요하지만, 정당이 독재화될 경우에는 오히려 민주주의를 효과적으로 파괴하게 될 수도 있기 때문이다.

이러한 정당의 이중성 때문에 정당에 대한 헌법의 태도도 이중적이다. 한편으로는 정당의 민주적 활동을 헌법적으로 보장함과 동시에, 다른 한편으로는 정당의 반헌법적·반민주적 활동을 규제하고 있는 것이다.

위헌정당해산제도를 규정하고 있는 현행헌법 제8조 제4항은 방어적 민주주의를 구체화시킨 대표적 헌법규정이다. 이 규정은 문언상 정당에 대한 규제임이 분명함에도 불구하고 일반결사와는 달리 헌법재판소의 결정에 의해서만 해산된다는 절차상의 특수성으로 인하여 오히려 정당특권으로까지 불리우고 있다.[137]

2. 제도의 유형

정당해산에 관한 소송유형은 크게 두 가지로 나눌 수 있다:

하나는 현행헌법과 같이 정당조항을 특별히 두고, 헌법재판소라는 특별기관에 의하여 특별한 제소요건과 특별한 심판절차에 따라 위헌정당을 해산시킬 수 있도록 하는 것이다. 그리고 다른 하나는 진보당사건이 발생하였던 제1공화국 당시와 같이 정당에 관한 특별규정을 두지 않고, 정당을 일반결사와 똑같이 취급하는 것이다.

양자는 나름의 특성을 가지고 있다. 그러나 정당해산이 미치는 파급효 등을 고려할 때, 정당에 관한 특별규정을 통하여 위헌정당의 해산에 관한 요건과 절차를 엄격하게 하는 현행법의 태도가 바람직한 것으로 평가될 수 있다.

3. 심판절차

위헌정당해산의 제소권은 정부에게 있다(헌법 제8조 제4항, 헌법재판소법 제55조).[138] 헌법재판소는 정당해산심판의 청구를 받은 때에는 청구인의 신청 또는 직권으로 종국결정의 선고시까지 피청구인의 활동을 정지하는 결정을 할 수 있다(헌법재판소법 제57조).

정당해산의 결정은 헌법재판소에서 9인의 재판관 중 6인 이상의 찬성으로 행해진다(헌법 제113조 제1항, 헌법재판소법 제23조 제2항). 위헌정당의 해산결정은 창설적

136) 정당의 의의와 기능에 관하여는 「제1권 제3부 제1장 제2절 **현행헌법상 정당의 의의와 기능**」 참조.
137) 정당해산에 관하여 상세한 것은 「제1권 제3부 제1장 제4절 **정당의 해산**」 참조.
138) 그러나 특정 정당이 위헌의 소지가 있다고 판단될 때에 정부가 의무적으로 제소를 해야 하는 것은 아니다. 정치적 논쟁과정 속에서 자연스럽게 도태시킬 수 있다고 판단될 때에는 오히려 위헌정당으로 제소하기보다는 민주적 정치과정과 국민의 판단에 맡기는 것이 나을 수 있기 때문이다.

효력을 가지며(헌법재판소법 제59조), 위헌정당이 아니라는 결정에 대해서는 다시 제소할 수 없다(헌법재판소법 제39조).[139]

헌법재판소의 해산결정이 있으면 헌법재판소장은 그 사실을 국회와 중앙선거관리위원회에 통지하여야 하며, 정당해산을 명하는 결정서는 피청구인인 정당과 국회, 정부, 중앙선거관리위원회에 송달된다(헌법재판소법 제58조). 통지를 받은 선거관리위원회는 해산결정을 받은 정당의 등록을 말소하고 그 뜻을 지체없이 공고하여야 한다(헌법재판소법 제60조, 정당법 제47조).

4. 결정의 효력

헌법재판소의 위헌정당 해산결정은 **창설적 효력**을 가지며, 중앙선거관리위원회의 해산공고는 선언적 · 확인적 효력만을 갖는다.

헌법재판소의 결정으로 정당이 해산된 경우에는 해산된 정당의 강령(또는 기본정책)과 동일하거나 유사한 것으로 정당을 창당하지 못한다(정당법 제40조). 헌법재판소의 결정에 의해 해산된 정당의 잔여재산은 국고에 귀속한다(정당법 제48조 제2항).

헌법재판소의 결정에 의해 해산된 정당의 소속의원들이 의원직을 상실하는지의 여부에 관하여는 견해의 대립이 있다. 하지만 위헌정당해산제도가 민주적 기본질서에 대한 직접적이고 심각한 위협의 존재를 인정하고 그에 대한 강력한 대책으로 마련된 것이라는 점을 고려할 때, -비록 위헌정당해산요건의 인정은 엄격해야 하지만- 일단 위헌정당해산의 요건을 갖춘 경우에는 강력한 제재수단이 동원되는 것이다. 따라서 정당활동의 실질적 주체가 되었던 국회의원들의 의원직이 계속 유지된다고 보기는 어렵다.[140]

V. 권한쟁의심판권

【사례: 입법절차상 하자와 권한쟁의심판】

국회의장 갑은 국회 본회의 중에 의사진행을 부의장 을에게 넘겼고, 을은 국가보안법 개정안 등에 관한 심의와 표결을 진행하였다.

국회의원 병은 본회의에 참석하여 국가보안법 개정안에 대한 반대토론을 신청하면서 발언신청서를 작성하여 제출하였으나, 을은 다른 안건과는 달리 국가보안법에 대해서는 반대토론 신청 유무의 확인이나 반대토론의 허가 없이 의안에 대하여 바로 표결을 실시하겠다고 선언하였다. 이에 병은 자신이 반대토론을 신청하였다고 이의를 제기하였으나 을은 반대토론 신청이 접수되지 않았다는 이유로 반대토론 없

139) 2013년 11월 5일 정부는 통합진보당에 대하여 북한식 사회주의를 추종하여 (자유)민주적 기본질서를 파괴하려는 목적을 가지고 활동을 했다는 이유로 정당해산심판청구를 하였으며, 헌법재판소는 **헌재 2014.12.19. 2013헌다1 결정**에서 통합진보당에 대한 해산결정을 내렸다.

140) 이에 관하여는 「제1권 제3부 제1장 제4절 Ⅳ. 4. **소속의원의 자격상실 여부**」 참조.

이 표결을 진행하여 찬성 172인, 반대 3인, 기권 6인으로 가결되었음을 선포하였다.

이에 병은 을이 반대토론을 허가하지 않고 법률안에 대한 표결을 진행하여 가결시킨 것은 자신의 법률안 심의·표결권을 침해하였다고 주장하면서 국회의장을 피청구인으로 하여 그 권한의 침해 확인과 법률안의 가결 선포행위의 무효 확인을 구하는 권한쟁의심판을 청구하였다.

〈헌재 2011.8.30, 2009헌라7 참조〉

1. 본 사안의 경우 국회의장을 상대로 권한쟁의심판을 청구한 것은 적절한가? (20점)
2. 본 사안에서 청구인이 일반적 관례에 따라 국회 직원을 통해 반대토론을 신청한 사실이 확인되었을 경우, 헌법재판소는 청구인의 심의·표결권 침해를 인정할 수 있는가? (50점)
3. 본 사안에 대한 결정에서 헌법재판소는 청구인의 주장에 따라 법률안의 가결 선포행위를 무효로 확인할 수 있는가? (30점)

1. 제도의 의의

권한쟁의심판이란 국가기관 상호간, 국가기관과 지방자치단체간, 또는 지방자치단체 상호간에 **헌법적 권한이나 의무의 존부 또는 범위, 내용**에 관하여 다툼이 발생한 경우에 제3의 독립된 기관인 헌법재판소가 이를 유권적으로 심판함으로써 그 분쟁을 해결하는 제도를 말한다.

이러한 권한쟁의심판제도는 국가기관과 지방자치단체 등이 상호간의 권한의 존부와 범위 및 한계를 명확히 함으로써 공적 기능의 수행을 원활히 하고, 권력 상호간의 견제와 균형을 유지시켜 헌법의 규범적 효력을 보호하는 역할을 한다.

2. 제도의 유형

비교법적으로 볼 때, 권한쟁의는 다양한 유형으로 나누어질 수 있다. 예컨대 우리 헌법재판제도의 모델이 되었던 독일의 경우에는 **헌법기관 사이의 권한쟁의**(연방헌법재판소법 제13조 제5호, 제63조~제67조) 이외에도 **연방과 주 사이의 연방국가적 권한쟁의**(연방헌법재판소법 제13조 제7호, 제68조~제70조)도 인정되고 있다.

그러나 연방국가제도를 취하지 않고 있는 우리 헌법 하에서는 권한쟁의심판이 세 가지 유형으로 나누어지고 있다. 즉 권한쟁의심판의 당사자에 따라 국가기관 상호간의 권한쟁의, 국가기관과 지방자치단체 사이의 권한쟁의, 지방자치단체 상호간의 권한쟁의로 나누어지는 것이다(헌법 제111조 제1항 제4호, 헌법재판소법 제62조 제1항).

이러한 현행법에 따른 권한쟁의의 유형분류는 국가기관 이외에 지방자치단체를 당사자로 인정하는 것에 따른 것이다. 그러나 지방자치단체의 권한범위가 헌법적으로 정해지지 않고 있는 상황에서 지방자치단체를 「헌법적 권한의 존부 및 범위」에 관한 다툼을 대상으로 하는 「헌법재판」인 권한쟁의심판의 당사자로 인정하는 데에는 문제가 있다고 지적될 수 있다.[141]

3. 심판절차

(1) 권한쟁의심판의 청구

국가기관 상호간, 국가기관과 지방자치단체간 및 지방자치단체 상호간에 권한의 존부 또는 범위에 관하여 다툼이 있을 때에는 당해 국가기관 또는 지방자치단체는 헌법재판소에 권한쟁의심판을 청구할 수 있다. 이러한 권한쟁의심판청구는 피청구인의 처분 또는 부작위가 헌법 또는 법률에 의하여 부여받은 청구인의 권한을 침해하였거나 침해할 현저한 위험이 있는 때[142]에 한하여 이를 할 수 있다(헌법재판소법 제61조).[143]

현행헌법은 권한쟁의의 당사자로 국가기관과 지방자치단체를 명시하고 있으며, 헌법재판소법은 이를 좀 더 구체화하여 1. 국가기관 상호간의 권한쟁의심판에 있어서는 국회, 정부, 법원 및 중앙선거관리위원회를 당사자로 명시하고 있으며, 2. 국가기관과 지방자치단체간의 권한쟁의심판은 정부와 특별시 · 광역시 · 특별자치시 · 도 또는 특별자치도 사이에서, 혹은 정부와 시 · 군 또는 자치구 사이에서 제기될 수 있음을 밝히고 있다. 그리고 3. 지방자치단체 상호간의 권한쟁의심판은 ① 특별시 · 광역시 · 특별자치시 · 도 또는 특별자치도 상호간에, ② 시 · 군 또는 자치구 상호간에, ③ 특별시 · 광역시 · 특별자치시 · 도 또는 특별자치도와 시 · 군 또는 자치구간에 제기될 수 있다고 규정하고 있다(헌법재판소법 제62조 제1항).[144] 또한 권한쟁의가 「지방교육자치에 관한 법률」 제2조의 규정에 의한 교육 · 학예에 관한 지방자치단체의 사무에 관한 것인 때에는 교육감이

---

141) 독일의 경우 지방자치단체는 행정소송(기관소송)의 당사자가 될 뿐이고, 기관쟁의(Organstreit = 우리나라의 권한쟁의)의 당사자로 인정되지 않는다.

142) **헌재 2009.7.30. 2005헌라2 결정**: "피청구인의 장래처분에 의해서 청구인의 권한침해가 예상되는 경우에 청구인은 원칙적으로 이러한 장래처분이 행사되기를 기다린 이후에 이에 대한 권한쟁의심판청구를 통해서 침해된 권한의 구제를 받을 수 있으므로, 피청구인의 장래처분을 대상으로 하는 심판 청구는 원칙적으로 허용되지 아니한다.
그러나 피청구인의 장래처분이 확실하게 예정되어 있고, 피청구인의 장래처분에 의해서 청구인의 권한이 침해될 위험성이 있어서 청구인의 권한을 사전에 보호해 주어야 할 필요성이 매우 큰 예외적인 경우에는 피청구인의 장래처분에 대해서도 헌법재판소법 제61조 제2항에 의거하여 권한쟁의심판을 청구할 수 있다."

143) 이와 관련하여 헌법재판소는 "행정자치부장관이 '행정부시장 · 부지사 회의'를 개최하여 행정자치부에서 작성한 표준안대로 복무조례를 개정할 것을 울산광역시 동구 및 북구에 요청한 것은 각 지방자치단체가 참고할 수 있도록 표준안을 제시한 것에 불과하여 단순한 업무협조 요청에 불과하고, 「징계업무처리지침」 및 「병 · 연가불허지시」를 통보한 것도 상호 협력의 차원에서 조언 · 권고한 것이거나 단순히 '업무연락'을 한 것이지, 각 지방자치단체를 법적으로 규제하는 강제적 · 명령적 조치를 취한 것이라 보기 어려우며, 기자회견을 통해 '총파업가담자에 대한 처벌과 정부의 방침에 소극적으로 대처하는 지방자치단체에 대하여 특별교부세 지원중단 등의 행정적 · 재정적 불이익 조치를 취할 것'이라는 것을 주된 내용으로 하는 담화문을 발표한 것 또한 단지 파업의 대응방침을 천명한 것으로 단순한 견해의 표명에 지나지 않는다 할 것이다. 이러한 행위들은 권한쟁의심판의 대상이 되는 처분이라 할 수 없으므로, 이를 대상으로 한 권한쟁의심판청구는 부적법하다"고 판시한 바 있다(**헌재 2006.3.30. 2005헌라1 결정**).

144) 이와 관련하여 헌법재판소는 헌재 2010.4.29. 2009헌라11 결정에서 지방의회 의원과 지방의회 의장 사이의 내부적 분쟁은 권한쟁의심판의 범위에 속하지 않는다고 판시하였다.

당사자가 된다고 확인하고 있다(헌법재판소법 제62조 제2항).

그러나 이러한 헌법재판소법의 규정은 권한쟁의심판의 당사자를 예시적으로 밝히고 있는 것에 지나지 않으며, 헌법재판소는 –헌법재판소법에 명시되지 않은– 국회의원도 권한쟁의심판의 당사자가 될 수 있다고 인정하고 있다.[145)146)]

권한쟁의의 심판은 그 사유가 있음을 안 날로부터 60일 이내에, 그 사유가 있은 날로부터 180일 이내에 청구하여야 하며, 이 기간은 불변기간이다(헌법재판소법 제63조).

⑵ 가처분

헌법재판소가 권한쟁의심판의 청구를 받은 때에는 직권 또는 청구인의 신청에 의하여 종국결정의 선고시까지 심판대상이 된 피청구인의 처분의 효력을 정지하는 결정을 할 수 있다(헌법재판소법 제65조).

권한의 침해 여부를 다투는 권한쟁의심판이 제기된 상황에서 권한의 침해가 계속되는 것을 막기 위한 잠정적인 조치로서 가처분이 필요하다는 점에 대해서는 이의가 없다.

⑶ 헌법재판소의 결정

권한쟁의심판에 관한 헌법재판소의 결정은 헌법재판소의 의결정족수에 관한 헌법재판소법 제23조의 규정에 따라 재판관 7인 이상의 출석과 관여한 재판관의 과반수로 내려진다. 다른 헌법소송과는 달리 권한쟁의심판에 대해서는 6인 이상의 찬성을 요하지 않는 것은 권한쟁의심판이 여타의 헌법소송과는 구조적으로 다른 측면이 있기 때문이다.

대부분의 헌법소송은 기존에 형성되어 있는 국가질서 내지 법적 지위에 변동을 요구하는 것이다. 예컨대 위헌법률심판은 기존의 법률을 무효화시키는 것이고, 탄핵심판은 고위공직자의 법적 지위에 변동을 가하는 것이다. 정당해산심판의 경우도 정치적 상황에 커다란 변화를 야기하는 것이고, 헌법소원심판도 행사(또는 불행사)된 공권력의

---

145) 헌법재판소는 **헌재 1995.2.23. 90헌라1 결정**에서 국회의 구성원이거나 국회 내의 일부기관인 국회의원 및 교섭단체 등이 국회 내의 다른 기관인 국회의장을 상대로 권한쟁의심판을 청구할 수 없다고 판시한 바 있었다. 그러나 헌법재판소는 **헌재 1997.7.16. 96헌라2 결정**에서 헌법 제111조 제1항 제4호 소정의 "국가기관"에 해당하는지 여부는 그 국가기관이 헌법에 의하여 설치되고 헌법과 법률에 의하여 독자적인 권한을 부여받고 있는지, 헌법에 의하여 설치된 국가기관 상호간의 권한쟁의를 해결할 수 있는 적당한 기관이나 방법이 있는지 등을 종합적으로 고려하여야 할 것인바, 이러한 의미에서 국회의원과 국회의장은 위 헌법조항 소정의 "국가기관"에 해당하므로 권한쟁의심판의 당사자가 될 수 있다고 인정하면서 종래의 판례를 변경하였다. 또한 헌법재판소법 제62조 제1항 제2호는 국가기관과 지방자치단체간의 권한쟁의심판의 당사자인 국가기관으로 "정부"만을 규정하고 있으나, 헌법재판소는 강남구 등과 국회간의 권한쟁의심판에서 국회의 당사자적격을 부인하지 않았다(**헌재 2006.5.25. 2005헌라4 결정; 2015.11.26. 2013헌라3 결정**).

그러나 권한쟁의심판에 있어서 이른바 '제3자 소송담당'은 인정되지 않는다는 것이 헌법재판소의 입장이다(**헌재 2008.1.17. 2005헌라10 결정**).

146) 헌법재판소는 헌재 2010.10.28. 2009헌라6 결정에서 법률에 의해 설치된 국가기관의 경우 법률에 의해 존폐 및 권한범위가 좌우되므로, 권한쟁의심판의 당사자는 헌법에 의하여 설치된 국가기관에 한정된다는 점을 근거로 국가인권위원회는 권한쟁의심판의 당사자능력이 인정되지 않는다고 판시하였다.

헌재 2020.5.27. 2019헌라4 결정: "헌법 제111조 제1항 제4호 소정의 '국가기관'에 해당하는지 아닌지를 판별함에 있어서는 그 국가기관이 헌법에 의하여 설치되고 헌법과 법률에 의하여 독자적인 권한을 부여받고 있는지 여부, 헌법에 의하여 설치된 국가기관 상호간의 권한쟁의를 해결할 수 있는 적당한 기관이나 방법이 있는지 여부 등을 종합적으로 고려하여야 한다."

위헌성을 확인함으로써 기존의 국가질서에 변동을 가져오는 것이다. 그렇기 때문에 이러한 변화에 신중을 기하도록 하는 의미에서 6인 이상의 찬성이라는 가중된 요건이 부과되고 있는 것이다.

반면에 권한쟁의심판은 완성된 법적 지위에 변동을 가하는 것이 아니라 권한의 존부 및 범위를 확정하는 것이기 때문에 여타의 헌법소송과는 달리 취급되어야 한다. 또한 권한쟁의심판의 경우에는 같은 사안에 대해서 청구인과 피청구인이 바뀔 수도 있기 때문에 어느 한쪽에 가중된 요건으로 의결정족수를 정하는 것이 불합리하다는 점도 함께 고려되어야 할 것이다.

4. 결정의 효력

권한쟁의심판에 대한 헌법재판소의 결정은 심판의 대상이 된 국가기관 또는 지방자치단체의 **권한의 유무 또는 범위를 구속력 있게 확인**하며(헌법재판소법 제66조 제1항), 이러한 헌법재판소의 결정은 **모든 국가기관과 지방자치단체를 기속**한다(헌법재판소법 제67조 제1항). 다만 국가기관 또는 지방자치단체의 처분을 취소하는 결정은 그 **처분의 상대방에 대하여 이미 생긴 효력에 영향을 미치지 아니한다**(헌법재판소법 제67조 제2항).

헌법재판소는 권한쟁의심판에 대한 결정을 내리면서 권한침해의 원인이 된 피청구인의 처분을 취소하거나 그 무효를 확인할 수 있고, 헌법재판소가 부작위에 대한 심판청구를 인용하는 결정을 한 때에는 피청구인은 결정취지에 따른 처분을 하여야 한다(헌법재판소법 제66조 제2항).[147]

사례 풀이:

1. 본 사안의 경우 국회의장을 상대로 권한쟁의심판을 청구한 것은 적절한가? (10점)

Ⅰ. 사안의 분석과 쟁점의 정리 [1점]

Ⅱ. 권한쟁의심판의 구조 및 성격과 당사자능력 [4점]

1. 권한쟁의심판의 당사자: 국가기관, 지방자치단체
2. 법해석과 국가기관으로서의 국회의장, 국회의원
3. 헌법 및 법률상 권한의 주체로서의 당사자능력

Ⅲ. 국회부의장에 의한 직무대리와 권한쟁의심판의 당사자 [4점]

1. 의사진행에 관한 권한의 성격과 효력
2. 직무대리의 성격과 그 결과의 귀속
3. 권한쟁의심판의 성격과 당사자로서의 국회의장

Ⅳ. 결론 [1점]

147) 그러나 헌법재판소는 입법절차상의 권한침해가 발생한 경우에는 권한쟁의에 의하여 위헌법률심판과 같은 효력을 발하기 곤란하다는 문제로 인하여 권한침해의 위헌성은 인정하면서도 그 결과로 만들어진 법률에 대해서는 위헌선언을 하지 않고 있다(헌재 2009.10.29. 2009헌라8등 결정).

2. 본 사안에서 청구인이 일반적 관례에 따라 국회 직원을 통해 반대토론을 신청한 사실이 확인되었을 경우, 헌법재판소는 청구인의 심의 · 표결권 침해를 인정할 수 있는가? (60점)

Ⅰ. 서: 국회의원의 심의 · 표결권의 의의와 기능 [5점]

Ⅱ. 국회법 제93조 등의 해석과 반대토론의 의의 [14점]

1. 의회주의 원칙과 반대토론의 의미
2. 국회법 제93조의 해석과 질의, 토론의 생략을 위한 전제조건
3. 국회법 제106조의 해석과 국회의장(의사진행자)의 권한범위

Ⅲ. 반대토론을 배제한 의사진행과 심의 · 표결권의 침해 여부 [14점]

1. 적법한 반대토론의 신청과 그 효력
2. 반대토론의 신청을 무시한 의사진행과 심의 · 표결권의 침해
3. 장내 소란 등의 사유에 의한 정당화의 가능성 여부

Ⅳ. 표결 결과에 영향을 미칠 수 있는 가능성과 심의 · 표결권 [12점]

1. 반대토론의 의미와 기능
2. 반대토론이 표결 결과에 영향을 미칠 가능성에 대한 평가
3. 표결의 결과가 반대토론의 생략을 정당화시킬 수 있는지의 여부

Ⅴ. 헌법재판소의 본안판단 [12점]

1. 헌법재판소 결정의 형식
2. 사안에 대한 판단
3. 헌법재판소 결정의 효력

Ⅵ. 결론 [3점]

3. 본 사안에 대한 결정에서 헌법재판소는 청구인의 주장에 따라 법률안의 가결 선포행위를 무효로 확인할 수 있는가? (30점)

Ⅰ. 서: 권한쟁의심판의 구조와 특성 [3점]

Ⅱ. 권한쟁의심판과 헌법재판소 결정의 효력 [9점]

1. 권한쟁의심판과 헌법재판소의 결정 유형
2. 헌법재판소법 제61조 제2항의 해석과 처분의 유형
3. 헌법재판소법 제66조 제2항에 따른 처분의 무효 확인 가능성

Ⅲ. 입법작용에 대한 권한쟁의심판의 특성과 헌법재판소의 태도 [9점]

1. 입법의 민주적 정당성과 위헌판단의 신중성
2. 위헌법률심판의 위헌결정 정족수와 권한쟁의심판의 결정 정족수의 차이
3. 헌법재판소 판례의 태도

Ⅳ. 제도적 보완의 필요성 [6점]

1. 입법절차상의 하자와 현행 위헌법률심판에 의한 구제의 어려움
2. 권한쟁의심판을 활용한 문제해결
3. 추상적 규범통제의 도입

Ⅴ. 결론 [3점]

VI. 헌법소원심판권

【사례: 한정위헌청구와 공무원의 범위에 대한 해석】

갑은 A대학교 교수로서 '2003.2.1.경부터 제주도 통합(환경 · 교통 · 재해)영향평가위원회 재해분과심의위원으로 위촉되어 B골프장, C골프장 등의 재해영향평가 심의를 하는 과정에서 직무와 관련하여, 2006.12.경 용역비 명목으로 억대의 금품을 수수하였다'는 구 '특정범죄 가중처벌 등에 관한 법률' 위반죄의 범죄사실로 2010.11.25. 1심에서 징역 4년에 추징금 1억 5,265만 원을 선고받았다.

갑은 항소하여 2011.5.4. 항소심에서 C골프장 관련 금품 수수 등 일부 범죄사실에 대하여 무죄를 선고받았으며, 수뢰액에 관하여는 '용역비 상당액'이 아닌 '용역계약을 체결할 기회 또는 이에 참여하여 그 대금의 일부를 지급받을 수 있는 기회의 제공'으로 보아야 한다고 하여 구 '특정범죄 가중처벌 등에 관한 법률' 위반(뇌물)죄에 대하여 무죄가 선고됨으로써 결국 형법 제129조 제1항만이 적용되어 징역 2년을 선고받았다.

갑은 항소심 계속 중인 2011.1.26. 형법 제129조 제1항과 구 '특정범죄가중처벌 등에 관한 법률' 제2조 제1항의 '공무원'에 일반공무원이 아닌 지방자치단체 산하 위원회의 심의위원이 포함된다고 해석하는 한도에서 헌법에 위반된다는 취지 등의 위헌법률심판 제청신청을 하였으나, 법원은 2011.5.4. 이를 기각하는 결정을 하였다. 이에 갑은 2011.6.3. 위 법률조항들에 대하여 헌법재판소법 제68조 제2항에 의한 이 사건 헌법소원심판을 청구하였으며, 대법원은 2011.9.29. 청구인의 상고를 기각하여 위 형이 확정되었다.

〈헌재 2012.12.27. 2011헌바117 참조〉

1. 갑의 헌법소원심판청구는 적법한가? (30점)
2. 갑의 헌법소원심판청구가 적법한 경우 헌법재판소는 어떠한 본안판단을 내려야 하는가? (50점)
3. 헌법재판소의 한정위헌결정은 어떤 구속력을 갖는가? (20점)

1. 헌법소원심판제도의 의의와 연혁

헌법소원심판은 공권력의 행사 또는 불행사로 인하여 헌법상 보장된 기본권이 침해된 경우에 헌법재판소에 심판청구를 하여 침해의 원인이 된 공권력의 행사를 취소하거나 그 불행사가 위헌임을 확인함으로써 기본권을 구제하는 제도이다.[148]

148) 헌법소원심판제도의 뿌리를 어디에서 찾을 수 있는가에 대하여는 이론(異論)이 적지 않다. 그러나 헌법소원심판의 원형을 독일의 Verfassungsbeschwerde에서 찾는 일반적 견해에 따를 때 헌법소원심판제도의 뿌리는 1818년 바이에른의 헌법소원(Beschwerde zum Schutz verfassungsmäßiger Rechte)에서 찾을 수 있다고 한다. 그러나 당시의 헌법소원은 오늘날과 같이 개인의 권리구제를 위한 제도로서가 아니라 '주의회의 권리' 내지 '등족의 권리'를 구제하는 수단으로 인정되고 있었으며, 그 이후의 발전도 순탄한 것만은 아니었다. 그 용어가 정립되기까지도 많은 우여곡절이 있었고, 제도의

이러한 헌법소원심판은 모든 국가권력의 행사를 헌법, 특히 그 중심이 되고 있는 기본권에 부합되도록 하여야 한다는 실질적 법치주의의 요청을 실현시키는 기능을 하고 있으며, 이는 한편으로는 **헌법보호**의 기능으로, 다른 한편으로는 **기본권보장**의 기능으로 나타난다.

이러한 헌법소원제도는 우리나라에서는 현행헌법에 의해 최초로 도입된 것이다. 현행헌법 제111조 제1항 제5호는 "법률이 정하는 헌법소원에 관한 심판"을 헌법재판소가 관장하도록 규정하고 있으며, 이에 따라 헌법재판소법 제68조 이하에서 헌법소원심판의 대상과 요건, 절차 및 효과 등이 규정되고 있다.[149)]

2. 헌법소원심판의 대상: 공권력의 행사 또는 불행사

헌법재판소법 제68조 제1항은 "공권력의 행사 또는 불행사로 인하여 헌법상 보장된 기본권을 침해받은 자는 법원의 재판을 제외하고는 헌법재판소에 헌법소원심판을 청구할 수 있다"고 규정하고 있다.[150)] 이 규정에서 나타나듯이 헌법소원의 대상은 원칙적으로 **모든** -기본권을 침해하는- **공권력의 행사 또는 불행사**이다.[151)]

헌법재판제도의 이념적 기초가 실질적 법치주의의 실현을 통한 기본권보장에 있으며, 헌법재판의 한 유형인 헌법소원제도의 출발점이 기본권에 대한 사법적 보장의 강화에 있음을 생각할 때, 이러한 태도는 매우 당연한 것으로 보인다. 모든 공권력을 -가급적 예외없이[152)]- 헌법적 통제의 대상으로 인정함으로써 (헌법재판 및 헌법소원의 기본적 출발점에 부합되는) 기본권에 대한 두터운 사법적 보장을 확보할 수 있기 때문이다.

(1) 입법작용에 대한 헌법소원

헌법재판소법 제68조 제1항의 규정에 따른 공권력에는 국회의 입법권도 포함된다. 따라서 국회가 입법권을 행사하여 **법률**을 제정했는데, 그 법률이 국민의 기본권을 침해

내용이 오늘날과 같은 형태로 확립되는 데에는 더욱 많은 곡절을 겪어야 했다. 이에 관하여 상세한 것은 정태호, 헌법소원의 개념과 역사적 발전, 안암법학 제4집, 1996, 101-158(103 이하)쪽 참조.

149) 이처럼 헌법에서 헌법소원심판에 관한 사항을 정하지 않고 전적으로 법률에 위임하는 태도는 -특히 헌법소원을 처음 도입하게 되어 그 기본적 성격과 구조에 관해서조차 이해의 편차가 크게 나타나고 있는 우리의 상황에서는- 헌법재판소법에 의한 헌법소원제도의 구체화와 관련하여 많은 논란의 소지를 제공하고 있으며, 실제로 현행 헌법재판소법의 헌법소원심판에 관한 규정들에 대하여는 많은 비판적 논의가 전개되고 있다. 헌법소원의 본질에 대한 이해와 직접 결부되어 있는 헌법소원의 대상에 관한 문제, 특히 법원의 재판에 대한 헌법소원을 배제하고 있는 헌법재판소법 제68조 제1항의 규정을 비롯하여 그 밖에 헌법소원의 절차에 관한 문제, 헌법소원인용결정의 효력범위 및 집행에 관한 문제 등이 논란의 대상이 되고 있는 것이다.

150) 이와 같은 헌법재판소법 제68조 제1항의 헌법소원을 제68조 제2항의 헌법소원(이른바 위헌소원)과 구별하여 **권리구제형 헌법소원**으로 부르기도 한다.

151) **헌재 2013.5.30. 2009헌마514 결정**: "법학전문대학원은 교육기관으로서의 성격과 함께 법조인 양성이라는 국가의 책무를 일부 위임받은 직업교육기관으로서의 성격을 가지고 있기는 하나, 이화여자대학교는 사립대학으로서 국가기관이나 공법인, 국립대학교와 같은 공법상의 영조물에 해당하지 아니하고, 일반적으로 사립대학과 그 학생과의 관계는 사법상의 계약관계이므로 학교법인 이화학당을 공권력의 주체라거나 그 모집요강을 공권력의 행사라고 볼 수 없다."

152) 그러나 예컨대 아주 예외적으로 인정되는 통치행위에 대해서는 헌법소원심판이 배제되는 경우도 생각해 볼 수 있을 것이다.

할 경우에는 헌법소원의 대상이 된다. 또한 집행부나 지방의회에 의한 **명령·규칙·조례** 등의 제정도 공권력의 행사이므로 명령·규칙·조례 등의 내용이 기본권을 침해할 경우에는 이에 대하여 헌법소원을 제기하는 것이 가능하다.[153)]

다만 입법작용에 의한 기본권의 침해가 헌법소원의 대상이 되기 위해서는 구체적인 집행행위를 매개하지 않고 입법작용 자체에 의하여 기본권이 「**직접**」 침해된 경우이어야 한다. 즉, 구체적인 집행행위 없이 입법작용만으로는 기본권이 침해되지 않고 있는 상태일 경우에는 입법작용을 대상으로 하는 헌법소원이 제기될 수 없다.[154)]

적극적인 입법작용과는 달리 **입법부작위에 대한 헌법소원**은 헌법상의 입법위임이 있을 경우에만 정당화된다. 즉, 헌법에서 기본권보장을 위하여 명시적인 입법위임을 하였음에도 입법자가 이를 방치하고 있거나 헌법해석상 특정인에게 구체적인 기본권이 생겨 이를 보장하기 위한 국가의 행위의무 내지 보호의무가 발생하였음에도 불구하고 국가가 아무런 입법조치를 취하지 아니하고 있는 경우가 아니면 원칙적으로 인정될 수 없다.[155)]

(2) 집행작용에 대한 헌법소원

국가의 공권력행사 가운데서 기본권을 침해하는 경우가 가장 많이 발생되는 것은 집행작용이다.

그러나 현행 헌법재판소법은 헌법소원의 제기와 관련하여 보충성을 요구하고 있기 때문에(헌법재판소법 제68조 제1항 단서) 대부분의 집행작용은 헌법소원을 제기하기 이전에 행정소송을 거쳐야 한다. 그런데 현행 헌법재판소법은 법원의 재판을 헌법소원의 대상에서 배제하고 있기 때문에(제68조 제1항 후단), 결과적으로 대부분의 집행작용이 헌법소원의 대상에서 배제되고 있다.

이와 관련하여 법원의 판결과 상관없이 **원행정처분에 대한 헌법소원**을 인정하여야 한다는 주장도 매우 강력하게 제기된 바 있다.[156)] 보충성의 요청 때문에 행정소송을 거치도록 하는 것은 불가피하지만(헌법재판소법 제68조 제1항 단서), 그 이후에는 법원

153) 하지만 헌법개정을 공권력의 행사로 보아 헌법소원의 대상으로 인정하는 것은 곤란하다. 넓은 의미로 볼 때 헌법개정권력도 공권력이라고 볼 수 있으므로 헌법개정도 공권력의 행사라고 할 수 있겠지만, 헌법소원심판은 공권력의 행사가 정당한 것인지의 여부를 헌법에 비추어 판단하는 것이므로 헌법 자체를 심판의 대상으로 삼을 수는 없는 것이다. 이와 관련하여 헌법재판소는 **헌재 1995.12.28. 95헌바3 결정**에서 "국민투표에 의하여 확정된 현행 헌법의 성립과정과 헌법 제130조 제2항이 헌법의 개정을 국민투표에 의하여 확정하도록 하고 있음에 비추어, 헌법은 그 전체로서 주권자인 국민의 결단 내지 국민적 합의의 결과라고 보아야 할 것으로, 헌법의 규정을 헌법재판소법 제68조 제1항 소정의 공권력 행사의 결과라고 볼 수도 없다"고 판시한 바 있다.

154) **헌재 1999.5.27. 98헌마372 결정**: "법률 또는 법률조항 자체가 헌법소원의 대상이 될 수 있으려면 그 법률 또는 법률조항에 의하여 구체적인 집행행위를 기다리지 않고 직접, 현재, 자기의 기본권을 침해받아야 하는 것을 요건으로 하고, 여기서 말하는 기본권 침해의 직접성이란 집행행위에 의하지 아니하고 법률 그 자체에 의하여 자유의 제한, 의무의 부과, 권리 또는 법적 지위의 박탈이 생긴 경우를 뜻한다."

155) **헌재 1997.5.29. 96헌마4 결정** 참조.

156) 이 문제에 관하여는 황도수, 원처분에 대한 헌법소원, (헌법재판소) 헌법논총 제6집(1995), 191-248쪽; 정태호, 원행정처분의 소원대상성에 관한 소고, (헌법재판소) 헌법논총 제6집(1995), 249-304쪽 참조.

의 재판과 그 재판의 대상인 원행정처분을 분리해서 법원의 재판은 헌법소원의 대상으로 삼지 못하더라도 원행정처분은 헌법소원의 대상으로 삼을 수 있다는 것이다.

그러나 이러한 주장은 매우 심각한 문제를 안고 있다. 같은 행정처분에 대한 법원의 판결과 헌법재판소의 헌법소원심판의 결과가 엇갈리게 될 수 있으며, 그로 인하여 법질서의 통일성이 파괴될 수 있다는 문제점을 간과하고 있는 것이다.[157] 이러한 문제점 때문에 헌법재판소도 원행정처분에 대한 헌법소원을 인정하지 않는 태도를 견지하고 있다.[158]

결과적으로 헌법소원의 대상이 되는 집행작용은 행정소송의 대상이 되지 않는 집행작용으로 한정되고 있다. 지금까지 헌법재판소에 의하여 헌법소원심판의 대상으로 인정되었던 집행작용으로는 통치행위[159]를 비롯하여 법원이나 다른 심판기관에 불복의 길이 없는 행위, 권력적 사실행위,[160] 검사의 불기소처분과 기소유예처분,[161] 행정계획[162] 등이 있으며, 행정부작위[163]도 헌법소원의 대상이 될 수 있다고 인정된 바 있다.

반면에 훈령 · 통첩,[164] 회신[165]이나 대통령의 법률안 제출행위[166] 등과 같이 국가

157) 이에 관하여는 장영수, 헌법재판소 변형결정의 구속력, (고려대학교 법학연구소) 판례연구 제9집, 1998, 45-79(73 이하)쪽 참조.

158) **헌재 1998.6.25. 91헌마174 결정** 이래의 확립된 판례.

159) 헌법재판소는 **헌재 1996.2.29. 93헌마186 결정**에서 통치행위에 대해서도 기본권의 구속력이 미친다고 판시한 바 있으나, **헌재 2004.4.29. 2003헌마814 결정**에서는 외국에의 국군의 파견결정과 같이 성격상 외교 및 국방에 관련된 고도의 정치적 결단이 요구되는 사안에 대하여 대의기관인 대통령과 국회가 내리는 고도의 정치적 결단은 가급적 존중되어야 한다고 판시하면서 이라크에 국군을 파병하는 결정이 사법심사의 대상에서 배제된다고 인정하였다.

160) **헌재 1993.7.29. 89헌마31 결정** 이래로 권력적 사실행위를 헌법소원의 대상으로 인정하는 것은 헌법재판소의 확립된 판례이다.

161) 검사의 기소처분에 대해서는 형사소송절차를 통하여 다툴 수 있으므로 이를 대상으로 한 헌법소원이 인정될 수 없지만, 별도의 구제수단이 없는 불기소처분이나 기소유예처분에 대해서는 헌법소원의 대상이 될 수 있다고 인정되었다. 따라서 불기소처분의 경우에는 피해자가, 기소유예처분에 대해서는 무죄를 주장하는 당사자가 헌법소원을 제기할 수 있었다.

그러나 2007년 6월 1일 형사소송법 제260조가 개정되어 검사의 불기소처분 등에 대하여 관할 고등법원에 재정신청을 할 수 있게 되었기 때문에 이에 대한 헌법소원은 사실상 불가능해질 것으로 보인다. 다만 고소를 제기한 바 없는 범죄피해자가 불기소처분에 대하여 헌법소원을 제기하는 것은 가능하다(**헌재 2008.11.27. 2008헌마399등 결정**).

162) **헌재 1992.10.1. 92헌마68등 결정**.

163) **헌재 1996.11.28. 92헌마237 결정**: "행정권력의 부작위에 대한 헌법소원의 경우에 있어서는 공권력의 주체에게 헌법에서 유래하는 작위의무가 특별히 구체적으로 규정되어 이에 의거하여 기본권의 주체가 행정행위를 청구할 수 있음에도 공권력의 주체가 그 의무를 해태하는 경우에 허용된다고 할 것이며, 따라서 의무위반의 부작위 때문에 피해를 입었다는 단순한 일반적인 주장만으로는 족하지 않다고 할 것이므로 기본권의 침해 없이 행정행위의 단순한 부작위의 경우는 헌법소원으로서는 부적법하다."

그러나 행정부작위도 행정소송의 대상이 되기 때문에 실제로 헌법소송의 대상이 되는 경우는 찾아보기 어려울 것이다.

164) **헌재 2001.2.22. 2000헌마29 결정**에서는 훈령 · 통첩 등과 같이 일종의 내부 기준에 불과하고 그것이 국민이나 법원을 구속하는 효력은 없는 경우에는 헌법소원의 대상이 되지 않는다고 판시한 바 있다.

165) 헌법재판소는 **헌재 2001.3.21. 2000헌마37 결정**에서 "피청구인이 위 질의에 대하여 법에 위반된다고 답변하였다 하더라도 그 자체로 청구인의 권리를 제한하는 공권력작용으로 볼 수 없고, 다만 법률적 문제에 대한 해석 및 안내를 위한 단순한 회신에 불과한 것이므로 헌법재판소법 제68조 제1항의 '공권력의 행사'에 해당하지 않는 것으로 보아야 한다"고 판시함으로써 회신이 헌법소원의 대상에서 배제됨을 확인한 바 있다.

166) **헌재 1994.8.31. 92헌마174 결정**.

기관간의 내부적 행위에 불과하고 국민에 대하여 직접적인 법률효과를 발생시키는 행위가 아닌 경우에는 헌법재판소법 제68조에서 말하는 공권력의 행사에 해당되지 않는다고 보고 있다.

(3) 사법작용에 대한 헌법소원

헌법소원심판의 대상 가운데서 가장 많은 문제를 안고 있는 것은 사법작용이다. 현행 헌법재판소법 제68조 제1항 후단에서는 **법원의 재판에 대한 헌법소원(이른바 재판소원)을 명시적으로 배제**하고 있기 때문이다.

이와 관련하여 법원의 재판을 헌법소원의 대상에서 배제하는 것은 헌법소원의 본질에 반하는 것으로서 위헌이라는 주장이 제기되어 합헌설과 위헌설이 첨예한 대립을 보인 바 있다. 그러나 오스트리아나 스위스, 스페인 등과 같이 헌법소원의 대상을 모든 공권력(의 행사 또는 불행사)이 아닌 특정한 유형의 공권력(의 행사 또는 불행사)에 국한하는 외국의 입법례들에 비추어 볼 때 법원의 재판을 헌법소원의 대상에서 배제한 것이 헌법소원제도의 본질에 반하는 것은 아니며, 입법정책에 맡겨져 있는 일, 즉 헌법적으로 허용될 수 있는 것으로 볼 수 있다.

하지만 다른 한편으로는 다름 아닌 법원의 재판에 대한 헌법소원을 배제하는 것은 헌법소원의 실효성을 현저하게 떨어뜨리게 만들며, 결국 헌법소원을 통한 국민의 기본권 보장이라는 헌법소원의 본질적 기능조차도 약화시킨다는 점에서 매우 많은 문제를 야기한다는 것도 간과될 수 없다. 따라서 해석론상으로 볼 때 재판소원의 배제가 위헌이라고 할 수는 없지만, 입법론적으로 볼 때 재판소원이 허용되는 것이 바람직하다는 것이다.[167)]

헌법재판소도 재판소원의 배제가 위헌은 아니라는 결정을 내리고 있다. 다만 헌법재판소가 위헌으로 결정한 법령을 적용함으로써 국민의 기본권을 침해한 재판에 대하여는 헌법재판소법 제68조 제1항에 의한 헌법소원심판을 예외적으로 인정하고 있다.[168)]

3. 헌법소원심판의 청구인능력

헌법소원심판은 기본권의 침해를 구제하는 헌법소송이므로 기본권의 주체라면 헌법소원심판의 주체가 된다. 즉, 국민과 외국인을 포함한 자연인뿐만 아니라 법인도 그들이 헌법상 향유하는 기본권의 침해와 관련하여 헌법소원심판을 청구할 수 있는 것이다. 그러나 법인의 내부기관은 기본권의 주체로 인정될 수 있는 독립된 법인이 아니므로 헌

167) 재판소원의 헌법적 문제점에 관하여는 장영수, 현행 헌법소원제도의 의의, 본질과 법원의 재판에 대한 헌법소원의 문제, (고려대학교 법학연구소) 법학논집 제32집, 1996, 1-25쪽 참조.

168) 헌법재판소는 **헌재 1997.12.24. 96헌마172 결정**에서 헌법재판소법 제68조 제1항 중 "법원의 재판을 제외하고는"이라고 한 부분에 대하여 "헌법재판소법 제68조 제1항 본문의 '법원의 재판'에 헌법재판소가 위헌으로 결정한 법령을 적용함으로써 국민의 기본권을 침해한 재판도 포함되는 것으로 해석하는 한도 내에서 헌법재판소법 제68조 제1항은 헌법에 위반된다"는 한정위헌결정을 내렸고, 이러한 태도는 그 이후의 판결에서도 계속 유지되고 있다. 이에 관하여는 헌재 2001.7.19. 2001헌마102 결정; 헌재 2002.5.30. 2001헌마781 결정; 헌재 2002.12.18. 2002헌마279 결정 등 참조. 다만, 이러한 예외적 재판소원은 대법원과 헌법재판소 사의의 사법불일치를 막기 위한 것이므로 먼저 내려진 결정에 대한 존중이 전제되며, 헌법재판소 결정 이전에 내려진 법원 판결에 대한 재판소원은 허용되지 않는다. 같은 취지로 **헌재 2022.7.21. 2013헌마497 결정** 참조.

법소원심판의 청구인능력을 갖지 못한다.[169)]

4. 헌법소원심판의 청구요건: 기본권침해의 직접성, 현재성, 자기관련성 및 헌법소원 심판청구의 보충성, 권리보호의 이익

헌법소원이 제기되기 위하여는 공권력의 행사 또는 불행사로 인하여 기본권의 직접적이고 현재적이며 자기관련적인 침해가 발생하여야 한다. 또한 헌법소원은 다른 법률에 구제절차가 있는 경우에는 그 절차를 모두 거친 후에 비로소 심판청구를 할 수 있다는 보충성의 요청을 충족시켜야 한다.

(1) 기본권침해의 직접성

헌법소원심판의 청구는 기본권에 대한 직접적인 침해가 발생된 경우에 제기될 수 있다. 즉, 공권력의 행사 또는 불행사가 청구인의 기본권에 간접적으로 영향을 미치는 경우에는 헌법소원을 제기할 수 없다.

기본권침해의 직접성이 특히 문제되는 것은 법령에 의한 기본권침해의 경우인데, 법령이 기본권을 -집행행위를 매개하지 않고- 직접 침해하는 것은 법령 자체에 의하여 직접 자유의 제한, 의무의 부과, 권리 또는 법적 지위의 박탈이 발생된 경우를 말한다.[170)]

---

169) 이와 관련하여 헌재 2010.7.29. 2009헌마149 결정에서는 인천전문대학의 기성회 이사회가 제기한 헌법소원청구를 청구인능력 결여로 부적법 각하한 바 있다.

170) **헌재 1992.11.12. 91헌마192 결정**: "법률 또는 법률조항 자체가 헌법소원의 대상이 될 수 있으려면 그 법률 또는 법률조항에 의하여 구체적인 집행행위를 기다리지 아니하고 직접, 현재, 자기의 기본권을 침해받아야 하는 것을 요건으로 하고, 여기서 말하는 기본권 침해의 직접성이란 집행행위에 의하지 아니하고 법률 그 자체에 의하여 자유의 제한, 의무의 부과, 권리 또는 법적 지위의 박탈이 생긴 경우를 뜻하므로, 구체적인 집행행위를 통하여 비로소 당해 법률 또는 법률조항에 의한 기본권 침해의 법률효과가 발생하는 경우에는 직접성의 요건이 결여된다."

헌재 1996.2.29. 94헌마213 결정: "… 위에서 말하는 집행행위에는 입법행위도 포함되므로 법률 규정이 그 규정의 구체화를 위하여 하위규범의 시행을 예정하고 있는 경우에는 당해 법률 규정의 직접성은 부인된다."

헌재 1998.4.30. 97헌마141 결정: "법령에 근거한 구체적인 집행행위가 재량행위인 경우에는 법령은 집행관청에게 기본권침해의 가능성만을 부여할 뿐 법령 스스로가 기본권의 침해행위를 규정하고 행정청이 이에 따르도록 구속하는 것이 아니고, 이때의 기본권의 침해는 집행기관의 의사에 따른 집행행위, 즉 재량권의 행사에 의하여 비로소 이루어지고 현실화되므로 이러한 경우에는 법령에 의한 기본권침해의 직접성이 인정될 여지가 없다."

헌재 1997.7.16. 97헌마38 결정: "법규범이 집행행위를 예정하고 있더라도 법규범의 내용이 집행행위 이전에 이미 국민의 권리관계를 직접 변동시키거나 국민의 법적 지위를 결정적으로 정하는 것이어서 국민의 권리관계가 집행행위의 유무나 내용에 의하여 좌우될 수 없을 정도로 확정된 상태라면 그 법규범의 권리침해의 직접성이 인정된다."

헌재 1992.4.14. 90헌마82 결정: "헌법소원심판의 대상이 될 수 있는 법률은 그 법률에 기한 다른 집행행위를 기다리지 않고 직접 국민의 기본권을 침해하는 법률이어야 하지만 구체적 집행행위가 존재한다고 하여 언제나 반드시 법률 자체에 대한 헌법소원심판청구의 적법성이 부정되는 것은 아니고, 예외적으로 집행행위가 존재하는 경우에도 그 집행행위를 대상으로 하는 구제절차가 없거나 구제절차가 있다고 하더라도 권리구제의 기대가능성이 없고 다만 기본권 침해를 당한 자에게 불필요한 우회절차를 강요하는 것밖에 되지 않는 경우로서 당해 법률에 대한 전제관련성이 확실하다고 인정되는 때에는 당해 법률을 헌법소원의 직접대상으로 삼을 수 있다."

헌재 1998.4.30. 97헌마141 결정: "법령의 집행행위를 기다렸다가 그 집행행위에 대한 권리구제절차를 밟을 것을 국민에게 요구할 수 없는 경우에는 예외적으로 기본권침해의 직접성이 인정될 수 있다. 예컨대, 형법상의 법률조항은 엄밀한 의미에서 법률 그 자체에 의하여 국민의 신체의 자유를 제

⑵ 기본권침해의 현재성

기본권의 침해는 공권력의 작용과 현재 관련이 있어야 하며,[171] 장래 어느 때인가 관련될 수도 있다는 것만으로는 헌법소원을 제기하기에 충분치 않다. 즉, 법적으로 확인하기 어려운 장래의 법적 지위를 미리 확보하기 위한 수단으로 헌법소원을 이용할 수는 없다는 것이다.

그러나 기본권의 침해에 대하여 사후구제적인 보호뿐만 아니라 사전예방적인 보호도 필요하기 때문에, 가까운 장래에 기본권의 침해가 발생될 것이 확실시되는 경우에는 기본권 침해의 현재성을 확대함으로써 헌법소원의 청구를 인정하는 것이 타당하다.[172]

⑶ 기본권침해의 자기관련성

청구인은 공권력의 행사 또는 불행사에 의하여 자신의 기본권이 침해당한 경우에 헌법소원을 제기할 수 있다.[173] 즉, 제3자의 기본권침해에 대해서는 원칙적으로 헌법소

한하는 것이 아니라 넓은 의미의 재량행위(법관의 양형)의 하나인 형법조항의 적용행위라는 구체적인 집행행위를 통하여 비로소 국민의 기본권이 제한되는 것이지만, 국민에게 그 합헌성이 의심되는 형법조항에 대하여 위반행위를 우선 범하고 그 적용·집행행위인 법원의 판결을 기다려 헌법소원심판을 청구할 것을 요구할 수는 없다. 따라서 이러한 경우에는 예외적으로 집행행위가 재량행위임에도 불구하고 법령에 의한 기본권침해의 직접성을 인정할 수 있다."

171) **헌재 1990.9.3. 89헌마120등 결정**: "헌법재판에 있어서의 변호사강제주의의 위헌성을 문제 삼아 스스로 심판청구 및 수행을 하고자 하는 자는, 그에 대하여 국선대리인의 선임결정을 받아 그를 통하여 소원심판청구를 수행할 수 있게 되었다 하더라도 자기 자신에 의한 직접적인 심판수행권이 제한받고 있음이 명백하므로 소원요건인 권리침해의 직접성과 현재성은 구비되었다고 볼 것이다."

헌재 2003.1.30. 2002헌마516 결정: "종래 합법적으로 영위하여 오던 직업의 행사를 유예기간 이후 금지하는 법규정의 경우, 이미 이 법규정의 시행에 의하여 청구인의 종래 법적 지위가 유예기간의 종료 후에는 소멸되는 권리로 청구인에게 불리하게 구체적으로 형성되는 것이기 때문에, 유예기간이 경과한 후에 비로소 기본권에 대한 침해가 발생하는 것이 아니라, 이미 법규정의 시행 당시에 청구인의 기본권이 현실적·구체적으로 침해되는 것이다. 경과규정의 경우 이미 법령의 시행 당시 구체적으로 확정된 기본권의 제한을 수규자의 입장에서 완화하고, 수규자에게 변화한 법적 상황에 대처할 수 있는 적절한 기간을 부여하기 위한 것이므로 기본권에 대한 침해가 법령의 시행 당시에 이미 존재하는 것이지 장래에 발생하는 것이 아니다."

172) **헌재 2001.3.21. 99헌마150 결정**: "청구인에 대한 유죄판결이 미확정에 있어 기본권의 제한이 아직 현실화된 것은 아니지만 형사재판절차가 현재 계속 중에 있어 기본권제한의 가능성이 구체적으로 현출된 단계에 있는 경우에는 신속한 기본권구제를 위하여 현재 기본권이 침해되고 있는 경우와 마찬가지로 헌법소원이 허용된다."

헌재 2002.8.29. 2000헌마556 결정: "청구인들이 임차한 각 건물이 있는 곳은 각 일반주거지역·준주거지역·준공업지역으로 지정되어 있어, 청구인들이 단란주점 건축허가를 신청하였다고 하더라도 관할행정청은 위 시행령 제51조 제1항 제3호 내지 제6호 및 제13호에 따라 재량의 여지없이 당연히 그 건축허가를 불허하게 될 것이고, 위 시행령 조항 자체에 대하여는 위헌여부심판제청신청도 인정되지 아니하므로, 위 시행령 조항을 직접 헌법소원심판의 대상으로 삼을 수 있고, 아울러 위 시행령 조항으로 인하여 장래 발생할 청구인들에 대한 기본권침해가 틀림없을 것으로 현재 확실히 예측되므로, 청구인들 주장의 직업선택의 자유, 재산권 등 기본권 구제의 실효성을 위하여 그 침해의 현재관련성도 인정될 수 있다."

173) **헌재 2001.11.29. 2000헌마462 결정**: "이 사건 심판대상 규정들은 모두 이 사건에 관한 한 청구인들의 기본권을 침해할 가능성이 전혀 없어서, 청구인들에게는 기본권침해의 자기관련성이 존재하지 아니하므로, 이 사건 심판청구는 부적법하다."

헌재 2009.3.24. 2009헌마118 결정: "일반적으로 청구인과 같은 경찰공무원은 기본권의 주체가 아니라 국민 모두에 대한 봉사자로서 공공의 안전 및 질서유지라는 공익을 실현할 의무가 인정되는 기본권의 수범자라 할 것인바, 검사가 발부한 형집행장에 의하여 검거된 벌금미납자의 신병에 관한 업무는 국가 조직 영역 내에서 수행되는 공적 과제 내지 직무영역에 대한 것으로 이와 관련해서 청구인은 국

원심판을 청구할 수 없다.[174)]

(4) 헌법소원심판청구의 보충성

현행 헌법재판소법 제68조 제1항 단서는 헌법소원심판의 청구와 관련하여 "다만, 다른 법률에 구제절차가 있는 경우에는 그 절차를 모두 거친 후에 청구할 수 있다"고 명시하고 있다. 이와 같이 다른 모든 법적 구제절차를 거친 후에 헌법소원을 최종적인 구제수단으로 이용하도록 하는 것을 헌법소원(심판청구)의 보충성이라고 부른다.

헌법소원심판을 청구함에 있어서 보충성을 요구하는 것은 모든 기본권침해에 관한 사건들이 헌법소원으로 집중되어서 헌법재판소가 과중한 부담을 지게 되는 것을 막기 위한 것이다. 그러나 우리나라의 경우에는 재판소원이 배제됨으로 인하여 헌법소원이 사실상 많지 않다. 특히 대부분의 집행작용은 보충성의 요청에 따라 행정소송을 거치게 되는데, 그 이후에는 재판소원의 배제로 인하여 헌법소원의 대상에서 완전히 배제되는 문제를 안고 있다.[175)]

가 기관의 일부 또는 그 구성원으로서 공법상의 권한을 행사하는 공권력행사의 주체일 뿐, 기본권의 주체라 할 수 없으므로 이 사건에서 청구인에게 헌법소원을 제기할 청구인적격을 인정할 수 없다."

174) **헌재 2000.6.29. 99헌마289 결정**: "국민건강보험법 부칙 제6조 및 제7조의 직접적인 수규자는 법인이나, 직장의료보험조합은 공법인으로서 기본권의 주체가 될 수 없을 뿐만 아니라, 법규정의 실질적인 규율대상이 수규자인 법인의 지위와 아울러 제3자인 청구인들(직장의료보험조합의 조합원들)의 법적 지위라고 볼 수 있으며, 법규정이 내포하는 불이익이 수규자의 범위를 넘어 제3자인 청구인들에게도 유사한 정도의 불이익을 가져온다는 의미에서 거의 동일한 효과를 가지고 있으므로, 법의 목적 및 실질적인 규율대상, 법규정에서의 제한이나 금지가 제3자에게 미치는 효과나 진지성의 정도, 규범의 수규자에 의한 헌법소원의 제기가능성 등을 종합적으로 고려하여 판단할 때, 청구인들의 자기관련성을 인정할 수 있다."

헌재 2005.6.30. 2003헌마841 결정: "법률 또는 법률조항 자체가 헌법재판소법 제68조 제1항에 의한 헌법소원의 대상이 되기 위해서는 청구인이 그 법률 또는 법률조항에 의하여 구체적인 집행행위를 기다리지 아니하고 직접, 현재 그리고 자기의 기본권을 침해받아야 하는 것이 원칙이나 예외적으로 제3자에게도 자기관련성이 인정될 수 있는데, 어떠한 경우에 제3자의 자기관련성을 인정할 것인지는 법의 목적과 실질적인 규율의 대상, 법률 또는 법률조항의 제한이나 금지가 제3자에게 미치는 효과나 진지성의 정도 등을 종합적으로 고려하여 판단하여야 한다. … 뉴스통신진흥에관한법률 제10조 등은 청구인 회사(뉴스통신사)와 서로 경업관계에 있는 연합뉴스사를 국가기간뉴스통신사로 지정하고 이에 대하여 재정지원 등 혜택을 부여함을 그 내용으로 하는바, 그 혜택의 범위에서 제외된 청구인 회사의 경우 영업활동이 부당하게 축소되므로 그러한 범위에서 기본권에 대하여 직접 법적인 제한을 받는 것으로 보아야 한다."

헌재 2014.8.28. 2012헌마776 결정: "공권력 작용의 직접적인 상대방이 아닌 제3자라고 하더라도 그 제3자의 기본권을 직접적이고 법적으로 침해하고 있는 경우에는 그 제3자에게 자기관련성이 인정될 수 있다. 그렇지만 타인에 대한 공권력의 작용이 단지 간접적, 사실적 또는 경제적인 이해관계로만 관련되어 있는 제3자에게는 자기관련성이 인정되지 않는다.

…… 비록 정당은 당원으로 구성되는 결사체라 하더라도, 당원의 행위가 모두 정당의 행위가 되는 것은 아니고, 특히 당원들이 당내경선과정에서 대리투표를 하였다고 하더라도 이것이 정당의 민·형사책임 등 법적 책임으로 연결되는 것은 아니다. 그러나 당내경선과정에서 부정이 밝혀진다면, 그 정당은 선거에서 유권자들에 의해서 외면당하거나 당원들이 이탈하는 등 정치적 책임을 부담할 수 있다. 이처럼, 이 사건 출석요구행위로 밝히고자 하는 사항에 대하여 정당의 책임에 관한 판단은 검사가 아닌 국민과 당원들의 몫이다. 따라서 청구인 통합진보당은 이 사건 출석요구행위와 단지 간접적, 사실적 이해관계만이 있을 뿐이므로, 자기관련성이 인정되지 않는다."

175) 이와 관련하여 독일의 경우에는 다른 공권력의 행사와 마찬가지로 법원의 재판에 대해서도 헌법소원이 허용되는 것은 물론 그것이 현실적으로 가장 중요한 비중을 차지하고 있다는 점을 참고할 수 있을 것이다. 독일에서는 대부분의 헌법소원이 법원의 재판만을, 또는 법원의 재판과 행정작용을 함께 헌

헌법재판소는 보충성원칙과 관련하여 권리보호의 신속성 또는 실효성을 위하여 필요한 경우 예외를 인정하고 있다. 헌법재판소의 판례를 통해 나타나고 있는 보충성의 예외로는 ① 다른 구제절차가 없는 경우(법률),[176] ② 구제절차의 존부가 불명확한 경우,[177] ③ 구제절차의 실효성이 없는 경우,[178] ④ 정당한 사유 있는 착오로 구제절차를 거치지 않은 경우[179]가 있다.

(5) 헌법소원심판상 권리보호의 이익

헌법소원심판은 국민의 기본권을 보호하기 위한 것이므로, 헌법소원심판을 통하여 기본권을 보호할 가능성이 있는 경우(즉 권리보호의 이익이 있는 경우)에만 헌법소원심판의 청구가 정당한 것으로 인정된다.

이와 관련하여 헌법재판소는 헌법소원심판이 계속 중이라 하더라도 권리보호의 이익이 상실된 경우에는 심판청구를 각하한 바 있다.[180] 하지만 주관적인 권리보호의 이

법소원의 대상으로 삼고 있는 것이다.

176) **헌재 1993.5.13. 91헌마190 결정**: "법령 자체에 대한 헌법소원심판청구의 경우에도 법령 자체에 의한 직접적인 기본권침해 여부가 문제되었을 경우 그 법령의 효력을 직접 다투는 것을 소송물로 하여 일반 법원에 구제를 구할 수 있는 절차는 존재하지 아니하므로 이 경우에는 다른 구제절차를 거칠 것 없이 바로 헌법소원심판을 청구할 수 있다."

177) **헌재 1993.5.13. 91헌마190 결정**: "세무대학장의 재임용추천거부행위와 같은 총·학장의 임용제청이나 그 철회는 행정기관 상호간의 내부적인 의사결정 과정일 뿐 행정소송의 대상이 되는 행정처분이라고 볼 수 없다는 것이 대법원의 일관된 판례이므로 세무대학장이 청구인의 교수 재임용추천을 하지 아니한 공권력 불행사의 위헌 여부를 다투는 청구인이 행정소송을 거치지 아니하고 바로 헌법소원심판을 청구하였다고 하더라도 소원심판청구의 적법요건인 보충성의 원칙에 반하지 아니한다."

헌재 1993.7.29. 89헌마31 결정: "헌법재판소법 제68조 제1항에서 말하는 "다른 법률에 의한 구제절차"는 공권력의 행사 또는 불행사를 직접 대상으로 하여 그 잘못 자체를 다투는 권리구제절차를 의미하는 것이고, 공권력의 행사·불행사의 결과 생긴 효과를 원상회복시키거나 손해배상을 위한 사후적·보충적 구제수단은 포함되지 않는 것인 바, 이 사건 국제그룹 해체와 그 정리조치가 형식상으로는 사법인인 제일은행이 행한 행위이므로 당시 시행되던 구 행정소송법상의 행정소송의 대상이 된다고 단정하기 어렵고, 따라서 당사자에게 그에 의한 권리구제절차를 밟을 것을 기대하기는 곤란하므로 이와 같은 범주의 권력적 사실행위의 경우에는 보충성의 원칙의 예외로서 소원의 제기가 가능하다."

178) **헌재 1997.11.27. 94헌마60 결정**: "검사의 수사기록 열람·등사거부행위에 대하여는 형사소송법상의 준항고가 허용되지 아니하고 행정심판법이나 행정소송법상의 행정쟁송이 허용된다 하더라도 그에 의하여 권리가 구제될 가능성이 없어서 청구인에게 위와 같은 절차의 선이행을 요구하는 것은 청구인으로 하여금 불필요한 우회절차를 강요하는 것이 된다 할 것이므로 위와 같은 경우에는 헌법재판소법 제68조 제1항 단서에 불구하고 구제절차를 거치지 아니하고 직접 헌법소원을 제기할 수 있는 예외적인 경우의 하나로 보아야 할 것이다."

헌재 2002.7.18. 99헌마592등 결정: "이 사건 헌법소원은 구제절차가 있다고 하더라도 그로 인하여 권리가 구제될 가능성이 없어 청구인에게 그 절차의 선이행을 요구할 기대가능성이 없는 경우에 해당한다 할 것이므로, 헌법재판소법 제68조 제1항 단서에 불구하고 구제절차를 거치지 아니하고 직접 헌법소원을 제기할 수 있는 예외적인 경우의 하나로 보아야 할 것이다."

179) **헌재 1998.10.29. 98헌마4 결정**: "수용소에서의 신문기사 삭제행위에 대해 행정심판이나 행정소송의 대상이 될 수 있을 것이라고 일반국민이 쉽게 판단하기는 어렵고, 청구인이 구금자로서 활동의 제약을 받고 있었던 점을 아울러 고려할 때 이는 전심절차 이행의 기대가능성이 없어 보충성의 예외인 경우로 인정된다."

180) **헌재 2002.2.28. 2001헌마207 결정**: "헌법소원제도는 국민의 기본권침해를 구제하기 위한 제도이므로 그 제도의 목적에 비추어 권리보호이익이 있는 경우에만 이를 제기할 수 있는 것인 바, 권리보호이익은 헌법재판소의 결정 당시에도 존재하여야 한다. 그런데, 이 사건 헌법소원심판이 청구되어 계속중인 2001.12.31. 법률 제6570호로 수의사법이 개정되었고, 그 부칙 제41조 제4항에 따라서 청구

익이 소멸된 경우에도 그러한 기본권 침해행위가 반복될 위험이 있고, 이를 해명하는 것이 헌법질서의 수호·유지를 위하여 긴요한 사항으로서 중대한 의미를 가지고 있는 경우에는 심판청구의 이익이 인정된다.[181)]

5. 심판절차

(1) 헌법소원의 청구기간

헌법재판소법 제68조 제1항에 의한 헌법소원은 그 사유가 있음을 안 날부터 90일 이내에, 그 사유가 있은 날부터 1년 이내에[182)] 청구하여야 한다.[183)] 다만, 다른 법률에 따른 구제절차를 거친 헌법소원의 심판은 그 최종결정을 통지받은 날로부터 30일 이내에 청구하여야 한다(헌법재판소법 제69조 제1항).

청구기간이 지난 이후에 헌법소원심판을 청구한 경우에는 부적법한 청구로서 각하된다.

(2) 헌법소원의 청구방식

헌법소원심판의 청구는 일반심판절차에 따른 청구방식을 취한다. 특히 헌법소원의 경우에는 변호사강제주의가 적용되므로 변호사가 아닌 청구인은 반드시 변호사를 선임하여야 한다(헌법재판소법 제25조 제3항).

헌법소원심판을 청구하고자 하는 자가 변호사를 대리인으로 선임할 자력이 없는 경우에는 헌법재판소에 국선대리인을 선임하여 줄 것을 신청할 수 있으며(헌법재판소법 제70조 제1항 제1문), 이와 무관하게 공익상의 필요성이 인정될 경우에는 헌법재판소가 국선대리인을 선임할 수 있다(헌법재판소법 제70조 제2항). 그러나 심판청구가 명백히

인들은 수의사 국가시험 응시자격을 종전의 규정에 의하여 인정받을 수 있게 되었다. 그렇다면, 이 사건 심판청구는 심판계속중 청구인들이 심판을 통하여 달성하고자 하는 주관적인 목적을 위 법률개정을 통하여 달성할 수 있게 되었으므로, 권리보호이익이 상실되어 부적법하다."

181) **헌재 1997.1.16. 90헌마110등 결정; 헌재 1999.5.27. 97헌마137등 결정; 헌재 1998.8.27. 97헌마372등 결정; 헌재 2006.7.27. 2004헌마217 결정** 참조.

182) 과거 헌법재판소법에서는 사유가 있음을 안 날로부터 60일 이내에, 그리고 사유가 있은 날로부터 180일 이내에 헌법소원심판을 청구하도록 하고 있었다. 그러나 이러한 청구기간의 제한이 지나치게 짧다는 비판에 따라 2003년 3월 12일 헌법재판소법의 개정이 있었고, 그 결과 청구기간이 사유가 있음을 안 날로부터 90일 이내에, 그리고 사유가 있은 날로부터 1년 이내로 연장되었다.

183) **헌재 1996.3.28. 93헌마198 결정**: "법령에 대한 헌법소원의 청구기간도 기본권을 침해받은 때로부터 기산하여야 할 것이지 기본권을 침해받기도 전에 그 침해가 확실히 예상되는 등 실체적 제요건이 성숙하여 헌법판단에 적합하게 된 때로부터 기산할 것은 아니므로, 법령의 시행과 동시에 기본권침해를 받은 자는 그 법령이 시행된 사실을 안 날로부터 60일 이내에, 그 법령이 시행된 날로부터 180일 이내에 청구하여야 할 것이나, 법령이 시행된 후에 비로소 그 법령에 해당하는 사유가 발생하여 기본권의 침해를 받게 된 경우에는 그 사유가 발생하였음을 안 날로부터 60일 이내에, 그 사유가 발생한 날로부터 180일 이내에 청구하여야 할 것이다. 따라서 종전에 이와 견해를 달리하여 법령에 대한 헌법소원의 청구기간의 기산점에 관하여 기본권의 침해가 확실히 예상되는 때로부터도 청구기간을 기산한다는 취지로 판시한 우리 재판소의 의견은 이를 변경하기로 한다."

헌재 2003.1.30. 2002헌마516 결정: "개정된 법령이 종전에 허용하던 영업을 금지하는 규정을 신설하면서 부칙에서 유예기간을 둔 경우에 그 법령시행 전부터 영업을 해오던 사람은 그 법령 시행일에 이미 유예기간 이후부터는 영업을 할 수 없도록 기간을 제한받은 것이므로, 그 법령 시행일에 부칙에 의한 유예기간과 관계없이 기본권의 침해를 받은 것으로 보아야 한다."

부적법하거나 이유없는 경우 또는 권리의 남용이라고 인정되는 경우에는 국선대리인을 선정하지 아니할 수 있다(헌법재판소법 제70조 제3항 단서).

(3) 헌법소원에 대한 지정재판부의 심리

헌법소원심판에 있어서는 재판관 3인으로 구성되는 지정재판부를 두어 사전심사를 담당하게 할 수 있으며(헌법재판소법 제72조 제1항), 현재 헌법재판소는 헌법소원심판에 대한 사전심사를 통하여 **형식요건의 구비 여부를 검토**하고 있다.[184] 이처럼 사전심사를 거치도록 하는 것은 헌법소원심판사건이 다른 헌법소송유형에 비하여 양적으로 많아서 헌법재판소에 과중한 부담을 주게 될 것을 방지하기 위한 것으로 이해될 수 있다.

현행 헌법재판소법상 지정재판부의 심리에 의하여 형식요건의 결여를 이유로 각하하게 되는 경우로는 1. 다른 법률에 따른 구제절차가 있는 경우 그 절차를 모두 거치지 아니하거나 또는 법원의 재판에 대하여 헌법소원의 심판이 청구된 경우, 2. 헌법재판소법 제69조의 청구기간이 지난 후 헌법소원심판이 청구된 경우, 3. 헌법재판소법 제25조에 따른 대리인의 선임 없이 청구된 경우, 4. 그 밖에 헌법소원심판의 청구가 부적법하고 그 흠결을 보정할 수 없는 경우가 있으며, 각하의 결정을 내리기 위해서는 3인의 재판관 전원의 의견이 일치하여야 한다(헌법재판소법 제72조 제3항).

지정재판부는 전원의 일치된 의견으로 제3항의 각하결정을 하지 아니하는 경우에는 결정으로 헌법소원을 재판부의 심판에 회부하여야 하며, 헌법소원심판의 청구 후 30일이 지날 때까지 각하결정이 없는 때에는 심판에 회부하는 결정이 있는 것으로 본다(헌법재판소법 제72조 제4항).

(4) 헌법소원에 대한 본안판단

헌법소원심판청구에 관한 지정재판부의 사전검토(본안전판단)의 결과 헌법소원청구의 형식요건이 갖추어져 있다고 판단되어 전원재판부에 회부된 경우에는 청구의 취지에 관한 본안심사에 들어가게 된다.

헌법소원심판의 경우에는 원칙적으로 서면심리에 의하여 심사를 진행하며(헌법재판소법 제30조 제2항), 헌법소원청구에 대하여 인용결정을 내리기 위해서는 9인의 재판관 중 6인 이상의 찬성이 필요하다(헌법 제113조 제1항, 헌법재판소법 제23조 제2항).

6. 결정의 효력

헌법소원에 대한 헌법재판소의 인용결정은 모든 국가기관과 지방자치단체를 기속한다(헌법재판소법 제75조 제1항).

헌법재판소가 공권력의 행사 또는 불행사가 위헌임을 확인하여 헌법소원을 인용할 경우에는 기본권침해의 원인이 된 공권력의 행사를 취소하거나 그 불행사가 위헌임을 확인할 수 있으며(헌법재판소법 제75조 제3항), 공권력의 불행사에 대한 헌법소원의 인용결정이 내려진 경우에는 피청구인은 결정취지에 따라 새로운 처분을 하여야 한다(헌

184) 이를 일컬어 '본안전판단'이라고 부르기도 한다.

법재판소법 제75조 제4항).

공권력의 행사 또는 불행사가 위헌인 법률 또는 법률의 조항에 기인한 것이라고 인정될 때에는 헌법재판소가 인용결정에서 당해 법률 또는 법률의 조항이 위헌임을 선고할 수 있다(헌법재판소법 제75조 제5항). 이 경우에는 위헌법률심판에서 위헌결정을 내리는 방식 및 그 위헌결정의 효력에 관한 헌법재판소법 제45조와 제47조의 규정이 준용된다(헌법재판소법 제75조 제6항).

또한 헌법소원의 결정에 대하여 재심이 허용되는지의 여부가 논란된 바 있다. 이는 특히 헌법재판절차에서 민사소송법의 규정을 준용하도록 한 것과 관련하여 논란이 되는데, 헌법재판소는 권리구제형 헌법소원절차에서 재판부의 구성이 위법한 경우 등 절차상 중대하고도 명백한 위법이 있어 재심을 허용하지 아니하면 현저히 정의에 반하는 경우나 헌법재판소의 결정에 영향을 미칠 중대한 사항에 관하여 판단을 유탈한 때를 이유로 한 재심이 허용될 수 있다고 판시한 바 있다.[185)]

사례 풀이:

1. 갑의 헌법소원심판청구는 적법한가? (30점)

Ⅰ. 서: 헌법소원심판의 의의와 청구요건 [3점]

Ⅱ. 공권력의 행사 또는 불행사에 의한 기본권의 침해 [9점]

1. 공권력 행사로서의 입법작용: 법률의 해석과 관련한 한정청구의 적법성
2. 갑의 기본권주체성
3. 갑이 침해를 주장할 수 있는 기본권

Ⅲ. 침해의 직접성, 현재성, 자기관련성 [8점]

1. 직접성 요건의 검토
2. 현재성 요건의 검토
3. 자기관련성 요건의 검토

Ⅳ. 구제의 보충성, 청구기간 및 변호사 강제주의 등의 요건 [8점]

1. 보충성 요건의 판단
2. 청구기간과 변호사 강제주의
3. 재판의 종료와 심판청구의 이익

Ⅴ. 결론 [2점]

---

185) **헌재 1995.1.20. 93헌아1 결정**: "헌법재판소법 제68조 제1항에 의한 헌법소원 중 행정작용에 속하는 공권력작용을 대상으로 하는 권리구제형 헌법소원에 있어서는, 사안의 성질상 헌법재판소의 결정에 대한 재심은 재판부의 구성이 위법한 경우 등 절차상 중대하고도 명백한 위법이 있어서 재심을 허용하지 아니하면 현저히 정의에 반하는 경우에 한하여 제한적으로 허용될 수 있을 뿐이다."

헌재 2001.9.27. 2001헌아3 결정: "공권력의 작용에 대한 권리구제형 헌법소원심판절차에 있어서 '헌법재판소의 결정에 영향을 미칠 중대한 사항에 관하여 판단을 유탈한 때'를 재심사유로 허용하는 것이 헌법재판의 성질에 반한다고 볼 수는 없으므로, 민사소송법 제422조 제1항 제9호를 준용하여 "판단유탈"도 재심사유로 허용되어야 한다. 따라서 종전에 이와 견해를 달리하여 행정작용에 속하는 공권력 작용을 대상으로 한 권리구제형 헌법소원에 있어서 판단유탈은 재심사유가 되지 아니한다는 취지의 의견(헌재 1995.1.20. 93헌아1, 판례집 7-1, 113; 1998.3.26. 98헌아2, 판례집 10-1, 320)은 이를 변경하기로 한다."

2. 갑의 헌법소원심판청구가 적법한 경우 헌법재판소는 어떠한 본안판단을 내려야 하는가? (50점)

Ⅰ. 사안의 분석과 쟁점의 정리 [5점]

Ⅱ. 공무원 신분을 전제로 하는 범죄구성요건의 의의와 기능 [8점]

1. 공무원의 헌법상 지위와 공직수행상의 책무
2. 공무원범죄의 현실과 형법상의 특별규정의 필요성
3. 죄형법정주의와 형법 제129조 제1항 등에 의한 범죄구성요건의 필요성

Ⅲ. 형법 제129조 제1항에 따른 '공무원'의 범위 [10점]

1. 공무원의 일반적 의미: 국가공무원법 및 지방공무원법상의 공무원
2. 공무원 신분 없이 공무를 수행하는 사람들에 대한 적용 필요성
3. 대법원 판례: 공적 업무수행의 공정성, 불가매수성 등의 고려해서 인정

Ⅳ. 유추해석 금지의 원칙과 '공무원'의 범위에 대한 해석 [12점]

1. 죄형법정주의와 유추해석 금지의 원칙
2. 공무원 의제조항의 존부에 따른 차이
3. 의제조항 없는 적용 확대의 문제점

Ⅴ. 헌법재판소의 본안판단 [12점]

1. 헌법재판소 결정의 형식: 변형결정(한정위헌결정)의 필요성
2. 사안에 대한 판단
3. 헌법재판소 결정의 효력

Ⅵ. 결론 [3점]

3. 헌법재판소의 한정위헌결정은 어떤 구속력을 갖는가? (20점)

Ⅰ. 서: 변형결정의 개념과 유형 [2점]

Ⅱ. 합헌적 법률해석과 한정위헌결정 [4점]

1. 합헌적 법률해석의 의의
2. 합헌적 법률해석의 결과로서의 한정합헌·한정위헌결정
3. 한정위헌결정의 의의와 기능

Ⅲ. 한정위헌결정의 근거 [5점]

1. 이른바 변형결정으로서의 한정위헌결정 - 명문규정의 부재
2. 입법자에 대한 존중, 법률의 합헌성 추정
3. 소송경제 및 입법자와의 갈등 최소화

Ⅳ. 한정위헌결정의 성격과 구속력 [8점]

1. 한정위헌결정의 구속력에 대한 대법원과 헌법재판소의 갈등
2. 이른바 질적 일부 위헌으로서의 한정위헌결정
3. 한정위헌결정에 위배되는 법원 판결에 대한 예외적 재판소원의 인정

Ⅴ. 결론 [1점]

Ⅶ. 헌법재판소규칙제정권

1. 제도의 의의

헌법 제113조 제2항에 따라 헌법재판소는 법률에 저촉되지 아니하는 범위 안에서

심판에 관한 절차, 내부규율과 사무처리에 관한 규칙을 제정할 수 있다.

오늘날 형식적인 기관의 분립이 아니라 실질적인 기능의 분립이라는 관점에서 이해된 권력분립의 체계 속에서 볼 때, 헌법재판소의 규칙제정권은 한편으로는 -사법기능의 일부를 담당하는- 헌법재판소의 독립성을 확보하기 위하여 필요하며, 또한 다른 한편으로는 헌법재판기능의 능률성을 위하여 필요한 것이라고 생각할 수 있다.

이러한 의미에서 헌법재판소의 규칙제정권은 대법원의 규칙제정권과 성격 및 기능이 매우 유사하다고 할 수 있다.

2. 범위와 내용

헌법재판소규칙에 의해 규율될 수 있는 내용은 ① 심판에 관한 절차, ② 내부규율, ③ 사무처리로 분류될 수 있다(헌법 제113조 제2항, 헌법재판소법 제10조 제1항).

심판에 관한 절차나 내부규율을 헌법재판소가 자율적 규칙으로 정할 수 있도록 한 것은 헌법재판작용의 독립성 및 효율성을 확보하기 위하여 꼭 필요한 것이며, 사무처리에 관한 규칙의 제정도 같은 이유에서 필요하다고 할 수 있다. 헌법재판소는 「공직자윤리법의 시행에 관한 헌법재판소 규칙」, 「부패방지 및 국민권익위원회의 설치와 운영에 관한 법률의 시행에 관한 헌법재판소 규칙」 등을 제정 · 적용하고 있을 뿐만 아니라, 「헌법재판소 공무원 규칙」, 「헌법재판소 기록물 관리 규칙」, 「헌법재판소 공무원 행동강령」, 「헌법재판소법 제19조 제4항 제5호의 연구기관의 범위에 관한 규칙」 등 다수의 규칙을 제정하여 적용시키고 있다.

다만 헌법재판소규칙은 법률에 위배되지 않는 범위 내에서만 인정된다(헌법 제113조 제2항, 헌법재판소법 제10조 제1항).

3. 규칙제정절차 및 규칙의 효력

헌법재판소규칙의 제정과 개정은 재판관회의의 의결을 거쳐서 확정되어야 한다(헌법재판소법 제16조 제4항 제1호). 헌법재판소 규칙에는 전문을 붙여야 하며, 전문에서 재판관회의의 의결을 받은 뜻을 적고 헌법재판소장이 서명한 후 헌법재판소장인을 날인하고 그 일자를 명기하여야 한다(헌법재판소 규칙의 공포에 관한 규칙 제2조).

재판관회의에서 의결된 규칙은 의결된 후 15일 이내에 사무처장이 공포절차를 취하도록 요구되고 있으며, 규칙은 관보에 게재하여 공포한다(헌법재판소 규칙의 공포에 관한 규칙 제4조). 규칙의 공포일은 그 규칙을 게재한 관보가 발행된 날로 하며(헌법재판소 규칙의 공포에 관한 규칙 제5조), 규칙은 특별한 규정이 없는 한 공포한 날로부터 20일을 경과함으로써 효력을 발생한다(헌법재판소 규칙의 공포에 관한 규칙 제6조).

헌법재판소규칙의 효력은 헌법 제113조 제2항의 문구("법률에 저촉되지 아니하는 범위안에서")에 비추어 볼 때 법률의 하위에 있는 것으로 이해될 수밖에 없다. 그러나 대통령령과는 대등한 위치에 있는 것으로 평가된다.

4. 헌법재판소규칙에 대한 통제

헌법재판소규칙이 헌법 또는 법률에 합치되지 않을 경우에는 이를 구체적으로 어떤 방식으로 통제할 수 있을 것인지가 문제될 수 있다. 현행 사법체계상 헌법재판소는 최고의 국가기관이며 사법기관이기 때문에 헌법재판소의 상위에 있는 다른 국가기관에서 이를 통제하는 것은 기대할 수 없기 때문이다.

이와 관련하여 주로 문제되는 점은 대법원이 헌법 제107조 제2항에 의한 명령 · 규칙에 대한 위헌 · 위법심사권을 통하여 헌법재판소규칙을 통제하는 것이 가능한지의 여부이다. 예컨대 대법원규칙에 대한 위헌심판권은 헌법재판소에 있다고 하겠으나, 자연적 정의의 원칙에 따라 헌법재판소규칙에 대한 최종적 위헌심판권은 대법원이 가진다는 견해가 제시되고 있다.[186)]

그러나 현행 사법체계상 법원과 헌법재판소의 조직이 완전히 분리되어 있을 뿐만 아니라, 헌법 제107조 제2항에 의한 「대법원의 최종적 심사권」이 법원조직 내에서의 최종적 심사권이라고 해석하는 것을 전제할 때, 대법원이 헌법재판소규칙을 심사하는 것은 적절하지 않다고 생각된다.

---

186) 김철수, 헌법학개론, 2007, 1789쪽.

大韓民國憲法

前　　文

悠久한 歷史와 傳統에 빛나는 우리 大韓國民은 3·1運動으로 建立된 大韓民國臨時政府의 法統과 不義에 抗拒한 4·19民主理念을 계승하고, 祖國의 民主改革과 平和的 統一의 使命에 입각하여 正義·人道와 同胞愛로써 民族의 團結을 공고히 하고, 모든 社會的 弊習과 不義를 타파하며, 自律과 調和를 바탕으로 自由民主的 基本秩序를 더욱 확고히 하여 政治·經濟·社會·文化의 모든 領域에 있어서 各人의 機會를 균등히 하고, 能力을 最高度로 발휘하게 하며, 自由와 權利에 따르는 責任과 義務를 완수하게 하여, 안으로는 國民生活의 균등한 향상을 기하고 밖으로는 항구적인 世界平和와 人類共榮에 이바지함으로써 우리들과 우리들의 子孫의 安全과 自由와 幸福을 영원히 확보할 것을 다짐하면서 1948年 7月 12日에 制定되고 8次에 걸쳐 改正된 憲法을 이제 國會의 議決을 거쳐 國民投票에 의하여 改正한다.

1987年 10月 29日

第1章　總　　綱

第1條　① 大韓民國은 民主共和國이다.

② 大韓民國의 主權은 國民에게 있고, 모든 權力은 國民으로부터 나온다.

第2條　① 大韓民國의 國民이 되는 요건은 法律로 정한다.

② 國家는 法律이 정하는 바에 의하여 在外國民을 보호할 義務를 진다.

第3條　大韓民國의 領土는 韓半島와 그 附屬島嶼로 한다.

第4條　大韓民國은 統一을 指向하며, 自由民主的 基本秩序에 입각한 平和的 統一 政策을 수립하고 이를 추진한다.

第5條　① 大韓民國은 國際平和의 유지에 노력하고 侵略的 戰爭을 否認한다.

② 國軍은 國家의 安全保障과 國土防衛의 神聖한 義務를 수행함을 使命으로 하며, 그 政治的 中立性은 준수된다.

第6條　① 憲法에 의하여 체결·公布된 條約과 一般的으로 승인된 國際法規는 國內法과 같은 效力을 가진다.

② 外國人은 國際法과 條約이 정하는 바에 의하여 그 地位가 보장된다.

第7條　① 公務員은 國民全體에 대한 奉仕者이며, 國民에 대하여 責任을 진다.

② 公務員의 身分과 政治的 中立性은 法律이 정하는 바에 의하여 보장된다.

第8條　① 政黨의 設立은 自由이며, 複數政黨制는 보장된다.

② 政黨은 그 目的·組織과 活動이 民主的이어야 하며, 國民의 政治的 意思形成에 참여하는데 필요한 組織을 가져야 한다.

③ 政黨은 法律이 정하는 바에 의하여 國家의 보호를 받으며, 國家는 法律이 정하는 바에 의하여

政黨運營에 필요한 資金을 補助할 수 있다.

④ 政黨의 目的이나 活動이 民主的 基本秩序에 違背될 때에는 政府는 憲法裁判所에 그 解散을 提訴할 수 있고, 政黨은 憲法裁判所의 審判에 의하여 解散된다.

第9條 國家는 傳統文化의 계승·발전과 民族文化의 暢達에 노력하여야 한다.

第2章 國民의 權利와 義務

第10條 모든 國民은 人間으로서의 尊嚴과 價値를 가지며, 幸福을 追求할 權利를 가진다. 國家는 개인이 가지는 不可侵의 基本的 人權을 확인하고 이를 보장할 義務를 진다.

第11條 ① 모든 國民은 法 앞에 平等하다. 누구든지 性別·宗敎 또는 社會的 身分에 의하여 政治的·經濟的·社會的·文化的 生活의 모든 領域에 있어서 차별을 받지 아니한다.

② 社會的 特殊階級의 制度는 인정되지 아니하며, 어떠한 形態로도 이를 創設할 수 없다.

③ 勳章 등의 榮典은 이를 받은 者에게만 效力이 있고, 어떠한 特權도 이에 따르지 아니한다.

第12條 ① 모든 國民은 身體의 自由를 가진다. 누구든지 法律에 의하지 아니하고는 逮捕·拘束·押收·搜索 또는 審問을 받지 아니하며, 法律과 適法한 節次에 의하지 아니하고는 處罰·保安處分 또는 强制勞役을 받지 아니한다.

② 모든 國民은 拷問을 받지 아니하며, 刑事上 자기에게 不利한 陳述을 强要당하지 아니한다.

③ 逮捕·拘束·押收 또는 搜索을 할 때에는 適法한 節次에 따라 檢事의 申請에 의하여 法官이 발부한 令狀을 제시하여야 한다. 다만, 現行犯人인 경우와 長期 3年이상의 刑에 해당하는 罪를 범하고 逃避 또는 證據湮滅의 염려가 있을 때에는 事後에 令狀을 請求할 수 있다.

④ 누구든지 逮捕 또는 拘束을 당한 때에는 즉시 辯護人의 助力을 받을 權利를 가진다. 다만, 刑事被告人이 스스로 辯護人을 구할 수 없을 때에는 法律이 정하는 바에 의하여 國家가 辯護人을 붙인다.

⑤ 누구든지 逮捕 또는 拘束의 이유와 辯護人의 助力을 받을 權利가 있음을 告知받지 아니하고는 逮捕 또는 拘束을 당하지 아니한다. 逮捕 또는 拘束을 당한 者의 家族 등 法律이 정하는 者에게는 그 이유와 日時·場所가 지체없이 통지되어야 한다.

⑥ 누구든지 逮捕 또는 拘束을 당한 때에는 適否의 審査를 法院에 請求할 權利를 가진다.

⑦ 被告人의 自白이 拷問·暴行·脅迫·拘束의 부당한 長期化 또는 欺罔 기타의 방법에 의하여 自意로 陳述된 것이 아니라고 인정될 때 또는 正式裁判에 있어서 被告人의 自白이 그에게 不利한 유일한 증거일 때에는 이를 有罪의 증거로 삼거나 이를 이유로 處罰할 수 없다.

第13條 ① 모든 國民은 行爲時의 法律에 의하여 犯罪를 구성하지 아니하는 행위로 訴追되지 아니하며, 동일한 犯罪에 대하여 거듭 處罰받지 아니한다.

② 모든 國民은 遡及立法에 의하여 參政權의 제한을 받거나 財産權을 剝奪당하지 아니한다.

③ 모든 國民은 자기의 행위가 아닌 親族의 행위로 인하여 불이익한 處遇를 받지 아니한다.

第14條 모든 國民은 居住·移轉의 自由를 가진다.

第15條 모든 國民은 職業選擇의 自由를 가진다.

第16條 모든 國民은 住居의 自由를 침해받지 아니한다. 住居에 대한 押收나 搜索을 할 때에는 檢事의 申請에 의하여 法官이 발부한 令狀을 제시하여야 한다.

第17條 모든 國民은 私生活의 秘密과 自由를 침해받지 아니한다.

第18條 모든 國民은 通信의 秘密을 침해받지 아니한다.

第19條 모든 國民은 良心의 自由를 가진다.

第20條 ① 모든 國民은 宗敎의 自由를 가진다.

② 國敎는 인정되지 아니하며, 宗敎와 政治는 分離된다.

第21條 ① 모든 國民은 言論·出版의 自由와 集會·結社의 自由를 가진다.

② 言論·出版에 대한 許可나 檢閱과 集會·結社에 대한 許可는 인정되지 아니한다.

③ 通信·放送의 施設基準과 新聞의 機能을 보장하기 위하여 필요한 사항은 法律로 정한다.

④ 言論·出版은 他人의 名譽나 權利 또는 公衆道德이나 社會倫理를 침해하여서는 아니된다. 言論·出版이 他人의 名譽나 權利를 침해한 때에는 被害者는 이에 대한 被害의 賠償을 請求할 수 있다.

第22條 ① 모든 國民은 學問과 藝術의 自由를 가진다.

② 著作者·發明家·科學技術者와 藝術家의 權利는 法律로써 보호한다.

第23條 ① 모든 國民의 財産權은 보장된다. 그 내용과 限界는 法律로 정한다.

② 財産權의 행사는 公共福利에 적합하도록 하여야 한다.

③ 公共必要에 의한 財産權의 收用·사용 또는 제한 및 그에 대한 補償은 法律로써 하되, 정당한 補償을 支給하여야 한다.

第24條 모든 國民은 法律이 정하는 바에 의하여 選擧權을 가진다.

第25條 모든 國民은 法律이 정하는 바에 의하여 公務擔任權을 가진다.

第26條 ① 모든 國民은 法律이 정하는 바에 의하여 國家機關에 文書로 請願할 權利를 가진다.

② 國家는 請願에 대하여 審査할 義務를 진다.

第27條 ① 모든 國民은 憲法과 法律이 정한 法官에 의하여 法律에 의한 裁判을 받을 權利를 가진다.

② 軍人 또는 軍務員이 아닌 國民은 大韓民國의 領域안에서는 중대한 軍事上 機密·哨兵·哨所·有毒飮食物供給·捕虜·軍用物에 관한 罪중 法律이 정한 경우와 非常戒嚴이 宣布된 경우를 제외하고는 軍事法院의 裁判을 받지 아니한다.

③ 모든 國民은 신속한 裁判을 받을 權利를 가진다. 刑事被告人은 상당한 이유가 없는 한 지체없이 公開裁判을 받을 權利를 가진다.

④ 刑事被告人은 有罪의 判決이 확정될 때까지는 無罪로 推定된다.

⑤ 刑事被害者는 法律이 정하는 바에 의하여 당해 事件의 裁判節次에서 陳述할 수 있다.

第28條 刑事被疑者 또는 刑事被告人으로서 拘禁되었던 者가 法律이 정하는 不起訴處分을 받거나 無罪判決을 받은 때에는 法律이 정하는 바에 의하여 國家에 정당한 補償을 請求할 수 있다.

第29條 ① 公務員의 職務上 不法行爲로 損害를 받은 國民은 法律이 정하는 바에 의하여 國家 또는 公共團體에 정당한 賠償을 請求할 수 있다. 이 경우 公務員 자신의 責任은 免除되지 아니한다.

② 軍人·軍務員·警察公務員 기타 法律이 정하는 者가 戰鬪·訓練등 職務執行과 관련하여 받은 損害에 대하여는 法律이 정하는 報償외에 國家 또는 公共團體에 公務員의 職務上 不法行爲로 인한 賠償은 請求할 수 없다.

第30條 他人의 犯罪行爲로 인하여 生命·身體에 대한 被害를 받은 國民은 法律이 정하는 바에 의하여 國家로부터 救助를 받을 수 있다.

第31條 ① 모든 國民은 能力에 따라 균등하게 敎育을 받을 權利를 가진다.

② 모든 國民은 그 보호하는 子女에게 적어도 初等教育과 法律이 정하는 教育을 받게 할 義務를 진다.

③ 義務教育은 無償으로 한다.

④ 教育의 自主性·專門性·政治的 中立性 및 大學의 自律性은 法律이 정하는 바에 의하여 보장된다.

⑤ 國家는 平生教育을 振興하여야 한다.

⑥ 學校教育 및 平生教育을 포함한 教育制度와 그 운영, 教育財政 및 教員의 地位에 관한 基本的인 사항은 法律로 정한다.

第32條 ① 모든 國民은 勤勞의 權利를 가진다. 國家는 社會的·經濟的 방법으로 勤勞者의 雇傭의 增進과 適正賃金의 보장에 노력하여야 하며, 法律이 정하는 바에 의하여 最低賃金制를 施行하여야 한다.

② 모든 國民은 勤勞의 義務를 진다. 國家는 勤勞의 義務의 내용과 조건을 民主主義原則에 따라 法律로 정한다.

③ 勤勞條件의 基準은 人間의 尊嚴性을 보장하도록 法律로 정한다.

④ 女子의 勤勞는 특별한 보호를 받으며, 雇傭·賃金 및 勤勞條件에 있어서 부당한 차별을 받지 아니한다.

⑤ 年少者의 勤勞는 특별한 보호를 받는다.

⑥ 國家有功者·傷痍軍警 및 戰歿軍警의 遺家族은 法律이 정하는 바에 의하여 優先的으로 勤勞의 機會를 부여받는다.

第33條 ① 勤勞者는 勤勞條件의 향상을 위하여 自主的인 團結權·團體交涉權 및 團體行動權을 가진다.

② 公務員인 勤勞者는 法律이 정하는 者에 한하여 團結權·團體交涉權 및 團體行動權을 가진다.

③ 法律이 정하는 主要防衛産業體에 종사하는 勤勞者의 團體行動權은 法律이 정하는 바에 의하여 이를 제한하거나 인정하지 아니할 수 있다.

第34條 ① 모든 國民은 人間다운 生活을 할 權利를 가진다.

② 國家는 社會保障·社會福祉의 增進에 노력할 義務를 진다.

③ 國家는 女子의 福祉와 權益의 향상을 위하여 노력하여야 한다.

④ 國家는 老人과 青少年의 福祉向上을 위한 政策을 실시할 義務를 진다.

⑤ 身體障碍者 및 疾病·老齡 기타의 사유로 生活能力이 없는 國民은 法律이 정하는 바에 의하여 國家의 보호를 받는다.

⑥ 國家는 災害를 豫防하고 그 위험으로부터 國民을 보호하기 위하여 노력하여야 한다.

第35條 ① 모든 國民은 건강하고 快適한 環境에서 生活할 權利를 가지며, 國家와 國民은 環境保全을 위하여 노력하여야 한다.

② 環境權의 내용과 행사에 관하여는 法律로 정한다.

③ 國家는 住宅開發政策 등을 통하여 모든 國民이 快適한 住居生活을 할 수 있도록 노력하여야 한다.

第36條 ① 婚姻과 家族生活은 개인의 尊嚴과 兩性의 平等을 기초로 成立되고 유지되어야 하며, 國家는 이를 보장한다.

② 國家는 母性의 보호를 위하여 노력하여야 한다.

③ 모든 國民은 保健에 관하여 國家의 보호를 받는다.

第37條 ① 國民의 自由와 權利는 憲法에 열거되지 아니한 이유로 輕視되지 아니한다.

② 國民의 모든 自由와 權利는 國家安全保障·秩序維持 또는 公共福利를 위하여 필요한 경우에 한하여 法律로써 제한할 수 있으며, 제한하는 경우에도 自由와 權利의 本質的인 내용을 침해할 수 없다.

第38條 모든 國民은 法律이 정하는 바에 의하여 納稅의 義務를 진다.

第39條 ① 모든 國民은 法律이 정하는 바에 의하여 國防의 義務를 진다.

② 누구든지 兵役義務의 이행으로 인하여 불이익한 處遇를 받지 아니한다.

第3章 國 會

第40條 立法權은 國會에 속한다.

第41條 ① 國會는 國民의 普通·平等·直接·秘密選擧에 의하여 選出된 國會議員으로 구성한다.

② 國會議員의 數는 法律로 정하되, 200人이상으로 한다.

③ 國會議員의 選擧區와 比例代表制 기타 選擧에 관한 사항은 法律로 정한다.

第42條 國會議員의 任期는 4年으로 한다.

第43條 國會議員은 法律이 정하는 職을 겸할 수 없다.

第44條 ① 國會議員은 現行犯人인 경우를 제외하고는 會期중 國會의 同意없이 逮捕 또는 拘禁되지 아니한다.

② 國會議員이 會期전에 逮捕 또는 拘禁된 때에는 現行犯人이 아닌 한 國會의 요구가 있으면 會期중 釋放된다.

第45條 國會議員은 國會에서 職務上 행한 發言과 表決에 관하여 國會외에서 責任을 지지 아니한다.

第46條 ① 國會議員은 淸廉의 義務가 있다.

② 國會議員은 國家利益을 우선하여 良心에 따라 職務를 행한다.

③ 國會議員은 그 地位를 濫用하여 國家·公共團體 또는 企業體와의 契約이나 그 處分에 의하여 財産上의 權利·이익 또는 職位를 취득하거나 他人을 위하여 그 취득을 알선할 수 없다.

第47條 ① 國會의 定期會는 法律이 정하는 바에 의하여 매년 1回 集會되며, 國會의 臨時會는 大統領 또는 國會在籍議員 4分의 1이상의 요구에 의하여 集會된다.

② 定期會의 會期는 100日을, 臨時會의 會期는 30日을 초과할 수 없다.

③ 大統領이 臨時會의 集會를 요구할 때에는 期間과 集會要求의 이유를 명시하여야 한다.

第48條 國會는 議長 1人과 副議長 2人을 選出한다.

第49條 國會는 憲法 또는 法律에 특별한 規定이 없는 한 在籍議員 過半數의 출석과 出席議員 過半數의 贊成으로 議決한다. 可否同數인 때에는 否決된 것으로 본다.

第50條 ① 國會의 會議는 公開한다. 다만, 出席議員 過半數의 贊成이 있거나 議長이 國家의 安全保障을 위하여 필요하다고 인정할 때에는 公開하지 아니할 수 있다.

② 公開하지 아니한 會議內容의 公表에 관하여는 法律이 정하는 바에 의한다.

第51條 國會에 제출된 法律案 기타의 議案은 會期중에 議決되지 못한 이유로 폐기되지 아니한다. 다만, 國會議員의 任期가 만료된 때에는 그러하지 아니하다.

第52條 國會議員과 政府는 法律案을 제출할 수 있다.

第53條 ① 國會에서 議決된 法律案은 政府에 移送되어 15日이내에 大統領이 公布한다.

② 法律案에 異議가 있을 때에는 大統領은 第1項의 期間내에 異議書를 붙여 國會로 還付하고, 그 再議를 요구할 수 있다. 國會의 閉會 중에도 또한 같다.

③ 大統領은 法律案의 일부에 대하여 또는 法律案을 修正하여 再議를 요구할 수 없다.

④ 再議의 요구가 있을 때에는 國會는 再議에 붙이고, 在籍議員過半數의 출석과 出席議員 3分의 2이상의 贊成으로 前과 같은 議決을 하면 그 法律案은 法律로서 확정된다.

⑤ 大統領이 第1項의 期間내에 公布나 再議의 요구를 하지 아니한 때에도 그 法律案은 法律로서 확정된다.

⑥ 大統領은 第4項과 第5項의 規定에 의하여 확정된 法律을 지체없이 公布하여야 한다. 第5項에 의하여 法律이 확정된 후 또는 第4項에 의한 確定法律이 政府에 移送된 후 5日이내에 大統領이 公布하지 아니할 때에는 國會議長이 이를 公布한다.

⑦ 法律은 특별한 規定이 없는 한 公布한 날로부터 20日을 경과함으로써 效力을 발생한다.

第54條 ① 國會는 國家의 豫算案을 審議·확정한다.

② 政府는 會計年度마다 豫算案을 編成하여 會計年度 開始 90日전까지 國會에 제출하고, 國會는 會計年度 開始 30日전까지 이를 議決하여야 한다.

③ 새로운 會計年度가 開始될 때까지 豫算案이 議決되지 못한 때에는 政府는 國會에서 豫算案이 議決될 때까지 다음의 目的을 위한 經費는 前年度 豫算에 準하여 執行할 수 있다.

1. 憲法이나 法律에 의하여 設置된 機關 또는 施設의 유지·운영
2. 法律上 支出義務의 이행
3. 이미 豫算으로 승인된 事業의 계속

第55條 ① 한 會計年度를 넘어 계속하여 支出할 필요가 있을 때에는 政府는 年限을 정하여 繼續費로서 國會의 議決을 얻어야 한다.

② 豫備費는 總額으로 國會의 議決을 얻어야 한다. 豫備費의 支出은 次期國會의 승인을 얻어야 한다.

第56條 政府는 豫算에 變更을 加할 필요가 있을 때에는 追加更正豫算案을 編成하여 國會에 제출할 수 있다.

第57條 國會는 政府의 同意없이 政府가 제출한 支出豫算 各項의 金額을 增加하거나 새 費目을 設置할 수 없다.

第58條 國債를 모집하거나 豫算외에 國家의 부담이 될 契約을 체결하려 할 때에는 政府는 미리 國會의 議決을 얻어야 한다.

第59條 租稅의 種目과 稅率은 法律로 정한다.

第60條 ① 國會는 相互援助 또는 安全保障에 관한 條約, 중요한 國際組織에 관한 條約, 友好通商航海條約, 主權의 制約에 관한 條約, 講和條約, 國家나 國民에게 중대한 財政的 부담을 지우는 條約 또는 立法事項에 관한 條約의 체결·批准에 대한 同意權을 가진다.

② 國會는 宣戰布告, 國軍의 外國에의 派遣 또는 外國軍隊의 大韓民國 領域안에서의 駐留에 대한 同意權을 가진다.

第61條 ① 國會는 國政을 監査하거나 특정한 國政事案에 대하여 調査할 수 있으며, 이에 필요한 書類의 提出 또는 證人의 출석과 證言이나 의견의 陳述을 요구할 수 있다.

② 國政監査 및 調査에 관한 節次 기타 필요한 사항은 法律로 정한다.

第62條 ① 國務總理·國務委員 또는 政府委員은 國會나 그 委員會에 출석하여 國政處理狀況을 보고하거나 의견을 陳述하고 質問에 응답할 수 있다.

② 國會나 그 委員會의 요구가 있을 때에는 國務總理·國務委員 또는 政府委員은 출석·답변하여야 하며, 國務總理 또는 國務委員이 出席要求를 받은 때에는 國務委員 또는 政府委員으로 하여금 출석·답변하게 할 수 있다.

第63條 ① 國會는 國務總理 또는 國務委員의 解任을 大統領에게 建議할 수 있다.

② 第1項의 解任建議는 國會在籍議員 3分의 1이상의 發議에 의하여 國會在籍議員 過半數의 贊成이 있어야 한다.

第64條 ① 國會는 法律에 저촉되지 아니하는 범위안에서 議事와 內部規律에 관한 規則을 制定할 수 있다.

② 國會는 議員의 資格을 審査하며, 議員을 懲戒할 수 있다.

③ 議員을 除名하려면 國會在籍議員 3分의 2이상의 贊成이 있어야 한다.

④ 第2項과 第3項의 處分에 대하여는 法院에 提訴할 수 없다.

第65條 ① 大統領·國務總理·國務委員·行政各部의 長·憲法裁判所 裁判官·法官·中央選擧管理委員會 委員·監査院長·監査委員 기타 法律이 정한 公務員이 그 職務執行에 있어서 憲法이나 法律을 違背한 때에는 國會는 彈劾의 訴追를 議決할 수 있다.

② 第1項의 彈劾訴追는 國會在籍議員 3分의 1이상의 發議가 있어야 하며, 그 議決은 國會在籍議員 過半數의 贊成이 있어야 한다. 다만, 大統領에 대한 彈劾訴追는 國會在籍議員 過半數의 發議와 國會在籍議員 3分의 2이상의 贊成이 있어야 한다.

③ 彈劾訴追의 議決을 받은 者는 彈劾審判이 있을 때까지 그 權限行使가 정지된다.

④ 彈劾決定은 公職으로부터 罷免함에 그친다. 그러나, 이에 의하여 民事上이나 刑事上의 責任이 免除되지는 아니한다.

第4章 政 府

第1節 大統領

第66條 ① 大統領은 國家의 元首이며, 外國에 대하여 國家를 代表한다.

② 大統領은 國家의 獨立·領土의 保全·國家의 繼續性과 憲法을 守護할 責務를 진다.

③ 大統領은 祖國의 平和的 統一을 위한 성실한 義務를 진다.

④ 行政權은 大統領을 首班으로 하는 政府에 속한다.

第67條 ① 大統領은 國民의 普通·平等·直接·秘密選擧에 의하여 選出한다.

② 第1項의 選擧에 있어서 最高得票者가 2人이상인 때에는 國會의 在籍議員 過半數가 출석한 公開會議에서 多數票를 얻은 者를 當選者로 한다.

③ 大統領候補者가 1人일 때에는 그 得票數가 選擧權者 總數의 3分의 1이상이 아니면 大統領으로 當選될 수 없다.

④ 大統領으로 選擧될 수 있는 者는 國會議員의 被選擧權이 있고 選擧日 현재 40歲에 達하여야 한다.

⑤ 大統領의 選擧에 관한 사항은 法律로 정한다.

第68條 ① 大統領의 任期가 만료되는 때에는 任期滿了 70日 내지 40日전에 後任者를 選擧한다.

② 大統領이 闕位된 때 또는 大統領 當選者가 死亡하거나 判決 기타의 사유로 그 資格을 喪失한 때에는 60日이내에 後任者를 選擧한다.

第69條 大統領은 就任에 즈음하여 다음의 宣誓를 한다.

"나는 憲法을 준수하고 國家를 保衛하며 祖國의 平和的 統一과 國民의 自由와 福利의 增進 및 民族文化의 暢達에 노력하여 大統領으로서의 職責을 성실히 수행할 것을 國民 앞에 엄숙히 宣誓합니다."

第70條 大統領의 任期는 5年으로 하며, 重任할 수 없다.

第71條 大統領이 闕位되거나 事故로 인하여 職務를 수행할 수 없을 때에는 國務總理, 法律이 정한 國務委員의 順序로 그 權限을 代行한다.

第72條 大統領은 필요하다고 인정할 때에는 外交·國防·統一 기타 國家安危에 관한 重要政策을 國民投票에 붙일 수 있다.

第73條 大統領은 條約을 체결·批准하고, 外交使節을 信任·접수 또는 派遣하며, 宣戰布告와 講和를 한다.

第74條 ① 大統領은 憲法과 法律이 정하는 바에 의하여 國軍을 統帥한다.

② 國軍의 組織과 編成은 法律로 정한다.

第75條 大統領은 法律에서 구체적으로 범위를 정하여 委任받은 사항과 法律을 執行하기 위하여 필요한 사항에 관하여 大統領令을 발할 수 있다.

第76條 ① 大統領은 內憂·外患·天災·地變 또는 중대한 財政·經濟上의 危機에 있어서 國家의 安全保障 또는 公共의 安寧秩序를 유지하기 위하여 긴급한 措置가 필요하고 國會의 集會를 기다릴 여유가 없을 때에 한하여 최소한으로 필요한 財政·經濟上의 處分을 하거나 이에 관하여 法律의 效力을 가지는 命令을 발할 수 있다.

② 大統領은 國家의 安危에 관계되는 중대한 交戰狀態에 있어서 國家를 保衛하기 위하여 긴급한 措置가 필요하고 國會의 集會가 불가능한 때에 한하여 法律의 效力을 가지는 命令을 발할 수 있다.

③ 大統領은 第1項과 第2項의 處分 또는 命令을 한 때에는 지체없이 國會에 보고하여 그 승인을 얻어야 한다.

④ 第3項의 승인을 얻지 못한 때에는 그 處分 또는 命令은 그때부터 效力을 喪失한다. 이 경우 그 命令에 의하여 改正 또는 廢止되었던 法律은 그 命令이 승인을 얻지 못한 때부터 당연히 效力을 회복한다.

⑤ 大統領은 第3項과 第4項의 사유를 지체없이 公布하여야 한다.

第77條 ① 大統領은 戰時·事變 또는 이에 準하는 國家非常事態에 있어서 兵力으로써 軍事上의 필요에 응하거나 公共의 安寧秩序를 유지할 필요가 있을 때에는 法律이 정하는 바에 의하여 戒嚴을 宣布할 수 있다.

② 戒嚴은 非常戒嚴과 警備戒嚴으로 한다.

③ 非常戒嚴이 宣布된 때에는 法律이 정하는 바에 의하여 令狀制度, 言論·出版·集會·結社의 自由, 政府나 法院의 權限에 관하여 특별한 措置를 할 수 있다.

④ 戒嚴을 宣布한 때에는 大統領은 지체없이 國會에 통고하여야 한다.

⑤ 國會가 在籍議員 過半數의 贊成으로 戒嚴의 解除를 요구한 때에는 大統領은 이를 解除하여야 한다.

第78條 大統領은 憲法과 法律이 정하는 바에 의하여 公務員을 任免한다.

第79條 ① 大統領은 法律이 정하는 바에 의하여 赦免·減刑 또는 復權을 命할 수 있다.

② 一般赦免을 命하려면 國會의 同意를 얻어야 한다.

③ 赦免·減刑 및 復權에 관한 사항은 法律로 정한다.

第80條 大統領은 法律이 정하는 바에 의하여 勳章 기타의 榮典을 수여한다.

第81條 大統領은 國會에 출석하여 發言하거나 書翰으로 의견을 표시할 수 있다.

第82條 大統領의 國法上 행위는 文書로써 하며, 이 文書에는 國務總理와 관계 國務委員이 副署한다. 軍事에 관한 것도 또한 같다.

第83條 大統領은 國務總理·國務委員·行政各部의 長 기타 法律이 정하는 公私의 職을 겸할 수 없다.

第84條 大統領은 內亂 또는 外患의 罪를 범한 경우를 제외하고는 在職 중 刑事上의 訴追를 받지 아니한다.

第85條 前職大統領의 身分과 禮遇에 관하여는 法律로 정한다.

第2節 行政府

第1款 國務總理와 國務委員

第86條 ① 國務總理는 國會의 同意를 얻어 大統領이 任命한다.

② 國務總理는 大統領을 補佐하며, 行政에 관하여 大統領의 命을 받아 行政各部를 統轄한다.

③ 軍人은 現役을 免한 후가 아니면 國務總理로 任命될 수 없다.

第87條 ① 國務委員은 國務總理의 提請으로 大統領이 任命한다.

② 國務委員은 國政에 관하여 大統領을 補佐하며, 國務會議의 構成員으로서 國政을 審議한다.

③ 國務總理는 國務委員의 解任을 大統領에게 建議할 수 있다.

④ 軍人은 現役을 免한 후가 아니면 國務委員으로 任命될 수 없다.

第2款 國務會議

第88條 ① 國務會議는 政府의 權限에 속하는 중요한 政策을 審議한다.

② 國務會議는 大統領·國務總理와 15人이상 30人이하의 國務委員으로 구성한다.

③ 大統領은 國務會議의 議長이 되고, 國務總理는 副議長이 된다.

第89條 다음 사항은 國務會議의 審議를 거쳐야 한다.

1. 國政의 基本計劃과 政府의 一般政策
2. 宣戰·講和 기타 중요한 對外政策
3. 憲法改正案·國民投票案·條約案·法律案 및 大統領令案
4. 豫算案·決算·國有財產處分의 基本計劃·國家의 부담이 될 契約 기타 財政에 관한 중요사항
5. 大統領의 緊急命令·緊急財政經濟處分 및 命令 또는 戒嚴과 그 解除
6. 軍事에 관한 중요사항
7. 國會의 臨時會 集會의 요구
8. 榮典授與
9. 赦免·減刑과 復權
10. 行政各部間의 權限의 劃定

11. 政府안의 權限의 委任 또는 配定에 관한 基本計劃
12. 國政處理狀況의 評價 · 分析
13. 行政各部의 중요한 政策의 수립과 調整
14. 政黨解散의 提訴
15. 政府에 제출 또는 회부된 政府의 政策에 관계되는 請願의 審査
16. 檢察總長 · 合同參謀議長 · 各軍參謀總長 · 國立大學校總長 · 大使 기타 法律이 정한 公務員과 國營企業體管理者의 任命
17. 기타 大統領 · 國務總理 또는 國務委員이 제출한 사항

第90條 ① 國政의 중요한 사항에 관한 大統領의 諮問에 응하기 위하여 國家元老로 구성되는 國家元老諮問會議를 둘 수 있다.
② 國家元老諮問會議의 議長은 直前大統領이 된다. 다만, 直前大統領이 없을 때에는 大統領이 指名한다.
③ 國家元老諮問會議의 組織 · 職務範圍 기타 필요한 사항은 法律로 정한다.

第91條 ① 國家安全保障에 관련되는 對外政策 · 軍事政策과 國內政策의 수립에 관하여 國務會議의 審議에 앞서 大統領의 諮問에 응하기 위하여 國家安全保障會議를 둔다.
② 國家安全保障會議는 大統領이 主宰한다.
③ 國家安全保障會議의 組織 · 職務範圍 기타 필요한 사항은 法律로 정한다.

第92條 ① 平和統一政策의 수립에 관한 大統領의 諮問에 응하기 위하여 民主平和統一諮問會議를 둘 수 있다.
② 民主平和統一諮問會議의 組織 · 職務範圍 기타 필요한 사항은 法律로 정한다.

第93條 ① 國民經濟의 발전을 위한 重要政策의 수립에 관하여 大統領의 諮問에 응하기 위하여 國民經濟諮問會議를 둘 수 있다.
② 國民經濟諮問會議의 組織 · 職務範圍 기타 필요한 사항은 法律로 정한다.

第 3 款 行政各部

第94條 行政各部의 長은 國務委員 중에서 國務總理의 提請으로 大統領이 任命한다.

第95條 國務總理 또는 行政各部의 長은 所管事務에 관하여 法律이나 大統領令의 委任 또는 職權으로 總理令 또는 部令을 발할 수 있다.

第96條 行政各部의 設置 · 組織과 職務範圍는 法律로 정한다.

第 4 款 監査院

第97條 國家의 歲入 · 歲出의 決算, 國家 및 法律이 정한 團體의 會計檢査와 行政機關 및 公務員의 職務에 관한 監察을 하기 위하여 大統領 所屬下에 監査院을 둔다.

第98條 ① 監査院은 院長을 포함한 5人이상 11人이하의 監査委員으로 구성한다.
② 院長은 國會의 同意를 얻어 大統領이 任命하고, 그 任期는 4年으로 하며, 1次에 한하여 重任할 수 있다.
③ 監査委員은 院長의 提請으로 大統領이 任命하고, 그 任期는 4年으로 하며, 1次에 한하여 重任할 수 있다.

第99條 監査院은 歲入 · 歲出의 決算을 매년 檢査하여 大統領과 次年度國會에 그 결과를 보고하여야 한다.

第100條 監査院의 組織 · 職務範圍 · 監査委員의 資格 · 監査對象公務員의 범위 기타 필요한 사항은

法律로 정한다.

第5章 法　　院

第101條 ① 司法權은 法官으로 구성된 法院에 속한다.

② 法院은 最高法院인 大法院과 各級法院으로 組織된다.

③ 法官의 資格은 法律로 정한다.

第102條 ① 大法院에 部를 둘 수 있다.

② 大法院에 大法官을 둔다. 다만, 法律이 정하는 바에 의하여 大法官이 아닌 法官을 둘 수 있다.

③ 大法院과 各級法院의 組織은 法律로 정한다.

第103條 法官은 憲法과 法律에 의하여 그 良心에 따라 獨立하여 審判한다.

第104條 ① 大法院長은 國會의 同意를 얻어 大統領이 任命한다.

② 大法官은 大法院長의 提請으로 國會의 同意를 얻어 大統領이 任命한다.

③ 大法院長과 大法官이 아닌 法官은 大法官會議의 同意를 얻어 大法院長이 任命한다.

第105條 ① 大法院長의 任期는 6年으로 하며, 重任할 수 없다.

② 大法官의 任期는 6年으로 하며, 法律이 정하는 바에 의하여 連任할 수 있다.

③ 大法院長과 大法官이 아닌 法官의 任期는 10年으로 하며, 法律이 정하는 바에 의하여 連任할 수 있다.

④ 法官의 停年은 法律로 정한다.

第106條 ① 法官은 彈劾 또는 禁錮이상의 刑의 宣告에 의하지 아니하고는 罷免되지 아니하며, 懲戒處分에 의하지 아니하고는 停職·減俸 기타 不利한 處分을 받지 아니한다.

② 法官이 중대한 心身上의 障害로 職務를 수행할 수 없을 때에는 法律이 정하는 바에 의하여 退職하게 할 수 있다.

第107條 ① 法律이 憲法에 위반되는 여부가 裁判의 前提가 된 경우에는 法院은 憲法裁判所에 提請하여 그 審判에 의하여 裁判한다.

② 命令·規則 또는 處分이 憲法이나 法律에 위반되는 여부가 裁判의 前提가 된 경우에는 大法院은 이를 最終的으로 審査할 權限을 가진다.

③ 裁判의 前審節次로서 行政審判을 할 수 있다. 行政審判의 節次는 法律로 정하되, 司法節次가 準用되어야 한다.

第108條 大法院은 法律에서 저촉되지 아니하는 범위안에서 訴訟에 관한 節次, 法院의 內部規律과 事務處理에 관한 規則을 制定할 수 있다.

第109條 裁判의 審理와 判決은 公開한다. 다만, 審理는 國家의 安全保障 또는 安寧秩序를 방해하거나 善良한 風俗을 해할 염려가 있을 때에는 法院의 決定으로 公開하지 아니할 수 있다.

第110條 ① 軍事裁判을 관할하기 위하여 特別法院으로서 軍事法院을 둘 수 있다.

② 軍事法院의 上告審은 大法院에서 관할한다.

③ 軍事法院의 組織·權限 및 裁判官의 資格은 法律로 정한다.

④ 非常戒嚴下의 軍事裁判은 軍人·軍務員의 犯罪나 軍事에 관한 間諜罪의 경우와 哨兵·哨所·有毒飮食物供給·捕虜에 관한 罪중 法律이 정한 경우에 한하여 單審으로 할 수 있다. 다만, 死刑을 宣告한 경우에는 그러하지 아니하다.

第6章 憲法裁判所

第111條 ① 憲法裁判所는 다음 사항을 管掌한다.

1. 法院의 提請에 의한 法律의 違憲與否 審判
2. 彈劾의 審判
3. 政黨의 解散 審判
4. 國家機關 相互間, 國家機關과 地方自治團體間 및 地方自治團體 相互間의 權限爭議에 관한 審判
5. 法律이 정하는 憲法訴願에 관한 審判

② 憲法裁判所는 法官의 資格을 가진 9人의 裁判官으로 구성하며, 裁判官은 大統領이 任命한다.

③ 第2項의 裁判官중 3人은 國會에서 選出하는 者를, 3人은 大法院長이 指名하는 者를 任命한다.

④ 憲法裁判所의 長은 國會의 同意를 얻어 裁判官중에서 大統領이 任命한다.

第112條 ① 憲法裁判所 裁判官의 任期는 6年으로 하며, 法律이 정하는 바에 의하여 連任할 수 있다.

② 憲法裁判所 裁判官은 政黨에 加入하거나 政治에 관여할 수 없다.

③ 憲法裁判所 裁判官은 彈劾 또는 禁錮이상의 刑의 宣告에 의하지 아니하고는 罷免되지 아니한다.

第113條 ① 憲法裁判所에서 法律의 違憲決定, 彈劾의 決定, 政黨解散의 決定 또는 憲法訴願에 관한 認容決定을 할 때에는 裁判官 6人이상의 贊成이 있어야 한다.

② 憲法裁判所는 法律에 저촉되지 아니하는 범위안에서 審判에 관한 節次, 內部規律과 事務處理에 관한 規則을 制定할 수 있다.

③ 憲法裁判所의 組織과 운영 기타 필요한 사항은 法律로 정한다.

第7章 選擧管理

第114條 ① 選擧와 國民投票의 공정한 管理 및 政黨에 관한 事務를 처리하기 위하여 選擧管理委員會를 둔다.

② 中央選擧管理委員會는 大統領이 任命하는 3人, 國會에서 選出하는 3人과 大法院長이 指名하는 3人의 委員으로 구성한다. 委員長은 委員중에서 互選한다.

③ 委員의 任期는 6年으로 한다.

④ 委員은 政黨에 加入하거나 政治에 관여할 수 없다.

⑤ 委員은 彈劾 또는 禁錮 이상의 刑의 宣告에 의하지 아니하고는 罷免되지 아니한다.

⑥ 中央選擧管理委員會는 法令의 범위 안에서 選擧管理·國民投票管理 또는 政黨事務에 관한 規則을 制定할 수 있으며, 法律에 저촉되지 아니하는 범위안에서 內部規律에 관한 規則을 制定할 수 있다.

⑦ 各級 選擧管理委員會의 組織·職務範圍 기타 필요한 사항은 法律로 정한다.

第115條 ① 各級 選擧管理委員會는 選擧人名簿의 作成 등 選擧事務와 國民投票事務에 관하여 관계 行政機關에 필요한 指示를 할 수 있다.

② 第1項의 指示를 받은 당해 行政機關은 이에 응하여야 한다.

第116條 ① 選擧運動은 各級 選擧管理委員會의 管理下에 法律이 정하는 범위안에서 하되, 균등한 機會가 보장되어야 한다.

② 選擧에 관한 經費는 法律이 정하는 경우를 제외하고는 政黨 또는 候補者에게 부담시킬 수 없다.

第8章 地方自治

第117條 ① 地方自治團體는 住民의 福利에 관한 事務를 처리하고 財産을 관리하며, 法令의 범위안에서 自治에 관한 規定을 制定할 수 있다.

② 地方自治團體의 종류는 法律로 정한다.

第118條 ① 地方自治團體에 議會를 둔다.

② 地方議會의 組織·權限·議員選擧와 地方自治團體의 長의 選任方法 기타 地方自治團體의 組織과 운영에 관한 사항은 法律로 정한다.

第9章 經 濟

第119條 ① 大韓民國의 經濟秩序는 개인과 企業의 經濟上의 自由와 創意를 존중함을 基本으로 한다.

② 國家는 균형있는 國民經濟의 成長 및 安定과 적정한 所得의 分配를 유지하고, 市場의 支配와 經濟力의 濫用을 방지하며, 經濟主體間의 調和를 통한 經濟의 民主化를 위하여 經濟에 관한 規制와 調整을 할 수 있다.

第120條 ① 鑛物 기타 중요한 地下資源·水産資源·水力과 經濟上 이용할 수 있는 自然力은 法律이 정하는 바에 의하여 일정한 期間 그 採取·開發 또는 이용을 特許할 수 있다.

② 國土와 資源은 國家의 보호를 받으며, 國家는 그 균형있는 開發과 이용을 위하여 필요한 計劃을 수립한다.

第121條 ① 國家는 農地에 관하여 耕者有田의 원칙이 達成될 수 있도록 노력하여야 하며, 農地의 小作制度는 금지된다.

② 農業生産性의 提高와 農地의 合理的인 이용을 위하거나 불가피한 事情으로 발생하는 農地의 賃貸借와 委託經營은 法律이 정하는 바에 의하여 인정된다.

第122條 國家는 國民 모두의 生産 및 生活의 基盤이 되는 國土의 효율적이고 균형있는 이용·開發과 보전을 위하여 法律이 정하는 바에 의하여 그에 관한 필요한 제한과 義務를 課할 수 있다.

第123條 ① 國家는 農業 및 漁業을 보호·육성하기 위하여 農·漁村綜合開發과 그 지원 등 필요한 計劃을 수립·施行하여야 한다.

② 國家는 地域間의 균형있는 발전을 위하여 地域經濟를 육성할 義務를 진다.

③ 國家는 中小企業을 보호·육성하여야 한다.

④ 國家는 農水産物의 需給均衡과 流通構造의 개선에 노력하여 價格安定을 도모함으로써 農·漁民의 이익을 보호한다.

⑤ 國家는 農·漁民과 中小企業의 自助組織을 육성하여야 하며, 그 自律的 活動과 발전을 보

장한다.

第124條 國家는 건전한 消費行爲를 啓導하고 生産品의 品質向上을 촉구하기 위한 消費者保護運動을 法律이 정하는 바에 의하여 보장한다.

第125條 國家는 對外貿易을 육성하며, 이를 規制·調整할 수 있다.

第126條 國防上 또는 國民經濟上 緊切한 필요로 인하여 法律이 정하는 경우를 제외하고는, 私營企業을 國有 또는 公有로 移轉하거나 그 경영을 統制 또는 관리할 수 없다.

第127條 ① 國家는 科學技術의 革新과 情報 및 人力의 開發을 통하여 國民經濟의 발전에 노력하여야 한다.

② 國家는 國家標準制度를 확립한다.

③ 大統領은 第1項의 目的을 達成하기 위하여 필요한 諮問機構를 둘 수 있다.

第10章 憲法改正

第128條 ① 憲法改正은 國會在籍議員 過半數 또는 大統領의 發議로 提案된다.

② 大統領의 任期延長 또는 重任變更을 위한 憲法改正은 그 憲法改正 提案 당시의 大統領에 대하여는 效力이 없다.

第129條 提案된 憲法改正案은 大統領이 20日이상의 期間 이를 公告하여야 한다.

第130條 ① 國會는 憲法改正案이 公告된 날로부터 60日이내에 議決하여야 하며, 國會의 議決은 在籍議員 3分의 2 이상의 贊成을 얻어야 한다.

② 憲法改正案은 國會가 議決한 후 30日이내에 國民投票에 붙여 國會議員選擧權者 過半數의 投票와 投票者 過半數의 贊成을 얻어야 한다.

③ 憲法改正案이 第2項의 贊成을 얻은 때에는 憲法改正은 확정되며, 大統領은 즉시 이를 公布하여야 한다.

附　則

第1條 이 憲法은 1988年 2月 25日부터 施行한다. 다만, 이 憲法을 施行하기 위하여 필요한 法律의 制定·改正과 이 憲法에 의한 大統領 및 國會議員의 選擧 기타 이 憲法施行에 관한 準備는 이 憲法施行 전에 할 수 있다.

第2條 ① 이 憲法에 의한 최초의 大統領選擧는 이 憲法施行日 40日 전까지 실시한다.

② 이 憲法에 의한 최초의 大統領의 任期는 이 憲法施行日로부터 開始한다.

第3條 ① 이 憲法에 의한 최초의 國會議員選擧는 이 憲法公布日로부터 6月 이내에 실시하며, 이 憲法에 의하여 選出된 최초의 國會議員의 任期는 國會議員選擧후 이 憲法에 의한 國會의 최초의 集會日로부터 開始한다.

② 이 憲法公布 당시의 國會議員의 任期는 第1項에 의한 國會의 최초의 集會日 前日까지로 한다.

第4條 ① 이 憲法施行 당시의 公務員과 政府가 任命한 企業體의 任員은 이 憲法에 의하여 任命된 것으로 본다. 다만, 이 憲法에 의하여 選任方法이나 任命權者가 변경된 公務員과 大法院長 및 監査院長은 이 憲法에 의하여 後任者가 選任될 때까지 그 職務를 행하며, 이 경우 前任者인 公務員의 任期는 後任者가 選任되는 前日까지로 한다.

② 이 憲法施行 당시의 大法院長과 大法院判事가 아닌 法官은 第1項 但書의 規定에 불구하고 이

憲法에 의하여 任命된 것으로 본다.

③ 이 憲法 중 公務員의 任期 또는 重任制限에 관한 規定은 이 憲法에 의하여 그 公務員이 최초로 選出 또는 任命된 때로부터 適用한다.

第5條 이 憲法施行 당시의 法令과 條約은 이 憲法에 違背되지 아니하는 한 그 效力을 지속한다.

第6條 이 憲法施行 당시에 이 憲法에 의하여 새로 設置될 機關의 權限에 속하는 職務를 행하고 있는 機關은 이 憲法에 의하여 새로운 機關이 設置될 때까지 存續하며 그 職務를 행한다.

[인명색인]

[판례색인]

[대법원]

[헌법재판소]

[사항색인]

[ㄴ]

[ㄷ]

[ㅈ]

[기타]

[저자약력]
고려대학교 법과대학 졸업
고려대학교 대학원 법학석사
독일 프랑크푸르트 대학교 법학박사
사법시험 및 변호사시험 출제위원 등 역임
국회 개헌특위, 정치개혁특위, 국민미래개헌 자문위원회 등 자문위원 역임
헌법재판소 헌법연구위원, 제도개선위원회 위원 등 역임
경찰청 인권위원회 위원장 역임
진실 · 화해를 위한 과거사정리위원회 비상임위원 역임
(현) 고려대학교 법학전문대학원 명예교수
(현) 한국헌법학회, 한국공법학회 자문위원

[저서 및 논문]
민주헌법과 국가질서(홍문사)
제 2 판 - 헌법총론(홍문사)
기본권론(홍문사)
국가조직론(홍문사)
신 헌법사례연습(홍문사)
Streitbare Demokratie
정치현실과 헌법의 규범력
헌법의 기본원리로서의 민주주의
헌법의 기본원리로서의 법치주의
정당의 헌법적 기능과 당내민주주의
민주적 선거의 요청과 헌법
언론자유의 실현구조에 관한 서설
현행헌법상 권력분립의 기본체계
현행헌법체계상 헌법재판소의 헌법상의 지위 등

第16판 **헌 법 학**

2006년 9월 30일 제 1 판 발행
2007년 3월 10일 제 2 판 발행
2008년 3월 20일 제 3 판 발행
2009년 3월 10일 제 4 판 발행
2010년 3월 30일 제 5 판 발행
2011년 3월 20일 제 6 판 발행
2012년 8월 31일 제 7 판 발행
2014년 3월 10일 제 8 판 발행
2015년 6월 1일 제 9 판 발행
2017년 3월 10일 제10판 발행
2019년 3월 10일 제11판 발행
2020년 3월 10일 제12판 발행
2021년 3월 10일 제13판 발행
2022년 9월 1일 제14판 발행
2024년 3월 5일 제15판 발행
2025년 9월 1일 제16판 발행

저 자 장 영 수
발행인 임 권 규
발행처 弘 文 社

05855 서울시 송파구 송파대로 167 테라타워 B동 802호
등록 1993. 6. 24 제 1-1543 호
TEL : (02) 712-5311(代) FAX : (02) 716-5311

값 61,000원

ISBN 978-89-7770-776-4 93360